T5-CUU-108

סדור

תהלת ה'

על פי נוסח האר"י ז"ל

כפי אשר יסד
קדוש עליון אדונינו ומורינו ורבינו הרב הגאון
הגדול החסיד והעניו אור עולם מופת הדור
איש אלקים קדוש וטהור כ"ק שם תפארתו

מוהר"ר שניאור זלמן נבג"מ

– בעל התניא והשו"ע –

כל תפלה ותפלה באה על מקומה בשלמות,
מבלי שיצטרך המתפלל לחפש הדפים
בשעת תפלתו.

הוצאה חדשה ומתוקנת

עם תרגום רוסי

ה ו צ א ת
ברית אברהם • המרכז לעניני חנוך • שמי"ר
770 איסטערן פארקוויי
ברוקלין נ.י.
שנת חמשת אלפים שבע מאות חמישים ותשע לבריאה
הי' תהא שנת נפלאות טובות
שנת היובל לנשיאות כ"ק אדמו"ר

SIDDUR
TEHILLAT HASHEM
NUSACH HA-ARI ZAL
According to the Text of
Rabbi Shneur Zalman of Lyady

New, Amended Hebrew Edition
With a Russian Translation
by
Michael SCHNEIDER, Velvl RAPOPORT, Pinhas GIL

Edited by Prof. H. Branover

"SHAMIR"
THE ASSOCIATION OF RELIGIOUS SCIENTISTS AND PROFESSIONALS
FROM THE SOVIET UNION AND EASTERN EUROPE
6 David Yellin Street, Jerusalem, P.O.B. 5749
Tel. 02-385702

Editor-in-Chief of "Shamir" Publishing House	H. Branover
Director of "Shamir"	B. Shif
Publishing Manager of "Shamir"	P. Gil

This book is published by
"BRIS AVROHOM"
910 Salem Avenue
Hillside, New Jersey 07205
(908) 289-0770

Rabbi Mordechai Kanelsky	Executive Director
Ted Weinberger	Chairman of the Board
Danny Kahane	Chairman of Executive Committee
Franklyn H. Snitow, Esq.	President

"BRIS AVROHOM" and "SHAMIR"
sincerely thank the "KEHOT" Publishing House
for allowing us to reproduce
the Hebrew text of the "KEHOT" Siddur

נדפס בדפוס	הובא לדפוס ע״י
יוסף יצחק ליין	הרב מרדכי קנלסקי

PRINTING BY LAINE, 538 JOHNSON AVENUE, BROOKLYN, NEW YORK 11237
Знак ḣ соответствует древнееврейскому и читается как английское h.

ISBN 965-310-008-4

СИДУР
"ТЕɣИЛАТ ɣАШЕМ"

составленный на основе предписаний
раби Ицхака Лурии Ашкенази
раби Шнеуром-Залманом из города Ляды

Перевод М. Шнейдера, В. Рапопорта, П. Гиля

Под общей редакцией проф. Г. Брановера

ПЯТОЕ, РАСШИРЕННОЕ ИЗДАНИЕ

SHAMIR   BRIS AVROHOM

Hillside, New Jersey
5759 • 1999

ה ת כ ן

הערה: בציון כזה* סמנו בסדור זה את האותיות המנוקדות בשבא-נע.

СОДЕРЖАНИЕ

ב״ה.

הקדמה

בתודה ושבח להשי״ת הננו מוציאים לאור את ה״סידור תהילת ה׳ ״ עם תרגום רוסי - בהוצאה חדשה ומתוקנת עם הוספות.

ומגלגלין זכות ליומין זכאין - במלאות עשרים שנה להתייסדות מוסדותינו הק׳ ״ברית אברהם״.

המוסד הק׳ ״ברית אברהם״ נוסד בשנת תשל״ט במטרה להיות לעזרה לאחינו בני ישראל יוצאי ברית-המועצות (רוסיא) בצרכיהם הגשמיים והרוחניים גם יחד.

בין פעולותיו השונות של המוסד בהפצת תורה ויהדות בכלל, הוא גם להוציא לאור בתרגום רוסי מודרני, ספרי קודש הנצרכים ביותר לכל אחד ואחת מבני ובנות ישראל, דבר שפותח עולם חדש לפני אחינו ממדינה ההיא, שבמשך כמה דורות נמנעה מהם כל גישה לשרשי אמונתינו.

ידוע מה שכתב אדמו״ר הזקן שהסידור הוא ״שוא לכל נפש״, ויש בו תפלות, ברכות וכו׳ השייכים לכל זמני חיי האדם. במבט לאחור נוכל לומר בפה מלא שבעשרים שנות פעולות מוסד ״ברית אברהם״ - ״קיים זה (״ברית אברהם״) מה שכתוב בזה״ (סידור).

ת״ל, במשך עשרים שנה האחרונות - זכינו להכניס בבריתו של אאע״ה למעלה מחמשת אלפים מבני ישראל; זכינו לסדר ״פדיון הבן״ עבור מאות בכורי ישראל; זכינו לסדר שיעורי הכנה וחגיגות בר מצוה למאות אבות ובנים; זכינו לסדר חינוך יהודי מקורי לאלפי בני ובנות ישראל לכל הגילים; זכינו לסדר חופה וקידושין כדת משה וישראל למאות זוגות בישראל; זכינו לסדר מאות ואלפי מסיבות בקשר עם חגי ישראל ומועדיו ויומי דפגרא במשך כל השנה כולה.

*

״שלשה כתרים הן, כתר תורה, כתר כהונה וכתר מלכות, וכתר שם טוב עולה על גביהן״ (אבות פ״ד מי״ג).

במשך עשרים שנות פעילות המוסד זכינו לשלשת הכתרים:

״כתר תורה״, בפעולותינו בהדפסת חמשה חומשי תורה בתרגום רוסי וכן הדפסת התניא בתרגום רוסי - ובסדור אלפי שיעורי תורה בהם.

״כתר כהונה״, בפעולותינו בסידור מאות ״פדיון הבן״ עבור בכורי ישראל.

וע״י מעשינו ועבודתינו בהפצת היהדות בכלל זכינו ל״**כתר שם טוב**״.

*

ויה״ר מהשי״ת שע״י הדפסת סידור זה שהוא שלב נוסף בהסולם של הפצת המעיינות חוצה, נזכה בקרוב ממש ביחד עם כל אחינו בני ישראל בכל מקום שהם, לראות את **כתר מלכות** הנצחי, התגלותו של מלכינו משיחנו, ונזכה זעהן זיך מיטין רבי'ן דא למטה אין א גוף ולמטה מעשרה טפחים, והוא יגאלנו״.

ותתקבל התפלה שאומרים כל בני ישראל בסידור: תקע בשופר גדול לחרותינו ושא נס לקבץ גליותינו וקרב פזורינו מבין הגוים ונפוצותינו כנס מירכתי ארץ, והביאנו לציון עירך ברנה ולירושלים בית מקדשך בשמחת עולם; שיבנה בית המקדש במהרה בימינו.

הנהלת ״ברית אברהם״

ימי הגאולה י״ב - י״ג תמוז ה׳תשנ״ט
הילסייד, ניו דזשערזי

ПРЕДИСЛОВИЕ ИЗДАТЕЛЬСТВА

С благодарностью Всевышнему мы выпускаем в свет новое исправленное и дополненное издание молитвенника «Сиддур Тегиллат Гашем» с переводом на русский язык. Это знаменательное событие мы решили приурочить к двадцатой годовщине основания нашей организации «Брис Авроом».

Организация «Брис Авроом» была создана в 1979 г. с целью оказания материальной и духовной помощи евреям, выходцам из бывшего СССР. Разнообразная деятельность «Брис Авроом» по распространению Торы и иудаизма включает также выпуск наиболее необходимых священных книг на современном русском языке. Эти книги открывают новый мир перед иммигрантами из той страны, где в течение нескольких поколений они были лишены доступа к истокам нашей Веры.

Известно изречение Алтер Ребе, что «Сиддур — это книга, предназначенная в одинаковой степени для любого человека». Он содержит молитвы, благословения и описание церемоний для всех праздников и для всех знаменательных событий в жизни человека. Оглядываясь назад, мы можем, перефразируя выражение из Талмуда, сказать про «Брис Авроом», что «этот исполнил все, что написано здесь» (т.е. в Сиддуре). С Б-жьей помощью, мы за последние двадцать лет смогли провести более пяти тысяч обрядов обрезания (*Брис-мила*) и, таким образом, тысячи евреев вошли в «Союз Авраама»; сотни еврейских первенцев получили возможность провести обряд *Пидьон-Абен*; были организованы занятия по подготовке к Бар-мицве для сотен сыновей и отцов; нам удалось организовать классы еврейского образования для тысяч юношей и девушек различных возрастов; сотни еврейских пар прошли обряд еврейского бракосочетания – *Хупа*; были организованы сотни праздничных программ в честь знаменательных дат и еврейских праздников на протяжении всего года.

***

Написано в трактате «Поучения Отцов» (4, 13):«Существует три венца: венец Торы, венец священнослужения и венец царства, однако венец доброго имени превосходит их всех».

На протяжении двадцати лет своей деятельности «Брис Авроом» удостоился трех венцов:

Венец Торы: Публикация Пяти книг Торы с переводом на русский язык, Книги «Тания» с переводом на русский язык, а также организация тысяч уроков Торы.

Венец священнослужения: организация сотен обрядов выкупа первенцев (выкуп делается священнослужителем *когеном*).

А благодаря нашим делам мы удостоились также «венца доброго имени».

***

Да будет Воля Всевышнего, чтобы благодаря изданию Сиддура, которое является еще одним звеном в «распространении источников», мы удостоимся вскоре увидеть вечный **Венец Царства**, раскрытие нашего короля Мошиаха, и «мы увидимся с Ребе здесь, в этом нижнем мире... и он поведет нас к избавлению».

И да будет принята молитва, которую все евреи читают в Сиддуре: «Затруби в великий шофар Избавления нашего, и подними знамя, чтобы собрать пленения наши и сблизь рассеяния наши из среды народов... и приведи нас в Сион, город Твой, в песнопении и в Иерусалим, Храм Твой в веселье вечном». Да будет восстановлен Храм вскоре, в наши дни!

«Брис Авроом»

12—13 таммуза 5759 г.
Хиллсайд, Нью-Джерси

FOREWORD

With thanks and praise to Hashem, we hereby present the new edition of the "Siddur Tehilas Hashem" with a modern Russian translation complete with corrections and additions.

Following the dictum of our Sages: *"We assign merit to meritorious days"* - this publication coincides with the celebration of twenty years since the founding of our institution "Bris Avrohom."

Since Bris Avrohom was founded in 1979, its main goal has been to assist our Russian brethren with both their material and spiritual needs.

One of our many outreach programs is the publishing of books of Torah, prayer books and other Judaic material with a modern Russian translation. These essential works, so necessary for every Jewish man and woman, open up a new world for those who had no access to the foundations of our heritage for so many generations.

There is a known statement of the Alter Rebbe, that *"the Siddur is for one and all."* It consists of prayers, blessings and instructions etc. pertaining to all life cycles. In retrospect, we can say that after twenty years of work, to paraphrase a quote from the Talmud, Bris Avrohom *"has fulfilled this which is inscribed in that (i.e. the Siddur)."*

To cite briefly, we have performed over 5000 Brissin; arranged hundreds of Pidyon HaBen ceremonies for firstborn Jewish males; arranged preparatory classes and bar-mitzvah celebrations for hundreds of fathers and sons; arranged a traditional Jewish education for thousands of boys and girls; performed proper Jewish weddings for hundreds of couples; and have organized thousands of holiday celebrations and events throughout the year.

The Mishnah states: *"There are three crowns: the crown of Torah, the crown of the priesthood, and the crown of royalty, and the crown of a good name supersedes them all." (Pirkei Avos 4:13)*

In the course of our work we have merited three of these crowns:
"The crown of Torah" - in our printing the Torah, the Tanya and other Judaic works with Russian translation, and in arranging thousands of Torah classes.

"The crown of the priesthood" - in our arranging hundreds of Pidyon HaBen ceremonies for first born Jewish males.

And through our work in disseminating Judaism, we have been privileged to attain the **"crown of a good name."**

May it be G-d's will that printing this Siddur will be the final stage in spreading the wellsprings outward. Surely we will soon merit along with all our fellow Jews wherever they may be, to see the eternal **crown of royalty** with the revelation of our King Moshiach. *"And may we merit to see the Rebbe here below, physically, below ten hands breaths and he will redeem us!"*

May the prayers from the Siddur uttered by all Jews finally be fulfilled: *"Blow the great shofar for our liberation, and raise the flag to gather our exiles, and bring close those who are scattered among the nations, and gather our dispersed from the ends of the earth, and bring us to Tziyon Your city with joy, and to Yerushalayim the home of Your sanctuary with everlasting happiness; may our Holy Temple be built speedily in our days."*

The Administration of Bris Avrohom

The Days of Redemption,
12-13 Tammuz, 5759
Hillside, New Jersey

ПРЕДИСЛОВИЕ РЕДАКТОРА РУССКОГО ПЕРЕВОДА СИДУРА

Общеизвестно, что евреев называют народом Книги. Углубленное изучение и даже просто чтение Танаха, Талмуда, ѓалахических и кабалистических трудов во все века являлось характернейшей особенностью еврейского образа жизни. Самая же читаемая книга у нашего народа – та, что лежит сейчас перед Вами: "сидур" – сборник ежедневных молитв. Этой книгой пользуется и умудренный в учении, и тот, кто с трудом читает слова на иврите, и ребенок двух-трех лет, только знакомящийся с еврейским алфавитом.

Для издательства "Шамир" подготовка русского перевода сидура была серьезным испытанием. Хотя наши переводчики, консультанты и редакторы могли опираться на значительный опыт, накопленный при подготовке изданных "Шамиром" ранее Пятикнижия Моисеева, трактата Авот и других книг, работа над сидуром оказалась более сложной, чем мы ожидали. Продолжалась она около пяти лет и потребовала огромных усилий, можно даже сказать – самоотверженности от всех, кто принимал в ней участие.

Мы ставили перед собой две задачи:

1. Создать русский текст сидура, по которому еврей, не знающий иврита, мог бы молиться (а не просто пользоваться им как пособием для правильного понимания ивритских текстов). Для этого, естественно, требуется предельная адекватность перевода оригиналу – так, чтобы молитва по переводу могла быть "засчитана" молящемуся в соответствии с самыми строгими требованиями Ѓалахи.

2. Найти такой русский эквивалент оригинального ивритского текста, который воспринимался бы современным русскоязычным евреем как текст, который хоть и необычен своим высоким слогом (ведь это – молитва, не беллетристика), но все же не режет слух.

Для решения этих задач переводчикам и литературным редакторам приходилось иногда тратить на перевод одной фразы, а иногда и одного слова многие часы и даже дни. В ряде случаев приходилось сознательно отступать от норм литературного русского языка ради соблюдения особой точности при переводе. Переводчики пользовались многими десятками классических комментариев, чтобы максимально полно и глубоко проанализировать смысл каждого слова. Часто им приходилось обращаться за консультацией к признанным авторитетам в области Танаха и Ѓалахи.

Результатом этих усилий явилось первое издание сидура, вышедшее в свет в 1987 году. В этом издании сформулированные выше задачи были, в общем, решены, по крайней мере, в "первом приближении". Работа над сидуром продолжалась, и в ней нам значительно помогли те, кто пользуется этим сидуром. Настоящее, пятое издание полнее предыдущих, в нем исправлены обнаруженные в предыдущих изданиях опечатки.

✻ ✻ ✻

Ниже мы помещаем перевод нескольких отрывков из предисловия раввина Нисана Мангела к английскому переводу сидура. Там читатель найдет исчерпывающие объяснения особенностей и назначения настоящего сидура, называемого "Теѓилат Ѓашем" и следующего "Нусаху Ѓаари".

Здесь же мы попытаемся описать в общих чертах, каково еврейское религиозное законодательство в отношении молитвы на нееврейском языке, и рассказать о связанных с этим особенностях нашего перевода.

Ѓалаха устанавливает (на основании Мишны, трактат Сота, 7:1), что все молитвы, за исключением благословения коѓаним, можно произносить на любом языке, который человек понимает (Шулхан арух, раздел Орах хайим, 62,101,185). Некоторые молитвы, в частности "Кидуш" и "Ѓалель", может произносить на иврите даже тот, кто не знает этого языка. Существует мнение, что это относится ко всем благословениям и даже к "Биркат ѓамазон" (благословение после еды).

С другой стороны, в молитвах "Шма" и "Шмонэ-эсрэ" первостепенное значение имеет *кавана* – осознание произносимого, поэтому их не следует говорить на иврите тому, кто не понимает этот язык. Более того, и другие молитвы и благословения лучше произносить на понятном молящемуся языке. Однако практическое осуществление этого указания связано с проблемой перевода священных текстов (в дополнение к обычным трудностям, которые возникают при переводе с иврита на европейский язык), в особенности это относится к молитве "Шма", требующей, согласно Ѓалахе, особой точности при произнесении. Эта проблема отражена в Талмуде: "Тот, кто переводит стих дословно, – лжет; тот, кто добавляет, – кощунствует" (Кидушин, 49а; Тосефта, Мегила, 8). Отсюда мы видим, что недопустим и дословный перевод (если он искажает смысл стиха или противоречит Устной Торе), и вольный (в некоторых случаях дополнения на основании Устной Торы можно или даже предписано делать, однако весьма непросто выделить из огромного количества толкований, содержащихся в Устной Торе, те, которые необходимо включить в перевод).

Кроме того, существует множество частных проблем, к примеру – проблема перевода Имен Всевышнего. Ѓалаха проводит различие между собственными Именами Всевышнего и "наименованиями", характеризующими Его атрибуты. Так, например, формула благословения, где Имя Всевышнего заменено одним из "наименований", недействительна.[1] Таким образом, благословение, где Имя Всевышнего переведено как "Всесиль-

---

[1] Это различие определяется не происхождением "наименования", а его применением. Поэтому "Ѓ-сподь" относится к Именам, а не к "наименованиям".

ный", "Создатель" и т. д. (в некоторых сидурах на английском языке – "Eternal" и "Hashem") – недействительно (см. Шулхан арух Ѓарав, раздел Орах хайим, 85, Кунтрес ахарон, п. 2).

Учитывая эти проблемы, многие авторитеты (р. Акива Эйгер, авторы книг Арух ѓашулхан, Каф ѓахайим) рекомендуют важнейшие молитвы, в особенности "Шма", произносить на иврите. Однако при этом необходимо, как минимум, понимать смысл первой фразы "Шма", ключевые слова формулы благословений ("благословен", "Г-сподь", "Владыка") и значение слов, в которых содержится указание на то, в связи с чем произносится благословение, например, "Защитник Авраѓама"[2], "Сотворивший плод земли". Молитва – дело глубоко интимное, и четких указаний по поводу того, на каком языке предпочтительнее молиться, не существует. Каждому следует самостоятельно решить этот вопрос, не забывая о главном: необходимости как можно полнее выразить в молитве свои чувства. Сказанное здесь относится и к выбору произношения на иврите – в том случае, если человек не был воспитан в рамках ашкеназской или сефардской традиции.

В переводе мы старались следовать приведенному выше указанию Талмуда: там, где это возможно, перевод был дословным, если же буквальный перевод мог исказить смысл текста или вступить в противоречие с Устной Торой, перевод был дополнен на основании классических комментариев (Талмуд, Саадья-гаон, Раши, Рамбан, Радак, Мальбим и др.).

Согласно Ѓалахе, тетраграмматон יהוה произносится не так, как пишется, но как אדני – "Г-сподь". Там, где в молитве встречается это Имя, нужно сосредоточить мысли на значении как произносимой формы Имени, т. е. слова "Г-сподь", так и письменной формы, т. е. тетраграмматона, значение которого – "Тот, Кто был, есть и будет", "Предвечный" (Шулхан арух, раздел Орах хайим). Смысл Имени אלקים, переводимого нами словом "Б-г", – "Всесильный", "Всемогущий", "Б-г сил".

Учитывая мнение, согласно которому желательно читать "Шма" на иврите (напомним, что при этом необходимо, как минимум, понимать значение первой фразы), а также чтобы помочь тем, кто учится молиться, мы помещаем в конце сидура транслитерацию "Шма" и некоторых других молитв.

Другой проблемой является распространенный в Танахе переход с первого лица на второе, от множественного числа к единственному, от будущего времени к настоящему и т. д., иногда даже в пределах одной фразы (это явление обратило на себя внимание комментаторов, в том числе Саадьи-гаона). Современные языки не терпят подобного смешения. Мы старались найти приемлемый компромисс, однако в некоторых случаях от этого смешения нельзя было отказаться, не искажая смысла.

Особой проблемой была разработка принципов русского написания личных имен, географических названий, названий мер, месяцев года и т. п. Всюду, где это было возможно, мы старались максимально приблизить звучание имен к их произношению в современном разговорном иврите в

---

[2] Даже если из всей "Амиды" ("Шмонэ-эсрэ") молящийся понимает только это первое благословение, молитва ему засчитывается.

его сефардском варианте, например, "Моше", "Авраѓам" и т. д. В некоторых случаях, однако, мы отдавали предпочтение более традиционному русскому написанию (обычно это делалось по соображениям благозвучия или же потому, что при точной передаче имени в ивритском звучании возникали трудности при его склонении). Так, мы пишем "Израиль", а не "Исраэль".

* * *

В настоящее, пятое русское издание сидура вошли все молитвы будних дней и субботы, а также основные молитвы праздников. Не вошел в него ряд переводов текстов, имеющихся в канонических изданиях сидура "Теѓилат Ѓашем", а именно: особые молитвы, которые читаются в праздник Сукот; "Слихот"; не вошли отрывки из Торы и из книг пророков ("ѓафтарот"), которые читаются в будние дни; молитва "Акдамут", которая читается в праздник Шавуот; "Эрув тхумин"; тексты, которые должен читать тот, кто находится в трауре, и тот, кто отмечает "йорцайт".

С другой стороны, мы включили в настоящее издание транслитерацию некоторых важнейших молитв и благословений: "Кадиш ятом"; "Кдуша"; "Шма"; благословения до и после чтения Торы; "Изкор"; благословения, которые произносят перед облачением в талит; благословения, которые произносят перед возложением тфилин; благословения, произносимые во время зажигания свечей и др.

Транслитерацию мы приводим в двух вариантах произношения – сефардском и ашкеназском.

Знак "ѓ" в тексте сидура соответствует букве ה и читается примерно как английское "h".

Проф. Г. Брановер

ПРЕДИСЛОВИЕ К ПЯТОМУ ИЗДАНИЮ

Пятое, расширенное издание сидура "Теѓилат Ѓашем" выходит в свет спустя пять лет после первого издания. В него включен новый перевод трактата Авот и молитв о росе и дожде и исправлены ошибки, замеченные в прежних изданиях.

За годы, прошедшие со времени первого издания, в редакцию поступило множество откликов, свидетельствующих о том, сколь велика оказалась потребность русскоязычных евреев – живущих как в России, так и за ее пределами – в этом сидуре. Мы убедились в том, что он помогает людям открыть для себя мир еврейской молитвы, благодаря ему они находят путь к Торе.

Считаю своей приятной обязанностью отметить замечательную работу переводчиков, редакторов, всех сотрудников издательства "Шамир", принявших участие в выпуске этой книги, а также выразить нашу глубокую признательность организации "Брис Авроѓом", возглавляемой р. Мордехаем Канельским, при поддержке которой выходит в свет это издание сидура "Теѓилат Ѓашем" с русским переводом.

Проф. Г. Брановер

ИЗ ИСТОРИИ СИДУРА "ТЕГИЛАТ ГАШЕМ"

Сказал раби Анан: "Врата молитвы не затворяются вовек".
Дварим раба, 2:12.

Большинство молитв, принятых всем еврейским народом, были составлены мужами Великого Собрания и их преемниками — мудрецами Талмуда. Различия в обычаях общин касаются деталей: порядка молитв[1], некоторых текстуальных расхождений[2], наличия или отсутствия литургических гимнов позднейшего происхождения[3]. Этими нюансами и характеризуются все *нусхаот* — "варианты" молитвы, принятые в различных общинах. Наиболее широко распространены "Нусах Ашкеназ", "Нусах Сфарад", "Нусах эйдот гамизрах", "Нусах Полин", "Нусах Тейман" и "Нусах Гаари".

В Кабале говорится[4], что в принципе существуют двенадцать *нусхаот*, по числу колен Израилевых[5], и каждый *нусах* отвечает особенностям духовной природы соответствующего колена. Это мнение приводится также и в галахической литературе[6].

В книге "Зогар" сказано, что над каждым из двенадцати ворот Храма было начертано имя одного из колен, и когда в эти ворота пытался войти представитель другого колена, они затворялись перед ним[7].

---

1. Так, например, в "Нусахе Сфарад" молитва הודו ("Благодарите...") предшествует благословению ברוך שאמר ("Благословен Тот, по слову Которого..."), в "Нусахе Ашкеназ" — следует за ним.

2. Например, в одних *нусхаот* благословение, предшествующее 'Шма", начинается словами אהבת עולם ("любовью вечной ..."), а в других — словами אהבה רבה ("любовью великой...").

3. См. "Шулхан арух", раздел "Орах хайим", 68; "Маген Авраг̃ам", 68; "Шаар г̃акаванот", 50:3.

4. Например, в книгах "Шаар г̃акаванот", "При эц хайим", "Мишнат хасидим".

5. Деление еврейского народа на двенадцать колен не является случайным, произвольным. Оно исторически обусловлено тем, что у нашего праотца Яакова было двенадцать сыновей. Каждое колено характеризуется своими духовными, эмоциональными и интеллектуальными особенностями, корни которых – в *сфирот* мира Эманации. Этот последний аспект, равно как и символическое значение числа 12, подробно обсуждается в трудах р.Шнеура-Залмана из Ляд.

6. "Маген Авраг̃ам", раздел "Орах хайим", 68; "Шулхан арух Г̃арав", 68:2.

7. "Зог̃ар", часть III, стр. 170a.

Так и в Небесном Храме, согласно Кабале, есть двенадцать ворот, и молитва попадает в него, только если человек молится согласно *нусаху* колена, к которому принадлежит, ибо только в этом случае молитва проходит через соответствующие ворота.

Возникает вопрос: если молитва может подняться на Небеса только через отворенные для нее ворота, что делать человеку, который не знает, к какому колену принадлежит? По какому *нусаху* ему молиться?

Раби Дов-Бер, Магид из Межерича, утверждает на основании Талмуда и Кабалы, что существуют тринадцатые — "общие ворота" (שער הכולל), открытые для каждого еврея, к какому бы колену он ни принадлежал[8]. Такие же ворота существовали в Храме, и в них мог войти представитель любого колена.

Этим тринадцатым воротам соответствует особый *нусах*, по которому может молиться любой еврей. Такой *нусах*, говорит Магид, был составлен Гаари (раби Ицхаком Лурией Ашкенази) путем синтеза различных *нусхаот*, но, в общем, все же на основе "Нусаха Сфарад"[9].

Но раз есть *нусах*, по которому может молиться любой еврей, и существуют тринадцатые ворота, через которые может пройти представитель любого колена, зачем же нужны остальные *нусхаот* и двенадцать ворот в Храме? Магид отвечает, что духовное своеобразие каждого колена находит полное выражение только в специально для него предназначенном пути в Храм, в молитве по своему особому *нусаху*[10].

Но в настоящее время, когда большинству евреев не известно, к какому колену они принадлежат, "общие ворота" открыты для всех.

Хотя Гаари занимался кодификацией молитв, своего "сидура" (молитвенника) он не издал. Однако вместе с его кабалистическими толкованиями молитв и указаниями по медитации составленный им *нусах* передавался устно от учителя к ученику. С течением времени было напечатано несколько сидуров, носивших название "Нусах Гаари", но название это относилось, в основном, не к тексту молитв,

---

8. "Магид дварав леяаков".

9. Само собой разумеется, что понятие "общие ворота" относится в первую очередь к тем молитвам, которые установлены мужами Великого Собрания и мудрецами Талмуда. Заслуга Гаари состоит в том, что он привел в соответствие с этим принципом и другие молитвы, разработав полный их свод, пригодный для каждого еврея. (См. раби Дов-Бер из Любавичей, "Шаар гаэмуна", гл. 55, и Аврагам-Давид Лавут, "Шаар гаколель", введение.)

10. Раби Дов-Бер из Любавичей отмечает, что по этой же причине при рассечении Красного моря в нем образовалось двенадцать путей. Всевышний не творит чудес, в которых нет нужды. Если так, почему же понадобилось двенадцать путей, разве одного недостаточно? Дело в том, что переход Красного моря являлся духовным актом, и как и в молитве, у каждого колена был в этом свой путь.

а к комментариям и указаниям по медитации, основанным на лурианской Кабале. В текстах были учтены далеко не все указания Гаари, и в некоторых изданиях они приближались к "Нусаху Ашкеназ". Эти сидуры были расчитаны на людей, сведущих в Кабале, а не на широкого читателя, и зачастую не содержали огласовки.

В 1803 году раби Шнеур-Залман из Ляд[11] издал общедоступный сидур согласно "Нусаху Гаари". Текст сидура был детально выверен согласно указаниям Талмуда и позднейшей Галахи, а также лурианской Кабалы, однако не включал кабалистических комментариев.

В тексты сидуров всех *нусхаот*, печатавшихся на протяжении веков, вкралось множество ошибок. Раби Шнеур-Залман тщательно проверил каждое слово и внес необходимые поправки, приведя текст в соответствие с нормами ивритской грамматики и синтаксиса, которым он придавал большое значение.

Передают, что раби Шнеур-Залман скрупулезно исследовал шестьдесят различных сидуров и выбрал вариант, наиболее полно отвечающий требованиям Галахи и Кабалы.

Чтобы сделать сидур общедоступным, раби Шнеур-Залман включил в него краткое изложение законов и обычаев, относящихся к молитве и связанным с нею обрядам. Иногда галахические решения, включенные в сидур, расходятся с решениями, содержащимися в "Шулхан арухе", составленном им[12]. В этом случае следуют указаниям, приведенным в сидуре, так как он был составлен позже "Шулхан аруха".

Новый сидур был встречен с большим интересом и за десять лет после выхода в свет был переиздан дважды.

В 1816 году, через три года после кончины раби Шнеура-Залмана, его сын и наследник, раби Дов-Бер из Любавичей, выпустил новое издание сидура, дополнив его толкованиями в духе хасидизма.

Раби Аврагам-Давид Лавут, известный ученый и автор галахических трудов, выпустил в конце прошлого столетия новое издание сидура раби Шнеура-Залмана, которое назвал "Тора ор"[13]. Он дополнил книгу, включив в нее отрывки из Торы, которые читают в будние дни в синагоге, "слихот" (молитвы, произносимые в дни постов и перед Рош-Гашана) и др. В тех случаях, когда в тексте встречаются цитаты из Танаха, Талмуда и других источников, в подстрочных примечаниях содержатся соответствующие ссылки. Кроме того, раби Аврагам-Давид Лавут исправил опечатки, допущенные в предыдущих изданиях. Наиболее важное дополнение в этом сидуре — комментарий "Шаар гаколель", который сам по себе

---

11. Известный под именем Гарав – "Раввин" или Баал-гатания – "автор Тании". Среди любавичских хасидов его называют Алтер ребе – "Старый ребе".

12. "Цемах Цедек", раздел "Орах хайим", 18:4.

13. Предыдущие издания сидура не имели особого названия, лишь один именовался סדר תפילות מכל השנה עפ״י נוסח האריז״ל – ≪Сборник молитв на весь год по "Нусаху Гаари"≫.

является важным г̃алахическим трудом. В нем приводится, со ссылками на Талмуд, книгу ”Зог̃ар”, Г̃алаху и Кабалу, обоснование избранных раби Шнеуром-Залманом вариантов текста молитвы и г̃алахических решений.

В дальнейшем выходило много различных изданий этого сидура. Одно из них было опубликовано в 1918 — 1920 годах в Ростове-на-Дону, где тогда жил раби Дов-Бер, пятый Любавичский ребе. Этот сидур был назван ”Тег̃илат Г̃ашем”. Его отличительной чертой является то, что г̃алахические указания, включенные раби Шнеуром-Залманом в первое издание сидура, дополнены на основании его же ”Шулхан аруха”. Кроме того, все молитвы были напечатаны полностью (во многих сидурах повторяющиеся фрагменты молитвы печатаются только там, где они встречаются в первый раз, а затем дается только ссылка на это место), так что нет необходимости прерывать молитву для поиска пропущенного фрагмента.

Сидур ”Тег̃илат Г̃ашем” переиздавался десятки раз в Израиле, США и многих других странах.

Нисан МАНГЕЛ

אָלֶף - בֵּית

ו	ה	ד	ג	בּ	א
ך	כּ	י	ט	ח	ז
ע	ס	ן	נ	ם	מ	ל
ר	ק	ץ	צ	ף	פּ

ת	תּ	שׂ	שׁ

הַנְקֻדוֹת

חוֹלָם	שְׁבָא	סֶגוֹל	צֵירֵה	פַּתַח	קָמַץ
◌ֹ	◌ְ	◌ֶ	◌ֵ	◌ַ	◌ָ
חֲטָף סֶגוֹל	חֲטָף פַּתַח	חֲטָף קָמַץ	שׁוּרֻק (אוֹ מְלֵאפֻּם)	קֻבּוּץ (אוֹ שׁוּרֻק)	חִירִק
◌ֱ	◌ֲ	◌ֳ	וּ	◌ֻ	◌ִ

אָ בְּ גְ דְ הְ וְ זְ חְ טְ יְ כְ כְ לְ
מְ נְ סְ עְ פְּ פְ צְ קְ רְ שְׁ שְׂ תְ תְּ

אַ בַּ גַ דַ הַ וַ זַ חַ טַ יַ כַּ כַ לַ
מַ נַ סַ עַ פַּ פַ צַ קַ רַ שַׁ שַׂ תַ תַּ

אֵ בֵּ גֵ דֵ הֵ וֵ זֵ חֵ טֵ יֵ כֵּ כֵ לֵ
מֵ נֵ סֵ עֵ פֵּ פֵ צֵ קֵ רֵ שֵׁ שֵׂ תֵ תֵּ

אֶ בֶּ גֶ דֶ הֶ וֶ זֶ חֶ טֶ יֶ כֶּ כֶ לֶ
מֶ נֶ סֶ עֶ פֶּ פֶ צֶ קֶ רֶ שֶׁ שֶׂ תֶ תֶּ

אֹ בּוֹ גוֹ דוֹ הוֹ וֹ זוֹ חוֹ טוֹ יוֹ כּוֹ כוֹ לוֹ
מוֹ נוֹ סוֹ עוֹ פּוֹ פוֹ צוֹ קוֹ רוֹ שׁוֹ שׂוֹ תוֹ תוֹ

אִ בִּ גִ דִ הִ וִ זִ חִ טִ יִ כִּ כִ לִ
מִ נִ סִ עִ פִּ פִ צִ קִ רִ שִׁ שִׂ תִ תִּ

אׇ בׇּ גׇ דׇ הׇ וׇ זׇ חׇ טׇ יׇ כׇּ כׇ לׇ
מׇ נׇ סׇ עׇ פׇּ פׇ צׇ קׇ רׇ שׇׁ שׇׂ תׇ תׇּ

אֻ בֻּ גֻ דֻ הֻ וֻ זֻ חֻ טֻ יֻ כֻּ כֻ לֻ
מֻ נֻ סֻ עֻ פֻּ פֻ צֻ קֻ רֻ שֻׁ שֻׂ תֻ תֻּ

אֻ בּוּ גוּ דוּ הוּ וּ זוּ חוּ טוּ יוּ כּוּ כוּ לוּ
מוּ נוּ סוּ עוּ פּוּ פוּ צוּ קוּ רוּ שׁוּ שׂוּ תוּ תוּ

קָטָן מִשֶׁיּוֹדֵעַ לְדַבֵּר אָבִיו מְלַמְּדוֹ . . .

בִּרְכוֹת הַבֹּקֶר לִילָדִים קְטַנִּים

מוֹדֶה אֲנִי לְפָנֶיךָ, מֶלֶךְ חַי וְקַיָּם, שֶׁהֶחֱזַרְתָּ בִּי נִשְׁמָתִי בְּחֶמְלָה, רַבָּה אֱמוּנָתֶךָ:

בָּרוּךְ אַתָּה יְיָ, אֱלֹהֵינוּ מֶלֶךְ הָעוֹלָם, אֲשֶׁר קִדְּשָׁנוּ בְּמִצְוֹתָיו, וְצִוָּנוּ עַל נְטִילַת יָדָיִם:

תּוֹרָה צִוָּה לָנוּ מֹשֶׁה, מוֹרָשָׁה קְהִלַּת יַעֲקֹב:

(לַנְּעָרִים: בָּרוּךְ אַתָּה יְיָ, אֱלֹהֵינוּ מֶלֶךְ הָעוֹלָם, אֲשֶׁר קִדְּשָׁנוּ בְּמִצְוֹתָיו, וְצִוָּנוּ עַל מִצְוַת צִיצִת:)

שְׁמַע יִשְׂרָאֵל, יְיָ אֱלֹהֵינוּ, יְיָ | אֶחָד:

בָּרוּךְ שֵׁם כְּבוֹד מַלְכוּתוֹ לְעוֹלָם וָעֶד:

וְאָהַבְתָּ אֵת יְיָ אֱלֹהֶיךָ בְּכָל לְבָבְךָ וּבְכָל נַפְשְׁךָ וּבְכָל מְאֹדֶךָ: וְהָיוּ הַדְּבָרִים הָאֵלֶּה אֲשֶׁר אָנֹכִי מְצַוְּךָ הַיּוֹם עַל לְבָבֶךָ: וְשִׁנַּנְתָּם לְבָנֶיךָ וְדִבַּרְתָּ בָּם בְּשִׁבְתְּךָ בְּבֵיתֶךָ וּבְלֶכְתְּךָ בַדֶּרֶךְ, וּבְשָׁכְבְּךָ וּבְקוּמֶךָ: וּקְשַׁרְתָּם לְאוֹת עַל יָדֶךָ, וְהָיוּ לְטֹטָפֹת בֵּין עֵינֶיךָ: וּכְתַבְתָּם עַל מְזֻזוֹת בֵּיתֶךָ וּבִשְׁעָרֶיךָ:

בִּרְכוֹת הַסְעֻדָה לִילָדִים קְטַנִּים

נוֹטְלִים אֶת הַיָּדַיִם קוֹדֶם הַסְעוּדָה וּמְבָרְכִים

בָּרוּךְ אַתָּה יְיָ, אֱלֹהֵינוּ מֶלֶךְ הָעוֹלָם, אֲשֶׁר קִדְּשָׁנוּ בְּמִצְוֹתָיו, וְצִוָּנוּ עַל נְטִילַת יָדָיִם:

קוֹדֶם שֶׁאוֹכְלִים אֶת הַלֶּחֶם מְבָרְכִים

בָּרוּךְ אַתָּה יְיָ, אֱלֹהֵינוּ מֶלֶךְ הָעוֹלָם, הַמּוֹצִיא לֶחֶם מִן הָאָרֶץ:

אַחֲרֵי אָכְלָם לֶחֶם

בְּרִיךְ רַחֲמָנָא, אֱלָהָנָא, מַלְכָּא דְעָלְמָא, מָרֵא דְהַאי פִּתָּא:

קְרִיאַת שְׁמַע עַל הַמִּטָּה לִילָדִים קְטַנִּים

שְׁמַע יִשְׂרָאֵל, יְיָ אֱלֹהֵינוּ, יְיָ | אֶחָד:

בָּרוּךְ שֵׁם כְּבוֹד מַלְכוּתוֹ לְעוֹלָם וָעֶד:

וְאָהַבְתָּ אֵת יְיָ אֱלֹהֶיךָ בְּכָל לְבָבְךָ וּבְכָל נַפְשְׁךָ וּבְכָל מְאֹדֶךָ: וְהָיוּ הַדְּבָרִים הָאֵלֶּה אֲשֶׁר אָנֹכִי מְצַוְּךָ הַיּוֹם עַל לְבָבֶךָ: וְשִׁנַּנְתָּם לְבָנֶיךָ וְדִבַּרְתָּ בָּם בְּשִׁבְתְּךָ בְּבֵיתֶךָ וּבְלֶכְתְּךָ בַדֶּרֶךְ, וּבְשָׁכְבְּךָ וּבְקוּמֶךָ: וּקְשַׁרְתָּם לְאוֹת עַל יָדֶךָ, וְהָיוּ לְטֹטָפֹת בֵּין עֵינֶיךָ: וּכְתַבְתָּם עַל מְזֻזוֹת בֵּיתֶךָ וּבִשְׁעָרֶיךָ:

בְּיָדְךָ אַפְקִיד רוּחִי פָּדִיתָה אוֹתִי יְיָ אֵל אֱמֶת:

5

Как только ребенок начинает произносить первые слова, отец должен обучить его следующим молитвам и благословениям.

УТРЕННИЕ БЛАГОСЛОВЕНИЯ, ПРОИЗНОСИМЫЕ МАЛЕНЬКИМИ ДЕТЬМИ

מודה אני БЛАГОДАРЮ ТЕБЯ, ВЛАДЫКА ЖИВОЙ И ВЕЧНЫЙ, ЗА ТО, ЧТО ТЫ, ПО МИЛОСТИ СВОЕЙ, ВОЗВРАТИЛ МНЕ ДУШУ МОЮ. ВЕЛИКА МОЯ ВЕРА В ТЕБЯ.

ברוך БЛАГОСЛОВЕН ТЫ, ГОСПОДЬ, БОГ НАШ, ВЛАДЫКА ВСЕЛЕННОЙ, ОСВЯТИВШИЙ НАС СВОИМИ ЗАПОВЕДЯМИ И ДАВШИЙ НАМ ПОВЕЛЕНИЕ ОБ ОМОВЕНИИ РУК!

תורה ТОРА, КОТОРУЮ ЗАВЕЩАЛ НАМ МОШЕ, – НАСЛЕДИЕ ОБЩИНЫ ЯАКОВА.[1]

(Для мальчиков:
ברוך БЛАГОСЛОВЕН ТЫ, ГОСПОДЬ, БОГ НАШ, ВЛАДЫКА ВСЕЛЕННОЙ, ОСВЯТИВШИЙ НАС СВОИМИ ЗАПОВЕДЯМИ И ДАВШИЙ НАМ ЗАПОВЕДЬ О ЦИЦИТ!)

שמע СЛУШАЙ, ИЗРАИЛЬ: ГОСПОДЬ – БОГ НАШ, ГОСПОДЬ ОДИН![2]

ברוך БЛАГОСЛОВЕННО СЛАВНОЕ ИМЯ ЦАРСТВА ЕГО ВО ВЕКИ ВЕКОВ![3]

ואהבת ЛЮБИ ГОСПОДА, БОГА ТВОЕГО, ВСЕМ СЕРДЦЕМ СВОИМ, И ВСЕЙ ДУШОЮ СВОЕЙ, И ВСЕМ СУЩЕСТВОМ СВОИМ. И БУДУТ ЭТИ СЛОВА, КОТОРЫЕ Я ЗАПОВЕДАЛ ТЕБЕ СЕГОДНЯ, В СЕРДЦЕ ТВОЕМ, И ПОВТОРЯЙ ИХ ДЕТЯМ СВОИМ, И ПРОИЗНОСИ ИХ, СИДЯ В ДОМЕ СВОЕМ, НАХОДЯСЬ В ДОРОГЕ, ЛОЖАСЬ И ВСТАВАЯ; И ПОВЯЖИ ИХ КАК ЗНАК НА РУКУ СВОЮ, И БУДУТ ОНИ ЗНАКАМИ НАД ГЛАЗАМИ ТВОИМИ, И НАПИШИ ИХ НА ДВЕРНЫХ КОСЯКАХ ДОМА СВОЕГО И НА ВОРОТАХ СВОИХ.[4]

БЛАГОСЛОВЕНИЯ, ПРОИЗНОСИМЫЕ МАЛЕНЬКИМИ ДЕТЬМИ ДО И ПОСЛЕ ЕДЫ

Перед едой моют руки и произносят:
ברוך БЛАГОСЛОВЕН ТЫ, ГОСПОДЬ, БОГ НАШ, ВЛАДЫКА ВСЕЛЕННОЙ, ОСВЯТИВШИЙ НАС СВОИМИ ЗАПОВЕДЯМИ И ДАВШИЙ НАМ ПОВЕЛЕНИЕ ОБ ОМОВЕНИИ РУК!

Перед тем, как есть хлеб, произносят:
ברוך БЛАГОСЛОВЕН ТЫ, ГОСПОДЬ, БОГ НАШ, ВЛАДЫКА ВСЕЛЕННОЙ, ВЫРАСТИВШИЙ ХЛЕБ ИЗ ЗЕМЛИ!

После того, как ели хлеб, произносят:
בריך БЛАГОСЛОВЕН ГОСПОДЬ, БОГ НАШ, ВЛАДЫКА ВСЕЛЕННОЙ, ХОЗЯИН ЭТОГО ХЛЕБА!

МОЛИТВА ПЕРЕД СНОМ ДЛЯ МАЛЕНЬКИХ ДЕТЕЙ

שמע СЛУШАЙ, ИЗРАИЛЬ: ГОСПОДЬ – БОГ НАШ, ГОСПОДЬ ОДИН![2]

ברוך БЛАГОСЛОВЕННО СЛАВНОЕ ИМЯ ЦАРСТВА ЕГО ВО ВЕКИ ВЕКОВ![3]

ואהבת ЛЮБИ ГОСПОДА, БОГА ТВОЕГО, ВСЕМ СЕРДЦЕМ СВОИМ, И ВСЕЙ ДУШОЮ СВОЕЙ, И ВСЕМ СУЩЕСТВОМ СВОИМ. И БУДУТ ЭТИ СЛОВА, КОТОРЫЕ Я ЗАПОВЕДАЛ ТЕБЕ СЕГОДНЯ, В СЕРДЦЕ ТВОЕМ, И ПОВТОРЯЙ ИХ ДЕТЯМ СВОИМ, И ПРОИЗНОСИ ИХ, СИДЯ В ДОМЕ СВОЕМ, НАХОДЯСЬ В ДОРОГЕ, ЛОЖАСЬ И ВСТАВАЯ; И ПОВЯЖИ ИХ КАК ЗНАК НА РУКУ СВОЮ, И БУДУТ ОНИ ЗНАКАМИ НАД ГЛАЗАМИ ТВОИМИ, И НАПИШИ ИХ НА ДВЕРНЫХ КОСЯКАХ ДОМА СВОЕГО И НА ВОРОТАХ СВОИХ.[4]

בידך ВРУЧАЮ ТЕБЕ Я ДУШУ СВОЮ; ТЫ ИЗБАВИШЬ МЕНЯ [ОТ СМЕРТИ], ГОСПОДЬ БОГ ИСТИНЫ.[5]

---

1. Дварим, 33:4. 2. Дварим, 6:4. 3. Псахим, 56а. 4. Дварим, 6:5—9. 5. Теѓилим, 31:6.

(א) מיד כשניעור משנתו כדי שיוכל להתגבר על יצרו לקום בזריזות יחשוב בלבו לפני מי הוא שוכב וידע
שמלך מלכי המלכים הקדוש ברוך הוא חופף עליו שנאמר מלא כל הארץ כבודו כו' : (ב) וזה כלל גדול
בתורה ובמעלות הצדיקים ההולכים לפני האלהים כמ"ש "שויתי ה' לנגדי תמיד" כי אין ישיבת האדם ותנועותיו
ועסקיו והוא לבדו בביתו כישיבתו ותנועותיו ועסקיו והוא לפני מלך גדול ואין דבורו והרחבת פיו כרצונו והוא
עם אנשי ביתו כדבורו במושב המלך כל שכן כשישים האדם אל לבו שהמלך הגדול מלך מלכי המלכים הקדוש
ברוך הוא עומד עליו ורואה במעשיו כמו שכתוב אם יסתר איש במסתרים ואני לא אראנו נאם ה' הלא את
השמים ואת הארץ אני מלא מיד יגיע אליו היראה וההכנעה בפחד ה' ובושתו ממנו תמיד :

(מסידור אדמו"ר) טוב להרגיל עצמו לומר   מיד כשניעור נוסח זה מודה וכו' ועל ידי זה יזכור את ה'
הנצב עליו ויקום בזריזות :

מוֹדֶה אֲנִי לְפָנֶיךָ מֶלֶךְ חַי וְקַיָּם,
שֶׁהֶחֱזַרְתָּ בִּי נִשְׁמָתִי בְּחֶמְלָה. רַבָּה
אֱמוּנָתֶךָ:

לפי שנמסא זה אין בו שם מז' שמות שאינן נמחקין אין איסור לומר קודם נטילת ידים כעוד שאין ידיו
נקיות אבל להזכיר את השם בברכות או להוליא דברי תורה מפיו אסור עד שינקה ידיו . ולהרהר
בדברי תורה מותר :

בִּרְכוֹת הַשַּׁחַר

בָּרוּךְ אַתָּה יְיָ אֱלֹהֵינוּ מֶלֶךְ הָעוֹלָם אֲשֶׁר
קִדְּשָׁנוּ בְּמִצְוֹתָיו וְצִוָּנוּ עַל נְטִילַת יָדָיִם:

בָּרוּךְ אַתָּה יְיָ אֱלֹהֵינוּ מֶלֶךְ הָעוֹלָם, אֲשֶׁר יָצַר אֶת הָאָדָם
בְּחָכְמָה, וּבָרָא בוֹ נְקָבִים נְקָבִים, חֲלוּלִים חֲלוּלִים,
גָּלוּי וְיָדוּעַ לִפְנֵי כִסֵּא כְבוֹדֶךָ, שֶׁאִם יִפָּתַח אֶחָד מֵהֶם,
אוֹ אִם יִסָּתֵם אֶחָד מֵהֶם. אִי אֶפְשַׁר לְהִתְקַיֵּם אֲפִילוּ שָׁעָה
אֶחָת . בָּרוּךְ אַתָּה יְיָ רוֹפֵא כָל בָּשָׂר וּמַפְלִיא לַעֲשׂוֹת:

אֱלֹהַי, נְשָׁמָה שֶׁנָּתַתָּ בִּי טְהוֹרָה הִיא, אַתָּה
בְרָאתָהּ, אַתָּה יְצַרְתָּהּ, אַתָּה נְפַחְתָּהּ

בי

Шулхан арух Гарав:

Когда человек проснулся, ему следует сразу же вспомнить о том, в присутствии Кого он позволяет себе лежать, — в присутствии Царя царей, как сказано: ”Вся земля полна славы Его!” (Йешаягу, 6:3). Это поможет человеку преодолеть свою лень и немедленно встать с постели. Постоянно осознавать присутствие Всевышнего — одно из основных требований Торы, в следовании которому — добродетель праведников, как сказано: ”Постоянно помню о присутствии Господа” (Тегилим, 16:8). Ибо, пребывая в одиночестве, человек ведет себя иначе, чем в присутствии великого царя. И разговаривает он с царем не так, как говорил бы в кругу домочадцев. И когда вспоминает человек, что находится в присутствии не земного владыки, а самого Всевышнего, великого Царя, Царя царей, Который видит все его поступки, как сказано: ”Может ли человек спрятаться от Меня? Ведь Я присутствую везде — на небе и на земле” (Ирмеягу, 23:24), — наполняется душа человека страхом и смирением, и постоянно будет пребывать он в трепете пред Всевышним.

Сидур Гарав:

Следует приучить себя произносить немедленно после пробуждения מודה אני (”БЛАГОДАРЮ ТЕБЯ...”), еще до омовения рук. Эта молитва поможет человеку вспомнить о Всевышнем, в присутствии Которого он находится, и встать без промедления. Ее разрешено произносить до омовения рук, так как в тексте ее не содержится ни одного из Имен Всевышнего, упоминание которых — так же, как произнесение вслух текстов Торы, — запрещено человеку, не омывшему рук. Принято произносить эти слова, положив ладонь на ладонь и склонив голову.

מודה אני   БЛАГОДАРЮ ТЕБЯ, ВЛАДЫКА ЖИВОЙ И ВЕЧНЫЙ, ЗА ТО, ЧТО ТЫ, ПО МИЛОСТИ СВОЕЙ, ВОЗВРАТИЛ МНЕ ДУШУ МОЮ. ВЕЛИКА МОЯ ВЕРА В ТЕБЯ.

УТРЕННИЕ БЛАГОСЛОВЕНИЯ

После сна запрещено проходить более чем четыре локтя (1.92 см) до омовения рук, касаться глаз, рта и т.д., а также пищи и одежды. Поэтому перед сном следует поставить около постели кружку с водой и сосуд, чтобы омыть над ним руки сразу же по пробуждении, не вставая с постели. Благословение при этом не произносят, сначала одеваются, отправляют естественные надобности, а затем снова омывают руки (стараясь при этом не касаться кружки мокрой рукой; для этого берут кружку через полотенце); после этого руки вытирают и произносят следующие благословения, держа ладони на уровне лица. Руки при этом не должны касаться друг друга.

Все последующие благословения произносят стоя, до благословения ”БЛАГОСЛОВЕН ТЫ... ДАЮЩИЙ ТОРУ!” включительно (стр. 10).

ברוך   БЛАГОСЛОВЕН ТЫ, ГОСПОДЬ, БОГ НАШ, ВЛАДЫКА ВСЕЛЕННОЙ, ОСВЯТИВШИЙ НАС СВОИМИ ЗАПОВЕДЯМИ И ДАВШИЙ НАМ ПОВЕЛЕНИЕ ОБ ОМОВЕНИИ РУК!

Следующее благословение произносят после отправления естественных надобностей и омовения рук. Утром это благословение произносят даже в том случае, если нет необходимости в отправлении естественных надобностей.

ברוך   БЛАГОСЛОВЕН ТЫ, ГОСПОДЬ, БОГ НАШ, ВЛАДЫКА ВСЕЛЕННОЙ, КОТОРЫЙ ПО МУДРОСТИ [СВОЕЙ] СОЗДАЛ ЧЕЛОВЕКА, СОТВОРИВ ЕГО ТЕЛО С [НЕОБХОДИМЫМИ] ПОЛОСТЯМИ И ОТВЕРСТИЯМИ. ОТКРЫТО И ИЗВЕСТНО [ТЕБЕ, ВОССЕДАЮЩЕМУ НА] СЛАВНОМ ПРЕСТОЛЕ СВОЕМ, ЧТО ЕСЛИ ЗАКРОЕТСЯ ОДНО ИЗ [ОТВЕРСТИЙ] ИЛИ ОТКРОЕТСЯ ОДНА ИЗ [ПОЛОСТЕЙ, ЧЕЛОВЕК] НЕ СМОЖЕТ ПРОСУЩЕСТВОВАТЬ НИ ЧАСА. БЛАГОСЛОВЕН ТЫ, ГОСПОДЬ, ИСЦЕЛЯЮЩИЙ ВСЕ ЖИВОЕ И ТВОРЯЩИЙ ЧУДЕСА!

אלהי   БОГ   МОЙ! ДУША, КОТОРУЮ ТЫ ДАРОВАЛ МНЕ, ЧИСТА. ТЫ СОТВОРИЛ ЕЕ, ТЫ СОЗДАЛ ЕЕ, ТЫ ВДОХНУЛ ЕЕ

בִּי וְאַתָּה מְשַׁמְּרָהּ בְּקִרְבִּי, וְאַתָּה עָתִיד לְטְּלָהּ
מִמֶּנִּי, וּלְהַחֲזִירָהּ בִּי לֶעָתִיד לָבֹא. כָּל זְמַן
שֶׁהַנְּשָׁמָה בְּקִרְבִּי, מוֹדֶה אֲנִי לְפָנֶיךָ יְיָ אֱלֹהַי וֵאלֹהֵי
אֲבוֹתַי, רִבּוֹן כָּל הַמַּעֲשִׂים, אֲדוֹן כָּל הַנְּשָׁמוֹת.
בָּרוּךְ אַתָּה יְיָ הַמַּחֲזִיר נְשָׁמוֹת לִפְגָרִים מֵתִים:

כל ברכות השחר דלהלן מברך אפילו לא נתחייב בהן כגון שניעור כל הלילה ולא פשט בגדיו
ולא לבש אחרים אלא שאם ניעור כל הלילה ולא נתחייב בהן אינו מברך אלא אחר שיעלה
עמוד השחר אבל אם ישן בלילה ונתחייב בהן יכול לברך מיד שנתחייב בהן ובלבד שיהיה מחצות לילה
ואילך ואם ניעור כל הלילה ושמע קול תרנגול מחצות ואילך יכול לברך הנותן לשכוי בינה אבל על שמיעה
שקודם חצות לא יברך אלא ימתין עד אחר שיעלה עמוד השחר:

בָּרוּךְ אַתָּה יְיָ אֱלֹהֵינוּ מֶלֶךְ הָעוֹלָם,
הַנּוֹתֵן לַשֶּׂכְוִי בִינָה לְהַבְחִין
בֵּין יוֹם וּבֵין לָיְלָה:

בָּרוּךְ אַתָּה יְיָ אֱלֹהֵינוּ מֶלֶךְ הָעוֹלָם,
פּוֹקֵחַ עִוְרִים:

בָּרוּךְ אַתָּה יְיָ אֱלֹהֵינוּ מֶלֶךְ הָעוֹלָם,
מַתִּיר אֲסוּרִים:

בָּרוּךְ אַתָּה יְיָ אֱלֹהֵינוּ מֶלֶךְ הָעוֹלָם,
זוֹקֵף כְּפוּפִים:

בָּרוּךְ אַתָּה יְיָ אֱלֹהֵינוּ מֶלֶךְ הָעוֹלָם,
מַלְבִּישׁ עֲרֻמִּים:

ברוך

В МЕНЯ И ТЫ ПОДДЕРЖИВАЕШЬ ЕЕ СУЩЕСТВОВАНИЕ ВО МНЕ И В БУДУ-
ЩЕМ ЗАБЕРЕШЬ ЕЕ У МЕНЯ, А [ЗАТЕМ] ВЕРНЕШЬ ЕЕ МНЕ В ГРЯДУЩИЕ
ВРЕМЕНА. ВСЕ ВРЕМЯ, ПОКА ДУША ОБИТАЕТ В ТЕЛЕ МОЕМ, БУДУ БЛА-
ГОДАРИТЬ ТЕБЯ, ГОСПОДЬ, БОГ МОЙ И БОГ ОТЦОВ МОИХ, ВЛАДЫКА
ВСЕХ ТВОРЕНИЙ, ВЛАСТЕЛИН ВСЕХ ДУШ. БЛАГОСЛОВЕН ТЫ, ГОСПОДЬ,
ВОЗВРАЩАЮЩИЙ ДУШИ В ТЕЛА УМЕРШИХ!

*В утренних благословениях мы благодарим Всевышнего за то, что Он ежедневно дает
нам все необходимое для жизни. Хотя каждое из последующих благословений связано с
какой-то определенной человеческой потребностью, молящийся произносит все эти благословения (так же, как и два предыдущих) даже тогда, когда такая потребность у него не
возникла. Например, если человек не снимал на ночь одежду, он тем не менее обязан произнести благословение "...ОДЕВАЮЩИЙ НАГИХ!". Тот, кто проснулся после полуночи, вправе произнести полагающиеся благословения, не дожидаясь рассвета. Человек, который всю
ночь бодрствовал, произносит их только после того, как рассвело; однако, услышав после
полуночи крик петуха, он может сразу же произнести благословение "...НАДЕЛИВШИЙ
СЕРДЦЕ МОЕ СПОСОБНОСТЬЮ ОТЛИЧАТЬ ДЕНЬ ОТ НОЧИ!". Тому же, кто услышал
петушиный крик до полуночи, не следует произносить это благословение.*

בָּרוּךְ БЛАГОСЛОВЕН ТЫ, ГОСПОДЬ, БОГ НАШ, ВЛАДЫКА
ВСЕЛЕННОЙ, НАДЕЛИВШИЙ СЕРДЦЕ МОЕ СПОСОБНОСТЬЮ ОТ-
ЛИЧАТЬ ДЕНЬ ОТ НОЧИ!

בָּרוּךְ БЛАГОСЛОВЕН ТЫ, ГОСПОДЬ, БОГ НАШ, ВЛАДЫКА
ВСЕЛЕННОЙ, ДАРУЮЩИЙ ЗРЕНИЕ СЛЕПЫМ!

בָּרוּךְ БЛАГОСЛОВЕН ТЫ, ГОСПОДЬ, БОГ НАШ, ВЛАДЫКА
ВСЕЛЕННОЙ, ОСВОБОЖДАЮЩИЙ УЗНИКОВ ОТ ОКОВ!

בָּרוּךְ БЛАГОСЛОВЕН ТЫ, ГОСПОДЬ, БОГ НАШ, ВЛАДЫКА
ВСЕЛЕННОЙ, РАСПРЯМЛЯЮЩИЙ СОГБЕННЫХ!

בָּרוּךְ БЛАГОСЛОВЕН ТЫ, ГОСПОДЬ, БОГ НАШ, ВЛАДЫКА
ВСЕЛЕННОЙ, ОДЕВАЮЩИЙ НАГИХ!

בָּרוּךְ אַתָּה יְיָ אֱלֹהֵינוּ מֶלֶךְ הָעוֹלָם,
הַנּוֹתֵן לַיָּעֵף כֹּחַ:

בָּרוּךְ אַתָּה יְיָ אֱלֹהֵינוּ מֶלֶךְ הָעוֹלָם,
רוֹקַע הָאָרֶץ עַל הַמָּיִם:

בָּרוּךְ אַתָּה יְיָ אֱלֹהֵינוּ מֶלֶךְ הָעוֹלָם,
הַמֵּכִין מִצְעֲדֵי גָבֶר:

בתשעה באב וביום הכפורים אין אומרים ברכה זו:

בָּרוּךְ אַתָּה יְיָ אֱלֹהֵינוּ מֶלֶךְ הָעוֹלָם,
שֶׁעָשָׂה לִי כָּל צָרְכִּי:

בָּרוּךְ אַתָּה יְיָ אֱלֹהֵינוּ מֶלֶךְ הָעוֹלָם,
אוֹזֵר יִשְׂרָאֵל בִּגְבוּרָה:

בָּרוּךְ אַתָּה יְיָ אֱלֹהֵינוּ מֶלֶךְ הָעוֹלָם,
עוֹטֵר יִשְׂרָאֵל בְּתִפְאָרָה:

בָּרוּךְ אַתָּה יְיָ אֱלֹהֵינוּ מֶלֶךְ הָעוֹלָם,
שֶׁלֹּא עָשַׂנִי גּוֹי:

בָּרוּךְ אַתָּה יְיָ אֱלֹהֵינוּ מֶלֶךְ הָעוֹלָם,
שֶׁלֹּא עָשַׂנִי עָבֶד:

בָּרוּךְ אַתָּה יְיָ אֱלֹהֵינוּ מֶלֶךְ הָעוֹלָם,
שֶׁלֹּא עָשַׂנִי אִשָּׁה:

ברוך

בְּרוּךְ БЛАГОСЛОВЕН ТЫ, ГОСПОДЬ, БОГ НАШ, ВЛАДЫКА ВСЕЛЕННОЙ, ВОЗВРАЩАЮЩИЙ СИЛЫ УСТАЛОМУ!

בְּרוּךְ БЛАГОСЛОВЕН ТЫ, ГОСПОДЬ, БОГ НАШ, ВЛАДЫКА ВСЕЛЕННОЙ, ВОЗВЫШАЮЩИЙ СУШУ НАД ВОДАМИ!

בְּרוּךְ БЛАГОСЛОВЕН ТЫ, ГОСПОДЬ, БОГ НАШ, ВЛАДЫКА ВСЕЛЕННОЙ, НАПРАВЛЯЮЩИЙ ШАГИ ЧЕЛОВЕКА!

Девятого ава и в Йом-Кипур следующее благословение не произносят.

בְּרוּךְ БЛАГОСЛОВЕН ТЫ, ГОСПОДЬ, БОГ НАШ, ВЛАДЫКА ВСЕЛЕННОЙ, ДАВШИЙ МНЕ ВСЕ НЕОБХОДИМОЕ!

בְּרוּךְ БЛАГОСЛОВЕН ТЫ, ГОСПОДЬ, БОГ НАШ, ВЛАДЫКА ВСЕЛЕННОЙ, ПРЕПОЯСЫВАЮЩИЙ ИЗРАИЛЬ МОГУЩЕСТВОМ!

בְּרוּךְ БЛАГОСЛОВЕН ТЫ, ГОСПОДЬ, БОГ НАШ, ВЛАДЫКА ВСЕЛЕННОЙ, ВЕНЧАЮЩИЙ ИЗРАИЛЬ ВЕЛИКОЛЕПИЕМ!

בְּרוּךְ БЛАГОСЛОВЕН ТЫ, ГОСПОДЬ, БОГ НАШ, ВЛАДЫКА ВСЕЛЕННОЙ, ЗА ТО, ЧТО ТЫ НЕ СОЗДАЛ МЕНЯ НЕЕВРЕЕМ!

בְּרוּךְ БЛАГОСЛОВЕН ТЫ, ГОСПОДЬ, БОГ НАШ, ВЛАДЫКА ВСЕЛЕННОЙ, ЗА ТО, ЧТО ТЫ НЕ СОЗДАЛ МЕНЯ РАБОМ!

בְּרוּךְ БЛАГОСЛОВЕН ТЫ, ГОСПОДЬ, БОГ НАШ, ВЛАДЫКА ВСЕЛЕННОЙ, ЗА ТО, ЧТО ТЫ НЕ СОЗДАЛ МЕНЯ ЖЕНЩИНОЙ!*

---

* Женщины это благословение не произносят.

בָּרוּךְ אַתָּה יְיָ אֱלֹהֵינוּ מֶלֶךְ הָעוֹלָם, הַמַּעֲבִיר שֵׁנָה מֵעֵינָי וּתְנוּמָה מֵעַפְעַפָּי:

(שו"ע הרב) ואין לענות אמן אחר המעביר שנה מעיני קודם ויהי רצון מפני שהכל ברכה אחת ארוכה פותחת בברוך וחותמת בברוך:

וִיהִי רָצוֹן מִלְּפָנֶיךָ יְיָ אֱלֹהֵינוּ וֵאלֹהֵי אֲבוֹתֵינוּ, שֶׁתַּרְגִּילֵנוּ בְּתוֹרָתֶךָ, וְתַדְבִּיקֵנוּ בְּמִצְוֹתֶיךָ, וְאַל תְּבִיאֵנוּ לֹא לִידֵי חֵטְא וְלֹא לִידֵי עֲבֵרָה וְעָוֹן וְלֹא לִידֵי נִסָּיוֹן וְלֹא לִידֵי בִזָּיוֹן, וְאַל יִשְׁלוֹט בָּנוּ יֵצֶר הָרָע, וְהַרְחִיקֵנוּ מֵאָדָם רָע, וּמֵחָבֵר רָע, וְדַבְּקֵנוּ בְּיֵצֶר טוֹב וּבְמַעֲשִׂים טוֹבִים, וְכוֹף אֶת יִצְרֵנוּ לְהִשְׁתַּעְבֶּד לָךְ, וּתְנֵנוּ הַיּוֹם וּבְכָל יוֹם לְחֵן וּלְחֶסֶד וּלְרַחֲמִים בְּעֵינֶיךָ וּבְעֵינֵי כָל רוֹאֵינוּ, וְתִגְמְלֵנוּ חֲסָדִים טוֹבִים. בָּרוּךְ אַתָּה יְיָ הַגּוֹמֵל חֲסָדִים טוֹבִים לְעַמּוֹ יִשְׂרָאֵל:

יְהִי רָצוֹן מִלְּפָנֶיךָ יְיָ אֱלֹהַי וֵאלֹהֵי אֲבוֹתַי שֶׁתַּצִּילֵנִי הַיּוֹם וּבְכָל יוֹם מֵעַזֵּי פָנִים, וּמֵעַזּוּת פָּנִים, מֵאָדָם רָע, וּמֵחָבֵר רָע, וּמִשָּׁכֵן רָע, וּמִפֶּגַע רָע, מֵעַיִן הָרָע, מִלָּשׁוֹן הָרָע, מִמַּלְשִׁינוּת, מֵעֵדוּת שֶׁקֶר מִשִּׂנְאַת הַבְּרִיּוֹת, מֵעֲלִילָה, מִמִּיתָה מְשֻׁנָּה, מֵחֳלָיִם רָעִים, וּמִמִּקְרִים רָעִים, וּמִשָּׂטָן הַמַּשְׁחִית מִדִּין קָשֶׁה, וּמִבַּעַל דִּין קָשֶׁה, בֵּין שֶׁהוּא בֶּן בְּרִית, וּבֵין שֶׁאֵינוֹ בֶן בְּרִית. וּמִדִּינָהּ שֶׁל גֵּיהִנֹּם:

(מ"י הרב) ברכת התורה צריך ליזהר בה מאד ואסור לדבר ולהוציא ד"ת מפיו עד שיברך ומי שישן בלילה מברך בקומו מתחלת הלילה ואילך ואם ניעור כל הלילה מברך לכשיאור היום כמו כל ברכת השחר:

בָּרוּךְ אַתָּה יְיָ אֱלֹהֵינוּ מֶלֶךְ הָעוֹלָם, אֲשֶׁר קִדְּשָׁנוּ בְּמִצְוֹתָיו, וְצִוָּנוּ עַל דִּבְרֵי תוֹרָה:

והערב

ברוך БЛАГОСЛОВЕН ТЫ, ГОСПОДЬ, БОГ НАШ, ВЛАДЫКА ВСЕЛЕННОЙ, ПРОГОНЯЮЩИЙ СОН С МОИХ ГЛАЗ И ДРЕМОТУ С МОИХ ВЕК!

В этом месте не следует говорить "амен", так как это благословение здесь не кончается.

ויהי И ДА БУДЕТ УГОДНО ТЕБЕ, ГОСПОДЬ, БОГ НАШ И БОГ ОТЦОВ НАШИХ, НАДЕЛИТЬ НАС ПРИЛЕЖАНИЕМ В ИЗУЧЕНИИ ТОРЫ ТВОЕЙ И УСЕРДИЕМ В ИСПОЛНЕНИИ ТВОИХ ЗАПОВЕДЕЙ; И НЕ ДОПУСКАЙ, ЧТОБЫ СОВЕРШАЛИ МЫ ГРЕХИ, ПРЕСТУПЛЕНИЯ И ЗЛОДЕЯНИЯ; [И НЕ ПОСЫЛАЙ НАМ] ИСПЫТАНИЕ И ПОЗОР; ДА НЕ ВОЗЬМЕТ В НАС ВЕРХ ЗЛОЕ НАЧАЛО, И ОТДАЛИ НАС ОТ ДУРНОГО ЧЕЛОВЕКА И ОТ ПЛОХОГО ТОВАРИЩА, И СДЕЛАЙ ТАК, ЧТОБЫ МЫ СЛЕДОВАЛИ ДОБРОМУ НАЧАЛУ, [ЗАЛОЖЕННОМУ В НАС], И СОВЕРШАЛИ ДОБРЫЕ ДЕЛА; И ПОДЧИНИ СЕБЕ [ГРЕХОВНУЮ] НАШУ ПРИРОДУ. И ДА ОБРЕТЕМ МЫ СЕГОДНЯ И ВПРЕДЬ МИЛОСТЬ, ЛЮБОВЬ И МИЛОСЕРДИЕ В ГЛАЗАХ ТВОИХ И В ГЛАЗАХ ВСЕХ, КТО ВИДИТ НАС; И ОДАРИ НАС БЛАГОДАТНОЙ ЛЮБОВЬЮ. БЛАГОСЛОВЕН ТЫ, ГОСПОДЬ, ОДАРИВАЮЩИЙ БЛАГОДАТНОЙ ЛЮБОВЬЮ СВОЙ НАРОД, ИЗРАИЛЬ!

יהי И ДА БУДЕТ УГОДНО ТЕБЕ, ГОСПОДЬ, БОГ МОЙ И БОГ ОТЦОВ МОИХ, ОБЕРЕГАТЬ МЕНЯ СЕГОДНЯ И ВПРЕДЬ ОТ ДЕРЗКИХ ЛЮДЕЙ И ОТ ДЕРЗОСТИ [ВО МНЕ САМОМ], ОТ ДУРНОГО ЧЕЛОВЕКА, И ОТ ПЛОХОГО ТОВАРИЩА, И ОТ ЗЛОГО СОСЕДА, И ОТ НЕСЧАСТНОГО СЛУЧАЯ, ОТ ЗАВИСТЛИВОГО ВЗГЛЯДА И ОТ ЗЛОГО ЯЗЫКА, ОТ ДОНОСА, ОТ ЛЖЕСВИДЕТЕЛЬСТВА, ОТ ЛЮДСКОЙ НЕНАВИСТИ, ОТ КЛЕВЕТЫ, ОТ НАСИЛЬСТВЕННОЙ СМЕРТИ, ОТ ТЯЖЕЛЫХ БОЛЕЗНЕЙ, ОТ БЕДЫ И ОТ СМЕРТЕЛЬНОГО ВРАГА, ОТ ТЯЖЕЛОГО СУДА И НЕУСТУПЧИВОГО ИСТЦА — КАК ЕВРЕЯ, ТАК И НЕЕВРЕЯ, — И ОТ НАКАЗАНИЯ АДОМ.

Сидур Гарав:
Следует быть предельно внимательным, чтобы не пропустить следующее благословение, в котором мы благодарим Всевышнего за то, что Он дал нам Тору. Запрещено произносить отрывки из Торы до этого благословения.

ברוך БЛАГОСЛОВЕН ТЫ, ГОСПОДЬ, БОГ НАШ, ВЛАДЫКА ВСЕЛЕННОЙ, ОСВЯТИВШИЙ НАС СВОИМИ ЗАПОВЕДЯМИ И ПОВЕЛЕВШИЙ НАМ [ПРОИЗНОСИТЬ] СЛОВА ТОРЫ!

וְהַעֲרֶב נָא יְיָ אֱלֹהֵינוּ אֶת דִּבְרֵי תוֹרָתְךָ בְּפִינוּ, וּבְפִי כָל
עַמְּךָ בֵּית יִשְׂרָאֵל, וְנִהְיֶה אֲנַחְנוּ וְצֶאֱצָאֵינוּ,
וְצֶאֱצָאֵי כָל עַמְּךָ בֵּית יִשְׂרָאֵל, כֻּלָּנוּ יוֹדְעֵי שְׁמֶךָ וְלוֹמְדֵי
תוֹרָתֶךָ לִשְׁמָהּ. בָּרוּךְ אַתָּה יְיָ הַמְלַמֵּד תּוֹרָה לְעַמּוֹ יִשְׂרָאֵל:

בָּרוּךְ אַתָּה יְיָ אֱלֹהֵינוּ מֶלֶךְ הָעוֹלָם, אֲשֶׁר
בָּחַר בָּנוּ מִכָּל הָעַמִּים וְנָתַן לָנוּ אֶת
תּוֹרָתוֹ. בָּרוּךְ אַתָּה יְיָ נוֹתֵן הַתּוֹרָה:

וַיְדַבֵּר יְיָ אֶל מֹשֶׁה לֵּאמֹר: דַּבֵּר אֶל אַהֲרֹן וְאֶל בָּנָיו לֵאמֹר, כֹּה תְבָרְכוּ אֶת
בְּנֵי יִשְׂרָאֵל אָמוֹר לָהֶם:

יְבָרֶכְךָ יְיָ וְיִשְׁמְרֶךָ: יָאֵר יְיָ פָּנָיו
אֵלֶיךָ וִיחֻנֶּךָּ: יִשָּׂא יְיָ פָּנָיו
אֵלֶיךָ, וְיָשֵׂם לְךָ שָׁלוֹם:
וְשָׂמוּ אֶת שְׁמִי עַל בְּנֵי יִשְׂרָאֵל וַאֲנִי אֲבָרֲכֵם:

אֵלּוּ דְבָרִים שֶׁאֵין לָהֶם שְׁעוּר, הַפֵּאָה, וְהַבִּכּוּרִים,
וְהָרֵאָיוֹן, וּגְמִילוּת חֲסָדִים, וְתַלְמוּד תּוֹרָה: אֵלּוּ
דְבָרִים שֶׁאָדָם אוֹכֵל פֵּרוֹתֵיהֶם בָּעוֹלָם הַזֶּה וְהַקֶּרֶן קַיֶּמֶת
לָעוֹלָם הַבָּא, וְאֵלּוּ הֵן: כִּבּוּד אָב וָאֵם, וּגְמִילוּת חֲסָדִים,
וְהַשְׁכָּמַת בֵּית הַמִּדְרָשׁ שַׁחֲרִית וְעַרְבִית, וְהַכְנָסַת אֹרְחִים
וּבִקּוּר חוֹלִים, וְהַכְנָסַת כַּלָּה, וְהַלְוָיַת הַמֵּת, וְעִיּוּן תְּפִלָּה,
וַהֲבָאַת שָׁלוֹם שֶׁבֵּין אָדָם לַחֲבֵרוֹ, וּבֵין אִישׁ לְאִשְׁתּוֹ,
וְתַלְמוּד תּוֹרָה כְּנֶגֶד כֻּלָּם:

תו"א א) במדבר ו כ"ב: ב) פאה פ"א מ"א, שבת קכ"ז ע"א ות"ש:

והערב СДЕЛАЙ ТАК, ГОСПОДЬ, БОГ НАШ, ЧТОБЫ СЛОВА ТОРЫ ТВОЕЙ СТАЛИ УСЛАДОЙ НАШИХ УСТ И УСТ ВСЕХ [СЫНОВ] НАРОДА ТВОЕГО, ДОМА ИЗРАИЛЯ; И ДА БУДЕМ ВСЕ МЫ, И НАШИ ПОТОМКИ, И ПОТОМКИ ВСЕГО НАРОДА ТВОЕГО, ДОМА ИЗРАИЛЯ, ЗНАТЬ ИМЯ ТВОЕ И УЧИТЬ ТВОЮ ТОРУ БЕСКОРЫСТНО. БЛАГОСЛОВЕН ТЫ, ГОСПОДЬ, ОБУЧАЮЩИЙ ТОРЕ НАРОД СВОЙ, ИЗРАИЛЬ!

ברוך БЛАГОСЛОВЕН ТЫ, ГОСПОДЬ, БОГ НАШ, ВЛАДЫКА ВСЕЛЕННОЙ, ИЗБРАВШИЙ НАС ИЗ СРЕДЫ НАРОДОВ И ДАВШИЙ НАМ СВОЮ ТОРУ! БЛАГОСЛОВЕН ТЫ, ГОСПОДЬ, ДАЮЩИЙ ТОРУ!

וידבר И ГОСПОДЬ СКАЗАЛ МОШЕ СЛЕДУЮЩЕЕ: «СКАЖИ АѓАРОНУ И ДЕТЯМ ЕГО: "ТАК БЛАГОСЛОВЛЯЙТЕ СЫНОВ ИЗРАИЛЯ, ГОВОРИТЕ [ИМ]:

יברכך БЛАГОСЛОВИТ ТЕБЯ ГОСПОДЬ И ОХРАНИТ ТЕБЯ. И БУДЕТ БЛАГОСКЛОНЕН К ТЕБЕ ГОСПОДЬ И ПОМИЛУЕТ ТЕБЯ. БУДЕТ БЛАГОВОЛИТЬ К ТЕБЕ ГОСПОДЬ И ПОШЛЕТ ТЕБЕ МИР".

ושמו И БЛАГОСЛОВЯТ ОНИ ИМЕНЕМ МОИМ СЫНОВ ИЗРАИЛЯ, А Я БЛАГОСЛОВЛЮ ИХ!*».[1]

אלו НЕ УСТАНОВЛЕНО ОГРАНИЧЕНИЙ ДЛЯ [ШИРИНЫ] КРАЯ ПОЛЯ, [С КОТОРОГО УРОЖАЙ НЕ СНИМАЮТ, ОСТАВЛЯЯ ЕГО ДЛЯ БЕДНЯКОВ; ДЛЯ КОЛИЧЕСТВА] ПЕРВЫХ ПЛОДОВ НОВОГО УРОЖАЯ, [КОТОРЫЕ ПРИНОСЯТ В ХРАМ]; НА ТО, СКОЛЬКО РАЗ СЛЕДУЕТ ПРИХОДИТЬ В ХРАМ В ТЕЧЕНИЕ КАЖДОГО ИЗ ТРЕХ ПРАЗДНИКОВ — [ПЕСАХ, ШАВУОТ И СУКОТ]; И НА ТО, СКОЛЬКО УСИЛИЙ СЛЕДУЕТ ЗАТРАТИТЬ НА ПОМОЩЬ БЛИЖНЕМУ; И ДЛЯ ВРЕМЕНИ, ПОСВЯЩАЕМОГО ИЗУЧЕНИЮ ТОРЫ. ВОТ ДОБРЫЕ ДЕЛА, ПЛОДЫ КОТОРЫХ ЧЕЛОВЕК ПОЖИНАЕТ В ЭТОМ МИРЕ, НО ЗАСЛУГА ЕГО СОХРАНЯЕТСЯ И ДЛЯ МИРА БУДУЩЕГО: ПОЧИТАНИЕ ОТЦА И МАТЕРИ, И ПОМОЩЬ БЛИЖНЕМУ, И РАННИЙ ПРИХОД В ДОМ УЧЕНИЯ УТРОМ И ВЕЧЕРОМ, И ГОСТЕПРИИМСТВО, И ЗАБОТА О БОЛЬНЫХ, И ПОМОЩЬ БЕДНЫМ НЕВЕСТАМ В УСТРОЙСТВЕ СВАДЬБЫ, И УЧАСТИЕ В ПОХОРОНАХ, И СОСРЕДОТОЧЕННОСТЬ ПРИ МОЛИТВЕ, И ПРИМИРЕНИЕ ПОССОРИВШИХСЯ ДРУЗЕЙ И СУПРУГОВ, И ИЗУЧЕНИЕ ТОРЫ, РАВНОЦЕННОЕ ВСЕМ ЭТИМ ЗАПОВЕДЯМ, ВМЕСТЕ ВЗЯТЫМ.[2]

---

1. Бемидбар, 6:22—27.   2. Пеа, 1:1, Шабат, 127а.
* Согласно мнению р. Акивы, здесь имеются в виду сыны Израиля; по мнению р. Ишмаэля — коѓаним.

א) כל הקורא קריאת שמע בלא ציצית מעיד עדות
שקר בעצמו והראוי שכל אדם צריך להיות זהיר
מאד ותיכף לכן דאפשר בכל בה המצוה להקדים זורזין
יתעטף ויכול נקיה שידיו ידים נטילת אחר
בציצית שהוא בבגד להתכסות אסור **(ב)** : בציצית
עשה מצות על עובר לובשו ואם בו הטיל דלא
בציצית להסתכל טוב **(ג)** : בציצית ביטל שהרי
עשיה לידי מביא זכירה וזכרתם לידי מביא ראיה וגו' אותו וראיתם עליהם שנאמר כשמברך עטיפה בשעת
עשיה :

בכל יום כשמתעטף בהם קודם הברכה יעיין ויבדוק
בעינן אם הם כשרים ונפרע על הכנף והגדיל
גם צריך להפריד החוטין זה מזה קודם הברכה ואם
נשתהה לבוא לבית הכנסת ועצוד שיבדוק או יפריד
החוטין יתבטל מלהתפלל עם הצבור אין צריך לבדקן
ולא להפרידן :

קודם לבישת הטלית קטן יאמר זה :

בָּרוּךְ אַתָּה יְיָ אֱלֹהֵינוּ מֶלֶךְ הָעוֹלָם, אֲשֶׁר קִדְּשָׁנוּ בְּמִצְוֹתָיו, וְצִוָּנוּ עַל מִצְוַת צִיצִת :

סדר לבישת טלית גדול

בשעה שבודק הציצית של טלית גדול קודם ברכתו יאמר זה :

בָּרְכִי נַפְשִׁי אֶת יְיָ, יְיָ אֱלֹהַי גָּדַלְתָּ מְּאֹד, הוֹד וְהָדָר לָבָשְׁתָּ: עֹטֶה אוֹר כַּשַּׂלְמָה, נוֹטֶה שָׁמַיִם כַּיְרִיעָה :

(מסידור) כשהתעטפו ימין שלומו הקב"ה להתעטף כו כדי שנזכור כל מצותיו לעשותם שנאמר וראיתם אותו
וזכרתם וגו' . העטיפה צריך להיות מעומד וגם הברכה צריכה להיות מעומד לכתחלה וקודם
שיתחיל להתעטף יברך :

בָּרוּךְ אַתָּה יְיָ אֱלֹהֵינוּ מֶלֶךְ הָעוֹלָם, אֲשֶׁר קִדְּשָׁנוּ בְּמִצְוֹתָיו, וְצִוָּנוּ לְהִתְעַטֵּף בְּצִיצִת :

ויכסה ראשו ויתעטף כעטיפת ישמעאלים דהיינו שיכרוך הטלית עם הב' כנפות של צד ימין סביב לאחורי
ויחזירנו לאחוריו דרך צד שמאל וב' כנפות האחרים של צד שמאל יהיו דרך הפנים וגמגלאו כל הד'
ציציות מצד שמאל שתים לפניו ושתים לאחוריו ולריך שיהא מעוטף מלפניו ומלאחריו עד הזה (ואין צריך
לכסות*ראשו עד פיו) ויעמוד כך מעוטף לפחות כדי הילוך ארבע אמות אחר הברכה ואח"כ יפשילנו
כמנהג המקום ומכל מקום מצוה להיות עטוף טלית גדול כל זמן התפלה שיכסה בו ראשו ונופל מלפניו
ומלאחריו סביב הזרועות שיהא מוגח לד ימין על שמאל וטוב ויהר להשליך כנף אחד של ימין על כתף
שמאל לאחוריו ונמצא כולו מעוטף בו עטיפה גמורה כעטיפת הישמעאלים קצת :

ובשעה עטיפת הטלית גדול יאמר זה :

מַה יָּקָר חַסְדְּךָ אֱלֹהִים, וּבְנֵי אָדָם בְּצֵל כְּנָפֶיךָ יֶחֱסָיוּן : יִרְוְיֻן מִדֶּשֶׁן בֵּיתֶךָ וְנַחַל עֲדָנֶיךָ תַשְׁקֵם : כִּי עִמְּךָ מְקוֹר חַיִּים, בְּאוֹרְךָ נִרְאֶה אוֹר : מְשֹׁךְ חַסְדְּךָ לְיֹדְעֶיךָ וְצִדְקָתְךָ לְיִשְׁרֵי לֵב :

תו"א א) תהלים ק"ד א' ב) שם ב: ג) שם ל"ו ח': ד) שם ס: ה) שם י: ו) שם י"א:
* ומנהגנו לכסות בחלקו העליון של הט"ג גם העינים.

Шулхан арух Ѓарав:

1. Всякий, кто читает "Шма", не облачившись перед тем в талит, как бы лжесвидетельствует о самом себе [т.к. в "Шма" сказано: "...чтобы делали себе кисти на углах одежды... и будут у вас кисти..." (Бемидбар, 15:38)]. Человек должен стараться исполнить любую заповедь сразу же, как только ему представляется такая возможность. Но поскольку перед облачением в талит необходимо произнести благословение, а это запрещено, пока руки человека еще нечисты после омовения рук, надлежит надевать талит сразу после омовения рук.

2. Запрещено надевать четырехугольную одежду, если она не имеет цицит на углах. Тот, кто поступает так, нарушает заповедь Торы (Дварим, 22:12).

3. Закутываясь в талит и произнося благословение, человек должен посмотреть на цицит, как сказано: "...посмотрев... вы будете вспоминать все заповеди... и исполнять их" (Бемидбар, 15:39). Глядя на цицит, человек вспоминает о заповедях, что в свою очередь приводит его к их исполнению.

Сидур Ѓарав:

Каждый день перед облачением в талит и произнесением благословения следует тщательно проверить цицит: не порваны ли нити, все ли они на месте. Особенно важно проверить, не порваны ли нити в тех местах, где они прилегают к талиту, а также в узлах. [Если одна из нитей цицит порвалась в этом месте, то талит надевать нельзя. Если оборвался один из свободных концов какой-либо нити или два свободных конца разных нитей, находящихся по одну сторону последнего из узлов, талит можно надевать. Однако если оборвались два конца нитей, выходящие с разных сторон узла, так, что длина каждого из них стала меньше, чем 4 см, а также если оборвались три свободных конца, так, что в цицит от края талита и до конца оборванных нитей осталось менее 24 см, талит не годен.] Перед произнесением благословения следует отделить свободные концы всех восьми нитей один от другого, если они спутались. Тот, кто пришел в синагогу позже других и видит, что не успевает проверить цицит до начала молитвы, освобожден от этой проверки.

В настоящее время принято надевать талит катан сразу после омовения рук, однако соответствующее благословение произносят лишь после всех утренних благословений; перед этим проверяют кисти цицит и целуют их. Тот, кто спит в талит катан, что является желательным, произносит следующее благословение только в том случае, если он снимает талит катан, в котором спал, и надевает другой. Тот, кто молится, облачившись в талит гадоль (у ашкеназим эти женатые мужчины, у сфарадим – также и неженатые), не произносит это благословение, однако, надевая талит гадоль и произнося положенное благословение, имеет в виду, что оно относится и к талит катан.

Перед тем, как надеть талит катан, произносят: (См. транслитерацию на стр. 388)

ברוך   БЛАГОСЛОВЕН ТЫ, ГОСПОДЬ, БОГ НАШ, ВЛАДЫКА ВСЕЛЕННОЙ, ОСВЯТИВШИЙ НАС СВОИМИ ЗАПОВЕДЯМИ И ДАВШИЙ НАМ ЗАПОВЕДЬ О ЦИЦИТ!

Каждое утро (кроме субботи праздников) перед облачением в талит принято опускать деньги в копилку для пожертвований.

ПОРЯДОК ОБЛАЧЕНИЯ В ТАЛИТ ГАДОЛЬ

В настоящее время принято облачаться в талит гадоль и накладывать тфилин после молитвы "ВЛАДЫКА...", стр. 22, перед "В КАКОМ...", стр. 23. Талит гадоль в сложенном виде кладут на правое плечо, берут в руки цицит и проверяют их. Проверяя цицит, перед произнесением благословения говорят следующее:

ברכי   БЛАГОСЛОВИ, ДУША МОЯ, ГОСПОДА! ГОСПОДЬ, БОГ МОЙ, ВЕЛИЧИЕ ТВОЕ БЕЗГРАНИЧНО, В СИЯНИЕ И ВЕЛИКОЛЕПИЕ ОБЛЕКСЯ ТЫ. ОКУТАН СВЕТОМ, СЛОВНО ПЛАЩОМ, ПРОСТИРАЕШЬ НЕБЕСА, СЛОВНО ПОЛОГ.[1]

Затем расправляют талит и, держа его перед собой, целуют его край; затем перемещают талит за спину и начинают благословение. Заканчивают произнесение благословения, полностью укутавшись в талит. Следует размышлять о том, что Всевышний повелел нам закутываться в талит для того, чтобы мы вспоминали все Его заповеди и исполняли их, как сказано: "...посмотрев... вы будете вспоминать все заповеди... и исполнять их" (Бемидбар, 15:39). Произносить благословение и надевать талит следует стоя. Перед тем, как закутаться в талит, произносят следующее: (См. транслитерацию на стр. 388)

ברוך   БЛАГОСЛОВЕН ТЫ, ГОСПОДЬ, БОГ НАШ, ВЛАДЫКА ВСЕЛЕННОЙ, ОСВЯТИВШИЙ НАС СВОИМИ ЗАПОВЕДЯМИ И ПОВЕЛЕВШИЙ НАМ ЗАКУТЫВАТЬСЯ В ЦИЦИТ!

Следует закутаться в талит с головой наподобие того, как закутываются в свои накидки арабы, а именно: покрыть талитом голову, взять в правую руку две кисти цицит правой части талита; две оставшиеся кисти – в левую руку и держать их у груди, напротив сердца; кисти, находящиеся в правой руке, следует забросить за левое плечо. Таким образом, все четыре кисти цицит окажутся слева – две спереди и две сзади. Нет необходимости, покрывая голову, закрывать все лицо. [По обычаю Хабада, верхняя часть талита должна закрывать глаза, но не рот.] Следует оставаться в таком положении столько времени, сколько необходимо человеку, чтобы пройти расстояние в четыре локтя. После этого молящийся надевает талит так, как это принято в его общине. И все же желательно, чтобы во время всей молитвы талит прикрывал и голову молящегося, и плечи, и руки; чтобы правая часть талита лежала на левом плече; чтобы хотя бы один из углов правой части талита свисал сзади. При этом повеление "закутываться" будет полностью соблюдено, и способ облачения в талит напомнит, как и предписано, традиционную форму накидок у арабов. [По сегодняшнему мнению, талит должен прикрывать голову, плечи и спину.]

Облачившись в талит гадоль, произносят:

מה   КАК ДРАГОЦЕННА МИЛОСТЬ ТВОЯ, ГОСПОДЬ! И СЫНЫ ЧЕЛОВЕЧЕСКИЕ ПОД СЕНЬЮ КРЫЛ ТВОИХ НАЙДУТ СЕБЕ ПРИБЕЖИЩЕ. УТОЛЯТ ОНИ ЖАЖДУ ВО ДВОРЦЕ ТВОЕМ, ИЗОБИЛУЮЩЕМ БЛАГАМИ; ИЗ ПОТОКА, [БЕРУЩЕГО НАЧАЛО] В РАЮ ТВОЕМ, НАПОИШЬ ИХ. ВЕДЬ ТЫ ВЛАСТВУЕШЬ НАД ИСТОЧНИКОМ ЖИЗНИ; И [СОКРОВЕННЫЙ] СВЕТ ТВОЙ ДА СТАНЕТ ЗРИМЫМ СВЕТОМ ДЛЯ НАС. ОСЕНИ ЛЮБОВЬЮ СВОЕЙ ТЕХ, КТО ЗНАЕТ ТЕБЯ, И МИЛОСТЬЮ СВОЕЙ – ПРЯМОДУШНЫХ.[2]

---

1. Теѓилим, 104:1,2. 2. Теѓилим, 36:8–11.

(מסידור) יכוין בהנחת התפלין שצונו הקב"ה לכתוב ד' פרשיות אלו שיש בהם יחוד שמו וליאת מלרים כדי
שנזכור נסים ונפלאות שעשה עמנו שהם מורים על יחודו ואשר לו הכח והממשלה לעשות
בעליונים ובתחתונים כרצונו ולוו להניחין על הזרוע כנגד הלב ועל הראש כנגד המוח שנשעבד הנשמה
שהיא במוח וגם הלות ומחשבות לבנו לעבודתו ית"שע"י הנחת התפלין יזכור את הבורא וימעיט הנאתו:

יש נוהגין להניח תפלה של יד מיושב מטעם שנתבאר בזוהר ומברכין ג"כ מיושב:

מקום הנחת תפלין של יד ביד שמאלי בגובה הבשר שבפרק שבין המרפק שקורין עלינבוגין להתפ וזה
המקום נקרא קיבורת ולא יהיה מלמעלה מהלי הפרק ולא למטה בתחתיתו ממש למטה מן הקיבורת
שנאמר ושמת את דברי אלה על לבבכם על לבבכם שיהא שימה כנגד הלב וזהו קיבורת בשוא מכוון ממש
כנגד הלב . ולכן צריך שיטה את התפלה של יד לצד הגוף מעט בענין שכשיכוף את זרועו למטה שיהא
התפלה של יד מכוונת נגד לבו ממש ויזהר שלא יהיה דבר חולק בין התפילין לבשרו . ואחר הנחת התפלה
של יד על הקיבורת קודם שמהדקה יברך:

בָּרוּךְ אַתָּה יְיָ אֱלֹהֵינוּ מֶלֶךְ הָעוֹלָם, אֲשֶׁר קִדְּשָׁנוּ בְּמִצְוֹתָיו, וְצִוָּנוּ לְהָנִיחַ תְּפִלִּין: ואין מפסיקין בין תפלה לתפלה:

ויכוין לפטור גם את של ראש וא"ה י"כ יהדק הרצועה בתוך הקשר כדי לקיים מלות וקשרתם לאות על ידך
ויזהר שלא יזוז הקשר של יו"ד מן התפלה של יד וא"ח"כ עושין שבעה כריכות על פרק הזרוע
המחובר אל היד וא"ח"כ יניח את של ראש בגובה הראש כנגד נובה הראש באמלע רוהב הראש ממש . וצריך
שיהיה הקשר של תפלין של ראש מאחורי הראש בגובה כנגה העורף באמלעו נראה כעין דלי"ת חון שיהא
לעין הרואה מלאחריו כעין דלי"ת בכתיבתו . ואם שח בין תפלה לתפלה יברך על של ראש:

בָּרוּךְ אַתָּה יְיָ אֱלֹהֵינוּ מֶלֶךְ הָעוֹלָם, אֲשֶׁר קִדְּשָׁנוּ בְּמִצְוֹתָיו, וְצִוָּנוּ עַל מִצְוַת תְּפִלִּין:

בד"א כשדבר מעניינים שאינן לצורך תפילין אבל אם הפסיק בעניינים שהם נגרכים לו להנחת תפילין אין
צריך לחזור ולברך על של ראש . ולכתחלה אין להפסיק כלל אלא אם כן אי אפשר בענין אחר .
ואפי' הפסיק בדברי קדושה הוי הפסק . אעפ"כ אם שמע קדיש או ברכו או קדושה בין תפילין של יד
לתפילין של ראש מותר להפסיק ולענות עם הלבור וא"ע"פ שגורם ברכה אחרת על של ראש ואסור לגרום
ברכה שאינה צריכה. לפי שיש אומרים שמברכים לעולם על של ראש על מלות תפילין אף אם לא שח בינתים:

אחר שהנית תפלין של ראש יכרוך ג' כריכות על אלבע האמלעי . בתחלה כריכה אחת על פרק האמלעי
וא"ח"כ שתי כריכות על הפרק התחתון (וכורך המותר על כף היד) ובסוף הכריכות יקשור:

תְּפִלַּת הַשַּׁחַר

נכון לומר קודם התפלה (הריני מקבל עלי מצות עשה של ואהבת לרעך כמוך):

מַה טֹּבוּ אֹהָלֶיךָ יַעֲקֹב, מִשְׁכְּנֹתֶיךָ יִשְׂרָאֵל: וַאֲנִי בְּרֹב חַסְדְּךָ אָבֹא בֵיתֶךָ, אֶשְׁתַּחֲוֶה אֶל הֵיכַל קָדְשְׁךָ בְּיִרְאָתֶךָ: וַאֲנִי תְפִלָּתִי לְךָ יְיָ עֵת רָצוֹן, אֱלֹהִים בְּרָב חַסְדֶּךָ, עֲנֵנִי בֶּאֱמֶת יִשְׁעֶךָ:

ארון

תו"א א) במדבר כ"ד ה : ב) תהלים ה' ח : ג) שם ס"ט יד:

*) מנהגנו – הא' על פרק התחתון הסמוך לכף היד, הב' על פרק האמצעי, והג' עוה"פ על פרק התחתון.

Сидур Гарав:

Надевая тфилин, следует размышлять о том, что Всевышний приказал нам написать на пергаменте слова Торы, говорящие о том, что Он — единственный Б-г, а также об исходе евреев из Египта, чтобы мы помнили чудеса, явленные нам Всевышним, свидетельствующие о том, что Он — единственный Б-г, и лишь Он Сам творит все по Своей воле в высших и низших мирах. И повелел Он нам укреплять кожаные коробочки с этими текстами на руке, напротив сердца, и на голове, чтобы мы подчинили Ему и сердце и разум. Таким образом, надевая тфилин, человек вспоминает Творца и смиряет свои страсти.

У некоторых принято надевать тфилин на руку сидя, и обычай этот основан на сказанном в книге "Зогар". В этом случае соответствующее благословение также произносят сидя.

Тфилин надевают на левую руку между локтем и плечом, не выше середины бицепса, но и не слишком низко — не у самого локтя, ибо сказано: "И пусть будут эти слова, которые Я заповедал тебе сегодня, в сердце твоем..." (Дварим, 6:6); на иврите сказано буквально "на сердце". Т.е. следует укреплять тфилин на бицепсе точно напротив сердца. По этой же причине коробочка тфилин укрепляется на бицепсе таким образом, чтобы она была обращена к сердцу. Следует обратить внимание на то, чтобы между тфилин и кожей руки не оказалось ничего постороннего. После надевания тфилин, но перед тем, как затянуть узел, через который продет ремешок, произносят:(см. транслитерацию на стр. 390):

בָּרוּךְ БЛАГОСЛОВЕН ТЫ, ГОСПОДЬ, БОГ НАШ, ВЛАДЫКА ВСЕЛЕННОЙ, ОСВЯ-ТИВШИЙ НАС СВОИМИ ЗАПОВЕДЯМИ И ПОВЕЛЕВШИЙ НАМ НАДЕВАТЬ ТФИЛИН!

С этого момента запрещено произносить что-либо до возложения тфилин на голову. Произнося предыдущее благословение, следует иметь в виду и тфилин, надеваемый на руку, и тфилин, надеваемый на голову. После благословения нужно затянуть узел, через который продет ремешок, выполнив тем самым заповедь: "...и повяжи их как знак на руку свою..." Необходимо следить за тем, чтобы узел, имеющий форму буквы י (йод), был постоянно плотно прижат к коробочке тфилин. После этого ремешок оборачивают семь раз вокруг руки — от локтя до кисти; затем берут второй тфилин и надевают его на голову таким образом, чтобы его нижний край совпал с линией волосяного покрова надо лбом, причем необходимо обратить внимание на то, чтобы коробочка была укреплена точно посередине надлобья. Узел тфилин должен находиться на нижней части затылка, там, где затылок граничит с шеей, и должен выглядеть как печатная буква ד (далет) для того, кто стоит позади надевшего этот тфилин. Если молящийся произнес что-либо после того, как укрепил тфилин на руке, но до того, как возложил тфилин на голову, ему необходимо сказать следующее благословение:

בָּרוּךְ БЛАГОСЛОВЕН ТЫ, ГОСПОДЬ, БОГ НАШ, ВЛАДЫКА ВСЕЛЕННОЙ, ОСВЯ-ТИВШИЙ НАС СВОИМИ ЗАПОВЕДЯМИ И ДАВШИЙ НАМ ЗАПОВЕДЬ О ТФИЛИН!

Это благословение молящийся не произносит, если сказанное им было необходимо для исполнения заповеди тфилин. Но и в этом случае желательно не разговаривать между надеванием тфилин на руку и возложением тфилин на голову, если можно обойтись без этого. В этот момент запрещено произносить даже слова Торы и молитв. На "Кадиш", "Барху" и "Кдушу" можно ответить положенное вместе с общиной, хотя после этого и понадобится произнести упомянутое выше благословение на тфилин, возлагаемый на голову. Несмотря на то, что запрещено делать что-либо, вызывающее необходимость в дополнительном благословении, в данном случае это допустимо, так как существует мнение, что это благословение произносится вне зависимости от того, разговаривал ли молящийся в это время; и можно положиться на это мнение, чтобы выполнить заповедь участия в трех упомянутых выше молитвах. После возложения тфилин на голову следует трижды обернуть ремешок тфилин, повязанный на руку, вокруг среднего пальца: первый виток — на средней фаланге, второй и третий — на фаланге, прилегающей к ладони (сейчас принято делать первый виток на фаланге, прилегающей к ладони, второй — на средней, третий — на том же месте, что и первый виток). Оставшуюся часть ремня оборачивают вокруг ладони и завязывают.

"ШАХАРИТ" (УТРЕННЯЯ МОЛИТВА)

Перед молитвой следует сказать: ПРИНИМАЮ НА СЕБЯ ЗАПОВЕДЬ: "ЛЮБИ БЛИЖНЕГО СВОЕГО, КАК САМОГО СЕБЯ".[1]

מַה КАК ПРЕКРАСНЫ ШАТРЫ ТВОИ, ЯАКОВ, ЖИЛИЩА ТВОИ, ИЗРАИЛЬ![2] И Я, ПО ВЕЛИКОЙ МИЛОСТИ ТВОЕЙ, [ВСЕВЫШНИЙ], ВОЙДУ В ТВОЙ ДОМ И СКЛОНЮСЬ В СВЯТИЛИЩЕ ТВОЕМ В ТРЕПЕТЕ ПРЕД ТОБОЮ.[3] И Я БУДУ МОЛИТЬСЯ ТЕБЕ В ЧАС ТВОЕГО БЛАГОВОЛЕНИЯ, ГОСПОДЬ; БОЖЕ, ПО ВЕЛИКОЙ МИЛОСТИ СВОЕЙ ОТВЕТЬ МНЕ, [ДАРОВАВ МНЕ] ИСТИННОЕ СПАСЕНИЕ![4]

---

1. Вайикра, 19:18.　2. Бемидбар, 24:5.　3. Тегилим, 5:8.　4. Тегилим, 69:14.

אֲדוֹן עוֹלָם אֲשֶׁר מָלַךְ, בְּטֶרֶם כָּל
יְצוּר נִבְרָא. לְעֵת נַעֲשָׂה בְחֶפְצוֹ
כֹּל, אֲזַי מֶלֶךְ שְׁמוֹ נִקְרָא. וְאַחֲרֵי
כִּכְלוֹת הַכֹּל, לְבַדּוֹ יִמְלוֹךְ נוֹרָא.
וְהוּא הָיָה וְהוּא הֹוֶה, וְהוּא יִהְיֶה
בְּתִפְאָרָה. וְהוּא אֶחָד וְאֵין שֵׁנִי,
לְהַמְשִׁיל לוֹ לְהַחְבִּירָה. בְּלִי רֵאשִׁית
בְּלִי תַכְלִית, וְלוֹ הָעֹז וְהַמִּשְׂרָה. וְהוּא
אֵלִי וְחַי גֹּאֲלִי, וְצוּר חֶבְלִי בְּעֵת צָרָה.
וְהוּא נִסִּי וּמָנוֹס לִי, מְנָת כּוֹסִי בְּיוֹם
אֶקְרָא. בְּיָדוֹ אַפְקִיד רוּחִי, בְּעֵת אִישָׁן
וְאָעִירָה. וְעִם רוּחִי גְּוִיָּתִי, יְיָ לִי וְלֹא
אִירָא:

בימים שאין אומרים תחנון אין אומרים זה:

אֱלֹהֵינוּ וֵאלֹהֵי אֲבוֹתֵינוּ. זָכְרֵנוּ בְּזִכָּרוֹן טוֹב לְפָנֶיךָ, וּפָקְדֵנוּ בִּפְקֻדַּת יְשׁוּעָה
וְרַחֲמִים מִשְּׁמֵי שְׁמֵי קֶדֶם. וּזְכָר לָנוּ יְיָ אֱלֹהֵינוּ אַהֲבַת הַקַּדְמוֹנִים
אַבְרָהָם יִצְחָק וְיִשְׂרָאֵל עֲבָדֶיךָ. וְאֶת הַבְּרִית וְאֶת הַחֶסֶד וְאֶת הַשְּׁבוּעָה
שֶׁנִּשְׁבַּעְתָּ לְאַבְרָהָם אָבִינוּ בְּהַר הַמּוֹרִיָּה, וְאֶת הָעֲקֵדָה שֶׁעָקַד אֶת יִצְחָק
בְּנוֹ עַל גַּבֵּי הַמִּזְבֵּחַ. כַּכָּתוּב בְּתוֹרָתֶךָ:

וַיְהִי אַחַר הַדְּבָרִים הָאֵלֶּה, וְהָאֱלֹהִים נִסָּה אֶת אַבְרָהָם
וַיֹּאמֶר אֵלָיו, אַבְרָהָם, וַיֹּאמֶר הִנֵּנִי: וַיֹּאמֶר, קַח נָא

אדון עולם ВЛАСТЕЛИН МИРА ЦАРСТВОВАЛ ДО СОЗДА-
НИЯ ИМ ВСЕХ ТВОРЕНИЙ; И КОГДА ПО ВОЛЕ ЕГО БЫЛ СОЗДАН
ВЕСЬ МИР, ЕГО ИМЕНЕМ СТАЛО — ВЛАДЫКА. И ПОСЛЕ КОНЦА
МИРА ОН, ГРОЗНЫЙ, БУДЕТ ЦАРСТВОВАТЬ ЕДИНОВЛАСТНО.
ОН БЫЛ, ОН ЕСТЬ, И ОН ПРЕБУДЕТ ВЕЧНО В ВЕЛИКОЛЕПИИ
СВОЕМ. И ОН ЕДИНСТВЕННЫЙ, И НЕТ ДРУГОГО, [НЕТ НИКО-
ГО,] КТО СРАВНИЛСЯ БЫ С НИМ И ЕМУ УПОДОБИЛСЯ. ЕМУ НЕТ
НИ НАЧАЛА, НИ КОНЦА; ОН ВСЕМОГУЩ, И ЕМУ ПРИНАДЛЕЖИТ
ВЛАСТЬ. ОН — БОГ МОЙ, ВЕЧНО ЖИВОЙ МОЙ ИЗБАВИТЕЛЬ, ОП-
ЛОТ СУДЬБЫ МОЕЙ В ЧАС БЕДЫ. ОН — ЗНАМЯ МОЕ И МОЕ ПРИ-
БЕЖИЩЕ, ОПОРА МОЯ В ДЕНЬ, КОГДА Я ВЗЫВАЮ [К НЕМУ].
ЕМУ Я ВРУЧАЮ ДУШУ СВОЮ ПЕРЕД СНОМ И ПО ПРОБУЖДЕНИИ
И ВМЕСТЕ С ДУШОЮ — ТЕЛО; ГОСПОДЬ СО МНОЙ, И НЕ УСТРА-
ШУСЬ.

В день, когда не говорят "Таханун" (см. стр. 71), следующую молитву не произносят.

אלהינו БОГ НАШ И БОГ ОТЦОВ НАШИХ! ВСПОМНИ О НАС БЛАГО-
СКЛОННО И ОБРАТИСЬ К НАМ С ИЗНАЧАЛЬНЫХ НЕБЕСНЫХ ВЫСОТ,
ДАРУЯ СПАСЕНИЕ И МИЛОСТЬ; И ВСПОМНИ ДЛЯ БЛАГА НАШЕГО, ГОС-
ПОДЬ, БОГ НАШ, ЛЮБОВЬ [К ТЕБЕ] ПРАОТЦЕВ — АВРАГАМА, ИЦХАКА И
ИЗРАИЛЯ, РАБОВ ТВОИХ; И ЗАВЕТ СВОЙ, И МИЛОСТЬ СВОЮ, И КЛЯТВУ,
КОТОРУЮ ДАЛ ТЫ АВРАГАМУ, ОТЦУ НАШЕМУ, НА ГОРЕ МОРИЯ; И
[ВСПОМНИ] О ТОМ, ЧТО СВЯЗАЛ ОН СВОЕГО СЫНА ИЦХАКА И ВОЗЛО-
ЖИЛ НА ЖЕРТВЕННИК. КАК НАПИСАНО В ТВОЕЙ ТОРЕ:

ויהי ≪ ПОСЛЕ   ЭТИХ   СОБЫТИЙ   БОГ   ИСПЫТЫВАЛ
АВРАГАМА.   ОН   СКАЗАЛ   ЕМУ: "АВРАГАМ!"   — И ТОТ
ОТВЕТИЛ : "ВОТ Я". И СКАЗАЛ [ЕМУ ВСЕВЫШНИЙ]: "ВОЗЬМИ

אֶת בִּנְךָ אֶת יְחִידְךָ אֲשֶׁר אָהַבְתָּ אֶת יִצְחָק, וְלֶךְ לְךָ
אֶל אֶרֶץ הַמֹּרִיָּה, וְהַעֲלֵהוּ שָׁם לְעֹלָה עַל אַחַד הֶהָרִים,
אֲשֶׁר אֹמַר אֵלֶיךָ: וַיַּשְׁכֵּם אַבְרָהָם בַּבֹּקֶר, וַיַּחֲבשׁ אֶת
חֲמֹרוֹ וַיִּקַּח אֶת שְׁנֵי נְעָרָיו אִתּוֹ וְאֵת יִצְחָק בְּנוֹ, וַיְבַקַּע
עֲצֵי עֹלָה וַיָּקָם וַיֵּלֶךְ אֶל הַמָּקוֹם אֲשֶׁר אָמַר לוֹ הָאֱלֹהִים:
בַּיּוֹם הַשְּׁלִישִׁי וַיִּשָּׂא אַבְרָהָם אֶת עֵינָיו, וַיַּרְא אֶת
הַמָּקוֹם מֵרָחֹק: וַיֹּאמֶר אַבְרָהָם אֶל נְעָרָיו שְׁבוּ לָכֶם פֹּה
עִם הַחֲמוֹר, וַאֲנִי וְהַנַּעַר נֵלְכָה עַד כֹּה, וְנִשְׁתַּחֲוֶה
וְנָשׁוּבָה אֲלֵיכֶם: וַיִּקַּח אַבְרָהָם אֶת עֲצֵי הָעֹלָה וַיָּשֶׂם
עַל יִצְחָק בְּנוֹ וַיִּקַּח בְּיָדוֹ אֶת הָאֵשׁ וְאֶת הַמַּאֲכֶלֶת,
וַיֵּלְכוּ שְׁנֵיהֶם יַחְדָּו: וַיֹּאמֶר יִצְחָק אֶל אַבְרָהָם אָבִיו
וַיֹּאמֶר אָבִי, וַיֹּאמֶר הִנֶּנִּי בְנִי, וַיֹּאמֶר, הִנֵּה הָאֵשׁ
וְהָעֵצִים וְאַיֵּה הַשֶּׂה לְעֹלָה: וַיֹּאמֶר אַבְרָהָם אֱלֹהִים יִרְאֶה
לוֹ הַשֶּׂה לְעֹלָה בְּנִי, וַיֵּלְכוּ שְׁנֵיהֶם יַחְדָּו: וַיָּבֹאוּ אֶל
הַמָּקוֹם אֲשֶׁר אָמַר לוֹ הָאֱלֹהִים, וַיִּבֶן שָׁם אַבְרָהָם אֶת
הַמִּזְבֵּחַ, וַיַּעֲרֹךְ אֶת הָעֵצִים, וַיַּעֲקֹד אֶת יִצְחָק בְּנוֹ, וַיָּשֶׂם
אֹתוֹ עַל הַמִּזְבֵּחַ מִמַּעַל לָעֵצִים: וַיִּשְׁלַח אַבְרָהָם אֶת יָדוֹ
וַיִּקַּח אֶת הַמַּאֲכֶלֶת, לִשְׁחֹט אֶת בְּנוֹ: וַיִּקְרָא אֵלָיו
מַלְאַךְ יְיָ מִן הַשָּׁמַיִם וַיֹּאמֶר אַבְרָהָם, אַבְרָהָם, וַיֹּאמֶר
הִנֵּנִי: וַיֹּאמֶר, אַל תִּשְׁלַח יָדְךָ אֶל הַנַּעַר, וְאַל תַּעַשׂ לוֹ
מְאוּמָה, כִּי עַתָּה יָדַעְתִּי, כִּי יְרֵא אֱלֹהִים אַתָּה, וְלֹא
חָשַׂכְתָּ אֶת בִּנְךָ אֶת יְחִידְךָ מִמֶּנִּי: וַיִּשָּׂא אַבְרָהָם אֶת
עֵינָיו וַיַּרְא וְהִנֵּה אַיִל, אַחַר נֶאֱחַז בַּסְּבַךְ בְּקַרְנָיו,
וַיֵּלֶךְ אַבְרָהָם וַיִּקַּח אֶת הָאַיִל, וַיַּעֲלֵהוּ לְעֹלָה תַּחַת בְּנוֹ:
וַיִּקְרָא אַבְרָהָם שֵׁם הַמָּקוֹם הַהוּא, יְיָ יִרְאֶה, אֲשֶׁר

יאמר

ЕДИНСТВЕННОГО СЫНА СВОЕГО, КОТОРОГО ТЫ ЛЮБИШЬ, ИЦХАКА, И ПОЙДИ В ЗЕМЛЮ МОРИЯ; И ПРИНЕСИ ЕГО ТАМ В ЖЕРТВУ ВСЕСОЖЖЕНИЯ НА ОДНОЙ ИЗ ГОР, КОТОРУЮ Я УКАЖУ ТЕБЕ". И ВСТАЛ РАНО УТРОМ АВРАЃАМ, И ОСЕДЛАЛ СВОЕГО ОСЛА, И ВЗЯЛ С СОБОЮ ДВУХ СЛУГ И СЫНА СВОЕГО, ИЦХАКА; И НАРУБИЛ ДРОВ ДЛЯ ВСЕСОЖЖЕНИЯ, И ОТ-ПРАВИЛСЯ В ПУТЬ К ТОМУ МЕСТУ, О КОТОРОМ СКАЗАЛ ЕМУ БОГ. НА ТРЕТИЙ ДЕНЬ [ПУТИ] УСТРЕМИЛ АВРАЃАМ СВОЙ ВЗОР ВВЕРХ И УВИДЕЛ ИЗДАЛИ ЭТО МЕСТО. И СКАЗАЛ АВРАЃАМ СВОИМ СЛУГАМ: "ОСТАВАЙ-ТЕСЬ ЗДЕСЬ С ОСЛОМ, А МЫ С СЫНОМ ПОЙДЕМ ТУДА, И ПОКЛОНИМСЯ [ВСЕВЫШНЕМУ], И ВЕРНЕМСЯ К ВАМ". И ВЗЯЛ АВРАЃАМ ДРОВА ДЛЯ ВСЕСОЖЖЕНИЯ, И ПОЛОЖИЛ ИХ НА [ПЛЕЧИ] ИЦХАКУ, СЫНУ СВОЕМУ, А САМ ВЗЯЛ ОГОНЬ И НОЖ, И ПОШЛИ ОНИ ВМЕСТЕ. И СКАЗАЛ ИЦХАК АВРАЃАМУ, ОТЦУ СВОЕМУ: "ОТЕЦ МОЙ!" И ОТВЕТИЛ ТОТ: "ВОТ Я". И СПРОСИЛ [ИЦХАК]: "ВОТ ОГОНЬ И ДРОВА, А ГДЕ ЖЕ ЯГНЕНОК ДЛЯ ВСЕСОЖЖЕНИЯ?" И ОТВЕТИЛ АВРАЃАМ: "БОГ ИЗБЕРЕТ СЕБЕ ЯГНЕНКА ДЛЯ ВСЕСОЖЖЕНИЯ, СЫН МОЙ!" И ПРОДОЛЖИЛИ ОБА СВОЙ ПУТЬ. И ПРИШЛИ ОНИ НА МЕСТО, О КОТОРОМ ГОВОРИЛ [АВРАЃАМУ] БОГ, И СООРУДИЛ ТАМ АВРАЃАМ ЖЕРТВЕННИК, И РАЗЛОЖИЛ ДРОВА, И СВЯЗАЛ ИЦХАКА, СЫНА СВОЕГО, И ПОЛОЖИЛ ЕГО НА ЖЕРТВЕННИК ПОВЕРХ ДРОВ. И ПРОТЯНУЛ АВРАЃАМ РУКУ, И ВЗЯЛ НОЖ, ЧТОБЫ ЗАРЕЗАТЬ СЫНА СВОЕГО. И ВОЗЗВАЛ К НЕМУ АНГЕЛ ГОСПОДА С НЕБЕС, И СКА-ЗАЛ: "АВРАЃАМ! АВРАЃАМ!" И ОТВЕТИЛ ТОТ: "ВОТ Я". И [АНГЕЛ] ПЕ-РЕДАЛ ЕМУ СЛОВА [ВСЕВЫШНЕГО]: "НЕ УБИВАЙ ЮНОШУ И НЕ ПРИЧИ-НЯЙ ЕМУ НИКАКОГО ВРЕДА, ИБО ТЕПЕРЬ Я ЗНАЮ, ЧТО ТЫ БО-ГОБОЯЗНЕН И НЕ ПОЖАЛЕЛ СВОЕГО ЕДИНСТВЕННОГО СЫНА ДЛЯ МЕНЯ". И ПОДНЯЛ АВРАЃАМ ГЛАЗА, И УВИДЕЛ БАРАНА, КОТОРЫЙ ЗАПУТАЛСЯ РОГАМИ В ЗАРОСЛЯХ; И ПОШЕЛ АВРАЃАМ, И ВЗЯЛ БА-РАНА, И ПРИНЕС ЕГО ВО ВСЕСОЖЖЕНИЕ ВМЕСТО СЫНА. И НАЗВАЛ АВРАЃАМ ЭТО МЕСТО "ГОСПОДЬ ИЗБЕРЕТ" — [ТО МЕСТО], О КОТОРОМ

יַאמֶר הַיּוֹם, בְּהַר יְיָ יֵרָאֶה: וַיִּקְרָא מַלְאַךְ יְיָ אֶל אַבְרָהָם
שֵׁנִית מִן הַשָּׁמָיִם: וַיֹּאמֶר, בִּי נִשְׁבַּעְתִּי נְאֻם יְיָ, כִּי יַעַן
אֲשֶׁר עָשִׂיתָ אֶת הַדָּבָר הַזֶּה, וְלֹא חָשַׂכְתָּ אֶת בִּנְךָ אֶת
יְחִידֶךָ: כִּי בָרֵךְ אֲבָרֶכְךָ, וְהַרְבָּה אַרְבֶּה אֶת זַרְעֲךָ
כְּכוֹכְבֵי הַשָּׁמַיִם וְכַחוֹל אֲשֶׁר עַל שְׂפַת הַיָּם, וְיִרַשׁ
זַרְעֲךָ אֵת שַׁעַר אֹיְבָיו: וְהִתְבָּרְכוּ בְזַרְעֲךָ כֹּל גּוֹיֵי הָאָרֶץ,
עֵקֶב אֲשֶׁר שָׁמַעְתָּ בְּקֹלִי: וַיָּשָׁב אַבְרָהָם אֶל נְעָרָיו,
וַיָּקֻמוּ וַיֵּלְכוּ יַחְדָּו אֶל בְּאֵר שָׁבַע. וַיֵּשֶׁב אַבְרָהָם
בִּבְאֵר שָׁבַע:

בְּיוֹם שֶׁאֵין אוֹמְרִים תַּחֲנוּן אֵין אוֹמְרִים זֶה:

רִבּוֹנוֹ שֶׁל עוֹלָם, כְּמוֹ שֶׁכָּבַשׁ אַבְרָהָם אָבִינוּ אֶת רַחֲמָיו מֵעַל בֶּן יָחִיד לַעֲשׂוֹת
רְצוֹנְךָ בְּלֵבָב שָׁלֵם, כֵּן יִכְבְּשׁוּ רַחֲמֶיךָ אֶת כַּעַסְךָ מֵעָלֵינוּ, וְיִגֹּלּוּ
רַחֲמֶיךָ עַל מִדּוֹתֶיךָ. וְתִתְנַהֵג עִמָּנוּ יְיָ אֱלֹהֵינוּ בְּמִדַּת הַחֶסֶד וּבְמִדַּת הָרַחֲמִים,
וְתִכָּנֵס לָנוּ לִפְנִים מִשּׁוּרַת הַדִּין, וּבְטוּבְךָ הַגָּדוֹל יָשׁוּב חֲרוֹן אַפְּךָ מֵעַמְּךָ
וּמֵעִירְךָ וּמֵאַרְצְךָ וּמִנַּחֲלָתֶךָ, וְקַיֶּם לָנוּ יְיָ אֱלֹהֵינוּ אֶת הַדָּבָר שֶׁהִבְטַחְתָּנוּ
בְּתוֹרָתֶךָ, עַל יְדֵי מֹשֶׁה עַבְדֶּךָ מִפִּי כְבוֹדֶךָ כָּאָמוּר. וְזָכַרְתִּי אֶת
בְּרִיתִי יַעֲקוֹב, וְאַף אֶת בְּרִיתִי יִצְחָק, וְאַף אֶת בְּרִיתִי אַבְרָהָם אֶזְכֹּר וְהָאָרֶץ
אֶזְכֹּר: וְנֶאֱמַר, וְאַף גַּם זֹאת בִּהְיוֹתָם בְּאֶרֶץ אֹיְבֵיהֶם, לֹא מְאַסְתִּים וְלֹא גְעַלְתִּים
לְכַלֹּתָם, לְהָפֵר בְּרִיתִי אִתָּם כִּי אֲנִי יְיָ אֱלֹהֵיהֶם: וְנֶאֱמַר, וְזָכַרְתִּי לָהֶם בְּרִית
רִאשֹׁנִים, אֲשֶׁר הוֹצֵאתִי אֹתָם מֵאֶרֶץ מִצְרַיִם, לְעֵינֵי הַגּוֹיִם לִהְיוֹת לָהֶם לֵאלֹהִים
אֲנִי יְיָ: וְנֶאֱמַר, וְשָׁב יְיָ אֱלֹהֶיךָ אֶת שְׁבוּתְךָ וְרִחֲמֶךָ, וְשָׁב וְקִבֶּצְךָ מִכָּל הָעַמִּים,
אֲשֶׁר הֱפִיצְךָ יְיָ אֱלֹהֶיךָ שָׁמָּה: אִם יִהְיֶה נִדַּחֲךָ בִּקְצֵה הַשָּׁמָיִם, מִשָּׁם יְקַבֶּצְךָ
יְיָ אֱלֹהֶיךָ וּמִשָּׁם יִקָּחֶךָ: וֶהֱבִיאֲךָ יְיָ אֱלֹהֶיךָ אֶל הָאָרֶץ אֲשֶׁר יָרְשׁוּ
אֲבֹתֶיךָ, וִירִשְׁתָּהּ וְהֵיטִבְךָ וְהִרְבְּךָ מֵאֲבֹתֶיךָ: וְנֶאֱמַר, יְיָ חָנֵּנוּ,
לְךָ קִוִּינוּ, הֱיֵה זְרֹעָם לַבְּקָרִים, אַף יְשׁוּעָתֵנוּ בְּעֵת צָרָה: וְנֶאֱמַר, וְעֵת צָרָה הִיא
לְיַעֲקֹב, וּמִמֶּנָּה יִוָּשֵׁעַ: וְנֶאֱמַר, בְּכָל צָרָתָם לוֹ צָר, וּמַלְאַךְ פָּנָיו הוֹשִׁיעָם,
בְּאַהֲבָתוֹ וּבְחֶמְלָתוֹ הוּא גְאָלָם, וַיְנַטְּלֵם וַיְנַשְּׂאֵם כָּל יְמֵי עוֹלָם: וְנֶאֱמַר, מִי אֵל
כָּמוֹךָ נֹשֵׂא עָוֹן וְעֹבֵר עַל פֶּשַׁע, לִשְׁאֵרִית נַחֲלָתוֹ, לֹא הֶחֱזִיק לָעַד אַפּוֹ, כִּי
חָפֵץ חֶסֶד הוּא: יָשׁוּב יְרַחֲמֵנוּ, יִכְבֹּשׁ עֲוֹנֹתֵינוּ, וְתַשְׁלִיךְ בִּמְצֻלוֹת יָם כָּל
חַטֹּאתָם: תִּתֵּן אֱמֶת לְיַעֲקֹב, חֶסֶד לְאַבְרָהָם, אֲשֶׁר נִשְׁבַּעְתָּ לַאֲבֹתֵינוּ מִימֵי

קדם

תר"א א) ויקרא כ"ו מב: ב) שם סד: ג) שם שם: ד) דברים ל' ג ד ה: ת) ישעיה ל"ג ב: ו) ירמיה ל' ז: ז) ישעיה ס"ג ט:
ח) מיכה ז'ית

ГОВОРИТСЯ НЫНЕ: "НА [ЭТОЙ] ГОРЕ ГОСПОДЬ ЯВИТ СЕБЯ". И СНОВА
ВОЗЗВАЛ АНГЕЛ ГОСПОДА С НЕБЕС К АВРАѓАМУ, И СКАЗАЛ: "КЛЯНУСЬ
СОБОЮ, ПРОВОЗГЛАСИЛ ГОСПОДЬ, ЗА ТО, ЧТО ТЫ СОВЕРШИЛ ЭТО ДЕЯ-
НИЕ И НЕ ПОЖАЛЕЛ СВОЕГО ЕДИНСТВЕННОГО СЫНА, БЛАГОСЛОВЛЮ
ТЕБЯ И СДЕЛАЮ ПОТОМСТВО ТВОЕ МНОГОЧИСЛЕННЫМ, КАК ЗВЕЗДЫ
В НЕБЕ И КАК ПЕСЧИНКИ НА МОРСКОМ БЕРЕГУ; И ЗАХВАТИТ ПОТОМ-
СТВО ТВОЕ ГОРОДА ВРАГОВ СВОИХ. И ЗА ТО, ЧТО ТЫ ПОСЛУШАЛСЯ
МЕНЯ, [ОДАРЮ Я СВОИМ БЛАГОСЛОВЕНИЕМ ПОТОМСТВО ТВОЕ ТАК
ЩЕДРО, ЧТО] ВО ВСЕХ НАРОДАХ ЗЕМЛИ [ЛЮДИ] БУДУТ ЖЕЛАТЬ ДРУГ
ДРУГУ УДОСТОИТЬСЯ БЛАГОСЛОВЕНИЯ, ПОДОБНОГО ТВОЕМУ". И ВЕР-
НУЛСЯ АВРАѓАМ К СВОИМ СЛУГАМ, И ОТПРАВИЛИСЬ ОНИ ВМЕСТЕ В
БЕЭР-ШЕВУ. И ОСТАНОВИЛСЯ АВРАѓАМ В БЕЭР-ШЕВЕ[1]≫.

В день, когда не говорят "Таханун" (см. стр. 71), следующую молитву не произносят.

רבונו ВЛАСТЕЛИН МИРА! ПОДОБНО ТОМУ, КАК АВРАѓАМ, ОТЕЦ НАШ, ПРЕОДОЛЕЛ
В СЕБЕ ЖАЛОСТЬ К ЕДИНСТВЕННОМУ СЫНУ СВОЕМУ, ЧТОБЫ ИСПОЛНИТЬ ВОЛЮ
ТВОЮ ОТ ВСЕГО СЕРДЦА, – ДА ПРЕОДОЛЕЕТ МИЛОСЕРДИЕ ТВОЕ ГНЕВ ТВОЙ, ОБРА-
ЩЕННЫЙ ПРОТИВ НАС, ДА ВОЗОБЛАДАЕТ МИЛОСЕРДИЕ ТВОЕ НАД ТВОЕЙ СТРО-
ГОСТЬЮ; И ОТНОСИСЬ К НАМ, ГОСПОДЬ, БОГ НАШ, С ЛЮБОВЬЮ И СОСТРАДАНИЕМ;
ПОСТУПАЙ С НАМИ МЯГЧЕ, ЧЕМ ТОГО ТРЕБУЕТ ЗАКОН, И ПО ВЕЛИКОЙ ДОБРОТЕ
СВОЕЙ ОТВРАТИ СВОЙ ГНЕВ ОТ НАРОДА СВОЕГО, И ОТ СТРАНЫ СВОЕЙ, И ОТ НА-
СЛЕДИЯ СВОЕГО; И ИСПОЛНИ ДЛЯ НАС, ГОСПОДЬ, БОГ НАШ, ТО, ЧТО ОБЕЩАЛ ТЫ
НАМ В ТОРЕ СВОЕЙ, [ЗАПИСАННОЙ] МОШЕ, РАБОМ ТВОИМ, С ТВОИХ СОБСТВЕН-
НЫХ СЛОВ, КАК СКАЗАНО: "И ВСПОМНЮ Я СОЮЗ СВОЙ С ЯАКОВОМ, И СОЮЗ СВОЙ С
ИЦХАКОМ, И СОЮЗ СВОЙ С АВРАѓАМОМ ВСПОМНЮ, И ВСПОМНЮ О ЗЕМЛЕ [ИЗРАИ-
ЛЯ]".[2] И СКАЗАНО: "И ДАЖЕ КОГДА БУДУТ ОНИ В ЗЕМЛЕ ВРАГОВ СВОИХ, НЕ ОТ-
ВЕРНУСЬ ОТ НИХ С ПРЕЗРЕНИЕМ И НЕ ОТВЕРГНУ ИХ, НЕ ПРЕДАМ УНИЧТОЖЕНИЮ И
НЕ РАСТОРГНУ СВОЙ СОЮЗ С НИМИ, ИБО Я, ГОСПОДЬ, – БОГ ИХ".[3] И СКАЗАНО: "И
ВСПОМНЮ Я ДЛЯ НИХ [СВОЙ] СОЮЗ С ИХ ПРЕДКАМИ, КОТОРЫХ ВЫВЕЛ, ЧТОБЫ
БЫТЬ ИХ БОГОМ, ИЗ ЗЕМЛИ ЕГИПЕТСКОЙ НА ГЛАЗАХ У ВСЕХ НАРОДОВ; Я – ГОС-
ПОДЬ".[4] И СКАЗАНО: "И ВОЗВРАТИТ ГОСПОДЬ, БОГ ТВОЙ, ИЗГНАННИКОВ ТВОИХ,
[НАРОД ИЗРАИЛЯ,] И СМИЛУЕТСЯ НАД ТОБОЙ; И ВНОВЬ СОБЕРЕТ ТЕБЯ ИЗ СРЕДЫ
ВСЕХ НАРОДОВ, КУДА ИЗГНАЛ ТЕБЯ ОН, ГОСПОДЬ, БОГ ТВОЙ. ДАЖЕ ЕСЛИ
БУДЕШЬ ТЫ ЗАБРОШЕН НА КРАЙ ЗЕМЛИ, И ОТТУДА ВЕРНЕТ ТЕБЯ ГОСПОДЬ, ТВОЙ
БОГ, И ОТТУДА ЗАБЕРЕТ ТЕБЯ. И ПРИВЕДЕТ ТЕБЯ ГОСПОДЬ, БОГ ТВОЙ, В ЗЕМЛЮ,
БЫВШУЮ УДЕЛОМ ТВОИХ ОТЦОВ, И СТАНЕШЬ ВЛАДЕТЬ ЕЮ; И ОБЛАГОДЕТЕЛЬСТ-
ВУЕТ ТЕБЯ, И СДЕЛАЕТ ТЕБЯ МНОГОЧИСЛЕННЕЕ ОТЦОВ ТВОИХ".[5] И СКАЗАНО:
"ГОСПОДЬ, ПОМИЛУЙ НАС, ВЕДЬ НА ТЕБЯ МЫ НАДЕЯЛИСЬ; ДАРУЙ НАМ СИЛЫ КАЖ-
ДОЕ УТРО И СПАСЕНИЕ – В ЧАС БЕДЫ".[6] И СКАЗАНО: "И ЭТО [ВРЕМЯ] – ВРЕМЯ
БЕДЫ ДЛЯ ЯАКОВА, НО ОТ НЕЕ СПАСЕН ОН БУДЕТ".[7] И СКАЗАНО: "КОГДА ОНИ В
БЕДЕ, – СТРАДАЕТ И [ВСЕВЫШНИЙ]; И АНГЕЛ – ИЗ ТЕХ, КТО НАХОДИТСЯ ПРЕД
НИМ, – СПАСАЕТ ИХ; ПО ЛЮБВИ СВОЕЙ И МИЛОСЕРДИЮ СВОЕМУ [ВСЕВЫШНИЙ]
ИЗБАВЛЯЕТ ИХ; И БУДЕТ ОПЕКАТЬ ИХ И ЗАБОТИТЬСЯ О НИХ ВЕЧНО".[8] И СКА-
ЗАНО: "КТО ПОДОБЕН ТЕБЕ, БОГУ, КОТОРЫЙ ОТПУСКАЕТ ГРЕХИ И ПРОЩАЕТ ПРЕ-
СТУПЛЕНИЯ УЦЕЛЕВШИМ ИЗ [НАРОДА ИЗРАИЛЯ –] УДЕЛА ТВОЕГО; КОТОРЫЙ НЕ
ГНЕВАЕТСЯ ВЕЧНО, ИБО ЖЕЛАЕТ [ТВОРИТЬ] МИЛОСТЬ; ОН ВНОВЬ СМИЛУЕТСЯ НАД
НАМИ И ПРЕДАСТ ЗАБВЕНИЮ НАШИ ГРЕХИ. ТАК БРОСЬ ЖЕ В ПУЧИНЫ МОРСКИЕ
ВСЕ [НАШИ] ПРЕСТУПЛЕНИЯ! ИСПОЛНИ ОБЕЩАНИЕ, [ДАННОЕ ТОБОЙ] ЯАКОВУ,
ПРОЯВИ ЛЮБОВЬ [СВОЮ] К АВРАѓАМУ – КАК ПОКЛЯЛСЯ ТЫ ОТЦАМ НАШИМ В

---

1. Брейшит, 22:1–19. 2. Вайикра, 26:42. 3. Вайикра, 26:44. 4. Вайикра, 26:45. 5. Дварим, 30:3–5. 6. Йешаяѓу 33:2. 7. Ирмеяѓу, 30:7. 8. Йешаяѓу, 63:9.

קֶדֶם: וַנֶאֱמַר, וַהֲבִיאוֹתִים אֶל הַר קָדְשִׁי, וְשִׂמַּחְתִּים בְּבֵית תְּפִלָּתִי, עוֹלֹתֵיהֶם וְזִבְחֵיהֶם לְרָצוֹן עַל מִזְבְּחִי, כִּי בֵיתִי בֵּית תְּפִלָּה, יִקָּרֵא לְכָל הָעַמִּים:

לְעוֹלָם יְהֵא אָדָם יְרֵא שָׁמַיִם בַּסֵּתֶר, וּמוֹדֶה עַל הָאֱמֶת, וְדוֹבֵר אֱמֶת בִּלְבָבוֹ וַיַּשְׁכֵּם וְיֹאמַר:

רִבּוֹן כָּל הָעוֹלָמִים, לֹא עַל צִדְקוֹתֵינוּ אֲנַחְנוּ מַפִּילִים תַּחֲנוּנֵינוּ לְפָנֶיךָ, כִּי עַל רַחֲמֶיךָ הָרַבִּים. מָה אָנוּ, מֶה חַיֵּינוּ, מֶה חַסְדֵּנוּ, מַה צִּדְקֵנוּ, מַה כֹּחֵנוּ, מַה גְּבוּרָתֵנוּ. מַה נֹּאמַר לְפָנֶיךָ יְיָ אֱלֹהֵינוּ וֵאלֹהֵי אֲבוֹתֵינוּ, הֲלֹא כָּל הַגִּבּוֹרִים כְּאַיִן לְפָנֶיךָ, וְאַנְשֵׁי הַשֵּׁם כְּלֹא הָיוּ, וַחֲכָמִים כִּבְלִי מַדָּע, וּנְבוֹנִים כִּבְלִי הַשְׂכֵּל, כִּי רוֹב מַעֲשֵׂיהֶם תֹּהוּ, וִימֵי חַיֵּיהֶם הֶבֶל לְפָנֶיךָ, וּמוֹתַר הָאָדָם מִן הַבְּהֵמָה אָיִן, כִּי הַכֹּל הָבֶל: לְבַד הַנְּשָׁמָה הַטְּהוֹרָה שֶׁהִיא עֲתִידָה לִתֵּן דִּין וְחֶשְׁבּוֹן לִפְנֵי כִסֵּא כְבוֹדֶךָ. וְכָל הַגּוֹיִם כְּאַיִן נֶגְדֶּךָ. שֶׁנֶּאֱמַר הֵן גּוֹיִם כְּמַר מִדְּלִי וּכְשַׁחַק מֹאזְנַיִם נֶחְשָׁבוּ, הֵן אִיִּים כַּדַּק יִטּוֹל:

אֲבָל אֲנַחְנוּ עַמְּךָ בְּנֵי בְרִיתֶךָ, בְּנֵי אַבְרָהָם אֹהַבְךָ, שֶׁנִּשְׁבַּעְתָּ לּוֹ בְּהַר הַמּוֹרִיָּה; זֶרַע יִצְחָק יְחִידוֹ, שֶׁנֶּעֱקַד עַל גַּבֵּי הַמִּזְבֵּחַ; עֲדַת יַעֲקֹב בִּנְךָ בְּכוֹרֶךָ, שֶׁמֵּאַהֲבָתְךָ שֶׁאָהַבְתָּ אוֹתוֹ, וּמִשִּׂמְחָתְךָ שֶׁשָּׂמַחְתָּ בּוֹ, קָרָאתָ אֶת שְׁמוֹ יִשְׂרָאֵל וִישֻׁרוּן:

תר"א א) ישעיה נ"ו ז: ב) תדא"ר פרק כ"א, עד אמר ה': ג) קהלת ג' יט: ד) ישעיה מ' טו:

ДРЕВНОСТИ''.[1] И СКАЗАНО: ''И ПРИВЕДУ Я ИХ К МОЕЙ СВЯТОЙ ГОРЕ, И ВОЗВЕСЕЛЮ ИХ В ХРАМЕ, ГДЕ МОЛЯТСЯ МНЕ; И ЖЕРТВЫ ВСЕСОЖЖЕНИЯ, И [ДРУГИЕ] ЖЕРТВЫ, [ПРИНОСИМЫЕ ИМИ] НА ЖЕРТВЕННИК МОЙ, БУДУТ ПРИНЯТЫ БЛАГОСКЛОННО, ИБО ХРАМ МОЙ БУДЕТ НАЗВАН ДОМОМ МОЛИТВЫ ДЛЯ ВСЕХ НАРОДОВ''.[2]

לעולם ЧЕЛОВЕК ПОСТОЯННО ДОЛЖЕН В ГЛУБИНЕ СВОЕГО СЕРДЦА ИСПЫТЫВАТЬ ТРЕПЕТ ПРЕД ВСЕВЫШНИМ, И ПРИЗНАВАТЬ ИСТИНУ, И БЫТЬ ПРАВДИВЫМ В СЕРДЦЕ СВОЕМ; [ОН ДОЛЖЕН] ВСТАВАТЬ РАНО УТРОМ И ПРОИЗНОСИТЬ:

רבון ВЛАСТЕЛИН ВСЕХ МИРОВ! НЕ НА ПРАВЕДНОСТЬ СВОЮ ПОЛАГА-ЕМСЯ МЫ, ОБРАЩАЯ К ТЕБЕ НАШИ МОЛЬБЫ, А НА МИЛОСЕРДИЕ ВЕЛИ-КОЕ ТВОЕ. ЧТО́ МЫ, ЧТО́ НАША ЖИЗНЬ, ЧТО́ НАШИ ДОБРЫЕ ДЕЛА, ЧТО́ НАША ПРАВЕДНОСТЬ, ЧТО́ НАША СИЛА, ЧТО́ НАША СМЕЛОСТЬ; ЧТО МЫ МОЖЕМ СКАЗАТЬ ТЕБЕ, ГОСПОДЬ, БОГ НАШ И БОГ ОТЦОВ НАШИХ! ВЕДЬ ВСЯКИЙ СИЛЬНЫЙ — НИЧТО ПРЕД ТОБОЮ! И ПРОСЛАВЛЕННЫЕ МУЖИ СЛОВНО И НЕ СУЩЕСТВОВАЛИ НИКОГДА, И МУДРЕЦЫ ПОДОБНЫ ТЕМ, КТО ЛИШЕН ЗНАНИЯ, И РАЗУМНЫЕ ПОДОБНЫ ТЕМ, КТО ЛИШЕН РАЗУМА, — ВСЕ МНОЖЕСТВО ДЕЛ ИХ ТЩЕТНО, И ДНИ ИХ ЖИЗНИ — НИЧТО ПРЕД ТОБОЮ; И НЕТ ПРЕИМУЩЕСТВА У ЧЕЛОВЕКА ПЕРЕД ЖИВОТНЫМ, ИБО ВСЕ — СУЕТА,[3] КРОМЕ ЧИСТОЙ ДУШИ, КОТОРОЙ ПРЕДСТОИТ ДЕРЖАТЬ ОТВЕТ ПРЕД ПРЕСТОЛОМ СЛАВЫ ТВОЕЙ. И ВСЕ НАРОДЫ — НИЧТО ПРЕД ТОБОЮ, КАК СКАЗАНО: ''ВЕДЬ НАРОДЫ ПОДОБНЫ КАПЛЕ, [УПАВШЕЙ] ИЗ ВЕДРА, ПОДОБНЫ ПЫЛИ [НА ЧАШАХ] ВЕСОВ; ВЕДЬ ОСТРОВА — СЛОВНО ПЫЛЬ НА ВЕТРУ''.[4]

אבל МЫ ЖЕ — НАРОД ТВОЙ, С КОТОРЫМ ТЫ ЗАКЛЮЧИЛ СОЮЗ, ПО-ТОМКИ ЛЮБИМОГО ТОБОЙ АВРАГАМА, КОТОРОМУ ДАЛ ТЫ СВОЮ КЛЯТ-ВУ НА ГОРЕ МОРИЯ;[5] ПОТОМСТВО ИЦХАКА, ЕДИНСТВЕННОГО ЕГО [СЫ-НА], КОТОРЫЙ БЫЛ СВЯЗАН И ВОЗЛОЖЕН НА ЖЕРТВЕННИК;[6] ОБЩИ-НА ЯАКОВА, ТВОЕГО СЫНА, ПЕРВЕНЦА ТВОЕГО,[7] КОТОРОГО ПО ЛЮБВИ СВОЕЙ К НЕМУ И ЗА ТО, ЧТО ОН РАДОВАЛ ТЕБЯ, НАЗВАЛ ТЫ ИЗРАИЛЕМ[8] И ЙЕШУРУНОМ.[9]

---

1. Миха, 7:18—20.   2. Йешаягу, 56:7.   3. Когелет, 3:19.   4. Йешаягу, 40:15.   5. см. Брей-шит, 22:16—18.   6. см. Брейшит, 22:1—13.   7. см. Шмот, 4:22; Брейшит раба, 63:8.   8. см. Брейшит, 35:10.   9. см. Йешаягу, 44:2; Дварим, 33:5,26.

לְפִיכָךְ אֲנַחְנוּ חַיָּבִים לְהוֹדוֹת לָךְ, וּלְשַׁבְּחַךְ וּלְפָאֶרְךָ וּלְבָרֵךְ וּלְקַדֵּשׁ וְלִתֵּן שֶׁבַח וְהוֹדָיָה לִשְׁמֶךָ. אַשְׁרֵינוּ, מַה טּוֹב חֶלְקֵנוּ, וּמַה נָּעִים גּוֹרָלֵנוּ, וּמַה יָּפָה יְרֻשָּׁתֵנוּ; אַשְׁרֵינוּ, שֶׁאָנוּ מַשְׁכִּימִים וּמַעֲרִיבִים עֶרֶב וָבְקֶר וְאוֹמְרִים פַּעֲמַיִם בְּכָל יוֹם:

שְׁמַע יִשְׂרָאֵל, יְיָ אֱלֹהֵינוּ, יְיָ ׀ אֶחָד:

בָּרוּךְ שֵׁם כְּבוֹד מַלְכוּתוֹ לְעוֹלָם וָעֶד:

וְאָהַבְתָּ אֵת יְיָ אֱלֹהֶיךָ, בְּכָל לְבָבְךָ, וּבְכָל נַפְשְׁךָ, וּבְכָל מְאֹדֶךָ: וְהָיוּ הַדְּבָרִים הָאֵלֶּה אֲשֶׁר אָנֹכִי מְצַוְּךָ הַיּוֹם עַל לְבָבֶךָ: וְשִׁנַּנְתָּם לְבָנֶיךָ וְדִבַּרְתָּ בָּם, בְּשִׁבְתְּךָ בְּבֵיתֶךָ, וּבְלֶכְתְּךָ בַדֶּרֶךְ, וּבְשָׁכְבְּךָ, וּבְקוּמֶךָ: וּקְשַׁרְתָּם לְאוֹת עַל יָדֶךָ, וְהָיוּ לְטֹטָפֹת בֵּין עֵינֶיךָ: וּכְתַבְתָּם עַל מְזֻזוֹת בֵּיתֶךָ, וּבִשְׁעָרֶיךָ:

אַתָּה הוּא עַד שֶׁלֹּא נִבְרָא הָעוֹלָם, אַתָּה הוּא מִשֶּׁנִּבְרָא הָעוֹלָם, אַתָּה הוּא בָּעוֹלָם הַזֶּה, וְאַתָּה הוּא לָעוֹלָם הַבָּא. קַדֵּשׁ אֶת שִׁמְךָ בְּעוֹלָמֶךָ עַל עַם מַקְדִּישֵׁי שְׁמֶךָ, וּבִישׁוּעָתְךָ מַלְכֵּנוּ תָּרוּם וְתַגְבִּיהַּ קַרְנֵנוּ וְהוֹשִׁיעֵנוּ

לפיכך ПОЭТОМУ МЫ ОБЯЗАНЫ БЛАГОДАРИТЬ, И ВОСХВАЛЯТЬ, И
СЛАВИТЬ ТЕБЯ, И БЛАГОСЛОВЛЯТЬ ИМЯ ТВОЕ, И ОСВЯЩАТЬ ЕГО, И
ВОЗНОСИТЬ [ЕМУ] ХВАЛУ И БЛАГОДАРНОСТЬ. СЧАСТЛИВЫ МЫ! КАК
ХОРОША НАША ДОЛЯ, КАК ОТРАДНА СУДЬБА НАША И КАК ПРЕКРАСНО
НАШЕ НАСЛЕДИЕ! СЧАСТЛИВЫ МЫ ТЕМ, ЧТО ДВАЖДЫ В ДЕНЬ, УТРОМ
И ВЕЧЕРОМ, ПРОВОЗГЛАШАЕМ:

*Если человек предполагает, что не успеет прочитать "Шма" с соответствующими бла-
гословениями (стр. 42–50) до конца первой четверти дня (начинающегося с восходом
солнца и кончающегося с его заходом), он должен прочитать здесь все три части "Шма", до
слов "Я, ГОСПОДЬ, – БОГ ВАШ. ИСТИННОЕ", стр. 48, включительно (причем слова
"Я, ГОСПОДЬ, – БОГ ВАШ" следует повторить дважды). В будний день желательно перед
этим облачиться в тфилин.*

שמע СЛУШАЙ, ИЗРАИЛЬ: ГОСПОДЬ — БОГ НАШ, ГОСПОДЬ
ОДИН![1]

ברוך БЛАГОСЛОВЕННО СЛАВНОЕ ИМЯ ЦАРСТВА ЕГО ВО ВЕКИ ВЕКОВ![2]

ואהבת ЛЮБИ ГОСПОДА, БОГА ТВОЕГО, ВСЕМ СЕРДЦЕМ СВОИМ, И
ВСЕЙ ДУШОЮ СВОЕЙ, И ВСЕМ СУЩЕСТВОМ СВОИМ. И БУДУТ ЭТИ СЛО-
ВА, КОТОРЫЕ Я ЗАПОВЕДАЛ ТЕБЕ СЕГОДНЯ, В СЕРДЦЕ ТВОЕМ, И ПОВТО-
РЯЙ ИХ ДЕТЯМ СВОИМ, И ПРОИЗНОСИ ИХ, СИДЯ В ДОМЕ СВОЕМ, НАХО-
ДЯСЬ В ДОРОГЕ, ЛОЖАСЬ И ВСТАВАЯ; И ПОВЯЖИ ИХ КАК ЗНАК НА РУ-
КУ СВОЮ, И БУДУТ ОНИ ЗНАКАМИ НАД ГЛАЗАМИ ТВОИМИ, И НАПИШИ
ИХ НА ДВЕРНЫХ КОСЯКАХ ДОМА СВОЕГО И НА ВОРОТАХ СВОИХ.[3]

אתה КАКИМ БЫЛ ТЫ ДО СОТВОРЕНИЯ МИРА, ТАКИМ
ТЫ [ОСТАЛСЯ И] ПОСЛЕ ЕГО СОТВОРЕНИЯ; КАКИМ
БЫЛ ТЫ В ЭТОМ МИРЕ, ТАКИМ ТЫ [БУДЕШЬ И] В
МИРЕ ГРЯДУЩЕМ. ЯВИ СВОЕМУ МИРУ СВЯТОСТЬ ИМЕНИ
СВОЕГО, [ОБЛАГОДЕТЕЛЬСТВОВАВ] НАРОД, ОСВЯЩАЮЩИЙ
ИМЯ ТВОЕ; И СПАСЕНИЕМ, ПОСЛАННЫМ ТОБОЮ, ВЛА-
ДЫКА НАШ, ВОЗВЫСЬ И ВОЗНЕСИ НАС, И СПАСИ НАС

---

1. Дварим, 6:4. 2. Псахим, 56а; Дварим раба, 2:31,35,36. 3. Дварим, 6:5–9.

בְּקָרוֹב לְמַעַן שְׁמֶךָ, בָּרוּךְ הַמְקַדֵּשׁ שְׁמוֹ בָּרַבִּים:

אַתָּה הוּא יְיָ הָאֱלֹהִים בַּשָּׁמַיִם וּבָאָרֶץ, וּבִשְׁמֵי הַשָּׁמַיִם
הָעֶלְיוֹנִים, אֱמֶת אַתָּה הוּא רִאשׁוֹן, וְאַתָּה
הוּא אַחֲרוֹן, וּמִבַּלְעָדֶיךָ אֵין אֱלֹהִים. קַבֵּץ נְפוּצוֹת קֹוֶיךָ
מֵאַרְבַּע כַּנְפוֹת הָאָרֶץ, יַכִּירוּ וְיֵדְעוּ כָּל בָּאֵי עוֹלָם,
כִּי אַתָּה הוּא הָאֱלֹהִים לְבַדְּךָ לְכֹל מַמְלְכוֹת הָאָרֶץ.
אַתָּה עָשִׂיתָ אֶת הַשָּׁמַיִם וְאֶת הָאָרֶץ, אֶת הַיָּם וְאֶת
כָּל אֲשֶׁר בָּם, וּמִי בְּכָל מַעֲשֵׂה יָדֶיךָ בָּעֶלְיוֹנִים
וּבַתַּחְתּוֹנִים, שֶׁיֹּאמַר לְךָ מַה תַּעֲשֶׂה, וּמַה תִּפְעָל,
אָבִינוּ שֶׁבַּשָּׁמַיִם, חַי וְקַיָּם, עֲשֵׂה עִמָּנוּ צְדָקָה וָחֶסֶד
בַּעֲבוּר שִׁמְךָ הַגָּדוֹל הַגִּבּוֹר וְהַנּוֹרָא שֶׁנִּקְרָא עָלֵינוּ, וְקַיֶּם
לָנוּ יְיָ אֱלֹהֵינוּ אֶת הַדָּבָר שֶׁהִבְטַחְתָּנוּ עַל יְדֵי
צְפַנְיָה חֹזֶךָ כָּאָמוּר: בָּעֵת הַהִיא אָבִיא אֶתְכֶם, וּבָעֵת
קַבְּצִי אֶתְכֶם, כִּי אֶתֵּן אֶתְכֶם לְשֵׁם וְלִתְהִלָּה בְּכֹל
עַמֵּי הָאָרֶץ, בְּשׁוּבִי אֶת שְׁבוּתֵיכֶם לְעֵינֵיכֶם, אָמַר יְיָ:

בסן מאד נומר בכל יום פרשת תרומת הדשן וסידור המערכה . ויכול לאומרה אפילו קודם אור היום
נתורף . ונקיז יאמרים קודם פרשת התמיד :

וַיְדַבֵּר יְיָ אֶל מֹשֶׁה לֵּאמֹר: צַו אֶת אַהֲרֹן וְאֶת בָּנָיו לֵאמֹר
זֹאת תּוֹרַת הָעֹלָה הִוא הָעֹלָה עַל מוֹקְדָה עַל
הַמִּזְבֵּחַ כָּל הַלַּיְלָה עַד הַבֹּקֶר וְאֵשׁ הַמִּזְבֵּחַ תּוּקַד בּוֹ:
וְלָבַשׁ הַכֹּהֵן מִדּוֹ בַד וּמִכְנְסֵי בַד יִלְבַּשׁ עַל בְּשָׂרוֹ וְהֵרִים
אֶת הַדֶּשֶׁן אֲשֶׁר תֹּאכַל הָאֵשׁ אֶת הָעֹלָה עַל הַמִּזְבֵּחַ
וְשָׂמוֹ אֵצֶל הַמִּזְבֵּחַ: וּפָשַׁט אֶת בְּגָדָיו וְלָבַשׁ בְּגָדִים

ВСКОРЕ РАДИ ИМЕНИ СВОЕГО. БЛАГОСЛОВЕН ОСВЯЩАЮЩИЙ
ИМЯ СВОЕ НА ГЛАЗАХ У ВСЕХ!

אתה ТЫ, ГОСПОДЬ, — БОГ НА НЕБЕСАХ, И НА ЗЕМЛЕ, И В САМЫХ
ВЫСЯХ НЕБЕС. ВОИСТИНУ — ТЫ ПЕРВЫЙ И ТЫ ПОСЛЕДНИЙ, И КРОМЕ
ТЕБЯ НЕТ БОГА. СОБЕРИ ИЗГНАННИКОВ, НАДЕЮЩИХСЯ НА ТЕБЯ, С ЧЕ-
ТЫРЕХ КОНЦОВ СВЕТА; ПУСТЬ ПРИЗНАЮТ И ПОЙМУТ ВСЕ ЖИТЕЛИ ЗЕМ-
ЛИ, ЧТО ТЫ — ЕДИНСТВЕННЫЙ БОГ НАД ВСЕМИ ЗЕМНЫМИ ЦАРСТВАМИ.
ТЫ СОТВОРИЛ НЕБО, ЗЕМЛЮ, МОРЕ И ВСЕ, ЧТО В НИХ; КАКОЕ ИЗ ТВОРЕ-
НИЙ РУК ТВОИХ, В МИРАХ ВЫСШИХ И НИЗШИХ, МОЖЕТ СПРОСИТЬ ТЕБЯ:
"ЧТО ТЫ ДЕЛАЕШЬ И КАК ТЫ ПОСТУПАЕШЬ?" НЕБЕСНЫЙ ОТЕЦ НАШ,
ЖИВОЙ И ВЕЧНЫЙ! ОТНЕСИСЬ К НАМ МИЛОСЕРДНО И СНИСХОДИТЕЛЬ-
НО РАДИ ИМЕНИ СВОЕГО, ВЕЛИКОГО, МОГУЧЕГО И ГРОЗНОГО, КОТО-
РЫМ ОТМЕЧЕНЫ МЫ; И ИСПОЛНИ, ГОСПОДЬ, БОГ НАШ, ОБЕЩАНИЕ,
КОТОРОЕ ДАЛ ТЫ НАМ ЧЕРЕЗ ЦФАНЬЮ, ПРОРОКА ТВОЕГО: "ТОГДА
ПРИВЕДУ Я ВАС [В ЗЕМЛЮ ИЗРАИЛЯ], ТОГДА СОБЕРУ Я ВАС [ТАМ]
И СДЕЛАЮ ТАК, ЧТО ПРОСЛАВЯТ И ВОСХВАЛЯТ ВАС ВСЕ НАРОДЫ
ЗЕМЛИ, КОГДА ВЕРНУ Я ВАШИХ ИЗГНАННИКОВ НА ГЛАЗАХ ВАШИХ,
— СКАЗАЛ ГОСПОДЬ".[1]

Следует ежедневно произносить отрывок из Торы, в котором говорится об удалении с жертвенника золы и возложении на него дров. Зимой этот текст можно читать даже до рассвета, а летом — перед следующим за ним отрывком, повествующим о ежеднев-ном жертвоприношении (который до рассвета не произносят).

וידבר И ОБРАТИЛСЯ ГОСПОДЬ К МОШЕ, И СКАЗАЛ ЕМУ ТАК: "ПЕРЕ-
ДАЙ АГАРОНУ И ЕГО СЫНОВЬЯМ СЛЕДУЮЩЕЕ ПОВЕЛЕНИЕ. ВОТ
ЗАКОН О ЖЕРТВЕ ВСЕСОЖЖЕНИЯ: ЖЕРТВА ВСЕСОЖЖЕНИЯ МОЖЕТ
БЫТЬ ВОЗЛОЖЕНА НА ОГОНЬ ЖЕРТВЕННИКА В ЛЮБОЙ ЧАС НОЧИ,
ДО УТРА; ОГОНЬ НА ЖЕРТВЕННИКЕ ДОЛЖЕН ГОРЕТЬ [ПОСТОЯН-
НО]. И НАДЕНЕТ КОГЕН РУБАХУ ИЗ ЛЬНА, И ЛЬНЯНЫЕ ШТАНЫ
НАДЕНЕТ НА ТЕЛО СВОЕ, И СНИМЕТ ЗОЛУ, ОСТАВШУЮСЯ ОТ СГО-
РЕВШЕЙ ЖЕРТВЫ ВСЕСОЖЖЕНИЯ, С ЖЕРТВЕННИКА И ПОЛОЖИТ ПОД-
ЛЕ НЕГО. И СНИМЕТ ОН [ЭТИ] ОДЕЖДЫ СВОИ, И ОБЛАЧИТСЯ В

1. Цфанья, 3:20.

אֲחֵרִים וְהוֹצִיא אֶת הַדֶּשֶׁן אֶל מִחוּץ לַמַּחֲנֶה אֶל מָקוֹם
טָהוֹר: וְהָאֵשׁ עַל הַמִּזְבֵּחַ תּוּקַד בּוֹ לֹא תִכְבֶּה וּבִעֵר
עָלֶיהָ הַכֹּהֵן עֵצִים בַּבֹּקֶר בַּבֹּקֶר וְעָרַךְ עָלֶיהָ הָעֹלָה
וְהִקְטִיר עָלֶיהָ חֶלְבֵי הַשְּׁלָמִים: אֵשׁ תָּמִיד תּוּקַד עַל
הַמִּזְבֵּחַ לֹא תִכְבֶּה:

בְּיוֹם שֶׁאֵין אוֹמְרִים תַּחֲנוּן אֵין אוֹמְרִים זֶה :

יְהִי רָצוֹן מִלְּפָנֶיךָ יְיָ אֱלֹהֵינוּ וֵאלֹהֵי אֲבוֹתֵינוּ,שֶׁתְּרַחֵם עָלֵינוּ וְתִמְחוֹל
לָנוּ עַל כָּל חַטֹּאתֵינוּ, וּתְכַפֵּר לָנוּ עַל כָּל עֲוֹנוֹתֵינוּ, וְתִמְחוֹל
וְתִסְלַח לָנוּ עַל כָּל פְּשָׁעֵינוּ, וְשֶׁיִּבָּנֶה בֵּית הַמִּקְדָּשׁ בִּמְהֵרָה בְיָמֵינוּ,
וְנַקְרִיב לְפָנֶיךָ קָרְבַּן הַתָּמִיד שֶׁיְּכַפֵּר בַּעֲדֵנוּ, כְּמוֹ שֶׁכָּתַבְתָּ עָלֵינוּ
בְּתוֹרָתֶךָ עַל יְדֵי מֹשֶׁה עַבְדֶּךָ מִפִּי כְבוֹדֶךָ כָּאָמוּר :

וַיְדַבֵּר יְיָ אֶל מֹשֶׁה לֵּאמֹר: צַו אֶת בְּנֵי יִשְׂרָאֵל וְאָמַרְתָּ
אֲלֵהֶם, אֶת קָרְבָּנִי לַחְמִי לְאִשַּׁי, רֵיחַ נִיחֹחִי
תִּשְׁמְרוּ לְהַקְרִיב לִי בְּמוֹעֲדוֹ: וְאָמַרְתָּ לָהֶם, זֶה הָאִשֶּׁה
אֲשֶׁר תַּקְרִיבוּ לַיְיָ, כְּבָשִׂים בְּנֵי שָׁנָה תְמִימִם, שְׁנַיִם
לַיּוֹם, עֹלָה תָמִיד: אֶת הַכֶּבֶשׂ אֶחָד תַּעֲשֶׂה בַבֹּקֶר,
וְאֵת הַכֶּבֶשׂ הַשֵּׁנִי תַּעֲשֶׂה בֵּין הָעַרְבָּיִם: וַעֲשִׂירִית
הָאֵיפָה סֹלֶת לְמִנְחָה, בְּלוּלָה בְּשֶׁמֶן כָּתִית רְבִיעִת
הַהִין: עֹלַת תָּמִיד, הָעֲשֻׂיָה בְּהַר סִינַי לְרֵיחַ נִיחֹחַ
אִשֶּׁה לַיְיָ: וְנִסְכּוֹ רְבִיעִת הַהִין לַכֶּבֶשׂ הָאֶחָד, בַּקֹּדֶשׁ
הַסֵּךְ נֶסֶךְ שֵׁכָר לַיְיָ: וְאֵת הַכֶּבֶשׂ הַשֵּׁנִי תַּעֲשֶׂה בֵּין
הָעַרְבָּיִם, כְּמִנְחַת הַבֹּקֶר וּכְנִסְכּוֹ תַּעֲשֶׂה, אִשֶּׁה
רֵיחַ נִיחֹחַ לַיְיָ:

וְשָׁחַט אֹתוֹ עַל יֶרֶךְ הַמִּזְבֵּחַ צָפֹנָה לִפְנֵי יְיָ, וְזָרְקוּ בְּנֵי אַהֲרֹן
הַכֹּהֲנִים אֶת דָּמוֹ עַל הַמִּזְבֵּחַ סָבִיב:

ДРУГИЕ, И ВЫНЕСЕТ ОН ЗОЛУ В ЧИСТОЕ МЕСТО ВНЕ ЛАГЕРЯ. И ОГОНЬ ЖЕРТВЕННИКА ДОЛЖЕН [ПРИ ЭТОМ ПРОДОЛЖАТЬ] ГОРЕТЬ И НЕ ГАС-НУТЬ, И КОГЕН ДОЛЖЕН КАЖДОЕ УТРО ПОДКЛАДЫВАТЬ В НЕГО ДРОВА, И ВОЗЛАГАТЬ НА НЕГО ЖЕРТВУ ВСЕСОЖЖЕНИЯ, И ВОСКУРИВАТЬ НА НЕМ ЖИР ЖИВОТНЫХ, ПРИНЕСЕННЫХ В МИРНУЮ ЖЕРТВУ. ОГОНЬ ДОЛ-ЖЕН ПОСТОЯННО ГОРЕТЬ НА ЖЕРТВЕННИКЕ И НЕ ГАСНУТЬ".[1]

В день, когда не говорят "Таханун" (см. стр. 71), следующую молитву не произносят.

יהי ДА БУДЕТ УГОДНО ТЕБЕ, ГОСПОДЬ, БОГ НАШ И БОГ ОТЦОВ НАШИХ, СМИ-ЛОСТИВИТЬСЯ НАД НАМИ, И ПРОСТИТЬ НАМ ВСЕ НАШИ ГРЕХИ, И ОЧИСТИТЬ НАС ОТ СКВЕРНЫ ВСЕХ ЗЛОДЕЯНИЙ НАШИХ, И ПРОСТИТЬ НАС, И СНЯТЬ С НАС ВИНУ ЗА ВСЕ ПРЕСТУПЛЕНИЯ НАШИ; И ДА БУДЕТ ПОСТРОЕН ХРАМ – ВСКОРЕ, В НАШИ ДНИ; И МЫ СТАНЕМ ПРИНОСИТЬ ТЕБЕ ЕЖЕДНЕВНЫЕ ЖЕРТВОПРИНОШЕНИЯ, КОТОРЫЕ БУДУТ ОЧИЩАТЬ НАС, КАК ПРЕДПИСАЛ ТЫ НАМ В СВОЕЙ ТОРЕ, [ЗАПИСАННОЙ] МОШЕ, РАБОМ ТВОИМ, С ТВОИХ СОБСТВЕННЫХ СЛОВ, КАК СКАЗАНО:

וידבר ◄ И ОБРАТИЛСЯ ГОСПОДЬ К МОШЕ, И СКАЗАЛ: "ДАЙ ПОВЕ-ЛЕНИЕ СЫНАМ ИЗРАИЛЯ, СКАЗАВ ИМ: 'СЛЕДИТЕ ЗА ТЕМ, ЧТОБЫ ПРИ-НОСИТЬ ВОВРЕМЯ ЖЕРТВУ МНЕ В ПИЩУ ОГНЮ [НА ЖЕРТВЕННИКЕ] МОЕМ; ЕЕ БЛАГОУХАНИЕ Я ПРИНИМАЮ БЛАГОСКЛОННО'. И СКАЖИ ИМ: 'ВОТ ЖЕРТВА, СЖИГАЕМАЯ НА ОГНЕ, КОТОРУЮ ВЫ ДОЛЖНЫ ПРИНОСИТЬ ГОСПОДУ: ГОДОВАЛЫЕ ЯГНЯТА БЕЗ ПОРОКА, ПО ДВА В ДЕНЬ, ДЛЯ ЕЖЕДНЕВНОГО ВСЕСОЖЖЕНИЯ: ОДНОГО ЯГНЕНКА ПРИНО-СИТЕ В ЖЕРТВУ УТРОМ, ВТОРОГО — В ПОСЛЕПОЛУДЕННОЕ ВРЕМЯ. И ДЕ-СЯТУЮ ЧАСТЬ ЭЙФЫ МУКИ [ПРИНОСИТЕ В] ХЛЕБНЫЙ ДАР, СМЕШАВ [МУ-КУ] С ЧЕТВЕРТЬЮ ГИНА ОЛИВКОВОГО МАСЛА, ВЫЖАТОГО ВРУЧНУЮ. ЕЖЕДНЕВНУЮ ЖЕРТВУ ВСЕСОЖЖЕНИЯ [СЛЕДУЕТ ПРИНОСИТЬ] ТАК, КАК ЭТО ДЕЛАЛОСЬ У ГОРЫ СИНАЙ; ЭТО — ЖЕРТВА, СЖИГАЕМАЯ НА ОГНЕ, ЕЕ БЛАГОУХАНИЕ ПРИНИМАЕТСЯ ГОСПОДОМ БЛАГОСКЛОННО, А ВИНА, КОТОРОЕ ВОЗЛИВАЮТ НА ЖЕРТВЕННИК [ВО ВРЕМЯ ЕЖЕДНЕВНОГО ЖЕР-ТВОПРИНОШЕНИЯ], ДОЛЖНО БЫТЬ ЧЕТВЕРТЬ ГИНА. ВОЗЛИВАЙ ПРЕД ГОСПОДОМ НА ЖЕРТВЕННИК КРЕПКОЕ ВИНО. И ВТОРОГО ЯГНЕНКА ПРИ-НОСИ В ЖЕРТВУ В ПОСЛЕПОЛУДЕННОЕ ВРЕМЯ ВМЕСТЕ С ТАКОЙ ЖЕ ХЛЕБНОЙ ЖЕРТВОЙ И ТАКИМ ЖЕ ПРИНОШЕНИЕМ ВИНА, КАК УТРОМ; ЭТО — ЖЕРТВА, СЖИГАЕМАЯ НА ОГНЕ; ЕЕ БЛАГОУХАНИЕ ПРИНИМАЕТ-СЯ ГОСПОДОМ БЛАГОСКЛОННО' ''►.[2]

ושחט ЖИВОТНОЕ, ПРИНОСИМОЕ В ЖЕРТВУ, ДОЛЖНО БЫТЬ ЗАРЕЗАНО ПРЕД ГОСПОДОМ У СЕВЕРНОЙ СТОРОНЫ ЖЕРТВЕННИКА, И СЫНОВЬЯ АГАРОНА, КОГАНИМ, ОКРОПЯТ ЖЕРТВЕННИК КРОВЬЮ ЖЕРТВЫ СО ВСЕХ СТОРОН.[3]

---

1. Вайикра, 6:1—6. 2. Бемидбар, 28:1—8. 3. Вайикра, 1:11.

אַתָּה הוּא יְיָ אֱלֹהֵינוּ וֵאלֹהֵי אֲבוֹתֵינוּ, שֶׁהִקְטִירוּ אֲבוֹתֵינוּ לְפָנֶיךָ
אֶת קְטֹרֶת הַסַּמִּים, בִּזְמַן שֶׁבֵּית הַמִּקְדָּשׁ קַיָּם, כַּאֲשֶׁר צִוִּיתָ
אוֹתָם עַל יַד מֹשֶׁה נְבִיאֶךָ, כַּכָּתוּב בְּתוֹרָתֶךָ:

וַיֹּאמֶר יְיָ אֶל מֹשֶׁה, קַח לְךָ סַמִּים: נָטָף, וּשְׁחֵלֶת,
וְחֶלְבְּנָה, סַמִּים, וּלְבֹנָה זַכָּה, בַּד בְּבַד
יִהְיֶה: וְעָשִׂיתָ אֹתָהּ קְטֹרֶת, רֹקַח מַעֲשֵׂה רוֹקֵחַ
מְמֻלָּח טָהוֹר קֹדֶשׁ: וְשָׁחַקְתָּ מִמֶּנָּה הָדֵק,
וְנָתַתָּה מִמֶּנָּה לִפְנֵי הָעֵדֻת בְּאֹהֶל מוֹעֵד, אֲשֶׁר
אִוָּעֵד לְךָ שָׁמָּה, קֹדֶשׁ קָדָשִׁים תִּהְיֶה לָכֶם:
וְנֶאֱמַר, וְהִקְטִיר עָלָיו אַהֲרֹן קְטֹרֶת סַמִּים
בַּבֹּקֶר בַּבֹּקֶר, בְּהֵיטִיבוֹ אֶת הַנֵּרֹת יַקְטִירֶנָּה:
וּבְהַעֲלֹת אַהֲרֹן אֶת הַנֵּרֹת בֵּין הָעַרְבַּיִם
יַקְטִירֶנָּה, קְטֹרֶת תָּמִיד לִפְנֵי יְיָ לְדֹרֹתֵיכֶם:

תָּנוּ רַבָּנָן, פִּטּוּם הַקְּטֹרֶת כֵּיצַד: שְׁלֹשׁ מֵאוֹת וְשִׁשִּׁים
וּשְׁמוֹנָה מָנִים הָיוּ בָהּ. שְׁלֹשׁ מֵאוֹת וְשִׁשִּׁים
וַחֲמִשָּׁה כְּמִנְיַן יְמוֹת הַחַמָּה, מָנֶה לְכָל יוֹם פְּרָס בְּשַׁחֲרִית,
וּפְרָס בֵּין הָעַרְבַּיִם, וּשְׁלֹשָׁה מָנִים יְתֵרִים, שֶׁמֵּהֶם מַכְנִיס
כֹּהֵן גָּדוֹל מְלֹא חָפְנָיו בְּיוֹם הַכִּפּוּרִים, וּמַחֲזִירָן לְמַכְתֶּשֶׁת
בְּעֶרֶב יוֹם הַכִּפּוּרִים, וְשׁוֹחֲקָן יָפֶה יָפֶה כְּדֵי שֶׁתְּהֵא דַקָּה
מִן הַדַּקָּה. וְאַחַד עָשָׂר סַמְמָנִים הָיוּ בָהּ, וְאֵלּוּ הֵן: א הַצֳּרִי
ב וְהַצִּפֹּרֶן ג הַחֶלְבְּנָה ד וְהַלְּבוֹנָה מִשְׁקַל שִׁבְעִים שִׁבְעִים
מָנֶה, ה מוֹר ו וּקְצִיעָה ז שִׁבֹּלֶת נֵרְדְּ ח וְכַרְכֹּם מִשְׁקַל
שִׁשָּׁה עָשָׂר שִׁשָּׁה עָשָׂר מָנֶה, ט הַקֹּשְׁטְ שְׁנֵים עָשָׂר,

תו"א א) שמות ל'ל'ד: ב) שם ל ח: ג) כריתות ו' ע"א ירושלמי יומא פ"ד ה"ה:

אתה ТЫ, ГОСПОДЬ, – БОГ НАШ И БОГ ОТЦОВ НАШИХ, ПРЕД КОТОРЫМ НАШИ ОТЦЫ СОВЕРШАЛИ ВОСКУРЕНИЕ БЛАГОВОНИЙ ВО ВРЕМЕНА, КОГДА СУЩЕСТВОВАЛ ХРАМ, ПО ПОВЕЛЕНИЮ ТВОЕМУ, ПОЛУЧЕННОМУ ИМИ ЧЕРЕЗ МОШЕ, ТВОЕГО ПРОРОКА, КАК НАПИСАНО В ТОРЕ ТВОЕЙ:

ויאמר ≪ И ГОСПОДЬ СКАЗАЛ МОШЕ: "ВОЗЬМИ БЛАГОВОНИЯ: БАЛЬЗАМ, И ГВОЗДИКУ, И ГАЛЬБАН, И ЧИСТЫЙ ЛАДАН, – В РАВНОЙ ПРОПОРЦИИ, – [И ДРУГИЕ] БЛАГОВОНИЯ. И СДЕЛАЙ ИЗ ЭТОГО СМЕСЬ ДЛЯ ВОСКУРЕНИЯ, ТОЧНО СОСТАВЛЕННУЮ, ХОРОШО ПЕРЕМЕШАННУЮ, ЧИСТУЮ И СВЯТУЮ. ОНА ДОЛЖНА БЫТЬ РАСТЕРТА В ТОНКИЙ ПОРОШОК; ВОСКУРИВАЙ ЕЕ ПЕРЕД КОВЧЕГОМ ЗАВЕТА[1] В ШАТРЕ ОТКРОВЕНИЯ,[2] ГДЕ Я БУДУ ОТКРЫВАТЬСЯ ТЕБЕ; СВЯТАЯ СВЯТЫХ ДА БУДЕТ ДЛЯ ВАС [ЭТА СМЕСЬ]".[3] И СКАЗАНО: "И ВОСКУРИТ АЃАРОН НА [ЖЕРТВЕННИКЕ] СМЕСЬ БЛАГОВОНИЙ; КАЖДОЕ УТРО ПОСЛЕ ОЧИЩЕНИЯ ПЛОШЕК СВЕТИЛЬНИКА БУДЕТ ОН СОВЕРШАТЬ ВОСКУРЕНИЕ. И В ПОСЛЕПОЛУДЕННОЕ ВРЕМЯ, [ПЕРЕД ТЕМ], КАК ЗАЖЖЕТ АЃАРОН СВЕЧИ, БУДЕТ ОН СОВЕРШАТЬ ВОСКУРЕНИЕ; [ЭТО —] ЕЖЕДНЕВНОЕ ВОСКУРЕНИЕ ПРЕД ГОСПОДОМ, [ЗАПОВЕДАННОЕ] ВСЕМ ПОКОЛЕНИЯМ ВАШИМ"≫.[4]

תנו УЧАТ МУДРЕЦЫ[5]: КАК ПРИГОТОВЛЯЛАСЬ СМЕСЬ ДЛЯ ВОСКУРЕНИЙ? ОНА [ДОЛЖНА БЫЛА] ВЕСИТЬ ТРИСТА ШЕСТЬДЕСЯТ ВОСЕМЬ МАНЭ. ТРИСТА ШЕСТЬДЕСЯТ ПЯТЬ — ПО ЧИСЛУ ДНЕЙ СОЛНЕЧНОГО ГОДА, МАНЭ НА КАЖДЫЙ ДЕНЬ: ПОЛОВИНУ [ВОСКУРИВАЛИ] УТРОМ, ПОЛОВИНУ — ПОСЛЕ ПОЛУДНЯ; И ТРИ ДОПОЛНИТЕЛЬНЫХ МАНЭ, ОТКУДА ПЕРВОСВЯЩЕННИК [НАБИРАЛ] ОБЕИМИ РУКАМИ ПОЛНУЮ ПРИГОРШНЮ [СМЕСИ И] ВНОСИЛ ЕЕ [В СВЯТАЯ СВЯТЫХ] В ЙОМ-КИПУР. [ПЕРЕД ТЕМ] НАКАНУНЕ ЙОМ-КИПУРА ЭТИ ТРИ МАНЭ СМЕСИ ЕЩЕ РАЗ КЛАЛИ В СТУПКУ И ТЩАТЕЛЬНО РАСТИРАЛИ, ПРЕВРАЩАЯ [ЕЕ] В МЕЛЬЧАЙШИЙ ПОРОШОК; И БЫЛО В НЕЙ ОДИННАДЦАТЬ ВИДОВ БЛАГОВОНИЙ, ВОТ ОНИ: БАЛЬЗАМ И ГВОЗДИКА, ГАЛЬБАН И ЛАДАН — КАЖДОГО ПО СЕМЬДЕСЯТ МАНЭ; МИРО И КАССИЯ, СТЕБЕЛЬ НАРДА И ШАФРАН — КАЖДОГО ПО ШЕСТНАДЦАТЬ МАНЭ; КОСТУС — ДВЕНАДЦАТЬ [МАНЭ];

---

1. см. Шмот, 25:10—22. 2. см.Шмот, гл.26. 3. Шмот, 30:34—36. 4. Шмот, 30:7,8. 5. см. Критот, 6а; Иерусалимский Талмуд, Йома, 4:5.

י קְלוּפָה שְׁלֹשָׁה, יא קִנָּמוֹן תִּשְׁעָה. בְּרִית כַּרְשִׁינָה
תִּשְׁעָה קַבִּין, יֵין קַפְרִיסִין סְאִין תְּלָתָא וְקַבִּין תְּלָתָא,
וְאִם אֵין לוֹ יֵין קַפְרִיסִין מֵבִיא חֲמַר חִוַּרְיָן עַתִּיק. מֶלַח
סְדוֹמִית רֹבַע, מַעֲלֵה עָשָׁן, כָּל שֶׁהוּא. רַבִּי נָתָן
הַבַּבְלִי אוֹמֵר: אַף כִּפַּת הַיַּרְדֵּן כָּל שֶׁהִיא, וְאִם נָתַן בָּהּ
דְּבַשׁ פְּסָלָהּ, וְאִם חִסֵּר אֶחָד מִכָּל סַמְמָנֶיהָ חַיָּב מִיתָה:

רַבָּן שִׁמְעוֹן בֶּן גַּמְלִיאֵל אוֹמֵר: הַצֳרִי אֵינוֹ אֶלָּא שְׂרָף
הַנּוֹטֵף מֵעֲצֵי הַקְּטָף, בְּרִית כַּרְשִׁינָה שֶׁשָּׁפִין בָּהּ
אֶת הַצִּפֹּרֶן, כְּדֵי שֶׁתְּהֵא נָאָה; יֵין קַפְרִיסִין שֶׁשּׁוֹרִין
בּוֹ אֶת הַצִּפֹּרֶן, כְּדֵי שֶׁתְּהֵא עַזָּה, וַהֲלֹא מֵי רַגְלַיִם יָפִין
לָהּ, אֶלָּא שֶׁאֵין מַכְנִיסִין מֵי רַגְלַיִם בַּמִּקְדָּשׁ מִפְּנֵי הַכָּבוֹד:

תַּנְיָא רַבִּי נָתָן אוֹמֵר: כְּשֶׁהוּא שׁוֹחֵק אוֹמֵר: הָדֵק
הֵיטֵב, הֵיטֵב הָדֵק, מִפְּנֵי שֶׁהַקּוֹל יָפֶה לַבְּשָׂמִים.
פִּטְּמָהּ לַחֲצָאִין כְּשֵׁרָה, לִשְׁלִישׁ וְלִרְבִיעַ, לֹא שָׁמַעְנוּ.
אָמַר רַבִּי יְהוּדָה זֶה הַכְּלָל, אִם כְּמִדָּתָהּ כְּשֵׁרָה לַחֲצָאִין.
וְאִם חִסֵּר אֶחָד מִכָּל סַמְמָנֶיהָ חַיָּב מִיתָה:

תַּנְיָא בַּר קַפָּרָא אוֹמֵר. אַחַת לְשִׁשִּׁים אוֹ לְשִׁבְעִים
שָׁנָה הָיְתָה בָאָה שֶׁל שִׁירַיִם לַחֲצָאִין. וְעוֹד
תָּנֵי בַּר קַפָּרָא, אִלּוּ הָיָה נוֹתֵן בָּהּ קוֹרְטוֹב שֶׁל דְּבַשׁ,
אֵין אָדָם יָכוֹל לַעֲמוֹד מִפְּנֵי רֵיחָהּ. וְלָמָה אֵין מְעָרְבִין בָּהּ
דְּבַשׁ, מִפְּנֵי שֶׁהַתּוֹרָה אָמְרָה, כִּי כָל שְׂאֹר וְכָל דְּבַשׁ
לֹא תַקְטִירוּ מִמֶּנּוּ אִשֶּׁה לַיָי:

נ״ם יְיָ צְבָאוֹת עִמָּנוּ, מִשְׂגָּב לָנוּ אֱלֹהֵי יַעֲקֹב סֶלָה: ג״פ יְיָ צְבָאוֹת,
אַשְׁרֵי אָדָם בֹּטֵחַ בָּךְ: ג״פ יְיָ הוֹשִׁיעָה, הַמֶּלֶךְ יַעֲנֵנוּ בְיוֹם קָרְאֵנוּ:

הוּא א) ויקרא ב' י״א ב) תהלים מ״ו ח: ג) שם פ״ד יב: ד) שם כ׳ י:

КОРИЦА — ТРИ [МАНЭ]; КИНАМОН — ДЕВЯТЬ [МАНЭ]. ЩЕЛОК, ПРИГО-
ТОВЛЯЕМЫЙ ИЗ ВИКИ, — ДЕВЯТЬ КАВОВ; КИПРСКОЕ ВИНО — ТРИ СЭА
И ТРИ КАВА; А ЕСЛИ НЕ БЫЛО КИПРСКОГО ВИНА, БРАЛИ [ЛЮБОЕ]
ВЫДЕРЖАННОЕ БЕЛОЕ ВИНО. ЧЕТВЕРТЬ [КАВА] СОЛИ ИЗ СДОМА, НЕ-
МНОГО ОСОБОЙ ТРАВЫ, ПРИ СЖИГАНИИ КОТОРОЙ ВЫДЕЛЯЕТСЯ БОЛЬ-
ШОЕ КОЛИЧЕСТВО ДЫМА. РАБИ НАТАН ИЗ ВАВИЛОНА ГОВОРИТ: "ЕЩЕ
[СЛЕДУЕТ ДОБАВИТЬ] НЕМНОГО ЯНТАРЯ, [КОТОРЫЙ НАХОДЯТ В ДО-
ЛИНЕ] ИОРДАНА, НО ЕСЛИ В СМЕСЬ ДОБАВЛЕН ФРУКТОВЫЙ МЕД — ОНА
СТАНОВИТСЯ НЕПРИГОДНОЙ; [ТОМУ ЖЕ, КТО ВОСКУРИВАЕТ СМЕСЬ,] В
КОТОРОЙ ОТСУТСТВУЕТ ОДНА ИЗ СОСТАВЛЯЮЩИХ ЕЕ ЧАСТЕЙ, ПОЛА-
ГАЕТСЯ СМЕРТЬ".

רבן РАБАН ШИМОН БЕН ГАМЛИЭЛЬ ГОВОРИТ: "БАЛЬЗАМ — ЭТО СМО-
ЛА, КОТОРУЮ ВЫДЕЛЯЮТ БАЛЬЗАМНЫЕ ДЕРЕВЬЯ. ДЛЯ ЧЕГО ИСПОЛЬЗО-
ВАЛИ ЩЕЛОК, ДОБЫВАЕМЫЙ ИЗ ВИКИ? ИМ ПРОТИРАЛИ ГВОЗДИКУ ДЛЯ
ОЧИСТКИ. В КИПРСКОМ ВИНЕ ВЫДЕРЖИВАЛИ ГВОЗДИКУ, ЧТОБЫ УСИ-
ЛИТЬ ЕЕ АРОМАТ, НЕСМОТРЯ НА ТО, ЧТО ЛУЧШЕ ВСЕГО ДЛЯ ЭТОГО
ПОДХОДИТ ВОДА ИЗ ИСТОЧНИКА РАГЛАЙИМ, ЕЕ НЕЛЬЗЯ ВНОСИТЬ В
ХРАМ ИЗ УВАЖЕНИЯ К НЕМУ*".

תניא ВОТ УЧЕНИЕ РАБИ НАТАНА. ОН ГОВОРИЛ: «РАСТИРАЯ [СМЕСЬ],
СЛЕДУЕТ ПРОИЗНОСИТЬ: "ИЗМЕЛЬЧАЙСЯ ТОНЬШЕ, ТОНЬШЕ ИЗМЕЛЬ-
ЧАЙСЯ" — ПОСКОЛЬКУ РИТМИЧНЫЕ ЗВУКИ ПОМОГАЮТ ПРИ РАСТИРА-
НИИ [БЛАГОВОНИЙ]. [ЕСЛИ СМЕСЬ] ПРИГОТОВЛЕНА В ПОЛОВИННОМ
РАЗМЕРЕ [ОТ УКАЗАННОГО КОЛИЧЕСТВА], [ОНА] ПРИГОДНА [ДЛЯ
ВОСКУРЕНИЙ]. [СЛУЧАИ, КОГДА ЕЕ КОЛИЧЕСТВО МЕНЬШЕ УКАЗАННО-
ГО] ВТРОЕ ИЛИ ВЧЕТВЕРО, НАМ НЕ ИЗВЕСТНЫ». РАБИ ЙЕГУДА ГОВО-
РИЛ: "ПРАВИЛО ТАКОВО: ЕСЛИ СОБЛЮДЕНЫ ПРОПОРЦИИ, [ТО СМЕСЬ]
ПРИГОДНА [ДАЖЕ В ТОМ СЛУЧАЕ, ЕСЛИ ОНА ПРИГОТОВЛЕНА] В ПОЛО-
ВИННОМ РАЗМЕРЕ [ОТ УКАЗАННОГО КОЛИЧЕСТВА]; НО [ТОМУ, КТО
ВОСКУРИВАЕТ СМЕСЬ,] В КОТОРОЙ ОТСУТСТВУЕТ ОДНА ИЗ СОСТАВ-
ЛЯЮЩИХ ЕЕ ЧАСТЕЙ, ПОЛАГАЕТСЯ СМЕРТЬ".

תניא ВОТ УЧЕНИЕ БАР КАПАРЫ. ОН ГОВОРИЛ: "ЗА ШЕСТЬДЕСЯТ —
СЕМЬДЕСЯТ ЛЕТ [СКОПИВШИЕСЯ ОСТАТКИ ТЕХ ТРЕХ МАНЭ, ОТКУДА
ПЕРВОСВЯЩЕННИК БРАЛ ПОЛНУЮ ПРИГОРШНЮ], СОСТАВЛЯЛИ ПОЛО-
ВИНУ [КОЛИЧЕСТВА, ПРИГОТОВЛЯЕМОГО НА ВЕСЬ ГОД]". И ЕЩЕ УЧИЛ
БАР КАПАРА: «ЕСЛИ БЫ ТУДА ДОБАВИЛИ НЕМНОГО ФРУКТОВОГО МЕ-
ДА, ТО НИКТО НЕ МОГ БЫ УСТОЯТЬ ПЕРЕД ЗАПАХОМ ЭТОЙ СМЕСИ;
ПОЧЕМУ ЖЕ НЕ ПРИМЕШИВАЮТ В НЕЕ МЕД? ПОТОМУ ЧТО В ТОРЕ СКАЗА-
НО: "НИКАКОЙ ЗАКВАСКИ И НИКАКОГО МЕДА НЕ ВОСКУРИВАЙТЕ НА
ОГНЕ В ЖЕРТВУ ГОСПОДУ"».[1]

יי ГОСПОДЬ ВОИНСТВ С НАМИ; БОГ ЯАКОВА — НАШ ОПЛОТ ВОВЕКИ![2] (*Эту фразу
повторяют трижды.*)
יי ГОСПОДЬ ВОИНСТВ, СЧАСТЛИВ ЧЕЛОВЕК, ПОЛАГАЮЩИЙСЯ НА ТЕБЯ![3] (*Эту
фразу повторяют трижды.*)
יי ГОСПОДЬ, СПАСИ [НАС]! ОТВЕТЬ НАМ, ВЛАДЫКА, В ДЕНЬ, КОГДА МЫ ВЗЫВА-
ЕМ [К ТЕБЕ]![4] (*Эту фразу повторяют трижды.*)

1. Вайикра, 2:11. 2. Теѓилим, 46:8. 3. Теѓилим, 84:13. 4. Теѓилим, 20:10.
* В Талмуде эти же слова — *мей раглайим* — синоним слова "моча".

וְעָרְבָה לַיְיָ מִנְחַת יְהוּדָה וִירוּשָׁלָיִם, כִּימֵי עוֹלָם וּכְשָׁנִים קַדְמוֹנִיּוֹת:

אַבַּיֵי הֲוָה מְסַדֵּר סֵדֶר הַמַּעֲרָכָה מִשְּׁמָא דִגְמָרָא,
וְאַלִבָּא דְאַבָּא שָׁאוּל, מַעֲרָכָה גְדוֹלָה קוֹדֶמֶת
לְמַעֲרָכָה שְׁנִיָּה שֶׁל קְטֹרֶת, וּמַעֲרָכָה שְׁנִיָּה שֶׁל קְטֹרֶת
קוֹדֶמֶת לְסִדּוּר שְׁנֵי גִזְרֵי עֵצִים, וְסִדּוּר שְׁנֵי גִזְרֵי עֵצִים
קוֹדֶם לְדִשּׁוּן מִזְבֵּחַ הַפְּנִימִי, וְדִשּׁוּן מִזְבֵּחַ הַפְּנִימִי קוֹדֶם
לַהֲטָבַת חָמֵשׁ נֵרוֹת, וַהֲטָבַת חָמֵשׁ נֵרוֹת קוֹדֶמֶת לְדַם
הַתָּמִיד, וְדַם הַתָּמִיד קוֹדֵם לַהֲטָבַת שְׁתֵּי נֵרוֹת, וַהֲטָבַת
שְׁתֵּי נֵרוֹת קוֹדֶמֶת לִקְטֹרֶת, וּקְטֹרֶת קוֹדֶמֶת לְאֵבָרִים,
וְאֵבָרִים לְמִנְחָה וּמִנְחָה לַחֲבִתִּין, וַחֲבִתִּין לִנְסָכִין,
וּנְסָכִין לְמוּסָפִין, וּמוּסָפִין לְבָזִיכִין, וּבָזִיכִין קוֹדְמִין
לַתָּמִיד שֶׁל בֵּין הָעַרְבָּיִם. שֶׁנֶּאֱמַר, וְעָרַךְ עָלֶיהָ הָעֹלָה
וְהִקְטִיר עָלֶיהָ חֶלְבֵי הַשְּׁלָמִים, עָלֶיהָ הַשְׁלֵם כָּל
הַקָּרְבָּנוֹת כֻּלָּם:

אָנָּא בְּכֹחַ גְּדֻלַּת יְמִינְךָ תַּתִּיר צְרוּרָה ·	אב״ג ית״ץ
קַבֵּל רִנַּת עַמְּךָ שַׂגְּבֵנוּ טַהֲרֵנוּ נוֹרָא ·	קרע שט״ן
נָא גִבּוֹר דּוֹרְשֵׁי יִחוּדְךָ כְּבָבַת שָׁמְרֵם ·	נגד יכ״ש
בָּרְכֵם טַהֲרֵם רַחֲמֵי צִדְקָתְךָ תָּמִיד גָּמְלֵם ·	בטר צת״ג
חֲסִין קָדוֹשׁ בְּרוֹב טוּבְךָ נַהֵל עֲדָתֶךָ ·	חקב טנ״ע
יָחִיד גֵּאֶה לְעַמְּךָ פְּנֵה זוֹכְרֵי קְדֻשָּׁתֶךָ ·	יגל פז״ק
שַׁוְעָתֵנוּ קַבֵּל וּשְׁמַע צַעֲקָתֵנוּ יוֹדֵעַ תַּעֲלוּמוֹת ·	שקו צי״ת

בָּרוּךְ שֵׁם כְּבוֹד מַלְכוּתוֹ לְעוֹלָם וָעֶד:

בַּיָּמִים שֶׁאֵין אוֹמְרִים תַּחֲנוּן אֵין אוֹמְרִים זֶה:

רִבּוֹן הָעוֹלָמִים, אַתָּה צִוִּיתָנוּ, לְהַקְרִיב קָרְבַּן הַתָּמִיד בְּמוֹעֲדוֹ,
וְלִהְיוֹת כֹּהֲנִים בַּעֲבוֹדָתָם, וּלְהַקְטִיר הַקְּטֹרֶת בִּזְמַנָּהּ,
וּלְוִיִּם בְּדוּכָנָם, וְיִשְׂרָאֵל בְּמַעֲמָדָם, וְעַתָּה בַּעֲוֹנוֹתֵינוּ, חָרַב בֵּית
הַמִּקְדָּשׁ וּבֻטַּל הַתָּמִיד וְהַקְּטֹרֶת, וְאֵין לָנוּ לֹא כֹהֵן בַּעֲבוֹדָתוֹ, וְלֹא

וערבה ДА БУДЕТ ПРИЯТЕН ГОСПОДУ ДАР, ПРИНОСИМЫЙ ИУДЕЕЙ И ИЕРУСА-
ЛИМОМ, КАК БЫЛО ОТ ВЕКА, КАК [БЫЛО] В ПРЕЖНИЕ ГОДЫ.[1]

אביי АБАЙЕ ОПИСЫВАЛ ПОРЯДОК СЛУЖБЫ В ХРАМЕ В СООТВЕТСТВИИ С МНЕ-
НИЕМ АБЫ ШАУЛЯ, ОПИРАЯСЬ НА ТРАДИЦИЮ: СНАЧАЛА РАЗЖИГАЮТ БОЛЬШОЙ
КОСТЕР, ЗАТЕМ – ВТОРОЙ КОСТЕР, [ИЗ КОТОРОГО БЕРУТ УГЛИ] ДЛЯ ВОСКУРЕНИЯ
БЛАГОВОНИЙ; ПОСЛЕ ТОГО, КАК РАЗОЖГЛИ ВТОРОЙ КОСТЕР, [КЛАДУТ В ОГОНЬ
БОЛЬШОГО КОСТРА] ДВА ДЕРЕВЯННЫХ БРУСКА; ПОСЛЕ ЭТОГО ОЧИЩАЮТ ОТ
ЗОЛЫ ЖЕРТВЕННИК, НАХОДЯЩИЙСЯ ВНУТРИ ХРАМА; ЗАТЕМ ОЧИЩАЮТ ПЯТЬ [ИЗ
СЕМИ] ПЛОШЕК СВЕТИЛЬНИКА; ПОТОМ [ОКРОПЛЯЮТ ЖЕРТВЕННИК, НАХОДЯЩИЙ-
СЯ В ХРАМОВОМ ДВОРЕ], КРОВЬЮ ЕЖЕДНЕВНОЙ ЖЕРТВЫ, ПОСЛЕ ЭТОГО ОЧИЩАЮТ
ДВЕ ОСТАВШИЕСЯ ПЛОШКИ СВЕТИЛЬНИКА; ЗАТЕМ ВОСКУРИВАЮТ СМЕСЬ БЛАГО-
ВОНИЙ; ПОТОМ [ВОЗЛАГАЮТ НА ЖЕРТВЕННИК] ЧАСТИ ЕЖЕДНЕВНОЙ ЖЕРТВЫ;
ПОСЛЕ ЭТОГО СОВЕРШАЮТ ПРИНОШЕНИЕ ХЛЕБНОГО ДАРА, СОПУТСТВУЮЩЕГО
ЭТОМУ ЖЕРТВОПРИНОШЕНИЮ; ЗАТЕМ ПЕРВОСВЯЩЕННИК ПРИНОСИТ НА ЖЕРТВЕН-
НИК ЛЕПЕШКИ, ПРИГОТОВЛЕННЫЕ НА СКОВОРОДЕ; ПОТОМ ВОЗЛИВАЮТ НА
ЖЕРТВЕННИК ВИНО; ПОСЛЕ ЭТОГО [В СУББОТУ, В ЙОМ-ТОВ И В РОШ-ХОДЕШ]
ПРИНОСЯТ ДОПОЛНИТЕЛЬНЫЕ ЖЕРТВЫ; ЗАТЕМ ВОСКУРИВАЮТ ЛАДАН В ДВУХ
КОВШАХ; ПОТОМ СОВЕРШАЮТ ПОСЛЕПОЛУДЕННОЕ ЕЖЕДНЕВНОЕ ЖЕРТВОПРИ-
НОШЕНИЕ. КАК СКАЗАНО: "И [КО҃͡ЃЕН ДОЛЖЕН] ВОЗЛАГАТЬ [НА ЖЕРТВЕННИК]
ЖЕРТВУ ВСЕСОЖЖЕНИЯ И ВОСКУРИВАТЬ НА НЕМ ЖИР ЖИВОТНЫХ, ПРИНЕСЕН-
НЫХ В МИРНУЮ ЖЕРТВУ*".[2] ТО ЕСТЬ ЭТОЙ ЖЕРТВОЙ ЗАВЕРШАЮТСЯ [ЕЖЕДНЕВ-
НЫЕ] ЖЕРТВОПРИНОШЕНИЯ.[3]

אנא МЫ МОЛИМ: ВЕЛИКОЙ СИЛОЙ ДЕСНИЦЫ СВОЕЙ ОСВОБОДИ УЗНИКОВ! ПРИ-
МИ МОЛИТВУ НАРОДА СВОЕГО, УКРЕПИ И ОЧИСТИ НАС, ГРОЗНЫЙ [ВЛАДЫКА]! МЫ
МОЛИМ: ВСЕМОГУЩИЙ! ХРАНИ КАК ЗЕНИЦУ ОКА ПРОВОЗГЛАШАЮЩИХ ЕДИНСТВО
ТВОЕ! БЛАГОСЛОВИ ИХ, ОЧИСТИ ИХ, ПОМИЛУЙ ИХ, ПОСТОЯННО ДАРУЙ ИМ
МИЛОСТЬ СВОЮ! НЕПОКОЛЕБИМЫЙ, СВЯТОЙ, ПО ВЕЛИКОЙ ДОБРОТЕ СВОЕЙ УПРА-
ВЛЯЙ СВОИМ НАРОДОМ! ЕДИНСТВЕННЫЙ, ВСЕВЫШНИЙ, ОБРАТИСЬ К НАРОДУ
СВОЕМУ, ПОМНЯЩЕМУ О СВЯТОСТИ ТВОЕЙ! ПРИМИ МОЛЬБУ НАШУ И УСЛЫШЬ
НАШ ВОПЛЬ, ТЫ, ПРЕД КОТОРЫМ ОТКРЫТО ТАЙНОЕ!

ברוך БЛАГОСЛОВЕННО СЛАВНОЕ ИМЯ ЦАРСТВА ЕГО ВО ВЕКИ ВЕКОВ!

В день, когда не говорят "Таханун" (см. стр. 71), следующую молитву не произносят.

רבון ВЛАДЫКА МИРОВ! ТЫ ПОВЕЛЕЛ НАМ ПРИНОСИТЬ ПОСТОЯННУЮ ЖЕРТВУ
В [УСТАНОВЛЕННЫЙ ДЛЯ НЕЕ] СРОК И ВОСКУРИВАТЬ БЛАГОВОНИЯ В
[ОПРЕДЕЛЕННОЕ ДЛЯ ЭТОГО] ВРЕМЯ; [ПОВЕЛЕЛ], ЧТОБЫ КО҃͡ЃАНИМ СОВЕР-
ШАЛИ СВОЮ СЛУЖБУ И ЛЕВИИМ ПЕЛИ, [СТОЯ] НА ВОЗВЫШЕНИЯХ, И
ИСРЕЭЛИМ** СТОЯЛИ НА СВОЕМ МЕСТЕ [В ХРАМЕ]. НО ТЕПЕРЬ ЗА НАШИ ГРЕХИ
РАЗРУШЕН ХРАМ И ПРЕКРАТИЛОСЬ ПРИНОШЕНИЕ ЕЖЕДНЕВНОЙ ЖЕРТВЫ И
ВОСКУРЕНИЕ БЛАГОВОНИЙ, И КО҃͡ЃАНИМ НЕ СОВЕРШАЮТ СВОЮ СЛУЖБУ,

---

1. Малахи, 3:4.   2. Вайикра, 6:5.   3. Йома, 33а.
* Слова *хельвей г̃ашламим* — "в мирную жертву" — можно перевести и как "в завершаю-
щую жертву". Иными словами, послеполуденное ежедневное жертвоприношение должно
быть завершающим.

**Исреэлим — евреи, которые не являются ни ко҃͡Ѓаним, ни левиим.

לֵוִי בְּדוּכָנוֹ, וְלֹא יִשְׂרָאֵל בְּמַעֲמָדוֹ: לָכֵן יְהִי רָצוֹן מִלְּפָנֶיךָ יְיָ אֱלֹהֵינוּ
וֵאלֹהֵי אֲבוֹתֵינוּ שֶׁיְּהֵא שִׂיחַ שִׂפְתוֹתֵינוּ חָשׁוּב וּמְקֻבָּל לְפָנֶיךָ, כְּאִלּוּ
הִקְרַבְנוּ קָרְבַּן הַתָּמִיד בְּמוֹעֲדוֹ וְעָמַדְנוּ עַל מַעֲמָדוֹ, וְהִקְטַרְנוּ הַקְּטֹרֶת
בִּזְמַנָּהּ, כְּמָה שֶׁנֶּאֱמַר, וּנְשַׁלְּמָה פָרִים שְׂפָתֵינוּ: וְנֶאֱמַר זֹאת הַתּוֹרָה
לָעֹלָה לַמִּנְחָה וְלַחַטָּאת וְלָאָשָׁם וְלַמִּלּוּאִים וּלְזֶבַח הַשְּׁלָמִים:

א **אֵיזֶהוּ** מְקוֹמָן שֶׁל זְבָחִים, קָדְשֵׁי
קָדָשִׁים שְׁחִיטָתָן בַּצָּפוֹן. פַּר
וְשָׂעִיר שֶׁל יוֹם הַכִּפּוּרִים שְׁחִיטָתָן
בַּצָּפוֹן, וְקִבּוּל דָּמָן בִּכְלִי שָׁרֵת בַּצָּפוֹן,
וְדָמָן טָעוּן הַזָּיָה עַל בֵּין הַבַּדִּים, וְעַל
הַפָּרֹכֶת, וְעַל מִזְבַּח הַזָּהָב. מַתָּנָה
אַחַת מֵהֶן מְעַכֶּבֶת. שִׁירֵי הַדָּם הָיָה
שׁוֹפֵךְ עַל יְסוֹד מַעֲרָבִי שֶׁל מִזְבַּח
הַחִיצוֹן, אִם לֹא נָתַן לֹא עִכֵּב: ב פָּרִים
הַנִּשְׂרָפִים וּשְׂעִירִים הַנִּשְׂרָפִים
שְׁחִיטָתָן בַּצָּפוֹן, וְקִבּוּל דָּמָן בִּכְלִי שָׁרֵת
בַּצָּפוֹן, וְדָמָן טָעוּן הַזָּיָה עַל הַפָּרֹכֶת,
וְעַל מִזְבַּח הַזָּהָב. מַתָּנָה אַחַת מֵהֶן
מְעַכֶּבֶת, שִׁירֵי הַדָּם, הָיָה שׁוֹפֵךְ עַל
יְסוֹד מַעֲרָבִי שֶׁל מִזְבַּח הַחִיצוֹן, אִם לֹא

תי"א א) הושע י"ד ג: ב) ויקרא ו' לו: ג) זבחים פ"ה:

И ЛЕВИИМ НЕ ПОЮТ, [СТОЯ] НА ВОЗВЫШЕНИЯХ, И ИСРЕЭЛИМ НЕ СТОЯТ НА СВО-
ЕМ МЕСТЕ [В ХРАМЕ]. ПОЭТОМУ ДА БУДЕТ УГОДНО ТЕБЕ, ГОСПОДЬ, БОГ НАШ И
БОГ ОТЦОВ НАШИХ, ПРИНЯТЬ И ЗАСЧИТАТЬ [НАМ] МОЛИТВУ УСТ НАШИХ, КАК
ЕСЛИ БЫ СОВЕРШЕНО БЫЛО ЕЖЕДНЕВНОЕ ЖЕРТВОПРИНОШЕНИЕ В СРОК, И СТОЯЛИ
БЫ МЫ НА МЕСТАХ СВОИХ [В ХРАМЕ], И БЛАГОВОНИЯ БЫЛИ БЫ ВОСКУРЕНЫ В
ПОЛОЖЕННОЕ ВРЕМЯ. КАК СКАЗАНО: "И ПРИНЕСЕМ МЫ [ТЕБЕ] МОЛИТВУ НАШИХ
УСТ ВМЕСТО БЫКОВ, [КОТОРЫХ СЛЕДУЕТ ПРИНОСИТЬ В ЖЕРТВУ]".[1] И СКАЗАНО:
"...ЗАКОН О ВСЕСОЖЖЕНИИ*, О ХЛЕБНОМ ДАРЕ, И О ЖЕРТВЕ ЗА ГРЕХ, И О ЖЕРТВЕ
ЗА ВИНУ, И О ЖЕРТВОПРИНОШЕНИИ [ПРИ] ПОСВЯЩЕНИИ [АГАРОНА И ЕГО СЫНО-
ВЕЙ В КОГАНИМ], И О МИРНОЙ ЖЕРТВЕ".[2]

Следующая цитата до слов "...ЗАЖАРЕННЫМ НА ОГНЕ" (стр. 25) взята из Мишны, трактат Звахим, 5:1—8.

אֵיזֶהוּ 1. В КАКОМ МЕСТЕ ПРИНОСИЛИСЬ ЖЕРТВЫ? [ЖИВОТНЫХ,
ПРЕДНАЗНАЧЕННЫХ ДЛЯ] САМЫХ СВЯТЫХ [ЖЕРТВОПРИНОШЕНИЙ], РЕ-
ЗАЛИ К СЕВЕРУ [ОТ ЖЕРТВЕННИКА]. БЫКА И КОЗЛА, [ПРИНОСИМЫХ В
ЖЕРТВУ] В ЙОМ-КИПУР, — К СЕВЕРУ [ОТ ЖЕРТВЕННИКА]; И СОБИРАЛИ
ИХ КРОВЬ В ОСОБЫЙ СОСУД ТАМ ЖЕ, К СЕВЕРУ [ОТ ЖЕРТВЕННИКА];
И ЭТОЙ КРОВЬЮ ОКРОПЛЯЛИ [КРЫШКУ КОВЧЕГА ЗАВЕТА, СТОЯ] МЕЖ-
ДУ ДВУМЯ ШЕСТАМИ, [А ТАКЖЕ] ЗАВЕСУ, [СКРЫВАВШУЮ ВХОД В СВЯ-
ТАЯ СВЯТЫХ], И ЗОЛОТОЙ ЖЕРТВЕННИК, [НАХОДИВШИЙСЯ ВНУТРИ
ХРАМА]. ЕСЛИ ХОТЯ БЫ ОДНО ИЗ ЭТИХ ОКРОПЛЕНИЙ НЕ БЫЛО СОВЕР-
ШЕНО, ЖЕРТВОПРИНОШЕНИЕ НЕ ЗАСЧИТЫВАЛОСЬ. ОСТАТКИ КРОВИ
ВЫЛИВАЛИ У ОСНОВАНИЯ ЗАПАДНОЙ СТОРОНЫ ЖЕРТВЕННИКА, НАХО-
ДИВШЕГОСЯ ВО ДВОРЕ ХРАМА; ОДНАКО, ЕСЛИ ЭТО ДЕЙСТВИЕ НЕ БЫЛО
СОВЕРШЕНО, ЖЕРТВОПРИНОШЕНИЕ ВСЕ ЖЕ ПРИЗНАВАЛОСЬ ДЕЙСТВИ-
ТЕЛЬНЫМ.

2. БЫКОВ, [ПРИНОСИМЫХ В ЖЕРТВУ ПЕРВОСВЯЩЕННИКОМ ИЛИ САН-
ГЕДРИНОМ ЗА ДОПУЩЕННУЮ ИМИ ОШИБКУ В ТОЛКОВАНИИ ЗАКОНА],
И КОЗЛОВ, [КОТОРЫХ ПРИНОСИЛИ В ЖЕРТВУ ЗА ОШИБКУ В ТОЛКОВА-
НИИ ЗАКОНОВ ОБ ИДОЛОПОКЛОНСТВЕ], РЕЗАЛИ К СЕВЕРУ [ОТ ЖЕРТ-
ВЕННИКА]; И СОБИРАЛИ ИХ КРОВЬ В ОСОБЫЙ СОСУД ТАМ ЖЕ, К СЕВЕ-
РУ [ОТ ЖЕРТВЕННИКА]; И ЭТОЙ КРОВЬЮ ОКРОПЛЯЛИ ЗАВЕСУ, [СКРЫ-
ВАВШУЮ ВХОД В СВЯТАЯ СВЯТЫХ], И ЗОЛОТОЙ ЖЕРТВЕННИК. ЕСЛИ
ХОТЯ БЫ ОДНО ИЗ ЭТИХ ОКРОПЛЕНИЙ НЕ БЫЛО СОВЕРШЕНО, ЖЕР-
ТВОПРИНОШЕНИЕ НЕ ЗАСЧИТЫВАЛОСЬ. ОСТАТКИ КРОВИ ВЫЛИВАЛИ
У ОСНОВАНИЯ ЗАПАДНОЙ СТОРОНЫ ВНЕШНЕГО ЖЕРТВЕННИКА;

---

1. Гошеа, 14:3. 2. Вайикра, 7:37.
* Слова *зот гатора лаола* — "закон о всесожжении" — можно перевести и как "закон
вместо всесожжения", — т.е. изучение этого закона заменяет само жертвоприношение.

נִתַּן לֹא עָכֵב, אֵדוּ וָאֵלּוּ נִשְׂרָפִין בְּבֵית
הַדֶּשֶׁן: ג חַטַּאת הַצִּבּוּר וְהַיָּחִיד, אֵדוּ הֵן
חַטַּאת הַצִּבּוּר: שְׂעִירֵי רָאשֵׁי חֳדָשִׁים
וְשֶׁל מוֹעֲדוֹת, שְׁחִיטָתָן בַּצָּפוֹן, וְקִבּוּל
דָּמָן בִּכְלִי שָׁרֵת בַּצָּפוֹן, וְדָמָן טָעוּן
אַרְבַּע מַתָּנוֹת עַל אַרְבַּע קְרָנוֹת. כֵּיצַד:
עָלָה בַכֶּבֶשׁ וּפָנָה לַסּוֹבֵב, וּבָא לוֹ
לְקֶרֶן דְּרוֹמִית מִזְרָחִית, מִזְרָחִית
צְפוֹנִית, צְפוֹנִית מַעֲרָבִית, מַעֲרָבִית
דְּרוֹמִית. שְׁיָרֵי הַדָּם הָיָה שׁוֹפֵךְ עַל
יְסוֹד דְּרוֹמִי וְנֶאֱכָלִין לִפְנִים מִן הַקְּלָעִים
לְזִכְרֵי כְהֻנָּה בְּכָל מַאֲכָל, לְיוֹם
וָלַיְלָה עַד חֲצוֹת:

ד הָעוֹלָה, קֹדֶשׁ קָדָשִׁים, שְׁחִיטָתָהּ בַּצָּפוֹן,
וְקִבּוּל דָּמָהּ בִּכְלִי שָׁרֵת בַּצָּפוֹן,
וְדָמָהּ טָעוּן שְׁתֵּי מַתָּנוֹת שֶׁהֵן אַרְבַּע, וּטְעוּנָה
הֶפְשֵׁט וְנִתּוּחַ, וְכָלִיל לָאִשִּׁים: ה זִבְחֵי שַׁלְמֵי
צִבּוּר וַאֲשָׁמוֹת, אֵלּוּ הֵן אֲשָׁמוֹת: אֲשַׁם גְּזֵלוֹת,
אֲשַׁם מְעִילוֹת, אֲשַׁם שִׁפְחָה חֲרוּפָה, אֲשַׁם
נָזִיר, אֲשַׁם מְצוֹרָע, אֲשַׁם תָּלוּי. שְׁחִיטָתָן

ОДНАКО, ЕСЛИ ЭТО ДЕЙСТВИЕ НЕ БЫЛО СОВЕРШЕНО, ЖЕРТВОПРИНОШЕ-
НИЕ ВСЕ ЖЕ ПРИЗНАВАЛОСЬ ДЕЙСТВИТЕЛЬНЫМ; ВСЕ ЭТИ ЖЕРТВЫ СЖИ-
ГАЛИ В МЕСТЕ, КУДА ВЫНОСИЛИ ЗОЛУ [С ЖЕРТВЕННИКА].

3. [ВОТ ЗАКОН] О ЖЕРТВАХ ЗА ГРЕХ, ПРИНОСИМЫХ ОБЩИНОЙ (В РОШ-
ХОДЕШ И В ПРАЗДНИКИ ОБЩИНА ПРИНОСИТ КОЗЛОВ В ЖЕРТВУ ЗА ГРЕХ
[НЕУМЫШЛЕННОГО ОСКВЕРНЕНИЯ ХРАМА]) И ОТДЕЛЬНЫМИ ЛЮДЬМИ:
ЭТИ ЖЕРТВЫ РЕЗАЛИ К СЕВЕРУ [ОТ ЖЕРТВЕННИКА] И СОБИРАЛИ ИХ
КРОВЬ В ОСОБЫЙ СОСУД ТАМ ЖЕ, К СЕВЕРУ [ОТ ЖЕРТВЕННИКА]; И
ЭТОЙ КРОВЬЮ ОКРОПЛЯЛИ ЖЕРТВЕННИК ЧЕТЫРЕ РАЗА — ПО ОДНОМУ
РАЗУ КАЖДЫЙ ИЗ ЧЕТЫРЕХ ВЫСТУПОВ НА ЕГО УГЛАХ. ЭТО ДЕЛАЛОСЬ
ТАК: КОГЕН ПОДНИМАЛСЯ ПО ПАНДУСУ, ВЕДУЩЕМУ НА ЖЕРТВЕННИК,
И ПЕРЕХОДИЛ НА УСТУП, ТЯНУВШИЙСЯ ВДОЛЬ ТРЕХ СТОРОН ЖЕРТВЕН-
НИКА; И ПОДХОДИЛ [СНАЧАЛА] К ЮГО-ВОСТОЧНОМУ ВЫСТУПУ, [ПО-
ТОМ] К СЕВЕРО-ВОСТОЧНОМУ, [ЗАТЕМ] К СЕВЕРО-ЗАПАДНОМУ, [И НА-
КОНЕЦ] К ЮГО-ЗАПАДНОМУ [ВЫСТУПУ]. ОСТАТКИ КРОВИ ОН ВЫЛИВАЛ
У ЮЖНОГО ОСНОВАНИЯ [ЖЕРТВЕННИКА]; И МЯСО ЭТИХ ЖЕРТВ, ПРИГО-
ТОВЛЕННОЕ В ЛЮБОМ ВИДЕ, МОГЛИ ЕСТЬ ЛИШЬ КОГАНИМ В ХРАМОВОМ
ДВОРЕ В ТОТ ЖЕ ДЕНЬ ДО ПОЛУНОЧИ.

4. ЖЕРТВА ВСЕСОЖЖЕНИЯ ОТНОСИТСЯ К САМЫМ СВЯТЫМ ЖЕРТВАМ;
[ЖИВОТНЫХ, ПРЕДНАЗНАЧЕННЫХ ДЛЯ ВСЕСОЖЖЕНИЯ], РЕЗАЛИ К СЕ-
ВЕРУ [ОТ ЖЕРТВЕННИКА]; И СОБИРАЛИ ИХ КРОВЬ В ОСОБЫЙ СОСУД
ТАМ ЖЕ, К СЕВЕРУ [ОТ ЖЕРТВЕННИКА]; И ЭТОЙ КРОВЬЮ ДВАЖДЫ ОКРО-
ПЛЯЛИ ЖЕРТВЕННИК [— СЕВЕРО-ВОСТОЧНЫЙ И ЮГО-ЗАПАДНЫЙ ЕГО
УГЛЫ ТАК, ЧТОБЫ КРОВЬ ПОПАДАЛА НА ВСЕ] ЧЕТЫРЕ СТЕНЫ [ЕГО].
ЗАТЕМ СНИМАЛИ С ЖИВОТНОГО ШКУРУ, ТУШУ РАЗРУБАЛИ НА ЧАСТИ, И
ВСЮ ЖЕРТВУ СЖИГАЛИ НА ОГНЕ.

5. [ВОТ ЗАКОН] О МИРНЫХ ЖЕРТВАХ, ПРИНОСИМЫХ ОБЩИНОЙ, И О
ЖЕРТВАХ ЗА ПРОВИННОСТЬ (К ПОСЛЕДНИМ ОТНОСЯТСЯ: ПОВИННАЯ
ЖЕ ЖЕРТВА ЗА [ЛОЖНУЮ КЛЯТВУ ПЕРЕД СУДОМ, КОТОРУЮ ДАЛ ЧЕЛО-
ВЕК, ОБВИНЕННЫЙ В]ПРИСВОЕНИИ ЧУЖОГО; ПОВИННАЯ ЖЕРТВА ЗА
ИСПОЛЬЗОВАНИЕ В ПОСТОРОННИХ ЦЕЛЯХ ТОГО, ЧТО ПРЕДНАЗНАЧЕНО
ВСЕВЫШНЕМУ; ПОВИННАЯ ЖЕРТВА ЗА ПРЕЛЮБОДЕЯНИЕ С РАБЫНЕЙ-
НЕЕВРЕЙКОЙ, ЕСЛИ ТА ОБРУЧЕНА С РАБОМ- ЕВРЕЕМ; ПОВИННАЯ ЖЕРТ-
ВА НАЗИРА, [ОСКВЕРНИВШЕГО СЕБЯ ПРИКОСНОВЕНИЕМ К ТРУПУ]; ПО-
ВИННАЯ ЖЕРТВА [ИЗЛЕЧИВШЕГОСЯ]ОТ ПРОКАЗЫ,* [ПРИНОСИМАЯ ИМ
ВО ВРЕМЯ ОБРЯДА ОЧИЩЕНИЯ];ПОВИННАЯ ЖЕРТВА, ПРИНОСИМАЯ В
ТОМ СЛУЧАЕ, ЕСЛИ ЕСТЬ СОМНЕНИЯ, НЕ БЫЛ ЛИ СОВЕРШЕН ГРЕХ): [ЖИ-
ВОТНЫХ, ПРЕДНАЗНАЧЕННЫХ ДЛЯ ЭТИХ ЖЕРТВОПРИНОШЕНИЙ], РЕЗАЛИ

---

* Проказа — наказание за грех злословия.

בַּצָּפוֹן, וְקִבּוּל דָּמָן בִּכְלִי שָׁרֵת בַּצָּפוֹן, וְדָמָן
טָעוּן שְׁתֵּי מַתָּנוֹת שֶׁהֵן אַרְבַּע, וְנֶאֱכָלִין לִפְנִים
מִן הַקְּלָעִים לְזִכְרֵי כְהֻנָּה, בְּכָל מַאֲכָל, לְיוֹם
וָלַיְלָה עַד חֲצוֹת:

י הַתּוֹדָה וְאֵיל נָזִיר, קָדָשִׁים קַלִּים, שְׁחִיטָתָן בְּכָל מָקוֹם
בָּעֲזָרָה, וְדָמָן טָעוּן שְׁתֵּי מַתָּנוֹת שֶׁהֵן אַרְבַּע,
וְנֶאֱכָלִין בְּכָל הָעִיר, לְכָל אָדָם, בְּכָל מַאֲכָל, לְיוֹם וָלַיְלָה
עַד חֲצוֹת. הַמּוּרָם מֵהֶם כַּיּוֹצֵא בָהֶם, אֶלָּא, שֶׁהַמּוּרָם
נֶאֱכָל לַכֹּהֲנִים לִנְשֵׁיהֶם וְלִבְנֵיהֶם וּלְעַבְדֵיהֶם:

יא שְׁלָמִים, קָדָשִׁים קַלִּים, שְׁחִיטָתָן בְּכָל מָקוֹם בָּעֲזָרָה,
וְדָמָן טָעוּן שְׁתֵּי מַתָּנוֹת שֶׁהֵן אַרְבַּע, וְנֶאֱכָלִין
בְּכָל הָעִיר, לְכָל אָדָם, בְּכָל מַאֲכָל, לִשְׁנֵי יָמִים וְלַיְלָה
אֶחָד. הַמּוּרָם מֵהֶם, כַּיּוֹצֵא בָהֶם, אֶלָּא, שֶׁהַמּוּרָם נֶאֱכָל
לַכֹּהֲנִים לִנְשֵׁיהֶם וְלִבְנֵיהֶם וּלְעַבְדֵיהֶם:

יב הַבְּכוֹר וְהַמַּעֲשֵׂר וְהַפֶּסַח, קָדָשִׁים קַלִּים שְׁחִיטָתָן בְּכָל
מָקוֹם בָּעֲזָרָה, וְדָמָן טָעוּן מַתָּנָה אֶחָת, וּבִלְבַד
שֶׁיִּתֵּן כְּנֶגֶד הַיְסוֹד. שִׁנָּה בַּאֲכִילָתָן, הַבְּכוֹר נֶאֱכָל לַכֹּהֲנִים,
וְהַמַּעֲשֵׂר לְכָל אָדָם, וְנֶאֱכָלִין בְּכָל הָעִיר, בְּכָל מַאֲכָל,
לִשְׁנֵי יָמִים וְלַיְלָה אֶחָד. הַפֶּסַח, אֵינוֹ נֶאֱכָל אֶלָּא בַלַּיְלָה,
וְאֵינוֹ נֶאֱכָל אֶלָּא עַד חֲצוֹת, וְאֵינוֹ נֶאֱכָל אֶלָּא לִמְנוּיָו,
וְאֵינוֹ נֶאֱכָל אֶלָּא צָלִי:

רַבִּי יִשְׁמָעֵאל אוֹמֵר, בִּשְׁלֹשׁ עֶשְׂרֵה מִדּוֹת
הַתּוֹרָה נִדְרֶשֶׁת: א) מִקַּל וָחֹמֶר. ב) וּמִגְּזֵרָה

שׁוה

תו"א א) תורת כהנים ריש פ' ויקרא:

К СЕВЕРУ [ОТ ЖЕРТВЕННИКА] ; И СОБИРАЛИ ИХ КРОВЬ В ОСОБЫЙ СО-СУД ТАМ ЖЕ, К СЕВЕРУ [ОТ ЖЕРТВЕННИКА] ;И ЭТОЙ КРОВЬЮ ДВАЖДЫ ОКРОПЛЯЛИ ЖЕРТВЕННИК, ЧЕТЫРЕ ЕГО СТЕНЫ; И МЯСО ЭТИХ ЖЕРТВ, ПРИГОТОВЛЕННОЕ В ЛЮБОМ ВИДЕ, МОГЛИ ЕСТЬ ЛИШЬ КОГ̃АНИМ В ХРАМОВОМ ДВОРЕ В ТОТ ЖЕ ДЕНЬ ДО ПОЛУНОЧИ.

6. [ВОТ ЗАКОН О] БЛАГОДАРСТВЕННЫХ ЖЕРТВОПРИНОШЕНИЯХ И [О ЖЕРТВОПРИНОШЕНИИ, СОВЕРШАЕМОМ] НАЗИРОМ ([ПО ИСТЕЧЕНИИ СРОКА СВОЕГО ОБЕТА ОН ПРИНОСИЛ В ЖЕРТВУ] БАРАНА): ЭТО — ЖЕРТ-ВЫ "МАЛОЙ СВЯТОСТИ". ИХ МОЖНО БЫЛО РЕЗАТЬ В ЛЮБОМ МЕСТЕ ХРАМОВОГО ДВОРА, И ИХ КРОВЬЮ ДВАЖДЫ ОКРОПЛЯЛИ ЖЕРТВЕННИК, ЧЕТЫРЕ ЕГО СТЕНЫ; И МЯСО ЭТИХ ЖЕРТВ, ПРИГОТОВЛЕННОЕ В ЛЮБОМ ВИДЕ, МОГ ЕСТЬ ВСЯКИЙ В ЛЮБОМ МЕСТЕ ИЕРУСАЛИМА В ТОТ ЖЕ ДЕНЬ ДО ПОЛУНОЧИ. ТОТ ЖЕ ЗАКОН ОТНОСИТСЯ И К ЧАСТЯМ ЭТИХ ЖЕРТВ, ОТДАВАЕМЫМ КОГ̃АНИМ, С ТОЙ РАЗНИЦЕЙ, ЧТО ИХ ЕЛИ ТОЛЬКО КО-Г̃АНИМ, ИХ ЖЕНЫ, ДЕТИ И РАБЫ.

7. МИРНЫЕ ЖЕРТВЫ ОТНОСЯТСЯ К ЖЕРТВАМ "МАЛОЙ СВЯТОСТИ". ИХ МОЖНО БЫЛО РЕЗАТЬ В ЛЮБОМ МЕСТЕ ХРАМОВОГО ДВОРА, И КРОВЬЮ ИХ ДВАЖДЫ ОКРОПЛЯЛИ ЖЕРТВЕННИК, ЧЕТЫРЕ ЕГО СТЕНЫ; И МЯСО ЭТИХ ЖЕРТВ, ПРИГОТОВЛЕННОЕ В ЛЮБОМ ВИДЕ, МОГ ЕСТЬ ВСЯКИЙ В ЛЮБОМ МЕСТЕ ИЕРУСАЛИМА В ТОТ ЖЕ ДЕНЬ И В ТЕЧЕНИЕ СЛЕДУЮ-ЩЕГО ДНЯ ДО ПОЛУНОЧИ. ТОТ ЖЕ ЗАКОН ОТНОСИТСЯ И К ЧАСТЯМ ЭТИХ ЖЕРТВ, ОТДАВАЕМЫМ КОГ̃АНИМ, С ТОЙ РАЗНИЦЕЙ, ЧТО ИХ ЕЛИ ТОЛЬКО КОГ̃АНИМ, ИХ ЖЕНЫ, ДЕТИ И РАБЫ.

8. ПЕРВЕНЦЫ [КАШЕРНЫХ ДОМАШНИХ ЖИВОТНЫХ], И ДЕСЯТИНА [ОТ ГОДОВОГО ПРИПЛОДА СКОТА], И ПАСХАЛЬНАЯ ЖЕРТВА ОТНО-СЯТСЯ К ЖЕРТВАМ "МАЛОЙ СВЯТОСТИ". ИХ МОЖНО БЫЛО РЕЗАТЬ В ЛЮБОМ МЕСТЕ ХРАМОВОГО ДВОРА, И КРОВЬЮ ИХ ОКРОПЛЯЛИ ЖЕРТ-ВЕННИК ОДИН РАЗ [СЕВЕРНУЮ ИЛИ ЗАПАДНУЮ СТОРОНЫ], ГДЕ У ОСНОВАНИЯ ЖЕРТВЕННИКА БЫЛ ОСОБЫЙ ВЫСТУП. СУЩЕСТВОВАЛИ РАЗЛИЧИЯ В ТОМ, КОМУ И КАК СЛЕДУЕТ ЕСТЬ МЯСО КАЖДОЙ ИЗ ЭТИХ ЖЕРТВ: МЯСО ПЕРВЕНЦА ДОМАШНЕГО ЖИВОТНОГО МОГ ЕСТЬ ТОЛЬКО КОГ̃ЕН, ДЕСЯТИНЫ — КАЖДЫЙ ЕВРЕЙ; МЯСО ЭТИХ ЖЕРТВ МОЖНО БЫЛО ЕСТЬ ПРИГОТОВЛЕННЫМ В ЛЮБОМ ВИДЕ, В ЛЮБОМ МЕСТЕ ИЕРУСАЛИ-МА В ТОТ ЖЕ ДЕНЬ И В ТЕЧЕНИЕ СЛЕДУЮЩЕГО ДНЯ ДО ПОЛУНОЧИ. МЯСО ПАСХАЛЬНОЙ ЖЕРТВЫ МОЖНО БЫЛО ЕСТЬ ОТ НАСТУПЛЕНИЯ ТЕМНОТЫ ДО ПОЛУНОЧИ. ЕГО МОГ ЕСТЬ ЛИШЬ ТОТ, КТО БЫЛ ВКЛЮЧЕН В СОСТАВ УЧАСТНИКОВ ТРАПЕЗЫ [ДО ЖЕРТВОПРИНОШЕНИЯ]. МЯСО ЭТОЙ ЖЕРТВЫ МОЖНО БЫЛО ЕСТЬ ТОЛЬКО ЗАЖАРЕННЫМ НА ОГНЕ.

רבי ישמעאל РАБИ ИШМАЭЛЬ ГОВОРИТ: "СУЩЕСТВУЕТ ТРИНАДЦАТЬ ПРАВИЛ ТОЛКОВАНИЯ ТОРЫ.
1. ЗАКОН, СФОРМУЛИРОВАННЫЙ В ТОРЕ ПО ПОВОДУ ОПРЕДЕЛЕННОГО СЛУЧАЯ, МОЖЕТ БЫТЬ РАСПРОСТРАНЕН НА ДРУГОЙ СЛУЧАЙ, ЕСЛИ ТОТ ДАЕТ ЕЩЕ БОЛЬШИЕ ОСНОВАНИЯ ДЛЯ ПРИМЕНЕНИЯ ЭТОГО ЗАКОНА.
2. ЕСЛИ В ДВУХ МЕСТАХ ТОРЫ ВСТРЕЧАЮТСЯ ОДИНАКОВЫЕ СЛОВА И ВЫ-РАЖЕНИЯ, ТО СКАЗАННОЕ В ОДНОМ ОТРЫВКЕ ИМЕЕТ ОТНОШЕНИЕ И КО ВТОРОМУ.

שָׁוֶה. ג) מִבִּנְיַן אָב מִכָּתוּב אֶחָד, וּמִבִּנְיַן אָב
מִשְׁנֵי כְתוּבִים. ד) מִכְּלָל וּפְרָט. ה) וּמִפְּרָט וּכְלָל.
ו) כְּלָל וּפְרָט וּכְלָל, אִי אַתָּה דָן אֶלָּא כְּעֵין הַפְּרָט.
ז) מִכְּלָל שֶׁהוּא צָרִיךְ לִפְרָט, וּמִפְּרָט שֶׁהוּא
צָרִיךְ לִכְלָל. ח) כָּל דָּבָר שֶׁהָיָה בִכְלָל וְיָצָא מִן
הַכְּלָל לְלַמֵּד, לֹא לְלַמֵּד עַל עַצְמוֹ יָצָא, אֶלָּא
לְלַמֵּד עַל הַכְּלָל כֻּלּוֹ יָצָא. ט) כָּל דָּבָר שֶׁהָיָה
בִכְלָל, וְיָצָא לִטְעוֹן טַעַן אֶחָד שֶׁהוּא כְעִנְיָנוֹ,
יָצָא לְהָקֵל וְלֹא לְהַחֲמִיר. י) כָּל דָּבָר שֶׁהָיָה
בִכְלָל וְיָצָא לִטְעוֹן טַעַן אַחֵר שֶׁלֹּא כְעִנְיָנוֹ, יָצָא
לְהָקֵל וּלְהַחֲמִיר. יא) כָּל דָּבָר שֶׁהָיָה בִכְלָל וְיָצָא
לִדּוֹן בְּדָבָר חָדָשׁ, אִי אַתָּה יָכוֹל לְהַחֲזִירוֹ
לִכְלָלוֹ, עַד שֶׁיַּחֲזִירֶנּוּ הַכָּתוּב לִכְלָלוֹ בְּפֵרוּשׁ.
יב) דָּבָר הַלָּמֵד מֵעִנְיָנוֹ, וְדָבָר הַלָּמֵד מִסּוֹפוֹ.
יג) וְכֵן (נ"א וְכָאן) שְׁנֵי כְתוּבִים הַמַּכְחִישִׁים זֶה אֶת
זֶה, עַד שֶׁיָּבֹא הַכָּתוּב הַשְּׁלִישִׁי וְיַכְרִיעַ בֵּינֵיהֶם.

יְהִי רָצוֹן מִלְּפָנֶיךָ, יְיָ אֱלֹהֵינוּ וֵאלֹהֵי אֲבוֹתֵינוּ, שֶׁיִּבָּנֶה בֵּית הַמִּקְדָּשׁ בִּמְהֵרָה
בְיָמֵינוּ, וְתֵן חֶלְקֵנוּ בְּתוֹרָתֶךָ.

יִתְגַּדַּל וְיִתְקַדַּשׁ שְׁמֵהּ רַבָּא אמן בְּעָלְמָא דִי בְרָא כִרְעוּתֵהּ וְיַמְלִיךְ מַלְכוּתֵהּ,
וְיַצְמַח פּוּרְקָנֵהּ וִיקָרֵב מְשִׁיחֵהּ. אמן בְּחַיֵּיכוֹן וּבְיוֹמֵיכוֹן וּבְחַיֵּי
דְכָל בֵּית יִשְׂרָאֵל, בַּעֲגָלָא וּבִזְמַן קָרִיב וְאִמְרוּ אָמֵן: יְהֵא שְׁמֵהּ רַבָּא מְבָרַךְ
לְעָלַם וּלְעָלְמֵי עָלְמַיָּא. יִתְבָּרַךְ, וְיִשְׁתַּבַּח, וְיִתְפָּאַר, וְיִתְרוֹמַם, וְיִתְנַשֵּׂא,
וְיִתְהַדָּר וְיִתְעַלֶּה וְיִתְהַלָּל שְׁמֵהּ דְּקֻדְשָׁא בְּרִיךְ הוּא.אמן לְעֵלָּא מִן כָּל בִּרְכָתָא
וְשִׁירָתָא, תֻּשְׁבְּחָתָא וְנֶחֱמָתָא, דַּאֲמִירָן בְּעָלְמָא, וְאִמְרוּ אָמֵן:

על

3. ЕСЛИ ЗАКОН ВСТРЕЧАЕТСЯ В НЕСКОЛЬКИХ МЕСТАХ ТОРЫ, НО В ОДНОМ ИЗ НИХ ОН СФОРМУЛИРОВАН БОЛЕЕ ДЕТАЛЬНО, ТО ЗАКОН В ЕГО БОЛЕЕ ПОЛНОЙ ФОРМУЛИРОВКЕ ПРИМЕНИМ И КО ВСЕМ ОСТАЛЬНЫМ СЛУЧАЯМ. ИНОГДА ПОЛНЫЙ ЗАКОН СОСТАВЛЯЕТСЯ ИЗ ОБЪЕДИНЕНИЯ ДЕТАЛЕЙ, ВСТРЕЧАЮЩИХСЯ В НЕСКОЛЬКИХ МЕСТАХ. ЗАКОН, ВСТРЕЧАЮЩИЙСЯ В ДВУХ ЧАСТНЫХ СЛУЧАЯХ, РАСПРОСТРАНЯЕТСЯ НА ТРЕТИЙ СЛУЧАЙ, ЕСЛИ ОН СХОДЕН С НИМИ ПО ВСЕМ СУЩЕСТВЕННЫМ ПРИЗНАКАМ, ПО КОТОРЫМ ЭТИ ДВА СЛУЧАЯ СХОДНЫ МЕЖДУ СОБОЙ.

4. ЕСЛИ В ТЕКСТЕ ТОРЫ ЗАКОН СНАЧАЛА СФОРМУЛИРОВАН В ОБЩЕМ ВИДЕ, А ПОТОМ ВСТРЕЧАЕТСЯ ПОВТОРНО ПРИМЕНИТЕЛЬНО К ЧАСТНОМУ СЛУЧАЮ, ТО ЗАКОН РАСПРОСТРАНЯЕТСЯ ЛИШЬ НА ЭТОТ ЧАСТНЫЙ СЛУЧАЙ.

5. ЕСЛИ ЗАКОН СФОРМУЛИРОВАН ВНАЧАЛЕ ПРИМЕНИТЕЛЬНО К ЧАСТНОМУ СЛУЧАЮ, А ПОТОМ ПРИВОДИТСЯ В ОБЩЕМ ВИДЕ, ТО ЗАКОН ПРИМЕНЯЕТСЯ В ОБЩЕМ ВИДЕ.

6. ЕСЛИ В ТЕКСТЕ ТОРЫ ВСЛЕД ЗА ФОРМУЛИРОВКОЙ ЗАКОНА В ОБЩЕМ ВИДЕ ПРИВОДИТСЯ ЕГО ЧАСТНЫЙ СЛУЧАЙ, А ЗАТЕМ ЗАКОН ВНОВЬ ПОВТОРЯЕТСЯ В ОБЩЕМ ВИДЕ, ТО ОН РАСПРОСТРАНЯЕТСЯ ЛИШЬ НА ТО, ЧТО ВХОДИТ В СФЕРУ ДЕЙСТВИЯ ЗАКОНА В ОБЩЕМ ВИДЕ И СХОДНО С ПРИВЕДЕННЫМ В ТОРЕ ЧАСТНЫМ СЛУЧАЕМ.

7. ЕСЛИ В ТОРЕ ПРИВЕДЕНЫ ТАКОЙ ОБЩИЙ ЗАКОН И ТАКОЙ ЧАСТНЫЙ СЛУЧАЙ, ЧТО КАЖДЫЙ ИЗ НИХ НЕОБХОДИМ ДЛЯ РАЗЪЯСНЕНИЯ ДРУГОГО, ТО ДВА ПРЕДЫДУЩИХ ПРАВИЛА ЗДЕСЬ НЕ ПРИМЕНЯЮТСЯ.

8. УПОМИНАНИЕ В ТОРЕ ЧАСТНОГО СЛУЧАЯ ОТДЕЛЬНО ОТ ОБЩЕГО ЗАКОНА, ПОД ДЕЙСТВИЕ КОТОРОГО ОН ПОДПАДАЕТ, СООБЩАЕТ НЕЧТО НОВОЕ НЕ О САМОМ ЧАСТНОМ СЛУЧАЕ, НО ОБ ОБЩЕМ ЗАКОНЕ.

9. ЕСЛИ В ТОРЕ КАКИЕ-ЛИБО ДЕТАЛИ ОБЩЕГО ЗАКОНА ПРИВЕДЕНЫ ОТДЕЛЬНО ДЛЯ ЧАСТНОГО СЛУЧАЯ, ТО ЛИШЬ ОНИ И ПРИМЕНИМЫ В ЭТОМ СЛУЧАЕ, А НЕ ВЕСЬ ЗАКОН В ЦЕЛОМ.

10. ЕСЛИ В ТОРЕ ОБЩИЙ ЗАКОН ПРИВЕДЕН ПОВТОРНО ДЛЯ ЧАСТНОГО СЛУЧАЯ И ПРИ ЭТОМ ВМЕСТО ОДНИХ ДЕТАЛЕЙ ОБЩЕГО ЗАКОНА УПОМЯНУТЫ ДРУГИЕ, ТО ОПУЩЕННЫЕ ДЕТАЛИ ЗДЕСЬ НЕ ПРИНИМАЮТСЯ ВО ВНИМАНИЕ, А НОВЫЕ ДЕТАЛИ ВЕРНЫ ЛИШЬ ДЛЯ ЭТОГО ЧАСТНОГО СЛУЧАЯ.

11. ЕСЛИ В ТОРЕ КАКОЙ-ТО ЧАСТНЫЙ СЛУЧАЙ ИСКЛЮЧЕН ИЗ ОБЩЕГО ЗАКОНА И ДЛЯ НЕГО ВВЕДЕНО ОТДЕЛЬНОЕ ПРАВИЛО, ТО ОБЩИЙ ЗАКОН ПРИМЕНИМ К ЭТОМУ СЛУЧАЮ ЛИШЬ ТОГДА, КОГДА ЭТО ПРЯМО ПРЕДПИСАНО В ДРУГОМ МЕСТЕ ТОРЫ.

12. ОБЛАСТЬ ДЕЙСТВИЯ ЗАКОНА МОЖЕТ БЫТЬ ВЫЯСНЕНА ИЗ КОНТЕКСТА ИЛИ ИЗ ЗАКЛЮЧИТЕЛЬНЫХ СЛОВ ОТРЫВКА, В КОТОРОМ ЭТОТ ЗАКОН СОДЕРЖИТСЯ.

13. ЕСЛИ ДВА ОТРЫВКА ТОРЫ СОДЕРЖАТ УТВЕРЖДЕНИЯ, ПРОТИВОРЕЧАЩИЕ ДРУГ ДРУГУ, ТО СМЫСЛ ИХ МОЖЕТ БЫТЬ УТОЧНЕН ПОСРЕДСТВОМ ТРЕТЬЕГО ОТРЫВКА".

יהי ДА БУДЕТ УГОДНО ТЕБЕ, ГОСПОДЬ, БОГ НАШ И БОГ ОТЦОВ НАШИХ, ЧТОБЫ БЫЛ ПОСТРОЕН ХРАМ, – ВСКОРЕ, В НАШИ ДНИ, – И ДАЙ НАМ УДЕЛ В ТОРЕ ТВОЕЙ![1]

"КАДИШ ДЕРАБАНАН"
(См. транслитерацию на стр. 382.)

"Кадиш" произносят только в "миньяне". "Кадиш дерабанан" и "Кадиш ятом" говорит тот, кто находится в трауре по отцу или по матери, в течение 11 месяцев после их смерти, а также каждый год в день их кончины. Если у покойного нет детей, которые говорили бы "Кадиш", это делает кто-нибудь из близких родственников; если таких родственников нет, поручают читать "Кадиш" любому человеку, у которого нет отца или матери. В том случае, когда среди присутствующих нет человека, на котором лежит обязанность читать "Кадиш", "Кадиш" говорит кто-нибудь из молящихся, у кого нет отца или матери. Если среди присутствующих такого человека нет, то хазан говорит "Кадиш", даже если оба его родителя живы. "Кадиш шалем" и "Хаци-кадиш" в любом случае произносит только хазан.

יתגדל ДА ВОЗВЫСИТСЯ И ОСВЯТИТСЯ ЕГО ВЕЛИКОЕ ИМЯ *(община отвечает:* АМЕН!) В МИРЕ, СОТВОРЕННОМ ПО ВОЛЕ ЕГО; И ДА УСТАНОВИТ ОН ЦАРСКУЮ ВЛАСТЬ СВОЮ; И ДА ВЗРАСТИТ ОН СПАСЕНИЕ; И ДА ПРИБЛИЗИТ ОН ПРИХОД МАШИАХА СВОЕГО *(община отвечает:* АМЕН !) – ПРИ ЖИЗНИ ВАШЕЙ, В ДНИ ВАШИ И ПРИ ЖИЗНИ ВСЕГО ДОМА ИЗРАИЛЯ, ВСКОРОСТИ, В БЛИЖАЙШЕЕ ВРЕМЯ, И СКАЖЕМ: АМЕН! *(Община отвечает:* АМЕН!)

Община вместе с тем, кто произносит "Кадиш": ДА БУДЕТ ВЕЛИКОЕ ИМЯ ЕГО БЛАГОСЛОВЕННО ВЕЧНО, ВО ВЕКИ ВЕКОВ! ДА БУДЕТ БЛАГОСЛОВЛЯЕМО...

...И ВОСХВАЛЯЕМО, И ПРОСЛАВЛЯЕМО, И ВОЗВЕЛИЧИВАЕМО, И ПРЕВОЗНОСИМО, И ПОЧИТАЕМО, И ВЕЛИЧАЕМО, И ВОСПЕВАЕМО ИМЯ СВЯТОГО [ТВОРЦА], БЛАГОСЛОВЕН ОН *(община отвечает:* АМЕН!), ПРЕВЫШЕ ВСЕХ БЛАГОСЛОВЕНИЙ И ПЕСНОПЕНИЙ, ВОСХВАЛЕНИЙ И УТЕШИТЕЛЬНЫХ СЛОВ,* ПРОИЗНОСИМЫХ В МИРЕ, И СКАЖЕМ: АМЕН! *(Община отвечает:* АМЕН!)

---

1. Авот, 5:20.
* О грядущем возвращении евреев в Сион, которое принесет Всевышнему утешение.

עַל יִשְׂרָאֵל וְעַל רַבָּנָן. וְעַל תַּלְמִידֵיהוֹן וְעַל כָּל תַּלְמִידֵי תַלְמִידֵיהוֹן. וְעַל כָּל מָאן דְּעָסְקִין בְּאוֹרַיְתָא. דִּי בְאַתְרָא הָדֵין וְדִי בְּכָל אֲתַר וַאֲתַר, יְהֵא לְהוֹן וּלְכוֹן שְׁלָמָא רַבָּא חִנָּא וְחִסְדָּא וְרַחֲמִין וְחַיִּין אֲרִיכִין וּמְזוֹנָא רְוִיחָא וּפֻרְקָנָא מִן קֳדָם אֲבוּהוֹן דְּבִשְׁמַיָּא וְאִמְרוּ אָמֵן : יְהֵא שְׁלָמָא רַבָּא מִן שְׁמַיָּא וְחַיִּים טוֹבִים עָלֵינוּ וְעַל כָּל יִשְׂרָאֵל וְאִמְרוּ אָמֵן: עֹשֶׂה שָׁלוֹם (בנ׳׳ת הַשָׁלוֹם) בִּמְרוֹמָיו הוּא יַעֲשֶׂה שָׁלוֹם עָלֵינוּ וְעַל כָּל יִשְׂרָאֵל וְאִמְרוּ אָמֵן :

דה׳׳א סו ח

הוֹדוּ לַיְיָ קִרְאוּ בִשְׁמוֹ, הוֹדִיעוּ בָעַמִּים עֲלִילוֹתָיו : שִׁירוּ לוֹ זַמְּרוּ לוֹ, שִׂיחוּ בְּכָל נִפְלְאוֹתָיו : הִתְהַלְלוּ בְּשֵׁם קָדְשׁוֹ, יִשְׂמַח לֵב מְבַקְשֵׁי יְיָ : דִּרְשׁוּ יְיָ וְעֻזּוֹ, בַּקְּשׁוּ פָנָיו תָּמִיד: זִכְרוּ נִפְלְאוֹתָיו אֲשֶׁר עָשָׂה, מֹפְתָיו וּמִשְׁפְּטֵי פִיהוּ : זֶרַע יִשְׂרָאֵל עַבְדּוֹ, בְּנֵי יַעֲקֹב בְּחִירָיו : הוּא יְיָ אֱלֹהֵינוּ, בְּכָל הָאָרֶץ מִשְׁפָּטָיו : זִכְרוּ לְעוֹלָם בְּרִיתוֹ, דָּבָר צִוָּה לְאֶלֶף דּוֹר : אֲשֶׁר כָּרַת אֶת אַבְרָהָם וּשְׁבוּעָתוֹ לְיִצְחָק: וַיַּעֲמִידֶהָ לְיַעֲקֹב לְחֹק, לְיִשְׂרָאֵל בְּרִית עוֹלָם: לֵאמֹר לְךָ אֶתֵּן אֶרֶץ כְּנָעַן, חֶבֶל נַחֲלַתְכֶם : בִּהְיוֹתְכֶם מְתֵי מִסְפָּר, כִּמְעַט וְגָרִים בָּהּ: וַיִּתְהַלְּכוּ מִגּוֹי אֶל גּוֹי, וּמִמַּמְלָכָה אֶל עַם אַחֵר : לֹא הִנִּיחַ לְאִישׁ לְעָשְׁקָם, וַיּוֹכַח עֲלֵיהֶם מְלָכִים : אַל תִּגְּעוּ בִמְשִׁיחָי, וּבִנְבִיאַי אַל תָּרֵעוּ: שִׁירוּ לַיְיָ כָּל הָאָרֶץ, בַּשְּׂרוּ מִיּוֹם אֶל יוֹם יְשׁוּעָתוֹ: סַפְּרוּ בַגּוֹיִם אֶת כְּבוֹדוֹ, בְּכָל הָעַמִּים נִפְלְאוֹתָיו: כִּי

ל‎ע ИЗРАИЛЮ, И МУДРЕЦАМ, И ИХ УЧЕНИКАМ, И УЧЕНИКАМ ИХ УЧЕНИКОВ, И ВСЕМ, ИЗУЧАЮЩИМ ТОРУ, – ЗДЕСЬ И В ЛЮБОМ ДРУГОМ МЕСТЕ, – ДА БУДУТ ДАРОВАНЫ ИХ ОТЦОМ НЕБЕСНЫМ ИМ И ВАМ ПРОЧНЫЙ МИР, БЛАГОВОЛЕНИЕ, И ЛЮБОВЬ, И МИЛОСТЬ, И ДОЛГОЛЕТИЕ, И ДОСТАТОК, И ИЗБАВЛЕНИЕ, И СКАЖЕМ: АМЕН! *(Община отвечает:* АМЕН!)

ДА БУДУТ ДАРОВАНЫ С НЕБЕС ПРОЧНЫЙ МИР И СЧАСТЛИВАЯ ЖИЗНЬ НАМ И ВСЕМУ ИЗРАИЛЮ, И СКАЖЕМ: АМЕН! *(Община отвечает:* АМЕН!)

УСТАНАВЛИВАЮЩИЙ МИР (*в "десять дней раскаяния" вместо* "ШАЛОМ" – "МИР" *говорят* "ЃАШАЛОМ") В СВОИХ ВЫСОТАХ, ОН ПОШЛЕТ МИР НАМ И ВСЕМУ ИЗРАИЛЮ, И СКАЖЕМ: АМЕН! *(Община отвечает:* АМЕН!)

הודו БЛАГОДАРИТЕ ГОСПОДА, ВЗЫВАЙТЕ К ИМЕНИ ЕГО, ПОВЕСТВУЙТЕ НАРОДАМ О ЕГО ДЕЯНИЯХ; ПОЙТЕ ЕМУ, ВОСПЕВАЙТЕ ЕГО, РАССКАЗЫВАЙТЕ ОБО ВСЕХ ЕГО ЧУДЕСАХ; ГОРДИТЕСЬ СВЯТЫМ ИМЕНЕМ ЕГО; ДА ВОЗРАДУЮТСЯ СЕРДЦА ИЩУЩИХ ГОСПОДА! МОЛИТЕ ГОСПОДА, [ЧТОБЫ ОН ЯВИЛ] СВОЮ СИЛУ, ПОСТОЯННО МОЛИТЕСЬ ПРЕД ЛИЦОМ ЕГО. ПОМНИТЕ О ЧУДЕСАХ, СОВЕРШЕННЫХ ИМ, О ЕГО ЗНАМЕНИЯХ, О ЗАКОНАХ, [ИЗРЕЧЕННЫХ] УСТАМИ ЕГО. ПОТОМКИ ИЗРАИЛЯ, РАБА ЕГО, СЫНОВЬЯ ЯАКОВА, ЕГО ИЗБРАННИКИ! ОН, ГОСПОДЬ, — БОГ НАШ, ДЛЯ ВСЕЙ ЗЕМЛИ ЗАКОНЫ ЕГО. ВЕЧНО ПОМНИТЕ СОЮЗ С НИМ, СЛОВО, ЗАПОВЕДАННОЕ ИМ ТЫСЯЧЕ ПОКОЛЕНИЙ, [СОЮЗ], КОТОРЫЙ ЗАКЛЮЧИЛ ОН С АВРАЃАМОМ, И КЛЯТВУ, ДАННУЮ ИМ ИЦХАКУ. И СДЕЛАЛ ОН ЭТО ДЛЯ ЯАКОВА ЗАКОНОМ, ДЛЯ ИЗРАИЛЯ — СОЮЗОМ ВЕЧНЫМ, СКАЗАВ: "ТЕБЕ ОТДАМ Я ЗЕМЛЮ ХАНААН; [ОНА] — НАСЛЕДСТВЕННЫЙ УДЕЛ ВАШ". ТОГДА ВЫ БЫЛИ НЕМНОГОЧИСЛЕННЫ, БЫЛИ ВРЕМЕННЫМИ ЖИТЕЛЯМИ НА НЕЙ. И СКИТАЛИСЬ ОТ ПЛЕМЕНИ К ПЛЕМЕНИ, ОТ ЦАРСТВА [ОДНОГО НАРОДА] К [ВЛАДЕНИЯМ] ДРУГОГО НАРОДА. НЕ ПОЗВОЛЯЛ ОН НИКОМУ ПРИТЕСНЯТЬ ИХ И ПРЕДОСТЕРЕГАЛ ЦАРЕЙ: "НЕ ТРОГАЙТЕ ВОЗВЕЛИЧЕННЫХ МНОЮ И ПРОРОКАМ МОИМ НЕ ПРИЧИНЯЙТЕ ЗЛА". ВОСПЕВАЙТЕ ГОСПОДА, ВСЕ [ЖИТЕЛИ] ЗЕМЛИ; ИЗО ДНЯ В ДЕНЬ ВОЗВЕЩАЙТЕ О СПАСЕНИИ, [КОТОРОЕ ОН ПОСЫЛАЕТ]. РАССКАЗЫВАЙТЕ НАРОДАМ О СЛАВЕ ЕГО, ВСЕМ ПЛЕМЕНАМ — О ЕГО ЧУДЕСАХ. ИБО

גָּדוֹל יְיָ וּמְהֻלָּל מְאֹד, וְנוֹרָא הוּא עַל כָּל אֱלֹהִים:
כִּי כָּל אֱלֹהֵי הָעַמִּים אֱלִילִים וַיְיָ שָׁמַיִם עָשָׂה:
הוֹד וְהָדָר לְפָנָיו, עֹז וְחֶדְוָה בִּמְקֹמוֹ: הָבוּ לַיְיָ
מִשְׁפְּחוֹת עַמִּים, הָבוּ לַיְיָ כָּבוֹד וָעֹז: הָבוּ לַיְיָ
כְּבוֹד שְׁמוֹ, שְׂאוּ מִנְחָה וּבֹאוּ לְפָנָיו, הִשְׁתַּחֲווּ
לַיְיָ בְּהַדְרַת קֹדֶשׁ: חִילוּ מִלְּפָנָיו כָּל הָאָרֶץ,
אַף תִּכּוֹן תֵּבֵל בַּל תִּמּוֹט: יִשְׂמְחוּ הַשָּׁמַיִם וְתָגֵל
הָאָרֶץ וְיֹאמְרוּ בַגּוֹיִם יְיָ מָלָךְ: יִרְעַם הַיָּם וּמְלֹאוֹ
יַעֲלֹז הַשָּׂדֶה וְכָל אֲשֶׁר בּוֹ: אָז יְרַנְּנוּ עֲצֵי הַיָּעַר,
מִלִּפְנֵי יְיָ כִּי בָא לִשְׁפּוֹט אֶת הָאָרֶץ: הוֹדוּ לַיְיָ
כִּי טוֹב, כִּי לְעוֹלָם חַסְדּוֹ: וְאִמְרוּ הוֹשִׁיעֵנוּ
אֱלֹהֵי יִשְׁעֵנוּ, וְקַבְּצֵנוּ וְהַצִּילֵנוּ מִן הַגּוֹיִם לְהֹדוֹת
לְשֵׁם קָדְשֶׁךָ, לְהִשְׁתַּבֵּחַ בִּתְהִלָּתֶךָ: בָּרוּךְ
יְיָ אֱלֹהֵי יִשְׂרָאֵל מִן הָעוֹלָם וְעַד הָעוֹלָם, וַיֹּאמְרוּ
כָל הָעָם אָמֵן וְהַלֵּל לַיְיָ: רוֹמְמוּ יְיָ אֱלֹהֵינוּ
וְהִשְׁתַּחֲווּ לַהֲדֹם רַגְלָיו קָדוֹשׁ הוּא: רוֹמְמוּ יְיָ
אֱלֹהֵינוּ וְהִשְׁתַּחֲווּ לְהַר קָדְשׁוֹ, כִּי קָדוֹשׁ יְיָ
אֱלֹהֵינוּ: וְהוּא רַחוּם יְכַפֵּר עָוֹן וְלֹא יַשְׁחִית,
וְהִרְבָּה לְהָשִׁיב אַפּוֹ וְלֹא יָעִיר כָּל חֲמָתוֹ: אַתָּה
יְיָ לֹא תִכְלָא רַחֲמֶיךָ מִמֶּנִּי, חַסְדְּךָ וַאֲמִתְּךָ
תָּמִיד יִצְּרוּנִי: זְכֹר רַחֲמֶיךָ יְיָ וַחֲסָדֶיךָ, כִּי

סעולם

תו"א א) תהלים צה ה: ב) שם צם ט: ג) שם עח לח: ד) שם ס יב: ה) שם כה ו:

ВЕЛИК ГОСПОДЬ, И ВЕЛИКА СЛАВА ЕГО; И ТРЕПЕЩУТ ПРЕД НИМ ВСЕ АНГЕЛЫ. ИБО ВСЕ [ЭТИ] АНГЕЛЫ, ПОКРОВИТЕЛИ ДРУГИХ НАРОДОВ, БЕССИЛЬНЫ,* А ГОСПОДЬ — СОЗДАТЕЛЬ НЕБЕС. СИЯНИЕ И ВЕЛИКОЛЕПИЕ ОКРУЖАЮТ ЕГО, МОГУЩЕСТВО И РАДОСТЬ ЦАРЯТ В МЕСТЕ ЕГО ОБИТАНИЯ. ВОСПЕВАЙТЕ ПРЕД ГОСПОДОМ, СЕМЬИ НАРОДОВ, — ВОСПЕВАЙТЕ ПРЕД ГОСПОДОМ СЛАВУ И МОГУЩЕСТВО [ЕГО]. ВОСПЕВАЙТЕ ПРЕД ГОСПОДОМ СЛАВУ ИМЕНИ ЕГО; ВОЗЬМИТЕ ПРИНОШЕНИЕ И ПРЕДСТАНЬТЕ ПРЕД ЛИЦОМ ЕГО; ПОКЛОНИТЕСЬ ГОСПОДУ В ВЕЛИКОЛЕПНОМ СВЯТИЛИЩЕ [ЕГО]; ТРЕПЕЩИТЕ ПРЕД НИМ, ВСЕ [ЖИТЕЛИ] ЗЕМЛИ, И ТОГДА УТВЕРДИТ ОН МИР НЕКОЛЕБИМО. ВОЗРАДУЮТСЯ НЕБЕСА, И ВОЗЛИКУЕТ ЗЕМЛЯ, И СКАЖУТ НАРОДЫ: "ГОСПОДЬ ВОЦАРИЛСЯ!" И ЗАШУМИТ МОРЕ СО ВСЕМ, ЧТО НАПОЛНЯЕТ ЕГО, И ВОЗЛИКУЕТ ПОЛЕ И ВСЕ, ЧТО В НЕМ. И БУДУТ ПЕТЬ ТОГДА ДЕРЕВЬЯ ЛЕСНЫЕ ПРЕД ГОСПОДОМ, КОГДА ПРИДЕТ ОН СУДИТЬ ЗЕМЛЮ. БЛАГОДАРИТЕ ГОСПОДА, ИБО [ОН] ДОБР, ИБО ВЕЧНА МИЛОСТЬ ЕГО. И ГОВОРИТЕ: "СПАСИ НАС, БОГ, ИЗБАВИТЕЛЬ НАШ, И СОБЕРИ НАС, И ОСВОБОДИ НАС ОТ [ИГА] НАРОДОВ; И ВОЗНЕСЕМ МЫ БЛАГОДАРНОСТЬ СВЯТОМУ ИМЕНИ ТВОЕМУ, ГОРДЯСЬ ТВОИМИ СЛАВНЫМИ ДЕЯНИЯМИ". БЛАГОСЛОВЕН ГОСПОДЬ, БОГ ИЗРАИЛЯ, ОТ ВЕКА ДО ВЕКА; И СКАЗАЛ ВЕСЬ НАРОД: "АМЕН, И ХВАЛА ГОСПОДУ".[1] ПРЕВОЗНЕСИТЕ ГОСПОДА, БОГА НАШЕГО, И ПОКЛОНИТЕСЬ ЕМУ В [СВЯТИЛИЩЕ] — МЕСТЕ, В КОТОРОМ УТВЕРДИЛ ОН СТОПЫ СВОИ, — ИБО СВЯТ ОН.[2] ПРЕВОЗНЕСИТЕ ГОСПОДА, БОГА НАШЕГО, И ПОКЛОНИТЕСЬ ЕМУ НА СВЯТОЙ ГОРЕ ЕГО, ИБО СВЯТ ГОСПОДЬ, БОГ НАШ.[3] И ОН, МИЛОСЕРДНЫЙ, ПРОСТИТ ЗЛОДЕЯНИЕ И НЕ ПОГУБИТ [СОГРЕШИВШЕГО], КАК НЕ РАЗ УЖЕ ОТВРАЩАЛ ГНЕВ СВОЙ [ОТ ГРЕШНИКА], И НЕ ОБРУШИТ [НА НЕГО] ВСЮ ЯРОСТЬ СВОЮ.[4] НЕ ЛИШАЙ МЕНЯ, ГОСПОДЬ, МИЛОСЕРДИЯ СВОЕГО; ЛЮБОВЬ ТВОЯ И ВЕРНОСТЬ ТВОЯ [СОЮЗУ С НАМИ] ДА ХРАНЯТ МЕНЯ ВСЕГДА![5] ВСПОМНИ МИЛОСТЬ СВОЮ, ГОСПОДЬ, И ЛЮБОВЬ СВОЮ [К НАМ], ВЕДЬ

---

1. Диврей гаямим I, 16:8—36. 3. Тегилим, 99:5. 3. Тегилим, 99:9. 4. Тегилим, 78:38.
5. Тегилим, 40:12
* В этом месте следует сделать паузу.

מֵעוֹלָם הֵמָּה: תְּנוּ עֹז לֵאלֹהִים עַל יִשְׂרָאֵל
גַּאֲוָתוֹ, וְעֻזּוֹ בַּשְּׁחָקִים: נוֹרָא אֱלֹהִים מִמִּקְדָּשֶׁיךָ
אֵל יִשְׂרָאֵל, הוּא נוֹתֵן עֹז וְתַעֲצֻמוֹת לָעָם, בָּרוּךְ
אֱלֹהִים: אֵל נְקָמוֹת יְיָ, אֵל נְקָמוֹת הוֹפִיעַ:
הִנָּשֵׂא שֹׁפֵט הָאָרֶץ, הָשֵׁב גְּמוּל עַל גֵּאִים:
לַיְיָ הַיְשׁוּעָה, עַל עַמְּךָ בִרְכָתֶךָ סֶּלָה: יְיָ צְבָאוֹת
עִמָּנוּ, מִשְׂגָּב לָנוּ אֱלֹהֵי יַעֲקֹב סֶלָה: יְיָ צְבָאוֹת,
אַשְׁרֵי אָדָם בֹּטֵחַ בָּךְ: יְיָ הוֹשִׁיעָה, הַמֶּלֶךְ
יַעֲנֵנוּ בְיוֹם קָרְאֵנוּ: הוֹשִׁיעָה אֶת עַמֶּךָ וּבָרֵךְ
אֶת נַחֲלָתֶךָ, וּרְעֵם וְנַשְּׂאֵם עַד הָעוֹלָם: נַפְשֵׁנוּ
חִכְּתָה לַיְיָ, עֶזְרֵנוּ וּמָגִנֵּנוּ הוּא: כִּי בוֹ יִשְׂמַח
לִבֵּנוּ, כִּי בְשֵׁם קָדְשׁוֹ בָטָחְנוּ: יְהִי חַסְדְּךָ יְיָ
עָלֵינוּ, כַּאֲשֶׁר יִחַלְנוּ לָךְ: הַרְאֵנוּ יְיָ חַסְדֶּךָ,
וְיֶשְׁעֲךָ תִּתֶּן לָנוּ: קוּמָה עֶזְרָתָה לָּנוּ, וּפְדֵנוּ
לְמַעַן חַסְדֶּךָ: אָנֹכִי יְיָ אֱלֹהֶיךָ הַמַּעַלְךָ מֵאֶרֶץ
מִצְרָיִם, הַרְחֶב פִּיךָ וַאֲמַלְאֵהוּ: אַשְׁרֵי הָעָם
שֶׁכָּכָה לּוֹ, אַשְׁרֵי הָעָם שֶׁיְיָ אֱלֹהָיו: וַאֲנִי
בְּחַסְדְּךָ בָטַחְתִּי יָגֵל לִבִּי בִּישׁוּעָתֶךָ, אָשִׁירָה
לַיְיָ כִּי גָמַל עָלָי:

מִזְמוֹר שִׁיר חֲנֻכַּת הַבַּיִת לְדָוִד: אֲרוֹמִמְךָ יְיָ כִּי דִלִּיתָנִי,
וְלֹא שִׂמַּחְתָּ אֹיְבַי לִי: יְיָ אֱלֹהָי, שִׁוַּעְתִּי אֵלֶיךָ
וַתִּרְפָּאֵנִי

הר א א) תהלים סח לה: ב) שם סח לו: ג) שם צד א: ד) שם צד ב: ה) שם ג נ: ו) שם נ: ז) שם פד ינ:
ח) שם ב יד: ם) שם כח מ: י) שם כח כ: כ) שם לג כ: ל) שם לג כב: מ) שם פה ח: נ) שם סד ם:
ם) שם פא יא: ע) שם קמד מו: פ) שם ינ ו: צ) שם ל ו:

ОНИ ИЗВЕЧНЫ.[1] СЛАВЬТЕ ПРЕД БОГОМ МОГУЩЕСТВО ЕГО; ИЗРАИЛЬ —
ГОРДОСТЬ ЕГО; НЕБЕСА [СВИДЕТЕЛЬСТВУЮТ] О ЕГО МОГУЩЕСТВЕ. ГРО-
ЗЕН ТЫ, БОГ, В ХРАМЕ СВОЕМ! БОГ ИЗРАИЛЯ, ОН НАДЕЛЯЕТ МОЩЬЮ И
СИЛОЙ НАРОД; БЛАГОСЛОВЕН БОГ![2] ГОСПОДЬ — БОГ ВОЗМЕЗДИЯ;
БОГ ВОЗМЕЗДИЯ, ЯВИ СЕБЯ! ВОССТАНЬ, СУДЬЯ ЗЕМЛИ, И ВОЗДАЙ ГОР-
ДЕЦАМ ПО ЗАСЛУГАМ.[3] НАШЕ СПАСЕНИЕ — ОТ ГОСПОДА; [ДА ПРЕБУ-
ДЕТ] НА НАРОДЕ ТВОЕМ БЛАГОСЛОВЕНИЕ ТВОЕ ВЕЧНО![4] ГОСПОДЬ
ВОИНСТВ С НАМИ; БОГ ЯАКОВА — НАШ ОПЛОТ ВОВЕКИ![5] ГОСПОДЬ ВО-
ИНСТВ, СЧАСТЛИВ ЧЕЛОВЕК, ПОЛАГАЮЩИЙСЯ НА ТЕБЯ![6] ГОСПОДЬ,
СПАСИ [НАС]! ОТВЕТЬ НАМ, ВЛАДЫКА, В ДЕНЬ, КОГДА МЫ ВЗЫВАЕМ
[К ТЕБЕ]![7] СПАСИ НАРОД СВОЙ И БЛАГОСЛОВИ СВОЕ НАСЛЕДИЕ, И
ВЕДИ ЕГО, И ЗАБОТЬСЯ О НЕМ ВОВЕКИ![8] ДУША НАША НАДЕЕТСЯ НА
ГОСПОДА, ОН — НАША ПОДДЕРЖКА И ЗАЩИТА. ВЕДЬ ЕМУ ВОЗРАДУЮТ-
СЯ НАШИ СЕРДЦА, ВЕДЬ НА ЕГО СВЯТОЕ ИМЯ МЫ ПОЛАГАЛИСЬ. ДА БУ-
ДЕТ МИЛОСТЬ ТВОЯ, ГОСПОДЬ, С НАМИ, КАК МЫ ТОГО ОЖИДАЕМ ОТ
ТЕБЯ![9] ЯВИ НАМ, ГОСПОДЬ, МИЛОСТЬ СВОЮ, И ПОШЛИ НАМ, ГОСПОДЬ,
СВОЕ СПАСЕНИЕ.[10] ПРИДИ НА ПОМОЩЬ НАМ, ОСВОБОДИ НАС ПО МИ-
ЛОСТИ СВОЕЙ.[11] "Я, ГОСПОДЬ, БОГ ТВОЙ, КОТОРЫЙ ВЫВЕЛ ТЕБЯ ИЗ
СТРАНЫ ЕГИПЕТСКОЙ; УМНОЖАЙ ПРОСЬБЫ СВОИ — Я ИСПОЛНЮ ИХ".[12]
СЧАСТЛИВ НАРОД, ЧЕЙ УДЕЛ ТАКОВ, СЧАСТЛИВ НАРОД, ЧЕЙ БОГ —
ГОСПОДЬ![13] И Я ПОЛАГАЛСЯ НА МИЛОСТЬ ТВОЮ; ВОЗРАДУЕТСЯ СЕРДЦЕ
МОЕ СПАСЕНИЮ, ПОСЛАННОМУ ТОБОЙ; БУДУ ВОСПЕВАТЬ Я ГОСПОДА,
ИБО ОН ОБЛАГОДЕТЕЛЬСТВОВАЛ МЕНЯ.[14]

מזמור ХВАЛЕБНАЯ ПЕСНЬ ДАВИДА В ЧЕСТЬ НАЧАЛА ХРАМОВОЙ СЛУЖБЫ.
ПРЕВОЗНЕСУ ТЕБЯ, ГОСПОДЬ, ИБО ТЫ ВОЗВЫСИЛ МЕНЯ И НЕ ДОПУСТИЛ, ЧТОБЫ
МОИ ВРАГИ ТОРЖЕСТВОВАЛИ НАДО МНОЙ. ГОСПОДЬ, БОГ МОЙ, Я ВЗЫВАЛ К ТЕБЕ,

1. Тегилим, 25:6. 2. Тегилим, 68:35,36. 3. Тегилим, 94:1,2. 4. Тегилим, 3:9. 5. Тегилим,
46:8. 6. Тегилим, 84:13. 7. Тегилим, 20:10. 8. Тегилим, 28:9. 9. Тегилим, 33:20—22.
10. Тегилим, 85:8. 11. Тегилим, 44:27. 12. Тегилим, 81:11. 13. Тегилим, 144:15. 14. Тегилим, 13:6.

וַתִּרְפָּאֵנִי: יְיָ הֶעֱלִיתָ מִן שְׁאוֹל נַפְשִׁי, חִיִּיתַנִי מִיָּרְדִי בוֹר: זַמְּרוּ לַיְיָ חֲסִידָיו, וְהוֹדוּ לְזֵכֶר קָדְשׁוֹ: כִּי רֶגַע בְּאַפּוֹ, חַיִּים בִּרְצוֹנוֹ, בָּעֶרֶב יָלִין בֶּכִי, וְלַבֹּקֶר רִנָּה: וַאֲנִי אָמַרְתִּי בְשַׁלְוִי, בַּל אֶמּוֹט לְעוֹלָם: יְיָ בִּרְצוֹנְךָ הֶעֱמַדְתָּה לְהַרְרִי עֹז, הִסְתַּרְתָּ פָנֶיךָ הָיִיתִי נִבְהָל: אֵלֶיךָ יְיָ אֶקְרָא, וְאֶל יְיָ אֶתְחַנָּן: מַה בֶּצַע בְּדָמִי בְּרִדְתִּי אֶל שָׁחַת, הֲיוֹדְךָ עָפָר הֲיַגִּיד אֲמִתֶּךָ: שְׁמַע יְיָ וְחָנֵּנִי, יְיָ הֱיֵה עֹזֵר לִי: הָפַכְתָּ מִסְפְּדִי לְמָחוֹל לִי, פִּתַּחְתָּ שַׂקִּי וַתְּאַזְּרֵנִי שִׂמְחָה: לְמַעַן יְזַמֶּרְךָ כָבוֹד וְלֹא יִדֹּם, יְיָ אֱלֹהַי לְעוֹלָם אוֹדֶךָּ:

יְיָ מֶלֶךְ, יְיָ מָלָךְ, יְיָ יִמְלֹךְ לְעוֹלָם וָעֶד כ"פ: וְהָיָה יְיָ לְמֶלֶךְ עַל כָּל הָאָרֶץ בַּיּוֹם הַהוּא יִהְיֶה יְיָ אֶחָד וּשְׁמוֹ אֶחָד:

הוֹשִׁיעֵנוּ יְיָ אֱלֹהֵינוּ, וְקַבְּצֵנוּ מִן הַגּוֹיִם לְהוֹדוֹת לְשֵׁם קָדְשֶׁךָ, לְהִשְׁתַּבֵּחַ בִּתְהִלָּתֶךָ: בָּרוּךְ יְיָ אֱלֹהֵי יִשְׂרָאֵל מִן הָעוֹלָם וְעַד הָעוֹלָם וְאָמַר כָּל הָעָם אָמֵן הַלְלוּיָהּ: כֹּל הַנְּשָׁמָה תְּהַלֵּל יָהּ הַלְלוּיָהּ:

בחול יאמר זה ובשבת וביו"ט אומרים למנצח מזמור לדוד השמים מספרים וכו'. תמצא להלן

לַמְנַצֵּחַ בִּנְגִינֹת מִזְמוֹר שִׁיר: אֱלֹהִים יְחָנֵּנוּ וִיבָרְכֵנוּ, יָאֵר פָּנָיו אִתָּנוּ סֶלָה: לָדַעַת בָּאָרֶץ דַּרְכֶּךָ, בְּכָל גּוֹיִם יְשׁוּעָתֶךָ: יוֹדוּךָ עַמִּים אֱלֹהִים, יוֹדוּךָ עַמִּים כֻּלָּם: יִשְׂמְחוּ וִירַנְּנוּ לְאֻמִּים, כִּי תִשְׁפֹּט עַמִּים מִישֹׁר, וּלְאֻמִּים בָּאָרֶץ תַּנְחֵם סֶלָה: יוֹדוּךָ עַמִּים אֱלֹהִים, יוֹדוּךָ עַמִּים כֻּלָּם: אֶרֶץ נָתְנָה יְבוּלָהּ, יְבָרְכֵנוּ אֱלֹהִים אֱלֹהֵינוּ: יְבָרְכֵנוּ אֱלֹהִים, וְיִירְאוּ אֹתוֹ כָּל אַפְסֵי אָרֶץ:

לְשֵׁם יִחוּד קוּדְשָׁא בְּרִיךְ הוּא וּשְׁכִינְתֵּיהּ לְיַחֲדָא שֵׁם י"ה בו"ה בִּיחוּדָא שְׁלִים בְּשֵׁם כָּל יִשְׂרָאֵל:

בָּרוּךְ שֶׁאָמַר וְהָיָה הָעוֹלָם, בָּרוּךְ הוּא, בָּרוּךְ אוֹמֵר וְעֹשֶׂה, בָּרוּךְ גּוֹזֵר וּמְקַיֵּם, בָּרוּךְ עֹשֶׂה בְרֵאשִׁית, בָּרוּךְ מְרַחֵם עַל הָאָרֶץ, בָּרוּךְ מְרַחֵם עַל הַבְּרִיּוֹת

תרי"א א) שמות טו יח: ב) זכריה יד ט: ג) תהלים סז ב: ד) שב קז מח: ה) שם קנ: ו) שם סז א, ת:

И ТЫ МЕНЯ ИСЦЕЛИЛ. ГОСПОДЬ, ТЫ УДЕРЖАЛ ДУШУ МОЮ ОТ ПАДЕНИЯ В ПРЕИС-
ПОДНЮЮ; ТЫ СПАС МНЕ ЖИЗНЬ, НЕ ДАВ МНЕ УПАСТЬ В БЕЗДНУ. ВОСПЕВАЙТЕ
ГОСПОДА, ЛЮБЯЩИЕ ЕГО, ВОЗНОСИТЕ БЛАГОДАРНОСТЬ ЕГО СВЯТОМУ ИМЕНИ!
ВЕДЬ ГНЕВАЕТСЯ ОН ЛИШЬ МГНОВЕНИЕ, А БЛАГОСКЛОНЕН ОН ВСЮ [ЧЕЛОВЕЧЕ-
СКУЮ] ЖИЗНЬ; НА СМЕНУ НОЧНЫМ СЛЕЗАМ УТРОМ [ПРИХОДИТ] РАДОСТЬ. И
ДУМАЛ Я В БЛАГОДЕНСТВИИ СВОЕМ: НЕ ПОКОЛЕБЛЮСЬ ВОВЕКИ! [НО ЭТО ТЫ,]
ГОСПОДЬ, ПО СВОЕЙ ВОЛЕ УКРЕПИЛ МОГУЩЕСТВО МОЕ; И КОГДА СКРЫЛ ТЫ СВОЕ
ЛИЦО [ОТ МЕНЯ], ПРИШЕЛ Я В СМЯТЕНИЕ. К ТЕБЕ, ГОСПОДЬ, ВОЗЗОВУ; ТЕБЯ,
ГОСПОДЬ, БУДУ МОЛИТЬ: КАКАЯ ПОЛЬЗА В ГИБЕЛИ МОЕЙ, В ТОМ, ЧТО НИЗВЕРГ-
НУСЬ Я В БЕЗДНУ? РАЗВЕ БУДЕТ СЛАВИТЬ ТЕБЯ ПРАХ? РАЗВЕ БУДЕТ ОН ПРОВОЗ-
ГЛАШАТЬ ТВОЮ ИСТИНУ? УСЛЫШЬ, ГОСПОДЬ, И ПОМИЛУЙ МЕНЯ! ГОСПОДЬ, БУДЬ
МНЕ ПОДДЕРЖКОЙ! ТЫ СДЕЛАЛ ТАК, ЧТО МОЙ ТРАУР СМЕНИЛСЯ ПРАЗДНИКОМ
ДЛЯ МЕНЯ, СНЯЛ С МЕНЯ РУБИЩЕ МОЕ И ПРЕПОЯСАЛ МЕНЯ ВЕСЕЛЬЕМ. ЗА ЭТО
БУДЕТ ВОСПЕВАТЬ ТЕБЯ ДУША НЕ УМОЛКАЯ; ГОСПОДЬ, БОГ МОЙ! ВСЕГДА БУДУ
БЛАГОДАРИТЬ ТЕБЯ![1]

Следующую фразу произносят стоя.

ГОСПОДЬ – ВЛАДЫКА, ГОСПОДЬ БЫЛ ВЛАДЫКОЙ, ГОСПОДЬ БУДЕТ ВЛАДЫ-
КОЙ ВЕЧНО![2] *(Эту фразу повторяют дважды.)*

והיה И СТАНЕТ ГОСПОДЬ ВЛАДЫКОЙ ВСЕЙ ЗЕМЛИ; В ТОТ ДЕНЬ ГОСПОДЬ
БУДЕТ [ПРИЗНАН ВСЕМИ НАРОДАМИ] ЕДИНСТВЕННЫМ [БОГОМ], И ЛИШЬ ЕГО
ИМЯ [БУДЕТ У ВСЕХ НА УСТАХ].[3]

הושיענו СПАСИ НАС, ГОСПОДЬ, БОГ НАШ, И СОБЕРИ НАС ИЗ СРЕДЫ НАРОДОВ,
ЧТОБЫ МЫ ВОЗНЕСЛИ БЛАГОДАРНОСТЬ СВЯТОМУ ИМЕНИ ТВОЕМУ, ГОРДЯСЬ ТВО-
ИМИ СЛАВНЫМИ ДЕЯНИЯМИ. БЛАГОСЛОВЕН ГОСПОДЬ, БОГ ИЗРАИЛЯ, ОТ ВЕКА
ДО ВЕКА; И СКАЗАЛ ВЕСЬ НАРОД: АМЕН! ВОСХВАЛИТЕ БОГА![4] ВСЯКАЯ ДУША ДА
ВОСХВАЛИТ БОГА! ВОСХВАЛИТЕ БОГА![5]

Следующий текст произносят в будни. В субботу и в праздники вместо него говорят
למנצח . . . השמים מספרים *("ХВАЛЕБНАЯ ПЕСНЬ ДАВИДА. НЕБЕСА РАССКАЗЫ-
ВАЮТ..."), стр. 150.*

למנצח ХВАЛЕБНЫЙ ГИМН, КОТОРЫЙ ПОЮТ В СОПРОВОЖДЕНИИ МУЗЫКАЛЬНЫХ
ИНСТРУМЕНТОВ. БОГ НАС ПОМИЛУЕТ, И БЛАГОСЛОВИТ НАС, И БУДЕТ ВЕЧНО К
НАМ БЛАГОСКЛОНЕН! [ТОГДА] СТАНУТ ИЗВЕСТНЫ НА ЗЕМЛЕ ПУТИ ТВОИ, ВСЕ
НАРОДЫ [УЗНАЮТ] О СПАСЕНИИ, ПОСЛАННОМ ТОБОЙ. БУДУТ БЛАГОДАРИТЬ
ТЕБЯ, БОГ, ПЛЕМЕНА; ВСЕ ПЛЕМЕНА БУДУТ БЛАГОДАРИТЬ ТЕБЯ. БУДУТ РАДО-
ВАТЬСЯ И ЛИКОВАТЬ НАРОДЫ, ИБО ТЫ БУДЕШЬ СПРАВЕДЛИВО СУДИТЬ ПЛЕМЕНА,
ВЕЧНО БУДЕШЬ ПРАВИТЬ НАРОДАМИ ЗЕМЛИ. ЗА ЭТО БУДУТ БЛАГОДАРИТЬ ТЕБЯ,
БОГ, ПЛЕМЕНА; ВСЕ ПЛЕМЕНА БУДУТ БЛАГОДАРИТЬ ТЕБЯ. ТОГДА ЗЕМЛЯ ПРИ-
НЕСЕТ СВОИ ПЛОДЫ, И БЛАГОСЛОВИТ НАС БОГ, БОГ НАШ. БЛАГОСЛОВИТ НАС
БОГ, И БУДУТ ТРЕПЕТАТЬ ПРЕД НИМ ВО ВСЕХ ЗЕМНЫХ ПРЕДЕЛАХ.[6]

*Следующее благословение произносят стоя. Перед тем, как начать молитву "РАДИ
ОБЪЕДИНЕНИЯ...", берут в правую руку две передние кисти талита. Завершив благословение, касаются глаз кистями, целуют их и затем отпускают. Начиная с этого места и до
конца "Шмонэ-эсре" запрещено прерывать молитву, произнося что-либо постороннее.*

לשם РАДИ ОБЪЕДИНЕНИЯ СВЯТОГО [ТВОРЦА], БЛАГОСЛОВЕН ОН, С ЕГО
ШХИНОЙ, – ЕГО ИМЕНИ י "ה [С БУКВАМИ] ו'ה, – В ПОЛНОЕ ЕДИНСТВО,* [Я ПРО-
ИЗНОШУ] ОТ ИМЕНИ ВСЕГО ИЗРАИЛЯ:

ברוך БЛАГОСЛОВЕН ТОТ, ПО СЛОВУ КОТОРОГО ВОЗНИК МИР; БЛА-
ГОСЛОВЕН ОН; БЛАГОСЛОВЕН ТОТ, КТО ОБЕЩАЕТ И ВЫПОЛНЯЕТ, БЛА-
ГОСЛОВЕН ТОТ, КТО ВЫНОСИТ ПРИГОВОР И ПРИВОДИТ ЕГО В ИСПОЛ-
НЕНИЕ; БЛАГОСЛОВЕН ТОТ, КТО СОЗДАЛ ВСЕЛЕННУЮ; БЛАГОСЛОВЕН
ТОТ, КТО МИЛОСТИВ К ЗЕМЛЕ; БЛАГОСЛОВЕН ТОТ, КТО МИЛОСТИВ К

1. Теѓилим, 30. 2. Теѓилим, 10:16, 93:1; Шмот, 15:18. 3. Зхарья, 14:9. 4. Теѓилим,
106:47, 48. 5. Теѓилим, 150:6. 6. Теѓилим, 67.
* Имя "Святой [Творец], благословен Он" связано с трансцендентным аспектом Б-жественного. На это же указывают две первые буквы четырехбуквенного Имени Б-га. Слово
"Шхина", а также две последние буквы четырехбуквенного Имени Б-га указывают на
пребывание Творца в сотворенных Им мирах. Исполнение заповедей приводит к тому, что
трансцендентный свет нисходит в сотворенные миры.

הַבְּרִיּוֹת, בָּרוּךְ מְשַׁלֵּם שָׂכָר טוֹב
לִירֵאָיו, בָּרוּךְ חַי לָעַד וְקַיָּם לָנֶצַח, בָּרוּךְ
פּוֹדֶה וּמַצִּיל בָּרוּךְ שְׁמוֹ. בָּרוּךְ אַתָּה
יְיָ אֱלֹהֵינוּ מֶלֶךְ הָעוֹלָם, הָאֵל, אָב
הָרַחֲמָן, הַמְהֻלָּל בְּפֶה עַמּוֹ, מְשֻׁבָּח
וּמְפֹאָר בִּלְשׁוֹן חֲסִידָיו וַעֲבָדָיו, וּבְשִׁירֵי
דָוִד עַבְדֶּךָ. נְהַלֶּלְךָ יְיָ אֱלֹהֵינוּ, בִּשְׁבָחוֹת
וּבִזְמִרוֹת. נְגַדֶּלְךָ וּנְשַׁבֵּחֲךָ וּנְפָאֶרְךָ,
וְנַמְלִיכְךָ וְנַזְכִּיר שִׁמְךָ מַלְכֵּנוּ אֱלֹהֵינוּ,
יָחִיד, חֵי הָעוֹלָמִים מֶלֶךְ. מְשֻׁבָּח וּמְפֹאָר
עֲדֵי עַד שְׁמוֹ הַגָּדוֹל. בָּרוּךְ אַתָּה יְיָ,
מֶלֶךְ מְהֻלָּל בַּתִּשְׁבָּחוֹת:

א"א מזמור לתודה בשבת וביו"ט ולא בע"פ ובחוה"מ של פסח ולא בערב יו"כ:

מִזְמוֹר לְתוֹדָה, הָרִיעוּ לַיְיָ כָּל הָאָרֶץ: עִבְדוּ אֶת יְיָ
בְּשִׂמְחָה, בֹּאוּ לְפָנָיו בִּרְנָנָה: דְּעוּ כִּי יְיָ הוּא
אֱלֹהִים, הוּא עָשָׂנוּ וְלוֹ אֲנַחְנוּ, עַמּוֹ, וְצֹאן מַרְעִיתוֹ: בֹּאוּ
שְׁעָרָיו בְּתוֹדָה, חֲצֵרוֹתָיו בִּתְהִלָּה, הוֹדוּ לוֹ בָּרְכוּ שְׁמוֹ:
כִּי טוֹב יְיָ, לְעוֹלָם חַסְדּוֹ, וְעַד דֹּר וָדֹר אֱמוּנָתוֹ:

יְהִי כְבוֹד יְיָ לְעוֹלָם יִשְׂמַח יְיָ בְּמַעֲשָׂיו:
יְהִי שֵׁם יְיָ מְבֹרָךְ, מֵעַתָּה וְעַד

עוֹלָם

תו"א א) תהלים ק: ב) שם קד לא: ג) שם קיג ב:

ТВОРЕНИЯМ СВОИМ; БЛАГОСЛОВЕН ТОТ, КТО ЩЕДРО ВОЗНАГРАЖДАЕТ БОЯЩИХСЯ ЕГО; БЛАГОСЛОВЕН ТОТ, ЧЬЕ БЫТИЕ ВЕЧНО, ТОТ, КТО БУ-ДЕТ СУЩЕСТВОВАТЬ ВОВЕК; БЛАГОСЛОВЕН ТОТ, КТО ОСВОБОЖДАЕТ И СПАСАЕТ; БЛАГОСЛОВЕННО ИМЯ ЕГО! БЛАГОСЛОВЕН ТЫ, ГОСПОДЬ, БОГ НАШ, ВЛАДЫКА ВСЕЛЕННОЙ, БОГ, МИЛОСЕРДНЫЙ ОТЕЦ, ПРЕВОЗНО-СИМЫЙ УСТАМИ СВОЕГО НАРОДА, ВОСХВАЛЯЕМЫЙ И ПРОСЛАВЛЯЕМЫЙ УСТАМИ ЛЮБЯЩИХ ТЕБЯ РАБОВ ТВОИХ И ПЕСНЯМИ ДАВИДА, РАБА ТВОЕГО. ПРЕВОЗНЕСЕМ ТЕБЯ, ГОСПОДЬ, БОГ НАШ, В ХВАЛЕБНЫХ ГИМ-НАХ И ПЕСНЯХ. ВОЗВЕЛИЧИМ, ВОСХВАЛИМ И ПРОСЛАВИМ ТЕБЯ, И ПРО-ВОЗГЛАСИМ, ЧТО ТЫ — ЦАРЬ, И БУДЕМ ВЗЫВАТЬ К ИМЕНИ ТВОЕМУ, ВЛАДЫКА НАШ, БОГ НАШ. ТЫ — ЕДИНСТВЕННЫЙ ВЛАДЫКА И ПРЕ-БУДЕШЬ ВЕЧНО. ПРОСЛАВЛЕНО И ВОСХВАЛЕНО ВЕЛИКОЕ ИМЯ ЕГО В ВЕКАХ! БЛАГОСЛОВЕН ТЫ, ГОСПОДЬ, ВЛАДЫКА, ПРОСЛАВЛЯЕМЫЙ В ГИМНАХ!

Следующий псалом не произносят в субботу, в йом-тов, в канун Песаха и Йом-Кипура и в холь-ѓамоэд Песаха.

מזמור ПЕСНЬ ВО ВРЕМЯ БЛАГОДАРСТВЕННОГО ЖЕРТВОПРИНОШЕНИЯ. ЛИ-КУЙТЕ ПРЕД ГОСПОДОМ, ВСЕ [ЖИТЕЛИ] ЗЕМЛИ! СЛУЖИТЕ ГОСПОДУ С РАДОСТЬЮ, ПРИДИТЕ К НЕМУ С ПЕСНЕЙ. ЗНАЙТЕ, ЧТО ГОСПОДЬ — БОГ; ОН СОЗДАЛ НАС, И МЫ ПРИНАДЛЕЖИМ ЕМУ; [МЫ] — ЕГО НАРОД, СТАДО, КОТОРОЕ ПАСЕТ ОН. ВОЙДИТЕ В ЕГО ВРАТА С БЛАГОДАРСТВЕННОЙ ЖЕРТВОЙ, ВО ДВОРЫ ЕГО — С ХВАЛЕБНОЙ ПЕС-НЕЙ; БЛАГОДАРИТЕ ЕГО, БЛАГОСЛОВЛЯЙТЕ ЕГО ИМЯ. ИБО ДОБР ГОСПОДЬ, ВЕЧНА МИЛОСТЬ ЕГО, И КАЖДОМУ ПОКОЛЕНИЮ ПОДТВЕРЖДАЕТ ОН СВОЕ ОБЕЩАНИЕ.[1]

יהי ДА ПРЕБУДЕТ СЛАВА ГОСПОДА ВОВЕК, ДА ВОЗРАДУЕТСЯ ГОСПОДЬ ДЕЯНИЯМ СВОИМ![2] ДА БУДЕТ ИМЯ ГОСПОДА БЛАГОСЛОВЕННО ОТНЫНЕ И

---

1. Теѓилим, 100. 2. Теѓилим, 104:31.

עוֹלָם:מִמִּזְרַח־שֶׁמֶשׁ עַד מְבוֹאוֹ, מְהֻלָּל
שֵׁם יְיָ: רָם עַל כָּל גּוֹיִם יְיָ, עַל הַשָּׁמַיִם
כְּבוֹדוֹ: יְיָ שִׁמְךָ לְעוֹלָם, יְיָ זִכְרְךָ לְדֹר
וָדֹר: יְיָ בַּשָּׁמַיִם הֵכִין כִּסְאוֹ, וּמַלְכוּתוֹ
בַּכֹּל מָשָׁלָה: יִשְׂמְחוּ הַשָּׁמַיִם וְתָגֵל
הָאָרֶץ, וְיֹאמְרוּ בַגּוֹיִם יְיָ מָלָךְ: יְיָ מֶלֶךְ
יְיָ מָלָךְ, יְיָ יִמְלֹךְ לְעֹלָם וָעֶד: יְיָ מֶלֶךְ
עוֹלָם וָעֶד, אָבְדוּ גוֹיִם מֵאַרְצוֹ: יְיָ הֵפִיר
עֲצַת גּוֹיִם, הֵנִיא מַחְשְׁבוֹת עַמִּים:רַבּוֹת
מַחֲשָׁבוֹת בְּלֶב אִישׁ, וַעֲצַת יְיָ הִיא
תָקוּם:עֲצַת יְיָ לְעוֹלָם תַּעֲמֹד, מַחְשְׁבוֹת
לִבּוֹ לְדֹר וָדֹר: כִּי הוּא אָמַר וַיֶּהִי, הוּא
צִוָּה וַיַּעֲמֹד: כִּי בָחַר יְיָ בְּצִיּוֹן, אִוָּה
לְמוֹשָׁב לוֹ:כִּי יַעֲקֹב בָּחַר לוֹ יָהּ,יִשְׂרָאֵל
לִסְגֻלָּתוֹ:כִּי לֹא יִטֹּשׁ יְיָ עַמּוֹ,וְנַחֲלָתוֹ לֹא
יַעֲזֹב:וְהוּא רַחוּם יְכַפֵּר עָוֹן וְלֹא יַשְׁחִית,
וְהִרְבָּה לְהָשִׁיב אַפּוֹ, וְלֹא יָעִיר כָּל

המתו

הו"א א) תהלים קי"ג ג: ב) שם שם ד: נ) שם קלה יג: ד) שם קנ יב: ה) דה"א מז לא: ו) שמות מו יח:
ו) תהלים ' מו: ח) שם לו י: ם) משלי יב כא: י) תהלים לג יא: כ) שם שם ח: ל) שם קלב יג: מ) שם
קלה ד: נ) שם צד יד: ס) שם עח לח:

ВОВЕКИ! ОТ МЕСТА, ГДЕ ВОСХОДИТ СОЛНЦЕ, ДО МЕСТА, ГДЕ ОНО ЗАХОДИТ, ПРОСЛАВЛЕНО ИМЯ ГОСПОДА. ПРЕВОЗНОСИМ ГОСПОДЬ ВСЕМИ НАРОДАМИ, СЛАВА ЕГО — ПРЕВЫШЕ НЕБЕС.[1] "ГОСПОДЬ" — ИМЯ ТЕБЕ ВОВЕК! ГОСПОДОМ НАЗЫВАЮТ ТЕБЯ ИЗ ПОКОЛЕНИЯ В ПОКОЛЕНИЕ![2] ГОСПОДЬ УТВЕРДИЛ СВОЙ ПРЕСТОЛ НА НЕБЕСАХ, И ЕГО ЦАРСКАЯ ВЛАСТЬ — НАДО ВСЕМ.[3] ВОЗРАДУЮТСЯ НЕБЕСА, И ВОЗЛИКУЕТ ЗЕМЛЯ, И СКАЖУТ НАРОДЫ: "ГОСПОДЬ ВОЦАРИЛСЯ!"[4] ГОСПОДЬ — ВЛАДЫКА, ГОСПОДЬ БЫЛ ВЛАДЫКОЙ, ГОСПОДЬ БУДЕТ ВЛАДЫКОЙ ВЕЧНО![5] ГОСПОДЬ ВОЦАРИТСЯ НА ВЕКИ ВЕЧНЫЕ; ИСЧЕЗНУТ ЧУЖИЕ НАРОДЫ ИЗ ЕГО СТРАНЫ.[6] ГОСПОДЬ РАЗРУШИЛ КОЗНИ НАРОДОВ, РАССТРОИЛ ЗАМЫСЛЫ ПЛЕМЕН.[7] МНОГО ПОМЫСЛОВ В ЧЕЛОВЕЧЕСКОМ СЕРДЦЕ, НО ИСПОЛНИТСЯ ТО, ЧТО ЗАМЫСЛИЛ ГОСПОДЬ.[8] ЗАМЫСЕЛ ГОСПОДА ВСЕГДА ОСУЩЕСТВИТСЯ, ПОМЫСЛЫ СЕРДЦА ЕГО [ИСПОЛНЯЮТСЯ] ИЗ ПОКОЛЕНИЯ В ПОКОЛЕНИЕ.[9] ИБО ОН СКАЗАЛ — И СВЕРШИЛОСЬ, ОН ПОВЕЛЕЛ — И ВОЗНИКЛО [ВСЕ].[10] ИБО ГОСПОДЬ ИЗБРАЛ СИОН, ПОЖЕЛАВ ОБИТАТЬ В НЕМ.[11] ИБО ЯАКОВА ИЗБРАЛ СЕБЕ БОГ, ИЗРАИЛЯ — В УДЕЛ СЕБЕ.[12] ИБО НЕ ОСТАВИТ ГОСПОДЬ НАРОД СВОЙ, УДЕЛ СВОЙ НЕ ПОКИНЕТ.[13] И ОН, МИЛОСЕРДНЫЙ, ПРОСТИТ ЗЛОДЕЯНИЕ И НЕ ПОГУБИТ [СОГРЕШИВШЕГО], КАК НЕ РАЗ УЖЕ ОТВРАЩАЛ ГНЕВ СВОЙ [ОТ ГРЕШНИКА], И НЕ ОБРУШИТ [НА НЕГО] ВСЮ

1. Теѓилим, 113:2—4. 2. Теѓилим, 135:13. 3. Теѓилим, 103:19. 4. Диврей ѓаямим I, 16:31. 5. Теѓилим, 10:16, 93:1; Шмот, 15:18. 6. Теѓилим, 10:16. 7. Теѓилим, 33:10. 8. Мишлей, 19:21. 9. Теѓилим, 33:11. 10. Теѓилим, 33:9. 11. Теѓилим, 132:13. 12. Теѓилим, 135:4. 13. Теѓилим, 94:14.

חֲמָתוֹ: יְיָ הוֹשִׁיעָה, הַמֶּלֶךְ יַעֲנֵנוּ בְיוֹם קָרְאֵנוּ:

אַשְׁרֵי יוֹשְׁבֵי בֵיתֶךָ, עוֹד יְהַלְלוּךָ סֶּלָה: אַשְׁרֵי הָעָם שֶׁכָּכָה לּוֹ, אַשְׁרֵי הָעָם שֶׁיְיָ אֱלֹהָיו: תְּהִלָּה לְדָוִד, אֲרוֹמִמְךָ אֱלֹהַי הַמֶּלֶךְ, וַאֲבָרְכָה שִׁמְךָ לְעוֹלָם וָעֶד: בְּכָל יוֹם אֲבָרְכֶךָ, וַאֲהַלְלָה שִׁמְךָ לְעוֹלָם וָעֶד: גָּדוֹל יְיָ וּמְהֻלָּל מְאֹד, וְלִגְדֻלָּתוֹ אֵין חֵקֶר: דּוֹר לְדוֹר יְשַׁבַּח מַעֲשֶׂיךָ, וּגְבוּרֹתֶיךָ יַגִּידוּ: הֲדַר כְּבוֹד הוֹדֶךָ, וְדִבְרֵי נִפְלְאֹתֶיךָ אָשִׂיחָה: וֶעֱזוּז נוֹרְאוֹתֶיךָ יֹאמֵרוּ, וּגְדֻלָּתְךָ אֲסַפְּרֶנָּה: זֵכֶר רַב טוּבְךָ יַבִּיעוּ, וְצִדְקָתְךָ יְרַנֵּנוּ: חַנּוּן וְרַחוּם יְיָ, אֶרֶךְ אַפַּיִם וּגְדָל חָסֶד: טוֹב יְיָ לַכֹּל, וְרַחֲמָיו עַל כָּל מַעֲשָׂיו: יוֹדוּךָ יְיָ כָּל מַעֲשֶׂיךָ, וַחֲסִידֶיךָ יְבָרְכוּכָה: כְּבוֹד מַלְכוּתְךָ יֹאמֵרוּ, וּגְבוּרָתְךָ יְדַבֵּרוּ: לְהוֹדִיעַ לִבְנֵי הָאָדָם גְּבוּרֹתָיו, וּכְבוֹד הֲדַר מַלְכוּתוֹ: מַלְכוּתְךָ, מַלְכוּת כָּל עוֹלָמִים, וּמֶמְשַׁלְתְּךָ בְּכָל דּוֹר וָדֹר: סוֹמֵךְ יְיָ לְכָל הַנֹּפְלִים, וְזוֹקֵף לְכָל הַכְּפוּפִים: עֵינֵי כֹל אֵלֶיךָ יְשַׂבֵּרוּ, וְאַתָּה נוֹתֵן לָהֶם אֶת אָכְלָם בְּעִתּוֹ: פּוֹתֵחַ אֶת יָדֶךָ, וּמַשְׂבִּיעַ לְכָל חַי רָצוֹן: צַדִּיק יְיָ בְּכָל דְּרָכָיו, וְחָסִיד בְּכָל מַעֲשָׂיו: קָרוֹב יְיָ לְכָל קֹרְאָיו,

לְכֹל

ЯРОСТЬ СВОЮ.¹ ГОСПОДЬ, СПАСИ [НАС]! ОТВЕТЬ НАМ, ВЛА-
ДЫКА, В ДЕНЬ, КОГДА МЫ ВЗЫВАЕМ [К ТЕБЕ]!²

אשרי СЧАСТЛИВЫ НАХОДЯЩИЕСЯ В ХРАМЕ ТВОЕМ, ВОВЕК ОНИ БУ-
ДУТ ХВАЛИТЬ ТЕБЯ!³ СЧАСТЛИВ НАРОД, ЧЕЙ УДЕЛ ТАКОВ, СЧАСТЛИВ
НАРОД, ЧЕЙ БОГ — ГОСПОДЬ!⁴ ХВАЛЕБНАЯ ПЕСНЬ ДАВИДА. ПРЕВОЗНЕ-
СУ ТЕБЯ, ВЛАДЫКА, БОГ МОЙ, И БУДУ БЛАГОСЛОВЛЯТЬ ИМЯ ТВОЕ ВО
ВЕКИ ВЕКОВ! ЕЖЕДНЕВНО БУДУ БЛАГОСЛОВЛЯТЬ ТЕБЯ И ВОСХВАЛЯТЬ
ВО ВЕКИ ВЕКОВ ИМЯ ТВОЕ! ВЕЛИК ГОСПОДЬ, И ВЕЛИКА СЛАВА ЕГО, И
ВЕЛИЧИЕ ЕГО НЕПОСТИЖИМО. ОТ ПОКОЛЕНИЯ К ПОКОЛЕНИЮ БУДЕТ
ПЕРЕДАВАТЬСЯ ХВАЛА ТЕБЕ ЗА ТВОИ ДЕЯНИЯ, И О МОГУЩЕСТВЕ
ТВОЕМ БУДУТ ПОВЕСТВОВАТЬ. О ВЕЛИКОЛЕПИИ СЛАВЫ ТВОЕЙ И О
ЧУДЕСНЫХ ТВОИХ ДЕЯНИЯХ Я РАССКАЖУ. О ГРОЗНОЙ МОЩИ ТВОЕЙ
БУДУТ ГОВОРИТЬ, И Я ПОВЕДАЮ О ВЕЛИЧИИ ТВОЕМ. ВОСПОМИНАНИЯ
О ВЕЛИКОЙ МИЛОСТИ ТВОЕЙ ПЕРЕДАДУТ ОНИ [СВОИМ ДЕТЯМ] И
СПРАВЕДЛИВОСТЬ ТВОЮ ВОСПОЮТ. МИЛОСЕРДЕН И МИЛОСТИВ ГОС-
ПОДЬ, ДОЛГОТЕРПЕЛИВ, ЕГО ЛЮБОВЬ БЕЗГРАНИЧНА. ДОБР ГОС-
ПОДЬ К КАЖДОМУ И МИЛОСЕРДЕН КО ВСЕМ СВОИМ СОЗДАНИЯМ.
БУДУТ БЛАГОДАРИТЬ ТЕБЯ, ГОСПОДЬ, ВСЕ СОЗДАНИЯ ТВОИ, И
ЛЮБЯЩИЕ ТЕБЯ БУДУТ ТЕБЯ БЛАГОСЛОВЛЯТЬ. О СЛАВЕ ЦАРСТВА
ТВОЕГО ПОВЕДАЮТ И О ВЕЛИЧИИ ТВОЕМ РАССКАЖУТ, ЧТОБЫ СТАЛО
ИЗВЕСТНО ЛЮДЯМ О МОГУЩЕСТВЕ И О СЛАВНОМ ВЕЛИКОЛЕПИИ ЦАР-
СТВА [ВСЕВЫШНЕГО]. ЦАРСТВО ТВОЕ — ВЕЧНОЕ ЦАРСТВО, И ВЛАСТЬ
ТВОЯ — НАД ВСЕМИ ПОКОЛЕНИЯМИ. ПОДДЕРЖИВАЕТ ГОСПОДЬ ВСЕХ
ПАДАЮЩИХ И РАСПРЯМЛЯЕТ ВСЕХ СОГБЕННЫХ. ГЛАЗА ВСЕХ УСТРЕМ-
ЛЕНЫ НА ТЕБЯ, И ТЫ ДАЕШЬ ПИЩУ [КАЖДОМУ СОЗДАНИЮ] ВОВРЕМЯ.*
РАСКРЫВАЕШЬ ТЫ ЛАДОНЬ СВОЮ И ЩЕДРО НАСЫЩАЕШЬ ВСЕ ЖИВОЕ.
СПРАВЕДЛИВ ГОСПОДЬ ВО ВСЕМ, ЧТО ВЕРШИТ, И МИЛОСТИВ ВО ВСЕХ
СВОИХ ДЕЯНИЯХ. БЛИЗОК ГОСПОДЬ КО ВСЕМ, ВЗЫВАЮЩИМ К НЕМУ,

---

1. Теѓилим, 78:38. 2. Теѓилим, 20:10. 3. Теѓилим, 84:5. 4. Теѓилим, 144:15.
* Тот, кто произнес следующую фразу, не сосредоточившись на смысле произносимого,
должен повторить ее еще раз. Если упущение было замечено не сразу — но до начала благословения תהלה ("ДА БУДЕТ ВОСХВАЛЯЕМО...", стр. 41), — следует повторить эту фразу
в том месте, где человек заметил, что ошибся. Произнося слова "РАСКРЫВАЕШЬ ТЫ ЛА-
ДОНЬ СВОЮ...", касаются тфилин на руке, произнося "...И ЩЕДРО НАСЫЩАЕШЬ ВСЕ ЖИ-
ВОЕ", — тфилин на голове.

לְכֹל אֲשֶׁר יִקְרָאֻהוּ בֶאֱמֶת: רְצוֹן יְרֵאָיו יַעֲשֶׂה,
וְאֶת שַׁוְעָתָם יִשְׁמַע וְיוֹשִׁיעֵם: שׁוֹמֵר יְיָ אֶת כָּל
אֹהֲבָיו, וְאֵת כָּל הָרְשָׁעִים יַשְׁמִיד: תְּהִלַּת יְיָ
יְדַבֶּר פִּי, וִיבָרֵךְ כָּל בָּשָׂר שֵׁם קָדְשׁוֹ לְעוֹלָם וָעֶד:
וַאֲנַחְנוּ נְבָרֵךְ יָהּ, מֵעַתָּה וְעַד עוֹלָם הַלְלוּיָהּ:

הַלְלוּיָהּ, הַלְלִי נַפְשִׁי אֶת יְיָ: אֲהַלְלָה
יְיָ בְּחַיָּי, אֲזַמְּרָה לֵאלֹהַי בְּעוֹדִי:
אַל תִּבְטְחוּ בִנְדִיבִים, בְּבֶן אָדָם שֶׁאֵין
לוֹ תְשׁוּעָה: תֵּצֵא רוּחוֹ יָשֻׁב לְאַדְמָתוֹ
בַּיּוֹם הַהוּא אָבְדוּ עֶשְׁתֹּנֹתָיו: אַשְׁרֵי
שֶׁאֵל יַעֲקֹב בְּעֶזְרוֹ, שִׂבְרוֹ עַל יְיָ אֱלֹהָיו:
עֹשֶׂה שָׁמַיִם וָאָרֶץ אֶת הַיָּם וְאֶת כָּל
אֲשֶׁר בָּם, הַשֹּׁמֵר אֱמֶת לְעוֹלָם: עֹשֶׂה
מִשְׁפָּט לָעֲשׁוּקִים נֹתֵן לֶחֶם לָרְעֵבִים, יְיָ
מַתִּיר אֲסוּרִים: יְיָ פֹּקֵחַ עִוְרִים, יְיָ זֹקֵף
כְּפוּפִים, יְיָ אֹהֵב צַדִּיקִים: יְיָ שֹׁמֵר אֶת
גֵּרִים, יָתוֹם וְאַלְמָנָה יְעוֹדֵד, וְדֶרֶךְ
רְשָׁעִים יְעַוֵּת: יִמְלֹךְ יְיָ לְעוֹלָם אֱלֹהַיִךְ
צִיּוֹן, לְדֹר וָדֹר הַלְלוּיָהּ:

הללויה

КО ВСЯКОМУ, КТО ИСКРЕННЕ ЕМУ МОЛИТСЯ. ЖЕЛАНИЕ БОЯЩИХСЯ ЕГО ИСПОЛНИТ ОН, УСЛЫШИТ ИХ ВОПЛЬ И СПАСЕТ ИХ. ОХРАНЯЕТ ГОСПОДЬ ВСЕХ ЛЮБЯЩИХ ЕГО, А ВСЕХ ЗЛОДЕЕВ УНИЧТОЖИТ. ХВАЛУ ГОСПОДУ ПРОИЗНЕСУТ УСТА МОИ, И ВСЕ ЖИВОЕ БУДЕТ БЛАГОСЛОВЛЯТЬ ЕГО СВЯТОЕ ИМЯ ВО ВЕКИ ВЕКОВ.[1] МЫ БУДЕМ БЛАГОСЛОВЛЯТЬ БОГА ОТНЫНЕ И ВОВЕК; ВОСХВАЛИТЕ БОГА![2]

הללויה ВОСХВАЛИТЕ БОГА! ВОСХВАЛИ, ДУША МОЯ, ГОСПОДА! БУДУ СЛАВИТЬ ГОСПОДА, ПОКА ЖИВУ; БУДУ ВОСПЕВАТЬ БОГА МОЕГО, ПОКА СУЩЕСТВУЮ. НЕ ПОЛАГАЙТЕСЬ НА БЛАГОДЕТЕЛЕЙ, [НЕ ПОЛАГАЙТЕСЬ] НА ЧЕЛОВЕКА: ОН НЕ СПОСОБЕН СПАСТИ; ВЕДЬ КОГДА ДУША ПОКИНЕТ ЕГО, ВОЗВРАТИТСЯ ОН В ПРАХ, И В ТОТ ЖЕ ДЕНЬ ПРЕВРАТЯТСЯ В НИЧТО ЕГО ЗАМЫСЛЫ. СЧАСТЛИВ ТОТ, КОМУ ПОМОГАЕТ БОГ ЯАКОВА, ТОТ, КТО ВОЗЛАГАЕТ НАДЕЖДЫ СВОИ НА ГОСПОДА, БОГА СВОЕГО, СОЗДАВШЕГО НЕБО, ЗЕМЛЮ, МОРЕ И ВСЕ, ЧТО ИХ НАПОЛНЯЕТ, ХРАНЯЩЕГО ВЕРНОСТЬ ОБЕЩАНИЮ СВОЕМУ ВОВЕКИ, ВЕРШАЩЕГО СУД НАД [ПРИТЕСНИТЕЛЯМИ] УГНЕТЕННЫХ, ДАЮЩЕГО ХЛЕБ ГОЛОДНЫМ. ГОСПОДЬ ОСВОБОЖДАЕТ УЗНИКОВ ОТ ОКОВ, ГОСПОДЬ ДАРУЕТ ЗРЕНИЕ СЛЕПЫМ, ГОСПОДЬ РАСПРЯМЛЯЕТ СОГБЕННЫХ, ГОСПОДЬ ЛЮБИТ ПРАВЕДНЫХ, ГОСПОДЬ ХРАНИТ ГЕРОВ; СИРОТУ И ВДОВУ ПОДДЕРЖИВАЕТ ОН, А НА ПУТИ ЗЛОДЕЕВ ВОЗДВИГАЕТ ПРЕПЯТСТВИЯ. ГОСПОДЬ БУДЕТ ЦАРСТВОВАТЬ ВЕЧНО; [БУДЕТ ЦАРСТВОВАТЬ] БОГ ТВОЙ, СИОН, ВО ВЕКИ ВЕКОВ; ВОСХВАЛИТЕ БОГА![3]

1. Теѓилим, 145. 2. Теѓилим, 115:18. 3. Теѓилим, 146.

הַלְלוּיָהּ, כִּי טוֹב זַמְּרָה אֱלֹהֵינוּ, כִּי נָעִים נָאוָה
תְהִלָּה: בּוֹנֵה יְרוּשָׁלַיִם יְיָ, נִדְחֵי
יִשְׂרָאֵל יְכַנֵּס: הָרוֹפֵא לִשְׁבוּרֵי לֵב, וּמְחַבֵּשׁ
לְעַצְּבוֹתָם: מוֹנֶה מִסְפָּר לַכּוֹכָבִים, לְכֻלָּם שֵׁמוֹת
יִקְרָא: גָּדוֹל אֲדוֹנֵינוּ וְרַב כֹּחַ, לִתְבוּנָתוֹ אֵין מִסְפָּר:
מְעוֹדֵד עֲנָוִים יְיָ, מַשְׁפִּיל רְשָׁעִים עֲדֵי אָרֶץ: עֱנוּ
לַיְיָ בְּתוֹדָה, זַמְּרוּ לֵאלֹהֵינוּ בְכִנּוֹר: הַמְכַסֶּה
שָׁמַיִם בְּעָבִים, הַמֵּכִין לָאָרֶץ מָטָר, הַמַּצְמִיחַ
הָרִים חָצִיר: נוֹתֵן לִבְהֵמָה לַחְמָהּ, לִבְנֵי עֹרֵב
אֲשֶׁר יִקְרָאוּ: לֹא בִגְבוּרַת הַסּוּס יֶחְפָּץ, לֹא
בְשׁוֹקֵי הָאִישׁ יִרְצֶה: רוֹצֶה יְיָ אֶת יְרֵאָיו, אֶת
הַמְיַחֲלִים לְחַסְדּוֹ: שַׁבְּחִי יְרוּשָׁלַיִם אֶת יְיָ, הַלְלִי
אֱלֹהַיִךְ צִיּוֹן: כִּי חִזַּק בְּרִיחֵי שְׁעָרָיִךְ, בֵּרַךְ
בָּנַיִךְ בְּקִרְבֵּךְ: הַשָּׂם גְּבוּלֵךְ שָׁלוֹם, חֵלֶב חִטִּים
יַשְׂבִּיעֵךְ: הַשֹּׁלֵחַ אִמְרָתוֹ אָרֶץ, עַד מְהֵרָה יָרוּץ
דְּבָרוֹ: הַנֹּתֵן שֶׁלֶג כַּצָּמֶר, כְּפוֹר כָּאֵפֶר יְפַזֵּר:
מַשְׁלִיךְ קַרְחוֹ כְפִתִּים, לִפְנֵי קָרָתוֹ מִי יַעֲמֹד:
יִשְׁלַח דְּבָרוֹ וְיַמְסֵם, יַשֵּׁב רוּחוֹ יִזְּלוּ מָיִם: מַגִּיד
דְּבָרָיו לְיַעֲקֹב, חֻקָּיו וּמִשְׁפָּטָיו לְיִשְׂרָאֵל: לֹא
עָשָׂה כֵן לְכָל גּוֹי, וּמִשְׁפָּטִים בַּל יְדָעוּם הַלְלוּיָהּ:

הַלְלוּיָהּ, הַלְלוּ אֶת יְיָ מִן הַשָּׁמַיִם,
הַלְלוּהוּ בַּמְּרוֹמִים: הַלְלוּהוּ

כל

הללויה ВОСХВАЛИТЕ БОГА! ИБО ПОДОБАЕТ ВОСПЕВАТЬ БОГА НАШЕГО, ИБО СЛАДОСТНО И ОТРАДНО ВОСПЕВАТЬ [ЕГО]. ГОСПОДЬ ОТСТРОИТ ИЕРУСАЛИМ, ИЗГНАННИКОВ ИЗРАИЛЯ СОБЕРЕТ ОН. ОН ИСЦЕЛЯЕТ ТЕХ, ЧЬИ СЕРДЦА СОКРУШЕНЫ, ЛЕЧИТ ИХ ОТ СКОРБИ. ОН ВЕДЕТ СЧЕТ ЗВЕЗДАМ, КАЖДОЙ ИЗ НИХ ДАЕТ ИМЯ. ВЕЛИК ВЛАСТЕЛИН НАШ И ВСЕМОГУЩ, МУДРОСТЬ ЕГО БЕЗГРАНИЧНА. ГОСПОДЬ ПОДДЕРЖИВАЕТ СМИРЕННЫХ, ПРИГИБАЕТ К ЗЕМЛЕ ЗЛОДЕЕВ. ПОЙТЕ ГОСПОДУ БЛАГОДАРСТВЕННУЮ ПЕСНЬ, ИГРАЙТЕ НА АРФЕ ПРЕД БОГОМ НАШИМ. ОН ЗАСТИЛАЕТ НЕБЕСА ТУЧАМИ, ПОСЫЛАЕТ ЗЕМЛЕ ДОЖДЬ, ПОКРЫВАЕТ ТРАВОЙ ГОРЫ. ОН ДАЕТ ПИЩУ ЖИВОТНЫМ, ВОРОНЯТАМ — ТО, О ЧЕМ ПРОСЯТ ОНИ. БЛАГОВОЛИТ ОН НЕ [К ТЕМ, КТО ПОЛАГАЕТСЯ] НА СИЛУ КОНЯ, И НЕ [ТОТ, КТО НАДЕЕТСЯ НА БЫСТРОТУ] ЧЕЛОВЕЧЕСКИХ НОГ, ЕМУ УГОДЕН. БЛАГОВОЛИТ ГОСПОДЬ К ТЕМ, КТО БОИТСЯ ЕГО, К ТЕМ, КТО ПОЛАГАЕТСЯ НА ЕГО МИЛОСТЬ. ВОСХВАЛЯЙ ГОСПОДА, ИЕРУСАЛИМ! СЛАВЬ СВОЕГО БОГА, СИОН! ИБО УКРЕПИЛ ОН ЗАСОВЫ ВОРОТ ТВОИХ, БЛАГОСЛОВИЛ ТВОИХ СЫНОВЕЙ, [ЖИВУЩИХ] В ТВОИХ ПРЕДЕЛАХ. ОН УТВЕРДИЛ МИР НА ТВОИХ ГРАНИЦАХ, ОТБОРНОЙ ПШЕНИЦЕЙ НАСЫТИЛ ТЕБЯ. ОН ПОСЫЛАЕТ [ДОЖДЬ] ПО СЛОВУ СВОЕМУ НА ЗЕМЛЮ, СТРЕМИТЕЛЬНО ЛЬЮТСЯ [ДОЖДИ] ПО СЛОВУ ЕГО. ОН ПОСЫЛАЕТ [НА ЗЕМЛЮ] СНЕГ, ПОДОБНЫЙ ШЕРСТИ, РАССЫПАЕТ ИНЕЙ, СЛОВНО ПЕПЕЛ. ОН НИЗВЕРГАЕТ [НА ЗЕМЛЮ] КУСКИ ЛЬДА; КТО УСТОИТ ПЕРЕД СТУЖЕЙ, КОТОРУЮ ОН ПОСЫЛАЕТ! ОН ОТДАСТ СВОЕ ПОВЕЛЕНИЕ — И [ЛЕД] РАСТАЕТ, ПОШЛЕТ ВЕТЕР — И ПОТЕКУТ ВОДЫ. ОН ДАЕТ СВОИ ЗАПОВЕДИ ЯАКОВУ, СВОИ ПОВЕЛЕНИЯ И ЗАКОНЫ — ИЗРАИЛЮ. НЕ СОВЕРШИЛ ОН ЭТОГО ДЛЯ ВСЕХ ОСТАЛЬНЫХ НАРОДОВ, И НЕ ЗНАЮТ ОНИ ЗАКОНОВ ЕГО. ВОСХВАЛИТЕ БОГА![1]

הללויה ВОСХВАЛИТЕ БОГА! ВОСХВАЛИТЕ ГОСПОДА С НЕБЕС, ВОСХВАЛИТЕ ЕГО В ВЫСЯХ; ВОСХВАЛИТЕ ЕГО,

---

1. Тегилим, 147.

כָּל מַלְאָכָיו, הַלְלוּהוּ כָּל צְבָאָיו:
הַלְלוּהוּ שֶׁמֶשׁ וְיָרֵחַ,הַלְלוּהוּ כָּל כּוֹכְבֵי
אוֹר: הַלְלוּהוּ שְׁמֵי הַשָּׁמָיִם, וְהַמַּיִם
אֲשֶׁר מֵעַל הַשָּׁמָיִם: יְהַלְלוּ אֶת שֵׁם יְיָ,
כִּי הוּא צִוָּה וְנִבְרָאוּ: וַיַּעֲמִידֵם לָעַד
לְעוֹלָם, חָק נָתַן וְלֹא יַעֲבוֹר: הַלְלוּ אֶת
יְיָ מִן הָאָרֶץ, תַּנִּינִים וְכָל תְּהֹמוֹת: אֵשׁ
וּבָרָד, שֶׁלֶג וְקִיטוֹר, רוּחַ סְעָרָה עֹשָׂה
דְבָרוֹ: הֶהָרִים וְכָל גְּבָעוֹת,עֵץ פְּרִי וְכָל
אֲרָזִים: הַחַיָּה וְכָל בְּהֵמָה, רֶמֶשׂ וְצִפּוֹר
כָּנָף: מַלְכֵי אֶרֶץ וְכָל לְאֻמִּים, שָׂרִים
וְכָל שֹׁפְטֵי אָרֶץ: בַּחוּרִים וְגַם בְּתוּלוֹת,
זְקֵנִים עִם נְעָרִים: יְהַלְלוּ אֶת שֵׁם יְיָ כִּי
נִשְׂגָּב שְׁמוֹ לְבַדּוֹ,הוֹדוֹ עַל אֶרֶץ וְשָׁמָיִם:
וַיָּרֶם קֶרֶן לְעַמּוֹ, תְּהִלָּה לְכָל חֲסִידָיו,
לִבְנֵי יִשְׂרָאֵל עַם קְרֹבוֹ הַלְלוּיָהּ:

הַלְלוּיָהּ,שִׁירוּ לַיְיָ שִׁיר חָדָשׁ, תְּהִלָּתוֹ בִּקְהַל
חֲסִידִים: יִשְׂמַח יִשְׂרָאֵל בְּעֹשָׂיו, בְּנֵי
צִיּוֹן יָגִילוּ בְמַלְכָּם: יְהַלְלוּ שְׁמוֹ בְמָחוֹל, בְּתֹף

זכנור

חו"א א) תהלים קמ"ט :

ВСЕ ЕГО АНГЕЛЫ, ВОСХВАЛИ ЕГО, ВСЕ НЕБЕСНОЕ ВОИНСТВО!
ВОСХВАЛИТЕ ЕГО, СОЛНЦЕ И ЛУНА, ВОСХВАЛИТЕ ЕГО, ВСЕ
ЗВЕЗДЫ НОЧИ! ВОСХВАЛИТЕ ЕГО, НЕБЕСНЫЕ ВЫСИ И ВОДЫ
НАДНЕБЕСНЫЕ! ДА ВОСХВАЛЯТ ОНИ ИМЯ ГОСПОДА, ВЕДЬ ОН
ПОВЕЛЕЛ — И ВОЗНИКЛИ ОНИ! И УТВЕРДИЛ ОН ИХ НА ВЕКИ
ВЕЧНЫЕ, УСТАНОВИЛ ДЛЯ НИХ ЗАКОН НЕОТМЕНИМЫЙ. ВОС-
ХВАЛИТЕ ГОСПОДА С ЗЕМЛИ, МОРСКИЕ ТВАРИ И ВСЕ [ОБИТА-
ТЕЛИ] БЕЗДН; ОГОНЬ И ГРАД, СНЕГ И ТУМАН; БУЙНЫЙ ВЕ-
ТЕР, ПОСЛУШНЫЙ ВОЛЕ ЕГО; ГОРЫ И ВСЕ ХОЛМЫ, ПЛОДОВЫЕ
ДЕРЕВЬЯ И ВСЕ КЕДРЫ; ДИКИЕ ЖИВОТНЫЕ И ВЕСЬ ДОМАШ-
НИЙ СКОТ, ГАДЫ И КРЫЛАТЫЕ ПТИЦЫ; ЗЕМНЫЕ ВЛАДЫКИ И
ВСЕ ПЛЕМЕНА, ВЕЛЬМОЖИ И ВСЕ СУДЬИ НА ЗЕМЛЕ; И ЮНОШИ,
И ДЕВУШКИ, СТАРИКИ ВМЕСТЕ С МОЛОДЫМИ! ДА ВОСХВА-
ЛЯТ ОНИ ИМЯ ГОСПОДА, ИБО ЛИШЬ ЕГО ИМЯ ПРЕВОЗНЕ-
СЕНО НАДО ВСЕМ, И СЛАВА ЕГО — НА ЗЕМЛЕ И НА НЕБЕ. И
УКРЕПИТ ОН МОЩЬ НАРОДА СВОЕГО, ПРОСЛАВИТ ВСЕХ, КТО
ЛЮБИТ ЕГО, — СЫНОВ ИЗРАИЛЯ, НАРОД, КОТОРЫЙ ОН
ПРИБЛИЗИЛ К СЕБЕ. ВОСХВАЛИТЕ БОГА![1]

הללויה ВОСХВАЛИТЕ БОГА! ПОЙТЕ ГОСПОДУ НОВУЮ
ПЕСНЬ, СЛАВЬТЕ ЕГО В СОБРАНИИ ЛЮБЯЩИХ ЕГО! ВОЗ-
РАДУЕТСЯ ИЗРАИЛЬ СОЗДАТЕЛЮ СВОЕМУ, ВОЗРАДУЮТСЯ СЫНО-
ВЬЯ СИОНА СВОЕМУ ВЛАДЫКЕ. С ПЛЯСКАМИ СТАНУТ ОНИ ВОС-
ХВАЛЯТЬ ЕГО ИМЯ. БУДУТ ИГРАТЬ ПРЕД НИМ НА БУБНЕ

---

1. Теѓилим, 148.

וְכִנּוֹר יְזַמְּרוּ לוֹ : כִּי רוֹצֶה יְיָ בְּעַמּוֹ , יְפָאֵר עֲנָוִים
בִּישׁוּעָה : יַעְלְזוּ חֲסִידִים בְּכָבוֹד , יְרַנְּנוּ עַל
מִשְׁכְּבוֹתָם : רוֹמְמוֹת אֵל בִּגְרוֹנָם , וְחֶרֶב פִּיפִיּוֹת
בְּיָדָם : לַעֲשׂוֹת נְקָמָה בַּגּוֹיִם , תּוֹכֵחוֹת בַּלְּאֻמִּים :
לֶאְסֹר מַלְכֵיהֶם בְּזִקִּים , וְנִכְבְּדֵיהֶם בְּכַבְלֵי
בַרְזֶל : לַעֲשׂוֹת בָּהֶם מִשְׁפָּט כָּתוּב , הָדָר הוּא
לְכָל חֲסִידָיו הַלְלוּיָהּ :

הַלְלוּיָהּ , הַלְלוּ אֵל בְּקָדְשׁוֹ , הַלְלוּהוּ בִּרְקִיעַ עֻזּוֹ :
הַלְלוּהוּ בִגְבוּרֹתָיו. הַלְלוּהוּ כְּרֹב גֻּדְלוֹ : הַלְלוּהוּ
בְּתֵקַע שׁוֹפָר, הַלְלוּהוּ בְּנֵבֶל וְכִנּוֹר : הַלְלוּהוּ בְתֹף וּמָחוֹל,
הַלְלוּהוּ בְּמִנִּים וְעֻגָב : הַלְלוּהוּ בְצִלְצְלֵי שָׁמַע , הַלְלוּהוּ
בְּצִלְצְלֵי תְרוּעָה : כֹּל הַנְּשָׁמָה תְּהַלֵּל יָהּ הַלְלוּיָהּ : כֹּל
הַנְּשָׁמָה תְּהַלֵּל יָהּ הַלְלוּיָהּ :

בָּרוּךְ יְיָ לְעוֹלָם אָמֵן וְאָמֵן : בָּרוּךְ יְיָ מִצִּיּוֹן שֹׁכֵן
יְרוּשָׁלָיִם הַלְלוּיָהּ : בָּרוּךְ יְיָ אֱלֹהִים אֱלֹהֵי
יִשְׂרָאֵל, עֹשֵׂה נִפְלָאוֹת לְבַדּוֹ : וּבָרוּךְ שֵׁם כְּבוֹדוֹ
לְעוֹלָם, וְיִמָּלֵא כְבוֹדוֹ אֶת כָּל הָאָרֶץ, אָמֵן וְאָמֵן :

וַיְבָרֶךְ דָּוִיד אֶת יְיָ לְעֵינֵי כָּל הַקָּהָל
וַיֹּאמֶר דָּוִיד , בָּרוּךְ אַתָּה יְיָ אֱלֹהֵי
יִשְׂרָאֵל אָבִינוּ, מֵעוֹלָם וְעַד עוֹלָם : לְךָ יְיָ

הַגְּדֻלָּה

И НА АРФЕ. ИБО УГОДЕН ГОСПОДУ НАРОД ЕГО, УВЕНЧАЕТ ОН СМИРЕН-
НЫХ СПАСЕНИЕМ. ВОЗРАДУЮТСЯ БЛАГОЧЕСТИВЫЕ СЛАВЕ [СВОЕЙ], ВО-
СПОЮТ [ВСЕВЫШНЕГО] ЗА [ТО, ЧТО ОН ДАРОВАЛ] ИМ ПОКОЙ. ХВАЛА
БОЖЬЕМУ ВЕЛИЧИЮ НА ИХ УСТАХ, А В РУКАХ У НИХ ОБОЮДООСТРЫЕ
МЕЧИ ДЛЯ ВОЗМЕЗДИЯ НАРОДАМ, ДЛЯ НАКАЗАНИЯ ПЛЕМЕН. И ЗАКЛЮ-
ЧАТ [БЛАГОЧЕСТИВЫЕ] ИХ ЦАРЕЙ В КАНДАЛЫ, ИХ САНОВНИКОВ — В
ЖЕЛЕЗНЫЕ ОКОВЫ, ЧТОБЫ ВЕРШИТЬ НАД НИМИ СУД, КАК НАПИСАНО
[В ТОРЕ]; СЛАВЕН БУДЕТ ТОТ [ДЕНЬ] ДЛЯ ВСЕХ ЛЮБЯЩИХ [ВСЕВЫШ-
НЕГО]. ВОСХВАЛИТЕ БОГА![1]

הללויה ВОСХВАЛИТЕ БОГА! ВОСХВАЛИТЕ БОГА В СВЯТИЛИЩЕ ЕГО, ВОС-
ХВАЛИТЕ ЕГО ЗА ЕГО СИЛУ, [О КОТОРОЙ СВИДЕТЕЛЬСТВУЮТ] НЕБЕСА! ВОСХВА-
ЛИТЕ ЕГО ЗА ЕГО МОГУЩЕСТВО! ВОСХВАЛИТЕ ЕГО ЗА БЕСПРЕДЕЛЬНОЕ ЕГО ВЕ-
ЛИЧИЕ! ВОСХВАЛИТЕ ЕГО, ТРУБЯ В ШОФАР, ВОСХВАЛИТЕ ЕГО, ИГРАЯ НА ЛИРЕ И
НА АРФЕ! ВОСХВАЛИТЕ ЕГО [ПОД ЗВУКИ] БУБНА И С ПЛЯСКАМИ, ВОСХВАЛИТЕ
ЕГО, [ИГРАЯ] НА ОРГАНЕ И НА ФЛЕЙТЕ! ВОСХВАЛИТЕ ЕГО ПОД ЗВОН ЦИМБАЛ,
ВОСХВАЛИТЕ ЕГО ПОД ЗВУКИ ТРУБ! ВСЯКАЯ ДУША ДА ВОСХВАЛИТ БОГА! ВОС-
ХВАЛИТЕ БОГА![2] ВСЯКАЯ ДУША ДА ВОСХВАЛИТ БОГА! ВОСХВАЛИТЕ БОГА!

ברוך БЛАГОСЛОВЕН ГОСПОДЬ ВОВЕКИ, АМЕН И АМЕН![3] БЛАГОСЛО-
ВЕН ГОСПОДЬ, [ПОСЫЛАЮЩИЙ СВЕТ] ИЗ СИОНА, [БЛАГОСЛОВЕН]
ОБИТАЮЩИЙ В ИЕРУСАЛИМЕ! ВОСХВАЛИТЕ БОГА![4] БЛАГОСЛОВЕН ГОС-
ПОДЬ, [ОН —] БОГ, БОГ ИЗРАИЛЯ, ЕДИНСТВЕННЫЙ, КТО ТВОРИТ
ЧУДЕСА! И ВОВЕКИ БЛАГОСЛОВЕННО СЛАВНОЕ ИМЯ ЕГО, И ДА НАПОЛ-
НИТСЯ СЛАВОЙ ЕГО ВСЯ ЗЕМЛЯ, АМЕН И АМЕН![5]

*Следующую часть молитвы до слов "ЧТО СЕРДЦЕ ЕГО ПРЕДАНО ТЕБЕ...", стр. 38,
включительно произносят стоя.*

ויברך И БЛАГОСЛОВИЛ ДАВИД ГОСПОДА НА
ГЛАЗАХ У ВСЕЙ ОБЩИНЫ, И СКАЗАЛ ДАВИД:
"БЛАГОСЛОВЕН ТЫ, ГОСПОДЬ, БОГ ИЗРАИЛЯ, ОТЕЦ
НАШ, ОТ ВЕКА И ДО ВЕКА! ОТ ТЕБЯ, ГОСПОДЬ,

---

1. Теѓилим, 149. 2. Теѓилим, 150. 3. Теѓилим, 89:53. 4. Теѓилим, 135:21. 5. Теѓилим,
72:18,19.

הַגְּדֻלָּה, וְהַגְּבוּרָה, וְהַתִּפְאֶרֶת, וְהַנֵּצַח,
וְהַהוֹד, כִּי כֹל בַּשָּׁמַיִם וּבָאָרֶץ, לְךָ יְיָ
הַמַּמְלָכָה וְהַמִּתְנַשֵּׂא, לְכֹל לְרֹאשׁ:
וְהָעֹשֶׁר וְהַכָּבוֹד מִלְּפָנֶיךָ וְאַתָּה מוֹשֵׁל
בַּכֹּל וּבְיָדְךָ כֹּחַ וּגְבוּרָה, וּבְיָדְךָ, לְגַדֵּל
וּלְחַזֵּק לַכֹּל: וְעַתָּה אֱלֹהֵינוּ, מוֹדִים
אֲנַחְנוּ לָךְ וּמְהַלְלִים לְשֵׁם תִּפְאַרְתֶּךָ:
וִיבָרְכוּ שֵׁם כְּבוֹדֶךָ וּמְרוֹמַם עַל כָּל
בְּרָכָה וּתְהִלָּה: אַתָּה הוּא יְיָ לְבַדֶּךָ,
אַתָּה עָשִׂיתָ אֶת הַשָּׁמַיִם שְׁמֵי הַשָּׁמַיִם
וְכָל צְבָאָם, הָאָרֶץ וְכָל אֲשֶׁר עָלֶיהָ,
הַיַּמִּים וְכָל אֲשֶׁר בָּהֶם, וְאַתָּה מְחַיֶּה
אֶת כֻּלָּם וּצְבָא הַשָּׁמַיִם לְךָ מִשְׁתַּחֲוִים:
אַתָּה הוּא יְיָ הָאֱלֹהִים אֲשֶׁר בָּחַרְתָּ
בְּאַבְרָם וְהוֹצֵאתוֹ מֵאוּר כַּשְׂדִּים,
וְשַׂמְתָּ שְּׁמוֹ אַבְרָהָם: וּמָצָאתָ אֶת
לְבָבוֹ נֶאֱמָן לְפָנֶיךָ

וְכָרוֹת עִמּוֹ הַבְּרִית לָתֵת אֶת אֶרֶץ הַכְּנַעֲנִי
הַחִתִּי הָאֱמֹרִי וְהַפְּרִזִּי וְהַיְבוּסִי וְהַגִּרְגָּשִׁי

לָתֵת

תו״א א) דה״א כט יב: ב) שם כט יג: ג) נחמיה פ ה—יא:

И ВЕЛИЧИЕ, И МОГУЩЕСТВО, И ВЕЛИКОЛЕПИЕ, И УДАЧА НА

ПОЛЕ БРАНИ, И СЛАВА; ИБО ВСЕ, ЧТО НА НЕБЕ И НА ЗЕМЛЕ,

[ПРИНАДЛЕЖИТ ТЕБЕ]. ТЕБЕ ПРИНАДЛЕЖИТ ЦАРСКАЯ

ВЛАСТЬ, И ТЫ ВОЗВЫШАЕШЬСЯ НАД ВСЕМИ ВЛАДЫКАМИ. И

БОГАТСТВО, И ПОЧЕТ — ОТ ТЕБЯ, И ТЫ ВЛАСТВУЕШЬ НАД

ВСЕМ; * И В ТВОИХ РУКАХ — СИЛА И МОГУЩЕСТВО, И В ТВОЕЙ

ВЛАСТИ — ВОЗВЕЛИЧИТЬ И НАДЕЛИТЬ СИЛОЙ ЛЮБОГО. И

ТЕПЕРЬ, БОГ НАШ, МЫ БЛАГОДАРИМ ТЕБЯ И ВОСХВАЛЯЕМ

СЛАВНОЕ ИМЯ ТВОЕ".[1] И БЛАГОСЛОВИТ [ИЗРАИЛЬ] ТВОЕ

СЛАВНОЕ ИМЯ, КОТОРОЕ ПРЕВЫШЕ ВСЕХ БЛАГОСЛОВЕНИЙ И

СЛАВОСЛОВИЙ. ТЫ ОДИН, ГОСПОДЬ, СОТВОРИЛ НЕБО, НЕ-

БЕСНЫЕ ВЫСИ И ВСЕ ИХ ВОИНСТВА, ЗЕМЛЮ И ВСЕ, ЧТО НА

НЕЙ, МОРЯ И ВСЕ, ЧТО В НИХ; И ТЫ ДАЕШЬ ЖИЗНЬ ВСЕМУ, И

НЕБЕСНОЕ ВОИНСТВО ТЕБЕ ПОКЛОНЯЕТСЯ. ТЫ, ГОСПОДЬ, —

БОГ, КОТОРЫЙ ИЗБРАЛ АВРАМА, И ВЫВЕЛ ЕГО ИЗ УРА ХАЛ-

ДЕЙСКОГО, И НАРЕК ЕГО ИМЕНЕМ АВРАЃАМ; И УВИДЕЛ ТЫ,

ЧТО СЕРДЦЕ ЕГО ПРЕДАНО ТЕБЕ; [2]

וכרות И ЗАКЛЮЧИЛ ТЫ С НИМ СОЮЗ [ОБЕЩАВ] ДАТЬ
ЕГО ПОТОМСТВУ СТРАНУ ХАНААНЕЕВ, ХЕТТОВ,
ЭМОРЕЕВ, И ПРИЗЕЕВ, И ЙЕВУСЕЕВ, И ГИРГАШЕЙ;

---

1. Диврей ѓаямим I, 29:10—13. 2. Нехемья, 9:5—8.
* Произнося слова "И ТЫ ВЛАСТВУЕШЬ НАД ВСЕМ", опускают монету в копилку для пожертвований.

לָתֵת לְזַרְעוֹ , וַתָּקֶם אֶת דְּבָרֶיךָ כִּי צַדִּיק אָתָּה:
וַתֵּרֶא אֶת עֳנִי אֲבוֹתֵינוּ בְּמִצְרָיִם , וְאֶת זַעֲקָתָם
שָׁמַעְתָּ עַל יַם סוּף : וַתִּתֵּן אֹתֹת וּמֹפְתִים
בְּפַרְעֹה וּבְכָל עֲבָדָיו וּבְכָל עַם אַרְצוֹ, כִּי יָדַעְתָּ
כִּי הֵזִידוּ עֲלֵיהֶם , וַתַּעַשׂ לְךָ שֵׁם כְּהַיּוֹם הַזֶּה :
וְהַיָּם בָּקַעְתָּ לִפְנֵיהֶם וַיַּעַבְרוּ בְתוֹךְ הַיָּם בַּיַּבָּשָׁה,
וְאֶת רֹדְפֵיהֶם הִשְׁלַכְתָּ בִמְצוֹלֹת כְּמוֹ אֶבֶן
בְּמַיִם עַזִּים :

וַיּוֹשַׁע יְיָ בַּיּוֹם הַהוּא אֶת יִשְׂרָאֵל מִיַּד מִצְרָיִם, וַיַּרְא
יִשְׂרָאֵל אֶת מִצְרַיִם מֵת עַל שְׂפַת הַיָּם: וַיַּרְא
יִשְׂרָאֵל אֶת הַיָּד הַגְּדֹלָה אֲשֶׁר עָשָׂה יְיָ בְּמִצְרַיִם וַיִּירְאוּ
הָעָם אֶת יְיָ , וַיַּאֲמִינוּ בַּיְיָ וּבְמֹשֶׁה עַבְדּוֹ :

אָז יָשִׁיר מֹשֶׁה וּבְנֵי יִשְׂרָאֵל אֶת
הַשִּׁירָה הַזֹּאת לַיְיָ וַיֹּאמְרוּ לֵאמֹר,
אָשִׁירָה לַיְיָ כִּי גָאֹה גָּאָה, סוּס וְרֹכְבוֹ
רָמָה בַיָּם : עָזִּי וְזִמְרָת יָהּ וַיְהִי לִי
לִישׁוּעָה, זֶה אֵלִי וְאַנְוֵהוּ אֱלֹהֵי אָבִי
וַאֲרֹמְמֶנְהוּ : יְיָ אִישׁ מִלְחָמָה, יְיָ שְׁמוֹ :
מַרְכְּבֹת פַּרְעֹה וְחֵילוֹ יָרָה בַיָּם, וּמִבְחַר
שָׁלִשָׁיו טֻבְּעוּ בְיַם סוּף: תְּהֹמֹת יְכַסְיֻמוּ,

ירדו

И ИСПОЛНИЛ ТЫ СВОЕ ОБЕЩАНИЕ, ИБО СПРАВЕДЛИВ ТЫ. И УВИДЕЛ ТЫ СТРАДАНИЯ ОТЦОВ НАШИХ В СТРАНЕ ЕГИПЕТ-СКОЙ, УСЛЫШАЛ ТЫ ИХ, КОГДА ОНИ ВЗЫВАЛИ [К ТЕБЕ] У КРАСНОГО МОРЯ. И ЯВИЛ ТЫ ЗНАМЕНИЯ И ЧУДЕСА, [ПОКА-РАВ] ФАРАОНА, И ВСЕХ СЛУГ ЕГО, И ВЕСЬ НАРОД ЕГО СТРА-НЫ, ИБО ЗАМЫСЛИЛИ ОНИ ЗЛО ПРОТИВ [ИЗРАИЛЯ] ; И УВЕН-ЧАЛ ТЫ СЕБЯ СЛАВОЙ НЕИЗМЕННОЙ И ПО СЕЙ ДЕНЬ. И РАС-СЕК ТЫ ПЕРЕД [СЫНАМИ ИЗРАИЛЯ] МОРЕ, И ПРОШЛИ ОНИ СРЕДИ МОРЯ ПО СУШЕ; А ПРЕСЛЕДОВАТЕЛЕЙ ИХ ТЫ БРОСИЛ В ПУЧИНЫ, [И УТОНУЛИ ОНИ] , СЛОВНО КАМЕНЬ, В МОГУЧИХ ВОДАХ.[1]

ויושע И СПАС ГОСПОДЬ В ТОТ ДЕНЬ НАРОД ИЗРАИЛЯ ОТ РУК ЕГИП-ТЯН, И УВИДЕЛ ИЗРАИЛЬ ТРУПЫ ЕГИПТЯН НА БЕРЕГУ МОРЯ. И УВИДЕЛ ИЗРАИЛЬ ВЕЛИКУЮ КАРУ, КОТОРУЮ ГОСПОДЬ ОБРУШИЛ НА ЕГИПТЯН, И ПРЕИСПОЛНИЛСЯ НАРОД СТРАХОМ ПРЕД ГОСПОДОМ, И УВЕРОВАЛ В ГОСПОДА И В РАБА ЕГО МОШЕ.[2]

אז ישיר И ПЕЛ ТОГДА МОШЕ С СЫНАМИ ИЗРАИЛЯ ТАКУЮ ПЕСНЮ ГОСПОДУ, С ТАКИМИ СЛОВАМИ: ВОСПОЮ Я ГОСПОДА, ИБО ПРЕВОЗНЕССЯ ОН НАД ГОРДЕЦАМИ, КОНЯ ВМЕСТЕ СО ВСАДНИКОМ НИЗВЕРГ В МОРЕ. БОГ — СИЛА МОЯ, И [ЕМУ —] МОЯ ПЕСНЯ, И БЫЛ ОН СПАСЕНИЕМ МНЕ; ЭТО БОГ МОЙ, БУДУ ВОСХВАЛЯТЬ ЕГО; ЭТО БОГ ОТЦА МОЕГО, БУДУ ПРЕВОЗНО-СИТЬ ЕГО. ГОСПОДЬ — ВОИТЕЛЬ, ГОСПОДЬ [ИСТРЕБЛЯЕТ ВРА-ГОВ] ИМЕНЕМ СВОИМ. КОЛЕСНИЦЫ ФАРАОНА И ВОИНСТВО ЕГО НИЗВЕРГ ОН В МОРЕ, И ЛУЧШИЕ ВОЕНАЧАЛЬНИКИ [ФАРА-ОНА] УТОНУЛИ В КРАСНОМ МОРЕ. БЕЗДНЫ ПОГЛОТИЛИ ИХ;

---

1. Нехемья, 9:8—11. 2. Шмот, 14:30,31.

יָרְדוּ בִמְצוֹלֹת כְּמוֹ אָבֶן: יְמִינְךָ יְיָ
נֶאְדָּרִי בַּכֹּחַ, יְמִינְךָ יְיָ תִּרְעַץ אוֹיֵב:
וּבְרֹב גְּאוֹנְךָ תַּהֲרֹס קָמֶיךָ, תְּשַׁלַּח
חֲרֹנְךָ יֹאכְלֵמוֹ כַּקַּשׁ: וּבְרוּחַ אַפֶּיךָ
נֶעֶרְמוּ־מַיִם נִצְּבוּ כְמוֹ־נֵד נֹזְלִים, קָפְאוּ
תְהֹמֹת בְּלֶב־יָם: אָמַר אוֹיֵב אֶרְדֹּף
אַשִּׂיג אֲחַלֵּק שָׁלָל, תִּמְלָאֵמוֹ נַפְשִׁי,
אָרִיק חַרְבִּי, תּוֹרִישֵׁמוֹ יָדִי: נָשַׁפְתָּ
בְרוּחֲךָ כִּסָּמוֹ יָם, צָלֲלוּ כַּעוֹפֶרֶת בְּמַיִם
אַדִּירִים: מִי־כָמֹכָה בָּאֵלִם יְיָ, מִי כָּמֹכָה
נֶאְדָּר בַּקֹּדֶשׁ, נוֹרָא תְהִלֹּת עֹשֵׂה־פֶלֶא:
נָטִיתָ יְמִינְךָ תִּבְלָעֵמוֹ אָרֶץ: נָחִיתָ
בְחַסְדְּךָ עַם־זוּ גָּאָלְתָּ, נֵהַלְתָּ בְעָזְּךָ אֶל־
נְוֵה קָדְשֶׁךָ: שָׁמְעוּ עַמִּים יִרְגָּזוּן, חִיל
אָחַז יֹשְׁבֵי פְּלָשֶׁת: אָז נִבְהֲלוּ אַלּוּפֵי
אֱדוֹם, אֵילֵי מוֹאָב יֹאחֲזֵמוֹ רָעַד, נָמֹגוּ
כֹּל יֹשְׁבֵי כְנָעַן: תִּפֹּל עֲלֵיהֶם אֵימָתָה
וָפַחַד, בִּגְדֹל זְרוֹעֲךָ יִדְּמוּ כָּאָבֶן, עַד
יַעֲבֹר עַמְּךָ יְיָ, עַד־יַעֲבֹר עַם־זוּ קָנִיתָ:

תְּבִאֵמוֹ

ПОГРУЗИЛИСЬ ОНИ В ПУЧИНЫ, СЛОВНО КАМЕНЬ. ДЕСНИ-
ЦА ТВОЯ, ГОСПОДЬ, СЛАВИТСЯ СИЛОЙ; ДЕСНИЦА ТВОЯ,
ГОСПОДЬ, СОКРУШАЕТ ВРАГА. И В БЕСПРЕДЕЛЬНОМ ВЕЛИ-
ЧИИ СВОЕМ УНИЧТОЖАЕШЬ ТЫ ВОССТАЮЩИХ ПРОТИВ ТЕБЯ;
ОБРАЩАЕШЬ ТЫ ПРОТИВ НИХ ЯРОСТЬ СВОЮ, ОНА ПОЖИ-
РАЕТ ИХ, СЛОВНО [ОГОНЬ] СОЛОМУ. ПО СЛОВУ, [ИЗРЕЧЕН-
НОМУ] УСТАМИ ТВОИМИ, ВЗДЫБИЛИСЬ ВОДЫ, ВСТАЛИ ВО-
ДЫ СТЕНОЙ; ЗАСТЫЛИ ПУЧИНЫ В СЕРДЦЕ МОРСКОМ. СКАЗАЛ
ВРАГ: "ПОГОНЮСЬ [ЗА НИМИ], НАСТИГНУ, РАЗДЕЛЮ ДОБЫ-
ЧУ; НАСЫТИТСЯ ИХ [КРОВЬЮ] МОЯ ДУША; ОБНАЖУ СВОЙ
МЕЧ И ИСТРЕБЛЮ ИХ РУКОЙ СВОЕЮ!" НО ПРОИЗНЕС ТЫ
СЛОВО СВОЕ, И ПОГЛОТИЛО ИХ МОРЕ; УТОНУЛИ ОНИ, КАК
СВИНЕЦ, В МОГУЧИХ ВОДАХ. КТО СРЕДИ ВЫСШИХ СИЛ
ПОДОБЕН ТЕБЕ, ГОСПОДЬ, КТО ПОДОБЕН ТЕБЕ, МОГУЧЕМУ
И СВЯТОМУ, ВНУШАЮЩЕМУ ТРЕПЕТ СЛАВЯЩИМ ЕГО, ТВО-
РЯЩЕМУ ЧУДЕСА! ПРОСТЕР ТЫ ДЕСНИЦУ СВОЮ, И ПОГЛОТИ-
ЛА [ВРАГОВ] ЗЕМЛЯ. ТЫ НАПРАВЛЯЛ ПО МИЛОСТИ СВОЕЙ
СПАСЕННЫЙ ТОБОЮ НАРОД, В МОГУЩЕСТВЕ СВОЕМ ВЕЛ
ЕГО В СВОЮ СВЯТУЮ ЗЕМЛЮ. УСЛЫШАЛИ НАРОДЫ И ПРИШЛИ
В СМЯТЕНИЕ, ТРЕПЕТ ОХВАТИЛ ЖИТЕЛЕЙ ПЛЕШЕТА. УЖАС
ОБЪЯЛ ТОГДА ВОЖДЕЙ ЭДОМА, ВЛАСТИТЕЛЕЙ МОАВА
БРОСИЛО В ДРОЖЬ, ОЦЕПЕНЕЛИ ВСЕ ЖИТЕЛИ ХАНААНА.
НАПАЛ НА НИХ УЖАС И СТРАХ; ПРИ ВИДЕ МОГУЧЕЙ
СИЛЫ ТВОЕЙ ОНЕМЕЮТ ОНИ, СЛОВНО КАМЕНЬ, ПОКА НЕ
ПЕРЕЙДЕТ НАРОД ТВОЙ, ГОСПОДЬ, [ИОРДАН], ПОКА
НЕ ПЕРЕЙДЕТ ЕГО НАРОД ЭТОТ, КОТОРЫЙ ТЫ ИЗБРАЛ.

תְּבִאֵמוֹ וְתִטָּעֵמוֹ בְּהַר נַחֲלָתְךָ, מָכוֹן
לְשִׁבְתְּךָ פָּעַלְתָּ יְיָ, מִקְּדָשׁ אֲדֹנָי כּוֹנְנוּ
יָדֶיךָ: יְיָ יִמְלֹךְ לְעֹלָם וָעֶד: יְיָ יִמְלֹךְ
לְעֹלָם וָעֶד: יְיָ מַלְכוּתֵהּ קָאֵם לְעָלַם וּלְעָלְמֵי עָלְמַיָּא.
כִּי בָא סוּס פַּרְעֹה בְּרִכְבּוֹ וּבְפָרָשָׁיו בַּיָּם וַיָּשֶׁב יְיָ עֲלֵהֶם
אֶת מֵי הַיָּם וּבְנֵי יִשְׂרָאֵל הָלְכוּ בַיַּבָּשָׁה בְּתוֹךְ הַיָּם: כִּי
לַיְיָ הַמְּלוּכָה וּמוֹשֵׁל בַּגּוֹיִם: וְעָלוּ מוֹשִׁעִים בְּהַר צִיּוֹן
לִשְׁפֹּט אֶת הַר עֵשָׂו, וְהָיְתָה לַיְיָ הַמְּלוּכָה: וְהָיָה יְיָ לְמֶלֶךְ
עַל כָּל הָאָרֶץ, בַּיּוֹם הַהוּא יִהְיֶה יְיָ אֶחָד וּשְׁמוֹ אֶחָד:

יִשְׁתַּבַּח שִׁמְךָ לָעַד מַלְכֵּנוּ, הָאֵל
הַמֶּלֶךְ הַגָּדוֹל וְהַקָּדוֹשׁ,
בַּשָּׁמַיִם וּבָאָרֶץ, כִּי לְךָ נָאֶה יְיָ אֱלֹהֵינוּ
וֵאלֹהֵי אֲבוֹתֵינוּ, לְעוֹלָם וָעֶד: שִׁיר,
וּשְׁבָחָה, הַלֵּל וְזִמְרָה, עֹז וּמֶמְשָׁלָה,
נֶצַח, גְּדֻלָּה וּגְבוּרָה, תְּהִלָּה וְתִפְאֶרֶת,
קְדֻשָּׁה וּמַלְכוּת: בְּרָכוֹת וְהוֹדָאוֹת,
לְשִׁמְךָ הַגָּדוֹל וְהַקָּדוֹשׁ. וּמֵעוֹלָם עַד

עולם

תו"א א) תהלים כב כט : ב) עבדיה כא : ג) זכריה יד ט :

ПРИВЕДИ ЕГО [В ХАНААН] И ПОСЕЛИ У ГОРЫ, [КОТОРУЮ ТЫ ИЗБРАЛ В] УДЕЛ СЕБЕ, У МЕСТА, КОТОРОЕ ТЫ, ГОСПОДЬ, ПРЕДНАЗНАЧИЛ ДЛЯ ТОГО, ЧТОБЫ ОБИТАТЬ В НЕМ, — В ХРАМЕ, КОТОРЫЙ ТЫ, ГОСПОДЬ, ПОСТРОИШЬ СВОИМИ РУКАМИ. ГОСПОДЬ БУДЕТ ЦАРСТВОВАТЬ ВО ВЕКИ ВЕКОВ![1] ГОСПОДЬ БУДЕТ ЦАРСТВОВАТЬ ВО ВЕКИ ВЕКОВ! ГОСПОДЬ, ТВОЕ ЦАРСТВО СУЩЕСТВУЕТ ВЕЧНО И БУДЕТ СУЩЕСТВОВАТЬ ВО ВЕКИ ВЕКОВ! КОГДА ВОШЛИ КОНИ ФАРАОНА, КОЛЕСНИЦЫ С ВОИНАМИ В МОРЕ, ОБРУШИЛ НА НИХ ГОСПОДЬ МОРСКИЕ ВОДЫ, А СЫНЫ ИЗРАИЛЯ ПРОШЛИ ПО СУШЕ ПОСРЕДИ МОРЯ.[2] ВЕДЬ ГОСПОДЬ — ВЛАДЫКА, ОН ВЛАСТВУЕТ НАД НАРОДАМИ.[3] И ПОДНИМУТСЯ ИЗБАВИТЕЛИ НА ГОРУ СИОН, ЧТОБЫ СУДИТЬ [ЖИВУЩИХ НА] ГОРЕ ЭЙСАВА, И СТАНЕТ [ЯВНЫМ, ЧТО] ГОСПОДУ ПРИНАДЛЕЖИТ ЦАРСКАЯ ВЛАСТЬ.[4] И СТАНЕТ ГОСПОДЬ ВЛАДЫКОЙ ВСЕЙ ЗЕМЛИ; В ТОТ ДЕНЬ ГОСПОДЬ БУДЕТ [ПРИЗНАН ВСЕМИ НАРОДАМИ] ЕДИНСТВЕННЫМ [БОГОМ], И ЛИШЬ ЕГО ИМЯ [БУДЕТ У ВСЕХ НА УСТАХ].[5]

Следующую часть молитвы до слов "БЛАГОСЛОВЕН ГОСПОДЬ БЛАГОСЛОВЕННЫЙ ВО ВЕКИ ВЕКОВ!", стр. 42, включительно произносят стоя.

ישתבח ДА БУДЕТ ВОСХВАЛЯЕМО ИМЯ ТВОЕ ВОВЕК, ВЛАДЫКА НАШ, БОГ ВЕЛИКИЙ И СВЯТОЙ ВЛАДЫКА НЕБЕС И ЗЕМЛИ! ИБО ТЕБЯ, ГОСПОДЬ, БОГ НАШ И БОГ ОТЦОВ НАШИХ, ПОДОБАЕТ ВЕЧНО ВОСПЕВАТЬ, ВОСХВАЛЯТЬ И СЛАВИТЬ, И ПЕТЬ ТЕБЕ ГИМНЫ, И [РАССКАЗЫВАТЬ] О ТВОЕМ МОГУЩЕСТВЕ И ВЛАСТИ, ПОБЕДАХ, ВЕЛИЧИИ И СИЛЕ, СЛАВЕ И ВЕЛИКОЛЕПИИ, СВЯТОСТИ И ВЛАДЫЧЕСТВЕ. ПОДОБАЕТ БЛАГОСЛОВЛЯТЬ И СЛАВИТЬ ВЕЛИКОЕ И СВЯТОЕ ИМЯ ТВОЕ; ОТ ВЕКА И ДО

1. Шмот, 15:1—18. 2. Шмот, 15:19. 3. Тегилим, 22:29. 4. Овадья, 1:21. 5. Зхарья, 14:9.

עוֹלָם אַתָּה אֵל. בָּרוּךְ אַתָּה יְיָ, אֵל מֶלֶךְ
גָּדוֹל וּמְהֻלָּל בַּתִּשְׁבָּחוֹת, אֵל הַהוֹדָאוֹת,
אֲדוֹן הַנִּפְלָאוֹת, בּוֹרֵא כָּל הַנְּשָׁמוֹת,
רִבּוֹן כָּל הַמַּעֲשִׂים, הַבּוֹחֵר בְּשִׁירֵי
זִמְרָה, מֶלֶךְ יָחִיד, חֵי הָעוֹלָמִים:[א]

הש״ץ אומר חצי קדיש:

יִתְגַּדַּל וְיִתְקַדַּשׁ שְׁמֵהּ רַבָּא ≡אמן≡ בְּעָלְמָא דִּי בְרָא כִרְעוּתֵהּ וְיַמְלִיךְ מַלְכוּתֵהּ,
וְיַצְמַח פּוּרְקָנֵהּ וִיקָרֵב מְשִׁיחֵהּ. ≡אמן≡ בְּחַיֵּיכוֹן וּבְיוֹמֵיכוֹן וּבְחַיֵּי
דְכָל בֵּית יִשְׂרָאֵל, בַּעֲגָלָא וּבִזְמַן קָרִיב, וְאִמְרוּ אָמֵן: יְהֵא שְׁמֵהּ רַבָּא מְבָרַךְ
לְעָלַם וּלְעָלְמֵי עָלְמַיָּא. יִתְבָּרַךְ, וְיִשְׁתַּבַּח, וְיִתְפָּאַר, וְיִתְרוֹמַם, וְיִתְנַשֵּׂא,
וְיִתְהַדָּר וְיִתְעַלֶּה וְיִתְהַלָּל, שְׁמֵהּ דְּקֻדְשָׁא בְּרִיךְ הוּא.≡אמן≡ לְעֵלָּא מִן כָּל בִּרְכָתָא
וְשִׁירָתָא, תֻּשְׁבְּחָתָא וְנֶחֱמָתָא, דַּאֲמִירָן בְּעָלְמָא, וְאִמְרוּ אָמֵן:

חזן בָּרְכוּ אֶת יְיָ הַמְבֹרָךְ:

קהל וחזן בָּרוּךְ יְיָ הַמְבֹרָךְ לְעוֹלָם וָעֶד:

ואין עונין אחריו אמן:

בָּרוּךְ אַתָּה יְיָ אֱלֹהֵינוּ מֶלֶךְ הָעוֹלָם,
יוֹצֵר אוֹר וּבוֹרֵא חֹשֶׁךְ, עֹשֶׂה
שָׁלוֹם וּבוֹרֵא אֶת הַכֹּל:

א) בעצ״ת מיים א׳ דר״ה עד אחר יו״כ קודם חצי קדיש אומרים זה:

שִׁיר הַמַּעֲלוֹת מִמַּעֲמַקִּים קְרָאתִיךָ יְיָ: אֲדֹנָי שִׁמְעָה בְקוֹלִי תִּהְיֶינָה אָזְנֶיךָ
קַשֻּׁבוֹת, לְקוֹל תַּחֲנוּנָי: אִם עֲוֹנוֹת תִּשְׁמָר יָהּ אֲדֹנָי מִי יַעֲמֹד: כִּי עִמְּךָ
הַסְּלִיחָה לְמַעַן תִּוָּרֵא: קִוִּיתִי יְיָ קִוְּתָה נַפְשִׁי, וְלִדְבָרוֹ הוֹחָלְתִּי: נַפְשִׁי לַאדֹנָי,
מִשֹּׁמְרִים לַבֹּקֶר שֹׁמְרִים לַבֹּקֶר: יַחֵל יִשְׂרָאֵל אֶל יְיָ כִּי עִם יְיָ הַחֶסֶד, וְהַרְבֵּה
עִמּוֹ פְדוּת: וְהוּא יִפְדֶּה אֶת יִשְׂרָאֵל, מִכֹּל עֲוֹנוֹתָיו: ה״ק

תי״א א) ישעיה מה ז (בשינוי לשון): ב) תהלים קל:

ВЕКА ТЫ — БОГ! БЛАГОСЛОВЕН ТЫ, ГОСПОДЬ, БОГ, ВЛАДЫКА ВЕЛИКИЙ И ПРОСЛАВЛЯЕМЫЙ В ГИМНАХ, ВОСХВАЛЯЕМЫЙ БОГ, ТВОРЯЩИЙ ЧУДЕСА, СОЗДАТЕЛЬ ВСЕХ ДУШ, ВЛАСТЕЛИН ВСЕХ ТВОРЕНИЙ, БЛАГОСКЛОННО ВНИМАЮЩИЙ ГИМНАМ. ТЫ — ЕДИНСТВЕННЫЙ ВЛАДЫКА И ПРЕБУДЕШЬ ВЕЧНО!*

Хазан произносит "Хаци-кадиш":

יתגדל ДА ВОЗВЫСИТСЯ И ОСВЯТИТСЯ ЕГО ВЕЛИКОЕ ИМЯ (*община отвечает:* АМЕН!) В МИРЕ, СОТВОРЕННОМ ПО ВОЛЕ ЕГО; И ДА УСТАНОВИТ ОН ЦАРСКУЮ ВЛАСТЬ СВОЮ; И ДА ВЗРАСТИТ ОН СПАСЕНИЕ; И ДА ПРИБЛИЗИТ ОН ПРИХОД МАШИАХА СВОЕГО (*община отвечает:* АМЕН!) – ПРИ ЖИЗНИ ВАШЕЙ, В ДНИ ВАШИ И ПРИ ЖИЗНИ ВСЕГО ДОМА ИЗРАИЛЯ, ВСКОРОСТИ, В БЛИЖАЙШЕЕ ВРЕМЯ, И СКАЖЕМ: АМЕН! (*Община отвечает:* АМЕН!)

Община вместе с хазаном: ДА БУДЕТ ВЕЛИКОЕ ИМЯ ЕГО БЛАГОСЛОВЕННО ВЕЧНО, ВО ВЕКИ ВЕКОВ! ДА БУДЕТ БЛАГОСЛОВЛЯЕМО...

...И ВОСХВАЛЯЕМО, И ПРОСЛАВЛЯЕМО, И ВОЗВЕЛИЧИВАЕМО, И ПРЕВОЗНОСИМО, И ПОЧИТАЕМО, И ВЕЛИЧАЕМО, И ВОСПЕВАЕМО ИМЯ СВЯТОГО [ТВОРЦА], БЛАГОСЛОВЕН ОН (*община отвечает:* АМЕН!), ПРЕВЫШЕ ВСЕХ БЛАГОСЛОВЕНИЙ И ПЕСНОПЕНИЙ, ВОСХВАЛЕНИЙ И УТЕШИТЕЛЬНЫХ СЛОВ, ПРОИЗНОСИМЫХ В МИРЕ, И СКАЖЕМ: АМЕН! (*Община отвечает:* АМЕН!)

Слова "БЛАГОСЛОВИТЕ ГОСПОДА БЛАГОСЛОВЕННОГО!", произносимые хазаном, молящиеся слушают слегка склонившись. Затем кланяются, произнося слово "БЛАГОСЛОВЕН" и выпрямляются, произнося Имя Всевышнего. После этого можно молиться сидя.

"ШМА"

Хазан произносит:

ברכו БЛАГОСЛОВИТЕ ГОСПОДА БЛАГОСЛОВЕННОГО!

Община вместе с хазаном:

ברוך БЛАГОСЛОВЕН ГОСПОДЬ БЛАГОСЛОВЕННЫЙ ВО ВЕКИ ВЕКОВ!

(После этого благословения "амен" не говорят.)

Произнося слова "СОЗДАЮЩИЙ СВЕТ", касаются тфилин на руке, произнося слова "ТВОРЯЩИЙ ТЬМУ" — тфилин на голове.

ברוך БЛАГОСЛОВЕН ТЫ, ГОСПОДЬ, БОГ НАШ, ВЛАДЫКА ВСЕЛЕННОЙ, СОЗДАЮЩИЙ СВЕТ И ТВОРЯЩИЙ ТЬМУ, УСТАНАВЛИВАЮЩИЙ МИР И ТВОРЯЩИЙ ВСЕ!

---

* *В "десять дней раскаяния" (с первого дня Рош-Гашана до Йом-Кипура включительно) говорят:*

שיר ПЕСНЬ, [КОТОРУЮ ПЕЛИ ЛЕВИИМ, СТОЯ] НА СТУПЕНЯХ В ХРАМЕ. ИЗ ГЛУБИН Я ВОЗЗВАЛ К ТЕБЕ, ГОСПОДЬ. БОЖЕ, УСЛЫШЬ ГОЛОС МОЙ! ПРИКЛОНИ УХО СВОЕ К СЛОВАМ МОЕЙ МОЛЬБЫ! ЕСЛИ ТЫ, БОЖЕ, БУДЕШЬ ПОМНИТЬ ГРЕХИ [ЛЮДЕЙ], ТО КТО УСТОИТ [НА СУДЕ ТВОЕМ], ГОСПОДЬ! ВЕДЬ ЛИШЬ ТЫ МОЖЕШЬ ПРОСТИТЬ, И ПОТОМУ ВСЕ ТРЕПЕЩУТ [ПРЕД ТОБОЮ]. НАДЕЯЛСЯ Я НА ГОСПОДА, НАДЕЯЛАСЬ ДУША МОЯ, И СЛОВ ЕГО Я ОЖИДАЛ. [ЖАЖДЕТ] ДУША МОЯ ГОСПОДА ПОДОБНО ТОМУ, КАК ЖАЖДЕТ ПЕРЕД РАССВЕТОМ [НОЧНАЯ] СТРАЖА НАСТУПЛЕНИЯ УТРА. ПОЛОЖИСЬ, ИЗРАИЛЬ, НА ГОСПОДА, ИБО ОТ ГОСПОДА [ИСХОДИТ] МИЛОСТЬ, И ВЕЛИКОЕ ИЗБАВЛЕНИЕ – ОТ НЕГО. И ВЫЗВОЛИТ ОН ИЗРАИЛЬ ИЗ ПЛЕНА ЕГО ГРЕХОВ.[1]

Хазан произносит "Хаци-кадиш".

---

1. Тегилим, 130.

הַמֵּאִיר לָאָרֶץ וְלַדָּרִים עָלֶיהָ בְּרַחֲמִים, וּבְטוּבוֹ
מְחַדֵּשׁ בְּכָל יוֹם תָּמִיד מַעֲשֵׂה
בְרֵאשִׁית. מָה רַבּוּ מַעֲשֶׂיךָ יְיָ, כֻּלָּם בְּחָכְמָה
עָשִׂיתָ, מָלְאָה הָאָרֶץ קִנְיָנֶךָ. הַמֶּלֶךְ הַמְּרוֹמָם
לְבַדּוֹ מֵאָז, הַמְשֻׁבָּח וְהַמְפֹאָר וְהַמִּתְנַשֵּׂא
מִימוֹת עוֹלָם. אֱלֹהֵי עוֹלָם, בְּרַחֲמֶיךָ הָרַבִּים
רַחֵם עָלֵינוּ, אֲדוֹן עֻזֵּנוּ צוּר מִשְׂגַּבֵּנוּ, מָגֵן יִשְׁעֵנוּ
מִשְׂגָּב בַּעֲדֵנוּ. אֵל בָּרוּךְ גְּדוֹל דֵּעָה, הֵכִין וּפָעַל
זָהֳרֵי חַמָּה, טוֹב יָצַר כָּבוֹד לִשְׁמוֹ, מְאוֹרוֹת נָתַן
סְבִיבוֹת עֻזּוֹ, פִּנּוֹת צְבָאָיו קְדוֹשִׁים, רוֹמְמֵי
שַׁדַּי, תָּמִיד מְסַפְּרִים, כְּבוֹד אֵל וּקְדֻשָּׁתוֹ.
תִּתְבָּרַךְ יְיָ אֱלֹהֵינוּ בַּשָּׁמַיִם מִמַּעַל וְעַל הָאָרֶץ
מִתָּחַת, עַל כָּל שֶׁבַח מַעֲשֵׂה יָדֶיךָ, וְעַל מְאוֹרֵי
אוֹר שֶׁיָּצַרְתָּ יְפָאֲרוּךָ סֶּלָה:

תִּתְבָּרֵךְ לָנֶצַח צוּרֵנוּ מַלְכֵּנוּ וְגוֹאֲלֵנוּ בּוֹרֵא קְדוֹשִׁים,
יִשְׁתַּבַּח שִׁמְךָ לָעַד מַלְכֵּנוּ יוֹצֵר מְשָׁרְתִים,
וַאֲשֶׁר מְשָׁרְתָיו, כֻּלָּם עוֹמְדִים בְּרוּם עוֹלָם, וּמַשְׁמִיעִים
בְּיִרְאָה יַחַד בְּקוֹל, דִּבְרֵי אֱלֹהִים חַיִּים וּמֶלֶךְ עוֹלָם. כֻּלָּם
אֲהוּבִים, כֻּלָּם בְּרוּרִים, כֻּלָּם גִּבּוֹרִים, כֻּלָּם קְדוֹשִׁים, וְכֻלָּם
עֹשִׂים בְּאֵימָה וּבְיִרְאָה רְצוֹן קוֹנָם. וְכֻלָּם פּוֹתְחִים אֶת
פִּיהֶם בִּקְדֻשָּׁה וּבְטָהֳרָה, בְּשִׁירָה וּבְזִמְרָה, וּמְבָרְכִים
וּמְשַׁבְּחִים, וּמְפָאֲרִים וּמַעֲרִיצִים, וּמַקְדִּישִׁים וּמַמְלִיכִים:

אה

המאיר ДАРУЮЩИЙ СВЕТ ЗЕМЛЕ И ЕЕ ОБИТАТЕЛЯМ ПО МИЛОСТИ
СВОЕЙ, И ПО ДОБРОТЕ СВОЕЙ КАЖДЫЙ ДЕНЬ, КАЖДОЕ МГНОВЕНИЕ ВО-
ЗОБНОВЛЯЮЩИЙ ТВОРЕНИЕ МИРА, — КАК МНОГООБРАЗНЫ ДЕЯНИЯ
ТВОИ, ГОСПОДЬ! МУДРО ТЫ ВСЕ УСТРОИЛ; ВСЕ НА ЗЕМЛЕ ПРИНАДЛЕ-
ЖИТ ТЕБЕ,[1] ВЛАДЫКА, ВОЗНЕСЕННЫЙ ДО НАЧАЛА ВРЕМЕН, КОГДА
СУЩЕСТВОВАЛ ЛИШЬ ОН ОДИН, ВОСХВАЛЯЕМЫЙ, ПРОСЛАВЛЯЕМЫЙ И
ПРЕВОЗНОСИМЫЙ С ТЕХ ПОР, КАК СУЩЕСТВУЕТ МИР! ВЕЧНЫЙ БОГ, ПО
ВЕЛИКОЙ МИЛОСТИ СВОЕЙ, СЖАЛЬСЯ НАД НАМИ! МОГУЧИЙ ВЛАСТЕ-
ЛИН НАШ, НЕСОКРУШИМАЯ ТВЕРДЫНЯ НАША, ЗАЩИТНИК, СПАСИТЕЛЬ
НАШ, ОПЛОТ НАШ! БОГ БЛАГОСЛОВЕННЫЙ, КОТОРОМУ ВЕДОМО ВСЕ,
ЗАМЫСЛИЛ И СОЗДАЛ СОЛНЕЧНЫЙ СВЕТ, ОН СОЗДАЛ СВЕТ ВО СЛАВУ
ИМЕНИ СВОЕГО; ОКРУЖИЛ СВЕТИЛАМИ СИЛУ СВОЮ; ГЛАВЫ ВОИНСТВ
ЕГО — СВЯТЫЕ АНГЕЛЫ, ВОЗВЕЛИЧИВАЮЩИЕ ВСЕМОГУЩЕГО, — ПОСТО-
ЯННО ВОЗВЕЩАЮТ СЛАВУ БОГА И СВЯТОСТЬ ЕГО. БУДЬ БЛАГОСЛОВЕН,
ГОСПОДЬ, БОГ НАШ, НА ВЫСОТАХ НЕБЕС И В ГЛУБИНАХ ЗЕМЛИ; ЗА ВСЕ
СЛАВНЫЕ ДЕЛА РУК ТВОИХ И ЗА СВЕТИЛА, СОЗДАННЫЕ ТОБОЙ, ТЕБЯ
БУДУТ ПРОСЛАВЛЯТЬ ВЕЧНО!

תתברך БУДЬ БЛАГОСЛОВЕН ВОВЕКИ, СКАЛА НАША, ВЛАДЫКА НАШ,
ИЗБАВИТЕЛЬ НАШ, ТВОРЕЦ СВЯТЫХ АНГЕЛОВ; ВОСХВАЛЯЕМО БУДЕТ
ИМЯ ТВОЕ ВОВЕКИ, ВЛАДЫКА НАШ, СОЗДАТЕЛЬ АНГЕЛОВ-СЛУЖИТЕЛЕЙ,
СЛУГИ КОТОРОГО ПРЕБЫВАЮТ В ВЫСШИХ МИРАХ И ВСЕ ВМЕСТЕ ГРОМКО
ПРОВОЗГЛАШАЮТ В ТРЕПЕТЕ СЛОВА БОГА ЖИВОГО, ВЛАДЫКИ ВСЕЛЕН-
НОЙ. ВСЕ ОНИ ЛЮБИМЫ [ИМ], ВСЕ ЧИСТЫ, ВСЕ СИЛЬНЫ, ВСЕ СВЯТЫ И
ВСЕ ИСПОЛНЯЮТ В ТРЕПЕТЕ И РОБОСТИ ВОЛЮ ИХ ВЛАСТЕЛИНА. И ВСЕ
ОНИ ОТКРЫВАЮТ УСТА [И ПОЮТ] СВЯТЫЕ И ЧИСТЫЕ ГИМНЫ И ПЕСНИ,
И БЛАГОСЛОВЛЯЮТ, И ВОСХВАЛЯЮТ, И ПРОСЛАВЛЯЮТ, И ПРЕВОЗНО-
СЯТ [ИМЯ ЕГО], И ПРОВОЗГЛАШАЮТ СВЯТОСТЬ И ЦАРСТВЕННОСТЬ...

---

1. Теѓилим, 102:24.

אֶת שֵׁם הָאֵל, הַמֶּלֶךְ הַגָּדוֹל, הַגִּבּוֹר וְהַנּוֹרָא
קָדוֹשׁ הוּא: וְכֻלָּם מְקַבְּלִים עֲלֵיהֶם עֹל
מַלְכוּת שָׁמַיִם זֶה מִזֶּה, וְנוֹתְנִים בְּאַהֲבָה רְשׁוּת
זֶה לָזֶה, לְהַקְדִּישׁ לְיוֹצְרָם בְּנַחַת רוּחַ בְּשָׂפָה
בְרוּרָה וּבִנְעִימָה קְדוֹשָׁה. כֻּלָּם כְּאֶחָד עוֹנִים
בְּאֵימָה וְאוֹמְרִים בְּיִרְאָה:

קָדוֹשׁ|קָדוֹשׁ קָדוֹשׁ יְיָ צְבָאוֹת, מְלֹא
כָל הָאָרֶץ כְּבוֹדוֹ:

וְהָאוֹפַנִּים וְחַיּוֹת הַקֹּדֶשׁ בְּרַעַשׁ גָּדוֹל מִתְנַשְּׂאִים לְעֻמַּת
הַשְּׂרָפִים, לְעֻמָּתָם מְשַׁבְּחִים וְאוֹמְרִים:

בָּרוּךְ כְּבוֹד יְיָ מִמְּקוֹמוֹ:

לָאֵל בָּרוּךְ נְעִימוֹת יִתֵּנוּ, לְמֶלֶךְ אֵל חַי וְקַיָּם,
זְמִרוֹת יֹאמֵרוּ וְתִשְׁבָּחוֹת יַשְׁמִיעוּ, כִּי
הוּא לְבַדּוֹ מָרוֹם וְקָדוֹשׁ, פּוֹעֵל גְּבוּרוֹת, עוֹשֶׂה
חֲדָשׁוֹת, בַּעַל מִלְחָמוֹת, זוֹרֵעַ צְדָקוֹת, מַצְמִיחַ
יְשׁוּעוֹת, בּוֹרֵא רְפוּאוֹת, נוֹרָא תְהִלּוֹת, אֲדוֹן
הַנִּפְלָאוֹת, הַמְחַדֵּשׁ בְּטוּבוֹ בְּכָל יוֹם תָּמִיד
מַעֲשֵׂה בְרֵאשִׁית. כָּאָמוּר, לְעֹשֵׂה אוֹרִים גְּדוֹלִים,
כִּי לְעוֹלָם חַסְדּוֹ. בָּרוּךְ אַתָּה יְיָ יוֹצֵר הַמְּאוֹרוֹת:

אַהֲבַת עוֹלָם אֲהַבְתָּנוּ יְיָ אֱלֹהֵינוּ, חֶמְלָה גְדוֹלָה
וִיתֵרָה חָמַלְתָּ עָלֵינוּ. אָבִינוּ מַלְכֵּנוּ
בַּעֲבוּר

_____

תר״ג א) ישעיה ו׳ ג׳׃ ב) יחזקאל ג יב׃ ד) תהלים קמו ז׃

את ...ИМЕНИ БОГА, ВЕЛИКОГО, СИЛЬНОГО И ГРОЗНОГО ВЛАДЫКИ, СВЯТ ОН. И ВСЕ ОНИ, ПОБУЖДАЯ К ТОМУ ОДИН ДРУГОГО, ПОДЧИНЯЮТ- СЯ ВЛАСТИ НЕБЕСНОГО ЦАРСТВА И С ЛЮБОВЬЮ ПЕРЕДАЮТ ДРУГ ДРУГУ ПРАВО В РАДОСТИ, ЯСНЫМ ЯЗЫКОМ, СО СВЯЩЕННЫМИ ПЕСНОПЕНИЯМИ ВОЗВЕЩАТЬ СВЯТОСТЬ ИХ СОЗДАТЕЛЯ. ОНИ ПРОВОЗГЛАШАЮТ ХОРОМ В ТРЕПЕТЕ И ПРОИЗНОСЯТ В РОБОСТИ:

קדוש "СВЯТ, СВЯТ, СВЯТ ГОСПОДЬ ВОИНСТВ! ВСЯ ЗЕМЛЯ ПОЛНА СЛАВЫ ЕГО!"[1]

והאופנים И ОФАНИМ, И СВЯТЫЕ ХАЙОТ С ВЕЛИКИМ ШУМОМ ВОЗНО- СЯТСЯ НАВСТРЕЧУ СРАФИМ И, ПОДОБНО ИМ, ВОСХВАЛЯЮТ [ВСЕВЫШ- НЕГО] И ГОВОРЯТ:

ברוך "ДА БУДЕТ БЛАГОСЛОВЕННА СЛАВА ГОСПОДА, ГДЕ БЫ ОНА НИ ОБИТАЛА!"[2]

לאל БОГУ БЛАГОСЛОВЕННОМУ БУДУТ ПЕТЬ ОНИ СЛАДКОЗВУЧНЫЕ ПЕСНИ; ВЛАДЫКУ, БОГА ЖИВОГО И ВЕЧНОГО СТАНУТ СЛАВИТЬ В ГИМ- НАХ И ВОСХВАЛЯТЬ, ПОТОМУ ЧТО ОН ОДИН ПРЕВОЗНЕСЕН И СВЯТ, ВЕРШИТ ВЕЛИКИЕ ДЕЯНИЯ, СОЗДАЕТ НОВОЕ, РАСПОРЯЖАЕТСЯ ВОЙНА- МИ, СЕЕТ СПРАВЕДЛИВОСТЬ, ВЗРАЩИВАЕТ СПАСЕНИЕ, ПРИНОСИТ ИС- ЦЕЛЕНИЕ, ВНУШАЕТ ТРЕПЕТ СЛАВЯЩИМ ЕГО, СОВЕРШАЕТ ЧУДЕСА, ОБ- НОВЛЯЕТ ПО ДОБРОТЕ СВОЕЙ ТВОРЕНИЕ МИРА КАЖДЫЙ ДЕНЬ, КАЖДОЕ МГНОВЕНИЕ. [ОН — СОЗДАТЕЛЬ СВЕТИЛ], КАК СКАЗАНО: "...КОТОРЫЙ СОЗДАЛ ВЕЛИКИЕ СВЕТИЛА — ИБО ВЕЧНА МИЛОСТЬ ЕГО".[3] БЛАГОСЛО- ВЕН ТЫ, ГОСПОДЬ, СОЗДАТЕЛЬ СВЕТИЛ!

Тот, кто закончил благословение раньше хазана, но еще не приступил к следующему, отвечает "амен" на благословение, произнесенное хазаном.

אהבת ЛЮБОВЬЮ ВЕЧНОЙ ВОЗЛЮБИЛ ТЫ НАС, ГОСПОДЬ, БОГ НАШ; ЖАЛОСТЬЮ ВЕЛИКОЙ, БЕЗГРАНИЧНОЙ ПОЖАЛЕЛ ТЫ НАС. ОТЕЦ НАШ, ВЛАДЫКА НАШ!

---

1. Йешаяѓу, 6:3. 2. Йехезкель, 3:12. 3. Теѓилим, 136:7.

בַּעֲבוּר שִׁמְךָ הַגָּדוֹל וּבַעֲבוּר אֲבוֹתֵינוּ שֶׁבָּטְחוּ בְךָ ,
וַתְּלַמְּדֵם חֻקֵּי חַיִּים , לַעֲשׂוֹת רְצוֹנְךָ בְּלֵבָב שָׁלֵם , כֵּן
תְּחָנֵּנוּ וּתְלַמְּדֵנוּ . אָבִינוּ אָב הָרַחֲמָן , הַמְרַחֵם , רַחֶם־נָא
עָלֵינוּ , וְתֵן בְּלִבֵּנוּ בִּינָה לְהָבִין וּלְהַשְׂכִּיל , לִשְׁמֹעַ לִלְמֹד
וּלְלַמֵּד , לִשְׁמֹר וְלַעֲשׂוֹת , וּלְקַיֵּם אֶת כָּל דִּבְרֵי תַלְמוּד
תּוֹרָתֶךָ בְּאַהֲבָה . וְהָאֵר עֵינֵינוּ בְּתוֹרָתֶךָ , וְדַבֵּק
לִבֵּנוּ בְּמִצְוֹתֶיךָ , וְיַחֵד לְבָבֵנוּ לְאַהֲבָה וּלְיִרְאָה
אֶת שְׁמֶךָ , וְלֹא נֵבוֹשׁ , וְלֹא נִכָּלֵם , וְלֹא נִכָּשֵׁל , לְעוֹלָם
וָעֶד . כִּי בְשֵׁם קָדְשְׁךָ הַגָּדוֹל וְהַנּוֹרָא בָּטָחְנוּ ,
נָגִילָה וְנִשְׂמְחָה בִּישׁוּעָתֶךָ . וְרַחֲמֶיךָ יְיָ אֱלֹהֵינוּ וַחֲסָדֶיךָ
הָרַבִּים אַל יַעַזְבוּנוּ נֶצַח סֶלָה וָעֶד . מַהֵר וְהָבֵא עָלֵינוּ
בְּרָכָה וְשָׁלוֹם מְהֵרָה , וַהֲבִיאֵנוּ לְשָׁלוֹם מֵאַרְבַּע כַּנְפוֹת
הָאָרֶץ , וּשְׁבוֹר עֹל הַגּוֹיִם מֵעַל צַוָּארֵנוּ , וְתוֹלִיכֵנוּ מְהֵרָה
קוֹמְמִיּוּת לְאַרְצֵנוּ. כִּי אֵל פּוֹעֵל יְשׁוּעוֹת אָתָּה, וּבָנוּ בָחַרְתָּ
מִכָּל עַם וְלָשׁוֹן , וְקֵרַבְתָּנוּ מַלְכֵּנוּ לְשִׁמְךָ הַגָּדוֹל בְּאַהֲבָה
לְהוֹדוֹת לְךָ וּלְיַחֶדְךָ וּלְאַהֲבָה אֶת שְׁמֶךָ . בָּרוּךְ אַתָּה
יְיָ הַבּוֹחֵר בְּעַמּוֹ יִשְׂרָאֵל בְּאַהֲבָה:

הלכות קריאת שמע

שלחן ערוך ... אדמו"ר

(א) מצוה לאחוז הציצית בידו השמאלית כנגד לבו בשעת קריאת שמע רמז לדבר והיו הדברים האלה
על לבבך ויש מי שאומר שיאחוז אותם בין קמיצה לורת של שמאל: (ב) לכתחלה צריך ליזהר ולקרות כל
תע' פרשיות של קריאת שמע בכוונה כאימה ויראה ברתת וביעיה כו'. (ג) כל המאריך בדלי"ת של אחד
מאריכין לו ימיו ושנותיו וגם לא יחטוף בחי"ת אלא יאריך בה קצת כדי שימליך הקב"ה בשמים ובארץ שז' רקיעים
והארץ כטנין חי"ת אבל בדלי"ת צריך להאריך יותר כדי שיעור שיחשוב שהקב"ה יחיד בעולמו ומושל בד' רוחות
העולם . (ד) צריך להדגיש בדלי"ת שלא תהיה כרי"ש ולא שיקראנה בדגש סהרי אין בה דגש אלא שיטעימנה
בפה יפה וכל שכן שלא יפה יפה עושים הספרדישים ומאריכין יותר סראי וגראה כאלו הר' נקודה בשוא כו' אלא יאריך
במחשבתו להכליבו בד' רוחות בקריאת הד' ואחריה במרם שיתחיל ברוך שם כו' יש לו להפסיק מעט בין אחד
לברוך : (ה) אחר פסוק ראשון צריך לומר שם כבוד מלכותו לעולם ועד בחשאי כו' ואם לא אמרו כל צריך
כחוירין אותו : (ו) צריך להפסיק מעם בין ברוך שם כבוד מלכותו לעולם ועד לואהבת כו' ויש להפסיק בפסוק
ראשון בין ישראל לה' ובין אלהינו לה' הב' כדי שיהיה נשמע שמע ישראל שה' אלהינו הוא ה' אחד:
(ז) צריך להפסיק בין חיום לעל לבבך ובין היום ללאהבה שלא יהיה נראה היום על לבבך ולא למחר : (ח) צריך
להדגיש יו"ד של שמע ישראל שלא תבלע ולא תראה אל"ף וכאלו אומר אישראל וכן יו"ד של אחד שלא יהיה
בשמע כאלו אובר והא : (ס) צריך ליתן ריוח בין תיבה לתיבה שאות שבתחלתה כאות שבסוף תיבה שלפניה שלא תבלע
א ת אחת מהן כגון על לבבך על לבבם ואבדתם מהרה הכנף פתיל אתכם מארץ וכן בכל בכל לבבכם אלא

РАДИ ВЕЛИКОГО ИМЕНИ СВОЕГО И РАДИ ОТЦОВ НАШИХ, КОТОРЫЕ ПОЛАГАЛИСЬ НА ТЕБЯ, И КОТОРЫХ ТЫ НАУЧИЛ ЗАКОНАМ, УКАЗЫВАЮЩИМ, КАК ЖИТЬ, ИСПОЛНЯЯ ВОЛЮ ТВОЮ ОТ ВСЕГО СЕРДЦА, – ПОЖАЛЕЙ НАС И НАУЧИ НАС! ОТЕЦ НАШ, МИЛОСЕРДНЫЙ ОТЕЦ, МИЛОСТИВЫЙ, СЖАЛЬСЯ НАД НАМИ И ВЛОЖИ В НАШЕ СЕРДЦЕ РАЗУМ, ЧТОБЫ МЫ ПОНИМАЛИ, ПОСТИГАЛИ [ТОРУ ТВОЮ]; ВНИМАЛИ [СЛОВАМ ЕЕ], УЧИЛИСЬ И ОБУЧАЛИ [ЕЙ], ХРАНИЛИ, И СОБЛЮДАЛИ, И ИСПОЛНЯЛИ С ЛЮБОВЬЮ ВСЕ УЧЕНИЕ ТВОЕЙ ТОРЫ; И ДАЙ УВИДЕТЬ ГЛАЗАМ НАШИМ СВЕТ ТОРЫ ТВОЕЙ, И ПРИЛЕПИ НАШЕ СЕРДЦЕ К ТВОИМ ЗАПОВЕДЯМ, И СДЕЛАЙ ТАК, ЧТОБЫ СЕРДЦЕ НАШЕ НАПОЛНЯЛИ ЛИШЬ ЛЮБОВЬ К ИМЕНИ ТВОЕМУ И СТРАХ ПРЕД НИМ; И НЕ ПРИДЕТСЯ НАМ СТЫДИТЬСЯ, И НЕ ОПОЗОРИМСЯ, И НЕ ОСТУПИМСЯ ВО ВЕКИ ВЕКОВ, ПОТОМУ ЧТО НА ВЕЛИКОЕ И ГРОЗНОЕ ИМЯ ТВОЕ МЫ ПОЛАГАЛИСЬ; ВОЗЛИКУЕМ И ВОЗРАДУЕМСЯ СПАСЕНИЮ, ДАРОВАННОМУ ТОБОЙ. И МИЛОСТИ ТВОИ, И ДОБРОТА ВЕЛИКАЯ, ГОСПОДЬ, БОГ НАШ, ДА НЕ ОСТАВЯТ НАС НИКОГДА, ВО ВЕКИ ВЕКОВ. ПОШЛИ НАМ В СКОРОМ ВРЕМЕНИ БЛАГОСЛОВЕНИЕ И МИР, И ПРИВЕДИ НАС С МИРОМ [В ЭРЕЦ-ИСРАЭЛЬ] С ЧЕТЫРЕХ СТОРОН СВЕТА, И РАЗБЕЙ ЯРМО НАРОДОВ, [ЛЕЖАЩЕЕ] НА НАШЕЙ ШЕЕ, И НЕ МЕДЛЯ ПОВЕДИ НАС, РАСПРЯМИВШИХСЯ, В СТРАНУ НАШУ, ПОТОМУ ЧТО ТЫ – БОГ, ПОСЫЛАЮЩИЙ СПАСЕНИЕ, И ИЗБРАЛ ТЫ НАС ИЗ ВСЕХ ПЛЕМЕН, И С ЛЮБОВЬЮ ПРИБЛИЗИЛ ТЫ НАС, ВЛАДЫКА НАШ, К ВЕЛИКОМУ ИМЕНИ СВОЕМУ, ЧТОБЫ МЫ МОГЛИ ВОЗНОСИТЬ ТЕБЕ БЛАГОДАРНОСТЬ, И ПРОВОЗГЛАШАТЬ, ЧТО ТЫ – ОДИН, И ЛЮБИТЬ ТЕБЯ.* БЛАГОСЛОВЕН ТЫ, ГОСПОДЬ, ИЗБРАВШИЙ СВОЙ НАРОД, ИЗРАИЛЬ, С ЛЮБОВЬЮ!

После этого благословения "амен" не говорят, чтобы не делать перерыва между благословением и чтением "Шма". Поэтому принято, что хазан произносит заключительные слова благословения "...ИЗБРАВШИЙ СВОЙ НАРОД, ИЗРАИЛЬ, С ЛЮБОВЬЮ!" тихо.

ЗАКОНЫ ЧТЕНИЯ "ШМА"

Шулхан арух Гарав:

1. Во время произнесения "Шма" следует держать кисти цицит в левой руке напротив сердца. Намек на это содержится в словах: "И ПУСТЬ БУДУТ ЭТИ СЛОВА... В СЕРДЦЕ ТВОЕМ..." (буквально – "НА СЕРДЦЕ"). Есть мнение, что цицит следует зажать между мизинцем и безымянным пальцем левой руки.**

2. Произносить все три части "Шма" следует сосредоточенно, в страхе и трепете пред Всевышним.

3. Продлятся годы того, кто при чтении слова "эхад" растягивает мысленное произнесение буквы "далет". И букву "хет" в этом слове следует мысленно произносить без спешки, протяжно, чтобы успеть за это время подумать о том, что Всевышний царствует на небе и на земле, ибо семь небес и земля соответствуют букве "хет", числовое значение которой – 8. Букву "далет" (числовое значение которой – 4) следует произносить еще протяжней, чтобы за это время успеть осмыслить единственность Всевышнего в мире и подумать о том, что Он властвует над всеми четырьмя сторонами света.

4. Следует остерегаться, чтобы случайно не произнести в слове "эхад" вместо буквы "далет" букву "рейш"; нельзя произносить букву "далет" твердо (так, как будто в ней есть значок "дагеш". Неправильно поступает тот, кто растягивает произнесение буквы "далет" так, как если бы под ней был значок "далет". Следует растягивать произнесение этой буквы лишь мысленно. Между словом "эхад" и следующей за ним фразой необходимо сделать паузу.

5. Слова ברוך שם כו ("БЛАГОСЛОВЕННО СЛАВНОЕ ИМЯ ЦАРСТВА ЕГО ВО ВЕКИ ВЕКОВ!") произносят шепотом. Тот, кто забыл сказать эти слова, должен повторить "Шма" сначала.

6. Следует сделать паузу между словами ברוך ("ЛЮБИ ГОСПОДА, БОГА ТВОЕГО..."); пауза должна быть и между словами ואהבת ("ИЗРАИЛЬ") и ה ("ГОСПОДЬ"), а также между אלקינו ("БОГ НАШ") и ה ("ГОСПОДЬ"), – чтобы подчеркнуть смысл этой фразы: "СЛУШАЙ, ИЗРАИЛЬ: ГОСПОДЬ – БОГ НАШ, ГОСПОДЬ ОДИН!"

7. Следует сделать паузу между словами היום ("СЕГОДНЯ") и על לבבך ("В СЕРДЦЕ ТВОЕМ"), чтобы это не прозвучало как "сегодня в сердце твоем" – сегодня, а не постоянно, и между словами היום ("СЕГОДНЯ") и לאהבה ("ЛЮБЯ").

8. Необходимо выделить голосом букву "йод" в слове ישראל, чтобы звучало "Йисраэль", а не "Исраэль", и "йод" в слове והיו, чтобы это не прозвучало как "вэгау".

9. Если одно слово кончается определенной буквой, а следующее за ним с той же буквы начинается, необходимо между словами сделать паузу, чтобы эта буква отчетливо прозвучала дважды. Например, אתכם מארץ, הכנף פתיל, ואבדתם מהרה, על לבבכם, בכל לבבכם, על לבבך, בכל לבבך.

---

* Произнося слова "И ИЗБРАЛ ТЫ НАС", следует вспомнить о даровании Торы. Произнося слова "ПРИБЛИЗИЛ ТЫ НАС", следует вспомнить о том, как стояли мы у горы Синай. Произнося слова "К ВЕЛИКОМУ ИМЕНИ СВОЕМУ", следует вспомнить о том, что сделал нам Амалек, ибо, как говорят мудрецы, величие Имени Всевышнего не раскрывается в полной мере до тех пор, пока не уничтожен Амалек. Произнося слова "ВОЗНОСИТЬ ТЕБЕ БЛАГОДАРНОСТЬ", следует вспомнить о том, как наказана была Мирьям за злой язык, и подумать о том, что речь нам дана для того, чтобы восхвалять Всевышнего, а не для злословия.

** Все четыре кисти цицит собирают вместе перед тем, как произнести слова "И ПРИВЕДИ НАС С МИРОМ". Сначала берут две передних кисти, потом присоединяют к ним левую заднюю, а затем правую заднюю кисти.

שכהן צריך שלא יפסיק הרבה שהרי יש סכוף בינתיים וצריך להפסיקן ואף על פי כן יתן ריוח והבדלה בל׳ שיהיה
נשכע שקורין ב׳ לסדי״ן: (י) כל תיבה שתחלתה אל״ף וסוף תיבה שלפניה ס״ם צריך להפסיק מעט ביניהם
שלא תבלע האלף כנון ולכדתם אותם וקשרתם אותם וראיתם אותו ושכתם את וזכרתם את ועשיתם את שלא
יהיה נראה כקורא מות מת : (יא) צריך להשמיע לאזניו מה שבוציא בה שנאמר שמע ישמר שמע השבע לאזניך ואם
לא השמיע לאזניו יצא ובלבד שיוציא בשפתיו כו׳ ובכ׳ בקום אם הוא אנוס שאינו יכול להוציא בשפתיו כו׳ יש
לו להרהר בלבו כו׳ : (יב) אף על פי שלכתחלה צריך לכוין בכל הג׳ פרשיות עיקר הכוונה הוא בפסוק ראשון שהוא
קבלת כלכות שבים וה״ה לברוך שם כבוד בלכותו לעולם ועד שהוא גם כן קבלת בלכות שבים אבל מואהבת
ואילך הוא לשין צוואה לפיכך אם קרא קריאת שמע ולא כוין לבו בפסוק ראשון או בברוך שם כבוד בלכותו
לעולם ועד צריך לחזור ולקרותן כו׳ וכשקורא הסיק שמע ישראל אסיק מעט שנית יקרא בלחש אם הוא בצבור שלא
יהיה נראה כמקבל ב׳ רשויות ואם לא נזבר שלא כוין לבו עד לאחר שסיים כל הפרשה צריך להזור לראש :

שְׁמַע יִשְׂרָאֵל יְיָ אֱלֹהֵינוּ יְיָ ׀ אֶחָד:
בָּרוּךְ שֵׁם כְּבוֹד מַלְכוּתוֹ לְעוֹלָם וָעֶד:

וְאָהַבְתָּ אֵת יְיָ אֱלֹהֶיךָ, בְּכָל לְבָבְךָ
וּבְכָל נַפְשְׁךָ וּבְכָל מְאֹדֶךָ:
וְהָיוּ הַדְּבָרִים הָאֵלֶּה, אֲשֶׁר אָנֹכִי
מְצַוְּךָ הַיּוֹם, עַל לְבָבֶךָ: וְשִׁנַּנְתָּם לְבָנֶיךָ
וְדִבַּרְתָּ בָּם, בְּשִׁבְתְּךָ בְּבֵיתֶךָ וּבְלֶכְתְּךָ
בַדֶּרֶךְ וּבְשָׁכְבְּךָ וּבְקוּמֶךָ: וּקְשַׁרְתָּם
לְאוֹת עַל יָדֶךָ, וְהָיוּ לְטֹטָפֹת בֵּין עֵינֶיךָ:
וּכְתַבְתָּם עַל מְזֻזוֹת בֵּיתֶךָ וּבִשְׁעָרֶיךָ:

וְהָיָה, אִם שָׁמֹעַ תִּשְׁמְעוּ אֶל מִצְוֹתַי, אֲשֶׁר אָנֹכִי
מְצַוֶּה אֶתְכֶם הַיּוֹם, לְאַהֲבָה אֶת יְיָ אֱלֹהֵיכֶם
וּלְעָבְדוֹ, בְּכָל לְבַבְכֶם וּבְכָל נַפְשְׁכֶם: וְנָתַתִּי

מטר

Правда, в последних двух случаях не следует делать долгую паузу, так как здесь между каждой парой слов стоит особый соединительный значок.

10. Следует сделать короткую паузу между словом, кончающимся на "мем" и словом, которое начинается с "алеф", чтобы буква "алеф" не пропала при произношении. Например, וזכרתם את ,ושמרתם את, וקשרתם אתם ,וראיתם אתו ,ולמדתם אותם, чтобы не получилось вместо "вераитем ото" — "вераите мото", вместо "веаситем эт" — "веасите мет".

11. Читающий "Шма" должен сам слышать то, что произносит, ибо сказано: "СЛУШАЙ, ИЗРАИЛЬ..." Тем не менее, если молящийся произнес "Шма" так тихо, что не слышал сам себя, заповедь он все же исполнил. В тех случаях, когда обстоятельства не позволяют молиться вслух, следует прочитать "Шма" хотя бы мысленно.

12. Следует сосредоточиться на смысле читаемого при произнесении всех трех частей "Шма", однако важнее всего — сосредоточиться во время чтения фразы: "СЛУШАЙ, ИЗ-РАИЛЬ..." и следующей за ней — "БЛАГОСЛОВЕННО СЛАВНОЕ ИМЯ ЦАРСТВА ЕГО...", поскольку, произнося эти слова, еврей провозглашает свою верность Всевышнему. Начиная со слова ואהבת ("ЛЮБИ...") и далее, главное — прочитать текст, и выполнение заповеди засчитывается молящемуся, даже если он был недостаточно сосредоточен. Если же две первые фразы он произнес не сосредоточившись, ему следует прочитать их заново, причем тот, кто молится не в одиночестве, должен повторить их шепотом, чтобы у окружающих не создалось впечатления, что он признает над собой не одну, а две власти. Если после завершения "Шма" молящийся вспомнил, что произнес две первые фразы не сосредоточившись, он должен повторить все сначала. *(См. транслитерацию на стр. 376)*

שמע СЛУШАЙ, ИЗРАИЛЬ: ГОСПОДЬ — БОГ НАШ, ГОСПОДЬ ОДИН![1]

ברוך *(Шепотом)*: БЛАГОСЛОВЕННО СЛАВНОЕ ИМЯ ЦАРСТВА ЕГО ВО ВЕКИ ВЕКОВ![2]

ואהבת ЛЮБИ ГОСПОДА, БОГА ТВОЕГО, ВСЕМ СЕРДЦЕМ СВОИМ, И ВСЕЙ ДУШОЮ СВОЕЙ, И ВСЕМ СУЩЕСТВОМ СВОИМ. И БУДУТ ЭТИ СЛОВА, КОТОРЫЕ Я ЗАПОВЕДАЛ ТЕБЕ СЕГОДНЯ, В СЕРДЦЕ ТВОЕМ, И ПОВТОРЯЙ ИХ ДЕТЯМ СВОИМ, И ПРОИЗНО-СИ ИХ, СИДЯ В ДОМЕ СВОЕМ, НАХОДЯСЬ В ДОРОГЕ, ЛОЖАСЬ И ВСТАВАЯ; И ПОВЯЖИ ИХ КАК ЗНАК НА РУКУ СВОЮ, И БУДУТ ОНИ ЗНАКАМИ НАД ГЛАЗАМИ ТВОИМИ,* И НАПИШИ ИХ НА ДВЕРНЫХ КОСЯКАХ ДОМА СВОЕГО И НА ВОРОТАХ СВОИХ.[3]

והיה И БУДЕТ ТАК: ЕСЛИ ПОСЛУШАЕТЕСЬ МОИХ ПОВЕЛЕНИЙ, КОТОРЫЕ Я ДАЮ ВАМ СЕГОДНЯ, [ПОСЛУШАЕТЕСЬ], ЛЮБЯ ГОСПОДА, БОГА ВАШЕГО, И СЛУЖА ЕМУ ВСЕМ СЕРДЦЕМ ВАШИМ И ВСЕЙ ДУШОЙ ВАШЕЙ, ТО ДАМ Я

---

1. Дварим, 6:4.   2. Псахим, 56а.   3. Дварим, 6:5—9.
* Произнося слова "КАК ЗНАК НА РУКУ СВОЮ", касаются тфилин на руке, произнося слова "ЗНАКАМИ НАД ГЛАЗАМИ ТВОИМИ", — тфилин на голове.

מְטַר אַרְצְכֶם בְּעִתּוֹ יוֹרֶה וּמַלְקוֹשׁ, וְאָסַפְתָּ
דְגָנֶךָ וְתִירשְׁךָ וְיִצְהָרֶךָ: וְנָתַתִּי עֵשֶׂב בְּשָׂדְךָ
לִבְהֶמְתֶּךָ וְאָכַלְתָּ וְשָׂבָעְתָּ: הִשָּׁמְרוּ לָכֶם פֶּן
יִפְתֶּה לְבַבְכֶם, וְסַרְתֶּם וַעֲבַדְתֶּם אֱלֹהִים אֲחֵרִים
וְהִשְׁתַּחֲוִיתֶם לָהֶם: וְחָרָה, אַף יְיָ בָּכֶם וְעָצַר אֶת
הַשָּׁמַיִם וְלֹא יִהְיֶה מָטָר וְהָאֲדָמָה לֹא תִתֵּן אֶת
יְבוּלָהּ, וַאֲבַדְתֶּם מְהֵרָה מֵעַל הָאָרֶץ הַטֹּבָה
אֲשֶׁר יְיָ נֹתֵן לָכֶם: וְשַׂמְתֶּם אֶת דְּבָרַי אֵלֶּה עַל
לְבַבְכֶם וְעַל נַפְשְׁכֶם, וּקְשַׁרְתֶּם אֹתָם לְאוֹת עַל
יֶדְכֶם וְהָיוּ לְטוֹטָפֹת בֵּין עֵינֵיכֶם: וְלִמַּדְתֶּם אֹתָם
אֶת בְּנֵיכֶם לְדַבֵּר בָּם, בְּשִׁבְתְּךָ בְּבֵיתֶךָ וּבְלֶכְתְּךָ
בַדֶּרֶךְ וּבְשָׁכְבְּךָ וּבְקוּמֶךָ: וּכְתַבְתָּם עַל מְזוּזוֹת
בֵּיתֶךָ וּבִשְׁעָרֶיךָ: לְמַעַן יִרְבּוּ יְמֵיכֶם וִימֵי
בְנֵיכֶם עַל הָאֲדָמָה, אֲשֶׁר נִשְׁבַּע יְיָ לַאֲבֹתֵיכֶם
לָתֵת לָהֶם, כִּימֵי הַשָּׁמַיִם עַל הָאָרֶץ:

(שו"ע) (א) כשיגיע לפ' ציצית יקחם בידו היבנית ויביט בהם ויהיו בידו עד שיגיע לונחמדים לעד ואן ינישק
הציצית ויסירם מידו:

וַיֹּאמֶר יְיָ אֶל מֹשֶׁה לֵּאמֹר: דַּבֵּר אֶל בְּנֵי
יִשְׂרָאֵל וְאָמַרְתָּ אֲלֵהֶם וְעָשׂוּ
לָהֶם צִיצִת עַל כַּנְפֵי בִגְדֵיהֶם לְדֹרֹתָם,
וְנָתְנוּ עַל צִיצִת הַכָּנָף, פְּתִיל תְּכֵלֶת:

והיה

תו"א א) במדבר טו לז:

ДОЖДИ ЗЕМЛЕ ВАШЕЙ В СРОК: ДОЖДЬ ПОСЛЕ СЕВА И ДОЖДЬ ПЕРЕД

ЖАТВОЙ, — И СОБЕРЕШЬ ТЫ СВОЙ ХЛЕБ, И ВИНО СВОЕ, И МАСЛО СВОИХ

ОЛИВ. И ДАМ ТРАВУ НА ПОЛЕ ТВОЕМ ДЛЯ СКОТА ТВОЕГО, И БУДЕШЬ

ТЫ ЕСТЬ ДОСЫТА. БЕРЕГИТЕСЬ, ЧТОБЫ ВАШИ СЕРДЦА НЕ ПОДДАЛИСЬ

СОБЛАЗНУ, ЧТОБЫ НЕ СВЕРНУЛИ ВЫ С ПУТИ И НЕ СТАЛИ СЛУЖИТЬ

ДРУГИМ БОГАМ И ПОКЛОНЯТЬСЯ ИМ, ИНАЧЕ РАЗГНЕВАЕТСЯ НА ВАС

ГОСПОДЬ И ЗАМКНЕТ НЕБЕСА, И НЕ БУДЕТ ДОЖДЯ, И ЗЕМЛЯ НЕ СТА-

НЕТ ПРИНОСИТЬ СВОИ ПЛОДЫ. И ИСЧЕЗНЕТЕ ВЫ ВСКОРЕ С ЛИЦА БЛА-

ГОДАТНОЙ ЗЕМЛИ, КОТОРУЮ ГОСПОДЬ ДАЕТ ВАМ. ПРИМИТЕ ЭТИ

МОИ СЛОВА СЕРДЦЕМ ВАШИМ И ДУШОЮ ВАШЕЙ, И ПОВЯЖИТЕ ИХ

КАК ЗНАК НА РУКУ ВАШУ, И БУДУТ ОНИ ЗНАКАМИ НАД ГЛАЗАМИ

ВАШИМИ.* И НАУЧИТЕ ИМ СЫНОВЕЙ ВАШИХ, ЧТОБЫ ВСЕ ВЫ ПРОИЗНО-

СИЛИ ИХ, СИДЯ В ДОМЕ СВОЕМ, НАХОДЯСЬ В ДОРОГЕ, ЛОЖАСЬ И ВСТА-

ВАЯ; И НАПИШИТЕ ИХ НА ДВЕРНЫХ КОСЯКАХ ДОМА СВОЕГО И НА

ВОРОТАХ СВОИХ, ЧТОБЫ ВЫ И СЫНОВЬЯ ВАШИ ЖИЛИ В СТРАНЕ, О

КОТОРОЙ ГОСПОДЬ КЛЯЛСЯ ВАШИМ ОТЦАМ, [ОБЕЩАВ] ДАРОВАТЬ

[ЕЕ] ИМ, ТАК ДОЛГО, КАК ДОЛГО СУЩЕСТВУЮТ НЕБЕСА НАД ЗЕМЛЕЙ.[1]

Здесь следует взять кисти цицит в правую руку и посмотреть на них. Они должны оставаться зажатыми в руке молящегося до тех пор, пока он не дойдет до слов "... И ЖЕ-ЛАННЫ ВЕЧНО..." (стр. 48). Произнеся эти слова, следует поцеловать цицит и выпустить их из руки.

ויאמר И ГОСПОДЬ СКАЗАЛ МОШЕ ТАК: ОБРАТИСЬ

К СЫНАМ ИЗРАИЛЯ И СКАЖИ ИМ, ЧТОБЫ ДЕЛАЛИ

СЕБЕ КИСТИ** НА УГЛАХ ОДЕЖДЫ ВО ВСЕХ ПОКО-

ЛЕНИЯХ СВОИХ И ВПЛЕТАЛИ В КАЖДУЮ КИСТЬ**

НА ТЕХ УГЛАХ ГОЛУБУЮ ШЕРСТЯНУЮ НИТЬ,

---

1. Дварим, 11:13—21.
* Произнося слова "КАК ЗНАК НА РУКУ ВАШУ", касаются тфилин на руке, произнося слова "ЗНАКАМИ НАД ГЛАЗАМИ ВАШИМИ", — тфилин на голове.
** Произнося эти слова, следует поцеловать цицит.

וְהָיָה לָכֶם לְצִיצִת, וּרְאִיתֶם, אֹתוֹ,
וּזְכַרְתֶּם, אֶת כָּל מִצְוֹת יְיָ, וַעֲשִׂיתֶם,
אֹתָם. וְלֹא תָתוּרוּ אַחֲרֵי לְבַבְכֶם וְאַחֲרֵי
עֵינֵיכֶם אֲשֶׁר אַתֶּם זֹנִים אַחֲרֵיהֶם:
לְמַעַן תִּזְכְּרוּ וַעֲשִׂיתֶם אֶת כָּל מִצְוֹתָי,
וִהְיִיתֶם קְדֹשִׁים לֵאלֹהֵיכֶם: אֲנִי יְיָ
אֱלֹהֵיכֶם, אֲשֶׁר הוֹצֵאתִי אֶתְכֶם, מֵאֶרֶץ
מִצְרַיִם לִהְיוֹת לָכֶם לֵאלֹהִים, אֲנִי יְיָ
אֱלֹהֵיכֶם   ויֹּאמֶר אלהיכם לאמת

אֱמֶת, וְיַצִּיב, וְנָכוֹן, וְקַיָּם, וְיָשָׁר, וְנֶאֱמָן, וְאָהוּב
וְחָבִיב, וְנֶחְמָד וְנָעִים, וְנוֹרָא וְאַדִּיר,
וּמְתֻקָּן וּמְקֻבָּל, וְטוֹב וְיָפֶה, הַדָּבָר הַזֶּה עָלֵינוּ
לְעוֹלָם וָעֶד: אֱמֶת, אֱלֹהֵי עוֹלָם מַלְכֵּנוּ צוּר
יַעֲקֹב מָגֵן יִשְׁעֵנוּ, לְדֹר וָדֹר הוּא קַיָּם, וּשְׁמוֹ קַיָּם,
וְכִסְאוֹ נָכוֹן, וּמַלְכוּתוֹ   וֶאֱמוּנָתוֹ לָעַד קַיֶּמֶת:
וּדְבָרָיו חָיִים וְקַיָּמִים, נֶאֱמָנִים וְנֶחֱמָדִים לָעַד
וּלְעוֹלְמֵי עוֹלָמִים: עַל אֲבוֹתֵינוּ וְעָלֵינוּ, עַל בָּנֵינוּ
וְעַל דּוֹרוֹתֵינוּ, וְעַל כָּל דּוֹרוֹת זֶרַע יִשְׂרָאֵל עֲבָדֶיךָ

И БУДУТ У ВАС КИСТИ,* ПОСМОТРЕВ НА КОТОРЫЕ, ВЫ БУДЕТЕ ВСПОМИНАТЬ ВСЕ ЗАПОВЕДИ ГОСПОДА И ИСПОЛНЯТЬ ИХ. И НЕ БУДЕТЕ ВЫ БЛУЖДАТЬ, ВЛЕКОМЫЕ СЕРДЦЕМ И ГЛАЗАМИ ВАШИМИ, ПОДОБНО ТОМУ, КАК БЛУЖДАЕТЕ [НЫНЕ], ВЛЕКО-МЫЕ ИМИ, — ЧТОБЫ ВЫ ПОМНИЛИ И ИСПОЛНЯЛИ ВСЕ ЗАПО-ВЕДИ МОИ И БЫЛИ СВЯТЫ ПРЕД ВАШИМ БОГОМ. Я, ГОСПОДЬ, — БОГ ВАШ, КОТОРЫЙ ВЫВЕЛ ВАС ИЗ СТРАНЫ ЕГИПЕТСКОЙ, ЧТОБЫ БЫТЬ ВАШИМ БОГОМ.** Я, ГОСПОДЬ, — БОГ ВАШ.[1]

Не следует делать паузу между словами "БОГ ВАШ" и "ИСТИННОЕ". Произнеся слово "ИСТИННОЕ", не продолжают молитву до тех пор, пока не услышат слова хазана "ГОСПОДЬ, – БОГ ВАШ. ИСТИННОЕ...". Тот, кто закончил благословение "ЛЮБОВЬЮ ВЕЧНОЙ...", стр. 44, после того, как хазан произнес "ГОСПОДЬ, – БОГ ВАШ. ИСТИН-НОЕ...", или тот, кто молится без "миньяна", должен дважды повторить слова "Я, ГОС-ПОДЬ, – БОГ ВАШ".

אֱמֶת ИСТИННОЕ,* И НЕСОМНЕННОЕ, И ДОСТОВЕРНОЕ, И НЕПРЕЛОЖ-НОЕ, И ЯСНОЕ, И НАДЕЖНОЕ, И ЛЮБИМОЕ, И ВОЗЛЮБЛЕННОЕ, И ЖЕ-ЛАННОЕ, И ПРИЯТНОЕ [НАМ], И ГРОЗНОЕ, И МОГУЩЕСТВЕННОЕ, И ВЕР-НОЕ, И НЕОСПОРИМОЕ, И ДОБРОЕ, И ПРЕКРАСНОЕ СЛОВО ЭТО ДАНО НАМ НА ВЕКИ ВЕКОВ. ПОИСТИНЕ, ВЕЧНЫЙ БОГ — ВЛАДЫКА НАШ; ОП-ЛОТ ЯАКОВА — ЗАЩИТНИК, СПАСИТЕЛЬ НАШ; ОДНО ПОКОЛЕНИЕ СМЕ-НЯЕТСЯ ДРУГИМ, А ОН НЕИЗМЕНЕН, И НЕИЗМЕННО ЕГО ИМЯ, И ТРОН ЕГО НЕЗЫБЛЕМ, И ЦАРСТВО ЕГО, И КЛЯТВА ЕГО НЕРУШИМЫ ВОВЕК.* И СЛОВА ЕГО ЖИВЫ И НАДЕЖНЫ, ДОСТОВЕРНЫ И ЖЕЛАННЫ ВЕЧНО,* ВО ВСЕ ВРЕМЕНА. ДЛЯ ОТЦОВ НАШИХ И ДЛЯ НАС, ДЛЯ СЫНОВЕЙ НАШИХ И НАШИХ ПОТОМКОВ И ДЛЯ ВСЕХ ПОКОЛЕНИЙ ИЗРАИЛЯ, РАБОВ ТВОИХ,

---

1. Бемидбар, 15:37—41.
* Произнося эти слова, следует поцеловать цицит.
** Произнося эти слова и следующее за ними благословение "ИСТИННОЕ, И НЕСОМНЕН-НОЕ...", молящийся должен иметь в виду, что он выполняет заповедь Торы ежедневно вспоминать об исходе из Египта.

עַל הָרִאשׁוֹנִים וְעַל הָאַחֲרוֹנִים דָּבָר טוֹב וְקַיָּם בָּאֱמֶת
וּבֶאֱמוּנָה חוֹק וְלֹא יַעֲבֹר: אֱמֶת, שָׁאַתָּה הוּא יְיָ אֱלֹהֵינוּ
וֵאלֹהֵי אֲבוֹתֵינוּ, מַלְכֵּנוּ מֶלֶךְ אֲבוֹתֵינוּ, גּוֹאֲלֵנוּ גּוֹאֵל
אֲבוֹתֵינוּ, צוּרֵנוּ, צוּר יְשׁוּעָתֵנוּ, פּוֹדֵנוּ וּמַצִּילֵנוּ מֵעוֹלָם הוּא
שְׁמֶךָ, וְאֵין לָנוּ עוֹד אֱלֹהִים זוּלָתֶךָ סֶלָה:

עֶזְרַת אֲבוֹתֵינוּ אַתָּה הוּא מֵעוֹלָם, מָגֵן וּמוֹשִׁיעַ
לָהֶם וְלִבְנֵיהֶם אַחֲרֵיהֶם בְּכָל דּוֹר וָדוֹר:
בְּרוּם עוֹלָם מוֹשָׁבֶךָ,   וּמִשְׁפָּטֶיךָ וְצִדְקָתְךָ עַד
אַפְסֵי אָרֶץ. אֱמֶת, אַשְׁרֵי אִישׁ שֶׁיִּשְׁמַע לְמִצְוֹתֶיךָ,
וְתוֹרָתְךָ וּדְבָרְךָ יָשִׂים עַל לִבּוֹ . אֱמֶת, אַתָּה
הוּא אָדוֹן לְעַמֶּךָ, וּמֶלֶךְ גִּבּוֹר לָרִיב רִיבָם,
לְאָבוֹת וּבָנִים . אֱמֶת, אַתָּה הוּא רִאשׁוֹן, וְאַתָּה
הוּא אַחֲרוֹן, וּמִבַּלְעָדֶיךָ אֵין לָנוּ מֶלֶךְ גּוֹאֵל
וּמוֹשִׁיעַ . אֱמֶת, מִמִּצְרַיִם גְּאַלְתָּנוּ יְיָ אֱלֹהֵינוּ,
וּמִבֵּית עֲבָדִים פְּדִיתָנוּ . כָּל בְּכוֹרֵיהֶם
הָרָגְתָּ, וּבְכוֹרְךָ יִשְׂרָאֵל גָּאָלְתָּ, וְיַם סוּף לָהֶם
בָּקַעְתָּ, וְזֵדִים טִבַּעְתָּ, וִידִידִים הֶעֱבַרְתָּ,
וַיְכַסּוּ מַיִם צָרֵיהֶם, אֶחָד מֵהֶם לֹא נוֹתָר .
עַל זֹאת שִׁבְּחוּ אֲהוּבִים, וְרוֹמְמוּ לָאֵל , וְנָתְנוּ
יְדִידִים זְמִרוֹת שִׁירוֹת וְתִשְׁבָּחוֹת, בְּרָכוֹת
וְהוֹדָאוֹת לְמֶלֶךְ אֵל חַי וְקַיָּם: רָם וְנִשָּׂא גָּדוֹל
וְנוֹרָא, מַשְׁפִּיל גֵּאִים עֲדֵי אָרֶץ, וּמַגְבִּיהַּ שְׁפָלִים

על ОТ ПЕРВЫХ ДО ПОСЛЕДНИХ, — СЛОВО ЭТО ДОБРО И ВЕЧНО, ДО-СТОВЕРНО И НАДЕЖНО, НЕПРЕЛОЖНЫЙ ЗАКОН. ИСТИНА В ТОМ, ЧТО ТЫ, ГОСПОДЬ, — БОГ НАШ И БОГ ОТЦОВ НАШИХ, ВЛАДЫКА НАШ И ВЛАДЫ-КА ОТЦОВ НАШИХ, ИЗБАВИТЕЛЬ НАШ, ИЗБАВИТЕЛЬ ОТЦОВ НАШИХ, ТВЕРДЫНЯ НАША, ОПЛОТ, СПАСИТЕЛЬ НАШ. ОСВОБОДИТЕЛЬ НАШ И ИЗБАВИТЕЛЬ НАШ — ВОТ ИМЯ ТЕБЕ ОТ ВЕКА! И НЕТ У НАС БОГА КРОМЕ ТЕБЯ ВОВЕК.

עזרת ПОДДЕРЖКОЙ ОТЦАМ НАШИМ ТЫ БЫЛ ВСЕГДА, ЗАЩИТНИКОМ И СПАСИТЕЛЕМ БЫЛ ДЛЯ НИХ, А ПОСЛЕ НИХ — ДЛЯ СЫНОВЕЙ ИХ ВО ВСЕХ ПОКОЛЕНИЯХ. В ВЫСОТАХ МИРА ПРЕБЫВАЕШЬ ТЫ; И ЗАКОНЫ ТВОИ, И СПРАВЕДЛИВОСТЬ ТВОЯ — ВО ВСЕХ ЗЕМНЫХ ПРЕДЕЛАХ. ПОИС-ТИНЕ СЧАСТЛИВ ЧЕЛОВЕК, КОТОРЫЙ ПОСЛУШЕН ТВОИМ ЗАПОВЕДЯМ И ТОРУ ТВОЮ, И СЛОВО ТВОЕ ПРИНЯЛ В СВОЕ СЕРДЦЕ. ПОИСТИНЕ, ТЫ — ВЛАСТЕЛИН СВОЕГО НАРОДА, МОГУЧИЙ ВЛАДЫКА, ЗАСТУПАЮЩИЙСЯ ЗА НЕГО, — ЗА ОТЦОВ И СЫНОВЕЙ. ПОИСТИНЕ, ТЫ ПЕРВЫЙ И ТЫ ПОСЛЕДНИЙ, И КРОМЕ ТЕБЯ НЕТ У НАС ВЛАДЫКИ, ИЗБАВИТЕЛЯ И СПАСИТЕЛЯ. ИСТИНА В ТОМ, ЧТО ИЗ ЕГИПТА ТЫ СПАС НАС, ГОСПОДЬ, БОГ НАШ, И ВЫКУПИЛ НАС ИЗ ДОМА РАБСТВА. ВСЕХ ПЕРВЕНЦЕВ ИХ ТЫ УБИЛ, А ПЕРВЕНЦА СВОЕГО, НАРОД ИЗРАИЛЯ, ИЗБАВИЛ ТЫ, И КРАСНОЕ МОРЕ РАССЕК ТЫ ДЛЯ НЕГО, И УТОПИЛ ТЫ ЗЛОДЕЕВ, А ПРИБЛИЖЕННЫХ СВОИХ ПЕРЕПРАВИЛ; И ВОДЫ ПОКРЫЛИ ИХ ВРАГОВ, И НИ ОДИН ИЗ НИХ НЕ УЦЕЛЕЛ. ЗА ЭТО ЛЮБИМЫЕ ИМ ВОСХВАЛИЛИ И ВОЗВЕЛИЧИЛИ БОГА, И ЗАПЕЛИ ЕГО ПРИБЛИЖЕННЫЕ ПЕСНИ, ГИМНЫ И ПСАЛМЫ, ВОЗНЕСЛИ БЛАГОСЛОВЕНИЕ И БЛАГОДАРНОСТЬ ВЛАДЫКЕ, БОГУ ЖИВОМУ И ВЕЧНОМУ, КОТОРЫЙ ВЫСОК И ПРЕВОЗНЕСЕН, ВЕ-ЛИК И ГРОЗЕН, ПРИГИБАЕТ ГОРДЫХ К ЗЕМЛЕ, КРОТКИХ ПОДНИМАЕТ

עַד מָרוֹם, מוֹצִיא אֲסִירִים, פּוֹדֶה עֲנָוִים, עוֹזֵר
דַּלִּים, הָעוֹנֶה לְעַמּוֹ יִשְׂרָאֵל בְּעֵת שַׁוְּעָם
אֵלָיו. תְּהִלּוֹת לָאֵל עֶלְיוֹן גּוֹאֲלָם, בָּרוּךְ הוּא וּמְבֹרָךְ,
מֹשֶׁה וּבְנֵי יִשְׂרָאֵל לְךָ עָנוּ שִׁירָה בְּשִׂמְחָה רַבָּה,
וְאָמְרוּ כֻלָּם: מִי כָמֹכָה בָּאֵלִם יְיָ, מִי כָּמֹכָה
נֶאְדָּר בַּקֹּדֶשׁ, נוֹרָא תְהִלֹּת עֹשֵׂה פֶלֶא:

שִׁירָה חֲדָשָׁה שִׁבְּחוּ גְאוּלִים לְשִׁמְךָ הַגָּדוֹל עַל שְׂפַת
הַיָּם, יַחַד כֻּלָּם הוֹדוּ וְהִמְלִיכוּ וְאָמְרוּ: יְיָ יִמְלֹךְ
לְעוֹלָם וָעֶד. וְנֶאֱמַר. גֹּאֲלֵנוּ יְיָ צְבָאוֹת שְׁמוֹ, קְדוֹשׁ
יִשְׂרָאֵל: בָּרוּךְ אַתָּה יְיָ גָּאַל יִשְׂרָאֵל:

שלחן ערוך	הלכות תפלה	אדמו"ר

(א) המתפלל צריך שיכוון בלבו פירוש המלות שמוציא בשפתיו שנאמר תכין לבם הקשיב אזנך וצריך
שיראה עצמו כאלו שכינה שרויה כנגדו ויער הכוונה ויסיר כל המחשבות הטורדות אותו עד שתשאר
מחשבתו וכוונתו זכה בתפלתו ויחשוב כי אלו היה מדבר לפני מלך בשר ודם היה היה מסדר דבריו ומכוין בהם יפה
לבל יכשל קל וחומר לפני מלך מלכי המלכים הקדוש ברוך הוא שצריך לכוין לפניו אף מחשבתו כי לפניו
המחשבה כדבור כי כל המחשבות הוא חוקר כו' ואם תבא לו מחשבה אחרת בתיך התם ה'' ישתוק עד שתתבטל
המחשבה כו': (ב) אפי' לענית קדיש וברכו וקדושה לא יפסיק בתחלת י"ח אלא ישתוק ויכוין לכה שאומר הש"ץ
כו' וכשמגיע הש"ץ בקדיש ליתברך וישתכח חוזר הוא לתפלתו: (ג) הטועה וטוזכיר מאורע שאר ימים בתפלה
שלא בזמנה כגון יעלה ויבא שלא בראש חדש וזולו של מועד או של שבת ויום טוב בחול אם יום נזכר שטעה פוסק
כיד אפי' באמצע הברכה. ואם לא נזכר עד לאחר שגמר הברכה אז כל התפלה כו' יחזור ויתפלל בתורת נדבה
ואין צריך להדש בה דבר: (ד) צריך לסמוך גאולה להתפלה ולא יפסיק בינתיהם כו' בשום פסוק שניהגו ליבר קודם
תפלת י"ח כגון פסוק כי שם ה' אקרא ודומיו חוץ מפסוק אדני שפתי תפתח שהיא הגבה מתקנת חכם כ אינו
חשיב הפסק: (ה) אלו ברכות ששוחין בהן באבות תחלה וסוף ובהודאה תחלה וסוף ואם בא לשחית בסיף כל
ברכה או בתחלתה כלמדין אותו שלא ישחה כו' אבל באמצעיתן מיתר לשחות: (ו) הכתפלל כירע בברוך חוקף
בשם על שם ה' זוקף כפופים: (ז) כשאומר ברוך יכרע בברכיו ובאתה ישתהוה עד שיתפקקו החוליות:

אֲדֹנָי, שְׂפָתַי תִּפְתָּח וּפִי יַגִּיד תְּהִלָּתֶךָ:

בָּרוּךְ אַתָּה יְיָ אֱלֹהֵינוּ וֵאלֹהֵי אֲבוֹתֵינוּ,
אֱלֹהֵי אַבְרָהָם, אֱלֹהֵי יִצְחָק,
וֵאלֹהֵי יַעֲקֹב, הָאֵל הַגָּדוֹל הַגִּבּוֹר

תו"א א) שמות טו יא: ב) שם טו יח: ג) ישעיה מז ד: ד) תהלים נא יז: ה) דברים י יז: ו) נחמיה ם לב:

К ВЫСОТАМ, ОСВОБОЖДАЕТ УЗНИКОВ, СПАСАЕТ СМИРЕННЫХ, ПОМОГАЕТ БЕДНЫМ; ОН ОТВЕЧАЕТ СВОЕМУ НАРОДУ, ИЗРАИЛЮ, КОГДА ТОТ ВЗЫВАЕТ К НЕМУ.* ХВАЛА БОГУ ВСЕВЫШНЕМУ, ИЗБАВИТЕЛЮ ИХ, БЛАГОСЛОВЕН ОН И БЛАГОСЛОВЛЯЕМ! МОШЕ И СЫНЫ ИЗРАИЛЯ ПЕЛИ ГИМНЫ ТЕБЕ В ВЕЛИКОЙ РАДОСТИ И ПРОВОЗГЛАШАЛИ ХОРОМ: "КТО СРЕДИ ВЫСШИХ СИЛ ПОДОБЕН ТЕБЕ, ГОСПОДЬ, КТО ПОДОБЕН ТЕБЕ, МОГУЧЕМУ И СВЯТОМУ, ВНУШАЮЩЕМУ ТРЕПЕТ СЛАВЯЩИМ ЕГО, ТВОРЯЩЕМУ ЧУДЕСА!"[1]

שירה НОВЫМ ГИМНОМ ВОСХВАЛЯЛИ ИЗБАВЛЕННЫЕ ВЕЛИКОЕ ИМЯ ТВОЕ НА БЕРЕГУ КРАСНОГО МОРЯ. ВСЕ В ОДИН ГОЛОС СЛАВИЛИ [ТЕБЯ] И ВОСПЕВАЛИ ЦАРСТВО [ТВОЕ], ВОЗГЛАШАЯ: "ГОСПОДЬ БУДЕТ ЦАРСТВОВАТЬ ВО ВЕКИ ВЕКОВ!"[2] И СКАЗАНО: "НАШ ИЗБАВИТЕЛЬ – ГОСПОДЬ ВОИНСТВ; ИМЯ ЕМУ – СВЯТЫНЯ ИЗРАИЛЯ!"[3] БЛАГОСЛОВЕН ТЫ, ГОСПОДЬ, СПАСШИЙ ИЗРАИЛЬ!

ЗАКОНЫ, КАСАЮЩИЕСЯ МОЛИТВЫ "ШМОНЭ-ЭСРЭ"

Шулхан арух Ѓарав:
1. Молящийся должен сосредоточиться на смысле произносимых им слов, ибо сказано: "Обрати их сердца [к Себе] и Ты услышишь [их молитву]" (Теѓилим, 10:17). Молящийся должен мысленно представить себе, что стоит пред Всевышним, обязан устранить все посторонние мысли, чтобы его разум и чувства были сосредоточены только на молитве. Ему следует подумать о том, что если бы он разговаривал даже с земным царем, то старался бы тщательно выбирать слова, чтобы не сказать что-либо неподобающее. Тем более, разговаривая с Царем царей, благословен Он, человек должен взвешивать свои слова. Подобно этому и мысли его должны быть чисты, ибо наши мысли известны Всевышнему так же, как и наши речи. А если у молящегося Ему возникла посторонняя мысль, он должен прервать молитву и возобновить ее лишь после того, как избавится от этой мысли.
2. Нельзя прерывать молитву даже для того, чтобы ответить "амен" на "Кадиш", на "Барху" и на "Кдушу". Следует прервать молитву и слушать "Кадиш" молча, и лишь когда хазан начнет произносить слова יתברך וישתבח ("...И ВОСХВАЛЯЕМО, И ПРОСЛАВЛЯЕМО..."), можно продолжать свою молитву.
3. Если молящийся произнес по ошибке одну из молитв, которые добавляются к "Шмонэ-эсрэ" в особые дни (например, сказал יעלה ויבא "ДА ПОДНИМЕТСЯ, И ПРИДЕТ...") в день, не являющийся рош-ходешем или холь-гамоэд) то, если он заметил свою ошибку до того, как произнес "БЛАГОСЛОВЕН ТЫ, ГОСПОДЬ..." в конце благословения, в котором ошибка допущена, ему следует повторить все благословение. Если он заметил свою ошибку после того, как завершил благословение, то ему следует продолжить молитву, не возвращаясь к началу благословения. Но так как в Галахе существуют различные мнения по поводу того, следует ли повторять в таком случае "Шмонэ-эсрэ" заново, – нужно произнести "Шмонэ-эсрэ" еще раз, имея при этом в виду, что эта повторная молитва, возможно, не обязательна.
4. Запрещено делать паузу или произносить что-либо между последним благословением после молитвы "Шма", оканчивающимся словами גאל ישראל ("... СПАСШИЙ ИЗРАИЛЬ!"), и "Шмонэ-эсрэ"; даже фразы из Танаха нельзя произносить. Исключением является фраза אדני שפתי תפתח ("ГОСПОДЬ, ДАЙ МНЕ СИЛЫ..."), которую произносят по установлению мудрецов Талмуда, и она рассматривается поэтому как часть "Шмонэ-эсрэ".
5. В начале и в конце первого благословения при слове ברוך ("БЛАГОСЛОВЕН") сгибают колени; при слове אתה ("ТЫ") склоняются так, чтобы под кожей на спине проступили позвонки; при слове ה ("ГОСПОДЬ") выпрямляются, так как сказано: "Г-сподь распрямляет согбенных" (Теѓилим, 146:8). В начале восемнадцатого благословения при слове מודים ("БЛАГОДАРИМ") совершают один поклон, а в конце кланяются так, как при произнесении первого благословения. В начале и в конце остальных благословений кланяться не следует, в середине – не возбраняется.

"ШМОНЭ-ЭСРЭ"

Перед тем, как приступить к молитве "Шмонэ-эсрэ", делают три шага назад, а затем возвращаются на прежнее место.

אדני ГОСПОДЬ, ДАЙ МНЕ СИЛЫ МОЛИТЬСЯ ПРЕД ТОБОЙ, [ПРОСТИВ МНЕ ГРЕХИ], И УСТА МОИ ВОССЛАВЯТ ТЕБЯ.[4]

ברוך БЛАГОСЛОВЕН ТЫ, ГОСПОДЬ, БОГ НАШ И БОГ ОТЦОВ НАШИХ, БОГ АВРАЃАМА, БОГ ИЦХАКА И БОГ ЯАКОВА, БОГ ВЕЛИКИЙ, МОГУЧИЙ

---

1. Шмот, 15:11. 2. Шмот, 15:18. 3. Йешаяѓу, 37:4. 4. Теѓилим, 51:17.
* В этом месте следует встать и подготовиться к молитве "Шмонэ-эсрэ".

וְהַנּוֹרָא, אֵל עֶלְיוֹן, גּוֹמֵל חֲסָדִים טוֹבִים, קוֹנֵה הַכֹּל, וְזוֹכֵר חַסְדֵי אָבוֹת, וּמֵבִיא גוֹאֵל לִבְנֵי בְנֵיהֶם לְמַעַן שְׁמוֹ בְּאַהֲבָה:

(שו״ע) (א) הגאונים תקנו לומר בעשי״ת בברכת אבות זכרנו ובגבורות מי כמוך ובהודאה וכתוב ובשים שלום בספר ואם שכח לאומרם ונזכר קודם שסיים הברכה ששכח בה אומרם במקום שנזכר ואם נזכר לאחר שהזכיר את השם שבחתימת הברכה לא יאמר במקום שנזכר וגם לא יחזור לראש הברכה משום איסור ברכה לבטלה כיון דאינן אלא תקון הגאונים:

בעשי״ת
זָכְרֵנוּ לְחַיִּים, מֶלֶךְ חָפֵץ בַּחַיִּים, וְכָתְבֵנוּ בְּסֵפֶר הַחַיִּים, לְמַעַנְךָ אֱלֹהִים חַיִּים:

מֶלֶךְ, עוֹזֵר וּמוֹשִׁיעַ וּמָגֵן. בָּרוּךְ אַתָּה יְיָ, מָגֵן אַבְרָהָם:

אַתָּה גִבּוֹר לְעוֹלָם אֲדֹנָי, מְחַיֵּה מֵתִים אַתָּה, רַב לְהוֹשִׁיעַ:

(שו״ע) (א) מתחילין להזכיר הגשם בברכה שניה בתפלת מוסף של שמיני עצרת ואין פוסקין עד תפלת מוסף של יום טוב הראשון של פסח. (ב) אם אבר מוריד הגשם בימות החמה מחזירין אותו כו׳ צריך לחזור לראש הברכה כו׳ ואם נזכר אחר חתימת הברכה צריך לחזור לראש התפלה: (ג) בימות הגשמים אם לא אבר מוריד הגשם (אפי׳ אמר משיב הרוח) בחזירין אותו והוא הדין של אם הזכיר של אין מחזירין אותו (אפי׳ לא סיים הברכה): (ד) במה דברים אמורים שמחזירין אותו אם לא הזכיר גשם ולא, כל בימות הגשמים כשסיים כל הברכה והתחיל ברכה שלאחריה ואז חוזר לראש התפלה מטעם שנתבאר למעלה אבל אם נזכר קודם שסיים הברכה יאמר משיב הרוח ומוריד הגשם במקום שנזכר כו׳ ואפי׳ אם סיים הברכה בלא חתימה ושוב אימר אתה קדוש אתה קדוש אין צריך לחזור לראש אלא יאמר משיב הרוח ומוריד הגשם:
(ה) אם מסופק בימות החמה אם הזכיר מוריד הגשם עד ל׳ יום בחזקת שהזכירו כמו שהיה רגיל כל ימות החורף וצריך לחזור ובימות הגשמים צריך גם כן לחזור עד ל׳ יום כי׳ לאחר ל׳ יום אין צריך לחזור שהוור נתרגל לשונו לומר כהלכה ומן הסתם אבר כהרגל לשונו:

בקיץ מוֹרִיד הַטָּל: בחורף מַשִּׁיב הָרוּחַ וּמוֹרִיד הַגָּשֶׁם:

מְכַלְכֵּל חַיִּים בְּחֶסֶד, מְחַיֵּה מֵתִים בְּרַחֲמִים רַבִּים, סוֹמֵךְ נוֹפְלִים, וְרוֹפֵא חוֹלִים, וּמַתִּיר אֲסוּרִים, וּמְקַיֵּם אֱמוּנָתוֹ

לישני

И ГРОЗНЫЙ, ВСЕВЫШНИЙ БОГ, ДАРУЮЩИЙ БЛАГА, СОТВОРИВШИЙ ВСЕ, И ПОМНЯЩИЙ ДОБРЫЕ ДЕЛА ОТЦОВ, И ПО ЛЮБВИ СВОЕЙ ПОСЫЛАЮЩИЙ ИЗБАВИТЕЛЯ СЫНОВЬЯМ ИХ СЫНОВЕЙ РАДИ ИМЕНИ СВОЕГО!

Шулхан арух Гарав:
Геоним установили, что в "десять дней раскаяния" в "Шмонэ-эсрэ" добавляют следующие слова: в первом благословении — זכרנו ("ВСПОМНИ НАС, ЧТОБЫ ДАРОВАТЬ НАМ ЖИЗНЬ..."), во втором מי כמוך ("КТО ПОДОБЕН ТЕБЕ..."), в предпоследнем — וכתוב ("И ЗАПИШИ..."), в последнем — ובספר ("И В КНИГЕ..."). Если молящийся пропустил эти слова, но заметил свою ошибку до завершения благословения, к которому их следовало добавить, то ему следует произнести эти слова сразу же. Если же он заметил ошибку после того, как сказал "БЛАГОСЛОВЕН ТЫ, ГОСПОДЬ...", то должен завершить благословение и не повторять его заново, поскольку благословение из-за этой ошибки не стало недействительным, а повторять его без необходимости запрещено.

В "десять дней раскаяния" говорят:

זכרנו ВСПОМНИ НАС, ЧТОБЫ ДАРОВАТЬ НАМ ЖИЗНЬ, ВЛАДЫКА, КОТОРОМУ УГОДНА ЖИЗНЬ, И ЗАПИШИ НАС В КНИГУ ЖИЗНИ РАДИ СЕБЯ, БОГ ЖИЗНИ!

מלך [ТЫ —] ВЛАДЫКА, КОТОРЫЙ ПОМОГАЕТ, СПАСАЕТ И ЗАЩИЩАЕТ. БЛАГОСЛОВЕН ТЫ, ГОСПОДЬ, ЗАЩИТНИК АВРАГАМА!

אתה ТВОЕ МОГУЩЕСТВО ВЕЧНО, ГОСПОДЬ, ТЫ ВОЗВРАЩАЕШЬ МЕРТВЫХ К ЖИЗНИ, ТЫ — ВЕЛИКИЙ ИЗБАВИТЕЛЬ...

Шулхан арух Гарав:
1. Начиная с молитвы "Мусаф" в Шмини-Ацерет, произносят משיב הרוח ומוריד הגשם ("ПОСЫЛАЮЩИЙ ВЕТЕР И ДАРУЮЩИЙ ДОЖДЬ") и продолжают говорить эти слова до молитвы "Мусаф" в первый день праздника Песах, когда начинают вместо этого произносить מוריד הטל ("...ПОСЫЛАЮЩИЙ РОСУ"). [Период между Шмини-Ацерет и праздником Песах в дальнейшем называется "зима", а период между праздником Песах и Шмини-Ацерет — "лето".]
2. Если летом молящийся произнес по ошибке во втором благословении "ПОСЫЛАЮЩИЙ ВЕТЕР И ДАРУЮЩИЙ ДОЖДЬ", но заметил свою ошибку до его завершения, то ему следует повторить все это благословение. Если же он заметил эту ошибку после того, как завершил все благословение, ему следует повторить всю молитву "Шмонэ-эсрэ" с самого начала.
3. Если зимой молящийся пропустил слова "ПОСЫЛАЮЩИЙ ВЕТЕР И ДАРУЮЩИЙ ДОЖДЬ", он должен повторить молитву заново, даже в том случае, если произнес слова "ПОСЫЛАЮЩИЙ ВЕТЕР". Однако в том случае, если зимой были по ошибке произнесены слова "ПОСЫЛАЮЩИЙ РОСУ", повторять ни всю молитву, ни даже одно это благословение не следует.
4. Если зимой молящийся пропустил слова "ПОСЫЛАЮЩИЙ ВЕТЕР И ДАРУЮЩИЙ ДОЖДЬ", но заметил свою ошибку до того, как начал произносить следующее благословение, он должен произнести эти слова в том месте, где заметил свою ошибку, и продолжить молитву.
5. Если молящийся сомневается, не произнес ли он по ошибке вместо "ПОСЫЛАЮЩИЙ РОСУ" — "ПОСЫЛАЮЩИЙ ВЕТЕР", то в том случае, если это произошло в первые тридцать дней лета, ему следует повторить всю молитву сначала, так как, скорее всего, он по привычке сказал: "ПОСЫЛАЮЩИЙ ВЕТЕР".

Летом говорят:
מוריד ...ПОСЫЛАЮЩИЙ РОСУ...

Зимой говорят:
משיב ...ПОСЫЛАЮЩИЙ ВЕТЕР И ДАРУЮЩИЙ ДОЖДЬ...

מכלכל ...ПИТАЮЩИЙ ПО ДОБРОТЕ СВОЕЙ ЖИВЫХ, ПО ВЕЛИКОМУ МИЛОСЕРДИЮ ВОЗВРАЩАЮЩИЙ МЕРТВЫХ К ЖИЗНИ, ПОДДЕРЖИВАЮЩИЙ ПАДАЮЩИХ, И ИСЦЕЛЯЮЩИЙ БОЛЬНЫХ, И ОСВОБОЖДАЮЩИЙ УЗНИКОВ, И ИСПОЛНЯЮЩИЙ СВОЕ ОБЕЩАНИЕ [ВОЗВРАТИТЬ ЖИЗНЬ]

לִישֵׁנֵי עָפָר . מִי כָמוֹךָ בַּעַל גְּבוּרוֹת
וּמִי דוֹמֶה לָּךְ , מֶלֶךְ מֵמִית וּמְחַיֶּה
וּמַצְמִיחַ יְשׁוּעָה :

שכח לומר מי כמוך דינו כמו בוברנו עי"ש :

בעשי"ת מִי כָמוֹךָ אַב הָרַחֲמָן זוֹכֵר יְצוּרָיו לְחַיִּים בְּרַחֲמִים :

וְנֶאֱמָן אַתָּה לְהַחֲיוֹת מֵתִים . בָּרוּךְ
אַתָּה יְיָ, מְחַיֵּה הַמֵּתִים : בחזרת הש"ץ אופרים כאן קדושה*)

(שו"ע) (א) כל השנה אדם בתפלל האל הקדוש בברכה ג' ופיך אוהב צדקה ומשפט בברכה י"א חוץ מעשרה
ימים שבין ר"ה ליה"כ שבהן צריך לוזכר הבלך הקדוש המלך הבשפש כו' ואם טעה ואמר האל הקדוש
או שהוא מסופק אם אבר הבלך הקדוש אם נזכר לאחר שטעה כדי שאילת שלום תלמיד לרבו אחר נסר הברכה
ואין צריך לוזכר אם נזכר לאחר שההתחיל ברכה רביעית צריך לחוזר לראש התפלה : (ב) ואם נזכר קודם ששהה
כדי שיעור זה אומר הבלך הקדוש ואין צריך להוזר לראש וכן הדין בהמלך הבשפש ואם נזכר לאחר ששהה
כדי שיעור זה שאבר בלך אוהב צדקה ומשפט אין צריך לחוזר לראש אבל לאחר שעקר רגליו סיב שיתפלל
עוד פעם בתירה נרבה ואין צריך להרש בה דבר :

אַתָּה קָדוֹשׁ וְשִׁמְךָ קָדוֹשׁ , וּקְדוֹשִׁים
בְּכָל יוֹם יְהַלְלוּךָ סֶּלָה . בָּרוּךְ
אַתָּה יְיָ, הָאֵל (בעשי"ת הַמֶּלֶךְ) הַקָּדוֹשׁ :

אתה

*) קדושה לש"ץ בחזרת התפלה :

נַקְדִּישְׁךָ וְנַעֲרִיצָךְ כְּנֹעַם שִׂיחַ סוֹד שַׂרְפֵי קֹדֶשׁ הַמְשַׁלְּשִׁים
לְךָ קְדֻשָּׁה , כַּכָּתוּב עַל יַד נְבִיאֶךָ וְקָרָא זֶה
אֶל זֶה וְאָמַר : קו"ח קָדוֹשׁ, קָדוֹשׁ, קָדוֹשׁ יְיָ צְבָאוֹת, מְלֹא
כָל הָאָרֶץ כְּבוֹדוֹ: חזן לְעֻמָּתָם מְשַׁבְּחִים וְאוֹמְרִים: קו"ח בָּרוּךְ
כְּבוֹד יְיָ מִמְּקוֹמוֹ : חזן וּבְדִבְרֵי קָדְשְׁךָ כָּתוּב לֵאמֹר :
קו"ח יִמְלֹךְ יְיָ לְעוֹלָם, אֱלֹהַיִךְ צִיּוֹן לְדֹר וָדֹר הַלְלוּיָהּ :

אתה קדוש

חר"א א) ישעיה ו ג' : ב) יחזקאל ג יב' : נ) תהלים קמו י :

ПОКОЯЩИМСЯ В ЗЕМЛЕ, — КТО ПОДОБЕН ТЕБЕ, ВСЕСИЛЬНЫЙ, И КТО СРАВНИТСЯ С ТОБОЙ, ВЛАДЫКА, КОТОРЫЙ УМЕРЩВЛЯ-ЕТ, И ОЖИВЛЯЕТ, И ВЗРАЩИВАЕТ СПАСЕНИЕ!

Правила, которых следует придерживаться тому, кто пропустил следующие слова, см. на стр. 51 перед словами זכרנו *("ВСПОМНИ...").*

В "десять дней раскаяния" говорят:

מי КТО ПОДОБЕН ТЕБЕ, МИЛОСЕРДНЫЙ ОТЕЦ, МИЛОСТИВО ВСПОМИНАЮЩИЙ О СВОИХ ТВОРЕНИЯХ, ДАРУЯ ИМ ЖИЗНЬ!

ונאמן И ВЕРЕН ТЫ [СВОЕМУ ОБЕЩАНИЮ] ВОЗВРАТИТЬ МЕРТВЫМ ЖИЗНЬ. БЛАГОСЛОВЕН ТЫ, ГОСПОДЬ, ВОЗВРАЩАЮ-ЩИЙ МЕРТВЫХ К ЖИЗНИ!

*При повторении хазаном молитвы "Шмонэ-эсрэ" здесь произносится "Кдуша".**

Шулхан арух Гарав:
1. В "десять дней раскаяния" в конце следующего благословения говорят: המלך הקדוש ("...ВЛАДЫКА СВЯТОЙ"). Если молящийся забыл произнести эти слова или сомневается, произнес ли их, то в том случае, если он заметил свою ошибку по истечении времени, необходимого для того, чтобы произнести фразу "Шалом алейхем, раби" (тем более, если он уже успел перейти к следующему благословению), ему следует прочитать всю молитву сначала.
2. Если молящийся заметил свою ошибку до того, как время, необходимое для про-изнесения приведенной выше фразы, истекло, то ему следует немедленно сказать нужные слова и продолжить молитву. То же относится и к одиннадцатому благословению, в конце которого в "десять дней раскаяния" говорят המלך המשפט ("ВЛАДЫКА ПРАВОСУДИЯ"), — в том случае, если молящийся вовремя не вспомнил, что ошибся. Если же он заметил свою ошибку по истечении определенного выше срока, ему не следует возвращаться к началу молитвы, он должен довести ее до конца; однако рекомендуется прочитать всю "Шмонэ-эсрэ" еще раз, имея при этом в виду, что эта повторная молитва, возможно, не обязательна, ибо в Галахе существуют различные мнения по поводу того, следует ли повторять в таком случае "Шмонэ-эсрэ" заново.

אתה ТЫ СВЯТ, И СВЯТО ИМЯ ТВОЕ, И СВЯТЫЕ [АНГЕЛЫ] БУДУТ ВОСХВАЛЯТЬ ТЕБЯ ИЗО ДНЯ В ДЕНЬ, ВОВЕКИ. БЛА-ГОСЛОВЕН ТЫ, ГОСПОДЬ, БОГ СВЯТОЙ! (*В "десять дней рас-каяния" говорят:* ВЛАДЫКА СВЯТОЙ!)

"КДУША"
(См. транслитерацию на стр. 378)

**При повторении хазаном молитвы "Шмонэ-эсрэ" здесь произносится "Кдуша":*

נקדש ВОСПОЕМ МЫ СВЯТОСТЬ ТВОЮ И ПРЕВОЗНЕСЕМ ТЕБЯ ПОДОБ-НО ТОМУ, КАК [ВОСХВАЛЯЕТ ТЕБЯ] ХОР СВЯТЫХ СРАФИМ В СВОИХ БЛАГОЗВУЧНЫХ МОЛИТВАХ, ТРОЕКРАТНО ПРОВОЗГЛАШАЯ ТВОЮ СВЯ-ТОСТЬ, КАК НАПИСАНО ПРОРОКОМ ТВОИМ: « ОНИ ОБРАЩАЛИСЬ ДРУГ К ДРУГУ И ВОЗГЛАШАЛИ:
Община вместе с хазаном: "СВЯТ, СВЯТ, СВЯТ ГОСПОДЬ ВОИНСТВ! ВСЯ ЗЕМЛЯ ПОЛНА СЛАВЫ ЕГО!"»[1]
Хазан: ПОДОБНО ИМ, [ОФАНИМ И СВЯТЫЕ ХАЙОТ] ВОСХВАЛЯЮТ [ВСЕВЫШНЕГО] И ГОВОРЯТ:
Община вместе с хазаном: "ДА БУДЕТ БЛАГОСЛОВЕННА СЛАВА ГОСПО-ДА, ГДЕ БЫ ОНА НИ ОБИТАЛА!"[2]
Хазан: И В ТВОИХ СВЯТЫХ ПИСАНИЯХ СКАЗАНО ТАК:
Община вместе с хазаном: "ГОСПОДЬ БУДЕТ ЦАРСТВОВАТЬ ВЕЧНО; [БУДЕТ ЦАРСТВОВАТЬ] БОГ ТВОЙ, СИОН, ВО ВЕКИ ВЕКОВ; ВОСХВАЛИ-ТЕ БОГА!"[3]
Хазан продолжает אתה קדוש *("ТЫ СВЯТ...").*

---

1. Йешаягу, 6:3. 2. Йехезкель, 3:12. 3. Теѓилим, 146:10.

אַתָּה חוֹנֵן לְאָדָם דַּעַת, וּמְלַמֵּד לֶאֱנוֹשׁ בִּינָה. חָנֵּנוּ מֵאִתְּךָ חָכְמָה בִּינָה וָדָעַת. בָּרוּךְ אַתָּה יְיָ, חוֹנֵן הַדָּעַת:

הֲשִׁיבֵנוּ אָבִינוּ לְתוֹרָתֶךָ, וְקָרְבֵנוּ מַלְכֵּנוּ לַעֲבוֹדָתֶךָ, וְהַחֲזִירֵנוּ בִּתְשׁוּבָה שְׁלֵמָה לְפָנֶיךָ. בָּרוּךְ אַתָּה יְיָ, הָרוֹצֶה בִּתְשׁוּבָה:

סְלַח לָנוּ אָבִינוּ, כִּי חָטָאנוּ, מְחוֹל לָנוּ מַלְכֵּנוּ, כִּי פָשָׁעְנוּ, כִּי אֵל טוֹב וְסַלָּח אָתָּה. בָּרוּךְ אַתָּה יְיָ, חַנּוּן, הַמַּרְבֶּה לִסְלֹחַ:

רְאֵה נָא בְעָנְיֵנוּ וְרִיבָה רִיבֵנוּ, וּגְאָלֵנוּ מְהֵרָה לְמַעַן שְׁמֶךָ, כִּי אֵל גּוֹאֵל חָזָק אָתָּה. בָּרוּךְ אַתָּה יְיָ, גּוֹאֵל יִשְׂרָאֵל:

רפאנו   בתענית צבור אומר ש"ץ כאן עננו')

(שו"ע) (א) ש"ץ ששכח לומר עננו בתענית צבור בין גואל לרופא ולא נזכר עד לאחר שחתם ברכת רפאנו לא יחזור כו' אבל אם לא חתם רפאנו יאמר עננו ואחר כך רפאנו כו' ואם נזכר אחר חתימת רפאנו קודם חתימת ש"ת יאמר עננו בש"ת כיחיד כו' ואם שכח גם בש"ת אוכרה ברכה בפ"ע אחר בשלום ואין זה שנוי מסדר חברכות כיון שכבר נסתיימו ברכת י"ח:

י') עֲנֵנוּ יְיָ עֲנֵנוּ בְּיוֹם צוֹם תַּעֲנִיתֵנוּ, כִּי בְצָרָה גְדוֹלָה אֲנָחְנוּ, אַל תֵּפֶן אֶל רִשְׁעֵנוּ, וְאַל תַּסְתֵּר פָּנֶיךָ מִמֶּנּוּ, וְאַל תִּתְעַלַּם מִתְּחִנָּתֵנוּ, הֱיֵה נָא קָרוֹב לְשַׁוְעָתֵנוּ, יְהִי נָא חַסְדְּךָ לְנַחֲמֵנוּ, טֶרֶם נִקְרָא אֵלֶיךָ עֲנֵנוּ, כַּדָּבָר שֶׁנֶּאֱמַר:

והיה

אתה ТЫ ДАРУЕШЬ ЧЕЛОВЕКУ РАЗУМ И ОБУЧАЕШЬ СМЕРТ-
НЫХ ПОНИМАНИЮ. УДЕЛИ ЖЕ НАМ ОТ СВОЕЙ МУДРОСТИ,
ПОНИМАНИЯ И РАЗУМА. БЛАГОСЛОВЕН ТЫ, ГОСПОДЬ, ДАРУЮ-
ЩИЙ РАЗУМ!

השיבנו ВОЗВРАТИ НАС, ОТЕЦ НАШ, К ТОРЕ ТВОЕЙ, И ПРИ-
БЛИЗЬ НАС, ВЛАДЫКА, ЧТОБЫ МЫ СЛУЖИЛИ ТЕБЕ, И ВЕРНИ
НАС, ИСКРЕННЕ РАСКАЯВШИХСЯ, ПРЕД ЛИЦО СВОЕ. БЛАГО-
СЛОВЕН ТЫ, ГОСПОДЬ, ЖЕЛАЮЩИЙ [НАШЕГО] ВОЗВРАЩЕ-
НИЯ!

*В день, когда говорят "Таханун" (см. стр. 71), произнося слова "ИБО ГРЕШНЫ МЫ" и
"ИБО ПРЕСТУПНЫ МЫ", бьют себя кулаком в грудь напротив сердца.*

סלח ПРОСТИ НАС, ОТЕЦ НАШ, ИБО ГРЕШНЫ МЫ; ПОМИЛУЙ
НАС, ВЛАДЫКА НАШ, ИБО ПРЕСТУПНЫ МЫ; ВЕДЬ ТЫ —
ДОБРЫЙ БОГ И ВСЕПРОЩАЮЩИЙ. БЛАГОСЛОВЕН ТЫ, ГОС-
ПОДЬ, МИЛОСЕРДНЫЙ И ВСЕПРОЩАЮЩИЙ!

ראה ВЗГЛЯНИ НА СТРАДАНИЯ НАШИ, И ЗАСТУПИСЬ ЗА
НАС, И ОСВОБОДИ НАС В СКОРОМ ВРЕМЕНИ РАДИ ИМЕНИ
СВОЕГО; ВЕДЬ ТЫ, БОГ, — ВЕЛИКИЙ ИЗБАВИТЕЛЬ. БЛАГО-
СЛОВЕН ТЫ, ГОСПОДЬ, ИЗБАВИТЕЛЬ ИЗРАИЛЯ!

В дни общественных постов хазан говорит здесь עננו ("ОТВЕТЬ НАМ...").*

Шулхан арух Гарав:
Если хазан в день общественного поста забыл произнести благословение עננו ("ОТВЕТЬ
НАМ...") и заметил свою ошибку до того, как закончил благословение רפאנו ("ЛЕЧИ
НАС..."), то ему следует произнести עננו и снова повторить רפאנו. Если же хазан заметил
свою ошибку после того, как закончил благословение ורפא, но до завершения благословения שומע תפלה ("..ВНИМАЮЩИЙ МОЛИТВЕ"), то ему следует произнести עננו вместе с благословением שומע תפלה, там, где это произносят во время молитвы шепотом. Если хазан
и до завершения благословения שומע תפלה не вспомнил о том, что пропустил עננו, ему следует произнести עננו после последнего благословения "Шмонэ-эсрэ" как дополнительное
благословение.

* В дни общественных постов хазан говорит:

עננו ОТВЕТЬ НАМ, ГОСПОДЬ, ОТВЕТЬ НАМ В ДЕНЬ ПОСТА НАШЕ-
ГО, ПОТОМУ ЧТО МЫ В БОЛЬШОЙ БЕДЕ; НЕ СМОТРИ НА НАШИ
ГРЕХИ; НЕ ОТВОРАЧИВАЙ СВОЕГО ЛИЦА ОТ ЖАЛОБ НАШИХ И СКЛО-
НИСЬ К НАШИМ МОЛЬБАМ; ПО ДОБРОТЕ СВОЕЙ УТЕШЬ НАС; ОТВЕТЬ
НАМ   ПРЕЖДЕ,   ЧЕМ   МЫ   ВОЗЗОВЕМ   К   ТЕБЕ.   КАК   СКАЗАНО:

רְפָאֵנוּ יְיָ וְנֵרָפֵא, הוֹשִׁיעֵנוּ וְנִוָּשֵׁעָה
כִּי תְהִלָּתֵנוּ אָתָּה, וְהַעֲלֵה
אֲרוּכָה וּרְפוּאָה שְׁלֵמָה לְכָל מַכּוֹתֵינוּ.
כִּי אֵל מֶלֶךְ רוֹפֵא נֶאֱמָן וְרַחֲמָן אָתָּה.
בָּרוּךְ אַתָּה יְיָ, רוֹפֵא חוֹלֵי עַמּוֹ יִשְׂרָאֵל:

(שו"ע) (א) ברכת השנים צריך לשאול בה מטר בימות הגשמים כו' ובתחילין בליל ס' אחר התקופה תשרי ויום
התקופה ויום השאלה הם בכלל הס' כו': (ב) עד כתי שואלין הגשמים עד תפלת הכנחה של ערב יום
טוב הראשון של פסח: (ג) ואם שאל מטר אחר יו"ם הראשון של פסח בין שנזכר קודם סיים הברכה בין שנזכר
אח"כ צריך לחזור לראש תברכת מטטעם שהתנאר בכו' קי"ד ואם לא נזכר עד לאחר חתימת ברכות אחרות צריך
לחזור לראש ברכה השנים ולומר משם ואילך כל הברכות כל הסדר: (ד) אם לא שאל מטר בימות הגשבים
מחזירין אותו אפי' אם שאל של: (ה) אם לא שאל כטר ונזכר קודם שהתחיל הקמ בשופר שואלו שם כו' ואם
נזכר אחר שהתחיל הקמ בשופר קודם ש"ת אין בחוזירין אותו ושואל בש"ת כו' ואם נזכר אחר חתימת ש"ת קודם
שהתנוייל רצה אומר ותן סל ומטר ואחר כך מתחיל רצה ונחשב כאלו שואלו בשוב'ע תפלה ואם לא נזכר עד לאחר
שהתחיל רצה אם לא עקר רגליו חוזר לברכת השנים ואם עקר רגליו חיזר לראש התפלה. ואם השלים תפלתו ואינו
רגיל לובר תחנונים אחר התפלתו אע"פ שלא עקר רגליו דינו כעקר וה"ה אם רגיל לובר עוד תחנונים וסיים תחנוניו
ואמר אחרית יהיי לרצן וגו' שבאמירת פסוק זה גשה היסח הדעת כלובר עוד תחנונים ונשלמה תפלתו:

בָּרֵךְ עָלֵינוּ יְיָ אֱלֹהֵינוּ אֶת הַשָּׁנָה
הַזֹּאת וְאֶת כָּל מִינֵי תְבוּאָתָהּ
לְטוֹבָה, וְתֵן בקיץ בְּרָכָה (בחורף טַל וּמָטָר
לִבְרָכָה) עַל פְּנֵי הָאֲדָמָה, וְשַׂבְּעֵנוּ
מִטּוּבֶךָ, וּבָרֵךְ שְׁנָתֵנוּ כַּשָּׁנִים
הַטּוֹבוֹת לִבְרָכָה, כִּי אֵל טוֹב וּמֵטִיב
אַתָּה וּמְבָרֵךְ הַשָּׁנִים. בָּרוּךְ אַתָּה יְיָ,
מְבָרֵךְ הַשָּׁנִים:

וְהָיָה טֶרֶם יִקְרָאוּ וַאֲנִי אֶעֱנֶה, עוֹד הֵם מְדַבְּרִים וַאֲנִי אֶשְׁמָע, כִּי אַתָּה יְיָ
הָעוֹנֶה בְּעֵת צָרָה, פוֹדֶה וּמַצִּיל בְּכָל עֵת צָרָה וְצוּקָה. בָּרוּךְ אַתָּה יְיָ,
הָעוֹנֶה לְעַמּוֹ יִשְׂרָאֵל בְּעֵת צָרָה:

רפאנו

חו"א א) ירביה יז יד (בשני לשון): ב) ישעיה סח כד:

רפאנו ЛЕЧИ НАС, ГОСПОДЬ, И МЫ ИЗЛЕЧИМСЯ, СПАСАЙ НАС, И МЫ СПАСЕМСЯ, ВЕДЬ ТЫ — ГОРДОСТЬ НАША; И ПОШЛИ НАМ ВЫЗДОРОВЛЕНИЕ И ПОЛНОЕ ИЗЛЕЧЕНИЕ ОТ ВСЕХ НАШИХ НЕДУГОВ, ВЕДЬ ТЫ, ГОСПОДЬ, ВЛАДЫКА, — ЦЕЛИТЕЛЬ НАДЕЖНЫЙ И МИЛОСЕРДНЫЙ. БЛАГОСЛОВЕН ТЫ, ГОСПОДЬ, ИСЦЕЛЯЮЩИЙ БОЛЬНЫХ В НАРОДЕ СВОЕМ, ИЗРАИЛЕ!

Шулхан арух Гарав:

1. В следующем благословении следует произносить טל ומטר (”....РОСУ И ДОЖДЬ...”) начиная с вечерней молитвы на шестидесятый день после осеннего равноденствия (т.е. вечером 5 декабря в обычный год и 6 декабря в год високосный по солнечному календарю).*

2. טל ומטר говорят последний раз в году в молитве ”Минха” в канун первого дня праздника Песах.

3. Если молящийся сказал טל ומטר после этого срока, ему следует вернуться к началу благословения, независимо от того, заметил ли он свою ошибку до или после завершения этого благословения.

4. Если молящийся пропустил зимой слова טל ומטר (или даже только слово מטר), то в том случае, когда ошибка была замечена до начала следующего благословения — תקע בשופר (”ПРОТРУБИ В БОЛЬШОЙ ШОФАР...”), ему следует произнести эти слова сразу же по обнаружении ошибки. Если он заметил ее после того, как сказал תקע בשופר, но до того, как закончил благословение שומע תפלה (”...ВНИМАЮЩИЙ МОЛИТВЕ”), то он должен произнести просьбу о ниспослании дождя и росы в этом благословении. Если ошибка была замечена после того, как молящийся произнес שומע תפלה, но до того, как он приступил к следующему благословению רצה (”ОТНЕСИСЬ БЛАГОСКЛОННО...”), ему следует произнести пропущенные слова немедленно. Если молящийся заметил ошибку после того, как начал благословение רצה, но до того, как произнес יהיו לרצון (”ДА БУДУТ УГОДНЫ...”) в конце молитвы אלהי נצור (”БОГ МОЙ, УБЕРЕГИ...”), — он должен вернуться к девятому благословению ברך עלינו (”БЛАГОСЛОВИ ДЛЯ НАС...”). Если он заметил свою ошибку еще позже, ему следует повторить всю молитву ”Шмонэ-эсре” заново.

ברך БЛАГОСЛОВИ ДЛЯ НАС, ГОСПОДЬ, БОГ НАШ, ЭТОТ ГОД И ВСЕ ВИДЫ УРОЖАЯ ЕГО НА БЛАГО, И ПОШЛИ (*летом говорят:* БЛАГОСЛОВЕНИЕ, *зимой говорят:* РОСУ И ДОЖДЬ ДЛЯ БЛАГА [НАШЕГО]) НА ЗЕМЛЮ, И НАСЫТЬ НАС ЩЕДРОТАМИ СВОИМИ; И БЛАГОСЛОВИ ЭТОТ ГОД НА БЛАГО НАМ, ПОДОБНО ХОРОШИМ ГОДАМ [В ПРОШЛОМ], ВЕДЬ ТЫ — ДОБРЫЙ БОГ, И ТВОРИШЬ ДОБРО, И БЛАГОСЛОВЛЯЕШЬ ГОДЫ. БЛАГОСЛОВЕН ТЫ, ГОСПОДЬ, БЛАГОСЛОВЛЯЮЩИЙ ГОДЫ!

”И БУДЕТ: ПРЕЖДЕ, ЧЕМ ВОЗЗОВУТ ОНИ, Я ОТВЕЧУ; ОНИ ЕЩЕ БУДУТ ГОВОРИТЬ, А Я УЖЕ ПРИМУ [ИХ МОЛИТВУ]”.[1] ВЕДЬ ТЫ, ГОСПОДЬ, — ТОТ, КТО ОТВЕЧАЕТ [НА МОЛИТВУ] ВО ВРЕМЯ БЕДЫ; ТОТ, КТО ИЗБАВЛЯЕТ И СПАСАЕТ ВСЕГДА, [КОГДА ПРИХОДЯТ] БЕДСТВИЯ И СТРАДАНИЯ. БЛАГОСЛОВЕН ТЫ, ГОСПОДЬ, КОТОРЫЙ ОТВЕЧАЕТ НАРОДУ СВОЕМУ, ИЗРАИЛЮ, В ГОДИНУ БЕДСТВИЙ!

Продолжают רפאנו *(”ЛЕЧИ НАС...”).*

---

1. Йешаягу, 65:24.
* В Эрец-Исраэль — с вечерней молитвы седьмого дня месяца мар-хешван.

תְּקַע בְּשׁוֹפָר גָּדוֹל לְחֵרוּתֵנוּ, וְשָׂא נֵס לְקַבֵּץ גָּלִיּוֹתֵינוּ, וְקַבְּצֵנוּ יַחַד מֵאַרְבַּע כַּנְפוֹת הָאָרֶץ לְאַרְצֵנוּ. בָּרוּךְ אַתָּה יְיָ, מְקַבֵּץ נִדְחֵי עַמּוֹ יִשְׂרָאֵל:

הָשִׁיבָה שׁוֹפְטֵינוּ כְּבָרִאשׁוֹנָה וְיוֹעֲצֵינוּ כְּבַתְּחִלָּה, וְהָסֵר מִמֶּנּוּ יָגוֹן וַאֲנָחָה, וּמְלוֹךְ עָלֵינוּ אַתָּה יְיָ לְבַדְּךָ בְּחֶסֶד וּבְרַחֲמִים, בְּצֶדֶק וּבְמִשְׁפָּט. בָּרוּךְ אַתָּה יְיָ, מֶלֶךְ אוֹהֵב צְדָקָה וּמִשְׁפָּט: (בעשי"ת הַמֶּלֶךְ הַמִּשְׁפָּט:)

דין הטועה בהמלך המשפט בעשי"ת עיין אצל המלך הקדוש.

וְלַמַּלְשִׁינִים אַל תְּהִי תִקְוָה, וְכָל הַמִּינִים וְכָל הַזֵּדִים כְּרֶגַע יֹאבֵדוּ, וְכָל אוֹיְבֵי עַמְּךָ מְהֵרָה יִכָּרֵתוּ וּמַלְכוּת הָרִשְׁעָה מְהֵרָה תְעַקֵּר וּתְשַׁבֵּר וּתְמַגֵּר, וְתַכְנִיעַ בִּמְהֵרָה בְיָמֵינוּ. בָּרוּךְ אַתָּה יְיָ, שֹׁבֵר אֹיְבִים וּמַכְנִיעַ זֵדִים:

עַל הַצַּדִּיקִים וְעַל הַחֲסִידִים, וְעַל זִקְנֵי עַמְּךָ בֵּית יִשְׂרָאֵל, וְעַל פְּלֵיטַת

תקע ПРОТРУБИ В БОЛЬШОЙ ШОФАР, [ВОЗВЕЩАЯ О] СВО-
БОДЕ НАШЕЙ; И ПОДНИМИ ЗНАМЯ, ПОД КОТОРЫМ СОБЕРЕТ-
СЯ НАРОД НАШ, РАССЕЯННЫЙ ПО СВЕТУ; И СОБЕРИ НАС, ВСЕХ
ВМЕСТЕ, С ЧЕТЫРЕХ СТОРОН СВЕТА В НАШЕЙ ЗЕМЛЕ. БЛАГО-
СЛОВЕН ТЫ, ГОСПОДЬ, СОБИРАЮЩИЙ РАЗБРОСАННЫЙ ПО СВЕ-
ТУ НАРОД СВОЙ, ИЗРАИЛЬ!

השיבה СНОВА ПОСТАВЬ НАД НАМИ СУДЕЙ, КАК В ПРЕЖ-
НИЕ ВРЕМЕНА, И НАСТАВНИКОВ, КАК БЫЛО РАНЬШЕ; И ИЗ-
БАВЬ НАС ОТ СКОРБИ И ПЕЧАЛИ; И САМ ЦАРСТВУЙ НАД НА-
МИ, ГОСПОДЬ, С ЛЮБОВЬЮ И МИЛОСЕРДИЕМ, СПРАВЕДЛИВО
И ПРАВОСУДНО. БЛАГОСЛОВЕН ТЫ, ГОСПОДЬ, ВЛАДЫКА,
ЛЮБЯЩИЙ СПРАВЕДЛИВОСТЬ И ПРАВОСУДИЕ! (*В "десять дней
раскаяния" говорят:* ВЛАДЫКА ПРАВОСУДИЯ!)

*Правило, которого следует придерживаться, если предыдущее благословение было
произнесено неправильно, см. на стр. 52 перед благословением* אתה קדוש *("ТЫ СВЯТ...").*

ולמלשינים И ДА НЕ БУДЕТ НАДЕЖДЫ ДОНОСЧИКАМ; И
ВСЕ ВЕРООТСТУПНИКИ, И ВСЕ ЗЛОДЕИ ПУСТЬ НЕМЕДЛЕННО
СГИНУТ; И ВСЕ ВРАГИ НАРОДА ТВОЕГО ДА БУДУТ В СКОРОМ
ВРЕМЕНИ ИСТРЕБЛЕНЫ; И ЦАРСТВО ЗЛА ПОСКОРЕЕ ИСКОРЕ-
НИ, И СОКРУШИ, И СВЕРГНИ; И ПОКОРИ [ЕГО] В СКОРОМ
ВРЕМЕНИ, В НАШИ ДНИ. БЛАГОСЛОВЕН ТЫ, ГОСПОДЬ,
СОКРУШАЮЩИЙ НЕДРУГОВ И ПОБЕЖДАЮЩИЙ ЗЛОДЕЕВ!

על НАД ПРАВЕДНИКАМИ, И НАД БЛАГОЧЕСТИ-
ВЫМИ, И НАД СТАРЕЙШИНАМИ НАРОДА
ТВОЕГО, ДОМА ИЗРАИЛЯ, И НАД УЦЕЛЕВШИМИ

בֵּית סוֹפְרֵיהֶם וְעַל גֵּרֵי הַצֶּדֶק
עָלֵינוּ, יֶהֱמוּ נָא רַחֲמֶיךָ יְיָ אֱלֹהֵינוּ, וְתֵן
שָׂכָר טוֹב לְכָל הַבּוֹטְחִים בְּשִׁמְךָ
בֶּאֱמֶת, וְשִׂים חֶלְקֵנוּ עִמָּהֶם, וּלְעוֹלָם
לֹא נֵבוֹשׁ כִּי בְךָ בָּטָחְנוּ. בָּרוּךְ אַתָּה
יְיָ, מִשְׁעָן וּמִבְטָח לַצַּדִּיקִים:

וְלִירוּשָׁלַיִם עִירְךָ בְּרַחֲמִים תָּשׁוּב,
וְתִשְׁכּוֹן בְּתוֹכָהּ כַּאֲשֶׁר
דִּבַּרְתָּ, וְכִסֵּא דָוִד עַבְדְּךָ מְהֵרָה
בְּתוֹכָהּ תָּכִין, וּבְנֵה אוֹתָהּ בְּקָרוֹב
בְּיָמֵינוּ בִּנְיַן עוֹלָם. בָּרוּךְ אַתָּה יְיָ,
בּוֹנֵה יְרוּשָׁלָיִם:

אֶת צֶמַח דָּוִד עַבְדְּךָ מְהֵרָה תַצְמִיחַ,
וְקַרְנוֹ תָּרוּם בִּישׁוּעָתֶךָ, כִּי
לִישׁוּעָתְךָ קִוִּינוּ כָּל הַיּוֹם. בָּרוּךְ אַתָּה
יְיָ, מַצְמִיחַ קֶרֶן יְשׁוּעָה:

שְׁמַע קוֹלֵנוּ יְיָ אֱלֹהֵינוּ, אָב הָרַחֲמָן,
רַחֵם עָלֵינוּ, וְקַבֵּל בְּרַחֲמִים
וּבְרָצוֹן אֶת תְּפִלָּתֵנוּ, כִּי אֵל שׁוֹמֵעַ

ИЗ СОБРАНИЯ ЕГО МУДРЕЦОВ, И НАД ГЕРАМИ, И НАД НАМИ САМИМИ — СМИЛУЙСЯ, ГОСПОДЬ, БОГ НАШ, И ВОЗНАГРАДИ ДОБРОМ ВСЕХ, КТО ИСКРЕННЕ ПОЛАГАЕТСЯ НА ИМЯ ТВОЕ. И ДАЙ НАМ УДЕЛ СРЕДИ НИХ, И НЕ ОПОЗОРИМСЯ ВОВЕК, ПОТОМУ ЧТО НА ТЕБЯ ПОЛАГАЛИСЬ. БЛАГОСЛОВЕН ТЫ, ГОСПОДЬ, ОПОРА И НАДЕЖНАЯ ЗАЩИТА ПРАВЕДНИКОВ!

ולירושלים И В ИЕРУСАЛИМ, ГОРОД ТВОЙ, ПО МИЛОСЕРДИЮ СВОЕМУ ВОЗВРАТИСЬ, И ОБИТАЙ В НЕМ, КАК ОБЕЩАЛ ТЫ; И ПРЕСТОЛ РАБА ТВОЕГО ДАВИДА ПОСКОРЕЕ В НЕМ УТВЕРДИ; И ОТСТРОЙ [ИЕРУСАЛИМ] В СКОРОМ ВРЕМЕНИ, В НАШИ ДНИ, НАВЕЧНО. БЛАГОСЛОВЕН ТЫ, ГОСПОДЬ, СТРОИТЕЛЬ ИЕРУСАЛИМА!

את צמח ПОТОМКА ДАВИДА, РАБА ТВОЕГО, ПОСКОРЕЕ ВЗРАСТИ И ВОЗВЫСЬ ЕГО ПОДДЕРЖКОЙ СВОЕЙ; ВЕДЬ МЫ НАДЕЕМСЯ ПОСТОЯННО, ЧТО ТЫ СПАСЕШЬ НАС. БЛАГОСЛОВЕН ТЫ, ГОСПОДЬ, ВЗРАЩИВАЮЩИЙ СПАСЕНИЕ!

שמע УСЛЫШЬ НАШ ГОЛОС, ГОСПОДЬ, БОГ НАШ; МИЛОСЕРДНЫЙ ОТЕЦ, СМИЛУЙСЯ НАД НАМИ И ПРИМИ МИЛОСТИВО И БЛАГОСКЛОННО НАШУ МОЛИТВУ, ВЕДЬ ТЫ — БОГ, ВНИМАЮЩИЙ

תְּפִלּוֹת וְתַחֲנוּנִים אָתָּה, וּמִלְּפָנֶיךָ
מַלְכֵּנוּ רֵיקָם אַל תְּשִׁיבֵנוּ. כִּי אַתָּה
שׁוֹמֵעַ תְּפִלַּת כָּל פֶּה. בָּרוּךְ אַתָּה יְיָ,
שׁוֹמֵעַ תְּפִלָּה:

רְצֵה יְיָ אֱלֹהֵינוּ בְּעַמְּךָ יִשְׂרָאֵל
וְלִתְפִלָּתָם שְׁעֵה, וְהָשֵׁב הָעֲבוֹדָה
לִדְבִיר בֵּיתֶךָ, וְאִשֵּׁי יִשְׂרָאֵל וּתְפִלָּתָם
בְּאַהֲבָה תְקַבֵּל בְּרָצוֹן, וּתְהִי לְרָצוֹן
תָּמִיד עֲבוֹדַת יִשְׂרָאֵל עַמֶּךָ:

בְּרֹאשׁ חֹדֶשׁ וּבְחֹל הַמּוֹעֵד אוֹמְרִים כָּאן יַעֲלֶה וְיָבֹא*)

(רד"ח) (א) שכח לומר בראש חודש יעלה ויבא בערבית אפילו בכיל שני של ראש חודש אין צריך לחזור
אבל בשחרית ומנחה אם נזכר קודם שאמר מודים אהר שסיים הברכה אומר במקום שנזכר. ואם
נזכר קודם שאמר ה' מברכת המחזיר המעה עוד הטעם ותחזירנה ואם התחיל מודים ואם נזכר קודם שעקר
רגליו הוזר לרצה ואם לאחר שעקר רגליו חוזר לראש התפלה. אם אמר יהיו לרצון והסיח דעתו מלומר
תחנונים הוי כעוקר רגליו: (ב) שכח יעלה ויבא בחל המועד אפילו בערבית צריך להזור כמו בשחרית
ראש חודש: (ג) המסופק אם אמר יעלה ויבא חוזר ומתפלל: (ד) שכח יעלה ויבא בשחרית והתפלל מוסף
לא יחזור להתפלל עוד שחרית: (ה) ש"ץ ששכח יעלה ויבא בתפלתו בקול רם לא יחזור ודוקא שהשלים תפלתו
אבל לא השלים חוזר לרצה: (ו) ש"ץ ששכח יעלה ויבא בתפלתו בלהש לא יחזור ויסמוך על תפלתו בקול
רם לכן יאמר אלהי נצור ויפסע ג' פסיעות אהר התפלה בקול רם:

*) בראש חודש ובחול המועד אומרים זה:

אֱלֹהֵינוּ וֵאלֹהֵי אֲבוֹתֵינוּ, יַעֲלֶה וְיָבֹא וְיַגִּיעַ, וְיֵרָאֶה וְיֵרָצֶה וְיִשָּׁמַע,
וְיִפָּקֵד וְיִזָּכֵר זִכְרוֹנֵנוּ וּפִקְדוֹנֵנוּ, וְזִכְרוֹן אֲבוֹתֵינוּ, וְזִכְרוֹן
מָשִׁיחַ בֶּן דָּוִד עַבְדֶּךָ, וְזִכְרוֹן יְרוּשָׁלַיִם עִיר קָדְשֶׁךָ, וְזִכְרוֹן כָּל עַמְּךָ
בֵּית יִשְׂרָאֵל לְפָנֶיךָ, לִפְלֵיטָה לְטוֹבָה, לְחֵן וּלְחֶסֶד וּלְרַחֲמִים וּלְחַיִּים
טוֹבִים וּלְשָׁלוֹם בְּיוֹם לרֹאשׁ חוֹדֶשׁ רֹאשׁ הַחֹדֶשׁ הַזֶּה. לפסח חַג הַמַּצּוֹת הַזֶּה,
לסוכות חַג הַסֻּכּוֹת הַזֶּה. זָכְרֵנוּ יְיָ אֱלֹהֵינוּ בּוֹ לְטוֹבָה. וּפָקְדֵנוּ בוֹ
לִבְרָכָה, וְהוֹשִׁיעֵנוּ בוֹ לְחַיִּים טוֹבִים. וּבִדְבַר יְשׁוּעָה וְרַחֲמִים, חוּס וְחָנֵּנוּ,
וְרַחֵם עָלֵינוּ וְהוֹשִׁיעֵנוּ, כִּי אֵלֶיךָ עֵינֵינוּ, כִּי אֵל מֶלֶךְ חַנּוּן וְרַחוּם אָתָּה:

МОЛИТВАМ И МОЛЬБАМ; И НЕ ОСТАВЛЯЙ НАС БЕЗ ОТВЕТА, ВЛАДЫКА НАШ, ВЕДЬ ТЫ ВНИМАЕШЬ МОЛИТВАМ КАЖДОГО. БЛАГОСЛОВЕН ТЫ, ГОСПОДЬ, ВНИМАЮЩИЙ МОЛИТВЕ!

רצה ОТНЕСИСЬ БЛАГОСКЛОННО, ГОСПОДЬ, БОГ НАШ, К НАРОДУ СВОЕМУ, ИЗРАИЛЮ, И МОЛИТВУ ЕГО ПРИМИ, И ВОС-СТАНОВИ СЛУЖБУ В СВЯТАЯ СВЯТЫХ ХРАМА ТВОЕГО; И ЖЕРТВЫ, ПРИНОСИМЫЕ ИЗРАИЛЕМ, И МОЛИТВУ ЕГО ПРИМИ С ЛЮБОВЬЮ, БЛАГОСКЛОННО; И ПУСТЬ БУДЕТ ВСЕГДА ЖЕ-ЛАННО ТЕБЕ СЛУЖЕНИЕ ИЗРАИЛЯ, НАРОДА ТВОЕГО.

В рош-ходеш и в холь-гамоэд говорят здесь יעלה ויבא *("ДА ПОДНИМЕТСЯ, И ПРИ-ДЕТ...").* *

---

1. *Тому, кто забыл сказать* יעלה ויבא *("ДА ПОДНИМЕТСЯ, И ПРИДЕТ...") во время мо-литвы "Маарив" в рош-ходеш, не следует возвращаться к ее началу; но если человек до-пустил ошибку в молитвах "Шахарит" или "Минха", то он должен повторить все снова. Если молящийся заметил свою ошибку до того, как произнес "БЛАГОСЛОВЕН ТЫ, ГОСПОДЬ..." в конце благословения, то ему следует произнести* יעלה ויבא *и вернуться к сло-вам* ותחזינה *("И ДА УВИДИМ МЫ СВОИМИ ГЛАЗАМИ..."). Если же он заметил свою ошиб-ку после того, как завершил это благословение, но до того, как начал следующее, то ему следует произнести* יעלה ויבא *немедленно. Если ошибка была замечена после начала следую-щего благословения, но до того, как было произнесено* יהיו לרצון *("БУДУТ УГОДНЫ...") в конце молитвы* אלהי נצור *("БОГ МОЙ, УБЕРЕГИ..."), то следует вернуться к началу благо-словения* רצה *("ОТНЕСИСЬ БЛАГОСКЛОННО..."). Если ошибка замечена еще позже, то молящемуся следует повторить всю молитву заново.*
2. *Если та же ошибка допущена в холь-гамоэд Песах или Сукот, то даже в молитве "Маарив" следует поступить так, как во время молитвы "Шахарит" в рош-ходеш (см. предыдущий пункт).*
3. *Если есть сомнение, была ли произнесена эта молитва, следует повторить "Шмонэ-эсрэ", руководствуясь правилами, изложенными выше.*
4. *Тому, кто пропустил* יעלה ויבא *в "Шахарит", но вспомнил об этом после молитвы "Му-саф", не следует повторять "Шахарит".*
5. *Если хазан забыл произнести* יעלה ויבא *при повторении "Шмонэ-эсрэ" вслух, то в том случае, если он уже закончил "Шмонэ-эсрэ", ему не следует возвращаться к началу. Если он заметил ошибку до завершения всей молитвы, ему следует вернуться к благословению начинающемуся словом* רצה.
6. *Хазан, пропустивший* יעלה ויבא *в своей личной молитве, не должен повторять ее шепо-том; следует положиться на то, что молитва, которую он произнесет вслух, будет ему за-считана и как личная молитва. В этом случае ему нужно произнести* אלהי נצור *после повторе-ния вслух "Шмонэ-эсрэ" и затем сделать три шага назад.*

---

* В рош-ходеш и в холь-гамоэд говорят:

אלהינו БОГ НАШ И БОГ ОТЦОВ НАШИХ! ДА ПОДНИМЕТСЯ, И ПРИДЕТ [К ТЕ-БЕ], И ДОСТИГНЕТ [ТВОЕГО СЛУХА], И БУДЕТ ЗАМЕЧЕНА, И БЛАГОСКЛОННО ПРИНЯТА, И УСЛЫШАНА [ТОБОЮ МОЛИТВА НАША], И ДА БУДУТ ВОЗОБНОВЛЕНЫ И ВОССТАНОВЛЕНЫ [ТОБОЮ] ПАМЯТЬ О НАС И ВНИМАНИЕ К НАМ; И ПАМЯТЬ ОБ ОТЦАХ НАШИХ, И ПАМЯТЬ О МАШИАХЕ, ПОТОМКЕ ДАВИДА, РАБА ТВОЕГО, И ПАМЯТЬ О ИЕРУСАЛИМЕ, СВЯТОМ ГОРОДЕ ТВОЕМ, И ПАМЯТЬ ОБО ВСЕМ ТВОЕМ НАРОДЕ, ДОМЕ ИЗРАИЛЯ, – ДЛЯ СПАСЕНИЯ [НАШЕГО], ВО БЛАГО [НАМ], ДЛЯ ЛЮБВИ И МИЛОСТИ, И ДЛЯ МИЛОСЕРДИЯ [К НАМ], И ДЛЯ БЛАГОПОЛУЧНОЙ ЖИЗНИ [НАШЕЙ] И МИРА [ДЛЯ НАС] – В ЭТОТ ДЕНЬ...

в рош-ходеш:	*в холь-гамоэд Песах:*	*в холь-гамоэд Сукот:*
...РОШ-ХОДЕШ.	...ПРАЗДНИКА МАЦОТ.	...ПРАЗДНИКА СУКОТ.

ВСПОМНИ НАС, ГОСПОДЬ, БОГ НАШ, К ДОБРУ В ЭТОТ ДЕНЬ; И ОТНЕСИСЬ К НАМ В ЭТОТ ДЕНЬ СО ВНИМАНИЕМ, БЛАГОСЛОВЛЯЯ НАС; И СПАСИ НАС В ЭТОТ ДЕНЬ ДЛЯ БЛАГОПОЛУЧНОЙ ЖИЗНИ; И ПО ОБЕЩАНИЮ [СВОЕМУ] СПАСТИ И ПОМИЛОВАТЬ [НАС], ПОЖАЛЕЙ [НАС] И СМИЛУЙСЯ [НАД НАМИ]; И БУДЬ СНИСХОДИТЕЛЕН К НАМ И СПАСИ НАС – ВЕДЬ НА ТЕБЯ УСТРЕМЛЕНЫ НАШИ ВЗОРЫ, ПОТОМУ ЧТО ТЫ, БОГ, – ВЛАДЫКА МИЛОСЕРДНЫЙ И МИЛУЮЩИЙ.

וְתֶחֱזֶינָה עֵינֵינוּ בְּשׁוּבְךָ לְצִיּוֹן
בְּרַחֲמִים . בָּרוּךְ אַתָּה יְיָ, הַמַּחֲזִיר
שְׁכִינָתוֹ לְצִיּוֹן:

מוֹדִים דרבנן

מוֹדִים אֲנַחְנוּ לָךְ, שָׁאַתָּה
הוּא יְיָ אֱלֹהֵינוּ
וֵאלֹהֵי אֲבוֹתֵינוּ, אֱלֹהֵי כָּל
בָּשָׂר, יוֹצְרֵנוּ, יוֹצֵר בְּרֵאשִׁית.
בְּרָכוֹת וְהוֹדָאוֹת לְשִׁמְךָ
הַגָּדוֹל וְהַקָּדוֹשׁ , עַל
שֶׁהֶחֱיִיתָנוּ וְקִיַּמְתָּנוּ , כֵּן
תְּחַיֵּינוּ וּתְקַיְּמֵנוּ, וְתֶאֱסוֹף
גָּלֻיּוֹתֵינוּ לְחַצְרוֹת קָדְשֶׁךָ,
וְנָשׁוּב אֵלֶיךָ לִשְׁמוֹר חֻקֶּיךָ,
וְלַעֲשׂוֹת רְצוֹנֶךָ, וּלְעָבְדְּךָ
בְּלֵבָב שָׁלֵם, עַל שֶׁאָנוּ מוֹדִים
לָךְ, בָּרוּךְ אֵל הַהוֹדָאוֹת:

מוֹדִים אֲנַחְנוּ לָךְ,
שָׁ אַ תָּ ה
הוּא יְיָ אֱלֹהֵינוּ
וֵאלֹהֵי אֲבוֹתֵינוּ
לְעוֹלָם וָעֶד צוּר
חַיֵּינוּ , מָגֵן יִשְׁעֵנוּ,
אַתָּה הוּא לְדוֹר
וָדוֹר נוֹדֶה לְּךָ
וּנְסַפֵּר תְּהִלָּתֶךָ ,
עַל חַיֵּינוּ הַמְּסוּרִים
בְּיָדֶךָ , וְעַל נִשְׁמוֹתֵינוּ הַפְּקוּדוֹת לָךְ,
וְעַל נִסֶּיךָ שֶׁבְּכָל יוֹם עִמָּנוּ , וְעַל
נִפְלְאוֹתֶיךָ וְטוֹבוֹתֶיךָ שֶׁבְּכָל עֵת, עֶרֶב
וָבֹקֶר וְצָהֳרָיִם , הַטּוֹב , כִּי לֹא כָלוּ
רַחֲמֶיךָ , הַמְרַחֵם, כִּי לֹא תַמּוּ חֲסָדֶיךָ,
כִּי מֵעוֹלָם קִוִּינוּ לָךְ:

ותחזינה   И ДА УВИДИМ МЫ СВОИМИ ГЛАЗАМИ, КАК

ВЕРНЕШЬСЯ ТЫ, ПО МИЛОСЕРДИЮ СВОЕМУ, В СИОН. БЛАГО-

СЛОВЕН ТЫ, ГОСПОДЬ, ВОЗВРАЩАЮЩИЙ СВОЮ ШХИНУ В

СИОН!

מודים БЛАГОДАРИМ МЫ ТЕБЯ ЗА ТО, ЧТО ТЫ, ГОС-ПОДЬ, — БОГ НАШ И БОГ ОТ-ЦОВ НАШИХ ВО ВЕКИ ВЕКОВ. ТЫ — ОПЛОТ ЖИЗНИ НА-ШЕЙ, ЗАЩИТНИК, СПАСАЮ-ЩИЙ НАС ИЗ ПОКОЛЕНИЯ В ПОКОЛЕНИЕ. БУДЕМ БЛАГО-ДАРИТЬ ТЕБЯ И ПРОВОЗ-ГЛАШАТЬ ТЕБЕ ХВАЛУ ВЕЧЕРОМ, УТРОМ И ДНЕМ ЗА ЖИЗНЬ НАШУ, ВВЕРЕН-

"МОДИМ ДЕРАБАНАН"

При повторении молитвы хазаном община говорит здесь следующую молит-ву. Ее произносят стоя, слегка склонив-шись.
(См. транслитерацию на стр. 386)

מודים БЛАГОДАРИМ МЫ ТЕ-БЯ ЗА ТО, ЧТО ТЫ, ГОСПОДЬ, — БОГ НАШ И БОГ ОТЦОВ НАШИХ, БОГ ВСЕГО ЖИВОГО, СОЗДАТЕЛЬ НАШ, ТВОРЕЦ МИРОЗДАНИЯ; ПОДОБАЕТ БЛАГОСЛОВЛЯТЬ И СЛАВИТЬ ВЕЛИКОЕ И СВЯТОЕ ИМЯ ТВОЕ ЗА ТО, ЧТО ТЫ ДАЛ НАМ ЖИЗНЬ И ПОДДЕРЖИВАЕШЬ ЕЕ В НАС; И ТЫ ПРОДЛИШЬ ЕЕ И ПОДДЕРЖИШЬ, И СОБЕРЕШЬ НАС ИЗ ИЗГНАНИЯ ВО ДВОРАХ СВЯТИ-ЛИЩА СВОЕГО, И ВЕРНЕМСЯ МЫ К ТЕБЕ, ЧТОБЫ СОБЛЮДАТЬ ТВОИ ЗАКОНЫ, И ИСПОЛНЯТЬ ВО-ЛЮ ТВОЮ, И СЛУЖИТЬ ТЕБЕ ВСЕМ СЕРДЦЕМ; И ПОТОМУ МЫ БЛАГО-ДАРИМ ТЕБЯ. БЛАГОСЛОВЕН БОГ, КОТОРОГО ПОДОБАЕТ БЛА-ГОДАРИТЬ!

НУЮ ТЕБЕ, ЗА ДУШИ НАШИ, ХРАНИМЫЕ ТОБОЙ, И ЗА ЧУДЕСА

ТВОИ, КОТОРЫЕ ТЫ ПОСТОЯННО [СОВЕРШАЕШЬ] С НАМИ,

И ЗА ТВОИ ЗНАМЕНИЯ И БЛАГОДЕЯНИЯ, КОТОРЫЕ ТЫ

[ТВОРИШЬ] ВСЕГДА, — О, ДОБРЫЙ! — ПОТОМУ ЧТО МИЛОСТИ

ТВОИ НЕСКОНЧАЕМЫ, — О, МИЛОСЕРДНЫЙ! — ПОТОМУ ЧТО

БЛАГОДЕЯНИЯ ТВОИ НЕИСТОЩИМЫ; ВЕДЬ МЫ ОТ ВЕКА НА-

НАДЕЕМСЯ НА ТЕБЯ!

בחנוכה ובפורים אומרים כאן ועל הנסים:

וְעַל כֻּלָּם יִתְבָּרֵךְ וְיִתְרוֹמֵם וְיִתְנַשֵּׂא שִׁמְךָ מַלְכֵּנוּ תָּמִיד לְעוֹלָם וָעֶד:

שכח לוכר וכתוב דינו כמו בזכרנו עי"ש:

בעשי"ת וּכְתוֹב לְחַיִּים טוֹבִים כָּל בְּנֵי בְרִיתֶךָ:

וְכֹל הַחַיִּים יוֹדוּךָ סֶּלָה וִיהַלְלוּ שִׁמְךָ הַגָּדוֹל לְעוֹלָם כִּי טוֹב, הָאֵל יְשׁוּעָתֵנוּ
וְעֶזְרָתֵנוּ

בחנוכה ופורים אומרים ועל הנסים ואם לא אמר אין מחזירין אותו ואם נזכר קודם שסיים הברכה ב"ז שלא
סיים השם אפי' נזכר בין אתה להשם חוזר

וְעַל הַנִּסִּים וְעַל הַפֻּרְקָן וְעַל הַגְּבוּרוֹת וְעַל הַתְּשׁוּעוֹת וְעַל הַנִּפְלָאוֹת שֶׁעָשִׂיתָ לַאֲבוֹתֵינוּ בַּיָּמִים הָהֵם בַּזְּמַן הַזֶּה:

לחנוכה

בִּימֵי מָרְדְּכַי וְאֶסְתֵּר בְּשׁוּשַׁן הַבִּירָה, כְּשֶׁעָמַד עֲלֵיהֶם הָמָן הָרָשָׁע, בִּקֵּשׁ לְהַשְׁמִיד לַהֲרוֹג וּלְאַבֵּד אֶת כָּל הַיְּהוּדִים, מִנַּעַר וְעַד זָקֵן טַף וְנָשִׁים, בְּיוֹם אֶחָד, בִּשְׁלֹשָׁה עָשָׂר לְחֹדֶשׁ שְׁנֵים עָשָׂר, הוּא חֹדֶשׁ אֲדָר וּשְׁלָלָם לָבוֹז. וְאַתָּה בְּרַחֲמֶיךָ הָרַבִּים הֵפַרְתָּ אֶת עֲצָתוֹ, וְקִלְקַלְתָּ אֶת מַחֲשַׁבְתּוֹ, וַהֲשֵׁבוֹתָ לוֹ גְּמוּלוֹ בְּרֹאשׁוֹ. וְתָלוּ אוֹתוֹ וְאֶת בָּנָיו עַל הָעֵץ: ועל כולם

לפורים

בִּימֵי מַתִּתְיָהוּ בֶּן יוֹחָנָן כֹּהֵן גָּדוֹל, חַשְׁמוֹנַאי וּבָנָיו, כְּשֶׁעָמְדָה מַלְכוּת יָוָן הָרְשָׁעָה, עַל עַמְּךָ יִשְׂרָאֵל, לְהַשְׁכִּיחָם תּוֹרָתֶךָ וּלְהַעֲבִירָם מֵחֻקֵּי רְצוֹנֶךָ, וְאַתָּה בְּרַחֲמֶיךָ הָרַבִּים, עָמַדְתָּ לָהֶם בְּעֵת צָרָתָם, רַבְתָּ אֶת רִיבָם, דַּנְתָּ אֶת דִּינָם, נָקַמְתָּ אֶת נִקְמָתָם, מָסַרְתָּ גִבּוֹרִים בְּיַד חַלָּשִׁים, וְרַבִּים בְּיַד מְעַטִּים, וּטְמֵאִים בְּיַד טְהוֹרִים, וּרְשָׁעִים בְּיַד צַדִּיקִים, וְזֵדִים בְּיַד עוֹסְקֵי תוֹרָתֶךָ. וּלְךָ עָשִׂיתָ שֵׁם גָּדוֹל וְקָדוֹשׁ בְּעוֹלָמֶךָ, וּלְעַמְּךָ יִשְׂרָאֵל עָשִׂיתָ תְּשׁוּעָה גְדוֹלָה וּפֻרְקָן כְּהַיּוֹם הַזֶּה. וְאַחַר כָּךְ בָּאוּ בָנֶיךָ לִדְבִיר בֵּיתֶךָ, וּפִנּוּ אֶת הֵיכָלֶךָ, וְטִהֲרוּ אֶת מִקְדָּשֶׁךָ, וְהִדְלִיקוּ נֵרוֹת בְּחַצְרוֹת קָדְשֶׁךָ. וְקָבְעוּ שְׁמוֹנַת יְמֵי חֲנֻכָּה אֵלּוּ, לְהוֹדוֹת וּלְהַלֵּל לְשִׁמְךָ הַגָּדוֹל: ועל כולם

В Хануку и в Пурим говорят здесь ועל הנסים *("И ЗА ЗНАМЕНИЯ...").* *

ועל И ЗА ВСЕ ЭТО ДА БУДЕТ БЛАГОСЛОВЛЕНО, И ДА ВОЗВЕ-
ЛИЧИТСЯ И ПРЕВОЗНОСЕТСЯ ИМЯ ТВОЕ, ВЛАДЫКА НАШ,
ВСЕГДА, ВО ВЕКИ ВЕКОВ!

*Правила, которых следует придерживаться тому, кто пропустил следующие слова, см.
на стр. 51, перед словами* זכרנו *("ВСПОМНИ...").*

В "десять дней раскаяния" говорят:

וכתוב И ЗАПИШИ [В КНИГУ] БЛАГОПОЛУЧНОЙ ЖИЗНИ ВСЕХ, С КЕМ ТЫ ЗА-
КЛЮЧИЛ СОЮЗ.

וכל И ВСЕ ЖИВОЕ БУДЕТ ВЕЧНО БЛАГОДАРИТЬ ТЕБЯ И ВОСХВАЛЯТЬ
ТВОЕ ВЕЛИКОЕ ИМЯ ВОВЕК, ИБО ТЫ ДОБР. ТЫ, БОГ, — НАШЕ СПАСЕНИЕ

---

* *В Хануку и в Пурим говорят следующую молитву. Если молящийся пропустил ее, то в
том случае, если он заметил свою ошибку до того, как произнес Имя Всевышнего в конце
благословения* מודים *("БЛАГОДАРИМ..."), ему следует сразу же произнести пропущен-
ное.*

ועל И ЗА ЗНАМЕНИЯ, И ЗА ИЗБАВЛЕНИЕ, И ЗА МОГУЩЕСТВО [ТВОЕ],
И ЗА СПАСЕНИЕ, И ЗА ЧУДЕСА, КОТОРЫЕ ТЫ ЯВИЛ ОТЦАМ НАШИМ В ТЕ
ВРЕМЕНА, В ЭТИ ЖЕ ДНИ [ГОДА] ...

В Хануку:	В Пурим:
בימי ...В ДНИ МАТИТЬЯ͡ГУ, СЫНА ЙО-ХАНАНА ХАШМОНАЯ, ПЕРВОСВЯЩЕН-НИКА, И ЕГО СЫНОВЕЙ, КОГДА ВЫ-СТУПИЛО ЗЛОДЕЙСКОЕ ЦАРСТВО ЯВАН* ПРОТИВ НАРОДА ТВОЕГО, СЫ-НОВ ИЗРАИЛЯ, ЧТОБЫ ЗАСТАВИТЬ ИХ ЗАБЫТЬ ТВОЮ ТОРУ И НАРУШИТЬ ЗАКОНЫ, УСТАНОВЛЕННЫЕ ВОЛЕЙ ТВОЕЙ; НО ТЫ, ПО ВЕЛИКОЙ МИЛО-СТИ СВОЕЙ, СТОЯЛ ЗА НИХ, [СЫНОВ ИЗРАИЛЯ], КОГДА ОНИ БЫЛИ В БЕДЕ, ЗАСТУПАЛСЯ ЗА НИХ, БЫЛ СУДЬЕЙ В ИХ СПОРЕ [С ВРАГАМИ], МСТИЛ ЗА НИХ; ОТДАЛ СИЛЬНЫХ В РУКИ СЛА-БЫХ, И МНОГОЧИСЛЕННЫХ В РУКИ НЕМНОГИХ, И НЕЧИСТЫХ В РУКИ ЧИСТЫХ, И ЗЛОДЕЕВ В РУКИ ПРАВЕД-	בימי ...В ДНИ МОРДЕХАЯ И ЭСТЕР, В СТОЛИЧНОМ ГОРОДЕ ШУШАН, КОГДА ВЫСТУПИЛ ПРОТИВ НИХ ЗЛОДЕЙ ͡ГА-МАН, КОТОРЫЙ ХОТЕЛ УНИЧТОЖИТЬ, УБИТЬ И ИСТРЕБИТЬ ВСЕХ ИУДЕЕВ, МОЛОДЫХ И СТАРЫХ, МЛАДЕНЦЕВ И ЖЕНЩИН, В ОДИН ДЕНЬ, ТРИНАДЦА-ТЫЙ ДЕНЬ ДВЕНАДЦАТОГО МЕСЯЦА, МЕСЯЦА АДАРА, — А ИМУЩЕСТВО ИХ РАЗГРАБИТЬ, — ТЫ, ПО ВЕЛИКОЙ МИЛОСТИ СВОЕЙ, РАЗРУШИЛ ЕГО КОЗ-НИ, И РАССТРОИЛ ЕГО ЗАМЫСЛЫ, И ОБРАТИЛ ИХ ПРОТИВ НЕГО САМОГО. И ПОВЕСИЛИ ЕГО ВМЕСТЕ С СЫНОВЬЯ-МИ НА ВИСЕЛИЦЕ.

Продолжают ועל כולם *("И ЗА ВСЕ...").*

НИКОВ, И ЗЛОУМЫШЛЕННИКОВ В РУКИ ТЕХ, КТО ИЗУЧАЕТ ТОРУ ТВОЮ. И ПРОСЛА-
ВИЛ ТЫ ИМЯ СВОЕ, ВЕЛИКОЕ И СВЯТОЕ, В МИРЕ ТВОЕМ, И НАРОДУ СВОЕМУ, ИЗРАИ-
ЛЮ, ДАРОВАЛ ВЕЛИКОЕ СПАСЕНИЕ И ИЗБАВЛЕНИЕ В ЭТОТ САМЫЙ ДЕНЬ. И ТОГДА
ПРИШЛИ СЫНОВЬЯ ТВОИ В СВЯТАЯ СВЯТЫХ ХРАМА ТВОЕГО, И УБРАЛИ [ИДОЛОВ]
ИЗ ТВОЕГО ДВОРЦА, И ОЧИСТИЛИ СВЯТИЛИЩЕ ТВОЕ. И ЗАЖГЛИ СВЕТИЛЬНИКИ ВО
ДВОРАХ СВЯТИЛИЩА ТВОЕГО. И УСТАНОВИЛИ ЭТИ ВОСЕМЬ ДНЕЙ ХАНУКИ, ЧТОБЫ
ВОЗНОСИТЬ БЛАГОДАРНОСТЬ И ХВАЛУ ТВОЕМУ ВЕЛИКОМУ ИМЕНИ.

Продолжают ועל כולם *("И ЗА ВСЕ...").*

---

* Яван — означает на иврите Греция, а также эллинистические государства и эллинизиро-
ванные народы древности.

וְעָזְרָתֵנוּ סֶלָה. הָאֵל הַטּוֹב . בָּרוּךְ
אַתָּה יְיָ, הַטּוֹב שִׁמְךָ וּלְךָ נָאֶה לְהוֹדוֹת:

שּֿ״ץ אֱלֹהֵינוּ וֵאלֹהֵי אֲבוֹתֵינוּ, בָּרְכֵנוּ בַבְּרָכָה הַמְשֻׁלֶּשֶׁת, בַּתּוֹרָה הַכְּתוּבָה
עַל יְדֵי מֹשֶׁה עַבְדֶּךָ, הָאֲמוּרָה מִפִּי אַהֲרֹן וּבָנָיו כֹּהֲנִים עַם
קְדוֹשֶׁךָ כָּאָמוּר : יְבָרֶכְךָ יְיָ וְיִשְׁמְרֶךָ: אמן יָאֵר יְיָ פָּנָיו אֵלֶיךָ וִיחֻנֶּךָּ: אמן יִשָּׂא יְיָ פָּנָיו
אֵלֶיךָ וְיָשֵׂם לְךָ שָׁלוֹם: אמן

שִׂים שָׁלוֹם, טוֹבָה, וּבְרָכָה, חַיִּים חֵן וָחֶסֶד וְרַחֲמִים,
עָלֵינוּ וְעַל כָּל יִשְׂרָאֵל עַמֶּךָ, בָּרְכֵנוּ אָבִינוּ
כֻּלָּנוּ כְּאֶחָד בְּאוֹר פָּנֶיךָ, כִּי בְאוֹר פָּנֶיךָ נָתַתָּ
לָנוּ יְיָ אֱלֹהֵינוּ תּוֹרַת חַיִּים וְאַהֲבַת חֶסֶד, וּצְדָקָה
וּבְרָכָה וְרַחֲמִים וְחַיִּים וְשָׁלוֹם, וְטוֹב בְּעֵינֶיךָ
לְבָרֵךְ אֶת עַמְּךָ יִשְׂרָאֵל בְּכָל עֵת וּבְכָל שָׁעָה
בִּשְׁלוֹמֶךָ.

שכח לומר ובספר דיני כבואר לעיל אצל זכרנו:

בעשי״ת וּבְסֵפֶר חַיִּים בְּרָכָה וְשָׁלוֹם וּפַרְנָסָה טוֹבָה, יְשׁוּעָה וְנֶחָמָה וּגְזֵרוֹת
טוֹבוֹת נִזָּכֵר וְנִכָּתֵב לְפָנֶיךָ, אֲנַחְנוּ וְכָל עַמְּךָ בֵּית יִשְׂרָאֵל,
לְחַיִּים טוֹבִים וּלְשָׁלוֹם .

בָּרוּךְ אַתָּה יְיָ, הַמְבָרֵךְ אֶת עַמּוֹ יִשְׂרָאֵל בַּשָּׁלוֹם:

(שו״ע) (א) תקנת חכמים לומר אחד שמ״ע עשרה שמ״נה יהיו פסוק יהיו לרצון וכו'. אסור להפסיק בינו לשמינה עשרה
אפי' לענות קדיש וקדושה ואין צריך לומר באמירת אלהי נצור ושאר תחנונים שאחר התפלה שאינן
אלא מנהג ולא תובה כלל אלא צריך לומר יהיו לרצון קודם אלהי נצור ואם יש בא לחזור ולאמרו פעם אחרת אחר
התחנונים הרשות בידו ובין לרצון לאלהי נצור מותר להפסיק (לענות כל דבר שבקדושה אבל לא דבר אחר
עד שיעקור רגליו שהרי אפי' לווה מסכימו אסור עד שיפסע ג' פסיעות לאחריו כו') ואם התחיל לומר אלהי
נצור או שאר התחנונים והתחיל ש״ץ לסדר תפלתו והגיע לקדושה בקצר וגולה ופוסע לאחריו ואפי' לא קצר
יכול להפסיק ולענות כדרך שמפסיק לענות בברכות ק״ש

יִהְיוּ לְרָצוֹן אִמְרֵי פִי וְהֶגְיוֹן לִבִּי לְפָנֶיךָ, יְיָ צוּרִי וְגוֹאֲלִי:

תר״א א) תהלים יט טו ; ב) במדבר ו כד, כה, כו :

И НАША ОПОРА ВОВЕКИ, [ТЫ —] ДОБРЫЙ БОГ! БЛАГОСЛОВЕН ТЫ, ГОС-
ПОДЬ; ДОБРЫЙ — ИМЯ ТЕБЕ, И ТЕБЯ ПОДОБАЕТ БЛАГОДАРИТЬ.

В Эрец-Исраэль принято, что при повторении хазаном молитвы коѓаним благословляют здесь народ (см. стр. 268–269). Если же среди молящихся нет коѓаним, хазан произносит:

אלהינו БОГ НАШ И БОГ ОТЦОВ НАШИХ! БЛАГОСЛОВИ НАС ТРОЙНЫМ БЛАГО-
СЛОВЕНИЕМ, КОТОРОЕ ЗАПИСАЛ В ТОРЕ РАБ ТВОЙ МОШЕ И КОТОРОЕ ПРОИЗНОСИ-
ЛИ АЃАРОН И СЫНОВЬЯ ЕГО, КОЃАНИМ, – СВЯТОЕ ПЛЕМЯ ТВОЕ, КАК СКАЗАНО:
"БЛАГОСЛОВИТ ТЕБЯ ГОСПОДЬ И ОХРАНИТ ТЕБЯ. *(Община отвечает:* АМЕН! *Хазан продолжает:)* И БУДЕТ БЛАГОСКЛОНЕН К ТЕБЕ ГОСПОДЬ, И ПОМИЛУЕТ ТЕБЯ.
(Община отвечает: АМЕН! *Хазан продолжает:)* БУДЕТ БЛАГОВОЛИТЬ К ТЕБЕ ГОСПОДЬ
И ПОШЛЕТ ТЕБЕ МИР".[1] (*Община отвечает:* АМЕН!)

שים ДАРУЙ МИР, ДОБРО И БЛАГОСЛОВЕНИЕ, ЖИЗНЬ, МИ-
ЛОСТЬ, И ЛЮБОВЬ, И МИЛОСЕРДИЕ НАМ И ВСЕМУ ТВОЕМУ
НАРОДУ, ИЗРАИЛЮ. БЛАГОСЛОВИ НАС, ВСЕХ ВМЕСТЕ, В БЛА-
ГОСКЛОННОСТИ СВОЕЙ, ОТЕЦ НАШ, ИБО В БЛАГОСКЛОННОС-
ТИ СВОЕЙ ТЫ ДАРОВАЛ НАМ, ГОСПОДЬ, БОГ НАШ, ЗАКОН
ЖИЗНИ И БЕСКОРЫСТНОЙ ЛЮБВИ, И МИЛОСТЬ, И БЛАГОСЛО-
ВЕНИЕ, И МИЛОСЕРДИЕ, И ЖИЗНЬ, И МИР. И ДА БУДЕТ УГОДНО
ТЕБЕ БЛАГОСЛОВЛЯТЬ НАРОД СВОЙ, ИЗРАИЛЬ, ВО ВСЕ ВРЕ-
МЕНА И В КАЖДОЕ МГНОВЕНИЕ, ДАРУЯ ЕМУ МИР.

*Правила, которых следует придерживаться тому, кто пропустил следующие слова, см.
на стр. 51, перед словами זכרנו ("ВСПОМНИ...").*

В "десять дней раскаяния" говорят:

ובספר И В КНИГЕ ЖИЗНИ, БЛАГОСЛОВЕНИЯ, И МИРА, И ПРОЦВЕТАНИЯ, СПАСЕ-
НИЯ, И УТЕШЕНИЯ, И ДОБРЫХ ПРЕДНАЧЕРТАНИЙ – ДА БУДЕМ УПОМЯНУТЫ И
ЗАПИСАНЫ ПРЕД ТОБОЮ МЫ И ВЕСЬ НАРОД ТВОЙ, ДОМ ИЗРАИЛЯ, НА ДОБРУЮ
ЖИЗНЬ И НА МИР.

ברוך БЛАГОСЛОВЕН ТЫ, ГОСПОДЬ, БЛАГОСЛОВЛЯЮЩИЙ
МИРОМ НАРОД СВОЙ, ИЗРАИЛЬ!

Шулхан арух Ѓарав:
Запрещено произносить что-либо между "Шмонэ-эсрэ" и следующей фразой; не разрешается даже отвечать на "Кадиш" и "Кдушу", а тем более нельзя перейти к молитве
אלהי נצור ("БОГ МОЙ, УБЕРЕГИ...") и т. п до произнесения יהיו לרצון ("ДА БУДУТ УГОД-
НЫ...") . Между יהיו לרצון и אלהי נצור разрешается отвечать на "Кадиш", "Барху", "Кдушу",
а также на благословения אתה קדוש ("ТЫ СВЯТ...") и שומע תפלה ("...ВНИМАЮЩИЙ МО-
ЛИТВЕ") . Если хазан начал повторять "Шмонэ-эсрэ" и дошел до "Кдуши", то молящемуся
следует прервать молитву אלהי נצור и сделать три шага назад; но и не отступив на три шага
он может отвечать на "Кдушу" словами קדוש ("СВЯТ..."), ברוך ("БЛАГОСЛОВЕННА..."),
ימלוך ("БУДЕТ ЦАРСТВОВАТЬ..."). До того, как молящийся сделал три шага назад, ему
запрещено сходить с места.

יהיו ДА БУДУТ УГОДНЫ ТЕБЕ СЛОВА МОИХ УСТ И ПОМЫСЛЫ СЕРДЦА МОЕГО,
О, ГОСПОДЬ, – МОЙ ОПЛОТ И ИЗБАВИТЕЛЬ![2]

---

1. Бемидбар, 6:24—26. 2. Теѓилим, 19:15.

אֱלֹהַי, נְצוֹר לְשׁוֹנִי מֵרָע וּשְׂפָתַי מִדַּבֵּר מִרְמָה וְלִמְקַלְלַי,
נַפְשִׁי תִדּוֹם וְנַפְשִׁי כֶּעָפָר לַכֹּל תִּהְיֶה, פְּתַח לִבִּי
בְּתוֹרָתֶךָ וּבְמִצְוֹתֶיךָ תִּרְדּוֹף נַפְשִׁי, וְכָל הַחוֹשְׁבִים עָלַי
רָעָה, מְהֵרָה הָפֵר עֲצָתָם וְקַלְקֵל מַחֲשַׁבְתָּם. יִהְיוּ כְּמֹץ
לִפְנֵי רוּחַ וּמַלְאַךְ יְיָ דֹּחֶה. לְמַעַן יֵחָלְצוּן יְדִידֶיךָ,
הוֹשִׁיעָה יְמִינְךָ וַעֲנֵנִי. עֲשֵׂה לְמַעַן שְׁמֶךָ, עֲשֵׂה לְמַעַן יְמִינֶךָ,
עֲשֵׂה לְמַעַן תּוֹרָתֶךָ, עֲשֵׂה לְמַעַן קְדֻשָּׁתֶךָ.
יִהְיוּ לְרָצוֹן אִמְרֵי פִי וְהֶגְיוֹן לִבִּי לְפָנֶיךָ, יְיָ צוּרִי וְגוֹאֲלִי.

[שו"ע] (א) המתפלל צריך שיפסע ג' פסיעות לאחריו כדרך שנפטרים מלפני המלך ואחר כך יתן שלום וקודם
שפוסע יש לו לכרוע ויפסע הג' פסיעות בכריעה אחת ובעודו כורע קודם שיזקוף יתן שלום לשמאלו
רבימינו והתרגלו להשתחות אחר כך לפני ה' כעבד הנפטר מרבו:

עֹשֶׂה שָׁלוֹם (בעשי"ת הַשָּׁלוֹם) בִּמְרוֹמָיו הוּא יַעֲשֶׂה שָׁלוֹם
עָלֵינוּ, וְעַל כָּל יִשְׂרָאֵל, וְאִמְרוּ אָמֵן:

יְהִי רָצוֹן מִלְּפָנֶיךָ, יְיָ אֱלֹהֵינוּ וֵאלֹהֵי אֲבוֹתֵינוּ, שֶׁיִּבָּנֶה בֵּית הַמִּקְדָּשׁ בִּמְהֵרָה
בְיָמֵינוּ, וְתֵן חֶלְקֵנוּ בְּתוֹרָתֶךָ:

[שו"ע] (א) כשש"ץ חוזר התפלה יש לכל הקהל לשתוק ולכוין לברכות שמברך הש"ץ ולענות אמן ואם אין
ש' מטונים לברכותיו קרוב להיות ברכותיו לבטלה כי חזרת הש"ץ נתקנה לאמרה בעשרה כו' ויש
לגער באנשים שלומדים בעת חזרת הש"ץ או אומרים תחנונים ואפי' אם מכוונים לסוף הברכה לענות אמן
כראוי ט' לא יפה הם עושים ט' וכל אדם יעשה עצמו כאלו אין ט' זולתו ויכוין לכל ברכה מראשה עד סופה:
(ב) יש אומרים שבל הכם יעמדו כשחוזר ש"ץ התפלה: (ג) לא ישיח שיחת חולין בשעה שש"ץ חוזר התפלה
ואם שח הוא חוטא וגדול עונו מנשוא אפי' יש ט' זולתו שכל המשיח בבהכ"נ בשעה שהצבור עסוקין בשבחו'
של מקום מראה בעצמו שאין לו חלק באלהי ישראל כו' וילמד אדם בניו הקטנים ויחנכם לענות אמן ומיד שהתינוק
עונה אמן יש לו חלק לעוה"ב וצריך שיחנכם לעמוד באימה וביראה ואות שרצים ושבים בבהכ"נ בשחוק מוטב
שלא להביאם כלל לבהכ"נ:

אחר שמונה עשרה בשחרית ובמנחה יאמר ודוי:

אֱלֹהֵינוּ וֵאלֹהֵי אֲבוֹתֵינוּ, תָּבֹא לְפָנֶיךָ תְּפִלָּתֵנוּ, וְאַל תִּתְעַלַּם
מִתְּחִנָּתֵנוּ, שֶׁאֵין אָנוּ עַזֵּי פָנִים וּקְשֵׁי עֹרֶף, לוֹמַר לְפָנֶיךָ
יְיָ אֱלֹהֵינוּ וֵאלֹהֵי אֲבוֹתֵינוּ, צַדִּיקִים אֲנַחְנוּ וְלֹא חָטָאנוּ, אֲבָל
אֲנַחְנוּ וַאֲבוֹתֵינוּ חָטָאנוּ:

אָשַׁמְנוּ, בָּגַדְנוּ, גָּזַלְנוּ, דִּבַּרְנוּ דֹפִי. הֶעֱוִינוּ,
וְהִרְשַׁעְנוּ, זַדְנוּ, חָמַסְנוּ, טָפַלְנוּ
שֶׁקֶר. יָעַצְנוּ רָע, כִּזַּבְנוּ, לַצְנוּ, מָרַדְנוּ, נִאַצְנוּ,
סָרַרְנוּ, עָוִינוּ, פָּשַׁעְנוּ, צָרַרְנוּ, קִשִּׁינוּ עֹרֶף.

אלהי БОГ МОЙ! УБЕРЕГИ МОЙ ЯЗЫК ОТ ЗЛОСЛОВИЯ И УСТА МОИ ОТ ЛЖИВЫХ РЕЧЕЙ; И ПЕРЕД ТЕМИ, КТО ПРОКЛИНАЕТ МЕНЯ, ПУСТЬ ДУША МОЯ ХРАНИТ МОЛЧАНИЕ. И ПУСТЬ ДУША МОЯ ПОВЕРГАЕТСЯ В ПРАХ ПРЕД КАЖДЫМ. РАСКРОЙ МОЕ СЕРДЦЕ ДЛЯ ТОРЫ ТВОЕЙ, И ДА УСТРЕМИТСЯ МОЯ ДУША К ИСПОЛНЕНИЮ ТВОИХ ЗАПОВЕДЕЙ; И ПОСКОРЕЕ РАЗРУШЬ КОЗНИ И РАССТРОЙ ЗАМЫСЛЫ ВСЕХ ЗАДУМАВШИХ ПРОТИВ МЕНЯ НЕДОБРОЕ. ДА БУДУТ ОНИ МЯКИНОЙ НА ВЕТРУ, ГОНИМЫЕ АНГЕЛОМ ГОСПОДА.[1] ПУСТЬ СПАСЕНЫ БУДУТ ТЕ, КОГО ЛЮБИШЬ ТЫ; СПАСИ [МЕНЯ] ДЕСНИЦЕЙ СВОЕЙ И ОТВЕТЬ МНЕ.[2] СОВЕРШИ ЭТО РАДИ ИМЕНИ СВОЕГО, СОВЕРШИ РАДИ [ПРОСЛАВЛЕНИЯ] ДЕСНИЦЫ СВОЕЙ, СОВЕРШИ РАДИ ТОРЫ СВОЕЙ, СОВЕРШИ РАДИ СВЯТОСТИ СВОЕЙ; * ДА БУДУТ УГОДНЫ ТЕБЕ СЛОВА МОИХ УСТ И ПОМЫСЛЫ СЕРДЦА МОЕГО, О, ГОСПОДЬ, – МОЙ ОПЛОТ И ИЗБАВИТЕЛЬ![3]

Шулхан арух Гарав:
Перед следующей фразой нужно, склонившись, отступить на три шага, поклониться, повернув голову влево, и произнести עושה שלום במרומיו ("УСТАНАВЛИВАЮЩИЙ МИР В СВОИХ ВЫСОТАХ..."), потом поклониться прямо перед собой и сказать הוא ("ОН..."), затем поклониться, повернув голову вправо, и произнести יעשה שלום עלינו ("...ПОШЛЕТ МИР НАМ..."), и, снова поклонившись прямо перед собой, сказать ועל כל ישראל ואמרו אמן ("... И ВСЕМУ ИЗРАИЛЮ, И СКАЖЕМ: АМЕН!").

עושה УСТАНАВЛИВАЮЩИЙ МИР (в "десять дней раскаяния" вместо "ШАЛОМ" – "МИР" говорят: "ГАШАЛОМ") В СВОИХ ВЫСОТАХ, ОН ПОШЛЕТ МИР НАМ И ВСЕМУ ИЗРАИЛЮ, И СКАЖЕМ: АМЕН!

יהי ДА БУДЕТ УГОДНО ТЕБЕ, ГОСПОДЬ, БОГ НАШ И БОГ ОТЦОВ НАШИХ, ЧТОБЫ БЫЛ ПОСТРОЕН ХРАМ, – ВСКОРЕ, В НАШИ ДНИ, – И ДАЙ НАМ УДЕЛ В ТОРЕ ТВОЕЙ![4]

После этого не следует сходить с места до тех пор, пока хазан, повторяя "Шмонэ-эсрэ", не начнет произносить заключительные слова второго благословения. В этот момент человек должен вернуться на то место, где он стоял во время молитвы "Шмонэ-эсрэ", и стоять там до тех пор, пока хазан не закончит благословение אתה קדוש ("ТЫ СВЯТ..."). Ответив "амен" на это благословение, молящийся может сойти с места.

Шулхан арух Гарав:
1. Во время повторения хазаном молитвы "Шмонэ-эсрэ" все должны молчать, внимательно прислушиваться к произносимым им благословениям и в положенных местах отвечать "амен". Если тех, кто внимательно слушает хазана, менее девяти, есть опасение, что тот произносит Имя Всевышнего в благословениях впустую (ибо было установлено повторять "Шмонэ-эсрэ" в том случае, когда есть как минимум девять человек, слушающих хазана и отвечающих "амен"). Следует сделать замечание тому, кто учит Тору или произносит какие-либо дополнительные молитвы во время повторения "Шмонэ-эсрэ"; даже если при этом он прислушивается к заключительным словам благословений и вовремя отвечает "амен", он поступает неправильно. Каждый из присутствующих обязан вести себя так, как будто есть лишь девять человек, отвечающих "амен", и сам он – один из них, и без него вся молитва недействительна.
2. Существует мнение, что во время чтения хазаном молитвы "Шмонэ-эсрэ" всем следует стоять.
3. Тот, кто разговаривает во время повторения молитвы хазаном, совершает большой грех. Занимаясь посторонними делами в то время, как вся община славит Всевышнего, такой человек исключает себя из общины тех, кто служит Б-гу в Израиле. Следует приучать маленьких детей говорить "амен", поскольку с того момента, как ребенок начинает отвечать "амен" на благословения, душа его обретает долю в грядущем мире. Нужно приучать детей вести себя в синагоге скромно и сдержанно. Тех, кто шалит в синагоге, лучше туда не приводить.

"ТАХАНУН"

После того, как хазан завершает повторение "Шмонэ-эсрэ", в "Шахарит" и "Минху" произносят следующую молитву. Первую ее часть до слов "...ОЧИЩАЮЩИЙ [РАСКАЯВШЕГОСЯ], стр. 62, включительно произносят стоя. Во время исповеди молящийся, называя каждый из перечисленных грехов, бьет себя кулаком в грудь напротив сердца.

אלהינו БОГ НАШ И БОГ ОТЦОВ НАШИХ! ПУСТЬ ДОЙДЕТ ДО ТЕБЯ НАША МОЛИТВА, И НЕ ОТВЕРГАЙ НАШУ МОЛЬБУ, ПОТОМУ ЧТО МЫ НЕ НАСТОЛЬКО ДЕРЗКИ И УПРЯМЫ, ЧТОБЫ СКАЗАТЬ ТЕБЕ: "ГОСПОДЬ, БОГ НАШ И БОГ ОТЦОВ НАШИХ, ПРАВЕДНЫ МЫ И НЕ СОВЕРШАЛИ ГРЕХОВ", – ВЕДЬ И МЫ, И ОТЦЫ НАШИ ГРЕШИЛИ.

אשמנו ВИНОВНЫ МЫ; БЫЛИ ВЕРОЛОМНЫ, ГРАБИЛИ, ЛИЦЕМЕРИЛИ, СВЕРНУЛИ С ПРАВИЛЬНОГО ПУТИ И ОБВИНЯЛИ НЕВИНОВНЫХ, НАМЕРЕННО ТВОРИЛИ ЗЛО, ПРИСВАИВАЛИ ЧУЖОЕ, ВОЗВОДИЛИ НА БЛИЖНЕГО НАПРАСЛИНУ; ДАВАЛИ ДУРНЫЕ СОВЕТЫ, ЛГАЛИ, ГЛУМИЛИСЬ, БУНТОВАЛИ, КОЩУНСТВОВАЛИ, БЫЛИ НЕПОКОРНЫ, ЗЛОДЕЙСТВОВАЛИ, ВОССТАВАЛИ ПРОТИВ ЗАКОНА, ВРАЖДОВАЛИ МЕЖДУ СОБОЙ, УПОРСТВОВАЛИ В ГРЕХЕ;

---

1. Теѓилим, 35:5. 2. Теѓилим, 60:7, 198:7. 3. Теѓилим, 19:15. 4. Авот, 5:20.
* Здесь принято произносить стих из Танаха, начинающийся и кончающийся теми же буквами, что и имя молящегося. Если молящийся носит имя, встречающееся в Танахе, произносят тот стих, в котором оно упоминается.

רָשַׁעְנוּ , שִׁחַתְנוּ , תִּעַבְנוּ , תָּעִינוּ , תִּעְתָּעְנוּ :
סַרְנוּ מִמִּצְוֹתֶיךָ וּמִמִּשְׁפָּטֶיךָ הַטּוֹבִים וְלֹא שָׁוָה לָנוּ . וְאַתָּה
צַדִּיק עַל כָּל הַבָּא עָלֵינוּ , כִּי אֱמֶת עָשִׂיתָ וַאֲנַחְנוּ הִרְשָׁעְנוּ :
אֵל אֶרֶךְ אַפַּיִם אַתָּה וּבַעַל הָרַחֲמִים נִקְרֵאתָ , וְדֶרֶךְ
תְּשׁוּבָה הוֹרֵיתָ . גְּדֻלַּת רַחֲמֶיךָ וַחֲסָדֶיךָ , תִּזְכּוֹר הַיּוֹם
וּבְכָל יוֹם לְזֶרַע יְדִידֶיךָ . תֵּפֶן אֵלֵינוּ בְּרַחֲמִים , כִּי אַתָּה
הוּא בַּעַל הָרַחֲמִים . בְּתַחֲנוּן וּבִתְפִלָּה פָּנֶיךָ נְקַדֵּם ,
כְּהוֹדַעְתָּ לֶעָנָיו מִקֶּדֶם . מֵחֲרוֹן אַפְּךָ שׁוּב , כְּמוֹ בְּתוֹרָתְךָ
כָּתוּב . וּבְצֵל כְּנָפֶיךָ נֶחֱסֶה וְנִתְלוֹנָן , כְּיוֹם וַיֵּרֶד יְיָ בֶּעָנָן .
תַּעֲבוֹר עַל פֶּשַׁע וְתִמְחֶה אָשָׁם , כְּיוֹם וַיִּתְיַצֵּב עִמּוֹ שָׁם .
תַּאֲזִין שַׁוְעָתֵנוּ וְתַקְשִׁיב מֶנּוּ מַאֲמָר , כְּיוֹם וַיִּקְרָא בְּשֵׁם יְיָ
וְשָׁם נֶאֱמַר : המתפלל ביחיד אין אומר זה:

וַיַּעֲבֹר יְיָ עַל פָּנָיו וַיִּקְרָא

יְיָ יְיָ אֵל רַחוּם וְחַנּוּן אֶרֶךְ אַפַּיִם וְרַב חֶסֶד וֶאֱמֶת : נֹצֵר
חֶסֶד לָאֲלָפִים נֹשֵׂא עָוֹן וָפֶשַׁע וְחַטָּאָה וְנַקֵּה :
רַחוּם וְחַנּוּן חָטָאנוּ לְפָנֶיךָ רַחֵם עָלֵינוּ וְהוֹשִׁיעֵנוּ :

א לְדָוִד אֵלֶיךָ יְיָ נַפְשִׁי אֶשָּׂא : ב אֱלֹהַי בְּךָ בָטַחְתִּי אַל אֵבוֹשָׁה, אַל יַעַלְצוּ
אוֹיְבַי לִי : ג גַּם כָּל קֹוֶיךָ לֹא יֵבֹשׁוּ, יֵבֹשׁוּ הַבּוֹגְדִים רֵיקָם: ד דְּרָכֶיךָ יְיָ
הוֹדִיעֵנִי, אֹרְחוֹתֶיךָ לַמְּדֵנִי : ה הַדְרִיכֵנִי בַאֲמִתֶּךָ וְלַמְּדֵנִי כִּי אַתָּה אֱלֹהֵי יִשְׁעִי,
אוֹתְךָ קִוִּיתִי כָּל הַיּוֹם : ו זְכֹר רַחֲמֶיךָ יְיָ וַחֲסָדֶיךָ כִּי מֵעוֹלָם הֵמָּה : ז חַטֹּאות נְעוּרַי
וּפְשָׁעַי אַל תִּזְכֹּר כְּחַסְדְּךָ זְכָר לִי אַתָּה, לְמַעַן טוּבְךָ יְיָ : ח טוֹב וְיָשָׁר יְיָ עַל כֵּן
יוֹרֶה חַטָּאִים בַּדָּרֶךְ : ט יַדְרֵךְ עֲנָוִים בַּמִּשְׁפָּט וִילַמֵּד עֲנָוִים דַּרְכּוֹ : י כָּל אָרְחוֹת
יְיָ חֶסֶד וֶאֱמֶת, לְנֹצְרֵי בְרִיתוֹ וְעֵדֹתָיו : יא לְמַעַן שִׁמְךָ יְיָ וְסָלַחְתָּ לַעֲוֹנִי כִּי רַב
הוּא : יב מִי זֶה הָאִישׁ יְרֵא יְיָ, יוֹרֶנּוּ בְּדֶרֶךְ יִבְחָר : יג נַפְשׁוֹ בְּטוֹב תָּלִין וְזַרְעוֹ יִירַשׁ
אָרֶץ : יד סוֹד יְיָ לִירֵאָיו, וּבְרִיתוֹ לְהוֹדִיעָם : טו עֵינַי תָּמִיד אֶל יְיָ, כִּי הוּא יוֹצִיא
מֵרֶשֶׁת רַגְלָי : טז פְּנֵה אֵלַי וְחָנֵּנִי, כִּי יָחִיד וְעָנִי אָנִי : יז צָרוֹת לְבָבִי הִרְחִיבוּ,
מִמְּצוּקוֹתַי הוֹצִיאֵנִי : יח רְאֵה עָנְיִי וַעֲמָלִי, וְשָׂא לְכָל חַטֹּאותָי : יט רְאֵה אֹיְבַי
כִּי רָבּוּ, וְשִׂנְאַת חָמָס שְׂנֵאוּנִי : כ שָׁמְרָה נַפְשִׁי וְהַצִּילֵנִי, אַל אֵבוֹשׁ כִּי
חָסִיתִי בָךְ : כא תֹּם וָיֹשֶׁר יִצְּרוּנִי, כִּי קִוִּיתִיךָ : כב פְּדֵה אֱלֹהִים אֶת יִשְׂרָאֵל
מִכֹּל צָרוֹתָיו : וְהוּא יִפְדֶּה אֶת יִשְׂרָאֵל מִכֹּל עֲוֹנוֹתָיו :

ואחר כך אומרים אבינו מלכנו אבינו אתה וכו' ואנחנו לא נדע וכו' . תמצא לקמן:

תו'א א) תהלים כה : ב) שם קל ח:

ТВОРИЛИ ЗЛО, ВРЕДИЛИ, ДЕЛАЛИ МЕРЗОСТИ, ЗАБЛУЖДАЛИСЬ, ВВОДИЛИ В ЗА-
БЛУЖДЕНИЕ ДРУГИХ.

סרנו СВЕРНУЛИ МЫ С [ПУТИ] ЗАПОВЕДЕЙ ТВОИХ И МИЛОСЕРДНЫХ ТВОИХ ЗА-
КОНОВ, И ЭТО НЕ ПРИВЕЛО НАС К ДОБРУ. И ТЫ ПРАВ ВО ВСЕМ, ЧТО СОВЕРШИЛ С
НАМИ, ИБО ТВОИ ДЕЯНИЯ СПРАВЕДЛИВЫ, А НАШИ – ГРЕХОВНЫ.[1]

אל ТЫ – ДОЛГОТЕРПЕЛИВЫЙ БОГ, И ИМЯ ТЕБЕ – МИЛОСЕРДНЫЙ; И ТЫ УКАЗАЛ
ПУТЬ ВОЗВРАЩЕНИЯ [К ТЕБЕ]. ВСПОМНИ СЕГОДНЯ И [ВСПОМИНАЙ] ЕЖЕДНЕВНО
О ВЕЛИКОЙ МИЛОСТИ СВОЕЙ И О ЛЮБВИ СВОЕЙ К ПОТОМСТВУ ТЕХ, КОГО ПРИ-
БЛИЗИЛ ТЫ К СЕБЕ.*ОБРАТИ НА НАС МИЛОСЕРДНЫЙ ВЗОР, ИБО МИЛОСЕРДЕН ТЫ.
С МОЛЬБОЙ И МОЛИТВОЙ ПРЕДСТАНЕМ МЫ ПРЕД ТОБОЮ, [И ТЫ ПОМИЛУЕШЬ
НАС], КАК ВОЗВЕСТИЛ ТЫ НЕКОГДА СКРОМНЕЙШЕМУ [ИЗ ЛЮДЕЙ].**ПЕРЕСТАНЬ
ГНЕВАТЬСЯ НА НАС, ВЕДЬ ОБЕЩАЛ ТЫ ЭТО В СВОЕЙ ТОРЕ.[2] ПОД СЕНЬЮ КРЫЛ
ТВОИХ НАЙДЕМ СЕБЕ ЗАЩИТУ И ПРИБЕЖИЩЕ, КАК ЭТО БЫЛО В ДЕНЬ, [О КОТО-
РОМ СКАЗАНО]: "И ЯВИЛСЯ ГОСПОДЬ В ОБЛАКЕ".[3] ПРОСТИ НАМ ПРЕСТУПЛЕНИЯ
И СНИМИ С НАС ВИНУ, КАК ЭТО БЫЛО В ДЕНЬ, [О КОТОРОМ СКАЗАНО]: "И ТАМ
ПРЕДСТАЛ [МОШЕ] ПРЕД [ВСЕВЫШНИМ]".[3] ПРИСЛУШАЙСЯ К ВОПЛЮ НАШЕМУ И
ВНЕМЛИ НАШИМ СЛОВАМ, КАК ЭТО БЫЛО В ДЕНЬ, [О КОТОРОМ СКАЗАНО]: "И
ВОЗЗВАЛ [МОШЕ] К ГОСПОДУ".[3] И ТАМ ЖЕ СКАЗАНО:

*Когда хазан начинает произносить "И ПРОШЕЛ ГОСПОДЬ...", все присутствующие
должны встать и произнести следующий отрывок вместе с ним. Тот, кто молится без
"миньяна", этот отрывок не произносит.*

ויעבור ≪И ПРОШЕЛ ГОСПОДЬ ПЕРЕД НИМ, [МОШЕ], И ПРОИЗНЕС:

יי "ГОСПОДЬ, ГОСПОДЬ – БОГ МИЛОСЕРДНЫЙ И МИЛУЮЩИЙ, ДОЛГОТЕРПЕЛИ-
ВЫЙ; ТОТ, ЧЬИ ЛЮБОВЬ И СПРАВЕДЛИВОСТЬ БЕЗГРАНИЧНЫ; ПОМНЯЩИЙ ДОБРЫЕ
ДЕЛА [ОТЦОВ] ДЛЯ ТЫСЯЧ [ПОКОЛЕНИЙ ИХ ПОТОМКОВ]; ПРОЩАЮЩИЙ ГРЕХ, И
НЕПОКОРНОСТЬ, И ЗАБЛУЖДЕНИЕ И ОЧИЩАЮЩИЙ [РАСКАЯВШЕГОСЯ]!"≫[4]

רחום МИЛОСЕРДНЫЙ И МИЛУЮЩИЙ, ГРЕШНЫ МЫ ПРЕД ТОБОЮ; СМИЛУЙСЯ НАД
НАМИ И СПАСИ НАС!

*Следующий псалом произносят сидя. Тот, кто молится в помещении, где есть свиток
Торы, в "Шахарит" опускает голову на правую руку, а в "Минху" – на левую.*

לדוד [ПСАЛОМ] ДАВИДА. К ТЕБЕ, ГОСПОДЬ, БУДУ СТРЕМИТЬСЯ Я ДУШОЮ СВОЕЙ!
О, БОГ МОЙ, – НА ТЕБЯ ПОЛОЖИЛСЯ Я; ДА НЕ ПОСРАМЛЮСЬ, ДА НЕ ВОСТОРЖЕСТ-
ВУЮТ ВРАГИ МОИ НАДО МНОЙ. ТАК И ВСЕ, НАДЕЮЩИЕСЯ НА ТЕБЯ, ДА НЕ ПОСРА-
МЯТСЯ; ПУСТЬ БУДУТ ПОСРАМЛЕНЫ ПРЕДАТЕЛИ, [ПОНАДЕЯВШИЕСЯ] НА ПУ-
СТОЕ. О СТЕЗЯХ СВОИХ, ГОСПОДЬ, ПОВЕДАЙ МНЕ; ПУТЯМ СВОИМ НАУЧИ МЕНЯ,
ВЕДИ МЕНЯ ПУТЕМ ИСТИНЫ СВОЕЙ, И ВРАЗУМИ МЕНЯ, ВЕДЬ ТЫ, БОГ, – СПАСИ-
ТЕЛЬ МОЙ, НА ТЕБЯ НАДЕЯЛСЯ Я ВСЕГДА. ВСПОМНИ МИЛОСТЬ СВОЮ, ГОСПОДЬ,
И ЛЮБОВЬ СВОЮ [К НАМ], ВЕДЬ ОНИ ИЗВЕЧНЫ. О ГРЕХАХ МОЕЙ ЮНОСТИ И ПРЕ-
СТУПЛЕНИЯХ МОИХ НЕ ВСПОМИНАЙ; ПО ДОБРОТЕ СВОЕЙ, ГОСПОДЬ, ВСПОМНИ
[О СВОЕЙ ЛЮБВИ КО МНЕ], ЧТОБЫ ОБЛАГОДЕТЕЛЬСТВОВАТЬ [МЕНЯ]. ДОБР И
СПРАВЕДЛИВ ГОСПОДЬ, И ПОЭТОМУ УКАЖЕТ ОН ГРЕШНИКАМ ПУТЬ [ИСТИНЫ].
ПОВЕДЕТ ОН СМИРЕННЫХ ДОРОГОЙ СПРАВЕДЛИВОСТИ И НАУЧИТ КРОТКИХ СВО-
ЕМУ ПУТИ. ВСЕ ПУТИ ГОСПОДА – [ПУТИ] ЛЮБВИ И ИСТИНЫ, [ЭТО ОТКРЫТО]
ТЕМ, КТО ВЕРЕН СОЮЗУ С НИМ И ЕГО ЗАПОВЕДЯМ. РАДИ ИМЕНИ СВОЕГО, ГОС-
ПОДЬ, ПРОСТИ ГРЕХ МОЙ, ХОТЯ И ВЕЛИК ОН. ТОМУ, КТО БОИТСЯ ГОСПОДА, УКА-
ЖЕТ ОН, КАКОЙ ПУТЬ ИЗБРАТЬ. ДУША ТОГО [ЧЕЛОВЕКА] БУДЕТ ПРЕБЫВАТЬ В
РАЮ, И ПОТОМКИ ЕГО УНАСЛЕДУЮТ ЗЕМЛЮ. ТАЙНА ГОСПОДА [БУДЕТ ОТКРЫТА]
БОЯЩИМСЯ ЕГО, И ЗАВЕТ ЕГО СТАНЕТ ИЗВЕСТЕН ИМ. ВЗОР МОЙ ПОСТОЯННО
ОБРАЩЕН К ГОСПОДУ В НАДЕЖДЕ НА ТО, ЧТО ОН ОСВОБОДИТ МОИ НОГИ ОТ ПУТ.
ОБРАТИ КО МНЕ СВОЙ ВЗОР И ПОМИЛУЙ МЕНЯ, ИБО Я ОДИНОК И НИЩ. СТРАДА-
НИЯ СЕРДЦА МОЕГО ВЕЛИКИ; ИЗБАВЬ МЕНЯ ОТ БЕД МОИХ! ВЗГЛЯНИ НА МОИ
МУКИ И ТЯГОТЫ И ПРОСТИ ВСЕ ГРЕХИ МОИ. ВЗГЛЯНИ, КАК УМНОЖИЛИСЬ МОИ
ВРАГИ; БЕСПРИЧИННОЙ НЕНАВИСТЬЮ НЕНАВИДЯТ ОНИ МЕНЯ. УБЕРЕГИ ДУШУ
МОЮ И СПАСИ МЕНЯ, И Я НЕ ПОСРАМЛЮСЬ, ИБО НАХОЖУСЬ ПОД ТВОЕЮ ЗАЩИТОЙ.
НЕПОРОЧНОСТЬ И ПРЯМОТА [МОИ] ДА ХРАНЯТ МЕНЯ, ИБО НА ТЕБЯ Я НАДЕЯЛСЯ.
ИЗБАВЬ, БОЖЕ, ИЗРАИЛЬ ОТ ВСЕХ ЕГО БЕД![5] И ВЫЗВОЛИТ ОН ИЗРАИЛЬ ИЗ ПЛЕНА
ЕГО ГРЕХОВ.[6]

В воскресенье, вторник, среду и пятницу после этого псалма переходят к אבינו מלכנו
("ОТЕЦ НАШ, ВЛАДЫКА НАШ!"), стр. 68.

---

1. Нехемья, 9:33. 2. см. Шмот, 32:12. 3. Шмот, 34:5. 4. Шмот, 34:6,7. 5. Тегилим, 25.
6. Тегилим, 130:8.
* Праотцев. ** Моше.

וְהוּא רַחוּם , יְכַפֵּר עָוֹן וְלֹא יַשְׁחִית , וְהִרְבָּה לְהָשִׁיב אַפּוֹ , וְלֹא יָעִיר כָּל חֲמָתוֹ . אַתָּה יְיָ לֹא תִכְלָא רַחֲמֶיךָ מִמֶּנּוּ , חַסְדְּךָ וַאֲמִתְּךָ תָּמִיד יִצְּרוּנוּ . הוֹשִׁיעֵנוּ יְיָ אֱלֹהֵינוּ , וְקַבְּצֵנוּ מִן הַגּוֹיִם , לְהוֹדוֹת לְשֵׁם קָדְשֶׁךָ , לְהִשְׁתַּבֵּחַ בִּתְהִלָּתֶךָ . אִם עֲוֹנוֹת תִּשְׁמָר יָהּ , אֲדֹנָי , מִי יַעֲמֹד . כִּי עִמְּךָ הַסְּלִיחָה , לְמַעַן תִּוָּרֵא . לֹא כַחֲטָאֵינוּ תַּעֲשֶׂה לָּנוּ , וְלֹא כַעֲוֹנוֹתֵינוּ תִּגְמֹל עָלֵינוּ . אִם עֲוֹנֵינוּ עָנוּ בָנוּ , יְיָ , עֲשֵׂה לְמַעַן שְׁמֶךָ . זְכֹר רַחֲמֶיךָ יְיָ , וַחֲסָדֶיךָ , כִּי מֵעוֹלָם הֵמָּה . יַעַנְנוּ יְיָ בְּיוֹם צָרָה , יְשַׂגְּבֵנוּ שֵׁם אֱלֹהֵי יַעֲקֹב . יְיָ הוֹשִׁיעָה , הַמֶּלֶךְ יַעֲנֵנוּ בְיוֹם קָרְאֵנוּ . אָבִינוּ מַלְכֵּנוּ חָנֵּנוּ וַעֲנֵנוּ , כִּי אֵין בָּנוּ מַעֲשִׂים , עֲשֵׂה עִמָּנוּ צְדָקָה לְמַעַן שְׁמֶךָ . וְעַתָּה אֲדֹנָי אֱלֹהֵינוּ , אֲשֶׁר הוֹצֵאתָ אֶת עַמְּךָ מֵאֶרֶץ מִצְרַיִם

תו"א א) תהלים עח לח: ב) שם מ יב: ג) שם קו מז: ד) שם קל ג: ה) שב קל ד: ו) שם קג י: ז) ירמיה יד ז: ח) תהלים כה יא: ט) שם כ ב (בשנוי לשון): י) שם כ י: כ) דניאל ט טו:

В понедельник и четверг говорят следующее (эту молитву произносят стоя) :

וְהוּא И ОН, МИЛОСЕРДНЫЙ, ПРОСТИТ ЗЛОДЕЯНИЕ И НЕ ПО-
ГУБИТ [СОГРЕШИВШЕГО], КАК НЕ РАЗ УЖЕ ОТВРАЩАЛ ГНЕВ
СВОЙ [ОТ ГРЕШНИКА], И НЕ ОБРУШИТ [НА НЕГО] ВСЮ
ЯРОСТЬ СВОЮ.[1] НЕ ЛИШАЙ НАС, ГОСПОДЬ, МИЛОСЕРДИЯ
СВОЕГО; ЛЮБОВЬ ТВОЯ И ВЕРНОСТЬ ТВОЯ [СОЮЗУ С НАМИ]
ДА ХРАНЯТ НАС ВСЕГДА![2] СПАСИ НАС, ГОСПОДЬ, БОГ
НАШ, И СОБЕРИ НАС ИЗ СРЕДЫ НАРОДОВ, ЧТОБЫ МЫ ВОЗ-
НЕСЛИ БЛАГОДАРНОСТЬ СВЯТОМУ ИМЕНИ ТВОЕМУ, ГОР-
ДЯСЬ ТВОИМИ СЛАВНЫМИ ДЕЯНИЯМИ.[3] ЕСЛИ ТЫ, БОЖЕ, БУ-
ДЕШЬ ПОМНИТЬ ГРЕХИ [ЛЮДЕЙ], ТО КТО УСТОИТ [НА СУДЕ
ТВОЕМ], ГОСПОДЬ! ВЕДЬ ЛИШЬ ТЫ МОЖЕШЬ ПРОСТИТЬ, И
ПОТОМУ ВСЕ ТРЕПЕЩУТ [ПРЕД ТОБОЮ].[4] НЕ ПОСТУПАЙ С
НАМИ ТАК, КАК МЫ ТОГО ЗАСЛУЖИВАЕМ СВОИМИ ГРЕХА-
МИ, И НЕ ВОЗДАВАЙ НАМ ПО НАШИМ ЗЛОДЕЯНИЯМ.[5] ХОТЯ
НАШИ ГРЕХИ СВИДЕТЕЛЬСТВУЮТ ПРОТИВ НАС, ГОСПОДЬ, —
ПОСТУПАЙ С НАМИ [МИЛОСТИВО] РАДИ ИМЕНИ СВОЕГО.[6]
ВСПОМНИ МИЛОСТЬ СВОЮ, ГОСПОДЬ, И ДОБРОТУ СВОЮ [К
НАМ], ВЕДЬ ОНИ ИЗВЕЧНЫ.[7] ДА ОТВЕТИТ НАМ ГОСПОДЬ В
ДЕНЬ БЕДЫ, И ВОЗВЫСИТ НАС ТОТ, ЧЬЕ ИМЯ — БОГ ЯАКОВА.[8]
ГОСПОДЬ, СПАСИ [НАС]! ОТВЕТЬ НАМ, ВЛАДЫКА, В ДЕНЬ,
КОГДА МЫ ВЗЫВАЕМ [К ТЕБЕ]![9] ОТЕЦ НАШ, ВЛАДЫКА НАШ,
ПОМИЛУЙ НАС И ОТВЕТЬ НАМ, ХОТЯ И НЕТ ЗА НАМИ ЗАСЛУГ.
ПОСТУПИ С НАМИ МИЛОСТИВО РАДИ ИМЕНИ СВОЕГО.
И НЫНЕ [ПРИЗНАЁМ МЫ] : ГОСПОДЬ, БОГ НАШ, КОТО-
РЫЙ ВЫВЕЛ НАРОД СВОЙ ИЗ СТРАНЫ ЕГИПЕТСКОЙ

---

1. Теͪилим, 78:38. 2. см. Теͪилим, 40:12. 3. Теͪилим, 106:47. 4. Теͪилим, 130:3,4. 5. см. Теͪилим, 103:10. 6. Ирмеяͪу, 14:7. 7. Теͪилим, 25:6. 8. см. Теͪилим, 20:2. 9. Теͪилим, 20:10.

בְּיָד חֲזָקָה, וַתַּעַשׂ לְךָ שֵׁם כַּיּוֹם
הַזֶּה, חָטָאנוּ רָשָׁעְנוּ. אֲדֹנָי כְּכָל
צִדְקֹתֶיךָ, יָשָׁב נָא אַפְּךָ וַחֲמָתְךָ
מֵעִירְךָ יְרוּשָׁלַיִם הַר קָדְשֶׁךָ, כִּי
בַחֲטָאֵינוּ וּבַעֲוֹנוֹת אֲבֹתֵינוּ, יְרוּשָׁלַיִם
וְעַמְּךָ לְחֶרְפָּה לְכָל סְבִיבֹתֵינוּ. וְעַתָּה,
שְׁמַע אֱלֹהֵינוּ אֶל תְּפִלַּת עַבְדְּךָ וְאֶל
תַּחֲנוּנָיו וְהָאֵר פָּנֶיךָ עַל מִקְדָּשֶׁךָ
הַשָּׁמֵם, לְמַעַן אֲדֹנָי:

הַטֵּה אֱלֹהַי אָזְנְךָ וּשְׁמָע, פְּקַח עֵינֶיךָ וּרְאֵה
שֹׁמְמֹתֵינוּ, וְהָעִיר אֲשֶׁר נִקְרָא שִׁמְךָ
עָלֶיהָ, כִּי וְלֹא עַל צִדְקֹתֵינוּ אֲנַחְנוּ מַפִּילִים
תַּחֲנוּנֵינוּ לְפָנֶיךָ, כִּי עַל רַחֲמֶיךָ הָרַבִּים. אֲדֹנָי
שְׁמָעָה, אֲדֹנָי סְלָחָה, אֲדֹנָי הַקְשִׁיבָה, וַעֲשֵׂה
אַל תְּאַחַר, לְמַעַנְךָ אֱלֹהַי, כִּי שִׁמְךָ נִקְרָא עַל
עִירְךָ וְעַל עַמֶּךָ. אָבִינוּ אַב הָרַחֲמָן, הַרְאֵנוּ
אוֹת לְטוֹבָה וְקַבֵּץ נְפוּצוֹתֵינוּ מֵאַרְבַּע כַּנְפוֹת
הָאָרֶץ יַכִּירוּ וְיֵדְעוּ כָּל הַגּוֹיִם, כִּי אַתָּה יְיָ אֱלֹהֵינוּ.
וְעַתָּה יְיָ אָבִינוּ אָתָּה, אֲנַחְנוּ הַחֹמֶר וְאַתָּה
יוֹצְרֵנוּ, וּמַעֲשֵׂה יָדְךָ כֻּלָּנוּ. אָבִינוּ מַלְכֵּנוּ צוּרֵנוּ

וְגֹאֲלֵנוּ

תר"א א) דניאל ט טז: ב) שם ט יז: ג) שם ט יח: ד) שם ט יט: ה) ישעיה סד ז:

МОГУЧЕЙ РУКОЮ, УВЕНЧАВ СЕБЯ СЛАВОЙ, [НЕИЗМЕННОЙ] И ПО СЕЙ ДЕНЬ, — ГРЕШИЛИ МЫ И ТВОРИЛИ ЗЛО! ГОСПОДЬ, ТАК ЖЕ, КАК ВСЕГДА, ПРОЯВЛЯЛ ТЫ СВОЮ МИЛОСТЬ [К НАМ], ОТВРАТИ И СЕГОДНЯ ГНЕВ СВОЙ И ЯРОСТЬ СВОЮ ОТ ГОРОДА ТВОЕГО, ИЕРУСАЛИМА; И ОТ СВЯТОЙ ГОРЫ ТВОЕЙ, ВЕДЬ ЗА ГРЕХИ НАШИ И ЗА ПРЕСТУПЛЕНИЯ НАШИХ ОТЦОВ ИЕРУСА- ЛИМ И НАРОД ТВОЙ ОТДАНЫ НА ПОРУГАНИЕ ВСЕМ [ПЛЕМЕ- НАМ, ЖИВУЩИМ] ВОКРУГ. И УСЛЫШЬ СЕЙЧАС, БОГ НАШ, МО- ЛИТВУ РАБА ТВОЕГО И ЕГО МОЛЬБЫ И ОСЕНИ СВОЕЙ БЛАГО- СКЛОННОСТЬЮ РАЗРУШЕННЫЙ ХРАМ СВОЙ РАДИ САМОГО СЕБЯ, ГОСПОДЬ![1]

הטה ПРИКЛОНИ, БОГ МОЙ, УХО СВОЕ И ВНЕМЛИ, ОБРАТИ СВОЙ ВЗОР И ВЗГЛЯНИ НА ОПУСТОШЕННУЮ [СТРАНУ] НАШУ И НА [РАЗВАЛИНЫ] ГОРОДА, ОТМЕЧЕННОГО ИМЕНЕМ ТВОИМ, ИБО НЕ НА ПРАВЕДНОСТЬ СВОЮ УПОВАЕМ МЫ, ОБРАЩАЯ К ТЕБЕ НАШИ МОЛЬБЫ, НО НА МИ- ЛОСЕРДИЕ ВЕЛИКОЕ ТВОЕ. ГОСПОДЬ, ВНЕМЛИ! ГОСПОДЬ, ПРОСТИ! ГОСПОДЬ, УСЛЫШЬ И ВЫПОЛНИ [НАШУ ПРОСЬБУ] БЕЗ ПРОМЕДЛЕ- НИЯ; [СДЕЛАЙ ЭТО] РАДИ САМОГО СЕБЯ, БОГ МОЙ, — ВЕДЬ ИМЕ- НЕМ ТВОИМ ОТМЕЧЕНЫ ГОРОД ТВОЙ И НАРОД ТВОЙ.[2] ОТЕЦ НАШ, МИЛОСЕРДНЫЙ ОТЕЦ, ЯВИ НАМ ДОБРЫЙ ЗНАК И СОБЕРИ НАШ НАРОД, РАССЕЯННЫЙ ПО СВЕТУ, С ЧЕТЫРЕХ КОНЦОВ ЗЕМЛИ; [И] ПРИЗНАЮТ, И ПОВЕРЯТ ВСЕ НАРОДЫ, ЧТО ТЫ, ГОСПОДЬ, — БОГ НАШ. ВЕДЬ ТЫ, ГОСПОДЬ, — НАШ ОТЕЦ; МЫ — ГЛИНА, А ТЫ — ГОНЧАР; ВСЕ МЫ — ТВОРЕНИЯ РУК ТВОИХ.[3] ОТЕЦ НАШ, ВЛАДЫКА, ОПЛОТ НАШ

---

1. Даниэль, 9:15—17. 2. Даниэль, 9:18,19. 3. Йешаяѓу, 64:7.

וְגֹאֲלֵנוּ . חוּסָה יְיָ עַל עַמֶּךָ , וְאַל תִּתֵּן נַחֲלָתְךָ
לְחֶרְפָּה לִמְשָׁל בָּם גּוֹיִם, לָמָּה יֹאמְרוּ בָעַמִּים אַיֵּה
אֱלֹהֵיהֶם. יָדַעְנוּ כִּי חָטָאנוּ, וְאֵין מִי יַעֲמֹד בַּעֲדֵנוּ,
אֶלָּא שִׁמְךָ הַגָּדוֹל יַעֲמָד לָנוּ בְּעֵת צָרָה. בְּרַחֵם
אָב עַל בָּנִים, כֵּן תְּרַחֵם יְיָ עָלֵינוּ וְהוֹשִׁיעֵנוּ לְמַעַן
שְׁמֶךָ. הֲמוֹל עַל עַמֶּךָ, רַחֵם עַל נַחֲלָתֶךָ,
חוּסָה נָא כְּרֹב רַחֲמֶיךָ, חָנֵּנוּ וַעֲנֵנוּ, כִּי לְךָ יְיָ
הַצְּדָקָה, עֲשֵׂה נִפְלָאוֹת בְּכָל עֵת:

הַבֶּט נָא , וְהוֹשִׁיעָה צֹאן מַרְעִיתֶךָ .
וְאַל יִמְשָׁל בָּנוּ קָצֶף . כִּי לְךָ יְיָ
הַיְשׁוּעָה, בְּךָ תוֹחַלְתֵּנוּ, אֱלוֹהַּ סְלִיחוֹת.
אָנָּא, סְלַח נָא, כִּי אֵל טוֹב וְסַלָּח אָתָּה:

אָנָּא מֶלֶךְ חַנּוּן וְרַחוּם, זְכוֹר וְהַבֵּט לִבְרִית בֵּין
הַבְּתָרִים, וְתֵרָאֶה לְפָנֶיךָ עֲקֵדַת יָחִיד
וּלְמַעַן יִשְׂרָאֵל אָבִינוּ. אַל תַּעַזְבֵנוּ אָבִינוּ , וְאַל
תִּטְּשֵׁנוּ מַלְכֵּנוּ, וְאַל תִּשְׁכָּחֵנוּ יוֹצְרֵנוּ, וְאַל תַּעַשׂ
עִמָּנוּ כָלָה כְּחַטֹּאתֵינוּ בְּגָלוּתֵנוּ, כִּי אֵל מֶלֶךְ חַנּוּן
וְרַחוּם אָתָּה:

אֵין כָּמוֹךָ חַנּוּן וְרַחוּם יְיָ אֱלֹהֵינוּ , אֵין כָּמוֹךָ אֵל אֶרֶךְ אַפַּיִם
וְרַב חֶסֶד וֶאֱמֶת , הוֹשִׁיעֵנוּ וְרַחֲמֵנוּ מֵרַעַשׁ וּמֵרֹגֶז
הַצִּילֵנוּ. זְכֹר לַעֲבָדֶיךָ לְאַבְרָהָם לְיִצְחָק וּלְיַעֲקֹב, אַל

תפן

הו"א א) יואל ב יז : ב) דברים ט כז (בשנוי לשון):

И ИЗБАВИТЕЛЬ! СЖАЛЬСЯ, ГОСПОДЬ, НАД НАРОДОМ СВОИМ И НЕ ОТДА-
ВАЙ СВОЙ УДЕЛ НА ПОРУГАНИЕ ПОД ВЛАСТЬ ЧУЖИХ ПЛЕМЕН. ЗАЧЕМ
[ДОПУСКАЕШЬ ТЫ], ЧТОБЫ НАРОДЫ ГОВОРИЛИ: "ГДЕ ЖЕ БОГ ИХ?"[1]
МЫ ЗНАЕМ, ЧТО СОГРЕШИЛИ, И НЕКОМУ ПОСТОЯТЬ ЗА НАС, И ПОТО-
МУ ПУСТЬ ВЕЛИКОЕ ИМЯ ТВОЕ ЗАЩИТИТ НАС В ЧАС БЕДЫ. КАК ОТЕЦ
ЖАЛЕЕТ ДЕТЕЙ, ПОЖАЛЕЙ НАС, ГОСПОДЬ, И СПАСИ НАС РАДИ ИМЕНИ
СВОЕГО. СЖАЛЬСЯ НАД НАРОДОМ СВОИМ, СМИЛУЙСЯ НАД СВОИМ УДЕ-
ЛОМ, ПОЖАЛЕЙ [НАС] ПО ВЕЛИКОМУ МИЛОСЕРДИЮ СВОЕМУ, ПРОЯВИ К
НАМ МИЛОСТЬ И ОТВЕТЬ НАМ, ВЕДЬ ТЫ, ГОСПОДЬ, МИЛОСЕРДЕН,
ПОСТОЯННО СОВЕРШАЕШЬ ЧУДЕСА.

הבט МЫ МОЛИМ: ВЗГЛЯНИ [НА НАС] И СПАСИ СТАДО,
КОТОРОЕ ТЫ ПАСЕШЬ. ДА НЕ ОБРУШИТСЯ НА НАС ГНЕВ ТВОЙ,
ПОТОМУ ЧТО ОТ ТЕБЯ, ГОСПОДЬ, ПРИДЕТ СПАСЕНИЕ. НА
ТЕБЯ НАША НАДЕЖДА, БОГ ВСЕПРОЩАЮЩИЙ. МЫ МОЛИМ:
ПРОСТИ НАС, ВЕДЬ ТЫ — МИЛОСТИВЫЙ БОГ И ВСЕПРОЩАЮ-
ЩИЙ.

אנא О, ВЛАДЫКА, МИЛОСТИВЫЙ И МИЛОСЕРДНЫЙ! ВСПОМНИ [АВ-
РАЃАМА], ОБРАТИ СВОЙ ВЗОР НА СОЮЗ, [КОТОРЫЙ ТЫ ЗАКЛЮЧИЛ С
НИМ, КОГДА ОН РАССЕК] ЖЕРТВЕННЫХ ЖИВОТНЫХ НА ЧАСТИ.[2] И ДА
ЯВИТСЯ ПРЕД ТОБОЮ ОБРАЗ СВЯЗАННОГО [НА ЖЕРТВЕННИКЕ] ЕДИН-
СТВЕННОГО [ЕГО СЫНА]; И РАДИ ИЗРАИЛЯ, ОТЦА НАШЕГО, НЕ ПОКИ-
ДАЙ НАС, ОТЕЦ НАШ, И НЕ ОСТАВЛЯЙ НАС, ВЛАДЫКА НАШ, И НЕ ЗАБЫ-
ВАЙ НАС, ТВОРЕЦ НАШ, И НЕ ДАЙ НАМ ПОГИБНУТЬ В ИЗГНАНИИ, ХОТЯ
МЫ И ЗАСЛУЖИЛИ ЭТО СВОИМИ ГРЕХАМИ; ВЕДЬ ТЫ, БОГ, — ВЛАДЫКА
МИЛОСТИВЫЙ И МИЛОСЕРДНЫЙ!

אין НЕТ НИКОГО, КТО БЫЛ БЫ ПОДОБЕН ТЕБЕ, МИЛОСТИВЫЙ И МИ-
ЛОСЕРДНЫЙ ГОСПОДЬ, БОГ НАШ! НЕТ НИКОГО, КТО БЫЛ БЫ ПОДОБЕН
ТЕБЕ, ДОЛГОТЕРПЕЛИВЫЙ БОГ, ТОТ, ЧЬИ ЛЮБОВЬ И СПРАВЕДЛИВОСТЬ
БЕЗГРАНИЧНЫ; СПАСИ НАС И ПОМИЛУЙ, УБЕРЕГИ НАС ОТ ПОТРЯСЕНИЙ И
БЕДСТВИЙ. ВСПОМНИ РАБОВ СВОИХ—АВРАЃАМА, ИЦХАКА И ЯАКОВА; НЕ

1. Йоэль, 2:17.   2. см. Брейшит, 15:9—21.

תֶּפֶן אֶל קָשְׁיֵנוּ וְאֶל רִשְׁעֵנוּ וְאֶל חַטָּאתֵנוּ. שׁוּב מֵחֲרוֹן אַפֶּךָ וְהִנָּחֵם עַל הָרָעָה לְעַמֶּךָ. וְהָסֵר מִמֶּנּוּ מַכַּת הַמָּוֶת כִּי רַחוּם אַתָּה, כִּי כֵן דַּרְכֶּךָ עֲשֵׂה חֶסֶד חִנָּם בְּכָל דּוֹר וָדוֹר. אָנָּא יְיָ הוֹשִׁיעָה נָּא. אָנָּא יְיָ הַצְלִיחָה נָּא. אָנָּא יְיָ עֲנֵנוּ בְיוֹם קָרְאֵנוּ. לְךָ יְיָ קִוִּינוּ, לְךָ יְיָ חִכִּינוּ, לְךָ יְיָ נְיַחֵל, אַל תֶּחֱשֶׁה וּתְעַנֵּנוּ, כִּי נָאֲמוּ גוֹיִם אָבְדָה תִקְוָתָם, כָּל בֶּרֶךְ לְךָ תִכְרַע וְכָל קוֹמָה לְפָנֶיךָ תִשְׁתַּחֲוֶה:

הַפּוֹתֵחַ יָד בִּתְשׁוּבָה לְקַבֵּל פּוֹשְׁעִים וְחַטָּאִים, נִבְהֲלָה נַפְשֵׁנוּ מֵרוֹב עִצְּבוֹנֵנוּ, אַל תִּשְׁכָּחֵנוּ נֶצַח, קוּמָה וְהוֹשִׁיעֵנוּ. וְאַל תִּשְׁפּוֹךְ חֲרוֹנְךָ עָלֵינוּ, כִּי אֲנַחְנוּ עַמְּךָ בְּנֵי בְרִיתֶךָ. עוֹרְרָה גְבוּרָתְךָ וְהוֹשִׁיעֵנוּ לְמַעַן שְׁמֶךָ, וְאַל יִמְעֲטוּ לְפָנֶיךָ תְלָאוֹתֵינוּ. מַהֵר יְקַדְּמוּנוּ רַחֲמֶיךָ בְּעֵת צָרָתֵנוּ, לֹא לְמַעֲנֵנוּ אֶלָּא לְמַעַנְךָ פְּעַל, וְאַל תַּשְׁחִית אֶת זֵכֶר שְׁאֵרִיתֵנוּ, כִּי לְךָ מְיַחֲלוֹת עֵינֵינוּ, כִּי אֵל מֶלֶךְ חַנּוּן וְרַחוּם אָתָּה, וְזְכוֹר עֵדֻתֵנוּ בְּכָל יוֹם תָּמִיד אוֹמְרִים פַּעֲמַיִם בְּאַהֲבָה: שְׁמַע יִשְׂרָאֵל יְיָ אֱלֹהֵינוּ יְיָ אֶחָד:

יְיָ אֱלֹהֵי יִשְׂרָאֵל, שׁוּב מֵחֲרוֹן אַפֶּךָ, וְהִנָּחֵם עַל הָרָעָה לְעַמֶּךָ:

הבט

תר"א א) שמות לב יב: ב) תהלים קיח כה:: ג) דברים ו ד: ד) שמות ל"ב יב:

СМОТРИ НА НАШЕ УПРЯМСТВО, НАШИ ПРЕСТУПЛЕНИЯ И НАШУ ГРЕХОВ-
НОСТЬ.¹ НЕ ГНЕВАЙСЯ НА НАС БОЛЕЕ И ОТКАЖИСЬ ОТ НАМЕРЕНИЯ
НАСЛАТЬ БЕДУ НА СВОЙ НАРОД.² И ОТВЕДИ ОТ НАС НАКАЗАНИЕ
СМЕРТЬЮ, ВЕДЬ МИЛОСЕРДЕН ТЫ, И ТАКОВО ТВОЕ ПРАВИЛО: ТВОРИТЬ
ДОБРО ВО ВСЕХ ПОКОЛЕНИЯХ ДАЖЕ НЕ ЗАСЛУЖИВШИМ ТОГО. МЫ МО-
ЛИМ: ГОСПОДЬ, СПАСИ НАС! МЫ МОЛИМ: ГОСПОДЬ, ПОШЛИ НАМ УДА-
ЧУ!³ МЫ МОЛИМ: ОТВЕТЬ НАМ, ГОСПОДЬ, В ДЕНЬ, КОГДА МЫ ВЗЫВАЕМ
К ТЕБЕ! НА ТЕБЯ, ГОСПОДЬ, МЫ НАДЕЯЛИСЬ, НА ТЕБЯ, ГОСПОДЬ, МЫ
ПОЛАГАЛИСЬ, НА ТЕБЯ И БУДЕМ УПОВАТЬ; НЕ БЕЗМОЛВСТВУЙ, КОГДА
СТРАДАЕМ МЫ, ВЕДЬ ПРОВОЗГЛАШАЮТ ТОГДА ДРУГИЕ НАРОДЫ: "ПО-
ГИБЛА ИХ НАДЕЖДА!" ПУСТЬ ПРЕКЛОНЯТ ВСЕ ПРЕД ТОБОЮ КОЛЕНИ
И СКЛОНЯТ СТАН ПРЕД ТОБОЮ.

הפותח О, БЛАГОСКЛОННО ПРИНИМАЮЩИЙ РАСКАЯНИЕ ПРЕСТУП-
НИКОВ И ГРЕШНИКОВ! ДУША НАША В СМЯТЕНИИ ОТ МНОЖЕСТВА ГОРЕ-
СТЕЙ НАШИХ; НЕ ПРЕДАВАЙ НАС ВЕЧНОМУ ЗАБВЕНИЮ, ПРИДИ НА
ПОМОЩЬ НАМ! НЕ ИЗЛИВАЙ НА НАС ГНЕВ СВОЙ, ВЕДЬ МЫ — ТВОЙ НА-
РОД, С КОТОРЫМ ТЫ ЗАКЛЮЧИЛ СОЮЗ СВОЙ. ЯВИ СВОЕ МОГУЩЕСТВО И
СПАСИ НАС РАДИ ИМЕНИ СВОЕГО; ДА НЕ СОЧТЕШЬ ТЫ НАШИ БЕДСТВИЯ
НИЧТОЖНЫМИ. ПУСТЬ БЕЗ ПРОМЕДЛЕНИЯ СНИЗОЙДЕТ НА НАС МИ-
ЛОСТЬ ТВОЯ В ЧАС НАШЕЙ БЕДЫ; НЕ РАДИ НАС, НО РАДИ САМОГО СЕБЯ
СОВЕРШИ ЭТО; И НЕ ИСТРЕБЛЯЙ ПАМЯТЬ ОБ ОСТАТКЕ [НАРОДА] НА-
ШЕГО, ВЕДЬ ГЛАЗА НАШИ С НАДЕЖДОЙ УСТРЕМЛЕНЫ НА ТЕБЯ, ВЕДЬ
ТЫ, БОГ, — ВЛАДЫКА МИЛУЮЩИЙ И МИЛОСЕРДНЫЙ; И ВСПОМНИ СВИ-
ДЕТЕЛЬСТВО НАШЕ, КОТОРОЕ МЫ ПРОИЗНОСИМ С ЛЮБОВЬЮ ДВАЖДЫ В
ДЕНЬ: "СЛУШАЙ, ИЗРАИЛЬ: ГОСПОДЬ — БОГ НАШ, ГОСПОДЬ ОДИН!"⁴

יי אלהי ГОСПОДЬ, БОГ ИЗРАИЛЯ! НЕ ГНЕВАЙСЯ НА НАС
БОЛЕЕ И ОТКАЖИСЬ ОТ НАМЕРЕНИЯ НАСЛАТЬ БЕДУ НА
СВОЙ НАРОД!²

1. см. Дварим, 9:27. 2. Шмот, 32:12. 3. Теѓилим, 118:25. 4. Дварим, 6:4.

הַבֵּט מִשָּׁמַיִם וּרְאֵה, כִּי הָיִינוּ לַעַג וָקֶלֶס בַּגּוֹיִם, נֶחְשַׁבְנוּ
כַּצֹּאן לַטֶּבַח יוּבָל, לַהֲרוֹג וּלְאַבֵּד וּלְמַכָּה וּלְחֶרְפָּה.

וּבְכָל זֹאת שִׁמְךָ לֹא שָׁכַחְנוּ, נָא, אַל תִּשְׁכָּחֵנוּ. יי

זֵרִים אוֹמְרִים אֵין תּוֹחֶלֶת וְתִקְוָה, חוֹן אֹם לְשִׁמְךָ מְקַוֶּה,
טָהוֹר, יְשׁוּעָתֵנוּ קָרְבָה, יָגַעְנוּ וְלֹא הוּנַח לָנוּ,
רַחֲמֶיךָ יִכְבְּשׁוּ אֶת כַּעַסְךָ מֵעָלֵינוּ.

אָנָּא, שׁוּב מֵחֲרוֹנָךְ, וְרַחֵם סְגֻלָּה אֲשֶׁר בָּחַרְתָּ: יי

חוּסָה יי, עָלֵינוּ בְּרַחֲמֶיךָ, וְאַל תִּתְּנֵנוּ בִּידֵי אַכְזָרִים,
לָמָּה יֹאמְרוּ הַגּוֹיִם אַיֵּה נָא אֱלֹהֵיהֶם, לְמַעַנְךָ
עֲשֵׂה עִמָּנוּ חֶסֶד וְאַל תְּאַחַר.

אָנָּא, שׁוּב מֵחֲרוֹנָךְ, וְרַחֵם סְגֻלָּה אֲשֶׁר בָּחַרְתָּ: יי

קוֹלֵנוּ תִשְׁמַע וְתָחֹן, וְאַל תִּטְּשֵׁנוּ בְּיַד אוֹיְבֵנוּ לִמְחוֹת אֶת
שְׁמֵנוּ, זְכוֹר אֲשֶׁר נִשְׁבַּעְתָּ לַאֲבוֹתֵינוּ, כְּכוֹכְבֵי
הַשָּׁמַיִם אַרְבֶּה אֶת זַרְעֲכֶם, וְעַתָּה נִשְׁאַרְנוּ מְעַט מֵהַרְבֵּה.

וּבְכָל זֹאת שִׁמְךָ לֹא שָׁכַחְנוּ, נָא, אַל תִּשְׁכָּחֵנוּ: יי

עָזְרֵנוּ אֱלֹהֵי יִשְׁעֵנוּ עַל דְּבַר כְּבוֹד שְׁמֶךָ, וְהַצִּילֵנוּ וְכַפֵּר
עַל חַטֹּאתֵינוּ לְמַעַן שְׁמֶךָ:

יי אֱלֹהֵי יִשְׂרָאֵל, שׁוּב מֵחֲרוֹן אַפֶּךָ, וְהִנָּחֵם עַל הָרָעָה לְעַמֶּךָ:

שׁוֹמֵר יִשְׂרָאֵל, שְׁמוֹר שְׁאֵרִית יִשְׂרָאֵל,
וְאַל יֹאבַד יִשְׂרָאֵל, הָאוֹמְּרִים
שְׁמַע יִשְׂרָאֵל.

שׁוֹמֵר גּוֹי אֶחָד, שְׁמוֹר שְׁאֵרִית עַם
אֶחָד, וְאַל יֹאבַד גּוֹי אֶחָד,

הַמְּיַחֲדִים

תו״א א) תהלים קטז ב: ב) שם שם פ:

הבט ОБРАТИ ВЗОР СВОЙ С НЕБЕС И ПОСМОТРИ: ТЕРПИМ МЫ НАСМЕШКИ И ИЗДЕВАТЕЛЬСТВА ОТ ДРУГИХ НАРОДОВ; НАС, СЛОВНО СКОТ, ВЕДУТ НА УБОЙ; [НАС ВЕДУТ] НА СМЕРТЬ, НА УНИЧТОЖЕНИЕ, НА ИЗБИЕНИЕ И НА ПОРУГАНИЕ. НО, НЕСМОТРЯ НА ВСЕ ЭТО, МЫ НЕ ЗАБЫЛИ ИМЯ ТВОЕ. ТАК НЕ ЗАБЫВАЙ ЖЕ НАС!

ГОСПОДЬ, БОГ ИЗРАИЛЯ! НЕ ГНЕВАЙСЯ НА НАС БОЛЕЕ И ОТКАЖИСЬ ОТ НАМЕРЕНИЯ НАСЛАТЬ БЕДУ НА СВОЙ НАРОД!

זרים ДРУГИЕ НАРОДЫ ГОВОРЯТ: ˮНЕ НА ЧТО ИМ УПОВАТЬ И НАДЕЯТЬСЯˮ. БУДЬ ЖЕ МИЛОСЕРДЕН К НАРОДУ, УПОВАЮЩЕМУ НА ИМЯ ТВОЕ! О, ЧИСТЕЙШИЙ! ПРИБЛИЗЬ НАШЕ СПАСЕНИЕ – ВЕДЬ ИЗМУЧЕНЫ МЫ, И НЕТ НАМ ПОКОЯ. ПУСТЬ МИЛОСЕРДИЕ ТВОЕ ОТВЕДЕТ ГНЕВ ТВОЙ ОТ НАС.

МЫ МОЛИМ: НЕ ГНЕВАЙСЯ НА НАС БОЛЕЕ И СМИЛУЙСЯ НАД ИЗБРАННЫМ ТОБОЙ [НАРОДОМ], КОТОРЫЙ ТЫ ПРЕДНАЗНАЧИЛ ДЛЯ [СЛУЖЕНИЯ] СЕБЕ!

ГОСПОДЬ, БОГ ИЗРАИЛЯ! НЕ ГНЕВАЙСЯ НА НАС БОЛЕЕ И ОТКАЖИСЬ ОТ НАМЕРЕНИЯ НАСЛАТЬ БЕДУ НА СВОЙ НАРОД!

חוסה ПОЖАЛЕЙ НАС, ГОСПОДЬ, В МИЛОСЕРДИИ СВОЕМ И НЕ ОТДАВАЙ НАС В РУКИ ЖЕСТОКИХ; ЗАЧЕМ [ДОПУСКАЕШЬ ТЫ], ЧТОБЫ НАРОДЫ ГОВОРИЛИ: ˮГДЕ БОГ ИХ?ˮ[1] СМИЛУЙСЯ НАД НАМИ РАДИ САМОГО СЕБЯ, НЕ МЕДЛИ!

МЫ МОЛИМ: НЕ ГНЕВАЙСЯ НА НАС БОЛЕЕ И СМИЛУЙСЯ НАД ИЗБРАННЫМ ТОБОЙ [НАРОДОМ], КОТОРЫЙ ТЫ ПРЕДНАЗНАЧИЛ ДЛЯ [СЛУЖЕНИЯ] СЕБЕ!

ГОСПОДЬ, БОГ ИЗРАИЛЯ! НЕ ГНЕВАЙСЯ НА НАС БОЛЕЕ И ОТКАЖИСЬ ОТ НАМЕРЕНИЯ НАСЛАТЬ БЕДУ НА СВОЙ НАРОД!

קולנו УСЛЫШЬ НАШ ГОЛОС, И ПОМИЛУЙ НАС, И НЕ ОСТАВЛЯЙ НАС В РУКАХ НАШИХ ВРАГОВ, ЧТОБЫ НЕ СТЕРЛАСЬ ПАМЯТЬ О НАС; ВСПОМНИ КЛЯТВУ СВОЮ, ДАННУЮ НАШИМ ОТЦАМ: ˮСДЕЛАЮ Я ПОТОМКОВ ВАШИХ МНОГОЧИСЛЕННЫМИ, КАК ЗВЕЗДЫ НЕБЕСНЫЕˮ.[2] ТЕПЕРЬ ЖЕ ОТ МНОГОЧИСЛЕННОГО НАРОДА ОСТАЛАСЬ НАС ГОРСТКА. НО, НЕСМОТРЯ НА ВСЕ ЭТО, МЫ НЕ ЗАБЫЛИ ИМЯ ТВОЕ. ТАК НЕ ЗАБЫВАЙ ЖЕ НАС!

ГОСПОДЬ, БОГ ИЗРАИЛЯ! НЕ ГНЕВАЙСЯ НА НАС БОЛЕЕ И ОТКАЖИСЬ ОТ НАМЕРЕНИЯ НАСЛАТЬ БЕДУ НА СВОЙ НАРОД!

עזרנו ПОМОГИ НАМ, БОЖЕ, ИЗБАВИТЕЛЬ НАШ, РАДИ СЛАВНОГО ИМЕНИ СВОЕГО, И СПАСИ НАС, И ПРОСТИ ГРЕХИ НАШИ РАДИ ИМЕНИ СВОЕГО![3]

ГОСПОДЬ, БОГ ИЗРАИЛЯ! НЕ ГНЕВАЙСЯ НА НАС БОЛЕЕ И ОТКАЖИСЬ ОТ НАМЕРЕНИЯ НАСЛАТЬ БЕДУ НА СВОЙ НАРОД!

שומר СТРАЖ   ИЗРАИЛЯ!   ХРАНИ   ОСТАТОК   НАРОДА ИЗРАИЛЯ!   ДА   НЕ   ПОГИБНЕТ   ИЗРАИЛЬ,   ПРОВОЗГЛАШАЮЩИЙ: ˮСЛУШАЙ, ИЗРАИЛЬ!..ˮ

שומר СТРАЖ   ЕДИНСТВЕННОГО   ИЗ   НАРОДОВ! ХРАНИ   ОСТАТОК   ЕДИНСТВЕННОГО   ИЗ   НАРОДОВ! ДА   НЕ   ПОГИБНЕТ   ЕДИНСТВЕННЫЙ   ИЗ   НАРОДОВ,

---

1. Теѓилим, 115:2.   2. Шмот, 32:13.   3. Теѓилим, 79:9.

הַמְּיַחֲדִים שִׁמְךָ יְיָ אֱלֹהֵינוּ יְיָ אֶחָד .
שׁוֹמֵר גּוֹי קָדוֹשׁ , שְׁמוֹר שְׁאֵרִית עַם
קָדוֹשׁ . וְאַל יֹאבַד גּוֹי קָדוֹשׁ
הַמְּשַׁלְּשִׁים בְּשָׁלֹשׁ קְדֻשּׁוֹת לְקָדוֹשׁ .
מִתְרַצֶּה בְּרַחֲמִים , וּמִתְפַּיֵּס בְּתַחֲנוּנִים ,
הִתְרַצֵּה וְהִתְפַּיֵּס לְדוֹר עָנִי , כִּי אֵין
עוֹזֵר : ע״כ מה שמוסיפין בשני ובחמישי

בעשי״ת ובתעניות צבור אומרים א״מ הארוך, תמצא לקמן ע׳ 243.

אָבִינוּ מַלְכֵּנוּ אָבִינוּ אָתָּה. אָבִינוּ מַלְכֵּנוּ אֵין לָנוּ מֶלֶךְ אֶלָּא אָתָּה. אָבִינוּ
מַלְכֵּנוּ רַחֵם עָלֵינוּ. אָבִינוּ מַלְכֵּנוּ הָגֵּנוּ וַעֲנֵנוּ כִּי אֵין בָּנוּ מַעֲשִׂים עֲשֵׂה
עִמָּנוּ צְדָקָה וָחֶסֶד לְמַעַן שִׁמְךָ הַגָּדוֹל וְהוֹשִׁיעֵנוּ :

וַאֲנַחְנוּ לֹא נֵדַע מַה נַּעֲשֶׂה , כִּי עָלֶיךָ עֵינֵינוּ. זְכֹר
רַחֲמֶיךָ יְיָ וַחֲסָדֶיךָ , כִּי מֵעוֹלָם הֵמָּה. יְהִי
חַסְדְּךָ יְיָ עָלֵינוּ , כַּאֲשֶׁר יִחַלְנוּ לָךְ . אַל תִּזְכָּר לָנוּ עֲוֹנֹת
רִאשֹׁנִים , מַהֵר יְקַדְּמוּנוּ רַחֲמֶיךָ , כִּי דַלּוֹנוּ מְאֹד . חָנֵּנוּ
יְיָ חָנֵּנוּ , כִּי רַב שָׂבַעְנוּ בוּז. בְּרֹגֶז רַחֵם תִּזְכּוֹר, בְּרֹגֶז
עֲקֵדָה תִּזְכּוֹר , בְּרֹגֶז תְּמִימוּת תִּזְכּוֹר , בְּרֹגֶז אַהֲבָה
תִּזְכּוֹר : יְיָ הוֹשִׁיעָה הַמֶּלֶךְ יַעֲנֵנוּ בְיוֹם קָרְאֵנוּ . כִּי הוּא
יָדַע יִצְרֵנוּ , זָכוּר כִּי עָפָר אֲנָחְנוּ. עָזְרֵנוּ אֱלֹהֵי יִשְׁעֵנוּ עַל
דְּבַר כְּבוֹד שְׁמֶךָ , וְהַצִּילֵנוּ וְכַפֵּר עַל חַטֹּאתֵינוּ לְמַעַן שְׁמֶךָ :

הש״ץ אומר חצי קדיש

יִתְגַּדַּל וְיִתְקַדַּשׁ שְׁמֵהּ רַבָּא אמן בְּעָלְמָא דִּי בְרָא כִרְעוּתֵהּ וְיַמְלִיךְ מַלְכוּתֵהּ,
וְיַצְמַח פּוּרְקָנֵהּ וִיקָרֵב מְשִׁיחֵהּ. אמן בְּחַיֵּיכוֹן וּבְיוֹמֵיכוֹן וּבְחַיֵּי
דְכָל בֵּית יִשְׂרָאֵל, בַּעֲגָלָא וּבִזְמַן קָרִיב וְאִמְרוּ אָמֵן : יְהֵא שְׁמֵהּ רַבָּא מְבָרַךְ
לְעָלַם וּלְעָלְמֵי עָלְמַיָּא. יִתְבָּרַךְ , וְיִשְׁתַּבַּח , וְיִתְפָּאַר , וְיִתְרוֹמַם , וְיִתְנַשֵּׂא
וְיִתְהַדָּר וְיִתְעַלֶּה וְיִתְהַלָּל, שְׁמֵהּ דְּקֻדְשָׁא בְּרִיךְ הוּא. אמן לְעֵלָּא מִן כָּל בִּרְכָתָא
וְשִׁירָתָא , תֻּשְׁבְּחָתָא וְנֶחֱמָתָא , דַּאֲמִירָן בְּעָלְמָא , וְאִמְרוּ אָמֵן :

תו״א א) דה״א כ יב : ב) תהלים כה ו : ג) שם לג כב : ד) שם לא כה : ה) שם קכ ח : ו) תבקנק ג נ : ז) תהלים כ י :
ח) שם ק יד : ט) שם עם ט :

ПРОВОЗГЛАШАЮЩИЙ, ЧТО ТЫ — ОДИН: "... ГОСПОДЬ — БОГ НАШ, ГОСПОДЬ ОДИН!"

שומר СТРАЖ СВЯТОГО НАРОДА! ХРАНИ ОСТАТОК СВЯТОГО НАРОДА! ДА НЕ ПОГИБНЕТ СВЯТОЙ НАРОД, ТРИЖДЫ В ДЕНЬ ТРОЕКРАТНО ПРОВОЗГЛАШАЮЩИЙ СВЯТОСТЬ СВЯТОГО [ТВОРЦА]!

מתרצה О, БЛАГОСКЛОННО ВНИМАЮЩИЙ ПРОСЬБАМ О МИЛОСТИ И СНИСХОДЯЩИЙ К МОЛЬБАМ! БУДЬ БЛАГОСКЛОНЕН И СНИСХОДИТЕЛЕН К ИССТРАДАВШЕМУСЯ ПОКОЛЕНИЮ, ИБО НЕКОМУ ПОМОЧЬ НАМ!

В "десять дней раскаяния" и в дни общественных постов в этом месте вместо нижеследующей молитвы произносят полную молитву אבינו מלכנו ("ОТЕЦ НАШ, ВЛАДЫКА НАШ!"), стр. 277, затем продолжают ואנחנו לא נדע ("И МЫ, НЕ ЗНАЯ..."). Следующую молитву до слов ואנחנו לא נדע ("И МЫ, НЕ ЗНАЯ...") произносят сидя, затем встают и заканчивают молитву стоя.

אבינו ОТЕЦ НАШ, ВЛАДЫКА НАШ! ТЫ – НАШ ОТЕЦ! ОТЕЦ НАШ, ВЛАДЫКА НАШ! НЕТ У НАС ВЛАДЫКИ КРОМЕ ТЕБЯ! ОТЕЦ НАШ, ВЛАДЫКА НАШ! СМИЛУЙСЯ НАД НАМИ! ОТЕЦ НАШ, ВЛАДЫКА НАШ! ПОМИЛУЙ НАС И ОТВЕТЬ НАМ, ХОТЬ И НЕТ У НАС ЗАСЛУГ! ОБРАЩАЙСЯ С НАМИ СНИСХОДИТЕЛЬНО И МИЛОСТИВО РАДИ ВЕЛИКОГО ИМЕНИ СВОЕГО И СПАСИ НАС!

אנחנו И МЫ, НЕ ЗНАЯ, ЧТО НАМ ПРЕДПРИНЯТЬ, ОБРАЩАЕМ К ТЕБЕ НАШИ ВЗОРЫ.[1] ВСПОМНИ МИЛОСТЬ СВОЮ, ГОСПОДЬ, И ЛЮБОВЬ СВОЮ [К НАМ], ВЕДЬ ОНИ ИЗВЕЧНЫ.[2] ДА БУДЕТ МИЛОСТЬ ТВОЯ, ГОСПОДЬ, С НАМИ, КАК МЫ ТОГО ОЖИДАЕМ ОТ ТЕБЯ![3] НЕ ПРИПОМИНАЙ НАМ НАШИ ПРОШЛЫЕ ГРЕХИ; ПУСТЬ ПОСКОРЕЕ СНИЗОЙДЕТ НА НАС МИЛОСЕРДИЕ ТВОЕ, ВЕДЬ МЫ СОВСЕМ ОБЕССИЛЕНЫ![4] ПОМИЛУЙ НАС, ГОСПОДЬ, ПОМИЛУЙ НАС, ИБО МЫ ПРЕСЫТИЛИСЬ ПОЗОРОМ![5] КОГДА ПРИДЕШЬ ТЫ В ГНЕВ, ВСПОМНИ ДОБРОТУ [АВРАГАМА]; КОГДА ПРИДЕШЬ ТЫ В ГНЕВ, ВСПОМНИ О ТОМ, КАК СВЯЗАН БЫЛ [ИЦХАК И ВОЗЛОЖЕН НА ЖЕРТВЕННИК]; КОГДА ПРИДЕШЬ ТЫ В ГНЕВ, ВСПОМНИ НЕПОРОЧНОСТЬ [ЯАКОВА]; КОГДА ПРИДЕШЬ ТЫ В ГНЕВ, ВСПОМНИ ЛЮБОВЬ [ДАВИДА К ТЕБЕ]. ГОСПОДЬ, СПАСИ [НАС]! ОТВЕТЬ НАМ, ВЛАДЫКА, В ДЕНЬ, КОГДА МЫ ВЗЫВАЕМ [К ТЕБЕ]![6] ЗНАЕТ ОН О ГРЕХОВНОЙ ПРИРОДЕ НАШЕЙ, ПОМНИТ, ЧТО ПРАХ МЫ.[7] ПОМОГИ НАМ, БОЖЕ, ИЗБАВИТЕЛЬ НАШ, РАДИ СЛАВНОГО ИМЕНИ СВОЕГО, И ПРОСТИ ГРЕХИ НАШИ РАДИ ИМЕНИ СВОЕГО![8]

Хазан произносит "Хаци-кадиш":

יתגדל ДА ВОЗВЫСИТСЯ И ОСВЯТИТСЯ ЕГО ВЕЛИКОЕ ИМЯ (*община отвечает:* АМЕН!) В МИРЕ, СОТВОРЕННОМ ПО ВОЛЕ ЕГО; И ДА УСТАНОВИТ ОН ЦАРСКУЮ ВЛАСТЬ СВОЮ; И ДА ВЗРАСТИТ ОН СПАСЕНИЕ; И ДА ПРИБЛИЗИТ ОН ПРИХОД МАШИАХА СВОЕГО (*община отвечает:* АМЕН!) – ПРИ ЖИЗНИ ВАШЕЙ, В ДНИ ВАШИ И ПРИ ЖИЗНИ ВСЕГО ДОМА ИЗРАИЛЯ, ВСКОРОСТИ, В БЛИЖАЙШЕЕ ВРЕМЯ, И СКАЖЕМ: АМЕН! (*Община отвечает:* АМЕН!)

Община вместе с хазаном: ДА БУДЕТ ВЕЛИКОЕ ИМЯ ЕГО БЛАГОСЛОВЕННО ВЕЧНО, ВО ВЕКИ ВЕКОВ! ДА БУДЕТ БЛАГОСЛОВЛЯЕМО...

...И ВОСХВАЛЯЕМО, И ПРОСЛАВЛЯЕМО, И ВОЗВЕЛИЧИВАЕМО, И ПРЕВОЗНОСИМО, И ПОЧИТАЕМО, И ВЕЛИЧАЕМО, И ВОСПЕВАЕМО ИМЯ СВЯТОГО [ТВОРЦА], БЛАГОСЛОВЕН ОН (*община отвечает:* АМЕН!), ПРЕВЫШЕ ВСЕХ БЛАГОСЛОВЕНИЙ И ПЕСНОПЕНИЙ, ВОСХВАЛЕНИЙ И УТЕШИТЕЛЬНЫХ СЛОВ, ПРОИЗНОСИМЫХ В МИРЕ, И СКАЖЕМ: АМЕН! (*Община отвечает:* АМЕН!)

---

1. Диврей Гаямим, II, 20:12.   2. Тегилим, 25:6.   3. Тегилим, 33:22.   4. Тегилим, 79:8.

בל ימים שאין אומרים אל ארך אפים. ראש חדש חנוכה פורים קטן ב' ימים ופורים גדול ב' ימים וערב פסח ותשעה באב:)

אֵל אֶרֶךְ אַפַּיִם וְרַב חֶסֶד וֶאֱמֶת, אַל בְּאַפְּךָ תוֹכִיחֵנוּ, חוּסָה יְיָ עַל עַמֶּךָ, וְהוֹשִׁיעֵנוּ מִכָּל רָע, חָטָאנוּ לְךָ אָדוֹן, סְלַח נָא כְּרוֹב רַחֲמֶיךָ אֵל:

סדר קריאת התורה לחול

כשפותחין ארון הקדש אומרים זה:

וַיְהִי בִּנְסֹעַ הָאָרֹן וַיֹּאמֶר מֹשֶׁה, קוּמָה יְיָ וְיָפֻצוּ אֹיְבֶיךָ וְיָנֻסוּ מְשַׂנְאֶיךָ מִפָּנֶיךָ. כִּי מִצִּיּוֹן תֵּצֵא תוֹרָה וּדְבַר יְיָ מִירוּשָׁלָיִם. בָּרוּךְ שֶׁנָּתַן תּוֹרָה לְעַמּוֹ יִשְׂרָאֵל בִּקְדֻשָּׁתוֹ:

בְּרִיךְ שְׁמֵהּ דְּמָרֵא עָלְמָא, בְּרִיךְ כִּתְרָךְ וְאַתְרָךְ, יְהֵא רְעוּתָךְ עִם עַמָּךְ יִשְׂרָאֵל לְעָלַם, וּפֻרְקַן יְמִינָךְ אַחֲזֵי לְעַמָּךְ בְּבֵי מַקְדְּשָׁךְ, וּלְאַמְטוּיֵי לָנָא מִטּוּב נְהוֹרָךְ וּלְקַבֵּל צְלוֹתָנָא בְּרַחֲמִין. יְהֵא רַעֲוָא קֳדָמָךְ דְּתוֹרִיךְ לָן חַיִּין בְּטִיבוּ, וְלֶהֱוֵי אֲנָא פְּקִידָא בְּגוֹ צַדִּיקַיָּא, לְמִרְחַם עָלַי וּלְמִנְטַר יָתִי וְיַת כָּל דִּי לִי, וְדִי לְעַמָּךְ יִשְׂרָאֵל. אַנְתְּ הוּא זָן לְכֹלָּא וּמְפַרְנֵס לְכֹלָּא, אַנְתְּ הוּא שַׁלִּיט עַל כֹּלָּא. אַנְתְּ הוּא דְשַׁלִּיט עַל מַלְכַיָּא, וּמַלְכוּתָא דִּילָךְ הִיא. אֲנָא עַבְדָּא דְקֻדְשָׁא בְּרִיךְ הוּא, דְּסָגִידְנָא קָמֵהּ וּמִקַּמֵּי דִּיקַר אוֹרַיְתֵהּ. בְּכָל עִדָּן וְעִדָּן לָא עַל אֱנָשׁ רְחִיצְנָא וְלָא עַל בַּר אֱלָהִין סָמִיכְנָא, אֶלָּא בֶּאֱלָהָא דִשְׁמַיָּא, דְּהוּא אֱלָהָא קְשׁוֹט, וְאוֹרַיְתֵהּ קְשׁוֹט, וּנְבִיאוֹהִי קְשׁוֹט, וּמַסְגֵּא לְמֶעְבַּד טַבְוָן וּקְשׁוֹט. בֵּהּ אֲנָא רָחִיץ, וְלִשְׁמֵהּ קַדִּישָׁא יַקִּירָא אֲנָא אֵמַר תֻּשְׁבְּחָן. יְהֵא רַעֲוָא קֳדָמָךְ דְּתִפְתַּח לִבַּאי בְּאוֹרַיְתָא, וְתַשְׁלִים מִשְׁאֲלִין דְּלִבַּאי, וְלִבָּא דְכָל עַמָּךְ יִשְׂרָאֵל, לְטַב וּלְחַיִּין וְלִשְׁלָם.

הזן **גַּדְּלוּ** לַיְיָ אִתִּי, וּנְרוֹמְמָה שְׁמוֹ יַחְדָּו:

והקהל עונין **לְךָ** יְיָ הַגְּדֻלָּה וְהַגְּבוּרָה וְהַתִּפְאֶרֶת וְהַנֵּצַח וְהַהוֹד, כִּי כֹל בַּשָּׁמַיִם וּבָאָרֶץ, לְךָ יְיָ הַמַּמְלָכָה וְהַמִּתְנַשֵּׂא לְכֹל לְרֹאשׁ. רוֹמְמוּ יְיָ אֱלֹהֵינוּ וְהִשְׁתַּחֲווּ לַהֲדֹם רַגְלָיו קָדוֹשׁ הוּא. רוֹמְמוּ יְיָ אֱלֹהֵינוּ וְהִשְׁתַּחֲווּ לְהַר קָדְשׁוֹ, כִּי קָדוֹשׁ יְיָ אֱלֹהֵינוּ:

תר"א א) שמות לד ו: ב) במדבר י לה: ג) ישעיה ב ג: ד) זכר ויכל דה"א כט"ו: ה) תהלים לד ד: ו) דה"א כט יא : ז) תהלים צט ה ט :

*) וכן בכל יום שאין אומרים תחנון.

Следующую молитву произносят по понедельникам и четвергам, за исключением тех дней, когда не говорят "Таханун".

אל БОГ ДОЛГОТЕРПЕЛИВЫЙ, ТОТ, ЧЬИ ЛЮБОВЬ И СПРАВЕДЛИВОСТЬ БЕЗГРАНИЧНЫ, — НЕ НАКАЗЫВАЙ НАС В ГНЕВЕ СВОЕМ! СМИЛУЙСЯ, ГОСПОДЬ, НАД НАРОДОМ СВОИМ И СПАСИ НАС ОТ ВСЯКОЙ БЕДЫ! ГРЕШНЫ МЫ ПРЕД ТОБОЮ, ВЛАДЫКА; ПРОСТИ НАС, БОЖЕ, ПО ВЕЛИКОЙ МИЛОСТИ СВОЕЙ!

ЧТЕНИЕ ТОРЫ В БУДНИЕ ДНИ

Когда открывают ковчег (шкаф, в котором хранятся свитки Торы), община произносит следующую молитву (ее следует читать стоя, садиться не следует до тех пор, пока свиток Торы не будет вынесен из ковчега и положен на стол, где его читают):

ויהי КОГДА КОВЧЕГ ЗАВЕТА ТРОГАЛСЯ В ПУТЬ, МОШЕ ГОВОРИЛ: ПОДНИМИСЬ, ГОСПОДЬ, И РАССЕЮТСЯ ВРАГИ ТВОИ, И ОБРАТЯТСЯ ПРЕД ТОБОЮ В БЕГСТВО НЕНАВИДЯЩИЕ ТЕБЯ.[1] ИБО ИЗ СИОНА БУДЕТ ИСХОДИТЬ ТОРА И СЛОВО ГОСПОДА — ИЗ ИЕРУСАЛИМА.[2] БЛАГОСЛОВЕН ТОТ, КТО В СВЯТОСТИ СВОЕЙ ДАРОВАЛ ТОРУ НАРОДУ СВОЕМУ, ИЗРАИЛЮ!

Молящийся, который был удостоен чести вынести Тору из ковчега, открывает его дверцы, и все присутствующие произносят:

בריך БЛАГОСЛОВЕННО ИМЯ ВЛАДЫКИ МИРА! БЛАГОСЛОВЕН ТВОЙ ЦАРСКИЙ ВЕНЕЦ И МЕСТО, ГДЕ ОБИТАЕШЬ ТЫ! БУДЬ ВЕЧНО БЛАГОСКЛОНЕН К НАРОДУ СВОЕМУ, ИЗРАИЛЮ; И СПАСЕНИЕ, КОТОРОЕ ПРИНЕСЕТ ДЕСНИЦА ТВОЯ, ЯВИ НАРОДУ СВОЕМУ, ВОССТАНОВИВ СВОЙ ХРАМ; ОЗАРИ НАС БЛАГОДАТНЫМ СВЕТОМ СВОИМ И ПРИМИ БЛАГОСКЛОННО НАШИ МОЛИТВЫ. И ДА БУДЕТ УГОДНО ТЕБЕ ДАРОВАТЬ НАМ ДОЛГОЛЕТИЕ И БЛАГОПОЛУЧИЕ. И ДА ОКАЖУСЬ Я В ЧИСЛЕ ПРАВЕДНИКОВ, ЧТОБЫ УДОСТОИТЬСЯ МИЛОСТИ ТВОЕЙ, И ЧТОБЫ ТЫ ХРАНИЛ МЕНЯ, И ВСЕ МОЕ ДОСТОЯНИЕ, И ВСЕ, ЧТО ПРИНАДЛЕЖИТ НАРОДУ ТВОЕМУ, ИЗРАИЛЮ. ТЫ ТОТ, КТО ДАЕТ ПИЩУ ВСЕМУ И ПОСЫЛАЕТ КАЖДОМУ ВСЕ НЕОБХОДИМОЕ. ТЫ ТОТ, КТО ВЛАСТВУЕТ НАД ВСЕМИ; ТЫ ТОТ, КТО ВЛАСТВУЕТ НАД ЦАРЯМИ, И ВСЯ ЦАРСКАЯ ВЛАСТЬ ПРИНАДЛЕЖИТ ТЕБЕ. Я – РАБ СВЯТОГО [ТВОРЦА], БЛАГОСЛОВЕН ОН, И ПОСТОЯННО СКЛОНЁН Я ПРЕД НИМ И ПРЕД СЛАВОЙ ТОРЫ ЕГО. И НЕ НА ЧЕЛОВЕКА ПОЛАГАЮСЬ Я, И НЕ НА АНГЕЛА ВОЗЛАГАЮ Я НАДЕЖДЫ, НО НА БОГА, ВЛАСТИТЕЛЯ НЕБЕС, ИБО ОН – ИСТИННЫЙ БОГ, И ТОРА ЕГО ИСТИННА, И ИСТИННЫ ЕГО ПРОРОКИ, И ВЕЛИКИЕ ДЕЯНИЯ ЕГО ДОБРЫ И СПРАВЕДЛИВЫ. К НЕМУ Я СТРЕМЛЮСЬ И ЕГО СВЯТОЕ И СЛАВНОЕ ИМЯ ВОСХВАЛЯЮ. ДА БУДЕТ УГОДНО ТЕБЕ РАСКРЫТЬ МОЕ СЕРДЦЕ ДЛЯ ТОРЫ, ИСПОЛНИТЬ ЖЕЛАНИЯ СЕРДЦА МОЕГО И СЕРДЕЦ ВСЕХ СЫНОВ ИЗРАИЛЯ, ДАРОВАВ НАМ БЛАГОПОЛУЧИЕ, ДОЛГОЛЕТИЕ И МИР.[3]

Вынесший свиток Торы из ковчега передает его хазану.
Хазан произносит:

גדלו ПРИСОЕДИНИТЕСЬ КО МНЕ И ВОЗВЕЛИЧЬТЕ ГОСПОДА; И ВМЕСТЕ ПРЕВОЗНЕСЕМ ИМЯ ЕГО![4]

Произнеся эту фразу, хазан со свитком в руках направляется к возвышению, на котором будут читать Тору.
Община отвечает:

לך ОТ ТЕБЯ, ГОСПОДЬ, И ВЕЛИЧИЕ, И МОГУЩЕСТВО, И ВЕЛИКОЛЕПИЕ, И УДАЧА НА ПОЛЕ БРАНИ, И СЛАВА; ИБО ВСЕ, ЧТО НА НЕБЕ И НА ЗЕМЛЕ, [ПРИНАДЛЕЖИТ ТЕБЕ]. ТЕБЕ ПРИНАДЛЕЖИТ ЦАРСКАЯ ВЛАСТЬ, И ТЫ ВОЗВЫШАЕШЬСЯ НАД ВСЕМИ ВЛАДЫКАМИ.[5] ПРЕВОЗНЕСИТЕ ГОСПОДА, БОГА НАШЕГО, И ПОКЛОНИТЕСЬ ЕМУ В [СВЯТИЛИЩЕ –] МЕСТЕ, В КОТОРОМ УТВЕРДИЛ ОН СТОПЫ СВОИ, – ИБО СВЯТ ОН.[6] ПРЕВОЗНЕСИТЕ ГОСПОДА, БОГА НАШЕГО, И ПОКЛОНИТЕСЬ ЕМУ НА СВЯТОЙ ГОРЕ ЕГО, ИБО СВЯТ ГОСПОДЬ, БОГ НАШ.[7]

---

1. Бемидбар, 10:35.   2. Йешаяѓу, 2:3.   3. Зоѓар, II, 206а.   4. Теѓилим, 34:4.   5. Диврей ѓаямим, I, 29:11.   6. Теѓилим, 99:5. 7. Теѓилим, 99:9.

אָב הָרַחֲמִים. הוּא יְרַחֵם עַם עֲמוּסִים. וְיִזְכּוֹר בְּרִית אֵיתָנִים. וְיַצִּיל נַפְשׁוֹתֵינוּ מִן הַשָּׁעוֹת הָרָעוֹת. וְיִגְעַר בְּיֵצֶר הָרָע מִן הַנְּשׂוּאִים. וְיָחֹן עָלֵינוּ לִפְלֵטַת עוֹלָמִים. וִימַלֵּא מִשְׁאֲלוֹתֵינוּ בְּמִדָּה טוֹבָה יְשׁוּעָה וְרַחֲמִים:

וְתִגָּלֶה חֵן וְתֵרָאֶה מַלְכוּתוֹ עָלֵינוּ בִּזְמַן קָרוֹב, וְיָחֹן פְּלֵטָתֵנוּ וּפְלֵטַת עַמּוֹ בֵּית יִשְׂרָאֵל לְחֵן וּלְחֶסֶד וּלְרַחֲמִים וּלְרָצוֹן וְנֹאמַר אָמֵן. הַכֹּל הָבוּ גֹדֶל לֵאלֹהֵינוּ וּתְנוּ כָבוֹד לַתּוֹרָה, כֹּהֵן קְרַב, יַעֲמוֹד (פב''ס) הַכֹּהֵן, בָּרוּךְ שֶׁנָּתַן תּוֹרָה לְעַמּוֹ יִשְׂרָאֵל בִּקְדֻשָּׁתוֹ. קהל וְאַתֶּם הַדְּבֵקִים בַּיְיָ אֱלֹהֵיכֶם, חַיִּים כֻּלְּכֶם הַיּוֹם:

כשקורין אותו לתורה יאמר זה בָּרְכוּ אֶת יְיָ הַמְבֹרָךְ.

והקהל עונין בָּרוּךְ יְיָ הַמְבֹרָךְ לְעוֹלָם וָעֶד.

והעולה חוזר בָּרוּךְ יְיָ הַמְבֹרָךְ לְעוֹלָם וָעֶד:

בָּרוּךְ אַתָּה יְיָ אֱלֹהֵינוּ מֶלֶךְ הָעוֹלָם, אֲשֶׁר בָּחַר בָּנוּ מִכָּל הָעַמִּים, וְנָתַן לָנוּ אֶת תּוֹרָתוֹ. בָּרוּךְ אַתָּה יְיָ נוֹתֵן הַתּוֹרָה:

ואחר קריאת הפרשה יברך:

בָּרוּךְ אַתָּה יְיָ אֱלֹהֵינוּ מֶלֶךְ הָעוֹלָם, אֲשֶׁר נָתַן לָנוּ תּוֹרַת אֱמֶת, וְחַיֵּי עוֹלָם נָטַע בְּתוֹכֵנוּ. בָּרוּךְ אַתָּה יְיָ, נוֹתֵן הַתּוֹרָה:

בְּרְכַּת הַגּוֹמֵל

המחוייב לברך ברכת הגומל אומר ברכה זו על הספר תורה לאחר ברכה אחרונה. ונכון שלא לאחר שלשה ימים.

בָּרוּךְ אַתָּה יְיָ אֱלֹהֵינוּ מֶלֶךְ הָעוֹלָם, הַגּוֹמֵל לְחַיָּבִים טוֹבוֹת, שֶׁגְּמָלַנִי טוֹב:

ועונין אחריו אמן מִי שֶׁגְּמָלְךָ טוֹב, הוּא יִגְמָלְךָ כָּל טוֹב סֶלָה:

אם קראו לספר תורה נער שנעשה בר מצוה אזי אחר שיברך ברכה אחרונה. אביו יאמר זה:

•) בָּרוּךְ אַתָּה יְיָ אֱלֹהֵינוּ מֶלֶךְ הָעוֹלָם שֶׁפְּטָרַנִי מֵעֹנֶשׁ הַלָּזֶה:

אחר קריאת התורה אומר הש''ץ חצי קדיש:

כשמגביהין הספר תורה אומרים זה:

וְזֹאת הַתּוֹרָה אֲשֶׁר שָׂם מֹשֶׁה לִפְנֵי בְּנֵי יִשְׂרָאֵל:

עֵץ חַיִּים הִיא לַמַּחֲזִיקִים בָּהּ, וְתֹמְכֶיהָ מְאֻשָּׁר. דְּרָכֶיהָ דַרְכֵי נֹעַם, וְכָל נְתִיבֹתֶיהָ שָׁלוֹם. אֹרֶךְ יָמִים בִּימִינָהּ, בִּשְׂמֹאלָהּ עֹשֶׁר וְכָבוֹד. יְיָ חָפֵץ לְמַעַן צִדְקוֹ, יַגְדִּיל תּוֹרָה וְיַאְדִּיר:

תוא א) דברים ד ד : ב) מדרש רבה פ' תולדות פ' ס''ג ועי' כשער הכולל פרק כ''ד : ג) דברים ד מד : ד) בשלח ג יח : ה) שם ג יז : ו) שם ג נו : ז) ישעיה מב כא:

•) יש אומרים בלא שם ומלכות – וכן מנהגנו.

אב ДА СЖАЛИТСЯ МИЛОСЕРДНЫЙ ОТЕЦ НАД НАРОДОМ, О КОТОРОМ ЗАБОТИТСЯ, И ВСПОМНИТ СОЮЗ СВОЙ С ПРАОТЦАМИ, И СПАСЕТ НАШИ ДУШИ В НЕДОБРЫЕ ВРЕМЕНА, И ИЗГОНИТ ЗЛОЕ НАЧАЛО ИЗ [СЕРДЕЦ] ТЕХ, КОГО ОПЕКАЕТ,[1] И ПОШЛЕТ НАМ ВЕЧНОЕ СПАСЕНИЕ, И ОТМЕРИТ ОН НАМ ТО, О ЧЕМ ПРОСИМ МЫ, ЩЕДРОЙ МЕРОЮ, ДАРУЯ ИЗБАВЛЕНИЕ И МИЛОСТЬ.

Вызывающий к Торе произносит:

ותגלה ПУСТЬ ПРОЯВИТСЯ И СТАНЕТ ЗРИМОЙ ЦАРСКАЯ ВЛАСТЬ ЕГО НАД НАМИ И ПУСТЬ ПОМИЛУЕТ ОН УЦЕЛЕВШИХ ИЗ НАШЕЙ ОБЩИНЫ И ИЗ ВСЕГО НАРОДА СВОЕГО, ДОМА ИЗРАИЛЯ, ПРОЯВИВ МИЛОСТЬ, ЛЮБОВЬ, МИЛОСЕРДИЕ И БЛАГОСКЛОННОСТЬ, И СКАЖЕМ: АМЕН! ПУСТЬ ВСЕ ВОССЛАВЯТ ВЕЛИЧИЕ БОГА НАШЕГО И ВОЗДАДУТ ПОЧЕСТИ ТОРЕ. ПУСТЬ ПРИБЛИЗИТСЯ КОГЕН. ПУСТЬ ВСТАНЕТ (*здесь произносится имя вызываемого к Торе*), СЫН (*произносится имя его отца*), КОГЕН. БЛАГОСЛОВЕН ТОТ, КТО В СВЯТОСТИ СВОЕЙ ДАЛ ТОРУ НАРОДУ СВОЕМУ, ИЗРАИЛЮ! *Община произносит:* И ВЫ ВСЕ, ВЕРНЫЕ ГОСПОДУ, БОГУ ВАШЕМУ, ЖИВЫ И СЕГОДНЯ.[2]

Вызванный к Торе подходит к ней (обходя возвышение, на котором лежит свиток, справа), раскрывает свиток, держась за рукоятки деревянных стержней, на которые тот намотан. Ему показывают начало и конец отрывка, который будут читать; он прикасается талитом к свитку в начале и в конце читаемого отрывка и целует талит, потом сворачивает свиток и произносит, полуобернувшись вправо и склонившись (см. транслитерацию на стр. 392):

ברכו БЛАГОСЛОВИТЕ ГОСПОДА БЛАГОСЛОВЕННОГО!

Община отвечает:

ברוך БЛАГОСЛОВЕН ГОСПОДЬ БЛАГОСЛОВЕННЫЙ ВО ВЕКИ ВЕКОВ!

Вызванный к Торе повторяет:

ברוך БЛАГОСЛОВЕН ГОСПОДЬ БЛАГОСЛОВЕННЫЙ ВО ВЕКИ ВЕКОВ!

ברוך БЛАГОСЛОВЕН ТЫ, ГОСПОДЬ, БОГ НАШ, ВЛАДЫКА ВСЕЛЕННОЙ, ИЗБРАВШИЙ НАС ИЗ СРЕДЫ НАРОДОВ И ДАРОВАВШИЙ НАМ СВОЮ ТОРУ! БЛАГОСЛОВЕН ТЫ, ГОСПОДЬ, ДАЮЩИЙ ТОРУ!

После того, как отрывок прочитан, вызванный к Торе прикасается талитом к месту, где кончается отрывок, затем – к месту, где он начинается, целует талит, сворачивает свиток и произносит:

ברוך БЛАГОСЛОВЕН ТЫ, ГОСПОДЬ, БОГ НАШ, ВЛАДЫКА ВСЕЛЕННОЙ, ДАВШИЙ НАМ ИСТИННУЮ ТОРУ И ДАРОВАВШИЙ НАМ ВЕЧНУЮ ЖИЗНЬ! БЛАГОСЛОВЕН ТЫ, ГОСПОДЬ, ДАЮЩИЙ ТОРУ!

БЛАГОДАРСТВЕННАЯ МОЛИТВА ЗА ИЗБАВЛЕНИЕ ОТ ОПАСНОСТИ

Избавившийся от опасности произносит эту молитву, стоя рядом со свитком Торы, после заключительного благословения на тот отрывок, к чтению которого он вызван.

ברוך БЛАГОСЛОВЕН ТЫ, ГОСПОДЬ, БОГ НАШ, ВЛАДЫКА ВСЕЛЕННОЙ, ТВОРЯЩИЙ ДОБРО ДАЖЕ ГРЕШНЫМ, – ЗА ТО, ЧТО ОБЛАГОДЕТЕЛЬСТВОВАЛ МЕНЯ!

Община отвечает:

מי АМЕН! ПУСТЬ ТОТ, КТО ОБЛАГОДЕТЕЛЬСТВОВАЛ ТЕБЯ, БУДЕТ ВЕЧНО ПОСЫЛАТЬ ТЕБЕ ВСЯЧЕСКИЕ БЛАГА!

БЛАГОСЛОВЕНИЕ, ПРОИЗНОСИМОЕ ОТЦОМ, СЫН КОТОРОГО ДОСТИГ СОВЕРШЕННОЛЕТИЯ

После того, как мальчик, которому исполнилось тринадцать лет, произнес заключительное благословение на тот отрывок Торы, к чтению которого он был вызван, отец его говорит следующее:

ברוך БЛАГОСЛОВЕН ТЫ, ГОСПОДЬ, БОГ НАШ, ВЛАДЫКА ВСЕЛЕННОЙ, ОСВОБОДИВШИЙ МЕНЯ ОТ ОТВЕТСТВЕННОСТИ ЗА НЕГО!*

После чтения Торы хазан произносит "Хаци-кадиш", стр. 42. Один из молящихся разворачивает свиток так, чтобы было видно три колонки текста, поднимает и поворачивает свиток так, чтобы все присутствующие увидели текст; затем свиток в раскрытом виде он кладет на стол, сворачивает его и садится, держа свиток в руках. Другой молящийся перевязывает свиток особым пояском и надевает на него чехол. Когда свиток поднимают, все встают и подходят ближе к возвышению, чтобы видеть текст Торы. Когда свиток несут в ковчег, все присутствующие стоят; сесть можно только после того, как свиток помещен в ковчег.

וזאת ВОТ ТОРА, КОТОРУЮ ПЕРЕДАЛ МОШЕ СЫНАМ ИЗРАИЛЯ.[3]

עץ ДРЕВО ЖИЗНИ ОНА ДЛЯ ТЕХ, КТО СЛЕДУЕТ ЕЙ, И СЧАСТЛИВ ТОТ, КТО ЕЕ ХРАНИТ.[4] ПУТИ ЕЕ – ПУТИ БЛАЖЕНСТВА, НА ВСЕХ ДОРОГАХ ЕЕ – МИР.[5] СПРАВА ОТ НЕЕ – ДОЛГОЛЕТИЕ, СЛЕВА ОТ НЕЕ – БОГАТСТВО И ПОЧЕТ.[6] ГОСПОДЬ, ЖЕЛАЯ, ЧТОБЫ [НАРОД ИЗРАИЛЯ] ДОСТИГ ПРАВЕДНОСТИ, ВОЗВЕЛИЧИЛ И УКРЕПИЛ ТОРУ.[7] (*Молитву за больного см. стр. 187*).

---

1. см. Йешаяђу, 46:3. 2. Дварим, 4:4. 3. Дварим, 4:44. 4. Мишлей, 3:18. 5. Мишлей, 3:17. 6. Мишлей, 3:16. 7. Йешаяђу, 42:21.
* В настоящее время принято произносить это благословение без упоминания Имени Всевышнего: "БЛАГОСЛОВЕН ОСВОБОДИВШИЙ МЕНЯ ОТ ОТВЕТСТВЕННОСТИ ЗА НЕГО!"

אַשְׁרֵי יוֹשְׁבֵי בֵיתֶךָ, עוֹד יְהַלְלוּךָ סֶּלָה: אַשְׁרֵי הָעָם שֶׁכָּכָה לּוֹ, אַשְׁרֵי הָעָם
שֶׁיְיָ אֱלֹהָיו: תְּהִלָּה לְדָוִד, אֲרוֹמִמְךָ אֱלוֹהַי הַמֶּלֶךְ, וַאֲבָרְכָה שִׁמְךָ
לְעוֹלָם וָעֶד: בְּכָל יוֹם אֲבָרְכֶךָּ, וַאֲהַלְלָה שִׁמְךָ לְעוֹלָם וָעֶד: גָּדוֹל יְיָ וּמְהֻלָּל
מְאֹד, וְלִגְדֻלָּתוֹ אֵין חֵקֶר: דּוֹר לְדוֹר יְשַׁבַּח מַעֲשֶׂיךָ, וּגְבוּרֹתֶיךָ יַגִּידוּ: הֲדַר
כְּבוֹד הוֹדֶךָ, וְדִבְרֵי נִפְלְאֹתֶיךָ אָשִׂיחָה: וֶעֱזוּז נוֹרְאֹתֶיךָ יֹאמֵרוּ, וּגְדֻלָּתְךָ
אֲסַפְּרֶנָּה: זֵכֶר רַב טוּבְךָ יַבִּיעוּ, וְצִדְקָתְךָ יְרַנֵּנוּ: חַנּוּן וְרַחוּם יְיָ, אֶרֶךְ אַפַּיִם וּגְדָל
חָסֶד: טוֹב יְיָ לַכֹּל, וְרַחֲמָיו עַל כָּל מַעֲשָׂיו: יוֹדוּךָ יְיָ כָּל מַעֲשֶׂיךָ, וַחֲסִידֶיךָ
יְבָרְכוּכָה: כְּבוֹד מַלְכוּתְךָ יֹאמֵרוּ, וּגְבוּרָתְךָ יְדַבֵּרוּ: לְהוֹדִיעַ לִבְנֵי הָאָדָם
גְּבוּרֹתָיו, וּכְבוֹד הֲדַר מַלְכוּתוֹ: מַלְכוּתְךָ, מַלְכוּת כָּל עֹלָמִים, וּמֶמְשַׁלְתְּךָ בְּכָל
דּוֹר וָדֹר: סוֹמֵךְ יְיָ לְכָל הַנֹּפְלִים, וְזוֹקֵף לְכָל הַכְּפוּפִים: עֵינֵי כֹל אֵלֶיךָ יְשַׂבֵּרוּ,
וְאַתָּה נוֹתֵן לָהֶם אֶת אָכְלָם בְּעִתּוֹ: פּוֹתֵחַ אֶת יָדֶךָ, וּמַשְׂבִּיעַ לְכָל חַי רָצוֹן:
צַדִּיק יְיָ בְּכָל דְּרָכָיו, וְחָסִיד בְּכָל מַעֲשָׂיו: קָרוֹב יְיָ לְכָל קֹרְאָיו, לְכֹל אֲשֶׁר
יִקְרָאֻהוּ בֶאֱמֶת: רְצוֹן יְרֵאָיו יַעֲשֶׂה, וְאֶת שַׁוְעָתָם יִשְׁמַע וְיוֹשִׁיעֵם: שׁוֹמֵר יְיָ אֶת
כָּל אֹהֲבָיו, וְאֵת כָּל הָרְשָׁעִים יַשְׁמִיד: תְּהִלַּת יְיָ יְדַבֶּר פִּי, וִיבָרֵךְ כָּל בָּשָׂר
שֵׁם קָדְשׁוֹ לְעוֹלָם וָעֶד: וַאֲנַחְנוּ נְבָרֵךְ יָהּ, מֵעַתָּה וְעַד עוֹלָם הַלְלוּיָהּ:

מנהג ספרד שבכל יום שאין אומרים בו תחנון אין אומרים למנצח יענך ולא תפלה לדוד [וכו']

לַמְנַצֵּחַ מִזְמוֹר לְדָוִד: יַעַנְךָ יְיָ בְּיוֹם צָרָה,
יְשַׂגֶּבְךָ שֵׁם אֱלֹהֵי יַעֲקֹב: יִשְׁלַח עֶזְרְךָ
מִקֹּדֶשׁ, וּמִצִּיּוֹן יִסְעָדֶךָּ: יִזְכֹּר כָּל מִנְחֹתֶךָ,
וְעוֹלָתְךָ יְדַשְּׁנֶה סֶּלָה: יִתֶּן לְךָ כִלְבָבֶךָ וְכָל
עֲצָתְךָ יְמַלֵּא: נְרַנְּנָה בִּישׁוּעָתֶךָ וּבְשֵׁם אֱלֹהֵינוּ
נִדְגֹּל, יְמַלֵּא יְיָ כָּל מִשְׁאֲלוֹתֶיךָ: עַתָּה יָדַעְתִּי,
כִּי הוֹשִׁיעַ יְיָ מְשִׁיחוֹ, יַעֲנֵהוּ מִשְּׁמֵי קָדְשׁוֹ,
בִּגְבֻרוֹת יֵשַׁע יְמִינוֹ: אֵלֶּה בָרֶכֶב וְאֵלֶּה
בַסּוּסִים, וַאֲנַחְנוּ בְּשֵׁם יְיָ אֱלֹהֵינוּ נַזְכִּיר: הֵמָּה

כרעו

תו"א א) תהלים פד ה: ב) שם קמ"ד טו: ג) שם קמה א: ד) שם קמז יח: ה) שם כ:

*) וכן אין אומרים אבינו מלכנו הארוך.

אשרי СЧАСТЛИВЫ НАХОДЯЩИЕСЯ В ХРАМЕ ТВОЕМ, ВОВЕК ОНИ БУДУТ ХВАЛИТЬ ТЕБЯ![1] СЧАСТЛИВ НАРОД, ЧЕЙ УДЕЛ ТАКОВ, СЧАСТЛИВ НАРОД, ЧЕЙ БОГ – ГОСПОДЬ![2] ХВАЛЕБНАЯ ПЕСНЬ ДАВИДА. ПРЕВОЗНЕСУ ТЕБЯ, ВЛАДЫКА, БОГ МОЙ, И БУДУ БЛАГОСЛОВЛЯТЬ ИМЯ ТВОЕ ВО ВЕКИ ВЕКОВ! ЕЖЕДНЕВНО БУДУ БЛАГОСЛОВЛЯТЬ ТЕБЯ И ВОСХВАЛЯТЬ ВО ВЕКИ ВЕКОВ ИМЯ ТВОЕ! ВЕЛИК ГОСПОДЬ, И ВЕЛИКА СЛАВА ЕГО, И ВЕЛИЧИЕ ЕГО НЕПОСТИЖИМО. ОТ ПОКОЛЕНИЯ К ПОКОЛЕНИЮ БУДЕТ ПЕРЕДАВАТЬСЯ ХВАЛА ТЕБЕ ЗА ТВОИ ДЕЯНИЯ, И О МОГУЩЕСТВЕ ТВОЕМ БУДУТ ПОВЕСТВОВАТЬ. О ВЕЛИКОЛЕПИИ СЛАВЫ ТВОЕЙ И О ЧУДЕСНЫХ ТВОИХ ДЕЯНИЯХ Я РАССКАЖУ. О ГРОЗНОЙ МОЩИ ТВОЕЙ БУДУТ ГОВОРИТЬ, И Я ПОВЕДАЮ О ВЕЛИЧИИ ТВОЕМ. ВОСПОМИНАНИЯ О ВЕЛИКОЙ МИЛОСТИ ТВОЕЙ ПЕРЕДАДУТ ОНИ [СВОИМ ДЕТЯМ] И СПРАВЕДЛИВОСТЬ ТВОЮ ВОСПОЮТ. МИЛОСЕРДЕН И МИЛОСТИВ ГОСПОДЬ, ДОЛГОТЕРПЕЛИВ, ЕГО ЛЮБОВЬ БЕЗГРАНИЧНА. ДОБР ГОСПОДЬ К КАЖДОМУ И МИЛОСЕРДЕН КО ВСЕМ СВОИМ СОЗДАНИЯМ. БУДУТ БЛАГОДАРИТЬ ТЕБЯ, ГОСПОДЬ, ВСЕ СОЗДАНИЯ ТВОИ, И ЛЮБЯЩИЕ ТЕБЯ БУДУТ ТЕБЯ БЛАГОСЛОВЛЯТЬ. О СЛАВЕ ЦАРСТВА ТВОЕГО ПОВЕДАЮТ И О ВЕЛИЧИИ ТВОЕМ РАССКАЖУТ, ЧТОБЫ СТАЛО ИЗВЕСТНО ЛЮДЯМ О МОГУЩЕСТВЕ И О СЛАВНОМ ВЕЛИКОЛЕПИИ ЦАРСТВА [ВСЕВЫШНЕГО]. ЦАРСТВО ТВОЕ – ВЕЧНОЕ ЦАРСТВО, И ВЛАСТЬ ТВОЯ – НАД ВСЕМИ ПОКОЛЕНИЯМИ. ПОДДЕРЖИВАЕТ ГОСПОДЬ ВСЕХ ПАДАЮЩИХ И РАСПРЯМЛЯЕТ ВСЕХ СОГБЕННЫХ. ГЛАЗА ВСЕХ УСТРЕМЛЕНЫ НА ТЕБЯ, И ТЫ ДАЕШЬ ПИЩУ [КАЖДОМУ СОЗДАНИЮ] ВОВРЕМЯ. РАСКРЫВАЕШЬ ТЫ ЛАДОНЬ СВОЮ И ЩЕДРО НАСЫЩАЕШЬ ВСЕ ЖИВОЕ. СПРАВЕДЛИВ ГОСПОДЬ ВО ВСЕМ, ЧТО ВЕРШИТ, И МИЛОСТИВ ВО ВСЕХ СВОИХ ДЕЯНИЯХ. БЛИЗОК ГОСПОДЬ КО ВСЕМ, ВЗЫВАЮЩИМ К НЕМУ, КО ВСЯКОМУ, КТО ИСКРЕННЕ ЕМУ МОЛИТСЯ. ЖЕЛАНИЕ БОЯЩИХСЯ ЕГО ИСПОЛНИТ ОН, УСЛЫШИТ ИХ ВОПЛЬ И СПАСЕТ ИХ. ОХРАНЯЕТ ГОСПОДЬ ВСЕХ ЛЮБЯЩИХ ЕГО, А ВСЕХ ЗЛОДЕЕВ УНИЧТОЖИТ. ХВАЛУ ГОСПОДУ ПРОИЗНЕСУТ УСТА МОИ, И ВСЕ ЖИВОЕ БУДЕТ БЛАГОСЛОВЛЯТЬ ЕГО СВЯТОЕ ИМЯ ВО ВЕКИ ВЕКОВ,[3] И МЫ БУДЕМ БЛАГОСЛОВЛЯТЬ БОГА ОТНЫНЕ И ВОВЕК; ВОСХВАЛИТЕ БОГА![4]

По сефардскому обычаю следующую молитву, как и תפלה לדוד ("МОЛИТВА ДАВИДА", стр. 75), не произносят в те дни, когда не говорят "Таханун", а именно: в течение всего месяца нисан, в Песах-шейни (14 ияра), в Лаг-баомер; начиная с рош-ходеша месяца сиван и до 12 числа этого месяца включительно (т.е. до седьмого дня после праздника Шавуот — так как все это время можно было совершать жертвоприношения в честь этого праздника); Девятого ава, Пятнадцатого ава, в канун Рош-Гашана; начиная с кануна Йом-Кипура и до конца месяца тишрей; Пятнадцатого швата; всякий раз, когда в синагоге совершают обрезание или там присутствует новобрачный (в течение семи дней после его свадьбы); в Пурим-катан (14 и 15 числа месяца адар-ришон), в Пурим, в Хануку, в рош-ходеш, а также в молитву "Минха" в канун следующих дней: Хануки, Пурима и Пурим-катан, Девятого ава, Пятнадцатого ава, Лаг-баомер, Пятнадцатого швата. Однако эти молитвы следует говорить в "Минху" перед кануном Рош-Гашана, Йом-Кипура, а также перед Песах-шейни.

למנצח ХВАЛЕБНАЯ ПЕСНЬ О ДАВИДЕ.* ДА ОТВЕТИТ ТЕБЕ ГОСПОДЬ В ДЕНЬ БЕДЫ, И ВОЗВЫСИТ ТЕБЯ ТОТ, ЧЬЕ ИМЯ — БОГ ЯАКОВА. ДА ПОШЛЕТ ОН ТЕБЕ СВОЮ ПОМОЩЬ ИЗ СВЯТОГО ХРАМА И ПОДДЕРЖКУ С СИОНА. ДА ВСПОМНИТ ОН ВСЕ ПРИНОШЕНИЯ ТВОИ, И ЖЕРТВЫ ВСЕСОЖЖЕНИЯ, [ПРИНОСИМЫЕ ТОБОЙ], ПУСТЬ ВСЕГДА ПРИНИМАЕТ ОН БЛАГОСКЛОННО. ИСПОЛНИТ ОН ВСЕ ЖЕЛАНИЯ СЕРДЦА ТВОЕГО И ВСЕМ ЗАМЫСЛАМ ТВОИМ ДАСТ СВЕРШИТЬСЯ. БУДЕМ РАДОВАТЬСЯ МЫ СПАСЕНИЮ ТВОЕМУ И ПОДНИМЕМ ЗНАМЕНА ВО ИМЯ БОГА НАШЕГО. И ДА ИСПОЛНИТ ГОСПОДЬ ВСЕ ТВОИ ЖЕЛАНИЯ. УЗНАЛ Я ТЕПЕРЬ, ЧТО [БЛАГОВОЛИТ ВСЕВЫШНИЙ К ДАВИДУ, ИБО] СПАС ГОСПОДЬ СВОЕГО ПОМАЗАННИКА, ОТВЕТИЛ ЕМУ СО СВОИХ СВЯТЫХ ВЫСЕЙ, ПОСЛАВ СПАСЕНИЕ СВОЕЮ МОГУЧЕЙ ДЕСНИЦЕЙ. ОДНИ [НАРОДЫ НАДЕЮТСЯ] НА СВОИ КОЛЕСНИЦЫ, ДРУГИЕ — НА СВОИХ КОНЕЙ, А МЫ К ИМЕНИ ГОСПОДА, БОГА НАШЕГО, ВОЗЗОВЕМ. ПОДОГНУЛИСЬ КОЛЕНИ

---

1. Тегилим, 84:5. 2. Тегилим, 144:15. 3. Тегилим, 145. 4. Тегилим, 115:18.
* Этот псалом произносили левиим в Храме, молясь за Давида, отправившегося на войну.

כָּרְעוּ וְנָפָלוּ, וַאֲנַחְנוּ קַמְנוּ וַנִּתְעוֹדָד: יְיָ הוֹשִׁיעָה,
הַמֶּלֶךְ יַעֲנֵנוּ בְיוֹם קָרְאֵנוּ:

וּבָא לְצִיּוֹן גּוֹאֵל וּלְשָׁבֵי פֶשַׁע בְּיַעֲקֹב,
נְאֻם יְיָ . וַאֲנִי זֹאת בְּרִיתִי אֹתָם
אָמַר יְיָ, רוּחִי אֲשֶׁר עָלֶיךָ, וּדְבָרַי אֲשֶׁר
שַׂמְתִּי בְּפִיךָ , לֹא יָמוּשׁוּ מִפִּיךָ וּמִפִּי
זַרְעֲךָ וּמִפִּי זֶרַע זַרְעֲךָ , אָמַר יְיָ מֵעַתָּה
וְעַד עוֹלָם. וְאַתָּה קָדוֹשׁ, יוֹשֵׁב תְּהִלּוֹת
יִשְׂרָאֵל . וְקָרָא זֶה אֶל זֶה וְאָמַר, קָדוֹשׁ
קָדוֹשׁ קָדוֹשׁ יְיָ צְבָאוֹת, מְלֹא כָל הָאָרֶץ
כְּבוֹדוֹ . וּמְקַבְּלִין דֵּין מִן דֵּין, וְאָמְרִין
קַדִּישׁ בִּשְׁמֵי מְרוֹמָא עִלָּאָה בֵּית
שְׁכִינְתֵּהּ , קַדִּישׁ עַל אַרְעָא עוֹבַד
גְּבוּרְתֵּהּ, קַדִּישׁ לְעָלַם וּלְעָלְמֵי עָלְמַיָּא,
יְיָ צְבָאוֹת, מַלְיָא כָל אַרְעָא זִיו יְקָרֵהּ.
וַתִּשָּׂאֵנִי רוּחַ, וָאֶשְׁמַע אַחֲרַי קוֹל רַעַשׁ
גָּדוֹל, בָּרוּךְ כְּבוֹד יְיָ מִמְּקוֹמוֹ. וּנְטָלַתְנִי
רוּחָא וּשְׁמָעִית בַּתְרַי קָל זִיעַ סַגִּיא
דִּמְשַׁבְּחִין וְאָמְרִין בְּרִיךְ יְקָרָא דַיְיָ

מאתר

תר"א א) ישעיה נט כ: ב) שם שם כא: ג) תהלים כב ד: ד) ישעיה ו ג: ה) יחזקאל ג יב:

У НИХ, И УПАЛИ ОНИ; МЫ ЖЕ УСТОЯЛИ И ВОСПРЯНУЛИ ДУХОМ. ГОСПОДЬ, СПАСИ [НАС]! ОТВЕТЬ НАМ, ВЛАДЫКА, В ДЕНЬ, КОГДА МЫ ВЗЫВАЕМ [К ТЕБЕ]!¹

‫ובא‬ "И ПРИДЕТ ИЗБАВИТЕЛЬ В СИОН К ПОТОМКАМ ЯАКО-ВА, РАСКАЯВШИМСЯ В СВОИХ ГРЕХАХ", — ИЗРЕК ГОСПОДЬ. "А Я ЗАКЛЮЧАЮ С НИМИ ТАКОЙ СОЮЗ, — СКАЗАЛ ГОСПОДЬ, — ПРОРОЧЕСТВА, НИСПОСЛАННЫЕ МНОЮ, И МОИ СЛОВА, КОТОРЫЕ Я ВЛОЖИЛ В ТВОИ УСТА, ДА НЕ СОЙДУТ С ТВОИХ УСТ И УСТ СЫНОВЕЙ ТВОИХ И ВНУКОВ ТВОИХ ОТНЫНЕ И ВОВЕК,"² — ТАК СКАЗАЛ ГОСПОДЬ. И ТЫ, СВЯТОЙ, ВОС-СЕДАЕШЬ НА [ПРЕСТОЛЕ СВОЕМ, ВНИМАЯ] ХВАЛАМ НАРОДА ИЗРАИЛЯ.³ [И АНГЕЛЫ] ВЗЫВАЛИ ДРУГ К ДРУГУ И ПРОИЗ-НОСИЛИ: "СВЯТ, СВЯТ, СВЯТ ГОСПОДЬ ВОИНСТВ! ВСЯ ЗЕМЛЯ ПОЛНА СЛАВЫ ЕГО!"⁴ И ПРИНИМАЛИ ОНИ ДРУГ ОТ ДРУГА [ПРАВО ВОСХВАЛЯТЬ ВСЕВЫШНЕГО] И ВОЗВЕЩАЛИ: "СВЯТ ОН В ВЫСОТАХ НЕБЕСНЫХ, В МЕСТЕ, ГДЕ ОБИТАЕТ ЕГО ШХИНА; СВЯТ ОН НА ЗЕМЛЕ, СОТВОРЕННОЙ МОГУЩЕСТВОМ ЕГО; СВЯТ ВОВЕК И ВО ВЕКИ ВЕКОВ ГОСПОДЬ ВОИНСТВ, ВСЯ ЗЕМЛЯ ПОЛНА СИЯНИЯ СЛАВЫ ЕГО".* И ПОДХВАТИЛ МЕНЯ ВЕТЕР, И Я УСЛЫШАЛ ПОЗАДИ СЕБЯ МОГУЧИЙ ГРОМОВОЙ ГОЛОС: "ДА БУДЕТ БЛАГОСЛОВЕННА СЛАВА ГОСПОДА, ГДЕ БЫ ОНА НИ ОБИТАЛА!"⁵ И ПОДХВАТИЛ МЕНЯ ВЕТЕР, И Я УСЛЫШАЛ ПОЗАДИ СЕБЯ МОГУЧИЙ, ВЫЗЫВАЮЩИЙ ТРЕПЕТ ГОЛОС ТЕХ, КТО, ВОСХВАЛЯЯ [ВСЕВЫШНЕГО], ПРОИЗ-НОСИЛ: "ДА БУДЕТ БЛАГОСЛОВЕННА СЛАВА ГОСПОДА,

---

1. Теѓилим, 20.   2. Йешаяѓу, 59:20,21.   3. Теѓилим, 22:4.   4. Йешаяѓу, 6:3.   5. Йехез-кель, 3:12.
* Эта фраза из "Таргума Йонатана" является переводом предыдущей с иврита на арамей-ский язык.

מֵאֲתַר בֵּית שְׁכִינְתָּהּ. יְיָ יִמְלֹךְ לְעֹלָם
וָעֶד. יְיָ מַלְכוּתֵהּ קָאֵם לְעָלַם וּלְעָלְמֵי
עָלְמַיָּא. יְיָ אֱלֹהֵי אַבְרָהָם יִצְחָק וְיִשְׂרָאֵל
אֲבוֹתֵינוּ, שָׁמְרָה זֹּאת לְעוֹלָם, לְיֵצֶר
מַחְשְׁבוֹת לְבַב עַמֶּךָ, וְהָכֵן לְבָבָם
אֵלֶיךָ. וְהוּא רַחוּם, יְכַפֵּר עָוֹן וְלֹא
יַשְׁחִית, וְהִרְבָּה לְהָשִׁיב אַפּוֹ, וְלֹא יָעִיר
כָּל חֲמָתוֹ. כִּי אַתָּה אֲדֹנָי טוֹב וְסַלָּח,
וְרַב חֶסֶד לְכָל קֹרְאֶיךָ. צִדְקָתְךָ צֶדֶק
לְעוֹלָם, וְתוֹרָתְךָ אֱמֶת. תִּתֵּן אֱמֶת
לְיַעֲקֹב, חֶסֶד לְאַבְרָהָם, אֲשֶׁר נִשְׁבַּעְתָּ
לַאֲבוֹתֵינוּ מִימֵי קֶדֶם. בָּרוּךְ אֲדֹנָי, יוֹם יוֹם
יַעֲמָס לָנוּ, הָאֵל יְשׁוּעָתֵנוּ סֶלָה. יְיָ צְבָאוֹת
עִמָּנוּ, מִשְׂגָּב לָנוּ אֱלֹהֵי יַעֲקֹב סֶלָה. יְיָ
צְבָאוֹת, אַשְׁרֵי אָדָם בֹּטֵחַ בָּךְ. יְיָ
הוֹשִׁיעָה, הַמֶּלֶךְ יַעֲנֵנוּ בְיוֹם קָרְאֵנוּ.
בָּרוּךְ הוּא אֱלֹהֵינוּ שֶׁבְּרָאָנוּ לִכְבוֹדוֹ,
וְהִבְדִּילָנוּ מִן הַתּוֹעִים. וְנָתַן לָנוּ תּוֹרַת

אמת

תו"א א) שמות טו יח: ב) דה"א כט יח: ג) תהלים קד לח. ד) שם פו ה. ח) שם קיט קסב. ו) טיכה ז כ.
ז) תהלים סה ב. ח) שם מו ח. ט) שם פד יג. י) שם כ י.

ГДЕ БЫ ОНА НИ ОБИТАЛА!"* ГОСПОДЬ БУДЕТ ЦАРСТВОВАТЬ ВО ВЕКИ ВЕКОВ![1] ГОСПОДЬ, ЦАРСТВО ТВОЕ НЕЗЫБЛЕМО ВОВЕК, ВО ВЕКИ ВЕКОВ! ** ГОСПОДЬ, БОГ АВРАГ̃АМА, ИЦХАКА И ИЗРАИЛЯ, ОТЦОВ НАШИХ, ПОМНИ ЭТО ВЕЧНО — СТРЕМЛЕНИЯ, ПОМЫСЛЫ СЕРДЕЦ [СЫНОВ] НАРОДА СВОЕГО, И ОБРАТИ К СЕБЕ ИХ СЕРДЦА![2] И ОН, МИЛОСЕРДНЫЙ, ПРОСТИТ ЗЛОДЕЯНИЕ И НЕ ПОГУБИТ [СОГРЕШИВШЕГО], КАК НЕ РАЗ УЖЕ ОТВРАЩАЛ ГНЕВ СВОЙ [ОТ ГРЕШНИКА], И НЕ ОБРУШИТ [НА НЕГО] ВСЮ ЯРОСТЬ СВОЮ.[3] ИБО ТЫ, ГОСПОДЬ, — ДОБРЫЙ БОГ И ВСЕПРОЩАЮЩИЙ, И ВЕЛИКА ЛЮБОВЬ ТВОЯ КО ВСЕМ, КТО ВЗЫВАЕТ К ТЕБЕ.[4] МИЛОСТЬ ТВОЯ — ВЕЧНАЯ МИЛОСТЬ, И ТОРА ТВОЯ — ИСТИНА.[5] ИСПОЛНИ ОБЕЩАНИЕ, [ДАННОЕ ТОБОЙ] ЯАКОВУ, ПРОЯВИ ЛЮБОВЬ [СВОЮ] К АВРАГ̃АМУ — КАК ПОКЛЯЛСЯ ТЫ ОТЦАМ НАШИМ В ДРЕВНОСТИ.[6] БЛАГОСЛОВЕН ГОСПОДЬ, ЕЖЕДНЕВНО ПОСЫЛАЮЩИЙ НАМ [СВОИ БЛАГОСЛОВЕНИЯ], БОГ, ВСЕГДА СПАСАЮЩИЙ НАС![7] ГОСПОДЬ ВОИНСТВ С НАМИ; БОГ ЯАКОВА — НАШ ОПЛОТ ВОВЕКИ![8] ГОСПОДЬ ВОИНСТВ, СЧАСТЛИВ ЧЕЛОВЕК, ПОЛАГАЮЩИЙСЯ НА ТЕБЯ![9] ГОСПОДЬ, СПАСИ [НАС]! ОТВЕТЬ НАМ, ВЛАДЫКА, В ДЕНЬ, КОГДА МЫ ВЗЫВАЕМ [К ТЕБЕ]![10] БЛАГОСЛОВЕН ОН, БОГ НАШ, КОТОРЫЙ СОТВОРИЛ НАС ВО СЛАВУ СВОЮ, И ОТДЕЛИЛ НАС ОТ ЗАБЛУЖДАЮЩИХСЯ, И ДАЛ НАМ ИСТИННОЕ

---

1. Шмот, 15:18.   2. Диврей Г̃аямим I, 29:18.   3. Тег̃илим, 78:38.   4. Тег̃илим, 86:5. 5. Тег̃илим, 119:142.   6. Миха, 7:20.   7. Тег̃илим, 68:20.   8. Тег̃илим, 46:8.   9. Тег̃илим, 84:13.   10. Тег̃илим, 20:10.
* Эта фраза из "Таргума Йонатана" является переводом предыдущей с иврита на арамейский язык.
** Эта фраза из "Таргума Онкелоса" является переводом предыдущей с иврита на арамейский язык.

אֱמֶת , וְחַיֵּי עוֹלָם נָטַע בְּתוֹכֵנוּ , הוּא
יִפְתַּח לִבֵּנוּ בְּתוֹרָתוֹ , וְיָשֵׂם בְּלִבֵּנוּ
אַהֲבָתוֹ וְיִרְאָתוֹ , וְלַעֲשׂוֹת רְצוֹנוֹ
וּלְעָבְדוֹ בְּלֵבָב שָׁלֵם , לְמַעַן לֹא נִיגַע
לָרִיק, וְלֹא נֵלֵד לַבֶּהָלָה. וּבְכֵן יְהִי רָצוֹן
מִלְּפָנֶיךָ יְיָ אֱלֹהֵינוּ וֵאלֹהֵי אֲבוֹתֵינוּ ,
שֶׁנִּשְׁמֹר חֻקֶּיךָ בָּעוֹלָם הַזֶּה , וְנִזְכֶּה
וְנִחְיֶה וְנִרְאֶה , וְנִירַשׁ טוֹבָה וּבְרָכָה ,
לִשְׁנֵי יְמוֹת הַמָּשִׁיחַ וּלְחַיֵּי הָעוֹלָם
הַבָּא. לְמַעַן יְזַמֶּרְךָ כָבוֹד וְלֹא יִדֹּם , יְיָ
אֱלֹהַי לְעוֹלָם אוֹדֶךָּ. בָּרוּךְ הַגֶּבֶר אֲשֶׁר
יִבְטַח בַּיְיָ , וְהָיָה יְיָ מִבְטַחוֹ. בִּטְחוּ בַיְיָ
עֲדֵי עַד. כִּי בְּיָהּ יְיָ צוּר עוֹלָמִים. וְיִבְטְחוּ
בְךָ יוֹדְעֵי שְׁמֶךָ , כִּי לֹא עָזַבְתָּ דֹרְשֶׁיךָ יְיָ.
יְיָ חָפֵץ לְמַעַן צִדְקוֹ יַגְדִּיל תּוֹרָה וְיַאְדִּיר:

הש"ץ אומר קדיש שלם :

יִתְגַּדַּל וְיִתְקַדַּשׁ שְׁמֵהּ רַבָּא אמן בְּעָלְמָא דִּי בְרָא
כִרְעוּתֵהּ וְיַמְלִיךְ מַלְכוּתֵהּ , וְיַצְמַח פּוּרְקָנֵהּ
וִיקָרֵב מְשִׁיחֵהּ , אמן בְּחַיֵּיכוֹן וּבְיוֹמֵיכוֹן וּבְחַיֵּי דְכָל
בֵּית יִשְׂרָאֵל , בַּעֲגָלָא וּבִזְמַן קָרִיב וְאִמְרוּ אָמֵן :
יְהֵא שְׁמֵהּ רַבָּא מְבָרַךְ לְעָלַם וּלְעָלְמֵי עָלְמַיָּא :

תו"א א) תהלים ל יג : ב) ירמיה יח ז : ג) ישעיה כו ד : ד) תהלים ט יא : ה) ישעיה מב כא :

УЧЕНИЕ, И ДАРОВАЛ НАМ ВЕЧНУЮ ЖИЗНЬ; ДА РАСКРОЕТ ОН
СЕРДЦЕ НАШЕ ДЛЯ ТОРЫ СВОЕЙ И ВЛОЖИТ В НАШЕ СЕРДЦЕ
ЛЮБОВЬ К НЕМУ И ТРЕПЕТ ПРЕД НИМ, ЧТОБЫ МЫ ИСПОЛНЯЛИ
ВОЛЮ ЕГО И СЛУЖИЛИ ЕМУ ВСЕМ СЕРДЦЕМ, НЕ ТРУДИЛИСЬ
ВПУСТУЮ И НЕ ПЛОДИЛИ ТЩЕТУ. И ПОТОМУ — ДА БУДЕТ
УГОДНО ТЕБЕ, ГОСПОДЬ, БОГ НАШ И БОГ ОТЦОВ НАШИХ,
ЧТОБЫ МЫ ХРАНИЛИ В ЭТОМ МИРЕ ЗАКОНЫ ТВОИ, И УДО-
СТОИЛИСЬ ДОЖИТЬ [ДО ИЗБАВЛЕНИЯ] , И УВИДЕТЬ, И УНА-
СЛЕДОВАТЬ ДОБРО И БЛАГОСЛОВЕНИЕ В ДНИ МАШИАХА И ВО
ВРЕМЕНА ГРЯДУЩЕГО МИРА. ЗА ЭТО БУДЕТ ВОСПЕВАТЬ ТЕБЯ
ДУША НЕ УМОЛКАЯ; ГОСПОДЬ, БОГ МОЙ! ВСЕГДА БУДУ
БЛАГОДАРИТЬ ТЕБЯ![1] БЛАГОСЛОВЕН ЧЕЛОВЕК, ПОЛАГАЮ-
ЩИЙСЯ НА ГОСПОДА, — ГОСПОДЬ БУДЕТ ЕМУ ОПОРОЙ.[2]
ПОЛАГАЙТЕСЬ НА ГОСПОДА ВО ВЕКИ ВЕКОВ, ИБО БОГ
ГОСПОДЬ — ВЕЧНАЯ ТВЕРДЫНЯ.[3] И БУДУТ ПОЛАГАТЬСЯ НА
ТЕБЯ ТЕ, КОМУ ВЕДОМО ИМЯ ТВОЕ, — ВЕДЬ НЕ ОСТАВЛЯЕШЬ
ТЫ, ГОСПОДЬ, ТЕХ, КТО ВЗЫВАЕТ К ТЕБЕ.[4] ГОСПОДЬ, ЖЕЛАЯ,
ЧТОБЫ [НАРОД ИЗРАИЛЯ] ДОСТИГ ПРАВЕДНОСТИ, ВОЗВЕЛИ-
ЧИЛ И УКРЕПИЛ ТОРУ.[5]

Хазан произносит ”Кадиш шалем”:

יתגדל ДА ВОЗВЫСИТСЯ И ОСВЯТИТСЯ ЕГО ВЕЛИКОЕ ИМЯ (*община
отвечает:* АМЕН!) В МИРЕ, СОТВОРЕННОМ ПО ВОЛЕ ЕГО; И ДА УСТАНОВИТ
ОН ЦАРСКУЮ ВЛАСТЬ СВОЮ; И ДА ВЗРАСТИТ ОН СПАСЕНИЕ; И ДА ПРИ-
БЛИЗИТ ОН ПРИХОД МАШИАХА СВОЕГО (*община отвечает:* АМЕН!) – ПРИ
ЖИЗНИ ВАШЕЙ, В ДНИ ВАШИ И ПРИ ЖИЗНИ ВСЕГО ДОМА ИЗРАИЛЯ, ВСКО-
РОСТИ, В БЛИЖАЙШЕЕ ВРЕМЯ, И СКАЖЕМ: АМЕН! (*Община отвечает:* АМЕН!)

Община вместе с хазаном: ДА БУДЕТ ВЕЛИКОЕ ИМЯ ЕГО БЛАГОСЛОВЕН-
НО ВЕЧНО, ВО ВЕКИ ВЕКОВ! ДА БУДЕТ БЛАГОСЛОВЛЯЕМО...

---

1. Теѓилим, 30:13. 2. Ирмеяѓу, 17:7. 3. Йешаяѓу, 26:4. 4. Теѓилим, 9:11. 5. Йешаяѓу, 42:21.

יִתְבָּרֵךְ וְיִשְׁתַּבַּח, וְיִתְפָּאַר וְיִתְרוֹמָם, וְיִתְנַשֵּׂא.
וְיִתְהַדָּר וְיִתְעַלֶּה וְיִתְהַלָּל. שְׁמֵהּ דְּקֻדְשָׁא
בְּרִיךְ הוּא אמן לְעֵלָּא מִן כָּל בִּרְכָתָא וְשִׁירָתָא תֻּשְׁבְּחָתָא
וְנֶחֱמָתָא, דַּאֲמִירָן בְּעָלְמָא, וְאִמְרוּ אָמֵן :

תִּתְקַבֵּל צְלוֹתְהוֹן וּבָעוּתְהוֹן דְּכָל בֵּית יִשְׂרָאֵל, קֳדָם אֲבוּהוֹן דִּי
בִשְׁמַיָּא, וְאִמְרוּ אָמֵן .

יְהֵא שְׁלָמָא רַבָּא מִן שְׁמַיָּא וְחַיִּים טוֹבִים, עָלֵינוּ
וְעַל כָּל יִשְׂרָאֵל, וְאִמְרוּ אָמֵן :

עֹשֶׂה שָׁלוֹם (בעשי"ת הַשָּׁלוֹם) בִּמְרוֹמָיו, הוּא יַעֲשֶׂה שָׁלוֹם
עָלֵינוּ וְעַל כָּל יִשְׂרָאֵל וְאִמְרוּ אָמֵן :

בשני וכחמישי כשמחזירין הספר תורה להיכל אומרים זה :

חזן יְהַלְלוּ אֶת שֵׁם יְיָ, כִּי נִשְׂגָּב שְׁמוֹ לְבַדּוֹ :

וּתקהל אומרים הוֹדוֹ עַל אֶרֶץ וְשָׁמָיִם : וַיָּרֶם קֶרֶן לְעַמּוֹ, תְּהִלָּה לְכָל חֲסִידָיו,
לִבְנֵי יִשְׂרָאֵל עַם קְרֹבוֹ, הַלְלוּיָהּ :

בימים שאין אומרים תהנון אין אומרים תפלה לדוד רק מתחילין מן בית יעקב וכו'.

תְּפִלָּה לְדָוִד, הַטֵּה יְיָ אָזְנְךָ עֲנֵנִי, כִּי עָנִי וְאֶבְיוֹן אָנִי : שָׁמְרָה
נַפְשִׁי כִּי חָסִיד אָנִי, הוֹשַׁע עַבְדְּךָ אַתָּה אֱלֹהַי, הַבּוֹטֵחַ
אֵלֶיךָ : חָנֵּנִי אֲדֹנָי, כִּי אֵלֶיךָ אֶקְרָא כָּל הַיּוֹם : שַׂמֵּחַ נֶפֶשׁ עַבְדֶּךָ,
כִּי אֵלֶיךָ אֲדֹנָי נַפְשִׁי אֶשָּׂא : כִּי אַתָּה אֲדֹנָי טוֹב וְסַלָּח, וְרַב חֶסֶד לְכָל
קֹרְאֶיךָ : הַאֲזִינָה יְיָ תְּפִלָּתִי, וְהַקְשִׁיבָה בְּקוֹל תַּחֲנוּנוֹתָי : בְּיוֹם צָרָתִי
אֶקְרָאֶךָ כִּי תַעֲנֵנִי : אֵין כָּמוֹךָ בָאֱלֹהִים אֲדֹנָי, וְאֵין כְּמַעֲשֶׂיךָ : כָּל
גּוֹיִם אֲשֶׁר עָשִׂיתָ יָבֹאוּ וְיִשְׁתַּחֲווּ לְפָנֶיךָ אֲדֹנָי, וִיכַבְּדוּ לִשְׁמֶךָ : כִּי
גָדוֹל אַתָּה וְעֹשֵׂה נִפְלָאוֹת אַתָּה אֱלֹהִים לְבַדֶּךָ : הוֹרֵנִי יְיָ דַּרְכֶּךָ
אֲהַלֵּךְ בַּאֲמִתֶּךָ, יַחֵד לְבָבִי לְיִרְאָה שְׁמֶךָ : אוֹדְךָ אֲדֹנָי אֱלֹהַי בְּכָל
לְבָבִי, וַאֲכַבְּדָה שִׁמְךָ לְעוֹלָם : כִּי חַסְדְּךָ גָּדוֹל עָלָי, וְהִצַּלְתָּ נַפְשִׁי
מִשְּׁאוֹל תַּחְתִּיָּה : אֱלֹהִים זֵדִים קָמוּ עָלַי, וַעֲדַת עָרִיצִים בִּקְשׁוּ
נַפְשִׁי, וְלֹא שָׂמוּךָ לְנֶגְדָּם : וְאַתָּה אֲדֹנָי אֵל רַחוּם וְחַנּוּן, אֶרֶךְ
אַפַּיִם וְרַב חֶסֶד וֶאֱמֶת : פְּנֵה אֵלַי וְחָנֵּנִי, תְּנָה עֻזְּךָ לְעַבְדֶּךָ, וְהוֹשִׁיעָה

לבן

...И ВОСХВАЛЯЕМО, И ПРОСЛАВЛЯЕМО, И ВОЗВЕЛИЧИВАЕМО, И ПРЕ-
ВОЗНОСИМО, И ПОЧИТАЕМО, И ВЕЛИЧАЕМО, И ВОСПЕВАЕМО ИМЯ СВЯ-
ТОГО [ТВОРЦА], БЛАГОСЛОВЕН ОН (*община отвечает:* АМЕН!), ПРЕВЫШЕ
ВСЕХ БЛАГОСЛОВЕНИЙ И ПЕСНОПЕНИЙ, ВОСХВАЛЕНИЙ И УТЕШИТЕЛЬ-
НЫХ СЛОВ, ПРОИЗНОСИМЫХ В МИРЕ, И СКАЖЕМ: АМЕН! (*Община отвечает:*
АМЕН!) ДА БУДУТ ПРИНЯТЫ МОЛИТВЫ И ПРОСЬБЫ ВСЕГО ДОМА ИЗРАИ-
ЛЯ ИХ НЕБЕСНЫМ ОТЦОМ, И СКАЖЕМ: АМЕН!

ДА БУДУТ ДАРОВАНЫ С НЕБЕС ПРОЧНЫЙ МИР И СЧАСТЛИВАЯ ЖИЗНЬ
НАМ И ВСЕМУ ИЗРАИЛЮ, И СКАЖЕМ: АМЕН! (*Община отвечает:* АМЕН!)

УСТАНАВЛИВАЮЩИЙ МИР (*в "десять дней раскаяния" вместо "ШАЛОМ" —
МИР" говорят:* "ГА̃ШАЛОМ") В СВОИХ ВЫСОТАХ, ОН ПОШЛЕТ МИР НАМ И
ВСЕМУ ИЗРАИЛЮ, И СКАЖЕМ: АМЕН! (*Община отвечает:* АМЕН!)

По понедельникам и четвергам, когда возвращают свиток Торы в ковчег, хазан говорит:
יהללו ДА ВОСХВАЛЯТ ОНИ ИМЯ ГОСПОДА, ИБО ЛИШЬ ЕГО ИМЯ ПРЕ-
ВОЗНЕСЕНО НАДО ВСЕМ![1]

Община отвечает:
הודו И СЛАВА ЕГО – НА ЗЕМЛЕ И НА НЕБЕ. И УКРЕПИТ ОН МОЩЬ НАРОДА
СВОЕГО, ПРОСЛАВИТ ВСЕХ, КТО ЛЮБИТ ЕГО, – СЫНОВ ИЗРАИЛЯ, НАРОД, КОТО-
РЫЙ ОН ПРИБЛИЗИЛ К СЕБЕ. ВОСХВАЛИТЕ БОГА![2]

*Открывает ковчег и кладет в него свиток тот же, кто вынимал его оттуда. В дни, ког-
да "Таханун" не говорят, следующий псалом пропускают и начинают со слов* בית יעקב
("ДОМ ЯАКОВА...", стр. 76).

תפלה МОЛИТВА ДАВИДА. ПРИКЛОНИ, ГОСПОДЬ, УХО СВОЕ [К МОЕЙ МОЛИТ-
ВЕ] И ОТВЕТЬ МНЕ, ВЕДЬ БЕДЕН Я И НИЩ! ХРАНИ МОЮ ДУШУ, ИБО ИСПОЛНЕН Я
ЛЮБВИ [К ТЕБЕ]; ТЫ – БОГ МОЙ, СПАСИ РАБА СВОЕГО, НАДЕЮЩЕГОСЯ НА ТЕБЯ!
ПОМИЛУЙ МЕНЯ, ГОСПОДЬ, ВЕДЬ Я ВЕСЬ ДЕНЬ ВЗЫВАЮ К ТЕБЕ! ВОЗВЕСЕЛИ ДУШУ
РАБА СВОЕГО, ИБО К ТЕБЕ, ГОСПОДЬ, СТРЕМЛЮСЬ Я ДУШОЮ СВОЕЮ. ИБО ТЫ,
ГОСПОДЬ, – ДОБРЫЙ БОГ И ВСЕПРОЩАЮЩИЙ, И ВЕЛИКА ЛЮБОВЬ ТВОЯ КО ВСЕМ,
КТО ВЗЫВАЕТ К ТЕБЕ. УСЛЫШЬ, ГОСПОДЬ, МОЮ МОЛИТВУ И ВНЕМЛИ ГОЛОСУ
МОЕЙ МОЛЬБЫ. В ДЕНЬ БЕДЫ МОЕЙ ВОЗЗОВУ Я К ТЕБЕ, ИБО [УВЕРЕН, ЧТО] ТЫ
ОТВЕТИШЬ МНЕ. НЕТ СРЕДИ ВЫСШИХ СИЛ ПОДОБНОГО ТЕБЕ, ГОСПОДЬ, И НИЧЬИ
ДЕЯНИЯ НЕ СРАВНЯТСЯ С ТВОИМИ. ВСЕ НАРОДЫ, СОТВОРЕННЫЕ ТОБОЙ, ПРИДУТ И
СКЛОНЯТСЯ ПРЕД ТОБОЮ, ГОСПОДЬ, И ВОЗДАДУТ ПОЧЕСТИ ИМЕНИ ТВОЕМУ. ИБО
ВЕЛИК ТЫ, И ЛИШЬ ТЫ ОДИН, ГОСПОДЬ, ТВОРИШЬ ЧУДЕСА. УКАЖИ МНЕ, ГОСПОДЬ,
ПУТЬ СВОЙ, И ПОЙДУ Я [ДОРОГОЙ] ТВОЕЙ ПРАВДЫ; И СДЕЛАЙ ТАК, ЧТОБЫ СЕРД-
ЦЕ МОЕ БЫЛО НАПОЛНЕНО ЛИШЬ БЛАГОГОВЕНИЕМ ПРЕД ИМЕНЕМ ТВОИМ. ВОС-
ХВАЛЮ ТЕБЯ, ГОСПОДЬ, БОГ МОЙ, ВСЕМ СВОИМ СЕРДЦЕМ, ВЕЧНО БУДУ ЧТИТЬ
ИМЯ ТВОЕ. ИБО ВЕЛИКА ТВОЯ ЛЮБОВЬ КО МНЕ, И СПАС ТЫ ДУШУ МОЮ, [НЕ ДО-
ПУСТИВ ЕЕ ПАДЕНИЯ В] ГЛУБИНЫ ПРЕИСПОДНЕЙ. БОЖЕ! ОПОЛЧИЛИСЬ НА МЕНЯ
ЗЛОДЕИ, СТАЯ ЖЕСТОКИХ ВРАГОВ ОХОТИТСЯ ЗА МОЕЙ ДУШОЙ – НО О ТЕБЕ ОНИ НЕ
ПОДУМАЛИ. А ТЫ, ГОСПОДЬ, – БОГ МИЛОСЕРДНЫЙ И МИЛОСТИВЫЙ, ДОЛГОТЕР-
ПЕЛИВЫЙ, ТОТ, ЧЬИ ЛЮБОВЬ И СПРАВЕДЛИВОСТЬ БЕЗГРАНИЧНЫ. БУДЬ БЛАГО-
СКЛОНЕН КО МНЕ И ПОЖАЛЕЙ МЕНЯ, НАДЕЛИ СВОЕЙ СИЛОЙ РАБА ТВОЕГО, СПАСИ

---

1. Теѓилим, 148:13. 2. Теѓилим, 148:13,14.

לָכֵן אֱמֶתֶךָ : עֲשֵׂה עִמִּי אוֹת לְטוֹבָה וְיִרְאוּ שֹׂנְאַי וְיֵבֹשׁוּ, כִּי אַתָּה יְיָ עֲזַרְתַּנִי וְנִחַמְתָּנִי :

בֵּית יַעֲקֹב, לְכוּ וְנֵלְכָה בְּאוֹר יְיָ : כִּי כָּל הָעַמִּים יֵלְכוּ אִישׁ בְּשֵׁם אֱלֹהָיו, וַאֲנַחְנוּ נֵלֵךְ בְּשֵׁם יְיָ אֱלֹהֵינוּ לְעוֹלָם וָעֶד :

יְהִי יְיָ אֱלֹהֵינוּ עִמָּנוּ, כַּאֲשֶׁר הָיָה עִם אֲבֹתֵינוּ, אַל יַעַזְבֵנוּ וְאַל יִטְּשֵׁנוּ : לְהַטּוֹת לְבָבֵנוּ אֵלָיו, לָלֶכֶת בְּכָל דְּרָכָיו וְלִשְׁמֹר מִצְוֹתָיו וְחֻקָּיו וּמִשְׁפָּטָיו, אֲשֶׁר צִוָּה אֶת אֲבֹתֵינוּ : וְיִהְיוּ דְבָרַי אֵלֶּה אֲשֶׁר הִתְחַנַּנְתִּי לִפְנֵי יְיָ, קְרֹבִים אֶל יְיָ אֱלֹהֵינוּ יוֹמָם וָלָיְלָה, לַעֲשׂוֹת מִשְׁפַּט עַבְדּוֹ וּמִשְׁפַּט עַמּוֹ יִשְׂרָאֵל דְּבַר יוֹם בְּיוֹמוֹ : לְמַעַן דַּעַת כָּל עַמֵּי הָאָרֶץ כִּי יְיָ הוּא הָאֱלֹהִים, אֵין עוֹד :

שִׁיר הַמַּעֲלוֹת לְדָוִד, לוּלֵי יְיָ שֶׁהָיָה לָנוּ, יֹאמַר נָא יִשְׂרָאֵל : לוּלֵי יְיָ שֶׁהָיָה לָנוּ, בְּקוּם עָלֵינוּ אָדָם : אֲזַי חַיִּים בְּלָעוּנוּ, בַּחֲרוֹת אַפָּם בָּנוּ : אֲזַי הַמַּיִם שְׁטָפוּנוּ, נַחְלָה עָבַר עַל נַפְשֵׁנוּ : אֲזַי עָבַר עַל נַפְשֵׁנוּ, הַמַּיִם הַזֵּידוֹנִים : בָּרוּךְ יְיָ, שֶׁלֹּא נְתָנָנוּ טֶרֶף לְשִׁנֵּיהֶם : נַפְשֵׁנוּ כְּצִפּוֹר נִמְלְטָה מִפַּח יוֹקְשִׁים, הַפַּח נִשְׁבָּר, וַאֲנַחְנוּ נִמְלָטְנוּ : עֶזְרֵנוּ בְּשֵׁם יְיָ, עֹשֵׂה שָׁמַיִם וָאָרֶץ :

──────◆◆◆──────

שיר של יום

בראשין נסחא הַיּוֹם/יוֹם רִאשׁוֹן בְּשַׁבָּת, שֶׁבּוֹ הָיוּ הַלְוִיִּם אוֹמְרִים בְּבֵית הַמִּקְדָּשׁ :

לְדָוִד מִזְמוֹר, לַייָ הָאָרֶץ וּמְלוֹאָהּ, תֵּבֵל וְיֹשְׁבֵי בָהּ : כִּי הוּא עַל יַמִּים יְסָדָהּ, וְעַל נְהָרוֹת יְכוֹנְנֶהָ : מִי יַעֲלֶה בְהַר יְיָ, וּמִי יָקוּם בִּמְקוֹם קָדְשׁוֹ : נְקִי כַפַּיִם וּבַר לֵבָב, אֲשֶׁר לֹא נָשָׂא לַשָּׁוְא נַפְשִׁי, וְלֹא נִשְׁבַּע לְמִרְמָה : יִשָּׂא בְרָכָה מֵאֵת יְיָ, וּצְדָקָה מֵאֱלֹהֵי יִשְׁעוֹ : זֶה דּוֹר דֹּרְשָׁיו, מְבַקְשֵׁי פָנֶיךָ יַעֲקֹב סֶלָה : שְׂאוּ שְׁעָרִים רָאשֵׁיכֶם, וְהִנָּשְׂאוּ פִּתְחֵי עוֹלָם וְיָבוֹא מֶלֶךְ הַכָּבוֹד : מִי זֶה מֶלֶךְ הַכָּבוֹד, יְיָ עִזּוּז וְגִבּוֹר, יְיָ גִּבּוֹר מִלְחָמָה : שְׂאוּ שְׁעָרִים רָאשֵׁיכֶם וּשְׂאוּ פִּתְחֵי עוֹלָם, וְיָבֹא מֶלֶךְ הַכָּבוֹד : מִי הוּא זֶה מֶלֶךְ הַכָּבוֹד, יְיָ צְבָאוֹת הוּא מֶלֶךְ הַכָּבוֹד סֶלָה :

הוֹשִׁיעֵנוּ יְיָ אֱלֹהֵינוּ וְקַבְּצֵנוּ מִן הַגּוֹיִם לְהוֹדוֹת לְשֵׁם קָדְשֶׁךָ, לְהִשְׁתַּבֵּחַ בִּתְהִלָּתֶךָ : בָּרוּךְ יְיָ אֱלֹהֵי יִשְׂרָאֵל מִן הָעוֹלָם וְעַד הָעוֹלָם, וְאָמַר כָּל הָעָם אָמֵן הַלְלוּיָהּ : בָּרוּךְ יְיָ מִצִּיּוֹן שֹׁכֵן יְרוּשָׁלָיִם הַלְלוּיָהּ : בָּרוּךְ יְיָ אֱלֹהִים אֱלֹהֵי יִשְׂרָאֵל, עֹשֵׂה נִפְלָאוֹת לְבַדּוֹ : וּבָרוּךְ שֵׁם כְּבוֹדוֹ לְעוֹלָם, וְיִמָּלֵא כְבוֹדוֹ אֶת כָּל הָאָרֶץ, אָמֵן וְאָמֵן : קדיש יתום

────────────

תרא א) ישעיה ב ה : ב) מיכה ד ה : ג) מ"א ח נז, נח, נט, ס, פ : ד) תהלים קכד : ה) שם כד : ו) שם קו מז : ז) שם שם סח : ה) שם קלה כא : ט) שם עב יח :

СЫНА ТВОЕЙ РАБЫНИ, ЯВИ ДЛЯ МЕНЯ ДОБРОЕ ЗНАМЕНИЕ, И УВИДЯТ ЕГО ВРАГИ МОИ И БУДУТ ПОСРАМЛЕНЫ. ВЕДЬ ТЫ, ГОСПОДЬ, ПОДДЕРЖИВАЛ И УТЕШАЛ МЕНЯ.[1]

בית ДОМ ЯАКОВА, ОТПРАВЛЯЙСЯ В ПУТЬ! И БУДЕМ ИДТИ МЫ, ОЗАРЕННЫЕ СВЕТОМ ГОСПОДА.[2] ИБО ВСЕ НАРОДЫ ИДУТ С ИМЕНАМИ СВОИХ ИДОЛОВ; МЫ ЖЕ ВОВЕКИ БУДЕМ ИДТИ С ИМЕНЕМ ГОСПОДА, БОГА НАШЕГО.[3]

יהי ДА БУДЕТ ГОСПОДЬ, БОГ НАШ, С НАМИ, КАК БЫЛ С ОТЦАМИ НАШИМИ; ДА НЕ ОСТАВИТ ОН НАС И НЕ ПОКИНЕТ! И ОБРАТИТ ОН К СЕБЕ НАШИ СЕРДЦА, ЧТОБЫ МЫ ВО ВСЕМ ШЛИ ЕГО ПУТЯМИ И СОБЛЮДАЛИ ЕГО ЗАПОВЕДИ, ПОВЕЛЕНИЯ И ЗАКО-НЫ, КОТОРЫЕ ДАЛ ОН НАШИМ ОТЦАМ. И ЭТИ СЛОВА МОЕЙ МОЛЬБЫ, С КОТОРОЙ Я ОБРАЩАЮСЬ К ГОСПОДУ, ПУСТЬ БУДУТ В ЛЮБОЕ ВРЕМЯ, ДНЕМ ИЛИ НОЧЬЮ, ПРИ-НЯТЫ БЛАГОСКЛОННО ГОСПОДОМ, БОГОМ НАШИМ, И ПУСТЬ ОН ЕЖЕДНЕВНО ВЕРШИТ СУД [НАД ПРИТЕСНИТЕЛЯМИ] РАБА СВОЕГО И НАРОДА СВОЕГО, ИЗРАИ-ЛЯ, ЧТОБЫ УЗНАЛИ ВСЕ НАРОДЫ ЗЕМЛИ, ЧТО ГОСПОДЬ – БОГ И НЕТ ДРУГОГО.[4]

שיר ПЕСНЬ ДАВИДА, [КОТОРУЮ ПЕЛИ ЛЕВИИМ, СТОЯ] НА СТУПЕНЯХ В ХРАМЕ. ЕСЛИ БЫ НЕ ГОСПОДЬ, КОТОРЫЙ БЫЛ С НАМИ, – ПУСТЬ РАССКАЖЕТ ОБ ЭТОМ ИЗРАИЛЬ! – ЕСЛИ БЫ НЕ ГОСПОДЬ, КОТОРЫЙ БЫЛ С НАМИ, КОГДА ЛЮДИ ОПОЛ-ЧИЛИСЬ НА НАС, – ТО ПРОГЛОТИЛИ БЫ ОНИ НАС ЖИВЬЕМ, ПЫЛАЯ К НАМ НЕНА-ВИСТЬЮ; ТО ПОДОБНО ВОДАМ ЗАТОПИЛИ БЫ НАС ОНИ, ИХ ПОТОК ЗАХЛЕСТНУЛ БЫ НАШИ ДУШИ, ЗАХЛЕСТНУЛИ БЫ ТОГДА ЗЛОБНЫЕ ВОДЫ НАШИ ДУШИ. БЛАГО-СЛОВЕН ГОСПОДЬ, КОТОРЫЙ НЕ ДОПУСТИЛ, ЧТОБЫ ЗУБЫ ВРАГОВ РАСТЕРЗАЛИ НАС. СПАСЛАСЬ ОТ НИХ НАША ДУША, КАК ПТИЦА ИЗ СИЛКОВ: ПОРВАЛИСЬ СИЛКИ, И СПАСЛИСЬ МЫ. НАШЕ СПАСЕНИЕ – В ИМЕНИ ГОСПОДА, ТВОРЦА НЕБА И ЗЕМЛИ.[5]

ПСАЛМЫ НА КАЖДЫЙ ДЕНЬ НЕДЕЛИ
В воскресенье говорят:

היום СЕГОДНЯ – ПЕРВЫЙ ДЕНЬ ПОСЛЕ СУББОТЫ; В ЭТОТ ДЕНЬ ЛЕВИИМ ПЕЛИ В ХРАМЕ:

לדוד ПЕСНЬ ДАВИДА. ГОСПОДУ ПРИНАДЛЕЖИТ ЗЕМЛЯ И ВСЕ, ЧТО ЕЕ НАПОЛ-НЯЕТ, СУША И ВСЕ ОБИТАТЕЛИ ЕЕ ВЕДЬ НАД ВОДАМИ ОН ВОЗВЫСИЛ ЕЕ, ВЫШЕ РЕК УТВЕРДИЛ. "КТО ВЗОЙДЕТ НА ГОРУ ГОСПОДА, КТО СМОЖЕТ УСТОЯТЬ В ЕГО СВЯТОМ МЕСТЕ? ТОТ, ЧЬИ РУКИ ЧИСТЫ И СЕРДЦЕ НЕПОРОЧНО, ТОТ, КТО НЕ ПРОИЗНОСИЛ ПОНАПРАСНУ ИМЯ МОЕ И НЕ КЛЯЛСЯ ЛОЖНО. УДОСТОИТСЯ ОН БЛАГОСЛОВЕНИЯ ГОСПОДА, МИЛОСТИ БОГА, ИЗБАВИТЕЛЯ ЕГО." ТАКОВО ПО-КОЛЕНИЕ СТРЕМЯЩИХСЯ К [ВСЕВЫШНЕМУ], СЫНОВ ЯАКОВА, ВСЕГДА ИЩУЩИХ БЛАГОСКЛОННОСТИ ЕГО. ВОЗНЕСИТЕСЬ, ПРИТОЛОКИ ХРАМОВЫХ ДВЕРЕЙ, СТАНЬТЕ ВЫШЕ, ВРАТА ВЕЧНОСТИ, – И ВОЙДЕТ СЛАВНЫЙ ВЛАДЫКА! КТО ОН, СЛАВНЫЙ ВЛАДЫКА? ГОСПОДЬ, СИЛЬНЫЙ И МОГУЧИЙ, ГОСПОДЬ, МОГУЧИЙ ВОИ-ТЕЛЬ. ВОЗНЕСИТЕСЬ, ПРИТОЛОКИ ХРАМОВЫХ ДВЕРЕЙ, И СТАНЬТЕ ВЫШЕ, ВРАТА ВЕЧНОСТИ, – И ВОЙДЕТ СЛАВНЫЙ ВЛАДЫКА! КТО ОН, СЛАВНЫЙ ВЛАДЫКА? ГОСПОДЬ ВОИНСТВ – ОН ВЛАДЫКА, СЛАВНЫЙ ВОВЕК![6]

הושיענו СПАСИ НАС, ГОСПОДЬ, БОГ НАШ, И СОБЕРИ НАС ИЗ СРЕДЫ НАРОДОВ, ЧТОБЫ МЫ ВОЗНЕСЛИ БЛАГОДАРНОСТЬ СВЯТОМУ ИМЕНИ ТВОЕМУ, ГОРДЯСЬ ТВОИМИ СЛАВНЫМИ ДЕЯНИЯМИ. БЛАГОСЛОВЕН ГОСПОДЬ, БОГ ИЗРАИЛЯ, ОТ ВЕКА ДО ВЕКА; И СКАЗАЛ ВЕСЬ НАРОД: АМЕН! ВОСХВАЛИТЕ БОГА![7] БЛАГО-СЛОВЕН ГОСПОДЬ, [ПОСЫЛАЮЩИЙ СВЕТ] ИЗ СИОНА, [БЛАГОСЛОВЕН] ОБИТАЮЩИЙ В ИЕРУСАЛИМЕ! ВОСХВАЛИТЕ БОГА![8] БЛАГОСЛОВЕН ГОСПОДЬ, [ОН –] БОГ, БОГ ИЗРАИЛЯ, ЕДИНСТВЕННЫЙ, КТО ТВОРИТ ЧУДЕСА! И ВОВЕКИ БЛАГОСЛОВЕННО СЛАВНОЕ ИМЯ ЕГО, И ДА НАПОЛНИТСЯ СЛАВОЙ ЕГО ВСЯ ЗЕМЛЯ, АМЕН И АМЕН![9]

1. Теѓилим, 86. 2. Йешаяѓу, 2:5. 3. Миха, 4:5. 4. Млахим I, 8:57—60. 5. Теѓилим, 124. 6. Теѓилим, 24. 7. Теѓилим, 106:47, 48. 8. Теѓилим, 135:21. 9. Теѓилим, 72:18,19.

קדיש יתום

יִתְגַּדַּל וְיִתְקַדַּשׁ שְׁמֵהּ רַבָּא ' אָמֵן: בְּעָלְמָא דִּי בְרָא כִרְעוּתֵהּ וְיַמְלִיךְ מַלְכוּתֵהּ וְיַצְמַח פּוּרְקָנֵהּ וִיקָרֵב מְשִׁיחֵהּ ' אָמֵן: בְּחַיֵּיכוֹן וּבְיוֹמֵיכוֹן וּבְחַיֵּי דְכָל בֵּית יִשְׂרָאֵל בַּעֲגָלָא וּבִזְמַן קָרִיב וְאִמְרוּ אָמֵן: יְהֵא שְׁמֵהּ רַבָּא מְבָרַךְ לְעָלַם וּלְעָלְמֵי עָלְמַיָּא: יִתְבָּרַךְ וְיִשְׁתַּבַּח וְיִתְפָּאַר וְיִתְרוֹמַם וְיִתְנַשֵּׂא וְיִתְהַדָּר וְיִתְעַלֶּה וְיִתְהַלָּל שְׁמֵהּ דְּקוּדְשָׁא בְּרִיךְ הוּא ' אָמֵן: לְעֵלָּא מִן כָּל בִּרְכָתָא וְשִׁירָתָא תֻּשְׁבְּחָתָא וְנֶחֱמָתָא דַּאֲמִירָן בְּעָלְמָא וְאִמְרוּ אָמֵן: יְהֵא שְׁלָמָא רַבָּא מִן־שְׁמַיָּא וְחַיִּים טוֹבִים עָלֵינוּ וְעַל־כָּל־יִשְׂרָאֵל וְאִמְרוּ אָמֵן: עֹשֶׂה שָׁלוֹם (בעשי"ת הַשָּׁלוֹם) בִּמְרוֹמָיו הוּא יַעֲשֶׂה שָׁלוֹם עָלֵינוּ וְעַל־כָּל־יִשְׂרָאֵל וְאִמְרוּ אָמֵן:

בשני בשבת היום, יום שני בשבת , שבו היו הלְוִיִם אוֹמְרִים בְּבֵית הַמִּקְדָּשׁ:

שִׁיר מִזְמוֹר לִבְנֵי קֹרַח: גָּדוֹל יְיָ וּמְהֻלָּל מְאֹד , בְּעִיר אֱלֹהֵינוּ הַר קָדְשׁוֹ: יְפֵה נוֹף מְשׂוֹשׂ כָּל הָאָרֶץ הַר צִיּוֹן , יַרְכְּתֵי צָפוֹן קִרְיַת מֶלֶךְ רָב: אֱלֹהִים בְּאַרְמְנוֹתֶיהָ נוֹדַע לְמִשְׂגָּב: כִּי הִנֵּה הַמְּלָכִים נוֹעֲדוּ , עָבְרוּ יַחְדָּו: הֵמָּה רָאוּ כֵּן תָּמָהוּ , נִבְהֲלוּ נֶחְפָּזוּ: רְעָדָה אֲחָזָתַם שָׁם , חִיל כַּיּוֹלֵדָה: בְּרוּחַ קָדִים , תְּשַׁבֵּר אֳנִיּוֹת תַּרְשִׁישׁ: כַּאֲשֶׁר שָׁמַעְנוּ כֵּן רָאִינוּ בְּעִיר יְיָ צְבָאוֹת , בְּעִיר אֱלֹהֵינוּ , אֱלֹהִים יְכוֹנְנֶהָ עַד עוֹלָם סֶלָה: דִּמִּינוּ אֱלֹהִים חַסְדֶּךָ , בְּקֶרֶב הֵיכָלֶךָ: כְּשִׁמְךָ אֱלֹהִים כֵּן תְּהִלָּתְךָ עַל־קַצְוֵי אֶרֶץ , צֶדֶק מָלְאָה יְמִינֶךָ: יִשְׂמַח הַר צִיּוֹן תָּגֵלְנָה בְּנוֹת יְהוּדָה , לְמַעַן מִשְׁפָּטֶיךָ: סֹבּוּ צִיּוֹן וְהַקִּיפוּהָ , סִפְרוּ מִגְדָּלֶיהָ: שִׁיתוּ לִבְּכֶם לְחֵילָה פַּסְּגוּ אַרְמְנוֹתֶיהָ , לְמַעַן תְּסַפְּרוּ לְדוֹר אַחֲרוֹן: כִּי זֶה אֱלֹהִים אֱלֹהֵינוּ עוֹלָם וָעֶד , הוּא יְנַהֲגֵנוּ עַל מוּת:

הושיענו וכו', קדיש יתום.

בשלישי בשבת היום, יום שְׁלִישִׁי בְּשַׁבָּת, שבו היו הלְוִיִם אוֹמְרִים בְּבֵית הַמִּקְדָּשׁ:

מִזְמוֹר לְאָסָף , אֱלֹהִים נִצָּב בַּעֲדַת אֵל , בְּקֶרֶב אֱלֹהִים יִשְׁפֹּט: עַד מָתַי תִּשְׁפְּטוּ עָוֶל , וּפְנֵי רְשָׁעִים תִּשְׂאוּ סֶלָה: שִׁפְטוּ דַל וְיָתוֹם , עָנִי וָרָשׁ הַצְדִּיקוּ: פַּלְּטוּ דַל וְאֶבְיוֹן , מִיַּד רְשָׁעִים הַצִּילוּ: לֹא יָדְעוּ וְלֹא יָבִינוּ בַּחֲשֵׁכָה יִתְהַלָּכוּ , יִמּוֹטוּ כָּל מוֹסְדֵי אָרֶץ: אֲנִי אָמַרְתִּי אֱלֹהִים אַתֶּם , וּבְנֵי עֶלְיוֹן כֻּלְּכֶם: אָכֵן כְּאָדָם תְּמוּתוּן , וּכְאַחַד הַשָּׂרִים תִּפֹּלוּ: קוּמָה אֱלֹהִים שָׁפְטָה הָאָרֶץ , כִּי אַתָּה תִנְחַל בְּכָל הַגּוֹיִם: הושיענו וכו' קי

"КАДИШ ЯТОМ"
(См. транслитерацию на стр. 372)

יתגדל ДА ВОЗВЫСИТСЯ И ОСВЯТИТСЯ ЕГО ВЕЛИКОЕ ИМЯ (*община отвечает:* АМЕН!) В МИРЕ, СОТВОРЕННОМ ПО ВОЛЕ ЕГО; И ДА УСТАНОВИТ ОН ЦАРСКУЮ ВЛАСТЬ СВОЮ; И ДА ВЗРАСТИТ ОН СПАСЕНИЕ; И ДА ПРИБЛИЗИТ ОН ПРИХОД МАШИАХА СВОЕГО (*община отвечает:* АМЕН!) – ПРИ ЖИЗНИ ВАШЕЙ, В ДНИ ВАШИ И ПРИ ЖИЗНИ ВСЕГО ДОМА ИЗРАИЛЯ, ВСКОРОСТИ, В БЛИЖАЙШЕЕ ВРЕМЯ, И СКАЖЕМ: АМЕН! (*Община отвечает:* АМЕН!)

Община вместе с тем, кто произносит "Кадиш": ДА БУДЕТ ВЕЛИКОЕ ИМЯ ЕГО БЛАГОСЛОВЕННО ВЕЧНО, ВО ВЕКИ ВЕКОВ! ДА БУДЕТ БЛАГОСЛОВЛЯЕМО...

...И ВОСХВАЛЯЕМО, И ПРОСЛАВЛЯЕМО, И ВОЗВЕЛИЧИВАЕМО, И ПРЕВОЗНОСИМО, И ПОЧИТАЕМО, И ВЕЛИЧАЕМО, И ВОСПЕВАЕМО ИМЯ СВЯТОГО [ТВОРЦА], БЛАГОСЛОВЕН ОН (*община отвечает:* АМЕН!), ПРЕВЫШЕ ВСЕХ БЛАГОСЛОВЕНИЙ И ПЕСНОПЕНИЙ, ВОСХВАЛЕНИЙ И УТЕШИТЕЛЬНЫХ СЛОВ, ПРОИЗНОСИМЫХ В МИРЕ, И СКАЖЕМ: АМЕН! (*Община отвечает:* АМЕН!)

ДА БУДУТ ДАРОВАНЫ С НЕБЕС ПРОЧНЫЙ МИР И СЧАСТЛИВАЯ ЖИЗНЬ НАМ И ВСЕМУ ИЗРАИЛЮ, И СКАЖЕМ: АМЕН! (*Община отвечает:* АМЕН!)

УСТАНАВЛИВАЮЩИЙ МИР (в *"десять дней раскаяния"* вместо "ШАЛОМ" – "МИР" говорят: ГАШАЛОМ") В СВОИХ ВЫСОТАХ, ОН ПОШЛЕТ МИР НАМ И ВСЕМУ ИЗРАИЛЮ, И СКАЖЕМ: АМЕН! (*Община отвечает:* АМЕН!)

В понедельник говорят:

היום СЕГОДНЯ – ВТОРОЙ ДЕНЬ ПОСЛЕ СУББОТЫ; В ЭТОТ ДЕНЬ ЛЕВИИМ ПЕЛИ В ХРАМЕ:

שיר ХВАЛЕБНАЯ ПЕСНЬ СЫНОВЕЙ КОРАХА. ВОЗВЕЛИЧИТСЯ ГОСПОДЬ И ВЕЛИКА БУДЕТ СЛАВА ЕГО, [КОГДА ОТСТРОИТ ОН ГОРОД СВОЙ], ГОРОД БОГА НАШЕГО, НА СВОЕЙ СВЯТОЙ ГОРЕ. ПРЕКРАСНОЕ МЕСТО, ОТРАДА ВСЕЙ ЗЕМЛИ – ГОРА СИОН, СЕВЕРНЫЙ ПРЕДЕЛ [ИЕРУСАЛИМА], ГОРОДА ВЕЛИКОГО ВЛАДЫКИ; ВО ДВОРЦАХ ЕГО ПРЕБЫВАЕТ БОГ, ПРОСЛАВЛЕННЫЙ ЗАЩИТНИК [ИЕРУСАЛИМА]. ИБО БЫЛО ТАК: СОБРАЛИСЬ ЦАРИ, ПОШЛИ СООБЩА НА [ИЕРУСАЛИМ ВОЙНОЙ]. УВИДЕЛИ ОНИ, [ЧТО ВСЕВЫШНИЙ ЗАЩИЩАЕТ ЕГО], – ПРИШЛИ В СМЯТЕНИЕ, УСТРАШИЛИСЬ, ОБРАТИЛИСЬ В БЕГСТВО. ТРЕПЕТ ОБЪЯЛ ИХ ТАМ, СУДОРОГИ [СОТРЯСАЛИ] ИХ, СЛОВНО РОЖЕНИЦУ. КАК БУДТО НАЛЕТЕЛ НА НИХ ВОСТОЧНЫЙ ВЕТЕР, СОКРУШАЮЩИЙ КОРАБЛИ ТАРШИША. ТО, О ЧЕМ СЛЫШАЛИ МЫ [ОТ ПРОРОКОВ], – УВИДЕЛИ МЫ В ГОРОДЕ ГОСПОДА ВОИНСТВ, ГОРОДЕ БОГА НАШЕГО; БОГ УТВЕРДИЛ ЕГО НА ВЕКИ ВЕЧНЫЕ! НАДЕЯЛИСЬ МЫ, БОЖЕ, НА МИЛОСТЬ ТВОЮ, [НА ТО, ЧТО ЯВИШЬ ТЫ ЕЕ] В СВОЕМ ХРАМЕ. КАК [ВЕЛИКО] ИМЯ ТВОЕ, БОЖЕ, ТАК [ВЕЛИКА] И СЛАВА ТВОЯ В ЗЕМНЫХ ПРЕДЕЛАХ; ИЗОБИЛИЕ БЛАГ – В ТВОЕЙ ДЕСНИЦЕ. ВОЗРАДУЕТСЯ ГОРА СИОН, ВОЗВЕСЕЛЯТСЯ ДОЧЕРИ ИУДЕИ СУДУ ТВОЕМУ [НАД ИХ ПРИТЕСНИТЕЛЯМИ]. СОБЕРИТЕСЬ ВОКРУГ СИОНА, ОБОЙДИТЕ ВОКРУГ НЕГО, ПОДСЧИТАЙТЕ ЧИСЛО ЕГО БАШЕН. ВНИМАТЕЛЬНО ОСМОТРИТЕ СТЕНЫ И ВЫСОКИЕ ДВОРЦЫ ЕГО, ЧТОБЫ РАССКАЗАТЬ ОБ ЭТОМ СЛЕДУЮЩИМ ПОКОЛЕНИЯМ. ИБО [ВСЕ] ЭТО – ОТ БОГА; [ОН] БОГ НАШ НА ВЕКИ ВЕКОВ, ОН ВЕЧНО БУДЕТ ПРАВИТЬ НАМИ![1]

Продолжают הושיענו *("СПАСИ НАС...", стр. 76) и "Кадиш ятом".*

Во вторник говорят:

היום СЕГОДНЯ – ТРЕТИЙ ДЕНЬ ПОСЛЕ СУББОТЫ; В ЭТОТ ДЕНЬ ЛЕВИИМ ПЕЛИ В ХРАМЕ:

מזמור ПСАЛОМ АСАФА. ПРИСУТСТВУЕТ БОГ СРЕДИ СУДЕЙ, И НАД СУДЬЯМИ БУДЕТ ВЕРШИТЬ СВОЙ СУД: "ДО КАКИХ ПОР ВЫ БУДЕТЕ СУДИТЬ НЕПРАВЕДНО И ВЕЧНО ЛИ БУДЕТЕ СНИСХОДИТЕЛЬНЫ К ЗЛОДЕЯМ? СУДИТЕ [ПРИТЕСНИТЕЛЕЙ] НЕИМУЩЕГО И СИРОТЫ, ОТСТАИВАЙТЕ ПРАВОТУ БЕДНЯКА И НИЩЕГО. ВЫРУЧАЙТЕ ИЗ БЕДЫ НЕИМУЩЕГО И НИЩЕГО, ОТ РУК ЗЛОДЕЕВ СПАСАЙТЕ ИХ". НО ОНИ НЕ ВЕДАЮТ ЭТОГО И НЕ ПОНИМАЮТ, БЛУЖДАЮТ ОНИ В ПОТЕМКАХ; ПОШАТНУЛИСЬ ВСЕ УСТОИ ЗЕМЛИ. ХОТЯ И СКАЗАЛ Я ВАМ, ЧТО ВЫ ПОДОБНЫ АНГЕЛАМ И ВСЕ ВЫ – ДЕТИ ВСЕВЫШНЕГО, ВСЕ ЖЕ УМРЕТЕ ВЫ, КАК И ВСЕ ЛЮДИ, ПАДЕТЕ, КАК ЛЮБОЙ ВЕЛЬМОЖА. ПОДНИМИСЬ, БОЖЕ, СУДИТЬ ЗЕМЛЮ, ИБО ТЫ ВЛАСТВУЕШЬ НАД ВСЕМИ НАРОДАМИ![2]

Продолжают הושיענו *("СПАСИ НАС...", стр. 76) и "Кадиш ятом".*

---

1. Теѓилим, 48. 2. Теѓилим, 82.

בשני נשבת הַיּוֹם,יוֹם רְבִיעִי בַּשַּׁבָּת, שֶׁבּוֹ הָיוּ הַלְוִים אוֹמְרִים בְּבֵית הַמִּקְדָּשׁ :

אֵ֫ל נְקָמוֹת יְיָ, אֵל נְקָמוֹת הוֹפִיעַ: הִנָּשֵׂא שֹׁפֵט הָאָרֶץ, הָשֵׁב גְּמוּל
עַל גֵּאִים: עַד מָתַי רְשָׁעִים יְיָ, עַד מָתַי רְשָׁעִים יַעֲלֹזוּ: יַבִּיעוּ
יְדַבְּרוּ עָתָק, יִתְאַמְּרוּ כָּל פֹּעֲלֵי אָוֶן: עַמְּךָ יְיָ יְדַכְּאוּ, וְנַחֲלָתְךָ יְעַנּוּ:
אַלְמָנָה וְגֵר יַהֲרֹגוּ, וִיתוֹמִים יְרַצֵּחוּ: וַיֹּאמְרוּ: לֹא יִרְאֶה יָּהּ, וְלֹא יָבִין
אֱלֹהֵי יַעֲקֹב: בִּינוּ בֹּעֲרִים בָּעָם, וּכְסִילִים מָתַי תַּשְׂכִּילוּ: הֲנֹטַע אֹזֶן
הֲלֹא יִשְׁמָע, אִם יֹצֵר עַיִן הֲלֹא יַבִּיט: הֲיֹסֵר גּוֹיִם הֲלֹא יוֹכִיחַ,
הַמְלַמֵּד אָדָם דָּעַת: יְיָ יֹדֵעַ מַחְשְׁבוֹת אָדָם, כִּי הֵמָּה הָבֶל:
אַשְׁרֵי הַגֶּבֶר אֲשֶׁר תְּיַסְּרֶנּוּ יָּהּ, וּמִתּוֹרָתְךָ תְלַמְּדֶנּוּ: לְהַשְׁקִיט לוֹ
מִימֵי רָע, עַד יִכָּרֶה לָרָשָׁע שָׁחַת: כִּי לֹא יִטֹּשׁ יְיָ עַמּוֹ, וְנַחֲלָתוֹ לֹא
יַעֲזֹב: כִּי עַד צֶדֶק יָשׁוּב מִשְׁפָּט, וְאַחֲרָיו כָּל יִשְׁרֵי לֵב: מִי יָקוּם
לִי עִם מְרֵעִים, מִי יִתְיַצֵּב לִי עִם פֹּעֲלֵי אָוֶן: לוּלֵי יְיָ עֶזְרָתָה לִּי,
כִּמְעַט שָׁכְנָה דוּמָה נַפְשִׁי: אִם אָמַרְתִּי מָטָה רַגְלִי, חַסְדְּךָ יְיָ
יִסְעָדֵנִי: בְּרֹב שַׂרְעַפַּי בְּקִרְבִּי, תַּנְחוּמֶיךָ יְשַׁעַשְׁעוּ נַפְשִׁי: הַיְחָבְרְךָ
כִּסֵּא הַוּוֹת, יֹצֵר עָמָל עֲלֵי חֹק: יָגוֹדּוּ עַל נֶפֶשׁ צַדִּיק, וְדָם נָקִי
יַרְשִׁיעוּ: וַיְהִי יְיָ לִי לְמִשְׂגָּב, וֵאלֹהַי לְצוּר מַחְסִי: וַיָּשֶׁב עֲלֵיהֶם
אֶת אוֹנָם, וּבְרָעָתָם יַצְמִיתֵם, יַצְמִיתֵם יְיָ אֱלֹהֵינוּ: לְכוּ נְרַנְּנָה לַיְיָ,
נָרִיעָה לְצוּר יִשְׁעֵנוּ: נְקַדְּמָה פָנָיו בְּתוֹדָה, בִּזְמִרוֹת נָרִיעַ לוֹ: כִּי
אֵל גָּדוֹל יְיָ, וּמֶלֶךְ גָּדוֹל עַל כָּל אֱלֹהִים: הושיענו וכו' ק"י

בהמשי בשבת הַיּוֹם, יוֹם הַחֲמִישִׁי בַּשַּׁבָּת, שֶׁבּוֹ הָיוּ הַלְוִים אוֹמְרִים בְּבֵית הַמִּקְדָּשׁ :

לַמְנַצֵּ֫חַ עַל הַגִּתִּית לְאָסָף: הַרְנִינוּ לֵאלֹהִים עוּזֵּנוּ, הָרִיעוּ לֵאלֹהֵי
יַעֲקֹב: שְׂאוּ זִמְרָה וּתְנוּ תֹף, כִּנּוֹר נָעִים עִם נָבֶל: תִּקְעוּ
בַחֹדֶשׁ שׁוֹפָר, בַּכֵּסֶה לְיוֹם חַגֵּנוּ: כִּי חֹק לְיִשְׂרָאֵל הוּא, מִשְׁפָּט לֵאלֹהֵי
יַעֲקֹב: עֵדוּת בִּיהוֹסֵף שָׂמוֹ בְּצֵאתוֹ עַל אֶרֶץ מִצְרָיִם, שְׂפַת לֹא יָדַעְתִּי
אֶשְׁמָע: הֲסִירוֹתִי מִסֵּבֶל שִׁכְמוֹ, כַּפָּיו מִדּוּד תַּעֲבֹרְנָה: בַּצָּרָה קָרָאתָ
וָאֲחַלְּצֶךָּ אֶעֶנְךָ בְּסֵתֶר רָעַם, אֶבְחָנְךָ עַל מֵי מְרִיבָה סֶלָה: שְׁמַע עַמִּי
וְאָעִידָה בָּךְ, יִשְׂרָאֵל אִם תִּשְׁמַע לִי: לֹא יִהְיֶה בְךָ אֵל זָר, וְלֹא
תִשְׁתַּחֲוֶה לְאֵל נֵכָר: אָנֹכִי יְיָ אֱלֹהֶיךָ הַמַּעַלְךָ מֵאֶרֶץ מִצְרָיִם, הַרְחֶב
פִּיךָ וַאֲמַלְאֵהוּ: וְלֹא שָׁמַע עַמִּי לְקוֹלִי, וְיִשְׂרָאֵל לֹא אָבָה לִי:

В среду говорят:

היום СЕГОДНЯ – ЧЕТВЕРТЫЙ ДЕНЬ ПОСЛЕ СУББОТЫ; В ЭТОТ ДЕНЬ ЛЕВИИМ ПЕЛИ В ХРАМЕ:

אל ГОСПОДЬ – БОГ ВОЗМЕЗДИЯ; БОГ ВОЗМЕЗДИЯ, ЯВИ СЕБЯ! ВОССТАНЬ, СУДЬЯ ЗЕМЛИ, И ВОЗДАЙ ГОРДЕЦАМ ПО ЗАСЛУГАМ. ДО КАКИХ ПОР БУДУТ ЗЛОДЕИ – О, ГОСПОДЬ! – ДО КАКИХ ПОР БУДУТ ЗЛОДЕИ ТОРЖЕСТВОВАТЬ?! РЕЧИ ИХ САМОУВЕРЕННЫ; ВОЗВЕЛИЧИВАЮТСЯ ВСЕ ТВОРЯЩИЕ БЕЗЗАКОНИЯ. УГНЕТАЮТ ОНИ НАРОД ТВОЙ, ГОСПОДЬ, ПРИТЕСНЯЮТ [ИЗРАИЛЬ] – УДЕЛ ТВОЙ. УБИВАЮТ ОНИ ВДОВ И ГЕРОВ, ГУБЯТ СИРОТ. И ГОВОРЯТ ОНИ: "НЕ УВИДИТ БОГ, НЕ УЗНАЕТ БОГ ЯАКОВА". ОДУМАЙТЕСЬ, НЕРАЗУМНЕЙШИЕ ИЗ ЛЮДЕЙ! КОГДА ВЫ ОБРАЗУМИТЕСЬ, ГЛУПЦЫ? ТОТ, КТО НАДЕЛИЛ ЧЕЛОВЕКА СПОСОБНОСТЬЮ СЛЫШАТЬ, НЕУЖЕЛИ НЕ УСЛЫШИТ? ТОТ, КТО ДАЛ ЧЕЛОВЕКУ ЗРЕНИЕ, НЕУЖЕЛИ НЕ УВИДИТ? ТОТ, КТО КАРАЕТ НАРОДЫ, НЕУЖЕЛИ НЕ НАКАЖЕТ? ТОТ, КТО НАДЕЛЯЕТ ЧЕЛОВЕКА РАЗУМОМ, [НЕУЖЕЛИ НЕ УЗНАЕТ]? ИЗВЕСТНО ГОСПОДУ, ЧТО ВСЕ МЫСЛИ ЧЕЛОВЕКА – СУЕТА. СЧАСТЛИВ ЧЕЛОВЕК, КОТОРОГО ТЫ, БОГ, НАКАЗЫВАЕШЬ, ЧТОБЫ ОБУЧИТЬ ЕГО ТОРЕ СВОЕЙ, ЧТОБЫ ДАРОВАТЬ ЕМУ ПОКОЙ В ДНИ БЕДСТВИЯ, КОГДА ПЕРЕД ЗЛОДЕЯМИ РАЗВЕРЗНЕТСЯ ПРОПАСТЬ. ИБО НЕ ОСТАВИТ ГОСПОДЬ НАРОД СВОЙ, УДЕЛ СВОЙ НЕ ПОКИНЕТ; ИБО СУДОМ СВОИМ ОБРАТИТ ОН [ЛЮДЕЙ] К ПРАВДЕ, И КОГДА ЗАВЕРШИТСЯ [СУД], БУДУТ ПРАВЕДНЫМИ ВСЕ СЕРДЦА. КТО ОПОЛЧИТСЯ ВМЕСТЕ СО МНОЙ НА ЗЛОДЕЕВ, КТО ВМЕСТЕ СО МНОЙ БУДЕТ ПРОТИВОСТОЯТЬ ТВОРЯЩИМ БЕЗЗАКОНИЕ? ЕСЛИ БЫ ГОСПОДЬ НЕ ПОМОГАЛ МНЕ, ТО ДАВНО БЫ ДУША МОЯ БЫЛА В МОГИЛЕ. КОГДА ПОКАЗАЛОСЬ МНЕ, ЧТО НОГИ МОИ ПОДКОСИЛИСЬ, МИЛОСТЬ ТВОЯ, ГОСПОДЬ, ПОДДЕРЖАЛА МЕНЯ. КОГДА МНОЖЕСТВОМ ГОРЕСТНЫХ ДУМ ПЕРЕПОЛНЕН Я, УТЕШЕНИЕ, ДАРОВАННОЕ ТОБОЙ, ПРИНОСИТ РАДОСТЬ МОЕЙ ДУШЕ. УСТОИТ ЛИ ПРЕД ТОБОЮ ВЛАСТЬ НАСИЛИЯ, ВОЗВОДЯЩАЯ ЗЛО В ЗАКОН? ОБЪЕДИНЯЮТСЯ [ЗЛОДЕИ], ЧТОБЫ ЛИШИТЬ ЖИЗНИ ПРАВЕДНИКА; ВЫНОСЯТ ОНИ СМЕРТНЫЙ ПРИГОВОР НЕВИНОВНОМУ. ГОСПОДЬ – ОПЛОТ МОЙ; БОГ МОЙ – НАДЕЖНОЕ ПРИБЕЖИЩЕ МОЕ; ОБРАТИТ ОН ИХ ГРЕХ ПРОТИВ НИХ САМИХ, СДЕЛАЕТ ТАК, ЧТО ИХ СОБСТВЕННЫЕ ЗЛОДЕЯНИЯ ПОГУБЯТ ИХ; УНИЧТОЖИТ ИХ ГОСПОДЬ, БОГ НАШ.[1] ВОСПОЕМ ГОСПОДА, БУДЕМ СЛАВИТЬ МОГУЧЕГО СПАСИТЕЛЯ НАШЕГО! ВСТРЕТИМ ЕГО БЛАГОДАРСТВЕННЫМИ ЖЕРТВОПРИНОШЕНИЯМИ, БУДЕМ ПЕТЬ ЕМУ ГИМНЫ, ИБО ГОСПОДЬ – ВЕЛИКИЙ БОГ, ВЕЛИКИЙ ВЛАДЫКА ВСЕХ ВЫСШИХ СИЛ.[2]

Продолжают הושיענו *("СПАСИ НАС", стр. 76) и "Кадиш ятом", стр. 77.*

В четверг говорят:

היום СЕГОДНЯ – ПЯТЫЙ ДЕНЬ ПОСЛЕ СУББОТЫ; В ЭТОТ ДЕНЬ ЛЕВИИМ ПЕЛИ В ХРАМЕ:

למנצח [ПСАЛОМ] АСАФА, КОТОРЫЙ ПОЮТ ПОД ЗВУКИ АРФЫ-ГИТИТ. ВОСПЕВАЙТЕ ВСЕСИЛЬНОГО БОГА НАШЕГО, СЛАВЬТЕ БОГА ЯАКОВА! ПОЙТЕ ГИМНЫ, БЕЙТЕ В БУБЕН, [ИГРАЙТЕ НА] СЛАДКОЗВУЧНОЙ АРФЕ И НА ЛИРЕ. ТРУБИТЕ В ШОФАР В [ПЕРВЫЙ ДЕНЬ] МЕСЯЦА [ТИШРЕЙ] – ДЕНЬ, УСТАНОВЛЕННЫЙ НАМ ДЛЯ ПРАЗДНОВАНИЯ, ИБО ЭТО – ЗАКОН ДЛЯ ИЗРАИЛЯ; [В ЭТОТ ДЕНЬ] ВЕРШИТ СУД БОГ ЯАКОВА. СДЕЛАЛ ОН ЭТО ЗАКОНОМ ДЛЯ ЙЕГОСЕФА,* КОГДА ТОТ ВЫШЕЛ ИЗ ЗЕМЛИ ЕГИПЕТСКОЙ; [И СКАЗАЛ НАРОД]: "СТАЛ Я ПОНИМАТЬ ЯЗЫК, КОТОРОГО [РАНЬШЕ] НЕ ЗНАЛ". [ТАК СКАЗАЛ ВСЕВЫШНИЙ:] "СНЯЛ Я НОШУ С ЕГО ПЛЕЧА, ОСВОБОДИЛ РУКИ ЕГО ОТ [РАБОТЫ У] КУХОННЫХ КОТЛОВ. В БЕДЕ ТЫ ВОЗЗВАЛ [КО МНЕ], И Я СПАС ТЕБЯ; НА [ТВОЙ] НЕСЛЫШНЫЙ [ПРИЗЫВ] Я ОТВЕТИЛ ТЕБЕ ГРОМОГЛАСНО, ХОТЬ И ЗНАЛ, [ЧТО СОГРЕШИШЬ ТЫ] У ВОД МЕРИВЫ. СЛУШАЙ, НАРОД МОЙ, Я ЗАВЕРЯЮ ТЕБЯ: ЕСЛИ ТЫ, ИЗРАИЛЬ, БУДЕШЬ ПОСЛУШЕН МНЕ, И НЕ БУДЕТ У ТЕБЯ ДРУГОГО БОГА, И НЕ СТАНЕШЬ ПОКЛОНЯТЬСЯ ЧУЖОМУ БОЖЕСТВУ – ТО Я, ГОСПОДЬ, БОГ ТВОЙ, КОТОРЫЙ ВЫВЕЛ ТЕБЯ ИЗ СТРАНЫ ЕГИПЕТСКОЙ; УМНОЖАЙ ПРОСЬБЫ СВОИ – Я ИСПОЛНЮ ИХ. НО НЕ СЛУШАЛ МОЙ НАРОД ГОЛОСА МОЕГО, НЕ ЖЕЛАЛ ИЗРАИЛЬ ПОДЧИНЯТЬСЯ МНЕ.

---

1. Теѓилим, 94. 2. Теѓилим, 95:1–3.

* Йеѓосеф – здесь: одно из имен еврейского народа.

וָאֲשַׁלְּחֵהוּ בִּשְׁרִירוּת לִבָּם, יֵלְכוּ בְּמוֹעֲצוֹתֵיהֶם: לוּ עַמִּי שֹׁמֵעַ לִי,

יִשְׂרָאֵל בִּדְרָכַי יְהַלֵּכוּ: כִּמְעַט אוֹיְבֵיהֶם אַכְנִיעַ, וְעַל צָרֵיהֶם אָשִׁיב

יָדִי: מְשַׂנְאֵי יְיָ יְכַחֲשׁוּ לוֹ, וִיהִי עִתָּם לְעוֹלָם: וַיַּאֲכִילֵהוּ מֵחֵלֶב

חִטָּה, וּמִצּוּר דְּבַשׁ אַשְׂבִּיעֶךָ: הושיענו וכו' ק"י

בש"י בשנת היובם, יום שׁשׁי בשׁבת, שׁכּוּ היוּ הלוים אוֹמרים בבית המקדשׁ:

יְיָ מָלָךְ גֵּאוּת לָבֵשׁ, לָבֵשׁ יְיָ, עֹז הִתְאַזָּר, אַף תִּכּוֹן תֵּבֵל בַּל תִּמּוֹט:

נָכוֹן כִּסְאֲךָ מֵאָז, מֵעוֹלָם אָתָּה: נָשְׂאוּ נְהָרוֹת יְיָ, נָשְׂאוּ נְהָרוֹת

קוֹלָם, יִשְׂאוּ נְהָרוֹת דָּכְיָם: מִקֹּלוֹת מַיִם רַבִּים אַדִּירִים מִשְׁבְּרֵי

יָם, אַדִּיר בַּמָּרוֹם יְיָ: עֵדֹתֶיךָ נֶאֶמְנוּ מְאֹד, לְבֵיתְךָ נָאֲוָה קֹּדֶשׁ,

יְיָ, לְאֹרֶךְ יָמִים: הושיענו וכו׳ קדיש יתום

בראש חדש אחד שׁיר שׁל יום אוֹמרים ברכי נפשׁי.

ההלים קד

בָּרְכִי נַפְשִׁי אֶת יְיָ, יְיָ אֱלֹהַי גָּדַלְתָּ מְּאֹד, הוֹד

וְהָדָר לָבָשְׁתָּ: עֹטֶה אוֹר כַּשַּׂלְמָה, נוֹטֶה

שָׁמַיִם כַּיְרִיעָה: הַמְקָרֶה בַמַּיִם עֲלִיּוֹתָיו, הַשָּׂם

עָבִים רְכוּבוֹ, הַמְהַלֵּךְ עַל כַּנְפֵי רוּחַ: עֹשֶׂה

מַלְאָכָיו רוּחוֹת, מְשָׁרְתָיו אֵשׁ לֹהֵט: יָסַד אֶרֶץ

עַל מְכוֹנֶיהָ, בַּל תִּמּוֹט עוֹלָם וָעֶד: תְּהוֹם

כַּלְּבוּשׁ כִּסִּיתוֹ, עַל הָרִים יַעַמְדוּ מָיִם: מִן

גַּעֲרָתְךָ יְנוּסוּן, מִן קוֹל רַעַמְךָ יֵחָפֵזוּן: יַעֲלוּ

הָרִים יֵרְדוּ בְקָעוֹת, אֶל מְקוֹם זֶה יָסַדְתָּ לָהֶם:

גְּבוּל שַׂמְתָּ בַּל יַעֲבֹרוּן, בַּל יְשֻׁבוּן לְכַסּוֹת

הָאָרֶץ: הַמְשַׁלֵּחַ מַעְיָנִים בַּנְּחָלִים, בֵּין הָרִים

יְהַלֵּכוּן: יַשְׁקוּ כָּל חַיְתוֹ שָׂדָי, יִשְׁבְּרוּ פְרָאִים

צְמָאָם: עֲלֵיהֶם עוֹף הַשָּׁמַיִם יִשְׁכּוֹן, מִבֵּין

עֳפָאיִם יִתְּנוּ קוֹל: מַשְׁקֶה הָרִים מֵעֲלִיּוֹתָיו,

И Я ОТДАЛ ИХ ВО ВЛАСТЬ ПРИХОТЕЙ СОБСТВЕННЫХ СЕРДЕЦ ИХ, И ПУСТЬ ПО-
СТУПАЮТ ОНИ ТАК, КАК ИМ ЗАБЛАГОРАССУДИТСЯ. ЕСЛИ БЫ НАРОД МОЙ БЫЛ
ПОСЛУШЕН МНЕ, ЕСЛИ БЫ ИЗРАИЛЬ ШЕЛ ПО МОЕМУ ПУТИ, ТО Я СРАЗУ ЖЕ УСМИ-
РИЛ БЫ ВРАГОВ ИХ, ДЛАНЬ СВОЮ ОБРУШИЛ БЫ НА ИХ ПРЕСЛЕДОВАТЕЛЕЙ. ВРАГИ
ГОСПОДА СТАЛИ БЫ ЗАИСКИВАТЬ ПРЕД НИМ, И ПОРА [БЛАГОДЕНСТВИЯ ИЗРАИ-
ЛЯ] ДЛИЛАСЬ БЫ ВЕЧНО. ПИТАЛ БЫ Я ЕГО [ИЗРАИЛЬ] ОТБОРНОЙ ПШЕНИЦЕЙ И
НАСЫЩАЛ БЫ ТЕБЯ [ИЗРАИЛЬ] МЕДОМ ИЗ СКАЛЫ".[1]

Продолжают הושיענו *("СПАСИ НАС...", стр. 76) и "Кадиш ятом", стр. 77.*

В пятницу говорят:

היום СЕГОДНЯ – ШЕСТОЙ ДЕНЬ ПОСЛЕ СУББОТЫ; В ЭТОТ ДЕНЬ ЛЕВИИМ ПЕЛИ В
ХРАМЕ:
יי ВОЦАРИЛСЯ ГОСПОДЬ, ОБЛАЧЕННЫЙ ВЕЛИЧИЕМ; ОБЛАЧИЛСЯ В НЕГО ГОС-
ПОДЬ, ПРЕПОЯСАЛСЯ МОГУЩЕСТВОМ; И УТВЕРДИЛ ОН МИРОЗДАНИЕ НЕКОЛЕБИ-
МО. НЕЗЫБЛЕМ ТВОЙ ПРЕСТОЛ ОТ ВЕКА; ПРЕДВЕЧЕН ТЫ САМ. ВОЗВЫШАЮТ [ЛЮД-
СКИЕ] РЕКИ – О, ГОСПОДЬ! – ВОЗВЫШАЮТ [ЛЮДСКИЕ] РЕКИ ГОЛОС СВОЙ, ВЗДЫ-
МАЮТ [ЛЮДСКИЕ] РЕКИ ВОЛНЫ СВОИ. НО СИЛЬНЕЕ РЕВУЩЕЙ ВОДЫ, ВЕЛИКОЙ И
МОГУЧЕЙ, [СИЛЬНЕЕ] МОРСКИХ ВАЛОВ ГОСПОДЬ В ВЫСОТАХ [СВОИХ]. СВИДЕ-
ТЕЛЬСТВА [ПРОРОКОВ] О ТЕБЕ, [ВСЕВЫШНИЙ], ПОДТВЕРДИЛИСЬ ПОЛНОСТЬЮ.
ХРАМ ТВОЙ, ГОСПОДЬ, ПРЕКРАСЕН В СВЯТОСТИ ВОВЕК![2]

Продолжают הושיענו *("СПАСИ НАС...", стр. 76) и "Кадиш ятом", стр. 77.*

В рош-ходеш после псалма на соответствующий день недели говорят:

ברכי БЛАГОСЛОВИ, ДУША МОЯ, ГОСПОДА! ГОСПОДЬ, БОГ
МОЙ, ВЕЛИЧИЕ ТВОЕ БЕЗГРАНИЧНО, В СИЯНИЕ И ВЕЛИКОЛЕ-
ПИЕ ОБЛЕКСЯ ТЫ. ОКУТАН СВЕТОМ, СЛОВНО ПЛАЩОМ, ПРО-
СТИРАЕШЬ НЕБЕСА, СЛОВНО ПОЛОГ. ПОКРЫВАЕШЬ НЕБО
[ТУЧАМИ, НЕСУЩИМИ] ВОДУ, ДЕЛАЕШЬ СВОИМИ КОЛЕСНИ-
ЦАМИ ОБЛАКА, ПЕРЕНОСИШЬ ИХ НА КРЫЛЬЯХ ВЕТРА. БЕ-
РЕШЬ СЕБЕ В ПОСЛАННИКИ ВЕТЕР, В СЛУЖИТЕЛИ — ПЫЛАЮ-
ЩИЙ ОГОНЬ. УТВЕРДИЛ ТЫ ЗЕМЛЮ НА МЕСТЕ ЕЕ, НЕ ПОКО-
ЛЕБЛЕТСЯ ОНА ВО ВЕКИ ВЕКОВ. ВОДНОЙ БЕЗДНОЙ ОКУТАЛ
ТЫ ЕЕ, СЛОВНО ПЛАЩОМ; ДО ГОРНЫХ ВЕРШИН ПОДНИМА-
ЛИСЬ ВОДЫ. ОТ ГРОЗНЫХ СЛОВ ТВОИХ РИНУЛИСЬ ОНИ ПРОЧЬ,
ОТ ГОЛОСА ТВОЕГО ГРОМОВОГО ОБРАТИЛИСЬ ОНИ В БЕГ-
СТВО. ПОДНЯЛИСЬ ОНИ К ВЕРШИНАМ ГОР, СПУСТИЛИСЬ В
ДОЛИНУ — В ТО МЕСТО, КОТОРОЕ ТЫ ОПРЕДЕЛИЛ ДЛЯ НИХ.
УСТАНОВИЛ ТЫ ГРАНИЦУ, КОТОРУЮ ОНИ НЕ ПЕРЕЙДУТ, —
ЧТОБЫ ВНОВЬ НЕ ПОКРЫЛИ ОНИ ЗЕМЛЮ; НАПРАВЛЯЕШЬ
ВОДУ РОДНИКОВ В РЕКИ, ТЕКУЩИЕ СРЕДИ ГОР; ПЬЮТ ИЗ НИХ
ВСЕ ЗВЕРИ ПОЛЕВЫЕ, ДИКИЕ ОСЛЫ УТОЛЯЮТ СВОЮ ЖАЖДУ;
НЕБЕСНЫЕ ПТИЦЫ ГНЕЗДЯТСЯ [НА БЕРЕГАХ], ЩЕБЕЧУТ
СРЕДИ ВЕТВЕЙ. ОРОШАЕШЬ ТЫ ГОРЫ СО СВОИХ НЕБЕС;

---

1. Теѓилим, 81. 2. Теѓилим, 93.

מַפְרִי מַעֲשֶׂיךָ תִּשְׂבַּע הָאָרֶץ: מַצְמִיחַ חָצִיר
לַבְּהֵמָה, וְעֵשֶׂב לַעֲבֹדַת הָאָדָם, לְהוֹצִיא לֶחֶם
מִן הָאָרֶץ: וְיַיִן יְשַׂמַּח לְבַב אֱנוֹשׁ, לְהַצְהִיל
פָּנִים מִשָּׁמֶן, וְלֶחֶם, לְבַב אֱנוֹשׁ יִסְעָד: יִשְׂבְּעוּ
עֲצֵי יְיָ, אַרְזֵי לְבָנוֹן אֲשֶׁר נָטָע: אֲשֶׁר שָׁם
צִפֳּרִים יְקַנֵּנוּ, חֲסִידָה בְּרוֹשִׁים בֵּיתָהּ: הָרִים
הַגְּבֹהִים לַיְּעֵלִים, סְלָעִים מַחְסֶה לַשְׁפַנִּים:
עָשָׂה יָרֵחַ לְמוֹעֲדִים, שֶׁמֶשׁ יָדַע מְבוֹאוֹ: תָּשֶׁת
חֹשֶׁךְ וִיהִי לָיְלָה, בּוֹ תִרְמֹשׂ כָּל חַיְתוֹ יָעַר:
הַכְּפִירִים שׁוֹאֲגִים לַטָּרֶף, וּלְבַקֵּשׁ מֵאֵל אָכְלָם:
תִּזְרַח הַשֶּׁמֶשׁ יֵאָסֵפוּן, וְאֶל מְעוֹנֹתָם יִרְבָּצוּן:
יֵצֵא אָדָם לְפָעֳלוֹ, וְלַעֲבֹדָתוֹ עֲדֵי עָרֶב: מָה
רַבּוּ מַעֲשֶׂיךָ יְיָ, כֻּלָּם בְּחָכְמָה עָשִׂיתָ, מָלְאָה
הָאָרֶץ קִנְיָנֶךָ: זֶה הַיָּם גָּדוֹל וּרְחַב יָדָיִם, שָׁם
רֶמֶשׂ וְאֵין מִסְפָּר, חַיּוֹת קְטַנּוֹת עִם גְּדֹלוֹת: שָׁם
אֳנִיּוֹת יְהַלֵּכוּן, לִוְיָתָן זֶה יָצַרְתָּ לְשַׂחֶק בּוֹ: כֻּלָּם
אֵלֶיךָ יְשַׂבֵּרוּן, לָתֵת אָכְלָם בְּעִתּוֹ: תִּתֵּן לָהֶם
יִלְקֹטוּן, תִּפְתַּח יָדְךָ יִשְׂבְּעוּן טוֹב: תַּסְתִּיר
פָּנֶיךָ יִבָּהֵלוּן, תֹּסֵף רוּחָם יִגְוָעוּן, וְאֶל עֲפָרָם
יְשׁוּבוּן: תְּשַׁלַּח רוּחֲךָ יִבָּרֵאוּן, וּתְחַדֵּשׁ פְּנֵי
אֲדָמָה: יְהִי כְבוֹד יְיָ לְעוֹלָם, יִשְׂמַח יְיָ בְּמַעֲשָׂיו:
הַמַּבִּיט לָאָרֶץ וַתִּרְעָד, יִגַּע בֶּהָרִים וְיֶעֱשָׁנוּ:
אָשִׁירָה לַיְיָ בְּחַיָּי, אֲזַמְּרָה לֵאלֹהַי בְּעוֹדִי:

[ДОЖДЕМ] — ТВОРЕНИЕМ ТВОИМ — НАСЫЩАЕТСЯ ЗЕМЛЯ. ВЫРАЩИВАЕШЬ ТЫ ТРАВУ ДЛЯ ЖИВОТНЫХ И РАСТЕНИЯ ДЛЯ НУЖД ЧЕЛОВЕКА, ЧТОБЫ ПОЛУЧИЛ ОН ПРОПИТАНИЕ ОТ ЗЕМЛИ: ВИНО, ВЕСЕЛЯЩЕЕ ЧЕЛОВЕЧЕСКОЕ СЕРДЦЕ, И ОЛИВ-КОВОЕ МАСЛО, ОТ КОТОРОГО РУМЯНЯТСЯ ЛИЦА ЛЮДЕЙ, И ХЛЕБ, ПОДКРЕПЛЯЮЩИЙ СЕРДЦЕ ЧЕЛОВЕКА. НАСЫЩАЮТ-СЯ ДЕРЕВЬЯ ГОСПОДА — КЕДРЫ ЛИВАНСКИЕ, КОТОРЫЕ ОН НАСАДИЛ; ГНЕЗДЯТСЯ НА НИХ ПТИЦЫ. НА КИПАРИСЕ — ЖИЛИЩЕ АИСТА, ВЫСОКИЕ ГОРЫ — ДЛЯ ДИКИХ КОЗЛОВ, СКА-ЛЫ — УБЕЖИЩЕ ДАМАНОВ. СОЗДАЛ ОН ЛУНУ ДЛЯ ОПРЕДЕЛЕ-НИЯ ПРАЗДНИКОВ, СОЛНЦЕ, КОТОРОЕ ЗНАЕТ ВРЕМЯ ЗАХО-ДА СВОЕГО; ПОСЫЛАЕШЬ ТЫ ТЬМУ, И НАСТУПАЕТ НОЧЬ, КОГДА РЫЩУТ ВСЕ ЗВЕРИ ЛЕСНЫЕ. ЛЬВЫ РЫЧАТ, [ВЫХОДЯ] НА ОХОТУ, ПРОСЯТ У БОГА ПИЩИ СЕБЕ. ВОСХОДИТ СОЛНЦЕ — СКРЫВАЮТСЯ ОНИ, ЗАЛЕГАЮТ В СВОИХ ЛОГОВИЩАХ. ВЫ-ХОДИТ ЧЕЛОВЕК, ЧТОБЫ ТРУДИТЬСЯ, РАБОТАТЬ ДО ВЕЧЕРА. КАК МНОГООБРАЗНЫ ДЕЯНИЯ ТВОИ, ГОСПОДЬ! МУДРО ТЫ ВСЕ УСТРОИЛ; ВСЕ НА ЗЕМЛЕ ПРИНАДЛЕЖИТ ТЕБЕ. ВОТ МОРЕ, ВЕЛИКОЕ И НЕОБЪЯТНОЕ; В НЕМ — ЖИВЫЕ СУЩЕСТВА, НЕТ ЧИСЛА ИМ, ТВАРЯМ БОЛЬШИМ И МАЛЫМ. ПЛЫВУТ ПО НЕМУ КОРАБЛИ; ЛИВЬЯТАНА СОЗДАЛ ТЫ, ЧТОБЫ ОН РЕЗ-ВИЛСЯ ТАМ. ВСЕ ПОЛАГАЮТСЯ НА ТЕБЯ — НА ТО, ЧТО ДАШЬ ТЫ ИМ ПИЩУ ВОВРЕМЯ. ПОСЫЛАЕШЬ ТЫ ИМ [КОРМ] — ПОД-БИРАЮТ ОНИ, РАСКРЫВАЕШЬ ТЫ ЛАДОНЬ СВОЮ — НАСЫЩАЮТ-СЯ ВВОЛЮ. СКРОЕШЬ [ОТ НИХ] ЛИЦО СВОЕ — ПРИДУТ В СМЯ-ТЕНИЕ, ЗАБЕРЕШЬ У НИХ ДУШУ — УМРУТ И В ПРАХ ОБРА-ТЯТСЯ, ПОШЛЕШЬ [ИМ] ДУХ СВОЙ — ВОЗРОДЯТСЯ ОНИ И ОБНОВИТСЯ ЛИК ЗЕМЛИ. ДА ПРЕБУДЕТ СЛАВА ГОСПОДА ВОВЕК, ДА ВОЗРАДУЕТСЯ ГОСПОДЬ ДЕЯНИЯМ СВОИМ! ПО-СМОТРИТ ОН НА ЗЕМЛЮ — СОДРОГНЕТСЯ ОНА, КОСНЕТСЯ ГОР — ОНИ ЗАДЫМЯТСЯ. БУДУ СЛАВИТЬ ГОСПОДА, ПОКА ЖИВУ; БУДУ ВОСПЕВАТЬ БОГА МОЕГО, ПОКА СУЩЕСТВУЮ.

יֶעֱרַב עָלָיו שִׂיחִי, אָנֹכִי אֶשְׂמַח בַּיְיָ: יִתַּמּוּ חַטָּאִים
מִן הָאָרֶץ וּרְשָׁעִים עוֹד אֵינָם, בָּרְכִי נַפְשִׁי אֶת
יְיָ, הַלְלוּיָהּ: ק"י

מִן ר"ח אֱלוּל עַד אַחַר הוּשַׁעֲנָא רַבָּה אַחַר שִׁיר שֶׁל יוֹם וּבְמִנְחָה קֹדֶם עָלֵינוּ אוֹמְרִים זֶה:

לְדָוִד, יְיָ אוֹרִי וְיִשְׁעִי מִמִּי אִירָא, יְיָ מָעוֹז חַיַּי מִמִּי
אֶפְחָד: בִּקְרֹב עָלַי מְרֵעִים לֶאֱכֹל אֶת בְּשָׂרִי
צָרַי וְאוֹיְבַי לִי, הֵמָּה כָּשְׁלוּ וְנָפָלוּ: אִם תַּחֲנֶה עָלַי מַחֲנֶה
לֹא יִירָא לִבִּי, אִם תָּקוּם עָלַי מִלְחָמָה, בְּזֹאת אֲנִי בוֹטֵחַ:
אַחַת שָׁאַלְתִּי מֵאֵת יְיָ אוֹתָהּ אֲבַקֵּשׁ, שִׁבְתִּי בְּבֵית יְיָ
כָּל יְמֵי חַיַּי, לַחֲזוֹת בְּנֹעַם יְיָ וּלְבַקֵּר בְּהֵיכָלוֹ: כִּי יִצְפְּנֵנִי
בְּסֻכֹּה בְּיוֹם רָעָה יַסְתִּירֵנִי בְּסֵתֶר אָהֳלוֹ, בְּצוּר יְרוֹמְמֵנִי:
וְעַתָּה יָרוּם רֹאשִׁי עַל אֹיְבַי סְבִיבוֹתַי, וְאֶזְבְּחָה בְאָהֳלוֹ
זִבְחֵי תְרוּעָה, אָשִׁירָה וַאֲזַמְּרָה לַיְיָ: שְׁמַע יְיָ קוֹלִי
אֶקְרָא, וְחָנֵּנִי וַעֲנֵנִי: לְךָ אָמַר לִבִּי, בַּקְּשׁוּ פָנָי, אֶת פָּנֶיךָ
יְיָ אֲבַקֵּשׁ: אַל תַּסְתֵּר פָּנֶיךָ מִמֶּנִּי, אַל תַּט בְּאַף עַבְדֶּךָ
עֶזְרָתִי הָיִיתָ, אַל תִּטְּשֵׁנִי וְאַל תַּעַזְבֵנִי אֱלֹהֵי יִשְׁעִי: כִּי
אָבִי וְאִמִּי עֲזָבוּנִי, וַיְיָ יַאַסְפֵנִי: הוֹרֵנִי יְיָ דַּרְכֶּךָ וּנְחֵנִי
בְּאֹרַח מִישׁוֹר, לְמַעַן שׁוֹרְרָי: אַל תִּתְּנֵנִי בְּנֶפֶשׁ צָרָי, כִּי
קָמוּ בִי עֵדֵי שֶׁקֶר וִיפֵחַ חָמָס: לוּלֵא הֶאֱמַנְתִּי לִרְאוֹת
בְּטוּב יְיָ בְּאֶרֶץ חַיִּים: קַוֵּה אֶל יְיָ חֲזַק וְיַאֲמֵץ לִבֶּךָ
וְקַוֵּה אֶל יְיָ: קדיש יתום

קַוֵּה אֶל יְיָ, חֲזַק וְיַאֲמֵץ לִבֶּךָ, וְקַוֵּה אֶל יְיָ: אֵין קָדוֹשׁ כַּיְיָ, כִּי אֵין בִּלְתֶּךָ,
וְאֵין צוּר כֵּאלֹהֵינוּ: כִּי מִי אֱלוֹהַּ מִבַּלְעֲדֵי יְיָ, וּמִי צוּר זוּלָתִי אֱלֹהֵינוּ:

אֵין כֵּאלֹהֵינוּ, אֵין כַּאדוֹנֵינוּ, אֵין
כְּמַלְכֵּנוּ, אֵין כְּמוֹשִׁיעֵנוּ: מִי

* מִיּוֹם א'דר"ח

תר"א א) תהלים כז: ב) שם כו יד: ג) ש"א ב ב: ד) תהלים יח לב:

ДА БУДЕТ ЖЕЛАННА ЕМУ МОЯ МОЛИТВА; ВОЗРАДУЮСЬ Я ГОСПОДУ! ДА ИСЧЕЗНУТ ГРЕХИ С ЛИЦА ЗЕМЛИ И НЕ ОСТАНЕТСЯ БОЛЬШЕ ЗЛОДЕЕВ! БЛАГОСЛОВИ, ДУША МОЯ, ГОСПОДА! ВОСХВАЛИТЕ БОГА![1]

Далее произносится "Кадиш ятом", стр. 77.

Следующий псалом говорят начиная с первого дня рош-ходеша месяца элул до Гошана-раба – после псалма на соответствующий день недели и перед "Кадиш ятом", а также в молитве "Минха" перед עלינו ("НАШ ДОЛГ...").

לדוד [ПСАЛОМ] ДАВИДА. ГОСПОДЬ – СВЕТ МОЙ И СПАСЕНИЕ МОЕ; КОГО МНЕ БОЯТЬСЯ? ГОСПОДЬ – ОПЛОТ ЖИЗНИ МОЕЙ; КОГО МНЕ СТРАШИТЬСЯ? ПОДСТУПЯТ КО МНЕ ЗЛОДЕИ ТЕРЗАТЬ МОЮ ПЛОТЬ – ВСЕ ОНИ, ВРАГИ И НЕНАВИСТНИКИ МОИ, ПОТЕРПЯТ ПОРАЖЕНИЕ И ПАДУТ. ЕСЛИ СОБЕРЕТСЯ ПРОТИВ МЕНЯ ПОЛЧИЩЕ – НЕ УСТРАШИТСЯ СЕРДЦЕ МОЕ; ПОЙДУТ НА МЕНЯ ВОЙНОЙ – НА [ВСЕВЫШНЕГО] Я НАДЕЮСЬ. ОДНОГО ЛИШЬ ПРОСИЛ Я У ГОСПОДА. ОБ ЭТОМ И БУДУ МОЛИТЬ: ЧТОБЫ НАХОДИЛСЯ Я В ХРАМЕ ГОСПОДА ВО ВСЕ ДНИ ЖИЗНИ МОЕЙ, СОЗЕРЦАЯ ДОБРОТУ ГОСПОДА, И ПОСТИГАЛ ИСТИНУ В ЕГО ХРАМЕ. ИБО [ВЕРЮ Я, ЧТО] СПРЯЧЕТ ОН МЕНЯ В ШАТРЕ СВОЕМ В ДЕНЬ БЕДЫ; ДАСТ МНЕ УБЕЖИЩЕ ПОД КРОВОМ СВОИМ; НА НЕПРИСТУПНУЮ СКАЛУ ВОЗНЕСЕТ МЕНЯ. ТЕПЕРЬ ВОСТОРЖЕСТВУЮ НАД ВРАГАМИ, ОКРУЖИВШИМИ МЕНЯ, И СОВЕРШУ В ЕГО ШАТРЕ ТОРЖЕСТВЕННОЕ ЖЕРТВОПРИНОШЕНИЕ. БУДУ СЛАВИТЬ И ВОСПЕВАТЬ ГОСПОДА. УСЛЫШЬ, ГОСПОДЬ, ГОЛОС МОЛЬБЫ МОЕЙ, И СМИЛУЙСЯ НАДО МНОЙ, И ОТВЕТЬ МНЕ! ТВОИ СЛОВА ЗВУЧАТ В СЕРДЦЕ МОЕМ: "ИЩИТЕ МОЕЙ БЛАГОСКЛОННОСТИ". БУДУ ИСКАТЬ Я БЛАГОСКЛОННОСТИ ТВОЕЙ, ГОСПОДЬ! НЕ ОТВРАЩАЙ ОТ МЕНЯ ЛИЦА СВОЕГО, НЕ ОТВЕРГАЙ В ГНЕВЕ СВОЕГО РАБА! БЫЛ ТЫ МНЕ ПОДДЕРЖКОЙ – ТАК НЕ ОСТАВЛЯЙ ЖЕ МЕНЯ, НЕ ПОКИДАЙ МЕНЯ, БОГ МОЕГО СПАСЕНИЯ! ВЕДЬ ОСТАВИЛИ МЕНЯ И ОТЕЦ, И МАТЬ, А ГОСПОДЬ ПРИЮТИЛ МЕНЯ, НАУЧИ МЕНЯ, ГОСПОДЬ, ПУТЯМ СВОИМ И ВЕДИ МЕНЯ ПРЯМОЙ ДОРОГОЙ, ЧТОБЫ [ЗАЩИТИТЬ МЕНЯ ОТ] ВРАГОВ МОИХ. НЕ ОТДАВАЙ МЕНЯ НА ПРОИЗВОЛ ГОНИТЕЛЕЙ МОИХ, ИБО ВСТАЛИ ПРОТИВ МЕНЯ ЛЖЕСВИДЕТЕЛИ, ДЫШАЩИЕ ЗЛОБОЙ; [ПОГИБ БЫ Я,] ЕСЛИ БЫ НЕ ВЕРИЛ В ТО, ЧТО УВИЖУ ПРОЯВЛЕНИЯ ДОБРОТЫ ГОСПОДА В ЗЕМЛЕ ЖИВЫХ. НАДЕЙСЯ НА ГОСПОДА; ДА УКРЕПИТСЯ И СТАНЕТ СИЛЬНЫМ СЕРДЦЕ ТВОЕ! НАДЕЙСЯ НА ГОСПОДА![2]

Далее произносится "Кадиш ятом", стр. 77.

קוה НАДЕЙСЯ НА ГОСПОДА; ДА УКРЕПИТСЯ И СТАНЕТ СИЛЬНЫМ СЕРДЦЕ ТВОЕ! НАДЕЙСЯ НА ГОСПОДА![3] НЕТ СВЯТОСТИ, ПОДОБНОЙ [СВЯТОСТИ] ГОСПОДА, ИБО НЕТ НИКОГО КРОМЕ ТЕБЯ, НЕТ НИКОГО, КТО СРАВНИЛСЯ БЫ В МОГУЩЕСТВЕ С БОГОМ НАШИМ.[4] ИБО КТО БОГ, ЕСЛИ НЕ ГОСПОДЬ, И КТО МОГУЩЕСТВЕН, ЕСЛИ НЕ БОГ НАШ?[5]

אין НЕТ НИКОГО, ПОДОБНОГО БОГУ НАШЕМУ; НЕТ НИКОГО, ПОДОБНОГО ВЛАСТЕЛИНУ НАШЕМУ; НЕТ НИКОГО, ПОДОБНОГО ВЛАДЫКЕ НАШЕМУ; НЕТ НИКОГО, ПОДОБНОГО СПАСИТЕЛЮ НАШЕМУ! КТО

---

1. Теѓилим, 104.   2. Теѓилим, 27.   3. Теѓилим, 27:14.   4. Шмуэль I, 2:2.   5. Теѓилим, 18:32.

כֵּאלֹהֵינוּ, מִי כַאדוֹנֵינוּ, מִי כְמַלְכֵּנוּ,
מִי כְמוֹשִׁיעֵנוּ: נוֹדֶה לֵאלֹהֵינוּ, נוֹדֶה
לַאדוֹנֵינוּ, נוֹדֶה לְמַלְכֵּנוּ, נוֹדֶה
לְמוֹשִׁיעֵנוּ:בָּרוּךְ אֱלֹהֵינוּ,בָּרוּךְ אֲדוֹנֵינוּ,
בָּרוּךְ מַלְכֵּנוּ, בָּרוּךְ מוֹשִׁיעֵנוּ: אַתָּה
הוּא אֱלֹהֵינוּ, אַתָּה הוּא אֲדוֹנֵינוּ, אַתָּה
הוּא מַלְכֵּנוּ, אַתָּה הוּא מוֹשִׁיעֵנוּ,אַתָּה
תוֹשִׁיעֵנוּ: אַתָּה תָקוּם תְּרַחֵם צִיוֹן כִּי
עֵת לְחֶנְנָהּ כִּי בָא מוֹעֵד: אַתָּה הוּא יְיָ
אֱלֹהֵינוּ וֵאלֹהֵי אֲבוֹתֵינוּ, שֶׁהִקְטִירוּ
אֲבוֹתֵינוּ לְפָנֶיךָ אֶת קְטֹרֶת הַסַּמִּים:

פִּטּוּם הַקְּטֹרֶת, הַצְּרִי, וְהַצִּפֹּרֶן, הַחֶלְבְּנָה, וְהַלְּבוֹנָה,
מִשְׁקַל שִׁבְעִים שִׁבְעִים מָנֶה, מוֹר, וּקְצִיעָה,
שִׁבֹּלֶת נֵרְדְּ, וְכַרְכֹּם, מִשְׁקַל שִׁשָּׁה עָשָׂר שִׁשָּׁה עָשָׂר
מָנֶה, הַקֹּשְׁטְ שְׁנֵים עָשָׂר. קִלּוּפָה שְׁלֹשָׁה, קִנָּמוֹן
תִּשְׁעָה, בְּרִית כַּרְשִׁינָה תִּשְׁעָה קַבִּין, יֵין קַפְרִיסִין סְאִין
תְּלָתָא וְקַבִּין תְּלָתָא, וְאִם אֵין לוֹ יֵין קַפְרִיסִין מֵבִיא חֲמַר
חִוַּרְיָן עַתִּיק, מֶלַח סְדוֹמִית רֹבַע, מַעֲלֶה עָשָׁן, כָּל שֶׁהוּא.
רַבִּי נָתָן הַבַּבְלִי אוֹמֵר, אַף כִּפַּת הַיַּרְדֵּן כָּל שֶׁהוּא.וְאִם נָתַן
בָּהּ דְּבַשׁ פְּסָלָהּ, וְאִם חִסֵּר אֶחָד מִכָּל סַמְמָנֶיהָ חַיָּב
מִיתָה: רַבָּן שִׁמְעוֹן בֶּן גַּמְלִיאֵל אוֹמֵר, הַצְּרִי אֵינוֹ אֶלָּא

ПОДОБЕН БОГУ НАШЕМУ? КТО ПОДОБЕН ВЛАСТЕЛИНУ НА-
ШЕМУ? КТО ПОДОБЕН ВЛАДЫКЕ НАШЕМУ? КТО ПОДОБЕН
СПАСИТЕЛЮ НАШЕМУ? ВОЗБЛАГОДАРИМ БОГА НАШЕГО,
ВОЗБЛАГОДАРИМ ВЛАСТЕЛИНА НАШЕГО, ВОЗБЛАГОДАРИМ
ВЛАДЫКУ НАШЕГО, ВОЗБЛАГОДАРИМ СПАСИТЕЛЯ НАШЕГО!
БЛАГОСЛОВЕН БОГ НАШ, БЛАГОСЛОВЕН ВЛАСТЕЛИН НАШ,
БЛАГОСЛОВЕН ВЛАДЫКА НАШ, БЛАГОСЛОВЕН СПАСИТЕЛЬ
НАШ! ТЫ – БОГ НАШ, ТЫ – ВЛАСТЕЛИН НАШ, ТЫ – ВЛАДЫКА
НАШ, ТЫ – СПАСИТЕЛЬ НАШ; ТЫ СПАСЕШЬ НАС! ВОССТАНЕШЬ
ТЫ И ЯВИШЬ МИЛОСЕРДИЕ СИОНУ, ИБО ПРИШЛО ВРЕМЯ
СМИЛОСТИВИТЬСЯ НАД НИМ, НАСТАЛ СРОК.[1] ТЫ, ГОСПОДЬ, –
БОГ НАШ И БОГ ОТЦОВ НАШИХ, ПРЕД КОТОРЫМ НАШИ ОТЦЫ
СОВЕРШАЛИ ВОСКУРЕНИЕ БЛАГОВОНИЙ.

פטום ВОТ СОСТАВ СМЕСИ ДЛЯ ВОСКУРЕНИЙ: БАЛЬЗАМ И ГВОЗДИ-
КА, ГАЛЬБАН И ЛАДАН — КАЖДОГО ПО СЕМЬДЕСЯТ МАНЭ; МИРО И
КАССИЯ, СТЕБЕЛЬ НАРДА И ШАФРАН — КАЖДОГО ПО ШЕСТНАДЦАТЬ
МАНЭ; КОСТУС — ДВЕНАДЦАТЬ [МАНЭ]; КОРИЦА — ТРИ [МАНЭ];
КИНАМОН — ДЕВЯТЬ [МАНЭ]. ЩЕЛОК, ПРИГОТОВЛЯЕМЫЙ ИЗ ВИКИ,
— ДЕВЯТЬ КАВОВ; КИПРСКОЕ ВИНО — ТРИ СЭА И ТРИ КАВА; А ЕСЛИ
НЕ БЫЛО КИПРСКОГО ВИНА, БРАЛИ [ЛЮБОЕ] ВЫДЕРЖАННОЕ БЕЛОЕ
ВИНО. ЧЕТВЕРТЬ [КАВА] СОЛИ ИЗ СДОМА, НЕМНОГО ОСОБОЙ ТРАВЫ,
ПРИ СЖИГАНИИ КОТОРОЙ ВЫДЕЛЯЕТСЯ БОЛЬШОЕ КОЛИЧЕСТВО ДЫМА.
РАБИ НАТАН ИЗ ВАВИЛОНА ГОВОРИТ: ”ЕЩЕ [СЛЕДУЕТ ДОБАВИТЬ]
НЕМНОГО ЯНТАРЯ, [КОТОРЫЙ НАХОДЯТ В ДОЛИНЕ] ИОРДАНА; НО
ЕСЛИ В СМЕСЬ ДОБАВЛЕН ФРУКТОВЫЙ МЕД — ОНА СТАНОВИТСЯ НЕ-
ПРИГОДНОЙ; [ТОМУ ЖЕ, КТО ВОСКУРИВАЕТ СМЕСЬ,] В КОТОРОЙ
ОТСУТСТВУЕТ ОДНА ИЗ СОСТАВЛЯЮЩИХ ЕЕ ЧАСТЕЙ, ПОЛАГАЕТСЯ
СМЕРТЬ”. РАБАН ШИМОН БЕН ГАМЛИЭЛЬ ГОВОРИТ: ”БАЛЬЗАМ — ЭТО

---

1. Теѓилим, 102:14.

שָׂרָף, הַנּוֹטֵף מֵעֲצֵי הַקְּטָף, בְּרִית כָּרְשִׁינָה שֶׁשָּׁפִין בָּהּ
אֶת הַצִּפֹּרֶן, כְּדֵי שֶׁתְּהֵא נָאָה; יֵין קַפְרִיסִין שֶׁשּׁוֹרִין
בּוֹ אֶת הַצִּפֹּרֶן, כְּדֵי שֶׁתְּהֵא עַזָּה. וַהֲלֹא מֵי רַגְלַיִם יָפִין
לָהּ, אֶלָּא שֶׁאֵין מַכְנִיסִין מֵי רַגְלַיִם בַּמִּקְדָּשׁ מִפְּנֵי הַכָּבוֹד:

תָּנָא דְּבֵי אֵלִיָּהוּ כָּל הַשּׁוֹנֶה הֲלָכוֹת בְּכָל יוֹם מֻבְטָח לוֹ שֶׁהוּא בֶּן עוֹלָם
הַבָּא שֶׁנֶּאֱמַר הֲלִיכוֹת עוֹלָם לוֹ, אַל תִּקְרֵי הֲלִיכוֹת אֶלָּא הֲלָכוֹת:

אָמַר רַבִּי אֶלְעָזָר אָמַר רַבִּי חֲנִינָא, תַּלְמִידֵי חֲכָמִים מַרְבִּים שָׁלוֹם בָּעוֹלָם
שֶׁנֶּאֱמַר וְכָל בָּנַיִךְ לִמּוּדֵי יְיָ, וְרַב שְׁלוֹם בָּנָיִךְ: אַל תִּקְרֵי בָּנָיִךְ, אֶלָּא
בּוֹנָיִךְ: שָׁלוֹם רָב לְאֹהֲבֵי תוֹרָתֶךָ, וְאֵין לָמוֹ מִכְשׁוֹל: יְהִי שָׁלוֹם בְּחֵילֵךְ,
שַׁלְוָה בְּאַרְמְנוֹתָיִךְ: לְמַעַן אַחַי וְרֵעָי אֲדַבְּרָה נָּא שָׁלוֹם בָּךְ: לְמַעַן בֵּית יְיָ
אֱלֹהֵינוּ, אֲבַקְשָׁה טוֹב לָךְ: יְיָ עֹז לְעַמּוֹ יִתֵּן, יְיָ יְבָרֵךְ אֶת עַמּוֹ בַשָּׁלוֹם:

קדיש דרבנן

יִתְגַּדַּל וְיִתְקַדַּשׁ שְׁמֵהּ רַבָּא׳ אמן: בְּעָלְמָא דִּי בְרָא כִרְעוּתֵהּ וְיַמְלִיךְ
מַלְכוּתֵהּ וְיַצְמַח פּוּרְקָנֵהּ וִיקָרֵב מְשִׁיחֵהּ׳ אמן: בְּחַיֵּיכוֹן וּבְיוֹמֵיכוֹן
וּבְחַיֵּי דְכָל בֵּית יִשְׂרָאֵל בַּעֲגָלָא וּבִזְמַן קָרִיב וְאִמְרוּ אָמֵן: יְהֵא שְׁמֵהּ רַבָּא
מְבָרַךְ לְעָלַם וּלְעָלְמֵי עָלְמַיָּא: יִתְבָּרַךְ וְיִשְׁתַּבַּח וְיִתְפָּאַר וְיִתְרוֹמַם וְיִתְנַשֵּׂא
וְיִתְהַדָּר וְיִתְעַלֶּה וְיִתְהַלָּל שְׁמֵהּ דְּקוּדְשָׁא בְּרִיךְ הוּא׳ אמן: לְעֵלָּא מִן כָּל
בִּרְכָתָא וְשִׁירָתָא תֻּשְׁבְּחָתָא וְנֶחֱמָתָא דַּאֲמִירָן בְּעָלְמָא וְאִמְרוּ אָמֵן:

עַל יִשְׂרָאֵל וְעַל רַבָּנָן׳ וְעַל תַּלְמִידֵיהוֹן וְעַל כָּל תַּלְמִידֵי תַלְמִידֵיהוֹן׳ וְעַל
כָּל מָאן דְּעָסְקִין בְּאוֹרַיְתָא דִּי בְאַתְרָא הָדֵין וְדִי בְּכָל אֲתַר וַאֲתַר יְהֵא
לְהוֹן וּלְכוֹן שְׁלָמָא רַבָּא חִנָּא וְחִסְדָּא וְרַחֲמִין וְחַיִּין אֲרִיכִין׳ וּמְזוֹנָא רְוִיחָא
וּפוּרְקָנָא׳ מִן קֳדָם אֲבוּהוֹן דְּבִשְׁמַיָּא וְאִמְרוּ אָמֵן:
יְהֵא שְׁלָמָא רַבָּא מִן שְׁמַיָּא וְחַיִּים טוֹבִים עָלֵינוּ וְעַל כָּל יִשְׂרָאֵל
וְאִמְרוּ אָמֵן:
עֹשֶׂה שָׁלוֹם (בעשי״ת הַשָּׁלוֹם) בִּמְרוֹמָיו הוּא יַעֲשֶׂה שָׁלוֹם עָלֵינוּ וְעַל כָּל
יִשְׂרָאֵל וְאִמְרוּ אָמֵן:

הגה״א א) מגילה כ״ה צ״ב, נדה ע״ג ל״א: ב) ברכות ס״ד ע״א ינבמות קכ״ב ע״ב, נזיר ס״ו ע״ב, כריתות כ״ח ע״ב חמיד
ל״ב לב: ג) ישעיה נד יג: ד) תהלים קיט קסה: ה) שם קבנג, ח, ס: ו) שם כט יא:

СМОЛА, КОТОРУЮ ВЫДЕЛЯЮТ БАЛЬЗАМНЫЕ ДЕРЕВЬЯ". ДЛЯ ЧЕГО ИС-
ПОЛЬЗОВАЛИ ЩЕЛОК, ДОБЫВАЕМЫЙ ИЗ ВИКИ? ИМ ПРОТИРАЛИ ГВОЗДИ-
КУ ДЛЯ ОЧИСТКИ. В КИПРСКОМ ВИНЕ ВЫДЕРЖИВАЛИ ГВОЗДИКУ, ЧТОБЫ
УСИЛИТЬ АРОМАТ ЕЕ. НЕСМОТРЯ НА ТО, ЧТО ЛУЧШЕ ВСЕГО ДЛЯ ЭТОГО
ПОДХОДИТ ВОДА ИЗ ИСТОЧНИКА РАГЛАЙИМ, ЕЕ НЕЛЬЗЯ ВНОСИТЬ В
ХРАМ ИЗ УВАЖЕНИЯ К НЕМУ".[1]

הנא ТАК ПЕРЕДАЮТ ОТ ИМЕНИ ЭЛИЯˆУ: ВСЯКОМУ, КТО ЕЖЕДНЕВНО ИЗУЧАЕТ
ЗАКОНЫ, ОБЕСПЕЧЕН УДЕЛ В БУДУЩЕМ МИРЕ. КАК СКАЗАНО: "ˆАЛИХОТ ОЛАМ
ЛО"[2] – ["ПУТИ ВЕЧНОСТИ ПРИНАДЛЕЖАТ ЕМУ"]. ЧИТАЙ НЕ "ˆАЛИХОТ", НО
"ˆАЛАХОТ" [– И ТОГДА ФРАЗА ПРИОБРЕТАЕТ ТАКОЙ СМЫСЛ: "ИЗУЧАЮЩЕМУ ЗА-
КОНЫ – УДЕЛ В БУДУЩЕМ МИРЕ"].[3]

רמא СКАЗАЛ РАБИ ЭЛЬАЗАР ОТ ИМЕНИ РАБИ ХАНИНЫ[4]: "ИЗУЧАЮЩИЕ ТОРУ
УКРЕПЛЯЮТ МИР НА ЗЕМЛЕ, КАК СКАЗАНО: "ВСЕ СЫНОВЬЯ ТВОИ (БАНАЙИХ),
[ИЕРУСАЛИМ], ИЗУЧАЮТ [ТОРУ] ГОСПОДА, И [БУДЕТ ДАРОВАН] ПРОЧНЫЙ МИР
ТВОИМ СЫНОВЬЯМ".[5] ЧИТАЙ НЕ "БАНАЙИХ" ("СЫНОВЬЯ ТВОИ"), НО "БОНАЙИХ"
("СТРОИТЕЛИ ТВОИ").* И [БУДЕТ ДАРОВАН] ПРОЧНЫЙ МИР ЛЮБЯЩИМ ТОРУ
ТВОЮ ТВОЮ, ДА НЕ ВСТРЕТЯТ ОНИ НА СВОЕМ ПУТИ ПРЕПЯТСТВИЙ.[6] ДА ВОЦАРИТ-
СЯ МИР В СТЕНАХ ТВОИХ, [ИЕРУСАЛИМ], И ПОКОЙ – ВО ДВОРЦАХ ТВОИХ! РАДИ
БРАТЬЕВ МОИХ, БЛИЖНИХ МОИХ БУДУ МОЛИТЬСЯ О МИРЕ ДЛЯ ТЕБЯ! РАДИ ДОМА
ГОСПОДА, БОГА НАШЕГО, БУДУ МОЛИТЬСЯ О ТВОЕМ БЛАГОПОЛУЧИИ![7] ГОСПОДЬ
ПРИДАСТ СИЛ НАРОДУ СВОЕМУ; ГОСПОДЬ БЛАГОСЛОВИТ СВОЙ НАРОД, ДАРОВАВ
ЕМУ МИР.[8]

"КАДИШ ДЕРАБАНАН"
(См. транслитерацию на стр. 374)

לדגתי ДА ВОЗВЫСИТСЯ И ОСВЯТИТСЯ ЕГО ВЕЛИКОЕ ИМЯ (община отвечает:
АМЕН!) В МИРЕ, СОТВОРЕННОМ ПО ВОЛЕ ЕГО; И ДА УСТАНОВИТ ОН ЦАРСКУЮ
ВЛАСТЬ СВОЮ; И ДА ВЗРАСТИТ ОН СПАСЕНИЕ; И ДА ПРИБЛИЗИТ ОН ПРИХОД
МАШИАХА СВОЕГО (община отвечает: АМЕН!) – ПРИ ЖИЗНИ ВАШЕЙ, В ДНИ ВАШИ И
ПРИ ЖИЗНИ ВСЕГО ДОМА ИЗРАИЛЯ, ВСКОРОСТИ, В БЛИЖАЙШЕЕ ВРЕМЯ, И СКА-
ЖЕМ: АМЕН! (Община отвечает: АМЕН!)
    Община вместе с тем, кто произносит "Кадиш": ДА БУДЕТ ВЕЛИКОЕ ИМЯ ЕГО
БЛАГОСЛОВЕННО ВЕЧНО, ВО ВЕКИ ВЕКОВ! ДА БУДЕТ БЛАГОСЛОВЛЯЕМО...
    ...И ВОСХВАЛЯЕМО, И ПРОСЛАВЛЯЕМО, И ВОЗВЕЛИЧИВАЕМО, И ПРЕВОЗНОСИ-
МО, И ПОЧИТАЕМО, И ВЕЛИЧАЕМО, И ВОСПЕВАЕМО ИМЯ СВЯТОГО [ТВОРЦА],
БЛАГОСЛОВЕН ОН (община отвечает: АМЕН!), ПРЕВЫШЕ ВСЕХ БЛАГОСЛОВЕНИЙ И
ПЕСНОПЕНИЙ, ВОСХВАЛЕНИЙ И УТЕШИТЕЛЬНЫХ СЛОВ, ПРОИЗНОСИМЫХ В МИРЕ, И
СКАЖЕМ: АМЕН! (Община отвечает: АМЕН!)

    ИЗРАИЛЮ, И МУДРЕЦАМ, И ИХ УЧЕНИКАМ, И УЧЕНИКАМ ИХ УЧЕНИКОВ, И ВСЕМ,
ИЗУЧАЮЩИМ ТОРУ, – ЗДЕСЬ И В ЛЮБОМ ДРУГОМ МЕСТЕ, – ДА БУДУТ ДАРОВАНЫ
ИХ ОТЦОМ НЕБЕСНЫМ ИМ И ВАМ ПРОЧНЫЙ МИР, БЛАГОВОЛЕНИЕ, И ЛЮБОВЬ, И
МИЛОСТЬ, И ДОЛГОЛЕТИЕ, И ДОСТАТОК, И ИЗБАВЛЕНИЕ, И СКАЖЕМ: АМЕН!
(Община отвечает: АМЕН!)
    ДА БУДУТ ДАРОВАНЫ С НЕБЕС ПРОЧНЫЙ МИР И СЧАСТЛИВАЯ ЖИЗНЬ НАМ И
ВСЕМУ ИЗРАИЛЮ, И СКАЖЕМ: АМЕН! (Община отвечает: АМЕН!)
    УСТАНАВЛИВАЮЩИЙ МИР (в "десять дней раскаяния" вместо "ШАЛОМ" – "МИР"
говорят: "ˆАШАЛОМ") В СВОИХ ВЫСОТАХ, ОН ПОШЛЕТ МИР НАМ И ВСЕМУ ИЗРА-
ИЛЮ, И СКАЖЕМ: АМЕН! (Община отвечает: АМЕН!)

1. См. Критот, 6а,6.   2. Хавакук, 3:6.   3. Мегила, 28б.   4. Брахот, 64а.   5. Йешаяˆу, 54:13.
6. Теˆилим, 119:165.   7. Теˆилим, 122:7–9.   8. Теˆилим, 29:11.
* Иными словами, тот, кто изучает Тору, тем самым отстраивает Иерусалим.

עָלֵינוּ לְשַׁבֵּחַ לַאֲדוֹן הַכֹּל, לָתֵת גְּדֻלָּה לְיוֹצֵר בְּרֵאשִׁית,
שֶׁלֹּא עָשָׂנוּ כְּגוֹיֵי הָאֲרָצוֹת, וְלֹא שָׂמָנוּ כְּמִשְׁפְּחוֹת
הָאֲדָמָה, שֶׁלֹּא שָׂם חֶלְקֵנוּ כָּהֶם, וְגֹרָלֵנוּ כְּכָל הֲמוֹנָם
שֶׁהֵם מִשְׁתַּחֲוִים לְהֶבֶל וְלָרִיק. וַאֲנַחְנוּ כּוֹרְעִים
וּמִשְׁתַּחֲוִים וּמוֹדִים, לִפְנֵי מֶלֶךְ, מַלְכֵי הַמְּלָכִים,
הַקָּדוֹשׁ, בָּרוּךְ הוּא . שֶׁהוּא נוֹטֶה שָׁמַיִם
וְיֹסֵד אָרֶץ, וּמוֹשַׁב יְקָרוֹ בַּשָּׁמַיִם מִמַּעַל, וּשְׁכִינַת עֻזּוֹ
בְּגָבְהֵי מְרוֹמִים, הוּא אֱלֹהֵינוּ אֵין עוֹד . אֱמֶת מַלְכֵּנוּ,
אֶפֶס זוּלָתוֹ, כַּכָּתוּב בְּתוֹרָתוֹ : וְיָדַעְתָּ הַיּוֹם וַהֲשֵׁבֹתָ
אֶל לְבָבֶךָ, כִּי יְיָ הוּא הָאֱלֹהִים בַּשָּׁמַיִם מִמַּעַל, וְעַל
הָאָרֶץ מִתָּחַת, אֵין עוֹד :

וְעַל כֵּן נְקַוֶּה לְךָ יְיָ אֱלֹהֵינוּ , לִרְאוֹת מְהֵרָה
בְּתִפְאֶרֶת עֻזֶּךָ, לְהַעֲבִיר גִּלּוּלִים מִן הָאָרֶץ
וְהָאֱלִילִים כָּרוֹת יִכָּרֵתוּן, לְתַקֵּן עוֹלָם בְּמַלְכוּת
שַׁדַּי ; וְכָל בְּנֵי בָשָׂר יִקְרְאוּ בִשְׁמֶךָ, לְהַפְנוֹת
אֵלֶיךָ כָּל רִשְׁעֵי אָרֶץ. יַכִּירוּ וְיֵדְעוּ כָּל יוֹשְׁבֵי
תֵבֵל, כִּי לְךָ תִּכְרַע כָּל בֶּרֶךְ, תִּשָּׁבַע כָּל לָשׁוֹן.
לְפָנֶיךָ יְיָ אֱלֹהֵינוּ יִכְרְעוּ וְיִפֹּלוּ, וְלִכְבוֹד שִׁמְךָ
יְקָר יִתֵּנוּ וִיקַבְּלוּ כֻלָּם עֲלֵיהֶם אֶת עוֹל מַלְכוּתֶךָ,
וְתִמְלוֹךְ עֲלֵיהֶם מְהֵרָה לְעוֹלָם וָעֶד, כִּי הַמַּלְכוּת
שֶׁלְּךָ הִיא וּלְעוֹלְמֵי עַד תִּמְלוֹךְ בְּכָבוֹד, כַּכָּתוּב
בְּתוֹרָתֶךָ: יְיָ יִמְלֹךְ לְעֹלָם וָעֶד . וְנֶאֱמַר : וְהָיָה יְיָ

Следующую молитву до слов "НИЧЕГО КРОМЕ НЕГО НЕ СУЩЕСТВУЕТ" произносят стоя. Произнося слова "ПРЕКЛОНЯЕМ КОЛЕНА, И ПАДАЕМ НИЦ, И ВОЗНОСИМ БЛАГОДАРНОСТЬ", кланяются. После произнесения слов "ПУСТОТЕ И ТЩЕТЕ", перед тем, как продолжить молитву, следует сплюнуть. Этот текст произносят все присутствующие, даже те, кто не участвует в этом "миньяне", если только они не заняты другой молитвой.

עלינו НАШ ДОЛГ — ВОСХВАЛЯТЬ ВЛАДЫКУ ВСЕГО МИРА, ПРОВОЗГЛАШАТЬ ВЕЛИЧИЕ СОЗДАТЕЛЯ ВСЕЛЕННОЙ, КОТОРЫЙ НЕ СДЕЛАЛ НАС ПОДОБНЫМИ ДРУГИМ НАРОДАМ МИРА, И НЕ ДАЛ НАМ БЫТЬ ПОХОЖИМИ НА ВСЕ ПЛЕМЕНА ЗЕМНЫЕ, И НЕ ДАЛ НАМ ТОТ ЖЕ УДЕЛ, ЧТО И ИМ, И ТУ ЖЕ СУДЬБУ, ЧТО И ВСЕМ ИХ ПОЛЧИЩАМ, — ИБО ОНИ ПОКЛОНЯЮТСЯ ПУСТОТЕ И ТЩЕТЕ. МЫ ЖЕ ПРЕКЛОНЯЕМ КОЛЕНА, И ПАДАЕМ НИЦ, И ВОЗНОСИМ БЛАГОДАРНОСТЬ ВЛАДЫКЕ, ЦАРЮ ЦАРЕЙ, СВЯТОМУ [ТВОРЦУ], БЛАГОСЛОВЕН ОН, КОТОРЫЙ ПРОСТЕР НЕБЕСА И УТВЕРДИЛ ЗЕМЛЮ [НА МЕСТЕ], — И ПРЕСТОЛ СЛАВЫ ЕГО — НЕБЕСНЫЕ ВЫСИ, И ОБИТЕЛЬ МОГУЩЕСТВА ЕГО — ВЫСОТЫ ВЫСОТ. ОН, И НИКТО ИНОЙ, — БОГ НАШ. ВОИСТИНУ, ОН — ВЛАДЫКА НАШ, И НИЧТО НЕ МОЖЕТ СУЩЕСТВОВАТЬ БЕЗ НЕГО, КАК НАПИСАНО В ТОРЕ ЕГО: "И УЗНАЕШЬ ТЫ В ТОТ ДЕНЬ, И ПРИМЕШЬ СЕРДЦЕМ СВОИМ, ЧТО ГОСПОДЬ — БОГ; ОТ НЕБЕСНЫХ ВЫСЕЙ И ДО ЗЕМНЫХ ГЛУБИН НИЧЕГО КРОМЕ НЕГО НЕ СУЩЕСТВУЕТ".[1] *

ועל И ПОЭТОМУ МЫ НАДЕЕМСЯ НА ТЕБЯ, ГОСПОДЬ, БОГ НАШ, [НАДЕЕМСЯ] УВИДЕТЬ ВСКОРЕ ВЕЛИКОЛЕПИЕ МОГУЩЕСТВА ТВОЕГО, КОТОРОЕ СМЕТЕТ ИСТУКАНОВ С ЛИЦА ЗЕМЛИ И УНИЧТОЖИТ ИДОЛОВ. И БУДЕТ УСТАНОВЛЕНА В МИРЕ ВЛАСТЬ ВСЕМОГУЩЕГО, И ВСЕ СЫНЫ ЧЕЛОВЕЧЕСКИЕ СТАНУТ ВЗЫВАТЬ К ИМЕНИ ТВОЕМУ, И ВСЕ ГРЕШНИКИ ЗЕМЛИ ВЕРНУТСЯ К ТЕБЕ. И ПРИЗНАЮТ, И ПОЙМУТ ВСЕ ЖИТЕЛИ ЗЕМЛИ, ЧТО ПРЕД ТОБОЮ ВСЕМ СЛЕДУЕТ ПРЕКЛОНЯТЬ КОЛЕНИ И [ЛИШЬ] ТВОИМ ИМЕНЕМ ДОЛЖНО КЛЯСТЬСЯ. ПРЕД ТОБОЮ, ГОСПОДЬ, БОГ НАШ, СКЛОНЯТСЯ ОНИ, И ПАДУТ НИЦ, И ВОЗДАДУТ ПОЧЕСТИ СЛАВНОМУ ИМЕНИ ТВОЕМУ; И ВСЕ ОНИ ПОДЧИНЯТСЯ ТВОЕЙ ЦАРСКОЙ ВЛАСТИ, И ВСКОРЕ ТЫ ВОЦАРИШЬСЯ НАД НИМИ НА ВЕКИ ВЕЧНЫЕ, ИБО ТЕБЕ ПРИНАДЛЕЖИТ ЦАРСКАЯ ВЛАСТЬ, И БУДЕШЬ ТЫ ЦАРСТВОВАТЬ ВО СЛАВЕ ВО ВЕКИ ВЕКОВ. КАК НАПИСАНО В ТОРЕ ТВОЕЙ: "ГОСПОДЬ БУДЕТ ЦАРСТВОВАТЬ ВО ВЕКИ ВЕКОВ!"[2] И СКАЗАНО: "И СТАНЕТ ГОСПОДЬ

---

1. Дварим, 4:39.   2. Шмот, 15:18.
* Ибо все существующее — не что иное, как проявления Всевышнего. См. Тания, ч. II.

לְמֶלֶךְ עַל כָּל הָאָרֶץ, בַּיּוֹם הַהוּא יִהְיֶה יְיָ אֶחָד
וּשְׁמוֹ אֶחָד: קדיש יתום

אַל תִּירָא מִפַּחַד פִּתְאֹם, וּמִשֹּׁאַת רְשָׁעִים כִּי תָבֹא: עֻצוּ עֵצָה
וְתֻפָר, דַּבְּרוּ דָבָר וְלֹא יָקוּם כִּי עִמָּנוּ אֵל: וְעַד זִקְנָה אֲנִי הוּא,
וְעַד שֵׂיבָה אֲנִי אֶסְבֹּל; אֲנִי עָשִׂיתִי וַאֲנִי אֶשָּׂא וַאֲנִי אֶסְבֹּל וַאֲמַלֵּט:

אַךְ צַדִּיקִים יוֹדוּ לִשְׁמֶךָ יֵשְׁבוּ יְשָׁרִים אֶת פָּנֶיךָ:

מנהג להניח תפילין דר"ת אחר התפלה בלא ברכה ולקרוא ק"ש בהם וגם פרשׁן עמד נס קן
פרשת קדש והיה כי יבאך :

וַיְדַבֵּר יְהוָה אֶל־מֹשֶׁה לֵּאמֹר : ב קַדֶּשׁ־לִי כָל־בְּכוֹר פֶּטֶר כָּל־
רֶחֶם בִּבְנֵי יִשְׂרָאֵל בָּאָדָם וּבַבְּהֵמָה לִי הוּא : ג וַיֹּאמֶר
מֹשֶׁה אֶל־הָעָם זָכוֹר אֶת־הַיּוֹם הַזֶּה אֲשֶׁר יְצָאתֶם מִמִּצְרַיִם מִבֵּית
עֲבָדִים כִּי בְּחֹזֶק יָד הוֹצִיא יְהוָה אֶתְכֶם מִזֶּה וְלֹא יֵאָכֵל חָמֵץ :
ד הַיּוֹם אַתֶּם יֹצְאִים בְּחֹדֶשׁ הָאָבִיב : ה וְהָיָה כִי־יְבִיאֲךָ יְהוָה אֶל־
אֶרֶץ הַכְּנַעֲנִי וְהַחִתִּי וְהָאֱמֹרִי וְהַחִוִּי וְהַיְבוּסִי אֲשֶׁר נִשְׁבַּע לַאֲבֹתֶיךָ
לָתֶת לָךְ אֶרֶץ זָבַת חָלָב וּדְבָשׁ וְעָבַדְתָּ אֶת־הָעֲבֹדָה הַזֹּאת
בַּחֹדֶשׁ הַזֶּה : ו שִׁבְעַת יָמִים תֹּאכַל מַצֹּת וּבַיּוֹם הַשְּׁבִיעִי חַג
לַיהוָה : ז מַצּוֹת יֵאָכֵל אֵת שִׁבְעַת הַיָּמִים וְלֹא־יֵרָאֶה לְךָ חָמֵץ
וְלֹא־יֵרָאֶה לְךָ שְׂאֹר בְּכָל־גְּבֻלֶךָ : ח וְהִגַּדְתָּ לְבִנְךָ בַּיּוֹם הַהוּא
לֵאמֹר בַּעֲבוּר זֶה עָשָׂה יְהוָה לִי בְּצֵאתִי מִמִּצְרָיִם: ט וְהָיָה לְךָ לְאוֹת
עַל־יָדְךָ וּלְזִכָּרוֹן בֵּין עֵינֶיךָ לְמַעַן תִּהְיֶה תּוֹרַת יְהוָה בְּפִיךָ כִּי בְּיָד
חֲזָקָה הוֹצִאֲךָ יְהוָה מִמִּצְרָיִם : י וְשָׁמַרְתָּ אֶת־הַחֻקָּה הַזֹּאת
לְמוֹעֲדָהּ מִיָּמִים יָמִימָה : יא וְהָיָה כִּי־יְבִאֲךָ יְהוָה אֶל־אֶרֶץ הַכְּנַעֲנִי
כַּאֲשֶׁר נִשְׁבַּע לְךָ וְלַאֲבֹתֶיךָ וּנְתָנָהּ לָךְ : יב וְהַעֲבַרְתָּ כָל־פֶּטֶר־רֶחֶם
לַיהוָה וְכָל־פֶּטֶר שֶׁגֶר בְּהֵמָה אֲשֶׁר יִהְיֶה לְךָ הַזְּכָרִים לַיהוָה :
יג וְכָל־פֶּטֶר חֲמֹר תִּפְדֶּה בְשֶׂה וְאִם־לֹא תִפְדֶּה וַעֲרַפְתּוֹ וְכֹל בְּכוֹר
אָדָם בְּבָנֶיךָ תִּפְדֶּה : יד וְהָיָה כִּי־יִשְׁאָלְךָ בִנְךָ מָחָר לֵאמֹר מַה־זֹּאת
וְאָמַרְתָּ אֵלָיו בְּחֹזֶק יָד הוֹצִיאָנוּ יְהוָה מִמִּצְרַיִם מִבֵּית עֲבָדִים :
טו וַיְהִי כִּי־הִקְשָׁה פַרְעֹה לְשַׁלְּחֵנוּ וַיַּהֲרֹג יְהוָה כָּל־בְּכוֹר בְּאֶרֶץ

הרא א) משלי ג כה: ב) ישעיה ח י: ג) שם טו ד: ד) תהלים קמ"ד: ה) שמות י"ג א:

ВЛАДЫКОЙ ВСЕЙ ЗЕМЛИ; В ТОТ ДЕНЬ ГОСПОДЬ БУДЕТ [ПРИ-
ЗНАН ВСЕМИ НАРОДАМИ] ЕДИНСТВЕННЫМ [БОГОМ] , И ЛИШЬ
ЕГО ИМЯ [БУДЕТ У ВСЕХ НА УСТАХ] ”.[1]

Далее произносится ”Кадиш ятом”, стр. 77.

אל НЕ БОЙСЯ ВНЕЗАПНО ВОЗНИКШЕЙ УГРОЗЫ, ПРИХОДА ЗЛОДЕЕВ, [НЕСУЩИХ]
ГИБЕЛЬ.[2] ГОТОВЬТЕ ЗАГОВОРЫ, [ВРАГИ ИЗРАИЛЯ] , – ОНИ БУДУТ СОРВАНЫ. СГО-
ВАРИВАЙТЕСЬ МЕЖДУ СОБОЮ – НИЧЕГО У ВАС НЕ ВЫЙДЕТ, ВЕДЬ С НАМИ БОГ![3]
”ВОВЕК Я НЕ ИЗМЕНЮСЬ И ДО СКОНЧАНИЯ ВЕКОВ БУДУ ТЕРПЕЛИВ [К НАРОДУ
ИЗРАИЛЯ] . Я СОТВОРИЛ [ЕГО] , И БУДУ ЗАБОТИТЬСЯ [О НЕМ] , И БУДУ ТЕРПЕЛИВ
[К НЕМУ] , И СПАСУ [ЕГО] ”.[4]

אך ТОЛЬКО ПРАВЕДНИКИ УДОСТОЯТСЯ ВОЗНОСИТЬ БЛАГОДАРНОСТЬ ИМЕНИ
ТВОЕМУ. НЕПОРОЧНЫЕ БУДУТ НАХОДИТЬСЯ ПРЕД ЛИЦОМ ТВОИМ. [5]

*Существует обычай после утренней молитвы надевать тфилин дерабейну Там (которые
отличаются от обычных расположением в них текстов Торы), не произнося при этом
благословения, и повторять ”Шма”, стр. 46–48, до слова ”ИСТИННО” включительно.
Принято также после этого произносить следующие отрывки из Торы:*

וידבר И ОБРАТИЛСЯ ГОСПОДЬ К МОШЕ, И СКАЗАЛ: ”ПОСВЯЩАЙ МНЕ ВСЯКОГО
ПЕРВЕНЦА КАЖДОГО ИЗ СЫНОВ ИЗРАИЛЯ, ПЕРВЫМ ВЫШЕДШЕГО ИЗ МАТЕРИНСКО-
ГО ЧРЕВА; [ПЕРВЕНЕЦ] ЧЕЛОВЕКА И [ПЕРВЕНЕЦ] СКОТА ПРИНАДЛЕЖАТ МНЕ.”
И СКАЗАЛ МОШЕ НАРОДУ: ”ПОМНИ ЭТОТ ДЕНЬ – [ДЕНЬ] , КОГДА ВЫ ВЫХОДИТЕ
ИЗ ЕГИПТА, ИЗ ДОМА РАБСТВА, – ИБО РУКОЮ СВОЕЙ МОГУЧЕЙ ВЫВЕЛ ВАС
ГОСПОДЬ ОТТУДА; И НЕ ЕШЬТЕ КВАСНОГО [КАЖДЫЙ ГОД] В ЭТОТ ДЕНЬ ВЕСЕН-
НЕГО МЕСЯЦА, КОГДА ВЫШЛИ ВЫ [ИЗ ЕГИПТА] . И КОГДА ПРИВЕДЕТ ТЕБЯ
ГОСПОДЬ В СТРАНУ ХАНААНЕЕВ, И ХЕТТОВ, И ЭМОРЕЕВ, И ХИВЕЕВ, И ЙЕВУСЕЕВ,
КОТОРУЮ ГОСПОДЬ ПОКЛЯЛСЯ ВАШИМ ОТЦАМ ДАРОВАТЬ ТЕБЕ, – В ЗЕМЛЮ,
ТЕКУЩУЮ МОЛОКОМ И МЕДОМ, – СОВЕРШАЙ ЭТО [ПАСХАЛЬНОЕ] ЖЕРТВОПРИНО-
ШЕНИЕ В ТОМ ЖЕ МЕСЯЦЕ. СЕМЬ ДНЕЙ ПИТАЙСЯ МАЦОЙ, А СЕДЬМОЙ ДЕНЬ – ПРА-
ЗДНИК ВО ИМЯ ГОСПОДА. МАЦУ СЛЕДУЕТ ЕСТЬ СЕМЬ ДНЕЙ; И ДА НЕ БУДЕТ ВИД-
НО ВО [ВЛАДЕНИЯХ] ТВОИХ КВАСНОГО, И ДА НЕ БУДЕТ ВИДНО ЗАКВАСКИ ВО
ВСЕХ ТВОИХ ПРЕДЕЛАХ. И СКАЖИ В ТОТ ДЕНЬ СВОЕМУ СЫНУ ТАК: ”ЗА [ИСПОЛ-
НЕНИЕ] ЭТОЙ [ЗАПОВЕДИ] СОТВОРИЛ ДЛЯ МЕНЯ ГОСПОДЬ [ЧУДЕСА] , КОГДА Я
ВЫХОДИЛ ИЗ ЕГИПТА”. И БУДУТ [СЛОВА ЭТИ] ЗНАКОМ НА РУКЕ ТВОЕЙ И ЗНА-
КАМИ НАД ГЛАЗАМИ ТВОИМИ – ЧТОБЫ БЫЛА ТОРА ГОСПОДА НА УСТАХ ТВОИХ,
ИБО РУКОЮ СВОЕЙ МОГУЧЕЙ ВЫВЕЛ ТЕБЯ ГОСПОДЬ ИЗ ЕГИПТА. И ВЫПОЛНЯЙ
ЗАПОВЕДЬ ЭТУ [О ПАСХАЛЬНОМ ЖЕРТВОПРИНОШЕНИИ] В УСТАНОВЛЕННЫЙ ДЛЯ
НЕЕ СРОК, ИЗ ГОДА В ГОД. И КОГДА ПРИВЕДЕТ ТЕБЯ ГОСПОДЬ В ЗЕМЛЮ ХАНААНЕ-
ЕВ, – В ЧЕМ ОН КЛЯЛСЯ ТЕБЕ И ТВОИМ ОТЦАМ, – И ОТДАСТ ЕЕ ТЕБЕ, БУДЕШЬ ПО-
СВЯЩАТЬ ТЫ КАЖДОГО СЫНА, ПЕРВЫМ ВЫШЕДШЕГО ИЗ МАТЕРИНСКОГО ЧРЕВА.
ГОСПОДУ; И ВСЯКИЙ ПРИПЛОД СКОТА, ПЕРВЫМ ВЫШЕДШИЙ [ИЗ МАТЕРИНСКОГО
ЧРЕВА] , – САМЦОВ, – ПОСВЯЩАЙ ГОСПОДУ, И ЗА ВСЯКОГО ОСЛЕНКА, ПЕРВЫМ ВЫ-
ШЕДШЕГО [ИЗ МАТЕРИНСКОГО ЧРЕВА] , ОТДАВАЙ [КОГЕНУ] В ВИДЕ ВЫКУПА
ОВЦУ; ЕСЛИ ТЫ НЕ ВЫКУПИШЬ ЕГО, ТЫ ДОЛЖЕН ЕГО УБИТЬ УДАРОМ ТОПО-
РА ПО ЗАТЫЛКУ. И ВСЕХ ПЕРВЕНЦЕВ У ЧЕЛОВЕКА, СЫНОВЕЙ ТВОИХ, ВЫКУ-
ПАЙ; И КОГДА В БУДУЩЕМ СПРОСИТ ТЕБЯ ТВОЙ СЫН: ”ЗАЧЕМ ЭТО [ДЕЛА-
ЕТСЯ] ?” – СКАЖИ ЕМУ: ”СИЛОЙ РУКИ СВОЕЙ ВЫВЕЛ НАС ГОСПОДЬ ИЗ ЕГИП-
ТА, ИЗ ДОМА РАБСТВА, И БЫЛО ТАК: КОГДА ЗАУПРЯМИЛСЯ ФАРАОН, НЕ
ЖЕЛАЯ ОТПУСТИТЬ НАС, УМЕРТВИЛ ГОСПОДЬ ВСЕХ ПЕРВЕНЦЕВ В СТРАНЕ

---

1. Зхарья, 14:9. 2. Мишлей, 3:25. 3. Йешаяѓу, 8:10. 4. Йешаяѓу, 46:4. 5. Теѓилим, 140:14.

מִצְרַיִם מִבְּכֹר אָדָם וְעַד־בְּכוֹר בְּהֵמָה עַל־כֵּן אֲנִי זֹבֵחַ לַיהוָֹה כָּל־
פֶּטֶר רֶחֶם הַזְּכָרִים וְכָל־בְּכוֹר בָּנַי אֶפְדֶּה: טז וְהָיָה לְאוֹת עַל־
יָדְכָה וּלְטוֹטָפֹת בֵּין עֵינֶיךָ כִּי בְּחֹזֶק יָד הוֹצִיאָנוּ יְהוָֹה מִמִּצְרָיִם:

שֵׁשׁ זְכִירוֹת

לְמַעַן תִּזְכֹּר אֶת־יוֹם צֵאתְךָ מֵאֶרֶץ מִצְרַיִם כֹּל יְמֵי חַיֶּיךָ:

רַק הִשָּׁמֶר לְךָ וּשְׁמֹר נַפְשְׁךָ מְאֹד פֶּן־תִּשְׁכַּח אֶת־הַדְּבָרִים אֲשֶׁר־
רָאוּ עֵינֶיךָ וּפֶן־יָסוּרוּ מִלְּבָבְךָ כֹּל יְמֵי חַיֶּיךָ וְהוֹדַעְתָּם לְבָנֶיךָ
וְלִבְנֵי בָנֶיךָ: יוֹם אֲשֶׁר עָמַדְתָּ לִפְנֵי יְהוָֹה אֱלֹהֶיךָ בְּחֹרֵב:

זָכוֹר אֵת אֲשֶׁר־עָשָׂה לְךָ עֲמָלֵק בַּדֶּרֶךְ בְּצֵאתְכֶם מִמִּצְרָיִם:
אֲשֶׁר קָרְךָ בַּדֶּרֶךְ וַיְזַנֵּב בְּךָ כָּל־הַנֶּחֱשָׁלִים אַחֲרֶיךָ וְאַתָּה
עָיֵף וְיָגֵעַ וְלֹא יָרֵא אֱלֹהִים: וְהָיָה בְּהָנִיחַ יְהוָֹה אֱלֹהֶיךָ לְךָ מִכָּל־
אֹיְבֶיךָ מִסָּבִיב בָּאָרֶץ אֲשֶׁר יְהוָֹה־אֱלֹהֶיךָ נֹתֵן לְךָ נַחֲלָה לְרִשְׁתָּהּ
תִּמְחֶה אֶת־זֵכֶר עֲמָלֵק מִתַּחַת הַשָּׁמָיִם לֹא תִּשְׁכָּח:

זְכֹר אַל־תִּשְׁכַּח אֵת אֲשֶׁר־הִקְצַפְתָּ אֶת־יְהוָֹה אֱלֹהֶיךָ בַּמִּדְבָּר:

זָכוֹר אֵת אֲשֶׁר־עָשָׂה יְהוָֹה אֱלֹהֶיךָ לְמִרְיָם בַּדֶּרֶךְ בְּצֵאתְכֶם
מִמִּצְרָיִם:

זָכוֹר אֶת־יוֹם הַשַּׁבָּת לְקַדְּשׁוֹ:

תפלת הדרך

צריך לאומרה משהחזיק בדרך חוץ לעיר כיום ראשון כשנוסע מביתו וטוב לומר מעומד אם אפשר בקל.
ונשאר הימים שמתעכב בדרך עד שובו לביתו יאמר אותה בכל טוךר אפילו במלון ויחתום ברוך אתה
שומע תפלה בלי הזכרת השם

יְהִי רָצוֹן מִלְּפָנֶיךָ יְהוָֹה אֱלֹהֵינוּ וֵאלֹהֵי אֲבוֹתֵינוּ שֶׁתּוֹלִיכֵנוּ
לְשָׁלוֹם וְתַצְעִידֵנוּ לְשָׁלוֹם וְתַדְרִיכֵנוּ לְשָׁלוֹם וְתִסְמְכֵנוּ
לְשָׁלוֹם וְתַגִּיעֵנוּ לִמְחוֹז חֶפְצֵנוּ לְחַיִּים וּלְשִׂמְחָה וּלְשָׁלוֹם (ואם דעתו
נחזר מיד אומר וְתַחֲזִירֵנוּ לְשָׁלוֹם) וְתַצִּילֵנוּ מִכַּף כָּל־אוֹיֵב וְאוֹרֵב
וְלִסְטִים וְחַיּוֹת רָעוֹת בַּדֶּרֶךְ וּמִכָּל־פּוּרְעָנִיּוֹת הַמִּתְרַגְּשׁוֹת וּבָאוֹת
לָעוֹלָם וְתִשְׁלַח בְּרָכָה בְּכָל־מַעֲשֵׂה יָדֵינוּ וְתִתְּנֵנִי לְחֵן וּלְחֶסֶד
וּלְרַחֲמִים בְּעֵינֶיךָ וּבְעֵינֵי כָל־רוֹאֵינוּ וְתִגְמְלֵנוּ חֲסָדִים טוֹבִים
וְתִשְׁמַע קוֹל תְּפִלָּתֵנוּ כִּי אַתָּה שׁוֹמֵעַ תְּפִלַּת כָּל־פֶּה: בָּרוּךְ
אַתָּה יְהוָֹה שׁוֹמֵעַ תְּפִלָּה:

י) בל' יחיד

ЕГИПЕТСКОЙ – И ПЕРВЕНЦЕВ ЧЕЛОВЕКА, И ПЕРВЕНЦЕВ СКОТА. ПОЭТОМУ Я ПРИ-
НОШУ ГОСПОДУ В ЖЕРТВУ ДЕТЕНЫШЕЙ ВСЯКОГО [КАШЕРНОГО ДОМАШНЕГО ЖИ-
ВОТНОГО], САМЦОВ, ПЕРВЫМИ ВЫШЕДШИХ ИЗ МАТЕРИНСКОГО ЧРЕВА; ЗА ВСЯКО-
ГО ПЕРВЕНЦА ИЗ СЫНОВЕЙ МОИХ ДАЮ ВЫКУП". И БУДУТ [СЛОВА ЭТИ] ЗНАКОМ
НА РУКЕ ТВОЕЙ И ЗНАКАМИ НАД ГЛАЗАМИ ТВОИМИ, ИБО СИЛОЙ РУКИ СВОЕЙ
ВЫВЕЛ НАС ГОСПОДЬ ИЗ ЕГИПТА.[1]

ШЕСТЬ ВЕЩЕЙ, О КОТОРЫХ ВСПОМИНАЮТ ЕЖЕДНЕВНО

למען "...ЧТОБЫ ПОМНИЛ ТЫ ДЕНЬ ВЫХОДА ТВОЕГО ИЗ ЕГИПТА ВО ВСЕ ДНИ
ЖИЗНИ ТВОЕЙ".[2]

רק "ТОЛЬКО БУДЬ ОСТОРОЖЕН, ВЕСЬМА ОБЕРЕГАЙ ДУШУ СВОЮ – НЕ ЗАБУДЬ ТЕ
СОБЫТИЯ, КОТОРЫЕ ВИДЕЛ ТЫ ГЛАЗАМИ СВОИМИ; И ДА НЕ СОТРУТСЯ ОНИ ИЗ
СЕРДЦА ТВОЕГО, ПОКА ТЫ ЖИВ, И ПОВЕДАЙ О НИХ СЫНОВЬЯМ СВОИМ И ВНУКАМ;
[ПОВЕДАЙ О ТОМ, ЧТО ВИДЕЛ В] ДЕНЬ, КОГДА СТОЯЛ ТЫ ПРЕД ГОСПОДОМ,
БОГОМ ТВОИМ, У ХОРЕВА".[3]

זכור "ПОМНИ ТО, ЧТО СДЕЛАЛ ВАМ АМАЛЕК, КОГДА БЫЛИ ВЫ В ПУТИ ПОСЛЕ
ТОГО, КАК ВЫШЛИ ВЫ ИЗ ЕГИПТА: КАК ОН НАПАЛ НА ВАС В ДОРОГЕ, КОГДА БЫЛИ
ВЫ УСТАЛЫМИ И ИЗМУЧЕННЫМИ; И КАК ИСТРЕБИЛ ОН ТЕХ ИЗ ВАС, КТО ОСЛАБ И
ОТСТАЛ, И НЕ ПОБОЯЛСЯ ОН БОГА. И КОГДА ДАРУЕТ ВАМ ГОСПОДЬ ПОКОЙ,
УСМИРИВ ВСЕХ ВРАГОВ ВАШИХ НА ЗЕМЛЕ, КОТОРУЮ ОН, ГОСПОДЬ, ДАЕТ ВАМ В
НАСЛЕДСТВЕННОЕ ВЛАДЕНИЕ, – СОТРИТЕ ПАМЯТЬ ОБ АМАЛЕКЕ ИЗ ПОДНЕБЕС-
НОЙ, НЕ ЗАБУДЬ!"[4]

זכור "ПОМНИ, НЕ ЗАБЫВАЙ, КАК ГНЕВИЛ ТЫ ГОСПОДА, БОГА ТВОЕГО, В ПУ-
СТЫНЕ".[5]

זכור "ПОМНИ, ЧТО СДЕЛАЛ ГОСПОДЬ С МИРЬЯМ В ПУТИ ПОСЛЕ ТОГО, КАК ВЫ-
ШЛИ ВЫ ИЗ ЕГИПТА".[6]

זכור "ПОМНИ О ДНЕ СУББОТНЕМ, ОБ ОСВЯЩЕНИИ ЕГО".[7]

ДОРОЖНАЯ МОЛИТВА

*Дорожную молитву произносят (если это возможно – стоя) в первый день путешест-
вия, оказавшись за городской чертой. В последующие дни путешествия, до возвращения
домой, эту молитву произносят каждое утро, вне зависимости от того, находится ли человек в дороге или остановился в гостинице. Имя Всевышнего в заключительном благословении произносится лишь в первый день. Желательно, чтобы дорожная молитва сле-
довала за каким-нибудь благословением; для этого, например, можно съесть какой-нибудь
плод (не менее чем "кезайит", т.е. 28 см"), после чего следует сказать соответствующее
благословение и сразу же произнести дорожную молитву.*

יהי ДА БУДЕТ УГОДНО ТЕБЕ, ГОСПОДЬ, БОГ НАШ И БОГ ОТЦОВ НАШИХ, ВЕСТИ
НАС МИРНЫМИ [ДОРОГАМИ], И НАПРАВИТЬ НАШИ ШАГИ ПО БЕЗОПАСНЫМ [СТЕ-
ЗЯМ], И УКАЗАТЬ НАМ НАДЕЖНЫЕ [ПУТИ], И ПОДДЕРЖАТЬ НАС, [ДАРУЯ НАМ]
МИР, И ПРИВЕСТИ НАС К ЦЕЛИ НАШЕГО ПУТЕШЕСТВИЯ ДЛЯ ЖИЗНИ, РАДОСТИ И
БЛАГОДЕНСТВИЯ (*тот, кто собирается сразу же отправиться в обратный путь, добавляет:*
И БЛАГОПОЛУЧНО ВЕРНУТЬ НАС ОБРАТНО), И СПАСТИ НАС ОТ РУК ВСЕХ ВРАГОВ,
И ОТ ТЕХ, КТО ПОДСТЕРЕГАЕТ НАС В ЗАСАДЕ, И ОТ ДИКИХ ЗВЕРЕЙ, [КОТОРЫЕ МО-
ГУТ ВСТРЕТИТЬСЯ НАМ] В ПУТИ, И ОТ ВСЯЧЕСКИХ БЕДСТВИЙ, КОТОРЫЕ ПОСТИ-
ГАЮТ МИР, И ДАРОВАТЬ [НАМ] БЛАГОСЛОВЕНИЕ ВО ВСЕХ ДЕЛАХ РУК НАШИХ, И
СДЕЛАТЬ ТАК, ЧТОБЫ Я ОБРЕЛ МИЛОСТЬ, ЛЮБОВЬ И МИЛОСЕРДИЕ В ГЛАЗАХ
ВСЕХ, КТО ВИДИТ НАС, И ОДАРИТЬ НАС БЛАГОМ. И УСЛЫШЬ МОЛИТВУ НАШУ;
ВЕДЬ ТЫ ВНИМАЕШЬ МОЛИТВАМ КАЖДОГО. БЛАГОСЛОВЕН ТЫ, ГОСПОДЬ, ВНИ-
МАЮЩИЙ МОЛИТВЕ!

---

1. Шмот, 13:1—16. 2. Дварим, 16:3. 3. Дварим, 4:9,10. 4. Дварим, 25:17—19. 5. Дварим,
9:7. 6. Дварим, 24:9. 7. Шмот, 20:8.

כשנוטל את ידיו קודם הסעודה מברך

בָּרוּךְ אַתָּה יְיָ, אֱלֹהֵינוּ מֶלֶךְ הָעוֹלָם, אֲשֶׁר קִדְּשָׁנוּ בְּמִצְוֹתָיו, וְצִוָּנוּ עַל נְטִילַת יָדָיִם:

על הלחם בָּרוּךְ אַתָּה יְיָ אֱלֹהֵינוּ מֶלֶךְ הָעוֹלָם, הַמּוֹצִיא לֶחֶם מִן הָאָרֶץ:

על חמשת מיני דגן שהם חמה ושעורה כוסמין שבולת שועל ושיפון שעושין או כתמן ופשה מהן תבשיל מברך:

בָּרוּךְ אַתָּה יְיָ אֱלֹהֵינוּ מֶלֶךְ הָעוֹלָם, בּוֹרֵא מִינֵי מְזוֹנוֹת:

על היין בָּרוּךְ אַתָּה יְיָ אֱלֹהֵינוּ מֶלֶךְ הָעוֹלָם, בּוֹרֵא פְּרִי הַגָּפֶן:

על כל פרי העץ מברך בָּרוּךְ אַתָּה יְיָ אֱלֹהֵינוּ מֶלֶךְ הָעוֹלָם, בּוֹרֵא פְּרִי הָעֵץ:

על פרי האדמה בָּרוּךְ אַתָּה יְיָ אֱלֹהֵינוּ מֶלֶךְ הָעוֹלָם בּוֹרֵא פְּרִי הָאֲדָמָה:

על בשר ודגים, חלב ביצה וגבינה, כמהין ופטריות וכדומה, נם על המשקים חוץ מיין מברך

בָּרוּךְ אַתָּה יְיָ אֱלֹהֵינוּ מֶלֶךְ הָעוֹלָם שֶׁהַכֹּל נִהְיָה בִּדְבָרוֹ:

האוכל פרי חדש בפעם הראשונה:

בָּרוּךְ אַתָּה יְיָ, אֱלֹהֵינוּ מֶלֶךְ הָעוֹלָם, שֶׁהֶחֱיָנוּ וְקִיְּמָנוּ וְהִגִּיעָנוּ לַזְּמַן הַזֶּה:

הקובע מזוזה בָּרוּךְ אַתָּה יְיָ אֱלֹהֵינוּ מֶלֶךְ הָעוֹלָם, אֲשֶׁר קִדְּשָׁנוּ בְּמִצְוֹתָיו, וְצִוָּנוּ לִקְבּוֹעַ מְזוּזָה:

על רעם וסער ורעש בָּרוּךְ אַתָּה יְיָ אֱלֹהֵינוּ מֶלֶךְ הָעוֹלָם, שֶׁכֹּחוֹ וּגְבוּרָתוֹ מָלֵא עוֹלָם:

הרואה ברקים וכוכבים המעופפים בלילה:

בָּרוּךְ אַתָּה יְיָ אֱלֹהֵינוּ מֶלֶךְ הָעוֹלָם, עֹשֶׂה מַעֲשֵׂה בְּרֵאשִׁית:

הרואה הקשת בָּרוּךְ אַתָּה יְיָ אֱלֹהֵינוּ מֶלֶךְ הָעוֹלָם, זוֹכֵר הַבְּרִית וְנֶאֱמָן בִּבְרִיתוֹ וְקַיָּם בְּמַאֲמָרוֹ:

על שמועות טובות לו ולאחרים:

בָּרוּךְ אַתָּה יְיָ אֱלֹהֵינוּ מֶלֶךְ הָעוֹלָם, הַטּוֹב וְהַמֵּטִיב:

על שמועות רעות ר״ל בָּרוּךְ אַתָּה יְיָ אֱלֹהֵינוּ מֶלֶךְ הָעוֹלָם, דַּיָּן הָאֱמֶת:

על ריח בשמים בָּרוּךְ אַתָּה יְיָ אֱלֹהֵינוּ מֶלֶךְ הָעוֹלָם, בּוֹרֵא מִינֵי בְשָׂמִים:

כשטובל כלים חדשים מברך:

בָּרוּךְ אַתָּה יְיָ אֱלֹהֵינוּ מֶלֶךְ הָעוֹלָם, אֲשֶׁר קִדְּשָׁנוּ בְּמִצְוֹתָיו, וְצִוָּנוּ עַל טְבִילַת כֶּלִי (וכשהם הרבה יאמר טְבִילַת כֵּלִים):

בלש פיסה לעורך משקל שלש לעורות מקמח ומים, חייב להפריש ממנה חלה:

בָּרוּךְ אַתָּה יְיָ אֱלֹהֵינוּ מֶלֶךְ הָעוֹלָם, אֲשֶׁר קִדְּשָׁנוּ בְּמִצְוֹתָיו, וְצִוָּנוּ לְהַפְרִישׁ חַלָּה:

(См. транслитерацию на стр. 394)

Перед тем, как есть хлеб, омывают руки. Берут сосуд с водой в правую руку, после этого берут его левой рукой и поливают из сосуда правую руку, обливая всю кисть, до запястья, трижды; потом берут (через полотенце) сосуд в правую руку и трижды обливают кисть левой руки. Потирая руки, приподнимают их и произносят благословение; затем руки вытирают. Благословение это произносят в том случае, если собираются съесть не менее чем "кебейца" (56 см³) хлеба.

БЛАГОСЛОВЕН ТЫ, ГОСПОДЬ, БОГ НАШ, ВЛАДЫКА ВСЕЛЕННОЙ, ОСВЯТИВШИЙ НАС СВОИМИ ЗАПОВЕДЯМИ И ДАВШИЙ НАМ ПОВЕЛЕНИЕ ОБ ОМОВЕНИИ РУК!

Если кусок хлеба велик, то сначала его слегка надрезают, затем произносят благословение, потом отрезают ломтик размером не менее чем в половину "кезайит" и трижды опускают его в соль. Над хлебом произносят:

БЛАГОСЛОВЕН ТЫ, ГОСПОДЬ, БОГ НАШ, ВЛАДЫКА ВСЕЛЕННОЙ, ВЫРАСТИВШИЙ ХЛЕБ ИЗ ЗЕМЛИ!

Над едой, сваренной из зерен или приготовленной из муки следующих пяти злаков: пшеницы, ячменя, полбы, овса, ржи, – произносят следующее благословение:

БЛАГОСЛОВЕН ТЫ, ГОСПОДЬ, БОГ НАШ, ВЛАДЫКА ВСЕЛЕННОЙ, СОТВОРИВШИЙ РАЗНООБРАЗНЫЕ ВИДЫ ПИЩИ, КОТОРАЯ НАСЫЩАЕТ!

Над вином:

БЛАГОСЛОВЕН ТЫ, ГОСПОДЬ, БОГ НАШ, ВЛАДЫКА ВСЕЛЕННОЙ, СОТВОРИВШИЙ ПЛОД ВИНОГРАДНОЙ ЛОЗЫ!

Над фруктами:

БЛАГОСЛОВЕН ТЫ, ГОСПОДЬ, БОГ НАШ, ВЛАДЫКА ВСЕЛЕННОЙ, СОТВОРИВШИЙ ПЛОД ДЕРЕВА!

Над овощами:

БЛАГОСЛОВЕН ТЫ, ГОСПОДЬ, БОГ НАШ, ВЛАДЫКА ВСЕЛЕННОЙ, СОТВОРИВШИЙ ПЛОД ЗЕМЛИ!

Над мясом, рыбой, молоком, яйцами, сыром, грибами и т.д. а также над всеми напитками кроме вина:

БЛАГОСЛОВЕН ТЫ, ГОСПОДЬ, БОГ НАШ, ВЛАДЫКА ВСЕЛЕННОЙ, ПО ЧЬЕМУ СЛОВУ ВОЗНИКЛО ВСЕ!

Перед тем как впервые отведать плод нового урожая (после обычного благословения на этот плод), произносят:

БЛАГОСЛОВЕН ТЫ, ГОСПОДЬ, БОГ НАШ, ВЛАДЫКА ВСЕЛЕННОЙ, КОТОРЫЙ ДАРОВАЛ НАМ ЖИЗНЬ, И ПОДДЕРЖИВАЛ ЕЕ В НАС, И ДАЛ НАМ ДОЖИТЬ ДО ЭТОГО ВРЕМЕНИ!

Перед тем, как установить мезузу, говорят:

БЛАГОСЛОВЕН ТЫ, ГОСПОДЬ, БОГ НАШ, ВЛАДЫКА ВСЕЛЕННОЙ, ОСВЯТИВШИЙ НАС СВОИМИ ЗАПОВЕДЯМИ И ПОВЕЛЕВШИЙ НАМ УСТАНАВЛИВАТЬ МЕЗУЗУ!

Следующее благословение произносят, услышав гром, а также во время бури или землетрясения (во время грозы это благословение произносят только один раз):

БЛАГОСЛОВЕН ТЫ, ГОСПОДЬ, БОГ НАШ, ВЛАДЫКА ВСЕЛЕННОЙ, СИЛА И МОГУЩЕСТВО КОТОРОГО НАПОЛНЯЮТ МИР!

Увидев молнию или падающую звезду, произносят:

БЛАГОСЛОВЕН ТЫ, ГОСПОДЬ, БОГ НАШ, ВЛАДЫКА ВСЕЛЕННОЙ, ТВОРЯЩИЙ МИРОЗДАНИЕ!

Увидев радугу, произносят:

БЛАГОСЛОВЕН ТЫ, ГОСПОДЬ, БОГ НАШ, ВЛАДЫКА ВСЕЛЕННОЙ, ПОМНЯЩИЙ СОЮЗ [С НОАХОМ], И ВЕРНЫЙ СОЮЗУ СВОЕМУ, И ВЫПОЛНЯЮЩИЙ СВОИ ОБЕЩАНИЯ!

Тот, кто услышал весть, несущую радость и ему самому, и другим, произносит:

БЛАГОСЛОВЕН ТЫ, ГОСПОДЬ, БОГ НАШ, ВЛАДЫКА ВСЕЛЕННОЙ, КОТОРЫЙ ДОБР И ТВОРИТ ДОБРО!

Услышав, не дай Б-г, дурную весть, произносят:

БЛАГОСЛОВЕН ТЫ, ГОСПОДЬ, БОГ НАШ, ВЛАДЫКА ВСЕЛЕННОЙ, СПРАВЕДЛИВЫЙ СУДЬЯ!

Над ароматными веществами произносят:

БЛАГОСЛОВЕН ТЫ, ГОСПОДЬ, БОГ НАШ, ВЛАДЫКА ВСЕЛЕННОЙ, СОЗДАВШИЙ АРОМАТНЫЕ ВЕЩЕСТВА!

Перед тем как окунуть в "микву" новую посуду, которой пользуются во время трапезы или в которой хранят готовую пищу, произносят: *

БЛАГОСЛОВЕН ТЫ, ГОСПОДЬ, БОГ НАШ, ВЛАДЫКА ВСЕЛЕННОЙ, ОСВЯТИВШИЙ НАС СВОИМИ ЗАПОВЕДЯМИ И ПОВЕЛЕВШИЙ НАМ ОКУНАТЬ В "МИКВУ" ПОСУДУ!

Тот, кто замесил тесто, (объемом не менее 1200 см³), должен отделить от него часть, которая называется "хала". При объеме не менее 2432 см³ перед отделением "халы" говорят следующее:

БЛАГОСЛОВЕН ТЫ, ГОСПОДЬ, БОГ НАШ, ВЛАДЫКА ВСЕЛЕННОЙ, ОСВЯТИВШИЙ НАС СВОИМИ ЗАПОВЕДЯМИ И ПОВЕЛЕВШИЙ НАМ ОТДЕЛЯТЬ "ХАЛУ"!

---

* Это относится к металлической или стеклянной посуде, изготовленной неевреем.

קודס מיס אחרונים יאמר על נהרות בבל

א עַל־נַהֲרוֹת ׀ בָּבֶל שָׁם יָשַׁבְנוּ גַּם־בָּכִינוּ בְּזָכְרֵנוּ אֶת־צִיּוֹן: ב עַל־
עֲרָבִים בְּתוֹכָהּ תָּלִינוּ כִּנֹּרוֹתֵינוּ: ג כִּי שָׁם שְׁאֵלוּנוּ שׁוֹבֵינוּ
דִּבְרֵי־שִׁיר וְתוֹלָלֵינוּ שִׂמְחָה שִׁירוּ לָנוּ מִשִּׁיר צִיּוֹן: ד אֵיךְ נָשִׁיר
אֶת־שִׁיר יְהוָה עַל אַדְמַת נֵכָר: ה אִם־אֶשְׁכָּחֵךְ יְרוּשָׁלָ͏ִם תִּשְׁכַּח
יְמִינִי: יִתְדַּבַּק לְשׁוֹנִי ׀ לְחִכִּי אִם־לֹא אֶזְכְּרֵכִי אִם־לֹא אַעֲלֶה אֶת־
יְרוּשָׁלַ͏ִם עַל רֹאשׁ שִׂמְחָתִי: ז זְכֹר יְהוָה ׀ לִבְנֵי אֱדוֹם אֵת יוֹם
יְרוּשָׁלָ͏ִם הָאֹמְרִים עָרוּ ׀ עָרוּ עַד הַיְסוֹד בָּהּ: ח בַּת־בָּבֶל הַשְּׁדוּדָה
אַשְׁרֵי שֶׁיְשַׁלֶּם־לָךְ אֶת־גְּמוּלֵךְ שֶׁגָּמַלְתְּ לָנוּ: ט אַשְׁרֵי שֶׁיֹּאחֵז
וְנִפֵּץ אֶת־עֹלָלַיִךְ אֶל־הַסָּלַע: לַמְנַצֵּחַ בִּנְגִינֹת מִזְמוֹר שִׁיר וגו'. אברכה גו'.

ואם הוא יום שאין אומרים ט תחנון יאמר זה:

א שִׁיר הַמַּעֲלוֹת בְּשׁוּב יְהוָה אֶת־שִׁיבַת צִיּוֹן הָיִינוּ כְּחֹלְמִים:
ב אָז יִמָּלֵא שְׂחוֹק פִּינוּ וּלְשׁוֹנֵנוּ רִנָּה אָז יֹאמְרוּ בַגּוֹיִם
הִגְדִּיל יְהוָה לַעֲשׂוֹת עִם־אֵלֶּה: ג הִגְדִּיל יְהוָה לַעֲשׂוֹת עִמָּנוּ
הָיִינוּ שְׂמֵחִים: ד שׁוּבָה יְהוָה אֶת־שְׁבִיתֵנוּ כַּאֲפִיקִים בַּנֶּגֶב:
ה הַזֹּרְעִים בְּדִמְעָה בְּרִנָּה יִקְצֹרוּ: י הָלוֹךְ יֵלֵךְ ׀ וּבָכֹה נֹשֵׂא מֶשֶׁךְ־
הַזָּרַע בֹּא־יָבֹא בְרִנָּה נֹשֵׂא אֲלֻמֹּתָיו:

א לִבְנֵי־קֹרַח מִזְמוֹר שִׁיר יְסוּדָתוֹ בְּהַרְרֵי־קֹדֶשׁ: ב אֹהֵב יְהוָה
שַׁעֲרֵי צִיּוֹן מִכֹּל מִשְׁכְּנוֹת יַעֲקֹב: ג נִכְבָּדוֹת מְדֻבָּר בָּךְ
עִיר הָאֱלֹהִים סֶלָה: ד אַזְכִּיר ׀ רַהַב וּבָבֶל לְיֹדְעָי הִנֵּה פְלֶשֶׁת
וְצוֹר עִם־כּוּשׁ זֶה יֻלַּד־שָׁם: ה וּלְצִיּוֹן יֵאָמַר אִישׁ וְאִישׁ יֻלַּד־בָּהּ
וְהוּא יְכוֹנְנֶהָ עֶלְיוֹן: יְהוָה יִסְפֹּר בִּכְתוֹב עַמִּים זֶה יֻלַּד־שָׁם סֶלָה:
י וְשָׁרִים כְּחֹלְלִים כָּל־מַעְיָנַי בָּךְ:

אֲבָרְכָה אֶת־יְהוָה בְּכָל־עֵת תָּמִיד תְּהִלָּתוֹ בְּפִי: סוֹף דָּבָר
הַכֹּל נִשְׁמָע אֶת־הָאֱלֹהִים יְרָא וְאֶת־מִצְוֹתָיו שְׁמוֹר כִּי־זֶה
כָּל־הָאָדָם: תְּהִלַּת יְהוָה יְדַבֶּר־פִּי וִיבָרֵךְ כָּל־בָּשָׂר שֵׁם קָדְשׁוֹ
לְעוֹלָם וָעֶד: וַאֲנַחְנוּ ׀ נְבָרֵךְ יָהּ מֵעַתָּה וְעַד־עוֹלָם הַלְלוּיָהּ:

קודס מיס אהרונים יאמר פסוק זה:

זֶה ׀ חֵלֶק־אָדָם רָשָׁע מֵאֱלֹהִים וְנַחֲלַת אִמְרוֹ מֵאֵל:

א) תהלים קלז: ב) שם קכו: ג) שם קמו: ד) שם לד: ה) שם קמה: ו) קהלת יב יג: ז) תהלים קמה כא: ח) שם קפד יט:
ח) איוב כ כט:

Это благословение произносит тот, кто съел не менее чем "кезайит" хлеба.

В день, когда говорят "Таханун", перед омовением пальцев произносят:

על У РЕК ВАВИЛОНА СИДЕЛИ МЫ И ПЛАКАЛИ, ВСПОМИНАЯ СИОН. ТАМ НА ИВАХ ПОВЕСИЛИ МЫ НАШИ АРФЫ. ИБО ТРЕБОВАЛИ ТАМ ОТ НАС ПОРАБОТИТЕЛИ НАШИ ПЕСНОПЕНИЙ, ИЗДЕВАВШИЕСЯ НАД НАМИ – ВЕСЕЛЬЯ: "ПОЙТЕ НАМ ПЕСНИ СИОНА!" КАК ЖЕ ПЕТЬ НАМ ПЕСНЬ ГОСПОДУ НА ЧУЖОЙ ЗЕМЛЕ? ЕСЛИ Я ЗАБУДУ ТЕБЯ, ИЕРУСАЛИМ, ПУСТЬ ЗАБУДЕТ [СВОЕ УМЕНИЕ ИГРАТЬ НА АРФЕ] ПРАВАЯ РУКА МОЯ! ПУСТЬ ПРИЛИПНЕТ К НЁБУ МОЙ ЯЗЫК, ЕСЛИ НЕ БУДУ ПОМНИТЬ О ТЕБЕ, ЕСЛИ НЕ ПОСТАВЛЮ [ТЕБЯ], ИЕРУСАЛИМ, ВО ГЛАВЕ ВЕСЕЛЬЯ МОЕГО! ПРИПОМНИ, ГОСПОДЬ, СЫНАМ ЭДОМА ДЕНЬ [РАЗРУШЕНИЯ] ИЕРУСАЛИМА, КОГДА ГОВОРИЛИ ОНИ: "РАЗРУШАЙТЕ, РАЗРУШАЙТЕ ЕГО ДО ОСНОВАНИЯ!" О, ДОЧЬ ВАВИЛОНА, ОБРЕЧЕННАЯ НА РАЗОРЕНИЕ! БЛАГОСЛОВЕН ТОТ, КТО ВОЗДАСТ ТЕБЕ ПО ЗАСЛУГАМ ЗА СОДЕЯННОЕ С НАМИ! БЛАГОСЛОВЕН ТОТ, КТО ВОЗЬМЕТ ДЕТЕЙ ТВОИХ И РАЗОБЬЕТ ИХ О СКАЛУ![1]

Затем произносят למנצח בנגינות *("ХВАЛЕБНЫЙ ГИМН, КОТОРЫЙ ПОЮТ...", стр. 30),* и אברכה *("БЛАГОСЛОВЛЯТЬ БУДУ...", см. ниже), и далее по порядку.*

В день, когда "Таханун" не говорят, произносят:

שיר *ПЕСНЬ, [КОТОРУЮ ПЕЛИ ЛЕВИИМ, СТОЯ] НА СТУПЕНЯХ В ХРАМЕ. КОГДА ВОЗВРАТИТ ГОСПОДЬ ИЗ ПЛЕНА ДЕТЕЙ СИОНА, [ВСЕ ПЕРЕЖИТОЕ] ПОКАЖЕТСЯ НАМ СНОМ. ТОГДА СМЕЯТЬСЯ БУДЕМ МЫ В ПОЛНЫЙ ГОЛОС, И ПЕСНИ БУДУТ НА НАШИХ УСТАХ. И СКАЖУТ ТОГДА НАРОДЫ: "ВЕЛИКИЕ [ЧУДЕСА] СОВЕРШИЛ ДЛЯ НИХ ГОСПОДЬ!" [И МЫ СКАЖЕМ:] "ВЕЛИКИЕ [ЧУДЕСА] ГОСПОДЬ СОВЕРШИЛ ДЛЯ НАС, И ЛИКУЕМ МЫ". ВОЗВРАТИ, ГОСПОДЬ, НАС ИЗ ПЛЕНА, КАК ВОЗВРАЩАЕШЬ ТЫ ПОТОКИ В ИССОХШИЕ РУСЛА. ТЕ, КТО СЕЮТ, ПРОЛИВАЯ СЛЕЗЫ, ЛИКОВАТЬ БУДУТ В ЖАТВУ. ТОТ, КТО ШЕЛ С ПЛАЧЕМ, НЕСЯ МЕШОК С СЕМЕНАМИ, – ВЕРНЕТСЯ С ПЕСНЕЙ, НАГРУЖЕННЫЙ СНОПАМИ СВОИМИ.[2]

לבני ХВАЛЕБНАЯ ПЕСНЬ СЫНОВЕЙ КОРАХА, ПЕСНЬ [О ИЕРУСАЛИМЕ], СТОЯЩЕМ НА СВЯТЫХ ГОРАХ. ВОЗЛЮБИЛ ГОСПОДЬ ВРАТА СИОНА БОЛЕЕ ВСЕХ ЖИЛИЩ ЯАКОВА. О СЛАВЕ ТВОЕЙ ВОЗВЕСТИЛ [ВСЕВЫШНИЙ]: "ТЫ – ВЕЧНЫЙ ГОРОД БОГА. НАПОМНЮ ГОРДОМУ [ЕГИПТУ] И ВАВИЛОНУ, [ЧТОБЫ ВЕРНУЛИ ОНИ] МОИХ ЛЮБИМЫХ [В СИОН]; БУДУ ГОВОРИТЬ ПЛЕШЕТУ, И ЦОРУ, И КУШУ [О КАЖДОМ ИЗ ЕВРЕЕВ]: ЭТОТ ЧЕЛОВЕК РОДИЛСЯ ТАМ, [В СИОНЕ]". И БУДЕТ ВОЗВЕЩЕНО СИОНУ: "ВОТ СЫНОВЬЯ ТВОИ", – И ВОЗВЕЛИЧИТ ЕГО [ВСЕВЫШНИЙ]. ПОДПИСЫВАЯ [ПРИГОВОР] НАРОДАМ [ЗЕМЛИ НАВЕЧНО, ВСЕВЫШНИЙ] ОТДЕЛИТ [ОТ НИХ ВСЕХ ЕВРЕЕВ, ГОВОРЯ]: "ЭТОТ [ЧЕЛОВЕК] РОДИЛСЯ ТАМ, [В СИОНЕ]". И [ТОГДА СТАНУТ] ПЕТЬ И ТАНЦЕВАТЬ [СЫНЫ ИЗРАИЛЯ, ПРОВОЗГЛАШАЯ]: "ВСЕЙ ДУШОЮ СВОЕЙ [СТРЕМЛЮСЬ Я] К ТЕБЕ!"[3]

אברכה БЛАГОСЛОВЛЯТЬ БУДУ ГОСПОДА ВО ВСЕ ВРЕМЕНА; ХВАЛА ЕМУ ПОСТОЯННО БУДЕТ НА УСТАХ МОИХ.[4] ВСЕ НА СВЕТЕ В КОНЦЕ КОНЦОВ СТАНОВИТСЯ ИЗВЕСТНЫМ; БОЙСЯ БОГА И ЗАПОВЕДИ ЕГО СОБЛЮДАЙ, ИБО В ЭТОМ – ВЕСЬ ЧЕЛОВЕК.[5] ХВАЛУ ГОСПОДУ ПРОИЗНЕСУТ УСТА МОИ, И ВСЕ ЖИВОЕ БУДЕТ БЛАГОСЛОВЛЯТЬ ЕГО СВЯТОЕ ИМЯ ВО ВЕКИ ВЕКОВ.[6] И МЫ БУДЕМ БЛАГОСЛОВЛЯТЬ БОГА ОТНЫНЕ И ВОВЕК; ВОСХВАЛИТЕ БОГА![7]

Непосредственно перед омовением пальцев произносят:

זה ВОТ УДЕЛ ГРЕШНОГО ЧЕЛОВЕКА, ОПРЕДЕЛЕННЫЙ ЕМУ БОГОМ; ВОТ НАСЛЕДИЕ, КОТОРОЕ БОГ УГОТОВИЛ ЕМУ.[8]**

---

1. Теѓилим, 137. 2. Теѓилим, 126. 3. Теѓилим, 87. 4. Теѓилим, 34:2. 5. Коѓелет, 12:13.
6. Теѓилим, 145:21. 7. Теѓилим, 115:18. 8. Ийов, 20:29.
* Этот псалом — пророчество о предстоящем изгнании и возвращении из него.
** Наслаждение, получаемое от еды, и чувство сытости делают человека самодовольным и эгоистичным. После трапезы, перед тем как произнести благословение, каждый должен очистить себя от этих дурных качеств, омыв руки и произнеся эти слова из книги Ийова, говорящие о наказании чревоугодника.

ואחר מים אחרונים יאמר פסוק זה :

וַיְדַבֵּר אֵלַי זֶה הַשֻּׁלְחָן אֲשֶׁר לִפְנֵי יְהוָה :

אם מברכין בזימון אומר המברך

הַב לָן וְנִבְרִיךְ :

(א נ"א רבותי מיר וועלין בענטשין) :

ושונין כמשונין יְהִי שֵׁם יְהוָה מְבֹרָךְ מֵעַתָּה וְעַד עוֹלָם:

המברך אומר ברשות מרנן ורבנן ורבותי: נְבָרֵךְ שֶׁאָכַלְנוּ מִשֶּׁלוֹ :

ועונין המשונין בָּרוּךְ שֶׁאָכַלְנוּ מִשֶּׁלוֹ וּבְטוּבוֹ חָיִינוּ :

ומי שלא אכל עונה בָּרוּךְ וּמְבֹרָךְ שְׁמוֹ תָּמִיד לְעוֹלָם וָעֶד :

ואם הם עשרה אומר המברך נְבָרֵךְ אֱלֹהֵינוּ שֶׁאָכַלְנוּ מִשֶּׁלוֹ :

ועונין כמשונין בָּרוּךְ אֱלֹהֵינוּ שֶׁאָכַלְנוּ מִשֶּׁלוֹ וּבְטוּבוֹ חָיִינוּ:

ומי שלא אכל עונה בָּרוּךְ אֱלֹהֵינוּ וּמְבֹרָךְ שְׁמוֹ תָּמִיד לְעוֹלָם וָעֶד :

בסעודת נשואין אומר המברך

נְבָרֵךְ אֱלֹהֵינוּ שֶׁהַשִּׂמְחָה בִּמְעוֹנוֹ שֶׁאָכַלְנוּ מִשֶּׁלוֹ ·

ועונין

בָּרוּךְ אֱלֹהֵינוּ שֶׁהַשִּׂמְחָה בִּמְעוֹנוֹ שֶׁאָכַלְנוּ מִשֶּׁלוֹ וּבְטוּבוֹ חָיִינוּ ·

בָּרוּךְ אַתָּה יְהוָה אֱלֹהֵינוּ מֶלֶךְ הָעוֹלָם הַזָּן אֶת־הָעוֹלָם כֻּלוֹ בְּטוּבוֹ בְּחֵן בְּחֶסֶד וּבְרַחֲמִים הוּא־נוֹתֵן לֶחֶם לְכָל־בָּשָׂר כִּי לְעוֹלָם חַסְדּוֹ : וּבְטוּבוֹ הַגָּדוֹל עִמָּנוּ תָּמִיד לֹא־חָסֵר לָנוּ וְאַל יֶחְסַר־לָנוּ מָזוֹן לְעוֹלָם וָעֶד : בַּעֲבוּר שְׁמוֹ הַגָּדוֹל כִּי הוּא אֵל זָן וּמְפַרְנֵס לַכֹּל וּמֵטִיב לַכֹּל וּמֵכִין מָזוֹן לְכָל־בְּרִיּוֹתָיו אֲשֶׁר בָּרָא כָּאָמוּר פּוֹתֵחַ אֶת־יָדֶךָ וּמַשְׂבִּיעַ לְכָל־חַי רָצוֹן: בָּרוּךְ אַתָּה יְהוָה הַזָּן אֶת־הַכֹּל :

נוֹדֶה לְךָ יְהוָה אֱלֹהֵינוּ עַל שֶׁהִנְחַלְתָּ לַאֲבוֹתֵינוּ אֶרֶץ חֶמְדָּה טוֹבָה וּרְחָבָה וְעַל שֶׁהוֹצֵאתָנוּ יְהוָה אֱלֹהֵינוּ מֵאֶרֶץ מִצְרַיִם וּפְדִיתָנוּ מִבֵּית עֲבָדִים וְעַל־בְּרִיתְךָ שֶׁחָתַמְתָּ בִּבְשָׂרֵנוּ וְעַל תּוֹרָתְךָ שֶׁלִּמַּדְתָּנוּ וְעַל חֻקֶּיךָ שֶׁהוֹדַעְתָּנוּ וְעַל חַיִּים חֵן וָחֶסֶד שֶׁחוֹנַנְתָּנוּ

(א) יחזקאל פא כג : ב) תהלים קמה טז :

После омовения пальцев говорят:
וידבר И СКАЗАЛ МНЕ [АНГЕЛ]: "ВОТ СТОЛ, [СТОЯЩИЙ] ПРЕД ГОСПОДОМ".[1]

Если в трапезе участвовало не менее трех, но не более девяти мужчин, один из них провозглашает (взяв в руки бокал, если благословение произносят над вином):
רבותי ГОСПОДА, ПРОИЗНЕСЕМ БЛАГОСЛОВЕНИЕ!
Остальные отвечают:
ДА БУДЕТ ИМЯ ГОСПОДА БЛАГОСЛОВЕННО ОТНЫНЕ И ВОВЕКИ![2]
Приглашающий к благословению повторяет эти слова и продолжает:
С ВАШЕГО ПОЗВОЛЕНИЯ, ГОСПОДА МОИ И УЧИТЕЛИ, БЛАГОСЛОВИМ ТОГО, КОМУ ПРИНАДЛЕЖИТ ПИЩА, КОТОРУЮ МЫ ЕЛИ!
Остальные отвечают:
БЛАГОСЛОВЕН ТОТ, КОМУ ПРИНАДЛЕЖИТ ПИЩА, КОТОРУЮ МЫ ЕЛИ, И БЛАГОДАРЯ ДОБРОТЕ КОТОРОГО МЫ ЖИВЕМ!
Приглашающий к благословению повторяет эти слова.

Если присутствует человек, не участвовавший в трапезе, он должен ответить:
БЛАГОСЛОВЕН ОН И БЛАГОСЛОВЕННО ИМЯ ЕГО ВСЕГДА, ВО ВЕКИ ВЕКОВ!
Если в трапезе участвовало не менее десяти человек, приглашающий к благословению говорит:
נברך [С ВАШЕГО ПОЗВОЛЕНИЯ, ГОСПОДА МОИ И УЧИТЕЛИ,] БЛАГОСЛОВИМ БОГА НАШЕГО, ТОГО, КОМУ ПРИНАДЛЕЖИТ ПИЩА, КОТОРУЮ МЫ ЕЛИ!
Остальные отвечают:
БЛАГОСЛОВЕН БОГ НАШ, ТОТ, КОМУ ПРИНАДЛЕЖИТ ПИЩА, КОТОРУЮ МЫ ЕЛИ, И БЛАГОДАРЯ ДОБРОТЕ КОТОРОГО МЫ ЖИВЕМ!
Тот, кто не участвовал в трапезе, отвечает:
БЛАГОСЛОВЕН БОГ НАШ И БЛАГОСЛОВЕННО ИМЯ ЕГО ВСЕГДА, ВО ВЕКИ ВЕКОВ!

На свадебном пиру приглашающий к благословению провозглашает:
נברך [С ВАШЕГО ПОЗВОЛЕНИЯ, ГОСПОДА МОИ И УЧИТЕЛИ,] БЛАГОСЛОВИМ БОГА НАШЕГО, В ЖИЛИЩЕ КОТОРОГО – РАДОСТЬ, ТОГО, КОМУ ПРИНАДЛЕЖИТ ПИЩА, КОТОРУЮ МЫ ЕЛИ!
Остальные отвечают:
БЛАГОСЛОВЕН БОГ НАШ, В ЖИЛИЩЕ КОТОРОГО – РАДОСТЬ, ТОТ, КОМУ ПРИНАДЛЕЖИТ ПИЩА, КОТОРУЮ МЫ ЕЛИ, И БЛАГОДАРЯ ДОБРОТЕ КОТОРОГО МЫ ЖИВЕМ!

ברוך БЛАГОСЛОВЕН ТЫ, ГОСПОДЬ, БОГ НАШ, ВЛАДЫКА ВСЕЛЕННОЙ, ПИТАЮЩИЙ ВЕСЬ МИР ПО ДОБРОТЕ СВОЕЙ, ПО МИЛОСТИ, ЛЮБВИ И МИЛОСЕРДИЮ. ОН ПОСЫЛАЕТ ПИЩУ ВСЕМУ ЖИВОМУ, ИБО МИЛОСТЬ ЕГО ВЕЧНА. ПО ВЕЛИКОЙ ДОБРОТЕ ЕГО К НАМ МЫ НИКОГДА НЕ ИСПЫТЫВАЛИ НЕДОСТАТКА [В ПИЩЕ] И ПУСТЬ НЕ БУДЕТ У НАС НЕДОСТАТКА В ПИЩЕ ВО ВЕКИ ВЕКОВ — РАДИ ВЕЛИКОГО ИМЕНИ ЕГО. ВЕДЬ ОН — БОГ, КОТОРЫЙ ПИТАЕТ И НАСЫЩАЕТ ВСЕХ, ТВОРИТ ДОБРО КАЖДОМУ И ЗАБОТИТСЯ О ПИЩЕ ДЛЯ ВСЕХ СВОИХ ТВОРЕНИЙ, КОТОРЫЕ СОЗДАЛ, КАК СКАЗАНО: "РАСКРЫВАЕШЬ ТЫ ЛАДОНЬ СВОЮ И ЩЕДРО НАСЫЩАЕШЬ ВСЕ ЖИВОЕ".[3] БЛАГОСЛОВЕН ТЫ, ГОСПОДЬ, ПИТАЮЩИЙ ВСЕХ!

Человек, который завершил это благословение раньше ведущего, ждет, пока тот закончит его, отвечает "амен" и продолжает молиться дальше.
נודה БЛАГОДАРИМ ТЕБЯ, ГОСПОДЬ, БОГ НАШ, ЗА ТО, ЧТО ДАЛ ТЫ В НАСЛЕДСТВЕННЫЙ УДЕЛ ОТЦАМ НАШИМ ЗЕМЛЮ ПРЕКРАСНУЮ, ДОБРУЮ И ОБШИРНУЮ, И ЗА ТО, ЧТО ВЫВЕЛ НАС, ГОСПОДЬ, БОГ НАШ, ИЗ ЗЕМЛИ ЕГИПЕТСКОЙ И ОСВОБОДИЛ НАС ИЗ ДОМА РАБСТВА; И ЗА ЗНАК СОЮЗА С ТОБОЙ, КОТОРЫЙ ЗАПЕЧАТЛЕЛ ТЫ НА ПЛОТИ НАШЕЙ; И ЗА ТОРУ ТВОЮ, КОТОРУЮ ПРЕПОДАЛ ТЫ НАМ; И ЗА ЗАКОНЫ ТВОИ, КОТОРЫЕ ТЫ НАМ ВОЗВЕСТИЛ; И ЗА ЖИЗНЬ [НАШУ], ЗА ЛЮБОВЬ И МИЛОСТЬ,

---

1. Йехезкель, 41:22.   2. Теѓилим, 113:2.   3. Теѓилим, 145:16.

שֶׁחוֹנַנְתָּנוּ וְעַל אֲכִילַת מָזוֹן שָׁאַתָּה זָן וּמְפַרְנֵס אוֹתָנוּ תָּמִיד בְּכָל־
יוֹם וּבְכָל־עֵת וּבְכָל־שָׁעָה:

בחנוכה ופורים אומרים כאן ועל הנסים ואם שכח אין כו כשיגיע אלא הרחמן יאמר הרחמן הוא יעשה
לנו נסים כמו שעשה לאבותינו בימים ההם בזמן הזה בימי וכו':

וְעַל הַנִּסִּים וְעַל הַפֻּרְקָן וְעַל הַגְּבוּרוֹת וְעַל הַתְּשׁוּעוֹת וְעַל הַנִּפְלָאוֹת
שֶׁעָשִׂיתָ לַאֲבוֹתֵינוּ בַּיָּמִים הָהֵם בַּזְּמַן הַזֶּה:

לפורים | לחנוכה

בִּימֵי מָרְדְּכַי וְאֶסְתֵּר בְּשׁוּשַׁן הַבִּירָה כְּשֶׁעָמַד עֲלֵיהֶם הָמָן הָרָשָׁע בִּקֵּשׁ לְהַשְׁמִיד לַהֲרֹג וּלְאַבֵּד אֶת־כָּל־הַיְּהוּדִים מִנַּעַר וְעַד־זָקֵן טַף וְנָשִׁים בְּיוֹם אֶחָד בִּשְׁלשָׁה עָשָׂר לְחֹדֶשׁ שְׁנֵים־עָשָׂר הוּא חֹדֶשׁ אֲדָר וּשְׁלָלָם לָבוֹז וְאַתָּה בְּרַחֲמֶיךָ הָרַבִּים הֵפַרְתָּ אֶת־עֲצָתוֹ וְקִלְקַלְתָּ אֶת־מַחֲשַׁבְתּוֹ וַהֲשֵׁבוֹתָ לּוֹ גְּמוּלוֹ בְּרֹאשׁוֹ וְתָלוּ אוֹתוֹ וְאֶת־בָּנָיו עַל הָעֵץ:

בִּימֵי מַתִּתְיָהוּ בֶּן־יוֹחָנָן כֹּהֵן גָּדוֹל חַשְׁמוֹנַאי וּבָנָיו כְּשֶׁעָמְדָה מַלְכוּת יָוָן הָרְשָׁעָה עַל עַמְּךָ יִשְׂרָאֵל לְהַשְׁכִּיחָם תּוֹרָתֶךָ וּלְהַעֲבִירָם מֵחֻקֵּי רְצוֹנֶךָ וְאַתָּה בְּרַחֲמֶיךָ הָרַבִּים עָמַדְתָּ לָהֶם בְּעֵת צָרָתָם רַבְתָּ אֶת־רִיבָם דַּנְתָּ אֶת־דִּינָם נָקַמְתָּ אֶת־נִקְמָתָם מָסַרְתָּ גִבּוֹרִים בְּיַד חַלָּשִׁים וְרַבִּים בְּיַד מְעַטִּים וּטְמֵאִים בְּיַד טְהוֹרִים וּרְשָׁעִים בְּיַד צַדִּיקִים וְזֵדִים בְּיַד עוֹסְקֵי תוֹרָתֶךָ וּלְךָ עָשִׂיתָ שֵׁם גָּדוֹל וְקָדוֹשׁ בְּעוֹלָמֶךָ וּלְעַמְּךָ יִשְׂרָאֵל עָשִׂיתָ תְּשׁוּעָה גְדוֹלָה וּפֻרְקָן כְּהַיּוֹם הַזֶּה וְאַחַר כָּךְ בָּאוּ בָנֶיךָ לִדְבִיר בֵּיתֶךָ וּפִנּוּ אֶת־הֵיכָלֶךָ וְטִהֲרוּ אֶת־מִקְדָּשֶׁךָ וְהִדְלִיקוּ נֵרוֹת בְּחַצְרוֹת קָדְשֶׁךָ וְקָבְעוּ שְׁמוֹנַת יְמֵי חֲנֻכָּה אֵלּוּ לְהוֹדוֹת וּלְהַלֵּל לְשִׁמְךָ הַגָּדוֹל:

וְעַל הַכֹּל יְהוָֹה אֱלֹהֵינוּ אֲנַחְנוּ מוֹדִים לָךְ וּמְבָרְכִים
אוֹתָךְ יִתְבָּרַךְ שִׁמְךָ בְּפִי כָּל־חַי תָּמִיד לְעוֹלָם
וָעֶד: כַּכָּתוּב וְאָכַלְתָּ וְשָׂבַעְתָּ וּבֵרַכְתָּ אֶת־יְהוָֹה
אֱלֹהֶיךָ עַל־הָאָרֶץ הַטֹּבָה אֲשֶׁר נָתַן־לָךְ: בָּרוּךְ אַתָּה
יְהוָֹה עַל־הָאָרֶץ וְעַל־הַמָּזוֹן:

רַחֵם יְהוָֹה אֱלֹהֵינוּ עַל־יִשְׂרָאֵל עַמֶּךָ וְעַל־יְרוּשָׁלַיִם
עִירֶךָ וְעַל צִיּוֹן מִשְׁכַּן כְּבוֹדֶךָ וְעַל מַלְכוּת בֵּית

КОТОРЫМИ ТЫ ОДАРИЛ НАС; И ЗА ПИЩУ, ЧТО ЕЛИ МЫ, КОТОРОЙ ТЫ ПИТАЕШЬ НАС И НАСЫЩАЕШЬ ПОСТОЯННО – ЕЖЕДНЕВНО, ВО ВСЯКОЕ ВРЕМЯ И ВО ВСЯКИЙ ЧАС.

В Хануку и в Пурим далее произносят ועל הנסים *("И ЗА ЗНАМЕНИЯ...")*. *Тому, кто забыл сказать эту дополнительную молитву, следует перед словами* הרחמן הוא יזכנו *("ОН, МИЛОСЕРДНЫЙ, ДА УДОСТОИТ НАС...", стр. 94) сказать:* הרחמן הוא יעשה לנו נסים כמו *שעשה לאבותינו בימים ההם בזמן הזה ("ОН, МИЛОСЕРДНЫЙ, ДА СОВЕРШИТ ДЛЯ НАС ЧУДЕСА, ПОДОБНО ТОМУ КАК СОВЕРШАЛ [ОН ЧУДЕСА] ДЛЯ НАШИХ ПРЕДКОВ В ТЕ ВРЕМЕНА, В ЭТИ ЖЕ ДНИ [ГОДА]"), – а затем произнести приведенную ниже молитву, начиная со слов* בימי *("...В ДНИ...")*.

ועל И ЗА ЗНАМЕНИЯ, И ЗА ИЗБАВЛЕНИЕ, И ЗА МОГУЩЕСТВО [ТВОЕ], И ЗА СПАСЕНИЕ, И ЗА ЧУДЕСА, КОТОРЫЕ ТЫ ЯВИЛ ОТЦАМ НАШИМ В ТЕ ВРЕМЕНА, В ЭТИ ЖЕ ДНИ [ГОДА]...

В Хануку:

בימי ...В ДНИ МАТИТЬЯГУ, СЫНА ЙОХАНАНА ХАШ-МОНАЯ, ПЕРВОСВЯЩЕННИКА, И ЕГО СЫНОВЕЙ, КОГДА ВЫСТУПИЛО ЗЛОДЕЙСКОЕ ЦАРСТВО ЯВАН ПРОТИВ НАРОДА ТВОЕГО, СЫНОВ ИЗРАИЛЯ, ЧТОБЫ ЗАСТАВИТЬ ЕГО ЗАБЫТЬ ТВОЮ ТОРУ И НАРУШИТЬ ЗАКОНЫ, УСТАНОВЛЕННЫЕ ВОЛЕЙ ТВОЕЙ; НО ТЫ, ПО ВЕЛИКОЙ МИЛОСТИ СВОЕЙ, СТОЯЛ ЗА НИХ, [СЫНОВ ИЗРАИЛЯ], КОГДА ОНИ БЫЛИ В БЕДЕ, ЗАСТУПАЛСЯ ЗА НИХ, БЫЛ СУДЬЕЙ В ИХ СПОРЕ [С ВРАГАМИ], МСТИЛ ЗА НИХ; ОТДАЛ СИЛЬНЫХ В РУКИ СЛАБЫХ, И МНОГОЧИСЛЕННЫХ В РУКИ НЕМНОГИХ, И НЕЧИСТЫХ В РУКИ ЧИСТЫХ, И ЗЛОДЕЕВ В РУКИ ПРАВЕДНИКОВ, И ЗЛОУМЫШЛЕННИКОВ В РУКИ ТЕХ, КТО ИЗУЧАЕТ ТОРУ ТВОЮ. И ПРОСЛАВИЛ ТЫ ИМЯ СВОЕ, ВЕЛИКОЕ И СВЯТОЕ, В МИРЕ ТВОЕМ, И НАРОДУ СВОЕМУ, ИЗРАИЛЮ, ДАРОВАЛ ВЕЛИКОЕ СПАСЕНИЕ И ИЗБАВЛЕНИЕ В ЭТОТ САМЫЙ ДЕНЬ. И ТОГДА ПРИШЛИ СЫНОВЬЯ ТВОИ В СВЯТАЯ СВЯТЫХ ХРАМА ТВОЕГО, И УБРАЛИ [ИДОЛОВ] ИЗ ТВОЕГО ДВОРЦА, И ОЧИСТИЛИ СВЯТИЛИЩЕ ТВОЕ. И ЗАЖГЛИ СВЕТИЛЬНИКИ ВО ДВОРАХ СВЯТИЛИЩА ТВОЕГО, И УСТАНОВИЛИ ЭТИ ВОСЕМЬ ДНЕЙ ХАНУКИ, ЧТОБЫ ВОЗНОСИТЬ БЛАГОДАРНОСТЬ И ХВАЛУ ТВОЕМУ ВЕЛИКОМУ ИМЕНИ.

В Пурим:

בימי ...В ДНИ МОРДЕХАЯ И ЭСТЕР, В СТОЛИЧНОМ ГОРОДЕ ШУШАН, КОГДА ВЫСТУПИЛ ПРОТИВ НИХ ЗЛОДЕЙ ГАМАН, КОТОРЫЙ ХОТЕЛ УНИЧТОЖИТЬ, УБИТЬ И ИСТРЕБИТЬ ВСЕХ ИУДЕЕВ, МОЛОДЫХ И СТАРЫХ, МЛАДЕНЦЕВ И ЖЕНЩИН, В ОДИН ДЕНЬ, ТРИНАДЦАТЫЙ ДЕНЬ ДВЕНАДЦАТОГО МЕСЯЦА, МЕСЯЦА АДАРА, – А ИМУЩЕСТВО ИХ РАЗГРАБИТЬ, – ТЫ, ПО ВЕЛИКОЙ МИЛОСТИ СВОЕЙ, РАЗРУШИЛ ЕГО КОЗНИ, И РАССТРОИЛ ЕГО ЗАМЫСЛЫ, И ОБРАТИЛ ИХ ПРОТИВ НЕГО САМОГО. И ПОВЕСИЛИ ЕГО ВМЕСТЕ С СЫНОВЬЯМИ НА ВИСЕЛИЦЕ.

ועל И ЗА ВСЕ ЭТО, ГОСПОДЬ, БОГ НАШ, МЫ БЛАГОДАРИМ И БЛАГОСЛОВЛЯЕМ ТЕБЯ. ДА БУДЕТ БЛАГОСЛОВЛЯЕМО ИМЯ ТВОЕ УСТАМИ ВСЕГО ЖИВОГО — ВСЕГДА, ВО ВЕКИ ВЕКОВ, КАК НАПИСАНО: "БУДЕШЬ ТЫ ЕСТЬ, И НАСЫЩАТЬСЯ, И БЛАГОСЛОВЛЯТЬ ГОСПОДА, БОГА ТВОЕГО, ЗА ДОБРУЮ ЗЕМЛЮ, КОТОРУЮ ОН ДАЛ ТЕБЕ".[1] БЛАГОСЛОВЕН ТЫ, ГОСПОДЬ, ЗА [ТО, ЧТО ДАЛ НАМ] ЗЕМЛЮ И ПИЩУ!

רחם СМИЛУЙСЯ, ГОСПОДЬ, БОГ НАШ, НАД ИЗРАИЛЕМ, НАРОДОМ ТВОИМ, И НАД ИЕРУСАЛИМОМ, ГОРОДОМ ТВОИМ, И НАД СИОНОМ, ГДЕ ОБИТАЕТ СЛАВА ТВОЯ, И НАД ЦАРСКИМ ДОМОМ

---

1. Дварим, 8:10.

דְּוִד מְשִׁיחֶךָ וְעַל־הַבַּיִת הַגָּדוֹל וְהַקָּדוֹשׁ שֶׁנִּקְרָא שִׁמְךָ
עָלָיו : אֱלֹהֵינוּ אָבִינוּ רְעֵנוּ (בשבת*רוֹעֵנוּ) זוּנֵנוּ פַּרְנְסֵנוּ
וְכַלְכְּלֵנוּ וְהַרְוִיחֵנוּ וְהַרְוַח לָנוּ יְהֹוָה אֱלֹהֵינוּ מְהֵרָה
מִכָּל־צָרוֹתֵינוּ : וְנָא אַל־תַּצְרִיכֵנוּ יְהֹוָה אֱלֹהֵינוּ ׳ לֹא
לִידֵי מַתְּנַת בָּשָׂר וָדָם וְלֹא לִידֵי הַלְוָאָתָם כִּי אִם
לְיָדְךָ הַמְּלֵאָה הַפְּתוּחָה הַקְּדוֹשָׁה וְהָרְחָבָה שֶׁלֹּא נֵבוֹשׁ
וְלֹא נִכָּלֵם לְעוֹלָם וָעֶד :

בשבת רְצֵה וְהַחֲלִיצֵנוּ יְהֹוָה אֱלֹהֵינוּ בְּמִצְוֹתֶיךָ וּבְמִצְוַת יוֹם הַשְּׁבִיעִי
הַשַּׁבָּת הַגָּדוֹל וְהַקָּדוֹשׁ הַזֶּה כִּי יוֹם זֶה גָּדוֹל וְקָדוֹשׁ
הוּא לְפָנֶיךָ ׳ לִשְׁבָּת־בּוֹ וְלָנוּחַ־בּוֹ בְּאַהֲבָה כְּמִצְוַת רְצוֹנֶךָ ׳
וּבִרְצוֹנְךָ הָנִיחַ לָנוּ יְהֹוָה אֱלֹהֵינוּ שֶׁלֹּא תְהֵא צָרָה וְיָגוֹן וַאֲנָחָה
בְּיוֹם מְנוּחָתֵנוּ ׳ וְהַרְאֵנוּ יְהֹוָה אֱלֹהֵינוּ בְּנֶחָמַת צִיּוֹן עִירֶךָ ׳
וּבְבִנְיַן יְרוּשָׁלַיִם עִיר קָדְשֶׁךָ כִּי אַתָּה הוּא בַּעַל הַיְשׁוּעוֹת
וּבַעַל הַנֶּחָמוֹת :

בר"ח וכיו"ט ובחוה"מ
אֱלֹהֵינוּ וֵאלֹהֵי אֲבוֹתֵינוּ יַעֲלֶה וְיָבֹא ׳ וְיַגִּיעַ וְיֵרָאֶה וְיֵרָצֶה ׳ וְיִשָּׁמַע וְיִפָּקֵד
וְיִזָּכֵר ׳ זִכְרוֹנֵנוּ וּפִקְדוֹנֵנוּ ׳ וְזִכְרוֹן אֲבוֹתֵינוּ ׳ וְזִכְרוֹן מָשִׁיחַ בֶּן־דָּוִד
עַבְדֶּךָ ׳ וְזִכְרוֹן יְרוּשָׁלַיִם עִיר קָדְשֶׁךָ ׳ וְזִכְרוֹן כָּל־עַמְּךָ בֵּית יִשְׂרָאֵל לְפָנֶיךָ
לִפְלֵיטָה לְטוֹבָה ׳ לְחֵן וּלְחֶסֶד וּלְרַחֲמִים וּלְחַיִּים טוֹבִים וּלְשָׁלוֹם ׳ בְּיוֹם
בר"ח רֹאשׁ הַחֹדֶשׁ הַזֶּה ׳ בפסח חַג הַמַּצּוֹת הַזֶּה ׳ בשבועות חַג הַשָּׁבֻעוֹת הַזֶּה ׳
בסוכות חַג הַסֻּכּוֹת הַזֶּה ׳ בשמ"ע שְׁמִינִי עֲצֶרֶת הַחַג הַזֶּה ׳ בר"ה הַזִּכָּרוֹן הַזֶּה ׳
בשלש רגלים (חוץ מחשה"ס) תבר"ה בְּיוֹם טוֹב מִקְרָא קֹדֶשׁ הַזֶּה׳ זָכְרֵנוּ יְהֹוָה אֱלֹהֵינוּ
בּוֹ לְטוֹבָה ׳ וּפָקְדֵנוּ בוֹ לִבְרָכָה ׳ וְהוֹשִׁיעֵנוּ בוֹ לְחַיִּים טוֹבִים ׳ וּבִדְבַר יְשׁוּעָה
וְרַחֲמִים חוּס וְחָנֵּנוּ וְרַחֵם עָלֵינוּ וְהוֹשִׁיעֵנוּ כִּי אֵלֶיךָ עֵינֵינוּ ׳ כִּי אֵל
מֶלֶךְ חַנּוּן וְרַחוּם אָתָּה :

וּבְנֵה יְרוּשָׁלַיִם עִיר הַקֹּדֶשׁ בִּמְהֵרָה בְיָמֵינוּ ׳ בָּרוּךְ
אַתָּה יְהֹוָה בּוֹנֵה בְרַחֲמָיו יְרוּשָׁלָיִם ׳ אָמֵן :

שכח ולא אמר רצה בשבת אפילו בסעודה שלישית אם הוא קודם שקיעת החמה ונזכר קודם ברכת
הטוב והמטיב אומר :
בָּרוּךְ אַתָּה יְהֹוָה אֱלֹהֵינוּ מֶלֶךְ הָעוֹלָם שֶׁנָּתַן שַׁבָּתוֹת לִמְנוּחָה

ДАВИДА, ПОМАЗАННИКА ТВОЕГО, И НАД ВЕЛИКИМ И СВЯТЫМ ХРАМОМ, КОТОРЫЙ НАРЕЧЕН ИМЕНЕМ ТВОИМ. БОГ НАШ, ОТЕЦ НАШ! ВЕДИ НАС (*в субботу и в йом-тов вместо "ВЕДИ НАС" говорят: "ПАСТЫРЬ НАШ"*), ПИТАЙ НАС, НАСЫЩАЙ НАС, ОБЕСПЕЧИВАЙ НАС ВСЕМ НЕОБХОДИМЫМ, ПОШЛИ НАМ ИЗОБИЛИЕ И ВЫЗВОЛИ НАС ПОСКОРЕЕ, ГОСПОДЬ, БОГ НАШ, ИЗ ВСЕХ НАШИХ БЕД. И НЕ ДОПУСТИ, ГОСПОДЬ, БОГ НАШ, ЧТОБЫ ЗАВИ-СЕЛИ МЫ ОТ БЛАГОДЕЯНИЙ, ОТ ОДОЛЖЕНИЙ ЛЮДСКИХ, – [ПУСТЬ ДАРУЕТ НАМ ПРОПИТАНИЕ ЛИШЬ] РУКА ТВОЯ, НАПОЛНЕННАЯ БЛАГА-МИ, ЩЕДРАЯ, СВЯТАЯ И НЕСУЩАЯ ИЗОБИЛИЕ, – ЧТОБЫ НЕ ПОСРАМИ-ЛИСЬ МЫ И НЕ ОПОЗОРИЛИСЬ ВО ВЕКИ ВЕКОВ!

В субботу говорят:

רצה ДА БУДЕТ УГОДНО ТЕБЕ, ГОСПОДЬ, БОГ НАШ, УКРЕПИТЬ НАС В ИСПОЛНЕ-НИИ ВСЕХ ЗАПОВЕДЕЙ ТВОИХ И В ИСПОЛНЕНИИ ЭТОЙ ЗАПОВЕДИ – [ЗАКОНА О] СЕДЬМОМ ДНЕ, ДНЕ ВЕЛИКОМ И СВЯТОМ, – СУББОТЕ; ИБО ДЕНЬ ЭТОТ ВЕЛИК И СВЯТ ДЛЯ ТЕБЯ САМОГО, И [НАМ ПОДОБАЕТ] ПРОВОДИТЬ ЕГО В ПОКОЕ И ОТДЫ-ХЕ, ВЫПОЛНЯЯ ИЗ ЛЮБВИ К ТЕБЕ [ЭТУ] ЗАПОВЕДЬ, УСТАНОВЛЕННУЮ ПО ВОЛЕ ТВОЕЙ. И ДА БУДЕТ УГОДНО ТЕБЕ ДАРОВАТЬ НАМ ПОКОЙ В ЭТОТ ДЕНЬ, ЧТОБЫ НЕ БЫЛО БЕД, ГОРЕСТЕЙ И СТРАДАНИЙ В ДЕНЬ ОТДЫХА НАШЕГО. И ДАЙ УВИДЕТЬ НАМ, ГОСПОДЬ, БОГ НАШ, УТЕШЕНИЕ СИОНА, ГОРОДА, ГДЕ ПРЕБЫВАЕШЬ ТЫ, ВОС-СТАНОВЛЕНИЕ ИЕРУСАЛИМА, СВЯТОГО ГОРОДА ТВОЕГО, ИБО ТЫ – ИЗБАВИТЕЛЬ И УТЕШИТЕЛЬ.

В рош-ходеш, в йом-тов и в холь-гамоэд говорят:

אלהינו БОГ НАШ И БОГ ОТЦОВ НАШИХ! ДА ПОДНИМЕТСЯ, И ПРИДЕТ [К ТЕБЕ], И ДОСТИГНЕТ [ТВОЕГО СЛУХА], И БУДЕТ ЗАМЕЧЕНА, И БЛАГОСКЛОННО ПРИНЯТА, И УСЛЫШАНА [ТОБОЮ МОЛИТВА НАША], И ДА БУДУТ ВОЗОБНОВЛЕНЫ И ВОССТА-НОВЛЕНЫ [ТОБОЮ] ПАМЯТЬ О НАС И ВНИМАНИЕ К НАМ; И ПАМЯТЬ ОБ ОТЦАХ НА-ШИХ, И ПАМЯТЬ О МАШИАХЕ, ПОТОМКЕ ДАВИДА, РАБА ТВОЕГО, И ПАМЯТЬ О ИЕ-РУСАЛИМЕ, СВЯТОМ ГОРОДЕ ТВОЕМ, И ПАМЯТЬ ОБО ВСЕМ ТВОЕМ НАРОДЕ, ДОМЕ ИЗРАИЛЯ, – ДЛЯ СПАСЕНИЯ [НАШЕГО], ВО БЛАГО [НАМ], ДЛЯ ЛЮБВИ И МИЛО-СТИ, И ДЛЯ МИЛОСЕРДИЯ [К НАМ], И ДЛЯ БЛАГОПОЛУЧНОЙ ЖИЗНИ [НАШЕЙ] И МИРА [ДЛЯ НАС] – В ЭТОТ ДЕНЬ...

в рош-ходеш:	*в Песах:*	*в Шавуот:*
...РОШ-ХОДЕШ.	...ПРАЗДНИКА МАЦОТ.	...ПРАЗДНИКА ШАВУОТ.
в Сукот:	*в Шмини-Ацерет и в Симхат-Тора:*	*в Рош-Гашана:*
...ПРАЗДНИКА СУКОТ.	...ПРАЗДНИКА ШМИНИ-АЦЕРЕТ.	...ПАМЯТИ.

в йом-тов:
...ЭТОТ СВЯТОЙ ПРАЗДНИЧНЫЙ ДЕНЬ.

ВСПОМНИ НАС, ГОСПОДЬ, БОГ НАШ, К ДОБРУ В ЭТОТ ДЕНЬ; И ОТНЕСИСЬ К НАМ В ЭТОТ ДЕНЬ СО ВНИМАНИЕМ, БЛАГОСЛОВЛЯЯ НАС; И СПАСИ НАС В ЭТОТ ДЕНЬ ДЛЯ БЛАГОПОЛУЧНОЙ ЖИЗНИ; И ПО ОБЕЩАНИЮ [СВОЕМУ] СПАСТИ И ПОМИЛО-ВАТЬ [НАС], ПОЖАЛЕЙ [НАС] И СМИЛУЙСЯ [НАД НАМИ]; И БУДЬ СНИСХОДИТЕ-ЛЕН К НАМ, И СПАСИ НАС – ВЕДЬ НА ТЕБЯ УСТРЕМЛЕНЫ НАШИ ВЗОРЫ, ПОТОМУ ЧТО ТЫ, БОГ, – ВЛАДЫКА МИЛОСЕРДНЫЙ И МИЛУЮЩИЙ.

ובנה И ВОССТАНОВИ ИЕРУСАЛИМ, СВЯТОЙ ГОРОД, В СКОРОМ ВРЕМЕ-НИ, В НАШИ ДНИ. БЛАГОСЛОВЕН ТЫ, ГОСПОДЬ, ВОССТАНАВЛИВАЮЩИЙ ПО МИЛОСТИ СВОЕЙ ИЕРУСАЛИМ! АМЕН!

Если благословение произносится над вином, в этом месте ведущий ставит бокал на стол. Тот, кто забыл произнести רצה ("ДА БУДЕТ УГОДНО ТЕБЕ...") в субботу (даже в благословении после третьей субботней трапезы, если солнце еще не зашло) и заме-тил свою ошибку до того, как начал благословение הטוב והמטיב ("ДОБРЫЙ И ТВОРЯЩИЙ... ДОБРО..."), должен сказать:

ברוך БЛАГОСЛОВЕН ТЫ, ГОСПОДЬ, БОГ НАШ, ВЛАДЫКА ВСЕЛЕН-НОЙ, ДАВШИЙ ПО ЛЮБВИ СВОЕЙ СУББОТНИЕ ДНИ ДЛЯ ПОКОЯ

לְעַמּוֹ יִשְׂרָאֵל בְּאַהֲבָה לְאוֹת וְלִבְרִית · בָּרוּךְ אַתָּה יְהֹוָה
מְקַדֵּשׁ הַשַּׁבָּת: ואם פסח ולא אמר יעלה ויבא כיו"ט אומר בָּרוּךְ אַתָּה יְהֹוָה
אֱלֹהֵינוּ מֶלֶךְ הָעוֹלָם אֲשֶׁר נָתַן יָמִים טוֹבִים לְעַמּוֹ יִשְׂרָאֵל לְשָׂשׂוֹן
וּלְשִׂמְחָה אֶת־יוֹם חַג (פלוני) הַזֶּה · בָּרוּךְ אַתָּה יְהֹוָה מְקַדֵּשׁ יִשְׂרָאֵל
וְהַזְּמַנִּים: ר"ה אומר בָּרוּךְ אַתָּה יְהֹוָה אֱלֹהֵינוּ מֶלֶךְ הָעוֹלָם אֲשֶׁר
נָתַן יָמִים טוֹבִים לְעַמּוֹ יִשְׂרָאֵל לְזִכָּרוֹן אֶת־יוֹם הַזִּכָּרוֹן הַזֶּה ·
בָּרוּךְ אַתָּה יְהֹוָה מְקַדֵּשׁ יִשְׂרָאֵל וְיוֹם הַזִּכָּרוֹן: נחוה"מ אומר בָּרוּךְ
אַתָּה יְהֹוָה אֱלֹהֵינוּ מֶלֶךְ הָעוֹלָם אֲשֶׁר נָתַן מוֹעֲדִים לְעַמּוֹ יִשְׂרָאֵל
לְשָׂשׂוֹן וּלְשִׂמְחָה אֶת־יוֹם חַג (פלוני) הַזֶּה: (ואיט חותס) וק ר"ח אומר בָּרוּךְ
אַתָּה יְהֹוָה אֱלֹהֵינוּ מֶלֶךְ הָעוֹלָם שֶׁנָּתַן רָאשֵׁי חֳדָשִׁים לְעַמּוֹ
יִשְׂרָאֵל לְזִכָּרוֹן: ואיט חותס: ואם חל יו"ט (א ר"ס או ר"ח) בשבת ולא זכיר ולא של
סבת ולא של יו"ט (א ר"ס או ר"ח) כוללן יחד ואומר בָּרוּךְ אַתָּה יְהֹוָה אֱלֹהֵינוּ מֶלֶךְ
הָעוֹלָם שֶׁנָּתַן שַׁבָּתוֹת לִמְנוּחָה לְעַמּוֹ יִשְׂרָאֵל בְּאַהֲבָה לְאוֹת
וְלִבְרִית · וְיָמִים טוֹבִים (נחוה"מ וּמוֹעֲדִים) לְשָׂשׂוֹן וּלְשִׂמְחָה אֶת־יוֹם
חַג (פלוני) הַזֶּה (נר"ס וְיָמִים טוֹבִים לְזִכָּרוֹן אֶת־יוֹם הַזִּכָּרוֹן הַזֶּה
נר"ח וְרָאשֵׁי חֳדָשִׁים לְזִכָּרוֹן) וחתס בָּרוּךְ אַתָּה יְהֹוָה מְקַדֵּשׁ הַשַּׁבָּת
וְיִשְׂרָאֵל · וְהַזְּמַנִּים: נר"ס וְיוֹם הַזִּכָּרוֹן: נר"ח וְרָאשֵׁי חֳדָשִׁים:

וכל זה כשנזכר קודם שהתחיל ברכת הטוב והמטיב אבל אם מכר שהתחיל ברכת הטוב והמטיב
אסלו לא אמר אלא תיבת ברוך בלבד צריך לחזור לראש · בד"א בשבת ויו"ט של שלש רגלים אבל
בתם"מ ור"ח אם נא נזכר עד שהתחיל הטוב והמטיב אינו חוזר וק כשטעודה שלישית של שנת ויו"ט
וכן נר"ה ביוס אבל בליל ר"ה חוזר :

בָּרוּךְ אַתָּה יְהֹוָה אֱלֹהֵינוּ מֶלֶךְ הָעוֹלָם הָאֵל · אָבִינוּ
מַלְכֵּנוּ · אַדִּירֵנוּ בּוֹרְאֵנוּ גֹּאֲלֵנוּ יוֹצְרֵנוּ · קְדוֹשֵׁנוּ
קְדוֹשׁ יַעֲקֹב רוֹעֵנוּ רוֹעֵה יִשְׂרָאֵל הַמֶּלֶךְ הַטּוֹב וְהַמֵּטִיב
לַכֹּל בְּכָל יוֹם וָיוֹם · הוּא הֵיטִיב לָנוּ · הוּא מֵטִיב לָנוּ ·
הוּא יֵיטִיב לָנוּ · הוּא גְמָלָנוּ הוּא גוֹמְלֵנוּ הוּא יִגְמְלֵנוּ
לָעַד · לְחֵן וּלְחֶסֶד וּלְרַחֲמִים · וּלְרֶוַח הַצָּלָה וְהַצְלָחָה ·
בְּרָכָה וִישׁוּעָה · נֶחָמָה.פַּרְנָסָה · וְכַלְכָּלָה וְרַחֲמִים וְחַיִּים

ושלום

НАРОДУ СВОЕМУ, ИЗРАИЛЮ, КАК ЗНАК И КАК ЗАВЕТ. БЛАГОСЛОВЕН ТЫ, ГОСПОДЬ, ОСВЯЩАЮЩИЙ СУББОТУ!

Тот, кто забыл произнести יעלה ויבא *(''ДА ПОДНИМЕТСЯ, И ПРИДЕТ...'') в йом-тов (исключая Рош-Гашана), говорит:*
БЛАГОСЛОВЕН ТЫ, ГОСПОДЬ, БОГ НАШ, ВЛАДЫКА ВСЕЛЕННОЙ, ДАВШИЙ СВЯТЫЕ ДНИ НАРОДУ СВОЕМУ, ИЗРАИЛЮ, ДЛЯ ВЕСЕЛЬЯ И РАДОСТИ, [И СРЕДИ НИХ] ЭТОТ ДЕНЬ ПРАЗДНИКА... (*далее произносится название праздника*)! БЛАГОСЛОВЕН ТЫ, ГОСПОДЬ, ОСВЯЩАЮЩИЙ ИЗРАИЛЬ И ДНИ ПРАЗДНИКОВ!

В Рош-Гашана говорят:
БЛАГОСЛОВЕН ТЫ, ГОСПОДЬ, БОГ НАШ, ВЛАДЫКА ВСЕЛЕННОЙ, ДАВШИЙ НАРОДУ СВОЕМУ, ИЗРАИЛЮ, СВЯТЫЕ ДНИ, В КОТОРЫЕ ТЫ ВСПОМИНАЕШЬ [О НЕМ, И СРЕДИ НИХ] ЭТОТ ДЕНЬ ПАМЯТИ. БЛАГОСЛОВЕН ТЫ, ГОСПОДЬ, ОСВЯЩАЮЩИЙ ИЗРАИЛЬ И ДЕНЬ ПАМЯТИ!

В холь-гамоэд говорят:
БЛАГОСЛОВЕН ТЫ, ГОСПОДЬ, БОГ НАШ, ВЛАДЫКА ВСЕЛЕННОЙ, ДАВШИЙ ПРАЗДНИКИ НАРОДУ СВОЕМУ, ИЗРАИЛЮ, ДЛЯ ВЕСЕЛЬЯ И РАДОСТИ, [И СРЕДИ НИХ] ЭТОТ ДЕНЬ ПРАЗДНИКА... (*далее произносится название праздника*)!

В рош-ходеш говорят:
БЛАГОСЛОВЕН ТЫ, ГОСПОДЬ, БОГ НАШ, ВЛАДЫКА ВСЕЛЕННОЙ, ДАВШИЙ НАРОДУ СВОЕМУ, ИЗРАИЛЮ, ДНИ РОШ-ХОДЕШ, [КОГДА ТЫ] ВСПОМИНАЕШЬ [О НЕМ]!

Тот, кто в йом-тов, в холь-гамоэд или в рош-ходеш, если этот день пришелся на субботу, пропустил обе положенные молитвы – и ''ДА ПОДНИМЕТСЯ, И ПРИДЕТ...'' и ''ДА БУДЕТ УГОДНО ТЕБЕ...'', – должен сказать следующее:
БЛАГОСЛОВЕН ТЫ, ГОСПОДЬ, БОГ НАШ, ВЛАДЫКА ВСЕЛЕННОЙ, ДАВШИЙ ПО ЛЮБВИ СВОЕЙ СУББОТНИЕ ДНИ ДЛЯ ПОКОЯ НАРОДУ СВОЕМУ, ИЗРАИЛЮ, КАК ЗНАК И КАК ЗАВЕТ...

в йом-тов (за исключением Рош-Гашана) и в холь-гамоэд говорят:
...И СВЯТЫЕ ДНИ (*в холь-гамоэд вместо двух последних слов говорят:* ПРАЗДНИКИ) ДЛЯ ВЕСЕЛЬЯ И РАДОСТИ, [И СРЕДИ НИХ] ЭТОТ ДЕНЬ ПРАЗДНИКА... (*далее произносится название праздника*)!

в Рош-Гашана говорят: ...И СВЯТЫЕ ДНИ, [КОГДА ТЫ] ВСПОМИНАЕШЬ [О НЕМ, И СРЕДИ НИХ] ЭТОТ ДЕНЬ ПАМЯТИ!

в рош-ходеш говорят: ...И ДНИ РОШ-ХОДЕШ, [КОГДА ТЫ] ВСПОМИНАЕШЬ [О НЕМ]!

...БЛАГОСЛОВЕН ТЫ, ГОСПОДЬ, ОСВЯЩАЮЩИЙ СУББОТУ, ИЗРАИЛЬ И...

В Песах, Шавуот, Сукот, Шмини-Ацерет и Симхат-Тора говорят:
...ДНИ ПРАЗДНИКОВ!

в Рош-Гашана говорят:
...ДЕНЬ ПАМЯТИ!

в рош-ходеш говорят:
...ДНИ РОШ-ХОДЕШ!

Все вышесказанное относится к случаю, когда человек заметил свою ошибку до того, как начал благословение, приведенное ниже. Если же ошибка была замечена позже, то в субботу и в йом-тов (исключая утреннюю трапезу в Рош-Гашана) следует вернуться к началу первого благословения. В холь-гамоэд, в рош-ходеш, а также после третьей трапезы в йом-тов и в субботу и утренней трапезы в Рош-Гашана этого делать не нужно.

ברוך БЛАГОСЛОВЕН ТЫ, ГОСПОДЬ, БОГ НАШ, ВЛАДЫКА ВСЕЛЕННОЙ, МИЛОСТИВЫЙ БОГ, ОТЕЦ НАШ, ВЛАДЫКА НАШ ВСЕМОГУЩИЙ, ТВОРЕЦ НАШ, ИЗБАВИТЕЛЬ НАШ, СОЗДАТЕЛЬ НАШ, СВЯТЫНЯ НАША, СВЯТЫНЯ ЯАКОВА, ПАСТЫРЬ НАШ, ПАСТЫРЬ ИЗРАИЛЯ, ВЛАДЫКА ДОБРЫЙ И ТВОРЯЩИЙ ИЗО ДНЯ В ДЕНЬ ДОБРО КАЖДОМУ! ОН ДЕЛАЛ НАМ ДОБРО, ОН ДЕЛАЕТ НАМ ДОБРО И ОН БУДЕТ ДЕЛАТЬ НАМ ДОБРО; ОН НИСПОСЫЛАЛ, НИСПОСЫЛАЕТ И БУДЕТ ВЕЧНО НИСПОСЫЛАТЬ НАМ БЛАГОСКЛОННОСТЬ, ЛЮБОВЬ И МИЛОСЕРДИЕ, ДОСТАТОК, СПАСЕНИЕ И УСПЕХ, БЛАГОСЛОВЕНИЕ И ИЗБАВЛЕНИЕ, УТЕШЕНИЕ, ЗАРАБОТОК И ПРОПИТАНИЕ, МИЛОСТЬ, ЗДОРОВЬЕ,

וְשָׁלוֹם וְכָל־טוֹב וּמִכָּל־טוֹב לְעוֹלָם אַל יְחַסְּרֵנוּ:
הָרַחֲמָן הוּא יִמְלוֹךְ עָלֵינוּ לְעוֹלָם וָעֶד: הָרַחֲמָן הוּא
יִתְבָּרֵךְ בַּשָּׁמַיִם וּבָאָרֶץ: הָרַחֲמָן הוּא יִשְׁתַּבַּח לְדוֹר
דּוֹרִים וְיִתְפָּאַר בָּנוּ לָעַד וּלְנֵצַח נְצָחִים וְיִתְהַדַּר בָּנוּ
לָעַד וּלְעוֹלְמֵי עוֹלָמִים: הָרַחֲמָן הוּא יְפַרְנְסֵנוּ בְּכָבוֹד:
הָרַחֲמָן הוּא יִשְׁבּוֹר עוֹל גָּלוּת מֵעַל צַוָּארֵנוּ וְהוּא
יוֹלִיכֵנוּ קוֹמְמִיּוּת לְאַרְצֵנוּ: הָרַחֲמָן הוּא יִשְׁלַח בְּרָכָה
מְרֻבָּה בַּבַּיִת הַזֶּה וְעַל שֻׁלְחָן זֶה שֶׁאָכַלְנוּ עָלָיו: הָרַחֲמָן
הוּא יִשְׁלַח לָנוּ אֶת־אֵלִיָּהוּ הַנָּבִיא זָכוּר לַטּוֹב וִיבַשֶּׂר־
לָנוּ בְּשׂוֹרוֹת טוֹבוֹת יְשׁוּעוֹת וְנֶחָמוֹת: הָרַחֲמָן הוּא
יְבָרֵךְ אֶת־אָבִי מוֹרִי בַּעַל הַבַּיִת הַזֶּה וְאֶת־אִמִּי מוֹרָתִי
בַּעֲלַת הַבַּיִת הַזֶּה אוֹתָם וְאֶת־בֵּיתָם וְאֶת־זַרְעָם וְאֶת־
כָּל־אֲשֶׁר לָהֶם אוֹתָנוּ וְאֶת־כָּל־אֲשֶׁר לָנוּ: כְּמוֹ שֶׁבֵּרַךְ
אֶת־אֲבוֹתֵינוּ אַבְרָהָם יִצְחָק וְיַעֲקֹב בַּכֹּל מִכֹּל כֹּל כֵּן
יְבָרֵךְ אוֹתָנוּ (בני ברית) כֻּלָּנוּ יַחַד בִּבְרָכָה שְׁלֵמָה
וְנֹאמַר אָמֵן:

מִמָּרוֹם יְלַמְּדוּ עָלָיו וְעָלֵינוּ זְכוּת שֶׁתְּהֵא לְמִשְׁמֶרֶת שָׁלוֹם וְנִשָּׂא
בְרָכָה מֵאֵת יְהֹוָה וּצְדָקָה מֵאֱלֹהֵי יִשְׁעֵנוּ וְנִמְצָא חֵן וְשֵׂכֶל
טוֹב בְּעֵינֵי אֱלֹהִים וְאָדָם: הרחמן לברית מילה תמצא לקמן ע׳ 95.

לשבת הָרַחֲמָן הוּא יַנְחִילֵנוּ לְיוֹם שֶׁכֻּלּוֹ שַׁבָּת וּמְנוּחָה לְחַיֵּי הָעוֹלָמִים:
בר״ח הָרַחֲמָן הוּא יְחַדֵּשׁ עָלֵינוּ אֶת־הַחֹדֶשׁ הַזֶּה לְטוֹבָה וְלִבְרָכָה:
כיו״ט הָרַחֲמָן הוּא יַנְחִילֵנוּ לְיוֹם שֶׁכֻּלּוֹ טוֹב:
בסוכות הָרַחֲמָן הוּא יָקִים לָנוּ אֶת־סֻכַּת דָּוִד הַנּוֹפֶלֶת:
לר״ה
הָרַחֲמָן, הוּא יְחַדֵּשׁ עָלֵינוּ אֶת הַשָּׁנָה הַזֹּאת לְטוֹבָה וְלִבְרָכָה:

ПОКОЙ И ВСЕ БЛАГА; И ДА НЕ ЛИШИТ НАС ОН ВСЕХ БЛАГ [СВОИХ] ВО-
ВЕКИ!* ОН, МИЛОСЕРДНЫЙ, ДА БУДЕТ ЦАРСТВОВАТЬ НАД НАМИ ВО ВЕ-
КИ ВЕКОВ! ОН, МИЛОСЕРДНЫЙ, ДА БУДЕТ БЛАГОСЛОВЛЯЕМ НА НЕБЕ-
САХ И НА ЗЕМЛЕ! ОН, МИЛОСЕРДНЫЙ, ДА БУДЕТ ВОСХВАЛЯЕМ ИЗ ПО-
КОЛЕНИЯ В ПОКОЛЕНИЕ, И ДА БУДЕТ ПРОСЛАВЛЯЕМ НАМИ ВСЕГДА,
ВО ВЕКИ ВЕЧНЫЕ, И ДА БУДЕТ ПРЕВОЗНОСИМ НАМИ ВСЕГДА, ВО ВЕКИ
ВЕКОВ! ОН, МИЛОСЕРДНЫЙ, ДА ПОШЛЕТ НАМ ВСЕ НЕОБХОДИМОЕ ДЛЯ
ДОСТОЙНОГО СУЩЕСТВОВАНИЯ! ОН, МИЛОСЕРДНЫЙ, ДА РАЗОБЬЕТ ЯР-
МО ИЗГНАНИЯ, ЛЕЖАЩЕЕ НА НАШЕЙ ШЕЕ, И ПОВЕДЕТ НАС, РАСПРЯ-
МИВШИХСЯ, В СТРАНУ НАШУ! ОН, МИЛОСЕРДНЫЙ, ДА ПОШЛЕТ ЩЕДРОЕ
БЛАГОСЛОВЕНИЕ ЭТОМУ ДОМУ, И [ПУСТЬ ПРЕБЫВАЕТ ОНО] НАД СТО-
ЛОМ ЭТИМ, ЗА КОТОРЫМ МЫ ЕЛИ! ОН, МИЛОСЕРДНЫЙ, ДА ПОШЛЕТ НАМ
ПРОРОКА ЭЛИЯГУ, ВСПОМНИМ ЕГО ДОБРОМ, КОТОРЫЙ ПРИНЕСЕТ НАМ
ХОРОШИЕ ВЕСТИ — О [БЛИЗКОМ] СПАСЕНИИ И УТЕШЕНИИ! ОН, МИЛО-
СЕРДНЫЙ, ДА БЛАГОСЛОВИТ МОЕГО ОТЦА — НАСТАВНИКА МОЕГО, ХО-
ЗЯИНА ЭТОГО ДОМА, И МОЮ МАТЬ — НАСТАВНИЦУ МОЮ, ХОЗЯЙКУ ДО-
МА ЭТОГО; ИХ САМИХ, И ДОМОЧАДЦЕВ ИХ, И ДЕТЕЙ ИХ, И ВСЕ, ЧТО ИМ
ПРИНАДЛЕЖИТ; НАС И ВСЕ, ЧТО ПРИНАДЛЕЖИТ НАМ. ТАК ЖЕ КАК БЛА-
ГОСЛОВИЛ ОН НАШИХ ОТЦОВ, АВРАГАМА, ИЦХАКА И ЯАКОВА, — "ВО
ВСЕМ", "ОТ ВСЕГО", "ВСЕМ",** — ДА БЛАГОСЛОВИТ ОН И ВСЕХ НАС***
ЩЕДРЫМ БЛАГОСЛОВЕНИЕМ, И СКАЖЕМ: АМЕН!

ממרום В НЕБЕСАХ ПУСТЬ ХОДАТАЙСТВУЮТ ЗА НЕГО, [ХОЗЯИНА ДОМА], И ЗА
НАС, ЧТОБЫ УДОСТОИЛИСЬ МЫ ПРОЧНОГО МИРА. И ПОЛУЧИМ МЫ БЛАГОСЛОВЕ-
НИЕ ОТ ГОСПОДА, МИЛОСТЬ ОТ БОГА, ИЗБАВИТЕЛЯ НАШЕГО, И ОБРЕТЕМ МЫ В
ГЛАЗАХ БОГА И ЛЮДЕЙ БЛАГОСКЛОННОСТЬ И БЛАГОВОЛЕНИЕ.

*Если эта трапеза была устроена по случаю обрезания, то здесь произносят молитву,
приведенную на стр. 95.*

В субботу:
הרחמן ОН, МИЛОСЕРДНЫЙ, ДАСТ НАМ В НАСЛЕДИЕ [НЕСКОНЧАЕМЫЙ] ДЕНЬ,
ИСПОЛНЕННЫЙ ПОКОЯ И ОТДОХНОВЕНИЯ, ЧТОБЫ МЫ ЖИЛИ ВЕЧНО.

В рош-ходеш:
הרחמן ОН, МИЛОСЕРДНЫЙ, ОБНОВИТ ДЛЯ НАС ЭТОТ МЕСЯЦ, ПОСЛАВ НАМ
ДОБРО И БЛАГОСЛОВЕНИЕ.

В йом-тов:
הרחמן ОН, МИЛОСЕРДНЫЙ, ДАСТ НАМ В НАСЛЕДИЕ ДЕНЬ, КОТОРЫЙ ВЕСЬ
БУДЕТ ПОЛОН БЛАЖЕНСТВА.

В Сукот:
הרחמן ОН, МИЛОСЕРДНЫЙ, ВОССТАНОВИТ ДЛЯ НАС РУХНУВШИЙ ШАТЕР ДА-
ВИДА.

В Рош-Гашана:
הרחמן ОН, МИЛОСЕРДНЫЙ, ОБНОВИТ ДЛЯ НАС ЭТОТ ГОД, ПОСЛАВ НАМ ДОБРО
И БЛАГОСЛОВЕНИЕ.

---

* В этом месте "амен" не произносят, так как благословение здесь не кончается.
** Эти слова намекают на благословения, дарованные праотцам. Про Авраãама сказано:
"Г-сподь благословил Авраãама *во всем*" (Брейшит, 24:1), Ицхак говорит: "Я вкушал *от
всех* яств" (Брейшит, 27:33), Яаков говорит: "Есть у меня *все* необходимое" (Брейшит,
33:11).
*** Если присутствует нееврей, здесь добавляют слова "сынов завета".

הָרַחֲמָן הוּא יְזַכֵּנוּ לִימוֹת הַמָּשִׁיחַ וּלְחַיֵּי הָעוֹלָם הַבָּא • מַגְדִּיל
(בשבת ויו"ט ור"ח* מִגְדּוֹל) יְשׁוּעוֹת מַלְכּוֹ וְעֹשֶׂה חֶסֶד לִמְשִׁיחוֹ
לְדָוִד וּלְזַרְעוֹ עַד עוֹלָם : עֹשֶׂה שָׁלוֹם בִּמְרוֹמָיו הוּא יַעֲשֶׂה שָׁלוֹם
עָלֵינוּ וְעַל כָּל יִשְׂרָאֵל וְאִמְרוּ אָמֵן :

יְראוּ אֶת יְהֹוָה קְדֹשָׁיו כִּי אֵין מַחְסוֹר לִירֵאָיו : כְּפִירִים רָשׁוּ
וְרָעֵבוּ וְדֹרְשֵׁי יְהֹוָה לֹא יַחְסְרוּ כָל טוֹב : הוֹדוּ לַיהֹוָה כִּי
טוֹב כִּי לְעוֹלָם חַסְדּוֹ : פּוֹתֵחַ אֶת יָדֶךָ וּמַשְׂבִּיעַ לְכָל חַי רָצוֹן :
בָּרוּךְ הַגֶּבֶר אֲשֶׁר יִבְטַח בַּיהֹוָה וְהָיָה יְהֹוָה מִבְטַחוֹ :

ומברך על הכוס:

בָּרוּךְ אַתָּה יְהֹוָה אֱלֹהֵינוּ מֶלֶךְ הָעוֹלָם בּוֹרֵא פְּרִי הַגָּפֶן :
נוסח ברכה אחרונה מעין שלש

על הנחיל של ה' מיני דגן ועל תל סירות מז' המינים שהם נפן תאנה ורמון זית
והמרה ואם אכל פירות מז' המינים ומימי מזונות ושתה יין יכלול הכל בנברכה אחת ויאמר כך
על המחיה ועל הכלכלה ועל הגפן ועל פרי הגפן ועל העץ ועל פרי העץ ועל תנובת השדה
ועל ארץ חמדה ט' ותתם ונודה לך על הארץ ועל המחיה ועל הגפן ועל פרי העץ על הפירות ובא"י על
סארץ ועל המחיה ועל פרי הגפן והפירות :

בָּרוּךְ אַתָּה יְהֹוָה אֱלֹהֵינוּ מֶלֶךְ הָעוֹלָם עַל

על ה' מיני דגן	על סירות מז' מינים	על סין	
הַמִּחְיָה וְעַל הַכַּלְכָּלָה	הָעֵץ וְעַל פְּרִי הָעֵץ	הַגֶּפֶן וְעַל פְּרִי הַגֶּפֶן	

וְעַל תְּנוּבַת הַשָּׂדֶה וְעַל אֶרֶץ חֶמְדָּה טוֹבָה וּרְחָבָה שֶׁרָצִיתָ
וְהִנְחַלְתָּ לַאֲבוֹתֵינוּ לֶאֱכֹל מִפִּרְיָהּ וְלִשְׂבֹּעַ מִטּוּבָהּ רַחֵם נָא
יְהֹוָה אֱלֹהֵינוּ עַל יִשְׂרָאֵל עַמֶּךָ וְעַל יְרוּשָׁלַיִם עִירֶךָ וְעַל צִיּוֹן
מִשְׁכַּן כְּבוֹדֶךָ וְעַל מִזְבְּחֶךָ וְעַל הֵיכָלֶךָ וּבְנֵה יְרוּשָׁלַיִם עִיר
הַקֹּדֶשׁ בִּמְהֵרָה בְיָמֵינוּ וְהַעֲלֵנוּ לְתוֹכָהּ* וְשַׂמְּחֵנוּ בָהּ וּנְבָרֶכְךָ
בִּקְדֻשָּׁה וּבְטָהֳרָה • בשבת וּרְצֵה וְהַחֲלִיצֵנוּ בְּיוֹם הַשַּׁבָּת הַזֶּה :
ר"ח ויו"ט וְזָכְרֵנוּ לְטוֹבָה ר"ח בְּיוֹם רֹאשׁ הַחֹדֶשׁ הַזֶּה ר"ה בְּיוֹם הַזִּכָּרוֹן
הַזֶּה נפסח בְּיוֹם חַג הַמַּצּוֹת הַזֶּה בשבועות בְּיוֹם חַג הַשָּׁבֻעוֹת
הַזֶּה נסוכות בְּיוֹם חַג הַסֻּכּוֹת הַזֶּה בשמ"ע בְּיוֹם שְׁמִינִי עֲצֶרֶת הַחַג

הוה

הרחמן ОН, МИЛОСЕРДНЫЙ, ДА УДОСТОИТ НАС [СЧАСТЬЯ] ДОЖДАТЬСЯ ВРЕМЕН МАШИАХА И ЖИТЬ В МИРЕ ГРЯДУЩЕМ. ДАРУЕТ ОН ВЕЛИКОЕ СПАСЕНИЕ ЦАРЮ, ИЗБРАННОМУ ИМ, (в субботу, в йом-тов, в холь-гамоэд и в рош-ходеш вместо последних слов говорят: ОН – ВЕЛИКИЙ СПАСИТЕЛЬ ЦАРЯ, ИЗБРАННОГО ИМ[1]) И ЯВИТ МИЛОСТЬ ПОМАЗАННИКУ СВОЕМУ, ДАВИДУ, И ПОТОМСТВУ ЕГО НАВЕКИ.[2] УСТАНАВЛИВАЮЩИЙ МИР В СВОИХ ВЫСОТАХ, ОН ПОШЛЕТ МИР НАМ И ВСЕМУ ИЗРАИЛЮ, И СКАЖЕМ: АМЕН!

יראו БОЙТЕСЬ ГОСПОДА, СВЯТЫЕ ПРАВЕДНИКИ ЕГО! ВЕДЬ НЕ ИСПЫТЫВАЮТ НУЖДЫ ТЕ, КТО БОИТСЯ ЕГО. [ЛЮДИ СИЛЬНЫЕ, СЛОВНО] МОЛОДЫЕ ЛЬВЫ, ВПАДАЮТ В НИЩЕТУ И ГОЛОДАЮТ, НО У ТЕХ, КТО СТРЕМИТСЯ К ГОСПОДУ, НЕТ НЕДОСТАТКА НИ В КАКИХ БЛАГАХ.[3] БЛАГОДАРИТЕ ГОСПОДА, ИБО ОН ДОБР, ИБО ВЕЧНА МИЛОСТЬ ЕГО![4] РАСКРЫВАЕШЬ ТЫ ЛАДОНЬ СВОЮ И ЩЕДРО НАСЫЩАЕШЬ ВСЕ ЖИВОЕ.[5] БЛАГОСЛОВЕН ЧЕЛОВЕК, ПОЛАГАЮЩИЙСЯ НА ГОСПОДА, – ГОСПОДЬ БУДЕТ ЕМУ ОПОРОЙ.[6]

Если благословения после трапезы произносились над бокалом вина, здесь следует сказать:
ברוך БЛАГОСЛОВЕН ТЫ, ГОСПОДЬ, БОГ НАШ, ВЛАДЫКА ВСЕЛЕННОЙ, СОТВОРИВШИЙ ПЛОД ВИНОГРАДНОЙ ЛОЗЫ!

Приведенное ниже благословение произносят после пищи, приготовленной из муки или сваренной из зерен следующих пяти злаков: пшеницы, ячменя, полбы, овса, ржи, а также после вина или виноградного сока, винограда, инжира, гранатов, маслин, фиников. Тот, кто ел несколько видов пищи, за которые положено говорить разные благословения – например, пирог и виноград, – и пил при этом вино, должен объединить все три благословения в одно и произнести следующее: "БЛАГОСЛОВЕН ТЫ... ЗА ПИЩУ И СРЕДСТВА К СУЩЕСТВОВАНИЮ, ВИНОГРАДНУЮ ЛОЗУ И ПЛОД ВИНОГРАДНОЙ ЛОЗЫ, ДЕРЕВО И ПЛОД ДЕРЕВА, И УРОЖАЙ ПОЛЕЙ, И ПРЕКРАСНУЮ ЗЕМЛЮ... И МЫ БУДЕМ БЛАГОДАРИТЬ ТЕБЯ ЗА ЗЕМЛЮ, И ПИЩУ, И ПЛОД ВИНОГРАДНОЙ ЛОЗЫ, И [ЗА ДРУГИЕ] ПЛОДЫ. БЛАГОСЛОВЕН ТЫ, ГОСПОДЬ, ЗА ЗЕМЛЮ, И ПИЩУ, И ПЛОД ВИНОГРАДНОЙ ЛОЗЫ, И [ЗА ДРУГИЕ] ПЛОДЫ!"

ברוך БЛАГОСЛОВЕН ТЫ, ГОСПОДЬ, БОГ НАШ, ВЛАДЫКА ВСЕЛЕННОЙ, ЗА...

после пищи, приготовленной из пяти упомянутых злаков:	*после вина:*	*после перечисленных выше фруктов:*
...ПИЩУ И СРЕДСТВА К СУЩЕСТВОВАНИЮ...	...ВИНОГРАДНУЮ ЛОЗУ И ПЛОД ВИНОГРАДНОЙ ЛОЗЫ...	...ДЕРЕВО И ПЛОД ДЕРЕВА...

... И ЗА УРОЖАЙ ПОЛЕЙ, И ЗА ЗЕМЛЮ ПРЕКРАСНУЮ, ДОБРУЮ И ОБШИРНУЮ, КОТОРУЮ ТЕБЕ УГОДНО БЫЛО ДАТЬ ОТЦАМ НАШИМ В НАСЛЕДИЕ, ЧТОБЫ ОНИ ПИТАЛИСЬ ПЛОДАМИ ЕЕ, НАСЫЩАЛИСЬ ЕЕ БЛАГАМИ. СМИЛУЙСЯ ЖЕ, ГОСПОДЬ, БОГ НАШ, НАД ИЗРАИЛЕМ, НАРОДОМ ТВОИМ, И НАД ИЕРУСАЛИМОМ, ГОРОДОМ ТВОИМ, И НАД СИОНОМ, ГДЕ ОБИТАЕТ СЛАВА ТВОЯ, И НАД ЖЕРТВЕННИКОМ ТВОИМ, И НАД ХРАМОМ ТВОИМ! И ВОССТАНОВИ ИЕРУСАЛИМ, СВЯТОЙ ГОРОД, В СКОРОМ ВРЕМЕНИ, В НАШИ ДНИ, И ПРИВЕДИ НАС ТУДА, И ВОЗВЕСЕЛИ НАС ТАМ, И БУДЕМ МЫ БЛАГОСЛОВЛЯТЬ ТЕБЯ, ПРЕБЫВАЯ В СВЯТОСТИ И ЧИСТОТЕ!

В субботу говорят:
ДА БУДЕТ УГОДНО ТЕБЕ УКРЕПИТЬ НАС В [ИСПОЛНЕНИИ ЗАПОВЕДИ ОБ] ЭТОМ ДНЕ, О СУББОТЕ.

В рош-ходеш, в йом-тов и в холь-гамоэд говорят:
И ВСПОМНИ НАС К ДОБРУ В ЭТОТ ДЕНЬ...

в рош-ходеш:	*в Рош-Гашана:*	*в Песах:*
...РОШ ХОДЕШ.	...ПАМЯТИ.	...ПРАЗДНИКА МАЦОТ.
в Шавуот:	*в Сукот:*	*в Шмини-Ацерет и в Симхат-Тора:*
...ПРАЗДНИКА ШАВУОТ.	...ПРАЗДНИКА СУКОТ.	...ПРАЗДНИКА ШМИНИ-АЦЕРЕТ.

1. Шмуэль II, 22:51. 2. Тегилим, 18:51. 3. Тегилим, 34:10,11. 4. Тегилим, 136:1. 5. Тегилим, 145:16. 6. Ирмеягу, 17:7.

הַזֶּה · כִּי אַתָּה יְהֹוָה טוֹב וּמֵטִיב לַכֹּל וְנוֹדֶה לְךָ עַל הָאָרֶץ וְעַל

עַל סֵירוֹת מז' מִינִים	עַל יַיִן	עַל ה' מִינֵי דָגָן
הַפֵּרוֹת · בָּרוּךְ אַתָּה	פְּרִי הַגָּפֶן · בָּרוּךְ אַתָּה	הַמִּחְיָה · בָּרוּךְ אַתָּה
יְהֹוָה עַל־הָאָרֶץ	יְהֹוָה עַל־הָאָרֶץ וְעַל	יְהֹוָה עַל־הָאָרֶץ
וְעַל־הַפֵּרוֹת :	פְּרִי הַגָּפֶן :	וְעַל־הַמִּחְיָה :

ברכה אחרונה על שאר אוכלין ומשקין :

בָּרוּךְ אַתָּה יְהֹוָה אֱלֹהֵינוּ מֶלֶךְ הָעוֹלָם בּוֹרֵא נְפָשׁוֹת רַבּוֹת
וְחֶסְרוֹנָן עַל כֹּל מַה־שֶּׁבָּרָאתָ לְהַחֲיוֹת בָּהֶם נֶפֶשׁ כָּל־חָי ·
בָּרוּךְ חֵי הָעוֹלָמִים :

הרחמן לברית מילה

הָרַחֲמָן הוּא יְבָרֵךְ אֲבִי הַיֶּלֶד וְאִמּוֹ · וְיִזְכּוּ לְגַדְּלוֹ לְחַנְּכוֹ
וּלְחַכְּמוֹ · מִיּוֹם הַשְּׁמִינִי וָהָלְאָה יֵרָצֶה דָמוֹ · וִיהִי יְהֹוָה
אֱלֹהָיו עִמּוֹ :

הָרַחֲמָן הוּא יְבָרֵךְ בַּעַל בְּרִית הַמִּילָה · אֲשֶׁר שָׂשׂ לַעֲשׂוֹת
צֶדֶק בְּגִילָה · וִישַׁלֵּם פָּעֳלוֹ וּמַשְׂכֻּרְתּוֹ כְּפוּלָה · וְיִתְּנֵהוּ
לְמַעְלָה לְמָעְלָה :

הָרַחֲמָן הוּא יְבָרֵךְ רַךְ הַנִּמּוֹל לִשְׁמוֹנָה · וְיִהְיוּ יָדָיו וְלִבּוֹ
לָאֵל אֱמוּנָה · וְיִזְכֶּה לִרְאוֹת פְּנֵי הַשְּׁכִינָה · שָׁלֹשׁ
פְּעָמִים בַּשָּׁנָה :

הָרַחֲמָן הוּא יְבָרֵךְ הַמָּל בְּשַׂר הָעָרְלָה · וּפָרַע וּמָצַץ דְּמֵי
הַמִּילָה · אִישׁ הַיָּרֵא וְרַךְ הַלֵּבָב עֲבוֹדָתוֹ פְּסוּלָה · אִם
שָׁלֹשׁ אֵלֶּה לֹא יַעֲשֶׂה לָהּ :

הָרַחֲמָן הוּא יִשְׁלַח לָנוּ מְשִׁיחוֹ הוֹלֵךְ תָּמִים · בִּזְכוּת חֲתַן
לַמּוּלוֹת דָּמִים · לְבַשֵּׂר בְּשׂוֹרוֹת טוֹבוֹת וְנִחוּמִים · לְעַם
אֶחָד מְפֻזָּר וּמְפֹרָד בֵּין הָעַמִּים :

הָרַחֲמָן הוּא יִשְׁלַח לָנוּ כֹּהֵן צֶדֶק אֲשֶׁר לֻקַּח לְעֵילוֹם · עַד הוּכַן
כִּסְאוֹ כַּשֶּׁמֶשׁ וְיַהֲלוֹם · וַיָּלֶט פָּנָיו בְּאַדַּרְתּוֹ וַיִּגְלוֹם ·
בְּרִיתִי הָיְתָה אִתּוֹ הַחַיִּים וְהַשָּׁלוֹם : וגומרים ברכת המזון.

ИБО ТЫ, ГОСПОДЬ, – БОГ ДОБРЫЙ И ТВОРЯЩИЙ ДОБРО КАЖДОМУ; И МЫ БУДЕМ БЛАГОДАРИТЬ ТЕБЯ ЗА ЗЕМЛЮ И ЗА...

после пищи, приготовленной из пяти упомянутых злаков:	после вина:	после перечисленных выше фруктов:
...ПИЩУ. БЛАГОСЛОВЕН ТЫ, ГОСПОДЬ, ЗА ЗЕМЛЮ И ПИЩУ!	...ПЛОД ВИНОГРАДНОЙ ЛОЗЫ. БЛАГОСЛОВЕН ТЫ, ГОСПОДЬ, ЗА ЗЕМЛЮ И ПЛОД ВИНОГРАДНОЙ ЛОЗЫ!	...ПЛОДЫ. БЛАГОСЛОВЕН ТЫ, ГОСПОДЬ, ЗА ЗЕМЛЮ И ПЛОДЫ!

За все прочие виды пищи произносят следующее благословение:

ברוך БЛАГОСЛОВЕН ТЫ, ГОСПОДЬ, БОГ НАШ, ВЛАДЫКА ВСЕЛЕННОЙ, СОТВОРИВШИЙ МНОЖЕСТВО ЖИВЫХ СУЩЕСТВ И ВСЕ, В ЧЕМ ОНИ НУЖДАЮТСЯ, – ЗА ВСЕ, ЧТО СОЗДАЛ ТЫ ДЛЯ ПОДДЕРЖАНИЯ ЖИЗНИ ВО ВСЕМ ЖИВУЩЕМ! БЛАГОСЛОВЕН ДАЮЩИЙ ЖИЗНЬ МИРАМ!

ДОПОЛНИТЕЛЬНАЯ МОЛИТВА К БЛАГОСЛОВЕНИЯМ ПОСЛЕ ТРАПЕЗЫ, УСТРОЕННОЙ ПО СЛУЧАЮ ОБРЕЗАНИЯ

Во время этой молитвы держат в руке бокал с вином.

הרחמן ОН, МИЛОСЕРДНЫЙ, БЛАГОСЛОВИТ ОТЦА РЕБЕНКА И ЕГО МАТЬ; И УДОСТОЯТСЯ ОНИ ВЫРАСТИТЬ ЕГО, ВОСПИТАТЬ И НАУЧИТЬ ЕГО МУДРОСТИ; В ВОСЬМОЙ ДЕНЬ ИЛИ В БОЛЕЕ ПОЗДНИЙ СРОК* БУДЕТ ПРИНЯТА БЛАГОСКЛОННО КРОВЬ ЕГО, [ПРОЛИВШАЯСЯ ПРИ ОБРЕЗАНИИ]; И ДА БУДЕТ С НИМ ГОСПОДЬ, БОГ ЕГО!

הרחמן ОН, МИЛОСЕРДНЫЙ, БЛАГОСЛОВИТ САНДАКА,** КОТОРЫЙ ИСПОЛНИЛ С РАДОСТЬЮ И ЛИКОВАНИЕМ ЭТО ДОБРОЕ ДЕЛО; СТОРИЦЕЙ ВОЗНАГРАДИТ ОН ЕГО ЗА СОВЕРШЕННОЕ ИМ И ВЫСОКО ВОЗНЕСЕТ ЕГО!

הרחמן ОН, МИЛОСЕРДНЫЙ, БЛАГОСЛОВИТ МЛАДЕНЦА, ОБРЕЗАННОГО НА ВОСЬМОЙ ДЕНЬ; И ДА БУДУТ РУКИ ЕГО И СЕРДЦЕ ВЕРНО СЛУЖИТЬ БОГУ; И ДА УДОСТОИТСЯ ОН ВИДЕТЬ ЛИК ШХИНЫ ТРИЖДЫ В ГОД! ***

הרחמן ОН, МИЛОСЕРДНЫЙ, БЛАГОСЛОВИТ СОВЕРШИВШЕГО ОБРЕЗАНИЕ, [ИСПОЛНИВШЕГО ЗАКОН О] ”ПРИА” И ”МЕЦИЦА”! ЕСЛИ ЧЕЛОВЕК РОБОК И МАЛОДУШЕН И НЕ ИСПОЛНИТ ОДНОЙ ИЗ ЭТИХ ТРЕХ ЧАСТЕЙ ЗАПОВЕДИ, ЕГО РАБОТА НЕГОДНА.

הרחמן ОН, МИЛОСЕРДНЫЙ, ПОШЛЕТ НАМ В НАГРАДУ ЗА КРОВЬ, ПРОЛИТУЮ ВО ВРЕМЯ ОБРЕЗАНИЯ, МАШИАХА СВОЕГО, ПУТИ КОТОРОГО ПРЯМЫ, – ЧТОБЫ ТОТ ПРИНЕС ДОБРЫЕ ВЕСТИ И УТЕШЕНИЕ ЕДИНСТВЕННОМУ НАРОДУ, РАЗБРОСАННОМУ И РАССЕЯННОМУ СРЕДИ ПЛЕМЕН.

הרחמן ОН, МИЛОСЕРДНЫЙ, ПОШЛЕТ НАМ БЛАГОЧЕСТИВОГО КОГЕНА, [ПРОРОКА ЭЛИЯГУ], КОТОРЫЙ СКРЫТ ОТ НАС ДО ТЕХ ПОР, ПОКА НЕ БУДЕТ ГОТОВ ДЛЯ НЕГО ПРЕСТОЛ, [СИЯЮЩИЙ] КАК СОЛНЦЕ И КАК АЛМАЗ. ОН, [ЭЛИЯГУ], СПРЯТАЛ ЛИЦО СВОЕ ПОД МАНТИЕЙ И ЗАКУТАЛСЯ В ПЛАЩ, [КОГДА ВСЕВЫШНИЙ ЯВИЛСЯ ЕМУ], ”СОЮЗ РАДИ ЖИЗНИ И МИРА ЗАКЛЮЧИЛ Я С НИМ”, – [СКАЗАЛ ВСЕВЫШНИЙ].

В будние дни далее произносят: הרחמן *(”ОН, МИЛОСЕРДНЫЙ...”, стр.94) . В субботу, праздники и рош-ходеш перед этим произносят соответствующую молитву:* הרחמן *(”ОН, МИЛОСЕРДНЫЙ...”, стр. 93) и т.д.*

---

* В некоторых ситуациях обрезание разрешается отложить.
** Сандак — тот, кто во время обрезания держит ребенка на своих коленях.
***Приходя в Храм в Песах, Шавуот и Сукот.

אתר וידבר וסדר הקטירת אומרים אשרי

אַשְׁרֵי יוֹשְׁבֵי בֵיתֶךָ, עוֹד יְהַלְלוּךָ סֶּלָה: אַשְׁרֵי
הָעָם שֶׁכָּכָה לּוֹ, אַשְׁרֵי הָעָם שֶׁיְיָ אֱלֹהָיו:
תְּהִלָּה לְדָוִד, אֲרוֹמִמְךָ אֱלֹהַי הַמֶּלֶךְ, וַאֲבָרְכָה
שִׁמְךָ לְעוֹלָם וָעֶד: בְּכָל יוֹם אֲבָרְכֶךָּ, וַאֲהַלְלָה
שִׁמְךָ לְעוֹלָם וָעֶד: גָּדוֹל יְיָ וּמְהֻלָּל מְאֹד, וְלִגְדֻלָּתוֹ
אֵין חֵקֶר: דּוֹר לְדוֹר יְשַׁבַּח מַעֲשֶׂיךָ, וּגְבוּרֹתֶיךָ
יַגִּידוּ: הֲדַר כְּבוֹד הוֹדֶךָ, וְדִבְרֵי נִפְלְאֹתֶיךָ
אָשִׂיחָה: וֶעֱזוּז נוֹרְאֹתֶיךָ יֹאמֵרוּ, וּגְדֻלָּתְךָ
אֲסַפְּרֶנָּה: זֵכֶר רַב טוּבְךָ יַבִּיעוּ, וְצִדְקָתְךָ יְרַנֵּנוּ:
חַנּוּן וְרַחוּם יְיָ, אֶרֶךְ אַפַּיִם וּגְדָל חָסֶד: טוֹב יְיָ לַכֹּל,
וְרַחֲמָיו עַל כָּל מַעֲשָׂיו: יוֹדוּךָ יְיָ כָּל מַעֲשֶׂיךָ
וַחֲסִידֶיךָ יְבָרְכוּכָה: כְּבוֹד מַלְכוּתְךָ יֹאמֵרוּ,
וּגְבוּרָתְךָ יְדַבֵּרוּ: לְהוֹדִיעַ לִבְנֵי הָאָדָם גְּבוּרֹתָיו,
וּכְבוֹד הֲדַר מַלְכוּתוֹ: מַלְכוּתְךָ, מַלְכוּת כָּל
עוֹלָמִים, וּמֶמְשַׁלְתְּךָ בְּכָל דֹּר וָדֹר: סוֹמֵךְ יְיָ לְכָל
הַנֹּפְלִים, וְזוֹקֵף לְכָל הַכְּפוּפִים: עֵינֵי כֹל אֵלֶיךָ
יְשַׂבֵּרוּ, וְאַתָּה נוֹתֵן לָהֶם אֶת אָכְלָם בְּעִתּוֹ: פּוֹתֵחַ
אֶת יָדֶךָ, וּמַשְׂבִּיעַ לְכָל חַי רָצוֹן: צַדִּיק יְיָ בְּכָל
דְּרָכָיו, וְחָסִיד בְּכָל מַעֲשָׂיו: קָרוֹב יְיָ לְכָל קֹרְאָיו,
לְכֹל אֲשֶׁר יִקְרָאֻהוּ בֶאֱמֶת: רְצוֹן יְרֵאָיו יַעֲשֶׂה,
וְאֶת שַׁוְעָתָם יִשְׁמַע וְיוֹשִׁיעֵם: שׁוֹמֵר יְיָ אֶת כָּל
אֹהֲבָיו, וְאֵת כָּל הָרְשָׁעִים יַשְׁמִיד: תְּהִלַּת יְיָ

Перед "Минхой" произносят וידבר *("И ГОСПОДЬ ГОВОРИЛ С МОШЕ...", стр. 19) до слов* לעולם ועד *("...ВО ВЕКИ ВЕКОВ..." стр. 22), опуская отрывок, начинающийся со слова "АБАЙЕ...".*

אשרי СЧАСТЛИВЫ НАХОДЯЩИЕСЯ В ХРАМЕ ТВОЕМ, ВОВЕК ОНИ БУДУТ ХВАЛИТЬ ТЕБЯ![1] СЧАСТЛИВ НАРОД, ЧЕЙ УДЕЛ ТАКОВ, СЧАСТЛИВ НАРОД, ЧЕЙ БОГ — ГОСПОДЬ![2] ХВАЛЕБНАЯ ПЕСНЬ ДАВИДА. ПРЕВОЗНЕ-СУ ТЕБЯ, ВЛАДЫКА, БОГ МОЙ, И БУДУ БЛАГОСЛОВЛЯТЬ ИМЯ ТВОЕ ВО ВЕКИ ВЕКОВ! ЕЖЕДНЕВНО БУДУ БЛАГОСЛОВЛЯТЬ ТЕБЯ И ВОСХВАЛЯТЬ ВО ВЕКИ ВЕКОВ ИМЯ ТВОЕ! ВЕЛИК ГОСПОДЬ, И ВЕЛИКА СЛАВА ЕГО, И ВЕЛИЧИЕ ЕГО НЕПОСТИЖИМО. ОТ ПОКОЛЕНИЯ К ПОКОЛЕНИЮ БУДЕТ ПЕРЕДАВАТЬСЯ ХВАЛА ТЕБЕ ЗА ТВОИ ДЕЯНИЯ, И О МОГУЩЕСТВЕ ТВОЕМ БУДУТ ПОВЕСТВОВАТЬ. О ВЕЛИКОЛЕПИИ СЛАВЫ ТВОЕЙ И О ЧУДЕСНЫХ ТВОИХ ДЕЯНИЯХ Я РАССКАЖУ. О ГРОЗНОЙ МОЩИ ТВОЕЙ БУДУТ ГОВОРИТЬ, И Я ПОВЕДАЮ О ВЕЛИЧИИ ТВОЕМ. ВОСПОМИНАНИЯ О ВЕЛИКОЙ МИЛОСТИ ТВОЕЙ ПЕРЕДАДУТ ОНИ [СВОИМ ДЕТЯМ] И СПРА-ВЕДЛИВОСТЬ ТВОЮ ВОСПОЮТ. МИЛОСЕРДЕН И МИЛОСТИВ ГОСПОДЬ, ДОЛГОТЕРПЕЛИВ, ЕГО ЛЮБОВЬ БЕЗГРАНИЧНА. ДОБР ГОСПОДЬ К КАЖ-ДОМУ И МИЛОСЕРДЕН КО ВСЕМ СВОИМ СОЗДАНИЯМ. БУДУТ БЛАГОДА-РИТЬ ТЕБЯ, ГОСПОДЬ, ВСЕ СОЗДАНИЯ ТВОИ, И ЛЮБЯЩИЕ ТЕБЯ БУДУТ ТЕБЯ БЛАГОСЛОВЛЯТЬ. О СЛАВЕ ЦАРСТВА ТВОЕГО ПОВЕДАЮТ И О ВЕЛИЧИИ ТВОЕМ РАССКАЖУТ, ЧТОБЫ СТАЛО ИЗВЕСТНО ЛЮДЯМ О МОГУЩЕСТВЕ И О СЛАВНОМ ВЕЛИКОЛЕПИИ ЦАРСТВА [ВСЕВЫШНЕГО]. ЦАРСТВО ТВОЕ — ВЕЧНОЕ ЦАРСТВО, И ВЛАСТЬ ТВОЯ — НАД ВСЕМИ ПО-КОЛЕНИЯМИ. ПОДДЕРЖИВАЕТ ГОСПОДЬ ВСЕХ ПАДАЮЩИХ И РАСПРЯМ-ЛЯЕТ ВСЕХ СОГБЕННЫХ. ГЛАЗА ВСЕХ УСТРЕМЛЕНЫ НА ТЕБЯ, И ТЫ ДА-ЕШЬ ПИЩУ [КАЖДОМУ СОЗДАНИЮ] ВОВРЕМЯ. РАСКРЫВАЕШЬ ТЫ ЛА-ДОНЬ СВОЮ И ЩЕДРО НАСЫЩАЕШЬ ВСЕ ЖИВОЕ. СПРАВЕДЛИВ ГОСПОДЬ ВО ВСЕМ, ЧТО ВЕРШИТ, И МИЛОСТИВ ВО ВСЕХ СВОИХ ДЕЯНИЯХ. БЛИ-ЗОК ГОСПОДЬ КО ВСЕМ, ВЗЫВАЮЩИМ К НЕМУ, КО ВСЯКОМУ, КТО ИСКРЕННЕ ЕМУ МОЛИТСЯ. ЖЕЛАНИЕ БОЯЩИХСЯ ЕГО ИСПОЛНИТ ОН, УСЛЫШИТ ИХ ВОПЛЬ И СПАСЕТ ИХ. ОХРАНЯЕТ ГОСПОДЬ ВСЕХ ЛЮБЯЩИХ ЕГО, А ВСЕХ ЗЛОДЕЕВ УНИЧТОЖИТ. ХВАЛУ ГОСПОДУ

---

1. Те̃гилим, 84:5. 2. Те̃гилим, 144:15.

יְדַבֶּר פִּי, וִיבָרֵךְ כָּל בָּשָׂר שֵׁם קָדְשׁוֹ לְעוֹלָם וָעֶד:
וַאֲנַחְנוּ נְבָרֵךְ יָהּ, מֵעַתָּה וְעַד עוֹלָם הַלְלוּיָהּ:

לש"ץ חצי קדיש

יִתְגַּדַּל וְיִתְקַדַּשׁ שְׁמֵהּ רַבָּא. אמן בְּעָלְמָא דִי בְרָא כִרְעוּתֵהּ וְיַמְלִיךְ מַלְכוּתֵהּ,
וְיַצְמַח פּוּרְקָנֵהּ וִיקָרֵב מְשִׁיחֵהּ. אמן בְּחַיֵּיכוֹן וּבְיוֹמֵיכוֹן וּבְחַיֵּי
דְכָל בֵּית יִשְׂרָאֵל. בַּעֲגָלָא וּבִזְמַן קָרִיב וְאִמְרוּ אָמֵן: יְהֵא שְׁמֵהּ רַבָּא מְבָרַךְ
לְעָלַם וּלְעָלְמֵי עָלְמַיָּא. יִתְבָּרַךְ. וְיִשְׁתַּבַּח. וְיִתְפָּאַר. וְיִתְרוֹמַם. וְיִתְנַשֵּׂא,
וְיִתְהַדָּר וְיִתְעַלֶּה. וְיִתְהַלָּל. שְׁמֵהּ דְּקֻדְשָׁא בְּרִיךְ הוּא. אמן לְעֵלָּא מִן כָּל בִּרְכָתָא
וְשִׁירָתָא. תֻּשְׁבְּחָתָא וְנֶחֱמָתָא. דַּאֲמִירָן בְּעָלְמָא. וְאִמְרוּ אָמֵן:

אֲדֹנָי, שְׂפָתַי תִּפְתָּח וּפִי יַגִּיד תְּהִלָּתֶךָ:

בָּרוּךְ אַתָּה יְיָ אֱלֹהֵינוּ וֵאלֹהֵי אֲבוֹתֵינוּ, אֱלֹהֵי אַבְרָהָם,
אֱלֹהֵי יִצְחָק, וֵאלֹהֵי יַעֲקֹב, הָאֵל הַגָּדוֹל הַגִּבּוֹר
וְהַנּוֹרָא, אֵל עֶלְיוֹן גּוֹמֵל חֲסָדִים טוֹבִים, קוֹנֵה הַכֹּל, וְזוֹכֵר
חַסְדֵי אָבוֹת, וּמֵבִיא גוֹאֵל לִבְנֵי בְנֵיהֶם,לְמַעַן שְׁמוֹ בְּאַהֲבָה:

בעשי"ת זָכְרֵנוּ לְחַיִּים, מֶלֶךְ חָפֵץ בַּחַיִּים, וְכָתְבֵנוּ בְּסֵפֶר הַחַיִּים. לְמַעַנְךָ אֱלֹהִים חַיִּים.

מֶלֶךְ עוֹזֵר וּמוֹשִׁיעַ וּמָגֵן. בָּרוּךְ אַתָּה יְיָ, מָגֵן אַבְרָהָם:
אַתָּה גִבּוֹר לְעוֹלָם אֲדֹנָי, מְחַיֵּה מֵתִים אַתָּה, רַב לְהוֹשִׁיעַ.

בקיץ מוֹרִיד הַטָּל : בחורף מַשִּׁיב הָרוּחַ וּמוֹרִיד הַגָּשֶׁם :
מְכַלְכֵּל חַיִּים בְּחֶסֶד, מְחַיֵּה מֵתִים בְּרַחֲמִים רַבִּים, סוֹמֵךְ
נוֹפְלִים, וְרוֹפֵא חוֹלִים, וּמַתִּיר אֲסוּרִים, וּמְקַיֵּם אֱמוּנָתוֹ
לִישֵׁנֵי עָפָר. מִי כָמוֹךָ בַּעַל גְּבוּרוֹת, וּמִי דוֹמֶה לָּךְ מֶלֶךְ
מֵמִית וּמְחַיֶּה וּמַצְמִיחַ יְשׁוּעָה:

בעשי"ת מִי כָמוֹךָ אַב הָרַחֲמָן זוֹכֵר יְצוּרָיו לְחַיִּים בְּרַחֲמִים:

וְנֶאֱמָן אַתָּה לְהַחֲיוֹת מֵתִים. בָּרוּךְ אַתָּה יְיָ,מְחַיֵּה הַמֵּתִים:

בחזרת הש"ץ אומרים כאן נקדישך *)

---

*) קרושה לש"ץ בחזרת התפלה:

נַקְדִּישָׁךְ וְנַעֲרִיצָךְ כְּנֹעַם שִׂיחַ סוֹד שַׂרְפֵי קֹדֶשׁ הַמְשַׁלְּשִׁים לְךָ קְדֻשָּׁה,
כַּכָּתוּב עַל יַד נְבִיאֶךָ וְקָרָא זֶה אֶל זֶה וְאָמַר : קי"ח קָדוֹשׁ

ПРОИЗНЕСУТ УСТА МОИ, И ВСЕ ЖИВОЕ БУДЕТ БЛАГОСЛОВЛЯТЬ ЕГО СВЯТОЕ ИМЯ ВО ВЕКИ ВЕКОВ.[1] И МЫ БУДЕМ БЛАГОСЛОВЛЯТЬ БОГА ОТНЫНЕ И ВОВЕК; ВОСХВАЛИТЕ БОГА![2]

Хазан произносит "Хаци-кадиш" (этот "Кадиш" следует слушать стоя):

יתגדל ДА ВОЗВЫСИТСЯ И ОСВЯТИТСЯ ЕГО ВЕЛИКОЕ ИМЯ (*община отвечает:* АМЕН!) В МИРЕ, СОТВОРЕННОМ ПО ВОЛЕ ЕГО; И ДА УСТАНОВИТ ОН ЦАРСКУЮ ВЛАСТЬ СВОЮ; И ДА ВЗРАСТИТ ОН СПАСЕНИЕ; И ДА ПРИБЛИЗИТ ОН ПРИХОД МАШИАХА СВОЕГО (*община отвечает:* АМЕН!) – ПРИ ЖИЗНИ ВАШЕЙ, В ДНИ ВАШИ И ПРИ ЖИЗНИ ВСЕГО ДОМА ИЗРАИЛЯ, ВСКОРОСТИ, В БЛИЖАЙШЕЕ ВРЕМЯ, И СКАЖЕМ: АМЕН! (*Община отвечает:* АМЕН!)

Община вместе с хазаном: ДА БУДЕТ ВЕЛИКОЕ ИМЯ ЕГО БЛАГОСЛОВЕННО ВЕЧНО, ВО ВЕКИ ВЕКОВ! ДА БУДЕТ БЛАГОСЛОВЛЯЕМО...

...И ВОСХВАЛЯЕМО, И ПРОСЛАВЛЯЕМО, И ВОЗВЕЛИЧИВАЕМО, И ПРЕВОЗНОСИМО, И ПОЧИТАЕМО, И ВЕЛИЧАЕМО, И ВОСПЕВАЕМО ИМЯ СВЯТОГО [ТВОРЦА], БЛАГОСЛОВЕН ОН (*община отвечает:* АМЕН!), ПРЕВЫШЕ ВСЕХ БЛАГОСЛОВЕНИЙ И ПЕСНОПЕНИЙ, ВОСХВАЛЕНИЙ И УТЕШИТЕЛЬНЫХ СЛОВ, ПРОИЗНОСИМЫХ В МИРЕ, И СКАЖЕМ: АМЕН! (*Община отвечает:* АМЕН!)

"ШМОНЭ-ЭСРЭ"

אדני ГОСПОДЬ, ДАЙ МНЕ СИЛЫ МОЛИТЬСЯ ПРЕД ТОБОЙ, [ПРОСТИВ МНЕ ГРЕХИ], И УСТА МОИ ВОССЛАВЯТ ТЕБЯ.[3]

ברוך БЛАГОСЛОВЕН ТЫ, ГОСПОДЬ, БОГ НАШ И БОГ ОТЦОВ НАШИХ, БОГ АВРАГАМА, БОГ ИЦХАКА И БОГ ЯАКОВА, БОГ ВЕЛИКИЙ, МОГУЧИЙ И ГРОЗНЫЙ, ВСЕВЫШНИЙ БОГ, ДАРУЮЩИЙ БЛАГА, СОТВОРИВШИЙ ВСЕ, И ПОМНЯЩИЙ ДОБРЫЕ ДЕЛА ОТЦОВ, И ПО ЛЮБВИ СВОЕЙ ПОСЫЛАЮЩИЙ ИЗБАВИТЕЛЯ СЫНОВЬЯМ ИХ СЫНОВЕЙ РАДИ ИМЕНИ СВОЕГО!

В "десять дней раскаяния" говорят:

זכרנו ВСПОМНИ НАС, ЧТОБЫ ДАРОВАТЬ НАМ ЖИЗНЬ, ВЛАДЫКА, КОТОРОМУ УГОДНА ЖИЗНЬ, И ЗАПИШИ НАС В КНИГУ ЖИЗНИ РАДИ СЕБЯ, БОГ ЖИЗНИ!

מלך [ТЫ –] ВЛАДЫКА, КОТОРЫЙ ПОМОГАЕТ, СПАСАЕТ И ЗАЩИЩАЕТ. БЛАГОСЛОВЕН ТЫ, ГОСПОДЬ, ЗАЩИТНИК АВРАГАМА!

אתה ТВОЕ МОГУЩЕСТВО ВЕЧНО, ГОСПОДЬ, ТЫ ВОЗВРАЩАЕШЬ МЕРТВЫХ К ЖИЗНИ, ТЫ – ВЕЛИКИЙ ИЗБАВИТЕЛЬ...

Летом говорят:

מוריד ...ПОСЫЛАЮЩИЙ РОСУ...

Зимой говорят:

משיב ...ПОСЫЛАЮЩИЙ ВЕТЕР И ДАРУЮЩИЙ ДОЖДЬ...

מכלכל ...ПИТАЮЩИЙ ПО ДОБРОТЕ СВОЕЙ ЖИВЫХ, ПО ВЕЛИКОМУ МИЛОСЕРДИЮ ВОЗВРАЩАЮЩИЙ МЕРТВЫХ К ЖИЗНИ, ПОДДЕРЖИВАЮЩИЙ ПАДАЮЩИХ, И ИСЦЕЛЯЮЩИЙ БОЛЬНЫХ, И ОСВОБОЖДАЮЩИЙ УЗНИКОВ, И ИСПОЛНЯЮЩИЙ СВОЕ ОБЕЩАНИЕ [ВОЗВРАТИТЬ ЖИЗНЬ] ПОКОЯЩИМСЯ В ЗЕМЛЕ, – КТО ПОДОБЕН ТЕБЕ, ВСЕСИЛЬНЫЙ, И КТО СРАВНИТСЯ С ТОБОЙ, ВЛАДЫКА, КОТОРЫЙ УМЕРЩВЛЯЕТ, И ОЖИВЛЯЕТ, И ВЗРАЩИВАЕТ СПАСЕНИЕ!

В "десять дней раскаяния" говорят:

מי КТО ПОДОБЕН ТЕБЕ, МИЛОСЕРДНЫЙ ОТЕЦ, МИЛОСТИВО ВСПОМИНАЮЩИЙ О СВОИХ ТВОРЕНИЯХ, ДАРУЯ ИМ ЖИЗНЬ!

ונאמן И ВЕРЕН ТЫ [СВОЕМУ ОБЕЩАНИЮ] ВОЗВРАТИТЬ МЕРТВЫМ ЖИЗНЬ. БЛАГОСЛОВЕН ТЫ, ГОСПОДЬ, ВОЗВРАЩАЮЩИЙ МЕРТВЫХ К ЖИЗНИ!

При повторении хазаном молитвы "Шмонэ-эсрэ" здесь произносится "Кдуша". *

"КДУША"
(См. транслитерацию на стр. 378)

* *При повторении хазаном молитвы "Шмонэ-эсрэ" здесь произносится "Кдуша":*

נקדישך ВОСПОЕМ МЫ СВЯТОСТЬ ТВОЮ И ПРЕВОЗНЕСЕМ ТЕБЯ ПОДОБНО ТОМУ, КАК [ВОСХВАЛЯЕТ ТЕБЯ] ХОР СВЯТЫХ СРАФИМ В СВОИХ БЛАГОЗВУЧНЫХ МОЛИТВАХ, ТРОЕКРАТНО ПРОВОЗГЛАШАЯ ТВОЮ СВЯТОСТЬ, КАК НАПИСАНО ПРОРОКОМ ТВОИМ: ≪ОНИ ОБРАЩАЛИСЬ ДРУГ К ДРУГУ И ВОЗГЛАШАЛИ: (*Община вместе с хазаном:*) "СВЯТ,

---

1. Тегилим, 145. 2. Тегилим, 115:18. 3. Тегилим, 51:17.

אַתָּה קָדוֹשׁ וְשִׁמְךָ קָדוֹשׁ, וּקְדוֹשִׁים בְּכָל יוֹם יְהַלְלוּךָ
סֶּלָה. בָּרוּךְ אַתָּה יְיָ, הָאֵל הַקָּדוֹשׁ: (בעשי״ת הַמֶּלֶךְ
הַקָּדוֹשׁ) :

אַתָּה חוֹנֵן לְאָדָם דַּעַת, וּמְלַמֵּד לֶאֱנוֹשׁ בִּינָה. חָנֵּנוּ מֵאִתְּךָ
חָכְמָה בִּינָה וָדָעַת. בָּרוּךְ אַתָּה יְיָ, חוֹנֵן הַדָּעַת:

הֲשִׁיבֵנוּ אָבִינוּ לְתוֹרָתֶךָ, וְקָרְבֵנוּ מַלְכֵּנוּ לַעֲבוֹדָתֶךָ,
וְהַחֲזִירֵנוּ בִּתְשׁוּבָה שְׁלֵמָה לְפָנֶיךָ. בָּרוּךְ
אַתָּה יְיָ, הָרוֹצֶה בִּתְשׁוּבָה:

סְלַח לָנוּ אָבִינוּ כִּי חָטָאנוּ, מְחוֹל לָנוּ מַלְכֵּנוּ כִּי פָשָׁעְנוּ,
כִּי אֵל טוֹב וְסַלָּח אָתָּה. בָּרוּךְ אַתָּה יְיָ, חַנּוּן,
הַמַּרְבֶּה לִסְלוֹחַ:

רְאֵה נָא בְעָנְיֵנוּ וְרִיבָה רִיבֵנוּ, וּגְאָלֵנוּ מְהֵרָה לְמַעַן שְׁמֶךָ,
כִּי אֵל גּוֹאֵל חָזָק אָתָּה. בָּרוּךְ אַתָּה יְיָ, גּוֹאֵל יִשְׂרָאֵל:

בתענית צבור אומר הש״ץ כאן עננו א)

רְפָאֵנוּ יְיָ וְנֵרָפֵא, הוֹשִׁיעֵנוּ וְנִוָּשֵׁעָה, כִּי תְהִלָּתֵנוּ אָתָּה,
וְהַעֲלֵה אֲרוּכָה וּרְפוּאָה שְׁלֵמָה לְכָל מַכּוֹתֵינוּ,
כִּי אֵל מֶלֶךְ רוֹפֵא נֶאֱמָן וְרַחֲמָן אָתָּה. בָּרוּךְ אַתָּה יְיָ, רוֹפֵא
חוֹלֵי עַמּוֹ יִשְׂרָאֵל :

קָדוֹשׁ קָדוֹשׁ יְיָ צְבָאוֹת מְלֹא כָל הָאָרֶץ כְּבוֹדוֹ. הֵן לְעֻמָּתָם מְשַׁבְּחִים
וְאוֹמְרִים: קו״ח בָּרוּךְ כְּבוֹד יְיָ מִמְּקוֹמוֹ • הֵן וּבְדִבְרֵי קָדְשְׁךָ כָּתוּב
לֵאמֹר : קרי״ח יִמְלֹךְ יְיָ לְעֹלָם, אֱלֹהַיִךְ צִיּוֹן לְדֹר וָדֹר, הַלְלוּיָהּ :
אתה קדוש

א)עננו ליש״ץ בחזרת התפלה

עֲנֵנוּ יְיָ עֲנֵנוּ בְּיוֹם צוֹם תַּעֲנִיתֵנוּ, כִּי בְצָרָה גְדוֹלָה אֲנַחְנוּ, אַל הֵפֶן אֶל
רִשְׁעֵנוּ, וְאַל תַּסְתֵּר פָּנֶיךָ מִמֶּנּוּ, וְאַל תִּתְעַלַּם מִתְּחִנָּתֵנוּ הֱיֵה נָא קָרוֹב
לְשַׁוְעָתֵנוּ, יְהִי נָא חַסְדְּךָ לְנַחֲמֵנוּ, טֶרֶם נִקְרָא אֵלֶיךָ עֲנֵנוּ, כַּדָּבָר שֶׁנֶּאֱמַר :
וְהָיָה טֶרֶם יִקְרָאוּ וַאֲנִי אֶעֱנֶה, עוֹד הֵם מְדַבְּרִים וַאֲנִי אֶשְׁמָע, כִּי אַתָּה יְיָ
הָעוֹנֶה בְּעֵת צָרָה, פּוֹדֶה וּמַצִּיל בְּכָל עֵת צָרָה וְצוּקָה. בָּרוּךְ אַתָּה יְיָ,
הָעוֹנֶה לְעַמּוֹ יִשְׂרָאֵל בְּעֵת צָרָה :

רפאנו

אתה ТЫ СВЯТ, И СВЯТО ИМЯ ТВОЕ, И СВЯТЫЕ [АНГЕЛЫ] БУДУТ ВОС-
ХВАЛЯТЬ ТЕБЯ ИЗО ДНЯ В ДЕНЬ, ВОВЕКИ. БЛАГОСЛОВЕН ТЫ, ГОСПОДЬ,
БОГ СВЯТОЙ! (*В "десять дней раскаяния" говорят:* ВЛАДЫКА СВЯТОЙ!)

אתה ТЫ ДАРУЕШЬ ЧЕЛОВЕКУ РАЗУМ И ОБУЧАЕШЬ СМЕРТНЫХ ПОНИ-
МАНИЮ. УДЕЛИ ЖЕ НАМ ОТ СВОЕЙ МУДРОСТИ, ПОНИМАНИЯ И РАЗУМА.
БЛАГОСЛОВЕН ТЫ, ГОСПОДЬ, ДАРУЮЩИЙ РАЗУМ!

השיבנו ВОЗВРАТИ НАС, ОТЕЦ НАШ, К ТОРЕ ТВОЕЙ, И ПРИБЛИЗЬ
НАС, ВЛАДЫКА, ЧТОБЫ МЫ СЛУЖИЛИ ТЕБЕ, И ВЕРНИ НАС, ИСКРЕННЕ
РАСКАЯВШИХСЯ, ПРЕД ЛИЦО СВОЕ. БЛАГОСЛОВЕН ТЫ, ГОСПОДЬ, ЖЕ-
ЛАЮЩИЙ [НАШЕГО] ВОЗВРАЩЕНИЯ!

*В дни, когда говорят "Таханун" (см. стр. 71), произнося слова "ИБО ГРЕШНЫ МЫ"
и "ИБО ПРЕСТУПНЫ МЫ", бьют себя кулаком в грудь напротив сердца.*

סלח ПРОСТИ НАС, ОТЕЦ НАШ, ИБО ГРЕШНЫ МЫ; ПОМИЛУЙ НАС, ВЛАДЫКА
НАШ, ИБО ПРЕСТУПНЫ МЫ; ВЕДЬ ТЫ – ДОБРЫЙ БОГ И ВСЕПРОЩАЮЩИЙ. БЛАГО-
СЛОВЕН ТЫ, ГОСПОДЬ, МИЛОСЕРДНЫЙ И ВСЕПРОЩАЮЩИЙ!

ראה ВЗГЛЯНИ НА СТРАДАНИЯ НАШИ, И ЗАСТУПИСЬ ЗА НАС, И ОСВО-
БОДИ НАС В СКОРОМ ВРЕМЕНИ РАДИ ИМЕНИ СВОЕГО; ВЕДЬ ТЫ, БОГ, –
ВЕЛИКИЙ ИЗБАВИТЕЛЬ. БЛАГОСЛОВЕН ТЫ, ГОСПОДЬ, ИЗБАВИТЕЛЬ
ИЗРАИЛЯ!

В дни общественных постов хазан говорит здесь עננו *("ОТВЕТЬ НАМ...").*

רפאנו ЛЕЧИ НАС, ГОСПОДЬ, И МЫ ИЗЛЕЧИМСЯ, СПАСАЙ НАС, И МЫ СПАСЕМ-
СЯ, ВЕДЬ ТЫ – ГОРДОСТЬ НАША; И ПОШЛИ НАМ ВЫЗДОРОВЛЕНИЕ И ПОЛНОЕ ИЗЛЕ-
ЧЕНИЕ ОТ ВСЕХ НАШИХ НЕДУГОВ, ВЕДЬ ТЫ, ГОСПОДЬ, ВЛАДЫКА, – ЦЕЛИТЕЛЬ НА-
ДЕЖНЫЙ И МИЛОСЕРДНЫЙ. БЛАГОСЛОВЕН ТЫ, ГОСПОДЬ, ИСЦЕЛЯЮЩИЙ БОЛЬНЫХ
В НАРОДЕ СВОЕМ, ИЗРАИЛЕ!

СВЯТ, СВЯТ ГОСПОДЬ ВОИНСТВ, ВСЯ ЗЕМЛЯ ПОЛНА СЛАВЫ ЕГО!≫[1]
Хазан: ПОДОБНО ИМ [ОФАНИМ И СВЯТЫЕ ХАЙОТ] ВОСХВАЛЯЮТ [ВСЕВЫШ-
НЕГО] И ГОВОРЯТ:
Община вместе с хазаном: "ДА БУДЕТ БЛАГОСЛОВЕННА СЛАВА ГОСПОДА, ГДЕ БЫ
ОНА НИ ОБИТАЛА!"[2]
Хазан: И В ТВОИХ СВЯТЫХ ПИСАНИЯХ СКАЗАНО ТАК:
Община вместе с хазаном: "ГОСПОДЬ БУДЕТ ЦАРСТВОВАТЬ ВЕЧНО; [БУДЕТ ЦАР-
СТВОВАТЬ] БОГ ТВОЙ, СИОН, ВО ВЕКИ ВЕКОВ; ВОСХВАЛИТЕ БОГА!"[3]

Хазан продолжает אתה קדוש *("ТЫ СВЯТ...").*

В дни общественных постов хазан говорит:
עננו ОТВЕТЬ НАМ, ГОСПОДЬ, ОТВЕТЬ НАМ В ДЕНЬ ПОСТА НАШЕГО, ПОТОМУ ЧТО
МЫ В БОЛЬШОЙ БЕДЕ; НЕ СМОТРИ НА НАШИ ГРЕХИ; НЕ ОТВОРАЧИВАЙ СВОЕГО
ЛИЦА ОТ ЖАЛОБ НАШИХ И СКЛОНИСЬ К НАШИМ МОЛЬБАМ; ПО ДОБРОТЕ СВОЕЙ
УТЕШЬ НАС; ОТВЕТЬ НАМ ПРЕЖДЕ, ЧЕМ МЫ ВОЗЗОВЕМ К ТЕБЕ. КАК СКАЗАНО:
"И БУДЕТ: ПРЕЖДЕ, ЧЕМ ВОЗЗОВУТ ОНИ, Я ОТВЕЧУ; ОНИ ЕЩЕ БУДУТ ГОВОРИТЬ,
А Я УЖЕ ПРИМУ [ИХ МОЛИТВУ]".[4] ВЕДЬ ТЫ, ГОСПОДЬ, – ТОТ, КТО ОТВЕЧАЕТ
[НА МОЛИТВУ] ВО ВРЕМЯ БЕДЫ; ТОТ, КТО ИЗБАВЛЯЕТ И СПАСАЕТ ВСЕГДА,
[КОГДА ПРИХОДЯТ] БЕДСТВИЯ И СТРАДАНИЯ. БЛАГОСЛОВЕН ТЫ, ГОСПОДЬ,
КОТОРЫЙ ОТВЕЧАЕТ НАРОДУ СВОЕМУ, ИЗРАИЛЮ, В ГОДИНУ БЕДСТВИЙ!

Продолжают רפאנו *("ЛЕЧИ НАС...").*

1. Йешаяѓу, 6:3. 2. Йехезкель, 3:12. 3. Теѓилим, 146:10. 4. Йешаяѓу, 65:24.

בָּרֵךְ עָלֵינוּ יְיָ אֱלֹהֵינוּ אֶת הַשָּׁנָה הַזֹּאת, וְאֶת כָּל מִינֵי תְבוּאָתָהּ לְטוֹבָה, וְתֵן בְּרָכָה (בקיץ בְּרָכָה) (בחורף טַל וּמָטָר לִבְרָכָה) עַל פְּנֵי הָאֲדָמָה, וְשַׂבְּעֵנוּ מִטּוּבָהּ, וּבָרֵךְ שְׁנָתֵנוּ כַּשָּׁנִים הַטּוֹבוֹת לִבְרָכָה. כִּי אֵל טוֹב וּמֵטִיב אַתָּה וּמְבָרֵךְ הַשָּׁנִים . בָּרוּךְ אַתָּה יְיָ, מְבָרֵךְ הַשָּׁנִים:

תְּקַע בְּשׁוֹפָר גָּדוֹל לְחֵרוּתֵנוּ, וְשָׂא נֵס לְקַבֵּץ גָּלֻיּוֹתֵינוּ, וְקַבְּצֵנוּ יַחַד מֵאַרְבַּע כַּנְפוֹת הָאָרֶץ לְאַרְצֵנוּ. בָּרוּךְ אַתָּה יְיָ, מְקַבֵּץ נִדְחֵי עַמּוֹ יִשְׂרָאֵל:

הָשִׁיבָה שׁוֹפְטֵינוּ כְּבָרִאשׁוֹנָה, וְיוֹעֲצֵינוּ כְּבַתְּחִלָּה, וְהָסֵר מִמֶּנּוּ יָגוֹן וַאֲנָחָה, וּמְלוֹךְ עָלֵינוּ אַתָּה יְיָ לְבַדְּךָ בְּחֶסֶד וּבְרַחֲמִים בְּצֶדֶק וּבְמִשְׁפָּט. בָּרוּךְ אַתָּה יְיָ, מֶלֶךְ אוֹהֵב צְדָקָה וּמִשְׁפָּט: (בעשי״ת הַמֶּלֶךְ הַמִּשְׁפָּט)

וְלַמַּלְשִׁינִים אַל תְּהִי תִקְוָה, וְכָל הַמִּינִים וְכָל הַזֵּדִים כְּרֶגַע יֹאבֵדוּ וְכָל אֹיְבֵי עַמְּךָ מְהֵרָה יִכָּרֵתוּ, וּמַלְכוּת הָרִשְׁעָה מְהֵרָה תְעַקֵּר וּתְשַׁבֵּר וּתְמַגֵּר, וְתַכְנִיעַ בִּמְהֵרָה בְיָמֵינוּ. בָּרוּךְ אַתָּה יְיָ, שֹׁבֵר אֹיְבִים וּמַכְנִיעַ זֵדִים:

עַל הַצַּדִּיקִים וְעַל הַחֲסִידִים וְעַל זִקְנֵי עַמְּךָ בֵּית יִשְׂרָאֵל, וְעַל פְּלֵיטַת בֵּית סוֹפְרֵיהֶם וְעַל גֵּרֵי הַצֶּדֶק וְעָלֵינוּ, יֶהֱמוּ נָא רַחֲמֶיךָ יְיָ אֱלֹהֵינוּ, וְתֵן שָׂכָר טוֹב לְכָל הַבּוֹטְחִים בְּשִׁמְךָ בֶּאֱמֶת, וְשִׂים חֶלְקֵנוּ עִמָּהֶם וּלְעוֹלָם לֹא נֵבוֹשׁ כִּי בְךָ בָּטֵחְנוּ. בָּרוּךְ אַתָּה יְיָ, מִשְׁעָן וּמִבְטָח לַצַּדִּיקִים:

וְלִירוּשָׁלַיִם עִירְךָ בְּרַחֲמִים תָּשׁוּב, וְתִשְׁכּוֹן בְּתוֹכָהּ כַּאֲשֶׁר דִּבַּרְתָּ, וְכִסֵּא דָוִד עַבְדְּךָ מְהֵרָה בְּתוֹכָהּ תָּכִין, וּבְנֵה אוֹתָהּ בְּקָרוֹב בְּיָמֵינוּ בִּנְיַן עוֹלָם,

ברך БЛАГОСЛОВИ ДЛЯ НАС, ГОСПОДЬ, БОГ НАШ, ЭТОТ ГОД И ВСЕ ВИДЫ УРОЖАЯ ЕГО НА БЛАГО, И ПОШЛИ (*летом говорят:* БЛАГОСЛОВЕНИЕ, *зимой говорят:* РОСУ И ДОЖДЬ ДЛЯ БЛАГА [НАШЕГО]) НА ЗЕМЛЮ, И НАСЫТЬ НАС ЩЕДРОТАМИ СВОИМИ; И БЛАГОСЛОВИ ЭТОТ ГОД НА БЛАГО НАМ, ПОДОБНО ХОРОШИМ ГОДАМ [В ПРОШЛОМ], ВЕДЬ ТЫ — ДОБРЫЙ БОГ, И ТВОРИШЬ ДОБРО, И БЛАГОСЛОВЛЯЕШЬ ГОДЫ. БЛАГОСЛОВЕН ТЫ, ГОСПОДЬ, БЛАГОСЛОВЛЯЮЩИЙ ГОДЫ!

תקע ПРОТРУБИ В БОЛЬШОЙ ШОФАР, [ВОЗВЕЩАЯ О] СВОБОДЕ НАШЕЙ; И ПОДНИМИ ЗНАМЯ, ПОД КОТОРЫМ СОБЕРЕТСЯ НАРОД НАШ, РАССЕЯННЫЙ ПО СВЕТУ; И СОБЕРИ НАС, ВСЕХ ВМЕСТЕ, С ЧЕТЫРЕХ СТОРОН СВЕТА В НАШЕЙ ЗЕМЛЕ. БЛАГОСЛОВЕН ТЫ, ГОСПОДЬ, СОБИРАЮЩИЙ РАЗБРОСАННЫЙ ПО СВЕТУ НАРОД СВОЙ, ИЗРАИЛЬ!

השיבה СНОВА ПОСТАВЬ НАД НАМИ СУДЕЙ, КАК В ПРЕЖНИЕ ВРЕМЕНА, И НАСТАВНИКОВ, КАК БЫЛО РАНЬШЕ; И ИЗБАВЬ НАС ОТ СКОРБИ И ПЕЧАЛИ, И САМ ЦАРСТВУЙ НАД НАМИ, ГОСПОДЬ, С ЛЮБОВЬЮ И МИЛОСЕРДИЕМ, СПРАВЕДЛИВО И ПРАВОСУДНО. БЛАГОСЛОВЕН ТЫ, ГОСПОДЬ, ВЛАДЫКА, ЛЮБЯЩИЙ СПРАВЕДЛИВОСТЬ И ПРАВОСУДИЕ! (*В "десять дней раскаяния" говорят:* ВЛАДЫКА ПРАВОСУДИЯ!)

ולמלשינים ДА НЕ БУДЕТ НАДЕЖДЫ ДОНОСЧИКАМ; И ВСЕ ВЕРООТСТУПНИКИ И ВСЕ ЗЛОДЕИ ПУСТЬ НЕМЕДЛЕННО СГИНУТ; И ВСЕ ВРАГИ НАРОДА ТВОЕГО ДА БУДУТ В СКОРОМ ВРЕМЕНИ ИСТРЕБЛЕНЫ; И ЦАРСТВО ЗЛА ПОСКОРЕЕ ИСКОРЕНИ, И СОКРУШИ, И СВЕРГНИ; И ПОКОРИ [ЕГО] В СКОРОМ ВРЕМЕНИ, В НАШИ ДНИ. БЛАГОСЛОВЕН ТЫ, ГОСПОДЬ, СОКРУШАЮЩИЙ НЕДРУГОВ И ПОБЕЖДАЮЩИЙ ЗЛОДЕЕВ!

על НАД ПРАВЕДНИКАМИ, И НАД БЛАГОЧЕСТИВЫМИ, И НАД СТАРЕЙШИНАМИ НАРОДА ТВОЕГО, ДОМА ИЗРАИЛЯ, И НАД УЦЕЛЕВШИМИ ИЗ СОБРАНИЯ ЕГО МУДРЕЦОВ, И НАД ГЕРАМИ, И НАД НАМИ САМИМИ — СМИЛУЙСЯ, ГОСПОДЬ, БОГ НАШ, И ВОЗНАГРАДИ ДОБРОМ ВСЕХ, КТО ИСКРЕННЕ ПОЛАГАЕТСЯ НА ИМЯ ТВОЕ. И ДАЙ НАМ УДЕЛ СРЕДИ НИХ, И НЕ ОПОЗОРИМСЯ ВОВЕК, ПОТОМУ ЧТО НА ТЕБЯ ПОЛАГАЛИСЬ. БЛАГОСЛОВЕН ТЫ, ГОСПОДЬ, ОПОРА И НАДЕЖНАЯ ЗАЩИТА ПРАВЕДНИКОВ!

ולירושלים И В ИЕРУСАЛИМ, ГОРОД ТВОЙ, ПО МИЛОСЕРДИЮ СВОЕМУ ВОЗВРАТИСЬ, И ОБИТАЙ В НЕМ, КАК ОБЕЩАЛ ТЫ; И ПРЕСТОЛ РАБА ТВОЕГО ДАВИДА ПОСКОРЕЕ В НЕМ УТВЕРДИ; И ОТСТРОЙ [ИЕРУСАЛИМ] В СКОРОМ ВРЕМЕНИ, В НАШИ ДНИ, НАВЕЧНО.

(בתשעה באב במנחה אומרים כאן נחםא) בָּרוּךְ אַתָּה יְיָ, בּוֹנֵה יְרוּשָׁלָיִם:

אֶת צֶמַח דָּוִד עַבְדְּךָ מְהֵרָה תַצְמִיחַ, וְקַרְנוֹ תָּרוּם בִּישׁוּעָתֶךָ, כִּי לִישׁוּעָתְךָ קִוִּינוּ כָּל הַיּוֹם. בָּרוּךְ אַתָּה יְיָ, מַצְמִיחַ קֶרֶן יְשׁוּעָה:

שְׁמַע קוֹלֵנוּ יְיָ אֱלֹהֵינוּ, אָב הָרַחֲמָן רַחֵם עָלֵינוּ, וְקַבֵּל בְּרַחֲמִים וּבְרָצוֹן אֶת תְּפִלָּתֵנוּ, כִּי אֵל שׁוֹמֵעַ תְּפִלּוֹת וְתַחֲנוּנִים אָתָּה, וּמִלְּפָנֶיךָ מַלְכֵּנוּ רֵיקָם אַל תְּשִׁיבֵנוּ.

(יחיד בתעניתו וכן הש"ץ בתפלת לחש אומר כאן עננו עד וצוקהב)

כִּי אַתָּה שׁוֹמֵעַ תְּפִלַּת כָּל פֶּה. בָּרוּךְ אַתָּה יְיָ, שׁוֹמֵעַ תְּפִלָּה:

רְצֵה יְיָ אֱלֹהֵינוּ בְּעַמְּךָ יִשְׂרָאֵל וְלִתְפִלָּתָם שְׁעֵה, וְהָשֵׁב הָעֲבוֹדָה לִדְבִיר בֵּיתֶךָ, וְאִשֵּׁי יִשְׂרָאֵל וּתְפִלָּתָם

א) בתשעה באב במנחה אומרים זה :

נַחֵם יְיָ אֱלֹהֵינוּ, אֶת אֲבֵלֵי צִיּוֹן, וְאֶת אֲבֵלֵי יְרוּשָׁלַיִם, וְאֶת הָעִיר הָאֲבֵלָה וְהַחֲרֵבָה, וְהַבְּזוּיָה וְהַשּׁוֹמֵמָה. הָאֲבֵלָה מִבְּלִי בָנֶיהָ, וְהַחֲרֵבָה מִמְּעוֹנוֹתֶיהָ, וְהַבְּזוּיָה מִכְּבוֹדָהּ, וְהַשּׁוֹמֵמָה מֵאֵין יוֹשֵׁב. וְהִיא יוֹשֶׁבֶת וְרֹאשָׁהּ חָפוּי, כְּאִשָּׁה עֲקָרָה שֶׁלֹּא יָלָדָה, וַיְבַלְּעוּהָ לִגְיוֹנוֹת, וַיִּירָשׁוּהָ עוֹבְדֵי זָרִים, וַיַּטִּילוּ אֶת עַמְּךָ יִשְׂרָאֵל לֶחָרֶב, וַיַּהַרְגוּ בְזָדוֹן חֲסִידֵי עֶלְיוֹן. עַל כֵּן צִיּוֹן בְּמַר תִּבְכֶּה, וִירוּשָׁלַיִם תִּתֵּן קוֹלָהּ, לִבִּי לִבִּי עַל חַלְלֵיהֶם, מֵעַי מֵעַי עַל חַלְלֵיהֶם. כִּי אַתָּה יְיָ בָּאֵשׁ הִצַּתָּהּ, וּבָאֵשׁ אַתָּה עָתִיד לִבְנוֹתָהּ. כָּאָמוּר: וַאֲנִי אֶהְיֶה לָּהּ נְאֻם יְיָ חוֹמַת אֵשׁ סָבִיב, וּלְכָבוֹד אֶהְיֶה בְתוֹכָהּ. בָּרוּךְ אַתָּה יְיָ, מְנַחֵם צִיּוֹן וּבוֹנֵה יְרוּשָׁלָיִם:

אֶת צמח

ב) בתענית צבור אומרים זה קודם כי אתה שומע

עֲנֵנוּ יְיָ עֲנֵנוּ בְּיוֹם צוֹם תַּעֲנִיתֵנוּ, כִּי בְצָרָה גְדוֹלָה אֲנָחְנוּ, אַל תֵּפֶן אֶל רִשְׁעֵנוּ, וְאַל תַּסְתֵּר פָּנֶיךָ מִמֶּנּוּ, וְאַל תִּתְעַלַּם מִתְּחִנָּתֵנוּ, הֱיֵה נָא קָרוֹב לְשַׁוְעָתֵנוּ, יְהִי נָא חַסְדְּךָ לְנַחֲמֵנוּ, טֶרֶם נִקְרָא אֵלֶיךָ עֲנֵנוּ, כַּדָּבָר שֶׁנֶּאֱמַר, וְהָיָה טֶרֶם יִקְרָאוּ וַאֲנִי אֶעֱנֶה, עוֹד הֵם מְדַבְּרִים וַאֲנִי אֶשְׁמָע, כִּי אַתָּה יְיָ הָעוֹנֶה בְּעֵת צָרָה, פּוֹדֶה וּמַצִּיל בְּכָל עֵת צָרָה וְצוּקָה: כי אתה שומע

(В молитву "Минха" Девятого ава здесь говорят נחם *["УТЕШЬ..."] .*)* БЛАГОСЛОВЕН ТЫ, ГОСПОДЬ, СТРОИТЕЛЬ ИЕРУСАЛИМА!

את צמח ПОТОМКА ДАВИДА, РАБА ТВОЕГО, ПОСКОРЕЕ ВЗРАСТИ И ВОЗВЫСЬ ЕГО ПОДДЕРЖКОЙ СВОЕЙ; ВЕДЬ МЫ НАДЕЕМСЯ ПОСТОЯННО, ЧТО ТЫ СПАСЕШЬ НАС. БЛАГОСЛОВЕН ТЫ, ГОСПОДЬ, ВЗРАЩИВАЮЩИЙ СПАСЕНИЕ!

שמע УСЛЫШЬ НАШ ГОЛОС, ГОСПОДЬ, БОГ НАШ; МИЛОСЕРДНЫЙ ОТЕЦ, СМИЛУЙСЯ НАД НАМИ И ПРИМИ МИЛОСТИВО И БЛАГОСКЛОННО НАШУ МОЛИТВУ, ВЕДЬ ТЫ — БОГ, ВНИМАЮЩИЙ МОЛИТВАМ И МОЛЬБАМ; И НЕ ОСТАВЛЯЙ НАС БЕЗ ОТВЕТА, ВЛАДЫКА НАШ...

В дни общественных постов каждый молящийся, в том числе хазан, говорит здесь עננו *["ОТВЕТЬ НАМ..."] .***

...ВЕДЬ ТЫ ВНИМАЕШЬ МОЛИТВАМ КАЖДОГО. БЛАГОСЛОВЕН ТЫ, ГОСПОДЬ, ВНИМАЮЩИЙ МОЛИТВЕ!

רצה ОТНЕСИСЬ БЛАГОСКЛОННО, ГОСПОДЬ, БОГ НАШ, К НАРОДУ СВОЕМУ, ИЗРАИЛЮ, И МОЛИТВУ ЕГО ПРИМИ, И ВОССТАНОВИ СЛУЖБУ В СВЯТАЯ СВЯТЫХ ХРАМА ТВОЕГО; И ЖЕРТВЫ, ПРИНОСИМЫЕ ИЗРАИЛЕМ, И МОЛИТВУ ЕГО

---

* *Девятого ава говорят:*

נחם УТЕШЬ, ГОСПОДЬ, БОГ НАШ, СКОРБЯЩИХ О СИОНЕ, СКОРБЯЩИХ О ИЕРУСАЛИМЕ, [УТЕШЬ] И САМ ГОРОД, ПРЕБЫВАЮЩИЙ В ТРАУРЕ, РАЗРУШЕННЫЙ, ПОПРАННЫЙ И ОБЕЗЛЮДЕВШИЙ: ПРЕБЫВАЕТ [СТОЛИЦА] В ТРАУРЕ ПО ДЕТЯМ СВОИМ, ДВОРЦЫ ЕЕ РАЗРУШЕНЫ, ЧЕСТЬ ЕЕ ПОПРАНА, ОБЕЗЛЮДЕЛА [СТОЛИЦА] , ЛИШИВШИСЬ [СВОИХ] ЖИТЕЛЕЙ. ОНА ПОДОБНА ЖЕНЩИНЕ БЕСПЛОДНОЙ, НЕРОЖАВШЕЙ, КОТОРАЯ СИДИТ, ЗАКУТАВ ГОЛОВУ, [КАК ЭТО ДЕЛАЮТ СКОРБЯЩИЕ] . ЛЕГИОНЫ РАЗРУШАЛИ ЕЕ, ИДОЛОПОКЛОННИКИ РАЗОРЯЛИ ЕЕ, ПРЕДАЛИ НАРОД ТВОЙ, ИЗРАИЛЬ, МЕЧУ, ЗЛОДЕЙСКИ УБИЛИ ЛЮБЯЩИХ ВСЕВЫШНЕГО. ПОТОМУ ГОРЬКО ПЛАЧЕТ СИОН, РЫДАЕТ ИЕРУСАЛИМ: "СЕРДЦЕ МОЕ, СЕРДЦЕ МОЕ [РЫДАЕТ] О ПОГИБШИХ! ДУША МОЯ, ДУША МОЯ О ПОГИБШИХ [РЫДАЕТ] !" ИБО ТЫ, ГОСПОДЬ, ПРЕДАЛ ЕГО ОГНЮ, И ОГНЕМ ЖЕ ТЫ ОТСТРОИШЬ ЕГО, КАК СКАЗАНО: "И БУДУ Я ОГНЕННОЙ СТЕНОЙ ВОКРУГ НЕГО, – ИЗРЕК ГОСПОДЬ, – И РАДИ СЛАВЫ ЕГО Я ПОСЕЛЮСЬ ТАМ".[1] БЛАГОСЛОВЕН ТЫ, ГОСПОДЬ, УТЕШАЮЩИЙ СИОН И ОТСТРАИВАЮЩИЙ ИЕРУСАЛИМ!

Продолжают את צמח *("ПОТОМКА...").*

***В дни общественных постов говорят:*

עננו ОТВЕТЬ НАМ, ГОСПОДЬ, ОТВЕТЬ НАМ В ДЕНЬ ПОСТА НАШЕГО, ПОТОМУ ЧТО МЫ В БОЛЬШОЙ БЕДЕ; НЕ СМОТРИ НА НАШИ ГРЕХИ; НЕ ОТВОРАЧИВАЙ СВОЕГО ЛИЦА ОТ ЖАЛОБ НАШИХ И СКЛОНИСЬ К НАШИМ МОЛЬБАМ; ПО ДОБРОТЕ СВОЕЙ УТЕШЬ НАС; ОТВЕТЬ НАМ ПРЕЖДЕ, ЧЕМ МЫ ВОЗЗОВЕМ К ТЕБЕ. КАК СКАЗАНО: "И БУДЕТ: ПРЕЖДЕ, ЧЕМ ВОЗЗОВУТ ОНИ, Я ОТВЕЧУ; ОНИ ЕЩЕ БУДУТ ГОВОРИТЬ, А Я УЖЕ ПРИМУ [ИХ МОЛИТВУ] ".[2] ВЕДЬ ТЫ, ГОСПОДЬ, – ТОТ, КТО ОТВЕЧАЕТ [НА МОЛИТВУ] ВО ВРЕМЯ БЕДЫ; ТОТ, КТО ИЗБАВЛЯЕТ И СПАСАЕТ ВСЕГДА, [КОГДА ПРИХОДЯТ] БЕДСТВИЯ И СТРАДАНИЯ.

Продолжают כי אתה שומע *("ВЕДЬ ТЫ ВНИМАЕШЬ...").*

---

1. Зхарья, 2:9. 2. Йешаяѓу, 65:24.

בְּאַהֲבָה תְקַבֵּל בְּרָצוֹן, וּתְהִי לְרָצוֹן תָּמִיד עֲבוֹדַת יִשְׂרָאֵל עַמֶּךָ:

בראש חודש ובחול המועד אומרים כאן יעלה ויבא א)

וְתֶחֱזֶינָה עֵינֵינוּ בְּשׁוּבְךָ לְצִיּוֹן בְּרַחֲמִים. בָּרוּךְ אַתָּה יְיָ, הַמַּחֲזִיר שְׁכִינָתוֹ לְצִיּוֹן:

מודים דרבנן

מוֹדִים אֲנַחְנוּ לָךְ, שָׁאַתָּה הוּא יְיָ אֱלֹהֵינוּ וֵאלֹהֵי אֲבוֹתֵינוּ, לְעוֹלָם וָעֶד, צוּר חַיֵּינוּ מָגֵן יִשְׁעֵנוּ, אַתָּה הוּא לְדוֹר וָדוֹר, נוֹדֶה לְךָ וּנְסַפֵּר תְּהִלָּתֶךָ, עַל חַיֵּינוּ הַמְּסוּרִים בְּיָדֶךָ, וְעַל נִשְׁמוֹתֵינוּ הַפְּקוּדוֹת לָךְ, וְעַל נִסֶּיךָ שֶׁבְּכָל יוֹם עִמָּנוּ, וְעַל נִפְלְאוֹתֶיךָ וְטוֹבוֹתֶיךָ שֶׁבְּכָל עֵת, עֶרֶב וָבֹקֶר וְצָהֳרָיִם, הַטּוֹב, כִּי לֹא כָלוּ רַחֲמֶיךָ, הַמְרַחֵם, כִּי לֹא תַמּוּ חֲסָדֶיךָ, כִּי מֵעוֹלָם קִוִּינוּ לָךְ:

מוֹדִים אֲנַחְנוּ לָךְ, שָׁאַתָּה הוּא יְיָ אֱלֹהֵינוּ וֵאלֹהֵי אֲבוֹתֵינוּ, אֱלֹהֵי כָל בָּשָׂר, יוֹצְרֵנוּ יוֹצֵר בְּרֵאשִׁית, בְּרָכוֹת וְהוֹדָאוֹת לְשִׁמְךָ הַגָּדוֹל וְהַקָּדוֹשׁ עַל שֶׁהֶחֱיִיתָנוּ וְקִיַּמְתָּנוּ, כֵּן תְּחַיֵּנוּ וּתְקַיְּמֵנוּ, וְתֶאֱסוֹף גָּלֻיּוֹתֵינוּ לְחַצְרוֹת קָדְשֶׁךָ, וְנָשׁוּב אֵלֶיךָ לִשְׁמוֹר חֻקֶּיךָ, וְלַעֲשׂוֹת רְצוֹנֶךָ, וּלְעָבְדְּךָ בְּלֵבָב שָׁלֵם, עַל שֶׁאָנוּ מוֹדִים לָךְ, בָּרוּךְ אֵל הַהוֹדָאוֹת:

וְעַל

בחנוכה ובפורים אומרים כאן ועל הנסים ב)

א) בראש חודש וחול המועד אומרים זה:

אֱלֹהֵינוּ וֵאלֹהֵי אֲבוֹתֵינוּ, יַעֲלֶה וְיָבֹא וְיַגִּיעַ, וְיֵרָאֶה וְיֵרָצֶה וְיִשָּׁמַע, וְיִפָּקֵד וְיִזָּכֵר זִכְרוֹנֵנוּ וּפִקְדוֹנֵנוּ, וְזִכְרוֹן אֲבוֹתֵינוּ, וְזִכְרוֹן מָשִׁיחַ בֶּן דָּוִד עַבְדֶּךָ, וְזִכְרוֹן יְרוּשָׁלַיִם עִיר קָדְשֶׁךָ, וְזִכְרוֹן כָּל עַמְּךָ בֵּית יִשְׂרָאֵל לְפָנֶיךָ, לִפְלֵיטָה לְטוֹבָה, לְחֵן וּלְחֶסֶד וּלְרַחֲמִים וּלְחַיִּים טוֹבִים וּלְשָׁלוֹם בְּיוֹם לְרֹאשׁ חוֹדֶשׁ רֹאשׁ הַחֹדֶשׁ הַזֶּה. לחוה"מ פסח חַג הַמַּצּוֹת הַזֶּה. לחוה"מ סוכות חַג הַסֻּכּוֹת הַזֶּה. זָכְרֵנוּ יְיָ אֱלֹהֵינוּ בּוֹ לְטוֹבָה. וּפָקְדֵנוּ בוֹ לִבְרָכָה. וְהוֹשִׁיעֵנוּ בוֹ לְחַיִּים טוֹבִים. וּבִדְבַר יְשׁוּעָה וְרַחֲמִים, חוּס וְחָנֵּנוּ, וְרַחֵם עָלֵינוּ וְהוֹשִׁיעֵנוּ, כִּי אֵלֶיךָ עֵינֵינוּ, כִּי אֵל מֶלֶךְ חַנּוּן וְרַחוּם אָתָּה:
ותחזינה

ב)בחנוכה ובפורים אומרים זה:

וְעַל הַנִּסִּים וְעַל הַפֻּרְקָן וְעַל הַגְּבוּרוֹת וְעַל הַתְּשׁוּעוֹת וְעַל הַנִּפְלָאוֹת שֶׁעָשִׂיתָ לַאֲבוֹתֵינוּ בַּיָּמִים הָהֵם בִּזְמַן הַזֶּה:

ПРИМИ С ЛЮБОВЬЮ, БЛАГОСКЛОННО; И ПУСТЬ БУДЕТ ВСЕГДА ЖЕЛАННО ТЕБЕ СЛУЖЕНИЕ ИЗРАИЛЯ, НАРОДА ТВОЕГО.

В рош-ходеш и в холь-гамоэд здесь говорят ויבא יעלה *("ДА ПОДНИМЕТСЯ, И ПРИ-ДЕТ...").* *

ותחזינה И ДА УВИДИМ МЫ СВОИМИ ГЛАЗАМИ, КАК ВЕРНЕШЬСЯ ТЫ, ПО МИЛОСЕРДИЮ СВОЕМУ, В СИОН. БЛАГОСЛОВЕН ТЫ, ГОСПОДЬ, ВОЗ-ВРАЩАЮЩИЙ СВОЮ ШХИНУ В СИОН!

מודים БЛАГОДАРИМ МЫ ТЕБЯ ЗА ТО, ЧТО ТЫ, ГОСПОДЬ, — БОГ НАШ И БОГ ОТЦОВ НАШИХ ВО ВЕКИ ВЕКОВ. ТЫ — ОПЛОТ ЖИЗНИ НАШЕЙ, ЗАЩИТНИК, СПАСАЮЩИЙ НАС ИЗ ПОКОЛЕНИЯ В ПОКОЛЕ-НИЕ. БУДЕМ БЛАГОДАРИТЬ ТЕБЯ И ПРОВОЗГЛАШАТЬ ТЕБЕ ХВАЛУ ВЕЧЕРОМ, УТРОМ И ДНЕМ ЗА ЖИЗНЬ НАШУ, ВВЕРЕННУЮ ТЕБЕ, ЗА ДУШИ НАШИ, ХРАНИМЫЕ ТО-БОЙ, И ЗА ЧУДЕСА ТВОИ, КОТО-РЫЕ ТЫ ПОСТОЯННО [СОВЕРША-ЕШЬ] С НАМИ, И ЗА ТВОИ ЗНАМЕ-НИЯ И БЛАГОДЕЯНИЯ, КОТОРЫЕ ТЫ [ТВОРИШЬ] ВСЕГДА, — О,

"МОДИМ ДЕРАБАНАН"

При повторении молитвы хазаном об-щина говорит здесь следующую молитву:
(См. транслитерацию на стр. 386)

מודים БЛАГОДАРИМ МЫ ТЕБЯ ЗА ТО, ЧТО ТЫ, ГОСПОДЬ, – БОГ НАШ И БОГ ОТЦОВ НАШИХ, БОГ ВСЕГО ЖИВОГО, СОЗДАТЕЛЬ НАШ, ТВОРЕЦ МИРОЗДА-НИЯ; ПОДОБАЕТ БЛАГОСЛОВЛЯТЬ И СЛАВИТЬ ВЕЛИКОЕ И СВЯТОЕ ИМЯ ТВОЕ ЗА ТО, ЧТО ТЫ ДАЛ НАМ ЖИЗНЬ И ПОДДЕРЖИВАЕШЬ ЕЕ В НАС; И ТЫ ПРОДЛИШЬ ЕЕ И ПОДДЕРЖИШЬ, И СОБЕРЕШЬ НАС ИЗ ИЗГНАНИЯ ВО ДВОРАХ СВЯТИЛИЩА СВОЕГО, И ВЕРНЕМСЯ МЫ К ТЕБЕ, ЧТОБЫ СО-БЛЮДАТЬ ТВОИ ЗАКОНЫ, И ИСПОЛ-НЯТЬ ВОЛЮ ТВОЮ, И СЛУЖИТЬ ТЕБЕ ВСЕМ СЕРДЦЕМ; И ПОТОМУ МЫ БЛА-ГОДАРИМ ТЕБЯ. БЛАГОСЛОВЕН БОГ, КОТОРОГО ПОДОБАЕТ БЛАГОДАРИТЬ!

ДОБРЫЙ! — ПОТОМУ ЧТО МИЛОСТИ ТВОИ НЕСКОНЧАЕМЫ, — О, МИЛО-СЕРДНЫЙ! — ПОТОМУ ЧТО БЛАГОДЕЯНИЯ ТВОИ НЕИСТОЩИМЫ; ВЕДЬ МЫ ОТ ВЕКА НАДЕЕМСЯ НА ТЕБЯ!

В Хануку и в Пурим говорят здесь הנסים ועל *("И ЗА ЗНАМЕНИЯ...").* **

---

* *В рош-ходеш и в холь-гамоэд говорят:*

אלהינו БОГ НАШ И БОГ ОТЦОВ НАШИХ! ДА ПОДНИМЕТСЯ, И ПРИДЕТ [К ТЕБЕ], И ДОСТИГНЕТ [ТВОЕГО СЛУХА], И БУДЕТ ЗАМЕЧЕНА, И БЛАГОСКЛОННО ПРИНЯ-ТА, И УСЛЫШАНА [ТОБОЮ МОЛИТВА НАША], И ДА БУДУТ ВОЗОБНОВЛЕНЫ И ВОС-СТАНОВЛЕНЫ [ТОБОЮ] ПАМЯТЬ О НАС И ВНИМАНИЕ К НАМ; И ПАМЯТЬ ОБ ОТ-ЦАХ НАШИХ, И ПАМЯТЬ О МАШИАХЕ, ПОТОМКЕ ДАВИДА, РАБА ТВОЕГО, И ПАМЯТЬ О ИЕРУСАЛИМЕ, СВЯТОМ ГОРОДЕ ТВОЕМ, И ПАМЯТЬ ОБО ВСЕМ ТВОЕМ НАРОДЕ, ДОМЕ ИЗРАИЛЯ, – ДЛЯ СПАСЕНИЯ [НАШЕГО], ВО БЛАГО [НАМ], ДЛЯ ЛЮБВИ И МИЛОСТИ, И ДЛЯ МИЛОСЕРДИЯ [К НАМ], И ДЛЯ БЛАГОПОЛУЧНОЙ ЖИЗНИ [НА-ШЕЙ] И МИРА [ДЛЯ НАС] – В ЭТОТ ДЕНЬ...

в рош-ходеш:	*в холь-гамоэд Песах:*	*в холь-гамоэд Сукот:*
...РОШ-ХОДЕШ.	...ПРАЗДНИКА МАЦОТ.	...ПРАЗДНИКА СУКОТ.

ВСПОМНИ НАС, ГОСПОДЬ, БОГ НАШ, К ДОБРУ В ЭТОТ ДЕНЬ; И ОТНЕСИСЬ К НАМ В ЭТОТ ДЕНЬ СО ВНИМАНИЕМ, БЛАГОСЛОВЛЯЯ НАС; И СПАСИ НАС В ЭТОТ ДЕНЬ ДЛЯ БЛАГОПОЛУЧНОЙ ЖИЗНИ; И ПО ОБЕЩАНИЮ [СВОЕМУ] СПАСТИ И ПОМИЛО-ВАТЬ [НАС], ПОЖАЛЕЙ [НАС] И СМИЛУЙСЯ [НАД НАМИ]; И БУДЬ СНИСХОДИ-ТЕЛЕН К НАМ, И СПАСИ НАС – ВЕДЬ НА ТЕБЯ УСТРЕМЛЕНЫ НАШИ ВЗОРЫ, ПОТОМУ ЧТО ТЫ, БОГ, – ВЛАДЫКА МИЛОСЕРДНЫЙ И МИЛУЮЩИЙ.

Продолжают ותחזינה *("И ДА УВИДИМ...").*

** *В Хануку и в Пурим говорят:*

ועל И ЗА ЗНАМЕНИЯ, И ЗА ИЗБАВЛЕНИЕ, И ЗА МОГУЩЕСТВО [ТВОЕ], И ЗА СПА-СЕНИЕ, И ЗА ЧУДЕСА, КОТОРЫЕ ТЫ ЯВИЛ ОТЦАМ НАШИМ В ТЕ ВРЕМЕНА, В ЭТИ ЖЕ ДНИ [ГОДА]...

וְעַל כֻּלָּם יִתְבָּרַךְ וְיִתְרוֹמַם וְיִתְנַשֵּׂא שִׁמְךָ מַלְכֵּנוּ תָּמִיד לְעוֹלָם וָעֶד:

בעשי"ת וּכְתֹב לְחַיִּים טוֹבִים כָּל בְּנֵי בְרִיתֶךָ.

וְכָל הַחַיִּים יוֹדוּךָ סֶּלָה, וִיהַלְלוּ שִׁמְךָ הַגָּדוֹל לְעוֹלָם כִּי טוֹב, הָאֵל יְשׁוּעָתֵנוּ וְעֶזְרָתֵנוּ סֶלָה הָאֵל הַטּוֹב. בָּרוּךְ אַתָּה יְיָ, הַטּוֹב שִׁמְךָ וּלְךָ נָאֶה לְהוֹדוֹת:

בתענית צבור אומר הש"ץ כאן אלהינו: *)

שִׂים שָׁלוֹם, טוֹבָה וּבְרָכָה, חַיִּים חֵן וָחֶסֶד וְרַחֲמִים, עָלֵינוּ וְעַל כָּל יִשְׂרָאֵל עַמֶּךָ. בָּרְכֵנוּ אָבִינוּ כֻּלָּנוּ כְּאֶחָד

באור

לְפּורים | לחנוכה

בִּימֵי מָרְדְּכַי וְאֶסְתֵּר בְּשׁוּשַׁן הַבִּירָה, כְּשֶׁעָמַד עֲלֵיהֶם הָמָן הָרָשָׁע, בִּקֵּשׁ לְהַשְׁמִיד לַהֲרוֹג וּלְאַבֵּד אֶת כָּל הַיְּהוּדִים, מִנַּעַר וְעַד זָקֵן, טַף וְנָשִׁים, בְּיוֹם אֶחָד, בִּשְׁלשָׁה עָשָׂר לְחֹדֶשׁ שְׁנֵים עָשָׂר, הוּא חֹדֶשׁ אֲדָר וּשְׁלָלָם לָבוֹז. וְאַתָּה בְּרַחֲמֶיךָ הָרַבִּים הֵפַרְתָּ אֶת עֲצָתוֹ, וְקִלְקַלְתָּ אֶת מַחֲשַׁבְתּוֹ, וַהֲשֵׁבוֹתָ לּוֹ גְּמוּלוֹ בְּרֹאשׁוֹ. וְתָלוּ אוֹתוֹ וְאֶת בָּנָיו עַל הָעֵץ.

בִּימֵי מַתִּתְיָהוּ בֶּן יוֹחָנָן כֹּהֵן גָּדוֹל, חַשְׁמוֹנַאי וּבָנָיו, כְּשֶׁעָמְדָה מַלְכוּת יָוָן הָרְשָׁעָה, עַל עַמְּךָ יִשְׂרָאֵל, לְהַשְׁכִּיחָם תּוֹרָתֶךָ, וּלְהַעֲבִירָם מֵחֻקֵּי רְצוֹנֶךָ, וְאַתָּה בְּרַחֲמֶיךָ הָרַבִּים, עָמַדְתָּ לָהֶם בְּעֵת צָרָתָם. רַבְתָּ אֶת רִיבָם, דַּנְתָּ אֶת דִּינָם, נָקַמְתָּ אֶת נִקְמָתָם, מָסַרְתָּ גִּבּוֹרִים בְּיַד חַלָּשִׁים, וְרַבִּים בְּיַד מְעַטִּים, וּטְמֵאִים בְּיַד טְהוֹרִים, וּרְשָׁעִים בְּיַד צַדִּיקִים, וְזֵדִים בְּיַד עוֹסְקֵי תוֹרָתֶךָ. וּלְךָ עָשִׂיתָ שֵׁם וְעַל כלם

גָּדוֹל וְקָדוֹשׁ בְּעוֹלָמֶךָ, וּלְעַמְּךָ יִשְׂרָאֵל עָשִׂיתָ תְּשׁוּעָה גְדוֹלָה וּפֻרְקָן כְּהַיּוֹם הַזֶּה. וְאַחַר כֵּן בָּאוּ בָנֶיךָ לִדְבִיר בֵּיתֶךָ, וּפִנּוּ אֶת הֵיכָלֶךָ, וְטִהֲרוּ אֶת מִקְדָּשֶׁךָ, וְהִדְלִיקוּ נֵרוֹת בְּחַצְרוֹת קָדְשֶׁךָ. וְקָבְעוּ שְׁמוֹנַת יְמֵי חֲנֻכָּה אֵלּוּ, לְהוֹדוֹת וּלְהַלֵּל לְשִׁמְךָ הַגָּדוֹל: ועל כלם

*)בעשי"ת אֱלֹהֵינוּ וֵאלֹהֵי אֲבוֹתֵינוּ, בָּרְכֵנוּ בַבְּרָכָה הַמְשֻׁלֶּשֶׁת, בַּתּוֹרָה הַכְּתוּבָה עַל יְדֵי מֹשֶׁה עַבְדֶּךָ, הָאֲמוּרָה מִפִּי אַהֲרֹן וּבָנָיו כֹּהֲנִים עַם קְדוֹשֶׁךָ כָּאָמוּר: יְבָרֶכְךָ יְיָ וְיִשְׁמְרֶךָ:אמן:יָאֵר יְיָ פָּנָיו אֵלֶיךָ וִיחֻנֶּךָּ:אמן:יִשָּׂא יְיָ פָּנָיו אֵלֶיךָ וְיָשֵׂם לְךָ שָׁלוֹם: אמן. שים שלום

ועל И ЗА ВСЕ ЭТО ДА БУДЕТ БЛАГОСЛОВЛЕНО, И ДА ВОЗВЕЛИЧИТСЯ И ПРЕВОЗНЕСЕТСЯ ИМЯ ТВОЕ, ВЛАДЫКА НАШ, ВСЕГДА, ВО ВЕКИ ВЕКОВ!

В "десять дней раскаяния" говорят:

וכתוב И ЗАПИШИ [В КНИГУ] БЛАГОПОЛУЧНОЙ ЖИЗНИ ВСЕХ, С КЕМ ТЫ ЗАКЛЮЧИЛ СОЮЗ.

וכל И ВСЕ ЖИВОЕ БУДЕТ ВЕЧНО БЛАГОДАРИТЬ ТЕБЯ И ВОСХВАЛЯТЬ ТВОЕ ВЕЛИКОЕ ИМЯ ВОВЕК, ИБО ТЫ ДОБР. ТЫ, БОГ, – НАШЕ СПАСЕНИЕ И НАША ОПОРА ВОВЕКИ, [ТЫ –] ДОБРЫЙ БОГ! БЛАГОСЛОВЕН ТЫ, ГОСПОДЬ; ДОБРЫЙ – ИМЯ ТЕБЕ, И ТЕБЯ ПОДОБАЕТ БЛАГОДАРИТЬ.

Вне Эрец-Исраэль в дни общественных постов хазан говорит здесь **אלהינו** *("БОГ НАШ...").* *В Эрец-Исраэль принято, что в дни общественных постов при повторении хазаном молитвы коѓаним благословляют здесь народ (см. стр. 268–269). Если же среди молящихся нет коѓаним, хазан произносит здесь* **אלהינו** *("БОГ НАШ...").* *

שים ДАРУЙ МИР, ДОБРО И БЛАГОСЛОВЕНИЕ, ЖИЗНЬ, МИЛОСТЬ, И ЛЮБОВЬ, И МИЛОСЕРДИЕ НАМ И ВСЕМУ ТВОЕМУ НАРОДУ, ИЗРАИЛЮ. БЛАГОСЛОВИ НАС, ВСЕХ

В Хануку:

בימי ...В ДНИ МАТИТЬЯѓУ, СЫНА ЙОХАНАНА ХАШМОНАЯ, ПЕРВОСВЯЩЕННИКА, И ЕГО СЫНОВЕЙ, КОГДА ВЫСТУПИЛО ЗЛОДЕЙСКОЕ ЦАРСТВО ЯВАН ПРОТИВ НАРОДА ТВОЕГО, СЫНОВ ИЗРАИЛЯ, ЧТОБЫ ЗАСТАВИТЬ ИХ ЗАБЫТЬ ТВОЮ ТОРУ, И НАРУШИТЬ ЗАКОНЫ, УСТАНОВЛЕННЫЕ ВОЛЕЙ ТВОЕЙ; НО ТЫ, ПО ВЕЛИКОЙ МИЛОСТИ СВОЕЙ, СТОЯЛ ЗА НИХ, [СЫНОВ ИЗРАИЛЯ], КОГДА ОНИ БЫЛИ В БЕДЕ, ЗАСТУПАЛСЯ ЗА НИХ, БЫЛ СУДЬЕЙ В ИХ СПОРЕ [С ВРАГАМИ], МСТИЛ ЗА НИХ; ОТДАЛ СИЛЬНЫХ В РУКИ СЛАБЫХ, И МНОГОЧИСЛЕННЫХ В РУКИ НЕМНОГИХ, И НЕЧИСТЫХ В РУКИ ЧИСТЫХ, И ЗЛОДЕЕВ В РУКИ ПРАВЕДНИКОВ, И ЗЛОУМЫШЛЕННИКОВ В РУКИ ТЕХ, КТО ИЗУЧАЕТ ТОРУ ТВОЮ. И ПРОСЛАВИЛ ТЫ ИМЯ СВОЕ, ВЕЛИКОЕ И СВЯТОЕ, В МИРЕ ТВОЕМ, И НАРОДУ СВОЕМУ, ИЗРАИЛЮ, ДАРОВАЛ ВЕЛИКОЕ СПАСЕНИЕ И ИЗБАВЛЕНИЕ В ЭТОТ САМЫЙ ДЕНЬ. И ТОГДА ПРИШЛИ СЫНОВЬЯ ТВОИ В СВЯТАЯ СВЯТЫХ ХРАМА ТВОЕГО, И УБРАЛИ [ИДОЛОВ] ИЗ ТВОЕГО ДВОРЦА, И ОЧИСТИЛИ СВЯТИЛИЩЕ ТВОЕ. И ЗАЖГЛИ СВЕТИЛЬНИКИ ВО ДВОРАХ СВЯТИЛИЩА ТВОЕГО. И УСТАНОВИЛИ ЭТИ ВОСЕМЬ ДНЕЙ ХАНУКИ, ЧТОБЫ ВОЗНОСИТЬ БЛАГОДАРНОСТЬ И ХВАЛУ ТВОЕМУ ВЕЛИКОМУ ИМЕНИ.

Продолжают **ועל כולם** *("И ЗА ВСЕ...").*

В Пурим:

בימי ...В ДНИ МОРДЕХАЯ И ЭСТЕР, В СТОЛИЧНОМ ГОРОДЕ ШУШАН, КОГДА ВЫСТУПИЛ ПРОТИВ НИХ ЗЛОДЕЙ ѓАМАН, КОТОРЫЙ ХОТЕЛ УНИЧТОЖИТЬ, УБИТЬ И ИСТРЕБИТЬ ВСЕХ ИУДЕЕВ, МОЛОДЫХ И СТАРЫХ, МЛАДЕНЦЕВ И ЖЕНЩИН, В ОДИН ДЕНЬ, ТРИНАДЦАТЫЙ ДЕНЬ ДВЕНАДЦАТОГО МЕСЯЦА, МЕСЯЦА АДАРА, – А ИМУЩЕСТВО ИХ РАЗГРАБИТЬ, – ТЫ, ПО ВЕЛИКОЙ МИЛОСТИ СВОЕЙ, РАЗРУШИЛ ЕГО КОЗНИ, И РАССТРОИЛ ЕГО ЗАМЫСЛЫ, И ОБРАТИЛ ИХ ПРОТИВ НЕГО САМОГО. И ПОВЕСИЛИ ЕГО ВМЕСТЕ С СЫНОВЬЯМИ НА ВИСЕЛИЦЕ.

Продолжают **ועל כולם** *("И ЗА ВСЕ...").*

---

* *В дни общественных постов хазан говорит:*

אלהינו БОГ НАШ И БОГ ОТЦОВ НАШИХ! БЛАГОСЛОВИ НАС ТРОЙНЫМ БЛАГОСЛОВЕНИЕМ, КОТОРОЕ ЗАПИСАЛ В ТОРЕ РАБ ТВОЙ МОШЕ И КОТОРОЕ ПРОИЗНОСИЛИ АѓАРОН И СЫНОВЬЯ ЕГО, КОѓАНИМ, – СВЯТОЕ ПЛЕМЯ ТВОЕ, КАК СКАЗАНО: "БЛАГОСЛОВИТ ТЕБЯ ГОСПОДЬ И ОХРАНИТ ТЕБЯ. *(Община отвечает:* АМЕН! *Хазан продолжает:)* И БУДЕТ БЛАГОСКЛОНЕН К ТЕБЕ ГОСПОДЬ, И ПОМИЛУЕТ ТЕБЯ. *(Община отвечает:* АМЕН! *Хазан продолжает:)* БУДЕТ БЛАГОВОЛИТЬ К ТЕБЕ ГОСПОДЬ И ПОШЛЕТ ТЕБЕ МИР".[1] *(Община отвечает:* АМЕН!)

Продолжают **שים שלום** *("ДАРУЙ МИР...").*

---

1. Бемидбар, 6:24—26.

בְּאוֹר פָּנֶיךָ, כִּי בְאוֹר פָּנֶיךָ, נָתַתָּ לָנוּ יְיָ אֱלֹהֵינוּ תּוֹרַת חַיִּים וְאַהֲבַת חֶסֶד, וּצְדָקָה וּבְרָכָה וְרַחֲמִים וְחַיִּים וְשָׁלוֹם. וְטוֹב בְּעֵינֶיךָ לְבָרֵךְ אֶת עַמְּךָ יִשְׂרָאֵל, בְּכָל עֵת וּבְכָל שָׁעָה בִּשְׁלוֹמֶךָ. וּבְסֵפֶר בָּרוּךְ אַתָּה יְיָ, הַמְבָרֵךְ אֶת עַמּוֹ יִשְׂרָאֵל בַּשָּׁלוֹם:

בעשי"ת וּבְסֵפֶר חַיִּים בְּרָכָה וְשָׁלוֹם וּפַרְנָסָה טוֹבָה, יְשׁוּעָה וְנֶחָמָה וּגְזֵרוֹת טוֹבוֹת נִזָּכֵר וְנִכָּתֵב לְפָנֶיךָ, אֲנַחְנוּ וְכָל עַמְּךָ בֵּית יִשְׂרָאֵל, לְחַיִּים טוֹבִים וּלְשָׁלוֹם. בָּרוּךְ אַתָּה יְיָ, הַמְבָרֵךְ אֶת עַמּוֹ יִשְׂרָאֵל בַּשָּׁלוֹם:

יִהְיוּ לְרָצוֹן אִמְרֵי פִי וְהֶגְיוֹן לִבִּי לְפָנֶיךָ, יְיָ צוּרִי וְגוֹאֲלִי:

אֱלֹהַי, נְצוֹר לְשׁוֹנִי מֵרָע, וּשְׂפָתַי מִדַּבֵּר מִרְמָה, וְלִמְקַלְלַי, נַפְשִׁי תִדֹּם, וְנַפְשִׁי כֶּעָפָר לַכֹּל תִּהְיֶה, פְּתַח לִבִּי בְּתוֹרָתֶךָ, וּבְמִצְוֹתֶיךָ תִּרְדֹּף נַפְשִׁי, וְכָל הַחוֹשְׁבִים עָלַי רָעָה, מְהֵרָה הָפֵר עֲצָתָם וְקַלְקֵל מַחֲשַׁבְתָּם. יִהְיוּ כְּמֹץ לִפְנֵי רוּחַ וּמַלְאַךְ יְיָ דּוֹחֶה. לְמַעַן יֵחָלְצוּן יְדִידֶיךָ, הוֹשִׁיעָה יְמִינְךָ וַעֲנֵנִי. עֲשֵׂה לְמַעַן שְׁמֶךָ, עֲשֵׂה לְמַעַן יְמִינֶךָ, עֲשֵׂה לְמַעַן תּוֹרָתֶךָ, עֲשֵׂה לְמַעַן קְדֻשָּׁתֶךָ, יִהְיוּ לְרָצוֹן אִמְרֵי פִי, וְהֶגְיוֹן לִבִּי, לְפָנֶיךָ, יְיָ צוּרִי וְגוֹאֲלִי: עֹשֶׂה שָׁלוֹם (בעשי"ת הַשָּׁלוֹם) בִּמְרוֹמָיו, הוּא יַעֲשֶׂה שָׁלוֹם עָלֵינוּ, וְעַל כָּל יִשְׂרָאֵל, וְאִמְרוּ אָמֵן:

יְהִי רָצוֹן מִלְּפָנֶיךָ, יְיָ אֱלֹהֵינוּ וֵאלֹהֵי אֲבוֹתֵינוּ, שֶׁיִּבָּנֶה בֵּית הַמִּקְדָּשׁ בִּמְהֵרָה בְיָמֵינוּ, וְתֵן חֶלְקֵנוּ בְּתוֹרָתֶךָ:

בימים שאין אומרים תחנון אומר הש"ץ קדיש שלם:

אֱלֹהֵינוּ וֵאלֹהֵי אֲבוֹתֵינוּ, תָּבֹא לְפָנֶיךָ תְּפִלָּתֵנוּ, וְאַל תִּתְעַלַּם מִתְּחִנָּתֵנוּ, שֶׁאֵין אָנוּ עַזֵּי פָנִים וּקְשֵׁי עֹרֶף, לוֹמַר לְפָנֶיךָ יְיָ אֱלֹהֵינוּ וֵאלֹהֵי אֲבוֹתֵינוּ, צַדִּיקִים אֲנַחְנוּ וְלֹא חָטָאנוּ, אֲבָל אֲנַחְנוּ וַאֲבוֹתֵינוּ חָטָאנוּ:

אָשַׁמְנוּ, בָּגַדְנוּ, גָּזַלְנוּ, דִּבַּרְנוּ דֹּפִי. הֶעֱוִינוּ, וְהִרְשַׁעְנוּ, זַדְנוּ, חָמַסְנוּ, טָפַלְנוּ שֶׁקֶר. יָעַצְנוּ רָע, כִּזַּבְנוּ, לַצְנוּ, מָרַדְנוּ, נִאַצְנוּ, סָרַרְנוּ, עָוִינוּ, פָּשַׁעְנוּ, צָרַרְנוּ, קִשִּׁינוּ עֹרֶף.

ВМЕСТЕ, В БЛАГОСКЛОННОСТИ СВОЕЙ, ОТЕЦ НАШ, ИБО В БЛАГОСКЛОННОСТИ СВОЕЙ ТЫ ДАРОВАЛ НАМ, ГОСПОДЬ, БОГ НАШ, ЗАКОН ЖИЗНИ И БЕСКОРЫСТНОЙ ЛЮБВИ, И МИЛОСТЬ, И БЛАГОСЛОВЕНИЕ, И МИЛОСЕРДИЕ, И ЖИЗНЬ, И МИР. И ДА БУДЕТ УГОДНО ТЕБЕ БЛАГОСЛОВЛЯТЬ НАРОД СВОЙ, ИЗРАИЛЬ, ВО ВСЕ ВРЕМЕНА И В КАЖДОЕ МГНОВЕНИЕ, ДАРУЯ ЕМУ МИР.

В "десять дней раскаяния" добавляют:

ובספר И В КНИГЕ ЖИЗНИ, БЛАГОСЛОВЕНИЯ, И МИРА, И ПРОЦВЕТАНИЯ, СПАСЕ-НИЯ, И УТЕШЕНИЯ, И ДОБРЫХ ПРЕДНАЧЕРТАНИЙ – ДА БУДЕМ УПОМЯНУТЫ И ЗАПИСАНЫ ПРЕД ТОБОЮ МЫ И ВЕСЬ НАРОД ТВОЙ, ДОМ ИЗРАИЛЯ, НА ДОБРУЮ ЖИЗНЬ И НА МИР.

ברוך БЛАГОСЛОВЕН ТЫ, ГОСПОДЬ, БЛАГОСЛОВЛЯЮЩИЙ МИРОМ НАРОД СВОЙ, ИЗРАИЛЬ!

יהיו ДА БУДУТ УГОДНЫ ТЕБЕ СЛОВА МОИХ УСТ И ПОМЫСЛЫ СЕРДЦА МОЕГО, О, ГОСПОДЬ, – МОЙ ОПЛОТ И ИЗБАВИТЕЛЬ![1]

אלהי БОГ МОЙ! УБЕРЕГИ МОЙ ЯЗЫК ОТ ЗЛОСЛОВИЯ И УСТА МОИ ОТ ЛЖИВЫХ РЕЧЕЙ; И ПЕРЕД ТЕМИ, КТО ПРОКЛИНАЕТ МЕНЯ, ПУСТЬ ДУША МОЯ ХРАНИТ МОЛ-ЧАНИЕ. И ПУСТЬ ДУША МОЯ ПОВЕРГАЕТСЯ В ПРАХ ПРЕД КАЖДЫМ. РАСКРОЙ МОЕ СЕРДЦЕ ДЛЯ ТОРЫ ТВОЕЙ, И ДА УСТРЕМИТСЯ МОЯ ДУША К ИСПОЛНЕНИЮ ТВОИХ ЗАПОВЕДЕЙ; И ПОСКОРЕЕ РАЗРУШЬ КОЗНИ И РАССТРОЙ ЗАМЫСЛЫ ВСЕХ ЗАДУ-МАВШИХ ПРОТИВ МЕНЯ НЕДОБРОЕ. ДА БУДУТ ОНИ МЯКИНОЙ НА ВЕТРУ, ГОНИМЫЕ АНГЕЛОМ ГОСПОДА.[2] ПУСТЬ СПАСЕНЫ БУДУТ ТЕ, КОГО ЛЮБИШЬ ТЫ; СПАСИ [МЕ-НЯ] ДЕСНИЦЕЙ СВОЕЙ И ОТВЕТЬ МНЕ.[3] СОВЕРШИ ЭТО РАДИ ИМЕНИ СВОЕГО, СО-ВЕРШИ РАДИ [ПРОСЛАВЛЕНИЯ] ДЕСНИЦЫ СВОЕЙ, СОВЕРШИ РАДИ ТОРЫ СВОЕЙ, СОВЕРШИ РАДИ СВЯТОСТИ СВОЕЙ; ДА БУДУТ УГОДНЫ ТЕБЕ СЛОВА МОИХ УСТ И ПОМЫСЛЫ СЕРДЦА МОЕГО, О, ГОСПОДЬ, – МОЙ ОПЛОТ И ИЗБАВИТЕЛЬ![1] УСТА-НАВЛИВАЮЩИЙ МИР (*в "десять дней раскаяния" вместо* "ШАЛОМ" – "МИР" *говорят:* "ГАШАЛОМ") В СВОИХ ВЫСОТАХ, ОН ПОШЛЕТ МИР НАМ И ВСЕМУ ИЗРАИЛЮ, И СКАЖЕМ: АМЕН!

יהי ДА БУДЕТ УГОДНО ТЕБЕ, ГОСПОДЬ, БОГ НАШ И БОГ ОТЦОВ НАШИХ, ЧТОБЫ БЫЛ ПОСТРОЕН ХРАМ, – ВСКОРЕ, В НАШИ ДНИ, – И ДАЙ НАМ УДЕЛ В ТОРЕ ТВОЕЙ![4]

В день, когда не говорят "Таханун", хазан произносит здесь "Кадиш шалем", стр. 74–75.

"ТАХАНУН"

Следующую часть молитвы до слов "И ОЧИЩАЮЩИЙ [РАСКАЯВШЕГОСЯ]", стр. 104 включительно произносят стоя. Во время исповеди молящийся, называя каждый из пере-численных грехов, бьет себя кулаком в грудь напротив сердца.

אלהינו БОГ НАШ И БОГ ОТЦОВ НАШИХ! ПУСТЬ ДОЙДЕТ ДО ТЕБЯ НАША МО-ЛИТВА, И НЕ ОТВЕРГАЙ НАШУ МОЛЬБУ, ПОТОМУ ЧТО МЫ НЕ НАСТОЛЬКО ДЕРЗКИ И УПРЯМЫ, ЧТОБЫ СКАЗАТЬ ТЕБЕ: "ГОСПОДЬ, БОГ НАШ И БОГ ОТЦОВ НАШИХ, ПРА-ВЕДНЫ МЫ И НЕ СОВЕРШАЛИ ГРЕХОВ", – ВЕДЬ И МЫ, И ОТЦЫ НАШИ ГРЕШИЛИ.

אשמנו ВИНОВНЫ МЫ; БЫЛИ ВЕРОЛОМНЫ, ГРАБИЛИ, ЛИЦЕ-МЕРИЛИ, СВЕРНУЛИ С ПРАВИЛЬНОГО ПУТИ И ОБВИНЯЛИ НЕВИНОВНЫХ, НАМЕРЕННО ТВОРИЛИ ЗЛО, ПРИСВАИВАЛИ ЧУЖОЕ, ВОЗВОДИЛИ НА БЛИЖНЕГО НАПРАСЛИНУ; ДАВАЛИ ДУРНЫЕ СОВЕТЫ, ЛГАЛИ, ГЛУМИЛИСЬ, БУНТОВАЛИ, КОЩУНСТВОВАЛИ, БЫЛИ НЕПОКОРНЫ, ЗЛОДЕЙСТВОВАЛИ, ВОССТАВАЛИ ПРОТИВ ЗАКОНА, ВРАЖДОВАЛИ МЕЖДУ СОБОЙ, УПОРСТВОВАЛИ В ГРЕХЕ;

---

1. Тегилим, 19:15. 2. Тегилим, 35:5. 3. Тегилим, 60:7, 108:7. 4. Авот, 5:20.

רָשַׁעְנוּ , שִׁחַתְנוּ , תִּעַבְנוּ , תָּעִינוּ , תִּעְתָּעְנוּ :
סַרְנוּ מִמִּצְוֹתֶיךָ וּמִמִּשְׁפָּטֶיךָ הַטּוֹבִים וְלֹא שָׁוָה לָנוּ . וְאַתָּה
צַדִּיק עַל כָּל הַבָּא עָלֵינוּ , כִּי אֱמֶת עָשִׂיתָ וַאֲנַחְנוּ הִרְשָׁעְנוּ :
אֵל אֶרֶךְ אַפַּיִם אַתָּה וּבַעַל הָרַחֲמִים נִקְרֵאתָ , וְדֶרֶךְ
תְּשׁוּבָה הוֹרֵיתָ . גְּדֻלַּת רַחֲמֶיךָ וַחֲסָדֶיךָ , תִּזְכּוֹר הַיּוֹם
וּבְכָל יוֹם לְזֶרַע יְדִידֶיךָ . תֵּפֶן אֵלֵינוּ בְּרַחֲמִים , כִּי אַתָּה
הוּא בַּעַל הָרַחֲמִים . בְּתַחֲנוּן וּבִתְפִלָּה פָּנֶיךָ נְקַדֵּם ,
כְּהוֹדַעְתָּ לֶעָנָיו מִקֶּדֶם . מֵחֲרוֹן אַפְּךָ שׁוּב , כְּמוֹ בְתוֹרָתְךָ
כָּתוּב . וּבְצֵל כְּנָפֶיךָ נֶחֱסֶה וְנִתְלוֹנָן , כְּיוֹם וַיֵּרֶד יְיָ בֶּעָנָן .
תַּעֲבוֹר עַל פֶּשַׁע וְתִמְחֶה אָשָׁם, כְּיוֹם וַיִּתְיַצֵּב עִמּוֹ שָׁם.
תַּאֲזִין שַׁוְעָתֵנוּ וְתַקְשִׁיב מֶנּוּ מַאֲמַר , כְּיוֹם וַיִּקְרָא בְשֵׁם יְיָ
וְשָׁם נֶאֱמַר :

המתפלל ביחיד אין אומר זה:

וַיַּעֲבֹר יְיָ עַל פָּנָיו וַיִּקְרָא

יְיָ יְיָ אֵל רַחוּם וְחַנּוּן אֶרֶךְ אַפַּיִם וְרַב חֶסֶד וֶאֱמֶת : נֹצֵר
חֶסֶד לָאֲלָפִים נֹשֵׂא עָוֹן וָפֶשַׁע וְחַטָּאָה וְנַקֵּה :

רַחוּם וְחַנּוּן חָטָאנוּ לְפָנֶיךָ רַחֵם עָלֵינוּ וְהוֹשִׁיעֵנוּ:

א לְדָוִד אֵלֶיךָ יְיָ נַפְשִׁי אֶשָּׂא : ב אֱלֹהַי בְּךָ בָטַחְתִּי אַל אֵבוֹשָׁה, אַל יַעַלְצוּ
אוֹיְבַי לִי : ג גַּם כָּל קֹוֶיךָ לֹא יֵבֹשׁוּ, יֵבֹשׁוּ הַבּוֹגְדִים רֵיקָם: ד דְּרָכֶיךָ יְיָ
הוֹדִיעֵנִי, אֹרְחוֹתֶיךָ לַמְּדֵנִי : ה הַדְרִיכֵנִי בַאֲמִתֶּךָ וְלַמְּדֵנִי כִּי אַתָּה אֱלֹהֵי יִשְׁעִי,
אוֹתְךָ קִוִּיתִי כָּל הַיּוֹם : ו זְכֹר רַחֲמֶיךָ יְיָ וַחֲסָדֶיךָ כִּי מֵעוֹלָם הֵמָּה : ז חַטֹּאות נְעוּרַי
וּפְשָׁעַי אַל תִּזְכֹּר כְּחַסְדְּךָ זְכָר לִי אַתָּה, לְמַעַן טוּבְךָ יְיָ : ח טוֹב וְיָשָׁר יְיָ עַל כֵּן
יוֹרֶה חַטָּאִים בַּדָּרֶךְ : ט יַדְרֵךְ עֲנָוִים בַּמִּשְׁפָּט וִילַמֵּד עֲנָוִים דַּרְכּוֹ : י כָּל אָרְחוֹת
יְיָ חֶסֶד וֶאֱמֶת, לְנֹצְרֵי בְרִיתוֹ וְעֵדֹתָיו : יא לְמַעַן שִׁמְךָ יְיָ וְסָלַחְתָּ לַעֲוֹנִי כִּי רַב
הוּא : יב מִי זֶה הָאִישׁ יְרֵא יְיָ, יוֹרֶנּוּ בְּדֶרֶךְ יִבְחָר : יג נַפְשׁוֹ בְּטוֹב תָּלִין וְזַרְעוֹ יִירַשׁ
אָרֶץ : יד סוֹד יְיָ לִירֵאָיו, וּבְרִיתוֹ לְהוֹדִיעָם : טו עֵינַי תָּמִיד אֶל יְיָ, כִּי הוּא יוֹצִיא
מֵרֶשֶׁת רַגְלָי : טז פְּנֵה אֵלַי וְחָנֵּנִי, כִּי יָחִיד וְעָנִי אָנִי : יז צָרוֹת לְבָבִי הִרְחִיבוּ,
מִמְּצוּקוֹתַי הוֹצִיאֵנִי : יח רְאֵה עָנְיִי וַעֲמָלִי, וְשָׂא לְכָל חַטֹּאותָי : יט רְאֵה אֹיְבַי
כִּי רָבּוּ, וְשִׂנְאַת חָמָס שְׂנֵאוּנִי : כ שָׁמְרָה נַפְשִׁי וְהַצִּילֵנִי, אַל אֵבוֹשׁ כִּי
חָסִיתִי בָךְ : כא תֹּם וָיֹשֶׁר יִצְּרוּנִי, כִּי קִוִּיתִיךָ : כב פְּדֵה אֱלֹהִים אֶת יִשְׂרָאֵל
מִכֹּל צָרוֹתָיו : וְהוּא יִפְדֶּה אֶת יִשְׂרָאֵל מִכֹּל עֲוֹנוֹתָיו :

בעשי"ת ובתענית צבור אומרים א"מ הארוך, תמצא לקמן ע' 243 .

ТВОРИЛИ ЗЛО, ВРЕДИЛИ, ДЕЛАЛИ МЕРЗОСТИ, ЗАБЛУЖДАЛИСЬ, ВВОДИ-
ЛИ В ЗАБЛУЖДЕНИЕ ДРУГИХ.

סרנו СВЕРНУЛИ МЫ С [ПУТИ] ЗАПОВЕДЕЙ ТВОИХ И МИЛОСЕРДНЫХ ТВОИХ ЗА-
КОНОВ, И ЭТО НЕ ПРИВЕЛО НАС К ДОБРУ. И ТЫ ПРАВ ВО ВСЕМ, ЧТО СОВЕРШИЛ С
НАМИ, ИБО ТВОИ ДЕЯНИЯ СПРАВЕДЛИВЫ, А НАШИ – ГРЕХОВНЫ.[1]

אל ТЫ – ДОЛГОТЕРПЕЛИВЫЙ БОГ, И ИМЯ ТЕБЕ – МИЛОСЕРДНЫЙ; И ТЫ УКАЗАЛ
ПУТЬ ВОЗВРАЩЕНИЯ [К ТЕБЕ]. ВСПОМНИ СЕГОДНЯ И [ВСПОМИНАЙ] ЕЖЕ-
ДНЕВНО О ВЕЛИКОЙ МИЛОСТИ СВОЕЙ И О ЛЮБВИ СВОЕЙ К ПОТОМСТВУ ТЕХ, КОГО
ПРИБЛИЗИЛ ТЫ К СЕБЕ. ОБРАТИ НА НАС МИЛОСЕРДНЫЙ ВЗОР, ИБО МИЛОСЕРДЕН
ТЫ. С МОЛЬБОЙ И МОЛИТВОЙ ПРЕДСТАНЕМ МЫ ПРЕД ТОБОЮ, [И ТЫ ПОМИЛУЕШЬ
НАС], КАК ВОЗВЕСТИЛ ТЫ НЕКОГДА СКРОМНЕЙШЕМУ [ИЗ ЛЮДЕЙ]. ПЕРЕСТАНЬ
ГНЕВАТЬСЯ НА НАС, ВЕДЬ ОБЕЩАЛ ТЫ ЭТО В СВОЕЙ ТОРЕ.[2] ПОД СЕНЬЮ КРЫЛ
ТВОИХ НАЙДЕМ СЕБЕ ЗАЩИТУ И ПРИБЕЖИЩЕ, КАК ЭТО БЫЛО В ДЕНЬ, [О КОТО-
РОМ СКАЗАНО]: "И ЯВИЛСЯ ГОСПОДЬ В ОБЛАКЕ".[3] ПРОСТИ НАМ ПРЕСТУПЛЕНИЯ
И СНИМИ С НАС ВИНУ, КАК ЭТО БЫЛО В ДЕНЬ, [О КОТОРОМ СКАЗАНО]: "И ТАМ
ПРЕДСТАЛ [МОШЕ] ПРЕД [ВСЕВЫШНИМ]".[3] ПРИСЛУШАЙСЯ К ВОПЛЮ НАШЕМУ И
ВНЕМЛИ НАШИМ СЛОВАМ, КАК ЭТО БЫЛО В ДЕНЬ, [О КОТОРОМ СКАЗАНО]:
"И ВОЗЗВАЛ [МОШЕ] К ГОСПОДУ".[3] И ТАМ ЖЕ СКАЗАНО:

Тот, кто молится без "миньяна", следующий отрывок не произносит.

ויעבור ≪ И ПРОШЕЛ ГОСПОДЬ ПЕРЕД НИМ, [МОШЕ] , И ПРОИЗНЕС:

יי "ГОСПОДЬ, ГОСПОДЬ, – БОГ МИЛОСЕРДНЫЙ И МИЛУЮЩИЙ, ДОЛГОТЕРПЕЛИ-
ВЫЙ; ТОТ, ЧЬИ ЛЮБОВЬ И СПРАВЕДЛИВОСТЬ БЕЗГРАНИЧНЫ; ПОМНЯЩИЙ ДОБРЫЕ
ДЕЛА [ОТЦОВ] ДЛЯ ТЫСЯЧ [ПОКОЛЕНИЙ ИХ ПОТОМКОВ] ; ПРОЩАЮЩИЙ ГРЕХ, И
НЕПОКОРНОСТЬ, И ЗАБЛУЖДЕНИЕ И ОЧИЩАЮЩИЙ [РАСКАЯВШЕГОСЯ] !"≫[4]

רחום МИЛОСЕРДНЫЙ И МИЛУЮЩИЙ, ГРЕШНЫ МЫ ПРЕД ТОБОЮ; СМИЛУЙСЯ НАД
НАМИ И СПАСИ НАС!

לדוד [ПСАЛОМ] ДАВИДА. К ТЕБЕ, ГОСПОДЬ, БУДУ СТРЕМИТЬСЯ Я ДУШОЮ СВО-
ЕЙ! О, БОГ МОЙ, – НА ТЕБЯ ПОЛОЖИЛСЯ Я; ДА НЕ ПОСРАМЛЮСЬ, ДА НЕ ВОСТОР-
ЖЕСТВУЮТ ВРАГИ МОИ НАДО МНОЙ. ТАК И ВСЕ, НАДЕЮЩИЕСЯ НА ТЕБЯ, ДА НЕ
ПОСРАМЯТСЯ; ПУСТЬ БУДУТ ПОСРАМЛЕНЫ ПРЕДАТЕЛИ, [ПОНАДЕЯВШИЕСЯ] НА
ПУСТОЕ. О СТЕЗЯХ СВОИХ, ГОСПОДЬ, ПОВЕДАЙ МНЕ; ПУТЯМ СВОИМ НАУЧИ МЕНЯ,
ВЕДИ МЕНЯ ПУТЕМ ИСТИНЫ СВОЕЙ И ВРАЗУМИ МЕНЯ, ВЕДЬ ТЫ, БОГ, – СПАСИ-
ТЕЛЬ МОЙ, НА ТЕБЯ НАДЕЯЛСЯ Я ВСЕГДА. ВСПОМНИ МИЛОСТЬ СВОЮ, ГОСПОДЬ,
И ЛЮБОВЬ СВОЮ [К НАМ], ВЕДЬ ОНИ ИЗВЕЧНЫ. О ГРЕХАХ МОЕЙ ЮНОСТИ И ПРЕ-
СТУПЛЕНИЯХ МОИХ НЕ ВСПОМИНАЙ; ПО ДОБРОТЕ СВОЕЙ, ГОСПОДЬ, ВСПОМНИ
[О СВОЕЙ ЛЮБВИ КО МНЕ], ЧТОБЫ ОБЛАГОДЕТЕЛЬСТВОВАТЬ [МЕНЯ]. ДОБР И
СПРАВЕДЛИВ ГОСПОДЬ, И ПОЭТОМУ УКАЖЕТ ОН ГРЕШНИКАМ ПУТЬ [ИСТИНЫ].
ПОВЕДЕТ ОН СМИРЕННЫХ ДОРОГОЙ СПРАВЕДЛИВОСТИ И НАУЧИТ КРОТКИХ СВОЕ-
МУ ПУТИ. ВСЕ ПУТИ ГОСПОДА – [ПУТИ] ЛЮБВИ И ИСТИНЫ; [ЭТО ОТКРЫТО] ТЕМ,
КТО ВЕРЕН СОЮЗУ С НИМ И ЕГО ЗАПОВЕДЯМ. РАДИ ИМЕНИ СВОЕГО, ГОСПОДЬ,
ПРОСТИ ГРЕХ МОЙ, ХОТЯ И ВЕЛИК ОН. ТОМУ, КТО БОИТСЯ ГОСПОДА, УКАЖЕТ ОН,
КАКОЙ ПУТЬ ИЗБРАТЬ. ДУША ТОГО [ЧЕЛОВЕКА] БУДЕТ ПРЕБЫВАТЬ В РАЮ, И
ПОТОМКИ ЕГО УНАСЛЕДУЮТ ЗЕМЛЮ. ТАЙНА ГОСПОДА [БУДЕТ ОТКРЫТА] БОЯ-
ЩИМСЯ ЕГО, И ЗАВЕТ ЕГО СТАНЕТ ИЗВЕСТЕН ИМ. ВЗОР МОЙ ПОСТОЯННО ОБРА-
ЩЕН К ГОСПОДУ В НАДЕЖДЕ НА ТО, ЧТО ОН ОСВОБОДИТ МОИ НОГИ ОТ ПУТ. ОБ-
РАТИ КО МНЕ СВОЙ ВЗОР И ПОЖАЛЕЙ МЕНЯ, ИБО Я ОДИНОК И НИЩ. СТРАДАНИЯ
СЕРДЦА МОЕГО ВЕЛИКИ; ИЗБАВЬ МЕНЯ ОТ БЕД МОИХ! ВЗГЛЯНИ НА МОИ МУКИ И
ТЯГОТЫ И ПРОСТИ ВСЕ ГРЕХИ МОИ. ВЗГЛЯНИ, КАК УМНОЖИЛИСЬ МОИ ВРАГИ;
БЕСПРИЧИННОЙ НЕНАВИСТЬЮ НЕНАВИДЯТ ОНИ МЕНЯ. УБЕРЕГИ ДУШУ МОЮ И
СПАСИ МЕНЯ, И Я НЕ ПОСРАМЛЮСЬ. ИБО НАХОЖУСЬ ПОД ТВОЕЮ ЗАЩИТОЙ. НЕПО-
РОЧНОСТЬ И ПРЯМОТА [МОИ] ДА ХРАНЯТ МЕНЯ, ИБО НА ТЕБЯ Я НАДЕЯЛСЯ.
ИЗБАВЬ, БОЖЕ, ИЗРАИЛЬ ОТ ВСЕХ ЕГО БЕД![5] И ВЫЗВОЛИТ ОН ИЗРАИЛЬ ИЗ ПЛЕНА
ЕГО ГРЕХОВ.[6]

---

1. Нехемья, 9:33. 2. см. Шмот, 32:12. 3. Шмот, 34:5. 4. Шмот, 34:6,7. 5. Теѓилим, 25.
6. Теѓилим, 130:8.

אָבִ֫ינוּ מַלְכֵּנוּ אָבִ֫ינוּ אָ֑תָּה. אָבִ֫ינוּ מַלְכֵּנוּ אֵין לָ֫נוּ מֶ֫לֶךְ אֶלָּא אָ֑תָּה. אָבִ֫ינוּ מַלְכֵּ֫נוּ רַחֵם עָלֵ֫ינוּ. אָבִ֫ינוּ מַלְכֵּ֫נוּ חָנֵּ֫נוּ וַעֲנֵ֫נוּ כִּי אֵין בָּ֫נוּ מַעֲשִׂים עֲשֵׂה עִמָּ֫נוּ צְדָקָה וָחֶ֫סֶד לְמַ֫עַן שִׁמְךָ הַגָּדוֹל וְהוֹשִׁיעֵ֫נוּ:

וַאֲנַ֫חְנוּ לֹא נֵדַע מַה נַּעֲשֶׂה, כִּי עָלֶ֫יךָ עֵינֵ֫ינוּ. זְכֹר רַחֲמֶ֫יךָ יְיָ וַחֲסָדֶ֫יךָ, כִּי מֵעוֹלָם הֵ֫מָּה. יְהִי חַסְדְּךָ יְיָ עָלֵ֫ינוּ, כַּאֲשֶׁר יִחַ֫לְנוּ לָךְ. אַל תִּזְכָּר לָ֫נוּ עֲוֹנֹת רִאשֹׁנִים, מַהֵר יְקַדְּמ֫וּנוּ רַחֲמֶ֫יךָ, כִּי דַלּ֫וֹנוּ מְאֹד. חָנֵּ֫נוּ יְיָ חָנֵּ֫נוּ, כִּי רַב שָׂבַ֫עְנוּ בוּז. בְּרֹ֫גֶז רַחֵם תִּזְכּוֹר, בְּרֹ֫גֶז עֲקֵדָה תִזְכּוֹר, בְּרֹ֫גֶז תְּמִימוּת תִּזְכּוֹר, בְּרֹ֫גֶז אַהֲבָה תִזְכּוֹר: יְיָ הוֹשִׁיעָה הַמֶּ֫לֶךְ יַעֲנֵ֫נוּ בְיוֹם קָרְאֵ֫נוּ. כִּי הוּא יָדַע יִצְרֵ֫נוּ, זָכוּר כִּי עָפָר אֲנָ֫חְנוּ. עָזְרֵ֫נוּ אֱלֹהֵי יִשְׁעֵ֫נוּ עַל דְּבַר כְּבוֹד שְׁמֶ֫ךָ, וְהַצִּילֵ֫נוּ וְכַפֵּר עַל חַטֹּאתֵ֫ינוּ לְמַ֫עַן שְׁמֶ֫ךָ:

הש"ץ אומר ק"ש תמצא בתפלת שחרית: (לדוד ה' אורי)

עָלֵ֫ינוּ לְשַׁבֵּחַ לַאֲדוֹן הַכֹּל, לָתֵת גְּדֻלָּה לְיוֹצֵר בְּרֵאשִׁית, שֶׁלֹא עָשָׂ֫נוּ כְּגוֹיֵי הָאֲרָצוֹת, וְלֹא שָׂמָ֫נוּ כְּמִשְׁפְּחוֹת הָאֲדָמָה, שֶׁלֹא שָׂם חֶלְקֵ֫נוּ כָּהֶם, וְגֹרָלֵ֫נוּ בְּכָל הֲמוֹנָם שֶׁהֵם מִשְׁתַּחֲוִים לְהֶ֫בֶל וְלָרִיק. וַאֲנַ֫חְנוּ כּוֹרְעִים וּמִשְׁתַּחֲוִים וּמוֹדִים, לִפְנֵי מֶ֫לֶךְ, מַלְכֵי הַמְּלָכִים, הַקָּדוֹשׁ בָּרוּךְ הוּא. שֶׁהוּא נוֹטֶה שָׁמַ֫יִם וְיוֹסֵד אָ֫רֶץ, וּמוֹשַׁב יְקָרוֹ בַּשָּׁמַ֫יִם מִמַּ֫עַל, וּשְׁכִינַת עֻזּוֹ בְּגָבְהֵי מְרוֹמִים, הוּא אֱלֹהֵ֫ינוּ אֵין עוֹד. אֱמֶת מַלְכֵּ֫נוּ, אֶ֫פֶס זוּלָתוֹ, כַּכָּתוּב בְּתוֹרָתוֹ: וְיָדַעְתָּ הַיּוֹם וַהֲשֵׁבֹתָ אֶל לְבָבֶ֫ךָ, כִּי יְיָ הוּא הָאֱלֹהִים בַּשָּׁמַ֫יִם מִמַּ֫עַל, וְעַל הָאָ֫רֶץ מִתָּ֫חַת, אֵין עוֹד:

וְעַל כֵּן נְקַוֶּה לְּךָ יְיָ אֱלֹהֵ֫ינוּ, לִרְאוֹת מְהֵרָה בְּתִפְאֶ֫רֶת עֻזֶּ֫ךָ, לְהַעֲבִיר גִּלּוּלִים מִן הָאָ֫רֶץ, וְהָאֱלִילִים כָּרוֹת יִכָּרֵתוּן, לְתַקֵּן עוֹלָם בְּמַלְכוּת שַׁדַּי. וְכָל בְּנֵי בָשָׂר יִקְרְאוּ בִשְׁמֶ֫ךָ, לְהַפְנוֹת אֵלֶ֫יךָ כָּל רִשְׁעֵי אָ֫רֶץ. יַכִּ֫ירוּ וְיֵדְעוּ כָּל יוֹשְׁבֵי תֵבֵל, כִּי לְךָ תִכְרַע כָּל בֶּ֫רֶךְ,

В "десять дней раскаяния" и в дни общественных постов здесь произносят полную молитву, начинающуюся словами אבינו מלכנו *("ОТЕЦ НАШ, ВЛАДЫКА НАШ!", стр. 277), – вместо той, которая следует ниже, а затем продолжают* ואנחנו *("И МЫ, НЕ ЗНАЯ...").*

אבינו ОТЕЦ НАШ, ВЛАДЫКА НАШ! ТЫ – НАШ ОТЕЦ! ОТЕЦ НАШ, ВЛАДЫКА НАШ! НЕТ У НАС ВЛАДЫКИ КРОМЕ ТЕБЯ! ОТЕЦ НАШ, ВЛАДЫКА НАШ! СМИЛУЙСЯ НАД НАМИ! ОТЕЦ НАШ, ВЛАДЫКА НАШ! ПОМИЛУЙ НАС И ОТВЕТЬ НАМ, ХОТЬ И НЕТ У НАС ЗАСЛУГ! ОБРАЩАЙСЯ С НАМИ СНИСХОДИТЕЛЬНО И МИЛОСТИВО РАДИ ВЕЛИКОГО ИМЕНИ СВОЕГО И СПАСИ НАС!

ואנחנו И МЫ, НЕ ЗНАЯ, ЧТО НАМ ПРЕДПРИНЯТЬ, ОБРАЩАЕМ К ТЕБЕ НАШИ ВЗОРЫ.[1] ВСПОМНИ МИЛОСТЬ СВОЮ, ГОСПОДЬ, И ЛЮБОВЬ СВОЮ [К НАМ], ВЕДЬ ОНИ ИЗВЕЧНЫ.[2] ДА БУДЕТ МИЛОСТЬ ТВОЯ, ГОСПОДЬ, С НАМИ, КАК МЫ ТОГО ОЖИДАЕМ ОТ ТЕБЯ![3] НЕ ПРИПОМИНАЙ НАМ НАШИ ПРОШЛЫЕ ГРЕХИ; ПУСТЬ ПОСКОРЕЕ СНИЗОЙДЕТ НА НАС МИЛОСЕРДИЕ ТВОЕ, ВЕДЬ МЫ СОВСЕМ ОБЕССИЛЕНЫ![4] ПОМИЛУЙ НАС, ГОСПОДЬ, ПОМИЛУЙ НАС, ИБО МЫ ПРЕСЫТИЛИСЬ ПОЗОРОМ![5] КОГДА ПРИДЕШЬ ТЫ В ГНЕВ, ВСПОМНИ ДОБРОТУ [АВРАЃАМА]; КОГДА ПРИДЕШЬ ТЫ В ГНЕВ, ВСПОМНИ О ТОМ, КАК СВЯЗАН БЫЛ [ИЦХАК И ВОЗЛОЖЕН НА ЖЕРТВЕННИК]; КОГДА ПРИДЕШЬ ТЫ В ГНЕВ, ВСПОМНИ НЕПОРОЧНОСТЬ [ЯАКОВА]; КОГДА ПРИДЕШЬ ТЫ В ГНЕВ, ВСПОМНИ ЛЮБОВЬ [ДАВИДА К ТЕБЕ]. ГОСПОДЬ, СПАСИ [НАС]! ОТВЕТЬ НАМ, ВЛАДЫКА, В ДЕНЬ, КОГДА МЫ ВЗЫВАЕМ [К ТЕБЕ]![6] ЗНАЕТ ОН О ГРЕХОВНОЙ ПРИРОДЕ НАШЕЙ, ПОМНИТ, ЧТО ПРАХ МЫ.[7] ПОМОГИ НАМ, БОЖЕ, ИЗБАВИТЕЛЬ НАШ, РАДИ СЛАВНОГО ИМЕНИ СВОЕГО, И ПРОСТИ ГРЕХИ НАШИ РАДИ ИМЕНИ СВОЕГО![8]

Хазан произносит "Кадиш шалем", стр. 74–75. Начиная с рош-ходеша элул и до Ѓошана-раба включительно в этом месте говорят לדוד ה' אורי *("[ПСАЛОМ] ДАВИДА. ГОСПОДЬ – СВЕТ МОЙ..."), стр. 81.*

עלינו НАШ ДОЛГ – ВОСХВАЛЯТЬ ВЛАДЫКУ ВСЕГО МИРА, ПРОВОЗГЛАШАТЬ ВЕЛИЧИЕ СОЗДАТЕЛЯ ВСЕЛЕННОЙ, КОТОРЫЙ НЕ СДЕЛАЛ НАС ПОДОБНЫМИ ДРУГИМ НАРОДАМ МИРА, И НЕ ДАЛ НАМ БЫТЬ ПОХОЖИМИ НА ВСЕ ПЛЕМЕНА ЗЕМНЫЕ, И НЕ ДАЛ НАМ ТОТ ЖЕ УДЕЛ, ЧТО И ИМ, И ТУ ЖЕ СУДЬБУ, ЧТО И ВСЕМ ИХ ПОЛЧИЩАМ, – ИБО ОНИ ПОКЛОНЯЮТСЯ ПУСТОТЕ И ТЩЕТЕ. МЫ ЖЕ ПРЕКЛОНЯЕМ КОЛЕНА, И ПАДАЕМ НИЦ, И ВОЗНОСИМ БЛАГОДАРНОСТЬ ВЛАДЫКЕ, ЦАРЮ ЦАРЕЙ, СВЯТОМУ [ТВОРЦУ], БЛАГОСЛОВЕН ОН, КОТОРЫЙ ПРОСТЕР НЕБЕСА И УТВЕРДИЛ ЗЕМЛЮ [НА МЕСТЕ], – И ПРЕСТОЛ СЛАВЫ ЕГО – НЕБЕСНЫЕ ВЫСИ, И ОБИТЕЛЬ МОГУЩЕСТВА ЕГО – ВЫСОТЫ ВЫСОТ. ОН, И НИКТО ИНОЙ, – БОГ НАШ. ВОИСТИНУ, ОН – ВЛАДЫКА НАШ, И НИЧТО НЕ МОЖЕТ СУЩЕСТВОВАТЬ БЕЗ НЕГО, КАК НАПИСАНО В ТОРЕ ЕГО: "И УЗНАЕШЬ ТЫ В ТОТ ДЕНЬ, И ПРИМЕШЬ СЕРДЦЕМ СВОИМ, ЧТО ГОСПОДЬ – БОГ; ОТ НЕБЕСНЫХ ВЫСЕЙ И ДО ЗЕМНЫХ ГЛУБИН НИЧЕГО КРОМЕ НЕГО НЕ СУЩЕСТВУЕТ".[9]

ועל И ПОЭТОМУ МЫ НАДЕЕМСЯ НА ТЕБЯ, ГОСПОДЬ, БОГ НАШ, [НАДЕЕМСЯ] УВИДЕТЬ ВСКОРЕ ВЕЛИКОЛЕПИЕ МОГУЩЕСТВА ТВОЕГО, КОТОРОЕ СМЕТЕТ ИСТУКАНОВ С ЛИЦА ЗЕМЛИ И УНИЧТОЖИТ ИДОЛОВ. И БУДЕТ УСТАНОВЛЕНА В МИРЕ ВЛАСТЬ ВСЕМОГУЩЕГО, И ВСЕ СЫНЫ ЧЕЛОВЕЧЕСКИЕ СТАНУТ ВЗЫВАТЬ К ИМЕНИ ТВОЕМУ, И ВСЕ ГРЕШНИКИ ЗЕМЛИ ВЕРНУТСЯ К ТЕБЕ. И ПРИЗНАЮТ, И ПОЙМУТ ВСЕ ЖИТЕЛИ ЗЕМЛИ, ЧТО ПРЕД ТОБОЮ ВСЕМ СЛЕДУЕТ ПРЕКЛОНЯТЬ КОЛЕНИ

---

1. Диврей ѓаямим II, 20:12. 2. Теѓилим, 25:6. 3. Теѓилим, 33:22. 4. Теѓилим, 79:8. 5. Теѓилим, 123:3. 6. Теѓилим, 20:10. 7. Теѓилим, 103:14. 8. Теѓилим, 79:9. 9. Дварим, 4:39.

תִּשָּׁבַע כָּל לָשׁוֹן. לְפָנֶיךָ יְיָ אֱלֹהֵינוּ יִכְרְעוּ וְיִפּוֹלוּ, וְלִכְבוֹד שִׁמְךָ יְקָר
יִתֵּנוּ, וִיקַבְּלוּ כֻלָּם אֶת עֹל מַלְכוּתֶךָ, וְתִמְלֹךְ עֲלֵיהֶם מְהֵרָה
לְעוֹלָם וָעֶד. כִּי הַמַּלְכוּת שֶׁלְּךָ הִיא, וּלְעוֹלְמֵי עַד תִּמְלוֹךְ בְּכָבוֹד,
כַּכָּתוּב בְּתוֹרָתֶךָ: יְיָ יִמְלֹךְ לְעוֹלָם וָעֶד. וְנֶאֱמַר, וְהָיָה יְיָ לְמֶלֶךְ עַל
כָּל הָאָרֶץ, בַּיּוֹם הַהוּא יִהְיֶה, יְיָ אֶחָד וּשְׁמוֹ אֶחָד: קדיש יתום

אַל תִּירָא מִפַּחַד פִּתְאוֹם וּמִשֹּׁאַת רְשָׁעִים כִּי תָבֹא: עֻצוּ עֵצָה וְתֻפָר דַּבְּרוּ
דָבָר וְלֹא יָקוּם כִּי עִמָּנוּ אֵל: וְעַד זִקְנָה אֲנִי הוּא וְעַד שֵׂיבָה אֲנִי אֶסְבֹּל
אֲנִי עָשִׂיתִי וַאֲנִי אֶשָּׂא וַאֲנִי אֶסְבֹּל וַאֲמַלֵּט: אך צדיקים יודו לשמך
ישבו ישרים את פניך

תפלת ערבית לחול

וְהוּא רַחוּם יְכַפֵּר עָוֹן וְלֹא יַשְׁחִית וְהִרְבָּה לְהָשִׁיב אַפּוֹ וְלֹא יָעִיר כָּל
חֲמָתוֹ: יְיָ הוֹשִׁיעָה הַמֶּלֶךְ יַעֲנֵנוּ בְיוֹם קָרְאֵנוּ:

שִׁיר הַמַּעֲלוֹת הִנֵּה בָּרְכוּ אֶת יְיָ כָּל עַבְדֵי יְיָ הָעוֹמְדִים בְּבֵית יְיָ בַּלֵּילוֹת: שְׂאוּ יְדֵכֶם קֹדֶשׁ וּבָרְכוּ
אֶת יְיָ: יְבָרֶכְךָ יְיָ מִצִּיּוֹן עֹשֵׂה שָׁמַיִם וָאָרֶץ: יוֹמָם יְצַוֶּה יְיָ חַסְדּוֹ וּבַלַּיְלָה שִׁירֹה עִמִּי תְּפִלָּה
לְאֵל חַיָּי: וּתְשׁוּעַת צַדִּיקִים מֵיְיָ מָעוּזָּם בְּעֵת צָרָה: וַיַּעְזְרֵם יְיָ וַיְפַלְּטֵם יְפַלְּטֵם מֵרְשָׁעִים וְיוֹשִׁיעֵם
כִּי חָסוּ בוֹ: יְיָ צְבָאוֹת עִמָּנוּ מִשְׂגָּב לָנוּ אֱלֹהֵי יַעֲקֹב סֶלָה ג״ש: יְיָ צְבָאוֹת אַשְׁרֵי אָדָם בֹּטֵחַ
בָּךְ ג״ש: יְיָ הוֹשִׁיעָה הַמֶּלֶךְ יַעֲנֵנוּ בְיוֹם קָרְאֵנוּ ג״ש:

יִתְגַּדַּל וְיִתְקַדַּשׁ שְׁמֵהּ רַבָּא אמן בְּעָלְמָא דִּי בְרָא כִרְעוּתֵהּ וְיַמְלִיךְ מַלְכוּתֵהּ,
וְיַצְמַח פּוּרְקָנֵהּ וִיקָרֵב מְשִׁיחֵהּ. אמן בְּחַיֵּיכוֹן וּבְיוֹמֵיכוֹן וּבְחַיֵּי
דְכָל בֵּית יִשְׂרָאֵל, בַּעֲגָלָא וּבִזְמַן קָרִיב וְאִמְרוּ אָמֵן: יְהֵא שְׁמֵהּ רַבָּא מְבָרַךְ
לְעָלַם וּלְעָלְמֵי עָלְמַיָּא. יִתְבָּרַךְ וְיִשְׁתַּבַּח, וְיִתְפָּאַר, וְיִתְרוֹמַם, וְיִתְנַשֵּׂא,
וְיִתְהַדָּר וְיִתְעַלֶּה, וְיִתְהַלָּל, שְׁמֵהּ דְּקֻדְשָׁא בְּרִיךְ הוּא. אמן לְעֵלָּא מִן כָּל בִּרְכָתָא
וְשִׁירָתָא, תֻּשְׁבְּחָתָא וְנֶחֱמָתָא, דַּאֲמִירָן בְּעָלְמָא, וְאִמְרוּ אָמֵן:

חזן בָּרְכוּ אֶת יְיָ הַמְבֹרָךְ: ק״ח בָּרוּךְ יְיָ הַמְבֹרָךְ לְעוֹלָם וָעֶד:

ואין עונין אחריו אמן:

בָּרוּךְ אַתָּה יְיָ אֱלֹהֵינוּ מֶלֶךְ הָעוֹלָם,
אֲשֶׁר בִּדְבָרוֹ מַעֲרִיב עֲרָבִים,
בְּחָכְמָה פּוֹתֵחַ שְׁעָרִים, וּבִתְבוּנָה
מְשַׁנֶּה עִתִּים, וּמַחֲלִיף אֶת הַזְּמַנִּים
וּמְסַדֵּר אֶת הַכּוֹכָבִים, בְּמִשְׁמְרוֹתֵיהֶם

И [ЛИШЬ] ТВОИМ ИМЕНЕМ ДОЛЖНО КЛЯСТЬСЯ. ПРЕД ТОБОЮ, ГОСПОДЬ, БОГ НАШ, СКЛОНЯТСЯ ОНИ, И ПАДУТ НИЦ, И ВОЗДАДУТ ПОЧЕСТИ СЛАВНОМУ ИМЕНИ ТВОЕМУ; И ВСЕ ОНИ ПОДЧИНЯТСЯ ТВОЕЙ ЦАРСКОЙ ВЛАСТИ, И ВСКОРЕ ТЫ ВОЦАРИШЬСЯ НАД НИМИ НА ВЕКИ ВЕЧНЫЕ, ИБО ТЕБЕ ПРИНАДЛЕЖИТ ЦАРСКАЯ ВЛАСТЬ, И БУДЕШЬ ТЫ ЦАРСТВОВАТЬ ВО СЛАВЕ ВО ВЕКИ ВЕКОВ. КАК НАПИСАНО В ТОРЕ ТВОЕЙ: "ГОСПОДЬ БУДЕТ ЦАРСТВОВАТЬ ВО ВЕКИ ВЕКОВ!"[1] И СКАЗАНО: "И СТАНЕТ ГОСПОДЬ ВЛАДЫКОЙ ВСЕЙ ЗЕМЛИ; В ТОТ ДЕНЬ ГОСПОДЬ БУДЕТ [ПРИЗНАН ВСЕМИ НАРОДАМИ] ЕДИНСТВЕННЫМ [БОГОМ], И ЛИШЬ ЕГО ИМЯ [БУДЕТ У ВСЕХ НА УСТАХ]".[2]

Далее произносится "Кадиш ятом", стр. 77.

אל НЕ БОЙСЯ ВНЕЗАПНО ВОЗНИКШЕЙ УГРОЗЫ, ПРИХОДА ЗЛОДЕЕВ, [НЕСУЩИХ] ГИБЕЛЬ.[3] ГОТОВЬТЕ ЗАГОВОРЫ, [ВРАГИ ИЗРАИЛЯ], – ОНИ БУДУТ СОРВАНЫ. СГОВАРИВАЙТЕСЬ МЕЖДУ СОБОЮ – НИЧЕГО У ВАС НЕ ВЫЙДЕТ, ВЕДЬ С НАМИ БОГ![4] "ВОВЕК Я НЕ ИЗМЕНЮСЬ И ДО СКОНЧАНИЯ ВЕКОВ БУДУ ТЕРПЕЛИВ [К НАРОДУ ИЗРАИЛЯ]. Я СОТВОРИЛ [ЕГО], И БУДУ ЗАБОТИТЬСЯ [О НЕМ], И БУДУ ТЕРПЕЛИВ [К НЕМУ], И СПАСУ [ЕГО]".[5]

אך ТОЛЬКО ПРАВЕДНИКИ УДОСТОЯТСЯ ВОЗНОСИТЬ БЛАГОДАРНОСТЬ ИМЕНИ ТВОЕМУ. НЕПОРОЧНЫЕ БУДУТ НАХОДИТЬСЯ ПРЕД ЛИЦОМ ТВОИМ.[6]

"МААРИВ" (ВЕЧЕРНЯЯ МОЛИТВА)

והוא И ОН, МИЛОСЕРДНЫЙ, ПРОСТИТ ЗЛОДЕЯНИЕ И НЕ ПОГУБИТ [СОГРЕШИВШЕГО], КАК НЕ РАЗ УЖЕ ОТВРАЩАЛ ГНЕВ СВОЙ [ОТ ГРЕШНИКА], И НЕ ОБРУШИТ [НА НЕГО] ВСЮ ЯРОСТЬ СВОЮ.[7] ГОСПОДЬ, СПАСИ [НАС]! ОТВЕТЬ НАМ, ВЛАДЫКА, В ДЕНЬ, КОГДА МЫ ВЗЫВАЕМ [К ТЕБЕ]![8]

שיר ПЕСНЬ, [КОТОРУЮ ПЕЛИ ЛЕВИИМ, СТОЯ] НА СТУПЕНЯХ В ХРАМЕ. БЛАГОСЛОВИТЕ ГОСПОДА, ВСЕ РАБЫ ГОСПОДА, КОТОРЫЕ СТОЯТ ПО НОЧАМ, [ВОЗНОСЯ МОЛИТВУ] В ХРАМЕ ГОСПОДА. ВОЗДЕНЬТЕ РУКИ, НАХОДЯСЬ В СВЯТИЛИЩЕ, И БЛАГОСЛОВИТЕ ГОСПОДА! ДА БЛАГОСЛОВИТ ТЕБЯ ГОСПОДЬ, [ОБИТАЮЩИЙ] В СИОНЕ, СОЗДАВШИЙ НЕБО И ЗЕМЛЮ![9] ДНЕМ ПОСЫЛАЕТ МНЕ ГОСПОДЬ СВОЮ МИЛОСТЬ, А НОЧЬЮ Я ПОЮ ЕМУ ПЕСНЬ, МОЛЮСЬ БОГУ ЖИЗНИ МОЕЙ.[10] СПАСЕНИЕ ПРАВЕДНИКАМ [ПРИХОДИТ] ОТ ГОСПОДА; ОН – ОПЛОТ ИХ В ЧАС БЕДЫ. ПОМОЖЕТ ИМ ГОСПОДЬ И ИЗБАВИТ ИХ; ИЗБАВИТ ИХ ОТ ЗЛОДЕЕВ И СПАСЕТ ИХ, ИБО ОНИ НАДЕЯЛИСЬ НА НЕГО.[11] ГОСПОДЬ ВОИНСТВ С НАМИ; БОГ ЯАКОВА – НАШ ОПЛОТ ВОВЕКИ![12] (*Эту фразу повторяют трижды.*) ГОСПОДЬ ВОИНСТВ, СЧАСТЛИВ ЧЕЛОВЕК, ПОЛАГАЮЩИЙСЯ НА ТЕБЯ![13] (*Эту фразу повторяют трижды.*) ГОСПОДЬ, СПАСИ [НАС], ОТВЕТЬ НАМ, ВЛАДЫКА, В ДЕНЬ, КОГДА МЫ ВЗЫВАЕМ [К ТЕБЕ]![14] (*Эту фразу повторяют трижды.*)

Хазан произносит "Хаци-кадиш":

יתגדל ДА ВОЗВЫСИТСЯ И ОСВЯТИТСЯ ЕГО ВЕЛИКОЕ ИМЯ (*община отвечает:* АМЕН!) В МИРЕ, СОТВОРЕННОМ ПО ВОЛЕ ЕГО; И ДА УСТАНОВИТ ОН ЦАРСКУЮ ВЛАСТЬ СВОЮ; И ДА ВЗРАСТИТ ОН СПАСЕНИЕ; И ДА ПРИБЛИЗИТ ОН ПРИХОД МАШИАХА СВОЕГО (*община отвечает:* АМЕН!) – ПРИ ЖИЗНИ ВАШЕЙ, В ДНИ ВАШИ И ПРИ ЖИЗНИ ВСЕГО ДОМА ИЗРАИЛЯ, ВСКОРОСТИ, В БЛИЖАЙШЕЕ ВРЕМЯ, И СКАЖЕМ: АМЕН! (*община отвечает:* АМЕН!)

Община вместе с хазаном: ДА БУДЕТ ВЕЛИКОЕ ИМЯ ЕГО БЛАГОСЛОВЕННО ВЕЧНО, ВО ВЕКИ ВЕКОВ! ДА БУДЕТ БЛАГОСЛОВЛЯЕМО...

...И ВОСХВАЛЯЕМО, И ПРОСЛАВЛЯЕМО, И ВОЗВЕЛИЧИВАЕМО, И ПРЕВОЗНОСИМО, И ПОЧИТАЕМО, И ВЕЛИЧАЕМО, И ВОСПЕВАЕМО ИМЯ СВЯТОГО [ТВОРЦА], БЛАГОСЛОВЕН ОН (*община отвечает:* АМЕН!), ПРЕВЫШЕ ВСЕХ БЛАГОСЛОВЕНИЙ И ПЕСНОПЕНИЙ, ВОСХВАЛЕНИЙ И УТЕШИТЕЛЬНЫХ СЛОВ, ПРОИЗНОСИМЫХ В МИРЕ, И СКАЖЕМ: АМЕН! (*Община отвечает:* АМЕН!)

Слова "БЛАГОСЛОВИТЕ ГОСПОДА БЛАГОСЛОВЕННОГО!" произносят так же, как и утром, стр. 42.

Хазан произносит:

ברכו БЛАГОСЛОВИТЕ ГОСПОДА БЛАГОСЛОВЕННОГО!

Община вместе с хазаном:

ברוך БЛАГОСЛОВЕН ГОСПОДЬ БЛАГОСЛОВЕННЫЙ ВО ВЕКИ ВЕКОВ!

(После этого благословения "амен" не говорят.)

ברוך БЛАГОСЛОВЕН ТЫ, ГОСПОДЬ, БОГ НАШ, ВЛАДЫКА ВСЕЛЕННОЙ, ПО СЛОВУ КОТОРОГО НАСТУПАЕТ ВЕЧЕР, И КОТОРЫЙ МУДРОСТЬЮ СВОЕЙ ОТКРЫВАЕТ НЕБЕСНЫЕ ВРАТА, И ПО РАЗУМЕНИЮ СВОЕМУ ЧЕРЕДУЕТ ВРЕМЕНА [– ДЕНЬ И НОЧЬ], И РАСПОЛАГАЕТ ЗВЕЗДЫ ПО МЕСТАМ

---

1. Шмот, 15:18. 2. Зхарья, 14:9. 3. Мишлей, 3:25. 4. Йешаяґу, 8:10. 5. Йешаяґу, 46:4. 6. Теґилим, 140:14. 7. Теґилим, 78:38. 8. Теґилим, 20:10. 9. Теґилим, 134. 10. Теґилим, 42:9. 11. Теґилим, 37:39,40. 12. Теґилим, 46:8. 13. Теґилим, 84:13. 14. Теґилим, 20:10.

בָּרָקִיעַ כִּרְצוֹנוֹ. בּוֹרֵא יוֹם וָלַיְלָה, גּוֹלֵל
אוֹר מִפְּנֵי חֹשֶׁךְ, וְחֹשֶׁךְ מִפְּנֵי אוֹר,
וּמַעֲבִיר יוֹם וּמֵבִיא לָיְלָה, וּמַבְדִּיל בֵּין
יוֹם וּבֵין לָיְלָה, יְיָ צְבָאוֹת שְׁמוֹ. בָּרוּךְ
אַתָּה יְיָ, הַמַּעֲרִיב עֲרָבִים:

אַהֲבַת עוֹלָם בֵּית יִשְׂרָאֵל עַמְּךָ אָהָבְתָּ,
תּוֹרָה וּמִצְוֹת חֻקִּים וּמִשְׁפָּטִים אוֹתָנוּ
לִמַּדְתָּ. עַל כֵּן יְיָ אֱלֹהֵינוּ, בְּשָׁכְבֵּנוּ וּבְקוּמֵנוּ
נָשִׂיחַ בְּחֻקֶּיךָ וְנִשְׂמַח בְּדִבְרֵי תוֹרָתֶךָ וּבְמִצְוֹתֶיךָ
לְעוֹלָם וָעֶד. כִּי הֵם חַיֵּינוּ וְאֹרֶךְ יָמֵינוּ, וּבָהֶם נֶהְגֶּה
יוֹמָם וָלַיְלָה, וְאַהֲבָתְךָ לֹא תָסוּר (נ״א אַל תָּסִיר) מִמֶּנּוּ
לְעוֹלָמִים. בָּרוּךְ אַתָּה יְיָ, אוֹהֵב עַמּוֹ יִשְׂרָאֵל:

שְׁמַע יִשְׂרָאֵל יְיָ אֱלֹהֵינוּ יְיָ | אֶחָד:

בָּרוּךְ שֵׁם כְּבוֹד מַלְכוּתוֹ לְעוֹלָם וָעֶד:

וְאָהַבְתָּ אֵת יְיָ אֱלֹהֶיךָ, בְּכָל לְבָבְךָ, וּבְכָל נַפְשְׁךָ, וּבְכָל
מְאֹדֶךָ: וְהָיוּ הַדְּבָרִים הָאֵלֶּה אֲשֶׁר אָנֹכִי מְצַוְּךָ
הַיּוֹם עַל לְבָבֶךָ: וְשִׁנַּנְתָּם לְבָנֶיךָ וְדִבַּרְתָּ בָּם, בְּשִׁבְתְּךָ
בְּבֵיתֶךָ, וּבְלֶכְתְּךָ בַדֶּרֶךְ, וּבְשָׁכְבְּךָ וּבְקוּמֶךָ: וּקְשַׁרְתָּם
לְאוֹת עַל יָדֶךָ, וְהָיוּ לְטֹטָפֹת בֵּין עֵינֶיךָ: וּכְתַבְתָּם עַל
מְזֻזוֹת בֵּיתֶךָ, וּבִשְׁעָרֶיךָ:

והיה

НА СВОДЕ НЕБЕСНОМ ПО ВОЛЕ СВОЕЙ. СОТВОРИВШИЙ ДЕНЬ И НОЧЬ, УДАЛЯЕТ ОН СВЕТ ПЕРЕД ТЬМОЙ И ТЬМУ — ПЕРЕД СВЕТОМ; УВОДИТ ДЕНЬ, И ПРИВОДИТ НОЧЬ, И ОТДЕЛЯЕТ ДЕНЬ ОТ НОЧИ. ГОСПОДЬ ВОИНСТВ — ИМЯ ЕГО! БЛАГОСЛОВЕН ТЫ, ГОСПОДЬ, ПО СЛОВУ КОТОРОГО НАСТУПАЕТ ВЕЧЕР!

אהבת ЛЮБОВЬЮ ВЕЧНОЙ ВОЗЛЮБИЛ ТЫ НАРОД СВОЙ, ДОМ ИЗРАИЛЯ, ТОРЕ И ЗАПОВЕДЯМ, УСТАВАМ И ЗАКОНАМ НАУЧИЛ ТЫ НАС. И ПОТОМУ, ГОСПОДЬ, БОГ НАШ, — ЛОЖАСЬ И ВСТАВАЯ, БУДЕМ ГОВОРИТЬ МЫ О ЗАКОНАХ ТВОИХ И РАДОВАТЬСЯ СЛОВАМ ТВОЕЙ ТОРЫ И ЗАПОВЕДЯМ ТВОИМ — ВО ВЕКИ ВЕКОВ. ВЕДЬ В НИХ — ЖИЗНЬ НАША И И ДОЛГОЛЕТИЕ НАШЕ, И О НИХ БУДЕМ МЫ РАЗМЫШЛЯТЬ ДНЕМ И НОЧЬЮ; И ДА НЕ ПОКИНЕТ НАС ВОВЕК ЛЮБОВЬ ТВОЯ. БЛАГОСЛОВЕН ТЫ, ГОСПОДЬ, ЛЮБЯЩИЙ НАРОД СВОЙ, ИЗРАИЛЬ!

(См. транслитерацию на стр. 376)

שמע СЛУШАЙ, ИЗРАИЛЬ: ГОСПОДЬ — БОГ НАШ, ГОСПОДЬ ОДИН![1]

ברוך *(Шепотом)*: БЛАГОСЛОВЕННО СЛАВНОЕ ИМЯ ЦАРСТВА ЕГО ВО ВЕКИ ВЕКОВ![2]

ואהבת ЛЮБИ ГОСПОДА, БОГА ТВОЕГО, ВСЕМ СЕРДЦЕМ СВОИМ, И ВСЕЙ ДУШОЮ СВОЕЙ, И ВСЕМ СУЩЕСТВОМ СВОИМ. И БУДУТ ЭТИ СЛОВА, КОТОРЫЕ Я ЗАПОВЕДАЛ ТЕБЕ СЕГОДНЯ, В СЕРДЦЕ ТВОЕМ, И ПОВТОРЯЙ ИХ ДЕТЯМ СВОИМ, И ПРОИЗНОСИ ИХ, СИДЯ В ДОМЕ СВОЕМ, НАХОДЯСЬ В ДОРОГЕ, ЛОЖАСЬ И ВСТАВАЯ; И ПОВЯЖИ ИХ КАК ЗНАК НА РУКУ СВОЮ, И БУДУТ ОНИ ЗНАКАМИ НАД ГЛАЗАМИ ТВОИМИ, И НАПИШИ ИХ НА ДВЕРНЫХ КОСЯКАХ ДОМА СВОЕГО И НА ВОРОТАХ СВОИХ.[3]

1. Дварим, 6:4. 2. Псахим, 56а. 3. Дварим, 6:5—9.

וְהָיָה אִם שָׁמֹעַ תִּשְׁמְעוּ אֶל מִצְוֹתַי אֲשֶׁר אָנֹכִי מְצַוֶּה אֶתְכֶם הַיּוֹם,
לְאַהֲבָה אֶת יְיָ אֱלֹהֵיכֶם וּלְעָבְדוֹ, בְּכָל לְבַבְכֶם וּבְכָל נַפְשְׁכֶם:
וְנָתַתִּי מְטַר אַרְצְכֶם בְּעִתּוֹ יוֹרֶה וּמַלְקוֹשׁ, וְאָסַפְתָּ דְגָנֶךָ וְתִירֹשְׁךָ
וְיִצְהָרֶךָ: וְנָתַתִּי עֵשֶׂב בְּשָׂדְךָ לִבְהֶמְתֶּךָ, וְאָכַלְתָּ וְשָׂבָעְתָּ: הִשָּׁמְרוּ
לָכֶם פֶּן יִפְתֶּה לְבַבְכֶם, וְסַרְתֶּם וַעֲבַדְתֶּם אֱלֹהִים אֲחֵרִים וְהִשְׁתַּחֲוִיתֶם
לָהֶם: וְחָרָה אַף יְיָ בָּכֶם וְעָצַר אֶת הַשָּׁמַיִם וְלֹא יִהְיֶה מָטָר וְהָאֲדָמָה
לֹא תִתֵּן אֶת יְבוּלָהּ, וַאֲבַדְתֶּם מְהֵרָה מֵעַל הָאָרֶץ הַטֹּבָה אֲשֶׁר יְיָ
נֹתֵן לָכֶם: וְשַׂמְתֶּם אֶת דְּבָרַי אֵלֶּה עַל לְבַבְכֶם וְעַל נַפְשְׁכֶם
וּקְשַׁרְתֶּם אֹתָם לְאוֹת עַל יֶדְכֶם וְהָיוּ לְטוֹטָפֹת בֵּין עֵינֵיכֶם: וְלִמַּדְתֶּם
אֹתָם אֶת בְּנֵיכֶם לְדַבֵּר בָּם , בְּשִׁבְתְּךָ בְּבֵיתֶךָ וּבְלֶכְתְּךָ בַדֶּרֶךְ
וּבְשָׁכְבְּךָ וּבְקוּמֶךָ: וּכְתַבְתָּם עַל מְזוּזוֹת בֵּיתֶךָ וּבִשְׁעָרֶיךָ: לְמַעַן
יִרְבּוּ יְמֵיכֶם וִימֵי בְנֵיכֶם עַל הָאֲדָמָה אֲשֶׁר נִשְׁבַּע יְיָ לַאֲבֹתֵיכֶם לָתֵת
לָהֶם , כִּימֵי הַשָּׁמַיִם עַל הָאָרֶץ:

וַיֹּאמֶר יְיָ אֶל מֹשֶׁה לֵּאמֹר: דַּבֵּר אֶל בְּנֵי יִשְׂרָאֵל
וְאָמַרְתָּ אֲלֵהֶם וְעָשׂוּ לָהֶם צִיצִת עַל כַּנְפֵי
בִגְדֵיהֶם לְדֹרֹתָם, וְנָתְנוּ עַל צִיצִת הַכָּנָף פְּתִיל תְּכֵלֶת:
וְהָיָה לָכֶם לְצִיצִת, וּרְאִיתֶם אֹתוֹ, וּזְכַרְתֶּם אֶת כָּל מִצְוֹת
יְיָ, וַעֲשִׂיתֶם אֹתָם, וְלֹא תָתוּרוּ אַחֲרֵי לְבַבְכֶם וְאַחֲרֵי
עֵינֵיכֶם אֲשֶׁר אַתֶּם זֹנִים אַחֲרֵיהֶם: לְמַעַן תִּזְכְּרוּ וַעֲשִׂיתֶם
אֶת כָּל מִצְוֹתַי , וִהְיִיתֶם קְדֹשִׁים לֵאלֹהֵיכֶם : אֲנִי יְיָ
אֱלֹהֵיכֶם אֲשֶׁר הוֹצֵאתִי אֶתְכֶם מֵאֶרֶץ מִצְרַיִם לִהְיוֹת
לָכֶם לֵאלֹהִים , אֲנִי יְיָ אֱלֹהֵיכֶם :

אֱמֶת וֶאֱמוּנָה כָּל זֹאת , וְקַיָּם עָלֵינוּ , כִּי הוּא
יְיָ אֱלֹהֵינוּ וְאֵין זוּלָתוֹ , וַאֲנַחְנוּ יִשְׂרָאֵל
עַמּוֹ , הַפּוֹדֵנוּ מִיַּד מְלָכִים , מַלְכֵּנוּ הַגּוֹאֲלֵנוּ מִכַּף
כָּל הֶעָרִיצִים . הָאֵל הַנִּפְרָע לָנוּ מִצָּרֵינוּ ,

והיה И БУДЕТ ТАК: ЕСЛИ ПОСЛУШАЕТЕСЬ МОИХ ПОВЕЛЕНИЙ, КОТОРЫЕ Я ДАЮ ВАМ СЕГОДНЯ, [ПОСЛУШАЕТЕСЬ], ЛЮБЯ ГОСПОДА, БОГА ВАШЕГО, И СЛУЖА ЕМУ ВСЕМ СЕРДЦЕМ ВАШИМ И ВСЕЙ ДУШОЙ ВАШЕЙ, ТО ДАМ Я ДОЖДИ ЗЕМЛЕ ВАШЕЙ В СРОК: ДОЖДЬ ПОСЛЕ СЕВА И ДОЖДЬ ПЕРЕД ЖАТВОЙ, – И СОБЕРЕШЬ ТЫ СВОЙ ХЛЕБ, И ВИНО СВОЕ, И МАСЛО СВОИХ ОЛИВ. И ДАМ ТРАВУ НА ПОЛЕ ТВОЕМ ДЛЯ СКОТА ТВОЕГО, И БУДЕШЬ ТЫ ЕСТЬ ДОСЫТА. БЕРЕГИТЕСЬ, ЧТОБЫ ВАШИ СЕРДЦА НЕ ПОДДАЛИСЬ СОБЛАЗНУ, ЧТОБЫ НЕ СВЕРНУЛИ ВЫ С ПУТИ И НЕ СТАЛИ СЛУЖИТЬ ДРУГИМ БОГАМ И ПОКЛОНЯТЬСЯ ИМ, ИНАЧЕ РАЗГНЕВАЕТСЯ НА ВАС ГОСПОДЬ И ЗАМКНЕТ НЕБЕСА, И НЕ БУДЕТ ДОЖДЯ, И ЗЕМЛЯ НЕ СТАНЕТ ПРИНОСИТЬ СВОИ ПЛОДЫ. И ИСЧЕЗНЕТЕ ВЫ ВСКОРЕ С ЛИЦА БЛАГОДАТНОЙ ЗЕМЛИ, КОТОРУЮ ГОСПОДЬ ДАЕТ ВАМ. ПРИМИТЕ ЭТИ МОИ СЛОВА СЕРДЦЕМ ВАШИМ И ДУШОЮ ВАШЕЙ, И ПОВЯЖИТЕ ИХ КАК ЗНАК НА РУКУ ВАШУ, И БУДУТ ОНИ ЗНАКАМИ НАД ГЛАЗАМИ ВАШИМИ. И НАУЧИТЕ ИМ СЫНОВЕЙ ВАШИХ, ЧТОБЫ ВСЕ ВЫ ПРОИЗНОСИЛИ ИХ, СИДЯ В ДОМЕ СВОЕМ, НАХОДЯСЬ В ДОРОГЕ, ЛОЖАСЬ И ВСТАВАЯ; И НАПИШИТЕ ИХ НА ДВЕРНЫХ КОСЯКАХ ДОМА СВОЕГО И НА ВОРОТАХ СВОИХ, ЧТОБЫ ВЫ И СЫНОВЬЯ ВАШИ ЖИЛИ В СТРАНЕ, О КОТОРОЙ ГОСПОДЬ КЛЯЛСЯ ВАШИМ ОТЦАМ, [ОБЕЩАВ] ДАРОВАТЬ [ЕЕ] ИМ, ТАК ДОЛГО, КАК ДОЛГО СУЩЕСТВУЮТ НЕБЕСА НАД ЗЕМЛЕЙ.[1]

ויאמר И ГОСПОДЬ СКАЗАЛ МОШЕ ТАК: ОБРАТИСЬ К СЫНАМ ИЗРАИЛЯ И СКАЖИ ИМ, ЧТОБЫ ДЕЛАЛИ СЕБЕ КИСТИ НА УГЛАХ ОДЕЖДЫ ВО ВСЕХ ПОКОЛЕНИЯХ СВОИХ И ВПЛЕТАЛИ В КАЖДУЮ КИСТЬ НА ТЕХ УГЛАХ ГОЛУБУЮ ШЕРСТЯНУЮ НИТЬ, И БУДУТ У ВАС КИСТИ, ПОСМОТРЕВ НА КОТОРЫЕ, ВЫ БУДЕТЕ ВСПОМИНАТЬ ВСЕ ЗАПОВЕДИ ГОСПОДА И ИСПОЛНЯТЬ ИХ. И НЕ БУДЕТЕ ВЫ БЛУЖДАТЬ, ВЛЕКОМЫЕ СЕРДЦЕМ И ГЛАЗАМИ ВАШИМИ, ПОДОБНО ТОМУ, КАК БЛУЖДАЕТЕ [НЫНЕ], ВЛЕКОМЫЕ ИМИ, — ЧТОБЫ ВЫ ПОМНИЛИ И ИСПОЛНЯЛИ ВСЕ ЗАПОВЕДИ МОИ И БЫЛИ СВЯТЫ ПРЕД ВАШИМ БОГОМ. Я, ГОСПОДЬ, — БОГ ВАШ, КОТОРЫЙ ВЫВЕЛ ВАС ИЗ СТРАНЫ ЕГИПЕТСКОЙ, ЧТОБЫ БЫТЬ ВАШИМ БОГОМ. Я, ГОСПОДЬ, — БОГ ВАШ.[2]

אמת ИСТИННО, И ДОСТОВЕРНО ВСЕ ЭТО, И НЕСОМНЕННО ДЛЯ НАС, ЧТО ОН, ГОСПОДЬ, — БОГ НАШ, И НЕТ НИКОГО КРОМЕ НЕГО, И МЫ, ИЗРАИЛЬ, — НАРОД ЕГО; ОН СПАС НАС ИЗ РУК ЦАРЕЙ, ОН — ВЛАДЫКА НАШ, ИЗБАВИВШИЙ НАС ОТ ВСЕХ ТИРАНОВ.

<hr />

1. Дварим, 11:13—21. 2. Бемидбар, 15:37—41.

וְהַמְשַׁלֵּם גְּמוּל לְכָל אֹיְבֵי נַפְשֵׁנוּ , הָעֹשֶׂה
גְדֹלוֹת עַד אֵין חֵקֶר , וְנִפְלָאוֹת עַד אֵין מִסְפָּר.
הַשָּׂם נַפְשֵׁנוּ בַּחַיִּים, וְלֹא נָתַן לַמּוֹט רַגְלֵנוּ,
הַמַּדְרִיכֵנוּ עַל בָּמוֹת אוֹיְבֵנוּ, וַיָּרֶם קַרְנֵנוּ עַל כָּל
שֹׂנְאֵינוּ . הָאֵל הָעֹשֶׂה לָּנוּ נְקָמָה בְּפַרְעֹה ,
וְאוֹתוֹת וּמוֹפְתִים בְּאַדְמַת בְּנֵי חָם. הַמַּכֶּה
בְּעֶבְרָתוֹ כָּל בְּכוֹרֵי מִצְרָיִם, וַיּוֹצֵא אֶת עַמּוֹ
יִשְׂרָאֵל מִתּוֹכָם לְחֵרוּת עוֹלָם. הַמַּעֲבִיר בָּנָיו
בֵּין גִּזְרֵי יַם סוּף, וְאֶת רוֹדְפֵיהֶם וְאֶת שׂוֹנְאֵיהֶם
בִּתְהוֹמוֹת טִבַּע, וְרָאוּ בָנָיו גְּבוּרָתוֹ, שִׁבְּחוּ
וְהוֹדוּ לִשְׁמוֹ . וּמַלְכוּתוֹ בְּרָצוֹן קִבְּלוּ עֲלֵיהֶם .
מֹשֶׁה וּבְנֵי יִשְׂרָאֵל לְךָ עָנוּ שִׁירָה בְּשִׂמְחָה רַבָּה,
וְאָמְרוּ כֻלָּם :

מִי כָמֹכָה בָּאֵלִם יְיָ, מִי כָּמֹכָה נֶאְדָּר
בַּקֹּדֶשׁ , נוֹרָא תְהִלֹּת עֹשֵׂה פֶלֶא :
מַלְכוּתְךָ רָאוּ בָנֶיךָ , בּוֹקֵעַ יָם לִפְנֵי
מֹשֶׁה , זֶה אֵלִי עָנוּ וְאָמְרוּ : יְיָ יִמְלֹךְ
לְעֹלָם וָעֶד . וְנֶאֱמַר : כִּי פָדָה יְיָ אֶת
יַעֲקֹב , וּגְאָלוֹ מִיַּד חָזָק מִמֶּנּוּ . בָּרוּךְ
אַתָּה יְיָ , גָּאַל יִשְׂרָאֵל :

השכיבנו

ОН — БОГ, ОТОМСТИВШИЙ ЗА НАС ПРИТЕСНИТЕЛЯМ НАШИМ, ПО ЗАСЛУ-
ГАМ ВОЗДАВШИЙ ВСЕМ НАШИМ СМЕРТЕЛЬНЫМ ВРАГАМ. ВЕЛИКИЕ ДЕЯ-
НИЯ, КОТОРЫЕ ОН СОВЕРШАЕТ, НЕПОСТИЖИМЫ, И ЧУДЕСА — БЕСЧИС-
ЛЕННЫ.[1] СОХРАНИЛ ОН НАМ ЖИЗНЬ И НЕ ДОПУСТИЛ, ЧТОБЫ НОГИ НА-
ШИ ПОДКОСИЛИСЬ.[2] ОН ПРОВЕЛ НАС ПО ВЫСОТАМ НАШИХ ВРАГОВ И
ВОЗНЕС НАД ВСЕМИ НЕНАВИСТНИКАМИ НАШИМИ. ОН — БОГ, ОТОМСТИВ-
ШИЙ ЗА НАС ФАРАОНУ, ЯВИВШИЙ ЗНАМЕНИЯ И ЧУДЕСА В ЗЕМЛЕ СЫ-
НОВ ХАМА; В ГНЕВЕ СВОЕМ ИСТРЕБИЛ ОН ВСЕХ ПЕРВЕНЦЕВ ЕГИПТА И
ВЫВЕЛ ОТТУДА НАРОД СВОЙ, ИЗРАИЛЬ, К ВЕЧНОЙ СВОБОДЕ. ПРОВЕЛ
ОН СВОИХ СЫНОВЕЙ МЕЖДУ РАССТУПИВШИМИСЯ ВОДАМИ КРАСНОГО
МОРЯ, А ПРЕСЛЕДОВАТЕЛЕЙ ИХ, НЕНАВИСТНИКОВ ИХ УТОПИЛ В ПУЧИ-
НАХ. УВИДЕЛИ ЕГО СЫНОВЬЯ МОГУЩЕСТВО ЕГО, ВОЗНЕСЛИ ХВАЛУ И
БЛАГОДАРНОСТЬ ИМЕНИ ЕГО И ДОБРОВОЛЬНО ПРИЗНАЛИ ЕГО ЦАР-
СКУЮ ВЛАСТЬ НАД НИМИ. МОШЕ И СЫНЫ ИЗРАИЛЯ ПЕЛИ ГИМНЫ ТЕБЕ
В ВЕЛИКОЙ РАДОСТИ И ПРОВОЗГЛАШАЛИ ХОРОМ:

מי ”КТО СРЕДИ ВЫСШИХ СИЛ ПОДОБЕН ТЕБЕ, ГОСПОДЬ,

КТО ПОДОБЕН ТЕБЕ, МОГУЧЕМУ И СВЯТОМУ, ВНУШАЮЩЕМУ

ТРЕПЕТ СЛАВЯЩИМ ЕГО, ТВОРЯЩЕМУ ЧУДЕСА!”[3] ЦАРСКОЕ

ВЕЛИЧИЕ ТВОЕ УВИДЕЛИ ТВОИ СЫНОВЬЯ, КОГДА РАССЕК ТЫ

МОРЕ ПЕРЕД МОШЕ. ”ЭТО БОГ МОЙ!”[4] — ВОСКЛИКНУЛИ ОНИ

И ПРОВОЗГЛАСИЛИ: ”ГОСПОДЬ БУДЕТ ЦАРСТВОВАТЬ ВО

ВЕКИ ВЕКОВ!”[5] И СКАЗАНО: ”ИБО ИЗБАВИЛ ГОСПОДЬ ЯАКО-

ВА И СПАС ЕГО ОТ [ВРАГА], КОТОРЫЙ БЫЛ СИЛЬНЕЕ ЕГО”.[6]

БЛАГОСЛОВЕН ТЫ, ГОСПОДЬ, СПАСШИЙ ИЗРАИЛЬ!

---

1. Ийов, 9:10. 2. Теѓилим, 66:9. 3. Шмот, 15:11. 4. Шмот, 15:2. 5. Шмот, 15:18. 6. Ирмеяѓу, 31:10.

הַשְׁכִּיבֵנוּ אָבִינוּ לְשָׁלוֹם, וְהַעֲמִידֵנוּ מַלְכֵּנוּ לְחַיִּים טוֹבִים וּלְשָׁלוֹם וְתַקְּנֵנוּ בְּעֵצָה טוֹבָה מִלְּפָנֶיךָ, וְהוֹשִׁיעֵנוּ מְהֵרָה לְמַעַן שְׁמֶךָ, וּפְרוֹשׂ עָלֵינוּ סֻכַּת שְׁלוֹמֶךָ. וְהָגֵן בַּעֲדֵנוּ, וְהָסֵר מֵעָלֵינוּ: אוֹיֵב, דֶּבֶר, וְחֶרֶב, וְרָעָב, וְיָגוֹן. וְהָסֵר שָׂטָן מִלְּפָנֵינוּ וּמֵאַחֲרֵינוּ, וּבְצֵל כְּנָפֶיךָ תַּסְתִּירֵנוּ, וּשְׁמוֹר צֵאתֵנוּ וּבוֹאֵנוּ לְחַיִּים טוֹבִים וּלְשָׁלוֹם מֵעַתָּה וְעַד עוֹלָם. כִּי אֵל שׁוֹמְרֵנוּ וּמַצִּילֵנוּ אָתָּה. בָּרוּךְ אַתָּה יְיָ, שׁוֹמֵר אֶת עַמּוֹ יִשְׂרָאֵל לָעַד:

לש"ץ חצי קדיש

מנהג העולם לומר קודם ח"ק בחול (ברוך ה' לעולם אמן ואמן) ובשבת (ושמרו) וביו"ט ור"ה ויוה"כ (פסוקים אחרים מעניני קדושת היום) ויש לחם על כה שיסמוכו, אבל הנוהגין שלא לומר בחול ברוך ה' לעולם אמן ואמן מפני חשש הפסק גם בשבת (ויו"ט ור"ה ויוה"כ) אין להפסיק בפסוקים ואין להפסיק לחברית יעו"י בליל ר"ח:

אֲדֹנָי, שְׂפָתַי תִּפְתָּח וּפִי יַגִּיד תְּהִלָּתֶךָ:

בָּרוּךְ אַתָּה יְיָ אֱלֹהֵינוּ וֵאלֹהֵי אֲבוֹתֵינוּ, אֱלֹהֵי אַבְרָהָם, אֱלֹהֵי יִצְחָק, וֵאלֹהֵי יַעֲקֹב, הָאֵל הַגָּדוֹל הַגִּבּוֹר וְהַנּוֹרָא, אֵל עֶלְיוֹן גּוֹמֵל חֲסָדִים טוֹבִים, קוֹנֵה הַכֹּל, וְזוֹכֵר חַסְדֵי אָבוֹת, וּמֵבִיא גוֹאֵל לִבְנֵי בְנֵיהֶם, לְמַעַן שְׁמוֹ בְּאַהֲבָה:

בעשי"ת זָכְרֵנוּ לְחַיִּים, מֶלֶךְ חָפֵץ בַּחַיִּים, וְכָתְבֵנוּ בְּסֵפֶר הַחַיִּים, לְמַעַנְךָ אֱלֹהִים חַיִּים.

מֶלֶךְ עוֹזֵר וּמוֹשִׁיעַ וּמָגֵן. בָּרוּךְ אַתָּה יְיָ, מָגֵן אַבְרָהָם:
אַתָּה גִבּוֹר לְעוֹלָם אֲדֹנָי, מְחַיֶּה מֵתִים אַתָּה, רַב לְהוֹשִׁיעַ.

בחורף מַשִּׁיב הָרוּחַ וּמוֹרִיד הַגֶּשֶׁם. בקיץ מוֹרִיד הַטָּל:

מְכַלְכֵּל חַיִּים בְּחֶסֶד, מְחַיֶּה מֵתִים בְּרַחֲמִים רַבִּים, סוֹמֵךְ נוֹפְלִים, וְרוֹפֵא חוֹלִים, וּמַתִּיר אֲסוּרִים, וּמְקַיֵּם אֱמוּנָתוֹ לִישֵׁנֵי עָפָר. מִי כָמוֹךָ בַּעַל גְּבוּרוֹת, וּמִי דוֹמֶה לָּךְ מֶלֶךְ מֵמִית וּמְחַיֶּה וּמַצְמִיחַ יְשׁוּעָה:

השכיבנו ДАЙ НАМ, ОТЕЦ НАШ, С МИРОМ ОТОЙТИ КО СНУ, И ПОДНИМИ НАС [НАЗАВТРА], ВЛАДЫКА НАШ, ДЛЯ БЛАГОПОЛУЧНОЙ ЖИЗНИ И МИ- РА, И НАПРАВЬ НАС СВОИМ ДОБРЫМ СОВЕТОМ, И СПАСИ НАС В СКОРОМ ВРЕМЕНИ РАДИ ИМЕНИ СВОЕГО, И РАСКИНЬ НАД НАМИ СВОЙ МИРНЫЙ ШАТЕР; И ЗАЩИТИ НАС, И ИЗБАВЬ НАС ОТ ВРАГА, МОРА, И МЕЧА, И ГО- ЛОДА, И СКОРБИ; И УСТРАНИ ПРОТИВНИКОВ, НАХОДЯЩИХСЯ ВПЕРЕДИ НАС И ПОЗАДИ НАС; И ПОД СЕНЬЮ КРЫЛ СВОИХ УКРОЙ НАС; И ХРАНИ НАС, КОГДА МЫ ВЫЙДЕМ В ДОРОГУ И КОГДА МЫ БУДЕМ ВОЗВРАЩАТЬ- СЯ, — ДЛЯ БЛАГОПОЛУЧНОЙ ЖИЗНИ И ДЛЯ МИРА, ОТНЫНЕ И ВОВЕК! ВЕДЬ ТЫ — БОГ, ХРАНЯЩИЙ И СПАСАЮЩИЙ НАС. БЛАГОСЛОВЕН ТЫ, ГО- СПОДЬ, ХРАНЯЩИЙ НАРОД СВОЙ, ИЗРАИЛЬ, ВЕЧНО!

Хазан произносит "Хаци-кадиш", стр. 42.

Существует обычай, опирающийся на авторитетные мнения, произносить после преды-дущего благословения в будние дни ברוך ה' לעולם אמן ואמן *("БЛАГОСЛОВЕН ГОСПОДЬ..."), в субботу* ושמרו *("И ПУСТЬ СОБЛЮДАЮТ..."), и в каждый из праздников — соответствую-щие отрывки из Танаха. Однако те, кто считает, что произнесение* ברוך ה' לעולם אמן ואמן *про-тиворечит закону о том, что "Шмонэ-эсрэ" следует произносить сразу же после "Шма", не должны говорить также и соответствующие молитвы в субботу и в йом-тов (таков наш обычай). Подобно этому запрещено перед вечерней молитвой "Шмонэ-эсрэ" в рош-ходеш напоминать вслух о том, что следует добавить к ней* יעלה ויבא *("ДА ПОДНИМЕТСЯ, И ПРИ-ДЕТ...").*

"ШМОНЭ-ЭСРЭ"

אדני ГОСПОДЬ, ДАЙ МНЕ СИЛЫ МОЛИТЬСЯ ПРЕД ТОБОЙ, [ПРОСТИВ МНЕ ГРЕ-ХИ], И УСТА МОИ ВОССЛАВЯТ ТЕБЯ.[1]

ברוך БЛАГОСЛОВЕН ТЫ, ГОСПОДЬ, БОГ НАШ И БОГ ОТЦОВ НАШИХ, БОГ АВРА-ГАМА, БОГ ИЦХАКА И БОГ ЯАКОВА, БОГ ВЕЛИКИЙ, МОГУЧИЙ И ГРОЗНЫЙ, ВСЕ-ВЫШНИЙ БОГ, ДАРУЮЩИЙ БЛАГА, СОТВОРИВШИЙ ВСЕ, И ПОМНЯЩИЙ ДОБРЫЕ ДЕ-ЛА ОТЦОВ, И ПО ЛЮБВИ СВОЕЙ ПОСЫЛАЮЩИЙ ИЗБАВИТЕЛЯ СЫНОВЬЯМ ИХ СЫ-НОВЕЙ РАДИ ИМЕНИ СВОЕГО!

В "десять дней раскаяния" говорят:

זכרנו ВСПОМНИ НАС, ЧТОБЫ ДАРОВАТЬ НАМ ЖИЗНЬ, ВЛАДЫКА, КОТОРОМУ УГОДНА ЖИЗНЬ, И ЗАПИШИ НАС В КНИГУ ЖИЗНИ РАДИ СЕБЯ, БОГ ЖИЗНИ!

מלך [ТЫ –] ВЛАДЫКА, КОТОРЫЙ ПОМОГАЕТ, СПАСАЕТ И ЗАЩИЩАЕТ. БЛАГО-СЛОВЕН ТЫ, ГОСПОДЬ, ЗАЩИТНИК АВРАГАМА!

אתה ТВОЕ МОГУЩЕСТВО ВЕЧНО, ГОСПОДЬ, ТЫ ВОЗВРАЩАЕШЬ МЕРТВЫХ К ЖИЗ-НИ, ТЫ – ВЕЛИКИЙ ИЗБАВИТЕЛЬ...

Зимой говорят:

משיב ...ПОСЫЛАЮЩИЙ ВЕТЕР И ДАРУЮЩИЙ ДОЖДЬ...

Летом говорят:

מוריד ...ПОСЫЛАЮЩИЙ РОСУ...

מכלכל ...ПИТАЮЩИЙ ПО ДОБРОТЕ СВОЕЙ ЖИВЫХ, ПО ВЕЛИКОМУ МИЛОСЕРДИЮ ВОЗВРАЩАЮЩИЙ МЕРТВЫХ К ЖИЗНИ, ПОДДЕРЖИВАЮЩИЙ ПАДАЮЩИХ, И ИСЦЕ-ЛЯЮЩИЙ БОЛЬНЫХ, И ОСВОБОЖДАЮЩИЙ УЗНИКОВ, И ИСПОЛНЯЮЩИЙ СВОЕ ОБЕ-ЩАНИЕ [ВОЗВРАТИТЬ ЖИЗНЬ] ПОКОЯЩИМСЯ В ЗЕМЛЕ, – КТО ПОДОБЕН ТЕБЕ, ВСЕСИЛЬНЫЙ, И КТО СРАВНИТСЯ С ТОБОЙ, ВЛАДЫКА, КОТОРЫЙ УМЕРЩВЛЯЕТ, И ОЖИВЛЯЕТ, И ВЗРАЩИВАЕТ СПАСЕНИЕ!

---

1. Тегилим, 51:17.

בעשי״ת מִי כָמוֹךָ אָב הָרַחֲמָן זוֹכֵר יְצוּרָיו לַחַיִּים בְּרַחֲמִים:

וְנֶאֱמָן אַתָּה לְהַחֲיוֹת מֵתִים. בָּרוּךְ אַתָּה יְיָ, מְחַיֵּה הַמֵּתִים: אַתָּה קָדוֹשׁ וְשִׁמְךָ קָדוֹשׁ, וּקְדוֹשִׁים בְּכָל יוֹם יְהַלְלוּךָ סֶּלָה. בָּרוּךְ אַתָּה יְיָ, הָאֵל הַקָּדוֹשׁ: (בעשי״ת הַמֶּלֶךְ הַקָּדוֹשׁ):

אַתָּה חוֹנֵן לְאָדָם דַּעַת, וּמְלַמֵּד לֶאֱנוֹשׁ בִּינָה.

(שו״ע) (א) אם טעה ולא הזכיר הבדלה בחונן הדעת משלים תפלתו ולא יחזור בשביל ההבדלה הואיל וצריך עדיין לאסרה על הכוס ויהיה י״ח רק שיזהר בלעשות שום מלאכה קודם שיבדיל על הכוס או יאמר אחר תפלה המבדיל בין קודש לחול בלא ברכה ויעשה מלאכה כמ״ש בסי׳ רצ״ט אם שכח (ועשה מלאכה באיסור או) סעם מאומה קודם שיבדיל על הכוס צריך לחזור ולהתפלל ולהבדיל בתפלה וגם על הכוס שאינו יוצא בהבדלה של הכוס בלבדה הואיל ואינה כהונן שמעם (או עשה מלאכה) קודם לה: (ב) אם טעה ולא הזכיר הבדלה בתפלה ואין לו כוס בלילה ובדבר שאף למחר לא יהיה לו צריך לחזור ולהתפלל מיד ולהזכיר הבדלה בתפלה אע״פ שמצפה שיהיה לו אח״כ: (ג) בבה דברים אפירים כשנזכר אחר סיום תפלתו ואו צריך לחזור לראש התפלה אם כבר עקר רגליו או שכבר סיים התחנונים שרגיל לובר לאחר תפלתו כמ״ש בסימן קי״ז או אפילו אם נזכר באמצע תפלתו אלא שכבר סיים ברכת שומע תפלה ואו צריך לחזור לראש ברכת אתה חונן אבל אם נזכר קודם שיים ברכת ש״ת יאמרנה בש״ת כו׳ ואף שיש אומרים כו׳ הבדלה אין לה ענין כלל לש״ת ודבריהם עיקר ולכן מי שיש לו כוס או שמצפה שיהיה לו כוס למחר אף שנזכר קודם ש״ת לא יאמרנה בש״ת כו׳ מצפה כלל לכוס למחר ויצטרך לחזור ולהתפלל ולהזכיר יש לו לאמרה בש״ת: (ד) בכל מקום שאין צריך לחזור בשביל ששכח להזכיר הבדלה אף אם נזכר מיד שהזכיר השם שבסיים ברכת אתה חונן או מיד שסיים ברכה זו אע״פ שלא פתח בברכה בברכה שלאחריה לא יחזור לראש ברכת אתה חונן כו׳ ואם נזכר קודם שהזכיר השם יתחיל ביד אתה חוננתנו וינמור משם על הסדר ונ״ל מאתך וכו׳:

במוצאי שבת ויו״ט אפילו מיו״ט לחול המועד אומרים זה:

אַתָּה חוֹנַנְתָּנוּ לְמַדַּע תּוֹרָתֶךָ, וַתְּלַמְּדֵנוּ לַעֲשׂוֹת חֻקֵּי רְצוֹנֶךָ, וַתַּבְדֵּל יְיָ אֱלֹהֵינוּ בֵּין קֹדֶשׁ לְחוֹל בֵּין אוֹר לְחשֶׁךְ, בֵּין יִשְׂרָאֵל לָעַמִּים, בֵּין יוֹם הַשְּׁבִיעִי לְשֵׁשֶׁת יְמֵי הַמַּעֲשֶׂה, אָבִינוּ מַלְכֵּנוּ, הָחֵל עָלֵינוּ הַיָּמִים הַבָּאִים לִקְרָאתֵנוּ לְשָׁלוֹם, חֲשׂוּכִים מִכָּל חֵטְא וּמְנֻקִּים מִכָּל עָוֹן וּמְדֻבָּקִים בְּיִרְאָתֶךָ.

כל ימות החול אומר (חננו) ובמוצאי שבת ויום טוב אומר (וחננו):

וְחָנֵּנוּ מֵאִתְּךָ חָכְמָה בִּינָה וָדָעַת. בָּרוּךְ אַתָּה יְיָ, חוֹנֵן הַדָּעַת:

הֲשִׁיבֵנוּ אָבִינוּ לְתוֹרָתֶךָ, וְקָרְבֵנוּ מַלְכֵּנוּ לַעֲבוֹדָתֶךָ, וְהַחֲזִירֵנוּ בִּתְשׁוּבָה שְׁלֵמָה לְפָנֶיךָ. בָּרוּךְ אַתָּה יְיָ, הָרוֹצֶה בִּתְשׁוּבָה:

סְלַח לָנוּ אָבִינוּ כִּי חָטָאנוּ, מְחוֹל לָנוּ מַלְכֵּנוּ כִּי פָשָׁעְנוּ,

כי

В "десять дней раскаяния" говорят:
מי КТО ПОДОБЕН ТЕБЕ, МИЛОСЕРДНЫЙ ОТЕЦ, МИЛОСТИВО ВСПОМИНАЮЩИЙ О СВОИХ ТВОРЕНИЯХ, ДАРУЯ ИМ ЖИЗНЬ!

ונאמן И ВЕРЕН ТЫ [СВОЕМУ ОБЕЩАНИЮ] ВОЗВРАТИТЬ МЕРТВЫМ ЖИЗНЬ. БЛАГОСЛОВЕН ТЫ, ГОСПОДЬ, ВОЗВРАЩАЮЩИЙ МЕРТВЫХ К ЖИЗНИ!

אתה ТЫ СВЯТ, И СВЯТО ИМЯ ТВОЕ, И СВЯТЫЕ [АНГЕЛЫ] БУДУТ ВОСХВАЛЯТЬ ТЕБЯ ИЗО ДНЯ В ДЕНЬ, ВОВЕКИ. БЛАГОСЛОВЕН ТЫ, ГОСПОДЬ, БОГ СВЯТОЙ! (*В "десять дней раскаяния" говорят:* ВЛАДЫКА СВЯТОЙ!)

אתה ТЫ ДАРУЕШЬ ЧЕЛОВЕКУ РАЗУМ И ОБУЧАЕШЬ СМЕРТНЫХ ПОНИМАНИЮ...

Шулхан арух Гарав:
1. Тот, кто забыл произнести нижеследующую молитву ("Гавдалу") אתה חוננתנו ("ТЫ ДАРОВАЛ НАМ...") в вечерней молитве "Шмонэ-эсрэ" после исхода субботы, не должен повторять из-за этого всю "Шмонэ-эсрэ", поскольку ему предстоит произнести "Гавдалу" над бокалом вина. В этом случае ему нельзя делать ничего из запрещенного в субботу до тех пор, пока не будет произнесена "Гавдала" над бокалом вина или пока он не скажет ברוך המבדיל בין קדש לחול ("БЛАГОСЛОВЕН ОТДЕЛИВШИЙ СВЯТОЕ ОТ БУДНИЧНОГО!"). Если он все же делал что-либо, запрещенное в субботу, или ел до того, как произнес "Гавдалу" над бокалом вина, ему следует повторить "Шмонэ-эсрэ" заново, так как в этом случае "Гавдала" над бокалом вина не вполне соответствует закону и не может восполнить упущение, совершенное во время молитвы "Шмонэ-эсрэ" (хотя саму "Гавдалу" над бокалом вина повторять не следует).
2. Тот, кто забыл произнести "Гавдалу" в молитве, и у него нет вина или другого напитка, над которым можно произнести "Гавдалу", и он полагает, что вина у него не будет до завтрашнего вечера, — должен повторить "Шмонэ-эсрэ" сразу.
3. В тех случаях, когда "Шмонэ-эсрэ" из-за пропуска "Гавдалы" требуется повторить и ошибка была замечена до того, как молящийся произнес благословение שומע תפלה ("ВНИМАЮЩИЙ МОЛИТВЕ"), следует включить "Гавдалу" в это благословение. Если ошибка была замечена после завершения этого благословения, но до того, как было произнесено יהיו לרצון ("ДА БУДУТ УГОДНЫ...") в конце молитвы אלהי נצור ("БОГ МОЙ, УБЕРЕГИ..."), следует возвратиться к началу четвертого благословения אתה חונן ("ТЫ ДАРУЕШЬ...").
4. В тех случаях, когда повторять "Шмонэ-эсрэ" не нужно (см. п.п. 1 и 2), не следует также повторять благословение אתה חונן ("ТЫ ДАРУЕШЬ..."), чтобы добавить к нему חוננתנו ("ТЫ ДАРОВАЛ НАМ..."), даже в том случае, если ошибка была замечена до того, как молящийся перешел к следующему благословению. Однако, если ошибка была замечена до того, как молящийся произнес Имя Всевышнего в благословении חוננתנו אתה ("ТЫ ДАРОВАЛ НАМ..."), — ему следует сразу же произнести "Гавдалу" и продолжать "Шмонэ-эсрэ" по порядку.

"Гавдалу" произносят в вечерней молитве после субботы и йом-това даже в том случае, если наступающий день — холь-гамоэд.

אתה ТЫ ДАРОВАЛ НАМ СПОСОБНОСТЬ ПОСТИГАТЬ ТОРУ ТВОЮ, И НАУЧИЛ НАС ИСПОЛНЯТЬ ЗАКОНЫ, УСТАНОВЛЕННЫЕ ПО ВОЛЕ ТВОЕЙ, И ОТДЕЛИЛ ТЫ, ГОСПОДЬ, БОГ НАШ, СВЯТОЕ ОТ БУДНИЧНОГО, СВЕТ ОТ ТЬМЫ, ИЗРАИЛЬ ОТ [ДРУГИХ] НАРОДОВ, СЕДЬМОЙ ДЕНЬ ОТ ШЕСТИ РАБОЧИХ ДНЕЙ [НЕДЕЛИ]. ОТЕЦ НАШ, ВЛАДЫКА НАШ! СДЕЛАЙ ТАК, ЧТОБЫ В НАСТУПАЮЩИЕ ДНИ УДОСТОИЛИСЬ МЫ МИРА, И ИЗБЕЖАЛИ ВСЯКОГО ГРЕХА, И ОЧИСТИЛИСЬ ОТ ВСЕХ ПРЕСТУПЛЕНИЙ, И ПРЕИСПОЛНИЛИСЬ ТРЕПЕТА ПРЕД ТОБОЮ...

Во все дни недели здесь говорят חננו *("УДЕЛИ ЖЕ НАМ...") — кроме вечерней молитвы после субботы и йом-това, когда здесь произносят* וחננו *("И УДЕЛИ ЖЕ НАМ...").*

(ו)חננו ...(И) УДЕЛИ ЖЕ НАМ ОТ СВОЕЙ МУДРОСТИ, ПОНИМАНИЯ И РАЗУМА. БЛАГОСЛОВЕН ТЫ, ГОСПОДЬ, ДАРУЮЩИЙ РАЗУМ!

השיבנו ВОЗВРАТИ НАС, ОТЕЦ НАШ, К ТОРЕ ТВОЕЙ, И ПРИБЛИЗЬ НАС, ВЛАДЫКА, ЧТОБЫ МЫ СЛУЖИЛИ ТЕБЕ, И ВЕРНИ НАС, ИСКРЕННЕ РАСКАЯВШИХСЯ, ПРЕД ЛИЦО СВОЕ. БЛАГОСЛОВЕН ТЫ, ГОСПОДЬ, ЖЕЛАЮЩИЙ [НАШЕГО] ВОЗВРАЩЕНИЯ!

סלח ПРОСТИ НАС, ОТЕЦ НАШ, ИБО ГРЕШНЫ МЫ; ПОМИЛУЙ НАС, ВЛАДЫКА НАШ, ИБО ПРЕСТУПНЫ МЫ;

כִּי אֵל טוֹב וְסַלָּח אָתָּה. בָּרוּךְ אַתָּה יְיָ, חַנּוּן, הַמַּרְבֶּה לִסְלוֹחַ:

רְאֵה נָא בְעָנְיֵנוּ וְרִיבָה רִיבֵנוּ, וּגְאָלֵנוּ מְהֵרָה לְמַעַן שְׁמֶךָ, כִּי אֵל גּוֹאֵל חָזָק אָתָּה. בָּרוּךְ אַתָּה יְיָ, גּוֹאֵל יִשְׂרָאֵל:

רְפָאֵנוּ יְיָ וְנֵרָפֵא, הוֹשִׁיעֵנוּ וְנִוָּשֵׁעָה, כִּי תְהִלָּתֵנוּ אָתָּה, וְהַעֲלֵה אֲרוּכָה וּרְפוּאָה שְׁלֵמָה לְכָל מַכּוֹתֵינוּ, כִּי אֵל מֶלֶךְ רוֹפֵא נֶאֱמָן וְרַחֲמָן אָתָּה. בָּרוּךְ אַתָּה יְיָ, רוֹפֵא חוֹלֵי עַמּוֹ יִשְׂרָאֵל:

בָּרֵךְ עָלֵינוּ יְיָ אֱלֹהֵינוּ אֶת הַשָּׁנָה הַזֹּאת, וְאֶת כָּל מִינֵי תְבוּאָתָהּ לְטוֹבָה, וְתֵן (בקיץ בְּרָכָה) (בחורף טַל וּמָטָר לִבְרָכָה) עַל פְּנֵי הָאֲדָמָה, וְשַׂבְּעֵנוּ מִטּוּבֶךָ, וּבָרֵךְ שְׁנָתֵנוּ כַּשָּׁנִים הַטּוֹבוֹת לִבְרָכָה, כִּי אֵל טוֹב וּמֵטִיב אַתָּה וּמְבָרֵךְ הַשָּׁנִים. בָּרוּךְ אַתָּה יְיָ, מְבָרֵךְ הַשָּׁנִים:

תְּקַע בְּשׁוֹפָר גָּדוֹל לְחֵרוּתֵנוּ, וְשָׂא נֵס לְקַבֵּץ גָּלֻיּוֹתֵינוּ, וְקַבְּצֵנוּ יַחַד מֵאַרְבַּע כַּנְפוֹת הָאָרֶץ לְאַרְצֵנוּ. בָּרוּךְ אַתָּה יְיָ, מְקַבֵּץ נִדְחֵי עַמּוֹ יִשְׂרָאֵל:

הָשִׁיבָה שׁוֹפְטֵינוּ כְּבָרִאשׁוֹנָה, וְיוֹעֲצֵינוּ כְּבַתְּחִלָּה, וְהָסֵר מִמֶּנּוּ יָגוֹן וַאֲנָחָה, וּמְלוֹךְ עָלֵינוּ אַתָּה יְיָ לְבַדְּךָ בְּחֶסֶד וּבְרַחֲמִים בְּצֶדֶק וּבְמִשְׁפָּט. בָּרוּךְ אַתָּה יְיָ, מֶלֶךְ אוֹהֵב צְדָקָה וּמִשְׁפָּט: (בעשי״ת הַמֶּלֶךְ הַמִּשְׁפָּט)

וְלַמַּלְשִׁינִים אַל־תְּהִי תִקְוָה וְכָל־הַמִּינִים וְכָל־הַזֵּדִים כְּרֶגַע יֹאבֵדוּ וְכָל אֹיְבֵי עַמְּךָ מְהֵרָה יִכָּרֵתוּ וּמַלְכוּת הָרִשְׁעָה מְהֵרָה תְעַקֵּר וּתְשַׁבֵּר וּתְמַגֵּר, וְתַכְנִיעַ בִּמְהֵרָה בְיָמֵינוּ: בָּרוּךְ אַתָּה יְהוָה, שׁוֹבֵר אוֹיְבִים וּמַכְנִיעַ זֵדִים:

ВЕДЬ ТЫ — ДОБРЫЙ БОГ И ВСЕПРОЩАЮЩИЙ. БЛАГОСЛОВЕН ТЫ, ГОСПОДЬ, МИЛОСЕРДНЫЙ И ВСЕПРОЩАЮЩИЙ!

ראה ВЗГЛЯНИ НА СТРАДАНИЯ НАШИ, И ЗАСТУПИСЬ ЗА НАС, И ОСВОБОДИ НАС В СКОРОМ ВРЕМЕНИ РАДИ ИМЕНИ СВОЕГО; ВЕДЬ ТЫ, БОГ, — ВЕЛИКИЙ ИЗБАВИТЕЛЬ. БЛАГОСЛОВЕН ТЫ, ГОСПОДЬ, ИЗБАВИТЕЛЬ ИЗРАИЛЯ!

רפאנו ЛЕЧИ НАС, ГОСПОДЬ, И МЫ ИЗЛЕЧИМСЯ, СПАСАЙ НАС, И МЫ СПАСЕМСЯ, ВЕДЬ ТЫ — ГОРДОСТЬ НАША; И ПОШЛИ НАМ ВЫЗДОРОВЛЕНИЕ И ПОЛНОЕ ИЗЛЕЧЕНИЕ ОТ ВСЕХ НАШИХ НЕДУГОВ, ВЕДЬ ТЫ, ГОСПОДЬ, ВЛАДЫКА, — ЦЕЛИТЕЛЬ НАДЕЖНЫЙ И МИЛОСЕРДНЫЙ. БЛАГОСЛОВЕН ТЫ, ГОСПОДЬ, ИСЦЕЛЯЮЩИЙ БОЛЬНЫХ В НАРОДЕ СВОЕМ, ИЗРАИЛЕ!

ברך БЛАГОСЛОВИ ДЛЯ НАС, ГОСПОДЬ, БОГ НАШ, ЭТОТ ГОД И ВСЕ ВИДЫ УРОЖАЯ ЕГО НА БЛАГО, И ПОШЛИ (*летом говорят:* БЛАГОСЛОВЕНИЕ, *зимой говорят:* РОСУ И ДОЖДЬ ДЛЯ БЛАГА [НАШЕГО]) НА ЗЕМЛЮ, И НАСЫТЬ НАС ЩЕДРОТАМИ СВОИМИ; И БЛАГОСЛОВИ ЭТОТ ГОД НА БЛАГО НАМ, ПОДОБНО ХОРОШИМ ГОДАМ [В ПРОШЛОМ], ВЕДЬ ТЫ — ДОБРЫЙ БОГ, И ТВОРИШЬ ДОБРО, И БЛАГОСЛОВЛЯЕШЬ ГОДЫ. БЛАГОСЛОВЕН ТЫ, ГОСПОДЬ, БЛАГОСЛОВЛЯЮЩИЙ ГОДЫ!

תקע ПРОТРУБИ В БОЛЬШОЙ ШОФАР, [ВОЗВЕЩАЯ О] СВОБОДЕ НАШЕЙ, И ПОДНИМИ ЗНАМЯ, ПОД КОТОРЫМ СОБЕРЕТСЯ НАРОД НАШ, РАССЕЯННЫЙ ПО СВЕТУ; И СОБЕРИ НАС, ВСЕХ ВМЕСТЕ, С ЧЕТЫРЕХ СТОРОН СВЕТА В НАШЕЙ ЗЕМЛЕ. БЛАГОСЛОВЕН ТЫ, ГОСПОДЬ, СОБИРАЮЩИЙ РАЗБРОСАННЫЙ ПО СВЕТУ НАРОД СВОЙ, ИЗРАИЛЬ!

השיבה СНОВА ПОСТАВЬ НАД НАМИ СУДЕЙ, КАК В ПРЕЖНИЕ ВРЕМЕНА, И НАСТАВНИКОВ, КАК БЫЛО РАНЬШЕ; И ИЗБАВЬ НАС ОТ СКОРБИ И ПЕЧАЛИ; И САМ ЦАРСТВУЙ НАД НАМИ, ГОСПОДЬ, С ЛЮБОВЬЮ И МИЛОСЕРДИЕМ, СПРАВЕДЛИВО И ПРАВОСУДНО. БЛАГОСЛОВЕН ТЫ, ГОСПОДЬ, ВЛАДЫКА, ЛЮБЯЩИЙ СПРАВЕДЛИВОСТЬ И ПРАВОСУДИЕ! (*В "десять дней раскаяния" говорят:* ВЛАДЫКА ПРАВОСУДИЯ!)

ולמלשינים И ДА НЕ БУДЕТ НАДЕЖДЫ ДОНОСЧИКАМ; И ВСЕ ВЕРООТСТУПНИКИ, И ВСЕ ЗЛОДЕИ ПУСТЬ НЕМЕДЛЕННО СГИНУТ; И ВСЕ ВРАГИ НАРОДА ТВОЕГО ДА БУДУТ В СКОРОМ ВРЕМЕНИ ИСТРЕБЛЕНЫ; И ЦАРСТВО ЗЛА ПОСКОРЕЕ ИСКОРЕНИ, И СОКРУШИ, И СВЕРГНИ; И ПОКОРИ [ЕГО] В СКОРОМ ВРЕМЕНИ, В НАШИ ДНИ. БЛАГОСЛОВЕН ТЫ, ГОСПОДЬ, СОКРУШАЮЩИЙ НЕДРУГОВ И ПОБЕЖДАЮЩИЙ ЗЛОДЕЕВ!

עַל הַצַּדִּיקִים וְעַל הַחֲסִידִים וְעַל זִקְנֵי עַמְּךָ בֵּית
יִשְׂרָאֵל, וְעַל פְּלֵיטַת בֵּית סוֹפְרֵיהֶם וְעַל גֵּרֵי
הַצֶּדֶק וְעָלֵינוּ יֶהֱמוּ נָא רַחֲמֶיךָ יְיָ אֱלֹהֵינוּ, וְתֵן שָׂכָר טוֹב
לְכָל הַבּוֹטְחִים בְּשִׁמְךָ בֶּאֱמֶת, וְשִׂים חֶלְקֵנוּ עִמָּהֶם
וּלְעוֹלָם לֹא נֵבוֹשׁ כִּי בְךָ בָּטָחְנוּ. בָּרוּךְ אַתָּה יְיָ, מִשְׁעָן
וּמִבְטָח לַצַּדִּיקִים:

וְלִירוּשָׁלַיִם עִירְךָ בְּרַחֲמִים תָּשׁוּב, וְתִשְׁכּוֹן בְּתוֹכָהּ
כַּאֲשֶׁר דִּבַּרְתָּ, וְכִסֵּא דָוִד עַבְדְּךָ מְהֵרָה
בְּתוֹכָהּ תָּכִין, וּבְנֵה אוֹתָהּ בְּקָרוֹב בְּיָמֵינוּ בִּנְיַן עוֹלָם.
בָּרוּךְ אַתָּה יְיָ, בּוֹנֵה יְרוּשָׁלָיִם:

אֶת צֶמַח דָּוִד עַבְדְּךָ מְהֵרָה תַצְמִיחַ, וְקַרְנוֹ תָּרוּם
בִּישׁוּעָתֶךָ, כִּי לִישׁוּעָתְךָ קִוִּינוּ כָּל הַיּוֹם. בָּרוּךְ
אַתָּה יְיָ, מַצְמִיחַ קֶרֶן יְשׁוּעָה:

שְׁמַע קוֹלֵנוּ יְיָ אֱלֹהֵינוּ, אָב הָרַחֲמָן רַחֵם עָלֵינוּ, וְקַבֵּל
בְּרַחֲמִים וּבְרָצוֹן אֶת תְּפִלָּתֵנוּ, כִּי אֵל שׁוֹמֵעַ
תְּפִלּוֹת וְתַחֲנוּנִים אָתָּה, וּמִלְּפָנֶיךָ מַלְכֵּנוּ רֵיקָם אַל
תְּשִׁיבֵנוּ. כִּי אַתָּה שׁוֹמֵעַ תְּפִלַּת כָּל פֶּה. בָּרוּךְ אַתָּה
יְיָ, שׁוֹמֵעַ תְּפִלָּה:

רְצֵה יְיָ אֱלֹהֵינוּ בְּעַמְּךָ יִשְׂרָאֵל וְלִתְפִלָּתָם שְׁעֵה וְהָשֵׁב
הָעֲבוֹדָה לִדְבִיר בֵּיתֶךָ, וְאִשֵּׁי יִשְׂרָאֵל וּתְפִלָּתָם
בְּאַהֲבָה תְקַבֵּל בְּרָצוֹן, וּתְהִי לְרָצוֹן תָּמִיד עֲבוֹדַת
יִשְׂרָאֵל עַמֶּךָ: (בראש חדש יחל וחול המועד אומרים כאן יעלה ויבא א)

אֹ) בראש חדש וחול המועד אומרים זה:

אֱלֹהֵינוּ וֵאלֹהֵי אֲבוֹתֵינוּ, יַעֲלֶה וְיָבֹא וְיַגִּיעַ, וְיֵרָאֶה וְיֵרָצֶה וְיִשָּׁמַע,
וְיִפָּקֵד וְיִזָּכֵר זִכְרוֹנֵנוּ וּפִקְדוֹנֵנוּ, וְזִכְרוֹן אֲבוֹתֵינוּ, וְזִכְרוֹן

לע НАД ПРАВЕДНИКАМИ, И НАД БЛАГОЧЕСТИВЫМИ, И НАД СТАРЕЙ-
ШИНАМИ НАРОДА ТВОЕГО, ДОМА ИЗРАИЛЯ, И НАД УЦЕЛЕВШИМИ ИЗ
СОБРАНИЯ ЕГО МУДРЕЦОВ, И НАД ГЕРАМИ, И НАД НАМИ САМИМИ —
СМИЛУЙСЯ, ГОСПОДЬ, БОГ НАШ, И ВОЗНАГРАДИ ДОБРОМ ВСЕХ, КТО
ИСКРЕННЕ ПОЛАГАЕТСЯ НА ИМЯ ТВОЕ. И ДАЙ НАМ УДЕЛ СРЕДИ НИХ,
И НЕ ОПОЗОРИМСЯ ВОВЕК, ПОТОМУ ЧТО НА ТЕБЯ ПОЛАГАЛИСЬ. БЛА-
ГОСЛОВЕН ТЫ, ГОСПОДЬ, ОПОРА И НАДЕЖНАЯ ЗАЩИТА ПРАВЕДНИКОВ!

ולירושלים И В ИЕРУСАЛИМ, ГОРОД ТВОЙ, ПО МИЛОСЕРДИЮ СВОЕМУ
ВОЗВРАТИСЬ, И ОБИТАЙ В НЕМ, КАК ОБЕЩАЛ ТЫ; И ПРЕСТОЛ РАБА
ТВОЕГО ДАВИДА ПОСКОРЕЕ В НЕМ УТВЕРДИ; И ОТСТРОЙ [ИЕРУСАЛИМ]
В СКОРОМ ВРЕМЕНИ, В НАШИ ДНИ, НАВЕЧНО. БЛАГОСЛОВЕН ТЫ, ГО-
СПОДЬ, СТРОИТЕЛЬ ИЕРУСАЛИМА!

את צמח ПОТОМКА ДАВИДА, РАБА ТВОЕГО, ПОСКОРЕЕ ВЗРАСТИ И ВОЗ-
ВЫСЬ ЕГО ПОДДЕРЖКОЙ СВОЕЙ; ВЕДЬ МЫ НАДЕЕМСЯ ПОСТОЯННО,
ЧТО ТЫ СПАСЕШЬ НАС. БЛАГОСЛОВЕН ТЫ, ГОСПОДЬ, ВЗРАЩИВАЮЩИЙ
СПАСЕНИЕ!

שמע УСЛЫШЬ НАШ ГОЛОС, ГОСПОДЬ, БОГ НАШ; МИЛОСЕРДНЫЙ
ОТЕЦ, СМИЛУЙСЯ НАД НАМИ И ПРИМИ МИЛОСТИВО И БЛАГОСКЛОННО
НАШУ МОЛИТВУ, ВЕДЬ ТЫ — БОГ, ВНИМАЮЩИЙ МОЛИТВАМ И МОЛЬБАМ;
И НЕ ОСТАВЛЯЙ НАС БЕЗ ОТВЕТА, ВЛАДЫКА НАШ, ВЕДЬ ТЫ ВНИМАЕШЬ
МОЛИТВАМ КАЖДОГО. БЛАГОСЛОВЕН ТЫ, ГОСПОДЬ, ВНИМАЮЩИЙ
МОЛИТВЕ!

רצה ОТНЕСИСЬ БЛАГОСКЛОННО, ГОСПОДЬ, БОГ НАШ, К НАРОДУ СВО-
ЕМУ, ИЗРАИЛЮ, И МОЛИТВУ ЕГО ПРИМИ, И ВОССТАНОВИ СЛУЖБУ В
СВЯТАЯ СВЯТЫХ ХРАМА ТВОЕГО; И ЖЕРТВЫ, ПРИНОСИМЫЕ ИЗРАИЛЕМ,
И МОЛИТВУ ЕГО ПРИМИ С ЛЮБОВЬЮ, БЛАГОСКЛОННО; И ПУСТЬ БУДЕТ
ВСЕГДА ЖЕЛАННО ТЕБЕ СЛУЖЕНИЕ ИЗРАИЛЯ, НАРОДА ТВОЕГО.

*В рош-ходеш и в холь-гамоэд говорят здесь יעלה ויבא ("ДА ПОДНИМЕТСЯ, И ПРИ-
ДЕТ...").* *

В рош-ходеш и в холь-гамоэд говорят:

אלהינו БОГ НАШ И БОГ ОТЦОВ НАШИХ! ДА ПОДНИМЕТСЯ, И ПРИДЕТ
[К ТЕБЕ], И ДОСТИГНЕТ [ТВОЕГО СЛУХА], И БУДЕТ ЗАМЕЧЕНА, И
БЛАГОСКЛОННО ПРИНЯТА, И УСЛЫШАНА [ТОБОЮ МОЛИТВА НАША], И
ДА БУДУТ ВОЗОБНОВЛЕНЫ И ВОССТАНОВЛЕНЫ [ТОБОЮ] ПАМЯТЬ О
НАС И ВНИМАНИЕ К НАМ; И ПАМЯТЬ ОБ ОТЦАХ НАШИХ, И ПАМЯТЬ

וְתֶחֱזֶינָה עֵינֵינוּ בְּשׁוּבְךָ לְצִיּוֹן בְּרַחֲמִים . בָּרוּךְ אַתָּה יְיָ,
הַמַּחֲזִיר שְׁכִינָתוֹ לְצִיּוֹן :

מוֹדִים אֲנַחְנוּ לָךְ, שָׁאַתָּה הוּא יְיָ אֱלֹהֵינוּ וֵאלֹהֵי אֲבוֹתֵינוּ
לְעוֹלָם וָעֶד, צוּר חַיֵּינוּ מָגֵן יִשְׁעֵנוּ, אַתָּה הוּא
לְדוֹר וָדוֹר, נוֹדֶה לְךָ וּנְסַפֵּר תְּהִלָּתֶךָ, עַל חַיֵּינוּ הַמְּסוּרִים
בְּיָדֶךָ, וְעַל נִשְׁמוֹתֵינוּ הַפְּקוּדוֹת לָךְ, וְעַל נִסֶּיךָ שֶׁבְּכָל
יוֹם עִמָּנוּ, וְעַל נִפְלְאוֹתֶיךָ וְטוֹבוֹתֶיךָ שֶׁבְּכָל עֵת, עֶרֶב
וָבֹקֶר וְצָהֳרָיִם, הַטּוֹב, כִּי לֹא כָלוּ רַחֲמֶיךָ, הַמְרַחֵם, כִּי
לֹא תַמּוּ חֲסָדֶיךָ, כִּי מֵעוֹלָם קִוִּינוּ לָךְ :

בחנוכה ובפורים אומרים כאן וְעַל הַנִּסִּים א)

_____

מָשִׁיחַ בֶּן דָּוִד עַבְדֶּךָ, וְזִכְרוֹן יְרוּשָׁלַיִם עִיר קָדְשֶׁךָ, וְזִכְרוֹן כָּל עַמְּךָ
בֵּית יִשְׂרָאֵל לְפָנֶיךָ, לִפְלֵיטָה לְטוֹבָה, לְחֵן וּלְחֶסֶד וּלְרַחֲמִים וּלְחַיִּים
טוֹבִים וּלְשָׁלוֹם בְּיוֹם לריח"מ פסח חַג הַמַּצּוֹת הַזֶּה. לחוה"מ ראשׁ הַחֹדֶשׁ הַזֶּה.
לחוה"מ סוכות חַג הַסֻּכּוֹת הַזֶּה. זָכְרֵנוּ יְיָ אֱלֹהֵינוּ בּוֹ לְטוֹבָה. וּפָקְדֵנוּ בוֹ
לִבְרָכָה.וְהוֹשִׁיעֵנוּ בּוֹ לְחַיִּים טוֹבִים.וּבִדְבַר יְשׁוּעָה וְרַחֲמִים, חוּס וְחָנֵּנוּ,
וְרַחֵם עָלֵינוּ וְהוֹשִׁיעֵנוּ, כִּי אֵלֶיךָ עֵינֵינוּ, כִּי אֵל מֶלֶךְ חַנּוּן וְרַחוּם אָתָּה :

ותחזינה

א) בחנוכה ובפורים אומרים זה

וְעַל הַנִּסִּים וְעַל הַפֻּרְקָן וְעַל הַגְּבוּרוֹת וְעַל הַתְּשׁוּעוֹת
וְעַל הַנִּפְלָאוֹת שֶׁעָשִׂיתָ לַאֲבוֹתֵינוּ בַּיָּמִים הָהֵם
בַּזְּמַן הַזֶּה :

לתנוכה

בִּימֵי מָרְדְּכַי וְאֶסְתֵּר בְּשׁוּשַׁן

לפורים

בִּימֵי מַתִּתְיָהוּ בֶּן יוֹחָנָן כֹּהֵן גָּדוֹל

חַשְׁמוֹנָאִי וּבָנָיו, כְּשֶׁעָמְדָה   הַבִּירָה, כְּשֶׁעָמַד עֲלֵיהֶם
מַלְכוּת יָוָן הָרְשָׁעָה, עַל עַמְּךָ   הָמָן הָרָשָׁע, בִּקֵּשׁ לְהַשְׁמִיד
יִשְׂרָאֵל, לְהַשְׁכִּיחָם תּוֹרָתֶךָ   לַהֲרוֹג וּלְאַבֵּד אֶת כָּל הַיְּהוּדִים,
וּלְהַעֲבִירָם מֵחֻקֵּי רְצוֹנֶךָ, וְאַתָּה   מִנַּעַר וְעַד זָקֵן, טַף וְנָשִׁים, בְּיוֹם
בְּרַחֲמֶיךָ הָרַבִּים, עָמַדְתָּ לָהֶם   אֶחָד, בִּשְׁלֹשָׁה עָשָׂר לְחֹדֶשׁ שְׁנֵים

עשר   בְּעֵת

ותחזינה И ДА УВИДИМ МЫ СВОИМИ ГЛАЗАМИ, КАК ВЕРНЕШЬСЯ ТЫ, ПО МИЛОСЕРДИЮ СВОЕМУ, В СИОН. БЛАГОСЛОВЕН ТЫ, ГОСПОДЬ, ВОЗВРАЩАЮЩИЙ СВОЮ ШХИНУ В СИОН!

מודים БЛАГОДАРИМ МЫ ТЕБЯ ЗА ТО, ЧТО ТЫ, ГОСПОДЬ, – БОГ НАШ И БОГ ОТЦОВ НАШИХ ВО ВЕКИ ВЕКОВ. ТЫ – ОПЛОТ ЖИЗНИ НАШЕЙ И ЗАЩИТНИК, СПАСАЮЩИЙ НАС ИЗ ПОКОЛЕНИЯ В ПОКОЛЕНИЕ. БУДЕМ БЛАГОДАРИТЬ ТЕБЯ И ПРОВОЗГЛАШАТЬ ТЕБЕ ХВАЛУ ВЕЧЕРОМ, УТРОМ И ДНЕМ ЗА ЖИЗНЬ НАШУ, ВВЕРЕННУЮ ТЕБЕ, ЗА ДУШИ НАШИ, ХРАНИМЫЕ ТОБОЙ, И ЗА ЧУДЕСА ТВОИ, КОТОРЫЕ ТЫ ПОСТОЯННО [СОВЕРШАЕШЬ] С НАМИ, И ЗА ТВОИ ЗНАМЕНИЯ И БЛАГОДЕЯНИЯ, КОТОРЫЕ ТЫ [ТВОРИШЬ] ВСЕГДА, – О, ДОБРЫЙ! – ПОТОМУ ЧТО МИЛОСТИ ТВОИ НЕСКОНЧАЕМЫ, – О, МИЛОСЕРДНЫЙ! – ПОТОМУ ЧТО БЛАГОДЕЯНИЯ ТВОИ НЕИСТОЩИМЫ; – ВЕДЬ МЫ ОТ ВЕКА НАДЕЕМСЯ НА ТЕБЯ!

В Хануку и в Пурим говорят здесь ועל הנסים ("И ЗА ЗНАМЕНИЯ..."). *

О МАШИАХЕ, ПОТОМКЕ ДАВИДА, РАБА ТВОЕГО, И ПАМЯТЬ О ИЕРУСАЛИМЕ, СВЯТОМ ГОРОДЕ ТВОЕМ, И ПАМЯТЬ ОБО ВСЕМ ТВОЕМ НАРОДЕ, ДОМЕ ИЗРАИЛЯ, – ДЛЯ СПАСЕНИЯ [НАШЕГО], ВО БЛАГО [НАМ], ДЛЯ ЛЮБВИ И МИЛОСТИ, И ДЛЯ МИЛОСЕРДИЯ [К НАМ], И ДЛЯ БЛАГОПОЛУЧНОЙ ЖИЗНИ [НАШЕЙ] И МИРА [ДЛЯ НАС] – В ЭТОТ ДЕНЬ...

в рош-ходеш:	*в холь-ѓамоэд Песах:*	*в холь-ѓамоэд Сукот:*
...РОШ-ХОДЕШ.	...ПРАЗДНИКА МАЦОТ.	...ПРАЗДНИКА СУКОТ.

ВСПОМНИ НАС, ГОСПОДЬ, БОГ НАШ, К ДОБРУ В ЭТОТ ДЕНЬ; И ОТНЕСИСЬ К НАМ В ЭТОТ ДЕНЬ СО ВНИМАНИЕМ, БЛАГОСЛОВЛЯЯ НАС; И СПАСИ НАС В ЭТОТ ДЕНЬ ДЛЯ БЛАГОПОЛУЧНОЙ ЖИЗНИ; И ПО ОБЕЩАНИЮ [СВОЕМУ] СПАСТИ И ПОМИЛОВАТЬ [НАС], ПОЖАЛЕЙ [НАС] И СМИЛУЙСЯ [НАД НАМИ]; И БУДЬ СНИСХОДИТЕЛЕН К НАМ, И СПАСИ НАС – ВЕДЬ НА ТЕБЯ УСТРЕМЛЕНЫ НАШИ ВЗОРЫ, ПОТОМУ ЧТО ТЫ, БОГ, – ВЛАДЫКА МИЛОСЕРДНЫЙ И МИЛУЮЩИЙ.

Продолжают ותחזינה ("И ДА УВИДИМ...").

В Хануку и в Пурим говорят:

ועל И ЗА ЗНАМЕНИЯ, И ЗА ИЗБАВЛЕНИЕ, И ЗА МОГУЩЕСТВО [ТВОЕ], И ЗА СПАСЕНИЕ, И ЗА ЧУДЕСА, КОТОРЫЕ ТЫ ЯВИЛ ОТЦАМ НАШИМ В ТЕ ВРЕМЕНА, В ЭТИ ЖЕ ДНИ [ГОДА] ...

В Хануку:

בימי ...В ДНИ МАТИТЬЯѓУ, СЫНА ЙОХАНАНА ХАШМОНАЯ, ПЕРВОСВЯЩЕННИКА, И ЕГО СЫНОВЕЙ, КОГДА ВЫСТУПИЛО ЗЛОДЕЙСКОЕ ЦАРСТВО ЯВАН ПРОТИВ НАРОДА ТВОЕГО, СЫНОВ ИЗРАИЛЯ, ЧТОБЫ ЗАСТАВИТЬ ИХ ЗАБЫТЬ ТВОЮ ТОРУ И НАРУШИТЬ ЗАКОНЫ, УСТАНОВЛЕННЫЕ ВОЛЕЙ ТВОЕЙ; НО ТЫ, ПО ВЕЛИКОЙ МИЛОСТИ СВОЕЙ, СТОЯЛ ЗА НИХ,

В Пурим:

בימי ...В ДНИ МОРДЕХАЯ И ЭСТЕР, В СТОЛИЧНОМ ГОРОДЕ ШУШАН, КОГДА ВЫСТУПИЛ ПРОТИВ НИХ ЗЛОДЕЙ ѓАМАН, КОТОРЫЙ ХОТЕЛ УНИЧТОЖИТЬ, УБИТЬ И ИСТРЕБИТЬ ВСЕХ ИУДЕЕВ, МОЛОДЫХ И СТАРЫХ, МЛАДЕНЦЕВ И ЖЕНЩИН, В ОДИН ДЕНЬ, ТРИНАДЦАТЫЙ ДЕНЬ ДВЕНАДЦАТОГО МЕСЯЦА,

וְעַל כֻּלָּם יִתְבָּרֵךְ וְיִתְרוֹמֵם וְיִתְנַשֵּׂא שִׁמְךָ מַלְכֵּנוּ תָּמִיד לְעוֹלָם וָעֶד:

בעשי"ת וּכְתוֹב לְחַיִּים טוֹבִים כָּל בְּנֵי בְרִיתֶךָ.

וְכָל הַחַיִּים יוֹדוּךָ סֶּלָה, וִיהַלְלוּ שִׁמְךָ הַגָּדוֹל לְעוֹלָם כִּי טוֹב, הָאֵל יְשׁוּעָתֵנוּ וְעֶזְרָתֵנוּ סֶלָה הָאֵל הַטּוֹב. בָּרוּךְ אַתָּה יְיָ, הַטּוֹב שִׁמְךָ וּלְךָ נָאֶה לְהוֹדוֹת:

שִׂים שָׁלוֹם, טוֹבָה וּבְרָכָה, חַיִּים חֵן וָחֶסֶד וְרַחֲמִים, עָלֵינוּ וְעַל כָּל יִשְׂרָאֵל עַמֶּךָ. בָּרְכֵנוּ אָבִינוּ כֻּלָּנוּ כְּאֶחָד בְּאוֹר פָּנֶיךָ, כִּי בְאוֹר פָּנֶיךָ, נָתַתָּ לָנוּ יְיָ אֱלֹהֵינוּ תּוֹרַת חַיִּים וְאַהֲבַת חֶסֶד, וּצְדָקָה וּבְרָכָה וְרַחֲמִים וְחַיִּים וְשָׁלוֹם. וְטוֹב בְּעֵינֶיךָ לְבָרֵךְ אֶת עַמְּךָ יִשְׂרָאֵל, בְּכָל עֵת וּבְכָל שָׁעָה בִּשְׁלוֹמֶךָ. ובכסף בָּרוּךְ אַתָּה יְיָ, הַמְבָרֵךְ אֶת עַמּוֹ יִשְׂרָאֵל בַּשָּׁלוֹם:

בעשי"ת וּבְסֵפֶר חַיִּים בְּרָכָה וְשָׁלוֹם וּפַרְנָסָה טוֹבָה, יְשׁוּעָה וְנֶחָמָה וּגְזֵרוֹת טוֹבוֹת נִזָּכֵר וְנִכָּתֵב לְפָנֶיךָ, אֲנַחְנוּ וְכָל עַמְּךָ בֵּית יִשְׂרָאֵל, לְחַיִּים טוֹבִים וּלְשָׁלוֹם. בָּרוּךְ אַתָּה יְיָ, הַמְבָרֵךְ אֶת עַמּוֹ יִשְׂרָאֵל בַּשָּׁלוֹם:

לחנוכה

לפורים בְּעֵת צָרָתָם. רַבְתָּ אֶת רִיבָם, דַּנְתָּ | עָשָׂר, הוּא חֹדֶשׁ אֲדָר וְשָׁלְלָם אֶת דִּינָם, נָקַמְתָּ אֶת נִקְמָתָם, לָבֹז. | וְאַתָּה בְּרַחֲמֶיךָ הָרַבִּים מָסַרְתָּ גִבּוֹרִים בְּיַד חַלָּשִׁים, וְרַבִּים | הֵפַרְתָּ אֶת עֲצָתוֹ, וְקִלְקַלְתָּ אֶת בְּיַד מְעַטִּים, וּטְמֵאִים בְּיַד טְהוֹרִים, | מַחֲשַׁבְתּוֹ, וַהֲשֵׁבוֹתָ לּוֹ גְּמוּלוֹ וּרְשָׁעִים בְּיַד צַדִּיקִים, וְזֵדִים בְּיַד | בְּרֹאשׁוֹ. וְתָלוּ אוֹתוֹ וְאֶת בָּנָיו עוֹסְקֵי תוֹרָתֶךָ. וּלְךָ עָשִׂיתָ שֵׁם | עַל הָעֵץ. ועל כלם

גָּדוֹל וְקָדוֹשׁ בְּעוֹלָמֶךָ, וּלְעַמְּךָ יִשְׂרָאֵל עָשִׂיתָ תְּשׁוּעָה גְדוֹלָה וּפֻרְקָן כְּהַיּוֹם הַזֶּה. וְאַחַר כֵּן בָּאוּ בָנֶיךָ לִדְבִיר בֵּיתֶךָ, וּפִנּוּ אֶת הֵיכָלֶךָ, וְטִהֲרוּ אֶת מִקְדָּשֶׁךָ, וְהִדְלִיקוּ נֵרוֹת בְּחַצְרוֹת קָדְשֶׁךָ. וְקָבְעוּ שְׁמוֹנַת יְמֵי חֲנֻכָּה אֵלּוּ, לְהוֹדוֹת וּלְהַלֵּל לְשִׁמְךָ הַגָּדוֹל: ועל כלם

לעל И ЗА ВСЕ ЭТО ДА БУДЕТ БЛАГОСЛОВЛЕНО, И ДА ВОЗВЕЛИЧИТСЯ И ПРЕВОЗНЕСЕТСЯ ИМЯ ТВОЕ, ВЛАДЫКА НАШ, ВСЕГДА, ВО ВЕКИ ВЕКОВ!

В "десять дней раскаяния" говорят:

וכתוב И ЗАПИШИ [В КНИГУ] БЛАГОПОЛУЧНОЙ ЖИЗНИ ВСЕХ, С КЕМ ТЫ ЗАКЛЮЧИЛ СОЮЗ.

וכל И ВСЕ ЖИВОЕ БУДЕТ ВЕЧНО БЛАГОДАРИТЬ ТЕБЯ И ВОСХВАЛЯТЬ ТВОЕ ВЕЛИКОЕ ИМЯ ВОВЕК, ИБО ТЫ ДОБР. ТЫ, БОГ, — НАШЕ СПАСЕНИЕ И НАША ОПОРА ВОВЕКИ, [ТЫ —] ДОБРЫЙ БОГ! БЛАГОСЛОВЕН ТЫ, ГОСПОДЬ; ДОБРЫЙ — ИМЯ ТЕБЕ, И ТЕБЯ ПОДОБАЕТ БЛАГОДАРИТЬ.

שים ДАРУЙ МИР, ДОБРО И БЛАГОСЛОВЕНИЕ, ЖИЗНЬ, МИЛОСТЬ, И ЛЮБОВЬ, И МИЛОСЕРДИЕ НАМ И ВСЕМУ ТВОЕМУ НАРОДУ, ИЗРАИЛЮ. БЛАГОСЛОВИ НАС, ВСЕХ ВМЕСТЕ, В БЛАГОСКЛОННОСТИ СВОЕЙ, ОТЕЦ НАШ, ИБО В БЛАГОСКЛОННОСТИ СВОЕЙ ТЫ ДАРОВАЛ НАМ, ГОСПОДЬ, БОГ НАШ, ЗАКОН ЖИЗНИ И БЕСКОРЫСТНОЙ ЛЮБВИ, И МИЛОСТЬ, И БЛАГОСЛОВЕНИЕ, И МИЛОСЕРДИЕ, И ЖИЗНЬ, И МИР. И ДА БУДЕТ УГОДНО ТЕБЕ БЛАГОСЛОВЛЯТЬ НАРОД СВОЙ, ИЗРАИЛЬ, ВО ВСЕ ВРЕМЕНА И В КАЖДОЕ МГНОВЕНИЕ, ДАРУЯ ЕМУ МИР.

В "десять дней раскаяния" говорят:

ובספר И В КНИГЕ ЖИЗНИ, БЛАГОСЛОВЕНИЯ, И МИРА, И ПРОЦВЕТАНИЯ, СПАСЕНИЯ, И УТЕШЕНИЯ, И ДОБРЫХ ПРЕДНАЧЕРТАНИЙ – ДА БУДЕМ УПОМЯНУТЫ И ЗАПИСАНЫ ПРЕД ТОБОЮ МЫ И ВЕСЬ НАРОД ТВОЙ, ДОМ ИЗРАИЛЯ, НА ДОБРУЮ ЖИЗНЬ И НА МИР.

ברוך БЛАГОСЛОВЕН ТЫ, ГОСПОДЬ, БЛАГОСЛОВЛЯЮЩИЙ МИРОМ НАРОД СВОЙ, ИЗРАИЛЬ!

[СЫНОВ ИЗРАИЛЯ], КОГДА ОНИ БЫЛИ В БЕДЕ, ЗАСТУПАЛСЯ ЗА НИХ, БЫЛ СУДЬЕЙ В ИХ СПОРЕ [С ВРАГАМИ], МСТИЛ ЗА НИХ; ОТДАЛ СИЛЬНЫХ В РУКИ СЛАБЫХ, И МНОГОЧИСЛЕННЫХ В РУКИ НЕМНОГИХ, И НЕЧИСТЫХ В РУКИ ЧИСТЫХ, И ЗЛОДЕЕВ В РУКИ ПРАВЕДНИКОВ, И ЗЛОУМЫШЛЕННИКОВ В РУКИ ТЕХ, КТО ИЗУЧАЕТ ТОРУ ТВОЮ. МЕСЯЦА АДАРА, — А ИМУЩЕСТВО ИХ РАЗГРАБИТЬ, — ТЫ, ПО ВЕЛИКОЙ МИЛОСТИ СВОЕЙ, РАЗРУШИЛ ЕГО КОЗНИ, И РАССТРОИЛ ЕГО ЗАМЫСЛЫ, И ОБРАТИЛ ИХ ПРОТИВ НЕГО САМОГО. И ПОВЕСИЛИ ЕГО ВМЕСТЕ С СЫНОВЬЯМИ НА ВИСЕЛИЦЕ.

Продолжают ועל כולם *("И ЗА ВСЕ...")*.

И ПРОСЛАВИЛ ТЫ ИМЯ СВОЕ, ВЕЛИКОЕ И СВЯТОЕ, В МИРЕ ТВОЕМ, И НАРОДУ СВОЕМУ, ИЗРАИЛЮ, ДАРОВАЛ ВЕЛИКОЕ СПАСЕНИЕ И ИЗБАВЛЕНИЕ В ЭТОТ САМЫЙ ДЕНЬ. И ТОГДА ПРИШЛИ СЫНОВЬЯ ТВОИ В СВЯТАЯ СВЯТЫХ ХРАМА ТВОЕГО, И УБРАЛИ [ИДОЛОВ] ИЗ ТВОЕГО ДВОРЦА, И ОЧИСТИЛИ СВЯТИЛИЩЕ ТВОЕ. И ЗАЖГЛИ СВЕТИЛЬНИКИ ВО ДВОРАХ СВЯТИЛИЩА ТВОЕГО. И УСТАНОВИЛИ ЭТИ ВОСЕМЬ ДНЕЙ ХАНУКИ, ЧТОБЫ ВОЗНОСИТЬ БЛАГОДАРНОСТЬ И ХВАЛУ ТВОЕМУ ВЕЛИКОМУ ИМЕНИ.

Продолжают ועל כולם *("И ЗА ВСЕ...")*.

יִהְיוּ לְרָצוֹן אִמְרֵי פִי וְהֶגְיוֹן לִבִּי לְפָנֶיךָ, יְיָ צוּרִי וְגוֹאֲלִי:

אֱלֹהַי, נְצוֹר לְשׁוֹנִי מֵרָע, וּשְׂפָתַי מִדַּבֵּר מִרְמָה, וְלִמְקַלְלַי, נַפְשִׁי תִדּוֹם, וְנַפְשִׁי כֶּעָפָר לַכֹּל תִּהְיֶה, פְּתַח לִבִּי בְּתוֹרָתֶךָ, וּבְמִצְוֹתֶיךָ תִּרְדּוֹף נַפְשִׁי, וְכָל הַחוֹשְׁבִים עָלַי רָעָה, מְהֵרָה הָפֵר עֲצָתָם וְקַלְקֵל מַחֲשַׁבְתָּם. יִהְיוּ כְּמוֹץ לִפְנֵי רוּחַ וּמַלְאַךְ יְיָ דּוֹחֶה. לְמַעַן יֵחָלְצוּן יְדִידֶיךָ, הוֹשִׁיעָה יְמִינְךָ וַעֲנֵנִי. עֲשֵׂה לְמַעַן שְׁמֶךָ, עֲשֵׂה לְמַעַן יְמִינֶךָ, עֲשֵׂה לְמַעַן תּוֹרָתֶךָ, עֲשֵׂה לְמַעַן קְדֻשָּׁתֶךָ, יִהְיוּ לְרָצוֹן אִמְרֵי פִי, וְהֶגְיוֹן לִבִּי לְפָנֶיךָ, יְיָ צוּרִי וְגוֹאֲלִי: עֹשֶׂה שָׁלוֹם (בעשי"ת הַשָּׁלוֹם) בִּמְרוֹמָיו, הוּא יַעֲשֶׂה שָׁלוֹם עָלֵינוּ, וְעַל כָּל יִשְׂרָאֵל, וְאִמְרוּ אָמֵן:

יְהִי רָצוֹן מִלְּפָנֶיךָ, יְיָ אֱלֹהֵינוּ וֵאלֹהֵי אֲבוֹתֵינוּ, שֶׁיִּבָּנֶה בֵּית הַמִּקְדָּשׁ בִּמְהֵרָה בְיָמֵינוּ, וְתֵן חֶלְקֵנוּ בְּתוֹרָתֶךָ: הש"ץ אומר קדיש שלם. (ספירת העומר) עלינו. ק"י.

במוצאי שבת אומר הש"ץ חצי קדיש ואח"כ אומרים ויהי נועם. ואם חל יו"ט בזה השבוע אין אומרים ויהי נועם ואתה קדוש. ואם חל ט"ב במוצש"ק א"א ויהי נועם ולא ויתן לך.

וִיהִי נֹעַם אֲדֹנָי אֱלֹהֵינוּ עָלֵינוּ, וּמַעֲשֵׂה יָדֵינוּ כּוֹנְנָה עָלֵינוּ, וּמַעֲשֵׂה יָדֵינוּ כּוֹנְנֵהוּ:

יֹשֵׁב בְּסֵתֶר עֶלְיוֹן, בְּצֵל שַׁדַּי יִתְלוֹנָן: אֹמַר לַיָי מַחְסִי וּמְצוּדָתִי, אֱלֹהַי אֶבְטַח בּוֹ: כִּי הוּא יַצִּילְךָ מִפַּח יָקוּשׁ, מִדֶּבֶר הַוּוֹת: בְּאֶבְרָתוֹ יָסֶךְ לָךְ וְתַחַת כְּנָפָיו תֶּחְסֶה, צִנָּה וְסֹחֵרָה אֲמִתּוֹ: לֹא תִירָא מִפַּחַד לָיְלָה, מֵחֵץ יָעוּף יוֹמָם: מִדֶּבֶר בָּאֹפֶל יַהֲלֹךְ, מִקֶּטֶב יָשׁוּד צָהֳרָיִם: יִפֹּל מִצִּדְּךָ אֶלֶף וּרְבָבָה מִימִינֶךָ, אֵלֶיךָ לֹא יִגָּשׁ: רַק בְּעֵינֶיךָ תַבִּיט, וְשִׁלֻּמַת רְשָׁעִים תִּרְאֶה: כִּי אַתָּה יְיָ מַחְסִי, עֶלְיוֹן שַׂמְתָּ מְעוֹנֶךָ: לֹא תְאֻנֶּה אֵלֶיךָ רָעָה, וְנֶגַע לֹא יִקְרַב בְּאָהֳלֶךָ: כִּי מַלְאָכָיו יְצַוֶּה לָּךְ, לִשְׁמָרְךָ בְּכָל דְּרָכֶיךָ: עַל כַּפַּיִם יִשָּׂאוּנְךָ, פֶּן תִּגֹּף בָּאֶבֶן רַגְלֶךָ: עַל שַׁחַל וָפֶתֶן תִּדְרֹךְ, תִּרְמֹס כְּפִיר וְתַנִּין: כִּי בִי חָשַׁק וַאֲפַלְּטֵהוּ, אֲשַׂגְּבֵהוּ כִּי יָדַע שְׁמִי: יִקְרָאֵנִי וְאֶעֱנֵהוּ, עִמּוֹ אָנֹכִי בְצָרָה, אֲחַלְּצֵהוּ וַאֲכַבְּדֵהוּ: אֹרֶךְ יָמִים אַשְׂבִּיעֵהוּ, וְאַרְאֵהוּ בִּישׁוּעָתִי: אֹרֶךְ.

יהיו ДА БУДУТ УГОДНЫ ТЕБЕ СЛОВА МОИХ УСТ И ПОМЫСЛЫ СЕРДЦА МОЕГО, О, ГОСПОДЬ, – МОЙ ОПЛОТ И ИЗБАВИТЕЛЬ!¹

אלהי БОГ МОЙ! УБЕРЕГИ МОЙ ЯЗЫК ОТ ЗЛОСЛОВИЯ И УСТА МОИ ОТ ЛЖИВЫХ РЕЧЕЙ; И ПЕРЕД ТЕМИ, КТО ПРОКЛИНАЕТ МЕНЯ, ПУСТЬ ДУША МОЯ ХРАНИТ МОЛЧАНИЕ. И ПУСТЬ ДУША ПОВЕРГАЕТСЯ В ПРАХ ПРЕД КАЖДЫМ. РАСКРОЙ МОЕ СЕРДЦЕ ДЛЯ ТОРЫ ТВОЕЙ, И ДА УСТРЕМИТСЯ МОЯ ДУША К ИСПОЛНЕНИЮ ТВОИХ ЗАПОВЕДЕЙ; И ПОСКОРЕЕ РАЗРУШЬ КОЗНИ И РАССТРОЙ ЗАМЫСЛЫ ВСЕХ ЗАДУМАВШИХ ПРОТИВ МЕНЯ НЕДОБРОЕ. ДА БУДУТ ОНИ МЯКИНОЙ НА ВЕТРУ, ГОНИМЫЕ АНГЕЛОМ ГОСПОДА.² ПУСТЬ СПАСЕНЫ БУДУТ ТЕ, КОГО ЛЮБИШЬ ТЫ; СПАСИ [МЕНЯ] ДЕСНИЦЕЙ СВОЕЙ И ОТВЕТЬ МНЕ.³ СОВЕРШИ ЭТО РАДИ ИМЕНИ СВОЕГО, СОВЕРШИ РАДИ [ПРОСЛАВЛЕНИЯ] ДЕСНИЦЫ СВОЕЙ, СОВЕРШИ РАДИ ТОРЫ СВОЕЙ, СОВЕРШИ РАДИ СВЯТОСТИ СВОЕЙ; ДА БУДУТ УГОДНЫ ТЕБЕ СЛОВА МОИХ УСТ И ПОМЫСЛЫ СЕРДЦА МОЕГО, О, ГОСПОДЬ, – МОЙ ОПЛОТ И ИЗБАВИТЕЛЬ!¹ УСТАНАВЛИВАЮЩИЙ МИР (в "десять дней раскаяния" вместо "ШАЛОМ" – "МИР" говорят: "ГАШАЛОМ") В СВОИХ ВЫСОТАХ, ОН ПОШЛЕТ МИР НАМ И ВСЕМУ ИЗРАИЛЮ, И СКАЖЕМ: АМЕН!

יהי ДА БУДЕТ УГОДНО ТЕБЕ, ГОСПОДЬ, БОГ НАШ И БОГ ОТЦОВ НАШИХ, ЧТОБЫ БЫЛ ПОСТРОЕН ХРАМ, – ВСКОРЕ, В НАШИ ДНИ, – И ДАЙ НАМ УДЕЛ В ТОРЕ ТВОЕЙ!⁴

Хазан произносит "Кадиш шалем" (стр.74). Между праздниками Песах и Шавуот – "сфират-гаомер" (стр. 341). Далее говорят עלינו ("НАШ ДОЛГ...", стр. 84) и "Кадиш ятом" (стр. 77).

В вечерней молитве после субботы вместо "Кадиш шалем" хазан произносит "Хаци-кадиш" (стр. 106), а затем говорят молитвы ויהי נועם ("ДА БУДЕТ ДАРОВАНО...") и ואתה קדוש ("И ТЫ, СВЯТОЙ..."). Если в наступающей неделе есть йом-тов, эти молитвы не произносят. Если следующий день после субботы – Девятое ава, то не произносятся молитвы ויהי נועם ("ДА БУДЕТ ДАРОВАНО..."), ואתה קדוש ("И ТЫ, СВЯТОЙ..."), а также ויתן לך ("И ПУСТЬ ДАРУЕТ ТЕБЕ..."), стр. 235.

ויהי ДА БУДЕТ ДАРОВАНО НАМ ГОСПОДОМ, БОГОМ НАШИМ, БЛАЖЕНСТВО; ДА УТВЕРДИТ [ОН В МИРЕ] ТВОРЕНИЯ РУК НАШИХ, ТВОРЕНИЯ РУК НАШИХ ДА УТВЕРДИТ!⁵

ישב ТОТ, КТО ПОГРУЖЕН В ВЫСШУЮ ТАЙНУ, ПОСТОЯННО БУДЕТ ПРЕБЫВАТЬ ПОД СЕНЬЮ ВСЕМОГУЩЕГО. СКАЖИ ГОСПОДУ: "ЗАЩИТА МОЯ И ОПЛОТ МОЙ, ТЫ – БОГ МОЙ, НА ТЕБЯ Я БУДУ НАДЕЯТЬСЯ!" ИБО ОН СПАСЕТ ТЕБЯ ОТ СЕТЕЙ ЛОВЦА, ОТ ГУБИТЕЛЬНОГО МОРА, КРЫЛОМ СВОИМ ПРИКРОЕТ ОН ТЕБЯ, ПОД СЕНЬЮ КРЫЛ ЕГО НАЙДЕШЬ ТЫ УБЕЖИЩЕ, ЩИТОМ И КОЛЬЧУГОЙ БУДЕТ ДЛЯ ТЕБЯ ЕГО ИСТИНА. НЕ УБОИШЬСЯ ТЫ НИ СТРАХОВ НОЧНЫХ, НИ СТРЕЛЫ, ЛЕТЯЩЕЙ ДНЕМ, НИ МОРА, КРАДУЩЕГОСЯ ВО ТЬМЕ, НИ СМЕРТИ, СВИРЕПСТВУЮЩЕЙ В ПОЛДЕНЬ. ПАДЕТ [СЛЕВА] ОТ ТЕБЯ ТЫСЯЧА И ДЕСЯТЬ ТЫСЯЧ – СПРАВА, А ТЫ ОСТАНЕШЬСЯ НЕВРЕДИМ; ЛИШЬ ГЛАЗАМИ СВОИМИ УВИДИШЬ ТЫ, КАК ПОСТИГНЕТ ЗЛОДЕЕВ КАРА, ИБО [ГОВОРИЛ] ТЫ: "ГОСПОДЬ – ЗАЩИТА МОЯ", ВСЕВЫШНЕГО ИЗБРАЛ ТЫ ПРИБЕЖИЩЕМ СВОИМ. НЕ СЛУЧИТСЯ С ТОБОЙ НЕСЧАСТЬЯ, И БЕДА НЕ ПРИБЛИЗИТСЯ К ШАТРУ ТВОЕМУ, ИБО АНГЕЛАМ СВОИМ ПРИКАЖЕТ ОН ОХРАНЯТЬ ТЕБЯ НА ВСЕХ ТВОИХ ПУТЯХ. НА РУКАХ ОНИ БУДУТ НОСИТЬ ТЕБЯ, ЧТОБЫ НЕ СПОТКНУЛАСЬ О КАМЕНЬ ТВОЯ НОГА. ЛЬВА И ЗМЕЯ ПОПИРАТЬ СТАНЕШЬ, РАСТОПЧЕШЬ МОЛОДОГО ЛЬВА И ДРАКОНА. [СКАЗАЛ ВСЕВЫШНИЙ] : "ЗА ТО, ЧТО ОН СТРЕМИТСЯ КО МНЕ, Я СПАСУ ЕГО; Я ВОЗНЕСУ ЕГО ЗА ТО, ЧТО ЗНАЕТ ОН ИМЯ МОЕ. ВОЗЗОВЕТ ОН КО МНЕ – И Я ОТВЕЧУ ЕМУ. С НИМ Я В БЕДЕ ЕГО; Я СПАСУ ЕГО И ПРОСЛАВЛЮ. ДАМ НАСЫТИТЬСЯ ЕМУ ДОЛГОЛЕТИЕМ И ЯВЛЮ ЕМУ СВОЕ СПАСЕНИЕ".⁶ ДАМ НАСЫТИТЬСЯ ЕМУ ДОЛГОЛЕТИЕМ И ЯВЛЮ ЕМУ СВОЕ СПАСЕНИЕ.

---

1. Тегилим, 19:15. 2. Тегилим, 35:5. 3. Тегилим, 60:7, 108:7. 4. Авот. 5:20. 5. Тегилим, 90:17. 6. Тегилим, 91.

וְאַתָּה קָדוֹשׁ, יוֹשֵׁב תְּהִלּוֹת יִשְׂרָאֵל. וְקָרָא זֶה אֶל זֶה וְאָמַר, קָדוֹשׁ קָדוֹשׁ קָדוֹשׁ
יְיָ צְבָאוֹת, מְלֹא כָל הָאָרֶץ כְּבוֹדוֹ. וּמְקַבְּלִין דֵּין מִן דֵּין, וְאָמְרִין קַדִּישׁ
בִּשְׁמֵי מְרוֹמָא עִלָּאָה בֵּית שְׁכִינְתֵּהּ, קַדִּישׁ עַל אַרְעָא עוֹבַד גְּבוּרְתֵּהּ, קַדִּישׁ
לְעָלַם וּלְעָלְמֵי עָלְמַיָּא. יְיָ צְבָאוֹת, מַלְיָא כָל אַרְעָא זִיו יְקָרֵהּ. וַתִּשָּׂאֵנִי רוּחַ,
וָאֶשְׁמַע אַחֲרַי, קוֹל רַעַשׁ גָּדוֹל, בָּרוּךְ כְּבוֹד יְיָ מִמְּקוֹמוֹ. וּנְטָלַתְנִי רוּחָא
וּשְׁמָעִית בַּתְרַי קָל זִיעַ סַגִּיא דִּמְשַׁבְּחִין וְאָמְרִין: בְּרִיךְ יְקָרָא דַיְיָ מֵאֲתַר בֵּית
שְׁכִינְתֵּהּ. יְיָ יִמְלֹךְ לְעוֹלָם וָעֶד. יְיָ מַלְכוּתֵהּ קָאֵם לְעָלַם וּלְעָלְמֵי עָלְמַיָּא. יְיָ אֱלֹהֵי
אַבְרָהָם יִצְחָק וְיִשְׂרָאֵל אֲבוֹתֵינוּ, שָׁמְרָה זֹּאת לְעוֹלָם לְיֵצֶר מַחְשְׁבוֹת לְבַב עַמֶּךָ,
וְהָכֵן לְבָבָם אֵלֶיךָ. וְהוּא רַחוּם, יְכַפֵּר עָוֹן וְלֹא יַשְׁחִית וְהִרְבָּה לְהָשִׁיב אַפּוֹ,
וְלֹא יָעִיר כָּל חֲמָתוֹ. כִּי אַתָּה אֲדֹנָי טוֹב וְסַלָּח, וְרַב חֶסֶד לְכָל קֹרְאֶיךָ.
צִדְקָתְךָ צֶדֶק לְעוֹלָם, וְתוֹרָתְךָ אֱמֶת. תִּתֵּן אֱמֶת לְיַעֲקֹב, חֶסֶד לְאַבְרָהָם,
אֲשֶׁר נִשְׁבַּעְתָּ לַאֲבוֹתֵינוּ מִימֵי קֶדֶם. בָּרוּךְ אֲדֹנָי יוֹם יוֹם יַעֲמָס לָנוּ, הָאֵל
יְשׁוּעָתֵנוּ סֶלָה. יְיָ צְבָאוֹת עִמָּנוּ, מִשְׂגָּב לָנוּ, אֱלֹהֵי יַעֲקֹב סֶלָה. יְיָ צְבָאוֹת,
אַשְׁרֵי אָדָם בֹּטֵחַ בָּךְ. יְיָ הוֹשִׁיעָה, הַמֶּלֶךְ יַעֲנֵנוּ בְיוֹם קָרְאֵנוּ. בָּרוּךְ הוּא
אֱלֹהֵינוּ שֶׁבְּרָאָנוּ לִכְבוֹדוֹ, וְהִבְדִּילָנוּ מִן הַתּוֹעִים. וְנָתַן לָנוּ תּוֹרַת אֱמֶת, וְחַיֵּי
עוֹלָם נָטַע בְּתוֹכֵנוּ. הוּא יִפְתַּח לִבֵּנוּ בְּתוֹרָתוֹ, וְיָשֵׂם בְּלִבֵּנוּ אַהֲבָתוֹ וְיִרְאָתוֹ,
וְלַעֲשׂוֹת רְצוֹנוֹ וּלְעָבְדוֹ בְּלֵבָב שָׁלֵם, לְמַעַן לֹא נִיגַע לָרִיק, וְלֹא נֵלֵד לַבֶּהָלָה.
וּבְכֵן יְהִי רָצוֹן מִלְּפָנֶיךָ יְיָ אֱלֹהֵינוּ וֵאלֹהֵי אֲבוֹתֵינוּ, שֶׁנִּשְׁמֹר חֻקֶּיךָ בָּעוֹלָם הַזֶּה,
וְנִזְכֶּה וְנִחְיֶה וְנִרְאֶה, וְנִירַשׁ טוֹבָה וּבְרָכָה, לִשְׁנֵי יְמוֹת הַמָּשִׁיחַ וּלְחַיֵּי הָעוֹלָם
הַבָּא. לְמַעַן יְזַמֶּרְךָ כָבוֹד וְלֹא יִדֹּם, יְיָ אֱלֹהַי לְעוֹלָם אוֹדֶךָּ. בָּרוּךְ הַגֶּבֶר
אֲשֶׁר יִבְטַח בַּיְיָ, וְהָיָה יְיָ מִבְטַחוֹ. בִּטְחוּ בַיְיָ עֲדֵי עַד, כִּי בְּיָהּ יְיָ צוּר
עוֹלָמִים. וְיִבְטְחוּ בְךָ יוֹדְעֵי שְׁמֶךָ, כִּי לֹא עָזַבְתָּ דֹּרְשֶׁיךָ יְיָ. יְיָ חָפֵץ לְמַעַן
צִדְקוֹ, יַגְדִּיל תּוֹרָה וְיַאְדִּיר:

הַחַ״ן אוֹמֵר קַדִּישׁ שָׁלֵם. (סְפִירַת הָעוֹמֶר תִּמָּצֵא לְקַמָּן עֵי 246)

עָלֵינוּ לְשַׁבֵּחַ לַאֲדוֹן הַכֹּל לָתֵת גְּדֻלָּה לְיוֹצֵר בְּרֵאשִׁית שֶׁלֹּא
עָשָׂנוּ כְּגוֹיֵי הָאֲרָצוֹת וְלֹא שָׂמָנוּ כְּמִשְׁפְּחוֹת הָאֲדָמָה
שֶׁלֹּא שָׂם חֶלְקֵנוּ כָּהֶם וְגוֹרָלֵנוּ כְּכָל הֲמוֹנָם שֶׁהֵם מִשְׁתַּחֲוִים לְהֶבֶל
וָלָרִיק: וַאֲנַחְנוּ כּוֹרְעִים וּמִשְׁתַּחֲוִים וּמוֹדִים לִפְנֵי מֶלֶךְ מַלְכֵי הַמְּלָכִים
הַקָּדוֹשׁ בָּרוּךְ הוּא: שֶׁהוּא נוֹטֶה שָׁמַיִם וְיוֹסֵד אָרֶץ וּמוֹשַׁב יְקָרוֹ בַּשָּׁמַיִם
מִמַּעַל וּשְׁכִינַת עֻזּוֹ בְּגָבְהֵי מְרוֹמִים: הוּא אֱלֹהֵינוּ אֵין עוֹד אֱמֶת מַלְכֵּנוּ

וְאַתָּה ТЫ, СВЯТОЙ, ВОССЕДАЕШЬ НА [ПРЕСТОЛЕ СВОЕМ, ВНИМАЯ] ХВАЛАМ НАРОДА ИЗРАИЛЯ.[1] [И АНГЕЛЫ] ВЗЫВАЛИ ДРУГ К ДРУГУ И ПРОИЗНОСИЛИ: "СВЯТ, СВЯТ, СВЯТ ГОСПОДЬ ВОИНСТВ! ВСЯ ЗЕМЛЯ ПОЛНА СЛАВЫ ЕГО!"[2] И ПРИНИМАЛИ ОНИ ДРУГ ОТ ДРУГА [ПРАВО ВОСХВАЛЯТЬ ВСЕВЫШНЕГО] И ВОЗВЕЩАЛИ: "СВЯТ ОН В ВЫСОТАХ НЕБЕСНЫХ, В МЕСТЕ, ГДЕ ОБИТАЕТ ЕГО ШХИНА; СВЯТ ОН НА ЗЕМЛЕ, СОТВОРЕННОЙ МОГУЩЕСТВОМ ЕГО; СВЯТ ВОВЕК И ВО ВЕКИ ВЕКОВ ГОСПОДЬ ВОИНСТВ, ВСЯ ЗЕМЛЯ ПОЛНА СИЯНИЯ СЛАВЫ ЕГО".* И ПОДХВАТИЛ МЕНЯ ВЕТЕР, И Я УСЛЫШАЛ ПОЗАДИ СЕБЯ МОГУЧИЙ ГРОМОВОЙ ГОЛОС: "ДА БУДЕТ БЛАГОСЛОВЕННА СЛАВА ГОСПОДА, ГДЕ БЫ ОНА НИ ОБИТАЛА!"[3] И ПОДХВАТИЛ МЕНЯ ВЕТЕР, И Я УСЛЫШАЛ ПОЗАДИ СЕБЯ МОГУЧИЙ, ВЫЗЫВАЮЩИЙ ТРЕПЕТ, ГОЛОС ТЕХ, КТО, ВОСХВАЛЯЯ [ВСЕВЫШНЕГО], ПРОИЗНОСИЛ: "ДА БУДЕТ БЛАГОСЛОВЕННА СЛАВА ГОСПОДА, ГДЕ БЫ ОНА НИ ОБИТАЛА!"* ГОСПОДЬ БУДЕТ ЦАРСТВОВАТЬ ВО ВЕКИ ВЕКОВ![4] ГОСПОДЬ, ЦАРСТВО ТВОЕ НЕЗЫБЛЕМО ВОВЕК, ВО ВЕКИ ВЕКОВ!* ГОСПОДЬ, БОГ АВРАГАМА, ИЦХАКА И ИЗРАИЛЯ, ОТЦОВ НАШИХ, ПОМНИ ЭТО ВЕЧНО – СТРЕМЛЕНИЯ, ПОМЫСЛЫ СЕРДЕЦ [СЫНОВ] НАРОДА СВОЕГО, И ОБРАТИ К СЕБЕ ИХ СЕРДЦА![5] И ОН, МИЛОСЕРДНЫЙ, ПРОСТИТ ЗЛОДЕЯНИЕ И НЕ ПОГУБИТ [СОГРЕШИВШЕГО], КАК НЕ РАЗ УЖЕ ОТВРАЩАЛ ГНЕВ СВОЙ [ОТ ГРЕШНИКА], И НЕ ОБРУШИТ [НА НЕГО] ВСЮ ЯРОСТЬ СВОЮ.[6] ИБО ТЫ, ГОСПОДЬ, – ДОБРЫЙ БОГ И ВСЕПРОЩАЮЩИЙ, И ВЕЛИКА ЛЮБОВЬ ТВОЯ КО ВСЕМ, КТО ВЗЫВАЕТ К ТЕБЕ.[7] МИЛОСТЬ ТВОЯ – ВЕЧНАЯ МИЛОСТЬ, И ТОРА ТВОЯ – ИСТИНА.[8] ИСПОЛНИ ОБЕЩАНИЕ, [ДАННОЕ ТОБОЙ] ЯАКОВУ, ПРОЯВИ ЛЮБОВЬ [СВОЮ] К АВРАГАМУ – КАК ПОКЛЯЛСЯ ТЫ ОТЦАМ НАШИМ В ДРЕВНОСТИ.[9] БЛАГОСЛОВЕН ГОСПОДЬ, ЕЖЕДНЕВНО ПОСЫЛАЮЩИЙ НАМ [СВОИ БЛАГОСЛОВЕНИЯ], БОГ, ВСЕГДА СПАСАЮЩИЙ НАС![10] ГОСПОДЬ ВОИНСТВ С НАМИ; БОГ ЯАКОВА – НАШ ОПЛОТ ВОВЕКИ![11] ГОСПОДЬ ВОИНСТВ, СЧАСТЛИВ ЧЕЛОВЕК, ПОЛАГАЮЩИЙСЯ НА ТЕБЯ![12] ГОСПОДЬ, СПАСИ [НАС]! ОТВЕТЬ НАМ, ВЛАДЫКА, В ДЕНЬ, КОГДА МЫ ВЗЫВАЕМ [К ТЕБЕ]![13] БЛАГОСЛОВЕН ОН, БОГ НАШ, КОТОРЫЙ СОТВОРИЛ НАС ВО СЛАВУ СВОЮ, И ОТДЕЛИЛ НАС ОТ ЗАБЛУЖДАЮЩИХСЯ, И ДАЛ НАМ ИСТИННОЕ УЧЕНИЕ, И ДАРОВАЛ НАМ ВЕЧНУЮ ЖИЗНЬ; ДА РАСКРОЕТ ОН СЕРДЦЕ НАШЕ ДЛЯ ТОРЫ СВОЕЙ И ВЛОЖИТ В НАШЕ СЕРДЦЕ ЛЮБОВЬ К НЕМУ И ТРЕПЕТ ПРЕД НИМ, ЧТОБЫ МЫ ИСПОЛНЯЛИ ВОЛЮ ЕГО И СЛУЖИЛИ ЕМУ ВСЕМ СЕРДЦЕМ, НЕ ТРУДИЛИСЬ ВПУСТУЮ И НЕ ПЛОДИЛИ ТЩЕТУ. И ПОТОМУ – ДА БУДЕТ УГОДНО ТЕБЕ, ГОСПОДЬ, БОГ НАШ И БОГ ОТЦОВ НАШИХ, ЧТОБЫ МЫ ХРАНИЛИ В ЭТОМ МИРЕ ЗАКОНЫ ТВОИ, И УДОСТОИЛИСЬ ДОЖИТЬ [ДО ИЗБАВЛЕНИЯ], И УВИДЕТЬ И УНАСЛЕДОВАТЬ ДОБРО И БЛАГОСЛОВЕНИЕ В ДНИ МАШИАХА И ВО ВРЕМЕНА ГРЯДУЩЕГО МИРА. ЗА ЭТО БУДЕТ ВОСПЕВАТЬ ТЕБЯ ДУША НЕ УМОЛКАЯ; ГОСПОДЬ, БОГ МОЙ! ВСЕГДА БУДУ БЛАГОДАРИТЬ ТЕБЯ![14] БЛАГОСЛОВЕН ЧЕЛОВЕК, ПОЛАГАЮЩИЙСЯ НА ГОСПОДА, – ГОСПОДЬ БУДЕТ ЕМУ ОПОРОЙ.[15] ПОЛАГАЙТЕСЬ НА ГОСПОДА ВО ВЕКИ ВЕКОВ, ИБО БОГ ГОСПОДЬ – ВЕЧНАЯ ТВЕРДЫНЯ.[16] И БУДУТ ПОЛАГАТЬСЯ НА ТЕБЯ ТЕ, КОМУ ВЕДОМО ИМЯ ТВОЕ, – ВЕДЬ НЕ ОСТАВЛЯЕШЬ ТЫ, ГОСПОДЬ, ТЕХ, КТО ВЗЫВАЕТ К ТЕБЕ.[17] ГОСПОДЬ, ЖЕЛАЯ, ЧТОБЫ [НАРОД ИЗРАИЛЯ] ДОСТИГ ПРАВЕДНОСТИ, ВОЗВЕЛИЧИЛ И УКРЕПИЛ ТОРУ.[18]

Хазан произносит "Кадиш шалем", стр. 74–75. Между праздниками Песах и Шавуот – "сфират-гаомер", стр. 341.

עָלֵינוּ НАШ ДОЛГ – ВОСХВАЛЯТЬ ВЛАДЫКУ ВСЕГО МИРА, ПРОВОЗГЛАШАТЬ ВЕЛИЧИЕ СОЗДАТЕЛЯ ВСЕЛЕННОЙ, КОТОРЫЙ НЕ СДЕЛАЛ НАС ПОДОБНЫМИ ДРУГИМ НАРОДАМ МИРА, И НЕ ДАЛ НАМ БЫТЬ ПОХОЖИМИ НА ВСЕ ПЛЕМЕНА ЗЕМНЫЕ, И НЕ ДАЛ НАМ ТОТ ЖЕ УДЕЛ, ЧТО И ИМ, И ТУ ЖЕ СУДЬБУ, ЧТО И ВСЕМ ИХ ПОЛЧИЩАМ, – ИБО ОНИ ПОКЛОНЯЮТСЯ ПУСТОТЕ И ТЩЕТЕ. МЫ ЖЕ ПРЕКЛОНЯЕМ КОЛЕНА, И ПАДАЕМ НИЦ, И ВОЗНОСИМ БЛАГОДАРНОСТЬ ВЛАДЫКЕ, ЦАРЮ ЦАРЕЙ, СВЯТОМУ [ТВОРЦУ], БЛАГОСЛОВЕН ОН, КОТОРЫЙ ПРОСТЕР НЕБЕСА И УТВЕРДИЛ ЗЕМЛЮ [НА МЕСТЕ], – И ПРЕСТОЛ СЛАВЫ ЕГО – НЕБЕСНЫЕ ВЫСИ, И ОБИТЕЛЬ МОГУЩЕСТВА ЕГО – ВЫСОТЫ ВЫСОТ. ОН, И НИКТО ИНОЙ, – БОГ НАШ. ВОИСТИНУ, ОН – ВЛАДЫКА НАШ,

1. Тегилим, 22:4. 2. Йешаягу,6:3. 3. Йехезкель, 3:12. 4. Шмот, 15:18. 5. Д加еры гаямим I, 29:18. 6. Тегилим, 78:38. 7. Тегилим, 86:5. 8. Тегилим, 119:142. 9. Миха, 7:20. 10. Тегилим, 68:20. 11. Тегилим, 46:8. 12. Тегилим, 84:13. 13. Тегилим, 20:10. 14. Тегилим, 30:13. 15. Ирмеягу, 17:7. 16. Йешаягу, 26:4. 17. Тегилим, 9:11. 18. Йешаягу, 42:21.
* См. примечания на стр. 72-73.

אֶפֶס זוּלָתוֹ כַּכָּתוּב בְּתוֹרָתוֹ וְיָדַעְתָּ הַיּוֹם וַהֲשֵׁבֹתָ אֶל־לְבָבֶךָ כִּי יְהֹוָה הוּא הָאֱלֹהִים בַּשָּׁמַיִם מִמַּעַל וְעַל־הָאָרֶץ מִתָּחַת אֵין עוֹד:

וְעַל כֵּן נְקַוֶּה לְּךָ יְיָ אֱלֹהֵינוּ, לִרְאוֹת מְהֵרָה בְּתִפְאֶרֶת עֻזֶּךָ, לְהַעֲבִיר גִּלּוּלִים מִן הָאָרֶץ, וְהָאֱלִילִים כָּרוֹת יִכָּרֵתוּן, לְתַקֵּן עוֹלָם בְּמַלְכוּת שַׁדַּי. וְכָל בְּנֵי בָשָׂר יִקְרְאוּ בִשְׁמֶךָ, לְהַפְנוֹת אֵלֶיךָ כָּל רִשְׁעֵי אָרֶץ. יַכִּירוּ וְיֵדְעוּ כָּל יוֹשְׁבֵי תֵבֵל, כִּי לְךָ תִּכְרַע כָּל בֶּרֶךְ, תִּשָּׁבַע כָּל לָשׁוֹן. לְפָנֶיךָ יְיָ אֱלֹהֵינוּ יִכְרְעוּ וְיִפֹּלוּ, וְלִכְבוֹד שִׁמְךָ יְקָר יִתֵּנוּ, וִיקַבְּלוּ כֻלָּם אֶת עוֹל מַלְכוּתֶךָ, וְתִמְלוֹךְ עֲלֵיהֶם מְהֵרָה לְעוֹלָם וָעֶד. כִּי הַמַּלְכוּת שֶׁלְּךָ הִיא, וּלְעוֹלְמֵי עַד תִּמְלוֹךְ בְּכָבוֹד, כַּכָּתוּב בְּתוֹרָתֶךָ: יְיָ יִמְלֹךְ לְעוֹלָם וָעֶד. וְנֶאֱמַר, וְהָיָה יְיָ לְמֶלֶךְ עַל כָּל הָאָרֶץ, בַּיּוֹם הַהוּא יִהְיֶה, יְיָ אֶחָד וּשְׁמוֹ אֶחָד: קדיש יתום

אַל־תִּירָא מִפַּחַד פִּתְאֹם וּמִשֹּׁאַת רְשָׁעִים כִּי תָבֹא: עֻצוּ עֵצָה וְתֻפָר דַּבְּרוּ דָבָר וְלֹא יָקוּם כִּי עִמָּנוּ אֵל: וְעַד־זִקְנָה אֲנִי הוּא וְעַד־שֵׂיבָה אֲנִי אֶסְבֹּל אֲנִי עָשִׂיתִי וַאֲנִי אֶשָּׂא וַאֲנִי אֶסְבֹּל וַאֲמַלֵּט: אך צדיקים יודו לשמך ישבו ישרים את פניך

סדר קריאת שמע על המטה

(בשבת ויו"ט
א"א זה)

רִבּוֹנוֹ שֶׁל־עוֹלָם הֲרֵינִי מוֹחֵל לְכָל־מִי שֶׁהִכְעִיס וְהִקְנִיט אוֹתִי אוֹ שֶׁחָטָא כְּנֶגְדִּי בֵּין בְּגוּפִי בֵּין בְּמָמוֹנִי בֵּין בִּכְבוֹדִי בֵּין בְּכָל־ אֲשֶׁר לִי בֵּין בְּאֹנֶס בֵּין בְּרָצוֹן בֵּין בְּשׁוֹגֵג בֵּין בְּמֵזִיד בֵּין בְּדִבּוּר בֵּין בְּמַעֲשֶׂה בֵּין בְּגִלְגּוּל זֶה בֵּין בְּגִלְגּוּל אַחֵר לְכָל־בַּר יִשְׂרָאֵל וְלֹא יֵעָנֵשׁ שׁוּם אָדָם בְּסִבָּתִי, יְהִי רָצוֹן מִלְּפָנֶיךָ יְהֹוָה אֱלֹהַי וֵאלֹהֵי אֲבוֹתַי שֶׁלֹּא אֶחֱטָא עוֹד וְלֹא אֶחֱזוֹר בָּהֶם וְלֹא אָשׁוּב עוֹד לְהַכְעִיסֶךָ וְלֹא אֶעֱשֶׂה הָרַע בְּעֵינֶיךָ וּמַה־שֶּׁחָטָאתִי מְחוֹק בְּרַחֲמֶיךָ הָרַבִּים וְלֹא עַל יְדֵי יִסּוּרִים וָחֳלָיִם רָעִים: יִהְיוּ לְרָצוֹן | אִמְרֵי־פִי וְהֶגְיוֹן לִבִּי לְפָנֶיךָ יְהֹוָה צוּרִי וְגוֹאֲלִי: ע"כ

הַשְׁכִּיבֵנוּ אָבִינוּ לְשָׁלוֹם, וְהַעֲמִידֵנוּ מַלְכֵּנוּ לְחַיִּים טוֹבִים וּלְשָׁלוֹם וְתַקְּנֵנוּ בְּעֵצָה טוֹבָה מִלְּפָנֶיךָ, וְהוֹשִׁיעֵנוּ מְהֵרָה לְמַעַן

И НИЧТО НЕ МОЖЕТ СУЩЕСТВОВАТЬ БЕЗ НЕГО, КАК НАПИСАНО В ТОРЕ ЕГО: ”И
УЗНАЕШЬ ТЫ В ТОТ ДЕНЬ, И ПРИМЕШЬ СЕРДЦЕМ СВОИМ, ЧТО ГОСПОДЬ – БОГ;
ОТ НЕБЕСНЫХ ВЫСЕЙ И ДО ЗЕМНЫХ ГЛУБИН НИЧЕГО КРОМЕ НЕГО НЕ СУЩЕ-
СТВУЕТ”.[1]

על‎ И ПОЭТОМУ МЫ НАДЕЕМСЯ НА ТЕБЯ, ГОСПОДЬ, БОГ НАШ, [НАДЕЕМСЯ]
УВИДЕТЬ ВСКОРЕ ВЕЛИКОЛЕПИЕ МОГУЩЕСТВА ТВОЕГО, КОТОРОЕ СМЕТЕТ ИСТУ-
КАНОВ С ЛИЦА ЗЕМЛИ И УНИЧТОЖИТ ИДОЛОВ. И БУДЕТ УСТАНОВЛЕНА В МИРЕ
ВЛАСТЬ ВСЕМОГУЩЕГО, И ВСЕ СЫНЫ ЧЕЛОВЕЧЕСКИЕ СТАНУТ ВЗЫВАТЬ К ИМЕНИ
ТВОЕМУ, И ВСЕ ГРЕШНИКИ ЗЕМЛИ ВЕРНУТСЯ К ТЕБЕ. И ПРИЗНАЮТ, И ПОЙМУТ ВСЕ
ЖИТЕЛИ ЗЕМЛИ, ЧТО ПРЕД ТОБОЮ ВСЕМ СЛЕДУЕТ ПРЕКЛОНЯТЬ КОЛЕНИ И
[ЛИШЬ] ТВОИМ ИМЕНЕМ ДОЛЖНО КЛЯСТЬСЯ. ПРЕД ТОБОЮ, ГОСПОДЬ, БОГ НАШ,
СКЛОНЯТСЯ ОНИ, И ПАДУТ НИЦ, И ВОЗДАДУТ ПОЧЕСТИ СЛАВНОМУ ИМЕНИ ТВО-
ЕМУ; И ВСЕ ОНИ ПОДЧИНЯТСЯ ТВОЕЙ ЦАРСКОЙ ВЛАСТИ, И ВСКОРЕ ТЫ ВОЦАРИШЬ-
СЯ НАД НИМИ НА ВЕКИ ВЕЧНЫЕ, ИБО ТЕБЕ ПРИНАДЛЕЖИТ ЦАРСКАЯ ВЛАСТЬ,
И БУДЕШЬ ТЫ ЦАРСТВОВАТЬ ВО СЛАВЕ ВО ВЕКИ ВЕКОВ. КАК НАПИСАНО В ТОРЕ
ТВОЕЙ: ”ГОСПОДЬ БУДЕТ ЦАРСТВОВАТЬ ВО ВЕКИ ВЕКОВ!”[2] И СКАЗАНО: ”И СТА-
НЕТ ГОСПОДЬ ВЛАДЫКОЙ ВСЕЙ ЗЕМЛИ; В ТОТ ДЕНЬ ГОСПОДЬ БУДЕТ [ПРИЗНАН
ВСЕМИ НАРОДАМИ] ЕДИНСТВЕННЫМ [БОГОМ], И ЛИШЬ ЕГО ИМЯ [БУДЕТ У ВСЕХ
НА УСТАХ]”.[3]

Далее произносится ”Кадиш ятом”, стр. 77.

אל‎ НЕ БОЙСЯ ВНЕЗАПНО ВОЗНИКШЕЙ УГРОЗЫ, ПРИХОДА ЗЛОДЕЕВ, [НЕСУЩИХ]
ГИБЕЛЬ.[4] ГОТОВЬТЕ ЗАГОВОРЫ, [ВРАГИ ИЗРАИЛЯ] – ОНИ БУДУТ СОРВАНЫ.
СГОВАРИВАЙТЕСЬ МЕЖДУ СОБОЮ – НИЧЕГО У ВАС НЕ ВЫЙДЕТ, ВЕДЬ С НАМИ
БОГ![5] ”ВОВЕК Я НЕ ИЗМЕНЮСЬ И ДО СКОНЧАНИЯ ВЕКОВ БУДУ ТЕРПЕЛИВ
[К НАРОДУ ИЗРАИЛЯ]. Я СОТВОРИЛ [ЕГО], И БУДУ ЗАБОТИТЬСЯ [О НЕМ], И
БУДУ ТЕРПЕЛИВ [К НЕМУ], И СПАСУ [ЕГО]”.[6]

אך‎ ТОЛЬКО ПРАВЕДНИКИ УДОСТОЯТСЯ ВОЗНОСИТЬ БЛАГОДАРНОСТЬ ИМЕНИ
ТВОЕМУ. НЕПОРОЧНЫЕ БУДУТ НАХОДИТЬСЯ ПРЕД ЛИЦОМ ТВОИМ.[7]

МОЛИТВА, ПРОИЗНОСИМАЯ ПЕРЕД СНОМ

Молитву ”ВЛАСТЕЛИН...” не произносят в субботу и в праздники.

רבונו‎ ВЛАСТЕЛИН МИРА! Я ПРОЩАЮ ВСЯКОГО, КТО ОБИДЕЛ МЕНЯ, ИЛИ
ОСКОРБИЛ МЕНЯ, ИЛИ НАНЕС УЩЕРБ – ЛИЧНО МНЕ, ИЛИ ИМУЩЕСТВУ МОЕМУ, ИЛИ
МОЕМУ ДОБРОМУ ИМЕНИ, ИЛИ ЧЕМУ-ЛИБО ИЗ ТОГО, ЧТО МНЕ ПРИНАДЛЕЖИТ, –
ВЫНУЖДЕННО ИЛИ ДОБРОВОЛЬНО, ПО ОШИБКЕ ИЛИ УМЫШЛЕННО, СЛОВОМ ИЛИ
ДЕЛОМ, В ЭТОЙ ЖИЗНИ ИЛИ В ПРЕДЫДУЩЕЙ, – [ПРОЩАЮ Я] ВСЯКОМУ СЫНУ ИЗ-
РАИЛЯ; ДА НЕ БУДЕТ НИКТО НАКАЗАН ИЗ-ЗА МЕНЯ. ДА БУДЕТ УГОДНО ТЕБЕ,
ГОСПОДЬ, БОГ МОЙ И БОГ ОТЦОВ МОИХ, ЧТОБЫ Я НЕ ГРЕШИЛ БОЛЕЕ И НЕ ПОВ-
ТОРЯЛ СВОИХ [ПРОСТУПКОВ] И ЧТОБЫ Я НИКОГДА БОЛЬШЕ НЕ ГНЕВАЛ ТЕБЯ
И НЕ ДЕЛАЛ ТОГО, ЧТО ДУРНО В ГЛАЗАХ ТВОИХ; А ОТ ГРЕХОВ, КОТОРЫЕ Я СО-
ВЕРШИЛ, ОЧИСТЬ МЕНЯ ПО ВЕЛИКОЙ МИЛОСТИ СВОЕЙ, НЕ ПОСЫЛАЯ МНЕ СТРА-
ДАНИЙ И ТЯЖКИХ БОЛЕЗНЕЙ. ДА БУДУТ УГОДНЫ ТЕБЕ СЛОВА МОИХ УСТ И ПО-
МЫСЛЫ СЕРДЦА МОЕГО, О, ГОСПОДЬ, – МОЙ ОПЛОТ И ИЗБАВИТЕЛЬ![8]

השכיבנו‎ ДАЙ НАМ, ОТЕЦ НАШ, С МИРОМ ОТОЙТИ КО СНУ,
И ПОДНИМИ НАС [НАЗАВТРА], ВЛАДЫКА НАШ, ДЛЯ БЛАГО-
ПОЛУЧНОЙ ЖИЗНИ И МИРА, И НАПРАВЬ НАС СВОИМ ДОБ-
РЫМ СОВЕТОМ, И СПАСИ НАС В СКОРОМ ВРЕМЕНИ РАДИ

---

1. Дварим, 4:39. 2. Шмот, 15:18. 3. Зхарья, 14:9. 4. Мишлей, 3:25. 5. Йешаяѓу, 8:10.
6. Йешаяѓу, 46:4. 7. Теѓилим, 140:14. 8. Теѓилим, 19:15.

שְׁמֶךָ, וּפְרוֹשׂ עָלֵינוּ סֻכַּת שְׁלוֹמֶךָ . ‏(בשבת ויו״ט א״א.

וְהַגֵּן בַּעֲדֵנוּ, וְהָסֵר מֵעָלֵינוּ: אוֹיֵב, דֶּבֶר, וְחֶרֶב,
וְרָעָב, וְיָגוֹן . וְהָסֵר שָׂטָן מִלְּפָנֵינוּ וּמֵאַחֲרֵינוּ,
וּבְצֵל כְּנָפֶיךָ תַּסְתִּירֵנוּ, וּשְׁמוֹר צֵאתֵנוּ וּבוֹאֵנוּ
לְחַיִּים טוֹבִים וּלְשָׁלוֹם מֵעַתָּה וְעַד עוֹלָם . כִּי אֵל
שׁוֹמְרֵנוּ וּמַצִּילֵנוּ אָתָּה ‏(ע״כ)‏ :

שְׁמַע יִשְׂרָאֵל יְיָ אֱלֹהֵינוּ יְיָ | אֶחָד :

בָּרוּךְ שֵׁם כְּבוֹד מַלְכוּתוֹ לְעוֹלָם וָעֶד :

וְאָהַבְתָּ אֵת יְיָ אֱלֹהֶיךָ, בְּכָל לְבָבְךָ, וּבְכָל נַפְשְׁךָ, וּבְכָל
מְאֹדֶךָ : וְהָיוּ הַדְּבָרִים הָאֵלֶּה אֲשֶׁר אָנֹכִי מְצַוְּךָ
הַיּוֹם עַל לְבָבֶךָ : וְשִׁנַּנְתָּם לְבָנֶיךָ וְדִבַּרְתָּ בָּם, בְּשִׁבְתְּךָ
בְּבֵיתֶךָ, וּבְלֶכְתְּךָ בַדֶּרֶךְ, וּבְשָׁכְבְּךָ, וּבְקוּמֶךָ : וּקְשַׁרְתָּם
לְאוֹת עַל יָדֶךָ, וְהָיוּ לְטֹטָפֹת בֵּין עֵינֶיךָ : וּכְתַבְתָּם עַל
מְזֻזוֹת בֵּיתֶךָ , וּבִשְׁעָרֶיךָ :

וְהָיָה אִם שָׁמֹעַ תִּשְׁמְעוּ אֶל מִצְוֹתַי אֲשֶׁר אָנֹכִי מְצַוֶּה אֶתְכֶם הַיּוֹם,
לְאַהֲבָה אֶת יְיָ אֱלֹהֵיכֶם וּלְעָבְדוֹ, בְּכָל לְבַבְכֶם וּבְכָל נַפְשְׁכֶם:
וְנָתַתִּי מְטַר אַרְצְכֶם בְּעִתּוֹ יוֹרֶה וּמַלְקוֹשׁ, וְאָסַפְתָּ דְגָנֶךָ וְתִירֹשְׁךָ
וְיִצְהָרֶךָ : וְנָתַתִּי עֵשֶׂב בְּשָׂדְךָ לִבְהֶמְתֶּךָ, וְאָכַלְתָּ וְשָׂבָעְתָּ: הִשָּׁמְרוּ
לָכֶם פֶּן יִפְתֶּה לְבַבְכֶם, וְסַרְתֶּם וַעֲבַדְתֶּם אֱלֹהִים אֲחֵרִים וְהִשְׁתַּחֲוִיתֶם
לָהֶם : וְחָרָה אַף יְיָ בָּכֶם וְעָצַר אֶת הַשָּׁמַיִם וְלֹא יִהְיֶה מָטָר וְהָאֲדָמָה
לֹא תִתֵּן אֶת יְבוּלָהּ, וַאֲבַדְתֶּם מְהֵרָה מֵעַל הָאָרֶץ הַטֹּבָה אֲשֶׁר יְיָ
נֹתֵן לָכֶם : וְשַׂמְתֶּם אֶת דְּבָרַי אֵלֶּה עַל לְבַבְכֶם וְעַל נַפְשְׁכֶם
וּקְשַׁרְתֶּם אֹתָם לְאוֹת עַל יֶדְכֶם וְהָיוּ לְטוֹטָפֹת בֵּין עֵינֵיכֶם : וְלִמַּדְתֶּם
אֹתָם אֶת בְּנֵיכֶם לְדַבֵּר בָּם , בְּשִׁבְתְּךָ בְּבֵיתֶךָ וּבְלֶכְתְּךָ בַדֶּרֶךְ
וּבְשָׁכְבְּךָ וּבְקוּמֶךָ : וּכְתַבְתָּם עַל מְזֻזוֹת בֵּיתֶךָ וּבִשְׁעָרֶיךָ : לְמַעַן

ИМЕНИ СВОЕГО, И РАСКИНЬ НАД НАМИ СВОЙ МИРНЫЙ ШАТЕР; (*следующую часть молитвы до слов "СПАСАЮЩИЙ НАС" не произносят в субботу и в йом-тов*) И ЗАЩИТИ НАС, И ИЗБАВЬ НАС ОТ ВРАГА, МОРА, И МЕЧА, И ГОЛОДА, И СКОРБИ; И УСТРАНИ ПРОТИВНИКОВ, НАХОДЯЩИХСЯ ВПЕРЕДИ НАС И ПОЗАДИ НАС; И ПОД СЕНЬЮ КРЫЛ СВОИХ УКРОЙ НАС; И ХРАНИ НАС, КОГДА МЫ ВЫЙДЕМ В ДОРОГУ И КОГДА МЫ БУДЕМ ВОЗВРАЩАТЬСЯ, — ДЛЯ БЛАГОПОЛУЧНОЙ ЖИЗНИ И ДЛЯ МИРА, ОТНЫНЕ И ВОВЕК! ВЕДЬ ТЫ — БОГ, ХРАНЯЩИЙ И СПАСАЮЩИЙ НАС.

שמע СЛУШАЙ, ИЗРАИЛЬ: ГОСПОДЬ — БОГ НАШ, ГОСПОДЬ ОДИН![1]

ברוך (*Шепотом*): БЛАГОСЛОВЕННО СЛАВНОЕ ИМЯ ЦАРСТВА ЕГО ВО ВЕКИ ВЕКОВ![2]

ואהבת ЛЮБИ ГОСПОДА, БОГА ТВОЕГО, ВСЕМ СЕРДЦЕМ СВОИМ, И ВСЕЙ ДУШОЮ СВОЕЙ, И ВСЕМ СУЩЕСТВОМ СВОИМ. И БУДУТ ЭТИ СЛОВА, КОТОРЫЕ Я ЗАПОВЕДАЛ ТЕБЕ СЕГОДНЯ, В СЕРДЦЕ ТВОЕМ, И ПОВТОРЯЙ ИХ ДЕТЯМ СВОИМ, И ПРОИЗНОСИ ИХ, СИДЯ В ДОМЕ СВОЕМ, НАХОДЯСЬ В ДОРОГЕ, ЛОЖАСЬ И ВСТАВАЯ; И ПОВЯЖИ ИХ КАК ЗНАК НА РУКУ СВОЮ, И БУДУТ ОНИ ЗНАКАМИ НАД ГЛАЗАМИ ТВОИМИ, И НАПИШИ ИХ НА ДВЕРНЫХ КОСЯКАХ ДОМА СВОЕГО И НА ВОРОТАХ СВОИХ.[3]

והיה И БУДЕТ ТАК: ЕСЛИ ПОСЛУШАЕТЕСЬ МОИХ ПОВЕЛЕНИЙ, КОТОРЫЕ Я ДАЮ ВАМ СЕГОДНЯ, [ПОСЛУШАЕТЕСЬ], ЛЮБЯ ГОСПОДА, БОГА ВАШЕГО, И СЛУЖА ЕМУ ВСЕМ СЕРДЦЕМ ВАШИМ И ВСЕЙ ДУШОЙ ВАШЕЙ, ТО ДАМ Я ДОЖДИ ЗЕМЛЕ ВАШЕЙ В СРОК: ДОЖДЬ ПОСЛЕ СЕВА И ДОЖДЬ ПЕРЕД ЖАТВОЙ, — И СОБЕРЕШЬ ТЫ СВОЙ ХЛЕБ, И ВИНО СВОЕ, И МАСЛО СВОИХ ОЛИВ. И ДАМ ТРАВУ НА ПОЛЕ ТВОЕМ ДЛЯ СКОТА ТВОЕГО, И БУДЕШЬ ТЫ ЕСТЬ ДОСЫТА. БЕРЕГИТЕСЬ, ЧТОБЫ ВАШИ СЕРДЦА НЕ ПОДДАЛИСЬ СОБЛАЗНУ, ЧТОБЫ НЕ СВЕРНУЛИ ВЫ С ПУТИ И НЕ СТАЛИ СЛУЖИТЬ ДРУГИМ БОГАМ И ПОКЛОНЯТЬСЯ ИМ, ИНАЧЕ РАЗГНЕВАЕТСЯ НА ВАС ГОСПОДЬ И ЗАМКНЕТ НЕБЕСА, И НЕ БУДЕТ ДОЖДЯ, И ЗЕМЛЯ НЕ СТАНЕТ ПРИНОСИТЬ СВОИ ПЛОДЫ. И ИСЧЕЗНЕТЕ ВЫ ВСКОРЕ С ЛИЦА БЛАГОДАТНОЙ ЗЕМЛИ, КОТОРУЮ ГОСПОДЬ ДАЕТ ВАМ. ПРИМИТЕ ЭТИ МОИ СЛОВА СЕРДЦЕМ ВАШИМ И ДУШОЮ ВАШЕЙ, И ПОВЯЖИТЕ ИХ КАК ЗНАК НА РУКУ ВАШУ, И БУДУТ ОНИ ЗНАКАМИ НАД ГЛАЗАМИ ВАШИМИ. И НАУЧИТЕ ИМ СЫНОВЕЙ ВАШИХ, ЧТОБЫ ВСЕ ВЫ ПРОИЗНОСИЛИ ИХ, СИДЯ В ДОМЕ СВОЕМ, НАХОДЯСЬ В ДОРОГЕ, ЛОЖАСЬ И ВСТАВАЯ; И НАПИШИТЕ ИХ НА ДВЕРНЫХ КОСЯКАХ ДОМА СВОЕГО И НА ВОРОТАХ СВОИХ, ЧТОБЫ

---

1. Дварим, 6:4. 2. Псахим, 56а. 3. Дварим, 6:5—9.

יִרְבּוּ יְמֵיכֶם וִימֵי בְנֵיכֶם עַל הָאֲדָמָה אֲשֶׁר נִשְׁבַּע יְיָ לַאֲבֹתֵיכֶם לָתֵת לָהֶם, כִּימֵי הַשָּׁמַיִם עַל הָאָרֶץ:

וַיֹּאמֶר יְיָ אֶל מֹשֶׁה לֵּאמֹר: דַּבֵּר אֶל בְּנֵי יִשְׂרָאֵל וְאָמַרְתָּ אֲלֵהֶם וְעָשׂוּ לָהֶם צִיצִת עַל כַּנְפֵי בִגְדֵיהֶם לְדֹרֹתָם, וְנָתְנוּ עַל צִיצִת הַכָּנָף, פְּתִיל תְּכֵלֶת: וְהָיָה לָכֶם לְצִיצִת, וּרְאִיתֶם אֹתוֹ, וּזְכַרְתֶּם אֶת כָּל מִצְוֹת יְיָ, וַעֲשִׂיתֶם אֹתָם, וְלֹא תָתוּרוּ אַחֲרֵי לְבַבְכֶם וְאַחֲרֵי עֵינֵיכֶם אֲשֶׁר אַתֶּם זֹנִים אַחֲרֵיהֶם: לְמַעַן תִּזְכְּרוּ וַעֲשִׂיתֶם אֶת כָּל מִצְוֹתָי, וִהְיִיתֶם קְדֹשִׁים לֵאלֹהֵיכֶם: אֲנִי יְיָ אֱלֹהֵיכֶם אֲשֶׁר הוֹצֵאתִי אֶתְכֶם מֵאֶרֶץ מִצְרַיִם לִהְיוֹת לָכֶם לֵאלֹהִים, אֲנִי יְיָ אֱלֹהֵיכֶם: אֱמֶת.

יַעְלְזוּ חֲסִידִים בְּכָבוֹד יְרַנְּנוּ עַל מִשְׁכְּבוֹתָם:רוֹמְמוֹת אֵל בִּגְרוֹנָם, וְחֶרֶב פִּיפִיּוֹת בְּיָדָם: ג״פ הִנֵּה מִטָּתוֹ שֶׁלִּשְׁלֹמֹה שִׁשִּׁים גִּבֹּרִים סָבִיב לָהּ מִגִּבֹּרֵי יִשְׂרָאֵל: כֻּלָּם אֲחֻזֵי חֶרֶב מְלֻמְּדֵי מִלְחָמָה, אִישׁ חַרְבּוֹ עַל יְרֵכוֹ מִפַּחַד בַּלֵּילוֹת: ג״פ יְבָרֶכְךָ יְיָ וְיִשְׁמְרֶךָ: יָאֵר יְיָ פָּנָיו אֵלֶיךָ וִיחֻנֶּךָּ: יִשָּׂא יְיָ פָּנָיו אֵלֶיךָ וְיָשֵׂם לְךָ שָׁלוֹם:

יֹשֵׁב בְּסֵתֶר עֶלְיוֹן, בְּצֵל שַׁדַּי יִתְלוֹנָן: אֹמַר לַיְיָ מַחְסִי וּמְצוּדָתִי, אֱלֹהַי אֶבְטַח בּוֹ: כִּי הוּא יַצִּילְךָ מִפַּח יָקוּשׁ, מִדֶּבֶר הַוּוֹת: בְּאֶבְרָתוֹ יָסֶךְ לָךְ וְתַחַת כְּנָפָיו תֶּחְסֶה, צִנָּה וְסֹחֵרָה אֲמִתּוֹ: לֹא תִירָא מִפַּחַד לָיְלָה, מֵחֵץ יָעוּף יוֹמָם: מִדֶּבֶר בָּאֹפֶל יַהֲלֹךְ, מִקֶּטֶב יָשׁוּד צָהֳרָיִם: יִפֹּל מִצִּדְּךָ אֶלֶף וּרְבָבָה מִימִינֶךָ, אֵלֶיךָ לֹא יִגָּשׁ: רַק בְּעֵינֶיךָ תַבִּיט, וְשִׁלֻּמַת רְשָׁעִים תִּרְאֶה: כִּי אַתָּה יְיָ מַחְסִי, עֶלְיוֹן שַׂמְתָּ מְעוֹנֶךָ:

ВЫ И СЫНОВЬЯ ВАШИ ЖИЛИ В СТРАНЕ, О КОТОРОЙ ГОСПОДЬ КЛЯЛСЯ ВАШИМ ОТЦАМ, [ОБЕЩАВ] ДАРОВАТЬ [ЕЕ] ИМ, ТАК ДОЛГО, КАК ДОЛГО СУЩЕСТВУЮТ НЕБЕСА НАД ЗЕМЛЕЙ.[1]

ויאמר И ГОСПОДЬ СКАЗАЛ МОШЕ ТАК: ОБРАТИСЬ К СЫНАМ ИЗРАИЛЯ И СКАЖИ ИМ, ЧТОБЫ ДЕЛАЛИ СЕБЕ КИСТИ НА УГЛАХ ОДЕЖДЫ ВО ВСЕХ ПОКОЛЕНИЯХ СВОИХ И ВПЛЕТАЛИ В КАЖДУЮ КИСТЬ НА ТЕХ УГЛАХ ГОЛУБУЮ ШЕРСТЯНУЮ НИТЬ, И БУДУТ У ВАС КИСТИ, ПОСМОТРЕВ НА КОТОРЫЕ, ВЫ БУДЕТЕ ВСПОМИНАТЬ ВСЕ ЗАПОВЕДИ ГОСПОДА И ИСПОЛНЯТЬ ИХ. И НЕ БУДЕТЕ ВЫ БЛУЖДАТЬ, ВЛЕКОМЫЕ СЕРДЦЕМ И ГЛАЗАМИ ВАШИМИ, ПОДОБНО ТОМУ, КАК БЛУЖДАЕТЕ [НЫНЕ], ВЛЕКОМЫЕ ИМИ, — ЧТОБЫ ВЫ ПОМНИЛИ И ИСПОЛНЯЛИ ВСЕ ЗАПОВЕДИ МОИ И БЫЛИ СВЯТЫ ПРЕД ВАШИМ БОГОМ. Я, ГОСПОДЬ, — БОГ ВАШ, КОТОРЫЙ ВЫВЕЛ ВАС ИЗ СТРАНЫ ЕГИПЕТСКОЙ, ЧТОБЫ БЫТЬ ВАШИМ БОГОМ. Я, ГОСПОДЬ, — БОГ ВАШ,* ИСТИННО.[2]

יעלזו ВОЗРАДУЮТСЯ БЛАГОЧЕСТИВЫЕ СЛАВЕ [СВОЕЙ], ВОСПОЮТ [ВСЕВЫШНЕГО] ЗА [ТО, ЧТО ОН ДАРОВАЛ] ИМ ПОКОЙ . ХВАЛА БОЖЬЕМУ ВЕЛИЧИЮ НА ИХ УСТАХ, А В РУКАХ У НИХ ОБОЮДООСТРЫЕ МЕЧИ.[3]

הנה ВОТ ЛОЖЕ ШЛОМО; ВОКРУГ НЕГО — ШЕСТЬДЕСЯТ ОТБОРНЫХ БОГАТЫРЕЙ ИЗ БОГАТЫРЕЙ ИЗРАИЛЯ. ВСЕ ОНИ ВООРУЖЕНЫ МЕЧАМИ, ИСКУСНЫ В БИТВЕ; КАЖДЫЙ — С МЕЧОМ У БЕДРА; НОЧЬЮ [ОХРАНЯЮТ ОНИ ЦАРЯ] ОТ ОПАСНОСТИ.[4] (*Этот отрывок повторяют трижды.*)

יברכך БЛАГОСЛОВИТ ТЕБЯ ГОСПОДЬ И ОХРАНИТ ТЕБЯ. И БУДЕТ БЛАГОСКЛОНЕН К ТЕБЕ ГОСПОДЬ, И ПОМИЛУЕТ ТЕБЯ. БУДЕТ БЛАГОВОЛИТЬ К ТЕБЕ ГОСПОДЬ И ПОШЛЕТ ТЕБЕ МИР.[5] (*Этот отрывок повторяют трижды.*)

יושב ТОТ, КТО ПОГРУЖЕН В ВЫСШУЮ ТАЙНУ, ПОСТОЯННО БУДЕТ ПРЕБЫВАТЬ ПОД СЕНЬЮ ВСЕМОГУЩЕГО. СКАЖИ ГОСПОДУ: "ЗАЩИТА МОЯ И ОПЛОТ МОЙ, ТЫ, БОГ МОЙ, НА ТЕБЯ Я БУДУ НАДЕЯТЬСЯ!" ИБО ОН СПАСЕТ ТЕБЯ ОТ СЕТЕЙ ЛОВЦА, ОТ ГУБИТЕЛЬНОГО МОРА, КРЫЛОМ СВОИМ ПРИКРОЕТ ОН ТЕБЯ, ПОД СЕНЬЮ КРЫЛ ЕГО НАЙДЕШЬ ТЫ УБЕЖИЩЕ, ЩИТОМ И КОЛЬЧУГОЙ БУДЕТ ДЛЯ ТЕБЯ ЕГО ИСТИНА. НЕ УБОИШЬСЯ ТЫ НИ СТРАХОВ НОЧНЫХ, НИ СТРЕЛЫ, ЛЕТЯЩЕЙ ДНЕМ, НИ МОРА, КРАДУЩЕГОСЯ ВО ТЬМЕ, НИ СМЕРТИ, СВИРЕПСТВУЮЩЕЙ В ПОЛДЕНЬ. ПАДЕТ [СЛЕВА] ОТ ТЕБЯ ТЫСЯЧА И ДЕСЯТЬ ТЫСЯЧ – СПРАВА, А ТЫ ОСТАНЕШЬСЯ НЕВРЕДИМ; ТОЛЬКО УВИДИШЬ ТЫ СВОИМИ ГЛАЗАМИ, КАК ПОСТИГНЕТ ЗЛОДЕЕВ КАРА, ИБО [ГОВОРИЛ] ТЫ: "ГОСПОДЬ – ЗАЩИТА МОЯ", ВСЕВЫШНЕГО ИЗБРАЛ ТЫ ПРИБЕЖИЩЕМ СВОИМ.[6]

---

1. Дварим, 11:13—21. 2. Бемидбар, 15:37—41. 3. Теɦилим, 149:5,6. 4. Шир ɦаширим, 3:7,8. 5. Бемидбар, 6:24—26. 6. Теɦилим, 91:1—9.
* Слова "Я, ГОСПОДЬ, — БОГ ВАШ" произносят дважды.

ביום שאין אומרים תחנון אין אומרים וידוי.

אֱלֹהֵינוּ וֵאלֹהֵי אֲבוֹתֵינוּ , תָּבֹא לְפָנֶיךָ תְּפִלָּתֵנוּ , וְאַל תִּתְעַלַּם מִתְּחִנָּתֵנוּ , שֶׁאֵין אָנוּ עַזֵּי פָנִים וּקְשֵׁי עֹרֶף, לוֹמַר לְפָנֶיךָ יְיָ אֱלֹהֵינוּ וֵאלֹהֵי אֲבוֹתֵינוּ , צַדִּיקִים אֲנַחְנוּ וְלֹא חָטָאנוּ , אֲבָל אֲנַחְנוּ וַאֲבוֹתֵינוּ חָטָאנוּ :

אָשַׁמְנוּ , בָּגַדְנוּ , גָּזַלְנוּ , דִּבַּרְנוּ דֹפִי . הֶעֱוִינוּ , וְהִרְשַׁעְנוּ , זַדְנוּ , חָמַסְנוּ , טָפַלְנוּ שֶׁקֶר . יָעַצְנוּ רָע , כִּזַּבְנוּ , לַצְנוּ , מָרַדְנוּ , נִאַצְנוּ , סָרַרְנוּ , עָוִינוּ , פָּשַׁעְנוּ , צָרַרְנוּ , קִשִּׁינוּ עֹרֶף . רָשַׁעְנוּ , שִׁחַתְנוּ , תִּעַבְנוּ , תָּעִינוּ , תִּעְתָּעְנוּ :

סַרְנוּ מִמִּצְוֹתֶיךָ וּמִמִּשְׁפָּטֶיךָ הַטּוֹבִים וְלֹא שָׁוָה לָנוּ . וְאַתָּה צַדִּיק עַל כָּל הַבָּא עָלֵינוּ כִּי אֱמֶת עָשִׂיתָ וַאֲנַחְנוּ הִרְשָׁעְנוּ :

מַה נֹּאמַר לְפָנֶיךָ יוֹשֵׁב מָרוֹם , וּמַה נְּסַפֵּר לְפָנֶיךָ שׁוֹכֵן שְׁחָקִים . הֲלֹא כָּל הַנִּסְתָּרוֹת וְהַנִּגְלוֹת אַתָּה יוֹדֵעַ :

אַתָּה יוֹדֵעַ רָזֵי עוֹלָם , וְתַעֲלוּמוֹת סִתְרֵי כָל חָי: אַתָּה חוֹפֵשׂ כָּל חַדְרֵי בָטֶן וּבוֹחֵן כְּלָיוֹת וָלֵב. אֵין דָּבָר נֶעְלָם מִמֶּךָ , וְאֵין נִסְתָּר מִנֶּגֶד עֵינֶיךָ: וּבְכֵן יְהִי רָצוֹן מִלְּפָנֶיךָ יְיָ אֱלֹהֵינוּ וֵאלֹהֵי אֲבוֹתֵינוּ , שֶׁתְּרַחֵם עָלֵינוּ וְתִמְחֹל לָנוּ עַל כָּל חַטֹּאתֵינוּ , וּתְכַפֶּר לָנוּ עַל כָּל עֲוֹנוֹתֵינוּ , וְתִמְחֹל וְתִסְלַח לָנוּ עַל כָּל פְּשָׁעֵינוּ :

ואם ירצה לומר על חטא לקמן ימצא בתפלת יום כפור :

אָנָּא , בְּכֹחַ גְּדֻלַּת יְמִינְךָ , תַּתִּיר צְרוּרָה. קַבֵּל רִנַּת עַמְּךָ , שַׂגְּבֵנוּ , טַהֲרֵנוּ נוֹרָא. נָא גִבּוֹר , דּוֹרְשֵׁי יִחוּדְךָ , כְּבָבַת שָׁמְרֵם. בָּרְכֵם , טַהֲרֵם , רַחֲמֵי צִדְקָתְךָ תָּמִיד גָּמְלֵם. חֲסִין קָדוֹשׁ , בְּרֹב טוּבְךָ נַהֵל עֲדָתֶךָ. יָחִיד , גֵּאֶה , לְעַמְּךָ פְנֵה , זוֹכְרֵי קְדֻשָּׁתֶךָ. שַׁוְעָתֵנוּ קַבֵּל , וּשְׁמַע צַעֲקָתֵנוּ , יוֹדֵעַ תַּעֲלוּמוֹת. בָּרוּךְ שֵׁם כְּבוֹד מַלְכוּתוֹ לְעוֹלָם וָעֶד:

В день, когда не говорят "Таханун" (см. стр. 71), следующие молитвы пропускают и продолжают с молитвы אנא בכב *("МЫ МОЛИМ...").*

אלהינו БОГ НАШ И БОГ ОТЦОВ НАШИХ! ПУСТЬ ДОЙДЕТ ДО ТЕБЯ НАША МОЛИТВА, И НЕ ОТВЕРГАЙ НАШУ МОЛЬБУ, ПОТОМУ ЧТО МЫ НЕ НАСТОЛЬКО ДЕРЗКИ И УПРЯМЫ, ЧТОБЫ СКАЗАТЬ ТЕБЕ: "ГОСПОДЬ, БОГ НАШ И БОГ ОТЦОВ НАШИХ, ПРАВЕДНЫ МЫ И НЕ СОВЕРШАЛИ ГРЕХОВ", – ВЕДЬ И МЫ, И ОТЦЫ НАШИ ГРЕШИЛИ.

אשמנו ВИНОВНЫ МЫ; БЫЛИ ВЕРОЛОМНЫ, ГРАБИЛИ, ЛИЦЕМЕРИЛИ, СВЕРНУЛИ С ПРАВИЛЬНОГО ПУТИ И ОБВИНЯЛИ НЕВИНОВНЫХ, НАМЕРЕННО ТВОРИЛИ ЗЛО, ПРИСВАИВАЛИ ЧУЖОЕ, ВОЗВОДИЛИ НА БЛИЖНЕГО НАПРАСЛИНУ; ДАВАЛИ ДУРНЫЕ СОВЕТЫ, ЛГАЛИ, ГЛУМИЛИСЬ, БУНТОВАЛИ, КОЩУНСТВОВАЛИ, БЫЛИ НЕПОКОРНЫ, ЗЛОДЕЙСТВОВАЛИ, ВОССТАВАЛИ ПРОТИВ ЗАКОНА, ВРАЖДОВАЛИ МЕЖДУ СОБОЙ, УПОРСТВОВАЛИ В ГРЕХЕ; ДЕЛАЛИ ЗЛО, ВРЕДИЛИ, ТВОРИЛИ МЕРЗОСТИ, ЗАБЛУЖДАЛИСЬ, ВВОДИЛИ В ЗАБЛУЖДЕНИЕ ДРУГИХ.

סרנו СВЕРНУЛИ МЫ С [ПУТИ] ЗАПОВЕДЕЙ ТВОИХ И МИЛОСЕРДНЫХ ТВОИХ ЗАКОНОВ, И ЭТО НЕ ПРИВЕЛО НАС К ДОБРУ. И ТЫ ПРАВ ВО ВСЕМ, ЧТО СОВЕРШИЛ С НАМИ, ИБО ТВОИ ДЕЯНИЯ СПРАВЕДЛИВЫ, А НАШИ – ГРЕХОВНЫ.[1]

מה ЧТО НАМ СКАЗАТЬ ТЕБЕ, ПРЕБЫВАЮЩИЙ В ВЫСОТАХ, ЧТО ПОВЕДАТЬ ТЕБЕ, ОБИТАЮЩИЙ НА НЕБЕСАХ? ВЕДЬ ТЕБЕ ИЗВЕСТНО И ВСЕ СКРЫТОЕ, И ВСЕ ЯВНОЕ.

אתה ИЗВЕСТНО ТЕБЕ ВСЕ СКРЫТОЕ В МИРЕ, ТАЙНОЕ ТАЙНЫХ ВСЕГО ЖИВОГО. ПРОНИКАЕШЬ ТЫ В НАШИ СОКРОВЕННЫЕ МЫСЛИ, ИСПЫТЫВАЕШЬ УМ И СЕРДЦА НАШИ. НИЧЕГО НЕ УТАИТЬ ОТ ТЕБЯ, НИЧТО НЕ СКРОЕТСЯ ОТ ВЗОРА ТВОЕГО. И ПОТОМУ ДА БУДЕТ УГОДНО ТЕБЕ, ГОСПОДЬ, БОГ НАШ И БОГ ОТЦОВ НАШИХ, СМИЛОСТИВИТЬСЯ НАД НАМИ, И ПРОСТИТЬ НАМ ВСЕ НАШИ ГРЕХИ, И ОЧИСТИТЬ НАС ОТ СКВЕРНЫ ВСЕХ ЗЛОДЕЯНИЙ НАШИХ, И ПРОСТИТЬ НАС, И СНЯТЬ С НАС ВИНУ ЗА ВСЕ ПРЕСТУПЛЕНИЯ НАШИ.

אנא МЫ МОЛИМ: ВЕЛИКОЙ СИЛОЙ ДЕСНИЦЫ СВОЕЙ ОСВОБОДИ УЗНИКОВ! ПРИМИ МОЛИТВУ НАРОДА СВОЕГО, УКРЕПИ И ОЧИСТИ НАС, ГРОЗНЫЙ [ВЛАДЫКА]! МЫ МОЛИМ: ВСЕМОГУЩИЙ! ХРАНИ КАК ЗЕНИЦУ ОКА ПРОВОЗГЛАШАЮЩИХ ЕДИНСТВО ТВОЁ! БЛАГОСЛОВИ ИХ, ОЧИСТИ ИХ, ПОМИЛУЙ ИХ, ПОСТОЯННО ДАРУЙ ИМ МИЛОСТЬ СВОЮ! НЕПОКОЛЕБИМЫЙ, СВЯТОЙ, ПО ВЕЛИКОЙ ДОБРОТЕ СВОЕЙ УПРАВЛЯЙ СВОИМ НАРОДОМ! ЕДИНСТВЕННЫЙ, ВСЕВЫШНИЙ, ОБРАТИСЬ К НАРОДУ СВОЕМУ, ПОМНЯЩЕМУ О СВЯТОСТИ ТВОЕЙ! ПРИМИ МОЛЬБУ НАШУ И УСЛЫШЬ НАШ ВОПЛЬ, ТЫ, ПРЕД КОТОРЫМ ОТКРЫТО ТАЙНОЕ! БЛАГОСЛОВЕННО СЛАВНОЕ ИМЯ ЦАРСТВА ЕГО ВО ВЕКИ ВЕКОВ!

---

1. Нехемья, 9:33.

בשבת ויו״ט א״א למנצח בבוא.

לַמְנַצֵּחַ מִזְמוֹר לְדָוִד: בְּבוֹא אֵלָיו נָתָן הַנָּבִיא כַּאֲשֶׁר
בָּא אֶל בַּת שָׁבַע: חָנֵּנִי אֱלֹהִים כְּחַסְדֶּךָ,
כְּרֹב רַחֲמֶיךָ מְחֵה פְשָׁעָי: הֶרֶב כַּבְּסֵנִי מֵעֲוֹנִי, וּמֵחַטָּאתִי
טַהֲרֵנִי: כִּי פְשָׁעַי אֲנִי אֵדָע, וְחַטָּאתִי נֶגְדִּי תָמִיד: לְךָ
לְבַדְּךָ חָטָאתִי וְהָרַע בְּעֵינֶיךָ עָשִׂיתִי לְמַעַן תִּצְדַּק
בְּדָבְרֶךָ תִּזְכֶּה בְשָׁפְטֶךָ: הֵן בְּעָווֹן חוֹלָלְתִּי, וּבְחֵטְא
יֶחֱמַתְנִי אִמִּי: הֵן אֱמֶת חָפַצְתָּ בַטֻּחוֹת, וּבְסָתֻם חָכְמָה
תוֹדִיעֵנִי: תְּחַטְּאֵנִי בְאֵזוֹב וְאֶטְהָר, תְּכַבְּסֵנִי וּמִשֶּׁלֶג
אַלְבִּין: תַּשְׁמִיעֵנִי שָׂשׂוֹן וְשִׂמְחָה, תָּגֵלְנָה עֲצָמוֹת דִּכִּיתָ:
הַסְתֵּר פָּנֶיךָ מֵחֲטָאָי, וְכָל עֲוֹנֹתַי מְחֵה: לֵב טָהוֹר בְּרָא
לִי אֱלֹהִים, וְרוּחַ נָכוֹן חַדֵּשׁ בְּקִרְבִּי: אַל תַּשְׁלִיכֵנִי
מִלְּפָנֶיךָ, וְרוּחַ קָדְשְׁךָ אַל תִּקַּח מִמֶּנִּי: הָשִׁיבָה לִּי שְׂשׂוֹן
יִשְׁעֶךָ, וְרוּחַ נְדִיבָה תִסְמְכֵנִי: אֲלַמְּדָה פֹשְׁעִים דְּרָכֶיךָ,
וְחַטָּאִים אֵלֶיךָ יָשׁוּבוּ: הַצִּילֵנִי מִדָּמִים אֱלֹהִים אֱלֹהֵי
תְּשׁוּעָתִי, תְּרַנֵּן לְשׁוֹנִי צִדְקָתֶךָ: אֲדֹנָי שְׂפָתַי תִּפְתָּח,
וּפִי יַגִּיד תְּהִלָּתֶךָ: כִּי לֹא תַחְפֹּץ זֶבַח וְאֶתֵּנָה, עוֹלָה לֹא
תִרְצֶה: זִבְחֵי אֱלֹהִים רוּחַ נִשְׁבָּרָה לֵב נִשְׁבָּר וְנִדְכֶּה,
אֱלֹהִים לֹא תִבְזֶה: הֵיטִיבָה בִרְצוֹנְךָ אֶת צִיּוֹן, תִּבְנֶה
חוֹמוֹת יְרוּשָׁלָיִם: אָז תַּחְפֹּץ זִבְחֵי צֶדֶק עוֹלָה וְכָלִיל,
אָז יַעֲלוּ עַל מִזְבַּחֲךָ פָרִים:

שִׁיר לַמַּעֲלוֹת, אֶשָּׂא עֵינַי אֶל הֶהָרִים, מֵאַיִן יָבֹא עֶזְרִי: עֶזְרִי מֵעִם יְיָ, עֹשֵׂה
שָׁמַיִם וָאָרֶץ: אַל יִתֵּן לַמּוֹט רַגְלֶךָ, אַל יָנוּם שֹׁמְרֶךָ: הִנֵּה לֹא יָנוּם
וְלֹא יִישָׁן, שׁוֹמֵר יִשְׂרָאֵל: יְיָ שֹׁמְרֶךָ, יְיָ צִלְּךָ עַל יַד יְמִינֶךָ: יוֹמָם הַשֶּׁמֶשׁ
לֹא יַכֶּכָּה, וְיָרֵחַ בַּלָּיְלָה: יְיָ יִשְׁמָרְךָ מִכָּל רָע: יִשְׁמֹר אֶת נַפְשֶׁךָ: יְיָ יִשְׁמָר
צֵאתְךָ וּבוֹאֶךָ, מֵעַתָּה וְעַד עוֹלָם:

В субботу и в йом-тов следующий псалом не говорят.

למנצח ПСАЛОМ ДАВИДА, [КОТОРЫЙ ТОТ СЛОЖИЛ], КОГДА ПРИШЕЛ К НЕМУ ПРОРОК НАТАН [ПОСЛЕ ТОГО, КАК ДАВИД] ПОЗНАЛ БАТ-ШЕВУ. ПОМИЛУЙ МЕНЯ, БОЖЕ, ПО ДОБРОТЕ СВОЕЙ; ПО ВЕЛИКОМУ МИЛОСЕРДИЮ СВОЕМУ СОТРИ МОИ ПРЕСТУПЛЕНИЯ! ПОЛНОСТЬЮ СМОЙ С МЕНЯ СКВЕРНУ МОИХ ЗЛОДЕЯНИЙ, ОЧИСТИ МЕНЯ ОТ ГРЕХА МОЕГО! ИБО ОСОЗНАЛ Я ПРЕСТУПЛЕНИЯ СВОИ, И ГРЕХ МОЙ ПОСТОЯННО ПРЕДО МНОЮ. ПРЕД ОДНИМ ТОБОЮ СОГРЕШИЛ Я, ДУРНОЕ ПРЕД ВЗОРОМ ТВОИМ СОВЕРШИЛ; И ПОТОМУ СПРАВЕДЛИВ ПРИГОВОР ТВОЙ И ПРАВЕДЕН СУД ТВОЙ. ВЕДЬ УЖЕ НАДЕЛЕННЫЙ ЗЛЫМ НАЧАЛОМ Я ПОЯВИЛСЯ НА СВЕТ; И СКЛОННОСТЬ К ГРЕХУ [БЫЛА ВО МНЕ УЖЕ ТОГДА], КОГДА МАТЬ МЕНЯ НЯНЧИЛА. НО ИСТИНА, СКРЫТАЯ В ГЛУБИНЕ МОЕЙ ДУШИ, ЖЕЛАННА ТЕБЕ; И СЕРДЦЕ МОЕ НАДЕЛИЛ ТЫ МУДРОСТЬЮ. ОКРОПИ МЕНЯ ИССОПОМ — И Я ОЧИЩУСЬ, ОМОЙ МЕНЯ — И Я СТАНУ БЕЛЕЕ СНЕГА. СООБЩИ МНЕ ВЕСЕЛЫЕ И РАДОСТНЫЕ ВЕСТИ, И ВОЗЛИКУЮТ КОСТИ МОИ, ПОВЕРГНУТЫЕ ТОБОЮ В ПРАХ. ОТВЕРНИ ЛИЦО СВОЕ ОТ МОИХ ГРЕХОВ И СОТРИ ВСЕ МОИ ЗЛОДЕЯНИЯ; СОТВОРИ МНЕ, БОЖЕ, ЧИСТОЕ СЕРДЦЕ И ПРЯМОДУШИЕ ВО МНЕ ОБНОВИ. НЕ ОТДАЛЯЙ МЕНЯ ОТ СЕБЯ И ДУХА СВЯТОСТИ СВОЕЙ НЕ ЛИШАЙ МЕНЯ. ВЕРНИ МНЕ РАДОСТЬ СПАСЕНИЕМ, ПОСЛАННЫМ ТОБОЮ, И ВЕЛИКОДУШИЕМ НАДЕЛИ МЕНЯ. БУДУ Я УЧИТЬ НЕЧЕСТИВЫХ ПУТЯМ ТВОИМ, И ВОЗВРАТЯТСЯ К ТЕБЕ ГРЕШНИКИ. СПАСИ МЕНЯ ОТ СМЕРТИ, БОЖЕ, БОГ — ИЗБАВИТЕЛЬ МОЙ, И БУДУТ ВОСПЕВАТЬ МОИ УСТА СПРАВЕДЛИВОСТЬ ТВОЮ. ГОСПОДЬ, ДАЙ МНЕ СИЛЫ МОЛИТЬСЯ ПРЕД ТОБОЙ, [ПРОСТИВ МНЕ ГРЕХИ], И УСТА МОИ ВОССЛАВЯТ ТЕБЯ. ВЕДЬ НЕ ЖЕЛАЕШЬ ТЫ, ЧТОБЫ ПРИНЕС Я В ЖЕРТВУ [ЖИВОТНОЕ], — НЕ ХОЧЕШЬ ТЫ ЖЕРТВЫ ВСЕСОЖЖЕНИЯ; ЖЕРТВА, [ЖЕЛАННАЯ] БОГУ, — ДУХ СОКРУШЕННЫЙ; СЕРДЦА СОКРУШЕННОГО И СМИРИВШЕГОСЯ НЕ ОТВЕРГНЕШЬ ТЫ, БОЖЕ! ДА БУДЕТ УГОДНО ТЕБЕ ОБЛАГОДЕТЕЛЬСТВОВАТЬ СИОН, ОТСТРОИТЬ СТЕНЫ ИЕРУСАЛИМА. И ТОГДА БУДУТ ЖЕЛАННЫ ТЕБЕ ЖЕРТВЫ, ПРИНОСИМЫЕ ПРАВЕДНИКАМИ: ЖЕРТВЫ ВСЕСОЖЖЕНИЯ И [ХЛЕБНЫЕ] ДАРЫ, СЖИГАЕМЫЕ ЦЕЛИКОМ, — И БУДУТ ТОГДА ПРИНОСИТЬ БЫКОВ В ЖЕРТВУ НА ТВОЕМ АЛТАРЕ.[1]

שיר ПЕСНЬ, [КОТОРУЮ ПЕЛИ ЛЕВИИМ, СТОЯ] НА СТУПЕНЯХ В ХРАМЕ. ПОДНИМУ ЛИ Я ГЛАЗА К ВЕРШИНАМ ГОР, НАДЕЯСЬ, ЧТО ОТТУДА ПРИДЕТ ПОМОЩЬ МНЕ? ПОМОЩЬ МНЕ [ПРИДЕТ] ОТ ГОСПОДА, СОЗДАВШЕГО НЕБО И ЗЕМЛЮ! ОН НЕ ДОПУСТИТ, ЧТОБЫ НОГИ ТВОИ ПОДКОСИЛИСЬ; ОН – НЕДРЕМЛЮЩИЙ СТРАЖ ТВОЙ. ВЕДЬ НИКОГДА НЕ ДРЕМЛЕТ И НЕ СПИТ СТРАЖ ИЗРАИЛЯ. ГОСПОДЬ – СТРАЖ ТВОЙ, ГОСПОДЬ – ЗАЩИТА ТВОЯ, ОН – ПО ПРАВУЮ РУКУ ТВОЮ. СОЛНЦЕ НЕ ПРИЧИНИТ ТЕБЕ ВРЕДА ДНЕМ И ЛУНА – НОЧЬЮ. ГОСПОДЬ ОХРАНИТ ТЕБЯ ОТ ВСЯКОГО ЗЛА; ОН БУДЕТ ОБЕРЕГАТЬ ДУШУ ТВОЮ. ГОСПОДЬ БУДЕТ ХРАНИТЬ ТЕБЯ, КОГДА ТЫ ОТПРАВИШЬСЯ В ПУТЬ И КОГДА СТАНЕШЬ ВОЗВРАЩАТЬСЯ, – ОТНЫНЕ И ВОВЕКИ![2]

---

1. Теґилим, 51. 2. Теґилим, 121.

גָּד גְּדוּד יְגוּדֶנּוּ, וְהוּא יָגֻד עָקֵב: עָקֵב יָגֻד וְהוּא
יְגוּדֶנּוּ גְּדוּד גֵּ"פ: אִם תִּשְׁכַּב לֹא תִפְחָד,
וְשָׁכַבְתָּ וְעָרְבָה שְׁנָתֶךָ גֵּ"פ: בְּטוֹב אָלִין אָקִיץ
בְּרַחֲמִים גֵּ"פ: לִישׁוּעָתְךָ קִוִּיתִי יְיָ גֵּ"פ: אַתָּה
סֵתֶר לִי מִצַּר תִּצְּרֵנִי רָנֵּי פַלֵּט תְּסוֹבְבֵנִי סֶלָה גֵּ"פ:
תּוֹדִיעֵנִי אֹרַח חַיִּים שֹׂבַע שְׂמָחוֹת אֶת פָּנֶיךָ
נְעִמוֹת בִּימִינְךָ נֶצַח גֵּ"פ: אַתָּה תָקוּם תְּרַחֵם
צִיּוֹן, כִּי עֵת לְחֶנְנָהּ כִּי בָא מוֹעֵד: כִּדְנָה תֵּאמְרוּן
לְהוֹם אֱלָהַיָּא דִּי שְׁמַיָּא וְאַרְקָא לָא עֲבַדוּ יֵאבַדוּ
מֵאַרְעָא וּמִן תְּחוֹת שְׁמַיָּא אֵלֶּה: בְּיָדְךָ אַפְקִיד
רוּחִי, פָּדִיתָה אוֹתִי יְיָ אֵל אֱמֶת:

בָּרוּךְ אַתָּה יְיָ אֱלֹהֵינוּ מֶלֶךְ הָעוֹלָם,
הַמַּפִּיל חֶבְלֵי שֵׁנָה עַל עֵינַי,
וּתְנוּמָה עַל עַפְעַפָּי, וּמֵאִיר לְאִישׁוֹן
בַּת עָיִן. וִיהִי רָצוֹן מִלְּפָנֶיךָ יְיָ אֱלֹהַי
וֵאלֹהֵי אֲבוֹתַי, שֶׁתַּשְׁכִּיבֵנִי לְשָׁלוֹם,
וְתַעֲמִידֵנִי לְחַיִּים טוֹבִים וּלְשָׁלוֹם, וְאַל
יְבַהֲלוּנִי רַעְיוֹנַי וַחֲלוֹמוֹת רָעִים
וְהִרְהוּרִים רָעִים. וּתְהֵא מִטָּתִי שְׁלֵמָה
לְפָנֶיךָ

תו"א א) בראשית מ"ט יס : ב) משלי ג כד : ג) בראשית מ"ט יח : ד) תהלים לב ז : ה) שם מ"ז יא : ו) שם
כב יד : ז) ירמיה י יא: ח) תהלים לא ו :

גד ГАД СОБЕРЕТ ОТРЯДЫ, И ВСЕ ОНИ ВЕРНУТСЯ ОБРАТНО.[1] ОБРАТНО ВЕРНУТСЯ ОНИ ВСЕ — ОТРЯДЫ, КОТОРЫЕ СОБЕРЕТ ГАД. (*Эту фразу повторяют трижды.*)

אם КОГДА ЛЯЖЕШЬ ТЫ [СПАТЬ] — НИЧТО НЕ БУДЕТ УСТРАШАТЬ ТЕБЯ; БУДЕШЬ ЛЕЖАТЬ ТЫ, НАСЛАЖДАЯСЬ СНОМ.[2] (*Эту фразу повторяют трижды.*)

בטוב БУДУ ЗАСЫПАТЬ Я, [ОСЕНЕННЫЙ ЕГО] ДОБРОТОЙ, БУДУ ПРОСЫПАТЬСЯ, [ОСЕНЕННЫЙ ЕГО] МИЛОСТЬЮ. (*Эту фразу повторяют трижды.*)

לישועתך НА ПОМОЩЬ ТВОЮ, ГОСПОДЬ, Я НАДЕЯЛСЯ.[3] (*Эту фразу повторяют трижды.*)

אתה ТЫ — УБЕЖИЩЕ МОЕ, ТЫ ЗАЩИТИШЬ МЕНЯ ОТ ВРАГА; ГИМНЫ О СПАСЕНИИ ПОСТОЯННО ЗВУЧАТ ВОКРУГ МЕНЯ.[4] (*Эту фразу повторяют трижды.*)

תודיעני УКАЖИ МНЕ ПУТЬ ЖИЗНИ; ДАЙ МНЕ НАСЫТИТЬСЯ РАДОСТЬЮ ПРЕД ЛИЦОМ ТВОИМ, ВЕЧНЫМ БЛАЖЕНСТВОМ, [КОТОРОЕ ДАРУЕТ] ДЕСНИЦА ТВОЯ.[5] (*Эту фразу повторяют трижды.*)

אתה ВОССТАНЕШЬ ТЫ И ЯВИШЬ МИЛОСЕРДИЕ СИОНУ, ИБО ПРИШЛО ВРЕМЯ СМИЛОСТИВИТЬСЯ НАД НИМ, НАСТАЛ СРОК.[6] "ТА́К СКАЖИТЕ ИМ: ИДОЛЫ, КОТОРЫЕ НЕ ТВОРИЛИ ЗЕМЛЮ И НЕБО, СГИНУТ С ЗЕМЛИ ПОД НЕБОМ ЭТИМ".[7] ВРУЧАЮ ТЕБЕ Я ДУШУ СВОЮ; ТЫ ИЗБАВИШЬ МЕНЯ [ОТ СМЕРТИ], ГОСПОДЬ, БОГ ИСТИНЫ![8]

Следующее благословение произносят непосредственно перед тем, как раздеться и лечь в постель. Нельзя разговаривать после того, как произнесено это благословение.

ברוך БЛАГОСЛОВЕН ТЫ, ГОСПОДЬ, БОГ НАШ, ВЛАДЫКА ВСЕЛЕННОЙ, СМЕЖАЮЩИЙ СНОМ ГЛАЗА МОИ, ДРЕМОТОЙ — ВЕКИ, ДАЮЩИЙ СВЕТ МОИМ ЗРАЧКАМ. И ДА БУДЕТ УГОДНО ТЕБЕ, ГОСПОДЬ, БОГ МОЙ И БОГ ОТЦОВ МОИХ, НИСПОСЛАТЬ МНЕ МИРНЫЙ СОН; И ПРОБУДИ МЕНЯ [НАЗАВТРА] ДЛЯ БЛАГОПОЛУЧНОЙ ЖИЗНИ И МИРА; И ПУСТЬ НЕ ТРЕВОЖАТ МЕНЯ МЫСЛИ МОИ, И ДУРНЫЕ СНЫ, И ГРЕХОВНЫЕ ПОМЫСЛЫ; И СДЕЛАЙ ТАК, ЧТОБЫ ЛОЖЕ МОЕ БЫЛО СОВЕРШЕННЫМ

---

1. Брейшит, 49:19. 2. Мишлей, 3:24. 3. Брейшит, 49:18. 4. Теѓилим, 32:7. 5. Теѓилим, 16:11. 6. Теѓилим, 102:14. 7. Ирмеяѓу, 10:11. 8. Теѓилим, 31:6.

לְפָנֶיךָ , וְהָאֵר עֵינַי פֶּן אִישַׁן הַמָּוֶת.
בָּרוּךְ אַתָּה יְיָ , הַמֵּאִיר לְעוֹלָם כֻּלּוֹ
בִּכְבוֹדוֹ :

מנחה לערב שבת

אומרים הודו בכל ערב שבת קודם מנחה לבד כשחל יום טוב או חול המועד בערב שבת א"א הודו :

הוֹדוּ לַיְיָ כִּי טוֹב , כִּי לְעוֹלָם חַסְדּוֹ : יֹאמְרוּ גְּאוּלֵי יְיָ , אֲשֶׁר גְּאָלָם מִיַּד צָר :
וּמֵאֲרָצוֹת קִבְּצָם מִמִּזְרָח וּמִמַּעֲרָב, מִצָּפוֹן וּמִיָּם : תָּעוּ בַמִּדְבָּר בִּישִׁימוֹן
דָּרֶךְ , עִיר מוֹשָׁב לֹא מָצָאוּ : רְעֵבִים גַּם צְמֵאִים, נַפְשָׁם בָּהֶם תִּתְעַטָּף : וַיִּצְעֲקוּ
אֶל יְיָ בַּצַּר לָהֶם, מִמְּצוּקוֹתֵיהֶם יַצִּילֵם : וַיַּדְרִיכֵם בְּדֶרֶךְ יְשָׁרָה , לָלֶכֶת אֶל עִיר
מוֹשָׁב : יוֹדוּ לַיְיָ חַסְדּוֹ : וְנִפְלְאוֹתָיו לִבְנֵי אָדָם : כִּי הִשְׂבִּיעַ נֶפֶשׁ שֹׁקֵקָה, וְנֶפֶשׁ
רְעֵבָה מִלֵּא טוֹב : יֹשְׁבֵי חֹשֶׁךְ וְצַלְמָוֶת , אֲסִירֵי עֳנִי וּבַרְזֶל : כִּי הִמְרוּ אִמְרֵי
אֵל , וַעֲצַת עֶלְיוֹן נָאָצוּ : וַיַּכְנַע בֶּעָמָל לִבָּם , כָּשְׁלוּ וְאֵין עֹזֵר : וַיִּזְעֲקוּ אֶל יְיָ
בַּצַּר לָהֶם, מִמְּצֻקוֹתֵיהֶם יוֹשִׁיעֵם : יוֹצִיאֵם מֵחֹשֶׁךְ וְצַלְמָוֶת וּמוֹסְרוֹתֵיהֶם יְנַתֵּק :
יוֹדוּ לַיְיָ חַסְדּוֹ, וְנִפְלְאוֹתָיו לִבְנֵי אָדָם : כִּי שִׁבַּר דַּלְתוֹת נְחֹשֶׁת , וּבְרִיחֵי בַרְזֶל
גִּדֵּעַ : אֱוִלִים מִדֶּרֶךְ פִּשְׁעָם , וּמֵעֲוֹנֹתֵיהֶם יִתְעַנּוּ : כָּל אֹכֶל תְּתַעֵב נַפְשָׁם ,
וַיַּגִּיעוּ עַד שַׁעֲרֵי מָוֶת : וַיִּזְעֲקוּ אֶל יְיָ בַּצַּר לָהֶם , מִמְּצֻקוֹתֵיהֶם יוֹשִׁיעֵם : יִשְׁלַח
דְּבָרוֹ וְיִרְפָּאֵם, וִימַלֵּט מִשְּׁחִיתוֹתָם : יוֹדוּ לַיְיָ חַסְדּוֹ , וְנִפְלְאוֹתָיו לִבְנֵי אָדָם :
וְיִזְבְּחוּ זִבְחֵי תוֹדָה , וִיסַפְּרוּ מַעֲשָׂיו בְּרִנָּה : יוֹרְדֵי הַיָּם בָּאֳנִיּוֹת, עֹשֵׂי מְלָאכָה
בְּמַיִם רַבִּים : הֵמָּה רָאוּ מַעֲשֵׂי יְיָ , וְנִפְלְאוֹתָיו בִּמְצוּלָה : וַיֹּאמֶר וַיַּעֲמֵד רוּחַ
סְעָרָה , וַתְּרוֹמֵם גַּלָּיו : יַעֲלוּ שָׁמַיִם יֵרְדוּ תְהוֹמוֹת, נַפְשָׁם בְּרָעָה תִתְמוֹגָג :
יָחוֹגּוּ וְיָנוּעוּ כַּשִּׁכּוֹר , וְכָל חָכְמָתָם תִּתְבַּלָּע : וַיִּצְעֲקוּ אֶל יְיָ בַּצַּר לָהֶם ,
וּמִמְּצוּקֹתֵיהֶם יוֹצִיאֵם : יָקֵם סְעָרָה לִדְמָמָה, וַיֶּחֱשׁוּ גַּלֵּיהֶם : וַיִּשְׂמְחוּ כִי יִשְׁתֹּקוּ ,
וַיַּנְחֵם אֶל מְחוֹז חֶפְצָם : יוֹדוּ לַיְיָ חַסְדּוֹ, וְנִפְלְאוֹתָיו לִבְנֵי אָדָם : וִירוֹמְמוּהוּ בִּקְהַל
עָם, וּבְמוֹשַׁב זְקֵנִים יְהַלְלוּהוּ : יָשֵׂם נְהָרוֹת לְמִדְבָּר, וּמֹצָאֵי מַיִם לְצִמָּאוֹן : אֶרֶץ
פְּרִי לִמְלֵחָה, מֵרָעַת יֹשְׁבֵי בָהּ : יָשֵׂם מִדְבָּר לַאֲגַם מַיִם , וְאֶרֶץ צִיָּה לְמֹצָאֵי
מָיִם : וַיּוֹשֶׁב שָׁם רְעֵבִים , וַיְכוֹנְנוּ עִיר מוֹשָׁב : וַיִּזְרְעוּ שָׂדוֹת וַיִּטְּעוּ כְרָמִים ,
וַיַּעֲשׂוּ פְּרִי תְבוּאָה : וַיְבָרְכֵם וַיִּרְבּוּ מְאֹד , וּבְהֶמְתָּם לֹא יַמְעִיט : וַיִּמְעֲטוּ וַיָּשֹׁחוּ
מֵעֹצֶר רָעָה וְיָגוֹן : שֹׁפֵךְ בּוּז עַל נְדִיבִים , וַיַּתְעֵם בְּתֹהוּ לֹא דָרֶךְ : וַיְשַׂגֵּב
אֶבְיוֹן מֵעוֹנִי , וַיָּשֶׂם כַּצֹּאן מִשְׁפָּחוֹת : יִרְאוּ יְשָׁרִים וְיִשְׂמָחוּ , וְכָל עַוְלָה קָפְצָה
פִּיהָ : מִי חָכָם וְיִשְׁמָר אֵלֶּה , וְיִתְבּוֹנְנוּ חַסְדֵי יְיָ :

ПРЕД ТОБОЮ. И ВЕРНИ СВЕТ ГЛАЗАМ МОИМ [НАУТРО], ЧТО-
БЫ НЕ УСНУЛ Я СМЕРТНЫМ СНОМ. БЛАГОСЛОВЕН ТЫ, ГОС-
ПОДЬ, ОЗАРЯЮЩИЙ ВЕСЬ МИР СЛАВОЙ СВОЕЙ!

"МИНХА" В КАНУН СУББОТЫ

*Следующий псалом произносят в канун субботы, за исключением тех случаев, когда
она приходится на йом-тов или холь-гамоэд.*

הודו БЛАГОДАРИТЕ ГОСПОДА, ИБО ОН ДОБР, ИБО ВЕЧНА МИЛОСТЬ ЕГО! ПУСТЬ
РАССКАЖУТ СПАСЕННЫЕ ГОСПОДОМ О ТОМ, КАК ОН ВЫЗВОЛИЛ ИХ ИЗ РУК ВРА-
ГОВ. ИЗ [РАЗНЫХ] ЗЕМЕЛЬ СОБРАЛ ОН ИХ – С ВОСТОКА И ЗАПАДА, С СЕВЕРА И
МОРСКИХ [ОСТРОВОВ]. БЛУЖДАЛИ ОНИ ПО БЕЗЛЮДНОЙ ПУСТЫНЕ, НЕ НАХОДЯ
ДОРОГИ К ГОРОДУ, К НАСЕЛЕННОЙ МЕСТНОСТИ. СТРАДАЛИ ОНИ ОТ ГОЛОДА И
ЖАЖДЫ, И ОБЕССИЛЕЛА ИХ ДУША. И ВОЗЗВАЛИ ОНИ К ГОСПОДУ В НЕСЧАСТЬЕ
СВОЕМ, И ОН СПАС ИХ ИЗ БЕДЫ. НАПРАВИЛ ОН ИХ ПО ПРЯМОМУ ПУТИ, ВЕДУ-
ЩЕМУ К ГОРОДУ, К НАСЕЛЕННОЙ МЕСТНОСТИ. ВОЗБЛАГОДАРЯТ ОНИ ГОСПОДА ЗА
ДОБРОТУ ЕГО И ЗА ЧУДЕСА, [КОТОРЫЕ ЯВИЛ ОН] СЫНАМ ЧЕЛОВЕЧЕСКИМ. ИБО
НАПОИЛ ОН ДУШУ ЖАЖДУЩУЮ И ДУШУ ИЗГОЛОДАВШУЮСЯ НАСЫТИЛ БЛАГАМИ.
СИДЕЛИ УЗНИКИ ВО МРАКЕ, В МОГИЛЬНОЙ ТЬМЕ, ЗАКОВАННЫЕ В ЖЕЛЕЗНЫЕ
ЦЕПИ И КАНДАЛЫ, ИБО НАРУШИЛИ ПОВЕЛЕНИЯ БОГА, НАСТАВЛЕНИЯМИ ВСЕ-
ВЫШНЕГО ПРЕНЕБРЕГЛИ. И СМИРИЛ ОН СТРАДАНИЕМ СЕРДЦЕ ИХ; ИЗНЕМОГАЛИ
ОНИ И НЕКОМУ БЫЛО ИМ ПОМОЧЬ. И ВОЗЗВАЛИ ОНИ К ГОСПОДУ В НЕСЧАСТЬЕ
СВОЕМ, И ОН СПАС ИХ ИЗ БЕДЫ. ВЫВЕЛ ОН ИХ ИЗ МРАКА, ИЗ МОГИЛЬНОЙ ТЬМЫ,
РАЗБИЛ ОКОВЫ ИХ. ВОСХВАЛЯТ ОНИ ГОСПОДА ЗА ДОБРОТУ ЕГО И ЗА ЧУДЕСА,
[КОТОРЫЕ ЯВИЛ ОН] СЫНАМ ЧЕЛОВЕЧЕСКИМ; ИБО СОКРУШИЛ ОН ДВЕРИ МЕД-
НЫЕ И ЗАСОВЫ ЖЕЛЕЗНЫЕ РАЗБИЛ. [ВОСХВАЛЯТ ВСЕВЫШНЕГО] ТЕ, КТО БЫЛ
ЛИШЕН РАЗУМА ИЗ-ЗА ПРЕСТУПНЫХ ПУТЕЙ СВОИХ И СТРАДАЛ ИЗ-ЗА СВОИХ ГРЕ-
ХОВ, НЕ ПРИНИМАЛА ДУША ИХ НИКАКОЙ ПИЩИ, И ДОШЛИ ОНИ ДО ВРАТ СМЕРТИ. И
ВОЗЗВАЛИ ОНИ К ГОСПОДУ В НЕСЧАСТЬЕ СВОЕМ, И ОН СПАС ИХ ИЗ БЕДЫ. ПОСЛАЛ
ОН ИМ СЛОВО СВОЕ, И ИСЦЕЛИЛ ИХ, И СПАС ИХ ОТ ГИБЕЛИ. ВОСХВАЛЯТ ОНИ
ГОСПОДА ЗА ДОБРОТУ ЕГО И ЗА ЧУДЕСА, [КОТОРЫЕ ЯВИЛ ОН] СЫНАМ ЧЕЛОВЕ-
ЧЕСКИМ. И ПУСТЬ ПРИНЕСУТ БЛАГОДАРСТВЕННЫЕ ЖЕРТВЫ И ПОВЕДАЮТ, ЛИКУЯ,
О ДЕЯНИЯХ ЕГО ТЕ, КТО ОТПРАВЛЯЕТСЯ НА КОРАБЛЯХ В МОРЕ, КТО ТРУДИТСЯ В
БЕЗБРЕЖНЫХ ВОДАХ; ВИДЕЛИ ОНИ ДЕЯНИЯ ГОСПОДА, ЧУДЕСА ЕГО В ОКЕАН-
СКИХ БЕЗДНАХ. ПОВЕЛЕЛ ОН – И ПОДНЯЛСЯ БУРНЫЙ ВЕТЕР, ВЫСОКО ВЗДЫМАЯ
ВАЛЫ. ПОДНИМАЛИСЬ [МОРЕПЛАВАТЕЛИ] К НЕБЕСАМ, НИЗВЕРГАЛИСЬ В БЕЗД-
НУ; УСТРАШИЛИ БЕДЫ ДУШУ ИХ. КАЧАЛО ИХ И ШАТАЛО СЛОВНО ПЬЯНЫХ, ВСЕЙ
МУДРОСТИ СВОЕЙ ЛИШИЛИСЬ ОНИ. И ВОЗЗВАЛИ ОНИ К ГОСПОДУ В НЕСЧАСТЬЕ
СВОЕМ, И ОН ВЫВЕЛ ИХ ИЗ БЕДЫ. СМЕНИЛ ОН БУРЮ ШТИЛЕМ И УТИХЛИ ВОЛНЫ. И
ОБРАДОВАЛИСЬ [МОРЕПЛАВАТЕЛИ], ЧТО УСМИРИЛИСЬ ВОЛНЫ, И ПОВЕЛ ИХ
[ОН] К ЖЕЛАННОЙ ЦЕЛИ. ВОСХВАЛЯТ ОНИ ГОСПОДА ЗА ДОБРОТУ ЕГО И ЗА ЧУ-
ДЕСА, [КОТОРЫЕ ЯВИЛ ОН] СЫНАМ ЧЕЛОВЕЧЕСКИМ; И ПРЕВОЗНЕСУТ ОНИ ЕГО
ПЕРЕД СОБРАНИЕМ НАРОДА, И ПЕРЕД СОВЕТОМ МУДРЕЦОВ ВОСХВАЛЯТ ЕГО.
ПРЕВРАЩАЕТ ОН [МЕСТА, ОРОШАЕМЫЕ] РЕКАМИ, В ПУСТЫНЮ И [ЗЕМЛЮ], ИСТО-
ЧАЮЩУЮ ВОДУ, В [МЕСТО] БЕЗВОДНОЕ, ЗЕМЛЮ ПЛОДОРОДНУЮ – В СОЛОНЧАК,
ЗА ГРЕХИ ИХ ОБИТАТЕЛЕЙ. ПРЕВРАЩАЕТ ОН ПУСТЫНЮ В [КРАЙ] ОЗЕР, ЗЕМЛЮ
ЖАЖДУЩУЮ – В [МЕСТО, БОГАТОЕ] ИСТОЧНИКАМИ, И ПОСЕЛЯЕТ ОН ТАМ ИЗГО-
ЛОДАВШИХСЯ, И ПРЕВРАЩАЮТ ТЕ [ЭТО МЕСТО В] НАСЕЛЕННЫЙ ГОРОД. ЗАСЕ-
ВАЮТ ОНИ ПОЛЯ И САЖАЮТ ВИНОГРАДНИКИ И СОБИРАЮТ ЗЕРНО И ПЛОДЫ [ВИ-
НОГРАДНОЙ ЛОЗЫ]. И ОН БЛАГОСЛОВЛЯЕТ ИХ, И СТАНОВИТСЯ ИХ ВСЕ БОЛЬШЕ И
БОЛЬШЕ, И СРЕДИ СКОТА ИХ НЕТ ПОТЕРЬ. [ДРУГИЕ ЖЕ] СТАНОВЯТСЯ МАЛОЧИС-
ЛЕННЫМИ, [СГИБАЯСЬ] ПОД ГНЕТОМ БЕД И ПЕЧАЛЕЙ. ПОКРЫВАЕТ ОН ПОЗОРОМ
ГОРДЫХ И ЗАСТАВЛЯЕТ ИХ БЛУЖДАТЬ ПО ПУСТЫННЫМ МЕСТАМ БЕЗ ДОРОГИ.
НО БЕДНЯКА ИЗБАВЛЯЕТ ОН ОТ НИЩЕТЫ, И ДЕЛАЕТ ЕГО ПОТОМКОВ МНОГОЧИС-
ЛЕННЫМИ, СЛОВНО ОВЦЫ В ОТАРЕ. УВИДЯТ [ЭТО] НЕПОРОЧНЫЕ И ВОЗРАДУЮТСЯ,
А НЕЧЕСТИВЫЕ ЛИШАТСЯ ДАРА РЕЧИ. ТОТ, КТО МУДР, СОХРАНИТ ПАМЯТЬ ОБ
ЭТОМ И БУДЕТ РАЗМЫШЛЯТЬ О ДОБРОТЕ ГОСПОДА.[1]

---

1. Теги́лим, 107.

פָּתַח אֵלִיָהוּ וְאָמַר רִבּוֹן עָלְמִין דְּאַנְתְּ הוּא חָד וְלָא בְּחֻשְׁבָּן אַנְתְּ
הוּא עִלָּאָה עַל־כָּל־עִלָּאִין סְתִימָא עַל־כָּל־סְתִימִין לֵית
מַחֲשָׁבָה תְּפִיסָא בָּךְ כְּלָל: אַנְתְּ הוּא דְּאַפִּיקַת עֲשַׂר תִּקּוּנִין
וְקָרֵינָן לְהוֹן עֲשַׂר סְפִירָן לְאַנְהָגָא בְּהוֹן עָלְמִין סְתִימִין דְּלָא
אִתְגַּלְיָן וְעָלְמִין דְּאִתְגַּלְיָן וּבְהוֹן אִתְכַּסִּיאַת מִבְּנֵי נָשָׁא וְאַנְתְּ הוּא
דְּקָשִׁיר לוֹן וּמְיַחֵד לוֹן וּבְגִין דְּאַנְתְּ מִלְּגָו כָּל־מָאן דְּאַפְרִישׁ חַד
מֵחַבְרֵיהּ מֵאִלֵּין עֲשַׂר סְפִירָן אִתְחֲשַׁב לֵיהּ כְּאִלּוּ אַפְרִישׁ בָּךְ:
וְאִלֵּין עֲשַׂר סְפִירָן אִנּוּן אָזְלִין כְּסִדְרָן חַד אָרִיךְ וְחַד קָצִיר וְחַד
בֵּינוּנִי: וְאַנְתְּ הוּא דְּאַנְהִיג לוֹן וְלֵית מָאן דְּאַנְהִיג לָךְ לָא לְעֵלָּא
וְלָא לְתַתָּא וְלָא מִכָּל־סִטְרָא: לְבוּשִׁין תְּקִינַת לוֹן דְּמִנַּיְהוּ פָּרְחִין
נִשְׁמָתִין לִבְנֵי נָשָׁא: וְכַמָּה גוּפִין תְּקִינַת לוֹן דְּאִתְקְרִיאוּ גוּפִין
לְגַבֵּי לְבוּשִׁין דִּמְכַסְּיָן עֲלֵיהוֹן וְאִתְקְרִיאוּ בְּתִקּוּנָא דָא: חֶסֶד
דְּרוֹעָא יְמִינָא: גְּבוּרָה דְּרוֹעָא שְׂמָאלָא: תִּפְאֶרֶת גּוּפָא: נֶצַח
וְהוֹד תְּרֵין שׁוֹקִין: יְסוֹד סִיּוּמָא דְּגוּפָא אוֹת בְּרִית קֹדֶשׁ: מַלְכוּת
פֶּה תּוֹרָה שֶׁבְּעַל פֶּה קָרֵינָן לָהּ: חָכְמָה מוֹחָא אִיהִי מַחֲשָׁבָה מִלְּגָו:
בִּינָה לִבָּא וּבָהּ הַלֵּב מֵבִין וְעַל אִלֵּין תְּרֵין כְּתִיב הַנִּסְתָּרוֹת לַיהֹוָה
אֱלֹהֵינוּ: כֶּתֶר עֶלְיוֹן אִיהוּ כֶּתֶר מַלְכוּת וַעֲלֵיהּ אִתְּמַר מַגִּיד
מֵרֵאשִׁית אַחֲרִית וְאִיהוּ קַרְקַפְתָּא דִּתְפִלִּין מִלְּגָו אִיהוּ שֵׁם מַ״ה כז יו״ד ה״א ה״ו ה״א דְּאִיהוּ אֹרַח אֲצִילוּת וְאִיהוּ שַׁקְיוּ דְּאִילָנָא
בִּדְרוֹעוֹי וְעַנְפוֹי כְּמַיָּא דְּאַשְׁקֵי לְאִילָנָא וְאִתְרַבֵּי בְּהַהוּא שַׁקְיוּ:
רִבּוֹן עָלְמִין אַנְתְּ הוּא עִלַּת הָעִלּוֹת וְסִבַּת הַסִּבּוֹת דְּאַשְׁקֵי לְאִילָנָא
בְּהַהוּא נְבִיעוּ: וְהַהוּא נְבִיעוּ אִיהוּ כְּנִשְׁמָתָא לְגוּפָא דְּאִיהִי חַיִּים
לְגוּפָא: וּבָךְ לֵית דִּמְיוֹן וְדִיּוֹקְנָא מִכָּל־מַה דִּלְגָו וּלְבַר: וּבָרָאתָ
שְׁמַיָּא וְאַרְעָא וְאַפִּיקַת מִנְּהוֹן שִׁמְשָׁא וְסִיהֲרָא וְכוֹכְבַיָּא וּמַזָּלַיָּא:
וּבְאַרְעָא אִילָנִין וְדִשְׁאִין וְגִנְּתָא דְעֵדֶן וְעִשְׂבִּין וְחֵיוָן וּבְעֵירִין
וְעוֹפִין וְנוּנִין וּבְנֵי נָשָׁא לְאִשְׁתְּמוֹדְעָא בְּהוֹן עִלָּאִין וְאֵיךְ יִתְנַהֲגָן
עִלָּאִין וְתַתָּאִין וְאֵיךְ אִשְׁתְּמוֹדְעָן עִלָּאֵי מִתַּתָּאֵי וְלֵית דְּיָדַע בָּךְ
כְּלָל: וּבַר מִנָּךְ לֵית יִחוּדָא בְּעִלָּאֵי וְתַתָּאֵי וְאַנְתְּ אִשְׁתְּמוֹדַע
עִלַּת עַל־כֹּלָּא וְאָדוֹן עַל כֹּלָּא: וְכָל־סְפִירָא אִית לָהּ שֵׁם יְדִיעָא

וּבְהוֹן

פתח НАЧАЛ [ПРОРОК] ЭЛИЯѓУ СВОИ СЛОВА ТАК: ВЛАДЫКА МИРОВ! КОГДА ГОВОРЯТ О ТЕБЕ, ЧТО ТЫ "ОДИН", – СЛОВО ЭТО НЕ ИМЕЕТ ЧИСЛОВОГО СМЫСЛА.* ТЫ ПРЕВЫШЕ ЛЮБЫХ ВЫСОТ, ТЫ ТАЙНА ВСЕХ ТАЙН, И РАЗУМ НАШ НЕ СПОСОБЕН ДАЖЕ ПРИКОСНУТЬСЯ К ТЕБЕ. ТЫ ЯВИЛ МИРУ ДЕСЯТЬ ОБОЛОЧЕК, КОТОРЫЕ МЫ НАЗЫВАЕМ "ДЕСЯТЬ СФИРОТ", ЧТОБЫ С ИХ ПОМОЩЬЮ УПРАВЛЯТЬ МИРАМИ СКРЫТЫМИ, КОТОРЫЕ НЕПОСТИЖИМЫ, И МИРАМИ ОТКРЫТЫМИ; И ЗА ВСЕМИ ЭТИМИ ОБОЛОЧКАМИ ТЫ СКРЫВАЕШЬ СЕБЯ ОТ ЛЮДЕЙ. И ТЫ – ТОТ, КТО СВЯЗЫВАЕТ И ОБЪЕДИНЯЕТ ЭТИ СФИРОТ; И ПОСКОЛЬКУ ТЫ ВНУТРИ НИХ, – ТОТ, КТО ОТДЕЛЯЕТ ОДНУ ИЗ ЭТИХ СФИРОТ ОТ ДРУГОЙ, СЧИТАЕТСЯ ПОСЯГАЮЩИМ НА ТВОЕ ЕДИНСТВО. ЭТИ ДЕСЯТЬ СФИРОТ РАСПОЛАГАЮТСЯ В СЛЕДУЮЩЕМ ПОРЯДКЕ: СНАЧАЛА – СФИРОТ, РАСПРОСТРАНЯЮЩИЕ БОЖЕСТВЕННЫЙ СВЕТ, ЗАТЕМ – СФИРОТ, ОГРАНИЧИВАЮЩИЕ ЕГО РАСПРОСТРАНЕНИЕ, ПОТОМ – СФИРОТ, УРАВНОВЕШИВАЮЩИЕ ВЛИЯНИЕ ПЕРВЫХ ДВУХ, И ТАК ДАЛЕЕ. И ТЫ – ТОТ, КТО УПРАВЛЯЕТ ИМИ, И НЕТ НИЧЕГО, ЧТО УПРАВЛЯЛО БЫ ТОБОЮ САМИМ, – НИ В ВЫСШИХ СФИРОТ, НИ В НИЖНИХ, НИ В ЦЕНТРАЛЬНЫХ. СДЕЛАЛ ТЫ [ДЛЯ ЭТИХ СФИРОТ] ОДЕЯНИЯ, И ОТТУДА СПУСКАЮТСЯ В МИР ДУШИ ЛЮДЕЙ. ПРИДАЛ ТЫ ЭТИМ СФИРОТ ОСОБУЮ ФОРМУ, КОТОРАЯ ИМЕНУЕТСЯ "ТЕЛОМ", ИБО ПОДОБНО ТЕЛУ ЧЕЛОВЕЧЕСКОМУ СКРЫТА ОНА ПОД ОДЕЯНИЕМ; ЭТИ ДЕСЯТЬ СФИРОТ СИМВОЛИЧЕСКИ ОБОЗНАЧАЮТСЯ ТАКИМ ОБРАЗОМ:"ХЕ́СЕД" (ДОБРОТА) – ПРАВАЯ РУКА; "ГВУРА́" (МОГУЩЕСТВО) – ЛЕВАЯ РУКА; "ТИФЕ́РЕТ" (КРАСОТА) – ТУЛОВИЩЕ; "НЕ́ЦАХ" (ВЕЧНОСТЬ) И "ѓОД" (СИЯНИЕ) – НОГИ; "ЙЕСО́Д" (ОСНОВА) – ЗАВЕРШЕНИЕ ТУЛОВИЩА, ЗНАК СВЯЩЕННОГО ЗАВЕТА; "МАЛХУ́Т" (ЦАРСТВО) – УСТА, ИБО УСТА НАШИ ПРОИЗНОСЯТ СЛОВА УСТНОЙ ТОРЫ; "ХОХМА́" (МУДРОСТЬ) – МОЗГ, ВМЕСТИЛИЩЕ МЫСЛИ; "БИНА́" (ПОНИМАНИЕ) – СЕРДЦЕ, ИБО ГОВОРИТСЯ: "СЕРДЦЕ ПОСТИГАЕТ". И ПРО ДВЕ ПОСЛЕДНИЕ СФИРОТ СКАЗАНО: "ТАЙНЫ [ВЕДОМЫ ЛИШЬ] ГОСПОДУ, БОГУ НАШЕМУ"[1]**; "КЕТЕР ЭЛЬЙО́Н" (ВЫСШИЙ ВЕНЕЦ) – ЦАРСКИЙ ВЕНЕЦ, КАК СКАЗАНО: "В НАЧАЛЕ ВОЗВЕЩАЕТ О ТОМ, ЧТО ПРОИЗОЙДЕТ В КОНЦЕ".[2]*** ЭТО МЕСТО, НА КОТОРОЕ ВОЗЛАГАЮТ ТФИЛИН. И ВНУТРИ СФИРОТ – ИМЯ ВСЕВЫШНЕГО, ИМЕЮЩЕЕ ЧИСЛОВОЕ ЗНАЧЕНИЕ "45" (יו"ד ה"א וא"ו ה"א), И ОПРЕДЕЛЯЮЩЕЕ СУЩНОСТЬ МИРА "АЦИЛУ́Т" – ВЫСШЕГО ИЗ ДУХОВНЫХ МИРОВ, И ПИТАЮЩЕЕ ДРЕВО [СФИРОТ] СО ВСЕМИ ЕГО ВЕТВЯМИ И ПОБЕГАМИ, КАК ВОДА ПИТАЕТ ДЕРЕВО, И ОНО РАСТЕТ БЛАГОДАРЯ ЭТОЙ ВЛАГЕ. ВЛАДЫКА МИРОВ! ТЫ – ИСТОК ВСЕХ ИСТОКОВ, ПРИЧИНА ВСЕХ ПРИЧИН; ТЫ – ТОТ, КТО ПИТАЕТ ДРЕВО СФИРОТ ТОЙ ВЛАГОЙ ИЗ ИСТОЧНИКА. ИСТОЧНИК ТОТ ДЛЯ ДРЕВА ЭТОГО – СЛОВНО ДУША ДЛЯ ТЕЛА, КОТОРАЯ ДАЕТ ТЕЛУ ЖИЗНЬ. НИ В СКРЫТЫХ МИРАХ, НИ В ОТКРЫТЫХ НЕ ИМЕЕШЬ ТЫ НИ ОБРАЗА, НИ ПОДОБИЯ. И ТЫ СОТВОРИЛ НЕБО И ЗЕМЛЮ, И СОЗДАЛ ИЗ НИХ СОЛНЦЕ, ЛУНУ, ЗВЕЗДЫ И ПЛАНЕТЫ, А НА ЗЕМЛЕ – ДЕРЕВЬЯ, РАЗНООБРАЗНЫЕ РАСТЕНИЯ, РАЙСКИЙ САД, ТРАВЫ, ДИКИХ И ДОМАШНИХ ЖИВОТНЫХ, ПТИЦ, РЫБ И ЛЮДЕЙ. ТЫ СОЗДАЛ ЭТОТ МИР ТАКИМ, ЧТО, СОЗЕРЦАЯ ЕГО, МОЖНО ПОЛУЧИТЬ ПРЕДСТАВЛЕНИЕ О ЕГО ПРООБРАЗЕ – ВЫСШЕМ МИРЕ; И О ТОМ, КАК УПРАВЛЯЕШЬ ТЫ ВСЕМИ МИРАМИ – И ВЫСШИМИ, И НИЗШИМИ; НО, ХОТЯ МОЖНО ПОСТИЧЬ ВЫСШИЕ МИРЫ, СОЗЕРЦАЯ ЭТОТ НИЗШИЙ МИР, НЕТ НИКОГО, КТО ХОТЬ ОТЧАСТИ ПОСТИГ БЫ ТЕБЯ, ВСЕВЫШНИЙ! И БЕЗ ТЕБЯ НЕВОЗМОЖНО ЕДИНСТВО ВЫСШИХ И НИЗШИХ МИРОВ; ВСЕ, ЧТО ИЗВЕСТНО О ТЕБЕ, – ЭТО ТО, ЧТО ТЫ – ПРИЧИНА ВСЕМУ И ВЛАДЫКА ВСЕГО. И КАЖДАЯ ИЗ СФИРОТ ИМЕЕТ ОПРЕДЕЛЕННОЕ ИМЯ,

---

1. Дварим, 29:28. 2. Йешаяѓу, 46:10.
*   "Один" не как начало числового ряда, за которым следует "два", а как всеобъемлющее единство и единственность, исключающие возможность существования "второго".
**   Эти сфирот не раскрываются в мире, на что, среди прочего, указывает их соответствие внутренним органам человека.
***   Эти слова означают, что "конец заложен в начале" (Сефер йецира) и, таким образом, в сфире "Кетер" (венец), первой из сфирот, присутствует в скрытом виде последняя из сфирот – "Малхут" (царство); поэтому "высший венец" является "царским венцом".

וּבְרֹחַן אִתְקְרִיאוּ מַלְאֲכַיָּא ׃ וְאַנְתְּ לֵית לָךְ שֵׁם יְדִיעָא דְּאַנְתְּ הוּא
מְמַלֵּא כָל־שְׁמָהָן ׃ וְאַנְתְּ הוּא שְׁלִימוּ דְּכֻלְּהוּ ׃ וְכַד אַנְתְּ תִּסְתַּלֵּק
מִנַּיְהוּ אִשְׁתָּאֲרוּ כֻּלְּהוּ שְׁמָהָן כְּגוּפָא בְּלָא נִשְׁמָתָא ׃ אַנְתְּ הוּא
חַכִּים וְלָא בְחָכְמָה יְדִיעָא אַנְתְּ הוּא מֵבִין וְלָא בְּבִינָה יְדִיעָא ׃
לֵית לָךְ אֲתַר יְדִיעָא ׃ אֶלָּא לְאִשְׁתְּמוֹדְעָא תּוּקְפָּךְ וְחֵילָךְ לִבְנֵי
נָשָׁא וּלְאַחֲזָאָה לוֹן אֵיךְ מִתְנַהֵג עָלְמָא בְּדִינָא וּבְרַחֲמֵי דְּאִית
צֶדֶק וּמִשְׁפָּט כְּפוּם עוֹבְדֵיהוֹן דִּבְנֵי נָשָׁא ׃ דִין אִיהוּ גְבוּרָה מִשְׁפָּט
עַמּוּדָא דְאֶמְצָעִיתָא צֶדֶק מַלְכוּתָא קַדִּישָׁא מֹאזְנֵי צֶדֶק תְּרֵין
סַמְכֵי קְשׁוֹט הִין צֶדֶק אוֹת בְּרִית קֹדֶשׁ כֹּלָּא לְאַחֲזָאָה אֵיךְ מִתְנַהֵג
עָלְמָא אֲבָל לַאו דְּאִית לָךְ צֶדֶק יְדִיעָא דְּאִיהוּ דִין וְלָא מִשְׁפָּט
יְדִיעָא דְּאִיהוּ רַחֲמֵי וְלָא מִכָּל אִלֵּין מִדּוֹת כְּלָל ׃ בָּרוּךְ יְדֹוָד
לְעוֹלָם אָמֵן וְאָמֵן ׃

יְ דִיד נֶפֶשׁ אָב הָרַחֲמָן ׃ מְשׁוֹךְ עַבְדְּךָ אֶל־רְצוֹנֶךָ ׃ יָרוּץ עַבְדְּךָ
כְּמוֹ אַיָּל ׃ יִשְׁתַּחֲוֶה אֶל מוּל הֲדָרֶךָ ׃ יֶעֱרַב לוֹ יְדִידוֹתֶיךָ ׃
מִנֹּפֶת צוּף וְכָל־טָעַם ׃

הָ דוּר נָאֶה זִיו הָעוֹלָם ׃ נַפְשִׁי חוֹלַת אַהֲבָתֶךָ ׃ אָנָּא אֵל נָא רְפָא
נָא לָהּ ׃ בְּהַרְאוֹת לָהּ נֹעַם זִיוֶךָ ׃ אָז תִּתְחַזֵּק וְתִתְרַפֵּא ׃
וְהָיְתָה לָהּ שִׂמְחַת עוֹלָם ׃

נ תִיק יֶהֱמוּ רַחֲמֶיךָ ׃ וְחוּסָה נָּא עַל בֵּן אֲהוּבֶךָ ׃ כִּי זֶה כַּמָּה
נִכְסוֹף נִכְסַפְתִּי לִרְאוֹת בְּתִפְאֶרֶת עֻזֶּךָ ׃ אֵלֶּה חָמְדָה לִבִּי
וְחוּסָה נָּא וְאַל תִּתְעַלָּם ׃

הִ גָּלֵה נָא וּפְרוֹשׂ חֲבִיבִי עָלַי אֶת־סֻכַּת שְׁלוֹמֶךָ ׃ תָּאִיר אֶרֶץ
מִכְּבוֹדֶךָ ׃ נָגִילָה וְנִשְׂמְחָה בָךְ ׃ מַהֵר אֱהוֹב כִּי בָא מוֹעֵד ׃
וְחָנֵּנוּ כִּימֵי עוֹלָם ׃

אח"כ מתפללים כל סדר תפלת מנחה לחול (ואין אומרים תחנון), תמצא לעיל עמוד 96.

И ИМЕНА ЭТИ НОСЯТ АНГЕЛЫ. У ТЕБЯ ЖЕ ОПРЕДЕЛЕННОГО ИМЕНИ НЕТ, ИБО ТЫ – ВНУТРЕННЯЯ СУЩНОСТЬ ВСЕХ ИМЕН, И ВСЕ ОНИ ЛИШЬ В ТЕБЕ ОБРЕТАЮТ СВОЕ СОВЕРШЕНСТВО. И КОГДА ТЫ УДАЛЯЕШЬСЯ ОТ НИХ, СТАНОВЯТСЯ ВСЕ ЭТИ ИМЕНА ПОДОБНЫМИ ТЕЛАМ, КОТОРЫЕ ПОКИНУЛА ДУША. ТЫ МУДР – НО МУДРОСТЬ ТВОЯ НЕПОЗНАВАЕМА, ТЫ ПОСТИГАЕШЬ ВСЕ – НО ТВОЙ ПОСТИГАЮЩИЙ РАЗУМ НЕПОЗ- НАВАЕМ. НЕВОЗМОЖНО СКАЗАТЬ О ТЕБЕ, ЧТО ТЫ ПРЕБЫВАЕШЬ В КАКОМ-ТО ОПРЕДЕЛЕННОМ МЕСТЕ. И ОБЛЕКСЯ ТЫ В ДЕСЯТЬ СФИРОТ ДЛЯ ТОГО ЛИШЬ, ЧТО- БЫ ЯВИТЬ ЛЮДЯМ СИЛУ СВОЮ И МОЩЬ И ПОКАЗАТЬ ИМ, ЧТО МИР УПРАВЛЯЕТСЯ ЗАКОНОМ И МИЛОСЕРДИЕМ И ЧТО СУЩЕСТВУЮТ СПРАВЕДЛИВОСТЬ И ПРАВОСУ- ДИЕ В ВОЗДАЯНИИ ЛЮДЯМ ЗА ИХ ПОСТУПКИ. ЗАКОН СВЯЗАН СО СФИРОЙ "ГВУ- РА"; ПРАВОСУДИЕ – СО СРЕДИННЫМ СТОЛПОМ, НА КОТОРОМ ПОКОИТСЯ МИРО- ЗДАНИЕ, – (СФИРОЙ "ТИФЕРЕТ"); СПРАВЕДЛИВОСТЬ – СО СВЯЩЕННОЙ СФИРОЙ "МАЛХУТ"; ТОЧНЫЕ ВЕСЫ СИМВОЛИЗИРУЮТ ДВЕ НАДЕЖНЫЕ ОПОРЫ – СФИРОТ "НЕЦАХ" И "ГОД"; ТОЧНАЯ МЕРА СИМВОЛИЗИРУЕТ ("ЙЕСОД") – ЗНАК СВЯЩЕН- НОГО ЗАВЕТА. И ВСЕ ЭТИ СФИРОТ СУЩЕСТВУЮТ ДЛЯ ТОГО, ЧТОБЫ ПОКАЗАТЬ НАМ, КАК ТЫ УПРАВЛЯЕШЬ МИРОМ; ОДНАКО ЭТО НЕ ОЗНАЧАЕТ, ЧТО МЫ В СО- СТОЯНИИ ПОСТИЧЬ ТВОЮ СПРАВЕДЛИВОСТЬ, ОСНОВАННУЮ НА ЗАКОНЕ ТВОЕМ; И НЕ ОЗНАЧАЕТ, ЧТО МЫ В СОСТОЯНИИ ПОСТИЧЬ ПРАВОСУДИЕ ТВОЕ, ОСНОВАННОЕ НА МИЛОСЕРДИИ, – ИЛИ КАКОЕ БЫ ТО НИ БЫЛО ИЗ СВОЙСТВ, ПРИСУЩИХ ТЕБЕ. БЛАГОСЛОВЕН ГОСПОДЬ, АМЕН И АМЕН![1]

יָדִיד ВОЗЛЮБЛЕННЫЙ ДУШИ МОЕЙ, ОТЕЦ МИЛОСЕРДНЫЙ! СДЕЛАЙ РАБА СВОЕГО ПОСЛУШНЫМ ВОЛЕ ТВОЕЙ — ПОБЕЖИТ ОН С БЫСТРОТОЮ ОЛЕНЯ, ЧТОБЫ СКЛОНИТЬСЯ ПРЕД ТВОИМ ВЕЛИКОЛЕПИЕМ; ЛЮБОВЬ ТВОЯ БУДЕТ ДЛЯ НЕГО СЛАЩЕ МЕДА И САМЫХ ЛАКОМЫХ ЯСТВ.

הָדוּר О, ВЕЛИЧЕСТВЕННЫЙ И ПРЕКРАСНЫЙ, СВЕТОЧ МИРА! ДУША МОЯ БОЛЬНА ЛЮБОВЬЮ К ТЕБЕ! МОЛЮ ТЕБЯ, БОЖЕ: ИЗЛЕЧИ ЕЕ, ЯВИВ ЕЙ СВОЙ БЛАГОДАТНЫЙ СВЕТ! ЛИШЬ ТОГДА ИСЦЕЛИТСЯ ДУША МОЯ И ОКРЕПНЕТ, ОБРЕТЕТ ОНА ВЕЧНУЮ РАДОСТЬ.

וָתִיק МИЛОСЕРДНЫЙ, ПРЕИСПОЛНИСЬ СОСТРАДАНИЯ К НАМ! МОЛЮ ТЕБЯ: СЖАЛЬСЯ НАД ЛЮБИМЫМ СЫНОМ СВОИМ — ВЕДЬ ТАК СТРАСТНО ЖАЖДУ Я УВИДЕТЬ ВЕЛИКОЛЕПИЕ МОГУЩЕСТВА ТВОЕГО! К ЭТОМУ СТРЕМИТСЯ МОЕ СЕРДЦЕ; ТАК СЖАЛЬСЯ ЖЕ НАДО МНОЙ И НЕ СКРЫ- ВАЙ ОТ МЕНЯ СВОЙ ЛИК!

הִגָלֵה ЯВИ СЕБЯ, ЛЮБИМЫЙ, И РАСКИНЬ НАДО МНОЮ СВОЙ МИРНЫЙ ШАТЕР! ОЗАРИ ЗЕМЛЮ СЛАВОЙ СВОЕЙ, И БУДЕМ МЫ ЛИКОВАТЬ, БУДЕМ РАДОВАТЬСЯ ТЕБЕ! ПОСПЕШИ, ЛЮБИМЫЙ, ИБО ПРИШЛА ПОРА, И БУДЬ МИЛОСТИВ К НАМ, КАК В ПРЕЖНИЕ ВРЕМЕНА!

Затем произносят וַיְדַבֵּר ("И ГОСПОДЬ ГОВОРИЛ ...", стр. 19) до слов לְעוֹלָם וָעֶד ("ВО ВЕКИ ВЕКОВ", стр. 22), опуская отрывок, начинающийся со слова "АБАЙЕ". Затем мо- лятся "Минху" как в будний день (стр. 96), исключая "Таханун".

---

1. Тикуней Зоѓар, введение.

(שמ"ע) (א) מצוה לרחוץ כל גופו לכתחלה בערב שבת מחמין מפני כבוד השבת ואם אי אפשר לו ירחץ פניו ידיו
ורגליו בחמין כו' ומצוה לחוף ראשו ולגלח צפרנים בכל ערב שבת ואם היו שערות ראש שערות גדולות מצוה
לגלחן כו' ונותנין בקצת מקומות שלא להסתפר בראש חודש אפילו חל בערב שבת : (ב) השורף צפרנים
חסיד . קוברן צדיק . זורק רשע שמא תעבור עליהן אשה עוברה וכו' . אבל מותר לזרקן בבית המדרש וכיוצא
בו . מקום שאין נשים מצויות לעבור שם : (ג) סמוך לחשיכה קודם בין השמשות צריך אדם לשאול לאנשי
ביתו אם הפרישו חלה כו' וצריך להזהירם קודם בין השמשות שידליקו את הגר ויפסקו מלעשות מלאכה
וכשהוא שואל ומזהירם על דברים אלו צריך שיאמר בלשון רכה כדי שיקבלו ממנו ולא יכבד להוכירם בעוד
היום גדול שלא יפשעו ויאמרו עדיין יש שהות ואם אינו בביתו כשמגיע סמוך לחשיכה אלא בבית הכנסת
או במקום אחר צריך לשלוח שליח לביתו להזכירם על דברים אלו :

בִּרְכוֹת הַדְלָקַת הַנֵּרוֹת

ערב שבת: בָּרוּךְ אַתָּה יְהוָֹה אֱלֹהֵינוּ מֶלֶךְ הָעוֹלָם אֲשֶׁר קִדְּשָׁנוּ בְּמִצְוֹתָיו, וְצִוָּנוּ לְהַדְלִיק נֵר שֶׁל שַׁבָּת קֹדֶשׁ:

ערב יום טוב: בָּרוּךְ אַתָּה יְהוָֹה אֱלֹהֵינוּ מֶלֶךְ הָעוֹלָם אֲשֶׁר קִדְּשָׁנוּ בְּמִצְוֹתָיו, וְצִוָּנוּ לְהַדְלִיק נֵר שֶׁל יוֹם טוֹב: שהחיינו

ערב שבת ויו"ט: בָּרוּךְ אַתָּה יְהוָֹה אֱלֹהֵינוּ מֶלֶךְ הָעוֹלָם אֲשֶׁר קִדְּשָׁנוּ בְּמִצְוֹתָיו, וְצִוָּנוּ לְהַדְלִיק נֵר שֶׁל שַׁבָּת וְשֶׁל יוֹם טוֹב: שהחיינו

ערב ר"ה: בָּרוּךְ אַתָּה יְהוָֹה אֱלֹהֵינוּ מֶלֶךְ הָעוֹלָם אֲשֶׁר קִדְּשָׁנוּ בְּמִצְוֹתָיו, וְצִוָּנוּ לְהַדְלִיק נֵר שֶׁל יוֹם הַזִּכָּרוֹן: שהחיינו

ערב ר"ה שחל בשבת: בָּרוּךְ אַתָּה יְהוָֹה אֱלֹהֵינוּ מֶלֶךְ הָעוֹלָם אֲשֶׁר קִדְּשָׁנוּ בְּמִצְוֹתָיו, וְצִוָּנוּ לְהַדְלִיק נֵר שֶׁל שַׁבָּת וְשֶׁל יוֹם הַזִּכָּרוֹן: שהחיינו

ערב יום כפור: בָּרוּךְ אַתָּה יְהוָֹה אֱלֹהֵינוּ מֶלֶךְ הָעוֹלָם אֲשֶׁר קִדְּשָׁנוּ בְּמִצְוֹתָיו, וְצִוָּנוּ לְהַדְלִיק נֵר שֶׁל יוֹם הַכִּפּוּרִים: שהחיינו

ערב יום כפור שחל בשבת: בָּרוּךְ אַתָּה יְהוָֹה אֱלֹהֵינוּ מֶלֶךְ הָעוֹלָם אֲשֶׁר קִדְּשָׁנוּ בְּמִצְוֹתָיו, וְצִוָּנוּ לְהַדְלִיק נֵר שֶׁל שַׁבָּת וְשֶׁל יוֹם הַכִּפּוּרִים: שהחיינו

בָּרוּךְ אַתָּה יְהוָֹה אֱלֹהֵינוּ מֶלֶךְ הָעוֹלָם שֶׁהֶחֱיָנוּ וְקִיְּמָנוּ וְהִגִּיעָנוּ לִזְמַן הַזֶּה:

Шулхан арух Ѓарав:
1. В пятницу следует вымыться теплой водой в честь наступающей субботы; если такой возможности нет, следует хотя бы умыть лицо и помыть руки и ноги. Перед субботой необходимо также вымыть голову и остричь ногти, а также подстричься, если волосы слишком длинны. В некоторых общинах, правда, существует обычай не стричься в рош-ходеш даже в том случае. если он пришелся на пятницу.
2. Тот, кто сжигает обрезки ногтей, выполняет волю Всевышнего более полно, чем того требует закон. Тот, кто закапывает их в землю, делает то, к чему закон его обязывает. Тот, кто разбрасывает их, совершает грех.
3. Перед заходом солнца следует спросить своих домашних, отделена ли "хала" от теста, напомнить им, что пора зажигать свечи и прекратить все виды работы. Все это должно быть сказано мягким тоном, чтобы просьба главы семьи не вызвала у домочадцев сопротивления и они прислушались к его словам. Напоминать обо всех этих вещах следует незадолго до наступления субботы, ибо в противном случае домашние не отнесутся к его словам со всей серьезностью, полагая, что у них еще осталось достаточно времени. Тот, кто находится в это время в синагоге, должен послать кого-нибудь к себе домой, чтобы тот напомнил его домашним о вещах, которые необходимо сделать перед наступлением субботы.

БЛАГОСЛОВЕНИЯ, ПРОИЗНОСИМЫЕ ВО ВРЕМЯ ЗАЖИГАНИЯ СВЕЧЕЙ

Субботние свечи зажигают за 18 минут до захода солнца (в Иерусалиме принято делать это за 40 минут до захода). Если это время прошло, то можно зажечь свечи и позже, но ни в коем случае не после захода солнца (то же относится и к зажиганию свечей в Йом-Кипур). В канун йом-това свечи зажигают в то же время, что и в канун субботы. Однако если это сделано не было, можно зажечь свечи и после захода солнца, в сам йом-тов, но только от уже горящего огня, не пользуясь спичками. Если канун йом-това — суббота или йом-тов, свечи зажигают только после наступления темноты от уже горящего огня. Если канун субботы — йом-тов, свечи следует зажигать только до захода солнца и лишь в том случае, если сделан "эрув тавшилин". Сначала зажигают свечи, затем закрывают лицо ладонями и произносят благословение; затем руки опускают, открывают глаза и всматриваются в пламя свечей.(См. транслитерацию на стр. 398 .)

В канун субботы:

БЛАГОСЛОВЕН ТЫ, ГОСПОДЬ, БОГ НАШ, ВЛАДЫКА ВСЕЛЕННОЙ, ОСВЯТИВШИЙ НАС СВОИМИ ЗАПОВЕДЯМИ И ПОВЕЛЕВШИЙ НАМ ЗАЖИГАТЬ СВЕЧУ [В ЧЕСТЬ] СВЯТОЙ СУББОТЫ!

В канун йом-това:

БЛАГОСЛОВЕН ТЫ, ГОСПОДЬ, БОГ НАШ, ВЛАДЫКА ВСЕЛЕННОЙ, ОСВЯТИВШИЙ НАС СВОИМИ ЗАПОВЕДЯМИ И ПОВЕЛЕВШИЙ НАМ ЗАЖИГАТЬ СВЕЧУ [В ЧЕСТЬ] ЙОМ-ТОВА! БЛАГОСЛОВЕН ТЫ, ГОСПОДЬ, БОГ НАШ, ВЛАДЫКА ВСЕЛЕННОЙ, КОТОРЫЙ ДАРОВАЛ НАМ ЖИЗНЬ, И ПОДДЕРЖИВАЛ ЕЕ В НАС, И ДАЛ НАМ ДОЖИТЬ ДО ЭТОГО ВРЕМЕНИ!

Если совпали йом-тов и суббота:

БЛАГОСЛОВЕН ТЫ, ГОСПОДЬ, БОГ НАШ, ВЛАДЫКА ВСЕЛЕННОЙ, ОСВЯТИВШИЙ НАС СВОИМИ ЗАПОВЕДЯМИ И ПОВЕЛЕВШИЙ НАМ ЗАЖИГАТЬ СВЕЧУ [В ЧЕСТЬ] СУББОТЫ И ЙОМ-ТОВА! БЛАГОСЛОВЕН ТЫ, ГОСПОДЬ, БОГ НАШ, ВЛАДЫКА ВСЕЛЕННОЙ, КОТОРЫЙ ДАРОВАЛ НАМ ЖИЗНЬ, И ПОДДЕРЖИВАЛ ЕЕ В НАС, И ДАЛ НАМ ДОЖИТЬ ДО ЭТОГО ВРЕМЕНИ!

В канун Рош-Ѓашана:

БЛАГОСЛОВЕН ТЫ, ГОСПОДЬ, БОГ НАШ, ВЛАДЫКА ВСЕЛЕННОЙ, ОСВЯТИВШИЙ НАС СВОИМИ ЗАПОВЕДЯМИ И ПОВЕЛЕВШИЙ НАМ ЗАЖИГАТЬ СВЕЧУ [В ЧЕСТЬ] ДНЯ ПАМЯТИ! БЛАГОСЛОВЕН ТЫ, ГОСПОДЬ, БОГ НАШ, ВЛАДЫКА ВСЕЛЕННОЙ, КОТОРЫЙ ДАРОВАЛ НАМ ЖИЗНЬ, И ПОДДЕРЖИВАЛ ЕЕ В НАС, И ДАЛ НАМ ДОЖИТЬ ДО ЭТОГО ВРЕМЕНИ!

Если совпали Рош-Ѓашана и суббота:

БЛАГОСЛОВЕН ТЫ, ГОСПОДЬ, БОГ НАШ, ВЛАДЫКА ВСЕЛЕННОЙ, ОСВЯТИВШИЙ НАС СВОИМИ ЗАПОВЕДЯМИ И ПОВЕЛЕВШИЙ НАМ ЗАЖИГАТЬ СВЕЧУ [В ЧЕСТЬ] СУББОТЫ И ДНЯ ПАМЯТИ! БЛАГОСЛОВЕН ТЫ, ГОСПОДЬ, БОГ НАШ, ВЛАДЫКА ВСЕЛЕННОЙ, КОТОРЫЙ ДАРОВАЛ НАМ ЖИЗНЬ, И ПОДДЕРЖИВАЛ ЕЕ В НАС, И ДАЛ НАМ ДОЖИТЬ ДО ЭТОГО ВРЕМЕНИ!

В канун Йом-Кипура:

БЛАГОСЛОВЕН ТЫ, ГОСПОДЬ, БОГ НАШ, ВЛАДЫКА ВСЕЛЕННОЙ, ОСВЯТИВШИЙ НАС СВОИМИ ЗАПОВЕДЯМИ И ПОВЕЛЕВШИЙ НАМ ЗАЖИГАТЬ СВЕЧУ [В ЧЕСТЬ] ЙОМ-КИПУРА! БЛАГОСЛОВЕН ТЫ, ГОСПОДЬ, БОГ НАШ, ВЛАДЫКА ВСЕЛЕННОЙ, КОТОРЫЙ ДАРОВАЛ НАМ ЖИЗНЬ, И ПОДДЕРЖИВАЛ ЕЕ В НАС, И ДАЛ НАМ ДОЖИТЬ ДО ЭТОГО ВРЕМЕНИ!

Если совпали Йом-Кипур и суббота:

БЛАГОСЛОВЕН ТЫ, ГОСПОДЬ, БОГ НАШ, ВЛАДЫКА ВСЕЛЕННОЙ, ОСВЯТИВШИЙ НАС СВОИМИ ЗАПОВЕДЯМИ И ПОВЕЛЕВШИЙ НАМ ЗАЖИГАТЬ СВЕЧУ [В ЧЕСТЬ] СУББОТЫ И ЙОМ-КИПУРА! БЛАГОСЛОВЕН ТЫ, ГОСПОДЬ, БОГ НАШ, ВЛАДЫКА ВСЕЛЕННОЙ, КОТОРЫЙ ДАРОВАЛ НАМ ЖИЗНЬ, И ПОДДЕРЖИВАЛ ЕЕ В НАС, И ДАЛ НАМ ДОЖИТЬ ДО ЭТОГО ВРЕМЕНИ!

יו"ט *וחוה"מ שחל בשבת א"א לכו נרננה רק מתחילין לומר מזמור לדוד:

לְכוּ נְרַנְּנָה לַיְיָ , נָרִיעָה לְצוּר יִשְׁעֵנוּ:
נְקַדְּמָה פָנָיו בְּתוֹדָה , בִּזְמִרוֹת
נָרִיעַ לוֹ: כִּי אֵל גָּדוֹל יְיָ , וּמֶלֶךְ גָּדוֹל
עַל כָּל אֱלֹהִים: אֲשֶׁר בְּיָדוֹ מֶחְקְרֵי
אָרֶץ, וְתוֹעֲפוֹת הָרִים לוֹ: אֲשֶׁר לוֹ הַיָּם
וְהוּא עָשָׂהוּ , וְיַבֶּשֶׁת יָדָיו יָצָרוּ: בֹּאוּ
נִשְׁתַּחֲוֶה וְנִכְרָעָה , נִבְרְכָה לִפְנֵי יְיָ
עֹשֵׂנוּ: כִּי הוּא אֱלֹהֵינוּ וַאֲנַחְנוּ עַם
מַרְעִיתוֹ וְצֹאן יָדוֹ , הַיּוֹם אִם בְּקֹלוֹ
תִשְׁמָעוּ: אַל תַּקְשׁוּ לְבַבְכֶם כִּמְרִיבָה,
כְּיוֹם מַסָּה בַּמִּדְבָּר : אֲשֶׁר נִסּוּנִי
אֲבוֹתֵיכֶם , בְּחָנוּנִי, גַּם רָאוּ פָעֳלִי:
אַרְבָּעִים שָׁנָה אָקוּט בְּדוֹר וָאֹמַר עַם
תֹּעֵי לֵבָב הֵם וְהֵם לֹא יָדְעוּ דְרָכָי: אֲשֶׁר
נִשְׁבַּעְתִּי בְאַפִּי, אִם יְבֹאוּן אֶל מְנוּחָתִי:

שִׁירוּ לַיְיָ שִׁיר חָדָשׁ, שִׁירוּ לַיְיָ כָּל הָאָרֶץ: שִׁירוּ
לַיְיָ בָּרְכוּ שְׁמוֹ, בַּשְּׂרוּ מִיּוֹם לְיוֹם יְשׁוּעָתוֹ:
סַפְּרוּ בַגּוֹיִם כְּבוֹדוֹ , בְּכָל הָעַמִּים נִפְלְאוֹתָיו: כִּי
גדול

תו"א א) תהלים צה: ב) שם צו: * ומוצאי יו"ט

Если суббота совпала с йом-товом, или со следующим за ним днем, или с одним из дней холь-ѓамоэд, то начинают с псалма מזמור לדוד *("ПСАЛОМ ДАВИДА...") , стр. 131.*

לכו ВОСПОЕМ ГОСПОДА, БУДЕМ СЛАВИТЬ МОГУЧЕГО СПА-СИТЕЛЯ НАШЕГО! ВСТРЕТИМ ЕГО БЛАГОДАРСТВЕННЫМИ ЖЕРТВОПРИНОШЕНИЯМИ, БУДЕМ ПЕТЬ ЕМУ ГИМНЫ, ИБО ГОС-ПОДЬ — ВЕЛИКИЙ БОГ, ВЕЛИКИЙ ВЛАДЫКА ВСЕХ ВЫСШИХ СИЛ, ТОТ, В ЧЬЕЙ ВЛАСТИ ЗЕМНЫЕ ГЛУБИНЫ, ТОТ, КОМУ ПРИНАДЛЕЖАТ ГОРНЫЕ ВЫСОТЫ, ТОТ, КТО ВЛАДЕЕТ ОКЕА-НОМ, КОТОРЫЙ ОН СОТВОРИЛ, ТОТ, КТО СОЗДАЛ СУШУ. ПРИ-ДИТЕ, ЧТОБЫ ПАСТЬ НИЦ [ПРЕД НИМ] ; СКЛОНИМСЯ И ПРЕ-КЛОНИМ КОЛЕНА ПРЕД ГОСПОДОМ, ВОЗВЕЛИЧИВШИМ НАС. ИБО ОН — БОГ НАШ, И МЫ — НАРОД, О КОТОРОМ ОН ЗАБОТИТ-СЯ, СТАДО, КОТОРОЕ ОН ВЕДЕТ РУКОЙ СВОЕЙ; [ЭТО МОЖЕТ СТАТЬ ЯВНЫМ] СЕГОДНЯ, ЕСЛИ ВЫ СТАНЕТЕ ВНИМАТЬ ЕГО СЛОВАМ. «"НЕ ОЖЕСТОЧАЙТЕ СЕРДЦЕ ВАШЕ, КАК ЭТО СЛУЧИ-ЛОСЬ В МЕРИВЕ — В ДЕНЬ, КОГДА ВЫ БЫЛИ В ПУСТЫНЕ, В МА-СЕ,[1] — ГДЕ ИСПЫТЫВАЛИ МЕНЯ ВАШИ ОТЦЫ, ИСКУШАЛИ МЕ-НЯ, ХОТЯ И ВИДЕЛИ МОИ ДЕЯНИЯ. СОРОК ЛЕТ НАКАЗЫВАЛ Я ПОКОЛЕНИЕ [ПУСТЫНИ] , ГОВОРЯ: "ОНИ — НАРОД, СЕРДЦЕ КОТОРОГО ПРЕБЫВАЕТ В ЗАБЛУЖДЕНИИ; НЕ ЗНАЮТ ОНИ МО-ИХ ПУТЕЙ". И ПОЭТОМУ ПОКЛЯЛСЯ Я В ГНЕВЕ СВОЕМ, ЧТО НЕ ВОЙДУТ ОНИ В МЕСТО, ГДЕ Я УГОТОВИЛ ИМ ПОКОЙ».[2]

שירו ПОЙТЕ ГОСПОДУ НОВУЮ ПЕСНЬ; ВОСПЕВАЙТЕ ГОСПОДА ПО ВСЕЙ ЗЕМЛЕ! ПОЙТЕ ГОСПОДУ, БЛАГОСЛОВЛЯЙТЕ ИМЯ ЕГО, ИЗО ДНЯ В ДЕНЬ ВОЗВЕЩАЙТЕ О СПАСЕНИИ, [КОТОРОЕ ОН ПОСЫЛАЕТ] , РАССКАЗЫ-ВАЙТЕ НАРОДАМ О СЛАВЕ ЕГО, ВСЕМ ПЛЕМЕНАМ — О ЕГО ЧУДЕСАХ. ИБО

1. См. Шмот, 17:1—7. 2. Теѓилим, 95.

גָּדוֹל יְיָ וּמְהֻלָּל מְאֹד, נוֹרָא הוּא עַל כָּל אֱלֹהִים:
כִּי כָּל אֱלֹהֵי הָעַמִּים אֱלִילִים, וַיְיָ שָׁמַיִם עָשָׂה:
הוֹד וְהָדָר לְפָנָיו, עֹז וְתִפְאֶרֶת בְּמִקְדָּשׁוֹ: הָבוּ
לַיְיָ מִשְׁפְּחוֹת עַמִּים, הָבוּ לַיְיָ כָּבוֹד וָעֹז: הָבוּ
לַיְיָ כְּבוֹד שְׁמוֹ, שְׂאוּ מִנְחָה וּבֹאוּ לְחַצְרוֹתָיו:
הִשְׁתַּחֲווּ לַיְיָ בְּהַדְרַת קֹדֶשׁ, חִילוּ מִפָּנָיו כָּל
הָאָרֶץ: אִמְרוּ בַגּוֹיִם יְיָ מָלָךְ, אַף תִּכּוֹן תֵּבֵל
בַּל תִּמּוֹט, יָדִין עַמִּים בְּמֵישָׁרִים: יִשְׂמְחוּ
הַשָּׁמַיִם וְתָגֵל הָאָרֶץ, יִרְעַם הַיָּם וּמְלֹאוֹ: יַעֲלֹז
שָׂדַי וְכָל אֲשֶׁר בּוֹ, אָז יְרַנְּנוּ כָּל עֲצֵי יָעַר: לִפְנֵי
יְיָ כִּי בָא כִּי בָא לִשְׁפֹּט הָאָרֶץ יִשְׁפֹּט תֵּבֵל
בְּצֶדֶק, וְעַמִּים בֶּאֱמוּנָתוֹ:

תהלים צז

יְיָ מָלָךְ תָּגֵל הָאָרֶץ, יִשְׂמְחוּ אִיִּים רַבִּים: עָנָן וַעֲרָפֶל
סְבִיבָיו, צֶדֶק וּמִשְׁפָּט מְכוֹן כִּסְאוֹ: אֵשׁ לְפָנָיו תֵּלֵךְ,
וּתְלַהֵט סָבִיב צָרָיו: הֵאִירוּ בְרָקָיו תֵּבֵל רָאֲתָה וַתָּחֵל
הָאָרֶץ: הָרִים כַּדּוֹנַג נָמַסּוּ מִלִּפְנֵי יְיָ, מִלִּפְנֵי אֲדוֹן כָּל
הָאָרֶץ: הִגִּידוּ הַשָּׁמַיִם צִדְקוֹ, וְרָאוּ כָל הָעַמִּים כְּבוֹדוֹ:
יֵבֹשׁוּ כָּל עֹבְדֵי פֶסֶל הַמִּתְהַלְלִים בָּאֱלִילִים, הִשְׁתַּחֲווּ
לוֹ כָּל אֱלֹהִים: שָׁמְעָה וַתִּשְׂמַח צִיּוֹן, וַתָּגֵלְנָה בְּנוֹת
יְהוּדָה, לְמַעַן מִשְׁפָּטֶיךָ יְיָ: כִּי אַתָּה יְיָ עֶלְיוֹן עַל כָּל
הָאָרֶץ, מְאֹד נַעֲלֵיתָ עַל כָּל אֱלֹהִים: אֹהֲבֵי יְיָ שִׂנְאוּ רָע,
שֹׁמֵר נַפְשׁוֹת חֲסִידָיו, מִיַּד רְשָׁעִים יַצִּילֵם: אוֹר זָרֻעַ
לַצַּדִּיק, וּלְיִשְׁרֵי לֵב שִׂמְחָה: שִׂמְחוּ צַדִּיקִים בַּיְיָ,
וְהוֹדוּ לְזֵכֶר קָדְשׁוֹ:

ВЕЛИК ГОСПОДЬ, И ВЕЛИКА СЛАВА ЕГО, И ТРЕПЕЩУТ ПРЕД НИМ ВСЕ АНГЕЛЫ. ИБО ВСЕ [ЭТИ] АНГЕЛЫ, ПОКРОВИТЕЛИ ДРУГИХ НАРОДОВ, БЕССИЛЬНЫ, А ГОСПОДЬ — [ТОТ, КТО] СОЗДАЛ НЕБЕСА. СИЯНИЕ И ВЕЛИКОЛЕПИЕ ОКРУЖАЮТ ЕГО, МОГУЩЕСТВО ПРОЯВЛЯЕТСЯ В МЕСТЕ ЕГО ОБИТАНИЯ, И РАДОСТЬ ЦАРИТ ТАМ. ВОСПЕВАЙТЕ ПРЕД ГОСПОДОМ, СЕМЬИ НАРОДОВ, — ВОСПЕВАЙТЕ ПРЕД ГОСПОДОМ СЛАВУ И МОГУЩЕСТВО [ЕГО]. ВОСПЕВАЙТЕ ПРЕД ГОСПОДОМ СЛАВУ ИМЕНИ ЕГО; ВОЗЬМИТЕ ПРИНОШЕНИЕ И ПРЕДСТАНЬТЕ ПРЕД ЛИЦОМ ЕГО; ПОКЛОНИТЕСЬ ГОСПОДУ В РОБОСТИ ПРЕД СВЯТИЛИЩЕМ [ЕГО]; ТРЕПЕЩИТЕ ПРЕД НИМ, ВСЕ [ЖИТЕЛИ] ЗЕМЛИ! ВОЗВЕСТИТЕ СРЕДИ НАРОДОВ: ”ГОСПОДЬ ВОЦАРИЛСЯ!” — И ТОГДА УТВЕРДИТ ОН МИР НЕКОЛЕБИМО И СОВЕРШИТ СПРАВЕДЛИВЫЙ СУД НАД НАРОДАМИ. ВОЗРАДУЮТСЯ НЕБЕСА, И ВОЗВЕСЕЛИТСЯ ЗЕМЛЯ, И ЗАШУМИТ МОРЕ СО ВСЕМ, ЧТО НАПОЛНЯЕТ ЕГО, И ВОЗЛИКУЕТ ПОЛЕ И ВСЕ, ЧТО В НЕМ, И БУДУТ ПЕТЬ ТОГДА ВСЕ ДЕРЕВЬЯ ЛЕСНЫЕ ПРЕД ГОСПОДОМ, КОГДА ОН ПРИДЕТ, КОГДА ПРИДЕТ ОН СУДИТЬ ЗЕМЛЮ. БУДЕТ СУДИТЬ ОН МИР СПРАВЕДЛИВОСТЬЮ [СВОЕЙ] И НАРОДЫ — СВОЕЙ ИСТИНОЙ.[1]

” ГОСПОДЬ ВОЦАРИТСЯ — И ВОЗЛИКУЕТ ЗЕМЛЯ, ВОЗРАДУЮТСЯ СОНМЫ ОСТРОВОВ. ВОКРУГ НЕГО — МРАК, МГЛА; ОСНОВАНИЕ ТРОНА ЕГО — СПРАВЕДЛИВОСТЬ И ПРАВОСУДИЕ. РАСПРОСТРАНИТСЯ ПРЕД НИМ ОГОНЬ, ОКРУЖИТ ПЛАМЯ ВРАГОВ ЕГО. МОЛНИИ ЕГО ОЗАРЯТ МИР, И ПРИ ВИДЕ ЭТОГО СОДРОГНЕТСЯ ЗЕМЛЯ. ГОРЫ РАСТАЮТ СЛОВНО ВОСК ПРЕД ГОСПОДОМ, ВЛАСТЕЛИНОМ ВСЕЙ ЗЕМЛИ. ВОЗВЕСТЯТ НЕБЕСА О СПРАВЕДЛИВОСТИ ЕГО, И УВИДЯТ ВСЕ НАРОДЫ ЕГО СЛАВУ. УСТЫДЯТСЯ ВСЕ, ПОКЛОНЯВШИЕСЯ ИСТУКАНАМ, ПОХВАЛЯВШИЕСЯ ИДОЛАМИ СВОИМИ; ПАДУТ ПРЕД НИМ НИЦ ВСЕ, [КТО ПОКЛОНЯЛСЯ] ИДОЛАМ. УСЛЫШИТ СИОН — И ВОЗЛИКУЕТ, БУДУТ РАДОВАТЬСЯ ДОЧЕРИ ИУДЕИ СУДУ ТВОЕМУ НАД ИХ [ПРИТЕСНИТЕЛЯМИ], ГОСПОДЬ! ИБО ТЫ, ГОСПОДЬ, — ВЕРХОВНЫЙ ВЛАДЫКА ВСЕЙ ЗЕМЛИ; ВЫСОКО ВОЗНЕСЕН ТЫ НАД ВСЕМИ ВЫСШИМИ СИЛАМИ. ЛЮБЯЩИЕ ГОСПОДА, НЕНАВИДЬТЕ ЗЛО! ХРАНЯЩИЙ ДУШИ ТЕХ, КТО ЛЮБИТ ЕГО, СПАСЕТ ИХ ОТ РУК ЗЛОДЕЕВ. СВЕТ ПОСЕЯН ИМ ДЛЯ ПРАВЕДНИКОВ, И ДЛЯ ПРЯМОДУШНЫХ — РАДОСТЬ. РАДУЙТЕСЬ, ПРАВЕДНИКИ, ГОСПОДУ И ВОСХВАЛЯЙТЕ СВЯТОЕ ИМЯ ЕГО![2]

---

1. Теѓилим, 96. 2. Теѓилим, 97.

מִזְמוֹר, שִׁירוּ לַיָי שִׁיר חָדָשׁ, כִּי נִפְלָאוֹת עָשָׂה, הוֹשִׁיעָה לּוֹ יְמִינוֹ וּזְרוֹעַ קָדְשׁוֹ: הוֹדִיעַ יְיָ יְשׁוּעָתוֹ, לְעֵינֵי הַגּוֹיִם גִּלָּה צִדְקָתוֹ: זָכַר חַסְדּוֹ וֶאֱמוּנָתוֹ לְבֵית יִשְׂרָאֵל, רָאוּ כָל אַפְסֵי אָרֶץ, אֵת יְשׁוּעַת אֱלֹהֵינוּ: הָרִיעוּ לַיָי כָּל הָאָרֶץ, פִּצְחוּ וְרַנְּנוּ וְזַמֵּרוּ: זַמְּרוּ לַיָי בְּכִנּוֹר, בְּכִנּוֹר וְקוֹל זִמְרָה: בַּחֲצֹצְרוֹת וְקוֹל שׁוֹפָר, הָרִיעוּ לִפְנֵי הַמֶּלֶךְ יְיָ: יִרְעַם הַיָּם וּמְלֹאוֹ, תֵּבֵל וְיֹשְׁבֵי בָהּ: נְהָרוֹת יִמְחֲאוּ כָף, יַחַד הָרִים יְרַנֵּנוּ: לִפְנֵי יְיָ כִּי בָא לִשְׁפֹּט הָאָרֶץ, יִשְׁפֹּט תֵּבֵל בְּצֶדֶק, וְעַמִּים בְּמֵישָׁרִים:

יְיָ מָלָךְ יִרְגְּזוּ עַמִּים, יֹשֵׁב כְּרוּבִים תָּנוּט הָאָרֶץ: יְיָ בְּצִיּוֹן גָּדוֹל, וְרָם הוּא עַל כָּל הָעַמִּים: יוֹדוּ שִׁמְךָ גָּדוֹל וְנוֹרָא, קָדוֹשׁ הוּא: וְעֹז מֶלֶךְ מִשְׁפָּט אָהֵב, אַתָּה כּוֹנַנְתָּ מֵישָׁרִים, מִשְׁפָּט וּצְדָקָה בְּיַעֲקֹב אַתָּה עָשִׂיתָ: רוֹמְמוּ יְיָ אֱלֹהֵינוּ וְהִשְׁתַּחֲווּ לַהֲדֹם רַגְלָיו, קָדוֹשׁ הוּא: מֹשֶׁה וְאַהֲרֹן בְּכֹהֲנָיו וּשְׁמוּאֵל בְּקֹרְאֵי שְׁמוֹ, קֹרִאים אֶל יְיָ וְהוּא יַעֲנֵם: בְּעַמּוּד עָנָן יְדַבֵּר אֲלֵיהֶם, שָׁמְרוּ עֵדֹתָיו וְחֹק נָתַן לָמוֹ: יְיָ אֱלֹהֵינוּ אַתָּה עֲנִיתָם, אֵל נֹשֵׂא הָיִיתָ לָהֶם, וְנֹקֵם עַל עֲלִילוֹתָם: רוֹמְמוּ יְיָ אֱלֹהֵינוּ וְהִשְׁתַּחֲווּ לְהַר קָדְשׁוֹ, כִּי קָדוֹשׁ יְיָ אֱלֹהֵינוּ:

מזמור

תו"א א) תהלים צח: ב) שם צט: ג) הא' נחתה:

מזמור ПСАЛОМ. ПОЙТЕ ГОСПОДУ НОВУЮ ПЕСНЬ, ИБО ЧУДЕСА СО-
ВЕРШИЛ ОН; СПАСЕНИЕ ДАРОВАЛ ОН ДЕСНИЦЕЙ СВОЕЙ, СВЯТОЮ СВОЕЙ
РУКОЙ. ВОЗВЕСТИЛ ГОСПОДЬ О ДАРОВАННОМ ИМ СПАСЕНИИ, ЯВИЛ ОН
ВЗОРАМ НАРОДОВ СПРАВЕДЛИВОСТЬ СВОЮ. ВСПОМНИЛ ОН О МИЛОСТИ
СВОЕЙ К ДОМУ ИЗРАИЛЯ И ОБ ОБЕЩАНИИ СВОЕМ — И ВСЕ ПРЕДЕЛЫ
ЗЕМНЫЕ СТАЛИ СВИДЕТЕЛЯМИ СПАСЕНИЯ, ДАРОВАННОГО БОГОМ
НАШИМ. ЛИКУЙТЕ ПРЕД ГОСПОДОМ, ВСЕ [ОБИТАТЕЛИ] ЗЕМЛИ; ПОЙТЕ
В ПОЛНЫЙ ГОЛОС, ВОСПЕВАЙТЕ [ЕГО] . ИГРАЙТЕ ПРЕД ГОСПОДОМ НА
АРФЕ, [ИГРАЙТЕ] НА АРФЕ И ГРОМКО ПОЙТЕ. ТРУБИТЕ В ТРУБЫ И В
ШОФАР ПРЕД ВЛАДЫКОЙ, ГОСПОДОМ. ЗАШУМИТ МОРЕ СО ВСЕМ, ЧТО
НАПОЛНЯЕТ ЕГО, ЗЕМЛЯ И ВСЕ ЕЕ ОБИТАТЕЛИ. ВОЗЛИКУЮТ РЕКИ И
ВМЕСТЕ С ГОРАМИ БУДУТ ВОСПЕВАТЬ ГОСПОДА, ИБО ОН ПРИШЕЛ СУ-
ДИТЬ ЗЕМЛЮ. БУДЕТ ОН СУДИТЬ МИР СПРАВЕДЛИВО И НАРОДЫ — ПРА-
ВЕДНО.[1]

יי ГОСПОДЬ ВОЦАРИТСЯ — ПРИДУТ В ТРЕПЕТ НАРОДЫ; [ПРЕД НИМ] ,
ПРЕБЫВАЮЩИМ МЕЖДУ ДВУМЯ КРУВИМ,* СОДРОГНЕТСЯ ЗЕМЛЯ — ПРЕД
ГОСПОДОМ, ВОЗВЕЛИЧИВШИМСЯ В СИОНЕ, ПРЕВОЗНОСИМЫМ ВСЕМИ
НАРОДАМИ. БУДУТ СЛАВИТЬ ОНИ ТВОЕ ВЕЛИКОЕ ИМЯ, ГРОЗНОЕ И
СВЯТОЕ, И МОГУЩЕСТВО [ТВОЕ] , ВЛАДЫКА, ЛЮБЯЩИЙ ПРАВОСУДИЕ.
УТВЕРДИЛ ТЫ ИСТИНУ, СДЕЛАЛ ПРАВОСУДИЕ И СПРАВЕДЛИВОСТЬ [ЗА-
КОНОМ] ДЛЯ ЯАКОВА. ПРЕВОЗНЕСИТЕ ГОСПОДА, БОГА НАШЕГО, И
ПОКЛОНИТЕСЬ ЕМУ В [СВЯТИЛИЩЕ —] МЕСТЕ, В КОТОРОМ УТВЕРДИЛ
ОН СТОПЫ СВОИ, — ИБО СВЯТ ОН. МОШЕ И АГАРОН — СРЕДИ СЛУЖИ-
ТЕЛЕЙ ЕГО И ШМУЭЛЬ — СРЕДИ ПРИЗЫВАЮЩИХ ЕГО ИМЯ. ВЗЫВАЛИ
ОНИ К ГОСПОДУ, И ОН ОТВЕЧАЛ ИМ. ИЗ СТОЛПА ОБЛАЧНОГО ГОВОРИЛ
ОН С НИМИ. ХРАНИЛИ ОНИ ЗАВЕТЫ ЕГО И ЗАКОН, КОТОРЫЙ ОН ДАЛ
ИМ. ГОСПОДЬ, БОГ НАШ, — ТЫ ОТВЕЧАЛ ИМ; БОГОМ ПРОЩАЮЩИМ БЫЛ
ТЫ ИМ [СЫНАМ ИЗРАИЛЯ] И МСТИЛ ТЕМ, КТО ЗАМЫШЛЯЛ ПРОТИВ НИХ
ЗЛО. ПРЕВОЗНЕСИТЕ ГОСПОДА, БОГА НАШЕГО, И ПОКЛОНИТЕСЬ ЕМУ НА
СВЯТОЙ ГОРЕ ЕГО, ИБО СВЯТ ГОСПОДЬ, БОГ НАШ.[2]

---

1. Теѓилим, 98. 2. Теѓилим, 99.
* В Святая Святых Храма.

מִזְמוֹר לְדָוִד, הָבוּ לַײָ בְּנֵי אֵלִים, הָבוּ לַײָ
כָּבוֹד וָעֹז : הָבוּ לַײָ כְּבוֹד שְׁמוֹ,
הִשְׁתַּחֲווּ לַײָ בְּהַדְרַת קֹדֶשׁ: קוֹל ײָ עַל הַמָּיִם,
אֵל הַכָּבוֹד הִרְעִים, ײָ עַל מַיִם רַבִּים: קוֹל ײָ
בַּכֹּחַ קוֹל ײָ בֶּהָדָר: קוֹל ײָ שֹׁבֵר אֲרָזִים, וַיְשַׁבֵּר
ײָ אֶת אַרְזֵי הַלְּבָנוֹן: וַיַּרְקִידֵם כְּמוֹ עֵגֶל, לְבָנוֹן
וְשִׂרְיוֹן כְּמוֹ בֶן רְאֵמִים: קוֹל ײָ חֹצֵב לַהֲבוֹת אֵשׁ:
קוֹל ײָ יָחִיל מִדְבָּר, יָחִיל ײָ מִדְבַּר קָדֵשׁ: קוֹל ײָ
יְחוֹלֵל אַיָּלוֹת וַיֶּחֱשֹׂף יְעָרוֹת, וּבְהֵיכָלוֹ, כֻּלּוֹ אֹמֵר
כָּבוֹד : ײָ לַמַּבּוּל יָשָׁב, וַיֵּשֶׁב ײָ מֶלֶךְ לְעוֹלָם: ײָ
עֹז לְעַמּוֹ יִתֵּן, ײָ יְבָרֵךְ אֶת עַמּוֹ בַשָּׁלוֹם:

אָנָּא, בְּכֹחַ גְּדֻלַּת יְמִינְךָ, תַּתִּיר צְרוּרָה. קַבֵּל רִנַּת עַמְּךָ, שַׂגְּבֵנוּ, טַהֲרֵנוּ,
נוֹרָא. נָא גִבּוֹר, דּוֹרְשֵׁי יִחוּדְךָ, כְּבָבַת שָׁמְרֵם. בָּרְכֵם, טַהֲרֵם, רַחֲמֵי
צִדְקָתְךָ תָּמִיד גָּמְלֵם. חָסִין קָדוֹשׁ, בְּרוֹב טוּבְךָ נַהֵל עֲדָתֶךָ. יָחִיד, גֵּאֶה,
לְעַמְּךָ פְּנֵה, זוֹכְרֵי קְדֻשָּׁתֶךָ. שַׁוְעָתֵנוּ קַבֵּל, וּשְׁמַע צַעֲקָתֵנוּ, יוֹדֵעַ תַּעֲלֻמוֹת.
בָּרוּךְ שֵׁם כְּבוֹד מַלְכוּתוֹ לְעוֹלָם וָעֶד :

לְכָה דוֹדִי לִקְרַאת כַּלָּה, פְּנֵי שַׁבָּת
נְקַבְּלָה :
לכה

שָׁמוֹר וְזָכוֹר בְּדִבּוּר אֶחָד, הִשְׁמִיעָנוּ אֵל
הַמְּיֻחָד, ײָ אֶחָד וּשְׁמוֹ אֶחָד, לְשֵׁם וּלְתִפְאֶרֶת
וְלִתְהִלָּה :
לכה

לִקְרַאת שַׁבָּת לְכוּ וְנֵלְכָה, כִּי הִיא מְקוֹר
הברכה

Следующую часть молитвы до слов "БЛАГОСЛОВЕН ГОСПОДЬ БЛАГОСЛОВЕННЫЙ ВО ВЕКИ ВЕКОВ!", стр. 135, включительно произносят стоя.

מזמור ПСАЛОМ ДАВИДА. ВОСПЕВАЙТЕ ПРЕД ГОСПОДОМ, СЫНОВЬЯ СИЛЬНЫХ,* — ВОСПЕВАЙТЕ ПРЕД ГОСПОДОМ СЛАВУ И МОГУЩЕСТВО [ЕГО]. ВОСПЕВАЙТЕ ПРЕД ГОСПОДОМ СЛАВУ ИМЕНИ ЕГО; ПОКЛОНИТЕСЬ ГОСПОДУ В РОБОСТИ ПРЕД СВЯТИЛИЩЕМ [ЕГО]. ГОЛОС ГОСПОДА — НАД ВОДАМИ, БОГ В СЛАВЕ СВОЕЙ МЕЧЕТ ГРОМЫ; ГОСПОДЬ — НАД ВЕЛИКИМИ ВОДАМИ. ГОЛОС ГОСПОДА МОГУЧ, ГОЛОС ГОСПОДА ВЕЛИЧЕСТВЕН. ГОЛОС ГОСПОДА СОКРУШАЕТ КЕДРЫ; КЕДРЫ ЛИВАНСКИЕ СОКРУШАЕТ ГОСПОДЬ. ЗАСТАВЛЯЕТ ОН ИХ СКАКАТЬ ПОДОБНО ТЕЛЯТАМ, [ГОРЫ] ЛИВАНА И СИРЬЙОН — ПОДОБНО МОЛОДЫМ БУЙВОЛАМ. ГОЛОС ГОСПОДА ВЫСЕКАЕТ ЯЗЫКИ ПЛАМЕНИ. ГОЛОС ГОСПОДА СОТРЯСАЕТ ПУСТЫНЮ; ГОСПОДЬ СОТРЯСАЕТ ПУСТЫНЮ КАДЕШ. ГОЛОС ГОСПОДА ПРИВОДИТ В ТРЕПЕТ ЛАНЕЙ, ОГОЛЯЕТ ЛЕСА; И В ХРАМЕ ЕГО ВСЕ БУДУТ ВОЗГЛАШАТЬ ЕМУ СЛАВУ. ГОСПОДЬ ВОССЕДАЛ [НА ПРЕСТОЛЕ СВОЕМ] ВО ВРЕМЕНА ПОТОПА, И БУДЕТ ГОСПОДЬ ВОССЕДАТЬ ВОВЕК НА ЦАРСКОМ [ПРЕСТОЛЕ СВОЕМ]. ГОСПОДЬ ПРИДАСТ СИЛ НАРОДУ СВОЕМУ; ГОСПОДЬ БЛАГОСЛОВИТ СВОЙ НАРОД, ДАРОВАВ ЕМУ МИР.[1]

אנא МЫ МОЛИМ: ВЕЛИКОЙ СИЛОЙ ДЕСНИЦЫ СВОЕЙ ОСВОБОДИ УЗНИКОВ! ПРИМИ МОЛИТВУ НАРОДА СВОЕГО, УКРЕПИ И ОЧИСТИ НАС, ГРОЗНЫЙ [ВЛАДЫКА]! МЫ МОЛИМ: ВСЕМОГУЩИЙ! ХРАНИ КАК ЗЕНИЦУ ОКА ПРОВОЗГЛАШАЮЩИХ ЕДИНСТВО ТВОЕ! БЛАГОСЛОВИ ИХ, ОЧИСТИ ИХ, ПОМИЛУЙ ИХ, ПОСТОЯННО ДАРУЙ ИМ МИЛОСТЬ СВОЮ! НЕПОКОЛЕБИМЫЙ, СВЯТОЙ, ПО ВЕЛИКОЙ ДОБРОТЕ СВОЕЙ УПРАВЛЯЙ СВОИМ НАРОДОМ! ЕДИНСТВЕННЫЙ, ВСЕВЫШНИЙ, ОБРАТИСЬ К НАРОДУ СВОЕМУ, ПОМНЯЩЕМУ О СВЯТОСТИ ТВОЕЙ! ПРИМИ МОЛЬБУ НАШУ И УСЛЫШЬ НАШ ВОПЛЬ, ТЫ, ПРЕД КОТОРЫМ ОТКРЫТО ТАЙНОЕ! БЛАГОСЛОВЕННО СЛАВНОЕ ИМЯ ЦАРСТВА ЕГО ВО ВЕКИ ВЕКОВ!

לכה ВЫЙДИ, ДРУГ МОЙ, НАВСТРЕЧУ НЕВЕСТЕ; МЫ [ВМЕСТЕ С ТОБОЙ] ВСТРЕТИМ СУББОТУ.

לכה ВЫЙДИ, ДРУГ МОЙ, НАВСТРЕЧУ НЕВЕСТЕ; МЫ [ВМЕСТЕ С ТОБОЙ] ВСТРЕТИМ СУББОТУ.

שמור В ОДНОМ ИЗРЕЧЕНИИ [СВОЕМ] ДАЛ УСЛЫШАТЬ НАМ ЕДИНЫЙ БОГ ДВА СЛОВА: "СОБЛЮДАЙ" [СУББОТУ] И "ПОМНИ" [О СУББОТЕ]. ГОСПОДЬ ОДИН, И ИМЯ У НЕГО ОДНО;** [ОН ДАРОВАЛ СУББОТУ], ЧТОБЫ СДЕЛАТЬ ПРОСЛАВЛЕННЫМ, ПРЕВОЗНОСИМЫМ И ВОСХВАЛЯЕМЫМ [СВОЙ НАРОД].

לכה ВЫЙДИ, ДРУГ МОЙ, НАВСТРЕЧУ НЕВЕСТЕ; МЫ [ВМЕСТЕ С ТОБОЙ] ВСТРЕТИМ СУББОТУ.

לקראת ВЫХОДИТЕ, И ПОЙДЕМ МЫ НАВСТРЕЧУ СУББОТЕ, ИБО ОНА —

---

1. Тегилим, 29.
* Праотцев.
** Имеется в виду Имя יה־ו־ה, ибо лишь оно является собственным Именем Всевышнего, в то время, как все остальные характеризуют лишь Его отдельные проявления.

הַבְּרָכָה, מֵרֹאשׁ מִקֶּדֶם נְסוּכָה, סוֹף מַעֲשֶׂה בְּמַחֲשָׁבָה תְּחִלָּה:
לכה

מ קְדַשׁ מֶלֶךְ עִיר מְלוּכָה, קוּמִי צְאִי מִתּוֹךְ הַהֲפֵכָה, רַב לָךְ שֶׁבֶת בְּעֵמֶק הַבָּכָא, וְהוּא יַחֲמוֹל עָלַיִךְ חֶמְלָה:
לכה

ה תְנַעֲרִי מֵעָפָר קוּמִי, לִבְשִׁי בִּגְדֵי תִפְאַרְתֵּךְ עַמִּי, עַל יַד בֶּן יִשַׁי בֵּית הַלַּחְמִי, קָרְבָה אֶל נַפְשִׁי גְאָלָהּ:
לכה

ה תְעוֹרְרִי הִתְעוֹרְרִי, כִּי בָא אוֹרֵךְ קוּמִי אוֹרִי, עוּרִי עוּרִי שִׁיר דַּבֵּרִי, כְּבוֹד יְיָ עָלַיִךְ נִגְלָה:
לכה

ל א תֵבוֹשִׁי וְלֹא תִכָּלְמִי, מַה תִּשְׁתּוֹחֲחִי וּמַה תֶּהֱמִי, בָּךְ יֶחֱסוּ עֲנִיֵּי עַמִּי, וְנִבְנְתָה הָעִיר עַל תִּלָּהּ:
לכה

וְ הָיוּ לִמְשִׁסָּה שֹׁאסָיִךְ, וְרָחֲקוּ כָּל מְבַלְּעָיִךְ, יָשִׂישׂ עָלַיִךְ אֱלֹהָיִךְ, כִּמְשׂוֹשׂ חָתָן עַל כַּלָּה:
לכה

יָ מִין וּשְׂמֹאל תִּפְרוֹצִי, וְאֶת יְיָ תַּעֲרִיצִי, עַל יַד אִישׁ בֶּן פַּרְצִי, וְנִשְׂמְחָה וְנָגִילָה:
לכה

בּוֹאִי בְשָׁלוֹם עֲטֶרֶת בַּעְלָהּ, גַּם בְּרִנָּה (ביו"ט בְּשִׂמְחָה) וּבְצָהֳלָה, תּוֹךְ אֱמוּנֵי עַם סְגֻלָּה, בּוֹאִי כַלָּה בּוֹאִי כַלָּה (ויאמר בלחש פעם שלישית בּוֹאִי כַלָּה שַׁבָּת מַלְכְּתָא): לכה

א) ירמיה ל יח (בשיטי): * ובחוה"מ

ИСТОЧНИК БЛАГОСЛОВЕНИЯ; В НАЧАЛЕ ВРЕМЕН, В ГЛУБОКОЙ ДРЕВНОСТИ [БЫЛА] КОРОНОВАНА ОНА — ВОЗНИКШАЯ ПОСЛЕДНЕЙ, НО ЗАДУМАННАЯ ПЕРВОЙ.

לכה ВЫЙДИ, ДРУГ МОЙ, НАВСТРЕЧУ НЕВЕСТЕ; МЫ [ВМЕСТЕ С ТОБОЙ] ВСТРЕТИМ СУББОТУ.

מקדש СВЯТИЛИЩЕ ВЛАДЫКИ, ЦАРСКАЯ СТОЛИЦА! ПОДНИМИСЬ И ВОССТАНЬ ИЗ РАЗВАЛИН — ПОЛНО ТЕБЕ ПРЕБЫВАТЬ В ЮДОЛИ ПЛАЧА! ОН, [ВСЕВЫШНИЙ], ПРОЯВИТ СОСТРАДАНИЕ К ТЕБЕ!

לכה ВЫЙДИ, ДРУГ МОЙ, НАВСТРЕЧУ НЕВЕСТЕ; МЫ [ВМЕСТЕ С ТОБОЙ] ВСТРЕТИМ СУББОТУ.

התנערי ОТРЯХНИСЬ ОТ ПРАХА, ПОДНИМИСЬ, ОБЛАЧИСЬ В ОДЕЖДЫ ВЕЛИКОЛЕПИЯ СВОЕГО, НАРОД МОЙ, [ВСТРЕЧАЯ] СЫНА ИШАЯ* ИЗ БЕЙТ-ЛЕХЕМА; ПРИБЛИЗЬСЯ, [ВСЕВЫШНИЙ], К ДУШЕ МОЕЙ И СПАСИ ЕЕ!

לכה ВЫЙДИ, ДРУГ МОЙ, НАВСТРЕЧУ НЕВЕСТЕ; МЫ [ВМЕСТЕ С ТОБОЙ] ВСТРЕТИМ СУББОТУ.

התעוררי ПРОБУДИСЬ ЖЕ, ПРОБУДИСЬ, [ИЕРУСАЛИМ], ИБО ВЗОШЕЛ ТВОЙ СВЕТ; ПОДНИМИСЬ, ВОССИЯЙ! ПРОБУДИСЬ ЖЕ, ПРОБУДИСЬ, ПОЙ ПЕСНЮ — СЛАВА ГОСПОДА ОТКРЫЛАСЬ ТЕБЕ!

לכה ВЫЙДИ, ДРУГ МОЙ, НАВСТРЕЧУ НЕВЕСТЕ; МЫ [ВМЕСТЕ С ТОБОЙ] ВСТРЕТИМ СУББОТУ.

לא НЕ ПРИДЕТСЯ ТЕБЕ БОЛЬШЕ СТЫДИТЬСЯ, [ИЕРУСАЛИМ], НЕ ПРИДЕТСЯ ПЕРЕНОСИТЬ ПОЗОР. ЧТО ГОРБИШЬСЯ ТЫ, ЧТО РЫДАЕШЬ? ПОД КРОВОМ ТВОИМ НАЙДЕТ ПРИЮТ СТРАДАЮЩИЙ НАРОД МОЙ; [ВНОВЬ] БУДЕТ ОТСТРОЕН ГОРОД НА ПРЕЖНЕМ МЕСТЕ СВОЕМ.

לכה ВЫЙДИ, ДРУГ МОЙ, НАВСТРЕЧУ НЕВЕСТЕ; МЫ [ВМЕСТЕ С ТОБОЙ] ВСТРЕТИМ СУББОТУ.

והיו ПОПИРАВШИЕ ТЕБЯ, [ИЕРУСАЛИМ], БУДУТ ПОПРАНЫ И РАЗРУШАВШИЕ ТЕБЯ БУДУТ ИЗГНАНЫ; БУДЕТ РАДОВАТЬСЯ ТЕБЕ БОГ ТВОЙ, КАК ЖЕНИХ РАДУЕТСЯ НЕВЕСТЕ.

לכה ВЫЙДИ, ДРУГ МОЙ, НАВСТРЕЧУ НЕВЕСТЕ; МЫ [ВМЕСТЕ С ТОБОЙ] ВСТРЕТИМ СУББОТУ.

ימין РАЗДВИНЕШЬ ТЫ ГРАНИЦЫ СВОИ, [ИЕРУСАЛИМ], И ВПРАВО, И ВЛЕВО И ГОСПОДА БУДЕШЬ ПРЕВОЗНОСИТЬ; И [ВСТРЕЧАЯ МАШИАХА], ЧЕЛОВЕКА ИЗ РОДА ПЕРЕЦА,** БУДЕМ МЫ РАДОВАТЬСЯ И ЛИКОВАТЬ.

לכה ВЫЙДИ, ДРУГ МОЙ, НАВСТРЕЧУ НЕВЕСТЕ; МЫ [ВМЕСТЕ С ТОБОЙ] ВСТРЕТИМ СУББОТУ.

Следующую строфу произносят, повернувшись назад (через левое плечо). Произнося слова "ПРИДИ, НЕВЕСТА..." в первый раз, кланяются, повернувшись вправо, второй раз — влево, затем вновь поворачиваются через левое плечо и, произнося шепотом в третий раз "ПРИДИ, НЕВЕСТА...", кланяются вновь.

בואי ПРИДИ ЖЕ С МИРОМ, [СУББОТА, —] ЦАРСКИЙ ВЕНЕЦ МУЖА СВОЕГО, [ПРИДИ] С ПЕСНЕЙ (*в йом-тов и в холь-ѓамоэд вместо последнего слова говорят:* "С РАДОСТЬЮ) И ЛИКОВАНИЕМ В ОБЩИНУ ВЕРНЫХ [ВСЕВЫШНЕМУ], К ИЗБРАННОМУ НАРОДУ! ПРИДИ, НЕВЕСТА, ПРИДИ, НЕВЕСТА! (*Следующие слова произносят шепотом:* ПРИДИ НЕВЕСТА, ЦАРИЦА-СУББОТА!)

לכה ВЫЙДИ, ДРУГ МОЙ, НАВСТРЕЧУ НЕВЕСТЕ; МЫ [ВМЕСТЕ С ТОБОЙ] ВСТРЕТИМ СУББОТУ.

---

* Машиаха.
**Перец — предок Давида.

תהלים צב
מִזְמוֹר שִׁיר לְיוֹם הַשַּׁבָּת: טוֹב לְהֹדוֹת לַיָי, וּלְזַמֵּר לְשִׁמְךָ
עֶלְיוֹן: לְהַגִּיד בַּבֹּקֶר חַסְדֶּךָ, וֶאֱמוּנָתְךָ בַּלֵּילוֹת: עֲלֵי
עָשׂוֹר וַעֲלֵי נָבֶל, עֲלֵי הִגָּיוֹן בְּכִנּוֹר: כִּי שִׂמַּחְתַּנִי יְיָ בְּפָעֳלֶךָ,
בְּמַעֲשֵׂי יָדֶיךָ אֲרַנֵּן: מַה גָּדְלוּ מַעֲשֶׂיךָ יְיָ, מְאֹד עָמְקוּ מַחְשְׁבֹתֶיךָ:
אִישׁ בַּעַר לֹא יֵדָע, וּכְסִיל לֹא יָבִין אֶת זֹאת: בִּפְרֹחַ רְשָׁעִים כְּמוֹ
עֵשֶׂב, וַיָּצִיצוּ כָּל פֹּעֲלֵי אָוֶן, לְהִשָּׁמְדָם עֲדֵי עַד: וְאַתָּה מָרוֹם לְעֹלָם
יְיָ: כִּי הִנֵּה אֹיְבֶיךָ יְיָ, כִּי הִנֵּה אֹיְבֶיךָ יֹאבֵדוּ, יִתְפָּרְדוּ כָּל פֹּעֲלֵי
אָוֶן: וַתָּרֶם כִּרְאֵים קַרְנִי, בַּלֹּתִי בְּשֶׁמֶן רַעֲנָן: וַתַּבֵּט עֵינִי בְּשׁוּרָי,
בַּקָּמִים עָלַי מְרֵעִים, תִּשְׁמַעְנָה אָזְנָי: צַדִּיק כַּתָּמָר יִפְרָח, כְּאֶרֶז
בַּלְּבָנוֹן יִשְׂגֶּה: שְׁתוּלִים בְּבֵית יְיָ, בְּחַצְרוֹת אֱלֹהֵינוּ יַפְרִיחוּ: עוֹד
יְנוּבוּן בְּשֵׂיבָה, דְּשֵׁנִים וְרַעֲנַנִּים יִהְיוּ: לְהַגִּיד כִּי יָשָׁר יְיָ, צוּרִי
וְלֹא עַוְלָתָה עולתה כ' בּוֹ:

שם צג
יְיָ מָלָךְ גֵּאוּת לָבֵשׁ, לָבֵשׁ יְיָ, עֹז הִתְאַזָּר, אַף תִּכּוֹן תֵּבֵל בַּל תִּמּוֹט:
נָכוֹן כִּסְאֲךָ מֵאָז, מֵעוֹלָם אָתָּה: נָשְׂאוּ נְהָרוֹת יְיָ, נָשְׂאוּ נְהָרוֹת
קוֹלָם, יִשְׂאוּ נְהָרוֹת דָּכְיָם: מִקֹּלוֹת מַיִם רַבִּים אַדִּירִים מִשְׁבְּרֵי
יָם, אַדִּיר בַּמָּרוֹם יְיָ: עֵדֹתֶיךָ נֶאֶמְנוּ מְאֹד, לְבֵיתְךָ נָאֲוָה (נ"א נַאֲוָה)
קֹדֶשׁ, יְיָ, לְאֹרֶךְ יָמִים: קדיש יתום

בשבת קודס ברכו אומריס זה:

כְּגַוְנָא דְאִנּוּן מִתְיַחֲדִין לְעֵלָּא בְּאֶחָד אוֹף הָכִי אִיהִי
אִתְיַחֲדַת לְתַתָּא בְּרָזָא דְאֶחָד לְמֶהֱוֵי עִמְּהוֹן
לְעֵלָּא חַד לָקֳבֵל חַד . קוּדְשָׁא בְּרִיךְ הוּא אֶחָד , לְעֵלָּא
לָא יָתִיב עַל כּוּרְסַיָא דִיקָרֵיהּ עַד דְּאִתְעֲבִידַת אִיהִי
בְּרָזָא דְאֶחָד כְּגַוְנָא דִילֵיהּ לְמֶהֱוֵי אֶחָד בְּאֶחָד . וְהָא
אוּקִימְנָא רָזָא דַיְיָ אֶחָד וּשְׁמוֹ אֶחָד ·

רָזָא דְשַׁבָּת אִיהִי שַׁבָּת דְּאִתְאַחֲדַת בְּרָזָא דְאֶחָד
לְמִשְׁרֵי עֲלָהּ רָזָא דְאֶחָד . צְלוֹתָא דְמַעֲלֵי שַׁבַּתָּא
דְּהָא אִתְאַחֲדַת כּוּרְסַיָא יַקִּירָא קַדִּישָׁא בְּרָזָא דְאֶחָד ,
וְאִתְתַּקְנַת לְמִשְׁרֵי עֲלָהּ מַלְכָּא קַדִּישָׁא עִלָּאָה . כַּד
עיל

מזמור ХВАЛЕБНАЯ ПЕСНЬ В ЧЕСТЬ СУББОТНЕГО ДНЯ. ОТРАДНО БЛАГОДАРИТЬ ГОСПОДА, ВОСПЕВАТЬ ИМЯ ТВОЕ, ВСЕВЫШНИЙ; ВОЗВЕЩАТЬ О МИЛОСТИ ТВОЕЙ ПО УТРАМ, О ВЕРНОСТИ ТВОЕЙ [СВОИМ СЛОВАМ] – ПО НОЧАМ [ПОД ЗВУКИ] ДЕСЯТИСТРУННОЙ ЛИРЫ, ПОД ЗВУКИ АРФЫ. ИБО ПРИНЕС ТЫ МНЕ РАДОСТЬ ДЕЯНИЯМИ СВОИМИ, ГОСПОДЬ; ДЕЛА РУК ТВОИХ Я БУДУ ВОСПЕВАТЬ. КАК ВЕЛИКИ ДЕЯНИЯ ТВОИ, ГОСПОДЬ, БЕСКОНЕЧНО ГЛУБОКИ ЗАМЫСЛЫ ТВОИ! НЕВЕЖДЕ НЕ ПОСТИЧЬ, ГЛУПЦУ НЕ ПОНЯТЬ ЭТОГО. ДАЖЕ ЕСЛИ СОПУТСТВУЕТ ЗЛОДЕЯМ УДАЧА – НЕДОЛГОВЕЧНЫ ОНИ, СЛОВНО ТРАВА; ХОТЬ И ПРОЦВЕТАЮТ ТВОРЯЩИЕ БЕЗЗАКОНИЯ – БУДУТ ИСТРЕБЛЕНЫ ОНИ [И ИСЧЕЗНУТ] НАВСЕГДА; ТЫ ЖЕ, ГОСПОДЬ, ВОЗНЕСЕН НАВЕКИ. ВЕДЬ ВРАГОВ ТВОИХ, ГОСПОДЬ, ВРАГОВ ТВОИХ [ВСЕГДА] ПОСТИГАЛА СМЕРТЬ, ВСЕХ ТВОРЯЩИХ БЕЗЗАКОНИЯ – ГИБЕЛЬ. СДЕЛАЛ ОН МЕНЯ МОГУЧИМ ПОДОБНО БУЙВОЛУ, УМАСТИЛ МЕНЯ СВЕЖИМ ЕЛЕЕМ. ВИДЕЛИ МОИ ГЛАЗА [ГИБЕЛЬ] ВРАГОВ МОИХ; О [ПОРАЖЕНИИ] ОПОЛЧИВШИХСЯ НА МЕНЯ ЗЛОДЕЕВ СЛЫШАЛИ МОИ УШИ. ПРАВЕДНИК РАСЦВЕТЕТ ПОДОБНО ПАЛЬМЕ, ВОЗВЫСИТСЯ, СЛОВНО КЕДР ЛИВАНСКИЙ. УКОРЕНЯТСЯ [ПРАВЕДНИКИ] В ХРАМЕ ГОСПОДА, БУДУТ ЦВЕСТИ ОНИ ВО ДВОРАХ [ХРАМА] БОГА НАШЕГО. И В СТАРОСТИ БУДУТ ОНИ ПЛОДОНОСИТЬ, БУДУТ ПОЛНЫ ЖИЗНЕННЫХ СОКОВ И СОХРАНЯТ СВОЮ СВЕЖЕСТЬ, ЧТОБЫ ВОЗВЕЩАТЬ О ТОМ, ЧТО СПРАВЕДЛИВ ГОСПОДЬ, ОПЛОТ МОЙ, И НЕТ В ЕГО [СУДЕ] НЕПРАВДЫ.[1]

" ВОЦАРИЛСЯ ГОСПОДЬ, ОБЛАЧЕННЫЙ ВЕЛИЧИЕМ; ОБЛАЧИЛСЯ В НЕГО ГОСПОДЬ, ПРЕПОЯСАЛСЯ МОГУЩЕСТВОМ; И УТВЕРДИЛ ОН МИРОЗДАНИЕ НЕКОЛЕБИМО. НЕЗЫБЛЕМ ТВОЙ ПРЕСТОЛ ОТ ВЕКА; ПРЕДВЕЧЕН ТЫ САМ. ВОЗВЫШАЮТ [ЛЮДСКИЕ] РЕКИ – О, ГОСПОДЬ! – ВОЗВЫШАЮТ [ЛЮДСКИЕ] РЕКИ ГОЛОС СВОЙ, ВЗДЫМАЮТ [ЛЮДСКИЕ] РЕКИ ВОЛНЫ СВОИ. НО СИЛЬНЕЕ РЕВУЩЕЙ ВОДЫ, ВЕЛИКОЙ И МОГУЧЕЙ, [СИЛЬНЕЕ] МОРСКИХ ВАЛОВ ГОСПОДЬ В ВЫСОТАХ [СВОИХ]. СВИДЕТЕЛЬСТВА [ПРОРОКОВ] О ТЕБЕ, [ВСЕВЫШНИЙ], ПОДТВЕРДИЛИСЬ ПОЛНОСТЬЮ. ХРАМ ТВОЙ, ГОСПОДЬ, ПРЕКРАСЕН В СВЯТОСТИ ВОВЕК![2]

Далее произносят "Кадиш ятом", стр. 77.

Не принято делать перерыва между встречей субботы и вечерней молитвой.

כגונא ПОДОБНО ТОМУ, КАК ОНИ* ОБЪЕДИНЯЮТСЯ В ВЫСШЕМ МИРЕ, — ТАК И ОНА** СТАНОВИТСЯ ЦЕЛОСТНОЙ В МИРЕ НИЗШЕМ, ДОСТИГАЯ СКРЫТОГО ЕДИНСТВА, ЧТОБЫ ЗАТЕМ, ПОДНЯВШИСЬ В ВЫСШИЙ МИР, ОНА ОБЪЕДИНИЛАСЬ С НИМИ* — ЕДИНОЕ С ЕДИНЫМ. ВСЕВЫШНИЙ, БЛАГОСЛОВЕН ОН, ЧЬЕ ЕДИНСТВО ПРОЯВЛЯЕТСЯ В ВЫСШЕМ МИРЕ, НЕ НИСХОДИТ НА ПРЕСТОЛ СЛАВЫ СВОЕЙ ДО ТЕХ ПОР, ПОКА ТОТ НЕ СТАНОВИТСЯ ЕДИНЫМ ПОДОБНО ЕМУ, ЧТОБЫ ОБЪЕДИНИЛОСЬ ЕДИНОЕ С ЕДИНЫМ. ТАК ОБЪЯСНЯЕМ МЫ[3] ТАЙНЫЙ СМЫСЛ ВЫРАЖЕНИЯ "ГОСПОДЬ БУДЕТ [ПРИЗНАН ВСЕМИ НАРОДАМИ] ЕДИНСТВЕННЫМ [БОГОМ], И ЛИШЬ ЕГО ИМЯ [БУДЕТ У ВСЕХ НА УСТАХ]".[4]

רזא ТАЙНЫЙ СМЫСЛ СУББОТЫ: В СУББОТУ ОНА** СТАНОВИТСЯ ЕДИНОЙ, ДОСТИГАЯ СКРЫТОГО ЕДИНСТВА, ЧТОБЫ ОСЕНИЛА ЕЕ ТАЙНА ЕДИНОГО. ЭТО ДОСТИГАЕТСЯ ВЕЧЕРНЕЙ СУББОТНЕЙ МОЛИТВОЙ, КОГДА СВЯТОЙ ПРЕСТОЛ СЛАВЫ ОБРЕТАЕТ ТАЙНОЕ ЕДИНСТВО И ГОТОВ К ТОМУ, ЧТО НА НЕГО СОЙДЕТ ВЫСШИЙ СВЯТОЙ ВЛАДЫКА. С

---

1. Теѓилим, 92. 2. Теѓилим, 93. 3. Зоѓар, II, 134а. 4. Зхарья, 14:9.
* Шесть сфирот: "Хесед", "Гвура", Тиферет", "Нецах", "Ѓод", "Йесод".
**Сфира "Малхут".

עֵיל שַׁבַּתָּא אִיהִי אִתְיַחֲדַת וְאִתְפְּרֵשַׁת מִסִּטְרָא אָחֳרָא ·
וְכָל־דִּינִין מִתְעַבְּרִין מִנַּהּ וְאִיהִי אִשְׁתְּאָרַת בְּיִחוּדָא
דִּנְהִירוּ קַדִּישָׁא וְאִתְעַטְּרַת בְּכַמָּה עִטְּרִין לְגַבֵּי מַלְכָּא
קַדִּישָׁא · וְכָל־שׁוּלְטָנֵי רוּגְזִין וּמָארֵי דְדִינָא כֻּלְּהוּ עַרְקִין
וְאִתְעַבָּרוּ מִנַּהּ · וְלֵית שׁוּלְטָנָא אָחֳרָא בְּכֻלְּהוּ עָלְמִין
וְאַנְפָּהָא נְהִירִין בִּנְהִירוּ עִלָּאָה וְאִתְעַטְּרַת לְתַתָּא בְּעַמָּא
קַדִּישָׁא · וְכֻלְּהוּ מִתְעַטְּרִין בְּנִשְׁמָתִין חֲדַתִּין · כְּדֵין שֵׁירוּתָא
דִצְלוֹתָא לְבָרְכָא לָהּ בְּחֶדְוָה בִּנְהִירוּ דְאַנְפִּין: חצי קדיש. ברכו

אם מתפלל ביחידות יאמר זה אחר בנהירו דאנפין:

וְלוֹמַר בָּרְכוּ אֶת־יְיָ הַמְבֹרָךְ, אֵת־דַּיְקָא דָא שַׁבָּת דְּמַעֲלֵי שַׁבַּתָּא:
בָּרוּךְ יְיָ הַמְבֹרָךְ דָּא אֲפִיקוּ דְבִרְכָאן מִמְּקוֹרָא דְחַיֵּי וַאֲתַר
דְּנָפִיק מִנֵּיהּ כָּל־שַׁקְיוּ לְאַשְׁקָאָה לְכֹלָּא · וּבְגִין דְּאִיהוּ מְקוֹרָא בְּרָזָא
דְאָת קַיָּמָא קָרִינָן לֵיהּ הַמְבֹרָךְ אִיהוּ מַבּוּעָא דְבֵירָא וְכֵיוָן דְּמַטְיָאן
הָתָם הָא כֻלְּהוּ לְעוֹלָם וָעֶד · וְדָא אִיהוּ בָּרוּךְ יְיָ הַמְבֹרָךְ לְעוֹלָם וָעֶד:

ברוך אתה וכו'.

ביום טוב כתחילין שיר המעלות

שִׁיר הַמַּעֲלוֹת הִנֵּה בָּרְכוּ אֶת יְיָ כָּל עַבְדֵי יְיָ הָעֹמְדִים בְּבֵית יְיָ בַּלֵּילוֹת: שְׂאוּ
יְדֵכֶם קֹדֶשׁ וּבָרְכוּ אֶת יְיָ: יְבָרֶכְךָ יְיָ מִצִּיּוֹן עֹשֵׂה שָׁמַיִם וָאָרֶץ:
יוֹמָם יְצַוֶּה יְיָ חַסְדּוֹ וּבַלַּיְלָה שִׁירֹה עִמִּי תְּפִלָּה לְאֵל חַיָּי: וּתְשׁוּעַת צַדִּיקִים מֵיְיָ
מָעוּזָּם בְּעֵת צָרָה: וַיַּעְזְרֵם יְיָ וַיְפַלְּטֵם יְפַלְּטֵם מֵרְשָׁעִים וְיוֹשִׁיעֵם כִּי חָסוּ בוֹ:
יְיָ צְבָאוֹת עִמָּנוּ מִשְׂגָּב לָנוּ אֱלֹהֵי יַעֲקֹב סֶלָה גּ"פ: יְיָ צְבָאוֹת אַשְׁרֵי אָדָם בֹּטֵחַ
בָּךְ גּ"פ: יְיָ הוֹשִׁיעָה הַמֶּלֶךְ יַעֲנֵנוּ בְיוֹם קָרְאֵנוּ גּ"פ:

יִתְגַּדַּל וְיִתְקַדַּשׁ שְׁמֵהּ רַבָּא אמן בְּעָלְמָא דִּי בְרָא כִרְעוּתֵהּ וְיַמְלִיךְ מַלְכוּתֵהּ,
וְיַצְמַח פּוּרְקָנֵהּ וִיקָרֵב מְשִׁיחֵהּ · אמן בְּחַיֵּיכוֹן וּבְיוֹמֵיכוֹן וּבְחַיֵּי
דְכָל בֵּית יִשְׂרָאֵל, בַּעֲגָלָא וּבִזְמַן קָרִיב וְאִמְרוּ אָמֵן: יְהֵא שְׁמֵהּ רַבָּא מְבָרַךְ
לְעָלַם וּלְעָלְמֵי עָלְמַיָּא · יִתְבָּרַךְ · וְיִשְׁתַּבַּח · וְיִתְפָּאַר · וְיִתְרוֹמַם · וְיִתְנַשֵּׂא ·
וְיִתְהַדָּר · וְיִתְעַלֶּה · וְיִתְהַלָּל · שְׁמֵהּ דְּקֻדְשָׁא בְּרִיךְ הוּא. אמן לְעֵלָּא
מִן כָּל בִּרְכָתָא · וְשִׁירָתָא · תֻּשְׁבְּחָתָא וְנֶחֱמָתָא · דַּאֲמִירָן בְּעָלְמָא · וְאִמְרוּ אָמֵן:

НАСТУПЛЕНИЕМ СУББОТЫ ОНА* ДОСТИГАЕТ ЕДИНСТВА И ОТДАЛЯЕТСЯ ОТ ЗЛЫХ СИЛ. И ВСЕ СИЛЫ, ВЕРШАЩИЕ СУД, ОТСТУПАЮТ ПЕРЕД НЕЙ, И ОНА ОСТАЕТСЯ ОДНА, СИЯЯ СВЯТЫМ СВЕТОМ, И УВЕНЧИВАЕТ СЕБЯ НЕСКОЛЬКИМИ КОРОНАМИ В ЧЕСТЬ СВЯТОГО ВЛАДЫКИ. И ВСЕ АНГЕЛЫ ГНЕВА И СУДА БЕГУТ ОТ НЕЕ, И НЕ ОСТАЕТСЯ ДРУГОЙ ВЛАСТИ ВО ВСЕХ МИРАХ. И ЛИК ЕЕ СИЯЕТ ВЫСШИМ СВЕТОМ. УКРАШЕНИЕМ ЕЕ СЛУЖИТ СВЯТОЙ НАРОД, НАХОДЯЩИЙСЯ В НИЗШЕМ МИРЕ, А САМИ СЫНЫ ИЗРАИ-ЛЯ УВЕНЧИВАЮТСЯ НОВЫМИ ДУШАМИ. И КОГДА НАЧИНАЕТСЯ МОЛИТ-ВА, БЛАГОСЛОВЛЯЮТ ЕЕ* С ЛИКОВАНИЕМ И РАДОСТЬЮ НА ЛИЦАХ.

Хазан произносит "Хаци-кадиш" (стр. 42) и "Барху" (стр. 135).

Тот, кто молится без "миньяна", говорит:

ולומר И ГОВОРЯТ: ברכו את יי המברך ["БЛАГОСЛОВИТЕ ГОСПОДА БЛАГОСЛОВЕН-НОГО!"]. СЛОВО את ОТНОСИТСЯ К СУББОТНЕМУ ВЕЧЕРУ. ברוך יי המברך ["БЛАГО-СЛОВЕН ГОСПОДЬ БЛАГОСЛОВЕННЫЙ"] – НАМЕК НА НИСХОЖДЕНИЕ БЛАГОСЛО-ВЕНИЙ ИЗ ИСТОЧНИКА ЖИЗНИ, МЕСТА, ОТКУДА ИСХОДИТ ВЛАГА, КОТОРАЯ ПИТАЕТ ВСЕ. И ТАК КАК ЭТОТ ИСТОЧНИК – ТАЙНА СИМВОЛА ЗАВЕТА, МЫ НА-ЗЫВАЕМ ЕГО המברך ["БЛАГОСЛОВЕННЫЙ"]. И КОГДА [БЛАГОСЛОВЕНИЯ] НИ-СХОДЯТ ТУДА,* ТО ВСЕ ОНИ РАСПРОСТРАНЯЮТСЯ ПО МИРУ. И ОБ ЭТОМ СКАЗАНО: לעולם ועד ברוך יי המברך ["БЛАГОСЛОВЕН ГОСПОДЬ БЛАГОСЛОВЕННЫЙ ВО ВЕКИ ВЕКОВ!"] [1]

Продолжает ברוך אתה *("БЛАГОСЛОВЕН ТЫ...")* , стр. 135.

В йом-тов, не совпавший с субботой, "Маарив" начинают со следующего псалма:

שיר ПЕСНЬ, [КОТОРУЮ ПЕЛИ ЛЕВИИМ, СТОЯ] НА СТУПЕНЯХ В ХРАМЕ. БЛАГО-СЛОВИТЕ ГОСПОДА, ВСЕ РАБЫ ГОСПОДА, КОТОРЫЕ СТОЯТ ПО НОЧАМ, [ВОЗНОСЯ МОЛИТВУ] В ХРАМЕ ГОСПОДА. ВОЗДЕНЬТЕ РУКИ, НАХОДЯСЬ В СВЯТИЛИЩЕ, И БЛАГОСЛОВИТЕ ГОСПОДА! ДА БЛАГОСЛОВИТ ТЕБЯ ГОСПОДЬ, [ОБИТАЮЩИЙ] В СИОНЕ, СОЗДАВШИЙ НЕБО И ЗЕМЛЮ! [2]
יומם ДНЕМ ПОСЫЛАЕТ МНЕ ГОСПОДЬ СВОЮ МИЛОСТЬ, А НОЧЬЮ Я ПОЮ ЕМУ ПЕСНЬ, МОЛЮСЬ БОГУ ЖИЗНИ МОЕЙ. [3] СПАСЕНИЕ ПРАВЕДНИКАМ [ПРИХОДИТ] ОТ ГОСПОДА; ОН – ОПЛОТ ИХ В ЧАС БЕДЫ. ПОМОЖЕТ ИМ ГОСПОДЬ И ИЗБАВИТ ИХ; ИЗБАВИТ ИХ ОТ ЗЛОДЕЕВ И СПАСЕТ ИХ, ИБО ОНИ НАДЕЯЛИСЬ НА НЕГО. [4]
יי ГОСПОДЬ ВОИНСТВ С НАМИ; БОГ ЯАКОВА – НАШ ОПЛОТ ВОВЕКИ! [5] *(Эту фразу повторяют трижды.)*
ГОСПОДЬ ВОИНСТВ, СЧАСТЛИВ ЧЕЛОВЕК, ПОЛАГАЮЩИЙСЯ НА ТЕБЯ! [6] *(Эту фразу повторяют трижды.)*
ГОСПОДЬ, СПАСИ [НАС]! ОТВЕТЬ НАМ, ВЛАДЫКА, В ДЕНЬ, КОГДА МЫ ВЗЫВАЕМ [К ТЕБЕ]! [7] *(Эту фразу повторяют трижды.)*

Хазан произносит "Хаци-кадиш":

יתגדל ДА ВОЗВЫСИТСЯ И ОСВЯТИТСЯ ЕГО ВЕЛИКОЕ ИМЯ *(община отвечает:* АМЕН!) В МИРЕ, СОТВОРЕННОМ ПО ВОЛЕ ЕГО; И ДА УСТАНОВИТ ОН ЦАРСКУЮ ВЛАСТЬ СВОЮ; И ДА ВЗРАСТИТ ОН СПАСЕНИЕ; И ДА ПРИБЛИЗИТ ОН ПРИХОД МАШИАХА СВОЕГО *(община отвечает:* АМЕН!) – ПРИ ЖИЗНИ ВАШЕЙ, В ДНИ ВАШИ И ПРИ ЖИЗНИ ВСЕГО ДОМА ИЗРАИЛЯ, ВСКОРОСТИ, В БЛИЖАЙШЕЕ ВРЕМЯ, И СКАЖЕМ: АМЕН! *(Община отвечает:* АМЕН!)
Община вместе с хазаном: ДА БУДЕТ ВЕЛИКОЕ ИМЯ ЕГО БЛАГОСЛОВЕННО ВЕЧНО, ВО ВЕКИ ВЕКОВ! ДА БУДЕТ БЛАГОСЛОВЛЯЕМО...
... И ВОСХВАЛЯЕМО, И ПРОСЛАВЛЯЕМО, И ВОЗВЕЛИЧИВАЕМО, И ПРЕВОЗНО-СИМО, И ПОЧИТАЕМО, И ВЕЛИЧАЕМО, И ВОСПЕВАЕМО ИМЯ СВЯТОГО [ТВОР-ЦА], БЛАГОСЛОВЕН ОН *(община отвечает:* АМЕН!), ПРЕВЫШЕ ВСЕХ БЛАГОСЛОВЕ-НИЙ И ПЕСНОПЕНИЙ, ВОСХВАЛЕНИЙ И УТЕШИТЕЛЬНЫХ СЛОВ, ПРОИЗНОСИМЫХ В МИРЕ, И СКАЖЕМ: АМЕН! *(Община отвечает:* АМЕН!)

---

1. Зоѓар II, 135 а,б. 2. Теѓилим, 134. 3. Теѓилим, 42:9. 4. Теѓилим, 37:39, 40. 5. Те-ѓилим, 46:8. 6. Теѓилим, 84:13. 7. Теѓилим, 20:10.
* Сфира "Малхут".

חזן בָּרְכוּ אֶת יְיָ הַמְבֹרָךְ:

קהל וחזן בָּרוּךְ יְיָ הַמְבֹרָךְ לְעוֹלָם וָעֶד:

ואין עונין אחריו אמן:

בָּרוּךְ אַתָּה יְיָ אֱלֹהֵינוּ מֶלֶךְ הָעוֹלָם,
אֲשֶׁר בִּדְבָרוֹ מַעֲרִיב עֲרָבִים,
בְּחָכְמָה פּוֹתֵחַ שְׁעָרִים, וּבִתְבוּנָה
מְשַׁנֶּה עִתִּים, וּמַחֲלִיף אֶת הַזְּמַנִּים
וּמְסַדֵּר אֶת הַכּוֹכָבִים, בְּמִשְׁמְרוֹתֵיהֶם
בָּרָקִיעַ, כִּרְצוֹנוֹ. בּוֹרֵא יוֹם וָלַיְלָה, גּוֹלֵל
אוֹר מִפְּנֵי חֹשֶׁךְ, וְחֹשֶׁךְ מִפְּנֵי אוֹר,
וּמַעֲבִיר יוֹם וּמֵבִיא לָיְלָה, וּמַבְדִּיל בֵּין
יוֹם וּבֵין לָיְלָה, יְיָ צְבָאוֹת שְׁמוֹ. בָּרוּךְ
אַתָּה יְיָ, הַמַּעֲרִיב עֲרָבִים:

אַהֲבַת עוֹלָם בֵּית יִשְׂרָאֵל עַמְּךָ אָהָבְתָּ,
תּוֹרָה וּמִצְוֹת חֻקִּים וּמִשְׁפָּטִים אוֹתָנוּ
לִמַּדְתָּ. עַל כֵּן יְיָ אֱלֹהֵינוּ, בְּשָׁכְבֵּנוּ וּבְקוּמֵנוּ
נָשִׂיחַ בְּחֻקֶּיךָ, וְנִשְׂמַח בְּדִבְרֵי תוֹרָתֶךָ וּבְמִצְוֹתֶיךָ
לְעוֹלָם וָעֶד. כִּי הֵם חַיֵּינוּ וְאֹרֶךְ יָמֵינוּ, וּבָהֶם נֶהְגֶּה
יוֹמָם וָלָיְלָה, וְאַהֲבָתְךָ לֹא תָסוּר (נ״א אל תסיר)
מִמֶּנּוּ לְעוֹלָמִים. בָּרוּךְ אַתָּה יְיָ, אוֹהֵב עַמּוֹ יִשְׂרָאֵל:

Хазан произносит:

ברכו БЛАГОСЛОВИТЕ ГОСПОДА БЛАГОСЛОВЕННОГО!

Община вместе с хазаном:

ברוך БЛАГОСЛОВЕН ГОСПОДЬ БЛАГОСЛОВЕННЫЙ ВО ВЕКИ ВЕКОВ!

(После этого благословения "амен" не произносят.)

ברוך БЛАГОСЛОВЕН ТЫ, ГОСПОДЬ, БОГ НАШ, ВЛАДЫКА ВСЕЛЕННОЙ, ПО СЛОВУ КОТОРОГО НАСТУПАЕТ ВЕЧЕР, И КОТОРЫЙ МУДРОСТЬЮ СВОЕЙ ОТКРЫВАЕТ НЕБЕСНЫЕ ВРАТА, И ПО РАЗУМЕНИЮ СВОЕМУ [ЧЕРЕДУЕТ] ВРЕМЕНА [— ДЕНЬ И НОЧЬ], И РАСПОЛАГАЕТ ЗВЕЗДЫ ПО МЕСТАМ НА СВОДЕ НЕБЕСНОМ ПО ВОЛЕ СВОЕЙ! СОТВОРИВШИЙ ДЕНЬ И НОЧЬ, УДАЛЯЕТ ОН СВЕТ ПЕРЕД ТЬМОЙ И ТЬМУ — ПЕРЕД СВЕТОМ; УВОДИТ ДЕНЬ, И ПРИВОДИТ НОЧЬ, И ОТДЕЛЯЕТ ДЕНЬ ОТ НОЧИ. ГОСПОДЬ ВОИНСТВ — ИМЯ ЕГО! БЛАГОСЛОВЕН ТЫ, ГОСПОДЬ, ПО СЛОВУ КОТОРОГО НАСТУПАЕТ ВЕЧЕР!

אהבת ЛЮБОВЬЮ ВЕЧНОЙ ВОЗЛЮБИЛ ТЫ НАРОД СВОЙ, ДОМ ИЗРА-ИЛЯ; ТОРЕ И ЗАПОВЕДЯМ, УСТАВАМ И ЗАКОНАМ НАУЧИЛ ТЫ НАС. И ПОТОМУ, ГОСПОДЬ, БОГ НАШ, — ЛОЖАСЬ И ВСТАВАЯ, БУДЕМ ГО-ВОРИТЬ МЫ О ЗАКОНАХ ТВОИХ И РАДОВАТЬСЯ СЛОВАМ ТВОЕЙ ТОРЫ И ЗАПОВЕДЯМ ТВОИМ — ВО ВЕКИ ВЕКОВ. ВЕДЬ В НИХ — ЖИЗНЬ НАША И ДОЛГОЛЕТИЕ НАШЕ, И О НИХ БУДЕМ МЫ РАЗМЫШЛЯТЬ ДНЕМ И НОЧЬЮ; И ДА НЕ ПОКИНЕТ НАС ВОВЕК ЛЮБОВЬ ТВОЯ. БЛАГОСЛОВЕН ТЫ, ГОСПОДЬ, ЛЮБЯЩИЙ НАРОД СВОЙ, ИЗРАИЛЬ!

שְׁמַע יִשְׂרָאֵל יְיָ אֱלֹהֵינוּ יְיָ | אֶחָד:

בָּרוּךְ שֵׁם כְּבוֹד מַלְכוּתוֹ לְעוֹלָם וָעֶד:

וְאָהַבְתָּ אֵת יְיָ אֱלֹהֶיךָ, בְּכָל לְבָבְךָ, וּבְכָל נַפְשְׁךָ, וּבְכָל מְאֹדֶךָ: וְהָיוּ הַדְּבָרִים הָאֵלֶּה אֲשֶׁר אָנֹכִי מְצַוְּךָ הַיּוֹם עַל לְבָבֶךָ: וְשִׁנַּנְתָּם לְבָנֶיךָ וְדִבַּרְתָּ בָּם, בְּשִׁבְתְּךָ בְּבֵיתֶךָ, וּבְלֶכְתְּךָ בַדֶּרֶךְ, וּבְשָׁכְבְּךָ, וּבְקוּמֶךָ: וּקְשַׁרְתָּם לְאוֹת עַל יָדֶךָ, וְהָיוּ לְטֹטָפֹת בֵּין עֵינֶיךָ: וּכְתַבְתָּם עַל מְזֻזוֹת בֵּיתֶךָ, וּבִשְׁעָרֶיךָ:

וְהָיָה אִם שָׁמֹעַ תִּשְׁמְעוּ אֶל מִצְוֹתַי אֲשֶׁר אָנֹכִי מְצַוֶּה אֶתְכֶם הַיּוֹם, לְאַהֲבָה אֶת יְיָ אֱלֹהֵיכֶם וּלְעָבְדוֹ, בְּכָל לְבַבְכֶם וּבְכָל נַפְשְׁכֶם: וְנָתַתִּי מְטַר אַרְצְכֶם בְּעִתּוֹ יוֹרֶה וּמַלְקוֹשׁ, וְאָסַפְתָּ דְגָנֶךָ וְתִירֹשְׁךָ וְיִצְהָרֶךָ: וְנָתַתִּי עֵשֶׂב בְּשָׂדְךָ לִבְהֶמְתֶּךָ, וְאָכַלְתָּ וְשָׂבָעְתָּ: הִשָּׁמְרוּ לָכֶם פֶּן יִפְתֶּה לְבַבְכֶם, וְסַרְתֶּם וַעֲבַדְתֶּם אֱלֹהִים אֲחֵרִים וְהִשְׁתַּחֲוִיתֶם לָהֶם: וְחָרָה אַף יְיָ בָּכֶם וְעָצַר אֶת הַשָּׁמַיִם וְלֹא יִהְיֶה מָטָר וְהָאֲדָמָה לֹא תִתֵּן אֶת יְבוּלָהּ, וַאֲבַדְתֶּם מְהֵרָה מֵעַל הָאָרֶץ הַטֹּבָה אֲשֶׁר יְיָ נֹתֵן לָכֶם: וְשַׂמְתֶּם אֶת דְּבָרַי אֵלֶּה עַל לְבַבְכֶם וְעַל נַפְשְׁכֶם וּקְשַׁרְתֶּם אֹתָם לְאוֹת עַל יֶדְכֶם וְהָיוּ לְטוֹטָפֹת בֵּין עֵינֵיכֶם: וְלִמַּדְתֶּם אֹתָם אֶת בְּנֵיכֶם לְדַבֵּר בָּם, בְּשִׁבְתְּךָ בְּבֵיתֶךָ וּבְלֶכְתְּךָ בַדֶּרֶךְ וּבְשָׁכְבְּךָ וּבְקוּמֶךָ: וּכְתַבְתָּם עַל מְזוּזוֹת בֵּיתֶךָ וּבִשְׁעָרֶיךָ: לְמַעַן יִרְבּוּ יְמֵיכֶם וִימֵי בְנֵיכֶם עַל הָאֲדָמָה אֲשֶׁר נִשְׁבַּע יְיָ לַאֲבֹתֵיכֶם לָתֵת לָהֶם, כִּימֵי הַשָּׁמַיִם עַל הָאָרֶץ:

וַיֹּאמֶר יְיָ אֶל מֹשֶׁה לֵּאמֹר: דַּבֵּר אֶל בְּנֵי יִשְׂרָאֵל וְאָמַרְתָּ אֲלֵהֶם וְעָשׂוּ לָהֶם צִיצִת עַל כַּנְפֵי בִגְדֵיהֶם לְדֹרֹתָם, וְנָתְנוּ עַל צִיצִת הַכָּנָף פְּתִיל תְּכֵלֶת: וְהָיָה לָכֶם לְצִיצִת, וּרְאִיתֶם אֹתוֹ, וּזְכַרְתֶּם אֶת כָּל מִצְוֹת יְיָ, וַעֲשִׂיתֶם אֹתָם, וְלֹא תָתוּרוּ אַחֲרֵי לְבַבְכֶם וְאַחֲרֵי

עֵינֵכֶם

שמע СЛУШАЙ, ИЗРАИЛЬ: ГОСПОДЬ — БОГ НАШ, ГОСПОДЬ ОДИН![1]

ברוך *(Шепотом)*: БЛАГОСЛОВЕННО СЛАВНОЕ ИМЯ ЦАРСТВА ЕГО ВО ВЕКИ ВЕКОВ![2]

ואהבת ЛЮБИ ГОСПОДА, БОГА ТВОЕГО, ВСЕМ СЕРДЦЕМ СВОИМ, И ВСЕЙ ДУШОЮ СВОЕЙ, И ВСЕМ СУЩЕСТВОМ СВОИМ. И БУДУТ ЭТИ СЛОВА, КОТОРЫЕ Я ЗАПОВЕДАЛ ТЕБЕ СЕГОДНЯ, В СЕРДЦЕ ТВОЕМ, И ПОВТОРЯЙ ИХ СВОИМ ДЕТЯМ, И ПРОИЗНОСИ ИХ, СИДЯ В ДОМЕ СВОЕМ, НАХОДЯСЬ В ДОРОГЕ, ЛОЖАСЬ И ВСТАВАЯ; И ПОВЯЖИ ИХ КАК ЗНАК НА РУКУ СВОЮ, И БУДУТ ОНИ ЗНАКАМИ НАД ГЛАЗАМИ ТВОИМИ, И НАПИШИ ИХ НА ДВЕРНЫХ КОСЯКАХ ДОМА СВОЕГО И НА ВОРОТАХ СВОИХ.[3]

והיה И БУДЕТ ТАК: ЕСЛИ ПОСЛУШАЕТЕСЬ МОИХ ПОВЕЛЕНИЙ, КОТОРЫЕ Я ДАЮ ВАМ СЕГОДНЯ, [ПОСЛУШАЕТЕСЬ], ЛЮБЯ ГОСПОДА, БОГА ВАШЕГО, И СЛУЖА ЕМУ ВСЕМ СЕРДЦЕМ ВАШИМ И ВСЕЙ ВАШЕЙ ДУШОЙ, ТО ДАМ Я ДОЖДИ ЗЕМЛЕ ВАШЕЙ В СРОК: ДОЖДЬ ПОСЛЕ СЕВА И ДОЖДЬ ПЕРЕД ЖАТВОЙ, – И СОБЕРЕШЬ ТЫ СВОЙ ХЛЕБ, И ВИНО СВОЕ, И МАСЛО СВОИХ ОЛИВ. И ДАМ ТРАВУ НА ПОЛЕ ТВОЕМ ДЛЯ СКОТА ТВОЕГО, И БУДЕШЬ ТЫ ЕСТЬ ДОСЫТА. БЕРЕГИТЕСЬ, ЧТОБЫ ВАШИ СЕРДЦА НЕ ПОДДАЛИСЬ СОБЛАЗНУ, ЧТОБЫ НЕ СВЕРНУЛИ ВЫ С ПУТИ И НЕ СТАЛИ СЛУЖИТЬ ДРУГИМ БОГАМ И ПОКЛОНЯТЬСЯ ИМ, ИНАЧЕ РАЗГНЕВАЕТСЯ НА ВАС ГОСПОДЬ И ЗАМКНЕТ НЕБЕСА, И НЕ БУДЕТ ДОЖДЯ, И ЗЕМЛЯ НЕ СТАНЕТ ПРИНОСИТЬ СВОИ ПЛОДЫ. И ИСЧЕЗНЕТЕ ВЫ ВСКОРЕ С ЛИЦА БЛАГОДАТНОЙ ЗЕМЛИ, КОТОРУЮ ГОСПОДЬ ДАЕТ ВАМ. ПРИМИТЕ ЭТИ МОИ СЛОВА СЕРДЦЕМ ВАШИМ И ДУШОЮ ВАШЕЙ, И ПОВЯЖИТЕ ИХ КАК ЗНАК НА РУКУ ВАШУ, И БУДУТ ОНИ ЗНАКАМИ НАД ГЛАЗАМИ ВАШИМИ. И НАУЧИТЕ ИМ СЫНОВЕЙ ВАШИХ, ЧТОБЫ ВСЕ ВЫ ПРОИЗНОСИЛИ ИХ, СИДЯ В ДОМЕ СВОЕМ, НАХОДЯСЬ В ДОРОГЕ, ЛОЖАСЬ И ВСТАВАЯ; И НАПИШИТЕ ИХ НА ДВЕРНЫХ КОСЯКАХ ДОМА СВОЕГО И НА ВОРОТАХ СВОИХ, ЧТОБЫ ВЫ И СЫНОВЬЯ ВАШИ ЖИЛИ В СТРАНЕ, О КОТОРОЙ ГОСПОДЬ КЛЯЛСЯ ВАШИМ ОТЦАМ, [ОБЕЩАВ] ДАРОВАТЬ [ЕЕ] ИМ, ТАК ДОЛГО, КАК ДОЛГО СУЩЕСТВУЮТ НЕБЕСА НАД ЗЕМЛЕЙ.[4]

ויאמר И ГОСПОДЬ СКАЗАЛ МОШЕ ТАК: ОБРАТИСЬ К СЫНАМ ИЗРАИЛЯ И СКАЖИ ИМ, ЧТОБЫ ДЕЛАЛИ СЕБЕ КИСТИ НА УГЛАХ ОДЕЖДЫ ВО ВСЕХ ПОКОЛЕНИЯХ СВОИХ И ВПЛЕТАЛИ В КАЖДУЮ КИСТЬ НА ТЕХ УГЛАХ ГОЛУБУЮ ШЕРСТЯНУЮ НИТЬ, И БУДУТ У ВАС КИСТИ, ПОСМОТРЕВ НА КОТОРЫЕ, ВЫ БУДЕТЕ ВСПОМИНАТЬ ВСЕ ЗАПОВЕДИ ГОСПОДА И ИСПОЛНЯТЬ ИХ. И НЕ БУДЕТЕ ВЫ БЛУЖДАТЬ, ВЛЕКОМЫЕ СЕРДЦЕМ И

1. Дварим, 6:4. 2. Псахим, 56а. 3. Дварим, 6:5—9. 4. Дварим, 11:13—21.

עֵינֵיכֶם אֲשֶׁר אַתֶּם זֹנִים אַחֲרֵיהֶם: לְמַעַן תִּזְכְּרוּ וַעֲשִׂיתֶם אֶת כָּל מִצְוֹתָי, וִהְיִיתֶם קְדֹשִׁים לֵאלֹהֵיכֶם: אֲנִי יְיָ אֱלֹהֵיכֶם אֲשֶׁר הוֹצֵאתִי אֶתְכֶם מֵאֶרֶץ מִצְרַיִם לִהְיוֹת לָכֶם לֵאלֹהִים, אֲנִי יְיָ אֱלֹהֵיכֶם:

אֱמֶת וֶאֱמוּנָה כָּל זֹאת, וְקַיָּם עָלֵינוּ, כִּי הוּא יְיָ אֱלֹהֵינוּ וְאֵין זוּלָתוֹ, וַאֲנַחְנוּ יִשְׂרָאֵל עַמּוֹ, הַפּוֹדֵנוּ מִיַּד מְלָכִים, מַלְכֵּנוּ הַגּוֹאֲלֵנוּ מִכַּף כָּל הֶעָרִיצִים . הָאֵל הַנִּפְרָע לָנוּ מִצָּרֵינוּ, וְהַמְשַׁלֵּם גְּמוּל לְכָל אֹיְבֵי נַפְשֵׁנוּ, הָעֹשֶׂה גְדֹלוֹת עַד אֵין חֵקֶר, וְנִפְלָאוֹת עַד אֵין מִסְפָּר . הַשָּׂם נַפְשֵׁנוּ בַּחַיִּים, וְלֹא נָתַן לַמּוֹט רַגְלֵנוּ, הַמַּדְרִיכֵנוּ עַל בָּמוֹת אֹיְבֵינוּ, וַיָּרֶם קַרְנֵנוּ עַל כָּל שׂוֹנְאֵינוּ . הָאֵל הָעֹשֶׂה לָּנוּ נְקָמָה בְּפַרְעֹה, וְאוֹתוֹת וּמוֹפְתִים בְּאַדְמַת בְּנֵי חָם . הַמַּכֶּה בְּעֶבְרָתוֹ כָּל בְּכוֹרֵי מִצְרָיִם, וַיּוֹצֵא אֶת עַמּוֹ יִשְׂרָאֵל מִתּוֹכָם לְחֵרוּת עוֹלָם . הַמַּעֲבִיר בָּנָיו בֵּין גִּזְרֵי יַם סוּף, וְאֶת רוֹדְפֵיהֶם וְאֶת שׂוֹנְאֵיהֶם בִּתְהוֹמוֹת טִבַּע, וְרָאוּ בָנָיו גְּבוּרָתוֹ, שִׁבְּחוּ וְהוֹדוּ לִשְׁמוֹ . וּמַלְכוּתוֹ בְּרָצוֹן קִבְּלוּ עֲלֵיהֶם, מֹשֶׁה וּבְנֵי יִשְׂרָאֵל לְךָ עָנוּ שִׁירָה בְּשִׂמְחָה רַבָּה, וְאָמְרוּ כֻלָּם:

מִי כָמֹכָה בָּאֵלִם יְיָ, מִי כָּמֹכָה נֶאְדָּר

ГЛАЗАМИ ВАШИМИ ПОДОБНО ТОМУ, КАК БЛУЖДАЕТЕ [НЫНЕ], ВЛЕ-
КОМЫЕ ИМИ, — ЧТОБЫ ВЫ ПОМНИЛИ И ИСПОЛНЯЛИ ВСЕ ЗАПОВЕДИ МОИ
И БЫЛИ СВЯТЫ ПРЕД ВАШИМ БОГОМ. Я, ГОСПОДЬ, — БОГ ВАШ, КОТОРЫЙ
ВЫВЕЛ ВАС ИЗ СТРАНЫ ЕГИПЕТСКОЙ, ЧТОБЫ БЫТЬ ВАШИМ БОГОМ. Я,
ГОСПОДЬ, — БОГ ВАШ.[1]

אמת ИСТИННО, И ДОСТОВЕРНО ВСЕ ЭТО, И НЕСОМНЕННО ДЛЯ НАС,
ЧТО ОН, ГОСПОДЬ, — БОГ НАШ, И НЕТ НИКОГО КРОМЕ НЕГО, И МЫ, ИЗ-
РАИЛЬ, — НАРОД ЕГО; ОН СПАС НАС ИЗ РУК ЦАРЕЙ, ОН — ВЛАДЫКА
НАШ, ИЗБАВИВШИЙ НАС ОТ ВСЕХ ТИРАНОВ. ОН — БОГ, ОТОМСТИВШИЙ
ЗА НАС ПРИТЕСНИТЕЛЯМ НАШИМ, ПО ЗАСЛУГАМ ВОЗДАВШИЙ ВСЕМ
НАШИМ СМЕРТЕЛЬНЫМ ВРАГАМ. ВЕЛИКИЕ ДЕЯНИЯ, КОТОРЫЕ ОН СО-
ВЕРШАЕТ, НЕПОСТИЖИМЫ, И ЧУДЕСА — БЕСЧИСЛЕННЫ.[2] СОХРАНИЛ
ОН НАМ ЖИЗНЬ И НЕ ДОПУСТИЛ, ЧТОБЫ НОГИ НАШИ ПОДКОСИЛИСЬ.[3]
ОН ПРОВЕЛ НАС ПО ВЫСОТАМ НАШИХ ВРАГОВ И ВОЗНЕС НАД ВСЕМИ
НЕНАВИСТНИКАМИ НАШИМИ. ОН — БОГ, ОТОМСТИВШИЙ ЗА НАС ФАРАО-
НУ, ЯВИВШИЙ ЗНАМЕНИЯ И ЧУДЕСА В ЗЕМЛЕ СЫНОВ ХАМА; В ГНЕВЕ
СВОЕМ ИСТРЕБИЛ ОН ВСЕХ ПЕРВЕНЦЕВ ЕГИПТА И ВЫВЕЛ ОТТУДА НА-
РОД СВОЙ, ИЗРАИЛЬ, К ВЕЧНОЙ СВОБОДЕ. ПРОВЕЛ ОН СВОИХ СЫНОВЕЙ
МЕЖДУ РАССТУПИВШИМИСЯ ВОДАМИ КРАСНОГО МОРЯ, А ПРЕСЛЕДОВА-
ТЕЛЕЙ ИХ, НЕНАВИСТНИКОВ ИХ УТОПИЛ В ПУЧИНАХ. УВИДЕЛИ ЕГО
СЫНОВЬЯ МОГУЩЕСТВО ЕГО, ВОЗНЕСЛИ ХВАЛУ И БЛАГОДАРНОСТЬ
ИМЕНИ ЕГО И ДОБРОВОЛЬНО ПРИЗНАЛИ ЕГО ЦАРСКУЮ ВЛАСТЬ НАД
НИМИ. МОШЕ И СЫНЫ ИЗРАИЛЯ ПЕЛИ ГИМНЫ ТЕБЕ В ВЕЛИКОЙ РАДОС-
ТИ И ПРОВОЗГЛАШАЛИ ХОРОМ:

מי ”КТО   СРЕДИ   ВЫСШИХ   СИЛ   ПОДОБЕН
ТЕБЕ,   ГОСПОДЬ,   КТО   ПОДОБЕН   ТЕБЕ,   МОГУЧЕМУ

1. Бемидбар, 15:37—41.   2. Ийов, 9:10.   3. Теґилим, 66:9.

בַּקֹּדֶשׁ, נוֹרָא תְהִלֹּת עֹשֵׂה פֶלֶא:
מַלְכוּתְךָ רָאוּ בָנֶיךָ, בּוֹקֵעַ יָם לִפְנֵי
מֹשֶׁה, זֶה אֵלִי עָנוּ וְאָמְרוּ: יְיָ יִמְלֹךְ
לְעֹלָם וָעֶד. וְנֶאֱמַר: כִּי פָדָה יְיָ אֶת
יַעֲקֹב, וּגְאָלוֹ מִיַּד חָזָק מִמֶּנּוּ. בָּרוּךְ
אַתָּה יְיָ, גָּאַל יִשְׂרָאֵל:

הַשְׁכִּיבֵנוּ אָבִינוּ לְשָׁלוֹם, וְהַעֲמִידֵנוּ מַלְכֵּנוּ
לְחַיִּים טוֹבִים וּלְשָׁלוֹם, וְתַקְּנֵנוּ
בְּעֵצָה טוֹבָה מִלְּפָנֶיךָ, וְהוֹשִׁיעֵנוּ מְהֵרָה לְמַעַן
שְׁמֶךָ, וּפְרוֹשׂ עָלֵינוּ סֻכַּת שְׁלוֹמֶךָ. בָּרוּךְ אַתָּה
יְיָ, הַפּוֹרֵשׂ סֻכַּת שָׁלוֹם עָלֵינוּ וְעַל כָּל עַמּוֹ יִשְׂרָאֵל
וְעַל יְרוּשָׁלָיִם: לש״ץ חצי קדיש

בנהג הכולם לומר קודם ח״ק בחול (ברוך ה׳ לעולם אמן ואמן) ובשבת (וישמרו) וביו״ם ור״ח ויוה״כ (פסוקים אחרים מענין קדושת היום) ויש להם על כה שיסבובו, אבל הנוהגין שלא לומר בחול ברוך ה׳ לעולם אמן ואמן כפני חשש הפסק גם בשבת (ויו״ט ור״ה ויוה״כ) אין להפסיק בפסוקים ואין לחפסיק להחזיר יעו״י בליל ריח:

לשבת
וְשָׁמְרוּ בְנֵי יִשְׂרָאֵל אֶת הַשַּׁבָּת לַעֲשׂוֹת אֶת הַשַּׁבָּת, לְדֹרֹתָם, בְּרִית
עוֹלָם: בֵּינִי וּבֵין בְּנֵי יִשְׂרָאֵל אוֹת הִיא לְעֹלָם, כִּי שֵׁשֶׁת יָמִים
עָשָׂה יְיָ אֶת הַשָּׁמַיִם וְאֶת הָאָרֶץ, וּבַיּוֹם הַשְּׁבִיעִי שָׁבַת וַיִּנָּפַשׁ:ח״ק

ליום כפור	לראש השנה	לשלש רגלים
כִּי בַיּוֹם הַזֶּה יְכַפֵּר	תִּקְעוּ בַחֹדֶשׁ שׁוֹפָר,	וַיְדַבֵּר מֹשֶׁה
עֲלֵיכֶם לְטַהֵר אֶתְכֶם,	כִּי	אֶת מֹעֲדֵי	בַּכֶּסֶה לְיוֹם חַגֵּנוּ:
מִכֹּל חַטֹּאתֵיכֶם, לִפְנֵי יְיָ	חֹק לְיִשְׂרָאֵל הוּא, מִשְׁפָּט	יְיָ, אֶל בְּנֵי
תִּטְהָרוּ: ח״ק	לֵאלֹהֵי יַעֲקֹב: ח״ק	יִשְׂרָאֵל: ח״ק

תפלת שלש רגלים ותפלת ראש השנה ויום כפור תמצא לחלן אחר תפלת מוסף של ראש חדש:

תו״א א) שבות לא מו: ב) שם לא ח: נ) ויקרא כג כד: ד) תהלים פא ד: ה) שם פא ח: ו) ויקרא מז ל:

И СВЯТОМУ, ВНУШАЮЩЕМУ ТРЕПЕТ СЛАВЯЩИМ ЕГО, ТВОРЯ-
ЩЕМУ ЧУДЕСА!”[1] ЦАРСКОЕ ВЕЛИЧИЕ ТВОЕ УВИДЕЛИ ТВОИ
СЫНОВЬЯ, КОГДА РАССЕК ТЫ МОРЕ ПЕРЕД МОШЕ. ”ЭТО БОГ
МОЙ!”[2] — ВОСКЛИКНУЛИ ОНИ И ПРОВОЗГЛАСИЛИ: ”ГОСПОДЬ
БУДЕТ ЦАРСТВОВАТЬ ВО ВЕКИ ВЕКОВ!”[3] И СКАЗАНО: ”ИБО
ИЗБАВИЛ ГОСПОДЬ ЯАКОВА И СПАС ЕГО ОТ [ВРАГА], КОТО-
РЫЙ БЫЛ СИЛЬНЕЕ ЕГО”.[4] БЛАГОСЛОВЕН ТЫ, ГОСПОДЬ,
СПАСШИЙ ИЗРАИЛЬ!

השכיבנו ДАЙ НАМ, ОТЕЦ НАШ, С МИРОМ ОТОЙТИ КО СНУ, И ПОДНИ-
МИ НАС [НАЗАВТРА], ВЛАДЫКА НАШ, ДЛЯ БЛАГОПОЛУЧНОЙ ЖИЗНИ И
МИРА, И НАПРАВЬ НАС СВОИМ ДОБРЫМ СОВЕТОМ, И СПАСИ НАС В
СКОРОМ ВРЕМЕНИ РАДИ ИМЕНИ СВОЕГО, И РАСКИНЬ НАД НАМИ СВОЙ
МИРНЫЙ ШАТЕР. БЛАГОСЛОВЕН ТЫ, ГОСПОДЬ, РАСКИДЫВАЮЩИЙ МИР-
НЫЙ ШАТЕР НАД НАМИ И НАД ВСЕМ ИЗРАИЛЕМ, НАРОДОМ СВОИМ, И
НАД ИЕРУСАЛИМОМ!

Хазан произносит ”Хаци-кадиш”, стр. 42.

*Существует обычай, опирающийся на авторитетные мнения, произносить после преды-
дущего благословения в будние дни ברוך ה׳ לעולם אמן ואמן ("БЛАГОСЛОВЕН ГОСПОДЬ..."),
в субботу ושמרו ("И ПУСТЬ СОБЛЮДАЮТ..."), и в каждый из праздников – соответствующие отрывки из Танаха. Однако те, кто считает, что произнесение אמן ואמן про-
тиворечит закону о том, что ”Шмонэ-эсрэ” следует произносить сразу же после ”Шма”, не
должны говорить также и соответствующие молитвы в субботу и в йом-тов (таков наш
обычай). Подобно этому запрещено перед вечерней молитвой ”Шмонэ-эсрэ” в рош-ходеш
напоминать вслух о том, что следует добавить к ней יעלה ויבא ("ДА ПОДНИМЕТСЯ, И ПРИ-
ДЕТ...").*

В субботу:

ושמרו И ПУСТЬ СОБЛЮДАЮТ СУББОТУ СЫНЫ ИЗРАИЛЯ, СДЕЛАВ ЕЕ ДНЕМ ОТДЫ-
ХА ДЛЯ [ВСЕХ] ПОКОЛЕНИЙ СВОИХ, – [ТАКОВ] ВЕЧНЫЙ ЗАВЕТ. ОНА – ДАННЫЙ
МНОЮ СЫНАМ ИЗРАИЛЯ ВЕЧНЫЙ ЗНАК ТОГО, ЧТО ШЕСТЬ ДНЕЙ СОЗИДАЛ ГОС-
ПОДЬ НЕБО И ЗЕМЛЮ, А В СЕДЬМОЙ ДЕНЬ НЕ СОВЕРШАЛ НИКАКИХ ДЕЯНИЙ И
ПРЕБЫВАЛ В ПОКОЕ.[5]

В Песах, Шавуот и Сукот:	*В Рош-Гашана:*	*В Йом-Кипур:*
וידבר И ВОЗВЕСТИЛ МОШЕ СЫНАМ ИЗ- РАИЛЯ О ПРАЗДНИ- КАХ, [ЗАПОВЕДАН- НЫХ] ГОСПОДОМ.[6]	תקעו ТРУБИТЕ В ШОФАР В [ПЕР- ВЫЙ ДЕНЬ] МЕСЯЦА [ТИШРЕЙ] – ДЕНЬ, УСТАНОВЛЕННЫЙ НАМ ДЛЯ ПРАЗДНОВАНИЯ, ИБО ЭТО – ЗАКОН ДЛЯ ИЗРАИЛЯ; [в ЭТОТ ДЕНЬ] ВЕРШИТ СУД БОГ ЯАКОВА.[7]	כי ИБО В ЭТОТ ДЕНЬ БУДУТ ПРОЩЕНЫ ГРЕ- ХИ ВАШИ, ЧТОБЫ ОЧИ- СТИЛИСЬ ВЫ; ОТ ВСЕХ СВОИХ ГРЕХОВ ПРЕД ГОСПОДОМ БУДЕТЕ ВЫ ОЧИЩЕНЫ.[8]

Хазан произносит ”Хаци-кадиш”, стр. 42

Молитва ”Амида” в праздники Песах, Шавуот и Сукот – на стр. 251.

1. Шмот, 15:11. 2. Шмот, 15:2. 3. Шмот, 15:18. 4. Ирмеяту, 31:10. 5. Шмот, 31:16,17.
6. Вайикра, 23:44. 7. Тегилим, 81:4,5. 8. Вайикра, 16:30.

אֲדֹנָי, שְׂפָתַי תִּפְתָּח וּפִי יַגִּיד תְּהִלָּתֶךָ:

בָּרוּךְ אַתָּה יְיָ אֱלֹהֵינוּ וֵאלֹהֵי אֲבוֹתֵינוּ, אֱלֹהֵי אַבְרָהָם אֱלֹהֵי יִצְחָק וֵאלֹהֵי יַעֲקֹב, הָאֵל הַגָּדוֹל הַגִּבּוֹר וְהַנּוֹרָא, אֵל עֶלְיוֹן, גּוֹמֵל חֲסָדִים טוֹבִים, קוֹנֵה הַכֹּל, וְזוֹכֵר חַסְדֵי אָבוֹת, וּמֵבִיא גוֹאֵל לִבְנֵי בְנֵיהֶם לְמַעַן שְׁמוֹ בְּאַהֲבָה:

בעשי"ת זָכְרֵנוּ לְחַיִּים, מֶלֶךְ חָפֵץ בַּחַיִּים, וְכָתְבֵנוּ בְּסֵפֶר הַחַיִּים, לְמַעַנְךָ אֱלֹהִים חַיִּים.

מֶלֶךְ עוֹזֵר וּמוֹשִׁיעַ וּמָגֵן. בָּרוּךְ אַתָּה יְיָ, מָגֵן אַבְרָהָם:

אַתָּה גִבּוֹר לְעוֹלָם אֲדֹנָי, מְחַיֶּה מֵתִים אַתָּה רַב לְהוֹשִׁיעַ.

בחורף מַשִּׁיב הָרוּחַ וּמוֹרִיד הַגֶּשֶׁם. בקיץ מוֹרִיד הַטָּל:

מְכַלְכֵּל חַיִּים בְּחֶסֶד, מְחַיֶּה מֵתִים בְּרַחֲמִים רַבִּים, סוֹמֵךְ נוֹפְלִים, וְרוֹפֵא חוֹלִים, וּמַתִּיר אֲסוּרִים, וּמְקַיֵּם אֱמוּנָתוֹ לִישֵׁנֵי עָפָר, מִי כָמוֹךָ בַּעַל גְּבוּרוֹת וּמִי דּוֹמֶה לָּךְ, מֶלֶךְ מֵמִית וּמְחַיֶּה וּמַצְמִיחַ יְשׁוּעָה:

בעשי"ת מִי כָמוֹךָ אַב הָרַחֲמָן זוֹכֵר יְצוּרָיו לְחַיִּים בְּרַחֲמִים:

וְנֶאֱמָן אַתָּה לְהַחֲיוֹת מֵתִים. בָּרוּךְ אַתָּה יְיָ, מְחַיֵּה הַמֵּתִים:

אַתָּה קָדוֹשׁ וְשִׁמְךָ קָדוֹשׁ, וּקְדוֹשִׁים בְּכָל יוֹם יְהַלְלוּךָ סֶּלָה. בָּרוּךְ אַתָּה יְיָ, הָאֵל הַקָּדוֹשׁ: (בעשי"ת הַמֶּלֶךְ הַקָּדוֹשׁ)

אַתָּה קִדַּשְׁתָּ אֶת יוֹם הַשְּׁבִיעִי לִשְׁמֶךָ, תַּכְלִית מַעֲשֵׂה שָׁמַיִם וָאָרֶץ, בֵּרַכְתּוֹ מִכָּל הַיָּמִים, וְקִדַּשְׁתּוֹ מִכָּל הַזְּמַנִּים, וְכֵן כָּתוּב בְּתוֹרָתֶךָ:

וַיְכֻלּוּ הַשָּׁמַיִם וְהָאָרֶץ וְכָל צְבָאָם: וַיְכַל אֱלֹהִים בַּיּוֹם הַשְּׁבִיעִי מְלַאכְתּוֹ אֲשֶׁר עָשָׂה וַיִּשְׁבֹּת בַּיּוֹם הַשְּׁבִיעִי מִכָּל מְלַאכְתּוֹ אֲשֶׁר עָשָׂה: וַיְבָרֶךְ אֱלֹהִים אֶת יוֹם הַשְּׁבִיעִי

ויקדש

"АМИДА"

אדני ГОСПОДЬ, ДАЙ МНЕ СИЛЫ МОЛИТЬСЯ ПРЕД ТОБОЙ, [ПРОСТИВ МНЕ ГРЕ-ХИ], И УСТА МОИ ВОССЛАВЯТ ТЕБЯ.[1]

ברוך БЛАГОСЛОВЕН ТЫ, ГОСПОДЬ, БОГ НАШ И БОГ ОТЦОВ НАШИХ, БОГ АВРА-ГАМА, БОГ ИЦХАКА И БОГ ЯАКОВА, БОГ ВЕЛИКИЙ, МОГУЧИЙ И ГРОЗНЫЙ, ВСЕ-ВЫШНИЙ БОГ, ДАРУЮЩИЙ БЛАГА, СОТВОРИВШИЙ ВСЕ, И ПОМНЯЩИЙ ДОБРЫЕ ДЕЛА ОТЦОВ, И ПО ЛЮБВИ СВОЕЙ ПОСЫЛАЮЩИЙ ИЗБАВИТЕЛЯ СЫНОВЬЯМ ИХ СЫНОВЕЙ РАДИ ИМЕНИ СВОЕГО!

В "десять дней раскаяния" говорят:

זכרנו ВСПОМНИ НАС, ЧТОБЫ ДАРОВАТЬ НАМ ЖИЗНЬ, ВЛАДЫКА, КОТОРОМУ УГОДНА ЖИЗНЬ, И ЗАПИШИ НАС В КНИГУ ЖИЗНИ РАДИ СЕБЯ, БОГ ЖИЗНИ!

מלך [ТЫ –] ВЛАДЫКА, КОТОРЫЙ ПОМОГАЕТ, СПАСАЕТ И ЗАЩИЩАЕТ. БЛАГО-СЛОВЕН ТЫ, ГОСПОДЬ, ЗАЩИТНИК АВРАГАМА!

אתה ТВОЕ МОГУЩЕСТВО ВЕЧНО, ГОСПОДЬ, ТЫ ВОЗВРАЩАЕШЬ МЕРТВЫХ К ЖИЗ-НИ, ТЫ – ВЕЛИКИЙ ИЗБАВИТЕЛЬ...

Зимой говорят:

משיב ...ПОСЫЛАЮЩИЙ ВЕТЕР И ДАРУЮЩИЙ ДОЖДЬ...

Летом говорят:

מוריד ...ПОСЫЛАЮЩИЙ РОСУ...

מכלכל ...ПИТАЮЩИЙ ПО ДОБРОТЕ СВОЕЙ ЖИВЫХ, ПО ВЕЛИКОМУ МИЛОСЕРДИЮ ВОЗВРАЩАЮЩИЙ МЕРТВЫХ К ЖИЗНИ, ПОДДЕРЖИВАЮЩИЙ ПАДАЮЩИХ, И ИСЦЕЛЯ-ЮЩИЙ БОЛЬНЫХ, И ОСВОБОЖДАЮЩИЙ УЗНИКОВ, И ИСПОЛНЯЮЩИЙ СВОЕ ОБЕЩА-НИЕ [ВОЗВРАТИТЬ ЖИЗНЬ] ПОКОЯЩИМСЯ В ЗЕМЛЕ, – КТО ПОДОБЕН ТЕБЕ, ВСЕ-СИЛЬНЫЙ, И КТО СРАВНИТСЯ С ТОБОЙ, ВЛАДЫКА, КОТОРЫЙ УМЕРЩВЛЯЕТ, И ОЖИВЛЯЕТ, И ВЗРАЩИВАЕТ СПАСЕНИЕ!

В "десять дней раскаяния" говорят:

מי КТО ПОДОБЕН ТЕБЕ, МИЛОСЕРДНЫЙ ОТЕЦ, МИЛОСТИВО ВСПОМИНАЮЩИЙ О СВОИХ ТВОРЕНИЯХ, ДАРУЯ ИМ ЖИЗНЬ!

ונאמן И ВЕРЕН ТЫ [СВОЕМУ ОБЕЩАНИЮ] ВОЗВРАТИТЬ МЕРТВЫМ ЖИЗНЬ. БЛА-ГОСЛОВЕН ТЫ, ГОСПОДЬ, ВОЗВРАЩАЮЩИЙ МЕРТВЫХ К ЖИЗНИ!

אתה ТЫ СВЯТ, И СВЯТО ИМЯ ТВОЕ, И СВЯТЫЕ [АНГЕЛЫ] БУДУТ ВОСХВАЛЯТЬ ТЕБЯ ИЗО ДНЯ В ДЕНЬ, ВОВЕКИ. БЛАГОСЛОВЕН ТЫ, ГОСПОДЬ, БОГ СВЯТОЙ! (*В "десять дней раскаяния" говорят:* ВЛАДЫКА СВЯТОЙ!)

אתה ТЫ ОСВЯТИЛ СЕДЬМОЙ ДЕНЬ РАДИ ИМЕНИ СВОЕГО; В НЕМ — ЦЕЛЬ СОЗДАНИЯ НЕБА И ЗЕМЛИ. БЛАГОСЛОВЕНИЕМ СВОИМ ВЫДЕЛИЛ ТЫ ЕГО СРЕДИ ВСЕХ ДНЕЙ [НЕДЕЛИ] И ОСВЯЩЕНИЕМ СВОИМ — СРЕДИ ВСЕХ ПРАЗДНИКОВ; И ТАК НАПИСАНО В ТОРЕ ТВОЕЙ:

ויכלו "И ЗАВЕРШЕНЫ БЫЛИ НЕБО И ЗЕМЛЯ СО ВСЕМ ВОИНСТВОМ ИХ. И ЗАКОНЧИЛ БОГ НА СЕДЬМОЙ ДЕНЬ ТРУД СВОЙ, КОТОРЫМ ЗАНИМАЛ-СЯ, И В СЕДЬМОЙ ДЕНЬ НЕ СОВЕРШАЛ ОН НИКАКОЙ ИЗ ТЕХ РАБОТ, КОТОРЫМИ БЫЛ ЗАНЯТ, И БЛАГОСЛОВИЛ БОГ ДЕНЬ СЕДЬМОЙ,

---

1. Тегилим, 51:17.

וַיְקַדֵּשׁ אֹתוֹ ׳ כִּי בוֹ שָׁבַת מִכָּל מְלַאכְתּוֹ אֲשֶׁר בָּרָא אֱלֹהִים לַעֲשׂוֹת :

יִשְׂמְחוּ בְמַלְכוּתְךָ שׁוֹמְרֵי שַׁבָּת וְקוֹרְאֵי עֹנֶג ׳ עַם מְקַדְּשֵׁי שְׁבִיעִי ׳ כֻּלָּם יִשְׂבְּעוּ וְיִתְעַנְּגוּ מִטּוּבֶךָ ׳ וּבַשְּׁבִיעִי רָצִיתָ בּוֹ וְקִדַּשְׁתּוֹ ׳ חֶמְדַּת יָמִים אוֹתוֹ קָרָאתָ ׳ זֵכֶר לְמַעֲשֵׂה בְרֵאשִׁית :

אֱלֹהֵינוּ וֵאלֹהֵי אֲבוֹתֵינוּ ׳ רְצֵה נָא בִמְנוּחָתֵנוּ ׳ קַדְּשֵׁנוּ בְּמִצְוֹתֶיךָ וְתֵן חֶלְקֵנוּ בְּתוֹרָתֶךָ, שַׂבְּעֵנוּ מִטּוּבֶךָ וְשַׂמַּח נַפְשֵׁנוּ בִּישׁוּעָתֶךָ ׳ וְטַהֵר לִבֵּנוּ לְעָבְדְּךָ בֶּאֱמֶת ׳ וְהַנְחִילֵנוּ יְיָ אֱלֹהֵינוּ בְּאַהֲבָה וּבְרָצוֹן שַׁבַּת קָדְשֶׁךָ ׳ וְיָנוּחוּ בָהּ כָּל יִשְׂרָאֵל מְקַדְּשֵׁי שְׁמֶךָ, בָּרוּךְ אַתָּה יְיָ, מְקַדֵּשׁ הַשַּׁבָּת:

רְצֵה יְיָ אֱלֹהֵינוּ בְּעַמְּךָ יִשְׂרָאֵל ׳ וְלִתְפִלָּתָם שְׁעֵה ׳ וְהָשֵׁב הָעֲבוֹדָה לִדְבִיר בֵּיתֶךָ, וְאִשֵּׁי יִשְׂרָאֵל וּתְפִלָּתָם בְּאַהֲבָה תְקַבֵּל בְּרָצוֹן ׳ וּתְהִי לְרָצוֹן תָּמִיד עֲבוֹדַת יִשְׂרָאֵל עַמֶּךָ:

בשבת ר״ח ובשבת חוה״מ אומרים כאן יעלה ויבא א)

וְתֶחֱזֶינָה עֵינֵינוּ בְּשׁוּבְךָ לְצִיּוֹן בְּרַחֲמִים ׳ בָּרוּךְ אַתָּה יְיָ, הַמַּחֲזִיר שְׁכִינָתוֹ לְצִיּוֹן :

מוֹדִים אֲנַחְנוּ לָךְ שָׁאַתָּה הוּא יְיָ אֱלֹהֵינוּ וֵאלֹהֵי אֲבוֹתֵינוּ לְעוֹלָם וָעֶד ׳ צוּר חַיֵּינוּ מָגֵן יִשְׁעֵנוּ ׳ אַתָּה הוּא לְדוֹר וָדוֹר ׳ נוֹדֶה

אֱלֹהֵינוּ וֵאלֹהֵי אֲבוֹתֵינוּ ׳ יַעֲלֶה וְיָבֹא וְיַגִּיעַ ׳ וְיֵרָאֶה וְיֵרָצֶה וְיִשָּׁמַע ׳ וְיִפָּקֵד וְיִזָּכֵר זִכְרוֹנֵנוּ וּפִקְדוֹנֵנוּ ׳ וְזִכְרוֹן אֲבוֹתֵינוּ ׳ וְזִכְרוֹן מָשִׁיחַ בֶּן דָּוִד עַבְדֶּךָ ׳ וְזִכְרוֹן יְרוּשָׁלַיִם עִיר קָדְשֶׁךָ ׳ וְזִכְרוֹן כָּל עַמְּךָ בֵּית יִשְׂרָאֵל לְפָנֶיךָ ׳ לִפְלֵיטָה לְטוֹבָה, לְחֵן וּלְחֶסֶד וּלְרַחֲמִים וּלְחַיִּים טוֹבִים וּלְשָׁלוֹם בְּיוֹם לשריח ראש הַחֹדֶשׁ הַזֶּה, לשחוה״מס חַג הַמַּצּוֹת הַזֶּה. לשחוה״מ סוכות חַג הַסֻּכּוֹת הַזֶּה. זָכְרֵנוּ יְיָ אֱלֹהֵינוּ בּוֹ לְטוֹבָה. וּפָקְדֵנוּ בוֹ לִבְרָכָה.וְהוֹשִׁיעֵנוּ בוֹ לְחַיִּים טוֹבִים.וּבִדְבַר יְשׁוּעָה וְרַחֲמִים, חוּס וְחָנֵּנוּ ׳ וְרַחֵם עָלֵינוּ וְהוֹשִׁיעֵנוּ, כִּי אֵלֶיךָ עֵינֵינוּ ׳ כִּי אֵל מֶלֶךְ חַנּוּן וְרַחוּם אָתָּה:

ותחזינה

И ОСВЯТИЛ ЕГО, ИБО В ЭТОТ [ДЕНЬ] НЕ СОВЕРШАЛ ОН НИКАКОЙ ИЗ РАБОТ СВОИХ, КОТОРЫМИ ЗАНИМАЛСЯ [ПРЕЖДЕ] И КОТОРЫЕ [НАМЕ-РЕВАЛСЯ] СОВЕРШИТЬ [ПОСЛЕ ТОГО]"[1].

ישמחו ВОЗРАДУЮТСЯ СОБЛЮДАЮЩИЕ СУББОТУ, НАЗЫВАЮЩИЕ ЕЕ БЛАЖЕНСТ-ВОМ, ПРИХОДУ ЦАРСТВА ТВОЕГО; ВЕСЬ НАРОД, ОСВЯЩАЮЩИЙ СЕДЬМОЙ ДЕНЬ, НАСЫТИТСЯ И НАСЛАДИТСЯ ЩЕДРОТАМИ ТВОИМИ; И БЫЛ ИЗБРАН ВОЛЕЙ ТВОЕЙ СЕДЬМОЙ ДЕНЬ, И ТЫ ОСВЯТИЛ ЕГО И НАЗВАЛ ЕГО ЖЕЛАННЫМ ИЗ ДНЕЙ – В ПАМЯТЬ О СОТВОРЕНИИ МИРА.

אלהינו БОГ НАШ И БОГ ОТЦОВ НАШИХ! ДА БУДЕТ УГОДЕН ТЕБЕ СУББОТНИЙ ПО-КОЙ НАШ; ОСВЯТИ НАС ЗАПОВЕДЯМИ СВОИМИ И ДАЙ НАМ УДЕЛ В ТОРЕ ТВОЕЙ; НАСЫТЬ НАС ЩЕДРОТАМИ СВОИМИ И ВОЗВЕСЕЛИ ДУШИ НАШИ СПАСЕНИЕМ, ДА-РОВАННЫМ ТОБОЙ; И ОЧИСТИ НАШЕ СЕРДЦЕ, ЧТОБЫ МЫ СЛУЖИЛИ ТЕБЕ ИСКРЕН-НЕ. И ДАРУЙ НАМ В УДЕЛ, ГОСПОДЬ, БОГ НАШ, ПО ЛЮБВИ И БЛАГОСКЛОННОСТИ [К НАМ], СВЯТУЮ СУББОТУ СВОЮ; И ОБРЕТЕТ В НЕЙ ПОКОЙ ВЕСЬ НАРОД ИЗРАИ-ЛЯ, ОСВЯЩАЮЩИЙ ИМЯ ТВОЕ. БЛАГОСЛОВЕН ТЫ, ГОСПОДЬ, ОСВЯЩАЮЩИЙ СУБ-БОТУ!

רצה ОТНЕСИСЬ БЛАГОСКЛОННО, ГОСПОДЬ, БОГ НАШ, К НАРОДУ СВОЕМУ, ИЗ-РАИЛЮ, И МОЛИТВУ ЕГО ПРИМИ, И ВОССТАНОВИ СЛУЖБУ В СВЯТАЯ СВЯТЫХ ХРАМА ТВОЕГО; И ЖЕРТВЫ, ПРИНОСИМЫЕ ИЗРАИЛЕМ, И МОЛИТВУ ЕГО ПРИ-МИ С ЛЮБОВЬЮ, БЛАГОСКЛОННО; И ПУСТЬ БУДЕТ ВСЕГДА ЖЕЛАННО ТЕБЕ СЛУЖЕНИЕ ИЗРАИЛЯ, НАРОДА ТВОЕГО.

В рош-ходеш и в холь-ãмоэд говорят здесь יעלה ויבא *("ДА ПОДНИМЕТСЯ, И ПРИ-ДЕТ...").* *

ותחזינה И ДА УВИДИМ МЫ СВОИМИ ГЛАЗАМИ, КАК ВЕРНЕШЬСЯ ТЫ, ПО МИ-ЛОСЕРДИЮ СВОЕМУ, В СИОН. БЛАГОСЛОВЕН ТЫ, ГОСПОДЬ, ВОЗВРАЩАЮЩИЙ СВОЮ ШХИНУ В СИОН!

מודים БЛАГОДАРИМ МЫ ТЕБЯ ЗА ТО, ЧТО ТЫ, ГОСПОДЬ, – БОГ НАШ И БОГ ОТЦОВ НАШИХ ВО ВЕКИ ВЕКОВ. ТЫ – ОПЛОТ ЖИЗНИ НАШЕЙ, ЗАЩИТ-НИК, СПАСАЮЩИЙ НАС ИЗ ПОКОЛЕНИЯ В ПОКОЛЕНИЕ. БУДЕМ БЛАГОДАРИТЬ

---

* *В рош-ходеш и в холь-ãмоэд говорят:*

אלהינו БОГ НАШ И БОГ ОТЦОВ НАШИХ! ДА ПОДНИМЕТСЯ, И ПРИДЕТ [К ТЕБЕ], И ДОСТИГНЕТ [ТВОЕГО СЛУХА], И БУДЕТ ЗАМЕЧЕНА, И БЛАГОСКЛОННО ПРИНЯТА, И УСЛЫШАНА [ТОБОЮ МОЛИТВА НАША], И ДА БУДУТ ВОЗОБНОВЛЕНЫ И ВОССТА-НОВЛЕНЫ [ТОБОЮ] ПАМЯТЬ О НАС И ВНИМАНИЕ К НАМ; И ПАМЯТЬ ОБ ОТЦАХ НАШИХ, И ПАМЯТЬ О МАШИАХЕ, ПОТОМКЕ ДАВИДА, РАБА ТВОЕГО, И ПАМЯТЬ О ИЕРУСАЛИМЕ, СВЯТОМ ГОРОДЕ ТВОЕМ, И ПАМЯТЬ ОБО ВСЕМ ТВОЕМ НАРОДЕ, ДОМЕ ИЗРАИЛЯ, – ДЛЯ СПАСЕНИЯ [НАШЕГО] ВО БЛАГО [НАМ], ДЛЯ ЛЮБВИ И МИЛОСТИ, И ДЛЯ МИЛОСЕРДИЯ [К НАМ], И ДЛЯ БЛАГОПОЛУЧНОЙ ЖИЗНИ [НАШЕЙ] И МИРА [ДЛЯ НАС] – В ЭТОТ ДЕНЬ...

в рош-ходеш:	*в холь-ãмоэд Песах:*	*в холь-ãмоэд Сукот:*
...РОШ ХОДЕШ.	...ПРАЗДНИКА МАЦОТ.	...ПРАЗДНИКА СУКОТ.

ВСПОМНИ НАС ГОСПОДЬ, БОГ НАШ, К ДОБРУ В ЭТОТ ДЕНЬ; И ОТНЕСИСЬ К НАМ В ЭТОТ ДЕНЬ СО ВНИМАНИЕМ, БЛАГОСЛОВЛЯЯ НАС; И СПАСИ НАС В ЭТОТ ДЕНЬ ДЛЯ БЛАГОПОЛУЧНОЙ ЖИЗНИ; И ПО ОБЕЩАНИЮ [СВОЕМУ] СПАСИ И ПОМИЛО-ВАТЬ [НАС], ПОЖАЛЕЙ [НАС] И СМИЛУЙСЯ [НАД НАМИ], И БУДЬ СНИСХОДИ-ТЕЛЕН К НАМ, И СПАСИ НАС – ВЕДЬ НА ТЕБЯ УСТРЕМЛЕНЫ НАШИ ВЗОРЫ, ПОТОМУ ЧТО ТЫ, БОГ, – ВЛАДЫКА МИЛОСЕРДНЫЙ И МИЛУЮЩИЙ.

---

1. Брейшит, 2:1—3.

לְךָ וּנְסַפֵּר תְּהִלָּתֶךָ, עַל חַיֵּינוּ הַמְּסוּרִים בְּיָדֶךָ, וְעַל נִשְׁמוֹתֵינוּ
הַפְּקוּדוֹת לָךְ, וְעַל נִסֶּיךָ שֶׁבְּכָל יוֹם עִמָּנוּ, וְעַל נִפְלְאוֹתֶיךָ וְטוֹבוֹתֶיךָ
שֶׁבְּכָל עֵת, עֶרֶב וָבֹקֶר וְצָהֳרָיִם, הַטּוֹב, כִּי לֹא כָלוּ רַחֲמֶיךָ,
וְהַמְרַחֵם, כִּי לֹא תַמּוּ חֲסָדֶיךָ, כִּי מֵעוֹלָם קִוִּינוּ לָךְ:

בשבת חנוכה אומרים כאן ועל הנסים א).

וְעַל כֻּלָּם יִתְבָּרֵךְ וְיִתְרוֹמַם וְיִתְנַשֵּׂא שִׁמְךָ מַלְכֵּנוּ תָּמִיד לְעוֹלָם וָעֶד:
בש״ת וּכְתוֹב לְחַיִּים טוֹבִים כָּל בְּנֵי בְרִיתֶךָ.

וְכֹל הַחַיִּים יוֹדוּךָ סֶּלָה וִיהַלְלוּ שִׁמְךָ הַגָּדוֹל לְעוֹלָם כִּי טוֹב הָאֵל
יְשׁוּעָתֵנוּ וְעֶזְרָתֵנוּ סֶלָה, הָאֵל הַטּוֹב. בָּרוּךְ אַתָּה יְיָ, הַטּוֹב
שִׁמְךָ וּלְךָ נָאֶה לְהוֹדוֹת:

שִׂים שָׁלוֹם, טוֹבָה וּבְרָכָה, חַיִּים חֵן וָחֶסֶד וְרַחֲמִים, עָלֵינוּ וְעַל כָּל
יִשְׂרָאֵל עַמֶּךָ. בָּרְכֵנוּ אָבִינוּ כֻּלָּנוּ כְּאֶחָד, בְּאוֹר פָּנֶיךָ, כִּי בְאוֹר
פָּנֶיךָ, נָתַתָּ לָּנוּ יְיָ אֱלֹהֵינוּ תּוֹרַת חַיִּים, וְאַהֲבַת חֶסֶד, וּצְדָקָה
וּבְרָכָה וְרַחֲמִים וְחַיִּים וְשָׁלוֹם. וְטוֹב בְּעֵינֶיךָ לְבָרֵךְ אֶת עַמְּךָ יִשְׂרָאֵל
בְּכָל עֵת וּבְכָל שָׁעָה בִּשְׁלוֹמֶךָ. וּבְסֵפֶר בָּרוּךְ אַתָּה יְיָ, הַמְבָרֵךְ אֶת
עַמּוֹ יִשְׂרָאֵל בַּשָּׁלוֹם:

בש״ת וּבְסֵפֶר חַיִּים בְּרָכָה וְשָׁלוֹם וּפַרְנָסָה טוֹבָה יְשׁוּעָה וְנֶחָמָה וּגְזֵרוֹת
טוֹבוֹת נִזָּכֵר וְנִכָּתֵב לְפָנֶיךָ, אֲנַחְנוּ וְכָל עַמְּךָ בֵּית יִשְׂרָאֵל,
לְחַיִּים טוֹבִים וּלְשָׁלוֹם. בָּרוּךְ אַתָּה יְיָ, הַמְבָרֵךְ אֶת עַמּוֹ יִשְׂרָאֵל בַּשָּׁלוֹם:

א) בשבת חנוכה אומרים זה

וְעַל הַנִּסִּים וְעַל הַפֻּרְקָן וְעַל הַגְּבוּרוֹת וְעַל הַתְּשׁוּעוֹת וְעַל הַנִּפְלָאוֹת
שֶׁעָשִׂיתָ לַאֲבוֹתֵינוּ בַּיָּמִים הָהֵם בַּזְּמַן הַזֶּה:

בִּימֵי מַתִּתְיָהוּ בֶּן יוֹחָנָן כֹּהֵן גָּדוֹל חַשְׁמוֹנָאִי וּבָנָיו כְּשֶׁעָמְדָה מַלְכוּת יָוָן
הָרְשָׁעָה עַל עַמְּךָ יִשְׂרָאֵל לְהַשְׁכִּיחָם תּוֹרָתֶךָ, וּלְהַעֲבִירָם מֵחֻקֵּי רְצוֹנֶךָ,
וְאַתָּה בְּרַחֲמֶיךָ הָרַבִּים עָמַדְתָּ לָהֶם בְּעֵת צָרָתָם, רַבְתָּ אֶת רִיבָם, דַּנְתָּ
אֶת דִּינָם, נָקַמְתָּ אֶת נִקְמָתָם, מָסַרְתָּ גִבּוֹרִים בְּיַד חַלָּשִׁים, וְרַבִּים בְּיַד
מְעַטִּים, וּטְמֵאִים בְּיַד טְהוֹרִים, וּרְשָׁעִים בְּיַד צַדִּיקִים, וְזֵדִים בְּיַד עוֹסְקֵי
תוֹרָתֶךָ. וּלְךָ עָשִׂיתָ שֵׁם גָּדוֹל וְקָדוֹשׁ בְּעוֹלָמֶךָ, וּלְעַמְּךָ יִשְׂרָאֵל עָשִׂיתָ
תְּשׁוּעָה גְדוֹלָה וּפֻרְקָן כְּהַיּוֹם הַזֶּה, וְאַחַר כֵּן בָּאוּ בָנֶיךָ לִדְבִיר בֵּיתֶךָ, וּפִנּוּ אֶת
הֵיכָלֶךָ, וְטִהֲרוּ אֶת מִקְדָּשֶׁךָ, וְהִדְלִיקוּ נֵרוֹת בְּחַצְרוֹת קָדְשֶׁךָ, וְקָבְעוּ שְׁמוֹנַת
יְמֵי חֲנֻכָּה אֵלּוּ, לְהוֹדוֹת וּלְהַלֵּל לְשִׁמְךָ הַגָּדוֹל: וכל כולם

ТЕБЯ И ПРОВОЗГЛАШАТЬ ТЕБЕ ХВАЛУ ВЕЧЕРОМ, УТРОМ И ДНЕМ ЗА ЖИЗНЬ НАШУ, ВВЕРЕННУЮ ТЕБЕ, ЗА ДУШИ НАШИ, ХРАНИМЫЕ ТОБОЙ, И ЗА ЧУДЕСА ТВОИ, КОТОРЫЕ ТЫ ПОСТОЯННО [СОВЕРШАЕШЬ] С НАМИ, И ЗА ТВОИ ЗНАМЕНИЯ И БЛАГОДЕЯНИЯ, КОТОРЫЕ ТЫ [ТВОРИШЬ] ВСЕГДА, – О, ДОБРЫЙ! – ПОТОМУ ЧТО МИЛОСТИ ТВОИ НЕСКОНЧАЕМЫ, – О, МИЛОСЕРДНЫЙ! – ПОТОМУ ЧТО БЛАГОДЕЯНИЯ ТВОИ НЕИСТОЩИМЫ; ВЕДЬ МЫ ОТ ВЕКА НАДЕЕМСЯ НА ТЕБЯ!

В Хануку говорят здесь ועל הנסים *(”И ЗА ЗНАМЕНИЯ...”).* *

ועל И ЗА ВСЕ ЭТО ДА БУДЕТ БЛАГОСЛОВЛЕНО, И ДА ВОЗВЕЛИЧИТСЯ И ПРЕВОЗНЕСЕТСЯ ИМЯ ТВОЕ, ВЛАДЫКА НАШ, ВСЕГДА, ВО ВЕКИ ВЕКОВ!

В ”десять дней раскаяния” говорят:

וכתוב И ЗАПИШИ [В КНИГУ] БЛАГОПОЛУЧНОЙ ЖИЗНИ ВСЕХ, С КЕМ ТЫ ЗАКЛЮЧИЛ СОЮЗ.

וכל И ВСЕ ЖИВОЕ БУДЕТ ВЕЧНО БЛАГОДАРИТЬ ТЕБЯ И ВОСХВАЛЯТЬ ТВОЕ ВЕЛИКОЕ ИМЯ ВОВЕК, ИБО ТЫ ДОБР. ТЫ, БОГ, – НАШЕ СПАСЕНИЕ И НАША ОПОРА ВОВЕКИ, [ТЫ –] ДОБРЫЙ БОГ! БЛАГОСЛОВЕН ТЫ, ГОСПОДЬ; ДОБРЫЙ – ИМЯ ТЕБЕ, И ТЕБЯ ПОДОБАЕТ БЛАГОДАРИТЬ.

שים ДАРУЙ МИР, ДОБРО И БЛАГОСЛОВЕНИЕ, ЖИЗНЬ, МИЛОСТЬ, И ЛЮБОВЬ, И МИЛОСЕРДИЕ НАМ И ВСЕМУ ТВОЕМУ НАРОДУ, ИЗРАИЛЮ. БЛАГОСЛОВИ НАС, ВСЕХ ВМЕСТЕ, В БЛАГОСКЛОННОСТИ СВОЕЙ, ОТЕЦ НАШ, ИБО В БЛАГОСКЛОННОСТИ СВОЕЙ ТЫ ДАРОВАЛ НАМ, ГОСПОДЬ, БОГ НАШ, ЗАКОН ЖИЗНИ И БЕСКОРЫСТНОЙ ЛЮБВИ, И МИЛОСТЬ, И БЛАГОСЛОВЕНИЕ, И МИЛОСЕРДИЕ, И ЖИЗНЬ, И МИР. И ДА БУДЕТ УГОДНО ТЕБЕ БЛАГОСЛОВЛЯТЬ НАРОД СВОЙ, ИЗРАИЛЬ, ВО ВСЕ ВРЕМЕНА И В КАЖДОЕ МГНОВЕНИЕ, ДАРУЯ ЕМУ МИР.

В ”десять дней раскаяния” говорят:

ובספר И В КНИГЕ ЖИЗНИ, БЛАГОСЛОВЕНИЯ, И МИРА, И ПРОЦВЕТАНИЯ, СПАСЕНИЯ, И УТЕШЕНИЯ, И ДОБРЫХ ПРЕДНАЧЕРТАНИЙ – ДА БУДЕМ УПОМЯНУТЫ И ЗАПИСАНЫ ПРЕД ТОБОЮ МЫ И ВЕСЬ НАРОД ТВОЙ, ДОМ ИЗРАИЛЯ, НА ДОБРУЮ ЖИЗНЬ И НА МИР.

ברוך БЛАГОСЛОВЕН ТЫ, ГОСПОДЬ, БЛАГОСЛОВЛЯЮЩИЙ МИРОМ НАРОД СВОЙ, ИЗРАИЛЬ!

---

*В Хануку говорят:

ועל И ЗА ЗНАМЕНИЯ, И ЗА ИЗБАВЛЕНИЕ, И ЗА МОГУЩЕСТВО [ТВОЕ], И ЗА СПАСЕНИЕ, И ЗА ЧУДЕСА, КОТОРЫЕ ТЫ ЯВИЛ ОТЦАМ НАШИМ В ТЕ ВРЕМЕНА, В ЭТИ ЖЕ ДНИ [ГОДА] ...

בימי ...В ДНИ МАТИТЬЯГУ, СЫНА ЙОХАНАНА ХАШМОНАЯ, ПЕРВОСВЯЩЕННИКА, И ЕГО СЫНОВЕЙ, КОГДА ВЫСТУПИЛО ЗЛОДЕЙСКОЕ ЦАРСТВО ЯВАН ПРОТИВ НАРОДА ТВОЕГО, СЫНОВ ИЗРАИЛЯ, ЧТОБЫ ЗАСТАВИТЬ ИХ ЗАБЫТЬ ТВОЮ ТОРУ И НАРУШИТЬ ЗАКОНЫ, УСТАНОВЛЕННЫЕ ВОЛЕЙ ТВОЕЙ; НО ТЫ, ПО ВЕЛИКОЙ МИЛОСТИ СВОЕЙ, СТОЯЛ ЗА НИХ, [СЫНОВ ИЗРАИЛЯ], КОГДА ОНИ БЫЛИ В БЕДЕ, ЗАСТУПАЛСЯ ЗА НИХ, БЫЛ СУДЬЕЙ В ИХ СПОРЕ [С ВРАГАМИ], МСТИЛ ЗА НИХ; ОТДАЛ СИЛЬНЫХ В РУКИ СЛАБЫХ, И МНОГОЧИСЛЕННЫХ В РУКИ НЕМНОГИХ, И НЕЧИСТЫХ В РУКИ ЧИСТЫХ, И ЗЛОДЕЕВ В РУКИ ПРАВЕДНИКОВ, И ЗЛОУМЫШЛЕННИКОВ В РУКИ ТЕХ, КТО ИЗУЧАЕТ ТОРУ ТВОЮ. И ПРОСЛАВИЛ ТЫ ИМЯ СВОЕ, ВЕЛИКОЕ И СВЯТОЕ, В МИРЕ ТВОЕМ, И НАРОДУ СВОЕМУ, ИЗРАИЛЮ, ДАРОВАЛ ВЕЛИКОЕ СПАСЕНИЕ И ИЗБАВЛЕНИЕ В ЭТОТ САМЫЙ ДЕНЬ. И ТОГДА ПРИШЛИ СЫНОВЬЯ ТВОИ В СВЯТАЯ СВЯТЫХ ХРАМА ТВОЕГО, И УБРАЛИ [ИДОЛОВ] ИЗ ТВОЕГО ДВОРЦА, И ОЧИСТИЛИ СВЯТИЛИЩЕ ТВОЕ. И ЗАЖГЛИ СВЕТИЛЬНИКИ ВО ДВОРАХ СВЯТИЛИЩА ТВОЕГО. И УСТАНОВИЛИ ЭТИ ВОСЕМЬ ДНЕЙ ХАНУКИ, ЧТОБЫ ВОЗНОСИТЬ БЛАГОДАРНОСТЬ И ХВАЛУ ТВОЕМУ ВЕЛИКОМУ ИМЕНИ.

Продолжают ועל כולם *(”И ЗА ВСЕ...”).*

יִהְיוּ לְרָצוֹן אִמְרֵי פִי וְהֶגְיוֹן לִבִּי לְפָנֶיךָ · יְיָ צוּרִי וְגוֹאֲלִי:

אֱלֹהַי · נְצוֹר לְשׁוֹנִי מֵרָע · וּשְׂפָתַי מִדַּבֵּר מִרְמָה · וְלִמְקַלְלַי · נַפְשִׁי תִדּוֹם ·
וְנַפְשִׁי כֶּעָפָר לַכֹּל תִּהְיֶה · פְּתַח לִבִּי בְּתוֹרָתֶךָ · וּבְמִצְוֹתֶיךָ תִּרְדּוֹף
נַפְשִׁי · וְכָל הַחוֹשְׁבִים עָלַי רָעָה · מְהֵרָה הָפֵר עֲצָתָם וְקַלְקֵל מַחֲשַׁבְתָּם ·
יִהְיוּ כְּמוֹץ לִפְנֵי רוּחַ וּמַלְאַךְ יְיָ דּוֹחֶה · לְמַעַן יֵחָלְצוּן יְדִידֶיךָ · הוֹשִׁיעָה יְמִינְךָ
וַעֲנֵנִי · עֲשֵׂה לְמַעַן שְׁמֶךָ · עֲשֵׂה לְמַעַן יְמִינֶךָ · עֲשֵׂה לְמַעַן תּוֹרָתֶךָ · עֲשֵׂה
לְמַעַן קְדֻשָּׁתֶךָ · יִהְיוּ לְרָצוֹן אִמְרֵי פִי · וְהֶגְיוֹן לִבִּי לְפָנֶיךָ · יְיָ צוּרִי וְגוֹאֲלִי ·
עֹשֶׂה שָׁלוֹם (בעשי"ת הַשָּׁלוֹם) בִּמְרוֹמָיו · הוּא יַעֲשֶׂה שָׁלוֹם עָלֵינוּ · וְעַל כָּל
יִשְׂרָאֵל · וְאִמְרוּ אָמֵן :

יְהִי רָצוֹן מִלְּפָנֶיךָ יְיָ אֱלֹהֵינוּ וֵאלֹהֵי אֲבוֹתֵינוּ · שֶׁיִּבָּנֶה בֵּית הַמִּקְדָּשׁ בִּמְהֵרָה בְיָמֵינוּ · וְתֵן
חֶלְקֵנוּ בְּתוֹרָתֶךָ ·

(שו"ע) (א) אחר תפלת לחש נוהגין בערבית לחזור ולומר ויכולו כו' ונוהגין לאמרו כולם ביחד בקול רם
מעומד כו' ואם שבת לאמרו בבית הכנסת טוב שיאמר אותו שבקידוש מעומד : (ב) יום טוב שחל
להיות בשבת אינו מזכיר יום טוב בברכה מעין ז': (ג) מקום שמתפללין בו בעשרה באקראי בעלמא כגון
אותן שעושים לפרקים מנין בבית וכן בבית חתנים ואבלים שעושים מנין בביתם אין לומר שם ברכת מעין
ז' כו' ואם קובעים מקום להתפלל בו בי' איזה זמן כגון בירידין שרגילים לקבוע בקע על כמה שבועות יש
מי שהורה לאמרה שם : (ד) יחיד בתחיל מגן אבות . ובשבת שחל בו יום א' של פסח אין אומרים ברכת
מעין שבע

וַיְכֻלּוּ הַשָּׁמַיִם וְהָאָרֶץ וְכָל צְבָאָם : וַיְכַל אֱלֹהִים בַּיּוֹם
הַשְּׁבִיעִי מְלַאכְתּוֹ אֲשֶׁר עָשָׂה · וַיִּשְׁבֹּת בַּיּוֹם
הַשְּׁבִיעִי מִכָּל מְלַאכְתּוֹ אֲשֶׁר עָשָׂה : וַיְבָרֶךְ אֱלֹהִים
אֶת יוֹם הַשְּׁבִיעִי וַיְקַדֵּשׁ אֹתוֹ · כִּי בוֹ שָׁבַת מִכָּל מְלַאכְתּוֹ
אֲשֶׁר בָּרָא אֱלֹהִים לַעֲשׂוֹת :

ואומר הש"ץ ברכה מעין ז' ואה"א נליונ ה' של פסח

בָּרוּךְ אַתָּה יְיָ אֱלֹהֵינוּ וֵאלֹהֵי אֲבוֹתֵינוּ
אֱלֹהֵי אַבְרָהָם אֱלֹהֵי יִצְחָק וֵאלֹהֵי
יַעֲקֹב · הָאֵל הַגָּדוֹל הַגִּבּוֹר וְהַנּוֹרָא אֵל עֶלְיוֹן
קוֹנֵה שָׁמַיִם וָאָרֶץ :

מָגֵן אָבוֹת בִּדְבָרוֹ מְחַיֵּה מֵתִים בְּמַאֲמָרוֹ הָאֵל
(בעשי"ת הַמֶּלֶךְ) הַקָּדוֹשׁ שֶׁאֵין כָּמוֹהוּ הַמֵּנִיחַ לְעַמּוֹ

יהי ДА БУДУТ УГОДНЫ ТЕБЕ СЛОВА МОИХ УСТ И ПОМЫСЛЫ СЕРДЦА МОЕГО, О, ГОСПОДЬ, – МОЙ ОПЛОТ И ИЗБАВИТЕЛЬ![1]

אלהי БОГ МОЙ! УБЕРЕГИ МОЙ ЯЗЫК ОТ ЗЛОСЛОВИЯ И УСТА МОИ ОТ ЛЖИВЫХ РЕЧЕЙ; И ПЕРЕД ТЕМИ, КТО ПРОКЛИНАЕТ МЕНЯ, ПУСТЬ ДУША МОЯ ХРАНИТ МОЛЧАНИЕ. И ПУСТЬ ДУША МОЯ ПОВЕРГАЕТСЯ В ПРАХ ПРЕД КАЖДЫМ. РАСКРОЙ МОЕ СЕРДЦЕ ДЛЯ ТОРЫ ТВОЕЙ, И ДА УСТРЕМИТСЯ МОЯ ДУША К ИСПОЛНЕНИЮ ТВОИХ ЗАПОВЕДЕЙ; И ПОСКОРЕЕ РАЗРУШЬ КОЗНИ И РАССТРОЙ ЗАМЫСЛЫ ВСЕХ ЗАДУМАВШИХ ПРОТИВ МЕНЯ НЕДОБРОЕ. ДА БУДУТ ОНИ МЯКИНОЙ НА ВЕТРУ, ГОНИМЫЕ АНГЕЛОМ ГОСПОДА.[2] ПУСТЬ СПАСЕНЫ БУДУТ ТЕ, КОГО ЛЮБИШЬ ТЫ; СПАСИ [МЕНЯ] ДЕСНИЦЕЙ СВОЕЙ И ОТВЕТЬ МНЕ.[3] СОВЕРШИ ЭТО РАДИ ИМЕНИ СВОЕГО, СОВЕРШИ РАДИ [ПРОСЛАВЛЕНИЯ] ДЕСНИЦЫ СВОЕЙ, СОВЕРШИ РАДИ ТОРЫ ТВОЕЙ, СОВЕРШИ РАДИ СВЯТОСТИ СВОЕЙ; ДА БУДУТ УГОДНЫ ТЕБЕ СЛОВА МОИХ УСТ И ПОМЫСЛЫ СЕРДЦА МОЕГО, О, ГОСПОДЬ, – МОЙ ОПЛОТ И ИЗБАВИТЕЛЬ![1] УСТАНАВЛИВАЮЩИЙ МИР (в "десять дней раскаяния" вместо "ШАЛОМ" – "МИР" говорят: "ГАШАЛОМ") В СВОИХ ВЫСОТАХ, ОН ПОШЛЕТ МИР НАМ И ВСЕМУ ИЗРАИЛЮ, И СКАЖЕМ: АМЕН!

יהי ДА БУДЕТ УГОДНО ТЕБЕ, ГОСПОДЬ, БОГ НАШ И БОГ ОТЦОВ НАШИХ, ЧТОБЫ БЫЛ ПОСТРОЕН ХРАМ, – ВСКОРЕ, В НАШИ ДНИ, – И ДАЙ НАМ УДЕЛ В ТОРЕ ТВОЕЙ![4]

Шулхан арух Гарав:

После завершения молитвы "Амида", произносимой шепотом, принято всем вместе громко провозглашать: ויכלו ("И ЗАВЕРШЕНЫ БЫЛИ..."). Отрывок этот читают стоя даже в том случае, если человек молится не в "миньяне".

ויכלו И ЗАВЕРШЕНЫ БЫЛИ НЕБО И ЗЕМЛЯ СО ВСЕМ ВОИНСТВОМ ИХ. И ЗАКОНЧИЛ БОГ НА СЕДЬМОЙ ДЕНЬ ТРУД СВОЙ, КОТОРЫМ ЗАНИМАЛСЯ, И В СЕДЬМОЙ ДЕНЬ НЕ СОВЕРШАЛ ОН НИКАКОЙ ИЗ ТЕХ РАБОТ, КОТОРЫМИ БЫЛ ЗАНЯТ, И БЛАГОСЛОВИЛ БОГ ДЕНЬ СЕДЬМОЙ, И ОСВЯТИЛ ЕГО, ИБО В ЭТОТ [ДЕНЬ] НЕ СОВЕРШАЛ ОН НИКАКОЙ ИЗ РАБОТ СВОИХ, КОТОРЫМИ ЗАНИМАЛСЯ [ПРЕЖДЕ] И КОТОРЫЕ [НАМЕРЕВАЛСЯ] СОВЕРШИТЬ [ПОСЛЕ ТОГО].[5]

Шулхан арух Гарав:

1. В субботу, совпавшую с йом-товом, следующее благословение произносят как и в обычную субботу, без изменений — за исключением первой ночи праздника Песах, когда это благословение не произносят вообще.
2. В тех местах, где "миньян" не собирается регулярно (например, на свадьбе или в доме того, кто находится в трауре по умершему родственнику), нижеследующее благословение не произносят. В том месте, где "миньян" собирается несколько суббот подряд, по мнению некоторых авторитетов, это благословение следует произносить.
3. Тот, кто молится без "миньяна", начинает со слов מגן אבות ("ЗАЩИЩАВШИЙ ПРАОТЦЕВ...") и кончает словами זכר למעשה בראשית ("...В ПАМЯТЬ О СОТВОРЕНИИ МИРА").

Хазан произносит:

ברוך БЛАГОСЛОВЕН ТЫ, ГОСПОДЬ, БОГ НАШ И БОГ ОТЦОВ НАШИХ, БОГ АВРАГАМА, БОГ ИЦХАКА И БОГ ЯАКОВА, БОГ ВЕЛИКИЙ, МОГУЧИЙ И ГРОЗНЫЙ, ВСЕВЫШНИЙ БОГ, СОТВОРИВШИЙ НЕБО И ЗЕМЛЮ!

Община вместе с хазаном:

מגן ЗАЩИЩАВШИЙ ПРАОТЦЕВ СЛОВОМ СВОИМ, ВОЗВРАЩАЮЩИЙ МЕРТВЫХ К ЖИЗНИ ПО СВОЕМУ ОБЕЩАНИЮ, — БОГ (в "десять дней раскаяния" вместо последнего слова говорят: ВЛАДЫКА) СВЯТОЙ, И НЕТ НИКОГО, ПОДОБНОГО ЕМУ; ОН ПОСЫЛАЕТ ПОКОЙ НАРОДУ СВОЕМУ

---

1. Тегилим, 19:15. 2. Тегилим, 35:5. 3. Тегилим, 60:7, 108:7. 4. Авот, 5:20. 5. Брейшит, 2:1–3.

בְּיוֹם שַׁבַּת קָדְשׁוֹ, כִּי בָם רָצָה לְהָנִיחַ לָהֶם, לְפָנָיו נַעֲבוֹד בְּיִרְאָה וָפַחַד וְנוֹדֶה לִשְׁמוֹ בְּכָל יוֹם תָּמִיד, מֵעֵין הַבְּרָכוֹת, אֵל הַהוֹדָאוֹת אֲדוֹן הַשָּׁלוֹם, מְקַדֵּשׁ הַשַּׁבָּת וּמְבָרֵךְ שְׁבִיעִי, וּמֵנִיחַ בִּקְדֻשָּׁה, לְעַם מְדֻשְּׁנֵי עֹנֶג, זֵכֶר לְמַעֲשֵׂה בְרֵאשִׁית:

אֱלֹהֵינוּ וֵאלֹהֵי אֲבוֹתֵינוּ, רְצֵה נָא בִמְנוּחָתֵנוּ, קַדְּשֵׁנוּ בְּמִצְוֹתֶיךָ וְתֵן חֶלְקֵנוּ בְּתוֹרָתֶךָ, שַׂבְּעֵנוּ מִטּוּבֶךָ וְשַׂמַּח נַפְשֵׁנוּ בִּישׁוּעָתֶךָ, וְטַהֵר לִבֵּנוּ לְעָבְדְּךָ בֶּאֱמֶת, וְהַנְחִילֵנוּ יְיָ אֱלֹהֵינוּ בְּאַהֲבָה וּבְרָצוֹן שַׁבַּת קָדְשֶׁךָ, וְיָנוּחוּ בָהּ כָּל יִשְׂרָאֵל מְקַדְּשֵׁי שְׁמֶךָ. בָּרוּךְ אַתָּה יְיָ, מְקַדֵּשׁ הַשַּׁבָּת:

קדיש שלם:

תהלים כג

מִזְמוֹר לְדָוִד, יְיָ רֹעִי לֹא אֶחְסָר: בִּנְאוֹת דֶּשֶׁא יַרְבִּיצֵנִי. עַל מֵי מְנֻחוֹת יְנַהֲלֵנִי: נַפְשִׁי יְשׁוֹבֵב יַנְחֵנִי בְמַעְגְּלֵי צֶדֶק לְמַעַן שְׁמוֹ: גַּם כִּי אֵלֵךְ בְּגֵיא צַלְמָוֶת לֹא אִירָא רָע. כִּי אַתָּה עִמָּדִי. שִׁבְטְךָ וּמִשְׁעַנְתֶּךָ הֵמָּה יְנַחֲמֻנִי: תַּעֲרֹךְ לְפָנַי שֻׁלְחָן נֶגֶד צֹרְרָי, דִּשַּׁנְתָּ בַשֶּׁמֶן רֹאשִׁי כּוֹסִי רְוָיָה: אַךְ טוֹב וָחֶסֶד יִרְדְּפוּנִי כָּל יְמֵי חַיָּי, וְשַׁבְתִּי בְּבֵית יְיָ לְאֹרֶךְ יָמִים: ח״ק

חזן בָּרְכוּ אֶת יְיָ הַמְבֹרָךְ:

קהל וחזן בָּרוּךְ יְיָ הַמְבֹרָךְ* לְעוֹלָם וָעֶד • ואין עונין אמן:

(ספירת העומר תמצא לקמן ע׳ 246)

עָלֵינוּ לְשַׁבֵּחַ לַאֲדוֹן הַכֹּל לָתֵת גְּדֻלָּה לְיוֹצֵר בְּרֵאשִׁית שֶׁלֹּא עָשָׂנוּ כְּגוֹיֵי הָאֲרָצוֹת וְלֹא שָׂמָנוּ כְּמִשְׁפְּחוֹת הָאֲדָמָה שֶׁלֹּא שָׂם חֶלְקֵנוּ כָּהֶם וְגוֹרָלֵנוּ כְּכָל־הֲמוֹנָם שֶׁהֵם מִשְׁתַּחֲוִים לְהֶבֶל וָרִיק: וַאֲנַחְנוּ כּוֹרְעִים וּמִשְׁתַּחֲוִים וּמוֹדִים לִפְנֵי מֶלֶךְ מַלְכֵי הַמְּלָכִים הַקָּדוֹשׁ בָּרוּךְ הוּא: שֶׁהוּא נוֹטֶה שָׁמַיִם וְיוֹסֵד אָרֶץ וּמוֹשַׁב יְקָרוֹ בַּשָּׁמַיִם מִמַּעַל וּשְׁכִינַת עֻזּוֹ בְּגָבְהֵי מְרוֹמִים: הוּא אֱלֹהֵינוּ אֵין עוֹד אֱמֶת מַלְכֵּנוּ

В СВОЙ СВЯТОЙ ДЕНЬ СУББОТНИЙ, ИБО БЫЛИ ОНИ УГОДНЫ ВСЕВЫШНЕ-
МУ, И ОН ДАРОВАЛ ИМ ПОКОЙ. ЕМУ БУДЕМ СЛУЖИТЬ МЫ В РОБОСТИ И
ТРЕПЕТЕ И БУДЕМ КАЖДЫЙ ДЕНЬ, КАЖДОЕ МГНОВЕНИЕ ВОЗНОСИТЬ
БЛАГОДАРНОСТЬ ИМЕНИ ЕГО — СООТВЕТСТВЕННО БЛАГОДЕЯНИЯМ,
[КОТОРЫЕ ОН ОКАЗЫВАЕТ НАМ]. ВОСХВАЛЯЕМЫЙ БОГ, ВЛАДЫКА,
[НИСПОСЫЛАЮЩИЙ] МИР, ОСВЯЩАЮЩИЙ СУББОТУ И БЛАГОСЛОВЛЯЮ-
ЩИЙ СЕДЬМОЙ ДЕНЬ, ДАРУЕТ НАРОДУ, НАСЫТИВШЕМУСЯ БЛАЖЕНСТ-
ВОМ, СВЯЩЕННЫЙ ПОКОЙ В ПАМЯТЬ О СОТВОРЕНИИ МИРА.

Хазан произносит:

אלהינו БОГ НАШ И БОГ ОТЦОВ НАШИХ! ДА БУДЕТ УГОДЕН ТЕБЕ СУБ-
БОТНИЙ ПОКОЙ НАШ; ОСВЯТИ НАС ЗАПОВЕДЯМИ СВОИМИ И ДАЙ НАМ
УДЕЛ В ТОРЕ ТВОЕЙ; НАСЫТЬ НАС ЩЕДРОТАМИ СВОИМИ И ВОЗВЕСЕЛИ
ДУШИ НАШИ СПАСЕНИЕМ, ДАРОВАННЫМ ТОБОЙ; И ОЧИСТИ НАШЕ СЕРД-
ЦЕ, ЧТОБЫ МЫ СЛУЖИЛИ ТЕБЕ ИСКРЕННЕ. И ДАРУЙ НАМ В УДЕЛ, ГОС-
ПОДЬ, БОГ НАШ, ПО ЛЮБВИ И БЛАГОСКЛОННОСТИ [К НАМ], СВЯТУЮ
СУББОТУ СВОЮ; И ОБРЕТЕТ В НЕЙ ПОКОЙ ВЕСЬ НАРОД ИЗРАИЛЯ, ОС-
ВЯЩАЮЩИЙ СУББОТУ!

Хазан произносит ”Кадиш шалем”, стр. 74–75.

מזמור ПСАЛОМ ДАВИДА. ГОСПОДЬ – ПАСТЫРЬ МОЙ; НИ В ЧЕМ НЕ БУДЕТ У МЕ-
НЯ НЕДОСТАТКА. НА РОСКОШНЫХ ЛУГАХ ДАСТ МНЕ ОТДОХНУТЬ, БУДЕТ ПРИВО-
ДИТЬ МЕНЯ К СПОКОЙНЫМ ВОДАМ. ДУШУ МОЮ УСПОКОИТ ОН; ПОВЕДЕТ МЕНЯ
ПРЯМЫМИ ПУТЯМИ РАДИ ИМЕНИ СВОЕГО. ДАЖЕ ЕСЛИ БУДУ Я ПРОХОДИТЬ УЩЕЛЬ-
ЕМ В МОГИЛЬНОЙ ТЬМЕ, – НЕ УСТРАШУСЬ ЗЛА, ИБО ТЫ СО МНОЮ; НАСТАВЛЕНИЕ
ТВОЕ И ПОДДЕРЖКА ТВОЯ УТЕШАТ МЕНЯ. НАКРОЕШЬ ТЫ ПРЕДО МНОЮ СТОЛ НА
ВИДУ У ВРАГОВ МОИХ, УМАСТИШЬ МОЮ ГОЛОВУ ЕЛЕЕМ; ПОЛНОЙ БУДЕТ ЧАША
МОЯ. ПУСТЬ ЛИШЬ ДОБРО И ЛЮБОВЬ СОПРОВОЖДАЮТ МЕНЯ ВО ВСЕ ДНИ ЖИЗНИ
МОЕЙ, И БУДУ НАХОДИТЬСЯ Я В ХРАМЕ ГОСПОДА ДОЛГИЕ ГОДЫ.[1]

Хазан произносит ”Хаци-кадиш”, стр. 42.

Хазан произносит:

ברכו БЛАГОСЛОВИТЕ ГОСПОДА БЛАГОСЛОВЕННОГО!

Община вместе с хазаном:

ברוך БЛАГОСЛОВЕН ГОСПОДЬ БЛАГОСЛОВЕННЫЙ ВО ВЕКИ ВЕКОВ!

(После этого благословения ”амен” не говорят.)

Между праздниками Песах и Шавуот произносят здесь ”сфират-гаомер”, стр. 341.

עלינו НАШ ДОЛГ – ВОСХВАЛЯТЬ ВЛАДЫКУ ВСЕГО МИРА, ПРОВОЗГЛАШАТЬ ВЕЛИ-
ЧИЕ СОЗДАТЕЛЯ ВСЕЛЕННОЙ, КОТОРЫЙ НЕ СДЕЛАЛ НАС ПОДОБНЫМИ ДРУГИМ НА-
РОДАМ МИРА, И НЕ ДАЛ НАМ БЫТЬ ПОХОЖИМИ НА ВСЕ ПЛЕМЕНА ЗЕМНЫЕ, И НЕ ДАЛ
НАМ ТОТ ЖЕ УДЕЛ, ЧТО И ИМ, И ТУ ЖЕ СУДЬБУ, ЧТО И ВСЕМ ИХ ПОЛЧИЩАМ, – ИБО
ОНИ ПОКЛОНЯЮТСЯ ПУСТОТЕ И ТЩЕТЕ. МЫ ЖЕ ПРЕКЛОНЯЕМ КОЛЕНА, И ПАДАЕМ
НИЦ, И ВОЗНОСИМ БЛАГОДАРНОСТЬ ВЛАДЫКЕ, ЦАРЮ ЦАРЕЙ, СВЯТОМУ [ТВОР-
ЦУ], БЛАГОСЛОВЕН ОН, КОТОРЫЙ ПРОСТЕР НЕБЕСА И УТВЕРДИЛ ЗЕМЛЮ [НА МЕС-
ТЕ], – И ПРЕСТОЛ СЛАВЫ ЕГО – НЕБЕСНЫЕ ВЫСИ, И ОБИТЕЛЬ МОГУЩЕСТВА ЕГО –
ВЫСОТЫ ВЫСОТ. ОН, И НИКТО ИНОЙ, – БОГ НАШ. ВОИСТИНУ, ОН – ВЛАДЫКА НАШ,

---

1. Теѓилим, 23.

ערבית לשבת 144

אֶפֶס זוּלָתוֹ כַּכָּתוּב בְּתוֹרָתוֹ וְיָדַעְתָּ הַיּוֹם וַהֲשֵׁבֹתָ אֶל־לְבָבֶךָ כִּי יְהֹוָה

הוּא הָאֱלֹהִים בַּשָּׁמַיִם מִמַּעַל וְעַל־הָאָרֶץ מִתָּחַת אֵין עוֹד :

וְעַל־כֵּן נְקַוֶּה לְךָ יְהֹוָה אֱלֹהֵינוּ לִרְאוֹת מְהֵרָה בְּתִפְאֶרֶת
עֻזֶּךָ לְהַעֲבִיר גִּלּוּלִים מִן הָאָרֶץ וְהָאֱלִילִים כָּרוֹת
יִכָּרֵתוּן לְתַקֵּן עוֹלָם בְּמַלְכוּת שַׁדַּי וְכָל־בְּנֵי בָשָׂר
יִקְרְאוּ בִשְׁמֶךָ לְהַפְנוֹת אֵלֶיךָ כָּל־רִשְׁעֵי אָרֶץ ׳ יַכִּירוּ
וְיֵדְעוּ כָּל־יוֹשְׁבֵי תֵבֵל כִּי לְךָ תִּכְרַע כָּל־בֶּרֶךְ תִּשָּׁבַע
כָּל־לָשׁוֹן ׳ לְפָנֶיךָ יְהֹוָה אֱלֹהֵינוּ יִכְרְעוּ וְיִפֹּלוּ וְלִכְבוֹד
שִׁמְךָ יְקָר יִתֵּנוּ ׳ וִיקַבְּלוּ כֻלָּם עֲלֵיהֶם אֶת־עֹל מַלְכוּתֶךָ ׳
וְתִמְלוֹךְ עֲלֵיהֶם מְהֵרָה לְעוֹלָם וָעֶד ׳ כִּי הַמַּלְכוּת שֶׁלְּךָ
הִיא וּלְעוֹלְמֵי עַד תִּמְלוֹךְ בְּכָבוֹד כַּכָּתוּב בְּתוֹרָתֶךָ
יְהֹוָה יִמְלֹךְ לְעֹלָם וָעֶד : וְנֶאֱמַר וְהָיָה יְהֹוָה לְמֶלֶךְ עַל־
כָּל־הָאָרֶץ בַּיּוֹם הַהוּא יִהְיֶה יְהֹוָה אֶחָד וּשְׁמוֹ אֶחָד : ק"י

אַל־תִּירָא מִפַּחַד פִּתְאוֹם וּמִשֹּׁאַת רְשָׁעִים כִּי תָבוֹא : עֻצוּ עֵצָה וְתֻפָר דַּבְּרוּ
דָבָר וְלֹא יָקוּם כִּי עִמָּנוּ אֵל : וְעַד־זִקְנָה אֲנִי הוּא וְעַד־שֵׂיבָה אֲנִי אֶסְבֹּל
אֲנִי עָשִׂיתִי וַאֲנִי אֶשָּׂא וַאֲנִי אֶסְבֹּל וַאֲמַלֵּט : אַךְ צַדִּיקִים יוֹדוּ לִשְׁמֶךָ
יֵשְׁבוּ יְשָׁרִים אֶת פָּנֶיךָ

כְּשֶׁבָּא מִבֵּית הַכְּנֶסֶת לְבֵיתוֹ יֹאמַר זֶה :

שָׁלוֹם עֲלֵיכֶם מַלְאֲכֵי הַשָּׁרֵת
מַלְאֲכֵי עֶלְיוֹן מִמֶּלֶךְ מַלְכֵי
הַמְּלָכִים הַקָּדוֹשׁ בָּרוּךְ הוּא : ג"פ
בּוֹאֲכֶם לְשָׁלוֹם מַלְאֲכֵי הַשָּׁלוֹם
מַלְאֲכֵי עֶלְיוֹן מִמֶּלֶךְ מַלְכֵי
הַמְּלָכִים הַקָּדוֹשׁ בָּרוּךְ הוּא : ג"פ
בָּרְכוּנִי לְשָׁלוֹם מַלְאֲכֵי הַשָּׁלוֹם

מלאכי

И НИЧТО НЕ МОЖЕТ СУЩЕСТВОВАТЬ БЕЗ НЕГО, КАК НАПИСАНО В ТОРЕ ЕГО: ”И УЗНАЕШЬ ТЫ В ТОТ ДЕНЬ, И ПРИМЕШЬ СЕРДЦЕМ СВОИМ, ЧТО ГОСПОДЬ – БОГ; ОТ НЕБЕСНЫХ ВЫСЕЙ И ДО ЗЕМНЫХ ГЛУБИН НИЧЕГО КРОМЕ НЕГО НЕ СУЩЕСТВУЕТ”.[1]

על И ПОЭТОМУ МЫ НАДЕЕМСЯ НА ТЕБЯ, ГОСПОДЬ, БОГ НАШ, [НАДЕЕМСЯ] УВИДЕТЬ ВСКОРЕ ВЕЛИКОЛЕПИЕ МОГУЩЕСТВА ТВОЕГО, КОТОРОЕ СМЕТЕТ ИСТУКАНОВ С ЛИЦА ЗЕМЛИ И УНИЧТОЖИТ ИДОЛОВ. И БУДЕТ УСТАНОВЛЕНА В МИРЕ ВЛАСТЬ ВСЕМОГУЩЕГО, И ВСЕ СЫНЫ ЧЕЛОВЕЧЕСКИЕ СТАНУТ ВЗЫВАТЬ К ИМЕНИ ТВОЕМУ, И ВСЕ ГРЕШНИКИ ЗЕМЛИ ВЕРНУТСЯ К ТЕБЕ. И ПРИЗНАЮТ, И ПОЙМУТ ВСЕ ЖИТЕЛИ ЗЕМЛИ, ЧТО ПРЕД ТОБОЮ ВСЕМ СЛЕДУЕТ ПРЕКЛОНЯТЬ КОЛЕНИ И [ЛИШЬ] ТВОИМ ИМЕНЕМ ДОЛЖНО КЛЯСТЬСЯ. ПРЕД ТОБОЮ, ГОСПОДЬ, БОГ НАШ, СКЛОНЯТСЯ ОНИ, И ПАДУТ НИЦ, И ВОЗДАДУТ ПОЧЕСТИ СЛАВНОМУ ИМЕНИ ТВОЕМУ; И ВСЕ ОНИ ПОДЧИНЯТСЯ ТВОЕЙ ЦАРСКОЙ ВЛАСТИ, И ВСКОРЕ ТЫ ВОЦАРИШЬСЯ НАД НИМИ НА ВЕКИ ВЕЧНЫЕ, ИБО ТЕБЕ ПРИНАДЛЕЖИТ ЦАРСКАЯ ВЛАСТЬ, И БУДЕШЬ ТЫ ЦАРСТВОВАТЬ ВО СЛАВЕ ВО ВЕКИ ВЕКОВ. КАК НАПИСАНО В ТОРЕ ТВОЕЙ: ”ГОСПОДЬ БУДЕТ ЦАРСТВОВАТЬ ВО ВЕКИ ВЕКОВ!”[2] И СКАЗАНО: ”И СТАНЕТ ГОСПОДЬ ВЛАДЫКОЙ ВСЕЙ ЗЕМЛИ; В ТОТ ДЕНЬ ГОСПОДЬ БУДЕТ [ПРИЗНАН ВСЕМИ НАРОДАМИ] ЕДИНСТВЕННЫМ [БОГОМ], И ЛИШЬ ЕГО ИМЯ [БУДЕТ У ВСЕХ НА УСТАХ]”.[3]

Далее произносится ”Кадиш ятом”, стр. 77.

אל НЕ БОЙСЯ ВНЕЗАПНО ВОЗНИКШЕЙ УГРОЗЫ, ПРИХОДА ЗЛОДЕЕВ, [НЕСУЩИХ] ГИБЕЛЬ.[4] ГОТОВЬТЕ ЗАГОВОРЫ, [ВРАГИ ИЗРАИЛЯ], – ОНИ БУДУТ СОРВАНЫ. СГОВАРИВАЙТЕСЬ МЕЖДУ СОБОЮ – НИЧЕГО У ВАС НЕ ВЫЙДЕТ, ВЕДЬ С НАМИ БОГ![5] ”ВОВЕК Я НЕ ИЗМЕНЮСЬ И ДО СКОНЧАНИЯ ВЕКОВ БУДУ ТЕРПЕЛИВ [К НАРОДУ ИЗРАИЛЯ]. Я СОТВОРИЛ [ЕГО], И БУДУ ЗАБОТИТЬСЯ [О НЕМ], И БУДУ ТЕРПЕЛИВ [К НЕМУ], И СПАСУ [ЕГО]”.[6]

אך ТОЛЬКО ПРАВЕДНИКИ УДОСТОЯТСЯ ВОЗНОСИТЬ БЛАГОДАРНОСТЬ ИМЕНИ ТВОЕМУ. НЕПОРОЧНЫЕ БУДУТ НАХОДИТЬСЯ ПРЕД ЛИЦОМ ТВОИМ.[7]

МОЛИТВЫ, ПРОИЗНОСИМЫЕ В ПЯТНИЦУ ВЕЧЕРОМ

Вернувшись домой из синагоги, произносят следующее:

שלום МИР ВАМ, АНГЕЛЫ-СЛУЖИТЕЛИ, ПОСЛАНЦЫ ВСЕВЫШНЕГО, ЦАРЯ ЦАРЕЙ, СВЯТОГО [ТВОРЦА], БЛАГОСЛОВЕН ОН!
(Эту фразу повторяют трижды.)

בואכם ПРИХОДИТЕ С МИРОМ, АНГЕЛЫ МИРА, ПОСЛАНЦЫ ВСЕВЫШНЕГО, ЦАРЯ ЦАРЕЙ, СВЯТОГО [ТВОРЦА], БЛАГОСЛОВЕН ОН! *(Эту фразу повторяют трижды.)*

ברכוני ПРИВЕТСТВУЙТЕ МЕНЯ СЛОВОМ ”МИР”, АНГЕЛЫ МИ-

---

1. Дварим, 4:39. 2. Шмот, 15:18. 3. Зхарья, 14:9. 4. Мишлей, 3:25. 5. Йешаяѓу, 8:10. 6. Йешаяѓу, 46:4. 7. Теѓилим, 140:14.

מַלְאֲכֵי עֶלְיוֹן מִמֶּלֶךְ מַלְכֵי הַמְּלָכִים הַקָּדוֹשׁ בָּרוּךְ הוּא: ג"פ

צֵאתְכֶם לְשָׁלוֹם מַלְאֲכֵי הַשָּׁלוֹם מַלְאֲכֵי עֶלְיוֹן מִמֶּלֶךְ מַלְכֵי הַמְּלָכִים הַקָּדוֹשׁ בָּרוּךְ הוּא: ג"פ

כִּי מַלְאָכָיו יְצַוֶּה לָּךְ, לִשְׁמָרְךָ בְּכָל דְּרָכֶךָ:

יְיָ יִשְׁמָר צֵאתְךָ וּבוֹאֶךָ, מֵעַתָּה וְעַד עוֹלָם:

אֵשֶׁת חַיִל מִי יִמְצָא, וְרָחֹק מִפְּנִינִים מִכְרָהּ: בָּטַח בָּהּ לֵב בַּעְלָהּ, וְשָׁלָל לֹא יֶחְסָר: גְּמָלַתְהוּ טוֹב וְלֹא רָע, כֹּל יְמֵי חַיֶּיהָ: דָּרְשָׁה צֶמֶר וּפִשְׁתִּים, וַתַּעַשׂ בְּחֵפֶץ כַּפֶּיהָ: הָיְתָה כָּאֳנִיּוֹת סוֹחֵר, מִמֶּרְחָק תָּבִיא לַחְמָהּ: וַתָּקָם בְּעוֹד לַיְלָה, וַתִּתֵּן טֶרֶף לְבֵיתָהּ, וְחֹק לְנַעֲרֹתֶיהָ: זָמְמָה שָׂדֶה וַתִּקָּחֵהוּ, מִפְּרִי כַפֶּיהָ נָטְעָה כָּרֶם: חָגְרָה בְעוֹז מָתְנֶיהָ, וַתְּאַמֵּץ זְרֹעֹתֶיהָ: טָעֲמָה כִּי טוֹב סַחְרָהּ, לֹא יִכְבֶּה בַלַּיְלָה נֵרָהּ: יָדֶיהָ שִׁלְּחָה בַכִּישׁוֹר, וְכַפֶּיהָ תָּמְכוּ פָלֶךְ: כַּפָּהּ פָּרְשָׂה לֶעָנִי, וְיָדֶיהָ שִׁלְּחָה לָאֶבְיוֹן: לֹא תִירָא לְבֵיתָהּ מִשָּׁלֶג, כִּי כָל בֵּיתָהּ לָבֻשׁ שָׁנִים: מַרְבַדִּים עָשְׂתָה לָּהּ, שֵׁשׁ וְאַרְגָּמָן לְבוּשָׁהּ: נוֹדָע בַּשְּׁעָרִים בַּעְלָהּ, בְּשִׁבְתּוֹ עִם זִקְנֵי אָרֶץ: סָדִין עָשְׂתָה וַתִּמְכֹּר, וַחֲגוֹר נָתְנָה לַכְּנַעֲנִי: עוֹז וְהָדָר לְבוּשָׁהּ, וַתִּשְׂחַק לְיוֹם אַחֲרוֹן: פִּיהָ פָּתְחָה בְחָכְמָה, וְתוֹרַת חֶסֶד עַל לְשׁוֹנָהּ: צוֹפִיָּה הֲלִיכוֹת בֵּיתָהּ, וְלֶחֶם עַצְלוּת לֹא תֹאכֵל: קָמוּ

РА, ПОСЛАНЦЫ ВСЕВЫШНЕГО, ЦАРЯ ЦАРЕЙ, СВЯТОГО [ТВОР-ЦА], БЛАГОСЛОВЕН ОН! (*Эту фразу повторяют трижды.*)

צאתכם УДАЛИТЕСЬ С МИРОМ, АНГЕЛЫ МИРА, ПОСЛАНЦЫ ВСЕВЫШНЕГО, ЦАРЯ ЦАРЕЙ, СВЯТОГО [ТВОРЦА], БЛАГОСЛО-ВЕН ОН! (*Эту фразу повторяют трижды.*)

כי ИБО АНГЕЛАМ СВОИМ ПРИКАЖЕТ ОН ОХРАНЯТЬ ТЕБЯ НА ВСЕХ ТВОИХ ПУ-ТЯХ.[1]

יי ГОСПОДЬ БУДЕТ ХРАНИТЬ ТЕБЯ, КОГДА ТЫ ОТПРАВИШЬСЯ В ПУТЬ И КОГДА СТАНЕШЬ ВОЗВРАЩАТЬСЯ, – ОТНЫНЕ И ВОВЕКИ![2]

אשת КТО НАЙДЕТ ЖЕНУ СТОЛЬ СОВЕРШЕННУЮ? ДОРОЖЕ ЖЕМЧУГА ОНА ЦЕНОЮ. УВЕРЕНО В НЕЙ СЕРДЦЕ МУЖА ЕЕ, ЗАРАБОТАННОЕ НЕ БУ-ДЕТ РАСТРАЧЕНО. ВОЗДАЕТ ОНА ЕМУ ДОБРОМ, А НЕ ЗЛОМ ВО ВСЕ ДНИ ЖИЗНИ СВОЕЙ. ДОБЫВАЕТ ОНА ШЕРСТЬ И ЛЕН И С ОХОТОЙ ЗАНИМАЕТ-СЯ РУКОДЕЛИЕМ. ОНА, ПОДОБНО КОРАБЛЯМ ТОРГОВЫМ, ИЗДАЛЕКА ПРИНОСИТ СВОЙ ХЛЕБ. ПОДНИМАЕТСЯ ОНА ЗАТЕМНО, ПОДАЕТ ЕДУ ДОМАШНИМ СВОИМ И ДАЕТ ЗАДАНИЯ СЛУЖАНКАМ. ЗАДУМАЕТ [КУ-ПИТЬ] ПОЛЕ — И ПРИОБРЕТАЕТ ЕГО, НА ЗАРАБОТАННОЕ РУКАМИ СВО-ИМИ [ПОКУПАЕТ УЧАСТОК И] САЖАЕТ [НА НЕМ] ВИНОГРАДНИК. ПРЕ-ПОЯСЫВАЕТСЯ ОНА СИЛОЙ, И РУКИ ЕЕ КРЕПКИ. НАСЛАЖДАЕТСЯ ОНА УСПЕХОМ ТОРГОВЛИ СВОЕЙ; И НОЧЬЮ НЕ ГАСНЕТ СВЕЧА, [ПРИ СВЕТЕ КОТОРОЙ ОНА РАБОТАЕТ]. РУКИ ЕЕ ЗАНЯТЫ ПРЯДЕНИЕМ, В ПАЛЬЦАХ ОНА ДЕРЖИТ ВЕРЕТЕНО. ПОДАЕТ ОНА БЕДНОМУ [МИЛОСТЫНЮ] НА ЛАДОНИ, РУКУ [С ПОДАЯНИЕМ] ПРОТЯГИВАЕТ ОНА НИЩЕМУ. НЕ БОИТ-СЯ ОНА, ЧТО ДОМОЧАДЦЫ ЕЕ [БУДУТ СТРАДАТЬ] ОТ СТУЖИ, ИБО ВСЕ ЕЕ ДОМАШНИЕ ОДЕТЫ В ОДЕЖДЫ ИЗ ЧЕРВЛЕНОЙ ШЕРСТИ. ОНА САМА ТКЕТ ПОЛОТНА, ОДЕЖДА ЕЕ — ИЗ ЛЬНА И БАГРЯНИЦЫ. ИЗВЕСТЕН МУЖ ЕЕ, ЗАСЕДАЮЩИЙ ВМЕСТЕ СО СТАРЕЙШИНАМИ ЗЕМЛИ СВОЕЙ [В СУДЕ], БЛИЗ ГОРОДСКИХ ВОРОТ. ИЗГОТОВЛЯЕТ ОНА ТКАНИ И ПРОДАЕТ ИХ, ПОЯСА ПОСТАВЛЯЕТ ТОРГОВЦУ. МОГУЩЕСТВО И ВЕЛИКОЛЕПИЕ — ОБЛАЧЕНИЕ ЕЕ, И С УЛЫБКОЙ ОЖИДАЕТ ОНА ГРЯДУЩИЙ ДЕНЬ. ОТ-КРЫВАЕТ СВОИ УСТА ОНА, [ЧТОБЫ ПРОИЗНЕСТИ] МУДРЫЕ [РЕЧИ]; ПОУЧЕНИЕ О ДОБРОТЕ У НЕЕ НА УСТАХ. ЗА ВСЕМ, ПРОИСХОДЯ-ЩИМ В ДОМЕ, НАБЛЮДАЕТ ОНА И ДАРОМ ХЛЕБА НЕ ЕСТ. ВСТАЮТ

---

1. Теѓилим, 91:11. 2. Теѓилим, 121:8.

בָּנֶיהָ וַיְאַשְּׁרוּהָ, בַּעְלָהּ וַיְהַלְלָהּ: רַבּוֹת בָּנוֹת עָשׂוּ
חָיִל, וְאַתְּ עָלִית עַל כֻּלָּנָה: שֶׁקֶר הַחֵן וְהֶבֶל הַיֹּפִי,
אִשָּׁה יִרְאַת יְיָ הִיא תִתְהַלָּל: תְּנוּ לָהּ מִפְּרִי יָדֶיהָ,
וִיהַלְלוּהָ בַשְּׁעָרִים מַעֲשֶׂיהָ:

סֵדֶר קִדּוּשׁ לְלֵיל שַׁבָּת

מִזְמוֹר לְדָוִד, יְיָ רֹעִי לֹא אֶחְסָר: בִּנְאוֹת דֶּשֶׁא יַרְבִּיצֵנִי, עַל מֵי מְנוּחוֹת
יְנַהֲלֵנִי: נַפְשִׁי יְשׁוֹבֵב, יַנְחֵנִי בְמַעְגְּלֵי צֶדֶק לְמַעַן שְׁמוֹ: גַּם כִּי אֵלֵךְ
בְּגֵיא צַלְמָוֶת לֹא אִירָא רָע, כִּי אַתָּה עִמָּדִי, שִׁבְטְךָ וּמִשְׁעַנְתֶּךָ הֵמָּה יְנַחֲמֻנִי:
תַּעֲרֹךְ לְפָנַי שֻׁלְחָן נֶגֶד צֹרְרָי, דִּשַּׁנְתָּ בַשֶּׁמֶן רֹאשִׁי, כּוֹסִי רְוָיָה: אַךְ טוֹב
וָחֶסֶד יִרְדְּפוּנִי כָּל יְמֵי חַיָּי, וְשַׁבְתִּי בְּבֵית יְיָ לְאֹרֶךְ יָמִים:

דָּא הִיא סְעוּדָתָא דַּחֲקַל תַּפּוּחִין קַדִּישִׁין:

אַתְקִינוּ סְעוּדָתָא דִמְהֵימְנוּתָא שְׁלֵמָתָא חֶדְוָתָא דְמַלְכָּא קַדִּישָׁא אַתְקִינוּ
סְעוּדָתָא דְמַלְכָּא דָּא הִיא סְעוּדָתָא דַּחֲקַל תַּפּוּחִין קַדִּישִׁין, וּזְעֵר
אַנְפִּין וְעַתִּיקָא קַדִּישָׁא אַתְיָן לְסַעֲדָא בַּהֲדַהּ:

יוֹם הַשִּׁשִּׁי: וַיְכֻלּוּ הַשָּׁמַיִם וְהָאָרֶץ וְכָל־
צְבָאָם: וַיְכַל אֱלֹהִים בַּיּוֹם הַשְּׁבִיעִי,
מְלַאכְתּוֹ אֲשֶׁר עָשָׂה, וַיִּשְׁבֹּת בַּיּוֹם הַשְּׁבִיעִי
מִכָּל־מְלַאכְתּוֹ אֲשֶׁר עָשָׂה: וַיְבָרֶךְ אֱלֹהִים
אֶת־יוֹם הַשְּׁבִיעִי, וַיְקַדֵּשׁ אֹתוֹ, כִּי בוֹ שָׁבַת
מִכָּל־מְלַאכְתּוֹ, אֲשֶׁר בָּרָא אֱלֹהִים לַעֲשׂוֹת:

עַל הַיַּיִן סַבְרִי מָרָנָן

עַל הַפַּת

בָּרוּךְ אַתָּה יְיָ אֱלֹהֵינוּ מֶלֶךְ | בָּרוּךְ אַתָּה יְיָ אֱלֹהֵינוּ מֶלֶךְ הָעוֹלָם,
הָעוֹלָם, בּוֹרֵא פְּרִי הַגָּפֶן: | הַמּוֹצִיא לֶחֶם מִן הָאָרֶץ:

בָּרוּךְ אַתָּה יְיָ אֱלֹהֵינוּ מֶלֶךְ הָעוֹלָם, אֲשֶׁר
קִדְּשָׁנוּ בְּמִצְוֹתָיו וְרָצָה בָנוּ, וְשַׁבַּת

קדשו

*) מנהגנו — גם בקידוש על הפת אומרים סברי מרנן.

ЕЕ СЫНОВЬЯ, ЧТОБЫ ПРЕВОЗНЕСТИ ЕЕ, И МУЖ — ЧТОБЫ ВОСХВАЛИТЬ: "МНОГИЕ ЖЕНЩИНЫ ДОСТИГАЛИ УСПЕХА, НО ТЫ ПРЕВЗОШЛА ИХ ВСЕХ!" ОБМАНЧИВА ПРЕЛЕСТЬ И ТЩЕТНА КРАСОТА — ЛИШЬ ЖЕНЩИНА, БОЯЩАЯСЯ ГОСПОДА, ДОСТОЙНА ПОХВАЛ. ВОСХВАЛИТЕ ЕЕ ЗА ДЕЛА ЕЕ РУК, И ПУСТЬ ПРОСЛАВИТСЯ ОНА ДЕЯНИЯМИ СВОИМИ ВО ВСЕМ ГОРОДЕ.[1]

"КИДУШ", СОВЕРШАЕМЫЙ В ПЯТНИЦУ ВЕЧЕРОМ
(См. транслитерацию на стр. 400.)

מזמור ПСАЛОМ ДАВИДА. ГОСПОДЬ – ПАСТЫРЬ МОЙ; НИ В ЧЕМ НЕ БУДЕТ У МЕНЯ НЕДОСТАТКА. НА РОСКОШНЫХ ЛУГАХ ДАСТ МНЕ ОТДОХНУТЬ, БУДЕТ ПРИВОДИТЬ МЕНЯ К СПОКОЙНЫМ ВОДАМ. ДУШУ МОЮ УСПОКОИТ ОН; ПОВЕДЕТ МЕНЯ ПРЯМЫМИ ПУТЯМИ РАДИ ИМЕНИ СВОЕГО. ДАЖЕ ЕСЛИ БУДУ Я ПРОХОДИТЬ УЩЕЛЬЕМ В МОГИЛЬНОЙ ТЬМЕ, – НЕ УСТРАШУСЬ ЗЛА, ИБО ТЫ СО МНОЮ; НАСТАВЛЕНИЕ ТВОЕ И ПОДДЕРЖКА ТВОЯ УТЕШАТ МЕНЯ. НАКРОЕШЬ ТЫ ПРЕДО МНОЮ СТОЛ НА ВИДУ У ВРАГОВ МОИХ, УМАСТИШЬ МОЮ ГОЛОВУ ЕЛЕЕМ; ПОЛНОЙ БУДЕТ ЧАША МОЯ. ПУСТЬ ЛИШЬ ДОБРО И ЛЮБОВЬ СОПРОВОЖДАЮТ МЕНЯ ВО ВСЕ ДНИ ЖИЗНИ МОЕЙ, И БУДУ НАХОДИТЬСЯ Я В ХРАМЕ ГОСПОДА ДОЛГИЕ ГОДЫ.[2]

דא ЭТА ТРАПЕЗА — В ЧЕСТЬ "СВЯЩЕННОГО ЯБЛОНЕВОГО САДА".*

אתקינו ПРИГОТОВЬТЕСЬ К ТРАПЕЗЕ В ЧЕСТЬ ИСТИННОЙ ВЕРЫ, ЧТОБЫ ДОСТАВИТЬ РАДОСТЬ СВЯТОМУ ВЛАДЫКЕ; ПРИГОТОВЬТЕ ТРАПЕЗУ В ЧЕСТЬ ВЛАДЫКИ! НА ТРАПЕЗЕ ЭТОЙ ОТКРОЮТСЯ НАМ СФИРА ["МАЛХУТ"], ИМЕНУЕМАЯ "СВЯЩЕННЫМ ЯБЛОНЕВЫМ САДОМ", СФИРОТ ["ХЕСЕД", "ГВУРА", "ТИФЕРЕТ", "НЕЦАХ", "ГОД", "ЙЕСОД"], НАЗЫВАЕМЫЕ "МАЛЫМ ЛИКОМ", И СФИРА ["КЕТЕР"], ИМЕНУЕМАЯ "ВНЕВРЕМЕННОЙ СВЯТОСТЬЮ" – ВСЕ ВМЕСТЕ.[3]

Берут бокал в правую руку, после этого берут его левой рукой и ставят на ладонь правой. "Кидуш" говорят стоя. Говоря "И ЗАВЕРШЕНЫ БЫЛИ...", смотрят на пламя свечей. Во время благословения над вином и следующего за ним благословения смотрят на бокал.

יום ДЕНЬ ШЕСТОЙ. И ЗАВЕРШЕНЫ БЫЛИ НЕБО И ЗЕМЛЯ СО ВСЕМ ВОИНСТВОМ ИХ. И ЗАКОНЧИЛ БОГ НА СЕДЬМОЙ ДЕНЬ ТРУД СВОЙ, КОТОРЫМ ЗАНИМАЛСЯ, И В СЕДЬМОЙ ДЕНЬ НЕ СОВЕРШАЛ ОН НИКАКОЙ ИЗ ТЕХ РАБОТ, КОТОРЫМИ БЫЛ ЗАНЯТ, И БЛАГОСЛОВИЛ БОГ ДЕНЬ СЕДЬМОЙ, И ОСВЯТИЛ ЕГО, ИБО В ЭТОТ [ДЕНЬ] НЕ СОВЕРШАЛ ОН НИКАКОЙ ИЗ РАБОТ СВОИХ, КОТОРЫМИ ЗАНИМАЛСЯ [ПРЕЖДЕ] И КОТОРЫЕ [НАМЕРЕВАЛСЯ] СОВЕРШИТЬ [ПОСЛЕ ТОГО].[4]

Над вином:	*Над хлебом:*
סברי ВНЕМЛИТЕ, ГОСПОДА МОИ!	סברי ВНЕМЛИТЕ, ГОСПОДА МОИ!
ברוך БЛАГОСЛОВЕН ТЫ, ГОСПОДЬ, БОГ НАШ, ВЛАДЫКА ВСЕЛЕННОЙ, СОТВОРИВШИЙ ПЛОД ВИНОГРАДНОЙ ЛОЗЫ!	ברוך БЛАГОСЛОВЕН ТЫ, ГОСПОДЬ, БОГ НАШ, ВЛАДЫКА ВСЕЛЕННОЙ ВЫРАСТИВШИЙ ХЛЕБ ИЗ ЗЕМЛИ!

ברוך БЛАГОСЛОВЕН ТЫ, ГОСПОДЬ, БОГ НАШ, ВЛАДЫКА ВСЕЛЕННОЙ, ОСВЯТИВШИЙ НАС СВОИМИ ЗАПОВЕДЯМИ, И БЛАГОВОЛИВШИЙ К НАМ, И ДАВШИЙ НАМ В НАСЛЕДИЕ,

---

1. Мишлей, 31:10—31. 2. Тегилим, 23. 3. см. Зогар II, 88 а,б. 4. Брейшит, 1:31, 2:1—3.
* Одно из иносказательных наименований Шхины, присутствия Всевышнего на земле. Это название берет начало от слов "ПОСТЕЛИТЕ МНЕ СРЕДИ ЯБЛОНЬ" в Песни Песней и напоминает о райском саде, где Всевышний впервые открылся человеку.

קַדֵּשׁ בְּאַהֲבָה וּבְרָצוֹן הִנְחַלְתָּנוּ, זִכָּרוֹן לְמַעֲשֵׂה
בְרֵאשִׁית, תְּחִלָּה לְמִקְרָאֵי קֹדֶשׁ, זֵכֶר לִיצִיאַת
מִצְרָיִם. כִּי בָנוּ בָחַרְתָּ, וְאוֹתָנוּ קִדַּשְׁתָּ מִכָּל
הָעַמִּים. וְשַׁבַּת קָדְשְׁךָ בְּאַהֲבָה וּבְרָצוֹן הִנְחַלְתָּנוּ.
בָּרוּךְ אַתָּה יְיָ מְקַדֵּשׁ הַשַּׁבָּת:

א נֵמֵר בִּשְׁבָחִין, לְמֵיעַל גּוֹ פִּתְחִין,
דְּבַחֲקַל תַּפּוּחִין, דְּאִנּוּן קַדִּישִׁין:

נ זַמִּין לָהּ הַשְׁתָּא, בְּפָתוֹרָא חֲדַתָּא,
וּבִמְנָרָתָא טַבְתָּא, דְּנָהֲרָא עַל רֵישִׁין:

י מִינָא וּשְׂמָאלָא, וּבֵינַיְהוּ כַלָּה,
בְּקִשּׁוּטִין אָזְלָא, וּמָאנִין וּלְבוּשִׁין:

י חַבֵּק לָהּ בַּעְלָהּ, וּבִיסוֹדָא דִּילָהּ,
דְּעָבֵד נַיְחָא לָהּ, יְהֵא כַּתִּישׁ כַּתִּישִׁין:

צ וְאִין אַף עַקְתִין, בְּטֵלִין וּשְׁבִיתִין,
בְּרַם אַנְפִּין חַדְתִּין, וְרוּחִין עִם נַפְשִׁין:

ח חֶדוּ סַגִּי יֵיתֵי, וְעַל הֲדָא תַּרְתֵּי,
נְהוֹרָא לָהּ יִמְטֵי, וּבִרְכָאן דִּנְפִישִׁין:

ק רִיבוּ שׁוֹשְׁבִינִין, עֲבִידוּ תִקּוּנִין,
לְאַפָּשָׁא זִינִין, וְנוּנִין עִם רַחֲשִׁין:

ל מֶעְבַּד נִשְׁמָתִין, וְרוּחִין חֲדַתִּין,
בְּתַרְתֵּין וּבִתְלָתִין, וּבִתְלָתָא שֻׁבְשִׁין:

נ עֲטוּרִין שַׁבְעִין לָהּ, וּמַלְכָּא דִּלְעֵלָּא,
דְּיִתְעַטַּר כֹּלָּא, בְּקַדִּישׁ קַדִּישִׁין:

ר שִׁימִין וּסְתִימִין, בְּגוֹ כָּל עָלְמִין,

בְּרַם עַתִּיק יוֹמִין, הֲלָא בַּטִּישׁ בְּטִישִׁין:

י הֵא רַעֲוָא קַמֵּהּ, דְּתִשְׁרֵיהּ עַל
עַמֵּהּ, דְּיִתְעַנַּג לִשְׁמֵהּ, בְּמִתְקָן
וְדוּבְשִׁין:

א סַדֵּר קְדְרוּמָא, מְנַרְתָּא דִּסְתִימָא,
וְשֻׁלְחָן עִם נַהֲמָא, בְּצִפּוֹנָא אַרְשִׁין:

ב חַמְרָא גּוֹ כַסָּא, וּמַדָּאנֵי אָסָא,
לְאָרוּס וַאֲרוּסָה, לְהִתְקָפָה חַלָּשִׁין:

נ עֲבֵיד לְהוֹן כִּתְרִין, בְּמִלִּין יַקִּירִין,
בְּשַׁבְעִין עִטּוּרִין, דְּעַל גַּבֵּי חַמְשִׁין:

ש כִּינָתָּא תִתְעַטַּר, בְּשִׁית נַהֲמֵי
לִסְטַר, בְּנִין דְּיִתְקַטַּר (ס"א בוין
התקטר, בשית נהמי לסטר) וְזִינִין
דִּכְנִישִׁין:

ש בִּיתִין וּשְׁבִיקִין, מְסָאֲבִין דִּרְחִיקִין,
חֲבִילִין דִּמְעִיקִין, וְכָל זִינֵי חֲבוּשִׁין:

ל מִכְצַע עַל רִפְתָּא, כְּזֵיתָא
וּכְבֵיעֲתָא, תְּרֵין יוּדִין נָקְטָא,
סְתִימִין וּפְרִישִׁין:

מ שַׁח זֵיתָא דַכְיָא, דְּטַחֲנִין רֵיחַיָּא,
וְנַגְדִּין נַחֲלַיָּא, בְּגַוַּהּ בִּלְחִישִׁין:

ה לָא גִימָא רָזִין, וּמִלִּין דְּגָנִיזִין,
דְּלֵיתֵיהוֹן מִתְחַזְיָן, טְמִירִין וּכְבִישִׁין:

א תִתְעַטַּר כַּלָּה, בְּרָזִין דִּלְעֵלָּא,
בְּגוֹ הַאי הִלּוּלָא, דְּעִירִין קַדִּישִׁין:

ПО ЛЮБВИ И БЛАГОСКЛОННОСТИ, СВЯТУЮ СУББОТУ СВОЮ В ПАМЯТЬ О СОТВОРЕНИИ МИРА, ПЕРВЫЙ ИЗ СВЯТЫХ ПРАЗДНИКОВ, НАПОМИНАЮЩИЙ О ВЫХОДЕ ИЗ ЕГИПТА, ИБО НАС ИЗБРАЛ ТЫ И НАС ОСВЯТИЛ СРЕДИ ВСЕХ НАРОДОВ, И СВЯТУЮ СУББОТУ СВОЮ ПО ЛЮБВИ И БЛАГОСКЛОННОСТИ ДАЛ НАМ В НАСЛЕДИЕ. БЛАГОСЛОВЕН ТЫ, ГОСПОДЬ, ОСВЯЩАЮЩИЙ СУББОТУ!

После этого благословения садятся и отпивают из бокала чуть больше половины "ревиит", т.е. не менее 43 миллилитров ("ревиит" – 86 миллилитров).

ГИМН В ЧЕСТЬ СУББОТЫ

Существует обычай петь этот гимн во время субботней трапезы.

אוֹמַר ДА ИСТРЕБЯТ ЗЛУЮ СИЛУ ХВАЛЕБНЫЕ ПЕСНИ МОИ, ЧТОБЫ СМОГ Я ВОЙТИ ВО ВРАТА СВЯЩЕННОГО ЯБЛОНЕВОГО САДА!

ЗА ПРАЗДНИЧНЫЙ СТОЛ, К ВЕЛИКОЛЕПНОМУ СВЕТИЛЬНИКУ, ЛЬЮЩЕМУ НА НАШИ ГОЛОВЫ СВЕТ, ПРИГЛАШУ Я ШХИНУ.

ПРИШЛА НЕВЕСТА – СУББОТА, СПРАВА И СЛЕВА ОТ НЕЕ – ОСТАЛЬНЫЕ ДНИ НЕДЕЛИ; УКРАШЕНА НА НЕЙ И ДРАГОЦЕННЫЕ КАМНИ; В ПРАЗДНИЧНЫЕ ОДЕЖДЫ ОБЛАЧЕНА ОНА.

ОБНИМЕТ ЕЕ МУЖ, И СЛИЯНИЕ С НИМ ПРИНЕСЕТ ЕЙ БЛАЖЕНСТВО, И СИЛЫ ЗЛА БУДУТ ОКОНЧАТЕЛЬНО ИСТРЕБЛЕНЫ.

ПЛАЧ И СТЕНАНИЯ ПРЕКРАТИЛИСЬ; НОВЫМ СВЕТОМ СИЯЮТ ЛИЦА СЫНОВ ИЗРАИЛЯ, ОБНОВИЛИСЬ ДУША ИХ И ДУХ.

СУББОТА ПРИНОСИТ ВЕЛИКУЮ РАДОСТЬ, ДВОЙНУЮ РАДОСТЬ НАШЕЙ ДУШЕ, КОТОРУЮ ОСЕНЯЮТ НЕБЕСНЫЙ СВЕТ И ЩЕДРЫЕ БЛАГОСЛОВЕНИЯ.

ПРИБЛИЗЬТЕСЬ, ДРУЖКИ, И УКРАСЬТЕ НЕВЕСТУ; НАГОТОВЬТЕ РАЗНЫХ ЯСТВ ИЗ РЫБЫ И ПТИЦЫ.

И ВОЗНИКНЕТ НОВАЯ ДУША И НОВЫЙ ДУХ, И ОНИ ПОСТИГНУТ ТРИДЦАТЬ ДВА ПУТИ МУДРОСТИ И ТРИ ВЕТВИ.*

СЕМЬЮДЕСЯТЬЮ КОРОНАМИ УВЕНЧАНА НЕВЕСТА, И НА ВЛАДЫКЕ, ПРЕБЫВАЮЩЕМ В ВЫСЯХ, – ВЕНЕЦ ВЫСШЕЙ СВЯТОСТИ.

ОТПЕЧАТОК СУББОТЫ – В ГЛУБИНАХ ВСЕХ МИРОВ, ВОЗНИКШИХ ИЗ СТОЛКНУВШИХСЯ ДРУГ С ДРУГОМ СТИХИЙ ПО ВОЛЕ ПРЕДВЕЧНОГО.

ДА БУДЕТ УГОДНО ВСЕВЫШНЕМУ ОСЕНИТЬ СВОИМ ПРИСУТСТВИЕМ НАРОД СВОЙ, ВКУШАЮЩИЙ МЕДОВУЮ СЛАДОСТЬ СУББОТНИХ ЯСТВ ВО СЛАВУ ЕГО!

ПОСТАВЛЮ Я СВЕТИЛЬНИК, СИМВОЛ ТАЙНОЙ МУДРОСТИ С ЮЖНОЙ СТОРОНЫ, А САМ СТОЛ С ХЛЕБАМИ, ЛЕЖАЩИМИ НА НЕМ, – С СЕВЕРНОЙ СТОРОНЫ.

С БОКАЛОМ ВИНА В ОДНОЙ РУКЕ И ВЕТВЯМИ МИРТА В ДРУГОЙ БУДУ СЛАВИТЬ Я ЖЕНИХА И НЕВЕСТУ, ЧТОБЫ УКРЕПИТЬ ТЕМ САМЫМ ДУШИ ОБЕССИЛЕВШИХ СЫНОВ ИЗРАИЛЯ.

МЫ УВЕНЧАЕМ ИХ КОРОНАМИ ИЗ ХВАЛЕБНЫХ ПЕСЕН – СЕМЬЮДЕСЯТЬЮ КОРОНАМИ, КОТОРЫЕ ВОЗВЫШАЮТСЯ НАД ВСЕМИ ПЯТЬЮДЕСЯТЬЮ УРОВНЯМИ ПОСТИЖЕНИЯ.

БУДЕТ ПРЕБЫВАТЬ НАД НАШИМ СТОЛОМ ШХИНА, ОКРУЖЕННАЯ ХЛЕБАМИ, – ПО ШЕСТЬ С КАЖДОЙ СТОРОНЫ, – ПОДОБНЫМИ ДВЕНАДЦАТИ ХЛЕБАМ, НАХОДИВШИМСЯ В ХРАМЕ И НАМЕКАВШИМ НА ТАЙНЫ ВЫСШИХ МИРОВ.

ПЕРЕСТАЛИ ДЕЙСТВОВАТЬ И ОСТАВИЛИ НАС В ПОКОЕ В ЭТОТ ДЕНЬ СИЛЫ ЗЛА, КОТОРЫЕ МОГУТ СУЩЕСТВОВАТЬ ЛИШЬ ВДАЛИ ОТ СВЯТОСТИ, – ВСЕ ДЕМОНЫ РАЗРУШЕНИЯ, ПРИЧИНЯЮЩИЕ ЛЮДЯМ ВРЕД. ДАЖЕ ВСЕ УЗНИКИ ЧИСТИЛИЩА ОБРЕТАЮТ ПОКОЙ В ЭТОТ ДЕНЬ.

ОТЛАМЫВАЙТЕ ОТ ХЛЕБА КУСКИ ВЕЛИЧИНОЙ С МАСЛИНУ ИЛИ С ЯЙЦО; ЭТИ РАЗМЕРЫ СВЯЗАНЫ С ЧИСЛЕННЫМ ЗНАЧЕНИЕМ БУКВЫ "ЙОД" В КРАТКОМ И ПОЛНОМ ЕЕ НАПИСАНИИ.

ПОДОБНО МАСЛИНАМ, СКРЫВАЮЩИМ В СЕБЕ ЧИСТОЕ МАСЛО И ОТДАЮЩИМ ЕГО, КОГДА ПЕРЕМАЛЫВАЮТ ИХ ЖЕРНОВАМИ, – ХЛЕБ СОДЕРЖИТ В СЕБЕ БОЖЕСТВЕННЫЕ ТАЙНЫ.

ДАВАЙТЕ ЖЕ РАССКАЖЕМ О ТАЙНАХ ТОРЫ, О ТОМ, ЧТО СКРЫТО, НЕДОСТУПНО ВЗОРУ, СПРЯТАНО И ЗАПЕЧАТАНО.

И БУДЕТ УВЕНЧАНА НЕВЕСТА, КОРОНОЙ ИЗ ВЫСШИХ ТАЙН НА ЭТОМ ПРАЗДНЕСТВЕ В ПРИСУТСТВИИ СВЯТЫХ АНГЕЛОВ!

---

* Тора, Пророки, Писания.

וִיהֵא רַעֲוָא מִן־קֳדָם עַתִּיקָא עֲתִיקִין דְּכָל־עַתִּיקִין , וּטְמִירָא דְּכָל־טְמִירִין סְתִימָא דְּכֹלָּא דְּיִתְמַשֵּׁךְ טַלָּא עִלָּאָה מִנֵּיהּ לְמַלְיָא רֵישָׁא דִּזְעֵיר אַנְפִּין וּלְהַטִּיל לַחֲקַל תַּפּוּחִין קַדִּישִׁין בִּנְהִירוּ דְּאַנְפִּין בְּרַעֲוָא וּבְחֶדְוָתָא דְכֹלָּא

שחרית לשבת ויום טוב

מתחילין להתפלל מן ברכת השחר עד אחר איזהו מקומן ואח"כ אומרים זה :

הוֹדוּ לַיָי קִרְאוּ בִשְׁמוֹ , הוֹדִיעוּ בָעַמִּים עֲלִילוֹתָיו : שִׁירוּ לוֹ זַמְּרוּ לוֹ , שִׂיחוּ בְּכָל נִפְלְאוֹתָיו : הִתְהַלְלוּ בְּשֵׁם קָדְשׁוֹ , יִשְׂמַח לֵב מְבַקְשֵׁי יְיָ : דִּרְשׁוּ יְיָ וְעֻזּוֹ , בַּקְּשׁוּ פָנָיו תָּמִיד : זִכְרוּ נִפְלְאוֹתָיו אֲשֶׁר עָשָׂה , מֹפְתָיו וּמִשְׁפְּטֵי פִיהוּ : זֶרַע יִשְׂרָאֵל עַבְדּוֹ , בְּנֵי יַעֲקֹב בְּחִירָיו : הוּא יְיָ אֱלֹהֵינוּ , בְּכָל הָאָרֶץ מִשְׁפָּטָיו : זִכְרוּ לְעוֹלָם בְּרִיתוֹ , דָּבָר צִוָּה לְאֶלֶף דּוֹר : אֲשֶׁר כָּרַת אֶת אַבְרָהָם , וּשְׁבוּעָתוֹ לְיִצְחָק : וַיַּעֲמִידֶהָ לְיַעֲקֹב לְחֹק , לְיִשְׂרָאֵל בְּרִית עוֹלָם : לֵאמֹר לְךָ אֶתֵּן אֶרֶץ כְּנָעַן , חֶבֶל נַחֲלַתְכֶם : בִּהְיוֹתְכֶם מְתֵי מִסְפָּר , כִּמְעַט וְגָרִים בָּהּ : וַיִּתְהַלְּכוּ מִגּוֹי אֶל גּוֹי , וּמִמַּמְלָכָה אֶל עַם אַחֵר : לֹא הִנִּיחַ לְאִישׁ לְעָשְׁקָם , וַיּוֹכַח עֲלֵיהֶם מְלָכִים : אַל תִּגְּעוּ בִּמְשִׁיחָי , וּבִנְבִיאַי אַל תָּרֵעוּ : שִׁירוּ לַיָי כָּל הָאָרֶץ , בַּשְּׂרוּ מִיּוֹם אֶל יוֹם יְשׁוּעָתוֹ : סַפְּרוּ בַגּוֹיִם אֶת כְּבוֹדוֹ , בְּכָל הָעַמִּים נִפְלְאוֹתָיו : כִּי גָדוֹל יְיָ וּמְהֻלָּל מְאֹד , וְנוֹרָא הוּא עַל כָּל אֱלֹהִים : כִּי כָּל אֱלֹהֵי הָעַמִּים אֱלִילִים וַיָי שָׁמַיִם עָשָׂה : הוֹד וְהָדָר לְפָנָיו , עֹז וְחֶדְוָה בִּמְקֹמוֹ : הָבוּ לַיָי מִשְׁפְּחוֹת עַמִּים , הָבוּ לַיָי כָּבוֹד וָעֹז : הָבוּ לַיָי כְּבוֹד שְׁמוֹ , שְׂאוּ מִנְחָה וּבֹאוּ לְפָנָיו , הִשְׁתַּחֲווּ לַיָי בְּהַדְרַת קֹדֶשׁ : חִילוּ מִלְּפָנָיו כָּל הָאָרֶץ , אַף תִּכּוֹן תֵּבֵל בַּל תִּמּוֹט : יִשְׂמְחוּ

השמים

ויהי ДА БУДЕТ УГОДНО ПРЕДВЕЧНОМУ, СВЯТОСТЬ КОТОРОГО ПРЕВЫШЕ ЛЮБОЙ СВЯТОСТИ, КОТОРЫЙ – ТАЙНА ВСЕХ ТАЙН И СКРЫТ ОТО ВСЕХ, – ПОСЛАТЬ РОСУ СО СВОИХ ВЫСОТ, ЧТОБЫ НАПОЛНИЛИСЬ ЕЮ ТРИ ВЫСШИЕ СФИРОТ "МАЛОГО ЛИКА" И ЧТОБЫ ОРОШАЛА ОНА, ИЗЛИВАЯСЬ ОТТУДА, СВЯЩЕННЫЙ ЯБЛОНЕВЫЙ САД ПРИ ВСЕОБЩЕМ ЛИКОВАНИИ И БЛАЖЕНСТВЕ.[1]

"ШАХАРИТ" В СУББОТУ И ПРАЗДНИКИ

Молитву начинают с утренних благословений, стр. 6, и до יהי רצון *("ДА БУДЕТ УГОДНО ТЕБЕ...", стр. 26). Далее продолжают:*

הודו БЛАГОДАРИТЕ ГОСПОДА, ВЗЫВАЙТЕ К ИМЕНИ ЕГО, ПОВЕСТВУЙТЕ НАРОДАМ О ЕГО ДЕЯНИЯХ; ПОЙТЕ ЕМУ, ВОСПЕВАЙТЕ ЕГО, РАССКАЗЫВАЙТЕ ОБО ВСЕХ ЕГО ЧУДЕСАХ; ГОРДИТЕСЬ СВЯТЫМ ИМЕНЕМ ЕГО; ДА ВОЗРАДУЮТСЯ СЕРДЦА ИЩУЩИХ ГОСПОДА! МОЛИТЕ ГОСПОДА, [ЧТОБЫ ОН ЯВИЛ] СВОЮ СИЛУ, ПОСТОЯННО МОЛИТЕСЬ ПРЕД ЛИЦОМ ЕГО. ПОМНИТЕ О ЧУДЕСАХ, СОВЕРШЕННЫХ ИМ, О ЕГО ЗНАМЕНИЯХ, О ЗАКОНАХ, [ИЗРЕЧЕННЫХ] УСТАМИ ЕГО. ПОТОМКИ ИЗРАИЛЯ, РАБА ЕГО, СЫНОВЬЯ ЯАКОВА, ЕГО ИЗБРАННИКИ! ОН, ГОСПОДЬ, — БОГ НАШ, ДЛЯ ВСЕЙ ЗЕМЛИ ЗАКОНЫ ЕГО. ВЕЧНО ПОМНИТЕ СОЮЗ С НИМ, СЛОВО, ЗАПОВЕДАННОЕ ИМ ТЫСЯЧЕ ПОКОЛЕНИЙ, [СОЮЗ], КОТОРЫЙ ЗАКЛЮЧИЛ ОН С АВРАГАМОМ, И КЛЯТВУ, ДАННУЮ ИМ ИЦХАКУ. И СДЕЛАЛ ОН ЭТО ДЛЯ ЯАКОВА ЗАКОНОМ, ДЛЯ ИЗРАИЛЯ — СОЮЗОМ ВЕЧНЫМ, СКАЗАВ: "ТЕБЕ ОТДАМ Я ЗЕМЛЮ ХАНААН; [ОНА] — НАСЛЕДСТВЕННЫЙ УДЕЛ ВАШ". ТОГДА ВЫ БЫЛИ НЕМНОГОЧИСЛЕННЫ, БЫЛИ ВРЕМЕННЫМИ ЖИТЕЛЯМИ НА НЕЙ. И СКИТАЛИСЬ ОТ ПЛЕМЕНИ К ПЛЕМЕНИ, ОТ ЦАРСТВА [ОДНОГО НАРОДА] К [ВЛАДЕНИЯМ] ДРУГОГО НАРОДА. НЕ ПОЗВОЛЯЛ ОН НИКОМУ ПРИТЕСНЯТЬ ИХ И ПРЕДОСТЕРЕГАЛ ЦАРЕЙ: "НЕ ТРОГАЙТЕ ВОЗВЕЛИЧЕННЫХ МНОЮ И ПРОРОКАМ МОИМ НЕ ПРИЧИНЯЙТЕ ЗЛА". ВОСПЕВАЙТЕ ГОСПОДА, ВСЕ [ЖИТЕЛИ] ЗЕМЛИ; ИЗО ДНЯ В ДЕНЬ ВОЗВЕЩАЙТЕ О СПАСЕНИИ, [КОТОРОЕ ОН ПОСЫЛАЕТ]. РАССКАЗЫВАЙТЕ НАРОДАМ О СЛАВЕ ЕГО, ВСЕМ ПЛЕМЕНАМ — О ЕГО ЧУДЕСАХ. ИБО ВЕЛИК ГОСПОДЬ, И ВЕЛИКА СЛАВА ЕГО; И ТРЕПЕЩУТ ПРЕД НИМ ВСЕ АНГЕЛЫ. ИБО ВСЕ [ЭТИ] АНГЕЛЫ, ПОКРОВИТЕЛИ ДРУГИХ НАРОДОВ, БЕССИЛЬНЫ, А ГОСПОДЬ — СОЗДАТЕЛЬ НЕБЕС. СИЯНИЕ И ВЕЛИКОЛЕПИЕ ОКРУЖАЮТ ЕГО, МОГУЩЕСТВО И РАДОСТЬ ЦАРЯТ В МЕСТЕ ЕГО ОБИТАНИЯ. ВОСПЕВАЙТЕ ПРЕД ГОСПОДОМ, СЕМЬИ НАРОДОВ, — ВОСПЕВАЙТЕ ПРЕД ГОСПОДОМ СЛАВУ И МОГУЩЕСТВО [ЕГО]. ВОСПЕВАЙТЕ ПРЕД ГОСПОДОМ СЛАВУ ИМЕНИ ЕГО; ВОЗЬМИТЕ ПРИНОШЕНИЕ И ПРЕДСТАНЬТЕ ПРЕД ЛИЦОМ ЕГО; ПОКЛОНИТЕСЬ ГОСПОДУ В ВЕЛИКОЛЕПНОМ СВЯТИЛИЩЕ [ЕГО]; ТРЕПЕЩИТЕ ПРЕД НИМ, ВСЕ [ЖИТЕЛИ] ЗЕМЛИ, И ТОГДА УТВЕРДИТ ОН МИР НЕКОЛЕБИМО. ВОЗРАДУЮТСЯ

---

1. Зогар, II,88а.

הַשָּׁמַיִם וְתָגֵל הָאָרֶץ , וְיֹאמְרוּ בַגּוֹיִם יְיָ מָלָךְ : יִרְעַם הַיָּם
וּמְלֹאוֹ , יַעֲלֹז הַשָּׂדֶה וְכָל אֲשֶׁר בּוֹ : אָז יְרַנְּנוּ עֲצֵי הַיָּעַר ,
מִלִּפְנֵי יְיָ כִּי בָא לִשְׁפּוֹט אֶת הָאָרֶץ : הוֹדוּ לַיְיָ כִּי טוֹב ,
כִּי לְעוֹלָם חַסְדּוֹ : וְאִמְרוּ הוֹשִׁיעֵנוּ אֱלֹהֵי יִשְׁעֵנוּ וְקַבְּצֵנוּ
וְהַצִּילֵנוּ מִן הַגּוֹיִם לְהוֹדוֹת לְשֵׁם קָדְשֶׁךָ , לְהִשְׁתַּבֵּחַ
בִּתְהִלָּתֶךָ : בָּרוּךְ יְיָ אֱלֹהֵי יִשְׂרָאֵל מִן הָעוֹלָם וְעַד
הָעוֹלָם , וַיֹּאמְרוּ כָל הָעָם אָמֵן וְהַלֵּל לַיְיָ : רוֹמְמוּ יְיָ
אֱלֹהֵינוּ וְהִשְׁתַּחֲווּ לַהֲדֹם רַגְלָיו , קָדוֹשׁ הוּא: רוֹמְמוּ יְיָ
אֱלֹהֵינוּ וְהִשְׁתַּחֲווּ לְהַר קָדְשׁוֹ , כִּי קָדוֹשׁ יְיָ אֱלֹהֵינוּ :
וְהוּא רַחוּם יְכַפֵּר עָוֹן וְלֹא יַשְׁחִית וְהִרְבָּה לְהָשִׁיב אַפּוֹ ,
וְלֹא יָעִיר כָּל חֲמָתוֹ : אַתָּה יְיָ לֹא תִכְלָא רַחֲמֶיךָ מִמֶּנִּי ,
חַסְדְּךָ וַאֲמִתְּךָ תָּמִיד יִצְּרוּנִי : זְכֹר רַחֲמֶיךָ יְיָ וַחֲסָדֶיךָ ,
כִּי מֵעוֹלָם הֵמָּה : תְּנוּ עֹז לֵאלֹהִים עַל יִשְׂרָאֵל גַּאֲוָתוֹ
וְעֻזּוֹ בַּשְּׁחָקִים : נוֹרָא אֱלֹהִים מִמִּקְדָּשֶׁיךָ , אֵל יִשְׂרָאֵל הוּא
נוֹתֵן עֹז וְתַעֲצֻמוֹת לָעָם , בָּרוּךְ אֱלֹהִים : אֵל נְקָמוֹת יְיָ ,
אֵל נְקָמוֹת הוֹפִיעַ : הִנָּשֵׂא שֹׁפֵט הָאָרֶץ , הָשֵׁב גְּמוּל עַל
גֵּאִים : לַיְיָ הַיְשׁוּעָה , עַל עַמְּךָ בִרְכָתֶךָ סֶּלָה : יְיָ צְבָאוֹת
עִמָּנוּ , מִשְׂגָּב לָנוּ אֱלֹהֵי יַעֲקֹב סֶלָה : יְיָ צְבָאוֹת , אַשְׁרֵי
אָדָם בֹּטֵחַ בָּךְ : יְיָ הוֹשִׁיעָה , הַמֶּלֶךְ יַעֲנֵנוּ בְיוֹם קָרְאֵנוּ :
הוֹשִׁיעָה אֶת עַמֶּךָ וּבָרֵךְ אֶת נַחֲלָתֶךָ , וּרְעֵם וְנַשְּׂאֵם עַד
הָעוֹלָם : נַפְשֵׁנוּ חִכְּתָה לַיְיָ , עֶזְרֵנוּ וּמָגִנֵּנוּ הוּא: כִּי בוֹ
יִשְׂמַח לִבֵּנוּ , כִּי בְשֵׁם קָדְשׁוֹ בָטָחְנוּ : יְהִי חַסְדְּךָ יְיָ
עָלֵינוּ , כַּאֲשֶׁר יִחַלְנוּ לָךְ : הַרְאֵנוּ יְיָ חַסְדֶּךָ , וְיֶשְׁעֲךָ
תִּתֶּן לָנוּ : קוּמָה עֶזְרָתָה לָּנוּ וּפְדֵנוּ לְמַעַן חַסְדֶּךָ : אָנֹכִי
יְיָ אֱלֹהֶיךָ הַמַּעַלְךָ מֵאֶרֶץ מִצְרָיִם , הַרְחֶב פִּיךָ וַאֲמַלְאֵהוּ :

אשרי

НЕБЕСА, И ВОЗЛИКУЕТ ЗЕМЛЯ, И СКАЖУТ НАРОДЫ: "ГОСПОДЬ ВОЦА-
РИЛСЯ!" И ЗАШУМИТ МОРЕ СО ВСЕМ, ЧТО НАПОЛНЯЕТ ЕГО, И ВОЗЛИ-
КУЕТ ПОЛЕ И ВСЕ, ЧТО В НЕМ. И БУДУТ ПЕТЬ ТОГДА ДЕРЕВЬЯ ЛЕСНЫЕ
ПРЕД ГОСПОДОМ, КОГДА ПРИДЕТ ОН СУДИТЬ ЗЕМЛЮ. БЛАГОДАРИТЕ
ГОСПОДА, ИБО [ОН] ДОБР, ИБО ВЕЧНА МИЛОСТЬ ЕГО. И ГОВОРИТЕ:
"СПАСИ НАС, БОГ, ИЗБАВИТЕЛЬ НАШ, И СОБЕРИ НАС, И ОСВОБОДИ НАС
ОТ [ИГА] НАРОДОВ; И ВОЗНЕСЕМ МЫ БЛАГОДАРНОСТЬ СВЯТОМУ ИМЕ-
НИ ТВОЕМУ, ГОРДЯСЬ ТВОИМИ СЛАВНЫМИ ДЕЯНИЯМИ". БЛАГОСЛОВЕН
ГОСПОДЬ, БОГ ИЗРАИЛЯ, ОТ ВЕКА ДО ВЕКА; И СКАЗАЛ ВЕСЬ НАРОД:
"АМЕН, И ХВАЛА ГОСПОДУ".[1] ПРЕВОЗНЕСИТЕ ГОСПОДА, БОГА НАШЕГО,
И ПОКЛОНИТЕСЬ ЕМУ В [СВЯТИЛИЩЕ]; — МЕСТЕ, В КОТОРОМ УТВЕРДИЛ
ОН СТОПЫ СВОИ, — ИБО СВЯТ ОН.[2] ПРЕВОЗНЕСИТЕ ГОСПОДА, БОГА
НАШЕГО, И ПОКЛОНИТЕСЬ ЕМУ НА СВЯТОЙ ГОРЕ ЕГО, ИБО СВЯТ ГОС-
ПОДЬ, БОГ НАШ.[3] И ОН, МИЛОСЕРДНЫЙ, ПРОСТИТ ЗЛОДЕЯНИЕ И НЕ
ПОГУБИТ [СОГРЕШИВШЕГО], КАК НЕ РАЗ УЖЕ ОТВРАЩАЛ ГНЕВ СВОЙ
[ОТ ГРЕШНИКА], И НЕ ОБРУШИТ [НА НЕГО] ВСЮ ЯРОСТЬ СВОЮ.[4] НЕ
ЛИШАЙ МЕНЯ, ГОСПОДЬ, МИЛОСЕРДИЯ СВОЕГО; ЛЮБОВЬ ТВОЯ И ВЕР-
НОСТЬ ТВОЯ [СОЮЗУ С НАМИ] ДА ХРАНЯТ МЕНЯ ВСЕГДА![5] ВСПОМНИ
МИЛОСТЬ СВОЮ, ГОСПОДЬ, И ЛЮБОВЬ СВОЮ [К НАМ], ВЕДЬ ОНИ ИЗВЕЧ-
НЫ.[6] СЛАВЬТЕ ПРЕД БОГОМ МОГУЩЕСТВО ЕГО; ИЗРАИЛЬ — ГОРДОСТЬ
ЕГО; НЕБЕСА [СВИДЕТЕЛЬСТВУЮТ] О ЕГО МОГУЩЕСТВЕ. ГРОЗЕН ТЫ,
БОГ, В ХРАМЕ СВОЕМ! БОГ ИЗРАИЛЯ, ОН НАДЕЛЯЕТ МОЩЬЮ И СИЛОЙ
НАРОД; БЛАГОСЛОВЕН БОГ![7] ГОСПОДЬ — БОГ ВОЗМЕЗДИЯ; БОГ ВОЗ-
МЕЗДИЯ, ЯВИ СЕБЯ! ВОССТАНЬ, СУДЬЯ ЗЕМЛИ, И ВОЗДАЙ ГОРДЕЦАМ ПО
ЗАСЛУГАМ.[8] НАШЕ СПАСЕНИЕ — ОТ ГОСПОДА; [ДА ПРЕБУДЕТ] НА
НАРОДЕ ТВОЕМ БЛАГОСЛОВЕНИЕ ТВОЕ ВЕЧНО![9] ГОСПОДЬ ВОИНСТВ
С НАМИ! БОГ ЯАКОВА—НАШ ОПЛОТ ВОВЕКИ![10] ГОСПОДЬ ВОИНСТВ, СЧА-
СТЛИВ ЧЕЛОВЕК, ПОЛАГАЮЩИЙСЯ НА ТЕБЯ![11] ГОСПОДЬ, СПАСИ [НАС]!
ОТВЕТЬ НАМ, ВЛАДЫКА, В ДЕНЬ, КОГДА МЫ ВЗЫВАЕМ [К ТЕБЕ]![12] СПА-
СИ НАРОД СВОЙ И БЛАГОСЛОВИ СВОЕ НАСЛЕДИЕ, И ВЕДИ ЕГО, И
ЗАБОТЬСЯ О НЕМ ВОВЕКИ![13] ДУША НАША НАДЕЕТСЯ НА ГОСПОДА,
ОН — НАША ПОДДЕРЖКА И ЗАЩИТА. ВЕДЬ ЕМУ ВОЗРАДУЮТСЯ НАШИ
СЕРДЦА, ВЕДЬ НА ЕГО СВЯТОЕ ИМЯ МЫ ПОЛАГАЛИСЬ. ДА БУДЕТ
МИЛОСТЬ ТВОЯ, ГОСПОДЬ, С НАМИ, КАК МЫ ТОГО ОЖИДАЕМ ОТ ТЕБЯ![14]
ЯВИ НАМ, ГОСПОДЬ, МИЛОСТЬ СВОЮ, И ПОШЛИ НАМ, ГОСПОДЬ, СВОЕ
СПАСЕНИЕ.[15] ПРИДИ НА ПОМОЩЬ НАМ, ОСВОБОДИ НАС ПО МИЛОСТИ
СВОЕЙ.[16] "Я, ГОСПОДЬ, БОГ ТВОЙ, КОТОРЫЙ ВЫВЕЛ ТЕБЯ ИЗ СТРА-
НЫ ЕГИПЕТСКОЙ; УМНОЖАЙ ПРОСЬБЫ СВОИ — Я ИСПОЛНЮ ИХ".[17]

1. Диврей гаямим I, 16:8—36. 2. Тегилим, 99:5. 3. Тегилим, 99:9. 4. Тегилим, 78:38.
5. Тегилим, 40:12. 6. Тегилим, 25:6. 7. Тегилим, 68:35,36. 8. Тегилим, 94:1,2. 9. Те-
гилим, 3:9. 10. Тегилим, 46:8. 11. Тегилим, 84:13. 12. Тегилим, 20:10. 13. Тегилим,
28:9. 14. Тегилим, 33:20—22. 15. Тегилим, 85:8. 16. Тегилим, 44:27. 17. Тегилим,
81:11.

אַשְׁרֵי הָעָם שֶׁכָּכָה לּוֹ, אַשְׁרֵי הָעָם שֶׁיְיָ אֱלֹהָיו: וַאֲנִי בְּחַסְדְּךָ בָטַחְתִּי יָגֵל לִבִּי בִּישׁוּעָתֶךָ · אָשִׁירָה לַיְיָ כִּי גָמַל עָלָי:

מִזְמוֹר שִׁיר חֲנֻכַּת הַבַּיִת לְדָוִד: אֲרוֹמִמְךָ יְיָ כִּי דִלִּיתָנִי, וְלֹא שִׂמַּחְתָּ אֹיְבַי לִי: יְיָ אֱלֹהָי, שִׁוַּעְתִּי אֵלֶיךָ וַתִּרְפָּאֵנִי : יְיָ הֶעֱלִיתָ מִן שְׁאוֹל נַפְשִׁי, חִיִּיתַנִי מִיָּרְדִי בוֹר: זַמְּרוּ לַיְיָ חֲסִידָיו, וְהוֹדוּ לְזֵכֶר קָדְשׁוֹ : כִּי רֶגַע בְּאַפּוֹ, חַיִּים בִּרְצוֹנוֹ, בָּעֶרֶב יָלִין בֶּכִי וְלַבֹּקֶר רִנָּה: וַאֲנִי אָמַרְתִּי בְשַׁלְוִי, בַּל אֶמּוֹט לְעוֹלָם: יְיָ בִּרְצוֹנְךָ הֶעֱמַדְתָּה לְהַרְרִי עֹז, הִסְתַּרְתָּ פָנֶיךָ, הָיִיתִי נִבְהָל: אֵלֶיךָ יְיָ אֶקְרָא, וְאֶל יְיָ אֶתְחַנָּן: מַה בֶּצַע בְּדָמִי בְּרִדְתִּי אֶל שָׁחַת, הֲיוֹדְךָ עָפָר הֲיַגִּיד אֲמִתֶּךָ: שְׁמַע יְיָ וְחָנֵּנִי, יְיָ הֱיֵה עֹזֵר לִי: הָפַכְתָּ מִסְפְּדִי לְמָחוֹל לִי, פִּתַּחְתָּ שַׂקִּי וַתְּאַזְּרֵנִי שִׂמְחָה: לְמַעַן יְזַמֶּרְךָ כָבוֹד וְלֹא יִדֹּם, יְיָ אֱלֹהַי, לְעוֹלָם אוֹדֶךָ:

יְיָ מֶלֶךְ, יְיָ מָלָךְ, יְיָ יִמְלֹךְ לְעוֹלָם וָעֶד ב׳׳פ: וְהָיָה יְיָ לְמֶלֶךְ עַל כָּל הָאָרֶץ בַּיּוֹם הַהוּא יִהְיֶה יְיָ אֶחָד וּשְׁמוֹ אֶחָד :

הוֹשִׁיעֵנוּ יְיָ אֱלֹהֵינוּ, וְקַבְּצֵנוּ מִן הַגּוֹיִם לְהוֹדוֹת לְשֵׁם קָדְשֶׁךָ, לְהִשְׁתַּבֵּחַ בִּתְהִלָּתֶךָ: בָּרוּךְ יְיָ אֱלֹהֵי יִשְׂרָאֵל מִן הָעוֹלָם וְעַד הָעוֹלָם וְאָמַר כָּל הָעָם אָמֵן הַלְלוּיָהּ: כֹּל הַנְּשָׁמָה תְּהַלֵּל יָהּ הַלְלוּיָהּ:

לַמְנַצֵּחַ מִזְמוֹר לְדָוִד : הַשָּׁמַיִם מְסַפְּרִים כְּבוֹד אֵל, וּמַעֲשֵׂה יָדָיו מַגִּיד הָרָקִיעַ: יוֹם לְיוֹם יַבִּיעַ אֹמֶר, וְלַיְלָה לְּלַיְלָה יְחַוֶּה דָּעַת: אֵין אֹמֶר וְאֵין דְּבָרִים, בְּלִי נִשְׁמָע קוֹלָם: בְּכָל הָאָרֶץ יָצָא קַוָּם וּבִקְצֵה תֵבֵל מִלֵּיהֶם, לַשֶּׁמֶשׁ שָׂם אֹהֶל בָּהֶם: וְהוּא כְּחָתָן יֹצֵא מֵחֻפָּתוֹ, יָשִׂישׂ כְּגִבּוֹר לָרוּץ אֹרַח: מִקְצֵה הַשָּׁמַיִם מוֹצָאוֹ, וּתְקוּפָתוֹ עַל

קצותם

СЧАСТЛИВ НАРОД, ЧЕЙ УДЕЛ ТАКОВ, СЧАСТЛИВ НАРОД, ЧЕЙ БОГ — ГОСПОДЬ![1] И Я ПОЛАГАЛСЯ НА МИЛОСТЬ ТВОЮ; ВОЗРАДУЕТСЯ СЕРДЦЕ МОЕ СПАСЕНИЮ, ПОСЛАННОМУ ТОБОЙ; БУДУ ВОСПЕВАТЬ Я ГОСПОДА, ИБО ОН ОБЛАГОДЕТЕЛЬСТВОВАЛ МЕНЯ.[2]

מזמור ХВАЛЕБНАЯ ПЕСНЬ ДАВИДА В ЧЕСТЬ НАЧАЛА ХРАМОВОЙ СЛУЖБЫ. ПРЕВОЗНЕСУ ТЕБЯ, ГОСПОДЬ, ИБО ТЫ ВОЗВЫСИЛ МЕНЯ И НЕ ДОПУСТИЛ, ЧТОБЫ МОИ ВРАГИ ТОРЖЕСТВОВАЛИ НАДО МНОЙ. ГОСПОДЬ, БОГ МОЙ, Я ВЗЫВАЛ К ТЕБЕ, И ТЫ МЕНЯ ИСЦЕЛИЛ. ГОСПОДЬ, ТЫ УДЕРЖАЛ ДУШУ МОЮ ОТ ПАДЕНИЯ В ПРЕИСПОДНЮЮ; ТЫ СПАС МНЕ ЖИЗНЬ, НЕ ДАВ МНЕ УПАСТЬ В БЕЗДНУ. ВОСПЕВАЙТЕ ГОСПОДА, ЛЮБЯЩИЕ ЕГО, ВОЗНОСИТЕ БЛАГОДАРНОСТЬ ЕГО СВЯТОМУ ИМЕНИ! ВЕДЬ ГНЕВАЕТСЯ ОН ЛИШЬ МГНОВЕНИЕ, А БЛАГОСКЛОНЕН ОН ВСЮ [ЧЕЛОВЕЧЕСКУЮ] ЖИЗНЬ; НА СМЕНУ НОЧНЫМ СЛЕЗАМ УТРОМ [ПРИХОДИТ] РАДОСТЬ. И ДУМАЛ Я В БЛАГОДЕНСТВИИ СВОЕМ: НЕ ПОКОЛЕБЛЮСЬ ВОВЕКИ! [НО ЭТО ТЫ,] ГОСПОДЬ, ПО СВОЕЙ ВОЛЕ УКРЕПИЛ МОГУЩЕСТВО МОЕ; И КОГДА СКРЫЛ ТЫ СВОЕ ЛИЦО [ОТ МЕНЯ], ПРИШЕЛ Я В СМЯТЕНИЕ. К ТЕБЕ, ГОСПОДЬ, ВОЗЗОВУ; ТЕБЯ, ГОСПОДЬ, БУДУ МОЛИТЬ: КАКАЯ ПОЛЬЗА В ГИБЕЛИ МОЕЙ, В ТОМ, ЧТО НИЗВЕРГНУСЬ Я В БЕЗДНУ? РАЗВЕ БУДЕТ СЛАВИТЬ ТЕБЯ ПРАХ? РАЗВЕ БУДЕТ ОН ПРОВОЗГЛАШАТЬ ТВОЮ ИСТИНУ? УСЛЫШЬ, ГОСПОДЬ, И ПОМИЛУЙ МЕНЯ! ГОСПОДЬ, БУДЬ МНЕ ПОДДЕРЖКОЙ! ТЫ СДЕЛАЛ ТАК, ЧТО МОЙ ТРАУР СМЕНИЛСЯ ПРАЗДНИКОМ ДЛЯ МЕНЯ, СНЯЛ С МЕНЯ РУБИЩЕ МОЕ И ПРЕПОЯСАЛ МЕНЯ ВЕСЕЛЬЕМ. ЗА ЭТО БУДЕТ ВОСПЕВАТЬ ТЕБЯ ДУША НЕ УМОЛКАЯ; ГОСПОДЬ, БОГ МОЙ! ВСЕГДА БУДУ БЛАГОДАРИТЬ ТЕБЯ![3]

יי ГОСПОДЬ – ВЛАДЫКА, ГОСПОДЬ БЫЛ ВЛАДЫКОЙ, ГОСПОДЬ БУДЕТ ВЛАДЫКОЙ ВЕЧНО![4] (Эту фразу повторяют дважды.)

והיה И СТАНЕТ ГОСПОДЬ ВЛАДЫКОЙ ВСЕЙ ЗЕМЛИ; В ТОТ ДЕНЬ ГОСПОДЬ БУДЕТ [ПРИЗНАН ВСЕМИ НАРОДАМИ] ЕДИНСТВЕННЫМ [БОГОМ], И ЛИШЬ ЕГО ИМЯ [БУДЕТ У ВСЕХ НА УСТАХ].[5]

הושיענו СПАСИ НАС, ГОСПОДЬ, БОГ НАШ, И СОБЕРИ НАС ИЗ СРЕДЫ НАРОДОВ, ЧТОБЫ МЫ ВОЗНЕСЛИ БЛАГОДАРНОСТЬ СВЯТОМУ ИМЕНИ ТВОЕМУ, ГОРДЯСЬ ТВОИМИ СЛАВНЫМИ ДЕЯНИЯМИ. БЛАГОСЛОВЕН ГОСПОДЬ, БОГ ИЗРАИЛЯ, ОТ ВЕКА ДО ВЕКА; И СКАЗАЛ ВЕСЬ НАРОД: АМЕН! ВОСХВАЛИТЕ БОГА![6] ВСЯКАЯ ДУША ДА ВОСХВАЛИТ БОГА! ВОСХВАЛИТЕ БОГА![7]

למנצח ХВАЛЕБНАЯ ПЕСНЬ ДАВИДА. НЕБЕСА РАССКАЗЫВАЮТ О СЛАВЕ БОГА, О ДЕЛАХ РУК ЕГО ПОВЕСТВУЕТ НЕБОСВОД. ИЗО ДНЯ В ДЕНЬ ВЕДУТ ОНИ СВОЙ РАССКАЗ, ИЗ НОЧИ В НОЧЬ УЧАТ МУДРОСТИ — НО БЕЗМОЛВНО, БЕЗ СЛОВ; НЕ СЛЫШНО ГОЛОСА ИХ. НАД ВСЕЙ ЗЕМЛЕЙ РАСКИНУЛСЯ КУПОЛ [НЕБЕС], СКАЗАННОЕ ИМИ ДОХОДИТ ДО КРАЕВ ВСЕЛЕННОЙ; [НЕБЕСА] СДЕЛАЛ ОН ЖИЛИЩЕМ ДЛЯ СОЛНЦА — ОНО ПОДОБНО ЖЕНИХУ, ВЫХОДЯЩЕМУ ИЗ-ПОД "ХУПЫ", ОНО ПОДОБНО БОГАТЫРЮ, [УВЕРЕННОМУ В СВОЕЙ ПОБЕДЕ], ТОРЖЕСТВУЮЩЕ УСТРЕМЛЯЕТСЯ ПО СВОЕМУ ПУТИ. ОТ КРАЯ НЕБОСВОДА ВОСХОДИТ ОНО, И ДУГА, ПО КОТОРОЙ ОНО ПРОХОДИТ, СПУСКАЕТСЯ К

---

1. Теѓилим, 144:15. 2. Теѓилим, 13:6. 3. Теѓилим, 30. 4. Теѓилим, 10:16, 93:1; Шмот, 15:18. 5. Зхарья, 14:9. 6. Теѓилим, 106:47,48. 7. Теѓилим, 150:6.

קְצוֹתָם, וְאֵין נִסְתָּר מֵחַמָּתוֹ: תּוֹרַת יְיָ
תְּמִימָה מְשִׁיבַת נָפֶשׁ, עֵדוּת יְיָ נֶאֱמָנָה
מַחְכִּימַת פֶּתִי: פִּקּוּדֵי יְיָ יְשָׁרִים מְשַׂמְּחֵי
לֵב. מִצְוַת יְיָ בָּרָה מְאִירַת עֵינָיִם: יִרְאַת
יְיָ טְהוֹרָה עוֹמֶדֶת לָעַד, מִשְׁפְּטֵי יְיָ
אֱמֶת, צָדְקוּ יַחְדָּו: הַנֶּחֱמָדִים מִזָּהָב
וּמִפַּז רָב, וּמְתוּקִים מִדְּבַשׁ וְנֹפֶת
צוּפִים: גַּם עַבְדְּךָ נִזְהָר בָּהֶם, בְּשָׁמְרָם
עֵקֶב רָב: שְׁגִיאוֹת מִי יָבִין, מִנִּסְתָּרוֹת
נַקֵּנִי: גַּם מִזֵּדִים חֲשֹׂךְ עַבְדֶּךָ, אַל
יִמְשְׁלוּ בִי, אָז אֵיתָם, וְנִקֵּיתִי מִפֶּשַׁע
רָב: יִהְיוּ לְרָצוֹן אִמְרֵי פִי, וְהֶגְיוֹן לִבִּי
לְפָנֶיךָ, יְיָ צוּרִי וְגוֹאֲלִי:

רַנְּנוּ צַדִּיקִים בַּיְיָ, לַיְשָׁרִים נָאוָה תְהִלָּה: הוֹדוּ לַיְיָ
בְּכִנּוֹר, בְּנֵבֶל עָשׂוֹר זַמְּרוּ לוֹ: שִׁירוּ לוֹ שִׁיר חָדָשׁ,
הֵיטִיבוּ נַגֵּן בִּתְרוּעָה: כִּי יָשָׁר דְּבַר יְיָ, וְכָל מַעֲשֵׂהוּ
בֶּאֱמוּנָה: אֹהֵב צְדָקָה וּמִשְׁפָּט, חֶסֶד יְיָ מָלְאָה הָאָרֶץ:
בִּדְבַר יְיָ שָׁמַיִם נַעֲשׂוּ, וּבְרוּחַ פִּיו כָּל צְבָאָם: כֹּנֵס כַּנֵּד
מֵי הַיָּם, נֹתֵן בְּאוֹצָרוֹת תְּהוֹמוֹת: יִירְאוּ מֵיְיָ כָּל הָאָרֶץ,
מִמֶּנּוּ יָגוּרוּ כָּל יֹשְׁבֵי תֵבֵל: כִּי הוּא אָמַר וַיֶּהִי, הוּא צִוָּה
ויעמד

ПРОТИВОПОЛОЖНОМУ КРАЮ [НЕБЕС] ; И НЕТ МЕСТА, КУДА НЕ
ПРОНИКАЛО БЫ ЕГО ТЕПЛО. ТОРА ГОСПОДА СОВЕРШЕННА,
ВОЗВРАЩАЕТ СИЛЫ ДУШЕ; СВИДЕТЕЛЬСТВО ГОСПОДА ИСТИН-
НО, НАДЕЛЯЕТ МУДРОСТЬЮ НЕРАЗУМНЫХ. ПОВЕЛЕНИЯ ГОС-
ПОДА СПРАВЕДЛИВЫ, РАДУЮТ СЕРДЦЕ; ЗАПОВЕДЬ ГОСПОДА
ЯСНА, ПРОСВЕТЛЯЕТ ГЛАЗА. ОЧИЩАЮЩИЙ [ДУШУ] ТРЕПЕТ
ПРЕД ГОСПОДОМ ПРЕБУДЕТ ВОВЕК. ЗАКОНЫ ГОСПОДА
ИСТИННЫ, ВСЕ ОНИ СПРАВЕДЛИВЫ. ОНИ [ДЛЯ МУДРЫХ] ЖЕ-
ЛАННЕЕ ЗОЛОТА, САМОГО ЧИСТОГО ЗОЛОТА ЧЕРВОННОГО,
СЛАЩЕ МЕДА, КАПАЮЩЕГО ИЗ СОТ, И РАБ ТВОЙ РЕВНОСТНО
ИСПОЛНЯЕТ ИХ; ВЕЛИКА НАГРАДА ЗА ИХ СОБЛЮДЕНИЕ. КТО
УМУДРИТСЯ ИЗБЕЖАТЬ ОШИБОК? ОТ ГРЕХОВ, СОВЕРШЕННЫХ
МНОЮ ПО НЕВЕДЕНИЮ, ОЧИСТИ МЕНЯ, И ПОМОГИ РАБУ СВО-
ЕМУ УБЕРЕЧЬСЯ ОТ УМЫШЛЕННЫХ ГРЕХОВ; ДА НЕ ОКАЖУСЬ
Я В ИХ ВЛАСТИ! НЕПОРОЧНЫМ СТАНУ Я ТОГДА, БУДУ ЧИСТ,
НЕ ЗАПЯТНАВ СЕБЯ ВЕЛИКИМ ПРЕСТУПЛЕНИЕМ. ДА БУДУТ
УГОДНЫ ТЕБЕ СЛОВА МОИХ УСТ И ПОМЫСЛЫ СЕРДЦА МОЕГО,
О, ГОСПОДЬ, — МОЙ ОПЛОТ И ИЗБАВИТЕЛЬ!¹

רננו ВОСПЕВАЙТЕ, ПРАВЕДНЫЕ, ГОСПОДА! НЕПОРОЧНЫМ ПОДОБАЕТ
ХВАЛИТЬ [ЕГО] . ВОСХВАЛИТЕ ЕГО [ПОД ЗВУКИ] АРФЫ, ИГРАЙТЕ ПРЕД
НИМ НА ДЕСЯТИСТРУННОЙ ЛИРЕ. ПОЙТЕ ЕМУ НОВУЮ ПЕСНЬ ПОД ПРЕ-
КРАСНЫЕ ЗВУКИ ТРУБ. ИБО ИСТИННО СЛОВО ГОСПОДА, И ВСЕ ЕГО ДЕЯ-
НИЯ ПРАВЕДНЫ. ЛЮБИТ ОН СПРАВЕДЛИВОСТЬ И ПРАВОСУДИЕ, ДОБРО-
ТОЙ ГОСПОДА ПОЛНА ЗЕМЛЯ. СЛОВОМ ГОСПОДА СОЗДАНЫ НЕБЕСА, И
ДЫХАНИЕМ УСТ ЕГО — ВСЕ ВОИНСТВО [НЕБЕСНОЕ] . ХОЛМАМИ ВЗДЫ-
МАЕТ ОН ВОДЫ МОРЕЙ, ПОДЗЕМНЫЕ ВОДЫ ХРАНИТ В НЕДРАХ. ВОСТРЕ-
ПЕЩУТ ПРЕД ГОСПОДОМ ВСЕ [ЖИТЕЛИ] ЗЕМЛИ; УБОЯТСЯ ЕГО ВСЕ ОБИ-
ТАТЕЛИ ВСЕЛЕННОЙ! ИБО ОН СКАЗАЛ — И СВЕРШИЛОСЬ, ОН ПОВЕЛЕЛ —

1. Теѓилим, 19.

וַיַּעֲמֹד: יְיָ הֵפִיר עֲצַת גּוֹיִם, הֵנִיא מַחְשְׁבוֹת עַמִּים: עֲצַת יְיָ לְעוֹלָם תַּעֲמֹד, מַחְשְׁבוֹת לִבּוֹ לְדֹר וָדֹר: אַשְׁרֵי הַגּוֹי אֲשֶׁר יְיָ אֱלֹהָיו, הָעָם וּבָחַר לְנַחֲלָה לוֹ: מִשָּׁמַיִם הִבִּיט יְיָ, רָאָה אֶת כָּל בְּנֵי הָאָדָם: מִמְּכוֹן שִׁבְתּוֹ הִשְׁגִּיחַ, אֶל כָּל יֹשְׁבֵי הָאָרֶץ: הַיֹּצֵר יַחַד לִבָּם, הַמֵּבִין אֶל כָּל מַעֲשֵׂיהֶם: אֵין הַמֶּלֶךְ נוֹשָׁע בְּרָב חָיִל, גִּבּוֹר לֹא יִנָּצֵל בְּרָב כֹּחַ: שֶׁקֶר הַסּוּס לִתְשׁוּעָה, וּבְרֹב חֵילוֹ לֹא יְמַלֵּט: הִנֵּה עֵין יְיָ אֶל יְרֵאָיו, לַמְיַחֲלִים לְחַסְדּוֹ: לְהַצִּיל מִמָּוֶת נַפְשָׁם, וּלְחַיּוֹתָם בָּרָעָב: נַפְשֵׁנוּ חִכְּתָה לַיְיָ, עֶזְרֵנוּ וּמָגִנֵּנוּ הוּא: כִּי בוֹ יִשְׂמַח לִבֵּנוּ, כִּי בְשֵׁם קָדְשׁוֹ בָטָחְנוּ: יְהִי חַסְדְּךָ יְיָ עָלֵינוּ כַּאֲשֶׁר יִחַלְנוּ לָךְ:

לְדָוִד בְּשַׁנּוֹתוֹ אֶת טַעְמוֹ לִפְנֵי אֲבִימֶלֶךְ, וַיְגָרְשֵׁהוּ וַיֵּלַךְ: אֲבָרְכָה אֶת יְיָ בְּכָל עֵת, תָּמִיד תְּהִלָּתוֹ בְּפִי: בַּיְיָ תִּתְהַלֵּל נַפְשִׁי, יִשְׁמְעוּ עֲנָוִים וְיִשְׂמָחוּ: גַּדְּלוּ לַיְיָ אִתִּי, וּנְרוֹמְמָה שְׁמוֹ יַחְדָּו: דָּרַשְׁתִּי אֶת יְיָ וְעָנָנִי, וּמִכָּל מְגוּרוֹתַי הִצִּילָנִי: הִבִּיטוּ אֵלָיו וְנָהָרוּ, וּפְנֵיהֶם אַל יֶחְפָּרוּ: זֶה עָנִי קָרָא וַיְיָ שָׁמֵעַ, וּמִכָּל צָרוֹתָיו הוֹשִׁיעוֹ: חֹנֶה מַלְאַךְ יְיָ, סָבִיב לִירֵאָיו וַיְחַלְּצֵם: טַעֲמוּ וּרְאוּ כִּי טוֹב יְיָ, אַשְׁרֵי הַגֶּבֶר יֶחֱסֶה בּוֹ: יְראוּ אֶת יְיָ קְדֹשָׁיו, כִּי אֵין מַחְסוֹר לִירֵאָיו: כְּפִירִים רָשׁוּ וְרָעֵבוּ, וְדֹרְשֵׁי יְיָ לֹא יַחְסְרוּ כָל טוֹב: לְכוּ בָנִים שִׁמְעוּ לִי, יִרְאַת יְיָ אֲלַמֶּדְכֶם: מִי הָאִישׁ

ההחפ׳ן

תו׳א א) תהלים לד: ב) האל׳ף נחה:

И ВОЗНИКЛО [ВСЕ]. ГОСПОДЬ РАЗРУШИЛ КОЗНИ НАРОДОВ, РАССТРОИЛ ЗАМЫСЛЫ ПЛЕМЕН. ЗАМЫСЕЛ ГОСПОДА ВСЕГДА ОСУЩЕСТВИТСЯ, ПОМЫСЛЫ СЕРДЦА ЕГО [ИСПОЛНЯЮТСЯ] ИЗ ПОКОЛЕНИЯ В ПОКОЛЕНИЕ. СЧАСТЛИВ НАРОД, ЧЕЙ БОГ — ГОСПОДЬ; СЧАСТЛИВ НАРОД, КОТОРЫЙ ОН ИЗБРАЛ СЕБЕ В УДЕЛ. С НЕБЕС ВЗИРАЕТ ГОСПОДЬ, ВИДИТ ОН ВСЕХ СЫНОВ ЧЕЛОВЕЧЕСКИХ. С ПРЕСТОЛА, НА КОТОРОМ ОН ВОССЕДАЕТ, НАБЛЮДАЕТ ОН ЗА ВСЕМИ ОБИТАТЕЛЯМИ ЗЕМЛИ. СЕРДЦА ИХ ВСЕХ СОТВОРИЛ ОН, ИЗВЕСТНЫ ЕМУ ВСЕ ДЕЛА ИХ. ЦАРЮ НЕ ПОМОЖЕТ БОЛЬШОЕ ВОЙСКО, БОГАТЫРЯ НЕ СПАСЕТ ВЕЛИКАЯ СИЛА. ТЩЕТНА НАДЕЖДА НА ТО, ЧТО КОНЬ [ПРИНЕСЕТ] СПАСЕНИЕ: НЕСМОТРЯ НА ВСЮ СВОЮ МОЩЬ, ОН НЕ ВЫРУЧИТ [ВСАДНИКА]. ВЗОР ГОСПОДА ОБРАЩЕН К БОЯЩИМСЯ ЕГО, К ТЕМ, КТО ПОЛАГАЕТСЯ НА ЕГО МИЛОСТЬ, — ЧТОБЫ ИЗБАВИТЬ ДУШУ ИХ ОТ СМЕРТИ, СПАСТИ ИМ ЖИЗНЬ ВО ВРЕМЯ ГОЛОДА. ДУША НАША НАДЕЕТСЯ НА ГОСПОДА, ОН — НАША ПОДДЕРЖКА И ЗАЩИТА. ВЕДЬ ЕМУ ВОЗРАДУЮТСЯ НАШИ СЕРДЦА, ВЕДЬ НА ЕГО СВЯТОЕ ИМЯ МЫ ПОЛАГАЛИСЬ. ДА БУДЕТ МИЛОСТЬ ТВОЯ, ГОСПОДЬ, С НАМИ, КАК МЫ ТОГО ОЖИДАЕМ ОТ ТЕБЯ![1]

לדוד [ПСАЛОМ] ДАВИДА, [СЛОЖЕННЫЙ ИМ ПОСЛЕ ТОГО, КАК] ОН ПРИТВОРИЛСЯ БЕЗУМНЫМ ПЕРЕД АВИМЕЛЕХОМ, И БЫЛ ИЗГНАН ИМ, И УШЕЛ ОТ НЕГО [НЕВРЕДИМЫМ].[2] БЛАГОСЛОВЛЯТЬ БУДУ ГОСПОДА ВО ВСЕ ВРЕМЕНА; ХВАЛА ЕМУ ПОСТОЯННО БУДЕТ НА УСТАХ МОИХ. БУДЕТ ГОРДИТЬСЯ ГОСПОДОМ ДУША МОЯ; УСЛЫШАТ ОБ ЭТОМ СМИРЕННЫЕ И ВОЗЛИКУЮТ. ПРИСОЕДИНИТЕСЬ КО МНЕ И ВОЗВЕЛИЧЬТЕ ГОСПОДА, И ВМЕСТЕ ПРЕВОЗНЕСЕМ ИМЯ ЕГО! Я ВОЗЗВАЛ К ГОСПОДУ, И ОН ОТВЕТИЛ МНЕ, И СПАС МЕНЯ ОТ ВСЕГО, ЧТО МНЕ УГРОЖАЛО. ТЕ, КТО УСТРЕМИТ К НЕМУ СВОЙ ВЗОР, БУДУТ ОЗАРЕНЫ [ЕГО СВЕТОМ]; ЛИЦА ИХ НИКОГДА НЕ БУДУТ ОТМЕЧЕНЫ ПЕЧАТЬЮ ПОЗОРА. ВОТ: ВОЗЗВАЛ НЕСЧАСТНЫЙ [К ВСЕВЫШНЕМУ], И ГОСПОДЬ УСЛЫШАЛ И ОТ ВСЕХ БЕД СПАС ЕГО. АНГЕЛЫ ГОСПОДА ОКРУЖАЮТ СО ВСЕХ СТОРОН ТЕХ, КТО БОИТСЯ ЕГО, И СПАСАЮТ ИХ. ПОПРОБУЙТЕ [ДОВЕРИТЬСЯ ЕМУ] И ВЫ УВИДИТЕ, ЧТО ДОБР ГОСПОДЬ; СЧАСТЛИВ ЧЕЛОВЕК, ПОЛАГАЮЩИЙСЯ НА НЕГО. БОЙТЕСЬ ГОСПОДА, СВЯТЫЕ ПРАВЕДНИКИ ЕГО! ВЕДЬ НЕ ИСПЫТЫВАЮТ НУЖДЫ ТЕ, КТО БОИТСЯ ЕГО. [ЛЮДИ СИЛЬНЫЕ, СЛОВНО] МОЛОДЫЕ ЛЬВЫ, ВПАДАЮТ В НИЩЕТУ И ГОЛОДАЮТ, НО У ТЕХ, КТО СТРЕМИТСЯ К ГОСПОДУ, НЕТ НЕДОСТАТКА НИ В КАКИХ БЛАГАХ. ПРИХОДИТЕ, СЫНОВЬЯ МОИ, СЛУШАЙТЕ МЕНЯ — Я НАУЧУ ВАС [ЖИТЬ] В СТРАХЕ ПРЕД ГОСПОДОМ. ЧЕЛОВЕК,

---

1. Теɦилим, 33. 2. см. Шмуэль I, 21:11—16.

הֶחָפֵץ חַיִּים, אֹהֵב יָמִים לִרְאוֹת טוֹב: נְצֹר
לְשׁוֹנְךָ מֵרָע, וּשְׂפָתֶיךָ מִדַּבֵּר מִרְמָה: סוּר
מֵרָע וַעֲשֵׂה טוֹב, בַּקֵּשׁ שָׁלוֹם וְרָדְפֵהוּ: עֵינֵי
יְיָ אֶל צַדִּיקִים, וְאָזְנָיו אֶל שַׁוְעָתָם: פְּנֵי יְיָ בְּעֹשֵׂי
רָע, לְהַכְרִית מֵאֶרֶץ זִכְרָם: צָעֲקוּ וַיְיָ שָׁמֵעַ,
וּמִכָּל צָרוֹתָם הִצִּילָם: קָרוֹב יְיָ לְנִשְׁבְּרֵי לֵב,
וְאֶת דַּכְּאֵי רוּחַ יוֹשִׁיעַ: רַבּוֹת רָעוֹת צַדִּיק,
וּמִכֻּלָּם יַצִּילֶנּוּ יְיָ: שֹׁמֵר כָּל עַצְמוֹתָיו, אַחַת
מֵהֵנָּה לֹא נִשְׁבָּרָה: תְּמוֹתֵת רָשָׁע רָעָה, וְשֹׂנְאֵי
צַדִּיק יֶאְשָׁמוּ: פּוֹדֶה יְיָ נֶפֶשׁ עֲבָדָיו, וְלֹא יֶאְשְׁמוּ
כָּל הַחוֹסִים בּוֹ:

תְּפִלָּה לְמֹשֶׁה אִישׁ הָאֱלֹהִים, אֲדֹנָי מָעוֹן אַתָּה הָיִיתָ
לָּנוּ, בְּדֹר וָדֹר: בְּטֶרֶם הָרִים יֻלָּדוּ וַתְּחוֹלֵל אֶרֶץ
וְתֵבֵל, וּמֵעוֹלָם עַד עוֹלָם אַתָּה אֵל: תָּשֵׁב אֱנוֹשׁ עַד
דַּכָּא, וַתֹּאמֶר שׁוּבוּ בְנֵי אָדָם: כִּי אֶלֶף שָׁנִים בְּעֵינֶיךָ
כְּיוֹם אֶתְמוֹל כִּי יַעֲבֹר, וְאַשְׁמוּרָה בַלָּיְלָה: זְרַמְתָּם
שֵׁנָה יִהְיוּ, בַּבֹּקֶר כֶּחָצִיר יַחֲלֹף: בַּבֹּקֶר יָצִיץ וְחָלָף,
לָעֶרֶב יְמוֹלֵל וְיָבֵשׁ: כִּי כָלִינוּ בְאַפֶּךָ, וּבַחֲמָתְךָ
נִבְהָלְנוּ: שַׁתָּה שׁה כ' עֲוֹנֹתֵינוּ לְנֶגְדֶּךָ, עֲלֻמֵנוּ לִמְאוֹר
פָּנֶיךָ: כִּי כָל יָמֵינוּ פָּנוּ בְעֶבְרָתֶךָ, כִּלִּינוּ שָׁנֵינוּ כְמוֹ
הֶגֶה: יְמֵי שְׁנוֹתֵינוּ בָהֶם שִׁבְעִים שָׁנָה, וְאִם בִּגְבוּרֹת
שְׁמוֹנִים שָׁנָה, וְרָהְבָּם עָמָל וָאָוֶן, כִּי גָז חִישׁ וַנָּעֻפָה:
מִי יוֹדֵעַ עֹז אַפֶּךָ, וּכְיִרְאָתְךָ עֶבְרָתֶךָ: לִמְנוֹת יָמֵינוּ
כֵּן

СТРЕМЯЩИЙСЯ К ДОЛГОЛЕТИЮ, ЖЕЛАЮЩИЙ ВИДЕТЬ [ЛИШЬ] ДОБРО ВО ВСЕ ДНИ СВОИ! УДЕРЖИВАЙ СВОЙ ЯЗЫК ОТ ЗЛОСЛОВИЯ И УСТА СВОИ — ОТ ЛЖИВЫХ РЕЧЕЙ. УДАЛЯЙСЯ ОТ ЗЛА И ТВОРИ ДОБРО; СТРЕМИСЬ К МИРУ И ДОБИВАЙСЯ ЕГО. ВЗОР ГОСПОДА ОБРАЩЕН К ПРАВЕДНИКАМ, СЛУХ ЕГО — К ИХ ВОПЛЯМ. ГНЕВ ГОСПОДА НАПРАВЛЕН ПРОТИВ ТВОРЯЩИХ ЗЛО; УНИЧТОЖЕНА БУДЕТ НА ЗЕМЛЕ ПАМЯТЬ О НИХ. ЕСЛИ ЖЕ, [РАСКАЯВШИСЬ], ОНИ ВЗЫВАЮТ [К НЕМУ], ГОСПОДЬ СЛЫШИТ ИХ И СПАСЕТ ИХ ИЗ ВСЕХ БЕД. БЛИЗОК ГОСПОДЬ К ТЕМ, ЧЬЕ СЕРДЦЕ СОКРУШЕНО, И СПАСЕТ СМИРИВШИХСЯ ДУХОМ. МНОЖЕСТВО БЕД [ПОДСТЕРЕГАЕТ] ПРАВЕДНИКА, НО ОТ ВСЕХ ИХ ИЗБАВИТ ЕГО ГОСПОДЬ; ОБЕРЕГАЕТ ОН КАЖДУЮ ЕГО КОСТЬ: НИ ОДНА ИЗ НИХ НЕ СЛОМАЕТСЯ. УМЕРТВИТ ЗЛОДЕЯ [ЕГО СОБСТВЕННОЕ] ЗЛО, И НЕНАВИДЯЩИЕ ПРАВЕДНИКА БУДУТ ИСТРЕБЛЕНЫ. СПАСЕТ ГОСПОДЬ ДУШИ РАБОВ СВОИХ, И НЕ ПОГИБНУТ ВСЕ ПОЛАГАЮЩИЕСЯ НА НЕГО.[1]

תפלה МОЛИТВА МОШЕ, ЧЕЛОВЕКА, КОТОРОГО ИЗБРАЛ БОГ. ГОСПОДЬ! ПРИБЕЖИЩЕМ НАШИМ БЫЛ ТЫ ИЗ ПОКОЛЕНИЯ В ПОКОЛЕНИЕ. СО ВРЕМЕН, КОГДА ЕЩЕ НЕ БЫЛИ СОЗДАНЫ ГОРЫ, КОГДА ЕЩЕ НЕ СОТВОРИЛ ТЫ ЗЕМЛЮ И ВСЕЛЕННУЮ, — ОТ ВЕКА ТЫ БОГ — И ДО ВЕКА! ПОВЕРГАЕШЬ ТЫ ЧЕЛОВЕКА В ПРАХ И ГОВОРИШЬ: "ВЕРНИТЕСЬ [КО МНЕ], СЫНЫ ЧЕЛОВЕЧЕСКИЕ!" ИБО В ТВОИХ ГЛАЗАХ [ДАЖЕ] ТЫСЯЧЕЛЕТИЕ ПОДОБНО ДНЮ ВЧЕРАШНЕМУ, МИНОВАВШЕМУ; [ОНО ПРОХОДИТ НЕЗАМЕТНО], СЛОВНО СТРАЖА НОЧНАЯ. [ГОДЫ ЖИЗНИ ЧЕЛОВЕЧЕСКОЙ] ТЕКУТ КАК ВО СНЕ; ОНИ ПОДОБНЫ ТРАВЕ, КОТОРАЯ УТРОМ ВЫРАСТАЕТ, СВЕЖА, А К ВЕЧЕРУ ЧАХНЕТ И ЗАСЫХАЕТ. ИБО ИССЯКАЕТ НАША ЖИЗНЬ, КОГДА ГНЕВАЕШЬСЯ ТЫ; ЯРОСТЬ ТВОЯ ПРИВОДИТ НАС В СМЯТЕНИЕ. ПОСТОЯННО ОБРАЩЕНО ТВОЕ ВНИМАНИЕ НА ГРЕХИ НАШИ, И ТАЙНЫЕ НАШИ ПРОСТУПКИ ОТКРЫТЫ ВЗОРУ ТВОЕМУ. ИБО В ГОРЕСТЯХ ПРОХОДЯТ ДНИ НАШИ ИЗ-ЗА ГНЕВА ТВОЕГО, И ТАЮТ НАШИ ГОДЫ, ПОДОБНО ЗВУКУ. ГОДЫ ЖИЗНИ НАШЕЙ — СЕМЬДЕСЯТ ЛЕТ, ОТ СИЛЫ — ВОСЕМЬДЕСЯТ; НО И ЛУЧШАЯ ЧАСТЬ ЕЕ [ПРОХОДИТ] В НАПРАСНОМ ТРУДЕ И СТРАДАНИЯХ, ИБО СКОРО ОБРЫВАЮТСЯ [ГОДЫ] И УЛЕТАЮТ ОТ НАС. КТО МОЖЕТ ПОСТИЧЬ СИЛУ ЯРОСТИ ТВОЕЙ, КОГДА ГНЕВАЕШЬСЯ ТЫ В ГРОЗНОМ ВЕЛИЧИИ СВОЕМ! НАУЧИ НАС ВЕСТИ СЧЕТ НАШИМ ДНЯМ

---

1. Теѓилим, 34.

כֵּן הוֹדַע , וְנָבִיא לְבַב חָכְמָה : שׁוּבָה יְיָ עַד מָתָי ,
וְהִנָּחֵם עַל עֲבָדֶיךָ : שַׂבְּעֵנוּ בַבֹּקֶר חַסְדֶּךָ , וּנְרַנְּנָה
וְנִשְׂמְחָה בְּכָל יָמֵינוּ : שַׂמְּחֵנוּ כִּימוֹת עִנִּיתָנוּ שְׁנוֹת
רָאִינוּ רָעָה : יֵרָאֶה אֶל עֲבָדֶיךָ פָעֳלֶךָ , וַהֲדָרְךָ עַל בְּנֵיהֶם :
וִיהִי נֹעַם אֲדֹנָי אֱלֹהֵינוּ עָלֵינוּ וּמַעֲשֵׂה יָדֵינוּ כּוֹנְנָה
עָלֵינוּ , וּמַעֲשֵׂה יָדֵינוּ כּוֹנְנֵהוּ :

יֹשֵׁב בְּסֵתֶר עֶלְיוֹן , בְּצֵל שַׁדַּי יִתְלוֹנָן : אֹמַר לַיְיָ מַחְסִי וּמְצוּדָתִי ,
אֱלֹהַי אֶבְטַח בּוֹ : כִּי הוּא יַצִּילְךָ מִפַּח יָקוּשׁ , מִדֶּבֶר הַוּוֹת :
בְּאֶבְרָתוֹ יָסֶךְ לָךְ וְתַחַת כְּנָפָיו תֶּחְסֶה , צִנָּה וְסֹחֵרָה אֲמִתּוֹ : לֹא
תִירָא מִפַּחַד לָיְלָה , מֵחֵץ יָעוּף יוֹמָם : מִדֶּבֶר בָּאֹפֶל יַהֲלֹךְ , מִקֶּטֶב
יָשׁוּד צָהֳרָיִם : יִפֹּל מִצִּדְּךָ אֶלֶף וּרְבָבָה מִימִינֶךָ , אֵלֶיךָ לֹא יִגָּשׁ :
רַק בְּעֵינֶיךָ תַבִּיט , וְשִׁלֻּמַת רְשָׁעִים תִּרְאֶה : כִּי אַתָּה יְיָ מַחְסִי ,
עֶלְיוֹן שַׂמְתָּ מְעוֹנֶךָ : לֹא תְאֻנֶּה אֵלֶיךָ רָעָה , וְנֶגַע לֹא יִקְרַב בְּאָהֳלֶךָ :
כִּי מַלְאָכָיו יְצַוֶּה לָּךְ , לִשְׁמָרְךָ בְּכָל דְּרָכֶיךָ : עַל כַּפַּיִם יִשָּׂאוּנְךָ , פֶּן
תִּגֹּף בָּאֶבֶן רַגְלֶךָ : עַל שַׁחַל וָפֶתֶן תִּדְרֹךְ , תִּרְמֹס כְּפִיר וְתַנִּין : כִּי
בִי חָשַׁק וַאֲפַלְּטֵהוּ , אֲשַׂגְּבֵהוּ כִּי יָדַע שְׁמִי : יִקְרָאֵנִי וְאֶעֱנֵהוּ , עִמּוֹ
אָנֹכִי בְצָרָה , אֲחַלְּצֵהוּ וַאֲכַבְּדֵהוּ : אֹרֶךְ יָמִים אַשְׂבִּיעֵהוּ , וְאַרְאֵהוּ
בִּישׁוּעָתִי :

מִזְמוֹר , שִׁירוּ לַיְיָ שִׁיר חָדָשׁ כִּי נִפְלָאוֹת עָשָׂה , הוֹשִׁיעָה לּוֹ יְמִינוֹ וּזְרוֹעַ
קָדְשׁוֹ : הוֹדִיעַ יְיָ יְשׁוּעָתוֹ , לְעֵינֵי הַגּוֹיִם גִּלָּה צִדְקָתוֹ : זָכַר חַסְדּוֹ
וֶאֱמוּנָתוֹ לְבֵית יִשְׂרָאֵל רָאוּ כָל אַפְסֵי אָרֶץ , אֵת יְשׁוּעַת אֱלֹהֵינוּ : הָרִיעוּ לַיְיָ
כָּל הָאָרֶץ , פִּצְחוּ וְרַנְּנוּ וְזַמֵּרוּ : זַמְּרוּ לַיְיָ בְּכִנּוֹר . בְּכִנּוֹר וְקוֹל זִמְרָה . בַּחֲצֹצְרוֹת
וְקוֹל שׁוֹפָר . הָרִיעוּ לִפְנֵי הַמֶּלֶךְ יְיָ : יִרְעַם הַיָּם וּמְלֹאוֹ , תֵּבֵל וְיֹשְׁבֵי בָהּ :
נְהָרוֹת יִמְחֲאוּ כָף , יַחַד הָרִים יְרַנֵּנוּ : לִפְנֵי יְיָ כִּי בָא לִשְׁפֹּט הָאָרֶץ , יִשְׁפֹּט
תֵּבֵל בְּצֶדֶק , וְעַמִּים בְּמֵישָׁרִים :

שִׁיר לַמַּעֲלוֹת , אֶשָּׂא עֵינַי אֶל הֶהָרִים , מֵאַיִן יָבֹא עֶזְרִי : עֶזְרִי מֵעִם יְיָ עֹשֵׂה
שָׁמַיִם וָאָרֶץ : אַל יִתֵּן לַמּוֹט רַגְלֶךָ , אַל יָנוּם שֹׁמְרֶךָ : הִנֵּה לֹא יָנוּם
וְלֹא יִישָׁן , שׁוֹמֵר יִשְׂרָאֵל : יְיָ שֹׁמְרֶךָ , יְיָ צִלְּךָ עַל יַד יְמִינֶךָ : יוֹמָם הַשֶּׁמֶשׁ
לֹא יַכֶּכָּה , וְיָרֵחַ בַּלָּיְלָה : יְיָ יִשְׁמָרְךָ מִכָּל רָע , יִשְׁמֹר אֶת נַפְשֶׁךָ : יְיָ יִשְׁמָר
צֵאתְךָ וּבוֹאֶךָ , מֵעַתָּה וְעַד עוֹלָם :

שיר

И НАДЕЛИ НАШЕ СЕРДЦЕ МУДРОСТЬЮ. ПЕРЕСТАНЬ [ГНЕВАТЬСЯ НА НАС], ГОСПОДЬ! ДОКОЛЕ [ТЫ БУДЕШЬ КАРАТЬ НАС]?! СЖАЛЬСЯ НАД РАБАМИ СВОИМИ! НАСЫЩАЙ НАС ПО УТРАМ МИЛОСТЬЮ СВОЕЙ, И БУ-ДЕМ МЫ ПЕТЬ И РАДОВАТЬСЯ ВО ВСЕ ДНИ ЖИЗНИ НАШЕЙ! ДАРУЙ НАМ ВЕСЕЛЬЕ ВМЕСТО СТРАДАНИЙ, КОТОРЫЕ ТЫ ПОСЫЛАЛ НАМ В [ПРЕЖ-НИЕ] ДНИ, В ГОДЫ, КОГДА БЫЛИ МЫ В БЕДЕ. ОТКРОЕТСЯ ДЕЯНИЕ ТВОЕ ВЗОРУ ТВОИХ РАБОВ И ВЕЛИКОЛЕПИЕ ТВОЕ — ИХ ДЕТЯМ. ДА БУДЕТ ДА-РОВАНО НАМ ГОСПОДОМ, БОГОМ НАШИМ, БЛАЖЕНСТВО; ДА УТВЕРДИТ [ОН В МИРЕ] ТВОРЕНИЯ РУК НАШИХ, ТВОРЕНИЯ НАШИХ РУК ДА УТВЕР-ДИТ![1]

יושב ТОТ, КТО ПОГРУЖЕН В ВЫСШУЮ ТАЙНУ, ПОСТОЯННО БУДЕТ ПРЕБЫВАТЬ ПОД СЕНЬЮ ВСЕМОГУЩЕГО. СКАЖИ ГОСПОДУ: "ЗАЩИТА МОЯ И ОПЛОТ МОЙ, БОГ МОЙ, НА ТЕБЯ Я БУДУ НАДЕЯТЬСЯ!" ИБО ОН СПАСЕТ ТЕБЯ ОТ СЕТЕЙ ЛОВЦА, ОТ ГУ-БИТЕЛЬНОГО МОРА, КРЫЛОМ СВОИМ ПРИКРОЕТ ОН ТЕБЯ, ПОД СЕНЬЮ КРЫЛ ЕГО НАЙДЕШЬ ТЫ УБЕЖИЩЕ, ЩИТОМ И КОЛЬЧУГОЙ БУДЕТ ДЛЯ ТЕБЯ ЕГО ИСТИНА. НЕ УБОИШЬСЯ ТЫ НИ СТРАХОВ НОЧНЫХ, НИ СТРЕЛЫ, ЛЕТЯЩЕЙ ДНЕМ, НИ МОРА, КРА-ДУЩЕГОСЯ ВО ТЬМЕ, НИ СМЕРТИ, СВИРЕПСТВУЮЩЕЙ В ПОЛДЕНЬ. ПАДЕТ [СЛЕ-ВА] ОТ ТЕБЯ ТЫСЯЧА И ДЕСЯТЬ ТЫСЯЧ — СПРАВА, А ТЫ ОСТАНЕШЬСЯ НЕВРЕДИМ; ЛИШЬ ГЛАЗАМИ СВОИМИ УВИДИШЬ ТЫ, КАК ПОСТИГНЕТ ЗЛОДЕЕВ КАРА, ИБО [ГОВОРИЛ] ТЫ: "ГОСПОДЬ — ЗАЩИТА МОЯ", ВСЕВЫШНЕГО ИЗБРАЛ ТЫ ПРИБЕ-ЖИЩЕМ СВОИМ. НЕ СЛУЧИТСЯ С ТОБОЙ НЕСЧАСТЬЯ, И БЕДА НЕ ПРИБЛИЗИТСЯ К ШАТРУ ТВОЕМУ, ИБО АНГЕЛАМ СВОИМ ПРИКАЖЕТ ОН ОХРАНЯТЬ ТЕБЯ НА ВСЕХ ТВОИХ ПУТЯХ. НА РУКАХ ОНИ БУДУТ НОСИТЬ ТЕБЯ, ЧТОБЫ НЕ СПОТКНУЛАСЬ О КАМЕНЬ ТВОЯ НОГА. ЛЬВА И ЗМЕЯ ПОПИРАТЬ СТАНЕШЬ, РАСТОПЧЕШЬ МОЛОДО-ГО ЛЬВА И ДРАКОНА. [СКАЗАЛ ВСЕВЫШНИЙ]: "ЗА ТО, ЧТО ОН СТРЕМИТСЯ КО МНЕ, Я СПАСУ ЕГО; Я ВОЗНЕСУ ЕГО ЗА ТО, ЧТО ЗНАЕТ ОН ИМЯ МОЕ. ВОЗЗОВЕТ ОН КО МНЕ — И Я ОТВЕЧУ ЕМУ. С НИМ Я В БЕДЕ ЕГО; Я СПАСУ ЕГО И ПРОСЛАВЛЮ. ДАМ НАСЫТИТЬСЯ ЕМУ ДОЛГОЛЕТИЕМ И ЯВЛЮ ЕМУ СВОЕ СПАСЕНИЕ".[2]

מזמור ПСАЛОМ. ПОЙТЕ ГОСПОДУ НОВУЮ ПЕСНЬ, ИБО ЧУДЕСА СОВЕРШИЛ ОН; СПАСЕНИЕ ДАРОВАЛ ОН ДЕСНИЦЕЙ СВОЕЙ, СВЯТОЮ СВОЕЙ РУКОЙ. ВОЗВЕСТИЛ ГОСПОДЬ О ДАРОВАННОМ ИМ СПАСЕНИИ, ЯВИЛ ОН ВЗОРАМ НАРОДОВ СПРАВЕД-ЛИВОСТЬ СВОЮ. ВСПОМНИЛ ОН О МИЛОСТИ СВОЕЙ К ДОМУ ИЗРАИЛЯ И ОБ ОБЕ-ЩАНИИ СВОЕМ — И ВСЕ ПРЕДЕЛЫ ЗЕМНЫЕ СТАЛИ СВИДЕТЕЛЯМИ СПАСЕНИЯ, ДАРОВАННОГО БОГОМ НАШИМ. ЛИКУЙТЕ ПРЕД ГОСПОДОМ, ВСЕ [ОБИТАТЕЛИ] ЗЕМЛИ; ПОЙТЕ В ПОЛНЫЙ ГОЛОС, ВОСПЕВАЙТЕ [ЕГО]. ИГРАЙТЕ ПРЕД ГОСПО-ДОМ НА АРФЕ, [ИГРАЙТЕ] НА АРФЕ И ГРОМКО ПОЙТЕ. ТРУБИТЕ В ТРУБЫ И В ШО-ФАР ПРЕД ВЛАДЫКОЙ, ГОСПОДОМ. ЗАШУМИТ МОРЕ СО ВСЕМ, ЧТО НАПОЛНЯЕТ ЕГО, ЗЕМЛЯ И ВСЕ ЕЕ ОБИТАТЕЛИ. ВОЗЛИКУЮТ РЕКИ И ВМЕСТЕ С ГОРАМИ БУДУТ ВОС-ПЕВАТЬ ГОСПОДА, ИБО ОН ПРИШЕЛ СУДИТЬ ЗЕМЛЮ. БУДЕТ ОН СУДИТЬ МИР СПРА-ВЕДЛИВО И НАРОДЫ — ПРАВЕДНО.[3]

שיר ПЕСНЬ, [КОТОРУЮ ПЕЛИ ЛЕВИИМ, СТОЯ] НА СТУПЕНЯХ В ХРАМЕ. ПОДНИ-МУ ЛИ Я ГЛАЗА К ВЕРШИНАМ ГОР, НАДЕЯСЬ, ЧТО ОТТУДА ПРИДЕТ ПОМОЩЬ МНЕ? ПОМОЩЬ МНЕ [ПРИДЕТ] ОТ ГОСПОДА, СОЗДАВШЕГО НЕБО И ЗЕМЛЮ! ОН НЕ ДО-ПУСТИТ, ЧТОБЫ НОГИ ТВОИ ПОДКОСИЛИСЬ; ОН — НЕДРЕМЛЮЩИЙ СТРАЖ ТВОЙ. ВЕДЬ НИКОГДА НЕ ДРЕМЛЕТ И НЕ СПИТ СТРАЖ ИЗРАИЛА. ГОСПОДЬ — СТРАЖ ТВОЙ, ГОСПОДЬ — ЗАЩИТА ТВОЯ, ОН — ПО ПРАВУЮ РУКУ ТВОЮ. СОЛНЦЕ НЕ ПРИЧИ-НИТ ТЕБЕ ВРЕДА ДНЕМ И ЛУНА — НОЧЬЮ. ГОСПОДЬ ОХРАНИТ ТЕБЯ ОТ ВСЯКОГО ЗЛА; ОН БУДЕТ ОБЕРЕГАТЬ ДУШУ ТВОЮ. ГОСПОДЬ БУДЕТ ХРАНИТЬ ТЕБЯ, КОГДА ТЫ ОТПРАВИШЬСЯ В ПУТЬ И КОГДА СТАНЕШЬ ВОЗВРАЩАТЬСЯ, — ОТНЫНЕ И ВО-ВЕКИ![4]

---

1. Теѓилим, 90. 2. Теѓилим, 91. 3. Теѓилим, 98. 4. Теѓилим, 121.

שִׁיר הַמַּעֲלוֹת לְדָוִד, שָׂמַחְתִּי בְּאֹמְרִים לִי, בֵּית יְיָ נֵלֵךְ: עֹמְדוֹת הָיוּ
רַגְלֵינוּ, בִּשְׁעָרַיִךְ יְרוּשָׁלָיִם: יְרוּשָׁלַיִם הַבְּנוּיָה, כְּעִיר שֶׁחֻבְּרָה לָּהּ
יַחְדָּו: שֶׁשָּׁם עָלוּ שְׁבָטִים שִׁבְטֵי יָהּ עֵדוּת לְיִשְׂרָאֵל, לְהֹדוֹת לְשֵׁם יְיָ: כִּי
שָׁמָּה יָשְׁבוּ כִסְאוֹת לְמִשְׁפָּט, כִּסְאוֹת לְבֵית דָּוִד: שַׁאֲלוּ שְׁלוֹם יְרוּשָׁלָיִם,
יִשְׁלָיוּ אֹהֲבָיִךְ: יְהִי שָׁלוֹם בְּחֵילֵךְ, שַׁלְוָה בְּאַרְמְנוֹתָיִךְ: לְמַעַן אַחַי וְרֵעָי,
אֲדַבְּרָה נָּא שָׁלוֹם בָּךְ: לְמַעַן בֵּית יְיָ אֱלֹהֵינוּ אֲבַקְשָׁה טוֹב לָךְ:

שִׁיר הַמַּעֲלוֹת, אֵלֵיךָ נָשָׂאתִי אֶת עֵינַי, הַיֹּשְׁבִי בַּשָּׁמָיִם: הִנֵּה כְעֵינֵי
עֲבָדִים אֶל יַד אֲדוֹנֵיהֶם, כְּעֵינֵי שִׁפְחָה אֶל יַד גְּבִרְתָּהּ, כֵּן עֵינֵינוּ
אֶל יְיָ אֱלֹהֵינוּ, עַד שֶׁיְּחָנֵּנוּ: חָנֵּנוּ יְיָ חָנֵּנוּ, כִּי רַב שָׂבַעְנוּ בוּז. רַבַּת שָׂבְעָה
לָּהּ נַפְשֵׁנוּ הַלַּעַג הַשַּׁאֲנַנִּים, הַבּוּז לִגְאֵי יוֹנִים:

שִׁיר הַמַּעֲלוֹת לְדָוִד, לוּלֵי יְיָ שֶׁהָיָה לָנוּ, יֹאמַר נָא יִשְׂרָאֵל: לוּלֵי יְיָ שֶׁהָיָה
לָנוּ, בְּקוּם עָלֵינוּ אָדָם: אֲזַי חַיִּים בְּלָעוּנוּ, בַּחֲרוֹת אַפָּם בָּנוּ: אֲזַי
הַמַּיִם שְׁטָפוּנוּ, נַחְלָה עָבַר עַל נַפְשֵׁנוּ: אֲזַי עָבַר עַל נַפְשֵׁנוּ, הַמַּיִם
הַזֵּידוֹנִים: בָּרוּךְ יְיָ, שֶׁלֹּא נְתָנָנוּ טֶרֶף לְשִׁנֵּיהֶם: נַפְשֵׁנוּ כְּצִפּוֹר נִמְלְטָה
מִפַּח יוֹקְשִׁים, הַפַּח נִשְׁבָּר, וַאֲנַחְנוּ נִמְלָטְנוּ: עֶזְרֵנוּ בְּשֵׁם יְיָ, עֹשֵׂה
שָׁמַיִם וָאָרֶץ:

הַלְלוּיָהּ ׀ הַלְלוּ אֶת שֵׁם יְיָ, הַלְלוּ עַבְדֵי יְיָ: שֶׁעֹמְדִים
בְּבֵית יְיָ, בְּחַצְרוֹת בֵּית אֱלֹהֵינוּ: הַלְלוּיָהּ
כִּי טוֹב יְיָ, זַמְּרוּ לִשְׁמוֹ כִּי נָעִים: כִּי יַעֲקֹב בָּחַר לוֹ יָהּ,
יִשְׂרָאֵל לִסְגֻלָּתוֹ: כִּי אֲנִי יָדַעְתִּי כִּי גָדוֹל יְיָ, וַאֲדֹנֵינוּ
מִכָּל אֱלֹהִים: כֹּל אֲשֶׁר חָפֵץ יְיָ עָשָׂה, בַּשָּׁמַיִם וּבָאָרֶץ
בַּיַּמִּים וְכָל תְּהֹמוֹת: מַעֲלֶה נְשִׂאִים מִקְצֵה הָאָרֶץ,
בְּרָקִים לַמָּטָר עָשָׂה, מוֹצֵא רוּחַ מֵאוֹצְרוֹתָיו: שֶׁהִכָּה
בְּכוֹרֵי מִצְרָיִם, מֵאָדָם עַד בְּהֵמָה: שָׁלַח אֹתֹת
וּמֹפְתִים בְּתוֹכֵכִי מִצְרָיִם, בְּפַרְעֹה וּבְכָל עֲבָדָיו: שֶׁהִכָּה
גּוֹיִם רַבִּים, וְהָרַג מְלָכִים עֲצוּמִים: לְסִיחוֹן מֶלֶךְ הָאֱמֹרִי
וּלְעוֹג מֶלֶךְ הַבָּשָׁן, וּלְכֹל מַמְלְכוֹת כְּנָעַן: וְנָתַן אַרְצָם
נַחֲלָה, נַחֲלָה לְיִשְׂרָאֵל עַמּוֹ: יְיָ, שִׁמְךָ לְעוֹלָם, יְיָ,

וְכֻרְךָ

_____

תו"א א) תהלים קכב:ב) שם קכג: ג) שם קכד: ד) שם קלה:

שיר ПЕСНЬ ДАВИДА, [КОТОРУЮ ПЕЛИ ЛЕВИИМ, СТОЯ] НА СТУПЕНЯХ В ХРАМЕ. ВОЗРАДОВАЛСЯ Я, КОГДА СКАЗАЛИ МНЕ: ”ПОЙДЕМ В ХРАМ ГОСПОДА”. СТОЯЛИ МЫ, ПРИШЕДШИЕ НА ПРАЗДНИК, В ВОРОТАХ ТВОИХ, ИЕРУСАЛИМ. ИЕРУСАЛИМ – ГОРОД, ПОСТРОЕННЫЙ ДЛЯ ТОГО, ЧТОБЫ ОБЪЕДИНИЛСЯ В НЕМ [ВЕСЬ НАРОД ИЗРАИЛЯ]; ИБО ВОСХОДИЛИ ТУДА КОЛЕНА [НАРОДА] БОЖЬЕГО, СОГЛАСНО ЗАВЕТУ, ДАННОМУ ИЗРАИЛЮ, – ЧТОБЫ ВОСХВАЛЯТЬ ИМЯ ВСЕВЫШНЕГО; ИБО ТАМ БЫЛИ УСТАНОВЛЕНЫ ПРЕСТОЛЫ СУДЕЙ И ПРЕСТОЛЫ [ЦАРЕЙ ИЗ] ДОМА ДАВИДА. МОЛИТЕСЬ О МИРЕ ДЛЯ ИЕРУСАЛИМА; ДА ОБРЕТУТ ПОКОЙ ТЕ, КТО ЛЮБИТ ТЕБЯ, [ИЕРУСАЛИМ]! ДА ВОЦАРИТСЯ МИР В СТЕНАХ ТВОИХ, [ИЕРУСАЛИМ], И ПОКОЙ – ВО ДВОРЦАХ ТВОИХ! РАДИ БРАТЬЕВ МОИХ, БЛИЖНИХ МОИХ БУДУ МОЛИТЬСЯ О МИРЕ ДЛЯ ТЕБЯ! РАДИ ДОМА ГОСПОДА, БОГА НАШЕГО, БУДУ МОЛИТЬСЯ О ТВОЕМ БЛАГОПОЛУЧИИ![1]

שיר ПЕСНЬ, [КОТОРУЮ ПЕЛИ ЛЕВИИМ, СТОЯ] НА СТУПЕНЯХ В ХРАМЕ. К ТЕБЕ УСТРЕМИЛ Я ВЗОР СВОЙ, О, ПРЕБЫВАЮЩИЙ В ВЫСЯХ! ПОДОБНО ТОМУ, КАК ВЗОРЫ РАБОВ [ПРИКОВАНЫ] К РУКЕ ИХ ГОСПОДИНА И ВЗОР РАБЫНИ – К РУКЕ ЕЕ ГОСПОЖИ, – И НАШ ВЗОР [УСТРЕМЛЕН] К ГОСПОДУ, БОГУ НАШЕМУ, [В НАДЕЖДЕ НА ТО], ЧТО ОН ПОМИЛУЕТ НАС. ПОМИЛУЙ НАС, ГОСПОДЬ, ПОМИЛУЙ НАС, ИБО МЫ ПРЕСЫТИЛИСЬ ПОЗОРОМ! ПРЕСЫТИЛАСЬ ДУША НАША НАСМЕШКАМИ САМОДОВОЛЬНЫХ, ПРЕЗРЕНИЕМ НАДМЕННЫХ.[2]

שיר ПЕСНЬ ДАВИДА, [КОТОРУЮ ПЕЛИ ЛЕВИИМ, СТОЯ] НА СТУПЕНЯХ В ХРАМЕ. ЕСЛИ БЫ НЕ ГОСПОДЬ, КОТОРЫЙ БЫЛ С НАМИ, – ПУСТЬ РАССКАЖЕТ ОБ ЭТОМ ИЗРАИЛЬ! – ЕСЛИ БЫ НЕ ГОСПОДЬ, КОТОРЫЙ БЫЛ С НАМИ, КОГДА ЛЮДИ ОПОЛЧИЛИСЬ НА НАС, – ТО ПРОГЛОТИЛИ БЫ ОНИ НАС ЖИВЬЕМ, ПЫЛАЯ К НАМ НЕНАВИСТЬЮ; ТО ПОДОБНО ВОДАМ ЗАТОПИЛИ БЫ НАС ОНИ, ИХ ПОТОК ЗАХЛЕСТНУЛ БЫ НАШИ ДУШИ, ЗАХЛЕСТНУЛИ БЫ ТОГДА ЗЛОБНЫЕ ВОДЫ НАШИ ДУШИ. БЛАГОСЛОВЕН ГОСПОДЬ, КОТОРЫЙ НЕ ДОПУСТИЛ, ЧТОБЫ ЗУБЫ ВРАГОВ РАСТЕРЗАЛИ НАС. СПАСЛАСЬ ОТ НИХ НАША ДУША, КАК ПТИЦА ИЗ СИЛКОВ: ПОРВАЛИСЬ СИЛКИ, И СПАСЛИСЬ МЫ. НАШЕ СПАСЕНИЕ – В ИМЕНИ ГОСПОДА, ТВОРЦА НЕБА И ЗЕМЛИ.[3]

הללויה ВОСХВАЛИТЕ БОГА! ВОСХВАЛИТЕ ИМЯ ГОСПОДА, ВОСХВАЛИТЕ ЕГО, РАБЫ ГОСПОДА, СТОЯЩИЕ В ХРАМЕ ГОСПОДА, ВО ДВОРАХ ХРАМА БОГА НАШЕГО! ВОСХВАЛЯЙТЕ БОГА, ИБО ДОБР ГОСПОДЬ. ВОСПЕВАЙТЕ ИМЯ ЕГО — ИБО БЛАЖЕНСТВО [ДАРУЕТ ОН]; ИБО ЯАКОВА ИЗБРАЛ СЕБЕ БОГ, ИЗРАИЛЯ — В УДЕЛ СЕБЕ. ИБО ПОСТИГ Я, ЧТО ВЕЛИК ГОСПОДЬ, ЧТО ВЛАСТЕЛИН НАШ ВОЗНЕСЕН НАД ВСЕМИ ВЫСШИМИ СИЛАМИ. ВСЕ, ЧТО ЗАХОЧЕТ ГОСПОДЬ, ДЕЛАЕТ ОН НА НЕБЕ И НА ЗЕМЛЕ, В МОРЯХ И ВО ВСЕХ БЕЗДНАХ. ПОДНИМАЕТ ОН ТУЧИ С КРАЯ ЗЕМЛИ, ТВОРИТ МОЛНИИ, [СВЕРКАЮЩИЕ ВО ВРЕМЯ] ЛИВНЯ, ОСВОБОЖДАЕТ ВЕТЕР ИЗ ХРАНИЛИЩ СВОИХ. ОН — ТОТ, КТО УМЕРТВИЛ ПЕРВЕНЦЕВ ЕГИПТА — И [ПЕРВЕНЦЕВ] ЧЕЛОВЕКА, И [ПЕРВЕНЦЕВ] СКОТА; ОН ЯВИЛ ЧУДЕСА И ЗНАМЕНИЯ В ЕГИПТЕ, [ПОКАРАВ] ФАРАОНА И ВСЕХ СЛУГ ЕГО. ОН — ТОТ, КТО ПОКАРАЛ МНОЖЕСТВО ПЛЕМЕН И УБИЛ МОГУЧИХ ЦАРЕЙ: СИХОНА, ЦАРЯ ЭМОРИЙСКОГО, И ОГА, ЦАРЯ БАШАНСКОГО И [ВЛАДЫК] ВСЕХ ЦАРСТВ ХАНААНА; И ОТДАЛ ОН ЗЕМЛЮ В НАСЛЕДСТВО, В УДЕЛ ИЗРАИЛЮ, НАРОДУ СВОЕМУ. ”ГОСПОДЬ” — ИМЯ ТЕБЕ ВОВЕК! ГОСПОДОМ

---

1. Теѓилим, 122.   2. Теѓилим, 123.   3. Теѓилим, 124.

זְכְרְךָ לְדֹר וָדֹר: כִּי יָדִין יְיָ עַמּוֹ, וְעַל עֲבָדָיו יִתְנֶחָם: עַצַבֵּי הַגּוֹיִם כֶּסֶף וְזָהָב, מַעֲשֵׂה יְדֵי אָדָם: פֶּה לָהֶם וְלֹא יְדַבֵּרוּ, עֵינַיִם לָהֶם וְלֹא יִרְאוּ: אָזְנַיִם לָהֶם וְלֹא יַאֲזִינוּ, אַף אֵין יֶשׁ רוּחַ בְּפִיהֶם: כְּמוֹהֶם יִהְיוּ עֹשֵׂיהֶם, כֹּל אֲשֶׁר בֹּטֵחַ בָּהֶם: בֵּית יִשְׂרָאֵל בָּרְכוּ אֶת יְיָ, בֵּית אַהֲרֹן בָּרְכוּ אֶת יְיָ: בֵּית הַלֵּוִי בָּרְכוּ אֶת יְיָ, יִרְאֵי יְיָ בָּרְכוּ אֶת יְיָ: בָּרוּךְ יְיָ מִצִּיוֹן, שֹׁכֵן יְרוּשָׁלָיִם, הַלְלוּיָהּ:

הוֹדוּ לַיְיָ כִּי טוֹב,　　כִּי לְעוֹלָם חַסְדּוֹ:
הוֹדוּ לֵאלֹהֵי הָאֱלֹהִים, כִּי לְעוֹלָם חַסְדּוֹ:
הוֹדוּ לַאֲדֹנֵי הָאֲדֹנִים, כִּי לְעוֹלָם חַסְדּוֹ:
לְעֹשֵׂה נִפְלָאוֹת גְּדֹלוֹת לְבַדּוֹ, כִּי לְעוֹלָם חַסְדּוֹ:
לְעֹשֵׂה הַשָּׁמַיִם בִּתְבוּנָה,　　כִּי לְעוֹלָם חַסְדּוֹ:
לְרוֹקַע הָאָרֶץ עַל הַמָּיִם,　　כִּי לְעוֹלָם חַסְדּוֹ:
לְעֹשֵׂה אוֹרִים גְּדֹלִים,　　כִּי לְעוֹלָם חַסְדּוֹ:
אֶת הַשֶּׁמֶשׁ לְמֶמְשֶׁלֶת בַּיּוֹם, כִּי לְעוֹלָם חַסְדּוֹ:
אֶת הַיָּרֵחַ וְכוֹכָבִים לְמֶמְשְׁלוֹת בַּלָּיְלָה,
　　　　　　　　　　　　כִּי לְעוֹלָם חַסְדּוֹ:
לְמַכֵּה מִצְרַיִם בִּבְכוֹרֵיהֶם, כִּי לְעוֹלָם חַסְדּוֹ:
וַיּוֹצֵא יִשְׂרָאֵל מִתּוֹכָם,　　כִּי לְעוֹלָם חַסְדּוֹ:
בְּיָד חֲזָקָה וּבִזְרוֹעַ נְטוּיָה,　　כִּי לְעוֹלָם חַסְדּוֹ:
לְגֹזֵר יַם סוּף לִגְזָרִים,　　כִּי לְעוֹלָם חַסְדּוֹ:
וְהֶעֱבִיר יִשְׂרָאֵל בְּתוֹכוֹ,　　כִּי לְעוֹלָם חַסְדּוֹ:

НАЗЫВАЮТ ТЕБЯ ИЗ ПОКОЛЕНИЯ В ПОКОЛЕНИЕ! ИБО БУДЕТ СУДИТЬ ГОСПОДЬ [ПРИТЕСНИТЕЛЕЙ] НАРОДА СВОЕГО И СМИЛУЕТСЯ НАД РАБАМИ СВОИМИ. ИДОЛЫ ПЛЕМЕН — [ВСЕГО ЛИШЬ КУСКИ] СЕРЕБРА И ЗОЛОТА, ТВОРЕНИЕ РУК ЧЕЛОВЕЧЕСКИХ. ЕСТЬ У НИХ РТЫ, НО ОНИ НЕ ГОВОРЯТ; ЕСТЬ У НИХ ГЛАЗА, НО ОНИ НЕ ВИДЯТ; ЕСТЬ У НИХ УШИ, НО ОНИ НЕ СЛЫШАТ; ДАЖЕ ДЫХАНИЕ НЕ ВЫХОДИТ ИЗ ИХ УСТ. ДА УПОДОБЯТСЯ ИМ ТЕ, КТО ИХ СДЕЛАЛ, ВСЯКИЙ, КТО НА НИХ ПОЛАГАЛСЯ. ДОМ ИЗРАИЛЯ, БЛАГОСЛОВИ ГОСПОДА! ДОМ АҐАРОНА, БЛАГОСЛОВИ ГОСПОДА! ДОМ ЛЕВИ, БЛАГОСЛОВИ ГОСПОДА! БОЯЩИЕСЯ ГОСПОДА, БЛАГОСЛОВИТЕ ГОСПОДА! БЛАГОСЛОВЕН ГОСПОДЬ, [ПОСЫЛАЮЩИЙ СВЕТ] ИЗ СИОНА, [БЛАГОСЛОВЕН] ОБИТАЮЩИЙ В ИЕРУСАЛИМЕ! ВОСХВАЛИТЕ БОГА![1]

הודו БЛАГОДАРИТЕ ГОСПОДА, ИБО ОН ДОБР — ИБО ВЕЧНА МИЛОСТЬ ЕГО!

БЛАГОДАРИТЕ БОГА, [ПОВЕЛЕВАЮЩЕГО ВСЕМИ] ВЫСШИМИ СИЛАМИ, — ИБО ВЕЧНА МИЛОСТЬ ЕГО!

БЛАГОДАРИТЕ ВЛАДЫКУ ВЛАДЫК — ИБО ВЕЧНА МИЛОСТЬ ЕГО;

КОТОРЫЙ ОДИН ЛИШЬ ТВОРИТ ВЕЛИКИЕ ЧУДЕСА — ИБО ВЕЧНА МИЛОСТЬ ЕГО;

КОТОРЫЙ МУДРОСТЬЮ СВОЕЙ СОЗДАЛ НЕБЕСА — ИБО ВЕЧНА МИЛОСТЬ ЕГО;

КОТОРЫЙ ВОЗВЫСИЛ СУШУ НАД ВОДОЙ — ИБО ВЕЧНА МИЛОСТЬ ЕГО;

КОТОРЫЙ СОЗДАЛ ВЕЛИКИЕ СВЕТИЛА — ИБО ВЕЧНА МИЛОСТЬ ЕГО;

СОЛНЦЕ, ЧТОБЫ ОНО ЦАРСТВОВАЛО ДНЕМ, — ИБО ВЕЧНА МИЛОСТЬ ЕГО;

ЛУНУ И ЗВЕЗДЫ, ЧТОБЫ ОНИ ЦАРСТВОВАЛИ НОЧЬЮ, — ИБО ВЕЧНА МИЛОСТЬ ЕГО;

КОТОРЫЙ УМЕРТВИЛ ПЕРВЕНЦЕВ ЕГИПТА — ИБО ВЕЧНА МИЛОСТЬ ЕГО;

И ВЫВЕЛ [НАРОД] ИЗРАИЛЯ ОТТУДА — ИБО ВЕЧНА МИЛОСТЬ ЕГО;

ДЛАНЬЮ МОГУЧЕЙ, РУКОЮ ПРОСТЕРТОЙ — ИБО ВЕЧНА МИЛОСТЬ ЕГО;

КОТОРЫЙ РАССЕК КРАСНОЕ МОРЕ НА ЧАСТИ — ИБО ВЕЧНА МИЛОСТЬ ЕГО;

И ПРОВЕЛ [НАРОД] ИЗРАИЛЯ МЕЖДУ НИМИ — ИБО ВЕЧНА МИЛОСТЬ ЕГО;

---

1. Теґилим, 135.

וְנִעֵר פַּרְעֹה וְחֵילוֹ בְיַם סוּף, הָ כִּי לְעוֹלָם חַסְדּוֹ:

לְמוֹלִיךְ עַמּוֹ בַּמִּדְבָּר, כִּי לְעוֹלָם חַסְדּוֹ:

לְמַכֵּה מְלָכִים גְּדוֹלִים, כִּי לְעוֹלָם חַסְדּוֹ:

וַיַּהֲרֹג מְלָכִים אַדִּירִים, כִּי לְעוֹלָם חַסְדּוֹ:

לְסִיחוֹן מֶלֶךְ הָאֱמֹרִי, כִּי לְעוֹלָם חַסְדּוֹ:

וּלְעוֹג מֶלֶךְ הַבָּשָׁן, כִּי לְעוֹלָם חַסְדּוֹ:

וְנָתַן אַרְצָם לְנַחֲלָה, וְ כִּי לְעוֹלָם חַסְדּוֹ:

נַחֲלָה לְיִשְׂרָאֵל עַבְדּוֹ, כִּי לְעוֹלָם חַסְדּוֹ:

שֶׁבְּשִׁפְלֵנוּ זָכַר לָנוּ, כִּי לְעוֹלָם חַסְדּוֹ:

וַיִּפְרְקֵנוּ מִצָּרֵינוּ, כִּי לְעוֹלָם חַסְדּוֹ:

נֹתֵן לֶחֶם לְכָל בָּשָׂר, כִּי לְעוֹלָם חַסְדּוֹ:

הוֹדוּ לְאֵל הַשָּׁמָיִם, הָ כִּי לְעוֹלָם חַסְדּוֹ:

הָאַדֶּרֶת וְהָאֱמוּנָה לְחַי עוֹלָמִים:	הַלֶּקַח וְהַלִּבּוּב לְחַי עוֹלָמִים:
הַבִּינָה וְהַבְּרָכָה לְחַי עוֹלָמִים:	הַמְּלוּכָה וְהַמֶּמְשָׁלָה לְחַי עוֹלָמִים:
הַגַּאֲוָה וְהַגְּדֻלָּה לְחַי עוֹלָמִים:	הַנּוֹי וְהַנֵּצַח לְחַי עוֹלָמִים:
הַדֵּעָה וְהַדִּבּוּר לְחַי עוֹלָמִים:	הַסִּגּוּי וְהַשֶּׂגֶב לְחַי עוֹלָמִים:
הַהוֹד וְהֶהָדָר לְחַי עוֹלָמִים:	הָעֹז וְהָעֲנָוָה לְחַי עוֹלָמִים:
הַוַּעַד וְהַוָּתִיקוּת לְחַי עוֹלָמִים:	הַפְּדוּת וְהַפְּאֵר לְחַי עוֹלָמִים:
הַזִּיו וְהַזֹּהַר לְחַי עוֹלָמִים:	הַצְּבִי וְהַצֶּדֶק לְחַי עוֹלָמִים:
הַחַיִל וְהַחֹסֶן לְחַי עוֹלָמִים:	הַקְּרִיאָה וְהַקְּדֻשָּׁה לְחַי עוֹלָמִים:
הַטֶּכֶס וְהַטֹּהַר לְחַי עוֹלָמִים:	הָרוֹן וְהָרוֹמְמוּת לְחַי עוֹלָמִים:
הַיִּחוּד וְהַיִּרְאָה לְחַי עוֹלָמִים:	הַשִּׁיר וְהַשֶּׁבַח לְחַי עוֹלָמִים:
הַכֶּתֶר וְהַכָּבוֹד לְחַי עוֹלָמִים:	הַתְּהִלָּה וְהַתִּפְאֶרֶת לְחַי עוֹלָמִים:

לְשֵׁם יִחוּד קוּדְשָׁא בְּרִיךְ הוּא וּשְׁכִינְתֵּיהּ לְיַחֲדָא שֵׁם יַהּ בְּוָה בְּיִחוּדָא
שְׁלִים בְּשֵׁם כָּל יִשְׂרָאֵל:

ברוך

И НИЗВЕРГ ФАРАОНА С ЕГО ВОЙСКОМ В КРАСНОЕ МОРЕ — ИБО ВЕЧНА МИЛОСТЬ ЕГО;

КОТОРЫЙ ПРОВЕЛ СВОЙ НАРОД ЧЕРЕЗ ПУСТЫНЮ — ИБО ВЕЧНА МИЛОСТЬ ЕГО;

КОТОРЫЙ УМЕРТВИЛ ВЕЛИКИХ ЦАРЕЙ — ИБО ВЕЧНА МИЛОСТЬ ЕГО;

УБИЛ МОГУЧИХ ВЛАДЫК — ИБО ВЕЧНА МИЛОСТЬ ЕГО;

СИХОНА, ЦАРЯ ЭМОРИЙСКОГО, — ИБО ВЕЧНА МИЛОСТЬ ЕГО;

И ОГА, ЦАРЯ БАШАНСКОГО, — ИБО ВЕЧНА МИЛОСТЬ ЕГО, —

И ОТДАЛ ОН ИХ ЗЕМЛЮ В НАСЛЕДСТВО — ИБО ВЕЧНА МИЛОСТЬ ЕГО;

В НАСЛЕДСТВО ИЗРАИЛЮ, РАБУ СВОЕМУ, — ИБО ВЕЧНА МИЛОСТЬ ЕГО;

КОТОРЫЙ ВСПОМНИЛ О НАС, КОГДА МЫ БЫЛИ УНИЖЕНЫ, — ИБО ВЕЧНА МИЛОСТЬ ЕГО;

И ИЗБАВИЛ НАС ОТ ВРАГОВ НАШИХ — ИБО ВЕЧНА МИЛОСТЬ ЕГО;

ОН ПОСЫЛАЕТ ПИЩУ ВСЕМУ ЖИВОМУ — ИБО ВЕЧНА МИЛОСТЬ ЕГО;

БЛАГОДАРИТЕ БОГА, [ВЛАДЫКУ] НЕБЕС, — ИБО ВЕЧНА МИЛОСТЬ ЕГО![1]

האדרת МОГУЩЕСТВЕН И ВЕРЕН [СВОИМ ОБЕЩАНИЯМ] ОН, ЖИВУЩИЙ ВЕЧНО.
МУДР И БЛАГОДЕТЕЛЕН ОН, ЖИВУЩИЙ ВЕЧНО.
ГОРД И ВЕЛИК ОН, ЖИВУЩИЙ ВЕЧНО.
[НАДЕЛЯЕТ ЛЮДЕЙ] РАЗУМОМ И [ДАРОМ] РЕЧИ ОН, ЖИВУЩИЙ ВЕЧНО.
СЛАВЕН И ВЕЛИКОЛЕПЕН ОН, ЖИВУЩИЙ ВЕЧНО.
ВЕЧНОСТЬ И БЛАГО [ПРИНАДЛЕЖАТ ЕМУ], ЖИВУЩЕМУ ВЕЧНО.
В БЛЕСКЕ И СИЯНИИ [ПРЕБЫВАЕТ] ОН, ЖИВУЩИЙ ВЕЧНО.
МОГУЧ И НЕПОКОЛЕБИМ ОН, ЖИВУЩИЙ ВЕЧНО.
ВЕЛИКОЛЕПИЕ И ЧИСТОТА [ОКРУЖАЮТ] ЕГО, ЖИВУЩЕГО ВЕЧНО.
ЕДИН И ГРОЗЕН ОН, ЖИВУЩИЙ ВЕЧНО.
УВЕНЧАН КОРОНОЙ И ПОЧИТАЕМ ОН, ЖИВУЩИЙ ВЕЧНО.
ЗНАНИЕ И МУДРОЕ СЕРДЦЕ [ДАРУЕТ] ОН, ЖИВУЩИЙ ВЕЧНО.
ЦАРСТВУЕТ И ПРАВИТ ОН, ЖИВУЩИЙ ВЕЧНО.
ПРЕКРАСЕН И ПОБЕДОНОСЕН ОН, ЖИВУЩИЙ ВЕЧНО.
НЕДОСЯГАЕМ И НЕПОСТИЖИМ ОН, ЖИВУЩИЙ ВЕЧНО.
ВСЕСИЛЕН И СНИСХОДИТЕЛЕН ОН, ЖИВУЩИЙ ВЕЧНО.
СПАСЕНИЕ И СЛАВУ [ДАРУЕТ] ОН, ЖИВУЩИЙ ВЕЧНО.
СОВЕРШЕНЕН И СПРАВЕДЛИВ ОН, ЖИВУЩИЙ ВЕЧНО.
[АНГЕЛЫ], ВЗЫВАЯ [ДРУГ К ДРУГУ], ПРОВОЗГЛАШАЮТ СВЯТОСТЬ ЕГО, ЖИВУЩЕГО ВЕЧНО.
[ПОДОБАЕТ НАМ ПОСВЯЩАТЬ ЕМУ] ГИМНЫ И ПРЕВОЗНОСИТЬ ЕГО, ЖИВУЩЕГО ВЕЧНО,
ВОСПЕВАТЬ И ВОСХВАЛЯТЬ ЕГО, ЖИВУЩЕГО ВЕЧНО,
ПОВЕСТВОВАТЬ О СЛАВЕ И ВЕЛИКОЛЕПИИ ЕГО, ЖИВУЩЕГО ВЕЧНО.

לשם РАДИ ОБЪЕДИНЕНИЯ ВСЕВЫШНЕГО, БЛАГОСЛОВЕН ОН, С ЕГО ШХИНОЙ, — ЕГО ИМЕНИ ЙОД – ГЕЙ С [БУКВАМИ] ВАВ – ГЕЙ, — В ПОЛНОЕ ЕДИНСТВО, [Я ПРОИЗНОШУ] ОТ ИМЕНИ ВСЕГО ИЗРАИЛЯ:

---

1. Теѓилим, 136.

בָּרוּךְ שֶׁאָמַר וְהָיָה הָעוֹלָם, בָּרוּךְ הוּא, בָּרוּךְ
אוֹמֵר וְעֹשֶׂה, בָּרוּךְ גּוֹזֵר וּמְקַיֵּם, בָּרוּךְ
עֹשֶׂה בְרֵאשִׁית, בָּרוּךְ מְרַחֵם עַל הָאָרֶץ, בָּרוּךְ
מְרַחֵם עַל הַבְּרִיּוֹת, בָּרוּךְ מְשַׁלֵּם שָׂכָר טוֹב
לִירֵאָיו, בָּרוּךְ חַי לָעַד וְקַיָּם לָנֶצַח, בָּרוּךְ פּוֹדֶה
וּמַצִּיל, בָּרוּךְ שְׁמוֹ . בָּרוּךְ אַתָּה יְיָ אֱלֹהֵינוּ מֶלֶךְ
הָעוֹלָם, הָאֵל, אָב הָרַחֲמָן, הַמְהֻלָּל בְּפֶה עַמּוֹ,
מְשֻׁבָּח וּמְפֹאָר בִּלְשׁוֹן חֲסִידָיו וַעֲבָדָיו, וּבְשִׁירֵי דָוִד
עַבְדֶּךָ . נְהַלֶּלְךָ יְיָ אֱלֹהֵינוּ, בִּשְׁבָחוֹת וּבִזְמִרוֹת,
נְגַדֶּלְךָ וּנְשַׁבֵּחֲךָ וּנְפָאֶרְךָ, וְנַמְלִיכְךָ וְנַזְכִּיר שִׁמְךָ
מַלְכֵּנוּ אֱלֹהֵינוּ . יָחִיד, חֵי הָעוֹלָמִים, מֶלֶךְ . מְשֻׁבָּח
וּמְפֹאָר עֲדֵי עַד שְׁמוֹ הַגָּדוֹל . בָּרוּךְ אַתָּה יְיָ,
מֶלֶךְ . מְהֻלָּל בַּתִּשְׁבָּחוֹת :

מִזְמוֹר שִׁיר לְיוֹם הַשַּׁבָּת: טוֹב לְהֹדוֹת לַיְיָ, וּלְזַמֵּר לְשִׁמְךָ
עֶלְיוֹן: לְהַגִּיד בַּבֹּקֶר חַסְדֶּךָ, וֶאֱמוּנָתְךָ בַּלֵּילוֹת: עֲלֵי
עָשׂוֹר וַעֲלֵי נָבֶל, עֲלֵי הִגָּיוֹן בְּכִנּוֹר: כִּי שִׂמַּחְתַּנִי יְיָ בְּפָעֳלֶךָ,
בְּמַעֲשֵׂי יָדֶיךָ אֲרַנֵּן: מַה גָּדְלוּ מַעֲשֶׂיךָ יְיָ, מְאֹד עָמְקוּ מַחְשְׁבֹתֶיךָ:
אִישׁ בַּעַר לֹא יֵדָע, וּכְסִיל לֹא יָבִין אֶת זֹאת: בִּפְרֹחַ רְשָׁעִים כְּמוֹ
עֵשֶׂב, וַיָּצִיצוּ כָּל פֹּעֲלֵי אָוֶן, לְהִשָּׁמְדָם עֲדֵי עַד: וְאַתָּה מָרוֹם לְעֹלָם
יְיָ: כִּי הִנֵּה אֹיְבֶיךָ יְיָ, כִּי הִנֵּה אֹיְבֶיךָ יֹאבֵדוּ, יִתְפָּרְדוּ כָּל פֹּעֲלֵי
אָוֶן: וַתָּרֶם כִּרְאֵים קַרְנִי, בַּלֹּתִי בְּשֶׁמֶן רַעֲנָן: וַתַּבֵּט עֵינִי בְּשׁוּרָי,
בַּקָּמִים עָלַי מְרֵעִים, תִּשְׁמַעְנָה אָזְנָי: צַדִּיק כַּתָּמָר יִפְרָח, כְּאֶרֶז
בַּלְּבָנוֹן יִשְׂגֶּה: שְׁתוּלִים בְּבֵית יְיָ, בְּחַצְרוֹת אֱלֹהֵינוּ יַפְרִיחוּ: עוֹד
יְנוּבוּן בְּשֵׂיבָה, דְּשֵׁנִים וְרַעֲנַנִּים יִהְיוּ: לְהַגִּיד כִּי יָשָׁר יְיָ, צוּרִי
וְלֹא עַוְלָתָה   עלתה כ׳ בו   בּוֹ:

ברוך БЛАГОСЛОВЕН ТОТ, ПО СЛОВУ КОТОРОГО ВОЗНИК МИР; БЛАГО-СЛОВЕН ОН; БЛАГОСЛОВЕН ТОТ, КТО ОБЕЩАЕТ И ВЫПОЛНЯЕТ; БЛА-ГОСЛОВЕН ТОТ, КТО ВЫНОСИТ ПРИГОВОР И ПРИВОДИТ ЕГО В ИСПОЛНЕ-НИЕ; БЛАГОСЛОВЕН ТОТ, КТО СОЗДАЛ ВСЕЛЕННУЮ; БЛАГОСЛОВЕН ТОТ, КТО МИЛОСТИВ К ЗЕМЛЕ; БЛАГОСЛОВЕН ТОТ, КТО МИЛОСТИВ КО ВСЕМ ТВОРЕНИЯМ; БЛАГОСЛОВЕН ТОТ, КТО ВОЗНАГРАЖДАЕТ БОЯ-ЩИХСЯ ЕГО; БЛАГОСЛОВЕН ТОТ, ЧЬЕ БЫТИЕ ВЕЧНО, ТОТ, КТО БУДЕТ СУЩЕСТВОВАТЬ ВОВЕК; БЛАГОСЛОВЕН ТОТ, КТО ОСВОБОЖДАЕТ И СПАСАЕТ; БЛАГОСЛОВЕННО ИМЯ ЕГО! БЛАГОСЛОВЕН ТЫ, ГОСПОДЬ, БОГ НАШ, ВЛАДЫКА ВСЕЛЕННОЙ, МИЛОСТИВЫЙ БОГ, МИЛОСЕРДНЫЙ ОТЕЦ, ПРЕВОЗНОСИМЫЙ УСТАМИ СВОЕГО НАРОДА, ВОСХВАЛЯЕМЫЙ И ПРОСЛАВЛЯЕМЫЙ УСТАМИ ЛЮБЯЩИХ ТЕБЯ РАБОВ ТВОИХ И ПЕСНЯМИ ДАВИДА, РАБА ТВОЕГО, ПРЕВОСНЕСЕМ ТЕБЯ, ГОСПОДЬ, БОГ НАШ, В ХВАЛЕБНЫХ ГИМНАХ И ПЕСНЯХ ВОЗВЕЛИЧИМ, ВОСХВАЛИМ И ПРОСЛА-ВИМ ТЕБЯ, И ПРОВОЗГЛАСИМ, ЧТО ТЫ — ЦАРЬ, И БУДЕМ ВЗЫВАТЬ К ИМЕНИ ТВОЕМУ, ВЛАДЫКА НАШ, БОГ НАШ. ТЫ, ВЛАДЫКА, — ЕДИНСТ-ВЕННЫЙ, ДАЮЩИЙ ЖИЗНЬ МИРАМ. ПРОСЛАВЛЕНО И ВОСХВАЛЕНО ВЕЛИ-КОЕ ИМЯ ЕГО В ВЕКАХ! БЛАГОСЛОВЕН ТЫ, ГОСПОДЬ, ВЛАДЫКА, ПРО-СЛАВЛЯЕМЫЙ В ГИМНАХ!

מזמור ХВАЛЕБНАЯ ПЕСНЬ В ЧЕСТЬ СУББОТНЕГО ДНЯ. ОТРАДНО БЛАГОДАРИТЬ ГОСПОДА, ВОСПЕВАТЬ ИМЯ ТВОЕ, ВСЕВЫШНИЙ; ВОЗВЕЩАТЬ О МИЛОСТИ ТВОЕЙ ПО УТРАМ, О ВЕРНОСТИ ТВОЕЙ [СВОИМ СЛОВАМ] – ПО НОЧАМ [ПОД ЗВУКИ] ДЕ-СЯТИСТРУННОЙ ЛИРЫ, ПОД ЗВУКИ АРФЫ. ИБО ПРИНЕС ТЫ МНЕ РАДОСТЬ ДЕЯНИЯ-МИ СВОИМИ, ГОСПОДЬ; ДЕЛА РУК ТВОИХ Я БУДУ ВОСПЕВАТЬ. КАК ВЕЛИКИ ДЕЯ-НИЯ ТВОИ, ГОСПОДЬ, БЕСКОНЕЧНО ГЛУБОКИ ЗАМЫСЛЫ ТВОИ! НЕВЕЖДЕ НЕ ПО-СТИЧЬ, ГЛУПЦУ НЕ ПОНЯТЬ ЭТОГО. ДАЖЕ ЕСЛИ СОПУТСТВУЕТ ЗЛОДЕЯМ УДАЧА – НЕДОЛГОВЕЧНЫ ОНИ, СЛОВНО ТРАВА; ХОТЬ И ПРОЦВЕТАЮТ ТВОРЯЩИЕ БЕЗЗАКО-НИЯ – БУДУТ ИСТРЕБЛЕНЫ ОНИ [И ИСЧЕЗНУТ] НАВСЕГДА; ТЫ ЖЕ, ГОСПОДЬ, ВОЗНЕСЕН НАВЕКИ. ВЕДЬ ВРАГОВ ТВОИХ, ГОСПОДЬ, – ВРАГОВ ТВОИХ [ВСЕГДА] ПОСТИГАЛА СМЕРТЬ, ВСЕХ ТВОРЯЩИХ БЕЗЗАКОНИЯ – ГИБЕЛЬ. СДЕЛАЛ ОН МЕНЯ МОГУЧИМ ПОДОБНО БУЙВОЛУ, УМАСТИЛ МЕНЯ СВЕЖИМ ЕЛЕЕМ. ВИДЕЛИ МОИ ГЛАЗА [ГИБЕЛЬ] ВРАГОВ МОИХ; О [ПОРАЖЕНИИ] ОПОЛЧИВШИХСЯ НА МЕНЯ ЗЛОДЕЕВ СЛЫШАЛИ МОИ УШИ. ПРАВЕДНИК РАСЦВЕТЕТ ПОДОБНО ПАЛЬМЕ, ВОЗ-ВЫСИТСЯ, СЛОВНО КЕДР ЛИВАНСКИЙ. УКОРЕНЯТСЯ [ПРАВЕДНИКИ] В ХРАМЕ ГОСПОДА, БУДУТ ЦВЕСТИ ОНИ ВО ДВОРАХ [ХРАМА] БОГА НАШЕГО. И В СТАРОСТИ БУДУТ ОНИ ПЛОДОНОСИТЬ, БУДУТ ПОЛНЫ ЖИЗНЕННЫХ СОКОВ И СОХРАНЯТ СВОЮ СВЕЖЕСТЬ, ЧТОБЫ ВОЗВЕЩАТЬ О ТОМ, ЧТО СПРАВЕДЛИВ ГОСПОДЬ, ОПЛОТ МОЙ, И НЕТ В ЕГО [СУДЕ] НЕПРАВДЫ.[1]

---

1. Теѓилим, 92.

יְיָ מָלָךְ גֵּאוּת לָבֵשׁ, לָבֵשׁ יְיָ, עֹז הִתְאַזָּר, אַף תִּכּוֹן תֵּבֵל בַּל תִּמּוֹט:
נָכוֹן כִּסְאֲךָ מֵאָז, מֵעוֹלָם אָתָּה: נָשְׂאוּ נְהָרוֹת יְיָ, נָשְׂאוּ נְהָרוֹת
קוֹלָם, יִשְׂאוּ נְהָרוֹת דָּכְיָם: מִקֹּלוֹת מַיִם רַבִּים אַדִּירִים מִשְׁבְּרֵי
יָם, אַדִּיר בַּמָּרוֹם יְיָ: עֵדֹתֶיךָ נֶאֶמְנוּ מְאֹד, לְבֵיתְךָ נָאֲוָה (י״א נָאֲוָה)
קֹדֶשׁ, יְיָ, לְאֹרֶךְ יָמִים:

יְהִי כְבוֹד יְיָ לְעוֹלָם, יִשְׂמַח יְיָ בְּמַעֲשָׂיו. יְהִי שֵׁם יְיָ
מְבֹרָךְ, מֵעַתָּה וְעַד עוֹלָם. מִמִּזְרַח שֶׁמֶשׁ עַד
מְבוֹאוֹ, מְהֻלָּל שֵׁם יְיָ. רָם עַל כָּל גּוֹיִם יְיָ, עַל הַשָּׁמַיִם
כְּבוֹדוֹ. יְיָ, שִׁמְךָ לְעוֹלָם, יְיָ, זִכְרְךָ לְדֹר וָדֹר. יְיָ בַּשָּׁמַיִם
הֵכִין כִּסְאוֹ, וּמַלְכוּתוֹ בַּכֹּל מָשָׁלָה. יִשְׂמְחוּ הַשָּׁמַיִם
וְתָגֵל הָאָרֶץ, וְיֹאמְרוּ בַגּוֹיִם יְיָ מָלָךְ. יְיָ מֶלֶךְ יְיָ מָלָךְ,
יְיָ יִמְלֹךְ לְעוֹלָם וָעֶד. יְיָ מֶלֶךְ עוֹלָם וָעֶד, אָבְדוּ גוֹיִם
מֵאַרְצוֹ. יְיָ הֵפִיר עֲצַת גּוֹיִם, הֵנִיא מַחְשְׁבוֹת עַמִּים.
רַבּוֹת מַחֲשָׁבוֹת בְּלֶב אִישׁ, וַעֲצַת יְיָ הִיא תָקוּם. עֲצַת
יְיָ לְעוֹלָם תַּעֲמֹד מַחְשְׁבוֹת לִבּוֹ לְדֹר וָדֹר. כִּי הוּא
אָמַר וַיֶּהִי, הוּא צִוָּה וַיַּעֲמֹד. כִּי בָחַר יְיָ בְּצִיּוֹן, אִוָּה
לְמוֹשָׁב לוֹ: כִּי יַעֲקֹב בָּחַר לוֹ יָהּ, יִשְׂרָאֵל לִסְגֻלָּתוֹ.
כִּי לֹא יִטֹּשׁ יְיָ עַמּוֹ, וְנַחֲלָתוֹ לֹא יַעֲזוֹב. וְהוּא רַחוּם,
יְכַפֵּר עָוֹן וְלֹא יַשְׁחִית, וְהִרְבָּה לְהָשִׁיב אַפּוֹ, וְלֹא יָעִיר
כָּל חֲמָתוֹ. יְיָ הוֹשִׁיעָה, הַמֶּלֶךְ יַעֲנֵנוּ בְיוֹם קָרְאֵנוּ:

אַשְׁרֵי יוֹשְׁבֵי בֵיתֶךָ, עוֹד יְהַלְלוּךָ סֶּלָה: אַשְׁרֵי
הָעָם שֶׁכָּכָה לוֹ, אַשְׁרֵי הָעָם שֶׁיְיָ אֱלֹהָיו:
תְּהִלָּה לְדָוִד, אֲרוֹמִמְךָ* אֱלוֹהַי הַמֶּלֶךְ, וַאֲבָרְכָה
שִׁמְךָ* לְעוֹלָם וָעֶד: בְּכָל יוֹם אֲבָרְכֶךָּ*, וַאֲהַלְלָה
שִׁמְךָ* לְעוֹלָם וָעֶד: גָּדוֹל יְיָ וּמְהֻלָּל מְאֹד, וְלִגְדֻלָּתוֹ

יי ВОЦАРИЛСЯ ГОСПОДЬ, ОБЛАЧЕННЫЙ ВЕЛИЧИЕМ; ОБЛАЧИЛСЯ В НЕГО ГОС-
ПОДЬ, ПРЕПОЯСАЛСЯ МОГУЩЕСТВОМ; И УТВЕРДИЛ ОН МИРОЗДАНИЕ НЕКОЛЕБИ-
МО. НЕЗЫБЛЕМ ТВОЙ ПРЕСТОЛ ОТ ВЕКА; ПРЕДВЕЧЕН ТЫ САМ. ВОЗВЫШАЮТ [ЛЮД-
СКИЕ] РЕКИ ГОЛОС СВОЙ, ВЗДЫМАЮТ [ЛЮДСКИЕ] РЕКИ ВОЛНЫ СВОИ. НО СИЛЬ-
НЕЕ РЕВУЩЕЙ ВОДЫ, ВЕЛИКОЙ И МОГУЧЕЙ, [СИЛЬНЕЕ] МОРСКИХ ВАЛОВ ГОС-
ПОДЬ В ВЫСОТАХ [СВОИХ]. СВИДЕТЕЛЬСТВА [ПРОРОКОВ] О ТЕБЕ, [ВСЕВЫШ-
НИЙ], ПОДТВЕРДИЛИСЬ ПОЛНОСТЬЮ. ХРАМ ТВОЙ, ГОСПОДЬ, ПРЕКРАСЕН В СВЯ-
ТОСТИ ВОВЕК![1]

יהי ДА ПРЕБУДЕТ СЛАВА ГОСПОДА ВОВЕК, ДА ВОЗРАДУЕТСЯ ГОС-
ПОДЬ ДЕЯНИЯМ СВОИМ![2] ДА БУДЕТ ИМЯ ГОСПОДА БЛАГОСЛОВЕННО
ОТНЫНЕ И ВОВЕКИ! ОТ МЕСТА, ГДЕ ВОСХОДИТ СОЛНЦЕ, ДО МЕСТА, ГДЕ
ОНО ЗАХОДИТ, ПРОСЛАВЛЕНО ИМЯ ГОСПОДА. ПРЕВОЗНОСИМ ГОСПОДЬ
ВСЕМИ НАРОДАМИ, СЛАВА ЕГО — ПРЕВЫШЕ НЕБЕС.[3] "ГОСПОДЬ" — ИМЯ
ТЕБЕ ВОВЕК! ГОСПОДОМ НАЗЫВАЮТ ТЕБЯ ИЗ ПОКОЛЕНИЯ В ПОКОЛЕ-
НИЕ![4] ГОСПОДЬ УТВЕРДИЛ СВОЙ ПРЕСТОЛ НА НЕБЕСАХ, И ЕГО ЦАР-
СКАЯ ВЛАСТЬ — НАДО ВСЕМ.[5] ВОЗРАДУЮТСЯ НЕБЕСА, И ВОЗЛИКУЕТ
ЗЕМЛЯ, И СКАЖУТ НАРОДЫ: "ГОСПОДЬ ВОЦАРИЛСЯ!"[6] ГОСПОДЬ —
ВЛАДЫКА, ГОСПОДЬ БЫЛ ВЛАДЫКОЙ, ГОСПОДЬ БУДЕТ ВЛАДЫКОЙ
ВЕЧНО![7] ГОСПОДЬ ВОЦАРИТСЯ НА ВЕКИ ВЕЧНЫЕ; ИСЧЕЗНУТ ЧУЖИЕ
НАРОДЫ ИЗ ЕГО СТРАНЫ.[8] ГОСПОДЬ РАЗРУШИЛ КОЗНИ НАРОДОВ, РАС-
СТРОИЛ ЗАМЫСЛЫ ПЛЕМЕН.[9] МНОГО ПОМЫСЛОВ В ЧЕЛОВЕЧЕСКОМ
СЕРДЦЕ, НО ИСПОЛНИТСЯ ТО, ЧТО ЗАМЫСЛИЛ ГОСПОДЬ.[10] ЗАМЫСЕЛ
ГОСПОДА ВСЕГДА ОСУЩЕСТВИТСЯ, ПОМЫСЛЫ СЕРДЦА ЕГО [ИСПОЛНЯ-
ЮТСЯ] ИЗ ПОКОЛЕНИЯ В ПОКОЛЕНИЕ.[11] ИБО ОН СКАЗАЛ — И СВЕРШИ-
ЛОСЬ, ОН ПОВЕЛЕЛ — И ВОЗНИКЛО [ВСЕ].[12] ИБО ГОСПОДЬ ИЗБРАЛ СИ-
ОН, ПОЖЕЛАВ ОБИТАТЬ В НЕМ.[13] ИБО ЯАКОВА ИЗБРАЛ СЕБЕ БОГ,
ИЗРАИЛЯ — В УДЕЛ СЕБЕ.[14] ИБО НЕ ОСТАВИТ ГОСПОДЬ НАРОД СВОЙ,
УДЕЛ СВОЙ НЕ ПОКИНЕТ.[15] И ОН, МИЛОСЕРДНЫЙ, ПРОСТИТ ЗЛОДЕЯ-
НИЕ И НЕ ПОГУБИТ [СОГРЕШИВШЕГО], КАК НЕ РАЗ УЖЕ ОТВРАЩАЛ
ГНЕВ СВОЙ [ОТ ГРЕШНИКА], И НЕ ОБРУШИТ [НА НЕГО] ВСЮ ЯРОСТЬ
СВОЮ.[16] ГОСПОДЬ, СПАСИ [НАС]! ОТВЕТЬ НАМ, ВЛАДЫКА, В ДЕНЬ, КОГ-
ДА МЫ ВЗЫВАЕМ [К ТЕБЕ]![17]

אשרי СЧАСТЛИВЫ НАХОДЯЩИЕСЯ В ХРАМЕ ТВОЕМ,
ВОВЕК ОНИ БУДУТ ХВАЛИТЬ ТЕБЯ![18] СЧАСТЛИВ НАРОД,
ЧЕЙ УДЕЛ ТАКОВ, СЧАСТЛИВ НАРОД, ЧЕЙ БОГ — ГОСПОДЬ![19]
ХВАЛЕБНАЯ ПЕСНЬ ДАВИДА. ПРЕВОЗНЕСУ ТЕБЯ, ВЛА-
ДЫКА, БОГ МОЙ, И БУДУ БЛАГОСЛОВЛЯТЬ ИМЯ ТВОЕ
ВО ВЕКИ ВЕКОВ! ЕЖЕДНЕВНО БУДУ БЛАГОСЛОВЛЯТЬ
ТЕБЯ И ВОСХВАЛЯТЬ ВО ВЕКИ ВЕКОВ ИМЯ ТВОЕ! ВЕ-
ЛИК ГОСПОДЬ, И ВЕЛИКА СЛАВА ЕГО, И ВЕЛИЧИЕ ЕГО

---

1. Теѓилим, 93. 2. Теѓилим, 104:31. 3. Теѓилим, 113:2—4. 4. Теѓилим, 135:13. 5. Теѓилим,
103:19. 6. Диврей ѓаямим I, 16:31. 7. Теѓилим, 10:16, 93:1; Шмот, 15:18. 8. Теѓилим,
10:16. 9. Теѓилим, 33:10. 10. Мишлей, 19:21. 11. Теѓилим, 33:11. 12. Теѓилим, 33:9.
13. Теѓилим, 132:13. 14. Теѓилим, 135:4. 15. Теѓилим, 94:14. 16. Теѓилим, 78:38. 17. Те-
ѓилим, 20:10. 18. Теѓилим, 84:5. 19. Теѓилим, 144:15.

אֵין חֵקֶר: דּוֹר לְדוֹר יְשַׁבַּח מַעֲשֶׂיךָ, וּגְבוּרֹתֶיךָ
יַגִּידוּ: הֲדַר כְּבוֹד הוֹדֶךָ, וְדִבְרֵי נִפְלְאֹתֶיךָ
אָשִׂיחָה: וֶעֱזוּז נוֹרְאֹתֶיךָ יֹאמֵרוּ, וּגְדֻלָּתְךָ
אֲסַפְּרֶנָּה: זֵכֶר רַב טוּבְךָ יַבִּיעוּ, וְצִדְקָתְךָ יְרַנֵּנוּ:
חַנּוּן וְרַחוּם יְיָ, אֶרֶךְ אַפַּיִם וּגְדָל חָסֶד: טוֹב יְיָ לַכֹּל,
וְרַחֲמָיו עַל כָּל מַעֲשָׂיו: יוֹדוּךָ יְיָ כָּל מַעֲשֶׂיךָ,
וַחֲסִידֶיךָ יְבָרְכוּכָה: כְּבוֹד מַלְכוּתְךָ יֹאמֵרוּ,
וּגְבוּרָתְךָ יְדַבֵּרוּ: לְהוֹדִיעַ לִבְנֵי הָאָדָם גְּבוּרֹתָיו,
וּכְבוֹד הֲדַר מַלְכוּתוֹ: מַלְכוּתְךָ, מַלְכוּת כָּל
עֹלָמִים, וּמֶמְשַׁלְתְּךָ בְּכָל דֹּר וָדֹר: סוֹמֵךְ יְיָ לְכָל
הַנֹּפְלִים, וְזוֹקֵף לְכָל הַכְּפוּפִים: עֵינֵי כֹל אֵלֶיךָ
יְשַׂבֵּרוּ, וְאַתָּה נוֹתֵן לָהֶם אֶת אָכְלָם בְּעִתּוֹ: פּוֹתֵחַ
אֶת יָדֶךָ, וּמַשְׂבִּיעַ לְכָל חַי רָצוֹן: צַדִּיק יְיָ בְּכָל
דְּרָכָיו, וְחָסִיד בְּכָל מַעֲשָׂיו: קָרוֹב יְיָ לְכָל קֹרְאָיו,
לְכֹל אֲשֶׁר יִקְרָאֻהוּ בֶאֱמֶת: רְצוֹן יְרֵאָיו יַעֲשֶׂה,
וְאֶת שַׁוְעָתָם יִשְׁמַע וְיוֹשִׁיעֵם: שׁוֹמֵר יְיָ אֶת כָּל
אֹהֲבָיו, וְאֵת כָּל הָרְשָׁעִים יַשְׁמִיד: תְּהִלַּת יְיָ
יְדַבֶּר פִּי, וִיבָרֵךְ כָּל בָּשָׂר שֵׁם קָדְשׁוֹ לְעוֹלָם וָעֶד:
וַאֲנַחְנוּ נְבָרֵךְ יָהּ, מֵעַתָּה וְעַד עוֹלָם הַלְלוּיָהּ:

הַלְלוּיָהּ, הַלְלִי נַפְשִׁי אֶת יְיָ: אֲהַלְלָה יְיָ בְּחַיָּי, אֲזַמְּרָה
לֵאלֹהַי בְּעוֹדִי: אַל תִּבְטְחוּ בִנְדִיבִים, בְּבֶן
אָדָם שֶׁאֵין לוֹ תְשׁוּעָה: תֵּצֵא רוּחוֹ יָשֻׁב לְאַדְמָתוֹ,

НЕПОСТИЖИМО. ОТ ПОКОЛЕНИЯ К ПОКОЛЕНИЮ БУДЕТ ПЕРЕ-
ДАВАТЬСЯ ХВАЛА ТЕБЕ ЗА ТВОИ ДЕЯНИЯ, И О МОГУЩЕСТВЕ
ТВОЕМ БУДУТ ПОВЕСТВОВАТЬ. О ВЕЛИКОЛЕПИИ СИЯНИЯ
СЛАВЫ ТВОЕЙ И О ЧУДЕСНЫХ ТВОИХ ДЕЯНИЯХ Я РАССКАЖУ.
О ГРОЗНОЙ МОЩИ ТВОЕЙ БУДУ ГОВОРИТЬ, И Я ПОВЕДАЮ О
ВЕЛИЧИИ ТВОЕМ. ВОСПОМИНАНИЯ О ВЕЛИКОЙ МИЛОСТИ
ТВОЕЙ ПЕРЕДАДУТ ОНИ [СВОИМ ДЕТЯМ] И СПРАВЕДЛИВОСТЬ
ТВОЮ ВОСПОЮТ. МИЛОСЕРДЕН И МИЛОСТИВ ГОСПОДЬ, ДОЛ-
ГОТЕРПЕЛИВ, ЕГО ЛЮБОВЬ БЕЗГРАНИЧНА. ДОБР ГОСПОДЬ К
КАЖДОМУ И МИЛОСЕРДЕН КО ВСЕМ СВОИМ СОЗДАНИЯМ. БУ-
ДУТ БЛАГОДАРИТЬ ТЕБЯ, ГОСПОДЬ, ВСЕ СОЗДАНИЯ ТВОИ, И
ЛЮБЯЩИЕ ТЕБЯ БУДУТ ТЕБЯ БЛАГОСЛОВЛЯТЬ. О СЛАВЕ ЦАР-
СТВА ТВОЕГО ПОВЕДАЮТ И О ВЕЛИЧИИ ТВОЕМ РАССКАЖУТ,
ЧТОБЫ СТАЛО ИЗВЕСТНО ЛЮДЯМ О МОГУЩЕСТВЕ И О СЛАВ-
НОМ ВЕЛИКОЛЕПИИ ЦАРСТВА [ВСЕВЫШНЕГО]. ЦАРСТВО
ТВОЕ — ВЕЧНОЕ ЦАРСТВО, И ВЛАСТЬ ТВОЯ — НАД ВСЕМИ ПО-
КОЛЕНИЯМИ. ПОДДЕРЖИВАЕТ ГОСПОДЬ ВСЕХ ПАДАЮЩИХ И
РАСПРЯМЛЯЕТ ВСЕХ СОГБЕННЫХ. ГЛАЗА ВСЕХ УСТРЕМЛЕНЫ
НА ТЕБЯ, И ТЫ ДАЕШЬ ПИЩУ [КАЖДОМУ СОЗДАНИЮ] ВОВРЕ-
МЯ. РАСКРЫВАЕШЬ ТЫ ЛАДОНЬ СВОЮ И ЩЕДРО НАСЫЩАЕШЬ
ВСЕ ЖИВОЕ. СПРАВЕДЛИВ ГОСПОДЬ ВО ВСЕМ, ЧТО ВЕРШИТ,
И МИЛОСТИВ ВО ВСЕХ СВОИХ ДЕЯНИЯХ. БЛИЗОК ГОСПОДЬ
КО ВСЕМ, ВЗЫВАЮЩИМ К НЕМУ, КО ВСЯКОМУ, КТО ИСКРЕННЕ
ЕМУ МОЛИТСЯ. ЖЕЛАНИЕ БОЯЩИХСЯ ЕГО ИСПОЛНИТ ОН, УС-
ЛЫШИТ ИХ ВОПЛЬ И СПАСЕТ ИХ. ОХРАНЯЕТ ГОСПОДЬ ВСЕХ
ЛЮБЯЩИХ ЕГО, А ВСЕХ ЗЛОДЕЕВ УНИЧТОЖИТ. ХВАЛУ ГОСПО-
ДУ ПРОИЗНЕСУТ УСТА МОИ, И ВСЕ ЖИВОЕ БУДЕТ БЛАГОСЛОВ-
ЛЯТЬ ЕГО СВЯТОЕ ИМЯ ВО ВЕКИ ВЕКОВ.[1] И МЫ БУДЕМ БЛА-
ГОСЛОВЛЯТЬ БОГА ОТНЫНЕ И ВОВЕК; ВОСХВАЛИТЕ БОГА![2]

הללויה ВОСХВАЛИТЕ БОГА! ВОСХВАЛИ, ДУША МОЯ, ГОСПОДА! БУДУ СЛАВИТЬ
ГОСПОДА, ПОКА ЖИВУ; БУДУ ВОСПЕВАТЬ БОГА МОЕГО, ПОКА СУЩЕСТВУЮ. НЕ ПО-
ЛАГАЙТЕСЬ НА БЛАГОДЕТЕЛЕЙ, [НЕ ПОЛАГАЙТЕСЬ] НА ЧЕЛОВЕКА: ОН НЕ СПО-
СОБЕН СПАСТИ; ВЕДЬ КОГДА ДУША ПОКИНЕТ ЕГО, ВОЗВРАТИТСЯ ОН В ПРАХ,

1. Теѓилим, 145. 2. Теѓилим, 115:18.

בַּיּוֹם הַהוּא אָבְדוּ עֶשְׁתֹּנֹתָיו : אַשְׁרֵי שֶׁאֵל יַעֲקֹב
בְּעֶזְרוֹ, שִׂבְרוֹ עַל יְיָ אֱלֹהָיו : עֹשֶׂה שָׁמַיִם וָאָרֶץ, אֶת
הַיָּם וְאֶת כָּל אֲשֶׁר בָּם, הַשֹּׁמֵר אֱמֶת לְעוֹלָם: עֹשֶׂה
מִשְׁפָּט לַעֲשׁוּקִים, נֹתֵן לֶחֶם לָרְעֵבִים, יְיָ מַתִּיר אֲסוּרִים :
יְיָ פֹּקֵחַ עִוְרִים, יְיָ זֹקֵף כְּפוּפִים, יְיָ אֹהֵב צַדִּיקִים. יְיָ שֹׁמֵר
אֶת גֵּרִים, יָתוֹם וְאַלְמָנָה יְעוֹדֵד, וְדֶרֶךְ רְשָׁעִים יְעַוֵּת :
יִמְלֹךְ יְיָ לְעוֹלָם אֱלֹהַיִךְ צִיּוֹן, לְדֹר וָדֹר הַלְלוּיָהּ :

הַלְלוּיָהּ, כִּי טוֹב זַמְּרָה אֱלֹהֵינוּ, כִּי נָעִים נָאוָה
תְהִלָּה: בּוֹנֵה יְרוּשָׁלַיִם יְיָ, נִדְחֵי
יִשְׂרָאֵל יְכַנֵּס: הָרֹפֵא לִשְׁבוּרֵי לֵב, וּמְחַבֵּשׁ
לְעַצְּבוֹתָם: מוֹנֶה מִסְפָּר לַכּוֹכָבִים, לְכֻלָּם שֵׁמוֹת
יִקְרָא: גָּדוֹל אֲדוֹנֵינוּ וְרַב כֹּחַ, לִתְבוּנָתוֹ אֵין מִסְפָּר:
מְעוֹדֵד עֲנָוִים יְיָ, מַשְׁפִּיל רְשָׁעִים עֲדֵי אָרֶץ: עֱנוּ
לַיְיָ בְּתוֹדָה, זַמְּרוּ לֵאלֹהֵינוּ בְכִנּוֹר: הַמְכַסֶּה
שָׁמַיִם בְּעָבִים, הַמֵּכִין לָאָרֶץ מָטָר, הַמַּצְמִיחַ
הָרִים חָצִיר: נוֹתֵן לִבְהֵמָה לַחְמָהּ, לִבְנֵי עֹרֵב
אֲשֶׁר יִקְרָאוּ: לֹא בִגְבוּרַת הַסּוּס יֶחְפָּץ, לֹא
בְשׁוֹקֵי הָאִישׁ יִרְצֶה: רוֹצֶה יְיָ אֶת יְרֵאָיו, אֶת
הַמְיַחֲלִים לְחַסְדּוֹ: שַׁבְּחִי יְרוּשָׁלַיִם אֶת יְיָ, הַלְלִי
אֱלֹהַיִךְ צִיּוֹן: כִּי חִזַּק בְּרִיחֵי שְׁעָרָיִךְ, בֵּרַךְ
בָּנַיִךְ בְּקִרְבֵּךְ: הַשָּׂם גְּבוּלֵךְ שָׁלוֹם, חֵלֶב חִטִּים
יַשְׂבִּיעֵךְ: הַשֹּׁלֵחַ אִמְרָתוֹ אָרֶץ, עַד מְהֵרָה יָרוּץ

И В ТОТ ЖЕ ДЕНЬ ПРЕВРАТЯТСЯ В НИЧТО ЕГО ЗАМЫСЛЫ. СЧАСТЛИВ ТОТ, КОМУ ПОМОГАЕТ БОГ ЯАКОВА, ТОТ, КТО ВОЗЛАГАЕТ НАДЕЖДЫ СВОИ НА ГОСПОДА, БОГА СВОЕГО, СОЗДАВШЕГО НЕБО, ЗЕМЛЮ, МОРЕ И ВСЕ, ЧТО ИХ НАПОЛНЯЕТ, ХРАНЯЩЕГО ВЕРНОСТЬ ОБЕЩАНИЮ СВОЕМУ ВОВЕКИ, ВЕРШАЩЕГО СУД НАД [ПРИ-ТЕСНИТЕЛЯМИ] УГНЕТЕННЫХ, ДАЮЩЕГО ХЛЕБ ГОЛОДНЫМ. ГОСПОДЬ ОСВОБОЖ-ДАЕТ УЗНИКОВ ОТ ОКОВ, ГОСПОДЬ ДАРУЕТ ЗРЕНИЕ СЛЕПЫМ, ГОСПОДЬ РАСПРЯМ-ЛЯЕТ СОГБЕННЫХ, ГОСПОДЬ ЛЮБИТ ПРАВЕДНЫХ, ГОСПОДЬ ХРАНИТ ГЕРОВ; СИ-РОТУ И ВДОВУ ПОДДЕРЖИВАЕТ ОН, А НА ПУТИ ЗЛОДЕЕВ ВОЗДВИГАЕТ ПРЕПЯТСТ-ВИЯ. ГОСПОДЬ БУДЕТ ЦАРСТВОВАТЬ ВЕЧНО; [БУДЕТ ЦАРСТВОВАТЬ] БОГ ТВОЙ, СИОН, ВО ВЕКИ ВЕКОВ; ВОСХВАЛИТЕ БОГА![1]

הללויה ВОСХВАЛИТЕ БОГА! ИБО ПОДОБАЕТ ВОСПЕВАТЬ БОГА НАШЕГО, ИБО СЛАДОСТНО И ОТРАДНО ВОСПЕВАТЬ [ЕГО]. ГОС-ПОДЬ ОТСТРОИТ ИЕРУСАЛИМ, ИЗГНАННИКОВ ИЗРАИЛЯ СОБЕРЕТ ОН. ОН ИСЦЕЛЯЕТ ТЕХ, ЧЬИ СЕРДЦА СОКРУШЕНЫ, ЛЕЧИТ ИХ ОТ СКОРБИ. ОН ВЕДЕТ СЧЕТ ЗВЕЗДАМ, КАЖДОЙ ИЗ НИХ ДАЕТ ИМЯ. ВЕЛИК ВЛА-СТЕЛИН НАШ И ВСЕМОГУЩ, МУДРОСТЬ ЕГО БЕЗГРАНИЧНА. ГОСПОДЬ ПОДДЕРЖИВАЕТ СМИРЕННЫХ, ПРИГИБАЕТ К ЗЕМЛЕ ЗЛОДЕЕВ. ПОЙТЕ ГОСПОДУ БЛАГОДАРСТВЕННУЮ ПЕСНЬ, ИГРАЙТЕ НА АРФЕ ПРЕД БО-ГОМ НАШИМ. ОН ЗАСТИЛАЕТ НЕБЕСА ТУЧАМИ, ПОСЫЛАЕТ ЗЕМЛЕ ДОЖДЬ, ПОКРЫВАЕТ ТРАВОЙ ГОРЫ. ОН ДАЕТ ПИЩУ ЖИВОТНЫМ, ВО-РОНЯТАМ — ТО, О ЧЕМ ПРОСЯТ ОНИ. БЛАГОВОЛИТ ОН НЕ [К ТЕМ, КТО ПОЛАГАЕТСЯ] НА СИЛУ КОНЯ, И НЕ [ТОТ, КТО НАДЕЕТСЯ НА БЫСТРО-ТУ] ЧЕЛОВЕЧЕСКИХ НОГ, ЕМУ УГОДЕН. БЛАГОВОЛИТ ГОСПОДЬ К ТЕМ, КТО БОИТСЯ ЕГО, К ТЕМ, КТО ПОЛАГАЕТСЯ НА ЕГО МИЛОСТЬ. ВОСХВА-ЛЯЙ ГОСПОДА, ИЕРУСАЛИМ! СЛАВЬ СВОЕГО БОГА, СИОН! ИБО УКРЕ-ПИЛ ОН ЗАСОВЫ ВОРОТ ТВОИХ, БЛАГОСЛОВИЛ ТВОИХ СЫНОВЕЙ, [ЖИ-ВУЩИХ] В ТВОИХ ПРЕДЕЛАХ. ОН УТВЕРДИЛ МИР НА ТВОИХ ГРАНИ-ЦАХ, ОТБОРНОЙ ПШЕНИЦЕЙ НАСЫТИЛ ТЕБЯ. ОН ПОСЫЛАЕТ [ДОЖДЬ] ПО СЛОВУ СВОЕМУ НА ЗЕМЛЮ, СТРЕМИТЕЛЬНО ЛЬЮТСЯ [ДОЖДИ]

---

1. Теѓилим, 146.

דְּבָרוֹ: הַנֹּתֵן שֶׁלֶג כַּצֶּמֶר, כְּפוֹר כָּאֵפֶר יְפַזֵּר: מַשְׁלִיךְ קַרְחוֹ כְפִתִּים, לִפְנֵי קָרָתוֹ מִי יַעֲמֹד: יִשְׁלַח דְּבָרוֹ וְיַמְסֵם, יַשֵּׁב רוּחוֹ יִזְּלוּ מָיִם: מַגִּיד דְּבָרָיו לְיַעֲקֹב, חֻקָּיו וּמִשְׁפָּטָיו לְיִשְׂרָאֵל: לֹא עָשָׂה כֵן לְכָל גּוֹי, וּמִשְׁפָּטִים בַּל יְדָעוּם הַלְלוּיָהּ:

הַלְלוּיָהּ, הַלְלוּ אֶת יְיָ מִן הַשָּׁמַיִם, הַלְלוּהוּ בַּמְּרוֹמִים: הַלְלוּהוּ כָל מַלְאָכָיו, הַלְלוּהוּ כָּל צְבָאָיו: הַלְלוּהוּ שֶׁמֶשׁ וְיָרֵחַ, הַלְלוּהוּ כָּל כּוֹכְבֵי אוֹר: הַלְלוּהוּ שְׁמֵי הַשָּׁמָיִם, וְהַמַּיִם אֲשֶׁר מֵעַל הַשָּׁמָיִם: יְהַלְלוּ אֶת שֵׁם יְיָ, כִּי הוּא צִוָּה וְנִבְרָאוּ: וַיַּעֲמִידֵם לָעַד לְעוֹלָם, חָק נָתַן וְלֹא יַעֲבוֹר: הַלְלוּ אֶת יְיָ מִן הָאָרֶץ, תַּנִּינִים וְכָל תְּהֹמוֹת: אֵשׁ וּבָרָד שֶׁלֶג וְקִיטוֹר, רוּחַ סְעָרָה עֹשָׂה דְבָרוֹ: הֶהָרִים וְכָל גְּבָעוֹת, עֵץ פְּרִי וְכָל אֲרָזִים: הַחַיָּה וְכָל בְּהֵמָה, רֶמֶשׂ וְצִפּוֹר כָּנָף: מַלְכֵי אֶרֶץ וְכָל לְאֻמִּים, שָׂרִים וְכָל שֹׁפְטֵי אָרֶץ: בַּחוּרִים וְגַם בְּתוּלוֹת, זְקֵנִים עִם נְעָרִים: יְהַלְלוּ אֶת שֵׁם יְיָ כִּי נִשְׂגָּב שְׁמוֹ לְבַדּוֹ, הוֹדוֹ עַל אֶרֶץ וְשָׁמָיִם: וַיָּרֶם קֶרֶן לְעַמּוֹ, תְּהִלָּה לְכָל חֲסִידָיו, לִבְנֵי יִשְׂרָאֵל עַם קְרֹבוֹ, הַלְלוּיָהּ:

הַלְלוּיָהּ, שִׁירוּ לַיְיָ שִׁיר חָדָשׁ, תְּהִלָּתוֹ בִּקְהַל חֲסִידִים: יִשְׂמַח יִשְׂרָאֵל בְּעֹשָׂיו, בְּנֵי צִיּוֹן יָגִילוּ בְמַלְכָּם: יְהַלְלוּ שְׁמוֹ בְמָחוֹל, בְּתֹף וְכִנּוֹר יְזַמְּרוּ לוֹ: כִּי רוֹצֶה יְיָ בְּעַמּוֹ, יְפָאֵר עֲנָוִים בִּישׁוּעָה: יַעְלְזוּ חֲסִידִים בְּכָבוֹד, יְרַנְּנוּ עַל

ПО СЛОВУ ЕГО. ОН ПОСЫЛАЕТ [НА ЗЕМЛЮ] СНЕГ, ПОДОБНЫЙ ШЕРСТИ, РАССЫПАЕТ ИНЕЙ, СЛОВНО ПЕПЕЛ. ОН НИЗВЕРГАЕТ [НА ЗЕМЛЮ] КУСКИ ЛЬДА; КТО УСТОИТ ПЕРЕД СТУЖЕЙ, КОТОРУЮ ОН ПОСЫЛАЕТ! ОН ОТДАСТ СВОЕ ПОВЕЛЕНИЕ — И [ЛЕД] РАСТАЕТ, ПОШЛЕТ ВЕТЕР — И ПОТЕКУТ ВОДЫ. ОН ДАЕТ СВОИ ЗАПОВЕДИ ЯАКОВУ, СВОИ ПОВЕЛЕНИЯ И ЗАКОНЫ — ИЗРАИЛЮ. НЕ СОВЕРШИЛ ОН ЭТОГО ДЛЯ ВСЕХ ОСТАЛЬНЫХ НАРОДОВ, И НЕ ЗНАЮТ ОНИ ЗАКОНОВ ЕГО. ВОСХВАЛИТЕ БОГА![1]

הללויה ВОСХВАЛИТЕ БОГА! ВОСХВАЛИТЕ ГОСПОДА С НЕБЕС, ВОСХВАЛИТЕ ЕГО В ВЫСЯХ; ВОСХВАЛИТЕ ЕГО, ВСЕ ЕГО АНГЕЛЫ, ВОСХВАЛИ ЕГО, ВСЕ НЕБЕСНОЕ ВОИНСТВО! ВОСХВАЛИТЕ ЕГО, СОЛНЦЕ И ЛУНА, ВОСХВАЛИТЕ ЕГО, ВСЕ ЗВЕЗДЫ НОЧИ! ВОСХВАЛИТЕ ЕГО, НЕБЕСНЫЕ ВЫСИ И ВОДЫ НАДНЕБЕСНЫЕ! ДА ВОСХВАЛЯТ ОНИ ИМЯ ГОСПОДА, ВЕДЬ ОН ПОВЕЛЕЛ — И ВОЗНИКЛИ ОНИ! И УТВЕРДИЛ ОН ИХ НА ВЕКИ ВЕЧНЫЕ, УСТАНОВИЛ ДЛЯ НИХ ЗАКОН НЕОТМЕНИМЫЙ. ВОСХВАЛИТЕ ГОСПОДА С ЗЕМЛИ, МОРСКИЕ ТВАРИ И ВСЕ [ОБИТАТЕЛИ] БЕЗДН; ОГОНЬ И ГРАД, СНЕГ И ТУМАН; БУЙНЫЙ ВЕТЕР, ПОСЛУШНЫЙ ВОЛЕ ЕГО; ГОРЫ И ВСЕ ХОЛМЫ, ПЛОДОВЫЕ ДЕРЕВЬЯ И ВСЕ КЕДРЫ; ДИКИЕ ЖИВОТНЫЕ И ВЕСЬ ДОМАШНИЙ СКОТ, ГАДЫ И КРЫЛАТЫЕ ПТИЦЫ; ЗЕМНЫЕ ВЛАДЫКИ И ВСЕ ПЛЕМЕНА, ВЕЛЬМОЖИ И ВСЕ СУДЬИ НА ЗЕМЛЕ; И ЮНОШИ, И ДЕВУШКИ, СТАРИКИ ВМЕСТЕ С МОЛОДЫМИ! ДА ВОСХВАЛЯТ ОНИ ИМЯ ГОСПОДА, ИБО ЛИШЬ ЕГО ИМЯ ПРЕВОЗНЕСЕНО НАДО ВСЕМ, И СЛАВА ЕГО — НА ЗЕМЛЕ И НА НЕБЕ. И УКРЕПИТ ОН МОЩЬ НАРОДА СВОЕГО, ПРОСЛАВИТ ВСЕХ, КТО ЛЮБИТ ЕГО, — СЫНОВ ИЗРАИЛЯ, НАРОД, КОТОРЫЙ ОН ПРИБЛИЗИЛ К СЕБЕ. ВОСХВАЛИТЕ БОГА![2]

הללויה ВОСХВАЛИТЕ БОГА! ПОЙТЕ ГОСПОДУ НОВУЮ ПЕСНЬ, СЛАВЬТЕ ЕГО В СОБРАНИИ ЛЮБЯЩИХ ЕГО! ВОЗРАДУЕТСЯ ИЗРАИЛЬ СОЗДАТЕЛЮ СВОЕМУ, ВОЗРАДУЮТСЯ СЫНОВЬЯ СИОНА СВОЕМУ ВЛАДЫКЕ. С ПЛЯСКАМИ СТАНУТ ОНИ ВОСХВАЛЯТЬ ЕГО ИМЯ, БУДУТ ИГРАТЬ ПРЕД НИМ НА БУБНЕ И НА АРФЕ. ИБО УГОДЕН ГОСПОДУ НАРОД ЕГО, УВЕНЧАЕТ ОН СМИРЕННЫХ СПАСЕНИЕМ. ВОЗРАДУЮТСЯ БЛАГОЧЕСТИВЫЕ СЛАВЕ [СВОЕЙ], ВОСПОЮТ [ВСЕВЫШНЕГО]

1. Теѓилим, 147. 2. Теѓилим, 148.

מִשְׁכְּבוֹתָם: רוֹמְמוֹת אֵל בִּגְרוֹנָם, וְחֶרֶב פִּיפִיּוֹת בְּיָדָם: לַעֲשׂוֹת נְקָמָה בַּגּוֹיִם, תּוֹכֵחוֹת בַּלְאֻמִּים: לֶאְסֹר מַלְכֵיהֶם בְּזִקִּים, וְנִכְבְּדֵיהֶם בְּכַבְלֵי בַרְזֶל: לַעֲשׂוֹת בָּהֶם מִשְׁפָּט כָּתוּב, הָדָר הוּא לְכָל חֲסִידָיו הַלְלוּיָהּ:

הַלְלוּיָהּ, הַלְלוּ אֵל בְּקָדְשׁוֹ, הַלְלוּהוּ בִּרְקִיעַ עֻזּוֹ: הַלְלוּהוּ בִגְבוּרֹתָיו, הַלְלוּהוּ כְּרֹב גֻּדְלוֹ: הַלְלוּהוּ בְּתֵקַע שׁוֹפָר, הַלְלוּהוּ בְּנֵבֶל וְכִנּוֹר: הַלְלוּהוּ בְּתֹף וּמָחוֹל, הַלְלוּהוּ בְּמִנִּים וְעֻגָב: הַלְלוּהוּ בְצִלְצְלֵי שָׁמַע, הַלְלוּהוּ בְּצִלְצְלֵי תְרוּעָה: כֹּל הַנְּשָׁמָה תְּהַלֵּל יָהּ הַלְלוּיָהּ: כֹּל הַנְּשָׁמָה תְּהַלֵּל יָהּ הַלְלוּיָהּ:

בָּרוּךְ יְיָ לְעוֹלָם אָמֵן וְאָמֵן: בָּרוּךְ יְיָ מִצִּיּוֹן שֹׁכֵן יְרוּשָׁלָיִם הַלְלוּיָהּ: בָּרוּךְ יְיָ אֱלֹהִים אֱלֹהֵי יִשְׂרָאֵל עֹשֵׂה נִפְלָאוֹת לְבַדּוֹ: וּבָרוּךְ שֵׁם כְּבוֹדוֹ לְעוֹלָם, וְיִמָּלֵא כְבוֹדוֹ אֶת כָּל הָאָרֶץ, אָמֵן וְאָמֵן:

וַיְבָרֶךְ דָּוִיד אֶת יְיָ לְעֵינֵי כָּל הַקָּהָל, וַיֹּאמֶר דָּוִיד, בָּרוּךְ אַתָּה יְיָ אֱלֹהֵי יִשְׂרָאֵל אָבִינוּ, מֵעוֹלָם וְעַד עוֹלָם. לְךָ יְיָ הַגְּדֻלָּה, וְהַגְּבוּרָה, וְהַתִּפְאֶרֶת, וְהַנֵּצַח, וְהַהוֹד, כִּי כֹל בַּשָּׁמַיִם וּבָאָרֶץ, לְךָ יְיָ הַמַּמְלָכָה וְהַמִּתְנַשֵּׂא, לְכֹל לְרֹאשׁ. וְהָעֹשֶׁר וְהַכָּבוֹד מִלְּפָנֶיךָ, וְאַתָּה מוֹשֵׁל בַּכֹּל, וּבְיָדְךָ, כֹּחַ וּגְבוּרָה, וּבְיָדְךָ, לְגַדֵּל וּלְחַזֵּק לַכֹּל. וְעַתָּה אֱלֹהֵינוּ, מוֹדִים אֲנַחְנוּ לָךְ, וּמְהַלְלִים לְשֵׁם תִּפְאַרְתֶּךָ. וִיבָרְכוּ שֵׁם כְּבוֹדֶךָ, וּמְרוֹמַם עַל כָּל

ЗА [ТО, ЧТО ОН ДАРОВАЛ] ИМ ПОКОЙ. ХВАЛА БОЖЬЕМУ ВЕЛИЧИЮ НА ИХ УСТАХ, А В РУКАХ У НИХ ОБОЮДООСТРЫЕ МЕЧИ ДЛЯ ВОЗМЕЗДИЯ НАРОДАМ, ДЛЯ НАКАЗАНИЯ ПЛЕМЕН. И ЗАКЛЮЧАТ [БЛАГОЧЕСТИВЫЕ] ИХ ЦАРЕЙ В КАНДАЛЫ, ИХ САНОВНИКОВ — В ЖЕЛЕЗНЫЕ ОКОВЫ, ЧТОБЫ ВЕРШИТЬ НАД НИМИ СУД, КАК НАПИСАНО [В ТОРЕ]; СЛАВЕН БУДЕТ ТОТ [ДЕНЬ] ДЛЯ ВСЕХ ЛЮБЯЩИХ [ВСЕВЫШНЕГО]. ВОСХВАЛИТЕ БОГА![1]

הללויה ВОСХВАЛИТЕ БОГА! ВОСХВАЛИТЕ БОГА В СВЯТИЛИЩЕ ЕГО, ВОСХВА-ЛИТЕ ЕГО ЗА ЕГО СИЛУ, [О КОТОРОЙ СВИДЕТЕЛЬСТВУЮТ] НЕБЕСА! ВОСХВАЛИТЕ ЕГО ЗА ЕГО МОГУЩЕСТВО! ВОСХВАЛИТЕ ЕГО ЗА БЕСПРЕДЕЛЬНОЕ ЕГО ВЕЛИЧИЕ! ВОСХВАЛИТЕ ЕГО, ТРУБЯ В ШОФАР, ВОСХВАЛИТЕ ЕГО, ИГРАЯ НА ЛИРЕ И НА АРФЕ! ВОСХВАЛИТЕ ЕГО [ПОД ЗВУКИ] БУБНА И С ПЛЯСКАМИ, ВОСХВАЛИТЕ ЕГО, [ИГ-РАЯ] НА ОРГАНЕ И НА ФЛЕЙТЕ! ВОСХВАЛИТЕ ЕГО ПОД ЗВОН ЦИМБАЛ, ВОСХВА-ЛИТЕ ЕГО ПОД ЗВУКИ ТРУБ! ВСЯКАЯ ДУША ДА ВОСХВАЛИТ БОГА! ВОСХВАЛИТЕ БОГА![2] ВСЯКАЯ ДУША ДА ВОСХВАЛИТ БОГА! ВОСХВАЛИТЕ БОГА!

ברוך БЛАГОСЛОВЕН ГОСПОДЬ ВОВЕКИ, АМЕН И АМЕН![3] БЛАГОСЛОВЕН ГОСПОДЬ, [ПОСЫЛАЮЩИЙ СВЕТ] ИЗ СИОНА, [БЛАГОСЛОВЕН] ОБИТАЮЩИЙ В ИЕРУСАЛИМЕ! ВОСХВАЛИТЕ БОГА![4] БЛАГОСЛОВЕН ГОСПОДЬ, [ОН —] БОГ, БОГ ИЗРАИЛЯ, ЕДИНСТВЕННЫЙ, КТО ТВОРИТ ЧУДЕСА! И ВОВЕКИ БЛАГОСЛО-ВЕННО СЛАВНОЕ ИМЯ ЕГО, И ДА НАПОЛНИТСЯ СЛАВОЙ ЕГО ВСЯ ЗЕМЛЯ, АМЕН И АМЕН![5]

ויברך И БЛАГОСЛОВИЛ ДАВИД ГОСПОДА НА ГЛАЗАХ У ВСЕЙ ОБЩИ-НЫ, И СКАЗАЛ ДАВИД: "БЛАГОСЛОВЕН ТЫ, ГОСПОДЬ, БОГ ИЗРАИЛЯ, ОТЕЦ НАШ, ОТ ВЕКА И ДО ВЕКА! ОТ ТЕБЯ, ГОСПОДЬ, И ВЕЛИЧИЕ, И МО-ГУЩЕСТВО, И ВЕЛИКОЛЕПИЕ, И УДАЧА НА ПОЛЕ БРАНИ, И СЛАВА; ИБО ВСЕ, ЧТО НА НЕБЕ И НА ЗЕМЛЕ, [ПРИНАДЛЕЖИТ ТЕБЕ]. ТЕБЕ ПРИНАД-ЛЕЖИТ ЦАРСКАЯ ВЛАСТЬ, И ТЫ ВОЗВЫШАЕШЬСЯ НАД ВСЕМИ ВЛАДЫ-КАМИ. И БОГАТСТВО, И ПОЧЕТ — ОТ ТЕБЯ, И ТЫ ВЛАСТВУЕШЬ НАД ВСЕМ; И В ТВОИХ РУКАХ — СИЛА И МОГУЩЕСТВО, И В ТВОЕЙ ВЛАСТИ — ВОЗВЕЛИЧИТЬ И НАДЕЛИТЬ СИЛОЙ ЛЮБОГО. И ТЕПЕРЬ, БОГ НАШ, МЫ БЛАГОДАРИМ ТЕБЯ И ВОСХВАЛЯЕМ СЛАВНОЕ ИМЯ ТВОЕ".[6] И БЛАГО-СЛОВИТ [ИЗРАИЛЬ] ТВОЕ СЛАВНОЕ ИМЯ, КОТОРОЕ ПРЕВЫШЕ ВСЕХ

---

1. Теѓилим, 149. 2. Теѓилим, 150. 3. Теѓилим, 89:53. 4. Теѓилим135:21. 5. Теѓилим, 72:18,19. 6. Диврей ѓаямим I, 29:10—13.

בְּרָכָה וּתְהִלָּה. אַתָּה הוּא יְיָ לְבַדֶּךָ, אַתָּה עָשִׂיתָ
אֶת הַשָּׁמַיִם, שְׁמֵי הַשָּׁמַיִם, וְכָל צְבָאָם, הָאָרֶץ וְכָל
אֲשֶׁר עָלֶיהָ, הַיַּמִּים וְכָל אֲשֶׁר בָּהֶם, וְאַתָּה מְחַיֶּה אֶת
כֻּלָּם, וּצְבָא הַשָּׁמַיִם לְךָ מִשְׁתַּחֲוִים: אַתָּה הוּא יְיָ
הָאֱלֹהִים אֲשֶׁר בָּחַרְתָּ בְּאַבְרָם, וְהוֹצֵאתוֹ מֵאוּר כַּשְׂדִּים,
וְשַׂמְתָּ שְׁמוֹ אַבְרָהָם. וּמָצָאתָ אֶת לְבָבוֹ נֶאֱמָן לְפָנֶיךָ

וְכָרוֹת עִמּוֹ הַבְּרִית, לָתֵת אֶת אֶרֶץ הַכְּנַעֲנִי הַחִתִּי
הָאֱמֹרִי וְהַפְּרִזִּי וְהַיְבוּסִי וְהַגִּרְגָּשִׁי לָתֵת לְזַרְעוֹ,
וַתָּקֶם אֶת דְּבָרֶיךָ כִּי צַדִּיק אָתָּה: וַתֵּרֶא אֶת עֳנִי
אֲבֹתֵינוּ בְּמִצְרָיִם, וְאֶת זַעֲקָתָם שָׁמַעְתָּ עַל יַם סוּף:
וַתִּתֵּן אֹתֹת וּמֹפְתִים בְּפַרְעֹה וּבְכָל עֲבָדָיו וּבְכָל עַם
אַרְצוֹ, כִּי יָדַעְתָּ כִּי הֵזִידוּ עֲלֵיהֶם, וַתַּעַשׂ לְךָ שֵׁם כְּהַיּוֹם
הַזֶּה: וְהַיָּם בָּקַעְתָּ לִפְנֵיהֶם וַיַּעַבְרוּ בְתוֹךְ הַיָּם בַּיַּבָּשָׁה,
וְאֶת רֹדְפֵיהֶם הִשְׁלַכְתָּ בִמְצוֹלֹת, כְּמוֹ אֶבֶן בְּמַיִם עַזִּים:

וַיּוֹשַׁע יְיָ בַּיּוֹם הַהוּא אֶת יִשְׂרָאֵל מִיַּד מִצְרָיִם, וַיַּרְא
יִשְׂרָאֵל אֶת מִצְרַיִם מֵת עַל שְׂפַת הַיָּם: וַיַּרְא
יִשְׂרָאֵל אֶת הַיָּד הַגְּדֹלָה אֲשֶׁר עָשָׂה יְיָ בְּמִצְרַיִם וַיִּירְאוּ
הָעָם אֶת יְיָ, וַיַּאֲמִינוּ בַּיְיָ וּבְמֹשֶׁה עַבְדּוֹ:

אָז יָשִׁיר מֹשֶׁה וּבְנֵי יִשְׂרָאֵל אֶת הַשִּׁירָה הַזֹּאת לַיְיָ
וַיֹּאמְרוּ לֵאמֹר אָשִׁירָה לַיְיָ כִּי גָאֹה גָּאָה סוּס וְרֹכְבוֹ
רָמָה בַיָּם: עָזִּי וְזִמְרָת יָהּ, וַיְהִי לִי לִישׁוּעָה, זֶה אֵלִי
וְאַנְוֵהוּ, אֱלֹהֵי אָבִי וַאֲרֹמְמֶנְהוּ: יְיָ אִישׁ מִלְחָמָה, יְיָ שְׁמוֹ:
מַרְכְּבֹת פַּרְעֹה וְחֵילוֹ יָרָה בַיָּם, וּמִבְחַר שָׁלִשָׁיו טֻבְּעוּ
בְיַם סוּף: תְּהֹמֹת יְכַסְיֻמוּ, יָרְדוּ בִמְצוֹלֹת כְּמוֹ אָבֶן:
יְמִינְךָ יְיָ נֶאְדָּרִי בַּכֹּחַ, יְמִינְךָ יְיָ תִּרְעַץ אוֹיֵב: וּבְרֹב

גאונך

БЛАГОСЛОВЕНИЙ И СЛАВОСЛОВИЙ. ТЫ ОДИН, ГОСПОДЬ, СОТВОРИЛ НЕБО, НЕБЕСНЫЕ ВЫСИ И ВСЕ ИХ ВОИНСТВА, ЗЕМЛЮ И ВСЕ, ЧТО НА НЕЙ, МОРЯ И ВСЕ, ЧТО В НИХ; И ТЫ ДАЕШЬ ЖИЗНЬ ВСЕМУ, И НЕБЕСНОЕ ВОИНСТВО ТЕБЕ ПОКЛОНЯЕТСЯ. ТЫ, ГОСПОДЬ, — БОГ, КОТОРЫЙ ИЗБРАЛ АВРАМА, И ВЫВЕЛ ЕГО ИЗ УРА ХАЛДЕЙСКОГО, И НАРЕК ЕГО ИМЕНЕМ АВРАЃАМ; И УВИДЕЛ ТЫ, ЧТО СЕРДЦЕ ЕГО ПРЕДАНО ТЕБЕ;[1]

וכרות И ЗАКЛЮЧИЛ ТЫ С НИМ СОЮЗ, [ОБЕЩАВ] ДАТЬ ЕГО ПОТОМСТВУ СТРАНУ ХАНААНЕЕВ, ХЕТТОВ, ЭМОРЕЕВ, И ПРИЗЕЕВ, И ЙЕВУСЕЕВ, И ГИРГАШЕЙ; И ИСПОЛНИЛ ТЫ СВОЕ ОБЕЩАНИЕ, ИБО СПРАВЕДЛИВ ТЫ. И УВИДЕЛ ТЫ СТРАДАНИЯ ОТЦОВ НАШИХ В СТРАНЕ ЕГИПЕТСКОЙ, УСЛЫШАЛ ТЫ ИХ, КОГДА ОНИ ВЗЫВАЛИ [К ТЕБЕ] У КРАСНОГО МОРЯ. И ЯВИЛ ТЫ ЗНАМЕНИЯ И ЧУДЕСА, [ПОКАРАВ] ФАРАОНА, И ВСЕХ СЛУГ ЕГО, И ВЕСЬ НАРОД ЕГО СТРАНЫ, ИБО ЗАМЫСЛИЛИ ОНИ ЗЛО ПРОТИВ [ИЗРАИЛЯ]; И УВЕНЧАЛ ТЫ СЕБЯ СЛАВОЙ НЕИЗМЕННОЙ И ПО СЕЙ ДЕНЬ. И РАССЕК ТЫ ПЕРЕД [СЫНАМИ ИЗРАИЛЯ] МОРЕ, И ПРОШЛИ ОНИ СРЕДИ МОРЯ ПО СУШЕ; А ПРЕСЛЕДОВАТЕЛЕЙ ИХ ТЫ БРОСИЛ В ПУЧИНЫ, [И УТОНУЛИ ОНИ], СЛОВНО КАМЕНЬ, В МОГУЧИХ ВОДАХ.[2]

ויושע И СПАС ГОСПОДЬ В ТОТ ДЕНЬ НАРОД ИЗРАИЛЯ ОТ РУК ЕГИПТЯН, И УВИДЕЛ ИЗРАИЛЬ ТРУПЫ ЕГИПТЯН НА БЕРЕГУ МОРЯ. И УВИДЕЛ ИЗРАИЛЬ ВЕЛИКУЮ КАРУ, КОТОРУЮ ГОСПОДЬ ОБРУШИЛ НА ЕГИПТЯН, И ПРЕИСПОЛНИЛСЯ НАРОД СТРАХОМ ПРЕД ГОСПОДОМ, И УВЕРОВАЛ В ГОСПОДА И В РАБА ЕГО МОШЕ.[3]

אז ישיר И ПЕЛ ТОГДА МОШЕ С СЫНАМИ ИЗРАИЛЯ ТАКУЮ ПЕСНЮ ГОСПОДУ, С ТАКИМИ СЛОВАМИ: ВОСПОЮ Я ГОСПОДА, ИБО ПРЕВОЗНЕССЯ ОН НАД ГОРДЕЦАМИ, КОНЯ ВМЕСТЕ СО ВСАДНИКОМ НИЗВЕРГ В МОРЕ. БОГ — СИЛА МОЯ, И [ЕМУ —] МОЯ ПЕСНЯ, И БЫЛ ОН СПАСЕНИЕМ МНЕ; ЭТО БОГ МОЙ, БУДУ ВОСХВАЛЯТЬ ЕГО; ЭТО БОГ ОТЦА МОЕГО, БУДУ ПРЕВОЗНОСИТЬ ЕГО. ГОСПОДЬ — ВОИТЕЛЬ, ГОСПОДЬ [ИСТРЕБЛЯЕТ ВРАГОВ] ИМЕНЕМ СВОИМ. КОЛЕСНИЦЫ ФАРАОНА И ВОИНСТВО ЕГО НИЗВЕРГ ОН В МОРЕ, И ЛУЧШИЕ ВОЕНАЧАЛЬНИКИ [ФАРАОНА] УТОНУЛИ В КРАСНОМ МОРЕ. БЕЗДНЫ ПОГЛОТИЛИ ИХ; ПОГРУЗИЛИСЬ ОНИ В ПУЧИНЫ, СЛОВНО КАМЕНЬ. ДЕСНИЦА ТВОЯ, ГОСПОДЬ, СЛАВИТСЯ СИЛОЙ; ДЕСНИЦА ТВОЯ, ГОСПОДЬ, СОКРУШАЕТ ВРАГА. И В БЕСПРЕДЕЛЬНОМ

1. Нехемья, 9:5—8. 2. Нехемья, 9:8—11. 3. Шмот, 14:30,31.

גְּאוֹנְךָ תַּהֲרֹס קָמֶיךָ , תְּשַׁלַּח חֲרֹנְךָ יֹאכְלֵמוֹ כַּקַּשׁ :
וּבְרוּחַ אַפֶּיךָ נֶעֶרְמוּ מַיִם , נִצְּבוּ כְמוֹ נֵד נֹזְלִים , קָפְאוּ
תְהֹמֹת בְּלֶב יָם : אָמַר אוֹיֵב , אֶרְדֹּף אַשִּׂיג אֲחַלֵּק שָׁלָל ,
תִּמְלָאֵמוֹ נַפְשִׁי , אָרִיק חַרְבִּי , תּוֹרִישֵׁמוֹ יָדִי : נָשַׁפְתָּ
בְרוּחֲךָ כִּסָּמוֹ יָם , צָלֲלוּ כַּעוֹפֶרֶת בְּמַיִם אַדִּירִים : מִי
כָמֹכָה בָּאֵלִם יְיָ , מִי כָּמֹכָה נֶאְדָּר בַּקֹּדֶשׁ , נוֹרָא תְהִלֹּת ,
עֹשֵׂה פֶלֶא : נָטִיתָ יְמִינְךָ , תִּבְלָעֵמוֹ אָרֶץ : נָחִיתָ בְחַסְדְּךָ
עַם זוּ גָּאָלְתָּ , נֵהַלְתָּ בְעָזְּךָ אֶל נְוֵה קָדְשֶׁךָ : שָׁמְעוּ
עַמִּים יִרְגָּזוּן , חִיל אָחַז יֹשְׁבֵי פְּלָשֶׁת : אָז נִבְהֲלוּ
אַלּוּפֵי אֱדוֹם אֵילֵי מוֹאָב יֹאחֲזֵמוֹ רָעַד , נָמֹגוּ כֹּל
יֹשְׁבֵי כְנָעַן : תִּפֹּל עֲלֵיהֶם אֵימָתָה וָפַחַד בִּגְדֹל זְרוֹעֲךָ
יִדְּמוּ כָּאָבֶן , עַד יַעֲבֹר עַמְּךָ יְיָ , עַד יַעֲבֹר עַם זוּ קָנִיתָ :
תְּבִיאֵמוֹ וְתִטָּעֵמוֹ בְּהַר נַחֲלָתְךָ , מָכוֹן לְשִׁבְתְּךָ פָּעַלְתָּ
יְיָ , מִקְּדָשׁ אֲדֹנָי , כּוֹנְנוּ יָדֶיךָ : יְיָ יִמְלֹךְ לְעֹלָם וָעֶד : יְיָ
יִמְלֹךְ לְעֹלָם וָעֶד : יְיָ מַלְכוּתֵהּ קָאֵם לְעָלַם וּלְעָלְמֵי עָלְמַיָּא :
כִּי בָא סוּס פַּרְעֹה בְּרִכְבּוֹ וּבְפָרָשָׁיו בַּיָּם וַיָּשֶׁב יְיָ עֲלֵהֶם
אֶת מֵי הַיָּם וּבְנֵי יִשְׂרָאֵל הָלְכוּ בַיַּבָּשָׁה בְּתוֹךְ הַיָּם : כִּי
לַיְיָ הַמְּלוּכָה וּמֹשֵׁל בַּגּוֹיִם : וְעָלוּ מוֹשִׁיעִים בְּהַר צִיּוֹן
לִשְׁפֹּט אֶת הַר עֵשָׂו , וְהָיְתָה לַיְיָ הַמְּלוּכָה : וְהָיָה יְיָ לְמֶלֶךְ
עַל כָּל הָאָרֶץ , בַּיּוֹם הַהוּא יִהְיֶה יְיָ אֶחָד וּשְׁמוֹ אֶחָד :

נִשְׁמַת כָּל חַי תְּבָרֵךְ אֶת שִׁמְךָ* יְיָ
אֱלֹהֵינוּ, וְרוּחַ כָּל בָּשָׂר תְּפָאֵר
וּתְרוֹמֵם זִכְרְךָ מַלְכֵּנוּ תָּמִיד , מִן
הָעוֹלָם וְעַד הָעוֹלָם אַתָּה אֵל ,

ВЕЛИЧИИ СВОЕМ УНИЧТОЖАЕШЬ ТЫ ВОССТАЮЩИХ ПРОТИВ ТЕБЯ; ОБРАЩАЕШЬ ТЫ ПРОТИВ НИХ ЯРОСТЬ СВОЮ, ОНА ПОЖИРАЕТ ИХ, СЛОВНО [ОГОНЬ] СОЛОМУ. ПО СЛОВУ, [ИЗРЕЧЕННОМУ] УСТАМИ ТВОИМИ, ВЗДЫБИЛИСЬ ВОДЫ, ВСТАЛИ ВОДЫ СТЕНОЙ; ЗАСТЫЛИ ПУЧИНЫ В СЕРДЦЕ МОРСКОМ. СКАЗАЛ ВРАГ: "ПОГОНЮСЬ [ЗА НИМИ], НАСТИГНУ, РАЗДЕЛЮ ДОБЫЧУ; НАСЫТИТСЯ ИХ [КРОВЬЮ] МОЯ ДУША; ОБНАЖУ СВОЙ МЕЧ И ИСТРЕБЛЮ ИХ РУКОЙ СВОЕЮ!" НО ПРОИЗНЕС ТЫ СЛОВО СВОЕ, И ПОГЛОТИЛО ИХ МОРЕ; УТОНУЛИ ОНИ, КАК СВИНЕЦ, В МОГУЧИХ ВОДАХ. КТО СРЕДИ ВЫСШИХ СИЛ ПОДОБЕН ТЕБЕ, ГОСПОДЬ, КТО ПОДОБЕН ТЕБЕ, МОГУЧЕМУ И СВЯТОМУ, ВНУШАЮЩЕМУ ТРЕПЕТ СЛАВЯЩИМ ЕГО, ТВОРЯЩЕМУ ЧУДЕСА! ПРОСТЕР ТЫ ДЕСНИЦУ СВОЮ, И ПОГЛОТИЛА [ВРАГОВ] ЗЕМЛЯ. ТЫ НАПРАВЛЯЛ ПО МИЛОСТИ СВОЕЙ СПАСЕННЫЙ ТОБОЮ НАРОД, В МОГУЩЕСТВЕ СВОЕМ ВЕЛ ЕГО В СВОЮ СВЯТУЮ ЗЕМЛЮ. УСЛЫШАЛИ НАРОДЫ И ПРИШЛИ В СМЯТЕНИЕ, ТРЕПЕТ ОХВАТИЛ ЖИТЕЛЕЙ ПЛЕШЕТА. УЖАС ОБЪЯЛ ТОГДА ВОЖДЕЙ ЭДОМА, ·ВЛАСТИТЕЛЕЙ МОАВА БРОСИЛО В ДРОЖЬ, ОЦЕПЕНЕЛИ ВСЕ ЖИТЕЛИ ХАНААНА. НАПАЛ НА НИХ УЖАС И СТРАХ; ПРИ ВИДЕ МОГУЧЕЙ СИЛЫ ТВОЕЙ ОНЕМЕЮТ ОНИ, СЛОВНО КАМЕНЬ, ПОКА НЕ ПЕРЕЙДЕТ НАРОД ТВОЙ, ГОСПОДЬ, [ИОРДАН], ПОКА НЕ ПЕРЕЙДЕТ ЕГО НАРОД ЭТОТ, КОТОРЫЙ ТЫ ИЗБРАЛ. ПРИВЕДИ ЕГО [В ХАНААН] И ПОСЕЛИ У ГОРЫ, [КОТОРУЮ ТЫ ИЗБРАЛ В] УДЕЛ СЕБЕ, У МЕСТА, КОТОРОЕ ТЫ, ГОСПОДЬ, ПРЕДНАЗНАЧИЛ ДЛЯ ТОГО, ЧТОБЫ ОБИТАТЬ В НЕМ, — В ХРАМЕ, КОТОРЫЙ ТЫ, ГОСПОДЬ, ПОСТРОИШЬ СВОИМИ РУКАМИ. ГОСПОДЬ БУДЕТ ЦАРСТВОВАТЬ ВО ВЕКИ ВЕКОВ![1] ГОСПОДЬ БУДЕТ ЦАРСТВОВАТЬ ВО ВЕКИ ВЕКОВ! ГОСПОДЬ, ТВОЕ ЦАРСТВО СУЩЕСТВУЕТ ВЕЧНО И БУДЕТ СУЩЕСТВОВАТЬ ВО ВЕКИ ВЕКОВ! КОГДА ВОШЛИ КОНИ ФАРАОНА, КОЛЕСНИЦЫ С ВОИНАМИ В МОРЕ, ОБРУШИЛ НА НИХ ГОСПОДЬ МОРСКИЕ ВОДЫ, А СЫНЫ ИЗРАИЛЯ ПРОШЛИ ПО СУШЕ ПОСРЕДИ МОРЯ.[2] ВЕДЬ ГОСПОДЬ — ВЛАДЫКА, ОН ВЛАСТВУЕТ НАД НАРОДАМИ.[3] И ПОДНИМУТСЯ ИЗБАВИТЕЛИ НА ГОРУ СИОН, ЧТОБЫ СУДИТЬ [ЖИВУЩИХ НА] ГОРЕ ЭЙСАВА, И СТАНЕТ [ЯВНЫМ, ЧТО] ГОСПОДУ ПРИНАДЛЕЖИТ ЦАРСКАЯ ВЛАСТЬ.[4] И СТАНЕТ ГОСПОДЬ ВЛАДЫКОЙ ВСЕЙ ЗЕМЛИ; В ТОТ ДЕНЬ ГОСПОДЬ БУДЕТ [ПРИЗНАН ВСЕМИ НАРОДАМИ] ЕДИНСТВЕННЫМ [БОГОМ], И ЛИШЬ ЕГО ИМЯ [БУДЕТ У ВСЕХ НА УСТАХ].[5]

נשמת ПУСТЬ ДУША ВСЕГО ЖИВОГО БЛАГОСЛОВЛЯЕТ ИМЯ ТВОЕ, ГОСПОДЬ, БОГ НАШ; И ДУХ ВСЯКОЙ ПЛОТИ ПУСТЬ НЕПРЕСТАННО СЛАВИТ И ПРЕВОЗНОСИТ [ТЕБЯ], УПОМИНАЯ ИМЯ ТВОЕ, ВЛАДЫКА НАШ! ОТ ВЕКА И ДО ВЕКА ТЫ — БОГ,

---

1. Шмот, 15:1—18. 2. Шмот, 15:19. 3. Теѓилим, 22:29. 4. Овадья, 1:21. 5. Зхарья, 14:9.

וּמִבַּלְעָדֶיךָ אֵין לָנוּ מֶלֶךְ גּוֹאֵל וּמוֹשִׁיעַ,
פּוֹדֶה וּמַצִּיל וּמְפַרְנֵס וְעוֹנֶה וּמְרַחֵם
בְּכָל עֵת צָרָה וְצוּקָה, אֵין לָנוּ מֶלֶךְ
אֶלָּא אַתָּה, אֱלֹהֵי הָרִאשׁוֹנִים
וְהָאַחֲרוֹנִים. אֱלוֹהַּ כָּל בְּרִיּוֹת, אֲדוֹן
כָּל תּוֹלָדוֹת, הַמְהֻלָּל בְּרוֹב
הַתִּשְׁבָּחוֹת, הַמְנַהֵג עוֹלָמוֹ בְּחֶסֶד
וּבְרִיּוֹתָיו בְּרַחֲמִים, וַיְיָ הִנֵּה לֹא יָנוּם
וְלֹא יִישָׁן, הַמְעוֹרֵר יְשֵׁנִים, וְהַמֵּקִיץ
נִרְדָּמִים, וְהַמֵּשִׂיחַ אִלְּמִים, וְהַמַּתִּיר
אֲסוּרִים, וְהַסּוֹמֵךְ נוֹפְלִים, וְהַזּוֹקֵף
כְּפוּפִים, לְךָ לְבַדְּךָ אֲנַחְנוּ מוֹדִים. אִלּוּ
פִינוּ מָלֵא שִׁירָה כַּיָּם, וּלְשׁוֹנֵנוּ רִנָּה
כַּהֲמוֹן גַּלָּיו, וְשִׂפְתוֹתֵינוּ שֶׁבַח
כְּמֶרְחֲבֵי רָקִיעַ, וְעֵינֵינוּ מְאִירוֹת
כַּשֶּׁמֶשׁ וְכַיָּרֵחַ, וְיָדֵינוּ פְרוּשׂוֹת כְּנִשְׁרֵי
שָׁמַיִם, וְרַגְלֵינוּ קַלּוֹת כָּאַיָּלוֹת. אֵין אָנוּ
מַסְפִּיקִים לְהוֹדוֹת לְךָ יְיָ אֱלֹהֵינוּ וֵאלֹהֵי
אֲבוֹתֵינוּ, וּלְבָרֵךְ אֶת שִׁמְךָ עַל אַחַת

מאלף

И КРОМЕ ТЕБЯ НЕТ У НАС ВЛАДЫКИ, ИЗБАВИТЕЛЯ И ЗА-
ЩИТНИКА, ОСВОБОДИТЕЛЯ И СПАСИТЕЛЯ, КОТОРЫЙ ДАЕТ
ПРОПИТАНИЕ, И ВНЕМЛЕТ МОЛИТВАМ, И ПРОЯВЛЯЕТ МИ-
ЛОСЕРДИЕ ВО ВСЕ ВРЕМЕНА БЕДСТВИЙ И СТРАДАНИЙ. НЕТ У
НАС ВЛАДЫКИ КРОМЕ ТЕБЯ; [ТЫ —] БОГ [ВСЕХ ПОКОЛЕ-
НИЙ ИЗРАИЛЯ —]   ОТ ПЕРВЫХ ДО ПОСЛЕДНИХ, БОГ ВСЕХ
ТВОРЕНИЙ, ВЕРШИТЕЛЬ ВСЕГО ПРОИСХОДЯЩЕГО, ПРОСЛАВ-
ЛЯЕМЫЙ ВЕЛИКОЙ ХВАЛОЙ, ПРАВЯЩИЙ МИРОЗДАНИЕМ
СВОИМ МИЛОСТИВО И СОЗДАНИЯМИ СВОИМИ — МИЛОСЕРД-
НО. ВЕДЬ ГОСПОДЬ НИКОГДА НЕ СПИТ И НЕ ДРЕМЛЕТ,
БУДИТ ОН СПЯЩИХ И ПРОБУЖДАЕТ ДРЕМЛЮЩИХ, И ВОЗ-
ВРАЩАЕТ ДАР РЕЧИ НЕМЫМ, И ОСВОБОЖДАЕТ УЗНИКОВ, И
ПОДДЕРЖИВАЕТ ПАДАЮЩИХ, И РАСПРЯМЛЯЕТ СОГБЕННЫХ;
ЛИШЬ ТЕБЕ ОДНОМУ ВОЗНОСИМ МЫ БЛАГОДАРНОСТЬ.
ЕСЛИ БЫ ГОРТАНЬ НАША БЫЛА ПОЛНА ГИМНАМИ, СЛОВ-
НО МОРЕ [ВОДОЮ], И НА ЯЗЫКЕ НАШЕМ БЫЛА БЫ ПЕСНЯ,
ЗВУЧНАЯ, СЛОВНО ШУМ ВОЛН, И НА УСТАХ НАШИХ — ХВАЛА,
БЕСПРЕДЕЛЬНАЯ, СЛОВНО ШИРЬ НЕБОСВОДА, И ГЛАЗА
НАШИ СИЯЛИ БЫ ПОДОБНО СОЛНЦУ И ЛУНЕ, И РУКИ НАШИ
БЫЛИ БЫ РАСПРОСТЕРТЫ, КАК [КРЫЛЬЯ] ОРЛОВ ПОДНЕ-
БЕСНЫХ, И НОГИ НАШИ БЫЛИ БЫ ЛЕГКИ, СЛОВНО НОГИ
ЛАНЕЙ, — ВСЕ РАВНО НЕ СМОГЛИ БЫ МЫ ОТБЛАГОДАРИТЬ
ТЕБЯ, ГОСПОДЬ, БОГ НАШ И БОГ ОТЦОВ НАШИХ, И БЛА-
ГОСЛОВИТЬ ИМЯ ТВОЕ КАК ПОДОБАЕТ, ДАЖЕ ЗА ОДНО

מֵאֶלֶף אַלְפֵי אֲלָפִים , וְרִבֵּי רִבְבוֹת
פְּעָמִים , הַטּוֹבוֹת נִסִּים וְנִפְלָאוֹת
שֶׁעָשִׂיתָ עִמָּנוּ וְעִם אֲבוֹתֵינוּ מִלְּפָנִים:
מִמִּצְרַיִם גְּאַלְתָּנוּ , יְיָ אֱלֹהֵינוּ , מִבֵּית
עֲבָדִים פְּדִיתָנוּ , בְּרָעָב זַנְתָּנוּ , וּבְשָׂבָע
כִּלְכַּלְתָּנוּ , מֵחֶרֶב הִצַּלְתָּנוּ , וּמִדֶּבֶר
מִלַּטְתָּנוּ , וּמֵחֳלָיִם רָעִים וְנֶאֱמָנִים
דִּלִּיתָנוּ. עַד הֵנָּה עֲזָרוּנוּ רַחֲמֶיךָ , וְלֹא
עֲזָבוּנוּ חֲסָדֶיךָ , וְאַל תִּטְּשֵׁנוּ יְיָ אֱלֹהֵינוּ,
לָנֶצַח. עַל כֵּן , אֵבָרִים שֶׁפִּלַּגְתָּ בָּנוּ ,
וְרוּחַ וּנְשָׁמָה שֶׁנָּפַחְתָּ בְּאַפֵּינוּ , וְלָשׁוֹן
אֲשֶׁר שַׂמְתָּ בְּפִינוּ . הֵן הֵם: יוֹדוּ
וִיבָרְכוּ וִישַׁבְּחוּ וִיפָאֲרוּ , וִירוֹמְמוּ
וְיַעֲרִיצוּ , וְיַקְדִּישׁוּ וְיַמְלִיכוּ אֶת שִׁמְךָ
מַלְכֵּנוּ. כִּי כָל פֶּה, לְךָ יוֹדֶה, וְכָל לָשׁוֹן
לְךָ תִשָּׁבַע. וְכָל עַיִן לְךָ תְצַפֶּה . וְכָל
בֶּרֶךְ, לְךָ תִכְרַע. וְכָל קוֹמָה, לְפָנֶיךָ
תִשְׁתַּחֲוֶה . וְכָל הַלְּבָבוֹת יִירָאוּךָ .
וְכָל קֶרֶב וּכְלָיוֹת יְזַמְּרוּ לִשְׁמֶךָ .

ИЗ ТЫСЯЧ ТЫСЯЧ И МИРИАД МИРИАД БЛАГОДЕЯНИЙ, ЗНА-
МЕНИЙ И ЧУДЕС, КОТОРЫЕ ТЫ СОТВОРИЛ С НАМИ, А ДО
ЭТОГО — С НАШИМИ ОТЦАМИ: ИЗ ЕГИПТА ТЫ СПАС НАС,
ГОСПОДЬ, БОГ НАШ, ВЫКУПИЛ НАС ИЗ ДОМА РАБСТВА; В
ГОЛОДНЫЕ ГОДЫ ДАВАЛ НАМ ПИЩУ И В [ГОДЫ] ИЗОБИ-
ЛИЯ СНАБЖАЛ НАС ВСЕМ НЕОБХОДИМЫМ; ОТ МЕЧА СПАС
НАС И ОТ МОРА УБЕРЕГ; И ОТ БОЛЕЗНЕЙ ТЯЖКИХ И НЕ-
ИЗЛЕЧИМЫХ НАС ИСЦЕЛИЛ. ДО СИХ ПОР ПОДДЕРЖИВАЕТ
НАС МИЛОСЕРДИЕ ТВОЕ И ДОБРОТА ТВОЯ НЕ ОСТАВЛЯЕТ
НАС — НЕ ПОКИДАЙ ЖЕ НАС, ГОСПОДЬ, БОГ НАШ, ВОВЕКИ!
И ЗА ЭТО ЧЛЕНЫ НАШЕГО ТЕЛА, КОТОРЫМИ ТЫ НАДЕЛИЛ
НАС, И ДУХ, И ДУША, КОТОРЫЕ ТЫ ВДОХНУЛ В НАШИ
НОЗДРИ, И ЯЗЫК, КОТОРЫЙ ТЫ ПОМЕСТИЛ ВО РТУ НАШЕМ,
— ВСЕ ОНИ БУДУТ БЛАГОДАРИТЬ, И БЛАГОСЛОВЛЯТЬ, И
ВОСХВАЛЯТЬ, И СЛАВИТЬ, И ВОЗВЕЛИЧИВАТЬ, И ПРЕВОЗНО-
СИТЬ ТВОЕ ИМЯ, ВЛАДЫКА НАШ, И ПРОВОЗГЛАШАТЬ СВЯ-
ТОСТЬ И ЦАРСТВЕННОСТЬ ИМЕНИ ТВОЕГО. ИБО УСТА КАЖ-
ДОГО ДОЛЖНЫ БЛАГОДАРИТЬ ТЕБЯ, ЯЗЫК — КЛЯСТЬСЯ
ТЕБЕ [В ВЕРНОСТИ], ГЛАЗА — БЫТЬ УСТРЕМЛЕННЫМИ НА
ТЕБЯ, КОЛЕНИ — ПРЕКЛОНЯТЬСЯ, И СТАН — СГИБАТЬСЯ
В ПОКЛОНЕ, И СЕРДЦЕ — ТРЕПЕТАТЬ ПРЕД ТОБОЮ. И
СУЩЕСТВО КАЖДОГО БУДЕТ ВОСПЕВАТЬ ИМЯ ТВОЕ,

כְּדָבָר שֶׁכָּתוּב, כָּל עַצְמוֹתַי תֹּאמַרְנָה:
יְיָ, מִי כָמוֹךָ. מַצִּיל עָנִי מֵחָזָק מִמֶּנּוּ,
וְעָנִי וְאֶבְיוֹן מִגֹּזְלוֹ. מִי יִדְמֶה לָּךְ, וּמִי
יִשְׁוֶה לָּךְ, וּמִי יַעֲרָךְ לָךְ, הָאֵל הַגָּדוֹל,
הַגִּבּוֹר וְהַנּוֹרָא, אֵל עֶלְיוֹן קֹנֵה שָׁמַיִם
וָאָרֶץ. נְהַלֶּלְךָ, וּנְשַׁבֵּחֲךָ, וּנְפָאֶרְךָ,
וּנְבָרֵךְ אֶת שֵׁם קָדְשֶׁךָ, כָּאָמוּר: לְדָוִד,
בָּרְכִי נַפְשִׁי אֶת יְיָ, וְכָל קְרָבַי אֶת
שֵׁם קָדְשׁוֹ:

הָאֵל בְּתַעֲצֻמוֹת עֻזֶּךָ, הַגָּדוֹל בִּכְבוֹד
שְׁמֶךָ, הַגִּבּוֹר לָנֶצַח, וְהַנּוֹרָא
בְּנוֹרְאוֹתֶיךָ:

הַמֶּלֶךְ הַיּוֹשֵׁב עַל כִּסֵּא רָם וְנִשָּׂא:

שׁוֹכֵן עַד, מָרוֹם וְקָדוֹשׁ שְׁמוֹ, וְכָתוּב רַנְּנוּ
צַדִּיקִים בַּיְיָ, לַיְשָׁרִים נָאוָה תְהִלָּה. בְּפִי
יְשָׁרִים תִּתְרוֹמָם, וּבְשִׂפְתֵי צַדִּיקִים תִּתְבָּרַךְ,

וּבִלְשׁוֹן

КАК НАПИСАНО ОБ ЭТОМ: "ВСЕ КОСТИ МОИ СКАЖУТ: ГОСПОДЬ, КТО ПОДОБЕН ТЕБЕ, СПАСАЮЩЕМУ БЕДНЯКА ОТ ТОГО, КТО СИЛЬНЕЕ ЕГО, НИЩЕГО И УБОГОГО — ОТ ГРАБЯЩЕГО ИХ?"[1] КТО УПОДОБИТСЯ ТЕБЕ, И КТО СРАВНИТСЯ С ТОБОЙ, И КОГО МОЖНО СОПОСТАВИТЬ С ТОБОЮ, БОГ ВЕЛИКИЙ, МОГУЧИЙ И ГРОЗНЫЙ, ВСЕВЫШНИЙ БОГ, СОТВОРИВШИЙ НЕБО И ЗЕМЛЮ? БУДЕМ МЫ ВОСПЕВАТЬ, И ВОСХВАЛЯТЬ, И ПРОСЛАВЛЯТЬ ТЕБЯ И БЛАГОСЛОВЛЯТЬ ТВОЕ СВЯТОЕ ИМЯ, КАК СКАЗАНО: "[ПСАЛОМ] ДАВИДА. БЛАГОСЛОВИ, ДУША МОЯ, ГОСПОДА И ВСЕ СУЩЕСТВО МОЕ — [БЛАГОСЛОВИ] ЕГО СВЯТОЕ ИМЯ!"[2]

האל ТЫ — БОГ, И МОЩЬ ТВОЯ БЕСПРЕДЕЛЬНА, ВЕЛИКА СЛАВА ИМЕНИ ТВОЕГО, МОГУЩЕСТВО ТВОЕ ВЕЧНО, И ГРОЗНЫЕ ДЕЯНИЯ ТВОИ ПРИВОДЯТ [МИР] В ТРЕПЕТ, —

המלך О, ВЛАДЫКА, ВОССЕДАЮЩИЙ НА ВЫСОКО ВОЗНЕСЕННОМ ПРЕСТОЛЕ!

שוכן ОН ПРЕБУДЕТ ВОВЕК; ВОЗВЫШЕННО И СВЯТО ИМЯ ЕГО. И НАПИСАНО: "ВОСПЕВАЙТЕ, ПРАВЕДНЫЕ, ГОСПОДА! НЕПОРОЧНЫМ ПОДОБАЕТ ХВАЛИТЬ [ЕГО]".[3] УСТА НЕПОРОЧНЫХ ПРЕВОЗНЕСУТ ТЕБЯ, УСТА ПРАВЕДНЫХ БЛАГОСЛОВЯТ ТЕБЯ,

1. Теѓилим, 35:10. 2. Теѓилим, 103:1. 3. Теѓилим, 33:1.

וּבִלְשׁוֹן חֲסִידִים תִּתְקַדָּשׁ, וּבְקֶרֶב קְדוֹשִׁים תִּתְהַלָּל:

וּבְמַקְהֲלוֹת רִבְבוֹת עַמְּךָ בֵּית יִשְׂרָאֵל, בְּרִנָּה יִתְפָּאֵר שִׁמְךָ מַלְכֵּנוּ בְּכָל דּוֹר וָדוֹר. שֶׁכֵּן חוֹבַת כָּל הַיְצוּרִים. לְפָנֶיךָ יְיָ אֱלֹהֵינוּ וֵאלֹהֵי אֲבוֹתֵינוּ: לְהוֹדוֹת לְהַלֵּל, לְשַׁבֵּחַ, לְפָאֵר, לְרוֹמֵם, לְהַדֵּר, לְבָרֵךְ, לְעַלֵּה וּלְקַלֵּס, עַל כָּל דִּבְרֵי שִׁירוֹת וְתִשְׁבְּחוֹת דָּוִד בֶּן יִשַׁי עַבְדְּךָ, מְשִׁיחֶךָ:

וּבְכֵן יִשְׁתַּבַּח שִׁמְךָ לָעַד מַלְכֵּנוּ, הָאֵל, הַמֶּלֶךְ הַגָּדוֹל וְהַקָּדוֹשׁ, בַּשָּׁמַיִם וּבָאָרֶץ. כִּי לְךָ נָאֶה יְיָ אֱלֹהֵינוּ וֵאלֹהֵי אֲבוֹתֵינוּ לְעוֹלָם וָעֶד: שִׁיר וּשְׁבָחָה, הַלֵּל וְזִמְרָה, עֹז וּמֶמְשָׁלָה, נֶצַח, גְּדֻלָּה וּגְבוּרָה, תְּהִלָּה וְתִפְאֶרֶת, קְדֻשָּׁה וּמַלְכוּת: בְּרָכוֹת וְהוֹדָאוֹת, לְשִׁמְךָ הַגָּדוֹל וְהַקָּדוֹשׁ וּמֵעוֹלָם עַד עוֹלָם, אַתָּה אֵל. בָּרוּךְ אַתָּה יְיָ, אֵל מֶלֶךְ, גָּדוֹל וּמְהֻלָּל בַּתִּשְׁבָּחוֹת, אֵל הַהוֹדָאוֹת, אֲדוֹן הַנִּפְלָאוֹת, בּוֹרֵא כָּל הַנְּשָׁמוֹת, רִבּוֹן כָּל הַמַּעֲשִׂים, הַבּוֹחֵר בְּשִׁירֵי זִמְרָה, מֶלֶךְ יָחִיד חֵי הָעוֹלָמִים: ח"ק

בְּשַׁבַּת שׁוּבָה קוֹדֶם חֲצִי קַדִּישׁ אוֹמְרִים זֶה:

תהלים קל
שִׁיר הַמַּעֲלוֹת מִמַּעֲמַקִּים קְרָאתִיךָ יְיָ: אֲדֹנָי שִׁמְעָה בְקוֹלִי תִּהְיֶינָה אָזְנֶיךָ קַשֻּׁבוֹת, לְקוֹל תַּחֲנוּנָי: אִם עֲוֹנוֹת תִּשְׁמָר יָהּ אֲדֹנָי מִי יַעֲמֹד: כִּי עִמְּךָ הַסְּלִיחָה לְמַעַן תִּוָּרֵא: קִוִּיתִי יְיָ קִוְּתָה נַפְשִׁי, וְלִדְבָרוֹ הוֹחָלְתִּי: נַפְשִׁי לַאדֹנָי, מִשֹּׁמְרִים לַבֹּקֶר שֹׁמְרִים לַבֹּקֶר: יַחֵל יִשְׂרָאֵל אֶל יְיָ כִּי עִם יְיָ הַחֶסֶד, וְהַרְבֵּה עִמּוֹ פְדוּת: וְהוּא יִפְדֶּה אֶת יִשְׂרָאֵל, מִכֹּל עֲוֹנוֹתָיו: ח"ק

ЯЗЫК ЛЮБЯЩИХ ТЕБЯ ПРОВОЗГЛАСИТ ТВОЮ СВЯТОСТЬ И ВОСХВАЛЯТ ТЕБЯ ВСЕМ СВОИМ СУЩЕСТВОМ СВЯТЫЕ ПРАВЕДНИКИ ТВОИ.

ובמקהלות и В МНОГОЛЮДНЫХ СОБРАНИЯХ НАРОДА ТВОЕГО, ДОМА ИЗРАИЛЯ, ПРОСЛАВЛЯЕМО БУДЕТ ПЕСНЯМИ ИМЯ ТВОЕ, ВЛАДЫКА НАШ, ИЗ ПОКОЛЕНИЯ В ПОКОЛЕНИЕ. ИБО В ЭТОМ — ДОЛГ ВСЕХ СОЗДАНИЙ ПРЕД ТОБОЮ, ГОСПОДЬ, БОГ НАШ И БОГ ОТЦОВ НАШИХ: БЛАГОДАРИТЬ [ТЕБЯ], ПЕТЬ [ТЕБЕ] ГИМНЫ, ВОСХВАЛЯТЬ, СЛАВИТЬ, ПРЕВОЗНОСИТЬ [ТЕБЯ], ВОЗДАВАТЬ [ТЕБЕ] ПОЧЕСТИ, БЛАГОСЛОВЛЯТЬ, ВОЗВЕЛИЧИВАТЬ И ВОСПЕВАТЬ [ТЕБЯ], ПРЕВЗОЙДЯ В ЭТОМ ПЕСНИ И ХВАЛЕБНЫЕ ГИМНЫ ДАВИДА, СЫНА ИШАЯ, РАБА ТВОЕГО, ПОМАЗАННИКА ТВОЕГО.

ובכן И ПОТОМУ ДА БУДЕТ ВОСХВАЛЯЕМО ИМЯ ТВОЕ ВОВЕК, ВЛАДЫКА НАШ, БОГ, ВЕЛИКИЙ И СВЯТОЙ ВЛАДЫКА НЕБЕС И ЗЕМЛИ! ИБО ТЕБЯ, ГОСПОДЬ, БОГ НАШ И БОГ ОТЦОВ НАШИХ, ПОДОБАЕТ ВЕЧНО ВОСПЕВАТЬ, ВОСХВАЛЯТЬ И СЛАВИТЬ, И ПЕТЬ ТЕБЕ ГИМНЫ, И [РАССКАЗЫВАТЬ] О ТВОЕМ МОГУЩЕСТВЕ И ВЛАСТИ, ПОБЕДАХ, ВЕЛИЧИИ И СИЛЕ, СЛАВЕ И ВЕЛИКОЛЕПИИ, СВЯТОСТИ И ВЛАДЫЧЕСТВЕ. ПОДОБАЕТ БЛАГОСЛОВЛЯТЬ И СЛАВИТЬ ВЕЛИКОЕ И СВЯТОЕ ИМЯ ТВОЕ; ОТ ВЕКА И ДО ВЕКА ТЫ — БОГ! БЛАГОСЛОВЕН ТЫ, ГОСПОДЬ, БОГ, ВЛАДЫКА ВЕЛИКИЙ И ПРОСЛАВЛЯЕМЫЙ В ГИМНАХ, ВОСХВАЛЯЕМЫЙ БОГ, ТВОРЯЩИЙ ЧУДЕСА, СОЗДАТЕЛЬ ВСЕХ ДУШ, ВЛАСТЕЛИН ВСЕХ ТВОРЕНИЙ, БЛАГОСКЛОННО ВНИМАЮЩИЙ ГИМНАМ. ТЫ — ЕДИНСТВЕННЫЙ ВЛАДЫКА И ПРЕБУДЕШЬ ВЕЧНО!

Хазан произносит "Хаци-кадиш", стр. 42.

В "десять дней раскаяния" говорят:

שיר ПЕСНЬ, [КОТОРУЮ ПЕЛИ ЛЕВИИМ, СТОЯ] НА СТУПЕНЯХ В ХРАМЕ. ИЗ ГЛУБИН Я ВОЗЗВАЛ К ТЕБЕ, ГОСПОДЬ. БОЖЕ, УСЛЫШЬ ГОЛОС МОЙ! ПРИКЛОНИ УХО СВОЕ К СЛОВАМ МОЕЙ МОЛЬБЫ! ЕСЛИ ТЫ, БОЖЕ, БУДЕШЬ ПОМНИТЬ ГРЕХИ [ЛЮДЕЙ], ТО КТО УСТОИТ [НА СУДЕ ТВОЕМ], ГОСПОДЬ! ВЕДЬ ЛИШЬ ТЫ МОЖЕШЬ ПРОСТИТЬ, И ПОТОМУ ВСЕ ТРЕПЕЩУТ [ПРЕД ТОБОЮ]. НАДЕЯЛСЯ Я НА ГОСПОДА, НАДЕЯЛАСЬ ДУША МОЯ, И СЛОВ ЕГО Я ОЖИДАЛ. [ЖАЖДЕТ] ДУША МОЯ ГОСПОДА ПОДОБНО ТОМУ, КАК ЖАЖДЕТ ПЕРЕД РАССВЕТОМ [НОЧНАЯ] СТРАЖА НАСТУПЛЕНИЯ УТРА. ПОЛОЖИСЬ, ИЗРАИЛЬ, НА ГОСПОДА, ИБО ОТ ГОСПОДА [ИСХОДИТ] МИЛОСТЬ, И ВЕЛИКОЕ ИЗБАВЛЕНИЕ – ОТ НЕГО. И ВЫЗВОЛИТ ОН ИЗРАИЛЬ ИЗ ПЛЕНА ЕГО ГРЕХОВ.[1]

Хазан произносит "Хаци-кадиш", стр. 42.

1. Теѓилим, 130.

חזן בָּרְכוּ אֶת יְיָ הַמְבֹרָךְ:

קֹהָל וחזן בָּרוּךְ יְיָ הַמְבֹרָךְ לְעוֹלָם וָעֶד:

וְאֵין עוֹנִין אַהֲרֵיו אָמֵן:

בָּרוּךְ אַתָּה יְיָ, אֱלֹהֵינוּ מֶלֶךְ הָעוֹלָם, יוֹצֵר אוֹר וּבוֹרֵא חֹשֶׁךְ, עֹשֶׂה שָׁלוֹם וּבוֹרֵא אֶת הַכֹּל:

כשחל יום טוב בחול אומרים כאן המאיר לארץ *)

הַכֹּל יוֹדוּךָ, וְהַכֹּל יְשַׁבְּחוּךָ, וְהַכֹּל יֹאמְרוּ: אֵין קָדוֹשׁ כַּיְיָ. הַכֹּל יְרוֹמְמוּךָ סֶּלָה, יוֹצֵר הַכֹּל. הָאֵל, הַפּוֹתֵחַ בְּכָל יוֹם דַּלְתוֹת שַׁעֲרֵי מִזְרָח, וּבוֹקֵעַ חַלּוֹנֵי רָקִיעַ, מוֹצִיא חַמָּה מִמְּקוֹמָהּ, וּלְבָנָה מִמְּכוֹן שִׁבְתָּהּ, וּמֵאִיר לְעוֹלָם כֻּלּוֹ וּלְיוֹשְׁבָיו, שֶׁבָּרָא בְּמִדַּת הָרַחֲמִים. הַמֵּאִיר לָאָרֶץ וְלַדָּרִים עָלֶיהָ, בְּרַחֲמִים. וּבְטוּבוֹ מְחַדֵּשׁ בְּכָל יוֹם תָּמִיד מַעֲשֵׂה בְרֵאשִׁית. מָה רַבּוּ מַעֲשֶׂיךָ יְיָ, כֻּלָּם בְּחָכְמָה עָשִׂיתָ, מָלְאָה הָאָרֶץ קִנְיָנֶךָ. הַמֶּלֶךְ הַמְרוֹמָם לְבַדּוֹ מֵאָז, הַמְשֻׁבָּח וְהַמְפֹאָר וְהַמִּתְנַשֵּׂא מִימוֹת עוֹלָם. אֱלֹהֵי עוֹלָם,

ברהמיך

_____

*) ליום טוב כשחל בחול

הַמֵּאִיר לָאָרֶץ, וְלַדָּרִים עָלֶיהָ, בְּרַחֲמִים. וּבְטוּבוֹ מְחַדֵּשׁ בְּכָל יוֹם תָּמִיד, מַעֲשֵׂה בְרֵאשִׁית, מָה רַבּוּ מַעֲשֶׂיךָ יְיָ, כֻּלָּם בְּחָכְמָה עָשִׂיתָ, מָלְאָה

הָאָרֶץ

Хазан произносит:

ברכו БЛАГОСЛОВИТЕ ГОСПОДА БЛАГОСЛОВЕННОГО!

Община вместе с хазаном:

ברוך БЛАГОСЛОВЕН ГОСПОДЬ БЛАГОСЛОВЕННЫЙ ВО ВЕКИ ВЕКОВ!

(После этого благословения "амен" не говорят.)

ברוך БЛАГОСЛОВЕН ТЫ, ГОСПОДЬ, БОГ НАШ, ВЛАДЫКА ВСЕЛЕННОЙ, СОЗДАЮЩИЙ СВЕТ И ТВОРЯЩИЙ ТЬМУ, УСТА-НАВЛИВАЮЩИЙ МИР И ТВОРЯЩИЙ ВСЕ!

В йом-тов, который не совпал с субботой, вместо следующей молитвы говорят המאיר לארץ ("ДАРУЮЩИЙ СВЕТ..."). *

הכל ВСЕ БУДУТ БЛАГОДАРИТЬ ТЕБЯ, ВСЕ БУДУТ ВОСХВА-ЛЯТЬ ТЕБЯ, И ВСЕ ПРОВОЗГЛАСЯТ: "НЕТ СВЯТОСТИ, ПОДОБНОЙ [СВЯТОСТИ] ГОСПОДА!" ВСЕ БУДУТ ВЕЧНО ПРЕВОЗНОСИТЬ ТЕБЯ, СОЗДАТЕЛЬ ВСЕГО! БОГ, ЕЖЕДНЕВНО РАСПАХИВАЮЩИЙ СТВОРКИ ВРАТ ВОСТОКА И РАСТВОРЯЮЩИЙ ОКНА НЕБЕС, — ОН ВЫВОДИТ СОЛНЦЕ ИЗ ОБИТЕЛИ ЕГО И ЛУНУ ИЗ ЕЕ ЖИЛИЩА, ДАРУЯ СВЕТ ЗЕМЛЕ И ЕЕ ОБИТАТЕЛЯМ ПО МИЛОСТИ СВОЕЙ, И ПО ДОБРОТЕ СВОЕЙ КАЖДЫЙ ДЕНЬ, КАЖДОЕ МГНОВЕНИЕ ВОЗОБНОВЛЯЯ ТВОРЕ-НИЕ МИРА. КАК МНОГООБРАЗНЫ ДЕЯНИЯ ТВОИ, ГОСПОДЬ! МУДРО ТЫ ВСЕ УСТРОИЛ; ВСЕ НА ЗЕМЛЕ ПРИНАДЛЕЖИТ ТЕБЕ.[1] ВЛАДЫКА, ВОЗНЕСЕННЫЙ ДО НАЧАЛА ВРЕМЕН, КОГДА СУЩЕСТВОВАЛ ЛИШЬ ОН ОДИН, ВОСХВАЛЯЕМЫЙ, ПРОСЛАВЛЯЕМЫЙ И ПРЕВОЗНОСИМЫЙ С ТЕХ ПОР, КАК СУЩЕСТВУЕТ МИР! ВЕЧНЫЙ БОГ, ПО ВЕЛИКОЙ

---

*В йом-тов, который не совпал с субботой, говорят:

המאיר ДАРУЮЩИЙ СВЕТ ЗЕМЛЕ И ЕЕ ОБИТАТЕЛЯМ ПО МИЛОСТИ СВОЕЙ, И ПО ДОБРОТЕ СВОЕЙ КАЖДЫЙ ДЕНЬ, КАЖДОЕ МГНОВЕ-НИЕ ВОЗОБНОВЛЯЮЩИЙ ТВОРЕНИЕ МИРА, — КАК МНОГООБ-РАЗНЫ ДЕЯНИЯ ТВОИ, ГОСПОДЬ! МУДРО ТЫ ВСЕ УСТРОИЛ; ВСЕ

---

1. Теѓилим, 104:24.

בְּרַחֲמֶךָ הָרַבִּים רַחֵם עָלֵינוּ, אֲדוֹן עֻזֵּנוּ צוּר
מִשְׂגַּבֵּנוּ, מָגֵן יִשְׁעֵנוּ מִשְׂגָּב בַּעֲדֵנוּ. אֵין עֲרוֹךְ לְךָ
וְאֵין זוּלָתֶךָ, אֶפֶס בִּלְתֶּךָ, וּמִי דוֹמֶה לָךְ. אֵין
עֲרוֹךְ לְךָ יְיָ אֱלֹהֵינוּ בָּעוֹלָם הַזֶּה, וְאֵין זוּלָתְךָ
מַלְכֵּנוּ לְחַיֵּי הָעוֹלָם הַבָּא. אֶפֶס בִּלְתְּךָ גּוֹאֲלֵנוּ
לִימוֹת הַמָּשִׁיחַ, וְאֵין דוֹמֶה לְךָ מוֹשִׁיעֵנוּ
לִתְחִיַּת הַמֵּתִים:

אֵל אָדוֹן עַל כָּל הַמַּעֲשִׂים, בָּרוּךְ
וּמְבֹרָךְ בְּפִי כָּל הַנְּשָׁמָה, גָּדְלוֹ
וְטוּבוֹ מָלֵא עוֹלָם, דַּעַת וּתְבוּנָה
סֹבְבִים הוֹדוֹ. הַמִּתְגָּאֶה עַל חַיּוֹת
הַקֹּדֶשׁ, וְנֶהְדָּר בְּכָבוֹד עַל הַמֶּרְכָּבָה,
זְכוּת וּמִישׁוֹר לִפְנֵי כִסְאוֹ, חֶסֶד
וְרַחֲמִים מָלֵא כְבוֹדוֹ. טוֹבִים מְאוֹרוֹת,
שֶׁבָּרָא אֱלֹהֵינוּ, יְצָרָם בְּדַעַת בְּבִינָה
וּבְהַשְׂכֵּל, כֹּחַ וּגְבוּרָה נָתַן בָּהֶם,
לִהְיוֹת מוֹשְׁלִים בְּקֶרֶב תֵּבֵל. מְלֵאִים
זיו

ליום טוב בשחל בחול

הָאָרֶץ קִנְיָנֶךָ. הַמֶּלֶךְ הַמְרוֹמָם לְבַדּוֹ מֵאָז, הַמְשֻׁבָּח,
וְהַמְפֹאָר, וְהַמִּתְנַשֵּׂא מִימוֹת עוֹלָם. אֱלֹהֵי עוֹלָם,
ברחמיך

МИЛОСТИ СВОЕЙ СЖАЛЬСЯ НАД НАМИ! МОГУЧИЙ ВЛАСТЕЛИН НАШ, НЕ-СОКРУШИМАЯ ТВЕРДЫНЯ НАША, ЗАЩИТНИК, СПАСИТЕЛЬ НАШ, ОПЛОТ НАШ! НЕТ НИКОГО, КТО БЫ СРАВНИЛСЯ С ТОБОЙ, И НЕТ [НИКОГО], КРОМЕ ТЕБЯ, НЕТ НИЧЕГО БЕЗ ТЕБЯ; КТО ПОДОБЕН ТЕБЕ? НЕТ НИКО-ГО, КТО БЫ СРАВНИЛСЯ С ТОБОЙ, ГОСПОДЬ, БОГ НАШ, — В ЭТОМ МИРЕ; И НЕ БУДЕТ НИКОГО, КРОМЕ ТЕБЯ, ВЛАДЫКА НАШ, — ВО ВРЕМЕНА МИРА ГРЯДУЩЕГО; НЕ БУДЕТ НИЧЕГО БЕЗ ТЕБЯ, СПАСИТЕЛЬ НАШ, — В ДНИ МАШИАХА; И НЕ БУДЕТ ПОДОБНОГО ТЕБЕ, ИЗБАВИТЕЛЬ НАШ, — КОГ-ДА ВОЗВРАТИШЬ ТЫ МЕРТВЫХ К ЖИЗНИ.

אל БОГ, ВЛАСТЕЛИН ВСЕХ ТВОРЕНИЙ, БЛАГОСЛОВЕН И БЛАГОСЛОВЛЯЕМ УСТАМИ ВСЯКОГО ЖИВОГО СУЩЕСТ-ВА. ЕГО ВЕЛИЧИЕМ И ДОБРОТОЮ ПОЛОН МИР; ВСЕВЕДЕ-НИЕ И МУДРОСТЬ — ОБЛАЧЕНИЕ СЛАВЫ ЕГО. ПРЕВОЗНЕ-СЕН ОН НАД СВЯТЫМИ ХАЙОТ, ВЕЛИКОЛЕПЕН В СЛАВЕ [СВОЕЙ], ЯВЛЕННОЙ НАД КОЛЕСНИЦЕЙ; [ТОЛЬКО] ДО-СТОЙНЫЕ И ПРЯМОДУШНЫЕ [БУДУТ СТОЯТЬ] ПРЕД ПРЕ-СТОЛОМ ЕГО; ЛЮБОВЬЮ И МИЛОСЕРДИЕМ ПОЛОН ОН В СЛАВЕ СВОЕЙ. ПРЕКРАСНЫ СВЕТИЛА, СОТВОРЕННЫЕ НАШИМ БОГОМ; ВСЕВЕДЕНИЕМ СВОИМ, РАЗУМОМ И МУД-РОСТЬЮ ОН СОЗДАЛ ИХ, СИЛУ И МОЩЬ ДАРОВАЛ ОН ИМ, ЧТОБЫ УПРАВЛЯЛИ ОНИ МИРОМ. ПОЛНЫ

В йом-тов, который не совпал с субботой, говорят:

НА ЗЕМЛЕ ПРИНАДЛЕЖИТ ТЕБЕ,[1] ВЛАДЫКА, ВОЗНЕСЕН-НЫЙ ДО НАЧАЛА ВРЕМЕН, КОГДА СУЩЕСТВОВАЛ ЛИШЬ ОН ОДИН, ВОСХВАЛЯЕМЫЙ, ПРОСЛАВЛЯЕМЫЙ И ПРЕВОЗНОСИ-МЫЙ С ТЕХ ПОР, КАК СУЩЕСТВУЕТ МИР! ВЕЧНЫЙ БОГ,

1. Теѓилим, 104:24.

זִיו וּמְפִיקִים נְגַהּ , נָאֶה זִיוָם בְּכָל הָעוֹלָם , שְׂמֵחִים בְּצֵאתָם וְשָׂשִׂים בְּבוֹאָם , עוֹשִׂים בְּאֵימָה רְצוֹן קוֹנָם . פְּאֵר וְכָבוֹד נוֹתְנִים לִשְׁמוֹ , צָהֳלָה וְרִנָּה לְזֵכֶר מַלְכוּתוֹ , קָרָא לַשֶּׁמֶשׁ וַיִּזְרַח אוֹר, רָאָה וְהִתְקִין צוּרַת הַלְּבָנָה. שֶׁבַח נוֹתְנִים לוֹ כָּל צְבָא מָרוֹם , תִּפְאֶרֶת וּגְדֻלָּה, שְׂרָפִים וְחַיּוֹת וְאוֹפַנֵּי הַקֹּדֶשׁ :

(שו"ע) (א) שבח ליוצר לאל אשר שבת בתוך התפלה נכון לאומרו אחר התפלה הואיל והוא מדבר בשבח
חשבת ומכל מקום אם נזכר בתוך חתפלה אצילו .קודם שסיים ברכת יוצר לא יחזור לראש
הברכה בשבילו :

לָאֵל אֲשֶׁר שָׁבַת מִכָּל הַמַּעֲשִׂים, בַּיּוֹם הַשְּׁבִיעִי נִתְעַלָּה וְיָשַׁב עַל כִּסֵּא כְבוֹדוֹ . תִּפְאֶרֶת עָטָה לְיוֹם הַמְּנוּחָה, עֹנֶג קָרָא לְיוֹם הַשַּׁבָּת, זֶה שֶׁבַח יוֹם הַשְּׁבִיעִי , שֶׁבּוֹ שָׁבַת אֵל

מכל

ליום טוב כשחל בחול

בְּרַחֲמֶיךָ הָרַבִּים רַחֵם עָלֵינוּ , אֲדוֹן עֻזֵּנוּ , צוּר מִשְׂגַּבֵּנוּ, מָגֵן יִשְׁעֵנוּ , מִשְׂגָּב בַּעֲדֵנוּ . אֵל בָּרוּךְ , גְּדוֹל דֵּעָה, הֵכִין וּפָעַל זָהֳרֵי חַמָּה, טוֹב יָצַר כָּבוֹד לִשְׁמוֹ , מְאוֹרוֹת נָתַן סְבִיבוֹת עֻזּוֹ , פִּנּוֹת צְבָאָיו קְדוֹשִׁים רוֹמְמֵי שַׁדַּי , תָּמִיד מְסַפְּרִים כְּבוֹד אֵל וּקְדֻשָּׁתוֹ . תִּתְבָּרַךְ יְיָ אֱלֹהֵינוּ

בשמים

БЛЕСКА ОНИ И ИЗЛУЧАЮТ СИЯНИЕ; ВЕСЬ МИР НАСЛАЖДА-
ЕТСЯ ИХ БЛЕСКОМ. ВЕСЕЛЫ ОНИ ПРИ ВОСХОДЕ СВОЕМ И
РАДОСТНЫ ПРИ ЗАХОДЕ; ИСПОЛНЯЮТ ОНИ В ТРЕПЕТЕ ВОЛЮ
ТВОРЦА СВОЕГО. ВОСПЕВАЮТ ОНИ ВЕЛИКОЛЕПИЕ И СЛАВУ
ЕГО ИМЕНИ; ЛИКУЮТ ОНИ И ПОЮТ, [ПОСТОЯННО] ПОМНЯ
О ЦАРСКОЙ ВЛАСТИ ЕГО. ПОВЕЛЕЛ ОН СОЛНЦУ — И ВОССИЯЛ
СВЕТ, В ПРОЗОРЛИВОСТИ СВОЕЙ УСТАНОВИЛ ОН ЛУННЫЕ
ФАЗЫ. ВОЗДАЕТ ЕМУ ХВАЛУ ВСЕ ВОИНСТВО НЕБЕСНОЕ;
СВЯТЫЕ СРАФИМ, ХАЙОТ И ОФАНИМ [ПРОСЛАВЛЯЮТ] ВЕ-
ЛИКОЛЕПИЕ И ВЕЛИЧИЕ...

Шулхан арух Гарав:
Тому, кто пропустил следующую молитву, которая особо важна, поскольку посвяще-
на величию субботы, следует произнести ее после молитвы "Амида". Даже в том случае,
если ошибка была замечена до завершения благословения, оканчивающегося словами
יוצר המאורות ("...СОЗДАТЕЛЬ СВЕТИЛ", стр. 174), следует произнести пропущенный
отрывок лишь по завершении молитвы "Амида".

לאל ...БОГА, КОТОРЫЙ ПРЕБЫВАЛ В ПОКОЕ, НЕ СОВЕРШАЯ НИКА-
КОЙ ИЗ СВОИХ РАБОТ, В СЕДЬМОЙ ДЕНЬ, — КОГДА ОН ПОДНЯЛСЯ И
ВОССЕЛ НА ПРЕСТОЛЕ СЛАВЫ СВОЕЙ. ВЕЛИКОЛЕПИЕМ ОБЛЕК ОН
ДЕНЬ ПОКОЯ, НАЗВАЛ ДЕНЬ СУББОТНИЙ БЛАЖЕНСТВОМ; В ТОМ
СЛАВА СЕДЬМОГО ДНЯ, ЧТО В ЭТОТ ДЕНЬ БОГ ПРЕБЫВАЛ В ПОКОЕ,

В йом-тов, который не совпал с субботой, говорят:

ПО ВЕЛИКОЙ МИЛОСТИ СВОЕЙ, СЖАЛЬСЯ НАД НАМИ! МОГУЧИЙ
ВЛАСТЕЛИН НАШ, НЕСОКРУШИМАЯ ТВЕРДЫНЯ НАША, ЗАЩИТНИК,
СПАСИТЕЛЬ НАШ, ОПЛОТ НАШ! БОГ БЛАГОСЛОВЕННЫЙ, КОТОРОМУ
ВЕДОМО ВСЕ, ЗАМЫСЛИЛ И СОЗДАЛ СОЛНЕЧНЫЙ СВЕТ, ОН СОЗДАЛ
СВЕТ ВО СЛАВУ ИМЕНИ СВОЕГО; ОКРУЖИЛ СВЕТИЛАМИ СИЛУ
СВОЮ; ГЛАВЫ ВОИНСТВ ЕГО — СВЯТЫЕ АНГЕЛЫ, ВОЗВЕЛИЧИ-
ВАЮЩИЕ ВСЕМОГУЩЕГО, — ПОСТОЯННО ВОЗВЕЩАЮТ СЛАВУ БОГА
И СВЯТОСТЬ ЕГО. БУДЬ БЛАГОСЛОВЕН, ГОСПОДЬ, БОГ НАШ,

מִכָּל מְלַאכְתּוֹ . וְיוֹם הַשְּׁבִיעִי מְשַׁבֵּחַ וְאוֹמֵר:
מִזְמוֹר שִׁיר לְיוֹם הַשַּׁבָּת, טוֹב לְהוֹדוֹת לַיְיָ,
לְפִיכָךְ יְפָאֲרוּ וִיבָרְכוּ לָאֵל כָּל יְצוּרָיו, שֶׁבַח,
יְקָר וּגְדֻלָּה וְכָבוֹד, יִתְּנוּ לָאֵל מֶלֶךְ יוֹצֵר כֹּל,
הַמַּנְחִיל מְנוּחָה לְעַמּוֹ יִשְׂרָאֵל בִּקְדֻשָּׁתוֹ בְּיוֹם
שַׁבַּת קֹדֶשׁ . שִׁמְךָ יְיָ אֱלֹהֵינוּ יִתְקַדֵּשׁ, וְזִכְרְךָ
מַלְכֵּנוּ יִתְפָּאַר, בַּשָּׁמַיִם מִמַּעַל וְעַל הָאָרֶץ
מִתָּחַת . עַל כָּל שֶׁבַח מַעֲשֵׂה יָדֶיךָ, וְעַל מְאוֹרֵי
אוֹר שֶׁיָּצַרְתָּ יְפָאֲרוּךָ סֶּלָה:

תִּתְבָּרַךְ לָנֶצַח צוּרֵנוּ מַלְכֵּנוּ וְגֹאֲלֵנוּ בּוֹרֵא קְדוֹשִׁים,
יִשְׁתַּבַּח שִׁמְךָ לָעַד מַלְכֵּנוּ יוֹצֵר מְשָׁרְתִים,
וַאֲשֶׁר מְשָׁרְתָיו, כֻּלָּם עוֹמְדִים בְּרוּם עוֹלָם, וּמַשְׁמִיעִים
בְּיִרְאָה יַחַד בְּקוֹל, דִּבְרֵי אֱלֹהִים חַיִּים וּמֶלֶךְ עוֹלָם.כֻּלָּם
אֲהוּבִים, כֻּלָּם בְּרוּרִים, כֻּלָּם גִּבּוֹרִים, כֻּלָּם קְדוֹשִׁים,וְכֻלָּם
עֹשִׂים בְּאֵימָה וּבְיִרְאָה רְצוֹן קוֹנָם. וְכֻלָּם פּוֹתְחִים אֶת
פִּיהֶם בִּקְדֻשָּׁה וּבְטָהֳרָה, בְּשִׁירָה וּבְזִמְרָה, וּמְבָרְכִים
וּמְשַׁבְּחִים, וּמְפָאֲרִים וּמַעֲרִיצִים, וּמַקְדִּישִׁים וּמַמְלִיכִים:
אֶת שֵׁם הָאֵל, הַמֶּלֶךְ הַגָּדוֹל, הַגִּבּוֹר וְהַנּוֹרָא
קָדוֹשׁ הוּא. וְכֻלָּם מְקַבְּלִים עֲלֵיהֶם עֹל
מלכות

ליום טוב כשחל בחול

בַּשָּׁמַיִם מִמַּעַל, וְעַל הָאָרֶץ מִתָּחַת, עַל כָּל שֶׁבַח
מַעֲשֵׂה יָדֶיךָ, וְעַל מְאוֹרֵי אוֹר שֶׁיָּצַרְתָּ יְפָאֲרוּךָ סֶּלָה:

תתברך לנצח

НЕ СОВЕРШАЯ НИКАКОЙ ИЗ СВОИХ РАБОТ. И [САМ] СЕДЬМОЙ ДЕНЬ ВОСХВАЛЯЕТ [ВСЕВЫШНЕГО] И ПРОВОЗГЛАШАЕТ: "ХВАЛЕБНАЯ ПЕСНЬ В ЧЕСТЬ СУББОТНЕГО ДНЯ. ОТРАДНО БЛАГОДАРИТЬ ГОСПОДА!"[1] И ПОЭТОМУ ПУСТЬ ПРЕВОЗНОСЯТ И БЛАГОСЛОВЛЯЮТ БОГА ВСЕ ТВОРЕНИЯ ЕГО; [ПУСТЬ] ВОСХВАЛЯЮТ, ПРОСЛАВЛЯЮТ, ВОЗВЕЛИЧИВАЮТ ЕГО И ВОЗДАЮТ ПОЧЕСТИ БОГУ, ВЛАДЫКЕ, СОТВОРИВШЕМУ ВСЕ, КОТОРЫЙ В СВЯТОСТИ СВОЕЙ ДАЛ В УДЕЛ НАРОДУ СВОЕМУ, ИЗРАИЛЮ, ПОКОЙ В СВЯТОЙ СУББОТНИЙ ДЕНЬ. ДА ОСВЯТИТСЯ ИМЯ ТВОЕ, ГОСПОДЬ, БОГ НАШ; ДА БЛАГОСЛОВИТСЯ [ОНО] ПРИ [КАЖДОМ] УПОМИНАНИИ, НА ВЫСОТАХ НЕБЕС И В ГЛУБИНАХ ЗЕМЛИ! ЗА ВСЕ ВЕЛИКОЛЕПИЕ ДЕЯНИЙ РУК ТВОИХ И ЗА СВЕТИЛА, СОЗДАННЫЕ ТОБОЮ, БУДУТ ПРОСЛАВЛЯТЬ ТЕБЯ ВОВЕКИ.

תתברך БУДЬ БЛАГОСЛОВЕН ВОВЕКИ, СКАЛА НАША, ВЛАДЫКА НАШ, ИЗБАВИТЕЛЬ НАШ, ТВОРЕЦ СВЯТЫХ АНГЕЛОВ; ВОСХВАЛЯЕМО БУДЕТ ТВОЕ ИМЯ ВОВЕКИ, ВЛАДЫКА НАШ, СОЗДАТЕЛЬ АНГЕЛОВ-СЛУ- ЖИТЕЛЕЙ, СЛУГИ КОТОРОГО ПРЕБЫВАЮТ В ВЫСШИХ МИРАХ И ВСЕ ВМЕСТЕ ГРОМКО ПРОВОЗГЛАШАЮТ В ТРЕПЕТЕ СЛОВА БОГА ЖИВОГО, ВЛАДЫКИ ВСЕЛЕННОЙ. ВСЕ ОНИ ЛЮБИМЫ [ИМ], ВСЕ ЧИСТЫ, ВСЕ СИЛЬ- НЫ, ВСЕ СВЯТЫ И ВСЕ ИСПОЛНЯЮТ В ТРЕПЕТЕ И РОБОСТИ ВОЛЮ ИХ ВЛАСТЕЛИНА. И ВСЕ ОНИ ОТКРЫВАЮТ УСТА [И ПОЮТ] СВЯТЫЕ И ЧИС- ТЫЕ ГИМНЫ И ПЕСНИ, И БЛАГОСЛОВЛЯЮТ, И ВОСХВАЛЯЮТ, И ПРО- СЛАВЛЯЮТ, И ПРЕВОЗНОСЯТ [ИМЯ ЕГО], И ПРОВОЗГЛАШАЮТ СВЯТОСТЬ И ЦАРСТВЕННОСТЬ...

את ... ИМЕНИ БОГА, ВЕЛИКОГО, СИЛЬНОГО И ГРОЗ- НОГО ВЛАДЫКИ, СВЯТ ОН. И ВСЕ ОНИ, ПОБУЖДАЯ К ТОМУ ОДИН ДРУГОГО, ПОДЧИНЯЮТСЯ ВЛАСТИ

В йом-тов, который не совпал с субботой, говорят:

НА ВЫСОТАХ НЕБЕС И В ГЛУБИНАХ ЗЕМЛИ; ЗА ВСЕ СЛАВНЫЕ ДЕЛА РУК ТВОИХ И ЗА СВЕТИЛА, СОЗДАННЫЕ ТОБОЙ, ТЕБЯ БУДУТ ПРОСЛАВЛЯТЬ ВЕЧНО!

Продолжают תתברך לנצח *("БУДЬ БЛАГОСЛОВЕН...").*

---

1. Теѓилим, 92:1,2.

מַלְכוּת שָׁמַיִם זֶה מִזֶּה, וְנוֹתְנִים בְּאַהֲבָה רְשׁוּת זֶה לָזֶה, לְהַקְדִּישׁ לְיוֹצְרָם בְּנַחַת רוּחַ, בְּשָׂפָה בְרוּרָה וּבִנְעִימָה קְדוֹשָׁה. כֻּלָּם כְּאֶחָד עוֹנִים בְּאֵימָה וְאוֹמְרִים בְּיִרְאָה:

קָדוֹשׁ|קָדוֹשׁ קָדוֹשׁ יְיָ צְבָאוֹת, מְלֹא כָל הָאָרֶץ כְּבוֹדוֹ:

וְהָאוֹפַנִּים וְחַיּוֹת הַקֹּדֶשׁ בְּרַעַשׁ גָּדוֹל מִתְנַשְּׂאִים לְעֻמַּת הַשְּׂרָפִים, לְעֻמָּתָם מְשַׁבְּחִים וְאוֹמְרִים:

בָּרוּךְ כְּבוֹד יְיָ מִמְּקוֹמוֹ:

לָאֵל בָּרוּךְ נְעִימוֹת יִתֵּנוּ, לְמֶלֶךְ אֵל חַי וְקַיָּם, זְמִרוֹת יֹאמֵרוּ וְתִשְׁבָּחוֹת יַשְׁמִיעוּ, כִּי הוּא לְבַדּוֹ מָרוֹם וְקָדוֹשׁ, פּוֹעֵל גְּבוּרוֹת, עוֹשֶׂה חֲדָשׁוֹת, בַּעַל מִלְחָמוֹת, זוֹרֵעַ צְדָקוֹת, מַצְמִיחַ יְשׁוּעוֹת, בּוֹרֵא רְפוּאוֹת, נוֹרָא תְהִלּוֹת, אֲדוֹן הַנִּפְלָאוֹת, הַמְחַדֵּשׁ בְּטוּבוֹ בְּכָל יוֹם תָּמִיד מַעֲשֵׂה בְרֵאשִׁית. כָּאָמוּר, לְעוֹשֵׂה אוֹרִים גְּדוֹלִים, כִּי לְעוֹלָם חַסְדּוֹ. בָּרוּךְ אַתָּה יְיָ, יוֹצֵר הַמְּאוֹרוֹת:

אַהֲבַת עוֹלָם אֲהַבְתָּנוּ יְהוָה אֱלֹהֵינוּ חֶמְלָה גְדוֹלָה וִיתֵרָה חָמַלְתָּ עָלֵינוּ: אָבִינוּ מַלְכֵּנוּ בַּעֲבוּר שִׁמְךָ הַגָּדוֹל וּבַעֲבוּר אֲבוֹתֵינוּ שֶׁבָּטְחוּ בְךָ וַתְּלַמְּדֵם חֻקֵּי חַיִּים לַעֲשׂוֹת רְצוֹנְךָ בְּלֵבָב שָׁלֵם כֵּן תְּחָנֵּנוּ וּתְלַמְּדֵנוּ: אָבִינוּ אָב הָרַחֲמָן הַמְרַחֵם רַחֶם־נָא עָלֵינוּ

ותן

НЕБЕСНОГО ЦАРСТВА И С ЛЮБОВЬЮ ПЕРЕДАЮТ ДРУГ ДРУГУ ПРАВО В РАДОСТИ, ЯСНЫМ ЯЗЫКОМ, СО СВЯЩЕННЫМИ ПЕСНОПЕНИЯМИ ВОЗВЕЩАТЬ СВЯТОСТЬ ИХ СОЗДАТЕЛЯ. ОНИ ПРОВОЗГЛАШАЮТ ХОРОМ В ТРЕПЕТЕ И ПРОИЗНОСЯТ В РОБОСТИ:

קדוש "СВЯТ, СВЯТ, СВЯТ ГОСПОДЬ ВОИНСТВ! ВСЯ ЗЕМЛЯ ПОЛНА СЛАВЫ ЕГО!"[1]

והאופנים И ОФАНИМ, И СВЯТЫЕ ХАЙОТ С ВЕЛИКИМ ШУМОМ ВОЗНОСЯТСЯ НАВСТРЕЧУ СРАФИМ И, ПОДОБНО ИМ, ВОСХВАЛЯЮТ [ВСЕВЫШНЕГО] И ГОВОРЯТ:

ברוך "ДА БУДЕТ БЛАГОСЛОВЕННА СЛАВА ГОСПОДА, ГДЕ БЫ ОНА НИ ОБИТАЛА!"[2]

לאל БОГУ БЛАГОСЛОВЕННОМУ БУДУТ ПЕТЬ ОНИ СЛАДКОЗВУЧНЫЕ ПЕСНИ; ВЛАДЫКУ, БОГА ЖИВОГО И ВЕЧНОГО СТАНУТ СЛАВИТЬ В ГИМНАХ И ВОСХВАЛЯТЬ, ПОТОМУ ЧТО ОН ОДИН ПРЕВОЗНЕСЕН И СВЯТ, ВЕРШИТ ВЕЛИКИЕ ДЕЯНИЯ, СОЗДАЕТ НОВОЕ, РАСПОРЯЖАЕТСЯ ВОЙНАМИ, СЕЕТ СПРАВЕДЛИВОСТЬ, ВЗРАЩИВАЕТ СПАСЕНИЕ, ПРИНОСИТ ИСЦЕЛЕНИЕ, ВНУШАЕТ ТРЕПЕТ СЛАВЯЩИМ ЕГО, СОВЕРШАЕТ ЧУДЕСА, ОБНОВЛЯЕТ ПО ДОБРОТЕ СВОЕЙ ТВОРЕНИЕ МИРА КАЖДЫЙ ДЕНЬ, КАЖДОЕ МГНОВЕНИЕ. [ОН — СОЗДАТЕЛЬ СВЕТИЛ] , КАК СКАЗАНО: "...КОТОРЫЙ СОЗДАЛ ВЕЛИКИЕ СВЕТИЛА — ИБО ВЕЧНА МИЛОСТЬ ЕГО".[3] БЛАГОСЛОВЕН ТЫ, ГОСПОДЬ, СОЗДАТЕЛЬ СВЕТИЛ!

אהבת ЛЮБОВЬЮ ВЕЧНОЙ ВОЗЛЮБИЛ ТЫ НАС, ГОСПОДЬ, БОГ НАШ; ЖАЛОСТЬЮ ВЕЛИКОЙ, БЕЗГРАНИЧНОЙ ПОЖАЛЕЛ ТЫ НАС. ОТЕЦ НАШ, ВЛАДЫКА НАШ! РАДИ ВЕЛИКОГО ИМЕНИ СВОЕГО И РАДИ ОТЦОВ НАШИХ, КОТОРЫЕ ПОЛАГАЛИСЬ НА ТЕБЯ, И КОТОРЫХ ТЫ НАУЧИЛ ЗАКОНАМ, УКАЗЫВАЮЩИМ, КАК ЖИТЬ, ИСПОЛНЯЯ ВОЛЮ ТВОЮ ОТ ВСЕГО СЕРДЦА, — ПОЖАЛЕЙ НАС И НАУЧИ НАС! ОТЕЦ НАШ, МИЛОСЕРДНЫЙ ОТЕЦ, МИЛОСТИВЫЙ, СЖАЛЬСЯ НАД НАМИ

---

1. Йешаяґу, 6:3.   2. Йехезкель, 3:12.   3. Теґилим, 136:7.

וְתֵן בְּלִבֵּנוּ בִּינָה לְהָבִין וּלְהַשְׂכִּיל לִשְׁמֹעַ לִלְמֹד וּלְלַמֵּד לִשְׁמֹר וְלַעֲשׂוֹת וּלְקַיֵּם אֶת־כָּל־דִּבְרֵי תַלְמוּד תּוֹרָתֶךָ בְּאַהֲבָה: וְהָאֵר עֵינֵינוּ בְּתוֹרָתֶךָ וְדַבֵּק לִבֵּנוּ בְּמִצְוֹתֶיךָ וְיַחֵד לְבָבֵנוּ לְאַהֲבָה וּלְיִרְאָה אֶת־שְׁמֶךָ וְלֹא־נֵבוֹשׁ וְלֹא־נִכָּלֵם וְלֹא־נִכָּשֵׁל לְעוֹלָם וָעֶד: כִּי בְשֵׁם קָדְשְׁךָ הַגָּדוֹל וְהַנּוֹרָא בָּטָחְנוּ נָגִילָה וְנִשְׂמְחָה בִּישׁוּעָתֶךָ: וְרַחֲמֶיךָ יְהוָה אֱלֹהֵינוּ וַחֲסָדֶיךָ הָרַבִּים אַל יַעַזְבוּנוּ נֶצַח סֶלָה וָעֶד: מַהֵר וְהָבֵא עָלֵינוּ בְּרָכָה וְשָׁלוֹם מְהֵרָה: וַהֲבִיאֵנוּ לְשָׁלוֹם מֵאַרְבַּע כַּנְפוֹת הָאָרֶץ: וּשְׁבוֹר עַל הַגּוֹיִם מֵעַל צַוָּארֵנוּ וְתוֹלִיכֵנוּ מְהֵרָה קוֹמְמִיּוּת לְאַרְצֵנוּ: כִּי אֵל פּוֹעֵל יְשׁוּעוֹת אָתָּה וּבָנוּ בָחַרְתָּ מִכָּל־ עַם וְלָשׁוֹן ' וְקֵרַבְתָּנוּ מַלְכֵּנוּ לְשִׁמְךָ הַגָּדוֹל בְּאַהֲבָה לְהוֹדוֹת לְךָ וּלְיַחֶדְךָ וּלְאַהֲבָה אֶת־שְׁמֶךָ: בָּרוּךְ אַתָּה יְהוָה הַבּוֹחֵר בְּעַמּוֹ יִשְׂרָאֵל בְּאַהֲבָה:

שְׁמַע יִשְׂרָאֵל יְיָ אֱלֹהֵינוּ יְיָ | אֶחָד:

בָּרוּךְ שֵׁם כְּבוֹד מַלְכוּתוֹ לְעוֹלָם וָעֶד:

וְאָהַבְתָּ אֵת יְיָ אֱלֹהֶיךָ, בְּכָל לְבָבְךָ, וּבְכָל נַפְשְׁךָ, וּבְכָל מְאֹדֶךָ: וְהָיוּ הַדְּבָרִים הָאֵלֶּה אֲשֶׁר אָנֹכִי מְצַוְּךָ הַיּוֹם עַל לְבָבֶךָ: וְשִׁנַּנְתָּם לְבָנֶיךָ וְדִבַּרְתָּ בָּם, בְּשִׁבְתְּךָ בְּבֵיתֶךָ, וּבְלֶכְתְּךָ בַדֶּרֶךְ, וּבְשָׁכְבְּךָ, וּבְקוּמֶךָ: וּקְשַׁרְתָּם לְאוֹת עַל יָדֶךָ, וְהָיוּ לְטֹטָפֹת בֵּין עֵינֶיךָ: וּכְתַבְתָּם עַל מְזֻזוֹת בֵּיתֶךָ ' וּבִשְׁעָרֶיךָ:

וְהָיָה אִם שָׁמֹעַ תִּשְׁמְעוּ אֶל מִצְוֹתַי אֲשֶׁר אָנֹכִי מְצַוֶּה אֶתְכֶם הַיּוֹם, לְאַהֲבָה אֶת יְיָ אֱלֹהֵיכֶם וּלְעָבְדוֹ, בְּכָל לְבַבְכֶם וּבְכָל נַפְשְׁכֶם: וְנָתַתִּי מְטַר אַרְצְכֶם בְּעִתּוֹ יוֹרֶה וּמַלְקוֹשׁ, וְאָסַפְתָּ דְגָנֶךָ וְתִירֹשְׁךָ וְיִצְהָרֶךָ: וְנָתַתִּי עֵשֶׂב בְּשָׂדְךָ לִבְהֶמְתֶּךָ, וְאָכַלְתָּ וְשָׂבָעְתָּ: הִשָּׁמְרוּ

לכם

И ВЛОЖИ В НАШЕ СЕРДЦЕ РАЗУМ, ЧТОБЫ МЫ ПОНИМАЛИ, ПОСТИГАЛИ
[ТОРУ ТВОЮ], ВНИМАЛИ [СЛОВАМ ЕЕ], УЧИЛИСЬ И ОБУЧАЛИ [ЕЙ],
ХРАНИЛИ, И СОБЛЮДАЛИ, И ИСПОЛНЯЛИ С ЛЮБОВЬЮ ВСЕ УЧЕНИЕ
ТВОЕЙ ТОРЫ; И ДАЙ УВИДЕТЬ ГЛАЗАМ НАШИМ СВЕТ ТОРЫ ТВОЕЙ, И
ПРИЛЕПИ НАШЕ СЕРДЦЕ К ТВОИМ ЗАПОВЕДЯМ, И СДЕЛАЙ ТАК, ЧТОБЫ
СЕРДЦЕ НАШЕ НАПОЛНЯЛИ ЛИШЬ ЛЮБОВЬ К ИМЕНИ ТВОЕМУ И СТРАХ
ПРЕД НИМ; И НЕ ПРИДЕТСЯ НАМ СТЫДИТЬСЯ, И НЕ ОПОЗОРИМСЯ, И НЕ
ОСТУПИМСЯ ВО ВЕКИ ВЕКОВ, ПОТОМУ ЧТО НА ВЕЛИКОЕ И ГРОЗНОЕ
ИМЯ ТВОЕ МЫ ПОЛАГАЛИСЬ; ВОЗЛИКУЕМ И ВОЗРАДУЕМСЯ СПАСЕНИЮ,
ДАРОВАННОМУ ТОБОЙ. И МИЛОСТИ ТВОИ, И ДОБРОТА ВЕЛИКАЯ,
ГОСПОДЬ, БОГ НАШ, ДА НЕ ОСТАВЯТ НАС НИКОГДА, ВО ВЕКИ ВЕКОВ.
ПОШЛИ НАМ В СКОРОМ ВРЕМЕНИ БЛАГОСЛОВЕНИЕ И МИР, И ПРИВЕДИ
НАС С МИРОМ [В ЭРЕЦ-ИСРАЭЛЬ] С ЧЕТЫРЕХ СТОРОН СВЕТА, И РАЗБЕЙ
ЯРМО НАРОДОВ, [ЛЕЖАЩЕЕ] НА НАШЕЙ ШЕЕ, И НЕ МЕДЛЯ ПОВЕДИ НАС,
РАСПРЯМИВШИХСЯ, В СТРАНУ НАШУ, ПОТОМУ ЧТО ТЫ — БОГ, ПОСЫЛАЮ-
ЩИЙ СПАСЕНИЕ, И ИЗБРАЛ ТЫ НАС ИЗ ВСЕХ ПЛЕМЕН, И С ЛЮБОВЬЮ ПРИ-
БЛИЗИЛ ТЫ НАС, ВЛАДЫКА НАШ, К ВЕЛИКОМУ ИМЕНИ СВОЕМУ, ЧТОБЫ
МЫ МОГЛИ ВОЗНОСИТЬ ТЕБЕ БЛАГОДАРНОСТЬ, И ПРОВОЗГЛАШАТЬ,
ЧТО ТЫ — ОДИН, И ЛЮБИТЬ ТЕБЯ. БЛАГОСЛОВЕН ТЫ, ГОСПОДЬ, ИЗ-
БРАВШИЙ СВОЙ НАРОД, ИЗРАИЛЬ, С ЛЮБОВЬЮ!

(См. транслитерацию на стр. 376)

שמע СЛУШАЙ, ИЗРАИЛЬ: ГОСПОДЬ — БОГ НАШ, ГОСПОДЬ
ОДИН![1]

ברוך *(Шепотом)* : БЛАГОСЛОВЕННО СЛАВНОЕ ИМЯ ЦАРСТВА ЕГО ВО ВЕКИ
ВЕКОВ![2]

ואהבת ЛЮБИ ГОСПОДА, БОГА ТВОЕГО, ВСЕМ СЕРДЦЕМ СВОИМ, И
ВСЕЙ ДУШОЮ СВОЕЙ, И ВСЕМ СУЩЕСТВОМ СВОИМ. И БУДУТ ЭТИ СЛОВА,
КОТОРЫЕ Я ЗАПОВЕДАЛ ТЕБЕ СЕГОДНЯ, В СЕРДЦЕ ТВОЕМ, И ПОВТОРЯЙ
ИХ ДЕТЯМ СВОИМ, И ПРОИЗНОСИ ИХ, СИДЯ В ДОМЕ СВОЕМ, НАХОДЯСЬ
В ДОРОГЕ, ЛОЖАСЬ И ВСТАВАЯ; И ПОВЯЖИ ИХ КАК ЗНАК НА РУКУ
СВОЮ, И БУДУТ ОНИ ЗНАКАМИ НАД ГЛАЗАМИ ТВОИМИ, И НАПИШИ ИХ
НА ДВЕРНЫХ КОСЯКАХ ДОМА СВОЕГО И НА ВОРОТАХ СВОИХ.[3]

והיה И БУДЕТ ТАК: ЕСЛИ ПОСЛУШАЕТЕСЬ МОИХ ПОВЕЛЕНИЙ,
КОТОРЫЕ Я ДАЮ ВАМ СЕГОДНЯ, [ПОСЛУШАЕТЕСЬ], ЛЮБЯ ГОСПОДА,
БОГА ВАШЕГО, И СЛУЖА ЕМУ ВСЕМ СЕРДЦЕМ ВАШИМ И ВСЕЙ
ДУШОЙ ВАШЕЙ, ТО ДАМ Я ДОЖДИ ЗЕМЛЕ ВАШЕЙ В СРОК: ДОЖДЬ ПОСЛЕ
СЕВА И ДОЖДЬ ПЕРЕД ЖАТВОЙ, — И СОБЕРЕШЬ ТЫ СВОЙ ХЛЕБ, И ВИНО
СВОЕ, И МАСЛО СВОИХ ОЛИВ. И ДАМ ТРАВУ НА ПОЛЕ ТВОЕМ
ДЛЯ СКОТА ТВОЕГО, И БУДЕШЬ ТЫ ЕСТЬ ДОСЫТА. БЕРЕГИТЕСЬ,

---

1. Дварим, 6:4.   2. Псахим, 56а.   3. Дварим, 6:5—9.

לָכֶם פֶּן יִפְתֶּה לְבַבְכֶם, וְסַרְתֶּם וַעֲבַדְתֶּם אֱלֹהִים אֲחֵרִים וְהִשְׁתַּחֲוִיתֶם
לָהֶם: וְחָרָה אַף יְיָ בָּכֶם וְעָצַר אֶת הַשָּׁמַיִם וְלֹא יִהְיֶה מָטָר וְהָאֲדָמָה
לֹא תִתֵּן אֶת יְבוּלָהּ, וַאֲבַדְתֶּם מְהֵרָה מֵעַל הָאָרֶץ הַטֹּבָה אֲשֶׁר יְיָ
נֹתֵן לָכֶם: וְשַׂמְתֶּם אֶת דְּבָרַי אֵלֶּה עַל לְבַבְכֶם וְעַל נַפְשְׁכֶם
וּקְשַׁרְתֶּם אֹתָם לְאוֹת עַל יֶדְכֶם וְהָיוּ לְטוֹטָפֹת בֵּין עֵינֵיכֶם: וְלִמַּדְתֶּם
אֹתָם אֶת בְּנֵיכֶם לְדַבֵּר בָּם, בְּשִׁבְתְּךָ בְּבֵיתֶךָ וּבְלֶכְתְּךָ בַדֶּרֶךְ
וּבְשָׁכְבְּךָ וּבְקוּמֶךָ: וּכְתַבְתָּם עַל מְזוּזוֹת בֵּיתֶךָ וּבִשְׁעָרֶיךָ: לְמַעַן
יִרְבּוּ יְמֵיכֶם וִימֵי בְנֵיכֶם עַל הָאֲדָמָה אֲשֶׁר נִשְׁבַּע יְיָ לַאֲבֹתֵיכֶם לָתֵת
לָהֶם, כִּימֵי הַשָּׁמַיִם עַל הָאָרֶץ:

וַיֹּאמֶר יְיָ אֶל מֹשֶׁה לֵּאמֹר: דַּבֵּר אֶל בְּנֵי יִשְׂרָאֵל
וְאָמַרְתָּ אֲלֵהֶם וְעָשׂוּ לָהֶם צִיצִת עַל כַּנְפֵי
בִגְדֵיהֶם לְדֹרֹתָם, וְנָתְנוּ עַל צִיצִת הַכָּנָף פְּתִיל תְּכֵלֶת:
וְהָיָה לָכֶם לְצִיצִת, וּרְאִיתֶם אֹתוֹ, וּזְכַרְתֶּם אֶת כָּל מִצְוֹת
יְיָ, וַעֲשִׂיתֶם אֹתָם, וְלֹא תָתוּרוּ אַחֲרֵי לְבַבְכֶם וְאַחֲרֵי
עֵינֵיכֶם אֲשֶׁר אַתֶּם זֹנִים אַחֲרֵיהֶם: לְמַעַן תִּזְכְּרוּ וַעֲשִׂיתֶם
אֶת כָּל מִצְוֹתַי, וִהְיִיתֶם קְדֹשִׁים לֵאלֹהֵיכֶם: אֲנִי יְיָ
אֱלֹהֵיכֶם אֲשֶׁר הוֹצֵאתִי אֶתְכֶם מֵאֶרֶץ מִצְרַיִם לִהְיוֹת
לָכֶם לֵאלֹהִים, אֲנִי יְיָ אֱלֹהֵיכֶם:

אֱמֶת, וְיַצִּיב, וְנָכוֹן, וְקַיָּם, וְיָשָׁר, וְנֶאֱמָן; וְאָהוּב
וְחָבִיב, וְנֶחְמָד וְנָעִים, וְנוֹרָא וְאַדִּיר,
וּמְתֻקָּן וּמְקֻבָּל, וְטוֹב וְיָפֶה, הַדָּבָר הַזֶּה עָלֵינוּ
לְעוֹלָם וָעֶד: אֱמֶת, אֱלֹהֵי עוֹלָם מַלְכֵּנוּ צוּר
יַעֲקֹב מָגֵן יִשְׁעֵנוּ, לְדֹר וָדֹר הוּא קַיָּם, וּשְׁמוֹ קַיָּם,
וְכִסְאוֹ נָכוֹן, וּמַלְכוּתוֹ וֶאֱמוּנָתוֹ לָעַד קַיָּמֶת:
וּדְבָרָיו חָיִים וְקַיָּמִים, נֶאֱמָנִים וְנֶחֱמָדִים לָעַד

ЧТОБЫ ВАШИ СЕРДЦА НЕ ПОДДАЛИСЬ СОБЛАЗНУ, ЧТОБЫ НЕ СВЕРНУЛИ ВЫ С ПУТИ И НЕ СТАЛИ СЛУЖИТЬ ДРУГИМ БОГАМ И ПОКЛОНЯТЬСЯ ИМ, ИНАЧЕ РАЗГНЕВАЕТСЯ НА ВАС ГОСПОДЬ И ЗАМКНЕТ НЕБЕСА, И НЕ БУДЕТ ДОЖДЯ, И ЗЕМЛЯ НЕ СТАНЕТ ПРИНОСИТЬ СВОИ ПЛОДЫ. И ИСЧЕЗНЕТЕ ВЫ ВСКОРЕ С ЛИЦА БЛАГОДАТНОЙ ЗЕМЛИ, КОТОРУЮ ГОСПОДЬ ДАЕТ ВАМ. ПРИМИТЕ ЭТИ МОИ СЛОВА СЕРДЦЕМ ВАШИМ И ДУШОЮ ВАШЕЙ, И ПОВЯЖИТЕ ИХ КАК ЗНАК НА РУКУ ВАШУ, И БУДУТ ОНИ ЗНАКАМИ НАД ГЛАЗАМИ ВАШИМИ. И НАУЧИТЕ ИМ СЫНОВЕЙ ВАШИХ, ЧТОБЫ ВСЕ ВЫ ПРОИЗНОСИЛИ ИХ, СИДЯ В ДОМЕ СВОЕМ, НАХОДЯСЬ В ДОРОГЕ, ЛОЖАСЬ И ВСТАВАЯ; И НАПИШИТЕ ИХ НА ДВЕРНЫХ КОСЯКАХ ДОМА СВОЕГО И НА ВОРОТАХ СВОИХ, ЧТОБЫ ВЫ И СЫНОВЬЯ ВАШИ ЖИЛИ В СТРАНЕ, О КОТОРОЙ ГОСПОДЬ КЛЯЛСЯ ВАШИМ ОТЦАМ, [ОБЕЩАВ] ДАРОВАТЬ [ЕЕ] ИМ, ТАК ДОЛГО, КАК ДОЛГО СУЩЕСТВУЮТ НЕБЕСА НАД ЗЕМЛЕЙ.[1]

ויאמר И ГОСПОДЬ СКАЗАЛ МОШЕ ТАК: ОБРАТИСЬ К СЫНАМ ИЗРАИЛЯ И СКАЖИ ИМ, ЧТОБЫ ДЕЛАЛИ СЕБЕ КИСТИ НА УГЛАХ ОДЕЖДЫ ВО ВСЕХ ПОКОЛЕНИЯХ СВОИХ И ВПЛЕТАЛИ В КАЖДУЮ КИСТЬ НА ТЕХ УГЛАХ ГОЛУБУЮ ШЕРСТЯНУЮ НИТЬ, И БУДУТ У ВАС КИСТИ, ПОСМОТРЕВ НА КОТОРЫЕ, ВЫ БУДЕТЕ ВСПОМИНАТЬ ВСЕ ЗАПОВЕДИ ГОСПОДА И ИСПОЛНЯТЬ ИХ. И НЕ БУДЕТЕ ВЫ БЛУЖДАТЬ, ВЛЕКОМЫЕ СЕРДЦЕМ И ГЛАЗАМИ ВАШИМИ, ПОДОБНО ТОМУ, КАК БЛУЖДАЕТЕ [НЫНЕ], ВЛЕКОМЫЕ ИМИ, — ЧТОБЫ ВЫ ПОМНИЛИ И ИСПОЛНЯЛИ ВСЕ ЗАПОВЕДИ МОИ И БЫЛИ СВЯТЫ ПРЕД ВАШИМ БОГОМ. Я, ГОСПОДЬ, — БОГ ВАШ, КОТОРЫЙ ВЫВЕЛ ВАС ИЗ СТРАНЫ ЕГИПЕТСКОЙ, ЧТОБЫ БЫТЬ ВАШИМ БОГОМ. Я, ГОСПОДЬ, — БОГ ВАШ.[2]

אמת ИСТИННОЕ, И НЕСОМНЕННОЕ, И ДОСТОВЕРНОЕ, И НЕПРЕЛОЖНОЕ, И ЯСНОЕ, И НАДЕЖНОЕ, И ЛЮБИМОЕ, И ВОЗЛЮБЛЕННОЕ, И ЖЕЛАННОЕ, И ПРИЯТНОЕ [НАМ], И ГРОЗНОЕ, И МОГУЩЕСТВЕННОЕ, И ВЕРНОЕ, И НЕОСПОРИМОЕ, И ДОБРОЕ, И ПРЕКРАСНОЕ СЛОВО ЭТО ДАНО НАМ НА ВЕКИ ВЕКОВ. ПОИСТИНЕ, ВЕЧНЫЙ БОГ — ВЛАДЫКА НАШ; ОПЛОТ ЯАКОВА — ЗАЩИТНИК, СПАСИТЕЛЬ НАШ; ОДНО ПОКОЛЕНИЕ СМЕНЯЕТСЯ ДРУГИМ, А ОН НЕИЗМЕНЕН, И НЕИЗМЕННО ЕГО ИМЯ, И ТРОН ЕГО НЕЗЫБЛЕМ, И ЦАРСТВО ЕГО, И КЛЯТВА ЕГО НЕРУШИМЫ ВОВЕК. И СЛОВА ЕГО ЖИВЫ И НАДЕЖНЫ, ДОСТОВЕРНЫ И ЖЕЛАННЫ ВЕЧНО,

---

1. Дварим, 11:13—21. 2. Бемидбар, 15:37—41.

וּלְעוֹלְמֵי עוֹלָמִים:עַל אֲבוֹתֵינוּ וְעָלֵינוּ, עַל בָּנֵינוּ
וְעַל דּוֹרוֹתֵינוּ,וְעַל כָּל דּוֹרוֹת זֶרַע יִשְׂרָאֵל עֲבָדֶיךָ.

עַל הָרִאשׁוֹנִים וְעַל הָאַחֲרוֹנִים דָּבָר טוֹב וְקַיָּם בֶּאֱמֶת
וּבֶאֱמוּנָה, חוֹק וְלֹא יַעֲבֹר. אֱמֶת, שָׁאַתָּה הוּא יְיָ
אֱלֹהֵינוּ וֵאלֹהֵי אֲבוֹתֵינוּ, מַלְכֵּנוּ מֶלֶךְ אֲבוֹתֵינוּ, גֹּאֲלֵנוּ
גֹּאֵל אֲבוֹתֵינוּ, צוּרֵנוּ צוּר יְשׁוּעָתֵנוּ, פּוֹדֵנוּ וּמַצִּילֵנוּ מֵעוֹלָם
הוּא שְׁמֶךָ, וְאֵין לָנוּ עוֹד אֱלֹהִים זוּלָתֶךָ סֶלָה:

עֶזְרַת אֲבוֹתֵינוּ אַתָּה הוּא מֵעוֹלָם, מָגֵן וּמוֹשִׁיעַ
לָהֶם וְלִבְנֵיהֶם אַחֲרֵיהֶם בְּכָל דּוֹר וָדוֹר:
בְּרוּם עוֹלָם מוֹשָׁבֶךָ, וּמִשְׁפָּטֶיךָ וְצִדְקָתְךָ עַד
אַפְסֵי אָרֶץ.אֱמֶת,אַשְׁרֵי אִישׁ שֶׁיִּשְׁמַע לְמִצְוֹתֶיךָ,
וְתוֹרָתְךָ וּדְבָרְךָ יָשִׂים עַל לִבּוֹ. אֱמֶת, אַתָּה
הוּא אָדוֹן לְעַמֶּךָ, וּמֶלֶךְ גִּבּוֹר לָרִיב רִיבָם
לְאָבוֹת וּבָנִים. אֱמֶת, אַתָּה הוּא רִאשׁוֹן וְאַתָּה
הוּא אַחֲרוֹן, וּמִבַּלְעָדֶיךָ אֵין לָנוּ מֶלֶךְ גּוֹאֵל
וּמוֹשִׁיעַ. אֱמֶת, מִמִּצְרַיִם גְּאַלְתָּנוּ יְיָ אֱלֹהֵינוּ,
וּמִבֵּית עֲבָדִים פְּדִיתָנוּ. כָּל בְּכוֹרֵיהֶם
הָרַגְתָּ, וּבְכוֹרְךָ יִשְׂרָאֵל גָּאָלְתָּ, וְיַם סוּף לָהֶם
בָּקַעְתָּ, וְזֵדִים טִבַּעְתָּ, וִידִידִים הֶעֱבַרְתָּ,
וַיְכַסּוּ מַיִם צָרֵיהֶם, אֶחָד מֵהֶם לֹא נוֹתָר.
עַל זֹאת שִׁבְּחוּ אֲהוּבִים וְרוֹמְמוּ לָאֵל, וְנָתְנוּ
יְדִידִים זְמִרוֹת שִׁירוֹת וְתִשְׁבָּחוֹת, בְּרָכוֹת

ВО ВСЕ ВРЕМЕНА. ДЛЯ ОТЦОВ НАШИХ И ДЛЯ НАС, ДЛЯ СЫНОВЕЙ НАШИХ
И НАШИХ ПОТОМКОВ И ДЛЯ ВСЕХ ПОКОЛЕНИЙ ИЗРАИЛЯ, РАБОВ ТВОИХ,

עַל ОТ ПЕРВЫХ ДО ПОСЛЕДНИХ, — СЛОВО ЭТО ДОБРО И ВЕЧНО, ДО-
СТОВЕРНО И НАДЕЖНО, НЕПРЕЛОЖНЫЙ ЗАКОН. ИСТИНА В ТОМ, ЧТО ТЫ,
ГОСПОДЬ, — БОГ НАШ И БОГ ОТЦОВ НАШИХ, ВЛАДЫКА НАШ И ВЛАДЫКА
ОТЦОВ НАШИХ, ИЗБАВИТЕЛЬ НАШ, ИЗБАВИТЕЛЬ ОТЦОВ НАШИХ, ТВЕР-
ДЫНЯ НАША, ОПЛОТ, СПАСИТЕЛЬ НАШ. ОСВОБОДИТЕЛЬ НАШ И ИЗБА-
ВИТЕЛЬ НАШ — ВОТ ИМЯ ТЕБЕ ОТ ВЕКА! И НЕТ У НАС БОГА КРОМЕ ТЕБЯ
ВОВЕК.

עֶזְרַת ПОДДЕРЖКОЙ ОТЦАМ НАШИМ ТЫ БЫЛ ВСЕГДА, ЗАЩИТНИКОМ
И СПАСИТЕЛЕМ БЫЛ ДЛЯ НИХ, А ПОСЛЕ НИХ — ДЛЯ СЫНОВЕЙ
ИХ ВО ВСЕХ ПОКОЛЕНИЯХ. В ВЫСОТАХ МИРА ПРЕБЫВАЕШЬ ТЫ;
И ЗАКОНЫ ТВОИ, И СПРАВЕДЛИВОСТЬ ТВОЯ — ВО ВСЕХ ЗЕМНЫХ
ПРЕДЕЛАХ. ПОИСТИНЕ СЧАСТЛИВ ЧЕЛОВЕК, КОТОРЫЙ ПОСЛУШЕН
ТВОИМ ЗАПОВЕДЯМ И ТОРУ ТВОЮ, И СЛОВО ТВОЕ ПРИНЯЛ В СВОЕ
СЕРДЦЕ. ПОИСТИНЕ, ТЫ — ВЛАСТЕЛИН СВОЕГО НАРОДА, МОГУЧИЙ
ВЛАДЫКА, ЗАСТУПАЮЩИЙСЯ ЗА НЕГО, — ЗА ОТЦОВ И СЫНОВЕЙ.
ПОИСТИНЕ, ТЫ ПЕРВЫЙ И ТЫ ПОСЛЕДНИЙ, И КРОМЕ ТЕБЯ НЕТ У НАС
ВЛАДЫКИ, ИЗБАВИТЕЛЯ И СПАСИТЕЛЯ. ИСТИНА В ТОМ, ЧТО ИЗ
ЕГИПТА ТЫ СПАС НАС, ГОСПОДЬ, БОГ НАШ, И ВЫКУПИЛ НАС ИЗ ДОМА
РАБСТВА. ВСЕХ ПЕРВЕНЦЕВ ИХ ТЫ УБИЛ, А ПЕРВЕНЦА СВОЕГО, НАРОД
ИЗРАИЛЯ, ИЗБАВИЛ ТЫ, И КРАСНОЕ МОРЕ РАССЕК ТЫ ДЛЯ НЕГО, И УТО-
ПИЛ ТЫ ЗЛОДЕЕВ, А ПРИБЛИЖЕННЫХ СВОИХ ПЕРЕПРАВИЛ; И ВОДЫ ПО-
КРЫЛИ ИХ ВРАГОВ, И НИ ОДИН ИЗ НИХ НЕ УЦЕЛЕЛ. ЗА ЭТО ЛЮ-
БИМЫЕ ИМ ВОСХВАЛИЛИ И ВОЗВЕЛИЧИЛИ БОГА, И ЗАПЕЛИ ЕГО ПРИ-
БЛИЖЕННЫЕ ПЕСНИ, ГИМНЫ И ПСАЛМЫ, ВОЗНЕСЛИ БЛАГОСЛОВЕНИЕ

178

וְהוֹדָאוֹת לְמֶלֶךְ אֵל חַי וְקַיָּם : רָם וְנִשָּׂא גָּדוֹל
וְנוֹרָא, מַשְׁפִּיל גֵּאִים עֲדֵי אָרֶץ, וּמַגְבִּיהַּ שְׁפָלִים
עַד מָרוֹם, מוֹצִיא אֲסִירִים, פּוֹדֶה עֲנָוִים, עוֹזֵר
דַּלִּים, הָעוֹנֶה לְעַמּוֹ יִשְׂרָאֵל בְּעֵת שַׁוְּעָם אֵלָיו .
תְּהִלּוֹת לְאֵל עֶלְיוֹן גֹּאֲלָם, בָּרוּךְ הוּא וּמְבֹרָךְ,
מֹשֶׁה וּבְנֵי יִשְׂרָאֵל לְךָ עָנוּ שִׁירָה בְּשִׂמְחָה רַבָּה,
וְאָמְרוּ כֻלָּם : מִי כָמֹכָה בָּאֵלִם יְיָ, מִי כָּמֹכָה
נֶאְדָּר בַּקֹּדֶשׁ, נוֹרָא תְהִלֹּת עֹשֵׂה־פֶלֶא :

שִׁירָה חֲדָשָׁה שִׁבְּחוּ גְאוּלִים לְשִׁמְךָ הַגָּדוֹל עַל שְׂפַת
הַיָּם. יַחַד כֻּלָּם הוֹדוּ וְהִמְלִיכוּ וְאָמְרוּ: יְיָ יִמְלֹךְ
לְעֹלָם וָעֶד . וְנֶאֱמַר, גָּאֲלֵנוּ יְיָ צְבָאוֹת שְׁמוֹ קְדוֹשׁ
יִשְׂרָאֵל . בָּרוּךְ אַתָּה יְיָ, גָּאַל יִשְׂרָאֵל:

תפלת שלש רגלים ותפלת ראש השנה ויום כפור תמצא להלן אחר תפלת מוסף של ראש חודש :

תפלת שחרית לשבת
אֲדֹנָי . שְׂפָתַי תִּפְתָּח וּפִי יַגִּיד תְּהִלָּתֶךָ :

בָּרוּךְ אַתָּה יְיָ, אֱלֹהֵינוּ וֵאלֹהֵי אֲבוֹתֵינוּ, אֱלֹהֵי אַבְרָהָם, אֱלֹהֵי
יִצְחָק, וֵאלֹהֵי יַעֲקֹב, הָאֵל הַגָּדוֹל הַגִּבּוֹר וְהַנּוֹרָא, אֵל
עֶלְיוֹן, גּוֹמֵל חֲסָדִים טוֹבִים, קוֹנֵה הַכֹּל, וְזוֹכֵר חַסְדֵי אָבוֹת, וּמֵבִיא
גוֹאֵל לִבְנֵי בְנֵיהֶם לְמַעַן שְׁמוֹ בְּאַהֲבָה:

בעשי"ת זָכְרֵנוּ לְחַיִּים, מֶלֶךְ חָפֵץ בַּחַיִּים. וְכָתְבֵנוּ בְּסֵפֶר הַחַיִּים. לְמַעַנְךָ אֱלֹהִים חַיִּים:
מֶלֶךְ עוֹזֵר וּמוֹשִׁיעַ וּמָגֵן . בָּרוּךְ אַתָּה יְיָ, מָגֵן אַבְרָהָם :

אַתָּה גִּבּוֹר לְעוֹלָם אֲדֹנָי, מְחַיֵּה מֵתִים אַתָּה, רַב לְהוֹשִׁיעַ.
בחורף מַשִּׁיב הָרוּחַ וּמוֹרִיד הַגֶּשֶׁם . בקיץ מוֹרִיד הַטָּל :

מְכַלְכֵּל חַיִּים בְּחֶסֶד, מְחַיֵּה מֵתִים בְּרַחֲמִים רַבִּים, סוֹמֵךְ נוֹפְלִים,
וְרוֹפֵא חוֹלִים, וּמַתִּיר אֲסוּרִים, וּמְקַיֵּם אֱמוּנָתוֹ לִישֵׁנֵי
עָפָר, מִי כָמוֹךָ בַּעַל גְּבוּרוֹת וּמִי דּוֹמֶה לָּךְ , מֶלֶךְ מֵמִית וּמְחַיֶּה
וּמַצְמִיחַ יְשׁוּעָה:

И БЛАГОДАРНОСТЬ ВЛАДЫКЕ, БОГУ ЖИВОМУ И ВЕЧНОМУ, КОТОРЫЙ ВЫСОК И ПРЕВОЗНЕСЕН, ВЕЛИК И ГРОЗЕН, ПРИГИБАЕТ ГОРДЫХ К ЗЕМЛЕ, КРОТКИХ ПОДНИМАЕТ К ВЫСОТАМ, ОСВОБОЖДАЕТ УЗНИКОВ, СПАСАЕТ СМИРЕННЫХ, ПОМОГАЕТ БЕДНЫМ; ОН ОТВЕЧАЕТ СВОЕМУ НАРОДУ, ИЗРАИЛЮ, КОГДА ТОТ ВЗЫВАЕТ К НЕМУ. ХВАЛА БОГУ ВСЕВЫШНЕМУ, ИЗБАВИТЕЛЮ ИХ, БЛАГОСЛОВЕН ОН И БЛАГОСЛОВЛЯЕМ! МОШЕ И СЫНЫ ИЗРАИЛЯ ПЕЛИ ГИМНЫ ТЕБЕ В ВЕЛИКОЙ РАДОСТИ И ПРОВОЗГЛАШАЛИ ХОРОМ: "КТО СРЕДИ ВЫСШИХ СИЛ ПОДОБЕН ТЕБЕ, ГОСПОДЬ, КТО ПОДОБЕН ТЕБЕ, МОГУЧЕМУ И СВЯТОМУ, ВНУШАЮЩЕМУ ТРЕПЕТ СЛАВЯЩИМ ЕГО, ТВОРЯЩЕМУ ЧУДЕСА!"[1]

שירה НОВЫМ ГИМНОМ ВОСХВАЛЯЛИ ИЗБАВЛЕННЫЕ ВЕЛИКОЕ ИМЯ ТВОЕ НА БЕРЕГУ КРАСНОГО МОРЯ. ВСЕ В ОДИН ГОЛОС СЛАВИЛИ [ТЕБЯ] И ВОСПЕВАЛИ ЦАРСТВО [ТВОЕ], ВОЗГЛАШАЯ: "ГОСПОДЬ БУДЕТ ЦАРСТВОВАТЬ ВО ВЕКИ ВЕКОВ!"[2] И СКАЗАНО: "НАШ ИЗБАВИТЕЛЬ – ГОСПОДЬ ВОИНСТВ; ИМЯ ЕМУ – СВЯТЫНЯ ИЗРАИЛЯ!"[3] БЛАГОСЛОВЕН ТЫ, ГОСПОДЬ, СПАСШИЙ ИЗРАИЛЬ!

Молитва "Амида" в Песах, Шавуот и Сукот – см. стр. 251.

"АМИДА"
אדני ГОСПОДЬ, ДАЙ МНЕ СИЛЫ МОЛИТЬСЯ ПРЕД ТОБОЙ, [ПРОСТИВ МНЕ ГРЕХИ], И УСТА МОИ ВОССЛАВЯТ ТЕБЯ.[4]

ברוך БЛАГОСЛОВЕН ТЫ, ГОСПОДЬ, БОГ НАШ И БОГ ОТЦОВ НАШИХ, БОГ АВРАЃАМА, БОГ ИЦХАКА И БОГ ЯАКОВА, БОГ ВЕЛИКИЙ, МОГУЧИЙ И ГРОЗНЫЙ, ВСЕВЫШНИЙ БОГ, ДАРУЮЩИЙ БЛАГА, СОТВОРИВШИЙ ВСЕ, И ПОМНЯЩИЙ ДОБРЫЕ ДЕЛА ОТЦОВ, И ПО ЛЮБВИ СВОЕЙ ПОСЫЛАЮЩИЙ ИЗБАВИТЕЛЯ СЫНОВЬЯМ ИХ СЫНОВЕЙ РАДИ ИМЕНИ СВОЕГО!

В "десять дней раскаяния" говорят:
זכרנו ВСПОМНИ НАС, ЧТОБЫ ДАРОВАТЬ НАМ ЖИЗНЬ, ВЛАДЫКА, КОТОРОМУ УГОДНА ЖИЗНЬ, И ЗАПИШИ НАС В КНИГУ ЖИЗНИ РАДИ СЕБЯ, БОГ ЖИЗНИ!

מלך [ТЫ –] ВЛАДЫКА, КОТОРЫЙ ПОМОГАЕТ, СПАСАЕТ И ЗАЩИЩАЕТ. БЛАГОСЛОВЕН ТЫ, ГОСПОДЬ, ЗАЩИТНИК АВРАЃАМА!

אתה ТВОЕ МОГУЩЕСТВО ВЕЧНО, ГОСПОДЬ, ТЫ ВОЗВРАЩАЕШЬ МЕРТВЫХ К ЖИЗНИ, ТЫ – ВЕЛИКИЙ ИЗБАВИТЕЛЬ...
Зимой говорят:
משיב ...ПОСЫЛАЮЩИЙ ВЕТЕР И ДАРУЮЩИЙ ДОЖДЬ...
Летом говорят:
מוריד ...ПОСЫЛАЮЩИЙ РОСУ...

מכלכל ...ПИТАЮЩИЙ ПО ДОБРОТЕ СВОЕЙ ЖИВЫХ, ПО ВЕЛИКОМУ МИЛОСЕРДИЮ ВОЗВРАЩАЮЩИЙ МЕРТВЫХ К ЖИЗНИ, ПОДДЕРЖИВАЮЩИЙ ПАДАЮЩИХ, И ИСЦЕЛЯЮЩИЙ БОЛЬНЫХ, И ОСВОБОЖДАЮЩИЙ УЗНИКОВ, И ИСПОЛНЯЮЩИЙ СВОЕ ОБЕЩАНИЕ [ВОЗВРАТИТЬ ЖИЗНЬ] ПОКОЯЩИМСЯ В ЗЕМЛЕ, – КТО ПОДОБЕН ТЕБЕ, ВСЕСИЛЬНЫЙ, И КТО СРАВНИТСЯ С ТОБОЙ, ВЛАДЫКА, КОТОРЫЙ УМЕРЩВЛЯЕТ, И ОЖИВЛЯЕТ, И ВЗРАЩИВАЕТ СПАСЕНИЕ!

---

1. Шмот, 15:11. 2. Шмот, 15:18. 3. Йешаяѓу, 47:4. Теѓилим, 51:17.

בש״ה מִי כָמוֹךָ אַב הָרַחֲמָן, זוֹכֵר יְצוּרָיו לְחַיִּים בְּרַחֲמִים.

וְנֶאֱמָן אַתָּה לְהַחֲיוֹת מֵתִים. בָּרוּךְ אַתָּה יְיָ, מְחַיֵּה הַמֵּתִים:

בחזרת הש״ץ אומרים כאן קדושה *)

אַתָּה קָדוֹשׁ וְשִׁמְךָ קָדוֹשׁ, וּקְדוֹשִׁים בְּכָל יוֹם יְהַלְלוּךָ סֶּלָה.
בָּרוּךְ אַתָּה יְיָ, הָאֵל הַקָּדוֹשׁ:   (בש״ה הַמֶּלֶךְ הַקָּדוֹשׁ):

יִשְׂמַח מֹשֶׁה בְּמַתְּנַת חֶלְקוֹ, כִּי עֶבֶד נֶאֱמָן
קָרָאתָ לּוֹ, כְּלִיל תִּפְאֶרֶת בְּרֹאשׁוֹ נָתַתָּ
לּוֹ, בְּעָמְדוֹ לְפָנֶיךָ עַל הַר סִינַי, וּשְׁנֵי לוּחוֹת
אֲבָנִים הוֹרִיד בְּיָדוֹ, וְכָתוּב בָּהֶם שְׁמִירַת שַׁבָּת,
וְכֵן כָּתוּב בְּתוֹרָתֶךָ:

וְשָׁמְרוּ בְנֵי יִשְׂרָאֵל אֶת הַשַּׁבָּת, לַעֲשׂוֹת אֶת הַשַּׁבָּת
לְדֹרֹתָם בְּרִית עוֹלָם: בֵּינִי וּבֵין בְּנֵי יִשְׂרָאֵל
אוֹת הִיא לְעוֹלָם, כִּי שֵׁשֶׁת יָמִים עָשָׂה יְיָ אֶת הַשָּׁמַיִם
וְאֶת הָאָרֶץ וּבַיּוֹם הַשְּׁבִיעִי שָׁבַת וַיִּנָּפַשׁ:

ולא

---

*) קדושה לש״ץ בחזרת התפלה:

נַקְדִּישָׁךְ וְנַעֲרִיצָךְ כְּנֹעַם שִׂיחַ סוֹד שַׂרְפֵי קֹדֶשׁ הַמְשַׁלְּשִׁים לְךָ
קְדֻשָּׁה, כַּכָּתוּב עַל יַד נְבִיאֶךָ וְקָרָא זֶה אֶל זֶה וְאָמַר:
קו״ח קָדוֹשׁ, קָדוֹשׁ, קָדוֹשׁ יְיָ צְבָאוֹת, מְלֹא כָל הָאָרֶץ כְּבוֹדוֹ. אָז
בְּקוֹל רַעַשׁ גָּדוֹל אַדִּיר וְחָזָק, מַשְׁמִיעִים קוֹל, מִתְנַשְּׂאִים לְעֻמַּת
הַשְּׂרָפִים, לְעֻמָּתָם מְשַׁבְּחִים וְאוֹמְרִים: קו״ה בָּרוּךְ כְּבוֹד יְיָ מִמְּקוֹמוֹ.
חיו מִמְּקוֹמְךָ מַלְכֵּנוּ תוֹפִיעַ וְתִמְלוֹךְ עָלֵינוּ, כִּי מְחַכִּים אֲנַחְנוּ לָךְ
מָתַי תִּמְלוֹךְ בְּצִיּוֹן, בְּקָרוֹב בְּיָמֵינוּ לְעוֹלָם וָעֶד. תִּשְׁכּוֹן תִּתְגַּדַּל
וְתִתְקַדַּשׁ בְּתוֹךְ יְרוּשָׁלַיִם עִירְךָ, לְדוֹר וָדוֹר וּלְנֵצַח נְצָחִים. וְעֵינֵינוּ
תִרְאֶינָה מַלְכוּתֶךָ, כַּדָּבָר הָאָמוּר בְּשִׁירֵי עֻזֶּךָ, עַל יְדֵי דָוִד מְשִׁיחַ
צִדְקֶךָ: קו״ח יִמְלֹךְ יְיָ לְעֹלָם אֱלֹהַיִךְ צִיּוֹן לְדֹר וָדֹר, הַלְלוּיָהּ: אתה קדוש

В "десять дней раскаяния" говорят:

מי כמוך КТО ПОДОБЕН ТЕБЕ, МИЛОСЕРДНЫЙ ОТЕЦ, МИЛОСТИВО ВСПОМИНАЮ-
ЩИЙ О СВОИХ ТВОРЕНИЯХ, ДАРУЯ ИМ ЖИЗНЬ!

ונאמן И ВЕРЕН ТЫ [СВОЕМУ ОБЕЩАНИЮ] ВОЗВРАТИТЬ МЕРТВЫМ ЖИЗНЬ. БЛА-
ГОСЛОВЕН ТЫ, ГОСПОДЬ, ВОЗВРАЩАЮЩИЙ МЕРТВЫХ К ЖИЗНИ!

При повторении хазаном молитвы "Амида" здесь произносится "Кдуша". *

אתה ТЫ СВЯТ, И СВЯТО ИМЯ ТВОЕ, И СВЯТЫЕ [АНГЕЛЫ] БУДУТ ВОСХВАЛЯТЬ
ТЕБЯ ИЗО ДНЯ В ДЕНЬ, ВОВЕКИ. БЛАГОСЛОВЕН ТЫ, ГОСПОДЬ, БОГ СВЯТОЙ! (*В
"десять дней раскаяния" говорят:* ВЛАДЫКА СВЯТОЙ!)

ישמח ВОЗРАДОВАЛСЯ МОШЕ ДАРОВАННОМУ ЕМУ УДЕЛУ, ИБО ВЕР-
НЫМ РАБОМ НАЗВАЛ ТЫ ЕГО; ВЕЛИКОЛЕПНЫЙ ВЕНЕЦ ВОЗЛОЖИЛ ТЫ
ЕМУ НА ГОЛОВУ, КОГДА ОН СТОЯЛ ПРЕД ТОБОЮ НА ГОРЕ СИНАЙ. И
СПУСТИЛСЯ ОН ВНИЗ, НЕСЯ В РУКЕ СВОЕЙ ДВЕ КАМЕННЫЕ СКРИЖАЛИ,
НА КОТОРЫХ БЫЛА НАЧЕРТАНА [ЗАПОВЕДЬ О] СОБЛЮДЕНИИ СУББО-
ТЫ. И ТАК НАПИСАНО В ТОРЕ ТВОЕЙ:

ושמרו И ПУСТЬ СОБЛЮДАЮТ СУББОТУ СЫНЫ ИЗРАИЛЯ, СДЕЛАВ ЕЕ ДНЕМ ОТ-
ДЫХА ДЛЯ [ВСЕХ] ПОКОЛЕНИЙ СВОИХ, – [ТАКОВ] ВЕЧНЫЙ ЗАВЕТ. ОНА – ДАН-
НЫЙ МНОЮ СЫНАМ ИЗРАИЛЯ ВЕЧНЫЙ ЗНАК ТОГО, ЧТО ШЕСТЬ ДНЕЙ СОЗИДАЛ
ГОСПОДЬ НЕБО И ЗЕМЛЮ, А В СЕДЬМОЙ ДЕНЬ НЕ СОВЕРШАЛ НИКАКИХ ДЕЯНИЙ И
ПРЕБЫВАЛ В ПОКОЕ.[1]

"КДУША"
(См. транслитерацию на стр. 380)

* *При повторении хазаном молитвы "Амида" здесь произносится "Кдуша":*

נקדיש ВОСПОЕМ МЫ СВЯТОСТЬ ТВОЮ И ПРЕВОЗНЕСЕМ ТЕБЯ ПОДОБНО ТОМУ
КАК [ВОСХВАЛЯЕТ ТЕБЯ] ХОР СВЯТЫХ СРАФИМ В СВОИХ БЛАГОЗВУЧНЫХ МОЛИТ-
ВАХ, ТРОЕКРАТНО ПРОВОЗГЛАШАЯ ТВОЮ СВЯТОСТЬ, КАК НАПИСАНО ПРОРОКОМ
ТВОИМ: ≪ОНИ ОБРАЩАЛИСЬ ДРУГ К ДРУГУ И ВОЗГЛАШАЛИ:
Община вместе с хазаном: "СВЯТ, СВЯТ, СВЯТ ГОСПОДЬ ВОИНСТВ! ВСЯ ЗЕМЛЯ
ПОЛНА СЛАВЫ ЕГО!"≫[2]
Хазан: И ТОГДА ГРОМОПОДОБНЫМ ГОЛОСОМ, СИЛЬНЫМ И МОГУЧИМ, ОНИ ВОЗ-
ГЛАШАЮТ [ХВАЛУ ВСЕВЫШНЕМУ], ВОЗНОСЯСЬ НАВСТРЕЧУ СРАФИМ, И ПОДОБНО
ИМ ВОСХВАЛЯЮТ ЕГО И ГОВОРЯТ:
Община вместе с хазаном: "ДА БУДЕТ БЛАГОСЛОВЕННА СЛАВА ГОСПОДА, ГДЕ
БЫ ОНА НИ ОБИТАЛА!"[3]
Хазан: ИЗ МЕСТА, ГДЕ ПРЕБЫВАЕШЬ ТЫ, ВЛАДЫКА НАШ, ЯВИСЬ И ЦАРСТВУЙ
НАД НАМИ; ВЕДЬ МЫ ЖДЕМ ТЕБЯ! КОГДА ЖЕ ВОЦАРИШЬСЯ ТЫ В СИОНЕ? [ВОЦА-
РИСЬ] ВСКОРЕ, В НАШИ ДНИ, – И НА ВЕКИ ВЕКОВ! ПОСЕЛИСЬ [В ИЕРУСАЛИМЕ];
БУДУТ ПРЕВОЗНОСИТЬ И ОСВЯЩАТЬ ТЕБЯ В ИЕРУСАЛИМЕ, ГОРОДЕ ТВОЕМ, ИЗ
ПОКОЛЕНИЯ В ПОКОЛЕНИЕ, ВО ВЕКИ ВЕКОВ. И ДА УВИДЯТ ГЛАЗА НАШИ [ПРИ-
ХОД] ЦАРСТВА ТВОЕГО, КАК СКАЗАНО ОБ ЭТОМ В ГИМНЕ ТВОЕМУ МОГУЩЕСТВУ
ДАВИДОМ, ПРАВЕДНЫМ ПОМАЗАННИКОМ ТВОИМ:
Община вместе с хазаном: "ГОСПОДЬ БУДЕТ ЦАРСТВОВАТЬ ВЕЧНО; [БУДЕТ
ЦАРСТВОВАТЬ] БОГ ТВОЙ, СИОН, ВО ВЕКИ ВЕКОВ; ВОСХВАЛИТЕ БОГА!"[4]

Хазан продолжает אתה קדוש (*"ТЫ СВЯТ..."*)

---

1. Шмот, 31:16,17. 2. Йешаяѓу, 6:3. 3. Йехезкель, 3:12. 4. Теѓилим, 146:10.

וְלֹא נְתַתּוֹ יְיָ אֱלֹהֵינוּ לְגוֹיֵי הָאֲרָצוֹת, וְלֹא הִנְחַלְתּוֹ מַלְכֵּנוּ לְעוֹבְדֵי אֱלִילִים, וְגַם בִּמְנוּחָתוֹ לֹא יִשְׁכְּנוּ עֲרֵלִים, כִּי לְיִשְׂרָאֵל עַמְּךָ נְתַתּוֹ בְּאַהֲבָה, לְזֶרַע יַעֲקֹב, אֲשֶׁר בָּם בָּחָרְתָּ:

יִשְׂמְחוּ בְּמַלְכוּתְךָ שׁוֹמְרֵי שַׁבָּת וְקוֹרְאֵי עֹנֶג, עַם מְקַדְּשֵׁי שְׁבִיעִי, כֻּלָּם יִשְׂבְּעוּ וְיִתְעַנְּגוּ מִטּוּבֶךָ, וּבַשְּׁבִיעִי רָצִיתָ בּוֹ וְקִדַּשְׁתּוֹ, חֶמְדַּת יָמִים אוֹתוֹ קָרָאתָ:

אֱלֹהֵינוּ וֵאלֹהֵי אֲבוֹתֵינוּ, רְצֵה נָא בִמְנוּחָתֵנוּ, קַדְּשֵׁנוּ בְּמִצְוֹתֶיךָ וְתֵן חֶלְקֵנוּ בְּתוֹרָתֶךָ, שַׂבְּעֵנוּ מִטּוּבֶךָ וְשַׂמַּח נַפְשֵׁנוּ בִּישׁוּעָתֶךָ, וְטַהֵר לִבֵּנוּ לְעָבְדְּךָ בֶּאֱמֶת, וְהַנְחִילֵנוּ יְיָ אֱלֹהֵינוּ בְּאַהֲבָה וּבְרָצוֹן שַׁבַּת קָדְשֶׁךָ, וְיָנוּחוּ בוֹ כָּל יִשְׂרָאֵל מְקַדְּשֵׁי שְׁמֶךָ. בָּרוּךְ אַתָּה יְיָ, מְקַדֵּשׁ הַשַּׁבָּת:

רְצֵה יְיָ אֱלֹהֵינוּ בְּעַמְּךָ יִשְׂרָאֵל וְלִתְפִלָּתָם שְׁעֵה, וְהָשֵׁב הָעֲבוֹדָה לִדְבִיר בֵּיתֶךָ, וְאִשֵּׁי יִשְׂרָאֵל וּתְפִלָּתָם בְּאַהֲבָה תְקַבֵּל בְּרָצוֹן, וּתְהִי לְרָצוֹן תָּמִיד עֲבוֹדַת יִשְׂרָאֵל עַמֶּךָ:

בשבת ר"ח ובשבת חוה"מ אוכרים כאן יעלה ויבא א).

א) בשבת ראש חודש ושבת חול המועד אומרים זה:

אֱלֹהֵינוּ וֵאלֹהֵי אֲבוֹתֵינוּ, יַעֲלֶה וְיָבֹא וְיַגִּיעַ, וְיֵרָאֶה וְיֵרָצֶה וְיִשָּׁמַע, וְיִפָּקֵד וְיִזָּכֵר זִכְרוֹנֵנוּ וּפִקְדוֹנֵנוּ, וְזִכְרוֹן אֲבוֹתֵינוּ, וְזִכְרוֹן מָשִׁיחַ בֶּן דָּוִד עַבְדֶּךָ, וְזִכְרוֹן יְרוּשָׁלַיִם עִיר קָדְשֶׁךָ, וְזִכְרוֹן כָּל עַמְּךָ בֵּית יִשְׂרָאֵל לְפָנֶיךָ, לִפְלֵיטָה לְטוֹבָה, לְחֵן וּלְחֶסֶד וּלְרַחֲמִים וּלְחַיִּים טוֹבִים וּלְשָׁלוֹם בְּיוֹם לשריח רֹאשׁ הַחֹדֶשׁ הַזֶּה. לשחוה"ם חַג הַמַּצוֹת הַזֶּה. לשחוה"ם סוכות חַג הַסֻּכּוֹת הַזֶּה. זָכְרֵנוּ יְיָ אֱלֹהֵינוּ בּוֹ לְטוֹבָה. וּפָקְדֵנוּ בוֹ לִבְרָכָה. וְהוֹשִׁיעֵנוּ בוֹ לְחַיִּים טוֹבִים. וּבִדְבַר יְשׁוּעָה וְרַחֲמִים חוּס וְחָנֵּנוּ, וְרַחֵם עָלֵינוּ וְהוֹשִׁיעֵנוּ, כִּי אֵלֶיךָ עֵינֵינוּ, כִּי אֵל מֶלֶךְ חַנּוּן וְרַחוּם אָתָּה:

ולא И НЕ ДАРОВАЛ ТЫ ЕЕ, ГОСПОДЬ, БОГ НАШ, ПЛЕМЕНАМ ЗЕМЛИ, И НЕ ПЕРЕДАЛ ТЫ ЕЕ, ВЛАДЫКА НАШ, В НАСЛЕДИЕ ИДОЛОПОКЛОННИКАМ; И НЕ ОБРЕТУТ В ЭТОТ ДЕНЬ ПОКОЯ НЕОБРЕЗАННЫЕ — ИБО ИЗРАИЛЮ, НАРОДУ СВОЕМУ, ДАРОВАЛ ТЫ ЕЕ С ЛЮБОВЬЮ, ПОТОМКАМ ЯАКОВА, ИЗБРАННИКАМ ТВОИМ.

ישמחו ВОЗРАДУЮТСЯ СОБЛЮДАЮЩИЕ СУББОТУ, НАЗЫВАЮЩИЕ ЕЕ БЛАЖЕНСТВОМ, ПРИХОДУ ЦАРСТВА ТВОЕГО; ВЕСЬ НАРОД, ОСВЯЩАЮЩИЙ СЕДЬМОЙ ДЕНЬ, НАСЫТИТСЯ И НАСЛАДИТСЯ ЩЕДРОТАМИ ТВОИМИ; И БЫЛ ИЗБРАН ВОЛЕЙ ТВОЕЙ СЕДЬМОЙ ДЕНЬ, И ТЫ ОСВЯТИЛ ЕГО И НАЗВАЛ ЕГО ЖЕЛАННЫМ ИЗ ДНЕЙ.

אלהינו БОГ НАШ И БОГ ОТЦОВ НАШИХ! ДА БУДЕТ УГОДЕН ТЕБЕ СУББОТНИЙ ПОКОЙ НАШ; ОСВЯТИ НАС ЗАПОВЕДЯМИ СВОИМИ И ДАЙ НАМ УДЕЛ В ТОРЕ ТВОЕЙ; НАСЫТЬ НАС ЩЕДРОТАМИ СВОИМИ И ВОЗВЕСЕЛИ ДУШИ НАШИ СПАСЕНИЕМ, ДАРОВАННЫМ ТОБОЙ; И ОЧИСТИ НАШЕ СЕРДЦЕ, ЧТОБЫ МЫ СЛУЖИЛИ ТЕБЕ ВЕРНО. И ДАРУЙ НАМ В НАСЛЕДИЕ, ГОСПОДЬ, БОГ НАШ, ПО ЛЮБВИ [СВОЕЙ] И БЛАГОСКЛОННОСТИ [К НАМ], СВЯТУЮ СУББОТУ СВОЮ; И ОБРЕТЕТ В НЕЙ ПОКОЙ ВЕСЬ НАРОД ИЗРАИЛЯ, ОСВЯЩАЮЩИЙ ИМЯ ТВОЕ. БЛАГОСЛОВЕН ТЫ, ГОСПОДЬ, ОСВЯЩАЮЩИЙ СУББОТУ!

רצה ОТНЕСИСЬ БЛАГОСКЛОННО, ГОСПОДЬ, БОГ НАШ, К НАРОДУ ТВОЕМУ, ИЗРАИЛЮ, И МОЛИТВУ ЕГО ПРИМИ, И ВОССТАНОВИ СЛУЖБУ В СВЯТАЯ СВЯТЫХ ХРАМА ТВОЕГО; И ЖЕРТВЫ, ПРИНОСИМЫЕ ИЗРАИЛЕМ, И МОЛИТВУ ЕГО ПРИМИ С ЛЮБОВЬЮ, БЛАГОСКЛОННО; И ПУСТЬ БУДЕТ ВСЕГДА ЖЕЛАННО ТЕБЕ СЛУЖЕНИЕ ИЗРАИЛЯ, НАРОДА ТВОЕГО.

В рош-ходеш и в холь-hамоэд говорят здесь יעלה ויבא *("ДА ПОДНИМЕТСЯ, И ПРИДЕТ...").* *

---

*В рош-ходеш и в холь-hамоэд говорят:

אלהינו БОГ НАШ И БОГ ОТЦОВ НАШИХ! ДА ПОДНИМЕТСЯ, И ПРИДЕТ [К ТЕБЕ], И ДОСТИГНЕТ [ТВОЕГО СЛУХА], И БУДЕТ ЗАМЕЧЕНА, И БЛАГОСКЛОННО ПРИНЯТА, И УСЛЫШАНА [ТОБОЮ МОЛИТВА НАША], И ДА БУДУТ ВОЗОБНОВЛЕНЫ И ВОССТАНОВЛЕНЫ [ТОБОЮ] ПАМЯТЬ О НАС И ВНИМАНИЕ К НАМ; И ПАМЯТЬ ОБ ОТЦАХ НАШИХ, И ПАМЯТЬ О МАШИАХЕ, ПОТОМКЕ ДАВИДА, РАБА ТВОЕГО, И ПАМЯТЬ О ИЕРУСАЛИМЕ, СВЯТОМ ГОРОДЕ ТВОЕМ, И ПАМЯТЬ ОБО ВСЕМ ТВОЕМ НАРОДЕ, ДОМЕ ИЗРАИЛЯ, – ДЛЯ СПАСЕНИЯ [НАШЕГО], ВО БЛАГО [НАМ], ДЛЯ ЛЮБВИ И МИЛОСТИ, И ДЛЯ МИЛОСЕРДИЯ [К НАМ], И ДЛЯ БЛАГОПОЛУЧНОЙ ЖИЗНИ [НАШЕЙ] И МИРА [ДЛЯ НАС] – В ЭТОТ ДЕНЬ...

в рош-ходеш:	*в холь-hамоэд Песах:*	*в холь-hамоэд Сукот:*
...РОШ-ХОДЕШ.	...ПРАЗДНИКА МАЦОТ.	...ПРАЗДНИКА СУКОТ.

ВСПОМНИ НАС, ГОСПОДЬ, БОГ НАШ, К ДОБРУ В ЭТОТ ДЕНЬ; И ОТНЕСИСЬ К НАМ В ЭТОТ ДЕНЬ СО ВНИМАНИЕМ, БЛАГОСЛОВЛЯЯ НАС; И СПАСИ НАС В ЭТОТ ДЕНЬ ДЛЯ БЛАГОПОЛУЧНОЙ ЖИЗНИ; И ПО ОБЕЩАНИЮ [СВОЕМУ] СПАСТИ И ПОМИЛОВАТЬ [НАС], ПОЖАЛЕЙ [НАС]; И СМИЛУЙСЯ [НАД НАМИ]; И БУДЬ СНИСХОДИТЕЛЕН К НАМ И СПАСИ НАС – ВЕДЬ НА ТЕБЯ УСТРЕМЛЕНЫ НАШИ ВЗОРЫ, ПОТОМУ ЧТО ТЫ, БОГ, – ВЛАДЫКА МИЛОСЕРДНЫЙ И МИЛУЮЩИЙ.

וְתֶחֱזֶינָה עֵינֵינוּ בְּשׁוּבְךָ לְצִיּוֹן בְּרַחֲמִים. בָּרוּךְ אַתָּה יְיָ, הַמַּחֲזִיר
שְׁכִינָתוֹ לְצִיּוֹן:

מוֹדִים דרבנן

מוֹדִים אֲנַחְנוּ לָךְ, שָׁאַתָּה הוּא יְיָ | **מוֹדִים** אֲנַחְנוּ לָךְ שָׁאַתָּה הוּא יְיָ
אֱלֹהֵינוּ וַאלֹהֵי אֲבוֹתֵינוּ. | אֱלֹהֵינוּ וֵאלֹהֵי אֲבוֹתֵינוּ
אֱלֹהֵי כָל בָּשָׂר, יוֹצְרֵנוּ יוֹצֵר בְּרֵאשִׁית, | לְעוֹלָם וָעֶד. צוּר חַיֵּינוּ מָגֵן יִשְׁעֵנוּ. אַתָּה
בְּרָכוֹת וְהוֹדָאוֹת לְשִׁמְךָ הַגָּדוֹל וְהַקָּדוֹשׁ | הוּא לְדוֹר וָדוֹר, נוֹדֶה לְּךָ וּנְסַפֵּר
עַל שֶׁהֶחֱיִיתָנוּ וְקִיַּמְתָּנוּ, כֵּן תְּחַיֵּנוּ | תְּהִלָּתֶךָ, עַל חַיֵּינוּ הַמְּסוּרִים בְּיָדֶךָ, וְעַל
וּתְקַיְּמֵנוּ, וְתֶאֱסוֹף גָּלֻיּוֹתֵינוּ לְחַצְרוֹת | נִשְׁמוֹתֵינוּ הַפְּקוּדוֹת לָךְ, וְעַל נִסֶּיךָ
קָדְשֶׁךָ, וְנָשׁוּב אֵלֶיךָ לִשְׁמוֹר חֻקֶּיךָ, | שֶׁבְּכָל יוֹם עִמָּנוּ, וְעַל נִפְלְאוֹתֶיךָ
וְלַעֲשׂוֹת רְצוֹנֶךָ, וּלְעָבְדְּךָ בְּלֵבָב שָׁלֵם, | וְטוֹבוֹתֶיךָ שֶׁבְּכָל עֵת, עֶרֶב וָבֹקֶר
עַל שֶׁאָנוּ מוֹדִים לָךְ, בָּרוּךְ אֵל הַהוֹדָאוֹת: | וְצָהֳרָיִם, הַטּוֹב, כִּי לֹא כָלוּ רַחֲמֶיךָ, וְהַמְרַחֵם, כִּי לֹא תַמּוּ חֲסָדֶיךָ,

כִּי מֵעוֹלָם קִוִּינוּ לָךְ: בשבת חנוכה אומרים כאן וְעַל הַנִּסִּים א)

וְעַל כֻּלָּם יִתְבָּרַךְ וְיִתְרוֹמַם וְיִתְנַשֵּׂא שִׁמְךָ מַלְכֵּנוּ תָּמִיד לְעוֹלָם וָעֶד:

מ"ח וּכְתוֹב לְחַיִּים טוֹבִים כָּל בְּנֵי בְרִיתֶךָ.

וְכָל הַחַיִּים יוֹדוּךָ סֶּלָה וִיהַלְלוּ שִׁמְךָ הַגָּדוֹל לְעוֹלָם כִּי טוֹב הָאֵל
יְשׁוּעָתֵנוּ וְעֶזְרָתֵנוּ סֶלָה, הָאֵל הַטּוֹב. בָּרוּךְ אַתָּה יְיָ, הַטּוֹב
שִׁמְךָ וּלְךָ נָאֶה לְהוֹדוֹת:

א) בשבת חנוכה אומרים זה

וְעַל הַנִּסִּים וְעַל הַפֻּרְקָן וְעַל הַגְּבוּרוֹת וְעַל הַתְּשׁוּעוֹת וְעַל הַנִּפְלָאוֹת
שֶׁעָשִׂיתָ לַאֲבוֹתֵינוּ בַּיָּמִים הָהֵם בִּזְּמַן הַזֶּה:

בִּימֵי מַתִּתְיָהוּ בֶּן יוֹחָנָן כֹּהֵן גָּדוֹל חַשְׁמוֹנָאִי וּבָנָיו כְּשֶׁעָמְדָה מַלְכוּת יָוָן
הָרְשָׁעָה עַל עַמְּךָ יִשְׂרָאֵל לְהַשְׁכִּיחָם תּוֹרָתֶךָ, וּלְהַעֲבִירָם מֵחֻקֵּי רְצוֹנֶךָ,
וְאַתָּה בְּרַחֲמֶיךָ הָרַבִּים עָמַדְתָּ לָהֶם בְּעֵת צָרָתָם. רַבְתָּ אֶת רִיבָם, דַּנְתָּ
אֶת דִּינָם, נָקַמְתָּ אֶת נִקְמָתָם, מָסַרְתָּ גִּבּוֹרִים בְּיַד חַלָּשִׁים, וְרַבִּים בְּיַד
מְעַטִּים, וּטְמֵאִים בְּיַד טְהוֹרִים, וּרְשָׁעִים בְּיַד צַדִּיקִים, וְזֵדִים בְּיַד עוֹסְקֵי
תוֹרָתֶךָ. וּלְךָ עָשִׂיתָ שֵׁם גָּדוֹל וְקָדוֹשׁ בְּעוֹלָמֶךָ, וּלְעַמְּךָ יִשְׂרָאֵל עָשִׂיתָ
תְּשׁוּעָה גְדוֹלָה וּפֻרְקָן כְּהַיּוֹם הַזֶּה, וְאַחַר כֵּן בָּאוּ בָנֶיךָ לִדְבִיר בֵּיתֶךָ, וּפִנּוּ אֶת
הֵיכָלֶךָ, וְטִהֲרוּ אֶת מִקְדָּשֶׁךָ, וְהִדְלִיקוּ נֵרוֹת בְּחַצְרוֹת קָדְשֶׁךָ, וְקָבְעוּ שְׁמוֹנַת
יְמֵי חֲנֻכָּה אֵלּוּ, לְהוֹדוֹת וּלְהַלֵּל לְשִׁמְךָ הַגָּדוֹל: וכו' וכו'

ותחזינה И ДА УВИДИМ МЫ СВОИМИ ГЛАЗАМИ, КАК ВЕРНЕШЬСЯ ТЫ, ПО МИЛОСЕРДИЮ СВОЕМУ, В СИОН. БЛАГОСЛОВЕН ТЫ, ГОСПОДЬ, ВОЗВРАЩАЮЩИЙ СВОЮ ШХИНУ В СИОН!

(См. транслитерацию на стр. 386)

מודים БЛАГОДАРИМ МЫ ТЕБЯ ЗА ТО, ЧТО ТЫ, ГОСПОДЬ, — БОГ НАШ И БОГ ОТЦОВ НАШИХ ВО ВЕКИ ВЕКОВ. ТЫ — ОПЛОТ ЖИЗНИ НАШЕЙ, ЗАЩИТНИК, СПАСАЮЩИЙ НАС ИЗ ПОКОЛЕНИЯ В ПОКОЛЕНИЕ. БУДЕМ БЛАГОДАРИТЬ ТЕБЯ И ПРОВОЗГЛАШАТЬ ТЕБЕ ХВАЛУ ВЕЧЕРОМ, УТРОМ И ДНЕМ ЗА ЖИЗНЬ НАШУ, ВВЕРЕННУЮ ТЕБЕ, ЗА ДУШИ НАШИ, ХРАНИМЫЕ ТОБОЙ, И ЗА ЧУДЕСА ТВОИ, КОТОРЫЕ ТЫ ПОСТОЯННО [СОВЕРШАЕШЬ] С НАМИ, И ЗА ТВОИ ЗНАМЕНИЯ И БЛАГОДЕЯНИЯ, КОТОРЫЕ ТЫ [ТВОРИШЬ] ВСЕГДА, — О, ДОБРЫЙ! — ПОТОМУ ЧТО МИЛОСТИ

"МОДИМ ДЕРАБАНАН"
При повторении молитвы хазаном община говорит здесь следующую молитву:

מודים БЛАГОДАРИМ МЫ ТЕБЯ ЗА ТО, ЧТО ТЫ, ГОСПОДЬ, — БОГ НАШ И БОГ ОТЦОВ НАШИХ, БОГ ВСЕГО ЖИВОГО, СОЗДАТЕЛЬ НАШ, ТВОРЕЦ МИРОЗДАНИЯ; ПОДОБАЕТ БЛАГОСЛОВЛЯТЬ И СЛАВИТЬ ВЕЛИКОЕ И СВЯТОЕ ИМЯ ТВОЕ ЗА ТО, ЧТО ТЫ ДАЛ НАМ ЖИЗНЬ И ПОДДЕРЖИВАЕШЬ ЕЕ В НАС; ТЫ ПРОДЛИШЬ ЕЕ И ПОДДЕРЖИШЬ, И СОБЕРЕШЬ НАС ИЗ ИЗГНАНИЯ ВО ДВОРАХ СВЯТИЛИЩА СВОЕГО, И ВЕРНЕМСЯ МЫ К ТЕБЕ, ЧТОБЫ СОБЛЮДАТЬ ТВОИ ЗАКОНЫ, И ИСПОЛНЯТЬ ВОЛЮ ТВОЮ, И СЛУЖИТЬ ТЕБЕ ВСЕМ СЕРДЦЕМ, И ПОТОМУ МЫ БЛАГОДАРИМ ТЕБЯ. БЛАГОСЛОВЕН БОГ, КОТОРОГО ПОДОБАЕТ БЛАГОДАРИТЬ!

ТВОИ НЕСКОНЧАЕМЫ, — О, МИЛОСЕРДНЫЙ! — ПОТОМУ ЧТО БЛАГОДЕЯНИЯ ТВОИ НЕИСТОЩИМЫ; ВЕДЬ МЫ ОТ ВЕКА НАДЕЕМСЯ НА ТЕБЯ!

В Хануку говорят здесь ועל הנסים *("И ЗА ЗНАМЕНИЯ...").*

ועל И ЗА ВСЕ ЭТО ДА БУДЕТ БЛАГОСЛОВЛЕНО, И ДА ВОЗВЕЛИЧИТСЯ И ПРЕВОЗНЕСЕТСЯ ИМЯ ТВОЕ, ВЛАДЫКА НАШ, ВСЕГДА, ВО ВЕКИ ВЕКОВ!

В "десять дней раскаяния" говорят:

וכתוב И ЗАПИШИ [В КНИГУ] БЛАГОПОЛУЧНОЙ ЖИЗНИ ВСЕХ, С КЕМ ТЫ ЗАКЛЮЧИЛ СОЮЗ.

וכל И ВСЕ ЖИВОЕ БУДЕТ ВЕЧНО БЛАГОДАРИТЬ ТЕБЯ И ВОСХВАЛЯТЬ ТВОЕ ВЕЛИКОЕ ИМЯ ВОВЕК, ИБО ТЫ ДОБР. ТЫ, БОГ, — НАШЕ СПАСЕНИЕ И НАША ОПОРА ВОВЕКИ, [ТЫ –] ДОБРЫЙ БОГ! БЛАГОСЛОВЕН ТЫ, ГОСПОДЬ; ДОБРЫЙ – ИМЯ ТЕБЕ, И ТЕБЯ ПОДОБАЕТ БЛАГОДАРИТЬ.

*В Хануку говорят:

ועל И ЗА ЗНАМЕНИЯ, И ЗА ИЗБАВЛЕНИЕ, И ЗА МОГУЩЕСТВО [ТВОЕ], И ЗА СПАСЕНИЕ, И ЗА ЧУДЕСА, КОТОРЫЕ ТЫ ЯВИЛ ОТЦАМ НАШИМ В ТЕ ВРЕМЕНА, В ЭТИ ЖЕ ДНИ [ГОДА]...

בימי ...В ДНИ МАТИТЬЯГУ, СЫНА ЙОХАНАНА ХАШМОНАЯ, ПЕРВОСВЯЩЕННИКА, И ЕГО СЫНОВЕЙ, КОГДА ВЫСТУПИЛО ЗЛОДЕЙСКОЕ ЦАРСТВО ЯВАН ПРОТИВ НАРОДА ТВОЕГО, СЫНОВ ИЗРАИЛЯ, ЧТОБЫ ЗАСТАВИТЬ ИХ ЗАБЫТЬ ТВОЮ ТОРУ И НАРУШИТЬ ЗАКОНЫ, УСТАНОВЛЕННЫЕ ВОЛЕЙ ТВОЕЙ; НО ТЫ, ПО ВЕЛИКОЙ МИЛОСТИ СВОЕЙ, СТОЯЛ ЗА НИХ, [СЫНОВ ИЗРАИЛЯ], КОГДА ОНИ БЫЛИ В БЕДЕ, ЗАСТУПАЛСЯ ЗА НИХ, БЫЛ СУДЬЕЙ В ИХ СПОРЕ [С ВРАГАМИ], МСТИЛ ЗА НИХ, ОТДАЛ СИЛЬНЫХ В РУКИ СЛАБЫХ, И МНОГОЧИСЛЕННЫХ В РУКИ НЕМНОГИХ, И НЕЧИСТЫХ В РУКИ ЧИСТЫХ, И ЗЛОДЕЕВ В РУКИ ПРАВЕДНИКОВ, И ЗЛОУМЫШЛЕННИКОВ В РУКИ ТЕХ, КТО ИЗУЧАЕТ ТОРУ ТВОЮ. И ПРОСЛАВИЛ ТЫ ИМЯ СВОЕ, ВЕЛИКОЕ И СВЯТОЕ, В МИРЕ ТВОЕМ, И НАРОДУ СВОЕМУ, ИЗРАИЛЮ, ДАРОВАЛ ВЕЛИКОЕ СПАСЕНИЕ И ИЗБАВЛЕНИЕ В ЭТОТ САМЫЙ ДЕНЬ. И ТОГДА ПРИШЛИ СЫНОВЬЯ ТВОИ В СВЯТАЯ СВЯТЫХ ХРАМА ТВОЕГО, И УБРАЛИ [ИДОЛОВ] ИЗ ТВОЕГО ДВОРЦА, И ОЧИСТИЛИ СВЯТИЛИЩЕ ТВОЕ. И ЗАЖГЛИ СВЕТИЛЬНИКИ ВО ДВОРАХ СВЯТИЛИЩА ТВОЕГО. И УСТАНОВИЛИ ЭТИ ВОСЕМЬ ДНЕЙ ХАНУКИ, ЧТОБЫ ВОЗНОСИТЬ БЛАГОДАРНОСТЬ И ХВАЛУ ТВОЕМУ ВЕЛИКОМУ ИМЕНИ.

Продолжают ועל כולם *("И ЗА ВСЕ...").*

לש"ץ **אֱלֹהֵינוּ** וֵאלֹהֵי אֲבוֹתֵינוּ, בָּרְכֵנוּ בַבְּרָכָה הַמְשֻׁלֶּשֶׁת, בַּתּוֹרָה הַכְּתוּבָה עַל יְדֵי מֹשֶׁה עַבְדֶּךָ, הָאֲמוּרָה מִפִּי אַהֲרֹן וּבָנָיו כֹּהֲנִים עַם קְדוֹשֶׁךָ כָּאָמוּר: יְבָרֶכְךָ יְיָ וְיִשְׁמְרֶךָ:אמן יָאֵר יְיָ פָּנָיו אֵלֶיךָ וִיחֻנֶּךָּ:אמן יִשָּׂא יְיָ פָּנָיו אֵלֶיךָ וְיָשֵׂם לְךָ שָׁלוֹם: אמן

שִׂים שָׁלוֹם טוֹבָה וּבְרָכָה, חַיִּים חֵן וָחֶסֶד וְרַחֲמִים, עָלֵינוּ וְעַל כָּל יִשְׂרָאֵל עַמֶּךָ. בָּרְכֵנוּ אָבִינוּ כֻּלָּנוּ כְּאֶחָד, בְּאוֹר פָּנֶיךָ, כִּי בְאוֹר פָּנֶיךָ, נָתַתָּ לָּנוּ יְיָ אֱלֹהֵינוּ תּוֹרַת חַיִּים, וְאַהֲבַת חֶסֶד, וּצְדָקָה וּבְרָכָה וְרַחֲמִים וְחַיִּים וְשָׁלוֹם. וְטוֹב בְּעֵינֶיךָ לְבָרֵךְ אֶת עַמְּךָ יִשְׂרָאֵל בְּכָל עֵת וּבְכָל שָׁעָה בִּשְׁלוֹמֶךָ.

בש"ת **וּבְסֵפֶר** חַיִּים בְּרָכָה וְשָׁלוֹם וּפַרְנָסָה טוֹבָה יְשׁוּעָה וְנֶחָמָה וּגְזֵרוֹת טוֹבוֹת, נִזָּכֵר וְנִכָּתֵב לְפָנֶיךָ, אֲנַחְנוּ וְכָל עַמְּךָ בֵּית יִשְׂרָאֵל, לְחַיִּים טוֹבִים וּלְשָׁלוֹם.

בָּרוּךְ אַתָּה יְיָ, הַמְבָרֵךְ אֶת עַמּוֹ יִשְׂרָאֵל בַּשָּׁלוֹם:
יִהְיוּ לְרָצוֹן אִמְרֵי פִי וְהֶגְיוֹן לִבִּי, לְפָנֶיךָ, יְיָ צוּרִי וְגוֹאֲלִי:

אֱלֹהַי, נְצוֹר לְשׁוֹנִי מֵרָע, וּשְׂפָתַי מִדַּבֵּר מִרְמָה, וְלִמְקַלְלַי, נַפְשִׁי תִדּוֹם. וְנַפְשִׁי כֶּעָפָר לַכֹּל תִּהְיֶה. פְּתַח לִבִּי בְּתוֹרָתֶךָ וּבְמִצְוֹתֶיךָ תִּרְדּוֹף נַפְשִׁי, וְכָל הַחוֹשְׁבִים עָלַי רָעָה, מְהֵרָה הָפֵר עֲצָתָם וְקַלְקֵל מַחֲשַׁבְתָּם. יִהְיוּ כְּמוֹץ לִפְנֵי רוּחַ וּמַלְאַךְ יְיָ דּוֹחֶה. לְמַעַן יֵחָלְצוּן יְדִידֶיךָ, הוֹשִׁיעָה יְמִינְךָ וַעֲנֵנִי. עֲשֵׂה לְמַעַן שְׁמֶךָ, עֲשֵׂה לְמַעַן יְמִינֶךָ, עֲשֵׂה לְמַעַן תּוֹרָתֶךָ. עֲשֵׂה לְמַעַן קְדֻשָּׁתֶךָ. יִהְיוּ לְרָצוֹן אִמְרֵי פִי, וְהֶגְיוֹן לִבִּי לְפָנֶיךָ, יְיָ צוּרִי וְגוֹאֲלִי. עֹשֶׂה שָׁלוֹם (בש"ת הַשָּׁלוֹם) בִּמְרוֹמָיו, הוּא יַעֲשֶׂה שָׁלוֹם עָלֵינוּ, וְעַל כָּל יִשְׂרָאֵל. וְאִמְרוּ אָמֵן:

יְהִי רָצוֹן מִלְּפָנֶיךָ יְיָ אֱלֹהֵינוּ וֵאלֹהֵי אֲבוֹתֵינוּ, שֶׁיִּבָּנֶה בֵּית הַמִּקְדָּשׁ בִּמְהֵרָה בְיָמֵינוּ, וְתֵן חֶלְקֵנוּ בְּתוֹרָתֶךָ.

הש"ץ חוזר התפלה. קדיש שלם. ואח"כ אומרים שיר של יום.

הַיּוֹם,יוֹם שַׁבָּת קֹדֶשׁ שֶׁבּוֹ הָיוּ הַלְוִיִּם אוֹמְרִים בְּבֵית הַמִּקְדָּשׁ.

מִזְמוֹר שִׁיר לְיוֹם הַשַּׁבָּת: טוֹב לְהֹדוֹת לַיְיָ, וּלְזַמֵּר לְשִׁמְךָ עֶלְיוֹן: לְהַגִּיד בַּבֹּקֶר חַסְדֶּךָ, וֶאֱמוּנָתְךָ בַּלֵּילוֹת: עֲלֵי עָשׂוֹר וַעֲלֵי נָבֶל, עֲלֵי הִגָּיוֹן בְּכִנּוֹר: כִּי שִׂמַּחְתַּנִי יְיָ בְּפָעֳלֶךָ, בְּמַעֲשֵׂי יָדֶיךָ אֲרַנֵּן: מַה גָּדְלוּ מַעֲשֶׂיךָ יְיָ, מְאֹד עָמְקוּ מַחְשְׁבֹתֶיךָ: אִישׁ בַּעַר לֹא יֵדָע, וּכְסִיל לֹא יָבִין אֶת זֹאת: בִּפְרֹחַ רְשָׁעִים כְּמוֹ עֵשֶׂב, וַיָּצִיצוּ כָּל פֹּעֲלֵי אָוֶן, לְהִשָּׁמְדָם עֲדֵי עַד: וְאַתָּה מָרוֹם לְעֹלָם יְיָ: כִּי הִנֵּה אֹיְבֶיךָ יְיָ, כִּי הִנֵּה אֹיְבֶיךָ יֹאבֵדוּ, יִתְפָּרְדוּ כָּל פֹּעֲלֵי אָוֶן

В Эрец-Исраэль принято, что при повторении хазаном молитвы коѓаним благословляют здесь народ (см. стр. 268–269). Если же среди молящихся нет коѓаним, хазан произносит:

אלהינו БОГ НАШ И БОГ ОТЦОВ НАШИХ! БЛАГОСЛОВИ НАС ТРОЙНЫМ БЛАГОСЛОВЕНИЕМ, КОТОРОЕ ЗАПИСАЛ В ТОРЕ РАБ ТВОЙ МОШЕ И КОТОРОЕ ПРОИЗНОСИЛИ АѓАРОН И СЫНОВЬЯ ЕГО, КОѓАНИМ, – СВЯТОЕ ПЛЕМЯ ТВОЕ, КАК СКАЗАНО: "БЛАГОСЛОВИТ ТЕБЯ ГОСПОДЬ И ОХРАНИТ ТЕБЯ. (*Община отвечает:* АМЕН! *Хазан продолжает:*) И БУДЕТ БЛАГОСКЛОНЕН К ТЕБЕ ГОСПОДЬ, И ПОМИЛУЕТ ТЕБЯ. (*Община отвечает:* АМЕН! *Хазан продолжает:*) БУДЕТ БЛАГОВОЛИТЬ К ТЕБЕ ГОСПОДЬ И ПОШЛЕТ ТЕБЕ МИР".[1] (*Община отвечает:* АМЕН!)

שים ДАРУЙ МИР, ДОБРО И БЛАГОСЛОВЕНИЕ, ЖИЗНЬ, МИЛОСТЬ И ЛЮБОВЬ, И МИЛОСЕРДИЕ НАМ И ВСЕМУ ТВОЕМУ НАРОДУ, ИЗРАИЛЮ. БЛАГОСЛОВИ НАС, ВСЕХ ВМЕСТЕ, В БЛАГОСКЛОННОСТИ СВОЕЙ, ОТЕЦ НАШ, ИБО В БЛАГОСКЛОННОСТИ СВОЕЙ ТЫ ДАРОВАЛ НАМ, ГОСПОДЬ, БОГ НАШ, ЗАКОН ЖИЗНИ И БЕСКОРЫСТНОЙ ЛЮБВИ, И МИЛОСТЬ, И БЛАГОСЛОВЕНИЕ, И МИЛОСЕРДИЕ, И ЖИЗНЬ, И МИР. И ДА БУДЕТ УГОДНО ТЕБЕ БЛАГОСЛОВЛЯТЬ НАРОД СВОЙ, ИЗРАИЛЬ, ВО ВСЕ ВРЕМЕНА И В КАЖДОЕ МГНОВЕНИЕ, ДАРУЯ ЕМУ МИР.

В "десять дней раскаяния" говорят:

ובספר И В КНИГЕ ЖИЗНИ, БЛАГОСЛОВЕНИЯ, И МИРА, И ПРОЦВЕТАНИЯ, СПАСЕНИЯ, И УТЕШЕНИЯ, И ДОБРЫХ ПРЕДНАЧЕРТАНИЙ – ДА БУДЕМ УПОМЯНУТЫ И ЗАПИСАНЫ ПРЕД ТОБОЮ МЫ И ВЕСЬ НАРОД ТВОЙ, ДОМ ИЗРАИЛЯ, НА ДОБРУЮ ЖИЗНЬ И НА МИР.

ברוך БЛАГОСЛОВЕН ТЫ, ГОСПОДЬ, БЛАГОСЛОВЛЯЮЩИЙ МИРОМ НАРОД СВОЙ, ИЗРАИЛЬ!

יהיו ДА БУДУТ УГОДНЫ ТЕБЕ СЛОВА МОИХ УСТ И ПОМЫСЛЫ СЕРДЦА МОЕГО, О, ГОСПОДЬ, – МОЙ ОПЛОТ И ИЗБАВИТЕЛЬ![2]

אלהי БОГ МОЙ! УБЕРЕГИ МОЙ ЯЗЫК ОТ ЗЛОСЛОВИЯ И УСТА МОИ ОТ ЛЖИВЫХ РЕЧЕЙ; И ПЕРЕД ТЕМИ, КТО ПРОКЛИНАЕТ МЕНЯ, ПУСТЬ ДУША МОЯ ХРАНИТ МОЛЧАНИЕ. И ПУСТЬ ДУША МОЯ ПОВЕРГАЕТСЯ В ПРАХ ПРЕД КАЖДЫМ. РАСКРОЙ МОЕ СЕРДЦЕ ДЛЯ ТОРЫ ТВОЕЙ, И ДА УСТРЕМИТСЯ МОЯ ДУША К ИСПОЛНЕНИЮ ТВОИХ ЗАПОВЕДЕЙ; И ПОСКОРЕЕ РАЗРУШЬ КОЗНИ И РАССТРОЙ ЗАМЫСЛЫ ВСЕХ ЗАДУМАВШИХ ПРОТИВ МЕНЯ НЕДОБРОЕ. ДА БУДУТ ОНИ МЯКИНОЙ НА ВЕТРУ, ГОНИМЫЕ АНГЕЛОМ ГОСПОДА.[3] ПУСТЬ СПАСЕНЫ БУДУТ ТЕ, КОГО ЛЮБИШЬ ТЫ; СПАСИ [МЕНЯ] ДЕСНИЦЕЙ СВОЕЙ И ОТВЕТЬ МНЕ.[4] СОВЕРШИ ЭТО РАДИ ИМЕНИ СВОЕГО, СОВЕРШИ РАДИ [ПРОСЛАВЛЕНИЯ] ДЕСНИЦЫ СВОЕЙ, СОВЕРШИ РАДИ ТОРЫ СВОЕЙ, СОВЕРШИ РАДИ СВЯТОСТИ СВОЕЙ; ДА БУДУТ УГОДНЫ ТЕБЕ СЛОВА МОИХ УСТ И ПОМЫСЛЫ СЕРДЦА МОЕГО, О, ГОСПОДЬ, – МОЙ ОПЛОТ И ИЗБАВИТЕЛЬ![2] УСТАНАВЛИВАЮЩИЙ МИР (*в "десять дней раскаяния" вместо* "ШАЛОМ" – "МИР" *говорят:* "ѓАШАЛОМ") В СВОИХ ВЫСОТАХ, ОН ПОШЛЕТ МИР НАМ И ВСЕМУ ИЗРАИЛЮ, И СКАЖЕМ: АМЕН!

יהי ДА БУДЕТ УГОДНО ТЕБЕ, ГОСПОДЬ, БОГ НАШ И БОГ ОТЦОВ НАШИХ, ЧТОБЫ БЫЛ ПОСТРОЕН ХРАМ, – ВСКОРЕ, В НАШИ ДНИ, – И ДАЙ НАМ УДЕЛ В ТОРЕ ТВОЕЙ![5]

Хазан повторяет молитву "Амида" вслух, потом произносит "Кадиш шалем", стр. 74–75. После этого говорят:

היום СЕГОДНЯ – ДЕНЬ СВЯТОЙ СУББОТЫ; В ЭТОТ ДЕНЬ ЛЕВИИМ ПЕЛИ В ХРАМЕ:

מזמור ХВАЛЕБНАЯ ПЕСНЬ В ЧЕСТЬ СУББОТНЕГО ДНЯ. ОТРАДНО БЛАГОДАРИТЬ ГОСПОДА, ВОСПЕВАТЬ ИМЯ ТВОЕ, ВСЕВЫШНИЙ; ВОЗВЕЩАТЬ О МИЛОСТИ ТВОЕЙ ПО УТРАМ, О ВЕРНОСТИ ТВОЕЙ [СВОИМ СЛОВАМ] – ПО НОЧАМ [ПОД ЗВУКИ] ДЕСЯТИСТРУННОЙ ЛИРЫ, ПОД ЗВУКИ АРФЫ. ИБО ПРИНЕС ТЫ МНЕ РАДОСТЬ ДЕЯНИЯМИ СВОИМИ, ГОСПОДЬ; ДЕЛА РУК ТВОИХ Я БУДУ ВОСПЕВАТЬ. КАК ВЕЛИКИ ДЕЯНИЯ ТВОИ, ГОСПОДЬ, БЕСКОНЕЧНО ГЛУБОКИ ЗАМЫСЛЫ ТВОИ! НЕВЕЖДЕ НЕ ПОСТИЧЬ, ГЛУПЦУ НЕ ПОНЯТЬ ЭТОГО. ДАЖЕ ЕСЛИ СОПУТСТВУЕТ ЗЛОДЕЯМ УДАЧА – НЕДОЛГОВЕЧНЫ ОНИ, СЛОВНО ТРАВА; ХОТЬ И ПРОЦВЕТАЮТ ТВОРЯЩИЕ БЕЗЗАКОНИЯ – БУДУТ ИСТРЕБЛЕНЫ ОНИ [И ИСЧЕЗНУТ] НАВСЕГДА; ТЫ ЖЕ, ГОСПОДЬ, ВОЗНЕСЕН НАВЕКИ. ВЕДЬ ВРАГОВ ТВОИХ, ГОСПОДЬ, – ВРАГОВ ТВОИХ [ВСЕГДА] ПОСТИГАЛА СМЕРТЬ, ВСЕХ ТВОРЯЩИХ

1. Бемидбар, 6:24–26. 2. Теѓилим, 19:15. 3. Теѓилим, 35:5. 4. Теѓилим, 60:7, 108:7.
5. Авот, 5:20.

אָוֵן: וַתָּרֶם כִּרְאֵים קַרְנִי, בַּלֹתִי בְּשֶׁמֶן רַעֲנָן: וַתַּבֵּט עֵינִי בְּשׁוּרָי,
בַּקָּמִים עָלַי מְרֵעִים, תִּשְׁמַעְנָה אָזְנָי: צַדִּיק כַּתָּמָר יִפְרָח, כְּאֶרֶז
בַּלְּבָנוֹן יִשְׂגֶּה: שְׁתוּלִים בְּבֵית יְיָ, בְּחַצְרוֹת אֱלֹהֵינוּ יַפְרִיחוּ: עוֹד
יְנוּבוּן בְּשֵׂיבָה, דְּשֵׁנִים וְרַעֲנַנִּים יִהְיוּ: לְהַגִּיד כִּי יָשָׁר יְיָ, צוּרִי
וְלֹא עַוְלָתָה עלתה כ' בּוֹ עלתה כ' בּוֹ:

הוֹשִׁיעֵנוּ יְיָ אֱלֹהֵינוּ וְקַבְּצֵנוּ מִן הַגּוֹיִם לְהוֹדוֹת לְשֵׁם קָדְשֶׁךָ, לְהִשְׁתַּבֵּחַ
בִּתְהִלָּתֶךָ: בָּרוּךְ יְיָ אֱלֹהֵי יִשְׂרָאֵל מִן הָעוֹלָם וְעַד הָעוֹלָם וְאָמַר
כָּל הָעָם אָמֵן הַלְלוּיָהּ: בָּרוּךְ יְיָ מִצִּיּוֹן שֹׁכֵן יְרוּשָׁלָיִם הַלְלוּיָהּ: בָּרוּךְ יְיָ
אֱלֹהִים אֱלֹהֵי יִשְׂרָאֵל, עֹשֵׂה נִפְלָאוֹת לְבַדּוֹ: וּבָרוּךְ שֵׁם כְּבוֹדוֹ לְעוֹלָם: וְיִמָּלֵא
כְבוֹדוֹ אֶת כָּל הָאָרֶץ, אָמֵן וְאָמֵן: (לדוד ה' אורי) קדיש יתום

אַתָּה הָרְאֵתָ לָדַעַת, כִּי יְיָ הוּא הָאֱלֹהִים, אֵין עוֹד מִלְּבַדּוֹ: מַלְכוּתְךָ
מַלְכוּת כָּל עֹלָמִים, וּמֶמְשַׁלְתְּךָ בְּכָל דֹּר וָדֹר: יְיָ מֶלֶךְ, יְיָ מָלָךְ,
יְיָ יִמְלֹךְ לְעֹלָם וָעֶד: יְיָ עֹז לְעַמּוֹ יִתֵּן, יְיָ יְבָרֵךְ אֶת עַמּוֹ בַשָּׁלוֹם:

סדר קריאת התורה בשבת ויו"ט

כשפותחין ארון הקדש אומרים זה:

וַיְהִי בִּנְסֹעַ הָאָרֹן וַיֹּאמֶר מֹשֶׁה: קוּמָה יְיָ וְיָפֻצוּ
אֹיְבֶיךָ וְיָנֻסוּ מְשַׂנְאֶיךָ מִפָּנֶיךָ. כִּי מִצִּיּוֹן
תֵּצֵא תוֹרָה וּדְבַר יְיָ מִירוּשָׁלָיִם. בָּרוּךְ שֶׁנָּתַן
תּוֹרָה לְעַמּוֹ יִשְׂרָאֵל בִּקְדֻשָּׁתוֹ:

ביו"ט וראש השנה ויום כפור אומרים כאן י"ג מדות ורבש"ע.

ביום טוב (כשחל בחול) אומרים י"ג מדות פעם אחת - בראש השנה -
ויום כפור (בין כשחל בחול ובין כשחל בשבת) אומרים י"ג מדות שלש פעמים

יְיָ יְיָ, אֵל רַחוּם וְחַנּוּן, אֶרֶךְ אַפַּיִם וְרַב חֶסֶד וֶאֱמֶת,
נֹצֵר חֶסֶד לָאֲלָפִים, נֹשֵׂא עָוֹן וָפֶשַׁע וְחַטָּאָה וְנַקֵּה:

לראש השנה ויום כפור.   לשלש רגלים ולשמיני עצרת

רִבּוֹנוֹ שֶׁל עוֹלָם, מַלֵּא מִשְׁאֲלוֹתַי לְ   רִבּוֹנוֹ שֶׁל עוֹלָם, מַלֵּא מִשְׁאֲלוֹת לִבִּי
טוֹבָה, וְהָפֵק רְצוֹנִי וְתֵן   לְטוֹבָה, וְהָפֵק רְצוֹנִי וְתֵן
שְׁאֵלָתִי, (כו'ח א'א ח) וּמְחֹל   שְׁאֵלָתִי לִי לְעַבְדְּךָ (פלוני) בֶּן (פלונית) אֲמָתֶךָ
עֲוֹנוֹתַי וְעַל כָּל עֲוֹנוֹת אַנְשֵׁי בֵיתִי,   וְזַכֵּנִי (וְאֶת אִשְׁתִּי וּבָנַי וּבְנוֹתַי
לַעֲשׂוֹת

БЕЗЗАКОНИЯ – ГИБЕЛЬ. СДЕЛАЛ ОН МЕНЯ МОГУЧИМ ПОДОБНО БУЙВОЛУ, УМА-
СТИЛ МЕНЯ СВЕЖИМ ЕЛЕЕМ. ВИДЕЛИ МОИ ГЛАЗА [ГИБЕЛЬ] ВРАГОВ МОИХ; О
[ПОРАЖЕНИИ] ОПОЛЧИВШИХСЯ НА МЕНЯ ЗЛОДЕЕВ СЛЫШАЛИ МОИ УШИ. ПРАВЕД-
НИК РАСЦВЕТЕТ ПОДОБНО ПАЛЬМЕ, ВОЗВЫСИТСЯ, СЛОВНО КЕДР ЛИВАНСКИЙ.
УКОРЕНЯТСЯ [ПРАВЕДНИКИ] В ХРАМЕ ГОСПОДА, БУДУТ ЦВЕСТИ ОНИ ВО ДВОРАХ
[ХРАМА] БОГА НАШЕГО. И В СТАРОСТИ БУДУТ ОНИ ПЛОДОНОСИТЬ, БУДУТ ПОЛ-
НЫ ЖИЗНЕННЫХ СОКОВ И СОХРАНЯТ СВОЮ СВЕЖЕСТЬ, ЧТОБЫ ВОЗВЕЩАТЬ О ТОМ,
ЧТО СПРАВЕДЛИВ ГОСПОДЬ, ОПЛОТ МОЙ, И НЕТ В ЕГО [СУДЕ] НЕПРАВДЫ. [1]

הושיענו СПАСИ НАС, ГОСПОДЬ, БОГ НАШ, И СОБЕРИ НАС ИЗ СРЕДЫ НАРОДОВ,
ЧТОБЫ МЫ ВОЗНЕСЛИ БЛАГОДАРНОСТЬ СВЯТОМУ ИМЕНИ ТВОЕМУ, ГОРДЯСЬ
ТВОИМИ СЛАВНЫМИ ДЕЯНИЯМИ. БЛАГОСЛОВЕН ГОСПОДЬ, БОГ ИЗРАИЛЯ, ОТ
ВЕКА ДО ВЕКА; И СКАЗАЛ ВЕСЬ НАРОД: АМЕН! ВОСХВАЛИТЕ БОГА![2] БЛАГОСЛО-
ВЕН ГОСПОДЬ, [ПОСЫЛАЮЩИЙ СВЕТ] ИЗ СИОНА, [БЛАГОСЛОВЕН] ОБИТАЮЩИЙ В
ИЕРУСАЛИМЕ! ВОСХВАЛИТЕ БОГА![3] БЛАГОСЛОВЕН ГОСПОДЬ, [ОН –] БОГ, БОГ
ИЗРАИЛЯ, ЕДИНСТВЕННЫЙ, КТО ТВОРИТ ЧУДЕСА! И ВОВЕКИ БЛАГОСЛОВЕННО
СЛАВНОЕ ИМЯ ЕГО, И ДА НАПОЛНИТСЯ СЛАВОЙ ЕГО ВСЯ ЗЕМЛЯ, АМЕН И АМЕН![4]

*В рош-ходеш произносят ברכי נפשי ("БЛАГОСЛОВИ ДУША МОЯ...", стр. 79). Начи-
ная с рош-ходеша элул и до Гошана-Раба включительно произносят לדוד ה' אורי ("[ПСА-
ЛОМ] ДАВИДА. ГОСПОДЬ – СВЕТ МОЙ...", стр. 81).*

Далее произносят "Кадиш ятом", стр. 77.

אתה ТЫ УБЕДИЛСЯ ВООЧИЮ, [ИЗРАИЛЬ], ЧТО ГОСПОДЬ – БОГ, НЕТ НИКОГО
КРОМЕ НЕГО.[5] ЦАРСТВО ТВОЕ, [ВСЕВЫШНИЙ], – ВЕЧНОЕ ЦАРСТВО, И ВЛАСТЬ
ТВОЯ – НАД ВСЕМИ ПОКОЛЕНИЯМИ.[6] ГОСПОДЬ – ВЛАДЫКА, ГОСПОДЬ БЫЛ ВЛА-
ДЫКОЙ, ГОСПОДЬ БУДЕТ ВЛАДЫКОЙ ВЕЧНО![7] ГОСПОДЬ ПРИДАСТ СИЛ НАРОДУ
СВОЕМУ; ГОСПОДЬ БЛАГОСЛОВИТ СВОЙ НАРОД, ДАРОВАВ ЕМУ МИР.[8]

ЧТЕНИЕ ТОРЫ В СУББОТУ И ПРАЗДНИКИ

Когда открывают ковчег, община произносит:

ויהי КОГДА КОВЧЕГ ЗАВЕТА ТРОГАЛСЯ В ПУТЬ, МОШЕ ГОВОРИЛ: ПОД-
НИМИСЬ, ГОСПОДЬ, И РАССЕЮТСЯ ВРАГИ ТВОИ, И ОБРАТЯТСЯ ПРЕД ТО-
БОЮ В БЕГСТВО НЕНАВИДЯЩИЕ ТЕБЯ.[9] ИБО ИЗ СИОНА БУДЕТ ИСХО-
ДИТЬ ТОРА И СЛОВО ГОСПОДА — ИЗ ИЕРУСАЛИМА.[10] БЛАГОСЛОВЕН ТОТ,
КТО В СВЯТОСТИ СВОЕЙ ДАРОВАЛ ТОРУ НАРОДУ СВОЕМУ, ИЗРАИЛЮ!

*В йом-тов, в Рош-Гашана и в Йом-Кипур здесь произносят יי ("ГОСПОДЬ, ГОСПОДЬ...")
и רבונו של עולם ("ВЛАСТЕЛИН МИРА...").* *

---

* *В йом-тов, который не совпал с субботой, а также в Рош-Гашана и в Йом-Кипур, даже
в том случае, если они пришлись на субботу, произносят следующую молитву:*

יי ГОСПОДЬ, ГОСПОДЬ, – БОГ МИЛОСЕРДНЫЙ И МИЛУЮЩИЙ, ДОЛГОТЕРПЕЛИ-
ВЫЙ; ТОТ, ЧЬИ ЛЮБОВЬ И СПРАВЕДЛИВОСТЬ БЕЗГРАНИЧНЫ; ПОМНЯЩИЙ ДОБРЫЕ
ДЕЛА [ОТЦОВ] ДЛЯ ТЫСЯЧ [ПОКОЛЕНИЙ ИХ ПОТОМКОВ]; ПРОЩАЮЩИЙ ГРЕХ, И
НЕПОКОРНОСТЬ, И ЗАБЛУЖДЕНИЕ И ОЧИЩАЮЩИЙ [РАСКАЯВШЕГОСЯ]![11] *(В Рош-
Гашана и в Йом-Кипур этот отрывок следует повторять трижды.)*

В Рош-Гашана и в Йом-Кипур:	*В Песах, Шавуот, Сукот и Шмини-Ацерет:*
רבונו ВЛАСТЕЛИН МИРА! ИСПОЛ-НИ ЖЕЛАНИЯ СЕРДЦА МОЕГО НА БЛАГО МНЕ, И ДАРУЙ МНЕ ТО, ЧЕГО ЖАЖДУ Я, И ДАЙ МНЕ ТО, О ЧЕМ ПРОШУ Я *(следующий отры-вок говорят только в Йом-Кипур:* И ДАРУЙ МНЕ И МОИМ БЛИЗКИМ	רבונו ВЛАСТЕЛИН МИРА! ИСПОЛНИ ЖЕЛАНИЯ СЕРДЦА МОЕГО НА БЛАГО МНЕ, И ДАРУЙ МНЕ ТО, ЧЕГО ЖАЖДУ Я, И ДАЙ МНЕ ТО, О ЧЕМ ПРОШУ Я, РАБ ТВОЙ *(здесь молящийся назы-вает свое имя)*, СЫН *(называет имя своей матери)*, РАБЫ ТВОЕЙ; И ДА УДОСТОЮСЬ Я (И ЖЕНА МОЯ, И СЫНОВЬЯ МОИ, И ДОЧЕРИ МОИ)

1. Теѓилим, 92. 2. Теѓилим, 106:47,48. 3. Теѓилим, 135:21. 4. Теѓилим, 72:18,19. 5. Дварим, 4:35. 6. Теѓилим, 145:13. 7. Теѓилим, 10:16; 93:1. Шмот, 15:18. 8. Теѓилим, 29:11.
9. Бемидбар, 10:35. 10. Йешаяѓу, 2:3. 11. Шмот, 34:6,7.

בְּרִיךְ שְׁמֵהּ דְּמָרֵא עָלְמָא, בְּרִיךְ כִּתְרָךְ וְאַתְרָךְ, יְהֵא רְעוּתָךְ עִם
עַמָּךְ יִשְׂרָאֵל לְעָלַם, וּפֻרְקַן יְמִינָךְ אַחֲזֵי לְעַמָּךְ בְּבֵי
מַקְדְּשָׁךְ, וּלְאַמְטוּיֵי לָנָא מִטּוּב נְהוֹרָךְ וּלְקַבֵּל צְלוֹתָנָא בְּרַחֲמִין.
יְהֵא רַעֲוָא קֳדָמָךְ דְּתוֹרִיךְ לָן חַיִּין בְּטִיבוּ, וְלֶהֱוֵי אֲנָא פְּקִידָא בְּגוֹ
צַדִּיקַיָּא, לְמִרְחַם עָלַי וּלְמִנְטַר יָתִי וְיַת כָּל דִּי לִי, וְדִי לְעַמָּךְ יִשְׂרָאֵל.
אַנְתְּ הוּא זָן לְכֹלָּא וּמְפַרְנֵס לְכֹלָּא, אַנְתְּ הוּא שַׁלִּיט עַל כֹּלָּא, אַנְתְּ
הוּא דְּשַׁלִּיט עַל מַלְכַיָּא, וּמַלְכוּתָא דִּילָךְ הִיא. אֲנָא עַבְדָּא דְקֻדְשָׁא
בְּרִיךְ הוּא, דְּסָגִדְנָא קָמֵהּ וּמִקַּמֵּי דִּיקַר אוֹרַיְתֵהּ. בְּכָל עִדָּן וְעִדָּן
לָא עַל אֱנָשׁ רָחִיצְנָא וְלָא עַל בַּר אֱלָהִין סָמִיכְנָא, אֶלָּא בֶּאֱלָהָא
דִשְׁמַיָּא, דְּהוּא אֱלָהָא קְשׁוֹט, וְאוֹרַיְתֵהּ קְשׁוֹט, וּנְבִיאוֹהִי קְשׁוֹט,
וּמַסְגֵּא לְמֶעְבַּד טָבְוָן וּקְשׁוֹט. בֵּהּ אֲנָא רָחִיץ, וְלִשְׁמֵהּ קַדִּישָׁא

לראש השנה ויום כפור. לשלש רגלים ולשמיני עצרת.

לַעֲשׂוֹת רְצוֹנְךָ בְּלֵבָב שָׁלֵם, | מְחִילָה בְּחֶסֶד, מְחִילָה בְּרַחֲמִים,
וּמַלְּטֵנוּ מִיֵּצֶר הָרָע, וְתֵן חֶלְקֵנוּ | וְסָלַחְתָּ מֵחַטָּאַי וּמֵעֲוֹנַי וּמִפְּשָׁעַי,
בְּתוֹרָתֶךָ, וְזַכֵּנוּ בְּזִכָּרוֹן טוֹב לְפָנֶיךָ, וּפָקְדֵנִי, וּפָקְדֵנִי לְפָנֶיךָ, וְזָכְרֵנִי לְחַיִּים
וְהַכְּנֵנוּ שֶׁתִּשְׁרֶה שְׁכִינָתְךָ | אֲרוּכִים לְחַיִּים טוֹבִים וּלְשָׁלוֹם.
בְּפִקְדַּת יְשׁוּעָה וְרַחֲמִים, וְתוֹפַע עָלֵינוּ רוּחַ חָכְמָה וּבִינָה, | וּפַרְנָסָה טוֹבָה וְכַלְכָּלָה, וְלֶחֶם לֶאֱכוֹל,
וְתִתְקַיֵּם בָּנוּ מִקְרָא שֶׁכָּתוּב, וְנָחָה | וּבֶגֶד לִלְבּוֹשׁ, וְעֹשֶׁר וְכָבוֹד וַאֲרִיכוּת
עָלָיו רוּחַ יְיָ, רוּחַ חָכְמָה וּבִינָה, רוּחַ | יָמִים, וְשֵׂכֶל וּבִינָה לְהָבִין וּלְהַשְׂכִּיל עִמְקֵי סוֹדוֹתֶיךָ. וְתָפֵק
עֵצָה וּגְבוּרָה, רוּחַ דַּעַת וְיִרְאַת יְיָ, וְכֵן | רְפוּאָה שְׁלֵמָה לְכָל מַכְאוֹבֵינוּ,
יְהִי רָצוֹן מִלְּפָנֶיךָ יְיָ אֱלֹהֵינוּ וֵאלֹהֵי | וּתְבָרֵךְ אֶת כָּל מַעֲשֵׂה יָדֵינוּ, וְתַחֲזוֹר
אֲבוֹתֵינוּ שֶׁתְּזַכֵּנוּ לַעֲשׂוֹת מַעֲשִׂים | עָלֵינוּ נַחַת טוֹבַת יְשׁוּעוֹת וְנֶחָמוֹת.
טוֹבִים בְּעֵינֶיךָ, לָלֶכֶת בְּדַרְכֵי יְשָׁרִים | וּבַטֵּל מֵעָלֵינוּ כָּל גְּזֵרוֹת קָשׁוֹת
לְפָנֶיךָ, וְקַדְּשֵׁנוּ בְּמִצְוֹתֶיךָ, וְנִזְכֶּה | וְרָעִים וּמַשְׁעוֹת רָעוֹת הַמִּתְרַגְּשׁוֹת
לְחַיִּים טוֹבִים וַאֲרוּכִים, וּלְחַיֵּי | וְתֵן בְּלֵב מַלְכוּת וְיוֹעֲצָיו
הָעוֹלָם הַבָּא, וְתִשְׁמְרֵנוּ מִמַּעֲשִׂים | עָלֵינוּ לְטוֹבָה. אָמֵן, וְכֵן
רָעִים וּמִשָּׁעוֹת רָעוֹת הַמִּתְרַגְּשׁוֹת | יְהִי רָצוֹן:
לָבֹא לָעוֹלָם, וְהַבּוֹטֵחַ בַּיְיָ חֶסֶד
יְסוֹבְבֶנְהוּ, אָמֵן:

יִהְיוּ לְרָצוֹן אִמְרֵי פִי וְהֶגְיוֹן לִבִּי לְפָנֶיךָ, יְיָ צוּרִי וְגוֹאֲלִי:

וַאֲנִי תְפִלָּתִי לְךָ יְיָ עֵת רָצוֹן, אֱלֹהִים בְּרָב חַסְדֶּךָ, עֲנֵנִי בֶּאֱמֶת יִשְׁעֶךָ: בריך שמיה

בריך БЛАГОСЛОВЕННО ИМЯ ВЛАДЫКИ МИРА! БЛАГОСЛОВЕН ТВОЙ ЦАРСКИЙ ВЕНЕЦ И МЕСТО, ГДЕ ОБИТАЕШЬ ТЫ! БУДЬ ВЕЧНО БЛАГОСКЛОНЕН К НАРОДУ СВОЕМУ, ИЗРАИЛЮ; И СПАСЕНИЕ, КОТОРОЕ ПРИНЕСЕТ ДЕСНИЦА ТВОЯ, ЯВИ НАРОДУ СВОЕМУ, ВОССТАНОВИВ СВОЙ ХРАМ; ОЗАРИ НАС БЛАГОДАТНЫМ СВЕТОМ СВОИМ И ПРИМИ БЛАГОСКЛОННО НАШИ МОЛИТВЫ. И ДА БУДЕТ УГОД-НО ТЕБЕ ДАРОВАТЬ НАМ ДОЛГОЛЕТИЕ И БЛАГОПОЛУЧИЕ. И ДА ОКАЖУСЬ Я В ЧИСЛЕ ПРАВЕДНИКОВ, ЧТОБЫ УДОСТОИТЬСЯ МИЛОСТИ ТВОЕЙ И ЧТОБЫ ТЫ ХРАНИЛ МЕНЯ, И ВСЕ МОЕ ДОСТОЯНИЕ, И ВСЕ, ЧТО ПРИНАДЛЕЖИТ НАРОДУ ТВОЕМУ, ИЗРАИЛЮ. ТЫ ТОТ, КТО ДАЕТ ПИЩУ ВСЕМУ И ПОСЫЛАЕТ КАЖДОМУ ВСЕ НЕОБХОДИМОЕ. ТЫ ТОТ, КТО ВЛАСТВУЕТ НАД ВСЕМИ, ТЫ ТОТ, КТО ВЛАСТВУЕТ НАД ЦАРЯМИ, И ЦАРСКАЯ ВЛАСТЬ ПРИНАДЛЕЖИТ ТЕБЕ. Я – РАБ СВЯТОГО ТВОРЦА, БЛАГОСЛОВЕН ОН, И ПОСТОЯННО СКЛОНЁН Я ПРЕД НИМ И ПРЕД СЛАВОЙ ТОРЫ ЕГО. И НЕ НА ЧЕЛОВЕКА ПОЛАГАЮСЬ Я, И НЕ НА АНГЕЛА ВОЗЛАГАЮ Я НАДЕЖДЫ, НО НА БОГА, ВЛАСТИТЕЛЯ НЕБЕС, ИБО ОН – ИСТИН-НЫЙ БОГ, И ТОРА ЕГО ИСТИННА, И ИСТИННЫ ЕГО ПРОРОКИ, И ВЕЛИКИЕ ДЕЯ-НИЯ ЕГО ДОБРЫ И СПРАВЕДЛИВЫ. К НЕМУ Я СТРЕМЛЮСЬ И ЕГО СВЯТОЕ

В Рош-Гашана и в Йом-Кипур:

ПРОЩЕНИЕ ЗА ВСЕ ГРЕХИ НАШИ, ПРО-ЩЕНИЕ ПО ЛЮБВИ, ПРОЩЕНИЕ ПО МИЛОСЕРДИЮ. И СМОЙ С МЕНЯ СКВЕР-НУ ГРЕХОВ МОИХ, И ЗЛОДЕЯНИЙ, И ПРЕСТУПЛЕНИЙ) И ВСПОМНИ ОБО МНЕ БЛАГОСКЛОННО, И ВСПОМНИ ОБО МНЕ, ДАРУЯ СПАСЕНИЕ И МИ-ЛОСТЬ; ВСПОМНИ ОБО МНЕ, ЧТОБЫ ДАРОВАТЬ МНЕ ДОЛГОЛЕТИЕ, БЛА-ГОПОЛУЧИЕ, И МИР, И ДОСТОЙНЫЙ ЗАРАБОТОК, И СРЕДСТВА К ЖИЗНИ; ХЛЕБ И ОДЕЖДУ; БОГАТСТВО И ПО-ЧЕТ, И ДОЛГИЕ ГОДЫ, НАПОЛНЕН-НЫЕ ИЗУЧЕНИЕМ ТВОЕЙ ТОРЫ И СОБЛЮДЕНИЕМ ЗАПОВЕДЕЙ ТВОИХ, СПОСОБНОСТЬ К ПОСТИЖЕНИЮ И ПОНИМАНИЮ, ЧТОБЫ ПОСТИГАТЬ И ПОНИМАТЬ ГЛУБИНУ ТАЙН ТВОИХ. И ПОШЛИ НАМ ПОЛНОЕ ИСЦЕЛЕНИЕ ОТ ВСЕХ НЕДУГОВ, И БЛАГОСЛОВИ ВСЕ ДЕЛА НАШИХ РУК. ПРИМИ МИЛО-СЕРДНОЕ РЕШЕНИЕ ДАРОВАТЬ НАМ СПАСЕНИЕ И УТЕШЕНИЕ И ОТМЕНИ ВСЕ ТЯЖКИЕ И СУРОВЫЕ ПРИГОВО-РЫ, ВЫНЕСЕННЫЕ НАМ, И ВЛОЖИ В СЕРДЦА ПРАВИТЕЛЕЙ, ИХ СОВЕТНИ-КОВ И САНОВНИКОВ БЛАГОСКЛОН-НОСТЬ К НАМ. АМЕН! ДА БУДЕТ НА ТО ВОЛЯ ТВОЯ!

В Песах, Шавуот, Сукот и Шмини-Ацерет:

ИСПОЛНЯТЬ ВОЛЮ ТВОЮ ОТ ВСЕГО СЕРДЦА. И ИЗБАВЬ НАС ОТ ЗЛОГО НАЧАЛА НАШЕГО, И ДАЙ НАМ УДЕЛ В ТОРЕ ТВОЕЙ. И УДОСТОЙ НАС ПРЕБЫ-ВАНИЯ ШХИНЫ ТВОЕЙ В НАШЕЙ СРЕ-ДЕ. И ОСЕНИ НАС ДУХОМ МУДРОСТИ И ПОНИМАНИЯ, ЧТОБЫ ИСПОЛНИЛОСЬ В ОТНОШЕНИИ НАС НАПИСАННОЕ В ТА-НАХЕ: "И ОСЕНИТ ЕГО ДУХ [ПРОРО-ЧЕСТВА], ПОСЛАННЫЙ ГОСПОДОМ, – ДУХ МУДРОСТИ И ПОНИМАНИЯ, ДУХ ПРЕДВИДЕНИЯ И СИЛЫ, ДУХ ПОСТИ-ЖЕНИЯ И ТРЕПЕТА ПРЕД ГОСПО-ДОМ".[1] И ДА БУДЕТ ВОЛЯ ТВОЯ, ГО-СПОДЬ, БОГ НАШ И БОГ ОТЦОВ НА-ШИХ, НА ТО, ЧТОБЫ УДОСТОИЛИСЬ МЫ СОВЕРШАТЬ ДЕЯНИЯ, УГОДНЫЕ ТЕБЕ, И ХОДИТЬ ПРЕД ТОБОЮ ПРЯ-МЫМИ ПУТЯМИ. И ОСВЯТИ НАС СВОИ-МИ ЗАПОВЕДЯМИ, ЧТОБЫ УДОСТОИ-ЛИСЬ МЫ БЛАГОПОЛУЧИЯ, И ДОЛГО-ЛЕТИЯ, И ЖИЗНИ В МИРЕ ГРЯДУЩЕМ. И УБЕРЕГИ НАС ОТ ЗЛЫХ ДЕЛ И ОТ НЕ-ДОБРЫХ ВРЕМЕН, КОТОРЫЕ МОГУТ НА-СТУПИТЬ В МИРЕ. ТОТ, КТО НАДЕЕТСЯ НА ГОСПОДА, ОКРУЖЕН ЛЮБОВЬЮ [ЕГО].[2] АМЕН!

יהיו ДА БУДУТ УГОДНЫ ТЕБЕ СЛОВА МОИХ УСТ И ПОМЫСЛЫ СЕРДЦА МОЕГО, О, ГОСПОДЬ, – МОЙ ОПЛОТ И ИЗБАВИТЕЛЬ![3]

ואני Я БУДУ МОЛИТЬСЯ ТЕБЕ В ЧАС ТВОЕГО БЛАГОВОЛЕНИЯ, ГОСПОДЬ; БОЖЕ, ПО ВЕЛИКОЙ МИЛОСТИ СВОЕЙ ОТВЕТЬ МНЕ, [ДАРОВАВ МНЕ] ИСТИННОЕ СПАСЕ-НИЕ![4]

Продолжают בריך שמה ("БЛАГОСЛОВЕННО ИМЯ...").

1. Йешаягу, 11:2. 2. Тегилим, 32:10. 3. Тегилим, 19:15. 4. Тегилим, 69:14.

יַקִּירָא אֲנָא אָמַר תֻּשְׁבְּחָן ‧ יְהֵא רַעֲוָא קֳדָמָךְ דְּתִפְתַּח לִבָּאי בְּאוֹרַיְתָא, וְתַשְׁלִים מִשְׁאֲלִין דְּלִבָּאי ‧ וְלִבָּא דְכָל עַמָּךְ יִשְׂרָאֵל, לְטַב וּלְחַיִּין וְלִשְׁלָם :

ס״ז וקדא **שְׁמַע יִשְׂרָאֵל יְהֹוָה אֱלֹהֵינוּ יְהֹוָה | אֶחָד :**

אֶחָד אֱלֹהֵינוּ גָּדוֹל אֲדוֹנֵינוּ קָדוֹשׁ [וְנוֹרָא] שְׁמוֹ :

וקהל ואמר ס״ז : **גַּדְּלוּ לַיהֹוָה אִתִּי וּנְרוֹמְמָה שְׁמוֹ יַחְדָּו :**

לְךָ יְהֹוָה הַגְּדֻלָּה וְהַגְּבוּרָה וְהַתִּפְאֶרֶת וְהַנֵּצַח וְהַהוֹד כִּי־כֹל בַּשָּׁמַיִם וּבָאָרֶץ לְךָ יְהֹוָה הַמַּמְלָכָה וְהַמִּתְנַשֵּׂא לְכֹל לְרֹאשׁ :

רוֹמְמוּ יְיָ אֱלֹהֵינוּ וְהִשְׁתַּחֲווּ לַהֲדֹם רַגְלָיו, קָדוֹשׁ הוּא :

רוֹמְמוּ יְהֹוָה אֱלֹהֵינוּ וְהִשְׁתַּחֲווּ לְהַר קָדְשׁוֹ כִּי־קָדוֹשׁ יְהֹוָה אֱלֹהֵינוּ :

עַל הַכֹּל יִתְגַּדַּל וְיִתְקַדַּשׁ וְיִשְׁתַּבַּח וְיִתְפָּאַר וְיִתְרוֹמַם וְיִתְנַשֵּׂא : שְׁמוֹ שֶׁל־מֶלֶךְ מַלְכֵי הַמְּלָכִים הַקָּדוֹשׁ בָּרוּךְ הוּא : בָּעוֹלָמוֹת שֶׁבָּרָא הָעוֹלָם הַזֶּה וְהָעוֹלָם הַבָּא : כִּרְצוֹנוֹ וְכִרְצוֹן יְרֵאָיו וְכִרְצוֹן כָּל־עַמְּךָ בֵּית יִשְׂרָאֵל : צוּר הָעוֹלָמִים אֲדוֹן כָּל־הַבְּרִיּוֹת אֱלוֹהַּ כָּל־הַנְּפָשׁוֹת : הַיּוֹשֵׁב בְּמֶרְחֲבֵי מָרוֹם הַשּׁוֹכֵן בִּשְׁמֵי שְׁמֵי קֶדֶם : קְדֻשָּׁתוֹ עַל הַחַיּוֹת וּקְדֻשָּׁתוֹ עַל כִּסֵּא הַכָּבוֹד : וּבְכֵן יִתְקַדַּשׁ שִׁמְךָ בָּנוּ יְהֹוָה אֱלֹהֵינוּ לְעֵינֵי כָּל־חָי : וְנֹאמַר לְפָנָיו שִׁיר חָדָשׁ כַּכָּתוּב : שִׁירוּ לֵאלֹהִים זַמְּרוּ שְׁמוֹ סֹלּוּ לָרֹכֵב בָּעֲרָבוֹת בְּיָהּ שְׁמוֹ וְעִלְזוּ לְפָנָיו : וְנִרְאֵהוּ עַיִן בְּעַיִן בְּשׁוּבוֹ אֶל נָוֵהוּ כַּכָּתוּב : כִּי עַיִן בְּעַיִן יִרְאוּ בְּשׁוּב יְהֹוָה צִיּוֹן : וְנֶאֱמַר וְנִגְלָה כְּבוֹד יְהֹוָה וְרָאוּ כָל־בָּשָׂר יַחְדָּו כִּי פִּי יְהֹוָה דִּבֵּר :

אַב הָרַחֲמִים הוּא יְרַחֵם עַם עֲמוּסִים וְיִזְכּוֹר בְּרִית אֵיתָנִים וְיַצִּיל נַפְשׁוֹתֵינוּ מִן הַשָּׁעוֹת הָרָעוֹת וְיִגְעַר בְּיֵצֶר הָרָע מִן הַנְּשׂוּאִים וְיָחֹן עָלֵינוּ לִפְלֵיטַת עוֹלָמִים ‧ וִימַלֵּא מִשְׁאֲלוֹתֵינוּ בְּמִדָּה טוֹבָה יְשׁוּעָה וְרַחֲמִים : ויאמר

דיני קריאת התורה

(ש״ע) (א) משה רבינו תיקן לחם לישראל שיהיו קורין בספר תורה חמשה גברי ביום טוב ושבעה ביום הכפורים וו׳ בשבת, ובשביל המעלה והקדושה יתירה שיש בכל אחד על חבירו הוסיף בו איש אחד: (ב) אין נוהגין לקרות הקטן אלא למפטיר ואף אם אין כהן בבית חכנסת אלא כהן קטן נוהגים לקרות ישראל בסקום כהן : (ג) הקטן רבן סבוראי לובר קדיש אחד שנשלם פנין הקרואים קודם המפטיר בו׳ לכן הנהינו שינטור חשביעי או האחרון כל הפרשה ויאטרו קדיש והמפטיר חחר וקודא נ״ז לפתוח ססה שקרא כבר הו׳ או האחרון (או שאר העולים) בסה דברים אמרים בשבת ויום טוב ויום הכפורים שהמפטיר אינו סן הפנין אבל בתשעה באב ושאר תענית צבור במנחה ויום הכפורים בכנחה שהמפטיר הוא מהפנין אין אוסרים קדיש קודם המפטיר : (ד) קטן היודע לפי סברכין יכול לעלות לסמטיר ואין צריך לובר בשבה שהמפטיר אינו אלא אחור וכופל כה שקרא השביעי אלא אפילו בפ' המוספין וראש חודש שחל בשבת וד' פרשיות יכול לעלות אם יודע לפי סברכין ואף על פי שנפרשת וזכור היא חובה כן התורה שישטענה כל אדם בישראל הקטן

И СЛАВНОЕ ИМЯ ВОСХВАЛЯЮ. ДА БУДЕТ УГОДНО ТЕБЕ РАСКРЫТЬ МОЕ СЕРДЦЕ ДЛЯ ТОРЫ, ИСПОЛНИТЬ ЖЕЛАНИЯ СЕРДЦА МОЕГО И СЕРДЕЦ ВСЕХ СЫНОВ ИЗРАИЛЯ, ДАРОВАВ НАМ БЛАГОПОЛУЧИЕ, ДОЛГОЛЕТИЕ И МИР.[1]

Община вместе с хазаном:

שמע СЛУШАЙ, ИЗРАИЛЬ: ГОСПОДЬ — БОГ НАШ, ГОСПОДЬ ОДИН![2]

אחד ОДИН БОГ НАШ, ВЕЛИК ВЛАСТЕЛИН НАШ, СВЯТО (*в Рош-Гашана и в Йом-Кипур добавляют:* И ГРОЗНО) ИМЯ ЕГО!

Хазан произносит:

גדלו ПРИСОЕДИНИТЕСЬ КО МНЕ И ВОЗВЕЛИЧЬТЕ ГОСПОДА; И ВМЕСТЕ ПРЕВОЗНЕСЕМ ИМЯ ЕГО![3]

Община отвечает:

לך ОТ ТЕБЯ, ГОСПОДЬ, И ВЕЛИЧИЕ, И МОГУЩЕСТВО, И ВЕЛИКОЛЕПИЕ, И УДАЧА НА ПОЛЕ БРАНИ, И СЛАВА; ИБО ВСЕ, ЧТО НА НЕБЕ И НА ЗЕМЛЕ, [ПРИНАДЛЕЖИТ ТЕБЕ]. ТЕБЕ ПРИНАДЛЕЖИТ ЦАРСКАЯ ВЛАСТЬ, И ТЫ ВОЗВЫШАЕШЬСЯ НАД ВСЕМИ ВЛАДЫКАМИ.[4] ПРЕВОЗНЕСИТЕ ГОСПОДА, БОГА НАШЕГО, И ПОКЛОНИТЕСЬ ЕМУ В [СВЯТИЛИЩЕ –] МЕСТЕ, В КОТОРОМ УТВЕРДИЛ ОН СТОПЫ СВОИ, – ИБО СВЯТ ОН.[5] ПРЕВОЗНЕСИТЕ ГОСПОДА, БОГА НАШЕГО, И ПОКЛОНИТЕСЬ ЕМУ НА СВЯТОЙ ГОРЕ ЕГО, ИБО СВЯТ ГОСПОДЬ, БОГ НАШ.[6]

על ПРЕВЫШЕ ВСЕГО ДА БУДЕТ ВОЗВЕЛИЧЕНО, И ОСВЯЩЕНО, И ВОСХВАЛЕНО, И ПРОСЛАВЛЕНО, И ПРЕВОЗНЕСЕНО, И ДА ВОЗВЫСИТСЯ ИМЯ СВЯТОГО ВЛАДЫКИ ВЛАДЫК, БЛАГОСЛОВЕН ОН, – В МИРАХ, КОТОРЫЕ ОН СОТВОРИЛ: В ЭТОМ МИРЕ И В МИРЕ ГРЯДУЩЕМ, – КАК ЖЕЛАЕТ ТОГО ОН САМ И ВСЕ БОЯЩИЕСЯ ЕГО, И ВЕСЬ ЕГО НАРОД, ДОМ ИЗРАИЛЯ. СОЗДАТЕЛЬ МИРОВ, ВЛАСТЕЛИН ВСЕХ ТВОРЕНИЙ, БОГ ВСЕХ ДУШ, ПРЕБЫВАЮЩИЙ В ПРОСТОРАХ НЕБЕСНЫХ ВЫСЕЙ, ОБИТАЮЩИЙ В ИЗНАЧАЛЬНЫХ ВЫСОТАХ НЕБЕС, – СВЯТОСТЬ ЕГО ОСЕНЯЕТ ХАЙОТ, СВЯТОСТЬ ЕГО ОСЕНЯЕТ ПРЕСТОЛ ЕГО СЛАВЫ. И ДА ЯВИТСЯ НАД НАМИ СВЯТОСТЬ ИМЕНИ ТВОЕГО, ГОСПОДЬ, БОГ НАШ, ПРЕД ВЗОРАМИ ВСЕГО ЖИВОГО, И БУДЕМ МЫ ПЕТЬ ТЕБЕ НОВУЮ ПЕСНЬ, КАК НАПИСАНО: "ПОЙТЕ БОГУ, ВОСПЕВАЙТЕ ИМЯ ЕГО, ПРЕВОЗНОСИТЕ ОБИТАЮЩЕГО В НЕБЕСАХ, [СЛАВЬТЕ] ГРОЗНОЕ ИМЯ ЕГО, И ЛИКУЙТЕ ПРЕД ЛИЦОМ ЕГО".[7] И УВИДИМ МЫ ЕГО ВООЧИЮ, КОГДА ВЕРНЕТСЯ ОН В ЗЕМЛЮ СВОЮ, КАК НАПИСАНО: "ИБО УВИДЯТ ОНИ ВООЧИЮ ВОЗВРАЩЕНИЕ ГОСПОДА В СИОН".[8] И СКАЗАНО: "И ЯВИТСЯ СЛАВА ГОСПОДА, И ВСЕ ЛЮДИ УБЕДЯТСЯ, ЧТО УСТА [САМОГО] ГОСПОДА ИЗРЕКЛИ ЭТО".[9]

אב ДА СЖАЛИТСЯ МИЛОСЕРДНЫЙ ОТЕЦ НАД НАРОДОМ, О КОТОРОМ ЗАБОТИТСЯ, И ВСПОМНИТ СОЮЗ СВОЙ С ПРАОТЦАМИ, И СПАСЕТ НАШИ ДУШИ В НЕДОБРЫЕ ВРЕМЕНА, И ИЗГОНИТ ЗЛОЕ НАЧАЛО ИЗ [СЕРДЕЦ] ТЕХ, КТО ОПЕКАЕТ.[10] И ОТМЕРИТ ОН НАМ ТО, О ЧЕМ ПРОСИМ МЫ, ЩЕДРОЙ МЕРОЮ, ДАРУЯ СПАСЕНИЕ И МИЛОСТЬ.

ЗАКОНЫ ЧТЕНИЯ ТОРЫ

Шулхан арух Гарав:

1. Моше установил, что в йом-тов следует вызывать к Торе пятерых человек, в Йом-Кипур — шестерых, а в субботу — семерых, в соответствии со степенью святости каждого из этих дней.

2. Не принято вызывать к Торе (за исключением чтения "Мафтира" — повторного чтения заключительного отрывка недельной главы Торы) мальчика, не достигшего тринадцати лет. Даже если этот мальчик — единственный коген в "миньяне", вызывают для чтения первого отрывка не его, а любого достигшего совершеннолетия.

3. В субботу, в йом-тов и в Йом-Кипур перед тем, как вызвать кого-либо для чтения "Мафтира", произносят "Хаци-кадиш". Девятого ава, а также в "Минху" постов и в "Минху" Йом-Кипура "Хаци-кадиш" перед чтением "Мафтира" не говорят.

---

1. Зогар II, 206а. 2. Дварим, 6:4. 3. Тегилим, 34:4. 4. Диврей гаямим I, 29:11, 5. Тегилим 99:5. 6. Тегилим, 99:9. 7. Тегилим, 68:5. 8. Йешаягу, 52:8. 9. Йешаягу, 40:5. 10. см. Йешаягу, 46:3.

חזקתם שאינו מהיר בדבר אינו יכול להוציאם ידי חובתו סכל סקום עכשיו חרי הש"ץ קורא בקול רם ומשמיע לצבור ומוציאם ידי חובתם

חזן

וְיַעֲזוֹר וְיָגֵן וְיוֹשִׁיעַ לְכָל הַחוֹסִים בּוֹ וְנֹאמַר אָמֵן . הַכֹּל הָבוּ גֹדֶל לֵאלֹהֵינוּ וּתְנוּ כָבוֹד לַתּוֹרָה . כֹּהֵן קְרָב . יַעֲמֹד (פב"פ) הַכֹּהֵן , בָּרוּךְ שֶׁנָּתַן תּוֹרָה לְעַמּוֹ יִשְׂרָאֵל בִּקְדֻשָּׁתוֹ . סיי וְאַתֶּם הַדְּבֵקִים בַּיָי אֱלֹהֵיכֶם , חַיִּים כֻּלְּכֶם הַיּוֹם :

כשקורין אותו לתורה יאמר זה בָּרְכוּ אֶת יְיָ הַמְבֹרָךְ .

והקהל עונין בָּרוּךְ יְיָ הַמְבֹרָךְ לְעוֹלָם וָעֶד .

והעולה חוזר בָּרוּךְ יְיָ הַמְבֹרָךְ לְעוֹלָם וָעֶד :

בָּרוּךְ אַתָּה יְיָ אֱלֹהֵינוּ מֶלֶךְ הָעוֹלָם , אֲשֶׁר בָּחַר בָּנוּ מִכָּל הָעַמִּים , וְנָתַן לָנוּ אֶת תּוֹרָתוֹ . בָּרוּךְ אַתָּה יְיָ נוֹתֵן הַתּוֹרָה :

ואחר קריאת הפרשה יברך :

בָּרוּךְ אַתָּה יְיָ אֱלֹהֵינוּ מֶלֶךְ הָעוֹלָם , אֲשֶׁר נָתַן לָנוּ תּוֹרַת אֱמֶת , וְחַיֵּי עוֹלָם נָטַע בְּתוֹכֵנוּ . בָּרוּךְ אַתָּה יְיָ , נוֹתֵן הַתּוֹרָה :

אחר קריאת התורה קודם הקריאה למפטיר אומר הש"ץ חצי קדיש :

בִּרְכַּת הַגּוֹמֵל

ארבעה צריכים להודות . יורדי הים כשעלו ממנו לגמרי . והולכי מדבריות כשיגיעו לישוב . ומי שהיה חבוש בבית האסורים על עסקי נפשות וילא מהתפיס לגמרי . ומי שהיה חולה במכה של חלל אם יש בה סכנה . או חמלי שמוטל במטה יותר מג' ימים וחזר לבוריו לגמרי . ועומד וכל החיי"ם יודוך סלה "מבטן "יסורים "יס "מחבר . ועכשיו נהגו לברך כל מי שנפטר לו גם כגון שנפל עליו כותל או נילול מדריסת שור ונגיחותיו . או שנפל עליו גנבים וסודרו לעלם וניצול מהם . יעמוד אחר שקראו אותו לתורה ויברך ברכה שניה . ויברך :

בָּרוּךְ אַתָּה יְיָ אֱלֹהֵינוּ מֶלֶךְ הָעוֹלָם , הַגּוֹמֵל לְחַיָּבִים טוֹבוֹת , שֶׁגְּמָלַנִי טוֹב :

ועונין אחריו אמן מִי שֶׁגְּמָלְךָ טוֹב , הוּא יִגְמָלְךָ כָּל טוֹב סֶלָה :

אם קראו לספר תורה נער שנעשה בר מלוה אז אחר שבירך ברכה אחרונה . אביו יאמר זה :

בָּרוּךְ אַתָּה יְיָ אֱלֹהֵינוּ מֶלֶךְ הָעוֹלָם שֶׁפְּטָרַנִי מֵעָנְשׁ הַלָּזֶה :

כי שברך לשולח לתורה :

מִי שֶׁבֵּרַךְ אֲבוֹתֵינוּ אַבְרָהָם יִצְחָק וְיַעֲקֹב הוּא יְבָרֵךְ אֶת (פב"פ) , בַּעֲבוּר שֶׁעָלָה לִכְבוֹד הַמָּקוֹם לִכְבוֹד הַתּוֹרָה וְלִכְבוֹד הַשַּׁבָּת (ליו"ט ולכבוד הרגל) . לר"ה ולכבוד יום הדין) ובשכר זה הקב"ה ישמרהו ויצילהו מכל צרה וצוקה ומכל נגע ומחלה , וישלח ברכה והצלחה בכל מעשה ידיו (ליו"ט ויזכה לעלות לרגל) . (לר"ה ולי"כ ויכתבהו ויחתמהו לחיים טובים ביום הדין הזה) עם כל ישראל אחיו . ונאמר אמן :

מי שברך ליולדת : מִי שֶׁבֵּרַךְ אֲבוֹתֵינוּ אַבְרָהָם יִצְחָק וְיַעֲקֹב מֹשֶׁה וְאַהֲרֹן דָּוִד וּשְׁלֹמֹה, הוּא יְבָרֵךְ אֶת הָאִשָּׁה הַיּוֹלֶדֶת (פלונית בת פלונית) עם (לזכר) בְּנָהּ הַגּוֹלַד לָהּ בְּמַזָּל טוֹב בַּעֲבוּר שֶׁבַּעֲלָהּ (לנקבה) בִּתָּהּ הַגּוֹלַד לָהּ בְּמַזָּל טוֹב . וְיִקָּרֵא שְׁמָהּ ואביו נדר לצדקה בעדם, בשכר זה יזכו להכניסו בישראל (פלונית בת פלוני) בעבור שבעלה בבריתו של אברהם אבינו וּלְגַדְּלֹהוּ לַתּוֹרָה ולחופה, בעדן, בשכר זה יגדלוה לתורה ולמעשים טובים ונאמר אמן : ולחופה ולמעשים טובים ונאמר אמן :

תו"א א) עי' בשער הכולל פרק סי"א בשם פתחי שערים לשער אפרים שער ד' סעיף כ"ח. ב) לבאורה כו צ"ל: ע"ש מבחב כ"ק אדסו"ר (מהורש"ב) נ"ע. לומר גם בלידת בת ל ת ו ר ה . עפ"י מארז"ל ברכות יז, א.

*) יש אומרים בלא שם ומלכות – וכן מנהגנו.

Вызывающий к Торе произносит:

ייעזר ПУСТЬ ПОШЛЕТ [ВСЕВЫШНИЙ] ПОМОЩЬ, ЗАЩИТУ И СПАСЕНИЕ ВСЕМ, КТО НАДЕЕТСЯ НА НЕГО, И СКАЖЕМ – АМЕН! ПУСТЬ ВСЕ ВОССЛАВЯТ ВЕЛИЧИЕ БОГА НАШЕГО И ВОЗДАДУТ ПОЧЕСТИ ТОРЕ. ПУСТЬ ПРИБЛИЗИТСЯ КОГЕН ПУСТЬ ВСТАНЕТ (*произносится имя вызываемого к Торе*), СЫН (*произносится имя его отца*), КОГЕН. БЛАГОСЛОВЕН ТОТ, КТО В СВЯТОСТИ СВОЕЙ ДАЛ ТОРУ НАРОДУ СВОЕМУ, ИЗРАИЛЮ! *Община произносит:* И ВЫ ВСЕ, ВЕРНЫЕ ГОСПОДУ, БОГУ ВАШЕМУ, ЖИВЫ И СЕГОДНЯ.[1]

Вызванный к Торе говорит: (См. транслитерацию на стр. 392)

ברכו БЛАГОСЛОВИТЕ ГОСПОДА БЛАГОСЛОВЕННОГО!

Община отвечает:

ברוך БЛАГОСЛОВЕН ГОСПОДЬ БЛАГОСЛОВЕННЫЙ ВО ВЕКИ ВЕКОВ!

Вызванный к Торе повторяет:

ברוך БЛАГОСЛОВЕН ГОСПОДЬ БЛАГОСЛОВЕННЫЙ ВО ВЕКИ ВЕКОВ! ברוך БЛАГОСЛОВЕН ТЫ, ГОСПОДЬ, БОГ НАШ, ВЛАДЫКА ВСЕЛЕННОЙ, ИЗБРАВШИЙ НАС ИЗ СРЕДЫ НАРОДОВ И ДАРОВАВШИЙ НАМ СВОЮ ТОРУ! БЛАГОСЛОВЕН ТЫ, ГОСПОДЬ, ДАЮЩИЙ ТОРУ!

После того, как отрывок прочитан, вызванный к Торе произносит:

ברוך БЛАГОСЛОВЕН ТЫ, ГОСПОДЬ, БОГ НАШ, ВЛАДЫКА ВСЕЛЕННОЙ, ДАВШИЙ НАМ ИСТИННУЮ ТОРУ И ДАРОВАВШИЙ НАМ ВЕЧНУЮ ЖИЗНЬ! БЛАГОСЛОВЕН ТЫ, ГОСПОДЬ, ДАЮЩИЙ ТОРУ!

После чтения недельной главы Торы, перед тем, как вызвать читающего "Мафтир", хазан произносит "Хаци-кадиш", стр. 42.

БЛАГОДАРСТВЕННАЯ МОЛИТВА ЗА ИЗБАВЛЕНИЕ ОТ ОПАСНОСТИ

Это благословение произносят в следующих случаях: по завершении морского путешествия; дойдя до населенной местности после перехода через пустыню; освободившись из тюрьмы, где жизни угрожала опасность; после полного заживления раны, представлявшей опасность для жизни, а также после излечения от болезни, в результате которой человек не менее трех дней был прикован к постели. В наше время принято произносить это благословение за избавление от любой опасности – например, спасшемуся из-под развалин разрушенного дома, уцелевшему после нападения на него хищных зверей или грабителей. Летевшему самолетом также следует произнести эту молитву. Даже если человек не вызван к Торе, он может подойти к свитку после завершения чтения одного из отрывков и произнести это благословение.

ברוך БЛАГОСЛОВЕН ТЫ, ГОСПОДЬ, БОГ НАШ, ВЛАДЫКА ВСЕЛЕННОЙ, ТВОРЯЩИЙ ДОБРО ДАЖЕ ГРЕШНЫМ, – ЗА ТО, ЧТО ОБЛАГОДЕТЕЛЬСТВОВАЛ МЕНЯ!

Община отвечает:

מי АМЕН! ПУСТЬ ТОТ, КТО ОБЛАГОДЕТЕЛЬСТВОВАЛ ТЕБЯ, БУДЕТ ВЕЧНО ПОСЫЛАТЬ ТЕБЕ ВСЯЧЕСКИЕ БЛАГА!

БЛАГОСЛОВЕНИЕ, ПРОИЗНОСИМОЕ ОТЦОМ, СЫН КОТОРОГО ДОСТИГ СОВЕРШЕННОЛЕТИЯ

После того, как мальчик, которому исполнилось тринадцать лет, произнес заключительное благословение на тот отрывок Торы, к чтению которого он был вызван, отец его говорит следующее:

ברוך БЛАГОСЛОВЕН ТЫ, ГОСПОДЬ, БОГ НАШ, ВЛАДЫКА ВСЕЛЕННОЙ, ОСВОБОДИВШИЙ МЕНЯ ОТ ОТВЕТСТВЕННОСТИ ЗА НЕГО![2]

В честь того, кто был вызван к Торе, произносится следующая молитва:

מי ТОТ, КТО БЛАГОСЛОВИЛ НАШИХ ОТЦОВ – АВРАГАМА, ИЦХАКА И ЯАКОВА, – БЛАГОСЛОВИТ И (*произносится имя того, кто был вызван к Торе*), СЫНА (*произносится имя его отца*), ЗА ТО, ЧТО ОН ПОДНЯЛСЯ [К ТОРЕ] ВО СЛАВУ ВСЕВЫШНЕГО, ВО СЛАВУ ТОРЫ И В ЧЕСТЬ СУББОТЫ (*в йом-тов, за исключением Рош-Гашана и Йом-Кипура, говорят:* И В ЧЕСТЬ ПРАЗДНИКА; *в Рош-Гашана и в Йом-Кипур говорят:* И В ЧЕСТЬ ДНЯ СУДА) ; И В НАГРАДУ ЗА ЭТО СВЯТОЙ [ТВОРЕЦ], БЛАГОСЛОВЕН ОН, ОХРАНИТ ЕГО И СПАСЕТ ОТ ВСЯКОЙ БЕДЫ, И НЕСЧАСТЬЯ, И ЛЮБОГО НЕДУГА, И ДАРУЕТ ЕМУ БЛАГОСЛОВЕНИЕ И УДАЧУ ВО ВСЕХ ДЕЛАХ РУК ЕГО (*в йом-тов добавляют:* И УДОСТОИТ ЕГО СОВЕРШАТЬ ПАЛОМНИЧЕСТВО В ХРАМ В ПРАЗДНИЧНЫЕ ДНИ; *В Рош-Гашана и в Йом-Кипур говорят:* И ЗАПИШЕТ ЕГО В КНИГУ БЛАГОПОЛУЧНОЙ ЖИЗНИ, И СКРЕПИТ [ЭТУ ЗАПИСЬ] ПЕЧАТЬЮ В ЭТОТ ДЕНЬ СУДА) ВМЕСТЕ СО ВСЕМ НАРОДОМ ИЗРАИЛЯ, БРАТЬЯМИ ЕГО. И СКАЖЕМ: АМЕН!

МОЛИТВА ЗА РОЖЕНИЦУ

מי ТОТ, КТО БЛАГОСЛОВИЛ НАШИХ ОТЦОВ – АВРАГАМА, ИЦХАКА И ЯАКОВА, МОШЕ И АГАРОНА, ДАВИДА И ШЛОМО, – БЛАГОСЛОВИТ И РОЖЕНИЦУ (*произносится ее имя*) , ДОЧЬ (*произносится имя ее матери*), ВМЕСТЕ С...

...СЫНОМ, РОДИВШИМСЯ В ДОБРЫЙ ЧАС; [БЛАГОСЛОВИТ], ПОСКОЛЬКУ МУЖ ЕЕ И ОТЕЦ [РЕБЕНКА] ОБЕЩАЛИ ДАТЬ ПОЖЕРТВОВАНИЕ РАДИ НИХ; В НАГРАДУ ЗА ЭТО ДА УДОСТОЯТСЯ [РОДИТЕЛИ РЕБЕНКА] ВВЕСТИ ЕГО В СОЮЗ АВРАГАМА, ОТЦА НАШЕГО, И ВЫРАСТИТЬ СЫНА ДЛЯ ТОРЫ, ДЛЯ "ХУПЫ" И ДЛЯ ДОБРЫХ ДЕЛ. И СКАЖЕМ: АМЕН!

...ДОЧЕРЬЮ, РОДИВШЕЙСЯ В ДОБРЫЙ ЧАС, И БУДЕТ ТА НАРЕЧЕНА В ИЗРАИЛЕ ИМЕНЕМ (*произносится имя, которым решили назвать девочку*), ДОЧЬ (*произносится имя отца*); [БЛАГОСЛОВИТ], ПОСКОЛЬКУ МУЖ [РОЖЕНИЦЫ] И ОТЕЦ [РЕБЕНКА] ОБЕЩАЛИ ДАТЬ ПОЖЕРТВОВАНИЕ РАДИ НИХ; В НАГРАДУ ЗА ЭТО ДА УДОСТОЯТСЯ [РОДИТЕЛИ] ВЫРАСТИТЬ ДОЧЬ ДЛЯ ТОРЫ, ДЛЯ "ХУПЫ" И ДЛЯ ДОБРЫХ ДЕЛ. И СКАЖЕМ: АМЕН!

---

1. Дварим, 4:4. 2. см. Брахот, 17а.

מי שברך לחולה:

לשבת **מי** שברך אבותינו אברהם יצחק ויעקב משה ואהרן דוד ושלמה הוא יברך את
החולה (פב״פ) בעבור (שפב״פ) נדר לצדקה בעבורו (לנקבה בעבורה), שבת
היא מלזעוק ורפואה קרובה לבוא ונאמר אמן:

לחול **מי** שברך אבותינו אברהם יצחק ויעקב משה ואהרן דוד ושלמה הוא ירפא את
החולה (פב״פ) בעבור (שפב״פ) נדר לצדקה בעבורו (לנקבה בעבורה), בשכר זה
הקב״ה ימלא רחמים עליו להחלימו ולרפאותו ולהחזיקו ולהחיותו (לנקבה עליה
להחלימה ולרפאותה ולהחזיקה ולהחיותה) וישלח לו (לה) מהרה רפואה שלימה מן
השמים לרמ״ח אבריו ושס״ה גידיו (לנקבה בכל אבריה וגידיה) בתוך שאר חולי ישראל
רפואת הנפש ורפואת הגוף ונאמר אמן:

כשמגביהין הספר תורה אומרים זה:

וְזֹאת הַתּוֹרָה אֲשֶׁר שָׂם מֹשֶׁה לִפְנֵי בְּנֵי יִשְׂרָאֵל:

עֵץ חַיִּים הִיא לַמַּחֲזִיקִים בָּהּ, וְתֹמְכֶיהָ מְאֻשָּׁר. דְּרָכֶיהָ דַרְכֵי נֹעַם, וְכָל
נְתִיבוֹתֶיהָ שָׁלוֹם. אֹרֶךְ יָמִים בִּימִינָהּ, בִּשְׂמֹאלָהּ עֹשֶׁר וְכָבוֹד. יְיָ חָפֵץ
לְמַעַן צִדְקוֹ, יַגְדִּיל תּוֹרָה וְיַאְדִּיר:

(שו״ע) (א) אין לענות אמן אחר אמת וצדק שאין שם סיום הברכה: (ב) לא יתחיל המפטיר להפטיר עד
שיגמור הגולל לגלול הספר תורה כדי שגם הגולל יוכל להבין ולשמוע כמנו שחובה היא על הכל
לשמוע ההפטרה כמו הפרשה שבספר תורה: (ג) אין לסלק ספר הנביאים מלפני המפטיר עד לאחר שיגמור
לברך אחריו כדי שיראה וידבר על מה שהפטיר: (ד) בכל שבת שקורין ב׳ פרשיות בתורה מפטירים הפטרה
של פרשה השניה שבה פסימין ובה קורא המפטיר תחלה חוץ משבת שקורין אחרי מות שקדושים שמפטירים
הפטרת אחרי מות כמו שכתוב בסימן תכ״ח: (ה) בשבת שחל בחול המועד פסח אין מזכיר מעין המאורע
בחתימת ברכת ההפטרה שחותם ברוך אתה ה׳ מקדש השבת בלבד ואינו אומר ישראל והזמנים ובשבת שמתול
המועד מזכיר מעין המאורע בחתימה גם ישראל והזמנים:

ברכות וספרים לפים

בָּרוּךְ אַתָּה יְהֹוָה אֱלֹהֵינוּ מֶלֶךְ הָעוֹלָם אֲשֶׁר בָּחַר
בִּנְבִיאִים טוֹבִים וְרָצָה בְּדִבְרֵיהֶם הַנֶּאֱמָרִים
בֶּאֱמֶת בָּרוּךְ אַתָּה יְהֹוָה הַבּוֹחֵר בַּתּוֹרָה וּבְמֹשֶׁה
עַבְדּוֹ וּבְיִשְׂרָאֵל עַמּוֹ וּבִנְבִיאֵי הָאֱמֶת וָצֶדֶק: ומפטירין בנביא

לאחר שמסיים ההפטרה יאמר המפטיר ד׳ ברכות אלו:

בָּרוּךְ אַתָּה יְיָ, אֱלֹהֵינוּ מֶלֶךְ הָעוֹלָם, צוּר כָּל הָעוֹלָמִים, צַדִּיק בְּכָל
הַדּוֹרוֹת, הָאֵל הַנֶּאֱמָן הָאוֹמֵר וְעֹשֶׂה. הַמְדַבֵּר וּמְקַיֵּם, שֶׁכָּל
דְּבָרָיו אֱמֶת וָצֶדֶק:

נֶאֱמָן, אַתָּה הוּא יְיָ אֱלֹהֵינוּ, וְנֶאֱמָנִים דְּבָרֶיךָ, וְדָבָר אֶחָד מִדְּבָרֶיךָ
אָחוֹר לֹא יָשׁוּב רֵיקָם, כִּי אֵל מֶלֶךְ נֶאֱמָן וְרַחֲמָן אָתָּה. בָּרוּךְ
אַתָּה יְיָ, הָאֵל הַנֶּאֱמָן בְּכָל דְּבָרָיו:

רַחֵם, עַל צִיּוֹן כִּי הִיא בֵּית חַיֵּינוּ, וְלַעֲלוּבַת נֶפֶשׁ תּוֹשִׁיעַ וּתְשַׂמַּח
בִּמְהֵרָה בְיָמֵינוּ. בָּרוּךְ אַתָּה יְיָ, מְשַׂמֵּחַ צִיּוֹן בְּבָנֶיהָ:

שמחנו

МОЛИТВА ЗА БОЛЬНОГО

В субботу:

מי ТОТ, КТО БЛАГОСЛОВИЛ НАШИХ ОТЦОВ – АВРАГАМА, ИЦХАКА И ЯАКОВА, МОШЕ И АГАРОНА, ДАВИДА И ШЛОМО, – БЛАГОСЛОВИТ И БОЛЬНОГО (*или* БОЛЬНУЮ – *произносится его/ее имя*), СЫНА (*или* ДОЧЬ – *произносится имя его/ее матери*); [БЛАГОСЛОВИТ], ПОСКОЛЬКУ (*произносится имя того, кто обещает дать пожертвование*), СЫН (*произносится имя его отца*), ОБЕЩАЛ ДАТЬ ПОЖЕРТВОВАНИЕ РАДИ ЕГО (*или* ЕЕ) БЛАГОПОЛУЧИЯ; СЕГОДНЯ – СУББОТА, И НЕ ДОЛЖНЫ ЗВУЧАТЬ В ЭТОТ ДЕНЬ ЖАЛОБЫ; ИСЦЕЛЕНИЕ ВСКОРЕ НАСТУПИТ. И СКАЖЕМ: АМЕН!

В будний день:

מי ТОТ, КТО БЛАГОСЛОВИЛ НАШИХ ОТЦОВ – АВРАГАМА, ИЦХАКА И ЯАКОВА, МОШЕ И АГАРОНА, ДАВИДА И ШЛОМО, – ИСЦЕЛИТ И БОЛЬНОГО (*или* БОЛЬНУЮ – *произносится его/ее имя*), СЫНА (*или* ДОЧЬ – *произносится имя его/ее матери*); [БЛАГОСЛОВИТ], ПОСКОЛЬКУ (*произносится имя того, кто обещает дать пожертвование*), СЫН (*произносится имя его отца*), ОБЕЩАЛ ДАТЬ ПОЖЕРТВОВАНИЕ РАДИ ЕГО (*или* ЕЕ) БЛАГОПОЛУЧИЯ. И В НАГРАДУ ЗА ЭТО СВЯТОЙ БОГ, БЛАГОСЛОВЕН ОН, ПРЕИСПОЛНИТСЯ СОСТРАДАНИЯ К БОЛЬНОМУ (*или* БОЛЬНОЙ) И ВЕРНЕТ ЕМУ (*или* ЕЙ) ЗДОРОВЬЕ, И ИЗЛЕЧИТ ЕГО (*или* ЕЕ), И УКРЕПИТ ЕГО (*или* ЕЕ), И ВЕРНЕТ ЕМУ (*или* ЕЙ) ЖИЗНЕННЫЕ СИЛЫ, И ВСКОРЕ ПОШЛЕТ ЕМУ (*или* ЕЙ) С НЕБЕС ПОЛНОЕ ИСЦЕЛЕНИЕ: ВСЕМ ДВУМСТАМ СОРОКА ВОСЬМИ ЧАСТЯМ ЕГО ТЕЛА И ТРЕМСТАМ ШЕСТИДЕСЯТИ ПЯТИ ЕГО ЖИЛАМ (*или* ВСЕМ ЧАСТЯМ ЕЕ ТЕЛА И ВСЕМ ЕЕ ЖИЛАМ), – ЕМУ (*или* ЕЙ) ВМЕСТЕ СО ВСЕМИ БОЛЬНЫМИ В НАРОДЕ ИЗРАИЛЯ – ИСЦЕЛЕНИЕ ДУШЕ И ИСЦЕЛЕНИЕ ТЕЛУ. И СКАЖЕМ: АМЕН!

Когда поднимают свиток Торы, община говорит:

וזאת ВОТ ТОРА, КОТОРУЮ ПЕРЕДАЛ МОШЕ СЫНАМ ИЗРАИЛЯ.[1]

עץ ДРЕВО ЖИЗНИ ОНА ДЛЯ ТЕХ, КТО СЛЕДУЕТ ЕЙ, И СЧАСТЛИВ ТОТ, КТО ЕЕ ХРАНИТ.[2] ПУТИ ЕЕ – ПУТИ БЛАЖЕНСТВА, НА ВСЕХ ДОРОГАХ ЕЕ – МИР.[3] СПРАВА ОТ НЕЕ – ДОЛГОЛЕТИЕ, СЛЕВА ОТ НЕЕ – БОГАТСТВО И ПОЧЕТ.[4] ГОСПОДЬ, ЖЕЛАЯ, ЧТОБЫ [НАРОД ИЗРАИЛЯ] ДОСТИГ ПРАВЕДНОСТИ, ВОЗВЕЛИЧИЛ И УКРЕПИЛ ТОРУ.[5]

Шулхан арух "Гарав:
1. Тому, кто вызван для чтения "Мафтира", следует начать благословение перед "Гафтарой" лишь после того, как свиток Торы свернули и надели на него чехол, – чтобы тот, кто совершает эти действия, тоже имел возможность слушать "Гафтару", ибо это такая же обязанность, как обязанность слушать недельные главы Торы.
2. Если в субботу читают две недельные главы Торы, то произносят ту "Гафтару", которая относится ко второй из них, за исключением субботы, когда читают главы "Ахарей" и "Кдошим", – в этом случае произносится "Гафтара", относящаяся к главе "Ахарей".
3. Не следует отвечать "амен" после слов "ИСТИНА И СПРАВЕДЛИВОСТЬ" в первом благословении после чтения "Гафтары", так как этими словами благословение не заканчивается.
4. В субботу, выпавшую на холь-гамоэд Песах, в благословении после чтения "Гафтары" о празднике не упоминают. В холь-гамоэд Сукот о празднике принято упоминать.
5. Книга Пророков, по которой читали "Гафтару", во время произнесения заключительных благословений должна находиться перед тем, кто читал ее, чтобы человек видел то, по поводу чего он произносит благословение.

Благословение перед "Гафтарой":

ברוך БЛАГОСЛОВЕН ТЫ, ГОСПОДЬ, БОГ НАШ, ВЛАДЫКА ВСЕЛЕННОЙ, КОТОРЫЙ ИЗБРАЛ ПРОРОКАМИ ДОСТОЙНЫХ И ПОЖЕЛАЛ, ЧТОБЫ ОНИ ПРОИЗНОСИЛИ СЛОВА ИСТИНЫ. БЛАГОСЛОВЕН ТЫ, ГОСПОДЬ, КОТОРОМУ УГОДНЫ ТОРА И МОШЕ, РАБ ЕГО, И ИЗРАИЛЬ, НАРОД ЕГО, И ПРОРОКИ ИСТИННЫЕ И ПРАВЕДНЫЕ!

Тот, кто читал "Гафтару", после чтения ее произносит следующее благословение:

ברוך БЛАГОСЛОВЕН ТЫ, ГОСПОДЬ, БОГ НАШ, ВЛАДЫКА ВСЕЛЕННОЙ, СОЗДАТЕЛЬ ВСЕХ МИРОВ, СПРАВЕДЛИВЫЙ КО ВСЕМ ПОКОЛЕНИЯМ, – БОГ, ВЕРНЫЙ СВОИМ ОБЕЩАНИЯМ, СКАЗАВШИЙ – И ИСПОЛНИВШИЙ, ИЗРЕКШИЙ – И ОСУЩЕСТВИВШИЙ, ВСЕ СЛОВА КОТОРОГО – ИСТИНА И СПРАВЕДЛИВОСТЬ.

נאמן ВЕРЕН ТЫ, ГОСПОДЬ, БОГ НАШ, [СВОИМ ОБЕЩАНИЯМ], И НАДЕЖНЫ СЛОВА ТВОИ, И НИ ОДНО СЛОВО ИЗ СКАЗАННОГО ТОБОЙ НЕ ОСТАНЕТСЯ НЕИСПОЛНЕННЫМ – ИБО ТЫ, ВСЕСИЛЬНЫЙ БОГ, – ВЛАДЫКА, ВЕРНЫЙ [СВОИМ СЛОВАМ] И МИЛОСЕРДНЫЙ. БЛАГОСЛОВЕН ТЫ, ГОСПОДЬ, – БОГ, КОТОРЫЙ ВЕРЕН ВСЕМ СВОИМ СЛОВАМ!

רחם СМИЛУЙСЯ НАД СИОНОМ, ИБО ОН – ДОМ ЖИЗНИ НАШЕЙ, И СПАСИ ЕГО, СКОРБЯЩЕГО ДУШОЮ, И ВОЗВЕСЕЛИ ВСКОРЕ, В НАШИ ДНИ. БЛАГОСЛОВЕН ТЫ, ГОСПОДЬ, РАДУЮЩИЙ СИОН ВОЗВРАЩЕНИЕМ ЕГО СЫНОВЕЙ!

---

1. Дварим, 4:44. 2. Мишлей, 3:18. 3. Мишлей, 3:17. 4. Мишлей, 3:16. 5. Йешаягу, 42:21.

שִׂמְּחֵנוּ, יְיָ אֱלֹהֵינוּ, בְּאֵלִיָּהוּ הַנָּבִיא עַבְדֶּךָ, וּבְמַלְכוּת בֵּית דָּוִד
מְשִׁיחֶךָ, בִּמְהֵרָה יָבֹא וְיָגֵל לִבֵּנוּ, עַל כִּסְאוֹ לֹא יֵשֶׁב זָר, וְלֹא
יִנְחֲלוּ עוֹד אֲחֵרִים אֶת כְּבוֹדוֹ, כִּי בְשֵׁם קָדְשְׁךָ נִשְׁבַּעְתָּ לּוֹ, שֶׁלֹּא יִכְבֶּה
נֵרוֹ לְעוֹלָם וָעֶד . בָּרוּךְ אַתָּה יְיָ, מָגֵן דָּוִד : ע״כ בת״ץ ובמנחת יו״כ

בכל שבתות השנה גם בשבת חול המועד אומרים זה:

עַל הַתּוֹרָה, וְעַל הָעֲבוֹדָה וְעַל הַנְּבִיאִים וְעַל יוֹם הַשַּׁבָּת הַזֶּה,
שֶׁנָּתַתָּ לָּנוּ יְיָ אֱלֹהֵינוּ לִקְדֻשָּׁה וְלִמְנוּחָה, לְכָבוֹד וּלְתִפְאָרֶת:
עַל הַכֹּל, יְיָ אֱלֹהֵינוּ אֲנַחְנוּ מוֹדִים לָךְ, וּמְבָרְכִים אוֹתָךְ, יִתְבָּרֵךְ שִׁמְךָ
בְּפִי כָל חַי תָּמִיד לְעוֹלָם וָעֶד . בָּרוּךְ אַתָּה יְיָ,*) מְקַדֵּשׁ הַשַּׁבָּת :

*) בשבת חוה״מ סוכות חותמים: מקדש השבת וישראל והזמנים.
בשלש רגלים אומרים זה:

עַל הַתּוֹרָה וְעַל הָעֲבוֹדָה וְעַל הַנְּבִיאִים (לשבת וְעַל יוֹם הַשַּׁבָּת הַזֶּה), וְעַל יוֹם

לפסח	לשבועות	לסוכות	לשמ״ע ול״ש״ת
חַג הַמַּצּוֹת הַזֶּה :	חַג הַשָּׁבוּעוֹת הַזֶּה :	חַג הַסֻּכּוֹת הַזֶּה :	שְׁמִינִי עֲצֶרֶת הַחַג הַזֶּה :

וְעַל יּוֹם טוֹב מִקְרָא קֹדֶשׁ הַזֶּה. שֶׁנָּתַתָּ לָּנוּ יְיָ אֱלֹהֵינוּ (לשבת לִקְדֻשָּׁה וְלִמְנוּחָה) לְשָׂשׂוֹן
לְשִׂמְחָה, לְכָבוֹד וּלְתִפְאָרֶת. עַל הַכֹּל, יְיָ אֱלֹהֵינוּ אֲנַחְנוּ מוֹדִים לָךְ, וּמְבָרְכִים אוֹתָךְ
יִתְבָּרֵךְ שִׁמְךָ בְּפִי כָל חַי תָּמִיד לְעוֹלָם וָעֶד . בָּרוּךְ אַתָּה יְיָ, מְקַדֵּשׁ (הַשַּׁבָּת וְ)יִשְׂרָאֵל וְהַזְּמַנִּים :

בראש השנה אומרים זה:

עַל הַתּוֹרָה וְעַל הָעֲבוֹדָה וְעַל הַנְּבִיאִים (לשבת וְעַל יוֹם הַשַּׁבָּת הַזֶּה) וְעַל יוֹם הַזִּכָּרוֹן הַזֶּה,
וְעַל יּוֹם טוֹב מִקְרָא קֹדֶשׁ הַזֶּה. שֶׁנָּתַתָּ לָּנוּ יְיָ אֱלֹהֵינוּ (לשבת לִקְדֻשָּׁה וְלִמְנוּחָה) לְכָבוֹד
וּלְתִפְאָרֶת. עַל הַכֹּל, יְיָ אֱלֹהֵינוּ אֲנַחְנוּ מוֹדִים לָךְ, וּמְבָרְכִים אוֹתָךְ, יִתְבָּרֵךְ שִׁמְךָ בְּפִי כָל חַי
תָּמִיד לְעוֹלָם וָעֶד , וּדְבָרְךָ מַלְכֵּנוּ אֱמֶת וְקַיָּם לָעַד . בָּרוּךְ אַתָּה יְיָ , מֶלֶךְ עַל כָּל הָאָרֶץ,
מְקַדֵּשׁ (הַשַּׁבָּת וְ)יִשְׂרָאֵל וְיוֹם הַזִּכָּרוֹן :

ביום הכפורים בשחרית אומרים זה:

עַל הַתּוֹרָה, וְעַל הָעֲבוֹדָה וְעַל הַנְּבִיאִים (לשבת וְעַל יוֹם הַשַּׁבָּת הַזֶּה) וְעַל יוֹם הַכִּפּוּרִים
הַזֶּה,וְעַל יוֹם סְלִיחַת הֶעָוֹן הַזֶּה, וְעַל יוֹם מִקְרָא קֹדֶשׁ הַזֶּה. שֶׁנָּתַתָּ לָּנוּ יְיָ אֱלֹהֵינוּ (לִקְדֻשָּׁה
וְלִמְנוּחָה) לִסְלִיחָה וְלִמְחִילָה וּלְכַפָּרָה, לְכָבוֹד וּלְתִפְאָרֶת . עַל הַכֹּל יְיָ אֱלֹהֵינוּ, אֲנַחְנוּ מוֹדִים לָךְ
וּמְבָרְכִים אוֹתָךְ, יִתְבָּרֵךְ שִׁמְךָ בְּפִי כָל חַי תָּמִיד לְעוֹלָם וָעֶד , וּדְבָרְךָ מַלְכֵּנוּ אֱמֶת וְקַיָּם לָעַד.
בָּרוּךְ אַתָּה יְיָ, מֶלֶךְ מוֹחֵל וְסוֹלֵחַ לַעֲוֹנוֹתֵינוּ, וְלַעֲוֹנוֹת עַמּוֹ בֵּית יִשְׂרָאֵל, וּמַעֲבִיר אַשְׁמוֹתֵינוּ
בְּכָל שָׁנָה וְשָׁנָה, מֶלֶךְ עַל כָּל הָאָרֶץ, מְקַדֵּשׁ (הַשַּׁבָּת וְ)יִשְׂרָאֵל וְיוֹם הַכִּפּוּרִים :

יְקוּם פֻּרְקָן מִן שְׁמַיָּא , חִנָּא וְחִסְדָּא ,
וְרַחֲמִין וְחַיִּין אֲרִיכִין, וּמְזוֹנָא

רויחא

שמחנו ВОЗВЕСЕЛИ НАС, ГОСПОДЬ, БОГ НАШ, [ПОСЛАВ НАМ] ПРОРОКА ЭЛИЯГУ, РАБА ТВОЕГО, И [ВОССТАНОВИВ] ЦАРСТВО ДАВИДА, ПОМАЗАННИКА ТВОЕГО; ДА ПРИДЕТ ОН ВСКОРЕ И ВОЗВЕСЕЛИТ НАШЕ СЕРДЦЕ; НЕ БУДЕТ ЧУЖОЙ ВОССЕДАТЬ НА ПРЕСТОЛЕ ЕГО, НЕ СТАНУТ БОЛЬШЕ ВЛАДЕТЬ ЕГО СЛАВОЙ ДРУГИЕ – ИБО СВОИМ СВЯТЫМ ИМЕНЕМ ПОКЛЯЛСЯ ТЫ ЕМУ, ЧТО СВЕЧА ЕГО НЕ ПОГАСНЕТ ВО ВЕКИ ВЕКОВ. БЛАГОСЛОВЕН ТЫ, ГОСПОДЬ, ЗАЩИТНИК ДАВИДА!

На этом заканчивается благословение, произносимое после чтения "Гафтары" в дни постов и в "Минху" Йом-Кипура.

В субботу продолжают:

על ЗА ТОРУ, И ЗА СЛУЖЕНИЕ В ХРАМЕ, И ЗА ПРОРОКОВ, И ЗА ЭТОТ СУББОТНИЙ ДЕНЬ, КОТОРЫЙ ТЫ ДАЛ НАМ, ГОСПОДЬ, БОГ НАШ, ДЛЯ СВЯТОСТИ И ДЛЯ ПОКОЯ, ДЛЯ СЛАВЫ И ДЛЯ ВЕЛИКОЛЕПИЯ, – ЗА ВСЕ ЭТО, ГОСПОДЬ, БОГ НАШ, МЫ БЛАГОДАРИМ И БЛАГОСЛОВЛЯЕМ ТЕБЯ. ДА БУДЕТ БЛАГОСЛОВЛЯЕМО ИМЯ ТВОЕ УСТАМИ ВСЕХ ЖИВУЩИХ – ВСЕГДА, ВО ВЕКИ ВЕКОВ. БЛАГОСЛОВЕН ТЫ, ГОСПОДЬ, ОСВЯЩАЮЩИЙ СУББОТУ (*в холь-гамоэд Сукот добавляют:* ИЗРАИЛЬ И ДНИ [ПРАЗДНИКОВ])!

В йом-тов (за исключением Рош-Гашана и Йом-Кипура) говорят:

על ЗА ТОРУ, И ЗА СЛУЖЕНИЕ В ХРАМЕ, И ЗА ПРОРОКОВ (*в субботу добавляют:* И ЗА ЭТОТ СУББОТНИЙ ДЕНЬ), И ЗА ЭТОТ ДЕНЬ...

в Песах:	в Шавуот:	в Сукот:	в Шмини-Ацерет и в Симхат-Тора:
...ПРАЗДНИКА МАЦОТ...	...ПРАЗДНИКА ШАВУОТ...	...ПРАЗДНИКА СУКОТ...	...ПРАЗДНИКА ШМИНИ-АЦЕРЕТ...

...ЭТОТ СВЯТОЙ ПРАЗДНИЧНЫЙ ДЕНЬ, КОТОРЫЙ ТЫ ДАЛ НАМ, ГОСПОДЬ, БОГ НАШ (*в субботу добавляют:* ДЛЯ СВЯТОСТИ И ПОКОЯ!, ДЛЯ ЛИКОВАНИЯ И ВЕСЕЛЬЯ, ДЛЯ СЛАВЫ И ВЕЛИКОЛЕПИЯ, – ЗА ВСЕ ЭТО, ГОСПОДЬ, БОГ НАШ, МЫ БЛАГОДАРИМ И БЛАГОСЛОВЛЯЕМ ТЕБЯ. ДА БУДЕТ БЛАГОСЛОВЛЯЕМО ИМЯ ТВОЕ УСТАМИ ВСЕХ ЖИВУЩИХ – ВСЕГДА, ВО ВЕКИ ВЕКОВ! БЛАГОСЛОВЕН ТЫ, ГОСПОДЬ, ОСВЯЩАЮЩИЙ (*в субботу добавляют:* СУББОТУ, И) ИЗРАИЛЬ, И ДНИ [ПРАЗДНИКОВ]!

В Рош-Гашана говорят:

על ЗА ТОРУ, И ЗА СЛУЖЕНИЕ В ХРАМЕ, И ЗА ПРОРОКОВ (*в субботу добавляют:* И ЗА ЭТОТ СУББОТНИЙ ДЕНЬ), И ЗА ЭТОТ ДЕНЬ ПАМЯТИ, ЭТОТ СВЯТОЙ ПРАЗДНИЧНЫЙ ДЕНЬ, КОТОРЫЙ ТЫ ДАЛ НАМ, ГОСПОДЬ, БОГ НАШ (*в субботу добавляют:* ДЛЯ СВЯТОСТИ И ПОКОЯ,) ДЛЯ ПРОЩЕНИЯ [ГРЕХОВ НАШИХ], ПОМИЛОВАНИЯ И ОЧИЩЕНИЯ, – ДЛЯ СЛАВЫ И ВЕЛИКОЛЕПИЯ, – ЗА ВСЕ ЭТО, ГОСПОДЬ, БОГ НАШ, МЫ БЛАГОДАРИМ И БЛАГОСЛОВЛЯЕМ ТЕБЯ. ДА БУДЕТ БЛАГОСЛОВЛЯЕМО ИМЯ ТВОЕ УСТАМИ ВСЕХ ЖИВУЩИХ – ВСЕГДА, ВО ВЕКИ ВЕКОВ. И СЛОВО ТВОЕ, ВЛАДЫКА НАШ, ИСТИННО И НЕПРЕЛОЖНО ВОВЕК. БЛАГОСЛОВЕН ТЫ, ГОСПОДЬ, ВЛАДЫКА ВСЕЙ ЗЕМЛИ, ОСВЯЩАЮЩИЙ (*в субботу добавляют:* СУББОТУ, И) ИЗРАИЛЬ, И ДЕНЬ ПАМЯТИ!

Во время утренней молитвы в Йом-Кипур говорят:

על ЗА ТОРУ, И ЗА СЛУЖЕНИЕ В ХРАМЕ, И ЗА ПРОРОКОВ (*в субботу добавляют:* И ЗА ЭТОТ СУББОТНИЙ ДЕНЬ), И ЗА ЭТОТ ДЕНЬ ОЧИЩЕНИЯ, ЭТОТ ДЕНЬ ПРОЩЕНИЯ ГРЕХОВ, ЭТОТ СВЯТОЙ ПРАЗДНИЧНЫЙ ДЕНЬ, КОТОРЫЙ ТЫ ДАЛ НАМ, ГОСПОДЬ, БОГ НАШ (*в субботу добавляют:* ДЛЯ СВЯТОСТИ И ПОКОЯ), ДЛЯ ПРОЩЕНИЯ [ГРЕХОВ НАШИХ], ПОМИЛОВАНИЯ И ОЧИЩЕНИЯ, – ДЛЯ СЛАВЫ И ВЕЛИКОЛЕПИЯ, – ЗА ВСЕ ЭТО, ГОСПОДЬ, БОГ НАШ, МЫ БЛАГОДАРИМ И БЛАГОСЛОВЛЯЕМ ТЕБЯ, ДА БУДЕТ БЛАГОСЛОВЛЯЕМО ИМЯ ТВОЕ УСТАМИ ВСЕГО ЖИВОГО – ВСЕГДА, ВО ВЕКИ ВЕКОВ. И СЛОВО ТВОЕ, ВЛАДЫКА НАШ, ИСТИННО И НЕПРЕЛОЖНО ВОВЕК. БЛАГОСЛОВЕН ТЫ, ГОСПОДЬ, ВЛАДЫКА МИЛУЮЩИЙ, И ПРОЩАЮЩИЙ ГРЕХИ НАШИ И ГРЕХИ ВСЕГО ДОМА ИЗРАИЛЯ, НАРОДА СВОЕГО, И СНИМАЮЩИЙ С НАС ВИНУ ИЗ ГОДА В ГОД, – ВЛАДЫКА ВСЕЙ ЗЕМЛИ, ОСВЯЩАЮЩИЙ (*в субботу добавляют:* СУББОТУ, И) ИЗРАИЛЬ, И ЙОМ-КИПУР!

יקום ДА БУДУТ ДАРОВАНЫ С НЕБЕС ИЗБАВЛЕНИЕ, МИЛОСТЬ, ЛЮБОВЬ, И МИЛОСЕРДИЕ, И ДОЛГОЛЕТИЕ, И ПРОПИ-

רְוִיחָא, וְסִיַּעְתָּא דִשְׁמַיָּא, וּבַרְיוּת גּוּפָא,
וּנְהוֹרָא מְעַלְּיָא. זַרְעָא חַיָּא וְקַיָּמָא,
זַרְעָא דִי לָא יִפְסוֹק וְדִי לָא יִבְטוֹל
מִפִּתְגָּמֵי אוֹרַיְתָא. לְמָרָנָן וְרַבָּנָן
חֲבוּרָתָא קַדִּישָׁתָא, דִי בְּאַרְעָא
דְיִשְׂרָאֵל, וְדִי בְּבָבֶל, לְרֵישֵׁי כַלָּה
וּלְרֵישֵׁי גָלְוָתָא, וּלְרֵישֵׁי מְתִיבָתָא,
וּלְדַיָּנֵי דְבָבָא. לְכָל תַּלְמִידֵיהוֹן וּלְכָל
תַּלְמִידֵי תַלְמִידֵיהוֹן, וּלְכָל מָאן
דְּעָסְקִין בְּאוֹרַיְתָא. מַלְכָּא דְעָלְמָא,
יְבָרֵךְ יָתְהוֹן, וְיַפִּישׁ חַיֵּיהוֹן, וְיַסְגֵּא
יוֹמֵיהוֹן. וְיִתֵּן אַרְכָא לִשְׁנֵיהוֹן.
וְיִתְפָּרְקוּן וְיִשְׁתֵּזְבוּן מִן כָּל עָקָא וּמִן
כָּל מַרְעִין בִּישִׁין. מָרָנָא דִי בִשְׁמַיָּא יְהֵא
בְּסַעְדְּהוֹן כָּל זְמַן וְעִדָּן. וְנֹאמַר אָמֵן:

יחיד המתפלל אינו אומר יקום פורקן זה ולא מי שברך.

יְקוּם פֻּרְקָן מִן שְׁמַיָּא, חִנָּא וְחִסְדָּא, וְרַחֲמִין וְחַיִּין
אֲרִיכִין, וּמְזוֹנָא רְוִיחָא, וְסִיַּעְתָּא דִשְׁמַיָּא, וּבַרְיוּת
גּוּפָא, וּנְהוֹרָא מְעַלְּיָא. זַרְעָא חַיָּא וְקַיָּמָא, זַרְעָא דִי
לָא יִפְסוֹק וְדִי לָא יִבְטוֹל מִפִּתְגָּמֵי אוֹרַיְתָא. לְכָל קְהָלָא

ТАНИЕ В ИЗОБИЛИИ, И ПОДДЕРЖКА ВСЕВЫШНЕГО, И ЗДОРО-

ВЬЕ, И ХОРОШЕЕ ЗРЕНИЕ, И ПОТОМСТВО ЗДОРОВОЕ И КРЕП-

КОЕ, ПОТОМСТВО, КОТОРОЕ НЕ ПРЕКРАТИТ И НЕ ПРЕРВЕТ

ИЗУЧЕНИЕ ТОРЫ, — НАСТАВНИКАМ И УЧИТЕЛЯМ СВЯТЫХ ОБ-

ЩИН В ЗЕМЛЕ ИЗРАИЛЯ И В ВАВИЛОНЕ, ГЛАВАМ СОБРАНИЙ

[ИЗУЧАЮЩИХ ТОРУ] , И РУКОВОДИТЕЛЯМ [НАРОДА, ПРЕ-

БЫВАЮЩЕГО В] ИЗГНАНИИ, И ГЛАВАМ ЙЕШИВОТ, И СУДЬЯМ,

[ЗАСЕДАЮЩИМ] У [ГОРОДСКИХ] ВОРОТ, И ВСЕМ ИХ УЧЕ-

НИКАМ, И ВСЕМ УЧЕНИКАМ ИХ УЧЕНИКОВ, И ВСЕМ, КТО

ИЗУЧАЕТ ТОРУ. ПУСТЬ ВЛАДЫКА ВСЕЛЕННОЙ БЛАГОСЛО-

ВИТ ИХ, ПРОДЛИТ ИХ ЖИЗНЬ, УМНОЖИТ ИХ ДНИ, ПОШЛЕТ

ИМ ДОЛГОЛЕТИЕ, И СПАСЕТ ИХ, И ИЗБАВИТ ОТ ВСЕХ БЕД И

ОТ ТЯЖКИХ НЕДУГОВ. ВЛАДЫКА НАШ, ПРЕБЫВАЮЩИЙ НА

НЕБЕСАХ, ПУСТЬ ПОМОГАЕТ ИМ ВСЕГДА, В ЛЮБУЮ ПОРУ.

И СКАЖЕМ: АМЕН!

Тот, кто молится без "миньяна", следующие две молитвы не произносит.

יְקוּם ДА БУДУТ ДАРОВАНЫ С НЕБЕС ИЗБАВЛЕНИЕ,

МИЛОСТЬ, ЛЮБОВЬ, И МИЛОСЕРДИЕ, И ДОЛГОЛЕТИЕ, И

ПРОПИТАНИЕ В ИЗОБИЛИИ, И ПОДДЕРЖКА ВСЕВЫШНЕГО,

И ЗДОРОВЬЕ, И ХОРОШЕЕ ЗРЕНИЕ, И ПОТОМСТВО ЗДОРО-

ВОЕ И КРЕПКОЕ, ПОТОМСТВО, КОТОРОЕ НЕ ПРЕКРАТИТ И

НЕ ПРЕРВЕТ ИЗУЧЕНИЕ ТОРЫ, — ВСЕЙ ЭТОЙ СВЯТОЙ

קַדִּישָׁא הָדֵין, רַבְרְבַיָּא עִם זְעֵרַיָּא, טַפְלָא וּנְשַׁיָּא.
מַלְכָּא דְעָלְמָא יְבָרֵךְ יַתְכוֹן,וְיַפִּישׁ חַיֵּיכוֹן, וְיַסְגֵּי יוֹמֵיכוֹן,
וְיִתֵּן אַרְכָא לִשְׁנֵיכוֹן, וְתִתְפָּרְקוּן, וְתִשְׁתֵּזְבוּן, מִן כָּל
עָקָא וּמִן כָּל מַרְעִין בִּישִׁין. מָרֵן דִּי בִשְׁמַיָּא, יְהֵא
בְסַעְדְּכוֹן, כָּל זְמַן וְעִדָּן, וְנֹאמַר אָמֵן:

מִי שֶׁבֵּרַךְ אֲבוֹתֵינוּ אַבְרָהָם יִצְחָק וְיַעֲקֹב, הוּא יְבָרֵךְ
אֶת כָּל הַקָּהָל הַקָּדוֹשׁ הַזֶּה, עִם כָּל קְהִלּוֹת הַקֹּדֶשׁ.
הֵם וּנְשֵׁיהֶם, וּבְנֵיהֶם וּבְנוֹתֵיהֶם, וְכָל אֲשֶׁר לָהֶם. וּמִי
שֶׁמְּיַחֲדִים בָּתֵּי כְנֵסִיּוֹת לִתְפִלָּה, וּמִי שֶׁבָּאִים בְּתוֹכָם
לְהִתְפַּלֵּל, וּמִי שֶׁנּוֹתְנִים נֵר לַמָּאוֹר וְיַיִן לְקִדּוּשׁ וּלְהַבְדָּלָה,
וּפַת לָאוֹרְחִים וּצְדָקָה לַעֲנִיִּים. וְכָל מִי שֶׁעוֹסְקִים בְּצָרְכֵי
צִבּוּר בֶּאֱמוּנָה, הַקָּדוֹשׁ בָּרוּךְ הוּא, יְשַׁלֵּם שְׂכָרָם, וְיָסִיר
מֵהֶם כָּל מַחֲלָה, וְיִרְפָּא לְכָל גּוּפָם, וְיִסְלַח לְכָל עֲוֹנָם,
וְיִשְׁלַח בְּרָכָה וְהַצְלָחָה בְּכָל מַעֲשֵׂה יְדֵיהֶם, עִם כָּל
יִשְׂרָאֵל אֲחֵיהֶם וְנֹאמַר אָמֵן:

תקנת אמירת תהלים בצבור

זה איזה שנים אשר בכמה קהלות ישראל, הן בבתי כנסיות
מתפללי נוסח אר"י והן בשאר בתי כנסיות, יסדו לומר בכל יום אחר
הפלת שחרית שיעור תהלים כפי שמתחלק לימי החדש, ואומרים ק"י
אחריו.

ובכל שבת קדש שמברכים בו החדש אומרים בהשכמה, קודם
התפלה, כל התהלים וק"י אח"ז, ואם יש היוב — יא"צ או אבל —
אומרים ק"י אחר כל ספר.

וגם בש"ק שלפני ר"ה נוהגין כן.

תקנה נוספת :

בימים שאין אומרים בהם תחנון ובמילא א"א למנצח גו' יענך, אומרים
אחר התפלה לפני אמירת תהלים את המזמור למנצח יענך, אבל לא בתור
סדר התפלה כי אם בסדר תחנונים.

ОБЩИНЕ, ВСЕМ, — ОТ МАЛА ДО ВЕЛИКА, ЖЕНЩИНАМ И ДЕТЯМ. ПУСТЬ
ВЛАДЫКА ВСЕЛЕННОЙ БЛАГОСЛОВИТ ИХ, ПРОДЛИТ ИХ ЖИЗНЬ, УМНО-
ЖИТ ИХ ДНИ, ПОШЛЕТ ИМ ДОЛГОЛЕТИЕ, И СПАСЕТ ИХ, И ИЗБАВИТ ОТ
ВСЕХ БЕД И ОТ ТЯЖКИХ НЕДУГОВ. ВЛАДЫКА НАШ, ПРЕБЫВАЮЩИЙ НА
НЕБЕСАХ, ПУСТЬ ПОМОГАЕТ ИМ ВСЕГДА, В ЛЮБУЮ ПОРУ. И СКАЖЕМ:
АМЕН!

מי ТОТ, КТО БЛАГОСЛОВИЛ НАШИХ ОТЦОВ — АВРАѓАМА, ИЦХАКА И
ЯАКОВА, БЛАГОСЛОВИТ И ВСЮ ЭТУ СВЯТУЮ ОБЩИНУ В ЧИСЛЕ ВСЕХ
СВЯТЫХ ОБЩИН. МУЖЕЙ И ЖЕН, ИХ СЫНОВЕЙ И ДОЧЕРЕЙ, И ВСЕ, ЧТО
ПРИНАДЛЕЖИТ ИМ; И ТЕХ, КТО ЖЕРТВУЕТ НА СТРОИТЕЛЬСТВО СИНА-
ГОГ, И ТЕХ, КТО МОЛИТСЯ В НИХ, И ТЕХ, КТО ЖЕРТВУЕТ СВЕЧИ ДЛЯ ИХ
ОСВЕЩЕНИЯ И ВИНО ДЛЯ ”КИДУША” И ”ѓАВДАЛЫ”, И ТЕХ, КТО ДАЕТ
ПИЩУ СТРАННИКАМ И МИЛОСТЫНЮ НИЩИМ, И ВСЕХ, КТО ДОБРОСОВЕСТ-
НО ЗАНИМАЕТСЯ ДЕЛАМИ ОБЩИНЫ. ПУСТЬ СВЯТОЙ ТВОРЕЦ, БЛАГО-
СЛОВЕН ОН, ВОЗНАГРАДИТ ИХ, И ОТВЕДЕТ ОТ НИХ ВСЕ БОЛЕЗНИ, И
ПОШЛЕТ ИСЦЕЛЕНИЕ ВСЕЙ ИХ ПЛОТИ, И ПРОСТИТ ИМ ВСЕ ИХ ГРЕХИ, И
ДАРУЕТ ИМ БЛАГОСЛОВЕНИЕ, И [ПОШЛЕТ] ИМ УДАЧУ ВО ВСЕХ ДЕЛАХ
РУК ИХ, ИМ И ВСЕМУ НАРОДУ ИЗРАИЛЯ, ИХ БРАТЬЯМ, — И СКАЖЕМ:
АМЕН!

ЧТЕНИЕ ПСАЛМОВ В ”МИНЬЯНЕ”

*В последнее время во многих общинах — как в тех, где молятся согласно нусаху ѓаари
так и в других, — принято каждый день после утренней молитвы (или после ”Мусафа” в
те дни, когда эта молитва произносится) читать отрывок из Книги Псалмов, разделенной
таким образом, чтобы в течение месяца была прочитана вся книга. После этого произносят
”Кадиш ятом” (тот, кто молится без ”миньяна”, тоже должен читать эти псалмы).*

*Каждую субботу перед рош-ходешем (и в субботу перед Рош-ѓашана) до утренней мо-
литвы читают всю Книгу Псалмов, после чего говорят ”Кадиш ятом”. Если среди присутствующих есть человек, на котором лежит обязанность говорить ”Кадиш ятом”, он произносит его после каждого из пяти разделов Книги Псалмов.*

*В те дни, когда не говорят псалом למנצח וגו' יענך ("ХВАЛЕБНАЯ ПЕСНЬ О ДАВИ-
ДЕ. ДА ОТВЕТИТ...", стр. 71–72), т.е. во всякий день, когда не говорят ”Таханун”, —
этот псалом произносят после утренней молитвы, в начале чтения псалмов. Кроме того,
принято ежедневно произносить псалом, порядковый номер которого соответствует воз-
расту молящегося; так, тот, кому пошел двадцатый год, читает двадцатый псалом.*

לדעת החדשים המלאים לעולם והחסרים לעולם

ניסן · סיון · אב · תשרי · שבט · אדר ראשון · (במעוברות) מלאים לעולם · ר"ל של ל' יום ·
אייר · תמוז · אלול · טבת · אדר · (הסמוך לניסן) חסרים לעולם · ר"ל של כ"ט יום · חשוון ·
כסליו · פעמים שניהם מלאים · ואז נקראת השנה שלימה · ופעמים שניהם חסרים ואז נקראת השנה
חסירה · ופעמים שחשוון חסר וכסליו מלא ואז נקראת כסדרה ר"ל שינוטא החדשים על הסדר מלא
וחסר, מלא וחסר :

לדעת החדשים שלעולם אינם ר"ח כ"א יום אחד ואותם שלעולם הם שני ימים

ניסן·סיון ·אב·תשרי·שבט · לעולם ר"ח יום אחד בלבד · אייר · תמוז · אלול · חשוון · אדר ·
ואדר · לעולם ר"ח ב' ימים · כסליו וטבת · לפעמים ב' ימים ולפעמים יום א' בלבד · כשחל כשחשוון
וכסליו שניהם מלאים אז יהיו כסליו וטבת ב' ימים ר"ח · וכשיהיו שניהם חסרים אז לא יהיו כ"א יום
אחד · וכשיהיו אחד חסר ואחד מלא אז יהיה כסליו יום א' ר"ח וטבת ב' ימים :

ברכת החודש

נכון לדעת זמן המולד קודם שמברכין החודש :

מִי שֶׁעָשָׂה נִסִּים לַאֲבוֹתֵינוּ , וְגָאַל
אוֹתָם מֵעַבְדוּת לְחֵרוּת , הוּא
יִגְאַל אוֹתָנוּ בְּקָרוֹב , וִיקַבֵּץ נִדָּחֵינוּ
מֵאַרְבַּע כַּנְפוֹת הָאָרֶץ , חֲבֵרִים כָּל
יִשְׂרָאֵל , וְנֹאמַר אָמֵן :

רֹאשׁ חֹדֶשׁ (פלוני) בְּיוֹם (פלוני) הַבָּא עָלֵינוּ לְטוֹבָה :

יְחַדְּשֵׁהוּ הַקָּדוֹשׁ בָּרוּךְ הוּא עָלֵינוּ , וְעַל כָּל
עַמּוֹ בֵּית יִשְׂרָאֵל , לְחַיִּים וּלְשָׁלוֹם,
לְשָׂשׂוֹן וּלְשִׂמְחָה , לִישׁוּעָה וּלְנֶחָמָה,
וְנֹאמַר אָמֵן : אשרי

אֵב הרחמים אומרים בכל שבת לנד כשמברכין החודש · וכשאין אומרים תחנון אין אומרים אותו ·
כשמברכין ר"ח סיון אומרים אותו :

אַב הָרַחֲמִים שׁוֹכֵן מְרוֹמִים , בְּרַחֲמָיו הָעֲצוּמִים , הוּא
יִפְקוֹד בְּרַחֲמִים , הַחֲסִידִים וְהַיְשָׁרִים וְהַתְּמִימִים ,
קהלות

МЕСЯЦЫ ПОЛНЫЕ И НЕПОЛНЫЕ

Месяцы нисан, сиван, ав, тишрей, шват и адар-ришон всегда полные, т. е. состоят из тридцати дней. Ияр, тамуз, элул, тевет, а также адар в обычный год и адар-шейни – в високосный всегда неполные, т. е. состоят из 29 дней. Хешван и кислев бывают иногда полными, иногда неполными. Год, когда оба этих месяца полные, называется полным; когда оба они неполные, называется неполным. Год, когда хешван полный, а кислев неполный, называется регулярным, ибо в этом случае полные и неполные месяцы чередуются.

В месяцы нисан, сиван, ав, тишрей и шват рош-ходеш состоит из одного дня. В ияр, тамуз, элул, хешван, адар-ришон и адар-шейни – из двух. В кислев и тевет – иногда из одного дня, иногда из двух: если оба эти месяца полные, то рош-ходеш каждого состоит из двух дней; если оба неполные, то из одного; если один из них полный, а другой неполный, то рош-ходеш месяца кислев состоит из одного дня, а рош-ходеш месяца тевет – из двух.

БЛАГОСЛОВЕНИЕ НАСТУПАЮЩЕГО МЕСЯЦА

Приступая к благословению наступающего месяца, человек должен знать точное время новолуния.

מי ТОТ, КТО ТВОРИЛ ЧУДЕСА ДЛЯ НАШИХ ОТЦОВ И ВЫВЕЛ ИХ ИЗ РАБСТВА НА СВОБОДУ, СПАСЕТ ВСКОРЕ И НАС И СОБЕРЕТ НАС, ИЗГНАННИКОВ, С ЧЕТЫРЕХ СТОРОН СВЕТА, ЧТОБЫ ОБЪЕДИНИЛСЯ ВЕСЬ НАРОД ИЗРАИЛЯ. И СКАЖЕМ: АМЕН!

ראש РОШ-ХОДЕШ (*произносится название месяца*) [БУДЕТ] В (*называется день или дни недели, на которые выпал рош-ходеш*). ПУСТЬ ПРИНЕСЕТ НАМ [ЭТОТ МЕСЯЦ] ДОБРО.

יחדשהו ПУСТЬ СВЯТОЙ ТВОРЕЦ, БЛАГОСЛОВЕН ОН, ОБНО-ВИТ ЕГО ДЛЯ НАС И ДЛЯ ВСЕГО НАРОДА СВОЕГО, ДОМА ИЗРА-ИЛЯ, ДЛЯ ЖИЗНИ И ДЛЯ МИРА, НА РАДОСТЬ И ВЕСЕЛЬЕ, ДЛЯ СПАСЕНИЯ И УТЕШЕНИЯ. И СКАЖЕМ: АМЕН!

Далее произносят אשרי ("СЧАСТЛИВЫ...", стр. 192). Следующую молитву произносят в каждую субботу, кроме субботы, когда благословляют новый месяц (за исключением месяца сиван), а также субботы, совпавшей с днем, когда не говорят "Таханун".

אב ОТЕЦ, [ПРЕИСПОЛНЕННЫЙ] МИЛОСЕРДИЯ, ОБИТАЮЩИЙ В ВЫСОТАХ, — ПО ВЕЛИКОЙ МИЛОСТИ СВОЕЙ ПУСТЬ ВСПОМНИТ ОН С СОСТРАДАНИЕМ БЛАГОЧЕСТИВЫХ, ПРЯМОДУШНЫХ И НЕПОРОЧНЫХ

קְהִלּוֹת הַקֹּדֶשׁ שֶׁמָּסְרוּ נַפְשָׁם עַל קְדֻשַּׁת הַשֵּׁם, הַנֶּאֱהָבִים וְהַנְּעִימִים בְּחַיֵּיהֶם, וּבְמוֹתָם לֹא נִפְרָדוּ. מִנְּשָׁרִים קַלּוּ, וּמֵאֲרָיוֹת גָּבֵרוּ, לַעֲשׂוֹת רְצוֹן קוֹנָם וְחֵפֶץ צוּרָם. יִזְכְּרֵם אֱלֹהֵינוּ לְטוֹבָה, עִם שְׁאָר צַדִּיקֵי עוֹלָם, וְיִנְקוֹם נִקְמַת דַּם עֲבָדָיו הַשָּׁפוּךְ. כַּכָּתוּב בְּתוֹרַת מֹשֶׁה אִישׁ הָאֱלֹהִים: הַרְנִינוּ גוֹיִם עַמּוֹ, כִּי דַם עֲבָדָיו יִקּוֹם, וְנָקָם יָשִׁיב לְצָרָיו, וְכִפֶּר אַדְמָתוֹ עַמּוֹ. וְעַל יְדֵי עֲבָדֶיךָ הַנְּבִיאִים כָּתוּב לֵאמֹר: וְנִקֵּיתִי דָמָם לֹא נִקֵּיתִי, וַיְיָ שֹׁכֵן בְּצִיּוֹן. וּבְכִתְבֵי הַקֹּדֶשׁ נֶאֱמַר: לָמָּה יֹאמְרוּ הַגּוֹיִם אַיֵּה אֱלֹהֵיהֶם, יִוָּדַע בַּגּוֹיִם לְעֵינֵינוּ נִקְמַת דַּם עֲבָדֶיךָ הַשָּׁפוּךְ. וְאוֹמֵר: כִּי דֹרֵשׁ דָּמִים אוֹתָם זָכָר, לֹא שָׁכַח צַעֲקַת עֲנָוִים. וְאוֹמֵר: יָדִין בַּגּוֹיִם מָלֵא גְוִיּוֹת מָחַץ רֹאשׁ עַל אֶרֶץ רַבָּה. מִנַּחַל בַּדֶּרֶךְ יִשְׁתֶּה, עַל כֵּן יָרִים רֹאשׁ:

אַשְׁרֵי יוֹשְׁבֵי בֵיתֶךָ, עוֹד יְהַלְלוּךָ סֶּלָה: אַשְׁרֵי הָעָם שֶׁכָּכָה לּוֹ, אַשְׁרֵי הָעָם שֶׁיְיָ אֱלֹהָיו: תְּהִלָּה לְדָוִד, אֲרוֹמִמְךָ אֱלוֹהַי הַמֶּלֶךְ, וַאֲבָרְכָה שִׁמְךָ לְעוֹלָם וָעֶד: בְּכָל יוֹם אֲבָרְכֶךָּ, וַאֲהַלְלָה שִׁמְךָ לְעוֹלָם וָעֶד: גָּדוֹל יְיָ וּמְהֻלָּל מְאֹד, וְלִגְדֻלָּתוֹ אֵין חֵקֶר: דּוֹר לְדוֹר יְשַׁבַּח מַעֲשֶׂיךָ, וּגְבוּרֹתֶיךָ יַגִּידוּ: הֲדַר כְּבוֹד הוֹדֶךָ, וְדִבְרֵי נִפְלְאֹתֶיךָ אָשִׂיחָה: וֶעֱזוּז נוֹרְאֹתֶיךָ יֹאמֵרוּ, וּגְדֻלָּתְךָ אֲסַפְּרֶנָּה: זֵכֶר רַב טוּבְךָ יַבִּיעוּ, וְצִדְקָתְךָ יְרַנֵּנוּ: חַנּוּן וְרַחוּם יְיָ, אֶרֶךְ אַפַּיִם וּגְדָל חָסֶד: טוֹב יְיָ לַכֹּל, וְרַחֲמָיו עַל כָּל מַעֲשָׂיו: יוֹדוּךָ יְיָ כָּל מַעֲשֶׂיךָ, וַחֲסִידֶיךָ יְבָרְכוּכָה: כְּבוֹד מַלְכוּתְךָ יֹאמֵרוּ, וּגְבוּרָתְךָ יְדַבֵּרוּ: לְהוֹדִיעַ לִבְנֵי הָאָדָם גְּבוּרֹתָיו, וּכְבוֹד הֲדַר מַלְכוּתוֹ: מַלְכוּתְךָ מַלְכוּת כָּל עֹלָמִים, וּמֶמְשַׁלְתְּךָ בְּכָל דּוֹר וָדֹר: סוֹמֵךְ יְיָ לְכָל הַנֹּפְלִים, וְזוֹקֵף לְכָל הַכְּפוּפִים: עֵינֵי כֹל אֵלֶיךָ יְשַׂבֵּרוּ, וְאַתָּה נוֹתֵן לָהֶם אֶת אָכְלָם בְּעִתּוֹ: פּוֹתֵחַ אֶת יָדֶךָ, וּמַשְׂבִּיעַ לְכָל חַי רָצוֹן: צַדִּיק יְיָ בְּכָל דְּרָכָיו, וְחָסִיד בְּכָל מַעֲשָׂיו: קָרוֹב יְיָ לְכָל קֹרְאָיו, לְכֹל אֲשֶׁר יִקְרָאֻהוּ בֶאֱמֶת: רְצוֹן יְרֵאָיו יַעֲשֶׂה, וְאֶת שַׁוְעָתָם יִשְׁמַע וְיוֹשִׁיעֵם: שׁוֹמֵר יְיָ אֶת כָּל אֹהֲבָיו, וְאֵת כָּל הָרְשָׁעִים יַשְׁמִיד: תְּהִלַּת יְיָ יְדַבֶּר פִּי, וִיבָרֵךְ כָּל בָּשָׂר שֵׁם קָדְשׁוֹ לְעוֹלָם וָעֶד: וַאֲנַחְנוּ נְבָרֵךְ יָהּ, מֵעַתָּה וְעַד עוֹלָם הַלְלוּיָהּ:

תי"א א) דברים לב מג: ב) יואל ד כא: ג) תהלים שם י: ד) שם פ יג: ה) שם קי ו ז:

— ВСЕ ОБЩИНЫ СВЯТЫХ, ОТДАВШИХ СВОИ ЖИЗНИ ДЛЯ ОСВЯЩЕНИЯ
ИМЕНИ [ВСЕВЫШНЕГО]. СТРЕМИТЕЛЬНЫ, КАК ОРЛЫ, И МОГУЧИ, СЛОВ-
НО ЛЬВЫ, БЫЛИ ОНИ, ИСПОЛНЯЯ ВОЛЮ ТВОРЦА СВОЕГО, ЖЕЛАНИЕ
СВОЕГО СОЗДАТЕЛЯ. ДА ВСПОМНИТ БОГ НАШ БЛАГОСКЛОННО И ИХ, И
ВСЕХ ПРАВЕДНИКОВ МИРА И ОТОМСТИТ ЗА ПРОЛИТУЮ КРОВЬ РАБОВ
СВОИХ, — КАК ЗАПИСАЛ В ТОРЕ МОШЕ, ИЗБРАННИК БОГА: ”ЛИКУЙТЕ,
ВСЕ КОЛЕНА [ИЗРАИЛЯ], НАРОДА ЕГО! ИБО ОТОМСТИТ ОН ЗА КРОВЬ
РАБОВ СВОИХ, ОБРУШИТ ВОЗМЕЗДИЕ НА ИХ ВРАГОВ И УТЕШИТ ЗЕМЛЮ
СВОЮ И НАРОД СВОЙ”.[1] И НАПИСАНО ПРОРОКАМИ, РАБАМИ ТВОИМИ:
≪”И ПРОЩУ Я [ВСЕМ ПЛЕМЕНАМ ИХ ГРЕХИ], НО КРОВИ [НАРОДА МО-
ЕГО, ПРОЛИТОЙ ИМИ], НЕ ПРОЩУ”, — СКАЗАЛ ГОСПОДЬ, ОБИТАЮЩИЙ В
СИОНЕ≫.[2] И В СВЯТЫХ ПИСАНИЯХ СКАЗАНО: ≪ЗАЧЕМ [ДОПУСКАТЬ],
ЧТОБЫ НАРОДЫ ГОВОРИЛИ: ”ГДЕ ЖЕ БОГ ИХ?” ПУСТЬ СТАНЕТ ИЗВЕСТ-
НО ОБ ЭТОМ НАРОДАМ, И ДА УВИДИМ МЫ ЭТО СВОИМИ ГЛАЗАМИ:
ОТМЩЕНИЕ ЗА ПРОЛИТУЮ КРОВЬ РАБОВ ТВОИХ≫.[3] И СКАЗАНО: ”ИБО ОН
ВЗЫСКИВАЕТ ЗА КРОВЬ И ПОМНИТ О НЕЙ, НЕ ЗАБЫВАЕТ СТОНЫ СТРА-
ДАЛЬЦЕВ”.[4] И СКАЗАНО: ”БУДЕТ СУДИТЬ ОН НАРОДЫ ЗА ВЕЛИКОЕ
МНОЖЕСТВО УБИТЫХ ИМИ, ПОКАРАЕТ ПРАВИТЕЛЕЙ МОГУЩЕСТВЕННЫХ
ГОСУДАРСТВ, КОТОРЫЕ ГОРДЯТСЯ ТЕМ, ЧТО ПЬЮТ ИЗ РЕКИ ИЗОБИЛИЯ,
ПРОТЕКАЮЩЕЙ ПО ИХ ЗЕМЛЕ”.[5]

אשרי СЧАСТЛИВЫ НАХОДЯЩИЕСЯ В ХРАМЕ ТВОЕМ, ВОВЕК ОНИ БУДУТ ХВАЛИТЬ
ТЕБЯ![6] СЧАСТЛИВ НАРОД, ЧЕЙ УДЕЛ ТАКОВ, СЧАСТЛИВ НАРОД, ЧЕЙ БОГ – ГОС-
ПОДЬ![7] ХВАЛЕБНАЯ ПЕСНЬ ДАВИДА. ПРЕВОЗНЕСУ ТЕБЯ, ВЛАДЫКА, БОГ МОЙ, И
БУДУ БЛАГОСЛОВЛЯТЬ ИМЯ ТВОЕ ВО ВЕКИ ВЕКОВ! ЕЖЕДНЕВНО БУДУ БЛАГО-
СЛОВЛЯТЬ ТЕБЯ И ВОСХВАЛЯТЬ ВО ВЕКИ ВЕКОВ ИМЯ ТВОЕ! ВЕЛИК ГОСПОДЬ, И
ВЕЛИКА СЛАВА ЕГО, И ВЕЛИЧИЕ ЕГО НЕПОСТИЖИМО. ОТ ПОКОЛЕНИЯ К ПОКОЛЕ-
НИЮ БУДЕТ ПЕРЕДАВАТЬСЯ ХВАЛА ТЕБЕ ЗА ТВОИ ДЕЯНИЯ, И О МОГУЩЕСТВЕ ТВО-
ЕМ БУДУТ ПОВЕСТВОВАТЬ. О ВЕЛИКОЛЕПИИ СЛАВЫ ТВОЕЙ И О ЧУДЕСНЫХ ТВОИХ
ДЕЯНИЯХ Я РАССКАЖУ. О ГРОЗНОЙ МОЩИ ТВОЕЙ БУДУТ ГОВОРИТЬ, И Я ПОВЕДАЮ
О ВЕЛИЧИИ ТВОЕМ. ВОСПОМИНАНИЯ О ВЕЛИКОЙ МИЛОСТИ ТВОЕЙ ПЕРЕДАДУТ
ОНИ [СВОИМ ДЕТЯМ] И СПРАВЕДЛИВОСТЬ ТВОЮ ВОСПОЮТ. МИЛОСЕРДЕН И МИ-
ЛОСТИВ ГОСПОДЬ, ДОЛГОТЕРПЕЛИВ, ЕГО ЛЮБОВЬ БЕЗГРАНИЧНА. ДОБР ГОСПОДЬ
К КАЖДОМУ И МИЛОСЕРДЕН КО ВСЕМ СВОИМ СОЗДАНИЯМ. БУДУТ БЛАГОДАРИТЬ
ТЕБЯ, ГОСПОДЬ, ВСЕ СОЗДАНИЯ ТВОИ, И ЛЮБЯЩИЕ ТЕБЯ БУДУТ ТЕБЯ БЛАГО-
СЛОВЛЯТЬ. О СЛАВЕ ЦАРСТВА ТВОЕГО ПОВЕДАЮТ И О ВЕЛИЧИИ ТВОЕМ РАС-
СКАЖУТ, ЧТОБЫ СТАЛО ИЗВЕСТНО ЛЮДЯМ О МОГУЩЕСТВЕ И О СЛАВНОМ ВЕЛИ-
КОЛЕПИИ ЦАРСТВА [ВСЕВЫШНЕГО]. ЦАРСТВО ТВОЕ – ВЕЧНОЕ ЦАРСТВО, И
ВЛАСТЬ ТВОЯ – НАД ВСЕМИ ПОКОЛЕНИЯМИ. ПОДДЕРЖИВАЕТ ГОСПОДЬ ВСЕХ
ПАДАЮЩИХ И РАСПРЯМЛЯЕТ ВСЕХ СОГБЕННЫХ. ГЛАЗА ВСЕХ УСТРЕМЛЕНЫ НА
ТЕБЯ, И ТЫ ДАЕШЬ ПИЩУ [КАЖДОМУ СОЗДАНИЮ] ВОВРЕМЯ. РАСКРЫВАЕШЬ ТЫ
ЛАДОНЬ СВОЮ И ЩЕДРО НАСЫЩАЕШЬ ВСЕ ЖИВОЕ. СПРАВЕДЛИВ ГОСПОДЬ ВО
ВСЕМ, ЧТО ВЕРШИТ, И МИЛОСТИВ ВО ВСЕХ СВОИХ ДЕЯНИЯХ. БЛИЗОК ГОСПОДЬ
КО ВСЕМ, ВЗЫВАЮЩИМ К НЕМУ, КО ВСЯКОМУ, КТО ИСКРЕННЕ ЕМУ МОЛИТСЯ.
ЖЕЛАНИЕ БОЯЩИХСЯ ЕГО ИСПОЛНИТ ОН, УСЛЫШИТ ИХ ВОПЛЬ И СПАСЕТ ИХ.
ОХРАНЯЕТ ГОСПОДЬ ВСЕХ ЛЮБЯЩИХ ЕГО, А ВСЕХ ЗЛОДЕЕВ УНИЧТОЖИТ. ХВАЛУ
ГОСПОДУ ПРОИЗНЕСУТ УСТА МОИ, И ВСЕ ЖИВОЕ БУДЕТ БЛАГОСЛОВЛЯТЬ ЕГО
СВЯТОЕ ИМЯ ВО ВЕКИ ВЕКОВ.[8] И МЫ БУДЕМ БЛАГОСЛОВЛЯТЬ БОГА ОТНЫНЕ И
ВОВЕК; ВОСХВАЛИТЕ БОГА![9]

---

1. Дварим, 32:43. 2. Йоэль, 4:21. 3. Теѓилим, 79:10. 4. Теѓилим, 9:13. 5. Теѓилим, 110:6,7.
6. Теѓилим, 84:5. 7. Теѓилим, 144:15. 8. Теѓилим, 145. 9. Теѓилим, 115:18.

כשמכניסין הספר תורה להיכל אומרים זה:

חַזָּן יְהַלְלוּ אֶת שֵׁם יְיָ, כִּי נִשְׂגָּב שְׁמוֹ לְבַדּוֹ:

והקהל אומרים הוֹדוֹ עַל אֶרֶץ וְשָׁמָיִם: וַיָּרֶם קֶרֶן לְעַמּוֹ, תְּהִלָּה לְכָל חֲסִידָיו, לִבְנֵי יִשְׂרָאֵל עַם קְרוֹבוֹ, הַלְלוּיָהּ:

הש"ץ אומר חצי קדיש:

(שו"ע) (א) אין לאחר תפלת מוסף יותר משבע שעות על היום דחיינו שעה אחר חצות :ותמאחר כל כך נקרא פושע ואף על פי כן יוצא ידי חובתו מפני שזמנה כל היום כו' ואם שכח ולא התפלל אותה עד שחשיכה אין לה תשלומין כמו שיש לשאר תפלות: (ב) ואם עבר והתפלל אותה קודם שהתפלל שחרית יצא : (ג) מותר לטעום אחר תפלת שחרית קודם תפלת המוספין כמו שמותר למעום קודם תפלת המנחה משהגיע זמנה דהיינו אכילת פירות אפילו הרבה כדי לסעוד חלב ופת כביצה ולא יותר ובלבד שיקדש מתחלה וישתה רביעית יין או יאכל כזית מחמשת המינין אחר הקידוש סיד:

מוּסָף לְשַׁבָּת וּלְשַׁבָּת רֹאשׁ חֹדֶשׁ

אֲדֹנָי, שְׂפָתַי תִּפְתָּח וּפִי יַגִּיד תְּהִלָּתֶךָ:

בָּרוּךְ אַתָּה יְיָ אֱלֹהֵינוּ וֵאלֹהֵי אֲבוֹתֵינוּ, אֱלֹהֵי אַבְרָהָם אֱלֹהֵי יִצְחָק וֵאלֹהֵי יַעֲקֹב, הָאֵל הַגָּדוֹל הַגִּבּוֹר וְהַנּוֹרָא, אֵל עֶלְיוֹן, גּוֹמֵל חֲסָדִים טוֹבִים, קֹנֵה הַכֹּל, וְזוֹכֵר חַסְדֵי אָבוֹת, וּמֵבִיא גוֹאֵל לִבְנֵי בְנֵיהֶם לְמַעַן שְׁמוֹ בְּאַהֲבָה:

בש"ת זָכְרֵנוּ לְחַיִּים,מֶלֶךְ חָפֵץ בַּחַיִּים,וְכָתְבֵנוּ בְּסֵפֶר הַחַיִּים,לְמַעַנְךָ אֱלֹהִים חַיִּים. מֶלֶךְ עוֹזֵר וּמוֹשִׁיעַ וּמָגֵן . בָּרוּךְ אַתָּה יְיָ, מָגֵן אַבְרָהָם:

אַתָּה גִבּוֹר לְעוֹלָם אֲדֹנָי, מְחַיֵּה מֵתִים אַתָּה רַב לְהוֹשִׁיעַ.

בחורף מַשִּׁיב הָרוּחַ וּמוֹרִיד הַגֶּשֶׁם . בקיץ מוֹרִיד הַטָּל :

מְכַלְכֵּל חַיִּים בְּחֶסֶד, מְחַיֵּה מֵתִים בְּרַחֲמִים רַבִּים, סוֹמֵךְ נוֹפְלִים, וְרוֹפֵא חוֹלִים, וּמַתִּיר אֲסוּרִים, וּמְקַיֵּם אֱמוּנָתוֹ לִישֵׁנֵי עָפָר . מִי כָמוֹךָ בַּעַל גְּבוּרוֹת וּמִי דּוֹמֶה לָּךְ , מֶלֶךְ מֵמִית וּמְחַיֶּה וּמַצְמִיחַ יְשׁוּעָה:

בש"ת מִי כָמוֹךָ אַב הָרַחֲמִים זוֹכֵר יְצוּרָיו לְחַיִּים בְּרַחֲמִים:

וְנֶאֱמָן אַתָּה לְהַחֲיוֹת מֵתִים . בָּרוּךְ אַתָּה יְיָ, מְחַיֵּה הַמֵּתִים:

בחזרת הש"ץ אומרים כאן קדושה:

כֶּתֶר יִתְּנוּ לְךָ יְיָ אֱלֹהֵינוּ מַלְאָכִים הֲמוֹנֵי מַעְלָה וְעַמְּךָ יִשְׂרָאֵל קְבוּצֵי מַטָּה, יַחַד כֻּלָּם קְדֻשָּׁה לְךָ יְשַׁלֵּשׁוּ, כַּכָּתוּב עַל יַד נְבִיאֶךָ וְקָרָא זֶה אֶל זֶה וְאָמַר: קהל קָדוֹשׁ קָדוֹשׁ קָדוֹשׁ יְיָ צְבָאוֹת מְלֹא כָל הָאָרֶץ כְּבוֹדוֹ . חזן כְּבוֹדוֹ מָלֵא עוֹלָם, מְשָׁרְתָיו שׁוֹאֲלִים זֶה לָזֶה

Когда возвращает свиток Торы в ковчег, хазан говорит:

יהללו ДА ВОСХВАЛЯТ ОНИ ИМЯ ГОСПОДА, ИБО ЛИШЬ ЕГО ИМЯ ПРЕВОЗНЕСЕНО НАДО ВСЕМ![1]

Община отвечает:

הודו И СЛАВА ЕГО – НА ЗЕМЛЕ И НА НЕБЕ. И УКРЕПИТ ОН МОЩЬ НАРОДА СВОЕГО, ПРОСЛАВИТ ВСЕХ, КТО ЛЮБИТ ЕГО, – СЫНОВ ИЗРАИЛЯ, НАРОД, КОТОРЫЙ ОН ПРИБЛИЗИЛ К СЕБЕ. ВОСХВАЛИТЕ БОГА![2]

Хазан произносит "Хаци-кадиш", стр. 42.

Шулхан арух Гарав:

1. Молитва "Мусаф" должна быть завершена не позже чем через час после полудня. Тот, кто не помолился до истечения этого срока, нарушает закон; тем не менее, тому, кто произнес "Мусаф" до захода солнца, эта молитва засчитывается. Тот, кто не произнес "Мусаф" до захода солнца, не может исправить свою ошибку повторным чтением "Шмонэ-эсрэ" в вечерней молитве, тогда как пропустившему утреннюю, послеполуденную или вечернюю молитву следует повторно прочитать "Шмонэ-эсрэ" в молитве, следующей за пропущенной.

2. Тому, кто произнес "Мусаф" перед утренней молитвой, "Мусаф" засчитывается, несмотря на то, что так поступать не следует.

3. Между утренней молитвой и "Мусафом" разрешается есть то же, что и перед "Минхой" после того, как время этой молитвы наступило: плоды — без ограничений, хлеб — не более, чем "кебейца" (56 см³). Перед этим следует совершить "Кидуш". Сразу после "Кидуша" необходимо выпить как минимум "ревиит" (86 миллилитров) вина или съесть "кезайт" (28 см³) пищи, приготовленной из зерен или муки пяти видов злаков (см. стр. 87).

"МУСАФ" ДЛЯ ОБЫЧНОЙ СУББОТЫ И ДЛЯ СУББОТЫ, СОВПАДАЮЩЕЙ С РОШ-ХОДЕШЕМ

אדני ГОСПОДЬ, ДАЙ МНЕ СИЛЫ МОЛИТЬСЯ ПРЕД ТОБОЙ, [ПРОСТИВ МНЕ ГРЕХИ], И УСТА МОИ ВОССЛАВЯТ ТЕБЯ.[3]

ברוך БЛАГОСЛОВЕН ТЫ, ГОСПОДЬ, БОГ НАШ И БОГ ОТЦОВ НАШИХ, БОГ АВРАГАМА, БОГ ИЦХАКА И БОГ ЯАКОВА, БОГ ВЕЛИКИЙ, МОГУЧИЙ И ГРОЗНЫЙ, ВСЕВЫШНИЙ БОГ, ДАРУЮЩИЙ БЛАГА, СОТВОРИВШИЙ ВСЕ, И ПОМНЯЩИЙ ДОБРЫЕ ДЕЛА ОТЦОВ, И ПО ЛЮБВИ СВОЕЙ ПОСЫЛАЮЩИЙ ИЗБАВИТЕЛЯ СЫНОВЬЯМ ИХ СЫНОВЕЙ РАДИ ИМЕНИ СВОЕГО!

В "десять дней раскаяния" говорят:

זכרנו ВСПОМНИ НАС, ЧТОБЫ ДАРОВАТЬ НАМ ЖИЗНЬ, ВЛАДЫКА, КОТОРОМУ УГОДНА ЖИЗНЬ, И ЗАПИШИ НАС В КНИГУ ЖИЗНИ РАДИ СЕБЯ, БОГ ЖИЗНИ!

מלך [ТЫ –] ВЛАДЫКА, КОТОРЫЙ ПОМОГАЕТ, СПАСАЕТ И ЗАЩИЩАЕТ. БЛАГОСЛОВЕН ТЫ, ГОСПОДЬ, ЗАЩИТНИК АВРАГАМА!

אתה ТВОЕ МОГУЩЕСТВО ВЕЧНО, ГОСПОДЬ, ТЫ ВОЗВРАЩАЕШЬ МЕРТВЫХ К ЖИЗНИ, ТЫ – ВЕЛИКИЙ ИЗБАВИТЕЛЬ...

Зимой говорят:

משיב ...ПОСЫЛАЮЩИЙ ВЕТЕР И ДАРУЮЩИЙ ДОЖДЬ...

Летом говорят:

מוריד ...ПОСЫЛАЮЩИЙ РОСУ...

מכלכל ...ПИТАЮЩИЙ ПО ДОБРОТЕ СВОЕЙ ЖИВЫХ, ПО ВЕЛИКОМУ МИЛОСЕРДИЮ ВОЗВРАЩАЮЩИЙ МЕРТВЫХ К ЖИЗНИ, ПОДДЕРЖИВАЮЩИЙ ПАДАЮЩИХ, И ИСЦЕЛЯЮЩИЙ БОЛЬНЫХ, И ОСВОБОЖДАЮЩИЙ УЗНИКОВ, И ИСПОЛНЯЮЩИЙ СВОЕ ОБЕЩАНИЕ [ВОЗВРАТИТЬ ЖИЗНЬ] ПОКОЯЩИМСЯ В ЗЕМЛЕ, – КТО ПОДОБЕН ТЕБЕ, ВСЕСИЛЬНЫЙ, И КТО СРАВНИТСЯ С ТОБОЙ, ВЛАДЫКА, КОТОРЫЙ УМЕРЩВЛЯЕТ И ОЖИВЛЯЕТ, И ВЗРАЩИВАЕТ СПАСЕНИЕ!

В "десять дней раскаяния" говорят:

מי КТО ПОДОБЕН ТЕБЕ, МИЛОСЕРДНЫЙ ОТЕЦ, МИЛОСТИВО ВСПОМИНАЮЩИЙ О СВОИХ ТВОРЕНИЯХ, ДАРУЯ ИМ ЖИЗНЬ!

ונאמן И ВЕРЕН ТЫ [СВОЕМУ ОБЕЩАНИЮ] ВОЗВРАТИТЬ МЕРТВЫМ ЖИЗНЬ. БЛАГОСЛОВЕН ТЫ, ГОСПОДЬ, ВОЗВРАЩАЮЩИЙ МЕРТВЫХ К ЖИЗНИ!

При повторении хазаном молитвы "Амида" здесь произносится "Кдуша" (см. транслитерацию на стр. 382).

כתר КОРОНОЙ УВЕНЧАЮТ ТЕБЯ, ГОСПОДЬ, БОГ НАШ, СОНМЫ АНГЕЛОВ НА НЕБЕСАХ И СЫНЫ ИЗРАИЛЯ, НАРОДА ТВОЕГО, СОБИРАЮЩИЕСЯ НА ЗЕМЛЕ. ТРОЕКРАТНО ПРОВОЗГЛАСЯТ ОНИ ВСЕ ВМЕСТЕ ТВОЮ СВЯТОСТЬ, КАК НАПИСАНО ПРОРОКОМ ТВОИМ: ≪ОНИ ОБРАЩАЛИСЬ ДРУГ К ДРУГУ И ВОЗГЛАШАЛИ:

Община вместе с хазаном: "СВЯТ, СВЯТ, СВЯТ ГОСПОДЬ ВОИНСТВ! ВСЯ ЗЕМЛЯ ПОЛНА СЛАВЫ ЕГО!"≫[4]

Хазан: СЛАВОЙ ЕГО НАПОЛНЕН МИР, АНГЕЛЫ-СЛУЖИТЕЛИ ЕГО СПРАШИВАЮТ

---

1. Теѓилим, 148:13. 2. Теѓилим, 148:13,14. 3. Теѓилим, 51:17. 4. Йешаяѓу, 6:3.

לָזֶה, אַיֵּה מְקוֹם כְּבוֹדוֹ לְהַעֲרִיצוֹ, לְעֻמָּתָם מְשַׁבְּחִים וְאוֹמְרִים.
קו״ח בָּרוּךְ כְּבוֹד יְיָ מִמְּקוֹמוֹ. חזן מִמְּקוֹמוֹ הוּא יִפֶן בְּרַחֲמָיו לְעַמּוֹ,
הַמְיַחֲדִים שְׁמוֹ עֶרֶב וָבֹקֶר בְּכָל יוֹם תָּמִיד, פַּעֲמַיִם בְּאַהֲבָה שְׁמַע
אוֹמְרִים: קו״ח שְׁמַע יִשְׂרָאֵל, יְיָ אֱלֹהֵינוּ, יְיָ אֶחָד. חזן הוּא אֱלֹהֵינוּ, הוּא
אָבִינוּ, הוּא מַלְכֵּנוּ, הוּא מוֹשִׁיעֵנוּ, הוּא יוֹשִׁיעֵנוּ וְיִגְאָלֵנוּ שֵׁנִית
בְּקָרוֹב וְיַשְׁמִיעֵנוּ בְּרַחֲמָיו לְעֵינֵי כָּל חַי לֵאמֹר: חֵן גָּאַלְתִּי אֶתְכֶם
אַחֲרִית כְּבְרֵאשִׁית, לִהְיוֹת לָכֶם לֵאלֹהִים   אֲנִי יְיָ אֱלֹהֵיכֶם:
חזן וּבְדִבְרֵי קָדְשְׁךָ כָּתוּב לֵאמֹר: קו״ח יִמְלֹךְ יְיָ לְעוֹלָם אֱלֹהַיִךְ צִיּוֹן,
לְדֹר וָדֹר הַלְלוּיָהּ:

אַתָּה קָדוֹשׁ וְשִׁמְךָ קָדוֹשׁ, וּקְדוֹשִׁים בְּכָל יוֹם יְהַלְלוּךָ סֶּלָה.
בָּרוּךְ אַתָּה יְיָ, הָאֵל הַקָּדוֹשׁ: (בש״ת הַמֶּלֶךְ הַקָּדוֹשׁ):

(* בשבת ראש חודש אומרים כאן אתה יצרת

תִּקַּנְתָּ שַׁבָּת רָצִיתָ קָרְבְּנוֹתֶיהָ, צִוִּיתָ פֵּרוּשֶׁיהָ
עִם סִדּוּרֵי נְסָכֶיהָ. מְעַנְּגֶיהָ לְעוֹלָם כָּבוֹד
יִנְחָלוּ, טוֹעֲמֶיהָ חַיִּים זָכוּ, וְגַם הָאוֹהֲבִים דְּבָרֶיהָ
גְּדֻלָּה בָחָרוּ. אָז מִסִּינַי נִצְטַוּוּ צִוּוּיֵי פְּעֻלֶּיהָ כָּרָאוּי.
יְהִי רָצוֹן מִלְּפָנֶיךָ יְיָ אֱלֹהֵינוּ וֵאלֹהֵי אֲבוֹתֵינוּ,
שֶׁתַּעֲלֵנוּ בְשִׂמְחָה לְאַרְצֵנוּ, וְתִטָּעֵנוּ בִּגְבוּלֵנוּ,
ושם

(* לשבת ראש חודש

אַתָּה יָצַרְתָּ עוֹלָמְךָ מִקֶּדֶם, כָּלִיתָ מְלַאכְתְּךָ בַּיּוֹם
הַשְּׁבִיעִי, אָהַבְתָּ אוֹתָנוּ וְרָצִיתָ בָּנוּ, וְרוֹמַמְתָּנוּ
מִכָּל הַלְּשׁוֹנוֹת, וְקִדַּשְׁתָּנוּ בְּמִצְוֺתֶיךָ, וְקֵרַבְתָּנוּ מַלְכֵּנוּ
לַעֲבוֹדָתֶךָ, וְשִׁמְךָ הַגָּדוֹל וְהַקָּדוֹשׁ עָלֵינוּ קָרָאתָ. וַתִּתֶּן
לָנוּ יְיָ אֱלֹהֵינוּ בְּאַהֲבָה שַׁבָּתוֹת לִמְנוּחָה וְרָאשֵׁי חֳדָשִׁים
לְכַפָּרָה. וּלְפִי שֶׁחָטָאנוּ לְפָנֶיךָ אֲנַחְנוּ וַאֲבוֹתֵינוּ חָרְבָה עִירֵנוּ
ושמם

ДРУГ ДРУГА: "ГДЕ МЕСТО ОБИТАНИЯ СЛАВЫ ЕГО, КУДА ВОЗНЕСЕМ МЫ ХВАЛУ [ВСЕВЫШНЕМУ]?" ПОДОБНО [СРАФИМ], [ОФАНИМ И СВЯТЫЕ ХАЙОТ] ВОСХВА-ЛЯЮТ [ВСЕВЫШНЕГО] И ГОВОРЯТ:

Община вместе с хазаном: "ДА БУДЕТ БЛАГОСЛОВЕННА СЛАВА ГОСПОДА, ГДЕ БЫ ОНА НИ ОБИТАЛА!"[1]

Хазан: ИЗ МЕСТА, В КОТОРОМ ПРЕБЫВАЕТ, ОБРАТИТСЯ ОН ПО МИЛОСТИ СВО-ЕЙ К СВОЕМУ НАРОДУ, ПРОВОЗГЛАШАЮЩЕМУ ПО ВЕЧЕРАМ И ПО УТРАМ, ЧТО ОН – ОДИН, ИЗО ДНЯ В ДЕНЬ, ПОСТОЯННО, ДВАЖДЫ [В ДЕНЬ] ПРОИЗНОСЯ С ЛЮ-БОВЬЮ: "СЛУШАЙ..."

Община вместе с хазаном: "СЛУШАЙ, ИЗРАИЛЬ: ГОСПОДЬ – БОГ НАШ, ГОСПОДЬ ОДИН!"[2]

Хазан: ОН – НАШ БОГ, ОН – НАШ ОТЕЦ, ОН – НАШ ВЛАДЫКА, ОН – НАШ СПАСИ-ТЕЛЬ; ОН ВСКОРЕ ОСВОБОДИТ И СПАСЕТ НАС ВНОВЬ, И ПО МИЛОСТИ СВОЕЙ ВОЗВЕСТИТ ОН НАМ НА ГЛАЗАХ У ВСЕХ ЖИВУЩИХ: "ВОТ СПАС Я ВАС И В КОНЦЕ ВРЕМЕН, КАК СПАСАЛ В ДРЕВНОСТИ, – ЧТОБЫ БЫТЬ ВАШИМ БОГОМ.

Община вместе с хазаном: Я – ГОСПОДЬ, БОГ ВАШ".

Хазан: И В ТВОИХ СВЯТЫХ ПИСАНИЯХ СКАЗАНО ТАК:

Община вместе с хазаном: "ГОСПОДЬ БУДЕТ ЦАРСТВОВАТЬ ВЕЧНО; [БУДЕТ ЦАР-СТВОВАТЬ] БОГ ТВОЙ, СИОН, ВО ВЕКИ ВЕКОВ; ВОСХВАЛИТЕ БОГА!"[3]

אתה ТЫ СВЯТ, И СВЯТО ИМЯ ТВОЕ, И СВЯТЫЕ [АНГЕЛЫ] БУДУТ ВОСХВАЛЯТЬ ТЕБЯ ИЗО ДНЯ В ДЕНЬ, ВОВЕКИ. БЛАГОСЛОВЕН ТЫ, ГОСПОДЬ, БОГ СВЯТОЙ! (*В "десять дней раскаяния" говорят:* ВЛАДЫКА СВЯТОЙ!)

В субботу, совпавшую с рош-ходешем, вместо следующего благословения говорят: אתה יצרת *("ТЫ СОЗДАЛ...").* *

תכנת ТЫ УСТАНОВИЛ СУББОТУ И ПОЖЕЛАЛ, [ЧТОБЫ В ЭТОТ ДЕНЬ ПРИНОСИЛИСЬ ОСОБЫЕ] ЖЕРТВЫ; ТЫ ДАЛ ПОДРОБНЫЕ УКАЗАНИЯ О НИХ И О ПОРЯДКЕ ВОЗЛИЯНИЯ ВИНА ПРИ ЭТОМ. ДЕЛАЮЩИЕ [СУБ-БОТНИЙ ДЕНЬ] ДНЕМ БЛАЖЕНСТВА УДОСТОЯТСЯ СЛАВЫ НАВЕК, НАСЛАЖДАЮЩИЕСЯ ИМ УДОСТОЯТСЯ ВЕЧНОЙ ЖИЗНИ, И ТЕ, КТО С ЛЮБОВЬЮ ИСПОЛНЯЕТ ЗАКОНЫ ЕГО, ИЗБРАЛИ СЕБЕ ВЕЛИЧИЕ. ЕЩЕ ПРЕЖДЕ [ЧЕМ СЫНЫ ИЗРАИЛЯ ПРИШЛИ В] СИНАЙ, ОНИ ПОЛУ-ЧИЛИ ПОВЕЛЕНИЕ О ТОМ, ЧТО [В ЭТОТ ДЕНЬ] НАДЛЕЖИТ ДЕЛАТЬ. ДА БУДЕТ УГОДНО ТЕБЕ, ГОСПОДЬ, БОГ НАШ И БОГ ОТЦОВ НАШИХ, ПРИ-ВЕСТИ НАС, ЛИКУЮЩИХ, В НАШУ ЗЕМЛЮ И ПОСЕЛИТЬ В ЕЕ ГРАНИЦАХ.

**В субботу, совпавшую с рош-ходешем, говорят:*

אתה ТЫ СОЗДАЛ СВОЙ МИР В НАЧАЛЕ ВРЕМЕН И ЗАВЕРШИЛ РАБОТУ СВОЮ НА СЕДЬМОЙ ДЕНЬ; ТЫ ВОЗЛЮБИЛ НАС, И БЛАГО-ВОЛИЛ К НАМ, И ВОЗВЫСИЛ НАС НАД ВСЕМИ ПЛЕМЕНАМИ, И ОС-ВЯТИЛ НАС СВОИМИ ЗАПОВЕДЯМИ, И ПРИБЛИЗИЛ ТЫ НАС, ВЛАДЫ-КА НАШ, [К СЕБЕ], ЧТОБЫ МЫ СЛУЖИЛИ ТЕБЕ, И ИМЕНЕМ СВОИМ, ВЕЛИКИМ И СВЯТЫМ, ОТМЕТИЛ НАС. И ДАРОВАЛ ТЫ НАМ, ГОСПОДЬ, БОГ НАШ, С ЛЮБОВЬЮ СУББОТНИЕ ДНИ ДЛЯ ПОКОЯ И ДНИ РОШ-ХОДЕШ — ДЛЯ ОЧИЩЕНИЯ, НО ИЗ-ЗА ТОГО, ЧТО МЫ И ОТЦЫ НАШИ ПРОВИНИЛИСЬ ПРЕД ТОБОЮ, БЫЛ РАЗРУШЕН ГОРОД НАШ,

---

1. Йехезкель, 3:12.   2. Дварим, 6:4.   3. Тегилим, 146:10.

וְשָׁם נַעֲשֶׂה לְפָנֶיךָ אֶת קָרְבְּנוֹת חוֹבוֹתֵינוּ, תְּמִידִים כְּסִדְרָם וּמוּסָפִים כְּהִלְכָתָם. וְאֶת מוּסַף יוֹם הַשַּׁבָּת הַזֶּה, נַעֲשֶׂה וְנַקְרִיב לְפָנֶיךָ בְּאַהֲבָה, כְּמִצְוַת רְצוֹנֶךָ, כְּמוֹ שֶׁכָּתַבְתָּ עָלֵינוּ בְּתוֹרָתֶךָ, עַל יְדֵי מֹשֶׁה עַבְדֶּךָ, מִפִּי כְבוֹדֶךָ כָּאָמוּר:

וּבְיוֹם הַשַּׁבָּת, שְׁנֵי כְבָשִׂים בְּנֵי שָׁנָה תְּמִימִם, וּשְׁנֵי עֶשְׂרוֹנִים סֹלֶת מִנְחָה בְּלוּלָה בַשֶּׁמֶן וְנִסְכּוֹ. עֹלַת שַׁבָּת בְּשַׁבַּתּוֹ, עַל עֹלַת הַתָּמִיד וְנִסְכָּהּ:

יִשְׂמְחוּ בְמַלְכוּתְךָ שׁוֹמְרֵי שַׁבָּת וְקוֹרְאֵי עֹנֶג, עַם מְקַדְּשֵׁי שְׁבִיעִי, כֻּלָּם יִשְׂבְּעוּ וְיִתְעַנְּגוּ מִטּוּבֶךָ, וּבַשְּׁבִיעִי רָצִיתָ בּוֹ וְקִדַּשְׁתּוֹ, חֶמְדַּת יָמִים אוֹתוֹ קָרָאתָ, זֵכֶר לְמַעֲשֵׂה בְרֵאשִׁית:

אלהינו

וְשַׁמֵּם בֵּית מִקְדָּשֶׁנוּ, וְגָלָה יְקָרֵנוּ, וְנִטַּל כָּבוֹד מִבֵּית חַיֵּינוּ, וְאֵין אָנוּ יְכוֹלִים לַעֲשׂוֹת חוֹבוֹתֵינוּ בְּבֵית בְּחִירָתֶךָ, בַּבַּיִת הַגָּדוֹל וְהַקָּדוֹשׁ, שֶׁנִּקְרָא שִׁמְךָ עָלָיו, מִפְּנֵי הַיָּד שֶׁנִּשְׁתַּלְּחָה בְּמִקְדָּשֶׁךָ • יְהִי רָצוֹן מִלְּפָנֶיךָ יְיָ אֱלֹהֵינוּ וֵאלֹהֵי אֲבוֹתֵינוּ, שֶׁתַּעֲלֵנוּ בְשִׂמְחָה לְאַרְצֵנוּ, וְתִטָּעֵנוּ בִּגְבוּלֵנוּ, וְשָׁם נַעֲשֶׂה לְפָנֶיךָ אֶת קָרְבְּנוֹת חוֹבוֹתֵינוּ, תְּמִידִים כְּסִדְרָם, וּמוּסָפִים כְּהִלְכָתָם. וְאֶת מוּסְפֵי יוֹם הַשַּׁבָּת הַזֶּה וְיוֹם רֹאשׁ הַחֹדֶשׁ הַזֶּה, נַעֲשֶׂה וְנַקְרִיב לְפָנֶיךָ בְּאַהֲבָה, כְּמִצְוַת רְצוֹנֶךָ, כְּמוֹ שֶׁכָּתַבְתָּ עָלֵינוּ בְּתוֹרָתֶךָ עַל יְדֵי מֹשֶׁה עַבְדֶּךָ, מִפִּי כְבוֹדֶךָ כָּאָמוּר:

וּבְיוֹם הַשַּׁבָּת שְׁנֵי כְבָשִׂים בְּנֵי שָׁנָה תְּמִימִם, וּשְׁנֵי עֶשְׂרוֹנִים סֹלֶת מִנְחָה בְּלוּלָה בַשֶּׁמֶן וְנִסְכּוֹ. עֹלַת שַׁבָּת בְּשַׁבַּתּוֹ. עַל עֹלַת הַתָּמִיד וְנִסְכָּהּ:

וּבְרָאשֵׁי

И ТАМ МЫ БУДЕМ СОВЕРШАТЬ ПРЕД ТОБОЮ ЗАПОВЕДАННЫЕ НАМ ЖЕРТ-
ВОПРИНОШЕНИЯ: ЕЖЕДНЕВНЫЕ ВСЕСОЖЖЕНИЯ СОГЛАСНО ПРАВИЛАМ О
НИХ, И ДОПОЛНИТЕЛЬНЫЕ ПРАЗДНИЧНЫЕ ЖЕРТВОПРИНОШЕНИЯ В
СООТВЕТСТВИИ С ИХ УСТАВОМ, И ДОПОЛНИТЕЛЬНОЕ ЖЕРТВОПРИНО-
ШЕНИЕ ЭТОГО ДНЯ, СУББОТЫ, КОТОРЫЕ МЫ БУДЕМ ГОТОВИТЬ И СО-
ВЕРШАТЬ ПРЕД ТОБОЮ С ЛЮБОВЬЮ, СОГЛАСНО ЗАПОВЕДИ, УСТАНОВ-
ЛЕННОЙ ВОЛЕЮ ТВОЕЙ, КАК ПРЕДПИСАЛ ТЫ НАМ В СВОЕЙ ТОРЕ, ЗА-
ПИСАННОЙ МОШЕ, РАБОМ ТВОИМ, С ТВОИХ СОБСТВЕННЫХ СЛОВ, КАК
СКАЗАНО:

וביום "И В СУББОТНИЙ ДЕНЬ [ПРИНОСИТЕ В ЖЕРТВУ] ДВУХ ГОДОВАЛЫХ
ЯГНЯТ БЕЗ ПОРОКА, И В ХЛЕБНЫЙ ДАР – ДВЕ ДЕСЯТЫХ [ЭЙФЫ] ЛУЧШЕЙ МУКИ,
СМЕШАННОЙ С ОЛИВКОВЫМ МАСЛОМ, И ВИНО ВОЗЛИВАЙТЕ [НА ЖЕРТВЕННИК].
ТАКОВО СУББОТНЕЕ ВСЕСОЖЖЕНИЕ, [КОТОРОЕ СЛЕДУЕТ СОВЕРШАТЬ] КАЖДУЮ
СУББОТУ В ДОПОЛНЕНИЕ К ПОСТОЯННОМУ ВСЕСОЖЖЕНИЮ И ПРИНОШЕНИЮ ВИ-
НА ПРИ НЕМ".[1]

ישמחו ВОЗРАДУЮТСЯ СОБЛЮДАЮЩИЕ СУББОТУ, НАЗЫВАЮЩИЕ ЕЕ БЛАЖЕН-
СТВОМ, ПРИХОДУ ЦАРСТВА ТВОЕГО; ВЕСЬ НАРОД, ОСВЯЩАЮЩИЙ СЕДЬМОЙ ДЕНЬ,
НАСЫТИТСЯ И НАСЛАДИТСЯ ЩЕДРОТАМИ ТВОИМИ; И БЫЛ ИЗБРАН ВОЛЕЙ ТВОЕЙ
СЕДЬМОЙ ДЕНЬ, И ТЫ ОСВЯТИЛ ЕГО И НАЗВАЛ ЕГО ЖЕЛАННЫМ ИЗ ДНЕЙ – В
ПАМЯТЬ О СОТВОРЕНИИ МИРА.

В субботу, совпавшую с рош-ходешем, говорят:

И ПРЕВРАЩЕН В РАЗВАЛИНЫ НАШ ХРАМ, И ПОКИНУЛА НАС СЛАВА
НАША, И ОТНЯТА ГОРДОСТЬ У ДОМА ЖИЗНИ НАШЕЙ. И НЕ МОЖЕМ МЫ
ТЕПЕРЬ ИСПОЛНЯТЬ СВОИ ОБЯЗАННОСТИ В ХРАМЕ, ИЗБРАННОМ
ТОБОЮ, В ХРАМЕ ВЕЛИКОМ И СВЯТОМ, ОТМЕЧЕННОМ ИМЕНЕМ ТВОИМ,
— ИЗ-ЗА ТОГО, ЧТО РУКИ ВРАГОВ РАЗРУШИЛИ ТВОЕ СВЯТИЛИЩЕ. ДА
БУДЕТ УГОДНО ТЕБЕ, ГОСПОДЬ, БОГ НАШ И БОГ ОТЦОВ НАШИХ, ПРИ-
ВЕСТИ НАС, ЛИКУЮЩИХ, В НАШУ ЗЕМЛЮ И ПОСЕЛИТЬ В ЕЕ ГРАНИЦАХ.
И ТАМ БУДЕМ МЫ СОВЕРШАТЬ ПРЕД ТОБОЮ ПРЕДПИСАННЫЕ НАМ
ЖЕРТВОПРИНОШЕНИЯ: ЕЖЕДНЕВНЫЕ ВСЕСОЖЖЕНИЯ СОГЛАСНО ПРА-
ВИЛАМ О НИХ, И ДОПОЛНИТЕЛЬНЫЕ ПРАЗДНИЧНЫЕ ЖЕРТВОПРИНОШЕ-
НИЯ В СООТВЕТСТВИИ С ИХ УСТАВОМ, И ДОПОЛНИТЕЛЬНЫЕ ЖЕРТВО-
ПРИНОШЕНИЯ ЭТОГО ДНЯ, СУББОТЫ, И ЭТОГО ДНЯ, РОШ-ХОДЕША, КО-
ТОРЫЕ МЫ БУДЕМ ГОТОВИТЬ И СОВЕРШАТЬ ПРЕД ТОБОЮ С ЛЮБОВЬЮ,
СОГЛАСНО ЗАПОВЕДИ, УСТАНОВЛЕННОЙ ВОЛЕЮ ТВОЕЙ, КАК ПРЕД-
ПИСАЛ ТЫ НАМ В СВОЕЙ ТОРЕ, ЗАПИСАННОЙ МОШЕ, РАБОМ ТВОИМ, С
ТВОИХ СОБСТВЕННЫХ СЛОВ, КАК СКАЗАНО:

וביום "И В СУББОТНИЙ ДЕНЬ [ПРИНОСИТЕ В ЖЕРТВУ] ДВУХ ГОДОВАЛЫХ ЯГ-
НЯТ БЕЗ ПОРОКА, И В ХЛЕБНЫЙ ДАР – ДВЕ ДЕСЯТЫХ [ЭЙФЫ] ЛУЧШЕЙ МУКИ,
СМЕШАННОЙ С ОЛИВКОВЫМ МАСЛОМ, И ВИНО ВОЗЛИВАЙТЕ [НА ЖЕРТВЕННИК].
ТАКОВО СУББОТНЕЕ ВСЕСОЖЖЕНИЕ, [КОТОРОЕ СЛЕДУЕТ СОВЕРШАТЬ] КАЖДУЮ
СУББОТУ В ДОПОЛНЕНИЕ К ПОСТОЯННОМУ ВСЕСОЖЖЕНИЮ И ПРИНОШЕНИЮ ВИНА
ПРИ НЕМ".[1]

1. Бемидбар, 28:9,10.

אֱלֹהֵינוּ וֵאלֹהֵי אֲבוֹתֵינוּ, רְצֵה נָא בִמְנוּחָתֵנוּ, קַדְּשֵׁנוּ בְּמִצְוֹתֶיךָ וְתֵן חֶלְקֵנוּ בְּתוֹרָתֶךָ, שַׂבְּעֵנוּ מִטּוּבֶךָ וְשַׂמַּח נַפְשֵׁנוּ בִּישׁוּעָתֶךָ, וְטַהֵר לִבֵּנוּ לְעָבְדְּךָ בֶּאֱמֶת, וְהַנְחִילֵנוּ יְיָ אֱלֹהֵינוּ בְּאַהֲבָה וּבְרָצוֹן שַׁבַּת קָדְשֶׁךָ, וְיָנוּחוּ בוֹ כָּל יִשְׂרָאֵל מְקַדְּשֵׁי שְׁמֶךָ. בָּרוּךְ אַתָּה יְיָ, מְקַדֵּשׁ הַשַּׁבָּת:

לשבת ראש חודש

וּבְרָאשֵׁי חָדְשֵׁיכֶם תַּקְרִיבוּ עֹלָה לַיָי, פָּרִים בְּנֵי בָקָר שְׁנַיִם וְאַיִל אֶחָד, כְּבָשִׂים בְּנֵי שָׁנָה שִׁבְעָה תְּמִימִם:

וּמִנְחָתָם וְנִסְכֵּיהֶם כִּמְדֻבָּר: שְׁלֹשָׁה עֶשְׂרֹנִים לַפָּר, וּשְׁנֵי עֶשְׂרֹנִים לָאַיִל, וְעִשָּׂרוֹן לַכֶּבֶשׂ, וְיַיִן כְּנִסְכּוֹ, וְשָׂעִיר לְכַפֵּר, וּשְׁנֵי תְמִידִים כְּהִלְכָתָם:

יִשְׂמְחוּ בְמַלְכוּתְךָ שׁוֹמְרֵי שַׁבָּת וְקוֹרְאֵי עֹנֶג, עַם מְקַדְּשֵׁי שְׁבִיעִי, כֻּלָּם יִשְׂבְּעוּ וְיִתְעַנְּגוּ מִטּוּבֶךָ, וּבַשְּׁבִיעִי רָצִיתָ בּוֹ וְקִדַּשְׁתּוֹ, חֶמְדַּת יָמִים אוֹתוֹ קָרָאתָ, זֵכֶר לְמַעֲשֵׂה בְרֵאשִׁית:

אֱלֹהֵינוּ וֵאלֹהֵי אֲבוֹתֵינוּ, רְצֵה נָא בִמְנוּחָתֵנוּ, וְחַדֵּשׁ עָלֵינוּ בְּיוֹם הַשַּׁבָּת הַזֶּה אֶת הַחֹדֶשׁ הַזֶּה, לְטוֹבָה וְלִבְרָכָה, לְשָׂשׂוֹן וּלְשִׂמְחָה, לִישׁוּעָה וּלְנֶחָמָה, לְפַרְנָסָה וּלְכַלְכָּלָה, לְחַיִּים טוֹבִים וּלְשָׁלוֹם, לִמְחִילַת חֵטְא וְלִסְלִיחַת עָוֹן. קַדְּשֵׁנוּ בְּמִצְוֹתֶיךָ וְתֵן חֶלְקֵנוּ בְּתוֹרָתֶךָ, שַׂבְּעֵנוּ מִטּוּבֶךָ וְשַׂמַּח נַפְשֵׁנוּ בִּישׁוּעָתֶךָ, וְטַהֵר לִבֵּנוּ לְעָבְדְּךָ בֶּאֱמֶת, וְהַנְחִילֵנוּ יְיָ אֱלֹהֵינוּ בְּאַהֲבָה וּבְרָצוֹן שַׁבַּת קָדְשֶׁךָ, וְיָנוּחוּ בוֹ כָּל יִשְׂרָאֵל מְקַדְּשֵׁי שְׁמֶךָ, כִּי בְעַמְּךָ יִשְׂרָאֵל בָּחַרְתָּ מִכָּל הָאֻמּוֹת, וְשַׁבָּת קָדְשְׁךָ לָהֶם הוֹדָעְתָּ, וְחֻקֵּי רָאשֵׁי חֳדָשִׁים לָהֶם קָבָעְתָּ, בָּרוּךְ אַתָּה יְיָ, מְקַדֵּשׁ הַשַּׁבָּת וְיִשְׂרָאֵל וְרָאשֵׁי חֳדָשִׁים: רצה ומודים וכו'

אלהינו БОГ НАШ И БОГ ОТЦОВ НАШИХ! ДА БУДЕТ УГОДЕН ТЕБЕ СУББОТНИЙ ПОКОЙ НАШ; ОСВЯТИ НАС ЗАПОВЕДЯМИ СВОИМИ И ДАЙ НАМ УДЕЛ В ТОРЕ ТВОЕЙ; НАСЫТЬ НАС ЩЕДРОТАМИ СВОИМИ И ВОЗВЕСЕЛИ ДУШИ НАШИ СПАСЕНИЕМ, ДАРОВАННЫМ ТОБОЙ; И ОЧИСТИ НАШЕ СЕРДЦЕ, ЧТОБЫ МЫ СЛУЖИЛИ ТЕБЕ ИСКРЕННЕ. И ДАРУЙ НАМ В УДЕЛ, ГОСПОДЬ, БОГ НАШ, ПО ЛЮБВИ И БЛАГОСКЛОННОСТИ [К НАМ], СВЯТУЮ СУББОТУ СВОЮ; И ОБРЕТЕТ В НЕЙ ПОКОЙ ВЕСЬ НАРОД ИЗРАИЛЯ, ОСВЯЩАЮЩИЙ ИМЯ ТВОЕ. БЛАГОСЛОВЕН ТЫ, ГОСПОДЬ, ОСВЯЩАЮЩИЙ СУББОТУ!

В субботу, совпавшую с рош-ходешем, говорят:

ובראשי А В ДНИ РОШ-ХОДЕШ, УСТАНАВЛИВАЕМЫЕ ВАМИ, ПРИНОСИТЕ ГОСПОДУ В ЖЕРТВУ ВСЕСОЖЖЕНИЯ ДВУХ ТЕЛЯТ, И ОДНОГО БАРАНА, И СЕМЕРЫХ ГОДОВАЛЫХ ЯГНЯТ БЕЗ ПОРОКА.[1]

ומנחתם И ХЛЕБНЫЕ ДАРЫ, И ВИНО, ЧТОБЫ ВОЗЛИВАТЬ [ЕГО НА ЖЕРТВЕННИК, ПРИНОСИТЕ] ВМЕСТЕ С НИМИ, КАК ПРЕДПИСАНО: ТРИ ДЕСЯТЫХ [ЭЙФЫ МУКИ] С КАЖДЫМ ТЕЛЕНКОМ, ДВЕ ДЕСЯТЫХ – С БАРАНОМ И ОДНУ ДЕСЯТУЮ – С ЯГНЕНКОМ; И ВИНО ДЛЯ ВОЗЛИЯНИЯ [НА ЖЕРТВЕННИК] В СООТВЕТСТВУЮЩЕМ КОЛИЧЕСТВЕ; А ТАКЖЕ КОЗЛА В ИСКУПИТЕЛЬНУЮ ЖЕРТВУ; И ДВЕ ЕЖЕДНЕВНЫЕ ЖЕРТВЫ ДЛЯ ВСЕСОЖЖЕНИЯ, КАК ПРЕДПИСАНО.[2]

ישמחו ВОЗРАДУЮТСЯ СОБЛЮДАЮЩИЕ СУББОТУ, НАЗЫВАЮЩИЕ [ЕЕ] БЛАЖЕНСТВОМ, [ПРИХОДУ] ЦАРСТВА ТВОЕГО; ВЕСЬ НАРОД, ОСВЯЩАЮЩИЙ СЕДЬМОЙ ДЕНЬ, НАСЫТИТСЯ И НАСЛАДИТСЯ ЩЕДРОТАМИ ТВОИМИ; И БЫЛ УГОДЕН ТЕБЕ СЕДЬМОЙ ДЕНЬ, И ТЫ ОСВЯТИЛ ЕГО И НАЗВАЛ ЕГО ЖЕЛАННЫМ ИЗ ДНЕЙ – В ПАМЯТЬ О СОТВОРЕНИИ МИРА.

אלהינו БОГ НАШ И БОГ ОТЦОВ НАШИХ! ДА БУДЕТ УГОДЕН ТЕБЕ СУББОТНИЙ ПОКОЙ НАШ; ОБНОВИ В ЭТОТ СУББОТНИЙ ДЕНЬ МЕСЯЦ ЭТОТ, ДЛЯ ДОБРА И БЛАГОСЛОВЕНИЯ, РАДОСТИ И ВЕСЕЛЬЯ, СПАСЕНИЯ И УТЕШЕНИЯ, ДЛЯ СРЕДСТВ К СУЩЕСТВОВАНИЮ И ДЛЯ ПРОПИТАНИЯ, ДЛЯ БЛАГОПОЛУЧНОЙ ЖИЗНИ И МИРА, ОТПУЩЕНИЯ ГРЕХОВ И ПРОЩЕНИЯ ВИНЫ. ОСВЯТИ НАС ЗАПОВЕДЯМИ СВОИМИ И ДАЙ НАМ УДЕЛ В ТОРЕ ТВОЕЙ. НАСЫТЬ НАС ЩЕДРОТАМИ СВОИМИ И ВОЗВЕСЕЛИ ДУШИ НАШИ СПАСЕНИЕМ, [ДАРОВАННЫМ] ТОБОЙ; И ОЧИСТИ НАШЕ СЕРДЦЕ, ЧТОБЫ МЫ СЛУЖИЛИ ТЕБЕ ВЕРНО. И ДАРУЙ НАМ, ГОСПОДЬ, БОГ НАШ, ПО ЛЮБВИ [СВОЕЙ] И БЛАГОСКЛОННОСТИ [К НАМ], СВЯТУЮ СУББОТУ СВОЮ В НАСЛЕДИЕ; И ОБРЕТЕТ В НЕЙ ПОКОЙ ВЕСЬ НАРОД ИЗРАИЛЯ, ОСВЯЩАЮЩИЙ ИМЯ ТВОЕ. ИБО ИЗБРАЛ ТЫ ИЗРАИЛЬ, НАРОД СВОЙ, ИЗ ВСЕХ НАРОДОВ, И ВОЗВЕСТИЛ ЕМУ О СВЯТОЙ СУББОТЕ СВОЕЙ, И ЗАКОНЫ ДНЕЙ РОШ-ХОДЕШ УСТАНОВИЛ ЕМУ. БЛАГОСЛОВЕН ТЫ, ГОСПОДЬ, ОСВЯЩАЮЩИЙ СУББОТУ, И ИЗРАИЛЬ, И ДНИ РОШ-ХОДЕШ!

Продолжают רצה *("ОТНЕСИСЬ БЛАГОСКЛОННО..."), стр. 197.*

1. Бемидбар, 28:11. 2. см. Бемидбар, 28:12—15.

רְצֵה יְיָ אֱלֹהֵינוּ בְּעַמְּךָ יִשְׂרָאֵל, וְלִתְפִלָּתָם שְׁעֵה, וְהָשֵׁב הָעֲבוֹדָה לִדְבִיר בֵּיתֶךָ, וְאִשֵּׁי יִשְׂרָאֵל וּתְפִלָּתָם בְּאַהֲבָה תְקַבֵּל בְּרָצוֹן, וּתְהִי לְרָצוֹן תָּמִיד עֲבוֹדַת יִשְׂרָאֵל עַמֶּךָ:

וְתֶחֱזֶינָה עֵינֵינוּ בְּשׁוּבְךָ לְצִיּוֹן בְּרַחֲמִים. בָּרוּךְ אַתָּה יְיָ, הַמַּחֲזִיר שְׁכִינָתוֹ לְצִיּוֹן:

מוֹדִים אֲנַחְנוּ לָךְ שָׁאַתָּה הוּא יְיָ אֱלֹהֵינוּ וֵאלֹהֵי אֲבוֹתֵינוּ לְעוֹלָם וָעֶד, צוּר חַיֵּינוּ מָגֵן יִשְׁעֵנוּ, אַתָּה הוּא לְדוֹר וָדוֹר, נוֹדֶה לְּךָ וּנְסַפֵּר תְּהִלָּתֶךָ, עַל חַיֵּינוּ הַמְּסוּרִים בְּיָדֶךָ, וְעַל נִשְׁמוֹתֵינוּ הַפְּקוּדוֹת לָךְ, וְעַל נִסֶּיךָ שֶׁבְּכָל יוֹם עִמָּנוּ, וְעַל נִפְלְאוֹתֶיךָ וְטוֹבוֹתֶיךָ שֶׁבְּכָל עֵת, עֶרֶב וָבֹקֶר וְצָהֳרָיִם, הַטּוֹב, כִּי לֹא כָלוּ רַחֲמֶיךָ, וְהַמְרַחֵם, כִּי לֹא תַמּוּ חֲסָדֶיךָ,

מוֹדִים אֲנַחְנוּ לָךְ, שָׁאַתָּה הוּא יְיָ אֱלֹהֵינוּ וֵאלֹהֵי אֲבוֹתֵינוּ. אֱלֹהֵי כָל בָּשָׂר, יוֹצְרֵנוּ יוֹצֵר בְּרֵאשִׁית, בְּרָכוֹת וְהוֹדָאוֹת לְשִׁמְךָ הַגָּדוֹל וְהַקָּדוֹשׁ עַל שֶׁהֶחֱיִיתָנוּ וְקִיַּמְתָּנוּ, כֵּן תְּחַיֵּינוּ וּתְקַיְּמֵנוּ, וְתֶאֱסוֹף גָּלֻיּוֹתֵינוּ לְחַצְרוֹת קָדְשֶׁךָ, וְנָשׁוּב אֵלֶיךָ לִשְׁמוֹר חֻקֶּיךָ, וְלַעֲשׂוֹת רְצוֹנֶךָ, וּלְעָבְדְּךָ בְּלֵבָב שָׁלֵם, עַל שֶׁאָנוּ מוֹדִים לָךְ, בָּרוּךְ אֵל הַהוֹדָאוֹת:

כִּי מֵעוֹלָם קִוִּינוּ לָךְ: בשבת חנוכה אומרים כאן ועל הנסים א)

וְעַל כֻּלָּם יִתְבָּרַךְ וְיִתְרוֹמַם וְיִתְנַשֵּׂא שִׁמְךָ מַלְכֵּנוּ תָּמִיד לְעוֹלָם וָעֶד:

בש״ת וּכְתוֹב לְחַיִּים טוֹבִים כָּל בְּנֵי בְרִיתֶךָ.

וְעַל הַנִּסִּים וְעַל הַפֻּרְקָן וְעַל הַגְּבוּרוֹת וְעַל הַתְּשׁוּעוֹת וְעַל הַנִּפְלָאוֹת שֶׁעָשִׂיתָ לַאֲבוֹתֵינוּ בַּיָּמִים הָהֵם בִּזְּמַן הַזֶּה:

בִּימֵי מַתִּתְיָהוּ בֶּן יוֹחָנָן כֹּהֵן גָּדוֹל חַשְׁמוֹנַאי וּבָנָיו כְּשֶׁעָמְדָה מַלְכוּת יָוָן הָרְשָׁעָה עַל עַמְּךָ יִשְׂרָאֵל לְהַשְׁכִּיחָם תּוֹרָתֶךָ, וּלְהַעֲבִירָם מֵחֻקֵּי רְצוֹנֶךָ, וְאַתָּה בְּרַחֲמֶיךָ הָרַבִּים עָמַדְתָּ לָהֶם בְּעֵת צָרָתָם. רַבְתָּ אֶת רִיבָם, דַּנְתָּ אֶת דִּינָם, נָקַמְתָּ אֶת נִקְמָתָם, מָסַרְתָּ גִבּוֹרִים בְּיַד חַלָּשִׁים, וְרַבִּים בְּיַד מְעַטִּים, וּטְמֵאִים בְּיַד טְהוֹרִים, וּרְשָׁעִים בְּיַד צַדִּיקִים, וְזֵדִים בְּיַד עוֹסְקֵי תוֹרָתֶךָ. וּלְךָ עָשִׂיתָ שֵׁם גָּדוֹל וְקָדוֹשׁ בְּעוֹלָמֶךָ, וּלְעַמְּךָ יִשְׂרָאֵל עָשִׂיתָ תְּשׁוּעָה גְדוֹלָה וּפֻרְקָן כְּהַיּוֹם הַזֶּה, וְאַחַר כַּךְ בָּאוּ בָנֶיךָ לִדְבִיר בֵּיתֶךָ, וּפִנּוּ אֶת הֵיכָלֶךָ, וְטִהֲרוּ אֶת מִקְדָּשֶׁךָ, וְהִדְלִיקוּ נֵרוֹת בְּחַצְרוֹת קָדְשֶׁךָ, וְקָבְעוּ שְׁמוֹנַת יְמֵי חֲנֻכָּה אֵלּוּ, לְהוֹדוֹת וּלְהַלֵּל לְשִׁמְךָ הַגָּדוֹל: ועל כולם

רצה ОТНЕСИСЬ БЛАГОСКЛОННО, ГОСПОДЬ, БОГ НАШ, К НАРОДУ СВОЕМУ, ИЗРАИЛЮ, И МОЛИТВУ ЕГО ПРИМИ, И ВОССТАНОВИ СЛУЖБУ В СВЯТАЯ СВЯТЫХ ХРАМА ТВОЕГО; И ЖЕРТВЫ, ПРИНОСИМЫЕ ИЗРАИЛЕМ, И МОЛИТВУ ЕГО ПРИМИ С ЛЮБОВЬЮ, БЛАГОСКЛОННО; И ПУСТЬ БУДЕТ ВСЕГДА ЖЕЛАННО ТЕБЕ СЛУЖЕНИЕ ИЗРАИЛЯ, НАРОДА ТВОЕГО.

ותחזינה И ДА УВИДИМ МЫ СВОИМИ ГЛАЗАМИ, КАК ВЕРНЕШЬСЯ ТЫ, ПО МИЛОСЕРДИЮ СВОЕМУ, В СИОН. БЛАГОСЛОВЕН ТЫ, ГОСПОДЬ, ВОЗВРАЩАЮЩИЙ СВОЮ ШХИНУ В СИОН!

(См. транслитерацию на стр. 386)

מודים БЛАГОДАРИМ МЫ ТЕБЯ ЗА ТО, ЧТО ТЫ, ГОСПОДЬ, – БОГ НАШ И БОГ ОТЦОВ НАШИХ ВО ВЕКИ ВЕКОВ. ТЫ – ОПЛОТ ЖИЗНИ НАШЕЙ, ЗАЩИТНИК, СПАСАЮЩИЙ НАС ИЗ ПОКОЛЕНИЯ В ПОКОЛЕНИЕ. БУДЕМ БЛАГОДАРИТЬ ТЕБЯ И ПРОВОЗГЛАШАТЬ ТЕБЕ ХВАЛУ ВЕЧЕРОМ, УТРОМ И ДНЕМ ЗА ЖИЗНЬ НАШУ, ВВЕРЕННУЮ ТЕБЕ, ЗА ДУШИ НАШИ, ХРАНИМЫЕ ТОБОЙ, И ЗА ЧУДЕСА ТВОИ, КОТОРЫЕ ТЫ ПОСТОЯННО [СОВЕРШАЕШЬ] С НАМИ, И ЗА ТВОИ ЗНАМЕНИЯ И БЛАГОДЕЯНИЯ, КОТОРЫЕ ТЫ [ТВОРИШЬ] ВСЕГДА, – О, ДОБРЫЙ! – ПОТОМУ ЧТО МИЛОСТИ ТВОИ НЕСКОНЧАЕМЫ, – О, МИЛОСЕРДНЫЙ! – ПОТОМУ ЧТО БЛАГО-

"МОДИМ ДЕРАБАНАН"
При повторении молитвы хазаном община говорит здесь следующую молитву:
מודים БЛАГОДАРИМ МЫ ТЕБЯ ЗА ТО, ЧТО ТЫ, ГОСПОДЬ, – БОГ НАШ И БОГ ОТЦОВ НАШИХ, БОГ ВСЕГО ЖИВОГО, СОЗДАТЕЛЬ НАШ, ТВОРЕЦ МИРОЗДАНИЯ; ПОДОБАЕТ БЛАГОСЛОВЛЯТЬ И СЛАВИТЬ ВЕЛИКОЕ И СВЯТОЕ ИМЯ ТВОЕ ЗА ТО, ЧТО ТЫ ДАЛ НАМ ЖИЗНЬ И ПОДДЕРЖИВАЕШЬ ЕЕ В НАС; И ТЫ ПРОДЛИШЬ ЕЕ И ПОДДЕРЖИШЬ, И СОБЕРЕШЬ НАС ИЗ ИЗГНАНИЯ ВО ДВОРАХ СВЯТИЛИЩА СВОЕГО, И ВЕРНЕМСЯ МЫ К ТЕБЕ, ЧТОБЫ СОБЛЮДАТЬ ТВОИ ЗАКОНЫ, И ИСПОЛНЯТЬ ВОЛЮ ТВОЮ, И СЛУЖИТЬ ТЕБЕ ВСЕМ СЕРДЦЕМ; И ПОТОМУ МЫ БЛАГОДАРИМ ТЕБЯ. БЛАГОСЛОВЕН БОГ, КОТОРОГО ПОДОБАЕТ БЛАГОДАРИТЬ!

ДЕЯНИЯ ТВОИ НЕИСТОЩИМЫ; ВЕДЬ МЫ ОТ ВЕКА НАДЕЕМСЯ НА ТЕБЯ!

В Хануку говорят здесь ועל הנסים *("И ЗА ЗНАМЕНИЯ...").* *

ועל А ЗА ВСЕ ЭТО ДА БУДЕТ БЛАГОСЛОВЛЕНО, И ДА ВОЗВЕЛИЧИТСЯ И ПРЕВОЗНЕСЕТСЯ ИМЯ ТВОЕ, ВЛАДЫКА НАШ, ВСЕГДА, ВО ВЕКИ ВЕКОВ!

В "десять дней раскаяния" говорят:

וכתוב И ЗАПИШИ [В КНИГУ] БЛАГОПОЛУЧНОЙ ЖИЗНИ ВСЕХ, С КЕМ ТЫ ЗАКЛЮЧИЛ СОЮЗ.

---

*В Хануку говорят:

ועל И ЗА ЗНАМЕНИЯ, И ЗА ИЗБАВЛЕНИЕ, И ЗА МОГУЩЕСТВО [ТВОЕ], И ЗА СПАСЕНИЕ, И ЗА ЧУДЕСА, КОТОРЫЕ ТЫ ЯВИЛ ОТЦАМ НАШИМ В ТЕ ВРЕМЕНА, В ЭТИ ЖЕ ДНИ [ГОДА]...

בימי ...В ДНИ МАТИТЬЯГУ, СЫНА ЙОХАНАНА ХАШМОНАЯ, ПЕРВОСВЯЩЕННИКА, И ЕГО СЫНОВЕЙ, КОГДА ВЫСТУПИЛО ЗЛОДЕЙСКОЕ ЦАРСТВО ЯВАН ПРОТИВ НАРОДА ТВОЕГО, СЫНОВ ИЗРАИЛЯ, ЧТОБЫ ЗАСТАВИТЬ ИХ ЗАБЫТЬ ТВОЮ ТОРУ И НАРУШИТЬ ЗАКОНЫ, УСТАНОВЛЕННЫЕ ВОЛЕЙ ТВОЕЙ; НО ТЫ, ПО ВЕЛИКОЙ МИЛОСТИ СВОЕЙ, СТОЯЛ ЗА НИХ, [СЫНОВ ИЗРАИЛЯ], КОГДА ОНИ БЫЛИ В БЕДЕ, ЗАСТУПАЛСЯ ЗА НИХ, БЫЛ СУДЬЕЙ В ИХ СПОРЕ [С ВРАГАМИ], МСТИЛ ЗА НИХ; ОТДАЛ СИЛЬНЫХ В РУКИ СЛАБЫХ, И МНОГОЧИСЛЕННЫХ В РУКИ НЕМНОГИХ, И НЕЧИСТЫХ В РУКИ ЧИСТЫХ, И ЗЛОДЕЕВ В РУКИ ПРАВЕДНИКОВ, И ЗЛОУМЫШЛЕННИКОВ В РУКИ ТЕХ, КТО ИЗУЧАЕТ ТОРУ ТВОЮ. И ПРОСЛАВИЛ ТЫ ИМЯ СВОЕ, ВЕЛИКОЕ И СВЯТОЕ, В МИРЕ ТВОЕМ, И НАРОДУ СВОЕМУ, ИЗРАИЛЮ, ДАРОВАЛ ВЕЛИКОЕ СПАСЕНИЕ И ИЗБАВЛЕНИЕ В ЭТОТ САМЫЙ ДЕНЬ. И ТОГДА ПРИШЛИ СЫНОВЬЯ ТВОИ В СВЯТАЯ СВЯТЫХ ХРАМА ТВОЕГО, И УБРАЛИ [ИДОЛОВ] ИЗ ТВОЕГО ДВОРЦА, И ОЧИСТИЛИ СВЯТИЛИЩЕ ТВОЕ. И ЗАЖГЛИ СВЕТИЛЬНИКИ ВО ДВОРАХ СВЯТИЛИЩА ТВОЕГО. И УСТАНОВИЛИ ЭТИ ВОСЕМЬ ДНЕЙ ХАНУКИ, ЧТОБЫ ВОЗНОСИТЬ БЛАГОДАРНОСТЬ И ХВАЛУ ТВОЕМУ ВЕЛИКОМУ ИМЕНИ.

Продолжают ועל כולם *("И ЗА ВСЕ...").*

וְכָל הַחַיִּים יוֹדְוּךָ פֶּלָה וִיהַלְלוּ שִׁמְךָ הַגָּדוֹל לְעוֹלָם כִּי טוֹב הָאֵל
יְשׁוּעָתֵנוּ וְעֶזְרָתֵנוּ סֶלָה, הָאֵל הַטּוֹב ּ בָּרוּךְ אַתָּה יְיָ, הַטּוֹב
שִׁמְךָ וּלְךָ נָאֶה לְהוֹדוֹת:

אלהינו וַאלֹהֵי אֲבוֹתֵינוּ, בָּרְכֵנוּ בַבְּרָכָה הַמְשֻׁלֶּשֶׁת, בַּתּוֹרָה הַכְּתוּבָה
עַל יְדֵי מֹשֶׁה עַבְדֶּךָ, הָאֲמוּרָה מִפִּי אַהֲרֹן וּבָנָיו כֹּהֲנִים עַם
קְדוֹשֶׁךָ כָּאָמוּר: יְבָרֶכְךָ יְיָ וְיִשְׁמְרֶךָ:אמן יָאֵר יְיָ פָּנָיו אֵלֶיךָ וִיחֻנֶּךָ:אמן יִשָּׂא יְיָ פָּנָיו
אֵלֶיךָ וְיָשֵׂם לְךָ שָׁלוֹם: אמן.

שִׂים שָׁלוֹם, טוֹבָה וּבְרָכָה, חַיִּים חֵן וָחֶסֶד וְרַחֲמִים, עָלֵינוּ וְעַל כָּל
יִשְׂרָאֵל עַמֶּךָ ּ בָּרְכֵנוּ אָבִינוּ כֻּלָּנוּ כְּאֶחָד, בְּאוֹר פָּנֶיךָ, כִּי בְאוֹר
פָּנֶיךָ, נָתַתָּ לָּנוּ יְיָ אֱלֹהֵינוּ תּוֹרַת חַיִּים, וְאַהֲבַת חֶסֶד, וּצְדָקָה
וּבְרָכָה וְרַחֲמִים וְחַיִּים וְשָׁלוֹם ּ וְטוֹב בְּעֵינֶיךָ לְבָרֵךְ אֶת עַמְּךָ יִשְׂרָאֵל
בְּכָל עֵת וּבְכָל שָׁעָה בִּשְׁלוֹמֶךָ.

בש"ת **וּבְסֵפֶר** חַיִּים בְּרָכָה וְשָׁלוֹם וּפַרְנָסָה טוֹבָה יְשׁוּעָה וְנֶחָמָה וּגְזֵרוֹת
טוֹבוֹת, נִזָּכֵר וְנִכָּתֵב לְפָנֶיךָ, אֲנַחְנוּ וְכָל עַמְּךָ בֵּית יִשְׂרָאֵל,
לְחַיִּים טוֹבִים וּלְשָׁלוֹם.

בָּרוּךְ אַתָּה יְיָ, הַמְבָרֵךְ אֶת עַמּוֹ יִשְׂרָאֵל בַּשָּׁלוֹם:
יִהְיוּ לְרָצוֹן אִמְרֵי פִי, וְהֶגְיוֹן לִבִּי לְפָנֶיךָ ּ יְיָ צוּרִי וְגוֹאֲלִי:

אֱלֹהַי, נְצוֹר לְשׁוֹנִי מֵרָע, וּשְׂפָתַי מִדַּבֵּר מִרְמָה ּ וְלִמְקַלְלַי, נַפְשִׁי תִדּוֹם,
וְנַפְשִׁי כֶּעָפָר לַכֹּל תִּהְיֶה ּ פְּתַח לִבִּי בְּתוֹרָתֶךָ וּבְמִצְוֹתֶיךָ תִּרְדּוֹף
נַפְשִׁי, וְכָל הַחוֹשְׁבִים עָלַי רָעָה, מְהֵרָה הָפֵר עֲצָתָם וְקַלְקֵל מַחֲשַׁבְתָּם ּ
יִהְיוּ כְּמוֹץ לִפְנֵי רוּחַ וּמַלְאַךְ יְיָ דּוֹחֶה ּ לְמַעַן יֵחָלְצוּן יְדִידֶיךָ, הוֹשִׁיעָה יְמִינְךָ
וַעֲנֵנִי ּ עֲשֵׂה לְמַעַן שְׁמֶךָ, עֲשֵׂה לְמַעַן יְמִינֶךָ, עֲשֵׂה לְמַעַן תּוֹרָתֶךָ ּ עֲשֵׂה
לְמַעַן קְדֻשָּׁתֶךָ ּ יִהְיוּ לְרָצוֹן אִמְרֵי פִי, וְהֶגְיוֹן לִבִּי לְפָנֶיךָ, יְיָ צוּרִי וְגוֹאֲלִי,
עֹשֶׂה שָׁלוֹם (בש"ת הַשָּׁלוֹם) בִּמְרוֹמָיו, הוּא יַעֲשֶׂה שָׁלוֹם עָלֵינוּ, וְעַל כָּל
יִשְׂרָאֵל, וְאִמְרוּ אָמֵן:

יְהִי רָצוֹן מִלְּפָנֶיךָ יְיָ אֱלֹהֵינוּ וֵאלֹהֵי אֲבוֹתֵינוּ, שֶׁיִּבָּנֶה בֵּית הַמִּקְדָּשׁ בִּמְהֵרָה בְיָמֵינוּ, וְתֵן
חֶלְקֵנוּ בְּתוֹרָתֶךָ ּ

הש"ץ חוזר התפלה, קדיש תתקבל

קַוֵּה אֶל יְיָ, חֲזַק וְיַאֲמֵץ לִבֶּךָ, וְקַוֵּה אֶל יְיָ: אֵין קָדוֹשׁ כַּיְיָ, כִּי אֵין בִּלְתֶּךָ,
וְאֵין צוּר כֵּאלֹהֵינוּ: כִּי מִי אֱלוֹהַּ מִבַּלְעֲדֵי יְיָ, וּמִי צוּר זוּלָתִי אֱלֹהֵינוּ:

אֵין כֵּאלֹהֵינוּ, אֵין כַּאדוֹנֵינוּ, אֵין
כְּמַלְכֵּנוּ, אֵין כְּמוֹשִׁיעֵנוּ: מִי
כאלהינו

וכל И ВСЕ ЖИВОЕ БУДЕТ ВЕЧНО БЛАГОДАРИТЬ ТЕБЯ И ВОСХВАЛЯТЬ ТВОЕ ВЕ-
ЛИКОЕ ИМЯ ВОВЕК, ИБО ТЫ ДОБР. ТЫ, БОГ, – НАШЕ СПАСЕНИЕ И НАША ОПОРА
ВОВЕКИ, [ТЫ –]; ДОБРЫЙ БОГ! БЛАГОСЛОВЕН ТЫ, ГОСПОДЬ; ДОБРЫЙ – ИМЯ
ТЕБЕ, И ТЕБЯ ПОДОБАЕТ БЛАГОДАРИТЬ.

*В Эрец-Исраэль принято, что при повторении хазаном молитвы коѓаним благословляют
здесь народ (см. стр. 268–269). Если же среди молящихся нет коѓаним, хазан произносит:*

אלהינו БОГ НАШ И БОГ ОТЦОВ НАШИХ! БЛАГОСЛОВИ НАС ТРОЙНЫМ БЛАГОСЛО-
ВЕНИЕМ, КОТОРОЕ ЗАПИСАЛ В ТОРЕ РАБ ТВОЙ МОШЕ И КОТОРОЕ ПРОИЗНОСИЛИ
АѓАРОН И СЫНОВЬЯ ЕГО, КОѓАНИМ, – СВЯТОЕ ПЛЕМЯ ТВОЕ, КАК СКАЗАНО:
"БЛАГОСЛОВИТ ТЕБЯ ГОСПОДЬ И ОХРАНИТ ТЕБЯ. (*Община отвечает:* АМЕН! *Хазан
продолжает:*) И БУДЕТ БЛАГОСКЛОНЕН К ТЕБЕ ГОСПОДЬ, И ПОМИЛУЕТ ТЕБЯ.
(*Община отвечает:* АМЕН! *Хазан продолжает:*) БУДЕТ БЛАГОВОЛИТЬ К ТЕБЕ ГОСПОДЬ
И ПОШЛЕТ ТЕБЕ МИР".[1] (*Община отвечает:* АМЕН!)

שים ДАРУЙ МИР, ДОБРО И БЛАГОСЛОВЕНИЕ, ЖИЗНЬ, МИЛОСТЬ, И ЛЮБОВЬ, И
МИЛОСЕРДИЕ НАМ И ВСЕМУ ТВОЕМУ НАРОДУ, ИЗРАИЛЮ. БЛАГОСЛОВИ НАС, ВСЕХ
ВМЕСТЕ, В БЛАГОСКЛОННОСТИ СВОЕЙ, ОТЕЦ НАШ, ИБО В БЛАГОСКЛОННОСТИ
СВОЕЙ ТЫ ДАРОВАЛ НАМ, ГОСПОДЬ, БОГ НАШ, ЗАКОН ЖИЗНИ И БЕСКОРЫСТНОЙ
ЛЮБВИ, И МИЛОСТЬ, И БЛАГОСЛОВЕНИЕ, И МИЛОСЕРДИЕ, И ЖИЗНЬ, И МИР. И ДА
БУДЕТ УГОДНО ТЕБЕ БЛАГОСЛОВЛЯТЬ НАРОД СВОЙ, ИЗРАИЛЬ, ВО ВСЕ ВРЕМЕНА
И В КАЖДОЕ МГНОВЕНИЕ, ДАРУЯ ЕМУ МИР.

В "десять дней раскаяния" говорят:

ובספר И В КНИГЕ ЖИЗНИ, БЛАГОСЛОВЕНИЯ, И МИРА, И ПРОЦВЕТАНИЯ, СПАСЕ-
НИЯ, И УТЕШЕНИЯ, И ДОБРЫХ ПРЕДНАЧЕРТАНИЙ – ДА БУДЕМ УПОМЯНУТЫ И
ЗАПИСАНЫ ПРЕД ТОБОЮ МЫ И ВЕСЬ НАРОД ТВОЙ, ДОМ ИЗРАИЛЯ, НА ДОБРУЮ
ЖИЗНЬ И НА МИР.

ברוך БЛАГОСЛОВЕН ТЫ, ГОСПОДЬ, БЛАГОСЛОВЛЯЮЩИЙ МИРОМ НАРОД СВОЙ,
ИЗРАИЛЬ!

יהיו ДА БУДУТ УГОДНЫ ТЕБЕ СЛОВА МОИХ УСТ И ПОМЫСЛЫ СЕРДЦА МОЕГО, О,
ГОСПОДЬ, – МОЙ ОПЛОТ И ИЗБАВИТЕЛЬ.[2]

אלהי БОГ МОЙ! УБЕРЕГИ МОЙ ЯЗЫК ОТ ЗЛОСЛОВИЯ И УСТА МОИ ОТ ЛЖИВЫХ
РЕЧЕЙ; И ПЕРЕД ТЕМИ, КТО ПРОКЛИНАЕТ МЕНЯ, ПУСТЬ ДУША МОЯ ХРАНИТ МОЛ-
ЧАНИЕ. И ПУСТЬ ДУША МОЯ ПОВЕРГАЕТСЯ В ПРАХ ПРЕД КАЖДЫМ. РАСКРОЙ МОЕ
СЕРДЦЕ ДЛЯ ТОРЫ ТВОЕЙ, И ДА УСТРЕМИТСЯ МОЯ ДУША К ИСПОЛНЕНИЮ ТВОИХ
ЗАПОВЕДЕЙ; И ПОСКОРЕЕ РАЗРУШЬ КОЗНИ И РАССТРОЙ ЗАМЫСЛЫ ВСЕХ ЗАДУ-
МАВШИХ ПРОТИВ МЕНЯ НЕДОБРОЕ. ДА БУДУТ ОНИ МЯКИНОЙ НА ВЕТРУ, ГОНИМЫЕ
АНГЕЛОМ ГОСПОДА.[3] ПУСТЬ СПАСЕНЫ БУДУТ ТЕ, КОГО ЛЮБИШЬ ТЫ; СПАСИ [МЕ-
НЯ] ДЕСНИЦЕЙ СВОЕЙ И ОТВЕТЬ МНЕ.[4] СОВЕРШИ ЭТО РАДИ ИМЕНИ СВОЕГО, СО-
ВЕРШИ РАДИ [ПРОСЛАВЛЕНИЯ] ДЕСНИЦЫ СВОЕЙ, СОВЕРШИ РАДИ ТОРЫ СВОЕЙ,
СОВЕРШИ РАДИ СВЯТОСТИ СВОЕЙ; ДА БУДУТ УГОДНЫ ТЕБЕ СЛОВА МОИХ УСТ И
ПОМЫСЛЫ СЕРДЦА МОЕГО, О, ГОСПОДЬ, – МОЙ ОПЛОТ И ИЗБАВИТЕЛЬ. УСТАНАВ-
ЛИВАЮЩИЙ МИР (*в "десять дней раскаяния" вместо "ШАЛОМ" – "МИР" говорят:* "ѓА-
ШАЛОМ") В СВОИХ ВЫСОТАХ, ОН ПОШЛЕТ МИР НАМ И ВСЕМУ ИЗРАИЛЮ, И СКА-
ЖЕМ: АМЕН![5]

יהי ДА БУДЕТ УГОДНО ТЕБЕ, ГОСПОДЬ, БОГ НАШ И БОГ ОТЦОВ НАШИХ, ЧТОБЫ
БЫЛ ПОСТРОЕН ХРАМ, – ВСКОРЕ, В НАШИ ДНИ, – И ДАЙ НАМ УДЕЛ В ТОРЕ ТВОЕЙ!

После повторения молитвы вслух хазан произносит здесь "Кадиш шалем", стр. 74–75.

קוה НАДЕЙСЯ НА ГОСПОДА; ДА УКРЕПИТСЯ И СТАНЕТ СИЛЬНЫМ СЕРДЦЕ
ТВОЕ! НАДЕЙСЯ НА ГОСПОДА![6] НЕТ СВЯТОСТИ, ПОДОБНОЙ [СВЯТОСТИ] ГОС-
ПОДА, ИБО НЕТ НИКОГО КРОМЕ ТЕБЯ, НЕТ НИКОГО, КТО СРАВНИЛСЯ БЫ В МОГУ-
ЩЕСТВЕ С БОГОМ НАШИМ.[7] ИБО КТО БОГ, ЕСЛИ НЕ ГОСПОДЬ, И КТО МОГУЩЕСТ-
ВЕН, ЕСЛИ НЕ БОГ НАШ?[8]

אין НЕТ НИКОГО, ПОДОБНОГО БОГУ НАШЕМУ;
НЕТ НИКОГО, ПОДОБНОГО ВЛАСТЕЛИНУ НАШЕМУ;
НЕТ НИКОГО, ПОДОБНОГО ВЛАДЫКЕ НАШЕМУ;
НЕТ НИКОГО, ПОДОБНОГО СПАСИТЕЛЮ НАШЕМУ! КТС

---

1. Бемидбар, 6:24–26. 2. Теѓилим, 19:15. 3. Теѓилим, 35:5. 4. Теѓилим, 60:7, 108:7.
5. Авот, 5:20. 6. Теѓилим, 27:14. 7. Шмуэль I, 2:2. 8. Теѓилим, 18:32.

כֵּאלֹהֵינוּ, מִי כַאדוֹנֵינוּ. מִי כְמַלְכֵּנוּ,
מִי כְמוֹשִׁיעֵנוּ: נוֹדֶה לֵאלֹהֵינוּ, נוֹדֶה
לַאדוֹנֵינוּ, נוֹדֶה לְמַלְכֵּנוּ, נוֹדֶה
לְמוֹשִׁיעֵנוּ:בָּרוּךְ אֱלֹהֵינוּ,בָּרוּךְ אֲדוֹנֵינוּ,
בָּרוּךְ מַלְכֵּנוּ, בָּרוּךְ מוֹשִׁיעֵנוּ: אַתָּה
הוּא אֱלֹהֵינוּ, אַתָּה הוּא אֲדוֹנֵינוּ, אַתָּה
הוּא מַלְכֵּנוּ, אַתָּה הוּא מוֹשִׁיעֵנוּ, אַתָּה
תוֹשִׁיעֵנוּ. אַתָּה תָקוּם תְּרַחֵם צִיּוֹן כִּי
עֵת לְחֶנְנָהּ כִּי בָא מוֹעֵד: אַתָּה הוּא יְיָ
אֱלֹהֵינוּ וֵאלֹהֵי אֲבוֹתֵינוּ שֶׁהִקְטִירוּ
אֲבוֹתֵינוּ לְפָנֶיךָ אֶת קְטֹרֶת הַסַּמִּים:

פִּטּוּם הַקְּטֹרֶת, הַצֳּרִי, וְהַצִּפֹּרֶן, הַחֶלְבְּנָה, וְהַלְּבוֹנָה,
מִשְׁקַל שִׁבְעִים שִׁבְעִים מָנֶה, מוֹר, וּקְצִיעָה,
שִׁבֹּלֶת נֵרְדְּ, וְכַרְכֹּם, מִשְׁקַל שִׁשָּׁה עָשָׂר שִׁשָּׁה עָשָׂר
מָנֶה, הַקֹּשְׁטְ שְׁנֵים עָשָׂר, קִלּוּפָה שְׁלֹשָׁה, קִנָּמוֹן
תִּשְׁעָה, בֹּרִית כַּרְשִׁינָה תִּשְׁעָה קַבִּין, יֵין קַפְרִיסִין סְאִין
תְּלָתָא וְקַבִּין תְּלָתָא, וְאִם אֵין לוֹ יֵין קַפְרִיסִין מֵבִיא חֲמַר
חִוַּרְיָן עַתִּיק מֶלַח סְדוֹמִית רוֹבַע, מַעֲלֶה עָשָׁן, כָּל שֶׁהוּא.
רַבִּי נָתָן הַבַּבְלִי אוֹמֵר, אַף כִּפַּת הַיַּרְדֵּן כָּל שֶׁהִיא, וְאִם נָתַן
בָּהּ דְּבַשׁ פְּסָלָהּ, וְאִם חִסַּר אֶחָד מִכָּל סַמְמָנֶיהָ חַיָּב
מִיתָה: רַבָּן שִׁמְעוֹן בֶּן גַּמְלִיאֵל אוֹמֵר, הַצֳּרִי אֵינוֹ אֶלָּא

שרף

ПОДОБЕН БОГУ НАШЕМУ? КТО ПОДОБЕН ВЛАСТЕЛИНУ НА-
ШЕМУ? КТО ПОДОБЕН ВЛАДЫКЕ НАШЕМУ? КТО ПОДОБЕН
СПАСИТЕЛЮ НАШЕМУ? ВОЗБЛАГОДАРИМ БОГА НАШЕГО,
ВОЗБЛАГОДАРИМ ВЛАСТЕЛИНА НАШЕГО, ВОЗБЛАГОДАРИМ
ВЛАДЫКУ НАШЕГО, ВОЗБЛАГОДАРИМ СПАСИТЕЛЯ НАШЕГО!
БЛАГОСЛОВЕН БОГ НАШ, БЛАГОСЛОВЕН ВЛАСТЕЛИН НАШ,
БЛАГОСЛОВЕН ВЛАДЫКА НАШ, БЛАГОСЛОВЕН СПАСИТЕЛЬ
НАШ! ТЫ — БОГ НАШ, ТЫ — ВЛАСТЕЛИН НАШ, ТЫ — ВЛАДЫКА
НАШ, ТЫ — СПАСИТЕЛЬ НАШ; ТЫ СПАСЕШЬ НАС! ВОССТАНЕШЬ
ТЫ И ЯВИШЬ МИЛОСЕРДИЕ СИОНУ, ИБО ПРИШЛО ВРЕМЯ
СМИЛОСТИВИТЬСЯ НАД НИМ, НАСТАЛ СРОК.[1] ТЫ, ГОСПОДЬ, —
БОГ НАШ И БОГ ОТЦОВ НАШИХ, ПРЕД КОТОРЫМ НАШИ ОТЦЫ
СОВЕРШАЛИ ВОСКУРЕНИЕ БЛАГОВОНИЙ.

פטום ВОТ СОСТАВ СМЕСИ ДЛЯ ВОСКУРЕНИЙ: БАЛЬЗАМ И ГВОЗДИ-
КА, ГАЛЬБАН И ЛАДАН — КАЖДОГО ПО СЕМЬДЕСЯТ МАНЭ; МИРО И
КАССИЯ, СТЕБЕЛЬ НАРДА И ШАФРАН — КАЖДОГО ПО ШЕСТНАДЦАТЬ
МАНЭ; КОСТУС — ДВЕНАДЦАТЬ [МАНЭ]; КОРИЦА — ТРИ [МАНЭ];
КИНАМОН — ДЕВЯТЬ [МАНЭ]. ЩЕЛОК, ПРИГОТОВЛЯЕМЫЙ ИЗ ВИКИ,
— ДЕВЯТЬ КАВОВ; КИПРСКОЕ ВИНО — ТРИ СЭА И ТРИ КАВА; А ЕСЛИ
НЕ БЫЛО КИПРСКОГО ВИНА, БРАЛИ [ЛЮБОЕ] ВЫДЕРЖАННОЕ БЕЛОЕ
ВИНО. ЧЕТВЕРТЬ [КАВА] СОЛИ ИЗ СДОМА, НЕМНОГО ОСОБОЙ ТРАВЫ,
ПРИ СЖИГАНИИ КОТОРОЙ ВЫДЕЛЯЕТСЯ БОЛЬШОЕ КОЛИЧЕСТВО ДЫМА.
РАБИ НАТАН ИЗ ВАВИЛОНА ГОВОРИТ: "ЕЩЕ [СЛЕДУЕТ ДОБАВИТЬ]
НЕМНОГО ЯНТАРЯ, [КОТОРЫЙ НАХОДЯТ В ДОЛИНЕ] ИОРДАНА; НО
ЕСЛИ В СМЕСЬ ДОБАВЛЕН ФРУКТОВЫЙ МЕД — ОНА СТАНОВИТСЯ НЕ-
ПРИГОДНОЙ; [ТОМУ ЖЕ, КТО ВОСКУРИВАЕТ СМЕСЬ,] В КОТОРОЙ
ОТСУТСТВУЕТ ОДНА ИЗ СОСТАВЛЯЮЩИХ ЕЕ ЧАСТЕЙ, ПОЛАГАЕТСЯ
СМЕРТЬ". РАБАН ШИМОН БЕН ГАМЛИЭЛЬ ГОВОРИТ: "БАЛЬЗАМ — ЭТО

---

1. Теѓилим, 102:14.

שָׂרָף. הַנּוֹטֵף מֵעֲצֵי הַקְּטָף, בְּרִית כְּרִשִׁינָה שֶׁשָּׁפִין בָּהּ
אֶת הַצִּפֹּרֶן, כְּדֵי שֶׁתְּהֵא נָאָה; יֵין קַפְרִיסִין שֶׁשּׁוֹרִין
בּוֹ אֶת הַצִּפֹּרֶן, כְּדֵי שֶׁתְּהֵא עַזָּה. וַהֲלֹא מֵי רַגְלַיִם יָפִין
לָהּ. אֶלָּא שֶׁאֵין מַכְנִיסִין מֵי רַגְלַיִם בַּמִּקְדָּשׁ מִפְּנֵי הַכָּבוֹד:

תָּנָא דְּבֵי אֵלִיָּהוּ כָּל הַשּׁוֹנֶה הֲלָכוֹת בְּכָל יוֹם מֻבְטָח לוֹ שֶׁהוּא בֶּן עוֹלָם
הַבָּא שֶׁנֶּאֱמַר הֲלִיכוֹת עוֹלָם לוֹ. אַל תִּקְרֵי הֲלִיכוֹת אֶלָּא הֲלָכוֹת:

אָמַר רַבִּי אֶלְעָזָר אָמַר רַבִּי חֲנִינָא, תַּלְמִידֵי חֲכָמִים מַרְבִּים שָׁלוֹם בָּעוֹלָם,
שֶׁנֶּאֱמַר וְכָל בָּנַיִךְ לִמּוּדֵי יְיָ, וְרַב שְׁלוֹם בָּנָיִךְ: אַל תִּקְרֵי בָּנָיִךְ, אֶלָּא
בּוֹנָיִךְ: שָׁלוֹם רָב לְאֹהֲבֵי תוֹרָתֶךָ, וְאֵין לָמוֹ מִכְשׁוֹל: יְהִי שָׁלוֹם בְּחֵילֵךְ,
שַׁלְוָה בְּאַרְמְנוֹתָיִךְ: לְמַעַן אַחַי וְרֵעָי אֲדַבְּרָה נָּא שָׁלוֹם בָּךְ: לְמַעַן בֵּית יְיָ
אֱלֹהֵינוּ, אֲבַקְשָׁה טוֹב לָךְ: יְיָ עֹז לְעַמּוֹ יִתֵּן, יְיָ יְבָרֵךְ אֶת עַמּוֹ בַשָּׁלוֹם:

קדיש דרבנן

יִתְגַּדַּל וְיִתְקַדַּשׁ שְׁמֵהּ רַבָּא אמן בְּעָלְמָא דִי בְרָא כִרְעוּתֵהּ וְיַמְלִיךְ מַלְכוּתֵהּ,
וְיַצְמַח פּוּרְקָנֵהּ וִיקָרֵב מְשִׁיחֵהּ אמן. בְּחַיֵּיכוֹן וּבְיוֹמֵיכוֹן וּבְחַיֵּי
דְכָל בֵּית יִשְׂרָאֵל, בַּעֲגָלָא וּבִזְמַן קָרִיב וְאִמְרוּ אָמֵן: יְהֵא שְׁמֵהּ רַבָּא מְבָרַךְ
לְעָלַם וּלְעָלְמֵי עָלְמַיָּא. יִתְבָּרַךְ, וְיִשְׁתַּבַּח, וְיִתְפָּאַר, וְיִתְרוֹמַם, וְיִתְנַשֵּׂא,
וְיִתְהַדָּר וְיִתְעַלֶּה, וְיִתְהַלָּל, שְׁמֵהּ דְּקֻדְשָׁא בְּרִיךְ הוּא אמן לְעֵלָּא
מִן כָּל בִּרְכָתָא וְשִׁירָתָא, תֻּשְׁבְּחָתָא וְנֶחֱמָתָא, דַּאֲמִירָן בְּעָלְמָא, וְאִמְרוּ אָמֵן:
עַל יִשְׂרָאֵל וְעַל רַבָּנָן. וְעַל תַּלְמִידֵיהוֹן וְעַל כָּל תַּלְמִידֵי תַלְמִידֵיהוֹן. וְעַל
כָּל מָאן דְּעָסְקִין בְּאוֹרַיְתָא. דִּי בְאַתְרָא הָדֵין וְדִי בְכָל אֲתַר וַאֲתַר.
יְהֵא לְהוֹן וּלְכוֹן שְׁלָמָא רַבָּא חִנָּא וְחִסְדָּא וְרַחֲמִין וְחַיִּין אֲרִיכִין וּמְזוֹנָא רְוִיחָא
וּפוּרְקָנָא מִן קֳדָם אֲבוּהוֹן דִּבִשְׁמַיָּא וְאִמְרוּ אָמֵן: יְהֵא שְׁלָמָא רַבָּא מִן
שְׁמַיָּא וְחַיִּים טוֹבִים עָלֵינוּ וְעַל כָּל יִשְׂרָאֵל וְאִמְרוּ אָמֵן: עֹשֶׂה שָׁלוֹם (בש"ת
הַשָּׁלוֹם) בִּמְרוֹמָיו הוּא יַעֲשֶׂה שָׁלוֹם עָלֵינוּ וְעַל כָּל יִשְׂרָאֵל וְאִמְרוּ אָמֵן:

עָלֵינוּ לְשַׁבֵּחַ לַאֲדוֹן הַכֹּל לָתֵת גְּדֻלָּה לְיוֹצֵר בְּרֵאשִׁית שֶׁלֹּא
עָשָׂנוּ כְּגוֹיֵי הָאֲרָצוֹת וְלֹא שָׂמָנוּ כְּמִשְׁפְּחוֹת הָאֲדָמָה
שֶׁלֹּא שָׂם חֶלְקֵנוּ כָּהֶם וְגוֹרָלֵנוּ כְּכָל הֲמוֹנָם שֶׁהֵם מִשְׁתַּחֲוִים לְהֶבֶל
וָלָרִיק: וַאֲנַחְנוּ כּוֹרְעִים וּמִשְׁתַּחֲוִים וּמוֹדִים לִפְנֵי מֶלֶךְ מַלְכֵי הַמְּלָכִים
הַקָּדוֹשׁ בָּרוּךְ הוּא: שֶׁהוּא נוֹטֶה שָׁמַיִם וְיוֹסֵד אָרֶץ וּמוֹשַׁב יְקָרוֹ בַּשָּׁמַיִם
מִמַּעַל וּשְׁכִינַת עֻזּוֹ בְּגָבְהֵי מְרוֹמִים: הוּא אֱלֹהֵינוּ אֵין עוֹד אֱמֶת מַלְכֵּנוּ

СМОЛА, КОТОРУЮ ВЫДЕЛЯЮТ БАЛЬЗАМНЫЕ ДЕРЕВЬЯ". ДЛЯ ЧЕГО ИС-
ПОЛЬЗОВАЛИ ЩЕЛОК, ДОБЫВАЕМЫЙ ИЗ ВИКИ? ИМ ПРОТИРАЛИ ГВОЗ-
ДИКУ ДЛЯ ОЧИСТКИ. В КИПРСКОМ ВИНЕ ВЫДЕРЖИВАЛИ ГВОЗДИКУ,
ЧТОБЫ УСИЛИТЬ АРОМАТ ЕЕ. НЕСМОТРЯ НА ТО, ЧТО ЛУЧШЕ ВСЕГО ДЛЯ
ЭТОГО ПОДХОДИТ ВОДА ИЗ ИСТОЧНИКА РАГЛАЙИМ, ЕЕ НЕЛЬЗЯ ВНО-
СИТЬ В ХРАМ ИЗ УВАЖЕНИЯ К НЕМУ".[1]

הנא ТАК ПЕРЕДАЮТ ОТ ИМЕНИ ЭЛИЯГУ: ВСЯКОМУ, КТО ЕЖЕДНЕВНО ИЗУЧАЕТ
ЗАКОНЫ, ОБЕСПЕЧЕН УДЕЛ В БУДУЩЕМ МИРЕ. КАК СКАЗАНО: "ГАЛИХОТ ОЛАМ
ЛО"[2] – ["ПУТИ ВЕЧНОСТИ ПРИНАДЛЕЖАТ ЕМУ"]. ЧИТАЙ НЕ "ГАЛИХОТ", НО "ГА-
ЛАХОТ" [– И ТОГДА ФРАЗА ПРИОБРЕТАЕТ ТАКОЙ СМЫСЛ: "ИЗУЧАЮЩЕМУ ЗАКО-
НЫ – УДЕЛ В БУДУЩЕМ МИРЕ"].[3]

אמר СКАЗАЛ РАБИ ЭЛЬАЗАР ОТ ИМЕНИ РАБИ ХАНИНЫ[4]: "ИЗУЧАЮЩИЕ ТОРУ
УМНОЖАЮТ МИР НА ЗЕМЛЕ, КАК СКАЗАНО: "ВСЕ СЫНОВЬЯ ТВОИ (БАНАЙИХ),
[ИЕРУСАЛИМ], ИЗУЧАЮТ [ТОРУ] ГОСПОДА, И [БУДЕТ ДАРОВАН] ПРОЧНЫЙ МИР
ТВОИМ СЫНОВЬЯМ".[5] ЧИТАЙ НЕ "БАНАЙИХ" ("СЫНОВЬЯ ТВОИ"), НО "БОНАЙИХ"
("СТРОИТЕЛИ ТВОИ"). И [БУДЕТ ДАРОВАН] ПРОЧНЫЙ МИР ЛЮБЯЩИМ ТОРУ ТВОЮ,
ДА НЕ ВСТРЕТЯТ ОНИ НА СВОЕМ ПУТИ ПРЕПЯТСТВИЙ.[6] ДА ВОЦАРИТСЯ МИР В
СТЕНАХ ТВОИХ, [ИЕРУСАЛИМ], И ПОКОЙ – ВО ДВОРЦАХ ТВОИХ! РАДИ БРАТЬЕВ
МОИХ, БЛИЖНИХ МОИХ БУДУ МОЛИТЬСЯ О МИРЕ ДЛЯ ТЕБЯ! РАДИ ДОМА ГОСПО-
ДА, БОГА НАШЕГО, БУДУ МОЛИТЬСЯ О ТВОЕМ БЛАГОПОЛУЧИИ![7] ГОСПОДЬ ПРИ-
ДАСТ СИЛ НАРОДУ СВОЕМУ; ГОСПОДЬ БЛАГОСЛОВИТ СВОЙ НАРОД, ДАРОВАВ ЕМУ
МИР.[8]

"КАДИШ ДЕРАБАНАН"

יתגדל ДА ВОЗВЫСИТСЯ И ОСВЯТИТСЯ ЕГО ВЕЛИКОЕ ИМЯ (*община отвечает:*
АМЕН!) В МИРЕ, СОТВОРЕННОМ ПО ВОЛЕ ЕГО; И ДА УСТАНОВИТ ОН ЦАРСКУЮ
ВЛАСТЬ СВОЮ; И ДА ВЗРАСТИТ ОН СПАСЕНИЕ; И ДА ПРИБЛИЗИТ ОН ПРИХОД
МАШИАХА СВОЕГО (*община отвечает:* АМЕН!) – ПРИ ЖИЗНИ ВАШЕЙ, В ДНИ ВАШИ И
ПРИ ЖИЗНИ ВСЕГО ДОМА ИЗРАИЛЯ, ВСКОРОСТИ, В БЛИЖАЙШЕЕ ВРЕМЯ, И СКА-
ЖЕМ: АМЕН! (*Община отвечает:* АМЕН!)
Община вместе с хазаном: ДА БУДЕТ ВЕЛИКОЕ ИМЯ ЕГО БЛАГОСЛОВЕННО ВЕЧ-
НО, ВО ВЕКИ ВЕКОВ! ДА БУДЕТ БЛАГОСЛОВЛЯЕМО...
...И ВОСХВАЛЯЕМО, И ПРОСЛАВЛЯЕМО, И ВОЗВЕЛИЧИВАЕМО, И ПРЕВОЗНОСИМО,
И ПОЧИТАЕМО, И ВЕЛИЧАЕМО, И ВОСПЕВАЕМО ИМЯ СВЯТОГО [ТВОРЦА], БЛАГО-
СЛОВЕН ОН (*община отвечает:* АМЕН!), ПРЕВЫШЕ ВСЕХ БЛАГОСЛОВЕНИЙ И ПЕСНО-
ПЕНИЙ, ВОСХВАЛЕНИЙ И УТЕШИТЕЛЬНЫХ СЛОВ, ПРОИЗНОСИМЫХ В МИРЕ, И СКА-
ЖЕМ: АМЕН! (*Община отвечает:* АМЕН!)
ИЗРАИЛЮ, И МУДРЕЦАМ, И ИХ УЧЕНИКАМ, И УЧЕНИКАМ ИХ УЧЕНИКОВ, И ВСЕМ,
ИЗУЧАЮЩИМ ТОРУ, – ЗДЕСЬ И В ЛЮБОМ ДРУГОМ МЕСТЕ, – ДА БУДУТ ДАРОВАНЫ
ИХ ОТЦОМ НЕБЕСНЫМ ИМ И ВАМ ПРОЧНЫЙ МИР, БЛАГОВОЛЕНИЕ, И ЛЮБОВЬ, И
МИЛОСТЬ, И ДОЛГОЛЕТИЕ, И ДОСТАТОК, И ИЗБАВЛЕНИЕ, И СКАЖЕМ: АМЕН! (*Об-
щина отвечает:*АМЕН!)
ДА БУДУТ ДАРОВАНЫ С НЕБЕС ПРОЧНЫЙ МИР И СЧАСТЛИВАЯ ЖИЗНЬ НАМ И
ВСЕМУ ИЗРАИЛЮ, И СКАЖЕМ: АМЕН! (*Община отвечает:* АМЕН!)
УСТАНАВЛИВАЮЩИЙ МИР (*в "десять дней раскаяния" вместо* "ШАЛОМ" – "МИР"
говорят: "ГАШАЛОМ") В СВОИХ ВЫСОТАХ, ОН ПОШЛЕТ МИР НАМ И ВСЕМУ ИЗРАИ-
ЛЮ, И СКАЖЕМ: АМЕН! (*Община отвечает:* АМЕН!)

עלינו НАШ ДОЛГ – ВОСХВАЛЯТЬ ВЛАДЫКУ ВСЕГО МИРА, ПРОВОЗГЛАШАТЬ
ВЕЛИЧИЕ СОЗДАТЕЛЯ ВСЕЛЕННОЙ, КОТОРЫЙ НЕ СДЕЛАЛ НАС ПОДОБНЫМИ
ДРУГИМ НАРОДАМ МИРА, И НЕ ДАЛ НАМ БЫТЬ ПОХОЖИМИ НА ВСЕ ПЛЕМЕНА
ЗЕМНЫЕ, И НЕ ДАЛ НАМ ТОТ ЖЕ УДЕЛ, ЧТО И ИМ, И ТУ ЖЕ СУДЬБУ, ЧТО И ВСЕМ
ИХ ПОЛЧИЩАМ, – ИБО ОНИ ПОКЛОНЯЮТСЯ ПУСТОТЕ И ТЩЕТЕ. МЫ ЖЕ ПРЕ-
КЛОНЯЕМ КОЛЕНА, И ПАДАЕМ НИЦ, И ВОЗНОСИМ БЛАГОДАРНОСТЬ ВЛА-
ДЫКЕ, ЦАРЮ ЦАРЕЙ, СВЯТОМУ [ТВОРЦУ], БЛАГОСЛОВЕН ОН, КОТОРЫЙ
ПРОСТЕР НЕБЕСА И УТВЕРДИЛ ЗЕМЛЮ [НА МЕСТЕ], – И ПРЕСТОЛ
СЛАВЫ ЕГО – НЕБЕСНЫЕ ВЫСИ, И ОБИТЕЛЬ МОГУЩЕСТВА ЕГО – ВЫСОТЫ
ВЫСОТ. ОН, И НИКТО ИНОЙ, – БОГ НАШ. ВОИСТИНУ, ОН ВЛАДЫКА НАШ,

---

1. см. Критот, 6а,б. 2. Хавакук, 3:6. 3. Мегила, 28б. 4. Брахот, 64а. 5. Йешаяѓу, 54:13.
6. Теѓилим, 119:165. 7. Теѓилим, 122:7–9. 8. Теѓилим, 29:11.

אָפֶס זוּלָתוֹ כַּכָּתוּב בְּתוֹרָתוֹ וְיָדַעְתָּ הַיּוֹם וַהֲשֵׁבֹתָ אֶל־לְבָבֶךָ כִּי יְהֹוָה
הוּא הָאֱלֹהִים בַּשָּׁמַיִם מִמַּעַל וְעַל־הָאָרֶץ מִתָּחַת אֵין עוֹד :

וְעַל כֵּן נְקַוֶּה לְךָ יְיָ אֱלֹהֵינוּ, לִרְאוֹת מְהֵרָה בְּתִפְאֶרֶת עֻזֶּךָ, לְהַעֲבִיר
גִּלּוּלִים מִן הָאָרֶץ, וְהָאֱלִילִים כָּרוֹת יִכָּרֵתוּן, לְתַקֵּן עוֹלָם
בְּמַלְכוּת שַׁדַּי. וְכָל בְּנֵי בָשָׂר יִקְרְאוּ בִשְׁמֶךָ, לְהַפְנוֹת אֵלֶיךָ כָּל
רִשְׁעֵי אָרֶץ. יַכִּירוּ וְיֵדְעוּ כָּל יוֹשְׁבֵי תֵבֵל, כִּי לְךָ תִּכְרַע כָּל בֶּרֶךְ,
תִּשָּׁבַע כָּל לָשׁוֹן. לְפָנֶיךָ יְיָ אֱלֹהֵינוּ יִכְרְעוּ וְיִפֹּלוּ, וְלִכְבוֹד שִׁמְךָ יְקָר
יִתֵּנוּ, וִיקַבְּלוּ כֻלָּם אֶת עֹל מַלְכוּתֶךָ, וְתִמְלֹךְ עֲלֵיהֶם מְהֵרָה
לְעוֹלָם וָעֶד. כִּי הַמַּלְכוּת שֶׁלְּךָ הִיא, וּלְעוֹלְמֵי עַד תִּמְלוֹךְ בְּכָבוֹד,
כַּכָּתוּב בְּתוֹרָתֶךָ : יְיָ יִמְלֹךְ לְעוֹלָם וָעֶד . וְנֶאֱמַר . וְהָיָה יְיָ לְמֶלֶךְ עַל
כָּל הָאָרֶץ , בַּיּוֹם הַהוּא יִהְיֶה , יְיָ אֶחָד וּשְׁמוֹ אֶחָד : קדיש יתום

אַל תִּירָא מִפַּחַד פִּתְאֹם , וּמִשֹּׁאַת רְשָׁעִים כִּי תָבֹא : עֻצוּ עֵצָה
וְתֻפָר, דַּבְּרוּ דָבָר וְלֹא יָקוּם כִּי עִמָּנוּ אֵל : וְעַד זִקְנָה אֲנִי הוּא,
וְעַד שֵׂיבָה אֲנִי אֶסְבֹּל; אֲנִי עָשִׂיתִי וַאֲנִי אֶשָּׂא וַאֲנִי אֶסְבֹּל וַאֲמַלֵּט:

אך צדיקים יודו לשמך ישבו ישרים את פניך

מוספין קודמין לכזיכין לזאת נכון לומר פ' כזיכין ולהם הפנים אחר תפלת מוסף שבת:

וְלָקַחְתָּ סֹלֶת וְאָפִיתָ אֹתָהּ שְׁתֵּים עֶשְׂרֵה חַלּוֹת . שְׁנֵי עֶשְׂרֹנִים
יִהְיֶה הַחַלָּה הָאֶחָת : וְשַׂמְתָּ אוֹתָם שְׁתַּיִם מַעֲרָכוֹת שֵׁשׁ
הַמַּעֲרָכֶת עַל הַשֻּׁלְחָן הַטָּהֹר לִפְנֵי יְיָ : וְנָתַתָּ עַל הַמַּעֲרֶכֶת לְבֹנָה
זַכָּה , וְהָיְתָה לַלֶּחֶם לְאַזְכָּרָה אִשֶּׁה לַיְיָ : בְּיוֹם הַשַּׁבָּת בְּיוֹם
הַשַּׁבָּת יַעַרְכֶנּוּ לִפְנֵי יְיָ תָּמִיד מֵאֵת בְּנֵי יִשְׂרָאֵל בְּרִית עוֹלָם : וְהָיְתָה
לְאַהֲרֹן וּלְבָנָיו וַאֲכָלֻהוּ בְּמָקוֹם קָדֹשׁ , כִּי קֹדֶשׁ קָדָשִׁים הוּא לוֹ
מֵאִשֵּׁי יְיָ , חָק עוֹלָם :

שש זכירות תמצא לעיל עמוד 86

סדר קידוש ליום השבת

מִזְמוֹר לְדָוִד , יְיָ רֹעִי לֹא אֶחְסָר : בִּנְאוֹת דֶּשֶׁא יַרְבִּיצֵנִי , עַל מֵי מְנוּחֹת
יְנַהֲלֵנִי : נַפְשִׁי יְשׁוֹבֵב , יַנְחֵנִי בְמַעְגְּלֵי צֶדֶק לְמַעַן שְׁמוֹ : גַּם כִּי אֵלֵךְ
בגיא

И НИЧТО НЕ МОЖЕТ СУЩЕСТВОВАТЬ БЕЗ НЕГО, КАК НАПИСАНО В ТОРЕ ЕГО: "И УЗНАЕШЬ ТЫ В ТОТ ДЕНЬ, И ПРИМЕШЬ СЕРДЦЕМ СВОИМ, ЧТО ГОСПОДЬ – БОГ; ОТ НЕБЕСНЫХ ВЫСЕЙ И ДО ЗЕМНЫХ ГЛУБИН НИЧЕГО КРОМЕ НЕГО НЕ СУЩЕСТВУЕТ".¹

עַל И ПОЭТОМУ МЫ НАДЕЕМСЯ НА ТЕБЯ, ГОСПОДЬ, БОГ НАШ, [НАДЕЕМСЯ] УВИДЕТЬ ВСКОРЕ ВЕЛИКОЛЕПИЕ МОГУЩЕСТВА ТВОЕГО, КОТОРОЕ СМЕТЕТ ИСТУКАНОВ С ЛИЦА ЗЕМЛИ И УНИЧТОЖИТ ИДОЛОВ. И БУДЕТ УСТАНОВЛЕНА В МИРЕ ВЛАСТЬ ВСЕМОГУЩЕГО, И ВСЕ СЫНЫ ЧЕЛОВЕЧЕСКИЕ СТАНУТ ВЗЫВАТЬ К ИМЕНИ ТВОЕМУ, И ВСЕ ГРЕШНИКИ ЗЕМЛИ ВЕРНУТСЯ К ТЕБЕ. И ПРИЗНАЮТ, И ПОЙМУТ ВСЕ ЖИТЕЛИ ЗЕМЛИ, ЧТО ПРЕД ТОБОЮ ВСЕМ СЛЕДУЕТ ПРЕКЛОНЯТЬ КОЛЕНИ И [ЛИШЬ] ТВОИМ ИМЕНЕМ ДОЛЖНО КЛЯСТЬСЯ. ПРЕД ТОБОЮ, ГОСПОДЬ, БОГ НАШ, СКЛОНЯТСЯ ОНИ, И ПАДУТ НИЦ, И ВОЗДАДУТ ПОЧЕСТИ СЛАВНОМУ ИМЕНИ ТВОЕМУ; И ВСЕ ОНИ ПОДЧИНЯТСЯ ТВОЕЙ ЦАРСКОЙ ВЛАСТИ, И ВСКОРЕ ТЫ ВОЦАРИШЬСЯ НАД НИМИ НА ВЕКИ ВЕЧНЫЕ, ИБО ТЕБЕ ПРИНАДЛЕЖИТ ЦАРСКАЯ ВЛАСТЬ, И БУДЕШЬ ТЫ ЦАРСТВОВАТЬ ВО СЛАВЕ ВО ВЕКИ ВЕКОВ. КАК НАПИСАНО В ТОРЕ ТВОЕЙ: "ГОСПОДЬ БУДЕТ ЦАРСТВОВАТЬ ВО ВЕКИ ВЕКОВ!"² И СКАЗАНО: "И СТАНЕТ ГОСПОДЬ ВЛАДЫКОЙ ВСЕЙ ЗЕМЛИ; В ТОТ ДЕНЬ ГОСПОДЬ БУДЕТ [ПРИЗНАН ВСЕМИ НАРОДАМИ] ЕДИНСТВЕННЫМ [БОГОМ], И ЛИШЬ ЕГО ИМЯ [БУДЕТ У ВСЕХ НА УСТАХ] ".³

Далее произносится "Кадиш ятом", стр. 77.

אַל НЕ БОЙСЯ ВНЕЗАПНО ВОЗНИКШЕЙ УГРОЗЫ, ПРИХОДА ЗЛОДЕЕВ, [НЕСУЩИХ] ГИБЕЛЬ.⁴ ГОТОВЬТЕ ЗАГОВОРЫ, [ВРАГИ ИЗРАИЛЯ], – ОНИ БУДУТ СОРВАНЫ. СГОВАРИВАЙТЕСЬ МЕЖДУ СОБОЮ – НИЧЕГО У ВАС НЕ ВЫЙДЕТ, ВЕДЬ С НАМИ БОГ!⁵ "ВОВЕК Я НЕ ИЗМЕНЮСЬ И ДО СКОНЧАНИЯ ВЕКОВ БУДУ ТЕРПЕЛИВ [К НАРОДУ ИЗРАИЛЯ]. Я СОТВОРИЛ [ЕГО], И БУДУ ЗАБОТИТЬСЯ [О НЕМ], И БУДУ ТЕРПЕЛИВ [К НЕМУ], И СПАСУ [ЕГО] ".⁶

אַךְ ТОЛЬКО ПРАВЕДНИКИ УДОСТОЯТСЯ ВОЗНОСИТЬ БЛАГОДАРНОСТЬ ИМЕНИ ТВОЕМУ. НЕПОРОЧНЫЕ БУДУТ НАХОДИТЬСЯ ПРЕД ЛИЦОМ ТВОИМ.⁷

В Храме после дополнительной субботней жертвы, которой соответствует молитва "Мусаф", раскладывали на золотом столе хлебы особой формы и чашечки с ладаном. Поэтому после "Мусафа" принято произносить отрывок из Торы, где говорится об этом.

וְלָקַחְתָּ И ВОЗЬМИ ЛУЧШЕЙ ПШЕНИЧНОЙ МУКИ, И ИСПЕКИ ИЗ НЕЕ ДВЕНАДЦАТЬ ХЛЕБОВ, В КАЖДОМ ИЗ ХЛЕБОВ ДОЛЖНО БЫТЬ ДВЕ ДЕСЯТЫХ [ЭЙФЫ МУКИ]; И СЛОЖИ ИХ В ДВЕ СТОПЫ ПО ШЕСТЬ В КАЖДОЙ СТОПЕ, НА СТОЛЕ ИЗ ЧИСТОГО [ЗОЛОТА, СТОЯЩЕМ] ПРЕД ГОСПОДОМ; И ВОЗЛОЖИ НА КАЖДУЮ СТОПУ ЧИСТЫЙ ЛАДАН, КОТОРЫЙ БУДЕТ ВМЕСТО ЭТИХ ХЛЕБОВ ВОСКУРИВАТЬСЯ НА ОГНЕ ПРЕД ГОСПОДОМ. В КАЖДЫЙ СУББОТНИЙ ДЕНЬ СЛЕДУЕТ РАСКЛАДЫВАТЬ ИХ, ЧТОБЫ ОНИ ПОСТОЯННО НАХОДИЛИСЬ ПРЕД ГОСПОДОМ – КАК ДАР ОТ СЫНОВ ИЗРАИЛЯ; ТАКОВ ВЕЧНЫЙ ЗАВЕТ. И БУДУТ [ЭТИ ХЛЕБЫ] ДЛЯ АГАРОНА И СЫНОВЕЙ ЕГО, И ТЕ ДОЛЖНЫ ЕСТЬ ИХ В ХРАМОВОМ ДВОРЕ, ИБО СВЯТАЯ СВЯТЫХ [ЭТИ ХЛЕБЫ], ОСТАЮЩИЕСЯ ПОСЛЕ ВОСКУРЕНИЯ [ЛАДАНА] ПРЕД ГОСПОДОМ, – ТАКОВ ВЕЧНЫЙ ЗАКОН.⁸

Далее читают отрывки из Торы, где говорится о шести вещах, которые следует помнить постоянно, стр. 86.

"КИДУШ", СОВЕРШАЕМЫЙ В СУББОТУ УТРОМ
(См. транслитерацию на стр. 402.)

מִזְמוֹר ПСАЛОМ ДАВИДА. ГОСПОДЬ – ПАСТЫРЬ МОЙ; НИ В ЧЕМ НЕ БУДЕТ У МЕНЯ НЕДОСТАТКА. НА РОСКОШНЫХ ЛУГАХ ДАСТ МНЕ ОТДОХНУТЬ, БУДЕТ ПРИВОДИТЬ МЕНЯ К СПОКОЙНЫМ ВОДАМ. ДУШУ МОЮ УСПОКОИТ ОН; ПОВЕДЕТ МЕНЯ ПРЯМЫМИ ПУТЯМИ РАДИ ИМЕНИ СВОЕГО. ДАЖЕ ЕСЛИ БУДУ Я ПРОХОДИТЬ

---

1. Дварим, 4:39. 2. Шмот, 15:18. 3. Зхарья, 14:9. 4. Мишлей, 3:25. 5. Йешаягу, 8:10.
6. Йешаягу, 46:4. 7. Тегилим, 140:14. 8. Вайикра, 24:5—9.

בְּגִיא צַלְמָוֶת לֹא אִירָא רָע, כִּי אַתָּה עִמָּדִי, שִׁבְטְךָ וּמִשְׁעַנְתֶּךָ הֵמָּה יְנַחֲמֻנִי: תַּעֲרֹךְ לְפָנַי שֻׁלְחָן נֶגֶד צֹרְרָי, דִּשַּׁנְתָּ בַשֶּׁמֶן רֹאשִׁי, כּוֹסִי רְוָיָה: אַךְ טוֹב וָחֶסֶד יִרְדְּפוּנִי כָּל יְמֵי חַיָּי, וְשַׁבְתִּי בְּבֵית יְיָ לְאֹרֶךְ יָמִים:

אַתְקִינוּ סְעוּדָתָא דִמְהֵימְנוּתָא שְׁלֵמָתָא חֶדְוָתָא דְמַלְכָּא קַדִּישָׁא, אַתְקִינוּ סְעוּדָתָא דְמַלְכָּא, דָּא הִיא סְעוּדָתָא דְעַתִּיקָא קַדִּישָׁא וַחֲקַל תַּפּוּחִין קַדִּישִׁין, וּזְעֵיר אַנְפִּין אַתְיָן לְסַעֲדָא בַּהֲדֵיה:

וְשָׁמְרוּ בְנֵי יִשְׂרָאֵל אֶת הַשַּׁבָּת, לַעֲשׂוֹת אֶת הַשַּׁבָּת, לְדֹרֹתָם, בְּרִית עוֹלָם. בֵּינִי וּבֵין בְּנֵי יִשְׂרָאֵל אוֹת הִיא לְעֹלָם, כִּי שֵׁשֶׁת יָמִים עָשָׂה יְיָ אֶת הַשָּׁמַיִם וְאֶת הָאָרֶץ, וּבַיּוֹם הַשְּׁבִיעִי שָׁבַת וַיִּנָּפַשׁ:

אִם תָּשִׁיב מִשַּׁבָּת רַגְלֶךָ, עֲשׂוֹת חֲפָצֶךָ בְּיוֹם קָדְשִׁי, וְקָרָאתָ לַשַּׁבָּת עֹנֶג לִקְדוֹשׁ יְיָ מְכֻבָּד, וְכִבַּדְתּוֹ מֵעֲשׂוֹת דְּרָכֶיךָ מִמְּצוֹא חֶפְצְךָ וְדַבֵּר דָּבָר. אָז תִּתְעַנַּג עַל יְיָ, וְהִרְכַּבְתִּיךָ עַל בָּמֳתֵי אָרֶץ, וְהַאֲכַלְתִּיךָ נַחֲלַת יַעֲקֹב אָבִיךָ, כִּי פִּי יְיָ דִּבֵּר:

דָּא הִיא סְעוּדָתָא דְעַתִּיקָא קַדִּישָׁא:

זָכוֹר אֶת יוֹם הַשַּׁבָּת לְקַדְּשׁוֹ. שֵׁשֶׁת יָמִים תַּעֲבֹד וְעָשִׂיתָ כָּל מְלַאכְתֶּךָ. וְיוֹם הַשְּׁבִיעִי שַׁבָּת לַייָ אֱלֹהֶיךָ, לֹא תַעֲשֶׂה כָל מְלָאכָה, אַתָּה וּבִנְךָ וּבִתֶּךָ עַבְדְּךָ וַאֲמָתְךָ וּבְהֶמְתֶּךָ, וְגֵרְךָ אֲשֶׁר בִּשְׁעָרֶיךָ. כִּי שֵׁשֶׁת יָמִים עָשָׂה יְיָ אֶת הַשָּׁמַיִם וְאֶת הָאָרֶץ, אֶת הַיָּם וְאֶת כָּל אֲשֶׁר בָּם, וַיָּנַח בַּיּוֹם הַשְּׁבִיעִי עַל כֵּן בֵּרַךְ יְיָ אֶת יוֹם הַשַּׁבָּת וַיְקַדְּשֵׁהוּ:

עַל הַפַּת ‖ עַל הַיַּיִן סַבְרִי מָרָנָן.

בָּרוּךְ אַתָּה יְיָ אֱלֹהֵינוּ מֶלֶךְ ‖ בָּרוּךְ אַתָּה יְיָ אֱלֹהֵינוּ מֶלֶךְ הָעוֹלָם, הָעוֹלָם, בּוֹרֵא פְּרִי הַגָּפֶן: ‖ הַמּוֹצִיא לֶחֶם מִן הָאָרֶץ:

בְּשַׁבָּת הַחֹל הַמּוֹעֵד סוּכּוֹת כְּשֶׁמְּקַדֵּשׁ בַּסּוּכָּה סָבֵרך תֵּיכֶף בְּרָכָה זוֹ:

בָּרוּךְ אַתָּה יְיָ, אֱלֹהֵינוּ מֶלֶךְ הָעוֹלָם, אֲשֶׁר קִדְּשָׁנוּ בְּמִצְוֹתָיו וְצִוָּנוּ לֵישֵׁב בַּסֻּכָּה:

אֲ סַדֵּר לִסְעוּדָתָא, בְּצַפְרָא דְשַׁבַּתָּא, ‖ **נ** הוֹרֵיה יִשְׁרֵי בָּה, בְּקִדּוּשָׁא רַבָּא, וַאֲזַמִּין בָּה הַשְׁתָּא, עַתִּיקָא קַדִּישָׁא: ‖ וּבַחֲמְרָא טָבָא, דְּבֵיהּ תֶּחְדֵּי נַפְשָׁא:
יִשְׁדַּר

УЩЕЛЬЕМ В МОГИЛЬНОЙ ТЬМЕ, – НЕ УСТРАШУСЬ ЗЛА, ИБО ТЫ СО МНОЮ; НАСТАВ-
ЛЕНИЕ ТВОЕ И ПОДДЕРЖКА ТВОЯ УТЕШАТ МЕНЯ. НАКРОЕШЬ ТЫ ПРЕДО МНОЮ
СТОЛ НА ВИДУ У ВРАГОВ МОИХ, УМАСТИШЬ МОЮ ГОЛОВУ ЕЛЕЕМ; ПОЛНОЙ БУДЕТ
ЧАША МОЯ. ПУСТЬ ЛИШЬ ДОБРО И ЛЮБОВЬ СОПРОВОЖДАЮТ МЕНЯ ВО ВСЕ ДНИ
ЖИЗНИ МОЕЙ, И БУДУ НАХОДИТЬСЯ Я В ХРАМЕ ГОСПОДА ДОЛГИЕ ГОДЫ.[1]

אתקינו ПРИГОТОВЬТЕСЬ К ТРАПЕЗЕ В ЧЕСТЬ ИСТИННОЙ ВЕРЫ, ЧТОБЫ ДОСТА-
ВИТЬ РАДОСТЬ СВЯТОМУ ВЛАДЫКЕ; ПРИГОТОВЬТЕ ТРАПЕЗУ В ЧЕСТЬ ВЛАДЫ-
КИ! НА ТРАПЕЗЕ ЭТОЙ ОТКРОЮТСЯ НАМ СФИРА ["КЕТЕР"], ИМЕНУЕМАЯ "ВНЕ-
ВРЕМЕННОЙ СВЯТОСТЬЮ", И СФИРА ["МАЛХУТ"], ИМЕНУЕМАЯ "СВЯЩЕННЫМ
ЯБЛОНЕВЫМ САДОМ", СФИРОТ ["ХЕСЕД", "ГВУРА", "ТИФЕРЕТ", "НЕЦАХ", "ГОД",
"ЙЕСОД"], НАЗЫВАЕМЫЕ "МАЛЫМ ЛИКОМ", – ВСЕ ВМЕСТЕ.[2]

ושמרו И ПУСТЬ СОБЛЮДАЮТ СУББОТУ СЫНЫ ИЗРАИЛЯ, СДЕЛАВ ЕЕ ДНЕМ ОТ-
ДЫХА ДЛЯ [ВСЕХ] ПОКОЛЕНИЙ СВОИХ, – [ТАКОВ] ВЕЧНЫЙ ЗАВЕТ, ОНА – ДАН-
НЫЙ МНОЮ СЫНАМ ИЗРАИЛЯ ВЕЧНЫЙ ЗНАК ТОГО, ЧТО ШЕСТЬ ДНЕЙ СОЗИДАЛ
ГОСПОДЬ НЕБО И ЗЕМЛЮ, А В СЕДЬМОЙ ДЕНЬ НЕ СОВЕРШАЛ НИКАКИХ ДЕЯНИЙ
И ПРЕБЫВАЛ В ПОКОЕ.[3]

אם ЕСЛИ ДАШЬ ТЫ ПОКОЙ СВОИМ НОГАМ В СУББОТУ, НЕ ЗАНИМАЯСЬ ДЕЛАМИ
СВОИМИ В МОЙ СВЯТОЙ ДЕНЬ, И НАЗОВЕШЬ СУББОТУ БЛАЖЕНСТВОМ, ОТДАШЬ
ДНЮ, ОСВЯЩЕННОМУ ГОСПОДОМ, ДАНЬ УВАЖЕНИЯ, И ПОЧТИШЬ ЕГО ТЕМ, ЧТО
НЕ СТАНЕШЬ ДЕЛАТЬ ТОГО, К ЧЕМУ ПРИВЫК В БУДНИЕ ДНИ, И НЕ БУДЕШЬ ИС-
КАТЬ ВЫГОДЫ, И ОТ РАЗГОВОРОВ ОБ ЭТОМ ВОЗДЕРЖИШЬСЯ, – ТО УДОСТОИШЬСЯ
ТЫ БЛАЖЕНСТВА ОТ ГОСПОДА, И Я ВОЗВЕДУ ТЕБЯ НА ВЫСОТЫ ЗЕМЛИ, И ДАМ
ТЕБЕ НАСЛАДИТЬСЯ [ЩЕДРОТАМИ ЗЕМЛИ, ПОЛУЧЕННОЙ В] УДЕЛ ЯАКОВОМ,
ОТЦОМ ТВОИМ, – ВЕДЬ УСТА ГОСПОДА ИЗРЕКЛИ ЭТО.[4]

דא ЭТА ТРАПЕЗА – В ЧЕСТЬ ВНЕВРЕМЕННОЙ СВЯТОСТИ [ВСЕВЫШНЕГО].

זכור ПОМНИ О ДНЕ СУББОТНЕМ, ЧТОБЫ ОСВЯЩАТЬ ЕГО. ШЕСТЬ ДНЕЙ ТЫ МО-
ЖЕШЬ ТРУДИТЬСЯ И ДЕЛАТЬ ВСЕ РАБОТЫ СВОИ, А СЕДЬМОЙ ДЕНЬ – СУББОТА,
ПОСВЯЩЕННАЯ ГОСПОДУ, БОГУ ТВОЕМУ; НЕ СОВЕРШАЙТЕ НИКАКОЙ РАБОТЫ НИ
ТЫ, НИ СЫН ТВОЙ, НИ ДОЧЬ ТВОЯ, НИ РАБ ТВОЙ, НИ РАБЫНЯ ТВОЯ, НИ СКОТ ТВОЙ,
НИ ГЕР, КОТОРЫЙ ЖИВЕТ В ТВОЕМ ГОРОДЕ, – ИБО ШЕСТЬ ДНЕЙ СОЗИДАЛ ГОС-
ПОДЬ НЕБО, ЗЕМЛЮ И МОРЕ И ВСЕ, ЧТО ИХ НАПОЛНЯЕТ, А В СЕДЬМОЙ ДЕНЬ ПРЕ-
БЫВАЛ В ПОКОЕ.

ПОТОМУ БЛАГОСЛОВИЛ ГОСПОДЬ СЕДЬМОЙ ДЕНЬ И ОСВЯТИЛ ЕГО.[5]

Над вином:

סברי ВНЕМЛИТЕ, ГОСПОДА, МОИ!
ברוך БЛАГОСЛОВЕН ТЫ, ГОСПОДЬ,
БОГ НАШ, ВЛАДЫКА ВСЕЛЕННОЙ, СО-
ТВОРИВШИЙ ПЛОД ВИНОГРАДНОЙ
ЛОЗЫ!

Над хлебом:

סברי ВНЕМЛИТЕ, ГОСПОДА, МОИ!
ברוך БЛАГОСЛОВЕН ТЫ, ГОСПОДЬ,
БОГ НАШ, ВЛАДЫКА ВСЕЛЕННОЙ, ВЫ-
РАСТИВШИЙ ХЛЕБ ИЗ ЗЕМЛИ!

*Произнося благословение над вином, садятся и отпивают из бокала чуть больше поло-
вины "ревиит", т.е. не менее 43 миллилитров. В субботу, пришедшуюся на холь-гамоэд
праздника Сукот, сразу после "Кидуша" говорят (это благословение произносят сидя):*

ברוך БЛАГОСЛОВЕН ТЫ, ГОСПОДЬ, БОГ НАШ, ВЛАДЫКА ВСЕЛЕННОЙ, ОСВЯТИВ-
ШИЙ НАС СВОИМИ ЗАПОВЕДЯМИ И ПОВЕЛЕВШИЙ НАМ ЖИТЬ В ШАЛАШЕ!

ГИМН В ЧЕСТЬ СУББОТЫ

Существует обычай петь этот гимн во время субботней трапезы.

אסדר ПРИСТУПЛЮ Я К ТРАПЕЗЕ СУБ-
БОТНИМ УТРОМ И ПРИГЛАШУ НА НЕЕ
СВЯТОГО, ПРЕДВЕЧНОГО.

ЕГО СИЯНИЕ ОЗАРИТ ЭТУ ТРАПЕЗУ
ПОСЛЕ ТОГО, КАК ПРОИЗНЕСЛИ МЫ
УТРЕННИЙ "КИДУШ" НАД ПРЕКРАС-
НЫМ ВИНОМ, ВЕСЕЛЯЩИМ ДУШУ.

---

1. Теѓилим, 23.   2. см. Зоѓар II, 88а, б.   3. Шмот, 31:16,17.   4. Йешаяѓу, 58:13,14.
5. Шмот, 20:8–11.

י שַׁדֵּר לָן שׁוֹפְרֵיהּ, וְנֶחֱזֵי בִּיקָרֵיהּ, **קַ** דָּם רִבּוֹן עָלְמִין, בְּמִלִּין סְתִימִין,
וְנַחֲזֵי לָן סִתְרֵיהּ, דְּאִתְאַמַּר בִּלְחִישָׁא: תְּנַדְּלוּן פִּתְגָּמִין, וְתֵימְרוּן הַדּוּשָׁא:
י נַהֵּה לָן מַעֲמֵי, דִּבְכַתְרֵיסַר נְהֵמֵי, **לַ** עֲטַר פָּתוֹרָא, בְּרָזָא יַקִּירָא, עֲמִיקָא
דְּאַנּוּן אָת בִּשְׁמֵיהּ, כְּפִילָא וּקְלִישָׁא: וּסְתִימָרָא, וְלָאו מִלְּתָא אוֹשָׁא:
צ רוֹרָא דִּלְעֵלָּא, דְּבֵיהּ חַיֵּי כֹּלָּא, **וַ** אֵלֵּין מִלַּיָּא, יָהוֹן לִרְקִיעַיָּא, וְתַמָּן
וְיִתְרַבֵּי חֵילָא, וְתֻפַּק עַד רֵישָׁא: כְּאן שַׁרְיָא, הֲלָא הַהוּא שְׁכִינְשָׁא:
ח דוּ חַצְדֵּי חַקְלָא, בְּדִבּוּר וּבְקָלָא, **רַ** בּוֹ יַתִּיר יִסְגֵּי, לְעֵלָּא מִן דַּרְגֵּיהּ,
וְטַלִּילוּ מְכָה, מְתִיקָא כְּדוּבְשָׁא: וְיִסַּב בַּת זוּגֵיהּ, דַּהֲוַת פְּרִישָׁא:

מנחה לשבת

אתר וידבר וסדר הקטורת אומרים אשרי ובא לציון.

אַשְׁרֵי יוֹשְׁבֵי בֵיתֶךָ, עוֹד יְהַלְלוּךָ סֶּלָה: אַשְׁרֵי הָעָם שֶׁכָּכָה לּוֹ, אַשְׁרֵי הָעָם
שֶׁיְיָ אֱלֹהָיו: תְּהִלָּה לְדָוִד, אֲרוֹמִמְךָ אֱלוֹהַי הַמֶּלֶךְ, וַאֲבָרְכָה שִׁמְךָ
לְעוֹלָם וָעֶד: בְּכָל יוֹם אֲבָרְכֶךָּ, וַאֲהַלְלָה שִׁמְךָ לְעוֹלָם וָעֶד: גָּדוֹל יְיָ וּמְהֻלָּל
מְאֹד, וְלִגְדֻלָּתוֹ אֵין חֵקֶר: דּוֹר לְדוֹר יְשַׁבַּח מַעֲשֶׂיךָ, וּגְבוּרֹתֶיךָ יַגִּידוּ: הֲדַר
כְּבוֹד הוֹדֶךָ, וְדִבְרֵי נִפְלְאֹתֶיךָ אָשִׂיחָה: וֶעֱזוּז נוֹרְאֹתֶיךָ יֹאמֵרוּ, וּגְדֻלָּתְךָ
אֲסַפְּרֶנָּה: זֵכֶר רַב טוּבְךָ יַבִּיעוּ, וְצִדְקָתְךָ יְרַנֵּנוּ: חַנּוּן וְרַחוּם יְיָ, אֶרֶךְ אַפַּיִם וּגְדָל
חָסֶד: טוֹב יְיָ לַכֹּל, וְרַחֲמָיו עַל כָּל מַעֲשָׂיו: יוֹדוּךָ יְיָ כָּל מַעֲשֶׂיךָ, וַחֲסִידֶיךָ
יְבָרְכוּכָה: כְּבוֹד מַלְכוּתְךָ יֹאמֵרוּ, וּגְבוּרָתְךָ יְדַבֵּרוּ: לְהוֹדִיעַ לִבְנֵי הָאָדָם
גְּבוּרֹתָיו, וּכְבוֹד הֲדַר מַלְכוּתוֹ: מַלְכוּתְךָ, מַלְכוּת כָּל עֹלָמִים, וּמֶמְשַׁלְתְּךָ בְּכָל
דּוֹר וָדֹר: סוֹמֵךְ יְיָ לְכָל הַנֹּפְלִים, וְזוֹקֵף לְכָל הַכְּפוּפִים: עֵינֵי כֹל אֵלֶיךָ יְשַׂבֵּרוּ,
וְאַתָּה נוֹתֵן לָהֶם אֶת אָכְלָם בְּעִתּוֹ: פּוֹתֵחַ אֶת יָדֶךָ, וּמַשְׂבִּיעַ לְכָל חַי רָצוֹן:
צַדִּיק יְיָ בְּכָל דְּרָכָיו, וְחָסִיד בְּכָל מַעֲשָׂיו: קָרוֹב יְיָ לְכָל קֹרְאָיו, לְכֹל אֲשֶׁר
יִקְרָאֻהוּ בֶאֱמֶת: רְצוֹן יְרֵאָיו יַעֲשֶׂה, וְאֶת שַׁוְעָתָם יִשְׁמַע וְיוֹשִׁיעֵם: שׁוֹמֵר יְיָ אֶת
כָּל אֹהֲבָיו, וְאֵת כָּל הָרְשָׁעִים יַשְׁמִיד: תְּהִלַּת יְיָ יְדַבֶּר פִּי, וִיבָרֵךְ כָּל בָּשָׂר
שֵׁם קָדְשׁוֹ לְעוֹלָם וָעֶד: וַאֲנַחְנוּ נְבָרֵךְ יָהּ, מֵעַתָּה וְעַד עוֹלָם הַלְלוּיָהּ:

וּבָא לְצִיּוֹן גּוֹאֵל וּלְשָׁבֵי פֶשַׁע בְּיַעֲקֹב, נְאֻם יְיָ. וַאֲנִי זֹאת בְּרִיתִי
אֹתָם אָמַר יְיָ, רוּחִי אֲשֶׁר עָלֶיךָ, וּדְבָרַי אֲשֶׁר שַׂמְתִּי בְּפִיךָ,
לֹא יָמוּשׁוּ מִפִּיךָ וּמִפִּי זַרְעֲךָ וּמִפִּי זֶרַע זַרְעֲךָ, אָמַר יְיָ מֵעַתָּה וְעַד עוֹלָם.
וְאַתָּה קָדוֹשׁ, יוֹשֵׁב תְּהִלּוֹת יִשְׂרָאֵל. וְקָרָא זֶה אֶל זֶה וְאָמַר, קָדוֹשׁ קָדוֹשׁ
קָדוֹשׁ יְיָ צְבָאוֹת, מְלֹא כָל הָאָרֶץ כְּבוֹדוֹ. וּמְקַבְּלִין דֵּין מִן דֵּין, וְאָמְרִין קַדִּישׁ
בִּשְׁמֵי מְרוֹמָא עִלָּאָה בֵּית שְׁכִינְתֵּהּ, קַדִּישׁ עַל אַרְעָא עוֹבַד גְּבוּרְתֵּהּ, קַדִּישׁ
לְעָלַם וּלְעָלְמֵי עָלְמַיָּא, יְיָ צְבָאוֹת, מַלְיָא כָל אַרְעָא זִיו יְקָרֵהּ. וַתִּשָּׂאֵנִי רוּחַ,

ואשמע

ОН ЯВИТ НАМ СВОЕ ВЕЛИКОЛЕПИЕ, И МЫ УВИДИМ ЕГО СЛАВУ, И ОН ОТКРОЕТ НАМ ТАЙНЫ, О КОТОРЫХ ГОВОРЯТ ШЕПОТОМ.

ОН ОТКРОЕТ НАМ ТАЙНЫЙ СМЫСЛ ДВЕНАДЦАТИ ХЛЕБОВ, КОТОРЫЕ ЯВЛЯЮТСЯ СИМВОЛОМ ДВАЖДЫ ВСТРЕЧАЮЩЕЙСЯ В ЕГО ИМЕНИ ЛЕГКОЙ БУКВЫ.

В НЕМ – ВЫСШЕЕ ЕДИНСТВО, В НЕМ – ЖИЗНЬ ВСЕГО; ДА УМНОЖИТСЯ НАША СИЛА И ДА УВЕНЧАЮТ [НАШИ МОЛИТВЫ] ЕГО ЧЕЛО!

РАДУЙТЕСЬ, [ИЗУЧАЮЩИЕ ТОРУ], ТЕ КТО УХАЖИВАЕТ ЗА [СВЯЩЕННЫМ ЯБЛОНЕВЫМ] САДОМ! ВЕСЕЛИТЕСЬ СО СЛОВАМИ ТОРЫ И ПЕСНЯМИ НА УСТАХ, ПРОИЗНОСЯ СЛОВА, СЛАДКИЕ КАК МЕД!

ПРЕД ВЛАДЫКОЙ МИРОВ ГОВОРИТЕ О ТАЙНОМ ЯСНЫМИ СЛОВАМИ, ОТКРЫВАЙТЕ В ТОРЕ НОВЫЕ СМЫСЛЫ, –

ЧТОБЫ УКРАСИТЬ СУББОТНИЙ СТОЛ ЗАВЕТНЫМИ ТАЙНАМИ, ГЛУБОКИМИ И СОКРОВЕННЫМИ, О КОТОРЫХ НЕ ГОВОРЯТ ВСЛУХ.

И ЭТИ СЛОВА СОЗДАДУТ НОВЫЕ НЕБЕСА В ДУХОВНЫХ МИРАХ. И КТО БУДЕТ ОБИТАТЬ ТАМ, ЕСЛИ НЕ [ШХИНА –] СОЛНЦЕ?

ПОДНЯВШИСЬ ПРЕВЫШЕ ВСЕХ ВЫСЕЙ СВОИХ, ВОЗВРАТИТ К СЕБЕ [ВСЕВЫШНИЙ] НЕВЕСТУ СВОЮ – [НАРОД ИЗРАИЛЯ], КОТОРАЯ БЫЛА В РАЗЛУКЕ С НИМ.

"МИНХА" В СУББОТУ

Перед "Минхой" произносят וידבר *("И ГОСПОДЬ ГОВОРИЛ С МОШЕ...", стр. 19) до слов* לעולם ועד *("ВО ВЕКИ ВЕКОВ...", стр.22), опуская отрывок, начинающийся со слова "АБАЙЕ...".*

אשרי СЧАСТЛИВЫ НАХОДЯЩИЕСЯ В ХРАМЕ ТВОЕМ, ВОВЕК ОНИ БУДУТ ХВАЛИТЬ ТЕБЯ![1] СЧАСТЛИВ НАРОД, ЧЕЙ УДЕЛ ТАКОВ, СЧАСТЛИВ НАРОД, ЧЕЙ БОГ – ГОСПОДЬ![2] ХВАЛЕБНАЯ ПЕСНЬ ДАВИДА. ПРЕВОЗНЕСУ ТЕБЯ, ВЛАДЫКА, БОГ МОЙ, И БУДУ БЛАГОСЛОВЛЯТЬ ИМЯ ТВОЕ ВО ВЕКИ ВЕКОВ! ЕЖЕДНЕВНО БУДУ БЛАГОСЛОВЛЯТЬ ТЕБЯ И ВОСХВАЛЯТЬ ВО ВЕКИ ВЕКОВ ИМЯ ТВОЕ! ВЕЛИК ГОСПОДЬ, И ВЕЛИКА СЛАВА ЕГО, И ВЕЛИЧИЕ ЕГО НЕПОСТИЖИМО. ОТ ПОКОЛЕНИЯ К ПОКОЛЕНИЮ БУДЕТ ПЕРЕДАВАТЬСЯ ХВАЛА ТЕБЕ ЗА ТВОИ ДЕЯНИЯ, И О МОГУЩЕСТВЕ ТВОЕМ БУДУТ ПОВЕСТВОВАТЬ. О ВЕЛИКОЛЕПИИ СЛАВЫ ТВОЕЙ И О ЧУДЕСНЫХ ТВОИХ ДЕЯНИЯХ Я РАССКАЖУ. О ГРОЗНОЙ МОЩИ ТВОЕЙ БУДУТ ГОВОРИТЬ, И Я ПОВЕДАЮ О ВЕЛИЧИИ ТВОЕМ. ВОСПОМИНАНИЯ О ВЕЛИКОЙ МИЛОСТИ ТВОЕЙ ПЕРЕДАДУТ ОНИ [СВОИМ ДЕТЯМ] И СПРАВЕДЛИВОСТЬ ТВОЮ ВОСПОЮТ. МИЛОСЕРДЕН И МИЛОСТИВ ГОСПОДЬ, ДОЛГОТЕРПЕЛИВ, ЕГО ЛЮБОВЬ БЕЗГРАНИЧНА. ДОБР ГОСПОДЬ К КАЖДОМУ И МИЛОСЕРДЕН КО ВСЕМ СВОИМ СОЗДАНИЯМ. БУДУТ БЛАГОДАРИТЬ ТЕБЯ, ГОСПОДЬ, ВСЕ СОЗДАНИЯ ТВОИ, И ЛЮБЯЩИЕ ТЕБЯ БУДУТ ТЕБЯ БЛАГОСЛОВЛЯТЬ. О СЛАВЕ ЦАРСТВА ТВОЕГО ПОВЕДАЮТ И О ВЕЛИЧИИ ТВОЕМ РАССКАЖУТ, ЧТОБЫ СТАЛО ИЗВЕСТНО ЛЮДЯМ О МОГУЩЕСТВЕ И О СЛАВНОМ ВЕЛИКОЛЕПИИ ЦАРСТВА [ВСЕВЫШНЕГО]. ЦАРСТВО ТВОЕ – ВЕЧНОЕ ЦАРСТВО, И ВЛАСТЬ ТВОЯ – НАД ВСЕМИ ПОКОЛЕНИЯМИ. ПОДДЕРЖИВАЕТ ГОСПОДЬ ВСЕХ ПАДАЮЩИХ И РАСПРЯМЛЯЕТ ВСЕХ СОГБЕННЫХ. ГЛАЗА ВСЕХ УСТРЕМЛЕНЫ НА ТЕБЯ, И ТЫ ДАЕШЬ ПИЩУ [КАЖДОМУ СОЗДАНИЮ] ВОВРЕМЯ. РАСКРЫВАЕШЬ ТЫ ЛАДОНЬ СВОЮ И ЩЕДРО НАСЫЩАЕШЬ ВСЕ ЖИВОЕ. СПРАВЕДЛИВ ГОСПОДЬ ВО ВСЕМ, ЧТО ВЕРШИТ, И МИЛОСТИВ ВО ВСЕХ СВОИХ ДЕЯНИЯХ. БЛИЗОК ГОСПОДЬ КО ВСЕМ, ВЗЫВАЮЩИМ К НЕМУ, КО ВСЯКОМУ, КТО ИСКРЕННЕ ЕМУ МОЛИТСЯ. ЖЕЛАНИЕ БОЯЩИХСЯ ЕГО ИСПОЛНИТ ОН, УСЛЫШИТ ИХ ВОПЛЬ И СПАСЕТ ИХ. ОХРАНЯЕТ ГОСПОДЬ ВСЕХ ЛЮБЯЩИХ ЕГО, А ВСЕХ ЗЛОДЕЕВ УНИЧТОЖИТ. ХВАЛУ ГОСПОДУ ПРОИЗНЕСУТ УСТА МОИ, И ВСЕ ЖИВОЕ БУДЕТ БЛАГОСЛОВЛЯТЬ ЕГО СВЯТОЕ ИМЯ ВО ВЕКИ ВЕКОВ.[3] И МЫ БУДЕМ БЛАГОСЛОВЛЯТЬ БОГА ОТНЫНЕ И ВОВЕК; ВОСХВАЛИТЕ БОГА![4]

ובא "И ПРИДЕТ ИЗБАВИТЕЛЬ В СИОН К ПОТОМКАМ ЯАКОВА, РАСКАЯВШИМСЯ В СВОИХ ГРЕХАХ", – ИЗРЕК ГОСПОДЬ. "А Я ЗАКЛЮЧАЮ С НИМИ ТАКОЙ СОЮЗ, – СКАЗАЛ ГОСПОДЬ, – ПРОРОЧЕСТВА, НИСПОСЛАННЫЕ МНОЮ, И МОИ СЛОВА, КОТОРЫЕ Я ВЛОЖИЛ В ТВОИ УСТА, ДА НЕ СОЙДУТ С ТВОИХ УСТ И УСТ СЫНОВЕЙ ТВОИХ И ВНУКОВ ТВОИХ ОТНЫНЕ И ВОВЕК,"[5] – ТАК СКАЗАЛ ГОСПОДЬ. И ТЫ, СВЯТОЙ, ВОССЕДАЕШЬ НА [ПРЕСТОЛЕ СВОЕМ, ВНИМАЯ] ХВАЛАМ НАРОДА ИЗРАИЛЯ.[6] [И АНГЕЛЫ] ВЗЫВАЛИ ДРУГ К ДРУГУ И ПРОИЗНОСИЛИ: "СВЯТ, СВЯТ, СВЯТ ГОСПОДЬ ВОИНСТВ! ВСЯ ЗЕМЛЯ ПОЛНА СЛАВЫ ЕГО!"[7] И ПРИНИМАЛИ ОНИ ДРУГ ОТ ДРУГА [ПРАВО ВОСХВАЛЯТЬ ВСЕВЫШНЕГО] И ВОЗВЕЩАЛИ: "СВЯТ ОН В ВЫСОТАХ НЕБЕСНЫХ, В МЕСТЕ, ГДЕ ОБИТАЕТ ЕГО ШХИНА; СВЯТ ОН НА ЗЕМЛЕ, СОТВОРЕННОЙ МОГУЩЕСТВОМ ЕГО; СВЯТ ВОВЕК И ВО ВЕКИ ВЕКОВ ГОСПОДЬ ВОИНСТВ, ВСЯ ЗЕМЛЯ ПОЛНА СИЯНИЯ СЛАВЫ ЕГО". * И ПОДХВАТИЛ МЕНЯ ВЕТЕР,

---

1. Теѓилим, 84:5. 2. Теѓилим, 144:15. 3. Теѓилим, 145. 4.Теѓилим, 115:18. 5. Йешаяѓу, 59:20,21. 6. Теѓилим, 22:4. 7. Йешаяѓу, 6:3.
* См. примечания на стр. 72–73.

וָאֶשְׁמַע אַחֲרַי , קוֹל רַעַשׁ גָּדוֹל , בָּרוּךְ כְּבוֹד יְיָ מִמְּקוֹמוֹ . וּנְטָלַתְנִי רוּחָא
וּשְׁמָעִית בַּתְרַי קָל זִיעַ סַגִּיא דִּמְשַׁבְּחִין וְאָמְרִין : בְּרִיךְ יְקָרָא דַיְיָ מֵאֲתַר בֵּית
שְׁכִינְתֵּהּ . יְיָ יִמְלֹךְ לְעֹלָם וָעֶד . יְיָ מַלְכוּתֵהּ קָאֵם לְעָלַם וּלְעָלְמֵי עָלְמַיָּא. יְיָ אֱלֹהֵי
אַבְרָהָם יִצְחָק וְיִשְׂרָאֵל אֲבוֹתֵינוּ שָׁמְרָה זֹּאת לְעוֹלָם לְיֵצֶר מַחְשְׁבוֹת לְבַב עַמֶּךָ .
וְהָכֵן לְבָבָם אֵלֶיךָ . וְהוּא רַחוּם , יְכַפֵּר עָוֹן וְלֹא יַשְׁחִית וְהִרְבָּה לְהָשִׁיב אַפּוֹ ,
וְלֹא יָעִיר כָּל חֲמָתוֹ . כִּי אַתָּה אֲדֹנָי טוֹב וְסַלָּח , וְרַב חֶסֶד לְכָל קֹרְאֶיךָ .
צִדְקָתְךָ צֶדֶק לְעוֹלָם , וְתוֹרָתְךָ אֱמֶת . תִּתֵּן אֱמֶת לְיַעֲקֹב , חֶסֶד לְאַבְרָהָם ,
אֲשֶׁר נִשְׁבַּעְתָּ לַאֲבוֹתֵינוּ מִימֵי קֶדֶם . בָּרוּךְ אֲדֹנָי יוֹם יוֹם יַעֲמָס לָנוּ , הָאֵל
יְשׁוּעָתֵנוּ סֶלָה . יְיָ צְבָאוֹת עִמָּנוּ , מִשְׂגָּב לָנוּ , אֱלֹהֵי יַעֲקֹב סֶלָה . יְיָ צְבָאוֹת ,
אַשְׁרֵי אָדָם בֹּטֵחַ בָּךְ . יְיָ הוֹשִׁיעָה , הַמֶּלֶךְ יַעֲנֵנוּ בְיוֹם קָרְאֵנוּ . בָּרוּךְ הוּא
אֱלֹהֵינוּ שֶׁבְּרָאָנוּ לִכְבוֹדוֹ , וְהִבְדִּילָנוּ מִן הַתּוֹעִים , וְנָתַן לָנוּ תּוֹרַת אֱמֶת , וְחַיֵּי
עוֹלָם נָטַע בְּתוֹכֵנוּ . הוּא יִפְתַּח לִבֵּנוּ בְּתוֹרָתוֹ , וְיָשֵׂם בְּלִבֵּנוּ אַהֲבָתוֹ וְיִרְאָתוֹ ,
וְלַעֲשׂוֹת רְצוֹנוֹ וּלְעָבְדוֹ בְּלֵבָב שָׁלֵם , לְמַעַן לֹא נִיגַע לָרִיק , וְלֹא נֵלֵד לַבֶּהָלָה .
וּבְכֵן יְהִי רָצוֹן מִלְּפָנֶיךָ יְיָ אֱלֹהֵינוּ וֵאלֹהֵי אֲבוֹתֵינוּ , שֶׁנִּשְׁמֹר חֻקֶּיךָ בָּעוֹלָם הַזֶּה ,
וְנִזְכֶּה וְנִחְיֶה וְנִרְאֶה , וְנִירַשׁ טוֹבָה וּבְרָכָה , לִשְׁנֵי יְמוֹת הַמָּשִׁיחַ וּלְחַיֵּי הָעוֹלָם
הַבָּא . לְמַעַן יְזַמֶּרְךָ כָבוֹד וְלֹא יִדֹּם , יְיָ אֱלֹהַי לְעוֹלָם אוֹדֶךָ . בָּרוּךְ הַגֶּבֶר
אֲשֶׁר יִבְטַח בַּיְיָ , וְהָיָה יְיָ מִבְטַחוֹ . בִּטְחוּ בַיְיָ עֲדֵי עַד , כִּי בְּיָהּ יְיָ צוּר
עוֹלָמִים . וְיִבְטְחוּ בְךָ יוֹדְעֵי שְׁמֶךָ , כִּי לֹא עָזַבְתָּ דֹרְשֶׁיךָ יְיָ . יְיָ חָפֵץ לְמַעַן
צִדְקוֹ , יַגְדִּיל תּוֹרָה וְיַאְדִּיר :

כְּשֶׁקּוֹרִין בַּתּוֹרָה אוֹמְרִים חֲצִי קַדִּישׁ וְאַחַ"כ אוֹמְרִים זֶה :

וַאֲנִי תְפִלָּתִי לְךָ יְיָ עֵת רָצוֹן , אֱלֹהִים בְּרָב
חַסְדֶּךָ , עֲנֵנִי בֶּאֱמֶת יִשְׁעֶךָ :

כְּשֶׁפּוֹתְחִין אֲרוֹן הַקֹּדֶשׁ אוֹמְרִים זֶה :

וַיְהִי בִּנְסֹעַ הָאָרֹן וַיֹּאמֶר מֹשֶׁה : קוּמָה יְיָ וְיָפֻצוּ
אֹיְבֶיךָ וְיָנֻסוּ מְשַׂנְאֶיךָ מִפָּנֶיךָ . כִּי מִצִּיּוֹן
תֵּצֵא תוֹרָה וּדְבַר יְיָ מִירוּשָׁלָיִם . בָּרוּךְ שֶׁנָּתַן
תּוֹרָה לְעַמּוֹ יִשְׂרָאֵל בִּקְדֻשָּׁתוֹ :

בְּרִיךְ שְׁמֵהּ דְּמָרֵא עָלְמָא , בְּרִיךְ כִּתְרָךְ וְאַתְרָךְ , יְהֵא רְעוּתָךְ עִם
עַמָּךְ יִשְׂרָאֵל לְעָלַם , וּפֻרְקַן יְמִינָךְ אַחֲזֵי לְעַמָּךְ בְּבֵי
מַקְדְּשָׁךְ , וּלְאַמְטוּיֵי לָנָא מִטּוּב נְהוֹרָךְ וּלְקַבֵּל צְלוֹתָנָא בְּרַחֲמִין .

יְהֵא

И Я УСЛЫШАЛ ПОЗАДИ СЕБЯ МОГУЧИЙ ГРОМОВОЙ ГОЛОС: "ДА БУДЕТ БЛАГОСЛО-
ВЕННА СЛАВА ГОСПОДА, ГДЕ БЫ ОНА НИ ОБИТАЛА!"[1] И ПОДХВАТИЛ МЕНЯ ВЕТЕР,
И Я УСЛЫШАЛ ПОЗАДИ СЕБЯ МОГУЧИЙ, ВЫЗЫВАЮЩИЙ ТРЕПЕТ, ГОЛОС ТЕХ, КТО,
ВОСХВАЛЯЯ [ВСЕВЫШНЕГО], ПРОИЗНОСИЛ: "ДА БУДЕТ БЛАГОСЛОВЕННА СЛАВА
ГОСПОДА, ГДЕ БЫ ОНА НИ ОБИТАЛА!"*ГОСПОДЬ БУДЕТ ЦАРСТВОВАТЬ ВО ВЕКИ
ВЕКОВ![2] ГОСПОДЬ, ЦАРСТВО ТВОЕ НЕЗЫБЛЕМО ВОВЕК, ВО ВЕКИ ВЕКОВ!* ГОС-
ПОДЬ, БОГ АВРАГАМА, ИЦХАКА И ИЗРАИЛЯ, ОТЦОВ НАШИХ, ПОМНИ ЭТО ВЕЧНО –
СТРЕМЛЕНИЯ, ПОМЫСЛЫ СЕРДЕЦ [СЫНОВ] НАРОДА СВОЕГО, И ОБРАТИ К СЕБЕ ИХ
СЕРДЦА![3] И ОН, МИЛОСЕРДНЫЙ, ПРОСТИТ ЗЛОДЕЯНИЕ И НЕ ПОГУБИТ [СОГРЕШИВ-
ШЕГО], КАК НЕ РАЗ УЖЕ ОТВРАЩАЛ ГНЕВ СВОЙ [ОТ ГРЕШНИКА], И НЕ ОБРУШИТ
[НА НЕГО] ВСЮ ЯРОСТЬ СВОЮ.[4] ИБО ТЫ, ГОСПОДЬ, – ДОБРЫЙ БОГ И ВСЕПРОЩАЮ-
ЩИЙ, И ВЕЛИКА ЛЮБОВЬ ТВОЯ КО ВСЕМ, КТО ВЗЫВАЕТ К ТЕБЕ.[5] МИЛОСТЬ ТВОЯ
– ВЕЧНАЯ МИЛОСТЬ, И ТОРА ТВОЯ – ИСТИНА.[6] ИСПОЛНИ ОБЕЩАНИЕ, [ДАННОЕ
ТОБОЙ] ЯКОВУ, ПРОЯВИ ЛЮБОВЬ [СВОЮ] К АВРАГАМУ – КАК ПОКЛЯЛСЯ ТЫ
ОТЦАМ НАШИМ В ДРЕВНОСТИ.[7] БЛАГОСЛОВЕН ГОСПОДЬ, ЕЖЕДНЕВНО ПОСЫЛАЮ-
ЩИЙ НАМ [СВОИ БЛАГОСЛОВЕНИЯ], БОГ, ВСЕГДА СПАСАЮЩИЙ НАС![8] ГОСПОДЬ
ВОИНСТВ С НАМИ; БОГ ЯАКОВА – НАШ ОПЛОТ ВОВЕКИ![9] ГОСПОДЬ ВОИНСТВ,
СЧАСТЛИВ ЧЕЛОВЕК, ПОЛАГАЮЩИЙСЯ НА ТЕБЯ![10] ГОСПОДЬ, СПАСИ [НАС]! ОТ-
ВЕТЬ НАМ, ВЛАДЫКА, В ДЕНЬ, КОГДА МЫ ВЗЫВАЕМ [К ТЕБЕ]![11] БЛАГОСЛОВЕН
ОН, БОГ НАШ, КОТОРЫЙ СОТВОРИЛ НАС ВО СЛАВУ СВОЮ, И ОТДЕЛИЛ НАС ОТ
ЗАБЛУЖДАЮЩИХСЯ, И ДАЛ НАМ ИСТИННОЕ УЧЕНИЕ, И ДАРОВАЛ НАМ ВЕЧНУЮ
ЖИЗНЬ; ДА РАСКРОЕТ ОН СЕРДЦЕ НАШЕ ДЛЯ ТОРЫ СВОЕЙ И ВЛОЖИТ В НАШЕ
СЕРДЦЕ ЛЮБОВЬ К НЕМУ И ТРЕПЕТ ПРЕД НИМ, ЧТОБЫ МЫ ИСПОЛНЯЛИ ВОЛЮ
ЕГО И СЛУЖИЛИ ЕМУ ВСЕМ СЕРДЦЕМ, НЕ ТРУДИЛИСЬ ВПУСТУЮ И НЕ ПЛОДИЛИ
ТЩЕТУ. И ПОТОМУ – ДА БУДЕТ УГОДНО ТЕБЕ, ГОСПОДЬ, БОГ НАШ И БОГ ОТЦОВ
НАШИХ, ЧТОБЫ МЫ ХРАНИЛИ В ЭТОМ МИРЕ ЗАКОНЫ ТВОИ, И УДОСТОИЛИСЬ ДО-
ЖИТЬ [ДО ИЗБАВЛЕНИЯ], И УВИДЕТЬ И УНАСЛЕДОВАТЬ ДОБРО И БЛАГОСЛОВЕ-
НИЕ В ДНИ МАШИАХА И ВО ВРЕМЕНА ГРЯДУЩЕГО МИРА. ЗА ЭТО БУДЕТ ВОСПЕ-
ВАТЬ ТЕБЯ ДУША НЕ УМОЛКАЯ; ГОСПОДЬ, БОГ МОЙ! ВСЕГДА БУДУ БЛАГОДАРИТЬ
ТЕБЯ![12] БЛАГОСЛОВЕН ЧЕЛОВЕК, ПОЛАГАЮЩИЙСЯ НА ГОСПОДА, – ГОСПОДЬ
БУДЕТ ЕМУ ОПОРОЙ.[13] ПОЛАГАЙТЕСЬ НА ГОСПОДА ВО ВЕКИ ВЕКОВ, ИБО БОГ
ГОСПОДЬ – ВЕЧНАЯ ТВЕРДЫНЯ.[14] И БУДУТ ПОЛАГАТЬСЯ НА ТЕБЯ ТЕ, КОМУ ВЕ-
ДОМО ИМЯ ТВОЕ, – ВЕДЬ НЕ ОСТАВЛЯЕШЬ ТЫ, ГОСПОДЬ, ТЕХ, КТО ВЗЫВАЕТ К
ТЕБЕ.[15] ГОСПОДЬ, ЖЕЛАЯ, ЧТОБЫ [НАРОД ИЗРАИЛЯ] ДОСТИГ ПРАВЕДНОСТИ,
ВОЗВЕЛИЧИЛ И УКРЕПИЛ ТОРУ.[16]

*Перед чтением Торы хазан произносит "Хаци-кадиш", стр. 42, а затем говорит (в йом-
тов, не совпавший с субботой, здесь сразу переходят к молитве "Амида", стр. 251):*

יִנֲאַו И Я БУДУ МОЛИТЬСЯ ТЕБЕ В ЧАС ТВОЕГО БЛАГОВОЛЕНИЯ, ГОСПОДЬ; БО-
ЖЕ, ПО ВЕЛИКОЙ МИЛОСТИ СВОЕЙ ОТВЕТЬ МНЕ, [ДАРОВАВ МНЕ] ИСТИННОЕ
СПАСЕНИЕ![17]

Когда открывают ковчег, община произносит следующее:

יִהְיַו КОГДА КОВЧЕГ ЗАВЕТА ТРОГАЛСЯ В ПУТЬ, МОШЕ ГОВОРИЛ: ПОДНИМИСЬ,
ГОСПОДЬ, И РАССЕЮТСЯ ВРАГИ ТВОИ, И ОБРАТЯТСЯ ПРЕД ТОБОЮ В БЕГСТВО
НЕНАВИДЯЩИЕ ТЕБЯ.[18] ИБО ИЗ СИОНА БУДЕТ ИСХОДИТЬ ТОРА И СЛОВО ГОСПОДА
– ИЗ ИЕРУСАЛИМА.[19] БЛАГОСЛОВЕН ТОТ, КТО В СВЯТОСТИ СВОЕЙ ДАРОВАЛ ТОРУ
НАРОДУ СВОЕМУ, ИЗРАИЛЮ!

ךיִרְב БЛАГОСЛОВЕННО ИМЯ ВЛАДЫКИ МИРА! БЛАГОСЛОВЕН ТВОЙ ЦАР-
СКИЙ ВЕНЕЦ И МЕСТО, ГДЕ ОБИТАЕШЬ ТЫ! БУДЬ ВЕЧНО БЛАГОСКЛОНЕН
К НАРОДУ СВОЕМУ, ИЗРАИЛЮ; И СПАСЕНИЕ, КОТОРОЕ ПРИНЕСЕТ ДЕСНИЦА
ТВОЯ, ЯВИ НАРОДУ СВОЕМУ, ВОССТАНОВИВ СВОЙ ХРАМ; ОЗАРИ НАС БЛА-
ГОДАТНЫМ СВЕТОМ СВОИМ И ПРИМИ БЛАГОСКЛОННО НАШИ МОЛИТВЫ.

---

1. Йехезкель, 3:12. 2. Шмот, 15:18. 3. Диврей гаямим I, 29:18. 4. Тегилим, 78:38. 5. Тегилим, 86:5. 6. Тегилим, 119:142. 7. Миха, 7:20. 8. Тегилим, 68:20. 9. Тегилим, 46:8.
10. Тегилим, 84:13. 11. Тегилим, 20:10. 12. Тегилим, 30:13. 13. Ирмеягу, 17:7. 14. Йешаягу, 26:4. 15. Тегилим, 9:11. 16. Йешаягу, 42:21. 17. Тегилим, 69:14. 18. Бемидбар,
10:35. 19. Йешаягу, 2:3.
* См. примечания на стр. 72–73.

יְהֵא רַעֲוָא קֳדָמָךְ דְּתוֹרִיךְ לָן חַיִּין בְּטִיבוּ , וְלֶהֱוֵי אֲנָא פְּקִידָא בְּגוֹ
צַדִּיקַיָּא, לְמִרְחַם עָלַי וּלְמִנְטַר יָתִי וְיָת כָּל דִּי לִי, וְדִי לְעַמָּךְ יִשְׂרָאֵל.
אַנְתְּ הוּא זָן לְכֹלָּא וּמְפַרְנֵס לְכֹלָּא, אַנְתְּ הוּא שַׁלִּיט עַל כֹּלָּא. אַנְתְּ
הוּא דְּשַׁלִּיט עַל מַלְכַיָּא, וּמַלְכוּתָא דִּילָךְ הִיא . אֲנָא עַבְדָּא דְקֻדְשָׁא
בְּרִיךְ הוּא, דְּסָגִידְנָא קָמֵהּ וּמִקַּמֵּי דִּיקַר אוֹרַיְתֵהּ.בְּכָל עִדָּן וְעִדָּן
לָא עַל אֱנָשׁ רְחִיצְנָא וְלָא עַל בַּר אֱלָהִין סְמִיכְנָא, אֶלָּא בֶּאֱלָהָא
דִשְׁמַיָּא, דְּהוּא אֱלָהָא קְשׁוֹט, וְאוֹרַיְתֵהּ קְשׁוֹט, וּנְבִיאוֹהִי קְשׁוֹט,
וּמַסְגֵּא לְמֶעְבַּד טָבְוָן וּקְשׁוֹט . בֵּהּ אֲנָא רָחִיץ , וְלִשְׁמֵהּ קַדִּישָׁא
יַקִּירָא אֲנָא אֲמַר תֻּשְׁבְּחָן . יְהֵא רַעֲוָא קֳדָמָךְ דְּתִפְתַּח לִבָּאִי
בְּאוֹרַיְתָא, וְתַשְׁלִים מִשְׁאֲלִין דְּלִבָּאִי, וְלִבָּא דְכָל עַמָּךְ יִשְׂרָאֵל, לְטַב
וּלְחַיִּין וְלִשְׁלָם :

חזן גַּדְּלוּ לַיָי אִתִּי , וּנְרוֹמְמָה שְׁמוֹ יַחְדָּו:

והקהל עונין לְךָ יְיָ הַגְּדֻלָּה וְהַגְּבוּרָה וְהַתִּפְאֶרֶת וְהַנֵּצַח וְהַהוֹד. כִּי כֹל בַּשָּׁמַיִם והקהל
וּבָאָרֶץ. לְךָ יְיָ הַמַּמְלָכָה וְהַמִּתְנַשֵּׂא לְכֹל לְרֹאשׁ. רוֹמְמוּ יְיָ אֱלֹהֵינוּ
וְהִשְׁתַּחֲווּ לַהֲדֹם רַגְלָיו קָדוֹשׁ הוּא. רוֹמְמוּ יְיָ אֱלֹהֵינוּ וְהִשְׁתַּחֲווּ
לְהַר קָדְשׁוֹ, כִּי קָדוֹשׁ יְיָ אֱלֹהֵינוּ:

אַב הָרַחֲמִים . הוּא יְרַחֵם עַם עֲמוּסִים. וְיִזְכּוֹר בְּרִית אֵיתָנִים. וְיַצִּיל נַפְשׁוֹתֵינוּ
מִן הַשָּׁעוֹת הָרָעוֹת. וְיִגְעַר בְּיֵצֶר הָרָע מִן הַנְּשׂוּאִים. וְיָחֹן עָלֵינוּ לִפְלֵיטַת
עוֹלָמִים . וִימַלֵּא מִשְׁאֲלוֹתֵינוּ בְּמִדָּה טוֹבָה יְשׁוּעָה וְרַחֲמִים:

וקורין ג' גברי בפרשת שבוע הבא ואפילו יום טוב שחל בשבת, ואין אומרים קדיש אחר קריאת התורה :

כשמגביהין הספר תורה אומרים זה:

וְזֹאת הַתּוֹרָה אֲשֶׁר שָׂם מֹשֶׁה לִפְנֵי בְּנֵי יִשְׂרָאֵל.

עֵץ חַיִּים הִיא לַמַּחֲזִיקִים בָּהּ , וְתֹמְכֶיהָ מְאֻשָּׁר . דְּרָכֶיהָ דַרְכֵי נֹעַם , וְכָל
נְתִיבוֹתֶיהָ שָׁלוֹם. אֹרֶךְ יָמִים בִּימִינָהּ , בִּשְׂמֹאלָהּ עֹשֶׁר וְכָבוֹד. יְיָ חָפֵץ
לְמַעַן צִדְקוֹ , יַגְדִּיל תּוֹרָה וְיַאְדִּיר: (חצי קדיש *)

כשנושאין הספר תורה להיכל אומרים זה.

חזן יְהַלְלוּ אֶת שֵׁם יְיָ, כִּי נִשְׂגָּב שְׁמוֹ לְבַדּוֹ:

והקהל אומרים הוֹדוֹ עַל אֶרֶץ וְשָׁמָיִם: וַיָּרֶם קֶרֶן לְעַמּוֹ , תְּהִלָּה לְכָל חֲסִידָיו ,
לִבְנֵי יִשְׂרָאֵל עַם קְרֹבוֹ, הַלְלוּיָהּ:

*) מנהגנו – הש"ץ מתחיל לומר חצי קדיש קרוב לסוף הגלילה, ומאריך באמירתו באופן שיסיים אחר כניסת
הס"ת לארון.

И ДА БУДЕТ УГОДНО ТЕБЕ ДАРОВАТЬ НАМ ДОЛГОЛЕТИЕ И БЛАГОПОЛУЧИЕ. И ДА
ОКАЖУСЬ Я В ЧИСЛЕ ПРАВЕДНИКОВ, ЧТОБЫ УДОСТОИТЬСЯ МИЛОСТИ ТВОЕЙ, И
ЧТОБЫ ТЫ ХРАНИЛ МЕНЯ, И ВСЕ МОЕ ДОСТОЯНИЕ, И ВСЕ, ЧТО ПРИНАДЛЕЖИТ НА
РОДУ ТВОЕМУ, ИЗРАИЛЮ. ТЫ ТОТ, КТО ДАЕТ ПИЩУ ВСЕМУ И ПОСЫЛАЕТ КАЖДОМУ
ВСЕ НЕОБХОДИМОЕ. ТЫ ТОТ, КТО ВЛАСТВУЕТ НАД ВСЕМИ, ТЫ ТОТ, КТО ВЛАСТВУ
ЕТ НАД ЦАРЯМИ, И ВСЯ ЦАРСКАЯ ВЛАСТЬ ПРИНАДЛЕЖИТ ТЕБЕ. Я – РАБ СВЯ
ТОГО [ТВОРЦА], БЛАГОСЛОВЕН ОН, И ПОСТОЯННО СКЛОНЁН Я ПРЕД НИМ И ПРЕД
СЛАВОЙ ТОРЫ ЕГО. И НЕ НА ЧЕЛОВЕКА ПОЛАГАЮСЬ Я, И НЕ НА АНГЕЛА ВОЗЛА
ГАЮ Я НАДЕЖДЫ, НО НА БОГА, ВЛАСТИТЕЛЯ НЕБЕС, ИБО ОН – ИСТИННЫЙ БОГ, И
ТОРА ЕГО ИСТИННА, И ИСТИННЫ ЕГО ПРОРОКИ, И ВЕЛИКИЕ ДЕЯНИЯ ЕГО ДОБРЫ И
СПРАВЕДЛИВЫ. К НЕМУ Я СТРЕМЛЮСЬ И ЕГО СВЯТОЕ И СЛАВНОЕ ИМЯ ВОСХВА
ЛЯЮ. ДА БУДЕТ УГОДНО ТЕБЕ РАСКРЫТЬ МОЕ СЕРДЦЕ ДЛЯ ТОРЫ, ИСПОЛНИТЬ ЖЕ
ЛАНИЯ СЕРДЦА МОЕГО И СЕРДЕЦ ВСЕХ СЫНОВ ИЗРАИЛЯ, ДАРОВАВ НАМ БЛАГО
ПОЛУЧИЕ, ДОЛГОЛЕТИЕ И МИР.[1]

Хазан произносит:

גדלו ПРИСОЕДИНИТЕСЬ КО МНЕ И ВОЗВЕЛИЧЬТЕ ГОСПОДА; И ВМЕС
ТЕ ПРЕВОЗНЕСЕМ ИМЯ ЕГО![2]   *Община отвечает:*

לך ОТ ТЕБЯ, ГОСПОДЬ, И ВЕЛИЧИЕ, И МОГУЩЕСТВО, И ВЕЛИКОЛЕПИЕ, И УДА
ЧА НА ПОЛЕ БРАНИ, И СЛАВА; ИБО ВСЕ, ЧТО НА НЕБЕ И НА ЗЕМЛЕ, [ПРИНАДЛЕ
ЖИТ ТЕБЕ]. ТЕБЕ ПРИНАДЛЕЖИТ ЦАРСКАЯ ВЛАСТЬ, И ТЫ ВОЗВЫШАЕШЬСЯ НАД
ВСЕМИ ВЛАДЫКАМИ.[3] ПРЕВОЗНЕСИТЕ ГОСПОДА, БОГА НАШЕГО, И ПОКЛОНИ
ТЕСЬ ЕМУ В [СВЯТИЛИЩЕ –] МЕСТЕ, В КОТОРОМ УТВЕРДИЛ ОН СТОПЫ СВОИ
– ИБО СВЯТ ОН.[4] ПРЕВОЗНЕСИТЕ ГОСПОДА, БОГА НАШЕГО, И ПОКЛОНИТЕСЬ
ЕМУ НА СВЯТОЙ ГОРЕ ЕГО, ИБО СВЯТ ГОСПОДЬ, БОГ НАШ.[4]

אב ДА СЖАЛИТСЯ МИЛОСЕРДНЫЙ ОТЕЦ НАД НАРОДОМ, О КОТОРОМ ЗАБОТИТСЯ,
И ВСПОМНИТ СОЮЗ СВОЙ С ПРАОТЦАМИ, И СПАСЕТ НАШИ ДУШИ В НЕДОБРЫЕ ВРЕ
МЕНА, И ИЗГОНИТ ЗЛОЕ НАЧАЛО ИЗ [СЕРДЕЦ] ТЕХ, КОГО ОПЕКАЕТ,[5] И ПОШЛЕТ
НАМ ВЕЧНОЕ СПАСЕНИЕ, И ОТМЕРИТ ОН НАМ ТО, О ЧЕМ ПРОСИМ МЫ, ЩЕДРОЙ МЕ
РОЮ, ДАРУЯ ИЗБАВЛЕНИЕ И МИЛОСТЬ.

*Вызывают трех человек для чтения начального отрывка той главы Торы, которая от
носится к наступающей неделе, – даже в том случае, если на эту субботу пришелся йом
тов. После чтения Торы "Кадиш" не произносят.*

Когда поднимают свиток Торы, община говорит:

וזאת ВОТ ТОРА, КОТОРУЮ ПЕРЕДАЛ МОШЕ СЫНАМ ИЗРАИЛЯ.[6]

עץ ДРЕВО ЖИЗНИ ОНА ДЛЯ ТЕХ, КТО СЛЕДУЕТ ЕЙ, И СЧАСТЛИВ ТОТ, КТО ЕЕ
ХРАНИТ.[7] ПУТИ ЕЕ – ПУТИ БЛАЖЕНСТВА, НА ВСЕХ ДОРОГАХ ЕЕ – МИР.[8] СПРАВА
ОТ НЕЕ – ДОЛГОЛЕТИЕ, СЛЕВА ОТ НЕЕ – БОГАТСТВО И ПОЧЕТ.[9] ГОСПОДЬ, ЖЕЛАЯ,
ЧТОБЫ [НАРОД ИЗРАИЛЯ] ДОСТИГ ПРАВЕДНОСТИ, ВОЗВЕЛИЧИЛ И УКРЕПИЛ
ТОРУ.[10]

Хазан произносит "Хаци-кадиш", стр. 42.

Когда возвращают свиток Торы в ковчег, хазан говорит:

יהללו ДА ВОСХВАЛЯТ ОНИ ИМЯ ГОСПОДА, ИБО ЛИШЬ ЕГО ИМЯ ПРЕ
ВОЗНЕСЕНО НАДО ВСЕМ![11]

Община отвечает:

הודו И СЛАВА ЕГО – НА ЗЕМЛЕ И НА НЕБЕ. И УКРЕПИТ ОН МОЩЬ НАРОДА
СВОЕГО, ПРОСЛАВИТ ВСЕХ, КТО ЛЮБИТ ЕГО, – СЫНОВ ИЗРАИЛЯ, НАРОД, КО
ТОРЫЙ ОН ПРИБЛИЗИЛ К СЕБЕ. ВОСХВАЛИТЕ БОГА![12]

---

1. Зогар II, 206а. 2. Теѓилим, 34:4. 3. Диврей ѓаямим I, 29:11. 4. Теѓилим, 99:5.9. 5. см.Йе
шаяѓу, 46:3. 6. Дварим, 4:44. 7. Мишлей, 3:18. 8. Мишлей, 3:17. 9. Мишлей, 3:16. 10. Йе
шаяѓу, 42:21. 11. Теѓилим, 148:13. 12. Теѓилим, 148:13,14.

אֲדֹנָי, שְׂפָתַי תִּפְתָּח וּפִי יַגִּיד תְּהִלָּתֶךָ:

בָּרוּךְ אַתָּה יְיָ, אֱלֹהֵינוּ וֵאלֹהֵי אֲבוֹתֵינוּ, אֱלֹהֵי אַבְרָהָם, אֱלֹהֵי יִצְחָק, וֵאלֹהֵי יַעֲקֹב, הָאֵל הַגָּדוֹל הַגִּבּוֹר וְהַנּוֹרָא, אֵל עֶלְיוֹן, גּוֹמֵל חֲסָדִים טוֹבִים. קוֹנֵה הַכֹּל, וְזוֹכֵר חַסְדֵי אָבוֹת, וּמֵבִיא גוֹאֵל לִבְנֵי בְנֵיהֶם לְמַעַן שְׁמוֹ בְּאַהֲבָה:

בש״ת זָכְרֵנוּ לְחַיִּים. מֶלֶךְ חָפֵץ בַּחַיִּים. וְכָתְבֵנוּ בְּסֵפֶר הַחַיִּים. לְמַעַנְךָ אֱלֹהִים חַיִּים

מֶלֶךְ עוֹזֵר וּמוֹשִׁיעַ וּמָגֵן. בָּרוּךְ אַתָּה יְיָ, מָגֵן אַבְרָהָם:

אַתָּה גִּבּוֹר לְעוֹלָם אֲדֹנָי, מְחַיֶּה מֵתִים אַתָּה, רַב לְהוֹשִׁיעַ.

בקיץ מַשִּׁיב הָרוּחַ וּמוֹרִיד הַגֶּשֶׁם. בקיץ מוֹרִיד הַטָּל:

מְכַלְכֵּל חַיִּים בְּחֶסֶד, מְחַיֶּה מֵתִים בְּרַחֲמִים רַבִּים, סוֹמֵךְ נוֹפְלִים, וְרוֹפֵא חוֹלִים, וּמַתִּיר אֲסוּרִים, וּמְקַיֵּם אֱמוּנָתוֹ לִישֵׁנֵי עָפָר. מִי כָמוֹךָ בַּעַל גְּבוּרוֹת וּמִי דּוֹמֶה לָּךְ, מֶלֶךְ מֵמִית וּמְחַיֶּה וּמַצְמִיחַ יְשׁוּעָה:

בש״ת מִי כָמוֹךָ אַב הָרַחֲמִים זוֹכֵר יְצוּרָיו לְחַיִּים בְּרַחֲמִים.

וְנֶאֱמָן אַתָּה לְהַחֲיוֹת מֵתִים. בָּרוּךְ אַתָּה יְיָ, מְחַיֶּה הַמֵּתִים:

בחזרת הש״ץ אומרים כאן קדושה *)

אַתָּה קָדוֹשׁ וְשִׁמְךָ קָדוֹשׁ, וּקְדוֹשִׁים בְּכָל יוֹם יְהַלְלוּךָ סֶּלָה. בָּרוּךְ אַתָּה יְיָ, הָאֵל הַקָּדוֹשׁ: (בעש״ת הַמֶּלֶךְ הַקָּדוֹשׁ):

אַתָּה אֶחָד וְשִׁמְךָ אֶחָד, וּמִי כְעַמְּךָ כִּיִשְׂרָאֵל גּוֹי אֶחָד בָּאָרֶץ. תִּפְאֶרֶת גְּדֻלָּה, וַעֲטֶרֶת יְשׁוּעָה, יוֹם מְנוּחָה וּקְדֻשָּׁה לְעַמְּךָ נָתָתָּ, אַבְרָהָם יָגֵל, יִצְחָק

---

*) קדושה לש״ץ בחזרת תפלה:

נְקַדֵּשׁ וְנַעֲרִיצָךְ כְּנֹעַם שִׂיחַ סוֹד שַׂרְפֵי קֹדֶשׁ הַמְשַׁלְּשִׁים לְךָ קְדֻשָּׁה. כַּכָּתוּב עַל יַד נְבִיאֶךָ וְקָרָא זֶה אֶל זֶה וְאָמַר: ס״ק קָדוֹשׁ קָדוֹשׁ קָדוֹשׁ יְיָ צְבָאוֹת. מְלֹא כָל הָאָרֶץ כְּבוֹדוֹ. חז״ל לְעֻמָּתָם מְשַׁבְּחִים וְאוֹמְרִים: ס״ק בָּרוּךְ כְּבוֹד יְיָ מִמְּקוֹמוֹ. חז״ל וּבְדִבְרֵי קָדְשְׁךָ כָּתוּב לֵאמֹר: ס״ק יִמְלֹךְ יְיָ לְעוֹלָם אֱלֹהַיִךְ צִיּוֹן לְדֹר וָדֹר. הַלְלוּיָהּ:

אתה קדוש

"АМИДА"

אדני ГОСПОДЬ, ДАЙ МНЕ СИЛЫ МОЛИТЬСЯ ПРЕД ТОБОЙ, [ПРОСТИВ МНЕ ГРЕ
ХИ] И УСТА МОИ ВОССЛАВЯТ ТЕБЯ.¹

ברוך БЛАГОСЛОВЕН ТЫ, ГОСПОДЬ, БОГ НАШ И БОГ ОТЦОВ НАШИХ, БОГ АВРА
ГАМА, БОГ ИЦХАКА И БОГ ЯАКОВА, БОГ ВЕЛИКИЙ, МОГУЧИЙ И ГРОЗНЫЙ, ВСЕ
ВЫШНИЙ БОГ, ДАРУЮЩИЙ БЛАГА, СОТВОРИВШИЙ ВСЕ, И ПОМНЯЩИЙ ДОБРЫЕ
ДЕЛА ОТЦОВ, И ПО ЛЮБВИ СВОЕЙ ПОСЫЛАЮЩИЙ ИЗБАВИТЕЛЯ СЫНОВЬЯМ ИХ
СЫНОВЕЙ РАДИ ИМЕНИ СВОЕГО!

В "десять дней раскаяния" говорят:

זכרנו ВСПОМНИ НАС, ЧТОБЫ ДАРОВАТЬ НАМ ЖИЗНЬ, ВЛАДЫКА, КОТОРОМУ УГОД
НА ЖИЗНЬ, И ЗАПИШИ НАС В КНИГУ ЖИЗНИ РАДИ СЕБЯ, БОГ ЖИЗНИ!

מלך [ТЫ –] ВЛАДЫКА, КОТОРЫЙ ПОМОГАЕТ, СПАСАЕТ И ЗАЩИЩАЕТ. БЛАГО
СЛОВЕН ТЫ, ГОСПОДЬ, ЗАЩИТНИК АВРАГАМА!

אתה ТВОЕ МОГУЩЕСТВО ВЕЧНО, ГОСПОДЬ, ТЫ ВОЗВРАЩАЕШЬ МЕРТВЫХ К ЖИЗ
НИ, ТЫ – ВЕЛИКИЙ ИЗБАВИТЕЛЬ...

Зимой говорят:

משיב ...ПОСЫЛАЮЩИЙ ВЕТЕР И ДАРУЮЩИЙ ДОЖДЬ...

Летом говорят:

מוריד ...ПОСЫЛАЮЩИЙ РОСУ...

מכלכל ...ПИТАЮЩИЙ ПО ДОБРОТЕ СВОЕЙ ЖИВЫХ, ПО ВЕЛИКОМУ МИЛОСЕРДИЮ
ВОЗВРАЩАЮЩИЙ МЕРТВЫХ К ЖИЗНИ, ПОДДЕРЖИВАЮЩИЙ ПАДАЮЩИХ, И ИСЦЕ
ЛЯЮЩИЙ БОЛЬНЫХ, И ОСВОБОЖДАЮЩИЙ УЗНИКОВ, И ИСПОЛНЯЮЩИЙ СВОЕ ОБЕ
ЩАНИЕ [ВОЗВРАТИТЬ ЖИЗНЬ] ПОКОЯЩИМСЯ В ЗЕМЛЕ, – КТО ПОДОБЕН ТЕБЕ
ВСЕСИЛЬНЫЙ, И КТО СРАВНИТСЯ С ТОБОЙ, ВЛАДЫКА, КОТОРЫЙ УМЕРЩВЛЯЕТ, И
ОЖИВЛЯЕТ, И ВЗРАЩИВАЕТ СПАСЕНИЕ!

В "десять дней раскаяния" говорят:

מי КТО ПОДОБЕН ТЕБЕ, МИЛОСЕРДНЫЙ ОТЕЦ, МИЛОСТИВО ВСПОМИНАЮЩИЙ О
СВОИХ ТВОРЕНИЯХ, ДАРУЯ ИМ ЖИЗНЬ!

ונאמן И ВЕРЕН ТЫ [СВОЕМУ ОБЕЩАНИЮ] ВОЗВРАТИТЬ МЕРТВЫМ ЖИЗНЬ. БЛА
ГОСЛОВЕН ТЫ, ГОСПОДЬ, ВОЗВРАЩАЮЩИЙ МЕРТВЫХ К ЖИЗНИ!

При повторении хазаном молитвы "Амида" здесь произносится "Кдуша". *

אתה ТЫ СВЯТ, И СВЯТО ИМЯ ТВОЕ, И СВЯТЫЕ [АНГЕЛЫ] БУДУТ ВОСХВАЛЯТЬ
ТЕБЯ ИЗО ДНЯ В ДЕНЬ, ВОВЕКИ. БЛАГОСЛОВЕН ТЫ, ГОСПОДЬ, БОГ СВЯТОЙ! (В
"десять дней раскаяния" говорят: ВЛАДЫКА СВЯТОЙ!)

אתה ТЫ ОДИН, И ИМЯ У ТЕБЯ ОДНО, И ПОДОБЕН ЛИ КТО НАРОДУ
ТВОЕМУ, ИЗРАИЛЮ, — [ТВОЕМУ] ЕДИНСТВЕННОМУ НАРОДУ НА ЗЕМЛЕ!²
ВЕЛИЧЕСТВЕННУЮ КРАСОТУ И ВЕНЕЦ СПАСЕНИЯ — ДЕНЬ ПОКОЯ
И СВЯТОСТИ — ДАРОВАЛ ТЫ НАРОДУ СВОЕМУ. АВРАГАМ ЛИКУЕТ,

"КДУША"
(См. транслитерацию на стр. 378)

* *При повторении хазаном молитвы "Амида" здесь произносится "Кдуша":*

נקדישך ВОСПОЕМ МЫ СВЯТОСТЬ ТВОЮ И ПРЕВОЗНЕСЕМ ТЕБЯ ПОДОБНО ТОМУ,
КАК [ВОСХВАЛЯЕТ ТЕБЯ] ХОР СВЯТЫХ СРАФИМ В СВОИХ БЛАГОЗВУЧНЫХ МО
ЛИТВАХ, ТРОЕКРАТНО ПРОВОЗГЛАШАЯ ТВОЮ СВЯТОСТЬ, КАК НАПИСАНО ПРОРО
КОМ ТВОИМ:≪ ОНИ ОБРАЩАЛИСЬ ДРУГ К ДРУГУ И ВОЗГЛАШАЛИ:
Община вместе с хазаном: "СВЯТ, СВЯТ, СВЯТ ГОСПОДЬ ВОИНСТВ! ВСЯ ЗЕМЛЯ
ПОЛНА СЛАВЫ ЕГО!"≫ ³
Хазан: ПОДОБНО ИМ, [ОФАНИМ И СВЯТЫЕ ХАЙОТ] ВОСХВАЛЯЮТ [ВСЕВЫШНЕ
ГО] И ГОВОРЯТ:
Община вместе с хазаном: "ДА БУДЕТ БЛАГОСЛОВЕННА СЛАВА ГОСПОДА, ГДЕ БЫ
ОНА НИ ОБИТАЛА!"⁴
Хазан: И В ТВОИХ СВЯТЫХ ПИСАНИЯХ СКАЗАНО ТАК:
Община вместе с хазаном: "ГОСПОДЬ БУДЕТ ЦАРСТВОВАТЬ ВЕЧНО; [БУДЕТ ЦАР
СТВОВАТЬ] БОГ ТВОЙ, СИОН, ВО ВЕКИ ВЕКОВ; ВОСХВАЛИТЕ БОГА!"⁵
Хазан продолжает אתה קדוש *("ТЫ СВЯТ...").*

---

1. Теɦилим, 51:17. 2. Шмуэль II, 7:23. 3. Йешаɦу, 6:3. 4. Йехезкель, 3:12. 5. Теɦилим,
146:10.

יִצְחָק יְרַנֵן, יַעֲקֹב וּבָנָיו יָנוּחוּ בוֹ, מְנוּחַת
אַהֲבָה וּנְדָבָה, מְנוּחַת אֱמֶת וֶאֱמוּנָה,
מְנוּחַת שָׁלוֹם, הַשְׁקֵט וָבֶטַח, מְנוּחָה
שְׁלֵמָה שָׁאַתָּה רוֹצֶה בָּהּ. יַכְּירוּ
בָנֶיךָ וְיֵדְעוּ, כִּי מֵאִתְּךָ הִיא מְנוּחָתָם,
וְעַל מְנוּחָתָם יַקְדִּישׁוּ אֶת שְׁמֶךָ:

אֱלֹהֵינוּ וֵאלֹהֵי אֲבוֹתֵינוּ, רְצֵה נָא בִמְנוּחָתֵנוּ, קַדְּשֵׁנוּ
בְּמִצְוֹתֶיךָ וְתֵן חֶלְקֵנוּ בְּתוֹרָתֶךָ, שַׂבְּעֵנוּ
מִטּוּבֶךָ וְשַׂמַּח נַפְשֵׁנוּ בִּישׁוּעָתֶךָ, וְטַהֵר לִבֵּנוּ לְעָבְדְּךָ
בֶּאֱמֶת, וְהַנְחִילֵנוּ יְיָ אֱלֹהֵינוּ בְּאַהֲבָה וּבְרָצוֹן שַׁבְּתוֹת
קָדְשֶׁךָ, וְיָנוּחוּ בָם כָּל יִשְׂרָאֵל מְקַדְּשֵׁי שְׁמֶךָ. בָּרוּךְ אַתָּה
יְיָ, מְקַדֵּשׁ הַשַׁבָּת:

רְצֵה יְיָ אֱלֹהֵינוּ בְּעַמְּךָ יִשְׂרָאֵל, וְלִתְפִלָּתָם שְׁעֵה, וְהָשֵׁב
הָעֲבוֹדָה לִדְבִיר בֵּיתֶךָ, וְאִשֵׁי יִשְׂרָאֵל וּתְפִלָּתָם בְּאַהֲבָה
תְקַבֵּל בְּרָצוֹן, וּתְהִי לְרָצוֹן תָּמִיד עֲבוֹדַת יִשְׂרָאֵל עַמֶּךָ:

בשבת ר"ח ובשבת חוה"מ אומרים כאן יעלה ויבא א).

א) בשבת ראש חודש ושבת חול המועד אומרים זה:

אֱלֹהֵינוּ וֵאלֹהֵי אֲבוֹתֵינוּ, יַעֲלֶה וְיָבֹא וְיַגִּיעַ, וְיֵרָאֶה וְיֵרָצֶה וְיִשָׁמַע,
וְיִפָּקֵד וְיִזָּכֵר זִכְרוֹנֵנוּ וּפִקְדוֹנֵנוּ, וְזִכְרוֹן אֲבוֹתֵינוּ, וְזִכְרוֹן
מָשִׁיחַ בֶּן דָּוִד עַבְדֶּךָ, וְזִכְרוֹן יְרוּשָׁלַיִם עִיר קָדְשֶׁךָ, וְזִכְרוֹן כָּל עַמְּךָ
בֵּית יִשְׂרָאֵל לְפָנֶיךָ, לִפְלֵיטָה לְטוֹבָה, לְחֵן וּלְחֶסֶד וּלְרַחֲמִים וּלְחַיִּים
טוֹבִים וּלְשָׁלוֹם בְּיוֹם לשר"ח ראש הַחֹדֶשׁ הַזֶּה. לשחוה"מפ חַג הַמַּצּוֹת הַזֶּה.
לשחוה"ס חַג הַסֻּכּוֹת הַזֶּה. זָכְרֵנוּ יְיָ אֱלֹהֵינוּ בּוֹ לְטוֹבָה. וּפָקְדֵנוּ בוֹ
לִבְרָכָה. וְהוֹשִׁיעֵנוּ בוֹ לְחַיִּים טוֹבִים. וּבִדְבַר יְשׁוּעָה וְרַחֲמִים, חוּס וְחָנֵּנוּ,
וְרַחֵם עָלֵינוּ וְהוֹשִׁיעֵנוּ, כִּי אֵלֶיךָ עֵינֵינוּ, כִּי אֵל מֶלֶךְ חַנּוּן וְרַחוּם אָתָּה:
ותחזינה.

ИЦХАК ТОРЖЕСТВУЕТ, ЯАКОВ И СЫНОВЬЯ ЕГО ОБРЕТАЮТ [В ЭТОТ ДЕНЬ] ПОКОЙ — ПОКОЙ В ЛЮБВИ И ДОБРОВОЛЬНОМ СЛУЖЕНИИ [ТЕБЕ], ПОКОЙ В ИСТИНЕ И ВЕРЕ, ПОКОЙ В МИРЕ И БЕЗМЯТЕЖНОСТИ, ТИШИНЕ И БЕЗОПАСНОСТИ, ПОКОЙ СОВЕРШЕННЫЙ, КОТОРЫЙ УГОДЕН ТЕБЕ. ОСОЗНÁЮТ СЫНОВЬЯ ТВОИ И ПОЙМУТ, ЧТО ИХ ПОКОЙ — ОТ ТЕБЯ, И В БЛАГОДАРНОСТЬ ЗА СВОЙ ПОКОЙ БУДУТ ОСВЯЩАТЬ ИМЯ ТВОЕ.

אלהינו БОГ НАШ И БОГ ОТЦОВ НАШИХ! ДА БУДЕТ УГОДЕН ТЕБЕ СУББОТНИЙ ПОКОЙ НАШ; ОСВЯТИ НАС ЗАПОВЕДЯМИ СВОИМИ И ДАЙ НАМ УДЕЛ В ТОРЕ ТВОЕЙ; НАСЫТЬ НАС ЩЕДРОТАМИ СВОИМИ И ВОЗВЕСЕЛИ ДУШИ НАШИ СПАСЕНИЕМ, ДАРОВАННЫМ ТОБОЙ; И ОЧИСТИ НАШЕ СЕРДЦЕ, ЧТОБЫ МЫ СЛУЖИЛИ ТЕБЕ ИСКРЕННЕ. И ДАРУЙ НАМ В УДЕЛ, ГОСПОДЬ, БОГ НАШ, ПО ЛЮБВИ И БЛАГОСКЛОННОСТИ [К НАМ], СВЯТЫЕ СУББОТНИЕ ДНИ СВОИ; И ОБРЕТЕТ В НИХ ПОКОЙ ВЕСЬ НАРОД ИЗРАИЛЯ, ОСВЯЩАЮЩИЙ ИМЯ ТВОЕ. БЛАГОСЛОВЕН ТЫ, ГОСПОДЬ, ОСВЯЩАЮЩИЙ СУББОТУ!

רצה ОТНЕСИСЬ БЛАГОСКЛОННО, ГОСПОДЬ, БОГ НАШ, К НАРОДУ СВОЕМУ, ИЗРАИЛЮ, И МОЛИТВУ ЕГО ПРИМИ, И ВОССТАНОВИ СЛУЖБУ В СВЯТАЯ СВЯТЫХ ХРАМА ТВОЕГО; И ЖЕРТВЫ, ПРИНОСИМЫЕ ИЗРАИЛЕМ, И МОЛИТВУ ЕГО ПРИМИ С ЛЮБОВЬЮ, БЛАГОСКЛОННО; И ПУСТЬ БУДЕТ ВСЕГДА ЖЕЛАННО ТЕБЕ СЛУЖЕНИЕ ИЗРАИЛЯ, НАРОДА ТВОЕГО.

В рош-ходеш и в холь-гамоэд говорят здесь יעלה ויבא *("ДА ПОДНИМАЕТСЯ, И ПРИДЕТ...")*.*

В рош-ходеш и в холь-гамоэд говорят:

אלהינו БОГ НАШ И БОГ ОТЦОВ НАШИХ! ДА ПОДНИМЕТСЯ, И ПРИДЕТ [К ТЕБЕ], И ДОСТИГНЕТ [ТВОЕГО СЛУХА], И БУДЕТ ЗАМЕЧЕНА, И БЛАГОСКЛОННО ПРИНЯТА, И УСЛЫШАНА [ТОБОЮ МОЛИТВА НАША], И ДА БУДУТ ВОЗОБНОВЛЕНЫ И ВОССТАНОВЛЕНЫ [ТОБОЮ] ПАМЯТЬ О НАС И ВНИМАНИЕ К НАМ; И ПАМЯТЬ ОБ ОТЦАХ НАШИХ, И ПАМЯТЬ О МАШИАХЕ, ПОТОМКЕ ДАВИДА, РАБА ТВОЕГО, И ПАМЯТЬ О ИЕРУСАЛИМЕ, СВЯТОМ ГОРОДЕ ТВОЕМ, И ПАМЯТЬ ОБО ВСЕМ ТВОЕМ НАРОДЕ, ДОМЕ ИЗРАИЛЯ, – ДЛЯ СПАСЕНИЯ [НАШЕГО], ВО БЛАГО [НАМ], ДЛЯ ЛЮБВИ И МИЛОСТИ, И ДЛЯ МИЛОСЕРДИЯ [К НАМ], И ДЛЯ БЛАГОПОЛУЧНОЙ ЖИЗНИ [НАШЕЙ] И МИРА [ДЛЯ НАС] – В ЭТОТ ДЕНЬ...

в рош-ходеш:	*в холь-гамоэд Песах:*	*в холь-гамоэд Сукот:*
...РОШ-ХОДЕШ.	...ПРАЗДНИКА МАЦОТ.	...ПРАЗДНИКА СУКОТ.

ВСПОМНИ НАС, ГОСПОДЬ, БОГ НАШ, К ДОБРУ В ЭТОТ ДЕНЬ; И ОТНЕСИСЬ К НАМ В ЭТОТ ДЕНЬ СО ВНИМАНИЕМ, БЛАГОСЛОВЛЯЯ НАС; И СПАСИ НАС В ЭТОТ ДЕНЬ ДЛЯ БЛАГОПОЛУЧНОЙ ЖИЗНИ; И ПО ОБЕЩАНИЮ [СВОЕМУ] СПАСТИ И ПОМИЛОВАТЬ [НАС], ПОЖАЛЕЙ [НАС] И СМИЛУЙСЯ [НАД НАМИ]; И БУДЬ СНИСХОДИТЕЛЕН К НАМ, И СПАСИ НАС – ВЕДЬ НА ТЕБЯ УСТРЕМЛЕНЫ НАШИ ВЗОРЫ, ПОТОМУ ЧТО ТЫ, БОГ, – ВЛАДЫКА МИЛОСЕРДНЫЙ И МИЛУЮЩИЙ.

וְתֶחֱזֶינָה עֵינֵינוּ בְּשׁוּבְךָ לְצִיּוֹן בְּרַחֲמִים. בָּרוּךְ אַתָּה יְיָ, הַמַּחֲזִיר שְׁכִינָתוֹ לְצִיּוֹן:

מוֹדִים אֲנַחְנוּ לָךְ שָׁאַתָּה הוּא יְיָ אֱלֹהֵינוּ וֵאלֹהֵי אֲבוֹתֵינוּ לְעוֹלָם וָעֶד. צוּר חַיֵּינוּ מָגֵן יִשְׁעֵנוּ, אַתָּה הוּא לְדוֹר וָדוֹר, נוֹדֶה לְּךָ וּנְסַפֵּר תְּהִלָּתֶךָ, עַל חַיֵּינוּ הַמְּסוּרִים בְּיָדֶךָ, וְעַל נִשְׁמוֹתֵינוּ הַפְּקוּדוֹת לָךְ, וְעַל נִסֶּיךָ שֶׁבְּכָל יוֹם עִמָּנוּ, וְעַל נִפְלְאוֹתֶיךָ וְטוֹבוֹתֶיךָ שֶׁבְּכָל עֵת, עֶרֶב וָבֹקֶר וְצָהֳרָיִם, הַטּוֹב. כִּי לֹא כָלוּ רַחֲמֶיךָ, וְהַמְּרַחֵם, כִּי לֹא תַמּוּ חֲסָדֶיךָ, כִּי מֵעוֹלָם קִוִּינוּ לָךְ: *) בשבת חנוכה אומרים כאן ועל הנסים

מודים דרבנן
מוֹדִים אֲנַחְנוּ לָךְ, שָׁאַתָּה הוּא יְיָ אֱלֹהֵינוּ וֵאלֹהֵי אֲבוֹתֵינוּ. אֱלֹהֵי כָל בָּשָׂר, יוֹצְרֵנוּ יוֹצֵר בְּרֵאשִׁית, בְּרָכוֹת וְהוֹדָאוֹת לְשִׁמְךָ הַגָּדוֹל וְהַקָּדוֹשׁ עַל שֶׁהֶחֱיִיתָנוּ וְקִיַּמְתָּנוּ, כֵּן תְּחַיֵּנוּ, וּתְקַיְּמֵנוּ, וְתֶאֱסוֹף גָּלֻיּוֹתֵינוּ לְחַצְרוֹת קָדְשֶׁךָ, וְנָשׁוּב אֵלֶיךָ לִשְׁמוֹר חֻקֶּיךָ, וְלַעֲשׂוֹת רְצוֹנֶךָ, וּלְעָבְדְּךָ בְּלֵבָב שָׁלֵם, עַל שֶׁאָנוּ מוֹדִים לָךְ, בָּרוּךְ אֵל הַהוֹדָאוֹת:

וְעַל כֻּלָּם יִתְבָּרַךְ וְיִתְרוֹמָם וְיִתְנַשֵּׂא שִׁמְךָ מַלְכֵּנוּ תָּמִיד לְעוֹלָם וָעֶד:

בש״ת וּכְתוֹב לְחַיִּים טוֹבִים כָּל בְּנֵי בְרִיתֶךָ.

וְכָל הַחַיִּים יוֹדוּךָ סֶּלָה וִיהַלְלוּ שִׁמְךָ הַגָּדוֹל לְעוֹלָם כִּי טוֹב, הָאֵל, יְשׁוּעָתֵנוּ וְעֶזְרָתֵנוּ סֶלָה, הָאֵל הַטּוֹב. בָּרוּךְ אַתָּה יְיָ, הַטּוֹב שִׁמְךָ וּלְךָ נָאֶה לְהוֹדוֹת:

---

*) בשבת חנוכה אומרים זה

וְעַל הַנִּסִּים וְעַל הַפֻּרְקָן וְעַל הַגְּבוּרוֹת וְעַל הַתְּשׁוּעוֹת וְעַל הַנִּפְלָאוֹת שֶׁעָשִׂיתָ לַאֲבוֹתֵינוּ בַּיָּמִים הָהֵם בִּזְּמַן הַזֶּה:

בִּימֵי מַתִּתְיָהוּ בֶּן יוֹחָנָן כֹּהֵן גָּדוֹל חַשְׁמוֹנַאי וּבָנָיו כְּשֶׁעָמְדָה מַלְכוּת יָוָן הָרְשָׁעָה עַל עַמְּךָ יִשְׂרָאֵל לְהַשְׁכִּיחָם תּוֹרָתֶךָ, וּלְהַעֲבִירָם מֵחֻקֵּי רְצוֹנֶךָ, וְאַתָּה בְּרַחֲמֶיךָ הָרַבִּים עָמַדְתָּ לָהֶם בְּעֵת צָרָתָם, רַבְתָּ אֶת רִיבָם, דַּנְתָּ אֶת דִּינָם, נָקַמְתָּ אֶת נִקְמָתָם, מָסַרְתָּ גִּבּוֹרִים בְּיַד חַלָּשִׁים, וְרַבִּים בְּיַד מְעַטִּים, וּטְמֵאִים בְּיַד טְהוֹרִים, וּרְשָׁעִים בְּיַד צַדִּיקִים, וְזֵדִים בְּיַד עוֹסְקֵי תוֹרָתֶךָ. וּלְךָ עָשִׂיתָ שֵׁם גָּדוֹל וְקָדוֹשׁ בְּעוֹלָמֶךָ, וּלְעַמְּךָ יִשְׂרָאֵל עָשִׂיתָ תְּשׁוּעָה גְדוֹלָה וּפֻרְקָן כְּהַיּוֹם הַזֶּה, וְאַחַר כָּךְ בָּאוּ בָנֶיךָ לִדְבִיר בֵּיתֶךָ, וּפִנּוּ אֶת הֵיכָלֶךָ, וְטִהֲרוּ אֶת מִקְדָּשֶׁךָ, וְהִדְלִיקוּ נֵרוֹת בְּחַצְרוֹת קָדְשֶׁךָ, וְקָבְעוּ שְׁמוֹנַת יְמֵי חֲנֻכָּה אֵלוּ, לְהוֹדוֹת וּלְהַלֵּל לְשִׁמְךָ הַגָּדוֹל:

ותחזינה И ДА УВИДИМ МЫ СВОИМИ ГЛАЗАМИ, КАК ВЕРНЕШЬСЯ ТЫ, ПО МИЛОСЕРДИЮ СВОЕМУ, В СИОН. БЛАГОСЛОВЕН ТЫ, ГОСПОДЬ, ВОЗВРАЩАЮЩИЙ СВОЮ ШХИНУ В СИОН!

(См. транслитерацию на стр. 386)

מודים БЛАГОДАРИМ МЫ ТЕБЯ ЗА ТО, ЧТО ТЫ, ГОСПОДЬ, — БОГ НАШ И БОГ ОТЦОВ НАШИХ ВО ВЕКИ ВЕКОВ. ТЫ — ОПЛОТ ЖИЗНИ НАШЕЙ, ЗАЩИТНИК, СПАСАЮЩИЙ НАС ИЗ ПОКОЛЕНИЯ В ПОКОЛЕНИЕ. БУДЕМ БЛАГОДАРИТЬ ТЕБЯ И ПРОВОЗГЛАШАТЬ ТЕБЕ ХВАЛУ ВЕЧЕРОМ, УТРОМ И ДНЕМ ЗА ЖИЗНЬ НАШУ, ВВЕРЕННУЮ ТЕБЕ, ЗА ДУШИ НАШИ, ХРАНИМЫЕ ТОБОЙ, И ЗА ЧУДЕСА ТВОИ, КОТОРЫЕ ТЫ ПОСТОЯННО [СОВЕРШАЕШЬ] С НАМИ, И ЗА ТВОИ ЗНАМЕНИЯ И БЛАГОДЕЯНИЯ, КОТОРЫЕ ТЫ [ТВОРИШЬ] ВСЕГДА, — О, ДОБРЫЙ! — ПОТОМУ ЧТО МИЛОСТИ

"МОДИМ ДЕРАБАНАН"

При повторении молитвы хазаном община говорит здесь следующую молитву:

מודים БЛАГОДАРИМ МЫ ТЕБЯ ЗА ТО, ЧТО ТЫ, ГОСПОДЬ, – БОГ НАШ И БОГ ОТЦОВ НАШИХ, БОГ ВСЕГО ЖИВОГО, СОЗДАТЕЛЬ НАШ, ТВОРЕЦ МИРОЗДАНИЯ; ПОДОБАЕТ БЛАГОСЛОВЛЯТЬ И СЛАВИТЬ ВЕЛИКОЕ И СВЯТОЕ ИМЯ ТВОЕ ЗА ТО, ЧТО ТЫ ДАЛ НАМ ЖИЗНЬ И ПОДДЕРЖИВАЕШЬ ЕЕ В НАС; И ТЫ ПРОДЛИШЬ ЕЕ И ПОДДЕРЖИШЬ, И СОБЕРЕШЬ НАС ИЗ ИЗГНАНИЯ ВО ДВОРАХ СВЯТИЛИЩА СВОЕГО, И ВЕРНЕМСЯ МЫ К ТЕБЕ, ЧТОБЫ СОБЛЮДАТЬ ТВОИ ЗАКОНЫ, И ИСПОЛНЯТЬ ВОЛЮ ТВОЮ, И СЛУЖИТЬ ТЕБЕ ВСЕМ СЕРДЦЕМ, И ПОТОМУ МЫ БЛАГОДАРИМ ТЕБЯ. БЛАГОСЛОВЕН БОГ, КОТОРОГО ПОДОБАЕТ БЛАГОДАРИТЬ!

ТВОИ НЕСКОНЧАЕМЫ, — О, МИЛОСЕРДНЫЙ! — ПОТОМУ ЧТО БЛАГОДЕЯНИЯ ТВОИ НЕИСТОЩИМЫ; ВЕДЬ МЫ ОТ ВЕКА НАДЕЕМСЯ НА ТЕБЯ!

В Хануку говорят здесь ועל הנסים *("И ЗА ЗНАМЕНИЯ...").**

ועל И ЗА ВСЕ ЭТО ДА БУДЕТ БЛАГОСЛОВЛЕНО, И ДА ВОЗВЕЛИЧИТСЯ И ПРЕВОЗНЕСЕТСЯ ИМЯ ТВОЕ, ВЛАДЫКА НАШ, ВСЕГДА, ВО ВЕКИ ВЕКОВ!

В "десять дней раскаяния" говорят:

וכתוב И ЗАПИШИ [В КНИГУ] БЛАГОПОЛУЧНОЙ ЖИЗНИ ВСЕХ, С КЕМ ТЫ ЗАКЛЮЧИЛ СОЮЗ.

וכל И ВСЕ ЖИВОЕ БУДЕТ ВЕЧНО БЛАГОДАРИТЬ ТЕБЯ И ВОСХВАЛЯТЬ ТВОЕ ВЕЛИКОЕ ИМЯ ВОВЕК, ИБО ТЫ ДОБР. ТЫ, БОГ, – НАШЕ СПАСЕНИЕ И НАША ОПОРА ВОВЕКИ, [ТЫ –] ДОБРЫЙ БОГ! БЛАГОСЛОВЕН ТЫ, ГОСПОДЬ; ДОБРЫЙ – ИМЯ ТЕБЕ, И ТЕБЯ ПОДОБАЕТ БЛАГОДАРИТЬ.

---

*В Хануку говорят:

ועל И ЗА ЗНАМЕНИЯ, И ЗА ИЗБАВЛЕНИЕ, И ЗА МОГУЩЕСТВО [ТВОЕ], И ЗА СПАСЕНИЕ, И ЗА ЧУДЕСА, КОТОРЫЕ ТЫ ЯВИЛ ОТЦАМ НАШИМ В ТЕ ВРЕМЕНА, В ЭТИ ЖЕ ДНИ [ГОДА]...

בימי ...В ДНИ МАТИТЬЯГУ, СЫНА ЙОХАНАНА ХАШМОНАЯ, ПЕРВОСВЯЩЕННИКА, И ЕГО СЫНОВЕЙ, КОГДА ВЫСТУПИЛО ЗЛОДЕЙСКОЕ ЦАРСТВО ЯВАН ПРОТИВ НАРОДА ТВОЕГО, СЫНОВ ИЗРАИЛЯ, ЧТОБЫ ЗАСТАВИТЬ ИХ ЗАБЫТЬ ТВОЮ ТОРУ И НАРУШИТЬ ЗАКОНЫ, УСТАНОВЛЕННЫЕ ВОЛЕЙ ТВОЕЙ; НО ТЫ, ПО ВЕЛИКОЙ МИЛОСТИ СВОЕЙ, СТОЯЛ ЗА НИХ, [СЫНОВ ИЗРАИЛЯ], КОГДА ОНИ БЫЛИ В БЕДЕ, ЗАСТУПАЛСЯ ЗА НИХ, БЫЛ СУДЬЕЙ В ИХ СПОРЕ [С ВРАГАМИ], МСТИЛ ЗА НИХ, ОТДАЛ СИЛЬНЫХ В РУКИ СЛАБЫХ, И МНОГОЧИСЛЕННЫХ В РУКИ НЕМНОГИХ, И НЕЧИСТЫХ В РУКИ ЧИСТЫХ, И ЗЛОДЕЕВ В РУКИ ПРАВЕДНИКОВ, И ЗЛОУМЫШЛЕННИКОВ В РУКИ ТЕХ, КТО ИЗУЧАЕТ ТОРУ ТВОЮ. И ПРОСЛАВИЛ ТЫ ИМЯ СВОЕ, ВЕЛИКОЕ И СВЯТОЕ, В МИРЕ ТВОЕМ, И НАРОДУ СВОЕМУ, ИЗРАИЛЮ, ДАРОВАЛ ВЕЛИКОЕ СПАСЕНИЕ И ИЗБАВЛЕНИЕ В ЭТОТ САМЫЙ ДЕНЬ. И ТОГДА ПРИШЛИ СЫНОВЬЯ ТВОИ В СВЯТАЯ СВЯТЫХ ХРАМА ТВОЕГО, И УБРАЛИ [ИДОЛОВ] ИЗ ТВОЕГО ДВОРЦА, И ОЧИСТИЛИ СВЯТИЛИЩЕ ТВОЕ. И ЗАЖГЛИ СВЕТИЛЬНИКИ ВО ДВОРАХ СВЯТИЛИЩА ТВОЕГО. И УСТАНОВИЛИ ЭТИ ВОСЕМЬ ДНЕЙ ХАНУКИ, ЧТОБЫ ВОЗНОСИТЬ БЛАГОДАРНОСТЬ И ХВАЛУ ТВОЕМУ ВЕЛИКОМУ ИМЕНИ.

Продолжают ועל כולם *("И ЗА ВСЕ...").*

שִׂים שָׁלוֹם. טוֹבָה וּבְרָכָה. חַיִּים חֵן וָחֶסֶד וְרַחֲמִים. עָלֵינוּ וְעַל כָּל יִשְׂרָאֵל עַמֶּךָ. בָּרְכֵנוּ אָבִינוּ כֻּלָּנוּ כְּאֶחָד. בְּאוֹר פָּנֶיךָ, כִּי בְאוֹר פָּנֶיךָ, נָתַתָּ לָּנוּ יְיָ אֱלֹהֵינוּ תּוֹרַת חַיִּים, וְאַהֲבַת חֶסֶד, וּצְדָקָה וּבְרָכָה וְרַחֲמִים וְחַיִּים וְשָׁלוֹם. וְטוֹב בְּעֵינֶיךָ לְבָרֵךְ אֶת עַמְּךָ יִשְׂרָאֵל בְּכָל עֵת וּבְכָל שָׁעָה בִּשְׁלוֹמֶךָ.

בש"ת וּבְסֵפֶר חַיִּים בְּרָכָה וְשָׁלוֹם וּפַרְנָסָה טוֹבָה יְשׁוּעָה וְנֶחָמָה וּגְזֵרוֹת טוֹבוֹת, נִזָּכֵר וְנִכָּתֵב לְפָנֶיךָ, אֲנַחְנוּ וְכָל עַמְּךָ בֵּית יִשְׂרָאֵל, לְחַיִּים טוֹבִים וּלְשָׁלוֹם.

בָּרוּךְ אַתָּה יְיָ, הַמְבָרֵךְ אֶת עַמּוֹ יִשְׂרָאֵל בַּשָּׁלוֹם:

יִהְיוּ לְרָצוֹן אִמְרֵי פִי וְהֶגְיוֹן לִבִּי לְפָנֶיךָ· יְיָ צוּרִי וְגוֹאֲלִי:

אֱלֹהַי, נְצֹר לְשׁוֹנִי מֵרָע, וּשְׂפָתַי מִדַּבֵּר מִרְמָה. וְלִמְקַלְלַי, נַפְשִׁי תִדּוֹם. וְנַפְשִׁי כֶּעָפָר לַכֹּל תִּהְיֶה. פְּתַח לִבִּי בְּתוֹרָתֶךָ וּבְמִצְוֹתֶיךָ תִּרְדּוֹף נַפְשִׁי. וְכָל הַחוֹשְׁבִים עָלַי רָעָה, מְהֵרָה הָפֵר עֲצָתָם וְקַלְקֵל מַחֲשַׁבְתָּם. יִהְיוּ כְּמוֹץ לִפְנֵי רוּחַ וּמַלְאַךְ יְיָ דוֹחֶה. לְמַעַן יֵחָלְצוּן יְדִידֶיךָ, הוֹשִׁיעָה יְמִינְךָ וַעֲנֵנִי. עֲשֵׂה לְמַעַן שְׁמֶךָ, עֲשֵׂה לְמַעַן יְמִינֶךָ, עֲשֵׂה לְמַעַן תּוֹרָתֶךָ. עֲשֵׂה לְמַעַן קְדֻשָּׁתֶךָ. יִהְיוּ לְרָצוֹן אִמְרֵי פִי, וְהֶגְיוֹן לִבִּי לְפָנֶיךָ, יְיָ צוּרִי וְגוֹאֲלִי. עֹשֶׂה שָׁלוֹם (בש"ת הַשָּׁלוֹם) בִּמְרוֹמָיו, הוּא יַעֲשֶׂה שָׁלוֹם עָלֵינוּ, וְעַל כָּל יִשְׂרָאֵל. וְאִמְרוּ אָמֵן:

יְהִי רָצוֹן מִלְּפָנֶיךָ יְיָ אֱלֹהֵינוּ וֵאלֹהֵי אֲבוֹתֵינוּ, שֶׁיִּבָּנֶה בֵּית הַמִּקְדָּשׁ בִּמְהֵרָה בְיָמֵינוּ, וְתֵן חֶלְקֵנוּ בְּתוֹרָתֶךָ.

בְּיָמִים שֶׁאֵין אוֹמְרִים תַּחֲנוּן כְּמוֹל אֵין אוֹמְרִים צִדְקָתְךָ כ"שבת:

צִדְקָתְךָ כְּהַרְרֵי אֵל. מִשְׁפָּטֶיךָ תְּהוֹם רַבָּה, אָדָם וּבְהֵמָה תּוֹשִׁיעַ יְיָ: וְצִדְקָתְךָ אֱלֹהִים, עַד מָרוֹם אֲשֶׁר עָשִׂיתָ גְדוֹלוֹת, אֱלֹהִים, מִי כָמוֹךָ. צִדְקָתְךָ צֶדֶק לְעוֹלָם, וְתוֹרָתְךָ אֱמֶת. קדיש שלם. (לדוד ה' אורי)

עָלֵינוּ לְשַׁבֵּחַ לַאֲדוֹן הַכֹּל, לָתֵת גְּדֻלָּה לְיוֹצֵר בְּרֵאשִׁית, שֶׁלֹּא עָשָׂנוּ כְּגוֹיֵי הָאֲרָצוֹת, וְלֹא שָׂמָנוּ כְּמִשְׁפְּחוֹת הָאֲדָמָה, שֶׁלֹּא שָׂם חֶלְקֵנוּ כָּהֶם, וְגוֹרָלֵנוּ בְּכָל הֲמוֹנָם שֶׁהֵם מִשְׁתַּחֲוִים לְהֶבֶל וְלָרִיק. וַאֲנַחְנוּ כּוֹרְעִים וּמִשְׁתַּחֲוִים וּמוֹדִים, לִפְנֵי מֶלֶךְ, מַלְכֵי הַמְּלָכִים, הַקָּדוֹשׁ בָּרוּךְ הוּא. שֶׁהוּא נוֹטֶה שָׁמַיִם וְיוֹסֵד אָרֶץ, וּמוֹשַׁב יְקָרוֹ בַּשָּׁמַיִם מִמַּעַל, וּשְׁכִינַת עֻזּוֹ

בגבהי

שים ДАРУЙ МИР, ДОБРО И БЛАГОСЛОВЕНИЕ, ЖИЗНЬ, МИЛОСТЬ, И ЛЮБОВЬ, И МИЛОСЕРДИЕ НАМ И ВСЕМУ ТВОЕМУ НАРОДУ, ИЗРАИЛЮ. БЛАГОСЛОВИ НАС, ВСЕХ ВМЕСТЕ, В БЛАГОСКЛОННОСТИ СВОЕЙ, ОТЕЦ НАШ, ИБО В БЛАГОСКЛОННОСТИ СВОЕЙ ТЫ ДАРОВАЛ НАМ, ГОСПОДЬ, БОГ НАШ, ЗАКОН ЖИЗНИ И БЕСКОРЫСТНОЙ ЛЮБВИ, И МИЛОСТЬ, И БЛАГОСЛОВЕНИЕ, И МИЛОСЕРДИЕ, И ЖИЗНЬ, И МИР. И ДА БУДЕТ УГОДНО ТЕБЕ БЛАГОСЛОВЛЯТЬ НАРОД СВОЙ, ИЗРАИЛЬ, ВО ВСЕ ВРЕМЕНА И В КАЖДОЕ МГНОВЕНИЕ, ДАРУЯ ЕМУ МИР.

В "десять дней раскаяния" говорят:

ובספר И В КНИГЕ ЖИЗНИ, БЛАГОСЛОВЕНИЯ, И МИРА, И ПРОЦВЕТАНИЯ, СПАСЕ-НИЯ, И УТЕШЕНИЯ, И ДОБРЫХ ПРЕДНАЧЕРТАНИЙ – ДА БУДЕМ УПОМЯНУТЫ И ЗА-ПИСАНЫ ПРЕД ТОБОЮ МЫ И ВЕСЬ НАРОД ТВОЙ, ДОМ ИЗРАИЛЯ, НА ДОБРУЮ ЖИЗНЬ И НА МИР.

ברוך БЛАГОСЛОВЕН ТЫ, ГОСПОДЬ, БЛАГОСЛОВЛЯЮЩИЙ МИРОМ НАРОД СВОЙ, ИЗРАИЛЬ!

יהיו ДА БУДУТ УГОДНЫ ТЕБЕ СЛОВА МОИХ УСТ И ПОМЫСЛЫ СЕРДЦА МОЕГО, О, ГОСПОДЬ, – МОЙ ОПЛОТ И ИЗБАВИТЕЛЬ![1]

אלהי БОГ МОЙ! УБЕРЕГИ МОЙ ЯЗЫК ОТ ЗЛОСЛОВИЯ И УСТА МОИ ОТ ЛЖИВЫХ РЕЧЕЙ; И ПЕРЕД ТЕМИ, КТО ПРОКЛИНАЕТ МЕНЯ, ПУСТЬ ДУША МОЯ ХРАНИТ МОЛ-ЧАНИЕ. И ПУСТЬ ДУША МОЯ ПОВЕРГАЕТСЯ В ПРАХ ПРЕД КАЖДЫМ. РАСКРОЙ МОЕ СЕРДЦЕ ДЛЯ ТОРЫ ТВОЕЙ, И ДА УСТРЕМИТСЯ МОЯ ДУША К ИСПОЛНЕНИЮ ТВОИХ ЗАПОВЕДЕЙ; И ПОСКОРЕЕ РАЗРУШЬ КОЗНИ И РАССТРОЙ ЗАМЫСЛЫ ВСЕХ ЗАДУ-МАВШИХ ПРОТИВ МЕНЯ НЕДОБРОЕ. ДА БУДУТ ОНИ МЯКИНОЙ НА ВЕТРУ, ГОНИМЫЕ АНГЕЛОМ ГОСПОДА.[2] ПУСТЬ СПАСЕНЫ БУДУТ ТЕ, КОГО ЛЮБИШЬ ТЫ; СПАСИ [МЕ-НЯ] ДЕСНИЦЕЙ СВОЕЙ И ОТВЕТЬ МНЕ.[3] СОВЕРШИ ЭТО РАДИ ИМЕНИ СВОЕГО, СО-ВЕРШИ РАДИ [ПРОСЛАВЛЕНИЯ] ДЕСНИЦЫ СВОЕЙ, СОВЕРШИ РАДИ ТОРЫ СВОЕЙ, СОВЕРШИ РАДИ СВЯТОСТИ СВОЕЙ; ДА БУДУТ УГОДНЫ ТЕБЕ СЛОВА МОИХ УСТ И ПОМЫСЛЫ СЕРДЦА МОЕГО, О, ГОСПОДЬ, – МОЙ ОПЛОТ И ИЗБАВИТЕЛЬ![1] УСТА-НАВЛИВАЮЩИЙ МИР (*в "десять дней раскаяния" вместо* "ШАЛОМ" – "МИР" *говорят:* "ГАШАЛОМ") В СВОИХ ВЫСОТАХ, ОН ПОШЛЕТ МИР НАМ И ВСЕМУ ИЗРАИЛЮ, И СКАЖЕМ: АМЕН!

יהי ДА БУДЕТ УГОДНО ТЕБЕ, ГОСПОДЬ, БОГ НАШ И БОГ ОТЦОВ НАШИХ, ЧТОБЫ БЫЛ ПОСТРОЕН ХРАМ, – ВСКОРЕ, В НАШИ ДНИ, – И ДАЙ НАМ УДЕЛ В ТОРЕ ТВОЕЙ![4]

Если суббота совпала с одним из дней, когда "Таханун" (см. стр. 71) не говорят, сле-дующую молитву пропускают.

צדקתך МИЛОСТЬ ТВОЯ – ВЫСОКИЕ ГОРЫ, ЗАКОНЫ ТВОИ – ГЛУБОКАЯ БЕЗДНА. И ЛЮДЕЙ, И ЖИВОТНЫХ СПАСАЕШЬ ТЫ, ГОСПОДЬ.[5] И МИЛОСТЬ ТВОЯ, БОЖЕ, – ДО НЕБЕС; ТВОРИШЬ ТЫ ВЕЛИКИЕ ДЕЯНИЯ. КТО ПОДО-БЕН ТЕБЕ, БОЖЕ?[6] МИЛОСТЬ ТВОЯ – ВЕЧНАЯ МИЛОСТЬ, И ТОРА ТВОЯ – ИСТИНА.[7]

Хазан произносит "Кадиш шалем", стр. 74–75.

В "десять дней раскаяния" говорят לדוד ה' אורי ("[ПСАЛОМ] ДАВИДА. ГОСПОДЬ – СВЕТ МОЙ..."), *стр. 81.*

עלינו НАШ ДОЛГ – ВОСХВАЛЯТЬ ВЛАДЫКУ ВСЕГО МИРА, ПРОВОЗГЛАШАТЬ ВЕ-ЛИЧИЕ СОЗДАТЕЛЯ ВСЕЛЕННОЙ, КОТОРЫЙ НЕ СДЕЛАЛ НАС ПОДОБНЫМИ ДРУГИМ НАРОДАМ МИРА, И НЕ ДАЛ НАМ БЫТЬ ПОХОЖИМИ НА ВСЕ ПЛЕМЕНА ЗЕМНЫЕ, И НЕ ДАЛ НАМ ТОТ ЖЕ УДЕЛ, ЧТО И ИМ, И ТУ ЖЕ СУДЬБУ, ЧТО И ВСЕМ ИХ ПОЛЧИЩАМ, – ИБО ОНИ ПОКЛОНЯЮТСЯ ПУСТОТЕ И ТЩЕТЕ. МЫ ЖЕ ПРЕКЛОНЯЕМ КОЛЕНА, И ПА-ДАЕМ НИЦ, И ВОЗНОСИМ БЛАГОДАРНОСТЬ ВЛАДЫКЕ, ЦАРЮ ЦАРЕЙ, СВЯТОМУ [ТВОРЦУ], БЛАГОСЛОВЕН ОН, КОТОРЫЙ ПРОСТЕР НЕБЕСА И УТВЕРДИЛ ЗЕМЛЮ [НА МЕСТЕ], – И ПРЕСТОЛ СЛАВЫ ЕГО – НЕБЕСНЫЕ ВЫСИ, И ОБИТЕЛЬ МОГУЩЕСТВА ЕГО

---

1. Теѓилим, 19:15. 2. Теѓилим, 35:5. 3. Теѓилим, 60:7, 108:7. 4. Авот, 5:20. 5. Теѓилим, 36:7. 6. Теѓилим, 71:19. 7. Теѓилим, 119:142.

בְּגָבְהֵי מְרוֹמִים, הוּא אֱלֹהֵינוּ אֵין עוֹד. אֱמֶת מַלְכֵּנוּ,
אֶפֶס זוּלָתוֹ, כַּכָּתוּב בְּתוֹרָתוֹ: וְיָדַעְתָּ הַיּוֹם וַהֲשֵׁבֹתָ
אֶל לְבָבֶךָ, כִּי יְיָ הוּא הָאֱלֹהִים בַּשָּׁמַיִם מִמַּעַל, וְעַל
הָאָרֶץ מִתָּחַת, אֵין עוֹד:

וְעַל כֵּן נְקַוֶּה לְּךָ יְיָ אֱלֹהֵינוּ, לִרְאוֹת מְהֵרָה בְּתִפְאֶרֶת עֻזֶּךָ, לְהַעֲבִיר
גִּלּוּלִים מִן הָאָרֶץ, וְהָאֱלִילִים כָּרוֹת יִכָּרֵתוּן, לְתַקֵּן עוֹלָם
בְּמַלְכוּת שַׁדַּי. וְכָל בְּנֵי בָשָׂר יִקְרְאוּ בִשְׁמֶךָ, לְהַפְנוֹת אֵלֶיךָ כָּל
רִשְׁעֵי אָרֶץ. יַכִּירוּ וְיֵדְעוּ כָּל יוֹשְׁבֵי תֵבֵל, כִּי לְךָ תִּכְרַע כָּל בֶּרֶךְ,
תִּשָּׁבַע כָּל לָשׁוֹן. לְפָנֶיךָ יְיָ אֱלֹהֵינוּ יִכְרְעוּ וְיִפֹּלוּ, וְלִכְבוֹד שִׁמְךָ יְקָר
יִתֵּנוּ, וִיקַבְּלוּ כֻלָּם אֶת עוֹל מַלְכוּתֶךָ, וְתִמְלוֹךְ עֲלֵיהֶם מְהֵרָה
לְעוֹלָם וָעֶד. כִּי הַמַּלְכוּת שֶׁלְּךָ הִיא, וּלְעוֹלְמֵי עַד תִּמְלוֹךְ בְּכָבוֹד,
כַּכָּתוּב בְּתוֹרָתֶךָ: יְיָ יִמְלֹךְ לְעוֹלָם וָעֶד. וְנֶאֱמַר, וְהָיָה יְיָ לְמֶלֶךְ עַל
כָּל הָאָרֶץ, בַּיּוֹם הַהוּא יִהְיֶה, יְיָ אֶחָד וּשְׁמוֹ אֶחָד: ק"י

אַל תִּירָא מִפַּחַד פִּתְאֹם וּמִשֹּׁאַת רְשָׁעִים כִּי תָבֹא: עֻצוּ עֵצָה וְתֻפָר וְחַפְּרוּ
דָבָר וְלֹא יָקוּם כִּי עִמָּנוּ אֵל: וְעַד זִקְנָה אֲנִי הוּא וְעַד שֵׂיבָה אֲנִי אֶסְבֹּל
אֲנִי עָשִׂיתִי וַאֲנִי אֶשָּׂא וַאֲנִי אֶסְבֹּל וַאֲמַלֵּט:

אך צריכים יודו לשמך ישבו ישרים את פניך :

סדר סעודה שלישית

(של"ע) (א) יהא זהיר מאד לקיים סעודה שלישית ואף אם הוא שבע הרי יכול לקיים אותה ביותר מכביצה
פת (ויש אוכרים שאפילו בבצית יוצא ידי חובתו לכתחלה בכל אחד בג' סעודות ויש לההכיר
לכתחלה כסברא הראשונה אם אפשר לו) ואם אי אפשר לו לאכול כלל אין צריך לצער את עצמו לאכול
שטעודות השבת לעינג נצמוו ולא לצער אבל החכם עיניו בראשו שלא לכלאות בטנו בסעודת הבוקר כד'
ליהן בקום לסעודה שלישית : (ב) זמן סעודה ג' הוא משיגיע זמן מנחה גדולה עד הערב דהיינו משש שעות
ומחצה ואילך ואם עשאה קודם לכן לא קיים מצות סעודה שלישית : (ג) ויש בקילין שאפי' בפירות יכול
לקיימה ואין לסמוך כלל על כל זה אלא אם כן אי אפשר כלל בגנין אחר כנין שהיא שבע ביותר ואי אפשר לו
לאכול פת בלא שיצער את עצמו וכן ערב פסח שחל להיות בשבת: (ד) נשים חייבות בסעודה ג' כמו אנשים
וכן לבצוע על ב' כברות בכל סעודה שלכל מצשה שבת איש ואשה שוין:

מִזְמוֹר לְדָוִד, יְיָ רֹעִי לֹא אֶחְסָר: בִּנְאוֹת דֶּשֶׁא יַרְבִּיצֵנִי, עַל מֵי מְנֻחוֹת
יְנַהֲלֵנִי: נַפְשִׁי יְשׁוֹבֵב, יַנְחֵנִי בְמַעְגְּלֵי צֶדֶק לְמַעַן שְׁמוֹ: גַּם כִּי אֵלֵךְ
בְּגֵיא צַלְמָוֶת לֹא אִירָא רָע, כִּי אַתָּה עִמָּדִי, שִׁבְטְךָ וּמִשְׁעַנְתֶּךָ הֵמָּה יְנַחֲמֻנִי:
תַּעֲרֹךְ לְפָנַי שֻׁלְחָן נֶגֶד צֹרְרָי, דִּשַּׁנְתָּ בַשֶּׁמֶן רֹאשִׁי, כּוֹסִי רְוָיָה: אַךְ טוֹב
וָחֶסֶד יִרְדְּפוּנִי כָּל יְמֵי חַיָּי, וְשַׁבְתִּי בְּבֵית יְיָ לְאֹרֶךְ יָמִים:

אַתְקִינוּ סְעוּדָתָא דִמְהֵימְנוּתָא שְׁלֵמָתָא חֶדְוָתָא דְמַלְכָּא קַדִּישָׁא, אַתְקִינוּ
סְעוּדָתָא דְמַלְכָּא דָּא הִיא סְעוּדָתָא דִזְעֵיר אַנְפִּין וְעַתִּיקָא קַדִּישָׁא
וַחֲקַל תַּפּוּחִין קַדִּישִׁין, אַתְיָן לְסַעֲדָא בַּהֲדֵיהּ:

בני

– ВЫСОТЫ ВЫСОТ. ОН, И НИКТО ИНОЙ, – БОГ НАШ. ВОИСТИНУ, ОН – ВЛАДЫКА НАШ, И НИЧТО НЕ МОЖЕТ СУЩЕСТВОВАТЬ БЕЗ НЕГО, КАК НАПИСАНО В ТОРЕ ЕГО: "И УЗНАЕШЬ ТЫ В ТОТ ДЕНЬ, И ПРИМЕШЬ СЕРДЦЕМ СВОИМ, ЧТО ГОСПОДЬ – БОГ; ОТ НЕБЕСНЫХ ВЫСЕЙ И ДО ЗЕМНЫХ ГЛУБИН НИЧЕГО КРОМЕ НЕГО НЕ СУЩЕСТВУЕТ".[1]

לען И ПОЭТОМУ МЫ НАДЕЕМСЯ НА ТЕБЯ, ГОСПОДЬ, БОГ НАШ, [НАДЕЕМСЯ] УВИДЕТЬ ВСКОРЕ ВЕЛИКОЛЕПИЕ МОГУЩЕСТВА ТВОЕГО, КОТОРОЕ СМЕТЕТ ИСТУКАНОВ С ЛИЦА ЗЕМЛИ И УНИЧТОЖИТ ИДОЛОВ. И БУДЕТ УСТАНОВЛЕНА В МИРЕ ВЛАСТЬ ВСЕМОГУЩЕГО, И ВСЕ СЫНЫ ЧЕЛОВЕЧЕСКИЕ СТАНУТ ВЗЫВАТЬ К ИМЕНИ ТВОЕМУ, И ВСЕ ГРЕШНИКИ ЗЕМЛИ ВЕРНУТСЯ К ТЕБЕ. И ПРИЗНАЮТ, И ПОЙМУТ ВСЕ ЖИТЕЛИ ЗЕМЛИ, ЧТО ПРЕД ТОБОЮ ВСЕМ СЛЕДУЕТ ПРЕКЛОНЯТЬ КОЛЕНИ И [ЛИШЬ] ТВОИМ ИМЕНЕМ ДОЛЖНО КЛЯСТЬСЯ. ПРЕД ТОБОЮ, ГОСПОДЬ, БОГ НАШ, СКЛОНЯТСЯ ОНИ, И ПАДУТ НИЦ, И ВОЗДАДУТ ПОЧЕСТИ СЛАВНОМУ ИМЕНИ ТВОЕМУ; И ВСЕ ОНИ ПОДЧИНЯТСЯ ТВОЕЙ ЦАРСКОЙ ВЛАСТИ, И ВСКОРЕ ТЫ ВОЦАРИШЬСЯ НАД НИМИ НА ВЕКИ ВЕЧНЫЕ, ИБО ТЕБЕ ПРИНАДЛЕЖИТ ЦАРСКАЯ ВЛАСТЬ, И БУДЕШЬ ТЫ ЦАРСТВОВАТЬ ВО СЛАВЕ ВО ВЕКИ ВЕКОВ. КАК НАПИСАНО В ТОРЕ ТВОЕЙ: "ГОСПОДЬ БУДЕТ ЦАРСТВОВАТЬ ВО ВЕКИ ВЕКОВ!"[2] И СКАЗАНО: "И СТАНЕТ ГОСПОДЬ ВЛАДЫКОЙ ВСЕЙ ЗЕМЛИ; В ТОТ ДЕНЬ ГОСПОДЬ БУДЕТ [ПРИЗНАН ВСЕМИ НАРОДАМИ] ЕДИНСТВЕННЫМ [БОГОМ], И ЛИШЬ ЕГО ИМЯ [БУДЕТ У ВСЕХ НА УСТАХ]".[3]

Далее произносится "Кадиш ятом", стр. 77.

אל НЕ БОЙСЯ ВНЕЗАПНО ВОЗНИКШЕЙ УГРОЗЫ, ПРИХОДА ЗЛОДЕЕВ, [НЕСУЩИХ] ГИБЕЛЬ.[4] ГОТОВЬТЕ ЗАГОВОРЫ, [ВРАГИ ИЗРАИЛЯ], – ОНИ БУДУТ СОРВАНЫ. СГОВАРИВАЙТЕСЬ МЕЖДУ СОБОЮ – НИЧЕГО У ВАС НЕ ВЫЙДЕТ, ВЕДЬ С НАМИ БОГ![5] "ВОВЕК Я НЕ ИЗМЕНЮСЬ И ДО СКОНЧАНИЯ ВЕКОВ БУДУ ТЕРПЕЛИВ [К НАРОДУ ИЗРАИЛЯ]. Я СОТВОРИЛ [ЕГО], И БУДУ ЗАБОТИТЬСЯ [О НЕМ], И БУДУ ТЕРПЕЛИВ [К НЕМУ], И СПАСУ [ЕГО]".[6]

אך ТОЛЬКО ПРАВЕДНИКИ УДОСТОЯТСЯ ВОЗНОСИТЬ БЛАГОДАРНОСТЬ ИМЕНИ ТВОЕМУ. НЕПОРОЧНЫЕ БУДУТ НАХОДИТЬСЯ ПРЕД ЛИЦОМ ТВОИМ.[7]

ТРЕТЬЯ СУББОТНЯЯ ТРАПЕЗА

Шулхан арух Гарав:

1. Следует с особым вниманием относиться к заповеди о третьей субботней трапезе. Даже тот, кто сыт, может выполнить ее, съев хлеба чуть больше "кебейца" (56 см³). (Есть, однако, мнение, что в каждой из трех субботних трапез достаточно съесть "кезайит" хлеба, т.е. 28 см³. Желательно все же придерживаться первой, более строгой, точки зрения.) Тот же, кому трудно съесть даже такое количество хлеба, не должен принуждать себя, ибо субботняя трапеза должна доставить человеку наслаждение. Не следует наедаться утром до такой степени, чтобы не осталось сил для исполнения заповеди о третьей субботней трапезе.
2. Совершать третью трапезу следует не раньше, чем через полчаса после полудня, и не позже захода солнца.
3. Согласно некоторым авторитетам, для исполнения этой заповеди не обязательно есть хлеб, достаточно поесть плодов.* Этим мнением следует руководствоваться лишь в том случае, если нет иного выхода: например, тому, кто не в состоянии есть хлеб, или в канун праздника Песах.
4. Третья трапеза столь же обязательна для женщин, как и для мужчин. Женщинам, как и мужчинам, необходимо произносить благословение над двумя халами в начале каждой из трех субботних трапез.

מזמור ПСАЛОМ ДАВИДА. ГОСПОДЬ – ПАСТЫРЬ МОЙ; НИ В ЧЕМ НЕ БУДЕТ У МЕНЯ НЕДОСТАТКА. НА РОСКОШНЫХ ЛУГАХ ДАСТ МНЕ ОТДОХНУТЬ, БУДЕТ ПРИВОДИТЬ МЕНЯ К СПОКОЙНОЙ ВОДАМ. ДУШУ МОЮ УСПОКОИТ ОН; ПОВЕДЕТ МЕНЯ ПРЯМЫМИ ПУТЯМИ РАДИ ИМЕНИ СВОЕГО. ДАЖЕ ЕСЛИ БУДУ Я ПРОХОДИТЬ УЩЕЛЬЕМ В МОГИЛЬНОЙ ТЬМЕ, – НЕ УСТРАШУСЬ ЗЛА, ИБО ТЫ СО МНОЮ; НАСТАВЛЕНИЕ ТВОЕ И ПОДДЕРЖКА ТВОЯ УТЕШАТ МЕНЯ. НАКРОЕШЬ ТЫ ПРЕДО МНОЮ СТОЛ НА ВИДУ У ВРАГОВ МОИХ, УМАСТИШЬ МОЮ ГОЛОВУ ЕЛЕЕМ; ПОЛНОЙ БУДЕТ ЧАША МОЯ. ПУСТЬ ЛИШЬ ДОБРО И ЛЮБОВЬ СОПРОВОЖДАЮТ МЕНЯ ВО ВСЕ ДНИ ЖИЗНИ МОЕЙ, И БУДУ НАХОДИТЬСЯ Я В ХРАМЕ ГОСПОДА ДОЛГИЕ ГОДЫ.[8]

אתקינו ПРИГОТОВЬТЕСЬ К ТРАПЕЗЕ В ЧЕСТЬ ИСТИННОЙ ВЕРЫ, ЧТОБЫ ДОСТАВИТЬ РАДОСТЬ СВЯТОМУ ВЛАДЫКЕ; ПРИГОТОВЬТЕ ТРАПЕЗУ В ЧЕСТЬ ВЛАДЫКИ! НА ТРАПЕЗЕ ·ЭТОЙ ОТКРОЮТСЯ НАМ СФИРОТ ["ХЕСЕД", "ГВУРА", "ТИФЕРЕТ", "НЕЦАХ", "ГОД", "ЙЕСОД"], НАЗЫВАЕМЫЕ "МАЛЫМ ЛИКОМ", СФИРА ["КЕТЕР"], ИМЕНУЕМАЯ "ВНЕВРЕМЕННОЙ СВЯТОСТЬЮ", И СФИРА ["МАЛХУТ"], ИМЕНУЕМАЯ "СВЯЩЕННЫМ ЯБЛОНЕВЫМ САДОМ", – ВСЕ ВМЕСТЕ.[9]

---

1. Дварим, 4:39. 2. Шмот, 15:18. 3. Зхарья, 14:9. 4. Мишлей, 3:25. 5. Йешаяту, 8:10. 6. Йешаяту, 46:4. 7. Теѓилим, 140:14. 8. Теѓилим, 23. 9. см. Зоѓар, II, 88а, б.
* В общинах Хабада принято следовать этому мнению.

בְּנֵי הֵיכָלָא , דִּכְסִפִין , לְמֶחֱזֵי זִיו דִּזְעֵיר אַנְפִּין : יְהוֹן הָכָא , בְּהַאי תַּכָּא ,
דְּבֵיהּ מַלְכָּא בְּגִלּוּפִין : צְבוּ לַחֲדָא , בְּהַאי וַעֲדָא , בְּגוֹ עִירִין וְכָל גַּדְפִין :
חֲדוּ הַשְׁתָּא , בְּהַאי שַׁעְתָּא , דְּבֵיהּ רַעֲוָא וְלֵית זַעֲפִין : קְרִיבוּ לִי , חֲזוּ חֵילִי ,
דְּלֵית דִּינִין דִּתְקִיפִין : לְבַר נַטְלִין , וְלָא עָאלִין , הֲנֵי כַלְבִּין דַּחֲצִיפִין : וְהָא
אַזְמִין , עַתִּיק יוֹמִין , לְמִצְחָא עֲדֵי יְהוֹן חַלָּפִין : רְעוּ דִילֵיהּ , דְּגַלֵּי לֵיהּ ,
לְבַטָּלָא בְּכָל קְלִיפִין : יְשַׁוֵּי לוֹן , בְּנוֹקְבֵיהוֹן , וִיטַמְּרוּן בְּגוֹ כֵיפִין : אֲרֵי
הַשְׁתָּא , בְּמִנְחָתָא , בְּחֶדְוָתָא דִּזְעֵיר אַנְפִּין :

פרקי   **פֶּרֶק רִאשׁוֹן**   אבות

נוֹהֲגִין לוֹמַר פִּרְקֵי אָבוֹת פֶּרֶק אֶחָד בְּכָל שַׁבָּת שֶׁבֵּין פֶּסַח לַעֲצֶרֶת בְּמִנְחָה וְלוֹמְדִים לְשֵׁבַח מַסֶּכֶת כָּל
יִשְׂרָאֵל וְאַחֲרָיו מִשְׁנַת רַבִּי חֲנַנְיָא בֶּן עֲקַשְׁיָא. וְיֵשׁ טַעַם כָּךְ כָּל שַׁבְּתוֹת הַקַּיִץ :

סנהדרין פרק י"א   כָּל יִשְׂרָאֵל יֵשׁ לָהֶם חֵלֶק לָעוֹלָם הַבָּא, שֶׁנֶּאֱמַר וְעַמֵּךְ כֻּלָּם
צַדִּיקִים לְעוֹלָם יִירְשׁוּ אָרֶץ, נֵצֶר מַטָּעַי מַעֲשֵׂה יָדַי לְהִתְפָּאֵר :

א מֹשֶׁה קִבֵּל תּוֹרָה מִסִּינַי וּמְסָרָהּ לִיהוֹשֻׁעַ , וִיהוֹשֻׁעַ
לִזְקֵנִים , וּזְקֵנִים לִנְבִיאִים , וּנְבִיאִים מְסָרוּהָ
לְאַנְשֵׁי כְנֶסֶת הַגְּדוֹלָה. הֵם אָמְרוּ שְׁלֹשָׁה דְבָרִים : הֱווּ
מְתוּנִים בַּדִּין , וְהַעֲמִידוּ תַלְמִידִים הַרְבֵּה , וַעֲשׂוּ סְיָג
לַתּוֹרָה. **ב** שִׁמְעוֹן הַצַּדִּיק הָיָה מִשְּׁיָרֵי כְנֶסֶת הַגְּדוֹלָה,
הוּא הָיָה אוֹמֵר עַל שְׁלֹשָׁה דְבָרִים הָעוֹלָם עוֹמֵד : עַל
הַתּוֹרָה , וְעַל הָעֲבוֹדָה , וְעַל גְּמִילוּת חֲסָדִים. **ג** אַנְטִיגְנוֹס
אִישׁ סוֹכוֹ קִבֵּל מִשִּׁמְעוֹן הַצַּדִּיק, הוּא הָיָה אוֹמֵר : אַל
תִּהְיוּ כַעֲבָדִים הַמְשַׁמְּשִׁין אֶת הָרַב עַל מְנָת לְקַבֵּל פְּרָס,
אֶלָּא הֱווּ כַעֲבָדִים הַמְשַׁמְּשִׁין אֶת הָרַב שֶׁלֹּא עַל מְנָת
לְקַבֵּל פְּרָס , וִיהִי מוֹרָא שָׁמַיִם עֲלֵיכֶם. **ד** יוֹסֵי בֶן יוֹעֶזֶר
אִישׁ צְרֵדָה , וְיוֹסֵי בֶּן יוֹחָנָן אִישׁ יְרוּשָׁלַיִם קִבְּלוּ מֵהֶם,
יוֹסֵי בֶּן יוֹעֶזֶר אִישׁ צְרֵדָה אוֹמֵר : יְהִי בֵיתְךָ בֵּית וַעַד
לַחֲכָמִים , וֶהֱוֵי מִתְאַבֵּק בַּעֲפַר רַגְלֵיהֶם , וֶהֱוֵי שׁוֹתֶה
בְצָמָא

בני ОБИТАТЕЛИ ДВОРЦА [ВСЕВЫШНЕГО], ЖАЖДУЩИЕ УЗРЕТЬ СИЯНИЕ "МАЛОГО ЛИКА",

ПУСТЬ СОБЕРУТСЯ ЗДЕСЬ, НА ЭТОЙ ТРАПЕЗЕ, ОТМЕЧЕННОЙ ПЕЧАТЬЮ ВЛАДЫКИ.

ЛИКУЮТ ОНИ И РАДУЮТСЯ В ЭТОМ СОБРАНИИ, СРЕДИ АНГЕЛОВ И ВСЕХ ВЫСШИХ ТВОРЕНИЙ.

РАДУЙТЕСЬ ЖЕ ТЕПЕРЬ, В ЭТОТ ЧАС, ЧАС БЛАГОВОЛЕНИЯ [ВСЕВЫШНЕГО], КОГДА НЕ ГНЕВАЕТСЯ ОН.

[ОН ГОВОРИТ:] "ПРИБЛИЗЬТЕСЬ КО МНЕ, И ВЫ УВИДИТЕ МОЕ МОГУЩЕСТВО, ИБО СТРОГИЙ СУД БЕЗДЕЙСТВУЕТ СЕЙЧАС".

ИЗГНАНЫ ВОН И НЕ ДОПУСКАЮТСЯ ВНУТРЬ СИЛЫ ЗЛА, ПОДОБНЫЕ ДЕРЗКИМ ПСАМ.

И ПРИГЛАШУ Я НЫНЕ ПРЕДВЕЧНОГО, И ТОГДА ВСЕ ЗЛЫЕ СИЛЫ СГИНУТ ОКОНЧАТЕЛЬНО,

ИБО ЯВИТ ОН ВОЛЮ СВОЮ И УНИЧТОЖИТ ВСЮ СКВЕРНУ.

ЗАГОНИТ ОН ВСЮ НЕЧИСТЬ В ЕЕ НОРЫ, И ЗАБЬЕТСЯ ОНА В РАСЩЕЛИНЫ СКАЛ, ИБО СЕЙЧАС – ВРЕМЯ МОЛИТВЫ "МИНХА", ВРЕМЯ РАДОСТИ "МАЛОГО ЛИКА".

ТРАКТАТ АВОТ

По субботам между праздниками Песах и Шавуот принято читать трактат Авот. В некоторых общинах принято читать трактат Авот по субботам на протяжении всего лета. Его читают после "Минхи", каждую субботу - одну главу. Предваряют чтение словами Мишны (из 11-й главы трактата Санѓедрин): "Все евреи...", а завершают словами "Раби Хананья бен Акашья говорит..."

У КАЖДОГО ЕВРЕЯ ЕСТЬ ДОЛЯ В БУДУЩЕМ МИРЕ, КАК СКАЗАНО: "А НАРОД ТВОЙ – ВСЕ ПРАВЕДНИКИ. НАВЕКИ УНАСЛЕДУЮТ ОНИ ЗЕМЛЮ, ОНИ – ВЕТВЬ НАСАЖДЕНИЙ МОИХ, ПРОИЗВЕДЕНИЕ РУК МОИХ ВО СЛАВУ"[1] (Санѓедрин, глава 11).

ГЛАВА ПЕРВАЯ

1. МОШЕ ПОЛУЧИЛ ТОРУ НА СИНАЕ И ПЕРЕДАЛ ЕЕ ЙЕѓОШУА, А ЙЕѓОШУА – СТАРЕЙШИНАМ, А СТАРЕЙШИНЫ – ПРОРОКАМ, А ПРОРОКИ ПЕРЕДАЛИ ЕЕ МУЖАМ ВЕЛИКОГО СОБРАНИЯ. ОНИ СКАЗАЛИ ТРИ ВЕЩИ: "СУДИТЕ ОБДУМАННО, И ВОСПИТЫВАЙТЕ ПОБОЛЬШЕ УЧЕНИКОВ, И ВОЗВОДИТЕ ОГРАДУ ДЛЯ ТОРЫ". 2. ШИМОН-ПРАВЕДНИК БЫЛ ИЗ ПОСЛЕДНИХ МУЖЕЙ ВЕЛИКОГО СОБРАНИЯ. ОН ГОВОРИЛ: "НА ТРЕХ ВЕЩАХ СТОИТ МИР: НА ТОРЕ, НА СЛУЖЕНИИ [БОГУ В ИЕРУСАЛИМСКОМ ХРАМЕ] И НА БЛАГОДЕЯНИИ". 3. АНТИГНОС ИЗ СОХО ПРИНЯЛ ОТ ШИМОНА-ПРАВЕДНИКА. ОН ГОВОРИЛ: "НЕ БУДЬТЕ КАК РАБЫ, СЛУЖАЩИЕ ХОЗЯИНУ, ЧТОБЫ ПОЛУЧИТЬ НАГРАДУ; НО БУДЬТЕ КАК РАБЫ, СЛУЖАЩИЕ ХОЗЯИНУ НЕ ДЛЯ ТОГО, ЧТОБЫ ПОЛУЧИТЬ НАГРАДУ. И ПУСТЬ БУДЕТ СТРАХ

---

1. Йешаяѓу, 60:21.

בַּצָּמָא אֶת דִּבְרֵיהֶם . ה יוֹסֵי בֶּן יוֹחָנָן אִישׁ יְרוּשָׁלַיִם
אוֹמֵר: יְהִי בֵיתְךָ פָּתוּחַ לִרְוָחָה , וְיִהְיוּ עֲנִיִּים בְּנֵי בֵיתֶךָ ,
וְאַל תַּרְבֶּה שִׂיחָה עִם הָאִשָּׁה , בְּאִשְׁתּוֹ אָמְרוּ , קַל
וָחֹמֶר בְּאֵשֶׁת חֲבֵרוֹ . מִכַּאן אָמְרוּ חֲכָמִים: כָּל הַמַּרְבֶּה
שִׂיחָה עִם הָאִשָּׁה , גּוֹרֵם רָעָה לְעַצְמוֹ , וּבוֹטֵל מִדִּבְרֵי
תוֹרָה , וְסוֹפוֹ יוֹרֵשׁ גֵּיהִנֹּם . י יְהוֹשֻׁעַ בֶּן פְּרַחְיָה וְנִתַּאי
הָאַרְבֵּלִי קִבְּלוּ מֵהֶם , יְהוֹשֻׁעַ בֶּן פְּרַחְיָה אוֹמֵר: עֲשֵׂה
לְךָ רַב , וּקְנֵה לְךָ חָבֵר , וֶהֱוֵי דָן אֶת כָּל הָאָדָם לְכַף
זְכוּת. ז נִתַּאי הָאַרְבֵּלִי אוֹמֵר: הַרְחֵק מִשָּׁכֵן רָע , וְאַל
תִּתְחַבֵּר לָרָשָׁע , וְאַל תִּתְיָאֵשׁ מִן הַפֻּרְעָנוּת . ח יְהוּדָה
בֶּן טַבַּאי וְשִׁמְעוֹן בֶּן שָׁטַח קִבְּלוּ מֵהֶם , יְהוּדָה בֶּן טַבַּאי
אוֹמֵר: אַל תַּעַשׂ עַצְמְךָ כְּעוֹרְכֵי הַדַּיָּנִין , וּכְשֶׁיִּהְיוּ בַּעֲלֵי
הַדִּין עוֹמְדִים לְפָנֶיךָ , יִהְיוּ בְעֵינֶיךָ כִּרְשָׁעִים , וּכְשֶׁנִּפְטָרִים
מִלְּפָנֶיךָ , יִהְיוּ בְעֵינֶיךָ כְּזַכָּאִין , כְּשֶׁקִּבְּלוּ עֲלֵיהֶם אֶת
הַדִּין . ט שִׁמְעוֹן בֶּן שָׁטַח אוֹמֵר: הֱוֵי מַרְבֶּה לַחֲקֹר
אֶת הָעֵדִים , וֶהֱוֵי זָהִיר בִּדְבָרֶיךָ , שֶׁמָּא מִתּוֹכָם יִלְמְדוּ
לְשַׁקֵּר . י שְׁמַעְיָה וְאַבְטַלְיוֹן קִבְּלוּ מֵהֶם , שְׁמַעְיָה אוֹמֵר:
אֱהוֹב אֶת הַמְּלָאכָה , וּשְׂנָא אֶת הָרַבָּנוּת , וְאַל תִּתְוַדַּע
לָרְשׁוּת . יא אַבְטַלְיוֹן אוֹמֵר: חֲכָמִים , הִזָּהֲרוּ בְדִבְרֵיכֶם ,
שֶׁמָּא תָחוּבוּ חוֹבַת גָּלוּת וְתִגְלוּ לִמְקוֹם מַיִם הָרָעִים ,
וְיִשְׁתּוּ הַתַּלְמִידִים הַבָּאִים אַחֲרֵיכֶם וְיָמוּתוּ , וְנִמְצָא
שֵׁם שָׁמַיִם מִתְחַלֵּל . יב הִלֵּל וְשַׁמַּאי קִבְּלוּ מֵהֶם , הִלֵּל
אוֹמֵר: הֱוֵי מִתַּלְמִידָיו שֶׁל אַהֲרֹן , אוֹהֵב שָׁלוֹם , וְרוֹדֵף
שָׁלוֹם , אוֹהֵב אֶת הַבְּרִיּוֹת , וּמְקָרְבָן לַתּוֹרָה . יג הוּא

ПРЕД НЕБЕСАМИ НА ВАС". **4.** ЙОСЕЙ БЕН ЙОЭЗЕР ИЗ ЦРЕЙДЫ И ЙОСЕЙ БЕН ЙОХАНАН ИЗ ИЕРУСАЛИМА ПРИНЯЛИ ОТ НИХ. ЙОСЕЙ БЕН ЙОЭЗЕР ИЗ ЦРЕЙДЫ ГОВОРИТ: "ПУСТЬ БУДЕТ ДОМ ТВОЙ ДО-МОМ СОБРАНИЯ МУДРЕЦОВ, И ПУСТЬ ПОКРЫВАЕТ ТЕБЯ ПЫЛЬ НОГ ИХ, И ПЕЙ С ЖАДНОСТЬЮ СЛОВА ИХ". **5.** ЙОСЕЙ БЕН ЙОХАНАН ИЗ ИЕРУСАЛИМА ГОВОРИТ: "ПУСТЬ БУДЕТ ДОМ ТВОЙ ОТКРЫТ НАС-ТЕЖЬ, И ПУСТЬ БЕДНЯКИ БУДУТ ВХОЖИ К ТЕБЕ, И НЕ УМНОЖАЙ РАЗГОВОРОВ С ЖЕНОЙ – ЭТО СКАЗАНО О ЕГО СОБСТВЕННОЙ ЖЕ-НЕ; ТЕМ БОЛЕЕ – О ЧУЖОЙ ЖЕНЕ". ПОЭТОМУ СКАЗАЛИ МУДРЕЦЫ: "КАЖДЫЙ, КТО УМНОЖАЕТ РАЗГОВОРЫ С ЖЕНОЙ, ПРИЧИНЯЕТ СЕБЕ ВРЕД, И ОТВЛЕКАЕТСЯ ОТ СЛОВ ТОРЫ, И КОНЕЦ ЕГО – УДЕЛ В АДУ". **6.** ЙЕГОШУА БЕН ПРАХЬЯ И НИТАЙ ИЗ АРБЕЛЯ ПРИ-НЯЛИ ОТ НИХ. ЙЕГОШУА БЕН ПРАХЬЯ ГОВОРИТ: "НАЙДИ СЕБЕ НА-СТАВНИКА, И ЗАВЕДИ СЕБЕ ДРУГА, И ИЩИ ОПРАВДАНИЕ ЛЮБОМУ ЧЕЛОВЕКУ". **7.** НИТАЙ ИЗ АРБЕЛЯ ГОВОРИТ: "ОТДАЛИСЬ ОТ ПЛО-ХОГО СОСЕДА, И НЕ ИМЕЙ ДЕЛ СО ЗЛОДЕЕМ, И НЕ ТЕРЯЙ НА-ДЕЖДЫ НА ТО, ЧТО ПРИДЕТ ВОЗМЕЗДИЕ". **8.** ЙЕГУДА БЕН ТАБАЙ И ШИМОН БЕН ШАТАХ ПРИНЯЛИ ОТ НИХ. ЙЕГУДА БЕН ТАБАЙ ГОВО-РИТ: "НЕ СТАНОВИСЬ ЗАЩИТНИКОМ: ПОКА УЧАСТНИКИ ТЯЖБЫ СТОЯТ ПЕРЕД ТОБОЙ, СМОТРИ НА ОБОИХ, КАК НА ВИНОВНЫХ; КОГДА ОНИ УХОДЯТ ОТ ТЕБЯ, СМОТРИ НА ОБОИХ, КАК НА ПРА-ВЫХ, – ЕСЛИ ОНИ ПОДЧИНИЛИСЬ РЕШЕНИЮ СУДА". **9.** ШИМОН БЕН ШАТАХ ГОВОРИТ: "МНОГО ДОПРАШИВАЙ СВИДЕТЕЛЕЙ, НО БУДЬ ОСТОРОЖЕН В СЛОВАХ СВОИХ, ЧТОБЫ, ПОЛЬЗУЯСЬ ИМИ, НЕ НАУЧИЛИСЬ ОНИ ЛГАТЬ". **10.** ШМАЯ И АВТАЛЬОН ПРИНЯЛИ ОТ НИХ. ШМАЯ ГОВОРИТ: "ЛЮБИ ТРУД, И ВОЗНЕНАВИДЬ ВЫСОКИЕ ПОСТЫ, И НЕ СТАНОВИСЬ ПРИБЛИЖЕННЫМ К ВЛАСТЯМ". **11.** АВ-ТАЛЬОН ГОВОРИТ: "МУДРЕЦЫ, БУДЬТЕ ОСТОРОЖНЫ В СЛОВАХ СВОИХ, ЧТОБЫ НЕ БЫТЬ ВАМ ОСУЖДЕННЫМИ НА ИЗГНАНИЕ В МЕСТА ГНИЛЫХ ВОД, И БУДУТ ПИТЬ УЧЕНИКИ, ИДУЩИЕ ЗА ВАМИ, И УМРУТ, А ИМЯ ВСЕВЫШНЕГО БУДЕТ ОСКВЕРНЕНО". **12.** ГИЛЕЛЬ И ШАМАЙ ПРИНЯЛИ ОТ НИХ. ГИЛЕЛЬ ГОВОРИТ: "БУДЬ УЧЕНИКОМ АГАРОНА – ЛЮБИ МИР И СТРЕМИСЬ К МИРУ, ЛЮБИ ЛЮДЕЙ И ПРИБЛИЖАЙ ИХ К ТОРЕ". **13.** ОН ГОВОРИЛ: "ТОТ, КТО СТРЕМИТСЯ СОЗДАТЬ СЕБЕ ИМЯ, – ТЕРЯЕТ [И СВОЕ ПРЕЖНЕЕ] ИМЯ; ТОТ, КТО НЕ ПРИБАВЛЯЕТ [В ИЗУЧЕНИИ ТОРЫ], – ТЕРЯЕТ [ТО, ЧТО

הָיָה אוֹמֵר: נְגַד שְׁמָא אֲבַד שְׁמֵהּ, וּדְלָא מוֹסִיף יָסֵף,
וּדְלָא יַלִּיף קְטָלָא חַיָּב, וּדְאִשְׁתַּמֵּשׁ בְּתַגָּא חֲלָף. יד הוּא
הָיָה אוֹמֵר: אִם אֵין אֲנִי לִי, מִי לִי, וּכְשֶׁאֲנִי לְעַצְמִי,
מָה אֲנִי, וְאִם לֹא עַכְשָׁו, אֵימָתַי. טו שַׁמַּאי אוֹמֵר:
עֲשֵׂה תוֹרָתְךָ קֶבַע, אֱמֹר מְעַט וַעֲשֵׂה הַרְבֵּה, וֶהֱוֵי
מְקַבֵּל אֶת כָּל הָאָדָם בְּסֵבֶר פָּנִים יָפוֹת. טז רַבָּן גַּמְלִיאֵל
הָיָה אוֹמֵר, עֲשֵׂה לְךָ רַב, וְהִסְתַּלֵּק מִן הַסָּפֵק, וְאַל
תַּרְבֶּה לְעַשֵּׂר אֲמָדוֹת. יז שִׁמְעוֹן בְּנוֹ אוֹמֵר: כָּל יָמַי
גָּדַלְתִּי בֵּין הַחֲכָמִים, וְלֹא מָצָאתִי לַגּוּף, טוֹב מִשְּׁתִיקָה,
וְלֹא הַמִּדְרָשׁ עִקָּר אֶלָּא הַמַּעֲשֶׂה, וְכָל הַמַּרְבֶּה דְּבָרִים
מֵבִיא חֵטְא. יח רַבָּן שִׁמְעוֹן בֶּן גַּמְלִיאֵל אוֹמֵר, עַל
שְׁלֹשָׁה דְבָרִים הָעוֹלָם קַיָּם: עַל הַדִּין, וְעַל הָאֱמֶת,
וְעַל הַשָּׁלוֹם, שֶׁנֶּאֱמַר: אֱמֶת וּמִשְׁפַּט שָׁלוֹם
שִׁפְטוּ בְּשַׁעֲרֵיכֶם:

מכות סוף פ"נ
רַבִּי חֲנַנְיָה בֶּן עֲקַשְׁיָא אוֹמֵר, רָצָה הַקָּדוֹשׁ בָּרוּךְ הוּא לְזַכּוֹת אֶת
יִשְׂרָאֵל, לְפִיכָךְ הִרְבָּה לָהֶם תּוֹרָה וּמִצְוֹת, שֶׁנֶּאֱמַר: יְיָ הָפֵץ
לְמַעַן צִדְקוֹ יַגְדִּיל תּוֹרָה וְיַאְדִּיר:

פרק שני

כל ישראל וכו'
א רַבִּי אוֹמֵר: אֵיזוֹ הִיא דֶרֶךְ יְשָׁרָה שֶׁיָּבוֹר לוֹ הָאָדָם, כָּל
שֶׁהִיא תִפְאֶרֶת לְעֹשֶׂיהָ וְתִפְאֶרֶת לוֹ מִן הָאָדָם,
וֶהֱוֵי זָהִיר בְּמִצְוָה קַלָּה כְּבַחֲמוּרָה, שֶׁאֵין אַתָּה יוֹדֵעַ מַתַּן
שְׂכָרָן שֶׁל מִצְוֹת, וֶהֱוֵי מְחַשֵּׁב הֶפְסֵד מִצְוָה כְּנֶגֶד שְׂכָרָהּ,
וּשְׂכַר עֲבֵרָה כְּנֶגֶד הֶפְסֵדָהּ. הִסְתַּכֵּל בִּשְׁלֹשָׁה דְבָרִים,
וְאֵין אַתָּה בָא לִידֵי עֲבֵרָה, דַּע מַה לְמַעְלָה מִמְּךָ, עַיִן רוֹאָה

213   ТРАКТАТ АВОТ

УЧИЛ]; ТОТ, КТО НЕ УЧИТ [ТОРУ], – ЗАСЛУЖИВАЕТ СМЕРТИ; ТОТ, КТО ПОЛЬЗУЕТСЯ КОРОНОЙ [ТОРЫ ДЛЯ СВОЕЙ ВЫГОДЫ], – ИС-ЧЕЗНЕТ". **14.** ОН ГОВОРИЛ: "ЕСЛИ НЕ Я ДЛЯ СЕБЯ, КТО ЗА МЕНЯ? НО ЕСЛИ Я ТОЛЬКО ДЛЯ СЕБЯ – ЧТО Я? И ЕСЛИ НЕ ТЕПЕРЬ, ТО КОГДА?" **15.** ШАМАЙ ГОВОРИТ: "СДЕЛАЙ [ИЗУЧЕНИЕ] ТОРЫ СВОИМ ПОСТОЯННЫМ ЗАНЯТИЕМ. ГОВОРИ МАЛО, НО ДЕЛАЙ МНОГО. И ПРИНИМАЙ ЛЮБОГО ЧЕЛОВЕКА ПРИВЕТЛИВО". **16.** РАБАН ГАМЛИ-ЭЛЬ ГОВОРИЛ: "НАЙДИ СЕБЕ НАСТАВНИКА, И ИЗБЕГАЙ СОМНЕ-НИЙ, И НЕ ПРИВЫКАЙ ОТМЕРЯТЬ ДЕСЯТИНЫ НА ГЛАЗ". **17.** ШИ-МОН, СЫН ЕГО, ГОВОРИТ: "ВСЕ ДНИ СВОИ РОС Я СРЕДИ МУДРЕ-ЦОВ И НЕ НАШЕЛ НИЧЕГО ЛУЧШЕ МОЛЧАНИЯ. И НЕ УЧЕНИЕ ГЛАВ-НОЕ, А ДЕЛО, А КАЖДЫЙ, КТО УМНОЖАЕТ РАЗГОВОРЫ, – ГРЕ-ШИТ". **18.** РАБАН ШИМОН БЕН ГАМЛИЭЛЬ ГОВОРИТ: «БЛАГОДАРЯ ТРЕМ ВЕЩАМ СУЩЕСТВУЕТ МИР: БЛАГОДАРЯ ПРАВОСУДИЮ, БЛА-ГОДАРЯ ИСТИНЕ И БЛАГОДАРЯ МИРУ, КАК СКАЗАНО: "СУДОМ ИС-ТИНЫ, СПРАВЕДЛИВОСТИ И МИРА СУДИТЕ ВО ВРАТАХ ВАШИХ"[1]».

РАБИ ХАНАНЬЯ БЕН АКАШЬЯ ГОВОРИТ: «ПОЖЕЛАЛ ВСЕВЫШНИЙ УВЕЛИЧИТЬ ЗА-СЛУГИ ИЗРАИЛЯ И ПОТОМУ УМНОЖИЛ ДЛЯ НИХ ТОРУ И ЗАПОВЕДИ, КАК СКАЗА-НО: "[ВСЁ, ЧЕГО ЖЕЛАЕТ] ГОСПОДЬ, – ЖЕЛАЕТ ОН РАДИ ПРАВДЫ СВОЕЙ, ВОЗВЕ-ЛИЧИТ ОН ТОРУ И ВОССЛАВИТ!"[2]» (Макот, конец главы 3).

Г Л А В А В Т О Р А Я

У КАЖДОГО ЕВРЕЯ ЕСТЬ ДОЛЯ В БУДУЩЕМ МИРЕ, КАК СКАЗАНО: "А НАРОД ТВОЙ – ВСЕ ПРАВЕДНИКИ. НАВЕКИ УНАСЛЕДУЮТ ОНИ ЗЕМЛЮ, ОНИ – ВЕТВЬ НА-САЖДЕНИЙ МОИХ, ПРОИЗВЕДЕНИЕ РУК МОИХ ВО СЛАВУ" (Сангедрин, глава 11).

1. РАБИ ГОВОРИТ: "КАКОЙ ПРЯМОЙ ПУТЬ ДОЛЖЕН ИЗБРАТЬ СЕБЕ ЧЕЛОВЕК? ТАКОЙ, ЧТОБЫ ЕМУ ОН БЫЛ ВО СЛАВУ И СЛАВУ ОТ ЛЮДЕЙ ПРИНОСИЛ БЫ ЕМУ. И НЕ ПРЕНЕБРЕГАЙ ЛЕГКОЙ ЗАПО-ВЕДЬЮ ТАК ЖЕ, КАК И ТРУДНОЙ, ИБО НЕ ЗНАЕШЬ ТЫ, КАКОВО ВОЗНАГРАЖДЕНИЕ ЗА [ИСПОЛНЕНИЕ] ЗАПОВЕДЕЙ. И ВЗВЕШИВАЙ УЩЕРБ, КОТОРЫЙ ПРИНОСИТ ТЕБЕ ИСПОЛНЕНИЕ ЗАПОВЕДИ, С ВОЗНАГРАЖДЕНИЕМ ЗА ЕЕ ИСПОЛНЕНИЕ; А ПРИБЫЛЬ ОТ ГРЕХА – С УЩЕРБОМ, КОТОРЫЙ ОН ТЕБЕ ПРИНЕСЕТ. ПОМНИ О ТРЕХ ВЕ-

---

1. Зхарья, 8:16. 2. Йешаяґу, 42:21.

וְאֹזֶן שׁוֹמַעַת, וְכָל מַעֲשֶׂיךָ בַּסֵּפֶר נִכְתָּבִים. כ־רַבָּן גַּמְלִיאֵל
בְּנוֹ שֶׁל רַבִּי יְהוּדָה הַנָּשִׂיא אוֹמֵר: יָפֶה תַּלְמוּד תּוֹרָה עִם
דֶּרֶךְ אֶרֶץ, שֶׁיְּגִיעַת שְׁנֵיהֶם מַשְׁכַּחַת עָוֹן, וְכָל תּוֹרָה שֶׁאֵין
עִמָּהּ מְלָאכָה סוֹפָהּ בְּטֵלָה וְגוֹרֶרֶת עָוֹן, וְכָל הָעוֹסְקִים עִם
הַצִּבּוּר, יִהְיוּ עוֹסְקִים עִמָּהֶם לְשֵׁם שָׁמַיִם, שֶׁזְּכוּת אֲבוֹתָם
מְסַיַּעְתָּם, וְצִדְקָתָם עוֹמֶדֶת לָעַד, וְאַתֶּם, מַעֲלֶה אֲנִי עֲלֵיכֶם
שָׂכָר הַרְבֵּה כְּאִלּוּ עֲשִׂיתֶם. ג. הֱווּ זְהִירִין בָּרָשׁוּת, שֶׁאֵין
מְקָרְבִין לוֹ לָאָדָם, אֶלָּא לְצֹרֶךְ עַצְמָן, נִרְאִין כְּאוֹהֲבִין
בִּשְׁעַת הֲנָאָתָן, וְאֵין עוֹמְדִין לוֹ לָאָדָם בִּשְׁעַת דָּחְקוֹ. ד. הוּא
הָיָה אוֹמֵר: עֲשֵׂה רְצוֹנוֹ כִּרְצוֹנֶךָ, כְּדֵי שֶׁיַּעֲשֶׂה רְצוֹנְךָ
כִּרְצוֹנוֹ, בַּטֵּל רְצוֹנְךָ מִפְּנֵי רְצוֹנוֹ כְּדֵי שֶׁיְּבַטֵּל רְצוֹן אֲחֵרִים
מִפְּנֵי רְצוֹנֶךָ. הִלֵּל אוֹמֵר: אַל תִּפְרוֹשׁ מִן הַצִּבּוּר, וְאַל
תַּאֲמִין בְּעַצְמְךָ עַד יוֹם מוֹתְךָ, וְאַל תָּדִין אֶת חֲבֵרְךָ עַד
שֶׁתַּגִּיעַ לִמְקוֹמוֹ, וְאַל תֹּאמַר דָּבָר שֶׁאִי אֶפְשָׁר לִשְׁמוֹעַ
שֶׁסּוֹפוֹ לְהִשָּׁמַע, וְאַל תֹּאמַר לִכְשֶׁאֶפָּנֶה אֶשְׁנֶה, שֶׁמָּא לֹא
תִפָּנֶה. ה. הוּא הָיָה אוֹמֵר: אֵין בּוּר יְרֵא חֵטְא, וְלֹא עַם הָאָרֶץ
חָסִיד, וְלֹא הַבַּיְשָׁן לָמֵד וְלֹא הַקַּפְּדָן מְלַמֵּד וְלֹא כָל הַמַּרְבֶּה
בִסְחוֹרָה מַחְכִּים וּבְמָקוֹם שֶׁאֵין אֲנָשִׁים, הִשְׁתַּדֵּל לִהְיוֹת
אִישׁ. ו. אַף הוּא רָאָה גֻלְגֹּלֶת אַחַת שֶׁצָּפָה עַל פְּנֵי הַמַּיִם,
אָמַר לָהּ: עַל דְּאַטֵּפְתְּ אַטֵּפוּךְ, וְסוֹף מְטַיְּפַיִךְ יְטוּפוּן.
ז. הוּא הָיָה אוֹמֵר: מַרְבֶּה בָשָׂר מַרְבֶּה רִמָּה, מַרְבֶּה נְכָסִים
מַרְבֶּה דְאָגָה, מַרְבֶּה נָשִׁים מַרְבֶּה כְשָׁפִים, מַרְבֶּה שְׁפָחוֹת
מַרְבֶּה זִמָּה, מַרְבֶּה עֲבָדִים מַרְבֶּה גָזֵל. מַרְבֶּה תוֹרָה מַרְבֶּה
חַיִּים, מַרְבֶּה יְשִׁיבָה מַרְבֶּה חָכְמָה, מַרְבֶּה עֵצָה מַרְבֶּה

ЩАХ, И ТЫ НЕ СОГРЕШИШЬ: ЗНАЙ, ЧТО НАД ТОБОЙ – ОКО ВИДЯ-
ЩЕЕ, И УХО СЛЫШАЩЕЕ, А ВСЕ ПОСТУПКИ ТВОИ В КНИГУ ЗАПИ-
СЫВАЮТСЯ". **2.** РАБАН ГАМЛИЭЛЬ, СЫН РАБИ ЙЕГУДЫ-ГАНАСИ,
ГОВОРИТ: «ХОРОШО ИЗУЧЕНИЕ ТОРЫ СОЧЕТАТЬ С РЕМЕСЛОМ,
ИБО УСИЛИЯ, ЗАТРАЧИВАЕМЫЕ НА ОБА ЭТИ ЗАНЯТИЯ, ОТВЛЕКА-
ЮТ ОТ ГРЕХА. А ЛЮБОЕ ИЗУЧЕНИЕ ТОРЫ, НЕ СОЧЕТАЕМОЕ С ТРУ-
ДОМ, – СХОДИТ НА НЕТ И ВЛЕЧЕТ ЗА СОБОЙ ГРЕХ. ВСЕ, КТО ТРУ-
ДИТСЯ НА БЛАГО ОБЩЕСТВА, ДОЛЖНЫ ДЕЛАТЬ ЭТО ВО ИМЯ НЕ-
БЕС, ИБО ИМ В ПОМОЩЬ ЗАСЛУГИ ПРЕДКОВ [ВСЕГО ОБЩЕСТВА],
И ДОБРОДЕТЕЛЬ ИХ ПРЕБУДЕТ ВЕЧНО. "А ВЫ – ВАМ ДАМ Я ВОЗНА-
ГРАЖДЕНИЕ ВЕЛИКОЕ, КАК ЕСЛИ БЫ СОВЕРШИЛИ ВЫ [ВСЁ ЭТО
СОБСТВЕННЫМИ СИЛАМИ]". **3.** БУДЬТЕ ОСТОРОЖНЫ С ВЛАСТЯМИ,
ИБО ОНИ ПРИБЛИЖАЮТ К СЕБЕ ЧЕЛОВЕКА ТОЛЬКО ДЛЯ СОБСТ-
ВЕННЫХ НУЖД, КАЖУТСЯ ДРУЗЬЯМИ, КОГДА ИМ ЭТО ВЫГОДНО,
НО НЕ ПОМОГАЮТ ЧЕЛОВЕКУ В ТЯЖЕЛОЕ ДЛЯ НЕГО ВРЕМЯ». **4.** ОН
ГОВОРИЛ: "ИСПОЛНЯЙ ЕГО ВОЛЮ, КАК СВОЮ СОБСТВЕННУЮ,
ЧТОБЫ ИСПОЛНЯЛ ОН ТВОЮ ВОЛЮ, КАК СВОЮ СОБСТВЕННУЮ.
ПОДЧИНИ СВОИ ЖЕЛАНИЯ ЕГО ВОЛЕ, ЧТОБЫ ОН ПОДЧИНИЛ ЖЕ-
ЛАНИЯ ДРУГИХ ТВОЕЙ ВОЛЕ". ГИЛЕЛЬ ГОВОРИТ: «НЕ ОТДЕЛЯЙСЯ
ОТ ОБЩЕСТВА, И НЕ ВЕРЬ САМОМУ СЕБЕ ДО ДНЯ СМЕРТИ ТВОЕЙ,
И НЕ СУДИ БЛИЖНЕГО ТВОЕГО, ПОКА НЕ ОКАЖЕШЬСЯ В ЕГО ПО-
ЛОЖЕНИИ, И НЕ ГОВОРИ ТОГО, ЧТО НЕПОНЯТНО [УЧЕНИКУ, ПО-
ЛАГАЯСЬ НА ТО,] ЧТО В КОНЦЕ КОНЦОВ ЭТО БУДЕТ [ИМ] ПОНЯ-
ТО, И НЕ ГОВОРИ: "КОГДА БУДЕТ У МЕНЯ СВОБОДНОЕ ВРЕМЯ, Я
БУДУ УЧИТЬСЯ", ИБО МОЖЕТ СТАТЬСЯ, ЧТО НЕ БУДЕТ У ТЕБЯ
СВОБОДНОГО ВРЕМЕНИ». **5.** ОН ГОВОРИЛ: "НЕВЕЖДА НЕ БОИТСЯ
ГРЕХА, А ПРОСТОЛЮДИН НЕ МОЖЕТ БЫТЬ БЛАГОЧЕСТИВ. И НЕ
МОЖЕТ СТЫДЛИВЫЙ УЧИТЬСЯ, А НЕТЕРПЕЛИВЫЙ – УЧИТЬ. НЕ
ВСЯКИЙ, КТО ПОМНОГУ ЗАНИМАЕТСЯ ТОРГОВЛЕЙ, СТАНОВИТСЯ
МУДРЕЕ. И ТАМ, ГДЕ НЕТ ЛЮДЕЙ, СТАРАЙСЯ БЫТЬ ЧЕЛОВЕКОМ".
6. ОН ЖЕ УВИДЕЛ ОДНАЖДЫ ЧЕРЕП, ПЛЫВУЩИЙ ПО ВОДЕ, И
СКАЗАЛ ЕМУ: "ЗА ТО, ЧТО ТЫ ТОПИЛ, УТОПИЛИ ТЕБЯ, НО В КОН-
ЦЕ КОНЦОВ И УТОПИВШИЕ ТЕБЯ БУДУТ ПОТОПЛЕНЫ". **7.** ОН ГО-
ВОРИЛ: "МНОЖАЩИЙ ПЛОТЬ – МНОЖИТ ТЛЕН; МНОЖАЩИЙ ИМУ-
ЩЕСТВО – МНОЖИТ ЗАБОТУ; МНОЖАЩИЙ ЖЕН – МНОЖИТ КОЛ-
ДОВСТВО; МНОЖАЩИЙ РАБЫНЬ – МНОЖИТ РАЗВРАТ; МНОЖАЩИЙ

תְּבוּנָה, מַרְבֶּה צְדָקָה מַרְבֶּה שָׁלוֹם. קָנָה שֵׁם טוֹב קָנָה
לְעַצְמוֹ, קָנָה לוֹ דִבְרֵי תוֹרָה קָנָה לוֹ חַיֵּי הָעוֹלָם הַבָּא.
ח רַבָּן יוֹחָנָן בֶּן זַכַּאי קִבֵּל מֵהִלֵּל וּמִשַּׁמַּאי, הוּא הָיָה אוֹמֵר:
אִם לָמַדְתָּ תּוֹרָה הַרְבֵּה, אַל תַּחֲזִיק טוֹבָה לְעַצְמָךְ, כִּי
לְכָךְ נוֹצַרְתָּ. ט חֲמִשָּׁה תַלְמִידִים הָיוּ לוֹ לְרַבָּן יוֹחָנָן בֶּן
זַכַּאי, וְאֵלוּ הֵן: רַבִּי אֱלִיעֶזֶר בֶּן הוֹרְקָנוֹס, וְרַבִּי יְהוֹשֻׁעַ בֶּן
חֲנַנְיָא וְרַבִּי יוֹסֵי הַכֹּהֵן, וְרַבִּי שִׁמְעוֹן בֶּן נְתַנְאֵל, וְרַבִּי אֶלְעָזָר
בֶּן עֲרָךְ. הוּא הָיָה מוֹנֶה שְׁבָחָם, רַבִּי אֱלִיעֶזֶר בֶּן
הוֹרְקָנוֹס בּוֹר סוּד שֶׁאֵינוֹ מְאַבֵּד טִפָּה, רַבִּי יְהוֹשֻׁעַ בֶּן
חֲנַנְיָא אַשְׁרֵי יוֹלַדְתּוֹ, רַבִּי יוֹסֵי הַכֹּהֵן חָסִיד, רַבִּי שִׁמְעוֹן בֶּן
נְתַנְאֵל יְרֵא חֵטְא וְרַבִּי אֶלְעָזָר בֶּן עֲרָךְ כְּמַעְיָן הַמִּתְגַּבֵּר.
הוּא הָיָה אוֹמֵר: אִם יִהְיוּ כָּל חַכְמֵי יִשְׂרָאֵל בְּכַף מֹאזְנַיִם,
וֶאֱלִיעֶזֶר בֶּן הוֹרְקָנוֹס בְּכַף שְׁנִיָּה, מַכְרִיעַ אֶת כֻּלָּם. אַבָּא
שָׁאוּל אוֹמֵר מִשְּׁמוֹ, אִם יִהְיוּ כָּל חַכְמֵי יִשְׂרָאֵל בְּכַף
מֹאזְנַיִם וֶאֱלִיעֶזֶר בֶּן הוֹרְקָנוֹס אַף עִמָּהֶם, וְאֶלְעָזָר בֶּן עֲרָךְ
בְּכַף שְׁנִיָּה, מַכְרִיעַ אֶת כֻּלָּם. י אָמַר לָהֶם: צְאוּ וּרְאוּ אֵיזוֹ
הִיא דֶרֶךְ טוֹבָה שֶׁיִּדְבַּק בָּהּ הָאָדָם, רַבִּי אֱלִיעֶזֶר אוֹמֵר:
עַיִן טוֹבָה. רַבִּי יְהוֹשֻׁעַ אוֹמֵר: חָבֵר טוֹב. רַבִּי יוֹסֵי אוֹמֵר:
שָׁכֵן טוֹב. רַבִּי שִׁמְעוֹן אוֹמֵר: הָרוֹאֶה אֶת הַנּוֹלָד. רַבִּי
אֶלְעָזָר אוֹמֵר, לֵב טוֹב. אָמַר לָהֶם: רוֹאֶה אֲנִי אֶת דִּבְרֵי
אֶלְעָזָר בֶּן עֲרָךְ מִדִּבְרֵיכֶם, שֶׁבִּכְלָל דְּבָרָיו דִּבְרֵיכֶם.
אָמַר לָהֶם: צְאוּ וּרְאוּ אֵיזוֹ הִיא דֶרֶךְ רָעָה שֶׁיִּתְרַחֵק מִמֶּנָּה
הָאָדָם, רַבִּי אֱלִיעֶזֶר אוֹמֵר: עַיִן רָעָה. רַבִּי יְהוֹשֻׁעַ אוֹמֵר:
חָבֵר רָע. רַבִּי יוֹסֵי אוֹמֵר: שָׁכֵן רָע. רַבִּי שִׁמְעוֹן אוֹמֵר:
הַלֹּוֶה וְאֵינוֹ מְשַׁלֵּם. אֶחָד הַלֹּוֶה מִן הָאָדָם כְּלֹוֶה מִן
המקום

РАБОВ – МНОЖИТ ГРАБЕЖ; УМНОЖАЮЩИЙ ИЗУЧЕНИЕ ТОРЫ – УМНОЖАЕТ ЖИЗНЬ; МНОГО СИДЯЩИЙ [ПЕРЕД МУДРЕЦАМИ] – УМНОЖАЕТ МУДРОСТЬ; МНОГО СОВЕТУЮЩИЙСЯ – УМНОЖАЕТ РАЗУМ; МНОЖАЩИЙ ПОЖЕРТВОВАНИЯ – УМНОЖАЕТ МИР. ТОТ, КТО ПРИОБРЕЛ ДОБРОЕ ИМЯ, – ПРИОБРЕЛ ЕГО ДЛЯ СЕБЯ; НО ТОТ, КТО ПРИОБРЕЛ СЛОВА ТОРЫ, – ПРИОБРЕЛ ЖИЗНЬ В БУДУЩЕМ МИРЕ". **8.** РАБАН ЙОХАНАН БЕН ЗАКАЙ ПРИНЯЛ ОТ ГИЛЕЛЯ И ШАМАЯ. ОН ГОВОРИЛ: "ЕСЛИ ТЫ МНОГО ИЗУЧАЛ ТОРУ, НЕ СЧИТАЙ ЭТО СВОЕЙ ЗАСЛУГОЙ, ИБО ДЛЯ ЭТОГО ТЫ И СОЗДАН". **9.** ПЯТЬ УЧЕНИКОВ БЫЛО У РАБАНА ЙОХАНАНА БЕН ЗАКАЯ: РАБИ ЭЛИЭЗЕР БЕН ГОРКЕНУС, РАБИ ЙЕГОШУА БЕН ХАНАНЬЯ, РАБИ ЙОСЕЙ ГАКОГЕН, РАБИ ШИМОН БЕН НЕТАНЪЭЛЬ И РАБИ ЭЛЬАЗАР БЕН АРАХ. ОН ТАК ОПРЕДЕЛЯЛ ИХ ДОСТОИНСТВА: "РАБИ ЭЛИЭЗЕР БЕН ГОРКЕНУС ПОДОБЕН ОШТУКАТУРЕННОМУ КОЛОДЦУ, НЕ ТЕРЯЮЩЕМУ НИ КАПЛИ; РАБИ ЙЕГОШУА БЕН ХАНАНЬЯ – СЧАСТЛИВА РОДИВШАЯ ЕГО; РАБИ ЙОСЕЙ ГАКОГЕН БЛАГОЧЕСТИВ; РАБИ ШИМОН БЕН НЕТАНЪЭЛЬ БОИТСЯ ГРЕХА; А РАБИ ЭЛЬАЗАР БЕН АРАХ ПОДОБЕН НЕИССЯКАЮЩЕМУ ИСТОЧНИКУ". ОН ГОВОРИЛ: "ЕСЛИ БУДУТ ВСЕ МУДРЕЦЫ ИЗРАИЛЯ НА ОДНОЙ ЧАШЕ ВЕСОВ, А ЭЛИЭЗЕР БЕН ГОРКЕНУС – НА ДРУГОЙ, ОН ПЕРЕВЕСИТ ВСЕХ". АБА ШАУЛЬ ГОВОРИТ ОТ ЕГО ИМЕНИ: "ЕСЛИ БУДУТ ВСЕ МУДРЕЦЫ ИЗРАИЛЯ НА ОДНОЙ ЧАШЕ ВЕСОВ И С НИМИ ВМЕСТЕ ЭЛИЭЗЕР БЕН ГОРКЕНУС, А ЭЛЬАЗАР БЕН АРАХ – НА ДРУГОЙ, ОН ПЕРЕВЕСИТ ВСЕХ". **10.** СКАЗАЛ ОН ИМ: "ИДИТЕ И ВЫЯСНИТЕ, КАКОВ ПРАВИЛЬНЫЙ ПУТЬ, КОТОРОГО ДОЛЖЕН ПРИДЕРЖИВАТЬСЯ ЧЕЛОВЕК". РАБИ ЭЛИЭЗЕР СКАЗАЛ: "ДОБРЫЙ ГЛАЗ". РАБИ ЙЕГОШУА СКАЗАЛ: "ХОРОШИЙ ТОВАРИЩ". РАБИ ЙОСЕЙ СКАЗАЛ: "ХОРОШИЙ СОСЕД". РАБИ ШИМОН СКАЗАЛ: "ДАЛЬНОВИДНЫЙ". РАБИ ЭЛЬАЗАР СКАЗАЛ: "ДОБРОЕ СЕРДЦЕ". СКАЗАЛ ОН ИМ: "СЛОВА ЭЛЬАЗАРА БЕН АРАХА КАЖУТСЯ МНЕ ЛУЧШЕ ВАШИХ СЛОВ, ИБО В ЕГО СЛОВАХ – ВСЕ ВАШИ". СКАЗАЛ ОН ИМ: "ИДИТЕ И ВЫЯСНИТЕ, КАКОВ ПЛОХОЙ ПУТЬ, ОТ КОТОРОГО ДОЛЖЕН ЧЕЛОВЕК ОТДАЛЯТЬСЯ". РАБИ ЭЛИЭЗЕР СКАЗАЛ: "ЗЛОЙ ГЛАЗ". РАБИ ЙЕГОШУА СКАЗАЛ: "ПЛОХОЙ ТОВАРИЩ". РАБИ ЙОСЕЙ СКАЗАЛ: "ПЛОХОЙ СОСЕД". РАБИ ШИМОН СКАЗАЛ: «ТОТ, КТО БЕРЕТ ВЗАЙМЫ И НЕ ВОЗВРАЩАЕТ. ТОТ, КТО БЕРЕТ ВЗАЙМЫ У ЧЕЛОВЕКА, ПОДОБЕН ТОМУ, КТО БЕ-

הַמָּקוֹם, שֶׁנֶּאֱמַר לֹוֶה רָשָׁע וְלֹא יְשַׁלֵּם, וְצַדִּיק חוֹנֵן וְנוֹתֵן.

רַבִּי אֶלְעָזָר אוֹמֵר: לֵב רָע. אָמַר לָהֶם: רוֹאֶה אֲנִי אֶת דִּבְרֵי אֶלְעָזָר בֶּן עֲרָךְ מִדִּבְרֵיכֶם, שֶׁבִּכְלַל דְּבָרָיו דִּבְרֵיכֶם. הֵם אָמְרוּ שְׁלֹשָׁה דְבָרִים, רַבִּי אֱלִיעֶזֶר אוֹמֵר: יְהִי כְבוֹד חֲבֵרְךָ חָבִיב עָלֶיךָ כְּשֶׁלָּךְ, וְאַל תְּהִי נוֹחַ לִכְעוֹס. וְשׁוּב יוֹם אֶחָד לִפְנֵי מִיתָתְךָ. וֶהֱוֵי מִתְחַמֵּם כְּנֶגֶד אוּרָן שֶׁל חֲכָמִים, וֶהֱוֵי זָהִיר בְּגַחַלְתָּן שֶׁלֹּא תִכָּוֶה שֶׁנְּשִׁיכָתָן נְשִׁיכַת שׁוּעָל, וַעֲקִיצָתָן עֲקִיצַת עַקְרָב, וּלְחִישָׁתָן לְחִישַׁת שָׂרָף, וְכָל דִּבְרֵיהֶם כְּגַחֲלֵי אֵשׁ. יא רַבִּי יְהוֹשֻׁעַ אוֹמֵר: עַיִן הָרָע, וְיֵצֶר הָרָע, וְשִׂנְאַת הַבְּרִיּוֹת, מוֹצִיאִין אֶת הָאָדָם מִן הָעוֹלָם. יב רַבִּי יוֹסֵי אוֹמֵר: יְהִי מָמוֹן חֲבֵרְךָ חָבִיב עָלֶיךָ כְּשֶׁלָּךְ. וְהַתְקֵן עַצְמְךָ לִלְמוֹד תּוֹרָה, שֶׁאֵינָהּ יְרֻשָּׁה לָךְ, וְכָל מַעֲשֶׂיךָ יִהְיוּ לְשֵׁם שָׁמָיִם. יג רַבִּי שִׁמְעוֹן אוֹמֵר: הֱוֵי זָהִיר בִּקְרִיאַת שְׁמַע וּבִתְפִלָּה, וּכְשֶׁאַתָּה מִתְפַּלֵּל, אַל תַּעַשׂ תְּפִלָּתְךָ קֶבַע, אֶלָּא רַחֲמִים וְתַחֲנוּנִים לִפְנֵי הַמָּקוֹם, שֶׁנֶּאֱמַר: כִּי חַנּוּן וְרַחוּם הוּא, אֶרֶךְ אַפַּיִם וְרַב חֶסֶד, וְנִחָם עַל הָרָעָה, וְאַל תְּהִי רָשָׁע בִּפְנֵי עַצְמֶךָ. יד רַבִּי אֶלְעָזָר אוֹמֵר: הֱוֵי שָׁקוּד לִלְמוֹד תּוֹרָה, וְדַע מַה שֶּׁתָּשִׁיב לְאֶפִּיקוֹרוֹס. וְדַע לִפְנֵי מִי אַתָּה עָמֵל, וּמִי הוּא בַּעַל מְלַאכְתֶּךָ שֶׁיְּשַׁלֶּם לָךְ שְׂכַר פְּעֻלָּתֶךָ. טו רַבִּי טַרְפוֹן אוֹמֵר: הַיּוֹם קָצָר, וְהַמְּלָאכָה מְרֻבָּה, וְהַפּוֹעֲלִים עֲצֵלִים, וְהַשָּׂכָר הַרְבֵּה, וּבַעַל הַבַּיִת דּוֹחֵק. טז הוּא הָיָה אוֹמֵר: לֹא עָלֶיךָ הַמְּלָאכָה לִגְמוֹר, וְלֹא אַתָּה בֶן חוֹרִין לְהִבָּטֵל מִמֶּנָּה, אִם לָמַדְתָּ תּוֹרָה הַרְבֵּה, נוֹתְנִין

לך

РЕТ ВЗАЙМЫ У ВСЕВЫШНЕГО, КАК СКАЗАНО: "БЕРЕТ ВЗАЙМЫ ЗЛОДЕЙ И НЕ ВОЗВРАЩАЕТ, А ПРАВЕДНИК ОКАЗЫВАЕТ МИЛОСТЬ И ДАЕТ"[1]. РАБИ ЭЛЬАЗАР СКАЗАЛ: "ЗЛОЕ СЕРДЦЕ". СКАЗАЛ ОН ИМ: "СЛОВА ЭЛЬАЗАРА БЕН АРАХА КАЖУТСЯ МНЕ ЛУЧШЕ ВАШИХ СЛОВ, ИБО В ЕГО СЛОВАХ – ВСЕ ВАШИ". ОНИ СКАЗАЛИ ТРИ ВЕЩИ. РАБИ ЭЛИЭЗЕР СКАЗАЛ: "ПУСТЬ БУДЕТ ЧЕСТЬ БЛИЖНЕГО ТВОЕГО ДОРОГА ТЕБЕ, КАК ТВОЯ СОБСТВЕННАЯ. И НЕ ТОРОПИСЬ ГНЕВАТЬСЯ. И РАСКАЙСЯ ЗА ДЕНЬ ДО СМЕРТИ. И ГРЕЙСЯ У ОГНЯ МУДРЕЦОВ, НО БУДЬ ОСТОРОЖЕН С ИХ УГЛЯМИ, ЧТОБЫ НЕ ОБ-ЖЕЧЬСЯ, ИБО УКУС ИХ – ЛИСИЙ УКУС, И ЖАЛЯТ ОНИ, КАК ЖА-ЛИТ СКОРПИОН, А ШИПЕНИЕ ИХ – ШИПЕНИЕ ЗМЕИ, И ВСЕ СЛОВА ИХ – СЛОВНО УГЛИ ПЫЛАЮЩИЕ". 11. РАБИ ЙЕЃОШУА ГОВОРИТ: "ЗЛОЙ ГЛАЗ, ЗЛОЕ НАЧАЛО И ЧЕЛОВЕКОНЕНАВИСТНИЧЕСТВО СЖИВАЮТ ЧЕЛОВЕКА СО СВЕТА". 12. РАБИ ЙОСЕЙ ГОВОРИТ: "ПУСТЬ БУДЕТ ИМУЩЕСТВО БЛИЖНЕГО ТВОЕГО ДОРОГО ТЕБЕ, КАК ТВОЕ СОБСТВЕННОЕ. РАБОТАЙ НАД СОБОЙ, ЧТОБЫ МОГ ТЫ ИЗУЧАТЬ ТОРУ, ИБО НЕ ПОЛУЧИШЬ ТЫ ЕЕ ПО НАСЛЕДСТВУ, И ПУСТЬ БУДУТ ВСЕ ДЕЯНИЯ ТВОИ ВО ИМЯ НЕБЕС". 13. РАБИ ШИ-МОН ГОВОРИТ: «БУДЬ ВНИМАТЕЛЕН, КОГДА ЧИТАЕШЬ "ШМА" И МОЛИШЬСЯ. КОГДА ТЫ МОЛИШЬСЯ, НЕ ДЕЛАЙ СВОЮ МОЛИТВУ [ПОВИННОСТЬЮ, ИСПОЛНЯЕМОЙ] ПО ПРИВЫЧКЕ, НО [ПРОСЬБОЙ] О МИЛОСЕРДИИ И МИЛОСТИ, ОБРАЩЕННОЙ КО ВСЕВЫШНЕМУ, КАК СКАЗАНО: "ИБО МИЛОСТИВ И МИЛОСЕРДЕН ОН, ДОЛГОТЕР-ПЕЛИВ И МНОГОПРАВЕДЕН, И СОЖАЛЕЕТ О БЕДСТВИИ"[2]. И НЕ СЧИТАЙ САМ СЕБЯ ГРЕШНИКОМ». 14. РАБИ ЭЛЬАЗАР ГОВОРИТ: "УСЕРДНО ИЗУЧАЙ ТОРУ И ЗНАЙ, ЧТО ОТВЕТИТЬ БЕЗБОЖНИКУ. ЗНАЙ, ПРЕД КЕМ ТЫ ТРУДИШЬСЯ И КТО ПОВЕЛЕЛ ТЕБЕ ТРУДИТЬ-СЯ И ДАСТ ТЕБЕ ВОЗНАГРАЖДЕНИЕ ЗА РАБОТУ". 15. РАБИ ТАРФОН ГОВОРИТ: "ДЕНЬ КОРОТОК, А РАБОТЫ МНОГО И РАБОТНИКИ ЛЕ-НИВЫ, НО ВОЗНАГРАЖДЕНИЕ ВЕЛИКО И ХОЗЯИН ТОРОПИТ". 16. ОН ГОВОРИЛ: "НЕ ТЕБЕ ЗАВЕРШИТЬ РАБОТУ, НО И НЕ ВОЛЕН ТЫ ОСВОБОДИТЬСЯ ОТ НЕЕ. ЕСЛИ ТЫ МНОГО ИЗУЧАЛ ТОРУ, ТО ДА-ДУТ ТЕБЕ БОЛЬШОЕ ВОЗНАГРАЖДЕНИЕ, ИБО НАДЕЖЕН ТОТ, КТО ПОВЕЛЕЛ ТЕБЕ ТРУДИТЬСЯ И ДАСТ ТЕБЕ ВОЗНАГРАЖДЕНИЕ ЗА

---

1. Теѓилим, 37:21. 2. Йоэль, 2:13.

לָךְ שָׂכָר הַרְבֵּה, וְנֶאֱמָן הוּא בַּעַל מְלַאכְתְּךָ שֶׁיְּשַׁלֶּם
לָךְ שְׂכַר פְּעֻלָּתֶךָ, וְדַע שֶׁמַּתַּן שְׂכָרָן שֶׁל צַדִּיקִים
לֶעָתִיד לָבוֹא: רבי חנניה וכו׳

פרק שלישי

א עֲקַבְיָא בֶּן מַהֲלַלְאֵל אוֹמֵר: הִסְתַּכֵּל בִּשְׁלֹשָׁה דְבָרִים,
וְאֵין אַתָּה בָא לִידֵי עֲבֵרָה. דַּע מֵאַיִן בָּאתָ וּלְאָן
אַתָּה הוֹלֵךְ, וְלִפְנֵי מִי אַתָּה עָתִיד לִתֵּן דִּין וְחֶשְׁבּוֹן. מֵאַיִן
בָּאתָ: מִטִּפָּה סְרוּחָה, וּלְאָן אַתָּה הוֹלֵךְ: לִמְקוֹם עָפָר רִמָּה
וְתוֹלֵעָה, וְלִפְנֵי מִי אַתָּה עָתִיד לִתֵּן דִּין וְחֶשְׁבּוֹן: לִפְנֵי מֶלֶךְ
מַלְכֵי הַמְּלָכִים הַקָּדוֹשׁ, בָּרוּךְ הוּא. ב רַבִּי חֲנִינָא סְגָן
הַכֹּהֲנִים אוֹמֵר: הֱוֵי מִתְפַּלֵּל בִּשְׁלוֹמָהּ שֶׁל מַלְכוּת,
שֶׁאִלְמָלֵא מוֹרָאָהּ, אִישׁ אֶת רֵעֵהוּ חַיִּים בְּלָעוֹ. רַבִּי
חֲנִינָא בֶּן תְּרַדְיוֹן אוֹמֵר: שְׁנַיִם שֶׁיּוֹשְׁבִין וְאֵין בֵּינֵיהֶם
דִּבְרֵי תוֹרָה, הֲרֵי זֶה מוֹשַׁב לֵצִים, שֶׁנֶּאֱמַר, וּבְמוֹשַׁב
לֵצִים לֹא יָשָׁב. אֲבָל שְׁנַיִם שֶׁיּוֹשְׁבִין וְיֵשׁ בֵּינֵיהֶם דִּבְרֵי
תוֹרָה, שְׁכִינָה שְׁרוּיָה בֵינֵיהֶם, שֶׁנֶּאֱמַר: אָז נִדְבְּרוּ יִרְאֵי
יְיָ אִישׁ אֶל רֵעֵהוּ, וַיַּקְשֵׁב יְיָ וַיִּשְׁמָע, וַיִּכָּתֵב סֵפֶר זִכָּרוֹן
לְפָנָיו, לְיִרְאֵי יְיָ וּלְחֹשְׁבֵי שְׁמוֹ. אֵין לִי אֶלָּא שְׁנַיִם, מִנַּיִן
אֲפִלּוּ אֶחָד, שֶׁיּוֹשֵׁב וְעוֹסֵק בַּתּוֹרָה שֶׁהַקָּדוֹשׁ בָּרוּךְ הוּא
קוֹבֵעַ לוֹ שָׂכָר, שֶׁנֶּאֱמַר: יֵשֵׁב בָּדָד וְיִדֹּם כִּי נָטַל עָלָיו.
ג רַבִּי שִׁמְעוֹן אוֹמֵר: שְׁלֹשָׁה שֶׁאָכְלוּ עַל שֻׁלְחָן אֶחָד,
וְלֹא אָמְרוּ עָלָיו דִּבְרֵי תוֹרָה, כְּאִלּוּ אָכְלוּ מִזִּבְחֵי מֵתִים,
שֶׁנֶּאֱמַר: כִּי כָּל שֻׁלְחָנוֹת מָלְאוּ קִיא צוֹאָה בְּלִי מָקוֹם.
אֲבָל שְׁלֹשָׁה שֶׁאָכְלוּ עַל שֻׁלְחָן אֶחָד וְאָמְרוּ עָלָיו דִּבְרֵי
תורה

תו״א א) תהלים א א ; ב) מלאכי ג מז ; ג) איכה ג כח ; ד) ישעיה כח ח :

РАБОТУ. НО ЗНАЙ, ЧТО ВОЗНАГРАЖДЕНИЕ ПРАВЕДНИКАМ – В ЖИЗНИ ГРЯДУЩЕЙ".

РАБИ ХАНАНЬЯ БЕН АКАШЬЯ ГОВОРИТ: «ПОЖЕЛАЛ ВСЕВЫШНИЙ УВЕЛИЧИТЬ ЗАСЛУГИ ИЗРАИЛЯ И ПОТОМУ УМНОЖИЛ ДЛЯ НИХ ТОРУ И ЗАПОВЕДИ, КАК СКАЗАНО: "[ВСЁ, ЧЕГО ЖЕЛАЕТ] ГОСПОДЬ, – ЖЕЛАЕТ ОН РАДИ ПРАВДЫ СВОЕЙ, ВОЗВЕЛИЧИТ ОН ТОРУ И ВОССЛАВИТ!» (Макот, конец главы 3).

ГЛАВА ТРЕТЬЯ

У КАЖДОГО ЕВРЕЯ ЕСТЬ ДОЛЯ В БУДУЩЕМ МИРЕ, КАК СКАЗАНО: "А НАРОД ТВОЙ – ВСЕ ПРАВЕДНИКИ. НАВЕКИ УНАСЛЕДУЮТ ОНИ ЗЕМЛЮ, ОНИ – ВЕТВЬ НАСАЖДЕНИЙ МОИХ, ПРОИЗВЕДЕНИЕ РУК МОИХ ВО СЛАВУ" (Санґедрин, глава 11).

1. АКАВЬЯ БЕН МАҐАЛАЛЬЭЛЬ ГОВОРИТ: "ПОМНИ О ТРЕХ ВЕЩАХ, И ТЫ НЕ СОГРЕШИШЬ: ЗНАЙ, ИЗ ЧЕГО ТЫ ПРОИЗОШЕЛ, И КУДА ТЫ ИДЕШЬ, И ПРЕД КЕМ ПРЕДСТОИТ ТЕБЕ СТОЯТЬ НА СУДЕ И ДАВАТЬ ОТЧЕТ. ИЗ ЧЕГО ТЫ ПРОИЗОШЕЛ? – ИЗ ЗЛОВОННОЙ КАПЛИ. И КУДА ТЫ ИДЕШЬ? – В МЕСТО, ГДЕ ПРАХ И ТЛЕН. И ПРЕД КЕМ ПРЕДСТОИТ ТЕБЕ СТОЯТЬ НА СУДЕ И ДАВАТЬ ОТЧЕТ? – ПРЕД ЦАРЕМ ВСЕХ ЦАРЕЙ: ВСЕВЫШНИМ, ДА БУДЕТ ОН БЛАГОСЛОВЕН!"
2. РАБИ ХАНИНА, ЗАМЕСТИТЕЛЬ ПЕРВОСВЯЩЕННИКА, ГОВОРИТ: "МОЛИСЬ О БЛАГОПОЛУЧИИ ВЛАСТЕЙ: ВЕДЬ ЕСЛИ БЫ НЕ СТРАХ ПЕРЕД НИМИ, ЛЮДИ БЫ ЖИВЬЕМ ЗАГЛАТЫВАЛИ ОДИН ДРУГОГО".
РАБИ ХАНИНА БЕН ТРАДЬОН ГОВОРИТ: «ЕСЛИ СИДЯТ ДВОЕ И НЕ ПРОИЗНОСЯТ СЛОВ ТОРЫ, – ЭТО СОБРАНИЕ ЛЕГКОМЫСЛЕННЫХ, КАК СКАЗАНО: "...И В СОБРАНИИ ЛЕГКОМЫСЛЕННЫХ НЕ СИДЕЛ"[1]. НО ЕСЛИ СИДЯТ ДВОЕ И ПРОИЗНОСЯТ СЛОВА ТОРЫ, – БОЖЕСТВЕННОЕ ПРИСУТСТВИЕ ПРЕБЫВАЕТ СРЕДИ НИХ, КАК СКАЗАНО: "ТОГДА ГОВОРИЛИ МЕЖДУ СОБОЙ БОЯЩИЕСЯ ГОСПОДА, И ВНИМАЛ ГОСПОДЬ, И СЛУШАЛ, И НАПИСАНА БЫЛА ПАМЯТНАЯ КНИГА ПРЕД НИМ ДЛЯ БОЯЩИХСЯ ГОСПОДА И ЧТУЩИХ ИМЯ ЕГО"[2]. ЗДЕСЬ ГОВОРИТСЯ О ДВУХ [ЛЮДЯХ]. ОТКУДА ЖЕ [МЫ ЗНАЕМ], ЧТО ДАЖЕ ЕСЛИ ЧЕЛОВЕК СИДИТ ОДИН И ИЗУЧАЕТ ТОРУ, ВСЕВЫШНИЙ ОПРЕДЕЛЯЕТ ЕМУ ВОЗНАГРАЖДЕНИЕ? ИБО СКАЗАНО: "БУДЕТ ОН СИДЕТЬ ОДИНОКО И МОЛЧАТЬ, ИБО [ВСЕВЫШНИЙ] ВОЗЛОЖИЛ НА НЕГО [ЭТО БРЕМЯ]"[3]». **3.** РАБИ ШИМОН ГОВОРИТ: «ТРОЕ, КОТОРЫЕ ЕЛИ ЗА ОДНИМ СТОЛОМ И НЕ ПРОИЗНОСИЛИ

---

1. Теґилим, 1:1. 2. Малахи, 3:16. 3. Эйха, 3:28.

תּוֹרָה, כְּאִלּוּ אָכְלוּ מִשֻּׁלְחָנוֹ שֶׁל מָקוֹם, שֶׁנֶּאֱמַר: וַיְדַבֵּר
אֵלַי, זֶה הַשֻּׁלְחָן אֲשֶׁר לִפְנֵי יְיָ. ד רַבִּי חֲנִינָא בֶּן חֲכִינַאי
אוֹמֵר: הַנֵּעוֹר בַּלַּיְלָה, וְהַמְהַלֵּךְ בַּדֶּרֶךְ יְחִידִי, וּמְפַנֶּה
לִבּוֹ לְבַטָּלָה, הֲרֵי זֶה מִתְחַיֵּב בְּנַפְשׁוֹ. ה רַבִּי נְחוּנְיָא בֶּן
הַקָּנָה אוֹמֵר: כָּל הַמְקַבֵּל עָלָיו עוֹל תּוֹרָה, מַעֲבִירִין
מִמֶּנּוּ עוֹל מַלְכוּת וְעוֹל דֶּרֶךְ אֶרֶץ, וְכָל הַפּוֹרֵק מִמֶּנּוּ עוֹל
תּוֹרָה, נוֹתְנִין עָלָיו עוֹל מַלְכוּת וְעוֹל דֶּרֶךְ אֶרֶץ. ו רַבִּי
חֲלַפְתָּא בֶּן דּוֹסָא אִישׁ כְּפַר חֲנַנְיָא אוֹמֵר: עֲשָׂרָה
שֶׁיּוֹשְׁבִין וְעוֹסְקִין בַּתּוֹרָה, שְׁכִינָה שְׁרוּיָה בֵּינֵיהֶם, שֶׁנֶּאֱמַר:
אֱלֹהִים נִצָּב בַּעֲדַת אֵל. וּמְנַיִן אֲפִלּוּ חֲמִשָּׁה, שֶׁנֶּאֱמַר:
וַאֲגֻדָּתוֹ עַל אֶרֶץ יְסָדָהּ. וּמְנַיִן אֲפִלּוּ שְׁלֹשָׁה, שֶׁנֶּאֱמַר:
בְּקֶרֶב אֱלֹהִים יִשְׁפֹּט. וּמְנַיִן אֲפִלּוּ שְׁנַיִם, שֶׁנֶּאֱמַר: אָז
נִדְבְּרוּ יִרְאֵי יְיָ אִישׁ אֶל רֵעֵהוּ, וַיַּקְשֵׁב יְיָ וַיִּשְׁמָע. וּמְנַיִן
אֲפִלּוּ אֶחָד, שֶׁנֶּאֱמַר: בְּכָל הַמָּקוֹם אֲשֶׁר אַזְכִּיר אֶת שְׁמִי,
אָבֹא אֵלֶיךָ וּבֵרַכְתִּיךָ. ז רַבִּי אֶלְעָזָר אִישׁ בַּרְתּוֹתָא אוֹמֵר:
תֶּן לוֹ מִשֶּׁלּוֹ, שֶׁאַתָּה וְשֶׁלְּךָ שֶׁלּוֹ. וְכֵן בְּדָוִד, הוּא אוֹמֵר:
כִּי מִמְּךָ הַכֹּל וּמִיָּדְךָ נָתַנּוּ לָךְ. ח רַבִּי יַעֲקֹב אוֹמֵר: הַמְהַלֵּךְ
בַּדֶּרֶךְ וְשׁוֹנֶה, וּמַפְסִיק מִמִּשְׁנָתוֹ וְאוֹמֵר: מַה נָּאֶה אִילָן זֶה
מַה נָּאֶה נִיר זֶה, מַעֲלֶה עָלָיו הַכָּתוּב כְּאִלּוּ מִתְחַיֵּב בְּנַפְשׁוֹ.
ט רַבִּי דּוֹסְתָּאִי בְּרַבִּי יַנַּאי מִשּׁוּם רַבִּי מֵאִיר אוֹמֵר: כָּל הַשּׁוֹכֵחַ
דָּבָר אֶחָד מִמִּשְׁנָתוֹ, מַעֲלֶה עָלָיו הַכָּתוּב כְּאִלּוּ מִתְחַיֵּב
בְּנַפְשׁוֹ, שֶׁנֶּאֱמַר: רַק הִשָּׁמֶר לְךָ וּשְׁמֹר נַפְשְׁךָ מְאֹד פֶּן
תִּשְׁכַּח אֶת הַדְּבָרִים אֲשֶׁר רָאוּ עֵינֶיךָ, יָכוֹל אֲפִלּוּ תָּקְפָה
עָלָיו מִשְׁנָתוֹ, תַּלְמוּד לוֹמַר וּפֶן יָסוּרוּ מִלְּבָבְךָ כֹּל יְמֵי חַיֶּיךָ,

תו"א א) יחזקאל מא כב: ב) פי' הצבור נושא בשבילו את חובות הבדינה: ג) תהלים פב א   ד) עבוס ם ו
ה) תהלים פב א: ו) מלאכי ג כו. ז) שמות כ כא: ח) דה"א כט יד: ט) דברים ד ם:

СЛОВ ТОРЫ, СЛОВНО ЕЛИ ОТ ЖЕРТВ, ПРИНЕСЕННЫХ МЕРТВЫМ, КАК СКАЗАНО: "...ИБО ВСЕ СТОЛЫ ПОЛНЫ БЛЕВОТИНОЙ, ИСПРАЖНЕНИЯМИ, БЕЗ БОГА..."[1]; НО ТРОЕ, КОТОРЫЕ ЕЛИ ЗА ОДНИМ СТОЛОМ И ПРОИЗНОСИЛИ СЛОВА ТОРЫ, СЛОВНО ЕЛИ СО СТОЛА ВСЕВЫШНЕГО, КАК СКАЗАНО: "...И ГОВОРИЛ ОН МНЕ: ЭТО СТОЛ, ЧТО ПРЕД ГОСПОДОМ"[2]. **4.** РАБИ ХАНИНА БЕН ХАХИНАЙ ГОВОРИТ: "ТОТ, КТО БОДРСТВУЕТ НОЧЬЮ, ИДЕТ ПО ДОРОГЕ В ОДИНОЧКУ И ОБРАЩАЕТ СЕРДЦЕ СВОЕ К СУЕТЕ, – ТОТ ПОДВЕРГАЕТ СВОЮ ЖИЗНЬ ОПАСНОСТИ". **5.** РАБИ НЕХУНЬЯ БЕН ĞАКАНА ГОВОРИТ: "С КАЖДОГО, КТО ПРИНИМАЕТ НА СЕБЯ БРЕМЯ ТОРЫ, СНИМАЮТ БРЕМЯ ВЛАСТЕЙ И БРЕМЯ ТРУДА. А НА КАЖДОГО, КТО СБРАСЫВАЕТ С СЕБЯ БРЕМЯ ТОРЫ, ВОЗЛАГАЮТ БРЕМЯ ВЛАСТЕЙ И БРЕМЯ ТРУДА". **6.** РАБИ ХАЛАФТА БЕН ДОСА ИЗ КФАР-ХАНАНЬИ ГОВОРИТ: «ДЕСЯТЬ ЧЕЛОВЕК, КОТОРЫЕ СИДЯТ И ИЗУЧАЮТ ТОРУ, – БОЖЕСТВЕННОЕ ПРИСУТСТВИЕ ПРЕБЫВАЕТ СРЕДИ НИХ, КАК СКАЗАНО: "БОГ ПРЕБЫВАЕТ В ОБЩИНЕ БОЖЬЕЙ"[3]. А ОТКУДА [МЫ ЗНАЕМ, ЧТО ЭТО ВЕРНО И ОТНОСИТЕЛЬНО] ПЯТЕРЫХ? ИБО СКАЗАНО: "...СОЮЗ СВОЙ [ПОДОБНЫЙ "СОЮЗУ" ПЯТИ ПАЛЬЦЕВ РУКИ] НА ЗЕМЛЕ ОСНОВАЛ ОН"[4]. А ОТКУДА [МЫ ЗНАЕМ, ЧТО ЭТО ВЕРНО И ОТНОСИТЕЛЬНО] ТРОИХ? ИБО СКАЗАНО: "...СРЕДИ СУДЕЙ [СУДА, СОСТОЯЩЕГО ИЗ ТРЕХ СУДЕЙ] СУДИТ ОН"[5]. А ОТКУДА [МЫ ЗНАЕМ, ЧТО ЭТО ВЕРНО И ОТНОСИТЕЛЬНО] ДАЖЕ ДВУХ? ИБО СКАЗАНО: "ТОГДА ГОВОРИЛИ МЕЖДУ СОБОЙ БОЯЩИЕСЯ ГОСПОДА, И ВНИМАЛ ГОСПОДЬ, И СЛУШАЛ..."[6]. А ОТКУДА [МЫ ЗНАЕМ, ЧТО ЭТО ВЕРНО И ОТНОСИТЕЛЬНО] ДАЖЕ ОДНОГО? ИБО СКАЗАНО: "...ВО ВСЯКОМ МЕСТЕ, ГДЕ Я РАЗРЕШУ УПОМИНАТЬ ИМЯ МОЕ, ПРИДУ Я К ТЕБЕ И БЛАГОСЛОВЛЮ ТЕБЯ"[7]». **7.** РАБИ ЭЛЬАЗАР ИЗ БАРТОТЫ ГОВОРИТ: «ДАЙ ЕМУ ТО, ЧТО ПРИНАДЛЕЖИТ ЕМУ, ИБО ТЫ И ВСЁ, ЧТО ЕСТЬ У ТЕБЯ, – ЕГО". ИБО СКАЗАНО О ДАВИДЕ: "ВЕДЬ ВСЁ ОТ ТЕБЯ, И ИЗ ТВОЕЙ ЖЕ РУКИ ДАЕМ МЫ ТЕБЕ"[8]». РАБИ ЯАКОВ ГОВОРИТ: «ТОТ, КТО ИДЕТ ПО ДОРОГЕ, И РАЗМЫШЛЯЕТ О ТОРЕ, И ПРЕРЫВАЕТ СВОЕ УЧЕНИЕ, И ГОВОРИТ: "КАК ПРЕКРАСНО ЭТО ДЕРЕВО! КАК ПРЕКРАСНО ЭТО ПОЛЕ!" – О НЕМ ГОВОРИТ ПИСАНИЕ, ЧТО ОН СЛОВНО ПОДВЕРГАЕТ СВОЮ ЖИЗНЬ ОПАСНОСТИ». **8.** РАБИ ДОСТАЙ, СЫН РАБИ ЯНАЯ, ГОВОРИТ ОТ

1. Йешаяґу, 28:8. 2. Йехезкель, 41:22. 3. Теґилим, 82:1. 4. Амос, 9:6. 5. Теґилим, 82:1. 6. Малахи, 3:16. 7. Шмот, 20:21. 8. Диврей ґаямим I, 29:14.

הָא אֵינוֹ מִתְחַיֵּב בְּנַפְשׁוֹ, עַד שֶׁיֵּשֵׁב וִיסִירֵם מִלִּבּוֹ. י רַבִּי
חֲנִינָא בֶּן דּוֹסָא אוֹמֵר: כָּל שֶׁיִּרְאַת חֶטְאוֹ קוֹדֶמֶת
לְחָכְמָתוֹ, חָכְמָתוֹ מִתְקַיֶּמֶת. וְכָל שֶׁחָכְמָתוֹ קוֹדֶמֶת
לְיִרְאַת חֶטְאוֹ, אֵין חָכְמָתוֹ מִתְקַיֶּמֶת. י הוּא הָיָה אוֹמֵר:
כָּל שֶׁמַּעֲשָׂיו מְרֻבִּין מֵחָכְמָתוֹ, חָכְמָתוֹ מִתְקַיֶּמֶת. וְכָל
שֶׁחָכְמָתוֹ מְרֻבָּה מִמַּעֲשָׂיו, אֵין חָכְמָתוֹ מִתְקַיֶּמֶת.
הוּא הָיָה אוֹמֵר: כָּל שֶׁרוּחַ הַבְּרִיּוֹת נוֹחָה הֵימֶנּוּ, רוּחַ
הַמָּקוֹם נוֹחָה הֵימֶנּוּ. וְכָל שֶׁאֵין רוּחַ הַבְּרִיּוֹת נוֹחָה
הֵימֶנּוּ, אֵין רוּחַ הַמָּקוֹם נוֹחָה הֵימֶנּוּ. רַבִּי דּוֹסָא בֶּן
הָרְכִינַס אוֹמֵר: שֵׁנָה שֶׁל שַׁחֲרִית, וְיַיִן שֶׁל צָהֳרַיִם, וְשִׂיחַת
הַיְלָדִים, וִישִׁיבַת בָּתֵּי כְנֵסִיּוֹת שֶׁל עַמֵּי הָאָרֶץ, מוֹצִיאִין
אֶת הָאָדָם מִן הָעוֹלָם. יא רַבִּי אֶלְעָזָר הַמּוֹדָעִי אוֹמֵר:
הַמְחַלֵּל אֶת הַקֳּדָשִׁים, וְהַמְבַזֶּה אֶת הַמּוֹעֲדוֹת, וְהַמַּלְבִּין
פְּנֵי חֲבֵרוֹ בָּרַבִּים, וְהַמֵּפֵר בְּרִיתוֹ שֶׁל אַבְרָהָם אָבִינוּ,
וְהַמְגַלֶּה פָנִים בַּתּוֹרָה שֶׁלֹּא כַהֲלָכָה, אַף עַל פִּי שֶׁיֵּשׁ
בְּיָדוֹ תּוֹרָה וּמַעֲשִׂים טוֹבִים, אֵין לוֹ חֵלֶק לָעוֹלָם הַבָּא.
יב רַבִּי יִשְׁמָעֵאל אוֹמֵר: הֱוֵי קַל לְרֹאשׁ, וְנוֹחַ לְתִשְׁחֹרֶת,
וֶהֱוֵי מְקַבֵּל אֶת כָּל הָאָדָם בְּשִׂמְחָה. יג רַבִּי עֲקִיבָא
אוֹמֵר: שְׂחוֹק וְקַלּוּת רֹאשׁ, מַרְגִּילִין אֶת הָאָדָם לְעֶרְוָה.
מָסֹרֶת סְיָג לַתּוֹרָה, מַעְשְׂרוֹת סְיָג לָעֹשֶׁר, נְדָרִים סְיָג
לִפְרִישׁוּת, סְיָג לַחָכְמָה שְׁתִיקָה. יד הוּא הָיָה אוֹמֵר:
חָבִיב אָדָם שֶׁנִּבְרָא בְצֶלֶם, חִבָּה יְתֵרָה נוֹדַעַת לוֹ,
שֶׁנִּבְרָא בְצֶלֶם, שֶׁנֶּאֱמַר: כִּי בְּצֶלֶם אֱלֹהִים עָשָׂה אֶת
הָאָדָם. חֲבִיבִין יִשְׂרָאֵל שֶׁנִּקְרְאוּ בָנִים לַמָּקוֹם, חִבָּה

ИМЕНИ РАБИ МЕИРА: «КАЖДЫЙ, КТО ЗАБЫВАЕТ ЧТО-ЛИБО ИЗ ИЗУЧЕННОГО, – О НЕМ ГОВОРИТ ПИСАНИЕ, ЧТО ОН СЛОВНО ПОД-ВЕРГАЕТ СВОЮ ЖИЗНЬ ОПАСНОСТИ, КАК СКАЗАНО: "ТОЛЬКО БЕ-РЕГИСЬ И ВЕСЬМА БЕРЕГИ ДУШУ СВОЮ, ЧТОБЫ НЕ ЗАБЫЛ ТЫ ТО-ГО, ЧТО ВИДЕЛИ ГЛАЗА ТВОИ..."[1]. МОЖНО ЛИ ТАК СКАЗАТЬ ДА-ЖЕ [В ТОМ СЛУЧАЕ, КОГДА] УЧЕНИЕ ОКАЗАЛОСЬ ЕМУ НЕ ПОД СИ-ЛУ? СКАЗАНО: "...ЧТОБЫ НЕ УШЛО ЭТО ИЗ СЕРДЦА ТВОЕГО ВО ВСЕ ДНИ ЖИЗНИ ТВОЕЙ"[2], – ЗНАЧИТ, ОН ПОДВЕРГАЕТ СВОЮ ЖИЗНЬ ОПАСНОСТИ, ТОЛЬКО ЕСЛИ [СОЗНАТЕЛЬНО] УДАЛЯЕТ ЕГО ИЗ СЕРДЦА СВОЕГО». **9.** РАБИ ХАНИНА БЕН ДОСА ГОВОРИТ: "КАЖДЫЙ, ЧЬЯ БОЯЗНЬ ГРЕХА БОЛЬШЕ, ЧЕМ МУДРОСТЬ ЕГО, – МУДРОСТЬ ЕГО ПРОЧНА; А ТОТ, ЧЬЯ МУДРОСТЬ БОЛЬШЕ, ЧЕМ БО-ЯЗНЬ ГРЕХА, – МУДРОСТЬ ЕГО НЕПРОЧНА". **10.** ОН ГОВОРИЛ: "КАЖДЫЙ, ЧЬИ ДЕЛА ПРЕОБЛАДАЮТ НАД МУДРОСТЬЮ ЕГО, – МУДРОСТЬ ЕГО ПРОЧНА; А ТОТ, ЧЬЯ МУДРОСТЬ ПРЕОБЛАДАЕТ НАД ДЕЯНИЯМИ ЕГО, – МУДРОСТЬ ЕГО НЕПРОЧНА". ОН ГОВОРИЛ: "ТОТ, КЕМ ЛЮДИ ДОВОЛЬНЫ, ТЕМ И ВСЕВЫШНИЙ ДОВОЛЕН; А ТОТ, КЕМ ЛЮДИ НЕДОВОЛЬНЫ, ТЕМ И ВСЕВЫШНИЙ НЕДОВОЛЕН". РАБИ ДОСА БЕН ГАРКИНАС ГОВОРИТ: "СОН ПОУТРУ, ВИНО В ПОЛ-ДЕНЬ, РАЗГОВОРЫ С ДЕТЬМИ И СИДЕНИЕ В ДОМАХ СОБРАНИЙ ПРОСТОЛЮДИНОВ СЖИВАЮТ ЧЕЛОВЕКА СО СВЕТА". **11.** РАБИ ЭЛЬАЗАР ИЗ МОДИИНА ГОВОРИТ: «ТОТ, КТО ОСКВЕРНЯЕТ ЖЕРТ-ВЫ, ПРЕНЕБРЕГАЕТ "ПРАЗДНИЧНЫМИ БУДНЯМИ", ОСКОРБЛЯЕТ БЛИЖНЕГО СВОЕГО НА ЛЮДЯХ, РАСТОРГАЕТ СОЮЗ ПРАОТЦА НА-ШЕГО АВРАГАМА [СО ВСЕВЫШНИМ], ПРОИЗВОЛЬНО ТОЛКУЕТ ТО-РУ, – ДАЖЕ ЕСЛИ ИЗУЧАЛ ОН ТОРУ И СОВЕРШАЛ ДОБРЫЕ ДЕЛА – НЕТ У НЕГО ДОЛИ В БУДУЩЕМ МИРЕ". **12.** РАБИ ИШМАЭЛЬ ГОВО-РИТ: "БУДЬ СКОР ПЕРЕД УВАЖАЕМЫМИ ЛЮДЬМИ, И ВЕЖЛИВ С ЮНЫМИ, И ПРИНИМАЙ КАЖДОГО ЧЕЛОВЕКА С РАДОСТЬЮ". **13.** РА-БИ АКИВА ГОВОРИТ: "СМЕХ И ЛЕГКОМЫСЛИЕ ПРИУЧАЮТ ЧЕЛОВЕ-КА К РАЗВРАТУ. ТРАДИЦИЯ – ОГРАДА ДЛЯ ТОРЫ; ДЕСЯТИНЫ – ОГРАДА ДЛЯ БОГАТСТВА; ОБЕТЫ – ОГРАДА ДЛЯ ВОЗДЕРЖАН-НОСТИ; ОГРАДА ДЛЯ МУДРОСТИ – МОЛЧАНИЕ". **14.** ОН ГОВОРИЛ: «ЛЮБИМ [ВСЕВЫШНИМ] ЧЕЛОВЕК, СОЗДАННЫЙ ПО ОБРАЗУ [БО-ГА]; ОСОБАЯ ЛЮБОВЬ ОКАЗАНА ЕМУ ТЕМ, ЧТО ОН СОЗДАН ПО ОБ-

---

1. Дварим, 4:9. 2. Дварим, 4:9.

יְתֵרָה נוֹדַעַת לָהֶם, שֶׁנִּקְרְאוּ בָנִים לַמָּקוֹם, שֶׁנֶּאֱמַר:
בָּנִים אַתֶּם לַיְיָ אֱלֹהֵיכֶם. חֲבִיבִין יִשְׂרָאֵל שֶׁנִּתַּן לָהֶם
כְּלִי חֶמְדָּה, חִבָּה יְתֵרָה נוֹדַעַת לָהֶם, שֶׁנִּתַּן לָהֶם כְּלִי
חֶמְדָּה, שֶׁנֶּאֱמַר: כִּי לֶקַח טוֹב נָתַתִּי לָכֶם, תּוֹרָתִי אַל
תַּעֲזֹבוּ. טו הַכֹּל צָפוּי, וְהָרְשׁוּת נְתוּנָה, וּבְטוֹב הָעוֹלָם
נִדּוֹן, וְהַכֹּל לְפִי רוֹב הַמַּעֲשֶׂה. טז הוּא הָיָה אוֹמֵר: הַכֹּל
נָתוּן בָּעֵרָבוֹן, וּמְצוּדָה פְּרוּסָה עַל כָּל הַחַיִּים, הֶחָנוּת
פְּתוּחָה, וְהַחֶנְוָנִי מַקִּיף, וְהַפִּנְקָס פָּתוּחַ, וְהַיָּד כּוֹתֶבֶת,
וְכָל הָרוֹצֶה לִלְווֹת יָבֹא וְיִלְוֶה, וְהַגַּבָּאִין מַחֲזִירִין תָּדִיר
בְּכָל יוֹם, וְנִפְרָעִין מִן הָאָדָם, מִדַּעְתּוֹ וְשֶׁלֹּא מִדַּעְתּוֹ, וְיֵשׁ
לָהֶם עַל מַה שֶּׁיִּסְמוֹכוּ, וְהַדִּין דִּין אֱמֶת, וְהַכֹּל מְתֻקָּן
לַסְּעוּדָה. יז רַבִּי אֶלְעָזָר בֶּן עֲזַרְיָה אוֹמֵר: אִם אֵין תּוֹרָה
אֵין דֶּרֶךְ אֶרֶץ, אִם אֵין דֶּרֶךְ אֶרֶץ אֵין תּוֹרָה, אִם אֵין חָכְמָה
אֵין יִרְאָה, אִם אֵין יִרְאָה אֵין חָכְמָה, אִם אֵין דַּעַת
אֵין בִּינָה, אִם אֵין בִּינָה אֵין דַּעַת, אִם אֵין קֶמַח אֵין
תּוֹרָה, אִם אֵין תּוֹרָה אֵין קֶמַח. הוּא הָיָה אוֹמֵר: כֹּל
שֶׁחָכְמָתוֹ מְרֻבָּה מִמַּעֲשָׂיו, לְמָה הוּא דוֹמֶה: לְאִילָן שֶׁעֲנָפָיו
מְרֻבִּין וְשָׁרָשָׁיו מוּעָטִין, וְהָרוּחַ בָּאָה וְעוֹקַרְתּוֹ וְהוֹפַכְתּוֹ
עַל פָּנָיו, שֶׁנֶּאֱמַר: וְהָיָה כְּעַרְעָר בָּעֲרָבָה, וְלֹא יִרְאֶה כִּי
יָבֹא טוֹב, וְשָׁכַן חֲרֵרִים בַּמִּדְבָּר, אֶרֶץ מְלֵחָה וְלֹא תֵשֵׁב.
אֲבָל, כֹּל שֶׁמַּעֲשָׂיו מְרֻבִּין מֵחָכְמָתוֹ, לְמָה הוּא דוֹמֶה:
לְאִילָן שֶׁעֲנָפָיו מוּעָטִין וְשָׁרָשָׁיו מְרֻבִּין, שֶׁאֲפִילוּ כָּל
הָרוּחוֹת שֶׁבָּעוֹלָם בָּאוֹת וְנוֹשְׁבוֹת בּוֹ, אֵין מְזִיזִין אוֹתוֹ
מִמְּקוֹמוֹ, שֶׁנֶּאֱמַר: וְהָיָה כְּעֵץ שָׁתוּל עַל מַיִם, וְעַל יוּבַל

יְשַׁלַּח

РАЗУ [БОГА], КАК СКАЗАНО: "...ИБО ПО ОБРАЗУ БОГА СОЗДАЛ ОН ЧЕЛОВЕКА"[1]. ЛЮБИМЫ [ВСЕВЫШНИМ] СЫНЫ ИЗРАИЛЯ, НАЗВАН-НЫЕ СЫНАМИ ВСЕВЫШНЕГО; ОСОБАЯ ЛЮБОВЬ ОКАЗАНА ИМ ТЕМ, ЧТО ОНИ НАЗВАНЫ СЫНАМИ ВСЕВЫШНЕГО, КАК СКАЗАНО: "СЫНЫ ВЫ ГОСПОДУ, БОГУ ВАШЕМУ..."[2]. ЛЮБИМЫ СЫНЫ ИЗРАИЛЯ, ИБО ДАН ИМ ДРАГОЦЕННЫЙ ИНСТРУМЕНТ [ТОРА]; ЛЮБОВЬ ОСОБАЯ ОКАЗАНА ИМ ТЕМ, ЧТО ДАН ИМ ДРАГОЦЕННЫЙ ИНСТРУМЕНТ, КАК СКАЗАНО: "ПОТОМУ ЧТО УЧЕНИЕ ДОБРОЕ ДАЛ Я ВАМ, ТОРУ МОЮ НЕ ОСТАВЛЯЙТЕ"[3]. 15. ВСЕ ПРЕДОПРЕДЕЛЕНО [ВСЕВЫШНИМ], НО СВОБОДА [ВЫБОРА] ДАНА [ЧЕЛОВЕКУ], И МИР СУДИМ МИЛОС-ТЬЮ, ОДНАКО ВСЁ ЗАВИСИТ ОТ БОЛЬШИНСТВА ДЕЯНИЙ». 16. ОН ГОВОРИЛ: "ВСЕ ДАНО ПОД ЗАЛОГ, И СЕТЬ РАСКИНУТА НАД ВСЕЙ ЖИЗНЬЮ, ЛАВКА ОТКРЫТА, И ПРОДАВЕЦ ДАЕТ В ДОЛГ, И КНИГА РАСКРЫТА, И РУКА ЗАПИСЫВАЕТ, И ВСЯКИЙ, КТО ХОЧЕТ ВЗЯТЬ ВЗАЙМЫ, МОЖЕТ ПРИЙТИ И ВЗЯТЬ, НО СБОРЩИКИ ПРИХОДЯТ КАЖДЫЙ ДЕНЬ И ВЗЫСКИВАЮТ ДОЛГ, С ВЕДОМА ЛИ ЧЕЛОВЕКА ИЛИ БЕЗ ВЕДОМА, – ЕСТЬ У НИХ НА ТО ОСНОВАНИЯ. И СУД – СУД ПРАВЫЙ, И ВСЕ ГОТОВО К ТРАПЕЗЕ". 17. РАБИ ЭЛЬАЗАР БЕН АЗАРЬЯ ГОВОРИТ: "ЕСЛИ НЕТ ТОРЫ – НЕТ МОРАЛИ; ЕСЛИ НЕТ МО-РАЛИ – НЕТ ТОРЫ. ЕСЛИ НЕТ МУДРОСТИ – НЕТ СТРАХА [ПЕРЕД ГРЕХОМ]; ЕСЛИ НЕТ СТРАХА – НЕТ МУДРОСТИ. ЕСЛИ НЕТ ПОНИ-МАНИЯ – НЕТ ПОЗНАНИЯ; ЕСЛИ НЕТ ПОЗНАНИЯ – НЕТ ПОНИМА-НИЯ. ЕСЛИ НЕТ МУКИ – НЕТ ТОРЫ; ЕСЛИ НЕТ ТОРЫ – НЕТ МУКИ". ОН ГОВОРИЛ: «ТОТ, ЧЬЯ МУДРОСТЬ ПРЕОБЛАДАЕТ НАД ДЕЯНИЯ-МИ ЕГО, ЧЕМУ ОН ПОДОБЕН? ДЕРЕВУ С МНОГОЧИСЛЕННЫМИ ВЕТ-ВЯМИ И НЕМНОГИМИ КОРНЯМИ: ПОДУЕТ ВЕТЕР, И ВЫРВЕТ ЕГО, И ОПРОКИНЕТ ЕГО, КАК СКАЗАНО: "И БУДЕТ ОН КАК МОЖЖЕВЕЛЬ-НИК В СТЕПИ, И НЕ УВИДИТ, КАК ПРИДЕТ БЛАГО, И БУДЕТ ЖИТЬ В ВЫЖЖЕННОЙ ПУСТЫНЕ, В НЕОБИТАЕМОЙ СТРАНЕ СОЛОНЧА-КОВ"[4]. А ТОТ, ЧЬИ ДЕЯНИЯ ПРЕОБЛАДАЮТ НАД МУДРОСТЬЮ ЕГО, ЧЕМУ ОН ПОДОБЕН? ДЕРЕВУ С НЕМНОГИМИ ВЕТВЯМИ, НО С МНО-ГОЧИСЛЕННЫМИ КОРНЯМИ: ДАЖЕ ЕСЛИ ВСЕ ВЕТРЫ МИРА БУДУТ ДУТЬ – НЕ СДВИНУТ ОНИ ЕГО С МЕСТА, КАК СКАЗАНО: "И БУДЕТ ОН КАК ДЕРЕВО, ПОСАЖЕННОЕ У ВОДЫ И К ПОТОКУ ПУСКАЮЩЕЕ КОРНИ СВОИ; НЕ УВИДИТ ОНО, КОГДА ПРИХОДИТ ЗНОЙ, И БУДЕТ

---

1. Брейшит, 9:6. 2. Дварим, 14:1. 3. Мишлей, 4:2. 4. Ирмеягу, 17:6.

יְשַׁלַּח שָׁרָשָׁיו, וְלֹא יִרְאֶה כִּי יָבֹא חֹם, וְהָיָה עָלֵהוּ רַעֲנָן,
וּבִשְׁנַת בַּצֹּרֶת לֹא יִדְאָג, וְלֹא יָמִישׁ מֵעֲשׂוֹת פֶּרִי. יחרבי
אֱלִיעֶזֶר (בֶּן) חִסְמָא אוֹמֵר, קִנִּין, וּפִתְחֵי נִדָּה, הֵן הֵן גּוּפֵי
הֲלָכוֹת, תְּקוּפוֹת, וְגִמַטְרִיָאוֹת, פַּרְפְּרָאוֹת לַחָכְמָה.

רבי חנניה בן עקשיא וכו'

פרק רביעי

כל ישראל וכו'

א בֶּן זוֹמָא אוֹמֵר: אֵיזֶהוּ חָכָם הַלּוֹמֵד מִכָּל אָדָם, שֶׁנֶּאֱמַר:
מִכָּל מְלַמְּדַי הִשְׂכַּלְתִּי, כִּי עֵדְוֹתֶיךָ שִׂיחָה לִי. אֵיזֶהוּ
גִבּוֹר, הַכּוֹבֵשׁ אֶת יִצְרוֹ, שֶׁנֶּאֱמַר: טוֹב אֶרֶךְ אַפַּיִם מִגִּבּוֹר,
וּמוֹשֵׁל בְּרוּחוֹ, מִלֹּכֵד עִיר. אֵיזֶהוּ עָשִׁיר הַשָּׂמֵחַ בְּחֶלְקוֹ,
שֶׁנֶּאֱמַר: יְגִיעַ כַּפֶּיךָ כִּי תֹאכֵל, אַשְׁרֶיךָ וְטוֹב לָךְ, אַשְׁרֶיךָ
בָּעוֹלָם הַזֶּה, וְטוֹב לָךְ לָעוֹלָם הַבָּא. אֵיזֶהוּ מְכֻבָּד, הַמְכַבֵּד
אֶת הַבְּרִיּוֹת, שֶׁנֶּאֱמַר: כִּי מְכַבְּדַי אֲכַבֵּד וּבֹזַי יֵקָלּוּ. ב בֶּן
עַזַּאי אוֹמֵר: הֱוֵי רָץ לְמִצְוָה קַלָּה, וּבוֹרֵחַ מִן הָעֲבֵרָה,
שֶׁמִּצְוָה, גּוֹרֶרֶת מִצְוָה, וַעֲבֵרָה גּוֹרֶרֶת עֲבֵרָה,
שֶׁשְּׂכַר מִצְוָה מִצְוָה, וּשְׂכַר עֲבֵרָה עֲבֵרָה. ג הוּא הָיָה
אוֹמֵר: אַל תְּהִי בָז לְכָל אָדָם,וְאַל תְּהִי מַפְלִיג לְכָל דָּבָר,
שֶׁאֵין לְךָ אָדָם שֶׁאֵין לוֹ שָׁעָה, וְאֵין לְךָ דָּבָר שֶׁאֵין לוֹ מָקוֹם.
ד רַבִּי לְוִיטַס אִישׁ יַבְנֶה אוֹמֵר: מְאֹד מְאֹד הֱוֵי שְׁפַל רוּחַ,
שֶׁתִּקְוַת אֱנוֹשׁ רִמָּה. רַבִּי יוֹחָנָן בֶּן בְּרוֹקָה אוֹמֵר: כָּל
הַמְחַלֵּל שֵׁם שָׁמַיִם בַּסֵּתֶר, נִפְרָעִין מִמֶּנּוּ בַּגָּלוּי, אֶחָד שׁוֹגֵג
וְאֶחָד מֵזִיד בְּחִלּוּל הַשֵּׁם. ה רַבִּי יִשְׁמָעֵאל בַּר רַבִּי יוֹסֵי
אוֹמֵר: הַלּוֹמֵד תּוֹרָה עַל מְנָת לְלַמֵּד, מַסְפִּיקִין בְּיָדוֹ לִלְמוֹד
וּלְלַמֵּד, וְהַלּוֹמֵד עַל מְנָת לַעֲשׂוֹת, מַסְפִּיקִין בְּיָדוֹ לִלְמוֹד
וללמד

תו"א א) תהלים קיט צט: ב) משלי טז לב: ג) תהלים קכח ב: ד) ש"א ב ל:

ЛИСТ ЕГО ЗЕЛЕН, И В ГОД ЗАСУХИ НЕ БУДЕТ ОНО ОЗАБОЧЕНО, И НЕ ПЕРЕСТАНЕТ ПРИНОСИТЬ ПЛОДЫ"[1]». **18.** РАБИ ЭЛИЭЗЕР БЕН ХИСМА ГОВОРИТ: «ЗАКОНЫ О ЖЕРТВОПРИНОШЕНИИ ПТИЦ И О НАЧАЛЕ [ПЕРИОДА] "НИДА" – ЭТО ВАЖНЕЙШИЕ ЗАКОНЫ. АСТРОНОМИЯ ЖЕ И МАТЕМАТИКА – ЛИШЬ ПОМОГАЮТ ПОНЯТЬ МУДРОСТЬ [ТОРЫ]».

РАБИ ХАНАНЬЯ БЕН АКАШЬЯ ГОВОРИТ: «ПОЖЕЛАЛ ВСЕВЫШНИЙ УВЕЛИЧИТЬ ЗАСЛУГИ ИЗРАИЛЯ И ПОТОМУ УМНОЖИЛ ДЛЯ НИХ ТОРУ И ЗАПОВЕДИ, КАК СКАЗАНО: "[ВСЁ, ЧЕГО ЖЕЛАЕТ] ГОСПОДЬ, – ЖЕЛАЕТ ОН РАДИ ПРАВДЫ СВОЕЙ, ВОЗВЕЛИЧИТ ОН ТОРУ И ВОССЛАВИТ!» (Макот, конец главы 3).

ГЛАВА ЧЕТВЕРТАЯ

У КАЖДОГО ЕВРЕЯ ЕСТЬ ДОЛЯ В БУДУЩЕМ МИРЕ, КАК СКАЗАНО: "А НАРОД ТВОЙ – ВСЕ ПРАВЕДНИКИ. НАВЕКИ УНАСЛЕДУЮТ ОНИ ЗЕМЛЮ, ОНИ – ВЕТВЬ НАСАЖДЕНИЙ МОИХ, ПРОИЗВЕДЕНИЕ РУК МОИХ ВО СЛАВУ" (Сангедрин, глава 11).

1. БЕН ЗОМА ГОВОРИЛ: «КТО МУДР? ТОТ, КТО УЧИТСЯ У ЛЮБОГО ЧЕЛОВЕКА, КАК СКАЗАНО: "ОТ ВСЕХ УЧИТЕЛЕЙ МОИХ ЧЕРПАЛ Я МУДРОСТЬ, ИБО [ТОЛЬКО О] ЗАПОВЕДЯХ ТВОИХ РЕЧЬ МОЯ"[2]. КТО СИЛЕН? ТОТ, КТО ОБУЗДЫВАЕТ СВОИ СТРАСТИ, КАК СКАЗАНО: "ДОЛГОТЕРПЕЛИВЫЙ ЛУЧШЕ СИЛЬНОГО И ВЛАДЕЮЩИЙ СОБОЮ [ЛУЧШЕ] ЗАВОЕВАТЕЛЯ ГОРОДА"[3]. КТО БОГАТ? ТОТ, КТО РАД СВОЕЙ ДОЛЕ, КАК СКАЗАНО: "КОГДА ЕШЬ ТЫ ОТ ПЛОДОВ ТРУДА РУК СВОИХ, СЧАСТЛИВ ТЫ И БЛАГО ТЕБЕ"[4]. СЧАСТЛИВ ТЫ – В ЭТОМ МИРЕ, И БЛАГО ТЕБЕ – В БУДУЩЕМ МИРЕ. КТО УВАЖАЕМ? ТОТ, КТО УВАЖАЕТ ДРУГИХ, КАК СКАЗАНО: "...ИБО К ТЕМ, КТО ОТНОСИТСЯ КО МНЕ С УВАЖЕНИЕМ, ОТНЕСУСЬ Я С УВАЖЕНИЕМ, А ТЕ, КТО ПОЗОРЯТ МЕНЯ, ПОСРАМЛЕНЫ БУДУТ"[5]». **2.** БЕН АЗАЙ ГОВОРИТ: "СПЕШИ ИСПОЛНИТЬ [ДАЖЕ] ЛЕГКУЮ ЗАПОВЕДЬ И БЕГИ ОТ ПРОСТУПКА, ИБО ЗАПОВЕДЬ ВЛЕЧЕТ ЗА СОБОЙ ЗАПОВЕДЬ, А ПРОСТУПОК ВЛЕЧЕТ ЗА СОБОЙ ПРОСТУПОК; ИБО ВОЗНАГРАЖДЕНИЕ ЗА ЗАПОВЕДЬ – ЗАПОВЕДЬ, А ВОЗНАГРАЖДЕНИЕ ЗА ПРОСТУПОК – ПРОСТУПОК". **3.** ОН ГОВОРИЛ: "НЕ ОТНОСИСЬ С ПРЕЗРЕНИЕМ НИ К КАКОМУ ЧЕЛОВЕКУ И НЕ СЧИТАЙ НИЧЕГО ЛИШНИМ, ИБО НЕТ ЧЕЛОВЕКА, У КОТОРОГО НЕ БЫЛО БЫ СВОЕГО ЧАСА, И НЕТ НИЧЕГО, ЧТО НЕ ИМЕЛО БЫ СВОЕГО МЕСТА". **4.** РАБИ ЛЕВИТАС ИЗ ЯВНЭ ГОВОРИТ: "ВЕСЬМА-ВЕСЬМА БУДЬ СКРОМЕН, ИБО КОНЕЦ ЧЕЛОВЕКА – ТЛЕН". РАБИ ЙОХАНАН БЕН БРОКА ГОВОРИТ:

---

1. Ирмеяѓу, 17:8. 2. Теѓилим, 119:99. 3. Мишлей, 16:32. 4. Теѓилим, 128:2. 5. Шмуэль I, 2:30.

וּלְלַמֵּד לִשְׁמֹר וְלַעֲשׂוֹת . רַבִּי צָדוֹק אוֹמֵר : אַל תִּפְרוֹשׁ
מִן הַצִּבּוּר , וְאַל תַּעַשׂ עַצְמְךָ כְּעוֹרְכֵי הַדַּיָּנִין , וְאַל תַּעֲשֶׂהָ
עֲטָרָה לְהִתְגַּדֶּל בָּהּ , וְלֹא קַרְדּוּם לַחְתָּךְ בָּהּ , וְכָךְ הָיָה הִלֵּל
אוֹמֵר : וּדְאִשְׁתַּמֵּשׁ בְּתַגָּא חָלַף , הָא לָמַדְתָּ , כָּל הַנֶּהֱנֶה
מִדִּבְרֵי תוֹרָה , נוֹטֵל חַיָּיו מִן הָעוֹלָם . י רַבִּי יוֹסֵי אוֹמֵר :
כָּל הַמְכַבֵּד אֶת הַתּוֹרָה , גּוּפוֹ מְכֻבָּד עַל הַבְּרִיּוֹת , וְכָל
הַמְחַלֵּל אֶת הַתּוֹרָה גּוּפוֹ מְחֻלָּל עַל הַבְּרִיּוֹת . ז רַבִּי
יִשְׁמָעֵאל בְּנוֹ אוֹמֵר : הַחוֹשֵׂךְ עַצְמוֹ מִן הַדִּין , פּוֹרֵק מִמֶּנּוּ
אֵיבָה וְגָזֵל וּשְׁבוּעַת שָׁוְא , וְהַגַּס לִבּוֹ בְּהוֹרָאָה : שׁוֹטֶה רָשָׁע
וְגַס רוּחַ . ח וְהוּא הָיָה אוֹמֵר : אַל תְּהִי דָן יְחִידִי , שֶׁאֵין דָּן
יְחִידִי , אֶלָּא אֶחָד , וְאַל תֹּאמַר קַבְּלוּ דַעְתִּי , שֶׁהֵן רַשָּׁאִין וְלֹא
אָתָּה . ט רַבִּי יוֹנָתָן אוֹמֵר : כָּל הַמְקַיֵּם אֶת הַתּוֹרָה מֵעֹנִי ,
סוֹפוֹ לְקַיְּמָהּ מֵעֹשֶׁר , וְכָל הַמְבַטֵּל אֶת הַתּוֹרָה מֵעֹשֶׁר ,
סוֹפוֹ לְבַטְּלָהּ מֵעֹנִי . י רַבִּי מֵאִיר אוֹמֵר : הֱוֵי מְמַעֵט בְּעֵסֶק
וַעֲסוֹק בַּתּוֹרָה , וֶהֱוֵי שְׁפַל רוּחַ בִּפְנֵי כָל אָדָם , וְאִם בָּטַלְתָּ
מִן הַתּוֹרָה , יֶשׁ לְךָ בְּטֵלִים הַרְבֵּה כְּנֶגְדָּךְ , וְאִם עָמַלְתָּ
בַתּוֹרָה הַרְבֵּה , יֶשׁ שָׂכָר הַרְבֵּה לִתֶּן לָךְ . יא רַבִּי אֱלִיעֶזֶר בֶּן
יַעֲקֹב אוֹמֵר : הָעֹשֶׂה מִצְוָה אַחַת , קוֹנֶה לוֹ פְּרַקְלִיט אֶחָד ,
וְהָעוֹבֵר עֲבֵרָה אַחַת , קוֹנֶה לוֹ קַטֵּגוֹר אֶחָד , תְּשׁוּבָה
וּמַעֲשִׂים טוֹבִים כִּתְרִיס בִּפְנֵי הַפֻּרְעָנוּת . רַבִּי יוֹחָנָן
הַסַּנְדְּלָר אוֹמֵר : כָּל כְּנֵסִיָּה שֶׁהִיא לְשֵׁם שָׁמַיִם סוֹפָהּ
לְהִתְקַיֵּם , וְשֶׁאֵינָהּ לְשֵׁם שָׁמַיִם אֵין סוֹפָהּ לְהִתְקַיֵּם . יב רַבִּי
אֶלְעָזָר בֶּן שַׁמּוּעַ אוֹמֵר : יְהִי כְבוֹד תַּלְמִידְךָ חָבִיב עָלֶיךָ
כְּשֶׁלָּךְ , וּכְבוֹד חֲבֵרְךָ כְּמוֹרָא רַבָּךְ , וּמוֹרָא רַבָּךְ כְּמוֹרָא
שָׁמָיִם . יג רַבִּי יְהוּדָה אוֹמֵר : הֱוֵי זָהִיר בַּתַּלְמוּד , שֶׁשִּׁגְגַת

"КАЖДЫЙ, КТО ОСКВЕРНЯЕТ ИМЯ ВСЕВЫШНЕГО ТАЙНО, БУДЕТ НАКАЗАН ЯВНО – И НЕВАЖНО, ОСКВЕРНИЛ ОН ИМЯ ВСЕВЫШНЕГО ПО ОШИБКЕ ИЛИ ПО ЗЛОМУ УМЫСЛУ". **5.** РАБИ ИШМАЭЛЬ БАР РАБИ ЙОСЕЙ ГОВОРИТ: "ТОМУ, КТО ИЗУЧАЕТ ТОРУ, ЧТОБЫ ОБУЧАТЬ [ЕЙ], ДАЮТ ВОЗМОЖНОСТЬ ИЗУЧАТЬ [ТОРУ] И ОБУЧАТЬ [ЕЙ]; А ТОМУ, КТО ИЗУЧАЕТ [ТОРУ], ЧТОБЫ ИСПОЛНЯТЬ [ЕЕ ЗАПОВЕДИ], ДАЮТ ВОЗМОЖНОСТЬ ИЗУЧАТЬ [ТОРУ], ОБУЧАТЬ [ЕЙ] И СОБЛЮДАТЬ И ИСПОЛНЯТЬ [ЕЕ ЗАПОВЕДИ]". РАБИ ЦАДОК ГОВОРИТ: «НЕ ОТДЕЛЯЙСЯ ОТ ОБЩЕСТВА, И НЕ СТАНОВИСЬ ЗАЩИТНИКОМ [НА СУДЕ], И НЕ ДЕЛАЙ [ИЗ ТОРЫ] КОРОНУ, ЧТОБЫ ВОЗВЫСИТЬСЯ С ЕЕ ПОМОЩЬЮ, И МОТЫГУ, ЧТОБЫ КОПАТЬ ЕЮ. И ТАК ГОВОРИЛ ЃИЛЕЛЬ: "ТОТ, КТО ПОЛЬЗУЕТСЯ КОРОНОЙ [ТОРЫ ДЛЯ СВОЕЙ ВЫГОДЫ], – ИСЧЕЗНЕТ". ОТСЮДА СЛЕДУЕТ, ЧТО КАЖДЫЙ, КТО ИСПОЛЬЗУЕТ СЛОВА ТОРЫ ДЛЯ СВОЕЙ ВЫГОДЫ, ЛИШАЕТ СЕБЯ ЖИЗНИ В [БУДУЩЕМ] МИРЕ». **6.** РАБИ ЙОСЕЙ ГОВОРИТ: "ТОТ, КТО С УВАЖЕНИЕМ ОТНОСИТСЯ К ТОРЕ, – УВАЖАЕМ ЛЮДЬМИ, А ТОТ, КТО С ПРЕНЕБРЕЖЕНИЕМ ОТНОСИТСЯ К ТОРЕ, – К НЕМУ ЛЮДИ ОТНОСЯТСЯ С ПРЕНЕБРЕЖЕНИЕМ". **7.** РАБИ ИШМАЭЛЬ, ЕГО СЫН, ГОВОРИТ: "ТОТ, КТО НЕ БЕРЕТ НА СЕБЯ РОЛЬ СУДЬИ, ИЗБАВЛЯЕТ СЕБЯ ОТ ВРАЖДЫ, ГРАБЕЖА И ЛОЖНОЙ КЛЯТВЫ. ТОТ ЖЕ, КТО ВЫНОСИТ РЕШЕНИЯ САМОУВЕРЕННО, – ГЛУПЕЦ, ЗЛОДЕЙ И ГОРДЕЦ". **8.** ОН ГОВОРИЛ: «НЕ СУДИ ОДИН, ИБО ТОЛЬКО ЕДИНЫЙ [БОГ] СУДИТ ОДИН; И НЕ ГОВОРИ [ДРУГИМ ЧЛЕНАМ СУДА]: "ПРИМИТЕ МОЕ МНЕНИЕ!", ПОТОМУ ЧТО ИМ ПОЗВОЛЕНО [ТАК ГОВОРИТЬ], НО НЕ ТЕБЕ». **9.** РАБИ ЙОНАТАН ГОВОРИТ: "КАЖДЫЙ, КТО ИЗУЧАЕТ ТОРУ, ПРЕБЫВАЯ В БЕДНОСТИ, В КОНЦЕ КОНЦОВ УДОСТОИТСЯ ИЗУЧАТЬ ЕЕ В БОГАТСТВЕ; А КАЖДЫЙ, КТО НЕ ИЗУЧАЕТ ТОРУ, [БУДУЧИ ОТЯГОЩЕН] БОГАТСТВОМ, В КОНЦЕ КОНЦОВ НЕ СМОЖЕТ ИЗУЧАТЬ ЕЕ ИЗ-ЗА БЕДНОСТИ". **10.** РАБИ МЕИР ГОВОРИТ: "МЕНЬШЕ ВРЕМЕНИ УДЕЛЯЙ РАБОТЕ РАДИ ЗАРАБОТКА И ИЗУЧАЙ ТОРУ; БУДЬ СКРОМЕН С КАЖДЫМ ЧЕЛОВЕКОМ; ЕСЛИ ТЫ ОТВЛЕКСЯ ОТ ИЗУЧЕНИЯ ТОРЫ [РАДИ РАБОТЫ], ТО НАЙДЕТСЯ МНОГО ПРЕДЛОГОВ, ЧТОБЫ ОТВЛЕКАТЬСЯ; ЕСЛИ ЖЕ ТЫ МНОГО ТРУДИЛСЯ НАД ТОРОЙ, БОЛЬШОЕ ВОЗНАГРАЖДЕНИЕ БУДЕТ ДАНО ТЕБЕ". **11.** РАБИ ЭЛИЭЗЕР БЕН ЯАКОВ ГОВОРИТ: "ТОТ, КТО ИСПОЛНЯЕТ ОДНУ ЗАПОВЕДЬ, ПРИОБРЕТАЕТ СЕБЕ ОДНОГО ЗАЩИТНИКА, А ТОТ, КТО СОВЕРШАЕТ ОДИН ГРЕХ, ПРИОБРЕТАЕТ СЕБЕ ОДНОГО ОБВИНИТЕЛЯ. РАСКАЯНИЕ И ДОБРЫЕ ДЕЛА ПОДОБНЫ ЗАЩИТЕ ОТ БЕДСТВИЙ". РАБИ ЙОХАНАН-САПОЖНИК ГОВОРИТ: "КАЖДОЕ СОБРАНИЕ, КОТОРОЕ СОБИРАЕТСЯ ВО ИМЯ НЕБЕС, ДОСТИГНЕТ ЦЕ-

תַּלְמוּד עוֹלֶה זָדוֹן. רַבִּי שִׁמְעוֹן אוֹמֵר: שְׁלֹשָׁה כְתָרִים הֵן
כֶּתֶר תּוֹרָה, וְכֶתֶר כְּהֻנָּה וְכֶתֶר מַלְכוּת, וְכֶתֶר שֵׁם טוֹב
עוֹלֶה עַל גַּבֵּיהֶן. יד רַבִּי נְהוֹרַאי אוֹמֵר: הֱוֵי גוֹלֶה לִמְקוֹם
תוֹרָה, וְאַל תֹּאמַר שֶׁהִיא תָבוֹא אַחֲרֶיךָ, שֶׁחֲבֵרֶיךָ יְקַיְּמוּהָ
בְּיָדֶךָ, וְאֶל בִּינָתְךָ אַל תִּשָּׁעֵן. טו רַבִּי יַנַּאי אוֹמֵר: אֵין בְּיָדֵינוּ
לֹא מִשַּׁלְוַת הָרְשָׁעִים, וְאַף לֹא מִיִּסוּרֵי הַצַּדִּיקִים. רַבִּי
מַתְיָא בֶּן חָרָשׁ אוֹמֵר: הֱוֵי מַקְדִּים בִּשְׁלוֹם כָּל אָדָם,
וֶהֱוֵי זָנָב לָאֲרָיוֹת, וְאַל תְּהִי רֹאשׁ לַשּׁוּעָלִים. טז רַבִּי יַעֲקֹב
אוֹמֵר: הָעוֹלָם הַזֶּה דּוֹמֶה לִפְרוֹזְדוֹר, בִּפְנֵי הָעוֹלָם הַבָּא,
הַתְקֵן עַצְמְךָ בִּפְרוֹזְדוֹר כְּדֵי שֶׁתִּכָּנֵס לַטְּרַקְלִין. יז הוּא
הָיָה אוֹמֵר: יָפֶה שָׁעָה אַחַת בִּתְשׁוּבָה וּמַעֲשִׂים טוֹבִים
בָּעוֹלָם הַזֶּה, מִכָּל חַיֵּי הָעוֹלָם הַבָּא, וְיָפֶה שָׁעָה אַחַת
שֶׁל קוֹרַת רוּחַ בָּעוֹלָם הַבָּא, מִכָּל חַיֵּי הָעוֹלָם הַזֶּה.
יח רַבִּי שִׁמְעוֹן בֶּן אֶלְעָזָר אוֹמֵר: אַל תְּרַצֶּה אֶת חֲבֵרֶךָ
בִּשְׁעַת כַּעֲסוֹ, וְאַל תְּנַחֲמֵהוּ בְּשָׁעָה שֶׁמֵּתוֹ מֻטָּל לְפָנָיו,
וְאַל תִּשְׁאַל לוֹ בִּשְׁעַת נִדְרוֹ, וְאַל תִּשְׁתַּדֵּל לִרְאוֹתוֹ
בִּשְׁעַת קַלְקָלָתוֹ. יט שְׁמוּאֵל הַקָּטָן אוֹמֵר: בִּנְפֹל אוֹיִבְךָ
אַל תִּשְׂמָח, וּבִכָּשְׁלוֹ אַל יָגֵל לִבֶּךָ, פֶּן יִרְאֶה יְיָ וְרַע
בְּעֵינָיו, וְהֵשִׁיב מֵעָלָיו אַפּוֹ. כ אֱלִישָׁע בֶּן אֲבוּיָה אוֹמֵר:
הַלּוֹמֵד* יֶלֶד לְמָה הוּא דוֹמֶה: לִדְיוֹ כְתוּבָה עַל נְיָר חָדָשׁ,
וְהַלּוֹמֵד* זָקֵן לְמָה הוּא דוֹמֶה: לִדְיוֹ כְתוּבָה עַל נְיָר מָחוּק.
רַבִּי יוֹסֵי בַּר יְהוּדָה אִישׁ כְּפַר הַבַּבְלִי אוֹמֵר: הַלּוֹמֵד*
מִן הַקְּטַנִּים, לְמָה הוּא דוֹמֶה: לְאוֹכֵל עֲנָבִים קֵהוֹת,
וְשׁוֹתֶה יַיִן מִגִּתּוֹ, וְהַלּוֹמֵד* מִן הַזְּקֵנִים, לְמָה הוּא דוֹמֶה:

לֶאֱכֹל

תוּרָא א) מִשְׁלֵי כד יז יח: * צ״ל הַלּוֹמֵד תּוֹרָה.

ЛИ, А ТО, ЧТО СОБИРАЕТСЯ НЕ ВО ИМЯ НЕБЕС, НЕ ДОСТИГНЕТ ЦЕЛИ". **12.** РАБИ ЭЛЬАЗАР БЕН ШАМУА ГОВОРИТ: "ПУСТЬ БУДЕТ ЧЕСТЬ УЧЕНИКА ТВОЕГО ДОРОГА ТЕБЕ, КАК ТВОЯ СОБСТВЕННАЯ; А ЧЕСТЬ БЛИЖНЕГО ТВОЕГО – КАК СТРАХ ПЕРЕД УЧИТЕЛЕМ ТВО-ИМ; А СТРАХ ПЕРЕД УЧИТЕЛЕМ ТВОИМ – КАК СТРАХ ПРЕД НЕБЕ-САМИ". **13.** РАБИ ЙЕГУДА ГОВОРИТ: "БУДЬ ОСТОРОЖЕН В УЧЕНИИ, ИБО ОШИБКА В УЧЕНИИ ЗАСЧИТЫВАЕТСЯ КАК [ГРЕХ, СОВЕРШЕН-НЫЙ] ПО ЗЛОМУ УМЫСЛУ". РАБИ ШИМОН ГОВОРИТ: "ЕСТЬ ТРИ КОРОНЫ: КОРОНА ТОРЫ, КОРОНА СВЯЩЕННОСЛУЖЕНИЯ И КО-РОНА ЦАРСТВОВАНИЯ. НО КОРОНА ДОБРОГО ИМЕНИ ВЫШЕ ИХ". **14.** РАБИ НЕГОРАИ ГОВОРИТ: «ОТПРАВЛЯЙСЯ В МЕСТА, ГДЕ ИЗУ-ЧАЮТ ТОРУ, И НЕ ГОВОРИ, ЧТО ОНА САМА ПРИДЕТ К ТЕБЕ ИЛИ БЛИЖНИЕ ТВОИ БУДУТ ИЗУЧАТЬ ЕЕ ДЛЯ ТЕБЯ, "И НА РАЗУМ СВОЙ НЕ ПОЛАГАЙСЯ"[1]». **15.** РАБИ ЯНАЙ ГОВОРИТ: "НЕТ У НАС НИ БЕЗ-ЗАБОТНОСТИ ЗЛОДЕЕВ, НИ СТРАДАНИЙ ПРАВЕДНИКОВ". РАБИ МАТЬЯ БЕН ХАРАШ ГОВОРИТ: "ПЕРВЫМ ПРИВЕТСТВУЙ КАЖДОГО ЧЕЛОВЕКА; И БУДЬ ХВОСТОМ У ЛЬВОВ, НО НЕ БУДЬ ГЛАВОЙ У ЛИ-СИЦ". **16.** РАБИ ЯАКОВ ГОВОРИТ: "ЭТОТ МИР ПОДОБЕН КОРИДОРУ, ВЕДУЩЕМУ В БУДУЩИЙ МИР. ПОДГОТОВЬСЯ В КОРИДОРЕ, ЧТОБЫ МОГ ТЫ ВОЙТИ В ЗАЛ". **17.** ОН ГОВОРИЛ: "ЛУЧШЕ ОДИН ЧАС РАС-КАЯНИЯ И ДОБРЫХ ДЕЛ В ЭТОМ МИРЕ, ЧЕМ ЦЕЛАЯ ЖИЗНЬ В МИ-РЕ ГРЯДУЩЕМ; И ЛУЧШЕ ОДИН ЧАС ДУШЕВНОГО ПОКОЯ В МИРЕ ГРЯДУЩЕМ, ЧЕМ ЦЕЛАЯ ЖИЗНЬ В ЭТОМ МИРЕ". **18.** РАБИ ШИМОН БЕН ЭЛЬАЗАР ГОВОРИТ: "НЕ УСПОКАИВАЙ БЛИЖНЕГО ТВОЕГО, КОГДА ОН В ГНЕВЕ; И НЕ УТЕШАЙ ЕГО, КОГДА ПОКОЙНИК ЕГО ЛЕЖИТ ПЕРЕД НИМ; И НЕ РАССПРАШИВАЙ ЕГО, КОГДА ОН ДАЕТ ОБЕТ; И НЕ СТАРАЙСЯ УВИДЕТЬ ЕГО В ЧАС ПОЗОРА ЕГО". **19.** ШМУ-ЭЛЬ-МЛАДШИЙ ГОВОРИТ: "КОГДА ПАДАЕТ ВРАГ ТВОЙ, НЕ РАДУЙ-СЯ, И КОГДА СПОТЫКАЕТСЯ ОН, ПУСТЬ НЕ ЛИКУЕТ СЕРДЦЕ ТВОЕ. А ТО УВИДИТ ГОСПОДЬ, И НЕ БУДЕТ ЭТО УГОДНО ЕМУ, И ОТВРА-ТИТ ОН ОТ НЕГО ГНЕВ СВОЙ"[2]. **20.** ЭЛИША БЕН АВУЯ ГОВОРИТ: "ТОТ, КТО УЧИТСЯ В ДЕТСТВЕ, ЧЕМУ ОН ПОДОБЕН? ЧЕРНИЛАМ, КОТОРЫМИ ПИШУТ НА НОВОМ ПЕРГАМЕНТЕ. А ТОТ, КТО УЧИТСЯ В СТАРОСТИ, ЧЕМУ ОН ПОДОБЕН? ЧЕРНИЛАМ, КОТОРЫМИ ПИШУТ НА СТЕРТОМ ПЕРГАМЕНТЕ". РАБИ ЙОСЕЙ БАР ЙЕГУДА ИЗ КФАР-ГАБАВЛИ ГОВОРИТ: "ТОТ, КТО УЧИТ ТОРУ У ДЕТЕЙ, КОМУ ОН ПО-ДОБЕН? ТОМУ, КТО ЕСТ НЕЗРЕЛЫЙ ВИНОГРАД И ПЬЕТ [НЕПЕРЕ-БРОДИВШЕЕ] ВИНО ИЗ ДАВИЛЬНИ. А ТОТ, КТО УЧИТ ТОРУ У СТА-РИКОВ, КОМУ ОН ПОДОБЕН? ТОМУ, КТО ЕСТ СПЕЛЫЙ ВИНОГРАД

---

1. Мишлей, 3:5. 2. Мишлей, 24:17.

לֶאֱכֹל עֲנָבִים בְּשׁוּלוֹת, וְשׁוֹתֶה יַיִן יָשָׁן. רַבִּי מֵאִיר אוֹמֵר: אַל תִּסְתַּכֵּל בַּקַּנְקַן, אֶלָּא, בְּמַה שֶּׁיֶּשׁ בּוֹ, יֶשׁ קַנְקַן חָדָשׁ מָלֵא יָשָׁן, וְיָשָׁן, שֶׁאֲפִילוּ חָדָשׁ אֵין בּוֹ. כא רַבִּי אֶלְעָזָר הַקַּפָּר אוֹמֵר: הַקִּנְאָה וְהַתַּאֲוָה וְהַכָּבוֹד, מוֹצִיאִין אֶת הָאָדָם מִן הָעוֹלָם. כב הוּא הָיָה אוֹמֵר: הַיִּלּוֹדִים לָמוּת, וְהַמֵּתִים לְחֲיוֹת (נ"א לְהֵחָיוֹת), וְהַחַיִּים לִדּוֹן, לֵידַע, וּלְהוֹדִיעַ, וּלְהִוָּדַע, שֶׁהוּא אֵל, הוּא הַיּוֹצֵר, הוּא הַבּוֹרֵא, הוּא הַמֵּבִין, הוּא הַדַּיָּן, הוּא הָעֵד, הוּא בַּעַל דִּין, הוּא עָתִיד לָדוֹן. בָּרוּךְ הוּא, שֶׁאֵין לְפָנָיו, לֹא עַוְלָה, וְלֹא שִׁכְחָה, וְלֹא מַשּׂוֹא פָנִים, וְלֹא מִקַּח שֹׁחַד. וְדַע שֶׁהַכֹּל לְפִי הַחֶשְׁבּוֹן. וְאַל יַבְטִיחֲךָ יִצְרֶךָ, שֶׁהַשְּׁאוֹל בֵּית מָנוֹס לָךְ, שֶׁעַל כָּרְחֲךָ אַתָּה נוֹצָר, וְעַל כָּרְחֲךָ אַתָּה נוֹלָד, וְעַל כָּרְחֲךָ אַתָּה חַי, וְעַל כָּרְחֲךָ אַתָּה מֵת, וְעַל כָּרְחֲךָ אַתָּה עָתִיד לִתֵּן דִּין וְחֶשְׁבּוֹן לִפְנֵי מֶלֶךְ, מַלְכֵי הַמְּלָכִים, הַקָּדוֹשׁ, בָּרוּךְ הוּא: רבי חנניה וכו'

פרק חמישי

כל ישראל וכו'
א בַּעֲשָׂרָה מַאֲמָרוֹת נִבְרָא הָעוֹלָם, וּמַה תַּלְמוּד לוֹמַר, וַהֲלֹא בְמַאֲמָר אֶחָד יָכוֹל לְהִבָּרְאוֹת, אֶלָּא לְהִפָּרַע מִן הָרְשָׁעִים שֶׁמְּאַבְּדִין אֶת הָעוֹלָם שֶׁנִּבְרָא בַּעֲשָׂרָה מַאֲמָרוֹת, וְלִתֵּן שָׂכָר טוֹב לַצַּדִּיקִים שֶׁמְּקַיְּמִין אֶת הָעוֹלָם שֶׁנִּבְרָא בַּעֲשָׂרָה מַאֲמָרוֹת. ב עֲשָׂרָה דוֹרוֹת מֵאָדָם וְעַד נֹחַ, לְהוֹדִיעַ כַּמֶּה אֶרֶךְ אַפַּיִם לְפָנָיו, שֶׁכָּל הַדּוֹרוֹת הָיוּ מַכְעִיסִין וּבָאִין, עַד שֶׁהֵבִיא עֲלֵיהֶם אֶת מֵי הַמַּבּוּל. עֲשָׂרָה דוֹרוֹת מִנֹּחַ וְעַד אַבְרָהָם, לְהוֹדִיעַ כַּמֶּה

אירך

И ПЬЕТ СТАРОЕ ВИНО". РАБИ МЕИР ГОВОРИТ: "СМОТРИ НЕ НА КУВ-
ШИН, НО НА ТО, ЧТО В НЕМ: БЫВАЕТ, ЧТО НОВЫЙ СОСУД ПОЛОН
СТАРОГО [ВИНА], И [БЫВАЕТ,] ЧТО В СТАРОМ [КУВШИНЕ] ДАЖЕ
И МОЛОДОГО [ВИНА] НЕТ". **21.** РАБИ ЭЛЬАЗАР ГАКАПАР ГОВОРИТ:
"ЗАВИСТЬ, СЛАДОСТРАСТИЕ И ЧЕСТОЛЮБИЕ СЖИВАЮТ ЧЕЛОВЕКА
СО СВЕТА". **22.** ОН ГОВОРИЛ: "РОЖДЕННЫМ – УМЕРЕТЬ, И МЕРТ-
ВЫМ – ОЖИТЬ, А ЖИВЫМ ПРЕДСТАТЬ ПЕРЕД СУДОМ. [ЧЕЛОВЕК
ОБЯЗАН] ЗНАТЬ [САМ], ГОВОРИТЬ [ДРУГИМ] И ОПОВЕЩАТЬ [ВЕСЬ
МИР], ЧТО ОН [ВСЕВЫШНИЙ] – БОГ, ОН – СОЗДАТЕЛЬ, ОН – ТВО-
РЕЦ, ОН – ЗНАЕТ [ВСЕ ДЕЛА ЛЮДСКИЕ], ОН – СУДЬЯ, ОН – СВИ-
ДЕТЕЛЬ, ОН – ИСТЕЦ, ОН – БУДЕТ СУДИТЬ. БЛАГОСЛОВЕН ОН,
ИБО НЕТ ПРЕД НИМ НИ НЕСПРАВЕДЛИВОСТИ, НИ ЗАБВЕНИЯ, НИ
ЛИЦЕМЕРИЯ, НИ ПОДКУПА. И ЗНАЙ, ЧТО ВСЕМУ ЕСТЬ СЧЕТ. И
ПУСТЬ НЕ УБЕЖДАЕТ ТЕБЯ ТВОЕ ЗЛОЕ НАЧАЛО, ЧТО МОГИЛА –
УБЕЖИЩЕ ТВОЕ, ИБО ПОМИМО ТВОЕЙ ВОЛИ ТЫ СОЗДАН, И ПО-
МИМО ТВОЕЙ ВОЛИ ТЫ РОДИЛСЯ, И ПОМИМО ТВОЕЙ ВОЛИ ТЫ
ЖИВЕШЬ, И ПОМИМО ТВОЕЙ ВОЛИ ТЫ УМРЕШЬ, И ПОМИМО ТВО-
ЕЙ ВОЛИ ПРЕДСТОИТ ТЕБЕ СТОЯТЬ НА СУДЕ И ДАВАТЬ ОТЧЕТ
ПРЕД ЦАРЕМ ВСЕХ ЦАРЕЙ, ВСЕВЫШНИМ, ДА БУДЕТ ОН БЛАГО-
СЛОВЕН!"

РАБИ ХАНАНЬЯ БЕН АКАШЬЯ ГОВОРИТ: «ПОЖЕЛАЛ ВСЕВЫШНИЙ УВЕЛИЧИТЬ ЗА-
СЛУГИ ИЗРАИЛЯ И ПОТОМУ УМНОЖИЛ ДЛЯ НИХ ТОРУ И ЗАПОВЕДИ, КАК СКАЗА-
НО: "[ВСЕ, ЧЕГО ЖЕЛАЕТ] ГОСПОДЬ, – ЖЕЛАЕТ ОН РАДИ ПРАВДЫ СВОЕЙ, ВОЗВЕ-
ЛИЧИТ ОН ТОРУ И ВОССЛАВИТ!» (Макот, конец главы 3).

Г Л А В А   П Я Т А Я

У КАЖДОГО ЕВРЕЯ ЕСТЬ ДОЛЯ В БУДУЩЕМ МИРЕ, КАК СКАЗАНО: "А НАРОД
ТВОЙ – ВСЕ ПРАВЕДНИКИ. НАВЕКИ УНАСЛЕДУЮТ ОНИ ЗЕМЛЮ, ОНИ – ВЕТВЬ НА-
САЖДЕНИЙ МОИХ, ПРОИЗВЕДЕНИЕ РУК МОИХ ВО СЛАВУ" (Санѓедрин, глава 11).

1. ДЕСЯТЬЮ ПОВЕЛЕНИЯМИ БЫЛ СОЗДАН МИР. ЧТО ОТСЮДА СЛЕ-
ДУЕТ? ВЕДЬ ОДНИМ ПОВЕЛЕНИЕМ ОН МОГ БЫТЬ СОЗДАН! НО
[ВСЕВЫШНИЙ ПОСТУПИЛ ТАК,] ЧТОБЫ РАССЧИТАТЬСЯ СО ЗЛОДЕ-
ЯМИ, КОТОРЫЕ ГУБЯТ МИР, СОЗДАННЫЙ ДЕСЯТЬЮ ПОВЕЛЕНИ-
ЯМИ, И ДАТЬ ХОРОШЕЕ ВОЗНАГРАЖДЕНИЕ ПРАВЕДНИКАМ, КОТО-
РЫЕ ПОДДЕРЖИВАЮТ СУЩЕСТВОВАНИЕ МИРА, СОЗДАННОГО ДЕ-
СЯТЬЮ ПОВЕЛЕНИЯМИ. **2.** ДЕСЯТЬ ПОКОЛЕНИЙ [БЫЛО] ОТ АДА-

אֶרֶךְ אַפַּיִם לְפָנָיו, שֶׁכָּל הַדּוֹרוֹת הָיוּ מַכְעִיסִין וּבָאִין, עַד
שֶׁבָּא אַבְרָהָם אָבִינוּ וְקִבֵּל שְׂכַר כֻּלָּם. ג עֲשָׂרָה נִסְיוֹנוֹת
נִתְנַסָּה אַבְרָהָם אָבִינוּ וְעָמַד בְּכֻלָּם, לְהוֹדִיעַ כַּמָּה חִבָּתוֹ
שֶׁל אַבְרָהָם אָבִינוּ. ד עֲשָׂרָה נִסִּים נַעֲשׂוּ לַאֲבוֹתֵינוּ
בְּמִצְרַיִם, וַעֲשָׂרָה עַל הַיָּם, עֶשֶׂר מַכּוֹת הֵבִיא הַקָּדוֹשׁ
בָּרוּךְ הוּא עַל הַמִּצְרִיִּים, בְּמִצְרַיִם, וְעֶשֶׂר עַל הַיָּם.
עֲשָׂרָה נִסְיוֹנוֹת נִסּוּ אֲבוֹתֵינוּ אֶת הַקָּדוֹשׁ בָּרוּךְ הוּא
בַּמִּדְבָּר, שֶׁנֶּאֱמַר: וַיְנַסּוּ אֹתִי זֶה עֶשֶׂר פְּעָמִים וְלֹא שָׁמְעוּ
בְּקוֹלִי. ה עֲשָׂרָה נִסִּים נַעֲשׂוּ לַאֲבוֹתֵינוּ בְּבֵית הַמִּקְדָּשׁ:
לֹא הִפִּילָה אִשָּׁה מֵרֵיחַ בְּשַׂר הַקֹּדֶשׁ, וְלֹא הִסְרִיחַ בְּשַׂר
הַקֹּדֶשׁ מֵעוֹלָם, וְלֹא נִרְאָה זְבוּב בְּבֵית הַמִּטְבְּחַיִם, וְלֹא
אֵרַע קֶרִי לְכֹהֵן גָּדוֹל בְּיוֹם הַכִּפּוּרִים, וְלֹא כִבּוּ הַגְּשָׁמִים
אֵשׁ שֶׁל עֲצֵי הַמַּעֲרָכָה, וְלֹא נִצְּחָה הָרוּחַ אֶת עַמּוּד
הֶעָשָׁן, וְלֹא נִמְצָא פְסוּל בָּעֹמֶר, וּבִשְׁתֵּי הַלֶּחֶם וּבְלֶחֶם
הַפָּנִים, עוֹמְדִים צְפוּפִים וּמִשְׁתַּחֲוִים רְוָחִים, וְלֹא הִזִּיק
נָחָשׁ וְעַקְרָב בִּירוּשָׁלַיִם, וְלֹא אָמַר אָדָם לַחֲבֵרוֹ
צַר לִי הַמָּקוֹם שֶׁאָלִין בִּירוּשָׁלָיִם. י עֲשָׂרָה דְבָרִים
נִבְרְאוּ בְּעֶרֶב שַׁבָּת בֵּין הַשְּׁמָשׁוֹת, וְאֵלּוּ הֵן: פִּי הָאָרֶץ,
פִּי הַבְּאֵר, פִּי הָאָתוֹן, הַקֶּשֶׁת, וְהַמָּן, וְהַמַּטֶּה, וְהַשָּׁמִיר,
הַכְּתָב, וְהַמִּכְתָּב, וְהַלֻּחֹת. וְיֵשׁ אוֹמְרִים אַף קִבְרוֹ שֶׁל
מֹשֶׁה רַבֵּנוּ, וְאֵילוֹ שֶׁל אַבְרָהָם אָבִינוּ, וְיֵשׁ אוֹמְרִים אַף
הַמַּזִּיקִין, וְאַף צְבַת בִּצְבַת עֲשׂוּיָה. ז שִׁבְעָה דְבָרִים
בַּגֹּלֶם וְשִׁבְעָה בֶּחָכָם, חָכָם: אֵינוֹ מְדַבֵּר לִפְנֵי מִי שֶׁגָּדוֹל
מִמֶּנּוּ בְּחָכְמָה וּבְמִנְיָן, וְאֵינוֹ נִכְנָס לְתוֹךְ דִּבְרֵי חֲבֵרוֹ,
וְאֵינוֹ

МА ДО НОАХА, ЧТОБЫ ПОКАЗАТЬ, СКОЛЬ ВЕЛИКО ЕГО ДОЛГО-
ТЕРПЕНИЕ, ИБО ВСЕ ЭТИ ПОКОЛЕНИЯ ГНЕВИЛИ ЕГО НЕПРЕСТАН-
НО, ПОКА ОН НЕ НАВЕЛ НА НИХ ВОДЫ ПОТОПА. ДЕСЯТЬ ПОКОЛЕ-
НИЙ [БЫЛО] ОТ НОАХА ДО АВРА̃АМА, ЧТОБЫ ПОКАЗАТЬ, СКОЛЬ
ВЕЛИКО ЕГО ДОЛГОТЕРПЕНИЕ, ИБО ВСЕ ЭТИ ПОКОЛЕНИЯ ГНЕ-
ВИЛИ ЕГО НЕПРЕСТАННО, ПОКА НЕ ПРИШЕЛ ПРАОТЕЦ НАШ АВ-
РА̃АМ И НЕ ПОЛУЧИЛ ВОЗНАГРАЖДЕНИЕ ЗА ВСЕХ. 3. ДЕСЯТИ ИС-
ПЫТАНИЯМ ПОДВЕРГСЯ ПРАОТЕЦ НАШ АВРА̃АМ И ВЫДЕРЖАЛ
ВСЕ ИХ, – ЧТОБЫ ПОКАЗАТЬ, СКОЛЬ ВЕЛИКА ЛЮБОВЬ [ВСЕВЫШ-
НЕГО] К ПРАОТЦУ НАШЕМУ АВРА̃АМУ. 4. ДЕСЯТЬ ЧУДЕС СОВЕР-
ШЕНЫ БЫЛИ ДЛЯ ПРАОТЦЕВ НАШИХ В ЕГИПТЕ И ДЕСЯТЬ – НА
МОРЕ; ДЕСЯТЬ БЕДСТВИЙ НАВЕЛ ВСЕВЫШНИЙ НА ЕГИПТЯН В
ЕГИПТЕ И ДЕСЯТЬ – НА МОРЕ. ДЕСЯТЬ РАЗ ИСПЫТЫВАЛИ ПРАОТ-
ЦЫ НАШИ ВСЕВЫШНЕГО В ПУСТЫНЕ, КАК СКАЗАНО: "... НО ИСПЫ-
ТЫВАЛИ МЕНЯ УЖЕ ДЕСЯТЬ РАЗ И НЕ СЛУШАЛИСЬ ГОЛОСА МО-
ЕГО"[1]. 5. ДЕСЯТЬ ЧУДЕС СОВЕРШЕНЫ БЫЛИ ДЛЯ ПРАОТЦЕВ НА-
ШИХ В ХРАМЕ: НИ У ОДНОЙ ЖЕНЩИНЫ НИ РАЗУ НЕ БЫЛО ВЫКИ-
ДЫША ОТ ЗАПАХА ЖЕРТВЕННОГО МЯСА; И НИ РАЗУ НЕ ИСПОР-
ТИЛОСЬ ЖЕРТВЕННОЕ МЯСО; И НИ РАЗУ НЕ ВИДЕЛИ МУХИ НА
БОЙНЕ; И НИ РАЗУ НЕ СЛУЧИЛОСЬ СЕМЯИЗВЕРЖЕНИЕ У ПЕРВО-
СВЯЩЕННИКА В СУДНЫЙ ДЕНЬ; И НИ РАЗУ НЕ ПОГАСИЛИ ДОЖДИ
ОГОНЬ НА ЖЕРТВЕННИКЕ; И НИ РАЗУ ВЕТЕР НЕ РАССЕЯЛ СТОЛБ
ДЫМА; И НИ РАЗУ НЕ НАХОДИЛИ ПОРЧИ В "ОМЕРЕ", И В "ДВУХ
ХЛЕБАХ", И В "ЛЕХЕМ ̃АПАНИМ" [ХЛЕБЕ, КОТОРЫЙ КЛАЛИ НА
ЗОЛОТОЙ СТОЛ]; [ЛЮДИ] СТОЯЛИ В ТЕСНОТЕ, НО КОГДА ОНИ
ПАДАЛИ НИЦ, [БЫЛО МЕЖДУ НИМИ] ПРОСТРАНСТВО; И НИ РАЗУ
НЕ ПРИНЕСЛИ ВРЕДА ЗМЕИ И СКОРПИОНЫ В ИЕРУСАЛИМЕ; И НИ
РАЗУ НЕ СКАЗАЛ ЧЕЛОВЕК БЛИЖНЕМУ СВОЕМУ: "СЛИШКОМ ТЕС-
НО МНЕ В ЭТОМ МЕСТЕ, ЧТОБЫ НОЧЕВАТЬ В ИЕРУСАЛИМЕ". 6. ДЕ-
СЯТЬ ВЕЩЕЙ СОЗДАНО БЫЛО НАКАНУНЕ СУББОТЫ, В СУМЕРКАХ:
УСТА ЗЕМЛИ, УСТЬЕ КОЛОДЦА [МИРЬЯМ], УСТА ОСЛИЦЫ [БИЛЬА-
МА], РАДУГА, МАННА, ПОСОХ [МОШЕ], "ШАМИР" [ЧЕРВЬ, С ПОМО-
ЩЬЮ КОТОРОГО ОБРАБАТЫВАЛИ КАМНИ ПРИ СТРОИТЕЛЬСТВЕ
ХРАМА], БУКВЫ, НАДПИСЬ [НА СКРИЖАЛЯХ] И СКРИЖАЛИ. И ГО-
ВОРЯТ, ЧТО ТАКЖЕ [СОЗДАНЫ БЫЛИ] ГРОБНИЦА МОШЕ, УЧИТЕ-

---

1. Бемидбар, 14:22.

וְאֵינוּ נִבְהָל לְהָשִׁיב. שׁוֹאֵל כְּעִנְיָן וּמֵשִׁיב כַּהֲלָכָה,
וְאוֹמֵר עַל רִאשׁוֹן רִאשׁוֹן וְעַל אַחֲרוֹן אַחֲרוֹן, וְעַל מַה
שֶּׁלֹּא שָׁמַע אוֹמֵר לֹא שָׁמַעְתִּי. וּמוֹדֶה עַל הָאֱמֶת,
וְחִלּוּפֵיהֶן בְּגֹלֶם. ח שִׁבְעָה מִינֵי פֻּרְעָנִיּוֹת בָּאִין לָעוֹלָם.
עַל שִׁבְעָה גּוּפֵי עֲבֵרָה: מִקְצָתָן מְעַשְּׂרִין וּמִקְצָתָן אֵינָן
מְעַשְּׂרִין, רָעָב שֶׁל מְהוּמָה בָּא, מִקְצָתָן רְעֵבִים
וּמִקְצָתָן שְׂבֵעִים. גָּמְרוּ שֶׁלֹּא לְעַשֵּׂר, רָעָב שֶׁל
בַּצֹּרֶת בָּא. וְשֶׁלֹּא לִטּוֹל אֶת הַחַלָּה, רָעָב שֶׁל כְּלָיָה
בָּא. דֶּבֶר בָּא לָעוֹלָם: עַל מִיתוֹת הָאֲמוּרוֹת בַּתּוֹרָה
שֶׁלֹּא נִמְסְרוּ לְבֵית דִּין, וְעַל פֵּרוֹת שְׁבִיעִית. חֶרֶב בָּאָה
לָעוֹלָם. עַל עִנּוּי הַדִּין, וְעַל עִוּוּת הַדִּין, וְעַל הַמּוֹרִים
בַּתּוֹרָה שֶׁלֹּא כַהֲלָכָה. ט חַיָּה רָעָה בָּאָה לָעוֹלָם, עַל
שְׁבוּעַת שָׁוְא וְעַל חִלּוּל הַשֵּׁם. גָּלוּת בָּא לָעוֹלָם, עַל
עֲבוֹדָה זָרָה, וְעַל גִּלּוּי עֲרָיוֹת, וְעַל שְׁפִיכוּת דָּמִים, וְעַל
שְׁמִטַּת הָאָרֶץ. בְּאַרְבָּעָה פְרָקִים הַדֶּבֶר מִתְרַבֶּה,
בָּרְבִיעִית, וּבַשְּׁבִיעִית, וּבְמוֹצָאֵי שְׁבִיעִית, וּבְמוֹצָאֵי
הֶחָג שֶׁבְּכָל שָׁנָה וְשָׁנָה. בָּרְבִיעִית, מִפְּנֵי מַעְשַׂר עָנִי
שֶׁבַּשְּׁלִישִׁית. בַּשְּׁבִיעִית, מִפְּנֵי מַעְשַׂר עָנִי שֶׁבַּשִּׁשִּׁית.
בְּמוֹצָאֵי שְׁבִיעִית, מִפְּנֵי פֵּרוֹת שְׁבִיעִית. בְּמוֹצָאֵי הֶחָג
שֶׁבְּכָל שָׁנָה וְשָׁנָה, מִפְּנֵי גֶּזֶל מַתְּנוֹת עֲנִיִּים. י אַרְבַּע
מִדּוֹת בָּאָדָם: הָאוֹמֵר שֶׁלִּי שֶׁלִּי, וְשֶׁלְּךָ שֶׁלִּי, עַם הָאָרֶץ.
שֶׁלִּי שֶׁלִּי, וְשֶׁלְּךָ שֶׁלָּךְ, זוֹ מִדָּה בֵּינוֹנִית, וְיֵשׁ אוֹמְרִים
זוֹ מִדַּת סְדוֹם. שֶׁלִּי שֶׁלָּךְ, וְשֶׁלְּךָ שֶׁלָּךְ, חָסִיד. שֶׁלָּךְ
שֶׁלִּי, וְשֶׁלִּי שֶׁלִּי, רָשָׁע. יא אַרְבַּע מִדּוֹת בְּדֵעוֹת: נוֹחַ
לִכְעוֹס וְנוֹחַ לִרְצוֹת, יָצָא הֶפְסֵדוֹ בִּשְׂכָרוֹ. קָשֶׁה לִכְעוֹס

וקשה

ЛЯ НАШЕГО, И ЯГНЕНОК ПРАОТЦА НАШЕГО АВРАҐАМА. И ГОВОРЯТ, ЧТО ТАКЖЕ [СОЗДАНЫ БЫЛИ] ЗЛЫЕ ДУХИ И [ПЕРВЫЕ В МИРЕ] КЛЕЩИ, [ВЕДЬ КЛЕЩИ МОГУТ БЫТЬ ЛИШЬ ДРУГИМИ] КЛЕЩАМИ СДЕЛАНЫ. **7.** СЕМЬЮ КАЧЕСТВАМИ ОТЛИЧАЕТСЯ ГЛУПЕЦ И СЕМЬЮ – МУДРЕЦ: УМНЫЙ НЕ ГОВОРИТ В ПРИСУТСТВИИ ТОГО, КТО МУДРЕЕ И СТАРШЕ ЕГО; НЕ ПЕРЕБИВАЕТ СОБЕСЕДНИКА; НЕ ТОРОПИТСЯ С ОТВЕТОМ; ЗАДАЕТ ВОПРОСЫ ПО СУЩЕСТВУ И ОТВЕЧАЕТ КАК ПОЛАГАЕТСЯ; ОТВЕЧАЕТ НА ПЕРВЫЙ [ВОПРОС] СНАЧАЛА, А НА ПОСЛЕДНИЙ – В КОНЦЕ; О ТОМ, ЧЕГО НЕ СЛЫШАЛ, ГОВОРИТ: "Я НЕ СЛЫШАЛ"; ПРИЗНАЕТ ИСТИНУ. ГЛУПЕЦ ЖЕ [ОТЛИЧАЕТСЯ] ПРОТИВОПОЛОЖНЫМИ КАЧЕСТВАМИ. **8.** СЕМЬ ВИДОВ БЕДСТВИЙ ПОСТИГАЮТ МИР ЗА СЕМЬ ГЛАВНЫХ ГРЕХОВ: ЕСЛИ ОДНИ ОТДЕЛЯЮТ ДЕСЯТИНЫ, А ДРУГИЕ НЕ ОТДЕЛЯЮТ, – НАСТУПАЕТ ГОЛОД ИЗ-ЗА ВОЙНЫ, [КОГДА] ОДНИ ГОЛОДАЮТ, А ДРУГИЕ СЫТЫ; ЕСЛИ [ВСЕ] РЕШИЛИ НЕ ОТДЕЛЯТЬ ДЕСЯТИНЫ – НАСТУПАЕТ ГОЛОД ИЗ-ЗА ЗАСУХИ; ЕСЛИ [ВСЕ РЕШИЛИ] НЕ ОТДЕЛЯТЬ "ХАЛУ", – ГУБИТЕЛЬНЫЙ ГОЛОД НАСТУПАЕТ. МОР ВОЦАРЯЕТСЯ В МИРЕ ЗА ТО, ЧТО [ПРЕСТУПНИКИ], КАРАЕМЫЕ СМЕРТЬЮ СОГЛАСНО СКАЗАННОМУ В ТОРЕ, НЕ БЫЛИ ПРЕДАНЫ СУДУ, И ЗА [НЕСОБЛЮДЕНИЕ ЗАКОНОВ О] ПЛОДАХ СЕДЬМОГО ГОДА. МЕЧ ВОЦАРЯЕТСЯ В МИРЕ – ЗА СУДЕБНУЮ ВОЛОКИТУ, ЗА НЕСПРАВЕДЛИВЫЙ СУД И ЗА НЕПРАВИЛЬНОЕ ТОЛКОВАНИЕ ТОРЫ. **9.** НАЧИНАЕТСЯ НАШЕСТВИЕ ХИЩНЫХ ЗВЕРЕЙ – ИЗ-ЗА ЛОЖНЫХ КЛЯТВ И ОСКВЕРНЕНИЯ ИМЕНИ ВСЕВЫШНЕГО. ИЗГНАНИЕ ПРИХОДИТ В МИР – ИЗ-ЗА ИДОЛОПОКЛОНСТВА, И КРОВОСМЕШЕНИЯ, И КРОВОПРОЛИТИЯ, И [НАРУШЕНИЯ ЗАКОНОВ] О СЕДЬМОМ ГОДЕ. **10.** В ЧЕТЫРЕ ПЕРИОДА [СЕМИЛЕТНЕГО ЦИКЛА] УСИЛИВАЕТСЯ МОР: В ЧЕТВЕРТЫЙ [ГОД], В СЕДЬМОЙ, НА ИСХОДЕ СЕДЬМОГО [ГОДА] И НА ИСХОДЕ ПРАЗДНИКА [СУКОТ] ЕЖЕГОДНО. В ЧЕТВЕРТЫЙ [ГОД] – ИЗ-ЗА [НАРУШЕНИЯ ЗАКОНОВ О] ДЕСЯТИНЕ ДЛЯ БЕДНЫХ ТРЕТЬЕГО ГОДА; В СЕДЬМОЙ – ИЗ-ЗА [НАРУШЕНИЯ ЗАКОНОВ О] ДЕСЯТИНЕ ДЛЯ БЕДНЫХ ШЕСТОГО ГОДА; НА ИСХОДЕ СЕДЬМОГО [ГОДА] – ИЗ-ЗА [НАРУШЕНИЯ ЗАКОНОВ О] ПЛОДАХ СЕДЬМОГО [ГОДА]; НА ИСХОДЕ ПРАЗДНИКА [СУКОТ] ЕЖЕГОДНО – ИЗ-ЗА ПРИСВОЕНИЯ ДАРОВ ДЛЯ БЕДНЫХ. ЧЕТЫРЕ ТИПА ХАРАКТЕРОВ ЕСТЬ У ЛЮДЕЙ: ТОТ, КТО ГОВОРИТ: "МОЕ – ТВОЕ, А ТВОЕ – МОЕ", – ПРОСТОЛЮДИН; "МОЕ – МОЕ, А ТВОЕ – ТВОЕ", – ЭТО ХАРАКТЕР СРЕДНЕГО

וְקָשֶׁה לִרְצוֹת, יָצָא שְׂכָרוֹ בְּהֶפְסֵדוֹ. קָשֶׁה לִכְעוֹס וְנוֹחַ לִרְצוֹת, חָסִיד. נוֹחַ לִכְעוֹס וְקָשֶׁה לִרְצוֹת רָשָׁע: יב אַרְבַּע מִדּוֹת בְּתַלְמִידִים: מַהֵר לִשְׁמוֹעַ וּמַהֵר לְאַבֵּד, יָצָא שְׂכָרוֹ בְּהֶפְסֵדוֹ. קָשֶׁה לִשְׁמוֹעַ וְקָשֶׁה לְאַבֵּד, יָצָא הֶפְסֵדוֹ בִּשְׂכָרוֹ. מַהֵר לִשְׁמוֹעַ וְקָשֶׁה לְאַבֵּד, זֶה חֵלֶק טוֹב. קָשֶׁה לִשְׁמוֹעַ וּמַהֵר לְאַבֵּד, זֶה חֵלֶק רָע. יג אַרְבַּע מִדּוֹת בְּנוֹתְנֵי צְדָקָה: הָרוֹצֶה שֶׁיִּתֵּן וְלֹא יִתְּנוּ אֲחֵרִים, עֵינוֹ רָעָה בְּשֶׁל אֲחֵרִים. יִתְּנוּ אֲחֵרִים וְהוּא לֹא יִתֵּן, עֵינוֹ רָעָה בְּשֶׁלּוֹ. יִתֵּן וְיִתְּנוּ אֲחֵרִים, חָסִיד. לֹא יִתֵּן וְלֹא יִתְּנוּ אֲחֵרִים, רָשָׁע. יד אַרְבַּע מִדּוֹת בְּהוֹלְכֵי בֵית הַמִּדְרָשׁ: הוֹלֵךְ וְאֵינוֹ עוֹשֶׂה, שְׂכַר הֲלִיכָה בְּיָדוֹ. עוֹשֶׂה וְאֵינוֹ הוֹלֵךְ, שְׂכַר מַעֲשֶׂה בְּיָדוֹ. הוֹלֵךְ וְעוֹשֶׂה, חָסִיד. לֹא הוֹלֵךְ וְלֹא עוֹשֶׂה, רָשָׁע. טו אַרְבַּע מִדּוֹת בְּיוֹשְׁבִים לִפְנֵי חֲכָמִים: סְפוֹג, וּמַשְׁפֵּךְ, מְשַׁמֶּרֶת, וְנָפָה. סְפוֹג, שֶׁהוּא סוֹפֵג אֶת הַכֹּל. וּמַשְׁפֵּךְ, שֶׁמַּכְנִיס בְּזוֹ וּמוֹצִיא בְזוֹ. מְשַׁמֶּרֶת, שֶׁמּוֹצִיאָה אֶת הַיַּיִן וְקוֹלֶטֶת אֶת הַשְּׁמָרִים. וְנָפָה, שֶׁמּוֹצִיאָה אֶת הַקֶּמַח וְקוֹלֶטֶת אֶת הַסֹּלֶת: טז כָּל אַהֲבָה שֶׁהִיא תְלוּיָה בְדָבָר, בָּטֵל דָּבָר בְּטֵלָה אַהֲבָה, וְשֶׁאֵינָהּ תְּלוּיָה בְדָבָר, אֵינָהּ בְּטֵלָה לְעוֹלָם. אֵיזוֹ הִיא אַהֲבָה שֶׁהִיא תְלוּיָה בְדָבָר, זוֹ אַהֲבַת אַמְנוֹן וְתָמָר, וְשֶׁאֵינָהּ תְּלוּיָה בְדָבָר, זוֹ אַהֲבַת דָּוִד וִיהוֹנָתָן. יז כָּל מַחֲלֹקֶת שֶׁהִיא לְשֵׁם שָׁמַיִם, סוֹפָהּ לְהִתְקַיֵּם, וְשֶׁאֵינָהּ לְשֵׁם שָׁמַיִם, אֵין סוֹפָהּ לְהִתְקַיֵּם. אֵיזוֹ הִיא מַחֲלֹקֶת שֶׁהִיא לְשֵׁם שָׁמַיִם, זוֹ מַחֲלֹקֶת הִלֵּל וְשַׁמַּאי. וְשֶׁאֵינָהּ לְשֵׁם שָׁמַיִם, זוֹ מַחֲלֹקֶת קֹרַח וְכָל

עֲדָתוֹ

[ЧЕЛОВЕКА], А НЕКОТОРЫЕ СЧИТАЮТ, ЧТО ЭТО ЧЕРТА [ЖИТЕ-ЛЕЙ] СДОМА; "МОЕ – ТВОЕ И ТВОЕ – ТВОЕ", – БЛАГОЧЕСТИВ; "ТВОЕ – МОЕ И МОЕ – МОЕ", – ЗЛОДЕЙ. **11.** ЧЕТЫРЕ ТИПА ТЕМПЕ-РАМЕНТА: ВСПЫЛЬЧИВЫЙ, НО ОТХОДЧИВЫЙ БОЛЬШЕ ВЫИГРЫВА-ЕТ, ЧЕМ ТЕРЯЕТ; НЕВСПЫЛЬЧИВЫЙ И НЕОТХОДЧИВЫЙ БОЛЬШЕ ТЕРЯЕТ, ЧЕМ ВЫИГРЫВАЕТ; НЕВСПЫЛЬЧИВЫЙ И ОТХОДЧИВЫЙ – БЛАГОЧЕСТИВ; ВСПЫЛЬЧИВЫЙ И НЕОТХОДЧИВЫЙ – ЗЛОДЕЙ. **12.** ЧЕ-ТЫРЕ ТИПА УЧЕНИКОВ: ТОТ, КТО БЫСТРО СХВАТЫВАЕТ И БЫСТРО ЗАБЫВАЕТ, БОЛЬШЕ ТЕРЯЕТ, ЧЕМ ВЫИГРЫВАЕТ; ТОТ, КТО С ТРУ-ДОМ УСВАИВАЕТ, НО НЕ ЗАБЫВАЕТ, БОЛЬШЕ ВЫИГРЫВАЕТ, ЧЕМ ТЕРЯЕТ; ТОТ, КТО БЫСТРО УСВАИВАЕТ И НЕ ЗАБЫВАЕТ, – ХОРО-ША [ЕГО] ДОЛЯ; ТОТ, КТО С ТРУДОМ УСВАИВАЕТ И БЫСТРО ЗА-БЫВАЕТ, – ПЛОХА [ЕГО] ДОЛЯ. **13.** ЧЕТЫРЕ ТИПА ЛЮДЕЙ, ДАЮ-ЩИХ ПОЖЕРТВОВАНИЯ: ТОТ, КТО ХОЧЕТ ДАВАТЬ САМ, И НЕ [ХО-ЧЕТ, ЧТОБЫ] ДАВАЛИ ДРУГИЕ, – ЗАВИДУЕТ ДРУГИМ; [ТОТ, КТО ХОЧЕТ], ЧТОБЫ ДАВАЛИ ДРУГИЕ, А ОН НЕ ДАВАЛ, – СКУП; [ТОТ, КТО ХОЧЕТ] ДАВАТЬ САМ И ПОБУЖДАЕТ ДАВАТЬ ДРУГИХ, – БЛА-ГОЧЕСТИВ; [ТОТ, КТО НЕ ХОЧЕТ] ДАВАТЬ САМ И НЕ [ХОЧЕТ, ЧТО-БЫ] ДАВАЛИ ДРУГИЕ, – ЗЛОДЕЙ. **14.** ЧЕТЫРЕ ТИПА [ЛЮДЕЙ], КОТО-РЫЕ ПРИХОДЯТ В ДОМ УЧЕНИЯ: ТОТ, КТО ПРИХОДИТ, НО НЕ УЧИТ-СЯ, – ПОЛУЧАЕТ ВОЗНАГРАЖДЕНИЕ ЗА ТО, ЧТО ПРИХОДИТ; ТОТ, КТО УЧИТСЯ, НО НЕ ПРИХОДИТ, – ПОЛУЧАЕТ ВОЗНАГРАЖДЕНИЕ ЗА ТО, ЧТО УЧИТСЯ; ТОТ, КТО ПРИХОДИТ И УЧИТСЯ, – БЛАГОЧЕС-ТИВ; ТОТ, КТО НЕ ПРИХОДИТ И НЕ УЧИТСЯ, – ЗЛОДЕЙ. **15.** ЧЕТЫ-РЕ ТИПА [УЧЕНИКОВ], СИДЯЩИХ ПЕРЕД МУДРЕЦАМИ: "ГУБКА", "ВОРОНКА", "ЦЕДИЛКА" И "СИТО". ГУБКА ВПИТЫВАЕТ ВСЁ; В ВО-РОНКУ С ОДНОЙ СТОРОНЫ ВХОДИТ, А С ДРУГОЙ ВЫХОДИТ; ЦЕ-ДИЛКА ПРОПУСКАЕТ ВИНО, НО ЗАДЕРЖИВАЕТ ОСАДОК; СИТО ЗА-ДЕРЖИВАЕТ МУКУ [КРУПНОГО ПОМОЛА], НО ПРОПУСКАЕТ МУКУ ТОНКОГО ПОМОЛА. **16.** ВСЯКАЯ ЛЮБОВЬ, ЗАВИСЯЩАЯ ОТ КАКОЙ-ЛИБО ПРИЧИНЫ, – ИСЧЕЗАЕТ ПРИЧИНА, ИСЧЕЗАЕТ И ЛЮБОВЬ; А НЕ ЗАВИСЯЩАЯ НИ ОТ ЧЕГО – НЕ ИСЧЕЗАЕТ НИКОГДА. КАКАЯ ЛЮБОВЬ ЗАВИСИТ ОТ КАКОЙ-ЛИБО ПРИЧИНЫ? ЭТО ЛЮБОВЬ АМ-НОНА И ТАМАР. А НЕ ЗАВИСЯЩАЯ НИ ОТ ЧЕГО? ЭТО ЛЮБОВЬ ДА-ВИДА И ЙЕГОНАТАНА. **17.** КАЖДЫЙ СПОР, [КОТОРЫЙ ВЕДЕТСЯ] ВО ИМЯ НЕБЕС, ПРИНЕСЕТ ПОЛЬЗУ, А ТОТ, ЧТО [ВЕДЕТСЯ] НЕ ВО ИМЯ НЕБЕС, – БЕСПОЛЕЗЕН. КАКОЙ СПОР [ВЕЛСЯ] ВО ИМЯ НЕ-

עֲרָתוּ . יח כָּל הַמְזַכֶּה אֶת הָרַבִּים אֵין חֵטְא בָּא עַל יָדוֹ,
וְכָל הַמַּחֲטִיא אֶת הָרַבִּים , אֵין מַסְפִּיקִין בְּיָדוֹ לַעֲשׂוֹת
תְּשׁוּבָה . מֹשֶׁה זָכָה וְזִכָּה אֶת הָרַבִּים, זְכוּת הָרַבִּים תָּלוּי
בּוֹ , שֶׁנֶּאֱמַר : צִדְקַת יְיָ עָשָׂה , וּמִשְׁפָּטָיו עִם יִשְׂרָאֵל .
יָרְבְעָם בֶּן נְבָט חָטָא וְהֶחֱטִיא אֶת הָרַבִּים, חֵטְא הָרַבִּים
תָּלוּי בּוֹ, שֶׁנֶּאֱמַר : עַל חַטֹּאות יָרְבְעָם אֲשֶׁר חָטָא, וַאֲשֶׁר
הֶחֱטִיא אֶת יִשְׂרָאֵל . יט כָּל מִי שֶׁיֵּשׁ בּוֹ שְׁלשָׁה דְבָרִים
הַלָּלוּ, הוּא מִתַּלְמִידָיו שֶׁל אַבְרָהָם אָבִינוּ וּשְׁלשָׁה דְבָרִים
אֲחֵרִים, הוּא מִתַּלְמִידָיו שֶׁל בִּלְעָם הָרָשָׁע. תַּלְמִידָיו שֶׁל
אַבְרָהָם אָבִינוּ עַיִן טוֹבָה, וְרוּחַ נְמוּכָה, וְנֶפֶשׁ שְׁפָלָה .
תַּלְמִידָיו שֶׁל בִּלְעָם הָרָשָׁע עַיִן רָעָה, וְרוּחַ גְּבוֹהָה, וְנֶפֶשׁ
רְחָבָה . מַה בֵּין תַּלְמִידָיו שֶׁל אַבְרָהָם אָבִינוּ לְתַלְמִידָיו
שֶׁל בִּלְעָם הָרָשָׁע, תַּלְמִידָיו שֶׁל אַבְרָהָם אָבִינוּ, אוֹכְלִין
בָּעוֹלָם הַזֶּה, וְנוֹחֲלִין הָעוֹלָם הַבָּא, שֶׁנֶּאֱמַר : לְהַנְחִיל
אֹהֲבַי יֵשׁ, וְאוֹצְרוֹתֵיהֶם אֲמַלֵּא. אֲבָל תַּלְמִידָיו שֶׁל בִּלְעָם
הָרָשָׁע יוֹרְשִׁין גֵּיהִנֹּם וְיוֹרְדִין לִבְאֵר שַׁחַת, שֶׁנֶּאֱמַר : וְאַתָּה
אֱלֹהִים תּוֹרִדֵם לִבְאֵר שַׁחַת, אַנְשֵׁי דָמִים וּמִרְמָה לֹא
יֶחֱצוּ יְמֵיהֶם, וַאֲנִי אֶבְטַח בָּךְ . כ יְהוּדָה בֶן תֵּימָא אוֹמֵר:
הֱוֵי עַז כַּנָּמֵר, וְקַל כַּנֶּשֶׁר, רָץ כַּצְּבִי, וְגִבּוֹר כָּאֲרִי, לַעֲשׂוֹת
רְצוֹן אָבִיךְ שֶׁבַּשָּׁמָיִם . הוּא הָיָה אוֹמֵר: עַז פָּנִים
לְגֵיהִנֹּם, וּבוֹשֶׁת פָּנִים לְגַן עֵדֶן . יְהִי רָצוֹן מִלְפָנֶיךָ יְיָ
אֱלֹהֵינוּ וֵאלֹהֵי אֲבוֹתֵינוּ, שֶׁיִּבָּנֶה בֵּית הַמִּקְדָּשׁ בִּמְהֵרָה
בְּיָמֵינוּ וְתֵן חֶלְקֵנוּ בְּתוֹרָתֶךָ. כא בֶּן בַּג בַּג אוֹמֵר: הֲפָךְ
בָּהּ וַהֲפָךְ בָּהּ, דְּכֹלָּא בָהּ, וּבָהּ תֶּחֱזֵי, וְסִיב וּבְלֵה בָהּ,

תנ"א א) דברים ל: כא: ב) מ"א פו ל: נ) משלי ח כא: ד) תהלים נה כד:

БЕС? СПОР ГИЛЕЛЯ И ШАМАЯ. А НЕ ВО ИМЯ НЕБЕС? СПОР КОРА-
ХА И ВСЕХ ЕГО СООБЩНИКОВ [С МОШЕ]. **18.** КАЖДЫЙ, КТО ПО-
МОГАЕТ МНОГИМ ИЗБЕЖАТЬ ГРЕХА, НЕ ВПАДАЕТ В ГРЕХ; А КАЖ-
ДОМУ, КТО МНОГИХ ВВОДИТ В ГРЕХ, НЕ ДАЮТ [С НЕБЕС] РАС-
КАЯТЬСЯ. МОШЕ УДОСТОИЛСЯ ПОМОЧЬ МНОГИМ ИЗБЕЖАТЬ ГРЕ-
ХА – ЗАСЛУГИ МНОГИХ, [БЛАГОДАРЯ ЕМУ ИСПОЛНЯЮЩИХ ЗАПО-
ВЕДИ], ПРИНАДЛЕЖАТ ЕМУ, КАК СКАЗАНО: "...СПРАВЕДЛИВОСТЬ
ГОСПОДА ИСПОЛНИЛ ОН И СУД ЕГО С ИЗРАИЛЕМ"[1]. ЙОРОВАМ БЕН
НЕВАТ ГРЕШИЛ [САМ] И ВВОДИЛ В ГРЕХ МНОГИХ – ЗА ГРЕХИ МН-
ОГИХ ОТВЕТСТВЕНЕН ОН, КАК СКАЗАНО: "...ЗА ГРЕХИ ЙОРОВАМА,
КОТОРЫЙ ГРЕШИЛ [САМ] И КОТОРЫЙ ВВОДИЛ В ГРЕХ ИЗРАИЛЬ"[2].
19. КАЖДЫЙ, КТО ОТЛИЧАЕТСЯ ТРЕМЯ СЛЕДУЮЩИМИ КАЧЕСТ-
ВАМИ, – ИЗ УЧЕНИКОВ ПРАОТЦА НАШЕГО АВРАГАМА, А ТРЕМЯ
ДРУГИМИ КАЧЕСТВАМИ – ИЗ УЧЕНИКОВ ЗЛОДЕЯ БИЛЬАМА. У УЧЕ-
НИКОВ ПРАОТЦА НАШЕГО АВРАГАМА ДОБРЫЙ ГЛАЗ, СМИРЕННЫЙ
ДУХ И СКРОМНАЯ ДУША. У УЧЕНИКОВ ЗЛОДЕЯ БИЛЬАМА ЗЛОЙ
ГЛАЗ, ВЫСОКОМЕРНЫЙ ДУХ И АЛЧНАЯ ДУША. В ЧЕМ РАЗНИЦА
МЕЖДУ УЧЕНИКАМИ ПРАОТЦА НАШЕГО АВРАГАМА И УЧЕНИКАМИ
ЗЛОДЕЯ БИЛЬАМА? УЧЕНИКИ ПРАОТЦА НАШЕГО АВРАГАМА ЕДЯТ
[ПЛОДЫ СВОИХ ДОБРЫХ ДЕЛ] В ЭТОМ МИРЕ И ПОЛУЧАЮТ [ВОЗ-
НАГРАЖДЕНИЕ] В МИРЕ ГРЯДУЩЕМ, КАК СКАЗАНО: "...ЧТОБЫ
ДАТЬ НАСЛЕДСТВО [В МИРЕ ГРЯДУЩЕМ] ЛЮБЯЩИМ МЕНЯ, И СО-
КРОВИЩНИЦЫ ИХ НАПОЛНЮ Я [В ЭТОМ МИРЕ]"[3]. А УЧЕНИКИ
ЗЛОДЕЯ БИЛЬАМА НАСЛЕДУЮТ АД [В ЭТОМ МИРЕ] И СХОДЯТ В
ПРЕИСПОДНЮЮ [В МИРЕ ГРЯДУЩЕМ], КАК СКАЗАНО: "А ТЫ, БОГ,
НИЗВЕДЕШЬ В ПРЕИСПОДНЮЮ [В МИРЕ ГРЯДУЩЕМ] ЛЮДЕЙ КРО-
ВОЖАДНЫХ И КОВАРНЫХ, НЕ ДОСТИГНУТ ОНИ И ПОЛОВИНЫ
ДНЕЙ СВОИХ [В ЭТОМ МИРЕ]. Я ЖЕ ПОЛАГАТЬСЯ БУДУ НА ТЕ-
БЯ"[4]. **20.** ЙЕГУДА БЕН ТЕЙМА ГОВОРИТ: "БУДЬ СИЛЕН КАК ТИГР И
ЛЕГОК КАК ОРЕЛ, БЫСТР КАК ОЛЕНЬ И МОГУЧ КАК ЛЕВ, ИСПОЛ-
НЯЯ ВОЛЮ ОТЦА ТВОЕГО НЕБЕСНОГО". ОН ГОВОРИЛ: "ДЕРЗКОМУ –
АД, СКРОМНОМУ – РАЙ. ДА БУДЕТ УГОДНО ТЕБЕ, ГОСПОДЬ, БОГ
НАШ И БОГ ОТЦОВ НАШИХ, ЧТОБЫ БЫЛ ПОСТРОЕН ХРАМ, –
ВСКОРЕ, В НАШИ ДНИ, – И ДАЙ НАМ УДЕЛ В ТОРЕ ТВОЕЙ!" **21.** БЕН
БАГ БАГ ГОВОРИТ: "ЛИСТАЙ И ПЕРЕЛИСТЫВАЙ ЕЕ [ТОРУ], ИБО

---

1. Дварим, 33:21. 2. Млахим I, 15:30. 3. Мишлей, 8:21. 4. Тегилим, 55:24.

וּמֶנָּה לֹא תָזוּעַ, שֶׁאֵין לְךָ מִדָּה טוֹבָה הֵימֶנָּה.   בֶּן הֵא הֵא
אוֹמֵר: לְפוּם צַעֲרָא אַגְרָא: כב   הוּא הָיָה אוֹמֵר: בֶּן חָמֵשׁ
שָׁנִים לַמִּקְרָא, בֶּן עֶשֶׂר שָׁנִים לַמִּשְׁנָה, בֶּן שְׁלשׁ עֶשְׂרֵה
לְמִצְוֹת,   בֶּן   חָמֵשׁ   עֶשְׂרֵה   לַגְּמָרָא,   בֶּן   שְׁמוֹנֶה   עֶשְׂרֵה
לְחֻפָּה,   בֶּן עֶשְׂרִים לִרְדוֹף. בֶּן שְׁלשִׁים לְכֹחַ. בֶּן אַרְבָּעִים
לְבִינָה,   בֶּן חֲמִשִּׁים לְעֵצָה. בֶּן שִׁשִּׁים לְזִקְנָה, בֶּן שִׁבְעִים
לְשֵׂיבָה,   בֶּן שְׁמוֹנִים לִגְבוּרָה,   בֶּן   תִּשְׁעִים לָשׁוּחַ,   בֶּן
מֵאָה כְּאִלּוּ מֵת וְעָבַר וּבָטֵל מִן הָעוֹלָם.   רבי חנניה וט׳

פרק ששי

_{כל ישראל וכו׳}

א שָׁנוּ   חֲכָמִים   בִּלְשׁוֹן   הַמִּשְׁנָה ,   בָּרוּךְ   שֶׁבָּחַר   בָּהֶם
וּבְמִשְׁנָתָם.   רַבִּי מֵאִיר אוֹמֵר: כָּל הָעוֹסֵק בַּתּוֹרָה
לִשְׁמָהּ   זוֹכֶה   לִדְבָרִים   הַרְבֵּה,   וְלֹא   עוֹד ,   אֶלָּא   שֶׁכָּל
הָעוֹלָם   כֻּלּוֹ ,   כְּדַאי הוּא לוֹ .   נִקְרָא   רֵעַ,   אָהוּב,
אוֹהֵב אֶת הַמָּקוֹם, אוֹהֵב אֶת הַבְּרִיּוֹת ,   מְשַׂמֵּחַ אֶת
הַמָּקוֹם, מְשַׂמֵּחַ אֶת הַבְּרִיּוֹת, וּמַלְבַּשְׁתּוֹ עֲנָוָה וְיִרְאָה.
וּמַכְשַׁרְתּוֹ לִהְיוֹת צַדִּיק, חָסִיד,   יָשָׁר,   וְנֶאֱמָן, וּמְרַחַקְתּוֹ
מִן הַחֵטְא,   וּמְקָרַבְתּוֹ לִידֵי   זְכוּת,   וְנֶהֱנִין מִמֶּנּוּ עֵצָה
וְתוּשִׁיָּה,   בִּינָה וּגְבוּרָה,   שֶׁנֶּאֱמַר: לִי עֵצָה וְתוּשִׁיָּה, אֲנִי
בִינָה לִי גְבוּרָה,   וְנוֹתֶנֶת לוֹ מַלְכוּת וּמֶמְשָׁלָה, וְחִקּוּר דִּין,
וּמְגַלִּין לוֹ   רָזֵי תוֹרָה,   וְנַעֲשָׂה כְּמַעְיָן הַמִּתְגַּבֵּר וּכְנָהָר
שֶׁאֵינוֹ פוֹסֵק, וְהֹוֶה צָנוּעַ, וְאֶרֶךְ רוּחַ, וּמוֹחֵל עַל עֶלְבּוֹנוֹ,
וּמְגַדַּלְתּוֹ וּמְרוֹמַמְתּוֹ עַל כָּל הַמַּעֲשִׂים.   ב אָמַר רַבִּי
יְהוֹשֻׁעַ בֶּן לֵוִי,   בְּכָל יוֹם וָיוֹם בַּת קוֹל יוֹצֵאת מֵהַר
חוֹרֵב וּמַכְרֶזֶת וְאוֹמֶרֶת: אוֹי לָהֶם לַבְּרִיּוֹת מֵעֶלְבּוֹנָהּ שֶׁל

_{תו״א א) משלי ח יד: תורה}

ВСЁ В НЕЙ; И ЕЕ ИЗУЧАЙ, [ДАЖЕ КОГДА] ПОСЕДЕЕШЬ И СОСТА-
РИШЬСЯ, И ЕЕ НЕ ОСТАВЛЯЙ, ИБО НЕТ НИЧЕГО ЛУЧШЕ ЕЕ". БЕН
ГЕЙ ГЕЙ ГОВОРИТ: "СООТВЕТСТВЕННО МУКАМ И ВОЗНАГРАЖДЕ-
НИЕ". 22. ОН ГОВОРИЛ: "В ПЯТЬ ЛЕТ - [НАДО НАЧИНАТЬ ИЗУ-
ЧАТЬ] ПИСАНИЕ, В ДЕСЯТЬ - МИШНУ, В ТРИНАДЦАТЬ - [СОБЛЮ-
ДАТЬ] ЗАПОВЕДИ, В ПЯТНАДЦАТЬ - [НАЧИНАТЬ ИЗУЧАТЬ] ТАЛ-
МУД, В ВОСЕМНАДЦАТЬ - ЖЕНИТЬСЯ, В ДВАДЦАТЬ - [НАЧИНАТЬ]
ДОБЫВАТЬ [ПРОПИТАНИЕ], В ТРИДЦАТЬ - [ПРИХОДИТ] СИЛА, В
СОРОК - МУДРОСТЬ, В ПЯТЬДЕСЯТ - [СПОСОБНОСТЬ ДАВАТЬ] СО-
ВЕТЫ, В ШЕСТЬДЕСЯТ - СТАРОСТЬ, В СЕМЬДЕСЯТ - СЕДИНА, В
ВОСЕМЬДЕСЯТ - СИЛА, В ДЕВЯНОСТО - СОГБЕННОСТЬ, В СТО -
[ЧЕЛОВЕК] СЛОВНО УМЕР И УШЕЛ ИЗ МИРА".

РАБИ ХАНАНЬЯ БЕН АКАШЬЯ ГОВОРИТ: «ПОЖЕЛАЛ ВСЕВЫШНИЙ УВЕЛИЧИТЬ ЗА-
СЛУГИ ИЗРАИЛЯ И ПОТОМУ УМНОЖИЛ ДЛЯ НИХ ТОРУ И ЗАПОВЕДИ, КАК СКАЗА-
НО: "[ВСЁ, ЧЕГО ЖЕЛАЕТ] ГОСПОДЬ, - ЖЕЛАЕТ ОН РАДИ ПРАВДЫ СВОЕЙ, ВОЗВЕ-
ЛИЧИТ ОН ТОРУ И ВОССЛАВИТ!» (Макот, конец главы 3).

ГЛАВА ШЕСТАЯ

У КАЖДОГО ЕВРЕЯ ЕСТЬ ДОЛЯ В БУДУЩЕМ МИРЕ, КАК СКАЗАНО: "А НАРОД
ТВОЙ - ВСЕ ПРАВЕДНИКИ. НАВЕКИ УНАСЛЕДУЮТ ОНИ ЗЕМЛЮ, ОНИ - ВЕТВЬ НА-
САЖДЕНИЙ МОИХ, ПРОИЗВЕДЕНИЕ РУК МОИХ ВО СЛАВУ" (Санґедрин, глава 11).

1. [ВСЁ СКАЗАННОЕ НИЖЕ] МУДРЕЦЫ УЧИЛИ НА ЯЗЫКЕ МИШНЫ.
БЛАГОСЛОВЕН ИЗБРАВШИЙ ИХ И ИХ УЧЕНИЕ! РАБИ МЕИР ГОВО-
РИТ: «КАЖДЫЙ, КТО ИЗУЧАЕТ ТОРУ ВО ИМЯ ЕЕ САМОЙ, УДОСТА-
ИВАЕТСЯ МНОГОГО. БОЛЕЕ ТОГО, ВЕСЬ МИР СОЗДАН ДЛЯ НЕГО.
ОН ЗОВЕТСЯ ДРУГОМ, ЛЮБИМЫМ, ЛЮБЯЩИМ ВСЕВЫШНЕГО, ЛЮ-
БЯЩИМ ЛЮДЕЙ, РАДУЮЩИМ ВСЕВЫШНЕГО, РАДУЮЩИМ ЛЮДЕЙ.
И [ТОРА] ОБЛАЧАЕТ ЕГО В СМИРЕНИЕ И СТРАХ [ПРЕД ВСЕВЫШ-
НИМ], И ПОМОГАЕТ ЕМУ БЫТЬ ПРАВЕДНИКОМ, БЛАГОЧЕСТИВЫМ,
ЧЕСТНЫМ И ПРАВДИВЫМ, И ОТДАЛЯЕТ ЕГО ОТ ГРЕХА, И ПРИБЛИ-
ЖАЕТ ЕГО К ДОБРОДЕТЕЛИ. ПОМОГАЕТ ОН [ЛЮДЯМ] СОВЕТОМ
СВОИМ И ЗНАНИЕМ ТОРЫ, МУДРОСТЬЮ И СИЛОЙ, КАК СКАЗАНО:
"У МЕНЯ СОВЕТ И ЗНАНИЕ ТОРЫ, Я - МУДРОСТЬ, У МЕНЯ СИЛА"[1].
[ТОРА] ДАЕТ ЕМУ ЦАРСТВОВАНИЕ, И ВЛАСТЬ, И [СПОСОБНОСТЬ]
ВЫЯСНИТЬ [ПРАВДУ] НА СУДЕ. ОТКРЫТЫ ЕМУ ТАЙНЫ ТОРЫ, И
СТАНОВИТСЯ ОН ПОДОБЕН НЕИССЯКАЮЩЕМУ ИСТОЧНИКУ И РЕ-
КЕ, КОТОРАЯ НЕ ПЕРЕСЫХАЕТ. ОН СКРОМЕН, И ДОЛГОТЕРПЕЛИВ,

---

1. Мишлей, 8:14.

תוֹרָה, שֶׁכָּל מִי שֶׁאֵינוֹ עוֹסֵק בַּתּוֹרָה, נִקְרָא נָזוּף,
שֶׁנֶּאֱמַר: נֶזֶם זָהָב בְּאַף חֲזִיר, אִשָּׁה יָפָה וְסָרַת טָעַם.
וְאוֹמֵר: וְהַלֻּחֹת מַעֲשֵׂה אֱלֹהִים הֵמָּה, וְהַמִּכְתָּב, מִכְתַּב
אֱלֹהִים הוּא, חָרוּת עַל הַלֻּחֹת, אַל תִּקְרָא חָרוּת אֶלָּא
חֵרוּת, שֶׁאֵין לְךָ בֶּן חוֹרִין, אֶלָּא מִי שֶׁעוֹסֵק בְּתַלְמוּד
תּוֹרָה, וְכָל מִי שֶׁעוֹסֵק בְּתַלְמוּד תּוֹרָה, הֲרֵי זֶה מִתְעַלֶּה,
שֶׁנֶּאֱמַר: וּמִמַּתָּנָה נַחֲלִיאֵל, וּמִנַּחֲלִיאֵל בָּמוֹת. נ הַלּוֹמֵד
מֵחֲבֵרוֹ פֶּרֶק אֶחָד, אוֹ הֲלָכָה אַחַת, אוֹ פָּסוּק אֶחָד,
אוֹ דִבּוּר אֶחָד, אוֹ אֲפִילוּ אוֹת אַחַת, צָרִיךְ לִנְהָג בּוֹ
כָּבוֹד, שֶׁכֵּן מָצִינוּ בְּדָוִד מֶלֶךְ יִשְׂרָאֵל, שֶׁלֹּא לָמַד
מֵאֲחִיתֹפֶל אֶלָּא שְׁנֵי דְבָרִים בִּלְבָד, קְרָאוֹ רַבּוֹ אַלּוּפוֹ
וּמְיֻדָּעוֹ, שֶׁנֶּאֱמַר: וְאַתָּה אֱנוֹשׁ כְּעֶרְכִּי, אַלּוּפִי וּמְיֻדָּעִי.
וַהֲלֹא דְבָרִים קַל וָחֹמֶר, וּמַה דָּוִד מֶלֶךְ יִשְׂרָאֵל שֶׁלֹּא
לָמַד מֵאֲחִיתֹפֶל אֶלָּא שְׁנֵי דְבָרִים בִּלְבָד, קְרָאוֹ רַבּוֹ
אַלּוּפוֹ וּמְיֻדָּעוֹ, הַלּוֹמֵד מֵחֲבֵרוֹ, פֶּרֶק אֶחָד, אוֹ הֲלָכָה
אַחַת, אוֹ פָּסוּק אֶחָד, אוֹ דִבּוּר אֶחָד, אוֹ אֲפִילוּ אוֹת
אֶחָת, עַל אַחַת כַּמָּה וְכַמָּה שֶׁצָּרִיךְ לִנְהָג בּוֹ כָּבוֹד.
וְאֵין כָּבוֹד, אֶלָּא תּוֹרָה, שֶׁנֶּאֱמַר: כָּבוֹד חֲכָמִים יִנְחָלוּ,
וּתְמִימִים יִנְחֲלוּ טוֹב. וְאֵין טוֹב אֶלָּא תוֹרָה, שֶׁנֶּאֱמַר: כִּי
לֶקַח טוֹב נָתַתִּי לָכֶם, תּוֹרָתִי אַל תַּעֲזֹבוּ. ד כָּךְ הִיא
דַרְכָּהּ שֶׁל תּוֹרָה, פַּת בְּמֶלַח תֹּאכֵל, וּמַיִם בִּמְשׂוּרָה
תִשְׁתֶּה, וְעַל הָאָרֶץ תִּישָׁן, וְחַיֵּי צַעַר תִּחְיֶה, וּבַתּוֹרָה
אַתָּה עָמֵל, אִם אַתָּה עוֹשֶׂה כֵּן, אַשְׁרֶיךָ וְטוֹב לָךְ,
אַשְׁרֶיךָ בָּעוֹלָם הַזֶּה, וְטוֹב לָךְ לָעוֹלָם הַבָּא. ה אַל תְּבַקֵּשׁ

И ПРОЩАЕТ ОБИДЫ. [ТОРА] ВОЗВЕЛИЧИВАЕТ ЕГО И ВОЗНОСИТ НАД ВСЕМ СОТВОРЕННЫМ». **2.** СКАЗАЛ РАБИ ЙЕЃОШУА БЕН ЛЕВИ: «КАЖДЫЙ ДЕНЬ РАЗДАЕТСЯ НЕБЕСНЫЙ ГОЛОС С ГОРЫ ХОРЕВ И ВОЗВЕЩАЕТ: ʹГОРЕ ЛЮДЯМ, ОСКОРБЛЯЮЩИМ ТОРУ [ТЕМ, ЧТО НЕ ИЗУЧАЮТ ЕЕ]!ʺ ИБО КАЖДЫЙ, КТО НЕ ИЗУЧАЕТ ТОРУ, НАЗЫВАЕТ- СЯ ʺОТВЕРЖЕННЫМʺ, КАК СКАЗАНО: ʺЗОЛОТОМУ КОЛЬЦУ В НОСУ У СВИНЬИ [ПОДОБНА] ЖЕНЩИНА КРАСИВАЯ, НО БЕЗРАССУДНАЯʺ[1]. И СКАЗАНО: ʺА СКРИЖАЛИ ТЕ БЫЛИ СОЗДАНИЕМ САМОГО БОГА, И ПИСЬМЕНА НА НИХ БЫЛИ ПИСЬМЕНАМИ БОГА – ВЫРЕЗАННЫМИ [*ХАРУТ*] НА СКРИЖАЛЯХʺ[2]. ЧИТАЙ НЕ *ХАРУТ* [ʺВЫРЕЗАННЫМИʺ], А *ХЕРУТ* [ʺСВОБОДАʺ], ИБО ТОЛЬКО ТОТ СВОБОДЕН, КТО ЗАНЯТ ИЗУЧЕНИЕМ ТОРЫ. И КАЖДЫЙ, КТО ЗАНЯТ ИЗУЧЕНИЕМ ТОРЫ, – ВОЗВЫШАЕТСЯ, КАК СКАЗАНО: ʺИЗ МАТАНЫ [ʺДАРОВАНИЯʺ] – В НАХЛИЭЛЬ [ʺНАСЛЕДИЕ В БОГЕʺ], А ИЗ НАХЛИЭЛЯ В БАМОТ [ʺВЫ- СОТЫʺ]ʺ[3]». **3.** ТОТ, КТО ИЗУЧИЛ [С ПОМОЩЬЮ] БЛИЖНЕГО СВО- ЕГО ОДНУ ГЛАВУ, ИЛИ ОДИН ЗАКОН, ИЛИ ОДИН СТИХ, ИЛИ ОДНО ИЗРЕЧЕНИЕ, ИЛИ ДАЖЕ ВСЕГО ОДНУ БУКВУ, – ДОЛЖЕН ОТНО- СИТЬСЯ К НЕМУ С УВАЖЕНИЕМ, ИБО ВИДИМ МЫ НА ПРИМЕРЕ ДА- ВИДА, ЦАРЯ ИЗРАИЛЯ, ЧТО ОН НАУЧИЛСЯ У АХИТОФЕЛЯ ВСЕГО ДВУМ ВЕЩАМ, НО НАЗЫВАЛ ЕГО НАСТАВНИКОМ СВОИМ, УЧИТЕ- ЛЕМ И ДРУГОМ, КАК СКАЗАНО: ʺНО ТЫ – ЧЕЛОВЕК, ДОСТОИНСТ- ВОМ РАВНЫЙ МНЕ, УЧИТЕЛЬ МОЙ И ДРУГ МОЙʺ[4]. ОТСЮДА СЛЕДУ- ЕТ, ЧТО ЕСЛИ ДАВИД, ЦАРЬ ИЗРАИЛЯ, КОТОРЫЙ НАУЧИЛСЯ У АХИТОФЕЛЯ ВСЕГО ДВУМ ВЕЩАМ, НАЗЫВАЛ ЕГО НАСТАВНИКОМ СВОИМ, УЧИТЕЛЕМ И ДРУГОМ, ТО ТОТ, КТО ИЗУЧИЛ [С ПОМО- ЩЬЮ] БЛИЖНЕГО СВОЕГО ОДНУ ГЛАВУ, ИЛИ ОДИН ЗАКОН, ИЛИ ОДИН СТИХ, ИЛИ ОДНО ИЗРЕЧЕНИЕ, ИЛИ ДАЖЕ ВСЕГО ОДНУ БУКВУ, ТЕМ БОЛЕЕ ДОЛЖЕН ОТНОСИТЬСЯ К НЕМУ С УВАЖЕНИЕМ, А УВАЖЕНИЕ ОКАЗЫВАЮТ [ЧЕЛОВЕКУ] ТОЛЬКО ЗА [ТО, ЧТО ОН ИЗУЧАЕТ] ТОРУ, КАК СКАЗАНО: ʺУВАЖЕНИЕ МУДРЕЦЫ УНАСЛЕДУ- ЮТʺ[5]. ʺИ НЕПОРОЧНЫЕ УНАСЛЕДУЮТ ДОБРОʺ[6]. А ДОБРО – ЭТО ТОРА, КАК СКАЗАНО: ʺИБО ДОБРОЕ УЧЕНИЕ ДАЛ Я ВАМ – ТОРУ МОЮ НЕ ОСТАВЛЯЙТЕʺ[7]. **4.** ТАКОВ ПУТЬ [ИЗУЧАЮЩЕГО] ТОРУ: ХЛЕБ С СОЛЬЮ ЕШЬ, И ВОДЫ ПЕЙ НЕМНОГО, И НА ЗЕМЛЕ СПИ, И ЖИЗНЬЮ НЕЛЕГКОЙ ЖИВИ, НО ТРУДИСЬ НАД ИЗУЧЕНИЕМ ТОРЫ. И ЕСЛИ ТЫ ПОСТУПАЕШЬ ТАК, ТО ʺСЧАСТЛИВ ТЫ И БЛАГО ТЕ- БЕʺ[8]; ʺСЧАСТЛИВ ТЫʺ – В ЭТОМ МИРЕ, ʺИ БЛАГО ТЕБЕʺ – В МИРЕ ГРЯДУЩЕМ. **5.** НЕ СТРЕМИСЬ К ВЕЛИЧИЮ И НЕ ЖЕЛАЙ ПОЧЕТА

---

1. Мишлей, 11:22. 2. Шмот, 32:16. 3. Бемидбар, 21:19. 4. Теѓилим, 55:14. 5. Миш- лей, 3:35. 6. Мишлей, 28:10. 7. Мишлей, 4:2. 8. Теѓилим, 128:2.

גְּדֻלָּה לְעַצְמָךְ, וְאַל תַּחְמוֹד כָּבוֹד,יוֹתֵר מִלִּמּוּדֶךְ עֲשֵׂה,
וְאַל תִּתְאַוֶּה לְשֻׁלְחָנָם שֶׁל מְלָכִים, שֶׁשֻּׁלְחָנְךָ, גָּדוֹל
מִשֻּׁלְחָנָם, וְכִתְרְךָ, גָּדוֹל מִכִּתְרָם, וְנֶאֱמָן הוּא בַּעַל
מְלַאכְתֶּךָ שֶׁיְּשַׁלֶּם לָךְ שְׂכַר פְּעֻלָּתֶךָ . י גְּדוֹלָה תוֹרָה
יוֹתֵר מִן הַכְּהֻנָּה וּמִן הַמַּלְכוּת, שֶׁהַמַּלְכוּת, נִקְנֵית
בִּשְׁלֹשִׁים מַעֲלוֹת, וְהַכְּהֻנָּה בְּעֶשְׂרִים וְאַרְבַּע,
וְהַתּוֹרָה נִקְנֵית בְּאַרְבָּעִים וּשְׁמוֹנָה דְבָרִים . וְאֵלּוּ הֵן:
בְּתַלְמוּד, בִּשְׁמִיעַת הָאֹזֶן, בַּעֲרִיכַת שְׂפָתַיִם, בְּבִינַת
הַלֵּב, בְּאֵימָה, בְּיִרְאָה, בַּעֲנָוָה, בְּשִׂמְחָה, בְּטָהֳרָה,
בְּשִׁמּוּשׁ חֲכָמִים, בְּדִבּוּק חֲבֵרִים, בְּפִלְפּוּל הַתַּלְמִידִים,
בְּיִשּׁוּב, בְּמִקְרָא, בְּמִשְׁנָה, בְּמִעוּט סְחוֹרָה, בְּמִעוּט
דֶּרֶךְ אֶרֶץ, בְּמִעוּט תַּעֲנוּג, בְּמִעוּט שֵׁנָה, בְּמִעוּט שִׂיחָה,
בְּמִעוּט שְׂחוֹק, בְּאֶרֶךְ אַפַּיִם,בְּלֵב טוֹב, בֶּאֱמוּנַת חֲכָמִים,
בְּקַבָּלַת הַיִּסּוּרִין, הַמַּכִּיר אֶת מְקוֹמוֹ, וְהַשָּׂמֵחַ בְּחֶלְקוֹ,
וְהָעוֹשֶׂה סְיָג לִדְבָרָיו, וְאֵינוֹ מַחֲזִיק טוֹבָה לְעַצְמוֹ, אָהוּב,
אוֹהֵב אֶת הַמָּקוֹם, אוֹהֵב אֶת הַבְּרִיּוֹת, אוֹהֵב אֶת
הַצְּדָקוֹת, אוֹהֵב אֶת הַמֵּישָׁרִים, אוֹהֵב אֶת הַתּוֹכָחוֹת,
וּמִתְרַחֵק מִן הַכָּבוֹד, וְלֹא מֵגִיס לִבּוֹ בְּתַלְמוּדוֹ,וְאֵינוֹ שָׂמֵחַ
בְּהוֹרָאָה, נוֹשֵׂא בְעוֹל עִם חֲבֵרוֹ, וּמַכְרִיעוֹ לְכַף זְכוּת,
וּמַעֲמִידוֹ עַל הָאֱמֶת, וּמַעֲמִידוֹ עַל הַשָּׁלוֹם, וּמִתְיַשֵּׁב לִבּוֹ
בְּתַלְמוּדוֹ, שׁוֹאֵל וּמֵשִׁיב, שׁוֹמֵעַ וּמוֹסִיף, הַלּוֹמֵד עַל מְנָת
לְלַמֵּד,וְהַלּוֹמֵד עַל מְנָת לַעֲשׂוֹת,הַמַּחְכִּים אֶת רַבּוֹ, וְהַמְכַוֵּן
אֶת שְׁמוּעָתוֹ, וְהָאוֹמֵר דָּבָר בְּשֵׁם אוֹמְרוֹ, הָא לָמַדְתָּ: כָּל
הָאוֹמֵר דָּבָר בְּשֵׁם אוֹמְרוֹ, מֵבִיא גְאֻלָּה לָעוֹלָם, שֶׁנֶּאֱמַר:
ותאמר

БОЛЬШЕ, ЧЕМ [ДАЕТ ТЕБЕ] ТВОЕ УЧЕНИЕ; ИСПОЛНЯЙ [ЗАПОВЕДИ] И НЕ ЖАЖДАЙ ТОГО, ЧТО НА ЦАРСКИХ СТОЛАХ, ИБО ТВОЙ СТОЛ ВАЖНЕЕ ИХ СТОЛОВ И КОРОНА ТВОЯ ВАЖНЕЕ ИХ КОРОНЫ. И НАДЕЖЕН ТОТ, КТО ПОВЕЛЕЛ ТЕБЕ ТРУДИТЬСЯ И КТО ДАСТ ТЕБЕ ВОЗНАГРАЖДЕНИЕ ЗА РАБОТУ. **6.** ТОРА ВЫШЕ СВЯЩЕННОСЛУЖЕНИЯ И ЦАРСТВОВАНИЯ, ИБО ЦАРСТВОВАНИЕ НАДЕЛЯЕТ [ЦАРЯ] ТРИДЦАТЬЮ ПРИВИЛЕГИЯМИ, СВЯЩЕННОСЛУЖЕНИЕ [НАДЕЛЯЕТ СВЯЩЕННИКОВ] ДВАДЦАТЬЮ ЧЕТЫРЬМЯ, А ТОРУ [ЧЕЛОВЕК] ПРИОБРЕТАЕТ СОРОКА ВОСЬМЬЮ СПОСОБАМИ: ИЗУЧАЯ [ЕЕ], СЛУШАЯ [УЧИТЕЛЕЙ], ЗАУЧИВАЯ НАИЗУСТЬ, ПОСТИГАЯ СЕРДЦЕМ, БОЯСЬ [УЧИТЕЛЕЙ СВОИХ], СТРАШАСЬ [НЕБЕС], БУДУЧИ СКРОМЕН, РАДУЯСЬ, ПРЕБЫВАЯ В ЧИСТОТЕ [ПОМЫСЛОВ], СЛУЖА МУДРЕЦАМ, ПРИДИРЧИВО ВЫБИРАЯ СЕБЕ ДРУЗЕЙ, УЧАСТВУЯ В ДИСКУССИЯХ УЧЕНИКОВ, БУДУЧИ РАССУДИТЕЛЕН [В УЧЕНИИ], ИЗУЧИВ ПИСАНИЕ, ИЗУЧИВ МИШНУ, СОКРАЩАЯ ВРЕМЯ ДЛЯ РАБОТЫ РАДИ ЗАРАБОТКА, СОКРАЩАЯ СВОИ БУДНИЧНЫЕ ЗАНЯТИЯ, ОГРАНИЧИВАЯ СВОИ МАТЕРИАЛЬНЫЕ УДОВОЛЬСТВИЯ, СОКРАЩАЯ ВРЕМЯ СНА, ОГРАНИЧИВАЯ РАЗГОВОРЫ, ОГРАНИЧИВАЯ СМЕХ, БУДУЧИ ДОЛГОТЕРПЕЛИВ, БУДУЧИ ДОБРОСЕРДЕЧЕН, ПОЛАГАЯСЬ НА МУДРЕЦОВ, [С ЛЮБОВЬЮ] ПРИНИМАЯ СТРАДАНИЯ, ЗНАЯ СВОЕ МЕСТО, РАДУЯСЬ СВОЕЙ ДОЛЕ, ОСТОРОЖНО ПОДБИРАЯ СЛОВА, НЕ СТАВЯ СЕБЕ В ЗАСЛУГУ [ЗНАНИЕ ТОРЫ], БУДУЧИ ЛЮБИМ [ЛЮДЬМИ], ЛЮБЯ ВСЕВЫШНЕГО, ЛЮБЯ ЛЮДЕЙ, ЛЮБЯ СПРАВЕДЛИВОСТЬ, ЛЮБЯ ПРЯМОТУ, С ЛЮБОВЬЮ ПРИНИМАЯ [СПРАВЕДЛИВЫЙ] УПРЕК, ОТДАЛЯЯСЬ ОТ ПОЧЕСТЕЙ, ДАЖЕ В СЕРДЦЕ СВОЕМ НЕ ГОРДЯСЬ СВОИМ ЗНАНИЕМ [ТОРЫ], НЕ РАДУЯСЬ НЕОБХОДИМОСТИ ВЫНОСИТЬ РЕШЕНИЯ, РАЗДЕЛЯЯ ЗАБОТЫ БЛИЖНЕГО СВОЕГО, ОПРАВДЫВАЯ [БЛИЖНЕГО СВОЕГО], УКАЗЫВАЯ ЕМУ ИСТИНУ, ПОДДЕРЖИВАЯ С НИМ МИР, ДАВАЯ РАЗУМУ СВОЕМУ СПОКОЙНО ПОСТИГАТЬ УЧЕНИЕ, ЗАДАВАЯ ВОПРОСЫ И ОТВЕЧАЯ НА НИХ, СЛУШАЯ [ОБЪЯСНЕНИЯ ДРУГИХ] И ДОБАВЛЯЯ [К НИМ СВОИ ОБЪЯСНЕНИЯ], УЧАСЬ ДЛЯ ТОГО, ЧТОБЫ ОБУЧАТЬ [ДРУГИХ], УЧАСЬ ДЛЯ ТОГО, ЧТОБЫ ИСПОЛНЯТЬ [ТОРУ], УМНОЖАЯ МУДРОСТЬ НАСТАВНИКА СВОЕГО, ВДУМЫВАЯСЬ В УСЛЫШАННОЕ, ПРОИЗНОСЯ [СЛЫШАННЫЕ ИМ] СЛОВА, ССЫЛАЯСЬ ПРИ ЭТОМ НА ТОГО, КТО ИХ СКАЗАЛ, ИБО ИЗВЕСТНО, ЧТО КАЖДЫЙ, КТО ПРОИЗНОСИТ [СЛЫШАННЫЕ ИМ] СЛОВА, ССЫЛАЯСЬ НА ТОГО, КТО ИХ СКАЗАЛ, НЕСЕТ ИЗБАВЛЕНИЕ В МИР, КАК СКАЗАНО: "...И РАССКАЗАЛА ЭСТЕР

1. Эстер, 2:22.

וַתֹּאמֶר אֶסְתֵּר לַמֶּלֶךְ בְּשֵׁם מָרְדְּכָי . ז גְּדוֹלָה תוֹרָה ,
שֶׁהִיא נוֹתֶנֶת חַיִּים לְעוֹשֶׂיהָ בָּעוֹלָם הַזֶּה וּבָעוֹלָם הַבָּא ,
שֶׁנֶּאֱמַר: כִּי חַיִּים הֵם לְמֹצְאֵיהֶם , וּלְכָל בְּשָׂרוֹ מַרְפֵּא .
וְאוֹמֵר רִפְאוּת תְּהִי לְשָׁרֶךָ , וְשִׁקּוּי לְעַצְמוֹתֶיךָ . וְאוֹמֵר:
עֵץ חַיִּים הִיא לַמַּחֲזִיקִים בָּהּ , וְתֹמְכֶיהָ מְאֻשָּׁר . וְאוֹמֵר: כִּי
לְוְיַת חֵן הֵם לְרֹאשֶׁךָ , וַעֲנָקִים לְגַרְגְּרֹתֶיךָ . וְאוֹמֵר: תִּתֵּן
לְרֹאשְׁךָ לִוְיַת חֵן , עֲטֶרֶת תִּפְאֶרֶת תְּמַגְּנֶךָּ . וְאוֹמֵר: כִּי בִי
יִרְבּוּ יָמֶיךָ , וְיוֹסִיפוּ לְךָ שְׁנוֹת חַיִּים . וְאוֹמֵר: אֹרֶךְ יָמִים
בִּימִינָהּ בִּשְׂמֹאולָהּ עֹשֶׁר וְכָבוֹד . וְאוֹמֵר: כִּי אֹרֶךְ יָמִים
וּשְׁנוֹת חַיִּים , וְשָׁלוֹם יוֹסִיפוּ לָךְ . ה רַבִּי שִׁמְעוֹן בֶּן יְהוּדָה
מִשּׁוּם רַבִּי שִׁמְעוֹן בֶּן יוֹחַאי אוֹמֵר: הַנּוֹי , וְהַכֹּחַ , וְהָעֹשֶׁר ,
וְהַכָּבוֹד , וְהַחָכְמָה , וְהַזִּקְנָה , וְהַשֵּׂיבָה , וְהַבָּנִים , נָאֶה
לַצַּדִּיקִים וְנָאֶה לָעוֹלָם , שֶׁנֶּאֱמַר: עֲטֶרֶת תִּפְאֶרֶת שֵׂיבָה ,
בְּדֶרֶךְ צְדָקָה תִּמָּצֵא . וְאוֹמֵר: תִּפְאֶרֶת בַּחוּרִים כֹּחָם , וַהֲדַר
זְקֵנִים שֵׂיבָה . וְאוֹמֵר: עֲטֶרֶת זְקֵנִים בְּנֵי בָנִים , וְתִפְאֶרֶת
בָּנִים אֲבוֹתָם . וְאוֹמֵר: וְחָפְרָה הַלְּבָנָה וּבוֹשָׁה הַחַמָּה ,
כִּי מָלַךְ יְיָ צְבָאוֹת בְּהַר צִיּוֹן וּבִירוּשָׁלַיִם , וְנֶגֶד זְקֵנָיו כָּבוֹד .
    רַבִּי שִׁמְעוֹן בֶּן מְנַסְיָא אוֹמֵר: אֵלּוּ שֶׁבַע מִדּוֹת שֶׁמָּנוּ
חֲכָמִים לַצַּדִּיקִים , כֻּלָּם נִתְקַיְּמוּ בְּרַבִּי וּבְבָנָיו . ט אָמַר
רַבִּי יוֹסֵי בֶּן קִסְמָא: פַּעַם אַחַת הָיִיתִי מְהַלֵּךְ בַּדֶּרֶךְ,
וּפָגַע בִּי אָדָם אֶחָד , וְנָתַן לִי שָׁלוֹם , וְהֶחֱזַרְתִּי לוֹ שָׁלוֹם, אָמַר
לִי רַבִּי , מֵאֵיזֶה מָקוֹם אַתָּה , אָמַרְתִּי לוֹ מֵעִיר גְּדוֹלָה שֶׁל
חֲכָמִים וְשֶׁל סוֹפְרִים אָנִי , אָמַר לִי: רַבִּי , רְצוֹנְךָ שֶׁתָּדוּר

תו"א א) אסתר ב כב: ב) משלי ד כב: ג) שם ג ח: ד) שם ג יח: ה) שב א ס: ו) שם ד ס: ז) שם ס יא, ח) שם ג מז :
ס) שם נ ב: י) שם מז לא: כ) שם כ כמ. ל) שם ח ו ט) ישעיה כד כנ :

ЦАРЮ ОТ ИМЕНИ МОРДЕХАЯ"[1]. 7. ВЕЛИКА ТОРА, ИБО ДАЕТ ОНА ЖИЗНЬ ТЕМ, КТО ИСПОЛНЯЕТ ЕЕ [ЗАПОВЕДИ], И В ЭТОМ МИРЕ, И В МИРЕ БУДУЩЕМ, КАК СКАЗАНО: "ИБО ЖИЗНЬ ОНИ [СЛОВА ТО-РЫ] ДЛЯ ТОГО, КТО НАШЕЛ ИХ, И ДЛЯ ВСЕЙ ПЛОТИ ЕГО – ИСЦЕ-ЛЕНИЕ [В ЭТОМ МИРЕ]"[1]. И ЕЩЕ СКАЗАНО: "ВРАЧЕВАНИЕМ БУДЕТ ОНА [ТОРА] ДЛЯ ТЕЛА ТВОЕГО И ОЖИВИТ КОСТИ ТВОИ [В МИРЕ ГРЯДУЩЕМ]"[2]. И ЕЩЕ СКАЗАНО: "ДРЕВО ЖИЗНИ ОНА ДЛЯ ТЕХ, КТО СЛЕДУЕТ ЕЙ, И СЧАСТЛИВ ТОТ, КТО ЕЕ ХРАНИТ"[3]. И ЕЩЕ СКАЗАНО: "ИБО ПРЕКРАСНЫЙ ВЕНЕЦ ОНИ [СЛОВА ТОРЫ] НА ГО-ЛОВЕ ТВОЕЙ И ОЖЕРЕЛЬЕ НА ШЕЕ ТВОЕЙ"[4]. И ЕЩЕ СКАЗАНО: "ВОЗЛОЖИТ ОНА [ТОРА] НА ГОЛОВУ ТВОЮ ПРЕКРАСНЫЙ ВЕНЕЦ [В ЭТОМ МИРЕ] И ВРУЧИТ ТЕБЕ ВЕЛИКОЛЕПНУЮ КОРОНУ [В МИРЕ ГРЯДУЩЕМ]"[5]. И ЕЩЕ СКАЗАНО: "ИБО ВО МНЕ УМНОЖАТСЯ ДНИ ТВОИ [В ЭТОМ МИРЕ], И ПРИБАВЯТСЯ ТЕБЕ ГОДЫ ЖИЗНИ [В МИ-РЕ ГРЯДУЩЕМ]"[6]. И ЕЩЕ СКАЗАНО: "СПРАВА ОТ НЕЕ – ДОЛГОЛЕ-ТИЕ, СЛЕВА ОТ НЕЕ – БОГАТСТВО И ПОЧЕТ"[7]. И ЕЩЕ СКАЗАНО: "ИБО ДОЛГОЛЕТИЕ, И ГОДЫ ЖИЗНИ, И МИР ПРИБАВЯТСЯ ТЕБЕ"[8]. 8. РАБИ ШИМОН БЕН ЙЕГУДА ГОВОРИТ ОТ ИМЕНИ РАБИ ШИМОНА БЕН ЙОХАЯ: «КРАСОТА, СИЛА, БОГАТСТВО, ПОЧЕТ, МУДРОСТЬ, СТАРОСТЬ, СЕДИНА И СЫНОВЬЯ ХОРОШИ ДЛЯ ПРАВЕДНИКОВ И ХОРОШИ ДЛЯ МИРА, КАК СКАЗАНО: "ПРЕКРАСНЫЙ ВЕНЕЦ – СЕДИ-НА, НА ПУТИ ИСТИНЫ ОНА"[9]. И ЕЩЕ СКАЗАНО: "КРАСОТА ЮНО-ШЕЙ – СИЛА, А ВЕЛИКОЛЕПИЕ СТАРИКОВ – СЕДИНА"[10]. И ЕЩЕ СКАЗАНО: "ВЕНЕЦ СТАРИКОВ – СЫНОВЬЯ СЫНОВЕЙ, А КРАСОТА ДЕТЕЙ – ОТЦЫ ИХ"[11]. И ЕЩЕ СКАЗАНО: "И ПОКРАСНЕЕТ ЛУНА, И УСТЫДИТСЯ СОЛНЦЕ, ИБО ВОЦАРИТСЯ ГОСПОДЬ ВОИНСТВ НА ГО-РЕ СИОН И В ИЕРУСАЛИМЕ, И СТАРЕЙШИНАМ [НАРОДА] ЕГО – ПО-ЧЕТ"[12]». РАБИ ШИМОН БЕН МЕНАСЬЯ ГОВОРИТ: "ЭТИМИ СЕМЬЮ КАЧЕСТВАМИ, КОТОРЫЕ, [ПО МНЕНИЮ] МУДРЕЦОВ, [ХОРОШИ] ДЛЯ ПРАВЕДНИКОВ, ОБЛАДАЛ РАБИ И ЕГО ПОТОМКИ". 9. СКАЗАЛ РАБИ ЙОСЕЙ БЕН КИСМА: «КАК-ТО РАЗ ШЕЛ Я ПО ДОРОГЕ, И ПО-ВСТРЕЧАЛСЯ МНЕ ОДИН ЧЕЛОВЕК, И ПРИВЕТСТВОВАЛ ОН МЕНЯ, И Я ОТВЕТИЛ ЕМУ ПРИВЕТСТВИЕМ. СКАЗАЛ ОН МНЕ: "РАБИ, ИЗ КА-КИХ ТЫ МЕСТ?" СКАЗАЛ Я ЕМУ: "ИЗ БОЛЬШОГО ГОРОДА МУДРЕ-ЦОВ И ЗНАТОКОВ ПИСАНИЯ". СКАЗАЛ ОН МНЕ: "РАБИ, НЕ ХОЧЕШЬ ЛИ ТЫ ЖИТЬ С НАМИ, В НАШИХ МЕСТАХ? А Я ДАМ ТЕБЕ [ЗА

---

1. Мишлей, 4:22. 2. Мишлей, 3:8. 3. Мишлей, 3:18. 4. Мишлей, 1:9. 5. Мишлей, 4:9. 6. Мишлей, 9:11. 7. Мишлей, 3:16. 8. Мишлей, 3:2. 9. Мишлей, 16:31. 10. Мишлей, 20:29. 11. Мишлей, 17:6. 12. Йешаягу, 24:23.

עָמְנוּ בִּמְקוֹמֵנוּ, וַאֲנִי אֶתֵּן לָךְ אֶלֶף אֲלָפִים דִּנְרֵי זָהָב וַאֲבָנִים
טוֹבוֹת וּמַרְגָּלִיּוֹת, אָמַרְתִּי לוֹ: אִם אַתָּה נוֹתֵן לִי כָּל כֶּסֶף
וְזָהָב וַאֲבָנִים טוֹבוֹת וּמַרְגָּלִיּוֹת שֶׁבָּעוֹלָם, אֵינִי דָר אֶלָּא
בִּמְקוֹם תּוֹרָה, וְכֵן כָּתוּב בְּסֵפֶר תְּהִלִּים עַל יְדֵי דָוִד מֶלֶךְ
יִשְׂרָאֵל: טוֹב לִי תוֹרַת פִּיךָ, מֵאַלְפֵי זָהָב וָכָסֶף. וְלֹא עוֹד,
אֶלָּא שֶׁבִּשְׁעַת פְּטִירָתוֹ שֶׁל אָדָם, אֵין מְלַוִּין לוֹ לְאָדָם לֹא
כֶסֶף וְלֹא זָהָב וְלֹא אֲבָנִים טוֹבוֹת וּמַרְגָּלִיּוֹת, אֶלָּא תּוֹרָה
וּמַעֲשִׂים טוֹבִים בִּלְבָד, שֶׁנֶּאֱמַר: בְּהִתְהַלֶּכְךָ תַּנְחֶה אֹתָךְ.
בְּשָׁכְבְּךָ תִּשְׁמֹר עָלֶיךָ, וַהֲקִיצוֹתָ הִיא תְשִׂיחֶךָ. בְּהִתְהַלֶּכְךָ
תַּנְחֶה אֹתָךְ, בָּעוֹלָם הַזֶּה. בְּשָׁכְבְּךָ תִּשְׁמֹר עָלֶיךָ, בַּקֶּבֶר.
וַהֲקִיצוֹתָ הִיא תְשִׂיחֶךָ, לָעוֹלָם הַבָּא. וְאוֹמֵר: לִי
הַכֶּסֶף וְלִי הַזָּהָב נְאֻם יְיָ צְבָאוֹת. חֲמִשָּׁה קִנְיָנִים
קָנָה הַקָּדוֹשׁ בָּרוּךְ הוּא בְּעוֹלָמוֹ, וְאֵלּוּ הֵן: תּוֹרָה,
קִנְיָן אֶחָד. שָׁמַיִם וָאָרֶץ, קִנְיָן אֶחָד. אַבְרָהָם קִנְיָן אֶחָד.
יִשְׂרָאֵל קִנְיָן אֶחָד. בֵּית הַמִּקְדָּשׁ, קִנְיָן אֶחָד. תּוֹרָה מִנַּיִן,
דִּכְתִיב: יְיָ קָנָנִי רֵאשִׁית דַּרְכּוֹ, קֶדֶם מִפְעָלָיו מֵאָז. שָׁמַיִם
וָאָרֶץ מִנַּיִן, דִּכְתִיב: כֹּה אָמַר יְיָ הַשָּׁמַיִם כִּסְאִי וְהָאָרֶץ הֲדֹם
רַגְלָי, אֵי זֶה בַיִת אֲשֶׁר תִּבְנוּ לִי וְאֵי זֶה מָקוֹם מְנוּחָתִי, וְאוֹמֵר:
מָה רַבּוּ מַעֲשֶׂיךָ יְיָ, כֻּלָּם בְּחָכְמָה עָשִׂיתָ, מָלְאָה הָאָרֶץ
קִנְיָנֶךָ. אַבְרָהָם מִנַּיִן, דִּכְתִיב: וַיְבָרְכֵהוּ וַיֹּאמַר: בָּרוּךְ
אַבְרָם לְאֵל עֶלְיוֹן, קֹנֵה שָׁמַיִם וָאָרֶץ. יִשְׂרָאֵל מִנַּיִן, דִּכְתִיב:
עַד יַעֲבֹר עַמְּךָ יְיָ, עַד יַעֲבֹר עַם זוּ קָנִיתָ. וְאוֹמֵר: לִקְדוֹשִׁים
אֲשֶׁר בָּאָרֶץ הֵמָּה, וְאַדִּירֵי כָּל חֶפְצִי בָם. בֵּית הַמִּקְדָּשׁ,
מִנַּיִן דִּכְתִיב: מָכוֹן לְשִׁבְתְּךָ פָּעַלְתָּ יְיָ, מִקְּדָשׁ אֲדֹנָי
כּוֹנְנוּ יָדֶיךָ. וְאוֹמֵר: וַיְבִיאֵם אֶל גְּבוּל קָדְשׁוֹ, הַר זֶה

רנ״א א) תהלים קיט עב: ב) משלי ו כב: ג) חגי ב ח: ד) משלי ח כב: ה) ישעיה סו א: ו) תהלים קד כה:
ז) בראשית יד יט: ח) שמות טו טז: ט) תהלים טז ג: י) שמות טו יז: כ) תהלים עח נד:

ЭТО] ТЫСЯЧУ ТЫСЯЧ ЗОЛОТЫХ ДИНАРОВ, ДРАГОЦЕННЫЕ КАМНИ И ЖЕМЧУГА". СКАЗАЛ Я ЕМУ: "ДАЖЕ ЕСЛИ БЫ ТЫ ДАЛ МНЕ ВСЕ СЕРЕБРО, ЗОЛОТО, ДРАГОЦЕННЫЕ КАМНИ И ЖЕМЧУГА, ЧТО ЕСТЬ В МИРЕ, Я БУДУ ЖИТЬ ТОЛЬКО ТАМ, ГДЕ [ИЗУЧАЮТ] ТОРУ. И ТАК ЗАПИСАНО В КНИГЕ ТЕЃИЛИМ [ПСАЛМОВ] ДАВИДОМ, ЦАРЕМ ИЗ-РАИЛЯ: "ДОРОЖЕ МНЕ ТОРА ИЗ УСТ ТВОИХ, ЧЕМ ТЫСЯЧИ [МОНЕТ ИЗ] ЗОЛОТА И СЕРЕБРА"[1]. ВЕДЬ В СМЕРТНЫЙ ЧАС НЕ СОПРОВОЖ-ДАЮТ ЧЕЛОВЕКА НИ СЕРЕБРО, НИ ЗОЛОТО, НИ ДРАГОЦЕННЫЕ КАМНИ И ЖЕМЧУГА, НО ЛИШЬ ТОРА И ДОБРЫЕ ДЕЛА, КАК СКАЗА-НО: "КОГДА ПОЙДЕШЬ – ОНА ПОВЕДЕТ ТЕБЯ, КОГДА ЛЯЖЕШЬ – БУДЕТ ОНА ХРАНИТЬ ТЕБЯ, КОГДА ПРОБУДИШЬСЯ – БУДЕТ ОНА ГОВОРИТЬ С ТОБОЙ"[2]. "КОГДА ПОЙДЕШЬ – ОНА ПОВЕДЕТ ТЕБЯ" – В ЭТОМ МИРЕ; "КОГДА ЛЯЖЕШЬ – БУДЕТ ОНА ХРАНИТЬ ТЕБЯ" – В МОГИЛЕ; "КОГДА ПРОБУДИШЬСЯ – БУДЕТ ОНА ГОВОРИТЬ С ТО-БОЙ" – В МИРЕ ГРЯДУЩЕМ. И ЕЩЕ СКАЗАНО: "У МЕНЯ СЕРЕБРО, У МЕНЯ ЗОЛОТО – СЛОВО ГОСПОДА ВОИНСТВ"[3]». **10.** ПЯТЬ ПРИОБРЕ-ТЕНИЙ ЕСТЬ У ВСЕВЫШНЕГО В ЕГО МИРЕ. ВОТ ОНИ: ПЕРВОЕ – ТОРА, ВТОРОЕ – НЕБО И ЗЕМЛЯ, ТРЕТЬЕ – АВРАЃАМ, ЧЕТВЕРТОЕ – ИЗРАИЛЬ, ПЯТОЕ – ХРАМ. ОТКУДА [МЫ ЗНАЕМ, ЧТО] ТОРА – [ПРИ-ОБРЕТЕНИЕ ЕГО]? ИБО СКАЗАНО: "ГОСПОДЬ ПРИОБРЕЛ МЕНЯ В НАЧАЛЕ ПУТИ СВОЕГО, ДО ВСЕХ ДЕЯНИЙ СВОИХ, ИЗДАВНА"[4]. ОТ-КУДА [МЫ ЗНАЕМ, ЧТО] НЕБО И ЗЕМЛЯ – [ПРИОБРЕТЕНИЕ ЕГО]? ИБО СКАЗАНО: "ТАК СКАЗАЛ ГОСПОДЬ: НЕБО – ПРЕСТОЛ МОЙ, А ЗЕМЛЯ – ПОДНОЖИЕ НОГ МОИХ; КАКОЙ ДОМ ПОСТРОИТЕ ВЫ МНЕ? ГДЕ МЕСТО ПОКОЯ МОЕГО?"[5] И ЕЩЕ СКАЗАНО: "КАК МНО-ГОЧИСЛЕННЫ ДЕЯНИЯ ТВОИ, ГОСПОДЬ! ВСЁ МУДРОСТЬЮ СОТВО-РИЛ ТЫ, ПОЛНА ЗЕМЛЯ ПРИОБРЕТЕНИЯМИ ТВОИМИ"[6]. ОТКУДА [МЫ ЗНАЕМ, ЧТО] АВРАЃАМ – [ПРИОБРЕТЕНИЕ ЕГО]? ИБО СКАЗА-НО: "И ОН БЛАГОСЛОВИЛ ЕГО, И СКАЗАЛ: БЛАГОСЛОВЕН АВРАМ БОГОМ ВСЕВЫШНИМ, КОТОРЫЙ ПРИОБРЕЛ НЕБО И ЗЕМЛЮ"[7]. ОТ-КУДА [МЫ ЗНАЕМ, ЧТО] ИЗРАИЛЬ – [ПРИОБРЕТЕНИЕ ЕГО]? ИБО СКАЗАНО: "...ПОКА ПРОХОДИТ НАРОД ТВОЙ, ГОСПОДЬ, ПОКА ПРО-ХОДИТ НАРОД ЭТОТ, КОТОРЫЙ ТЫ ПРИОБРЕЛ"[8]. И ЕЩЕ СКАЗАНО: "К СВЯТЫМ, КОТОРЫЕ НА ЗЕМЛЕ, К МОГУЩЕСТВЕННЫМ – ВСЕ СТРЕМЛЕНИЕ МОЕ"[9]. ОТКУДА [МЫ ЗНАЕМ, ЧТО] ХРАМ – [ПРИОБРЕ-ТЕНИЕ ЕГО]? ИБО СКАЗАНО: "...СВЯТИЛИЩЕ, ГОСПОДЬ, ЧТО УСТ-

---

1. Теѓилим, 119:72. 2. Мишлей, 6:22. 3. Хагай, 2:8. 4. Мишлей, 8:22. 5. Йешаяѓу, 66:1. 6. Теѓилим, 104:24. 7. Брейшит, 14:19. 8. Шмот, 15:16. 9. Теѓилим, 16:3.

קַנְתָה יְמִינוֹ. יא כָּל מַה שֶׁבָּרָא הַקָּדוֹשׁ בָּרוּךְ הוּא
בְּעוֹלָמוֹ, לֹא בָרָא אֶלָּא לִכְבוֹדוֹ, שֶׁנֶּאֱמַר: כֹּל הַנִּקְרָא
בִשְׁמִי וְלִכְבוֹדִי, בְּרָאתִיו יְצַרְתִּיו אַף עֲשִׂיתִיו. וְאוֹמֵר:
יְיָ יִמְלֹךְ לְעֹלָם וָעֶד:

רַבִּי חֲנַנְיָה בֶּן עֲקַשְׁיָא אוֹמֵר, רָצָה הַקָּדוֹשׁ בָּרוּךְ הוּא לְזַכּוֹת אֶת
יִשְׂרָאֵל, לְפִיכָךְ הִרְבָּה לָהֶם תּוֹרָה וּמִצְוֹת, שֶׁנֶּאֱמַר: יְיָ חָפֵץ
לְמַעַן צִדְקוֹ יַגְדִּיל תּוֹרָה וְיַאְדִּיר:

סדר הבדלה

נוטעת ברכת בורא מיני בשמים צריך לאחוז הכום בשמאלו והבשמים בימינו ונשעת ברכת בורא מאורי
האש צריך לאחוז הכום בימינו. ואח"כ יביב בכפרניו ויחזור ויאחז הכום בימינו כנברכת הנבדלה:

הִנֵּה, אֵל יְשׁוּעָתִי אֶבְטַח, וְלֹא אֶפְחָד, כִּי עָזִּי וְזִמְרָתְיָה
יְיָ וַיְהִי לִי לִישׁוּעָה. וּשְׁאַבְתֶּם מַיִם בְּשָׂשׂוֹן, מִמַּעַיְנֵי
הַיְשׁוּעָה. לַיְיָ הַיְשׁוּעָה, עַל עַמְּךָ בִרְכָתֶךָ סֶּלָה. יְיָ צְבָאוֹת
עִמָּנוּ מִשְׂגָּב לָנוּ אֱלֹהֵי יַעֲקֹב סֶלָה. יְיָ צְבָאוֹת אַשְׁרֵי אָדָם
בֹּטֵחַ בָּךְ: יְיָ הוֹשִׁיעָה, הַמֶּלֶךְ יַעֲנֵנוּ בְיוֹם קָרְאֵנוּ: לַיְהוּדִים
הָיְתָה אוֹרָה וְשִׂמְחָה, וְשָׂשֹׂן וִיקָר. כֵּן תִּהְיֶה לָנוּ. כּוֹס
יְשׁוּעוֹת אֶשָּׂא, וּבְשֵׁם יְיָ אֶקְרָא:

על היין סַבְרִי מָרָנָן
בָּרוּךְ אַתָּה יְיָ, אֱלֹהֵינוּ מֶלֶךְ הָעוֹלָם, בּוֹרֵא פְּרִי הַגָּפֶן:
על הבשמים בָּרוּךְ אַתָּה יְיָ, אֱלֹהֵינוּ מֶלֶךְ הָעוֹלָם, בּוֹרֵא מִינֵי בְשָׂמִים:

בברכת בורא מאורי האש יבים בר' צפרניו והמה יהיו כפוים על האגודל, ולא יראה האגודל

על הנר בָּרוּךְ אַתָּה יְיָ, אֱלֹהֵינוּ מֶלֶךְ הָעוֹלָם, בּוֹרֵא מְאוֹרֵי הָאֵשׁ:

בָּרוּךְ אַתָּה יְיָ, אֱלֹהֵינוּ מֶלֶךְ הָעוֹלָם, הַמַּבְדִּיל בֵּין קֹדֶשׁ
לְחוֹל, בֵּין אוֹר לְחשֶׁךְ, בֵּין יִשְׂרָאֵל לָעַמִּים, בֵּין יוֹם
הַשְּׁבִיעִי לְשֵׁשֶׁת יְמֵי הַמַּעֲשֶׂה. בָּרוּךְ אַתָּה יְיָ, הַמַּבְדִּיל
בֵּין קֹדֶשׁ לְחוֹל:

ויתן

ברכה מעין שלש תמצא לעיל ע' 94.

ת,"א א) ישעיה מג ז: ב) שמות טו יח: ג)ישעיה יב ב ג: ד) תהלים ג ט: ה) שם טו יב: ו) שם טו ח:
ז) שם פד יג: ח) אסתר ח טז: ט) תהלים קטז יג:

РОИЛИ РУКИ ТВОИ"[1]. И ЕЩЕ СКАЗАНО: "И ПРИВЕЛ ОН ИХ В ПРЕ-
ДЕЛ СВОЙ СВЯТОЙ, НА ГОРЫ ЭТИ, КОТОРЫЕ ПРИОБРЕЛА ДЕСНИ-
ЦА ЕГО"[2]. 11. ВСЕ, ЧТО СОЗДАЛ ВСЕВЫШНИЙ В МИРЕ СВОЕМ, –
СОЗДАЛ ОН ВО СЛАВУ СЕБЕ, КАК СКАЗАНО: "ВСЁ, ЧТО НАЗВАНО
ИМЕНЕМ МОИМ, – ВО СЛАВУ СЕБЕ СОЗДАЛ Я, И СОТВОРИЛ, И
СДЕЛАЛ"[3]. И ЕЩЕ СКАЗАНО: "ГОСПОДЬ БУДЕТ ЦАРСТВОВАТЬ ВО
ВЕКИ ВЕКОВ!"[4]

РАБИ ХАНАНЬЯ БЕН АКАШЬЯ ГОВОРИТ: «ПОЖЕЛАЛ ВСЕВЫШНИЙ УВЕЛИЧИТЬ ЗА-
СЛУГИ ИЗРАИЛЯ И ПОТОМУ УМНОЖИЛ ДЛЯ НИХ ТОРУ И ЗАПОВЕДИ, КАК СКАЗА-
НО: "[ВСЁ, ЧЕГО ЖЕЛАЕТ] ГОСПОДЬ, – ЖЕЛАЕТ ОН РАДИ ПРАВДЫ СВОЕЙ, ВОЗВЕ-
ЛИЧИТ ОН ТОРУ И ВОССЛАВИТ!"» (Макот, конец главы 3).

"ГАВДАЛА"

*Берут бокал с вином в правую руку и начинают произносить "Гавдалу". Перед благо-
словением, оканчивающимся словами* בורא מיני בשמים *("СОТВОРИВШИЙ АРОМАТНЫЕ
ВЕЩЕСТВА"), бокал берут в левую руку, а в правую – сосуд с благовониями; произнеся
это благословение, вдыхают их аромат; потом сосуд отставляют и вновь берут бокал с
вином в правую руку, после чего произносят בורא מאורי האש ("СОЗДАВШИЙ СВЕТ ПЛА-
МЕНИ"). Потом снова берут бокал в левую руку, а правую протягивают к пламени свечей, прижав пальцы к ладони таким образом, чтобы большой палец был скрыт под осталь-
ными, и смотрят на ногти, освещенные огнем, и на тень, которую пальцы отбрасывают на
ладонь. После этого вновь берут бокал в правую руку и произносят благословение* המבדיל *("...ОТДЕЛИВШИЙ..."). (См. транслитерацию на стр. 414)*

הנה ВОТ ОН, БОГ, СПАСИТЕЛЬ МОЙ; СПОКОЕН Я И НЕ СТРАШУСЬ, ИБО БОГ –
СИЛА МОЯ, И [ЕМУ –] МОЯ ПЕСНЯ, И ОН ДАРОВАЛ МНЕ СПАСЕНИЕ. БУДЕТЕ ВЫ
ЧЕРПАТЬ, ЛИКУЯ, ВОДУ ИЗ ИСТОЧНИКОВ СПАСЕНИЯ![5] НАШЕ СПАСЕНИЕ – ОТ ГОС-
ПОДА; [ДА ПРЕБУДЕТ] НА НАРОДЕ ТВОЕМ БЛАГОСЛОВЕНИЕ ТВОЕ ВЕЧНО![6] ГОС-
ПОДЬ ВОИНСТВ С НАМИ; БОГ ЯАКОВА – НАШ ОПЛОТ ВОВЕКИ![7] ГОСПОДЬ ВО-
ИНСТВ, СЧАСТЛИВ ЧЕЛОВЕК, ПОЛАГАЮЩИЙСЯ НА ТЕБЯ![8] ГОСПОДЬ, СПАСИ [НАС]!
ОТВЕТЬ НАМ, ВЛАДЫКА, В ДЕНЬ, КОГДА МЫ ВЗЫВАЕМ [К ТЕБЕ]![9] У ИУДЕЕВ БЫЛИ
СВЕТЛЫЕ ДНИ, И ВЕСЕЛЬЕ, И ЛИКОВАНИЕ, И ДОСТОИНСТВО.[10] ДА БУДЕТ ТАК И С
НАМИ! ЧАШУ [В БЛАГОДАРНОСТЬ] ЗА [СВОЕ] СПАСЕНИЕ ПОДНИМУ И К ИМЕНИ
ГОСПОДА ВОЗЗОВУ![11]

Над вином произносят:

סברי ВНЕМЛИТЕ, ГОСПОДА МОИ!

ברוך БЛАГОСЛОВЕН ТЫ, ГОСПОДЬ, БОГ НАШ, ВЛАДЫКА ВСЕЛЕННОЙ, СОТВО-
РИВШИЙ ПЛОД ВИНОГРАДНОЙ ЛОЗЫ!

Над благовониями произносят:

ברוך БЛАГОСЛОВЕН ТЫ, ГОСПОДЬ, БОГ НАШ, ВЛАДЫКА ВСЕЛЕННОЙ, СОТВО-
РИВШИЙ АРОМАТНЫЕ ВЕЩЕСТВА!

ברוך БЛАГОСЛОВЕН ТЫ, ГОСПОДЬ, БОГ НАШ, ВЛАДЫКА ВСЕЛЕННОЙ, СОЗДАВ-
ШИЙ СВЕТ ПЛАМЕНИ!

ברוך БЛАГОСЛОВЕН ТЫ, ГОСПОДЬ, БОГ НАШ, ВЛАДЫКА ВСЕЛЕННОЙ, ОТДЕЛИ-
ВШИЙ СВЯТОЕ ОТ БУДНИЧНОГО, СВЕТ ОТ ТЬМЫ, ИЗРАИЛЬ ОТ [ДРУГИХ] НАРО-
ДОВ, СЕДЬМОЙ ДЕНЬ ОТ ШЕСТИ РАБОЧИХ ДНЕЙ. БЛАГОСЛОВЕН ТЫ, ГОСПОДЬ,
ОТДЕЛИВШИЙ СВЯТОЕ ОТ БУДНИЧНОГО!

Выпивают бокал вина; благословение после вина см. на стр. 94 – 95.

---

1. Шмот, 15:17. 2. Теѓилим, 78:54. 3. Йешаяѓу, 43:7. 4. Шмот, 15:18. 5. Йешаяѓу,
12:2,3. 6. Теѓилим, 3:9. 7. Теѓилим, 46:8. 8. Теѓилим, 84:13. 9. Теѓилим, 20:10. 10. Эстер, 8:16. 11. Теѓилим, 116:13.

אחר הבדלה אומרים ויתן לך :

וְיִתֶּן לְךָ הָאֱלֹהִים מִטַּל הַשָּׁמַיִם
וּמִשְׁמַנֵּי הָאָרֶץ, וְרֹב דָּגָן וְתִירֹשׁ:
יַעַבְדוּךָ עַמִּים וְיִשְׁתַּחֲווּ לְךָ לְאֻמִּים,
הֱוֵה גְבִיר לְאַחֶיךָ וְיִשְׁתַּחֲווּ לְךָ בְּנֵי
אִמֶּךָ, אֹרְרֶיךָ אָרוּר, וּמְבָרְכֶיךָ בָּרוּךְ:
וְאֵל שַׁדַּי יְבָרֵךְ אֹתְךָ וְיַפְרְךָ וְיַרְבֶּךָ,
וְהָיִיתָ לִקְהַל עַמִּים: וְיִתֶּן לְךָ אֶת בִּרְכַּת
אַבְרָהָם לְךָ וּלְזַרְעֲךָ אִתָּךְ, לְרִשְׁתְּךָ
אֶת אֶרֶץ מְגֻרֶיךָ אֲשֶׁר נָתַן אֱלֹהִים
לְאַבְרָהָם: מֵאֵל אָבִיךָ וְיַעְזְרֶךָּ וְאֵת
שַׁדַּי וִיבָרְכֶךָּ, בִּרְכֹת שָׁמַיִם מֵעָל,
בִּרְכֹת תְּהוֹם רֹבֶצֶת תָּחַת בִּרְכֹת
שָׁדַיִם וָרָחַם: בִּרְכֹת אָבִיךָ גָּבְרוּ עַל
בִּרְכֹת הוֹרַי, עַד תַּאֲוַת גִּבְעֹת עוֹלָם,
תִּהְיֶיןָ לְרֹאשׁ יוֹסֵף וּלְקָדְקֹד נְזִיר אֶחָיו:
וַאֲהֵבְךָ וּבֵרַכְךָ וְהִרְבֶּךָ, וּבֵרַךְ פְּרִי
בִטְנְךָ וּפְרִי אַדְמָתֶךָ דְּגָנְךָ וְתִירֹשְׁךָ
וְיִצְהָרֶךָ, שְׁגַר אֲלָפֶיךָ וְעַשְׁתְּרֹת צֹאנֶךָ,

על

תו"א א) בראשית כז כח: ב) שם כז כט. ג) שם כז כט: ד) שם כח ד: ה) שם פ פה: ו) שם פפ טו:
ז) דברים : יג יר שו:

После "Гавдалы" произносят следующую молитву (ее принято читать вдвоем по одному молитвеннику) :

ויתן И ПУСТЬ ДАРУЕТ ТЕБЕ БОГ РОСУ НЕБЕСНУЮ И ИЗО-
БИЛИЕ ЗЕМНОЕ, И ВДОВОЛЬ ХЛЕБА И ВИНА. И БУДУТ СЛУ-
ЖИТЬ ТЕБЕ НАРОДЫ, И СКЛОНЯТСЯ ПРЕД ТОБОЮ ПЛЕМЕНА;
И БУДЕШЬ ТЫ ГОСПОДИНОМ НАД БРАТЬЯМИ СВОИМИ, И
СКЛОНЯТСЯ ПРЕД ТОБОЮ СЫНОВЬЯ МАТЕРИ ТВОЕЙ. ПРОКЛИ-
НАЮЩИЕ ТЕБЯ БУДУТ ПРОКЛЯТЫ, БЛАГОСЛОВЛЯЮЩИЕ ТЕБЯ
БУДУТ БЛАГОСЛОВЕННЫ![1] ВСЕМОГУЩИЙ БОГ БЛАГОСЛОВИТ
ТЕБЯ, РАСПЛОДИТ ТЕБЯ И РАЗМНОЖИТ, И ПРОИЗОЙДЕТ ОТ
ТЕБЯ МНОЖЕСТВО ПЛЕМЕН. И РАСПРОСТРАНИТ [ВСЕВЫШ-
НИЙ] НА ТЕБЯ БЛАГОСЛОВЕНИЕ, [КОТОРОГО УДОСТОИЛСЯ]
АВРАҐАМ, — НА ТЕБЯ И НА ПОТОМСТВО ТВОЕ, — ДАВ ТЕБЕ В
НАСЛЕДСТВЕННЫЙ УДЕЛ ЗЕМЛЮ, НА КОТОРОЙ ТЫ ЖИВЕШЬ, —
[СТРАНУ], КОТОРУЮ БОГ ДАРОВАЛ АВРАҐАМУ.[2] [ЭТО БЫЛО
ДАНО ТЕБЕ] БОГОМ ОТЦА ТВОЕГО, КОТОРЫЙ ПОМОЖЕТ
ТЕБЕ, ВСЕМОГУЩИМ БОГОМ, КОТОРЫЙ БЛАГОСЛОВИТ ТЕБЯ.
[ОН ДАСТ] БЛАГОСЛОВЕНИЕ РОСЕ НЕБЕС, КОТОРЫЕ НАД
[ТОБОЮ], БЛАГОСЛОВЕНИЕ ВОДАМ НЕДР, ЛЕЖАЩИМ В ГЛУ-
БИНЕ, [ПОШЛЕТ] БЛАГОСЛОВЕНИЕ ГРУДИ И ЧРЕВУ. БЛАГО-
СЛОВЕНИЯ, ПОЛУЧЕННЫЕ ОТЦОМ ТВОИМ, ПРЕВЗОШЛИ БЛА-
ГОСЛОВЕНИЯ, ПОЛУЧЕННЫЕ МОИМИ РОДИТЕЛЯМИ, [ЭТИХ
БЛАГОСЛОВЕНИЙ] ЖАЖДАЛИ ВСЕ ВЕЛИКИЕ МИРА СЕГО! ДА
СНИЗОЙДУТ ВСЕ [ЭТИ БЛАГОСЛОВЕНИЯ] НА ГЛАВУ ЙОСЕФА,
НА ЧЕЛО ВОЗНЕСШЕГОСЯ НАД БРАТЬЯМИ СВОИМИ.[3] И [ВСЕ-
ВЫШНИЙ] ВОЗЛЮБИТ ТЕБЯ, И БЛАГОСЛОВИТ, И РАЗМНОЖИТ,
И БЛАГОСЛОВИТ ПЛОД ЧРЕВА ТВОЕЙ [ЖЕНЫ] И ПЛОДЫ
ЗЕМЛИ ТВОЕЙ: ТВОЙ ХЛЕБ, И ТВОЕ ВИНО, И ТВОЙ ЕЛЕЙ,
ТЕЛЯТ В ТВОИХ СТАДАХ И ЯГНЯТ В ТВОИХ ОТАРАХ, —

---

1. Брейшит, 27:28,29.   2. Брейшит, 28:3,4.   3. Брейшит, 49:25, 26.

עַל הָאֲדָמָה, אֲשֶׁר נִשְׁבַּע לַאֲבֹתֶיךָ לָתֶת לָךְ: בָּרוּךְ תִּהְיֶה מִכָּל הָעַמִּים, לֹא יִהְיֶה בְךָ עָקָר וַעֲקָרָה וּבִבְהֶמְתֶּךָ: וְהֵסִיר יְיָ מִמְּךָ כָּל חֹלִי, וְכָל מַדְוֵי מִצְרַיִם הָרָעִים אֲשֶׁר יָדַעְתָּ, לֹא יְשִׂימָם בָּךְ, וּנְתָנָם בְּכָל שֹׂנְאֶיךָ:

הַמַּלְאָךְ הַגֹּאֵל אֹתִי מִכָּל רָע, יְבָרֵךְ אֶת הַנְּעָרִים, וְיִקָּרֵא בָהֶם שְׁמִי, וְשֵׁם אֲבֹתַי: אַבְרָהָם וְיִצְחָק וְיִדְגּוּ לָרֹב בְּקֶרֶב הָאָרֶץ: יְיָ אֱלֹהֵיכֶם הִרְבָּה אֶתְכֶם, וְהִנְּכֶם הַיּוֹם כְּכוֹכְבֵי הַשָּׁמַיִם לָרֹב: יְיָ אֱלֹהֵי אֲבוֹתֵיכֶם, יֹסֵף עֲלֵיכֶם כָּכֶם, אֶלֶף פְּעָמִים, וִיבָרֵךְ אֶתְכֶם, כַּאֲשֶׁר דִּבֶּר לָכֶם:

בָּרוּךְ אַתָּה בָּעִיר, וּבָרוּךְ אַתָּה בַּשָּׂדֶה: בָּרוּךְ טַנְאֲךָ וּמִשְׁאַרְתֶּךָ: בָּרוּךְ פְּרִי בִטְנְךָ וּפְרִי אַדְמָתְךָ וּפְרִי בְהֶמְתֶּךָ, שְׁגַר אֲלָפֶיךָ וְעַשְׁתְּרוֹת צֹאנֶךָ: בָּרוּךְ אַתָּה בְּבֹאֶךָ, וּבָרוּךְ אַתָּה בְּצֵאתֶךָ: יְצַו יְיָ אִתְּךָ אֶת הַבְּרָכָה בַּאֲסָמֶיךָ וּבְכֹל מִשְׁלַח יָדֶךָ, וּבֵרַכְךָ בָּאָרֶץ, אֲשֶׁר יְיָ אֱלֹהֶיךָ נֹתֵן לָךְ: יִפְתַּח יְיָ לְךָ אֶת אוֹצָרוֹ הַטּוֹב אֶת הַשָּׁמַיִם לָתֵת מְטַר אַרְצְךָ בְּעִתּוֹ, וּלְבָרֵךְ אֵת כָּל מַעֲשֵׂה יָדֶךָ, וְהִלְוִיתָ גּוֹיִם רַבִּים, וְאַתָּה לֹא תִלְוֶה: כִּי יְיָ אֱלֹהֶיךָ בֵּרַכְךָ, כַּאֲשֶׁר
דבר

В СТРАНЕ, КОТОРУЮ ГОСПОДЬ ПОКЛЯЛСЯ ДАРОВАТЬ ВАШИМ ОТЦАМ. БЛАГОСЛОВЕН ТЫ БУДЕШЬ БОЛЕЕ ВСЕХ НАРОДОВ; НЕ БУДЕТ У ТЕБЯ БЕСПЛОДНОГО И БЕСПЛОДНОЙ — [НИ СРЕДИ ЛЮДЕЙ], НИ СРЕДИ СКОТА. И ОТВЕДЕТ ОТ ТЕБЯ ГОСПОДЬ ВСЕ БОЛЕЗНИ; И НИ ОДНИМ ИЗ ТЯЖКИХ НЕДУГОВ, ПОСТИГШИХ ЕГИПЕТ, О КОТОРЫХ ТЕБЕ ИЗВЕСТНО, НЕ ПОКАРАЕТ ОН ТЕБЯ, А НАШЛЕТ ИХ НА ВСЕХ ВРАГОВ ТВОИХ.[1]

המלאך [ВСЕВЫШНИЙ, КОТОРЫЙ ПОСЛАЛ СВОЕГО] АНГЕЛА, СПАСШЕГО МЕНЯ ОТ ВСЕХ БЕД, ДА БЛАГОСЛОВИТ ЭТИХ ЮНОШЕЙ,* И ОТМЕТИТ ИХ МОИМ ИМЕНЕМ И ИМЕНАМИ МОИХ ОТЦОВ — АВРАГАМА И ИЦХАКА; И РАСПЛОДЯТСЯ ОНИ НА ЗЕМЛЕ ПОДОБНО РЫБАМ [В МОРЕ].[2] ГОСПОДЬ, БОГ ВАШ, СДЕЛАЛ ВАС МНОГОЧИСЛЕННЫМИ, И СЕГОДНЯ ВАС — КАК ЗВЕЗД В НЕБЕ. ГОСПОДЬ, БОГ ОТЦОВ ВАШИХ, ТЫСЯЧЕКРАТНО УВЕЛИЧИТ ВАШЕ ЧИСЛО, И БЛАГОСЛОВИТ ОН ВАС, КАК ОБЕЩАЛ ВАМ.[3]

ברוך БЛАГОСЛОВЕН ТЫ В ГОРОДЕ И БЛАГОСЛОВЕН ТЫ В ПОЛЕ; БЛАГОСЛОВЕННЫ КОРЗИНЫ ТВОИ [С ПЛОДАМИ], БЛАГОСЛОВЕННА КВАШНЯ ТВОЯ; БЛАГОСЛОВЕН ПЛОД ЧРЕВА ТВОЕЙ [ЖЕНЫ], И ПЛОДЫ ЗЕМЛИ ТВОЕЙ, И ПРИПЛОД СКОТА ТВОЕГО: ТЕЛЯТА В ТВОИХ СТАДАХ И ЯГНЯТА В ТВОИХ ОТАРАХ; БЛАГОСЛОВЕН ТЫ ПРИ ВХОДЕ [В СВОЙ ДОМ] И БЛАГОСЛОВЕН ТЫ ПРИ ВЫХОДЕ [ИЗ НЕГО]. ПОШЛЕТ ТЕБЕ ГОСПОДЬ БЛАГОСЛОВЕНИЕ — ЖИТНИЦАМ ТВОИМ И ВСЕМ ДЕЛАМ РУК ТВОИХ; БЛАГОСЛОВИТ ТЕБЯ НА ЗЕМЛЕ, КОТОРУЮ ОН, ГОСПОДЬ, БОГ ТВОЙ, ДАЕТ ТЕБЕ. ОТКРОЕТ ДЛЯ ТЕБЯ ГОСПОДЬ СОКРОВИЩНИЦУ БЛАГ СВОИХ, — НЕБЕСА, — ЧТОБЫ ПОСЛАТЬ ДОЖДЬ ЗЕМЛЕ ТВОЕЙ В СРОК, И БЛАГОСЛОВИТ ВСЕ ДЕЛА РУК ТВОИХ. И СТАНЕШЬ ТЫ ДАВАТЬ В ДОЛГ МНОГИМ НАРОДАМ, А САМ БРАТЬ ВЗАЙМЫ НЕ БУДЕШЬ,[4] ИБО ГОСПОДЬ, БОГ ТВОЙ, БЛАГОСЛОВИЛ ТЕБЯ, КАК

---

1. Дварим, 7:13—15. 2. Брейшит, 48:16. 3. Дварим, 1:10,11. 4. Дварим, 28:3,5,4,6,8,12.
* Благословение Йакова, которое дал он своим внукам, Эфраиму и Менаше.

דִּבֶּר לָךְ, וְהֶעֱבַטְתָּ גּוֹיִם רַבִּים, וְאַתָּה לֹא תַעֲבֹט, וּמָשַׁלְתָּ
בְּגוֹיִם רַבִּים, וּבְךָ לֹא יִמְשֹׁלוּ: אַשְׁרֶיךָ יִשְׂרָאֵל מִי כָמוֹךָ,
עַם, נוֹשַׁע בַּיְיָ, מָגֵן עֶזְרֶךָ, וַאֲשֶׁר חֶרֶב גַּאֲוָתֶךָ, וְיִכָּחֲשׁוּ
אֹיְבֶיךָ לָךְ, וְאַתָּה עַל בָּמוֹתֵימוֹ תִדְרֹךְ:
יִשְׂרָאֵל נוֹשַׁע בַּיְיָ תְּשׁוּעַת עוֹלָמִים, לֹא תֵבֹשׁוּ וְלֹא
תִכָּלְמוּ עַד עוֹלְמֵי עַד: וַאֲכַלְתֶּם אָכוֹל וְשָׂבוֹעַ,
וְהִלַּלְתֶּם אֶת שֵׁם יְיָ אֱלֹהֵיכֶם אֲשֶׁר עָשָׂה עִמָּכֶם לְהַפְלִיא
וְלֹא יֵבֹשׁוּ עַמִּי לְעוֹלָם: וִידַעְתֶּם כִּי בְקֶרֶב יִשְׂרָאֵל אָנִי,
וַאֲנִי יְיָ אֱלֹהֵיכֶם וְאֵין עוֹד, וְלֹא יֵבֹשׁוּ עַמִּי לְעוֹלָם: כִּי
בְשִׂמְחָה תֵצֵאוּ וּבְשָׁלוֹם תּוּבָלוּן, הֶהָרִים וְהַגְּבָעוֹת יִפְצְחוּ
לִפְנֵיכֶם רִנָּה, וְכָל עֲצֵי הַשָּׂדֶה יִמְחֲאוּ כָף: הִנֵּה, אֵל יְשׁוּעָתִי
אֶבְטַח, וְלֹא אֶפְחָד, כִּי עָזִּי וְזִמְרָת יָהּ יְיָ, וַיְהִי לִי לִישׁוּעָה:
וּשְׁאַבְתֶּם מַיִם בְּשָׂשׂוֹן, מִמַּעַיְנֵי הַיְשׁוּעָה: וַאֲמַרְתֶּם בַּיּוֹם
הַהוּא: הוֹדוּ לַיְיָ קִרְאוּ בִשְׁמוֹ, הוֹדִיעוּ בָעַמִּים עֲלִילוֹתָיו,
הַזְכִּירוּ, כִּי נִשְׂגָּב שְׁמוֹ: זַמְּרוּ יְיָ, כִּי גֵאוּת עָשָׂה, מוּדַעַת
זֹאת בְּכָל הָאָרֶץ: צַהֲלִי וָרֹנִּי, יוֹשֶׁבֶת צִיּוֹן, כִּי גָדוֹל בְּקִרְבֵּךְ
קְדוֹשׁ יִשְׂרָאֵל: וְאָמַר בַּיּוֹם הַהוּא: הִנֵּה אֱלֹהֵינוּ זֶה, קִוִּינוּ
לוֹ וְיוֹשִׁיעֵנוּ, זֶה יְיָ קִוִּינוּ לוֹ, נָגִילָה וְנִשְׂמְחָה בִּישׁוּעָתוֹ:
בּוֹרֵא נִיב שְׂפָתָיִם שָׁלוֹם, שָׁלוֹם לָרָחוֹק וְלַקָּרוֹב אָמַר יְיָ
וּרְפָאתִיו: וְרוּחַ לָבְשָׁה אֶת עֲמָשַׂי רֹאשׁ הַשָּׁלִישִׁים,
לְךָ דָוִיד וְעִמְּךָ בֶן יִשַׁי, שָׁלוֹם, שָׁלוֹם לְךָ וְשָׁלוֹם לְעוֹזְרֶךָ, כִּי
עֲזָרְךָ אֱלֹהֶיךָ, וַיְקַבְּלֵם דָּוִיד וַיִּתְּנֵם בְּרָאשֵׁי הַגְּדוּד:
וַאֲמַרְתֶּם: כֹּה לֶחָי, וְאַתָּה שָׁלוֹם, וּבֵיתְךָ שָׁלוֹם וְכֹל אֲשֶׁר
לְךָ שָׁלוֹם. יְיָ עֹז לְעַמּוֹ יִתֵּן, יְיָ יְבָרֵךְ אֶת עַמּוֹ בַשָּׁלוֹם:

תּוֹ"א א) שם לג כט: ב) ישעיה מה יז: ג) יואל ב כו כז: ד) ישעיה נה יב: ה) שם יב ב ג ד ה ו: ו) שם כה ט:
ז) שם נז יט: ח) דה"א יב יח: ט) ש"א כה ו: י) תהלים כט יא:

И ОБЕЩАЛ ТЕБЕ. СТАНЕШЬ ТЫ ДАВАТЬ ВЗАЙМЫ ПОД ЗАЛОГ МНОГИМ НАРОДАМ, А САМ НЕ БУДЕШЬ НИЧЕГО БРАТЬ ПОД ЗАЛОГ; И БУДЕШЬ ТЫ ВЛАСТВОВАТЬ НАД МНОГИМИ НАРОДАМИ, А НАД ТОБОЮ НИКТО ВЛАСТВОВАТЬ НЕ БУДЕТ.[1] СЧАСТЛИВ ТЫ, ИЗРАИЛЬ! КТО ПОДОБЕН ТЕБЕ, НАРОД, СПАСАЕМЫЙ ГОСПОДОМ! ОН — ЩИТ, ОХРАНЯЮЩИЙ ТЕБЯ, И МЕЧ ПОБЕДОНОСНЫЙ ТВОЙ; БУДУТ ЗАИСКИВАТЬ ПРЕД ТОБОЮ ТВОИ ВРАГИ, И ТЫ ПРОЙДЕШЬ ПО ИХ ВЫСОТАМ.[2]

ישראל ИЗРАИЛЬ, СПАСАЕМЫЙ ГОСПОДОМ ВО ВСЕ ВРЕМЕНА! НЕ БУДЕТЕ ВЫ ПОСРАМЛЕНЫ И ОПОЗОРЕНЫ ВО ВЕКИ ВЕЧНЫЕ.[3] СТАНЕТЕ ВЫ ЕСТЬ ДОСЫТА И ВОЗНОСИТЬ ХВАЛУ [ИМЕНИ МОЕМУ], ИМЕНИ ГОСПОДА, БОГА ВАШЕГО, КОТОРЫЙ ТВОРИЛ ДЛЯ ВАС ЧУДЕСА; И НЕ БУДЕТ МОЙ НАРОД НИКОГДА ТЕРПЕТЬ ПОЗОРА.[4] И УЗНАЕТЕ ВЫ, ЧТО Я — СРЕДИ ИЗ- РАИЛЯ И ЧТО Я — ГОСПОДЬ, БОГ ВАШ, И НЕТ ДРУГОГО, И НИКОГДА БОЛЕЕ НЕ БУДЕТ ПОСРАМЛЕН НАРОД МОЙ, ИБО, ЛИКУЯ, ВЫЙДЕТЕ ВЫ [ИЗ ЧУЖИХ СТРАН] И С МИРОМ ПРИДЕТЕ ВЫ [В ВАШУ ЗЕМЛЮ]; ГОРЫ И ХОЛМЫ БУДУТ ПЕТЬ ВАМ ПЕСНИ, И ВСЕ ДЕРЕВЬЯ В ДОЛИНАХ — ЛИ- КОВАТЬ.[5] ВОТ ОН, БОГ, СПАСИТЕЛЬ МОЙ; СПОКОЕН Я И НЕ СТРАШУСЬ, ИБО БОГ — СИЛА МОЯ, И [ЕМУ —] МОЯ ПЕСНЯ, И ОН ДАРОВАЛ МНЕ СПАСЕНИЕ. БУДЕТЕ ВЫ ЧЕРПАТЬ, ЛИКУЯ, ВОДУ ИЗ ИСТОЧНИКОВ СПА- СЕНИЯ И СКАЖЕТЕ В ТОТ ДЕНЬ: "БЛАГОДАРИТЕ ГОСПОДА, ВЗЫВАЙТЕ К ИМЕНИ ЕГО, ПОВЕСТВУЙТЕ НАРОДАМ О ЕГО ДЕЯНИЯХ, НАПОМИНАЙ- ТЕ О ВЕЛИЧИИ ИМЕНИ ЕГО". ВОСПЕВАЙТЕ ГОСПОДА, ИБО ВЕЛИКИЕ ДЕЛА СОТВОРИЛ ОН, — ИЗВЕСТНО ОБ ЭТОМ ПО ВСЕЙ ЗЕМЛЕ. ЛИКУЙ И ПОЙ, [НАРОД], ОБИТАЮЩИЙ В СИОНЕ, ИБО ВОЗВЕЛИЧИЛСЯ В ТВОЕЙ СРЕДЕ [ВСЕВЫШНИЙ —] СВЯТЫНЯ ИЗРАИЛЯ.[6] И СКАЖЕТ [НАРОД] В ТОТ ДЕНЬ: "ВОТ, ЭТО БОГ НАШ; МЫ НАДЕЯЛИСЬ НА НЕГО, И СПАС ОН НАС. ЭТО — ГОСПОДЬ, НА КОТОРОГО МЫ НАДЕЯЛИСЬ; БУДЕМ ЖЕ ЛИКОВАТЬ И РАДОВАТЬСЯ СПАСЕНИЮ, КОТОРОЕ ОН ДАРОВАЛ".[7]

בורא НАДЕЛИВШИЙ УСТА ДАРОМ РЕЧИ, ИЗРЕК ГОСПОДЬ: "МИР, МИР ДАЛЕКОМУ И БЛИЗКОМУ; Я ИСЦЕЛЮ ЕГО".[8] И СНИЗОШЛО ВДОХНОВЕ- НИЕ НА АМАСАЯ, ГЛАВУ ВОЕНАЧАЛЬНИКОВ, [И ВОСКЛИКНУЛ ОН]: "ТВОИ МЫ, ДАВИД! С ТОБОЮ МЫ, СЫН ИШАЯ! МИР, МИР ТЕБЕ И МИР ПО- МОЩНИКАМ ТВОИМ, ИБО ПОМОГАЕТ ТЕБЕ БОГ ТВОЙ!" И ПРИНЯЛ ИХ ДАВИД, И ПОСТАВИЛ ИХ ВО ГЛАВЕ ОТРЯДА.[9] И СКАЖИТЕ: "ДА БУДЕТ ТАК ВСЮ ЖИЗНЬ! МИР ТЕБЕ, И МИР ДОМУ ТВОЕМУ, И МИР ВСЕМУ, ЧЕМ ТЫ ВЛАДЕЕШЬ!"[10] ГОСПОДЬ ПРИДАСТ СИЛ НАРОДУ СВОЕМУ; ГОСПОДЬ БЛАГОСЛОВИТ СВОЙ НАРОД, ДАРОВАВ ЕМУ МИР.[11]

После завершения субботы принято устраивать еще одну трапезу, называемую "мела- вэ малка" ("проводы Царицы [субботы]").

---

1. Дварим, 15:6. 2. Дварим, 33:29. 3. Йешаяѓу, 45:17. 4. Йоэль, 2:26,27. 5. Йешаяѓу, 55:12. 6. Йешаяѓу, 12:2—6. 7. Йешаяѓу, 25:9. 8. Йешаяѓу, 57:19. 9. Диврей ѓаямим I,12: 19. 10. Шмуэль I, 25:6. 11. Теѓилим, 29:11.

עפ"י הקבלה אין לקדש הלבנה עד אחר ז' ימים למולד. ויש לקדש הלבנה בבגדים חשובים ונאים וקודם הברכה
יאמר:

הַלְלוּיָהּ, הַלְלוּ אֶת יְיָ מִן הַשָּׁמַיִם, הַלְלוּהוּ בַּמְּרוֹמִים: הַלְלוּהוּ
כָל מַלְאָכָיו, הַלְלוּהוּ כָּל צְבָאָיו. הַלְלוּהוּ שֶׁמֶשׁ וְיָרֵחַ,
הַלְלוּהוּ כָּל כּוֹכְבֵי אוֹר. הַלְלוּהוּ שְׁמֵי הַשָּׁמָיִם, וְהַמַּיִם אֲשֶׁר מֵעַל
הַשָּׁמָיִם, יְהַלְלוּ אֶת שֵׁם יְיָ, כִּי הוּא צִוָּה וְנִבְרָאוּ. וַיַּעֲמִידֵם לָעַד
לְעוֹלָם, חָק נָתַן וְלֹא יַעֲבוֹר:

יאמר רגליו ויציט בלבנה פ"א קודם הברכה וכשיתחיל לברך לא יראה בה כלל:

בָּרוּךְ אַתָּה יְיָ אֱלֹהֵינוּ מֶלֶךְ הָעוֹלָם,
אֲשֶׁר בְּמַאֲמָרוֹ בָּרָא שְׁחָקִים,
וּבְרוּחַ פִּיו כָּל צְבָאָם, חֹק וּזְמַן נָתַן לָהֶם
שֶׁלֹּא יְשַׁנּוּ אֶת תַּפְקִידָם, שָׂשִׂים
וּשְׂמֵחִים לַעֲשׂוֹת רְצוֹן קוֹנָם, פּוֹעֵל
אֱמֶת, שֶׁפְּעֻלָּתוֹ אֱמֶת, וְלַלְּבָנָה אָמַר
שֶׁתִּתְחַדֵּשׁ עֲטֶרֶת תִּפְאֶרֶת לַעֲמוּסֵי
בָטֶן, שֶׁהֵם עֲתִידִים לְהִתְחַדֵּשׁ כְּמוֹתָהּ,
וּלְפָאֵר לְיוֹצְרָם עַל שֵׁם כְּבוֹד מַלְכוּתוֹ.
בָּרוּךְ אַתָּה יְיָ, מְחַדֵּשׁ חֳדָשִׁים:

ידלג שלשה דלוגים ויאמר:

בָּרוּךְ עֹשֵׂךְ, בָּרוּךְ יוֹצְרֵךְ, בָּרוּךְ בּוֹרְאֵךְ,
בָּרוּךְ קוֹנֵךְ. כְּשֵׁם שֶׁאֲנִי רוֹקֵד כְּנֶגְדֵּךְ
וְאֵינִי יָכוֹל לִנְגּוֹעַ בָּךְ, כָּךְ לֹא יוּכְלוּ כָּל
אֹיְבַי

תר"א א) סנהדרין דף מב ע"א:

Желательно произносить эту молитву на исходе субботы. Согласно Кабале, следует совершать освящение луны не ранее чем через семь дней после новолуния. При этом нужно быть в праздничной одежде. Перед благословением произносят:

הללויה ВОСХВАЛИТЕ БОГА! ВОСХВАЛИТЕ БОГА С НЕБЕС, ВОСХВАЛИТЕ ЕГО В ВЫСЯХ, ВОСХВАЛИТЕ ЕГО, ВСЕ ЕГО АНГЕЛЫ, ВОСХВАЛИ ЕГО, ВСЕ НЕБЕСНОЕ ВОИНСТВО! ВОСХВАЛИТЕ ЕГО, СОЛНЦЕ И ЛУНА, ВОСХВАЛИТЕ ЕГО, ВСЕ ЗВЕЗДЫ НОЧИ! ВОСХВАЛИТЕ ЕГО, НЕБЕСНЫЕ ВЫСИ И ВОДЫ НАДНЕБЕСНЫЕ! ДА ВОСХВАЛЯТ ОНИ ИМЯ ГОСПОДА, ВЕДЬ ОН ПОВЕЛЕЛ – И ВОЗНИКЛИ ОНИ! И УТВЕРДИЛ ОН ИХ НА ВЕКИ ВЕЧНЫЕ, УСТАНОВИЛ ДЛЯ НИХ ЗАКОН НЕОТМЕНИМЫЙ.[1]

Следует выпрямить ноги и плотно сдвинуть ступни; перед началом благословения следует взглянуть на луну и до завершения благословения более на нее не смотреть.

ברוך БЛАГОСЛОВЕН ТЫ, ГОСПОДЬ, БОГ НАШ, ВЛАДЫКА ВСЕЛЕННОЙ, СОЗДАВШИЙ НЕБЕСА СЛОВОМ СВОИМ И ВСЕ ВОИНСТВО ИХ — ДЫХАНИЕМ СВОИХ УСТ. ЗАКОН И СРОК УСТАНОВИЛ ОН ДЛЯ НИХ, ЧТОБЫ НЕ НАРУШАЛИ ОНИ ПОВЕЛЕНИЙ, КОТОРЫЕ ОН ДАЛ ИМ. ЛИКУЮТ И РАДУЮТСЯ ОНИ, ИСПОЛНЯЯ ВОЛЮ СВОЕГО СОЗДАТЕЛЯ, ТВОРЦА ИСТИНЫ, ВСЕ ДЕЯНИЯ КОТОРОГО — ИСТИНА. И ПОВЕЛЕЛ ОН ЛУНЕ ОБНОВЛЯТЬСЯ, УВЕНЧИВАТЬ ВЕЛИКОЛЕПИЕМ ТЕХ, О КОМ ОН ЗАБОТИТСЯ С МОМЕНТА ИХ РОЖДЕНИЯ,* ТЕХ, КТО В БУДУЩЕМ ОБНОВИТСЯ, ПОДОБНО ЕЙ, И БУДЕТ ВОСХВАЛЯТЬ СВОЕГО СОЗДАТЕЛЯ ВО ИМЯ СЛАВЫ ЦАРСТВА ЕГО. БЛАГОСЛОВЕН ТЫ, ГОСПОДЬ, ОБНОВЛЯЮЩИЙ МЕСЯЦЫ![2]

Следует трижды приподняться на носках и произнести:

ברוך БЛАГОСЛОВЕН ВАЯТЕЛЬ ТВОЙ, БЛАГОСЛОВЕН СОЗДАТЕЛЬ ТВОЙ, БЛАГОСЛОВЕН ТВОРЕЦ ТВОЙ, БЛАГОСЛОВЕН ВЛАДЫКА ТВОЙ! ПОДОБНО ТОМУ, КАК Я ПРИПОДНИМАЮСЬ НАВСТРЕЧУ ТЕБЕ, НО НЕ МОГУ ТЕБЯ КОСНУТЬСЯ, — ТАК ПУСТЬ И ВСЕ

1. Теѓилим, 148:1–6. 2. Санѓедрин, 42а.
* Т.е. народ Израиля; см. Йешаяѓу, 46:3.

אוֹיְבַי לִנְגּוֹעַ בִּי לְרָעָה. תִּפֹּל עֲלֵיהֶם אֵימָתָה
וָפַחַד בִּגְדֹל זְרוֹעֲךָ יִדְּמוּ כָּאָבֶן. כָּאֶבֶן יִדְּמוּ
זְרוֹעֲךָ בִּגְדֹל וָפַחַד אֵימָתָה עֲלֵיהֶם תִּפֹּל:

ככה יעשה ג' פעמים ידלג שלשה דילוגים ואומר מברוך עושך וכו' ע״כ.

ג״פ דָּוִד מֶלֶךְ יִשְׂרָאֵל חַי וְקַיָּם:

ויאמר לחברו שָׁלוֹם עֲלֵיכֶם. וחברו משיב עֲלֵיכֶם שָׁלוֹם: ג״פ

ג״פ סִימָן טוֹב וּמַזָּל טוֹב יְהֵא לָנוּ וּלְכָל יִשְׂרָאֵל אָמֵן:
קוֹל דּוֹדִי הִנֵּה זֶה בָּא, מְדַלֵּג עַל הֶהָרִים מְקַפֵּץ
עַל הַגְּבָעוֹת. דּוֹמֶה דוֹדִי לִצְבִי אוֹ לְעֹפֶר
הָאַיָּלִים, הִנֵּה זֶה עוֹמֵד אַחַר כָּתְלֵנוּ, מַשְׁגִּיחַ מִן
הַחַלֹּנוֹת, מֵצִיץ מִן הַחֲרַכִּים:

שִׁיר לַמַּעֲלוֹת, אֶשָּׂא עֵינַי אֶל הֶהָרִים, מֵאַיִן יָבוֹא עֶזְרִי: עֶזְרִי מֵעִם יְיָ, עֹשֵׂה
שָׁמַיִם וָאָרֶץ: אַל יִתֵּן לַמּוֹט רַגְלֶךָ, אַל יָנוּם שֹׁמְרֶךָ: הִנֵּה לֹא יָנוּם
וְלֹא יִישָׁן, שׁוֹמֵר יִשְׂרָאֵל: יְיָ שֹׁמְרֶךָ, יְיָ צִלְּךָ עַל יַד יְמִינֶךָ: יוֹמָם הַשֶּׁמֶשׁ
לֹא יַכֶּכָּה, וְיָרֵחַ בַּלָּיְלָה: יְיָ יִשְׁמָרְךָ מִכָּל רָע, יִשְׁמֹר אֶת נַפְשֶׁךָ: יְיָ יִשְׁמָר
צֵאתְךָ וּבוֹאֶךָ, מֵעַתָּה וְעַד עוֹלָם:

הַלְלוּיָהּ, הַלְלוּ אֵל בְּקָדְשׁוֹ, הַלְלוּהוּ בִּרְקִיעַ עֻזּוֹ: הַלְלוּהוּ בִגְבוּרֹתָיו
הַלְלוּהוּ כְּרֹב גֻּדְלוֹ: הַלְלוּהוּ בְּתֵקַע שׁוֹפָר, הַלְלוּהוּ בְּנֵבֶל
וְכִנּוֹר: הַלְלוּהוּ בְּתֹף וּמָחוֹל, הַלְלוּהוּ בְּמִנִּים וְעֻגָב: הַלְלוּהוּ בְּצִלְצְלֵי שָׁמַע,
הַלְלוּהוּ בְּצִלְצְלֵי תְרוּעָה: כֹּל הַנְּשָׁמָה תְּהַלֵּל יָהּ, הַלְלוּיָהּ:

תָּנָא דְּבֵי רַבִּי יִשְׁמָעֵאל, אִלְמָלֵי לֹא
זָכוּ יִשְׂרָאֵל אֶלָּא לְהַקְבִּיל פְּנֵי
אֲבִיהֶם שֶׁבַּשָּׁמַיִם פַּעַם אַחַת בַּחֹדֶ
שׁ, אָמַר אַבַּיֵי הִלְכָּךְ נֵימְרִינְהוּ

מְעֻמָּד

תו״א א) שמות טו טז: ב) שה״ש ב ח ט: ג) תהלים קכא: ד) שם קנ: ה) סנהדרין מב:

ВРАГИ МОИ НЕ СМОГУТ КОСНУТЬСЯ МЕНЯ, ЧТОБЫ ПРИЧИНИТЬ МНЕ ВРЕД. НАПАДУТ НА НИХ УЖАС И СТРАХ; ПРИ ВИДЕ МОГУЧЕЙ СИЛЫ ТВОЕЙ ОНЕМЕЮТ ОНИ, СЛОВНО КАМЕНЬ.[1] СЛОВНО КАМЕНЬ, ОНЕМЕЮТ ОНИ ПРИ ВИДЕ СИЛЫ ТВОЕЙ МОГУЧЕЙ; СТРАХ И УЖАС НА НИХ НАПАДУТ. *(Этот отрывок произносят трижды, каждый раз перед этим троекратно поднимаясь на носках.)*

דוד ДАВИД, ЦАРЬ ИЗРАИЛЯ, ЖИВ И БУДЕТ ЖИТЬ ВЕЧНО! *(Повторяют три раза.)*

Молящийся обращается к стоящему рядом:
שלום МИР ВАМ! *Тот отвечает:* ВАМ МИР!

Таким же образом молящийся приветствует еще двух соседей.
סמן ДОБРОГО ЗНАКА И ДОБРОЙ СУДЬБЫ НАМ И ВСЕМУ НАРОДУ ИЗРАИЛЯ! АМЕН! *(Эту фразу повторяют трижды.)*

קול [СЛЫШУ] ГОЛОС ВОЗЛЮБЛЕННОГО МОЕГО. ВОТ ОН ПРИБЛИЖАЕТСЯ, ПЕРЕПРЫГИВАЯ ЧЕРЕЗ ГОРЫ, ПЕРЕСКАКИВАЯ ЧЕРЕЗ ХОЛМЫ; ПОДОБЕН ВОЗЛЮБЛЕННЫЙ МОЙ ОЛЕНЮ ИЛИ МОЛОДОЙ ЛАНИ. ВОТ ОН — СТОИТ ЗА НАШЕЙ СТЕНОЙ, ГЛЯДИТ В ОКНА, СМОТРИТ В ЩЕЛИ.[2]

שיר ПЕСНЬ, [КОТОРУЮ ПЕЛИ ЛЕВИИМ, СТОЯ] НА СТУПЕНЯХ В ХРАМЕ. ПОДНИМУ ЛИ Я ГЛАЗА К ВЕРШИНАМ ГОР, НАДЕЯСЬ, ЧТО ОТТУДА ПРИДЕТ ПОМОЩЬ МНЕ? ПОМОЩЬ МОЯ [ПРИДЕТ] ОТ ГОСПОДА, СОЗДАВШЕГО НЕБО И ЗЕМЛЮ! ОН НЕ ДОПУСТИТ, ЧТОБЫ НОГИ ТВОИ ПОДКОСИЛИСЬ; ОН – НЕДРЕМЛЮЩИЙ СТРАЖ ТВОЙ. ВЕДЬ НИКОГДА НЕ ДРЕМЛЕТ И НЕ СПИТ СТРАЖ ИЗРАИЛЯ. ГОСПОДЬ – СТРАЖ ТВОЙ, ГОСПОДЬ – ЗАЩИТА ТВОЯ, ОН – ПО ПРАВУЮ РУКУ ТВОЮ. СОЛНЦЕ НЕ ПРИЧИНИТ ТЕБЕ ВРЕДА ДНЕМ И ЛУНА – НОЧЬЮ. ГОСПОДЬ ОХРАНИТ ТЕБЯ ОТ ВСЯКОГО ЗЛА; ОН БУДЕТ ОБЕРЕГАТЬ ДУШУ ТВОЮ. ГОСПОДЬ БУДЕТ ХРАНИТЬ ТЕБЯ, КОГДА ТЫ ОТПРАВИШЬСЯ В ПУТЬ И КОГДА СТАНЕШЬ ВОЗВРАЩАТЬСЯ, – ОТНЫНЕ И ВОВЕКИ![3]

הללויה ВОСХВАЛИТЕ БОГА! ВОСХВАЛИТЕ БОГА В СВЯТИЛИЩЕ ЕГО, ВОСХВАЛИТЕ ЕГО ЗА ЕГО СИЛУ, [О КОТОРОЙ СВИДЕТЕЛЬСТВУЮТ] НЕБЕСА! ВОСХВАЛИТЕ ЕГО ЗА ЕГО МОГУЩЕСТВО! ВОСХВАЛИТЕ ЕГО ЗА БЕСПРЕДЕЛЬНОЕ ЕГО ВЕЛИЧИЕ! ВОСХВАЛИТЕ ЕГО, ТРУБЯ В ШОФАР, ВОСХВАЛИТЕ ЕГО, ИГРАЯ НА ЛИРЕ И НА АРФЕ! ВОСХВАЛИТЕ ЕГО [ПОД ЗВУКИ] БУБНА И С ПЛЯСКАМИ, ВОСХВАЛИТЕ ЕГО, [ИГРАЯ] НА ОРГАНЕ И НА ФЛЕЙТЕ! ВОСХВАЛИТЕ ЕГО ПОД ЗВОН ЦИМБАЛ, ВОСХВАЛИТЕ ЕГО ПОД ЗВУКИ ТРУБ! ВСЯКАЯ ДУША ДА ВОСХВАЛИТ БОГА! ВОСХВАЛИТЕ БОГА![4]

תנא ШКОЛА РАБИ ИШМАЭЛЯ УЧИТ: "ЕСЛИ БЫ СЫНЫ ИЗРАИЛЯ УДОСТОИЛИСЬ ЛИЦЕЗРЕТЬ СВОЕГО НЕБЕСНОГО ОТЦА ЛИШЬ РАЗ В МЕСЯЦ, ЭТОГО БЫЛО БЫ ДЛЯ НИХ ДОСТАТОЧНО". АБАЙЕ ГОВОРИТ: "ИЗ ЭТОГО СЛЕДУЕТ, ЧТО ОСВЯЩЕНИЕ ЛУНЫ СЛЕДУЕТ СОВЕРШАТЬ

---

1. Шмот, 15:16. 2. Шир Гаширим, 2:8,9. 3. Теѓилим, 121. 4. Теѓилим, 150.

מַעֲמָד . מִי זֹאת עֹלָה מִן הַמִּדְבָּר מִתְרַפֶּקֶת עַל דּוֹדָהּ. וִיהִי רָצוֹן מִלְּפָנֶיךָ יְיָ אֱלֹהַי וֵאלֹהֵי אֲבוֹתַי לְמַלֹּאת פְּגִימַת הַלְּבָנָה , וְלֹא יִהְיֶה בָּהּ שׁוּם מִעוּט , וִיהִי אוֹר הַלְּבָנָה כְּאוֹר הַחַמָּה וּכְאוֹר שִׁבְעַת יְמֵי בְרֵאשִׁית , כְּמוֹ שֶׁהָיְתָה קוֹדֶם מִעוּטָהּ , שֶׁנֶּאֱמַר וַיַּעַשׂ אֱלֹהִים אֶת שְׁנֵי הַמְּאֹרֹת הַגְּדֹלִים . וְיִתְקַיֶּם בָּנוּ מִקְרָא שֶׁכָּתוּב : וּבִקְשׁוּ אֶת יְיָ אֱלֹהֵיהֶם וְאֵת דָּוִד מַלְכָּם אָמֵן :

לַמְנַצֵּחַ בִּנְגִינֹת מִזְמוֹר שִׁיר : אֱלֹהִים יְחָנֵּנוּ וִיבָרְכֵנוּ , יָאֵר פָּנָיו אִתָּנוּ סֶלָה : לָדַעַת בָּאָרֶץ דַּרְכֶּךָ , בְּכָל גּוֹיִם יְשׁוּעָתֶךָ : יוֹדוּךָ עַמִּים אֱלֹהִים , יוֹדוּךָ עַמִּים כֻּלָּם : יִשְׂמְחוּ וִירַנְּנוּ לְאֻמִּים , כִּי תִשְׁפֹּט עַמִּים מִישֹׁר , וּלְאֻמִּים בָּאָרֶץ תַּנְחֵם סֶלָה : יוֹדוּךָ עַמִּים אֱלֹהִים , יוֹדוּךָ עַמִּים כֻּלָּם : אֶרֶץ נָתְנָה יְבוּלָהּ , יְבָרְכֵנוּ אֱלֹהִים אֱלֹהֵינוּ : יְבָרְכֵנוּ אֱלֹהִים , וְיִירְאוּ אֹתוֹ כָּל אַפְסֵי אָרֶץ :

עָלֵינוּ , קַ"יְ. וִינֶער שׁוּלִי טַלִּית קָטָן :

דיני נטילת לולב

(מסי' אדמו"ר) לולב עם המינים ג' מיני לולב דהיינו לולב והדס וערבה יהיו קשורים ואגודים יחד ולא יהיה חוט או משיחה חוצץ ביניהם ובשעת נטילה יהיה שדרת הלולב נגד פניו ויהיו ג' הדסים אחד לימינו ואחד לשמאלו ואחד באמצע השדרה נוטה קצת לימין ושני בדי ערבות אחד לימין ואחד לשמאל ומן הדין יש לברך על הלולב אחר התפלה קודם הלל אלא לפי שמצות נטילתו בסוכה היא מצוה מן המובחר ואי אפשר לצאת מבית הכנסת מפני הרואים לפיכך בבוקר קודם שיתפלל בעודו בסוכה יברך. ויקח לולב תחלה לבדו בימינו ויברך ואחר כך יקח האתרוג בשמאלו ובמקום סיום הלולב והדס וערבה יחבר האתרוג עם הלולב וינענע לו' קצוות ח"י נענועים לכל צד שינענע יעשה ג' הולכות וג' הבאות וג' פעמים הולכת והבאה ג' פעמים ובכל הבאה יגע סוף הלולב ומיניו והאתרוג לחזה שלו ממש וכשינענע יזהר שלא יגע ראש הלולב בכותל רק שיהיה חלל בינתים. סדר הנענועים הראשון לדרום לצפון הג' למזרח הרביעי למעלה החמישי למטה (ולא שיהפך חס ושלום ראש הלולב למטה אלא שההולכה תהיה לצד מטה וההבאה לצד מעלה הפך מלמעלה. וכן בכל הנענועים יהיה ראש הלולב לצד מעלה אלא שההולכה תהיה לאותו צד שמנענע) הששי למערב. ובהלל יעשה ד' פעמים ח"י נענועים דהיינו פעם אחד בהודו לה' שבתחלה ואחד באנא ה' הושיעה נא ואחד בכופלו אנא ה'

תו"א א) שה"ש ח ה : ב) ישעיה ל כו : ג) בראשית א טז : ד) הושע ג ה : ה) תהלים סז :

СТОЯ".[1] * КТО ОНА, ПОДНЯВШАЯСЯ ИЗ ПУСТЫНИ, ПРИЛЬНУВ-
ШАЯ К СВОЕМУ ВОЗЛЮБЛЕННОМУ?[2] ДА БУДЕТ УГОДНО ТЕБЕ,
ГОСПОДЬ, БОГ МОЙ И БОГ ОТЦОВ МОИХ, ВОСПОЛНИТЬ УЩЕРБ
ЛУНЫ, ЧТОБЫ НЕ УМЕНЬШАЛАСЬ ОНА И ЧТОБЫ БЫЛ СВЕТ ЛУ-
НЫ, КАК СВЕТ СОЛНЦА, КАК СВЕТ СЕМИ ДНЕЙ ТВОРЕНИЯ,
КАК ЭТО БЫЛО ДО ЕЕ УМЕНЬШЕНИЯ, КАК СКАЗАНО: "И СДЕ-
ЛАЛ БОГ ДВА ВЕЛИКИХ СВЕТИЛА".[3] И ИСПОЛНИТСЯ СКАЗАН-
НОЕ О НАС В ПИСАНИИ: "И БУДУТ ПРОСИТЬ ОНИ [ТО, В ЧЕМ
НУЖДАЮТСЯ, ЛИШЬ] У ГОСПОДА, БОГА СВОЕГО, И У ДАВИДА,
ЦАРЯ СВОЕГО".[4] АМЕН!

למנצח ХВАЛЕБНЫЙ ГИМН, КОТОРЫЙ ПОЮТ В СОПРОВОЖДЕНИИ МУЗЫКАЛЬНЫХ
ИНСТРУМЕНТОВ. БОГ НАС ПОМИЛУЕТ, И БЛАГОСЛОВИТ НАС, И БУДЕТ ВЕЧНО К
НАМ БЛАГОСКЛОНЕН! [ТОГДА] СТАНУТ ИЗВЕСТНЫ НА ЗЕМЛЕ ПУТИ ТВОИ, ВСЕ
НАРОДЫ [УЗНАЮТ] О СПАСЕНИИ, ПОСЛАННОМ ТОБОЙ. БУДУТ БЛАГОДАРИТЬ
ТЕБЯ, БОГ, ПЛЕМЕНА; ВСЕ ПЛЕМЕНА БУДУТ БЛАГОДАРИТЬ ТЕБЯ. БУДУТ РАДО-
ВАТЬСЯ И ЛИКОВАТЬ НАРОДЫ, ИБО ТЫ БУДЕШЬ СПРАВЕДЛИВО СУДИТЬ ПЛЕМЕНА,
ВЕЧНО БУДЕШЬ ПРАВИТЬ НАРОДАМИ ЗЕМЛИ. ЗА ЭТО БУДУТ БЛАГОДАРИТЬ ТЕБЯ,
БОГ, ПЛЕМЕНА; ВСЕ ПЛЕМЕНА БУДУТ БЛАГОДАРИТЬ ТЕБЯ. ТОГДА ЗЕМЛЯ ПРИНЕ-
СЕТ СВОИ ПЛОДЫ, И БЛАГОСЛОВИТ НАС БОГ, БОГ НАШ. БЛАГОСЛОВИТ НАС БОГ,
И БУДУТ ТРЕПЕТАТЬ ПРЕД НИМ ВО ВСЕХ ЗЕМНЫХ ПРЕДЕЛАХ.[5]

*Продолжают עלינו ("НАШ ДОЛГ..."), стр. 84 и "Кадиш ятом", стр. 77. После этого берут
в руки углы талит-катан и встряхивают ими.*

ЗАКОНЫ О ТОМ, КАК СЛЕДУЕТ ИСПОЛНЯТЬ ЗАПОВЕДЬ О ЛУЛАВЕ
Сидур Гарав:
Лулав (ветвь финиковой пальмы), гадасим (ветви мирта) и аравот (ветви ивы) должны быть связаны вместе, между ними не должно быть ничего постороннего – даже нитки.
Их следует держать таким образом, чтобы стебель пальмовой ветви был пред лицом молящегося; три ветви мирта должны быть расположены так: одна справа от этого стебля,
другая слева, третья чуть правее середины стебля; ивовых ветвей должно быть две: одна
справа, другая слева. Принято произносить благословение над лулавом в "суке" перед утренней молитвой.
Лулав, связанный с гадасим и аравот, берут в правую руку, встают лицом к востоку,
и держа лулав у сердца, произносят благословение. Затем берут левой рукой этрог, присоединяют его, держа плодоножкой вниз, к нижней части лулава, причем нижняя часть лулава должна прикасаться к верхней трети этрога, который следует немного наклонить.
Потом следует протянуть руки в направлении юго-востока, потом прижать их к груди,
напротив сердца, и повторить эти действия троекратно; затем делают все то же самое,
протягивая руки в северо-восточном направлении; потом – то же самое, протягивая их
к востоку; потом совершают следующее: слегка опускают руки, потом поднимают их,
затем возвращают их к груди по прямой (так делают трижды); после этого слегка приподнимают руки, затем опускают их, потом возвращают их к груди по прямой (и так
– трижды); потом следует, полуобернувшись, протянуть руки в юго-западном направлении, затем вновь возвратить их к груди (и так – дважды); и, наконец, совершают то
же движение в направлении запада.
Этрог должен быть скрыт в ладони; лишь во время последнего движения его следует
приоткрыть. Все это время лулав нужно держать вертикально. Необходимо следить за
тем, чтобы лулав своей верхушкой не касался стенок "суки". Во время чтения в Сукот
молитвы "Галель", произнося слова "БЛАГОДАРИТЕ ГОСПОДА", следует совершить
описанные выше движения в направлении юго-востока; при слове "ИБО" – в направлении
северо-востока; при слове "[ОН] ДОБР" – к востоку; при слове "ИБО" – вверх; при
слове "ВЕЧНА" – вниз; при слове "МИЛОСТЬ ЕГО" – сначала к юго-западу, потом – к
западу.

---

1. Сангедрин, 42а. 2. Шир гаширим, 8:5. 3. Брейшит, 1:16. 4. Гошеа, 3:5. 5. Тегилим, 67.
* Луна не является источником света, излучаемый ею свет она получает от Солнца. Подобно этому народ Израиля получает свою жизненную энергию от Всевышнего. К концу месяца сияние Луны убывает, но с началом нового месяца оно начинает вновь возрастать. Это
имел в виду Абайе: если бы народ Израиля каждый месяц удостаивался возобновления
потока жизненной энергии от Всевышнего, подобно тому, как Луна каждый месяц получает новый свет от Солнца – то этого было бы достаточно. В связи с этим сказал Раба: "Так
как обновление Луны символизирует встречу народа Израиля со Всевышним и возобнов-
ление потока жизненной энергии, которую Он ниспосылает им, молитву по поводу обнов-
ления Луны следует произносить стоя".

הושיעה נא ואחד בהודו לבסוף ואם בירך על הלולב אחר התפלה בב"ה לא ינענע בהלל אלא ג' פעמים דהיינו
בהודו תחלה וסוף ובאנא פעם אחד (כמ"ש בר"מ):

בָּרוּךְ אַתָּה יְיָ, אֱלֹהֵינוּ מֶלֶךְ הָעוֹלָם, אֲשֶׁר
קִדְּשָׁנוּ בְּמִצְוֹתָיו, וְצִוָּנוּ עַל נְטִילַת לוּלָב:

נפעם הראשון שמברך על הלולב גם מברך גם שהחיינו:

בָּרוּךְ אַתָּה יְיָ אֱלֹהֵינוּ מֶלֶךְ הָעוֹלָם, שֶׁהֶחֱיָנוּ
וְקִיְּמָנוּ וְהִגִּיעָנוּ לַזְּמַן הַזֶּה:

סדר הלל

אלו ימים שגומרים בהם את ההלל (בגולה): ב' ימים וב' לילות ראשונות של פסח, ב' ימים של שבועות.
ט' ימים של חג הסוכות עם שמיני עצרת. ח' ימי דחנוכה, והסימן הוא בבט"ח. בימים שאין גומרין
את ההלל יש לנהוג שהש"ץ לבדו יברך בתחלה ובסוף והקהל יענו אמן וילאו בברכתו:

בָּרוּךְ אַתָּה יְיָ, אֱלֹהֵינוּ מֶלֶךְ הָעוֹלָם, אֲשֶׁר
קִדְּשָׁנוּ בְּמִצְוֹתָיו וְצִוָּנוּ לִקְרוֹא אֶת הַהַלֵּל:

הַלְלוּיָהּ, הַלְלוּ עַבְדֵי יְיָ, הַלְלוּ אֶת שֵׁם
יְיָ: יְהִי שֵׁם יְיָ מְבֹרָךְ, מֵעַתָּה
וְעַד עוֹלָם: מִמִּזְרַח שֶׁמֶשׁ עַד מְבוֹאוֹ,
מְהֻלָּל שֵׁם יְיָ: רָם עַל כָּל גּוֹיִם יְיָ, עַל
הַשָּׁמַיִם כְּבוֹדוֹ: מִי כַּיְיָ אֱלֹהֵינוּ,
הַמַּגְבִּיהִי לָשָׁבֶת: הַמַּשְׁפִּילִי לִרְאוֹת,
בַּשָּׁמַיִם וּבָאָרֶץ: מְקִימִי מֵעָפָר דָּל,
מֵאַשְׁפֹּת יָרִים אֶבְיוֹן: לְהוֹשִׁיבִי עִם
נְדִיבִים, עִם נְדִיבֵי עַמּוֹ: מוֹשִׁיבִי עֲקֶרֶת
הַבַּיִת אֵם הַבָּנִים שְׂמֵחָה הַלְלוּיָהּ:

תה"א א) תהלים קיג:

בצאת

Произнося слова "МЫ МОЛИМ: ГОСПОДЬ...", совершают те же движения в направлении юго-востока и северо-востока; произнося слова "СПАСИ НАС!" – к востоку, а потом наверх и вниз, затем – к юго-западу и к западу. То же – при повторении этой фразы (стр. 221). То же – в конце молитвы "Галель" при произнесении фразы "БЛАГОДАРИТЕ ГОСПОДА – ИБО [ОН] ДОБР, ИБО ВЕЧНА МИЛОСТЬ ЕГО!". Тот, кто сказал благословение над лулавом после молитвы "Амида" перед молитвой "Галель", не должен совершать эти действия при повторении фразы "[МЫ] МОЛИМ: ГОСПОДЬ, СПАСИ НАС!".

(См. транслитерацию на стр. 418)

ברוך БЛАГОСЛОВЕН ТЫ, ГОСПОДЬ, БОГ НАШ, ВЛАДЫКА ВСЕЛЕННОЙ, ОСВЯТИВШИЙ НАС СВОИМИ ЗАПОВЕДЯМИ И ПОВЕЛЕВШИЙ НАМ БРАТЬ В РУКИ ЛУЛАВ!

Перед тем, как выполнить заповедь о лулаве первый раз в году, произносят:

ברוך БЛАГОСЛОВЕН ТЫ, ГОСПОДЬ, БОГ НАШ, ВЛАДЫКА ВСЕЛЕННОЙ, КОТОРЫЙ ДАРОВАЛ НАМ ЖИЗНЬ, И ПОДДЕРЖИВАЛ ЕЕ В НАС, И ДАЛ НАМ ДОЖИТЬ ДО ЭТОГО ВРЕМЕНИ!

"ГАЛЕЛЬ"

"Галель" читают полностью в вечерние и утренние молитвы первого и второго дней Песаха (в Эрец-Исраэль – лишь в первый день), а также в утренние молитвы праздника Шавуот, каждого из девяти дней праздника Сукот (в Эрец-Исраэль – восьми дней), включая Шмини-Ацерет и Симхат-Тора, каждого из восьми дней Хануки.
В те дни, когда "Галель" читают не полностью, лишь хазану следует произнести благословение, а всем остальным нужно ответить "амен", с тем, чтобы это благословение было засчитано каждому молящемуся. "Галель" произносят стоя.

ברוך БЛАГОСЛОВЕН ТЫ, ГОСПОДЬ, БОГ НАШ, ВЛАДЫКА ВСЕЛЕННОЙ, ОСВЯТИВШИЙ НАС СВОИМИ ЗАПОВЕДЯМИ И ПОВЕЛЕВШИЙ НАМ ПРОИЗНОСИТЬ "ГАЛЕЛЬ"!

הללויה ВОСХВАЛИТЕ БОГА! ВОСХВАЛИТЕ, РАБЫ ГОСПОДА, – ВОСХВАЛИТЕ ИМЯ ГОСПОДА! ДА БУДЕТ ИМЯ ГОСПОДА БЛАГОСЛОВЕННО ОТНЫНЕ И ВОВЕКИ! ОТ МЕСТА, ГДЕ ВОСХОДИТ СОЛНЦЕ, ДО МЕСТА, ГДЕ ОНО ЗАХОДИТ, ПРОСЛАВЛЕНО ИМЯ ГОСПОДА. ПРЕВОЗНОСИМ ГОСПОДЬ ВСЕМИ НАРОДАМИ, СЛАВА ЕГО – ПРЕВЫШЕ НЕБЕС. КТО ПОДОБЕН ГОСПОДУ, БОГУ НАШЕМУ, КОТОРЫЙ ПРЕБЫВАЕТ НАДО ВСЕМ И ОПУСКАЕТ ВЗОР СВОЙ К НЕБЕСАМ И ЗЕМЛЕ! ПОДНИМАЕТ ОН ИЗ ПРАХА БЕДНЯКА, ВОЗНОСИТ ИЗ ГРЯЗИ НИЩЕГО, ЧТОБЫ ПОСАДИТЬ ИХ СО СТАРЕЙШИНАМИ, СО СТАРЕЙШИНАМИ НАРОДА СВОЕГО. ПРЕВРАЩАЕТ ОН ОДИНОКУЮ, БЕСПЛОДНУЮ В ХОЗЯЙКУ ДОМА, В СЧАСТЛИВУЮ МАТЬ СЫНОВЕЙ. ВОСХВАЛИТЕ БОГА![1]

---

1. Теѓилим, 113.

בְּצֵאת יִשְׂרָאֵל מִמִּצְרָיִם, בֵּית יַעֲקֹב מֵעַם
לֹעֵז: הָיְתָה יְהוּדָה לְקָדְשׁוֹ, יִשְׂרָאֵל
מַמְשְׁלוֹתָיו: הַיָּם רָאָה וַיָּנֹס, הַיַּרְדֵּן יִסֹּב לְאָחוֹר:
הֶהָרִים רָקְדוּ כְאֵילִים, גְּבָעוֹת כִּבְנֵי צֹאן: מַה
לְּךָ הַיָּם כִּי תָנוּס, הַיַּרְדֵּן תִּסֹּב לְאָחוֹר: הֶהָרִים
תִּרְקְדוּ כְאֵילִים, גְּבָעוֹת כִּבְנֵי צֹאן: מִלִּפְנֵי אָדוֹן
חוּלִי אָרֶץ, מִלִּפְנֵי אֱלוֹהַּ יַעֲקֹב: הַהֹפְכִי הַצּוּר
אֲגַם מָיִם, הַלָּמִישׁ לְמַעְיְנוֹ מָיִם:

בר"ח ובחוה"מ פסח גם פסח שני ימים האחרונים של פסח מדלגין זה:

לֹא לָנוּ יְיָ, לֹא לָנוּ כִּי לְשִׁמְךָ תֵּן כָּבוֹד, עַל חַסְדְּךָ עַל אֲמִתֶּךָ:
לָמָּה יֹאמְרוּ הַגּוֹיִם, אַיֵּה נָא אֱלֹהֵיהֶם: וֵאלֹהֵינוּ
בַשָּׁמָיִם, כֹּל אֲשֶׁר חָפֵץ עָשָׂה: עֲצַבֵּיהֶם כֶּסֶף וְזָהָב,
מַעֲשֵׂה יְדֵי אָדָם: פֶּה לָהֶם וְלֹא יְדַבֵּרוּ, עֵינַיִם לָהֶם וְלֹא
יִרְאוּ: אָזְנַיִם לָהֶם וְלֹא יִשְׁמָעוּ, אַף לָהֶם וְלֹא יְרִיחוּן:
יְדֵיהֶם וְלֹא יְמִישׁוּן, רַגְלֵיהֶם וְלֹא יְהַלֵּכוּ, לֹא יֶהְגּוּ בִּגְרוֹנָם:
כְּמוֹהֶם יִהְיוּ עֹשֵׂיהֶם, כֹּל אֲשֶׁר בֹּטֵחַ בָּהֶם: יִשְׂרָאֵל בְּטַח
בַּיְיָ, עֶזְרָם וּמָגִנָּם הוּא: בֵּית אַהֲרֹן בִּטְחוּ בַיְיָ, עֶזְרָם
וּמָגִנָּם הוּא: יִרְאֵי יְיָ בִּטְחוּ בַיְיָ, עֶזְרָם וּמָגִנָּם הוּא: ע"כ

יְיָ זְכָרָנוּ יְבָרֵךְ, יְבָרֵךְ אֶת בֵּית יִשְׂרָאֵל, יְבָרֵךְ
אֶת בֵּית אַהֲרֹן: יְבָרֵךְ יִרְאֵי יְיָ, הַקְּטַנִּים עִם
הַגְּדֹלִים: יֹסֵף יְיָ עֲלֵיכֶם, עֲלֵיכֶם וְעַל בְּנֵיכֶם:
בְּרוּכִים אַתֶּם לַיְיָ, עֹשֵׂה שָׁמַיִם וָאָרֶץ: הַשָּׁמַיִם
שָׁמַיִם לַיְיָ, וְהָאָרֶץ נָתַן לִבְנֵי אָדָם: לֹא הַמֵּתִים

יהללו

תר"א א) תהלים קיד: ב) שם קטו:

בצאת КОГДА ВЫХОДИЛ ИЗРАИЛЬ ИЗ ЕГИПТА, ДОМ ЯАКОВА ИЗ СРЕДЫ НАРОДА ИНОЯЗЫЧНОГО, — [КОЛЕНО] ЙЕЃУДЫ БЫЛО СВЯТЫНЕЙ [ВСЕВЫШНЕГО], НАРОД ИЗРАИЛЯ — ЦАРСТВОМ ЕГО. МОРЕ УВИДЕЛО ЭТО И ОБРАТИЛОСЬ В БЕГСТВО, ИОРДАН ПОВЕРНУЛ ВСПЯТЬ. ГОРЫ СКАКАЛИ, КАК БАРАНЫ, ХОЛМЫ — КАК ЯГНЯТА. ПОЧЕМУ БЕЖИШЬ ТЫ, МОРЕ? ПОЧЕМУ, ИОРДАН, ПОВЕРНУЛ ТЫ ВСПЯТЬ? ПОЧЕМУ ВЫ, ГОРЫ, СКАЧЕТЕ, КАК БАРАНЫ, ВЫ, ХОЛМЫ, — КАК ЯГНЯТА? — "ИБО ПРЕД ВЛАСТЕЛИНОМ ТРЕПЕЩЕТ ЗЕМЛЯ, ПРЕД БОГОМ ЯАКОВА, ПРЕВРАЩАЮЩИМ СКАЛУ В ОЗЕРО, КРЕМЕНЬ — В ИСТОЧНИК ВОДЫ".[1]

В рош-ходеш и в последние шесть дней праздника Песах следующий отрывок не произносят.

לא НЕ НАМ, ГОСПОДЬ, НЕ НАМ — НО ИМЕНИ СВОЕМУ ВЕРНИ СЛАВУ, ПО МИЛОСТИ СВОЕЙ И ПО ВЕРНОСТИ СВОЕЙ! ЗАЧЕМ [ДОПУСКАЕШЬ ТЫ], ЧТОБЫ НАРОДЫ ГОВОРИЛИ: "ГДЕ БОГ ИХ?" БОГ НАШ — НА НЕБЕСАХ; ВСЕ, ЧТО ЖЕЛАЕТ, ДЕЛАЕТ ОН. ИДОЛЫ ИХ — [ВСЕГО ЛИШЬ КУСКИ] СЕРЕБРА И ЗОЛОТА, ТВОРЕНИЕ РУК ЧЕЛОВЕЧЕСКИХ. ЕСТЬ У НИХ РТЫ, НО ОНИ НЕ ГОВОРЯТ; ЕСТЬ У НИХ ГЛАЗА, НО ОНИ НЕ ВИДЯТ; ЕСТЬ У НИХ УШИ, НО ОНИ НЕ СЛЫШАТ; ЕСТЬ У НИХ НОЗДРИ, НО ОНИ НЕ ОБОНЯЮТ. ЕСТЬ У НИХ РУКИ, НО ОНИ НЕ ОСЯЗАЮТ; ЕСТЬ У НИХ НОГИ, НО ОНИ НЕ ХОДЯТ; НЕ МОЖЕТ ИЗДАВАТЬ ЗВУКИ ГОРТАНЬ ИХ. УПОДОБЯТСЯ ИМ ТЕ, КТО ИХ СДЕЛАЛ, ВСЯКИЙ, КТО НА НИХ ПОЛАГАЛСЯ. ПУСТЬ ИЗРАИЛЬ НАДЕЕТСЯ НА ГОСПОДА: ОН ПОМОЩНИК ИХ И ЗАЩИТНИК! ПУСТЬ ДОМ АЃАРОНА НАДЕЕТСЯ НА ГОСПОДА: ОН ПОМОЩНИК ИХ И ЗАЩИТНИК! ПУСТЬ БОЯЩИЕСЯ ГОСПОДА НАДЕЮТСЯ НА ГОСПОДА: ОН ПОМОЩНИК ИХ И ЗАЩИТНИК![2]

יי ГОСПОДЬ, ПОМНЯЩИЙ НАС, ДА БЛАГОСЛОВИТ [НАС]! ДА БЛАГОСЛОВИТ ОН ДОМ ИЗРАИЛЯ, ДА БЛАГОСЛОВИТ ДОМ АЃАРОНА; ДА БЛАГОСЛОВИТ ОН ВСЕХ БОЯЩИХСЯ ГОСПОДА — ОТ МАЛА ДО ВЕЛИКА! ДА УМНОЖИТ ГОСПОДЬ [БЛАГОСЛОВЕНИЯ, КОТОРЫЕ] ВАМ [ПОСЫЛАЕТ] — ВАМ И ВАШИМ ДЕТЯМ! ДА БУДЕТЕ ВЫ БЛАГОСЛОВЛЕНЫ ГОСПОДОМ, СОЗДАТЕЛЕМ НЕБА И ЗЕМЛИ! ГОРНИЕ ВЫСИ НЕБЕС [ПРИНАДЛЕЖАТ] ГОСПОДУ, А ЗЕМЛЮ ОН ДАЛ ДЕТЯМ ЧЕЛОВЕЧЕСКИМ. НЕ МЕРТВЕЦЫ

---

1. Теѓилим, 114.   2. Теѓилим, 115:1—11.

יְהַלְלוּ יָהּ׳ וְלֹא כָּל יוֹרְדֵי דוּמָה: וַאֲנַחְנוּ נְבָרֵךְ
יָהּ׳ מֵעַתָּה וְעַד עוֹלָם, הַלְלוּיָהּ:

בר"ח ובחוה"מ פסח גם שני ימים האחרונים של פסח מדלגין זה:

אָהַבְתִּי׳ כִּי יִשְׁמַע יְיָ אֶת קוֹלִי תַּחֲנוּנָי : כִּי הִטָּה אָזְנוֹ לִי,
וּבְיָמַי אֶקְרָא: אֲפָפוּנִי חֶבְלֵי מָוֶת וּמְצָרֵי שְׁאוֹל
מְצָאוּנִי, צָרָה וְיָגוֹן אֶמְצָא: וּבְשֵׁם יְיָ אֶקְרָא , אָנָּה יְיָ מַלְּטָה
נַפְשִׁי : חַנּוּן יְיָ וְצַדִּיק , וֵאלֹהֵינוּ מְרַחֵם : שֹׁמֵר פְּתָאִים יְיָ ,
דַּלּוֹתִי וְלִי יְהוֹשִׁיעַ: שׁוּבִי נַפְשִׁי לִמְנוּחָיְכִי, כִּי יְיָ גָּמַל עָלָיְכִי:
כִּי חִלַּצְתָּ נַפְשִׁי מִמָּוֶת אֶת עֵינִי מִן דִּמְעָה אֶת רַגְלִי מִדֶּחִי:
אֶתְהַלֵּךְ לִפְנֵי יְיָ, בְּאַרְצוֹת הַחַיִּים. הֶאֱמַנְתִּי כִּי אֲדַבֵּר, אֲנִי
עָנִיתִי מְאֹד : אֲנִי אָמַרְתִּי בְחָפְזִי, כָּל הָאָדָם כֹּזֵב : ע"כ

מָה אָשִׁיב לַיְיָ, כָּל תַּגְמוּלוֹהִי עָלָי: כּוֹס יְשׁוּעוֹת
אֶשָּׂא , וּבְשֵׁם יְיָ אֶקְרָא: נְדָרַי לַיְיָ אֲשַׁלֵּם,
נֶגְדָה נָא לְכָל עַמּוֹ: יָקָר בְּעֵינֵי יְיָ, הַמָּוְתָה
לַחֲסִידָיו: אָנָּה יְיָ כִּי אֲנִי עַבְדֶּךָ, אֲנִי עַבְדְּךָ בֶּן
אֲמָתֶךָ , פִּתַּחְתָּ לְמוֹסֵרָי: לְךָ אֶזְבַּח זֶבַח תּוֹדָה,
וּבְשֵׁם יְיָ אֶקְרָא: נְדָרַי לַיְיָ אֲשַׁלֵּם, נֶגְדָה נָא לְכָל
עַמּוֹ:בְּחַצְרוֹת בֵּית יְיָ בְּתוֹכֵכִי יְרוּשָׁלַיִם הַלְלוּיָהּ:
הַלְלוּ אֶת יְיָ כָּל גּוֹיִם , שַׁבְּחוּהוּ כָּל הָאֻמִּים: כִּי גָבַר
עָלֵינוּ חַסְדּוֹ וֶאֱמֶת יְיָ לְעוֹלָם, הַלְלוּיָהּ:

הוֹדוּ לַיְיָ כִּי טוֹב ,　　כִּי לְעוֹלָם חַסְדּוֹ:
יֹאמַר נָא יִשְׂרָאֵל ,　　כִּי לְעוֹלָם חַסְדּוֹ:
יֹאמְרוּ נָא בֵית אַהֲרֹן, כִּי לְעוֹלָם חַסְדּוֹ:

תו"א א) תהלים קטז: ב) שם קיז: ג) שם קיח:

БУДУТ ВОСХВАЛЯТЬ БОГА, НЕ ТЕ, КТО СОШЕЛ В ТИШИНУ МОГИЛЫ, И МЫ БУДЕМ БЛАГОСЛОВЛЯТЬ БОГА ОТНЫНЕ И ВОВЕК; ВОСХВАЛИТЕ БОГА!¹

В рош-ходеш и в последние шесть дней праздника Песах следующий отрывок не произносят.

אהבתי ЖАЖДУ Я, ЧТОБЫ УСЛЫШАЛ ГОСПОДЬ СЛОВА МОЕЙ МОЛЬБЫ, ЧТОБЫ ПРИКЛОНИЛ СВОЕ УХО КО МНЕ В ДНИ, КОГДА Я ВОЗЗОВУ [К НЕМУ]! ОПУТАЛИ МЕНЯ УЗЫ СМЕРТИ, АДСКИЕ СТРАДАНИЯ ПОСТИГЛИ МЕНЯ, ВСТРЕТИЛСЯ Я С БЕДОЙ И ГОРЕМ. ИМЯ ГОСПОДА Я ПРИЗОВУ: О, ГОСПОДЬ, СПАСИ ДУШУ МОЮ! МИЛОСТИВ ГОСПОДЬ И СПРАВЕДЛИВ; МИЛОСЕРДЕН БОГ НАШ. ХРАНИТ ГОСПОДЬ ПРОСТОДУШНЫХ; ИЗНЕМОГАЛ Я, НО ОН СПАС МЕНЯ. ВНОВЬ ОБРЕТИ ПОКОЙ СВОЙ, ДУША МОЯ, ИБО ГОСПОДЬ ОБЛАГОДЕТЕЛЬСТВОВАЛ ТЕБЯ. ВЕДЬ УБЕРЕГ ТЫ ОТ СМЕРТИ ДУШУ МОЮ, ОТ СЛЕЗ – ГЛАЗА МОИ, ОТ ПРЕТКНОВЕНИЯ – НОГИ МОИ. БУДУ ХОДИТЬ ПРЕД ГОСПОДОМ В МИРЕ ЖИВЫХ. Я ВЕРИЛ [ДАЖЕ ТОГДА], КОГДА ГОВОРИЛ: "Я ТЯЖКО СТРАДАЮ", КОГДА СКАЗАЛ, СПАСАЯСЬ БЕГСТВОМ: "ВСЕ ЛЮДИ ВЕРОЛОМНЫ".²

מה ЧЕМ ОТПЛАЧУ ГОСПОДУ ЗА ВСЕ БЛАГА, КОТОРЫМИ ОН ОДАРИЛ МЕНЯ? ЧАШУ [В БЛАГОДАРНОСТЬ] ЗА [СВОЕ] СПАСЕНИЕ ПОДНИМУ И К ИМЕНИ ГОСПОДА ВОЗЗОВУ! ОБЕТЫ, КОТОРЫЕ ДАЛ Я ГОСПОДУ, ИСПОЛНЮ ПРЕД ВСЕМ НАРОДОМ ЕГО. ТЯЖЕЛО ГОСПОДУ ПОСЫЛАТЬ СМЕРТЬ ТЕМ, КТО ЛЮБИТ ЕГО. О, ГОСПОДЬ, [СПАСИ МЕНЯ], ВЕДЬ Я — РАБ ТВОЙ! Я РАБ ТВОЙ, СЫН РАБЫНИ ТВОЕЙ; СНЯЛ ТЫ С МЕНЯ ОКОВЫ. ТЕБЕ ПРИНЕСУ Я БЛАГОДАРСТВЕННУЮ ЖЕРТВУ, ИМЯ [ТВОЕ], ГОСПОДЬ, ПРИЗОВУ. ОБЕТЫ, КОТОРЫЕ ДАЛ Я ГОСПОДУ, ИСПОЛНЮ ПРЕД ВСЕМ НАРОДОМ ЕГО ВО ДВОРАХ ХРАМА ГОСПОДА, ПОСРЕДИ ИЕРУСАЛИМА. ВОСХВАЛИТЕ БОГА!³

הללו ВОСХВАЛИТЕ ГОСПОДА, ВСЕ НАРОДЫ, СЛАВЬТЕ ЕГО, ВСЕ ПЛЕМЕНА, ИБО ВЕЛИКА ДОБРОТА ЕГО К НАМ, И ИСТИНА ГОСПОДА [ПРЕБУДЕТ] ВОВЕКИ! ВОСХВАЛИТЕ БОГА!⁴

הודו БЛАГОДАРИТЕ ГОСПОДА — ИБО [ОН] ДОБР, ИБО ВЕЧНА МИЛОСТЬ ЕГО!*

ПУСТЬ СКАЖЕТ ЭТО ИЗРАИЛЬ — ИБО ВЕЧНА МИЛОСТЬ ЕГО!

ПУСТЬ СКАЖЕТ ЭТО ДОМ АҐАРОНА — ИБО ВЕЧНА МИЛОСТЬ ЕГО!

---

1. Теґилим, 115:12—18. 2. Теґилим, 116:1—11. 3. Теґилим, 116:12—19. 4. Теґилим, 117.
* После того как хазан произносит эти слова, все отвечают "БЛАГОДАРИТЕ ГОСПОДА – ИБО [ОН] ДОБР, ИБО ВЕЧНА МИЛОСТЬ ЕГО!" — и продолжают "ПУСТЬ СКАЖЕТ ЭТО ИЗРАИЛЬ – ИБО ВЕЧНА МИЛОСТЬ ЕГО!". Когда хазан произносит эти слова, все отвечают "БЛАГОДАРИТЕ ГОСПОДА – ИБО [ОН] ДОБР, ИБО ВЕЧНА МИЛОСТЬ ЕГО!" — и продолжают "ПУСТЬ СКАЖЕТ ЭТО ДОМ АҐАРОНА – ИБО ВЕЧНА МИЛОСТЬ ЕГО!". После того, как хазан произнес эти слова, все отвечают "БЛАГОДАРИТЕ ГОСПОДА – ИБО [ОН] ДОБР, ИБО ВЕЧНА МИЛОСТЬ ЕГО!" и продолжают "ПУСТЬ СКАЖУТ ЭТО БОЯЩИЕСЯ ГОСПОДА – ИБО ВЕЧНА МИЛОСТЬ ЕГО!". После того, как хазан произнес эти слова, все отвечают "БЛАГОДАРИТЕ ГОСПОДА – ИБО [ОН] ДОБР, ИБО ВЕЧНА МИЛОСТЬ ЕГО!".

יֹאמְרוּ נָא יִרְאֵי יְיָ, כִּי לְעוֹלָם חַסְדּוֹ:
מִן הַמֵּצַר קָרָאתִי יָּהּ, עָנָנִי בַמֶּרְחָב יָהּ: יְיָ לִי
לֹא אִירָא, מַה יַּעֲשֶׂה לִי אָדָם: יְיָ לִי בְּעֹזְרָי,
וַאֲנִי אֶרְאֶה בְשֹׂנְאָי: טוֹב לַחֲסוֹת בַּיְיָ, מִבְּטֹחַ
בָּאָדָם: טוֹב לַחֲסוֹת בַּיְיָ, מִבְּטֹחַ בִּנְדִיבִים: כָּל
גּוֹיִם סְבָבוּנִי, בְּשֵׁם יְיָ כִּי אֲמִילַם: סַבּוּנִי גַם סְבָבוּנִי,
בְּשֵׁם יְיָ כִּי אֲמִילַם: סַבּוּנִי כִדְבוֹרִים דֹּעֲכוּ כְּאֵשׁ
קוֹצִים, בְּשֵׁם יְיָ כִּי אֲמִילַם: דָּחֹה דְחִיתַנִי לִנְפֹּל,
וַיְיָ עֲזָרָנִי: עָזִּי וְזִמְרָת יָהּ, וַיְהִי לִי לִישׁוּעָה: קוֹל
רִנָּה וִישׁוּעָה בְּאָהֳלֵי צַדִּיקִים, יְמִין יְיָ עֹשָׂה חָיִל:
יְמִין יְיָ רוֹמֵמָה, יְמִין יְיָ עֹשָׂה חָיִל: לֹא אָמוּת כִּי
אֶחְיֶה, וַאֲסַפֵּר מַעֲשֵׂי יָהּ: יַסֹּר יִסְּרַנִּי יָּהּ, וְלַמָּוֶת
לֹא נְתָנָנִי: פִּתְחוּ לִי שַׁעֲרֵי צֶדֶק, אָבֹא בָם אוֹדֶה
יָהּ: זֶה הַשַּׁעַר לַיְיָ, צַדִּיקִים יָבֹאוּ בוֹ: אוֹדְךָ כִּי
עֲנִיתָנִי, וַתְּהִי לִי לִישׁוּעָה: אודך אֶבֶן מָאֲסוּ הַבּוֹנִים,
הָיְתָה לְרֹאשׁ פִּנָּה: אבן מֵאֵת יְיָ הָיְתָה זֹּאת, הִיא
נִפְלָאת בְּעֵינֵינוּ: מאת זֶה הַיּוֹם עָשָׂה יְיָ, נָגִילָה
וְנִשְׂמְחָה בוֹ: זה

אָנָּא יְיָ הוֹשִׁיעָה נָּא:
אָנָּא יְיָ הוֹשִׁיעָה נָּא:
אָנָּא יְיָ הַצְלִיחָה נָא:
אָנָּא יְיָ הַצְלִיחָה נָא:

ПУСТЬ СКАЖУТ ЭТО БОЯЩИЕСЯ ГОСПОДА — ИБО ВЕЧНА МИЛОСТЬ ЕГО!

מן ИЗ ТЕСНИН ВОЗЗВАЛ Я К БОГУ, И ОТВЕТИЛ МНЕ БОГ, [ВЫВЕЛ МЕНЯ] НА ПРОСТОР. ГОСПОДЬ СО МНОЮ, И НЕ УСТРАШУСЬ Я: ЧТО МОЖЕТ МНЕ СДЕЛАТЬ ЧЕЛОВЕК? ГОСПОДЬ ПОМОГАЕТ МНЕ, И УВИЖУ Я [ПАДЕНИЕ] МОИХ ВРАГОВ. ЛУЧШЕ НАДЕЯТЬСЯ НА ГОСПОДА, ЧЕМ ПОЛАГАТЬСЯ НА ЧЕЛОВЕКА. ЛУЧШЕ НАДЕЯТЬСЯ НА ГОСПОДА, ЧЕМ ПОЛАГАТЬСЯ НА ВЕЛЬМОЖ. ОКРУЖИЛИ МЕНЯ ВСЕ НАРОДЫ — НО, [НАДЕЯСЬ НА] ИМЯ ГОСПОДА, СОКРУШУ Я ИХ. ОСАЖДАЮТ, ОКРУЖАЮТ ОНИ МЕНЯ — НО, [НАДЕЯСЬ НА] ИМЯ ГОСПОДА, СОКРУШУ Я ИХ. ОБЛЕПИЛИ МЕНЯ, СЛОВНО ПЧЕЛЫ, [ИСТРЕБЛЯЮТ НАС,] КАК ПЛАМЯ ПОЖИРАЕТ КОЛЮЧИЙ КУСТАРНИК, — НО, [НАДЕЯСЬ НА] ИМЯ ГОСПОДА, СОКРУШУ Я ИХ. МНОГОКРАТНО ПЫТАЛСЯ [ВРАГ] ПОВЕРГНУТЬ МЕНЯ, НО ГОСПОДЬ МЕНЯ ПОДДЕРЖАЛ. БОГ — СИЛА МОЯ, И [ЕМУ —] МОЯ ПЕСНЯ, И БЫЛ ОН СПАСЕНИЕМ МНЕ. ГОЛОС ЛИКУЮЩИЙ, ВОЗВЕЩАЮЩИЙ О СПАСЕНИИ, — В ШАТРАХ ПРАВЕДНИКОВ: ДЕСНИЦА ГОСПОДА ДАРУЕТ ПОБЕДУ, ДЕСНИЦА ГОСПОДА БЕРЕТ ВЕРХ [НАД ЕГО ВРАГАМИ]; ДЕСНИЦА ГОСПОДА ДАРУЕТ ПОБЕДУ! НЕ УМРУ Я, А БУДУ ЖИТЬ И РАССКАЗЫВАТЬ О ДЕЯНИЯХ БОГА. СУРОВО НАКАЗЫВАЛ МЕНЯ ГОСПОДЬ, НО СМЕРТИ НЕ ПРЕДАЛ МЕНЯ. ОТКРОЙТЕ ПРЕДО МНОЮ ВРАТА ПРАВЕДНОСТИ, И Я ВОЙДУ В НИХ, ВОЗНОСЯ БЛАГОДАРНОСТЬ БОГУ. ЭТО — ВРАТА ГОСПОДА, ПРАВЕДНИКИ ВОЙДУТ В НИХ. БУДУ БЛАГОДАРИТЬ ТЕБЯ, ИБО ОТВЕТИЛ ТЫ МНЕ И БЫЛ ТЫ МОИМ СПАСИТЕЛЕМ. *(Эту фразу повторяют дважды.)* КАМЕНЬ, КОТОРЫЙ ОТВЕРГЛИ СТРОИТЕЛИ, СТАЛ КРАЕУГОЛЬНЫМ. *(Эту фразу повторяют дважды.)* ПО [ВОЛЕ] ГОСПОДА ПРОИЗОШЛО ТАК; ЧУДОМ ЭТО ВЫГЛЯДИТ В ГЛАЗАХ НАШИХ. *(Эту фразу повторяют дважды.)* ЭТОТ ДЕНЬ УСТАНОВИЛ ГОСПОДЬ; БУДЕМ ЖЕ ЛИКОВАТЬ И РАДОВАТЬСЯ [В ЭТОТ ДЕНЬ]. *(Эту фразу повторяют дважды.)*

Следующие слова вся община говорит хором, вслед за хазаном:

אנא МЫ МОЛИМ: ГОСПОДЬ, СПАСИ НАС!

МЫ МОЛИМ: ГОСПОДЬ, СПАСИ НАС!

МЫ МОЛИМ: ГОСПОДЬ, ПОШЛИ НАМ УДАЧУ!

МЫ МОЛИМ: ГОСПОДЬ, ПОШЛИ НАМ УДАЧУ!

בָּרוּךְ הַבָּא בְּשֵׁם יְיָ, בֵּרַכְנוּכֶם מִבֵּית יְיָ: בָּרוּךְ אֵל
יְיָ וַיָּאֶר לָנוּ, אִסְרוּ חַג בַּעֲבֹתִים, עַד קַרְנוֹת
הַמִּזְבֵּחַ: אֵל אֵלִי אַתָּה וְאוֹדֶךָּ, אֱלֹהַי אֲרוֹמְמֶךָּ: אֵלִי
הוֹדוּ לַיְיָ כִּי טוֹב, כִּי לְעוֹלָם חַסְדּוֹ: הוֹדוּ

יְהַלְלוּךָ יְיָ אֱלֹהֵינוּ (עַל) כָּל מַעֲשֶׂיךָ, וַחֲסִידֶיךָ צַדִּיקִים
עוֹשֵׂי רְצוֹנֶךָ, וְכָל עַמְּךָ בֵּית יִשְׂרָאֵל, בְּרִנָּה יוֹדוּ
וִיבָרְכוּ, וִישַׁבְּחוּ וִיפָאֲרוּ, וִירוֹמְמוּ וְיַעֲרִיצוּ, וְיַקְדִּישׁוּ וְיַמְלִיכוּ
אֶת שִׁמְךָ מַלְכֵּנוּ. כִּי לְךָ טוֹב לְהוֹדוֹת, וּלְשִׁמְךָ נָאֶה
לְזַמֵּר, כִּי מֵעוֹלָם וְעַד עוֹלָם אַתָּה אֵל. בָּרוּךְ אַתָּה יְיָ,
מֶלֶךְ מְהֻלָּל בַּתִּשְׁבָּחוֹת:

יֵשׁ נוֹהֲגִין לוֹמַר בְּרֹאשׁ חֹדֶשׁ אַחַר הַלֵּל פָּסוּק זֶה:

וְאַבְרָהָם זָקֵן בָּא בַּיָּמִים. וַיְיָ בֵּרַךְ אֶת אַבְרָהָם בַּכֹּל :

וַיֹּאמַר: זְבַדְיָה יְשַׂמְּכֵנִי וִיחַנֵּנִי, כֵּן יְהִי רָצוֹן מִלְּפָנֶיךָ, אֱלֹהִים חַיִּים וּמֶלֶךְ עוֹלָם אֲשֶׁר בְּיָדוֹ
נֶפֶשׁ כָּל חַי אָמֵן   כָּל זֶה יֹאמַר ג' פְּעָמִים

בְּרֹאשׁ חֹדֶשׁ וְיוֹם טוֹב וְחֹל הַמּוֹעֵד אוֹמֵר הֶחָזָן קָדִישׁ שָׁלֵם עִם תִּתְקַבַּל. וּבַחֲנוּכָּה חֲצִי קָדִישׁ. בר"ח
וּבְיו"ט וּבְחֹה"מ אוֹמְרִים כָּאן שִׁיר שֶׁל יוֹם*) וּבר"ח אוֹמְרִים בָּרְכִי נַפְשִׁי אַחַר שִׁיר שֶׁל יוֹם(*), ק"י.
וּמוֹצִיאִין ס"ת וְקוֹרְאִין בר"ח וְחֹה"מ ד' גַּבְרֵי, קָדִישׁ עַל הַס"ת. וְאַחַר כָּךְ אוֹמְרִים אַשְׁרֵי וּבָא לְצִיּוֹן גּוֹאֵל וּמַכְנִיסִין הַס"ת
לַהֵיכָל, וְאַחַ"כ אוֹמֵר הַש"ץ ח"ק. וּמִתְפַּלְלִים תְּפִלַּת מוּסָף וּמְסַיְּרִין הַתְּפִלִּין בר"ח קֹדֶם הַקָּדֵשׁ. וּבַחֲנוּכָּה ג' גַּבְרֵי וְקָדִישׁ,
אַשְׁרֵי וּבל"צ, ק"ש, וּמַכְנִיסִין ס"ת לַהֵיכָל וְאַחַ"כ אוֹמְרִים בֵּית יַעֲקֹב:

מוסף לראש חודש

אֲדֹנָי, שְׂפָתַי תִּפְתָּח וּפִי יַגִּיד תְּהִלָּתֶךָ:

בָּרוּךְ אַתָּה יְיָ, אֱלֹהֵינוּ וֵאלֹהֵי אֲבוֹתֵינוּ, אֱלֹהֵי אַבְרָהָם, אֱלֹהֵי
יִצְחָק, וֵאלֹהֵי יַעֲקֹב, הָאֵל הַגָּדוֹל הַגִּבּוֹר וְהַנּוֹרָא, אֵל
עֶלְיוֹן, גּוֹמֵל חֲסָדִים טוֹבִים, קוֹנֵה הַכֹּל, וְזוֹכֵר חַסְדֵי אָבוֹת, וּמֵבִיא
גּוֹאֵל לִבְנֵי בְנֵיהֶם לְמַעַן שְׁמוֹ בְּאַהֲבָה:

מֶלֶךְ עוֹזֵר וּמוֹשִׁיעַ וּמָגֵן. בָּרוּךְ אַתָּה יְיָ, מָגֵן אַבְרָהָם:

אַתָּה גִּבּוֹר לְעוֹלָם אֲדֹנָי, מְחַיֵּה מֵתִים אַתָּה, רַב לְהוֹשִׁיעַ.

בַּקַּיִץ מוֹרִיד הַטָּל . בַּחוֹרֶף מַשִּׁיב הָרוּחַ וּמוֹרִיד הַגָּשֶׁם:

מְכַלְכֵּל חַיִּים בְּחֶסֶד, מְחַיֵּה מֵתִים בְּרַחֲמִים רַבִּים, סוֹמֵךְ נוֹפְלִים,
וְרוֹפֵא חוֹלִים, וּמַתִּיר אֲסוּרִים, וּמְקַיֵּם אֱמוּנָתוֹ לִישֵׁנֵי
עָפָר

תו"א א) בראשית כד א:

*) בְּסֻכּוֹת עַד אַחַר הוֹשַׁעְנָא רַבָּה אוֹמְרִים גַּם לְדָוִד ה' אוֹרִי. (*) בר"ח אֵלּוּ אוֹמְרִים גַּם לְדָוִד ה' אוֹרִי.

ברוך БЛАГОСЛОВЕН ИМЕНЕМ ГОСПОДА ПРИХОДЯЩИЙ [В ХРАМ]! МЫ БЛАГО-
СЛОВЛЯЕМ ТЕБЯ ИЗ ХРАМА ГОСПОДА! (*Эту фразу повторяют дважды.*) ГОСПОДЬ –
БОГ, ОН НИСПОСЛАЛ НАМ СВЕТ: ПРИНЕСИТЕ СВЯЗАННОЕ ЖИВОТНОЕ, ПРЕДНАЗНА-
ЧЕННОЕ В ПРАЗДНИЧНУЮ ЖЕРТВУ, К ВЫСТУПАМ ЖЕРТВЕННИКА. (*Эту фразу повто-
ряют дважды.*) ТЫ – БОГ МОЙ, И Я БУДУ БЛАГОДАРИТЬ ТЕБЯ; ТЫ – БОГ МОЙ, И Я
БУДУ ПРЕВОЗНОСИТЬ ТЕБЯ. (*Эту фразу повторяют дважды.*) БЛАГОДАРИТЕ ГОСПО-
ДА, ИБО ОН ДОБР, ИБО ВЕЧНА МИЛОСТЬ ЕГО![1] (*Эту фразу повторяют дважды.*)

יהללוך БУДУТ ВОСХВАЛЯТЬ ТЕБЯ, ГОСПОДЬ, БОГ НАШ, ВСЕ ТВОРЕНИЯ ТВОИ; И
ТЕ, КТО ЛЮБИТ ТЕБЯ, – ПРАВЕДНИКИ, ИСПОЛНЯЮЩИЕ ВОЛЮ ТВОЮ, И ВЕСЬ НАРОД
ТВОЙ, ДОМ ИЗРАИЛЯ, БУДУТ, ЛИКУЯ, БЛАГОДАРИТЬ, И БЛАГОСЛОВЛЯТЬ, И ВОС-
ХВАЛЯТЬ, И ПРОСЛАВЛЯТЬ, И ПРЕВОЗНОСИТЬ, И ВОЗВЕЛИЧИВАТЬ [ТЕБЯ], И ПРО-
ВОЗГЛАШАТЬ СВЯТОСТЬ И ЦАРСТВЕННОСТЬ ИМЕНИ ТВОЕГО, ВЛАДЫКА НАШ. ИБО
ТЕБЯ ПОДОБАЕТ ХВАЛИТЬ И ПОДОБАЕТ ВОСПЕВАТЬ ТВОЕ ИМЯ; ИБО ТЫ – БОГ
ВО ВЕКИ ВЕЧНЫЕ. БЛАГОСЛОВЕН ТЫ, ГОСПОДЬ, ВЛАДЫКА, ПРОСЛАВЛЯЕМЫЙ В
ХВАЛЕБНЫХ МОЛИТВАХ!

В рош-ходеш после молитвы "Галель" принято трижды произносить:

ואברהם АВРАГАМ СОСТАРИЛСЯ, ДОСТИГ ПРЕКЛОННЫХ ЛЕТ, И ГОСПОДЬ БЛАГО-
СЛОВИЛ АВРАГАМА ВО ВСЕМ.[2]

ПУСТЬ ЗВАДЬЯ ОХРАНИТ МЕНЯ И ПРИДАСТ МНЕ ЖИЗНЕННЫХ СИЛ – ДА БУДЕТ
НА ТО ВОЛЯ ТВОЯ, БОГ ЖИЗНИ И ВЛАДЫКА ВСЕЛЕННОЙ, В РУКАХ КОТОРОГО
ДУШИ ВСЕХ ЖИВЫХ СУЩЕСТВ. АМЕН!

*В рош-ходеш, йом-тов и холь-гамоэд хазан произносит здесь "Кадиш шалем". В Хануку
– "Хаци-кадиш". В рош-ходеш, йом-тов и холь-гамоэд далее произносят псалом на соответствующий день недели (стр. 76–79). В рош-ходеш, кроме этого, говорят ברכי נפשי ("БЛА-
ГОСЛОВИ, ДУША МОЯ...", стр. 79–81). В рош-ходеш элул и в Сукот добавляют псалом
לדוד ה' אורי [ПСАЛОМ] ДАВИДА. ГОСПОДЬ – СВЕТ МОЙ...", стр. 81). После этого
произносят "Кадиш ятом". Затем вынимают свиток Торы из ковчега. В рош-ходеш и холь-
гамоэд к Торе вызывают четверых. По завершении чтения Торы произносят "Хаци-кадиш",
затем אשרי ("СЧАСТЛИВЫ..." стр. 71) и ובא לציון ("И ПРИДЕТ ИЗБАВИТЕЛЬ В СИОН...",
стр. 72) и возвращают свиток Торы в ковчег. Хазан произносит "Хаци-кадиш" и все начинают молитву "Мусаф". В рош-ходеш перед тем, как хазан начинает говорить "Хаци-кадиш", следует снять тфилин. В Хануку к Торе вызывают троих. После чтения Торы произносят "Хаци-кадиш" и продолжают молитву как в обычный день, когда не говорят "Таханун".*

"АМИДА" МОЛИТВЫ "МУСАФ" В РОШ-ХОДЕШ

אדני ГОСПОДЬ, ДАЙ МНЕ СИЛЫ МОЛИТЬСЯ ПРЕД ТОБОЙ, [ПРОСТИВ МНЕ ГРЕ-
ХИ], И УСТА МОИ ВОССЛАВЯТ ТЕБЯ.[3]

ברוך БЛАГОСЛОВЕН ТЫ, ГОСПОДЬ, БОГ НАШ И БОГ ОТЦОВ НАШИХ, БОГ АВРА-
ГАМА, БОГ ИЦХАКА И БОГ ЯАКОВА, БОГ ВЕЛИКИЙ, МОГУЧИЙ И ГРОЗНЫЙ, ВСЕ-
ВЫШНИЙ БОГ, ДАРУЮЩИЙ БЛАГА, СОТВОРИВШИЙ ВСЕ, И ПОМНЯЩИЙ ДОБРЫЕ
ДЕЛА ОТЦОВ, И ПО ЛЮБВИ СВОЕЙ ПОСЫЛАЮЩИЙ ИЗБАВИТЕЛЯ СЫНОВЬЯМ ИХ
СЫНОВЕЙ РАДИ ИМЕНИ СВОЕГО!

מלך [ТЫ –] ВЛАДЫКА, КОТОРЫЙ ПОМОГАЕТ, СПАСАЕТ И ЗАЩИЩАЕТ. БЛАГО-
СЛОВЕН ТЫ, ГОСПОДЬ, ЗАЩИТНИК АВРАГАМА!

אתה ТВОЕ МОГУЩЕСТВО ВЕЧНО, ГОСПОДЬ, ТЫ ВОЗВРАЩАЕШЬ МЕРТВЫХ К ЖИЗ-
НИ, ТЫ – ВЕЛИКИЙ ИЗБАВИТЕЛЬ...

Зимой говорят:

משיב ...ПОСЫЛАЮЩИЙ ВЕТЕР И ДАРУЮЩИЙ ДОЖДЬ...

Летом говорят:

מוריד ...ПОСЫЛАЮЩИЙ РОСУ...

מכלכל ...ПИТАЮЩИЙ ПО ДОБРОТЕ СВОЕЙ ЖИВЫХ, ПО ВЕЛИКОМУ МИЛО-
СЕРДИЮ ВОЗВРАЩАЮЩИЙ МЕРТВЫХ К ЖИЗНИ, ПОДДЕРЖИВАЮЩИЙ ПА-
ДАЮЩИХ, И ИСЦЕЛЯЮЩИЙ БОЛЬНЫХ, И ОСВОБОЖДАЮЩИЙ УЗНИКОВ, И
ИСПОЛНЯЮЩИЙ СВОЕ ОБЕЩАНИЕ [ВОЗВРАТИТЬ ЖИЗНЬ] ПОКОЯЩИМСЯ

---
1. Тегилим, 118:1. 2. Брейшит, 24:1. 3. Тегилим, 51:17.

עָפָר , מִי כָמוֹךָ בַּעַל גְּבוּרוֹת וּמִי דּוֹמֶה לָּךְ , מֶלֶךְ מֵמִית וּמְחַיֶּה וּמַצְמִיחַ יְשׁוּעָה:

וְנֶאֱמָן אַתָּה לְהַחֲיוֹת מֵתִים . בָּרוּךְ אַתָּה יְיָ , מְחַיֵּה הַמֵּתִים:

אַתָּה קָדוֹשׁ וְשִׁמְךָ קָדוֹשׁ , וּקְדוֹשִׁים בְּכָל יוֹם יְהַלְלוּךָ סֶּלָה . בָּרוּךְ אַתָּה יְיָ, הָאֵל הַקָּדוֹשׁ :

רָאשֵׁי חֳדָשִׁים לְעַמְּךָ נָתַתָּ, זְמַן כַּפָּרָה לְכָל תּוֹלְדוֹתָם . בִּהְיוֹתָם מַקְרִיבִים לְפָנֶיךָ זִבְחֵי רָצוֹן, וּשְׂעִירֵי חַטָּאוֹת לְכַפֵּר בַּעֲדָם , זִכָּרוֹן לְכֻלָּם יִהְיֶה, וּתְשׁוּעַת נַפְשָׁם מִיַּד שׂוֹנֵא . מִזְבֵּחַ חָדָשׁ בְּצִיּוֹן תָּכִין , וְעוֹלַת רֹאשׁ חֹדֶשׁ נַעֲלֶה עָלָיו, וּשְׂעִירֵי עִזִּים נַעֲשֶׂה בְרָצוֹן, וּבַעֲבוֹדַת בֵּית הַמִּקְדָּשׁ נִשְׂמַח כֻּלָּנוּ , וּבְשִׁירֵי דָוִד עַבְדֶּךָ הַנִּשְׁמָעִים בְּעִירֶךָ , הָאֲמוּרִים לִפְנֵי מִזְבְּחֶךָ , אַהֲבַת עוֹלָם תָּבִיא לָהֶם , וּבְרִית

אבות

כֶּתֶר יִתְּנוּ לְךָ יְיָ אֱלֹהֵינוּ מַלְאָכִים הֲמוֹנֵי מַעְלָה וְעַמְּךָ יִשְׂרָאֵל קְבוּצֵי מַטָּה, יַחַד כֻּלָּם קְדֻשָּׁה. לְךָ יְשַׁלֵּשׁוּ. כַּכָּתוּב עַל יַד נְבִיאֶךָ. וְקָרָא זֶה אֶל זֶה וְאָמַר: קו״ח קָדוֹשׁ קָדוֹשׁ קָדוֹשׁ יְיָ צְבָאוֹת. מְלֹא כָל הָאָרֶץ כְּבוֹדוֹ. חזן לְעֻמָּתָם מְשַׁבְּחִים וְאוֹמְרִים: קו״ח בָּרוּךְ כְּבוֹד יְיָ מִמְּקוֹמוֹ. חזןוּבְדִבְרֵי קָדְשְׁךָ כָּתוּב לֵאמֹר: קו״ח יִמְלֹךְ יְיָ לְעֹלָם אֱלֹהַיִךְ צִיּוֹן לְדֹר וָדֹר הַלְלוּיָהּ:

В ЗЕМЛЕ, – КТО ПОДОБЕН ТЕБЕ, ВСЕСИЛЬНЫЙ, И КТО СРАВНИТСЯ С ТОБОЙ, ВЛАДЫКА, КОТОРЫЙ УМЕРЩВЛЯЕТ, И ОЖИВЛЯЕТ, И ВЗРАЩИВАЕТ СПАСЕНИЕ!

ונאמן И ВЕРЕН ТЫ [СВОЕМУ ОБЕЩАНИЮ] ВОЗВРАТИТЬ МЕРТВЫМ ЖИЗНЬ. БЛАГОСЛОВЕН ТЫ, ГОСПОДЬ, ВОЗВРАЩАЮЩИЙ МЕРТВЫХ К ЖИЗНИ!

*При повторении хазаном молитвы "Амида" здесь произносится "Кдуша".**

אתה ТЫ СВЯТ, И СВЯТО ИМЯ ТВОЕ, И СВЯТЫЕ [АНГЕЛЫ] БУДУТ ВОСХВАЛЯТЬ ТЕБЯ ИЗО ДНЯ В ДЕНЬ, ВОВЕКИ. БЛАГОСЛОВЕН ТЫ, ГОСПОДЬ, БОГ СВЯТОЙ!

ראשי ДНИ РОШ-ХОДЕШ ДАЛ ТЫ СВОЕМУ НАРОДУ КАК ВРЕМЯ ОЧИЩЕНИЯ ДЛЯ ВСЕХ ПОКОЛЕНИЙ ЕГО, [ВРЕМЯ], КОГДА ПРИНОСИЛИ ТЕБЕ ЖЕРТВЫ [ВСЕСОЖЖЕНИЯ], КОТОРЫЕ УГОДНЫ ТЕБЕ, И КОЗЛОВ В ЖЕРТВУ ЗА ГРЕХ, ЧТОБЫ ОЧИСТИТЬ СЕБЯ: ЭТО БЫЛО НАПОМИНАНИЕМ [ТЕБЕ О СЫНАХ ИЗРАИЛЯ] И ПРИНОСИЛО ИХ ДУШАМ СПАСЕНИЕ ОТ ВРАГА. НОВЫЙ ЖЕРТВЕННИК УТВЕРДИ В СИОНЕ, И ВСЕСОЖЖЕНИЕ, УСТАНОВЛЕННОЕ ДЛЯ РОШ-ХОДЕША, СОВЕРШИМ МЫ НА НЕМ И В ДОБРОВОЛЬНУЮ ЖЕРТВУ ПРИНЕСЕМ КОЗЛОВ. И ВОЗРАДУЕМСЯ ВСЕ МЫ [ВОЗОБНОВЛЕНИЮ] ХРАМОВОЙ СЛУЖБЫ И ПЕСНЯМ ДАВИДА, РАБА ТВОЕГО, КОТОРЫЕ БУДУТ СЛЫШНЫ В ГОРОДЕ ТВОЕМ И КОТОРЫЕ БУДУТ ЗВУЧАТЬ У ЖЕРТВЕННИКА ТВОЕГО. ОДАРИ ВЕЧНОЙ ЛЮБОВЬЮ СВОЕЮ [СЫНОВ ИЗРАИЛЯ], И СОЮЗ,

---

"КДУША"

(См. транслитерацию на стр. 384)

* *При повторении хазаном молитвы "Амида" здесь произносится "Кдуша":*

כתר КОРОНОЙ УВЕНЧАЮТ ТЕБЯ, ГОСПОДЬ, БОГ НАШ, СОНМЫ АНГЕЛОВ НА НЕБЕСАХ И СЫНЫ ИЗРАИЛЯ, НАРОДА ТВОЕГО, СОБИРАЮЩИЕСЯ НА ЗЕМЛЕ. ТРОЕКРАТНО ПРОВОЗГЛАСЯТ ОНИ ВСЕ ВМЕСТЕ ТВОЮ СВЯТОСТЬ, КАК НАПИСАНО ПРОРОКОМ ТВОИМ: «ОНИ ОБРАЩАЛИСЬ ДРУГ К ДРУГУ И ВОЗГЛАШАЛИ:

Община вместе с хазаном: "СВЯТ, СВЯТ, СВЯТ ГОСПОДЬ ВОИНСТВ! ВСЯ ЗЕМЛЯ ПОЛНА СЛАВЫ ЕГО!»[1]

Хазан: ПОДОБНО [СРАФИМ], [ОФАНИМ И СВЯТЫЕ ХАЙОТ] ВОСХВАЛЯЮТ [ВСЕВЫШНЕГО] И ГОВОРЯТ:

Община вместе с хазаном: "ДА БУДЕТ БЛАГОСЛОВЕННА СЛАВА ГОСПОДА, ГДЕ БЫ ОНА НИ ОБИТАЛА!"[2]

Хазан: И В ТВОИХ СВЯТЫХ ПИСАНИЯХ СКАЗАНО ТАК:

Община вместе с хазаном: "ГОСПОДЬ БУДЕТ ЦАРСТВОВАТЬ ВЕЧНО; [БУДЕТ ЦАРСТВОВАТЬ] БОГ ТВОЙ, СИОН, ВО ВЕКИ ВЕКОВ; ВОСХВАЛИТЕ БОГА!"[3]

---

1. Йешаяґу, 6:3. 2. Йехезкель, 3:12. 3. Теґилим, 146:10.

אֲבוֹת לַבָּנִים תִּזְכּוֹר . וְהָבִיאֵנוּ לְצִיּוֹן עִירְךָ בְּרִנָּה, וְלִירוּשָׁלַיִם בֵּית מִקְדָּשְׁךָ בְּשִׂמְחַת עוֹלָם, וְשָׁם נַעֲשֶׂה לְפָנֶיךָ אֶת קָרְבְּנוֹת חוֹבוֹתֵינוּ, תְּמִידִים כְּסִדְרָם, וּמוּסָפִים כְּהִלְכָתָם . וְאֶת מוּסַף יוֹם רֹאשׁ הַחֹדֶשׁ הַזֶּה, נַעֲשֶׂה וְנַקְרִיב לְפָנֶיךָ בְּאַהֲבָה, כְּמִצְוַת רְצוֹנֶךָ, כְּמוֹ שֶׁכָּתַבְתָּ עָלֵינוּ בְּתוֹרָתֶךָ, עַל יְדֵי מֹשֶׁה עַבְדֶּךָ מִפִּי כְבוֹדֶךָ כָּאָמוּר:

וּבְרָאשֵׁי חָדְשֵׁיכֶם תַּקְרִיבוּ עֹלָה לַיָי, פָּרִים בְּנֵי בָקָר שְׁנַיִם, וְאַיִל אֶחָד, כְּבָשִׂים בְּנֵי שָׁנָה שִׁבְעָה, תְּמִימִם.

וּמִנְחָתָם וְנִסְכֵּיהֶם כִּמְדֻבָּר: שְׁלֹשָׁה עֶשְׂרֹנִים לַפָּר , וּשְׁנֵי עֶשְׂרֹנִים לָאַיִל, וְעִשָּׂרוֹן לַכֶּבֶשׂ, וְיַיִן כְּנִסְכּוֹ, וְשָׂעִיר לְכַפֵּר, וּשְׁנֵי תְמִידִים כְּהִלְכָתָם:

אֱלֹהֵינוּ וֵאלֹהֵי אֲבוֹתֵינוּ, חַדֵּשׁ עָלֵינוּ אֶת הַחֹדֶשׁ הַזֶּה, לְטוֹבָה וְלִבְרָכָה, לְשָׂשׂוֹן וּלְשִׂמְחָה, לִישׁוּעָה וּלְנֶחָמָה, לְפַרְנָסָה וּלְכַלְכָּלָה, לְחַיִּים טוֹבִים וּלְשָׁלוֹם, לִמְחִילַת חֵטְא וְלִסְלִיחַת עָוֹן . כִּי בְעַמְּךָ יִשְׂרָאֵל בָּחַרְתָּ מִכָּל הָאֻמּוֹת, וְחֻקֵּי רָאשֵׁי חֳדָשִׁים לָהֶם קָבָעְתָּ. בָּרוּךְ אַתָּה יְיָ, מְקַדֵּשׁ יִשְׂרָאֵל וְרָאשֵׁי חֳדָשִׁים:

ЗАКЛЮЧЕННЫЙ С ОТЦАМИ, ВСПОМНИ ДЛЯ СЫНОВЕЙ. И ПРИ-
ВЕДИ НАС, ЛИКУЮЩИХ, В СИОН, ГОРОД ТВОЙ, И В ИЕРУСАЛИМ,
[ГДЕ СТОИТ] ХРАМ ТВОЙ, ДАРОВАВ НАМ РАДОСТЬ НАВЕКИ. И
ТАМ МЫ БУДЕМ СОВЕРШАТЬ ПРЕД ТОБОЮ ПРЕДПИСАННЫЕ
НАМ ЖЕРТВОПРИНОШЕНИЯ: ЕЖЕДНЕВНЫЕ ВСЕСОЖЖЕНИЯ СО-
ГЛАСНО ПРАВИЛАМ О НИХ, И ДОПОЛНИТЕЛЬНЫЕ ПРАЗДНИЧ-
НЫЕ ЖЕРТВОПРИНОШЕНИЯ В СООТВЕТСТВИИ С ИХ УСТАВОМ,
И ДОПОЛНИТЕЛЬНОЕ ЖЕРТВОПРИНОШЕНИЕ ЭТОГО ДНЯ, РОШ-
ХОДЕША, КОТОРЫЕ МЫ БУДЕМ ГОТОВИТЬ И СОВЕРШАТЬ ПРЕД
ТОБОЮ С ЛЮБОВЬЮ, СОГЛАСНО ЗАПОВЕДИ, УСТАНОВЛЕННОЙ
ПО ВОЛЕ ТВОЕЙ, КАК ПРЕДПИСАЛ ТЫ НАМ В СВОЕЙ ТОРЕ,
ЗАПИСАННОЙ МОШЕ, РАБОМ ТВОИМ, С ТВОИХ СОБСТВЕННЫХ
СЛОВ, КАК СКАЗАНО:

ובראשי А В ДНИ РОШ-ХОДЕШ, УСТАНАВЛИВАЕМЫЕ ВАМИ, ПРИНОСИ-
ТЕ ГОСПОДУ В ЖЕРТВУ ВСЕСОЖЖЕНИЯ ДВУХ ТЕЛЯТ, И ОДНОГО БАРАНА,
И СЕМЕРЫХ ГОДОВАЛЫХ ЯГНЯТ БЕЗ ПОРОКА.[1]

ומנחתם И ХЛЕБНЫЕ ДАРЫ, И ВИНО, ЧТОБЫ ВОЗЛИВАТЬ [ЕГО НА ЖЕРТВЕН-
НИК, ПРИНОСИТЕ] ВМЕСТЕ С НИМИ, КАК ПРЕДПИСАНО: ТРИ ДЕСЯТЫХ [ЭЙФЫ
МУКИ] С КАЖДЫМ ТЕЛЕНКОМ, ДВЕ ДЕСЯТЫХ – С БАРАНОМ И ОДНУ ДЕСЯТУЮ – С
ЯГНЕНКОМ; И ВИНО ДЛЯ ВОЗЛИЯНИЯ [НА ЖЕРТВЕННИК] В СООТВЕТСТВУЮЩЕМ
КОЛИЧЕСТВЕ; А ТАКЖЕ КОЗЛА В ИСКУПИТЕЛЬНУЮ ЖЕРТВУ; И ДВЕ ЕЖЕДНЕВНЫЕ
ЖЕРТВЫ ДЛЯ ВСЕСОЖЖЕНИЯ, КАК ПРЕДПИСАНО.[2]

אלהינו БОГ НАШ И БОГ ОТЦОВ НАШИХ! ОБНОВИ ДЛЯ НАС ЭТОТ МЕСЯЦ, ЧТО-
БЫ ПРИНЕС ОН НАМ ДОБРО И БЛАГОСЛОВЕНИЕ, РАДОСТЬ И ВЕСЕЛЬЕ, СПАСЕНИЕ
И УТЕШЕНИЕ, СРЕДСТВА К СУЩЕСТВОВАНИЮ И ПРОПИТАНИЕ, БЛАГОПОЛУЧНУЮ
ЖИЗНЬ И МИР, ОТПУЩЕНИЕ ГРЕХОВ И ПРОЩЕНИЕ ЗЛОДЕЯНИЙ! ИБО ИЗБРАЛ ТЫ
ИЗРАИЛЬ, НАРОД СВОЙ, ИЗ ВСЕХ НАРОДОВ И ЗАКОНЫ ДНЕЙ РОШ-ХОДЕШ УСТАНО-
ВИЛ ИМ. БЛАГОСЛОВЕН ТЫ, ГОСПОДЬ, ОСВЯЩАЮЩИЙ ИЗРАИЛЬ И ДНИ РОШ-ХОДЕШ!

---

1. Бемидбар, 28:11. 2. см. Бемидбар, 28:12—15.

רְצֵה יְיָ אֱלֹהֵינוּ בְּעַמְּךָ יִשְׂרָאֵל, וְלִתְפִלָּתָם שְׁעֵה, וְהָשֵׁב הָעֲבוֹדָה
לִדְבִיר בֵּיתֶךָ, וְאִשֵּׁי יִשְׂרָאֵל וּתְפִלָּתָם בְּאַהֲבָה תְקַבֵּל בְּרָצוֹן,
וּתְהִי לְרָצוֹן תָּמִיד עֲבוֹדַת יִשְׂרָאֵל עַמֶּךָ:

וְתֶחֱזֶינָה עֵינֵינוּ בְּשׁוּבְךָ לְצִיּוֹן בְּרַחֲמִים. בָּרוּךְ אַתָּה יְיָ, הַמַּחֲזִיר
שְׁכִינָתוֹ לְצִיּוֹן:

מודים דרבנן

מוֹדִים אֲנַחְנוּ לָךְ, שָׁאַתָּה הוּא יְיָ	מוֹדִים אֲנַחְנוּ לָךְ, שָׁאַתָּה הוּא יְיָ

מוֹדִים אֲנַחְנוּ לָךְ, שָׁאַתָּה הוּא יְיָ
אֱלֹהֵינוּ וֵאלֹהֵי אֲבוֹתֵינוּ

אֱלֹהֵי כָל בָּשָׂר, יוֹצְרֵנוּ, יוֹצֵר
בְּרֵאשִׁית, בְּרָכוֹת וְהוֹדָאוֹת לְשִׁמְךָ
הַגָּדוֹל וְהַקָּדוֹשׁ, עַל שֶׁהֶחֱיִיתָנוּ
וְקִיַּמְתָּנוּ, כֵּן תְּחַיֵּנוּ וּתְקַיְּמֵנוּ וְתֶאֱסוֹף
גָּלֻיּוֹתֵינוּ לְחַצְרוֹת קָדְשֶׁךָ, וְנָשׁוּב
אֵלֶיךָ לִשְׁמוֹר חֻקֶּיךָ, וְלַעֲשׂוֹת רְצוֹנֶךָ,
וּלְעָבְדְּךָ בְּלֵבָב שָׁלֵם עַל שֶׁאָנוּ מוֹדִים
לָךְ, בָּרוּךְ אֵל הַהוֹדָאוֹת:

לְעוֹלָם וָעֶד, צוּר חַיֵּינוּ מָגֵן יִשְׁעֵנוּ, אַתָּה
הוּא לְדוֹר וָדוֹר, נוֹדֶה לְּךָ וּנְסַפֵּר
תְּהִלָּתֶךָ, עַל חַיֵּינוּ הַמְּסוּרִים בְּיָדֶךָ, וְעַל
נִשְׁמוֹתֵינוּ הַפְּקוּדוֹת לָךְ, וְעַל נִסֶּיךָ
שֶׁבְּכָל יוֹם עִמָּנוּ, וְעַל נִפְלְאוֹתֶיךָ
וְטוֹבוֹתֶיךָ שֶׁבְּכָל עֵת, עֶרֶב וָבֹקֶר
וְצָהֳרָיִם, הַטּוֹב, כִּי לֹא כָלוּ רַחֲמֶיךָ, וְהַמְרַחֵם, כִּי לֹא תַמּוּ חֲסָדֶיךָ,
כִּי מֵעוֹלָם קִוִּינוּ לָךְ: בחנוכה אומרים כאן ועל הנסים[א]

וְעַל כֻּלָּם יִתְבָּרַךְ וְיִתְרוֹמַם וְיִתְנַשֵּׂא שִׁמְךָ מַלְכֵּנוּ תָּמִיד לְעוֹלָם וָעֶד:
וְכֹל הַחַיִּים יוֹדוּךָ סֶּלָה וִיהַלְלוּ שִׁמְךָ הַגָּדוֹל לְעוֹלָם כִּי טוֹב הָאֵל
יְשׁוּעָתֵנוּ וְעֶזְרָתֵנוּ סֶלָה, הָאֵל הַטּוֹב, בָּרוּךְ אַתָּה יְיָ, הַטּוֹב
שִׁמְךָ וּלְךָ נָאֶה לְהוֹדוֹת:

א) בחנוכה אומרים זה:

וְעַל הַנִּסִּים וְעַל הַפֻּרְקָן וְעַל הַגְּבוּרוֹת וְעַל הַתְּשׁוּעוֹת וְעַל הַנִּפְלָאוֹת
שֶׁעָשִׂיתָ לַאֲבוֹתֵינוּ בַּיָּמִים הָהֵם בַּזְּמַן הַזֶּה:

בִּימֵי מַתִּתְיָהוּ בֶּן יוֹחָנָן כֹּהֵן גָּדוֹל חַשְׁמוֹנַאי וּבָנָיו כְּשֶׁעָמְדָה מַלְכוּת יָוָן
הָרְשָׁעָה עַל עַמְּךָ יִשְׂרָאֵל לְהַשְׁכִּיחָם תּוֹרָתֶךָ, וּלְהַעֲבִירָם מֵחֻקֵּי רְצוֹנֶךָ,
וְאַתָּה בְּרַחֲמֶיךָ הָרַבִּים עָמַדְתָּ לָהֶם בְּעֵת צָרָתָם, רַבְתָּ אֶת רִיבָם, דַּנְתָּ
אֶת דִּינָם, נָקַמְתָּ אֶת נִקְמָתָם, מָסַרְתָּ גִבּוֹרִים בְּיַד חַלָּשִׁים, וְרַבִּים בְּיַד
מְעַטִּים, וּטְמֵאִים בְּיַד טְהוֹרִים, וּרְשָׁעִים בְּיַד צַדִּיקִים, וְזֵדִים בְּיַד עוֹסְקֵי
תוֹרָתֶךָ. וּלְךָ עָשִׂיתָ שֵׁם גָּדוֹל וְקָדוֹשׁ בְּעוֹלָמֶךָ, וּלְעַמְּךָ יִשְׂרָאֵל עָשִׂיתָ
תְּשׁוּעָה גְדוֹלָה וּפֻרְקָן כְּהַיּוֹם הַזֶּה, וְאַחַר כֵּן בָּאוּ בָנֶיךָ לִדְבִיר בֵּיתֶךָ, וּפִנּוּ אֶת
הֵיכָלֶךָ, וְטִהֲרוּ אֶת מִקְדָּשֶׁךָ, וְהִדְלִיקוּ נֵרוֹת בְּחַצְרוֹת קָדְשֶׁךָ, וְקָבְעוּ שְׁמוֹנַת
יְמֵי חֲנֻכָּה אֵלּוּ, לְהוֹדוֹת וּלְהַלֵּל לְשִׁמְךָ הַגָּדוֹל: ועל כולם

רצה ОТНЕСИСЬ БЛАГОСКЛОННО, ГОСПОДЬ, БОГ НАШ, К НАРОДУ СВОЕМУ, ИЗ-РАИЛЮ, И МОЛИТВУ ЕГО ПРИМИ, И ВОССТАНОВИ СЛУЖБУ В СВЯТАЯ СВЯТЫХ ХРАМА ТВОЕГО; И ЖЕРТВЫ, ПРИНОСИМЫЕ ИЗРАИЛЕМ, И МОЛИТВУ ЕГО ПРИМИ С ЛЮБОВЬЮ, БЛАГОСКЛОННО; И ПУСТЬ БУДЕТ ВСЕГДА ЖЕЛАННО ТЕБЕ СЛУЖЕНИЕ ИЗРАИЛЯ, НАРОДА ТВОЕГО.

ותחזינה И ДА УВИДИМ МЫ СВОИМИ ГЛАЗАМИ, КАК ВЕРНЕШЬСЯ ТЫ, ПО МИЛОСЕРДИЮ СВОЕМУ, В СИОН. БЛАГОСЛОВЕН ТЫ, ГОСПОДЬ, ВОЗВРАЩАЮЩИЙ СВОЮ ШХИНУ В СИОН!

(См. транслитерацию на стр. 386)

מודים БЛАГОДАРИМ МЫ ТЕБЯ ЗА ТО, ЧТО ТЫ, ГОСПОДЬ, – БОГ НАШ И БОГ ОТЦОВ НАШИХ ВО ВЕКИ ВЕКОВ. ТЫ – ОПЛОТ ЖИЗНИ НАШЕЙ, ЗАЩИТНИК, СПАСАЮЩИЙ НАС ИЗ ПОКОЛЕНИЯ В ПОКОЛЕНИЕ. БУДЕМ БЛАГОДАРИТЬ ТЕБЯ И ПРОВОЗГЛАШАТЬ ТЕБЕ ХВАЛУ ВЕЧЕРОМ, УТРОМ И ДНЕМ ЗА ЖИЗНЬ НАШУ, ВВЕРЕННУЮ ТЕБЕ, ЗА ДУШИ НАШИ, ХРАНИМЫЕ ТОБОЙ, И ЗА ЧУДЕСА ТВОИ, КОТОРЫЕ ТЫ ПОСТОЯННО [СОВЕРШАЕШЬ] С НАМИ, И ЗА ТВОИ ЗНАМЕНИЯ И БЛАГОДЕЯНИЯ, КОТОРЫЕ ТЫ [ТВОРИШЬ] ВСЕГДА, – О, ДОБРЫЙ! – ПОТОМУ ЧТО МИЛОСТИ ТВОИ НЕСКОНЧАЕМЫ, – О, МИЛОСЕРДНЫЙ! – ПОТОМУ ЧТО БЛАГОДЕЯНИЯ ТВОИ НЕИСТОЩИМЫ; ВЕДЬ МЫ ОТ ВЕКА НАДЕЕМСЯ НА ТЕБЯ!

"МОДИМ ДЕРАБАНАН"

При повторении молитвы хазаном община говорит здесь следующую молитву.

מודים БЛАГОДАРИМ МЫ ТЕБЯ ЗА ТО, ЧТО ТЫ, ГОСПОДЬ, – БОГ НАШ И БОГ ОТЦОВ НАШИХ, БОГ ВСЕГО ЖИВОГО, СОЗДАТЕЛЬ НАШ, ТВОРЕЦ МИРОЗДАНИЯ; ПОДОБАЕТ БЛАГОСЛОВЛЯТЬ И СЛАВИТЬ ВЕЛИКОЕ И СВЯТОЕ ИМЯ ТВОЕ ЗА ТО, ЧТО ТЫ ДАЛ НАМ ЖИЗНЬ И ПОДДЕРЖИВАЕШЬ ЕЕ В НАС; И ТЫ ПРОДЛИШЬ ЕЕ И ПОДДЕРЖИШЬ, И СОБЕРЕШЬ НАС ИЗ ИЗГНАНИЯ ВО ДВОРАХ СВЯТИЛИЩА СВОЕГО, И ВЕРНЕМСЯ МЫ К ТЕБЕ, ЧТОБЫ СОБЛЮДАТЬ ТВОИ ЗАКОНЫ, И ИСПОЛНЯТЬ ВОЛЮ ТВОЮ И СЛУЖИТЬ ТЕБЕ ВСЕМ СЕРДЦЕМ; И ПОТОМУ МЫ БЛАГОДАРИМ ТЕБЯ. БЛАГОСЛОВЕН БОГ, КОТОРОГО ПОДОБАЕТ БЛАГОДАРИТЬ!

В Хануку говорят здесь ועל הנסים *("И ЗА ЗНАМЕНИЯ...").* *

ועל И ЗА ВСЕ ЭТО ДА БУДЕТ БЛАГОСЛОВЕНО, И ДА ВОЗВЕЛИЧИТСЯ И ПРЕВОЗНЕСЕТСЯ ИМЯ ТВОЕ, ВЛАДЫКА НАШ, ВСЕГДА, ВО ВЕКИ ВЕКОВ!

Правила, которых следует придерживаться тому, кто пропустил следующие слова, см. на стр. 51, перед словом זכרנו *("ВСПОМНИ...").*

וכל И ВСЕ ЖИВОЕ БУДЕТ ВЕЧНО БЛАГОДАРИТЬ ТЕБЯ И ВОСХВАЛЯТЬ ТВОЕ ВЕЛИКОЕ ИМЯ ВОВЕК, ИБО ТЫ ДОБР. ТЫ, БОГ, – НАШЕ СПАСЕНИЕ И НАША ОПОРА ВОВЕКИ, [ТЫ –] ДОБРЫЙ БОГ! БЛАГОСЛОВЕН ТЫ, ГОСПОДЬ; ДОБРЫЙ – ИМЯ ТЕБЕ, И ТЕБЯ ПОДОБАЕТ БЛАГОДАРИТЬ.

---

* *В Хануку говорят:*

ועל И ЗА ЗНАМЕНИЯ, И ЗА ИЗБАВЛЕНИЕ, И ЗА МОГУЩЕСТВО [ТВОЕ], И ЗА СПАСЕНИЕ, И ЗА ЧУДЕСА, КОТОРЫЕ ТЫ ЯВИЛ ОТЦАМ НАШИМ В ТЕ ВРЕМЕНА, В ЭТИ ЖЕ ДНИ [ГОДА]...

בימי ...В ДНИ МАТИТЬЯГУ, СЫНА ЙОХАНАНА ХАШМОНАЯ, ПЕРВОСВЯЩЕННИКА, И ЕГО СЫНОВЕЙ, КОГДА ВЫСТУПИЛО ЗЛОДЕЙСКОЕ ЦАРСТВО ЯВАН ПРОТИВ НАРОДА ТВОЕГО, СЫНОВ ИЗРАИЛЯ, ЧТОБЫ ЗАСТАВИТЬ ЕГО ЗАБЫТЬ ТВОЮ ТОРУ И НАРУШИТЬ ЗАКОНЫ, УСТАНОВЛЕННЫЕ ВОЛЕЙ ТВОЕЙ; НО ТЫ, ПО ВЕЛИКОЙ МИЛОСТИ СВОЕЙ, СТОЯЛ ЗА НИХ, [СЫНОВ ИЗРАИЛЯ], КОГДА ОНИ БЫЛИ В БЕДЕ, ЗАСТУПАЛСЯ ЗА НИХ, БЫЛ СУДЬЕЙ В ИХ СПОРЕ [С ВРАГАМИ], МСТИЛ ЗА НИХ; ОТДАЛ СИЛЬНЫХ В РУКИ СЛАБЫХ, И МНОГОЧИСЛЕННЫХ В РУКИ НЕМНОГИХ, И НЕЧИСТЫХ В РУКИ ЧИСТЫХ, И ЗЛОДЕЕВ В РУКИ ПРАВЕДНИКОВ, И ЗЛОУМЫШЛЕННИКОВ В РУКИ ТЕХ, КТО ИЗУЧАЕТ ТОРУ ТВОЮ. И ПРОСЛАВИЛ ТЫ ИМЯ СВОЕ, ВЕЛИКОЕ И СВЯТОЕ, В МИРЕ ТВОЕМ, И НАРОДУ СВОЕМУ, ИЗРАИЛЮ, ДАРОВАЛ ВЕЛИКОЕ СПАСЕНИЕ И ИЗБАВЛЕНИЕ В ЭТОТ САМЫЙ ДЕНЬ. И ТОГДА ПРИШЛИ СЫНОВЬЯ ТВОИ В СВЯТАЯ СВЯТЫХ ХРАМА ТВОЕГО, И УБРАЛИ [ИДОЛОВ] ИЗ ТВОЕГО ДВОРЦА, И ОЧИСТИЛИ СВЯТИЛИЩЕ ТВОЕ, И ЗАЖГЛИ СВЕТИЛЬНИКИ ВО ДВОРАХ СВЯТИЛИЩА ТВОЕГО, И УСТАНОВИЛИ ЭТИ ВОСЕМЬ ДНЕЙ ХАНУКИ, ЧТОБЫ ВОЗНОСИТЬ БЛАГОДАРНОСТЬ И ХВАЛУ ТВОЕМУ ВЕЛИКОМУ ИМЕНИ.

Продолжают ועל כולם *("И ЗА ВСЕ...").*

לש״ץ אֱלֹהֵינוּ וֵאלֹהֵי אֲבוֹתֵינוּ, בָּרְכֵנוּ בַבְּרָכָה הַמְשֻׁלֶּשֶׁת, בַּתּוֹרָה הַכְּתוּבָה עַל יְדֵי מֹשֶׁה עַבְדֶּךָ, הָאֲמוּרָה מִפִּי אַהֲרֹן וּבָנָיו כֹּהֲנִים עַם קְדוֹשֶׁךָ כָּאָמוּר: יְבָרֶכְךָ יְיָ וְיִשְׁמְרֶךָ: אמן יָאֵר יְיָ פָּנָיו אֵלֶיךָ וִיחֻנֶּךָּ: אמן יִשָּׂא יְיָ פָּנָיו אֵלֶיךָ וְיָשֵׂם לְךָ שָׁלוֹם אמן:

שִׂים שָׁלוֹם, טוֹבָה וּבְרָכָה, חַיִּים חֵן וָחֶסֶד וְרַחֲמִים, עָלֵינוּ וְעַל כָּל יִשְׂרָאֵל עַמֶּךָ. בָּרְכֵנוּ אָבִינוּ כֻּלָּנוּ כְּאֶחָד, בְּאוֹר פָּנֶיךָ, כִּי בְאוֹר פָּנֶיךָ, נָתַתָּ לָּנוּ יְיָ אֱלֹהֵינוּ תּוֹרַת חַיִּים, וְאַהֲבַת חֶסֶד, וּצְדָקָה וּבְרָכָה וְרַחֲמִים וְחַיִּים וְשָׁלוֹם. וְטוֹב בְּעֵינֶיךָ לְבָרֵךְ אֶת עַמְּךָ יִשְׂרָאֵל בְּכָל עֵת וּבְכָל שָׁעָה בִּשְׁלוֹמֶךָ. בָּרוּךְ אַתָּה יְיָ, הַמְבָרֵךְ אֶת עַמּוֹ יִשְׂרָאֵל בַּשָּׁלוֹם:

יִהְיוּ לְרָצוֹן אִמְרֵי פִי וְהֶגְיוֹן לִבִּי לְפָנֶיךָ, יְיָ צוּרִי וְגוֹאֲלִי: לש״ץ קדיש שלם

אֱלֹהַי, נְצוֹר לְשׁוֹנִי מֵרָע, וּשְׂפָתַי מִדַּבֵּר מִרְמָה, וְלִמְקַלְלַי, נַפְשִׁי תִדּוֹם, וְנַפְשִׁי כֶּעָפָר לַכֹּל תִּהְיֶה. פְּתַח לִבִּי בְּתוֹרָתֶךָ וּבְמִצְוֹתֶיךָ תִּרְדּוֹף נַפְשִׁי, וְכָל הַחוֹשְׁבִים עָלַי רָעָה, מְהֵרָה הָפֵר עֲצָתָם וְקַלְקֵל מַחֲשַׁבְתָּם. יִהְיוּ כְּמֹץ לִפְנֵי רוּחַ וּמַלְאַךְ יְיָ דוֹחֶה. לְמַעַן יֵחָלְצוּן יְדִידֶיךָ, הוֹשִׁיעָה יְמִינְךָ וַעֲנֵנִי. עֲשֵׂה לְמַעַן שְׁמֶךָ, עֲשֵׂה לְמַעַן יְמִינֶךָ, עֲשֵׂה לְמַעַן תּוֹרָתֶךָ. עֲשֵׂה לְמַעַן קְדֻשָּׁתֶךָ. יִהְיוּ לְרָצוֹן אִמְרֵי פִי, וְהֶגְיוֹן לִבִּי לְפָנֶיךָ, יְיָ צוּרִי וְגוֹאֲלִי. עֹשֶׂה שָׁלוֹם בִּמְרוֹמָיו, הוּא יַעֲשֶׂה שָׁלוֹם עָלֵינוּ, וְעַל כָּל יִשְׂרָאֵל. וְאִמְרוּ אָמֵן:

יְהִי רָצוֹן מִלְּפָנֶיךָ יְיָ אֱלֹהֵינוּ וֵאלֹהֵי אֲבוֹתֵינוּ, שֶׁיִּבָּנֶה בֵּית הַמִּקְדָּשׁ בִּמְהֵרָה בְיָמֵינוּ, וְתֵן חֶלְקֵנוּ בְּתוֹרָתֶךָ.

אין כאלהינו, עלינו.

סדר עירוב תבשילין

כשחל יו״ט ביום ה׳ וביום ו׳ או ביום ו׳ ובשבת יקח בערב יו״ט הפת משמנת וגם מבשול חשוב עמו כגון בשר או דג ויתן ביד אחר לזכות על ידו לכל הקהל ואומר:

אֲנִי מְזַכֶּה לְכָל מִי שֶׁרוֹצֶה לִזְכּוֹת וְלִסְמוֹךְ עַל עֵירוּב זֶה.

ומי שזוכה נוטל נוטל בידו ומגביה טפח, וחוזר ונותל מיד הזוכה והמזכה מברך:

בָּרוּךְ אַתָּה יְיָ, אֱלֹהֵינוּ מֶלֶךְ הָעוֹלָם, אֲשֶׁר קִדְּשָׁנוּ בְּמִצְוֹתָיו, וְצִוָּנוּ עַל מִצְוַת עֵרוּב:

בְּדֵין יְהֵא שָׁרֵא לָנָא לַאֲפוּיֵי וּלְבַשּׁוּלֵי וּלְאַטְמוּנֵי וּלְאַדְלוּקֵי שְׁרָגָא וּלְתַקָּנָא וּלְמֶעְבַּד כָּל צָרְכָנָא מִיּוֹמָא טָבָא לְשַׁבַּתָּא לָנָא וּלְכָל יִשְׂרָאֵל הַדָּרִים בָּעִיר הַזֹּאת:

עירובי חצרות

נהגו לקבץ קמח מכל בית ובית בע״פ ועושין מצה אחת שלימה ומערבין בה לכל שבתות השנה ונהגין שהשמש נותן המצה ביד אחד שיזכה בשביל כל הקהל וכשהוא מזכה צריך לזכות לבני החצר או המבוי ולכל מי שיתוסף עליהם. ולא יעשו ע״ח בע״פ אא״כ יש ב׳ בתים בחצר בהכ״נ שיתורו על ידי עירוב זה לטלטל ולהביא העירוב מזה לזה:

В Эрец-Исраэль принято, что при повторении хазаном молитвы ко̃аним благословляют здесь народ (см. стр. 268-269). Если же среди молящихся нет ко̃аним, хазан произносит:

אלהינו БОГ НАШ И БОГ ОТЦОВ НАШИХ! БЛАГОСЛОВИ НАС ТРОЙНЫМ БЛАГОСЛО-ВЕНИЕМ, КОТОРОЕ ЗАПИСАЛ В ТОРЕ РАБ ТВОЙ МОШЕ И КОТОРОЕ ПРОИЗНОСИЛИ АГАРОН И СЫНОВЬЯ ЕГО, КОГ̃АНИМ, – СВЯТОЕ ПЛЕМЯ ТВОЕ, КАК СКАЗАНО: "БЛА-ГОСЛОВИТ ТЕБЯ ГОСПОДЬ И ОХРАНИТ ТЕБЯ. *(Община отвечает:* АМЕН! *Хазан про-должает:)* И БУДЕТ БЛАГОСКЛОНЕН К ТЕБЕ ГОСПОДЬ, И ПОМИЛУЕТ ТЕБЯ. *(Общи-на отвечает:* АМЕН! *Хазан продолжает:)* БУДЕТ БЛАГОВОЛИТЬ К ТЕБЕ ГОСПОДЬ И ПОШЛЕТ ТЕБЕ МИР".[1] *(Община отвечает:* АМЕН!)

שים ДАРУЙ МИР, ДОБРО И БЛАГОСЛОВЕНИЕ, ЖИЗНЬ, МИЛОСТЬ, И ЛЮБОВЬ, И МИЛОСЕРДИЕ НАМ И ВСЕМУ ТВОЕМУ НАРОДУ, ИЗРАИЛЮ. БЛАГОСЛОВИ НАС, ВСЕХ ВМЕСТЕ, В БЛАГОСКЛОННОСТИ СВОЕЙ, ОТЕЦ НАШ, ИБО В БЛАГОСКЛОННОСТИ СВОЕЙ ТЫ ДАРОВАЛ НАМ, ГОСПОДЬ, БОГ НАШ, ЗАКОН ЖИЗНИ И БЕСКОРЫСТНОЙ ЛЮБВИ, И МИЛОСТЬ, И БЛАГОСЛОВЕНИЕ, И МИЛОСЕРДИЕ, И ЖИЗНЬ, И МИР. И ДА БУДЕТ УГОДНО ТЕБЕ БЛАГОСЛОВЛЯТЬ НАРОД СВОЙ, ИЗРАИЛЬ, ВО ВСЕ ВРЕМЕНА И В КАЖДОЕ МГНОВЕНИЕ, ДАРУЯ ЕМУ МИР. БЛАГОСЛОВЕН ТЫ, ГОСПОДЬ, БЛАГО-СЛОВЛЯЮЩИЙ МИРОМ НАРОД СВОЙ, ИЗРАИЛЬ!

יהיו ДА БУДУТ УГОДНЫ ТЕБЕ СЛОВА МОИХ УСТ И ПОМЫСЛЫ СЕРДЦА МОЕГО, О, ГОСПОДЬ, – МОЙ ОПЛОТ И ИЗБАВИТЕЛЬ![2]

Хазан произносит "Кадиш шалем", стр. 74-75.

אלהי БОГ МОЙ! УБЕРЕГИ МОЙ ЯЗЫК ОТ ЗЛОСЛОВИЯ И УСТА МОИ ОТ ЛЖИВЫХ РЕЧЕЙ; И ПЕРЕД ТЕМИ, КТО ПРОКЛИНАЕТ МЕНЯ, ПУСТЬ ДУША МОЯ ХРАНИТ МОЛ-ЧАНИЕ. И ПУСТЬ ДУША МОЯ ПОВЕРГАЕТСЯ В ПРАХ ПРЕД КАЖДЫМ. РАСКРОЙ МОЕ СЕРДЦЕ ДЛЯ ТОРЫ ТВОЕЙ, И ДА УСТРЕМИТСЯ МОЯ ДУША К ИСПОЛНЕНИЮ ТВОИХ ЗАПОВЕДЕЙ; И ПОСКОРЕЕ РАЗРУШЬ КОЗНИ И РАССТРОЙ ЗАМЫСЛЫ ВСЕХ ЗАДУ-МАВШИХ ПРОТИВ МЕНЯ НЕДОБРОЕ. ДА БУДУТ ОНИ МЯКИНОЙ НА ВЕТРУ, ГОНИМЫЕ АНГЕЛОМ ГОСПОДА.[3] ПУСТЬ СПАСЕНЫ БУДУТ ТЕ, КОГО ЛЮБИШЬ ТЫ; СПАСИ [МЕ-НЯ] ДЕСНИЦЕЙ СВОЕЙ И ОТВЕТЬ МНЕ.[4] СОВЕРШИ ЭТО РАДИ ИМЕНИ СВОЕГО, СОВЕРШИ РАДИ [ПРОСЛАВЛЕНИЯ] ДЕСНИЦЫ СВОЕЙ, СОВЕРШИ РАДИ ТОРЫ СВОЕЙ, СОВЕРШИ РАДИ СВЯТОСТИ СВОЕЙ; ДА БУДУТ УГОДНЫ ТЕБЕ СЛОВА МОИХ УСТ И ПОМЫСЛЫ СЕРДЦА МОЕГО, О, ГОСПОДЬ, – МОЙ ОПЛОТ И ИЗБАВИТЕЛЬ![2] УСТАНАВ-ЛИВАЮЩИЙ МИР В СВОИХ ВЫСОТАХ, ОН ПОШЛЕТ МИР НАМ И ВСЕМУ ИЗРАИЛЮ, И СКАЖЕМ: АМЕН!

יהי ДА БУДЕТ УГОДНО ТЕБЕ, ГОСПОДЬ, БОГ НАШ И БОГ ОТЦОВ НАШИХ, ЧТОБЫ БЫЛ ПОСТРОЕН ХРАМ, – ВСКОРЕ, В НАШИ ДНИ, – И ДАЙ НАМ УДЕЛ В ТОРЕ ТВОЕЙ![5]

Далее произносят קוה *("НАДЕЙСЯ..."),* אין כאלהינו *("НЕТ НИКОГО, ПОДОБНОГО БОГУ НАШЕМУ...") и* עלינו *("НАШ ДОЛГ..."), см. стр. 81-85.*

"ЭРУВ ТАВШИЛИН"

Если сразу после йом-това наступает суббота, то в канун йом-това совершают следую-щий обряд: берут "эрув" – хлеб, приготовленный для субботы, а также какое-либо варе-ное кушанье, являющееся важным компонентом рациона, – например, мясо или рыбу; за-тем передают все это в руки человеку, который во время этого обряда распространит дейст-вие тех, на кого хозяин дома намерен распространить действие "эрува", и провозглашают:

Я ПРЕДОСТАВЛЯЮ ПРАВА НА ЭТОТ "ЭРУВ" ВСЯКОМУ, КТО ПОЖЕЛАЕТ ПОЛЬЗО-ВАТЬСЯ ИМ И ПОЛАГАТЬСЯ НА НЕГО.

Затем тот, кто представляет всех остальных, приподнимает "эрув" не менее чем на тефах (8 см), вводя их тем самым во владение этим "эрувом". После этого он возвращает "эрув" совершающему этот обряд, и тот произносит:

ברוך БЛАГОСЛОВЕН ТЫ, ГОСПОДЬ, БОГ НАШ, ВЛАДЫКА ВСЕЛЕННОЙ, ОСВЯТИВ-ШИЙ НАС СВОИМИ ЗАПОВЕДЯМИ И ДАВШИЙ НАМ ЗАПОВЕДЬ "ЭРУВА"!

בדין БЛАГОДАРЯ ЭТОМУ ДА БУДЕТ ПОЗВОЛЕНО НАМ ПЕЧЬ, И ВАРИТЬ, И УКРЫ-ВАТЬ [ПОСУДУ С ЕДОЙ, ЧТОБЫ ТА НЕ ОСТЫЛА], И ЗАЖИГАТЬ СВЕЧИ, И ГОТОВИТЬ, И ДЕЛАТЬ ВСЕ НЕОБХОДИМОЕ ДЛЯ СУББОТЫ В ЙОМ-ТОВ, [ПРЕДШЕСТВУЮЩИЙ ЕЙ], – НАМ И ВСЕМ СЫНАМ ИЗРАИЛЯ, ЖИВУЩИМ В ЭТОМ ГОРОДЕ.

"ЭРУВ ХАЦЕРОТ"

В субботу разрешено переносить вещи только в пределах частного владения. Во дворе, принадлежащем нескольким семьям, можно переносить вещи из дома в дом, если сделан "эрув хацерот" – обряд, объединяющий все частные владения в одно. Перед совершением этого обряда берут целый хлеб и передают его во владение всех живущих во дворе (так же как при обряде "эрув тавшилин", см. выше), затем произносят соответствующее благо-словение и формулу "эрува". Действие "эрува" можно распространить на несколько суб-бот, даже на весь год. Принято делать "эрув" на весь год в канун праздника Песах. При этом используют мацу, чтобы "эрув" был действителен и для Песаха. При этом в момент совершения "эрува" во дворе должны жить как минимум две семьи, дома которых объе-диняются при помощи этого обряда. Если один из жильцов нееврей или еврей, не соблю-дающий субботу, обряд этот не имеет силы. Следует посоветоваться с раввином, как по-ступить в таком случае. "Эрув", объединяющий дома целого квартала (или города), требует соблюдения ряда особых условий. Законы о таком "эруве" сложны, и поэтому этот обряд может совершать только опытный в этом вопросе раввин.

1. Бемидбар, 6:24–26.   2. Тег̃илим, 19:15.   3. Тег̃илим, 35:5.   4. Тег̃илим, 60:7, 108:7.
5. Авот, 5:20.

בָּרוּךְ אַתָּה יְהֹוָה אֱלֹהֵינוּ מֶלֶךְ הָעוֹלָם אֲשֶׁר קִדְּשָׁנוּ בְּמִצְוֹתָיו וְצִוָּנוּ עַל מִצְוַת עֵרוּב:

בְּדֵין יְהֵא שָׁרֵא לָנָא לְאַפּוּקֵי וּלְעֵיּוּלֵי וּלְטַלְטוּלֵי מִבַּיִת לְבַיִת וּמֵחָצֵר לְחָצֵר וּמִבַּיִת לְחָצֵר וּמֵחָצֵר לְבַיִת וּמֵרְשׁוּת לִרְשׁוּת בֵּין בְּשַׁבָּת זוֹ וּבֵין בִּשְׁאָר שַׁבְּתוֹת הַשָּׁנָה לָנוּ וּלְכָל-הַדָּרִים בִּשְׁכוּנָה (נ״א בָּעִיר) הַזֹּאת:

קידוש לשלש רגלים

אַתְקִינוּ סְעוּדָתָא דְמַלְכָּא עִלָּאָה, דָּא הִיא סְעוּדָתָא דְקוּדְשָׁא בְּרִיךְ הוּא וּשְׁכִינְתֵּיהּ.

כשחל יו״ט בשבת מתחילין כאן**:

יוֹם הַשִּׁשִּׁי, וַיְכֻלּוּ הַשָּׁמַיִם וְהָאָרֶץ וְכָל צְבָאָם: וַיְכַל אֱלֹהִים בַּיּוֹם הַשְּׁבִיעִי, מְלַאכְתּוֹ אֲשֶׁר עָשָׂה, וַיִּשְׁבֹּת בַּיּוֹם הַשְּׁבִיעִי מִכָּל מְלַאכְתּוֹ אֲשֶׁר עָשָׂה: וַיְבָרֶךְ אֱלֹהִים אֶת יוֹם הַשְּׁבִיעִי, וַיְקַדֵּשׁ אֹתוֹ, כִּי בוֹ שָׁבַת מִכָּל מְלַאכְתּוֹ, אֲשֶׁר בָּרָא אֱלֹהִים לַעֲשׂוֹת:

כשחל יו״ט בחול מתחילין כאן:

על הפת	על היין
	סַבְרִי מָרָנָן:
בָּרוּךְ אַתָּה יְיָ, אֱלֹהֵינוּ מֶלֶךְ הָעוֹלָם, הַמּוֹצִיא לֶחֶם מִן הָאָרֶץ:	בָּרוּךְ אַתָּה יְיָ אֱלֹהֵינוּ מֶלֶךְ הָעוֹלָם, בּוֹרֵא פְּרִי הַגָּפֶן:

בָּרוּךְ אַתָּה יְיָ, אֱלֹהֵינוּ מֶלֶךְ הָעוֹלָם, אֲשֶׁר בָּחַר בָּנוּ מִכָּל עָם וְרוֹמְמָנוּ מִכָּל לָשׁוֹן וְקִדְּשָׁנוּ בְּמִצְוֹתָיו, וַתִּתֶּן לָנוּ יְיָ אֱלֹהֵינוּ בְּאַהֲבָה (לשבת שַׁבָּתוֹת לִמְנוּחָה וּ) מוֹעֲדִים לְשִׂמְחָה חַגִּים וּזְמַנִּים לְשָׂשׂוֹן אֶת יוֹם (לשבת הַשַּׁבָּת הַזֶּה וְאֶת יוֹם)

לפסח	לשבועות	לסוכות	לשמיני עצרת ולש״ת
חַג הַמַּצוֹת הַזֶּה:	חַג הַשָּׁבוּעוֹת הַזֶּה.	חַג הַסֻּכּוֹת הַזֶּה.	שְׁמִינִי עֲצֶרֶת הַחַג
וְאֶת יוֹם טוֹב	וְאֶת יוֹם טוֹב	וְאֶת יוֹם טוֹב	הַזֶּה. וְאֶת יוֹם טוֹב
מִקְרָא קֹדֶשׁ הַזֶּה	מִקְרָא קֹדֶשׁ הַזֶּה.	מִקְרָא קֹדֶשׁ הַזֶּה.	מִקְרָא קֹדֶשׁ הַזֶּה,
זְמַן חֵרוּתֵנוּ	זְמַן מַתַּן תּוֹרָתֵנוּ	זְמַן שִׂמְחָתֵנוּ	זְמַן שִׂמְחָתֵנוּ

(לשבת בְּאַהֲבָה) מִקְרָא קֹדֶשׁ זֵכֶר לִיצִיאַת מִצְרָיִם, כִּי בָנוּ בָחַרְתָּ וְאוֹתָנוּ קִדַּשְׁתָּ מִכָּל הָעַמִּים, (לשבת וְשַׁבָּת) וּמוֹעֲדֵי קָדְשֶׁךָ (לשבת בְּאַהֲבָה וּבְרָצוֹן) בְּשִׂמְחָה וּבְשָׂשׂוֹן הִנְחַלְתָּנוּ: בָּרוּךְ אַתָּה יְיָ, מְקַדֵּשׁ (לשבת הַשַּׁבָּת וְ) יִשְׂרָאֵל וְהַזְּמַנִּים:

*) סדר עירובי תחומין תמצא לקמן ע׳ 408   **) כשחל יו״ט בשבת אומרים שלום עליכם, אשת חיל, וסדר הקידוש לליל שבת (לעיל ע׳ 144) – בלחש. ואח״כ מתחילין כאן.

ברוך БЛАГОСЛОВЕН ТЫ, ГОСПОДЬ, БОГ НАШ, ВЛАДЫКА ВСЕЛЕННОЙ, ОСВЯТИВШИЙ НАС СВОИМИ ЗАПОВЕДЯМИ И ДАВШИЙ НАМ ЗАПОВЕДЬ ”ЭРУВА”!

בדין БЛАГОДАРЯ ЭТОМУ ДА БУДЕТ ПОЗВОЛЕНО НАМ ВЫНОСИТЬ, И ВНОСИТЬ, И ПЕРЕНОСИТЬ ИЗ ДОМА В ДОМ, И ИЗ ДВОРА ВО ДВОР, И ИЗ ДОМА ВО ДВОР, И ИЗ ДВОРА В ДОМ, И ИЗ ВЛАДЕНИЯ ВО ВЛАДЕНИЕ [ВЕЩИ], КАК В БЛИЖАЙШУЮ СУББОТУ, ТАК И ВО ВСЕ СУББОТЫ ГОДА, – НАМ И ВСЕМ ЖИВУЩИМ В ЭТОМ КВАРТАЛЕ (*иной вариант*: ГОРОДЕ).

”КИДУШ“, СОВЕРШАЕМЫЙ В ПРАЗДНИКИ ВЕЧЕРОМ
(См. транслитерацию на стр. 404)

אתקינו ПРИГОТОВЬТЕСЬ К ТРАПЕЗЕ В ЧЕСТЬ ВЫСШЕГО ВЛАДЫКИ! ЭТА ТРАПЕЗА – В ЧЕСТЬ СВЯТОГО [ТВОРЦА], БЛАГОСЛОВЕН ОН, И ЕГО ШХИНЫ.

Если йом-тов не совпал с субботой, далее продолжают от слов סברי מרנן *(”ВНЕМЛИТЕ, ГОСПОДА МОИ!”). Если йом-тов совпал с субботой, то произносят шепотом молитвы ”МИР ВАМ...” и ”КТО НАЙДЕТ ЖЕНУ СТОЛЬ ДОСТОЙНУЮ?”, см. стр. 144–146, и ”Кидуш” до слов ”ДЕНЬ ШЕСТОЙ”. Далее продолжают в полный голос:*

יום ДЕНЬ ШЕСТОЙ. И ЗАВЕРШЕНЫ БЫЛИ НЕБО И ЗЕМЛЯ СО ВСЕМ ВОИНСТВОМ ИХ. И ЗАКОНЧИЛ БОГ НА СЕДЬМОЙ ДЕНЬ ТРУД СВОЙ, КОТОРЫМ ЗАНИМАЛСЯ, И В СЕДЬМОЙ ДЕНЬ НЕ СОВЕРШАЛ ОН НИКАКОЙ ИЗ ТЕХ РАБОТ, КОТОРЫМИ БЫЛ ЗАНЯТ, И БЛАГОСЛОВИЛ БОГ ДЕНЬ СЕДЬМОЙ, И ОСВЯТИЛ ЕГО, ИБО В ЭТОТ [ДЕНЬ] НЕ СОВЕРШАЛ ОН НИКАКОЙ ИЗ РАБОТ СВОИХ, КОТОРЫМИ ЗАНИМАЛСЯ [ПРЕЖДЕ] И КОТОРЫЕ [НАМЕРЕВАЛСЯ] СОВЕРШИТЬ [ПОСЛЕ ТОГО].[1]

Над вином:	*Над хлебом:*
סברי ВНЕМЛИТЕ, ГОСПОДА МОИ! ברוך БЛАГОСЛОВЕН ТЫ, ГОСПОДЬ, БОГ НАШ, ВЛАДЫКА ВСЕЛЕННОЙ, СОТВОРИВШИЙ ПЛОД ВИНОГРАДНОЙ ЛОЗЫ!	סברי ВНЕМЛИТЕ, ГОСПОДА МОИ! ברוך БЛАГОСЛОВЕН ТЫ, ГОСПОДЬ, БОГ НАШ, ВЛАДЫКА ВСЕЛЕННОЙ, ВЫРАСТИВШИЙ ХЛЕБ ИЗ ЗЕМЛИ!

ברוך БЛАГОСЛОВЕН ТЫ, ГОСПОДЬ, БОГ НАШ, ВЛАДЫКА ВСЕЛЕННОЙ, ИЗБРАВШИЙ НАС ИЗ ВСЕХ НАРОДОВ, И ВОЗВЫСИВШИЙ НАС НАД ВСЕМИ ПЛЕМЕНАМИ, И ОСВЯТИВШИЙ НАС СВОИМИ ЗАПОВЕДЯМИ! И ДАРОВАЛ ТЫ НАМ, ГОСПОДЬ, БОГ НАШ, С ЛЮБОВЬЮ (*в субботу добавляют*: СУББОТНИЕ ДНИ ДЛЯ ПОКОЯ И) УСТАНОВЛЕННЫЕ ДНИ ДЛЯ РАДОСТИ, ПРАЗДНИКИ И ВРЕМЕНА ВЕСЕЛЬЯ; (*в субботу добавляют*: ЭТОТ СУББОТНИЙ ДЕНЬ И) ЭТОТ ДЕНЬ...

в Песах:	*в Шавуот:*	*в Сукот:*	*в Шмини-Ацерет и в Симхат-Тора:*
...ПРАЗДНИКА МАЦОТ, ЭТОТ СВЯТОЙ ПРАЗДНИЧНЫЙ ДЕНЬ, ДЕНЬ НАШЕЙ СВОБОДЫ...	...ПРАЗДНИКА ШАВУОТ, ЭТОТ СВЯТОЙ ПРАЗДНИЧНЫЙ ДЕНЬ, ДЕНЬ ДАРОВАНИЯ ТОРЫ НАШЕЙ...	...ПРАЗДНИКА СУКОТ, ЭТОТ СВЯТОЙ ПРАЗДНИЧНЫЙ ДЕНЬ, ДЕНЬ ВЕСЕЛЬЯ НАШЕГО...	...ПРАЗДНИКА ШМИНИ-АЦЕРЕТ, ЭТОТ СВЯТОЙ ПРАЗДНИЧНЫЙ ДЕНЬ, ДЕНЬ ВЕСЕЛЬЯ НАШЕГО...

...(*в субботу добавляют*: ...ПО ЛЮБВИ [СВОЕЙ ДАЛ ТЫ])СВЯТОЙ ПРАЗДНИК, – В ПАМЯТЬ О ВЫХОДЕ ИЗ ЕГИПТА. ИБО НАС ИЗБРАЛ ТЫ И ОСВЯТИЛ СРЕДИ ВСЕХ НАРОДОВ, И (*в субботу добавляют*: СУББОТУ И) СВЯТЫЕ ПРАЗДНИКИ ТВОИ, (*в субботу добавляют*: В ЛЮБВИ И БЛАГОВОЛЕНИИ), С РАДОСТЬЮ И ЛИКОВАНИЕМ ДАЛ ТЫ НАМ В НАСЛЕДИЕ. БЛАГОСЛОВЕН ТЫ, ГОСПОДЬ, ОСВЯЩАЮЩИЙ (*в субботу добавляют*: СУББОТУ, И) ИЗРАИЛЬ, И ДНИ [ПРАЗДНИКОВ]!

---

1. Брейшит, 2:31, 2:1–3.

בָּרוּךְ אַתָּה יְיָ, אֱלֹהֵינוּ מֶלֶךְ הָעוֹלָם. שֶׁהֶחֱיָנוּ וְקִיְּמָנוּ וְהִגִּיעָנוּ לַזְּמַן הַזֶּה*:

בליל ראשון של סוכות אומרים תפלה לישב בסוכה ואח"כ שהחיינו:

בָּרוּךְ אַתָּה יְיָ, אֱלֹהֵינוּ מֶלֶךְ הָעוֹלָם, אֲשֶׁר קִדְּשָׁנוּ בְּמִצְוֹתָיו, וְצִוָּנוּ לֵישֵׁב בַּסֻּכָּה:

כשחל יו"ט במוצאי שבת מקדשין יקנה"ז. ר"ת: יין, קידוש, נר, הבדלה, זמן:

בָּרוּךְ אַתָּה יְיָ, אֱלֹהֵינוּ מֶלֶךְ הָעוֹלָם, בּוֹרֵא מְאוֹרֵי הָאֵשׁ:

בָּרוּךְ אַתָּה יְיָ, אֱלֹהֵינוּ מֶלֶךְ הָעוֹלָם, הַמַּבְדִּיל בֵּין קֹדֶשׁ לְחֹל, בֵּין אוֹר לְחֹשֶׁךְ, בֵּין יִשְׂרָאֵל לָעַמִּים, בֵּין יוֹם הַשְּׁבִיעִי לְשֵׁשֶׁת יְמֵי הַמַּעֲשֶׂה. בֵּין קְדֻשַּׁת שַׁבָּת לִקְדֻשַּׁת יוֹם טוֹב הִבְדַּלְתָּ, וְאֶת יוֹם הַשְּׁבִיעִי מִשֵּׁשֶׁת יְמֵי הַמַּעֲשֶׂה קִדַּשְׁתָּ, הִבְדַּלְתָּ וְקִדַּשְׁתָּ אֶת עַמְּךָ יִשְׂרָאֵל בִּקְדֻשָּׁתֶךָ. בָּרוּךְ אַתָּה יְיָ, הַמַּבְדִּיל בֵּין קֹדֶשׁ לְקֹדֶשׁ:

ומברך שהחיינו. (בסוכות מברך גם: לישב בסוכה)

תפלת שלש רגלים לערבית לשחרית ולמנחה

אֲדֹנָי, שְׂפָתַי תִּפְתָּח וּפִי יַגִּיד תְּהִלָּתֶךָ:

בָּרוּךְ אַתָּה יְיָ, אֱלֹהֵינוּ וֵאלֹהֵי אֲבוֹתֵינוּ, אֱלֹהֵי אַבְרָהָם, אֱלֹהֵי יִצְחָק וֵאלֹהֵי יַעֲקֹב, הָאֵל הַגָּדוֹל, הַגִּבּוֹר וְהַנּוֹרָא, אֵל עֶלְיוֹן, גּוֹמֵל חֲסָדִים טוֹבִים, קוֹנֵה הַכֹּל, וְזוֹכֵר חַסְדֵי אָבוֹת, וּמֵבִיא גוֹאֵל לִבְנֵי בְנֵיהֶם, לְמַעַן שְׁמוֹ בְּאַהֲבָה.

מֶלֶךְ עוֹזֵר וּמוֹשִׁיעַ וּמָגֵן. בָּרוּךְ אַתָּה יְיָ, מָגֵן אַבְרָהָם:

אַתָּה גִּבּוֹר לְעוֹלָם אֲדֹנָי, מְחַיֵּה מֵתִים אַתָּה רַב לְהוֹשִׁיעַ.

במוסף של יו"ט הראשון של פסח מתחילין לומר מוריד הטל ובמוסף ש"ע מתחילין לומר משיב הרוח ומוריד הגשם ואין הצבור רשאין להתחיל עד שישמעו מפי הש"ץ ונוהגין שהשמש מכריז קודם תפלה לפיכך לא די כשיכריז משיב הרוח לבד אלא יאמר ג"כ מוריד הגשם:

בקיץ מוֹרִיד הַטָּל: בחורף מַשִּׁיב הָרוּחַ וּמוֹרִיד הַגֶּשֶׁם.

מְכַלְכֵּל חַיִּים בְּחֶסֶד, מְחַיֵּה מֵתִים בְּרַחֲמִים רַבִּים, סוֹמֵךְ נוֹפְלִים, וְרוֹפֵא חוֹלִים, וּמַתִּיר אֲסוּרִים, וּמְקַיֵּם אֱמוּנָתוֹ לִישֵׁנֵי עָפָר, מִי כָמוֹךָ בַּעַל גְּבוּרוֹת, וּמִי דּוֹמֶה לָּךְ, מֶלֶךְ מֵמִית וּמְחַיֶּה וּמַצְמִיחַ יְשׁוּעָה.

וְנֶאֱמָן אַתָּה לְהַחֲיוֹת מֵתִים. בָּרוּךְ אַתָּה יְיָ, מְחַיֵּה הַמֵּתִים:

---

*) בשביעי ואחרון של פסח אין מברכים שהחיינו.

В первый вечер праздника Сукот перед следующим благословением произносят "...ЖИТЬ В ШАЛАШЕ". В дальнейшем это благословение произносят после שהחיינו *("...КОТОРЫЙ ДАРОВАЛ НАМ ЖИЗНЬ...").*

ברוך БЛАГОСЛОВЕН ТЫ, ГОСПОДЬ, БОГ НАШ, ВЛАДЫКА ВСЕЛЕННОЙ, КОТОРЫЙ ДАРОВАЛ НАМ ЖИЗНЬ, И ПОДДЕРЖИВАЛ ЕЕ В НАС, И ДАЛ НАМ ДОЖИТЬ ДО ЭТОГО ВРЕМЕНИ!

ברוך БЛАГОСЛОВЕН ТЫ, ГОСПОДЬ, БОГ НАШ, ВЛАДЫКА ВСЕЛЕННОЙ, ОСВЯТИВШИЙ НАС СВОИМИ ЗАПОВЕДЯМИ И ПОВЕЛЕВШИЙ НАМ ЖИТЬ В ШАЛАШЕ!

Если йом-тов следует сразу после субботы, перед שהחיינו *("...КОТОРЫЙ ДАРОВАЛ НАМ ЖИЗНЬ...") произносят два следующих благословения:*

ברוך БЛАГОСЛОВЕН ТЫ, ГОСПОДЬ, БОГ НАШ, ВЛАДЫКА ВСЕЛЕННОЙ, СОЗДАВШИЙ СВЕТ ПЛАМЕНИ!

ברוך БЛАГОСЛОВЕН ТЫ, ГОСПОДЬ, БОГ НАШ, ВЛАДЫКА ВСЕЛЕННОЙ, ОТДЕЛИВШИЙ СВЯТОЕ ОТ БУДНИЧНОГО, СВЕТ ОТ ТЬМЫ, ИЗРАИЛЬ ОТ [ДРУГИХ] НАРОДОВ, СЕДЬМОЙ ДЕНЬ ОТ ШЕСТИ РАБОЧИХ ДНЕЙ. МЕЖДУ СВЯТОСТЬЮ СУББОТЫ И СВЯТОСТЬЮ ЙОМ-ТОВА СДЕЛАЛ ТЫ РАЗЛИЧИЕ, И СЕДЬМОЙ ДЕНЬ ОТ ШЕСТИ РАБОЧИХ ДНЕЙ ОТЛИЧИЛ ТЫ СВЯТОСТЬЮ. ВЫДЕЛИЛ И ОТЛИЧИЛ ТЫ НАРОД СВОЙ, ИЗРАИЛЬ, СВЯТОСТЬЮ СВОЕЮ. БЛАГОСЛОВЕН ТЫ, ГОСПОДЬ, ОТДЕЛИВШИЙ СВЯТОЕ ОТ СВЯТОГО!

"АМИДА" МОЛИТВ "МААРИВ", "ШАХАРИТ" И "МИНХА" В ПРАЗДНИКИ

אדני ГОСПОДЬ, ДАЙ МНЕ СИЛЫ МОЛИТЬСЯ ПРЕД ТОБОЙ, [ПРОСТИВ МНЕ ГРЕХИ], И УСТА МОИ ВОССЛАВЯТ ТЕБЯ.[1]

ברוך БЛАГОСЛОВЕН ТЫ, ГОСПОДЬ, БОГ НАШ И БОГ ОТЦОВ НАШИХ, БОГ АВРАГАМА, БОГ ИЦХАКА И БОГ ЯАКОВА, БОГ ВЕЛИКИЙ, МОГУЧИЙ И ГРОЗНЫЙ, ВСЕВЫШНИЙ БОГ, ДАРУЮЩИЙ БЛАГА, СОТВОРИВШИЙ ВСЕ, И ПОМНЯЩИЙ ДОБРЫЕ ДЕЛА ОТЦОВ, И ПО ЛЮБВИ СВОЕЙ ПОСЫЛАЮЩИЙ ИЗБАВИТЕЛЯ СЫНОВЬЯМ ИХ СЫНОВЕЙ РАДИ ИМЕНИ СВОЕГО!

מלך [ТЫ –] ВЛАДЫКА, КОТОРЫЙ ПОМОГАЕТ, СПАСАЕТ И ЗАЩИЩАЕТ. БЛАГОСЛОВЕН ТЫ, ГОСПОДЬ, ЗАЩИТНИК АВРАГАМА!

אתה ТВОЕ МОГУЩЕСТВО ВЕЧНО, ГОСПОДЬ, ТЫ ВОЗВРАЩАЕШЬ МЕРТВЫХ К ЖИЗНИ, ТЫ – ВЕЛИКИЙ ИЗБАВИТЕЛЬ...

В "Мусаф" первого дня праздника Песах здесь начинают произносить מוריד הטל *("ПОСЫЛАЮЩИЙ РОСУ"), а в "Мусаф" праздника Шмини-Ацерет* משיב הרוח ומוריד הגשם *("ПОСЫЛАЮЩИЙ ВЕТЕР И ДАРУЮЩИЙ ДОЖДЬ"). Молящемуся не следует произносить эти слова прежде чем он услышит их от хазана во время повторения последним "Мусафа". Поэтому принято перед молитвой, произносимой шепотом, провозглашать эти слова, чтобы все присутствующие могли произнести их в своей молитве. При этом следует сказать не только два первых слова* משיב הרוח *("ПОСЫЛАЮЩИЙ ВЕТЕР..."), но всю фразу целиком.*

Зимой говорят:

משיב ...ПОСЫЛАЮЩИЙ ВЕТЕР И ДАРУЮЩИЙ ДОЖДЬ...

Летом говорят:

מוריד ...ПОСЫЛАЮЩИЙ РОСУ...

מכלכל ...ПИТАЮЩИЙ ПО ДОБРОТЕ СВОЕЙ ЖИВЫХ, ПО ВЕЛИКОМУ МИЛОСЕРДИЮ ВОЗВРАЩАЮЩИЙ МЕРТВЫХ К ЖИЗНИ, ПОДДЕРЖИВАЮЩИЙ ПАДАЮЩИХ, И ИСЦЕЛЯЮЩИЙ БОЛЬНЫХ, И ОСВОБОЖДАЮЩИЙ УЗНИКОВ, И ИСПОЛНЯЮЩИЙ СВОЕ ОБЕЩАНИЕ [ВОЗВРАТИТЬ ЖИЗНЬ] ПОКОЯЩИМСЯ В ЗЕМЛЕ, – КТО ПОДОБЕН ТЕБЕ, ВСЕСИЛЬНЫЙ, И КТО СРАВНИТСЯ С ТОБОЙ, ВЛАДЫКА, КОТОРЫЙ УМЕРЩВЛЯЕТ, И ОЖИВЛЯЕТ, И ВЗРАЩИВАЕТ СПАСЕНИЕ!

ונאמן И ВЕРЕН ТЫ [СВОЕМУ ОБЕЩАНИЮ] ВОЗВРАТИТЬ МЕРТВЫМ ЖИЗНЬ. БЛАГОСЛОВЕН ТЫ, ГОСПОДЬ, ВОЗВРАЩАЮЩИЙ МЕРТВЫХ К ЖИЗНИ!

---

1. Тегилим, 51:17.

בחזרת הש״ץ אומרים כאן קדושה[א]

אַתָּה קָדוֹשׁ, וְשִׁמְךָ קָדוֹשׁ, וּקְדוֹשִׁים, בְּכָל יוֹם יְהַלְלוּךָ פֶּלָה: בָּרוּךְ אַתָּה יְיָ, הָאֵל הַקָּדוֹשׁ:

אַתָּה בְחַרְתָּנוּ מִכָּל הָעַמִּים, אָהַבְתָּ אוֹתָנוּ וְרָצִיתָ בָּנוּ, וְרוֹמַמְתָּנוּ מִכָּל הַלְּשׁוֹנוֹת, וְקִדַּשְׁתָּנוּ בְּמִצְוֹתֶיךָ, וְקֵרַבְתָּנוּ מַלְכֵּנוּ לַעֲבוֹדָתֶךָ וְשִׁמְךָ הַגָּדוֹל וְהַקָּדוֹשׁ עָלֵינוּ קָרָאתָ:

כשחל יו״ט במוצאי שבת אומרים כאן ותודיענו[ב]

א) קדושה בחזרת התפלה:

לשחרית נַקְדִּישָׁךְ וְנַעֲרִיצָךְ כְּנֹעַם שִׂיחַ סוֹד שַׂרְפֵי קֹדֶשׁ הַמְּשַׁלְּשִׁים לְךָ קְדֻשָּׁה. כַּכָּתוּב עַל יַד נְבִיאֶךָ, וְקָרָא זֶה אֶל זֶה וְאָמַר: קו״ח קָדוֹשׁ, קָדוֹשׁ, קָדוֹשׁ יְיָ צְבָאוֹת, מְלֹא כָל הָאָרֶץ כְּבוֹדוֹ. חזן אָז, בְּקוֹל רַעַשׁ גָּדוֹל אַדִּיר וְחָזָק, מַשְׁמִיעִים קוֹל, מִתְנַשְּׂאִים לְעֻמַּת הַשְּׂרָפִים, לְעֻמָּתָם מְשַׁבְּחִים וְאוֹמְרִים: קו״ח בָּרוּךְ כְּבוֹד יְיָ מִמְּקוֹמוֹ. חזן מִמְּקוֹמְךָ מַלְכֵּנוּ תוֹפִיעַ וְתִמְלוֹךְ עָלֵינוּ, כִּי מְחַכִּים אֲנַחְנוּ לָךְ מָתַי תִּמְלוֹךְ בְּצִיּוֹן, בְּקָרוֹב בְּיָמֵינוּ לְעוֹלָם וָעֶד: תִּשְׁכּוֹן תִּתְגַּדֵּל וְתִתְקַדֵּשׁ בְּתוֹךְ יְרוּשָׁלַיִם עִירְךָ, לְדוֹר וָדוֹר וּלְנֵצַח נְצָחִים. וְעֵינֵינוּ תִרְאֶינָה מַלְכוּתֶךָ, כַּדָּבָר הָאָמוּר בְּשִׁירֵי עֻזֶּךָ, עַל יְדֵי דָוִד מְשִׁיחַ צִדְקֶךָ: קו״ח יִמְלוֹךְ יְיָ לְעוֹלָם אֱלֹהַיִךְ צִיּוֹן לְדֹר וָדֹר, הַלְלוּיָהּ: אתה קדוש

למנחה נַקְדִּישָׁךְ וְנַעֲרִיצָךְ כְּנֹעַם שִׂיחַ סוֹד שַׂרְפֵי קֹדֶשׁ הַמְּשַׁלְּשִׁים לְךָ קְדֻשָּׁה כַּכָּתוּב עַל יַד נְבִיאֶךָ, וְקָרָא זֶה אֶל זֶה וְאָמַר: קו״ח קָדוֹשׁ, קָדוֹשׁ, קָדוֹשׁ יְיָ צְבָאוֹת, מְלֹא כָל הָאָרֶץ כְּבוֹדוֹ. חזן לְעֻמָּתָם מְשַׁבְּחִים וְאוֹמְרִים: קו״ח בָּרוּךְ כְּבוֹד יְיָ מִמְּקוֹמוֹ. חזן וּבְדִבְרֵי קָדְשְׁךָ כָּתוּב לֵאמֹר: קו״ח יִמְלֹךְ יְיָ לְעוֹלָם, אֱלֹהַיִךְ צִיּוֹן לְדֹר וָדֹר, הַלְלוּיָהּ: אתה קדוש

ב) כשחל יום טוב במוצאי שבת אומרים זה:

וַתּוֹדִיעֵנוּ יְיָ אֱלֹהֵינוּ אֶת מִשְׁפְּטֵי צִדְקֶךָ, וַתְּלַמְּדֵנוּ לַעֲשׂוֹת חֻקֵּי רְצוֹנֶךָ.

ותתן

При повторении хазаном молитвы "Амида" здесь произносится "Кдуша".*

אתה ТЫ СВЯТ, И СВЯТО ИМЯ ТВОЕ, И СВЯТЫЕ [АНГЕЛЫ] БУДУТ ВОСХВАЛЯТЬ ТЕБЯ ИЗО ДНЯ В ДЕНЬ, ВОВЕКИ. БЛАГОСЛОВЕН ТЫ, ГОСПОДЬ, БОГ СВЯТОЙ!

אתה ТЫ ИЗБРАЛ НАС ИЗ ВСЕХ НАРОДОВ, ПОЛЮБИЛ НАС, И БЛАГОВОЛИЛ К НАМ, И ВОЗВЫСИЛ НАС НАД ВСЕМИ ПЛЕМЕНАМИ, И ОСВЯТИЛ НАС СВОИМИ ЗАПОВЕДЯМИ, И ПРИБЛИЗИЛ ТЫ НАС, ВЛАДЫКА НАШ, [К СЕБЕ], ЧТОБЫ МЫ СЛУЖИЛИ ТЕБЕ, И ИМЕНЕМ СВОИМ, ВЕЛИКИМ И СВЯТЫМ, ОТМЕТИЛ НАС.

Если йом-тов начинается на исходе субботы, в вечерней молитве здесь говорят ותודיענו ("И СООБЩИЛ ТЫ НАМ...").**

---

* *При повторении хазаном молитвы "Амида" здесь произносится "Кдуша":*

(См. транслитерацию на стр. 380)

В МОЛИТВУ "ШАХАРИТ"

נקדישך ВОСПОЕМ МЫ СВЯТОСТЬ ТВОЮ И ПРЕВОЗНЕСЕМ ТЕБЯ ПОДОБНО ТОМУ, КАК [ВОСХВАЛЯЕТ ТЕБЯ] ХОР СВЯТЫХ СРАФИМ В СВОИХ БЛАГОЗВУЧНЫХ МОЛИТВАХ, ТРОЕКРАТНО ПРОВОЗГЛАШАЯ ТВОЮ СВЯТОСТЬ, КАК НАПИСАНО ПРОРОКОМ ТВОИМ: ≪ОНИ ОБРАЩАЛИСЬ ДРУГ К ДРУГУ И ВОЗГЛАШАЛИ:
Община вместе с хазаном: "СВЯТ, СВЯТ, СВЯТ ГОСПОДЬ ВОИНСТВ! ВСЯ ЗЕМЛЯ ПОЛНА СЛАВЫ ЕГО!"≫[1]
Хазан: И ТОГДА ГРОМОПОДОБНЫМ ГОЛОСОМ, СИЛЬНЫМ И МОГУЧИМ, ОНИ ВОЗГЛАШАЮТ [ХВАЛУ ВСЕВЫШНЕМУ], ВОЗНОСЯСЬ НАВСТРЕЧУ СРАФИМ, И ПОДОБНО ИМ ВОСХВАЛЯЮТ ЕГО И ГОВОРЯТ:
Община вместе с хазаном: "ДА БУДЕТ БЛАГОСЛОВЕННА СЛАВА ГОСПОДА, ГДЕ БЫ ОНА НИ ОБИТАЛА!"[2]
Хазан: ИЗ МЕСТА, ГДЕ ПРЕБЫВАЕШЬ ТЫ, ВЛАДЫКА НАШ. ЯВИСЬ И ЦАРСТВУЙ НАД НАМИ; ВЕДЬ МЫ ЖДЕМ ТЕБЯ! КОГДА ЖЕ ВОЦАРИШЬСЯ ТЫ В СИОНЕ? [ВОЦАРИСЬ] ВСКОРЕ, В НАШИ ДНИ, – И НА ВЕКИ ВЕКОВ! ПОСЕЛИСЬ [В ИЕРУСАЛИМЕ]: БУДУТ ПРЕВОЗНОСИТЬ И ОСВЯЩАТЬ ТЕБЯ В ИЕРУСАЛИМЕ, ГОРОДЕ ТВОЕМ, ИЗ ПОКОЛЕНИЯ В ПОКОЛЕНИЕ, ВО ВЕКИ ВЕКОВ. И ДА УВИДЯТ ГЛАЗА НАШИ [ПРИХОД] ЦАРСТВА ТВОЕГО, КАК СКАЗАНО ОБ ЭТОМ В ГИМНЕ ТВОЕМУ МОГУЩЕСТВУ ДАВИДОМ, ПРАВЕДНЫМ ПОМАЗАННИКОМ ТВОИМ:
Община вместе с хазаном: "ГОСПОДЬ БУДЕТ ЦАРСТВОВАТЬ ВЕЧНО; [БУДЕТ ЦАРСТВОВАТЬ] БОГ ТВОЙ. СИОН, ВО ВЕКИ ВЕКОВ; ВОСХВАЛИТЕ БОГА!"[3]

(См. транслитерацию на стр. 378)

В МОЛИТВУ "МИНХА"

נקדישך ВОСПОЕМ МЫ СВЯТОСТЬ ТВОЮ И ПРЕВОЗНЕСЕМ ТЕБЯ ПОДОБНО ТОМУ, КАК [ВОСХВАЛЯЕТ ТЕБЯ] ХОР СВЯТЫХ СРАФИМ В СВОИХ БЛАГОЗВУЧНЫХ МОЛИТВАХ, ТРОЕКРАТНО ПРОВОЗГЛАШАЯ ТВОЮ СВЯТОСТЬ, КАК НАПИСАНО ПРОРОКОМ ТВОИМ: ≪ОНИ ОБРАЩАЛИСЬ ДРУГ К ДРУГУ И ВОЗГЛАШАЛИ:
Община вместе с хазаном: "СВЯТ, СВЯТ, СВЯТ ГОСПОДЬ ВОИНСТВ! ВСЯ ЗЕМЛЯ ПОЛНА СЛАВЫ ЕГО!"≫[1]
Хазан: ПОДОБНО ИМ, [ОФАНИМ И СВЯТЫЕ ХАЙОТ] ВОСХВАЛЯЮТ [ВСЕВЫШНЕГО] И ГОВОРЯТ:
Община вместе с хазаном: "ДА БУДЕТ БЛАГОСЛОВЕННА СЛАВА ГОСПОДА, ГДЕ БЫ ОНА НИ ОБИТАЛА!"[2]
Хазан: И В ТВОИХ СВЯТЫХ ПИСАНИЯХ СКАЗАНО ТАК:
Община вместе с хазаном: "ГОСПОДЬ БУДЕТ ЦАРСТВОВАТЬ ВЕЧНО; [БУДЕТ ЦАРСТВОВАТЬ] БОГ ТВОЙ, СИОН, ВО ВЕКИ ВЕКОВ; ВОСХВАЛИТЕ БОГА!"[3]

Хазан продолжает אתה קדוש ("ТЫ СВЯТ...").

***Если йом-тов начинается на исходе субботы, говорят:*

ותודיענו И СООБЩИЛ ТЫ НАМ, ГОСПОДЬ, БОГ НАШ, СВОИ ПРАВЕДНЫЕ ЗАКОНЫ, И НАУЧИЛ НАС ИСПОЛНЯТЬ ПОВЕЛЕНИЯ, УСТАНОВЛЕННЫЕ ВОЛЕЙ ТВОЕЙ.

---

1. Йешаяѓу, 6:3. 2. Йехезкель, 3:12. 3. Теѓилим, 146:10.

וַתִּתֶּן לָנוּ יְיָ אֱלֹהֵינוּ בְּאַהֲבָה (לשבת שַׁבָּתוֹת לִמְנוּחָה וּ) מוֹעֲדִים
לְשִׂמְחָה, חַגִּים וּזְמַנִּים לְשָׂשׂוֹן, אֶת יוֹם
(לשבת הַשַּׁבָּת הַזֶּה וְאֶת יוֹם)

לפסח	לשבועות	לסוכות	לשמיני עצרת ולש"ת
חַג הַמַּצּוֹת הַזֶּה,	חַג הַשָּׁבֻעוֹת הַזֶּה,	חַג הַסֻּכּוֹת הַזֶּה,	שְׁמִינִי עֲצֶרֶת הַחַג
וְאֶת יוֹם טוֹב	וְאֶת יוֹם טוֹב מִקְרָא	וְאֶת יוֹם טוֹב	הַזֶּה, וְאֶת יוֹם טוֹב
מִקְרָא קֹדֶשׁ הַזֶּה,	קֹדֶשׁ הַזֶּה,	מִקְרָא קֹדֶשׁ הַזֶּה,	מִקְרָא קֹדֶשׁ הַזֶּה,
זְמַן חֵרוּתֵנוּ	מַתַּן תּוֹרָתֵנוּ	זְמַן שִׂמְחָתֵנוּ	זְמַן שִׂמְחָתֵנוּ

(לשבת בְּאַהֲבָה) מִקְרָא קֹדֶשׁ, זֵכֶר לִיצִיאַת מִצְרָיִם:

אֱלֹהֵינוּ וֵאלֹהֵי אֲבוֹתֵינוּ, יַעֲלֶה וְיָבֹא וְיַגִּיעַ, וְיֵרָאֶה וְיֵרָצֶה
וְיִשָּׁמַע, וְיִפָּקֵד וְיִזָּכֵר זִכְרוֹנֵנוּ וּפִקְדוֹנֵנוּ, וְזִכְרוֹן
אֲבוֹתֵינוּ, וְזִכְרוֹן מָשִׁיחַ בֶּן דָּוִד עַבְדֶּךָ, וְזִכְרוֹן יְרוּשָׁלַיִם
עִיר קָדְשֶׁךָ, וְזִכְרוֹן כָּל עַמְּךָ בֵּית יִשְׂרָאֵל לְפָנֶיךָ, לִפְלֵיטָה

כשחל יום טוב במוצאי שבת אומרים זה.

וַתִּתֶּן לָנוּ יְיָ אֱלֹהֵינוּ, מִשְׁפָּטִים יְשָׁרִים וְתוֹרוֹת
אֱמֶת, חֻקִּים וּמִצְוֹת טוֹבִים, וַתַּנְחִילֵנוּ זְמַנֵּי שָׂשׂוֹן
וּמוֹעֲדֵי קֹדֶשׁ וְחַגֵּי נְדָבָה, וַתּוֹרִישֵׁנוּ קְדֻשַּׁת
שַׁבָּת וּכְבוֹד מוֹעֵד וַחֲגִיגַת הָרֶגֶל, וַתַּבְדֵּל יְיָ
אֱלֹהֵינוּ בֵּין קֹדֶשׁ לְחוֹל, בֵּין אוֹר לְחשֶׁךְ, בֵּין
יִשְׂרָאֵל לָעַמִּים, בֵּין יוֹם הַשְּׁבִיעִי לְשֵׁשֶׁת יְמֵי
הַמַּעֲשֶׂה, בֵּין קְדֻשַּׁת שַׁבָּת לִקְדֻשַּׁת יוֹם טוֹב
הִבְדַּלְתָּ. וְאֶת יוֹם הַשְּׁבִיעִי מִשֵּׁשֶׁת יְמֵי
הַמַּעֲשֶׂה קִדַּשְׁתָּ. הִבְדַּלְתָּ וְקִדַּשְׁתָּ אֶת עַמְּךָ
יִשְׂרָאֵל בִּקְדֻשָּׁתֶךָ: ותתן לנו

ותתן И ДАРОВАЛ ТЫ НАМ, ГОСПОДЬ, БОГ НАШ, С ЛЮБОВЬЮ (*в субботу добавляют:* СУББОТНИЕ ДНИ ДЛЯ ПОКОЯ И) УСТАНОВЛЕННЫЕ ДНИ ДЛЯ РАДОСТИ, ПРАЗДНИКИ И ВРЕМЕНА ДЛЯ ВЕСЕЛЬЯ; (*в субботу добавляют:* ЭТОТ СУББОТНИЙ ДЕНЬ И) ЭТОТ ДЕНЬ...

в Песах:	*в Шавуот:*	*в Сукот*	*в Шмини-Ацерет и в Симхат-Тора:*
...ПРАЗДНИКА МАЦОТ, ЭТОТ СВЯТОЙ ПРАЗДНИЧНЫЙ ДЕНЬ, ДЕНЬ НАШЕЙ СВОБОДЫ...	...ПРАЗДНИКА ШАВУОТ, ЭТОТ СВЯТОЙ ПРАЗДНИЧНЫЙ ДЕНЬ, ДЕНЬ ДАРОВАНИЯ ТОРЫ НАШЕЙ...	...ПРАЗДНИКА СУКОТ, ЭТОТ СВЯТОЙ ПРАЗДНИЧНЫЙ ДЕНЬ, ДЕНЬ ВЕСЕЛЬЯ НАШЕГО...	...ПРАЗДНИКА ШМИНИ-АЦЕРЕТ, ЭТОТ СВЯТОЙ ПРАЗДНИЧНЫЙ ДЕНЬ, ДЕНЬ ВЕСЕЛЬЯ НАШЕГО...

...(*в субботу добавляют:* ПО ЛЮБВИ [СВОЕЙ ДАЛ ТЫ]) СВЯТОЙ ПРАЗДНИК, — В ПАМЯТЬ О ВЫХОДЕ ИЗ ЕГИПТА.

אלהינו БОГ НАШ И БОГ ОТЦОВ НАШИХ! ДА ПОДНИМЕТСЯ, И ПРИДЕТ [К ТЕБЕ], И ДОСТИГНЕТ [ТВОЕГО СЛУХА], И БУДЕТ ЗАМЕЧЕНА, И БЛАГОСКЛОННО ПРИНЯТА, И УСЛЫШАНА [ТОБОЮ МОЛИТВА НАША], И ДА БУДУТ ВОЗОБНОВЛЕНЫ И ВОССТАНОВЛЕНЫ [ТОБОЮ] ПАМЯТЬ О НАС И ВНИМАНИЕ К НАМ; И ПАМЯТЬ ОБ ОТЦАХ НАШИХ, И ПАМЯТЬ О МАШИАХЕ, ПОТОМКЕ ДАВИДА, РАБА ТВОЕГО, И ПАМЯТЬ О ИЕРУСАЛИМЕ, СВЯТОМ ГОРОДЕ ТВОЕМ, И ПАМЯТЬ ОБО ВСЕМ ТВОЕМ НАРОДЕ, ДОМЕ ИЗРАИЛЯ, — ДЛЯ СПАСЕНИЯ [НАШЕГО],

---

На исходе субботы говорят:

И ДАЛ ТЫ НАМ, ГОСПОДЬ, БОГ НАШ, СПРАВЕДЛИВЫЕ ЗАКОНЫ И УРОКИ ИСТИНЫ, БЛАГИЕ ЗАПОВЕДИ И УСТАНОВЛЕНИЯ, И ДАЛ ТЫ НАМ В УДЕЛ ВРЕМЯ ДЛЯ ВЕСЕЛЬЯ, УСТАНОВЛЕННЫЕ ДНИ СВЯТОСТИ И ПРАЗДНИКИ ДЛЯ ПРИНЕСЕНИЯ ДОБРОВОЛЬНЫХ ЖЕРТВОПРИНОШЕНИЙ. И ДАЛ ТЫ НАМ В НАСЛЕДИЕ [ЗАКОНЫ ОБ] ОСВЯЩЕНИИ СУББОТЫ, И О ПОЧИТАНИИ ПРАЗДНИЧНЫХ ДНЕЙ, И О ТОРЖЕСТВЕННОМ ЖЕРТВОПРИНОШЕНИИ В ПРАЗДНИК ПАЛОМНИЧЕСТВА И ОТДЕЛИЛ ТЫ, ГОСПОДЬ, БОГ НАШ, СВЯТОЕ ОТ БУДНИЧНОГО, СВЕТ ОТ ТЬМЫ, ИЗРАИЛЬ ОТ [ДРУГИХ] НАРОДОВ, СЕДЬМОЙ ДЕНЬ ОТ ШЕСТИ РАБОЧИХ ДНЕЙ. СВЯТОСТЬ СУББОТЫ ОТ СВЯТОСТИ ЙОМ-ТОВА ОТДЕЛИЛ ТЫ, И СЕДЬМОЙ ДЕНЬ ОТ ШЕСТИ РАБОЧИХ ДНЕЙ ОТЛИЧИЛ ТЫ СВЯТОСТЬЮ. ВЫДЕЛИЛ И ОТЛИЧИЛ ТЫ НАРОД СВОЙ, ИЗРАИЛЬ, СВЯТОСТЬЮ СВОЕЮ.

Продолжают ותתן לנו (*"И ДАЛ ТЫ НАМ..."*).

לְטוֹבָה, לְחֵן וּלְחֶסֶד וּלְרַחֲמִים וּלְחַיִּים טוֹבִים וּלְשָׁלוֹם בְּיוֹם
(נשבת הַשַּׁבָּת הַזֶּה וּבְיוֹם)

לפסח	לשבועות	לסוכות	לשמיני עצרת ולש"ת

חַג הַמַּצּוֹת | חַג הַשָּׁבֻעוֹת | חַג הַסֻּכּוֹת | שְׁמִינִי עֲצֶרֶת הַחַג
הַזֶּה, בְּיוֹם טוֹב מִקְרָא קֹדֶשׁ הַזֶּה, זָכְרֵנוּ יְיָ אֱלֹהֵינוּ בּוֹ
לְטוֹבָה, וּפָקְדֵנוּ בוֹ לִבְרָכָה, וְהוֹשִׁיעֵנוּ בוֹ לְחַיִּים טוֹבִים.
וּבִדְבַר יְשׁוּעָה וְרַחֲמִים חוּס וְחָנֵּנוּ, וְרַחֵם עָלֵינוּ וְהוֹשִׁיעֵנוּ,
כִּי אֵלֶיךָ עֵינֵינוּ, כִּי אֵל מֶלֶךְ חַנּוּן וְרַחוּם אָתָּה:

וְהַשִּׂיאֵנוּ יְיָ אֱלֹהֵינוּ אֶת בִּרְכַּת מוֹעֲדֶיךָ: לְחַיִּים טוֹבִים
וּלְשָׁלוֹם,לְשִׂמְחָה וּלְשָׂשׂוֹן,כַּאֲשֶׁר רָצִיתָ וְאָמַרְתָּ
לְבָרְכֵנוּ. (לשבת אֱלֹהֵינוּ וֵאלֹהֵי אֲבוֹתֵינוּ רְצֵה נָא בִמְנוּחָתֵנוּ) קַדְּשֵׁנוּ
בְּמִצְוֹתֶיךָ, וְתֵן חֶלְקֵנוּ בְּתוֹרָתֶךָ, שַׂבְּעֵנוּ מִטּוּבֶךָ, וְשַׂמַּח
נַפְשֵׁנוּ בִּישׁוּעָתֶךָ, וְטַהֵר לִבֵּנוּ לְעָבְדְּךָ בֶּאֱמֶת, וְהַנְחִילֵנוּ יְיָ
אֱלֹהֵינוּ (לשבת בְּאַהֲבָה וּבְרָצוֹן) בְּשִׂמְחָה וּבְשָׂשׂוֹן (שַׁבָּת וּ) מוֹעֲדֵי
קָדְשֶׁךָ, וְיִשְׂמְחוּ בְךָ כָּל יִשְׂרָאֵל מְקַדְּשֵׁי שְׁמֶךָ. בָּרוּךְ
אַתָּה יְיָ, מְקַדֵּשׁ (הַשַּׁבָּת וְ) יִשְׂרָאֵל וְהַזְּמַנִּים:

רְצֵה יְיָ אֱלֹהֵינוּ בְּעַמְּךָ יִשְׂרָאֵל, וְלִתְפִלָּתָם שְׁעֵה, וְהָשֵׁב הָעֲבוֹדָה
לִדְבִיר בֵּיתֶךָ,וְאִשֵּׁי יִשְׂרָאֵל וּתְפִלָּתָם בְּאַהֲבָה תְקַבֵּל בְּרָצוֹן,
וּתְהִי לְרָצוֹן תָּמִיד עֲבוֹדַת יִשְׂרָאֵל עַמֶּךָ:

וְתֶחֱזֶינָה עֵינֵינוּ בְּשׁוּבְךָ לְצִיּוֹן בְּרַחֲמִים. בָּרוּךְ אַתָּה יְיָ, הַמַּחֲזִיר
שְׁכִינָתוֹ לְצִיּוֹן:

מוֹדִים דרבנן

מוֹדִים אֲנַחְנוּ לָךְ שָׁאַתָּה הוּא יְיָ
אֱלֹהֵינוּ וֵאלֹהֵי אֲבוֹתֵינוּ
לְעוֹלָם וָעֶד. צוּר חַיֵּינוּ מָגֵן יִשְׁעֵנוּ. אַתָּה
הוּא לְדוֹר וָדוֹר. נוֹדֶה לְּךָ וּנְסַפֵּר
תְּהִלָּתֶךָ, עַל חַיֵּינוּ הַמְּסוּרִים בְּיָדֶךָ, וְעַל
נִשְׁמוֹתֵינוּ הַפְּקוּדוֹת לָךְ, וְעַל נִסֶּיךָ
שֶׁבְּכָל יוֹם עִמָּנוּ, וְעַל נִפְלְאוֹתֶיךָ
וְטוֹבוֹתֶיךָ שֶׁבְּכָל עֵת, עֶרֶב וָבֹקֶר

מוֹדִים אֲנַחְנוּ לָךְ, שָׁאַתָּה הוּא יְיָ
אֱלֹהֵינוּ וֵאלֹהֵי אֲבוֹתֵינוּ.
אֱלֹהֵי כָל בָּשָׂר,יוֹצְרֵנוּ יוֹצֵר בְּרֵאשִׁית,
בְּרָכוֹת וְהוֹדָאוֹת לְשִׁמְךָ הַגָּדוֹל וְהַקָּדוֹשׁ
עַל שֶׁהֶחֱיִיתָנוּ וְקִיַּמְתָּנוּ, כֵּן תְּחַיֵּנוּ,
וּתְקַיְּמֵנוּ, וְתֶאֱסֹף גָּלֻיּוֹתֵינוּ לְחַצְרוֹת
קָדְשֶׁךָ, וְנָשׁוּב אֵלֶיךָ לִשְׁמוֹר חֻקֶּיךָ,
וְלַעֲשׂוֹת רְצוֹנֶךָ, וּלְעָבְדְּךָ בְּלֵבָב שָׁלֵם,
עַל שֶׁאָנוּ מוֹדִים לָךְ. בָּרוּךְ אֵל הַהוֹדָאוֹת:

וָצָהֳרָיִם

ВО БЛАГО [НАМ], ДЛЯ ЛЮБВИ И МИЛОСТИ, И ДЛЯ МИЛОСЕРДИЯ [К НАМ], И ДЛЯ БЛАГОПОЛУЧНОЙ ЖИЗНИ [НАШЕЙ] И МИРА [ДЛЯ НАС] — В (*в субботу добавляют:* ЭТОТ СУББОТНИЙ ДЕНЬ И) ЭТОТ ДЕНЬ...

в Песах:	в Шавуот:	в Сукот:	в Шмини-Ацерет и в Симхат-Тора:
...ПРАЗДНИКА МАЦОТ.	...ПРАЗДНИКА ШАВУОТ.	...ПРАЗДНИКА СУКОТ.	...ПРАЗДНИКА ШМИНИ-АЦЕРЕТ.

ЭТОТ СВЯТОЙ ПРАЗДНИЧНЫЙ ДЕНЬ; ВСПОМНИ НАС, ГОСПОДЬ, БОГ НАШ, К ДОБРУ В ЭТОТ ДЕНЬ; И ОТНЕСИСЬ К НАМ В ЭТОТ ДЕНЬ СО ВНИМАНИЕМ, БЛАГОСЛОВЛЯЯ НАС; И СПАСИ НАС В ЭТОТ ДЕНЬ ДЛЯ БЛАГОПОЛУЧНОЙ ЖИЗНИ; И ПО ОБЕЩАНИЮ [СВОЕМУ] СПАСТИ И ПОМИЛОВАТЬ [НАС], ПОЖАЛЕЙ [НАС] И СМИЛУЙСЯ [НАД НАМИ] И БУДЬ СНИСХОДИТЕЛЕН К НАМ, И СПАСИ НАС — ВЕДЬ НА ТЕБЯ УСТРЕМЛЕНЫ НАШИ ВЗОРЫ, ПОТОМУ ЧТО ТЫ, БОГ, — ВЛАДЫКА МИЛОСЕРДНЫЙ И МИЛУЮЩИЙ.

והשיאנו И УДОСТОЙ НАС, ГОСПОДЬ, БОГ НАШ, БЛАГОСЛОВЕНИЯ СВОЕГО В ПРАЗДНИКИ ТВОИ, – ДЛЯ БЛАГОПОЛУЧНОЙ ЖИЗНИ И ДЛЯ МИРА, ДЛЯ РАДОСТИ И ДЛЯ ВЕСЕЛЬЯ, – ВЕДЬ ТЕБЕ УГОДНО БЫЛО ДАТЬ ОБЕЩАНИЕ БЛАГОСЛОВИТЬ НАС. (*В субботу добавляют:* БОГ НАШ И БОГ ОТЦОВ НАШИХ! ДА БУДЕТ УГОДЕН ТЕБЕ СУББОТНИЙ ПОКОЙ НАШ.) ОСВЯТИ НАС ЗАПОВЕДЯМИ СВОИМИ И ДАЙ НАМ УДЕЛ В ТОРЕ ТВОЕЙ; НАСЫТЬ НАС ЩЕДРОТАМИ СВОИМИ И ВОЗВЕСЕЛИ ДУШИ НАШИ СПАСЕНИЕМ, ДАРОВАННЫМ ТОБОЙ; И ОЧИСТИ НАШЕ СЕРДЦЕ, ЧТОБЫ МЫ СЛУЖИЛИ ТЕБЕ ИСКРЕННЕ. И ДАРУЙ НАМ В УДЕЛ, ГОСПОДЬ, БОГ НАШ, (*в субботу добавляют:* ПО ЛЮБВИ И БЛАГОСКЛОННОСТИ [К НАМ]), С РАДОСТЬЮ И ВЕСЕЛЬЕМ (*в субботу добавляют:* СУББОТУ И) СВЯТЫЕ ПРАЗДНИКИ ТВОИ, И БУДЕТ РАДОВАТЬСЯ ТЕБЕ ВЕСЬ НАРОД ИЗРАИЛЯ, ОСВЯЩАЮЩИЙ ИМЯ ТВОЕ. БЛАГОСЛОВЕН ТЫ, ГОСПОДЬ, ОСВЯЩАЮЩИЙ (*в субботу добавляют:* СУББОТУ, И) ИЗРАИЛЬ, И ДНИ [ПРАЗДНИКОВ]!

רצה ОТНЕСИСЬ БЛАГОСКЛОННО, ГОСПОДЬ, БОГ НАШ, К НАРОДУ СВОЕМУ, ИЗРАИЛЮ, И МОЛИТВУ ЕГО ПРИМИ, И ВОССТАНОВИ СЛУЖБУ В СВЯТАЯ СВЯТЫХ ХРАМА ТВОЕГО; И ЖЕРТВЫ, ПРИНОСИМЫЕ ИЗРАИЛЕМ, И МОЛИТВУ ЕГО ПРИМИ С ЛЮБОВЬЮ, БЛАГОСКЛОННО; И ПУСТЬ БУДЕТ ВСЕГДА ЖЕЛАННО ТЕБЕ СЛУЖЕНИЕ ИЗРАИЛЯ, НАРОДА ТВОЕГО.

ותחזינה И ДА УВИДИМ МЫ СВОИМИ ГЛАЗАМИ, КАК ВЕРНЕШЬСЯ ТЫ, ПО МИЛОСЕРДИЮ СВОЕМУ, В СИОН. БЛАГОСЛОВЕН ТЫ, ГОСПОДЬ, ВОЗВРАЩАЮЩИЙ СВОЮ ШХИНУ В СИОН!

(См. транслитерацию на стр. 386)

מודים БЛАГОДАРИМ МЫ ТЕБЯ ЗА ТО, ЧТО ТЫ, ГОСПОДЬ, – БОГ НАШ И БОГ ОТЦОВ НАШИХ ВО ВЕКИ ВЕКОВ. ТЫ – ОПЛОТ ЖИЗНИ НАШЕЙ, ЗАЩИТНИК, СПАСАЮЩИЙ НАС ИЗ ПОКОЛЕНИЯ В ПОКОЛЕНИЕ. БУДЕМ БЛАГОДАРИТЬ ТЕБЯ И ПРОВОЗГЛАШАТЬ ТЕБЕ ХВАЛУ ВЕЧЕРОМ, УТРОМ И ДНЕМ ЗА ЖИЗНЬ НАШУ, ВВЕРЕННУЮ ТЕБЕ, ЗА ДУШИ НАШИ, ХРАНИМЫЕ ТОБОЙ, И ЗА ЧУДЕСА ТВОИ, КОТОРЫЕ ТЫ ПОСТОЯННО [СОВЕРШАЕШЬ] С НАМИ, И ЗА ТВОИ ЗНАМЕНИЯ И БЛАГОДЕЯНИЯ, КОТОРЫЕ ТЫ [ТВОРИШЬ]; ВСЕГДА, –

"МОДИМ ДЕРАБАНАН"

При повторении молитвы хазаном община говорит здесь следующую молитву:

מודים БЛАГОДАРИМ МЫ ТЕБЯ ЗА ТО, ЧТО ТЫ, ГОСПОДЬ, – БОГ НАШ И БОГ ОТЦОВ НАШИХ, БОГ ВСЕГО ЖИВОГО, СОЗДАТЕЛЬ НАШ, ТВОРЕЦ МИРОЗДАНИЯ; ПОДОБАЕТ БЛАГОСЛОВЛЯТЬ И СЛАВИТЬ ВЕЛИКОЕ И СВЯТОЕ ИМЯ ТВОЕ ЗА ТО, ЧТО ТЫ ДАЛ НАМ ЖИЗНЬ И ПОДДЕРЖИВАЕШЬ ЕЕ В НАС; И ТЫ ПРОДЛИШЬ ЕЕ И ПОДДЕРЖИШЬ, И СОБЕРЕШЬ НАС ИЗ ИЗГНАНИЯ ВО ДВОРАХ СВЯТИЛИЩА СВОЕГО, И ВЕРНЕМСЯ МЫ К ТЕБЕ, ЧТОБЫ СОБЛЮДАТЬ ТВОИ ЗАКОНЫ, И ИСПОЛНЯТЬ ВОЛЮ ТВОЮ, И СЛУЖИТЬ ТЕБЕ ВСЕМ СЕРДЦЕМ; И ПОТОМУ МЫ БЛАГОДАРИМ ТЕБЯ. БЛАГОСЛОВЕН БОГ, КОТОРОГО ПОДОБАЕТ БЛАГОДАРИТЬ!

וְעֶזְרָתֵנוּ, הַטּוֹב . כִּי לֹא כָלוּ רַחֲמֶיךָ , וְהַמְרַחֵם. כִּי לֹא תַמּוּ חֲסָדֶיךָ ,
כִּי מֵעוֹלָם קִוִּינוּ לָךְ :

וְעַל כֻּלָּם יִתְבָּרֵךְ וְיִתְרוֹמָם וְיִתְנַשֵּׂא שִׁמְךָ מַלְכֵּנוּ תָּמִיד לְעוֹלָם וָעֶד:

וְכָל הַחַיִּים יוֹדוּךָ סֶּלָה וִיהַלְלוּ שִׁמְךָ הַגָּדוֹל לְעוֹלָם כִּי טוֹב הָאֵל
יְשׁוּעָתֵנוּ וְעֶזְרָתֵנוּ סֶלָה, הָאֵל הַטּוֹב • בָּרוּךְ אַתָּה יְיָ, הַטּוֹב
שִׁמְךָ וּלְךָ נָאֶה לְהוֹדוֹת :

אֱלֹהֵינוּ וֵאלֹהֵי אֲבוֹתֵינוּ, בָּרְכֵנוּ בַבְּרָכָה הַמְשֻׁלֶּשֶׁת, בַּתּוֹרָה הַכְּתוּבָה
עַל יְדֵי מֹשֶׁה עַבְדֶּךָ, הָאֲמוּרָה מִפִּי אַהֲרֹן וּבָנָיו כֹּהֲנִים עַם
קְדוֹשֶׁךָ כָּאָמוּר : יְבָרֶכְךָ יְיָ וְיִשְׁמְרֶךָ:אָמֵן:יָאֵר יְיָ פָּנָיו אֵלֶיךָ וִיחֻנֶּךָּ:אָמֵן:יִשָּׂא יְיָ פָּנָיו
אֵלֶיךָ וְיָשֵׂם לְךָ שָׁלוֹם: אָמֵן.

שִׂים שָׁלוֹם, טוֹבָה וּבְרָכָה, חַיִּים חֵן וָחֶסֶד וְרַחֲמִים, עָלֵינוּ וְעַל כָּל
יִשְׂרָאֵל עַמֶּךָ . בָּרְכֵנוּ אָבִינוּ כֻּלָּנוּ כְּאֶחָד, בְּאוֹר פָּנֶיךָ, כִּי בְאוֹר
פָּנֶיךָ, נָתַתָּ לָּנוּ יְיָ אֱלֹהֵינוּ תּוֹרַת חַיִּים, וְאַהֲבַת חֶסֶד, וּצְדָקָה
וּבְרָכָה וְרַחֲמִים וְחַיִּים וְשָׁלוֹם • וְטוֹב בְּעֵינֶיךָ לְבָרֵךְ אֶת עַמְּךָ יִשְׂרָאֵל
בְּכָל עֵת וּבְכָל שָׁעָה בִּשְׁלוֹמֶךָ . בָּרוּךְ אַתָּה יְיָ, הַמְבָרֵךְ אֶת עַמּוֹ
יִשְׂרָאֵל בַּשָּׁלוֹם:

יִהְיוּ לְרָצוֹן אִמְרֵי פִי וְהֶגְיוֹן לִבִּי לְפָנֶיךָ, יְיָ צוּרִי וְגוֹאֲלִי: תהלים י"ט.

אֱלֹהַי, נְצוֹר לְשׁוֹנִי מֵרָע , וּשְׂפָתַי מִדַּבֵּר מִרְמָה , וְלִמְקַלְלַי נַפְשִׁי תִדּוֹם,
וְנַפְשִׁי כֶּעָפָר לַכֹּל תִּהְיֶה. פְּתַח לִבִּי בְּתוֹרָתֶךָ וּבְמִצְוֹתֶיךָ תִּרְדּוֹף
נַפְשִׁי. וְכָל הַחוֹשְׁבִים עָלַי רָעָה , מְהֵרָה הָפֵר עֲצָתָם וְקַלְקֵל מַחֲשַׁבְתָּם .
יִהְיוּ כְּמֹץ לִפְנֵי רוּחַ וּמַלְאַךְ יְיָ דוֹחֶה . לְמַעַן יֵחָלְצוּן יְדִידֶיךָ, הוֹשִׁיעָה יְמִינְךָ
וַעֲנֵנִי . עֲשֵׂה לְמַעַן שְׁמֶךָ, עֲשֵׂה לְמַעַן יְמִינֶךָ , עֲשֵׂה לְמַעַן תּוֹרָתֶךָ . עֲשֵׂה
לְמַעַן קְדֻשָּׁתֶךָ . יִהְיוּ לְרָצוֹן אִמְרֵי פִי , וְהֶגְיוֹן לִבִּי לְפָנֶיךָ , יְיָ צוּרִי וְגוֹאֲלִי ,
עֹשֶׂה שָׁלוֹם בִּמְרוֹמָיו , הוּא יַעֲשֶׂה שָׁלוֹם עָלֵינוּ , וְעַל כָּל יִשְׂרָאֵל ,
וְאִמְרוּ אָמֵן :

יְהִי רָצוֹן מִלְּפָנֶיךָ יְיָ אֱלֹהֵינוּ וֵאלֹהֵי אֲבוֹתֵינוּ, שֶׁיִּבָּנֶה בֵּית הַמִּקְדָּשׁ בִּמְהֵרָה בְיָמֵינוּ , וְתֵן
חֶלְקֵנוּ בְּתוֹרָתֶךָ.

למנחה ולמעריב ק"ש [בליל א' דפסח הלל. ק"ש. בליל ב' – הלל. ק"ש. ספה"ע]. עלינו ק"י. ולשחרית הלל.
ק"ש. שש"י. קרה"ת. אשרי. ח"ק. ואח"כ מתפללין מוסף.
בשחרית כשחל בחול בשעת הוצאת ספר תורה קודם שמיה בריך אומרים שלש עשרה מדות רבש"ע.

סדר הזכרת נשמות

באחרון של פסח , וביום שני של שבועות , ובשביני עצרת, וביום כפור מזכירין נשמות אחר קה"ת:

מִי שֶׁאֵין לוֹ אָב יֹאמַר זֶה:

יִזְכּוֹר אֱלֹהִים נִשְׁמַת אַבָּא מוֹרִי (פב"פ*)שֶׁהָלַךְ לְעוֹלָמוֹ. בַּעֲבוּר שֶׁבְּלִי נֶדֶר
אֶתֵּן צְדָקָה בַּעֲדוֹ . בִּשְׂכַר זֶה תְּהֵא נַפְשׁוֹ צְרוּרָה בִּצְרוֹר הַחַיִּים, עִם
נשמת

(*) פלוני בר פלונית.

О, ДОБРЫЙ! – ПОТОМУ ЧТО МИЛОСТИ ТВОИ НЕСКОНЧАЕМЫ, – О, МИЛОСЕРДНЫЙ! – ПОТОМУ ЧТО БЛАГОДЕЯНИЯ ТВОИ НЕИСТОЩИМЫ; ВЕДЬ МЫ ОТ ВЕКА НАДЕЕМСЯ НА ТЕБЯ!

ועל И ЗА ВСЕ ЭТО ДА БУДЕТ БЛАГОСЛОВЛЕНО, И ДА ВОЗВЕЛИЧИТСЯ И ПРЕВОЗНЕСЕТСЯ ИМЯ ТВОЕ, ВЛАДЫКА НАШ, ВСЕГДА, ВО ВЕКИ ВЕКОВ!

וכל И ВСЕ ЖИВОЕ БУДЕТ ВЕЧНО БЛАГОДАРИТЬ ТЕБЯ И ВОСХВАЛЯТЬ ТВОЕ ВЕЛИКОЕ ИМЯ ВОВЕК, ИБО ТЫ ДОБР. ТЫ, БОГ, – НАШЕ СПАСЕНИЕ И НАША ОПОРА ВОВЕКИ, [ТЫ –] ДОБРЫЙ БОГ! БЛАГОСЛОВЕН ТЫ, ГОСПОДЬ; ДОБРЫЙ – ИМЯ ТЕБЕ, И ТЕБЯ ПОДОБАЕТ БЛАГОДАРИТЬ.

В Эрец-Исраэль принято, что при повторении хазаном молитвы коганим благословляют здесь народ (см. стр. 268–269). Если же среди молящихся нет коганим, хазан произносит:

אלהינו БОГ НАШ И БОГ ОТЦОВ НАШИХ! БЛАГОСЛОВИ НАС ТРОЙНЫМ БЛАГОСЛОВЕНИЕМ, КОТОРОЕ ЗАПИСАЛ В ТОРЕ РАБ ТВОЙ МОШЕ И КОТОРОЕ ПРОИЗНОСИЛИ АГАРОН И СЫНОВЬЯ ЕГО, КОГАНИМ, – СВЯТОЕ ПЛЕМЯ ТВОЕ, КАК СКАЗАНО: "БЛАГОСЛОВИТ ТЕБЯ ГОСПОДЬ И ОХРАНИТ ТЕБЯ. (*Община отвечает:* АМЕН! *Хазан продолжает:*) И БУДЕТ БЛАГОСКЛОНЕН К ТЕБЕ ГОСПОДЬ, И ПОМИЛУЕТ ТЕБЯ. (*Община отвечает:* АМЕН! *Хазан продолжает:*) БУДЕТ БЛАГОВОЛИТЬ К ТЕБЕ ГОСПОДЬ И ПОШЛЕТ ТЕБЕ МИР".[1] (*Община отвечает:* АМЕН!)

שים ДАРУЙ МИР, ДОБРО И БЛАГОСЛОВЕНИЕ, ЖИЗНЬ, МИЛОСТЬ, И ЛЮБОВЬ, И МИЛОСЕРДИЕ НАМ И ВСЕМУ ТВОЕМУ НАРОДУ, ИЗРАИЛЮ. БЛАГОСЛОВИ НАС, ВСЕХ ВМЕСТЕ, В БЛАГОСКЛОННОСТИ СВОЕЙ, ОТЕЦ НАШ, ИБО В БЛАГОСКЛОННОСТИ СВОЕЙ ТЫ ДАРОВАЛ НАМ, ГОСПОДЬ, БОГ НАШ, ЗАКОН ЖИЗНИ И БЕСКОРЫСТНОЙ ЛЮБВИ, И МИЛОСТЬ, И БЛАГОСЛОВЕНИЕ, И МИЛОСЕРДИЕ, И ЖИЗНЬ, И МИР. И ДА БУДЕТ УГОДНО ТЕБЕ БЛАГОСЛОВЛЯТЬ НАРОД СВОЙ, ИЗРАИЛЬ, ВО ВСЕ ВРЕМЕНА И В КАЖДОЕ МГНОВЕНИЕ, ДАРУЯ ЕМУ МИР. БЛАГОСЛОВЕН ТЫ, ГОСПОДЬ, БЛАГОСЛОВЛЯЮЩИЙ МИРОМ НАРОД СВОЙ, ИЗРАИЛЬ!

יהיו ДА БУДУТ УГОДНЫ ТЕБЕ СЛОВА МОИХ УСТ И ПОМЫСЛЫ СЕРДЦА МОЕГО, О, ГОСПОДЬ, – МОЙ ОПЛОТ И ИЗБАВИТЕЛЬ![2] *Хазан произносит "Кадиш шалем", стр. 74–75.*

אלהי БОГ МОЙ! УБЕРЕГИ МОЙ ЯЗЫК ОТ ЗЛОСЛОВИЯ И УСТА МОИ ОТ ЛЖИВЫХ РЕЧЕЙ; И ПЕРЕД ТЕМИ, КТО ПРОКЛИНАЕТ МЕНЯ, ПУСТЬ ДУША МОЯ ХРАНИТ МОЛЧАНИЕ. И ПУСТЬ ДУША МОЯ ПОВЕРГАЕТСЯ В ПРАХ ПРЕД КАЖДЫМ. РАСКРОЙ МОЕ СЕРДЦЕ ДЛЯ ТОРЫ ТВОЕЙ, И ДА УСТРЕМИТСЯ МОЯ ДУША К ИСПОЛНЕНИЮ ТВОИХ ЗАПОВЕДЕЙ; И ПОСКОРЕЕ РАЗРУШЬ КОЗНИ И РАССТРОЙ ЗАМЫСЛЫ ВСЕХ ЗАДУМАВШИХ ПРОТИВ МЕНЯ НЕДОБРОЕ. ДА БУДУТ ОНИ МЯКИНОЙ НА ВЕТРУ, ГОНИМЫЕ АНГЕЛОМ ГОСПОДА.[3] ПУСТЬ СПАСЕНЫ БУДУТ ТЕ, КОГО ЛЮБИШЬ ТЫ; СПАСИ [МЕНЯ] ДЕСНИЦЕЙ СВОЕЙ И ОТВЕТЬ МНЕ.[4] СОВЕРШИ ЭТО РАДИ ИМЕНИ СВОЕГО, СОВЕРШИ РАДИ [ПРОСЛАВЛЕНИЯ] ДЕСНИЦЫ СВОЕЙ, СОВЕРШИ РАДИ ТОРЫ СВОЕЙ, СОВЕРШИ РАДИ СВЯТОСТИ СВОЕЙ; ДА БУДУТ УГОДНЫ ТЕБЕ СЛОВА МОИХ УСТ И ПОМЫСЛЫ СЕРДЦА МОЕГО, О, ГОСПОДЬ, – МОЙ ОПЛОТ И ИЗБАВИТЕЛЬ![2] УСТАНАВЛИВАЮЩИЙ МИР В СВОИХ ВЫСОТАХ, ОН ПОШЛЕТ МИР НАМ И ВСЕМУ ИЗРАИЛЮ, И СКАЖЕМ: АМЕН!

יהי ДА БУДЕТ УГОДНО ТЕБЕ, ГОСПОДЬ, БОГ НАШ И БОГ ОТЦОВ НАШИХ, ЧТОБЫ БЫЛ ПОСТРОЕН ХРАМ, – ВСКОРЕ, В НАШИ ДНИ, – И ДАЙ НАМ УДЕЛ В ТОРЕ ТВОЕЙ![5]

В субботний вечер здесь произносят ויכולו ("И ЗАВЕРШЕНЫ БЫЛИ...") до слов "...ОСВЯЩАЮЩИЙ СУББОТУ", стр. 142–143. В первый вечер праздника Песах (а вне Эрец-Исраэль и во второй) говорят "Галель", стр. 241, далее в "Минху" и "Маарив" хазан произносит "Кадиш-шолем", стр. 74–75. Вечером во второй день праздника Песах за этим следует "сфират-гаомер", стр. 329. В "Минху" праздника Сукот в этом месте говорят псалом אורי לדוד ה' ([ПСАЛОМ] ДАВИДА. ГОСПОДЬ – СВЕТ МОЙ...", стр.81) Затем – עלינו ("НАШ ДОЛГ...", стр. 84) и "Кадиш-ятом", стр. 77. В утреннюю молитву здесь говорят "Галель", стр. 241, затем хазан произносит "Кадиш шалем", стр 74–75 и псалом на соответствующий день недели, стр. 76–79. В Сукот говорят псалом לדוד ה' אורי ([ПСАЛОМ] ДАВИДА. ГОСПОДЬ – СВЕТ МОЙ...", стр. 81). Далее читают Тору, стр.183–188. В субботу произносят יקום פורקן ("ДА БУДУТ ДАРОВАНЫ...", стр.188–189). Затем продолжают אשרי ("СЧАСТЛИВЫ...", стр. 192), "Хаци-кадиш", стр. 42, и переходят к молитве "Мусаф", стр. 256.

"ИЗКОР" (МОЛИТВА ЗА ДУШИ УМЕРШИХ)
(См. транслитерацию на стр.422.)

В последний день праздника Песах, в Шавуот (вне Эрец-Исраэль – во второй день этого праздника), в Шмини-Ацерет и в Йом-Кипур после чтения Торы произносят молитву "Изкор". Если этот день пришелся на субботу, то эту молитву произносят после מי שברך ("ТОТ, КТО БЛАГОСЛОВИЛ...", стр. 190).

Тот, у кого нет отца, говорит:

יזכור ПУСТЬ ВСПОМНИТ БОГ ДУШУ МОЕГО *ОТЦА*, НАСТАВНИКА МОЕГО (*здесь произносится имя отца*), СЫНА (*здесь произносится имя его матери*), УШЕДШЕГО В ИНОЙ МИР – В НАГРАДУ ЗА ТО, ЧТО Я, НЕ СВЯЗЫВАЯ СЕБЯ ОБЕТОМ, ДАМ ПОЖЕРТВОВАНИЕ, ЧТОБЫ ОНО БЫЛО ЗАСЧИТАНО ЕМУ В ЗАСЛУГУ. ЗА ЭТО ДА БУДЕТ ДУША ЕГО ПРЕБЫВАТЬ В ОБИТЕЛИ ВЕЧНОЙ ЖИЗНИ ВМЕСТЕ С

---

1. Бемидбар, 6:24–26. 2. Тегилим, 19:15. 3. Тегилим, 35:5. 4. Тегилим, 60:7, 108:7 5. Авот, 5:20.

נִשְׁמַת אַבְרָהָם יִצְחָק וְיַעֲקֹב. שָׂרָה רִבְקָה רָחֵל וְלֵאָה. וְעִם שְׁאָר צַדִּיקִים
וְצִדְקָנִיּוֹת שֶׁבְּגַן עֵדֶן. וְנֹאמַר. אָמֵן:

מי שאין לו אם יאמר זה:

יִזְכּוֹר אֱלֹהִים נִשְׁמַת אִמִּי מוֹרָתִי (פב״פ) שֶׁהָלְכָה לְעוֹלָמָהּ. בַּעֲבוּר שֶׁבְּלִי נֶדֶר
אֶתֵּן צְדָקָה בַּעֲדָהּ. בִּשְׂכַר זֶה תְּהֵא נַפְשָׁהּ צְרוּרָה בִּצְרוֹר הַחַיִּים
עִם נִשְׁמַת אַבְרָהָם יִצְחָק וְיַעֲקֹב, שָׂרָה רִבְקָה רָחֵל וְלֵאָה. וְעִם שְׁאָר
צַדִּיקִים וְצִדְקָנִיּוֹת שֶׁבְּגַן עֵדֶן. וְנֹאמַר. אָמֵן:

אַב הָרַחֲמִים שׁוֹכֵן מְרוֹמִים, בְּרַחֲמָיו הָעֲצוּמִים, הוּא
יִפְקֹד בְּרַחֲמִים, הַחֲסִידִים וְהַיְשָׁרִים וְהַתְּמִימִים,
קְהִלּוֹת הַקֹּדֶשׁ שֶׁמָּסְרוּ נַפְשָׁם עַל קְדֻשַּׁת הַשֵּׁם. הַנֶּאֱהָבִים
וְהַנְּעִימִים בְּחַיֵּיהֶם, וּבְמוֹתָם לֹא נִפְרָדוּ. מִנְּשָׁרִים קַלּוּ,
וּמֵאֲרָיוֹת גָּבֵרוּ, לַעֲשׂוֹת רְצוֹן קוֹנָם וְחֵפֶץ צוּרָם. יִזְכְּרֵם
אֱלֹהֵינוּ לְטוֹבָה, עִם שְׁאָר צַדִּיקֵי עוֹלָם, וְיִנְקֹם נִקְמַת דַּם
עֲבָדָיו הַשָּׁפוּךְ. כַּכָּתוּב בְּתוֹרַת מֹשֶׁה אִישׁ הָאֱלֹהִים:
הַרְנִינוּ גוֹיִם עַמּוֹ, כִּי דַם עֲבָדָיו יִקּוֹם, וְנָקָם יָשִׁיב
לְצָרָיו, וְכִפֶּר אַדְמָתוֹ עַמּוֹ. וְעַל יְדֵי עֲבָדֶיךָ הַנְּבִיאִים
כָּתוּב לֵאמֹר: וְנִקֵּיתִי דָּמָם לֹא נִקֵּיתִי, וַיְיָ שֹׁכֵן בְּצִיּוֹן.
וּבְכִתְבֵי הַקֹּדֶשׁ נֶאֱמַר: לָמָּה יֹאמְרוּ הַגּוֹיִם אַיֵּה אֱלֹהֵיהֶם,
יִוָּדַע בַּגּוֹיִם לְעֵינֵינוּ נִקְמַת דַּם עֲבָדֶיךָ הַשָּׁפוּךְ. וְאוֹמֵר:
כִּי דֹרֵשׁ דָּמִים אוֹתָם זָכָר, לֹא שָׁכַח צַעֲקַת עֲנָוִים.
וְאוֹמֵר: יָדִין בַּגּוֹיִם מָלֵא גְוִיּוֹת מָחַץ רֹאשׁ עַל אֶרֶץ
רַבָּה. מִנַּחַל בַּדֶּרֶךְ יִשְׁתֶּה, עַל כֵּן יָרִים רֹאשׁ:

אשרי, יהללו, ומחזירין הס״ת להיכל. ח״ק ומתפללין מוסף

תפלת מוסף לשלש רגלים

אֲדֹנָי, שְׂפָתַי תִּפְתָּח וּפִי יַגִּיד תְּהִלָּתֶךָ:

בָּרוּךְ אַתָּה יְיָ אֱלֹהֵינוּ וֵאלֹהֵי אֲבוֹתֵינוּ, אֱלֹהֵי אַבְרָהָם, אֱלֹהֵי
יִצְחָק וֵאלֹהֵי יַעֲקֹב, הָאֵל הַגָּדוֹל הַגִּבּוֹר וְהַנּוֹרָא, אֵל
עֶלְיוֹן

(*) פלונית בת פלונית.

ДУШАМИ АВРАГАМА, ИЦХАКА И ЯАКОВА, САРЫ, РИВКИ, РАХЕЛИ И ЛЕИ И ПРОЧИХ ПРАВЕДНИКОВ И ПРАВЕДНИЦ, ОБИТАЮЩИМИ В РАЮ. И СКАЖЕМ: АМЕН!

Тот, у кого нет матери, говорит:

יזכור ПУСТЬ ВСПОМНИТ БОГ ДУШУ МОЕЙ МАТЕРИ, НАСТАВНИЦЫ МОЕЙ (*здесь произносится имя матери*), ДОЧЕРИ (*здесь произносится имя ее матери*), УШЕДШЕЙ В ИНОЙ МИР – В НАГРАДУ ЗА ТО, ЧТО Я, НЕ СВЯЗЫВАЯ СЕБЯ ОБЕТОМ, ДАМ ПОЖЕРТВОВАНИЕ, ЧТОБЫ ОНО БЫЛО ЗАСЧИТАНО ЕЙ В ЗАСЛУГУ. ЗА ЭТО ДА БУДЕТ ДУША ЕЕ ПРЕБЫВАТЬ В ОБИТЕЛИ ВЕЧНОЙ ЖИЗНИ ВМЕСТЕ С ДУШАМИ АВРАГАМА, ИЦХАКА И ЯАКОВА, САРЫ, РИВКИ, РАХЕЛИ И ЛЕИ И ПРОЧИХ ПРАВЕДНИКОВ И ПРАВЕДНИЦ, ОБИТАЮЩИМИ В РАЮ. И СКАЖЕМ: АМЕН!

אב ОТЕЦ, [ПРЕИСПОЛНЕННЫЙ] МИЛОСЕРДИЯ, ОБИТАЮЩИЙ В ВЫСОТАХ, – ПО ВЕЛИКОЙ МИЛОСТИ СВОЕЙ ПУСТЬ ВСПОМНИТ ОН С СОСТРАДАНИЕМ БЛАГОЧЕСТИВЫХ, ПРЯМОДУШНЫХ И НЕПОРОЧНЫХ – ВСЕ ОБЩИНЫ СВЯТЫХ, ОТДАВШИХ СВОИ ЖИЗНИ ДЛЯ ОСВЯЩЕНИЯ ИМЕНИ [ВСЕВЫШНЕГО]. СТРЕМИТЕЛЬНЫ, КАК ОРЛЫ, И МОГУЧИ, СЛОВНО ЛЬВЫ, БЫЛИ ОНИ, ИСПОЛНЯЯ ВОЛЮ ТВОРЦА СВОЕГО, ЖЕЛАНИЕ СВОЕГО СОЗДАТЕЛЯ. ДА ВСПОМНИТ БОГ НАШ БЛАГОСКЛОННО И ИХ, И ВСЕХ ПРАВЕДНИКОВ МИРА И ОТОМСТИТ ЗА ПРОЛИТУЮ КРОВЬ РАБОВ СВОИХ, – КАК ЗАПИСАЛ В ТОРЕ МОШЕ, ИЗБРАННИК БОГА: "ЛИКУЙТЕ, ВСЕ КОЛЕНА [ИЗРАИЛЯ], НАРОДА ЕГО! ИБО ОТОМСТИТ ОН ЗА КРОВЬ РАБОВ СВОИХ, ОБРУШИТ ВОЗМЕЗДИЕ НА ИХ ВРАГОВ И УТЕШИТ ЗЕМЛЮ СВОЮ И НАРОД СВОЙ".[1] И НАПИСАНО ПРОРОКАМИ, РАБАМИ ТВОИМИ: «"И ПРОЩУ Я [ВСЕМ ПЛЕМЕНАМ ИХ ГРЕХИ], НО КРОВИ [НАРОДА МОЕГО, ПРОЛИТОЙ ИМИ], НЕ ПРОЩУ", – СКАЗАЛ ГОСПОДЬ, ОБИТАЮЩИЙ В СИОНЕ».[2] И В СВЯТЫХ ПИСАНИЯХ СКАЗАНО: «ЗАЧЕМ [ДОПУСКАТЬ], ЧТОБЫ НАРОДЫ ГОВОРИЛИ: "ГДЕ ЖЕ БОГ ИХ?" ПУСТЬ СТАНЕТ ИЗВЕСТНО ОБ ЭТОМ НАРОДАМ, И ДА УВИДИМ МЫ ЭТО СВОИМИ ГЛАЗАМИ: ОТМЩЕНИЕ ЗА ПРОЛИТУЮ КРОВЬ РАБОВ ТВОИХ».[3] И СКАЗАНО: ИБО ОН ВЗЫСКИВАЕТ ЗА КРОВЬ И ПОМНИТ О НЕЙ, НЕ ЗАБЫВАЕТ СТОНЫ СТРАДАЛЬЦЕВ".[4] И СКАЗАНО: "БУДЕТ СУДИТЬ ОН НАРОДЫ ЗА ВЕЛИКОЕ МНОЖЕСТВО УБИТЫХ ИМИ, ПОКАРАЕТ ПРАВИТЕЛЕЙ МОГУЩЕСТВЕННЫХ ГОСУДАРСТВ, КОТОРЫЕ ГОРДЯТСЯ ТЕМ, ЧТО ПЬЮТ ИЗ РЕКИ ИЗОБИЛИЯ, ПРОТЕКАЮЩЕЙ ПО ИХ ЗЕМЛЕ".[5]

Затем произносят אשרי *("СЧАСТЛИВЫ...", стр. 192) и* יהללו *("ДА ВОСХВАЛЯТ ОНИ...", стр. 193). После этого возвращают свиток Торы в ковчег, читают "Хаци-кадиш", стр. 42, и переходят к молитве "Мусаф".*

"АМИДА" МОЛИТВЫ "МУСАФ" В ПРАЗДНИКИ

אדני ГОСПОДЬ, ДАЙ МНЕ СИЛЫ МОЛИТЬСЯ ПРЕД ТОБОЙ, [ПРОСТИВ МНЕ ГРЕХИ]. И УСТА МОИ ВОССЛАВЯТ ТЕБЯ.[6]

ברוך БЛАГОСЛОВЕН ТЫ, ГОСПОДЬ, БОГ НАШ И БОГ ОТЦОВ НАШИХ, БОГ АВРАГАМА, БОГ ИЦХАКА И БОГ ЯАКОВА, БОГ ВЕЛИКИЙ, МОГУЧИЙ И ГРОЗНЫЙ, ВСЕВЫШНИЙ

---

1. Дварим, 32:43. 2. Йоэль, 4:21. 3. Тегилим, 79:10. 4. Тегилим, 9:13. 5. Тегилим, 110:6,7. 6. Тегилим, 51:17.

עֶלְיוֹן, גּוֹמֵל חֲסָדִים טוֹבִים, קוֹנֵה הַכֹּל, וְזוֹכֵר חַסְדֵי אָבוֹת, וּמֵבִיא
גוֹאֵל לִבְנֵי בְנֵיהֶם לְמַעַן שְׁמוֹ בְּאַהֲבָה:

מֶלֶךְ עוֹזֵר וּמוֹשִׁיעַ וּמָגֵן . בָּרוּךְ אַתָּה יְיָ, מָגֵן אַבְרָהָם:

אַתָּה גִּבּוֹר לְעוֹלָם אֲדֹנָי, מְחַיֵּה מֵתִים אַתָּה רַב לְהוֹשִׁיעַ.

במוסף של יום הראשון של פסח מתחילין לומר מוריד הטל ובמוסף ש"ע מתחילין לומר
משיב הרוח ומוריד הגשם

בחורף מַשִּׁיב הָרוּחַ וּמוֹרִיד הַגֶּשֶׁם . בקיץ מוֹרִיד הַטָּל:

מְכַלְכֵּל חַיִּים בְּחֶסֶד, מְחַיֵּה מֵתִים בְּרַחֲמִים רַבִּים, סוֹמֵךְ נוֹפְלִים,
וְרוֹפֵא חוֹלִים, וּמַתִּיר אֲסוּרִים, וּמְקַיֵּם אֱמוּנָתוֹ לִישֵׁנֵי
עָפָר, מִי כָמוֹךָ בַּעַל גְּבוּרוֹת וּמִי דוֹמֶה לָּךְ, מֶלֶךְ מֵמִית וּמְחַיֶּה
וּמַצְמִיחַ יְשׁוּעָה: וְנֶאֱמָן אַתָּה לְהַחֲיוֹת מֵתִים . בָּרוּךְ אַתָּה יְיָ,
מְחַיֵּה הַמֵּתִים: בחזרת הש"ץ אומרים כאן קדושה

לחול המועד | ליום טוב ושבת חול המועד

כֶּתֶר יִתְּנוּ לְךָ יְיָ אֱלֹהֵינוּ מַלְאָכִים הֲמוֹנֵי
מַעְלָה וְעַמְּךָ יִשְׂרָאֵל קְבוּצֵי מַטָּה,
יַחַד כֻּלָּם קְדֻשָּׁה לְךָ יְשַׁלֵּשׁוּ, כַּכָּתוּב
עַל יַד נְבִיאֶךָ וְקָרָא זֶה אֶל זֶה וְאָמַר:
קו"ח קָדוֹשׁ קָדוֹשׁ, קָדוֹשׁ, יְיָ צְבָאוֹת, מְלֹא כָל
הָאָרֶץ כְּבוֹדוֹ. חזן כְּבוֹדוֹ מָלֵא עוֹלָם מְשָׁרְתָיו
שׁוֹאֲלִים זֶה לָזֶה, אַיֵּה מְקוֹם כְּבוֹדוֹ לְהַעֲרִיצוֹ,
לְעֻמָּתָם מְשַׁבְּחִים וְאוֹמְרִים: קו"ח בָּרוּךְ
כְּבוֹד יְיָ מִמְּקוֹמוֹ. חזן מִמְּקוֹמוֹ הוּא יִפֶן
בְּרַחֲמָיו לְעַמּוֹ, הַמְיַחֲדִים שְׁמוֹ עֶרֶב
וָבֹקֶר בְּכָל יוֹם תָּמִיד, פַּעֲמַיִם בְּאַהֲבָה שְׁמַע
אוֹמְרִים: קו"ח שְׁמַע יִשְׂרָאֵל, יְיָ אֱלֹהֵינוּ, יְיָ
אֶחָד. חזן הוּא אֱלֹהֵינוּ, הוּא אָבִינוּ, הוּא מַלְכֵּנוּ,
הוּא מוֹשִׁיעֵנוּ, הוּא יוֹשִׁיעֵנוּ וְיִגְאָלֵנוּ שֵׁנִית
בְּקָרוֹב וְיַשְׁמִיעֵנוּ בְּרַחֲמָיו לְעֵינֵי כָּל חַי
לֵאמֹר: הֵן גָּאַלְתִּי אֶתְכֶם אַחֲרִית כְּבְרֵאשִׁית
לִהְיוֹת לָכֶם לֵאלֹהִים: אֲנִי יְיָ אֱלֹהֵיכֶם:
חזן וּבְדִבְרֵי קָדְשְׁךָ כָּתוּב לֵאמֹר: קו"ח יִמְלֹךְ יְיָ לְעוֹלָם, אֱלֹהַיִךְ צִיּוֹן
לְדֹר וָדֹר, הַלְלוּיָהּ:

כֶּתֶר יִתְּנוּ לְךָ יְיָ וּלְהַדְּרֵי אֱלֹהֵינוּ
מַלְאָכִים הֲמוֹנֵי
מַעְלָה וְעַמְּךָ יִשְׂרָאֵל
קְבוּצֵי מַטָּה, יַחַד כֻּלָּם
קְדֻשָּׁה לְךָ יְשַׁלֵּשׁוּ,
כַּכָּתוּב עַל יַד נְבִיאֶךָ,
וְקָרָא זֶה אֶל זֶה וְאָמַר:
קו"ח קָדוֹשׁ, קָדוֹשׁ,
קָדוֹשׁ יְיָ צְבָאוֹת,
מְלֹא כָל הָאָרֶץ כְּבוֹדוֹ.
חזן לְעֻמָּתָם מְשַׁבְּחִים
וְאוֹמְרִים: קו"ח בָּרוּךְ
כְּבוֹד יְיָ מִמְּקוֹמוֹ.
חזן וּבְדִבְרֵי קָדְשְׁךָ
כָּתוּב לֵאמֹר: קו"ח יִמְלֹךְ יְיָ
לְעוֹלָם, אֱלֹהַיִךְ צִיּוֹן
לְדֹר וָדֹר, הַלְלוּיָהּ:

אתה קדוש

БОГ, ДАРУЮЩИЙ БЛАГА, СОТВОРИВШИЙ ВСЕ, И ПОМНЯЩИЙ ДОБРЫЕ ДЕЛА ОТЦОВ, И ПО ЛЮБВИ СВОЕЙ ПОСЫЛАЮЩИЙ ИЗБАВИТЕЛЯ СЫНОВЬЯМ ИХ СЫНОВЕЙ РАДИ ИМЕНИ СВОЕГО!

מלך [ТЫ –] ВЛАДЫКА, КОТОРЫЙ ПОМОГАЕТ, СПАСАЕТ И ЗАЩИЩАЕТ. БЛАГОСЛОВЕН ТЫ, ГОСПОДЬ, ЗАЩИТНИК АВРАГАМА!

אתה ТВОЕ МОГУЩЕСТВО ВЕЧНО, ГОСПОДЬ, ТЫ ВОЗВРАЩАЕШЬ МЕРТВЫХ К ЖИЗНИ, ТЫ – ВЕЛИКИЙ ИЗБАВИТЕЛЬ...

Начиная с молитвы "Мусаф" в Шмини-Ацерет и до утренней молитвы в первый день праздника Песах произносят:

משיב ...ПОСЫЛАЮЩИЙ ВЕТЕР И ДАРУЮЩИЙ ДОЖДЬ...

Начиная с молитвы "Мусаф" в первый день праздника Песах и до утренней молитвы в Шмини-Ацерет произносят:

מוריד ...ПОСЫЛАЮЩИЙ РОСУ...

מכלכל ...ПИТАЮЩИЙ ПО ДОБРОТЕ СВОЕЙ ЖИВЫХ, ПО ВЕЛИКОМУ МИЛОСЕРДИЮ ВОЗВРАЩАЮЩИЙ МЕРТВЫХ К ЖИЗНИ, ПОДДЕРЖИВАЮЩИЙ ПАДАЮЩИХ, И ИСЦЕЛЯЮЩИЙ БОЛЬНЫХ, И ОСВОБОЖДАЮЩИЙ УЗНИКОВ, И ИСПОЛНЯЮЩИЙ СВОЕ ОБЕЩАНИЕ [ВОЗВРАТИТЬ ЖИЗНЬ] ПОКОЯЩИМСЯ В ЗЕМЛЕ, – КТО ПОДОБЕН ТЕБЕ, ВСЕСИЛЬНЫЙ, И КТО СРАВНИТСЯ С ТОБОЙ, ВЛАДЫКА, КОТОРЫЙ УМЕРЩВЛЯЕТ, И ОЖИВЛЯЕТ, И ВЗРАЩИВАЕТ СПАСЕНИЕ!

ונאמן И ВЕРЕН ТЫ [СВОЕМУ ОБЕЩАНИЮ] ВОЗВРАТИТЬ МЕРТВЫМ ЖИЗНЬ. БЛАГОСЛОВЕН ТЫ, ГОСПОДЬ, ВОЗВРАЩАЮЩИЙ МЕРТВЫХ К ЖИЗНИ!

При повторении хазаном молитвы "Амида" здесь произносится "Кдуша":

(См. транслитерацию на стр. 382)
В йом-тов и в субботу, выпавшую на холь-гамоэд:

כתר КОРОНОЙ УВЕНЧАЮТ ТЕБЯ, ГОСПОДЬ, БОГ НАШ, СОНМЫ АНГЕЛОВ НА НЕБЕСАХ И СЫНЫ ИЗРАИЛЯ, НАРОДА ТВОЕГО, СОБИРАЮЩИЕСЯ НА ЗЕМЛЕ. ТРОЕКРАТНО ПРОВОЗГЛАСЯТ ОНИ ВСЕ ВМЕСТЕ ТВОЮ СВЯТОСТЬ, КАК НАПИСАНО ПРОРОКОМ ТВОИМ: ≪ ОНИ ОБРАЩАЛИСЬ ДРУГ К ДРУГУ И ВОЗГЛАШАЛИ:
Община вместе с хазаном: "СВЯТ, СВЯТ, СВЯТ ГОСПОДЬ ВОИНСТВ! ВСЯ ЗЕМЛЯ ПОЛНА СЛАВЫ ЕГО!" ≫[1]
Хазан: СЛАВОЙ ЕГО НАПОЛНЕН МИР, АНГЕЛЫ-СЛУЖИТЕЛИ ЕГО СПРАШИВАЮТ ДРУГ ДРУГА: "ГДЕ МЕСТО ОБИТАНИЯ СЛАВЫ ЕГО, КУДА ВОЗНЕСЕМ МЫ ХВАЛУ [ВСЕВЫШНЕМУ]?" ПОДОБНО [СЕРАФИМ], [ОФАНИМ И СВЯТЫЕ ХАЙОТ] ВОСХВАЛЯЮТ [ВСЕВЫШНЕГО] И ГОВОРЯТ:
Община вместе с хазаном: "ДА БУДЕТ БЛАГОСЛОВЕННА СЛАВА ГОСПОДА, ГДЕ БЫ ОНА НИ ОБИТАЛА"[2]
Хазан: ИЗ МЕСТА, В КОТОРОМ ПРЕБЫВАЕТ, ОБРАТИТСЯ ОН ПО МИЛОСТИ СВОЕЙ К СВОЕМУ НАРОДУ, ПРОВОЗГЛАШАЮЩЕМУ ПО ВЕЧЕРАМ И ПО УТРАМ, ЧТО ОН – ОДИН, ИЗО ДНЯ В ДЕНЬ, ПОСТОЯННО, ДВАЖДЫ [В ДЕНЬ] ПРОИЗНОСЯ С ЛЮБОВЬЮ: "СЛУШАЙ..."
Община вместе с хазаном: "СЛУШАЙ, ИЗРАИЛЬ, ГОСПОДЬ – БОГ НАШ, ГОСПОДЬ ОДИН!"
Хазан: ОН – НАШ БОГ, ОН – НАШ ОТЕЦ, ОН – НАШ ВЛАДЫКА, ОН – НАШ СПАСИТЕЛЬ; ОН ВСКОРЕ ОСВОБОДИТ И СПАСЕТ НАС ВНОВЬ, И ПО МИЛОСТИ СВОЕЙ ВОЗВЕСТИТ ОН НАМ НА ГЛАЗАХ У ВСЕХ ЖИВУЩИХ: "ВОТ, СПАС Я ВАС И В КОНЦЕ ВРЕМЕН, КАК СПАСАЛ В ДРЕВНОСТИ, – ЧТОБЫ БЫТЬ ВАШИМ БОГОМ."
Община вместе с хазаном: Я – ГОСПОДЬ, БОГ ВАШ".
Хазан: И В ТВОИХ СВЯТЫХ ПИСАНИЯХ СКАЗАНО ТАК:
Община вместе с хазаном: "ГОСПОДЬ БУДЕТ ЦАРСТВОВАТЬ ВЕЧНО; [БУДЕТ ЦАРСТВОВАТЬ] БОГ ТВОЙ, СИОН, ВО ВЕКИ ВЕКОВ; ВОСХВАЛИТЕ БОГА!"[3]

(См. транслитерацию на стр. 384)
В холь-гамоэд:

כתר КОРОНОЙ УВЕНЧАЮТ ТЕБЯ, ГОСПОДЬ, БОГ НАШ, СОНМЫ АНГЕЛОВ НА НЕБЕСАХ И СЫНЫ ИЗРАИЛЯ, НАРОДА ТВОЕГО, СОБИРАЮЩИЕСЯ НА ЗЕМЛЕ. ТРОЕКРАТНО ПРОВОЗГЛАСЯТ ОНИ ВСЕ ВМЕСТЕ ТВОЮ СВЯТОСТЬ, КАК НАПИСАНО ПРОРОКОМ ТВОИМ: ≪ ОНИ ОБРАЩАЛИСЬ ДРУГ К ДРУГУ И ВОЗГЛАШАЛИ:
Община вместе с хазаном: "СВЯТ, СВЯТ, СВЯТ ГОСПОДЬ ВОИНСТВ! ВСЯ ЗЕМЛЯ ПОЛНА СЛАВЫ ЕГО!"≫[1]
Хазан: ПОДОБНО [СЕРАФИМ], [ОФАНИМ И СВЯТЫЕ ХАЙОТ] ВОСХВАЛЯЮТ [ВСЕВЫШНЕГО] И ГОВОРЯТ:
Община вместе с хазаном: "ДА БУДЕТ БЛАГОСЛОВЕННА СЛАВА ГОСПОДА, ГДЕ БЫ ОНА НИ ОБИТАЛА!"[2]
Хазан: И В ТВОИХ СВЯТЫХ ПИСАНИЯХ СКАЗАНО ТАК:
Община вместе с хазаном: "ГОСПОДЬ БУДЕТ ЦАРСТВОВАТЬ ВЕЧНО; [БУДЕТ ЦАРСТВОВАТЬ] БОГ ТВОЙ, СИОН, ВО ВЕКИ ВЕКОВ; ВОСХВАЛИТЕ БОГА!"[3]

Хазан продолжает קדוש אתה *("ТЫ СВЯТ...").*

---

1. Йешаягу, 6:3. 2. Йехезкель, 3:12. 3. Тегилим, 146:10.

אַתָּה קָדוֹשׁ וְשִׁמְךָ קָדוֹשׁ , וּקְדוֹשִׁים בְּכָל יוֹם יְהַלְלוּךָ סֶּלָה .
בָּרוּךְ אַתָּה יְיָ , הָאֵל הַקָּדוֹשׁ :

אַתָּה בְחַרְתָּנוּ מִכָּל הָעַמִּים , אָהַבְתָּ אוֹתָנוּ
וְרָצִיתָ בָּנוּ , וְרוֹמַמְתָּנוּ מִכָּל הַלְּשׁוֹנוֹת
וְקִדַּשְׁתָּנוּ בְּמִצְוֹתֶיךָ , וְקֵרַבְתָּנוּ מַלְכֵּנוּ
לַעֲבוֹדָתֶךָ , וְשִׁמְךָ הַגָּדוֹל וְהַקָּדוֹשׁ עָלֵינוּ קָרָאתָ :

וַתִּתֶּן לָנוּ יְיָ אֱלֹהֵינוּ בְּאַהֲבָה (לשבת שַׁבָּתוֹת לִמְנוּחָה וּ) מוֹעֲדִים
לְשִׂמְחָה חַגִּים וּזְמַנִּים לְשָׂשׂוֹן (לשבת אֶת יוֹם הַשַּׁבָּת הַזֶּה וְ) אֶת־יוֹם

בפסח		בשבועות	בסוכות	בשמ"ע ובש"ת
חַג הַמַּצּוֹת הַזֶּה	חַג הַשָּׁבֻעוֹת הַזֶּה	חַג הַשָּׁבֻעוֹת הַזֶּה	חַג הַסֻּכּוֹת הַזֶּה	שְׁמִינִי עֲצֶרֶת הַחַג הַזֶּה

וְאֶת־יוֹם טוֹב (בהוה"ט וְאֶת־יוֹם) מִקְרָא קֹדֶשׁ הַזֶּה זְמַן

חֵרוּתֵנוּ	מַתַּן תּוֹרָתֵנוּ	שִׂמְחָתֵנוּ	שִׂמְחָתֵנוּ

(בשבת בְּאַהֲבָה) מִקְרָא קֹדֶשׁ זֵכֶר לִיצִיאַת מִצְרָיִם :

וּמִפְּנֵי חֲטָאֵינוּ גָּלִינוּ מֵאַרְצֵנוּ ,
וְנִתְרַחַקְנוּ מֵעַל אַדְמָתֵנוּ ,
וְאֵין אָנוּ יְכוֹלִים לַעֲלוֹת וְלֵרָאוֹת
וּלְהִשְׁתַּחֲוֹת לְפָנֶיךָ , וְלַעֲשׂוֹת חוֹבוֹתֵינוּ
בְּבֵית בְּחִירָתֶךָ , בַּבַּיִת הַגָּדוֹל וְהַקָּדוֹשׁ ,
שֶׁנִּקְרָא שִׁמְךָ עָלָיו , מִפְּנֵי הַיָּד
שֶׁנִּשְׁתַּלְּחָה בְּמִקְדָּשֶׁךָ . יְהִי רָצוֹן
מִלְּפָנֶיךָ יְיָ אֱלֹהֵינוּ וֵאלֹהֵי אֲבוֹתֵינוּ ,
מֶלֶךְ רַחֲמָן , שֶׁתָּשׁוּב וּתְרַחֵם עָלֵינוּ וְעַל

מקדשך

אתה ТЫ СВЯТ, И СВЯТО ИМЯ ТВОЕ, И СВЯТЫЕ [АНГЕЛЫ] БУДУТ ВОСХВА-ЛЯТЬ ТЕБЯ ИЗО ДНЯ В ДЕНЬ, ВОВЕКИ. БЛАГОСЛОВЕН ТЫ, ГОСПОДЬ, БОГ СВЯТОЙ!

אתה ТЫ ИЗБРАЛ НАС ИЗ ВСЕХ НАРОДОВ, ПОЛЮБИЛ НАС, И БЛАГО-ВОЛИЛ К НАМ, И ВОЗВЫСИЛ НАС НАД ВСЕМИ РАЗНОЯЗЫЧНЫМИ ПЛЕМЕНАМИ, И ОСВЯТИЛ НАС СВОИМИ ЗАПОВЕДЯМИ, И ПРИБЛИЗИЛ ТЫ НАС, ВЛАДЫКА НАШ, [К СЕБЕ], ЧТОБЫ МЫ СЛУЖИЛИ ТЕБЕ, И ИМЕ-НЕМ СВОИМ, ВЕЛИКИМ И СВЯТЫМ, ОТМЕТИЛ НАС.

ותתן И ДАРОВАЛ ТЫ НАМ, ГОСПОДЬ, БОГ НАШ, С ЛЮБОВЬЮ (*в субботу добав-ляют:* СУББОТНИЕ ДНИ ДЛЯ ПОКОЯ И) УСТАНОВЛЕННЫЕ ДНИ ДЛЯ РАДОСТИ, ПРАЗДНИКИ И ВРЕМЕНА ДЛЯ ВЕСЕЛЬЯ; (*в субботу добавляют:* ЭТОТ СУББОТНИЙ ДЕНЬ И) ЭТОТ ДЕНЬ...

| в Песах:
...ПРАЗДНИКА
МАЦОТ... | в Шавуот:
...ПРАЗДНИКА
ШАВУОТ... | в Сукот:
...ПРАЗДНИКА
СУКОТ... | В Шмини-Ацерет и
в Симхат-Тора:
...ПРАЗДНИКА ШМИНИ-АЦЕРЕТ... |

...ЭТОТ СВЯТОЙ ПРАЗДНИЧНЫЙ ДЕНЬ (*в холь-гамоэд говорят:* ЭТОТ ДЕНЬ), ДЕНЬ...

| в Песах:
...СВОБОДЫ
НАШЕЙ... | в Шавуот:
...ДАРОВАНИЯ
ТОРЫ НАШЕЙ... | в Сукот:
...ВЕСЕЛЬЯ
НАШЕГО... | в Шмини-Ацерет и
в Симхат-Тора:
...ВЕСЕЛЬЯ НАШЕГО... |

...(*в субботу добавляют:* ...ПО ЛЮБВИ [СВОЕЙ ДАЛ ТЫ]) СВЯТОЙ ПРАЗДНИК, – В ПА-МЯТЬ О ВЫХОДЕ ИЗ ЕГИПТА.

ומפני И ЗА ГРЕХИ НАШИ МЫ БЫЛИ ИЗГНАНЫ ИЗ СВОЕЙ СТРАНЫ И ОКАЗАЛИСЬ ВДАЛЕКЕ ОТ ЗЕМЛИ НАШЕЙ. И ЛИШЕ-НЫ МЫ ВОЗМОЖНОСТИ ПРИХОДИТЬ [В ХРАМ, ЧТОБЫ] ПРЕД-СТАТЬ И ПАСТЬ НИЦ ПРЕД ТОБОЙ, И ИСПОЛНИТЬ СВОИ ОБЯ-ЗАННОСТИ В ХРАМЕ, ИЗБРАННОМ ТОБОЮ, В ХРАМЕ ВЕЛИКОМ И СВЯТОМ, ОТМЕЧЕННОМ ИМЕНЕМ ТВОИМ, — ИЗ-ЗА ТОГО, ЧТО РУ-КИ ВРАГОВ РАЗРУШИЛИ ТВОЕ СВЯТИЛИЩЕ. ДА БУДЕТ УГОДНО ТЕБЕ, ГОСПОДЬ, БОГ НАШ И БОГ ОТЦОВ НАШИХ, ВЛАДЫКА МИ-ЛОСЕРДНЫЙ, ВНОВЬ СМИЛОСТИВИТЬСЯ НАД НАМИ И НАД

מִקְדָּשְׁךָ בְּרַחֲמֶיךָ הָרַבִּים , וְתִבְנֵהוּ
מְהֵרָה וּתְגַדֵּל כְּבוֹדוֹ . אָבִינוּ מַלְכֵּנוּ ,
אֱלֹהֵינוּ גַּלֵּה כְּבוֹד מַלְכוּתְךָ עָלֵינוּ
מְהֵרָה , וְהוֹפַע וְהִנָּשֵׂא עָלֵינוּ לְעֵינֵי
כָּל חָי . וְקָרֵב פְּזוּרֵינוּ מִבֵּין הַגּוֹיִם
וּנְפוּצוֹתֵינוּ כַּנֵּס מִיַּרְכְּתֵי אָרֶץ .
וַהֲבִיאֵנוּ לְצִיּוֹן עִירְךָ , בְּרִנָּה ,
וְלִירוּשָׁלַיִם בֵּית מִקְדָּשְׁךָ , בְּשִׂמְחַת
עוֹלָם . וְשָׁם נַעֲשֶׂה לְפָנֶיךָ אֶת
קָרְבְּנוֹת חוֹבוֹתֵינוּ . תְּמִידִים כְּסִדְרָם ,
וּמוּסָפִים כְּהִלְכָתָם . וְאֶת מוּסַף יוֹם

(לשבת וְאֶת מוּסְפֵי יוֹם הַשַּׁבָּת הַזֶּה וְיוֹם)

לפסח	לשבועות	לסוכות	לשמע"צ ולש"ת
חַג הַמַּצּוֹת הַזֶּה .	חַג הַשָּׁבֻעוֹת הַזֶּה .	חַג הַסֻּכּוֹת הַזֶּה .	שְׁמִינִי עֲצֶרֶת הֶחָג הַזֶּה :

וְיוֹם טוֹב (כהוה"ב וְיוֹם) מִקְרָא קֹדֶשׁ הַזֶּה ,
נַעֲשֶׂה וְנַקְרִיב לְפָנֶיךָ בְּאַהֲבָה ,
כְּמִצְוַת רְצוֹנֶךָ , כְּמוֹ שֶׁכָּתַבְתָּ עָלֵינוּ
בְּתוֹרָתֶךָ , עַל יְדֵי מֹשֶׁה עַבְדֶּךָ , מִפִּי
כְבוֹדֶךָ כָּאָמוּר :

СВЯТИЛИЩЕМ СВОИМ ПО ВЕЛИКОМУ МИЛОСЕРДИЮ СВОЕМУ, И В СКОРОМ ВРЕМЕНИ ОТСТРОИТЬ ЕГО, И УМНОЖИТЬ ЕГО СЛАВУ. ОТЕЦ НАШ, ВЛАДЫКА НАШ, БОГ НАШ! ВСКОРЕ ЯВИ НАМ СЛАВУ ЦАРСТВА СВОЕГО, ЯВИ СЕБЯ И ВОЗНЕСИСЬ НАД НАМИ НА ГЛАЗАХ ВСЕХ ЖИВУЩИХ! И СОБЕРИ НАС, РАССЕЯННЫХ СРЕДИ НАРОДОВ, И СОБЕРИ НАШИ ОБЩИНЫ, РАЗБРОСАННЫЕ ПО КРАЯМ ЗЕМЛИ; И ПРИВЕДИ НАС, ЛИКУЮЩИХ, В СИОН, ГОРОД ТВОЙ, И В ИЕРУСАЛИМ, В ХРАМ ТВОЙ, ДАРОВАВ НАМ РАДОСТЬ НАВЕКИ. И ТАМ МЫ БУДЕМ СОВЕРШАТЬ ПРЕД ТОБОЮ ПРЕДПИСАННЫЕ НАМ ЖЕРТВОПРИНОШЕНИЯ: ЕЖЕДНЕВНЫЕ ВСЕСОЖЖЕНИЯ СОГЛАСНО ПРАВИЛАМ О НИХ, И ДОПОЛНИТЕЛЬНЫЕ ПРАЗДНИЧНЫЕ ЖЕРТВОПРИНОШЕНИЯ В СООТВЕТСТВИИ С ИХ УСТАВОМ, И ДОПОЛНИТЕЛЬНОЕ ЖЕРТВОПРИНОШЕНИЕ (*в субботу добавляют:* ЭТОГО ДНЯ, СУББОТЫ, И) ЭТОГО ДНЯ...

в Песах:	*в Шавуот:*	*в Сукот:*	*в Шмини-Ацерет и в Симхат-Тора:*
...ПРАЗДНИКА МАЦОТ...	...ПРАЗДНИКА ШАВУОТ...	...ПРАЗДНИКА СУКОТ...	...ПРАЗДНИКА ШМИНИ-АЦЕРЕТ...

...ЭТОГО СВЯТОГО ПРАЗДНИЧНОГО ДНЯ (*в холь-гамоэд:* ЭТОГО ПРАЗДНИЧНОГО ДНЯ), КОТОРЫЕ МЫ БУДЕМ ГОТОВИТЬ И СОВЕРШАТЬ ПРЕД ТОБОЮ С ЛЮБОВЬЮ, СОГЛАСНО ЗАПОВЕДИ, УСТАНОВЛЕННОЙ ВОЛЕЙ ТВОЕЙ, КАК ПРЕДПИСАЛ ТЫ НАМ В СВОЕЙ ТОРЕ, ЗАПИСАННОЙ МОШЕ, РАБОМ ТВОИМ, С ТВОИХ СОБСТВЕННЫХ СЛОВ, КАК СКАЗАНО:

מוסף לשלש רגלים 260

לשבת
וּבְיוֹם הַשַּׁבָּת, שְׁנֵי כְבָשִׂים בְּנֵי שָׁנָה תְּמִימִם, וּשְׁנֵי עֶשְׂרֹנִים סֹלֶת מִנְחָה בְּלוּלָה בַשֶּׁמֶן וְנִסְכּוֹ. עֹלַת שַׁבַּת בְּשַׁבַּתּוֹ, עַל עֹלַת הַתָּמִיד וְנִסְכָּהּ:

לְיֹב א' וב' דסוכות	לשבועות	לְיֹב א' וב' דפסח
וּבַחֹדֶשׁ הָרִאשׁוֹן בְּאַרְבָּעָה עָשָׂר יוֹם לַחֹדֶשׁ	וּבְיוֹם הַבִּכּוּרִים בְּהַקְרִיבְכֶם	וּבַחֲמִשָּׁה עָשָׂר יוֹם לַחֹדֶשׁ
עָשָׂר יוֹם לַחֹדֶשׁ הַזֶּה חַג, שִׁבְעַת יָמִים	מִנְחָה חֲדָשָׁה לַיָי בְּשָׁבֻעֹתֵיכֶם, מִקְרָא קֹדֶשׁ יִהְיֶה לָכֶם, כָּל מְלֶאכֶת עֲבֹדָה לֹא תַעֲשׂוּ. וְהִקְרַבְתֶּם עֹלָה לְרֵיחַ נִיחֹחַ לַיָי, פָּרִים בְּנֵי בָקָר שְׁנַיִם, אַיִל אֶחָד, שִׁבְעָה כְבָשִׂים בְּנֵי שָׁנָה:	פֶּסַח לַיָי. וּבַחֲמִשָּׁה עָשָׂר יוֹם לַחֹדֶשׁ הַזֶּה חָג, מַצּוֹת יֵאָכֵל. בַּיּוֹם הָרִאשׁוֹן מִקְרָא קֹדֶשׁ כָּל מְלֶאכֶת עֲבֹדָה לֹא תַעֲשׂוּ. וְהִקְרַבְתֶּם אִשֶּׁה עֹלָה לַיָי. פָּרִים בְּנֵי בָקָר שְׁנַיִם וְאַיִל אֶחָד, וְשִׁבְעָה כְבָשִׂים בְּנֵי שָׁנָה, תְּמִימִם יִהְיוּ לָכֶם:

וּמִנְחָתָם וְנִסְכֵּיהֶם כַּמְדֻבָּר: שְׁלֹשָׁה עֶשְׂרֹנִים לַפָּר, וּשְׁנֵי עֶשְׂרֹנִים לָאַיִל, וְעִשָּׂרוֹן לַכֶּבֶשׂ. וְיַיִן כְּנִסְכּוֹ. וְשָׂעִיר לְכַפֵּר (כשבועית וּשְׁנֵי שְׂעִירִים לְכַפֵּר) וּשְׁנֵי הַתְּמִידִים כְּהִלְכָתָם:

אל"ף וכו' ובשבת אומרים ישמחו קודם אל"ף:

כהיל המועד פסח וכשני ימים אהרונים של פסח אומרים זה:

וְהִקְרַבְתֶּם אִשֶּׁה עֹלָה לַיָי: פָּרִים בְּנֵי בָקָר שְׁנַיִם, וְאַיִל אֶחָד, וְשִׁבְעָה כְבָשִׂים בְּנֵי שָׁנָה, תְּמִימִם יִהְיוּ לָכֶם:

וכנחתם

וביום И В СУББОТНИЙ ДЕНЬ [ПРИНОСИТЕ В ЖЕРТВУ] ДВУХ ГОДОВА-ЛЫХ ЯГНЯТ БЕЗ ПОРОКА, И В ХЛЕБНЫЙ ДАР — ДВЕ ДЕСЯТЫХ [ЭЙФЫ] ЛУЧШЕЙ МУКИ, СМЕШАННОЙ С ОЛИВКОВЫМ МАСЛОМ, И ВИНО ВОЗЛИ-ВАЙТЕ [НА ЖЕРТВЕННИК]. ТАКОВО СУББОТНЕЕ ВСЕСОЖЖЕНИЕ, [КОТО-РОЕ СЛЕДУЕТ СОВЕРШАТЬ] КАЖДУЮ СУББОТУ В ДОПОЛНЕНИЕ К ПО-СТОЯННОМУ ВСЕСОЖЖЕНИЮ И ПРИНОШЕНИЮ ВИНА ПРИ НЕМ.[1]

В первый день праздника Песах (а вне Эрец-Исраэль — и во второй):	*В Шавуот:*	*В первый день праздника Сукот (а вне Эрец-Исраэль — и во второй):*
А В ПЕРВОМ МЕСЯЦЕ, В ЧЕТЫР-НАДЦАТЫЙ ДЕНЬ МЕСЯЦА, [ПРИНОСИТЕ] ПАСХАЛЬНУЮ ЖЕРТВУ ГОСПОДУ. А С ПЯТ-НАДЦАТОГО ДНЯ — ПРАЗД-НИК; СЕМЬ ДНЕЙ СЛЕДУЕТ ЕСТЬ МАЦУ. ПЕРВЫЙ ДЕНЬ [ДОЛЖЕН БЫТЬ] ПРОВОЗГЛА-ШЕН СВЯТЫМ, НИКАКИМ ТРУ-ДОМ НЕ ЗАНИМАЙТЕСЬ. И ПРИНОСИТЕ ЖЕРТВУ, СЖИГАЕ-МУЮ НА ОГНЕ, — ЖЕРТВУ ВСЕ-СОЖЖЕНИЯ ГОСПОДУ: ДВУХ ТЕЛЯТ, И ОДНОГО БАРАНА, И СЕМЕРЫХ ГОДОВАЛЫХ ЯГ-НЯТ; ВСЕ ОНИ У ВАС ДОЛЖНЫ БЫТЬ БЕЗ ПОРОКА...[2]	А ДЕНЬ ПЕРВЫХ ПЛОДОВ, КОГДА ВЫ БУДЕТЕ ПРИНОСИТЬ ХЛЕБНЫЙ ДАР ГОС-ПОДУ ИЗ МУКИ НО-ВОГО УРОЖАЯ, – ВАШ ПРАЗДНИК ШАВУОТ – ДА БУДЕТ ПРОВОЗ-ГЛАШЕН ВАМИ СВЯ-ТЫМ; НИКАКИМ ТРУ-ДОМ НЕ ЗАНИМАЙ-ТЕСЬ И ПРИНОСИТЕ ЖЕРТВУ ВСЕСОЖЖЕ-НИЯ, ЧЬЕ БЛАГОУХА-НИЕ ПРИНИМАЕТСЯ ГОСПОДОМ БЛАГО-СКЛОННО: ДВУХ ТЕ-ЛЯТ, ОДНОГО БАРА-НА, СЕМЕРЫХ ГОДО-ВАЛЫХ ЯГНЯТ...[3]	А ПЯТНАДЦАТЫЙ ДЕНЬ СЕДЬМОГО МЕСЯЦА ДА БУДЕТ ПРОВОЗГЛАШЕН ВАМИ СВЯТЫМ; НИКА-КИМ ТРУДОМ НЕ ЗАНИ-МАЙТЕСЬ И ПРАЗДНУЙ-ТЕ В ЧЕСТЬ ГОСПОДА СЕМЬ ДНЕЙ. И ПРИНО-СИТЕ СЖИГАЕМУЮ НА ОГНЕ ЖЕРТВУ ВСЕСОЖ-ЖЕНИЯ, ЧЬЕ БЛАГОУХА-НИЕ ПРИНИМАЕТСЯ ГО-СПОДОМ БЛАГОСКЛОН-НО: ТРИНАДЦАТЬ ТЕ-ЛЯТ, ДВУХ БАРАНОВ, ЧЕТЫРНАДЦАТЬ ГОДО-ВАЛЫХ ЯГНЯТ; ВСЕ ОНИ ДОЛЖНЫ БЫТЬ БЕЗ ПОРОКА...[4]

ומנחתם ...И ХЛЕБНЫЕ ДАРЫ, И ВИНО, ЧТОБЫ ВОЗЛИВАТЬ [ЕГО НА ЖЕРТВЕН-НИК, ПРИНОСИТЕ] ВМЕСТЕ С НИМИ, КАК ПРЕДПИСАНО: ТРИ ДЕСЯТЫХ [ЭЙФЫ МУ-КИ] С КАЖДЫМ ТЕЛЕНКОМ, ДВЕ ДЕСЯТЫХ – С БАРАНОМ И ОДНУ ДЕСЯТУЮ – С ЯГ-НЕНКОМ; И ВИНО ДЛЯ ВОЗЛИЯНИЯ [НА ЖЕРТВЕННИК] В СООТВЕТСТВУЮЩЕМ КО-ЛИЧЕСТВЕ; А ТАКЖЕ КОЗЛА (*в Шавуот:* ДВУХ КОЗЛОВ) В ОЧИСТИТЕЛЬНУЮ ЖЕРТ-ВУ; И ДВЕ ЕЖЕДНЕВНЫЕ ЖЕРТВЫ ДЛЯ ВСЕСОЖЖЕНИЯ, КАК ПРЕДПИСАНО.[5]

Далее говорят אלהינו *("БОГ НАШ...", стр. 262), а в субботу перед этим говорят* ישמחו *("ВОЗРАДУЮТСЯ...", стр. 262).*

В Песах, начиная с первого дня холь-гамоэд и до конца праздника, говорят:

והקרבתם И ПРИНОСИТЕ ЖЕРТВУ, СЖИГАЕМУЮ НА ОГНЕ, — ЖЕРТВУ ВСЕ-СОЖЖЕНИЯ ГОСПОДУ: ДВУХ ТЕЛЯТ, И ОДНОГО БАРАНА, И СЕМЕРЫХ ГОДОВАЛЫХ ЯГНЯТ; ВСЕ ОНИ У ВАС ДОЛЖНЫ БЫТЬ БЕЗ ПОРОКА.[6]

1. Бемидбар, 28:9,10. 2. Бемидбар, 28:16—19. 3. Бемидбар, 28:26,27. 4. Бемидбар, 29:12, 13. 5. см. Бемидбар, 28:12—29:38. 6. Бемидбар, 28:19.

וּמִנְחָתָם וְנִסְכֵּיהֶם כִּמְדֻבָּר: שְׁלשָׁה עֶשְׂרֹנִים לַפָּר, וּשְׁנֵי עֶשְׂרֹנִים לָאָיִל,
וְעִשָּׂרוֹן לַכֶּבֶשׂ, וְיַיִן כְּנִסְכּוֹ, וְשָׂעִיר לְכַפֵּר, וּשְׁנֵי תְמִידִים כְּהִלְכָתָם:

אלהינו ואלהי אבותינו וכו' ובשבת אומרים גם כן ישמחו קודם אלהינו ואלהי אבותינו

ביום ראשון דחוה"מ סוכות

וּבַיּוֹם הַשֵּׁנִי: פָּרִים בְּנֵי בָקָר שְׁנֵים עָשָׂר, אֵילִם שְׁנָיִם,
כְּבָשִׂים בְּנֵי שָׁנָה אַרְבָּעָה עָשָׂר, תְּמִימִם: וּמנחתם

וּבַיּוֹם הַשְּׁלִישִׁי: פָּרִים עַשְׁתֵּי עָשָׂר, אֵילִם שְׁנָיִם, כְּבָשִׂים
בְּנֵי שָׁנָה אַרְבָּעָה עָשָׂר, תְּמִימִם:

וּמִנְחָתָם וְנִסְכֵּיהֶם כִּמְדֻבָּר: שְׁלשָׁה עֶשְׂרֹנִים לַפָּר, וּשְׁנֵי עֶשְׂרֹנִים לָאָיִל,
וְעִשָּׂרוֹן לַכֶּבֶשׂ, וְיַיִן כְּנִסְכּוֹ, וְשָׂעִיר לְכַפֵּר, וּשְׁנֵי תְמִידִים כְּהִלְכָתָם:

אלהינו ואלהי אבותינו וכו' ובשבת אומרים גם כן ישמחו קודם אלהינו ואלהי אבותינו:

ביום שני דחוה"מ סוכות

וּבַיּוֹם הַשְּׁלִישִׁי: פָּרִים עַשְׁתֵּי עָשָׂר, אֵילִם שְׁנָיִם, כְּבָשִׂים
בְּנֵי שָׁנָה אַרְבָּעָה עָשָׂר תְּמִימִם: וּמנחתם

וּבַיּוֹם הָרְבִיעִי: פָּרִים עֲשָׂרָה, אֵילִם שְׁנָיִם, כְּבָשִׂים בְּנֵי
שָׁנָה אַרְבָּעָה עָשָׂר, תְּמִימִם:

וּמִנְחָתָם וְנִסְכֵּיהֶם כִּמְדֻבָּר: שְׁלשָׁה עֶשְׂרֹנִים לַפָּר, וּשְׁנֵי עֶשְׂרֹנִים לָאָיִל,
וְעִשָּׂרוֹן לַכֶּבֶשׂ, וְיַיִן כְּנִסְכּוֹ, וְשָׂעִיר לְכַפֵּר, וּשְׁנֵי תְמִידִים כְּהִלְכָתָם:

אלהינו ואלהי אבותינו וכו':

ביום שלישי דחוה"מ סוכות

וּבַיּוֹם הָרְבִיעִי: פָּרִים עֲשָׂרָה, אֵילִם שְׁנָיִם, כְּבָשִׂים בְּנֵי
שָׁנָה אַרְבָּעָה עָשָׂר, תְּמִימִם: וּמנחתם

וּבַיּוֹם הַחֲמִישִׁי: פָּרִים תִּשְׁעָה, אֵילִם שְׁנָיִם, כְּבָשִׂים בְּנֵי
שָׁנָה אַרְבָּעָה עָשָׂר, תְּמִימִם:

וּמִנְחָתָם וְנִסְכֵּיהֶם כִּמְדֻבָּר: שְׁלשָׁה עֶשְׂרֹנִים לַפָּר, וּשְׁנֵי עֶשְׂרֹנִים לָאָיִל,
וְעִשָּׂרוֹן לַכֶּבֶשׂ, וְיַיִן כְּנִסְכּוֹ, וְשָׂעִיר לְכַפֵּר, וּשְׁנֵי תְמִידִים כְּהִלְכָתָם:

אלהינו ואלהי אבותינו וכו' ובשבת אומרים גם כן ישמחו קודם אלהינו ואלהי אבותינו:
ובים

ומנחתם И ХЛЕБНЫЕ ДАРЫ, И ВИНО, ЧТОБЫ ВОЗЛИВАТЬ [ЕГО НА ЖЕРТВЕННИК, ПРИНОСИТЕ] ВМЕСТЕ С НИМИ, КАК ПРЕДПИСАНО: ТРИ ДЕСЯТЫХ [ЭЙФЫ МУКИ] С КАЖДЫМ ТЕЛЕНКОМ, ДВЕ ДЕСЯТЫХ – С БАРАНОМ И ОДНУ ДЕСЯТУЮ – С ЯГНЕН-КОМ; И ВИНО ДЛЯ ВОЗЛИЯНИЯ [НА ЖЕРТВЕННИК] В СООТВЕТСТВУЮЩЕМ КОЛИ-ЧЕСТВЕ; А ТАКЖЕ КОЗЛА В ИСКУПИТЕЛЬНУЮ ЖЕРТВУ; И ДВЕ ЕЖЕДНЕВНЫЕ ЖЕРТ-ВЫ ДЛЯ ВСЕСОЖЖЕНИЯ, КАК ПРЕДПИСАНО...

Далее говорят אלהינו *("БОГ НАШ...", стр. 262), а в субботу говорят перед этим* ישמחו *("ВОЗРАДУЮТСЯ...", стр. 262).*

В первый день холь-ѓамоэд праздника Сукот говорят:

וביום ...И ВО ВТОРОЙ ДЕНЬ — ДВЕНАДЦАТЬ ТЕЛЯТ, ДВУХ БАРАНОВ И ЧЕТЫРНАДЦАТЬ ГОДОВАЛЫХ ЯГНЯТ БЕЗ ПОРОКА.[1] *Далее говорят* ומנחתם *("И ХЛЕБНЫЕ ДАРЫ...") , см. выше.*

В Эрец-Исраэль следующий отрывок не говорят.

וביום ...И В ТРЕТИЙ ДЕНЬ — ОДИННАДЦАТЬ ТЕЛЯТ, ДВУХ БАРАНОВ И ЧЕТЫРНАДЦАТЬ ГОДОВАЛЫХ ЯГНЯТ БЕЗ ПОРОКА.[2] *Далее говорят* ומנחתם *("И ХЛЕБНЫЕ ДАРЫ...") , см. выше.*

Далее говорят אלהינו *("БОГ НАШ...", стр. 262), а в субботу говорят перед этим* ישמחו *("ВОЗРАДУЮТСЯ...", стр. 262).*

Во второй день холь-ѓамоэд праздника Сукот говорят:

וביום ...И В ТРЕТИЙ ДЕНЬ — ОДИННАДЦАТЬ ТЕЛЯТ, ДВУХ БАРАНОВ И ЧЕТЫРНАДЦАТЬ ГОДОВАЛЫХ ЯГНЯТ БЕЗ ПОРОКА.[2] *Далее говорят* ומנחתם *("И ХЛЕБНЫЕ ДАРЫ...") , см. выше.*

В Эрец-Исраэль следующий отрывок не говорят.

וביום ...И В ЧЕТВЕРТЫЙ ДЕНЬ — ДЕСЯТЬ ТЕЛЯТ, ДВУХ БАРАНОВ И ЧЕ-ТЫРНАДЦАТЬ ГОДОВАЛЫХ ЯГНЯТ БЕЗ ПОРОКА.[3] *Далее говорят* ומנחתם *("И ХЛЕБНЫЕ ДАРЫ...") , см. выше.*

Далее говорят אלהינו *("БОГ НАШ...", стр. 262), а в субботу говорят перед этим* ישמחו *("ВОЗРАДУЮТСЯ...", стр. 262).*

В третий день холь-ѓамоэд праздника Сукот говорят:

וביום ...И В ЧЕТВЕРТЫЙ ДЕНЬ — ДЕСЯТЬ ТЕЛЯТ, ДВУХ БАРАНОВ И ЧЕТЫРНАДЦАТЬ ГОДОВАЛЫХ ЯГНЯТ БЕЗ ПОРОКА.[3] *Далее говорят* ומנחתם *("И ХЛЕБНЫЕ ДАРЫ...") , см. выше.*

В Эрец-Исраэль следующий отрывок не говорят.

וביום ...И В ПЯТЫЙ ДЕНЬ — ДЕВЯТЬ ТЕЛЯТ, ДВУХ БАРАНОВ И ЧЕТЫР-НАДЦАТЬ ГОДОВАЛЫХ ЯГНЯТ БЕЗ ПОРОКА.[4] *Далее говорят* ומנחתם *("И ХЛЕБНЫЕ ДАРЫ...") , см. выше.*

Далее говорят אלהינו *("БОГ НАШ...", стр. 262), а в субботу перед этим говорят* ישמחו *("ВОЗРАДУЮТСЯ...", стр. 262).*

---

1. Бемидбар, 29:17. 2. Бемидбар, 29:20. 3. Бемидбар, 29:23. 4. Бемидбар, 29:26.

ביום רביעי דחוה"מ סוכות

וּבַיּוֹם הַחֲמִישִׁי: פָּרִים תִּשְׁעָה, אֵילִם שְׁנַיִם, כְּבָשִׂים בְּנֵי
שָׁנָה אַרְבָּעָה עָשָׂר תְּמִימִם: ומנחתם

וּבַיּוֹם הַשִּׁשִּׁי: פָּרִים שְׁמֹנָה אֵילִם שְׁנַיִם, כְּבָשִׂים בְּנֵי
שָׁנָה אַרְבָּעָה עָשָׂר, תְּמִימִם:

וּמִנְחָתָם וְנִסְכֵּיהֶם כַּמְדֻבָּר: שְׁלֹשָׁה עֶשְׂרֹנִים לַפָּר, וּשְׁנֵי עֶשְׂרֹנִים לָאַיִל,
וְעִשָּׂרוֹן לַכֶּבֶשׂ, וַיַיִן כְּנִסְכּוֹ, וְשָׂעִיר לְכַפֵּר, וּשְׁנֵי תְמִידִים כְּהִלְכָתָם:
אלהינו ואלהי אבותינו וכו' יבשבת אומרים ג"כ ישמחו קודם אלהינו ואלהי אבותינו:

להושענא רבא

וּבַיּוֹם הַשִּׁשִּׁי: פָּרִים שְׁמֹנָה, אֵילִם שְׁנַיִם, כְּבָשִׂים בְּנֵי
שָׁנָה אַרְבָּעָה עָשָׂר, תְּמִימִם: ומנחתם

וּבַיּוֹם הַשְּׁבִיעִי: פָּרִים שִׁבְעָה, אֵילִם שְׁנַיִם, כְּבָשִׂים בְּנֵי
שָׁנָה אַרְבָּעָה עָשָׂר, תְּמִימִם:

וּמִנְחָתָם וְנִסְכֵּיהֶם כַּמְדֻבָּר: שְׁלֹשָׁה עֶשְׂרֹנִים לַפָּר, וּשְׁנֵי עֶשְׂרֹנִים לָאַיִל,
וְעִשָּׂרוֹן לַכֶּבֶשׂ, וַיַיִן כְּנִסְכּוֹ, וְשָׂעִיר לְכַפֵּר, וּשְׁנֵי תְמִידִים כְּהִלְכָתָם:
אלהינו ואלהי אבותינו וכו' :

לשמיני עצרת ולשמחת תורה

בַּיּוֹם הַשְּׁמִינִי עֲצֶרֶת תִּהְיֶה לָכֶם, כָּל מְלֶאכֶת עֲבֹדָה לֹא
תַעֲשׂוּ. וְהִקְרַבְתֶּם עֹלָה אִשֵּׁה רֵיחַ נִיחֹחַ לַיָי: פַּר
אֶחָד, אַיִל אֶחָד, כְּבָשִׂים בְּנֵי שָׁנָה שִׁבְעָה, תְּמִימִם:

וּמִנְחָתָם וְנִסְכֵּיהֶם כַּמְדֻבָּר: שְׁלֹשָׁה עֶשְׂרֹנִים לַפָּר, וּשְׁנֵי עֶשְׂרֹנִים לָאַיִל,
וְעִשָּׂרוֹן לַכֶּבֶשׂ, וַיַיִן כְּנִסְכּוֹ. וְשָׂעִיר לְכַפֵּר, וּשְׁנֵי תְמִידִים כְּהִלְכָתָם:

לשבת

יִשְׂמְחוּ בְמַלְכוּתְךָ שׁוֹמְרֵי שַׁבָּת וְקוֹרְאֵי עֹנֶג, עַם מְקַדְּשֵׁי שְׁבִיעִי,
כֻּלָּם יִשְׂבְּעוּ וְיִתְעַנְּגוּ מִטּוּבֶךָ, וּבַשְּׁבִיעִי רָצִיתָ בּוֹ
וְקִדַּשְׁתּוֹ, חֶמְדַּת יָמִים אוֹתוֹ קָרָאתָ, זֵכֶר לְמַעֲשֵׂה בְרֵאשִׁית:

אֱלֹהֵינוּ וֵאלֹהֵי אֲבוֹתֵינוּ, מֶלֶךְ רַחֲמָן, רַחֵם
עָלֵינוּ, טוֹב וּמֵטִיב הִדָּרֶשׁ לָנוּ,

שובה

В четвертый день холь-гамоэд праздника Сукот говорят:

וב[יום] ...И В ПЯТЫЙ ДЕНЬ — ДЕВЯТЬ ТЕЛЯТ, ДВУХ БАРАНОВ И ЧЕТЫР
НАДЦАТЬ ГОДОВАЛЫХ ЯГНЯТ БЕЗ ПОРОКА.[1] *Далее говорят* ומנחתם *("И
ХЛЕБНЫЕ ДАРЫ...", стр. 261).*

В Эрец-Исраэль следующий отрывок не говорят.

וב[יום] ...И В ШЕСТОЙ ДЕНЬ — ВОСЕМЬ ТЕЛЯТ, ДВУХ БАРАНОВ И ЧЕТЫР
НАДЦАТЬ ГОДОВАЛЫХ ЯГНЯТ БЕЗ ПОРОКА.[2] *Далее говорят* ומנחתם *("И
ХЛЕБНЫЕ ДАРЫ...", стр. 261).*

Далее говорят אלהינו *("БОГ НАШ..."), см. ниже, а в субботу говорят перед этим* ישמחו
("ВОЗРАДУЮТСЯ..."), см. ниже.

В Гошана-Раба говорят:

ביום ...И В ШЕСТОЙ ДЕНЬ — ВОСЕМЬ ТЕЛЯТ, ДВУХ БАРАНОВ И ЧЕТЫР
НАДЦАТЬ ГОДОВАЛЫХ ЯГНЯТ БЕЗ ПОРОКА.[2] *Далее говорят* ומנחתם *("И
ХЛЕБНЫЕ ДАРЫ...", стр. 261).*

В Эрец-Исраэль следующий отрывок не говорят.

ביום ...И В СЕДЬМОЙ ДЕНЬ — СЕМЬ ТЕЛЯТ, ДВУХ БАРАНОВ И ЧЕТЫР
НАДЦАТЬ ГОДОВАЛЫХ ЯГНЯТ БЕЗ ПОРОКА.[3] *Далее говорят* ומנחתם *("И
ХЛЕБНЫЕ ДАРЫ...", стр. 261).*

Далее говорят אלהינו *("БОГ НАШ..."), см. ниже.*

В Шмини-Ацерет и в Симхат-Тора говорят:

ביום А ВОСЬМОЙ ДЕНЬ ДА БУДЕТ У ВАС ЗАВЕРШАЮЩИМ ДНЕМ; НИ
КАКИМ ТРУДОМ НЕ ЗАНИМАЙТЕСЬ. И ПРИНОСИТЕ СЖИГАЕМУЮ НА ОГНЕ
ЖЕРТВУ ВСЕСОЖЖЕНИЯ, ЧЬЕ БЛАГОУХАНИЕ ПРИНИМАЕТСЯ ГОСПОДОМ
БЛАГОСКЛОННО: ОДНОГО ТЕЛЕНКА, ОДНОГО БАРАНА, СЕМЕРЫХ ГОДО
ВАЛЫХ ЯГНЯТ БЕЗ ПОРОКА.[4] *Далее говорят* ומנחתם *("И ХЛЕБНЫЕ ДАРЫ...",
стр. 261).*

В субботу говорят:

ישמחו ВОЗРАДУЮТСЯ СОБЛЮДАЮЩИЕ СУББОТУ, НАЗЫВАЮЩИЕ ЕЕ БЛАЖЕНСТ
ВОМ, ПРИХОДУ ЦАРСТВА ТВОЕГО; ВЕСЬ НАРОД, ОСВЯЩАЮЩИЙ СЕДЬМОЙ ДЕНЬ,
НАСЫТИТСЯ И НАСЛАДИТСЯ ЩЕДРОТАМИ ТВОИМИ; И БЫЛ ИЗБРАН ВОЛЕЙ
ТВОЕЙ СЕДЬМОЙ ДЕНЬ, И ТЫ ОСВЯТИЛ ЕГО И НАЗВАЛ ЕГО ЖЕЛАННЫМ ИЗ
ДНЕЙ – В ПАМЯТЬ О СОТВОРЕНИИ МИРА.

אלהינו БОГ НАШ И БОГ ОТЦОВ НАШИХ, МИЛО
СЕРДНЫЙ ВЛАДЫКА, СМИЛУЙСЯ НАД НАМИ! ДОБРЫЙ
И ТВОРЯЩИЙ ДОБРО, ОТВЕТЬ НА НАШИ ПРОСЬБЫ,

1. Бемидбар, 29:26. 2. Бемидбар, 29:29. 3. Бемидбар, 29:32. 4. Бемидбар, 29:35,36.

שׁוּבָה עָלֵינוּ בַּהֲמוֹן רַחֲמֶיךָ, בִּגְלַל אָבוֹת
שֶׁעָשׂוּ רְצוֹנֶךָ. בְּנֵה בֵיתְךָ כְּבַתְּחִלָּה, וְכוֹנֵן
מִקְדָּשְׁךָ עַל מְכוֹנוֹ, וְהַרְאֵנוּ בְּבִנְיָנוֹ וְשַׂמְּחֵנוּ
בְּתִקּוּנוֹ. וְהָשֵׁב כֹּהֲנִים לַעֲבוֹדָתָם, וּלְוִיִּם לְשִׁירָם
וּלְזִמְרָם, וְהָשֵׁב יִשְׂרָאֵל לִנְוֵיהֶם. וְשָׁם נַעֲלֶה
וְנֵרָאֶה וְנִשְׁתַּחֲוֶה לְפָנֶיךָ בְּשָׁלֹשׁ פַּעֲמֵי רְגָלֵינוּ,
כַּכָּתוּב בְּתוֹרָתֶךָ: שָׁלוֹשׁ פְּעָמִים בַּשָּׁנָה, יֵרָאֶה
כָל זְכוּרְךָ אֶת פְּנֵי יְיָ אֱלֹהֶיךָ, בַּמָּקוֹם אֲשֶׁר יִבְחָר:
בְּחַג הַמַּצּוֹת, וּבְחַג הַשָּׁבֻעוֹת, וּבְחַג הַסֻּכּוֹת.
וְלֹא יֵרָאֶה אֶת פְּנֵי יְיָ רֵיקָם, אִישׁ כְּמַתְּנַת יָדוֹ,
כְּבִרְכַּת יְיָ אֱלֹהֶיךָ, אֲשֶׁר נָתַן לָךְ:

וְהַשִּׂיאֵנוּ יְיָ אֱלֹהֵינוּ אֶת בִּרְכַּת מוֹעֲדֶיךָ: לְחַיִּים טוֹבִים
וּלְשָׁלוֹם, לְשִׂמְחָה וּלְשָׂשׂוֹן, כַּאֲשֶׁר רָצִיתָ וְאָמַרְתָּ
לְבָרְכֵנוּ. (לשבת אֱלֹהֵינוּ וֵאלֹהֵי אֲבוֹתֵינוּ רְצֵה נָא בִמְנוּחָתֵנוּ) קַדְּשֵׁנוּ
בְּמִצְוֹתֶיךָ, וְתֵן חֶלְקֵנוּ בְּתוֹרָתֶךָ, שַׂבְּעֵנוּ מִטּוּבֶךָ, וְשַׂמַּח
נַפְשֵׁנוּ בִּישׁוּעָתֶךָ, וְטַהֵר לִבֵּנוּ לְעָבְדְּךָ בֶּאֱמֶת, וְהַנְחִילֵנוּ יְיָ
אֱלֹהֵינוּ (לשבת בְּאַהֲבָה וּבְרָצוֹן) בְּשִׂמְחָה וּבְשָׂשׂוֹן (שַׁבָּת וּ) מוֹעֲדֵי
קָדְשֶׁךָ, וְיִשְׂמְחוּ בְךָ כָּל יִשְׂרָאֵל מְקַדְּשֵׁי שְׁמֶךָ. בָּרוּךְ
אַתָּה יְיָ, מְקַדֵּשׁ (הַשַּׁבָּת וְ) יִשְׂרָאֵל וְהַזְּמַנִּים:

רְצֵה יְיָ אֱלֹהֵינוּ בְּעַמְּךָ יִשְׂרָאֵל, וְלִתְפִלָּתָם שְׁעֵה, וְהָשֵׁב הָעֲבוֹדָה
לִדְבִיר בֵּיתֶךָ, וְאִשֵּׁי יִשְׂרָאֵל וּתְפִלָּתָם בְּאַהֲבָה תְקַבֵּל בְּרָצוֹן,
וּתְהִי לְרָצוֹן תָּמִיד עֲבוֹדַת יִשְׂרָאֵל עַמֶּךָ:

וְתֶחֱזֶינָה עֵינֵינוּ בְּשׁוּבְךָ לְצִיּוֹן בְּרַחֲמִים. בָּרוּךְ אַתָּה יְיָ, הַמַּחֲזִיר
שְׁכִינָתוֹ לְצִיּוֹן:

ОБРАТИСЬ К НАМ ПО ВЕЛИКОЙ МИЛОСТИ СВОЕЙ РАДИ ПРА-
ОТЦЕВ, ИСПОЛНЯВШИХ ВОЛЮ ТВОЮ! ОТСТРОЙ ХРАМ СВОЙ
ТАКИМ, КАКИМ [БЫЛ ОН] РАНЬШЕ, И УТВЕРДИ СВЯТИЛИЩЕ
СВОЕ НА ПРЕЖНЕМ МЕСТЕ. И ДАЙ НАМ УВИДЕТЬ ЕГО СТРОИ-
ТЕЛЬСТВО, И ОБРАДУЙ НАС ЕГО ВОССТАНОВЛЕНИЕМ. СДЕЛАЙ
ТАК, ЧТОБЫ КОГАНИМ СНОВА СОВЕРШАЛИ ЖЕРТВОПРИНОШЕ-
НИЯ И ЛЕВИИМ ВНОВЬ ПЕЛИ [СВОИ ПЕСНИ] И ИГРАЛИ НА
[МУЗЫКАЛЬНЫХ ИНСТРУМЕНТАХ], И ВЕРНИ [СЫНОВ] ИЗРА-
ИЛЯ В ИХ СТРАНУ. И ТАМ БУДЕМ МЫ ПРИХОДИТЬ [В ХРАМ],
ЧТОБЫ ПРЕДСТАТЬ И ПАСТЬ НИЦ ПРЕД ТОБОЮ ТРИЖДЫ [В ГО-
ДУ], В ПРАЗДНИКИ ПАЛОМНИЧЕСТВА, КАК НАПИСАНО В ТО-
РЕ ТВОЕЙ: "ТРИЖДЫ В ГОДУ ПУСТЬ ПРЕДСТАНЕТ КАЖДЫЙ ИЗ
ВАШИХ МУЖЧИН ПРЕД ЛИЦОМ ГОСПОДА, БОГА ВАШЕГО, В МЕ-
СТЕ, КОТОРОЕ ТОТ ИЗБЕРЕТ, — В ПРАЗДНИК МАЦОТ, И В
ПРАЗДНИК ШАВУОТ, И В ПРАЗДНИК СУКОТ. И НЕ ДОЛЖЕН ОН
ПРЕДСТАВАТЬ ПРЕД ЛИЦОМ ГОСПОДА С ПУСТЫМИ РУКАМИ:
КАЖДЫЙ [ПУСТЬ ПРИНЕСЕТ СТОЛЬКО], СКОЛЬКО МОЖЕТ, —
СООТВЕТСТВЕННО ДОСТАТКУ, КОТОРЫМ ГОСПОДЬ БЛАГО-
СЛОВИЛ КАЖДОГО ИЗ ВАС".[1]

והשיאנו И УДОСТОЙ НАС, ГОСПОДЬ, БОГ НАШ, БЛАГОСЛОВЕНИЯ СВО-
ЕГО В ПРАЗДНИКИ ТВОИ, — ДЛЯ БЛАГОПОЛУЧНОЙ ЖИЗНИ И ДЛЯ МИРА,
ДЛЯ РАДОСТИ И ДЛЯ ВЕСЕЛЬЯ, — ВЕДЬ ТЕБЕ УГОДНО БЫЛО ДАТЬ ОБЕ-
ЩАНИЕ БЛАГОСЛОВИТЬ НАС. (в субботу добавляют: БОГ НАШ И БОГ ОТ-
ЦОВ НАШИХ! ДА БУДЕТ УГОДЕН ТЕБЕ СУББОТНИЙ ПОКОЙ НАШ.) ОСВЯ-
ТИ НАС ЗАПОВЕДЯМИ СВОИМИ И ДАЙ НАМ УДЕЛ В ТОРЕ ТВОЕЙ; НА-
СЫТЬ НАС ЩЕДРОТАМИ СВОИМИ И ВОЗВЕСЕЛИ ДУШИ НАШИ СПАСЕНИ-
ЕМ, ДАРОВАННЫМ ТОБОЙ; И ОЧИСТИ НАШЕ СЕРДЦЕ, ЧТОБЫ МЫ СЛУЖИ-
ЛИ ТЕБЕ ИСКРЕННЕ. И ДАРУЙ НАМ В УДЕЛ, ГОСПОДЬ, БОГ НАШ, (в суб-
боту добавляют: ПО ЛЮБВИ И БЛАГОСКЛОННОСТИ [К НАМ]), С РАДО-
СТЬЮ И ВЕСЕЛЬЕМ (в субботу добавляют: СУББОТУ И) СВЯТЫЕ ПРАЗДНИ-
КИ ТВОИ, И БУДЕТ РАДОВАТЬСЯ ТЕБЕ ВЕСЬ НАРОД ИЗРАИЛЯ, ОСВЯЩАЮ-
ЩИЙ ИМЯ ТВОЕ. БЛАГОСЛОВЕН ТЫ, ГОСПОДЬ, ОСВЯЩАЮЩИЙ (в субботу
добавляют: СУББОТУ, И) ИЗРАИЛЬ, И ДНИ [ПРАЗДНИКОВ]!

רצה ОТНЕСИСЬ БЛАГОСКЛОННО, ГОСПОДЬ, БОГ НАШ, К НАРОДУ СВОЕМУ,
ИЗРАИЛЮ, И МОЛИТВУ ЕГО ПРИМИ, И ВОССТАНОВИ СЛУЖБУ В СВЯТАЯ СВЯТЫХ
ХРАМА ТВОЕГО; И ЖЕРТВЫ, ПРИНОСИМЫЕ ИЗРАИЛЕМ, И МОЛИТВУ ЕГО ПРИМИ С
ЛЮБОВЬЮ, БЛАГОСКЛОННО; И ПУСТЬ БУДЕТ ВСЕГДА ЖЕЛАННО ТЕБЕ СЛУЖЕНИЕ
ИЗРАИЛЯ, НАРОДА ТВОЕГО.

ותחזינה И ДА УВИДИМ МЫ СВОИМИ ГЛАЗАМИ, КАК ВЕРНЕШЬСЯ ТЫ, ПО
МИЛОСЕРДИЮ СВОЕМУ, В СИОН. БЛАГОСЛОВЕН ТЫ, ГОСПОДЬ, ВОЗВРАЩАЮЩИЙ
СВОЮ ШХИНУ В СИОН!

---

1. Дварим, 16:16,17.

מוֹדִים אֲנַחְנוּ לָךְ שָׁאַתָּה הוּא יְיָ אֱלֹהֵינוּ וֵאלֹהֵי אֲבוֹתֵינוּ לְעוֹלָם וָעֶד, צוּר חַיֵּינוּ מָגֵן יִשְׁעֵנוּ, אַתָּה הוּא לְדוֹר וָדוֹר, נוֹדֶה לְּךָ וּנְסַפֵּר תְּהִלָּתֶךָ, עַל חַיֵּינוּ הַמְּסוּרִים בְּיָדֶךָ, וְעַל נִשְׁמוֹתֵינוּ הַפְּקוּדוֹת לָךְ, וְעַל נִסֶּיךָ שֶׁבְּכָל יוֹם עִמָּנוּ, וְעַל נִפְלְאוֹתֶיךָ וְטוֹבוֹתֶיךָ שֶׁבְּכָל עֵת, עֶרֶב וָבֹקֶר וְצָהֳרָיִם, הַטּוֹב, כִּי לֹא כָלוּ רַחֲמֶיךָ, וְהַמְרַחֵם, כִּי לֹא תַמּוּ חֲסָדֶיךָ, כִּי מֵעוֹלָם קִוִּינוּ לָךְ:

מודים דרבנן

מוֹדִים אֲנַחְנוּ לָךְ, שָׁאַתָּה הוּא יְיָ אֱלֹהֵינוּ וֵאלֹהֵי אֲבוֹתֵינוּ, אֱלֹהֵי כָל בָּשָׂר, יוֹצְרֵנוּ יוֹצֵר בְּרֵאשִׁית, בְּרָכוֹת וְהוֹדָאוֹת לְשִׁמְךָ הַגָּדוֹל וְהַקָּדוֹשׁ עַל שֶׁהֶחֱיִיתָנוּ וְקִיַּמְתָּנוּ, כֵּן תְּחַיֵּנוּ, יְתַקְּמֵנוּ, וְתֶאֱסוֹף גָּלֻיּוֹתֵינוּ לְחַצְרוֹת קָדְשֶׁךָ, וְנָשׁוּב אֵלֶיךָ לִשְׁמוֹר חֻקֶּיךָ, וְלַעֲשׂוֹת רְצוֹנֶךָ, וּלְעָבְדְּךָ בְּלֵבָב שָׁלֵם, עַל שֶׁאָנוּ מוֹדִים לָךְ, בָּרוּךְ אֵל הַהוֹדָאוֹת:

וְעַל כֻּלָּם יִתְבָּרַךְ וְיִתְרוֹמַם וְיִתְנַשֵּׂא שִׁמְךָ מַלְכֵּנוּ תָּמִיד לְעוֹלָם וָעֶד:

וְכָל הַחַיִּים יוֹדוּךָ סֶּלָה וִיהַלְלוּ שִׁמְךָ הַגָּדוֹל לְעוֹלָם כִּי טוֹב, הָאֵל יְשׁוּעָתֵנוּ וְעֶזְרָתֵנוּ סֶלָה, הָאֵל הַטּוֹב. בָּרוּךְ אַתָּה יְיָ, הַטּוֹב שִׁמְךָ וּלְךָ נָאֶה לְהוֹדוֹת:

(בחזרת הש"ץ הכהנים נ"כ).

אֱלֹהֵינוּ וֵאלֹהֵי אֲבוֹתֵינוּ, בָּרְכֵנוּ בַבְּרָכָה הַמְשֻׁלֶּשֶׁת, בַּתּוֹרָה הַכְּתוּבָה עַל יְדֵי מֹשֶׁה עַבְדֶּךָ, הָאֲמוּרָה מִפִּי אַהֲרֹן וּבָנָיו כֹּהֲנִים עַם קְדוֹשֶׁךָ כָּאָמוּר: יְבָרֶכְךָ יְיָ וְיִשְׁמְרֶךָ: אִמֵן: יָאֵר יְיָ פָּנָיו אֵלֶיךָ וִיחֻנֶּךָּ: אִמֵן: יִשָּׂא יְיָ פָּנָיו אֵלֶיךָ וְיָשֵׂם לְךָ שָׁלוֹם: אִמֵן:

שִׂים שָׁלוֹם, טוֹבָה וּבְרָכָה, חַיִּים חֵן וָחֶסֶד וְרַחֲמִים, עָלֵינוּ וְעַל כָּל יִשְׂרָאֵל עַמֶּךָ. בָּרְכֵנוּ אָבִינוּ כֻּלָּנוּ כְּאֶחָד, בְּאוֹר פָּנֶיךָ, כִּי בְאוֹר פָּנֶיךָ, נָתַתָּ לָּנוּ יְיָ אֱלֹהֵינוּ תּוֹרַת חַיִּים, וְאַהֲבַת חֶסֶד, וּצְדָקָה וּבְרָכָה וְרַחֲמִים וְחַיִּים וְשָׁלוֹם. וְטוֹב בְּעֵינֶיךָ לְבָרֵךְ אֶת עַמְּךָ יִשְׂרָאֵל בְּכָל עֵת וּבְכָל שָׁעָה בִּשְׁלוֹמֶךָ. בָּרוּךְ אַתָּה יְיָ, הַמְבָרֵךְ אֶת עַמּוֹ יִשְׂרָאֵל בַּשָּׁלוֹם:

יִהְיוּ לְרָצוֹן אִמְרֵי פִי וְהֶגְיוֹן לִבִּי לְפָנֶיךָ, יְיָ צוּרִי וְגוֹאֲלִי: לש"ץ ק"ש

אֱלֹהַי, נְצוֹר לְשׁוֹנִי מֵרָע, וּשְׂפָתַי מִדַּבֵּר מִרְמָה, וְלִמְקַלְלַי, נַפְשִׁי תִדּוֹם, וְנַפְשִׁי כֶּעָפָר לַכֹּל תִּהְיֶה. פְּתַח לִבִּי בְּתוֹרָתֶךָ, וּבְמִצְוֹתֶיךָ תִּרְדּוֹף נַפְשִׁי, וְכָל הַחוֹשְׁבִים עָלַי רָעָה, מְהֵרָה הָפֵר עֲצָתָם וְקַלְקֵל מַחֲשַׁבְתָּם. יִהְיוּ כְּמֹץ לִפְנֵי רוּחַ וּמַלְאַךְ יְיָ דּוֹחֶה. לְמַעַן יֵחָלְצוּן יְדִידֶיךָ, הוֹשִׁיעָה יְמִינְךָ וַעֲנֵנִי. עֲשֵׂה לְמַעַן שְׁמֶךָ, עֲשֵׂה לְמַעַן יְמִינֶךָ, עֲשֵׂה לְמַעַן תּוֹרָתֶךָ. עֲשֵׂה לְמַעַן קְדֻשָּׁתֶךָ. יִהְיוּ לְרָצוֹן אִמְרֵי פִי, וְהֶגְיוֹן לִבִּי לְפָנֶיךָ, יְיָ צוּרִי וְגוֹאֲלִי.

מודים БЛАГОДАРИМ МЫ ТЕБЯ ЗА ТО, ЧТО ТЫ, ГОСПОДЬ, – БОГ НАШ И БОГ ОТЦОВ НАШИХ ВО ВЕКИ ВЕКОВ. ТЫ – ОПЛОТ ЖИЗНИ НАШЕЙ, ЗАЩИТНИК, СПАСАЮЩИЙ НАС ИЗ ПОКОЛЕНИЯ В ПОКОЛЕНИЕ. БУДЕМ БЛАГОДАРИТЬ ТЕБЯ И ПРОВОЗГЛАШАТЬ ТЕБЕ ХВАЛУ ВЕЧЕРОМ, УТРОМ И ДНЕМ ЗА ЖИЗНЬ НАШУ, ВВЕРЕННУЮ ТЕБЕ, ЗА ДУШИ НАШИ, ХРАНИМЫЕ ТОБОЙ, И ЗА ЧУДЕСА ТВОИ, КОТОРЫЕ ТЫ ПОСТОЯННО [СОВЕРШАЕШЬ] С НАМИ, И ЗА ТВОИ ЗНАМЕНИЯ И БЛАГОДЕЯНИЯ, КОТОРЫЕ ТЫ [ТВОРИШЬ] ВСЕГДА, – О, ДОБРЫЙ! – ПОТОМУ ЧТО МИЛОСТИ ТВОИ НЕСКОНЧАЕМЫ, – О, МИЛОСЕРДНЫЙ! – ПОТОМУ ЧТО БЛАГОДЕЯНИЯ ТВОИ НЕИСТОЩИМЫ; ВЕДЬ МЫ ОТ ВЕКА НАДЕЕМСЯ НА ТЕБЯ!

"МОДИМ ДЕРАБАНАН"
(См. транслитерацию на стр. 386)
При повторении молитвы хазаном община говорит здесь следующую молитву.

מודים БЛАГОДАРИМ МЫ ТЕБЯ ЗА ТО, ЧТО ТЫ, ГОСПОДЬ, – БОГ НАШ И БОГ ОТЦОВ НАШИХ, БОГ ВСЕГО ЖИВОГО, СОЗДАТЕЛЬ НАШ, ТВОРЕЦ МИРОЗДАНИЯ; ПОДОБАЕТ БЛАГОСЛОВЛЯТЬ И СЛАВИТЬ ВЕЛИКОЕ И СВЯТОЕ ИМЯ ТВОЕ ЗА ТО, ЧТО ТЫ ДАЛ НАМ ЖИЗНЬ И ПОДДЕРЖИВАЕШЬ ЕЕ В НАС; И ТЫ ПРОДЛИШЬ ЕЕ И ПОДДЕРЖИШЬ, И СОБЕРЕШЬ НАС ИЗ ИЗГНАНИЯ ВО ДВОРАХ СВЯТИЛИЩА СВОЕГО, И ВЕРНЕМСЯ МЫ К ТЕБЕ, ЧТОБЫ СОБЛЮДАТЬ ТВОИ ЗАКОНЫ, И ИСПОЛНЯТЬ ВОЛЮ ТВОЮ, И СЛУЖИТЬ ТЕБЕ ВСЕМ СЕРДЦЕМ; И ПОТОМУ МЫ БЛАГОДАРИМ ТЕБЯ. БЛАГОСЛОВЕН БОГ, КОТОРОГО ПОДОБАЕТ БЛАГОДАРИТЬ!

ועל И ЗА ВСЕ ЭТО ДА БУДЕТ БЛАГОСЛОВЛЕНО, И ДА ВОЗВЕЛИЧИТСЯ И ПРЕВОЗНЕСЕТСЯ ИМЯ ТВОЕ, ВЛАДЫКА НАШ, ВСЕГДА, ВО ВЕКИ ВЕКОВ!

וכל И ВСЕ ЖИВОЕ БУДЕТ ВЕЧНО БЛАГОДАРИТЬ ТЕБЯ И ВОСХВАЛЯТЬ ТВОЕ ВЕЛИКОЕ ИМЯ ВОВЕК, ИБО ТЫ ДОБР. ТЫ, БОГ, – НАШЕ СПАСЕНИЕ И НАША ОПОРА ВОВЕКИ, [ТЫ –] ДОБРЫЙ БОГ! БЛАГОСЛОВЕН ТЫ, ГОСПОДЬ; ДОБРЫЙ – ИМЯ ТЕБЕ, И ТЕБЯ ПОДОБАЕТ БЛАГОДАРИТЬ.

При повторении хазаном молитвы коѓаним благословляют здесь народ (см. стр. 268-269). Если же среди молящихся нет коѓаним, хазан произносит:

אלהינו БОГ НАШ И БОГ ОТЦОВ НАШИХ! БЛАГОСЛОВИ НАС ТРОЙНЫМ БЛАГОСЛОВЕНИЕМ, КОТОРОЕ ЗАПИСАЛ В ТОРЕ РАБ ТВОЙ МОШЕ И КОТОРОЕ ПРОИЗНОСИЛИ АЃАРОН И СЫНОВЬЯ ЕГО, КОЃАНИМ, – СВЯТОЕ ПЛЕМЯ ТВОЕ, КАК СКАЗАНО:"БЛАГОСЛОВИТ ТЕБЯ ГОСПОДЬ И ОХРАНИТ ТЕБЯ. *(Община отвечает:* АМЕН! *Хазан продолжает:)* И БУДЕТ БЛАГОСКЛОНЕН К ТЕБЕ ГОСПОДЬ, И ПОМИЛУЕТ ТЕБЯ. *(Община отвечает:* АМЕН! *Хазан продолжает:)* БУДЕТ БЛАГОВОЛИТЬ К ТЕБЕ ГОСПОДЬ И ПОШЛЕТ ТЕБЕ МИР".[1] *(Община отвечает:* АМЕН!)

שים ДАРУЙ МИР, ДОБРО И БЛАГОСЛОВЕНИЕ, ЖИЗНЬ, МИЛОСТЬ, И ЛЮБОВЬ, И МИЛОСЕРДИЕ НАМ И ВСЕМУ ТВОЕМУ НАРОДУ, ИЗРАИЛЮ. БЛАГОСЛОВИ НАС, ВСЕХ ВМЕСТЕ, В БЛАГОСКЛОННОСТИ СВОЕЙ, ОТЕЦ НАШ, ИБО В БЛАГОСКЛОННОСТИ СВОЕЙ ТЫ ДАРОВАЛ НАМ, ГОСПОДЬ, БОГ НАШ, ЗАКОН ЖИЗНИ И БЕСКОРЫСТНОЙ ЛЮБВИ, И МИЛОСТЬ, И БЛАГОСЛОВЕНИЕ, И МИЛОСЕРДИЕ, И ЖИЗНЬ, И МИР. И ДА БУДЕТ УГОДНО ТЕБЕ БЛАГОСЛОВЛЯТЬ НАРОД СВОЙ, ИЗРАИЛЬ, ВО ВСЕ ВРЕМЕНА И В КАЖДОЕ МГНОВЕНИЕ, ДАРУЯ ЕМУ МИР. БЛАГОСЛОВЕН ТЫ, ГОСПОДЬ, БЛАГОСЛОВЛЯЮЩИЙ МИРОМ НАРОД СВОЙ, ИЗРАИЛЬ!

יהי ДА БУДУТ УГОДНЫ ТЕБЕ СЛОВА МОИХ УСТ И ПОМЫСЛЫ СЕРДЦА МОЕГО, О, ГОСПОДЬ, – МОЙ ОПЛОТ И ИЗБАВИТЕЛЬ![2]

Хазан произносит "Кадиш шалем", стр. 74-75.

אלהי БОГ МОЙ! УБЕРЕГИ МОЙ ЯЗЫК ОТ ЗЛОСЛОВИЯ И УСТА МОИ ОТ ЛЖИВЫХ РЕЧЕЙ; И ПЕРЕД ТЕМИ, КТО ПРОКЛИНАЕТ МЕНЯ, ПУСТЬ ДУША МОЯ ХРАНИТ МОЛЧАНИЕ. И ПУСТЬ ДУША МОЯ ПОВЕРГНЕТСЯ В ПРАХ ПРЕД КАЖДЫМ. РАСКРОЙ МОЕ СЕРДЦЕ ДЛЯ ТОРЫ ТВОЕЙ, И ДА УСТРЕМИТСЯ МОЯ ДУША К ИСПОЛНЕНИЮ ТВОИХ ЗАПОВЕДЕЙ; И ПОСКОРЕЕ РАЗРУШЬ КОЗНИ И РАССТРОЙ ЗАМЫСЛЫ ВСЕХ ЗАДУМАВШИХ ПРОТИВ МЕНЯ НЕДОБРОЕ. ДА БУДУТ ОНИ МЯКИНОЙ НА ВЕТРУ, ГОНИМЫЕ АНГЕЛОМ ГОСПОДА.[3] ПУСТЬ СПАСЕНЫ БУДУТ ТЕ, КОГО ЛЮБИШЬ ТЫ; СПАСИ [МЕНЯ] ДЕСНИЦЕЙ СВОЕЙ И ОТВЕТЬ МНЕ.[4] СОВЕРШИ ЭТО РАДИ ИМЕНИ СВОЕГО, СОВЕРШИ РАДИ [ПРОСЛАВЛЕНИЯ] ДЕСНИЦЫ СВОЕЙ, СОВЕРШИ РАДИ ТОРЫ СВОЕЙ, СОВЕРШИ РАДИ СВЯТОСТИ СВОЕЙ; ДА БУДУТ УГОДНЫ ТЕБЕ СЛОВА МОИХ УСТ И ПОМЫСЛЫ СЕРДЦА МОЕГО, О, ГОСПОДЬ, – МОЙ ОПЛОТ И ИЗБАВИТЕЛЬ![3]

---

1. Бемидбар, 6:24–26. 2. Теѓилим, 19:15. 3. Теѓилим, 35:5. 4. Теѓилим, 60:7, 108:7.

עֹשֶׂה שָׁלוֹם בִּמְרוֹמָיו. הוּא יַעֲשֶׂה שָׁלוֹם עָלֵינוּ. וְעַל כָּל יִשְׂרָאֵל.
וְאִמְרוּ אָמֵן:

יְהִי רָצוֹן מִלְפָנֶיךָ יְיָ אֱלֹהֵינוּ וֵאלֹהֵי אֲבוֹתֵינוּ, שֶׁיִּבָּנֶה בֵּית הַמִּקְדָּשׁ בִּמְהֵרָה בְיָמֵינוּ, וְתֵן
חֶלְקֵנוּ בְּתוֹרָתֶךָ.

תפלת טל

מוסף לש"ץ ליום ראשון של פסח

פיתחת הארז אֲדֹנָי, שְׂפָתַי תִּפְתָּח וּפִי יַגִּיד תְּהִלָּתֶךָ:

בָּרוּךְ אַתָּה יְהוָֹה אֱלֹהֵינוּ וֵאלֹהֵי אֲבוֹתֵינוּ אֱלֹהֵי אַבְרָהָם אֱלֹהֵי
יִצְחָק וֵאלֹהֵי יַעֲקֹב. הָאֵל הַגָּדוֹל הַגִּבּוֹר וְהַנּוֹרָא. אֵל
עֶלְיוֹן. גּוֹמֵל חֲסָדִים טוֹבִים. קוֹנֵה הַכֹּל. וְזוֹכֵר חַסְדֵי אָבוֹת
וּמֵבִיא גוֹאֵל לִבְנֵי בְנֵיהֶם לְמַעַן שְׁמוֹ בְּאַהֲבָה: מֶלֶךְ עוֹזֵר
וּמוֹשִׁיעַ וּמָגֵן:

בְּדַעְתּוֹ אַבִּיעָה חִידוֹת. בָּעָם זוּ בְּזוּ בְּטַל לְהַחֲדוֹת.
טַל גַּיְא וּדְשָׁאֶיהָ לַחֲדוֹת. דָּצִים בְּצִלּוֹ
לְהֵחָדוֹת. אוֹת יַלֶּדֶת טַל לְהָגֵן לְתוֹלָדוֹת: בָּרוּךְ
אַתָּה יְהוָֹה, מָגֵן אַבְרָהָם:

אַתָּה גִּבּוֹר לְעוֹלָם אֲדֹנָי מְחַיֶּה מֵתִים אַתָּה רַב לְהוֹשִׁיעַ:
תְּהוֹמוֹת הֲדֹם לְרַסִּיסוֹ כְּסוּפִים. וְכָל־נְאוֹת דֶּשֶׁא לוֹ
נִכְסָפִים. טַל זִכְרוֹ גְּבוּרוֹת מוֹסִיפִים. חָקוּק
בְּגִישַׁת מוּסָפִים טַל לְהַחֲיוֹת בּוֹ נְקוּקֵי סְעִיפִים:

אֱלֹהֵינוּ וֵאלֹהֵי אֲבוֹתֵינוּ:

טַל תֵּן לִרְצוֹת אַרְצָךְ. שִׁיתֵנוּ בְרָכָה בְּדִיצָךְ. רֹב
דָּגָן וְתִירוֹשׁ בְּהַפְרִיצָךְ. קוֹמֵם עִיר בָּהּ חֶפְצָךְ.
בְּטָל:

טַל צַוֵּה שָׁנָה טוֹבָה וּמְעֻטֶּרֶת. פְּרִי הָאָרֶץ לְגָאוֹן
וּלְתִפְאֶרֶת. עִיר כְּסֻכָּה נוֹתֶרֶת. שִׂימָהּ בְּיָדְךָ
עֲטֶרֶת. בְּטָל:

טַל נוֹפֵת עֲלֵי אֶרֶץ בְּרוּכָה. מִמֶּגֶד שָׁמַיִם שַׂבְּעֵנוּ
בְרָכָה. לְהָאִיר מִתּוֹךְ חֲשֵׁכָה. כַּנָּה אַחֲרֶיךָ
מְשׁוּכָה. בְּטָל:

УСТАНАВЛИВАЮЩИЙ МИР В СВОИХ ВЫСОТАХ, ОН ПОШЛЕТ МИР НАМ И ВСЕМУ ИЗРАИЛЮ, И СКАЖЕМ АМЕН!

יהי ДА БУДЕТ УГОДНО ТЕБЕ, ГОСПОДЬ, БОГ НАШ И БОГ НАШИХ ОТЦОВ, ЧТОБЫ БЫЛ ПОСТРОЕН ХРАМ, – ВСКОРЕ, В НАШИ ДНИ, И ДАЙ НАМ УДЕЛ В ТОРЕ ТВОЕЙ!

МОЛИТВА О РОСЕ

ПОВТОРЕНИЕ ХАЗАНОМ МОЛИТВЫ "МУСАФ" В ПЕРВЫЙ ДЕНЬ ПРАЗДНИКА ПЕСАХ

Открывают ковчег.

אדני ГОСПОДЬ, ДАЙ МНЕ СИЛЫ МОЛИТЬСЯ ПРЕД ТОБОЙ, [ПРОСТИВ МНЕ ГРЕХИ], И УСТА МОИ ВОССЛАВЯТ ТЕБЯ.

ברוך БЛАГОСЛОВЕН ТЫ, ГОСПОДЬ, БОГ НАШ И БОГ ОТЦОВ НАШИХ, БОГ АВРАГАМА, БОГ ИЦХАКА И БОГ ЯАКОВА, БОГ ВЕЛИКИЙ, МОГУЧИЙ И ГРОЗНЫЙ, ВСЕВЫШНИЙ БОГ, ДАРУЮЩИЙ БЛАГА, СОТВОРИВШИЙ ВСЕ, И ПОМНЯЩИЙ ДОБРЫЕ ДЕЛА ОТЦОВ, И ПО ЛЮБВИ СВОЕЙ ПОСЫЛАЮЩИЙ ИЗБАВИТЕЛЯ СЫНОВЬЯМ ИХ СЫНОВЕЙ РАДИ ИМЕНИ СВОЕГО! [ТЫ –] ВЛАДЫКА, КОТОРЫЙ ПОМОГАЕТ, СПАСАЕТ И ЗАЩИЩАЕТ.

ברשתי С ПОЗВОЛЕНИЯ [ВСЕВЫШНЕГО] ОТКРОЮ УСТА, [ЧТОБЫ ГОВОРИТЬ] О ВЕЩАХ ПОТАЕННЫХ В СРЕДЕ ЭТОГО НАРОДА, [ЧТОБЫ НАПОМИНАНИЕМ] О РОСЕ ПРИОБОДРИТЬ ЕГО. РОСЕ БУДУТ РАДОВАТЬСЯ ДОЛИНЫ И ТРАВЫ ИХ. РАДУЯСЬ ЗАЩИТЕ [ВСЕВЫШНЕГО], БУДУТ [СЫНЫ ИЗРАИЛЯ] ЛИКОВАТЬ. РОСА – СИМВОЛ [ЧИСТЫХ] ДЕТСКИХ ЛЕТ [АВРАГАМА И ОБЕЩАНИЯ ВСЕВЫШНЕГО ВЕЧНО] ОХРАНЯТЬ ЕГО ПОТОМКОВ. БЛАГОСЛОВЕН ТЫ, ГОСПОДЬ, ЗАЩИТНИК АВРАГАМА!

אתה ТВОЕ МОГУЩЕСТВО ВЕЧНО, ГОСПОДЬ, ТЫ ВОЗВРАЩАЕШЬ МЕРТВЫХ К ЖИЗНИ, ТЫ – ВЕЛИКИЙ ИЗБАВИТЕЛЬ!

תהומות БЕЗДНЫ ЗЕМЛИ, ПОДНОЖИЕ ТРОНА [ВСЕВЫШНЕГО] ЖАЖДУТ ЕЕ КАПЕЛЬ, И ВСЕ ЛУГА ЖАЖДУТ ЕЕ. РОСА – УПОМИНАНИЕ О НЕЙ УМНОЖАЕТ [ПРОСЛАВЛЕНИЕ] МОГУЩЕСТВА [ВСЕВЫШНЕГО]. [ПОЭТОМУ ПРОСЬБА О РОСЕ] УСТАНОВЛЕНА В [МОЛИТВЕ] "МУСАФ", ВОЗНОСИМОЙ [КО ВСЕВЫШНЕМУ]. РОСА – [СПУСКАЕТСЯ], ЧТОБЫ ОЖИВИТЬ РАСЩЕЛИНЫ СКАЛ.

БОГ НАШ И БОГ ОТЦОВ НАШИХ!

טל РОСУ ДАЙ [В ЗНАК ТОГО, ЧТО] БЛАГОВОЛИШЬ ТЫ К СТРАНЕ ТВОЕЙ. СДЕЛАЙ НАС [ЗНАКОМ] БЛАГОСЛОВЕНИЯ, [КОТОРОЕ ДАРУЕШЬ ТЫ] В РАДОСТИ ТВОЕЙ, – [ПОСЛАВ НАМ] ИЗОБИЛИЕ ХЛЕБА И ВИНА! ВОССТАНОВИ ГОРОД, КОТОРЫЙ ИЗБРАЛ ТЫ, – РОСОЮ.

טל РОСЕ ПОВЕЛИ [СДЕЛАТЬ] ЭТОТ ГОД БЛАГОДАТНЫМ И ПЛОДОРОДНЫМ, [ЧТОБЫ] УРОЖАЙ ЗЕМЛИ [ВЫЗЫВАЛ] ГОРДОСТЬ И ВОСХИЩЕНИЕ. ГОРОД, ПОКИНУТЫЙ, СЛОВНО ШАЛАШ, ПРЕВРАТИ РУКОЙ СВОЕЙ В ПРЕКРАСНЫЙ ВЕНЕЦ – РОСОЮ.

טל РОСЕ [ПОВЕЛИ] СТРУИТЬСЯ НА БЛАГОСЛОВЕННУЮ ЗЕМЛЮ [СТРАНЫ ИЗРАИЛЯ], НЕБЕСНОЙ СЛАДОСТЬЮ НАСЫТЬ НАС, [СВОИМ] БЛАГОСЛОВЕНИЕМ, ЧТОБЫ ИЗ МРАКА [ИЗГНАНИЯ] ОСВЕТИЛ [СВЕТ ИЗБАВЛЕНИЯ] РОСТОК, ТЯНУЩИЙСЯ К ТЕБЕ [– ИЗРАИЛЬ], – РОСОЮ.

טַל יַעֲסִים צוּף הָרִים ׳ טָעַם בְּמֹאדֶיךָ מֻבְחָרִים ׳ תָּנוּגֶיהָ הֲלַץ מִמַּסְגְּרִים ׳ זִמְרָה נַגְעִים וְקוֹל נָרִים ׳ בְּטַל :

טַל וָשֹבַע מַלֵּא אֲסָמֵינוּ ׳ הַכְעֵת תְּחַדֵּשׁ יָמֵינוּ ׳ דּוֹד כְּעֶרְכְּךָ הַעֲמֵד שְׁמֵנוּ ׳ גַּן רָוֶה שִׂימֵנוּ ׳ בְּטַל :

טַל בּוֹ תְּבָרֵךְ מָזוֹן ׳ בְּמַשְׁמַנֵּינוּ אַל יְהִי רָזוֹן ׳ אֻיְמָה אֲשֶׁר הִסַּעְתָּ כַצֹּאן ׳ אָנָּא תָּפֵק לָהּ רָצוֹן ׳ בְּטַל :

שָׁאַתָּה הוּא יְהֹוָה אֱלֹהֵינוּ מַשִּׁיב הָרוּחַ וּמוֹרִיד הַטָּל :

לִבְרָכָה וְלֹא לִקְלָלָה : אמן
לְחַיִּים וְלֹא לַמָּוֶת : אמן
לְשֹׂבַע וְלֹא לְרָזוֹן : אמן סוגרין הארון

סבלכל חיים כו׳

פותחין   הארון
בָּרוּךְ אַתָּה סד ומשיע ומגן חמלא לעיל

אַף בְּרִי אֻתַּת שֵׁם שַׂר מָטָר ׳ לְהַעֲבִיב וּלְהַעֲנִין לְהָרִיק וּלְהַמְטֵר ׳ מַיִם אַבִּים בָּם גֵּיא לַעֲטֵר ׳ לְבַל יוֹעֲצָרוּ בְּנִשְׁיוֹן שְׁטָר ׳ אֱמוּנִים גָּנוֹן בָּם שׁוֹאֲלֵי מָטָר :

בָּרוּךְ אַתָּה יְהֹוָה, מָגֵן אַבְרָהָם :

אַתָּה גִבּוֹר לְעוֹלָם אֲדֹנָי מְחַיֶּה מֵתִים אַתָּה רַב לְהוֹשִׁיעַ :

יַטְרִיחַ לְפַלֵּג מִפֶּלֶג גֶּשֶׁם׳ לְמוֹגֵג פְּנֵי נֶשִׁי בְּצַחוֹת לֶשֶׁם ׳ מַיִם לְאַדְּרָךְ כָּנִיתָ בָּרֶשֶׁם ׳ לְהַרְגִּיעַ בְּרַעֲפָם לִנְפוּדֵי נֶשֶׁם ׳ לְהַחֲוֹת מַזְכִּירִים גְּבוּרוֹת הַגֶּשֶׁם :

אֱלֹהֵינוּ וֵאלֹהֵי אֲבוֹתֵינוּ :

טל РОСЕ [ПОВЕЛИ] НАПОИТЬ СОЧНОЙ СЛАДОСТЬЮ ГОРЫ, ДАЙ ВКУСИТЬ ТВОИМ ИЗБРАННИКАМ [НАРОДУ ИЗРАИЛЯ] БЛАГО ТВОЕ. ТЕХ, КОГО МИЛУЕШЬ ТЫ, ИЗБАВЬ ОТ ОКОВ [ИЗГНАНИЯ], И МЫ УСЛАДИМ [ТВОЙ СЛУХ] ПЕНИЕМ ГРОМКИМ, [КОГДА ПОШЛЕШЬ ТЫ] – РОСУ.

טל РОСЕ [ПОВЕЛИ] НАПОЛНИТЬ ЖИТНИЦЫ НАШИ. ОБНОВИ ДНИ НАШИ, КАК ВСТАРЬ! ВОЗЛЮБЛЕННЫЙ [НАШ], СООТВЕТСТВЕННО ВЕЛИЧИЮ ТВОЕМУ ВОССТАНОВИ ИМЯ НАШЕ, СДЕЛАЙ НАС САДОМ, ОРОШАЕМЫМ РОСОЮ!

טל РОСА – ЕЮ БЛАГОСЛОВИ ПИЩУ, ИЗОБИЛИЕ НАШЕ ДА НЕ УЗНАЕТ ОСКУДЕНИЯ! [ИЗРАИЛЬ, КОТОРЫЙ] НАВОДИЛ СТРАХ [НА ПРОЧИЕ НАРОДЫ], КОГДА ВОДИЛ ТЫ ЕГО [ПО ПУСТЫНЕ], КАК СТАДО ОВЕЦ, – О, ИСПОЛНИ ЕГО ЖЕЛАНИЯ – РОСОЮ!

שאתה ИБО ТЫ, ГОСПОДЬ, БОГ НАШ, ПОСЫЛАЮЩИЙ ВЕТЕР И ПОСЫЛАЮЩИЙ РОСУ

לברכה ДЛЯ БЛАГА, А НЕ ДЛЯ ПРОКЛЯТИЯ!   (*Община отвечает:* АМЕН!)

לחיים ДЛЯ ЖИЗНИ, А НЕ ДЛЯ СМЕРТИ!   (*Община отвечает:* АМЕН!)

לשבע ДЛЯ ИЗОБИЛИЯ, А НЕ ДЛЯ ОСКУДЕНИЯ!   (*Община отвечает:* АМЕН!)

Закрывают ковчег.

Хазан продолжает: "ПИТАЮЩИЙ ПО ДОБРОТЕ СВОЕЙ..." (стр. 257).

МОЛИТВА О ДОЖДЕ
ПОВТОРЕНИЕ ХАЗАНОМ МОЛИТВЫ "МУСАФ" В ПРАЗДНИК ШМИНИ-АЦЕРЕТ

Открывают ковчег.

אף ברי АФ-БРИ – ЭТО ИМЯ АНГЕЛА ДОЖДЯ, КОТОРЫЙ ЗАТЯГИВАЕТ НЕБО ЧЕРНЫМИ ТУЧАМИ И ОБЛАКАМИ, ОПОРОЖНЯЕТ ИХ И ПРОЛИВАЕТ ДОЖДЬ – ВОДУ, КОТОРАЯ ОБРЯЖАЕТ ЗЕМЛЮ В ЗЕЛЕНЫЙ НАРЯД. О, [ВСЕВЫШНИЙ,] НЕ ЗАДЕРЖИВАЙ ДОЖДЕЙ ИЗ-ЗА НЕУПЛАЧЕННОГО НАМИ ДОЛГА! [РАДИ ПРАОТЦЕВ НАШИХ], ВЕРНЫХ ТЕБЕ, ЗАЩИТИ [ПОТОМКОВ ИХ], МОЛЯЩИХ [ТЕБЯ] О ДОЖДЕ!

ברוך БЛАГОСЛОВЕН ТЫ, ГОСПОДЬ, ЗАЩИТНИК АВРАГАМА!

אתה ТВОЕ МОГУЩЕСТВО ВЕЧНО, ГОСПОДЬ, ТЫ ВОЗВРАЩАЕШЬ МЕРТВЫХ К ЖИЗНИ, ТЫ – ВЕЛИКИЙ ИЗБАВИТЕЛЬ!

יטריח ПОВЕЛИ, [ВСЕВЫШНИЙ, АНГЕЛУ АФ-БРИ] НАПРАВИТЬ ПОТОКИ ВОД [С НЕБЕС], ЧТОБЫ РАЗРЫХЛИТЬ ПОВЕРХНОСТЬ ЗЕМЛИ [КАПЛЯМИ], ПРОЗРАЧНЫМИ, КАК [ДРАГОЦЕННЫЙ КАМЕНЬ] "ЛЕШЕМ". [ПОШЛИ] ВОДУ [НА ЗЕМЛЮ], ЧТОБЫ ВОЗВЕЛИЧИЛА ОНА МОГУЩЕСТВО ТВОЕ, КАК САМ ТЫ НАПИСАЛ В [СВЯЩЕННОМ] ПИСАНИИ, И УСПОКОИЛА КАПЛЯМИ СВОИМИ [ЛЮДЕЙ], В КОТОРЫХ ВДОХНУЛ ТЫ ДУШУ, И ОЖИВИЛА [СЫНОВ ИЗРАИЛЯ], УПОМИНАЮЩИХ [В МОЛИТВЕ] СИЛУ ДОЖДЯ [– ВЫРАЖЕНИЕ МОГУЩЕСТВА ТВОЕГО]!

БОГ НАШ И БОГ ОТЦОВ НАШИХ!

זְכוֹר אָב נִמְשַׁךְ אַחֲרֶיךָ כְּמַיִם ' בֵּרַכְתּוֹ כְּעֵץ שָׁתוּל
עַל פַּלְגֵי מָיִם ' גְּנַנְתּוֹ הִצַּלְתּוֹ מֵאֵשׁ וּמִמַּיִם '
דְּרַשְׁתּוֹ בְּזָרְעוֹ עַל כָּל מַיִם : בַּעֲבוּרוֹ אַל תִּמְנַע מָיִם :

זְכוֹר הַנּוֹלָד בִּבְשׂוֹרַת יֻקַּח נָא מְעַט מַיִם ' וְשָׂחְתָּ
לְהוֹרוֹ לְשַׁחֲטוֹ לִשְׁפֹּךְ דָּמוֹ כַּמַּיִם ' זָהַר גַּם הוּא
לִשְׁפֹּךְ לֵב כַּמַּיִם ' חָפַר וּמָצָא בְּאֵרוֹת מָיִם : בְּצִדְקוֹ
חֹן חֲשׁרַת מָיִם :

זְכוֹר טָעַן מַקְלוֹ וְעָבַר יַרְדֵּן מַיִם ' יַחַד לֵב וְגַל אֶבֶן
מִפִּי בְאֵר מַיִם ' כְּנֶאֱבַק לוֹ שָׂר בָּלוּל מֵאֵשׁ
וּמִמַּיִם ' לָכֵן הִבְטַחְתּוֹ הֱיוֹת עִמּוֹ בָּאֵשׁ וּבַמָּיִם :
בַּעֲבוּרוֹ אַל תִּמְנַע מָיִם :

זְכוֹר מָשׁוּי בְּתֵבַת גֹּמֶא מִן הַמַּיִם ' נָמוּ דָּלֹה דָּלָה
וְהִשְׁקָה צֹאן מָיִם ' סְגוּלֶיךָ עֵת צָמְאוּ לְמַיִם ' עַל
הַסֶּלַע הַךְ וַיֵּצְאוּ מָיִם : בְּצִדְקוֹ חֹן חֲשׁרַת מָיִם :

זְכוֹר פְּקִיד שְׁתוֹת טוֹבֵל חָמֵשׁ טְבִילוֹת בַּמָּיִם ' צֹעֶה
וּמַרְחִיץ כַּפָּיו בְּקִדּוּשׁ מַיִם ' קוֹרֵא וּמַזֶּה טָהֳרַת
מָיִם ' רוֹחַק מֵעַם פַּחַז כַּמָּיִם : בַּעֲבוּרוֹ אַל תִּמְנַע מָיִם :

זְכוֹר שְׁנֵים עָשָׂר שְׁבָטִים שֶׁהֶעֱבַרְתָּ בְּגִזְרַת מָיִם '
שֶׁהִמְתַּקְתָּ לָמוֹ מְרִירוּת מָיִם ' תּוֹלְדוֹתָם נִשְׁפַּךְ
דָּמָם עָלֶיךָ כַּמַּיִם ' תֵּפֶן כִּי נַפְשֵׁנוּ אָפְפוּ מָיִם : בְּצִדְקָם
חֹן חֲשׁרַת מָיִם :

שָׁאַתָּה הוּא יְהוָה אֱלֹהֵינוּ מַשִּׁיב הָרוּחַ וּמוֹרִיד הַגָּשֶׁם :

לִבְרָכָה וְלֹא לִקְלָלָה : אמן

לְחַיִּים וְלֹא לַמָּוֶת : אמן

לְשֹׂבַע וְלֹא לְרָזוֹן : אמן

כוֹלְלֵל חיים ס׳   סוֹגְרִין הָאָרוֹן

זכור ВСПОМНИ [ПРАОТЦА НАШЕГО АВРАЃАМА], КОТОРЫЙ СТРЕМИЛСЯ ЗА ТОБОЮ, КАК ВОДА! БЛАГОСЛОВИЛ ТЫ ЕГО, СЛОВНО ДЕРЕВО, ПОСАЖЕННОЕ У ПОТОКОВ ВОДЫ; ОХРАНЯЛ ТЫ ЕГО, СПАСАЛ ТЫ ЕГО ИЗ ОГНЯ И ИЗ ВОДЫ; ИСПЫТЫВАЛ ТЫ ЕГО, КОГДА ОН [ВО ВРЕМЯ ГОЛОДА] СЕЯЛ ОКОЛО КАЖДОЙ ВОДЫ. РАДИ [ЗАСЛУГ] ЕГО НЕ ОТКАЖИ [НАМ] В ВОДЕ!

זכור ВСПОМНИ [ИЦХАКА], КОТОРЫЙ РОДИЛСЯ [ПОСЛЕ ТОГО, КАК ОТЕЦ ЕГО, АВРАЃАМ, СКАЗАЛ АНГЕЛАМ, ПРИШЕДШИМ] ВОЗВЕСТИТЬ [ОБ ЭТОМ]: "ПУСТЬ ВЗЯТО БУДЕТ НЕМНОГО ВОДЫ"; РОДИТЕЛЮ КОТОРОГО СКАЗАЛ ТЫ, ЧТОБЫ ТОТ ПРИНЕС ЕГО В ЖЕРТВУ ТЕБЕ, ПРОЛИВ ЕГО КРОВЬ КАК ВОДУ! ТАКЖЕ И ОН ТЩАТЕЛЬНО [СОБЛЮДАЛ ВРЕМЯ УСТАНОВЛЕННОЙ ИМ МОЛИТВЫ "МИНХА"], ЧТОБЫ ИЗЛИВАТЬ СВОЕ СЕРДЦЕ [ПРЕД ВСЕВЫШНИМ] КАК ВОДУ; ВЫРЫЛ ОН [КОЛОДЦЫ] И НАШЕЛ ИСТОЧНИКИ ВОДЫ. РАДИ ПРАВЕДНОСТИ ЕГО ДАРУЙ [НАМ] ВДОВОЛЬ ВОДЫ!

זכור ВСПОМНИ [ЯАКОВА], КОТОРЫЙ ПОДНЯЛ СВОЙ ПОСОХ И ПЕРЕСЕК [ПОСУХУ] ВОДЫ ИОРДАНА; КОТОРЫЙ УСТРЕМИЛ СЕРДЦЕ [К ЕДИНОМУ БОГУ] И ОТВАЛИЛ КАМЕНЬ, [ЗАКРЫВАВШИЙ] УСТЬЕ ИСТОЧНИКА ВОДЫ; КАК БОРОЛСЯ С НИМ [НЕБЕСНЫЙ] ВЛАСТИТЕЛЬ, [АНГЕЛ, СОТВОРЕННЫЙ] ИЗ ОГНЯ И ВОДЫ, И КАК ЗА ВСЕ ЭТО ОБЕЩАЛ ТЫ БЫТЬ С НИМ В ОГНЕ И В ВОДЕ! РАДИ [ЗАСЛУГ] ЕГО НЕ ОТКАЖИ [НАМ] В ВОДЕ!

זכור ВСПОМНИ [МОШЕ], КОТОРЫЙ БЫЛ ИЗВЛЕЧЕН ИЗ ВОДЫ В ЛАРЦЕ ИЗ ПАПИРУСА; [ПРО КОТОРОГО] СКАЗАЛИ [ДОЧЕРИ ИТРО]: "И ТАКЖЕ НАЧЕРПАЛ ОН НАМ И НАПОИЛ СКОТ ВОДОЮ"; КОГДА НАРОД, ИЗБРАННЫЙ ТОБОЮ, ЖАЖДАЛ ВОДЫ, УДАРИЛ ОН ПО СКАЛЕ, И ПОЛИЛАСЬ [ИЗ НЕЕ] ВОДА. РАДИ ПРАВЕДНОСТИ ЕГО ДАРУЙ [НАМ] ВДОВОЛЬ ВОДЫ!

זכור ВСПОМНИ [АЃАРОНА], КОТОРЫЙ, СЛУЖА В ХРАМЕ [В ЙОМ-КИПУР], ПЯТИКРАТНО ПОГРУЖАЛСЯ В ВОДЫ ["МИКВЭ"]; КОТОРЫЙ, ОЧИСТИВШИСЬ [ОТ ВСЕХ ГРЕХОВ], ОМЫВАЛ РУКИ СВОИ ВОДОЙ, [ПРИСТУПАЯ К СЛУЖЕНИЮ]! ГРОМКО СЧИТАЛ ОН, КРОПЯ [КРОВЬЮ ЖЕРТВ НА ЗАВЕСУ СВЯТАЯ СВЯТЫХ, И ВЕСЬ НАРОД СТАНОВИЛСЯ] ЧИСТЫМ, СЛОВНО ВОДА; КОТОРЫЙ [ЗА СЕМЬ ДНЕЙ ДО ЙОМ-КИПУРА] УДАЛЯЛСЯ ОТ [НАРОДА], СТРЕМИТЕЛЬНОГО [В СВОИХ ПОСТУПКАХ] СЛОВНО ВОДА. РАДИ [ЗАСЛУГ] ЕГО НЕ ОТКАЖИ [НАМ] В ВОДЕ!

זכור ВСПОМНИ ДВЕНАДЦАТЬ КОЛЕН ИЗРАИЛЯ, КОТОРЫЕ ТЫ ПРОВЕЛ МЕЖ РАССТУПИВШИХСЯ ВОД [МОРЯ]; ДЛЯ КОТОРЫХ ТЫ СДЕЛАЛ СЛАДКОЙ ГОРЬКУЮ ВОДУ [В МАРЕ]; КРОВЬ ПОТОМКОВ ИХ ЛЬЕТСЯ ЗА ТЕБЯ КАК ВОДА! ОБРАТИ [К НАМ] ЛИЦО СВОЕ, ИБО ДУШУ НАШУ ОБЪЯЛИ [ТРЕВОГИ И БЕДЫ, ПОДОБНЫЕ БУШУЮЩИМ] ВОДАМ! РАДИ ПРАВЕДНОСТИ [ПРЕДКОВ НАШИХ] ДАРУЙ [НАМ] ВДОВОЛЬ ВОДЫ!

שאתה ИБО ТЫ, ГОСПОДЬ, БОГ НАШ, ПОСЫЛАЮЩИЙ ВЕТЕР И ДАРУЮЩИЙ ДОЖДЬ

לברכה ДЛЯ БЛАГА, А НЕ ДЛЯ ПРОКЛЯТИЯ!   (*Община отвечает:* АМЕН!)

לחיים ДЛЯ ЖИЗНИ, А НЕ ДЛЯ СМЕРТИ!   (*Община отвечает:* АМЕН!)

לשבע ДЛЯ ИЗОБИЛИЯ, А НЕ ДЛЯ ОСКУДЕНИЯ!   (*Община отвечает:* АМЕН!)

Закрывают ковчег.

Хазан продолжает: "ПИТАЮЩИЙ ПО ДОБРОТЕ СВОЕЙ..." (стр. 257).

‎(מס' אדמו"ר) נהגו בכל מדינות אלו שאין נגשאים כפים אלא ביום טוב אלא שאז שרויים בשמחת יום טוב
‎ונושאים כפים בסופה בסוף אפילו חל בשבת וכן יום הכפורים. לבתחלה יעקיר כל כהן ממקומו כשמתחיל
‎הש"ק רצה ,ואם אינו עוקר רגליו קודם שסיים הש"ק ברכת עבודה שוב אינו עולה . אהר שיענו סודים עם
‎הש"ק יאמר הכהנים התפלה זו :

סומה שם

יְהִי רָצוֹן מִלְּפָנֶיךָ יְהֹוָה אֱלֹהֵינוּ וֵאלֹהֵי אֲבוֹתֵינוּ שֶׁתְּהֵא הַבְּרָכָה הַזֹּאת
שֶׁצִּוִּיתָנוּ לְבָרֵךְ אֶת־עַמְּךָ יִשְׂרָאֵל בְּרָכָה שְׁלֵמָה שֶׁלֹּא יִהְיֶה פֹּה
מִכְשׁוֹל וְעָוֹן מֵעַתָּה וְעַד עוֹלָם:

‎המקרא אֵמר אלהינו ואלהי אבותינו, ברכנו בברכה המשולשת בתורה הכתובה על
‎ידי משה עבדך האמורה מפי אהרן ובניו ואומר נקול רם כֹּהֲנִים ואֲח"כ
‎מסיים ואומר עַם קְדוֹשֶׁךָ כָּאָמוּר: והכהנים מחזירים פניהם כלפי העם ומברכין:

סומה שם

בָּרוּךְ אַתָּה יְיָ, אֱלֹהֵינוּ מֶלֶךְ הָעוֹלָם, אֲשֶׁר קִדְּשָׁנוּ בִּקְדֻשָּׁתוֹ
שֶׁל אַהֲרֹן, וְצִוָּנוּ לְבָרֵךְ אֶת עַמּוֹ יִשְׂרָאֵל בְּאַהֲבָה. אמן

‎עם שאתורי הכהגים אינם בכלל ברכה, אבל מלפניהם ומצדיהם אפילו כחיצה של ברזל אינה מפסקת בין
‎ישראל לאביהם שבשמים רק יחזירו פניהם נגד פני הכהנים ולא יחזירו פניהם אנה ואנה שנשיאת
‎כפים אינה אלא פנים כנגד פנים, וצריך לשמוע ולכוין לברכתם, ואין לומר הפסוקים רק הרבונו של עולם
‎בשעה שמנגנים:

יְבָרֶכְךָ יְהֹוָה. וְיִשְׁמְרֶךָ: אמן יָאֵר יְהֹוָה. פָּנָיו. אֵלֶיךָ. וִיחֻנֶּךָּ: אמן
יִשָּׂא. יְהֹוָה. פָּנָיו. אֵלֶיךָ. וְיָשֵׂם. לְךָ. שָׁלוֹם: אמן

‎בשעה שהכהנים מנגנים תיבת:וישם,לך, שלום, אומרים הקהל זה.

ברכות נ

רִבּוֹנוֹ שֶׁל עוֹלָם, אֲנִי שֶׁלָּךְ, וַחֲלוֹמוֹתַי שֶׁלָּךְ, חֲלוֹם חָלַמְתִּי
וְאֵינִי יוֹדֵעַ מַה הוּא, יְהִי רָצוֹן מִלְּפָנֶיךָ יְיָ אֱלֹהַי
וֵאלֹהֵי אֲבוֹתַי, שֶׁיִּהְיוּ כָּל חֲלוֹמוֹתַי עָלַי וְעַל כָּל יִשְׂרָאֵל,
לְטוֹבָה. בֵּין הַחֲלוֹמוֹת שֶׁחָלַמְתִּי עַל אֲחֵרִים וּבֵין שֶׁחָלַמְתִּי עַל
עַצְמִי. וּבֵין שֶׁחָלְמוּ אֲחֵרִים עָלַי. אִם טוֹבִים הֵם, חַזְּקֵם
וְאַמְּצֵם. וְיִתְקַיְּמוּ בִי וּבָהֶם. כַּחֲלוֹמוֹתָיו שֶׁל יוֹסֵף הַצַּדִּיק:
וְאִם צְרִיכִים רְפוּאָה, רְפָאֵם, כְּחִזְקִיָּהוּ מֶלֶךְ יְהוּדָה
מֵחָלְיוֹ, וּכְמִרְיָם הַנְּבִיאָה מִצָּרַעְתָּהּ, וּכְנַעֲמָן מִצָּרַעְתּוֹ,
וּכְמֵי מָרָה עַל יְדֵי מֹשֶׁה רַבֵּינוּ. וּכְמֵי יְרִיחוֹ עַל יְדֵי
אֱלִישָׁע: וּכְשֵׁם שֶׁהָפַכְתָּ אֶת קִלְלַת בִּלְעָם הָרָשָׁע
מִקְּלָלָה לִבְרָכָה, כֵּן תַּהֲפוֹךְ כָּל חֲלוֹמוֹתַי עָלַי וְעַל כָּל
יִשְׂרָאֵל לְטוֹבָה, וְתִשְׁמְרֵנִי וּתְחָנֵּנִי וְתִרְצֵנִי:

Вне Эрец-Исраэль коѓаним благословляют народ только в йом-тов, во время повторе ния хазаном молитвы "Мусаф", – даже в том случае, если йом-тов совпал с субботой, а так же в Йом-Кипур. В Эрец-Исраэль коѓаним благословляют народ каждый день.

В тот момент, когда хазан произносит רצה ("ОТНЕСИСЬ БЛАГОСКЛОННО..."), коѓе ну следует направиться к тому месту, откуда коѓаним будут благословлять народ. Если коѓен не сделал этого до завершения хазаном благословения רצה, то он не может принять участие в благословении, произносимом коѓаним. После завершения молящимися молит вы מודים ("БЛАГОДАРИМ...") коѓаним говорят:

יהי ДА БУДЕТ УГОДНО ТЕБЕ, ГОСПОДЬ, БОГ НАШ И БОГ ОТЦОВ НАШИХ, ЧТОБЫ ЭТО БЛАГОСЛОВЕНИЕ, КОТОРЫМ ТЫ ПОВЕЛЕЛ НАМ БЛАГОСЛОВЛЯТЬ НАРОД ТВОЙ, ИЗРАИЛЬ, БЫЛО СОВЕРШЕННЫМ БЛАГОСЛОВЕНИЕМ, ЧТОБЫ НЕ БЫЛО В НЕМ ИЗЪЯНА И ПОГРЕШНОСТИ, – ОТНЫНЕ И ВОВЕК.

Хазан произносит: БОГ НАШ И БОГ ОТЦОВ НАШИХ! БЛАГОСЛОВИ НАС ТРОЙНЫМ БЛАГОСЛОВЕНИЕМ, КОТОРОЕ ЗАПИСАЛ В ТОРЕ РАБ ТВОЙ МОШЕ И КОТОРОЕ ПРО ИЗНОСИЛИ АѓАРОН И СЫНОВЬЯ ЕГО, *(продолжает во весь голос:)* КОѓАНИМ, *(и продолжает:)* СВЯТОЕ ПЛЕМЯ ТВОЕ, КАК СКАЗАНО...

Коѓаним поворачиваются лицом к общине и произносят:

ברוך БЛАГОСЛОВЕН ТЫ, ГОСПОДЬ, БОГ НАШ, ВЛАДЫКА ВСЕЛЕННОЙ, ОСВЯ ТИВШИЙ НАС СВЯТОСТЬЮ АѓАРОНА И ПОВЕЛЕВШИЙ НАМ БЛАГОСЛОВЛЯТЬ ТВОЙ НАРОД, ИЗРАИЛЬ, С ЛЮБОВЬЮ!

На того, кто в это время стоит позади коѓаним, благословление не распространяется. Однако на того, кто находится перед коѓаним или сбоку от них, оно распространяется даже в том случае, если их отделяет от коѓаним стена, – ибо даже железная стена не является преградой между Израилем и его небесным Отцом. Молящимся следует повернуться лицом к коѓаним и не смотреть по сторонам, ибо во время этого благословения народ и коѓаним должны стоять лицом друг к другу. Однако, смотреть в это время на коѓаним нельзя; следует прикрыть лицо талитом. Нужно внимательно прислушиваться к словам, которые говорят коѓаним, и не следует в это время произносить отрывки из Танаха. Читают лишь молитву רבונו של עולם ("ВЛАСТЕЛИН МИРА...") в то время, как коѓаним поют перед тем, как произнести каждое из трех последних слов благословения.

יברכך БЛАГОСЛОВИТ ТЕБЯ ГОСПОДЬ И ОХРАНИТ ТЕБЯ. *(Община отвечает:* АМЕН!) И БУДЕТ БЛАГОСКЛОНЕН К ТЕБЕ ГОСПОДЬ, И ПОМИЛУЕТ ТЕБЯ. *(Община отвечает:* АМЕН!) БУДЕТ БЛАГОВОЛИТЬ К ТЕБЕ ГОСПОДЬ И ПОШЛЕТ ТЕБЕ МИР".[2] *(Община отвечает:* АМЕН!)

В то время, как коѓаним поют перед тем, как произнести שלום, לך, וישם ("...И ПО ШЛЕТ ТЕБЕ МИР"), община произносит следующую молитву: перед словом וישם ("И ПОШЛЕТ") – до слов "ЙОСЕФА-ПРАВЕДНИКА", перед словом לך ("ТЕБЕ") – до слова "ЭЛИШЕЙ", перед словом שלום ("МИР") – до слова "К ДОБРУ"; когда коѓаним произносят слово שלום – читаются заключительные слова молитвы.

רבונו ВЛАСТЕЛИН МИРА! Я – ТВОЙ, И СНЫ МОИ – ОТ ТЕБЯ. ВИДЕЛ Я СОН, НО НЕ ЗНАЮ, ЧТО ОН ОЗНАЧАЕТ. ДА БУДЕТ УГОДНО ТЕБЕ, ГОСПОДЬ, БОГ МОЙ И БОГ ОТЦОВ МОИХ, [СДЕЛАТЬ ТАК], ЧТОБЫ ВСЕ СНЫ МОИ О САМОМ СЕБЕ И О ЛЮБОМ ИЗ НАРОДА ИЗРАИЛЯ БЫЛИ К ДОБРУ. И СНЫ МОИ О ДРУГИХ, И СНЫ МОИ О САМОМ СЕБЕ, И СНЫ ДРУГИХ ОБО МНЕ, – ЕСЛИ К ДОБРУ ОНИ, – ПОДТВЕРДИ ИХ И ИСПОЛНИ. И ПУСТЬ СБУДУТСЯ ОНИ ДЛЯ МЕНЯ И ДЛЯ НИХ, КАК [СБЫЛИСЬ] СНЫ ЙОСЕФА-ПРАВЕДНИКА. А ЕСЛИ [СНЫ МОИ] БОЛЕЗНЕННЫ И НУЖДАЮТСЯ В ИСЦЕЛЕНИИ – ИСЦЕЛИ ИХ, КАК [ИСЦЕЛИЛ ТЫ] ХИЗКИЯѓУ, ЦАРЯ ИУДЕИ, ОТ ЕГО НЕДУГА, И КАК ПРОРОЧИЦУ МИРЬЯМ – ОТ ПРОКАЗЫ ЕЕ, И КАК НААМАНА – ОТ ЕГО ПРОКАЗЫ, И КАК [БЫЛИ ИСЦЕЛЕНЫ] ВОДЫ МАРЫ УЧИТЕЛЕМ НАШИМ, МОШЕ, И КАК ВОДЫ ЙЕРИХО – ЭЛИШЕЙ. И ПОДОБНО ТОМУ, КАК ОБРАТИЛ ТЫ ПРОКЛЯТИЕ ЗЛОДЕЯ БИЛЬАМА В БЛАГОСЛОВЕНИЕ, – ТАК ОБРАТИ ВСЕ СНЫ ОБО МНЕ И О ЛЮБОМ ИЗ НАРОДА ИЗРАИЛЯ К ДОБРУ; И ОХРАНИ МЕНЯ, И БУДЬ МИЛОСТИВ КО МНЕ И БЛАГОСКЛОНЕН.

---

1. Авот, 5:20. 2. Бемидбар, 6:24—26.

אמר הדוכן אומרים הקהל זה:

אַדִּיר בַּמָּרוֹם שׁוֹכֵן בִּגְבוּרָה אַתָּה שָׁלוֹם וְשִׁמְךָ שָׁלוֹם, יְהִי רָצוֹן מִלְּפָנֶיךָ שֶׁתָּשִׂים עָלֵינוּ וְעַל כָּל עַמְּךָ בֵּית יִשְׂרָאֵל חַיִּים וּבְרָכָה לְמִשְׁמֶרֶת שָׁלוֹם:

אחר הדוכן אומרים הכהנים זה:

רִבּוֹנוֹ שֶׁל עוֹלָם, עָשִׂינוּ מַה שֶּׁגָּזַרְתָּ עָלֵינוּ, עֲשֵׂה אַתָּה עִמָּנוּ כְּמָה שֶׁהִבְטַחְתָּנוּ. הַשְׁקִיפָה מִמְּעוֹן קָדְשְׁךָ מִן הַשָּׁמַיִם וּבָרֵךְ אֶת עַמְּךָ אֶת יִשְׂרָאֵל, וְאֵת הָאֲדָמָה אֲשֶׁר נָתַתָּה לָנוּ, כַּאֲשֶׁר נִשְׁבַּעְתָּ לַאֲבֹתֵינוּ אֶרֶץ זָבַת חָלָב וּדְבָשׁ:

סדר קדושא רבא לשלש רגלים ולראש השנה

יקדש על היין ואומר*):

אַתְקִינוּ סְעוּדָתָא דְמַלְכָּא שְׁלֵימָתָא חֶדְוָתָא דְמַלְכָּא קַדִּישָׁא דָּא הִיא סְעוּדָתָא דְקוּדְשָׁא בְּרִיךְ הוּא וּשְׁכִינְתֵּיהּ:

לשלש רגלים	לראש השנה
אֵלֶּה מוֹעֲדֵי יְיָ מִקְרָאֵי קֹדֶשׁ אֲשֶׁר תִּקְרְאוּ אוֹתָם בְּמוֹעֲדָם:	**תִּקְעוּ** בַחֹדֶשׁ שׁוֹפָר בַּכֶּסֶה לְיוֹם חַגֵּנוּ כִּי חֹק לְיִשְׂרָאֵל הוּא מִשְׁפָּט לֵאלֹהֵי יַעֲקֹב:

סַבְרִי מָרָנָן

בָּרוּךְ אַתָּה יְיָ, אֱלֹהֵינוּ מֶלֶךְ הָעוֹלָם, בּוֹרֵא פְּרִי הַגָּפֶן:

לסוכות בָּרוּךְ אַתָּה יְיָ, אֱלֹהֵינוּ מֶלֶךְ הָעוֹלָם, אֲשֶׁר קִדְּשָׁנוּ בְּמִצְוֹתָיו וְצִוָּנוּ, לֵישֵׁב בַּסֻּכָּה:

סדר התרת נדרים

מבואר בגמרא ובפוסקים שאין שייך שאלה היתר והפרה רק לנדרים ושבועות שאדם נודר או נשבע במה שנוגע לעצמו בלבד כגון אוכל או לא אוכל אישן או לא אישן וכדומה אבל במה שנודר או נשבע לחבירו או לשום מי שמשביעו יהיה מחויב עם ודת שיהיה אין מועיל שום היתר והפרה ושאלה בעולם: בעז"ה קודם חצות וטוב שיהא עדה שלמה:

שִׁמְעוּ נָא רַבּוֹתַי, דַּיָּנִים מֻמְחִים, כָּל נֶדֶר אוֹ שְׁבוּעָה אוֹ אִסּוּר וַאֲפִילוּ אִסּוּר הֲנָאָה שֶׁאָסַרְתִּי עָלַי אוֹ עַל אֲחֵרִים בְּכָל לָשׁוֹן שֶׁל אִסּוּר. וְכָל מוֹצָא שְׂפָתַי שֶׁיָּצָא מִפִּי, אוֹ שֶׁנָּדַרְתִּי וְגָמַרְתִּי בְּלִבִּי אֲפִילוּ לַעֲשׂוֹת אֵיזוֹ מִצְוָה אוֹ אֵיזוֹ הַנְהָגָה טוֹבָה, שֶׁנָּהַגְתִּי שָׁלֹשׁ פְּעָמִים, וְלֹא הִתְנֵיתִי שֶׁיְּהֵא בְּלִי נֶדֶר, הֵן דָּבָר שֶׁעָשִׂיתִי עַל עַצְמִי, אוֹ עַל אֲחֵרִים, הֵן אוֹתָם הַיְדוּעִים לִי, אוֹ שֶׁכְּבָר נִשְׁכְּחוּ מִמֶּנִּי, בְּכֻלְּהוֹן אִתְחָרַטְנָא בְּהוֹן מֵעִקָּרָא, וְשׁוֹאֵל וּמְבַקֵּשׁ אֲנִי הַתָּרָה עֲלֵיהֶם,

*) כשחל יו"ט בשבת אומרים סדר הקידוש ליום השבת (לעיל ע' 201) — בלחש, ואח"כ מתחילין אלה מועדי. ולר"ה – תקעו.   **) בר"ה מתחילין תקעו, ואח"א אתקינו.

תו"א א) סוטה לט:

После благословения, произнесенного коганим, молящиеся говорят:

אדיר ВСЕСИЛЬНЫЙ, ОБИТАЮЩИЙ В ВЫСОТАХ, ПРЕБЫВАЮЩИЙ В МОГУЩЕСТВЕ ТЫ – МИР, И ИМЯ ТВОЕ – МИР! ДА БУДЕТ УГОДНО ТЕБЕ ДАРОВАТЬ НАМ И ВСЕМУ НАРОДУ ТВОЕМУ, ДОМУ ИЗРАИЛЯ, ЖИЗНЬ, БЛАГОСЛОВЕНИЕ И ПРОЧНЫЙ МИР.

Завершив свое благословение, коганим говорят:

רבונו ВЛАСТЕЛИН МИРА! МЫ ИСПОЛНИЛИ ТО, ЧТО ТЫ ПОВЕЛЕЛ НАМ. ИСПОЛНИ ТЫ ДЛЯ НАС ТО, ЧТО ОБЕЩАЛ НАМ; ВЗГЛЯНИ ВНИЗ ИЗ СВОЕГО СВЯТОГО ОБИТА ЛИЩА, С НЕБЕС, И БЛАГОСЛОВИ НАРОД СВОЙ, ИЗРАИЛЬ, И ЗЕМЛЮ, КОТОРУЮ ТЫ ДАЛ НАМ, КАК ПОКЛЯЛСЯ ТЫ НАШИМ ОТЦАМ, – "ЗЕМЛЮ, ТЕКУЩУЮ МОЛОКОМ И МЕДОМ".[1]

"КИДУШ", СОВЕРШАЕМЫЙ В ПРАЗДНИКИ УТРОМ

(См. транслитерацию на стр.412.)

Если йом-тов совпал с субботой, то произносят шепотом субботний "Кидуш" (см. стр. 201–202), до слов סברי מרנן *("ВНЕМЛИТЕ, ГОСПОДА МОИ!") включительно, а затем продолжают* אלה מועדי *("ВОТ ПРАЗДНИКИ...") в Песах, Шавуот и Сукот или* תקעו *("ТРУ-БИТЕ В ШОФАР...") в Рош-Гашана. Если Рош-Гашана не совпал с субботой, "Кидуш" на чинают со слов* תקעו *("ТРУБИТЕ В ШОФАР...), опуская фразу* אתקינו *("ПРИГОТОВЬ-ТЕСЬ...").*

אתקינו ПРИГОТОВЬТЕСЬ К ТРАПЕЗЕ В ЧЕСТЬ СОВЕРШЕННОГО ВЛАДЫКИ, ЧТО-БЫ ДОСТАВИТЬ РАДОСТЬ СВЯТОМУ ВЛАДЫКЕ. ЭТА ТРАПЕЗА – В ЧЕСТЬ СВЯТОГО ТВОРЦА, БЛАГОСЛОВЕН ОН, И ЕГО ШХИНЫ.

В Песах, Шавуот и Сукот:

אלה ВОТ ПРАЗДНИКИ, ПОСВЯЩЕН-НЫЕ ГОСПОДУ, КОТОРЫЕ ПРОВОЗГЛА-СИТЕ ВЫ СВЯТЫМИ ДНЯМИ И БУДЕТЕ ОТМЕЧАТЬ В УСТАНОВЛЕННОЕ ВРЕ-МЯ.[2]

В Рош-Гашана:

תקעו ТРУБИТЕ В ШОФАР В [ПЕРВЫЙ ДЕНЬ] МЕСЯЦА – ДЕНЬ, УСТАНОВЛЕН-НЫЙ НАМ ДЛЯ ПРАЗДНОВАНИЯ, ИБО ЭТО – ЗАКОН ДЛЯ ИЗРАИЛЯ; В ЭТОТ ДЕНЬ ВЕРШИТ СУД БОГ ЯАКОВА.[3]

Над вином:

סברי ГОСПОДА, ПРОШУ ВНИМАНИЯ!

ברוך БЛАГОСЛОВЕН ТЫ, ГОСПОДЬ, БОГ НАШ, ВЛАДЫКА ВСЕЛЕННОЙ, СОТВО РИВШИЙ ПЛОД ВИНОГРАДНОЙ ЛОЗЫ!

Произнеся благословение над вином, садятся и отпивают из бокала чуть больше поло вины "ревиит", т.е. не менее 43 миллилитров. В Сукот сразу после "Кидуша" говорят (это благословение произносят сидя; в Шмини-Ацерет его не произносят):

ברוך БЛАГОСЛОВЕН ТЫ, ГОСПОДЬ, БОГ НАШ, ВЛАДЫКА ВСЕЛЕННОЙ, ОСВЯТИВ ШИЙ НАС СВОИМИ ЗАПОВЕДЯМИ И ПОВЕЛЕВШИЙ НАМ ЖИТЬ В ШАЛАШЕ!

ОСВОБОЖДЕНИЕ ОТ ОБЕТОВ

В Талмуде и в книгах законоучителей объяснено, что и освобождение человека по его просьбе от обета или клятвы по решению мудреца, и разрешение того, что раньше, согласно обету или клятве, бы-ло запрещено, и признание тем, кто имеет на это право, чьего-либо обета или чьей-то клятвы несосто-ятельными – все это относится лишь к той категории обетов или клятв, которые касаются лишь са-мого человека, – как, например, в тех случаях, когда он говорит: «Я съем то-то или то-то» или наобо-рот: «Того-то или того-то я есть не буду»; «Я обязуюсь проспать столько-то времени» или «Я обязу-юсь столько-то времени не спать», и тому подобное. Принятые на себя евреем обеты или клятвы, каса-ющиеся его взаимоотношений с окружающими, или клятвы, произнесенные человеком любой националь-ности и вероисповедания, которые еврей признал, не могут быть отменены, признаны недействительны ми, и от них невозможно освободиться. Накануне Рош-Гашана, до полудня, тот, кто хочет освобо-диться от данных им обетов, говорит следующее (желательно в присутствии десяти человек):

שמעו ВЫСЛУШАЙТЕ [МЕНЯ], ГОСПОДА МОИ, АВТОРИТЕТНЫЕ СУДЬИ! В КАЖ ДОМ ОБЕТЕ, И В КАЖДОЙ КЛЯТВЕ, И В КАЖДОМ ЗАПРЕТЕ, [КОТОРЫЙ Я ВПРАВ НАЛОЖИТЬ НА СЕБЯ ИЛИ НА ДРУГИХ В ПОЛЬЗОВАНИИ ЧЕМ-ЛИБО], ДАЖЕ [ЕСЛ РЕЧЬ ИДЕТ О] ЗАПРЕТЕ ИЗВЛЕКАТЬ [ИЗ ЭТОГО САМУЮ МИНИМАЛЬНУЮ] ПОЛЬ

---

1. Дварим, 26:15. 2. Вайикра, 23:4. 3. Тегилим, 81:4,5.

וְאִין אֲנִי תוֹהֵא הֵם וְשָׁלוֹם עַל קִיוּם מַעֲשִׂים טוֹבִים שֶׁעָשִׂיתִי, רַק אֲנִי מִתְחָרֵט
עַל שֶׁלֹּא אָמַרְתִּי בְּפֵרוּשׁ הִנְנִי אֶעֱשֶׂה דָּבָר זֶה בְּלִי נֶדֶר וּשְׁבוּעָה וְקַבָּלָה בְּלֵב.
לָכֵן אֲנִי שׁוֹאֵל מִמַּעֲלַתְכֶם הַתָּרָה בְּכֻלְּהוֹן אֲנִי מִתְחָרֵט עַל כָּל הַנֵּזְכָּר, בֵּין אִם הָיוּ
מַעֲשִׂים הַנּוֹגְעִים בְּגוּף אוֹ בְּנִשְׁמָה אוֹ בְּמָמוֹן, וְהִנֵּה מִצַּד הַדִּין, הַמִּתְחָרֵט
וּמְבַקֵּשׁ הַתָּרָה, צָרִיךְ לִפְרוֹט הַנֶּדֶר, אַךְ דְּעוּנָא רַבּוֹתַי, כִּי רַבִּים הֵם וְאִי
אֶפְשָׁר לְפוֹרְטָם. וְאֵין אֲנִי מְבַקֵּשׁ הַתָּרָה עַל אוֹתָם הַנְּדָרִים שֶׁאֵין לְהַתִּיר אוֹתָם,
עַל כֵּן יִהְיוּ נָא בְּעֵינֵיכֶם כְּאִלּוּ הָיִיתִי פוֹרְטָם:

והמתירין משיבין לו שלש פעמים בלשון זה:

הַכֹּל יִהְיוּ מֻתָּרִים לָךְ, הַכֹּל מְחוּלִים לָךְ, הַכֹּל שָׁרוּים לָךְ. אֵין כַּאן לֹא נֶדֶר,
וְלֹא שְׁבוּעָה, וְלֹא אִסּוּר, וְלֹא הַסְכָּמָה וְקַבָּלָה בְּלֵב. אֲבָל יֵשׁ כַּאן
מְחִילָה וּסְלִיחָה וְכַפָּרָה. וּכְשֵׁם שֶׁמַּתִּירִים אֲנַחְנוּ בְּבֵית דִּין שֶׁל מַטָּה, כַּךְ
יִהְיוּ מֻתָּרִים בְּבֵית דִּין שֶׁל מַעְלָה:

ואח"כ ימסור מודעה לפניהם ואומר בלשון זה:

הֲרֵי אֲנִי מוֹסֵר מוֹדָעָה לִפְנֵיכֶם, וַאֲנִי מְבַטֵּל מִכַּאן וּלְהַבָּא: כָּל הַנְּדָרִים,
וְכָל הַשְּׁבוּעוֹת, וְאִסּוּרִין, וְהַסְכָּמוֹת, וְקַבָּלוֹת בְּלֵב, שֶׁאֶקַבֵּל עָלַי בְּעַצְמִי.
חוּץ מִנִּדְרֵי תַעֲנִית בְּשָׁעַת מִנְחָה. וּבָאם שֶׁאֶשְׁכַּח תְּנַאי מוֹדָעָה הַזֹּאת, וְאִדּוֹר
בְּיַחֵם עוֹד, מֵעַתָּה מֵעֲתָּה אֲנִי מִתְחָרֵט עֲלֵיהֶם. וּמַתְנֶה עֲלֵיהֶם, שֶׁיִהְיוּ כֻּלָּן בְּטֵלִין
וּמְבֻטָּלִין, לָא שְׁרִירִין, וְלָא קַיָּמִין, וְלָא יְהוֹן חָלִין בְּלָל וּבְלָל, בִּבְלָן אִתְחֲרַטְנָא
בְּהוֹן, מֵעַתָּה וְעַד עוֹלָם:

המתירין משיבין לו בלשון הזה:

כֻּלָּם יִהְיוּ מֻתָּרִים לָךְ · כֻּלָּם יִהְיוּ מְחוּלִים לָךְ · כֻּלָּם יִהְיוּ שָׁרוּים
לָךְ · אֵין כַּאן לֹא נִדּוּי וְלֹא שַׁמְתָּא וְלֹא אָרוּר · אֲבָל יֵשׁ
כַּאן מְחִילָה וּסְלִיחָה וְכַפָּרָה וּכְשֵׁם שֶׁמֻּתַּר אַתָּה מִבֵּית דִּין שֶׁל
מַטָּה כַּךְ תְּהֵא מֻתָּר מִבֵּית דִּין שֶׁל מַעְלָה וְלֹא יַעֲשֶׂה שׁוּם רוֹשֶׁם
בְּלָל וְכָל הַקְּלָלוֹת יֵהָפְכוּ לִבְרָכָה כְּדִכְתִיב וַיַּהֲפֹךְ יְהוָה אֱלֹהֶיךָ
לְךָ אֶת הַקְּלָלָה לִבְרָכָה כִּי אֲהֵבְךָ יְהוָה אֱלֹהֶיךָ:

תפלת ראש השנה לערבית לשחרית ולמנחה

אֲדֹנָי, שְׂפָתַי תִּפְתָּח וּפִי יַגִּיד תְּהִלָּתֶךָ:

בָּרוּךְ אַתָּה יְיָ אֱלֹהֵינוּ וֵאלֹהֵי אֲבוֹתֵינוּ, אֱלֹהֵי אַבְרָהָם, אֱלֹהֵי
יִצְחָק וֵאלֹהֵי יַעֲקֹב, הָאֵל הַגָּדוֹל הַגִּבּוֹר וְהַנּוֹרָא, אֵל
עֶלְיוֹן

ЗУ, – В КАКОЙ БЫ ФОРМУЛИРОВКЕ ЭТО НИ БЫЛО ВЫСКАЗАНО; И ВО ВСЕМ, СКА-
ЗАННОМ МНОЙ, [ЧТО МОГЛО БЫТЬ ПРИНЯТО ЗА ОБЕЩАНИЕ]; И В [УСТНОМ]
ОБЕЩАНИИ СДЕЛАТЬ НЕЧТО, ЧТО УЖЕ БЫЛО МНОЙ ЗАДУМАНО, ДАЖЕ [ЕСЛИ
РЕЧЬ ИДЕТ ОБ] ИСПОЛНЕНИИ ОДНОЙ ИЗ ЗАПОВЕДЕЙ; И В ТОМ, ЧТО Я ТРИЖДЫ
СДЕЛАЛ НЕКОЕ ДОБРОЕ ДЕЛО, НЕ СКАЗАВ ПЕРЕД ТЕМ КАК СДЕЛАТЬ ЭТО В ТРЕ-
ТИЙ РАЗ: "НЕ БЕРУ НА СЕБЯ ОБЕТ [ДЕЛАТЬ ЭТО И ВПРЕДЬ]", – НЕЗАВИСИМО
ОТ ТОГО, КТО ПОЛУЧИЛ ПОЛЬЗУ ОТ ЭТОГО ПОСТУПКА: Я САМ ИЛИ КТО-ТО ДРУ-
ГОЙ; И В ТОМ [ИЗ ПЕРЕЧИСЛЕННОГО ВЫШЕ], О ЧЕМ Я ПОМНЮ, И В ТОМ, О ЧЕМ
УЖЕ ЗАБЫЛ, – ВО ВСЕМ ЭТОМ Я РАСКАИВАЮСЬ С ТОГО МОМЕНТА, КАК МОИ ОБЯ-
ЗАТЕЛЬСТВА ВСТУПИЛИ В СИЛУ, И ОБРАЩАЮСЬ К ВАМ С ПРОСЬБОЙ ОСВОБОДИТЬ
МЕНЯ ОТ НИХ. НО НЕ СОЖАЛЕЮ Я – УПАСИ МЕНЯ БОГ [ОТ ЭТОГО]! – О ТОМ, ЧТО
ДЕЛАЛ ДОБРЫЕ ДЕЛА, – ЛИШЬ В ТОМ Я РАСКАИВАЮСЬ, ЧТО НЕ ЗАЯВИЛ [ПЕРЕД
ЭТИМ] ДОСТАТОЧНО ОПРЕДЕЛЕННО: "Я ДЕЛАЮ ЭТО, НЕ ДАВАЯ ОБЕТА, КЛЯТВЫ
ИЛИ ЗАРОКА [ПОСТУПАТЬ ТАК И ВПРЕДЬ]". И ПОЭТОМУ Я ПРОШУ ВАС, ВЫСОКО-
УВАЖАЕМЫЕ, ОСВОБОДИТЬ МЕНЯ ОТ ОБЯЗАТЕЛЬСТВ, КОТОРЫЕ Я НА СЕБЯ
ПРИНЯЛ; Я РАСКАИВАЮСЬ ВО ВСЕМ ПЕРЕЧИСЛЕННОМ – И В ТЕХ ИЗ НИХ, КОТО-
РЫЕ КАСАЛИСЬ ПОСТУПКОВ, ТРЕБУЮЩИХ ЗАТРАТЫ ФИЗИЧЕСКИХ УСИЛИЙ, И В
ТЕХ, КОТОРЫЕ КАСАЛИСЬ ПОСТУПКОВ, ТРЕБУЮЩИХ ЗАТРАТЫ УСИЛИЙ ДУШЕВ-
НЫХ, И В ТЕХ, КОТОРЫЕ КАСАЛИСЬ ПОСТУПКОВ, СВЯЗАННЫХ С МАТЕРИАЛЬНЫ-
МИ ЗАТРАТАМИ. СОГЛАСНО ЗАКОНУ, ТОТ, КТО РАСКАИВАЕТСЯ И ПРОСИТ ОСВО-
БОДИТЬ ЕГО ОТ ОБЕТА, ДОЛЖЕН РАССКАЗАТЬ О НЕМ ВО ВСЕХ ПОДРОБНОСТЯХ
– НО ВАМ СЛЕДУЕТ ЗНАТЬ, ГОСПОДА МОИ: Я ДАВАЛ ОБЕТЫ ТАК ЧАСТО, ЧТО НЕ
В СОСТОЯНИИ ПРИПОМНИТЬ СВЯЗАННЫЕ С НИМИ ПОДРОБНОСТИ. И [ЗНАЙТЕ],
ЧТО Я НЕ ПРОШУ ОСВОБОДИТЬ [МЕНЯ] ОТ ТЕХ ОБЕТОВ, ОТ КОТОРЫХ ОСВОБО-
ДИТЬ НЕВОЗМОЖНО; А [МОЮ ПРОСЬБУ ПО ПОВОДУ ОСТАЛЬНЫХ] РАССМАТРИ-
ВАЙТЕ ТАК, БУДТО Я РАССКАЗАЛ О НИХ ВО ВСЕХ ПОДРОБНОСТЯХ.

Присутствующие отвечают ему, трижды произнося следующее:

הכל ДА БУДЕШЬ ТЫ ОСВОБОЖДЕН ОТ ВСЕХ [ОБЯЗАТЕЛЬСТВ], ДА БУДУТ ВСЕ
[ОНИ] ПРОЩЕНЫ ТЕБЕ, ДА БУДУТ ВСЕ [ОНИ] УПРАЗДНЕНЫ; НЕТ [НА ТЕБЕ ВИ-
НЫ В] ОБЕТАХ, КЛЯТВАХ, ЗАПРЕТАХ, ЗАВЕРЕНИЯХ И ЗАРОКАХ, И ДА [БУДУТ
ДАРОВАНЫ ТЕБЕ] ПОМИЛОВАНИЕ И ПРОЩЕНИЕ, И [ДА БУДЕШЬ ТЫ] ОЧИЩЕН. И
ПОДОБНО ТОМУ, КАК МЫ ОСВОБОЖДАЕМ ТЕБЯ [ОТ ОБЯЗАТЕЛЬСТВ] В ЗЕМНОМ
СУДЕ, ПУСТЬ ОСВОБОДИТ ТЕБЯ [ОТ НИХ] СУД НЕБЕСНЫЙ.

*После этого тот, которого освобождают от данных им обетов, провозглашает, обра-
щаясь к остальным:*

הרי ВОТ, Я ЗАЯВЛЯЮ В ВАШЕМ ПРИСУТСТВИИ: ВСЕ ОБЕТЫ И ВСЕ КЛЯТВЫ, ЗА-
ПРЕТЫ, ЗАВЕРЕНИЯ И ЗАРОКИ, КОТОРЫЕ Я ДАМ ПО СВОЕЙ ВОЛЕ, Я С ЭТОГО МО-
МЕНТА ОТМЕНЯЮ – ЗА ИСКЛЮЧЕНИЕМ ОБЯЗАТЕЛЬСТВА ПОСТИТЬСЯ, [КОТОРОЕ
ЧЕЛОВЕК ПРИНИМАЕТ НА СЕБЯ] ВО ВРЕМЯ МОЛИТВЫ "МИНХА" [НАКАНУНЕ
ТОГО ДНЯ, КОТОРЫЙ ИЗБРАН ДЛЯ ПОСТА]. И ЕСЛИ Я ЗАБУДУ ОБ ЭТОМ
[СВОЕМ] ЗАЯВЛЕНИИ И БУДУ ПРОДОЛЖАТЬ ПРИНИМАТЬ НА СЕБЯ ОБЕТЫ, ТО
УЖЕ СЕЙЧАС РАСКАИВАЮСЬ В ЭТОМ И ОБЪЯВЛЯЮ ИХ ПОЛНОСТЬЮ АННУЛИРО-
ВАННЫМИ, НЕ ИМЕЮЩИМИ СИЛЫ И НЕ СУЩЕСТВУЮЩИМИ, И НИЧТО НИКОГДА НЕ
БУДЕТ ПОДПАДАТЬ ПОД ИХ ДЕЙСТВИЕ. Я РАСКАИВАЮСЬ ВО ВСЕХ НИХ – ОТНЫНЕ
И ВО ВЕКИ.

Присутствующие отвечают ему следующее:

כלם ДА БУДЕШЬ ТЫ ОСВОБОЖДЕН ОТ ВСЕХ [ОБЯЗАТЕЛЬСТВ], ДА БУДУТ ВСЕ
[ОНИ] ПРОЩЕНЫ ТЕБЕ, ДА БУДУТ ВСЕ [ОНИ] УПРАЗДНЕНЫ; НЕ БУДЕШЬ ТЫ ОТ-
ТОРГНУТ [ОТ ВСЕВЫШНЕГО И ЛЮДЕЙ], НЕ БУДЕШЬ ОТВЕРГНУТ [ОБЩИНОЙ], НЕ
БУДЕШЬ ПРОКЛЯТ; И ДА [БУДУТ ДАРОВАНЫ ТЕБЕ] ПОМИЛОВАНИЕ И ПРОЩЕ-
НИЕ, И [ДА БУДЕШЬ ТЫ] ОЧИЩЕН. И ПОДОБНО ТОМУ, КАК ТЫ ОСВОБОЖДЕН [ОТ
ОБЯЗАТЕЛЬСТВ] В ЗЕМНОМ СУДЕ, ПУСТЬ БУДЕШЬ ТЫ ОСВОБОЖДЕН [ОТ НИХ]
СУДОМ НЕБЕСНЫМ; [ЗЛО, КОТОРОЕ ТЫ СОТВОРИЛ], ИСЧЕЗНЕТ БЕССЛЕДНО, И
ВСЕ ПРОКЛЯТИЯ [ЗА НАРУШЕНИЕ ПРИНЯТЫХ НА СЕБЯ ОБЯЗАТЕЛЬСТВ] ОБЕР-
НУТСЯ БЛАГОСЛОВЕНИЯМИ, КАК НАПИСАНО: "И ЗАМЕНИЛ ГОСПОДЬ, БОГ ТВОЙ,
ПРОКЛЯТИЕ, [КОТОРОМУ ХОТЕЛ ПРЕДАТЬ] ТЕБЯ [БИЛЬАМ], БЛАГОСЛОВЕНИ-
ЕМ, ИБО ЛЮБИТ ТЕБЯ ГОСПОДЬ, БОГ ТВОЙ".

עֶלְיוֹן, גּוֹמֵל חֲסָדִים טוֹבִים. קוֹנֵה הַכֹּל, וְזוֹכֵר חַסְדֵי אָבוֹת, וּמֵבִיא
גוֹאֵל לִבְנֵי בְנֵיהֶם לְמַעַן שְׁמוֹ בְּאַהֲבָה:

זָכְרֵנוּ לְחַיִּים, מֶלֶךְ חָפֵץ בַּחַיִּים, וְכָתְבֵנוּ בְּסֵפֶר הַחַיִּים,
לְמַעַנְךָ אֱלֹהִים חַיִּים.

מֶלֶךְ עוֹזֵר וּמוֹשִׁיעַ וּמָגֵן: בָּרוּךְ אַתָּה יְיָ, מָגֵן אַבְרָהָם:
אַתָּה גִּבּוֹר לְעוֹלָם אֲדֹנָי, מְחַיֵּה מֵתִים אַתָּה, רַב לְהוֹשִׁיעַ מוֹרִיד הַטָּל.
מְכַלְכֵּל חַיִּים בְּחֶסֶד, מְחַיֵּה מֵתִים בְּרַחֲמִים רַבִּים, סוֹמֵךְ נוֹפְלִים,
וְרוֹפֵא חוֹלִים, וּמַתִּיר אֲסוּרִים, וּמְקַיֵּם אֱמוּנָתוֹ לִישֵׁנֵי
עָפָר, מִי כָמוֹךָ בַּעַל גְּבוּרוֹת וּמִי דּוֹמֶה לָּךְ, מֶלֶךְ מֵמִית וּמְחַיֶּה
וּמַצְמִיחַ יְשׁוּעָה:

מִי כָמוֹךָ אָב הָרַחֲמָן(א), זוֹכֵר יְצוּרָיו לְחַיִּים בְּרַחֲמִים.
וְנֶאֱמָן אַתָּה לְהַחֲיוֹת מֵתִים. בָּרוּךְ אַתָּה יְיָ, מְחַיֵּה הַמֵּתִים:

בחזרת הש"ץ אומרים נקדישך כמו בשבת:

אַתָּה קָדוֹשׁ וְשִׁמְךָ קָדוֹשׁ, וּקְדוֹשִׁים בְּכָל יוֹם יְהַלְלוּךָ סֶּלָה.
לְדוֹר וָדוֹר הַמְלִיכוּ לָאֵל, כִּי הוּא לְבַדּוֹ מָרוֹם וְקָדוֹשׁ:
וּבְכֵן יִתְקַדַּשׁ שִׁמְךָ יְיָ אֱלֹהֵינוּ עַל יִשְׂרָאֵל עַמֶּךָ וְעַל
יְרוּשָׁלַיִם עִירֶךָ, וְעַל צִיּוֹן מִשְׁכַּן כְּבוֹדֶךָ, וְעַל
מַלְכוּת בֵּית דָּוִד מְשִׁיחֶךָ, וְעַל מְכוֹנָה וְהֵיכָלֶךָ:

וּבְכֵן תֵּן פַּחְדְּךָ יְיָ אֱלֹהֵינוּ עַל כָּל
מַעֲשֶׂיךָ, וְאֵימָתְךָ עַל כָּל מַה
שֶּׁבָּרָאתָ, וְיִירָאוּךָ כָּל הַמַּעֲשִׂים,
וְיִשְׁתַּחֲווּ לְפָנֶיךָ כָּל הַבְּרוּאִים, וְיֵעָשׂוּ
כֻלָּם אֲגֻדָּה אַחַת לַעֲשׂוֹת רְצוֹנְךָ
בְּלֵבָב שָׁלֵם. שֶׁיָּדַעְנוּ יְיָ אֱלֹהֵינוּ
שֶׁהַשָּׁלְטָן לְפָנֶיךָ, עֹז בְּיָדְךָ, וּגְבוּרָה

א) במנחת שבת הרחמים

אדני ГОСПОДЬ, ДАЙ МНЕ СИЛЫ МОЛИТЬСЯ ПРЕД ТОБОЙ, [ПРОСТИВ МНЕ ГРЕХИ], И УСТА МОИ ВОССЛАВЯТ ТЕБЯ.

ברוך БЛАГОСЛОВЕН ТЫ, ГОСПОДЬ, БОГ НАШ И БОГ ОТЦОВ НАШИХ, БОГ АВРАГАМА, БОГ ИЦХАКА И БОГ ЯАКОВА, БОГ ВЕЛИКИЙ, МОГУ-ЧИЙ И ГРОЗНЫЙ, ВСЕВЫШНИЙ БОГ, ДАРУЮЩИЙ БЛАГА, СОТВОРИВШИЙ ВСЕ, И ПОМНЯЩИЙ ДОБРЫЕ ДЕЛА ОТЦОВ, И ПО ЛЮБВИ СВОЕЙ ПОСЫ-ЛАЮЩИЙ ИЗБАВИТЕЛЯ СЫНОВЬЯМ ИХ СЫНОВЕЙ РАДИ ИМЕНИ СВОЕГО!

זכרנו ВСПОМНИ НАС, ЧТОБЫ ДАРОВАТЬ НАМ ЖИЗНЬ, ВЛАДЫКА, КО-ТОРОМУ УГОДНА ЖИЗНЬ, И ЗАПИШИ НАС В КНИГУ ЖИЗНИ РАДИ СЕБЯ, БОГ ЖИЗНИ!

מלך [ТЫ —] ВЛАДЫКА, КОТОРЫЙ ПОМОГАЕТ, СПАСАЕТ И ЗАЩИ-ЩАЕТ. БЛАГОСЛОВЕН ТЫ, ГОСПОДЬ, ЗАЩИТНИК АВРАГАМА!

אתה ТВОЕ МОГУЩЕСТВО ВЕЧНО, ГОСПОДЬ, ТЫ ВОЗВРАЩАЕШЬ МЕРТ-ВЫХ К ЖИЗНИ, ТЫ — ВЕЛИКИЙ ИЗБАВИТЕЛЬ, ПОСЫЛАЮЩИЙ РОСУ,

מכלכל ПИТАЮЩИЙ ПО ДОБРОТЕ СВОЕЙ ЖИВЫХ, ПО ВЕЛИКОМУ МИЛОСЕРДИЮ ВОЗВРАЩАЮЩИЙ МЕРТВЫХ К ЖИЗНИ, ПОДДЕРЖИВАЮЩИЙ ПАДАЮЩИХ, И ИСЦЕ-ЛЯЮЩИЙ БОЛЬНЫХ, И ОСВОБОЖДАЮЩИЙ УЗНИКОВ, И ИСПОЛНЯЮЩИЙ СВОЕ ОБЕ-ЩАНИЕ [ВОЗВРАТИТЬ ЖИЗНЬ] ПОКОЯЩИМСЯ В ЗЕМЛЕ, – КТО ПОДОБЕН ТЕБЕ, ВСЕСИЛЬНЫЙ, И КТО СРАВНИТСЯ С ТОБОЙ, ВЛАДЫКА, КОТОРЫЙ УМЕРЩВЛЯЕТ, И ОЖИВЛЯЕТ, И ВЗРАЩИВАЕТ СПАСЕНИЕ!

מי КТО ПОДОБЕН ТЕБЕ, МИЛОСЕРДНЫЙ ОТЕЦ, МИЛОСТИВО ВСПОМИ-НАЮЩИЙ О СВОИХ ТВОРЕНИЯХ, ДАРУЯ ИМ ЖИЗНЬ!

ונאמן И ВЕРЕН ТЫ [СВОЕМУ ОБЕЩАНИЮ] ВОЗВРАТИТЬ МЕРТВЫМ ЖИЗНЬ, БЛА-ГОСЛОВЕН ТЫ, ГОСПОДЬ, ВОЗВРАЩАЮЩИЙ МЕРТВЫХ К ЖИЗНИ!

אתה ТЫ СВЯТ, И СВЯТО ИМЯ ТВОЕ, И СВЯТЫЕ [АНГЕЛЫ] БУДУТ ВОСХВАЛЯТЬ ТЕБЯ ИЗО ДНЯ В ДЕНЬ, ВОВЕКИ.

לדור В КАЖДОМ ПОКОЛЕНИИ ПРОВОЗГЛАШАЙТЕ БОГА ЦАРЕМ, ПОТОМУ ЧТО ОН ОДИН ПРЕВОЗНЕСЕН И СВЯТ.

ובכן И ПУСТЬ ТОГДА СВЯТОСТЬ ИМЕНИ ТВОЕГО, ГОСПОДЬ, БОГ НАШ, ОСЕНИТ НАРОД ТВОЙ, ИЗРАИЛЬ, И ИЕРУСАЛИМ, ГОРОД ТВОЙ, И СИОН, ГДЕ ОБИТАЕТ СЛАВА ТВОЯ, И ЦАРСТВОВАНИЕ РОДА ДАВИДА, ПОМАЗАННИКА ТВОЕГО, И МЕСТО, [КОТОРОЕ ТЫ ПРЕДНАЗНАЧИЛ ДЛЯ ТОГО, ЧТОБЫ ОБИТАТЬ В НЕМ], И [ВЕСЬ] ХРАМ ТВОЙ.

ובכן И ВНУШИ ТОГДА СТРАХ ПРЕД СОБОЙ ВСЕМ СОЗДА-НИЯМ ТВОИМ, [НАУЧИ] БОЯТЬСЯ СЕБЯ ВСЕ, СОТВОРЕННОЕ ТОБОЙ, И ТРЕПЕТ ОХВАТИТ ТЕХ, КОГО ТЫ СОЗДАЛ, И ПАДУТ НИЦ ПРЕД ТОБОЮ ВСЕ ТВОРЕНИЯ, И ОБЪЕДИНЯТСЯ ВСЕ ВМЕ-СТЕ, ЧТОБЫ ИСПОЛНЯТЬ ВОЛЮ ТВОЮ ОТ ВСЕГО СЕРДЦА. ИБО ЗНАЕМ МЫ, ГОСПОДЬ, БОГ НАШ, ЧТО ВЛАСТЬ ПРИНАДЛЕЖИТ

בִּימִינֶךְ . וְשִׁמְךָ נוֹרָא עַל כָּל מַה
שֶׁבָּרֵאתָ :

וּבְכֵן תֵּן כָּבוֹד יְיָ לְעַמֶּךָ , תְּהִלָּה לִירֵאֶיךָ ,
וְתִקְוָה טוֹבָה לְדוֹרְשֶׁיךָ , וּפִתְחוֹן פֶּה
לַמְיַחֲלִים לָךְ , שִׂמְחָה לְאַרְצֶךָ , וְשָׂשׂוֹן לְעִירֶךָ ,
וּצְמִיחַת קֶרֶן לְדָוִד עַבְדֶּךָ , וַעֲרִיכַת נֵר לְבֶן יִשַׁי
מְשִׁיחֶךָ , בִּמְהֵרָה בְיָמֵינוּ :

וּבְכֵן צַדִּיקִים יִרְאוּ וְיִשְׂמָחוּ , וִישָׁרִים יַעֲלֹזוּ , וַחֲסִידִים
בְּרִנָּה יָגִילוּ , וְעוֹלָתָה תִּקְפָּץ פִּיהָ , וְהָרִשְׁעָה
כֻלָּהּ בְּעָשָׁן תִּכְלֶה , כִּי תַעֲבִיר מֶמְשֶׁלֶת זָדוֹן מִן הָאָרֶץ :

וְתִמְלוֹךְ אַתָּה הוּא יְיָ אֱלֹהֵינוּ לְבַדֶּךָ , עַל
כָּל מַעֲשֶׂיךָ , בְּהַר צִיּוֹן מִשְׁכַּן כְּבוֹדֶךָ ,
וּבִירוּשָׁלַיִם עִיר קָדְשֶׁךָ , כַּכָּתוּב בְּדִבְרֵי קָדְשֶׁךָ :
יִמְלֹךְ יְיָ לְעוֹלָם אֱלֹהַיִךְ צִיּוֹן לְדֹר וָדֹר , הַלְלוּיָהּ :

קָדוֹשׁ אַתָּה וְנוֹרָא שְׁמֶךָ , וְאֵין אֱלוֹהַּ מִבַּלְעָדֶיךָ , כַּכָּתוּב :
וַיִּגְבַּהּ יְיָ צְבָאוֹת בַּמִּשְׁפָּט , וְהָאֵל הַקָּדוֹשׁ נִקְדַּשׁ
בִּצְדָקָה . בָּרוּךְ אַתָּה יְיָ , הַמֶּלֶךְ הַקָּדוֹשׁ :

אַתָּה בְחַרְתָּנוּ מִכָּל הָעַמִּים , אָהַבְתָּ אוֹתָנוּ
וְרָצִיתָ בָּנוּ , וְרוֹמַמְתָּנוּ מִכָּל הַלְּשׁוֹנוֹת ,
וְקִדַּשְׁתָּנוּ בְּמִצְוֹתֶיךָ , וְקֵרַבְתָּנוּ מַלְכֵּנוּ לַעֲבוֹדָתֶךָ
וְשִׁמְךָ הַגָּדוֹל וְהַקָּדוֹשׁ עָלֵינוּ קָרָאתָ :

תר"א א) ישעיה ה טז:

ТЕБЕ; СИЛА В РУКЕ ТВОЕЙ, МОГУЩЕСТВО В ДЕСНИЦЕ ТВОЕЙ,

И ГРОЗНОЕ ИМЯ ТВОЕ — НАД ВСЕМ, ЧТО ТЫ СОТВОРИЛ.

ובכן И ТОГДА, ГОСПОДЬ, ВОЗВЕЛИЧЬ НАРОД СВОЙ, ВОС-
СЛАВЬ БОЯЩИХСЯ ТЕБЯ, ДАЙ НАДЕЖДУ НА ЛУЧШЕЕ ВЗЫ-
ВАЮЩИМ К ТЕБЕ, ДОКАЖИ ПРАВОТУ ПОЛАГАЮЩИХСЯ НА
ТЕБЯ; ПУСТЬ РАДУЕТСЯ СТРАНА ТВОЯ, ВЕСЕЛИТСЯ ГОРОД
ТВОЙ, ПУСТЬ ВОЗРАСТЕТ МОЩЬ ДАВИДА, РАБА ТВОЕГО, И
ЗАЖГИ СВЕТ [ДУШИ] ПОМАЗАННИКА ТВОЕГО, ПОТОМКА
ИШАЯ, — ВСКОРЕ, В НАШИ ДНИ.

ובכן И УВИДЯТ ТОГДА [ЭТО] ПРАВЕДНИКИ И ПРЕИСПОЛНЯТСЯ РА-
ДОСТИ, ВОЗЛИКУЮТ НЕПОРОЧНЫЕ, С ПЕСНЯМИ БУДУТ ПРАЗДНОВАТЬ
ЛЮБЯЩИЕ ТЕБЯ, А [ВСЯКАЯ] НЕЧИСТЬ ЛИШИТСЯ ДАРА РЕЧИ И ВСЕ
ЗЛО РАЗВЕЕТСЯ ДЫМОМ, [СГОРЕВ В АДСКОМ ОГНЕ], КОГДА СМЕТЕШЬ
ТЫ ВЛАСТЬ ЗЛА С [ЛИЦА] ЗЕМЛИ.

ותמלוך И ВОЦАРИШЬСЯ ТЫ ОДИН, ГОСПОДЬ, БОГ НАШ, НАД
ВСЕМИ ТВОИМИ СОЗДАНИЯМИ НА ГОРЕ СИОН, ГДЕ ОБИТАЕТ
СЛАВА ТВОЯ, В ИЕРУСАЛИМЕ, СВЯТОМ ГОРОДЕ ТВОЕМ, КАК
СКАЗАНО В ТВОИХ СВЯТЫХ ПИСАНИЯХ: "ГОСПОДЬ БУДЕТ
ЦАРСТВОВАТЬ ВЕЧНО; [БУДЕТ ЦАРСТВОВАТЬ] БОГ ТВОЙ,
СИОН, ВО ВЕКИ ВЕКОВ; ВОСХВАЛИТЕ БОГА!"

קדוש СВЯТ ТЫ, И ГРОЗНО ИМЯ ТВОЕ, И НЕТ БОГА КРОМЕ ТЕБЯ, КАК
НАПИСАНО: "И ВОЗНЕСЛО ГОСПОДА ВОИНСТВ ПРАВОСУДИЕ [ЕГО], И
ОСВЯТИЛО СВЯТОГО БОГА [ЕГО] МИЛОСЕРДИЕ". БЛАГОСЛОВЕН ТЫ,
ГОСПОДЬ, ВЛАДЫКА СВЯТОЙ!

אתה ТЫ ИЗБРАЛ НАС ИЗ ВСЕХ НАРОДОВ, ПОЛЮБИЛ НАС,
И БЛАГОВОЛИЛ К НАМ, И ВОЗВЫСИЛ НАС НАД ВСЕМИ ПЛЕ-
МЕНАМИ, И ОСВЯТИЛ НАС СВОИМИ ЗАПОВЕДЯМИ, И ПРИБЛИ-
ЗИЛ ТЫ НАС, ВЛАДЫКА НАШ, [К СЕБЕ], ЧТОБЫ МЫ СЛУЖИЛИ
ТЕБЕ, И ИМЕНЕМ СВОИМ, ВЕЛИКИМ И СВЯТЫМ, ОТМЕТИЛ
НАС.

כשחל יום ב׳ דר״ה במוצאי שבת אומרים כאן ותודיענו^א

וַתִּתֶּן לָנוּ יְיָ אֱלֹהֵינוּ בְּאַהֲבָה אֶת יוֹם (לשבת הַשַּׁבָּת הַזֶּה וְאֶת יוֹם) הַזִּכָּרוֹן הַזֶּה, אֶת יוֹם טוֹב מִקְרָא קֹדֶשׁ הַזֶּה, יוֹם (לשבת זִכְרוֹן) תְּרוּעָה (בְּאַהֲבָה) מִקְרָא קֹדֶשׁ זֵכֶר לִיצִיאַת מִצְרָיִם:

אֱלֹהֵינוּ וֵאלֹהֵי אֲבוֹתֵינוּ, יַעֲלֶה וְיָבֹא וְיַגִּיעַ, וְיֵרָאֶה וְיֵרָצֶה וְיִשָּׁמַע, וְיִפָּקֵד וְיִזָּכֵר זִכְרוֹנֵנוּ וּפִקְדוֹנֵנוּ, וְזִכְרוֹן אֲבוֹתֵינוּ, וְזִכְרוֹן מָשִׁיחַ בֶּן דָּוִד עַבְדֶּךָ, וְזִכְרוֹן יְרוּשָׁלַיִם עִיר קָדְשֶׁךָ, וְזִכְרוֹן כָּל עַמְּךָ בֵּית יִשְׂרָאֵל לְפָנֶיךָ, לִפְלֵיטָה לְטוֹבָה, לְחֵן וּלְחֶסֶד וּלְרַחֲמִים וּלְחַיִּים טוֹבִים וּלְשָׁלוֹם, בְּיוֹם (הַשַּׁבָּת הַזֶּה וּבְיוֹם) הַזִּכָּרוֹן הַזֶּה, בְּיוֹם טוֹב מִקְרָא קֹדֶשׁ הַזֶּה.

א) כשחל יום ב׳ דר״ה במוצאי שבת אומרים זה:

וַתּוֹדִיעֵנוּ יְיָ אֱלֹהֵינוּ אֶת מִשְׁפְּטֵי צִדְקֶךָ, וַתְּלַמְּדֵנוּ לַעֲשׂוֹת חֻקֵּי רְצוֹנֶךָ. וַתִּתֶּן לָנוּ יְיָ אֱלֹהֵינוּ, מִשְׁפָּטִים יְשָׁרִים וְתוֹרוֹת אֱמֶת, חֻקִּים וּמִצְוֹת טוֹבִים, וַתַּנְחִילֵנוּ זְמַנֵּי שָׂשׂוֹן וּמוֹעֲדֵי קֹדֶשׁ וְחַגֵּי נְדָבָה, וַתּוֹרִישֵׁנוּ קְדֻשַּׁת שַׁבָּת וּכְבוֹד מוֹעֵד וַחֲגִיגַת הָרֶגֶל, וַתַּבְדֵּל יְיָ אֱלֹהֵינוּ בֵּין קֹדֶשׁ לְחוֹל, בֵּין אוֹר לְחֹשֶׁךְ, בֵּין יִשְׂרָאֵל לָעַמִּים, בֵּין יוֹם הַשְּׁבִיעִי לְשֵׁשֶׁת יְמֵי הַמַּעֲשֶׂה בֵּין קְדֻשַּׁת שַׁבָּת לִקְדֻשַּׁת יוֹם טוֹב, הִבְדַּלְתָּ. וְאֶת יוֹם הַשְּׁבִיעִי מִשֵּׁשֶׁת יְמֵי הַמַּעֲשֶׂה, קִדַּשְׁתָּ, הִבְדַּלְתָּ וְקִדַּשְׁתָּ אֶת עַמְּךָ יִשְׂרָאֵל בִּקְדֻשָּׁתֶךָ: ותתן לנו

Если второй день Рош-Гашана начинается на исходе субботы, в вечерней молитве здесь говорят ותודיענו *("И СООБЩИЛ ТЫ НАМ...")* *

ותתן И ДАРОВАЛ ТЫ НАМ, ГОСПОДЬ, БОГ НАШ, С ЛЮБОВЬЮ (*в субботу добавляют*: ЭТОТ СУББОТНИЙ ДЕНЬ И) ЭТОТ ДЕНЬ ПАМЯТИ, ЭТОТ СВЯТОЙ ПРАЗДНИЧ-НЫЙ ДЕНЬ, ДЕНЬ (*в субботу*: КОГДА МЫ ВСПОМИНАЕМ [О ТРЕПЕТНЫХ ЗВУКАХ ШОФАРА]) ТРЕПЕТНЫХ ЗВУКОВ [ШОФАРА] (*в субботу добавляют*: С ЛЮБОВЬЮ), СВЯТОЙ ПРАЗДНИК – В ПАМЯТЬ О ВЫХОДЕ ИЗ ЕГИПТА.

אלהינו БОГ НАШ И БОГ ОТЦОВ НАШИХ! ДА ПОДНИМЕТСЯ, И ПРИДЕТ [К ТЕ-БЕ], И ДОСТИГНЕТ [ТВОЕГО СЛУХА], И БУДЕТ ЗАМЕЧЕНА, И БЛАГОСКЛОННО ПРИНЯТА, И УСЛЫШАНА [ТОБОЮ МОЛИТВА НАША], И ДА БУДУТ ВОЗОБНОВЛЕ-НЫ И ВОССТАНОВЛЕНЫ [ТОБОЮ] ПАМЯТЬ О НАС И ВНИМАНИЕ К НАМ; И ПА-МЯТЬ ОБ ОТЦАХ НАШИХ, И ПАМЯТЬ О МАШИАХЕ, ПОТОМКЕ ДАВИДА, РАБА ТВО-ЕГО, И ПАМЯТЬ О ИЕРУСАЛИМЕ, СВЯТОМ ГОРОДЕ ТВОЕМ, И ПАМЯТЬ ОБО ВСЕМ ТВОЕМ НАРОДЕ, ДОМЕ ИЗРАИЛЯ, – ДЛЯ СПАСЕНИЯ [НАШЕГО], ВО БЛАГО [НАМ], ДЛЯ ЛЮБВИ И МИЛОСТИ, И ДЛЯ МИЛОСЕРДИЯ [К НАМ], И ДЛЯ БЛАГО-ПОЛУЧНОЙ ЖИЗНИ [НАШЕЙ] И МИРА [ДЛЯ НАС] – В (*в субботу добавляют*: ЭТОТ СУББОТНИЙ ДЕНЬ И) ЭТОТ ДЕНЬ ПАМЯТИ, ЭТОТ СВЯТОЙ ПРАЗДНИЧНЫЙ ДЕНЬ; ВСПОМНИ НАС, ГОСПОДЬ, БОГ НАШ, К ДОБРУ В ЭТОТ ДЕНЬ; И ОТНЕСИСЬ К НАМ

---

* *Если второй день Рош-Гашана начинается на исходе субботы, говорят:*

ותודיענו И СООБЩИЛ ТЫ НАМ, ГОСПОДЬ, БОГ НАШ, СВОИ ПРАВЕДНЫЕ ЗАКОНЫ, И НАУЧИЛ НАС ИСПОЛ-НЯТЬ ПОВЕЛЕНИЯ, УСТАНОВЛЕННЫЕ ВОЛЕЙ ТВОЕЙ. И ДАЛ ТЫ НАМ, ГОСПОДЬ, БОГ НАШ, СПРАВЕДЛИВЫЕ ЗА-КОНЫ И УРОКИ ИСТИНЫ, БЛАГИЕ ЗАПОВЕДИ И УСТАНОВЛЕ-НИЯ, И ДАЛ ТЫ НАМ В УДЕЛ ВРЕМЯ ДЛЯ ВЕСЕЛЬЯ, УСТА-НОВЛЕННЫЕ ДНИ СВЯТОСТИ И ПРАЗДНИКИ ДЛЯ ПРИНЕСЕ-НИЯ ДОБРОВОЛЬНЫХ ЖЕРТВОПРИНОШЕНИЙ. И ДАЛ ТЫ НАМ В НАСЛЕДИЕ [ЗАКОНЫ ОБ] ОСВЯЩЕНИИ СУББОТЫ, И О ПОЧИТАНИИ ПРАЗДНИЧНЫХ ДНЕЙ, И О ТОРЖЕСТВЕННОМ ЖЕРТВОПРИНОШЕНИИ В ПРАЗДНИК ПАЛОМНИЧЕСТВА И ОТ-ДЕЛИЛ ТЫ, ГОСПОДЬ, БОГ НАШ, СВЯТОЕ ОТ БУДНИЧНОГО, СВЕТ ОТ ТЬМЫ, ИЗРАИЛЬ ОТ [ДРУГИХ] НАРОДОВ, СЕДЬМОЙ ДЕНЬ ОТ ШЕСТИ РАБОЧИХ ДНЕЙ. СВЯТОСТЬ СУББОТЫ ОТ СВЯТОСТИ ЙОМ-ТОВА ОТДЕЛИЛ ТЫ, И СЕДЬМОЙ ДЕНЬ ОТ ШЕСТИ РАБОЧИХ ДНЕЙ ОТЛИЧИЛ ТЫ СВЯТОСТЬЮ. ВЫДЕЛИЛ И ОТЛИЧИЛ ТЫ НАРОД СВОЙ, ИЗРАИЛЬ, СВЯТОСТЬЮ СВОЕЮ.

Продолжают ותתן לנו *("И ДАРОВАЛ ТЫ НАМ...").*

זָכְרֵנוּ יְיָ אֱלֹהֵינוּ בּוֹ לְטוֹבָה, וּפָקְדֵנוּ בוֹ לִבְרָכָה, וְהוֹשִׁיעֵנוּ
בּוֹ לְחַיִּים טוֹבִים. וּבִדְבַר יְשׁוּעָה וְרַחֲמִים חוּס וְחָנֵּנוּ,
וְרַחֵם עָלֵינוּ וְהוֹשִׁיעֵנוּ, כִּי אֵלֶיךָ עֵינֵינוּ, כִּי אֵל מֶלֶךְ
חַנּוּן וְרַחוּם אָתָּה:

אֱלֹהֵינוּ וֵאלֹהֵי אֲבוֹתֵינוּ, מְלוֹךְ עַל הָעוֹלָם
כֻּלּוֹ בִּכְבוֹדֶךָ, וְהִנָּשֵׂא עַל כָּל הָאָרֶץ
בִּיקָרֶךָ, וְהוֹפַע בַּהֲדַר גְּאוֹן עֻזֶּךָ עַל כָּל יוֹשְׁבֵי
תֵבֵל אַרְצֶךָ, וְיֵדַע כָּל פָּעוּל כִּי אַתָּה פְעַלְתּוֹ,
וְיָבִין כָּל יְצוּר כִּי אַתָּה יְצַרְתּוֹ, וְיֹאמַר כֹּל אֲשֶׁר
נְשָׁמָה בְאַפּוֹ, יְיָ אֱלֹהֵי יִשְׂרָאֵל מֶלֶךְ, וּמַלְכוּתוֹ
בַּכֹּל מָשָׁלָה: (לשבת אֱלֹהֵינוּ וֵאלֹהֵי אֲבוֹתֵינוּ, רְצֵה נָא בִמְנוּחָתֵנוּ)
קַדְּשֵׁנוּ בְּמִצְוֹתֶיךָ, וְתֵן חֶלְקֵנוּ בְּתוֹרָתֶךָ, שַׂבְּעֵנוּ
מִטּוּבֶךָ וְשַׂמַּח נַפְשֵׁנוּ בִּישׁוּעָתֶךָ, (לשבת וְהַנְחִילֵנוּ יְיָ
אֱלֹהֵינוּ בְּאַהֲבָה וּבְרָצוֹן שַׁבַּת (שַׁבְּתוֹת) קָדְשֶׁךָ וְיָנוּחוּ בָהּ (בוֹ. בָם)
כָּל יִשְׂרָאֵל מְקַדְּשֵׁי שְׁמֶךָ) וְטַהֵר לִבֵּנוּ לְעָבְדְּךָ בֶּאֱמֶת,
כִּי אַתָּה אֱלֹהִים אֱמֶת וּדְבָרְךָ מַלְכֵּנוּ אֱמֶת וְקַיָּם
לָעַד. בָּרוּךְ אַתָּה יְיָ, מֶלֶךְ עַל כָּל הָאָרֶץ, מְקַדֵּשׁ
(לשבת הַשַּׁבָּת וְ) יִשְׂרָאֵל וְיוֹם הַזִּכָּרוֹן:

רְצֵה יְיָ אֱלֹהֵינוּ בְּעַמְּךָ יִשְׂרָאֵל וְלִתְפִלָּתָם שְׁעֵה, וְהָשֵׁב הָעֲבוֹדָה
לִדְבִיר בֵּיתֶךָ, וְאִשֵּׁי יִשְׂרָאֵל וּתְפִלָּתָם בְּאַהֲבָה תְקַבֵּל בְּרָצוֹן,
וּתְהִי לְרָצוֹן תָּמִיד עֲבוֹדַת יִשְׂרָאֵל עַמֶּךָ:

וְתֶחֱזֶינָה עֵינֵינוּ בְּשׁוּבְךָ לְצִיּוֹן בְּרַחֲמִים. בָּרוּךְ אַתָּה יְיָ, הַמַּחֲזִיר
שְׁכִינָתוֹ לְצִיּוֹן:

В ЭТОТ ДЕНЬ СО ВНИМАНИЕМ, БЛАГОСЛОВЛЯЯ НАС; И СПАСИ НАС В ЭТОТ ДЕНЬ ДЛЯ БЛАГОПОЛУЧНОЙ ЖИЗНИ; И ПО ОБЕЩАНИЮ [СВОЕМУ] СПАСТИ И ПОМИЛОВАТЬ [НАС] ПОЖАЛЕЙ [НАС] И СМИЛУЙСЯ [НАД НАМИ] И БУДЬ СНИСХОДИТЕЛЕН К НАМ, И СПАСИ НАС – ВЕДЬ НА ТЕБЯ УСТРЕМЛЕНЫ НАШИ ВЗОРЫ, ПОТОМУ ЧТО ТЫ, БОГ, – ВЛАДЫКА МИЛОСЕРДНЫЙ И МИЛУЮЩИЙ.

אלהינו БОГ НАШ И БОГ ОТЦОВ НАШИХ! ЦАРСТВУЙ НАД ВСЕМ МИРОМ В ВЕЛИЧИИ СВОЕМ, ВОССТАНЬ НАД ВСЕЙ ЗЕМЛЕЙ В СЛАВЕ СВОЕЙ И ЯВИ СЕБЯ ВО [ВСЕМ] ВЕЛИКОЛЕПИИ ГОРДОГО МОГУЩЕСТВА СВОЕГО ВСЕМ НАСЕЛЯЮЩИМ ЗЕМЛЮ, ПЛАНЕТУ ТВОЮ; И УЗНАЕТ КАЖДОЕ СОЗДАНИЕ, ЧТО [ЭТО] ТЫ СОЗДАЛ ЕГО, И ПОЙМЕТ КАЖДОЕ ТВОРЕНИЕ, ЧТО [ЭТО] ТЫ ЕГО СОТВОРИЛ, И СКАЖЕТ КАЖДЫЙ [ЧЕЛОВЕК], НАДЕЛЕННЫЙ ДУШОЙ: "ГОСПОДЬ, БОГ ИЗРАИЛЯ, – ЦАРЬ, И ЕГО ЦАРСКАЯ ВЛАСТЬ – НАД ВСЕМ". (В субботу добавляют: БОГ НАШ И БОГ ОТЦОВ НАШИХ! ДА БУДЕТ УГОДЕН ТЕБЕ СУББОТНИЙ ПОКОЙ НАШ.) ОСВЯТИ НАС ЗАПОВЕДЯМИ СВОИМИ И ДАЙ НАМ УДЕЛ В ТОРЕ ТВОЕЙ; НАСЫТЬ НАС ЩЕДРОТАМИ СВОИМИ И ВОЗВЕСЕЛИ ДУШИ НАШИ СПАСЕНИЕМ, ДАРОВАННЫМ ТОБОЙ, (в субботу добавляют: И ДАРУЙ НАМ В УДЕЛ, ГОСПОДЬ, БОГ НАШ, ПО ЛЮБВИ И БЛАГОСКЛОННОСТИ [К НАМ] СВЯТУЮ СУББОТУ СВОЮ (в молитве "Шахарит": СВЯТОЙ СУББОТНИЙ ДЕНЬ СВОЙ; в молитве "Минха": СВЯТЫЕ СУББОТНИЕ ДНИ СВОИ), И ОБРЕТЕТ В НЕЙ (в молитве "Шахарит": В НЕМ, в молитве "Минха": В НИХ) ПОКОЙ ВЕСЬ НАРОД ИЗРАИЛЯ, ОСВЯЩАЮЩИЙ ИМЯ ТВОЕ), И ОЧИСТИ НАШЕ СЕРДЦЕ, ЧТОБЫ МЫ СЛУЖИЛИ ТЕБЕ ИСКРЕННЕ, ИБО ТЫ, БОГ, – [САМА] ИСТИНА И СКАЗАННОЕ ТОБОЙ, ЦАРЬ НАШ, – ИСТИНА И НЕРУШИМО ВОВЕК. БЛАГОСЛОВЕН ТЫ, ГОСПОДЬ, ВЛАДЫКА ВСЕЙ ЗЕМЛИ, ОСВЯЩАЮЩИЙ (в субботу добавляют: СУББОТУ И) ИЗРАИЛЬ И ДЕНЬ ПАМЯТИ!

רצה ОТНЕСИСЬ БЛАГОСКЛОННО, ГОСПОДЬ, БОГ НАШ, К НАРОДУ СВОЕМУ, ИЗРАИЛЮ, И МОЛИТВУ ЕГО ПРИМИ, И ВОССТАНОВИ СЛУЖБУ В СВЯТАЯ СВЯТЫХ ХРАМА ТВОЕГО; И ЖЕРТВЫ, ПРИНОСИМЫЕ ИЗРАИЛЕМ, И МОЛИТВУ ЕГО ПРИМИ С ЛЮБОВЬЮ, БЛАГОСКЛОННО; И ПУСТЬ БУДЕТ ВСЕГДА ЖЕЛАННО ТЕБЕ СЛУЖЕНИЕ ИЗРАИЛЯ, НАРОДА ТВОЕГО.

ותחזינה И ДА УВИДИМ МЫ СВОИМИ ГЛАЗАМИ, КАК ВЕРНЕШЬСЯ ТЫ, ПО МИЛОСЕРДИЮ СВОЕМУ, В СИОН. БЛАГОСЛОВЕН ТЫ, ГОСПОДЬ, ВОЗВРАЩАЮЩИЙ СВОЮ ШХИНУ В СИОН!

מוֹדִים דרבנן
מוֹדִים אֲנַחְנוּ לָךְ, שָׁאַתָּה הוּא יְיָ אֱלֹהֵינוּ וֵאלֹהֵי אֲבוֹתֵינוּ, אֱלֹהֵי כָל בָּשָׂר, יוֹצְרֵנוּ, יוֹצֵר בְּרֵאשִׁית, בְּרָכוֹת וְהוֹדָאוֹת לְשִׁמְךָ הַגָּדוֹל וְהַקָּדוֹשׁ, עַל שֶׁהֶחֱיִיתָנוּ וְקִיַּמְתָּנוּ, כֵּן תְּחַיֵּנוּ וּתְקַיְּמֵנוּ וְתֶאֱסוֹף גָּלֻיוֹתֵינוּ לְחַצְרוֹת קָדְשֶׁךָ, וְנָשׁוּב אֵלֶיךָ לִשְׁמוֹר חֻקֶּיךָ, וְלַעֲשׂוֹת רְצוֹנֶךָ, וּלְעָבְדְּךָ בְּלֵבָב שָׁלֵם עַל שֶׁאָנוּ מוֹדִים לָךְ, בָּרוּךְ אֵל הַהוֹדָאוֹת:

מוֹדִים אֲנַחְנוּ לָךְ שָׁאַתָּה הוּא יְיָ אֱלֹהֵינוּ וֵאלֹהֵי אֲבוֹתֵינוּ לְעוֹלָם וָעֶד. צוּר חַיֵּינוּ מָגֵן יִשְׁעֵנוּ אַתָּה הוּא לְדוֹר וָדוֹר. נוֹדֶה לְּךָ וּנְסַפֵּר תְּהִלָּתֶךָ, עַל חַיֵּינוּ הַמְּסוּרִים בְּיָדֶךָ, וְעַל נִשְׁמוֹתֵינוּ הַפְּקוּדוֹת לָךְ, וְעַל נִסֶּיךָ שֶׁבְּכָל יוֹם עִמָּנוּ, וְעַל נִפְלְאוֹתֶיךָ וְטוֹבוֹתֶיךָ שֶׁבְּכָל עֵת, עֶרֶב וָבֹקֶר וְצָהֳרָיִם, הַטּוֹב, כִּי לֹא כָלוּ רַחֲמֶיךָ, וְהַמְרַחֵם, כִּי לֹא תַמּוּ חֲסָדֶיךָ, כִּי מֵעוֹלָם קִוִּינוּ לָךְ:

וְעַל כֻּלָּם יִתְבָּרַךְ וְיִתְרוֹמַם וְיִתְנַשֵּׂא שִׁמְךָ מַלְכֵּנוּ תָּמִיד לְעוֹלָם וָעֶד:
וּכְתוֹב לְחַיִּים טוֹבִים כָּל בְּנֵי בְרִיתֶךָ.

וְכֹל הַחַיִּים יוֹדוּךָ סֶּלָה וִיהַלְלוּ שִׁמְךָ הַגָּדוֹל לְעוֹלָם כִּי טוֹב הָאֵל יְשׁוּעָתֵנוּ וְעֶזְרָתֵנוּ סֶלָה, הָאֵל הַטּוֹב. בָּרוּךְ אַתָּה יְיָ, הַטּוֹב שִׁמְךָ וּלְךָ נָאֶה לְהוֹדוֹת: (לש״ץ ברכת כהנים)

שִׂים שָׁלוֹם, טוֹבָה וּבְרָכָה, חַיִּים חֵן וָחֶסֶד וְרַחֲמִים, עָלֵינוּ וְעַל כָּל יִשְׂרָאֵל עַמֶּךָ. בָּרְכֵנוּ אָבִינוּ כֻּלָּנוּ כְּאֶחָד, בְּאוֹר פָּנֶיךָ, כִּי בְאוֹר פָּנֶיךָ, נָתַתָּ לָּנוּ יְיָ אֱלֹהֵינוּ תּוֹרַת חַיִּים, וְאַהֲבַת חֶסֶד, וּצְדָקָה וּבְרָכָה וְרַחֲמִים וְחַיִּים וְשָׁלוֹם. וְטוֹב בְּעֵינֶיךָ לְבָרֵךְ אֶת עַמְּךָ יִשְׂרָאֵל בְּכָל עֵת וּבְכָל שָׁעָה בִּשְׁלוֹמֶךָ.

וּבְסֵפֶר חַיִּים בְּרָכָה וְשָׁלוֹם וּפַרְנָסָה טוֹבָה יְשׁוּעָה וְנֶחָמָה, וּגְזֵרוֹת טוֹבוֹת, נִזָּכֵר וְנִכָּתֵב לְפָנֶיךָ, אֲנַחְנוּ וְכָל עַמְּךָ בֵּית יִשְׂרָאֵל, לְחַיִּים טוֹבִים וּלְשָׁלוֹם: בָּרוּךְ אַתָּה יְיָ, הַמְבָרֵךְ אֶת עַמּוֹ יִשְׂרָאֵל בַּשָּׁלוֹם:
יִהְיוּ לְרָצוֹן אִמְרֵי פִי וְהֶגְיוֹן לִבִּי לְפָנֶיךָ, יְיָ צוּרִי וְגוֹאֲלִי:

אֱלֹהַי, נְצוֹר לְשׁוֹנִי מֵרָע, וּשְׂפָתַי מִדַּבֵּר מִרְמָה, וְלִמְקַלְלַי, נַפְשִׁי תִדּוֹם. וְנַפְשִׁי כֶּעָפָר לַכֹּל תִּהְיֶה. פְּתַח לִבִּי בְּתוֹרָתֶךָ, וּבְמִצְוֹתֶיךָ תִּרְדּוֹף נַפְשִׁי, וְכָל הַחוֹשְׁבִים עָלַי רָעָה, מְהֵרָה הָפֵר עֲצָתָם וְקַלְקֵל מַחֲשַׁבְתָּם. יִהְיוּ כְּמוֹץ לִפְנֵי רוּחַ וּמַלְאַךְ יְיָ דּוֹחֶה. לְמַעַן יֵחָלְצוּן יְדִידֶיךָ, הוֹשִׁיעָה יְמִינְךָ וַעֲנֵנִי. עֲשֵׂה לְמַעַן שְׁמֶךָ, עֲשֵׂה לְמַעַן יְמִינֶךָ, עֲשֵׂה לְמַעַן תּוֹרָתֶךָ. עֲשֵׂה
לכען

(См. транслитерацию на стр. 386)

מודים БЛАГОДАРИМ МЫ ТЕБЯ ЗА ТО, ЧТО ТЫ, ГОСПОДЬ, – БОГ НАШ И БОГ ОТЦОВ НАШИХ ВО ВЕКИ ВЕКОВ. ТЫ – ОПЛОТ ЖИЗНИ НАШЕЙ, ЗАЩИТНИК, СПАСАЮЩИЙ НАС ИЗ ПОКОЛЕНИЯ В ПОКОЛЕНИЕ. БУДЕМ БЛАГОДАРИТЬ ТЕБЯ И ПРОВОЗГЛАШАТЬ ТЕБЕ ХВАЛУ ВЕЧЕРОМ, УТРОМ И ДНЕМ ЗА ЖИЗНЬ НАШУ, ВВЕРЕННУЮ ТЕБЕ, ЗА ДУШИ НАШИ, ХРАНИМЫЕ ТОБОЙ, И ЗА ЧУДЕСА ТВОИ, КОТОРЫЕ ТЫ ПОСТОЯННО [СОВЕРШАЕШЬ] С НАМИ, И ЗА ТВОИ ЗНАМЕНИЯ И БЛАГОДЕЯНИЯ, КОТОРЫЕ ТЫ [ТВОРИШЬ] ВСЕГДА, –

"МОДИМ ДЕРАБАНАН"

При повторении молитвы хазаном община говорит здесь следующую молитву:

מודים БЛАГОДАРИМ МЫ ТЕБЯ ЗА ТО, ЧТО ТЫ, ГОСПОДЬ, – БОГ НАШ И БОГ ОТЦОВ НАШИХ, БОГ ВСЕГО ЖИВОГО, СОЗДАТЕЛЬ НАШ, ТВОРЕЦ МИРОЗДАНИЯ; ПОДОБАЕТ БЛАГОСЛОВЛЯТЬ И СЛАВИТЬ ВЕЛИКОЕ И СВЯТОЕ ИМЯ ТВОЕ ЗА ТО, ЧТО ТЫ ДАЛ НАМ ЖИЗНЬ И ПОДДЕРЖИВАЕШЬ ЕЕ В НАС; И ТЫ ПРОДЛИШЬ ЕЕ И ПОДДЕРЖИШЬ, И СОБЕРЕШЬ НАС ИЗ ИЗГНАНИЯ ВО ДВОРАХ СВЯТИЛИЩА СВОЕГО, И ВЕРНЕМСЯ МЫ К ТЕБЕ, ЧТОБЫ СОБЛЮДАТЬ ТВОИ ЗАКОНЫ, И ИСПОЛНЯТЬ ВОЛЮ ТВОЮ, И СЛУЖИТЬ ТЕБЕ ВСЕМ СЕРДЦЕМ; И ПОТОМУ МЫ БЛАГОДАРИМ ТЕБЯ. БЛАГОСЛОВЕН БОГ, КОТОРОГО ПОДОБАЕТ БЛАГОДАРИТЬ!

О, ДОБРЫЙ! – ПОТОМУ ЧТО МИЛОСТИ ТВОИ НЕСКОНЧАЕМЫ, – О, МИЛОСЕРДНЫЙ! – ПОТОМУ ЧТО БЛАГОДЕЯНИЯ ТВОИ НЕИСТОЩИМЫ; ВЕДЬ МЫ ОТ ВЕКА НАДЕЕМСЯ НА ТЕБЯ!

על И ЗА ВСЕ ЭТО ДА БУДЕТ БЛАГОСЛОВЛЕНО, И ДА ВОЗВЕЛИЧИТСЯ И ПРЕВОЗНЕСЕТСЯ ИМЯ ТВОЕ, ВЛАДЫКА НАШ, ВСЕГДА, ВО ВЕКИ ВЕКОВ!

וכתוב И ЗАПИШИ [В КНИГЕ ЖИЗНИ], ЧТО [В НОВОМ ГОДУ] БЛАГОПОЛУЧНАЯ СУДЬБА ОЖИДАЕТ ВСЕХ, С КЕМ ТЫ ЗАКЛЮЧИЛ СОЮЗ.

וכל И ВСЕ ЖИВОЕ БУДЕТ ВЕЧНО БЛАГОДАРИТЬ ТЕБЯ И ВОСХВАЛЯТЬ ТВОЕ ВЕЛИКОЕ ИМЯ ВОВЕК, ИБО ТЫ ДОБР. ТЫ, БОГ, – НАШЕ СПАСЕНИЕ И НАША ОПОРА ВОВЕКИ, [ТЫ –] ДОБРЫЙ БОГ! БЛАГОСЛОВЕН ТЫ, ГОСПОДЬ; ДОБРЫЙ – ИМЯ ТЕБЕ, И ТЕБЯ ПОДОБАЕТ БЛАГОДАРИТЬ.

שים ДАРУЙ МИР, ДОБРО И БЛАГОСЛОВЕНИЕ, ЖИЗНЬ, МИЛОСТЬ, И ЛЮБОВЬ, И МИЛОСЕРДИЕ НАМ И ВСЕМУ ТВОЕМУ НАРОДУ, ИЗРАИЛЮ. БЛАГОСЛОВИ НАС, ВСЕХ ВМЕСТЕ, В БЛАГОСКЛОННОСТИ СВОЕЙ, ОТЕЦ НАШ, ИБО В БЛАГОСКЛОННОСТИ СВОЕЙ ТЫ ДАРОВАЛ НАМ, ГОСПОДЬ, БОГ НАШ, ЗАКОН ЖИЗНИ И БЕСКОРЫСТНОЙ ЛЮБВИ, И МИЛОСТЬ, И БЛАГОСЛОВЕНИЕ, И МИЛОСЕРДИЕ, И ЖИЗНЬ, И МИР. И ДА БУДЕТ УГОДНО ТЕБЕ БЛАГОСЛОВЛЯТЬ НАРОД СВОЙ, ИЗРАИЛЬ, ВО ВСЕ ВРЕМЕНА И В КАЖДОЕ МГНОВЕНИЕ, ДАРУЯ ЕМУ МИР.

ובספר И В КНИГЕ ЖИЗНИ, БЛАГОСЛОВЕНИЯ, И МИРА, И ПРОЦВЕТАНИЯ, СПАСЕНИЯ, И УТЕШЕНИЯ, И ДОБРЫХ ПРЕДНАЧЕРТАНИЙ — ДА БУДЕМ УПОМЯНУТЫ И ЗАПИСАНЫ ПРЕД ТОБОЮ МЫ И ВЕСЬ НАРОД ТВОЙ, ДОМ ИЗРАИЛЯ, НА ДОБРУЮ ЖИЗНЬ И НА МИР. БЛАГОСЛОВЕН ТЫ, ГОСПОДЬ, БЛАГОСЛОВЛЯЮЩИЙ МИРОМ НАРОД СВОЙ, ИЗРАИЛЬ!

יהיו ДА БУДУТ УГОДНЫ ТЕБЕ СЛОВА МОИХ УСТ И ПОМЫСЛЫ СЕРДЦА МОЕГО, О, ГОСПОДЬ, – МОЙ ОПЛОТ И ИЗБАВИТЕЛЬ!

אלהי БОГ МОЙ! УБЕРЕГИ МОЙ ЯЗЫК ОТ ЗЛОСЛОВИЯ И УСТА МОИ ОТ ЛЖИВЫХ РЕЧЕЙ; И ПЕРЕД ТЕМИ, КТО ПРОКЛИНАЕТ МЕНЯ, ПУСТЬ ДУША МОЯ ХРАНИТ МОЛЧАНИЕ. И ПУСТЬ ДУША МОЯ ПОВЕРГАЕТСЯ В ПРАХ ПРЕД КАЖДЫМ. РАСКРОЙ МОЕ СЕРДЦЕ ДЛЯ ТОРЫ ТВОЕЙ, И ДА УСТРЕМИТСЯ МОЯ ДУША К ИСПОЛНЕНИЮ ТВОИХ ЗАПОВЕДЕЙ; И ПОСКОРЕЕ РАЗРУШЬ КОЗНИ И РАССТРОЙ ЗАМЫСЛЫ ВСЕХ ЗАДУМАВШИХ ПРОТИВ МЕНЯ НЕДОБРОЕ. ДА БУДУТ ОНИ МЯКИНОЙ НА ВЕТРУ, ГОНИМЫЕ АНГЕЛОМ ГОСПОДА. ПУСТЬ СПАСЕНЫ БУДУТ ТЕ, КОГО ЛЮБИШЬ ТЫ; СПАСИ [МЕНЯ] ДЕСНИЦЕЙ СВОЕЙ И ОТВЕТЬ МНЕ. СОВЕРШИ ЭТО РАДИ ИМЕНИ СВОЕГО, СОВЕРШИ РАДИ [ПРОСЛАВЛЕНИЯ] ДЕСНИЦЫ СВОЕЙ, СОВЕРШИ РАДИ ТОРЫ СВОЕЙ,

לְמַעַן קְדֻשָּׁתֶךָ ‧ יִהְיוּ לְרָצוֹן אִמְרֵי פִי ‧ וְהֶגְיוֹן לִבִּי לְפָנֶיךָ ‧ יְיָ צוּרִי וְגוֹאֲלִי ‧ עֹשֶׂה הַשָּׁלוֹם בִּמְרוֹמָיו ‧ הוּא יַעֲשֶׂה שָׁלוֹם עָלֵינוּ ‧ וְעַל כָּל יִשְׂרָאֵל ‧ וְאִמְרוּ אָמֵן :

יְהִי רָצוֹן מִלְּפָנֶיךָ יְיָ אֱלֹהֵינוּ וֵאלֹהֵי אֲבוֹתֵינוּ, שֶׁיִּבָּנֶה בֵּית הַמִּקְדָּשׁ בִּמְהֵרָה בְיָמֵינוּ, וְתֵן חֶלְקֵנוּ בְּתוֹרָתֶךָ.

בליל ר"ה קודס קדיש נתרא אומרים לדוד מזמור.

לְדָוִד מִזְמוֹר לַיְיָ הָאָרֶץ וּמְלוֹאָהּ, תֵּבֵל וְיֹשְׁבֵי בָהּ : כִּי הוּא עַל יַמִּים יְסָדָהּ, וְעַל נְהָרוֹת יְכוֹנְנֶהָ : מִי יַעֲלֶה בְהַר יְיָ, וּמִי יָקוּם בִּמְקוֹם קָדְשׁוֹ : נְקִי כַפַּיִם וּבַר לֵבָב אֲשֶׁר לֹא נָשָׂא לַשָּׁוְא נַפְשִׁי, וְלֹא נִשְׁבַּע לְמִרְמָה : יִשָּׂא בְרָכָה מֵאֵת יְיָ, וּצְדָקָה מֵאֱלֹהֵי יִשְׁעוֹ : זֶה דּוֹר דֹּרְשָׁיו מְבַקְשֵׁי פָנֶיךָ יַעֲקֹב סֶלָה : שְׂאוּ שְׁעָרִים רָאשֵׁיכֶם, וְהִנָּשְׂאוּ פִּתְחֵי עוֹלָם, וְיָבוֹא מֶלֶךְ הַכָּבוֹד : מִי זֶה מֶלֶךְ הַכָּבוֹד יְיָ עִזּוּז וְגִבּוֹר, יְיָ גִּבּוֹר מִלְחָמָה : שְׂאוּ שְׁעָרִים רָאשֵׁיכֶם, וּשְׂאוּ פִּתְחֵי עוֹלָם, וְיָבֹא מֶלֶךְ הַכָּבוֹד : מִי הוּא זֶה מֶלֶךְ הַכָּבוֹד יְיָ צְבָאוֹת, הוּא מֶלֶךְ הַכָּבוֹד סֶלָה :

נוהגין בליל ראשון של ר"ה לומר למטירו

לְשָׁנָה טוֹבָה תִּכָּתֵב וְתֵחָתֵם :

קידוש לראש השנה

כשחל ראש השנה בשבת מתחילין כאן:

יוֹם הַשִּׁשִּׁי, וַיְכֻלּוּ הַשָּׁמַיִם וְהָאָרֶץ וְכָל צְבָאָם : וַיְכַל אֱלֹהִים בַּיּוֹם הַשְּׁבִיעִי, מְלַאכְתּוֹ אֲשֶׁר עָשָׂה, וַיִּשְׁבֹּת בַּיּוֹם הַשְּׁבִיעִי מִכָּל מְלַאכְתּוֹ אֲשֶׁר עָשָׂה : וַיְבָרֶךְ אֱלֹהִים אֶת יוֹם הַשְּׁבִיעִי, וַיְקַדֵּשׁ אֹתוֹ, כִּי בוֹ שָׁבַת מִכָּל מְלַאכְתּוֹ, אֲשֶׁר בָּרָא אֱלֹהִים לַעֲשׂוֹת :

כשחל ראש השנה בחול מתחילין כאן:

על היין   סַבְרִי מָרָנָן   על הפת

בָּרוּךְ אַתָּה יְיָ אֱלֹהֵינוּ מֶלֶךְ הָעוֹלָם, בּוֹרֵא פְּרִי הַגָּפֶן: | בָּרוּךְ אַתָּה יְיָ אֱלֹהֵינוּ מֶלֶךְ הָעוֹלָם, הַמּוֹצִיא לֶחֶם מִן הָאָרֶץ:

בָּרוּךְ אַתָּה יְיָ אֱלֹהֵינוּ מֶלֶךְ הָעוֹלָם, אֲשֶׁר בָּחַר בָּנוּ מִכָּל עָם וְרוֹמְמָנוּ מִכָּל לָשׁוֹן וְקִדְּשָׁנוּ בְּמִצְוֹתָיו, וַתִּתֶּן לָנוּ יְיָ אֱלֹהֵינוּ בְּאַהֲבָה אֶת יוֹם (לשבת הַשַּׁבָּת הַזֶּה וְאֶת יוֹם) הַזִּכָּרוֹן הַזֶּה, אֶת יוֹם טוֹב מִקְרָא קֹדֶשׁ הַזֶּה יוֹם (לשבת זִכְרוֹן) תְּרוּעָה

СОВЕРШИ РАДИ СВЯТОСТИ СВОЕЙ; ДА БУДУТ УГОДНЫ ТЕБЕ СЛОВА МОИХ УСТ И ПОМЫСЛЫ СЕРДЦА МОЕГО, О, ГОСПОДЬ, – МОЙ ОПЛОТ И ИЗБАВИТЕЛЬ! УСТА-НАВЛИВАЮЩИЙ МИР (молящиеся на иврите вместо "ШАЛОМ" – "МИР" говорят "ҐА-ШАЛОМ") В СВОИХ ВЫСОТАХ, ОН ПОШЛЕТ МИР НАМ И ВСЕМУ ИЗРАИЛЮ, И СКА-ЖЕМ АМЕН!

יהי ДА БУДЕТ УГОДНО ТЕБЕ, ГОСПОДЬ, БОГ НАШ И БОГ ОТЦОВ НАШИХ, ЧТОБЫ БЫЛ ПОСТРОЕН ХРАМ, – ВСКОРЕ, В НАШИ ДНИ, – И ДАЙ НАМ УДЕЛ В ТОРЕ ТВОЕЙ!

Если первый день Рош-Ҏашана приходится на субботу, то в вечерней молитве здесь говорят: "И ЗАВЕРШЕНЫ БЫЛИ..." (стр. 142) – до слов "...ОСВЯЩАЮЩИЙ СУББО-ТУ" (стр. 143). После этого читают: "ПЕСНЬ ДАВИДА..." (см. ниже), "Кадиш шалем" (стр. 74–75), "ПСАЛОМ ДАВИДА..." (стр. 143); хазан произносит "Хаци-кадиш" (стр. 42), "БЛАГОСЛОВИТЕ..." (стр. 143), "НАШ ДОЛГ..." (стр. 144) и "Кадиш ятом" (стр. 77). Если первый день Рош-Ҏашана – будний день, то в конце вечерней молитвы перед тем, как произносят последний "Кадиш", – "Кадиш шалем", – говорят:

לדוד ПЕСНЬ ДАВИДА. ГОСПОДУ ПРИНАДЛЕЖИТ ЗЕМЛЯ И ВСЕ, ЧТО ЕЕ НАПОЛ-НЯЕТ, СУША И ВСЕ ОБИТАТЕЛИ ЕЕ – ВЕДЬ НАД ВОДАМИ ОН ВОЗВЫСИЛ ЕЕ, ВЫШЕ РЕК УТВЕРДИЛ. "КТО ВЗОЙДЕТ НА ГОРУ ГОСПОДА, КТО СМОЖЕТ УСТОЯТЬ В ЕГО СВЯТОМ МЕСТЕ? ТОТ, ЧЬИ РУКИ ЧИСТЫ И СЕРДЦЕ НЕПОРОЧНО, ТОТ, КТО НЕ ПРОИЗНОСИЛ ПОНАПРАСНУ ИМЯ МОЕ И НЕ КЛЯЛСЯ ЛОЖНО. УДОСТОИТСЯ ОН БЛАГОСЛОВЕНИЯ ГОСПОДА, МИЛОСТИ БОГА, ИЗБАВИТЕЛЯ ЕГО". ТАКОВО ПО-КОЛЕНИЕ СТРЕМЯЩИХСЯ К [ВСЕВЫШНЕМУ], СЫНОВ ЯАКОВА, ВСЕГДА ИЩУЩИХ БЛАГОСКЛОННОСТИ ЕГО. ВОЗНЕСИТЕСЬ, ПРИТОЛОКИ ХРАМОВЫХ ДВЕРЕЙ, СТАНЬТЕ ВЫШЕ, ВРАТА ВЕЧНОСТИ, – И ВОЙДЕТ СЛАВНЫЙ ВЛАДЫКА! КТО ОН, СЛАВНЫЙ ВЛАДЫКА? ГОСПОДЬ, СИЛЬНЫЙ И МОГУЧИЙ, ГОСПОДЬ, МОГУЧИЙ ВОИ-ТЕЛЬ. ВОЗНЕСИТЕСЬ, ПРИТОЛОКИ ХРАМОВЫХ ДВЕРЕЙ, И СТАНЬТЕ ВЫШЕ, ВРАТА ВЕЧНОСТИ, – И ВОЙДЕТ СЛАВНЫЙ ВЛАДЫКА! КТО ОН, СЛАВНЫЙ ВЛАДЫКА? ГОСПОДЬ ВОИНСТВ – ОН ВЛАДЫКА, СЛАВНЫЙ ВОВЕК!

После этого говорят: "НАШ ДОЛГ..." (стр. 84) и "Кадиш ятом" (стр. 77). В первую ночь Рош-Ҏашана принято говорить окружающим:

ЖЕЛАЮ ТЕБЕ, ЧТОБЫ [ВСЕВЫШНИЙ] ЗАПИСАЛ [В КНИГЕ ЖИЗНИ, ЧТО У ТЕБЯ БУДЕТ] СЧАСТЛИВЫЙ ГОД, И СКРЕПИЛ [ЭТУ ЗАПИСЬ] ПЕЧАТЬЮ.

На иврите эта фраза звучит так: ЛЕШАНА ТОВА ТИКАТЕВ ВЕТЕХАТЕМ.

"КИДУШ", СОВЕРШАЕМЫЙ ВЕЧЕРОМ В РОШ-ҐАШАНА

(См. транслитерацию на стр. 408)

Если первый день Рош-Ҏашана выпадает на субботу, говорят:

יום ДЕНЬ ШЕСТОЙ. И ЗАВЕРШЕНЫ БЫЛИ НЕБО И ЗЕМЛЯ СО ВСЕМ ВОИНСТВОМ ИХ. И ЗАКОНЧИЛ БОГ НА СЕДЬМОЙ ДЕНЬ ТРУД СВОЙ, КОТОРЫМ ЗАНИМАЛСЯ, И В СЕДЬМОЙ ДЕНЬ НЕ СОВЕРШАЛ ОН НИКАКОЙ ИЗ ТЕХ РАБОТ, КОТОРЫМИ БЫЛ ЗА-НЯТ, И БЛАГОСЛОВИЛ БОГ ДЕНЬ СЕДЬМОЙ, И ОСВЯТИЛ ЕГО, ИБО В ЭТОТ [ДЕНЬ] НЕ СОВЕРШАЛ ОН НИКАКОЙ ИЗ РАБОТ СВОИХ, КОТОРЫМИ ЗАНИМАЛСЯ [ПРЕЖДЕ] И КОТОРЫЕ [НАМЕРЕВАЛСЯ] СОВЕРШИТЬ [ПОСЛЕ ТОГО].

Если Рош-Ҏашана выпадает на будний день, начинают здесь:

Над вином:	Над хлебом:
סברי ВНЕМЛИТЕ, ГОСПОДА МОИ!	סברי ВНЕМЛИТЕ, ГОСПОДА МОИ!
ברוך БЛАГОСЛОВЕН ТЫ, ГОСПОДЬ, БОГ НАШ, ВЛАДЫКА ВСЕЛЕННОЙ, СОТВОРИВ-ШИЙ ПЛОД ВИНОГРАДНОЙ ЛОЗЫ!	ברוך БЛАГОСЛОВЕН ТЫ, ГОСПОДЬ, БОГ НАШ, ВЛАДЫКА ВСЕЛЕННОЙ, ВЫРАСТИВШИЙ ХЛЕБ ИЗ ЗЕМЛИ!

ברוך БЛАГОСЛОВЕН ТЫ, ГОСПОДЬ, БОГ НАШ, ВЛАДЫКА ВСЕЛЕННОЙ, ИЗБРАВШИЙ НАС ИЗ ВСЕХ НАРОДОВ, И ВОЗВЫСИВШИЙ НАС НАД ВСЕМИ ПЛЕМЕНАМИ, И ОСВЯТИВШИЙ НАС СВОИМИ ЗАПОВЕДЯМИ! И ДАРОВАЛ ТЫ НАМ, ГОСПОДЬ, БОГ НАШ, С ЛЮБОВЬЮ (*в субботу добавляют:* ЭТОТ СУББОТНИЙ ДЕНЬ И) ЭТОТ ДЕНЬ ПАМЯТИ, ЭТОТ СВЯТОЙ ПРАЗДНИЧ-НЫЙ ДЕНЬ, ДЕНЬ (*в субботу:* КОГДА МЫ ВСПОМИНАЕМ [О ТРЕПЕТНЫХ

תְּרוּעָה (בְּאַהֲבָה) מִקְרָא קֹדֶשׁ זֵכֶר לִיצִיאַת מִצְרָיִם, כִּי בָנוּ
בָחַרְתָּ וְאוֹתָנוּ קִדַּשְׁתָּ מִכָּל הָעַמִּים, וּדְבָרְךָ מַלְכֵּנוּ אֱמֶת
וְקַיָּם לָעַד . בָּרוּךְ אַתָּה יְיָ, מֶלֶךְ עַל כָּל הָאָרֶץ מְקַדֵּשׁ
(בְּשַׁבָּת וְ) יִשְׂרָאֵל וְיוֹם הַזִּכָּרוֹן:

בליל שני של ר"ה נוהגין להניח פרי חדש בפני המקדש ויתן עינו בו ויאמר שהחיינו. ואם אין פרי חדש מצוי מכל מקום
יאמר שהחיינו:

בָּרוּךְ אַתָּה יְיָ, אֱלֹהֵינוּ מֶלֶךְ הָעוֹלָם, שֶׁהֶחֱיָנוּ וְקִיְּמָנוּ וְהִגִּיעָנוּ לַזְּמַן הַזֶּה:

ואם חל ראש השנה במוצאי שבת מוסיפין לפני ברכת שהחיינו נר, והבדלה:

בָּרוּךְ אַתָּה יְיָ, אֱלֹהֵינוּ מֶלֶךְ הָעוֹלָם, בּוֹרֵא מְאוֹרֵי הָאֵשׁ:

בָּרוּךְ אַתָּה יְיָ, אֱלֹהֵינוּ מֶלֶךְ הָעוֹלָם, הַמַּבְדִּיל בֵּין קֹדֶשׁ לְחֹל,
בֵּין אוֹר לְחֹשֶׁךְ, בֵּין יִשְׂרָאֵל לָעַמִּים, בֵּין יוֹם הַשְּׁבִיעִי
לְשֵׁשֶׁת יְמֵי הַמַּעֲשֶׂה. בֵּין קְדֻשַּׁת שַׁבָּת לִקְדֻשַּׁת יוֹם טוֹב הִבְדַּלְתָּ,
וְאֶת יוֹם הַשְּׁבִיעִי מִשֵּׁשֶׁת יְמֵי הַמַּעֲשֶׂה קִדַּשְׁתָּ, הִבְדַּלְתָּ וְקִדַּשְׁתָּ
אֶת עַמְּךָ יִשְׂרָאֵל בִּקְדֻשָּׁתֶךָ. בָּרוּךְ אַתָּה יְיָ, הַמַּבְדִּיל בֵּין קֹדֶשׁ לְקֹדֶשׁ:

ומברך שהחיינו:

בר"ה בליל ראשונה נוהגין לאכול תפוח מתוק בדבש בתחלת הסעודה וצריך לברך בתחלה:

בָּרוּךְ אַתָּה יְהֹוָה אֱלֹהֵינוּ מֶלֶךְ הָעוֹלָם בּוֹרֵא פְּרִי הָעֵץ:

ואם"כ יאמר: יְהִי רָצוֹן מִלְּפָנֶיךָ שֶׁתְּחַדֵּשׁ עָלֵינוּ שָׁנָה טוֹבָה וּמְתוּקָה:

כשחל ראש השנה בחול אומרים א"מ

ואין לומר בר"ה א"מ שיש בו הזכרת חטא או עון כגון א"מ חטאנו או סלח ומחול וכו' וכיוצא בזה:

פותחין הארון

(בר"ה א"א זה אָבִינוּ מַלְכֵּנוּ חָטָאנוּ לְפָנֶיךָ):

אָבִינוּ מַלְכֵּנוּ אֵין לָנוּ מֶלֶךְ אֶלָּא אָתָּה:

אָבִינוּ מַלְכֵּנוּ עֲשֵׂה עִמָּנוּ לְמַעַן שְׁמֶךָ:

אָבִינוּ מַלְכֵּנוּ חַדֵּשׁ (בח"צ בָּרֵךְ) עָלֵינוּ שָׁנָה טוֹבָה:

אָבִינוּ מַלְכֵּנוּ בַּטֵּל מֵעָלֵינוּ כָּל גְּזֵרוֹת קָשׁוֹת:

אָבִינוּ מַלְכֵּנוּ בַּטֵּל מַחְשְׁבוֹת שׂוֹנְאֵינוּ:

אָבִינוּ מַלְכֵּנוּ הָפֵר עֲצַת אוֹיְבֵינוּ:

אָבִינוּ מַלְכֵּנוּ כַּלֵּה כָּל צַר וּמַסְטִין מֵעָלֵינוּ:

אָבִינוּ מַלְכֵּנוּ סְתוֹם פִּיּוֹת מַשְׂטִינֵינוּ וּמְקַטְרִיגֵנוּ:

ЗВУКАХ ШОФАРА]) ТРЕПЕТНЫХ ЗВУКОВ [ШОФАРА] , (*в субботу добавля-
ют*: ПО ЛЮБВИ [СВОЕЙ ДАЛ ТЫ ЭТОТ])СВЯТОЙ ПРАЗДНИК, — В ПА-
МЯТЬ О ВЫХОДЕ ИЗ ЕГИПТА. ИБО НАС ИЗБРАЛ ТЫ И ОСВЯТИЛ СРЕДИ
ВСЕХ НАРОДОВ, И СКАЗАННОЕ ТОБОЙ, ЦАРЬ НАШ, — ИСТИНА И НЕРУ-
ШИМО ВОВЕК. БЛАГОСЛОВЕН ТЫ, ГОСПОДЬ, ВЛАДЫКА ВСЕЙ ЗЕМЛИ,
ОСВЯЩАЮЩИЙ (*в субботу добавляют*: СУББОТУ, И)ИЗРАИЛЬ, И ДЕНЬ ПА-
МЯТИ!

*В первый вечер Рош-Гашана здесь произносят благословение "БЛАГОСЛОВЕН... КО-
ТОРЫЙ ДАРОВАЛ НАМ ЖИЗНЬ...". Во второй вечер Рош-Гашана принято класть перед
тем, кто делает "Кидуш", что-либо из фруктов или ягод нового урожая, чего еще не
пробовали в новом году; произнося благословение "БЛАГОСЛОВЕН... КОТОРЫЙ
ДАРОВАЛ НАМ ЖИЗНЬ...", следует посмотреть на этот плод. Это благословение следует
говорить и в том случае, если такого плода в доме не оказалось.*

ברוך БЛАГОСЛОВЕН ТЫ, ГОСПОДЬ, БОГ НАШ, ВЛАДЫКА ВСЕЛЕННОЙ, КОТОРЫЙ
ДАРОВАЛ НАМ ЖИЗНЬ, И ПОДДЕРЖИВАЛ ЕЕ В НАС, И ДАЛ НАМ ДОЖИТЬ ДО ЭТОГО
ВРЕМЕНИ!

*Если второй вечер Рош-Гашана следует сразу после субботы, перед этим благослове-
нием произносят еще два; говоря первое из них, смотрят на горящую свечу.*

ברוך БЛАГОСЛОВЕН ТЫ, ГОСПОДЬ, БОГ НАШ, ВЛАДЫКА ВСЕЛЕННОЙ, СОЗДАВ-
ШИЙ СВЕТ ПЛАМЕНИ!

ברוך БЛАГОСЛОВЕН ТЫ, ГОСПОДЬ, БОГ НАШ, ВЛАДЫКА ВСЕЛЕННОЙ, ОТДЕЛИВ-
ШИЙ СВЯТОЕ ОТ БУДНИЧНОГО, СВЕТ ОТ ТЬМЫ, ИЗРАИЛЬ ОТ [ДРУГИХ] НАРОДОВ,
СЕДЬМОЙ ДЕНЬ ОТ ШЕСТИ РАБОЧИХ ДНЕЙ. МЕЖДУ СВЯТОСТЬЮ СУББОТЫ И СВЯ-
ТОСТЬЮ ЙОМ-ТОВА СДЕЛАЛ ТЫ РАЗЛИЧИЕ, И СЕДЬМОЙ ДЕНЬ ОТ ШЕСТИ РАБОЧИХ
ДНЕЙ ОТЛИЧИЛ ТЫ СВЯТОСТЬЮ. ВЫДЕЛИЛ И ОТЛИЧИЛ ТЫ НАРОД СВОЙ, ИЗРАИЛЬ,
СВЯТОСТЬЮ СВОЕЮ! БЛАГОСЛОВЕН ТЫ, ГОСПОДЬ, ОТДЕЛИВШИЙ СВЯТОЕ ОТ
СВЯТОГО!

*В первый вечер Рош-Гашана принято обмакнуть в мед сладкое яблоко и съесть его в
начале трапезы, после того, как съели кусок халы, сказав благословение "БЛАГОСЛО-
ВЕН... ВЫРАСТИВШИЙ ХЛЕБ ИЗ ЗЕМЛИ". Перед тем, как съесть этот плод, говорят:*

ברוך БЛАГОСЛОВЕН ТЫ, ГОСПОДЬ, БОГ НАШ, ВЛАДЫКА ВСЕЛЕННОЙ, СОТВО-
РИВШИЙ ПЛОД ДЕРЕВА!

Не делая после этого перерыва, говорят:

יהי ДА БУДЕТ УГОДНО ТЕБЕ ПОСЛАТЬ НАМ СЧАСТЛИВЫЙ И СЛАДКИЙ НОВЫЙ
ГОД!

После этого яблоко съедают.

"АВИНУ МАЛКЕЙНУ"

*В дни общественных постов и в "десять дней раскаяния" в "Тахануне" молитв "Шаха-
рит" (см. стр. 68) и "Минха" (см. стр. 105) вместо отрывка, начинающегося словами
אבינו מלכנו("ОТЕЦ НАШ, ВЛАДЫКА НАШ!"), произносят (перед чтением этой молитвы
открывают ковчег; в Рош-Гашана пропускают первую фразу):*

אבינו מלכנו ОТЕЦ НАШ, ВЛАДЫКА НАШ! ГРЕШНЫ МЫ ПРЕД ТОБОЮ!
    ОТЕЦ НАШ, ВЛАДЫКА НАШ! НЕТ У НАС ВЛАДЫКИ КРОМЕ ТЕБЯ!
    ОТЕЦ НАШ, ВЛАДЫКА НАШ! ОТНЕСИСЬ К НАМ [МИЛОСЕРДНО] РАДИ ИМЕНИ
СВОЕГО!
    ОТЕЦ НАШ, ВЛАДЫКА НАШ! ПОШЛИ НАМ ДОБРЫЙ НОВЫЙ ГОД! (*В дни общест-
венных постов вместо этого говорят*: ОТЕЦ НАШ, ВЛАДЫКА НАШ! БЛАГОСЛОВИ НАС
ДОБРЫМ ГОДОМ!)
    ОТЕЦ НАШ, ВЛАДЫКА НАШ! ОТМЕНИ ВСЕ СУРОВЫЕ ПРИГОВОРЫ, ВЫНЕСЕН-
НЫЕ НАМ!
    ОТЕЦ НАШ, ВЛАДЫКА НАШ! ПОМЕШАЙ КОЗНЯМ НЕНАВИДЯЩИХ НАС!
    ОТЕЦ НАШ, ВЛАДЫКА НАШ! РАССТРОЙ ЗАМЫСЛЫ НАШИХ ВРАГОВ!
    ОТЕЦ НАШ, ВЛАДЫКА НАШ! УСТРАНИ ВСЕХ ПРИТЕСНИТЕЛЕЙ И ПРОТИВНИ-
КОВ НАШИХ!
    ОТЕЦ НАШ, ВЛАДЫКА НАШ! ЗАМКНИ УСТА ПРОТИВНИКОВ НАШИХ И ОБВИНИ-
ТЕЛЕЙ!

אָבִינוּ מַלְכֵּנוּ כַּלֵּה דֶּבֶר וְחֶרֶב וְרָעָב וּשְׁבִי וּמַשְׁחִית מִבְּנֵי בְרִיתֶךָ :

אָבִינוּ מַלְכֵּנוּ מְנַע מַגֵּפָה מִנַּחֲלָתֶךָ :

(בר״ה א״א זה אָבִינוּ מַלְכֵּנוּ סְלַח וּמְחוֹל לְכָל עֲוֹנוֹתֵינוּ :

אָבִינוּ מַלְכֵּנוּ מְחֵה וְהַעֲבֵר פְּשָׁעֵינוּ מִנֶּגֶד עֵינֶיךָ :

אָ״מ מְחוֹק בְּרַחֲמֶיךָ הָרַבִּים כָּל שִׁטְרֵי חוֹבוֹתֵינוּ : ע״כ)

אָבִינוּ מַלְכֵּנוּ הַחֲזִירֵנוּ בִּתְשׁוּבָה שְׁלֵמָה לְפָנֶיךָ :

אָבִינוּ מַלְכֵּנוּ שְׁלַח רְפוּאָה שְׁלֵמָה לְחוֹלֵי עַמֶּךָ :

אָבִינוּ מַלְכֵּנוּ קְרַע רוֹעַ גְּזַר דִּינֵנוּ :

אָבִינוּ מַלְכֵּנוּ זָכְרֵנוּ בְּזִכָּרוֹן טוֹב לְפָנֶיךָ :

לתענית צבור	לעשרת ימי תשובה (בנעילה במקום כתבנו אומרים חתמנו)
אָבִינוּ מַלְכֵּנוּ זָכְרֵנוּ לְחַיִּים טוֹבִים:	אָבִינוּ מַלְכֵּנוּ כָּתְבֵנוּ (חָתְמֵנוּ) בְּסֵפֶר חַיִּים טוֹבִים :
אָבִינוּ מַלְכֵּנוּ זָכְרֵנוּ לִגְאֻלָּה וִישׁוּעָה:	אָבִינוּ מַלְכֵּנוּ כָּתְבֵנוּ (חָתְמֵנוּ) בְּסֵפֶר גְּאֻלָּה וִישׁוּעָה :
אָבִינוּ מַלְכֵּנוּ זָכְרֵנוּ לְפַרְנָסָה וְכַלְכָּלָה:	אָבִינוּ מַלְכֵּנוּ כָּתְבֵנוּ(חָתְמֵנוּ) בְּסֵפֶר פַּרְנָסָה וְכַלְכָּלָה :
אָבִינוּ מַלְכֵּנוּ זָכְרֵנוּ לִזְכִיּוֹת:	אָבִינוּ מַלְכֵּנוּ כָּתְבֵנוּ(חָתְמֵנוּ) בְּסֵפֶר זְכִיוֹת:
אָבִינוּ מַלְכֵּנוּ זָכְרֵנוּ לִסְלִיחָה וּמְחִילָה:	(בר״ה א״א זה אָבִינוּ מַלְכֵּנוּ כָּתְבֵנוּ (חָתְמֵנוּ)בְּסֵפֶר סְלִיחָה וּמְחִילָה) :

אָבִינוּ מַלְכֵּנוּ הַצְמַח לָנוּ יְשׁוּעָה בְּקָרוֹב :

אָבִינוּ מַלְכֵּנוּ הָרֵם קֶרֶן יִשְׂרָאֵל עַמֶּךָ :

אָבִינוּ מַלְכֵּנוּ הָרֵם קֶרֶן מְשִׁיחֶךָ :

אָבִינוּ מַלְכֵּנוּ מַלֵּא יָדֵינוּ מִבִּרְכוֹתֶיךָ :

אָבִינוּ מַלְכֵּנוּ מַלֵּא אֲסָמֵינוּ שָׂבָע :

ОТЕЦ НАШ, ВЛАДЫКА НАШ! ОТВЕДИ ЧУМУ, И МЕЧ, И ГОЛОД, И НЕВОЛЮ, И ПОГИБЕЛЬ ОТ ЗАКЛЮЧИВШИХ СОЮЗ С ТОБОЮ!

ОТЕЦ НАШ, ВЛАДЫКА НАШ! ОТВРАТИ МОР ОТ НАСЛЕДИЯ СВОЕГО!

В Рош-Гашана следующие три фразы не произносят.

ОТЕЦ НАШ, ВЛАДЫКА НАШ! ПРОСТИ НАС И ОТПУСТИ ВСЕ ГРЕХИ НАШИ!

ОТЕЦ НАШ, ВЛАДЫКА НАШ! ОЧИСТИ [НАС], УДАЛИ С ГЛАЗ ДОЛОЙ ПРЕСТУПЛЕНИЯ НАШИ!

ОТЕЦ НАШ, ВЛАДЫКА НАШ! СОТРИ, ПО ВЕЛИКОЙ МИЛОСТИ СВОЕЙ, ВСЕ ЗАПИСИ О ПРОВИННОСТЯХ НАШИХ!

ОТЕЦ НАШ, ВЛАДЫКА НАШ! ВЕРНИ НАС, ИСКРЕННЕ РАСКАЯВШИХСЯ, ПРЕД ЛИЦО СВОЕ!

ОТЕЦ НАШ, ВЛАДЫКА НАШ! ПОШЛИ ПОЛНОЕ ИСЦЕЛЕНИЕ БОЛЬНЫМ В НАРОДЕ ТВОЕМ!

ОТЕЦ НАШ, ВЛАДЫКА НАШ! ОТМЕНИ СУРОВЫЙ ПРИГОВОР, ВЫНЕСЕННЫЙ НАМ!

ОТЕЦ НАШ, ВЛАДЫКА НАШ! ВСПОМНИ НАС ДОБРОЙ ПАМЯТЬЮ!

В "десять дней раскаяния" говорят:

(В молитве "Нешла" вместо כתבנו ["...ЗАПИШИ НАС В КНИГУ..."] говорят חתמנו ["...СКРЕПИ ПЕЧАТЬЮ О НАС В КНИГЕ..."].)

ОТЕЦ НАШ, ВЛАДЫКА НАШ! ЗАПИШИ НАС В КНИГУ БЛАГОПОЛУЧНОЙ ЖИЗНИ!

ОТЕЦ НАШ, ВЛАДЫКА НАШ! ЗАПИШИ НАС В КНИГУ ИЗБАВЛЕНИЯ И СПАСЕНИЯ!

ОТЕЦ НАШ, ВЛАДЫКА НАШ! ЗАПИШИ НАС В КНИГУ ЗАРАБОТКА И ПРОПИТАНИЯ!

ОТЕЦ НАШ, ВЛАДЫКА НАШ! ЗАПИШИ НАС В КНИГУ ДОБРЫХ ДЕЛ!

Следующую фразу в Рош-Гашана не произносят:

ОТЕЦ НАШ, ВЛАДЫКА НАШ! ЗАПИШИ НАС В КНИГУ ПРОЩЕНИЯ И ОТПУЩЕНИЯ [ГРЕХОВ]!

В дни общественных постов говорят:

ОТЕЦ НАШ, ВЛАДЫКА НАШ! ВСПОМНИ О НАС ДЛЯ ТОГО, ЧТОБЫ МЫ УДОСТОИЛИСЬ БЛАГОПОЛУЧНОЙ ЖИЗНИ!

ОТЕЦ НАШ, ВЛАДЫКА НАШ! ВСПОМНИ О НАС ДЛЯ ТОГО, ЧТОБЫ МЫ УДОСТОИЛИСЬ ИЗБАВЛЕНИЯ И СПАСЕНИЯ!

ОТЕЦ НАШ, ВЛАДЫКА НАШ! ВСПОМНИ О НАС ДЛЯ ТОГО, ЧТОБЫ МЫ УДОСТОИЛИСЬ [ХОРОШЕГО] ЗАРАБОТКА И ПРОПИТАНИЯ!

ОТЕЦ НАШ, ВЛАДЫКА НАШ! ВСПОМНИ О НАС ДЛЯ ТОГО, ЧТОБЫ МЫ УДОСТОИЛИСЬ СОВЕРШАТЬ ДОБРЫЕ ДЕЛА!

ОТЕЦ НАШ, ВЛАДЫКА НАШ! ВСПОМНИ О НАС ДЛЯ ТОГО, ЧТОБЫ МЫ УДОСТОИЛИСЬ ПРОЩЕНИЯ И ОТПУЩЕНИЯ ГРЕХОВ!

ОТЕЦ НАШ, ВЛАДЫКА НАШ! ПОСКОРЕЕ ВЗРАСТИ СПАСЕНИЕ ДЛЯ НАС!

ОТЕЦ НАШ, ВЛАДЫКА НАШ! ВОЗВЫСЬ ИЗРАИЛЬ, НАРОД СВОЙ!

ОТЕЦ НАШ, ВЛАДЫКА НАШ! ВОЗВЫСЬ МАШИАХА СВОЕГО!

ОТЕЦ НАШ, ВЛАДЫКА НАШ! НАПОЛНИ НАШИ ЛАДОНИ ДАРАМИ СВОИМИ!

ОТЕЦ НАШ, ВЛАДЫКА НАШ! НАПОЛНИ ХРАНИЛИЩА НАШИ ИЗОБИЛИЕМ!

אָבִינוּ מַלְכֵּנוּ שְׁמַע קוֹלֵנוּ חוּס וְרַחֵם עָלֵינוּ:

אָבִינוּ מַלְכֵּנוּ קַבֵּל בְּרַחֲמִים וּבְרָצוֹן אֶת תְּפִלָּתֵנוּ:

אָבִינוּ מַלְכֵּנוּ פְּתַח שַׁעֲרֵי שָׁמַיִם לִתְפִלָּתֵנוּ:

אָבִינוּ מַלְכֵּנוּ זְכוֹר כִּי עָפָר אֲנָחְנוּ:

אָבִינוּ מַלְכֵּנוּ נָא אַל תְּשִׁיבֵנוּ רֵיקָם מִלְּפָנֶיךָ:

אָבִינוּ מַלְכֵּנוּ תְּהֵא הַשָּׁעָה הַזֹּאת שְׁעַת רַחֲמִים וְעֵת רָצוֹן מִלְּפָנֶיךָ:

אָבִינוּ מַלְכֵּנוּ חֲמוֹל עָלֵינוּ וְעַל עוֹלָלֵינוּ וְטַפֵּנוּ:

אָבִינוּ מַלְכֵּנוּ עֲשֵׂה לְמַעַן הֲרוּגִים עַל שֵׁם קָדְשֶׁךָ:

אָבִינוּ מַלְכֵּנוּ עֲשֵׂה לְמַעַן טְבוּחִים עַל יִחוּדֶךָ:

אָּם עֲשֵׂה לְמַעַן בָּאֵי בָאֵשׁ וּבַמַּיִם עַל קִדּוּשׁ שְׁמֶךָ:

אָבִינוּ מַלְכֵּנוּ נְקוֹם נִקְמַת דַּם עֲבָדֶיךָ הַשָּׁפוּךְ:

אָבִינוּ מַלְכֵּנוּ עֲשֵׂה לְמַעַנְךָ אִם לֹא לְמַעֲנֵנוּ:

אָבִינוּ מַלְכֵּנוּ עֲשֵׂה לְמַעַנְךָ וְהוֹשִׁיעֵנוּ:

אָבִינוּ מַלְכֵּנוּ עֲשֵׂה לְמַעַן רַחֲמֶיךָ הָרַבִּים:

אָבִינוּ מַלְכֵּנוּ עֲשֵׂה לְמַעַן שִׁמְךָ הַגָּדוֹל הַגִּבּוֹר וְהַנּוֹרָא שֶׁנִּקְרָא עָלֵינוּ:

אָבִינוּ מַלְכֵּנוּ חָנֵּנוּ וַעֲנֵנוּ כִּי אֵין בָּנוּ מַעֲשִׂים עֲשֵׂה עִמָּנוּ צְדָקָה וָחֶסֶד וְהוֹשִׁיעֵנוּ:   סוגרים הארון. ק"ש.

ואומרים: שיר של יום. לדוד ה' אורי ק"י. אתה הראית. ויהי בנסוע הארון. י"ג מדות רבונו של עולם וכו'.

(שו"ע) (א) מוצאין ב' ספרי תורה בא' קורין חמשה גברי מן וה' פקד את שרה עד פ' העקדה לפי שבראש השנה
נפקדה שרה ואם הוא שבת קורין בו שבעה ומפטיר קורא בספר תורה ב' בפ' פינחס ובחודש השביעי
ומפטיר בתחלת ספר שמואל עד וירם קרן משיחו לפי שגם חנה נפקדה בר"ה: (ב) ויש מקומות שנוהגים לקרות
התוקע ממנין ה' העולים לספר תורה ויש מקומות נוהגים לקרות גם המתפלל מוסף וכן ביום הכפורים: (ג) אם יש
תינוק למול בראש השנה כו' מלין אותו אחר קריאת התורה קודם תקיעת שופר כו' אבל במקום שנוהגים למול כל
אחד בביתו מלין אותו אחר יציאה מבית הכנסת: (ד) ביום ב' מתפללין שחרית ומוסף כמו ביום א' וקורין
והאלהים נסה את אברהם עד סוף הסדר כדי להזכיר עקדת יצחק ומפטיר קורא בתורה כמו אתמול ומפטיר
(בירמיה ל"א) כה אמר וכו' עד הבן יקיר וכו':

כשחל ר"ה בשבת אומרים כאן יקום פורקן.

ОТЕЦ НАШ, ВЛАДЫКА НАШ! УСЛЫШЬ НАШ ГОЛОС, ПОЖАЛЕЙ НАС И СМИЛУЙСЯ НАД НАМИ!

ОТЕЦ НАШ, ВЛАДЫКА НАШ! ПРИМИ МИЛОСТИВО И БЛАГОСКЛОННО НАШУ МОЛИТВУ!

ОТЕЦ НАШ, ВЛАДЫКА НАШ! ОТКРОЙ НЕБЕСНЫЕ ВРАТА ДЛЯ МОЛИТВЫ НАШЕЙ!

ОТЕЦ НАШ, ВЛАДЫКА НАШ! ВСПОМНИ, ЧТО МЫ – [ВСЕГО ЛИШЬ] ПРАХ!

ОТЕЦ НАШ, ВЛАДЫКА НАШ! НЕ ОСТАВЛЯЙ НАС БЕЗ ОТВЕТА!

ОТЕЦ НАШ, ВЛАДЫКА НАШ! ПУСТЬ СТАНЕТ ЭТОТ ЧАС ЧАСОМ МИЛОСТИ И БЛАГОСКЛОННОСТИ ТВОЕЙ!

ОТЕЦ НАШ, ВЛАДЫКА НАШ! СЖАЛЬСЯ НАД НАМИ И НАД ДЕТЬМИ НАШИМИ, НАД МЛАДЕНЦАМИ НАШИМИ!

ОТЕЦ НАШ, ВЛАДЫКА НАШ! ОТНЕСИСЬ К НАМ [МИЛОСЕРДНО] РАДИ ТЕХ, КТО ПРИНЯЛ СМЕРТЬ ЗА СВЯТОЕ ИМЯ ТВОЕ!

ОТЕЦ НАШ, ВЛАДЫКА НАШ! ОТНЕСИСЬ К НАМ [МИЛОСЕРДНО] РАДИ ТЕХ, КТО ПОГИБ ЗА [ТО, ЧТО ПРОВОЗГЛАШАЛ], ЧТО ТЫ – ОДИН!

ОТЕЦ НАШ, ВЛАДЫКА НАШ! ОТНЕСИСЬ К НАМ [МИЛОСЕРДНО] РАДИ ТЕХ, КТО ШЕЛ В ОГОНЬ И В ВОДУ РАДИ ОСВЯЩЕНИЯ ИМЕНИ ТВОЕГО!

ОТЕЦ НАШ, ВЛАДЫКА НАШ! ОТОМСТИ ЗА ПРОЛИТУЮ КРОВЬ РАБОВ ТВОИХ!

ОТЕЦ НАШ, ВЛАДЫКА НАШ! ОТНЕСИСЬ К НАМ [МИЛОСЕРДНО] ЕСЛИ НЕ РАДИ НАС, ТО РАДИ СЕБЯ САМОГО!

ОТЕЦ НАШ, ВЛАДЫКА НАШ! ОТНЕСИСЬ К НАМ [МИЛОСЕРДНО] РАДИ САМОГО СЕБЯ И СПАСИ НАС!

ОТЕЦ НАШ, ВЛАДЫКА НАШ! ОТНЕСИСЬ К НАМ [МИЛОСЕРДНО] ПО ВЕЛИКОМУ МИЛОСЕРДИЮ СВОЕМУ!

ОТЕЦ НАШ, ВЛАДЫКА НАШ! ОТНЕСИСЬ К НАМ [МИЛОСЕРДНО] РАДИ ИМЕНИ СВОЕГО, ВЕЛИКОГО, МОГУЧЕГО И ГРОЗНОГО, КОТОРЫМ ОТМЕЧЕНЫ МЫ!

ОТЕЦ НАШ, ВЛАДЫКА НАШ! СМИЛУЙСЯ НАД НАМИ И ОТВЕТЬ НАМ, ХОТЬ И НЕТ ЗА НАМИ ДОБРЫХ ДЕЛ; ОТНЕСИСЬ К НАМ МИЛОСЕРДНО И СНИСХОДИТЕЛЬНО И СПАСИ НАС!

Закрывают ковчег.

Хазан произносит "Кадиш шалем" (стр. 74-75). Затем говорят псалом на соответствующий день недели (стр. 76-79), "[ПСАЛОМ] ДАВИДА. ГОСПОДЬ – СВЕТ МОЙ..." (стр. 81) и "Кадиш ятом" (стр. 77). "ТЫ УБЕДИЛСЯ ВООЧИЮ...", "КОГДА КОВЧЕГ ЗАВЕТА ТРОГАЛСЯ В ПУТЬ...", "ГОСПОДЬ, ГОСПОДЬ...", "ВЛАСТЕЛИН МИРА!..." (стр. 183–185).

Шулхан арух Ѓарав:

1. Вынимают два свитка Торы из ковчега. К первому свитку вызывают пятерых человек (если Рош-Ѓашана приходится на субботу – вызывают семерых) и читают от "А БОГ ВСПОМНИЛ О САРЕ..." до главы *Акейда* (жертвоприношение Ицхака) (Брейшит 21:1-34), ибо в Рош-Ѓашана Сара была помянута Богом и благословлена ребенком. Во втором свитке читают отрывок "А В МЕСЯЦ СЕДЬМОЙ..." из главы "ПИНХАС" для "Мафтира". "Ѓафтару" читают от начала книги Шмуэль, до "...И ВОЗНЕСЕТ РОГ МАШИАХА СВОЕГО". (Шмуэль I 1:1–2:10), ибо Хана тоже была помянута в Рош Ѓашана.

2. В некоторых общинах существует обычай вызывать к Торе (в числе пятерых) того, кто будет трубить в шофар; в других общинах вызывают также хазана, который будет читать молитву "Мусаф". То же самое относится и к Йом-Кипур.

3. Если обрезание младенца выпадает на Рош-Ѓашана, этот обряд совершают после чтения Торы, перед тем, как затрубят в шофар. Если же обрезание проводится дома, его совершают после окончания молитвы "Мусаф".

4. На второй день Рош-Ѓашана произносят молитвы "Шахарит" и "Мусаф" как и в первый день. В первом свитке Торы читают от "...ВСЕСИЛЬНЫЙ ИСПЫТАЛ АВРАѓАМА..." до конца главы (Брейшит 22:1–24), чтобы упомянуть о жертвоприношении Ицхака. "Мафтир" читают, как и в первый день, а "Ѓафтару" читают в книге Ирмеяѓу 31:2-20: "ТАК СКАЗАЛ ГОСПОДЬ..." до "НУ РАЗВЕ НЕ ДОРОГ МНЕ [МОЙ] СЫН...".

Если Рош-Ѓашана совпадает с субботой, после чтения Торы говорят "ДА БУДУТ ДАРОВАНЫ..." (стр. 188).

דיני וסדר תקיעת שופר

(שו"ע) (א) צריך לתקוע מעומד כו' ולפיכך לא יסמוך על שום דבר בענין שאם ינטל אותו דבר שסמך עליו היה
נופל שאין זו עמידה אלא סמיכה ומכל מקום אם עבר ותקע אפילו מיושב יצא: (ב) השומעין התקיעות
אינן צריכים לעמוד: (ג) קודם שיתקע יברך מעומד אשר קדשנו במצותיו וצונו לשמוע קול שופר ולא יאמר בקול
שופר: (ד) ואחר ברכה זו יברך שהחיינו וא' התוקע לעצמו וא' מי שיצא ידי חובתו ותוקע להוציא אחרים ידי חובתן
מברך כ' ברכות אלו. במה דברים אמורים כשאין השומע יודע לברך אבל אם הוא יודע לברך בעצמו ולא
ישמע ממי שכבר יצא ידי חובתו: (ה) ואחר שיברך ב' ברכות אלו יתקע תשר"ת ג' פעמים ותש"ת ג' פעמים ותר"ת
ג' פעמים: (ו) וטוב שיעמוד פי השופר למעלה ולא יטנו לצדדים: (ז) אם התחיל לתקוע ולא יכול להשלים כל הל'
תקיעות יתקע אחר תחתיו ואם גם הב' אינו יכול להשלים ישלים אחר תחתיו וכן לעולם וכולם אין צריכים לברך
לפי שכבר נפטרו כולם בברכת הראשון ואפי' אם הראשון לא היה יכול לתקוע אפי' תקיעה א' כו' אבל אם בא
לתקוע תחתיו מי שלא שמע ברכתו צריך לברך קודם שיתקע: (ח) במה דברים אמורים כשהתוקע זה לא יצא עדיין
ידי חובתו שלא שמע עדיין כלל התקיעות אבל אם כבר יצא ידי חובתו ששמע כבר כל התקיעות בבית הכנסת אחרת
אין צריך לברך קודם שיתקע שהרי הצבור שמעו כבר הברכה מן התוקע הראשון: (ט) נוהגין שהמתפלל שחרית
מקרא* סדר התקיעות לפני התוקע מלה מלה: (י) זמן תקיעת שופר ביום כו' וכל היום כשר לתקיעת שופר מעלות
השחר עד צאת הכוכבים אלא שחכמים הצריכו להמתין עד שתעבד החמה: (יא) יום טוב של ראש השנה שחל להיות
בשבת אין תוקעין בשופר: (יב) אף על פי שהנשים פטורות להמתין מכל מקום אם רצו לתקוע בעצמן הרשות בידן כו'. וכן
אדם אחר שיצא כבר ידי חובתו מותר לתקוע להן כו' וירברכו הנשים לעצמן אבל אנשים אין יכרכון להן אם כבר יצאו
ידי חובתם ואינם תוקעין רק בשביל הנשים וכו' והרוצה לתקוע לנשים ולברך להן יתקע להן קודם שישמע התקיעות
בבית הכנסת או שיכוין בלבו שלא לצאת ידי חובתו בתקיעות של בית הכנסת דאז יכול לברך בשביל עצמו שעדיין
לא יצא ידי חובתו: (יג) אם נתכוין התוקע להוציא את השומע ידי חובתו ולא נתכוין השומע לצאת ידי חובתו
בשמיעה זו או שנתכוון השומע לצאת ידי חובתו ולא נתכוין התוקע להוציא את השומע אלא תקע לעצמו לא יצא
השומע ידי חובתו עד שיתכוונו שניהם שומע ומשמיע. מי שתקע ונתכוין להוציא כל מי שישמע תקיעתו ושמע
השומע ונתכוין לצאת ידי חובתו אף על פי שאין התוקע מתכוין לפלוני זה ששמע תקיעתו ואינו יודעו כלל אף על
פי כן יצא השומע ידי חובתו: (יד) לא ישיחו מתחלת תקיעות מיושב עד אחר תקיעות מעומד כו' אבל תקיעות מעומד
התוקע בין השומעים אין צריך לברך על תקיעות מעומד כו' אבל מותר להשיח ביניהם מעניני התפלה והתקיעות והתקיעות כו'
אבל אם שח שח בין ברכה לתקיעות מיושב אפילו שח מעניני התפלה צריך לחזור ולברך כו' אבל אם שח מעניני
התקיעות אין צריך לחזור ולברך:

סדר תקיעות

אומר קריאת התורה יכין עצמו לתקוע בשופר. ויאמר קפיטיל זה ז' פעמים:

א **לַמְנַצֵּחַ לִבְנֵי־קֹרַח מִזְמוֹר: ב כָּל־הָעַמִּים תִּקְעוּ־כָף הָרִיעוּ
לֵאלֹהִים בְּקוֹל רִנָּה: ג כִּי־יְהוָה עֶלְיוֹן נוֹרָא מֶלֶךְ
גָּדוֹל עַל־כָּל־הָאָרֶץ: ד יַדְבֵּר עַמִּים תַּחְתֵּינוּ וּלְאֻמִּים תַּחַת
רַגְלֵינוּ: ה יִבְחַר־לָנוּ אֶת־נַחֲלָתֵנוּ אֶת־גְּאוֹן יַעֲקֹב אֲשֶׁר־אָהֵב
סֶלָה: ו עָלָה אֱלֹהִים בִּתְרוּעָה יְהוָה בְּקוֹל שׁוֹפָר: ז זַמְּרוּ אֱלֹהִים
זַמֵּרוּ זַמְּרוּ לְמַלְכֵּנוּ זַמֵּרוּ: ח כִּי מֶלֶךְ כָּל־הָאָרֶץ אֱלֹהִים זַמְּרוּ
מַשְׂכִּיל: ט מָלַךְ אֱלֹהִים עַל־גּוֹיִם אֱלֹהִים יָשַׁב עַל־כִּסֵּא קָדְשׁוֹ:
נְדִיבֵי עַמִּים נֶאֱסָפוּ עַם אֱלֹהֵי אַבְרָהָם כִּי לֵאלֹהִים מָגִנֵּי־אֶרֶץ
מְאֹד נַעֲלָה:**

התוקע מתחיל וגם הקהל יאמרו כל פסוק ופסוק

ב **מִן־הַמֵּצַר קָרָאתִי יָּהּ עָנָנִי בַמֶּרְחָב יָהּ:**

קולי

א) תהלים מ"ז: ב) שם קי"ח ה:

*) מנהגנו — מורה באצבעו בסדור. אבל אינו מקריא בדבור.

Шулхан арух Гарав:

1. Тот, кто трубит в шофар, обязан делать это стоя. Поэтому он не должен опираться на что-либо таким образом, что если предмет, на который он опирается, заберут – человек упадет. Тем не менее, если человек трубил именно так, или даже сидя, он исполнил свою обязанность.

2. Те, кто слушают звуки шофара, не обязаны стоять (однако, принято слушать стоя).

3. Тот, кто трубит в шофар, перед началом исполнения заповеди, должен стоя произнести благословение ”...И ПОВЕЛЕВШИЙ НАМ СЛУШАТЬ ЗВУК ШОФАРА!”, и затем ”...КОТОРЫЙ ДАРОВАЛ НАМ ЖИЗНЬ...”.

4. Это равно относится и к тому, кто трубит для себя, и к тому, кто уже исполнил свою обязанность, а теперь трубит для других. Если же человек трубит только для другого, а слушающий способен сам произнести эти два благословения, в таком случае благословения произносит слушающий.

5. После произнесения этих двух благословений, следует трубить ТКИА, ШВАРИМ, ТРУА, ТКИА – 3 раза; ТКИА, ШВАРИМ, ТКИА – 3 раза; и ТКИА, ТРУА, ТКИА – 3 раза. (Всего 30 звуков.)

6. Широкое отверстие шофара должно быть направлено вверх, а не в сторону.

7. Если кто-то начал трубить в шофар и не смог протрубить все 30 звуков, его может заменить другой человек. Если и второй не смог это сделать – его заменяет следующий и т.д. Никто из продолжающих исполнение заповеди трубить в шофар не должен повторять благословения, ибо все уже исполнили свою обязанность, слушая благословения, произносимые первым, даже если тот не смог протрубить ни единого звука. Если человек, заменивший первого, почему-либо не слышал благословений, он должен произнести их перед тем, как начнет трубить. Однако, если этот второй уже выполнил свою обязанность, например, слышал звуки шофара в другой синагоге, он не должен произносить благословения, ибо все уже слышали благословения, произнесенные первым, который начал трубить.

8. Принято, что хазан, ведущий молитву ”Шахарит”, напоминает вслух* тому, кто будет трубить в шофар, очередность звуков.

9. Трубить в шофар следует в дневное время – с рассвета до наступления ночи. Однако Мудрецы постановили не трубить в шофар перед восходом солнца.

10. Если Рош-Гашана совпал с субботой, в шофар не трубят.

11. Хотя женщины освобождены от обязанности слушать звуки шофара, тем не менее, если они хотят трубить в шофар, они имеют на это право. Также и тот, кто уже выполнил свою обязанность, может трубить для женщин, но в таком случае сами женщины должны произнести благословения. Тот, кто уже выполнил свою обязанность, и теперь трубит только ради женщин, не должен произносить благословения. Если кто-то хочет трубить для женщин и произнести перед этим благословения, он должен сделать это либо перед тем, как пойдет в синагогу и услышит там звуки шофара, либо же в синагоге, когда трубят в шофар, но должен считать, что не выполнил сейчас свою обязанность. В таком случае он может в дальнейшем произнести благословения для себя, ибо он все еще не выполнил свою обязанность.

12. Если тот, кто трубит в шофар, во время произнесения благословения считает, что он выполняет этим обязанность всех слушающих, а кто-то из слушающих не думает, что он выполняет свою обязанность, или, наоборот, если слушающий предполагает, что выполняет свою обязанность, однако, трубящий вовсе не имел в виду выполнить обязанность слушающего, а трубил только для себя – в таком случае слушающий не выполнил свою обязанность. Она считается исполненной только тогда, когда и тот, кто трубит в шофар, и тот, кто слушает, имеют в виду, что слушающий выполняет свою обязанность. Если тот, кто трубит, намерен исполнить обязанность всех слушающих, и слушающий считает, что он выполняет свою обязанность, в таком случае, хотя трубящий отнюдь не имеет в виду конкретного человека, и, возможно, даже его не знает, тем не менее этот слушающий выполнил свою обязанность.

13. Когда начинают трубить в шофар и до последнего его звука, который раздается во время повторения молитвы хазаном, – нельзя разговаривать. Если же тот, кто трубит, либо тот, кто слушает, все-таки разговаривали, – нет необходимости повторять благословения перед тем, как начнут трубить в шофар во время молитвы ”АМИДА”. Можно разговаривать, если это относится к вопросам молитвы или заповеди трубить в шофар. Однако, если кто-то заговорил между благословениями и первыми звуками шофара, даже если разговор касался молитвы, благословения следует повторить. Если же говорили о заповеди трубить в шофар, повторить благословения не следует.

ПОРЯДОК ИСПОЛНЕНИЯ ЗАПОВЕДИ ТРУБИТЬ В ШОФАР В РОШ-ГАШАНА

После чтения Торы каждый молящийся должен подготовиться к тому, чтобы слушать, как трубят в шофар. Для этого читают семь раз подряд следующий псалом. Принято, что тот, кто будет трубить в шофар для всех присутствующих, громко произносит его текст, а остальные повторяют вслед за ним.

למנצ HP ХВАЛЕБНАЯ ПЕСНЬ, [КОТОРУЮ ПЕЛИ В ХРАМЕ] СЫНОВЬЯ КОРАХА. РУКОПЛЕЩИТЕ [ВМЕСТЕ С НАМИ], ВСЕ НАРОДЫ; ТРЕПЕТНЫМ, ЛИКУЮЩИМ ГОЛОСОМ [ШОФАРА ПРИВЕТСТВУЙТЕ] БОГА! ИБО ГОСПОДЬ, ВСЕВЫШНИЙ [БОГ], – ГРОЗЕН, [ОН –] ВЕЛИКИЙ ВЛАДЫКА ВСЕЙ ЗЕМЛИ. ОН НАПРАВИТ [ВСЕ] НАРОДЫ ПО НАШЕМУ ПУТИ, ВСЕ ПЛЕМЕНА – ПО СТОПАМ НАШИМ. ПУСТЬ [СНОВА] ОСТАНОВИТ [СВОЙ] ВЫБОР ОН НА НАС И НА СТРАНЕ НАШЕЙ, ГОРДОСТИ ЯАКОВА, КОТОРОГО ПОЛЮБИЛ ОН НАВЕКИ! ВОЗНОСИТСЯ БОГ [НА СУДЕЙСКИЙ ПРЕСТОЛ СВОЙ], КОГДА [ВСЕ ЖИВОЕ] ТРЕПЕЩЕТ, [ПРОЯВЛЯЕТ] ГОСПОДЬ [МИЛОСЕРДИЕ СВОЕ] ПРИ ЗВУКЕ ШОФАРА. ВОСПЕВАЙТЕ БОГА, ВОСПЕВАЙТЕ; ВОСПЕВАЙТЕ ВЛАДЫКУ НАШЕГО, ВОСПЕВАЙТЕ! ИБО БОГ – ВЛАДЫКА ВСЕЙ ЗЕМЛИ; ВОСПОЙТЕ [ЕГО], НАДЕЛЕННЫЕ РАЗУМОМ! ВОЦАРИЛСЯ БОГ НАД НАРОДАМИ, ВОССЕЛ БОГ НА СВЯТОЙ ПРЕСТОЛ СВОЙ. ЛУЧШИЕ ЛЮДИ ВСЕХ НАРОДОВ СОБРАЛИСЬ, ЧТОБЫ ВМЕСТЕ С НАРОДОМ [ИЗРАИЛЯ] СЛУЖИТЬ БОГУ АВРАГАМА, ИБО БОГУ ПОДВЛАСТНЫ [ВСЕ] СИЛЬНЫЕ МИРА СЕГО, [ТОМУ, КТО] ПРЕВОЗНЕСЕН НАД ВСЕМ.

Тот, кто будет трубить в шофар, говорит следующие слова, а община повторяет вслед за ним каждую фразу:

מן ИЗ ТЕСНИН ВОЗЗВАЛ Я К БОГУ, И ОТВЕТИЛ МНЕ БОГ, [ВЫВЕЛ МЕНЯ] НА ПРОСТОР.

---

* В общинах Хабада принято не произносить это вслух, а указывать пальцем на соответствующие слова в сидуре.

קוֹלִי שָׁמְעָה כְּחַסְדֶּךָ יְהֹוָה כְּמִשְׁפָּטֶךָ חַיֵּנִי :

רֹאשׁ־דְּבָרְךָ אֱמֶת וּלְעוֹלָם כָּל־מִשְׁפַּט צִדְקֶךָ :

עָרוֹב עַבְדְּךָ לְטוֹב אַל־יַעַשְׁקֻנִי זֵדִים :

שָׂשׂ אָנֹכִי עַל־אִמְרָתֶךָ כְּמוֹצֵא שָׁלָל רָב :

טוֹב טַעַם וָדַעַת לַמְּדֵנִי כִּי בְמִצְוֹתֶיךָ הֶאֱמָנְתִּי :

נְדִבוֹת פִּי רְצֵה־נָא יְהֹוָה וּמִשְׁפָּטֶיךָ לַמְּדֵנִי :

עָלָה אֱלֹהִים בִּתְרוּעָה יְהֹוָה בְּקוֹל שׁוֹפָר :

יהי רצון מלפניך יהוה אלהינו ואלהי אבותינו אלהי המשפט שבזכות אלו השמות
היוצאים מר"ת א"ל נ"א ק"רב ת"שועת מ"צפיך. פ"חודיך ס"ר ת"וציאם
מ"מאסר. פ"דה ס"ועים פ"תח ס"ומים י"מינך מ"צפים. ד"לה י"וקשים ו"קבץ
נ"פוצים ס"מוך י"ה מ"ופלגים. שתקרע המסכים והמקטרגים אשר הם מבדילים
בינך ובין עמך ישראל ארוממך אֱלֹהַי המלך המשפט שומע קול תרועת עמך ישראל
ברחמים:

בָּרוּךְ אַתָּה יְהֹוָה אֱלֹהֵינוּ מֶלֶךְ הָעוֹלָם אֲשֶׁר קִדְּשָׁנוּ בְּמִצְוֹתָיו,
וְצִוָּנוּ לִשְׁמֹעַ קוֹל שׁוֹפָר :

בָּרוּךְ אַתָּה יְהֹוָה אֱלֹהֵינוּ מֶלֶךְ הָעוֹלָם שֶׁהֶחֱיָנוּ וְקִיְּמָנוּ וְהִגִּיעָנוּ
לַזְּמַן הַזֶּה :

תקיעה. שברים. תרועה. תקיעה:

תקיעה. שברים. תרועה. תקיעה:

תקיעה. שברים. תרועה. תקיעה: ויתודה בלחש.

תקיעה. שברים. תקיעה:	תקיעה. שברים. תרועה. תקיעה:
תקיעה. שברים. תקיעה:	תקיעה. שברים. תרועה. תקיעה:
תקיעה. שברים. תקיעה:	תקיעה. שברים. תרועה. תקיעה גדולה:

ויתודה בלחש.

וּבְכֵן יְהִי רָצוֹן מִלְּפָנֶיךָ יהוה אֱלֹהֵינוּ וֵאלֹהֵי אֲבוֹתֵינוּ שֶׁיַּעֲלוּ אֵלּוּ הַמַּלְאָכִים הַיּוֹצְאִים מִן
הַשּׁוֹפָר וּמִן הַתְּקִיעָה וּמִן הַשְּׁבָרִים וּמִן הַתְּרוּעָה וּמִן הַתְּקִיעָה וּמִן קשר"ק וּמִן תש"ק וּמִן
קר"ק לִפְנֵי כִסֵּא כְבוֹדֶךָ וְיַמְלִיצוּ טוֹב בַּעֲדֵנוּ לְכַפֵּר עַל כָּל חַטֹּאתֵינוּ:

אַשְׁרֵי הָעָם יוֹדְעֵי תְרוּעָה יְהֹוָה בְּאוֹר־פָּנֶיךָ יְהַלֵּכוּן :

בְּשִׁמְךָ יְגִילוּן כָּל־הַיּוֹם וּבְצִדְקָתְךָ יָרוּמוּ :

כִּי־תִפְאֶרֶת עֻזָּמוֹ אָתָּה וּבִרְצוֹנְךָ תָּרוּם קַרְנֵנוּ :

אשרי יושבי ביתך עוד יהללוך סלה וכו'. יהללו וכו'. ואח"כ מתפללין מוסף

תר"א א) תהלים קיט קמט: ב) שם קיט קס: ג) שם קיט קכב: ד) שם קיט קסב: ה) שם קיט סו: ו) שם
קיט קח: ז) שם מז ו:

קולי УСЛЫШЬ ГОЛОС МОЙ – ВЕДЬ ТЫ ДОБР; ГОСПОДЬ, ПОДАРИ МНЕ ЖИЗНЬ, КАК ОБЕЩАЛ ТЫ [В ТОРЕ СВОЕЙ ВСЕМ, КТО СЛУЖИТ ТЕБЕ].

ראש ИЗВЕЧНАЯ ИСТИНА – СЛОВА ТВОИ, И ЗАКОНЫ ТВОИ СПРАВЕДЛИВЫ ВСЕГДА.

ערוב ПОЗВОЛЬ МНЕ ЗАРУЧИТЬСЯ ПОДДЕРЖКОЙ ТВОЕЙ, ЧТОБЫ НЕ ПОПАЛ Я В ЛАПЫ ЗЛОДЕЯМ.

שש РАДУЮСЬ Я [МУДРЫМ] СЛОВАМ ТВОИМ ТАК, БУДТО НАШЕЛ БОГАТЫЙ КЛАД.

טוב НАУЧИ МЕНЯ ПОНИМАТЬ [ТВОИ ЗАПОВЕДИ] И НАСЛАЖДАТЬСЯ [ИМИ], ИБО Я ВЕРЮ, ЧТО ЗАПОВЕДИ ТВОИ [ПРЕКРАСНЫ].

נדבות ПРИМИ БЛАГОСКЛОННО, [ГОСПОДЬ, ВСЕ, ЧТО СДЕЛАЛ Я В] ИСПОЛНЕНИЕ СВОИХ ОБЕЩАНИЙ, И НАУЧИ МЕНЯ СВОИМ ЗАКОНАМ.

עלה [КОГДА] ВОЗНОСИТСЯ БОГ [НА СУДЕЙСКИЙ ПРЕСТОЛ СВОЙ, ВСЕ ЖИВОЕ] ТРЕПЕЩЕТ, [ПРОЯВЛЯЕТ] ГОСПОДЬ [МИЛОСЕРДИЕ СВОЕ] ПРИ ЗВУКЕ ШОФАРА.

יהי ДА БУДЕТ УГОДНО ТЕБЕ, ГОСПОДЬ, БОГ НАШ И БОГ ОТЦОВ НАШИХ, БОГ, ТВОРЯЩИЙ [СПРАВЕДЛИВЫЙ] СУД, С ПОМОЩЬЮ ВОЗДЕЙСТВИЯ ИМЕН ТВОИХ, СТАВШИХ АББРЕВИАТУРОЙ СЛОВ:

א״ל נ״א ק״רב ת״שועת מ״צפיר. פ״חודיך ס״ר ת״וציאם מ״מאסר. פ״דה ס״ועים פ״תח ס״ומים י״מינך מ״צפים. ד״לה י״וקשים ו״קבץ נ״פרצים ס״מוך י״י מ״ופלגים.

(МОЛЮ ТЕБЯ, БОЖЕ: ПРИБЛИЗЬ СПАСЕНИЕ ТЕХ, КТО С НЕТЕРПЕНИЕМ ЖДЕТ [ЕГО ОТ] ТЕБЯ. СВЕДИ [С ОПАСНОГО ПУТИ] БОЯЩИХСЯ ТЕБЯ, ВЫВЕДИ ИХ ИЗ ТЕМНИЦЫ. ВЫЗВОЛИ ПОТЕРПЕВШИХ КРУШЕНИЕ, СДЕЛАЙ ТАК, ЧТОБЫ СЛЕПЫЕ ПРОЗРЕЛИ; ТОМИМСЯ МЫ В ОЖИДАНИИ [СПАСЕНИЯ, КОТОРОЕ ПОШЛЕШЬ ТЫ НАМ] ДЕСНИЦЕЙ СВОЕЙ. ОСВОБОДИ [НАС], ПОПАВШИХ В СИЛКИ, И СОБЕРИ РАССЕЯННЫХ [ПО СВЕТУ]; ПРИБЛИЗЬ ОТДАЛИВШИХСЯ.) –

РАЗОРВАТЬ ЗАВЕСЫ, ОТДЕЛЯЮЩИЕ ТЕБЯ ОТ НАРОДА ТВОЕГО, ИЗРАИЛЯ, И [ПРОГНАТЬ] ЕГО ОБВИНИТЕЛЕЙ. ПРЕВОЗНЕСУ ТЕБЯ, БОГ МОЙ, ВЛАДЫКА, ТВОРЯЩИЙ [СПРАВЕДЛИВЫЙ] СУД, МИЛОСТИВО ВНИМАЮЩИЙ ТРЕПЕТНОМУ ЗВУКУ ШОФАРА, [В КОТОРЫЙ ТРУБЯТ СЫНЫ] НАРОДА ТВОЕГО, ИЗРАИЛЯ.

Принято, что хазан, ведущий молитву "Шахарит"*, напоминает вслух тому, кто будет трубить в шофар, об очередности звуков.

ברוך БЛАГОСЛОВЕН ТЫ, ГОСПОДЬ, БОГ НАШ, ВЛАДЫКА ВСЕЛЕННОЙ, ОСВЯТИВШИЙ НАС СВОИМИ ЗАПОВЕДЯМИ И ПОВЕЛЕВШИЙ НАМ СЛУШАТЬ ЗВУК ШОФАРА!

ברוך БЛАГОСЛОВЕН ТЫ, ГОСПОДЬ, БОГ НАШ, ВЛАДЫКА ВСЕЛЕННОЙ, КОТОРЫЙ ДАРОВАЛ НАМ ЖИЗНЬ, И ПОДДЕРЖИВАЛ ЕЕ В НАС, И ДАЛ НАМ ДОЖИТЬ ДО ЭТОГО ВРЕМЕНИ!

ТКИА. ШВАРИМ. ТРУА. ТКИА.	ТКИА. ШВАРИМ. ТКИА.	ТКИА. ТРУА. ТКИА.
ТКИА. ШВАРИМ. ТРУА. ТКИА.	ТКИА. ШВАРИМ. ТКИА.	ТКИА. ТРУА. ТКИА.
ТКИА. ШВАРИМ. ТРУА. ТКИА.	ТКИА. ШВАРИМ. ТКИА.	ТКИА. ТРУА. ПРОДОЛЖИТЕЛ
Время для исповеди, которую не произносят вслух.	*Время для исповеди, которую не произносят вслух.*	ТКИА**.

ובכן И ДА БУДЕТ УГОДНО ТЕБЕ, БОГ НАШ И БОГ ОТЦОВ НАШИХ, ВОЗНЕСТИ ТЕХ АНГЕЛОВ, КОТОРЫЕ ВОЗНИКЛИ ОТ [ЗВУКОВ] ШОФАРА – И ОТ ЗВУКА ТКИА, И ОТ ЗВУКОВ ШВАРИМ, И ОТ ЗВУКА ТРУА, И ОТ [ПОВТОРНОГО] ЗВУКА ТКИА, И ОТ ТРЕХ ВИДОВ ИХ СОЧЕТАНИЯ: ТКИА, ШВАРИМ, ТРУА, ТКИА; ТКИА, ШВАРИМ, ТКИА; ТКИА, ТРУА, ТКИА, – К СЛАВНОМУ ПРЕСТОЛУ ТВОЕМУ; ОНИ ЗАСТУПЯТСЯ ЗА НАС, [ПОПРОСЯТ ТЕБЯ], ЧТОБЫ ОЧИСТИЛ ТЫ НАС ОТ НАШИХ ГРЕХОВ.

אשרי СЧАСТЛИВ НАРОД, ЗНАЮЩИЙ [СМЫСЛ] ТРЕПЕТНЫХ ЗВУКОВ [ШОФАРА], ГОСПОДЬ! ОЗАРИШЬ ТЫ ИХ ПУТЬ СИЯНИЕМ СВОИМ!

בשמך ВСЕГДА БУДУТ РАДОВАТЬСЯ ОНИ ТОМУ, ЧТО НАЗВАНЫ НАРОДОМ ТВОИМ, И ПОБЕДЯТ [СВОИХ ВРАГОВ, ЖИВЯ] ПО ТВОИМ СПРАВЕДЛИВЫМ ЗАКОНАМ.

כי ИБО В ТЕБЕ – ВЕЛИКОЛЕПИЕ МОГУЩЕСТВА НАШЕГО, И УКРЕПИТСЯ НАША МОЩЬ, КАК ТЫ ТОГО ЖЕЛАЕШЬ.

Здесь произносится "СЧАСТЛИВЫ..." (стр. 33), "ДА ВОСХВАЛЯТ..." (стр. 193), "И СЛАВА ЕГО..." (стр. 193) и т.д. После этого читают молитву "Мусаф".

---

* В общинах Хабада принято не произносить это вслух, а показывать пальцем на соответствующие слова в сидуре.

** *Ткиа* – непрерывный звук; *шварим* – отрывистые протяжные звуки; *труа* – отрывистый короткий трепетный звук.

אֲדֹנָי. שְׂפָתַי תִּפְתָּח וּפִי יַגִּיד תְּהִלָּתֶךָ:

בָּרוּךְ אַתָּה יְיָ אֱלֹהֵינוּ וֵאלֹהֵי אֲבוֹתֵינוּ, אֱלֹהֵי אַבְרָהָם אֱלֹהֵי יִצְחָק וֵאלֹהֵי יַעֲקֹב, הָאֵל הַגָּדוֹל הַגִּבּוֹר וְהַנּוֹרָא, אֵל עֶלְיוֹן, גּוֹמֵל חֲסָדִים טוֹבִים. קוֹנֵה הַכֹּל, וְזוֹכֵר חַסְדֵי אָבוֹת, וּמֵבִיא גוֹאֵל לִבְנֵי בְנֵיהֶם לְמַעַן שְׁמוֹ בְּאַהֲבָה:

זָכְרֵנוּ לְחַיִּים, מֶלֶךְ חָפֵץ בַּחַיִּים, וְכָתְבֵנוּ בְּסֵפֶר הַחַיִּים, לְמַעַנְךָ אֱלֹהִים חַיִּים.

מֶלֶךְ עוֹזֵר וּמוֹשִׁיעַ וּמָגֵן. בָּרוּךְ אַתָּה יְיָ, מָגֵן אַבְרָהָם:

אַתָּה גִּבּוֹר לְעוֹלָם אֲדֹנָי, מְחַיֵּה מֵתִים אַתָּה, רַב לְהוֹשִׁיעַ מוֹרִיד הַטָּל. מְכַלְכֵּל חַיִּים בְּחֶסֶד, מְחַיֵּה מֵתִים בְּרַחֲמִים רַבִּים, סוֹמֵךְ נוֹפְלִים, וְרוֹפֵא חוֹלִים, וּמַתִּיר אֲסוּרִים, וּמְקַיֵּם אֱמוּנָתוֹ לִישֵׁנֵי עָפָר. מִי כָמוֹךָ בַּעַל גְּבוּרוֹת וּמִי דּוֹמֶה לָּךְ, מֶלֶךְ מֵמִית וּמְחַיֶּה וּמַצְמִיחַ יְשׁוּעָה:

מִי כָמוֹךָ אַב הָרַחֲמִים, זוֹכֵר יְצוּרָיו לְחַיִּים בְּרַחֲמִים. וְנֶאֱמָן אַתָּה לְהַחֲיוֹת מֵתִים. בָּרוּךְ אַתָּה יְיָ, מְחַיֵּה הַמֵּתִים:

בחזרת הש"ץ אומרים קדושת כתר:

אַתָּה קָדוֹשׁ וְשִׁמְךָ קָדוֹשׁ, וּקְדוֹשִׁים בְּכָל יוֹם יְהַלְלוּךָ סֶּלָה. לְדוֹר וָדוֹר הַמְלִיכוּ לָאֵל, כִּי הוּא לְבַדּוֹ מָרוֹם וְקָדוֹשׁ:

וּבְכֵן יִתְקַדַּשׁ שִׁמְךָ יְיָ אֱלֹהֵינוּ עַל יִשְׂרָאֵל עַמֶּךָ וְעַל יְרוּשָׁלַיִם עִירֶךָ, וְעַל צִיּוֹן מִשְׁכַּן כְּבוֹדֶךָ, וְעַל מַלְכוּת בֵּית דָּוִד מְשִׁיחֶךָ, וְעַל מְכוֹנָה וְהֵיכָלֶךָ:

וּבְכֵן תֵּן פַּחְדְּךָ יְיָ אֱלֹהֵינוּ עַל כָּל מַעֲשֶׂיךָ, וְאֵימָתְךָ עַל כָּל מַה שֶּׁבָּרָאתָ, וְיִירָאוּךָ כָּל הַמַּעֲשִׂים, וְיִשְׁתַּחֲווּ לְפָנֶיךָ כָּל הַבְּרוּאִים, וְיֵעָשׂוּ כֻלָּם אֲגֻדָּה אֶחָת לַעֲשׂוֹת רְצוֹנְךָ בלבב

אדני ГОСПОДЬ, ДАЙ МНЕ СИЛЫ МОЛИТЬСЯ ПРЕД ТОБОЙ, [ПРОСТИВ МНЕ ГРЕ-
ХИ], И УСТА МОИ ВОССЛАВЯТ ТЕБЯ.

ברוך БЛАГОСЛОВЕН ТЫ, ГОСПОДЬ, БОГ НАШ И БОГ ОТЦОВ НАШИХ, БОГ АВРА-
ГАМА, БОГ ИЦХАКА И БОГ ЯАКОВА, БОГ ВЕЛИКИЙ, МОГУЧИЙ И ГРОЗНЫЙ, ВСЕ-
ВЫШНИЙ БОГ, ДАРУЮЩИЙ БЛАГА, СОТВОРИВШИЙ ВСЕ, И ПОМНЯЩИЙ ДОБРЫЕ ДЕ-
ЛА ОТЦОВ, И ПО ЛЮБВИ СВОЕЙ ПОСЫЛАЮЩИЙ ИЗБАВИТЕЛЯ СЫНОВЬЯМ ИХ СЫ-
НОВЕЙ РАДИ ИМЕНИ СВОЕГО!

זכרנו ВСПОМНИ НАС, ЧТОБЫ ДАРОВАТЬ НАМ ЖИЗНЬ, ВЛАДЫКА, КОТОРОМУ
УГОДНА ЖИЗНЬ, И ЗАПИШИ НАС В КНИГУ ЖИЗНИ РАДИ СЕБЯ, БОГ ЖИЗНИ!

מלך [ТЫ –] ВЛАДЫКА, КОТОРЫЙ ПОМОГАЕТ, СПАСАЕТ И ЗАЩИЩАЕТ. БЛАГО-
СЛОВЕН ТЫ, ГОСПОДЬ, ЗАЩИТНИК АВРАГАМА!

אתה ТВОЕ МОГУЩЕСТВО ВЕЧНО, ГОСПОДЬ, ТЫ ВОЗВРАЩАЕШЬ МЕРТВЫХ К ЖИЗ-
НИ, ТЫ – ВЕЛИКИЙ ИЗБАВИТЕЛЬ, ПОСЫЛАЮЩИЙ РОСУ,

מכלכל ПИТАЮЩИЙ ПО ДОБРОТЕ СВОЕЙ ЖИВЫХ, ПО ВЕЛИКОМУ МИЛОСЕРДИЮ
ВОЗВРАЩАЮЩИЙ МЕРТВЫХ К ЖИЗНИ, ПОДДЕРЖИВАЮЩИЙ ПАДАЮЩИХ, И ИСЦЕ-
ЛЯЮЩИЙ БОЛЬНЫХ, И ОСВОБОЖДАЮЩИЙ УЗНИКОВ, И ИСПОЛНЯЮЩИЙ СВОЕ ОБЕ-
ЩАНИЕ [ВОЗВРАТИТЬ ЖИЗНЬ] ПОКОЯЩИМСЯ В ЗЕМЛЕ, – КТО ПОДОБЕН ТЕБЕ,
ВСЕСИЛЬНЫЙ, И КТО СРАВНИТСЯ С ТОБОЙ, ВЛАДЫКА, КОТОРЫЙ УМЕРЩВЛЯЕТ, И
ОЖИВЛЯЕТ, И ВЗРАЩИВАЕТ СПАСЕНИЕ!

מי КТО ПОДОБЕН ТЕБЕ, МИЛОСЕРДНЫЙ ОТЕЦ, МИЛОСТИВО ВСПОМИНАЮЩИЙ О
СВОИХ ТВОРЕНИЯХ, ДАРУЯ ИМ ЖИЗНЬ!

ונאמן И ВЕРЕН ТЫ [СВОЕМУ ОБЕЩАНИЮ] ВОЗВРАТИТЬ МЕРТВЫМ ЖИЗНЬ. БЛА-
ГОСЛОВЕН ТЫ, ГОСПОДЬ, ВОЗВРАЩАЮЩИЙ МЕРТВЫХ К ЖИЗНИ!

אתה ТЫ СВЯТ, И СВЯТО ИМЯ ТВОЕ, И СВЯТЫЕ [АНГЕЛЫ] БУДУТ ВОСХВАЛЯТЬ
ТЕБЯ ИЗО ДНЯ В ДЕНЬ, ВОВЕКИ.

לדור В КАЖДОМ ПОКОЛЕНИИ ПРОВОЗГЛАШАЙТЕ БОГА ЦАРЕМ, ПОТОМУ ЧТО
ОН ОДИН ПРЕВОЗНЕСЕН И СВЯТ.

ובכן И ПУСТЬ ТОГДА СВЯТОСТЬ ИМЕНИ ТВОЕГО, ГОСПОДЬ, БОГ
НАШ, ОСЕНИТ НАРОД ТВОЙ, ИЗРАИЛЬ, И ИЕРУСАЛИМ, ГОРОД ТВОЙ,
И СИОН, ГДЕ ОБИТАЕТ СЛАВА ТВОЯ, И ЦАРСТВОВАНИЕ РОДА ДАВИДА,
ПОМАЗАННИКА ТВОЕГО, И МЕСТО, [КОТОРОЕ ТЫ ПРЕДНАЗНАЧИЛ
ДЛЯ ТОГО, ЧТОБЫ ОБИТАТЬ В НЕМ], И [ВЕСЬ] ХРАМ ТВОЙ.

ובכן И ВНУШИ ТОГДА СТРАХ ПРЕД СОБОЙ ВСЕМ СОЗДАНИ-

ЯМ ТВОИМ, [НАУЧИ] БОЯТЬСЯ СЕБЯ ВСЕ, СОТВОРЕННОЕ

ТОБОЙ, И ТРЕПЕТ ОХВАТИТ ТЕХ, КОГО ТЫ СОЗДАЛ, И ПА-

ДУТ НИЦ ПРЕД ТОБОЮ ВСЕ ТВОРЕНИЯ, И ОБЪЕДИНЯТСЯ

ВСЕ ВМЕСТЕ, ЧТОБЫ ИСПОЛНЯТЬ ВОЛЮ ТВОЮ ОТ ВСЕГО

בְּלֵבָב שָׁלֵם . שֶׁיְּדַעְנוּ יְיָ אֱלֹהֵינוּ
שֶׁהַשָּׁלְטָן לְפָנֶיךָ , עֹז בְּיָדְךָ , וּגְבוּרָה
בִּימִינֶךָ . וְשִׁמְךָ נוֹרָא עַל כָּל מַה
שֶּׁבָּרָאתָ :

וּבְכֵן תֵּן כָּבוֹד יְיָ לְעַמֶּךָ , תְּהִלָּה לִירֵאֶיךָ ,
וְתִקְוָה טוֹבָה לְדוֹרְשֶׁיךָ , וּפִתְחוֹן פֶּה
לַמְיַחֲלִים לָךְ , שִׂמְחָה לְאַרְצֶךָ , וְשָׂשׂוֹן לְעִירֶךָ ,
וּצְמִיחַת קֶרֶן לְדָוִד עַבְדֶּךָ , וַעֲרִיכַת נֵר לְבֶן יִשַׁי
מְשִׁיחֶךָ , בִּמְהֵרָה בְיָמֵינוּ :

וּבְכֵן צַדִּיקִים יִרְאוּ וְיִשְׂמָחוּ , וִישָׁרִים יַעֲלֹזוּ , וַחֲסִידִים
בְּרִנָּה יָגִילוּ , וְעוֹלָתָה תִּקְפָּץ פִּיהָ , וְהָרִשְׁעָה
כֻלָּהּ בְּעָשָׁן תִּכְלֶה , כִּי תַעֲבִיר מֶמְשֶׁלֶת זָדוֹן מִן הָאָרֶץ :

וְתִמְלֹךְ אַתָּה הוּא יְיָ אֱלֹהֵינוּ לְבַדֶּךָ , עַל
כָּל מַעֲשֶׂיךָ , בְּהַר צִיּוֹן מִשְׁכַּן כְּבוֹדֶךָ ,
וּבִירוּשָׁלַיִם עִיר קָדְשֶׁךָ , כַּכָּתוּב בְּדִבְרֵי קָדְשֶׁךָ :
יִמְלֹךְ יְיָ לְעוֹלָם אֱלֹהַיִךְ צִיּוֹן לְדֹר וָדֹר , הַלְלוּיָהּ :

קָדוֹשׁ אַתָּה וְנוֹרָא שְׁמֶךָ , וְאֵין אֱלוֹהַּ מִבַּלְעָדֶיךָ , כַּכָּתוּב :
וַיִּגְבַּהּ יְיָ צְבָאוֹת בַּמִּשְׁפָּט , וְהָאֵל הַקָּדוֹשׁ נִקְדַּשׁ
בִּצְדָקָה . בָּרוּךְ אַתָּה יְיָ , הַמֶּלֶךְ הַקָּדוֹשׁ :

אַתָּה בְחַרְתָּנוּ מִכָּל הָעַמִּים , אָהַבְתָּ אוֹתָנוּ
וְרָצִיתָ בָּנוּ , וְרוֹמַמְתָּנוּ מִכָּל הַלְּשׁוֹנוֹת ,

СЕРДЦА. ИБО ЗНАЕМ МЫ, ГОСПОДЬ, БОГ НАШ, ЧТО ВЛАСТЬ ПРИНАДЛЕЖИТ ТЕБЕ; СИЛА В РУКЕ ТВОЕЙ, МОГУЩЕСТВО В ДЕСНИЦЕ ТВОЕЙ, И ГРОЗНОЕ ИМЯ ТВОЕ — НАД ВСЕМ, ЧТО ТЫ СОТВОРИЛ.

ובכן И ТОГДА, ГОСПОДЬ, ВОЗВЕЛИЧЬ НАРОД СВОЙ, ВОС-СЛАВЬ БОЯЩИХСЯ ТЕБЯ, ДАЙ НАДЕЖДУ НА ЛУЧШЕЕ ВЗЫ-ВАЮЩИМ К ТЕБЕ, ДОКАЖИ ПРАВОТУ ПОЛАГАЮЩИХСЯ НА ТЕБЯ; ПУСТЬ РАДУЕТСЯ СТРАНА ТВОЯ, ВЕСЕЛИТСЯ ГОРОД ТВОЙ, ПУСТЬ ВОЗРАСТЕТ МОЩЬ ДАВИДА, РАБА ТВОЕГО, И ЗАЖГИ СВЕТ [ДУШИ] ПОМАЗАННИКА ТВОЕГО, ПОТОМКА ИШАЯ, — ВСКОРЕ, В НАШИ ДНИ.

ובכן И УВИДЯТ ТОГДА [ЭТО] ПРАВЕДНИКИ И ПРЕИСПОЛНЯТСЯ РА-ДОСТИ, ВОЗЛИКУЮТ НЕПОРОЧНЫЕ, С ПЕСНЯМИ БУДУТ ПРАЗДНОВАТЬ ЛЮБЯЩИЕ ТЕБЯ, А [ВСЯКАЯ] НЕЧИСТЬ ЛИШИТСЯ ДАРА РЕЧИ И ВСЕ ЗЛО РАЗВЕЕТСЯ ДЫМОМ, [СГОРЕВ В АДСКОМ ОГНЕ], КОГДА СМЕ-ТЕШЬ ТЫ ВЛАСТЬ ЗЛА С [ЛИЦА] ЗЕМЛИ.

ותמלוך И ВОЦАРИШЬСЯ ТЫ ОДИН, ГОСПОДЬ, БОГ НАШ, НАД ВСЕМИ ТВОИМИ СОЗДАНИЯМИ НА ГОРЕ СИОН, ГДЕ ОБИТА-ЕТ СЛАВА ТВОЯ, В ИЕРУСАЛИМЕ, СВЯТОМ ГОРОДЕ ТВОЕМ, КАК СКАЗАНО В ТВОИХ СВЯТЫХ ПИСАНИЯХ: "ГОСПОДЬ БУДЕТ ЦАРСТВОВАТЬ ВЕЧНО; [БУДЕТ ЦАРСТВОВАТЬ] БОГ ТВОЙ, СИОН, ВО ВЕКИ ВЕКОВ; ВОСХВАЛИТЕ БОГА!"

קדוש СВЯТ ТЫ, И ГРОЗНО ИМЯ ТВОЕ, И НЕТ БОГА КРОМЕ ТЕБЯ, КАК НАПИСАНО: "И ВОЗНЕСЛО ГОСПОДА ВОИНСТВ ПРАВОСУДИЕ [ЕГО], И ОСВЯТИЛО СВЯТОГО БОГА [ЕГО] МИЛОСЕРДИЕ". БЛАГО-СЛОВЕН ТЫ, ГОСПОДЬ, ВЛАДЫКА СВЯТОЙ!

אתה ТЫ ИЗБРАЛ НАС ИЗ ВСЕХ НАРОДОВ, ПОЛЮБИЛ НАС, И БЛАГОВОЛИЛ К НАМ, И ВОЗВЫСИЛ НАС НАД ВСЕМИ ПЛЕ-

וְקִדַּשְׁתָּנוּ בְּמִצְוֹתֶיךָ , וְקֵרַבְתָּנוּ מַלְכֵּנוּ לַעֲבֹדָתֶךְ
וְשִׁמְךָ הַגָּדוֹל וְהַקָּדוֹשׁ עָלֵינוּ קָרָאתָ :

וַתִּתֶּן לָנוּ יְיָ אֱלֹהֵינוּ בְּאַהֲבָה אֶת יוֹם (לשבת הַשַּׁבָּת הַזֶּה וְאֶת
יוֹם) הַזִּכָּרוֹן הַזֶּה אֶת יוֹם טוֹב מִקְרָא קֹדֶשׁ הַזֶּה .

יוֹם (זִכְרוֹן) תְּרוּעָה (בְּאַהֲבָה) מִקְרָא קֹדֶשׁ זֵכֶר לִיצִיאַת מִצְרָיִם:

וּמִפְּנֵי הֲטָאֵינוּ גָּלִינוּ מֵאַרְצֵנוּ , וְנִתְרַחַקְנוּ מֵעַל
אַדְמָתֵנוּ , וְאֵין אָנוּ יְכוֹלִים לַעֲשׂוֹת
חוֹבוֹתֵינוּ בְּבֵית בְּחִירָתֶךְ , בַּבַּיִת הַגָּדוֹל
וְהַקָּדוֹשׁ , שֶׁנִּקְרָא שִׁמְךָ עָלָיו , מִפְּנֵי הַיָּד
שֶׁנִּשְׁתַּלְּחָה בְּמִקְדָּשֶׁךָ . יְהִי רָצוֹן מִלְּפָנֶיךָ יְיָ
אֱלֹהֵינוּ וֵאלֹהֵי אֲבוֹתֵינוּ , מֶלֶךְ רַחֲמָן , שֶׁתָּשׁוּב
וּתְרַחֵם עָלֵינוּ וְעַל מִקְדָּשְׁךָ בְּרַחֲמֶיךָ הָרַבִּים ,
וְתִבְנֵהוּ מְהֵרָה וּתְגַדֵּל כְּבוֹדוֹ. אָבִינוּ מַלְכֵּנוּ, אֱלֹהֵינוּ
גַּלֵּה כְּבוֹד מַלְכוּתְךָ עָלֵינוּ מְהֵרָה, וְהוֹפַע וְהִנָּשֵׂא
עָלֵינוּ לְעֵינֵי כָּל חָי , וְקָרֵב פְּזוּרֵינוּ מִבֵּין הַגּוֹיִם,
וּנְפוּצוֹתֵינוּ כַּנֵּס מִיַּרְכְּתֵי אָרֶץ . וַהֲבִיאֵנוּ לְצִיּוֹן
עִירְךָ בְּרִנָּה, וְלִירוּשָׁלַיִם בֵּית מִקְדָּשְׁךָ , בְּשִׂמְחַת
עוֹלָם , וְשָׁם נַעֲשֶׂה לְפָנֶיךָ אֶת קָרְבְּנוֹת חוֹבוֹתֵינוּ :
תְּמִידִים כְּסִדְרָם וּמוּסָפִים כְּהִלְכָתָם . וְאֶת
מוּסְפֵי (לשבת יוֹם הַשַּׁבָּת הַזֶּה וְ) יוֹם הַזִּכָּרוֹן הַזֶּה , וְיוֹם
טוֹב מִקְרָא קֹדֶשׁ הַזֶּה נַעֲשֶׂה וְנַקְרִיב לְפָנֶיךָ
בְּאַהֲבָה , כְּמִצְוַת רְצוֹנֶךָ , כְּמוֹ שֶׁכָּתַבְתָּ עָלֵינוּ
בְּתוֹרָתֶךָ עַל יְדֵי מֹשֶׁה עַבְדֶּךָ מִפִּי כְבוֹדֶךָ, כָּאָמוּר:

וביום

МЕНАМИ, И ОСВЯТИЛ НАС СВОИМИ ЗАПОВЕДЯМИ, И ПРИ-
БЛИЗИЛ ТЫ НАС, ВЛАДЫКА НАШ, [К СЕБЕ], ЧТОБЫ МЫ
СЛУЖИЛИ ТЕБЕ, И ИМЕНЕМ СВОИМ, ВЕЛИКИМ И СВЯТЫМ,
ОТМЕТИЛ НАС.

ותן И ДАРОВАЛ ТЫ НАМ, ГОСПОДЬ, БОГ НАШ, С ЛЮБОВЬЮ (в субботу добав-
ляют: ЭТОТ СУББОТНИЙ ДЕНЬ И) ЭТОТ ДЕНЬ ПАМЯТИ, ЭТОТ СВЯТОЙ ПРАЗД-
НИЧНЫЙ ДЕНЬ, ДЕНЬ (в субботу: КОГДА МЫ ВСПОМИНАЕМ [О ТРЕПЕТНЫХ ЗВУ-
КАХ ШОФАРА]) ТРУБНЫХ ЗВУКОВ [ШОФАРА] (в субботу добавляют: С ЛЮ-
БОВЬЮ), СВЯТОЙ ПРАЗДНИК, – В ПАМЯТЬ О ВЫХОДЕ ИЗ ЕГИПТА.

ומפני И ЗА ГРЕХИ НАШИ МЫ БЫЛИ ИЗГНАНЫ ИЗ СВОЕЙ
СТРАНЫ И ОКАЗАЛИСЬ ВДАЛЕКЕ ОТ ЗЕМЛИ НАШЕЙ. И ЛИ-
ШЕНЫ МЫ ВОЗМОЖНОСТИ ИСПОЛНИТЬ СВОИ ОБЯЗАННОСТИ
В ХРАМЕ, ИЗБРАННОМ ТОБОЮ, В ХРАМЕ ВЕЛИКОМ И СВЯ-
ТОМ, ОТМЕЧЕННОМ ИМЕНЕМ ТВОИМ, – ИЗ-ЗА ТОГО, ЧТО
РУКИ ВРАГОВ РАЗРУШИЛИ ТВОЕ СВЯТИЛИЩЕ. ДА БУДЕТ
УГОДНО ТЕБЕ, ГОСПОДЬ, БОГ НАШ И БОГ ОТЦОВ НАШИХ,
ВЛАДЫКА МИЛОСЕРДНЫЙ, ВНОВЬ СМИЛОСТИВИТЬСЯ НАД
НАМИ И НАД СВЯТИЛИЩЕМ СВОИМ ПО ВЕЛИКОМУ МИЛО-
СЕРДИЮ СВОЕМУ, И В СКОРОМ ВРЕМЕНИ ОТСТРОИТЬ ЕГО, И
УМНОЖИТЬ ЕГО СЛАВУ. ОТЕЦ НАШ, ВЛАДЫКА НАШ, БОГ
НАШ! ЯВИ НАМ КАК МОЖНО СКОРЕЕ СЛАВУ ЦАРСТВА СВО-
ЕГО, ЯВИ СЕБЯ И ВОЗНЕСИСЬ НАД НАМИ НА ГЛАЗАХ ВСЕХ
ЖИВУЩИХ! И СОБЕРИ НАС, РАССЕЯННЫХ СРЕДИ НАРОДОВ, И
СОБЕРИ НАШИ ОБШИНЫ, РАЗБРОСАННЫЕ ПО КРАЯМ ЗЕМ-
ЛИ; И ПРИВЕДИ НАС, ЛИКУЮЩИХ, В СИОН, ГОРОД ТВОЙ, И В
ИЕРУСАЛИМ, В ХРАМ ТВОЙ, ДАРОВАВ НАМ РАДОСТЬ НАВЕ-
КИ. И ТАМ МЫ БУДЕМ СОВЕРШАТЬ ПРЕД ТОБОЮ ПРЕДПИ-
САННЫЕ НАМ ЖЕРТВОПРИНОШЕНИЯ: ЕЖЕДНЕВНЫЕ ВСЕСОЖ-
ЖЕНИЯ СОГЛАСНО ПРАВИЛАМ О НИХ, И ДОПОЛНИТЕЛЬНЫЕ
ЖЕРТВОПРИНОШЕНИЯ В СООТВЕТСТВИИ С ИХ УСТАВОМ, И
ДОПОЛНИТЕЛЬНЫЕ ЖЕРТВОПРИНОШЕНИЯ (в субботу добав-
ляют: ЭТОГО ДНЯ, СУББОТЫ, И) ЭТОГО ДНЯ ПАМЯТИ, ЭТО-
ГО СВЯТОГО ПРАЗДНИЧНОГО ДНЯ, КОТОРЫЕ МЫ БУДЕМ ГО-
ТОВИТЬ И СОВЕРШАТЬ ПРЕД ТОБОЮ С ЛЮБОВЬЮ, СОГЛАСНО
ЗАПОВЕДИ, УСТАНОВЛЕННОЙ ВОЛЕЙ ТВОЕЙ, КАК ПРЕДПИ-
САЛ ТЫ НАМ В СВОЕЙ ТОРЕ, ЗАПИСАННОЙ МОШЕ, СЛУГОЙ
ТВОИМ, С ТВОИХ СОБСТВЕННЫХ СЛОВ, КАК СКАЗАНО:

לשבת

וּבְיוֹם הַשַּׁבָּת שְׁנֵי כְבָשִׂים בְּנֵי שָׁנָה תְּמִימָם, וּשְׁנֵי עֶשְׂרֹנִים סֹלֶת מִנְחָה בְּלוּלָה בַשֶּׁמֶן וְנִסְכּוֹ. עֹלַת שַׁבַּת בְּשַׁבַּתּוֹ, עַל עֹלַת הַתָּמִיד וְנִסְכָּהּ:

וּבַחֹדֶשׁ הַשְּׁבִיעִי בְּאֶחָד לַחֹדֶשׁ, מִקְרָא קֹדֶשׁ יִהְיֶה לָכֶם, כָּל מְלֶאכֶת עֲבֹדָה לֹא תַעֲשׂוּ, יוֹם תְּרוּעָה יִהְיֶה לָכֶם. וַעֲשִׂיתֶם עֹלָה לְרֵיחַ נִיחֹחַ לַיְיָ, פַּר בֶּן בָּקָר אֶחָד, אַיִל אֶחָד, כְּבָשִׂים בְּנֵי שָׁנָה שִׁבְעָה תְּמִימִם:

וּמִנְחָתָם וְנִסְכֵּיהֶם כִּמְדֻבָּר: שְׁלֹשָׁה עֶשְׂרֹנִים לַפָּר, וּשְׁנֵי עֶשְׂרֹנִים לָאָיִל, וְעִשָּׂרוֹן לַכֶּבֶשׂ, וְיַיִן כְּנִסְכּוֹ, וּשְׁנֵי שְׂעִירִים לְכַפֵּר, וּשְׁנֵי תְמִידִים כְּהִלְכָתָם. מִלְּבַד עֹלַת הַחֹדֶשׁ וּמִנְחָתָהּ, וְעֹלַת הַתָּמִיד וּמִנְחָתָהּ. וְנִסְכֵּיהֶם כְּמִשְׁפָּטָם, לְרֵיחַ נִיחֹחַ אִשֶּׁה לַיְיָ:

לשבת

יִשְׂמְחוּ בְמַלְכוּתְךָ שׁוֹמְרֵי שַׁבָּת וְקוֹרְאֵי עֹנֶג, עַם מְקַדְּשֵׁי שְׁבִיעִי, כֻּלָּם יִשְׂבְּעוּ וְיִתְעַנְּגוּ מִטּוּבֶךָ, וּבַשְּׁבִיעִי רָצִיתָ בּוֹ וְקִדַּשְׁתּוֹ, חֶמְדַּת יָמִים אוֹתוֹ קָרָאתָ, זֵכֶר לְמַעֲשֵׂה בְרֵאשִׁית:

עָלֵינוּ לְשַׁבֵּחַ לַאֲדוֹן הַכֹּל, לָתֵת גְּדֻלָּה לְיוֹצֵר בְּרֵאשִׁית, שֶׁלֹּא עָשָׂנוּ כְּגוֹיֵי הָאֲרָצוֹת, וְלֹא שָׂמָנוּ כְּמִשְׁפְּחוֹת הָאֲדָמָה, שֶׁלֹּא שָׂם חֶלְקֵנוּ כָּהֶם, וְגֹרָלֵנוּ כְּכָל הֲמוֹנָם שֶׁהֵם מִשְׁתַּחֲוִים לְהֶבֶל וְלָרִיק. וַאֲנַחְנוּ כּוֹרְעִים וּמִשְׁתַּחֲוִים וּמוֹדִים, לִפְנֵי מֶלֶךְ, מַלְכֵי הַמְּלָכִים, הַקָּדוֹשׁ, בָּרוּךְ הוּא. שֶׁהוּא נוֹטֶה שָׁמַיִם וְיֹסֵד אָרֶץ, וּמוֹשַׁב יְקָרוֹ בַּשָּׁמַיִם מִמַּעַל, וּשְׁכִינַת עֻזּוֹ בְּגָבְהֵי מְרוֹמִים, הוּא אֱלֹהֵינוּ אֵין עוֹד. אֱמֶת מַלְכֵּנוּ, אֶפֶס זוּלָתוֹ. כַּכָּתוּב בְּתוֹרָתוֹ: וְיָדַעְתָּ הַיּוֹם וַהֲשֵׁבֹתָ אֶל לְבָבֶךָ, כִּי יְיָ הוּא הָאֱלֹהִים בַּשָּׁמַיִם מִמַּעַל, וְעַל הָאָרֶץ מִתָּחַת, אֵין עוֹד:

В субботу говорят:

וביום И В СУББОТНИЙ ДЕНЬ [ПРИНОСИТЕ В ЖЕРТВУ] ДВУХ ГОДОВАЛЫХ ЯГ-
НЯТ БЕЗ ПОРОКА, И В ХЛЕБНЫЙ ДАР – ДВЕ ДЕСЯТЫХ [ЭЙФЫ] ЛУЧШЕЙ МУКИ,
СМЕШАННОЙ С ОЛИВКОВЫМ МАСЛОМ, И ВИНО ВОЗЛИВАЙТЕ [НА ЖЕРТВЕННИК].
ТАКОВО СУББОТНЕЕ ВСЕСОЖЖЕНИЕ, [КОТОРОЕ СЛЕДУЕТ СОВЕРШАТЬ] КАЖ-
ДУЮ СУББОТУ В ДОПОЛНЕНИЕ К ПОСТОЯННОМУ ВСЕСОЖЖЕНИЮ И ПРИНОШЕ-
НИЮ ВИНА ПРИ НЕМ.

ובחדש А ПЕРВЫЙ ДЕНЬ СЕДЬМОГО МЕСЯЦА ДА БУДЕТ ПРО-
ВОЗГЛАШЕН ВАМИ СВЯТЫМ; НИКАКИМ ТРУДОМ НЕ ЗАНИ-
МАЙТЕСЬ; ДНЕМ ТРЕПЕТНЫХ ЗВУКОВ [ШОФАРА] СТАНЕТ
ОН ДЛЯ ВАС. И СОЖГИТЕ НА ОГНЕ ЖЕРТВУ ВСЕСОЖЖЕНИЯ,
ЧЬЕ БЛАГОУХАНИЕ ПРИНИМАЕТСЯ ГОСПОДОМ БЛАГО-
СКЛОННО: ОДНОГО ТЕЛЕНКА, ОДНОГО БАРАНА, СЕМЕРЫХ
ГОДОВАЛЫХ ЯГНЯТ БЕЗ ПОРОКА.

ומנחתם И ХЛЕБНЫЕ ДАРЫ, И ВИНО, ЧТОБЫ ВОЗЛИВАТЬ [ЕГО НА
ЖЕРТВЕННИК, ПРИНОСИТЕ] ВМЕСТЕ С НИМИ, КАК ПРЕДПИСАНО: ТРИ
ДЕСЯТЫХ [ЭЙФЫ МУКИ] С КАЖДЫМ ТЕЛЕНКОМ, ДВЕ ДЕСЯТЫХ – С
БАРАНОМ И ОДНУ ДЕСЯТУЮ – С ЯГНЕНКОМ; И ВИНО ДЛЯ ВОЗЛИЯ-
НИЯ [НА ЖЕРТВЕННИК] В СООТВЕТСТВУЮЩЕМ КОЛИЧЕСТВЕ; А ТАК-
ЖЕ ДВУХ КОЗЛОВ В ОЧИСТИТЕЛЬНУЮ ЖЕРТВУ; И ДВЕ ЕЖЕДНЕВНЫЕ
ЖЕРТВЫ ДЛЯ ВСЕСОЖЖЕНИЯ, КАК ПРЕДПИСАНО, – [ВСЕ ЭТО], НЕ
СЧИТАЯ ЕЖЕМЕСЯЧНОГО ВСЕСОЖЖЕНИЯ [В РОШ-ХОДЕШ] С ХЛЕБНЫ-
МИ ДАРАМИ И ПОСТОЯННОГО ВСЕСОЖЖЕНИЯ С ХЛЕБНЫМИ ДАРАМИ,
А ТАКЖЕ ВОЗЛИЯНИЯ ВИНА ВМЕСТЕ С НИМИ – КАК ПОЛОЖЕНО ПО
ЗАКОНУ О НИХ; [ЭТО –] СЖИГАЕМЫЕ НА ОГНЕ ЖЕРТВЫ, ЧЬЕ БЛАГО-
УХАНИЕ ПРИНИМАЕТСЯ ГОСПОДОМ БЛАГОСКЛОННО.

В субботу говорят:

ישמחו ВОЗРАДУЮТСЯ СОБЛЮДАЮЩИЕ СУББОТУ, НАЗЫВАЮЩИЕ ЕЕ БЛАЖЕНС-
ВОМ, ПРИХОДУ ЦАРСТВА ТВОЕГО; ВЕСЬ НАРОД, ОСВЯЩАЮЩИЙ СЕДЬМОЙ ДЕНЬ
НАСЫТИТСЯ И НАСЛАДИТСЯ ЩЕДРОТАМИ ТВОИМИ; И БЫЛ ИЗБРАН ВОЛЕ
ТВОЕЙ СЕДЬМОЙ ДЕНЬ, И ТЫ ОСВЯТИЛ ЕГО И НАЗВАЛ ЕГО ЖЕЛАННЫМ И
ДНЕЙ – В ПАМЯТЬ О СОТВОРЕНИИ МИРА.

עלינו НАШ ДОЛГ – ВОСХВАЛЯТЬ ВЛАДЫКУ ВСЕГО МИРА, ПРОВОЗ
ГЛАШАТЬ ВЕЛИЧИЕ СОЗДАТЕЛЯ ВСЕЛЕННОЙ, КОТОРЫЙ НЕ СДЕЛАЛ НА
ПОДОБНЫМИ ДРУГИМ НАРОДАМ МИРА, И НЕ ДАЛ НАМ БЫТЬ ПОХОЖИМ
НА ВСЕ ПЛЕМЕНА ЗЕМНЫЕ, И НЕ ДАЛ НАМ ТОТ ЖЕ УДЕЛ, ЧТО И ИМ, И Т
ЖЕ СУДЬБУ, ЧТО И ВСЕМ ИХ ПОЛЧИЩАМ, – ИБО ОНИ ПОКЛОНЯЮТС:
ПУСТОТЕ И ТЩЕТЕ. МЫ ЖЕ ПРЕКЛОНЯЕМ КОЛЕНА, И ПАДАЕМ НИЦ,
ВОЗНОСИМ БЛАГОДАРНОСТЬ ВЛАДЫКЕ, ЦАРЮ ЦАРЕЙ, СВЯТОМУ [ТВО
ЦУ], БЛАГОСЛОВЕН ОН, КОТОРЫЙ ПРОСТЕР НЕБЕСА И УТВЕРДИЛ ЗЕМЛ
[НА МЕСТЕ], – И ПРЕСТОЛ СЛАВЫ ЕГО – НЕБЕСНЫЕ ВЫСИ, И ОБИТЕЛ
МОГУЩЕСТВА ЕГО – ВЫСОТЫ ВЫСОТ. ОН, И НИКТО ИНОЙ, – БОГ НАШ
ВОИСТИНУ, ОН – ВЛАДЫКА НАШ, И НИЧТО НЕ МОЖЕТ СУЩЕСТВОВАТ
БЕЗ НЕГО, КАК НАПИСАНО В ТОРЕ ЕГО: "И УЗНАЕШЬ ТЫ В ТОТ ДЕНЬ,
ПРИМЕШЬ СЕРДЦЕМ СВОИМ, ЧТО ГОСПОДЬ – БОГ; ОТ НЕБЕСНЫХ ВЫСЕ
И ДО ЗЕМНЫХ ГЛУБИН НИЧЕГО КРОМЕ НЕГО НЕ СУЩЕСТВУЕТ".

וְעַל כֵּן נְקַוֶּה לְּךָ יְיָ אֱלֹהֵינוּ, לִרְאוֹת מְהֵרָה בְּתִפְאֶרֶת עֻזֶּךָ, לְהַעֲבִיר
גִּלּוּלִים מִן הָאָרֶץ, וְהָאֱלִילִים כָּרוֹת יִכָּרֵתוּן, לְתַקֵּן עוֹלָם
בְּמַלְכוּת שַׁדַּי. וְכָל בְּנֵי בָשָׂר יִקְרְאוּ בִשְׁמֶךָ, לְהַפְנוֹת אֵלֶיךָ כָּל
רִשְׁעֵי אָרֶץ. יַכִּירוּ וְיֵדְעוּ כָּל יוֹשְׁבֵי תֵבֵל, כִּי לְךָ תִּכְרַע כָּל בֶּרֶךְ,
תִּשָּׁבַע כָּל לָשׁוֹן. לְפָנֶיךָ יְיָ אֱלֹהֵינוּ יִכְרְעוּ וְיִפֹּלוּ, וְלִכְבוֹד שִׁמְךָ יְקָר
יִתֵּנוּ, וִיקַבְּלוּ כֻלָּם אֶת עֹל מַלְכוּתֶךָ, וְתִמְלוֹךְ עֲלֵיהֶם מְהֵרָה
לְעוֹלָם וָעֶד. כִּי הַמַּלְכוּת שֶׁלְּךָ הִיא, וּלְעוֹלְמֵי עַד תִּמְלוֹךְ בְּכָבוֹד,
כַּכָּתוּב בְּתוֹרָתֶךָ: יְיָ יִמְלֹךְ לְעֹלָם וָעֶד.

וְנֶאֱמַר: לֹא הִבִּיט אָוֶן בְּיַעֲקֹב. וְלֹא
רָאָה עָמָל בְּיִשְׂרָאֵל, יְיָ אֱלֹהָיו
עִמּוֹ, וּתְרוּעַת מֶלֶךְ בּוֹ. וְנֶאֱמַר, וַיְהִי
בִישֻׁרוּן מֶלֶךְ, בְּהִתְאַסֵּף רָאשֵׁי עָם, יַחַד
שִׁבְטֵי יִשְׂרָאֵל. וּבְדִבְרֵי קָדְשְׁךָ כָּתוּב
לֵאמֹר, כִּי לַיְיָ הַמְּלוּכָה, וּמוֹשֵׁל בַּגּוֹיִם.
וְנֶאֱמַר, יְיָ מָלָךְ גֵּאוּת לָבֵשׁ, לָבֵשׁ יְיָ עֹז
הִתְאַזָּר, אַף תִּכּוֹן תֵּבֵל בַּל תִּמּוֹט.
וְנֶאֱמַר, שְׂאוּ שְׁעָרִים רָאשֵׁיכֶם,
וְהִנָּשְׂאוּ פִּתְחֵי עוֹלָם, וְיָבוֹא מֶלֶךְ
הַכָּבוֹד, מִי זֶה מֶלֶךְ הַכָּבוֹד, יְיָ עִזּוּז
וְגִבּוֹר, יְיָ גִּבּוֹר מִלְחָמָה. שְׂאוּ שְׁעָרִים
רָאשֵׁיכֶם וּשְׂאוּ פִּתְחֵי עוֹלָם, וְיָבֹא מֶלֶךְ
הַכָּבוֹד,

תרי"א א) במדבר כג כא : ב) דברים לג ה : ג) תהלים כב כח ד) שם צג א: ה) שם כד ס:

לעו И ПОЭТОМУ МЫ НАДЕЕМСЯ НА ТЕБЯ, ГОСПОДЬ, БОГ НАШ, [НАДЕЕМСЯ] УВИДЕТЬ ВСКОРЕ ВЕЛИКОЛЕПИЕ МОГУЩЕСТВА ТВОЕГО, КОТОРОЕ СМЕТЕТ ИСТУ КАНОВ С ЛИЦА ЗЕМЛИ И УНИЧТОЖИТ ИДОЛОВ. И БУДЕТ УСТАНОВЛЕНА В МИРІ ВЛАСТЬ ВСЕМОГУЩЕГО, И ВСЕ СЫНЫ ЧЕЛОВЕЧЕСКИЕ СТАНУТ ВЗЫВАТЬ К ИМЕНІ ТВОЕМУ, И ВСЕ ГРЕШНИКИ ЗЕМЛИ ВЕРНУТСЯ К ТЕБЕ. И ПРИЗНАЮТ, И ПОЙМУТ ВСІ ЖИТЕЛИ ЗЕМЛИ, ЧТО ПРЕД ТОБОЮ ВСЕМ СЛЕДУЕТ ПРЕКЛОНЯТЬ КОЛЕНИ I [ЛИШЬ] ТВОИМ ИМЕНЕМ ДОЛЖНО КЛЯСТЬСЯ. ПРЕД ТОБОЮ, ГОСПОДЬ, БОГ НАШ СКЛОНЯТСЯ ОНИ, И ПАДУТ НИЦ, И ВОЗДАДУТ ПОЧЕСТИ СЛАВНОМУ ИМЕНИ ТВО ЕМУ; И ВСЕ ОНИ ПОДЧИНЯТСЯ ТВОЕЙ ЦАРСКОЙ ВЛАСТИ, И ВСКОРЕ ТЫ ВОЦА РИШЬСЯ НАД НИМИ НА ВЕКИ ВЕЧНЫЕ, ИБО ТЕБЕ ПРИНАДЛЕЖИТ ЦАРСКАЯ ВЛАСТЬ И БУДЕШЬ ТЫ ЦАРСТВОВАТЬ ВО СЛАВЕ ВО ВЕКИ ВЕКОВ. КАК НАПИСАНО В ТОРІ ТВОЕЙ: "ГОСПОДЬ БУДЕТ ЦАРСТВОВАТЬ ВО ВЕКИ ВЕКОВ!"

ונאמר И СКАЗАНО: "НЕ ЗАМЕЧАЛ [ВСЕВЫШНИЙ] НЕПРАВ-ДЫ В [НАРОДЕ] ЯАКОВА, НЕ ТЯГОТИЛСЯ ИЗРАИЛЕМ; ГОС-ПОДЬ, БОГ ЕГО, — С НИМ, И В ЧЕСТЬ ЦАРЯ [СВОЕГО] ОНИ ТРУБЯТ В ШОФАР". И СКАЗАНО: "И БЫЛ [ВСЕВЫШНИЙ ПРО-ВОЗГЛАШЕН] ЦАРЕМ НАД НАРОДОМ ПРЯМОДУШНЫХ, КОГ-ДА СОБРАЛИСЬ ГЛАВЫ НАРОДА, ОБЪЕДИНИЛИСЬ ВСЕ КО-ЛЕНА ИЗРАИЛЯ". И В ТВОИХ СВЯТЫХ ПИСАНИЯХ СКАЗАНО ТАК: "ВЕДЬ ГОСПОДЬ — ВЛАДЫКА, ОН ВЛАСТВУЕТ НАД НА-РОДАМИ". И СКАЗАНО: "ВОЦАРИЛСЯ ГОСПОДЬ, ОБЛАЧЕН-НЫЙ ВЕЛИЧИЕМ; ОБЛАЧИЛСЯ В НЕГО ГОСПОДЬ, ПРЕПО-ЯСАЛСЯ МОГУЩЕСТВОМ; И УТВЕРДИЛ ОН МИРОЗДАНИЕ НЕКОЛЕБИМО". И СКАЗАНО: "ВОЗНЕСИТЕСЬ, ПРИТОЛОКИ ХРАМОВЫХ ДВЕРЕЙ, СТАНЬТЕ ВЫШЕ, ВРАТА ВЕЧНОСТИ, — И ВОЙДЕТ СЛАВНЫЙ ВЛАДЫКА! КТО ОН, СЛАВНЫЙ ВЛАДЫКА? ГОСПОДЬ, СИЛЬНЫЙ И МОГУЧИЙ, ГОСПОДЬ, МОГУЧИЙ ВОИ-ТЕЛЬ. ВОЗНЕСИТЕСЬ, ПРИТОЛОКИ ХРАМОВЫХ ДВЕРЕЙ, СТАНЬТЕ ВЫШЕ, ВРАТА ВЕЧНОСТИ, — И ВОЙДЕТ СЛАВНЫЙ

הַכָּבוֹד . מִי הוּא זֶה מֶלֶךְ הַכָּבוֹד, יְיָ
צְבָאוֹת, הוּא מֶלֶךְ הַכָּבוֹד סֶלָה:
וְעַל יְדֵי עֲבָדֶיךָ הַנְּבִיאִים כָּתוּב לֵאמֹר: כֹּה אָמַר
יְיָ מֶלֶךְ יִשְׂרָאֵל וְגֹאֲלוֹ יְיָ צְבָאוֹת, אֲנִי רִאשׁוֹן
וַאֲנִי אַחֲרוֹן, וּמִבַּלְעָדַי אֵין אֱלֹהִים. וְנֶאֱמַר: וְעָלוּ
מוֹשִׁעִים בְּהַר צִיּוֹן לִשְׁפֹּט אֶת הַר עֵשָׂו, וְהָיְתָה
לַיְיָ הַמְּלוּכָה. וְנֶאֱמַר: וְהָיָה יְיָ לְמֶלֶךְ עַל כָּל הָאָרֶץ
בַּיּוֹם הַהוּא יִהְיֶה יְיָ אֶחָד וּשְׁמוֹ אֶחָד . וּבְתוֹרָתְךָ
כָּתוּב לֵאמֹר: שְׁמַע יִשְׂרָאֵל, יְיָ אֱלֹהֵינוּ יְיָ אֶחָד:
אֱלֹהֵינוּ וֵאלֹהֵי אֲבוֹתֵינוּ, מְלוֹךְ עַל הָעוֹלָם
כֻּלּוֹ בִּכְבוֹדֶךָ, וְהִנָּשֵׂא עַל כָּל הָאָרֶץ
בִּיקָרֶךָ, וְהוֹפַע בַּהֲדַר גְּאוֹן עֻזֶּךָ עַל כָּל יוֹשְׁבֵי
תֵבֵל אַרְצֶךָ, וְיֵדַע כָּל פָּעוּל: כִּי אַתָּה פְּעַלְתּוֹ,
וְיָבִין כָּל יְצוּר כִּי אַתָּה יְצַרְתּוֹ, וְיֹאמַר כָּל אֲשֶׁר
נְשָׁמָה בְאַפּוֹ: יְיָ אֱלֹהֵי יִשְׂרָאֵל מֶלֶךְ, וּמַלְכוּתוֹ
בַּכֹּל מָשָׁלָה: (לשבת אֱלֹהֵינוּ וֵאלֹהֵי אֲבוֹתֵינוּ רְצֵה נָא בִמְנוּחָתֵנוּ)
קַדְּשֵׁנוּ בְּמִצְוֹתֶיךָ, וְתֵן חֶלְקֵנוּ בְּתוֹרָתֶךָ, שַׂבְּעֵנוּ
מִטּוּבֶךָ וְשַׂמַּח נַפְשֵׁנוּ בִּישׁוּעָתֶךָ, (לשבת וְהַנְחִילֵנוּ יְיָ
אֱלֹהֵינוּ בְּאַהֲבָה וּבְרָצוֹן שַׁבַּת קָדְשֶׁךָ וְיָנוּחוּ בוֹ כָּל
יִשְׂרָאֵל מְקַדְּשֵׁי שְׁמֶךָ) וְטַהֵר לִבֵּנוּ לְעָבְדְּךָ בֶּאֱמֶת,
כִּי אַתָּה אֱלֹהִים אֱמֶת וּדְבָרְךָ מַלְכֵּנוּ אֱמֶת וְקַיָּם

תר"א א) ישעיה סד ו: ב) עובדיה א כא: ג) זכריה יד מ: ד) דברים ו ה
לָעַד

ВЛАДЫКА! КТО ОН, СЛАВНЫЙ ВЛАДЫКА? ГОСПОДЬ ВОИН-
СТВ — ОН ВЛАДЫКА, СЛАВНЫЙ ВОВЕК!

ועל И СО СЛОВ СЛУГ ТВОИХ, ПРОРОКОВ, ЗАПИСАНО: «ТАК СКА-
ЗАЛ ГОСПОДЬ, ЦАРЬ ИЗРАИЛЯ: "Я ПЕРВЫЙ И Я ПОСЛЕДНИЙ, И КРОМЕ
МЕНЯ НЕТ БОГА"». И СКАЗАНО: "И ПОДНИМУТСЯ ИЗБАВИТЕЛИ НА
ГОРУ СИОН, ЧТОБЫ СУДИТЬ [ЖИВУЩИХ НА] ГОРЕ ЭЙСАВА, И СТАНЕТ
[ЯВНЫМ, ЧТО] ГОСПОДУ ПРИНАДЛЕЖИТ ЦАРСКАЯ ВЛАСТЬ". И СКА-
ЗАНО: "И СТАНЕТ ГОСПОДЬ ВЛАДЫКОЙ ВСЕЙ ЗЕМЛИ; В ТОТ ДЕНЬ
ГОСПОДЬ БУДЕТ [ПРИЗНАН ВСЕМИ НАРОДАМИ] ЕДИНСТВЕННЫМ
[БОГОМ], И ЛИШЬ ЕГО ИМЯ [БУДЕТ У ВСЕХ НА УСТАХ]". И В ТОРЕ
ТВОЕЙ НАПИСАНО ТАК: "СЛУШАЙ, ИЗРАИЛЬ: ГОСПОДЬ — БОГ НАШ,
ГОСПОДЬ ОДИН!"

אלהינו БОГ НАШ И БОГ ОТЦОВ НАШИХ! ЦАРСТВУЙ НАД ВСЕМ МИ-
РОМ В ВЕЛИЧИИ СВОЕМ, ВОССТАНЬ НАД ВСЕЙ ЗЕМЛЕЙ В СЛАВЕ СВО-
ЕЙ И ЯВИ СЕБЯ ВО [ВСЕМ] ВЕЛИКОЛЕПИИ ГОРДОГО МОГУЩЕСТВА
СВОЕГО ВСЕМ НАСЕЛЯЮЩИМ ЗЕМЛЮ, ПЛАНЕТУ ТВОЮ; И УЗНАЕТ
КАЖДОЕ СОЗДАНИЕ, ЧТО [ЭТО] ТЫ СОЗДАЛ ЕГО, И ПОЙМЕТ КАЖДОЕ
ТВОРЕНИЕ, ЧТО [ЭТО] ТЫ ЕГО СОТВОРИЛ, И СКАЖЕТ КАЖДЫЙ [ЧЕЛО-
ВЕК], НАДЕЛЕННЫЙ ДУШОЙ: "ГОСПОДЬ, БОГ ИЗРАИЛЯ, — ЦАРЬ, И
ЕГО ЦАРСКАЯ ВЛАСТЬ — НАД ВСЕМ". (В субботу добавляют: БОГ НАШ
И БОГ ОТЦОВ НАШИХ! ДА БУДЕТ УГОДЕН ТЕБЕ СУББОТНИЙ ПОКОЙ
НАШ.) ОСВЯТИ НАС ЗАПОВЕДЯМИ СВОИМИ И ДАЙ НАМ УДЕЛ В ТОРЕ
ТВОЕЙ; НАСЫТЬ НАС ЩЕДРОТАМИ СВОИМИ И ВОЗВЕСЕЛИ ДУШИ НАШИ
СПАСЕНИЕМ, ДАРОВАННЫМ ТОБОЙ, (в субботу добавляют: И ДАРУЙ
НАМ В УДЕЛ, ГОСПОДЬ, БОГ НАШ, ПО ЛЮБВИ И БЛАГОСКЛОННОСТИ
[К НАМ] СВЯТОЙ СУББОТНИЙ ДЕНЬ СВОЙ, И ОБРЕТЕТ В НЕМ ПОКОЙ
ВЕСЬ НАРОД ИЗРАИЛЯ, ОСВЯЩАЮЩИЙ ИМЯ ТВОЕ), И ОЧИСТИ НАШЕ
СЕРДЦЕ, ЧТОБЫ МЫ СЛУЖИЛИ ТЕБЕ ИСКРЕННЕ, ИБО ТЫ, БОГ, —
[САМА] ИСТИНА И СКАЗАННОЕ ТОБОЙ, ЦАРЬ НАШ, — ИСТИНА И НЕ-
РУШИМО ВОВЕК. БЛАГОСЛОВЕН ТЫ, ГОСПОДЬ, ВЛАДЫКА ВСЕЙ ЗЕМ-

לָעַד . בָּרוּךְ אַתָּה יְיָ, מֶלֶךְ עַל כָּל הָאָרֶץ, מְקַדֵּשׁ

(לשבת הַשַּׁבָּת וְ) יִשְׂרָאֵל וְיוֹם הַזִּכָּרוֹן:

ותוקעין גם בלחש תשרת תשת תרת

אַתָּה זוֹכֵר מַעֲשֵׂה עוֹלָם, וּפוֹקֵד כָּל יְצוּרֵי קֶדֶם.

לְפָנֶיךָ נִגְלוּ כָּל תַּעֲלוּמוֹת, וַהֲמוֹן נִסְתָּרוֹת

שֶׁמִּבְּרֵאשִׁית, כִּי אֵין שִׁכְחָה לִפְנֵי כִסֵּא כְבוֹדֶךָ,

וְאֵין נִסְתָּר מִנֶּגֶד עֵינֶיךָ . אַתָּה זוֹכֵר אֶת כָּל

הַמִּפְעָל, וְגַם כָּל הַיְצוּר לֹא נִכְחַד מִמֶּךָּ . הַכֹּל

גָּלוּי וְיָדוּעַ לְפָנֶיךָ יְיָ אֱלֹהֵינוּ, צוֹפֶה וּמַבִּיט עַד סוֹף

כָּל הַדּוֹרוֹת, כִּי תָבִיא חֹק זִכָּרוֹן לְהִפָּקֵד כָּל רוּחַ

וָנֶפֶשׁ, לְהִזָּכֵר מַעֲשִׂים רַבִּים, וַהֲמוֹן בְּרִיּוֹת לְאֵין

תַּכְלִית . מֵרֵאשִׁית כָּזֹאת הוֹדָעְתָּ, וּמִלְּפָנִים

אוֹתָהּ גִּלִּיתָ, זֶה הַיּוֹם תְּחִלַּת מַעֲשֶׂיךָ, זִכָּרוֹן לְיוֹם

רִאשׁוֹן . כִּי חֹק לְיִשְׂרָאֵל הוּא, מִשְׁפָּט לֵאלֹהֵי

יַעֲקֹב . וְעַל הַמְּדִינוֹת בּוֹ יֵאָמֵר: אֵיזוֹ לַחֶרֶב,

וְאֵיזוֹ לַשָּׁלוֹם, אֵיזוֹ לָרָעָב, וְאֵיזוֹ לַשֹּׂבַע, וּבְרִיּוֹת

בּוֹ יִפָּקֵדוּ לְהַזְכִּירָם: לְחַיִּים וְלַמָּוֶת . מִי לֹא נִפְקָד

כְּהַיּוֹם הַזֶּה, כִּי זֵכֶר כָּל הַיְצוּר לְפָנֶיךָ בָּא, מַעֲשֵׂה

אִישׁ וּפְקֻדָּתוֹ, וַעֲלִילוֹת מִצְעֲדֵי גֶבֶר, מַחְשְׁבוֹת

אָדָם וְתַחְבּוּלוֹתָיו, וְיִצְרֵי מַעַלְלֵי אִישׁ . אַשְׁרֵי

אִישׁ שֶׁלֹּא יִשְׁכָּחֶךָ, וּבֶן אָדָם יִתְאַמֶּץ בָּךְ, כִּי

דוֹרְשֶׁיךָ, לְעוֹלָם לֹא יִכָּשֵׁלוּ וְלֹא יִכָּלְמוּ לָנֶצַח

כל

ЛИ, ОСВЯЩАЮЩИЙ (в субботу добавляют: СУББОТУ, И) ИЗРАИЛЬ, И
ДЕНЬ ПАМЯТИ!

*И во время молитвы, произносимой шепотом, и при повторении молитвы хазаном в
этом месте трубят в шофар: ТКИА, ШВАРИМ, ТРУА, ТКИА; ТКИА, ШВАРИМ, ТКИА;
ТКИА, ТРУА, ТКИА.*

אתה ТЫ ПОМНИШЬ [СВОЙ ЗАМЫСЕЛ, В СООТВЕТСТВИИ С КОТО-
РЫМ] СОТВОРЕН МИР, И [С ТЕХ ПОР КАЖДЫЙ ГОД В РОШ-ѓАШАНА]
ПРЕД ТВОИМ МЫСЛЕННЫМ ВЗОРОМ ПРОХОДЯТ ВСЕ ТВОИ ТВОРЕНИЯ.
ТЕБЕ ОТКРЫТО ВСЕ СОКРОВЕННОЕ, БЕСЧИСЛЕННЫЕ ТАЙНЫ МИРА,
[СУЩЕСТВУЮЩИЕ] С МОМЕНТА ЕГО СОЗДАНИЯ, — ИБО ТЫ, ВОССЕ-
ДАЮЩИЙ НА СЛАВНОМ ПРЕСТОЛЕ СВОЕМ, НИЧЕГО НЕ ЗАБЫВАЕШЬ
И НИЧТО НЕ СКРЫТО ОТ ТВОЕГО ВЗОРА. ТЫ ПОМНИШЬ ВСЕ МИРОЗДА-
НИЕ, И НИ ОДНОМУ ИЗ ТВОРЕНИЙ ТВОИХ НЕ СПРЯТАТЬСЯ ОТ ТЕБЯ.
ВСЕ ОТКРЫТО И ИЗВЕСТНО ТЕБЕ, ГОСПОДЬ, БОГ НАШ, ОХВАТЫВАЮ-
ЩИЙ СВОИМ ВЗОРОМ ВСЮ ЦЕПЬ ПОКОЛЕНИЙ; ИБО УСТАНОВИЛ ТЫ
ЭТОТ ДЕНЬ ПАМЯТИ, [РОШ-ѓАШАНА], ЧТОБЫ ОКИНУТЬ ВЗГЛЯДОМ
ВСЕХ, [КОМУ ДАЛ ТЫ] ЖИЗНЬ И ДУШУ, ВСПОМНИТЬ ВСЕ ПОСТУПКИ
БЕСЧИСЛЕННОГО МНОЖЕСТВА [ТВОИХ] СОЗДАНИЙ. [ЕЩЕ] В НАЧА-
ЛЕ [ИСТОРИИ ЧЕЛОВЕЧЕСТВА] ВОЗВЕСТИЛ ТЫ О ТОМ, [ЧТО В РОШ-
ѓАШАНА БУДЕШЬ ВСПОМИНАТЬ О НИХ], ЗАРАНЕЕ СООБЩИЛ ЭТО
[ЛЮДЯМ]; СЕГОДНЯ — [РОШ-ѓАШАНА] — ДЕНЬ, КОГДА ОБНОВЛЯ-
ЕШЬ ТЫ МИРОЗДАНИЕ, ПАМЯТЬ О ПЕРВОМ ДНЕ [ТВОРЕНИЯ]. И
[ОТМЕЧАТЬ] ЭТОТ [ДЕНЬ] — ЗАКОН ДЛЯ ИЗРАИЛЯ; [В ЭТОТ ДЕНЬ]
ВЕРШИТ СУД БОГ ЯАКОВА И О КАЖДОЙ ИЗ СТРАН БУДЕТ ВЫНЕСЕ-
НО В ЭТОТ ДЕНЬ РЕШЕНИЕ: В КАКОЙ ИЗ НИХ БУДЕТ ВОЙНА, А В
КАКОЙ — МИР; В КАКОЙ — ГОЛОД, А В КАКОЙ — ИЗОБИЛИЕ; И ТВО-
РЕНИЯ, КОТОРЫЕ ПРОЙДУТ В ЭТОТ ДЕНЬ ПРЕД МЫСЛЕННЫМ ВЗОРОМ
ТВОИМ, НАПРАВИШЬ ТЫ: КОГО — К ЖИЗНИ, А КОГО — К СМЕРТИ.
СПРЯТАТЬСЯ ЛИ КОМУ ОТ ВЗОРА ТВОЕГО В ЭТОТ ДЕНЬ! ВЕДЬ ВСПО-
МИНАЕШЬ ТЫ КАЖДОГО, ПРОХОДЯЩЕГО ПРЕД ТОБОЙ; [ВСПОМИНА-
ЕШЬ] ДЕЛА ЧЕЛОВЕКА И ОЦЕНИВАЕШЬ ИХ, [ВСПОМИНАЕШЬ] ЕГО
ЗЛОНАМЕРЕННЫЕ ПОСТУПКИ, РАСЧЕТЛИВОСТЬ И ХИТРОСТЬ, А ТАК-
ЖЕ ПОБУЖДЕНИЯ, КОТОРЫЕ РУКОВОДИЛИ ИМ. СЧАСТЛИВ ТОТ, КТО

כָּל הַחוֹסִים בָּךְ, כִּי זֵכֶר כָּל הַמַּעֲשִׂים לְפָנֶיךָ
בָּא, וְאַתָּה דוֹרֵשׁ מַעֲשֵׂה כֻלָּם. וְגַם אֶת נֹחַ
בְּאַהֲבָה זָכַרְתָּ, וַתִּפְקְדֵהוּ בִּדְבַר יְשׁוּעָה
וְרַחֲמִים, בַּהֲבִיאֲךָ אֶת מֵי הַמַּבּוּל, לְשַׁחֵת כָּל
בָּשָׂר מִפְּנֵי רֹעַ מַעַלְלֵיהֶם. עַל כֵּן זִכְרוֹנוֹ בָּא
לְפָנֶיךָ יְיָ אֱלֹהֵינוּ לְהַרְבּוֹת זַרְעוֹ כְּעַפְרוֹת תֵּבֵל
וְצֶאֱצָאָיו כְּחוֹל הַיָּם. כַּכָּתוּב בְּתוֹרָתֶךָ: וַיִּזְכֹּר
אֱלֹהִים אֶת נֹחַ וְאֵת כָּל הַחַיָּה וְאֶת כָּל הַבְּהֵמָה,
אֲשֶׁר אִתּוֹ בַּתֵּבָה, וַיַּעֲבֵר אֱלֹהִים רוּחַ עַל הָאָרֶץ
וַיָּשֹׁכּוּ הַמָּיִם. וְנֶאֱמַר: וַיִּשְׁמַע אֱלֹהִים אֶת נַאֲקָתָם,
וַיִּזְכֹּר אֱלֹהִים אֶת בְּרִיתוֹ, אֶת אַבְרָהָם אֶת יִצְחָק
וְאֶת יַעֲקֹב. וְנֶאֱמַר: וְזָכַרְתִּי אֶת בְּרִיתִי יַעֲקוֹב,
וְאַף אֶת בְּרִיתִי יִצְחָק, וְאַף אֶת בְּרִיתִי אַבְרָהָם
אֶזְכֹּר, וְהָאָרֶץ אֶזְכֹּר. וּבְדִבְרֵי קָדְשְׁךָ כָּתוּב
לֵאמֹר: זֵכֶר עָשָׂה לְנִפְלְאֹתָיו, חַנּוּן וְרַחוּם יְיָ.
וְנֶאֱמַר: טֶרֶף נָתַן לִירֵאָיו, יִזְכֹּר לְעוֹלָם בְּרִיתוֹ.
וְנֶאֱמַר: וַיִּזְכֹּר לָהֶם בְּרִיתוֹ, וַיִּנָּחֵם כְּרֹב חֲסָדָיו:

וְעַל יְדֵי עֲבָדֶיךָ הַנְּבִיאִים כָּתוּב
לֵאמֹר, הָלֹךְ וְקָרָאתָ בְאָזְנֵי
יְרוּשָׁלִַם לֵאמֹר, כֹּה אָמַר יְיָ, זָכַרְתִּי לָךְ
חֶסֶד נְעוּרַיִךְ, אַהֲבַת כְּלוּלֹתָיִךְ, לֶכְתֵּךְ

תו"א א) בראשית ח א: ב) שמות ב כד: ג) ויקרא כו מב: ד) תהלים קיא ד: ה) שם קיא ו ן) שם קו מה:
ז) ירמיה ב ב:

НЕ ЗАБЫВАЕТ О ТЕБЕ, [СЧАСТЛИВ] ЧЕЛОВЕК, ИЗБРАВШИЙ ТЕБЯ [СВОИМ ЦАРЕМ], — СТРЕМЯЩИЕСЯ К ТЕБЕ НИКОГДА НЕ ОСТУПЯТСЯ И ВСЕ ПОЛАГАЮЩИЕСЯ НА ТЕБЯ НЕ ОПОЗОРЯТСЯ ВОВЕК; ИБО ВСПОМИНАЮТСЯ ТЕБЕ ДЕЯНИЯ ВСЕГО, [ЧТО В МИРЕ], И ТЫ ОЦЕНИВАЕШЬ ВСЕХ ЗА ИХ ПОСТУПКИ. И ОСОБО [ОТМЕТИЛ ТЫ] НОАХА, ВСПОМНИВ ЕГО С ЛЮБОВЬЮ, И УГОТОВИВ [ЕМУ] СПАСЕНИЕ, И МИЛОСЕРДИЕ [ПРОЯВИВ К НЕМУ], КОГДА ОБРУШИЛ ТЫ ПОТОКИ ВОДЫ [НА ЗЕМЛЮ], ЧТОБЫ УНИЧТОЖИТЬ ВСЕ ЖИВОЕ ЗА БЕЗОБРАЗИЯ, КОТОРЫЕ ОНИ ТВОРИЛИ. ПОТОМУ-ТО, ВСПОМИНАЯ О НЕМ, ТЫ, ГОСПОДЬ, БОГ НАШ, [В МИЛОСЕРДИИ СВОЕМ] ДЕЛАЕШЬ ПОТОМСТВО ЕГО МНОГОЧИСЛЕННЫМ, ПОДОБНО ЧАСТИЧКАМ, ИЗ КОТОРЫХ СОСТОИТ ЗЕМЛЯ, УМНОЖАЕШЬ ТЕХ, КТО ПРОИЗОШЕЛ ОТ НЕГО, [ЧТОБЫ СТАЛО ИХ СТОЛЬКО, СКОЛЬКО] НА МОРСКОМ БЕРЕГУ ПЕСЧИНОК. КАК НАПИСАНО В ТОРЕ ТВОЕЙ: "И ВСПОМНИЛ БОГ О НОАХЕ, И О ВСЕХ ЗВЕРЯХ, И О ВСЕХ ДОМАШНИХ ЖИВОТНЫХ, КОТОРЫЕ [БЫЛИ] С НИМ В КОВЧЕГЕ; И ПОСЛАЛ БОГ ВЕТЕР, [ОБЛЕТЕВШИЙ] ЗЕМЛЮ, — И УСПОКОИЛИСЬ ВОДЫ". И СКАЗАНО: "И УСЛЫШАЛ БОГ ИХ СТОНЫ, И ВСПОМНИЛ БОГ СВОЙ СОЮЗ С АВРАҐАМОМ, С ИЦХАКОМ И С ЯАКОВОМ". И СКАЗАНО: "И ВСПОМНЮ Я СОЮЗ СВОЙ С ЯАКОВОМ, И СОЮЗ СВОЙ С ИЦХАКОМ, И СОЮЗ СВОЙ С АВРАҐАМОМ ВСПОМНЮ, И ВСПОМНЮ О ЗЕМЛЕ [ИЗРАИЛЯ]". И В ТЬОИХ СВЯТЫХ ПИСАНИЯХ СКАЗАНО ТАК: "ЧУДЕСА ЕГО ОСТАЮТСЯ В ПАМЯТИ [ЛЮДЕЙ], МИЛОСТИВ И МИЛОСЕРДЕН ГОСПОДЬ". И СКАЗАНО: "ВСЕМ ОБЕСПЕЧИВАЕТ ОН БОЯЩИХСЯ ЕГО, ВЕЧНО БУДЕТ ПОМНИТЬ ОН СВОЙ СОЮЗ [С НИМИ]". И СКАЗАНО: "И ВСПОМНИЛ ОН СВОЙ СОЮЗ [С НИМИ, ЧТОБЫ ПОМОЧЬ] ИМ, [КАК БЫЛО ОБЕЩАНО], И В БЕЗГРАНИЧНОЙ МИЛОСТИ СВОЕЙ ИЗМЕНИЛ СВОЕ РЕШЕНИЕ [ОТКАЗАТЬСЯ ОТ НИХ]". И СО СЛОВ СЛУГ ТВОИХ, ПРОРОКОВ, ЗАПИСАНО: ≪ИДИ И ПРОВОЗГЛАСИ, ЧТОБЫ УСЛЫШАЛИ [ЖИТЕЛИ] ИЕРУСАЛИМА: "ТАК СКАЗАЛ ГОСПОДЬ: Я [ВСЕГДА] СТАВИЛ ТЕБЕ В ЗАСЛУГУ ТВОЮ ПРЕДАННОСТЬ [МНЕ, НАРОД МОЙ], КОГДА ТЫ ТОЛЬКО НАЧАЛ СВОЙ ПУТЬ, ТВОЮ ЛЮБОВЬ [КО МНЕ, ПОДОБНУЮ ЛЮБВИ] НЕВЕСТЫ [К ЖЕНИХУ, КОГДА] ШЕЛ ТЫ ЗА МНОЙ ПО ПУСТЫНЕ, ПО ЗЕМЛЕ БЕСПЛОДНОЙ'≫. И СКАЗАНО: "И ВСПОМНЮ

אַחֲרֵי בַמִּדְבָּר, בְּאֶרֶץ לֹא זְרוּעָה,
וְנֶאֱמַר: וְזָכַרְתִּי אֲנִי אֶת בְּרִיתִי אוֹתָךְ
בִּימֵי נְעוּרָיִךְ, וַהֲקִימוֹתִי לָךְ בְּרִית
עוֹלָם, וְנֶאֱמַר: הֲבֵן יַקִּיר לִי אֶפְרַיִם
אִם יֶלֶד שַׁעֲשׁוּעִים, כִּי מִדֵּי דַבְּרִי בּוֹ
זָכֹר אֶזְכְּרֶנּוּ עוֹד, עַל כֵּן הָמוּ מֵעַי לוֹ,
רַחֵם אֲרַחֲמֶנּוּ נְאֻם יְיָ:

אֱלֹהֵינוּ וֵאלֹהֵי אֲבוֹתֵינוּ, זָכְרֵנוּ בְּזִכָּרוֹן טוֹב
לְפָנֶיךָ, וּפָקְדֵנוּ בִּפְקֻדַּת יְשׁוּעָה
וְרַחֲמִים מִשְּׁמֵי שְׁמֵי קֶדֶם. וּזְכָר לָנוּ יְיָ אֱלֹהֵינוּ אֶת
הַבְּרִית וְאֶת הַחֶסֶד וְאֶת הַשְּׁבוּעָה אֲשֶׁר נִשְׁבַּעְתָּ
לְאַבְרָהָם אָבִינוּ בְּהַר הַמּוֹרִיָּה. וְתֵרָאֶה לְפָנֶיךָ
עֲקֵדָה: שֶׁעָקַד אַבְרָהָם אָבִינוּ אֶת יִצְחָק בְּנוֹ
עַל גַּבֵּי הַמִּזְבֵּחַ, וְכָבַשׁ רַחֲמָיו לַעֲשׂוֹת רְצוֹנְךָ
בְּלֵבָב שָׁלֵם, כֵּן יִכְבְּשׁוּ רַחֲמֶיךָ אֶת כַּעַסְךָ מֵעָלֵינוּ,
וּבְטוּבְךָ הַגָּדוֹל יָשׁוּב חֲרוֹן אַפְּךָ מֵעַמְּךָ וּמֵעִירְךָ
וּמֵאַרְצְךָ וּמִנַּחֲלָתֶךָ. וְקַיֶּם לָנוּ יְיָ אֱלֹהֵינוּ אֶת הַדָּבָר
שֶׁהִבְטַחְתָּנוּ בְּתוֹרָתֶךָ עַל יְדֵי מֹשֶׁה עַבְדֶּךָ מִפִּי
כְבוֹדֶךָ כָּאָמוּר: וְזָכַרְתִּי לָהֶם בְּרִית רִאשֹׁנִים
אֲשֶׁר הוֹצֵאתִי אוֹתָם מֵאֶרֶץ מִצְרַיִם לְעֵינֵי הַגּוֹיִם

תהלים א) יחזקאל טז ס: ב) ירמיה לא ים: ג) ויקרא כו מה:

להיות

Я СВОЙ СОЮЗ С ТОБОЙ, [КОТОРЫЙ ЗАКЛЮЧИЛ] В ДНИ ТВОЕЙ ЮНО-
СТИ, И УСТАНОВЛЮ [ЭТОТ] СОЮЗ С ТОБОЙ НАВЕЧНО”. И СКАЗАНО:
≪”НУ РАЗВЕ НЕ ДОРОГ МНЕ [МОЙ] СЫН ЭФРАИМ, НУ РАЗВЕ [ОН]
НЕ БАЛОВЕНЬ [МОЙ]? ВЕДЬ СТОИТ МНЕ ЗАГОВОРИТЬ О НЕМ — [И Я
СРАЗУ ЖЕ] ВСПОМИНАЮ ЕГО, [И ЛЮБОВЬ МОЯ К НЕМУ] ВСЕ ЕЩЕ
[СИЛЬНА]; И ПОЭТОМУ ВСЕ ВО МНЕ ПЕРЕВОРАЧИВАЕТСЯ, [КОГДА
Я ВИЖУ] ЕГО [В БЕДЕ]; Я СМИЛУЮСЬ НАД НИМ”, — ГОВОРИТ
ГОСПОДЬ≫.

אלהינו БОГ НАШ И БОГ ОТЦОВ НАШИХ! ВСПОМНИ О НАС БЛАГО-
СКЛОННО И ОБРАТИСЬ К НАМ С ИЗНАЧАЛЬНЫХ НЕБЕСНЫХ ВЫСОТ,
ДАРУЯ СПАСЕНИЕ И МИЛОСТЬ; И ВСПОМНИ ДЛЯ БЛАГА НАШЕГО,
ГОСПОДЬ, БОГ НАШ, СОЮЗ СВОЙ [С НАМИ], И МИЛОСТЬ СВОЮ, И КЛЯТ-
ВУ, КОТОРУЮ ДАЛ ТЫ АВРАГ̃АМУ, ОТЦУ НАШЕМУ, НА ГОРЕ МОРИЯ; И
ПУСТЬ [ПОСТОЯННО] БУДЕТ ПРЕД ТВОИМИ ГЛАЗАМИ АВРАГ̃АМ, ОТЕЦ
НАШ, СВЯЗЫВАЮЩИЙ СВОЕГО СЫНА ИЦХАКА И ВОЗЛАГАЮЩИЙ ЕГО НА
ЖЕРТВЕННИК; ОН ПРЕОДОЛЕЛ В СЕБЕ ЖАЛОСТЬ [К СЫНУ], ЧТОБЫ
ИСПОЛНИТЬ ВОЛЮ ТВОЮ ОТ ВСЕГО СЕРДЦА; ПУСТЬ ПОДОБНО ЭТОМУ
ПРЕОДОЛЕЕТ МИЛОСЕРДИЕ ТВОЕ ГНЕВ ТВОЙ НА НАС, И ПО ВЕЛИКОЙ
ДОБРОТЕ СВОЕЙ ОТВРАТИ СВОЙ ГНЕВ ОТ НАРОДА СВОЕГО, И ОТ СТРА-
НЫ СВОЕЙ, И ОТ НАСЛЕДИЯ СВОЕГО; И ИСПОЛНИ ДЛЯ НАС, ГОСПОДЬ,
БОГ НАШ, ТО, ЧТО ОБЕЩАЛ ТЫ НАМ В ТОРЕ СВОЕЙ, [ЗАПИСАННОЙ]
МОШЕ, СЛУГОЙ ТВОИМ, С ТВОИХ СОБСТВЕННЫХ СЛОВ, КАК СКАЗАНО:
”И ВСПОМНЮ Я ДЛЯ НИХ [СВОЙ] СОЮЗ С ИХ ПРЕДКАМИ, КОТОРЫХ
ВЫВЕЛ, ЧТОБЫ БЫТЬ ИХ БОГОМ, ИЗ ЗЕМЛИ ЕГИПЕТСКОЙ НА ГЛАЗАХ У
ВСЕХ НАРОДОВ; Я — ГОСПОДЬ”. ИБО С НАЧАЛА ВЕКОВ ПОМНИШЬ
ТЫ ВСЕ, ЧТО ЗАБЫВАЮТ [ТВОИ ТВОРЕНИЯ]; И [ТАКОГО СВОЙСТВА] —

לִהְיוֹת לָהֶם לֵאלֹהִים אֲנִי יְיָ . כִּי זוֹכֵר כָּל
הַנִּשְׁכָּחוֹת אַתָּה הוּא מֵעוֹלָם , וְאֵין שִׁכְחָה
לִפְנֵי כִסֵּא כְבוֹדֶךָ , וַעֲקֵדַת יִצְחָק , לְזַרְעוֹ הַיּוֹם
בְּרַחֲמִים תִּזְכּוֹר . בָּרוּךְ אַתָּה יְיָ, זוֹכֵר הַבְּרִית:

ותוקעין גם בלחש תשרית תשית תרית

אַתָּה נִגְלֵיתָ בַּעֲנַן כְּבוֹדֶךָ עַל עַם
קָדְשְׁךָ לְדַבֵּר עִמָּם.מִן הַשָּׁמַיִם
הִשְׁמַעְתָּם קוֹלֶךָ , וְנִגְלֵיתָ עֲלֵיהֶם
בְּעַרְפְלֵי טֹהַר . גַּם הָעוֹלָם כֻּלּוֹ חָל
מִפָּנֶיךָ.וּבְרִיּוֹת בְּרֵאשִׁית חָרְדוּ מִמֶּךָ ,
בְּהִגָּלוֹתְךָ מַלְכֵּנוּ עַל הַר סִינַי : לְלַמֵּד
לְעַמְּךָ תּוֹרָה וּמִצְוֹת . וַתַּשְׁמִיעֵם אֶת
הוֹד קוֹלֶךָ , וְדִבְּרוֹת קָדְשְׁךָ מִלַּהֲבוֹת
אֵשׁ . בְּקֹלוֹת וּבְרָקִים עֲלֵיהֶם נִגְלֵיתָ ,
וּבְקוֹל שׁוֹפָר עֲלֵיהֶם הוֹפָעְתָּ. כַּכָּתוּב
בְּתוֹרָתֶךָ: וַיְהִי בַיּוֹם הַשְּׁלִישִׁי בִּהְיֹת
הַבֹּקֶר , וַיְהִי קֹלֹת וּבְרָקִים . וְעָנָן כָּבֵד
עַל הָהָר , וְקֹל שֹׁפָר חָזָק מְאֹד , וַיֶּחֱרַד
כָּל הָעָם אֲשֶׁר בַּמַּחֲנֶה . וְנֶאֱמַר: וַיְהִי

קול

"ЗАБЫВЧИВОСТЬ" — НЕТ [И НЕ МОЖЕТ БЫТЬ] У ТЕБЯ, [ВОССЕДАЮЩЕ-
ГО] НА СЛАВНОМ ПРЕСТОЛЕ СВОЕМ; И [ОБРАЗ ИЦХАКА], СВЯЗАННО-
ГО [НА ЖЕРТВЕННИКЕ], ПУСТЬ БУДЕТ СЕГОДНЯ ПРЕД МИЛОСТИВЫМ
ВЗОРОМ ТВОИМ, [ПОСТАВЬ ЕГО ДОСТОИНСТВА В ЗАСЛУГУ НАМ, ЕГО
ПОТОМКАМ]. БЛАГОСЛОВЕН ТЫ, ГОСПОДЬ, ПОМНЯЩИЙ СОЮЗ СВОЙ
[С ЧЕЛОВЕЧЕСТВОМ]!

*И во время молитвы, произносимой шепотом, и при повторении молитвы хазаном в
этом месте трубят в шофар: ТКИА, ШВАРИМ, ТРУА, ТКИА; ТКИА, ШВАРИМ, ТКИА;
ТКИА, ТРУА, ТКИА.*

אתה ТЫ ОТКРЫЛСЯ В ОРЕОЛЕ СВОЕЙ СЛАВЫ СВЯТОМУ НА-
РОДУ СВОЕМУ, ЧТОБЫ ГОВОРИТЬ С НИМ. С НЕБЕС [ОБРАТИЛ-
СЯ К НИМ], ПОЗВОЛИВ УСЛЫШАТЬ СВОЙ [СОБСТВЕННЫЙ]
ГОЛОС, И ОТКРЫЛСЯ ИМ В ОСЛЕПИТЕЛЬНО БЕЛОМ ОБЛАКЕ.
И ВЕСЬ МИР ЗАТРЕПЕТАЛ ПРЕД ЛИЦОМ ТВОИМ, И
[ВСЕ] СОЗДАННОЕ [ТОБОЙ] В ШЕСТЬ ДНЕЙ ТВОРЕНИЯ СО-
ДРОГНУЛОСЬ ПРЕД ТОБОЙ, КОГДА ЯВИЛ ТЫ СЕБЯ, ВЛАДЫКА
НАШ, НА ГОРЕ СИНАЙ, ЧТОБЫ УЧИТЬ НАРОД СВОЙ ТОРЕ И
ЗАПОВЕДЯМ. И ДАЛ ТЫ ИМ УСЛЫШАТЬ ОТЗВУК ГОЛОСА
СВОЕГО И СВЯТЫЕ [СЛОВА] СВОИ, ПРОИЗНЕСЕННЫЕ ИЗ
БУШУЮЩЕГО ПЛАМЕНИ. В ГРОМАХ И МОЛНИЯХ ОТКРЫЛСЯ
ТЫ ИМ, И ЗВУК ШОФАРА СОПРОВОЖДАЛ ТВОЕ ПОЯВЛЕНИЕ.
КАК НАПИСАНО В ТОРЕ ТВОЕЙ: "И БЫЛО — НА ТРЕТИЙ ДЕНЬ,
КОГДА НАСТУПИЛО УТРО, БЫЛИ ГРОМЫ И МОЛНИИ, И ОБЛА-
КО ГУСТОЕ НА ГОРЕ, И [РАЗДАЛСЯ] МОГУЧИЙ ЗВУК ШОФА-
РА, И СОДРОГНУЛСЯ ВЕСЬ НАРОД, КОТОРЫЙ БЫЛ В СТАНЕ".
И СКАЗАНО: "И ЗВУК ШОФАРА ВСЕ УСИЛИВАЛСЯ; МОШЕ

קוֹל הַשּׁוֹפָר הוֹלֵךְ וְחָזֵק מְאֹד, מֹשֶׁה
יְדַבֵּר וְהָאֱלֹהִים יַעֲנֶנּוּ בְקוֹל. וְנֶאֱמַר וְכָל
הָעָם רֹאִים אֶת הַקּוֹלֹת, וְאֶת הַלַּפִּידִם,
וְאֵת קוֹל הַשּׁוֹפָר, וְאֶת הָהָר עָשֵׁן,
וַיַּרְא הָעָם וַיָּנֻעוּ וַיַּעַמְדוּ מֵרָחֹק.
וּבְדִבְרֵי קָדְשְׁךָ כָּתוּב לֵאמֹר: עָלָה
אֱלֹהִים בִּתְרוּעָה, יְיָ בְּקוֹל שׁוֹפָר.
וְנֶאֱמַר בַּחֲצֹצְרוֹת וְקוֹל שׁוֹפָר, הָרִיעוּ
לִפְנֵי הַמֶּלֶךְ יְיָ. וְנֶאֱמַר תִּקְעוּ בַחֹדֶשׁ
שׁוֹפָר, בַּכֶּסֶה לְיוֹם חַגֵּנוּ. כִּי חֹק
לְיִשְׂרָאֵל הוּא, מִשְׁפָּט לֵאלֹהֵי יַעֲקֹב:
וְנֶאֱמַר: הַלְלוּיָהּ, הַלְלוּ אֵל בְּקָדְשׁוֹ, הַלְלוּהוּ
בִּרְקִיעַ עֻזּוֹ: הַלְלוּהוּ בִגְבוּרֹתָיו, הַלְלוּהוּ
כְּרֹב גֻּדְלוֹ: הַלְלוּהוּ בְּתֵקַע שׁוֹפָר, הַלְלוּהוּ בְּנֵבֶל
וְכִנּוֹר: הַלְלוּהוּ בְּתֹף וּמָחוֹל, הַלְלוּהוּ בְּמִנִּים
וְעֻגָב: הַלְלוּהוּ בְצִלְצְלֵי שָׁמַע, הַלְלוּהוּ בְּצִלְצְלֵי
תְרוּעָה. כֹּל הַנְּשָׁמָה תְּהַלֵּל יָהּ, הַלְלוּיָהּ:
וְעַל יְדֵי עֲבָדֶיךָ הַנְּבִיאִים כָּתוּב לֵאמֹר: כָּל יֹשְׁבֵי תֵבֵל
וְשֹׁכְנֵי אָרֶץ, כִּנְשֹׂא נֵס הָרִים תִּרְאוּ וְכִתְקֹעַ שׁוֹפָר
תִּשְׁמָעוּ. וְנֶאֱמַר: וְהָיָה בַּיּוֹם הַהוּא יִתָּקַע בְּשׁוֹפָר גָּדוֹל, וּבָאוּ

תה"א א) שם כ כו: ב) תהלים מז ו: ג) שם צח ו: ד) שם פא ד: ה) שם פא ה: ו) שם קנ א: ז) ישעיה
יח ג: ח) שם כז יג:

ОБРАЩАЛСЯ [К НАРОДУ], А БОГ ПРИДАЛ ЕГО ГОЛОСУ [НЕ-ЧЕЛОВЕЧЕСКУЮ] МОЩЬ". И СКАЗАНО: "А ВЕСЬ НАРОД [СЛЫ-ШИТ И] ВИДИТ ГРОМЫ, И ПЛАМЯ, И ЗВУК ШОФАРА, И ГОРУ ДЫМЯЩУЮСЯ; И КАК УВИДЕЛИ ЛЮДИ — ОТПРЯНУЛИ ОНИ, [БРОСИЛИСЬ БЕЖАТЬ] И ОСТАНОВИЛИСЬ В ОТДАЛЕНИИ". И В ТВОИХ СВЯТЫХ ПИСАНИЯХ СКАЗАНО: "[КОГДА] ВОЗНО-СИТСЯ БОГ [НА СУДЕЙСКИЙ ПРЕСТОЛ СВОЙ, ВСЕ ЖИВОЕ] ТРЕПЕЩЕТ; [ПРОЯВЛЯЕТ] ГОСПОДЬ [МИЛОСЕРДИЕ СВОЕ] ПРИ ЗВУКЕ ШОФАРА". И СКАЗАНО: "ТРУБИТЕ В ТРУБЫ И ШО-ФАР ПРЕД ВЛАДЫКОЙ, ГОСПОДОМ". И СКАЗАНО: "ТРУБИТЕ В ШОФАР В [ПЕРВЫЙ ДЕНЬ] МЕСЯЦА [ТИШРЕЙ] — ДЕНЬ, УСТА-НОВЛЕННЫЙ НАМ ДЛЯ ПРАЗДНОВАНИЯ, ИБО ЭТО — ЗАКОН ДЛЯ ИЗРАИЛЯ; [В ЭТОТ ДЕНЬ] ВЕРШИТ СУД БОГ ЯАКОВА".

ונאמר И СКАЗАНО: "ВОСХВАЛИТЕ БОГА! ВОСХВАЛИТЕ БОГА В СВЯТИЛИЩЕ ЕГО, ВОСХВАЛИТЕ ЕГО ЗА ЕГО СИЛУ, [О КОТО-РОЙ СВИДЕТЕЛЬСТВУЮТ] НЕБЕСА! ВОСХВАЛИТЕ ЕГО ЗА ЕГО МОГУЩЕСТВО! ВОСХВАЛИТЕ ЕГО ЗА БЕСПРЕДЕЛЬНОЕ ЕГО ВЕЛИЧИЕ! ВОСХВАЛИТЕ ЕГО, ТРУБЯ В ШОФАР, ВОСХВАЛИТЕ ЕГО, ИГРАЯ НА ЛИРЕ И АРФЕ! ВОСХВАЛИТЕ ЕГО [ПОД ЗВУКИ] БУБНА И С ПЛЯСКАМИ, ВОСХВАЛИТЕ ЕГО, [ИГРАЯ] НА ОРГА-НЕ И НА ФЛЕЙТЕ! ВОСХВАЛИТЕ ЕГО ПОД ЗВОН ЦИМБАЛ, ВОС-ХВАЛИТЕ ЕГО ПОД ЗВУКИ ТРУБ! ВСЯКАЯ ДУША ДА ВОСХВА-ЛИТ БОГА! ВОСХВАЛИТЕ БОГА!"

ועל И СО СЛОВ СЛУГ ТВОИХ, ПРОРОКОВ, ЗАПИСАНО: "ВСЕ ЖИТЕЛИ ЗЕМЛИ, [ВСЕ] НАСЕЛЕНИЕ ПЛАНЕТЫ! КОГДА ВЗМЕТНЕТСЯ НАД ГОРАМИ ЗНАМЯ – ВЫ УВИДИТЕ [ЕГО]; КОГДА РАЗДАСТСЯ ЗВУК ШОФАРА – ВЫ [ЕГО] УСЛЫШИТЕ". И СКАЗАНО: "И БУДЕТ ТАК: ЗАТРУБИТ В ТОТ ДЕНЬ [ВСЕВЫШНИЙ] В БОЛЬШОЙ ШОФАР, И ПРИДУТ ЗАТЕРЯВШИЕСЯ В АССИРИИ И РАЗБРОСАННЫЕ ПО СТРАНЕ ЕГИПЕТСКОЙ И СКЛОНЯТСЯ ПРЕД ГОСПОДОМ НА СВЯТОЙ ГОРЕ В ИЕРУСАЛИМЕ".

וּבָאוּ הָאֹבְדִים בְּאֶרֶץ אַשּׁוּר, וְהַנִּדָּחִים בְּאֶרֶץ מִצְרָיִם, וְהִשְׁתַּחֲווּ לַיְיָ בְּהַר הַקֹּדֶשׁ בִּירוּשָׁלָיִם. וְנֶאֱמַר: וַיְיָ עֲלֵיהֶם יֵרָאֶה, וְיָצָא כַבָּרָק חִצּוֹ, וַאדֹנָי יֱהֹוִה בַּשּׁוֹפָר יִתְקָע, וְהָלַךְ בְּסַעֲרוֹת תֵּימָן, יְיָ צְבָאוֹת יָגֵן עֲלֵיהֶם, כֵּן תָּגֵן עַל עַמְּךָ יִשְׂרָאֵל בִּשְׁלוֹמֶךָ:

אֱלֹהֵינוּ וֵאלֹהֵי אֲבוֹתֵינוּ, תְּקַע בְּשׁוֹפָר גָּדוֹל לְחֵרוּתֵנוּ, וְשָׂא נֵס לְקַבֵּץ גָּלֻיּוֹתֵינוּ וְקָרֵב פְּזוּרֵינוּ מִבֵּין הַגּוֹיִם, וּנְפוּצוֹתֵינוּ כַּנֵּס מִיַּרְכְּתֵי אָרֶץ, וַהֲבִיאֵנוּ לְצִיּוֹן עִירְךָ בְּרִנָּה, וְלִירוּשָׁלַיִם בֵּית מִקְדָּשְׁךָ בְּשִׂמְחַת עוֹלָם, וְשָׁם נַעֲשֶׂה לְפָנֶיךָ אֶת קָרְבְּנוֹת חוֹבוֹתֵינוּ, כִּמְצֻוָּה עָלֵינוּ בְּתוֹרָתֶךָ עַל יְדֵי מֹשֶׁה עַבְדֶּךָ, מִפִּי כְבוֹדֶךָ כָּאָמוּר:

וּבְיוֹם שִׂמְחַתְכֶם וּבְמוֹעֲדֵיכֶם וּבְרָאשֵׁי חָדְשֵׁיכֶם וּתְקַעְתֶּם בַּחֲצֹצְרֹת עַל עֹלֹתֵיכֶם וְעַל זִבְחֵי שַׁלְמֵיכֶם, וְהָיוּ לָכֶם לְזִכָּרוֹן לִפְנֵי אֱלֹהֵיכֶם אֲנִי יְיָ אֱלֹהֵיכֶם. כִּי אַתָּה שׁוֹמֵעַ קוֹל שׁוֹפָר, וּמַאֲזִין תְּרוּעָה וְאֵין דּוֹמֶה לָךְ. בָּרוּךְ אַתָּה יְיָ, שׁוֹמֵעַ קוֹל תְּרוּעַת עַמּוֹ יִשְׂרָאֵל בְּרַחֲמִים:

יתקעין גם בלחש תשר״ת תש״ת תר״ת:

רְצֵה יְיָ אֱלֹהֵינוּ בְּעַמְּךָ יִשְׂרָאֵל וְלִתְפִלָּתָם שְׁעֵה, וְהָשֵׁב הָעֲבוֹדָה לִדְבִיר בֵּיתֶךָ, וְאִשֵּׁי יִשְׂרָאֵל וּתְפִלָּתָם בְּאַהֲבָה תְקַבֵּל בְּרָצוֹן, וּתְהִי לְרָצוֹן תָּמִיד, עֲבוֹדַת יִשְׂרָאֵל עַמֶּךָ:

תרא א) זכריה פ׳ יד: ב) שם פ׳ פו: ג) במדבר י׳:

И СКАЗАНО: "И ЯВИТ ИМ СЕБЯ ГОСПОДЬ [В ОБРАЗЕ ВОИНА], И МОЛНИЕЙ МЕЛЬ-КНЕТ СТРЕЛА ЕГО, И ГОСПОДЬ, БОГ, ЗАТРУБИТ В ШОФАР И ДВИНЕТСЯ НА ЮГ, [К ГОРЕ ЭЙСАВА], ПОДОБНО УРАГАНУ; ЗАЩИТИТ ИХ ГОСПОДЬ ВОИНСТВ". ТАК ЗА-ЩИТИ ЖЕ [И СЕЙЧАС] НАРОД СВОЙ, ИЗРАИЛЬ, ДАРОВАВ [ЕМУ] МИР!

אלהינו БОГ НАШ И БОГ ОТЦОВ НАШИХ! ПРОТРУБИ В БОЛЬШОЙ ШО-ФАР, [ВОЗВЕЩАЯ О] СВОБОДЕ НАШЕЙ; И ПОДНИМИ ЗНАМЯ, ПОД КО-ТОРЫМ СОБЕРЕТСЯ НАРОД НАШ, РАЗБРОСАННЫЙ ПО СВЕТУ; И СОБЕРИ НАС, РАССЕЯННЫХ СРЕДИ НАРОДОВ, И СОБЕРИ НАШИ ОБЩИНЫ, РАЗМЕ-ТАННЫЕ ПО КРАЯМ ЗЕМЛИ; И ПРИВЕДИ НАС, ЛИКУЮЩИХ, В СИОН, ГО-РОД ТВОЙ, И В ИЕРУСАЛИМ, В ХРАМ ТВОЙ, ДАРОВАВ НАМ РАДОСТЬ НА-ВЕКИ; И ТАМ МЫ БУДЕМ СОВЕРШАТЬ ПРЕД ТОБОЮ ПРЕДПИСАННЫЕ НАМ ЖЕРТВОПРИНОШЕНИЯ, КАК ЗАПОВЕДАНО НАМ ТОРОЙ ТВОЕЙ, ЗА-ПИСАННОЙ ТВОИМ СЛУГОЙ МОШЕ С ТВОИХ СОБСТВЕННЫХ СЛОВ, КАК СКАЗАНО:

וביום "И В ДЕНЬ ВЕСЕЛЬЯ ВАШЕГО, И В ДНИ, УСТАНОВЛЕННЫЕ ВАМ ДЛЯ РАДОСТИ, И В [КАЖДЫЙ] РОШ-ХОДЕШ ТРУБИТЕ В ТРУБЫ ПРИ ПРИ-НЕСЕНИИ ЖЕРТВ ВСЕСОЖЖЕНИЯ И МИРНЫХ ЖЕРТВ, И БУДУТ ЭТИ [ЗВУ-КИ] НАПОМИНАТЬ О ВАС БОГУ ВАШЕМУ; Я, ГОСПОДЬ, — БОГ ВАШ". ИБО ВНИМАЕШЬ ТЫ ГЛАСУ ШОФАРА, [БЛАГОСКЛОННО] СЛУШАЕШЬ [ЕГО] ТРЕПЕТНЫЙ ЗВУК, И НЕТ [НИКОГО] ПОДОБНОГО ТЕБЕ. БЛАГО-СЛОВЕН ТЫ, ГОСПОДЬ, МИЛОСТИВО ВНИМАЮЩИЙ ТРЕПЕТНОМУ ЗВУКУ ШОФАРА, [В КОТОРЫЙ ТРУБЯТ СЫНЫ] НАРОДА ТВОЕГО, ИЗРАИЛЯ.

И во время молитвы, произносимой шепотом, и при повторении молитвы хазаном в этом месте трубят в шофар: ТКИА, ШВАРИМ, ТРУА, ТКИА; ТКИА, ШВАРИМ, ТКИА; ТКИА, ТРУА, ТКИА.

רצה ОТНЕСИСЬ БЛАГОСКЛОННО, ГОСПОДЬ, БОГ НАШ, К НАРОДУ СВОЕМУ, ИЗ-РАИЛЮ, И МОЛИТВУ ЕГО ПРИМИ, И ВОССТАНОВИ СЛУЖБУ В СВЯТАЯ СВЯТЫХ ХРА-МА ТВОЕГО; И ЖЕРТВЫ, ПРИНОСИМЫЕ ИЗРАИЛЕМ, И МОЛИТВУ ЕГО ПРИМИ С ЛЮ-БОВЬЮ, БЛАГОСКЛОННО; И ПУСТЬ БУДЕТ ВСЕГДА ЖЕЛАННО ТЕБЕ СЛУЖЕНИЕ ИЗРАИЛЯ, НАРОДА ТВОЕГО.

וְתֶחֱזֶינָה עֵינֵינוּ בְּשׁוּבְךָ לְצִיּוֹן בְּרַחֲמִים. בָּרוּךְ אַתָּה יְיָ, הַמַּחֲזִיר שְׁכִינָתוֹ לְצִיּוֹן:

מוֹדִים אֲנַחְנוּ לָךְ שָׁאַתָּה הוּא יְיָ אֱלֹהֵינוּ וֵאלֹהֵי אֲבוֹתֵינוּ לְעוֹלָם וָעֶד, צוּר חַיֵּינוּ מָגֵן יִשְׁעֵנוּ, אַתָּה הוּא לְדוֹר וָדוֹר, נוֹדֶה לְּךָ וּנְסַפֵּר תְּהִלָּתֶךָ, עַל חַיֵּינוּ הַמְּסוּרִים בְּיָדֶךָ, וְעַל נִשְׁמוֹתֵינוּ הַפְּקוּדוֹת לָךְ, וְעַל נִסֶּיךָ שֶׁבְּכָל יוֹם עִמָּנוּ, וְעַל נִפְלְאוֹתֶיךָ וְטוֹבוֹתֶיךָ שֶׁבְּכָל עֵת, עֶרֶב וָבֹקֶר וְצָהֳרָיִם, הַטּוֹב. כִּי לֹא כָלוּ רַחֲמֶיךָ, וְהַמְרַחֵם, כִּי לֹא תַמּוּ חֲסָדֶיךָ, כִּי מֵעוֹלָם קִוִּינוּ לָךְ:

וְעַל כֻּלָּם יִתְבָּרַךְ וְיִתְרוֹמַם וְיִתְנַשֵּׂא שִׁמְךָ מַלְכֵּנוּ תָּמִיד לְעוֹלָם וָעֶד: וּכְתוֹב לְחַיִּים טוֹבִים כָּל בְּנֵי בְרִיתֶךָ.

וְכֹל הַחַיִּים יוֹדוּךָ סֶּלָה וִיהַלְלוּ שִׁמְךָ הַגָּדוֹל לְעוֹלָם כִּי טוֹב הָאֵל יְשׁוּעָתֵנוּ וְעֶזְרָתֵנוּ סֶלָה, הָאֵל הַטּוֹב. בָּרוּךְ אַתָּה יְיָ, הַטּוֹב שִׁמְךָ וּלְךָ נָאֶה לְהוֹדוֹת:

שִׂים שָׁלוֹם, טוֹבָה וּבְרָכָה, חֵיִּים חֵן וָחֶסֶד וְרַחֲמִים, עָלֵינוּ וְעַל כָּל יִשְׂרָאֵל עַמֶּךָ. בָּרְכֵנוּ אָבִינוּ כֻּלָּנוּ כְּאֶחָד, בְּאוֹר פָּנֶיךָ, כִּי בְאוֹר פָּנֶיךָ, נָתַתָּ לָּנוּ יְיָ אֱלֹהֵינוּ תּוֹרַת חַיִּים, וְאַהֲבַת חֶסֶד, וּצְדָקָה וּבְרָכָה וְרַחֲמִים וְחַיִּים וְשָׁלוֹם. וְטוֹב בְּעֵינֶיךָ לְבָרֵךְ אֶת עַמְּךָ יִשְׂרָאֵל בְּכָל עֵת וּבְכָל שָׁעָה בִּשְׁלוֹמֶךָ.

וּבְסֵפֶר חַיִּים בְּרָכָה וְשָׁלוֹם וּפַרְנָסָה טוֹבָה יְשׁוּעָה וְנֶחָמָה, וּגְזֵרוֹת טוֹבוֹת, נִזָּכֵר וְנִכָּתֵב לְפָנֶיךָ, אֲנַחְנוּ וְכָל עַמְּךָ בֵּית יִשְׂרָאֵל, לְחַיִּים טוֹבִים וּלְשָׁלוֹם: בָּרוּךְ אַתָּה יְיָ, הַמְבָרֵךְ אֶת עַמּוֹ יִשְׂרָאֵל בַּשָּׁלוֹם:

יִהְיוּ לְרָצוֹן אִמְרֵי פִי וְהֶגְיוֹן לִבִּי לְפָנֶיךָ, יְיָ צוּרִי וְגוֹאֲלִי:

אֱלֹהַי, נְצוֹר לְשׁוֹנִי מֵרָע, וּשְׂפָתַי מִדַּבֵּר מִרְמָה, וְלִמְקַלְלַי נַפְשִׁי תִדּוֹם, וְנַפְשִׁי כֶּעָפָר לַכֹּל תִּהְיֶה. פְּתַח לִבִּי בְּתוֹרָתֶךָ וּבְמִצְוֹתֶיךָ תִּרְדּוֹף נַפְשִׁי

ותחזינה И ДА УВИДИМ МЫ СВОИМИ ГЛАЗАМИ, КАК ВЕРНЕШЬСЯ ТЫ, ПО МИ-ЛОСЕРДИЮ СВОЕМУ, В СИОН. БЛАГОСЛОВЕН ТЫ, ГОСПОДЬ, ВОЗВРАЩАЮЩИЙ СВОЮ ШХИНУ В СИОН!

(См. транслитерацию на стр. 386)

מודים БЛАГОДАРИМ МЫ ТЕБЯ ЗА ТО, ЧТО ТЫ, ГОСПОДЬ, – БОГ НАШ И БОГ ОТЦОВ НАШИХ ВО ВЕКИ ВЕКОВ. ТЫ – ОПЛОТ ЖИЗНИ НАШЕЙ, ЗАЩИТ-НИК, СПАСАЮЩИЙ НАС ИЗ ПОКОЛЕ-НИЯ В ПОКОЛЕНИЕ. БУДЕМ БЛАГО-ДАРИТЬ ТЕБЯ И ПРОВОЗГЛАШАТЬ ТЕБЕ ХВАЛУ ВЕЧЕРОМ, УТРОМ И ДНЕМ ЗА ЖИЗНЬ НАШУ, ВВЕРЕННУЮ ТЕБЕ, ЗА ДУШИ НАШИ, ХРАНИМЫЕ ТОБОЙ, И ЗА ЧУДЕСА ТВОИ, КОТОРЫЕ ТЫ ПО-СТОЯННО [СОВЕРШАЕШЬ] С НАМИ, И ЗА ТВОИ ЗНАМЕНИЯ И БЛАГОДЕЯ-НИЯ, КОТОРЫЕ ТЫ [ТВОРИШЬ] ВСЕГ-ДА, – О, ДОБРЫЙ! – ПОТОМУ ЧТО МИ-ЛОСТИ ТВОИ НЕСКОНЧАЕМЫ, – О, МИ-ЛОСЕРДНЫЙ! – ПОТОМУ ЧТО БЛАГО-

"МОДИМ ДЕРАБАНАН"

При повторении молитвы хазаном об-щина говорит здесь следующую молитву:

מודים БЛАГОДАРИМ МЫ ТЕБЯ ЗА ТО, ЧТО ТЫ, ГОСПОДЬ, – БОГ НАШ И БОГ ОТЦОВ НАШИХ, БОГ ВСЕГО ЖИ-ВОГО, СОЗДАТЕЛЬ НАШ, ТВОРЕЦ МИ-РОЗДАНИЯ; ПОДОБАЕТ БЛАГОСЛОВ-ЛЯТЬ И СЛАВИТЬ ВЕЛИКОЕ И СВЯТОЕ ИМЯ ТВОЕ ЗА ТО, ЧТО ТЫ ДАЛ НАМ ЖИЗНЬ И ПОДДЕРЖИВАЕШЬ ЕЕ В НАС; И ТЫ ПРОДЛИШЬ ЕЕ И ПОДДЕРЖИШЬ, И СОБЕРЕШЬ НАС ИЗ ИЗГНАНИЯ ВО ДВОРАХ СВЯТИЛИЩА СВОЕГО, И ВЕРНЕМСЯ МЫ К ТЕБЕ, ЧТОБЫ СО-БЛЮДАТЬ ТВОИ ЗАКОНЫ, И ИСПОЛ-НЯТЬ ВОЛЮ ТВОЮ, И СЛУЖИТЬ ТЕБЕ ВСЕМ СЕРДЦЕМ; И ПОТОМУ МЫ БЛА-ГОДАРИМ ТЕБЯ. БЛАГОСЛОВЕН БОГ, КОТОРОГО ПОДОБАЕТ БЛАГОДАРИТЬ!

ДЕЯНИЯ ТВОИ НЕИСТОЩИМЫ; ВЕДЬ МЫ ОТ ВЕКА НАДЕЕМСЯ НА ТЕБЯ!

ועל И ЗА ВСЕ ЭТО ДА БУДЕТ БЛАГОСЛОВЛЕНО, И ДА ВОЗВЕЛИЧИТСЯ И ПРЕ-ВОЗНЕСЕТСЯ ИМЯ ТВОЕ, ВЛАДЫКА НАШ, ВСЕГДА, ВО ВЕКИ ВЕКОВ!

וכתוב И ЗАПИШИ [В КНИГЕ ЖИЗНИ], ЧТО [В НОВОМ ГОДУ] БЛАГОПОЛУЧНАЯ СУДЬБА ОЖИДАЕТ ВСЕХ, С КЕМ ТЫ ЗАКЛЮЧИЛ СОЮЗ.

וכל И ВСЕ ЖИВОЕ БУДЕТ ВЕЧНО БЛАГОДАРИТЬ ТЕБЯ И ВОСХВАЛЯТЬ ТВОЕ ВЕ-ЛИКОЕ ИМЯ ВОВЕК, ИБО ТЫ ДОБР. ТЫ, БОГ, – НАШЕ СПАСЕНИЕ И НАША ОПОРА ВОВЕКИ, [ТЫ –] ДОБРЫЙ БОГ! БЛАГОСЛОВЕН ТЫ, ГОСПОДЬ; ДОБРЫЙ – ИМЯ ТЕБЕ, И ТЕБЯ ПОДОБАЕТ БЛАГОДАРИТЬ.

שים ДАРУЙ МИР, ДОБРО И БЛАГОСЛОВЕНИЕ, ЖИЗНЬ, МИЛОСТЬ, И ЛЮБОВЬ, И МИЛОСЕРДИЕ НАМ И ВСЕМУ ТВОЕМУ НАРОДУ, ИЗРАИЛЮ. БЛАГОСЛОВИ НАС, ВСЕХ ВМЕСТЕ, В БЛАГОСКЛОННОСТИ СВОЕЙ, ОТЕЦ НАШ, ИБО В БЛАГОСКЛОННОСТИ СВОЕЙ ТЫ ДАРОВАЛ НАМ, ГОСПОДЬ, БОГ НАШ, ЗАКОН ЖИЗНИ И БЕСКОРЫСТНОЙ ЛЮБВИ, И МИЛОСТЬ, И БЛАГОСЛОВЕНИЕ, И МИЛОСЕРДИЕ, И ЖИЗНЬ, И МИР. И ДА БУДЕТ УГОДНО ТЕБЕ БЛАГОСЛОВЛЯТЬ НАРОД СВОЙ, ИЗРАИЛЬ, ВО ВСЕ ВРЕМЕНА И В КАЖДОЕ МГНОВЕНИЕ, ДАРУЯ ЕМУ МИР.

ובספר И В КНИГЕ ЖИЗНИ, БЛАГОСЛОВЕНИЯ, И МИРА, И ПРОЦВЕТА-НИЯ, СПАСЕНИЯ, И ·УТЕШЕНИЯ, И ДОБРЫХ ПРЕДНАЧЕРТАНИЙ — ДА БУДЕМ УПОМЯНУТЫ И ЗАПИСАНЫ ПРЕД ТОБОЮ МЫ И ВЕСЬ НАРОД ТВОЙ, ДОМ ИЗРАИЛЯ, НА ДОБРУЮ ЖИЗНЬ И НА МИР. БЛАГОСЛОВЕН ТЫ, ГОСПОДЬ, БЛАГОСЛОВЛЯЮЩИЙ МИРОМ НАРОД СВОЙ, ИЗРАИЛЬ!

יהיו ДА БУДУТ УГОДНЫ ТЕБЕ СЛОВА МОИХ УСТ И ПОМЫСЛЫ СЕРДЦА МОЕГО, О, ГОСПОДЬ, – МОЙ ОПЛОТ И ИЗБАВИТЕЛЬ!

אלהי БОГ МОЙ! УБЕРЕГИ МОЙ ЯЗЫК ОТ ЗЛОСЛОВИЯ И УСТА МОИ ОТ ЛЖИВЫХ РЕЧЕЙ; И ПЕРЕД ТЕМИ, КТО ПРОКЛИНАЕТ МЕНЯ, ПУСТЬ ДУША МОЯ ХРАНИТ МОЛ-ЧАНИЕ. И ПУСТЬ ДУША МОЯ ПОВЕРГАЕТСЯ В ПРАХ ПРЕД КАЖДЫМ. РАСКРОЙ МОЕ СЕРДЦЕ ДЛЯ ТОРЫ ТВОЕЙ, И ДА УСТРЕМИТСЯ МОЯ ДУША К ИСПОЛНЕНИЮ ТВОИХ ЗАПОВЕДЕЙ; И ПОСКОРЕЕ РАЗРУШЬ КОЗНИ И РАССТРОЙ ЗАМЫСЛЫ ВСЕХ ЗАДУ-

נַפְשִׁי, וְכָל הַחוֹשְׁבִים עָלַי רָעָה, מְהֵרָה הָפֵר עֲצָתָם וְקַלְקֵל מַחֲשַׁבְתָּם.
יִהְיוּ כְּמוֹץ לִפְנֵי רוּחַ וּמַלְאַךְ יְיָ דּוֹחֶה. לְמַעַן יֵחָלְצוּן יְדִידֶיךָ, הוֹשִׁיעָה יְמִינְךָ
וַעֲנֵנִי. עֲשֵׂה לְמַעַן שְׁמֶךָ, עֲשֵׂה לְמַעַן יְמִינֶךָ, עֲשֵׂה לְמַעַן תּוֹרָתֶךָ. עֲשֵׂה
לְמַעַן קְדֻשָּׁתֶךָ. יִהְיוּ לְרָצוֹן אִמְרֵי פִי, וְהֶגְיוֹן לִבִּי לְפָנֶיךָ, יְיָ צוּרִי וְגוֹאֲלִי.
עֹשֶׂה הַשָּׁלוֹם בִּמְרוֹמָיו, הוּא יַעֲשֶׂה שָׁלוֹם עָלֵינוּ, וְעַל כָּל יִשְׂרָאֵל,
וְאִמְרוּ אָמֵן:

יְהִי רָצוֹן מִלְּפָנֶיךָ יְיָ אֱלֹהֵינוּ וֵאלֹהֵי אֲבוֹתֵינוּ, שֶׁיִּבָּנֶה בֵּית הַמִּקְדָּשׁ בִּמְהֵרָה בְיָמֵינוּ, וְתֵן
חֶלְקֵנוּ בְּתוֹרָתֶךָ.

בקדיש שלם קודם תתקבל תוקעין תשר"ת תש"ת תר"ת.
אין כאלהינו. עלינו. ק"י. ותוקעין ל' קולות: כדי לערבב את השטן.

סדר תשליך

אחר מנחה יום א' דר"ה קודם שקיעת החמה טוב ילך מחוץ לעיר אל באר המים או מעין כי
מים מורים על החסדים וגם דגים רומזים על עינא פקיחא ויאמר י"ג מדות שנפסוקים מי אל
כמוך שהם כנגד י"ג מדות ה' ה' אל רחום וגו' ויטין בכל מדה אל מדה אחת שנפסוק ה' ה'
אל רחום וגו' ולא יאמרס · ואחר כך מן המצר ·וגו' והם כנגד ע' מדות ה' ארך אפים וגו':

מִי אֵל כָּמוֹךָ נוֹשֵׂא עָוֹן וְעוֹבֵר עַל פֶּשַׁע לִשְׁאֵרִית
נַחֲלָתוֹ לֹא הֶחֱזִיק לָעַד אַפּוֹ כִּי חָפֵץ חֶסֶד הוּא:
יָשׁוּב יְרַחֲמֵנוּ יִכְבּוֹשׁ עֲוֹנֹתֵינוּ וְתַשְׁלִיךְ בִּמְצֻלוֹת יָם
כָּל־חַטֹּאתָם: תִּתֵּן אֱמֶת לְיַעֲקֹב חֶסֶד לְאַבְרָהָם אֲשֶׁר
נִשְׁבַּעְתָּ לַאֲבֹתֵינוּ מִימֵי קֶדֶם: מִן־הַמֵּצַר קָרָאתִי יָּהּ
עָנָנִי בַמֶּרְחָב יָהּ: יְהֹוָה לִי לֹא אִירָא מַה־יַּעֲשֶׂה לִי אָדָם:
יְהֹוָה לִי בְּעֹזְרָי וַאֲנִי אֶרְאֶה בְשֹׂנְאָי: טוֹב לַחֲסוֹת בַּיהֹוָה
מִבְּטֹחַ בָּאָדָם: טוֹב לַחֲסוֹת בַּיהֹוָה מִבְּטֹחַ בִּנְדִיבִים:

ויאמר מזמור רננו צדיקים ואח"כ יאמר:

לֹא־יָרֵעוּ וְלֹא־יַשְׁחִיתוּ בְּכָל־הַר קָדְשִׁי כִּי מָלְאָה הָאָרֶץ דֵּעָה
אֶת־יְהֹוָה כַּמַּיִם לַיָּם מְכַסִּים:

יְהִי רָצוֹן מִלְּפָנֶיךָ יְיָ אֱלֹהֵינוּ וֵאלֹהֵי אֲבוֹתֵינוּ אֵל עֶלְיוֹן מְבַתֵּר בֵּין י"ג מִדּוֹת מְכִילִין
דְּרַחֲמֵי שֶׁתְּהֵא שָׁעָה זוֹ עֵת רָצוֹן לְפָנֶיךָ לִהְיֹה עוֹלָה לְפָנֶיךָ קְרִיאַת י"ג מְכִילִין
דְּרַחֲמֵי שֶׁבְּפָסוּק מִי אֵל כָּמוֹךָ, הַמְכֻוָּנִים אֶל י"ג מִדּוֹת אֵל רַחוּם וְחַנּוּן,
אֲשֶׁר קָרִינוּ לְפָנֶיךָ, כְּאִלּוּ הִשַּׂגְנוּ כָּל הַסּוֹדוֹת וְצֵרוּפֵי שֵׁמוֹת הַקְּדוֹשִׁים הַיּוֹצְאִים
מֵהֶם, וְזִוּוּגֵי מִדּוֹתֵיהֶן, אֲשֶׁר אַחַת בְּאַחַת יִגָּשׁוּ לְהַמְתִּיק אֶת הַדִּינִין תַּקִּיפִין.
וּבְכֵן תַּשְׁלִיךְ בִּמְצֻלוֹת יָם כָּל חַטֹּאתֵינוּ. וְתַשְׁפִּיעַ עָלֵינוּ שֶׁפַע יְשׁוּעָה וְרַחֲמִים
מֵהֶן, וְזָכְרֵנוּ לְחַיִּים. מֶלֶךְ חָפֵץ בַּחַיִּים, וְכָתְבֵנוּ בְּסֵפֶר הַחַיִּים. לְמַעַן

МАВШИХ ПРОТИВ МЕНЯ НЕДОБРОЕ. ДА БУДУТ ОНИ МЯКИНОЙ НА ВЕТРУ, ГОНИМЫЕ АНГЕЛОМ ГОСПОДА. ПУСТЬ СПАСЕНЫ БУДУТ ТЕ, КОГО ЛЮБИШЬ ТЫ; СПАСИ [МЕНЯ] ДЕСНИЦЕЙ СВОЕЙ И ОТВЕТЬ МНЕ. СОВЕРШИ ЭТО РАДИ ИМЕНИ СВОЕГО, СОВЕРШИ РАДИ [ПРОСЛАВЛЕНИЯ] ДЕСНИЦЫ СВОЕЙ, СОВЕРШИ РАДИ ТОРЫ СВОЕЙ, СОВЕРШИ РАДИ СВЯ-ТОСТИ СВОЕЙ; ДА БУДУТ УГОДНЫ ТЕБЕ СЛОВА МОИХ УСТ И ПОМЫСЛЫ СЕРДЦА МОЕ-ГО, О, ГОСПОДЬ, – МОЙ ОПЛОТ И ИЗБАВИТЕЛЬ! УСТАНАВЛИВАЮЩИЙ МИР (*молящиеся на иврите вместо* "ШАЛОМ" – "МИР" *говорят:* "ЃАШАЛОМ") В СВОИХ ВЫСОТАХ, ОН ПОШЛЕТ МИР НАМ И ВСЕМУ ИЗРАИЛЮ, И СКАЖЕМ: АМЕН!

יהי ДА БУДЕТ УГОДНО ТЕБЕ, ГОСПОДЬ, БОГ НАШ И БОГ ОТЦОВ НАШИХ, ЧТОБЫ БЫЛ ПОСТРОЕН ХРАМ, – ВСКОРЕ, В НАШИ ДНИ, – И ДАЙ НАМ УДЕЛ В ТОРЕ ТВОЕЙ!

Завершив произнесение вслух молитвы "Мусаф", хазан говорит здесь "Кадиш шалем" (стр. 74–75). Когда произносится "Кадиш шалем", перед словами "...ДА БУДУТ ПРИНЯТЫ МОЛИТВЫ..." трубят в шофар: ТКИА, ШВАРИМ, ТРУА, ТКИА; ТКИА, ШВАРИМ, ТКИА; ТКИА, ТРУА, ТКИА. Далее го-ворят: "НАДЕЙСЯ НА ГОСПОДА..." (стр. 81), "НАШ ДОЛГ..." (стр. 84), "Кадиш ятом" (стр. 77), а после этого тридцать раз трубят в шофар в знак того, что в грядущем мире не будет зла.

ПОРЯДОК ИСПОЛНЕНИЯ ОБЫЧАЯ "ТАШЛИХ"

В первый день Рош-Ѓашана после молитвы "Минха" (или во второй день, если первый приходится на субботу), считается добрым делом выйти перед заходом солнца за черту города и подойти к колодцу или роднику – ибо вода символизирует доб-ро и милосердие; можно подойти и к водоему, в котором водится рыба, – так как глаза рыб, лишенные век, напоминают нам о недремлемом оке Всевышнего. Придя на это место, следует вспомнить о тринадцати путях милосердия Всевышнего и перечислить их вслух; о них говорит пророк Миха: "Подобен ли кто Тебе, Бог?..." Каждый из этих тринадцати путей, перечисленных пророком, соответствует определенному пути милосердия Всевышнего из числа тех, которые перечислил Моше со слов Творца: "Господь, Господь, – Бог милосердный..." и так далее. Необходимо при этом четко представлять себе, какому именно пути из упомянутых Моше соответствует путь, упомянутый Михой, слова которого человек произ-носит вслух. После этого говорят: "ИЗ ТЕСНИН..." и все, что за этим следует, – фразы, соответствующие девяти пу-тям милосердия Всевышнего, которые Моше перечислил в другой главе книги Торы: "Господь долготерпеливый..." и так далее.

ГОСПОДЬ, ГОСПОДЬ – БОГ   МИЛОСЕРДНЫЙ   И МИЛУЮЩИЙ

מי 1) КТО ПОДОБЕН ТЕБЕ, БОГУ, 2) КОТОРЫЙ ОТПУСКАЕТ ГРЕХИ 3) И ПРОЩАЕТ ПРЕСТУ-
          ДОЛГО [ТЕРПЕЛИВЫЙ К ПРАВЕДНИКАМ]   [ДОЛГО] ТЕРПЕЛИВЫЙ
ПЛЕНИЯ 4) УЦЕЛЕВШИМ ИЗ [НАРОДА ИЗРАИЛЯ –] УДЕЛА ТВОЕГО; 5) КОТОРЫЙ НЕ ГНЕВА-
[К ЗЛОДЕЯМ]   ЧЬЯ ЛЮБОВЬ БЕЗГРАНИЧНА   И ЧЬЯ СПРАВЕДЛИВОСТЬ БЕЗГРАНИЧНА
ЕТСЯ ВЕЧНО, 6) ИБО ЖЕЛАЕТ [ТВОРИТЬ] МИЛОСТЬ; 7) ОН ВНОВЬ СМИЛУЕТСЯ НАД НАМИ И
     ПОМНЯЩИЙ ДОБРЫЕ ДЕЛА [ОТЦОВ]   ДЛЯ ТЫСЯЧ [ПОКОЛЕНИЙ ИХ ПОТОМКОВ]
8) ПРЕДАСТ ЗАБВЕНИЮ НАШИ ГРЕХИ. 9) ТАК БРОСЬ ЖЕ В ПУЧИНЫ МОРСКИЕ ВСЕ [НАШИ]
                    ПРОЩАЮЩИЙ ГРЕХ   И НЕПОКОРНОСТЬ
ПРЕСТУПЛЕНИЯ! 10) ИСПОЛНИ ОБЕЩАНИЕ, [ДАННОЕ ТОБОЙ] ЯАКОВУ, 11) ПРОЯВИ ЛЮБОВЬ К
        И ЗАБЛУЖДЕНИЯ   И ОЧИЩАЮЩИЙ [РАСКАЯВШЕГОСЯ].   ГОСПОДЬ, ДОЛГО
АВРАЃАМУ – 12) КАК ПОКЛЯЛСЯ ТЫ ОТЦАМ НАШИМ 13) В ДРЕВНОСТИ. 1) ИЗ ТЕСНИН ВОЗ-
[ТЕРПЕЛИВЫЙ К ПРАВЕДНИКАМ]   [ДОЛГО] ТЕРПЕЛИВЫЙ [К ЗЛОДЕЯМ]   ЧЬЯ ЛЮБОВЬ БЕЗГРАНИЧНА
ЗВАЛ Я К БОГУ, 2) И ОТВЕТИЛ МНЕ БОГ, [ВЫВЕЛ МЕНЯ] НА ПРОСТОР. 3) ГОСПОДЬ СО МНОЮ,
          ПРОЩАЮЩИЙ ГРЕХ   И НЕПОКОРНОСТЬ   И ОЧИЩАЮЩИЙ [РАСКАЯВШЕГОСЯ]
4) И НЕ УСТРАШУСЬ Я: 5) ЧТО МОЖЕТ МНЕ СДЕЛАТЬ ЧЕЛОВЕК? 6) ГОСПОДЬ ПОМОГАЕТ МНЕ,
   [НО] НЕ ОЧИЩАЮЩИЙ [ТЕХ, КТО НЕ РАСКАЯЛСЯ]   ВЗЫСКИВАЮЩИЙ ЗА ВИНУ ОТЦОВ С ИХ ПОТОМКОВ
7) И УВИЖУ Я [ПАДЕНИЕ] МОИХ ВРАГОВ. 8) ЛУЧШЕ НАДЕЯТЬСЯ НА ГОСПОДА, ЧЕМ ПОЛАГА-
                 ДО ТРЕТЬЕГО И ДО ЧЕТВЕРТОГО ПОКОЛЕНИЯ
ТЬСЯ НА ЧЕЛОВЕКА. 9) ЛУЧШЕ НАДЕЯТЬСЯ НА ГОСПОДА, ЧЕМ ПОЛАГАТЬСЯ НА ВЕЛЬМОЖ.

Здесь произносят псалом "ВОСПЕВАЙТЕ, ПРАВЕДНЫЕ..." (стр. 151). После этого говорят:

לא [НИКОМУ] НЕ ПРИЧИНЯТ ЗЛА И НЕ НАНЕСУТ УЩЕРБА [ХИЩНИКИ И ЯДОВИТЫЕ ЗМЕИ] ВО ВСЕМ СВЯТОМ ГОРНЕМ МИРЕ МОЕМ, ИБО ВСЕ НА ЗЕМЛЕ НАПОЛНИТСЯ ЗНАНИЕМ ГОСПОДА, КАК ВОДОЙ – ВПАДИНЫ МОРСКИЕ".

יהי ДА БУДЕТ УГОДНО ТЕБЕ, ГОСПОДЬ, БОГ НАШ И БОГ ОТЦОВ НАШИХ, ВСЕВЫШНИЙ БОГ, УВЕНЧАННЫЙ МИЛОСЕРДИЕМ, ПРОЯВЛЯЮЩИМСЯ ТРИНАДЦАТЬЮ ПУТЯМИ, УС-ЛЫШАТЬ ЭТУ МОЛИТВУ, С КОТОРОЙ МЫ ОБРАЩАЕМСЯ К ТЕБЕ, В ЧАС ТВОЕГО БЛАГО-ВОЛЕНИЯ; И ПРИМИ [ПРОСТОЕ] ПЕРЕЧИСЛЕНИЕ НАМИ ВСЛУХ ПРЕД ТОБОЙ ЭТИХ ТРИ-НАДЦАТИ ПУТЕЙ, О КОТОРЫХ ИДЕТ РЕЧЬ В КНИГЕ ПРОРОКА МИХИ: "КТО ПОДОБЕН ТЕ-БЕ...", И ТАК ДАЛЕЕ, И СООТВЕТСТВУЮЩИХ ПУТЯМ, УПОМЯНУТЫМ МОШЕ: "БОГ МИЛО-СЕРДНЫЙ И МИЛУЮЩИЙ...", ТАК, БУДТО МЫ ПОСТИГЛИ ВЕСЬ ТАЙНЫЙ СМЫСЛ ИХ И [ТАЙНЫЙ СМЫСЛ] СОЕДИНЕНИЯ БУКВ [В СЛОВАХ, ПЕРЕДАЮЩИХ ИХ СУТЬ; БУКВ], КОТО-РЫЕ ОБРАЗУЮТ ТВОИ СВЯТЫЕ ИМЕНА, И [ТАК, БУДТО МЫ ПОСТИГЛИ ТАЙНЫЙ СМЫСЛ] ПЕРЕСЕЧЕНИЯ ЭТИХ ПУТЕЙ. КАЖДОЕ ИЗ ПРОЯВЛЕНИЙ ТВОЕГО МИЛОСЕРДИЯ УРАВНО-ВЕШИВАЕТ ПРОЯВЛЕНИЯ ТВОЕЙ СУРОВОСТИ. И ПОТОМУ БРОСЬ ЖЕ В ПУЧИНЫ МОРС-КИЕ ВСЕ [НАШИ] ПРЕСТУПЛЕНИЯ. И ПУСТЬ ПРОЛЬЕТСЯ НА НАС В ИЗОБИЛИИ МИЛОСЕР-ДИЕ ТВОЕ, И [ДАРУЙ НАМ] СПАСЕНИЕ; И ВСПОМНИ НАС, ЧТОБЫ ДАРОВАТЬ НАМ ЖИЗНЬ, ВЛАДЫКА, КОТОРОМУ УГОДНА ЖИЗНЬ, И ЗАПИШИ НАС В КНИГУ ЖИЗНИ РАДИ СЕБЯ,

אֱלֹהִים חַיִּים, וְנִזְכֶּה לַתְּשׁוּבָה עֵלָאָה, כִּי יְמִינְךָ פְּשׁוּטָה לְקַבֵּל שָׁבִים, וּקְרַע רְוֹעַ גְּזַר דִּינֵנוּ, וְיִקָּרְאוּ לְפָנֶיךָ זְכִיּוֹתֵינוּ, וְתַאֲרִיךְ אַפְּךָ עָלֵינוּ לְטוֹבָה אָמֵן יִהְיוּ לְרָצוֹן אִמְרֵי פִי, וְהֶגְיוֹן לִבִּי, לְפָנֶיךָ, יְיָ צוּרִי, וְגוֹאֲלִי:

סדר כפרות

בערב יום הכפורים מנהג לשחום תרנגול לבן הנקרא גבר ושוחטים אותו באשמורת הבקר אחר. סליחות כי אז חום של חסד גובר בעולם ואנו שוחטין אותו להכניע תגבורות ומוציאין ממנו דמו כדי להמתיקו תקרא כפרה כמו שעיר המשתלח ויהיו הכפרות כפי חשבון בני אדם שבבית זכר לזכר נקבה לנקבה ולמעוברת שוחם ג' אחת בשבילה זכר ונקבה בשביל ספק תולד :

בְּנֵי אָדָם יֹשְׁבֵי חֹשֶׁךְ וְצַלְמָוֶת, אֲסִירֵי עֳנִי וּבַרְזֶל. יוֹצִיאֵם מֵחֹשֶׁךְ וְצַלְמָוֶת, וּמוֹסְרוֹתֵיהֶם יְנַתֵּק. אֱוִלִים מִדֶּרֶךְ פִּשְׁעָם, וּמֵעֲוֹנֹתֵיהֶם יִתְעַנּוּ. כָּל אֹכֶל תְּתַעֵב נַפְשָׁם וַיַּגִּיעוּ עַד שַׁעֲרֵי מָוֶת. וַיִּזְעֲקוּ אֶל יְיָ בַּצַּר לָהֶם מִמְּצוּקוֹתֵיהֶם יוֹשִׁיעֵם. יִשְׁלַח דְּבָרוֹ וְיִרְפָּאֵם, וִימַלֵּט מִשְּׁחִיתוֹתָם. יוֹדוּ לַיְיָ חַסְדּוֹ, וְנִפְלְאוֹתָיו לִבְנֵי אָדָם. אִם יֵשׁ עָלָיו מַלְאָךְ מֵלִיץ אֶחָד מִנִּי אָלֶף, לְהַגִּיד לְאָדָם יָשְׁרוֹ. וַיְחֻנֶּנּוּ וַיֹּאמֶר פְּדָעֵהוּ מֵרֶדֶת שָׁחַת מָצָאתִי כֹפֶר:

זֶה חֲלִיפָתִי, זֶה תְּמוּרָתִי, זֶה כַּפָּרָתִי. זֶה הַתַּרְנְגוֹל יֵלֵךְ לְמִיתָה, וַאֲנִי אֵלֵךְ לְחַיִּים טוֹבִים אֲרוּכִים וּלְשָׁלוֹם: וחוזר ואומר בני אדם וגו' ולשלום.

וכך עושה ג' פעמים ובכל פעם מסבב ג"פ. סך-הכל מסבב ט' פעמים.

מלקות ילקו קודם טבילה ומנחה, הנלקה מוטה אחוריו לדרום ופניו לצפון. המלקה והנלקה שניהם אומרים והוא רחום ג"פ.

בענין הספרים שמדליקין ליל יום הכפורים עליהם כו"כ היא מצוה גדולה לקנות ספר ראשון ויאמר פסוק זה

אוֹר זָרֻעַ לַצַּדִּיק, וּלְיִשְׁרֵי לֵב שִׂמְחָה:

תפלת ערבית תמצא לעיל ואומרים בשכמל"ו בקול רם :

תפלת יום כפור לערבית, לשחרית, ולמנחה

אֲדֹנָי, שְׂפָתַי תִּפְתָּח וּפִי יַגִּיד תְּהִלָּתֶךָ:

בָּרוּךְ אַתָּה יְיָ אֱלֹהֵינוּ וֵאלֹהֵי אֲבוֹתֵינוּ, אֱלֹהֵי אַבְרָהָם, אֱלֹהֵי יִצְחָק, וֵאלֹהֵי יַעֲקֹב, הָאֵל הַגָּדוֹל הַגִּבּוֹר וְהַנּוֹרָא, אֵל עֶלְיוֹן, גּוֹמֵל חֲסָדִים טוֹבִים. קוֹנֵה הַכֹּל, וְזוֹכֵר חַסְדֵי אָבוֹת, וּמֵבִיא גוֹאֵל לִבְנֵי בְנֵיהֶם לְמַעַן שְׁמוֹ בְּאַהֲבָה:

זָכְרֵנוּ לְחַיִּים, מֶלֶךְ חָפֵץ בַּחַיִּים, וְכָתְבֵנוּ בְּסֵפֶר הַחַיִּים, לְמַעַנְךָ אֱלֹהִים חַיִּים.

מֶלֶךְ עוֹזֵר וּמוֹשִׁיעַ וּמָגֵן. בָּרוּךְ אַתָּה יְיָ, מָגֵן אַבְרָהָם:

אתה

БОГ ЖИЗНИ! И ДА УДОСТОИМСЯ МЫ ВЫСОЧАЙШЕЙ СТЕПЕНИ ЕДИНЕНИЯ С ТОБОЙ – ВЕДЬ ТВОЯ ДЕСНИЦА ПРОСТЕРТА НАВСТРЕЧУ ВОЗВРАЩАЮЩИМСЯ; И ОТМЕНИ СУРОВЫЙ ПРИГОВОР, ВЫНЕСЕННЫЙ НАМ; И ПУСТЬ БУДУТ ОГЛАШЕНЫ ПРЕД ТОБОЙ НАШИ ЗАСЛУГИ; И ПРОЯВИ СВОЕ ДОЛГОТЕРПЕНИЕ ПО ОТНОШЕНИЮ К НАМ, И ДАЙ НАМ СЧАСТЛИВУЮ СУДЬБУ; АМЕН!

יהיו ДА БУДУТ УГОДНЫ ТЕБЕ СЛОВА МОИХ УСТ И ПОМЫСЛЫ СЕРДЦА МОЕГО, О, ГОСПОДЬ, – МОЙ ОПЛОТ И ИЗБАВИТЕЛЬ!

После этого берут талит катан за углы и встряхивают им.

ПОРЯДОК ИСПОЛНЕНИЯ ОБЫЧАЯ "КАПАРОТ"

Ранним утром того дня, когда с наступлением темноты начинается Йом-Кипур, в соответствии с обычаем, берут белого петуха, именуемого на иврите "гевер" [это же слово означает и "мужчина"], и относят его к резнику. Согласно обычаю, петух должен быть зарезан на рассвете, после чтения "слихот" – молитвы о прощении, ибо в это время в мире милосердие Всевышнего преобладает [на иврите – "говер"] над Его суровостью, и петуха режут для того, чтобы суровость Всевышнего была преодолена наверняка. Кровь его выпускают для того, чтобы умерить его жар, потому что кровь – символ суровости. [Этот обряд] называется "капара" – очищение; его тайный смысл тот же, что и смысл обряда, существовавшего во времена Храма и заключавшегося в том, что в Йом-Кипур брали козла и отправляли его в горы. Количество петухов и кур, используемых для [обряда] "капара", должно соответствовать количеству членов семьи; петухов берут для мужчин, кур – для женщин. Если женщина беременна, для нее берут двух кур и одного петуха: одна курица – для нее самой, другая курица и петух – для плода, пол которого не известен. Курицу или петуха берут в руки и говорят:　　　　*(См. транслитерацию на стр. 416)*

בני אדם СЫНЫ ЧЕЛОВЕЧЕСКИЕ – УЗНИКИ, СИДЯЩИЕ ВО МРАКЕ, В МОГИЛЬНОЙ ТЬМЕ, ЗАКОВАННЫЕ В ЖЕЛЕЗНЫЕ ЦЕПИ И КАНДАЛЫ. ВЫВЕЛ ОН ИХ ИЗ МРАКА, ИЗ МОГИЛЬНОЙ ТЬМЫ, РАЗБИЛ ОКОВЫ ИХ. [ВОСХВАЛЯТ ВСЕВЫШНЕГО] ТЕ, КТО БЫЛ ЛИШЕН РАЗУМА ИЗ-ЗА ПРЕСТУПНЫХ ПУТЕЙ СВОИХ И СТРАДАЛ ИЗ-ЗА СВОИХ ГРЕХОВ. НЕ ПРИНИМАЛА ДУША ИХ НИКАКОЙ ПИЩИ, И ДОШЛИ ОНИ ДО ВРАТ СМЕРТИ. И ВОЗЗВАЛИ ОНИ К ГОСПОДУ В НЕСЧАСТЬЕ СВОЕМ, И ОН СПАС ИХ ИЗ БЕДЫ. ПОСЛАЛ ОН ИМ СЛОВО СВОЕ, И ИСЦЕЛИЛ ИХ, И СПАС ИХ ОТ ГИБЕЛИ. ВОСХВАЛЯТ ОНИ ГОСПОДА ЗА ДОБРОТУ ЕГО И ЗА ЧУДЕСА, [КОТОРЫЕ ЯВИЛ ОН] СЫНАМ ЧЕЛОВЕЧЕСКИМ. ЕСЛИ ЕСТЬ У ЧЕЛОВЕКА АНГЕЛ-ЗАСТУПНИК, ПЕРЕДАЮЩИЙ ЕМУ ТЫСЯЧНУЮ ЧАСТЬ [СКАЗАННОГО ВСЕВЫШНИМ], ТО СЛОВА [ЭТИ] – О СПРАВЕДЛИВОСТИ ВСЕВЫШНЕГО. И ПОМИЛУЕТ [ВСЕВЫШНИЙ] ЭТОГО ЧЕЛОВЕКА, [ПОВЕРИВШЕГО В ЕГО СПРАВЕДЛИВОСТЬ], И СКАЖЕТ [АНГЕЛУ-СПАСИТЕЛЮ]: "ВОСПРЕПЯТСТВУЙ ЕГО ПАДЕНИЮ В ПРЕИСПОДНЮЮ. Я НАШЕЛ [ВОЗМОЖНЫМ] ВЫКУПИТЬ ЕГО"

Произнося следующие слова, поднимают над головой петуха или курицу и трижды совершают вращательное движение рукой, в которой держат птицу.

זה ЭТО – ЗАМЕНА МНЕ; [ПРИМИ] ЭТО ВМЕСТО МЕНЯ; ЭТО – ВЫКУП МОЙ.

И продолжают:

ПУСТЬ УДЕЛОМ ЭТОГО ПЕТУХА (ЭТОЙ КУРИЦЫ) СТАНЕТ СМЕРТЬ, А МОИМ УДЕЛОМ – БЛАГОПОЛУЧНАЯ ДОЛГАЯ ЖИЗНЬ И МИР!

Все вышесказанное повторяют трижды в том же порядке.

Порку ремнем следует производить перед погружением в микву и чтением молитвы "Минха". Тот, кто получает эти легкие удары, должен находиться в наклонном положении спиной в сторону юга а лицом в сторону севера. Оба, – и тот, кто наносит удары, и тот, кто их получает, – произносят фразу והוא רחום ("И ОН, МИЛОСЕРДНЫЙ..."), см. на стр. 106. Эту фразу повторяют трижды, произнося при каждом ударе по одному слову. (Всего 39 раз.)

Перед вечерней молитвой в Йом-Кипур, согласно традиции, достают из ковчега свитки Торы, оставляя его открытым, и во время чтения молитвы "Коль нидрей" держат свитки в руках. Держать первый свиток (с которым стоят по правую руку от хазана) – большая честь, и заслуженно удостаивается ее тот, кто жертвует наибольшую сумму денег на добрые дела. После того, как достали свитки, говорят:

אור СВЕТ ПОСЕЯН ИМ ДЛЯ ПРАВЕДНИКОВ И ДЛЯ ПРЯМОДУШНЫХ – РАДОСТЬ.

Молитву "Маарив" см. на стр. 134. Фразу: "БЛАГОСЛОВЕННО СЛАВНОЕ ИМЯ ЦАРСТВА ЕГО ВО ВЕКИ ВЕКОВ" произносят громко.

"АМИДА" МОЛИТВ "МААРИВ", "ШАХАРИТ" И "МИНХА" В ЙОМ-КИПУР

אדני ГОСПОДЬ, ДАЙ МНЕ СИЛЫ МОЛИТЬСЯ ПРЕД ТОБОЙ, [ПРОСТИ МНЕ ГРЕХИ], И УСТА МОИ ВОССЛАВЯТ ТЕБЯ.

ברוך БЛАГОСЛОВЕН ТЫ, ГОСПОДЬ, БОГ НАШ И БОГ ОТЦОВ НАШИХ, БОГ АВРАҺАМА, БОГ ИЦХАКА И БОГ ЯАКОВА, БОГ ВЕЛИКИЙ, МОГУЧИЙ И ГРОЗНЫЙ, ВСЕВЫШНИЙ БОГ, ДАРУЮЩИЙ БЛАГА, СОТВОРИВШИЙ ВСЕ, И ПОМНЯЩИЙ ДОБРЫЕ ДЕЛА ОТЦОВ, И ПО ЛЮБВИ СВОЕЙ ПОСЫЛАЮЩИЙ ИЗБАВИТЕЛЯ СЫНОВЬЯМ ИХ СЫНОВЕЙ РАДИ ИМЕНИ СВОЕГО!

זכרנו ВСПОМНИ НАС, ЧТОБЫ ДАРОВАТЬ НАМ ЖИЗНЬ, ВЛАДЫКА, КОТОРОМУ УГОДНА ЖИЗНЬ, И ЗАПИШИ НАС В КНИГУ ЖИЗНИ РАДИ СЕБЯ, БОГ ЖИЗНИ!

מלך [ТЫ –] ВЛАДЫКА, КОТОРЫЙ ПОМОГАЕТ, СПАСАЕТ И ЗАЩИЩАЕТ. БЛАГОСЛОВЕН ТЫ, ГОСПОДЬ, ЗАЩИТНИК АВРАҺАМА!

אַתָּה גִבּוֹר לְעוֹלָם אֲדֹנָי, מְחַיֵּה מֵתִים אַתָּה, רַב לְהוֹשִׁיעַ מוֹרִיד הַטָּל.

מְכַלְכֵּל חַיִּים בְּחֶסֶד, מְחַיֵּה מֵתִים בְּרַחֲמִים רַבִּים, סוֹמֵךְ נוֹפְלִים, וְרוֹפֵא חוֹלִים, וּמַתִּיר אֲסוּרִים, וּמְקַיֵּם אֱמוּנָתוֹ לִישֵׁנֵי עָפָר, מִי כָמוֹךָ בַּעַל גְּבוּרוֹת וּמִי דּוֹמֶה לָּךְ, מֶלֶךְ מֵמִית וּמְחַיֶּה וּמַצְמִיחַ יְשׁוּעָה:

מִי כָמוֹךָ אָב הָרַחֲמָן[א], זוֹכֵר יְצוּרָיו לְחַיִּים בְּרַחֲמִים.

וְנֶאֱמָן אַתָּה לְהַחֲיוֹת מֵתִים. בָּרוּךְ אַתָּה יְיָ, מְחַיֵּה הַמֵּתִים:[ב]

אַתָּה קָדוֹשׁ וְשִׁמְךָ קָדוֹשׁ, וּקְדוֹשִׁים בְּכָל יוֹם יְהַלְלוּךָ סֶּלָה.

לְדוֹר וָדוֹר הַמְלִיכוּ לָאֵל, כִּי הוּא לְבַדּוֹ מָרוֹם וְקָדוֹשׁ:

וּבְכֵן יִתְקַדֵּשׁ שִׁמְךָ יְיָ אֱלֹהֵינוּ עַל יִשְׂרָאֵל עַמֶּךָ וְעַל יְרוּשָׁלַיִם עִירֶךָ, וְעַל צִיּוֹן מִשְׁכַּן כְּבוֹדֶךָ, וְעַל מַלְכוּת בֵּית דָּוִד מְשִׁיחֶךָ, וְעַל מְכוֹנָךְ וְהֵיכָלֶךָ:

וּבְכֵן תֵּן פַּחְדְּךָ יְיָ אֱלֹהֵינוּ עַל כָּל מַעֲשֶׂיךָ, וְאֵימָתְךָ עַל כָּל מַה שֶּׁבָּרָאתָ, וְיִירָאוּךָ כָּל הַמַּעֲשִׂים, וְיִשְׁתַּחֲווּ לְפָנֶיךָ כָּל הַבְּרוּאִים, וְיֵעָשׂוּ כֻלָּם אֲגֻדָּה אֶחָת לַעֲשׂוֹת רְצוֹנְךָ בְּלֵבָב שָׁלֵם. שֶׁיָּדַעְנוּ יְיָ אֱלֹהֵינוּ שֶׁהַשָּׁלְטָן לְפָנֶיךָ, עֹז בְּיָדְךָ, וּגְבוּרָה בִּימִינֶךָ. וְשִׁמְךָ נוֹרָא עַל כָּל מַה שֶּׁבָּרָאתָ:

וּבְכֵן תֵּן כָּבוֹד יְיָ לְעַמֶּךָ, תְּהִלָּה לִירֵאֶיךָ, וְתִקְוָה טוֹבָה לְדוֹרְשֶׁיךָ, וּפִתְחוֹן פֶּה

א) בשבת במנחת הרחמים

ב) בחזרת הש"ץ אומרים נקדישך כמו בשבת.

אתה ТВОЕ МОГУЩЕСТВО ВЕЧНО, ГОСПОДЬ, ТЫ ВОЗВРАЩАЕШЬ МЕРТВЫХ К ЖИЗНИ, ТЫ – ВЕЛИКИЙ ИЗБАВИТЕЛЬ, ПОСЫЛАЮЩИЙ РОСУ,

מכלכל ПИТАЮЩИЙ ПО ДОБРОТЕ СВОЕЙ ЖИВЫХ, ПО ВЕЛИКОМУ МИЛОСЕРДИЮ ВОЗВРАЩАЮЩИЙ МЕРТВЫХ К ЖИЗНИ, ПОДДЕРЖИВАЮЩИЙ ПАДАЮЩИХ, И ИСЦЕЛЯЮЩИЙ БОЛЬНЫХ, И ОСВОБОЖДАЮЩИЙ УЗНИКОВ, И ИСПОЛНЯЮЩИЙ СВОЕ ОБЕЩАНИЕ [ВОЗВРАТИТЬ ЖИЗНЬ] ПОКОЯЩИМСЯ В ЗЕМЛЕ, – КТО ПОДОБЕН ТЕБЕ, ВСЕСИЛЬНЫЙ, И КТО СРАВНИТСЯ С ТОБОЙ, ВЛАДЫКА, КОТОРЫЙ УМЕРЩВЛЯЕТ, И ОЖИВЛЯЕТ, И ВЗРАЩИВАЕТ СПАСЕНИЕ!

מי КТО ПОДОБЕН ТЕБЕ, МИЛОСЕРДНЫЙ ОТЕЦ (в субботу в молитве "Минха" вместо "АВ ГАРАХАМАН" говорят "АВ ГАРАХАМИМ"), МИЛОСТИВО ВСПОМИНАЮЩИЙ О СВОИХ ТВОРЕНИЯХ, ДАРУЯ ИМ ЖИЗНЬ!

ונאמן И ВЕРЕН ТЫ [СВОЕМУ ОБЕЩАНИЮ] ВОЗВРАТИТЬ МЕРТВЫМ ЖИЗНЬ. БЛАГОСЛОВЕН ТЫ, ГОСПОДЬ, ВОЗВРАЩАЮЩИЙ МЕРТВЫХ К ЖИЗНИ!

אתה ТЫ СВЯТ, И СВЯТО ИМЯ ТВОЕ, И СВЯТЫЕ [АНГЕЛЫ] БУДУТ ВОСХВАЛЯТЬ ТЕБЯ ИЗО ДНЯ В ДЕНЬ, ВОВЕКИ.

לדור В КАЖДОМ ПОКОЛЕНИИ ПРОВОЗГЛАШАЙТЕ БОГА ЦАРЕМ, ПОТОМУ ЧТО ОН ОДИН ПРЕВОЗНЕСЕН И СВЯТ.

ובכן И ПУСТЬ ТОГДА СВЯТОСТЬ ИМЕНИ ТВОЕГО, ГОСПОДЬ, БОГ НАШ, ОСЕНИТ НАРОД ТВОЙ, ИЗРАИЛЬ, И ИЕРУСАЛИМ, ГОРОД ТВОЙ, И СИОН, ГДЕ ОБИТАЕТ СЛАВА ТВОЯ, И ЦАРСТВОВАНИЕ РОДА ДАВИДА, ПОМАЗАННИКА ТВОЕГО, И МЕСТО, [КОТОРОЕ ТЫ ПРЕДНАЗНАЧИЛ ДЛЯ ТОГО, ЧТОБЫ ОБИТАТЬ В НЕМ] , И [ВЕСЬ] ХРАМ ТВОЙ.

ובכן И ВНУШИ ТОГДА СТРАХ ПРЕД СОБОЙ ВСЕМ СОЗДАНИЯМ ТВОИМ, [НАУЧИ] БОЯТЬСЯ СЕБЯ ВСЕ, СОТВОРЕННОЕ ТОБОЙ, И ТРЕПЕТ ОХВАТИТ ТЕХ, КОГО ТЫ СОЗДАЛ, И ПАДУТ НИЦ ПРЕД ТОБОЮ ВСЕ ТВОРЕНИЯ, И ОБЪЕДИНЯТСЯ ВСЕ ВМЕСТЕ, ЧТОБЫ ИСПОЛНЯТЬ ВОЛЮ ТВОЮ ОТ ВСЕГО СЕРДЦА. ИБО ЗНАЕМ МЫ, ГОСПОДЬ, БОГ НАШ, ЧТО ВЛАСТЬ ПРИНАДЛЕЖИТ ТЕБЕ; СИЛА В РУКЕ ТВОЕЙ, МОГУЩЕСТВО В ДЕСНИЦЕ ТВОЕЙ, И ГРОЗНОЕ ИМЯ ТВОЕ — НАД ВСЕМ, ЧТО ТЫ СОТВОРИЛ.

ובכן И ТОГДА, ГОСПОДЬ, ВОЗВЕЛИЧЬ НАРОД СВОЙ, ВОССЛАВЬ БОЯЩИХСЯ ТЕБЯ, ДАЙ НАДЕЖДУ НА ЛУЧШЕЕ ВЗЫВАЮЩИМ К ТЕБЕ, ДОКАЖИ ПРАВОТУ ПОЛАГАЮЩИХСЯ НА

לִמְיַחֲלִים לָךְ, שִׂמְחָה לְאַרְצֶךָ, וְשָׂשׂוֹן לְעִירֶךָ, וּצְמִיחַת קֶרֶן לְדָוִד עַבְדֶּךָ, וַעֲרִיכַת נֵר לְבֶן יִשַׁי מְשִׁיחֶךָ, בִּמְהֵרָה בְיָמֵינוּ:

וּבְכֵן צַדִּיקִים יִרְאוּ וְיִשְׂמָחוּ, וִישָׁרִים יַעֲלֹזוּ, וַחֲסִידִים בְּרִנָּה יָגִילוּ, וְעוֹלָתָה תִּקְפָּץ פִּיהָ, וְהָרִשְׁעָה כֻלָּהּ בֶּעָשָׁן תִּכְלֶה, כִּי תַעֲבִיר מֶמְשֶׁלֶת זָדוֹן מִן הָאָרֶץ:

וְתִמְלוֹךְ אַתָּה הוּא יְיָ אֱלֹהֵינוּ לְבַדֶּךָ, עַל כָּל מַעֲשֶׂיךָ, בְּהַר צִיּוֹן מִשְׁכַּן כְּבוֹדֶךָ, וּבִירוּשָׁלַיִם עִיר קָדְשֶׁךָ, כַּכָּתוּב בְּדִבְרֵי קָדְשֶׁךָ: יִמְלֹךְ יְיָ לְעוֹלָם אֱלֹהַיִךְ צִיּוֹן לְדֹר וָדֹר, הַלְלוּיָהּ:

קָדוֹשׁ אַתָּה וְנוֹרָא שְׁמֶךָ, וְאֵין אֱלוֹהַּ מִבַּלְעָדֶיךָ, כַּכָּתוּב: וַיִּגְבַּהּ יְיָ צְבָאוֹת בַּמִּשְׁפָּט, וְהָאֵל הַקָּדוֹשׁ נִקְדַּשׁ בִּצְדָקָה, בָּרוּךְ אַתָּה יְיָ, הַמֶּלֶךְ הַקָּדוֹשׁ:

אַתָּה בְחַרְתָּנוּ מִכָּל הָעַמִּים, אָהַבְתָּ אוֹתָנוּ וְרָצִיתָ בָּנוּ, וְרוֹמַמְתָּנוּ מִכָּל הַלְּשׁוֹנוֹת, וְקִדַּשְׁתָּנוּ בְּמִצְוֹתֶיךָ, וְקֵרַבְתָּנוּ מַלְכֵּנוּ לַעֲבֹדָתֶךָ, וְשִׁמְךָ הַגָּדוֹל וְהַקָּדוֹשׁ עָלֵינוּ קָרָאתָ:

וַתִּתֶּן לָנוּ יְיָ אֱלֹהֵינוּ בְּאַהֲבָה אֶת יוֹם (לשבת הַשַּׁבָּת הַזֶּה וְאֶת יוֹם) הַכִּפֻּרִים הַזֶּה, אֶת יוֹם סְלִיחַת הֶעָוֹן הַזֶּה, אֶת יוֹם מִקְרָא קֹדֶשׁ הַזֶּה, (לשבת לִקְדֻשָּׁה וְלִמְנוּחָה) לִמְחִילָה וְלִסְלִיחָה וּלְכַפָּרָה, וְלִמְחָל בּוֹ אֶת כָּל עֲוֹנוֹתֵינוּ (לשבת בְּאַהֲבָה) מִקְרָא קֹדֶשׁ זֵכֶר לִיצִיאַת מִצְרָיִם:

אלהינו

ТЕБЯ; ПУСТЬ РАДУЕТСЯ СТРАНА ТВОЯ, ВЕСЕЛИТСЯ ГОРОД ТВОЙ, ПУСТЬ ВОЗРАСТЕТ МОЩЬ ДАВИДА, РАБА ТВОЕГО, И ЗАЖГИ СВЕТ [ДУШИ] ПОМАЗАННИКА ТВОЕГО, ПОТОМКА ИШАЯ, — ВСКОРЕ, В НАШИ ДНИ.

ובכן И УВИДЯТ ТОГДА [ЭТО] ПРАВЕДНИКИ И ПРЕИСПОЛНЯТСЯ РАДОСТИ, ВОЗЛИКУЮТ НЕПОРОЧНЫЕ, С ПЕСНЯМИ БУДУТ ПРАЗДНОВАТЬ ЛЮБЯЩИЕ ТЕБЯ, А [ВСЯКАЯ] НЕЧИСТЬ ЛИШИТСЯ ДАРА РЕЧИ И ВСЕ ЗЛО РАЗВЕЕТСЯ ДЫМОМ, [СГОРЕВ В АДСКОМ ОГНЕ], КОГДА СМЕТЕШЬ ТЫ ВЛАСТЬ ЗЛА С [ЛИЦА] ЗЕМЛИ.

ותמלוך И ВОЦАРИШЬСЯ ТЫ ОДИН, ГОСПОДЬ, БОГ НАШ, НАД ВСЕМИ ТВОИМИ СОЗДАНИЯМИ НА ГОРЕ СИОН, ГДЕ ОБИТАЕТ СЛАВА ТВОЯ, В ИЕРУСАЛИМЕ, СВЯТОМ ГОРОДЕ ТВОЕМ, КАК СКАЗАНО В ТВОИХ СВЯТЫХ ПИСАНИЯХ: "ГОСПОДЬ БУДЕТ ЦАРСТВОВАТЬ ВЕЧНО; [БУДЕТ ЦАРСТВОВАТЬ] БОГ ТВОЙ, СИОН, ВО ВЕКИ ВЕКОВ; ВОСХВАЛИТЕ БОГА!"

קדוש СВЯТ ТЫ, И ГРОЗНО ИМЯ ТВОЕ, И НЕТ БОГА КРОМЕ ТЕБЯ, КАК НАПИСАНО: "И ВОЗНЕСЛО ГОСПОДА ВОИНСТВ ПРАВОСУДИЕ [ЕГО], И ОСВЯТИЛО СВЯТОГО БОГА [ЕГО] МИЛОСЕРДИЕ". БЛАГОСЛОВЕН ТЫ, ГОСПОДЬ, ВЛАДЫКА СВЯТОЙ!

אתה ТЫ ИЗБРАЛ НАС ИЗ ВСЕХ НАРОДОВ, ПОЛЮБИЛ НАС, И БЛАГОВОЛИЛ К НАМ, И ВОЗВЫСИЛ НАС НАД ВСЕМИ ПЛЕМЕНАМИ, И ОСВЯТИЛ НАС СВОИМИ ЗАПОВЕДЯМИ, И ПРИБЛИЗИЛ ТЫ НАС, ВЛАДЫКА НАШ, [К СЕБЕ], ЧТОБЫ МЫ СЛУЖИЛИ ТЕБЕ, И ИМЕНЕМ СВОИМ, ВЕЛИКИМ И СВЯТЫМ, ОТМЕТИЛ НАС.

ותתן И ДАРОВАЛ ТЫ НАМ, ГОСПОДЬ, БОГ НАШ, С ЛЮБОВЬЮ (*в субботу добавляют*: ЭТОТ СУББОТНИЙ ДЕНЬ И) И ЭТОТ ДЕНЬ ОЧИЩЕНИЯ, ЭТОТ ДЕНЬ ПРОЩЕНИЯ ГРЕХОВ, ЭТОТ СВЯТОЙ ДЕНЬ (*в субботу добавляют*: ДЛЯ СВЯТОСТИ И ДЛЯ ОТДЫХА), ДЛЯ ОТПУЩЕНИЯ [НАШИХ ГРЕХОВ], И ПРОЩЕНИЯ, И ОЧИЩЕНИЯ, ЧТОБЫ ОТПУСТИТЬ НАМ В ЭТОТ ДЕНЬ ВСЕ НАШИ ГРЕХИ (*в субботу добавляют*: ПО ЛЮБВИ [СВОЕЙ]), — В СВЯТОЙ ДЕНЬ, НАПОМИНАЮЩИЙ О ВЫХОДЕ ИЗ ЕГИПТА.

אֱלֹהֵינוּ וֵאלֹהֵי אֲבוֹתֵינוּ, יַעֲלֶה וְיָבֹא וְיַגִּיעַ, וְיֵרָאֶה וְיֵרָצֶה
וְיִשָּׁמַע, וְיִפָּקֵד וְיִזָּכֵר זִכְרוֹנֵנוּ וּפִקְדּוֹנֵנוּ, וְזִכְרוֹן
אֲבוֹתֵינוּ, וְזִכְרוֹן מָשִׁיחַ בֶּן דָּוִד עַבְדֶּךָ, וְזִכְרוֹן יְרוּשָׁלַיִם
עִיר קָדְשֶׁךָ, וְזִכְרוֹן כָּל עַמְּךָ בֵּית יִשְׂרָאֵל לְפָנֶיךָ, לִפְלֵיטָה
לְטוֹבָה, לְחֵן וּלְחֶסֶד וּלְרַחֲמִים, וּלְחַיִּים טוֹבִים וּלְשָׁלוֹם,
בְּיוֹם (הַשַּׁבָּת הַזֶּה וּבְיוֹם) הַכִּפֻּרִים הַזֶּה. בְּיוֹם סְלִיחַת הֶעָוֹן
הַזֶּה. בְּיוֹם מִקְרָא קֹדֶשׁ הַזֶּה, זָכְרֵנוּ יְיָ אֱלֹהֵינוּ בּוֹ
לְטוֹבָה, וּפָקְדֵנוּ בוֹ לִבְרָכָה, וְהוֹשִׁיעֵנוּ בוֹ לְחַיִּים טוֹבִים.
וּבִדְבַר יְשׁוּעָה וְרַחֲמִים חוּס וְחָנֵּנוּ, וְרַחֵם עָלֵינוּ וְהוֹשִׁיעֵנוּ,
כִּי אֵלֶיךָ עֵינֵינוּ, כִּי אֵל מֶלֶךְ חַנּוּן וְרַחוּם אָתָּה:

אֱלֹהֵינוּ וֵאלֹהֵי אֲבוֹתֵינוּ, מְחוֹל לַעֲוֹנוֹתֵינוּ בְּיוֹם
(לשבת הַשַּׁבָּת הַזֶּה וּבְיוֹם) הַכִּפֻּרִים הַזֶּה, בְּיוֹם
סְלִיחַת הֶעָוֹן הַזֶּה בְּיוֹם מִקְרָא קֹדֶשׁ הַזֶּה, מְחֵה
וְהַעֲבֵר פְּשָׁעֵינוּ וְחַטֹּאתֵינוּ מִנֶּגֶד עֵינֶיךָ, כָּאָמוּר:
אָנֹכִי אָנֹכִי הוּא מֹחֶה פְשָׁעֶיךָ לְמַעֲנִי, וְחַטֹּאתֶיךָ
לֹא אֶזְכֹּר. וְנֶאֱמַר: מָחִיתִי כָעָב פְּשָׁעֶיךָ, וְכֶעָנָן
חַטֹּאתֶיךָ, שׁוּבָה אֵלַי כִּי גְאַלְתִּיךָ. וְנֶאֱמַר: כִּי בַיּוֹם
הַזֶּה יְכַפֵּר עֲלֵיכֶם לְטַהֵר אֶתְכֶם מִכֹּל חַטֹּאתֵיכֶם,
לִפְנֵי יְיָ תִּטְהָרוּ: (אֱלֹהֵינוּ וֵאלֹהֵי אֲבוֹתֵינוּ, רְצֵה נָא בִמְנוּחָתֵנוּ)
קַדְּשֵׁנוּ בְּמִצְוֹתֶיךָ, וְתֵן חֶלְקֵנוּ בְּתוֹרָתֶךָ, שַׂבְּעֵנוּ
מִטּוּבֶךָ וְשַׂמַּח נַפְשֵׁנוּ בִּישׁוּעָתֶךָ, (לשבת וְהַנְחִילֵנוּ יְיָ
אֱלֹהֵינוּ בְּאַהֲבָה וּבְרָצוֹן שַׁבַּת (שַׁבָּתוֹת) קָדְשֶׁךָ וְיָנוּחוּ בָהּ (בוֹ. בָם)
כל

אלהינו БОГ НАШ И БОГ ОТЦОВ НАШИХ! ДА ПОДНИМЕТСЯ, И ПРИДЕТ [К ТЕБЕ], И ДОСТИГНЕТ [ТВОЕГО СЛУХА], И БУДЕТ ЗАМЕЧЕНА, И БЛАГОСКЛОННО ПРИНЯТА, И УСЛЫШАНА [ТОБОЮ МОЛИТВА НАША], И ДА БУДУТ ВОЗОБНОВЛЕНЫ И ВОССТАНОВЛЕНЫ [ТОБОЮ] ПАМЯТЬ О НАС И ВНИМАНИЕ К НАМ; И ПАМЯТЬ ОБ ОТЦАХ НАШИХ, И ПАМЯТЬ О МАШИАХЕ, ПОТОМКЕ ДАВИДА, РАБА ТВОЕГО, И ПАМЯТЬ О ИЕРУСАЛИ-МЕ, СВЯТОМ ГОРОДЕ ТВОЕМ, И ПАМЯТЬ ОБО ВСЕМ ТВОЕМ НАРОДЕ, ДОМЕ ИЗРАИЛЯ, — ДЛЯ СПАСЕНИЯ [НАШЕГО], ВО БЛАГО [НАМ], ДЛЯ ЛЮБВИ И МИЛОСТИ, И ДЛЯ МИЛОСЕРДИЯ [К НАМ], И ДЛЯ БЛАГОПО-ЛУЧНОЙ ЖИЗНИ [НАШЕЙ] И МИРА [ДЛЯ НАС] В ЭТОТ (в субботу добав-ляют: СУББОТНИЙ ДЕНЬ И) ДЕНЬ ОЧИЩЕНИЯ. В ЭТОТ ДЕНЬ ПРОЩЕНИЯ ГРЕХОВ, В ЭТОТ СВЯТОЙ ДЕНЬ; ВСПОМНИ НАС, ГОСПОДЬ НАШ, К ДОБ-РУ, И ОТНЕСИСЬ К НАМ В ЭТОТ ДЕНЬ СО ВНИМАНИЕМ, БЛАГОСЛОВЛЯЯ НАС, И СПАСИ НАС В ЭТОТ ДЕНЬ ДЛЯ БЛАГОПОЛУЧНОЙ ЖИЗНИ; И ПО ОБЕЩАНИЮ [СВОЕМУ] СПАСТИ И ПОМИЛОВАТЬ [НАС] ПОЖАЛЕЙ [НАС] И СМИЛУЙСЯ [НАД НАМИ]; И БУДЬ СНИСХОДИТЕЛЕН К НАМ, И СПАСИ НАС — ВЕДЬ НА ТЕБЯ УСТРЕМЛЕНЫ НАШИ ВЗОРЫ, ПОТОМУ ЧТО ТЫ, БОГ, — ВЛАДЫКА МИЛОСЕРДНЫЙ И МИЛУЮЩИЙ.

אלהינו БОГ НАШ И БОГ ОТЦОВ НАШИХ! ОТПУСТИ ГРЕХИ НАШИ В (в субботу: ЭТОТ СУББОТНИЙ ДЕНЬ И) ЭТОТ ДЕНЬ ОЧИЩЕНИЯ, В ЭТОТ ДЕНЬ ПРОЩЕНИЯ ВИНЫ, В ЭТОТ СВЯТОЙ ДЕНЬ; ОЧИСТИ [НАС]; УДАЛИ С ГЛАЗ ДОЛОЙ ПРЕСТУПЛЕНИЯ И ЗАБЛУЖДЕНИЯ НАШИ, КАК СКАЗАНО: "Я, [И ТОЛЬКО] Я, — ТОТ, КТО ОЧИЩАЕТ ТЕБЯ ОТ ГРЕ-ХОВ И ПРОВИННОСТЕЙ, [И ДЕЛАЮ Я ЭТО] РАДИ СЕБЯ САМОГО, И [БО-ЛЕЕ ИХ ТЕБЕ] НЕ ПРИПОМНЮ". И СКАЗАНО: "И РАЗВЕЯЛ Я, КАК [ВЕ-ТЕР—] ТУЧУ, ПРЕСТУПЛЕНИЯ ТВОИ; СЛОВНО [ВЕТЕР—] ОБЛАКО, [РАЗ-ВЕЯЛ] ТВОИ ГРЕХИ; ВЕРНИСЬ ЖЕ КО МНЕ, ИБО Я ОСВОБОЖДАЮ ТЕБЯ [ОТ ВИНЫ]". И СКАЗАНО: "ИБО В ЭТОТ ДЕНЬ Я СНИМУ С ВАС ВИНУ [ЗА ГРЕХИ ВАШИ], ОЧИЩУ ВАС ОТ ВСЕХ ВАШИХ ПРОВИННОСТЕЙ; БУ-ДЕТЕ ЧИСТЫ ВЫ ПРЕД ГОСПОДОМ". (В субботу добавляют: БОГ НАШ И БОГ ОТЦОВ НАШИХ! ДА БУДЕТ УГОДЕН ТЕБЕ СУББОТНИЙ ПОКОЙ НАШ.) ОСВЯТИ НАС ЗАПОВЕДЯМИ СВОИМИ И ДАЙ НАМ УДЕЛ В ТОРЕ ТВОЕЙ; НАСЫТЬ НАС ЩЕДРОТАМИ СВОИМИ И ВОЗВЕСЕЛИ ДУШИ НАШИ СПАСЕНИЕМ, ДАРОВАННЫМ ТОБОЙ (в субботу добавляют: И ДАРУЙ НАМ В УДЕЛ, ГОСПОДЬ, БОГ НАШ, ПО ЛЮБВИ И БЛАГОСКЛОННОСТИ [К НАМ], СВЯТУЮ СУББОТУ СВОЮ (в молитве "Шахарит": СВЯТОЙ СУББОТ-НИЙ ДЕНЬ СВОЙ; в молитве "Минха": СВЯТЫЕ СУББОТНИЕ ДНИ СВОИ), И ОБРЕТЕТ В НЕЙ (в молитве "Шахарит": В НЕМ; в молитве "Минха": в НИХ)

כָּל יִשְׂרָאֵל מְקַדְּשֵׁי שְׁמֶךָ) וְטַהֵר לִבֵּנוּ לְעָבְדְּךָ בֶּאֱמֶת,

כִּי אַתָּה סָלְחָן לְיִשְׂרָאֵל וּמָחֳלָן לְשִׁבְטֵי יְשֻׁרוּן

בְּכָל דּוֹר וָדוֹר, וּמִבַּלְעָדֶיךָ אֵין לָנוּ מֶלֶךְ מוֹחֵל

וְסוֹלֵחַ:בָּרוּךְ אַתָּה יְיָ, מֶלֶךְ מוֹחֵל וְסוֹלֵחַ לַעֲוֹנוֹתֵינוּ,

וְלַעֲוֹנוֹת עַמּוֹ בֵּית יִשְׂרָאֵל, וּמַעֲבִיר אַשְׁמוֹתֵינוּ

בְּכָל שָׁנָה וְשָׁנָה. מֶלֶךְ עַל כָּל הָאָרֶץ, מְקַדֵּשׁ

(לשבת הַשַּׁבָּת וְ)יִשְׂרָאֵל וְיוֹם הַכִּפּוּרִים:

רְצֵה יְיָ אֱלֹהֵינוּ בְּעַמְּךָ יִשְׂרָאֵל, וְלִתְפִלָּתָם שְׁעֵה, וְהָשֵׁב הָעֲבוֹדָה
לִדְבִיר בֵּיתֶךָ,וְאִשֵּׁי יִשְׂרָאֵל וּתְפִלָּתָם בְּאַהֲבָה תְקַבֵּל בְּרָצוֹן,
וּתְהִי לְרָצוֹן תָּמִיד עֲבוֹדַת יִשְׂרָאֵל עַמֶּךָ:

וְתֶחֱזֶינָה עֵינֵינוּ בְּשׁוּבְךָ לְצִיּוֹן בְּרַחֲמִים. בָּרוּךְ אַתָּה יְיָ, הַמַּחֲזִיר
שְׁכִינָתוֹ לְצִיּוֹן:

מוֹדִים דרבנן

מוֹדִים אֲנַחְנוּ לָךְ, שָׁאַתָּה הוּא יְיָ
אֱלֹהֵינוּ וֵאלֹהֵי אֲבוֹתֵינוּ,
אֱלֹהֵי כָל בָּשָׂר, יוֹצְרֵנוּ, יוֹצֵר
בְּרֵאשִׁית, בְּרָכוֹת וְהוֹדָאוֹת לְשִׁמְךָ
הַגָּדוֹל וְהַקָּדוֹשׁ, עַל שֶׁהֶחֱיִיתָנוּ
וְקִיַּמְתָּנוּ, כֵּן תְּחַיֵּנוּ וּתְקַיְּמֵנוּ וְתֶאֱסוֹף
גָּלֻיּוֹתֵינוּ לְחַצְרוֹת קָדְשֶׁךָ, וְנָשׁוּב
אֵלֶיךָ לִשְׁמוֹר חֻקֶּיךָ, וְלַעֲשׂוֹת רְצוֹנֶךָ,
וּלְעָבְדְּךָ בְּלֵבָב שָׁלֵם עַל שֶׁאָנוּ מוֹדִים
לָךְ. בָּרוּךְ אֵל הַהוֹדָאוֹת:

מוֹדִים אֲנַחְנוּ לָךְ שָׁאַתָּה הוּא יְיָ
אֱלֹהֵינוּ וֵאלֹהֵי אֲבוֹתֵינוּ
לְעוֹלָם וָעֶד, צוּר חַיֵּינוּ מָגֵן יִשְׁעֵנוּ, אַתָּה
הוּא לְדוֹר וָדוֹר, נוֹדֶה לְּךָ וּנְסַפֵּר
תְּהִלָּתֶךָ, עַל חַיֵּינוּ הַמְּסוּרִים בְּיָדֶךָ, וְעַל
נִשְׁמוֹתֵינוּ הַפְּקוּדוֹת לָךְ, וְעַל נִסֶּיךָ
שֶׁבְּכָל יוֹם עִמָּנוּ, וְעַל נִפְלְאוֹתֶיךָ
וְטוֹבוֹתֶיךָ שֶׁבְּכָל עֵת, עֶרֶב וָבֹקֶר

וְצָהֳרָיִם, הַטּוֹב, כִּי לֹא כָלוּ רַחֲמֶיךָ, וְהַמְרַחֵם, כִּי לֹא תַמּוּ חֲסָדֶיךָ,
כִּי מֵעוֹלָם קִוִּינוּ לָךְ:

וְעַל כֻּלָּם יִתְבָּרַךְ וְיִתְרוֹמַם וְיִתְנַשֵּׂא שִׁמְךָ מַלְכֵּנוּ תָּמִיד לְעוֹלָם וָעֶד:
וּכְתוֹב לְחַיִּים טוֹבִים כָּל בְּנֵי בְרִיתֶךָ.

וְכֹל הַחַיִּים יוֹדוּךָ סֶּלָה וִיהַלְלוּ שִׁמְךָ הַגָּדוֹל לְעוֹלָם כִּי טוֹב הָאֵל
יְשׁוּעָתֵנוּ וְעֶזְרָתֵנוּ סֶלָה, הָאֵל הַטּוֹב. בָּרוּךְ אַתָּה יְיָ, הַטּוֹב
שִׁמְךָ וּלְךָ נָאֶה לְהוֹדוֹת: (לש"ץ ברכת כהנים)

שים

ПОКОЙ ВЕСЬ НАРОД ИЗРАИЛЯ, ОСВЯЩАЮЩИЙ ИМЯ ТВОЕ), И ОЧИСТИ НАШЕ СЕРДЦЕ, ЧТОБЫ МЫ СЛУЖИЛИ ТЕБЕ ВЕРНО, — ИБО ТЫ ТАКОВ, ЧТО [ВСЕГДА] ПРОЩАЕШЬ ИЗРАИЛЬ, ОТПУСКАЕШЬ ГРЕХИ КОЛЕНАМ НАРОДА ПРЯМОДУШНЫХ — ИЗ ПОКОЛЕНИЯ В ПОКОЛЕНИЕ; И КРОМЕ ТЕБЯ НЕТ У НАС ВЛАДЫКИ, ОТПУСКАЮЩЕГО ГРЕХИ И ПРОЩАЮЩЕГО. БЛАГОСЛОВЕН ТЫ, ГОСПОДЬ, ВЛАДЫКА, ОТПУСКАЮЩИЙ [НАШИ ГРЕХИ] И ПРОЩАЮЩИЙ [КАЖДОГО ИЗ НАС ЗА] НАШИ [СОБСТВЕННЫЕ] ПРОСТУПКИ И ПРОСТУПКИ [ВСЕГО] НАРОДА ТВОЕГО, ДОМА ИЗРАИЛЯ, И ИЗ ГОДА В ГОД СНИМАЮЩИЙ С НАС ВИНУ, — ВЛАДЫКА ВСЕЙ ЗЕМЛИ, ОСВЯЩАЮЩИЙ (*в субботу:* СУББОТУ И) ИЗРАИЛЬ И ДЕНЬ ОЧИЩЕНИЯ!

רצה ОТНЕСИСЬ БЛАГОСКЛОННО, ГОСПОДЬ, БОГ НАШ, К НАРОДУ СВОЕМУ, ИЗРАИЛЮ, И МОЛИТВУ ЕГО ПРИМИ, И ВОССТАНОВИ СЛУЖБУ В СВЯТАЯ СВЯТЫХ ХРАМА ТВОЕГО; И ЖЕРТВЫ, ПРИНОСИМЫЕ ИЗРАИЛЕМ, И МОЛИТВУ ЕГО ПРИМИ С ЛЮБОВЬЮ, БЛАГОСКЛОННО; И ПУСТЬ БУДЕТ ВСЕГДА ЖЕЛАННО ТЕБЕ СЛУЖЕНИЕ ИЗРАИЛЯ, НАРОДА ТВОЕГО.

ותחזינה И ДА УВИДИМ МЫ СВОИМИ ГЛАЗАМИ, КАК ВЕРНЕШЬСЯ ТЫ, ПО МИЛОСЕРДИЮ СВОЕМУ, В СИОН. БЛАГОСЛОВЕН ТЫ, ГОСПОДЬ, ВОЗВРАЩАЮЩИЙ СВОЮ ШХИНУ В СИОН!

מודים БЛАГОДАРИМ МЫ ТЕБЯ ЗА ТО, ЧТО ТЫ, ГОСПОДЬ, — БОГ НАШ И БОГ ОТЦОВ НАШИХ ВО ВЕКИ ВЕКОВ. ТЫ – ОПЛОТ ЖИЗНИ НАШЕЙ, ЗАЩИТНИК, СПАСАЮЩИЙ НАС ИЗ ПОКОЛЕНИЯ В ПОКОЛЕНИЕ. БУДЕМ БЛАГОДАРИТЬ ТЕБЯ И ПРОВОЗГЛАШАТЬ ТЕБЕ ХВАЛУ ВЕЧЕРОМ, УТРОМ И ДНЕМ ЗА ЖИЗНЬ НАШУ, ВВЕРЕННУЮ ТЕБЕ, ЗА ДУШИ НАШИ, ХРАНИМЫЕ ТОБОЙ, И ЗА ЧУДЕСА ТВОИ, КОТОРЫЕ ТЫ ПОСТОЯННО [СОВЕРШАЕШЬ] С НАМИ, И ЗА ТВОИ ЗНАМЕНИЯ И БЛАГОДЕЯНИЯ, КОТОРЫЕ ТЫ [ТВОРИШЬ] ВСЕГДА, – О, ДОБРЫЙ! – ПОТОМУ ЧТО МИЛОСТИ ТВОИ НЕСКОНЧАЕМЫ, – О, МИЛОСЕРДНЫЙ! – ПОТОМУ ЧТО БЛАГОДЕЯНИЯ ТВОИ НЕИСТОЩИМЫ; ВЕДЬ МЫ ОТ ВЕКА НАДЕЕМСЯ НА ТЕБЯ!

(См. транслитерацию на стр. 386)

"МОДИМ ДЕРАБАНАН"

При повторении молитвы хазаном община говорит здесь следующую молитву:

מודים БЛАГОДАРИМ МЫ ТЕБЯ ЗА ТО, ЧТО ТЫ, ГОСПОДЬ, – БОГ НАШ И БОГ ОТЦОВ НАШИХ, БОГ ВСЕГО ЖИВОГО, СОЗДАТЕЛЬ НАШ, ТВОРЕЦ МИРОЗДАНИЯ; ПОДОБАЕТ БЛАГОСЛОВЛЯТЬ И СЛАВИТЬ ВЕЛИКОЕ И СВЯТОЕ ИМЯ ТВОЕ ЗА ТО, ЧТО ТЫ ДАЛ НАМ ЖИЗНЬ И ПОДДЕРЖИВАЕШЬ ЕЕ В НАС; И ТЫ ПРОДЛИШЬ ЕЕ И ПОДДЕРЖИШЬ, И СОБЕРЕШЬ НАС ИЗ ИЗГНАНИЯ ВО ДВОРАХ СВЯТИЛИЩА СВОЕГО, И ВЕРНЕМСЯ МЫ К ТЕБЕ, ЧТОБЫ СОБЛЮДАТЬ ТВОИ ЗАКОНЫ, И ИСПОЛНЯТЬ ВОЛЮ ТВОЮ, И СЛУЖИТЬ ТЕБЕ ВСЕМ СЕРДЦЕМ; И ПОТОМУ МЫ БЛАГОДАРИМ ТЕБЯ. БЛАГОСЛОВЕН БОГ, КОТОРОГО ПОДОБАЕТ БЛАГОДАРИТЬ!

ועל А ЗА ВСЕ ЭТО ДА БУДЕТ БЛАГОСЛОВЛЕНО, И ДА ВОЗВЕЛИЧИТСЯ И ПРЕВОЗНЕСЕТСЯ ИМЯ ТВОЕ, ВЛАДЫКА НАШ, ВСЕГДА, ВО ВЕКИ ВЕКОВ!

וכתוב И ЗАПИШИ [В КНИГЕ ЖИЗНИ], ЧТО [В НОВОМ ГОДУ] БЛАГОПОЛУЧНАЯ СУДЬБА ОЖИДАЕТ ВСЕХ, С КЕМ ТЫ ЗАКЛЮЧИЛ СОЮЗ.

וכל И ВСЕ ЖИВОЕ БУДЕТ ВЕЧНО БЛАГОДАРИТЬ ТЕБЯ И ВОСХВАЛЯТЬ ТВОЕ ВЕЛИКОЕ ИМЯ ВОВЕК, ИБО ТЫ ДОБР. ТЫ, БОГ, – НАШЕ СПАСЕНИЕ И НАША ОПОРА ВОВЕКИ, [ТЫ –] ДОБРЫЙ БОГ! БЛАГОСЛОВЕН ТЫ, ГОСПОДЬ; ДОБРЫЙ – ИМЯ ТЕБЕ, И ТЕБЯ ПОДОБАЕТ БЛАГОДАРИТЬ.

שִׂים שָׁלוֹם. טוֹבָה וּבְרָכָה. חַיִּים חֵן וָחֶסֶד וְרַחֲמִים, עָלֵינוּ וְעַל כָּל יִשְׂרָאֵל עַמֶּךָ. בָּרְכֵנוּ אָבִינוּ כֻּלָּנוּ כְּאֶחָד, בְּאוֹר פָּנֶיךָ, כִּי בְאוֹר פָּנֶיךָ, נָתַתָּ לָּנוּ יְיָ אֱלֹהֵינוּ תּוֹרַת חַיִּים. וְאַהֲבַת חֶסֶד וּצְדָקָה וּבְרָכָה וְרַחֲמִים וְחַיִּים וְשָׁלוֹם. וְטוֹב בְּעֵינֶיךָ לְבָרֵךְ אֶת עַמְּךָ יִשְׂרָאֵל בְּכָל עֵת וּבְכָל שָׁעָה בִּשְׁלוֹמֶךָ.

וּבְסֵפֶר חַיִּים בְּרָכָה וְשָׁלוֹם וּפַרְנָסָה טוֹבָה,יְשׁוּעָה וְנֶחָמָה וּגְזֵרוֹת טוֹבוֹת, נִזָּכֵר וְנִכָּתֵב לְפָנֶיךָ, אֲנַחְנוּ וְכָל עַמְּךָ בֵּית יִשְׂרָאֵל, לְחַיִּים טוֹבִים וּלְשָׁלוֹם: בָּרוּךְ אַתָּה יְיָ, הַמְבָרֵךְ אֶת עַמּוֹ יִשְׂרָאֵל בַּשָּׁלוֹם:

יִהְיוּ לְרָצוֹן אִמְרֵי פִי וְהֶגְיוֹן לִבִּי, לְפָנֶיךָ, יְיָ צוּרִי וְגוֹאֲלִי:

אֱלֹהֵינוּ וֵאלֹהֵי אֲבוֹתֵינוּ, תָּבֹא לְפָנֶיךָ תְּפִלָּתֵנוּ, וְאַל תִּתְעַלַּם מִתְּחִנָּתֵנוּ, שֶׁאֵין אָנוּ עַזֵּי פָנִים וּקְשֵׁי עֹרֶף, לוֹמַר לְפָנֶיךָ יְיָ אֱלֹהֵינוּ וֵאלֹהֵי אֲבוֹתֵינוּ, צַדִּיקִים אֲנַחְנוּ וְלֹא חָטָאנוּ, אֲבָל אֲנַחְנוּ וַאֲבוֹתֵינוּ חָטָאנוּ:

אָשַׁמְנוּ, בָּגַדְנוּ, גָּזַלְנוּ, דִּבַּרְנוּ דֹּפִי. הֶעֱוִינוּ, וְהִרְשַׁעְנוּ, זַדְנוּ, חָמַסְנוּ, טָפַלְנוּ שֶׁקֶר. יָעַצְנוּ רָע, כִּזַּבְנוּ, לַצְנוּ, מָרַדְנוּ, נִאַצְנוּ, סָרַרְנוּ, עָוִינוּ, פָּשַׁעְנוּ, צָרַרְנוּ, קִשִּׁינוּ עֹרֶף. רָשַׁעְנוּ, שִׁחַתְנוּ, תִּעַבְנוּ, תָּעִינוּ, תִּעְתָּעְנוּ:

סַרְנוּ מִמִּצְוֹתֶיךָ וּמִמִּשְׁפָּטֶיךָ הַטּוֹבִים וְלֹא שָׁוָה לָנוּ. וְאַתָּה צַדִּיק עַל כָּל הַבָּא עָלֵינוּ, כִּי אֱמֶת עָשִׂיתָ וַאֲנַחְנוּ הִרְשָׁעְנוּ:

מַה נֹּאמַר לְפָנֶיךָ יוֹשֵׁב מָרוֹם. וּמַה נְּסַפֵּר לְפָנֶיךָ שׁוֹכֵן שְׁחָקִים. הֲלֹא כָּל הַנִּסְתָּרוֹת וְהַנִּגְלוֹת אַתָּה יוֹדֵעַ:

אַתָּה יוֹדֵעַ רָזֵי עוֹלָם, וְתַעֲלוּמוֹת סִתְרֵי כָּל חָי: אַתָּה חוֹפֵשׂ כָּל חַדְרֵי בָטֶן וּבוֹחֵן כְּלָיוֹת וָלֵב. אֵין דָּבָר נֶעְלָם מִמֶּךָּ, וְאֵין נִסְתָּר מִנֶּגֶד עֵינֶיךָ: וּבְכֵן יְהִי רָצוֹן

מִלְּפָנֶיךָ

שים ДАРУЙ МИР, ДОБРО И БЛАГОСЛОВЕНИЕ, ЖИЗНЬ, МИЛОСТЬ, И ЛЮБОВЬ, И МИЛОСЕРДИЕ НАМ И ВСЕМУ ТВОЕМУ НАРОДУ, ИЗРАИЛЮ. БЛАГОСЛОВИ НАС, ВСЕХ ВМЕСТЕ, В БЛАГОСКЛОННОСТИ СВОЕЙ, ОТЕЦ НАШ, ИБО В БЛАГОСКЛОННОСТИ СВОЕЙ ТЫ ДАРОВАЛ НАМ, ГОСПОДЬ, БОГ НАШ, ЗАКОН ЖИЗНИ И БЕСКОРЫСТНОЙ ЛЮБВИ, И МИЛОСТЬ, И БЛАГОСЛОВЕНИЕ, И МИЛОСЕРДИЕ, И ЖИЗНЬ, И МИР. И ДА БУДЕТ УГОДНО ТЕБЕ БЛАГОСЛОВЛЯТЬ НАРОД СВОЙ, ИЗРАИЛЬ, ВО ВСЕ ВРЕМЕНА И В КАЖДОЕ МГНОВЕНИЕ, ДАРУЯ ЕМУ МИР.

ובספר И В КНИГЕ ЖИЗНИ, БЛАГОСЛОВЕНИЯ, И МИРА, И ПРОЦВЕТА-НИЯ, СПАСЕНИЯ, И УТЕШЕНИЯ, И ДОБРЫХ ПРЕДНАЧЕРТАНИЙ — ДА БУ-ДЕМ УПОМЯНУТЫ И ЗАПИСАНЫ ПРЕД ТОБОЮ МЫ И ВЕСЬ НАРОД ТВОЙ, ДОМ ИЗРАИЛЯ, НА ДОБРУЮ ЖИЗНЬ И НА МИР. БЛАГОСЛОВЕН ТЫ, ГО-СПОДЬ, БЛАГОСЛОВЛЯЮЩИЙ МИРОМ НАРОД СВОЙ, ИЗРАИЛЬ!

יהיו ДА БУДУТ УГОДНЫ ТЕБЕ СЛОВА МОИХ УСТ И ПОМЫСЛЫ СЕРДЦА МОЕГО, О, ГОСПОДЬ, – МОЙ ОПЛОТ И ИЗБАВИТЕЛЬ.

אלהינו БОГ НАШ И БОГ ОТЦОВ НАШИХ! ПУСТЬ ДОЙДЕТ ДО ТЕБЯ НАША МОЛИТ-ВА, И НЕ ОТВЕРГАЙ НАШУ МОЛЬБУ, ПОТОМУ ЧТО МЫ НЕ НАСТОЛЬКО ДЕРЗКИ И УПРЯМЫ, ЧТОБЫ СКАЗАТЬ ТЕБЕ: ”ГОСПОДЬ, БОГ НАШ И БОГ ОТЦОВ НАШИХ, ПРА-ВЕДНЫ МЫ И НЕ СОВЕРШАЛИ ГРЕХОВ”, – ВЕДЬ И МЫ, И ОТЦЫ НАШИ ГРЕШИЛИ.

אשמנו ВИНОВНЫ МЫ; БЫЛИ ВЕРОЛОМНЫ, ГРАБИЛИ, ЛИЦЕМЕРИЛИ, СВЕРНУЛИ С ПРАВИЛЬНОГО ПУТИ И ОБВИНЯЛИ НЕВИНОВНЫХ, НАМЕ-РЕННО ТВОРИЛИ ЗЛО, ПРИСВАИВАЛИ ЧУЖОЕ, ВОЗВОДИЛИ НА БЛИЖНЕ-ГО НАПРАСЛИНУ; ДАВАЛИ ДУРНЫЕ СОВЕТЫ, ЛГАЛИ, ГЛУМИЛИСЬ, БУН-ТОВАЛИ, КОЩУНСТВОВАЛИ, БЫЛИ НЕПОКОРНЫ, ЗЛОДЕЙСТВОВАЛИ, ВОССТАВАЛИ ПРОТИВ ЗАКОНА, ВРАЖДОВАЛИ МЕЖДУ СОБОЙ, УПОРСТ-ВОВАЛИ В ГРЕХЕ; ДЕЛАЛИ ЗЛО, ВРЕДИЛИ, ТВОРИЛИ МЕРЗОСТИ, ЗА-БЛУЖДАЛИСЬ, ВВОДИЛИ В ЗАБЛУЖДЕНИЕ ДРУГИХ.

סרנו СВЕРНУЛИ МЫ С [ПУТИ] ЗАПОВЕДЕЙ ТВОИХ И МИЛОСЕРДНЫХ ТВОИХ ЗАКОНОВ, И ЭТО НЕ ПРИВЕЛО НАС К ДОБРУ. И ТЫ ПРАВ ВО ВСЕМ, ЧТО СОВЕРШИЛ С НАМИ, ИБО ТВОИ ДЕЯНИЯ СПРАВЕДЛИВЫ, А НАШИ – ГРЕХОВНЫ.

מה ЧТО НАМ СКАЗАТЬ ТЕБЕ, ПРЕБЫВАЮЩИЙ В ВЫСОТАХ, ЧТО ПОВЕДАТЬ ТЕБЕ, ОБИТАЮЩИЙ НА НЕБЕСАХ? ВЕДЬ ТЕБЕ ИЗВЕСТНО И ВСЕ СКРЫТОЕ, И ВСЕ ЯВНОЕ.

אתה ИЗВЕСТНО ТЕБЕ ВСЕ СКРЫТОЕ В МИРЕ, ТАЙНОЕ ТАЙНЫХ ВСЕГО ЖИВОГО. ПРОНИКАЕШЬ ТЫ В НАШИ СОКРОВЕННЫЕ МЫСЛИ, ИСПЫТЫ-ВАЕШЬ УМ И СЕРДЦА НАШИ. НИЧЕГО НЕ УТАИТЬ ОТ ТЕБЯ, НИЧТО НЕ СКРОЕТСЯ ОТ ВЗОРА ТВОЕГО. И ПОТОМУ ДА БУДЕТ УГОДНО ТЕБЕ,

מִלְּפָנֶיךָ יְיָ אֱלֹהֵינוּ וֵאלֹהֵי אֲבוֹתֵינוּ. שֶׁתְּרַחֵם עָלֵינוּ
וְתִמְחוֹל לָנוּ עַל כָּל חַטֹּאתֵינוּ. וּתְכַפֶּר לָנוּ עַל כָּל
עֲוֹנוֹתֵינוּ. וְתִמְחוֹל וְתִסְלַח לָנוּ עַל כָּל פְּשָׁעֵינוּ:

עַל חֵטְא שֶׁחָטָאנוּ לְפָנֶיךָ, בְּאֹנֶס וּבְרָצוֹן.
וְעַל חֵטְא שֶׁחָטָאנוּ לְפָנֶיךָ, בְּאִמּוּץ הַלֵּב.
עַל חֵטְא שֶׁחָטָאנוּ לְפָנֶיךָ, בִּבְלִי דָעַת.
וְעַל חֵטְא שֶׁחָטָאנוּ לְפָנֶיךָ, בְּבִטּוּי שְׂפָתָיִם.
עַל חֵטְא שֶׁחָטָאנוּ לְפָנֶיךָ, בְּגִלּוּי עֲרָיוֹת.
וְעַל חֵטְא שֶׁחָטָאנוּ לְפָנֶיךָ, בְּגָלוּי וּבַסֵּתֶר.
עַל חֵטְא שֶׁחָטָאנוּ לְפָנֶיךָ, בְּדַעַת וּבְמִרְמָה.
וְעַל חֵטְא שֶׁחָטָאנוּ לְפָנֶיךָ, בְּדִבּוּר פֶּה.
עַל חֵטְא שֶׁחָטָאנוּ לְפָנֶיךָ, בְּהוֹנָאַת רֵעַ.
וְעַל חֵטְא שֶׁחָטָאנוּ לְפָנֶיךָ, בְּהִרְהוּר הַלֵּב.
עַל חֵטְא שֶׁחָטָאנוּ לְפָנֶיךָ, בִּוְעִידַת זְנוּת.
וְעַל חֵטְא שֶׁחָטָאנוּ לְפָנֶיךָ, בְּוִדּוּי פֶּה.
עַל חֵטְא שֶׁחָטָאנוּ לְפָנֶיךָ, בְּזִלְזוּל הוֹרִים וּמוֹרִים.
וְעַל חֵטְא שֶׁחָטָאנוּ לְפָנֶיךָ, בְּזָדוֹן וּבִשְׁגָגָה.
עַל חֵטְא שֶׁחָטָאנוּ לְפָנֶיךָ, בְּחֹזֶק יָד.
וְעַל חֵטְא שֶׁחָטָאנוּ לְפָנֶיךָ, בְּחִלּוּל הַשֵּׁם.
עַל חֵטְא שֶׁחָטָאנוּ לְפָנֶיךָ, בְּטֻמְאַת שְׂפָתָיִם.
וְעַל חֵטְא שֶׁחָטָאנוּ לְפָנֶיךָ, בְּטִפְשׁוּת פֶּה.
עַל חֵטְא שֶׁחָטָאנוּ לְפָנֶיךָ, בְּיֵצֶר הָרָע.
וְעַל חֵטְא שֶׁחָטָאנוּ לְפָנֶיךָ, בְּיוֹדְעִים וּבְלֹא יוֹדְעִים.
וְעַל כֻּלָּם אֱלוֹהַּ סְלִיחוֹת, סְלַח לָנוּ, מְחַל לָנוּ,
כַּפֶּר לָנוּ:

ГОСПОДЬ, БОГ НАШ И БОГ ОТЦОВ НАШИХ, СМИЛОСТИВИТЬСЯ НАД НАМИ, И ПРОСТИТЬ НАМ ВСЕ НАШИ ГРЕХИ, И ОЧИСТИТЬ НАС ОТ СКВЕРНЫ ВСЕХ ЗЛОДЕЯНИЙ НАШИХ, И ПРОСТИТЬ НАС, И СНЯТЬ С НАС ВИНУ ЗА ВСЕ ПРЕСТУПЛЕНИЯ НАШИ:

על חטא ЗА ТО, ЧТО МЫ СОГРЕШИЛИ ПРЕД ТОБОЙ ПО ПРИНУЖДЕНИЮ ИЛИ ПО СОБСТВЕННОЙ ВОЛЕ;

И ЗА ТО, ЧТО МЫ СОГРЕШИЛИ ПРЕД ТОБОЙ, ПОДАВИВ [В] СЕРДЦЕ [СВОЕМ ДОБРЫЕ ПОБУЖДЕНИЯ];

ЗА ТО, ЧТО МЫ СОГРЕШИЛИ ПРЕД ТОБОЙ ПО НЕСЕРЬЕЗНОСТИ [СВОЕЙ];

И ЗА ТО, ЧТО МЫ СОГРЕШИЛИ ПРЕД ТОБОЙ, НЕ ИСПОЛНИВ ОБЕЩАНИЯ, КОТОРОЕ ДАЛИ УСТНО;

ЗА ТО, ЧТО МЫ СОГРЕШИЛИ ПРЕД ТОБОЙ ТЕМ, ЧТО ПОЗВОЛЯЛИ СЕБЕ ЗАПРЕТНЫЕ ПОЛОВЫЕ СВЯЗИ;

И ЗА ТО, ЧТО МЫ СОГРЕШИЛИ ПРЕД ТОБОЙ ОТКРЫТО ИЛИ ВТАЙНЕ [ОТ ЛЮДЕЙ];

ЗА ТО, ЧТО МЫ СОГРЕШИЛИ ПРЕД ТОБОЙ ЦИНИЧНО ИЛИ ЖЕ ОБМАНЫВАЯ [САМИХ СЕБЯ];

И ЗА ТО, ЧТО МЫ СОГРЕШИЛИ ПРЕД ТОБОЙ СУЕСЛОВИЕМ;

ЗА ТО, ЧТО МЫ СОГРЕШИЛИ ПРЕД ТОБОЙ, ОБМАНУВ БЛИЖНЕГО;

И ЗА ТО, ЧТО МЫ СОГРЕШИЛИ ПРЕД ТОБОЙ ДУРНЫМИ ПОМЫСЛАМИ;

ЗА ТО, ЧТО МЫ СОГРЕШИЛИ ПРЕД ТОБОЙ ТЕМ, ЧТО УЧАСТВОВАЛИ В СБОРИЩАХ РАСПУТНИКОВ;

И ЗА ТО, ЧТО МЫ СОГРЕШИЛИ ПРЕД ТОБОЙ НЕИСКРЕННИМ РАСКАЯНИЕМ;

ЗА ТО, ЧТО МЫ СОГРЕШИЛИ ПРЕД ТОБОЙ НЕУВАЖЕНИЕМ К РОДИТЕЛЯМ И НАСТАВНИКАМ;

И ЗА ТО, ЧТО МЫ СОГРЕШИЛИ ПРЕД ТОБОЙ УМЫШЛЕННО ИЛИ ПО ОШИБКЕ;

ЗА ТО, ЧТО МЫ СОГРЕШИЛИ ПРЕД ТОБОЙ, ПРИМЕНИВ НАСИЛИЕ [ПО ОТНОШЕНИЮ К ЧЕЛОВЕКУ];

И ЗА ТО, ЧТО МЫ СОГРЕШИЛИ ПРЕД ТОБОЙ ТЕМ, ЧТО ОСКВЕРНЯЛИ [ТВОЕ] ИМЯ;

ЗА ТО, ЧТО МЫ СОГРЕШИЛИ ПРЕД ТОБОЙ СКВЕРНОСЛОВИЕМ;

И ЗА ТО, ЧТО МЫ СОГРЕШИЛИ ПРЕД ТОБОЙ ТЕМ, ЧТО ГОВОРИЛИ ГЛУПОСТИ;

ЗА ТО, ЧТО МЫ СОГРЕШИЛИ ПРЕД ТОБОЙ ТЕМ, ЧТО [УКРЕПЛЯЛИ В СЕБЕ] ЗЛОЕ НАЧАЛО;

И ЗА ТО, ЧТО МЫ СОГРЕШИЛИ ПРЕД ТОБОЙ, ПРЕДСТАВЛЯЯ СЕБЕ [ВСЮ ТЯЖЕСТЬ СВОЕГО ПРЕСТУПЛЕНИЯ] ИЛИ НЕ ПРЕДСТАВЛЯЯ,

И ЗА ВСЕ [ЭТО], МИЛОСТИВЫЙ БОГ, ПРОСТИ НАС, ОТПУСТИ ГРЕХИ НАШИ, ОЧИСТИ НАС!

עַל חֵטְא שֶׁחָטָאנוּ לְפָנֶיךָ , בְּכַחַשׁ וּבְכָזָב .

וְעַל חֵטְא שֶׁחָטָאנוּ לְפָנֶיךָ , בְּכַפַּת שֹׁחַד .

עַל חֵטְא שֶׁחָטָאנוּ לְפָנֶיךָ , בְּלָצוֹן .

וְעַל חֵטְא שֶׁחָטָאנוּ לְפָנֶיךָ , בְּלָשׁוֹן הָרָע .

עַל חֵטְא שֶׁחָטָאנוּ לְפָנֶיךָ , בְּמַשָּׂא וּבְמַתָּן .

וְעַל חֵטְא שֶׁחָטָאנוּ לְפָנֶיךָ , בְּמַאֲכָל וּבְמִשְׁתֶּה .

עַל חֵטְא שֶׁחָטָאנוּ לְפָנֶיךָ , בְּנֶשֶׁךְ וּבְמַרְבִּית .

וְעַל חֵטְא שֶׁחָטָאנוּ לְפָנֶיךָ , בִּנְטִיַּת גָּרוֹן .

עַל חֵטְא שֶׁחָטָאנוּ לְפָנֶיךָ , בְּשִׂיחַ שִׂפְתוֹתֵינוּ .

וְעַל חֵטְא שֶׁחָטָאנוּ לְפָנֶיךָ , בְּסִקּוּר עָיִן .

עַל חֵטְא שֶׁחָטָאנוּ לְפָנֶיךָ , בְּעֵינַיִם רָמוֹת .

וְעַל חֵטְא שֶׁחָטָאנוּ לְפָנֶיךָ , בְּעַזּוּת מֵצַח .

וְעַל כֻּלָּם , אֱלוֹהַּ סְלִיחוֹת , סְלַח לָנוּ , מְחַל לָנוּ , כַּפֶּר לָנוּ :

עַל חֵטְא שֶׁחָטָאנוּ לְפָנֶיךָ , בִּפְרִיקַת עוֹל .

וְעַל חֵטְא שֶׁחָטָאנוּ לְפָנֶיךָ , בִּפְלִילוּת .

עַל חֵטְא שֶׁחָטָאנוּ לְפָנֶיךָ , בִּצְדִיַּת רֵעַ .

וְעַל חֵטְא שֶׁחָטָאנוּ לְפָנֶיךָ , בְּצָרוּת עָיִן .

עַל חֵטְא שֶׁחָטָאנוּ לְפָנֶיךָ , בְּקַלּוּת רֹאשׁ .

וְעַל חֵטְא שֶׁחָטָאנוּ לְפָנֶיךָ , בְּקַשְׁיוּת עֹרֶף .

עַל חֵטְא שֶׁחָטָאנוּ לְפָנֶיךָ , בְּרִיצַת רַגְלַיִם לְהָרַע .

וְעַל חֵטְא שֶׁחָטָאנוּ לְפָנֶיךָ , בִּרְכִילוּת .

עַל חֵטְא שֶׁחָטָאנוּ לְפָנֶיךָ , בִּשְׁבוּעַת שָׁוְא .

וְעַל חֵטְא שֶׁחָטָאנוּ לְפָנֶיךָ , בְּשִׂנְאַת חִנָּם .

עַל חֵטְא שֶׁחָטָאנוּ לְפָנֶיךָ , בִּתְשׂוּמֶת יָד .

ועל

ЗА ТО, ЧТО МЫ СОГРЕШИЛИ ПРЕД ТОБОЙ ТЕМ, ЧТО ОТКАЗЫВАЛИСЬ ПРИЗНАТЬ [СВОИ ОБЯЗАТЕЛЬСТВА ПО ОТНОШЕНИЮ К ДРУГИМ] И ЛГАЛИ;

И ЗА ТО, ЧТО МЫ СОГРЕШИЛИ ПРЕД ТОБОЙ ТЕМ, ЧТО [БРАЛИ И ДА-ВАЛИ] ВЗЯТКИ;

ЗА ТО, ЧТО МЫ СОГРЕШИЛИ ПРЕД ТОБОЙ ГЛУМЛИВОСТЬЮ;

И ЗА ТО, ЧТО МЫ СОГРЕШИЛИ ПРЕД ТОБОЙ ЗЛОСЛОВИЕМ;

ЗА ТО, ЧТО МЫ СОГРЕШИЛИ ПРЕД ТОБОЙ [НЕЧЕСТНОСТЬЮ] В ДЕЛО-ВЫХ ПЕРЕГОВОРАХ;

И ЗА ТО, ЧТО МЫ СОГРЕШИЛИ ПРЕД ТОБОЙ ТЕМ, ЧТО [НЕ СОБЛЮДА-ЛИ ТВОИ ЗАПОВЕДИ, ОТНОСЯЩИЕСЯ] К ЕДЕ И ПИТЬЮ;

ЗА ТО, ЧТО МЫ СОГРЕШИЛИ ПРЕД ТОБОЙ ЛИХОИМСТВОМ И РОСТОВ-ЩИЧЕСТВОМ;

И ЗА ТО, ЧТО МЫ СОГРЕШИЛИ ПРЕД ТОБОЙ ГОРДЫНЕЙ;

ЗА ТО, ЧТО МЫ СОГРЕШИЛИ ПРЕД ТОБОЙ БЕЗДУМНЫМИ РЕЧАМИ СВОИМИ;

И ЗА ТО, ЧТО МЫ СОГРЕШИЛИ ПРЕД ТОБОЙ НЕСКРОМНЫМИ ВЗОРА-МИ;

ЗА ТО, ЧТО МЫ СОГРЕШИЛИ ПРЕД ТОБОЙ ТЕМ, ЧТО ЧУВСТВОВАЛИ СВОЕ ПРЕВОСХОДСТВО [НАД ДРУГИМИ] ;

И ЗА ТО, ЧТО МЫ СОГРЕШИЛИ ПРЕД ТОБОЙ НАГЛОСТЬЮ,

И ЗА ВСЕ [ЭТО] , МИЛОСТИВЫЙ БОГ, ПРОСТИ НАС, ОТПУС-ТИ ГРЕХИ НАШИ, ОЧИСТИ НАС!

ЗА ТО, ЧТО МЫ СОГРЕШИЛИ ПРЕД ТОБОЙ ТЕМ, ЧТО ОТКАЗЫВАЛИСЬ ПРИЗНАВАТЬ ТВОЮ ВЛАСТЬ;

И ЗА ТО, ЧТО МЫ СОГРЕШИЛИ ПРЕД ТОБОЙ ТЕМ, ЧТО ПОЛАГАЛИСЬ ТОЛЬКО НА СОБСТВЕННЫЙ РАЗУМ;

ЗА ТО, ЧТО МЫ СОГРЕШИЛИ ПРЕД ТОБОЙ, ЗАМАНИВАЯ [ОКРУЖАЮ-ЩИХ] В ЛОВУШКУ;

И ЗА ТО, ЧТО МЫ СОГРЕШИЛИ ПРЕД ТОБОЙ ТЕМ, ЧТО БЫЛИ НЕДОБ-РОЖЕЛАТЕЛЬНЫ [К ДРУГИМ] ;

ЗА ТО, ЧТО МЫ СОГРЕШИЛИ ПРЕД ТОБОЙ ЛЕГКОМЫСЛИЕМ;

И ЗА ТО, ЧТО МЫ СОГРЕШИЛИ ПРЕД ТОБОЙ УПРЯМСТВОМ;

ЗА ТО, ЧТО МЫ СОГРЕШИЛИ ПРЕД ТОБОЙ НЕУДЕРЖИМОЙ ТЯГОЙ КО ЗЛУ;

И ЗА ТО, ЧТО МЫ СОГРЕШИЛИ ПРЕД ТОБОЙ ТЕМ, ЧТО СПЛЕТНИЧАЛИ;

ЗА ТО, ЧТО МЫ СОГРЕШИЛИ ПРЕД ТОБОЙ ТЕМ, ЧТО КЛЯЛИСЬ, УТ-ВЕРЖДАЯ ОЧЕВИДНОЕ ИЛИ, НАОБОРОТ, — ОТВЕРГАЯ ЕГО;

И ЗА ТО, ЧТО МЫ СОГРЕШИЛИ ПРЕД ТОБОЙ БЕСПРИЧИННОЙ НЕНА-ВИСТЬЮ [ДРУГ К ДРУГУ] ;

ЗА ТО, ЧТО МЫ СОГРЕШИЛИ ПРЕД ТОБОЙ ТЕМ, ЧТО ПРОТЯГИВАЛИ РУКУ [ПОМОЩИ ПРЕСТУПНИКАМ] ;

И ЗА ТО, ЧТО МЫ СОГРЕШИЛИ ПРЕД ТОБОЙ ВОЛЬНОДУМСТВОМ, [КО-ТОРОЕ МЕШАЛО НАМ ВЕРИТЬ В ТЕБЯ ВСЕМ] СЕРДЦЕМ,

וְעַל חֵטְא שֶׁחָטָאנוּ לְפָנֶיךָ, בְּתִמְהוֹן לֵבָב.

וְעַל כֻּלָּם, אֱלוֹהַּ סְלִיחוֹת, סְלַח לָנוּ, מְחַל לָנוּ, כַּפֶּר לָנוּ:

וְעַל חֲטָאִים שֶׁאָנוּ חַיָּבִים עֲלֵיהֶם: עוֹלָה.

וְעַל חֲטָאִים שֶׁאָנוּ חַיָּבִים עֲלֵיהֶם: חַטָּאת.

וְעַל חֲטָאִים שֶׁאָנוּ חַיָּבִים עֲלֵיהֶם: קָרְבַּן עוֹלֶה וְיוֹרֵד.

וְעַל חֲטָאִים שֶׁאָנוּ חַיָּבִים עֲלֵיהֶם: אָשָׁם וַדַּאי וְתָלוּי.

וְעַל חֲטָאִים שֶׁאָנוּ חַיָּבִים עֲלֵיהֶם: מַכַּת מַרְדּוּת.

וְעַל חֲטָאִים שֶׁאָנוּ חַיָּבִים עֲלֵיהֶם: מַלְקוּת אַרְבָּעִים.

וְעַל חֲטָאִים שֶׁאָנוּ חַיָּבִים עֲלֵיהֶם: מִיתָה בִּידֵי שָׁמָיִם.

וְעַל חֲטָאִים שֶׁאָנוּ חַיָּבִים עֲלֵיהֶם: כָּרֵת וַעֲרִירִי.

וְעַל חֲטָאִים שֶׁאָנוּ חַיָּבִים עֲלֵיהֶם: אַרְבַּע מִיתוֹת בֵּית דִּין סְקִילָה, שְׂרֵפָה, הֶרֶג, וְחֶנֶק.

עַל מִצְוֹת עֲשֵׂה, וְעַל מִצְוֹת לֹא תַעֲשֶׂה, בֵּין שֶׁיֵּשׁ בָּהֶן קוּם עֲשֵׂה, וּבֵין שֶׁאֵין בָּהֶן קוּם עֲשֵׂה, אֶת הַגְּלוּיִם לָנוּ, וְאֶת שֶׁאֵינָם גְּלוּיִם לָנוּ. אֶת הַגְּלוּיִם לָנוּ, כְּבָר אֲמַרְנוּם לְפָנֶיךָ, וְהוֹדִינוּ לְךָ עֲלֵיהֶם, וְאֶת שֶׁאֵינָם גְּלוּיִם לָנוּ, לְפָנֶיךָ הֵם גְּלוּיִם וִידוּעִים, כַּדָּבָר שֶׁנֶּאֱמַר: הַנִּסְתָּרֹת לַיְיָ אֱלֹהֵינוּ, וְהַנִּגְלֹת לָנוּ וּלְבָנֵינוּ עַד עוֹלָם, לַעֲשׂוֹת אֶת כָּל דִּבְרֵי הַתּוֹרָה הַזֹּאת. כִּי אַתָּה סָלְחָן לְיִשְׂרָאֵל, וּמָחְלָן לְשִׁבְטֵי יְשֻׁרוּן בְּכָל דּוֹר וָדוֹר, וּמִבַּלְעָדֶיךָ אֵין לָנוּ מֶלֶךְ מוֹחֵל וְסוֹלֵחַ:

אֱלֹהַי. עַד שֶׁלֹּא נוֹצַרְתִּי אֵינִי כְדַאי, וְעַכְשָׁו שֶׁנּוֹצַרְתִּי, כְּאִלוּ לֹא נוֹצַרְתִּי. עָפָר אֲנִי

И ЗА ВСЕ [ЭТО], МИЛОСТИВЫЙ БОГ, ПРОСТИ НАС, ОТПУСТИ ГРЕХИ НАШИ, ОЧИСТИ НАС!

И ЗА ГРЕХИ, В ИСКУПЛЕНИЕ КОТОРЫХ МЫ ОБЯЗАНЫ ПРИНЕСТИ ЖЕРТВУ ВСЕСОЖЖЕНИЯ;

И ЗА ГРЕХИ, В ИСКУПЛЕНИЕ КОТОРЫХ МЫ ОБЯЗАНЫ ПРИНЕСТИ "ХАТАТ" [— ЖЕРТВУ, КОТОРУЮ ПРИНОСЯТ ЗА НЕКОТОРЫЕ ПРОСТУПКИ, СОВЕРШЕННЫЕ ПО НЕВЕДЕНИЮ];

И ЗА ГРЕХИ, В ИСКУПЛЕНИЕ КОТОРЫХ МЫ ОБЯЗАНЫ ПРИНЕСТИ ЖЕРТВУ, ЧЕЙ РАЗМЕР МЕНЯЕТСЯ [В ЗАВИСИМОСТИ ОТ ИМУЩЕСТВЕННОГО СОСТОЯНИЯ ЧЕЛОВЕКА];

И ЗА ГРЕХИ, В ИСКУПЛЕНИЕ КОТОРЫХ МЫ ОБЯЗАНЫ ПРИНЕСТИ ПОВИННУЮ ЖЕРТВУ [В ТОМ СЛУЧАЕ], КОГДА [НАРУШЕНИЕ] ОЧЕВИДНО, И [ТАКУЮ ЖЕ ЖЕРТВУ В ТОМ СЛУЧАЕ], КОГДА ЕСТЬ СОМНЕНИЕ, [БЫЛО ЛИ ОНО СОВЕРШЕНО];

И ЗА ГРЕХИ, В ИСКУПЛЕНИЕ КОТОРЫХ НАМ ПОЛАГАЕТСЯ ПОРКА КАК ОСЛУШНИКАМ;

И ЗА ГРЕХИ, В ИСКУПЛЕНИЕ КОТОРЫХ НАМ ПОЛАГАЕТСЯ СОРОК [БЕЗ ОДНОГО] УДАРОВ РЕМНЯМИ;

И ЗА ГРЕХИ В ИСКУПЛЕНИЕ КОТОРЫХ НАМ ПОЛАГАЕТСЯ [ПРЕЖДЕВРЕМЕННАЯ] СМЕРТЬ ПО ВОЛЕ НЕБЕС;

И ЗА ГРЕХИ, В ИСКУПЛЕНИЕ КОТОРЫХ НАМ ПОЛАГАЕТСЯ ОТДЕЛЕНИЕ ДУШИ, КОТОРАЯ В НАШЕМ ТЕЛЕ, ОТ ЕЕ ИСТОЧНИКА, И ПРЕКРАЩЕНИЕ НАШЕГО РОДА;

И ЗА ГРЕХИ, В ИСКУПЛЕНИЕ КОТОРЫХ НАМ ПОЛАГАЕТСЯ ЧЕТЫРЕ ВИДА КАЗНИ ПО ПРИГОВОРУ [МУДРЕЦОВ] САНГЕДРИНА: НИЗВЕРЖЕНИЕ [ПРОВИНИВШЕГОСЯ С ВЫСОТЫ] И ЗАБРАСЫВАНИЕ [ЕГО] КАМНЯМИ; СОЖЖЕНИЕ [ВНУТРЕННОСТЕЙ ПРОВИНИВШЕГОСЯ РАСПЛАВЛЕННЫМ МЕТАЛЛОМ, ВЛИВАЕМЫМ ЕМУ В ГОРЛО]; ОБЕЗГЛАВЛИВАНИЕ [МЕЧОМ]; УДУШЕНИЕ;

לע ЗА НЕИСПОЛНЕНИЕ ПРЕДПИСЫВАЮЩИХ ЗАПОВЕДЕЙ — КАК ТЕХ, КОТОРЫЕ ОБЯЗАТЕЛЬНЫ ВСЕГДА, ТАК И ТЕХ, КОТОРЫЕ ОБЯЗАТЕЛЬНЫ ЛИШЬ ПРИ ОПРЕДЕЛЕННЫХ УСЛОВИЯХ, — И ЗА НАРУШЕНИЕ ЗАПРЕЩАЮЩИХ ЗАПОВЕДЕЙ — ОБРАТИМЫ ЛИ ПОСЛЕДСТВИЯ ПРОСТУПКА ИЛИ НЕТ; ЗА НАРУШЕНИЯ, ИЗВЕСТНЫЕ НАМ И НЕ ИЗВЕСТНЫЕ. О ТЕХ, ЧТО ИЗВЕСТНЫ НАМ, МЫ ТЕБЕ РАССКАЗАЛИ, ПРИЗНАЛИСЬ В НИХ ТЕБЕ; ТЕ ЖЕ, ЧТО НАМ НЕ ИЗВЕСТНЫ, — ТЕБЕ ИЗВЕСТНЫ И ОТКРЫТЫ, КАК СКАЗАНО ОБ ЭТОМ: "НЕ ИЗВЕСТНЫЕ [НАМ ГРЕХИ НАШИ ИЗВЕСТНЫ] ГОСПОДУ, БОГУ НАШЕМУ, [И ЗА НИХ ОН НЕ НАКАЗЫВАЕТ НАС], А ЗА ТЕ, ЧТО ИЗВЕСТНЫ НАМ, [МЫ ПРИЗНАЕМ СВОЮ ВИНУ, ТАК КАК ОТ СВОЕГО ИМЕНИ] И [ОТ ИМЕНИ ВСЕХ] НАШИХ БУДУЩИХ ПОКОЛЕНИЙ [ОБЯЗАЛИСЬ] ВЕЧНО ИСПОЛНЯТЬ СЛОВА ТОРЫ, [И ПРОСИМ У ТЕБЯ ПРОЩЕНИЯ], ИБО ТЫ ТАКОВ, ЧТО [ВСЕГДА] ПРОЩАЕШЬ ИЗРАИЛЬ, ОТПУСКАЕШЬ ГРЕХИ КОЛЕНАМ НАРОДА ПРЯМОДУШНЫХ — ИЗ ПОКОЛЕНИЯ В ПОКОЛЕНИЕ; И КРОМЕ ТЕБЯ НЕТ У НАС ВЛАДЫКИ, ОТПУСКАЮЩЕГО ГРЕХИ И ПРОЩАЮЩЕГО.

אלהי БОГ МОЙ! Я НЕ БЫЛ ДОСТОИН ТОГО, ЧТОБЫ ТЫ МЕНЯ СОЗДАЛ; А ТЕПЕРЬ, КОГДА Я СОЗДАН [ТОБОЙ], — Я [ВСЕ РАВНО] НИЧТО. И ПРИ ЖИЗНИ Я ПРАХ, ТЕМ БОЛЕЕ —

בְּחַיַּי, קַל וָחֹמֶר בְּמִיתָתִי, הֲרֵי אֲנִי לְפָנֶיךָ כִּכְלִי מָלֵא בוּשָׁה וּכְלִימָה. יְהִי רָצוֹן מִלְּפָנֶיךָ יְיָ אֱלֹהַי וֵאלֹהֵי אֲבוֹתַי, שֶׁלֹּא אֶחֱטָא עוֹד, וּמַה שֶּׁחָטָאתִי לְפָנֶיךָ, מְחוֹק בְּרַחֲמֶיךָ הָרַבִּים, אֲבָל לֹא עַל יְדֵי יִסוּרִים וָחֳלָיִם רָעִים:

אֱלֹהַי, נְצוֹר לְשׁוֹנִי מֵרָע, וּשְׂפָתַי מִדַּבֵּר מִרְמָה, וְלִמְקַלְלַי, נַפְשִׁי תִדּוֹם, וְנַפְשִׁי כֶּעָפָר לַכֹּל תִּהְיֶה. פְּתַח לִבִּי בְּתוֹרָתֶךָ, וּבְמִצְוֹתֶיךָ תִּרְדּוֹף נַפְשִׁי, וְכָל־ הַחוֹשְׁבִים עָלַי רָעָה, מְהֵרָה הָפֵר עֲצָתָם וְקַלְקֵל מַחֲשַׁבְתָּם: יִהְיוּ כְּמוֹץ לִפְנֵי־ רוּחַ וּמַלְאַךְ יְיָ דוֹחֶה: לְמַעַן יֵחָלְצוּן יְדִידֶיךָ, הוֹשִׁיעָה יְמִינְךָ וַעֲנֵנִי: עֲשֵׂה לְמַעַן שְׁמֶךָ, עֲשֵׂה לְמַעַן יְמִינֶךָ, עֲשֵׂה לְמַעַן תּוֹרָתֶךָ, עֲשֵׂה לְמַעַן קְדֻשָּׁתֶךָ: יִהְיוּ לְרָצוֹן אִמְרֵי־פִי, וְהֶגְיוֹן לִבִּי לְפָנֶיךָ, יְיָ צוּרִי וְגֹאֲלִי: עֹשֶׂה הַשָּׁלוֹם בִּמְרוֹמָיו, הוּא יַעֲשֶׂה שָׁלוֹם עָלֵינוּ, וְעַל כָּל־יִשְׂרָאֵל וְאִמְרוּ אָמֵן:

יְהִי רָצוֹן מִלְּפָנֶיךָ יְיָ אֱלֹהֵינוּ וֵאלֹהֵי אֲבוֹתֵינוּ שֶׁיִּבָּנֶה בֵּית הַמִּקְדָּשׁ בִּמְהֵרָה בְיָמֵינוּ וְתֵן חֶלְקֵנוּ בְּתוֹרָתֶךָ: אומרים אבינו מלכנו ובשבת אין אומרים.

בליל יו"כ קודם קדיש בתרא אומרים לדוד מזמור.

א לְדָוִד מִזְמוֹר לַיהֹוָה הָאָרֶץ וּמְלוֹאָהּ, תֵּבֵל וְיֹשְׁבֵי בָהּ: ב כִּי־ הוּא עַל־יַמִּים יְסָדָהּ, וְעַל־נְהָרוֹת יְכוֹנְנֶהָ: ג מִי־יַעֲלֶה בְּהַר יְהֹוָה, וּמִי־יָקוּם בִּמְקוֹם קָדְשׁוֹ: ד נְקִי כַפַּיִם וּבַר־לֵבָב אֲשֶׁר לֹא־נָשָׂא לַשָּׁוְא נַפְשִׁי, וְלֹא נִשְׁבַּע לְמִרְמָה: ה יִשָּׂא בְרָכָה מֵאֵת יְהֹוָה, וּצְדָקָה מֵאֱלֹהֵי יִשְׁעוֹ: ו זֶה דּוֹר דֹּרְשָׁיו מְבַקְשֵׁי פָנֶיךָ יַעֲקֹב סֶלָה: ז שְׂאוּ שְׁעָרִים רָאשֵׁיכֶם, וְהִנָּשְׂאוּ פִּתְחֵי עוֹלָם, וְיָבוֹא מֶלֶךְ הַכָּבוֹד: ח מִי זֶה מֶלֶךְ הַכָּבוֹד יְהֹוָה עִזּוּז וְגִבּוֹר, יְהֹוָה גִּבּוֹר מִלְחָמָה: ט שְׂאוּ שְׁעָרִים רָאשֵׁיכֶם, וּשְׂאוּ פִּתְחֵי עוֹלָם, וְיָבֹא מֶלֶךְ הַכָּבוֹד: י מִי הוּא זֶה מֶלֶךְ הַכָּבוֹד יְהֹוָה צְבָאוֹת, הוּא מֶלֶךְ הַכָּבוֹד סֶלָה: ק"ש. עלינו. קדיש יתום.

בתפלת שחרית: כשחל יום כפור בחול אומרים אבינו מלכנו. ק"ש שש"י לדוד ה' אורי. אתה הראת. ומוציאין ב' ספרי תורות ואומרים ויהי בנסוע הארון. שלש עשרה מדות. רבונו של עולם. תמצא לעיל. ואח"כ קורין בס"ת ראשונה בפרשת אחרי מות ששה גברי. ובשבת ז. ח"ק. ובשנית קורין למפטיר בפרשת פינחס ובעשור לחודש השביעי: ומפטירין סלו סלו: אחר קה"ת (בשבת יקום פורקן) מזכירין נשמות ואומרים אב הרחמים. אשרי. יהללו. ח"ק. ומתפללין תפלת מוסף:

דיני קריאת התורה ביום הכפורים

(שו"ע) (א) מוציאין ב' ספרים. וקורין בראשון ר' אנשים בפ' אחרי מות עד ויעש כאשר צוה ה'. ואם חל בשבת קורין ז' ומפטיר קורא בספר ב' בפינחס ובעשור לחודש ומפטיר בישעיה ואמר סלו סלו עד כי פי ה' דבר. (ב) ונוהגין להזכיר נשמות ביום הכפורים ונודרים צדקה בעבורם לפי שהמתים יש להם גם כן כפרה ביום הכפורים:

ПОСЛЕ СМЕРТИ; И ВОТ Я СТОЮ ПРЕД ТОБОЙ, СЛОВНО СОСУД, НАПОЛНЕННЫЙ ДО КРАЕВ СТЫДОМ И ПОЗОРОМ. ДА БУДЕТ УГОДНО ТЕБЕ, ГОСПОДЬ, БОГ МОЙ И БОГ ОТЦОВ МОИХ, ЧТОБЫ Я НЕ ГРЕШИЛ БОЛЬШЕ, А ОТ ГРЕХОВ, КОТОРЫЕ Я СОВЕРШИЛ, ОЧИСТИ МЕНЯ ПО ВЕЛИКОЙ МИЛОСТИ СВОЕЙ, НЕ ПОСЫЛАЯ МНЕ СТРАДАНИЙ И ТЯЖКИХ БОЛЕЗНЕЙ.

אלהי БОГ МОЙ! УБЕРЕГИ МОЙ ЯЗЫК ОТ ЗЛОСЛОВИЯ И УСТА МОИ ОТ ЛЖИВЫХ РЕЧЕЙ; И ПЕРЕД ТЕМИ, КТО ПРОКЛИНАЕТ МЕНЯ, ПУСТЬ ДУША МОЯ ХРАНИТ МОЛЧАНИЕ. И ПУСТЬ ДУША МОЯ ПОВЕРГАЕТСЯ В ПРАХ ПРЕД КАЖДЫМ. РАСКРОЙ МОЕ СЕРДЦЕ ДЛЯ ТОРЫ ТВОЕЙ, И ДА УСТРЕМИТСЯ МОЯ ДУША К ИСПОЛНЕНИЮ ТВОИХ ЗАПОВЕДЕЙ; И ПОСКОРЕЕ РАЗРУШЬ КОЗНИ И РАССТРОЙ ЗАМЫСЛЫ ВСЕХ ЗАДУМАВШИХ ПРОТИВ МЕНЯ НЕДОБРОЕ. ДА БУДУТ ОНИ МЯКИНОЙ НА ВЕТРУ, ГОНИМЫЕ АНГЕЛОМ ГОСПОДА. ПУСТЬ СПАСЕНЫ БУДУТ ТЕ, КОГО ЛЮБИШЬ ТЫ; СПАСИ [МЕНЯ] ДЕСНИЦЕЙ СВОЕЙ И ОТВЕТЬ МНЕ. СОВЕРШИ ЭТО РАДИ ИМЕНИ СВОЕГО, СОВЕРШИ РАДИ [ПРОСЛАВЛЕНИЯ] ДЕСНИЦЫ СВОЕЙ, СОВЕРШИ РАДИ ТОРЫ СВОЕЙ, СОВЕРШИ РАДИ СВЯТОСТИ СВОЕЙ; ДА БУДУТ УГОДНЫ ТЕБЕ СЛОВА МОИХ УСТ И ПОМЫСЛЫ СЕРДЦА МОЕГО, О, ГОСПОДЬ, – МОЙ ОПЛОТ И ИЗБАВИТЕЛЬ! УСТАНАВЛИВАЮЩИЙ МИР (*молящиеся на иврите вместо "ШАЛОМ" – "МИР" говорят:* "ГАШАЛОМ") В СВОИХ ВЫСОТАХ, ОН ПОШЛЕТ МИР НАМ И ВСЕМУ ИЗРАИЛЮ, И СКАЖЕМ: АМЕН!

יהי ДА БУДЕТ ГОДНО ТЕБЕ, ГОСПОДЬ, БОГ НАШ И БОГ ОТЦОВ НАШИХ, ЧТОБЫ БЫЛ ПОСТРОЕН ХРАМ, – ВСКОРЕ, В НАШИ ДНИ, – И ДАЙ НАМ УДЕЛ В ТОРЕ ТВОЕЙ!

Если Йом-Кипур не приходится на субботу, в этом месте говорят "АВИНУ МАЛКЕЙНУ" (стр. 277,). В конце вечерней молитвы, перед тем, как произнести последний "Кадиш" – "Кадиш шалем", говорят:

לדוד ПЕСНЬ ДАВИДА. ГОСПОДУ ПРИНАДЛЕЖИТ ЗЕМЛЯ И ВСЕ, ЧТО ЕЕ НАПОЛНЯЕТ, СУША И ВСЕ ОБИТАТЕЛИ ЕЕ – ВЕДЬ НАД ВОДАМИ ОН ВОЗВЫСИЛ ЕЕ, ВЫШЕ РЕК УТВЕРДИЛ. "КТО ВЗОЙДЕТ НА ГОРУ ГОСПОДА, КТО СМОЖЕТ УСТОЯТЬ В ЕГО СВЯТОМ МЕСТЕ? ТОТ, ЧЬИ РУКИ ЧИСТЫ И СЕРДЦЕ НЕПОРОЧНО, ТОТ, КТО НЕ ПРОИЗНОСИЛ ПОНАПРАСНУ ИМЯ МОЕ И НЕ КЛЯЛСЯ ЛОЖНО. УДОСТОИТСЯ ОН БЛАГОСЛОВЕНИЯ ГОСПОДА, МИЛОСТИ БОГА, ИЗБАВИТЕЛЯ ЕГО." ТАКОВО ПОКОЛЕНИЕ СТРЕМЯЩИХСЯ К [ВСЕВЫШНЕМУ], СЫНОВ ЯАКОВА, ВСЕГДА ИЩУЩИХ БЛАГОСКЛОННОСТИ ЕГО. ВОЗНЕСИТЕСЬ, ПРИТОЛОКИ ХРАМОВЫХ ДВЕРЕЙ, СТАНЬТЕ ВЫШЕ, ВРАТА ВЕЧНОСТИ, – И ВОЙДЕТ СЛАВНЫЙ ВЛАДЫКА! КТО ОН, СЛАВНЫЙ ВЛАДЫКА? ГОСПОДЬ, СИЛЬНЫЙ И МОГУЧИЙ, ГОСПОДЬ, МОГУЧИЙ ВОИТЕЛЬ. ВОЗНЕСИТЕСЬ, ПРИТОЛОКИ ХРАМОВЫХ ДВЕРЕЙ, И СТАНЬТЕ ВЫШЕ, ВРАТА ВЕЧНОСТИ, – И ВОЙДЕТ СЛАВНЫЙ ВЛАДЫКА! КТО ОН, СЛАВНЫЙ ВЛАДЫКА? ГОСПОДЬ ВОИНСТВ – ОН ВЛАДЫКА, СЛАВНЫЙ ВОВЕК!

После этого говорят "Кадиш шалем" (стр. 74–75), "НАШ ДОЛГ..." (стр. 84) и "Кадиш ятом".

В утреннюю молитву: если Йом-Кипур не приходится на субботу говорят "АВИНУ МАЛКЕЙНУ" (стр. 277), затем хазан произносит "Кадиш шалем" (стр. 74–75). Говорят псалом на соответствующий день недели (стр. 76–79), "[ПСАЛОМ] ДАВИДА. ГОСПОДЬ – СВЕТ МОЙ..." (стр. 81), "Кадиш ятом" (стр. 77). "ТЫ УБЕДИЛСЯ ВООЧИЮ..." (стр. 183). Затем вынимают два свитка Торы из ковчега и говорят "КОГДА КОВЧЕГ ЗАВЕТА...", "ГОСПОДЬ, ГОСПОДЬ...", "ВЛАСТЕЛИН МИРА!..." (стр. 183–185). После этого читают в первом свитке Торы главу "АХАРЕЙ МОТ", ("ПОСЛЕ СМЕРТИ..." до "...И СДЕЛАЛ МОШЕ ТАК, КАК ПОВЕЛЕЛ ЕМУ БОГ"), к которой вызывают шестерых человек (если Йом-Кипур приходится на субботу – вызывают семерых). Затем произносят "Хаци-кадиш" (стр. 42) и читают во втором свитке Торы отрывок "А ДЕСЯТЫЙ ДЕНЬ ЭТОГО СЕДЬМОГО МЕСЯЦА..." из главы "ПИНХАС" для "Мафтира". "Гафтару" читают из книги Йешаягу, 57:14–58:14 ("И СКАЗАЛ: «РОВНЯЙТЕ, РОВНЯЙТЕ...»" до "...ВЕДЬ УСТА ГОСПОДА ИЗРЕКЛИ ЭТО"). После чтения Торы (в субботу говорят "ДА БУДУТ ДАРОВАНЫ..." (стр. 188–189, а затем) произносят молитву "ИЗКОР" (за души умерших) и "ОТЕЦ, [ПРЕИСПОЛНЕННЫЙ] МИЛОСЕРДИЯ..." (стр. 232–233). Далее продолжают "СЧАСТЛИВЫ..." (стр. 192), "ДА ВОСХВАЛЯТ..." (стр. 193), "Хаци-кадиш" (стр. 42) и переходят к молитве "Мусаф" (стр. 306).

Принято упоминать души умерших в Йом-Кипур и обещать деньги на благотворительные цели, чтобы это было засчитано покойным в заслугу, потому что умершие также получают очищение в Йом-Кипур.

אֲדֹנָי. שְׂפָתַי תִּפְתָּח וּפִי יַגִּיד תְּהִלָּתֶךָ:

בָּרוּךְ אַתָּה יְיָ אֱלֹהֵינוּ וֵאלֹהֵי אֲבוֹתֵינוּ, אֱלֹהֵי אַבְרָהָם, אֱלֹהֵי
יִצְחָק וֵאלֹהֵי יַעֲקֹב, הָאֵל הַגָּדוֹל הַגִּבּוֹר וְהַנּוֹרָא, אֵל
עֶלְיוֹן, גּוֹמֵל חֲסָדִים טוֹבִים, קוֹנֵה הַכֹּל, וְזוֹכֵר חַסְדֵי אָבוֹת, וּמֵבִיא
גוֹאֵל לִבְנֵי בְנֵיהֶם לְמַעַן שְׁמוֹ בְּאַהֲבָה:

זָכְרֵנוּ לְחַיִּים. מֶלֶךְ חָפֵץ בַּחַיִּים. וְכָתְבֵנוּ בְּסֵפֶר הַחַיִּים.
לְמַעַנְךָ אֱלֹהִים חַיִּים.

מֶלֶךְ עוֹזֵר וּמוֹשִׁיעַ וּמָגֵן. בָּרוּךְ אַתָּה יְיָ, מָגֵן אַבְרָהָם:
אַתָּה גִבּוֹר לְעוֹלָם אֲדֹנָי, מְחַיֵּה מֵתִים אַתָּה רַב לְהוֹשִׁיעַ מוֹרִיד הַטָּל.

מְכַלְכֵּל חַיִּים בְּחֶסֶד, מְחַיֵּה מֵתִים בְּרַחֲמִים רַבִּים, סוֹמֵךְ נוֹפְלִים,
וְרוֹפֵא חוֹלִים, וּמַתִּיר אֲסוּרִים, וּמְקַיֵּם אֱמוּנָתוֹ לִישֵׁנֵי
עָפָר. מִי כָמוֹךָ בַּעַל גְּבוּרוֹת וּמִי דּוֹמֶה לָּךְ, מֶלֶךְ מֵמִית וּמְחַיֶּה
וּמַצְמִיחַ יְשׁוּעָה:

מִי כָמוֹךָ אַב הָרַחֲמִים, זוֹכֵר יְצוּרָיו לְחַיִּים בְּרַחֲמִים.

וְנֶאֱמָן אַתָּה לְהַחֲיוֹת מֵתִים. בָּרוּךְ אַתָּה יְיָ, מְחַיֵּה הַמֵּתִים: א)
אַתָּה קָדוֹשׁ וְשִׁמְךָ קָדוֹשׁ, וּקְדוֹשִׁים בְּכָל יוֹם יְהַלְלוּךָ סֶּלָה.
לְדוֹר וָדוֹר הַמְלִיכוּ לָאֵל, כִּי הוּא לְבַדּוֹ מָרוֹם וְקָדוֹשׁ:

וּבְכֵן יִתְקַדֵּשׁ שִׁמְךָ יְיָ אֱלֹהֵינוּ עַל יִשְׂרָאֵל עַמֶּךָ וְעַל
יְרוּשָׁלַיִם עִירֶךָ, וְעַל צִיּוֹן מִשְׁכַּן כְּבוֹדֶךָ, וְעַל
מַלְכוּת בֵּית דָּוִד מְשִׁיחֶךָ, וְעַל מְכוֹנָה וְהֵיכָלֶךָ:

וּבְכֵן* תֵּן פַּחְדְּךָ יְיָ אֱלֹהֵינוּ עַל כָּל
מַעֲשֶׂיךָ, וְאֵימָתְךָ עַל כָּל מַה
שֶּׁבָּרָאתָ, וְיִירָאוּךָ כָּל הַמַּעֲשִׂים,
וְיִשְׁתַּחֲווּ לְפָנֶיךָ כָּל הַבְּרוּאִים, וְיֵעָשׂוּ
כֻלָּם אֲגֻדָּה אַחַת לַעֲשׂוֹת רְצוֹנְךָ

אדני ГОСПОДЬ, ДАЙ МНЕ СИЛЫ МОЛИТЬСЯ ПРЕД ТОБОЙ, [ПРОСТИВ МНЕ ГРЕХИ], И УСТА МОИ ВОССЛАВЯТ ТЕБЯ.

ברוך БЛАГОСЛОВЕН ТЫ, ГОСПОДЬ, БОГ НАШ И БОГ ОТЦОВ НАШИХ, БОГ АВРА͡ГАМА, БОГ ИЦХАКА И БОГ ЯАКОВА, БОГ ВЕЛИКИЙ, МОГУЧИЙ И ГРОЗНЫЙ, ВСЕВЫШНИЙ БОГ, ДАРУЮЩИЙ БЛАГА, СОТВОРИВШИЙ ВСЕ, И ПОМНЯЩИЙ ДОБРЫЕ ДЕЛА ОТЦОВ, И ПО ЛЮБВИ СВОЕЙ ПОСЫЛАЮЩИЙ ИЗБАВИТЕЛЯ СЫНОВЬЯМ ИХ СЫНОВЕЙ РАДИ ИМЕНИ СВОЕГО!

זכרנו ВСПОМНИ НАС, ЧТОБЫ ДАРОВАТЬ НАМ ЖИЗНЬ, ВЛАДЫКА, КОТОРОМУ УГОДНА ЖИЗНЬ, И ЗАПИШИ НАС В КНИГУ ЖИЗНИ РАДИ СЕБЯ, БОГ ЖИЗНИ!

מלך [ТЫ –] ВЛАДЫКА, КОТОРЫЙ ПОМОГАЕТ, СПАСАЕТ И ЗАЩИЩАЕТ. БЛАГОСЛОВЕН ТЫ, ГОСПОДЬ, ЗАЩИТНИК АВРА͡ГАМА!

אתה ТВОЕ МОГУЩЕСТВО ВЕЧНО, ГОСПОДЬ, ТЫ ВОЗВРАЩАЕШЬ МЕРТВЫХ К ЖИЗНИ, ТЫ – ВЕЛИКИЙ ИЗБАВИТЕЛЬ, ПОСЫЛАЮЩИЙ РОСУ,

מכלכל ПИТАЮЩИЙ ПО ДОБРОТЕ СВОЕЙ ЖИВЫХ, ПО ВЕЛИКОМУ МИЛОСЕРДИЮ ВОЗВРАЩАЮЩИЙ МЕРТВЫХ К ЖИЗНИ, ПОДДЕРЖИВАЮЩИЙ ПАДАЮЩИХ, И ИСЦЕЛЯЮЩИЙ БОЛЬНЫХ, И ОСВОБОЖДАЮЩИЙ УЗНИКОВ, И ИСПОЛНЯЮЩИЙ СВОЕ ОБЕЩАНИЕ [ВОЗВРАТИТЬ ЖИЗНЬ] ПОКОЯЩИМСЯ В ЗЕМЛЕ, – КТО ПОДОБЕН ТЕБЕ, ВСЕСИЛЬНЫЙ, И КТО СРАВНИТСЯ С ТОБОЙ, ВЛАДЫКА, КОТОРЫЙ УМЕРЩВЛЯЕТ, И ОЖИВЛЯЕТ, И ВЗРАЩИВАЕТ СПАСЕНИЕ!

מי כמוך КТО ПОДОБЕН ТЕБЕ, МИЛОСЕРДНЫЙ ОТЕЦ, МИЛОСТИВО ВСПОМИНАЮЩИЙ О СВОИХ ТВОРЕНИЯХ, ДАРУЯ ИМ ЖИЗНЬ!

ונאמן И ВЕРЕН ТЫ [СВОЕМУ ОБЕЩАНИЮ] ВОЗВРАТИТЬ МЕРТВЫМ ЖИЗНЬ. БЛАГОСЛОВЕН ТЫ, ГОСПОДЬ, ВОЗВРАЩАЮЩИЙ МЕРТВЫХ К ЖИЗНИ!

אתה ТЫ СВЯТ, И СВЯТО ИМЯ ТВОЕ, И СВЯТЫЕ [АНГЕЛЫ] БУДУТ ВОСХВАЛЯТЬ ТЕБЯ ИЗО ДНЯ В ДЕНЬ, ВОВЕКИ.

לדור В КАЖДОМ ПОКОЛЕНИИ ПРОВОЗГЛАШАЙТЕ БОГА ЦАРЕМ, ПОТОМУ ЧТО ОН ОДИН ПРЕВОЗНЕСЕН И СВЯТ.

ובכן И ПУСТЬ ТОГДА СВЯТОСТЬ ИМЕНИ ТВОЕГО, ГОСПОДЬ, БОГ НАШ, ОСЕНИТ НАРОД ТВОЙ, ИЗРАИЛЬ, И ИЕРУСАЛИМ, ГОРОД ТВОЙ, И СИОН, ГДЕ ОБИТАЕТ СЛАВА ТВОЯ, И ЦАРСТВОВАНИЕ РОДА ДАВИДА, ПОМАЗАННИКА ТВОЕГО, И МЕСТО, [КОТОРОЕ ТЫ ПРЕДНАЗНАЧИЛ ДЛЯ ТОГО, ЧТОБЫ ОБИТАТЬ В НЕМ], И [ВЕСЬ] ХРАМ ТВОЙ.

ובכן И ВНУШИ ТОГДА СТРАХ ПРЕД СОБОЙ ВСЕМ СОЗДАНИ-

ЯМ ТВОИМ, [НАУЧИ] БОЯТЬСЯ СЕБЯ ВСЕ, СОТВОРЕННОЕ

ТОБОЙ, И ТРЕПЕТ ОХВАТИТ ТЕХ, КОГО ТЫ СОЗДАЛ, И ПА-

ДУТ НИЦ ПРЕД ТОБОЮ ВСЕ ТВОРЕНИЯ, И ОБЪЕДИНЯТСЯ

ВСЕ ВМЕСТЕ, ЧТОБЫ ИСПОЛНЯТЬ ВОЛЮ ТВОЮ ОТ ВСЕГО

בְּלֵבָב שָׁלֵם . שֶׁיָּדַעְנוּ יְיָ אֱלֹהֵינוּ
שֶׁהַשָּׁלְטָן לְפָנֶיךָ , עֹז בְּיָדְךָ , וּגְבוּרָה
בִּימִינֶךָ . וְשִׁמְךָ נוֹרָא עַל כָּל מָה
שֶׁבָּרָאתָ :

וּבְכֵן תֵּן כָּבוֹד יְיָ לְעַמֶּךָ , תְּהִלָּה לִירֵאֶיךָ ,
וְתִקְוָה טוֹבָה לְדוֹרְשֶׁיךָ , וּפִתְחוֹן פֶּה
לַמְיַחֲלִים לָךְ , שִׂמְחָה לְאַרְצֶךָ , וְשָׂשׂוֹן לְעִירֶךָ ,
וּצְמִיחַת קֶרֶן לְדָוִד עַבְדֶּךָ , וַעֲרִיכַת נֵר לְבֶן יִשַׁי
מְשִׁיחֶךָ , בִּמְהֵרָה בְיָמֵינוּ :

וּבְכֵן צַדִּיקִים יִרְאוּ וְיִשְׂמָחוּ , וִישָׁרִים יַעֲלֹזוּ , וַחֲסִידִים
בְּרִנָּה יָגִילוּ , וְעוֹלָתָה תִּקְפָּץ פִּיהָ , וְהָרִשְׁעָה
כֻּלָּהּ בְּעָשָׁן תִּכְלֶה , כִּי תַעֲבִיר מֶמְשֶׁלֶת זָדוֹן מִן הָאָרֶץ :

וְתִמְלוֹךְ אַתָּה הוּא יְיָ אֱלֹהֵינוּ לְבַדֶּךָ , עַל
כָּל מַעֲשֶׂיךָ , בְּהַר צִיּוֹן מִשְׁכַּן כְּבוֹדֶךָ ,
וּבִירוּשָׁלַיִם עִיר קָדְשֶׁךָ , כַּכָּתוּב בְּדִבְרֵי קָדְשֶׁךָ :
יִמְלֹךְ יְיָ לְעוֹלָם אֱלֹהַיִךְ צִיּוֹן לְדֹר וָדֹר , הַלְלוּיָהּ :

קָדוֹשׁ אַתָּה וְנוֹרָא שְׁמֶךָ , וְאֵין אֱלֹהַּ מִבַּלְעָדֶיךָ , כַּכָּתוּב :
וַיִּגְבַּהּ יְיָ צְבָאוֹת בַּמִּשְׁפָּט , וְהָאֵל הַקָּדוֹשׁ נִקְדַּשׁ
בִּצְדָקָה . בָּרוּךְ אַתָּה יְיָ , הַמֶּלֶךְ הַקָּדוֹשׁ :

אַתָּה בְחַרְתָּנוּ מִכָּל הָעַמִּים , אָהַבְתָּ אוֹתָנוּ
וְרָצִיתָ בָּנוּ , וְרוֹמַמְתָּנוּ מִכָּל הַלְּשׁוֹנוֹת ,

וקדשתנו

СЕРДЦА. ИБО ЗНАЕМ МЫ, ГОСПОДЬ, БОГ НАШ, ЧТО ВЛАСТЬ ПРИНАДЛЕЖИТ ТЕБЕ; СИЛА В РУКЕ ТВОЕЙ, МОГУЩЕСТВО В ДЕСНИЦЕ ТВОЕЙ, И ГРОЗНОЕ ИМЯ ТВОЕ — НАД ВСЕМ, ЧТО ТЫ СОТВОРИЛ.

ובכן И ТОГДА, ГОСПОДЬ, ВОЗВЕЛИЧЬ НАРОД СВОЙ, ВОС- СЛАВЬ БОЯЩИХСЯ ТЕБЯ, ДАЙ НАДЕЖДУ НА ЛУЧШЕЕ ВЗЫ- ВАЮЩИМ К ТЕБЕ, ДОКАЖИ ПРАВОТУ ПОЛАГАЮЩИХСЯ НА ТЕБЯ; ПУСТЬ РАДУЕТСЯ СТРАНА ТВОЯ, ВЕСЕЛИТСЯ ГОРОД ТВОЙ, ПУСТЬ ВОЗРАСТЕТ МОЩЬ ДАВИДА, РАБА ТВОЕГО, И ЗАЖГИ СВЕТ [ДУШИ] ПОМАЗАННИКА ТВОЕГО, ПОТОМКА ИШАЯ, — ВСКОРЕ, В НАШИ ДНИ.

ובכן И УВИДЯТ ТОГДА [ЭТО] ПРАВЕДНИКИ И ПРЕИСПОЛНЯТСЯ РА- ДОСТИ, ВОЗЛИКУЮТ НЕПОРОЧНЫЕ, С ПЕСНЯМИ БУДУТ ПРАЗДНОВАТЬ ЛЮБЯЩИЕ ТЕБЯ, А [ВСЯКАЯ] НЕЧИСТЬ ЛИШИТСЯ ДАРА РЕЧИ И .ВСЕ ЗЛО РАЗВЕЕТСЯ ДЫМОМ, [СГОРЕВ В АДСКОМ ОГНЕ], КОГДА СМЕ- ТЕШЬ ТЫ ВЛАСТЬ ЗЛА С [ЛИЦА] ЗЕМЛИ.

ותמלוך И ВОЦАРИШЬСЯ ТЫ ОДИН, ГОСПОДЬ, БОГ НАШ, НАД ВСЕМИ ТВОИМИ СОЗДАНИЯМИ НА ГОРЕ СИОН, ГДЕ ОБИТА- ЕТ СЛАВА ТВОЯ, В ИЕРУСАЛИМЕ, СВЯТОМ ГОРОДЕ ТВОЕМ, КАК СКАЗАНО В ТВОИХ СВЯТЫХ ПИСАНИЯХ: "ГОСПОДЬ БУДЕТ ЦАРСТВОВАТЬ ВЕЧНО; [БУДЕТ ЦАРСТВОВАТЬ] БОГ ТВОЙ, СИОН, ВО ВЕКИ ВЕКОВ; ВОСХВАЛИТЕ БОГА!"

קדוש СВЯТ ТЫ, И ГРОЗНО ИМЯ ТВОЕ, И НЕТ БОГА КРОМЕ ТЕБЯ, КАК НАПИСАНО: "И ВОЗНЕСЛО ГОСПОДА ВОИНСТВ ПРАВОСУДИЕ [ЕГО], И ОСВЯТИЛО СВЯТОГО БОГА [ЕГО] МИЛОСЕРДИЕ". БЛАГО- СЛОВЕН ТЫ, ГОСПОДЬ, ВЛАДЫКА СВЯТОЙ!

אתה ТЫ ИЗБРАЛ НАС ИЗ ВСЕХ НАРОДОВ, ПОЛЮБИЛ НАС, И БЛАГОВОЛИЛ К НАМ, И ВОЗВЫСИЛ НАС НАД ВСЕМИ ПЛЕ- МЕНАМИ, И ОСВЯТИЛ НАС СВОИМИ ЗАПОВЕДЯМИ, И ПРИ-

וְקִדַּשְׁתָּנוּ בְּמִצְוֹתֶיךָ, וְקֵרַבְתָּנוּ מַלְכֵּנוּ לַעֲבֹדָתֶךָ
וְשִׁמְךָ הַגָּדוֹל וְהַקָּדוֹשׁ עָלֵינוּ קָרָאתָ:

וַתִּתֶּן לָנוּ יְיָ אֱלֹהֵינוּ בְּאַהֲבָה אֶת יוֹם (לשבת הַשַּׁבָּת הַזֶּה וְאֶת
יוֹם) הַכִּפֻּרִים הַזֶּה:אֶת יוֹם סְלִיחַת הֶעָוֹן הַזֶּה, אֶת יוֹם
מִקְרָא קֹדֶשׁ הַזֶּה, (לשבת לִקְדֻשָּׁה וְלִמְנוּחָה) לִמְחִילָה וְלִסְלִיחָה
וּלְכַפָּרָה, וְלִמְחָל בּוֹ אֶת כָּל עֲוֹנוֹתֵינוּ (לשבת בְּאַהֲבָה) מִקְרָא
קֹדֶשׁ זֵכֶר לִיצִיאַת מִצְרָיִם:

וּמִפְּנֵי חֲטָאֵינוּ גָּלִינוּ מֵאַרְצֵנוּ, וְנִתְרַחַקְנוּ מֵעַל
אַדְמָתֵנוּ, וְאֵין אָנוּ יְכוֹלִים לַעֲשׂוֹת
חוֹבוֹתֵינוּ בְּבֵית בְּחִירָתֶךָ, בַּבַּיִת הַגָּדוֹל
וְהַקָּדוֹשׁ, שֶׁנִּקְרָא שִׁמְךָ עָלָיו, מִפְּנֵי הַיָּד
שֶׁנִּשְׁתַּלְּחָה בְּמִקְדָּשֶׁךָ. יְהִי רָצוֹן מִלְּפָנֶיךָ יְיָ
אֱלֹהֵינוּ וֵאלֹהֵי אֲבוֹתֵינוּ, מֶלֶךְ רַחֲמָן, שֶׁתָּשׁוּב
וּתְרַחֵם עָלֵינוּ וְעַל מִקְדָּשְׁךָ בְּרַחֲמֶיךָ הָרַבִּים,
וְתִבְנֵהוּ מְהֵרָה וּתְגַדֵּל כְּבוֹדוֹ.אָבִינוּ מַלְכֵּנוּ אֱלֹהֵינוּ
גַּלֵּה כְּבוֹד מַלְכוּתְךָ עָלֵינוּ מְהֵרָה, וְהוֹפַע וְהִנָּשֵׂא
עָלֵינוּ לְעֵינֵי כָּל חָי, וְקָרֵב פְּזוּרֵינוּ מִבֵּין הַגּוֹיִם,
וּנְפוּצוֹתֵינוּ כַּנֵּס מִיַּרְכְּתֵי אָרֶץ. וַהֲבִיאֵנוּ לְצִיּוֹן
עִירְךָ בְּרִנָּה, וְלִירוּשָׁלַיִם בֵּית מִקְדָּשְׁךָ, בְּשִׂמְחַת
עוֹלָם, וְשָׁם נַעֲשֶׂה לְפָנֶיךָ אֶת קָרְבְּנוֹת חוֹבוֹתֵינוּ:
תְּמִידִים כְּסִדְרָם וּמוּסָפִים כְּהִלְכָתָם. וְאֶת
מוּסַף יוֹם (לשבת וְאֶת מוּסְפֵי יוֹם הַשַּׁבָּת הַזֶּה
וְ) יוֹם הַכִּפּוּרִים הַזֶּה יוֹם סְלִיחַת הֶעָוֹן הַזֶּה,
יום

БЛИЗИЛ ТЫ НАС, ВЛАДЫКА НАШ, [К СЕБЕ], ЧТОБЫ МЫ
СЛУЖИЛИ ТЕБЕ, И ИМЕНЕМ СВОИМ, ВЕЛИКИМ И СВЯТЫМ,
ОТМЕТИЛ НАС.

ותתן И ДАРОВАЛ ТЫ НАМ, ГОСПОДЬ, БОГ НАШ, С ЛЮБОВЬЮ (*в суб-
боту добавляют*: ЭТОТ СУББОТНИЙ ДЕНЬ И) И ЭТОТ ДЕНЬ ОЧИЩЕНИЯ,
ЭТОТ ДЕНЬ ПРОЩЕНИЯ ГРЕХОВ, ЭТОТ СВЯТОЙ ДЕНЬ (*в субботу добавля-
ют*: ДЛЯ СВЯТОСТИ И ДЛЯ ОТДЫХА), ДЛЯ ОТПУЩЕНИЯ [НАШИХ ГРЕ-
ХОВ], И ПРОЩЕНИЯ, И ОЧИЩЕНИЯ, ЧТОБЫ ОТПУСТИТЬ НАМ В ЭТОТ
ДЕНЬ ВСЕ НАШИ ГРЕХИ (*в субботу добавляют*: ПО ЛЮБВИ [СВОЕЙ]),
— В СВЯТОЙ ДЕНЬ, НАПОМИНАЮЩИЙ О ВЫХОДЕ ИЗ ЕГИПТА.

ומפני И ЗА ГРЕХИ НАШИ МЫ БЫЛИ ИЗГНАНЫ ИЗ СВОЕЙ СТРАНЫ И
ОКАЗАЛИСЬ ВДАЛЕКЕ ОТ ЗЕМЛИ НАШЕЙ. И ЛИШЕНЫ МЫ ВОЗМОЖНОС-
ТИ ИСПОЛНИТЬ СВОИ ОБЯЗАННОСТИ В ХРАМЕ, ИЗБРАННОМ ТОБОЮ,
В ХРАМЕ ВЕЛИКОМ И СВЯТОМ, ОТМЕЧЕННОМ ИМЕНЕМ ТВОИМ, — ИЗ-ЗА
ТОГО, ЧТО РУКИ ВРАГОВ РАЗРУШИЛИ ТВОЕ СВЯТИЛИЩЕ. ДА БУДЕТ
УГОДНО ТЕБЕ, ГОСПОДЬ, БОГ НАШ И БОГ ОТЦОВ НАШИХ, ВЛАДЫКА
МИЛОСЕРДНЫЙ, ВНОВЬ СМИЛОСТИВИТЬСЯ НАД НАМИ И НАД СВЯТИ-
ЛИЩЕМ СВОИМ ПО ВЕЛИКОМУ МИЛОСЕРДИЮ СВОЕМУ, И В СКОРОМ
ВРЕМЕНИ ОТСТРОИТЬ ЕГО, И УМНОЖИТЬ ЕГО СЛАВУ. ОТЕЦ НАШ, ВЛА-
ДЫКА НАШ, БОГ НАШ! ВСКОРЕ ЯВИ НАМ СЛАВУ ЦАРСТВА СВОЕГО, ЯВИ
СЕБЯ И ВОЗНЕСИСЬ НАД НАМИ НА ГЛАЗАХ ВСЕХ ЖИВУЩИХ! И СОБЕРИ
НАС, РАССЕЯННЫХ СРЕДИ НАРОДОВ, И СОБЕРИ НАШИ ОБЩИНЫ, РАЗ-
БРОСАННЫЕ ПО КРАЯМ ЗЕМЛИ; И ПРИВЕДИ НАС, ЛИКУЮЩИХ, В СИОН,
ГОРОД ТВОЙ, И В ИЕРУСАЛИМ, В ХРАМ ТВОЙ, ДАРОВАВ НАМ РАДОСТЬ
НАВЕКИ. И ТАМ МЫ БУДЕМ СОВЕРШАТЬ ПРЕД ТОБОЮ ПРЕДПИСАННЫЕ
НАМ ЖЕРТВОПРИНОШЕНИЯ: ЕЖЕДНЕВНЫЕ ВСЕСОЖЖЕНИЯ СОГЛАСНО
ПРАВИЛАМ О НИХ, И ДОПОЛНИТЕЛЬНЫЕ ПРАЗДНИЧНЫЕ ЖЕРТВОПРИ-
НОШЕНИЯ В СООТВЕТСТВИИ С ИХ УСТАВОМ, И ДОПОЛНИТЕЛЬНЫЕ ЖЕР-
ТВОПРИНОШЕНИЯ (*в субботу добавляют*: ЭТОГО ДНЯ, СУББОТЫ, И) ЭТО-
ГО ДНЯ ОЧИЩЕНИЯ, ЭТОГО ДНЯ ПРОЩЕНИЯ ГРЕХОВ, ЭТОГО СВЯТОГО
ДНЯ, КОТОРЫЕ МЫ БУДЕМ ГОТОВИТЬ И СОВЕРШАТЬ ПРЕД ТОБОЮ С

יוֹם מִקְרָא קֹדֶשׁ הַזֶּה, נַעֲשֶׂה וְנַקְרִיב לְפָנֶיךָ
בְּאַהֲבָה, כְּמִצְוַת רְצוֹנֶךָ, כְּמוֹ שֶׁכָּתַבְתָּ עָלֵינוּ
בְּתוֹרָתְךָ עַל יְדֵי מֹשֶׁה עַבְדֶּךָ מִפִּי כְבוֹדֶךָ כָּאָמוּר:

לשבת
וּבְיוֹם הַשַּׁבָּת שְׁנֵי כְבָשִׂים בְּנֵי שָׁנָה תְּמִימִם, וּשְׁנֵי עֶשְׂרֹנִים סֹלֶת מִנְחָה
בְּלוּלָה בַשֶּׁמֶן וְנִסְכּוֹ. עֹלַת שַׁבַּת בְּשַׁבַּתּוֹ, עַל עֹלַת הַתָּמִיד וְנִסְכָּהּ:

וּבֶעָשׂוֹר לַחֹדֶשׁ הַשְּׁבִיעִי הַזֶּה, מִקְרָא קֹדֶשׁ
יִהְיֶה לָכֶם, וְעִנִּיתֶם אֶת נַפְשֹׁתֵיכֶם,
כָּל מְלָאכָה לֹא תַעֲשׂוּ. וְהִקְרַבְתֶּם עֹלָה לַיְיָ
רֵיחַ נִיחֹחַ, פַּר בֶּן בָּקָר אֶחָד, אַיִל אֶחָד,
כְּבָשִׂים בְּנֵי שָׁנָה שִׁבְעָה, תְּמִימִם יִהְיוּ לָכֶם:
וּמִנְחָתָם וְנִסְכֵּיהֶם כִּמְדֻבָּר: שְׁלֹשָׁה עֶשְׂרֹנִים לַפָּר,
וּשְׁנֵי עֶשְׂרֹנִים לָאָיִל, וְעִשָּׂרוֹן לַכֶּבֶשׂ, וְיַיִן
כְּנִסְכּוֹ, וּשְׁנֵי שְׂעִירִים לְכַפֵּר, וּשְׁנֵי תְמִידִים כְּהִלְכָתָם.
מִלְּבַד חַטַּאת הַכִּפֻּרִים וְעוֹלַת הַתָּמִיד וּמִנְחָתָהּ וְנִסְכֵּיהֶם:

לחזן
יִשְׂמְחוּ בְמַלְכוּתְךָ שׁוֹמְרֵי שַׁבָּת וְקוֹרְאֵי עֹנֶג, עַם מְקַדְּשֵׁי שְׁבִיעִי, כֻּלָּם
יִשְׂבְּעוּ וְיִתְעַנְּגוּ מִטּוּבֶךָ, וּבַשְּׁבִיעִי רָצִיתָ בּוֹ וְקִדַּשְׁתּוֹ, חֶמְדַּת יָמִים
אוֹתוֹ קָרָאתָ, זֵכֶר לְמַעֲשֵׂה בְרֵאשִׁית:

אֱלֹהֵינוּ וֵאלֹהֵי אֲבוֹתֵינוּ, מְחֹל לַעֲוֹנוֹתֵינוּ בְּיוֹם
(לשבת הַשַּׁבָּת הַזֶּה וּבְיוֹם) הַכִּפֻּרִים הַזֶּה, בְּיוֹם
סְלִיחַת הֶעָוֹן הַזֶּה, בְּיוֹם מִקְרָא קֹדֶשׁ הַזֶּה, מְחֵה
וְהַעֲבֵר פְּשָׁעֵינוּ וְחַטֹּאתֵינוּ מִנֶּגֶד עֵינֶיךָ, כָּאָמוּר:
אָנֹכִי אָנֹכִי הוּא מֹחֶה פְשָׁעֶיךָ לְמַעֲנִי, וְחַטֹּאתֶיךָ
לֹא אֶזְכֹּר. וְנֶאֱמַר: מָחִיתִי כָעָב פְּשָׁעֶיךָ וְכֶעָנָן

חטאתיך

ЛЮБОВЬЮ, СОГЛАСНО ЗАПОВЕДИ, УСТАНОВЛЕННОЙ ВОЛЕЙ ТВОЕЙ, КАК ПРЕДПИСАЛ ТЫ НАМ В СВОЕЙ ТОРЕ, ЗАПИСАННОЙ МОШЕ, СЛУГОЙ ТВОИМ, С ТВОИХ СОБСТВЕННЫХ СЛОВ, КАК СКАЗАНО:

В субботу добавляют:

וביום И В СУББОТНИЙ ДЕНЬ [ПРИНОСИТЕ В ЖЕРТВУ] ДВУХ ГОДОВАЛЫХ ЯГНЯТ БЕЗ ПОРОКА, И В ХЛЕБНЫЙ ДАР – ДВЕ ДЕСЯТЫХ [ЭЙФЫ] ЛУЧШЕЙ МУКИ, СМЕШАННОЙ С ОЛИВКОВЫМ МАСЛОМ, И ВИНО ВОЗЛИВАЙТЕ [НА ЖЕРТВЕННИК]. ТАКОВО СУББОТНЕЕ ВСЕСОЖЖЕНИЕ, [КОТОРОЕ СЛЕДУЕТ СОВЕРШАТЬ] КАЖДУЮ СУББОТУ В ДОПОЛНЕНИЕ К ПОСТОЯННОМУ ВСЕСОЖЖЕНИЮ И ПРИНОШЕНИЮ ВИНА ПРИ НЕМ.

ובעשור А ДЕСЯТЫЙ ДЕНЬ ЭТОГО СЕДЬМОГО МЕСЯЦА ДА БУДЕТ ПРОВОЗГЛАШЕН ВАМИ СВЯТЫМ, И ИЗНУРЯЙТЕ [ПОСТОМ] ДУШИ ВАШИ, НИКАКИМ ТРУДОМ НЕ ЗАНИМАЙТЕСЬ. И ПРИНОСИТЕ ГОСПОДУ ЖЕРТВУ ВСЕСОЖЖЕНИЯ, ЧЬЕ БЛАГОУХАНИЕ ПРИНИМАЕТСЯ ИМ БЛАГОСКЛОННО: ОДНОГО ТЕЛЕНКА, ОДНОГО БАРАНА, СЕМЕРЫХ ГОДОВАЛЫХ ЯГНЯТ; ВСЕ ОНИ У ВАС ДОЛЖНЫ БЫТЬ БЕЗ ПОРОКА.

ומנחתם И ХЛЕБНЫЕ ДАРЫ, И ВИНО, ЧТОБЫ ВОЗЛИВАТЬ [ЕГО НА ЖЕРТВЕННИК, ПРИНОСИТЕ] ВМЕСТЕ С НИМИ, КАК ПРЕДПИСАНО: ТРИ ДЕСЯТЫХ [ЭЙФЫ МУКИ] С КАЖДЫМ ТЕЛЕНКОМ, ДВЕ ДЕСЯТЫХ – С БАРАНОМ И ОДНУ ДЕСЯТУЮ – С ЯГНЕНКОМ; И ВИНО ДЛЯ ВОЗЛИЯНИЯ [НА ЖЕРТВЕННИК] В СООТВЕТСТВУЮЩЕМ КОЛИЧЕСТВЕ; А ТАКЖЕ ДВУХ КОЗЛОВ В ОЧИСТИТЕЛЬНУЮ ЖЕРТВУ: [ОДНОГО – В ОЧИСТИТЕЛЬНУЮ ЖЕРТВУ ДНЯ ЙОМ-КИПУР, ВТОРОГО – В ДОПОЛНИТЕЛЬНУЮ ОЧИСТИТЕЛЬНУЮ ЖЕРТВУ ТОГО ЖЕ ДНЯ]; И ДВЕ ЕЖЕДНЕВНЫЕ ЖЕРТВЫ ДЛЯ ВСЕСОЖЖЕНИЯ, КАК ПРЕДПИСАНО, – [ВСЕ ЭТО], НЕ СЧИТАЯ КОЗЛА, КОТОРОГО ОТПРАВЛЯЛИ В ГОРЫ, А ТАКЖЕ ПОСТОЯННОГО ВСЕСОЖЖЕНИЯ ВМЕСТЕ С ХЛЕБНЫМ ДАРОМ, ПРИНОСИМЫМ ВМЕСТЕ С НИМ [А ТАКЖЕ ВИНА, ВОЗЛИВАЕМОГО [НА ЖЕРТВЕННИК] ВМЕСТЕ [С ДОПОЛНИТЕЛЬНЫМ ЖЕРТВОПРИНОШЕНИЕМ ДЛЯ ОЧИЩЕНИЯ].

В субботу добавляют:

ישמחו ВОЗРАДУЮТСЯ СОБЛЮДАЮЩИЕ СУББОТУ, НАЗЫВАЮЩИЕ ЕЕ БЛАЖЕНСТВОМ, ПРИХОДУ ЦАРСТВА ТВОЕГО; ВЕСЬ НАРОД, ОСВЯЩАЮЩИЙ СЕДЬМОЙ ДЕНЬ, НАСЫТИТСЯ И НАСЛАДИТСЯ ЩЕДРОТАМИ ТВОИМИ; И БЫЛ ИЗБРАН ВОЛЕЙ ТВОЕЙ СЕДЬМОЙ ДЕНЬ, И ТЫ ОСВЯТИЛ ЕГО И НАЗВАЛ ЕГО ЖЕЛАННЫМ ИЗ ДНЕЙ – В ПАМЯТЬ О СОТВОРЕНИИ МИРА.

אלהינו БОГ НАШ И БОГ ОТЦОВ НАШИХ! ОТПУСТИ ГРЕХИ НАШИ В (*в субботу*: ЭТОТ СУББОТНИЙ ДЕНЬ И) ЭТОТ ДЕНЬ ОЧИЩЕНИЯ, В ЭТОТ ДЕНЬ ПРОЩЕНИЯ ВИНЫ, В ЭТОТ СВЯТОЙ ДЕНЬ; ОЧИСТИ [НАС]; УДАЛИ С ГЛАЗ ДОЛОЙ ПРЕСТУПЛЕНИЯ И ЗАБЛУЖДЕНИЯ НАШИ, КАК СКАЗАНО: "Я, [И ТОЛЬКО] Я, — ТОТ, КТО ОЧИЩАЕТ ТЕБЯ ОТ ГРЕХОВ И ПРОВИННОСТЕЙ, [И ДЕЛАЮ Я ЭТО] РАДИ СЕБЯ САМОГО, И [БОЛЕЕ ИХ ТЕБЕ] НЕ ПРИПОМНЮ". И СКАЗАНО: "И РАЗВЕЯЛ Я, КАК [ВЕТЕР—] ТУЧУ, ПРЕСТУПЛЕНИЯ ТВОИ; СЛОВНО [ВЕТЕР—] ОБЛАКО, [РАЗ-

הַטֵּאתֶיךָ, שׁוּבָה אֵלַי כִּי גְאַלְתִּיךָ. וְנֶאֱמַר: כִּי בַיּוֹם
הַזֶּה יְכַפֵּר עֲלֵיכֶם לְטַהֵר אֶתְכֶם מִכֹּל חַטֹּאתֵיכֶם,
לִפְנֵי יְיָ תִּטְהָרוּ: (אֱלֹהֵינוּ וֵאלֹהֵי אֲבוֹתֵינוּ, רְצֵה נָא בִמְנוּחָתֵנוּ)
קַדְּשֵׁנוּ בְּמִצְוֹתֶיךָ, וְתֵן חֶלְקֵנוּ בְּתוֹרָתֶךָ, שַׂבְּעֵנוּ
מִטּוּבֶךָ וְשַׂמַּח נַפְשֵׁנוּ בִּישׁוּעָתֶךָ, (לשבת וְהַנְחִילֵנוּ יְיָ אֱלֹהֵינוּ
בְּאַהֲבָה וּבְרָצוֹן שַׁבַּת קָדְשֶׁךָ, וְיָנוּחוּ בוֹ כָּל יִשְׂרָאֵל מְקַדְּשֵׁי שְׁמֶךָ)
וְטַהֵר לִבֵּנוּ לְעָבְדְּךָ בֶּאֱמֶת, כִּי אַתָּה סָלְחָן
לְיִשְׂרָאֵל וּמָחֳלָן לְשִׁבְטֵי יְשֻׁרוּן בְּכָל דּוֹר וָדוֹר,
וּמִבַּלְעָדֶיךָ אֵין לָנוּ מֶלֶךְ מוֹחֵל וְסוֹלֵחַ.
בָּרוּךְ אַתָּה יְיָ, מֶלֶךְ מוֹחֵל וְסוֹלֵחַ לַעֲוֹנוֹתֵינוּ,
וְלַעֲוֹנוֹת עַמּוֹ בֵּית יִשְׂרָאֵל, וּמַעֲבִיר אַשְׁמוֹתֵינוּ
בְּכָל שָׁנָה וְשָׁנָה. מֶלֶךְ עַל כָּל הָאָרֶץ, מְקַדֵּשׁ
(לשבת הַשַּׁבָּת וְ)יִשְׂרָאֵל וְיוֹם הַכִּפּוּרִים:

רְצֵה יְיָ אֱלֹהֵינוּ בְּעַמְּךָ יִשְׂרָאֵל, וְלִתְפִלָּתָם שְׁעֵה, וְהָשֵׁב הָעֲבוֹדָה
לִדְבִיר בֵּיתֶךָ, וְאִשֵּׁי יִשְׂרָאֵל וּתְפִלָּתָם בְּאַהֲבָה תְקַבֵּל בְּרָצוֹן,
וּתְהִי לְרָצוֹן תָּמִיד עֲבוֹדַת יִשְׂרָאֵל עַמֶּךָ:

וְתֶחֱזֶינָה עֵינֵינוּ בְּשׁוּבְךָ לְצִיּוֹן בְּרַחֲמִים. בָּרוּךְ אַתָּה יְיָ, הַמַּחֲזִיר
שְׁכִינָתוֹ לְצִיּוֹן:

מוֹדִים אֲנַחְנוּ לָךְ שָׁאַתָּה הוּא יְיָ אֱלֹהֵינוּ וֵאלֹהֵי אֲבוֹתֵינוּ
לְעוֹלָם וָעֶד. צוּר חַיֵּינוּ מָגֵן יִשְׁעֵנוּ, אַתָּה הוּא לְדוֹר וָדוֹר, נוֹדֶה לְּךָ וּנְסַפֵּר
תְּהִלָּתֶךָ, עַל חַיֵּינוּ הַמְּסוּרִים בְּיָדֶךָ, וְעַל נִשְׁמוֹתֵינוּ הַפְּקוּדוֹת לָךְ, וְעַל נִסֶּיךָ
שֶׁבְּכָל יוֹם עִמָּנוּ, וְעַל נִפְלְאוֹתֶיךָ וְטוֹבוֹתֶיךָ שֶׁבְּכָל עֵת, עֶרֶב וָבֹקֶר

מודים דרבנן
מוֹדִים אֲנַחְנוּ לָךְ, שָׁאַתָּה הוּא יְיָ אֱלֹהֵינוּ וֵאלֹהֵי אֲבוֹתֵינוּ.
אֱלֹהֵי כָל בָּשָׂר, יוֹצְרֵנוּ יוֹצֵר בְּרֵאשִׁית,
בְּרָכוֹת וְהוֹדָאוֹת לְשִׁמְךָ הַגָּדוֹל וְהַקָּדוֹשׁ
עַל שֶׁהֶחֱיִיתָנוּ וְקִיַּמְתָּנוּ, כֵּן תְּחַיֵּנוּ
וּתְקַיְּמֵנוּ, וְתֶאֱסוֹף גָּלֻיּוֹתֵינוּ לְחַצְרוֹת
קָדְשֶׁךָ, וְנָשׁוּב אֵלֶיךָ לִשְׁמוֹר חֻקֶּיךָ,
וְלַעֲשׂוֹת רְצוֹנֶךָ, וּלְעָבְדְּךָ בְּלֵבָב שָׁלֵם
עַל שֶׁאָנוּ מוֹדִים לָךְ, בָּרוּךְ אֵל הַהוֹדָאוֹת:

ВЕЯЛ] ТВОИ ГРЕХИ; ВЕРНИСЬ ЖЕ КО МНЕ, ИБО Я ОСВОБОЖДАЮ ТЕБЯ
[ОТ ВИНЫ] ". И СКАЗАНО: "ИБО В ЭТОТ ДЕНЬ Я СНИМУ С ВАС ВИНУ
[ЗА ГРЕХИ ВАШИ], ОЧИЩУ ВАС ОТ ВСЕХ ВАШИХ ПРОВИННОСТЕЙ; БУ-
ДЕТЕ ЧИСТЫ ВЫ ПРЕД ГОСПОДОМ". (В субботу добавляют: БОГ НАШ И
БОГ ОТЦОВ НАШИХ! ДА БУДЕТ УГОДЕН ТЕБЕ СУББОТНИЙ ПОКОЙ
НАШ.) ОСВЯТИ НАС ЗАПОВЕДЯМИ СВОИМИ И ДАЙ НАМ УДЕЛ В ТОРЕ
ТВОЕЙ; НАСЫТЬ НАС ЩЕДРОТАМИ СВОИМИ И ВОЗВЕСЕЛИ ДУШИ НАШИ
СПАСЕНИЕМ, ДАРОВАННЫМ ТОБОЙ (в субботу добавляют: И ДАРУЙ НАМ
В УДЕЛ, ГОСПОДЬ, БОГ НАШ, ПО ЛЮБВИ И БЛАГОСКЛОННОСТИ [К
НАМ] СВЯТОЙ СУББОТНИЙ ДЕНЬ СВОЙ, И ОБРЕТЕТ В НЕМ ПОКОЙ
ВЕСЬ НАРОД ИЗРАИЛЯ, ОСВЯЩАЮЩИЙ ИМЯ ТВОЕ), И ОЧИСТИ НАШЕ
СЕРДЦЕ, ЧТОБЫ МЫ СЛУЖИЛИ ТЕБЕ ВЕРНО, — ИБО ТЫ ТАКОВ, ЧТО
[ВСЕГДА] ПРОЩАЕШЬ ИЗРАИЛЬ, ОТПУСКАЕШЬ ГРЕХИ КОЛЕНАМ НАРО-
ДА ПРЯМОДУШНЫХ — ИЗ ПОКОЛЕНИЯ В ПОКОЛЕНИЕ; И КРОМЕ ТЕБЯ
НЕТ У НАС ВЛАДЫКИ, ОТПУСКАЮЩЕГО ГРЕХИ И ПРОЩАЮЩЕГО. БЛАГО-
СЛОВЕН ТЫ, ГОСПОДЬ, ВЛАДЫКА, ОТПУСКАЮЩИЙ [НАШИ ГРЕХИ] И
ПРОЩАЮЩИЙ [КАЖДОГО ИЗ НАС ЗА] НАШИ [СОБСТВЕННЫЕ] ПРО-
СТУПКИ И ПРОСТУПКИ [ВСЕГО] НАРОДА ТВОЕГО, ДОМА ИЗРАИЛЯ, И
ИЗ ГОДА В ГОД СНИМАЮЩИЙ С НАС ВИНУ, — ВЛАДЫКА ВСЕЙ ЗЕМЛИ,
ОСВЯЩАЮЩИЙ (в субботу: СУББОТУ И) ИЗРАИЛЬ И ДЕНЬ ОЧИЩЕНИЯ!

רצה ОТНЕСИСЬ БЛАГОСКЛОННО, ГОСПОДЬ, БОГ НАШ, К НАРОДУ СВОЕМУ, ИЗ-
РАИЛЮ, И МОЛИТВУ ЕГО ПРИМИ, И ВОССТАНОВИ СЛУЖБУ В СВЯТАЯ СВЯТЫХ ХРА-
МА ТВОЕГО; И ЖЕРТВЫ, ПРИНОСИМЫЕ ИЗРАИЛЕМ, И МОЛИТВУ ЕГО ПРИМИ С ЛЮ-
БОВЬЮ, БЛАГОСКЛОННО; И ПУСТЬ БУДЕТ ВСЕГДА ЖЕЛАННО ТЕБЕ СЛУЖЕНИЕ
ИЗРАИЛЯ, НАРОДА ТВОЕГО.

ותחזינה И ДА УВИДИМ МЫ СВОИМИ ГЛАЗАМИ, КАК ВЕРНЕШЬСЯ ТЫ, ПО МИ-
ЛОСЕРДИЮ СВОЕМУ, В СИОН. БЛАГОСЛОВЕН ТЫ, ГОСПОДЬ, ВОЗВРАЩАЮЩИЙ СВОЮ
ШХИНУ В СИОН!

(См. транслитерацию на стр. 386)

מודים БЛАГОДАРИМ МЫ ТЕБЯ ЗА
ТО, ЧТО ТЫ, ГОСПОДЬ, – БОГ НАШ И
БОГ ОТЦОВ НАШИХ ВО ВЕКИ ВЕКОВ.
ТЫ – ОПЛОТ ЖИЗНИ НАШЕЙ, ЗАЩИТ-
НИК, СПАСАЮЩИЙ НАС ИЗ ПОКОЛЕ-
НИЯ В ПОКОЛЕНИЕ. БУДЕМ БЛАГО-
ДАРИТЬ ТЕБЯ И ПРОВОЗГЛАШАТЬ
ТЕБЕ ХВАЛУ ВЕЧЕРОМ, УТРОМ И ДНЕМ
ЗА ЖИЗНЬ НАШУ, ВВЕРЕННУЮ ТЕБЕ,
ЗА ДУШИ НАШИ, ХРАНИМЫЕ ТОБОЙ, И
ЗА ЧУДЕСА ТВОИ, КОТОРЫЕ ТЫ ПО-
СТОЯННО [СОВЕРШАЕШЬ] С НАМИ, И
ЗА ТВОИ ЗНАМЕНИЯ И БЛАГОДЕЯ-
НИЯ, КОТОРЫЕ ТЫ [ТВОРИШЬ] ВСЕГ-
ДА, – О, ДОБРЫЙ! – ПОТОМУ ЧТО МИ-
ЛОСТИ ТВОИ НЕСКОНЧАЕМЫ, – О, МИ-
ЛОСЕРДНЫЙ! – ПОТОМУ ЧТО БЛАГО-
ДЕЯНИЯ ТВОИ НЕИСТОЩИМЫ; ВЕДЬ МЫ ОТ ВЕКА НАДЕЕМСЯ НА ТЕБЯ!

"МОДИМ ДЕРАБАНАН"

*При повторении молитвы хазаном об-
щина говорит здесь следующую молитву:*

מודים БЛАГОДАРИМ МЫ ТЕБЯ ЗА
ТО, ЧТО ТЫ, ГОСПОДЬ, – БОГ НАШ И
БОГ ОТЦОВ НАШИХ, БОГ ВСЕГО ЖИ-
ВОГО, СОЗДАТЕЛЬ НАШ, ТВОРЕЦ МИ-
РОЗДАНИЯ; ПОДОБАЕТ БЛАГОСЛОВ-
ЛЯТЬ И СЛАВИТЬ ВЕЛИКОЕ И СВЯТОЕ
ИМЯ ТВОЕ ЗА ТО, ЧТО ТЫ ДАЛ НАМ
ЖИЗНЬ И ПОДДЕРЖИВАЕШЬ ЕЕ В НАС;
И ТЫ ПРОДЛИШЬ ЕЕ И ПОДДЕРЖИШЬ, И
СОБЕРЕШЬ НАС ИЗ ИЗГНАНИЯ ВО
ДВОРАХ СВЯТИЛИЩА СВОЕГО, И
ВЕРНЕМСЯ МЫ К ТЕБЕ, ЧТОБЫ СО-
БЛЮДАТЬ ТВОИ ЗАКОНЫ, И ИСПОЛ-
НЯТЬ ВОЛЮ ТВОЮ, И СЛУЖИТЬ ТЕБЕ
ВСЕМ СЕРДЦЕМ; И ПОТОМУ МЫ БЛА-
ГОДАРИМ ТЕБЯ. БЛАГОСЛОВЕН БОГ,
КОТОРОГО ПОДОБАЕТ БЛАГОДАРИТЬ!

וְצָהֳרָיִם, הַטּוֹב, כִּי לֹא כָלוּ רַחֲמֶיךָ, וְהַמְרַחֵם, כִּי לֹא תַמּוּ חֲסָדֶיךָ, כִּי מֵעוֹלָם קִוִּינוּ לָךְ:

וְעַל כֻּלָּם יִתְבָּרַךְ וְיִתְרוֹמַם וְיִתְנַשֵּׂא שִׁמְךָ מַלְכֵּנוּ תָּמִיד לְעוֹלָם וָעֶד:

וּכְתוֹב לְחַיִּים טוֹבִים כָּל בְּנֵי בְרִיתֶךָ.

וְכָל הַחַיִּים יוֹדוּךָ סֶּלָה וִיהַלְלוּ שִׁמְךָ הַגָּדוֹל לְעוֹלָם כִּי טוֹב הָאֵל יְשׁוּעָתֵנוּ וְעֶזְרָתֵנוּ סֶלָה, הָאֵל הַטּוֹב. בָּרוּךְ אַתָּה יְיָ, הַטּוֹב שִׁמְךָ וּלְךָ נָאֶה לְהוֹדוֹת: (בחזרת הש״ץ הכהנים נ״כ).

שִׂים שָׁלוֹם, טוֹבָה וּבְרָכָה, חַיִּים חֵן וָחֶסֶד וְרַחֲמִים, עָלֵינוּ וְעַל כָּל יִשְׂרָאֵל עַמֶּךָ. בָּרְכֵנוּ אָבִינוּ כֻּלָּנוּ כְּאֶחָד, בְּאוֹר פָּנֶיךָ, כִּי בְאוֹר פָּנֶיךָ, נָתַתָּ לָּנוּ יְיָ אֱלֹהֵינוּ תּוֹרַת חַיִּים, וְאַהֲבַת חֶסֶד, וּצְדָקָה וּבְרָכָה וְרַחֲמִים וְחַיִּים וְשָׁלוֹם. וְטוֹב בְּעֵינֶיךָ לְבָרֵךְ אֶת עַמְּךָ יִשְׂרָאֵל בְּכָל עֵת וּבְכָל שָׁעָה בִּשְׁלוֹמֶךָ.

וּבְסֵפֶר חַיִּים בְּרָכָה וְשָׁלוֹם וּפַרְנָסָה טוֹבָה, יְשׁוּעָה וְנֶחָמָה וּגְזֵרוֹת טוֹבוֹת, נִזָּכֵר וְנִכָּתֵב לְפָנֶיךָ, אֲנַחְנוּ וְכָל עַמְּךָ בֵּית יִשְׂרָאֵל, לְחַיִּים טוֹבִים וּלְשָׁלוֹם: בָּרוּךְ אַתָּה יְיָ, הַמְבָרֵךְ אֶת עַמּוֹ יִשְׂרָאֵל בַּשָּׁלוֹם:

יִהְיוּ לְרָצוֹן אִמְרֵי פִי וְהֶגְיוֹן לִבִּי לְפָנֶיךָ, יְיָ צוּרִי וְגוֹאֲלִי:

אֱלֹהֵינוּ וֵאלֹהֵי אֲבוֹתֵינוּ, תָּבֹא לְפָנֶיךָ תְּפִלָּתֵנוּ, וְאַל תִּתְעַלַּם מִתְּחִנָּתֵנוּ, שֶׁאֵין אָנוּ עַזֵּי פָנִים וּקְשֵׁי עֹרֶף, לוֹמַר לְפָנֶיךָ יְיָ אֱלֹהֵינוּ וֵאלֹהֵי אֲבוֹתֵינוּ, צַדִּיקִים אֲנַחְנוּ וְלֹא חָטָאנוּ, אֲבָל אֲנַחְנוּ וַאֲבוֹתֵינוּ חָטָאנוּ:

אָשַׁמְנוּ, בָּגַדְנוּ, גָּזַלְנוּ, דִּבַּרְנוּ דֹפִי. הֶעֱוִינוּ, וְהִרְשַׁעְנוּ, זַדְנוּ, חָמַסְנוּ, טָפַלְנוּ שֶׁקֶר. יָעַצְנוּ רָע, כִּזַּבְנוּ, לַצְנוּ, מָרַדְנוּ, נִאַצְנוּ, סָרַרְנוּ, עָוִינוּ, פָּשַׁעְנוּ, צָרַרְנוּ, קִשִּׁינוּ עֹרֶף. רָשַׁעְנוּ, שִׁחַתְנוּ, תִּעַבְנוּ, תָּעִינוּ, תִּעְתָּעְנוּ:

ועל И ЗА ВСЕ ЭТО ДА БУДЕТ БЛАГОСЛОВЛЕНО, И ДА ВОЗВЕЛИЧИТСЯ И ПРЕ-ВОЗНЕСЕТСЯ ИМЯ ТВОЕ, ВЛАДЫКА НАШ, ВСЕГДА, ВО ВЕКИ ВЕКОВ!

וכתוב И ЗАПИШИ [В КНИГЕ ЖИЗНИ], ЧТО [В НОВОМ ГОДУ] БЛАГОПОЛУЧ-НАЯ СУДЬБА ОЖИДАЕТ ВСЕХ, С КЕМ ТЫ ЗАКЛЮЧИЛ СОЮЗ.

וכל И ВСЕ ЖИВОЕ БУДЕТ ВЕЧНО БЛАГОДАРИТЬ ТЕБЯ И ВОСХВАЛЯТЬ ТВОЕ ВЕ-ЛИКОЕ ИМЯ ВОВЕК, ИБО ТЫ ДОБР. ТЫ, БОГ, – НАШЕ СПАСЕНИЕ И НАША ОПОРА ВОВЕКИ, [ТЫ –] ДОБРЫЙ БОГ! БЛАГОСЛОВЕН ТЫ, ГОСПОДЬ; ДОБРЫЙ – ИМЯ ТЕБЕ, И ТЕБЯ ПОДОБАЕТ БЛАГОДАРИТЬ.

שים ДАРУЙ МИР, ДОБРО И БЛАГОСЛОВЕНИЕ, ЖИЗНЬ, МИЛОСТЬ, И ЛЮБОВЬ, И МИЛОСЕРДИЕ НАМ И ВСЕМУ ТВОЕМУ НАРОДУ, ИЗРАИЛЮ. БЛАГОСЛОВИ НАС, ВСЕХ ВМЕСТЕ, В БЛАГОСКЛОННОСТИ СВОЕЙ, ОТЕЦ НАШ, ИБО В БЛАГОСКЛОННОСТИ СВОЕЙ ТЫ ДАРОВАЛ НАМ, ГОСПОДЬ, БОГ НАШ, ЗАКОН ЖИЗНИ И БЕСКОРЫСТНОЙ ЛЮБВИ, И МИЛОСТЬ, И БЛАГОСЛОВЕНИЕ, И МИЛОСЕРДИЕ, И ЖИЗНЬ, И МИР. И ДА БУДЕТ УГОДНО ТЕБЕ БЛАГОСЛОВЛЯТЬ НАРОД СВОЙ, ИЗРАИЛЬ, ВО ВСЕ ВРЕМЕНА И В КАЖДОЕ МГНОВЕНИЕ, ДАРУЯ ЕМУ МИР.

ובספר И В КНИГЕ ЖИЗНИ, БЛАГОСЛОВЕНИЯ, И МИРА, И ПРОЦВЕТА-НИЯ, СПАСЕНИЯ, И УТЕШЕНИЯ, И ДОБРЫХ ПРЕДНАЧЕРТАНИЙ — ДА БУ-ДЕМ УПОМЯНУТЫ И ЗАПИСАНЫ ПРЕД ТОБОЮ МЫ И ВЕСЬ НАРОД ТВОЙ, ДОМ ИЗРАИЛЯ, НА ДОБРУЮ ЖИЗНЬ И НА МИР. БЛАГОСЛОВЕН ТЫ, ГО-СПОДЬ, БЛАГОСЛОВЛЯЮЩИЙ МИРОМ НАРОД СВОЙ, ИЗРАИЛЬ!

יהי ДА БУДУТ УГОДНЫ ТЕБЕ СЛОВА МОИХ УСТ И ПОМЫСЛЫ СЕРДЦА МОЕГО, О, ГОСПОДЬ, – МОЙ ОПЛОТ И ИЗБАВИТЕЛЬ.

אלהינו БОГ НАШ И БОГ ОТЦОВ НАШИХ! ПУСТЬ ДОЙДЕТ ДО ТЕБЯ НАША МОЛИТ-ВА, И НЕ ОТВЕРГАЙ НАШУ МОЛЬБУ, ПОТОМУ ЧТО МЫ НЕ НАСТОЛЬКО ДЕРЗКИ И УПРЯМЫ, ЧТОБЫ СКАЗАТЬ ТЕБЕ: "ГОСПОДЬ, БОГ НАШ И БОГ ОТЦОВ НАШИХ, ПРА-ВЕДНЫ МЫ И НЕ СОВЕРШАЛИ ГРЕХОВ", – ВЕДЬ И МЫ, И ОТЦЫ НАШИ ГРЕШИЛИ.

אשמנו ВИНОВНЫ МЫ; БЫЛИ ВЕРОЛОМНЫ, ГРАБИЛИ, ЛИЦЕМЕРИЛИ, СВЕРНУЛИ С ПРАВИЛЬНОГО ПУТИ И ОБВИНЯЛИ НЕВИНОВНЫХ, НАМЕ-РЕННО ТВОРИЛИ ЗЛО, ПРИСВАИВАЛИ ЧУЖОЕ, ВОЗВОДИЛИ НА БЛИЖНЕ-ГО НАПРАСЛИНУ; ДАВАЛИ ДУРНЫЕ СОВЕТЫ, ЛГАЛИ, ГЛУМИЛИСЬ, БУН-ТОВАЛИ, КОЩУНСТВОВАЛИ, БЫЛИ НЕПОКОРНЫ, ЗЛОДЕЙСТВОВАЛИ, ВОССТАВАЛИ ПРОТИВ ЗАКОНА, ВРАЖДОВАЛИ МЕЖДУ СОБОЙ, УПОРСТ-ВОВАЛИ В ГРЕХЕ; ДЕЛАЛИ ЗЛО, ВРЕДИЛИ, ТВОРИЛИ МЕРЗОСТИ, ЗА-БЛУЖДАЛИСЬ, ВВОДИЛИ В ЗАБЛУЖДЕНИЕ ДРУГИХ.

סֵרְנוּ מִמִּצְוֹתֶיךָ וּמִמִּשְׁפָּטֶיךָ הַטּוֹבִים וְלֹא שָׁוָה לָנוּ. וְאַתָּה
צַדִּיק עַל כָּל הַבָּא עָלֵינוּ כִּי אֱמֶת עָשִׂיתָ וַאֲנַחְנוּ הִרְשָׁעְנוּ:

מַה נֹּאמַר לְפָנֶיךָ יוֹשֵׁב מָרוֹם, וּמַה נְּסַפֵּר לְפָנֶיךָ שׁוֹכֵן שְׁחָקִים.
הֲלֹא כָּל הַנִּסְתָּרוֹת וְהַנִּגְלוֹת אַתָּה יוֹדֵעַ:

אַתָּה יוֹדֵעַ רָזֵי עוֹלָם, וְתַעֲלוּמוֹת סִתְרֵי כָּל חָי: אַתָּה
חוֹפֵשׂ כָּל חַדְרֵי בָטֶן וּבוֹחֵן כְּלָיוֹת וָלֵב. אֵין
דָּבָר נֶעְלָם מִמֶּךָּ, וְאֵין נִסְתָּר מִנֶּגֶד עֵינֶיךָ: וּבְכֵן יְהִי רָצוֹן
מִלְּפָנֶיךָ יְיָ אֱלֹהֵינוּ וֵאלֹהֵי אֲבוֹתֵינוּ, שֶׁתְּרַחֵם עָלֵינוּ
וְתִמְחוֹל לָנוּ עַל כָּל חַטֹּאתֵינוּ, וּתְכַפֶּר לָנוּ עַל כָּל
עֲוֹנוֹתֵינוּ, וְתִמְחוֹל וְתִסְלַח לָנוּ עַל כָּל פְּשָׁעֵינוּ:

עַל חֵטְא שֶׁחָטָאנוּ לְפָנֶיךָ, בְּאֹנֶס וּבְרָצוֹן.
וְעַל חֵטְא שֶׁחָטָאנוּ לְפָנֶיךָ, בְּאִמּוּץ הַלֵּב.
עַל חֵטְא שֶׁחָטָאנוּ לְפָנֶיךָ, בִּבְלִי דָעַת.
וְעַל חֵטְא שֶׁחָטָאנוּ לְפָנֶיךָ, בְּבִטּוּי שְׂפָתָיִם.
עַל חֵטְא שֶׁחָטָאנוּ לְפָנֶיךָ, בְּגִלּוּי עֲרָיוֹת.
וְעַל חֵטְא שֶׁחָטָאנוּ לְפָנֶיךָ, בְּגָלוּי וּבַסֵּתֶר.
עַל חֵטְא שֶׁחָטָאנוּ לְפָנֶיךָ, בְּדַעַת וּבְמִרְמָה.
וְעַל חֵטְא שֶׁחָטָאנוּ לְפָנֶיךָ, בְּדִבּוּר פֶּה.
עַל חֵטְא שֶׁחָטָאנוּ לְפָנֶיךָ, בְּהוֹנָאַת רֵעַ.
וְעַל חֵטְא שֶׁחָטָאנוּ לְפָנֶיךָ, בְּהִרְהוּר הַלֵּב.
עַל חֵטְא שֶׁחָטָאנוּ לְפָנֶיךָ, בִּוְעִידַת זְנוּת.
וְעַל חֵטְא שֶׁחָטָאנוּ לְפָנֶיךָ, בְּוִדּוּי פֶּה.
עַל חֵטְא שֶׁחָטָאנוּ לְפָנֶיךָ, בְּזִלְזוּל הוֹרִים וּמוֹרִים.
וְעַל חֵטְא שֶׁחָטָאנוּ לְפָנֶיךָ, בְּזָדוֹן וּבִשְׁגָגָה.

סרנו СВЕРНУЛИ МЫ С [ПУТИ] ЗАПОВЕДЕЙ ТВОИХ И МИЛОСЕРДНЫХ ТВОИХ ЗАКОНОВ, И ЭТО НЕ ПРИВЕЛО НАС К ДОБРУ. И ТЫ ПРАВ ВО ВСЕМ, ЧТО СОВЕРШИЛ С НАМИ, ИБО ТВОИ ДЕЯНИЯ СПРАВЕДЛИВЫ, А НАШИ – ГРЕХОВНЫ.

מה ЧТО НАМ СКАЗАТЬ ТЕБЕ, ПРЕБЫВАЮЩИЙ В ВЫСОТАХ, ЧТО ПОВЕДАТЬ ТЕБЕ, ОБИТАЮЩИЙ НА НЕБЕСАХ? ВЕДЬ ТЕБЕ ИЗВЕСТНО И ВСЕ СКРЫТОЕ, И ВСЕ ЯВНОЕ.

אתה ИЗВЕСТНО ТЕБЕ ВСЕ СКРЫТОЕ В МИРЕ, ТАЙНОЕ ТАЙНЫХ ВСЕГО ЖИВОГО. ПРОНИКАЕШЬ ТЫ В НАШИ СОКРОВЕННЫЕ МЫСЛИ, ИСПЫТЫ-ВАЕШЬ УМ И СЕРДЦА НАШИ. НИЧЕГО НЕ УТАИТЬ ОТ ТЕБЯ, НИЧТО НЕ СКРОЕТСЯ ОТ ВЗОРА ТВОЕГО. И ПОТОМУ ДА БУДЕТ УГОДНО ТЕБЕ, ГОСПОДЬ, БОГ НАШ И БОГ ОТЦОВ НАШИХ, СМИЛОСТИВИТЬСЯ НАД НАМИ, И ПРОСТИТЬ НАМ ВСЕ НАШИ ГРЕХИ, И ОЧИСТИТЬ НАС ОТ СКВЕР-НЫ ВСЕХ ЗЛОДЕЯНИЙ НАШИХ, И ПРОСТИТЬ НАС, И СНЯТЬ С НАС ВИНУ ЗА ВСЕ ПРЕСТУПЛЕНИЯ НАШИ:

על חטא ЗА ТО, ЧТО МЫ СОГРЕШИЛИ ПРЕД ТОБОЙ ПО ПРИНУЖДЕНИЮ ИЛИ ПО СОБСТВЕННОЙ ВОЛЕ;
И ЗА ТО, ЧТО МЫ СОГРЕШИЛИ ПРЕД ТОБОЙ, ПОДАВИВ [В] СЕРДЦЕ [СВОЕМ ДОБРЫЕ ПОБУЖДЕНИЯ];
ЗА ТО, ЧТО МЫ СОГРЕШИЛИ ПРЕД ТОБОЙ ПО НЕСЕРЬЕЗНОСТИ [СВО-ЕЙ];
И ЗА ТО, ЧТО МЫ СОГРЕШИЛИ ПРЕД ТОБОЙ, НЕ ИСПОЛНИВ ОБЕЩА-НИЯ, КОТОРОЕ ДАЛИ УСТНО;
ЗА ТО, ЧТО МЫ СОГРЕШИЛИ ПРЕД ТОБОЙ ТЕМ, ЧТО ПОЗВОЛЯЛИ СЕ-БЕ ЗАПРЕТНЫЕ ПОЛОВЫЕ СВЯЗИ;
И ЗА ТО, ЧТО МЫ СОГРЕШИЛИ ПРЕД ТОБОЙ ОТКРЫТО ИЛИ ВТАЙНЕ [ОТ ЛЮДЕЙ];
ЗА ТО, ЧТО МЫ СОГРЕШИЛИ ПРЕД ТОБОЙ ЦИНИЧНО ИЛИ ЖЕ ОБМА-НЫВАЯ [САМИХ СЕБЯ];
И ЗА ТО, ЧТО МЫ СОГРЕШИЛИ ПРЕД ТОБОЙ СУЕСЛОВИЕМ;
ЗА ТО, ЧТО МЫ СОГРЕШИЛИ ПРЕД ТОБОЙ, ОБМАНУВ БЛИЖНЕГО;
И ЗА ТО, ЧТО МЫ СОГРЕШИЛИ ПРЕД ТОБОЙ ДУРНЫМИ ПОМЫСЛАМИ;
ЗА ТО, ЧТО МЫ СОГРЕШИЛИ ПРЕД ТОБОЙ ТЕМ, ЧТО УЧАСТВОВАЛИ В СБОРИЩАХ РАСПУТНИКОВ;
И ЗА ТО, ЧТО МЫ СОГРЕШИЛИ ПРЕД ТОБОЙ НЕИСКРЕННИМ РАСКАЯ-НИЕМ;
ЗА ТО, ЧТО МЫ СОГРЕШИЛИ ПРЕД ТОБОЙ НЕУВАЖЕНИЕМ К РОДИТЕ-ЛЯМ И НАСТАВНИКАМ;
И ЗА ТО, ЧТО МЫ СОГРЕШИЛИ ПРЕД ТОБОЙ УМЫШЛЕННО ИЛИ ПО ОШИБКЕ;

עַל חֵטְא שֶׁחָטָאנוּ לְפָנֶיךָ, בְּחֹזֶק יָד.

וְעַל חֵטְא־שֶׁחָטָאנוּ לְפָנֶיךָ, בְּחִלּוּל הַשֵּׁם.

עַל חֵטְא שֶׁחָטָאנוּ לְפָנֶיךָ, בְּטֻמְאַת שְׂפָתָיִם.

וְעַל חֵטְא שֶׁחָטָאנוּ לְפָנֶיךָ, בְּטִפְשׁוּת פֶּה.

עַל חֵטְא שֶׁחָטָאנוּ לְפָנֶיךָ, בְּיֵצֶר הָרָע.

וְעַל חֵטְא שֶׁחָטָאנוּ לְפָנֶיךָ, בְּיוֹדְעִים וּבְלֹא יוֹדְעִים.

וְעַל כֻּלָּם אֱלוֹהַּ סְלִיחוֹת, סְלַח לָנוּ, מְחַל לָנוּ, כַּפֶּר לָנוּ:

עַל חֵטְא שֶׁחָטָאנוּ לְפָנֶיךָ, בְּכַחַשׁ וּבְכָזָב.

וְעַל חֵטְא שֶׁחָטָאנוּ לְפָנֶיךָ, בְּכַפַּת שֹׁחַד.

עַל חֵטְא שֶׁחָטָאנוּ לְפָנֶיךָ, בְּלָצוֹן.

וְעַל חֵטְא שֶׁחָטָאנוּ לְפָנֶיךָ, בְּלָשׁוֹן הָרָע.

עַל חֵטְא שֶׁחָטָאנוּ לְפָנֶיךָ, בְּמַשָּׂא וּבְמַתָּן.

וְעַל חֵטְא שֶׁחָטָאנוּ לְפָנֶיךָ, בְּמַאֲכָל וּבְמִשְׁתֶּה.

עַל חֵטְא שֶׁחָטָאנוּ לְפָנֶיךָ, בְּנֶשֶׁךְ וּבְמַרְבִּית.

וְעַל חֵטְא שֶׁחָטָאנוּ לְפָנֶיךָ, בִּנְטִיַּת גָּרוֹן.

עַל חֵטְא שֶׁחָטָאנוּ לְפָנֶיךָ, בְּשִׂיחַ שִׂפְתוֹתֵינוּ.

וְעַל חֵטְא שֶׁחָטָאנוּ לְפָנֶיךָ, בְּסִקּוּר עָיִן.

עַל חֵטְא שֶׁחָטָאנוּ לְפָנֶיךָ, בְּעֵינַיִם רָמוֹת.

וְעַל חֵטְא שֶׁחָטָאנוּ לְפָנֶיךָ, בְּעַזּוּת מֵצַח.

וְעַל כֻּלָּם, אֱלוֹהַּ סְלִיחוֹת, סְלַח לָנוּ, מְחַל לָנוּ, כַּפֶּר לָנוּ:

עַל חֵטְא שֶׁחָטָאנוּ לְפָנֶיךָ, בִּפְרִיקַת עֹל.

וְעַל חֵטְא שֶׁחָטָאנוּ לְפָנֶיךָ, בִּפְלִילוּת.

עַל חֵטְא שֶׁחָטָאנוּ לְפָנֶיךָ, בִּצְדִיַּת רֵעַ.

וְעַל

ЗА ТО, ЧТО МЫ СОГРЕШИЛИ ПРЕД ТОБОЙ, ПРИМЕНИВ НАСИЛИЕ [ПО ОТНОШЕНИЮ К ЧЕЛОВЕКУ] ;

И ЗА ТО, ЧТО МЫ СОГРЕШИЛИ ПРЕД ТОБОЙ ТЕМ, ЧТО ОСКВЕРНЯЛИ [ТВОЕ] ИМЯ;

ЗА ТО, ЧТО МЫ СОГРЕШИЛИ ПРЕД ТОБОЙ СКВЕРНОСЛОВИЕМ;

И ЗА ТО, ЧТО МЫ СОГРЕШИЛИ ПРЕД ТОБОЙ ТЕМ, ЧТО ГОВОРИЛИ ГЛУПОСТИ;

ЗА ТО, ЧТО МЫ СОГРЕШИЛИ ПРЕД ТОБОЙ ТЕМ, ЧТО [УКРЕПЛЯЛИ В СЕБЕ] ЗЛОЕ НАЧАЛО;

И ЗА ТО, ЧТО МЫ СОГРЕШИЛИ ПРЕД ТОБОЙ, ПРЕДСТАВЛЯЯ СЕБЕ [ВСЮ ТЯЖЕСТЬ СВОЕГО ПРЕСТУПЛЕНИЯ] ИЛИ НЕ ПРЕДСТАВЛЯЯ,

И ЗА ВСЕ [ЭТО] , МИЛОСТИВЫЙ БОГ, ПРОСТИ НАС, ОТПУСТИ ГРЕХИ НАШИ, ОЧИСТИ НАС!

ЗА ТО, ЧТО МЫ СОГРЕШИЛИ ПРЕД ТОБОЙ ТЕМ, ЧТО ОТКАЗЫВАЛИСЬ ПРИЗНАТЬ [СВОИ ОБЯЗАТЕЛЬСТВА ПО ОТНОШЕНИЮ К ДРУГИМ] И ЛГАЛИ;

И ЗА ТО, ЧТО МЫ СОГРЕШИЛИ ПРЕД ТОБОЙ ТЕМ, ЧТО [БРАЛИ И ДАВАЛИ] ВЗЯТКИ;

ЗА ТО, ЧТО МЫ СОГРЕШИЛИ ПРЕД ТОБОЙ ГЛУМЛИВОСТЬЮ;

И ЗА ТО, ЧТО МЫ СОГРЕШИЛИ ПРЕД ТОБОЙ ЗЛОСЛОВИЕМ;

ЗА ТО, ЧТО МЫ СОГРЕШИЛИ ПРЕД ТОБОЙ [НЕЧЕСТНОСТЬЮ] В ДЕЛОВЫХ ПЕРЕГОВОРАХ;

И ЗА ТО, ЧТО МЫ СОГРЕШИЛИ ПРЕД ТОБОЙ ТЕМ, ЧТО [НЕ СОБЛЮДАЛИ ТВОИ ЗАПОВЕДИ, ОТНОСЯЩИЕСЯ] К ЕДЕ И ПИТЬЮ;

ЗА ТО, ЧТО МЫ СОГРЕШИЛИ ГРЕД ТОБОЙ ЛИХОИМСТВОМ И РОСТОВЩИЧЕСТВОМ;

И ЗА ТО, ЧТО МЫ СОГРЕШИЛИ ПРЕД ТОБОЙ ГОРДЫНЕЙ;

ЗА ТО, ЧТО МЫ СОГРЕШИЛИ ПРЕД ТОБОЙ БЕЗДУМНЫМИ РЕЧАМИ СВОИМИ;

И ЗА ТО, ЧТО МЫ СОГРЕШИЛИ ПРЕД ТОБОЙ НЕСКРОМНЫМИ ВЗОРАМИ;

ЗА ТО, ЧТО МЫ СОГРЕШИЛИ ПРЕД ТОБОЙ ТЕМ, ЧТО ЧУВСТВОВАЛИ СВОЕ ПРЕВОСХОДСТВО [НАД ДРУГИМИ] ;

И ЗА ТО, ЧТО МЫ СОГРЕШИЛИ ПРЕД ТОБОЙ НАГЛОСТЬЮ,

И ЗА ВСЕ [ЭТО] , МИЛОСТИВЫЙ БОГ, ПРОСТИ НАС, ОТПУСТИ ГРЕХИ НАШИ, ОЧИСТИ НАС!

ЗА ТО, ЧТО МЫ СОГРЕШИЛИ ПРЕД ТОБОЙ ТЕМ, ЧТО ОТКАЗЫВАЛИСЬ ПРИЗНАВАТЬ ТВОЮ ВЛАСТЬ;

И ЗА ТО, ЧТО МЫ СОГРЕШИЛИ ПРЕД ТОБОЙ ТЕМ, ЧТО ПОЛАГАЛИСЬ ТОЛЬКО НА СОБСТВЕННЫЙ РАЗУМ;

ЗА ТО, ЧТО МЫ СОГРЕШИЛИ ПРЕД ТОБОЙ, ЗАМАНИВАЯ [ОКРУЖАЮЩИХ] В ЛОВУШКУ;

וְעַל חֵטְא שֶׁחָטָאנוּ לְפָנֶיךָ, בְּצָרוּת עָיִן.

עַל חֵטְא שֶׁחָטָאנוּ לְפָנֶיךָ, בְּקַלּוּת רֹאשׁ.

וְעַל חֵטְא שֶׁחָטָאנוּ לְפָנֶיךָ, בְּקַשְׁיוּת עֹרֶף.

עַל חֵטְא שֶׁחָטָאנוּ לְפָנֶיךָ, בְּרִיצַת רַגְלַיִם לְהָרַע.

וְעַל חֵטְא שֶׁחָטָאנוּ לְפָנֶיךָ, בִּרְכִילוּת.

עַל חֵטְא שֶׁחָטָאנוּ לְפָנֶיךָ, בִּשְׁבוּעַת שָׁוְא.

וְעַל חֵטְא שֶׁחָטָאנוּ לְפָנֶיךָ, בְּשִׂנְאַת חִנָּם.

עַל חֵטְא שֶׁחָטָאנוּ לְפָנֶיךָ, בִּתְשׂוּמֶת יָד.

וְעַל חֵטְא שֶׁחָטָאנוּ לְפָנֶיךָ, בְּתִמְהוֹן לֵבָב.

וְעַל כֻּלָּם, אֱלוֹהַּ סְלִיחוֹת, סְלַח לָנוּ, מְחַל לָנוּ, כַּפֶּר לָנוּ:

וְעַל חֲטָאִים שֶׁאָנוּ חַיָּבִים עֲלֵיהֶם: עוֹלָה.

וְעַל חֲטָאִים שֶׁאָנוּ חַיָּבִים עֲלֵיהֶם: חַטָּאת.

וְעַל חֲטָאִים שֶׁאָנוּ חַיָּבִים עֲלֵיהֶם: קָרְבָּן עוֹלֶה וְיוֹרֵד.

וְעַל חֲטָאִים שֶׁאָנוּ חַיָּבִים עֲלֵיהֶם: אָשָׁם וַדַּאי וְתָלוּי.

וְעַל חֲטָאִים שֶׁאָנוּ חַיָּבִים עֲלֵיהֶם: מַכַּת מַרְדּוּת.

וְעַל חֲטָאִים שֶׁאָנוּ חַיָּבִים עֲלֵיהֶם: מַלְקוּת אַרְבָּעִים.

וְעַל חֲטָאִים שֶׁאָנוּ חַיָּבִים עֲלֵיהֶם: מִיתָה בִּידֵי שָׁמָיִם.

וְעַל חֲטָאִים שֶׁאָנוּ חַיָּבִים עֲלֵיהֶם: כָּרֵת וַעֲרִירִי.

וְעַל חֲטָאִים שֶׁאָנוּ חַיָּבִים עֲלֵיהֶם: אַרְבַּע מִיתוֹת בֵּית דִּין
סְקִילָה, שְׂרֵפָה, הֶרֶג, וְחֶנֶק.

עַל מִצְוֹת עֲשֵׂה, וְעַל מִצְוֹת לֹא תַעֲשֶׂה, בֵּין שֶׁיֵּשׁ
בָּהֵן קוּם עֲשֵׂה, וּבֵין שֶׁאֵין בָּהֵן קוּם עֲשֵׂה, אֶת
הַגְּלוּיִם לָנוּ, וְאֶת שֶׁאֵינָם גְּלוּיִם לָנוּ. אֶת הַגְּלוּיִם לָנוּ, כְּבָר

И ЗА ТО, ЧТО МЫ СОГРЕШИЛИ ПРЕД ТОБОЙ ТЕМ, ЧТО БЫЛИ НЕДОБ-РОЖЕЛАТЕЛЬНЫ [К ДРУГИМ] ;

ЗА ТО, ЧТО МЫ СОГРЕШИЛИ ПРЕД ТОБОЙ ЛЕГКОМЫСЛИЕМ;

И ЗА ТО, ЧТО МЫ СОГРЕШИЛИ ПРЕД ТОБОЙ УПРЯМСТВОМ;

ЗА ТО, ЧТО МЫ СОГРЕШИЛИ ПРЕД ТОБОЙ НЕУДЕРЖИМОЙ ТЯГОЙ КО ЗЛУ;

И ЗА ТО, ЧТО МЫ СОГРЕШИЛИ ПРЕД ТОБОЙ ТЕМ, ЧТО СПЛЕТНИЧАЛИ;

ЗА ТО, ЧТО МЫ СОГРЕШИЛИ ПРЕД ТОБОЙ ТЕМ, ЧТО КЛЯЛИСЬ, УТ-ВЕРЖДАЯ ОЧЕВИДНОЕ ИЛИ, НАОБОРОТ, — ОТВЕРГАЯ ЕГО;

И ЗА ТО, ЧТО МЫ СОГРЕШИЛИ ПРЕД ТОБОЙ БЕСПРИЧИННОЙ НЕНА-ВИСТЬЮ [ДРУГ К ДРУГУ] ;

ЗА ТО, ЧТО МЫ СОГРЕШИЛИ ПРЕД ТОБОЙ ТЕМ, ЧТО ПРОТЯГИВАЛИ РУКУ [ПОМОЩИ ПРЕСТУПНИКАМ] ;

И ЗА ТО, ЧТО МЫ СОГРЕШИЛИ ПРЕД ТОБОЙ ВОЛЬНОДУМСТВОМ, [КО-ТОРОЕ МЕШАЛО НАМ ВЕРИТЬ В ТЕБЯ ВСЕМ] СЕРДЦЕМ,

И ЗА ВСЕ [ЭТО] , МИЛОСТИВЫЙ БОГ, ПРОСТИ НАС, ОТПУС-ТИ ГРЕХИ НАШИ, ОЧИСТИ НАС!

И ЗА ГРЕХИ, В ИСКУПЛЕНИЕ КОТОРЫХ МЫ ОБЯЗАНЫ ПРИНЕСТИ ЖЕРТВУ ВСЕСОЖЖЕНИЯ;

И ЗА ГРЕХИ, В ИСКУПЛЕНИЕ КОТОРЫХ МЫ ОБЯЗАНЫ ПРИНЕСТИ "ХАТАТ" [— ЖЕРТВУ, КОТОРУЮ ПРИНОСЯТ ЗА НЕКОТОРЫЕ ПРОСТУП-КИ, СОВЕРШЕННЫЕ ПО НЕВЕДЕНИЮ] ;

И ЗА ГРЕХИ, В ИСКУПЛЕНИЕ КОТОРЫХ МЫ ОБЯЗАНЫ ПРИНЕСТИ ЖЕРТВУ, ЧЕЙ РАЗМЕР МЕНЯЕТСЯ [В ЗАВИСИМОСТИ ОТ ИМУЩЕСТВЕН-НОГО СОСТОЯНИЯ ЧЕЛОВЕКА] ;

И ЗА ГРЕХИ, В ИСКУПЛЕНИЕ КОТОРЫХ МЫ ОБЯЗАНЫ ПРИНЕСТИ ПОВИННУЮ ЖЕРТВУ [В ТОМ СЛУЧАЕ] , КОГДА [НАРУШЕНИЕ] ОЧЕВИД-НО, И [ТАКУЮ ЖЕ ЖЕРТВУ В ТОМ СЛУЧАЕ] , КОГДА ЕСТЬ СОМНЕНИЕ, [БЫЛО ЛИ ОНО СОВЕРШЕНО] ;

И ЗА ГРЕХИ, В ИСКУПЛЕНИЕ КОТОРЫХ НАМ ПОЛАГАЕТСЯ ПОРКА КАК ОСЛУШНИКАМ;

И ЗА ГРЕХИ, В ИСКУПЛЕНИЕ КОТОРЫХ НАМ ПОЛАГАЕТСЯ СОРОК [БЕЗ ОДНОГО] УДАРОВ РЕМНЯМИ;

И ЗА ГРЕХИ, В ИСКУПЛЕНИЕ КОТОРЫХ НАМ ПОЛАГАЕТСЯ [ПРЕЖДЕ-ВРЕМЕННАЯ] СМЕРТЬ ПО ВОЛЕ НЕБЕС;

И ЗА ГРЕХИ, В ИСКУПЛЕНИЕ КОТОРЫХ НАМ ПОЛАГАЕТСЯ ОТДЕЛЕ-НИЕ ДУШИ, КОТОРАЯ В НАШЕМ ТЕЛЕ, ОТ ЕЕ ИСТОЧНИКА, И ПРЕКРАЩЕ-НИЕ НАШЕГО РОДА;

И ЗА ГРЕХИ, В ИСКУПЛЕНИЕ КОТОРЫХ НАМ ПОЛАГАЕТСЯ ЧЕТЫРЕ ВИДА КАЗНИ ПО ПРИГОВОРУ [МУДРЕЦОВ] САНГЕДРИНА: НИЗВЕР-ЖЕНИЕ [ПРОВИНИВШЕГОСЯ С ВЫСОТЫ] И ЗАБРАСЫВАНИЕ [ЕГО] КАМ-НЯМИ; СОЖЖЕНИЕ [ВНУТРЕННОСТЕЙ ПРОВИНИВШЕГОСЯ РАСПЛАВ-ЛЕННЫМ МЕТАЛЛОМ, ВЛИВАЕМЫМ ЕМУ В ГОРЛО] ; ОБЕЗГЛАВЛИВА-НИЕ [МЕЧОМ] ; УДУШЕНИЕ;

עַל ЗА НЕИСПОЛНЕНИЕ ПРЕДПИСЫВАЮЩИХ ЗАПОВЕДЕЙ — КАК ТЕХ, КОТОРЫЕ ОБЯЗАТЕЛЬНЫ ВСЕГДА, ТАК И ТЕХ, КОТОРЫЕ ОБЯЗАТЕЛЬ-НЫ ЛИШЬ ПРИ ОПРЕДЕЛЕННЫХ УСЛОВИЯХ, — И ЗА НАРУШЕНИЕ ЗАПРЕ-ЩАЮЩИХ ЗАПОВЕДЕЙ — ОБРАТИМЫ ЛИ ПОСЛЕДСТВИЯ ПРОСТУПКА

אֲמַרְנוּם לְפָנֶיךָ, וְהוֹדִינוּ לְךָ עֲלֵיהֶם, וְאֶת שֶׁאֵינָם גְּלוּיִם
לָנוּ לְפָנֶיךָ הֵם גְּלוּיִם וִידוּעִים, כַּדָּבָר שֶׁנֶּאֱמַר: הַנִּסְתָּרוֹת
לַיְיָ אֱלֹהֵינוּ, וְהַנִּגְלֹת לָנוּ וּלְבָנֵינוּ עַד עוֹלָם, לַעֲשׂוֹת אֶת כָּל
דִּבְרֵי הַתּוֹרָה הַזֹּאת. כִּי אַתָּה סָלְחָן לְיִשְׂרָאֵל, וּמָחֳלָן
לְשִׁבְטֵי יְשֻׁרוּן בְּכָל דּוֹר וָדוֹר, וּמִבַּלְעָדֶיךָ אֵין לָנוּ מֶלֶךְ
מוֹחֵל וְסוֹלֵחַ:

אֱלֹהַי. עַד שֶׁלֹּא נוֹצַרְתִּי אֵינִי כְדַאי, וְעַכְשָׁו
שֶׁנּוֹצַרְתִּי, כְּאִלּוּ לֹא נוֹצַרְתִּי. עָפָר אֲנִי
בְּחַיַּי, קַל וָחֹמֶר בְּמִיתָתִי, הֲרֵי אֲנִי לְפָנֶיךָ כִּכְלִי
מָלֵא בוּשָׁה וּכְלִמָּה. יְהִי רָצוֹן מִלְּפָנֶיךָ יְיָ אֱלֹהַי
וֵאלֹהֵי אֲבוֹתַי, שֶׁלֹּא אֶחֱטָא עוֹד, וּמַה שֶּׁחָטָאתִי
לְפָנֶיךָ, מְחוֹק בְּרַחֲמֶיךָ הָרַבִּים, אֲבָל לֹא עַל יְדֵי
יִסּוּרִים וָחֳלָיִם רָעִים:

אֱלֹהַי, נְצוֹר לְשׁוֹנִי מֵרָע, וּשְׂפָתַי מִדַּבֵּר מִרְמָה, וְלִמְקַלְלַי נַפְשִׁי תִדּוֹם,
וְנַפְשִׁי כֶּעָפָר לַכֹּל תִּהְיֶה. פְּתַח לִבִּי בְּתוֹרָתֶךָ וּבְמִצְוֹתֶיךָ תִּרְדּוֹף
נַפְשִׁי. וְכָל הַחוֹשְׁבִים עָלַי רָעָה, מְהֵרָה הָפֵר עֲצָתָם וְקַלְקֵל מַחֲשַׁבְתָּם.
יִהְיוּ כְּמֹץ לִפְנֵי רוּחַ וּמַלְאַךְ יְיָ דֹּחֶה. לְמַעַן יֵחָלְצוּן יְדִידֶיךָ, הוֹשִׁיעָה יְמִינְךָ
וַעֲנֵנִי. עֲשֵׂה לְמַעַן שְׁמֶךָ, עֲשֵׂה לְמַעַן יְמִינֶךָ, עֲשֵׂה לְמַעַן תּוֹרָתֶךָ, עֲשֵׂה
לְמַעַן קְדֻשָּׁתֶךָ. יִהְיוּ לְרָצוֹן אִמְרֵי פִי, וְהֶגְיוֹן לִבִּי לְפָנֶיךָ, יְיָ צוּרִי וְגוֹאֲלִי.
עֹשֶׂה הַשָּׁלוֹם בִּמְרוֹמָיו, הוּא יַעֲשֶׂה שָׁלוֹם עָלֵינוּ, וְעַל כָּל יִשְׂרָאֵל,
וְאִמְרוּ אָמֵן:

יְהִי רָצוֹן מִלְּפָנֶיךָ יְיָ אֱלֹהֵינוּ וֵאלֹהֵי אֲבוֹתֵינוּ, שֶׁיִּבָּנֶה בֵּית הַמִּקְדָּשׁ בִּמְהֵרָה בְיָמֵינוּ, וְתֵן
חֶלְקֵנוּ בְּתוֹרָתֶךָ.

(שו"ע) (א) קדיש שלם. ואין אומרים אין כאלהינו ועלינו אחר תפלת מוסף: (ב) אין אומרים אשרי
ובא לציון עד קודם נעילה. (ג) אין אומרים ואני תפלתי אפי' אם חל להיות בשבת:
(ד) במנחה מוציאין ספר תורה וקורין ג' אנשים בפ' עריות עד סוף הם' כו' והשלישי מפטיר ביונה
כו' ונוהגים לסיים ההפטרה בסימן מי אל כמוך וגו' ואחר ההפטרה נוהגין במדינות אלו שלא לברך
רק ג' ברכות אבל אין אומרים על התורה ועל העבודה כו' ואין אומרים צדקתך כשחל בשבת: (ה) אם
השעה דחוקה ידלגו אבינו מלכנו כדי להתחיל בזמנה. נעילה בזמנה: (ו) אף על פי שאין נושאים כפים
במנחה ביום הכפורים אף על פי כן יאמר הש"ץ ברכת כהנים:

תפלת מנחה וידבר וקטורת קה"ת ואחר כך מתפללין כמו בשחרית וקדושה נקדישך בנוסח הקצר:

בחול אבינו מלכנו. קדיש שלם. לדוד ה' אורי. קדיש יתום.

ИЛИ НЕТ; ЗА НАРУШЕНИЯ, ИЗВЕСТНЫЕ НАМ И НЕ ИЗВЕСТНЫЕ. О ТЕХ, ЧТО ИЗВЕСТНЫ НАМ, МЫ ТЕБЕ РАССКАЗАЛИ, ПРИЗНАЛИСЬ В НИХ ТЕ-БЕ; ТЕ ЖЕ, ЧТО НАМ НЕ ИЗВЕСТНЫ, — ТЕБЕ ИЗВЕСТНЫ И ОТКРЫТЫ, КАК СКАЗАНО ОБ ЭТОМ: "НЕ ИЗВЕСТНЫЕ [НАМ ГРЕХИ НАШИ ИЗВЕСТ-НЫ] ГОСПОДУ, БОГУ НАШЕМУ, [И ЗА НИХ ОН НЕ НАКАЗЫВАЕТ НАС], А ЗА ТЕ, ЧТО ИЗВЕСТНЫ НАМ, [МЫ ПРИЗНАЕМ СВОЮ ВИНУ, ТАК КАК ОТ СВОЕГО ИМЕНИ] И [ОТ ИМЕНИ ВСЕХ] НАШИХ БУДУЩИХ ПОКОЛЕНИЙ [ОБЯЗАЛИСЬ] ВЕЧНО ИСПОЛНЯТЬ СЛОВА ТОРЫ, [И ПРОСИМ У ТЕБЯ ПРОЩЕНИЯ], ИБО ТЫ ТАКОВ, ЧТО [ВСЕГДА] ПРОЩАЕШЬ ИЗРАИЛЬ, ОТ-ПУСКАЕШЬ ГРЕХИ КОЛЕНАМ НАРОДА ПРЯМОДУШНЫХ — ИЗ ПОКОЛЕ-НИЯ В ПОКОЛЕНИЕ; И КРОМЕ ТЕБЯ НЕТ У НАС ВЛАДЫКИ, ОТПУСКАЮ-ЩЕГО ГРЕХИ И ПРОЩАЮЩЕГО.

אלהי БОГ МОЙ! Я НЕ БЫЛ ДОСТОИН ТОГО, ЧТОБЫ ТЫ МЕ-НЯ СОЗДАЛ; А ТЕПЕРЬ, КОГДА Я СОЗДАН [ТОБОЙ], — Я [ВСЕ РАВНО] НИЧТО. И ПРИ ЖИЗНИ Я ПРАХ, ТЕМ БОЛЕЕ — ПОСЛЕ СМЕРТИ; И ВОТ Я СТОЮ ПРЕД ТОБОЙ, СЛОВНО СОСУД, НАПОЛНЕННЫЙ ДО КРАЕВ СТЫДОМ И ПОЗОРОМ. ДА БУДЕТ УГОДНО ТЕБЕ, ГОСПОДЬ, БОГ МОЙ И БОГ ОТЦОВ МОИХ, ЧТО-БЫ Я НЕ ГРЕШИЛ БОЛЬШЕ, А ОТ ГРЕХОВ, КОТОРЫЕ Я СОВЕР-ШИЛ, ОЧИСТИ МЕНЯ ПО ВЕЛИКОЙ МИЛОСТИ СВОЕЙ, НЕ. ПО-СЫЛАЯ МНЕ СТРАДАНИЙ И ТЯЖКИХ БОЛЕЗНЕЙ.

אלהי БОГ МОЙ! УБЕРЕГИ МОЙ ЯЗЫК ОТ ЗЛОСЛОВИЯ И УСТА МОИ ОТ ЛЖИВЫХ РЕЧЕЙ; И ПЕРЕД ТЕМИ, КТО ПРОКЛИНАЕТ МЕНЯ, ПУСТЬ ДУША МОЯ ХРАНИТ МОЛ-ЧАНИЕ. И ПУСТЬ ДУША МОЯ ПОВЕРГАЕТСЯ В ПРАХ ПРЕД КАЖДЫМ. РАСКРОЙ МОЕ СЕРДЦЕ ДЛЯ ТОРЫ ТВОЕЙ, И ДА УСТРЕМИТСЯ МОЯ ДУША К ИСПОЛНЕНИЮ ТВОИХ ЗАПОВЕДЕЙ; И ПОСКОРЕЕ РАЗРУШЬ КОЗНИ И РАССТРОЙ ЗАМЫСЛЫ ВСЕХ ЗАДУ-МАВШИХ ПРОТИВ МЕНЯ НЕДОБРОЕ. ДА БУДУТ ОНИ МЯКИНОЙ НА ВЕТРУ, ГОНИ-МЫЕ АНГЕЛОМ ГОСПОДА. ПУСТЬ СПАСЕНЫ БУДУТ ТЕ, КОГО ЛЮБИШЬ ТЫ; СПАСИ [МЕНЯ] ДЕСНИЦЕЙ СВОЕЙ И ОТВЕТЬ МНЕ. СОВЕРШИ ЭТО РАДИ ИМЕНИ СВОЕГО, СОВЕРШИ РАДИ [ПРОСЛАВЛЕНИЯ] ДЕСНИЦЫ СВОЕЙ, СОВЕРШИ РАДИ ТОРЫ СВОЕЙ, СОВЕРШИ РАДИ СВЯТОСТИ СВОЕЙ; ДА БУДУТ УГОДНЫ ТЕБЕ СЛОВА МОИХ УСТ И ПОМЫСЛЫ СЕРДЦА МОЕГО, О, ГОСПОДЬ, – МОЙ ОПЛОТ И ИЗБАВИТЕЛЬ! УСТА-НАВЛИВАЮЩИЙ МИР (*молящиеся на иврите вместо* "ШАЛОМ" – "МИР" *говорят:* "ГАШАЛОМ") В СВОИХ ВЫСОТАХ, ОН ПОШЛЕТ МИР НАМ И ВСЕМУ ИЗРАИЛЮ, И СКАЖЕМ: АМЕН!

יהי ДА БУДЕТ УГОДНО ТЕБЕ, ГОСПОДЬ, БОГ НАШ И БОГ ОТЦОВ НАШИХ, ЧТОБЫ БЫЛ ПОСТРОЕН ХРАМ, – ВСКОРЕ, В НАШИ ДНИ, – И ДАЙ НАМ УДЕЛ В ТОРЕ ТВОЕЙ!

Шулхан арух Гарав:

1. Хазан произносит "Кадиш шалем", однако молитвы "НЕТ НИКОГО, ПОДОБНОГО БОГУ НАШЕМУ..." и "НАШ ДОЛГ..." не говорят после молитвы "Мусаф".

2. "СЧАСТЛИВЫ..." и "И ПРИДЕТ ИЗБАВИТЕЛЬ..." не говорят до начала молитвы "Неила".

3. Фразу "И Я БУДУ МОЛИТЬСЯ..." не произносят даже если Йом-Кипур совпал с субботой.

4. Во время молитвы "Минха" вынимают свиток Торы из ковчега и вызывают трех человек. Чи-тают 18-ю главу из книги "ВАЙКРА". Человек, вызванный третьим, читает Гафтару в книге "ИОНА", и заканчивает словами из книги Михи 7:18-20: "КТО ПОДОБЕН ТЕБЕ, БОГУ...". По обычаю в этих странах после Гафтары говорят только первые три благословения, но не произносят четвертое "ЗА ТОРУ...". Молитву "МИЛОСТЬ ТВОЯ..." не произносят в Йом-Кипур.

5. Если время позднее, следует опустить молитву "АВИНУ МАЛКЕЙНУ" для того, чтобы начать молитву "Неила" вовремя.

6. Несмотря на то, что коганим в Йом-Кипур не благословляют народ во время молитвы "Мин-ха", тем не менее хазан, при повторении молитвы, произносит слова "благословения коганим".

Порядок молитвы "Минха" следующий: читают "И ОБРАТИЛСЯ..." (стр. 19) до "...ВО ВЕКИ ВЕКОВ" (стр. 22), кроме абзаца "АБАЙЕ..." (стр. 22), затем читают Тору и произносят "Амида" на стр. 296. Во время пов-торения молитвы хазаном говорят короткую форму "КДУША" ("ВОСПОЕМ..."), стр. 52. Если Йом-Кипур сов-пал с субботой, говорят "АВИНУ МАЛКЕЙНУ" (стр. 277). Затем хазан произносит "Кадиш шалем" (стр. 74-75). Говорят "[ПСАЛОМ] ДАВИДА. ГОСПОДЬ – СВЕТ МОЙ..." (стр. 81) и "Кадиш ятом" (стр. 77).

תפלת נעילה

דיני תפלת נעילה

(שו"ע) (א) התחלת זמן תפלת נעילה היא כשהחמה בראש האילנות דהיינו קרוב להתחלת השקיעה ונמשך **זמנה**
עד סמוך לצאת הכוכבים : (ב) *יזהרו* לומר חרוז היום יפנה כו' *קודם* הערב שמש דאי לא כן הוא **דובר**
שקרים לפני ה' : (ג) ואוכרים במקום כתבנו חתמנו ובמקום ונכתב ונחתם ונכתם ונחתם: (ד) ואם הוא
שבת מזכיר *על* שבת בתפלה זו כו' אבל בוידוי שלאחר התפלה אין מזכירין בו של שבת כו' בסם דברים
אמורים ביחיד אבל הש"ץ כיון שאינו הוידוי בתוך התפלה צריך להזכיר ש"ץ ש' באתה הבדלת אנוש בי ובכל
מקום אם לא הזכיר ש"ץ בתוך הוידוי אין מחזירין אותו כו' שהזכירו בתוך התפלה אבל אם לא הזכיר ש"ץ
כלל אפי' בתוך התפלה מחזירין אותו בין יחיד בין ש"ץ: (ה) הש"ץ אומר אלהינו ואלהי אבותינו ברכנו **כר**
אף *על* פי שהיא לילה : פתיחת הארון ונשאר פתוח עד אחרי תפלת נעילה.

אַ֫שְׁרֵי יוֹשְׁבֵי בֵיתֶךָ, עוֹד יְהַלְלוּךָ סֶּלָה: אַשְׁרֵי הָעָם שֶׁכָּכָה לּוֹ, אַשְׁרֵי הָעָם
שֶׁיְיָ אֱלֹהָיו: תְּהִלָּה לְדָוִד, אֲרוֹמִמְךָ אֱלוֹהַי הַמֶּלֶךְ, וַאֲבָרְכָה שִׁמְךָ
לְעוֹלָם וָעֶד: בְּכָל יוֹם אֲבָרְכֶךָּ, וַאֲהַלְלָה שִׁמְךָ לְעוֹלָם וָעֶד: גָּדוֹל יְיָ וּמְהֻלָּל
מְאֹד, וְלִגְדֻלָּתוֹ אֵין חֵקֶר: דּוֹר לְדוֹר יְשַׁבַּח מַעֲשֶׂיךָ, וּגְבוּרֹתֶיךָ יַגִּידוּ: הֲדַר
כְּבוֹד הוֹדֶךָ, וְדִבְרֵי נִפְלְאֹתֶיךָ אָשִׂיחָה: וֶעֱזוּז נוֹרְאוֹתֶיךָ יֹאמֵרוּ, וּגְדֻלָּתְךָ
אֲסַפְּרֶנָּה: זֵכֶר רַב טוּבְךָ יַבִּיעוּ, וְצִדְקָתְךָ יְרַנֵּנוּ: חַנּוּן וְרַחוּם יְיָ, אֶרֶךְ אַפַּיִם וּגְדָל
חָסֶד: טוֹב יְיָ לַכֹּל, וְרַחֲמָיו עַל כָּל מַעֲשָׂיו: יוֹדוּךָ יְיָ כָּל מַעֲשֶׂיךָ, וַחֲסִידֶיךָ
יְבָרְכוּכָה: כְּבוֹד מַלְכוּתְךָ יֹאמֵרוּ, וּגְבוּרָתְךָ יְדַבֵּרוּ: לְהוֹדִיעַ לִבְנֵי הָאָדָם
גְּבוּרֹתָיו, וּכְבוֹד הֲדַר מַלְכוּתוֹ: מַלְכוּתְךָ, מַלְכוּת כָּל עֹלָמִים, וּמֶמְשַׁלְתְּךָ בְּכָל
דּוֹר וָדֹר: סוֹמֵךְ יְיָ לְכָל הַנֹּפְלִים, וְזוֹקֵף לְכָל הַכְּפוּפִים: עֵינֵי כֹל אֵלֶיךָ יְשַׂבֵּרוּ,
וְאַתָּה נוֹתֵן לָהֶם אֶת אָכְלָם בְּעִתּוֹ: פּוֹתֵחַ אֶת יָדֶךָ, וּמַשְׂבִּיעַ לְכָל חַי רָצוֹן:
צַדִּיק יְיָ בְּכָל דְּרָכָיו, וְחָסִיד בְּכָל מַעֲשָׂיו: קָרוֹב יְיָ לְכָל קֹרְאָיו, לְכֹל אֲשֶׁר
יִקְרָאֻהוּ בֶאֱמֶת: רְצוֹן יְרֵאָיו יַעֲשֶׂה, וְאֶת שַׁוְעָתָם יִשְׁמַע וְיוֹשִׁיעֵם: שׁוֹמֵר יְיָ אֶת
כָּל אֹהֲבָיו, וְאֵת כָּל הָרְשָׁעִים יַשְׁמִיד: תְּהִלַּת יְיָ יְדַבֶּר פִּי, וִיבָרֵךְ כָּל בָּשָׂר
שֵׁם קָדְשׁוֹ לְעוֹלָם וָעֶד: וַאֲנַחְנוּ נְבָרֵךְ יָהּ, מֵעַתָּה וְעַד עוֹלָם הַלְלוּיָהּ:

וּבָא לְצִיּוֹן גּוֹאֵל וּלְשָׁבֵי פֶשַׁע בְּיַעֲקֹב, נְאֻם יְיָ. וַאֲנִי זֹאת בְּרִיתִי
אֹתָם אָמַר יְיָ, רוּחִי אֲשֶׁר עָלֶיךָ, וּדְבָרַי אֲשֶׁר שַׂמְתִּי בְּפִיךָ,
לֹא יָמוּשׁוּ מִפִּיךָ וּמִפִּי זַרְעֲךָ וּמִפִּי זֶרַע זַרְעֲךָ, אָמַר יְיָ מֵעַתָּה וְעַד עוֹלָם.
וְאַתָּה קָדוֹשׁ, יוֹשֵׁב תְּהִלּוֹת יִשְׂרָאֵל. וְקָרָא זֶה אֶל זֶה וְאָמַר, קָדוֹשׁ קָדוֹשׁ
קָדוֹשׁ יְיָ צְבָאוֹת, מְלֹא כָל הָאָרֶץ כְּבוֹדוֹ. וּמְקַבְּלִין דֵּין מִן דֵּין, וְאָמְרִין קַדִּישׁ
בִּשְׁמֵי מְרוֹמָא עִלָּאָה בֵּית שְׁכִינְתֵּהּ, קַדִּישׁ עַל אַרְעָא עוֹבַד גְּבוּרְתֵּהּ, קַדִּישׁ
לְעָלַם וּלְעָלְמֵי עָלְמַיָּא. יְיָ צְבָאוֹת, מַלְיָא כָל אַרְעָא זִיו יְקָרֵהּ. וַתִּשָּׂאֵנִי רוּחַ,
וָאֶשְׁמַע אַחֲרַי, קוֹל רַעַשׁ גָּדוֹל, בָּרוּךְ כְּבוֹד יְיָ מִמְּקוֹמוֹ. וּנְטָלַתְנִי רוּחָא
וּשְׁמָעִית בַּתְרַי קָל זִיעַ סַגִּיא דִּמְשַׁבְּחִין וְאָמְרִין: בְּרִיךְ יְקָרָא דַיְיָ מֵאֲתַר בֵּית
שְׁכִינְתֵּהּ. יְיָ יִמְלֹךְ לְעֹלָם וָעֶד. יְיָ מַלְכוּתֵהּ קָאֵם לְעָלַם וּלְעָלְמֵי עָלְמַיָּא. יְיָ אֱלֹהֵי
אַבְרָהָם יִצְחָק וְיִשְׂרָאֵל אֲבוֹתֵינוּ, שָׁמְרָה זֹּאת לְעוֹלָם לְיֵצֶר מַחְשְׁבוֹת לְבַב עַמֶּךָ,
וְהָכֵן לְבָבָם אֵלֶיךָ. וְהוּא רַחוּם, יְכַפֵּר עָוֹן וְלֹא יַשְׁחִית וְהִרְבָּה לְהָשִׁיב אַפּוֹ,
ולא

ЗАКОНЫ МОЛИТВЫ ”НЕИЛА”

Шулхан арух Гарав:

1. Время молитвы ”Неила” наступает, когда солнце опускается к вершинам деревьев, т.е. близко к заходу солнца. Молитва может продолжаться до появления первых звезд на небе с наступлением ночи.

2. Следует стараться произнести фразу יפנה היום (”ДЕНЬ ИДЕТ К КОНЦУ...”) перед заходом солнца.

3. В этой молитве вместо слов ”И ЗАПИШИ НАС” произносят ”И СКРЕПИ ПЕЧАТЬЮ”, вместо ”И ЗАПИШИ” – ”И СКРЕПИ ПЕЧАТЬЮ” и вместо ”И ЗАПИСАНЫ” – ”БУДЕТ СКРЕПЛЕНО [ТВОЕЙ] ПЕЧАТЬЮ”.

4. Хазан произносит ”благословение коганим”, даже если уже наступила ночь.

Открывают ковчег, в котором хранятся свитки Торы,
и оставляют открытым до конца молитвы ”Неила”.

אשרי СЧАСТЛИВЫ НАХОДЯЩИЕСЯ В ХРАМЕ ТВОЕМ, ВОВЕК ОНИ БУДУТ ХВА-ЛИТЬ ТЕБЯ! СЧАСТЛИВ НАРОД, ЧЕЙ УДЕЛ ТАКОВ, СЧАСТЛИВ НАРОД, ЧЕЙ БОГ – ГОСПОДЬ! ХВАЛЕБНАЯ ПЕСНЬ ДАВИДА. ПРЕВОЗНЕСУ ТЕБЯ, ВЛАДЫКА, БОГ МОЙ, И БУДУ БЛАГОСЛОВЛЯТЬ ИМЯ ТВОЕ ВО ВЕКИ ВЕКОВ! ЕЖЕДНЕВНО БУДУ БЛАГОСЛО-ВЛЯТЬ ТЕБЯ И ВОСХВАЛЯТЬ ВО ВЕКИ ВЕКОВ ИМЯ ТВОЕ! ВЕЛИК ГОСПОДЬ, И ВЕЛИ-КА СЛАВА ЕГО, И ВЕЛИЧИЕ ЕГО НЕПОСТИЖИМО. ОТ ПОКОЛЕНИЯ К ПОКОЛЕНИЮ БУДЕТ ПЕРЕДАВАТЬСЯ ХВАЛА ТЕБЕ ЗА ТВОИ ДЕЯНИЯ, И О МОГУЩЕСТВЕ ТВОЕМ БУДУТ ПОВЕСТВОВАТЬ. О ВЕЛИКОЛЕПИИ СЛАВЫ ТВОЕЙ И О ЧУДЕСНЫХ ТВОИХ ДЕЯНИЯХ Я РАССКАЖУ. О ГРОЗНОЙ МОЩИ ТВОЕЙ БУДУТ ГОВОРИТЬ, И Я ПОВЕ-ДАЮ О ВЕЛИЧИИ ТВОЕМ. ВОСПОМИНАНИЯ О ВЕЛИКОЙ МИЛОСТИ ТВОЕЙ ПЕРЕДА-ДУТ ОНИ [СВОИМ ДЕТЯМ] И СПРАВЕДЛИВОСТЬ ТВОЮ ВОСПОЮТ. МИЛОСЕРДЕН И МИЛОСТИВ ГОСПОДЬ, ДОЛГОТЕРПЕЛИВ, ЕГО ЛЮБОВЬ БЕЗГРАНИЧНА. ДОБР ГОС-ПОДЬ К КАЖДОМУ И МИЛОСЕРДЕН КО ВСЕМ СВОИМ СОЗДАНИЯМ. БУДУТ БЛАГО-ДАРИТЬ ТЕБЯ, ГОСПОДЬ, ВСЕ СОЗДАНИЯ ТВОИ, И ЛЮБЯЩИЕ ТЕБЯ БУДУТ ТЕБЯ БЛАГОСЛОВЛЯТЬ. О СЛАВЕ ЦАРСТВА ТВОЕГО ПОВЕДАЮТ И О ВЕЛИЧИИ ТВОЕМ РАССКАЖУТ, ЧТОБЫ СТАЛО ИЗВЕСТНО ЛЮДЯМ О МОГУЩЕСТВЕ И О СЛАВНОМ ВЕЛИКОЛЕПИИ ЦАРСТВА [ВСЕВЫШНЕГО]. ЦАРСТВО ТВОЕ – ВЕЧНОЕ ЦАРСТВО, И ВЛАСТЬ ТВОЯ – НАД ВСЕМИ ПОКОЛЕНИЯМИ. ПОДДЕРЖИВАЕТ ГОСПОДЬ ВСЕХ ПАДАЮЩИХ И РАСПРЯМЛЯЕТ ВСЕХ СОГБЕННЫХ. ГЛАЗА ВСЕХ УСТРЕМЛЕНЫ НА ТЕБЯ, И ТЫ ДАЕШЬ ПИЩУ [КАЖДОМУ СОЗДАНИЮ] ВОВРЕМЯ. РАСКРЫВАЕШЬ ТЫ ЛАДОНЬ СВОЮ И ЩЕДРО НАСЫЩАЕШЬ ВСЕ ЖИВОЕ. СПРАВЕДЛИВ ГОСПОДЬ ВО ВСЕМ, ЧТО ВЕРШИТ, И МИЛОСТИВ ВО ВСЕХ СВОИХ ДЕЯНИЯХ. БЛИЗОК ГОСПОДЬ КО ВСЕМ, ВЗЫВАЮЩИМ К НЕМУ, КО ВСЯКОМУ, КТО ИСКРЕННЕ ЕМУ МОЛИТСЯ. ЖЕЛАНИЕ БОЯЩИХСЯ ЕГО ИСПОЛНИТ ОН, УСЛЫШИТ ИХ ВОПЛЬ И СПАСЕТ ИХ. ОХРАНЯЕТ ГОСПОДЬ ВСЕХ ЛЮБЯЩИХ ЕГО, А ВСЕХ ЗЛОДЕЕВ УНИЧТОЖИТ. ХВАЛУ ГОСПОДУ ПРОИЗНЕСУТ УСТА МОИ, И ВСЕ ЖИВОЕ БУДЕТ БЛАГОСЛОВЛЯТЬ ЕГО СВЯТОЕ ИМЯ ВО ВЕКИ ВЕКОВ. И МЫ БУДЕМ БЛАГОСЛОВЛЯТЬ БОГА ОТНЫНЕ И ВОВЕК; ВОСХВАЛИТЕ БОГА!

ובא ”И ПРИДЕТ ИЗБАВИТЕЛЬ В СИОН К ПОТОМКАМ ЯАКОВА, РАСКАЯВШИМСЯ В СВОИХ ГРЕХАХ”, – ИЗРЕК ГОСПОДЬ. ”А Я ЗАКЛЮЧАЮ С НИМИ ТАКОЙ СОЮЗ, – СКАЗАЛ ГОСПОДЬ, – ПРОРОЧЕСТВА, НИСПОСЛАННЫЕ МНОЮ, И МОИ СЛОВА, КО-ТОРЫЕ Я ВЛОЖИЛ В ТВОИ УСТА, ДА НЕ СОЙДУТ С ТВОИХ УСТ И УСТ СЫНОВЕЙ ТВОИХ И ВНУКОВ ТВОИХ ОТНЫНЕ И ВОВЕК,” – ТАК СКАЗАЛ ГОСПОДЬ. И ТЫ, СВЯ-ТОЙ, ВОССЕДАЕШЬ НА [ПРЕСТОЛЕ СВОЕМ, ВНИМАЯ] ХВАЛАМ НАРОДА ИЗРАИЛЯ. [И АНГЕЛЫ] ВЗЫВАЛИ ДРУГ К ДРУГУ И ПРОИЗНОСИЛИ: ”СВЯТ, СВЯТ, СВЯТ ГОС-ПОДЬ ВОИНСТВ! ВСЯ ЗЕМЛЯ ПОЛНА СЛАВЫ ЕГО!” И ПРИНИМАЛИ ОНИ ДРУГ ОТ ДРУГА [ПРАВО ВОСХВАЛЯТЬ ВСЕВЫШНЕГО] И ВОЗВЕЩАЛИ: ”СВЯТ ОН В ВЫСОТАХ НЕБЕСНЫХ, В МЕСТЕ, ГДЕ ОБИТАЕТ ЕГО ШХИНА; СВЯТ ОН НА ЗЕМЛЕ, СОТВО-РЕННОЙ МОГУЩЕСТВОМ ЕГО; СВЯТ ВОВЕК И ВО ВЕКИ ВЕКОВ ГОСПОДЬ ВОИНСТВ, ВСЯ ЗЕМЛЯ ПОЛНА СИЯНИЯ СЛАВЫ ЕГО”. И ПОДХВАТИЛ МЕНЯ ВЕТЕР, И Я УС-ЛЫШАЛ ПОЗАДИ СЕБЯ МОГУЧИЙ ГРОМОВОЙ ГОЛОС: ”ДА БУДЕТ БЛАГОСЛОВЕННА СЛАВА ГОСПОДА, ГДЕ БЫ ОНА НИ ОБИТАЛА!” И ПОДХВАТИЛ МЕНЯ ВЕТЕР, И Я УСЛЫШАЛ ПОЗАДИ СЕБЯ МОГУЧИЙ, ВЫЗЫВАЮЩИЙ ТРЕПЕТ, ГОЛОС ТЕХ, КТО, ВОСХВАЛЯЯ [ВСЕВЫШНЕГО], ПРОИЗНОСИЛ: ”ДА БУДЕТ БЛАГОСЛОВЕННА СЛАВА ГОСПОДА, ГДЕ БЫ ОНА НИ ОБИТАЛА!” ГОСПОДЬ БУДЕТ ЦАРСТВОВАТЬ ВО ВЕКИ ВЕКОВ! ГОСПОДЬ, ЦАРСТВО ТВОЕ НЕЗЫБЛЕМО ВОВЕК, ВО ВЕКИ ВЕКОВ! ГОС-ПОДЬ, БОГ АВРАГАМА, ИЦХАКА И ИЗРАИЛЯ, ОТЦОВ НАШИХ, ПОМНИ ЭТО ВЕЧ-НО – СТРЕМЛЕНИЯ, ПОМЫСЛЫ СЕРДЕЦ [СЫНОВ] НАРОДА СВОЕГО, И ОБРАТИ К СЕБЕ ИХ СЕРДЦА! И ОН, МИЛОСЕРДНЫЙ, ПРОСТИТ ЗЛОДЕЯНИЕ И НЕ ПОГУБИТ [СОГРЕШИВШЕГО], КАК НЕ РАЗ УЖЕ ОТВРАЩАЛ ГНЕВ СВОЙ [ОТ ГРЕШНИКА],

וְלֹא יָעִיר כָּל חֲמָתוֹ· כִּי אַתָּה אֲדֹנָי טוֹב וְסַלָּח, וְרַב חֶסֶד לְכָל קֹרְאֶיךָ· צִדְקָתְךָ צֶדֶק לְעוֹלָם, וְתוֹרָתְךָ אֱמֶת· תִּתֵּן אֱמֶת לְיַעֲקֹב, חֶסֶד לְאַבְרָהָם, אֲשֶׁר נִשְׁבַּעְתָּ לַאֲבוֹתֵינוּ מִימֵי קֶדֶם· בָּרוּךְ אֲדֹנָי יוֹם יוֹם יַעֲמָס לָנוּ, הָאֵל יְשׁוּעָתֵנוּ סֶלָה· יְיָ צְבָאוֹת עִמָּנוּ, מִשְׂגָּב לָנוּ, אֱלֹהֵי יַעֲקֹב סֶלָה· יְיָ צְבָאוֹת, אַשְׁרֵי אָדָם בֹּטֵחַ בָּךְ· יְיָ הוֹשִׁיעָה, הַמֶּלֶךְ יַעֲנֵנוּ בְיוֹם קָרְאֵנוּ· בָּרוּךְ הוּא אֱלֹהֵינוּ שֶׁבְּרָאָנוּ לִכְבוֹדוֹ· וְהִבְדִּילָנוּ מִן הַתּוֹעִים· וְנָתַן לָנוּ תּוֹרַת אֱמֶת, וְחַיֵּי עוֹלָם נָטַע בְּתוֹכֵנוּ· הוּא יִפְתַּח לִבֵּנוּ בְּתוֹרָתוֹ, וְיָשֵׂם בְּלִבֵּנוּ אַהֲבָתוֹ וְיִרְאָתוֹ, וְלַעֲשׂוֹת רְצוֹנוֹ וּלְעָבְדוֹ בְּלֵבָב שָׁלֵם· לְמַעַן לֹא נִיגַע לָרִיק, וְלֹא נֵלֵד לַבֶּהָלָה· וּבְכֵן יְהִי רָצוֹן מִלְּפָנֶיךָ יְיָ אֱלֹהֵינוּ וֵאלֹהֵי אֲבוֹתֵינוּ, שֶׁנִּשְׁמוֹר הַקֶּךְ בָּעוֹלָם הַזֶּה, וְנִזְכֶּה וְנִחְיֶה וְנִרְאֶה· וְנִירַשׁ טוֹבָה וּבְרָכָה· לִשְׁנֵי יְמוֹת הַמָּשִׁיחַ וּלְחַיֵּי הָעוֹלָם הַבָּא· לְמַעַן יְזַמֶּרְךָ כָבוֹד וְלֹא יִדֹּם, יְיָ אֱלֹהַי לְעוֹלָם אוֹדֶךָּ· בָּרוּךְ הַגֶּבֶר אֲשֶׁר יִבְטַח בַּיְיָ, וְהָיָה יְיָ מִבְטַחוֹ· בִּטְחוּ בַיְיָ עֲדֵי עַד, כִּי בְּיָהּ יְיָ צוּר עוֹלָמִים· וְיִבְטְחוּ בְךָ יוֹדְעֵי שְׁמֶךָ, כִּי לֹא עָזַבְתָּ דֹּרְשֶׁיךָ יְיָ· יְיָ חָפֵץ לְמַעַן צִדְקוֹ, יַגְדִּיל תּוֹרָה וְיַאְדִּיר·

הש"ץ אומר חצי קדיש

אֲדֹנָי, שְׂפָתַי תִּפְתָּח וּפִי יַגִּיד תְּהִלָּתֶךָ:

בָּרוּךְ אַתָּה יְיָ, אֱלֹהֵינוּ וֵאלֹהֵי אֲבוֹתֵינוּ, אֱלֹהֵי אַבְרָהָם, אֱלֹהֵי יִצְחָק, וֵאלֹהֵי יַעֲקֹב, הָאֵל הַגָּדוֹל הַגִּבּוֹר וְהַנּוֹרָא, אֵל עֶלְיוֹן, גּוֹמֵל חֲסָדִים טוֹבִים, קוֹנֵה הַכֹּל, וְזוֹכֵר חַסְדֵי אָבוֹת, וּמֵבִיא גוֹאֵל לִבְנֵי בְנֵיהֶם לְמַעַן שְׁמוֹ בְּאַהֲבָה:

זָכְרֵנוּ לְחַיִּים, מֶלֶךְ חָפֵץ בַּחַיִּים, וְחָתְמֵנוּ בְּסֵפֶר הַחַיִּים, לְמַעַנְךָ אֱלֹהִים חַיִּים:

מֶלֶךְ עוֹזֵר וּמוֹשִׁיעַ וּמָגֵן· בָּרוּךְ אַתָּה יְיָ, מָגֵן אַבְרָהָם:

אַתָּה גִבּוֹר לְעוֹלָם אֲדֹנָי, מְחַיֵּה מֵתִים אַתָּה, רַב לְהוֹשִׁיעַ מוֹרִיד הַטָּל·

מְכַלְכֵּל חַיִּים בְּחֶסֶד, מְחַיֵּה מֵתִים בְּרַחֲמִים רַבִּים, סוֹמֵךְ נוֹפְלִים, וְרוֹפֵא חוֹלִים, וּמַתִּיר אֲסוּרִים, וּמְקַיֵּם אֱמוּנָתוֹ לִישֵׁנֵי עָפָר· מִי כָמוֹךָ בַּעַל גְּבוּרוֹת וּמִי דּוֹמֶה לָּךְ, מֶלֶךְ מֵמִית וּמְחַיֶּה וּמַצְמִיחַ יְשׁוּעָה·

מִי כָמוֹךָ אַב הָרַחֲמִים, זוֹכֵר יְצוּרָיו לְחַיִּים בְּרַחֲמִים·

וְנֶאֱמָן אַתָּה לְהַחֲיוֹת מֵתִים· בָּרוּךְ אַתָּה יְיָ, מְחַיֵּה הַמֵּתִים:א)

אַתָּה קָדוֹשׁ וְשִׁמְךָ קָדוֹשׁ, וּקְדוֹשִׁים בְּכָל יוֹם יְהַלְלוּךָ סֶלָה·

א) בחזרת הש"ץ אומרים קדושת כתר כמו בשבת.

לדור

И НЕ ОБРУШИТ [НА НЕГО] ВСЮ ЯРОСТЬ СВОЮ. ИБО ТЫ, ГОСПОДЬ, – ДОБРЫЙ БОГ И ВСЕПРОЩАЮЩИЙ, И ВЕЛИКА ЛЮБОВЬ ТВОЯ КО ВСЕМ, КТО ВЗЫВАЕТ К ТЕБЕ. МИЛОСТЬ ТВОЯ – ВЕЧНАЯ МИЛОСТЬ, И ТОРА ТВОЯ – ИСТИНА. ИСПОЛНИ ОБЕЩАНИЕ, [ДАННОЕ ТОБОЙ] ЯАКОВУ, ПРОЯВИ ЛЮБОВЬ [СВОЮ] К АВРАЃАМУ – КАК ПОКЛЯЛСЯ ТЫ ОТЦАМ НАШИМ В ДРЕВНОСТИ. БЛАГОСЛОВЕН ГОСПОДЬ, ЕЖЕДНЕВНО ПОСЫЛАЮЩИЙ НАМ [СВОИ БЛАГОСЛОВЕНИЯ], БОГ, ВСЕГДА СПАСАЮЩИЙ НАС! ГОСПОДЬ ВОИНСТВ С НАМИ; БОГ ЯАКОВА – НАШ ОПЛОТ ВОВЕКИ! ГОСПОДЬ ВОИНСТВ, СЧАСТЛИВ ЧЕЛОВЕК, ПОЛАГАЮЩИЙСЯ НА ТЕБЯ! ГОСПОДЬ, СПАСИ [НАС]! ОТВЕТЬ НАМ, ВЛАДЫКА, В ДЕНЬ, КОГДА МЫ ВЗЫВАЕМ [К ТЕБЕ]! БЛАГОСЛОВЕН ОН, БОГ НАШ, КОТОРЫЙ СОТВОРИЛ НАС ВО СЛАВУ СВОЮ, И ОТДЕЛИЛ НАС ОТ ЗАБЛУЖДАЮЩИХСЯ, И ДАЛ НАМ ИСТИННОЕ УЧЕНИЕ, И ДАРОВАЛ НАМ ВЕЧНУЮ ЖИЗНЬ; ДА РАСКРОЕТ ОН СЕРДЦЕ НАШЕ ДЛЯ ТОРЫ СВОЕЙ И ВЛОЖИТ В НАШЕ СЕРДЦЕ ЛЮБОВЬ К НЕМУ И ТРЕПЕТ ПРЕД НИМ, ЧТОБЫ МЫ ИСПОЛНЯЛИ ВОЛЮ ЕГО И СЛУЖИЛИ ЕМУ ВСЕМ СЕРДЦЕМ, НЕ ТРУДИЛИСЬ ВПУСТУЮ И НЕ ПЛОДИЛИ ТЩЕТУ. И ПОТОМУ – ДА БУДЕТ УГОДНО ТЕБЕ, ГОСПОДЬ, БОГ НАШ И БОГ ОТЦОВ НАШИХ, ЧТОБЫ МЫ ХРАНИЛИ В ЭТОМ МИРЕ ЗАКОНЫ ТВОИ, И УДОСТОИЛИСЬ ДОЖИТЬ [ДО ИЗБАВЛЕНИЯ], И УВИДЕТЬ И УНАСЛЕДОВАТЬ ДОБРО И БЛАГОСЛОВЕНИЕ В ДНИ МАШИАХА И ВО ВРЕМЕНА ГРЯДУЩЕГО МИРА. ЗА ЭТО БУДЕТ ВОСПЕВАТЬ ТЕБЯ ДУША НЕ УМОЛКАЯ; ГОСПОДЬ, БОГ МОЙ! ВСЕГДА БУДУ БЛАГОДАРИТЬ ТЕБЯ! БЛАГОСЛОВЕН ЧЕЛОВЕК, ПОЛАГАЮЩИЙСЯ НА ГОСПОДА, – ГОСПОДЬ БУДЕТ ЕМУ ОПОРОЙ. ПОЛАГАЙТЕСЬ НА ГОСПОДА ВО ВЕКИ ВЕКОВ, ИБО БОГ ГОСПОДЬ – ВЕЧНАЯ ТВЕРДЫНЯ. И БУДУТ ПОЛАГАТЬСЯ НА ТЕБЯ ТЕ, КОМУ ВЕДОМО ИМЯ ТВОЕ, – ВЕДЬ НЕ ОСТАВЛЯЕШЬ ТЫ, ГОСПОДЬ, ТЕХ, КТО ВЗЫВАЕТ К ТЕБЕ. ГОСПОДЬ, ЖЕЛАЯ, ЧТОБЫ [НАРОД ИЗРАИЛЯ] ДОСТИГ ПРАВЕДНОСТИ, ВОЗВЕЛИЧИЛ И УКРЕПИЛ ТОРУ.

Хазан произносит "Хаци-кадиш", стр. 42.

"АМИДА" МОЛИТВЫ "НЕИЛА" В ЙОМ-КИПУР

אדני ГОСПОДЬ, ДАЙ МНЕ СИЛЫ МОЛИТЬСЯ ПРЕД ТОБОЙ, [ПРОСТИ МНЕ ГРЕХИ], И УСТА МОИ ВОССЛАВЯТ ТЕБЯ.

ברוך БЛАГОСЛОВЕН ТЫ, ГОСПОДЬ, БОГ НАШ И БОГ ОТЦОВ НАШИХ, БОГ АВРАЃАМА, БОГ ИЦХАКА И БОГ ЯАКОВА, БОГ ВЕЛИКИЙ, МОГУЧИЙ И ГРОЗНЫЙ, ВСЕВЫШНИЙ БОГ, ДАРУЮЩИЙ БЛАГА, СОТВОРИВШИЙ ВСЕ, И ПОМНЯЩИЙ ДОБРЫЕ ДЕЛА ОТЦОВ, И ПО ЛЮБВИ СВОЕЙ ПОСЫЛАЮЩИЙ ИЗБАВИТЕЛЯ СЫНОВЬЯМ ИХ СЫНОВЕЙ РАДИ ИМЕНИ СВОЕГО!

זכרנו ВСПОМНИ НАС, ЧТОБЫ ДАРОВАТЬ НАМ ЖИЗНЬ, ВЛАДЫКА, КОТОРОМУ УГОДНА ЖИЗНЬ, И СКРЕПИ ПЕЧАТЬЮ [НАПИСАННОЕ О НАС] В КНИГЕ ЖИЗНИ, РАДИ СЕБЯ, БОГ ЖИЗНИ!

מלך [ТЫ –] ВЛАДЫКА, КОТОРЫЙ ПОМОГАЕТ, СПАСАЕТ И ЗАЩИЩАЕТ. БЛАГОСЛОВЕН ТЫ, ГОСПОДЬ, ЗАЩИТНИК АВРАЃАМА!

אתה ТВОЕ МОГУЩЕСТВО ВЕЧНО, ГОСПОДЬ, ТЫ ВОЗВРАЩАЕШЬ МЕРТВЫХ К ЖИЗНИ, ТЫ – ВЕЛИКИЙ ИЗБАВИТЕЛЬ, ПОСЫЛАЮЩИЙ РОСУ,

מכלכל ПИТАЮЩИЙ ПО ДОБРОТЕ СВОЕЙ ЖИВЫХ, ПО ВЕЛИКОМУ МИЛОСЕРДИЮ ВОЗВРАЩАЮЩИЙ МЕРТВЫХ К ЖИЗНИ, ПОДДЕРЖИВАЮЩИЙ ПАДАЮЩИХ, И ИСЦЕЛЯЮЩИЙ БОЛЬНЫХ, И ОСВОБОЖДАЮЩИЙ УЗНИКОВ, И ИСПОЛНЯЮЩИЙ СВОЕ ОБЕЩАНИЕ [ВОЗВРАТИТЬ ЖИЗНЬ] ПОКОЯЩИМСЯ В ЗЕМЛЕ, – КТО ПОДОБЕН ТЕБЕ, ВСЕСИЛЬНЫЙ, И КТО СРАВНИТСЯ С ТОБОЙ, ВЛАДЫКА, КОТОРЫЙ УМЕРЩВЛЯЕТ, И ОЖИВЛЯЕТ, И ВЗРАЩИВАЕТ СПАСЕНИЕ!

מי כמוך КТО ПОДОБЕН ТЕБЕ, МИЛОСЕРДНЫЙ ОТЕЦ, МИЛОСТИВО ВСПОМИНАЮЩИЙ О СВОИХ ТВОРЕНИЯХ, ДАРУЯ ИМ ЖИЗНЬ!

ונאמן И ВЕРЕН ТЫ [СВОЕМУ ОБЕЩАНИЮ] ВОЗВРАТИТЬ МЕРТВЫМ ЖИЗНЬ. БЛАГОСЛОВЕН ТЫ, ГОСПОДЬ, ВОЗВРАЩАЮЩИЙ МЕРТВЫХ К ЖИЗНИ!

אתה ТЫ СВЯТ, И СВЯТО ИМЯ ТВОЕ, И СВЯТЫЕ [АНГЕЛЫ] БУДУТ ВОСХВАЛЯТЬ ТЕБЯ ИЗО ДНЯ В ДЕНЬ, ВОВЕКИ.

לְדוֹר וָדוֹר הַמְלִיכוּ לָאֵל, כִּי הוּא לְבַדּוֹ מָרוֹם וְקָדוֹשׁ:

וּבְכֵן יִתְקַדֵּשׁ שִׁמְךָ יְיָ אֱלֹהֵינוּ עַל יִשְׂרָאֵל עַמֶּךָ וְעַל יְרוּשָׁלַיִם עִירֶךָ, וְעַל צִיּוֹן מִשְׁכַּן כְּבוֹדֶךָ, וְעַל מַלְכוּת בֵּית דָּוִד מְשִׁיחֶךָ, וְעַל מְכוֹנָהּ וְהֵיכָלֶךָ:

וּבְכֵן תֵּן פַּחְדְּךָ יְיָ אֱלֹהֵינוּ עַל כָּל מַעֲשֶׂיךָ, וְאֵימָתְךָ עַל כָּל מַה שֶּׁבָּרָאתָ, וְיִירָאוּךָ כָּל הַמַּעֲשִׂים, וְיִשְׁתַּחֲווּ לְפָנֶיךָ כָּל הַבְּרוּאִים, וְיֵעָשׂוּ כֻלָּם אֲגֻדָּה אֶחָת לַעֲשׂוֹת רְצוֹנְךָ בְּלֵבָב שָׁלֵם. שֶׁיָּדַעְנוּ יְיָ אֱלֹהֵינוּ שֶׁהַשָּׁלְטָן לְפָנֶיךָ, עֹז בְּיָדְךָ, וּגְבוּרָה בִּימִינֶךָ. וְשִׁמְךָ נוֹרָא עַל כָּל מַה שֶּׁבָּרָאתָ:

וּבְכֵן תֵּן כָּבוֹד יְיָ לְעַמֶּךָ, תְּהִלָּה לִירֵאֶיךָ, וְתִקְוָה טוֹבָה לְדוֹרְשֶׁיךָ, וּפִתְחוֹן פֶּה לַמְיַחֲלִים לָךְ, שִׂמְחָה לְאַרְצֶךָ, וְשָׂשׂוֹן לְעִירֶךָ, וּצְמִיחַת קֶרֶן לְדָוִד עַבְדֶּךָ, וַעֲרִיכַת נֵר לְבֶן יִשַׁי מְשִׁיחֶךָ, בִּמְהֵרָה בְיָמֵינוּ:

וּבְכֵן צַדִּיקִים יִרְאוּ וְיִשְׂמָחוּ, וִישָׁרִים יַעֲלֹזוּ, וַחֲסִידִים בְּרִנָּה יָגִילוּ, וְעוֹלָתָה תִּקְפָּץ פִּיהָ, וְהָרִשְׁעָה כֻלָּהּ בְּעָשָׁן תִּכְלֶה, כִּי תַעֲבִיר מֶמְשֶׁלֶת זָדוֹן מִן הָאָרֶץ:

ותמליך

לדור   В КАЖДОМ ПОКОЛЕНИИ ПРОВОЗГЛАШАЙТЕ БОГА ЦАРЕМ, ПОТОМУ ЧТО ОН ОДИН ПРЕВОЗНЕСЕН И СВЯТ.

ובכן И ПУСТЬ ТОГДА СВЯТОСТЬ ИМЕНИ ТВОЕГО, ГОСПОДЬ, БОГ НАШ, ОСЕНИТ НАРОД ТВОЙ, ИЗРАИЛЬ, И ИЕРУСАЛИМ, ГОРОД ТВОЙ, И СИОН, ГДЕ ОБИТАЕТ СЛАВА ТВОЯ, И ЦАРСТВОВАНИЕ РОДА ДАВИДА, ПОМАЗАННИКА ТВОЕГО, И МЕСТО, [КОТОРОЕ ТЫ ПРЕДНАЗНАЧИЛ ДЛЯ ТОГО, ЧТОБЫ ОБИТАТЬ В НЕМ], И [ВЕСЬ] ХРАМ ТВОЙ.

ובכן И ВНУШИ ТОГДА СТРАХ ПРЕД СОБОЙ ВСЕМ СОЗДАНИ-

ЯМ ТВОИМ, [НАУЧИ] БОЯТЬСЯ СЕБЯ ВСЕ, СОТВОРЕННОЕ

ТОБОЙ, И ТРЕПЕТ ОХВАТИТ ТЕХ, КОГО ТЫ СОЗДАЛ, И ПА-

ДУТ НИЦ ПРЕД ТОБОЮ ВСЕ ТВОРЕНИЯ, И ОБЪЕДИНЯТСЯ

ВСЕ ВМЕСТЕ, ЧТОБЫ ИСПОЛНЯТЬ ВОЛЮ ТВОЮ ОТ ВСЕГО

СЕРДЦА. ИБО ЗНАЕМ МЫ, ГОСПОДЬ, БОГ НАШ, ЧТО ВЛАСТЬ

ПРИНАДЛЕЖИТ ТЕБЕ; СИЛА В РУКЕ ТВОЕЙ, МОГУЩЕСТВО В

ДЕСНИЦЕ ТВОЕЙ, И ГРОЗНОЕ ИМЯ ТВОЕ — НАД ВСЕМ, ЧТО

ТЫ СОТВОРИЛ.

ובכן И ТОГДА, ГОСПОДЬ, ВОЗВЕЛИЧЬ НАРОД СВОЙ, ВОС-СЛАВЬ БОЯЩИХСЯ ТЕБЯ, ДАЙ НАДЕЖДУ НА ЛУЧШЕЕ ВЗЫ-ВАЮЩИМ К ТЕБЕ, ДОКАЖИ ПРАВОТУ ПОЛАГАЮЩИХСЯ НА ТЕБЯ; ПУСТЬ РАДУЕТСЯ СТРАНА ТВОЯ, ВЕСЕЛИТСЯ ГОРОД ТВОЙ, ПУСТЬ ВОЗРАСТЕТ МОЩЬ ДАВИДА, РАБА ТВОЕГО, И ЗАЖГИ СВЕТ [ДУШИ] ПОМАЗАННИКА ТВОЕГО, ПОТОМКА ИШАЯ, — ВСКОРЕ, В НАШИ ДНИ.

ובכן И УВИДЯТ ТОГДА [ЭТО] ПРАВЕДНИКИ И ПРЕИСПОЛНЯТСЯ РА-ДОСТИ, ВОЗЛИКУЮТ НЕПОРОЧНЫЕ, С ПЕСНЯМИ БУДУТ ПРАЗДНОВАТЬ ЛЮБЯЩИЕ ТЕБЯ, А [ВСЯКАЯ] НЕЧИСТЬ ЛИШИТСЯ ДАРА РЕЧИ И ВСЕ ЗЛО РАЗВЕЕТСЯ ДЫМОМ, [СГОРЕВ В АДСКОМ ОГНЕ], КОГДА СМЕ-ТЕШЬ ТЫ ВЛАСТЬ ЗЛА С [ЛИЦА] ЗЕМЛИ.

וְתִמְלוֹךְ אַתָּה הוּא יְיָ אֱלֹהֵינוּ לְבַדֶּךָ, עַל
כָּל מַעֲשֶׂיךָ, בְּהַר צִיּוֹן מִשְׁכַּן כְּבוֹדֶךָ,
וּבִירוּשָׁלַיִם עִיר קָדְשֶׁךָ, כַּכָּתוּב בְּדִבְרֵי קָדְשֶׁךָ:
יִמְלֹךְ יְיָ לְעוֹלָם אֱלֹהַיִךְ צִיּוֹן לְדֹר וָדֹר, הַלְלוּיָהּ:

קָדוֹשׁ אַתָּה וְנוֹרָא שְׁמֶךָ, וְאֵין אֱלוֹהַּ מִבַּלְעָדֶיךָ, כַּכָּתוּב:
וַיִּגְבַּהּ יְיָ צְבָאוֹת בַּמִּשְׁפָּט, וְהָאֵל הַקָּדוֹשׁ נִקְדַּשׁ
בִּצְדָקָה. בָּרוּךְ אַתָּה יְיָ, הַמֶּלֶךְ הַקָּדוֹשׁ:

אַתָּה בְחַרְתָּנוּ מִכָּל הָעַמִּים, אָהַבְתָּ אוֹתָנוּ
וְרָצִיתָ בָּנוּ, וְרוֹמַמְתָּנוּ מִכָּל הַלְּשׁוֹנוֹת,
וְקִדַּשְׁתָּנוּ בְּמִצְוֹתֶיךָ, וְקֵרַבְתָּנוּ מַלְכֵּנוּ לַעֲבֹדָתֶךָ
וְשִׁמְךָ הַגָּדוֹל וְהַקָּדוֹשׁ עָלֵינוּ קָרָאתָ:

וַתִּתֶּן לָנוּ יְיָ אֱלֹהֵינוּ בְּאַהֲבָה אֶת יוֹם (לשבת הַשַּׁבָּת הַזֶּה וְאֶת
יוֹם) הַכִּפֻּרִים הַזֶּה: אֶת יוֹם סְלִיחַת הֶעָוֹן הַזֶּה, אֶת יוֹם
מִקְרָא קֹדֶשׁ הַזֶּה, (לשבת לִקְדֻשָּׁה וְלִמְנוּחָה) לִמְחִילָה וְלִסְלִיחָה
וּלְכַפָּרָה, וְלִמְחָל בּוֹ אֶת כָּל עֲוֹנוֹתֵינוּ (לשבת בְּאַהֲבָה) מִקְרָא
קֹדֶשׁ זֵכֶר לִיצִיאַת מִצְרָיִם:

אֱלֹהֵינוּ וֵאלֹהֵי אֲבוֹתֵינוּ, יַעֲלֶה וְיָבֹא וְיַגִּיעַ, וְיֵרָאֶה וְיֵרָצֶה
וְיִשָּׁמַע, וְיִפָּקֵד וְיִזָּכֵר זִכְרוֹנֵנוּ וּפִקְדוֹנֵנוּ, וְזִכְרוֹן
אֲבוֹתֵינוּ, וְזִכְרוֹן מָשִׁיחַ בֶּן דָּוִד עַבְדֶּךָ, וְזִכְרוֹן יְרוּשָׁלַיִם
עִיר קָדְשֶׁךָ, וְזִכְרוֹן כָּל עַמְּךָ בֵּית יִשְׂרָאֵל לְפָנֶיךָ, לִפְלֵיטָה
לְטוֹבָה, לְחֵן וּלְחֶסֶד וּלְרַחֲמִים וּלְחַיִּים טוֹבִים וּלְשָׁלוֹם, בְּיוֹם
הַשַּׁבָּת הַזֶּה וּבְיוֹם) הַכִּפֻּרִים הַזֶּה בְּיוֹם סְלִיחַת הֶעָוֹן הַזֶּה, בְּיוֹם
מִקְרָא קֹדֶשׁ הַזֶּה. זָכְרֵנוּ יְיָ אֱלֹהֵינוּ בּוֹ לְטוֹבָה וּפָקְדֵנוּ בּוֹ

ותמלוך И ВОЦАРИШЬСЯ ТЫ ОДИН, ГОСПОДЬ, БОГ НАШ, НАД ВСЕМИ ТВОИМИ СОЗДАНИЯМИ НА ГОРЕ СИОН, ГДЕ ОБИТАЕТ СЛАВА ТВОЯ, В ИЕРУСАЛИМЕ, СВЯТОМ ГОРОДЕ ТВОЕМ, КАК СКАЗАНО В ТВОИХ СВЯТЫХ ПИСАНИЯХ: "ГОСПОДЬ БУДЕТ ЦАРСТВОВАТЬ ВЕЧНО; [БУДЕТ ЦАРСТВОВАТЬ] БОГ ТВОЙ, СИОН, ВО ВЕКИ ВЕКОВ; ВОСХВАЛИТЕ БОГА!"

קדוש СВЯТ ТЫ, И ГРОЗНО ИМЯ ТВОЕ, И НЕТ БОГА КРОМЕ ТЕБЯ, КАК НАПИСАНО: "И ВОЗНЕСЛО ГОСПОДА ВОИНСТВ ПРАВОСУДИЕ [ЕГО], И ОСВЯТИЛО СВЯТОГО БОГА [ЕГО] МИЛОСЕРДИЕ". БЛАГОСЛОВЕН ТЫ, ГОСПОДЬ, ВЛАДЫКА СВЯТОЙ!

אתה ТЫ ИЗБРАЛ НАС ИЗ ВСЕХ НАРОДОВ, ПОЛЮБИЛ НАС, И БЛАГОВОЛИЛ К НАМ, И ВОЗВЫСИЛ НАС НАД ВСЕМИ ПЛЕМЕНАМИ, И ОСВЯТИЛ НАС СВОИМИ ЗАПОВЕДЯМИ, И ПРИБЛИЗИЛ ТЫ НАС, ВЛАДЫКА НАШ, [К СЕБЕ], ЧТОБЫ МЫ СЛУЖИЛИ ТЕБЕ, И ИМЕНЕМ СВОИМ, ВЕЛИКИМ И СВЯТЫМ, ОТМЕТИЛ НАС.

ותתן И ДАРОВАЛ ТЫ НАМ, ГОСПОДЬ, БОГ НАШ, С ЛЮБОВЬЮ (в субботу добавляют: ЭТОТ СУББОТНИЙ ДЕНЬ И) И ЭТОТ ДЕНЬ ОЧИЩЕНИЯ, ЭТОТ ДЕНЬ ПРОЩЕНИЯ ГРЕХОВ, ЭТОТ СВЯТОЙ ДЕНЬ (в субботу добавляют: ДЛЯ СВЯТОСТИ И ДЛЯ ОТДЫХА), ДЛЯ ОТПУЩЕНИЯ [НАШИХ ГРЕХОВ], И ПРОЩЕНИЯ, И ОЧИЩЕНИЯ, ЧТОБЫ ОТПУСТИТЬ НАМ В ЭТОТ ДЕНЬ ВСЕ НАШИ ГРЕХИ (в субботу добавляют: ПО ЛЮБВИ [СВОЕЙ]), — В СВЯТОЙ ДЕНЬ, НАПОМИНАЮЩИЙ О ВЫХОДЕ ИЗ ЕГИПТА.

אלהינו БОГ НАШ И БОГ ОТЦОВ НАШИХ! ДА ПОДНИМЕТСЯ, И ПРИДЕТ [К ТЕБЕ], И ДОСТИГНЕТ [ТВОЕГО СЛУХА], И БУДЕТ ЗАМЕЧЕНА, И БЛАГОСКЛОННО ПРИНЯТА, И УСЛЫШАНА [ТОБОЮ МОЛИТВА НАША], И ДА БУДУТ ВОЗОБНОВЛЕНЫ И ВОССТАНОВЛЕНЫ [ТОБОЮ] ПАМЯТЬ О НАС И ВНИМАНИЕ К НАМ; И ПАМЯТЬ ОБ ОТЦАХ НАШИХ, И ПАМЯТЬ О МАШИАХЕ, ПОТОМКЕ ДАВИДА, РАБА ТВОЕГО, И ПАМЯТЬ О ИЕРУСАЛИМЕ, СВЯТОМ ГОРОДЕ ТВОЕМ, И ПАМЯТЬ ОБО ВСЕМ ТВОЕМ НАРОДЕ, ДОМЕ ИЗРАИЛЯ, — ДЛЯ СПАСЕНИЯ [НАШЕГО], ВО БЛАГО [НАМ], ДЛЯ ЛЮБВИ И МИЛОСТИ, И ДЛЯ МИЛОСЕРДИЯ [К НАМ], И ДЛЯ БЛАГОПОЛУЧНОЙ ЖИЗНИ [НАШЕЙ] И МИРА [ДЛЯ НАС] В ЭТОТ (в субботу добавляют: СУББОТНИЙ ДЕНЬ И) ДЕНЬ ОЧИЩЕНИЯ В ЭТОТ ДЕНЬ ПРОЩЕНИЯ ГРЕХОВ, В ЭТОТ СВЯТОЙ ДЕНЬ; ВСПОМНИ НАС, ГОСПОДЬ НАШ, К ДОБРУ, И ОТНЕСИСЬ К НАМ В ЭТОТ ДЕНЬ СО ВНИМАНИЕМ, БЛАГОСЛОВЛЯЯ

לִבְרָכָה, וְהוֹשִׁיעֵנוּ בוֹ לְחַיִּים טוֹבִים. וּבִדְבַר יְשׁוּעָה
וְרַחֲמִים חוּס וְחָנֵּנוּ, וְרַחֵם עָלֵינוּ וְהוֹשִׁיעֵנוּ, כִּי אֵלֶיךָ עֵינֵינוּ,
כִּי אֵל מֶלֶךְ חַנּוּן וְרַחוּם אָתָּה:

אֱלֹהֵינוּ וֵאלֹהֵי אֲבוֹתֵינוּ, מְחֹל לַעֲוֹנוֹתֵינוּ בְּיוֹם
(לשבת הַשַּׁבָּת הַזֶּה וּבְיוֹם) הַכִּפֻּרִים הַזֶּה, בְּיוֹם
סְלִיחַת הֶעָוֹן הַזֶּה, בְּיוֹם מִקְרָא קֹדֶשׁ הַזֶּה, מְחֵה
וְהַעֲבֵר פְּשָׁעֵינוּ וְחַטֹּאתֵינוּ מִנֶּגֶד עֵינֶיךָ, כָּאָמוּר:
אָנֹכִי אָנֹכִי הוּא מֹחֶה פְשָׁעֶיךָ לְמַעֲנִי, וְחַטֹּאתֶיךָ
לֹא אֶזְכֹּר. וְנֶאֱמַר: מָחִיתִי כָעָב פְּשָׁעֶיךָ וְכֶעָנָן
חַטֹּאתֶיךָ, שׁוּבָה אֵלַי כִּי גְאַלְתִּיךָ. וְנֶאֱמַר: כִּי בַיּוֹם
הַזֶּה יְכַפֵּר עֲלֵיכֶם לְטַהֵר אֶתְכֶם מִכֹּל חַטֹּאתֵיכֶם,
לִפְנֵי יְיָ תִּטְהָרוּ: (אֱלֹהֵינוּ וֵאלֹהֵי אֲבוֹתֵינוּ, רְצֵה נָא בִמְנוּחָתֵנוּ)
קַדְּשֵׁנוּ בְּמִצְוֹתֶיךָ, וְתֵן חֶלְקֵנוּ בְּתוֹרָתֶךָ, שַׂבְּעֵנוּ
מִטּוּבֶךָ וְשַׂמְּחֵנוּ בִּישׁוּעָתֶךָ, (לשבת וְהַנְחִילֵנוּ יְיָ אֱלֹהֵינוּ
בְּאַהֲבָה וּבְרָצוֹן שַׁבַּת קָדְשֶׁךָ, וְיָנוּחוּ בוֹ) כָּל יִשְׂרָאֵל מְקַדְּשֵׁי שְׁמֶךָ)
וְטַהֵר לִבֵּנוּ לְעָבְדְּךָ בֶּאֱמֶת, כִּי אַתָּה סָלְחָן
לְיִשְׂרָאֵל וּמָחֳלָן לְשִׁבְטֵי יְשֻׁרוּן בְּכָל דּוֹר וָדוֹר,
וּמִבַּלְעָדֶיךָ אֵין לָנוּ מֶלֶךְ מוֹחֵל וְסוֹלֵחַ.
בָּרוּךְ אַתָּה יְיָ, מֶלֶךְ מוֹחֵל וְסוֹלֵחַ לַעֲוֹנוֹתֵינוּ,
וְלַעֲוֹנוֹת עַמּוֹ בֵּית יִשְׂרָאֵל, וּמַעֲבִיר אַשְׁמוֹתֵינוּ
בְּכָל שָׁנָה וְשָׁנָה. מֶלֶךְ עַל כָּל הָאָרֶץ, מְקַדֵּשׁ
(לשבת הַשַּׁבָּת וְ)יִשְׂרָאֵל וְיוֹם הַכִּפּוּרִים:

НАС, И СПАСИ НАС В ЭТОТ ДЕНЬ ДЛЯ БЛАГОПОЛУЧНОЙ ЖИЗНИ; И ПО
ОБЕЩАНИЮ [СВОЕМУ] СПАСТИ И ПОМИЛОВАТЬ [НАС], ПОЖАЛЕЙ
[НАС] И СМИЛУЙСЯ [НАД НАМИ]; И БУДЬ СНИСХОДИТЕЛЕН К НАМ, И
СПАСИ НАС — ВЕДЬ НА ТЕБЯ УСТРЕМЛЕНЫ НАШИ ВЗОРЫ, ПОТОМУ ЧТО
ТЫ, БОГ, — ВЛАДЫКА МИЛОСЕРДНЫЙ И МИЛУЮЩИЙ.

אלהינו БОГ НАШ И БОГ ОТЦОВ НАШИХ! ОТПУСТИ ГРЕХИ НАШИ В
(в субботу: ЭТОТ СУББОТНИЙ ДЕНЬ И) ЭТОТ ДЕНЬ ОЧИЩЕНИЯ, В ЭТОТ
ДЕНЬ ПРОЩЕНИЯ ВИНЫ, В ЭТОТ СВЯТОЙ ДЕНЬ; ОЧИСТИ [НАС];
УДАЛИ С ГЛАЗ ДОЛОЙ ПРЕСТУПЛЕНИЯ И ЗАБЛУЖДЕНИЯ НАШИ,
КАК СКАЗАНО: "Я, [И ТОЛЬКО] Я, — ТОТ, КТО ОЧИЩАЕТ ТЕБЯ ОТ ГРЕ-
ХОВ И ПРОВИННОСТЕЙ, [И ДЕЛАЮ Я ЭТО] РАДИ СЕБЯ САМОГО, И [БО-
ЛЕЕ ИХ ТЕБЕ] НЕ ПРИПОМНЮ". И СКАЗАНО: "И РАЗВЕЯЛ Я, КАК [ВЕ-
ТЕР —] ТУЧУ, ПРЕСТУПЛЕНИЯ ТВОИ; СЛОВНО [ВЕТЕР —] ОБЛАКО, [РАЗ-
ВЕЯЛ] ТВОИ ГРЕХИ; ВЕРНИСЬ ЖЕ КО МНЕ, ИБО Я ОСВОБОЖДАЮ ТЕБЯ
[ОТ ВИНЫ]". И СКАЗАНО: "ИБО В ЭТОТ ДЕНЬ Я СНИМУ С ВАС ВИНУ
[ЗА ГРЕХИ ВАШИ], ОЧИЩУ ВАС ОТ ВСЕХ ВАШИХ ПРОВИННОСТЕЙ; БУ-
ДЕТЕ ЧИСТЫ ВЫ ПРЕД ГОСПОДОМ". (В субботу добавляют: БОГ НАШ И
БОГ ОТЦОВ НАШИХ! ДА БУДЕТ УГОДЕН ТЕБЕ СУББОТНИЙ ПОКОЙ
НАШ.) ОСВЯТИ НАС ЗАПОВЕДЯМИ СВОИМИ И ДАЙ НАМ УДЕЛ В ТОРЕ
ТВОЕЙ; НАСЫТЬ НАС ЩЕДРОТАМИ СВОИМИ И ВОЗВЕСЕЛИ ДУШИ НАШИ
СПАСЕНИЕМ, ДАРОВАННЫМ ТОБОЙ (в субботу добавляют: И ДАРУЙ НАМ
В УДЕЛ, ГОСПОДЬ, БОГ НАШ, ПО ЛЮБВИ И БЛАГОСКЛОННОСТИ [К
НАМ], СВЯТЫЕ СУББОТЫ СВОИ, И ОБРЕТЕТ В НИХ ПОКОЙ
ВЕСЬ НАРОД ИЗРАИЛЯ, ОСВЯЩАЮЩИЙ ИМЯ ТВОЕ), И ОЧИСТИ НАШЕ
СЕРДЦЕ, ЧТОБЫ МЫ СЛУЖИЛИ ТЕБЕ ВЕРНО, — ИБО ТЫ ТАКОВ, ЧТО
[ВСЕГДА] ПРОЩАЕШЬ ИЗРАИЛЬ, ОТПУСКАЕШЬ ГРЕХИ КОЛЕНАМ НАРО-
ДА ПРЯМОДУШНЫХ — ИЗ ПОКОЛЕНИЯ В ПОКОЛЕНИЕ; И КРОМЕ ТЕБЯ
НЕТ У НАС ВЛАДЫКИ, ОТПУСКАЮЩЕГО ГРЕХИ И ПРОЩАЮЩЕГО. БЛАГО-
СЛОВЕН ТЫ, ГОСПОДЬ, ВЛАДЫКА, ОТПУСКАЮЩИЙ [НАШИ ГРЕХИ] И
ПРОЩАЮЩИЙ [КАЖДОГО ИЗ НАС ЗА] НАШИ [СОБСТВЕННЫЕ] ПРО-
СТУПКИ И ПРОСТУПКИ [ВСЕГО] НАРОДА ТВОЕГО, ДОМА ИЗРАИЛЯ, И
ИЗ ГОДА В ГОД СНИМАЮЩИЙ С НАС ВИНУ, — ВЛАДЫКА ВСЕЙ ЗЕМЛИ,
ОСВЯЩАЮЩИЙ (в субботу: СУББОТУ И) ИЗРАИЛЬ И ДЕНЬ ОЧИЩЕНИЯ!

רְצֵה יְיָ אֱלֹהֵינוּ בְּעַמְּךָ יִשְׂרָאֵל, וְלִתְפִלָּתָם שְׁעֵה, וְהָשֵׁב הָעֲבוֹדָה
לִדְבִיר בֵּיתֶךָ, וְאִשֵּׁי יִשְׂרָאֵל וּתְפִלָּתָם בְּאַהֲבָה תְקַבֵּל בְּרָצוֹן,
וּתְהִי לְרָצוֹן תָּמִיד עֲבוֹדַת יִשְׂרָאֵל עַמֶּךָ :

וְתֶחֱזֶינָה עֵינֵינוּ בְּשׁוּבְךָ לְצִיּוֹן בְּרַחֲמִים. בָּרוּךְ אַתָּה יְיָ, הַמַּחֲזִיר
שְׁכִינָתוֹ לְצִיּוֹן :

מוֹדִים אֲנַחְנוּ לָךְ שָׁאַתָּה הוּא יְיָ אֱלֹהֵינוּ וֵאלֹהֵי אֲבוֹתֵינוּ
לְעוֹלָם וָעֶד. צוּר חַיֵּינוּ מָגֵן יִשְׁעֵנוּ, אַתָּה
הוּא לְדוֹר וָדוֹר. נוֹדֶה לְךָ וּנְסַפֵּר
תְּהִלָּתֶךָ, עַל חַיֵּינוּ הַמְּסוּרִים בְּיָדֶךָ, וְעַל
נִשְׁמוֹתֵינוּ הַפְּקוּדוֹת לָךְ, וְעַל נִסֶּיךָ
שֶׁבְּכָל יוֹם עִמָּנוּ, וְעַל נִפְלְאוֹתֶיךָ
וְטוֹבוֹתֶיךָ שֶׁבְּכָל עֵת, עֶרֶב וָבֹקֶר

מודים דרבנן

מוֹדִים אֲנַחְנוּ לָךְ, שָׁאַתָּה הוּא יְיָ
אֱלֹהֵינוּ וֵאלֹהֵי אֲבוֹתֵינוּ
אֱלֹהֵי כָל בָּשָׂר, יוֹצְרֵנוּ יוֹצֵר בְּרֵאשִׁית,
בְּרָכוֹת וְהוֹדָאוֹת לְשִׁמְךָ הַגָּדוֹל וְהַקָּדוֹשׁ
עַל שֶׁהֶחֱיִיתָנוּ וְקִיַּמְתָּנוּ, כֵּן תְּחַיֵּנוּ,
וּתְקַיְּמֵנוּ, וְתֶאֱסוֹף גָּלֻיּוֹתֵינוּ לְחַצְרוֹת
קָדְשֶׁךָ, וְנָשׁוּב אֵלֶיךָ לִשְׁמוֹר חֻקֶּיךָ,
וְלַעֲשׂוֹת רְצוֹנֶךָ, וּלְעָבְדְךָ בְּלֵבָב שָׁלֵם,
עַל שֶׁאָנוּ מוֹדִים לָךְ, בָּרוּךְ אֵל הַהוֹדָאוֹת :

וְצָהֳרָיִם, הַטּוֹב, כִּי לֹא כָלוּ רַחֲמֶיךָ, וְהַמְרַחֵם, כִּי לֹא תַמּוּ חֲסָדֶיךָ,
כִּי מֵעוֹלָם קִוִּינוּ לָךְ :

וְעַל כֻּלָּם יִתְבָּרַךְ וְיִתְרוֹמַם וְיִתְנַשֵּׂא שִׁמְךָ מַלְכֵּנוּ תָּמִיד לְעוֹלָם וָעֶד:
וַחֲתוֹם לְחַיִּים טוֹבִים כָּל בְּנֵי בְרִיתֶךָ.

וְכָל הַחַיִּים יוֹדוּךָ סֶּלָה וִיהַלְלוּ שִׁמְךָ הַגָּדוֹל לְעוֹלָם כִּי טוֹב הָאֵל
יְשׁוּעָתֵנוּ וְעֶזְרָתֵנוּ סֶלָה, הָאֵל הַטּוֹב. בָּרוּךְ אַתָּה יְיָ, הַטּוֹב
שִׁמְךָ וּלְךָ נָאֶה לְהוֹדוֹת : (בחזרת הש"ץ ברכת כהנים)

שִׂים שָׁלוֹם. טוֹבָה וּבְרָכָה, חַיִּים חֵן וָחֶסֶד וְרַחֲמִים, עָלֵינוּ וְעַל כָּל
יִשְׂרָאֵל עַמֶּךָ. בָּרְכֵנוּ אָבִינוּ כֻּלָּנוּ כְּאֶחָד, בְּאוֹר פָּנֶיךָ, כִּי בְאוֹר
פָּנֶיךָ, נָתַתָּ לָּנוּ יְיָ אֱלֹהֵינוּ תּוֹרַת חַיִּים, וְאַהֲבַת חֶסֶד, וּצְדָקָה
וּבְרָכָה וְרַחֲמִים וְחַיִּים וְשָׁלוֹם. וְטוֹב בְּעֵינֶיךָ לְבָרֵךְ אֶת עַמְּךָ יִשְׂרָאֵל
בְּכָל עֵת וּבְכָל שָׁעָה בִּשְׁלוֹמֶךָ.

וּבְסֵפֶר חַיִּים בְּרָכָה וְשָׁלוֹם וּפַרְנָסָה טוֹבָה, יְשׁוּעָה וְנֶחָמָה
וּגְזֵרוֹת טוֹבוֹת, נִזָּכֵר וְנֵחָתֵם לְפָנֶיךָ, אֲנַחְנוּ וְכָל
עַמְּךָ בֵּית יִשְׂרָאֵל, לְחַיִּים טוֹבִים וּלְשָׁלוֹם : בָּרוּךְ אַתָּה
יְיָ, הַמְבָרֵךְ אֶת עַמּוֹ יִשְׂרָאֵל בַּשָּׁלוֹם:

רצה ОТНЕСИСЬ БЛАГОСКЛОННО, ГОСПОДЬ, БОГ НАШ, К НАРОДУ ТВОЕМУ, ИЗРАИЛЮ, И МОЛИТВУ ЕГО ПРИМИ, И ВОССТАНОВИ СЛУЖБУ В СВЯТАЯ СВЯТЫХ ХРАМА ТВОЕГО; И ЖЕРТВЫ, ПРИНОСИМЫЕ ИЗРАИЛЕМ, И МОЛИТВУ ЕГО ПРИМИ С ЛЮБОВЬЮ, БЛАГОСКЛОННО; И ПУСТЬ БУДЕТ ВСЕГДА ЖЕЛАННО ТЕБЕ СЛУЖЕНИЕ ИЗРАИЛЯ, НАРОДА ТВОЕГО.

ותחזינה И ДА УВИДИМ МЫ СВОИМИ ГЛАЗАМИ, КАК ВЕРНЕШЬСЯ ТЫ, ПО МИЛОСЕРДИЮ СВОЕМУ, В СИОН. БЛАГОСЛОВЕН ТЫ, ГОСПОДЬ, ВОЗВРАЩАЮЩИЙ СВОЮ ШХИНУ В СИОН!

(См. транслитерацию на стр. 386)

מודים БЛАГОДАРИМ МЫ ТЕБЯ ЗА ТО, ЧТО ТЫ, ГОСПОДЬ, — БОГ НАШ И БОГ ОТЦОВ НАШИХ ВО ВЕКИ ВЕКОВ. ТЫ — ОПЛОТ ЖИЗНИ НАШЕЙ, ЗАЩИТНИК, СПАСАЮЩИЙ НАС ИЗ ПОКОЛЕНИЯ В ПОКОЛЕНИЕ. БУДЕМ БЛАГОДАРИТЬ ТЕБЯ И ПРОВОЗГЛАШАТЬ ТЕБЕ ХВАЛУ ВЕЧЕРОМ, УТРОМ И ДНЕМ ЗА ЖИЗНЬ НАШУ, ВВЕРЕННУЮ ТЕБЕ, ЗА ДУШИ НАШИ, ХРАНИМЫЕ ТОБОЙ, И ЗА ЧУДЕСА ТВОИ, КОТОРЫЕ ТЫ ПОСТОЯННО [СОВЕРШАЕШЬ] С НАМИ, И ЗА ТВОИ ЗНАМЕНИЯ И БЛАГОДЕЯНИЯ, КОТОРЫЕ ТЫ [ТВОРИШЬ] ВСЕГДА, — О ДОБРЫЙ! — ПОТОМУ ЧТО МИЛОСТИ

"МОДИМ ДЕРАБАНАН"

При повторении молитвы хазаном община говорит здесь следующую молитву:

מודים БЛАГОДАРИМ МЫ ТЕБЯ ЗА ТО, ЧТО ТЫ, ГОСПОДЬ, — БОГ НАШ И БОГ ОТЦОВ НАШИХ, БОГ ВСЕГО ЖИВОГО, СОЗДАТЕЛЬ НАШ, ТВОРЕЦ МИРОЗДАНИЯ; ПОДОБАЕТ БЛАГОСЛОВЛЯТЬ И СЛАВИТЬ ВЕЛИКОЕ И СВЯТОЕ ИМЯ ТВОЕ ЗА ТО, ЧТО ТЫ ДАЛ НАМ ЖИЗНЬ И ПОДДЕРЖИВАЕШЬ ЕЕ В НАС; И ТЫ ПРОДЛИШЬ ЕЕ И ПОДДЕРЖИШЬ, И СОБЕРЕШЬ НАС ИЗ ИЗГНАНИЯ ВО ДВОРАХ СВЯТИЛИЩА СВОЕГО, И ВЕРНЕМСЯ МЫ К ТЕБЕ, ЧТОБЫ СОБЛЮДАТЬ ТВОИ ЗАКОНЫ, И ИСПОЛНЯТЬ ВОЛЮ ТВОЮ, И СЛУЖИТЬ ТЕБЕ ВСЕМ СЕРДЦЕМ, И ПОТОМУ МЫ БЛАГОДАРИМ ТЕБЯ. БЛАГОСЛОВЕН БОГ, КОТОРОГО ПОДОБАЕТ БЛАГОДАРИТЬ!

ТВОИ НЕСКОНЧАЕМЫ, — О, МИЛОСЕРДНЫЙ! — ПОТОМУ ЧТО БЛАГОДЕЯНИЯ ТВОИ НЕИСТОЩИМЫ; ВЕДЬ МЫ ОТ ВЕКА НАДЕЕМСЯ НА ТЕБЯ!

ועל И ЗА ВСЕ ЭТО ДА БУДЕТ БЛАГОСЛОВЛЕНО, И ДА ВОЗВЕЛИЧИТСЯ И ПРЕВОЗНЕСЕТСЯ ИМЯ ТВОЕ, ВЛАДЫКА НАШ, ВСЕГДА, ВО ВЕКИ ВЕКОВ!

וחתום И СКРЕПИ ПЕЧАТЬЮ [СВОЮ ЗАПИСЬ В КНИГЕ ЖИЗНИ О ТОМ], ЧТО [В НОВОМ ГОДУ] БЛАГОПОЛУЧНАЯ СУДЬБА ОЖИДАЕТ ВСЕХ, С КЕМ ТЫ ЗАКЛЮЧИЛ СОЮЗ.

וכל И ВСЕ ЖИВОЕ БУДЕТ ВЕЧНО БЛАГОДАРИТЬ ТЕБЯ И ВОСХВАЛЯТЬ ТВОЕ ВЕЛИКОЕ ИМЯ ВОВЕК, ИБО ТЫ ДОБР. ТЫ, БОГ, — НАШЕ СПАСЕНИЕ И НАША ОПОРА ВОВЕКИ, [ТЫ –] ДОБРЫЙ БОГ! БЛАГОСЛОВЕН ТЫ, ГОСПОДЬ; ДОБРЫЙ – ИМЯ ТЕБЕ, И ТЕБЯ ПОДОБАЕТ БЛАГОДАРИТЬ.

שים ДАРУЙ МИР, ДОБРО И БЛАГОСЛОВЕНИЕ, ЖИЗНЬ, МИЛОСТЬ И ЛЮБОВЬ, И МИЛОСЕРДИЕ НАМ И ВСЕМУ ТВОЕМУ НАРОДУ, ИЗРАИЛЮ. БЛАГОСЛОВИ НАС, ВСЕХ ВМЕСТЕ, В БЛАГОСКЛОННОСТИ СВОЕЙ, ОТЕЦ НАШ, ИБО В БЛАГОСКЛОННОСТИ СВОЕЙ ТЫ ДАРОВАЛ НАМ, ГОСПОДЬ, БОГ НАШ, ЗАКОН ЖИЗНИ И БЕСКОРЫСТНОЙ ЛЮБВИ, И МИЛОСТЬ, И БЛАГОСЛОВЕНИЕ, И МИЛОСЕРДИЕ, И ЖИЗНЬ, И МИР. И ДА БУДЕТ УГОДНО ТЕБЕ БЛАГОСЛОВЛЯТЬ НАРОД СВОЙ, ИЗРАИЛЬ, ВО ВСЕ ВРЕМЕНА И В КАЖДОЕ МГНОВЕНИЕ, ДАРУЯ ЕМУ МИР.

ובספר И В КНИГЕ ЖИЗНИ, БЛАГОСЛОВЕНИЯ, И МИРА, И ПРОЦВЕТАНИЯ, СПАСЕНИЯ, И УТЕШЕНИЯ, И ДОБРЫХ ПРЕДНАЧЕРТАНИЙ — ДА БУДЕМ УПОМЯНУТЫ ПРЕД ТОБОЮ МЫ И ВЕСЬ НАРОД ТВОЙ, ДОМ ИЗРАИЛЯ, НА ДОБРУЮ ЖИЗНЬ И НА МИР, И ПУСТЬ [ЭТО УПОМИНАНИЕ В КНИГЕ ЖИЗНИ] БУДЕТ СКРЕПЛЕНО [ТВОЕЙ] ПЕЧАТЬЮ. БЛАГОСЛОВЕН ТЫ, ГОСПОДЬ, БЛАГОСЛОВЛЯЮЩИЙ МИРОМ НАРОД СВОЙ, ИЗРАИЛЬ!

יִהְיוּ לְרָצוֹן אִמְרֵי פִי וְהֶגְיוֹן לִבִּי לְפָנֶיךָ, יְיָ צוּרִי וְגוֹאֲלִי:

אֱלֹהֵינוּ וֵאלֹהֵי אֲבוֹתֵינוּ, תָּבֹא לְפָנֶיךָ תְּפִלָּתֵנוּ, וְאַל תִּתְעַלַּם מִתְּחִנָּתֵנוּ, שֶׁאֵין אָנוּ עַזֵּי פָנִים וּקְשֵׁי עֹרֶף, לוֹמַר לְפָנֶיךָ יְיָ אֱלֹהֵינוּ וֵאלֹהֵי אֲבוֹתֵינוּ, צַדִּיקִים אֲנַחְנוּ וְלֹא חָטָאנוּ, אֲבָל אֲנַחְנוּ וַאֲבוֹתֵינוּ חָטָאנוּ:

אָשַׁמְנוּ, בָּגַדְנוּ, גָּזַלְנוּ, דִּבַּרְנוּ דֹפִי. הֶעֱוִינוּ, וְהִרְשַׁעְנוּ, זַדְנוּ, חָמַסְנוּ, טָפַלְנוּ שֶׁקֶר. יָעַצְנוּ רָע, כִּזַּבְנוּ, לַצְנוּ, מָרַדְנוּ, נִאַצְנוּ, סָרַרְנוּ, עָוִינוּ, פָּשַׁעְנוּ, צָרַרְנוּ, קִשִּׁינוּ עֹרֶף. רָשַׁעְנוּ, שִׁחַתְנוּ, תִּעַבְנוּ, תָּעִינוּ, תִּעְתָּעְנוּ: סַרְנוּ מִמִּצְוֹתֶיךָ וּמִמִּשְׁפָּטֶיךָ הַטּוֹבִים וְלֹא שָׁוָה לָנוּ. וְאַתָּה צַדִּיק עַל כָּל הַבָּא עָלֵינוּ, כִּי אֱמֶת עָשִׂיתָ וַאֲנַחְנוּ הִרְשָׁעְנוּ:

מַה נֹּאמַר לְפָנֶיךָ יוֹשֵׁב מָרוֹם, וּמַה נְּסַפֵּר לְפָנֶיךָ שׁוֹכֵן שְׁחָקִים. הֲלֹא כָּל הַנִּסְתָּרוֹת וְהַנִּגְלוֹת אַתָּה יוֹדֵעַ:

אַתָּה נוֹתֵן יָד לַפּוֹשְׁעִים, וִימִינְךָ פְשׁוּטָה לְקַבֵּל שָׁבִים, וַתְּלַמְּדֵנוּ יְיָ אֱלֹהֵינוּ לְהִתְוַדּוֹת לְפָנֶיךָ עַל כָּל עֲוֹנוֹתֵינוּ לְמַעַן נֶחְדַּל מֵעֹשֶׁק יָדֵינוּ, וּתְקַבְּלֵנוּ בִּתְשׁוּבָה שְׁלֵמָה לְפָנֶיךָ, כְּאִשִּׁים וּכְנִיחוֹחִים, לְמַעַן דְּבָרֶיךָ אֲשֶׁר אָמַרְתָּ, אֵין קֵץ לְאִשֵּׁי חוֹבוֹתֵינוּ, וְאֵין מִסְפָּר לְנִיחוֹחֵי אַשְׁמוֹתֵינוּ. וְאַתָּה

יוֹדֵעַ

יהיו ДА БУДУТ УГОДНЫ ТЕБЕ СЛОВА МОИХ УСТ И ПОМЫСЛЫ СЕРДЦА МОЕГО, О, ГОСПОДЬ, – МОЙ ОПЛОТ И ИЗБАВИТЕЛЬ!

אלהינו БОГ НАШ И БОГ ОТЦОВ НАШИХ! ПУСТЬ ДОЙДЕТ ДО ТЕБЯ НАША МОЛИТВА, И НЕ ОТВЕРГАЙ НАШУ МОЛЬБУ, ПОТОМУ ЧТО МЫ НЕ НАСТОЛЬКО ДЕРЗКИ И УПРЯМЫ, ЧТОБЫ СКАЗАТЬ ТЕБЕ: "ГОСПОДЬ, БОГ НАШ И БОГ ОТЦОВ НАШИХ, ПРАВЕДНЫ МЫ И НЕ СОВЕРШАЛИ ГРЕХОВ", – ВЕДЬ И МЫ, И ОТЦЫ НАШИ ГРЕШИЛИ.

אשמנו ВИНОВНЫ МЫ; БЫЛИ ВЕРОЛОМНЫ, ГРАБИЛИ, ЛИЦЕМЕРИЛИ, СВЕРНУЛИ С ПРАВИЛЬНОГО ПУТИ И ОБВИНЯЛИ НЕВИНОВНЫХ, НАМЕРЕННО ТВОРИЛИ ЗЛО, ПРИСВАИВАЛИ ЧУЖОЕ, ВОЗВОДИЛИ НА БЛИЖНЕГО НАПРАСЛИНУ; ДАВАЛИ ДУРНЫЕ СОВЕТЫ, ЛГАЛИ, ГЛУМИЛИСЬ, БУНТОВАЛИ, КОЩУНСТВОВАЛИ, БЫЛИ НЕПОКОРНЫ, ЗЛОДЕЙСТВОВАЛИ, ВОССТАВАЛИ ПРОТИВ ЗАКОНА, ВРАЖДОВАЛИ МЕЖДУ СОБОЙ, УПОРСТВОВАЛИ В ГРЕХЕ; ДЕЛАЛИ ЗЛО, ВРЕДИЛИ, ТВОРИЛИ МЕРЗОСТИ, ЗАБЛУЖДАЛИСЬ, ВВОДИЛИ В ЗАБЛУЖДЕНИЕ ДРУГИХ.

סרנו СВЕРНУЛИ МЫ С [ПУТИ] ЗАПОВЕДЕЙ ТВОИХ И МИЛОСЕРДНЫХ ТВОИХ ЗАКОНОВ, И ЭТО НЕ ПРИВЕЛО НАС К ДОБРУ. И ТЫ ПРАВ ВО ВСЕМ, ЧТО СОВЕРШИЛ С НАМИ, ИБО ТВОИ ДЕЯНИЯ СПРАВЕДЛИВЫ, А НАШИ – ГРЕХОВНЫ.

מה ЧТО НАМ СКАЗАТЬ ТЕБЕ, ПРЕБЫВАЮЩИЙ В ВЫСОТАХ, ЧТО ПОВЕДАТЬ ТЕБЕ, ОБИТАЮЩИЙ НА НЕБЕСАХ? ВЕДЬ ТЕБЕ ИЗВЕСТНО И ВСЕ СКРЫТОЕ, И ВСЕ ЯВНОЕ.

אתה ТЫ ПРОТЯГИВАЕШЬ РУКУ ПРЕСТУПНИКАМ, [ЧТОБЫ ПОМОЧЬ ИМ ВЕРНУТЬСЯ К ТЕБЕ], ТВОЯ ДЕСНИЦА ПРОСТЕРТА НАВСТРЕЧУ ВОЗВРАЩАЮЩИМСЯ; И НАУЧИЛ ТЫ НАС, ГОСПОДЬ, БОГ НАШ, ИСПОВЕДОВАТЬСЯ ПРЕД ТОБОЙ ВО ВСЕХ НАШИХ ПРОВИННОСТЯХ — ЧТОБЫ [ИСПРАВИЛИСЬ МЫ И, ПРЕЖДЕ ВСЕГО], ПЕРЕСТАЛИ БЫТЬ НЕЧИСТЫМИ НА РУКУ; И ПРИМИ ПОЛНОЕ РАСКАЯНИЕ НАШЕ, [РАСКАЯНИЕ] ВЕРНУВШИХСЯ К ТЕБЕ, ТАК [ЖЕ БЛАГОСКЛОННО], КАК [ТЫ ПРИНИМАЕШЬ [НАШИ] ЖЕРТВЫ, СЖИГАЕМЫЕ НА ОГНЕ, [КАК ПРИНИМАЕШЬ ИХ] БЛАГОУХАНИЕ, — КАК ТЫ НАМ [ЭТО] ОБЕЩАЛ; НЕТ ПРЕДЕЛА ЧИСЛУ СЖИГАЕМЫХ НА ОГНЕ ЖЕРТВ, КОТОРЫЕ НАМ СЛЕДОВАЛО БЫ ПРИНЕСТИ, НЕ СОСЧИТАТЬ, [СКОЛЬКО ИХ], БЛАГОУХАЮЩИХ, [ПОЛАГА-

יוֹדֵעַ שֶׁאַחֲרִיתֵנוּ רִמָּה וְתוֹלֵעָה ,
לְפִיכָךְ הִרְבֵּיתָ סְלִיחָתֵנוּ . מָה אָנוּ ,
מֶה חַיֵּינוּ , מֶה חַסְדֵּנוּ , מַה צִּדְקֵנוּ ,
מַה כֹּחֵנוּ , מַה גְּבוּרָתֵנוּ . מַה
נֹּאמַר לְפָנֶיךָ יְיָ אֱלֹהֵינוּ וֵאלֹהֵי
אֲבוֹתֵינוּ , הֲלֹא , כָּל הַגִּבּוֹרִים כְּאַיִן
לְפָנֶיךָ, וְאַנְשֵׁי הַשֵּׁם כְּלֹא הָיוּ,וַחֲכָמִים
כִּבְלִי מַדָּע , וּנְבוֹנִים כִּבְלִי הַשְׂכֵּל ,
כִּי רֹב מַעֲשֵׂיהֶם תֹּהוּ , וִימֵי חַיֵּיהֶם
הֶבֶל לְפָנֶיךָ,וּמוֹתַר הָאָדָם מִן הַבְּהֵמָה
אָיִן , כִּי הַכֹּל הָבֶל :

אַתָּה הִבְדַּלְתָּ אֱנוֹשׁ מֵרֹאשׁ,וַתַּכִּירֵהוּ
לַעֲמוֹד לְפָנֶיךָ , כִּי מִי יֹאמַר
לְךָ מַה תִּפְעָל , וְאִם יִצְדַּק מַה יִּתֶּן לָךְ .
וַתִּתֶּן לָנוּ יְיָ אֱלֹהֵינוּ בְּאַהֲבָה אֶת יוֹם
הַכִּפֻּרִים הַזֶּה אֶת יוֹם סְלִיחַת הֶעָוֹן הַזֶּה
אֶת יוֹם מִקְרָא קֹדֶשׁ הַזֶּה. קֵץ וּמְחִילָה
וּסְלִיחָה עַל כָּל עֲוֹנוֹתֵינוּ , לְמַעַן נֶחְדַּל
מֵעֹשֶׁק

תו"א א) קהלת ג ים: ב) (הש"ץ שאומר הוידוי בתוך התפלה צריך להזכיר לשל שבת (את יום השבת הזה ואת יום) באתה הבדלת כדרך שמזכיר יש"ל יוהכ"פ):

ЛОСЬ БЫ НАМ ПРИНЕСТИ] ЗА НАШИ ПРОВИННОСТИ; НО ЗНА-
ЕШЬ ТЫ, [ЧТО ЭТО НЕВОЗМОЖНО], ИБО [КАЖДОГО ИЗ] НАС
ОЖИДАЮТ В КОНЦЕ ТЛЕНИЕ И [МОГИЛЬНЫЕ] ЧЕРВИ, — И
ПОТОМУ ТЫ ПРОЩАЕШЬ НАМ МНОЖЕСТВО ГРЕХОВ. ЧТО́ МЫ,
ЧТО́ НАША ЖИЗНЬ, ЧТО́ НАШИ ДОБРЫЕ ДЕЛА, ЧТО́ НАША ПРА-
ВЕДНОСТЬ, ЧТО́ НАША СИЛА, ЧТО́ НАША СМЕЛОСТЬ; ЧТО МЫ
МОЖЕМ СКАЗАТЬ ТЕБЕ, ГОСПОДЬ, БОГ НАШ И БОГ ОТЦОВ
НАШИХ! ВЕДЬ ВСЯКИЙ СИЛЬНЫЙ — НИЧТО ПРЕД ТОБОЮ! И
ПРОСЛАВЛЕННЫЕ МУЖИ СЛОВНО И НЕ СУЩЕСТВОВАЛИ НИ-
КОГДА, И МУДРЕЦЫ ПОДОБНЫ ТЕМ, КТО ЛИШЕН ЗНАНИЯ,
И РАЗУМНЫЕ ПОДОБНЫ ТЕМ, КТО ЛИШЕН РАЗУМА, — ВСЕ
МНОЖЕСТВО ДЕЛ ИХ ТЩЕТНО, И ДНИ ИХ ЖИЗНИ — НИЧТО
ПРЕД ТОБОЮ; И НЕТ ПРЕИМУЩЕСТВА У ЧЕЛОВЕКА ПЕРЕД
ЖИВОТНЫМ, ИБО ВСЕ — СУЕТА.

אתה С САМОГО НАЧАЛА ТЫ ВЫДЕЛИЛ ЧЕЛОВЕКА [ИЗ ВСЕХ СВО-
ИХ ТВОРЕНИЙ] И ПРИЗНАЛ ЕГО [ЕДИНСТВЕННЫМ ИЗ НИХ, КТО]
СПОСОБЕН СЛУЖИТЬ ТЕБЕ, — ВЕДЬ НИКТО НЕ ВПРАВЕ УКАЗАТЬ
ТЕБЕ, КАК ПОСТУПАТЬ, — И [НЕ ПОТОМУ ТЫ ОСТАНОВИЛ НА НЕМ
СВОЙ ВЫБОР], ЧТО ПРАВЕДНОСТЬ ЕГО ПРИДАЕТ ТЕБЕ [ВЕЛИЧИЯ]
И ДАРОВАЛ ТЫ НАМ, ГОСПОДЬ, БОГ НАШ, С ЛЮБОВЬЮ ЭТОТ
ДЕНЬ ОЧИЩЕНИЯ, ЭТОТ ДЕНЬ ПРОЩЕНИЯ ВИНЫ, ЭТОТ СВЯТОЙ
ДЕНЬ, РУБЕЖ [НАШЕЙ НЕПРАВЕДНОЙ ЖИЗНИ, ДЕНЬ] ОТПУ-
ЩЕНИЯ И ПРОЩЕНИЯ ВСЕХ ГРЕХОВ НАШИХ, — ЧТОБЫ [ИСПРА-
ВИЛИСЬ МЫ И, ПРЕЖДЕ ВСЕГО], ПЕРЕСТАЛИ БЫТЬ НЕЧИСТЫМИ

מֵעֹשֶׁק יָדֵינוּ , וְנָשׁוּב אֵלֶיךָ לַעֲשׂוֹת
חֻקֵּי רְצוֹנְךָ בְּלֵבָב שָׁלֵם . וְאַתָּה
בְּרַחֲמֶיךָ הָרַבִּים רַחֵם עָלֵינוּ , כִּי לֹא
תַחְפּוֹץ בְּהַשְׁחָתַת עוֹלָם . שֶׁנֶּאֱמַר :
דִּרְשׁוּ יְיָ בְּהִמָּצְאוֹ , קְרָאֻהוּ בִּהְיוֹתוֹ
קָרוֹב . וְנֶאֱמַר : יַעֲזֹב רָשָׁע דַּרְכּוֹ וְאִישׁ
אָוֶן מַחְשְׁבֹתָיו , וְיָשֹׁב אֶל יְיָ וִירַחֲמֵהוּ ,
וְאֶל אֱלֹהֵינוּ , כִּי יַרְבֶּה לִסְלוֹחַ. וְאַתָּה
אֱלוֹהַּ סְלִיחוֹת , חַנּוּן וְרַחוּם , אֶרֶךְ
אַפַּיִם , וְרַב חֶסֶד וֶאֱמֶת , וּמַרְבֶּה
לְהֵיטִיב , וְרוֹצֶה אַתָּה בִּתְשׁוּבַת
רְשָׁעִים , וְאֵין אַתָּה חָפֵץ בְּמִיתָתָם ,
שֶׁנֶּאֱמַר : אֱמֹר אֲלֵיהֶם , חַי אָנִי נְאֻם
אֲדֹנָי יֱהֹוִה , אִם אֶחְפּוֹץ בְּמוֹת הָרָשָׁע ,
כִּי אִם בְּשׁוּב רָשָׁע מִדַּרְכּוֹ וְחָיָה, שׁוּבוּ
שׁוּבוּ מִדַּרְכֵיכֶם הָרָעִים, וְלָמָּה תָמוּתוּ
בֵּית יִשְׂרָאֵל . וְנֶאֱמַר : הֶחָפֹץ אֶחְפּוֹץ
מוֹת רָשָׁע נְאֻם אֲדֹנָי יֱהֹוִה , הֲלֹא

רט"א א) ישעיה נה ו : ב) שם נה ז: ג) יחזקאל לג יא : ד) שם יח כג :

НА РУКУ; И ВЕРНЕМСЯ МЫ К ТЕБЕ, ЧТОБЫ ОТ ВСЕГО СЕРДЦА ИСПОЛ-
НЯТЬ ЗАКОНЫ, УСТАНОВЛЕННЫЕ ВОЛЕЙ ТВОЕЙ. И [ПОЭТОМУ МЫ ОБРА-
ЩАЕМСЯ К ТЕБЕ] : ПО ВЕЛИКОЙ МИЛОСТИ СВОЕЙ СЖАЛЬСЯ НАД НАМИ
— ВЕДЬ НЕ ХОЧЕШЬ ЖЕ ТЫ УНИЧТОЖИТЬ МИР! КАК СКАЗАНО: "ОБРА-
ЩАЙТЕСЬ К ГОСПОДУ [В ТОТ МОМЕНТ] , КОГДА ОН БЛАГОСКЛОНЕН К
ВАМ, ВЗЫВАЙТЕ К НЕМУ, КОГДА ОН БЛИЗОК [К ТОМУ, ЧТОБЫ ВАС
ПРОСТИТЬ] ". И СКАЗАНО: "ПУСТЬ СОЙДЕТ ЗЛОДЕЙ СО СВОЕГО ПУТИ,
[ПУСТЬ] ЧЕЛОВЕК, ТВОРЯЩИЙ БЕЗЗАКОНИЯ, ОСТАВИТ ПОМЫСЛЫ
СВОИ И ВЕРНЕТСЯ К ГОСПОДУ, И [ВСЕВЫШНИЙ] СМИЛОСТИВИТСЯ НАД
НИМ; [ПУСТЬ ВЕРНЕТСЯ ОН] К БОГУ НАШЕМУ, ПРОЩАЮЩЕМУ МНОЖЕ-
СТВО ГРЕХОВ". И [ПОЭТОМУ МЫ ОБРАЩАЕМСЯ К ТЕБЕ] , МИЛОСТИВЫЙ
БОГ, МИЛУЮЩИЙ И МИЛОСЕРДНЫЙ, ДОЛГОТЕРПЕЛИВЫЙ, ТОТ, ЧЬИ
ЛЮБОВЬ И СПРАВЕДЛИВОСТЬ БЕЗГРАНИЧНЫ, УМНОЖАЮЩИЙ ДОБРО,
И ПОВЕЛЕВАЮЩИЙ ВЕРНУТЬСЯ К ТЕБЕ [ДАЖЕ] ЗЛОДЕЯМ, И НЕ ЖЕЛАЮ-
ЩИЙ ИХ СМЕРТИ, КАК СКАЗАНО: «ПЕРЕДАЙ ИМ СЛОВА ГОСПОДА,
БОГА: "[КЛЯНУСЬ, ЧТО ТАК ЖЕ, КАК ИСТИННО ТО, ЧТО] Я — ЖИЗНЬ
[ВСЕГО, ТАК ЖЕ ИСТИННО И СЛЕДУЮЩЕЕ] : НЕУЖЕЛИ ЖЕЛАЮ Я СМЕР-
ТИ ЗЛОДЕЮ! ВЕДЬ СТОИТ ЛИШЬ ЕМУ СОЙТИ СО СВОЕГО ПУТИ [И ВЕР-
НУТЬСЯ КО МНЕ] — И ОН БУДЕТ ЖИТЬ; ТАК СОЙДИТЕ ЖЕ, СОЙДИТЕ СО
СВОИХ ДУРНЫХ ПУТЕЙ [И ВЕРНИТЕСЬ КО МНЕ] , ЗАЧЕМ ПОГИБАТЬ ТЕ-
БЕ, ДОМ ИЗРАИЛЯ!"» И СКАЗАНО: "РАЗВЕ ЖЕЛАЮ Я СМЕРТИ ЗЛОДЕЮ!
—. СКАЗАЛ ГОСПОДЬ, БОГ. — ВЕДЬ СТОИТ ЛИШЬ ЕМУ СОЙТИ СО СВОЕГО
ПУТИ [И ВЕРНУТЬСЯ КО МНЕ] — И ОН БУДЕТ ЖИТЬ". И СКАЗАНО

בְּשׁוּבוֹ מִדְּרָכָיו וְחָיָה. וְנֶאֱמַר· כִּי לֹא
אֶחְפֹּץ בְּמוֹת הַמֵּת, נְאֻם אֲדֹנָי יֱהֹוִה,
וְהָשִׁיבוּ וִחְיוּ. כִּי אַתָּה סָלְחָן לְיִשְׂרָאֵל,
וּמָחֳלָן לְשִׁבְטֵי יְשֻׁרוּן, בְּכָל דּוֹר וָדוֹר,
וּמִבַּלְעָדֶיךָ אֵין לָנוּ מֶלֶךְ מוֹחֵל וְסוֹלֵחַ.

אֱלֹהַי. עַד שֶׁלֹּא נוֹצַרְתִּי אֵינִי כְדַאי, וְעַכְשָׁו
שֶׁנּוֹצַרְתִּי, כְּאִלּוּ לֹא נוֹצַרְתִּי. עָפָר אֲנִי
בְּחַיַּי, קַל וָחֹמֶר בְּמִיתָתִי, הֲרֵי אֲנִי לְפָנֶיךָ כִּכְלִי
מָלֵא בוּשָׁה וּכְלִימָה. יְהִי רָצוֹן מִלְּפָנֶיךָ יְיָ אֱלֹהַי
וֵאלֹהֵי אֲבוֹתַי, שֶׁלֹּא אֶחֱטָא עוֹד, וּמַה שֶּׁחָטָאתִי
לְפָנֶיךָ, מְחוֹק בְּרַחֲמֶיךָ הָרַבִּים, אֲבָל לֹא עַל יְדֵי
יִסּוּרִים וָחֳלָיִם רָעִים:

אֱלֹהַי, נְצֹר לְשׁוֹנִי מֵרָע, וּשְׂפָתַי מִדַּבֵּר מִרְמָה, וְלִמְקַלְלַי נַפְשִׁי תִדֹּם,
וְנַפְשִׁי כֶּעָפָר לַכֹּל תִּהְיֶה. פְּתַח לִבִּי בְּתוֹרָתֶךָ וּבְמִצְוֹתֶיךָ תִּרְדּוֹף
נַפְשִׁי. וְכָל הַחוֹשְׁבִים עָלַי רָעָה, מְהֵרָה הָפֵר עֲצָתָם וְקַלְקֵל מַחֲשַׁבְתָּם:
יִהְיוּ כְּמֹץ לִפְנֵי רוּחַ וּמַלְאַךְ יְיָ דּוֹחֶה. לְמַעַן יַחָלְצוּן יְדִידֶיךָ, הוֹשִׁיעָה יְמִינְךָ
וַעֲנֵנִי· עֲשֵׂה לְמַעַן שְׁמֶךָ· עֲשֵׂה לְמַעַן יְמִינֶךָ· עֲשֵׂה לְמַעַן תּוֹרָתֶךָ. עֲשֵׂה
לְמַעַן קְדֻשָּׁתֶךָ· יִהְיוּ לְרָצוֹן אִמְרֵי פִי, וְהֶגְיוֹן לִבִּי לְפָנֶיךָ, יְיָ צוּרִי וְגוֹאֲלִי·
עֹשֶׂה הַשָּׁלוֹם בִּמְרוֹמָיו, הוּא יַעֲשֶׂה שָׁלוֹם עָלֵינוּ, וְעַל כָּל יִשְׂרָאֵל
וְאִמְרוּ אָמֵן:

יְהִי רָצוֹן מִלְּפָנֶיךָ, יְיָ אֱלֹהֵינוּ וֵאלֹהֵי אֲבוֹתֵינוּ, שֶׁיִּבָּנֶה בֵּית הַמִּקְדָּשׁ בִּמְהֵרָה
בְיָמֵינוּ, וְתֵן חֶלְקֵנוּ בְּתוֹרָתֶךָ:

ואומרים אבינו מלכנו בנעילה אפילו כשחל יום כפור בשבת. רק במקום כתבנו אומרים החתמנו.
אומרים שמע ישראל, ברוך וכו'.
פריש שלם. ותוקעין תקיעה אחת (קודם תתקבל). אח"כ אומרים קוה אין כאלהינו ועלינו. ק"י.

תו"א א) יחזקאל יח לב:

"ВЕДЬ НЕ ЖЕЛАЮ Я СМЕРТИ ТОМУ, КТО ЕЕ ЗАСЛУЖИЛ, — СКАЗАЛ ГОСПОДЬ, БОГ. — ВЕРНИТЕСЬ [КО МНЕ] И БУДЕТЕ ЖИТЬ". ИБО ТЫ ТАКОВ, ЧТО [ВСЕГДА] ПРОЩАЕШЬ ИЗРАИЛЬ, ОТПУСКАЕШЬ ГРЕХИ КОЛЕНАМ НАРОДА ПРЯМОДУШНЫХ — ИЗ ПОКОЛЕНИЯ В ПОКОЛЕНИЕ; И КРОМЕ ТЕБЯ НЕТ У НАС ВЛАДЫКИ, ОТПУСКАЮЩЕГО ГРЕХИ И ПРОЩАЮЩЕГО.

אלהי БОГ МОЙ! Я НЕ БЫЛ ДОСТОИН ТОГО, ЧТОБЫ ТЫ МЕНЯ СОЗДАЛ; А ТЕПЕРЬ, КОГДА Я СОЗДАН [ТОБОЙ], — Я [ВСЕ РАВНО] НИЧТО. И ПРИ ЖИЗНИ Я ПРАХ, ТЕМ БОЛЕЕ — ПОСЛЕ СМЕРТИ; И ВОТ Я СТОЮ ПРЕД ТОБОЙ, СЛОВНО СОСУД, НАПОЛНЕННЫЙ ДО КРАЕВ СТЫДОМ И ПОЗОРОМ. ДА БУДЕТ УГОДНО ТЕБЕ, ГОСПОДЬ, БОГ МОЙ И БОГ ОТЦОВ МОИХ, ЧТОБЫ Я НЕ ГРЕШИЛ БОЛЬШЕ, А ОТ ГРЕХОВ, КОТОРЫЕ Я СОВЕРШИЛ, ОЧИСТИ МЕНЯ ПО ВЕЛИКОЙ МИЛОСТИ СВОЕЙ, НЕ ПОСЫЛАЯ МНЕ СТРАДАНИЙ И ТЯЖКИХ БОЛЕЗНЕЙ.

אלהי БОГ МОЙ! УБЕРЕГИ МОЙ ЯЗЫК ОТ ЗЛОСЛОВИЯ И УСТА МОИ ОТ ЛЖИВЫХ РЕЧЕЙ; И ПЕРЕД ТЕМИ, КТО ПРОКЛИНАЕТ МЕНЯ, ПУСТЬ ДУША МОЯ ХРАНИТ МОЛЧАНИЕ. И ПУСТЬ ДУША МОЯ ПОВЕРГАЕТСЯ В ПРАХ ПРЕД КАЖДЫМ. РАСКРОЙ МОЕ СЕРДЦЕ ДЛЯ ТОРЫ ТВОЕЙ, И ДА УСТРЕМИТСЯ МОЯ ДУША К ИСПОЛНЕНИЮ ТВОИХ ЗАПОВЕДЕЙ; И ПОСКОРЕЕ РАЗРУШЬ КОЗНИ И РАССТРОЙ ЗАМЫСЛЫ ВСЕХ ЗАДУМАВШИХ ПРОТИВ МЕНЯ НЕДОБРОЕ. ДА БУДУТ ОНИ МЯКИНОЙ НА ВЕТРУ, ГОНИМЫЕ АНГЕЛОМ ГОСПОДА. ПУСТЬ СПАСЕНЫ БУДУТ ТЕ, КОГО ЛЮБИШЬ ТЫ; СПАСИ [МЕНЯ] ДЕСНИЦЕЙ СВОЕЙ И ОТВЕТЬ МНЕ. СОВЕРШИ ЭТО РАДИ ИМЕНИ СВОЕГО, СОВЕРШИ РАДИ [ПРОСЛАВЛЕНИЯ] ДЕСНИЦЫ СВОЕЙ, СОВЕРШИ РАДИ ТОРЫ СВОЕЙ, СОВЕРШИ РАДИ СВЯТОСТИ СВОЕЙ; ДА БУДУТ УГОДНЫ ТЕБЕ СЛОВА МОИХ УСТ И ПОМЫСЛЫ СЕРДЦА МОЕГО, О, ГОСПОДЬ, — МОЙ ОПЛОТ И ИЗБАВИТЕЛЬ! УСТАНАВЛИВАЮЩИЙ МИР (*молящиеся на иврите вместо* "ШАЛОМ" – "МИР" *говорят:* "ГАШАЛОМ") В СВОИХ ВЫСОТАХ, ОН ПОШЛЕТ МИР НАМ И ВСЕМУ ИЗРАИЛЮ, И СКАЖЕМ: АМЕН!

יהי ДА БУДЕТ УГОДНО ТЕБЕ, ГОСПОДЬ, БОГ НАШ И БОГ ОТЦОВ НАШИХ, ЧТОБЫ БЫЛ ПОСТРОЕН ХРАМ, – ВСКОРЕ, В НАШИ ДНИ, – И ДАЙ НАМ УДЕЛ В ТОРЕ ТВОЕЙ!

После этого говорят "АВИНУ МАЛКЕЙНУ" (стр. 277) даже если Йом-Кипур приходится на субботу, однако вместо слов "...ЗАПИШИ НАС В КНИГУ..." говорят "...СКРЕПИ ПЕЧАТЬЮ О НАС В КНИГЕ...". Затем хазан произносит а молящиеся повторяют вслед за ним следующие фразы: "СЛУШАЙ, ИЗРАИЛЬ..." (один раз), "БЛАГОСЛОВЕННО СЛАВНОЕ ИМЯ..." (три раза) и "ГОСПОДЬ – БОГ" (семь раз). Хазан говорит "Кадиш шалем" (стр. 74–75), и перед словами "ДА БУДУТ ПРИНЯТЫ..." шофар трубит непрерывный звук ТКИА, и все вместе провозглашают: "В БУДУЩЕМ ГОДУ – В ИЕРУСАЛИМЕ!". Затем говорят "НАДЕЙСЯ...", "НЕТ НИКОГО, ПОДОБНОГО БОГУ НАШЕМУ...", "НАШ ДОЛГ..." (стр. 81–85) и "Кадиш ятом" (стр. 77).

(שו"ע) (א) מתפללין תפלת ערבית כו' ואומרים הבדלה בחונן הדעת: (ב) וצריך להוסיף מן החול על הקודש ביציאתו כמו בכניסתו דהיינו שימתינו מעט אחר צאה"כ: (ג) המבדיל על הכוס במוצאי יום הכפורים אינו מברך על הבשמים כו' אבל אם חל יום הכפורים בשבת מברכין על הבשמים כמו בכל מוצאי שבת: (ד) אבל על האור צריך לברך אפילו כשחל בחול: (ה) ואין מברכין במוצאי יום הכפורים על האור שהוציאוהו עתה במוצאי יום הכפורים מן האבנים או מן העצים ולא על האור שהודלק מזה אלא אלא על אור ששבת ממלאכה כגון עששית שהיתה דולקת והולכת מערב יום הכפורים כו' ואפי' אם חל יום הכפורים בשבת אין מברך במוצאי שבת אלא על האור שהודלק מערב יום הכפורים מבעוד יום כו' אלא מדליק נר א' מנר של בית הכנסת הדולק מערב יום כפור ויברך על שניהם ביחד: (ט) ואוכלין ושמחין במוצאי יום כפור מפני שהוא קצת יום טוב: (י) הימים שבין יום הכפורים לסוכות הן ימי שמחה שבהן היו מחנכין את המזבח בימי שלמה לפיכך אין מתענין בהן אפי' יום מיתת אב ואם ואין אומרים תחנון: (יא) ביום שאחר יום הכפורים משכימין לבית הכנסת:

הלכות סוכה

(שו"ע) (א) בסכות תשבו שבעת ימים למען ידעו דורותיכם כי בסכות הושבתי את בני ישראל בהוציאי אותם מארץ מצרים... וכל דבר של עולם ידמה עליו סוכתו כאלו היא ביתו וכל דבר שלא היה עושה חוץ לביתו לא יעשה חוץ לסוכתו:

סדר הושענות

כל ימי הסוכות תכף אחר הלל קודם ק"ש אומרים הושענות וכן בהושענא רבה בכל יום מקיף את התיבה פ"א בלולב ואומרים הושענא אחת ובהו"ר מקיפים ז' פעמים ואומרים ז' הושענות וזהו סדרן ואין לחלק ולשנות סדר זה. בשבת אין אומרים הושענות כלל:

הוֹשַׁעְנָא

לְמַעַנְךָ אֱלֹהֵינוּ הוֹשַׁעְנָא :
לְמַעַנְךָ בּוֹרְאֵנוּ הוֹשַׁעְנָא :
לְמַעַנְךָ גּוֹאֲלֵנוּ הוֹשַׁעְנָא :
לְמַעַנְךָ דּוֹרְשֵׁנוּ הוֹשַׁעְנָא :

יום א'

לְמַעַן אֲמִתָּךְ · לְמַעַן בְּרִיתָךְ · לְמַעַן גָּדְלָךְ וְתִפְאַרְתָּךְ · לְמַעַן דָּתָךְ · לְמַעַן הוֹדָךְ · לְמַעַן וְעוּדָךְ · לְמַעַן זִכְרָךְ · לְמַעַן חַסְדָּךְ · לְמַעַן טוּבָךְ · לְמַעַן יִחוּדָךְ · לְמַעַן כְּבוֹדָךְ · לְמַעַן לִמּוּדָךְ · לְמַעַן מַלְכוּתָךְ · לְמַעַן נִצְחָךְ · לְמַעַן סוֹדָךְ · לְמַעַן עֻזָּךְ · לְמַעַן פְּאֵרָךְ · לְמַעַן צִדְקָתָךְ · לְמַעַן קְדֻשָּׁתָךְ · לְמַעַן רַחֲמֶיךָ הָרַבִּים · לְמַעַן שְׁכִינָתָךְ · לְמַעַן תְּהִלָּתָךְ · הוֹשַׁעְנָא : אני והו. כהו'.

להו"ר: כִּי־אָמַרְתִּי עוֹלָם חֶסֶד יִבָּנֶה ·

יום ב'

אֶבֶן שְׁתִיָּה · בֵּית הַבְּחִירָה · גֹּרֶן אָרְנָן · דְּבִיר הַמֻּצְנָע · הַר הַמּוֹרִיָה

א) תהלים פט ג.

הַמּוֹרִיָּה · וְהַר יֵרָאֶה · זְבוּל תִּפְאַרְתֶּךָ · חָנָה דָוִד · טוֹב
הַלְּבָנוֹן · יְפֵה נוֹף מְשׂוֹשׂ כָּל־הָאָרֶץ · כְּלִילַת יֹפִי · לִינַת הַצֶּדֶק ·
מָכוֹן לְשִׁבְתֶּךָ · נָוֶה שַׁאֲנָן · סֻכַּת שָׁלֵם · עֲלִיַּת שְׁבָטִים · פִּנַּת
יְקָרַת · צִיּוֹן הַמְצֻיֶּנֶת · קֹדֶשׁ הַקֳּדָשִׁים · רָצוּף אַהֲבָה · שְׁכִינַת
כְּבוֹדֶךָ · תֵּל תַּלְפִּיּוֹת · הוֹשַׁעְנָא : אני יח.כה ·

להו"ר. לְךָ זְרוֹעַ עִם־גְּבוּרָה תָּעֹז יָדְךָ תָּרוּם יְמִינֶךָ ·

אֹם אֲנִי חוֹמָה · בָּרָה כַּחַמָּה · גּוֹלָה וְסוּרָה · דָּמְתָה לְתָמָר ·
הַהֲרוּגָה עָלֶיךָ · וְנֶחְשֶׁבֶת כְּצֹאן טִבְחָה · זְרוּיָה בֵּין
מַכְעִיסֶיהָ · חֲבוּקָה וּדְבוּקָה בָּךְ · טוֹעֶנֶת עֻלָּךְ · יְחִידָה לְיַחֲדָךְ ·
כְּבוּשָׁה בַּגּוֹלָה · לוֹמֶדֶת יִרְאָתָךְ · מְרוּטַת לֶחִי · נְתוּנָה לְמַכִּים ·
סוֹבֶלֶת סִבְלָךְ · עֲנִיָּה סוֹעֲרָה · פְּדוּיַת טוֹבִיָּה · צֹאן קָדָשִׁים ·
קְהִלַּת יַעֲקֹב · רְשׁוּמִים בְּשִׁמֶךָ · שׁוֹאֲגִים הוֹשַׁעְנָא · תְּמוּכִים
עָלֶיךָ · הוֹשַׁעְנָא : אני יח.כה ·

להו"ר. תִּתֵּן אֱמֶת לְיַעֲקֹב חֶסֶד לְאַבְרָהָם ·

אֲדוֹן הַמּוֹשִׁיעַ · בִּלְתְּךָ אֵין לְהוֹשִׁיעַ · גִּבּוֹר וּמוֹשִׁיעַ · דַּלּוֹתִי
וְלִי יְהוֹשִׁיעַ · הָאֵל הַמּוֹשִׁיעַ · וּמַצִּיל וּמוֹשִׁיעַ · זוֹעֲקֶיךָ תּוֹשִׁיעַ ·
חוֹכֶיךָ תּוֹשִׁיעַ · טְלָאֶיךָ תַּשְׂבִּיעַ · יְבוּל לְהַשְׁפִּיעַ · כָּל־שִׂיחַ תַּדְשֵׁא
וְתוֹשִׁיעַ · לְגַיְא בָּל תַּרְשִׁיעַ · מְגָדִים תַּמְתִּיק וְתוֹשִׁיעַ · נְשִׂיאִים
לְהַסִּיעַ · שְׂעִירִים לְהָנִיעַ · עֲנָנִים מִלְּהַמְנִיעַ · פּוֹתֵחַ יָד וּמַשְׂבִּיעַ ·
צְמֵאֶיךָ תַּשְׂבִּיעַ · קוֹרְאֶיךָ תּוֹשִׁיעַ · רְחוּמֶיךָ תּוֹשִׁיעַ · שׁוֹחֲרֶיךָ
תּוֹשִׁיעַ · תְּמִימֶיךָ תּוֹשִׁיעַ · הוֹשַׁעְנָא : אני יח.כה ·

להו"ר. נַעֲמוֹת בִּימִינֶךָ נֶצַח ·

אָדָם וּבְהֵמָה · בָּשָׂר וְרוּחַ וּנְשָׁמָה · גִּיד וְעֶצֶם וְקוּמָה · דְּמוּת
וְצֶלֶם וְרִקְמָה · הוֹד לַהֶבֶל דָּמָה · וְנִמְשַׁל כַּבְּהֵמוֹת נִדְמָה ·
זִיו וְתֹאַר וְקוֹמָה · חִדּוּשׁ פְּנֵי אֲדָמָה · טִיעַת עֲצֵי נְשַׁמָּה · יְקָבִים
וְקָמָה · כְּרָמִים וְשִׁקְמָה · לְתֵבֵל הַמְסֻיָּמָה · מְטָרוֹת עֹז לְסַיְּמָה ·
נְשִׁיָּה לְקַיְּמָה · שִׂיחִים לְהַעֲצִימָה · עֲדָנִים לְעָצְמָה · פְּרָחִים לְקוֹמֲמָה ·
צְמָחִים לְגַשְׁמָה · קָרִים לְזָרְמָה · רְבִיבִים לְשַׁלְּמָה : שְׁתִיָּה
לְרוֹמֲמָה · תְּלוּיָה עַל בְּלִימָה · הוֹשַׁעְנָא : אני יח.כה ·

להו"ר. יְהֹוָה אֲדֹנֵינוּ מָה־אַדִּיר שִׁמְךָ בְּכָל־הָאָרֶץ אֲשֶׁר תְּנָה הוֹדְךָ עַל־הַשָּׁמָיִם ·

אדמה   א) תהלים פט יד ; ב) מיכה ז כ ; ג) תהלים עז יא ; ד) שם ח ב :

יום ו **אֲדָמָה** מֵאֶרֶר · בְּהֵמָה מְמֻשְׁכֶּלֶת · גֹּרֶן מִגָּזָם · דָּגָן מִדַּלֶּקֶת ·
הוֹן מִמְּאֵרָה · וְאֹכֶל מִמְּהוּמָה · זַיִת מִנָּשָׁל · חִטָּה מֵחָגָב ·
טֶרֶף מִגּוֹבַאי · יֶקֶב מִיֶּלֶק · כֶּרֶם מִתּוֹלָע · לֶקֶשׁ מֵאַרְבֶּה · מֶגֶד
מִצְּלָצַל · נֶפֶשׁ מִבֶּהָלָה · שֹׂבַע מִסַּלְעָם · עֲדָרִים מִדַּלּוּת · פֵּרוֹת
מִשִּׁדָּפוֹן · צֹאן מִצְּמִיתוּת · קָצִיר מִקְּלָלָה · רוֹב מִרָזוֹן · שִׁבֹּלֶת
מִצִּנָּמוֹן · תְּבוּאָה מֵחָסִיל · הוֹשַׁעְנָא :

להו"ר. צַדִּיק יְהֹוָה בְּכָל־דְּרָכָיו וְחָסִיד בְּכָל־מַעֲשָׂיו :

אֲנִי וָהוּ כל"ג ולא נתולם **הוֹשִׁיעָה נָּא** :

כְּהוֹשַׁעְתָּ אֵלִים בְּלוּד עַמָּךְ · בְּצֵאתְךָ לְיֵשַׁע עַמָּךְ · כֵּן הוֹשַׁעְנָא :
כְּהוֹשַׁעְתָּ גוֹי וֵאלֹהִים · דְּרוּשִׁים לְיֵשַׁע אֱלֹהִים · כֵּן
הוֹשַׁעְנָא : כְּהוֹשַׁעְתָּ הֲמוֹן צְבָאוֹת · וְעִמָּם מַלְאֲכֵי צְבָאוֹת · כֵּן
הוֹשַׁעְנָא : כְּהוֹשַׁעְתָּ זַכִּים מִבֵּית עֲבָדִים · חַנּוּן בְּיָדָם מַעֲבִידִים ·
כֵּן הוֹשַׁעְנָא : כְּהוֹשַׁעְתָּ טְבוּעִים בְּצוּל גְּזָרִים · יְקָרְךָ עִמָּם
מַעֲבִירִים · כֵּן הוֹשַׁעְנָא : כְּהוֹשַׁעְתָּ כַּנָּה מְשׁוֹרֶרֶת וַיּוֹשַׁע · לְגוֹחָהּ
מְצֻיֶּנֶת וַיִּוָּשַׁע · כֵּן הוֹשַׁעְנָא : כְּהוֹשַׁעְתָּ מַאֲמַר וְהוֹצֵאתִי אֶתְכֶם ·
נָקוּב וְהוֹצֵאתִי אִתְּכֶם · כֵּן הוֹשַׁעְנָא : כְּהוֹשַׁעְתָּ סוֹבְבֵי מִזְבֵּחַ ·
עוֹמְסֵי עֲרָבָה לְהַקִּיף מִזְבֵּחַ · כֵּן הוֹשַׁעְנָא : כְּהוֹשַׁעְתָּ פִּלְאֵי אָרוֹן
כְּהֻפְשַׁע · צָעַר פְּלֶשֶׁת בַּחֲרוֹן אַף וְנוֹשַׁע · כֵּן הוֹשַׁעְנָא : כְּהוֹשַׁעְתָּ
קְהִלּוֹת בָּבֶלָה שָׁלַחְתָּ · רַחוּם לְמַעֲנָם שֻׁלַּחְתָּ · כֵּן הוֹשַׁעְנָא :
כְּהוֹשַׁעְתָּ שְׁבוּת שִׁבְטֵי יַעֲקֹב · תָּשׁוּב וְתָשִׁיב שְׁבוּת אָהֳלֵי יַעֲקֹב ·
וְהוֹשִׁיעָה נָּא :

אֲנִי וָהוּ הוֹשִׁיעָה נָּא :

הוֹשִׁיעָה אֶת־עַמֶּךָ וּבָרֵךְ אֶת־נַחֲלָתֶךָ וּרְעֵם וְנַשְּׂאֵם עַד־הָעוֹלָם :
וְיִהְיוּ דְבָרַי אֵלֶּה אֲשֶׁר הִתְחַנַּנְתִּי לִפְנֵי יְהֹוָה קְרוֹבִים
אֶל־יְהֹוָה אֱלֹהֵינוּ יוֹמָם וָלַיְלָה לַעֲשׂוֹת ׀ מִשְׁפַּט עַבְדּוֹ וּמִשְׁפַּט עַמּוֹ
יִשְׂרָאֵל דְּבַר־יוֹם בְּיוֹמוֹ : לְמַעַן דַּעַת כָּל־עַמֵּי הָאָרֶץ כִּי יְהֹוָה הוּא
הָאֱלֹהִים אֵין עוֹד :

(א) תהלים קמה · (ב) שם כח · (ג) מ"א ח נט · (ד) שם ח ס :

תומרים ו' הושענות של כל ימי כסטות ומקיפין את התיבה בכל פעם ואח"כ אומרים למען איתן
ומקיפין נ"ל :

לְמַעַן אֵיתָן הַנִּזְרָק בְּלַהַב אֵשׁ : לְמַעַן בֵּן הַנֶּעֱקַד עַל עֵצִים וָאֵשׁ :
לְמַעַן גִּבּוֹר הַנֶּאֱבַק עִם שַׂר אֵשׁ : לְמַעַן דְּגָלִים נָחִיתָ בְּאוֹר
וָעָנָן אֵשׁ : לְמַעַן הוֹעֲלָה לַמָּרוֹם וְנִתְעַלָּה כְּמַלְאֲכֵי אֵשׁ : לְמַעַן
וְהוּא לָךְ כַּכֵּן בְּאַרְאֵלֵי אֵשׁ : לְמַעַן זֶבֶד דִּבְּרוֹת הַנְּתוּנוֹת מֵאֵשׁ :
לְמַעַן חִפּוּי יְרִיעוֹת עֲנַן אֵשׁ : לְמַעַן טֶכֶס הַר יָרַדְתָּ עָלָיו בָּאֵשׁ :
לְמַעַן יְדִידוּת בַּיִת אֲשֶׁר אָהַבְתָּ מִשְּׁמֵי אֵשׁ : לְמַעַן כָּמַהּ עַד שֶׁקָּעָה
הָאֵשׁ : לְמַעַן לָקַח מַחְתַּת אֵשׁ ׳ וְהֵסִיר חָרוֹן אֵשׁ : לְמַעַן מְקַנֵּא
קִנְאָה גְדוֹלָה בָּאֵשׁ : לְמַעַן נָף יָדוֹ וַיֵּרְדוּ אַבְנֵי אֵשׁ : לְמַעַן שָׁם
טָלֶה חָלָב כְּלִיל אֵשׁ : לְמַעַן עָמַד בַּגּוֹרֶן וְנִתְרַצָּה בָאֵשׁ : לְמַעַן
פִּלֵּל בְּעֶזְרָה וַיִּרְדָה הָאֵשׁ : לְמַעַן צִיר עָלָה וְנִתְעַלָּה בְּרֶכֶב וְסוּסֵי
אֵשׁ : לְמַעַן קְדוֹשִׁים מֻשְׁלָכִים בָּאֵשׁ : לְמַעַן רִבּוֹא רִבְבָן חָז וְנֶהֱרֵי
אֵשׁ : לְמַעַן שׁוֹמְמוֹת עִירְךָ הַשְּׂרוּפָה בָאֵשׁ : לְמַעַן תּוֹלְדוֹת אַלּוּפֵי
יְהוּדָה תָּשִׂים כְּכִיּוֹר אֵשׁ ׳   הוֹשַׁעְנָא :

לְךָ יְהֹוָה הַגְּדֻלָּה וְהַגְּבוּרָה וְהַתִּפְאֶרֶת וְהַנֵּצַח וְהַהוֹד ׳ כִּי־כֹל בַּשָּׁמַיִם וּבָאָרֶץ לְךָ יְהֹוָה
הַמַּמְלָכָה וְהַמִּתְנַשֵּׂא לְכֹל לְרֹאשׁ : וְהָיָה יְהֹוָה לְמֶלֶךְ עַל־כָּל־הָאָרֶץ בַּיּוֹם הַהוּא יִהְיֶה
יְהֹוָה אֶחָד וּשְׁמוֹ אֶחָד : וּבְתוֹרָתְךָ כָּתוּב לֵאמֹר שְׁמַע יִשְׂרָאֵל יְהֹוָה אֱלֹהֵינוּ יְהֹוָה אֶחָד :
בָּרוּךְ שֵׁם כְּבוֹד מַלְכוּתוֹ לְעוֹלָם וָעֶד :

ואומרים אני ודו כרושעת עד הושיעה ואח"כ מתחילין כאן

אֲנִי וָדוֹ הוֹשִׁיעָה נָּא :

תִּתְּנֵנוּ לְשֵׁם וְלִתְהִלָּה ׳ תְּשִׂיתֵנוּ אֶל הַחֶבֶל וְאֶל הַנַּחֲלָה ׳ תְּרוֹמְמֵנוּ
לְמַעְלָה לְמָעְלָה ׳ תְּקַבְּצֵנוּ לְבֵית הַתְּפִלָּה תַּצִּיבֵנוּ בְּעֵץ עַל
פַּלְגֵי מַיִם שְׁתוּלָה ׳ תִּפְדֵּנוּ מִכָּל־נֶגַע וּמַחֲלָה ׳ תְּעַטְּרֵנוּ בְּאַהֲבָת
כְּלוּלָה ׳ תְּשַׂמְּחֵנוּ בְּבֵית הַתְּפִלָּה ׳ תְּנַהֲלֵנוּ עַל מֵי מְנֻחוֹת סֶלָה ׳
תְּמַלְּאֵנוּ חָכְמָה וְשִׂכְלָה ׳ תַּלְבִּישֵׁנוּ עוֹז וּגְדֻלָּה ׳ תַּכְתִּירֵנוּ בְּכֶתֶר
הַמְּעֻלָּה ׳ תְּיַשְּׁרֵנוּ בְּאוֹרַח סְלוּלָה ׳ תִּטְעָנוּ בְּיוֹשֶׁר מְסִלָּה : תְּחָנֵּנוּ
בְּרַחֲמִים וּבְחֶמְלָה ׳ תַּזְכִּירֵנוּ בְּמֵי זֹאת עוֹלָה ׳ תּוֹשִׁיעֵנוּ לְקֵץ
הַגְּאֻלָּה ׳ תְּהַדְּרֵנוּ בְּזִיו הַמּוּלָה ׳ תַּדְבִּיקֵנוּ כְּאֵזוֹר הַתּוּלָה ׳ תַּגְדִּילֵנוּ
בְּיָד הַגְּדוֹלָה ׳ תְּבִיאֵנוּ לְבֵיתְךָ בְּרִנָּה וְצָהֳלָה ׳ תְּאַמְּצֵנוּ בְּרֶוַח וְהַצָּלָה ׳

תאדרנו
א) ויק"מ מט י"ח : ב) וכ"ריב ד פ : ג) ותרים ו ד :

תְּאַדְּרֵנוּ בְּאֶבֶן תְּלוּלָה ־ תְּלַבְּבֵנוּ בְּבִנְיַן עִירָךְ כְּבַתְּחִלָּה ־ תְּעוֹדְדֵנוּ
לְצִיּוֹן בְּשִׂכְלוּלָהּ ־ תְּזַכֵּנוּ בְּנִבְנְתָהּ הָעִיר עַל תִּלָּהּ ־ תַּרְבִּיגֵנוּ
בְּשָׂשׂוֹן וְגִילָה ־ תְּחַזְּקֵנוּ אֱלֹהֵי יַעֲקֹב סֶלָה :

הוֹשַׁעְנָא אָנָּא הוֹשִׁיעָה נָּא :

אָנָּא אֱזוֹן חִין תְּאֵבֵי יִשְׁעָךְ ־ בְּעַרְבֵי נַחַל לְשַׁעַשְׁעָךְ ־ וְהוֹשִׁיעָה
נָּא : אָנָּא גְּאוֹל כַּנַּת נִטְעָךְ ־ דּוּמָה בְּטֵאטֵאָךְ ־ וְהוֹשִׁיעָה
נָּא : אָנָּא הַבֵּט לִבְרִית טִבְעָךְ ־ וּמַחֲשַׁבֵּי אֶרֶץ בְּהַטְבִּיעָךְ ־
וְהוֹשִׁיעָה נָּא : אָנָּא זְכָר־לָנוּ אָב יְדָעָךְ ־ חַסְדְּךָ לָמוֹ בְּהוֹדִיעָךְ ־
וְהוֹשִׁיעָה נָּא : אָנָּא טְהוֹרֵי לֵב בְּהַפְלִיאָךְ ־ יָדַע כִּי הוּא פִלְאָךְ ־
וְהוֹשִׁיעָה נָּא : אָנָּא כַּבִּיר כֹּחַ תֶּן־לָנוּ יִשְׁעָךְ ־ לַאֲבוֹתֵינוּ כְּהִשָּׁבְעָךְ ־
וְהוֹשִׁיעָה נָּא : אָנָּא מַלֵּא מִשְׁאֲלוֹת עַם מְשַׁוְּעָךְ ־ נֶעֱקַד בְּהַר מוֹר
כְּמוֹ שׁוֹעָךְ ־ וְהוֹשִׁיעָה נָּא : אָנָּא סַב אַשְׁלֵי נִטְעָךְ ־ עָרִיצִים
בְּהַנִּיעָךְ ־ וְהוֹשִׁיעָה נָּא : אָנָּא פְּתַח לָנוּ אוֹצְרוֹת רִבְעָךְ ־ צִיָּה
מֵהֶם בְּהַרְבִּיעָךְ ־ וְהוֹשִׁיעָה נָּא: אָנָּא קוֹרְאֶיךָ אֶרֶץ בְּרוֹעֲעָךְ ־ רְעֵם
בְּטוּב מִרְעָךְ ־ וְהוֹשִׁיעָה נָּא : אָנָּא שְׁעָרֶיךָ תַּעַל מִמַּשּׁוּאָךְ ־ תֵּל
תַּלְפִּיּוֹת בְּהוֹפִיעָךְ ־ וְהוֹשִׁיעָה נָּא :

אָנָּא אֵל נָא הוֹשַׁעְנָא וְהוֹשִׁיעָה נָּא :

אֵל נָא תָּעִינוּ כְּשֶׂה אוֹבֵד ־ שְׁמֵנוּ מִסִּפְרָךְ אַל תְּאַבֵּד ־ הוֹשַׁעְנָא
וְהוֹשִׁיעָה נָּא : אֵל נָא רְעֵה אֶת־צֹאן הַהֲרֵגָה ־ קְצוּפָה וְעָלֶיךָ
הֲרוּגָה ־ הוֹשַׁעְנָא וְהוֹשִׁיעָה נָּא : אֵל נָא צֹאנְךָ וְצֹאן מַרְעִיתֶךָ ־
פְּעֻלָּתְךָ וְרַעְיָתֶךָ ־ הוֹשַׁעְנָא וְהוֹשִׁיעָה נָּא : אֵל נָא עֲנִיֵּי הַצֹּאן־שִׂיחָם
עֲנֵה בְּעֵת רָצוֹן ־ הוֹשַׁעְנָא ־ וְהוֹשִׁיעָה נָּא : אֵל נָא נוֹשְׂאֵי לְךָ עַיִן
מִתְקוֹמְמֵיהֶם.יִהְיוּ כְאַיִן ־ הוֹשַׁעְנָא וְהוֹשִׁיעָה נָּא : אֵל נָא לִמְנַסְּבֵי
לָךְ מַיִם ־ כְּמִפַּעֲנֵי הַיְשׁוּעָה יִשְׁאֲבוּן מַיִם ־ הוֹשַׁעְנָא וְהוֹשִׁיעָה נָּא :
אֵל נָא יַעֲלוּ לְצִיּוֹן מוֹשִׁיעִים ־ טְפוּלִים בְּךָ וּבְשִׁמְךָ נוֹשָׁעִים ־
הוֹשַׁעְנָא וְהוֹשִׁיעָה נָּא : אֵל נָא חֲמוּץ בְּגָדִים ־ וְעֹם לְנַעַר כָּל
בּוֹגְדִים ־ הוֹשַׁעְנָא וְהוֹשִׁיעָה נָּא : אֵל נָא וְזָכוֹר תִּזְכּוֹר ־ הַגְּכוּרֵי
בָלֶתֶךָ זָכוֹר ־ הוֹשַׁעְנָא ־ וְהוֹשִׁיעָה נָּא : אֵל נָא הוֹרְשֵׁיךָ בְּעַנְפֵי
עֲרָבוֹת

עֲרָבוֹת ・ נַעַיִם שֶׁעָה מֵעַרָבוֹת ・ הוֹשַׁעְנָא וְהוֹשִׁיעָה נָא : אֵל נָא
בָּרֵךְ בְּעִטּוּר שָׁנָה ・ אָמְרִי רְצֵה בְּפִלּוּלִי בְּיוֹם הוֹשַׁעְנָא ・ הוֹשַׁעְנָא
וְהוֹשִׁיעָה נָא :

אָנָּא אֵל נָא הוֹשַׁעְנָא וְהוֹשִׁיעָה נָא אָבִינוּ אָתָּה :

לְמַעַן תָּמִים בְּדוֹרוֹתָיו ・ הַנִּמְלָט בְּרוֹב צִדְקוֹתָיו ・ מֻצָּל מִשֶּׁטֶף
בְּבוֹא מַבּוּל מָיִם ・ לְאוֹם אֲנִי חוֹמָה ・ הוֹשַׁעְנָא וְהוֹשִׁיעָה
נָא אָבִינוּ אָתָּה : לְמַעַן שָׁלֵם בְּכָל מַעֲשִׂים ・ הַמְנֻסֶּה בַּעֲשָׂרָה נִסִּים ・
כְּשַׂר מַלְאָכִים נָם יֻקַּח נָא מְעַט מָיִם ・ לְבָרָה כַחַמָּה ・ הוֹשַׁעְנָא
וְהוֹשִׁיעָה נָא אָבִינוּ אָתָּה : לְמַעַן רַךְ וְיָחִיד נֶחְנַט פְּרִי לְמֵאָה ・
זָעַק אַיֵּה הַשֶּׂה לְעוֹלָה בְּשָׂרוּהוּ עֲבָדָיו מָצָאנוּ מָיִם ・ לְגוֹלָה וְסוּרָה ・
הוֹשַׁעְנָא וְהוֹשִׁיעָה נָא אָבִינוּ אָתָּה : לְמַעַן קֳדֶם שְׂאֵת בְּרָכָה ・
הַנֶּשְׁטָם וּלְשִׁמְךָ חִכָּה ・ מִיֻּחַם בְּמַקְלוֹת בְּשִׁקֲתוֹת מָיִם ・ לְדַמְתָּה
לְתָמָר ・ הוֹשַׁעְנָא וְהוֹשִׁיעָה נָא אָבִינוּ אָתָּה : לְמַעַן צַדִּיק הֱיוֹת
לְךָ לְכֹהֵן ・ כְּחָתָן פְּאֵר יְכַהֵן ・ מְנֻסֶּה בְּמַסָּה בְּמֵי מְרִיבַת מָיִם ・ לְהָדָר
הַטּוֹב ・ הוֹשַׁעְנָא וְהוֹשִׁיעָה נָא אָבִינוּ אָתָּה : לְמַעַן פּוֹאַר הֱיוֹת
גְּבִיר לְאֶחָיו ・ יְהוּדָה אֲשֶׁר גָּבַר בְּאֶחָיו ・ מִסְפָּר רוֹבַע מִדַּלְיָו יִזַּל
מָיִם ・ לֹא לָנוּ כִּי אִם לְמַעַנְךָ ・ הוֹשַׁעְנָא וְהוֹשִׁיעָה נָא אָבִינוּ
אָתָּה : לְמַעַן עָנָיו מִכֹּל וְנֶאֱמָן ・ אֲשֶׁר בְּצִדְקוֹ כִּלְכֵּל הַמָּן ・ מָשׁוּךְ
לְגוֹאֵל וּמָשׁוּי מָמָּיִם ・ לְמִי זֹאת הַנִּשְׁקָפָה ・ הוֹשַׁעְנָא וְהוֹשִׁיעָה נָא
אָבִינוּ אָתָּה : לְמַעַן שָׂמְתּוֹ כְּמַלְאֲכֵי מְרוֹמִים ・ הַלּוֹבֵשׁ אוּרִים
וְתֻמִּים ・ מְצֻוֶּה לָבֹא בַּמִּקְדָּשׁ בְּקִדּוּשׁ יָדַיִם וְרַגְלַיִם וּרְחִיצַת מָיִם ・
לְחֹלַת אַהֲבָה ・ הוֹשַׁעְנָא וְהוֹשִׁיעָה נָא אָבִינוּ אָתָּה : לְמַעַן נְבִיאָה
מְחֹלַת מַחֲנַיִם ・ לְכִמְהִי לֵב הֻוֹשְׁמָה עֵינָיִם ・ לְרַגְלָהּ רָצָה עֲלוֹת
וְרֶדֶת בְּאֵר מָיִם ・ לְטוֹבוּ אֹהָלָיו ・ הוֹשַׁעְנָא וְהוֹשִׁיעָה נָא אָבִינוּ
אָתָּה : לְמַעַן מְשָׁרֵת לֹא מָשׁ מֵאֹהֶל ・ וְרוּחַ הַקֹּדֶשׁ עָלָיו אֹהֶל ・
בְּעָבְרוֹ בַּיַּרְדֵּן נִכְרְתוּ הַמַּיִם לְיַפָּה וּבָרָה ・ הוֹשַׁעְנָא וְהוֹשִׁיעָה נָא
אָבִינוּ אָתָּה : לְמַעַן לָמַד רְאוֹת לְטוֹבָה אוֹת ・ זָעַק אַיֵּה נִפְלָאוֹת ・
מִצָּה טַל מִגִּזָּה מָלֵא הַסֵּפֶל מָיִם ・ לְכַלַּת לְבָנוֹן ・ הוֹשַׁעְנָא וְהוֹשִׁיעָה
נא

נָא אָבִינוּ אָתָּה: לְמַעַן כְּלוּלֵי עֲשׂוֹת מִלְחַמְתֶּךָ אֲשֶׁר בְּיָדָם תִּגְרָה
יְשׁוּעָתֶךָ · צְרוּפֵי מִגּוֹי בְּלַקְקָם בְּיָדָם מָיִם · לְלֹא בָגְדוּ בָךְ ·
הוֹשַׁעְנָא וְהוֹשִׁיעָה נָא אָבִינוּ אָתָּה: לְמַעַן יָחִיד צוּרְרִים דָּשׁ ·
אֲשֶׁר מֵרַם לְנָזִיר הַקְּדֶשׁ · מִמַּכְתֵּשׁ לֶחִי הַבְקַעְתָּ לוֹ מָיִם · לְמַעַן
שֵׁם קָדְשֶׁךָ · הוֹשַׁעְנָא וְהוֹשִׁיעָה נָא אָבִינוּ אָתָּה: לְמַעַן טוֹב
הוֹלֵךְ וְגָדֵל · מֵעַקְשׁוּת לֵב עֵדָה חַדֵּל בְּשׁוּב עַם מֵחַטוֹא צִוָּה שְׁאָב
מָיִם · לִנְאָוָה כִּירוּשָׁלָיִם · הוֹשַׁעְנָא וְהוֹשִׁיעָה נָא אָבִינוּ אָתָּה:
לְמַעַן חַיָּךְ מְבַרְכֶּךָ בְּשִׁיר · הַמְלַמֵּד תּוֹרָה בְּכָל־כְּלֵי שִׁיר · מְנַסֵּךְ
לְפָנָיו כִּתְאָב שְׁתוֹת מָיִם · לְשָׁמְעוּ בָךְ סַבְרָם · הוֹשַׁעְנָא וְהוֹשִׁיעָה
נָא אָבִינוּ אָתָּה: לְמַעַן זָךְ עָלָה בִּסְעָרָה · הַמְקַנֵּא וּמֵשִׁיב עֶבְרָה ·
לְפְלוּלוֹ יָרְדָה אֵשׁ וְלָחֲכָה עָפָר וּמָיִם · לְעֵינֶיהָ בְּרֵכוֹת · הוֹשַׁעְנָא
וְהוֹשִׁיעָה נָא אָבִינוּ אָתָּה: לְמַעַן וְשֵׁרֵת בֶּאֱמֶת לְרַבּוֹ · פִּי שְׁנָיִם
בְּרוּחוֹ נֶאֱצַל בּוֹ · בְּבַקָּתוֹ מְנַגֵּן נִתְמַלְאוּ גֵבִים מָיִם לְפָצוּ מִי כָמֹכָה ·
הוֹשַׁעְנָא וְהוֹשִׁיעָה נָא אָבִינוּ אָתָּה: לְמַעַן הִרְהֵר עֲשׂוֹת רְצוֹנֶךָ ·
הַמַּכְרִיז תְּשׁוּבָה לְצֹאנֶךָ · אָךְ בְּבָא מְטָרֵף סָתַם עֵינוֹת מָיִם ·
לְצִיּוֹן מִכְלַל יֹפִי · הוֹשַׁעְנָא וְהוֹשִׁיעָה נָא אָבִינוּ אָתָּה: לְמַעַן
דְּרָשׁוּךָ בְּתוֹךְ הַגּוֹלָה · וְסוֹדְךָ לָמוֹ נִגְלָה בְּלִי לְהִתְגָּאֵל דָּרְשׁוּ
זֵרְעוֹנִים וּמָיִם · לְקוֹרְאֶיךָ בְּצָר · הוֹשַׁעְנָא וְהוֹשִׁיעָה נָא אָבִינוּ אָתָּה·
לְמַעַן גָּמַר חָכְמָה וּבִינָה · סוֹפֵר מָהִיר מְפַלֵּשׁ אֱמָנָה · מֵחַכְּמֵנוּ
אֲמָרִים הַמְּשׁוּלִים בְּרַחֲבֵי מָיִם · לְרַבָּתִי עָם · הוֹשַׁעְנָא וְהוֹשִׁיעָה
נָא אָבִינוּ אָתָּה: לְמַעַן בָּאֵי לְךָ הַיּוֹם בְּכָל־לֵב · שׁוֹפְכִים לְךָ שִׂיחַ
בְּלֵא לֵב וָלֵב · שׁוֹאֲלִים מִמְּךָ עֹז מַטְרוֹת מָיִם · לְשׁוֹרְרוּךְ בַּיָּם ·
הוֹשַׁעְנָא וְהוֹשִׁיעָה נָא אָבִינוּ אָתָּה: לְמַעַן אוֹמְרֵי יָגְדַּל שְׁמֶךָ ·
וְהֵם נַחֲלָתְךָ וְעַמֶּךָ · צְמֵאִים לְיִשְׁעֲךָ כְּאֶרֶץ עֲיֵפָה לְמָיִם · לְתָרַף
לָמוֹ מְנוּחָה · הוֹשַׁעְנָא וְהוֹשִׁיעָה נָא אָבִינוּ אָתָּה:

הוֹשַׁעְנָא אֵל נָא · אָנָּא הוֹשִׁיעָה נָּא:
הוֹשַׁעְנָא סְלַח נָא וְהַצְלִיחָה נָא
וְהוֹשִׁיעֵנוּ אֵל מָעֻזֵּנוּ:

תענה

תַּעֲנֶה אֱמוּנִים שׁוֹפְכִים לְךָ לֵב כַּמַּיִם ֹ לְמַעַן בָּא בָאֵשׁ
וּבַמַּיִם ֹ גָּזַר וְנָם יִקַּח נָא מְעַט מָיִם ֹ וְהוֹשִׁיעֵנוּ אֵל
מָעוּזֵנוּ : תַּעֲנֶה דְּגָלִים גָּזוּ גִּזְרֵי מָיִם ֹ לְמַעַן הַנֶּעְקַד בְּשַׁעַר הַשָּׁמָיִם ֹ
וְשָׁב וְחָפַר בְּאֵרוֹת מָיִם ֹ וְהוֹשִׁיעֵנוּ אֵל מָעוּזֵנוּ : תַּעֲנֶה זַכִּים מִתְהַנְּנִים
עֲלֵי מָיִם ֹ לְמַעַן הָלַךְ מְפַצֵּל מַקְלוֹת בְּשִׁקֲתוֹת הַמָּיִם ֹ טָעַן וְגַל אֶבֶן
מִבְּאֵר מָיִם ֹ וְהוֹשִׁיעֵנוּ אֵל מָעוּזֵנוּ : תַּעֲנֶה יְדִידִים נוֹחֲלֵי דָת מְשׁוּלַת
מַיִם ֹ לְמַעַן כָּרוּ בְּמִשְׁעֲנוֹתָם מָיִם ֹ לְהָכִין לָמוֹ וּלְצֶאֱצָאֵימוֹ מָיִם ֹ
וְהוֹשִׁיעֵנוּ אֵל מָעוּזֵנוּ : תַּעֲנֶה מִתְחַנְּנִים כְּבִישִׁימוֹן עֲלֵי מָיִם ֹ לְמַעַן
נֶאֱמַן בַּיִת מַסְפִּיק לָעָם מָיִם ֹ סֶלַע הַךְ וַיָּזוּבוּ מָיִם ֹ וְהוֹשִׁיעֵנוּ אֵל
מָעוּזֵנוּ : תַּעֲנֶה עוֹנִים עֲלֵי בְאֵר מָיִם ֹ לְמַעַן פָּקַד בְּמֵי מְרִיבַת מָיִם ֹ
צְמֵאִים לְהַשְׁקוֹתָם מָיִם ֹ וְהוֹשִׁיעֵנוּ אֵל מָעוּזֵנוּ : תַּעֲנֶה קְדוֹשִׁים
מְנַסְּכִים לְךָ מַיִם ֹ לְמַעַן רֹאשׁ מְשׁוֹרְרִים כְּתָאֵב שְׁתוֹת מָיִם ֹ
הֲלִילָה פָּץ וְנִסֵּךְ לְךָ מָיִם ֹ וְהוֹשִׁיעֵנוּ אֵל מָעוּזֵנוּ : תַּעֲנֶה שׁוֹאֲלִים
בְּרִבּוּעַ אֶשְׁלֵי מָיִם ֹ לְמַעַן הֵל הַלַּפִּיוֹת מוֹצָא מָיִם ֹ תִּפְתַּח אֶרֶץ
וְתַרְעִיף שָׁמָיִם ֹ וְהוֹשִׁיעֵנוּ אֵל מָעוּזֵנוּ :

רַחֶם־נָא קְהַל עֲדַת יְשֻׁרוּן ֹ סְלַח וּמְחַל עֲוֹנָם ֹ
וְהוֹשִׁיעֵנוּ אֱלֹהֵי יִשְׁעֵנוּ :

אָז כְּעֵינֵי עֲבָדִים אֶל יַד אֲדוֹנִים ֹ בָּאנוּ לְפָנֶיךָ נְדוֹנִים ֹ וְהוֹשִׁיעֵנוּ
אֱלֹהֵי יִשְׁעֵנוּ : גָּאֹה אֲדֹנֵי הָאֲדוֹנִים ֹ נִתְגָּרוּ בָנוּ מְדָנִים ֹ דָּשׁוּנוּ
וּבְעָלוּנוּ זוּלָתְךָ אֲדוֹנִים ֹ וְהוֹשִׁיעֵנוּ אֱלֹהֵי יִשְׁעֵנוּ : הֵן גֻּשְׁנוּ הַיּוֹם
בְּתַחֲנוּן ֹ עָדֶיךָ רַחוּם וְחַנּוּן ֹ וְסַפְּרֵנוּ נִפְלְאוֹתֶיךָ בְּשִׁנּוּן ֹ וְהוֹשִׁיעֵנוּ
אֱלֹהֵי יִשְׁעֵנוּ : זָבַת חָלָב וּדְבַשׁ נָא אַל תִּיבַשׁ ֹ חֲשַׁרַת מַיִם בְּאָבֶיהָ
תֶחְבַּשׁ וְהוֹשִׁיעֵנוּ אֱלֹהֵי יִשְׁעֵנוּ : טַעֲנֵנוּ בְשַׁמְנָה בְּיַד שִׁבְעָה וּשְׁמוֹנָה ֹ
יָשָׁר צַדִּיק אֵל אֱמוּנָה ֹ וְהוֹשִׁיעֵנוּ אֱלֹהֵי יִשְׁעֵנוּ : כָּרַתָּ בְּרִית לָאָרֶץ ֹ
עוֹד כָּל־יְמֵי הָאָרֶץ ֹ לְבִלְתִּי פֶרֶץ בָּהּ פָּרֶץ ֹ וְהוֹשִׁיעֵנוּ אֱלֹהֵי יִשְׁעֵנוּ :
מִתְחַנְּנִים עֲלֵי מָיִם ֹ כַּעֲרָבִים עֲלֵי יִבְלֵי מָיִם ֹ נָא זְכוֹר לָנוּ נִסּוּךְ
הַמַּיִם ֹ וְהוֹשִׁיעֵנוּ אֱלֹהֵי יִשְׁעֵנוּ : שִׂיחִים בַּדֶּרֶךְ מַטָּעָתָם עוֹמְסִים
בְּשַׁוְעָתָם ֹ עֲנֵם בְּקוֹל פְּגִיעָתָם ֹ וְהוֹשִׁיעֵנוּ אֱלֹהֵי יִשְׁעֵנוּ : פּוֹעֵל
יְשׁוּעוֹת

יְשׁוּעוֹת׳ פְּנֵה לִתְפִלּוּלָם שָׁעוֹת׳ צַדְּקֵם אֵל לְמוֹשָׁעוֹת׳ וְהוֹשִׁיעֵנוּ אֱלֹהֵי יִשְׁעֵנוּ: קוֹל רִגְשָׁם תִּשְׁע׳ תִּפְתַּח אֶרֶץ וְיִפְרוּ יֶשַׁע׳ רַב לְהוֹשִׁיעַ וְלֹא חָפֵץ רֶשַׁע׳ וְהוֹשִׁיעֵנוּ אֱלֹהֵי יִשְׁעֵנוּ:

שַׁעֲרֵי שָׁמַיִם פְּתַח׳ וְאוֹצָרְךָ הַטּוֹב לָנוּ תִּפְתַּח׳ תּוֹשִׁיעֵנוּ וְרִיב אַל תִּמְתַּח׳ וְהוֹשִׁיעֵנוּ אֱלֹהֵי יִשְׁעֵנוּ:

קוֹל מְבַשֵּׂר מְבַשֵּׂר וְאוֹמֵר:

אֹמֶץ יִשְׁעֲךָ בָּא׳ קוֹל דּוֹדִי. הִנֵּה זֶה בָּא׳ מְבַשֵּׂר וְאוֹמֵר: קוֹל בָּא בְרִבְבוֹת כִּתִּים׳ לַעֲמוֹד עַל הַר הַזֵּיתִים׳ מְבַשֵּׂר וְאוֹמֵר: קוֹל גִּשְׁתּוֹ בַּשּׁוֹפָר לִתְקַע׳ תַּחְתָּיו הַר יִבָּקַע׳ מְבַשֵּׂר וְאוֹמֵר: קוֹל דָּפַק וְהֵצִיץ וְזָרַח׳ וּמָשׁ חֲצִי הָהָר מִמִּזְרָח׳ מְבַשֵּׂר וְאוֹמֵר: קוֹל הֵקִים מָלוּל נוֹאָם׳ וּבָא הוּא וְכָל קְדוֹשָׁיו עִמּוֹ׳ מְבַשֵּׂר וְאוֹמֵר: קוֹל וּלְכָל בָּאֵי הָעוֹלָם׳ בַּת קוֹל יִשָּׁמַע בָּעוֹלָם׳ מְבַשֵּׂר וְאוֹמֵר: קוֹל זֶרַע עֲמוּסֵי רַחֲמוֹ׳ נוֹלְדוּ כְּיֶלֶד מִמְּעֵי אִמּוֹ׳ מְבַשֵּׂר וְאוֹמֵר: קוֹל חָלָה וְיָלְדָה מִי זֹאת׳ מִי שָׁמַע בָּזֹאת׳ מְבַשֵּׂר וְאוֹמֵר: קוֹל טָהוֹר פָּעַל כָּל אֵלֶּה׳ וּמִי רָאָה כָּאֵלֶּה׳ מְבַשֵּׂר וְאוֹמֵר: קוֹל יֶשַׁע וּזְמַן הוּחַד׳ הֲיוּחַל אֶרֶץ בְּיוֹם אֶחָד׳ מְבַשֵּׂר וְאוֹמֵר: קוֹל כַּבִּיר רוּם וְתַחַת׳ אִם יִוָּלֵד גּוֹי פַּעַם אֶחָת׳ מְבַשֵּׂר וְאוֹמֵר: קוֹל לְעֵת יִגְאַל עַמּוֹ נָאוֹר׳ וְהָיָה לְעֵת עֶרֶב יִהְיֶה אוֹר׳ מְבַשֵּׂר וְאוֹמֵר: קוֹל מוֹשִׁיעִים יַעֲלוּ לְהַר צִיּוֹן׳ כִּי חָלָה גַם יָלְדָה צִיּוֹן׳ מְבַשֵּׂר וְאוֹמֵר: קוֹל נִשְׁמַע בְּכָל גְּבוּלֵךְ׳ הַרְחִיבִי מְקוֹם אָהֳלֵךְ׳ מְבַשֵּׂר וְאוֹמֵר: קוֹל שִׂימִי עַד דַּמֶּשֶׂק מִשְׁכְּנוֹתָיִךְ׳ קַבְּלִי בָּנַיִךְ וּבְנוֹתָיִךְ׳ מְבַשֵּׂר וְאוֹמֵר: קוֹל עָלְזוּ חֲבַצֶּלֶת הַשָּׁרוֹן׳ כִּי קָמוּ יְשֵׁנֵי חֶבְרוֹן׳ מְבַשֵּׂר וְאוֹמֵר: קוֹל פְּנוּ אֵלַי וְהִוָּשֵׁעוּ׳ הַיּוֹם אִם בְּקוֹלִי תִשְׁמָעוּ׳ מְבַשֵּׂר וְאוֹמֵר: קוֹל צֶמַח אִישׁ צֶמַח שְׁמוֹ׳ הוּא דָוִד בְּעַצְמוֹ׳ מְבַשֵּׂר וְאוֹמֵר: קוֹל קוּמוּ כְּפוּשֵׁי עָפָר׳ הָקִיצוּ וְרַנְּנוּ שׁוֹכְנֵי עָפָר׳ מְבַשֵּׂר וְאוֹמֵר: קוֹל רַבָּתִי עָם בְּהַמְלִיכוֹ׳ מִגְדּוֹל יְשׁוּעוֹת מַלְכּוֹ׳ מְבַשֵּׂר וְאוֹמֵר: קוֹל שָׁם רְשָׁעִים לְהַאֲבִיד׳ וְעֹשֶׂה חֶסֶד לִמְשִׁיחוֹ לחד

לְדָוִד · מְבַשֵּׂר וְאֹמֵר : קוֹל תְּנָה יְשׁוּעוֹת לְעַם עוֹלָם · לְדָוִד וּלְזַרְעוֹ
עַד עוֹלָם · מְבַשֵּׂר וְאֹמֵר :

ג"פ קוֹל מְבַשֵּׂר מְבַשֵּׂר וְאֹמֵר :

הוֹשִׁיעָה אֶת־עַמֶּךָ וּבָרֵךְ אֶת־נַחֲלָתֶךָ וּרְעֵם וְנַשְּׂאֵם עַד־הָעוֹלָם :
וְיִהְיוּ דְבָרַי אֵלֶּה אֲשֶׁר הִתְחַנַּנְתִּי לִפְנֵי יְהֹוָה קְרוֹבִים
אֶל־יְהֹוָה אֱלֹהֵינוּ יוֹמָם וָלַיְלָה לַעֲשׂוֹת ׀ מִשְׁפַּט עַבְדּוֹ וּמִשְׁפַּט עַמּוֹ
יִשְׂרָאֵל דְּבַר־יוֹם בְּיוֹמוֹ ׀ לְמַעַן דַּעַת כָּל־עַמֵּי הָאָרֶץ כִּי יְהֹוָה הוּא
הָאֱלֹהִים אֵין עוֹד : ק"ש

וְאח"כ נוֹטֵל בִּידוֹ הָעֲרָבָה וְחוֹבֵט ה' חֲבָטוֹת בַּקַּרְקַע כְּדִי לְמַתֵּק ה' גְּבוּרוֹת וַיֹאמַר:

יְהִי רָצוֹן מִלְּפָנֶיךָ יְהֹוָה אֱלֹהֵינוּ וֵאלֹהֵי אֲבוֹתֵינוּ הַבּוֹחֵר בִּנְבִיאִים טוֹבִים, וּמִנְהָגִים
טוֹבִים שֶׁתְּקַבֵּל בְּרַחֲמִים וּבְרָצוֹן אֶת תְּפִלָּתֵנוּ וְהַקָּפוֹתֵינוּ וּזְכָר לָנוּ זְכוּת שִׁבְעַת תְּמִימֶיךָ,
וְתָסִיר מְחִיצַת הַבַּרְזֶל הַמַּפְסֶקֶת בֵּינֵינוּ וּבֵינֶיךָ וְתַאֲזִין שַׁוְעָתֵנוּ וְתֵיטִיב לָנוּ הַחֲתִימָה,
תּוֹלֶה אֶרֶץ עַל בְּלִימָה, וְחָתְמֵנוּ בְּסֵפֶר חַיִּים טוֹבִים, וְהַיּוֹם הַזֶּה תִּתֵּן בְּשְׁכִינָה עוֹזֶךְ
חֲמִשָּׁה גְבוּרוֹת מְמוּתָּקוֹת עַל יְדֵי חֲבִיטַת עֲרָבָה מִנְהַג נְבִיאֶיךָ הַקְּדוֹשִׁים, וְתִתְעוֹרֵר
הָאַהֲבָה וְתֻנַשְׁקֵנוּ בִּנְשִׁיקַת פִּיךָ מְמַתֶּקֶת כָּל הַגְּבוּרוֹת וְכָל הַדִּינִין, וְתָאִיר לַשְּׁכִינָה עוֹזֶךְ
בְּשֵׁם (יוּ"ד ה"א וא"ו) שֶׁהוּא טַל אוֹרוֹת טַלֶּךְ וּמִשָּׁם תַּשְׁפִּיעַ שֶׁפַע לְעַבְדְּךָ הַמִּתְפַּלֵּל
לְפָנֶיךָ שֶׁתַּאֲרִיךְ יָמַי וְתִמְחוֹל לִי חֲטָאַי וַעֲוֹנוֹתַי וּפְשָׁעַי וְתִפְשׁוֹט יְמִינְךָ וְיָדְךָ לְקַבְּלֵנִי
בִּתְשׁוּבָה שְׁלֵמָה לְפָנֶיךָ וְאוֹצָרְךָ הַטּוֹב תִּפְתַּח לְהַשְׂבִּיעַ מַיִם נֶפֶשׁ שׁוֹקֵקָה כְּמוֹ שֶׁכָּתוּב
יִפְתַּח יְהֹוָה לְךָ אֶת אוֹצָרוֹ הַטּוֹב אֶת הַשָּׁמַיִם לָתֵת מְטַר אַרְצְךָ בְּעִתּוֹ וּלְבָרֵךְ אֶת כָּל
מַעֲשֵׂה יָדֶךָ אָמֵן :

וְאוֹמְרִים שש"י. לְדָוִד ה' אוֹרִי. ק"י

סדר הקפות בשמחת תורה

מִנְהָג וָתִיקִין הוּא לַעֲשׂוֹת יוֹם שְׁמִינִי עֲצֶרֶת ג"כ כְּמוֹ בְּשִׂמְחַת תּוֹרָה וּלְהַקִּיף בְּלֵיל שְׁמִינִי עֲצֶרֶת שֶׁבַע הַקָּפוֹת עִם הַסְּפָרִים
סְבִיב הַתֵּיבָה בְּשִׂמְחָה גְדוֹלָה וּלְרַקֵּד בִּפְנֵיהֶם וְלָרֹן וְלְפַסֵּעַ עֲמָהֶם בְּשִׂמְחַת תּוֹרָה וְגַם כִּי עָשָׂה כֵן בְּנָהֹסְ"ג שֶׁלּוֹ אִם הוֹלֵךְ
לְנָהֹסְ"ג שֶׁלֹּא גָמְרוּ יָרֹנּוּ וְיִשְׂמַח ג"כ עֲמָהֶם. וְכֵן בְּלֵיל שִׂמְחַת תּוֹרָה. וְיֵשׁ נוֹהֲגִין ג"כ בְּיוֹם שִׂמְחַת תּוֹרָה:

אַתָּה הָרְאֵתָ לָדַעַת, כִּי יְיָ הוּא הָאֱלֹהִים, אֵין
עוֹד מִלְּבַדּוֹ : לַעֲשֵׂה נִפְלָאוֹת גְּדֹלוֹת
לְבַדּוֹ, כִּי לְעוֹלָם חַסְדּוֹ : אֵין כָּמוֹךָ בָאֱלֹהִים
ה'

_____

תר"א א) דברים ד לה: ב) תהלים קלו ד: ג) שם פו ח:

אֲרַנִי וְאֵין כְּמַעֲשֶׂיךָ: יְהִי כְבוֹד יְיָ לְעוֹלָם, יִשְׂמַח יְיָ
בְּמַעֲשָׂיו: יְהִי שֵׁם יְיָ מְבֹרָךְ, מֵעַתָּה וְעַד עוֹלָם:
יְהִי יְיָ אֱלֹהֵינוּ עִמָּנוּ כַּאֲשֶׁר הָיָה עִם אֲבוֹתֵינוּ, אַל
יַעַזְבֵנוּ וְאַל יִטְּשֵׁנוּ: וְאִמְרוּ: הוֹשִׁיעֵנוּ אֱלֹהֵי יִשְׁעֵנוּ,
וְקַבְּצֵנוּ וְהַצִּילֵנוּ מִן הַגּוֹיִם, לְהוֹדוֹת לְשֵׁם קָדְשֶׁךָ,
לְהִשְׁתַּבֵּחַ בִּתְהִלָּתֶךָ: יְיָ מֶלֶךְ, יְיָ מָלָךְ, יְיָ יִמְלֹךְ
לְעוֹלָם וָעֶד: יְיָ, עֹז לְעַמּוֹ יִתֵּן, יְיָ יְבָרֵךְ אֶת עַמּוֹ
בַשָּׁלוֹם: וְיִהְיוּ נָא אֲמָרֵינוּ לְרָצוֹן, לִפְנֵי אֲדוֹן כֹּל:
וַיְהִי בִּנְסֹעַ הָאָרֹן, וַיֹּאמֶר מֹשֶׁה: קוּמָה, יְיָ וְיָפֻצוּ
אֹיְבֶיךָ, וְיָנֻסוּ מְשַׂנְאֶיךָ מִפָּנֶיךָ: קוּמָה יְיָ
לִמְנוּחָתֶךָ, אַתָּה וַאֲרוֹן עֻזֶּךָ: כֹּהֲנֶיךָ יִלְבְּשׁוּ
צֶדֶק, וַחֲסִידֶיךָ יְרַנֵּנוּ: בַּעֲבוּר דָּוִד עַבְדֶּךָ, אַל
תָּשֵׁב פְּנֵי מְשִׁיחֶךָ: וְאָמַר בַּיּוֹם הַהוּא: הִנֵּה
אֱלֹהֵינוּ זֶה, קִוִּינוּ לוֹ וְיוֹשִׁיעֵנוּ, זֶה יְיָ קִוִּינוּ לוֹ,
נָגִילָה וְנִשְׂמְחָה בִּישׁוּעָתוֹ: מַלְכוּתְךָ, מַלְכוּת
כָּל עֹלָמִים, וּמֶמְשַׁלְתְּךָ בְּכָל דּוֹר וָדֹר: כִּי מִצִּיּוֹן
תֵּצֵא תוֹרָה, וּדְבַר יְיָ מִירוּשָׁלָיִם:

אָב הָרַחֲמִים, הֵיטִיבָה בִרְצוֹנְךָ אֶת צִיּוֹן, תִּבְנֶה חוֹמוֹת יְרוּשָׁלָיִם.
כִּי בְךָ לְבַד בָּטָחְנוּ, מֶלֶךְ אֵל רָם וְנִשָּׂא אֲדוֹן עוֹלָמִים:

אחר כך מוליאין כל הספרי תורה שבהיכל ומקבצין הבימה ז' פעמים ואומרים אנא:

הקפה א אָנָּא יְיָ הוֹשִׁיעָה נָּא, אָנָּא יְיָ הַצְלִיחָה נָּא, אָנָּא יְיָ עֲנֵנוּ בְיוֹם

תו"א א) תהלים קד לא: ב) שם קיג ב: ג) מ"א ח נז: ד) דה"א טז לה: ה) תהלים כט יא: ו) במדבר י לה
ז) תהלים קלב ח: ח) שם קלב ט: ט) שם קלב י: י) ישעיה כה ט: כ) תהלים קמה יג: ל) ישעיה ב ג:
מ) תהלים נא כ: נ) שם קיח כה:

*Существует древний обычай: отмечать Шмини-Ацерет таким же веселым обрядом, как и Симхат-Тора, и после вечерней молитвы, радуясь от всей души, с песнями и танцами, кружась в веселом хороводе, со свитками Торы в руках семь раз обходить возвышение, на которое кладут Тору, чтобы читать ее. Если кто-то принял участие в исполнении обряда "ѓакафот" в одной синагоге и пришел в другую, где веселье в самом разгаре, он должен петь и веселиться вместе со всеми. "Ѓакафот" устраивают дважды: после вечерних молитв в Шмини-Ацерет и в Симхат-Тора; есть общины, где этот обычай исполняют и во время утренней молитвы в Симхат-Тора, перед чтением Торы***.*

После произнесения хазаном нараспев каждой фразы следующего текста все молящиеся тоже нараспев повторяют ее.

אתה ТЫ УБЕДИЛСЯ ВООЧИЮ, [ИЗРАИЛЬ], ЧТО ГОСПОДЬ — БОГ, НЕТ НИКОГО КРОМЕ НЕГО. ОДИН ЛИШЬ [ОН] ТВОРИТ ВЕЛИКИЕ ЧУДЕСА — ИБО ВЕЧНА МИЛОСТЬ ЕГО. НЕТ СРЕДИ ВЫСШИХ СИЛ ПОДОБНОГО ТЕБЕ, ГОСПОДЬ, И НИЧЬИ ДЕЯНИЯ НЕ СРАВНЯТСЯ С ТВОИМИ. ДА ПРЕБУДЕТ СЛАВА ГОСПОДА ВОВЕК, ДА ВОЗРАДУЕТСЯ ГОСПОДЬ ДЕЯНИЯМ СВОИМ! ДА БУДЕТ ИМЯ ГОСПОДА БЛАГОСЛОВЕННО ОТНЫНЕ И ВОВЕКИ! ДА БУДЕТ ГОСПОДЬ, БОГ НАШ, С НАМИ, КАК БЫЛ С ОТЦАМИ НАШИМИ; ДА НЕ ОСТАВИТ ОН НАС И НЕ ПОКИНЕТ! И ГОВОРИТЕ: "СПАСИ НАС, БОГ, ИЗБАВИТЕЛЬ НАШ, И СОБЕРИ НАС, И ОСВОБОДИ НАС ОТ [ИГА] НАРОДОВ; И ВОЗНЕСЕМ МЫ БЛАГОДАРНОСТЬ СВЯТОМУ ИМЕНИ ТВОЕМУ, ГОРДЯСЬ ТВОИМИ СЛАВНЫМИ ДЕЯНИЯМИ". ГОСПОДЬ — ВЛАДЫКА, ГОСПОДЬ БЫЛ ВЛАДЫКОЙ, ГОСПОДЬ БУДЕТ ВЛАДЫКОЙ ВЕЧНО! ГОСПОДЬ ПРИДАСТ СИЛ НАРОДУ СВОЕМУ; ГОСПОДЬ БЛАГОСЛОВИТ СВОЙ НАРОД, ДАРОВАВ ЕМУ МИР. ДА БУДЕТ СКАЗАННОЕ НАМИ БЛАГОСКЛОННО ПРИНЯТО ВЛАДЫКОЙ ВСЕХ [МИРОВ]! КОГДА КОВЧЕГ ЗАВЕТА ТРОГАЛСЯ В ПУТЬ, МОШЕ ГОВОРИЛ: "ПОДНИМИСЬ, ГОСПОДЬ, И РАССЕЮТСЯ ВРАГИ ТВОИ, И ОБРАТЯТСЯ ПРЕД ТОБОЮ В БЕГСТВО НЕНАВИДЯЩИЕ ТЕБЯ". ПОДНИМИСЬ, ГОСПОДЬ, К МЕСТУ ПОСТОЯННОГО ОБИТАНИЯ СВОЕГО — ТЫ САМ И КОВЧЕГ ЗАВЕТА, [В КОТОРОМ — СВИДЕТЕЛЬСТВО] МОГУЩЕСТВА ТВОЕГО. ДА БУДУТ КОЃАНИМ СЛУЖИТЬ ТЕБЕ ОТ ВСЕГО СЕРДЦА И ДА ВОЗРАДУЮТСЯ ЛЮБЯЩИЕ ТЕБЯ! РАДИ ДАВИДА, РАБА СВОЕГО, НЕ ОТКАЖИ В ПРОСЬБЕ [ТЕМ, КТО ЖДЕТ] ТВОЕГО ПОМАЗАННИКА! И СКАЖЕТ [НАРОД] В ТОТ ДЕНЬ: "ВОТ, ЭТО БОГ НАШ; МЫ НАДЕЯЛИСЬ НА НЕГО, И СПАС ОН НАС. ЭТО — ГОСПОДЬ, НА КОТОРОГО МЫ НАДЕЯЛИСЬ; БУДЕМ ЖЕ ЛИКОВАТЬ И РАДОВАТЬСЯ СПАСЕНИЮ, КОТОРОЕ ОН ДАРОВАЛ". ЦАРСТВО ТВОЕ — ВЕЧНОЕ ЦАРСТВО, И ВЛАСТЬ ТВОЯ — НАД ВСЕМИ ПОКОЛЕНИЯМИ. ИБО ИЗ СИОНА БУДЕТ ИСХОДИТЬ ТОРА И СЛОВО ГОСПОДА — ИЗ ИЕРУСАЛИМА.

אב МИЛОСЕРДНЫЙ ОТЕЦ! ДА БУДЕТ УГОДНО ТЕБЕ ОБЛАГОДЕТЕЛЬСТВОВАТЬ СИОН, ОТСТРОИТЬ СТЕНЫ ИЕРУСАЛИМА. ИБО ЛИШЬ НА ТЕБЯ МЫ ПОЛАГАЕМСЯ — ВЛАДЫКА, БОГ, КОТОРЫЙ ВЫСОК И ПРЕВОЗНЕСЕН, ВЛАСТЕЛИН [ВСЕХ] МИРОВ!

После этого вынимают из ковчега все свитки Торы и, держа их в руках, семь раз обходят возвышение, на котором читают Тору. При этом хазан произносит: "МЫ МОЛИМ...", и все повторяют за ним и этот стих из псалма, и другие – все, что положено согласно обычаю.

Первая "ѓакафа":

אנא МЫ МОЛИМ: ГОСПОДЬ, СПАСИ НАС! МЫ МОЛИМ: ГОСПОДЬ, ПОШЛИ НАМ УДАЧУ! МЫ МОЛИМ: ОТВЕТЬ НАМ, ВЛАДЫКА, В ДЕНЬ, КОГДА

---

* от слова *леѓакиф* – букв. "окружать".

** В общинах Хабада во время утренней молитвы в Симхат-Тора, обходя вокруг возвышения, на которое кладут Тору, чтобы читать ее, принято совершать три полных круга и один неполный, произнося при этом отрывки из святых книг, положенные для всех семи "ѓакафот".

קָרְאֵנוּ: אֱלֹהֵי הָרוּחוֹת הוֹשִׁיעָה נָא, בּוֹחֵן לְבָבוֹת הַצְלִיחָה נָא, גּוֹאֵל חָזָק עֲנֵנוּ בְיוֹם קָרְאֵנוּ:

תּוֹרַת יְיָ תְּמִימָה מְשִׁיבַת נָפֶשׁ: מִזְמוֹר לְדָוִד הָבוּ לַיְיָ בְּנֵי אֵלִים, הָבוּ לַיְיָ כָּבוֹד וָעֹז: הָבוּ לַיְיָ כְּבוֹד שְׁמוֹ, הִשְׁתַּחֲווּ לַיְיָ בְּהַדְרַת קֹדֶשׁ: קוֹל יְיָ עַל הַמָּיִם, אֵל הַכָּבוֹד הִרְעִים יְיָ עַל מַיִם רַבִּים: לַמְנַצֵּחַ בִּנְגִינֹת מִזְמוֹר שִׁיר: אֱלֹהִים יְחָנֵּנוּ וִיבָרְכֵנוּ, יָאֵר פָּנָיו אִתָּנוּ סֶלָה: אָנָּא בְּכֹחַ גְּדֻלַּת יְמִינְךָ תַּתִּיר צְרוּרָה: כִּי אָמַרְתִּי עוֹלָם חֶסֶד יִבָּנֶה.

עד כאן הקפה א'

הקפה ב דּוֹבֵר צְדָקוֹת הוֹשִׁיעָה נָא, הָדוּר בִּלְבוּשׁוֹ הַצְלִיחָה נָא, וָתִיק וְחָסִיד עֲנֵנוּ בְיוֹם קָרְאֵנוּ:

עֵדוּת יְיָ נֶאֱמָנָה, מַחְכִּימַת פֶּתִי: קוֹל יְיָ בַּכֹּחַ: לָדַעַת בָּאָרֶץ דַּרְכֶּךָ, בְּכָל גּוֹיִם יְשׁוּעָתֶךָ: קַבֵּל רִנַּת עַמְּךָ שַׂגְּבֵנוּ טַהֲרֵנוּ נוֹרָא: לְךָ זְרוֹעַ עִם גְּבוּרָה, תָּעֹז יָדְךָ תָּרוּם יְמִינֶךָ:

עד כאן הקפה ב'

הקפה ג זַךְ וְיָשָׁר הוֹשִׁיעָה נָא, חוֹמֵל דַּלִּים הַצְלִיחָה נָא, טוֹב וּמֵטִיב עֲנֵנוּ בְיוֹם קָרְאֵנוּ:

פִּקּוּדֵי יְיָ יְשָׁרִים, מְשַׂמְּחֵי לֵב: קוֹל יְיָ בֶּהָדָר: יוֹדוּךָ עַמִּים אֱלֹהִים, יוֹדוּךָ עַמִּים כֻּלָּם: נָא גִּבּוֹר דּוֹרְשֵׁי יִחוּדְךָ, כְּבָבַת שָׁמְרֵם: תִּתֵּן אֱמֶת לְיַעֲקֹב, חֶסֶד לְאַבְרָהָם:

עד כאן הקפה ג'

הקפה ד יוֹדֵעַ מַחֲשָׁבוֹת הוֹשִׁיעָה נָא, כַּבִּיר וְנָאוֹר הַצְלִיחָה נָא, לוֹבֵשׁ צְדָקוֹת עֲנֵנוּ בְיוֹם קָרְאֵנוּ:

מִצְוַת יְיָ בָּרָה, מְאִירַת עֵינָיִם: קוֹל יְיָ שֹׁבֵר אֲרָזִים, וַיְשַׁבֵּר יְיָ אֶת אַרְזֵי הַלְּבָנוֹן: וַיַּרְקִידֵם כְּמוֹ עֵגֶל, לְבָנוֹן וְשִׂרְיֹן כְּמוֹ בֶן רְאֵמִים: יִשְׂמְחוּ וִירַנְּנוּ לְאֻמִּים, כִּי תִשְׁפֹּט עַמִּים מִישֹׁר, וּלְאֻמִּים בָּאָרֶץ תַּנְחֵם סֶלָה: בָּרְכֵם טַהֲרֵם רַחֲמֵי צִדְקָתְךָ תָּמִיד גָּמְלֵם: נְעִימוֹת בִּימִינְךָ נֶצַח:

עד כאן הקפה ד'

הקפה ה מֶלֶךְ עוֹלָמִים הוֹשִׁיעָה נָא, נָאוֹר וְאַדִּיר הַצְלִיחָה נָא, סוֹמֵךְ נוֹפְלִים עֲנֵנוּ בְיוֹם קָרְאֵנוּ:

יִרְאַת יְיָ טְהוֹרָה, עוֹמֶדֶת לָעַד: קוֹל יְיָ חֹצֵב לַהֲבוֹת אֵשׁ: יוֹדוּךָ עַמִּים אֱלֹהִים, יוֹדוּךָ עַמִּים כֻּלָּם: חֲסִין קָדוֹשׁ בְּרוֹב טוּבְךָ נַהֵל עֲדָתֶךָ: יְיָ אֲדֹנֵינוּ מָה אַדִּיר שִׁמְךָ בְּכָל הָאָרֶץ, אֲשֶׁר תְּנָה הוֹדְךָ עַל הַשָּׁמָיִם:

עד כאן הקפה ה'

הקפה ו עוֹזֵר דַּלִּים הוֹשִׁיעָה נָא, פּוֹדֶה וּמַצִּיל הַצְלִיחָה נָא, צוּר עוֹלָמִים עֲנֵנוּ בְיוֹם קָרְאֵנוּ:

מִשְׁפְּטֵי יְיָ אֱמֶת, צָדְקוּ יַחְדָּו: קוֹל יְיָ יָחִיל מִדְבָּר, יָחִיל יְיָ מִדְבַּר קָדֵשׁ: אֶרֶץ נָתְנָה יְבוּלָהּ

МЫ ВЗЫВАЕМ [К ТЕБЕ] ! БОГ ВСЕХ, НАДЕЛЕННЫХ ДУШОЙ, СПАСИ НАС! ИСПЫТЫВАЮЩИЙ СЕРДЦА НАШИ, ПОШЛИ НАМ УДАЧУ! МОГУЧИЙ ИЗБАВИТЕЛЬ, ОТВЕТЬ НАМ В ДЕНЬ, КОГДА МЫ ВЗЫВАЕМ [К ТЕБЕ] !

תורת ТОРА ГОСПОДА СОВЕРШЕННА, ВОЗВРАЩАЕТ СИЛЫ ДУШЕ. ПСАЛОМ ДАВИДА: "ВОСПЕВАЙТЕ, ПРЕД ГОСПОДОМ, СЫНОВЬЯ СИЛЬНЫХ, – ВОСПЕВАЙТЕ ПРЕД ГОСПОДОМ СЛАВУ И МОГУЩЕСТВО [ЕГО]. ВОСПЕВАЙТЕ ПРЕД ГОСПОДОМ СЛАВУ ИМЕНИ ЕГО; ПОКЛОНИТЕСЬ ГОСПОДУ В РОБОСТИ ПРЕД СВЯТИЛИЩЕМ [ЕГО]. ГОЛОС ГОСПОДА – НАД ВОДАМИ, БОГ В СЛАВЕ СВОЕЙ МЕЧЕТ ГРОМЫ; ГОСПОДЬ – НАД ВЕЛИКИМИ ВОДАМИ..." ХВАЛЕБНЫЙ ГИМН, КОТОРЫЙ [ВО ВРЕМЕНА ХРАМА] ПЕЛИ В СОПРОВОЖДЕНИИ МУЗЫКАЛЬНЫХ ИНСТРУМЕНТОВ: "БОГ НАС ПОМИЛУЕТ, И БЛАГОСЛОВИТ НАС, И БУДЕТ ВЕЧНО К НАМ БЛАГОСКЛОНЕН..." МЫ МОЛИМ: ВЕЛИКОЙ СИЛОЙ ДЕСНИЦЫ СВОЕЙ ОСВОБОДИ УЗНИКОВ! ИБО СКАЗАЛ СЕБЕ [ОДНАЖДЫ МУДРЫЙ ЧЕЛОВЕК]: "МИР ЗИЖДЕТСЯ НА МИЛОСЕРДИИ [ВСЕВЫШНЕГО]".

Здесь кончается первая "ѓакафа".

Вторая "ѓакафа":

דובר ТОТ, ЧЬИ СЛОВА СПРАВЕДЛИВЫ ВСЕГДА, СПАСИ НАС! ВЕЛИЧЕСТВЕННЫЙ В ОБЛАЧЕНИИ СВОЕМ, ПОШЛИ НАМ УДАЧУ! МИЛОСЕРДНЫЙ И ЛЮБЯЩИЙ [НАС], ОТВЕТЬ НАМ В ДЕНЬ, КОГДА МЫ ВЗЫВАЕМ [К ТЕБЕ]!

עדות СВИДЕТЕЛЬСТВО ГОСПОДА ИСТИННО, НАДЕЛЯЕТ МУДРОСТЬЮ НЕРАЗУМНЫХ. ГОЛОС ГОСПОДА МОГУЧ. СТАНУТ ИЗВЕСТНЫ НА ЗЕМЛЕ ПУТИ ТВОИ, ВСЕ НАРОДЫ [УЗНАЮТ] О СПАСЕНИИ, ПОСЛАННОМ ТОБОЙ. ПРИМИ МОЛИТВУ НАРОДА СВОЕГО, УКРЕПИ И ОЧИСТИ НАС, ГРОЗНЫЙ [ВЛАДЫКА]! ТЫ МОГУЩЕСТВЕН И СИЛЕН, ТВЕРДА РУКА ТВОЯ, ДЕСНИЦА ТВОЯ СОКРУШАЕТ [ВРАГОВ].

Здесь кончается вторая "ѓакафа".

Третья "ѓакафа":

זך ЧИСТЕЙШИЙ И СПРАВЕДЛИВЫЙ, СПАСИ НАС! ЖАЛЕЮЩИЙ ОБЕЗДОЛЕННЫХ, ПОШЛИ НАМ УДАЧУ! ДОБРЫЙ И ТВОРЯЩИЙ ДОБРО, ОТВЕТЬ НАМ В ДЕНЬ, КОГДА МЫ ВЗЫВАЕМ [К ТЕБЕ]!

פקודי ПОВЕЛЕНИЯ ГОСПОДА СПРАВЕДЛИВЫ, РАДУЮТ СЕРДЦЕ. ГОЛОС ГОСПОДА [СЛЫШЕН] С ВЫСОТ. БУДУТ БЛАГОДАРИТЬ ТЕБЯ, БОГ, ПЛЕМЕНА; ВСЕ ПЛЕМЕНА БУДУТ БЛАГОДАРИТЬ ТЕБЯ, МЫ МОЛИМ: ВСЕМОГУЩИЙ! ХРАНИ КАК ЗЕНИЦУ ОКА ПРОВОЗГЛАШАЮЩИХ ЕДИНСТВО ТВОЕ! ИСПОЛНИ ОБЕЩАНИЕ, [ДАННОЕ ТОБОЙ] ЯАКОВУ, ПРОЯВИ ЛЮБОВЬ [СВОЮ] К АВРАЃАМУ!

Здесь кончается третья "ѓакафа".

Четвертая "ѓакафа":

יודע ТОТ, КОМУ ИЗВЕСТНЫ ПОМЫСЛЫ [ВСЕХ ТВОРЕНИЙ], СПАСИ НАС! ВСЕСИЛЬНЫЙ И СВЕТОНОСНЫЙ, ПОШЛИ НАМ УДАЧУ! ВЕЛИКОЛЕПНЫЙ В МИЛОСЕРДИИ [СВОЕМ], ОТВЕТЬ НАМ В ДЕНЬ, КОГДА МЫ ВЗЫВАЕМ [К ТЕБЕ]!

מצות ЗАПОВЕДЬ ГОСПОДА ЯСНА, ПРОСВЕТЛЯЕТ ГЛАЗА. ГОЛОС ГОСПОДА СОКРУШАЕТ КЕДРЫ; КЕДРЫ ЛИВАНСКИЕ СОКРУШАЕТ ГОСПОДЬ. ЗАСТАВЛЯЕТ ОН ИХ СКАКАТЬ ПОДОБНО ТЕЛЯТАМ, [ГОРЫ] ЛИВАНА И СИРЬОН – ПОДОБНО МОЛОДЫМ БУЙВОЛАМ, БУДУТ РАДОВАТЬСЯ И ЛИКОВАТЬ НАРОДЫ, ИБО ТЫ БУДЕШЬ СПРАВЕДЛИВО СУДИТЬ ПЛЕМЕНА, ВЕЧНО БУДЕШЬ ПРАВИТЬ НАРОДАМИ ЗЕМЛИ. БЛАГОСЛОВИ ИХ [– ТЕХ, КТО ПРОВОЗГЛАШАЕТ ЕДИНСТВО ТВОЕ], ОЧИСТИ ИХ, ПОМИЛУЙ ИХ, ПОСТОЯННО ДАРУЙ ИМ МИЛОСТЬ СВОЮ! [ПРОТЯНИ СВОЮ] ДЕСНИЦУ [И УДОСТОЙ НАС] ВЕЧНОГО БЛАЖЕНСТВА!

Здесь кончается четвертая "ѓакафа".

Пятая "ѓакафа":

מלך ВЛАДЫКА ВЕЧНОСТИ, СПАСИ НАС! СВЕТОНОСНЫЙ И МОГУЩЕСТВЕННЫЙ, ПОШЛИ НАМ УДАЧУ! ПОДДЕРЖИВАЮЩИЙ ПАДАЮЩИХ, ОТВЕТЬ НАМ В ДЕНЬ, КОГДА МЫ ВЗЫВАЕМ [К ТЕБЕ]!

יראת ОЧИЩАЮЩИЙ [ДУШУ] ТРЕПЕТ ПРЕД ГОСПОДОМ ПРЕБУДЕТ ВОВЕК. ГОЛОС ГОСПОДА ВЫСЕКАЕТ ЯЗЫКИ ПЛАМЕНИ. БУДУТ БЛАГОДАРИТЬ ТЕБЯ, БОГ, ПЛЕМЕНА; ВСЕ ПЛЕМЕНА БУДУТ БЛАГОДАРИТЬ ТЕБЯ, НЕПОКОЛЕБИМЫЙ, СВЯТОЙ, ПО ВЕЛИКОЙ ДОБРОТЕ УПРАВЛЯЙ СВОИМ НАРОДОМ! ГОСПОДЬ, ВЛАДЫКА НАШ! КАК ЖЕ МОГУЩЕСТВЕН [ТЫ:] ИМЯ [ТВОЕ ЗНАЮТ] ВСЕ НА ЗЕМЛЕ, А СИЯНИЕ [ТВОЕ] ОЗАРЯЕТ НЕБЕСА!

Здесь кончается пятая "ѓакафа".

Шестая "ѓакафа":

עוזר ПОМОГАЮЩИЙ ОБЕЗДОЛЕННЫМ, СПАСИ НАС! ОСВОБОДИТЕЛЬ И СПАСИТЕЛЬ, ПОШЛИ НАМ УДАЧУ! ВЕЧНАЯ ТВЕРДЫНЯ [НАША], ОТВЕТЬ НАМ В ДЕНЬ, КОГДА МЫ ВЗЫВАЕМ [К ТЕБЕ]!

משפטי ЗАКОНЫ ГОСПОДА ИСТИННЫ, ВСЕ ОНИ СПРАВЕДЛИВЫ. ГОЛОС ГОСПОДА СОТРЯСАЕТ ПУСТЫНЮ; ГОСПОДЬ СОТРЯСАЕТ ПУСТЫНЮ КАДЕШ. ЗЕМЛЯ ПРИНЕСЕТ

יְבוּלָהּ, וִיבָרְכֵנוּ אֱלֹהִים אֱלֹהֵינוּ: יָחִיד גֵּאֶה לְעַמְּךָ פְּנֵה, זוֹכְרֵי קְדֻשָּׁתֶךָ: צַדִּיק
יְיָ בְּכָל דְּרָכָיו, וְחָסִיד בְּכָל מַעֲשָׂיו: עד כאן הקפה ו׳

הקפה ז קָדוֹשׁ וְנוֹרָא הוֹשִׁיעָה נָּא, רַחוּם וְחַנּוּן הַצְלִיחָה נָא שׁוֹמֵר הַבְּרִית
עֲנֵנוּ בְיוֹם קָרְאֵנוּ: תּוֹמֵךְ תְּמִימִים הוֹשִׁיעָה נָא, תַּקִּיף לָעַד
הַצְלִיחָה נָא, תָּמִים בְּמַעֲשָׂיו עֲנֵנוּ בְיוֹם קָרְאֵנוּ:

הַנֶּחֱמָדִים מִזָּהָב וּמִפַּז רָב, וּמְתוּקִים מִדְּבַשׁ וְנֹפֶת צוּפִים: קוֹל יְיָ יַחֲלֵל אַיָּלוֹת
וַיֶּחֱשֹׂף יְעָרוֹת, וּבְהֵיכָלוֹ כֻּלּוֹ אוֹמֵר כָּבוֹד: יְיָ לַמַּבּוּל יָשָׁב, וַיֵּשֶׁב יְיָ מֶלֶךְ לְעוֹלָם:
יְיָ עֹז לְעַמּוֹ יִתֵּן, יְיָ יְבָרֵךְ אֶת עַמּוֹ בַשָּׁלוֹם: יְבָרְכֵנוּ אֱלֹהִים וְיִירְאוּ אוֹתוֹ כָּל אַפְסֵי
אָרֶץ: שַׁוְעָתֵנוּ קַבֵּל וּשְׁמַע צַעֲקָתֵנוּ: יוֹדֵעַ תַּעֲלוּמוֹת: לְךָ יְיָ הַגְּדֻלָּה וְהַגְּבוּרָה
וְהַתִּפְאֶרֶת וְהַנֵּצַח וְהַהוֹד, כִּי כֹל בַּשָּׁמַיִם וּבָאָרֶץ, לְךָ יְיָ הַמַּמְלָכָה וְהַמִּתְנַשֵּׂא
לְכֹל לְרֹאשׁ. וְהָיָה יְיָ לְמֶלֶךְ עַל כָּל הָאָרֶץ, בַּיּוֹם הַהוּא יִהְיֶה יְיָ אֶחָד וּשְׁמוֹ אֶחָד.
וּבְתוֹרָתְךָ כָּתוּב לֵאמֹר. שְׁמַע יִשְׂרָאֵל יְיָ אֱלֹהֵינוּ יְיָ אֶחָד. בָּרוּךְ שֵׁם כְּבוֹד מַלְכוּתוֹ
לְעוֹלָם וָעֶד: עד כאן הקפה ז׳

נשארית אחר קריאת התורה אומרים זה:

שִׂישׂוּ וְשִׂמְחוּ בְּשִׂמְחַת תּוֹרָה, וּתְנוּ כָבוֹד לַתּוֹרָה כִּי טוֹב סַחְרָהּ
מִכָּל סְחוֹרָה: מִפָּז וּמִפְּנִינִים יְקָרָה, נָגִיל וְנָשִׂישׂ בְּזֹאת
הַתּוֹרָה, כִּי חַיִּים הִיא לָנוּ עֹז וְאוֹרָה: אֲהַלֵּל אֱלֹהַי וְאֶשְׂמְחָה
בּוֹ וַאֲשִׂימָה תִקְוָתִי בּוֹ, אֲהוֹדֶנּוּ בְּסוֹד עַם קְרוֹבוֹ, אֱלֹהֵי צוּרִי
אֶחֱסֶה בּוֹ, נָגִיל: בְּכָל לֵב אָרֹן גְּבוּרוֹתֶיךָ, וַאֲסַפְּרָה תְּהִלָּתֶךָ,
בְּשָׂשׂוֹן הֲשִׁיבֵנוּ לְבֵיתֶךָ, עַל חַסְדְּךָ וְעַל אֲמִתֶּךָ, נָגִיל:

הִתְקַבְּצוּ מַלְאָכִים זֶה אֶל זֶה, זֶה לְקַבֵּל זֶה וְאָמַר זֶה לָזֶה, מִי
הוּא זֶה וְאֵי זֶה הוּא מְאַחֵז פְּנֵי כִסֵּא פַּרְשֵׁז עָלָיו עֲנָנוֹ:
מִי עָלָה לַמָּרוֹם, מִי עָלָה לַמָּרוֹם, מִי עָלָה לַמָּרוֹם, וְהוֹרִיד עֹז
מִבְטְחָהּ, התקבצו מֹשֶׁה עָלָה לַמָּרוֹם, מֹשֶׁה עָלָה לַמָּרוֹם, מֹשֶׁה
עָלָה לַמָּרוֹם, וְהוּא הוֹרִיד עֹז מִבְטְחָהּ, התקבצו

אָגִיל וְאֶשְׂמַח בְּשִׂמְחַת תּוֹרָה: בָּא יָבֹא צֶמַח בְּשִׂמְחַת תּוֹרָה:
תּוֹרָה הִיא עֵץ חַיִּים לְכֻלָּם חַיִּים, כִּי עַמְּךָ מְקוֹר חַיִּים:
אַבְרָהָם שָׂמַח בְּשִׂמְחַת תּוֹרָה: יִצְחָק שָׂמַח בְּשִׂמְחַת תּוֹרָה:
יַעֲקֹב שָׂמַח בְּשִׂמְחַת תּוֹרָה: מֹשֶׁה שָׂמַח בְּשִׂמְחַת תּוֹרָה: אַהֲרֹן
שָׂמַח בְּשִׂמְחַת תּוֹרָה: אֵלִיָּהוּ שָׂמַח בְּשִׂמְחַת תּוֹרָה: שְׁמוּאֵל
שָׂמַח בְּשִׂמְחַת תּוֹרָה: דָּוִד שָׂמַח בְּשִׂמְחַת תּוֹרָה: שְׁלֹמֹה שָׂמַח
בְּשִׂמְחַת תּוֹרָה:

СВОИ ПЛОДЫ, И БЛАГОСЛОВИТ НАС БОГ, БОГ НАШ. ЕДИНСТВЕННЫЙ, ВСЕВЫШНИЙ, ОБ-РАТИСЬ К НАРОДУ СВОЕМУ, ПОМНЯЩЕМУ О СВЯТОСТИ ТВОЕЙ! СПРАВЕДЛИВ ГОСПОДЬ ВО ВСЕМ, ЧТО ВЕРШИТ, И МИЛОСТИВ ВО ВСЕХ СВОИХ ДЕЯНИЯХ.

Здесь кончается шестая "Ґакафа".

Седьмая "Ґакафа":

קדוש СВЯТОЙ И ГРОЗНЫЙ, СПАСИ НАС! МИЛОСТИВЫЙ И МИЛОСЕРДНЫЙ, ПОШЛИ НАМ УДАЧУ! ВЕРНЫЙ СОЮЗУ, [ЗАКЛЮЧЕННОМУ С НАМИ], ОТВЕТЬ НАМ В ДЕНЬ, КОГДА МЫ ВЗЫВАЕМ [К ТЕБЕ]! ПОДДЕРЖИВАЮЩИЙ ТЕХ, КТО ЧИСТ СЕРДЦЕМ, СПАСИ НАС! НЕИЗМЕННЫЙ ВОВЕКИ, ПОШЛИ НАМ УДАЧУ! ТОТ, ЧЬИ ДЕЯНИЯ ПРЕКРАСНЫ, ОТВЕТЬ НАМ В ДЕНЬ, КОГДА МЫ ВЗЫВАЕМ [К ТЕБЕ]!

התורה [ЗАКОНЫ ГОСПОДА ДЛЯ МУДРЫХ –] ЖЕЛАННЕЕ ЗОЛОТА, САМОГО ЧИСТОГО ЗОЛОТА ЧЕРВОННОГО, СЛАЩЕ МЕДА, КАПАЮЩЕГО ИЗ СОТ. ГОЛОС ГОСПОДА ПРИВОДИТ В ТРЕПЕТ ЛАНЕЙ, ОГОЛЯЕТ ЛЕСА; И В ХРАМЕ ЕГО ВСЕ БУДУТ ВОЗГЛАШАТЬ ЕМУ СЛАВУ. ГОСПОДЬ ВОССЕДАЛ [НА ПРЕСТОЛЕ СВОЕМ] ВО ВРЕМЯ ПОТОПА, И БУДЕТ ГОСПОДЬ ВОС-СЕДАТЬ ВОВЕК НА ЦАРСКОМ [ПРЕСТОЛЕ СВОЕМ]. ГОСПОДЬ ПРИДАСТ СИЛ НАРОДУ СВО-ЕМУ; ГОСПОДЬ БЛАГОСЛОВИТ СВОЙ НАРОД, ДАРОВАВ ЕМУ МИР. БЛАГОСЛОВИТ НАС БОГ, И БУДУТ ТРЕПЕТАТЬ ПРЕД НИМ ВО ВСЕХ ЗЕМНЫХ ПРЕДЕЛАХ. ПРИМИ МОЛЬБУ НА-ШУ И УСЛЫШЬ НАШ ВОПЛЬ, ТЫ, ПРЕД КОТОРЫМ ОТКРЫТО ТАЙНОЕ! ОТ ТЕБЯ, ГОСПОДЬ, И ВЕЛИЧИЕ И МОГУЩЕСТВО, И ВЕЛИКОЛЕПИЕ, И УДАЧА НА ПОЛЕ БРАНИ, И СЛАВА, ИБО ВСЕ, ЧТО НА НЕБЕ И НА ЗЕМЛЕ, [ПРИНАДЛЕЖИТ ТЕБЕ]. ТЕБЕ ПРИНАДЛЕЖИТ ЦАР-СКАЯ ВЛАСТЬ, И ТЫ ВОЗВЫШАЕШЬСЯ НАД ВСЕМИ ВЛАДЫКАМИ. И СТАНЕТ ГОСПОДЬ ВЛАДЫКОЙ ВСЕЙ ЗЕМЛИ; В ТОТ ДЕНЬ ГОСПОДЬ БУДЕТ [ПРИЗНАН ВСЕМИ НАРОДАМИ] ЕДИНСТВЕННЫМ [БОГОМ], И ЛИШЬ ЕГО ИМЯ [БУДЕТ У ВСЕХ НА УСТАХ]. И В ТОРЕ ТВО-ЕЙ НАПИСАНО ТАК: "СЛУШАЙ, ИЗРАИЛЬ: ГОСПОДЬ – БОГ НАШ, ГОСПОДЬ ОДИН!" БЛА-ГОСЛОВЕННО СЛАВНОЕ ИМЯ ЦАРСТВА ЕГО ВО ВЕКИ ВЕКОВ!

Здесь кончается седьмая "Ґакафа".

В праздник Симхат-Тора в молитве "Шахарит" после чтения Торы говорят:

שישו ВЕСЕЛИТЕСЬ И РАДУЙТЕСЬ В СИМХАТ-ТОРА И ОКРУЖИТЕ ПОЧЕТОМ ТОРУ, ИБО ЛУЧШЕЕ ПРИОБРЕТЕНИЕ [ДЛЯ ЧЕЛОВЕКА – ЗНАНИЯ, ПОЛУЧЕННЫЕ В РЕЗУЛЬТАТЕ ИЗУ-ЧЕНИЯ] ЕЕ; ДОРОЖЕ ОНА ЗОЛОТА ЧЕРВОННОГО И ЖЕМЧУГА. БУДЕМ ЛИКОВАТЬ И ВЕСЕ-ЛИТЬСЯ С ЭТОЙ ТОРОЙ [В РУКАХ], ВЕДЬ ОНА – ЖИЗНЬ НАША, [ОНА] УКРЕПЛЯЕТ НАС И ОСВЕЩАЕТ [НАШ ПУТЬ]. ВОСХВАЛЮ БОГА МОЕГО, БУДУ РАДОВАТЬСЯ, [КОГДА] ОН [ОТ-КРОЕТСЯ МНЕ]; ВСЕ НАДЕЖДЫ МОИ БУДУТ СВЯЗАНЫ С НИМ. [ВСЕГДА] БУДУ ПРИЗНА-ТЕЛЕН ЕМУ [ЗА ТО, ЧТО] ПРИНАДЛЕЖУ К НАРОДУ, КОТОРЫЙ ОН ПРИБЛИЗИЛ К СЕБЕ. БОГ – ОПЛОТ МОЙ, [ВСЕГДА] БУДУ ПОЛАГАТЬСЯ НА НЕГО. БУДЕМ ЛИКОВАТЬ И ВЕСЕ-ЛИТЬСЯ С ЭТОЙ ТОРОЙ [В РУКАХ], ВЕДЬ ОНА – ЖИЗНЬ НАША, [ОНА] УКРЕПЛЯЕТ НАС И ОСВЕЩАЕТ [НАШ ПУТЬ]. ВСЕМ СЕРДЦЕМ [СТРЕМЯСЬ К ТЕБЕ], БУДУ ВОСПЕВАТЬ ТВОЕ МОГУЩЕСТВО И ПРОВОЗГЛАШАТЬ ХВАЛУ ТЕБЕ. БУДЕМ ВЕСЕЛИТЬСЯ МЫ, КОГДА ВВЕ-ДЕШЬ ТЫ НАС В СВОЙ ДОМ, [БУДЕМ БЛАГОДАРИТЬ ТЕБЯ] ЗА ЛЮБОВЬ ТВОЮ И ВЕР-НОСТЬ ТВОЮ [СОЮЗУ С НАМИ]. БУДЕМ ЛИКОВАТЬ И ВЕСЕЛИТЬСЯ С ЭТОЙ ТОРОЙ [В РУ-КАХ], ВЕДЬ ОНА – ЖИЗНЬ НАША, [ОНА] УКРЕПЛЯЕТ НАС И ОСВЕЩАЕТ [НАШ ПУТЬ].

התקבצו СОБРАЛИСЬ АНГЕЛЫ В КРУГ, КАЖДЫЙ – ЛИЦОМ К ОСТАЛЬНЫМ, И КАЖДЫЙ СКАЗАЛ, ОБРАЩАЯСЬ К ДРУГИМ: "КТО ЭТО ТАКОЙ? ЧТО ЗА ЧЕЛОВЕК [СТОИТ] ПЕРЕД ПРЕСТОЛОМ И ДЕРЖИТСЯ ЗА НЕГО, В ТО ВРЕМЯ КАК [ВСЕВЫШНИЙ] РАСПРОСТЕР НАД НИМ ОБЛАКО [В ЗНАК ПОКРОВИТЕЛЬСТВА] СВОЕГО? КТО ОН, ПОДНЯВШИЙСЯ В ВЫСИ? КТО ОН, ПОДНЯВШИЙСЯ В ВЫСИ? КТО ОН, ПОДНЯВШИЙСЯ В ВЫСИ И СПУСТИВШИЙ [ОТ-ТУДА НА ЗЕМЛЮ ТОРУ –] ОПЛОТ [НАШИХ] НАДЕЖД?" СОБРАЛИСЬ АНГЕЛЫ В КРУГ, КАЖ-ДЫЙ – ЛИЦОМ К ОСТАЛЬНЫМ, И КАЖДЫЙ СКАЗАЛ, ОБРАЩАЯСЬ К ДРУГИМ: "КТО ЭТО ТАКОЙ? ЧТО ЗА ЧЕЛОВЕК [СТОИТ] ПЕРЕД ПРЕСТОЛОМ И ДЕРЖИТСЯ ЗА НЕГО, В ТО ВРЕ-МЯ КАК [ВСЕВЫШНИЙ] РАСПРОСТЕР НАД НИМ ОБЛАКО [В ЗНАК ПОКРОВИТЕЛЬСТВА] СВОЕГО?" МОШЕ ПОДНЯЛСЯ В ВЫСИ. МОШЕ ПОДНЯЛСЯ В ВЫСИ. МОШЕ ПОДНЯЛСЯ В ВЫСИ И СПУСТИЛ [ОТТУДА НА ЗЕМЛЮ ТОРУ –] ОПЛОТ [ЛЮДСКИХ] НАДЕЖД. СОБРА-ЛИСЬ АНГЕЛЫ В КРУГ, КАЖДЫЙ – ЛИЦОМ К ОСТАЛЬНЫМ, И КАЖДЫЙ СКАЗАЛ, ОБРА-ЩАЯСЬ К ДРУГИМ: "КТО ЭТО ТАКОЙ? ЧТО ЗА ЧЕЛОВЕК [СТОИТ] ПЕРЕД ПРЕСТОЛОМ И ДЕРЖИТСЯ ЗА НЕГО, В ТО ВРЕМЯ КАК [ВСЕВЫШНИЙ] РАСПРОСТЕР НАД НИМ ОБЛАКО [В ЗНАК ПОКРОВИТЕЛЬСТВА] СВОЕГО?"

אַשְׁרֵיכֶם יִשְׂרָאֵל אַשְׁרֵיכֶם יִשְׂרָאֵל אַשְׁרֵיכֶם יִשְׂרָאֵל · אֲשֶׁר בָּחַר בָּכֶם אֵל · וְהִנְחִילְכֶם הַתּוֹרָה מִמִּדְבָּר מַתָּנָה:

אשרי. יהללו. ח״ק ומתפללין מוסף

דיני וסדר הדלקת נרות של חנוכה

יברך בכל לילה להדליק נר חנוכה ושעשה נסים ולילה הראשון יברך ג״כ שהחיינו ואין להדליק עד שיגמור כל הברכות. המנהג הנכון לדבק הנרות או לתלות המנורה בעובי המזוזה בחלל הפתח ויתחיל להדליק בליל ראשון נר הימין ומליל שני ואילך יברך על הנוסף וילך משמאל לימין:

בָּרוּךְ אַתָּה יְיָ, אֱלֹהֵינוּ מֶלֶךְ הָעוֹלָם, אֲשֶׁר קִדְּשָׁנוּ בְּמִצְוֹתָיו, וְצִוָּנוּ: לְהַדְלִיק נֵר, חֲנֻכָּה.

בָּרוּךְ אַתָּה יְיָ, אֱלֹהֵינוּ מֶלֶךְ הָעוֹלָם, שֶׁעָשָׂה נִסִּים לַאֲבוֹתֵינוּ, בַּיָּמִים הָהֵם בִּזְּמַן הַזֶּה.

בָּרוּךְ אַתָּה יְיָ אֱלֹהֵינוּ מֶלֶךְ הָעוֹלָם, שֶׁהֶחֱיָנוּ וְקִיְּמָנוּ וְהִגִּיעָנוּ לִזְּמַן הַזֶּה:

ואחר שידליק הנרות יאמר זה:

הַנֵּרוֹת הַלָּלוּ אָנוּ מַדְלִיקִין, עַל הַתְּשׁוּעוֹת, וְעַל הַנִּסִּים. וְעַל הַנִּפְלָאוֹת, שֶׁעָשִׂיתָ לַאֲבוֹתֵינוּ בַּיָּמִים הָהֵם בִּזְּמַן הַזֶּה, עַל יְדֵי כֹּהֲנֶיךָ הַקְּדוֹשִׁים. וְכָל שְׁמוֹנַת יְמֵי חֲנֻכָּה, הַנֵּרוֹת הַלָּלוּ קֹדֶשׁ הֵם, וְאֵין לָנוּ רְשׁוּת לְהִשְׁתַּמֵּשׁ בָּהֶן, אֶלָּא לִרְאוֹתָן בִּלְבָד, כְּדֵי לְהוֹדוֹת וּלְהַלֵּל לְשִׁמְךָ הַגָּדוֹל, עַל נִסֶּיךָ וְעַל נִפְלְאוֹתֶיךָ, וְעַל יְשׁוּעוֹתֶיךָ:

דיני מגילה

חייב אדם לקרות המגלה בלילה ולשנותה ביום וצריך לפשוט המגלה כאגרת ומברכין עליה שלש ברכות הללו. אך אין מברכין שהחיינו אלא בלילה ולא ביום. ונוהגין לומר בלילה קדיש שלם אחר תפלת י״ח קודם קריאת המגלה

אנו מברכים שהחינו גם ביום.

ברוך

אגיל БУДУ Я ЛИКОВАТЬ И РАДОВАТЬСЯ, РАДОВАТЬСЯ [ТОМУ, ЧТО У НАС ЕСТЬ] ТОРА. [ЕСЛИ ВСЕ МЫ БУДЕМ] РАДОВАТЬСЯ [ТОМУ, ЧТО У НАС ЕСТЬ] ТОРА, – ПРИДЕТ [МАШИ-АХ] – ПОТОМОК [ДАВИДА], ТОРА – ДРЕВО ЖИЗНИ ДЛЯ ВСЕХ [ЛЮДЕЙ], ЖИВУЩИХ [НА ЗЕМЛЕ], ВЕДЬ ТЫ, [ВСЕВЫШНИЙ], ВЛАСТВУЕШЬ НАД ИСТОЧНИКОМ ЖИЗНИ. АВРАЃАМ РАДОВАЛСЯ ТОРЕ, ИЦХАК РАДОВАЛСЯ ТОРЕ, ЯАКОВ РАДОВАЛСЯ ТОРЕ, МОШЕ РАДОВАЛ-СЯ ТОРЕ, АЃАРОН РАДОВАЛСЯ ТОРЕ, ЭЛИЯЃУ РАДОВАЛСЯ ТОРЕ, ШМУЭЛЬ РАДОВАЛСЯ ТОРЕ, ДАВИД РАДОВАЛСЯ ТОРЕ, ШЛОМО РАДОВАЛСЯ ТОРЕ.

אשריכם СЧАСТЛИВ ТЫ, ИЗРАИЛЬ! СЧАСТЛИВ ТЫ, ИЗРАИЛЬ! СЧАСТЛИВ ТЫ, ИЗРАИЛЬ! ИБО ИЗБРАЛ ВАС БОГ ДЛЯ ТОГО, ЧТОБЫ ДАРОВАТЬ ВАМ В УДЕЛ ТОРУ, [ОТКРЫВШИСЬ ВАМ НА ГОРЕ СИНАЙ], В ПУСТЫНЕ.

После этого говорят: "СЧАСТЛИВЫ..." (стр. 192), "ДА ВОСХВАЛЯТ..." (стр. 193), "Хаци-кадиш" (стр. 42) и читают молитву "Мусаф" (стр. 256).

ЗАЖИГАНИЕ ХАНУКАЛЬНЫХ СВЕЧЕЙ

В первый ханукальный вечер перед зажиганием свечей произносят три благословения, приведенных ниже. В последующие семь вечеров третье благословение опускается. Свечи зажигают лишь после завершения благословений. Следует поместить ханукальный светиль-ник в дверном проеме, напротив косяка, к которому прикреплена мезуза. В первый вечер зажигают одну свечу, крайнюю справа. В каждый из последующих вечеров прибавляют по одной свече, ставя ее слева от остальных; свечи зажигают слева направо.

(См. транслитерацию на стр. 420)

ברוך БЛАГОСЛОВЕН ТЫ, ГОСПОДЬ, БОГ НАШ, ВЛАДЫКА ВСЕЛЕННОЙ, ОСВЯ-ТИВШИЙ НАС СВОИМИ ЗАПОВЕДЯМИ И ПОВЕЛЕВШИЙ НАМ ЗАЖИГАТЬ ХАНУКАЛЬ-НЫЙ СВЕТИЛЬНИК!

ברוך БЛАГОСЛОВЕН ТЫ, ГОСПОДЬ, БОГ НАШ, ВЛАДЫКА ВСЕЛЕННОЙ, ЯВИВ-ШИЙ ЧУДЕСА ОТЦАМ НАШИМ В ТЕ ВРЕМЕНА, В ЭТИ ЖЕ ДНИ [ГОДА] !

ברוך БЛАГОСЛОВЕН ТЫ, ГОСПОДЬ, БОГ НАШ, ВЛАДЫКА ВСЕЛЕННОЙ, КОТО-РЫЙ ДАРОВАЛ НАМ ЖИЗНЬ, И ПОДДЕРЖИВАЛ ЕЕ В НАС, И ДАЛ НАМ ДОЖИТЬ ДО ЭТОГО ВРЕМЕНИ!

После зажигания свечей говорят:

הנרות ЭТИ СВЕЧИ МЫ ЗАЖИГАЕМ [В ПАМЯТЬ] О СПАСЕНИИ, И О ЗНАМЕНИЯХ, И О ЧУДЕСАХ, КОТОРЫЕ ТЫ, РУКАМИ СВЯТЫХ КОЃАНИМ ТВОИХ, ЯВИЛ ОТЦАМ НАШИМ, В ТЕ ВРЕМЕНА, В ЭТИ ЖЕ ДНИ [ГОДА] . И НА ПРОТЯЖЕНИИ ВСЕХ ВОСЬМИ ДНЕЙ ХАНУКИ ЭТИ СВЕЧИ СВЯТЫ, И МЫ НЕ ИМЕЕМ ПРАВА ПОЛЬЗОВАТЬСЯ ИХ СВЕ-ТОМ – МОЖЕМ ЛИШЬ СМОТРЕТЬ НА НИХ, ЧТОБЫ ВОЗНОСИТЬ БЛАГОДАРНОСТЬ И ХВАЛУ ВЕЛИКОМУ ИМЕНИ ТВОЕМУ – ЗА ЗНАМЕНИЯ ТВОИ, И ЗА ЧУДЕСА ТВОИ, И ЗА СПАСЕНИЕ, ПОСЛАННОЕ ТОБОЮ.

ЧТЕНИЕ "МЕГИЛАТ-ЭСТЕР"

Каждый обязан слушать чтение "Мегилат-Эстер" в праздник Пурим дважды: вечером и утром. При этом произносят три приведенных ниже благословения. Вечером после мо-литвы "Амида", перед чтением "Мегилат-эстер", говорят "Кадиш шалем".

בָּרוּךְ אַתָּה יְיָ, אֱלֹהֵינוּ מֶלֶךְ הָעוֹלָם, אֲשֶׁר קִדְּשָׁנוּ
בְּמִצְוֹתָיו, וְצִוָּנוּ: עַל מִקְרָא מְגִלָּה.

בָּרוּךְ אַתָּה יְיָ, אֱלֹהֵינוּ מֶלֶךְ הָעוֹלָם, שֶׁעָשָׂה נִסִּים
לַאֲבוֹתֵינוּ, בַּיָּמִים הָהֵם בִּזְּמַן הַזֶּה:

בָּרוּךְ אַתָּה יְיָ, אֱלֹהֵינוּ מֶלֶךְ הָעוֹלָם, שֶׁהֶחֱיָנוּ וְקִיְּמָנוּ
וְהִגִּיעָנוּ לַזְּמַן הַזֶּה.

כשקורין המגילה בצבור מברכין לאחריה ברכה זו אבל לא ביחיד:

בָּרוּךְ אַתָּה יְיָ, אֱלֹהֵינוּ מֶלֶךְ הָעוֹלָם, הָרָב אֶת רִיבֵנוּ,
וְהַדָּן אֶת דִּינֵנוּ, וְהַנּוֹקֵם אֶת נִקְמָתֵנוּ, וְהַנִּפְרָע
לָנוּ מִצָּרֵינוּ, וְהַמְשַׁלֵּם גְּמוּל לְכָל אוֹיְבֵי נַפְשֵׁנוּ, בָּרוּךְ אַתָּה
יְיָ, הַנִּפְרָע לְעַמּוֹ יִשְׂרָאֵל מִכָּל צָרֵיהֶם, הָאֵל הַמּוֹשִׁיעַ:
שׁוֹשַׁנַּת יַעֲקֹב צָהֲלָה וְשָׂמֵחָה, בִּרְאוֹתָם יַחַד תְּכֵלֶת
מָרְדְּכַי, תְּשׁוּעָתָם הָיִיתָ לָנֶצַח, וְתִקְוָתָם בְּכָל
דּוֹר וָדוֹר, לְהוֹדִיעַ שֶׁכָּל קוֶֹיךָ לֹא יֵבֹשׁוּ וְלֹא יִכָּלְמוּ לָנֶצַח
כָּל הַחוֹסִים בָּךְ. אָרוּר הָמָן אֲשֶׁר בִּקֵּשׁ לְאַבְּדִי, בָּרוּךְ
מָרְדְּכַי הַיְּהוּדִי. אֲרוּרָה זֶרֶשׁ אֵשֶׁת מַפְחִידִי, בְּרוּכָה
אֶסְתֵּר בַּעֲדִי, אֲרוּרִים כָּל הָרְשָׁעִים, בְּרוּכִים כָּל הַצַּדִּיקִים,
וְגַם חַרְבוֹנָה זָכוּר לַטּוֹב:

ואחר כך אומרים ואתה קדוש וכו', קדיש שלם בלא תתקבל. ובמולאי שבת אומרים ויהי נעם ואתה
קדום. קדיש שלם. פליגו. קדיש יתום:
בשחרית אחר שמונה עשרה חצי קדיש וקורין ג' נכרי כפ' ויכא עמלק ומחזירין הספר תורה וקורין
המגילה. אין לחלוץ התפילין עד אחר המגילה. אחר המגילה אומרים אשרי ובא לציון.
קדיש שלם:

סדר ספירת העומר

(שו"ע) (א) כל הלילה כשר לספירת העומר ואם שכח ולא ספר בתחלת הלילה ונזכר קודם שעלה עמוד
השחר חייב לספור אבל כתחלה מצוה מן המובחר לספור בתחלת הלילה מיד אחר תפלת ערבית:
(ב) הספירה צריך לברך מעומד כו' אם מנה מיושב יצא: (ג) מי שישאל אותו חבירו בביה"ש כמה ימי
הספירה בלילה זה, יאמר לו אתמול כך כך, ואם יאמר לו היום כך וכך לא יוכל הוא עצמו לחזור
ולמנות בברכה לפי שכבר יצא ידי חובתו במה שאמר לחבירו היום כך וכך לפי דברי האומרים שאין
צריך כוונה לצאת אף שלא יאמר לעומר אין בכך כלום כו' אבל אם לא אמר לו היום כך וכך אלא השיב

---

*)   מנהגנו – קורין המגילה. אחר המגילה אומרים אשרי ובא לציון. קדיש שלם. ואח"כ מחזירין הס"ת להיכל.

בָּרוּךְ БЛАГОСЛОВЕН ТЫ, ГОСПОДЬ, БОГ НАШ, ВЛАДЫКА ВСЕЛЕННОЙ, ОСВЯТИВ-ШИЙ НАС СВОИМИ ЗАПОВЕДЯМИ И ДАВШИЙ НАМ ПОВЕЛЕНИЕ О ЧТЕНИИ ”МЕГИ-ЛЫ”!

בָּרוּךְ БЛАГОСЛОВЕН ТЫ, ГОСПОДЬ, БОГ НАШ, ВЛАДЫКА ВСЕЛЕННОЙ, СОТВО-РИВШИЙ ЧУДЕСА ДЛЯ ОТЦОВ НАШИХ В ТЕ ВРЕМЕНА, В ЭТИ ЖЕ ДНИ [ГОДА]!

בָּרוּךְ БЛАГОСЛОВЕН ТЫ, ГОСПОДЬ, БОГ НАШ, ВЛАДЫКА ВСЕЛЕННОЙ, КОТОРЫЙ ДАРОВАЛ НАМ ЖИЗНЬ И ПОДДЕРЖИВАЛ ЕЕ В НАС, И ДАЛ НАМ ДОЖИТЬ ДО ЭТОГО ВРЕМЕНИ!

Если во время чтения ”Мегилат-Эстер” был ”миньян”, по завершении чтения говорят:

בָּרוּךְ БЛАГОСЛОВЕН ТЫ, ГОСПОДЬ, БОГ НАШ, ВЛАДЫКА ВСЕЛЕННОЙ, КОТО-РЫЙ ЗАСТУПИЛСЯ ЗА НАС, И БЫЛ СУДЬЕЙ В НАШЕМ СПОРЕ [С ВРАГАМИ], И ОТОМ-СТИЛ ЗА НАС, И НАКАЗАЛ ПРИТЕСНИТЕЛЕЙ НАШИХ, И ОТПЛАТИЛ ПО ЗАСЛУГАМ ВСЕМ НАШИМ СМЕРТЕЛЬНЫМ ВРАГАМ! БЛАГОСЛОВЕН ТЫ, ГОСПОДЬ, ОТОМСТИВ-ШИЙ ЗА НАРОД СВОЙ, ИЗРАИЛЬ, ВСЕМ ВРАГАМ ЕГО, – БОГ СПАСАЮЩИЙ!

שׁוֹשַׁנַּת [СЫНЫ] ЯАКОВА, [ЖИВШИЕ В ГОРОДЕ] ШУШАН, ВОЗЛИКОВАЛИ И ВОЗ-РАДОВАЛИСЬ, КОГДА ВСЕ ОНИ УВИДЕЛИ МОРДЕХАЯ В ГОЛУБОМ [ЦАРСКОМ] ОДЕ-ЯНИИ. ИХ СПАСИТЕЛЕМ БЫЛ ТЫ ВСЕГДА И ОПРАВДЫВАЛ ИХ НАДЕЖДЫ ИЗ ПО-КОЛЕНИЯ В ПОКОЛЕНИЕ – ДАБЫ СТАЛО ИЗВЕСТНЫМ, ЧТО ВСЕ ПОЛАГАЮЩИЕСЯ НА ТЕБЯ НЕ БУДУТ ПОСРАМЛЕНЫ И ВОВЕК НЕ БУДУТ ОПОЗОРЕНЫ ВСЕ НАДЕЮЩИЕ-СЯ НА ТЕБЯ. ПРОКЛЯТ ГАМАН, ЖЕЛАВШИЙ ПОГУБИТЬ МЕНЯ! БЛАГОСЛОВЕН МОР-ДЕХАЙ-ИУДЕЙ! ПРОКЛЯТА ЗЕРЕШ, ЖЕНА [ГАМАНА], УГРОЖАВШЕГО МНЕ! БЛА-ГОСЛОВЕННА ЭСТЕР, [ВСТУПИВШАЯСЯ] ЗА МЕНЯ! ПРОКЛЯТЫ ВСЕ ЗЛОДЕИ! БЛА-ГОСЛОВЕННЫ ВСЕ ПРАВЕДНИКИ! И ХАРБОНА!* ВМЕСТЕ С НИМИ ПУСТЬ БУДЕТ ПО-МЯНУТ ДОБРОМ!

В вечерней молитве далее произносят וְאַתָּה קָדוֹשׁ *(”И ТЫ, СВЯТОЙ...”, стр. 117), а в суб-боту перед этим добавляют* וִיהִי נֹעַם *(”ДА БУДЕТ ДАРОВАНО... БЛАЖЕНСТВО...”, стр. 116). Затем говорят ”Кадиш шалем”, стр. 74 – 75, в будний день пропуская в нем фразу, начинающуюся со слов* תִּתְקַבֵּל *(”ДА БУДУТ ПРИНЯТЫ...”, стр. 74 – 75), עָלֵינוּ (”НАШ ДОЛГ...”, стр. 117 – 118), и ”Кадиш ятом”, стр. 77.*
*В утренней молитве после ”Шмонэ-эсре” говорят ”Хаци-кадиш”, стр. 42 и читают Тору (Шмот, 17:8 – 16), вызывая троих человек. Затем Тору возвращают в ковчег и читают ”Мегилат-Эстер”.** До завершения чтения тфилин не снимают. После ”Мегилат-Эстер” говорят* אַשְׁרֵי *(”СЧАСТЛИВЫ...”, стр. 71), וּבָא לְצִיּוֹן (”И ПРИДЕТ ИЗБАВИТЕЛЬ В СИ-ОН...”, стр. 72–74) и ”Кадиш шалем”, стр. 74–75.*

”СФИРАТ – ГАОМЕР”

Шулхан арух Гарав:
1. Время для ”сфират-Гаомер” — от наступления темноты и до рассвета, однако следует произнести ”сфират- Гаомер” сразу же после вечерней молитвы.
2. ”Сфират-Гаомер” произносят стоя, однако и тот, кто произнес это сидя, заповедь исполнил.
3. На вопрос: ”Какой сегодня день после принесения омера?” — следует ответить: ”Вчера был такой-то день...” — ибо если тот, кому задан вопрос, ответит: ”Сегодня такой-то день”, — даже не добавляя к этим словам: ”... после принесения омера”, — он лишится возможности произнести благословение перед ”сфират-Гаомер”, поскольку есть мнение, что заповедь считается исполненной, даже если человек совершил предписанное ненамерен-но. Если он ответит: ”Такой-то день”, — не произнеся слово ”сегодня”, то он вправе ска-зать благословение перед ”сфират- Гаомер”, однако предпочтительнее все же ответить: ”Вчера был такой-то день”.
4. Тот, кто ответил: ”Сегодня такой-то день после принесения омера”, — до захода солнца, может потом произнести благословение перед ”сфират-Гаомер”.
5. Хотя ”сфират-Гаомер” рекомендуется произносить после вечерней молитвы, можно делать это и перед ней, даже на исходе субботы.
6. В дни, когда произносят ”сфират-Гаомер”, нельзя начинать трапезу, даже самую скромную, позже, чем за полчаса до захода солнца. Однако не обязательно прерывать тра-пезу, если к ней приступили до этого времени. Если же трапезу начали после захода солн-ца, ее следует немедленно прервать и произнести ”сфират-Гаомер”.
7. Тот, кто не произнес ”сфират-Гаомер” до рассвета, должен сделать это днем, до за-хода солнца, не говоря при этом благословения. В таком случае последующие вечера он может произносить благословение перед ”сфират-Гаомер”; если же он не сделал этого и днем, то в последующие вечера благословение перед ”сфират-Гаомер” он произносить не должен.

---
* см. Эстер, 1:10, 7:9.
** Ныне принято возвращать свиток Торы в ковчег после чтения ”Мегилат-Эстер” и произ-несения אַשְׁרֵי (”СЧАСТЛИВЫ...”, стр. 71) и וּבָא לְצִיּוֹן (”И ПРИДЕТ ИЗБАВИТЕЛЬ В СИ-ОН...” стр. 72–74).

לו סתם כך וכך לעומר לא יצא בזה לד״ה ויחזור ויספור בברכה ומכל מקום יותר טוב לומר אתמול היה
כך וכך: (ד) וכל זה כשישואלו בבהי״ש אבל קודם לכן אף אם אמר לו היום כך וכך לעומר חוזר וסופר
בברכה: (ה) מותר לספור קודם תפלת ערבית אפילו במוצאי שבת כו׳ ומכל מקום ראוי להקדים תפילת
ערבית לספירה: (ו) לא יתחיל לאכול אפילו סעודה קטנה חצי שעה סמוך לזמן ספירה דהיינו חצי שעה
קודם ביה״ש כו׳ (אם עבר והתחיל בסעודה בתוך חצי שעה סמוך לזמן הספירה אין צריך להפסיק באמצע
סעודתו) אבל אם התחיל הסעודה לאחר שהגיע זמן הספירה צריך להפסיק ולספור באמצע סעודתו:
(ז) שכח לספור בלילה אחת נוהגין לספור בשאר לילות בלא ברכה כו׳ ובמה דברים אמורים כשלא נזכר
כל הלילה וכל יום המחרת אבל אם נזכר למחר ביום וספר בלא ברכה יספור בשאר כל הלילות בברכה:
(ח) וכל זה כשיברי לו שלא ספר בלד״ה אבל אם הוא מסופק בדבר אף שלא ספר למחר ביום יספור בשאר
לילות בברכה: (ט) במקומות שנוהגין] לקדש ולהבדיל בבית הכנסת על היין סופרים העומר בליל שבת
ויום טוב אחר הקידוש כו׳ ובמוצאי שבת ויום טוב סופרים קודם ההבדלה מיד אחר קדיש תתקבל:
(י) וכשיחל יום טוב במו״ש שאומרים קידוש[והבדלה] על כוס אחת אז אזי סופרים קודם הבדלה והבדל:
[מסי׳ אדמוי״ר] בליל שני של פסח מתחילין לספור ספירת העומר תיכף אחר תפילת ערבית אז יש מי
שאומר שהבא בסוד ה׳ י״ת לספוה אחר שגמר כל הסדר בח״ל והמקדים לברך ולספור מיד אחר התפלה
מוקדם לברכה ואם שבח ולא ספר ביום טוב א׳ של פסח יברך ביום טוב השני ביום הראשון. וזמן התחלת ספירת מח״י
אייר ואיך במדרגות אלו הצפוגיות היא בהצות הלילה לכן אין לספור אחר חצות אלא חצות בלא ברכה וזמן
זה יכל עלות השחר נמשך כל עד י״ז בתמוז ועד בכלל ולכן כשמגיע חצות ליל י״ז בתמוז אסור לאכול:

בָּרוּךְ אַתָּה יְהֹוָה אֱלֹהֵינוּ מֶלֶךְ הָעוֹלָם אֲשֶׁר קִדְּשָׁנוּ בְּמִצְוֹתָיו, וְצִוָּנוּ עַל סְפִירַת הָעֹמֶר:

יכוין לספירה של אותו הלילה ולתיבה אחת של „אנא בכח" ותיבה אחת של מזמור „אלהים יחננו"
ואת א' כפסוק ישמחו :

הַיּוֹם יוֹם אֶחָד לָעֹמֶר: חסד שבחסד אנא אלהים

הָרַחֲמָן הוּא יַחֲזִיר לָנוּ עֲבוֹדַת בֵּית הַמִּקְדָּשׁ לִמְקוֹמָהּ, בִּמְהֵרָה בְיָמֵינוּ אָמֵן סֶלָה.

לַמְנַצֵּחַ בִּנְגִינֹת מִזְמוֹר שִׁיר: אֱלֹהִים יְחָנֵּנוּ וִיבָרְכֵנוּ, יָאֵר פָּנָיו אִתָּנוּ סֶלָה: לָדַעַת בָּאָרֶץ דַּרְכֶּךָ, בְּכָל גּוֹיִם יְשׁוּעָתֶךָ: יוֹדוּךָ עַמִּים אֱלֹהִים, יוֹדוּךָ עַמִּים כֻּלָּם: יִשְׂמְחוּ וִירַנְּנוּ לְאֻמִּים, כִּי תִשְׁפֹּט עַמִּים מִישׁוֹר, וּלְאֻמִּים בָּאָרֶץ תַּנְחֵם סֶלָה: יוֹדוּךָ עַמִּים אֱלֹהִים, יוֹדוּךָ עַמִּים כֻּלָּם: אֶרֶץ נָתְנָה יְבוּלָהּ, יְבָרְכֵנוּ אֱלֹהִים אֱלֹהֵינוּ: יְבָרְכֵנוּ אֱלֹהִים, וְיִירְאוּ אֹתוֹ כָּל אַפְסֵי אָרֶץ:

אָנָּא בְּכֹחַ גְּדֻלַּת יְמִינְךָ תַּתִּיר צְרוּרָה •	אב״ג ית״ץ
קַבֵּל רִנַּת עַמְּךָ שַׂגְּבֵנוּ טַהֲרֵנוּ נוֹרָא •	קר״ע שט״ן
נָא גִבּוֹר דּוֹרְשֵׁי יִחוּדְךָ כְּבָבַת שָׁמְרֵם •	נג״ד יכ״ש
בָּרְכֵם טַהֲרֵם רַחֲמֵי צִדְקָתְךָ תָּמִיד גָּמְלֵם •	בט״ר צת״ג
חֲסִין קָדוֹשׁ בְּרֹב טוּבְךָ נַהֵל עֲדָתֶךָ •	חק״ב טנ״ע
יָחִיד גֵּאֶה לְעַמְּךָ פְּנֵה זוֹכְרֵי קְדֻשָּׁתֶךָ •	יג״ל פז״ק
שַׁוְעָתֵנוּ קַבֵּל וּשְׁמַע צַעֲקָתֵנוּ יוֹדֵעַ תַּעֲלוּמוֹת •	שק״ו צי״ת

בָּרוּךְ שֵׁם כְּבוֹד מַלְכוּתוֹ לְעוֹלָם וָעֶד:

רִבּוֹנוֹ שֶׁל עוֹלָם, אַתָּה צִוִּיתָנוּ עַל יְדֵי מֹשֶׁה עַבְדֶּךָ לִסְפּוֹר סְפִירַת הָעֹמֶר כְּדֵי לְטַהֲרֵנוּ מִקְּלִפּוֹתֵינוּ וּמִטֻּמְאוֹתֵינוּ, כְּמוֹ שֶׁכָּתַבְתָּ בְּתוֹרָתֶךָ: וּסְפַרְתֶּם לָכֶם מִמָּחֳרַת הַשַּׁבָּת מִיּוֹם הֲבִיאֲכֶם אֶת עֹמֶר הַתְּנוּפָה שֶׁבַע שַׁבָּתוֹת תְּמִימֹת תִּהְיֶינָה, עַד מִמָּחֳרַת הַשַּׁבָּת הַשְּׁבִיעִית תִּסְפְּרוּ חֲמִשִּׁים יוֹם, כְּדֵי שֶׁיִּטָּהֲרוּ נַפְשׁוֹת עַמְּךָ יִשְׂרָאֵל מִזֻּהֲמָתָם, וּבְכֵן יְהִי רָצוֹן מִלְּפָנֶיךָ יְיָ אֱלֹהֵינוּ וֵאלֹהֵי אֲבוֹתֵינוּ, שֶׁבִּזְכוּת סְפִירַת הָעֹמֶר שֶׁסָּפַרְתִּי הַיּוֹם, יְתֻקַּן מַה שֶּׁפָּגַמְתִּי בִּסְפִירָה (פלונית השייך לאותו הלילה)

ואמר זהר

8. Если человек сомневается в том, произнес ли он в один из предыдущих дней "сфират-гаомер", то он может произносить благословение в следующие вечера.

9. В тех общинах, где принято совершать "Кидуш" и "Гавдалу" над бокалом вина в синагоге, в те дни, когда говорят "Кидуш", "сфират-гаомер" произносят после него, а в те дни, когда говорят "Гавдалу", "сфират-гаомер" произносят перед ней, сразу после "Кадиш шалем".

10. Если после исхода субботы наступает йом-тов, то "Кидуш" и "Гавдала" объединяются в одну молитву, и "сфират-гаомер" произносят перед ней.

Сидур Гарав:

"Сфират-гаомер" начинают со второго вечера в праздник Песах, сразу после вечерней молитвы, и продолжают произносить до последнего вечера перед праздником Шавуот. Как известно, тот, кто забыл произнести "сфират-гаомер" до рассвета, должен сделать это днем, без благословения. С восемнадцатого ияра и до семнадцатого тамуза в северных краях начинает светать с полуночи, поэтому тот, кто произносит "сфират-гаомер" в это время, не должен говорить благословение. По той же причине в пост семнадцатого тамуза после полуночи есть запрещено.

ברוך БЛАГОСЛОВЕН ТЫ, ГОСПОДЬ, БОГ НАШ, ВЛАДЫКА ВСЕЛЕННОЙ, ОСВЯТИВШИЙ НАС СВОИМИ ЗАПОВЕДЯМИ И ДАВШИЙ НАМ ПОВЕЛЕНИЕ О СЧЕТЕ [ДНЕЙ ПОСЛЕ ПРИНЕСЕНИЯ] ОМЕРА!

Произнося "сфират-гаомер" следует помнить соответствующие данному вечеру сфиру, слово из молитвы אנא בכח *("МЫ МОЛИМ: ВЕЛИКОЙ СИЛОЙ..."), слово из псалма* אלהים יחננו *("БОГ НАС ПОМИЛУЕТ...") и букву из фразы в том же псалме, начинающейся словом* ישמחו *("БУДУТ РАДОВАТЬСЯ...").*

היום СЕГОДНЯ [ИСПОЛНЯЕТСЯ] ОДИН ДЕНЬ [ПОСЛЕ ПРИНЕСЕНИЯ] ОМЕРА.

הרחמן ОН, МИЛОСЕРДНЫЙ, ВОССТАНОВИТ ДЛЯ НАС ХРАМОВУЮ СЛУЖБУ НА ПРЕЖНЕМ МЕСТЕ, ВСКОРЕ, В НАШИ ДНИ – НАВЕЧНО. АМЕН!

למנצח ХВАЛЕБНЫЙ ГИМН, КОТОРЫЙ ПОЮТ В СОПРОВОЖДЕНИИ МУЗЫКАЛЬНЫХ ИНСТРУМЕНТОВ. БОГ НАС ПОМИЛУЕТ, И БЛАГОСЛОВИТ НАС, И БУДЕТ ВЕЧНО К НАМ БЛАГОСКЛОНЕН! [ТОГДА] СТАНУТ ИЗВЕСТНЫ НА ЗЕМЛЕ ПУТИ ТВОИ, ВСЕ НАРОДЫ [УЗНАЮТ] О СПАСЕНИИ, ПОСЛАННОМ ТОБОЙ. БУДУТ БЛАГОДАРИТЬ ТЕБЯ, БОГ, ПЛЕМЕНА; ВСЕ ПЛЕМЕНА БУДУТ БЛАГОДАРИТЬ ТЕБЯ. БУДУТ РАДОВАТЬСЯ И ЛИКОВАТЬ НАРОДЫ, ИБО ТЫ БУДЕШЬ СПРАВЕДЛИВО СУДИТЬ ПЛЕМЕНА, ВЕЧНО БУДЕШЬ ПРАВИТЬ НАРОДАМИ ЗЕМЛИ. ЗА ЭТО БУДУТ БЛАГОДАРИТЬ ТЕБЯ, БОГ, ПЛЕМЕНА; ВСЕ ПЛЕМЕНА БУДУТ БЛАГОДАРИТЬ ТЕБЯ. ТОГДА ЗЕМЛЯ ПРИНЕСЕТ СВОИ ПЛОДЫ, И БЛАГОСЛОВИТ НАС БОГ, БОГ НАШ. БЛАГОСЛОВИТ НАС БОГ, И БУДУТ ТРЕПЕТАТЬ ПРЕД НИМ ВО ВСЕХ ЗЕМНЫХ ПРЕДЕЛАХ.[1]

אנא МЫ МОЛИМ: ВЕЛИКОЙ СИЛОЙ ДЕСНИЦЫ СВОЕЙ ОСВОБОДИ УЗНИКОВ! ПРИМИ МОЛИТВУ НАРОДА СВОЕГО, УКРЕПИ И ОЧИСТИ НАС, ГРОЗНЫЙ [ВЛАДЫКА]! МЫ МОЛИМ: ВСЕМОГУЩИЙ! ХРАНИ КАК ЗЕНИЦУ ОКА ПРОВОЗГЛАШАЮЩИХ ЕДИНСТВО ТВОЕ! БЛАГОСЛОВИ ИХ, ОЧИСТИ ИХ, ПОМИЛУЙ ИХ, ПОСТОЯННО ДАРУЙ ИМ МИЛОСТЬ СВОЮ! НЕПОКОЛЕБИМЫЙ, СВЯТОЙ, ПО ВЕЛИКОЙ ДОБРОТЕ СВОЕЙ УПРАВЛЯЙ СВОИМ НАРОДОМ! ЕДИНСТВЕННЫЙ, ВСЕВЫШНИЙ, ОБРАТИСЬ К НАРОДУ СВОЕМУ, ПОМНЯЩЕМУ О СВЯТОСТИ ТВОЕЙ! ПРИМИ МОЛЬБУ НАШУ И УСЛЫШЬ НАШ ВОПЛЬ, ТЫ, ПРЕД КОТОРЫМ ОТКРЫТО ТАЙНОЕ! БЛАГОСЛОВЕННО СЛАВНОЕ ИМЯ ЦАРСТВА ЕГО ВО ВЕКИ ВЕКОВ!

רבונו ВЛАСТЕЛИН МИРА! ТЫ ПЕРЕДАЛ НАМ ПОВЕЛЕНИЕ ЧЕРЕЗ МОШЕ, РАБА ТВОЕГО: ВЕСТИ СЧЕТ ДНЯМ [ПОСЛЕ ПРИНЕСЕНИЯ] ОМЕРА, – ЧТОБЫ ОЧИСТИТЬ НАС ОТ НАШЕГО ЗЛА И ОТ СКВЕРНЫ НАШЕЙ, – КАК НАПИСАЛ ТЫ В ТОРЕ СВОЕЙ: "И ВЕДИТЕ ДЛЯ СЕБЯ СЧЕТ, [НАЧИНАЯ] С ПЕРВОГО ДНЯ ПОСЛЕ ПРАЗДНИКА [ПЕСАХ], – ДНЯ ПРИНОШЕНИЯ ВАМИ ОМЕРА [ЯЧМЕНЯ: ХЛЕБНОГО ДАРА], КОТОРЫМ [ВЫ ДОЛЖНЫ БЫЛИ] РАЗМАХИВАТЬ [ПЕРЕД ТЕМ, КАК ПРИНЕСТИ ЕГО В ЖЕРТВУ]. СЕМЬ ПОЛНЫХ НЕДЕЛЬ ДОЛЖНЫ БЫТЬ ОТСЧИТАНЫ; И ДНЯ, СЛЕДУЮЩЕГО ЗА СЕДЬМОЙ НЕДЕЛЕЙ, ОТСЧИТАЙТЕ ПЯТЬДЕСЯТ ДНЕЙ",[2] – ЧТОБЫ ОЧИСТИЛИСЬ ДУШИ НАРОДА ТВОЕГО, ИЗРАИЛЯ, ОТ СКВЕРНЫ СВОЕЙ; И ПОТОМУ ДА БУДЕТ УГОДНО ТЕБЕ, ГОСПОДЬ, БОГ НАШ И БОГ ОТЦОВ НАШИХ, ЧТОБЫ В ЗАСЛУГУ ЗА ТО, ЧТО Я СЕГОДНЯ ВЕЛ СЧЕТ ДНЯМ ПОСЛЕ ПРИНЕСЕНИЯ ОМЕРА, – БЫЛ ИСПРАВЛЕН ВРЕД, ПРИЧИНЕННЫЙ МНОЙ СФИРЕ *(здесь называют сфиру, соответствующую данному дню)*,

---

1. Теѓилим, 67. 2. Вайкра, 23:15,16.

* Дни "сфират-гаомер" — подготовка к получению Торы в праздник Шавуот. Эти сорок девять дней — сорок девять ступеней духовного восхождения. За это время исполнением заповеди зла и скверны должны быть очищены семь сфирот — от сфиры "Хесед" до сфиры "Малхут", соответствующие семи основным способностям человеческой души (любви, страху и т.д.), каждая из которых включает себе семь таких же сфирот. Каждому из этих дней соответствует одно слово в псалме למנצח ("ХВАЛЕБНЫЙ ГИМН..."), одна буква по фразе, начинающейся словом ישמחו ("БУДУТ РАДОВАТЬСЯ...") в этом псалме и одно слово в молитве אנא בכח ("МЫ МОЛИМ: ВЕЛИКОЙ СИЛОЙ...").

וְאֶטָּהַר וְאֶתְקַדֵּשׁ בִּקְדֻשָּׁה שֶׁל מַעֲלָה, וְעַל יְדֵי זֶה יֻשְׁפַּע שֶׁפַע רַב בְּכָל הָעוֹלָמוֹת
וּלְתַקֵּן אֶת נַפְשׁוֹתֵינוּ, וְרוּחוֹתֵינוּ וְנִשְׁמוֹתֵינוּ מִכָּל סִיג וּפְגָם וּלְטַהֲרֵנוּ וּלְקַדְּשֵׁנוּ
בִּקְדֻשָּׁתְךָ הָעֶלְיוֹנָה, אָמֵן סֶלָה:

הַיּוֹם חֲמִשָּׁה עָשָׂר יוֹם שֶׁהֵם שְׁנֵי שָׁבוּעוֹת וְיוֹם אֶחָד לָעוֹמֶר: י	הַיּוֹם שְׁנֵי יָמִים לָעוֹמֶר: ש		
הָרַחֲמָן עָמִּיס גֵּא	הָרַחֲמָן יִחְמוֹט נכח	נבורה שבהחסד	
חסד שבתפארת			
הַיּוֹם שִׁשָּׁה עָשָׂר יוֹם שֶׁהֵם שְׁנֵי שָׁבוּעוֹת וּשְׁנֵי יָמִים לָעוֹמֶר: ם	הַיּוֹם שְׁלֹשָׁה יָמִים לָעוֹמֶר: מ		
הָרַחֲמָן אֲלֹסֵם נַטוּר	הָרַחֲמָן וִינְכְטוּ גְדוֹלָת	תפארת שבהחסד	
נבורה שבתפארת			
הַיּוֹם שִׁבְעָה עָשָׂר יוֹם שֶׁהֵם שְׁנֵי שָׁבוּעוֹת וּשְׁלֹשָׁה יָמִים לָעוֹמֶר: כ	הַיּוֹם אַרְבָּעָה יָמִים לָעוֹמֶר: ח		
הָרַחֲמָן יוֹדֵן חֹרֵשׁ	הָרַחֲמָן יָאֵר יָמִיק	נצח שבהחסד	
ת"ת שבתפארת			
הַיּוֹם שְׁמוֹנָה עָשָׂר יוֹם שֶׁהֵם שְׁנֵי שָׁבוּעוֹת וְאַרְבָּעָה יָמִים לָעוֹמֶר: י	הַיּוֹם חֲמִשָּׁה יָמִים לָעוֹמֶר: ו		
הָרַחֲמָן עָמִיס יְחוֹדֵן	הָרַחֲמָן סְפוּ הַתִּיר	הוד שבהחסד	
נצח שבתפארת			
הַיּוֹם תִּשְׁעָה עָשָׂר יוֹם שֶׁהֵם שְׁנֵי שָׁבוּעוֹת וַחֲמִשָּׁה יָמִים לָעוֹמֶר: ת	הַיּוֹם שִׁשָּׁה יָמִים לָעוֹמֶר: ו		
הָרַחֲמָן כּוֹלֵס כְּנֶנֶת	הָרַחֲמָן אֶתְנוּ גְרוּדֵס	יסוד שבהחסד	
הוד שבתפארת			
הַיּוֹם עֶשְׂרִים יוֹם שֶׁהֵם שְׁנֵי שָׁבוּעוֹת וְשִׁשָּׁה יָמִים לָעוֹמֶר: ש	הַיּוֹם שִׁבְעָה יָמִים שֶׁהֵם שָׁבוּעַ אֶחָד לָעוֹמֶר: י		
הָרַחֲמָן יִשְׂמְתוּ שָׁמְרֵס	הָרַחֲמָן סְלֵס אֲב"ג יְת"ץ	מלכות שבהחסד	
יסוד שבתפארת			
הַיּוֹם אֶחָד וְעֶשְׂרִים יוֹם שֶׁהֵם שְׁלֹשָׁה שָׁבוּעוֹת לָעוֹמֶר: פ	הַיּוֹם שְׁמוֹנָה יָמִים שֶׁהֵם שָׁבוּעַ אֶחָד וְיוֹם אֶחָד לָעוֹמֶר: ר		
הָרַחֲמָן וִירְנָט עג"ד יכ"ש	הָרַחֲמָן לְדַעַת קֵבֵל	חסד שבגבורה	
מלכות שבתפארת			
הַיּוֹם שְׁנַיִם וְעֶשְׂרִים יוֹם שֶׁהֵם שְׁלֹשָׁה שָׁבוּעוֹת וְיוֹם אֶחָד לָעוֹמֶר: ו	הַיּוֹם תִּשְׁעָה יָמִים שֶׁהֵם שָׁבוּעַ אֶחָד וּשְׁנֵי יָמִים לָעוֹמֶר: נ		
הָרַחֲמָן לְאוּמִיס נַרְכֵּס	הָרַחֲמָן נְאֹרֶן רֹנַט	נבורה שבגבורה	
חסד שבנצח			
הַיּוֹם שְׁלֹשָׁה וְעֶשְׂרִים יוֹם שֶׁהֵם שְׁלֹשָׁה שָׁבוּעוֹת וּשְׁנֵי יָמִים לָעוֹמֶר: ט	הַיּוֹם עֲשָׂרָה יָמִים שֶׁהֵם שָׁבוּעַ אֶחָד וּשְׁלֹשָׁה יָמִים לָעוֹמֶר: נ		
הָרַחֲמָן כִּי טָסֵרֵב	הָרַחֲמָן דָּכֶף עַמֵן	תפארת שבגבורה	
נבורה שבנצח			
הַיּוֹם אַרְבָּעָה וְעֶשְׂרִים יוֹם שֶׁהֵם שְׁלֹשָׁה שָׁבוּעוֹת וּשְׁלֹשָׁה יָמִים לָעוֹמֶר: ע	הַיּוֹם אַחַד עָשָׂר יוֹם שֶׁהֵם שָׁבוּעַ אֶחָד וְאַרְבָּעָה יָמִים לָעוֹמֶר: ו		
הָרַחֲמָן הַשָּׂטוֹע רַחֲמֵי	הָרַחֲמָן נְכֵל שֶׁגְנֵט	נצח שבגבורה	
תפארת שבנצח			
הַיּוֹם חֲמִשָּׁה וְעֶשְׂרִים יוֹם שֶׁהֵם שְׁלֹשָׁה שָׁבוּעוֹת וְאַרְבָּעָה יָמִים לָעוֹמֶר: מ	הַיּוֹם שְׁנֵים עָשָׂר יוֹם שֶׁהֵם שָׁבוּעַ אֶחָד וַחֲמִשָּׁה יָמִים לָעוֹמֶר: ל		
הָרַחֲמָן עָמִיס לִדִיקֵף	הָרַחֲמָן גּוּיֵס טָהֲרֵט	הוד שבגבורה	
נצח שבנצח			
	הַיּוֹם שְׁלֹשָׁה עָשָׂר יוֹם שֶׁהֵם שָׁבוּעַ אֶחָד וְשִׁשָּׁה יָמִים לָעוֹמֶר: א		
	הָרַחֲמָן יְשַׁעְתֶּךָ טוֹרֵא	יסוד שבגבורה	
	הַיּוֹם אַרְבָּעָה עָשָׂר יוֹם שֶׁהֵם שְׁנֵי שָׁבוּעוֹת לָעוֹמֶר: מ		
	הָרַחֲמָן יוֹדוֹן קְר"ע שְׂט"ן	מלכות שבגבורה	

הַיּוֹם

И Я БУДУ ОЧИЩЕН, БУДУ ОСВЯЩЕН ВЫСШЕЙ СВЯТОСТЬЮ; И БЛАГОДАРЯ ЭТОМУ БУДЕТ НИСПОСЛАН ВЕЛИКИЙ СВЕТ ВО ВСЕ МИРЫ; И ПУСТЬ БУДУТ ИЗБАВЛЕНЫ НЕФЕШ, РУАХ И НЕШАМА ОТ ВСЯКИХ ПРИМЕСЕЙ И ИЗЪЯНОВ, И БУДЕМ МЫ ОЧИЩЕНЫ И ОСВЯЩЕНЫ ТВОЕЙ ВЫСШЕЙ СВЯТОСТЬЮ НАВЕКИ. АМЕН!

СЕГОДНЯ [ИСПОЛНЯЕТСЯ] ДВА ДНЯ [ПОСЛЕ ПРИНЕСЕНИЯ] ОМЕРА.

СЕГОДНЯ [ИСПОЛНЯЕТСЯ] ТРИ ДНЯ [ПОСЛЕ ПРИНЕСЕНИЯ] ОМЕРА.

СЕГОДНЯ [ИСПОЛНЯЕТСЯ] ЧЕТЫРЕ ДНЯ [ПОСЛЕ ПРИНЕСЕНИЯ] ОМЕРА.

СЕГОДНЯ [ИСПОЛНЯЕТСЯ] ПЯТЬ ДНЕЙ [ПОСЛЕ ПРИНЕСЕНИЯ] ОМЕРА.

СЕГОДНЯ [ИСПОЛНЯЕТСЯ] ШЕСТЬ ДНЕЙ [ПОСЛЕ ПРИНЕСЕНИЯ] ОМЕРА.

СЕГОДНЯ [ИСПОЛНЯЕТСЯ] СЕМЬ ДНЕЙ, ТО ЕСТЬ ОДНА НЕДЕЛЯ, [ПОСЛЕ ПРИНЕСЕНИЯ] ОМЕРА.

СЕГОДНЯ [ИСПОЛНЯЕТСЯ] ВОСЕМЬ ДНЕЙ, ТО ЕСТЬ ОДНА НЕДЕЛЯ И ОДИН ДЕНЬ, [ПОСЛЕ ПРИНЕСЕНИЯ] ОМЕРА.

СЕГОДНЯ [ИСПОЛНЯЕТСЯ] ДЕВЯТЬ ДНЕЙ, ТО ЕСТЬ ОДНА НЕДЕЛЯ И ДВА ДНЯ, [ПОСЛЕ ПРИНЕСЕНИЯ] ОМЕРА.

СЕГОДНЯ [ИСПОЛНЯЕТСЯ] ДЕСЯТЬ ДНЕЙ, ТО ЕСТЬ ОДНА НЕДЕЛЯ И ТРИ ДНЯ, [ПОСЛЕ ПРИНЕСЕНИЯ] ОМЕРА.

СЕГОДНЯ [ИСПОЛНЯЕТСЯ] ОДИННАДЦАТЬ ДНЕЙ, ТО ЕСТЬ ОДНА НЕДЕЛЯ И ЧЕТЫРЕ ДНЯ, [ПОСЛЕ ПРИНЕСЕНИЯ] ОМЕРА.

СЕГОДНЯ [ИСПОЛНЯЕТСЯ] ДВЕНАДЦАТЬ ДНЕЙ, ТО ЕСТЬ ОДНА НЕДЕЛЯ И ПЯТЬ ДНЕЙ, [ПОСЛЕ ПРИНЕСЕНИЯ] ОМЕРА.

СЕГОДНЯ [ИСПОЛНЯЕТСЯ] ТРИНАДЦАТЬ ДНЕЙ, ТО ЕСТЬ ОДНА НЕДЕЛЯ И ШЕСТЬ ДНЕЙ, [ПОСЛЕ ПРИНЕСЕНИЯ] ОМЕРА.

СЕГОДНЯ [ИСПОЛНЯЕТСЯ] ЧЕТЫРНАДЦАТЬ ДНЕЙ, ТО ЕСТЬ ДВЕ НЕДЕЛИ, [ПОСЛЕ ПРИНЕСЕНИЯ] ОМЕРА.

СЕГОДНЯ [ИСПОЛНЯЕТСЯ] ПЯТНАДЦАТЬ ДНЕЙ, ТО ЕСТЬ ДВЕ НЕДЕЛИ И ОДИН ДЕНЬ, [ПОСЛЕ ПРИНЕСЕНИЯ] ОМЕРА.

СЕГОДНЯ [ИСПОЛНЯЕТСЯ] ШЕСТНАДЦАТЬ ДНЕЙ, ТО ЕСТЬ ДВЕ НЕДЕЛИ И ДВА ДНЯ, [ПОСЛЕ ПРИНЕСЕНИЯ] ОМЕРА.

СЕГОДНЯ [ИСПОЛНЯЕТСЯ] СЕМНАДЦАТЬ ДНЕЙ, ТО ЕСТЬ ДВЕ НЕДЕЛИ И ТРИ ДНЯ, [ПОСЛЕ ПРИНЕСЕНИЯ] ОМЕРА.

СЕГОДНЯ [ИСПОЛНЯЕТСЯ] ВОСЕМНАДЦАТЬ ДНЕЙ, ТО ЕСТЬ ДВЕ НЕДЕЛИ И ЧЕТЫРЕ ДНЯ, [ПОСЛЕ ПРИНЕСЕНИЯ] ОМЕРА.

СЕГОДНЯ [ИСПОЛНЯЕТСЯ] ДЕВЯТНАДЦАТЬ ДНЕЙ, ТО ЕСТЬ ДВЕ НЕДЕЛИ И ПЯТЬ ДНЕЙ, [ПОСЛЕ ПРИНЕСЕНИЯ] ОМЕРА.

СЕГОДНЯ [ИСПОЛНЯЕТСЯ] ДВАДЦАТЬ ДНЕЙ, ТО ЕСТЬ ДВЕ НЕДЕЛИ И ШЕСТЬ ДНЕЙ, [ПОСЛЕ ПРИНЕСЕНИЯ] ОМЕРА.

СЕГОДНЯ [ИСПОЛНЯЕТСЯ] ДВАДЦАТЬ ОДИН ДЕНЬ, ТО ЕСТЬ ТРИ НЕДЕЛИ, [ПОСЛЕ ПРИНЕСЕНИЯ] ОМЕРА.

СЕГОДНЯ [ИСПОЛНЯЕТСЯ] ДВАДЦАТЬ ДВА ДНЯ, ТО ЕСТЬ ТРИ НЕДЕЛИ И ОДИН ДЕНЬ, [ПОСЛЕ ПРИНЕСЕНИЯ] ОМЕРА.

СЕГОДНЯ [ИСПОЛНЯЕТСЯ] ДВАДЦАТЬ ТРИ ДНЯ, ТО ЕСТЬ ТРИ НЕДЕЛИ И ДВА ДНЯ, [ПОСЛЕ ПРИНЕСЕНИЯ] ОМЕРА.

СЕГОДНЯ [ИСПОЛНЯЕТСЯ] ДВАДЦАТЬ ЧЕТЫРЕ ДНЯ, ТО ЕСТЬ ТРИ НЕДЕЛИ И ТРИ ДНЯ, [ПОСЛЕ ПРИНЕСЕНИЯ] ОМЕРА.

СЕГОДНЯ [ИСПОЛНЯЕТСЯ] ДВАДЦАТЬ ПЯТЬ ДНЕЙ, ТО ЕСТЬ ТРИ НЕДЕЛИ И ЧЕТЫРЕ ДНЯ, [ПОСЛЕ ПРИНЕСЕНИЯ] ОМЕРА.

היום שִׁשָּׁה וְעֶשְׂרִים יוֹם שֶׁהֵם שְׁלֹשָׁה | היום שְׁמוֹנָה וּשְׁלֹשִׁים יוֹם שֶׁהֵם חֲמִשָּׁה
שָׁבוּעוֹת וַחֲמִשָּׁה יָמִים לָעוֹמֶר: י | שָׁבוּעוֹת וּשְׁלֹשָׁה יָמִים לָעוֹמֶר: ס

הרחמן מישור תמיד חוד שבנצח | תפארת שביסוד הרחמן מכה לעמך

היום שִׁבְעָה וְעֶשְׂרִים יוֹם שֶׁהֵם שְׁלֹשָׁה | היום תִּשְׁעָה וּשְׁלֹשִׁים יוֹם שֶׁהֵם חֲמִשָּׁה
שָׁבוּעוֹת וְשִׁשָּׁה יָמִים לָעוֹמֶר: ס | שָׁבוּעוֹת וְאַרְבָּעָה יָמִים לָעוֹמֶר: ב

הרחמן ולאומים גמלם יסוד שבנצח | נצח שביסוד הרחמן יגולה פנה

היום שְׁמוֹנָה וְעֶשְׂרִים יוֹם שֶׁהֵם אַרְבָּעָה | היום אַרְבָּעִים יוֹם שֶׁהֵם חֲמִשָּׁה שָׁבוּעוֹת
שָׁבוּעוֹת לָעוֹמֶר: | וַחֲמִשָּׁה יָמִים לָעוֹמֶר:
מ | א

הרחמן כאלן נטי"ר לת"נ מלכות שבנצח | חוד שביסוד הרחמן ינקנו זוכרי

היום תִּשְׁעָה וְעֶשְׂרִים יוֹם שֶׁהֵם אַרְבָּעָה | היום אֶחָד וְאַרְבָּעִים יוֹם שֶׁהֵם חֲמִשָּׁה
שָׁבוּעוֹת וְיוֹם אֶחָד לָעוֹמֶר: י | שָׁבוּעוֹת וְשִׁשָּׁה יָמִים לָעוֹמֶר: ר

הרחמן הנחם מסין חסד שבהוד | יסוד שביסוד הרחמן אלהים קדושך

היום שְׁלֹשִׁים יוֹם שֶׁהֵם אַרְבָּעָה שָׁבוּעוֹת | היום שְׁנַיִם וְאַרְבָּעִים יוֹם שֶׁהֵם שִׁשָּׁה
וּשְׁנֵי יָמִים לָעוֹמֶר: ש | שָׁבוּעוֹת לָעוֹמֶר: ץ

הרחמן סלה קדום גבורה שבהוד | מלכות שביסוד הרחמן אלהים יגיל שין

היום אֶחָד וּשְׁלֹשִׁים יוֹם שֶׁהֵם אַרְבָּעָה | היום שְׁלֹשָׁה וְאַרְבָּעִים יוֹם שֶׁהֵם שִׁשָּׁה
שָׁבוּעוֹת וּשְׁלֹשָׁה יָמִים לָעוֹמֶר: ו | שָׁבוּעוֹת וְיוֹם אֶחָד לָעוֹמֶר: ת

הרחמן יודך כרוב תפארת שבהוד | חסד שבמלכות הרחמן ינקנו שועתנו

היום שְׁנַיִם וּשְׁלֹשִׁים יוֹם שֶׁהֵם אַרְבָּעָה | היום אַרְבָּעָה וְאַרְבָּעִים יוֹם שֶׁהֵם שִׁשָּׁה
שָׁבוּעוֹת וְאַרְבָּעָה יָמִים לָעוֹמֶר: ר | שָׁבוּעוֹת וּשְׁנֵי יָמִים לָעוֹמֶר: נ

הרחמן עמיך טינך ל"ג בעומר נצח שבהוד | גבורה שבמלכות הרחמן אלהים קנל

היום שְׁלֹשָׁה וּשְׁלֹשִׁים יוֹם שֶׁהֵם אַרְבָּעָה | היום חֲמִשָּׁה וְאַרְבָּעִים יוֹם שֶׁהֵם שִׁשָּׁה
שָׁבוּעוֹת וַחֲמִשָּׁה יָמִים לָעוֹמֶר: ו | שָׁבוּעוֹת וּשְׁלֹשָׁה יָמִים לָעוֹמֶר: ח

הרחמן אלהים נהל הוד שבהוד | תפארת שבמלכות הרחמן ויהלא ושמך

היום אַרְבָּעָה וּשְׁלֹשִׁים יוֹם שֶׁהֵם אַרְבָּעָה | היום שִׁשָּׁה וְאַרְבָּעִים יוֹם שֶׁהֵם שִׁשָּׁה
שָׁבוּעוֹת וְשִׁשָּׁה יָמִים לָעוֹמֶר: ל | שָׁבוּעוֹת וְאַרְבָּעָה יָמִים לָעוֹמֶר: ס

הרחמן יודך עדתך יסוד שבהוד | נצח שבמלכות הרחמן אותו לעתים

היום חֲמִשָּׁה וּשְׁלֹשִׁים יוֹם שֶׁהֵם חֲמִשָּׁה | היום שִׁבְעָה וְאַרְבָּעִים יוֹם שֶׁהֵם שִׁשָּׁה
שָׁבוּעוֹת לָעוֹמֶר: א | שָׁבוּעוֹת וַחֲמִשָּׁה יָמִים לָעוֹמֶר: ס

הרחמן עמיך חק"נ מ"ט ע"ט מלכת שבהוד | הוד שבמלכות הרחמן כל יודע

היום שִׁשָּׁה וּשְׁלֹשִׁים יוֹם שֶׁהֵם חֲמִשָּׁה | היום שְׁמוֹנָה וְאַרְבָּעִים יוֹם שֶׁהֵם שִׁשָּׁה
שָׁבוּעוֹת וְיוֹם אֶחָד לָעוֹמֶר: מ | שָׁבוּעוֹת וּשְׁלֹשָׁה יָמִים לָעוֹמֶר: ל

הרחמן כלב יחיד חסד שביסוד | יסוד שבמלכות הרחמן לפני תפלומוּת

היום שִׁבְעָה וּשְׁלֹשִׁים יוֹם שֶׁהֵם חֲמִשָּׁה | היום תִּשְׁעָה וְאַרְבָּעִים יוֹם שֶׁהֵם שִׁבְעָה
שָׁבוּעוֹת וּשְׁנֵי יָמִים לָעוֹמֶר: י | שָׁבוּעוֹת לָעוֹמֶר: ה

הרחמן אלן גאה גבורה שביסוד | מלכות שבמלכות הרחמן ארן סק"ו ט"ס

СЕГОДНЯ [ИСПОЛНЯЕТСЯ] ДВАД-
ЦАТЬ ШЕСТЬ ДНЕЙ, ТО ЕСТЬ ТРИ
НЕДЕЛИ И ПЯТЬ ДНЕЙ, [ПОСЛЕ ПРИ-
НЕСЕНИЯ] ОМЕРА.

СЕГОДНЯ [ИСПОЛНЯЕТСЯ] ДВАД-
ЦАТЬ СЕМЬ ДНЕЙ, ТО ЕСТЬ ТРИ НЕДЕ-
ЛИ И ШЕСТЬ ДНЕЙ, [ПОСЛЕ ПРИНЕСЕ-
НИЯ] ОМЕРА.

СЕГОДНЯ [ИСПОЛНЯЕТСЯ] ДВАД-
ЦАТЬ ВОСЕМЬ ДНЕЙ, ТО ЕСТЬ ЧЕТЫРЕ
НЕДЕЛИ, [ПОСЛЕ ПРИНЕСЕНИЯ] ОМЕ-
РА.

СЕГОДНЯ [ИСПОЛНЯЕТСЯ] ДВАД-
ЦАТЬ ДЕВЯТЬ ДНЕЙ, ТО ЕСТЬ ЧЕТЫРЕ
НЕДЕЛИ И ОДИН ДЕНЬ, [ПОСЛЕ ПРИ-
НЕСЕНИЯ] ОМЕРА.

СЕГОДНЯ [ИСПОЛНЯЕТСЯ] ТРИД-
ЦАТЬ ДНЕЙ, ТО ЕСТЬ ЧЕТЫРЕ НЕДЕЛИ
И ДВА ДНЯ, [ПОСЛЕ ПРИНЕСЕНИЯ]
ОМЕРА.

СЕГОДНЯ [ИСПОЛНЯЕТСЯ] ТРИД-
ЦАТЬ ОДИН ДЕНЬ, ТО ЕСТЬ ЧЕТЫРЕ
НЕДЕЛИ И ТРИ ДНЯ, [ПОСЛЕ ПРИНЕСЕ-
НИЯ] ОМЕРА.

СЕГОДНЯ [ИСПОЛНЯЕТСЯ] ТРИД-
ЦАТЬ ДВА ДНЯ, ТО ЕСТЬ ЧЕТЫРЕ
НЕДЕЛИ И ЧЕТЫРЕ ДНЯ, [ПОСЛЕ
ПРИНЕСЕНИЯ] ОМЕРА.

ЛАГ БАОМЕР

СЕГОДНЯ [ИСПОЛНЯЕТСЯ] ТРИД-
ЦАТЬ ТРИ ДНЯ, ТО ЕСТЬ ЧЕТЫРЕ НЕДЕ-
ЛИ И ПЯТЬ ДНЕЙ, [ПОСЛЕ ПРИНЕСЕ-
НИЯ] ОМЕРА.

СЕГОДНЯ [ИСПОЛНЯЕТСЯ] ТРИД-
ЦАТЬ ЧЕТЫРЕ ДНЯ, ТО ЕСТЬ ЧЕТЫРЕ
НЕДЕЛИ И ШЕСТЬ ДНЕЙ, [ПОСЛЕ
ПРИНЕСЕНИЯ] ОМЕРА.

СЕГОДНЯ [ИСПОЛНЯЕТСЯ] ТРИД-
ЦАТЬ ПЯТЬ ДНЕЙ, ТО ЕСТЬ ПЯТЬ
НЕДЕЛЬ, [ПОСЛЕ ПРИНЕСЕНИЯ] ОМЕ-
РА.

СЕГОДНЯ [ИСПОЛНЯЕТСЯ] ТРИД-
ЦАТЬ ШЕСТЬ ДНЕЙ, ТО ЕСТЬ ПЯТЬ
НЕДЕЛЬ И ОДИН ДЕНЬ, [ПОСЛЕ ПРИ-
НЕСЕНИЯ] ОМЕРА.

СЕГОДНЯ [ИСПОЛНЯЕТСЯ] ТРИД-
ЦАТЬ СЕМЬ ДНЕЙ, ТО ЕСТЬ ПЯТЬ
НЕДЕЛЬ И ДВА ДНЯ, [ПОСЛЕ ПРИНЕ-
СЕНИЯ] ОМЕРА.

СЕГОДНЯ [ИСПОЛНЯЕТСЯ] ТРИД-
ЦАТЬ ВОСЕМЬ ДНЕЙ, ТО ЕСТЬ ПЯТЬ
НЕДЕЛЬ И ТРИ ДНЯ, [ПОСЛЕ ПРИНЕСЕ-
НИЯ] ОМЕРА.

СЕГОДНЯ [ИСПОЛНЯЕТСЯ] ТРИД-
ЦАТЬ ДЕВЯТЬ ДНЕЙ, ТО ЕСТЬ ПЯТЬ
НЕДЕЛЬ И ЧЕТЫРЕ ДНЯ, [ПОСЛЕ
ПРИНЕСЕНИЯ] ОМЕРА.

СЕГОДНЯ [ИСПОЛНЯЕТСЯ] СОРОК
ДНЕЙ, ТО ЕСТЬ ПЯТЬ НЕДЕЛЬ И ПЯТЬ
ДНЕЙ, [ПОСЛЕ ПРИНЕСЕНИЯ] ОМЕРА.

СЕГОДНЯ [ИСПОЛНЯЕТСЯ] СОРОК
ОДИН ДЕНЬ, ТО ЕСТЬ ПЯТЬ НЕДЕЛЬ И
ШЕСТЬ ДНЕЙ, [ПОСЛЕ ПРИНЕСЕНИЯ]
ОМЕРА.

СЕГОДНЯ [ИСПОЛНЯЕТСЯ] СОРОК
ДВА ДНЯ, ТО ЕСТЬ ШЕСТЬ НЕДЕЛЬ,
[ПОСЛЕ ПРИНЕСЕНИЯ] ОМЕРА.

СЕГОДНЯ [ИСПОЛНЯЕТСЯ] СОРОК
ТРИ ДНЯ, ТО ЕСТЬ ШЕСТЬ НЕДЕЛЬ И
ОДИН ДЕНЬ, [ПОСЛЕ ПРИНЕСЕНИЯ]
ОМЕРА.

СЕГОДНЯ [ИСПОЛНЯЕТСЯ] СОРОК
ЧЕТЫРЕ ДНЯ, ТО ЕСТЬ ШЕСТЬ НЕДЕЛЬ
И ДВА ДНЯ, [ПОСЛЕ ПРИНЕСЕНИЯ]
ОМЕРА.

СЕГОДНЯ [ИСПОЛНЯЕТСЯ] СОРОК
ПЯТЬ ДНЕЙ, ТО ЕСТЬ ШЕСТЬ НЕДЕЛЬ
И ТРИ ДНЯ, [ПОСЛЕ ПРИНЕСЕНИЯ]
ОМЕРА.

СЕГОДНЯ [ИСПОЛНЯЕТСЯ] СОРОК
ШЕСТЬ ДНЕЙ, ТО ЕСТЬ ШЕСТЬ НЕДЕЛЬ
И ЧЕТЫРЕ ДНЯ, [ПОСЛЕ ПРИНЕСЕ-
НИЯ] ОМЕРА.

СЕГОДНЯ [ИСПОЛНЯЕТСЯ] СОРОК
СЕМЬ ДНЕЙ, ТО ЕСТЬ ШЕСТЬ НЕДЕЛЬ И
ПЯТЬ ДНЕЙ, [ПОСЛЕ ПРИНЕСЕНИЯ]
ОМЕРА.

СЕГОДНЯ [ИСПОЛНЯЕТСЯ] СОРОК
ВОСЕМЬ ДНЕЙ, ТО ЕСТЬ ШЕСТЬ НЕ-
ДЕЛЬ И ШЕСТЬ ДНЕЙ, [ПОСЛЕ ПРИНЕ-
СЕНИЯ] ОМЕРА.

СЕГОДНЯ [ИСПОЛНЯЕТСЯ] СОРОК
ДЕВЯТЬ ДНЕЙ, ТО ЕСТЬ СЕМЬ НЕДЕЛЬ,
[ПОСЛЕ ПРИНЕСЕНИЯ] ОМЕРА.

סְלַח לָנוּ אָבִינוּ ׳ כִּי בְרֹב אִוַּלְתֵּנוּ שָׁגִינוּ ׳ מְחַל לָנוּ מַלְכֵּנוּ כִּי
רַבּוּ עֲוֺנֵינוּ :

אֵל מֶלֶךְ יוֹשֵׁב עַל כִּסֵּא | אֵל אֶרֶךְ אַפַּיִם אַתָּה ׳ וּבַעַל
רַחֲמִים ׳ וּמִתְנַהֵג | הָרַחֲמִים נִקְרֵאתָ ׳ וְדֶרֶךְ
בַּחֲסִידוּת מוֹחֵל עֲוֺנוֹת | תְּשׁוּבָה הוֹרֵיתָ : גְּדֻלַּת רַחֲמֶיךָ
עַמּוֹ ׳ מַעֲבִיר רִאשׁוֹן | וַחֲסָדֶיךָ ׳ תִּזְכֹּר הַיּוֹם וּבְכָל יוֹם
רִאשׁוֹן ׳ מַרְבֶּה מְחִילָה | לְזֶרַע יְדִידֶיךָ : תֵּפֶן אֵלֵינוּ
לַחֲטָאִים ׳ וּסְלִיחָה | בְּרַחֲמִים ׳ כִּי אַתָּה הוּא בַּעַל
לְפוֹשְׁעִים ׳ עוֹשֶׂה צְדָקוֹת | הָרַחֲמִים : בְּתַחֲנוּן וּבִתְפִלָּה
עִם כָּל בָּשָׂר וָרוּחַ ׳ לֹא | פָנֶיךָ נְקַדֵּם ׳ כְּהוֹדַעְתָּ לֶעָנָיו
כְרָעָתָם תִּגְמוֹל : אֵל הוֹרֵיתָ | מִקֶּדֶם : מֵחֲרוֹן אַפְּךָ שׁוּב כְּמוֹ
לָנוּ לוֹמַר (מִדּוֹת) שְׁלֹשׁ | בְּתוֹרָתְךָ כָּתוּב : וּבְצֵל כְּנָפֶיךָ
עֶשְׂרֵה ׳ זְכָר לָנוּ הַיּוֹם | נֶחֱסֶה וְנִתְלוֹנָן כְּיוֹם וַיֵּרֶד יְהֹוָה
בְּרִית שְׁלֹשׁ עֶשְׂרֵה ׳ כְּמוֹ | בֶּעָנָן : תַּעֲבֹר עַל פֶּשַׁע וְתִמְחֶה
שֶׁהוֹדַעְתָּ לֶעָנָו מִקֶּדֶם ׳ | אָשָׁם ׳ כְּיוֹם וַיִּתְיַצֵּב עִמּוֹ שָׁם:
כְּמוֹ שֶׁכָּתוּב וַיֵּרֶד יְהֹוָה | תַּאֲזִין שַׁוְעָתֵנוּ וְתַקְשִׁיב מֶנּוּ
בֶּעָנָן וַיִּתְיַצֵּב עִמּוֹ שָׁם | מַאֲמָר ׳ כְּיוֹם וַיִּקְרָא בְשֵׁם
נִיקְרָא בְשֵׁם יְהֹוָה : | יְהֹוָה וְשָׁם נֶאֱמַר :

בְּיָחִיד אֵין אוֹמֵר זֶה:

וַיַּעֲבֹר יְהֹוָה | עַל פָּנָיו וַיִּקְרָא :

יְהֹוָה ׀ יְהֹוָה אֵל רַחוּם וְחַנּוּן אֶרֶךְ אַפַּיִם וְרַב חֶסֶד וֶאֱמֶת : נֹצֵר
חֶסֶד לָאֲלָפִים נֹשֵׂא עָוֺן וָפֶשַׁע וְחַטָּאָה וְנַקֵּה : וְסָלַחְתָּ
לַעֲוֺנֵנוּ וּלְחַטָּאתֵנוּ וּנְחַלְתָּנוּ :

סְלַח לָנוּ אָבִינוּ כִּי חָטָאנוּ ׳ מְחַל לָנוּ מַלְכֵּנוּ כִּי פָשָׁעְנוּ : כִּי
אַתָּה אֲדֹנָי טוֹב וְסַלָּח וְרַב חֶסֶד לְכָל קֹרְאֶיךָ :

א) שמות לד ה: ב) שם לד ו. ג) שם לד ז: ד) שם לד ז: ר) שם (ל ס. ה) תהלים פו ה : **הוֹשִׁיעָה**

הוֹשִׁיעָה יְהֹוָה כִּי־גָמַר חָסִיד כִּי־פַסּוּ אֱמוּנִים מִבְּנֵי אָדָם: לוּלֵי יְהֹוָה
שֶׁהָיָה לָנוּ בְּקוּם עָלֵינוּ אָדָם: וַאֲזַי חַיִּים בְּלָעוּנוּ בַּחֲרוֹת אַפָּם בָּנוּ
כְּרַחֵם אָב עַל בָּנִים כֵּן תְּרַחֵם יְהֹוָה עָלֵינוּ: לַיהֹוָה הַיְשׁוּעָה
עַל עַמְּךָ בִרְכָתֶךָ סֶּלָה: יְהֹוָה צְבָאוֹת עִמָּנוּ מִשְׂגָּב לָנוּ
אֱלֹהֵי יַעֲקֹב סֶלָה: יְהֹוָה צְבָאוֹת אַשְׁרֵי אָדָם בּוֹטֵחַ בָּךְ: יְהֹוָה
הוֹשִׁיעָה הַמֶּלֶךְ יַעֲנֵנוּ בְּיוֹם קָרְאֵנוּ: סָלַחְנָא לַעֲוֹן הָעָם הַזֶּה
כְּגֹדֶל חַסְדֶּךָ וְכַאֲשֶׁר נָשָׂאתָה לָעָם הַזֶּה מִמִּצְרַיִם וְעַד־הֵנָּה:
וְשָׁם נֶאֱמַר · וַיֹּאמֶר יְהֹוָה סָלַחְתִּי כִּדְבָרֶךָ: הַטֵּה אֱלֹהַי אָזְנְךָ
וּשְׁמָע פְּקַח עֵינֶיךָ וּרְאֵה שֹׁמְמֹתֵינוּ וְהָעִיר אֲשֶׁר נִקְרָא שִׁמְךָ
עָלֶיהָ כִּי לֹא עַל צִדְקֹתֵינוּ אֲנַחְנוּ מַפִּילִים תַּחֲנוּנֵינוּ לְפָנֶיךָ כִּי
עַל רַחֲמֶיךָ הָרַבִּים: אֲדֹנָי שְׁמָעָה אֲדֹנָי סְלָחָה אֲדֹנָי הַקְשִׁיבָה
וַעֲשֵׂה אַל תְּאַחַר לְמַעַנְךָ אֱלֹהַי כִּי שִׁמְךָ נִקְרָא עַל עִירְךָ וְעַל עַמֶּךָ:

אלהינו ואלהי אבותינו

יִשְׂרָאֵל עַמְּךָ תְּהִנָּה עוֹרְכִים · שֶׁהֵם מִצְרִים וּלְהִוָּשֵׁעַ צְרִיכִים ·
צָרֵיהֶם עֲלֵיהֶם עַל מַאֲרִיכִים · כָּל זֹאת הִגִּיעָתַם וְשִׁמְךָ
מְבָרְכִים: חֳלִי וּמַכְאוֹב לְהִכָּתֵב לֹא נִמְסָר · עֲלוּבִים מְנֹעַר וּמֵהֶם
לֹא הוּסָר · קָדוֹשׁ בְּיָדְךָ לִפְתֹחַ מוּסָר · כְּאָמְנוּתָךְ הַגְּנִיָּה וְלֹא
כְּאָמְנוּת בָּשָׂר: הַלּוֹבֵשׁ צְדָקָה וְלוֹ כִּמְעִיל עֲטִיָּה · וּמִמַּכָּה עַצֻמָה
מְתַקֵּן רְטִיָּה · קוֹמֵם עֲדָתְךָ מִנְּפִילָתָהּ הַמְּטוּיָה · בְּכֹחֲךָ הַגָּדוֹל
וּבִזְרֹעֲךָ הַנְּטוּיָה: טוֹעִים אוֹמְרִים נַחֲלָתְךָ לְחַבֵּל · כְּבוֹדְךָ לְהָמִיר
וּבִהֶבֶל לְהִתְבַּלְבֵּל · כֵּל וּנְבוֹ לֵאלוֹהַּ לְקַבֵּל · יִרְאָתְךָ הַקְּדוֹשָׁה
לִנְטוֹשׁ וּלְנַבֵּל: בְּאַהֲבָתְךָ וּבְחֶמְלָתְךָ מְנַשֵּׂא וּמְנַטֵּל · עֲצָתָם
תְּסַכֵּל וּמַחְשְׁבֹתָם תְּבַטֵּל · רוּחַ תִּגְרוֹת מִבֵּינֵיהֶם הַטֵּל · וּמַלְאָךְ
אַכְזָרִי דְּחֵה וְטַלְטֵל: בַּעֲבוּר כְּבוֹד שִׁמְךָ וְשֵׁם קָדְשְׁךָ הַמְהֻלָּל ·
נוֹרָאוֹת הַפְלֵא לְכֹל בַּגּוֹיִם יִתְהַלָּל · יוֹעֲצֵי רָעָה תּוֹלִיךְ שׁוֹלָל ·
וּבָהֶם תְּעוֹלֵל כַּאֲשֶׁר בִּי נִתְעוֹלָל: מְקִים מֵעָפָר דָּל וְאֶבְיוֹן מֵאַשְׁפָּה ·
בְּנִסְתָךְ אַל תִּתֵּן לְכַלָּה וּלְחֶרְפָּה · אִם בְּפִקּוּדֶיךָ מִתְעַצֶּלֶת וּמִרְפָּה ·
עַל כָּל פְּשָׁעֶיהָ בֵּין כָּךְ וּבֵין כָּךְ קְרוּאִים לְךָ בָּנִים · רַחֲמֶיךָ יְקַדְּמוּנוּ
הָאֲדוֹנִים · בֵּין כָּךְ וּבֵין כָּךְ קְרוּאִים לְךָ בָּנִים · רַחֲמֶיךָ יְקַדְּמוּנוּ אֵלֶּה

א) תהלים י״ב ב׳ ב) שם קכ״ד נ׳ נ) שם קכ״ד ב׳ ד) שם נ׳ ס׳ ה) שם מ״ו ו) שם פ״ד יב׳
ז) שם כ״ח ח) במדבר י״ד יט׳ ם) שם י״ד כ׳ י) דניאל ט׳ יח׳ כ) שם ט׳ יט׳:

אֱלֹהַּ עֶלְיוֹנִים וְתַחְתּוֹנִים ׳ טֶרֶם יִשְׁטַפּוּנוּ הַמַּיִם הַזֵּידוֹנִים: הַפְצֵי
קָרְבָּתְךָ עַל כָּל הַבָּאוֹת ׳ הָאֵישָׁה לָנוּ יְשׁוּעוֹת הַנְּבָאוֹת ׳ קָדוֹשׁ
עֲשֵׂה עִמָּהֶם לְטוֹבָה אוֹת ׳ חָזָק וְאַמִּיץ גּוֹאֲלָם יְהֹוָה צְבָאוֹת : אל סלח וכו'
נָשָׂא לָכְבֵנוּ אֶל בַּפִּים אֶל אֵל בַּשָּׁמָיִם: תָּבוֹא לְפָנֶיךָ אֶנְקַת אָסִיר כְּגֹדֶל
זְרוֹעֲךָ הוֹתֵר בְּנֵי תְמוּתָה: לַאדֹנָי אֱלֹהֵינוּ הָרַחֲמִים וְהַסְּלִיחוֹת כִּי
מָרַדְנוּ בּוֹ : כרחם אב וכו'

אֱלֹהִים בְּיִשְׂרָאֵל גָּדוֹל נוֹדַעְתָּ ׳ אַתָּה יְהֹוָה אָבִינוּ אָתָּה: בְּכָל
קָרְאֵנוּ אֵלֶיךָ קַרְבֵנוּ ׳ רָם וְנִשָּׂא אַתָּה בְּקָרְבֵּנוּ : גְּמַלְתָּנוּ
הַטּוֹבוֹת בְּחוֹבֵינוּ ׳ לֹא בְצִדְקוֹתֵינוּ וּבְיוֹשֶׁר לְבָבֵנוּ : דּוֹדֵנוּ גַּם כִּי
זָנַחְנוּ ׳ גְּאַלְנוּ כִּי עֲבָדֶיךָ אֲנַחְנוּ : הִנֵּנוּ בַּעֲוֹנֵינוּ עַד דַּכָּא ׳ וַתִּקְצַר
נֶפֶשׁ לְךָ מְחַכָּה : וְאַיֵּה חֲסָדֶיךָ הָרִאשׁוֹנִים עִמָּנוּ ׳ מֵעוֹלָם וְעַד
עוֹלָם נֶאֱמָנוּ : זָעַף נִשָּׂא וַתֵּשׁ כֹּחֵנוּ ׳ יְהֹוָה אַל בְּאַפְּךָ תוֹכִיחֵנוּ :
הַלְתָלוֹת רַבּוֹת בִּלוּ בִשְׂרֵנוּ ׳ נָא אַל בְּאַפְּךָ תְיַסְּרֵנוּ : טוֹרַח הַצָּרוֹת
אֵין לְהַסְפֵּר ׳ אַיֵּה שׁוֹקֵל וְאַיֵּה סוֹפֵר : יָדַעְנוּ רִשְׁעֵנוּ כִּי פָשָׁעְנוּ כִּי
אֱמֶת עָשִׂיתָ וַאֲנַחְנוּ הִרְשָׁעְנוּ : כַּעַס וְחָרוֹן מֶנּוּ יֶחְדָּל ׳ כִּי קָטֹן יַעֲקֹב
וְדָל : לַחַץ יוֹסֶר וְעוֹל מֶנּוּ יֶחְכָּל ׳ כִּי כָשַׁל כֹּחַ הַסַּבָּל : מְנָת מִדַּחֵנוּ
לֹא תִגְבַּהּ ׳ כִּי נִשְׁאַרְנוּ מְעַט מֵהַרְבֵּה : נַחֵם עַל דָּרָעָה לְאַמָּתֶךָ ׳
מַטֵּה כְּלַפֵּי חֶסֶד אֲמָנוּתֶךָ : סְלָחָה אִם עֲוֹנֵינוּ עָנוּ בָנוּ ׳ עָזְרֵנוּ כִּי
עָלֶיךָ נִשְׁעָנּוּ : עָרְפֵּנוּ כּוֹף לְךָ לְהִשְׁתַּעְבֵּד ׳ בְּאַהֲבָה וּבְיִרְאָה
אוֹתְךָ לַעֲבוֹד וּלְכַבֵּד: פּוֹקְרֶיךָ קַדְּשׁוּ צוֹמוֹת לַקְבּוֹעַ ׳ דַּעְתָּם קָצְרָה
צָרְכָּם לִתְבּוֹעַ : צִקּוֹן לַחֲשָׁם אֵלֶיךָ תָבֹא ׳ הַתֵּל לְאִישׁ אִישׁ נִגְעוֹ
וּמַכְאוֹבוֹ : קוֹל יַעֲקֹב נוֹהֵם מִתְּהוֹמוֹתֶיךָ ׳ תִּשְׁמַע הַשָּׁמַיִם מְכוֹן
שִׁבְתֶּךָ : רוֹדֶה רוֹדֵף בְּאַף תְּכַלֶּה ׳ שְׁנַת שִׁלּוּמִים לָרִיב צִיּוֹן תְּגַלֶּה:
שָׂרַתְ וְרָדַתְ מִנֹּעַר קְנוּתֵנוּ ׳ וְאַל תַּשְׁלִיכֵנוּ לְעֵת זִקְנָתֵנוּ : תָּעֵינוּ
לִשְׂמֹאל וְיָמִין הַקְרִבֵנוּ ׳ כִּכְלוֹת כֹּחֵנוּ אַל תַּעַזְבֵנוּ : תַּבִּיט וְתָצִיץ
וְתַשְׁגִּיחַ לְרַחוּמֶיךָ ׳ תִּתְאַזָּר בַּחֲנִינוֹתֶיךָ תִּתְלַבֵּשׁ בְּצִדְקוֹתֶיךָ ׳
תִּתְכַּסֶּה בְּרַחֲמֶיךָ וְתִתְעַטֵּף בַּחֲסִידוּתֶךָ ׳ וְתָבֹא לְפָנֶיךָ מִדַּת טוּבְךָ
וַעֲנָוְתָנוּתֶךָ : אל מלך וכו'

מַלְאֲכֵי רַחֲמִים מְשָׁרְתֵי עֶלְיוֹן ׳ חַלּוּ נָא פְנֵי אֵל בְּמֵיטָב
הִגָּיוֹן

א) ישעיה ב מא: ב) תהלים כ יא: ג) דניאל ט פ:

הַגָּיוֹן ・ אוּלַי יָחוּם עַם עָנִי וְאֶבְיוֹן ・ אוּלַי יְרַחֵם : אוּלַי
יְרַחֵם שְׁאֵרִית יוֹסֵף ・ שְׁפָלִים וְנִבְזִים פְּשׁוּחֵי שֶׁצֶף ・
שְׁבוּיֵי חִנָּם מְכוּרֵי בְּלֹא כֶסֶף ・ שׁוֹאֲגִים בִּתְפִלָּה
וּמְבַקְשִׁים רִשְׁיוֹן ・ אוּלַי : אוּלַי יְרַחֵם מְעַנֵּי כֶבֶל ・ מְלֻמְּדֵי
מַכּוֹת בַּעֲנוּי כֶבֶל ・ מְנוֹד רֹאשׁ נְתוּנִים בְּיוֹשְׁבֵי תֵבֵל
מָשָׁל בָּעַמִּים בְּקֶצֶף וּבִזָּיוֹן ・ אוּלַי : אוּלַי יְרַחֵם וְיֵרָא בְּעֳנִי
עַמּוֹ ・ וְיַקְשִׁיב וְיִשְׁמַע הַצַּגִּים לְעַמּוֹ ・ וְעוֹדִים בְּלַחַשׁ
מוּסָר לָמוֹ ・ וְעֵינֵיהֶם תּוֹלִים לִמְצוֹא רִצָּיוֹן ・ אוּלַי : אוּלַי
יְרַחֵם אוֹמְרֵי סְלַח נָא ・ אוֹמְצֵי שִׁבְחוֹ בְּכָל עֵת וְעוֹנָה ・
אֲגוּדִים בְּצָרָה לִשְׁפּוֹךְ תְּחִנָּה ・ אֶת פְּנֵי אֱלֹהֵיהֶם
שׁוֹפְכִים לֵב הִגָּיוֹן ・ אוּלַי : אוּלַי יְרַחֵם לָקְתָה בְּכִפְלָיִם ・
לְעוּטָה אֲרָיוֹת כְּמוֹ בְּפִי שְׁחָלַיִם ・ לָקָה וּמִשְׁתַּקֶּמֶת
בַּעֲוֹן שׁוּלַיִם ・ לֹא שָׁבְחָה בְּכָל זֹאת מִכְתָּב עֹז חֶבְיוֹן ・ אוּלַי :
אוּלַי יְרַחֵם כְּבוּשֵׁי פָנִים ・ הַשּׁוֹמְעִים חֶרְפָּתָם וְלֹא
מְשִׁיבִים וְעוֹנִים ・ נִצְּחוּ מְקַוִּים וְלִישְׁעוֹ נִשְׁעָנִים ・ כִּי לֹא
כָלוּ רַחֲמָיו בְּכִלָּיוֹן ・ אוּלַי : אוּלַי יְרַחֵם יַחֲלֹץ עֳנִי בְּעֶנְיוֹ ・
חֲבוּשׁוֹ יַתִּיר מֵאֶרֶץ שִׁבְיוֹ ・ יִגְהֶה מְזוֹרוֹ וְיַחְבֹּשׁ חָלְיוֹ ・
צַעֲקָתוֹ יִשְׁמַע וְיָחִישׁ עֵת פִּדְיוֹן ・ אוּלַי : מַלְאֲכֵי רַחֲמִים
מְשָׁרְתֵי עֶלְיוֹן ・ חַלּוּ נָא פְנֵי אֵל בְּמֵיטַב הַגָּיוֹן ・ אוּלַי יָחוּם
עַם עָנִי וְאֶבְיוֹן ・ אוּלַי יְרַחֵם : אל מלך וכו׳

זְכוֹר רַחֲמֶיךָ יְהֹוָה וַחֲסָדֶיךָ כִּי מֵעוֹלָם הֵמָּה : זָכְרֵנוּ יְהֹוָה בִּרְצוֹן
עַמֶּךָ וּפָקְדֵנוּ בִּישׁוּעָתֶךָ : זְכוֹר עֲדָתְךָ קָנִיתָ קֶּדֶם גָּאַלְתָּ
שֵׁבֶט נַחֲלָתֶךָ הַר צִיּוֹן זֶה שָׁכַנְתָּ בּוֹ : זְכוֹר יְהֹוָה חִבַּת יְרוּשָׁלָיִם
אַהֲבַת צִיּוֹן אַל תִּשְׁכַּח לָנֶצַח : אַתָּה תָקוּם תְּרַחֵם צִיּוֹן כִּי עֵת
לְחֶנְנָהּ כִּי בָא מוֹעֵד : זְכוֹר יְהֹוָה לִבְנֵי אֱדוֹם אֵת יוֹם יְרוּשָׁלָיִם
הָאוֹמְרִים עָרוּ עָרוּ עַד הַיְסוֹד בָּהּ : זְכוֹר לְאַבְרָהָם לְיִצְחָק וּלְיִשְׂרָאֵל
עֲבָדֶיךָ

א) תהלים כה ו : ב) שם קו ד : ג) שם עד ב : ד) שם קכ יד : ה) שם קב יד : ו) שמות לב יג:

עֲבָדֶיךָ אֲשֶׁר נִשְׁבַּעְתָּ לָהֶם בָּךְ וַתְּדַבֵּר אֲלֵהֶם אַרְבֶּה אֶת זַרְעֲכֶם
כְּכוֹכְבֵי הַשָּׁמַיִם וְכָל הָאָרֶץ הַזֹּאת אֲשֶׁר אָמַרְתִּי אֶתֵּן לְזַרְעֲכֶם
וְנָחֲלוּ לְעֹלָם: זְכוֹר לַעֲבָדֶיךָ לְאַבְרָהָם לְיִצְחָק וּלְיַעֲקֹב אַל־תֵּפֶן
אֶל־קְשִׁי הָעָם הַזֶּה וְאֶל־רִשְׁעוֹ וְאֶל־חַטָּאתוֹ: זְכוֹר לָנוּ בְּרִית אָבוֹת
כַּאֲשֶׁר אָמַרְתָּ וְזָכַרְתִּי אֶת בְּרִיתִי יַעֲקוֹב וְאַף אֶת־בְּרִיתִי יִצְחָק וְאַף
אֶת־בְּרִיתִי אַבְרָהָם אֶזְכֹּר וְהָאָרֶץ אֶזְכֹּר: זְכוֹר לָנוּ בְּרִית רִאשׁוֹנִים
כַּאֲשֶׁר אָמַרְתָּ וְזָכַרְתִּי לָהֶם בְּרִית רִאשׁוֹנִים אֲשֶׁר הוֹצֵאתִי־אֹתָם
מֵאֶרֶץ מִצְרַיִם לְעֵינֵי הַגּוֹיִם לִהְיוֹת לָהֶם לֵאלֹהִים אֲנִי יְהֹוָה: עֲשֵׂה
עִמָּנוּ כְּמוֹ שֶׁהִבְטַחְתָּנוּ וְאַף־גַּם־זֹאת בִּהְיוֹתָם בְּאֶרֶץ אוֹיְבֵיהֶם לֹא־
מְאַסְתִּים וְלֹא־גְעַלְתִּים לְכַלֹּתָם לְהָפֵר בְּרִיתִי אִתָּם כִּי אֲנִי יְהֹוָה
אֱלֹהֵיהֶם: הָשֵׁב שְׁבוּתֵנוּ וְרַחֲמֵנוּ כְּמָה שֶׁכָּתוּב וְשָׁב יְהֹוָה אֱלֹהֶיךָ
אֶת־שְׁבוּתְךָ וְרִחֲמֶךָ וְשָׁב וְקִבֶּצְךָ מִכָּל־הָעַמִּים אֲשֶׁר הֱפִיצְךָ יְהֹוָה
אֱלֹהֶיךָ שָׁמָּה: קַבֵּץ נִדָּחֵינוּ כְּמָה שֶׁכָּתוּב אִם יִהְיֶה נִדַּחֲךָ בִּקְצֵה
הַשָּׁמַיִם מִשָּׁם יְקַבֶּצְךָ יְהֹוָה אֱלֹהֶיךָ וּמִשָּׁם יִקָּחֶךָ: מְחֵה פְשָׁעֵינוּ
כָּעָב וְכֶעָנָן כְּמָה שֶׁכָּתוּב מָחִיתִי כָעָב פְּשָׁעֶיךָ וְכֶעָנָן חַטֹּאתֶיךָ
שׁוּבָה אֵלַי כִּי גְאַלְתִּיךָ: מְחֵה פְשָׁעֵינוּ לְמַעֲנָךְ כַּאֲשֶׁר אָמַרְתָּ
אָנֹכִי אָנֹכִי הוּא מוֹחֶה פְשָׁעֶיךָ לְמַעֲנִי וְחַטֹּאתֶיךָ לֹא אֶזְכֹּר: הַלְבֵּן
חֲטָאֵינוּ כַּשֶּׁלֶג וְכַצֶּמֶר כְּמָה שֶׁכָּתוּב לְכוּ נָא וְנִוָּכְחָה יֹאמַר יְהֹוָה
אִם־יִהְיוּ חֲטָאֵיכֶם כַּשָּׁנִים כַּשֶּׁלֶג יַלְבִּינוּ אִם־יַאְדִּימוּ כַתּוֹלָע כַּצֶּמֶר
יִהְיוּ: זְרֹק עָלֵינוּ מַיִם טְהוֹרִים וְטַהֲרֵנוּ כְּמָה שֶׁכָּתוּב וְזָרַקְתִּי
עֲלֵיכֶם מַיִם טְהוֹרִים וּטְהַרְתֶּם מִכֹּל טֻמְאוֹתֵיכֶם וּמִכָּל־גִּלּוּלֵיכֶם
אֲטַהֵר אֶתְכֶם: רַחֵם עָלֵינוּ וְאַל תַּשְׁחִיתֵנוּ כְּמָה שֶׁכָּתוּב כִּי אֵל
רַחוּם יְהֹוָה אֱלֹהֶיךָ לֹא יַרְפְּךָ וְלֹא יַשְׁחִיתֶךָ וְלֹא יִשְׁכַּח אֶת־בְּרִית
אֲבֹתֶיךָ אֲשֶׁר נִשְׁבַּע לָהֶם: מוֹל אֶת לְבָבֵנוּ לְאַהֲבָה אֶת שְׁמֶךָ כְּמָה
שֶׁכָּתוּב וּמָל יְהֹוָה אֱלֹהֶיךָ אֶת־לְבָבְךָ וְאֶת־לְבַב זַרְעֶךָ לְאַהֲבָה אֶת־
יְהֹוָה אֱלֹהֶיךָ בְּכָל־לְבָבְךָ וּבְכָל־נַפְשְׁךָ לְמַעַן חַיֶּיךָ: הִמָּצֵא לָנוּ
בְּבַקָּשָׁתֵנוּ כְּמָה שֶׁכָּתוּב וּבִקַּשְׁתֶּם מִשָּׁם אֶת־יְהֹוָה אֱלֹהֶיךָ
וּמָצָאתָ כִּי תִדְרְשֶׁנּוּ בְּכָל־לְבָבְךָ וּבְכָל־נַפְשֶׁךָ: תְּבִיאֵנוּ אֶל הַר
קָדְשֶׁךָ

א) דברים ס כז : ב) ויקרא כו מג : ג) שם כו מה: ד) שם כו מד: ה) דברים ל ג : ו) שם ל ד : ז) ישעיה' מג כב:
ח) שם מג כה:ט) שם א יח : י) יחזקאל לו כה : כ) דברים ד לא : ל) שם ל ו : מ) שם ד כט:

קָדְשֶׁךָ וְשַׂמְּחֵנוּ בְּבֵית תְּפִלָּתֶךָ כְּמָה שֶׁכָּתוּב וַהֲבִיאוֹתִים אֶל הַר
קָדְשִׁי וְשִׂמַּחְתִּים בְּבֵית תְּפִלָּתִי עוֹלוֹתֵיהֶם וְזִבְחֵיהֶם לְרָצוֹן עַל
מִזְבְּחִי כִּי בֵיתִי בֵּית תְּפִלָּה יִקָּרֵא לְכָל הָעַמִּים :

שְׁמַע קוֹלֵנוּ יְהוָֹה אֱלֹהֵינוּ חוּס וְרַחֵם עָלֵינוּ וְקַבֵּל
בְּרַחֲמִים וּבְרָצוֹן אֶת תְּפִלָּתֵנוּ: הֲשִׁיבֵנוּ יְהוָֹה
אֵלֶיךָ וְנָשׁוּבָה חַדֵּשׁ יָמֵינוּ כְּקֶדֶם :

אַל תַּשְׁלִיכֵנוּ מִלְּפָנֶיךָ וְרוּחַ קָדְשְׁךָ אַל תִּקַּח מִמֶּנּוּ : אַל תַּשְׁלִיכֵנוּ
לְעֵת זִקְנָה כִּכְלוֹת כֹּחֵנוּ אַל תַּעַזְבֵנוּ: אַל תַּעַזְבֵנוּ יְהוָֹה אֱלֹהֵינוּ
אַל תִּרְחַק מִמֶּנּוּ : עֲשֵׂה עִמָּנוּ אוֹת לְטוֹבָה וְיִרְאוּ שׂוֹנְאֵינוּ וְיֵבֹשׁוּ
כִּי אַתָּה יְהוָֹה עֲזַרְתָּנוּ וְנִחַמְתָּנוּ: אֲמָרֵינוּ הַאֲזִינָה יְהוָֹה בִּינָה
הֲגִיגֵנוּ: יִהְיוּ לְרָצוֹן אִמְרֵי פִינוּ וְהֶגְיוֹן לִבֵּנוּ לְפָנֶיךָ יְהוָֹה צוּרֵנוּ
וְגוֹאֲלֵנוּ : כִּי לְךָ יְהוָֹה הוֹחָלְנוּ אַתָּה תַעֲנֶה אֲדֹנָי אֱלֹהֵינוּ :

אֱלֹהֵינוּ וֵאלֹהֵי אֲבוֹתֵינוּ תָּבֹא לְפָנֶיךָ תְּפִלָּתֵנוּ וְאַל תִּתְעַלַּם
מִתְּחִנָּתֵנוּ שֶׁאֵין אָנוּ עַזֵּי פָנִים וּקְשֵׁי עֹרֶף לוֹמַר לְפָנֶיךָ
יְהוָֹה אֱלֹהֵינוּ וֵאלֹהֵי אֲבוֹתֵינוּ צַדִּיקִים אֲנַחְנוּ וְלֹא חָטָאנוּ אֲבָל
אֲנַחְנוּ וַאֲבוֹתֵינוּ חָטָאנוּ :

אָשַׁמְנוּ · בָּגַדְנוּ · גָּזַלְנוּ · דִּבַּרְנוּ דֹּפִי : הֶעֱוִינוּ · וְהִרְשַׁעְנוּ ·
זַדְנוּ · חָמַסְנוּ · טָפַלְנוּ שֶׁקֶר · יָעַצְנוּ רָע · כִּזַּבְנוּ · לַצְנוּ ·
מָרַדְנוּ · נִאַצְנוּ · סָרַרְנוּ · עָוִינוּ · פָּשַׁעְנוּ · צָרַרְנוּ · קִשִּׁינוּ עֹרֶף :
רָשַׁעְנוּ · שִׁחַתְנוּ · תִּעַבְנוּ · תָּעִינוּ · תִּעְתָּעְנוּ : סַרְנוּ מִמִּצְוֹתֶיךָ
וּמִמִּשְׁפָּטֶיךָ הַטּוֹבִים וְלֹא שָׁוָה לָנוּ : וְאַתָּה צַדִּיק עַל כָּל הַבָּא
עָלֵינוּ כִּי אֱמֶת עָשִׂיתָ וַאֲנַחְנוּ הִרְשָׁעְנוּ :

הִרְשַׁעְנוּ וּפָשַׁעְנוּ לָכֵן לֹא נוֹשָׁעְנוּ וְתֵן בְּלִבֵּנוּ לַעֲזוֹב דֶּרֶךְ רֶשַׁע
וְחִישׁ לָנוּ יֶשַׁע : כַּכָּתוּב עַל יַד נְבִיאֶךָ יַעֲזוֹב רָשָׁע
דַּרְכּוֹ וְאִישׁ אָוֶן מַחְשְׁבוֹתָיו וְיָשׁוֹב אֶל יְהוָֹה וִירַחֲמֵהוּ וְאֶל אֱלֹהֵינוּ
כִּי יַרְבֶּה לִסְלוֹחַ :
מש״ח

א) ישעיה נו ז: ב) איכה ה כא. ג) תהלים נא יג: ד) שם עא ט. ה) שם לה כב (בשינוי): ו) שם
סו יז (בשינוי). ז) שם ה ב (בשינוי). ח) שם יט טו. ט) שם לח יז. י) נחמיה ט לו: כ) ישעיה נה:
*) פותחין הארון ואומרים פסוק אחר פסוק, חזן וקהל. עד אל תעזבנו ולא עד בכלל, ואח״כ סוגרין
הארון.

מָשִׁיחַ צִדְקָךְ אָמַר לְפָנֶיךָ · שְׁגִיאוֹת מִי יָבִין מִנִּסְתָּרוֹת נַקֵּנִי :
נַקֵּנוּ יְהֹוָה אֱלֹהֵינוּ מִכָּל פְּשָׁעֵינוּ וְטַהֲרֵנוּ מִכָּל טֻמְאוֹתֵינוּ
וּזְרוֹק עָלֵינוּ מַיִם טְהוֹרִים וְטַהֲרֵנוּ · כַּכָּתוּב עַל יַד נְבִיאֶךָ וְזָרַקְתִּי
עֲלֵיכֶם מַיִם טְהוֹרִים וּטְהַרְתֶּם מִכֹּל טֻמְאוֹתֵיכֶם וּמִכָּל גִּלּוּלֵיכֶם
אֲטַהֵר אֶתְכֶם : עַמְּךָ וְנַחֲלָתְךָ רְעֵבֵי טוּבְךָ צְמֵאֵי חַסְדֶּךָ תְּאֵבֵי
יִשְׁעֶךָ · יַכִּירוּ וְיֵדְעוּ כִּי לַיהֹוָה אֱלֹהֵינוּ הָרַחֲמִים וְהַסְּלִיחוֹת :

אֵל רַחוּם שְׁמֶךָ · אֵל חַנּוּן שְׁמֶךָ · בָּנוּ נִקְרָא שְׁמֶךָ · יְהֹוָה עֲשֵׂה
לְמַעַן שְׁמֶךָ : עֲשֵׂה לְמַעַן אֲמִתֶּךָ · עֲשֵׂה לְמַעַן בְּרִיתֶךָ ·
עֲשֵׂה לְמַעַן גָּדְלְךָ וְתִפְאַרְתֶּךָ · עֲשֵׂה לְמַעַן דָּתֶךָ · עֲשֵׂה לְמַעַן
הוֹדֶךָ · עֲשֵׂה לְמַעַן וִעוּדֶךָ · עֲשֵׂה לְמַעַן זִכְרֶךָ · עֲשֵׂה לְמַעַן
חַסְדֶּךָ · עֲשֵׂה לְמַעַן טוּבֶךָ · עֲשֵׂה לְמַעַן יִחוּדֶךָ · עֲשֵׂה לְמַעַן
כְּבוֹדֶךָ · עֲשֵׂה לְמַעַן לִמּוּדֶךָ · עֲשֵׂה לְמַעַן מַלְכוּתֶךָ · עֲשֵׂה
לְמַעַן נִצְחֶךָ · עֲשֵׂה לְמַעַן סוֹדֶךָ · עֲשֵׂה לְמַעַן עֻזֶּךָ · עֲשֵׂה לְמַעַן
פְּאֵרֶךָ · עֲשֵׂה לְמַעַן צִדְקָתֶךָ · עֲשֵׂה לְמַעַן קְדֻשָּׁתֶךָ · עֲשֵׂה לְמַעַן
רַחֲמֶיךָ הָרַבִּים · עֲשֵׂה לְמַעַן שְׁכִינָתֶךָ · עֲשֵׂה לְמַעַן תְּהִלָּתֶךָ ·
עֲשֵׂה לְמַעַן אֹהֲבֶיךָ שׁוֹכְנֵי עָפָר · עֲשֵׂה לְמַעַן אַבְרָהָם יִצְחָק
וְיַעֲקֹב · עֲשֵׂה לְמַעַן מֹשֶׁה וְאַהֲרֹן · עֲשֵׂה לְמַעַן דָּוִד וּשְׁלֹמֹה ·
עֲשֵׂה לְמַעַן יְרוּשָׁלַיִם עִיר קָדְשֶׁךָ · עֲשֵׂה לְמַעַן צִיּוֹן מִשְׁכַּן כְּבוֹדֶךָ ·
עֲשֵׂה לְמַעַן שִׁמְמוֹת הֵיכָלֶךָ · עֲשֵׂה לְמַעַן הֲרִיסוּת מִזְבְּחֶךָ · עֲשֵׂה
לְמַעַן הֲרוּגִים עַל שֵׁם קָדְשֶׁךָ · עֲשֵׂה לְמַעַן טְבוּחִים עַל יִחוּדֶךָ ·
עֲשֵׂה לְמַעַן בָּאֵי בָאֵשׁ וּבַמַּיִם עַל קִדּוּשׁ שְׁמֶךָ · עֲשֵׂה לְמַעַן יוֹנְקֵי
שָׁדַיִם שֶׁלֹּא חָטְאוּ · עֲשֵׂה לְמַעַן גְּמוּלֵי חָלָב שֶׁלֹּא פָשְׁעוּ · עֲשֵׂה
לְמַעַן תִּינוֹקוֹת שֶׁל בֵּית רַבָּן · עֲשֵׂה לְמַעַנְךָ אִם לֹא לְמַעֲנֵנוּ ·
עֲשֵׂה לְמַעַנְךָ וְהוֹשִׁיעֵנוּ :

עֲנֵנוּ יְהֹוָה עֲנֵנוּ · עֲנֵנוּ אֱלֹהֵינוּ עֲנֵנוּ · עֲנֵנוּ אָבִינוּ עֲנֵנוּ · עֲנֵנוּ
בּוֹרְאֵנוּ עֲנֵנוּ · עֲנֵנוּ גּוֹאֲלֵנוּ עֲנֵנוּ · עֲנֵנוּ דוֹרְשֵׁנוּ עֲנֵנוּ · עֲנֵנוּ
הָאֵל הַנֶּאֱמָן עֲנֵנוּ : עֲנֵנוּ וָתִיק וְחָסִיד עֲנֵנוּ · עֲנֵנוּ זַךְ וְיָשָׁר עֲנֵנוּ ·
עֲנֵנוּ חַי וְקַיָּם עֲנֵנוּ : עֲנֵנוּ טוֹב וּמֵטִיב עֲנֵנוּ · עֲנֵנוּ יוֹדֵעַ יֵצֶר עֲנֵנוּ ·
עֲנֵנוּ כּוֹבֵשׁ כְּעָסִים עֲנֵנוּ · עֲנֵנוּ לוֹבֵשׁ צְדָקוֹת עֲנֵנוּ · עֲנֵנוּ מֶלֶךְ
מַלְכֵי

מַלְכֵי הַמְּלָכִים עֲנֵנוּ: עֲנֵנוּ נוֹרָא וְנִשְׂגָּב עֲנֵנוּ עֲנֵנוּ סוֹלֵחַ וּמוֹחֵל
עֲנֵנוּ עֲנֵנוּ עוֹנֶה בְּעֵת צָרָה עֲנֵנוּ עֲנֵנוּ פּוֹדֶה וּמַצִּיל עֲנֵנוּ עֲנֵנוּ
צַדִּיק וְיָשָׁר עֲנֵנוּ: עֲנֵנוּ קָרוֹב לְקוֹרְאָיו עֲנֵנוּ עֲנֵנוּ קָשֶׁה לִכְעוֹס
עֲנֵנוּ עֲנֵנוּ רַךְ לִרְצוֹת עֲנֵנוּ עֲנֵנוּ רַחוּם וְחַנּוּן עֲנֵנוּ: עֲנֵנוּ שׁוֹמֵעַ
אֶל־אֶבְיוֹנִים עֲנֵנוּ עֲנֵנוּ תּוֹמֵךְ תְּמִימִים עֲנֵנוּ עֲנֵנוּ אֱלֹהֵי אֲבוֹתֵינוּ
עֲנֵנוּ עֲנֵנוּ אֱלֹהֵי אַבְרָהָם עֲנֵנוּ עֲנֵנוּ פַּחַד יִצְחָק עֲנֵנוּ עֲנֵנוּ אֲבִיר
יַעֲקֹב עֲנֵנוּ עֲנֵנוּ עֶזְרַת הַשְּׁבָטִים עֲנֵנוּ עֲנֵנוּ מִשְׂגַּב אִמָּהוֹת
עֲנֵנוּ עֲנֵנוּ עוֹנֶה בְּעֵת רָצוֹן עֲנֵנוּ עֲנֵנוּ אֲבִי יְתוֹמִים עֲנֵנוּ
עֲנֵנוּ דַּיַּן אַלְמָנוֹת עֲנֵנוּ:

מִי שֶׁעָנָה לְאַבְרָהָם אָבִינוּ בְּהַר הַמּוֹרִיָּה הוּא יַעֲנֵנוּ מִי שֶׁעָנָה
לְיִצְחָק בְּנוֹ כְּשֶׁנֶּעֱקַד עַל גַּבֵּי הַמִּזְבֵּחַ הוּא יַעֲנֵנוּ מִי שֶׁעָנָה
לְיַעֲקֹב בְּבֵית אֵל הוּא יַעֲנֵנוּ מִי שֶׁעָנָה לְיוֹסֵף בְּבֵית הָאֲסוּרִים
הוּא יַעֲנֵנוּ מִי שֶׁעָנָה לַאֲבוֹתֵינוּ עַל יַם סוּף הוּא יַעֲנֵנוּ מִי
שֶׁעָנָה לְמֹשֶׁה בְּחוֹרֵב הוּא יַעֲנֵנוּ מִי שֶׁעָנָה לְאַהֲרֹן בַּמַּחְתָּה הוּא
יַעֲנֵנוּ מִי שֶׁעָנָה לְפִינְחָס בְּקוּמוֹ מִתּוֹךְ הָעֵדָה הוּא יַעֲנֵנוּ מִי
שֶׁעָנָה לִיהוֹשֻׁעַ בַּגִּלְגָּל הוּא יַעֲנֵנוּ מִי שֶׁעָנָה לִשְׁמוּאֵל בַּמִּצְפָּה
הוּא יַעֲנֵנוּ מִי שֶׁעָנָה לְדָוִד וּשְׁלֹמֹה בְּנוֹ בִּירוּשָׁלַיִם הוּא יַעֲנֵנוּ
מִי שֶׁעָנָה לְאֵלִיָּהוּ בְּהַר הַכַּרְמֶל הוּא יַעֲנֵנוּ מִי שֶׁעָנָה לֶאֱלִישָׁע
בִּירִיחוֹ הוּא יַעֲנֵנוּ מִי שֶׁעָנָה לְיוֹנָה בִּמְעֵי הַדָּגָה הוּא יַעֲנֵנוּ מִי
שֶׁעָנָה לְחִזְקִיָּהוּ מֶלֶךְ יְהוּדָה בְּחָלְיוֹ הוּא יַעֲנֵנוּ מִי שֶׁעָנָה לַחֲנַנְיָה
מִישָׁאֵל וַעֲזַרְיָה בְּתוֹךְ כִּבְשַׁן הָאֵשׁ הוּא יַעֲנֵנוּ מִי שֶׁעָנָה לְדָנִיֵּאל
בְּגוֹב אֲרָיוֹת הוּא יַעֲנֵנוּ מִי שֶׁעָנָה לְמָרְדְּכַי וְאֶסְתֵּר בְּשׁוּשַׁן
הַבִּירָה הוּא יַעֲנֵנוּ מִי שֶׁעָנָה לְעֶזְרָא בַּגּוֹלָה הוּא יַעֲנֵנוּ מִי
שֶׁעָנָה לְכָל הַצַּדִּיקִים וְהַחֲסִידִים וְהַתְּמִימִים וְהַיְשָׁרִים הוּא יַעֲנֵנוּ:
רַחֲמָנָא דְעָנֵי לַעֲנִיֵּי עֲנֵינָא רַחֲמָנָא דְעָנֵי לִתְבִירֵי לִבָּא עֲנֵינָא
רַחֲמָנָא דְעָנֵי לְמַכִּיכֵי רוּחָא עֲנֵינָא רַחֲמָנָא עֲנֵינָא
רַחֲמָנָא חוּס רַחֲמָנָא פְּרוֹק רַחֲמָנָא שֵׁזִיב רַחֲמָנָא רַחֵם עֲלָן
הַשְׁתָּא בַּעֲגָלָא וּבִזְמַן קָרִיב:

אומרים סלח לנו, אל ארך אפים עד ורב חסד לכל קוראיך

הַאֲזִינָה יְהֹוָה תְּפִלָּתֵנוּ וְתַקְשִׁיבָה בְּקוֹל תַּחֲנוּנוֹתֵינוּ: הַקְשִׁיבָה לְקוֹל שַׁוְעֵנוּ מַלְכֵּנוּ וֵאלֹהֵינוּ כִּי אֵלֶיךָ נִתְפַּלָּל: שְׁמַע יְהֹוָה וְחָנֵּנוּ יְהֹוָה הֱיֵה עוֹזֵר לָנוּ: כרחם אג וטו'

אלהינו ואלהי אבותינו

תַּעֲנִית צִבּוּר קָבְעוּ תִּבְלַע צְרָכִים • שׁוּב עָדֶיךָ חַפֵּשׂ חֲקֹד דְּרָכִים • רַךְ לִרְצוֹת בִּשְׁלֹשׁ עֶשְׂרֵה עֲרָכִים • קָשֶׁה לִכְעוֹס תֵּת לְאַפַּיִם אֲרָכִים: צְדָדֶיךָ מְקֻשָּׁטִים עֵדִים בְּלִי תַפְשִׁיט • פְּאֵר הָרַחֲמִים וְהַסְּלִיחוֹת הוֹד תַּכְשִׁיט • עֲטֶרֶת כְּלִילַת קָלוּם וּפִלּוּל תַּקְשִׁיט • סֵדֶר הַחַיִּים וּפַרְנָסָה לִיצָרִים תּוֹשִׁיט: נִסְתְּמָה הַבִּירָה וְנִתְרוֹקֵן טָדַר הַשֻּׁלְחָן • מֵזִין מַזִּיחַ סָתָר מֵעַבְדַּת פַּלְחָן • לִשְׁפִיכוּת הַנֶּפֶשׁ חֲשׁוֹב כְּבַשִּׁית זְלָחָן • כִּמְעַטֵּר וּמַשְׁבִּיעַ גּוֹאֵל רוֹפֵא וְסַלְחָן: יָאוֹת לְךָ יַעַן מִמָּנָתְךָ נְשֻׁנֶּסֶת • טוֹב רוּחֲךָ הֱיוֹת נִזּוֹנֶת וּמִתְפַּרְנֶסֶת • חֲלֶף לְךָ נִשְׁאֶלֶת קוֹבֶלֶת וּמִתְנוֹסֶסֶת • זֵכֶר דַּאֲגוֹתֶיהָ לְפָנֶיךָ מְשֻׁתֶּתֶת וּמַכְנֶסֶת: וְאֵלֶיךָ הִיא נְשׂוּיָה וּבְךָ חֲסָיָה • הַוּוֹתֶיהָ הַעֲבֵר מִי כָמוֹךָ חֲסִין יָהּ • דֶּרֶךְ אֱמוּנָתְךָ בְּחֶלְקְךָ לְלִגְיוֹנְךָ אֻפְסַנְיָא גְּמוֹל חֶסֶד לַעֲלוּבָה הַלֵּזוּ אַכְסַנְיָא: בְּקִיאִים וּמִיַּשְּׁבִים לְרָצוֹתְךָ בִּדְבָרִים עֲרֵבִים • אָפֵסוּ פַּסּוּ בְּכֹחָם קַטֵּגוֹר מְעַרְכְּבִים • מְאַהֲבֵי לְאָבִי שֶׁבַּשָּׁמַיִם זְרִיזִים מְעַרְבָּבִים • יְרֵאָיו נִדְבְּרֵי דָתוֹ שַׁחֵר וְעָרֵב: הַקְדַּשְׁנוּ צוֹם עוֹלְלִים וְזִקְנֵי אֲסֹפוֹת • יִשְׁרֵנוּ רִנָּה וּתְפִלָּה שְׁקַדְנוּ סְפוֹת • חָשַׁךְ לְמַטָּה מֵעוֹן וּשְׁלוֹמֵנוּ תִשְׁפֹּת • זְקוֹף דַּל מֵעָפָר וְאֶבְיוֹן מֵאַשְׁפּוֹת: בְּתוֹר הַמַּעֲלָה וּבְמִדּוֹת הָעֲנָוֹת תְּרוּמוֹת • עָרְבָתֵנוּ שִׂים לְטוֹב יוֹשֵׁב מְרוֹמוֹת • וּבְמִקְוֵה טָדַר תָּדִיחַ קְלוּת וְרֻמּוֹת • מְצוֹא תִפְלָּתֵנוּ חֶסֶד לְאַדִּירְךָ רוֹמֵמוֹת: אל מלך וכו'

הוֹשִׁיעָה יְהֹוָה כִּי גָמַר חָסִיד כִּי פַסּוּ אֱמוּנִים מִבְּנֵי אָדָם: כִּי אָדָם אֵין צַדִּיק בָּאָרֶץ אֲשֶׁר יַעֲשֶׂה טוֹב וְלֹא יֶחֱטָא: הוֹשַׁע יְהֹוָה אֶת עַמֶּךָ אֶת שְׁאֵרִית יִשְׂרָאֵל: יִשְׂרָאֵל נוֹשַׁע בַּיהֹוָה תְּשׁוּעַת עוֹלָמִים: כרחם אג וטו'

אלהינו ואלהי אבותינו

אַ֫נְשֵׁי אֱמָנָה אָבָ֫דוּ ׳ בָּאִים בְּכֹחַ מַעֲשֵׂיהֶם ׳ גִּבּוֹרִים לַעֲמֹד
בַּפֶּ֫רֶץ ׳ דּוֹחִים אֶת הַגְּזֵרוֹת ׳ הָיוּ לָ֫נוּ לְחוֹמָה ׳ וּלְמַחְסֶה
בְּיוֹם זַ֫עַם: זוֹעֲכִים אַף בְּלַחֲשָׁם ׳ חֵמָה עוֹצְרִים בְּשַׁוְעָם: טֶ֫רֶם
קְרָאוּךָ עֲנִיתָם ׳ יוֹדְעִים לַעְתִּיר וּלְרַצֶּךָ (יֻּ״וּלְרַצּוֹתֶךָ): כְּאָב רַחֲמְתָּ
לְמַעֲנָם ׳ לֹא הֲשִׁיבוֹתָ פְּנֵיהֶם רֵיקָם: מֵרֹב עֲוֹנֵ֫ינוּ אֲבַדְנוּם ׳ נֶאֶסְפוּ
מֶ֫נּוּ בַּחֲטָאֵ֫ינוּ ׳ סָעוּ הֵ֫מָּה לִמְנוּחוֹת ׳ עָזְבוּ אוֹתָ֫נוּ לַאֲנָחוֹת: פַּ֫סוּ
גוֹדְרֵי גָדֵר ׳ צָמְתוּ מְשִׁיבֵי חֵמָה: קָמֵי בַפֶּ֫רֶץ אַ֫יִן ׳ רְאוּיִם לְרַצּוֹתְךָ
בְּעִתָּר (יֻ״ כְּעֶתֶּר) ׳ שׁוֹטַטְנוּ בְּאַרְבַּע פִּנּוֹת ׳ תְּרוּפָה לֹא מָצָ֫אנוּ :
שַׁ֫בְנוּ אֵלֶ֫יךָ בְּבֹ֫שֶׁת פָּנֵ֫ינוּ ׳ לְשַׁחֶרְךָ אֵל בְּעֵת צָרָתֵ֫נוּ : אל מלך ובו
פזמון

יִשְׂרָאֵל נוֹשַׁע בַּיהוָה תְּשׁוּעַת עוֹלָמִים ׳ גַּם הַיּוֹם
יִוָּשְׁעוּ מִפִּ֫יךָ שׁוֹכֵן מְרוֹמִים ׳ כִּי אַתָּה רַב
סְלִיחוֹת וּבַ֫עַל הָרַחֲמִים: שְׁעָרֶ֫יךָ הֵם דּוֹפְקִים כַּעֲנִיִּים
וְדַלִּים ׳ צָקוּן לַחֲשָׁם קְשׁוֹב יָהּ שׁוֹכֵן מְעָלִים ׳ כי אתה :
פְּחוּדִים הֵם מִכָּל צָרֵיהֶם ׳ מִמְּחָרְפֵיהֶם וּמִמְּנַדְּפֵיהֶם ׳
נָא אַל תַּעַזְבֵם יְהוָה אֱלֹהֵי אֲבוֹתֵיהֶם ׳ כי אתה: טוֹבוֹתֶ֫יךָ
יְקַדְּמוּ לָהֶם בְּיוֹם תּוֹכֵחָה ׳ וּמִתּוֹךְ צָרָה הַמְצִיאֵם פְּדוּת
וּרְוָחָה ׳ כי אתה: יִוָּשְׁעוּ לְעֵין כֹּל וְאַל יִמְשְׁלוּ בָם רְשָׁעִים ׳
כַּלֵּה שֵׂעִיר וְחוֹתְנוֹ וְיַעֲלוּ לְצִיּוֹן מוֹשִׁיעִים ׳ כי אתה :
הַקְשִׁ֫יבָה אָדוֹן לְקוֹל שַׁוְעָתָם ׳ וְלִמְבוֹן שִׁבְתְּךָ הַשָּׁמַ֫יִם
תַּעֲלֶה תְפִלָּתָם : כִּי אַתָּה רַב סְלִיחוֹת וּבַ֫עַל הָרַחֲמִים:
יִשְׂרָאֵל נוֹשַׁע בַּיהוָה תְּשׁוּעַת עוֹלָמִים ׳ גַּם הַיּוֹם
יִוָּשְׁעוּ מִפִּ֫יךָ שׁוֹכֵן מְרוֹמִים ׳ כִּי אַתָּה רַב
סְלִיחוֹת וּבַ֫עַל הָרַחֲמִים: אל מלך ובו׳. זכור רחמיך וכו׳

סליחות לשני תנינא

ממרים סלח לנו. אל ארך אפים עד ורב חסד לכל קוראיך

אֶל תִּקְצוֹף יְהוָה עַד מְאֹד ׳ וְאַל לָעַד תִּזְכּוֹר עָוֹן הֵן הַבֶּט נָא עַמְּךָ כֻלָּ֫נוּ :
הַעַל

הַעַל־אֵלֶּה תִּתְאַפַּק יְהֹוָה תֶּחֱשֶׁה וּתְעַנֵּנוּ עַד־מְאֹד : שׁוּבָה יְהֹוָה עַד־מָתָי
וְהִנָּחֵם עַל־עֲבָדֶיךָ : כ״ח יד וט׳

אלהינו ואלהי אבותינו

אֲפָפוּנוּ מַיִם עַד נֶפֶשׁ • בָּאנוּ בְעָמְקֵן מְצוּלָה • גַּלֵּי יָם עָבְרוּ עָלֵינוּ •
דָּכְיוֹת תְּהוֹם כִּסָּתְנוּ • הוֹדֵנוּ נֶהְפַּךְ לְמַשְׁחִית • וְעוֹד לֹא
עֲצָרְנוּ כֹחַ וַלְעָפְנוּ • עַל חַטֹּאתֵינוּ חוּלְחַלְנוּ • עַל רוֹב פְּשָׁעֵינוּ טָבָּכְסָנוּ
עֵצָה מַה לַּעֲשׂוֹת • יוֹעֵץ בְּקִרְבֵּנוּ אָיִן • כּוֹנַנּוּ בְּלֵב מַחֲשָׁבוֹת •
לְמֵרָחוֹק שְׁאֵת דֵּעָה • מְסוֹרַת בְּיָדֵינוּ מֵאֲבוֹתֵינוּ • נֶאְקָה תְּשׁוּבָה
וּצְדָקָה • סוֹתְרוֹת רֹעַ גְּזֵרוֹת : עוֹד מַעֲנוֹת עַם • פִּצְנוּ בְּהַסְכָּמָה
אָחַת • צוֹם שֵׁנִי וַחֲמִישִׁי וְשֵׁנִי • קָדוֹשׁ אוּלַי יַשְׁקוּף • רַחֲמָיו לְקַדֵּם
לְרֵחֵנְז • שַׁדַּי עָשִׂינוּ אֶת שֶׁלָּנוּ • תַּקִּיף עֲשֵׂה אֶת שֶׁלָּךְ • אַל הָשֵׁב
עַמְּנוּ בַדִּין • מִדֶּבֶר וּמֵחֶרֶב וּמֵרָעָב מַלְּטֵנוּ • תִּיקַר נַפְשֵׁנוּ בְּעֵינֶיךָ •
יָהּ סְלַח לָנוּ • מְחַל לָנוּ • כַּפֵּר לָנוּ • כְּיוֹם רִדְתְּךָ בֶּעָנָן • אֵל מלך וט׳

הַאֲזִינָה יְהֹוָה תְּפִלָּתֵנוּ וְהַקְשִׁיבָה בְּקוֹל תַּחֲנוּנוֹתֵינוּ : שְׁמַע יְהֹוָה קוֹלֵנוּ
נִקְרָא חָנֵּנוּ וַעֲנֵנוּ : שָׁמְעָה יְהֹוָה צֶדֶק הַקְשִׁיבָה רִנָּתֵנוּ הַאֲזִינָה
תְּפִלָּתֵנוּ : שְׁמַע יְהֹוָה וְחָנֵּנוּ יְהֹוָה הֱיֵה עוֹזֵר לָנוּ : כ״ח אג וט׳

אלהינו ואלהי אבותינו

אֱזוֹן תַּחַן וְהַסְכֵּת עֲתִירָה • אַף הָפֵר וְשַׁבֵּךְ עֶבְרָה • בָּאֵי לְחַלּוֹתְךָ
בְּנֶפֶשׁ מָרָה • בְּשִׁמְךָ הַגָּדוֹל יִמְצְאוּ עֶזְרָה : גָּעִית נֶאֱנָחִים
עֲנוּתָם חָזֵה • גְּחִינַת קוֹמָתָם נָא אַל תִּבְזֶה • דְּרוֹשׁ עֶלְבּוֹנָם מִצַּר
וּבוֹזֵהּ • דְּרוֹךְ פּוּרָה וְנִצְחָם יַהּ : הֲלֹא אַתָּה הָיִיתָ • וְהִנְּךָ הָיוֹ תִהְיֶה
בַּהֲדַד גָּאוֹנֶךָ • וְנַמְתָּ יִכּוֹן זֶרַע אֱמוּנֶיךָ • וְהֵנָּם כֻּלִּים מִתְגָּרַת
חֲרוֹנֶךָ : זוֹעֲמוּ בְּעַוּוּיִם וּמְמָאֲנִים נָסַחוּ • זוֹרוּ בָּאֲפָסִים וְלֹא נָתֵן •
חֶבְלָה רוּחָם וְלֶעָפָר שָׁחוּ • חָרָשׁוּ חוֹרְשִׁים וּמַעֲנִית הֶאֱרִיתוּ :
טָבְעוּ בַבּוֹץ וְאֵין פּוֹצֶה • טוֹרְפֵיהֶם שָׁלוּ מִקְצֶה אֶל קָצֶה • יוֹם יוֹם
לוֹחֲמָם מְנַצֶּה • יַד פּוֹרְשִׂים מִלַּחַץ לַיצֵא : כָּלוּ חַיֵּיהֶם בְּיָגוֹן וַאֲנָחָה •
כּוֹשֵׁל רַכָּה וְעָרְבָה שִׂמְחָה • לְיֵשַׁע חוֹכִים וְהִנֵּה צְנָחָה • לְבִטּוּם
קָמִים וְכָרוּ שׁוּחָה : מַעֲרִימִים סוֹד מִמְּךָ לְהַדִּירָם • מַכְבִּידִים עֹל
לְהַכְשִׁיל

א) ישעיה סד יח:ב) תהלים ס יג: ג) שם פו ו (נסיעי׳:בר) שב כו ו (נסיעי׳:ח) שם יז ﬡ (נסיעי׳:ﬡ ו) שב ﬥ יﬡ (נסﬡר):

לְהַבְשִׁיל כֻּתָּם · נֹואֲקִים אֵלֶיךָ בְּהִתְעַטֵּף רוּחָם · נַחַת לִמְצוֹא
מִכּוֹבֶד טָרְחָם: שִׁיחַ צָֽקִים בְּמַעֲמַד צָפוּף · סְלִיחָה מְבַקְשִׁים
בְּקַדְקֹד כָּפוּף · עֹשְׁקֵיהֶם יַקְנִיאוּם וּנְתָנוּם לְשִׁסּוּף · עֹוִים יִמְסְכוּ
וְיִהְיוּ לִסְפוּף: פְּדֵה דְבֵקֶיךָ מֵאֶֽרֶץ וְכֵלּוּי · פַּלְּטֵם מְצוֹרֵר וּתְנָם
לְעִלּוּי · צַוֵּה יְשׁוּעוֹת מְשָֽׁחֲרֶיךָ בְּהִלּוּי · צוּר עוֹלָמִים הֹושִׁיעֵֽנוּ
בְגִלּוּי: קַנֵּא וְנוֹקֵם קַנֵּא לִשְׁמֶֽךָ · קַצֵּץ עֵלֶם מִצַּוַּאר עַמֶּֽךָ · רְאֵה
עָמָלֵֽנוּ וְשׁוּב מִזַּעֲמֶֽךָ · רִיבָה רִיבֵֽנוּ מֵעַם חֶרְמֶֽךָ: שְׁכִינָתְךָ הָשֵׁב
לְחֵיק אַרְמוֹנִי · שַׁאֲנָן הֹושֵׁב לְוִיִּי וְכֹהֲנִי · הַטֵּה אָזְנְךָ לְקוֹל הַתְחַנוּנִי ·
תִּרְצֵֽנִי בְּקָרְאִי יְהוָֹה יְהוָֹה: אל מלך וכו׳

פזמון

יְהוָֹה יְהוָֹה אֵל רַחוּם · וְחַנּוּן · אֶֽרֶךְ אַפַּֽיִם · וְרַב חֶֽסֶד ·
וֶאֱמֶת · נֹצֵר חֶֽסֶד לָאֲלָפִים · נֹשֵׂא עָוֹן · וָפֶֽשַׁע ·
וְחַטָּאָה · וְנַקֵּה · וְסָלַחְתָּ לַעֲוֹנֵֽנוּ וּלְחַטָּאתֵֽנוּ וּנְחַלְתָּֽנוּ:
אֶזְכְּרָה אֱלֹהִים וְאֶהֱמָֽיָה · בִּרְאוֹתִי כָל עִיר עַל תִּלָּהּ
בְּנוּיָה · וְעִיר הָאֱלֹהִים מֻשְׁפֶּֽלֶת עַד שְׁאוֹל תַּחְתִּיָּה ·
וּבְכָל זֹאת אָֽנוּ לְיָהּ וְעֵינֵֽינוּ לְיָהּ · יהוה : מִדַּת הָרַחֲמִים
עָלֵֽינוּ הִתְגַּלְגְּלִי · וְלִפְנֵי קוֹנֵךְ תְּחִנָּתֵֽנוּ הַפִּֽילִי · וּבְעַד
עַמֵּךְ רַחֲמִים שַׁאֲלִי · כִּי כָל לֵבָב דַּוָּי · וְכָל רֹאשׁ לָחֳלִי ·
יהוה : תָּמַֽכְתִּי יְתֵדוֹתַי בְּשָׁלֹשׁ עֶשְׂרֵה תֵבוֹת · וּבְשַׁעֲרֵי
דְמָעוֹת כִּי לֹא נִשְׁלָבוֹת · לָכֵן שָׁפַֽכְתִּי שִֽׂיחַ פְּנֵי בוֹחֵן
לִבּוֹת · בָּטֽוּחַ אֲנִי בָּאֵֽלֶּה וּבִזְכוּת שְׁלֹֽשֶׁת אָבוֹת · יהוה :
יְהִי רָצוֹן מִלְּפָנֶֽיךָ שֹׁומֵֽעַ קוֹל בְּכִיּוֹת · שֶׁתָּשִׂים
דִּמְעוֹתֵֽינוּ בְּנֹאדְךָ לִהְיוֹת · וְתַצִּילֵֽנוּ מִכָּל גְּזֵרוֹת
אַכְזָרִיּוֹת · כִּי לְךָ לְבַד עֵינֵֽינוּ תְלוּיוֹת · יהוה :

אל מלך וכו׳ זכור רחמיך וכו׳

אומרים סלח לנו, אל ארך אפים אתה עד ורב חסד לכל קוראיך

כִּי עִם יְהֹוָה הַחֶסֶד וְהַרְבֵּה עִמּוֹ פְדוּת : פָּדָה אֱלֹהִים אֶת יִשְׂרָאֵל מִכֹּל צָרוֹתָיו : וְהוּא יִפְדֶּה אֶת יִשְׂרָאֵל מִכֹּל עֲוֹנוֹתָיו : פּוֹדֶה יְהֹוָה נֶפֶשׁ עֲבָדָיו וְלֹא יֶאְשְׁמוּ כָּל הַחוֹסִים בּוֹ : כרחם אב וט'

אלהינו ואלהי אבותינו

אֶזְכְּרָה מָצוֹק אֲשֶׁר קְרָאַנִי • בְּשָׁלֹשׁ מַכּוֹת בַּחֹדֶשׁ הַזֶּה הִכַּנִי • גִּדְעָנִי הֱנִיאַנִי הֱבִיאַנִי • אַךְ עַתָּה הֶלְאָנִי : דְּעָכַנִי בִּשְׁמוֹנָה בּוֹ שְׂמָאלִית וִימָנִית • הֲלֹא שְׁלָשְׁתָּן קָבַעְתִּי תַעֲנִית • וּמֶלֶךְ יָוָן אֲנָסַנִי לִכְתּוֹב דַּת יְוָנִית • עַל גַּבֵּי דָרְשׁוּ חוֹרְשִׁים הֶאֱרִיכוּ מַעֲנִית : זוֹעַמְתִּי בְּתִשְׁעָה בּוֹ בִּכְלִמָּה וָחֵפֶר • חָשַׁךְ מֵעָלַי מְעִיל הוֹד וְצֶפֶר • טָרוֹף טֹרַף בּוֹ הַנּוֹתֵן אִמְרֵי שֶׁפֶר • הוּא עֶזְרָא הַסּוֹפֵר : יוֹם עֲשִׂירִי צֻוָּה בֶן בּוּזִי הַחוֹזֶה כְּתָב לְךָ בַסֵּפֶר הַמַּחֲזֶה לְזִכָּרוֹן לְעַם נָמֵס וְנִבְזֶה אֶת עֶצֶם הַיּוֹם הַזֶּה : מִנְיַן סֵדֶר חֳדָשִׁים בַּעֲשָׂרָה בּוֹ הָעִיר • נְהִי וִילֵל כְּמוֹ פִי אַפְעִיר • סֵדֶר פֻּרְעָנִיּוֹת בְּתוֹךְ לְבָבִי יַבְעִיר • בְּבֹא אֵלַי הַפָּלִיט לֵאמֹר הֻכְּתָה הָעִיר : עַל אֵלֶּה עַל פְּנֵי אָבָק זֵרִיתִי • פָּצְתִּי עַל אַרְבַּעְתָּן לוֹ חֵן בְּלִבִּי יָרִיתִי • צָרוֹת עַל אֵלֶּה קֶבֶר לִי כָּרִיתִי • צַדִּיק הוּא יְהֹוָה כִּי פִיהוּ מָרִיתִי : קָרָאתִי שִׁמְךָ מִתְנַחֵם אֵל רָעָתִי • רְאֵה עָנְיִי וּשְׁמַע קוֹל פְּגִיעָתִי • שְׁמַע תְּחִנָּתִי חִישָׁה נָא יְשׁוּעָתִי • אַל תַּעְלֵם אָזְנְךָ לְרַוְחָתִי לְשַׁוְעָתִי : יֶרַח טֵבֵת מְאֹד לָקִיתִי בּוֹ • וְנִשְׁתַּנּוּ עָלַי סְדָרֵי נְתִיבוֹ • סָרַרְתִּי פְּשָׁעַי גָּלָה לִי טוּבוֹ • הָאוֹמֵר לַיָּם עַד פֹּה תָבֹא : אל מלך וכו'

אֱלֹהִים בָּאוּ גוֹיִם בְּנַחֲלָתֶךָ טִמְּאוּ אֶת הֵיכַל קָדְשֶׁךָ שָׂמוּ אֶת יְרוּשָׁלַיִם לְעִיִּים אֱלֹהִים זֵדִים קָמוּ עָלֵינוּ וַעֲדַת עָרִיצִים בִּקְשׁוּ נַפְשֵׁנוּ וְלֹא שָׂמוּךָ לְנֶגְדָּם : כרחם אב וט'

אלהינו ואלהי אבותינו

אָבֵן הָרֹאשָׁה : לְעִיִּים וְלַחֲרִישָׁה • וְנוֹחֲלֵי מוֹרָשָׁה • מְנוֹד רֹאשׁ בַּלְאֻמִּים : בְּקִרְבִּי לֵב נִכְאָב • נִדְוֶה וְנִדְאָב • נִשְׁאַרְנוּ כְּאֵין אָב • וְהָיִינוּ כִיתוֹמִים : רַכָּה וַעֲנֻגָּה • בְּשׁוֹשַׁנִּים סוּגָה • עַתָּה הִיא נוּגָה

א) תהלים קל : ב) שם כס כג : ג) שם קל ת : ד) שם לד עג : ה) שם עם א : ו) שם ע יד (נשישין):

נוֹגַהּ • מְסוּרָה בְּיַד קָמִים : הָיְתָה כְּאַלְמָנָה • קִרְיָה נֶאֱמָנָה • וָזֶרַע
מִי מָנָה • נִמְכְּרוּ בְּלֹא דָמִים : מְעָנָה וַרֻכָּה • צָלְחָה לִמְלוּכָה •
וּמַעֲנִיתָהּ אָרְכָה • זֶה כַּמֶּה שָׁנִים וְיָמִים : בֵּית יַעֲקֹב לְבִזָּה • לְלַעַג
וּלְעַזָּה • הָעִיר הָעַלִּיזָה • לְמַטְעֵי כְרָמִים : רְוָיָה תַּרְעֵלָה • בְּיַד
בְּנֵי עַוְלָה • הָרְצוּיָה כְעוֹלָה • וּכְקְטֹרֶת הַסַּמִּים : מָאֲסָה לִזְנוֹחַ •
תּוֹרַת אֲבִי זָנוֹחַ • וְלֹא מָצְאָה מָנוֹחַ • לֵילוֹת וְיָמִים : נוֹרָא אֵל
עֶלְיוֹן • מִמְּךָ יְהִי צִבְיוֹן • לְהָשִׁיב לָרִיב צִיּוֹן • שְׁנַת שִׁלּוּמִים :
חַדֵּשׁ יָמֵינוּ כְּקֶדֶם • מְעוֹנָה אֱלֹהֵי קֶדֶם • וְלַבֵּן כְּצֶמֶר אָדָם • וְכַשֶּׁלֶג
כְּתַמִּים : חַזְּקֵנוּ בְּיִרְאָתֶךָ • וּבְקִיּוּם תּוֹרָתֶךָ • וּפָקְדֵנוּ בִּישׁוּעָתֶךָ •
מֶלֶךְ מָלֵא רַחֲמִים : אֵל סלך וכו׳

פיזמון

אֲבוֹתַי כִּי בָטְחוּ בְּשֵׁם אֱלֹהֵי צוּרִי. גָּדְלוּ וְהִצְלִיחוּ
וְגַם עָשׂוּ פֶרִי. מֵעֵת הֵדָחוּ וְהָלְכוּ עִמּוֹ קֶרִי.
הָיוּ הָלוֹךְ וְחָסוֹר עַד הַחֹדֶשׁ הָעֲשִׂירִי : בֶּעֶשׂירִי לַחֹדֶשׁ
סָמַךְ מֶלֶךְ בָּבֶל. וְצָר עַל עִיר הַקֹּדֶשׁ. וַנִּקְרַב רַב
הַחוֹבֵל. נָתַתִּי חָדָשׁ וְעָנִיתִי בַכֶּבֶל. וְהָיָה מִדֵּי חֹדֶשׁ
לְאֵבֶל כְּנוֹרִי. אבותי : רֵאשִׁית בְּכוּרָה לְרֵאשִׁית הַחֵרֶם. שָׁם
אֲחֵרִים הִזְכִּירָה וְהֶעָוֹן גּוֹרֵם. פְּנֵי אֵל לֹא הִבִּירָה וְשָׁטְפָה
בְזֶרֶם. צָרָה כְּמַבְכִּירָה כָּעֵת בִּמְרוֹם תַּמְרִיא. אבותי :
אֱלֹהִים הֵבִיא יוֹם רָעָה וּמָצוֹר. צִוָּה צָרַי סְבִיבַי עוֹלְלֵי
לְבָצוֹר. יוֹם הֵרַךְ לְבָבִי. וְאֵין כֹּחַ לַעֲצוֹר. וְדִבֵּר אֵל
נָבִיא. מְשׁוֹל אֶל בֵּית הַמֶּרִי. אבותי : מִיּוֹשְׁבֵי שַׁעַר
הֶעָבִיר אַחֶרֶת. חָמְתוּ כָאֵשׁ בָּעַר וְהָרִים עָטָרֶת.
וּמִלְּבָנוֹן יַעַר הֻשְׁלַךְ הַתִּפְאֶרֶת. וְרוּחַ סוֹעָה וָסַעַר תְּסַמֵּר
שַׂעֲרַת בְּשָׂרִי. אבותי : יְפַיְפִית נִמְשַׁלְתְּ. וְעַתָּה קְדוֹרַנִּית.
בְּעָוֹן כִּי כָשַׁלְתְּ. וְלִבֵּךְ אֲחוֹרַנִּית. זָנְבוּךְ וְנֶחֱשַׁלְתְּ.
רֹאשׁוֹנָה וְשֵׁנִית. וְהֶחָתֵל לֹא חֻתָּלְתְּ. מְעַט צָרִי. אבותי :

צדיק

צַדִּיק הַצּוּר תָּם . נְשֹׂוא עָוֹן נִלְאָה . מִכְּרוֹב לְמִפְתָּן
לְפָנַת נַג דָּאָה . מֵעֲוֹן הֻנְכְתָּם . וְצַעֲקָתָם בָּאָה . רַבָּה
רָעָתָם כְּעֵץ עָשָׂה פֶּרִי . אבותי: חֲזַק כָּל קָמֵי תוֹכֵן
הָעֲלִילוֹת. כִּי מָלְאוּ יָמַי בְּרוֹעַ מִפְעָלוֹת . וּמִבּוֹשֶׁת
עֲלוּמַי שָׁכַחְתִּי גְמוּלוֹת . נוֹתֵן לַחְמִי וּמֵימַי פְּשָׁטְתִּי
וְצַמֵּרִי . אבותי: קָמֵי פִּידֶם פָּעֲרוּ וְנַחֲלָתִי בָּלֵעוּ . מְאֹד
עָלַי גָּבְרוּ וְדָמִי שָׁתוּ וְלָעוּ . נָכְרִים עָלַי צָרוּ . וְאֵת אֲחַי
הֵרֵעוּ . הָאוֹמְרִים עָרוּ עָרוּ בְּנֵי שֵׂעִיר הַחוֹרִי . אבותי :
אָמְרוּ לְכוּ נַכְלֵם וְנַשְׁבִּיתָה זִכְרָם. אֵל קַנָּא וְנוֹקֵם גְּמֻלָם
יְשַׁאוּ אֶת שֶׁבְרָם . כְּמַעֲשֵׂיהֶם שַׁלֵּם וְיֵבֹשׁוּ מִשִּׁבְרָם .
כְּאִישׁ חֲלוֹם חוֹלֵם שְׁלֹשָׁה סַלֵּי חוֹרִי . אבותי : פִּצְעִי לֹא
רֻכְּכָה וְחַבּוּרוֹתַי רֶצַח . וְעֵינֵי הוּכְהָתָה צוֹפָה לְדוֹדִי צַח .
הַעוֹד לֹא שָׁכְכָה חֲמָתוֹ לָנֶצַח. עַל מֶה עָשָׂה כָּכָה וּמֶה
חֳרִי. אבותי: רַחוּם זֶה אֵלַי אַל לָעַד תִּזְנַח. אָרְכוּ יְמֵי אֶבְלִי
וְעוֹד לִבִּי נֶאֱנַח . שׁוּבָה אֶל לְאָהֳלִי מְקוֹמְךָ אַל תַּנַּח .
שַׁלֵּם יְמֵי אֶבְלִי כִּי תָבֹא עַל שִׁבְרִי . אבותי : יְהֹוָה מְנָת
חֶלְקִי חוּשָׁה לִּי לְעֶזְרָה. וּפְתַחְתָּ שַׂקִּי שִׂמְחָה לִי
לָאֵזֹרָה. וְתַגִּיהַּ אֶת חָשְׁכִּי בְּאוֹרְךָ לְהָאִירָה. אֶת נֶשֶׁף
חִשְׁקִי כִּי אַתָּה נֵרִי . אבותי : מִיָּגוֹן וַאֲנָחָה פְּדֵה אֵל אֶת
נַפְשִׁי . עֲשֵׂה לְעַמְּךָ הֲנָחָה . מַלְכִּי וּקְדוֹשִׁי . תַּהֲפֹךְ
לְרֶוָחָה . אֶת צוֹם הַחֲמִישִׁי . לְשָׂשֹׂון וּלְשִׂמְחָה . צוֹם
הָרְבִיעִי וְצוֹם הָעֲשִׂירִי . אבותי :

אל מלך וכו' . זכור רחמיך וכו'

אומרים סלח לנו, אל ארך אפים עד ורב חסד לכל קוראיך

קַוֵּה קַוִּינוּ אֶל יְהֹוָה וַיֵּט אֵלֵינוּ וַיִּשְׁמַע שַׁוְעָתֵנוּ: אַף אֹרַח מִשְׁפָּטֶיךָ יְהֹוָה
קִוִּינוּךָ לְשִׁמְךָ וּלְזִכְרְךָ תַּאֲוַת נָפֶשׁ: כירמ אב יט׳

אלהינו ואלהי אבותינו

אָדָם בְּקוּם עָלֵינוּ חִיל אֲחָזָתְנוּ לִרְעֹד ּ בְּהִסְתַּפְּחוּ לְמַלְכוּת הַנֵּף
כִּמְעַט כָּשֶׁלְנוּ לִמְעֹד ּ גָּמְרוּ לְמָכְרֵנוּ כְּתֵל וְתָרִין בְּלִי
מִסְעֹד ּ אָמְרוּ לְכוּ וְנַכְחִידֵם מִגּוֹי וְלֹא יִזָּכֵר שֵׁם יִשְׂרָאֵל עוֹד ּ
דָּלוּ עֵינַי לַמָּרוֹם קְרָאתִיךָ אוֹיְבִי לַקּוּב ּ הִכְרֵת שֵׁם וּשְׁאָר וּמְחֵה
שֵׁם לְרָקוּב ּ וְצַר צוֹרְרַי בְּנִכְלֵיהֶם אֲשֶׁר נִכְלוּ לַעֲקוֹב ּ וַיֹּאמְרוּ
לֹא יִרְאֶה יָהּ וְלֹא יָבִין אֱלֹהֵי יַעֲקֹב: זְרוּיִים עָנָה וַיִּגְאֶה וְלֹא מִלֵּב
לְכַלּוֹתָם ּ חָבוּ לְפָנִים וְרָדָם בַּהֲסָרַת טַבַּעַת לְהַחֲלוֹתָם ּ טוֹב דְּבָרוֹ
הֵקִים לְעֵינֵי הַגּוֹיִם לְהַעֲלוֹתָם ּ בְּאֶרֶץ אוֹיְבֵיהֶם לֹא מְאַסְתִּים וְלֹא
גְעַלְתִּים לְכַלּוֹתָם: יָדַע רֶמֶז הַקּוֹרוֹת לְעַם מֵעָפָר וּמֵהֲדָס ּ כְּתָב
הַסְתֵּר אֶסְתִּיר וְאָמַר דְּרוֹר מְפֻרְדָס ּ לְשִׁבְתוֹ הָמָן מִמַּחֲרַת הֲמָן
הָעֵץ קָנְדָּם ּ תַּחַת הַנַּעֲצוּץ יַעֲלֶה בְרוֹשׁ וְתַחַת הַסִּרְפַּד יַעֲלֶה
הֲדָס: מַקְשִׁיב דְּבַר שֶׁקֶר כָּתַב שִׂטְנָה וָעֶצֶב ּ נִתְעַטֵּף בְּבִגְדֵי
שָׂרָד כְּטָעָה בְּמִנְיָן קֶצֶב ּ סַדֵּר לְהִשְׁתַּמֵּשׁ בְּשָׁנִים כְּלֵי בֵית
הַמַּחְצֵב ּ וַיָּבֹא גַם הַשָּׂטָן בְּתוֹכָם לְהִתְיַצֵּב: עַם הַנִּמְצָאִים
בְּשׁוּשָׁן בְּאָכְלָם מִזֶּבַח עוֹכְרָם ּ פָּעַר פִּיו לְהַשְׁטִינָם וּלְהַסְגִּירָם בְּיַד
נוֹתֵן מִכְרָם ּ צוּר הִסְכִּים לִכְתּוֹב אִגֶּרֶת לְאַבֵּד שְׁבָרָם ּ אָמַרְתִּי
אַפְאֵיהֶם אַשְׁבִּיתָה מֵאֱנוֹשׁ זִכְרָם: קְדוֹשִׁים מַלְאֲכֵי שָׁלוֹם מַר
יִבְכָּיוּן בְּצַעֲקָה ּ רַחוּם הַבֵּט לַבְּרִית וְאַל תָּפֵר לְהַדְרִיחָקָה ּ שָׁמְעָה
מָרְדְּכַי וַיִּתְלַבַּשׁ בְּבִגְדֵי אַלְמָנוּת וּמוּעָקָה ּ וַתָּשֶׂם יָדָהּ עַל רֹאשָׁהּ
וַתֵּלֶךְ הָלוֹךְ וְזָעֲקָה: תִּשְׁבִּי שָׁם אֵזוֹר שַׂק בְּמָתְנָיו תִּהְבַּשֵׁת ּ מִהֵר
וְהוֹדִיעַ יְשֵׁנֵי מַכְפֵּל אָבוֹת שְׁלֹשֶׁת ּ נָחַץ לְרוֹעֶה מַה לְּךָ נִרְדָּם
לְהִתְעַשֵּׁת ּ קוּם קְרָא אֶל אֱלֹהֶיךָ אוּלַי יִתְעַשֵּׁת: חוֹתָם טִיט אֲשֶׁר
נַעֲשָׂה לִבְלֹשָׁן סֵפֶר ּ מִנִּינְוֵה לָמְדוּ לְאַחֵר גְּזֵרָה כְּעַם לְהָפֵר ּ כָּן
קֵישׁ הִקְישׁ הַקֵּשׁ דַּלְתוֹת בֵּית הַכֵּפֶר ּ וַיְכַס שַׂק וַיֵּשֶׁב עַל הָאֵפֶר: רַבֵּץ
תִּינוֹקוֹת

א) תהלים ס ג (נשיד) ב) ישעיה טס:

תִּינוֹקוֹת לְפָנָיו יָמִים שְׁלֹשָׁה צְמֵאִים וּמְכַפְּנִים • בְּקוֹל יַעֲקֹב לַחֲלוֹשׁ
יְדֵי עַז פָּנִים: יָדָיו אֱמוּנָה לָאֵל הַצִּילֵנִי מֵעֲלְבוֹנִים • פֶּן יָבוֹא וְהִכַּנִי
אֵם עַל בָּנִים: מִזֶּה אֵלֶּה וּמִזֶּה אֵלֶּה בְּנֵי אֵיתָנִי וְרַבָּנֵי • כֻּלָּם צָעֲקוּ
וַתַּעַל שַׁוְעָתָם אֶל יְהֹוָה: יָהּ לְקוֹל רִנּוּן כְּבוֹא שָׁאַל לְפָנָי • וּמֶה
קוֹל הַצֹּאן הַזֶּה בְּאָזְנָי : רוֹעֶה הֵשִׁיבוּ הֵם קְטַנֵּי קֹדֶשׁ זֶרַע • יָהּ
הַצֵּל לְקוּחִים לַמֶּוֶת מֵאוֹיֵב הָרָע • הַנּוּן נִכְמְרוּ רַחֲמָיו וַיְבַקֵּשׁ
לְכַבּוֹת הַמְּאוֹרֵעַ • וַיְהִי כִּקְרֹא מֶלֶךְ יִשְׂרָאֵל אֶת הַסֵּפֶר וַיִּקְרֵעַ :
יְהוּדִי הוֹקִיעַ יְלָדִים לְמַטָּה וַאֲבִיהֶם לְמַעְלָה • אִישׁ בִּשְׁלֹשׁ אַמּוֹת
וְהָרְבִיעִית אַיִיר מְגֻלָּה • מִשְׁנֶה נָקָם חָזָה וְשָׂמַח וְשָׂח תִּהְלָה •
אוֹתִי הֵשִׁיב עַל כַּנִּי וְאוֹתוֹ תָּלָה : וַהַכְּתוֹב אֶסְתֵּר תּוֹקֶף לִקְרוֹת
בְּכָהֵלֵל מְהֻדָּדִים • מִלְמַעְלָה קִיְּמוּ מַה שֶּׁקִּבְּלוּ לְמַטָּה דוֹדִים • נֵס
יְתוֹסֵם לְפַרְסֵם כְּאָז פִּלְאוֹ מַסְהִידִים • בָּעֵת הַזֹּאת רֶוַח וְהַצָּלָה
יַעֲמוֹד לַיְּהוּדִים : אֵל מֶלֶךְ וכו'

כִּי עִמְּךָ מְקוֹר חַיִּים בְּאוֹרְךָ נִרְאֶה אוֹר: בְּקָרְאֵנוּ עֲנֵנוּ אֱלֹהֵי יִשְׁעֵנוּ בְּצַר
הִרְחַבְתָּ לָּנוּ חָנֵּנוּ וּשְׁמַע תְּפִלָּתֵנוּ : וְעַתָּה יִגְדַּל נָא כֹּחַ אֲדֹנָי כַּאֲשֶׁר
דִּבַּרְתָּ לֵאמֹר : במדבר אב וט'

אֱלֹהֵינוּ וֵאלֹהֵי אֲבוֹתֵינוּ

אַתָּה הָאֵל עוֹשֵׂה פְלָאוֹת • בָּעַמִּים הוֹדַעְתָּ עֹז נוֹרָאוֹת • גָּאַלְתָּ
בִּזְרוֹעַ עַמְּךָ מִתְלָאוֹת • דָּקִיתָ צָרֶיהָ בְּמוֹתֵי תַחֲלוּאוֹת :
הָאוֹיֵב בְּקוּמוֹ לְעוֹרֵר מְדָנִים • וְדָמָה לְהַכְרִית פִּרְחֵי שׁוֹשַׁנִּים •
זָמַם לִשְׁקוֹל לְגִנְזֵי אֲדוֹנִים • חֲלִיפֵי מְאַת כִּכְּרֵי אֲדָנִים : טִלָּאֶיךָ
הִזְהַרְתָּ שְׁקֵלֵיהֶם לְהַקְדִּים • יָדַעְתָּ הָעֲתִידוֹת וְדָרַשְׁתָּ נִשְׁקָדִים •
כִּבּוּי לְהַמְצִיא לְלַהַב יוֹקְדִים • לְקוּחִים לַמָּוֶת לְתֶחִי נִפְקָדִים :
מַסֵּכָה צָרָה בְּעָבְדָם לְפָנִים • נִמְסְרוּ לְדָתָז קְנוּקְנוֹת וּגְפָנִים •
סְכַבּוּם מֻקְשִׁים בְּכָל דְּפָנִים • עֵינֵיהֶם לְךָ תְלוּיִם וּבְסִתְרְךָ נִצְפָּנִים :
פּוּר נֶהְפַּךְ בְּאוֹיְבִים לְשָׁלוֹט • צָלוּב הוּכַן אַנְגֵי לְקָלוֹט • קוֹלֵעַ
וּבוֹלֵעַ פְּנֵי הַלּוֹט הַלּוֹט • רִיבֵי עָם בְּאַשְׁמַנִּים לַעֲלוֹט : שָׁלוֹם וֶאֱמֶת
נִכְתַּב לְכָל צַד • תּוֹקֶף יֶשַׁע סֶלַע וּמָצָד • שׁוֹדֵד הַשַּׁדַּד וּבְרָשְׁתּוֹ
הוּצַד • מַלְשִׁינִי נִסְחַף נִצְמַת וְנִרְצַד : עָשׂוּ שְׂמָחוֹת וְלַדּוֹרוֹת
קָבְעוּם

קְבָעִים ּ וּמִקְרָאוֹת שְׁלִשׁוֹם וְלֹא רְבָעִים ּ נִסְכְּמוּ מִמַּעַל וּלְמַטָּה
טְבָעִים ּ בַּסֵּפֶר נֶחְקְקָה עַל מַה קְבָעִים: רָמָה יָדְךָ לִסְלוֹחַ לַפּוֹשְׁעִים ּ
יְהוּדִי וַהֲדָסָה הֲקֵמַת מוֹשִׁיעִים ּ צִדְקָתָם עוֹמֶדֶת לָעַד לְשַׁעֲשׁוּעִים ּ
חֵקֶר כְּבוֹדָם לְהַזְכָּר לְנוֹשָׁעִים: קַנֵּא לְשִׁמְךָ נוֹרָא וְנִקְדָּשׁ ּ חֲזֵה
כַּרְמְךָ נֶהֱרָס וְנַדֵּשׁ ּ זְרוּיֵינוּ קַבֵּץ וְשִׁיר לְךָ יְחַדֵּשׁ ּ קַיְּמֵם וְהַחֲיֵם
בְּבִנְיַן בֵּית הַמִּקְדָּשׁ: וּבַעֲשׂוֹתְךָ נוֹרָאוֹת כְּאוֹתָן הַיָּמִים ּ אִתָּנוּ
הַפְלֵא תְּשׁוּעַת עוֹלָמִים ּ מְצוֹא לְפָנֶיךָ כּוֹפֶר וְתַנְחוּמִים ּ אֵל מֶלֶךְ
יוֹשֵׁב עַל כִּסֵּא רַחֲמִים: אל מלך וכו׳

בְּמָתֵי מִסְפָּר חִלִּינוּ פָנֶיךָ. לִשׁוּעַת נְכָאִים אַל תִּתְעַלֵּם
אָזְנֶךָ. הַקְשֵׁב תַּחֲנָתָם מִשְּׁמֵי מְעוֹנֶךָ. כִּבִימֵי
מוֹר וַהֲדַס הוֹשַׁעְתָּ בָּנֶיךָ: תְּהִלּוֹת יִשְׂרָאֵל אַתָּה יוֹשֵׁב.
שַׁוְעָתָם מַאֲזִין וְרִנָּתָם קוֹשֵׁב. רְפָאוֹת לְמֹחַץ מַקְדִּים
וּמְהַשֵּׁב. קְנוֹיֶיךָ לְהֵיטִיב וְנָוֵיהֶם לְיַשֵּׁב. כמתי: צָר וְאוֹיֵב
הִלְטִישׁ עֵינָיו. פִּיהוּ פָּעַר לִשְׁאוֹף עֲנָיו. עָשֶׂת בְּשִׁלּוֹ
לְהַשְׁמִיד קְהַל הֲמוֹנָיו. סֵגֶל לְאַבֵּד חָרַת בְּנִשְׁתְּוָנָיו.
כמתי: נוֹקֵם לְצָרִים וְנוֹטֵר לְאוֹיְבִים. מָדַדְתָּ מְדָתָם
כְּזֵדוּ לַאֲהוּבִים. לוֹחֵם וְעִנְיָנָיו הוּתְלוּ מוּצְלָבִים. כְּבַחֲרוֹזֶת
דָּגִים חוֹרְזוּ תְּחוּבִים. כמתי: יוֹם אֲשֶׁר שָׂבְרוּ צוֹרְרִים.
טִבְחָה לָשִׂית בְּעַם נְצוּרִים. חֻלְּפָה הַדָּת וְנָפְלוּ פְגָרִים.
זוּלְעָפוּ זוֹעֲמוּ מוּבָסִים מוּגָּרִים. כמתי: וּבְכֵן יִתְעַלֶּה
שִׁמְךָ וְיִתְנַשֵּׂא. הוֹדְךָ שְׁמֵי שָׁמַיִם כִּסָּה. דַּכִּים בְּרוֹמֶמְךָ
נְתוּנִים לְמִשְׁסָה. גֵּיא וַאֲפֵסֶיהָ תְּהִלָּתְךָ מְכַסָּה. כמתי:
בִּינָה הֲגִיגֵנוּ עַתָּה וּרְאֵה בַצַּר. הֲשִׁיבֵנוּ לִמְנוּחָתֵךְ כִּי
יָדֵךְ לֹא תִקְצָר. אָדוֹן קָרָאנוּךְ מִן הַמֵּצַר. אָנָּא הוֹצִיאֵנוּ
לַמֶּרְחָב וְחַלְּצֵנוּ מִצָּר. כמתי: מְאֹד תַּרְבֶּה לָנוּ מְחִילָה.
שמע

שְׁמַע תְּפִלָּה וְהַעֲבֵר תִּפְלָה ׳ לוֹחֲצֵינוּ יַשְׁלִימוּ אִתָּנוּ
וַעֲוֹנוֹתֵינוּ תַשְׁלִיךְ בִּמְצוֹלָה ׳ מִמְּךָ רַחֲמֶיךָ לֹא תִכְלָא :

במתי :   אֵל מלך וכו׳ . זכור רחמיך וכו׳

סליחות לשבעה עשר בתמוז

אומרים סלח לנו, אל ארך אפים עד ורב חסד לכל קראיך.

אֵל תִּתְּנוּ דָמִי לוֹ עַד יְכוֹנֵן וְעַד יָשִׂים אֶת יְרוּשָׁלַיִם תְּהִלָּה בָּאָרֶץ : כִּי עִמְּךָ
מְקוֹר חַיִּים בְּאוֹרְךָ נִרְאֶה אוֹר : אֱלֹהֵינוּ בֹּשְׁנוּ בְּמַעֲשֵׂינוּ וְנִכְלַמְנוּ
בַּעֲוֹנֵינוּ : כרחם אב וכו׳

אלהינו ואלהי אבותתו

אֶתָאנוּ לְךָ יוֹצֵר רוּחוֹת ׳ בְּרוֹב עֲוֹנֵינוּ כָּבְדוּ אֲנָחוֹת ׳ גְּזֵרֹת עֲצֻמוֹ
וְרַבּוּ צְרִיחוֹת ׳ כִּי בְּשִׁבְעָה עָשָׂר בְּתַמּוּז נִשְׁתַּבְּרוּ הַלֻּחוֹת:
גָּלִינוּ מִבֵּית הַבְּחִירָה ׳ וְחָשַׁךְ בַּעֲדֵנוּ אוֹרָה ׳ דִּינֵנוּ נֶחְתַּם וְנִגְזְרָה
גְזֵרָה ׳ כִּי בְּשִׁבְעָה עָשָׂר בְּתַמּוּז נִשְׂרְפָה הַתּוֹרָה: הָרְסוּ אוֹיְבֵינוּ
הַהֵיכָל ׳ וּבָרְחָה שְׁכִינָה מִזָּוִית הֵיכָל ׳ וְנִמְסַרְנוּ בְּיַד זֵדִים
לְהִתְאַכֵּל ׳ כִּי בְּשִׁבְעָה עָשָׂר בְּתַמּוּז הָעֳמַד צֶלֶם בְּהֵיכָל: זֵרוּנוּ
מְעֵיר אֶל עִיר ׳ וְנִלְכַּד מֶנּוּ רַב וְצָעִיר ׳ דָּרְכָה עֵירֵנוּ וְאֵשׁ בָּהּ
הִבְעִיר ׳ כִּי בְּשִׁבְעָה עָשָׂר בְּתַמּוּז הֻבְקְעָה הָעִיר : טָפַשׁ
בְּמִקְדָּשֵׁנוּ צַר הַמַּשְׁמִיד ׳ וְנִטַּל מִנְחָתָן וְכִלָּה אֶצְעָדָה וְצָמִיד ׳ יַעַן
בְּעָסְנֶךָ נִתְּנוּ לְהַשְׁמִיד ׳ כִּי בְּשִׁבְעָה עָשָׂר בְּתַמּוּז בֻּטַּל הַתָּמִיד :
כָּלָה מֶנּוּ כָּל הוֹד וָשֶׁבַח ׳ חָרְבוּ שָׁלַף אוֹיֵב עָלֵינוּ לְאַבַּח ׳ לִהְיוֹת
עוֹלָלִים וְיוֹנְקִים מוּכָנִים לַטֶּבַח ׳ כִּי בְּשִׁבְעָה עָשָׂר בְּתַמּוּז נִתְבַּפְּלוּ
עוֹלָה וָזֶבַח : מָרַדְנוּ לְשׁוֹכֵן מְעוֹנוֹת ׳ לָכֵן נִתְפַּזַּרְנוּ בְּכָל פִּנּוֹת ׳
נֶהְפַּךְ מְחוֹלֵנוּ לְאֵבֶל וְקִינוֹת ׳ כִּי בְּשִׁבְעָה עָשָׂר בְּתַמּוּז בָּטְלוּ
קָרְבָּנוֹת: סָרַרְנוּ לְפָנֶיךָ מֶרִיב לְשׁוֹנוֹת ׳ לָכֵן לֻמְּדָה לְשׁוֹנֵנוּ לֵמַר
קִינוֹת ׳ עֵינֵינוּ רַבּוּ בְּלִי לְהִמָּנוֹת ׳ כִּי בְּשִׁבְעָה עָשָׂר בְּתַמּוּז גָּרַם
לָנוּ עֲוֹנוֹת : פְּזַרְנוּ בְּלִי מְצוֹא רְוָחָה ׳ לָכֵן רָבְתָה בָּנוּ אֲנָחָה ׳ צוּר
רְאֵה נַפְשֵׁנוּ כִּי שָׁחָה ׳ וְשִׁבְעָה עָשָׂר בְּתַמּוּז הֲפֹךְ לָנוּ לְשָׂשׂוֹן
וּלְשִׂמְחָה

א) ישעיה פג ו : ב) תהלים לו:

וּלְשִׂמְחָה : קָשִׁינוּ עׇרֶף וְרׇבְתָה בָנוּ אָסוֹן • לָכֵן נָתַגּוּ לִמְשֻׁסָּה
וְרִפְשׁוֹן • רָאֵה יְהֹוָה וְהַלִּיצֵנוּ מֵאָסוֹן • וְשִׁבְעָה עָשָׂר בְּתַמּוּז הָפָךְ
לָנוּ לְשִׂמְחָה וּלְשָׂשׂוֹן:שְׁאֵנוּ שֹׁכֵן רוּמָה • וְקַבֵּץ נְפוּצוֹתֵינוּ מֵקַצְווֹת
אֲדָמָה • תֹּאמַר לְצִיּוֹן קוּמָה • וְשִׁבְעָה עָשָׂר בְּתַמּוּז הָפָךְ לָנוּ לְיוֹם
יְשׁוּעָה וְנֶחָמָה : אל מלך וכו׳

אֱלֹהִים אַל דֳּמִי לָךְ אַל תֶּחֱרַשׁ וְאַל תִּשְׁקֹט אֵל : כִּי הִנֵּה אֹיְבֶיךָ יֶהֱמָיוּן
וּמְשַׂנְאֶיךָ נָשְׂאוּ רֹאשׁ : אֵל נְקָמוֹת יְהֹוָה אֵל נְקָמוֹת הוֹפִיעַ : כורם וכו׳

אלהינו ואלהי אבותינו

אָמְרֵר בְּבֶכִי מִפְּנֵי יָד שְׁלוּחָה בִּעְ • בִּנְאָצִי בְּתוֹךְ בֵּיתוֹ בְּבִגְדִי
וְקָבְעִי • גָּז וּבָרַח וְנָסַע עָשָׂר וְעָלָה לַשְּׁבִיעִי • דְּמַנִּי
הִצִּיקַנִי הִסִּיקַנִי בַּחֹדֶשׁ הָרְבִיעִי : הֵבִיא מוֹעֵד בִּמְלֹאתוֹ לִשְׁבֹּר
בְּחוּרֵי גָמוּז • וְרִבָּה בוֹ פְגָעִים בְּמָסְמוֹס וּמְזְמוּז • זְבוּלוֹ כִּשַׁר
שֶׁאֲנַנּוֹת מְבַכּוֹת אֶת הַתַּמּוּז • חִיְּבַנִי אֹיְבַנִי אֲזַי בְּיָרַח תַּמּוּז :
טָמְנוּ פַחִים חֲמִשָּׁה בְּמִקְרָא תְלָאוֹת מִשְׁלָחוֹת יָכְלוּ לִי בְּשִׁבְעָה
עָשָׂר בּוֹ בָּאֱלִיחוֹת • כִּי נוֹקַשְׁתִּי בְּכָלָךְ עֲלוּבָה בְּחַפַּת שַׁלְוָה
וְהַצְלָחוֹת • לְרוֹעִי לֹא הִמְתַּנְתִּי שֵׁשׁ וְנִשְׁתַּבְּרוּ הַלֻּחוֹת : מֵירוֹ
עָרִיתִי חֵלִי כֶתֶם וְאֶצְעָדָה וְצָמִיד • נֵרוֹת בְּיוֹם אַפּוֹ כְּשַׁחֲתִי דְּדְכִי
לְהַשְׁמִיד • סֶדֶר עֲבוֹדָתוֹ וְקַיִן מִזְבְּחוֹ קָצְתִי לְהַעֲמִיד • עַל כֵּן
מִלְּשְׁכַּת הַטְּלָאִים בְּטַל הַתָּמִיד : פּוּר הַתְּפוֹרְרָה וְנִתְפַּזְרָה סוֹעֵקָה
עֲנִיָּה • צִיָּה נִמְשְׁלָה מִבְּלִי חוֹבֵל וְנִטְרְפָה כָאֳנִיָּה • קָחְתָּה בְּתַטָּאתָהּ
בְּרֹאשָׁה וּבְכֶפֶל תָּאֳנִיָּה וַאֲנִיָּה • רִיבוֹהּ צָרֶיהָ כְּהַיּוֹם וְהָבְקְעָה הָעִיר
בַּשְּׁנִיָּה : שָׁלְחָה כִּצְבֵי מִדָּח מֵאֵין דּוֹרֵשׁ לְהַסְתִּירָהּ • שִׁנְּנוּ לְשׁוֹנָם
וּנְתָנוּהָ כְּשֶׂה צְמֵרָה וְחֶלְבָּהּ לְהַתִּירָהּ • תִּצְעַק עַל כֹּל חֶמְדָּהּ שֶׁבּוֹ
נִכְתָּרָה • תַּחֲמוּד עֵינֶיהָ נִצַּל כְּשָׂרַף אַפּוֹסְטֹמוֹס הַתּוֹרָה : חֲרֵף
עֲשׁוּקִים וּרְצוּצִים בַּעֲבוּר הָרְעִיעָם סָבָל • יְרוּדִים בֻּּהְיָה לֶאֱכוֹל
וּכְהַסְתֵּר פָּנִים מִלְּהִסְתַּכֵּל • יַד הַשָּׁלִים שֶׁבָּנָה שִׁקּוּצִים נֶאֱכָל אֵת
צָרָה כְּהִתְכַּנֵּס וְהֶעֱמַד צֶלֶם בְּהֵיכָל : דְּוֹזִים סְנוּפִים בָּנִים הֶהָיוּ
מִקֶּדֶם רִאשׁוֹנִים • סְמוּכוֹת צָרוֹתֵיהֶם זוֹ לְזוֹ כַּמָּה שָׁנִים • לוּקִים
כַּאֲשֶׁר

(א) תהלים פג ב ; (ב) שם שם ג ; (ג) שם צד א :

בַּאֲשֶׁר תַּעֲשֶׂינָה הַדְּבוֹרִים וְהָעַקְרַבִּים שׁוֹנִים ׳ הוֹגִים אָבַד שִׂבְרָם
וּבָטֵל סִכּוּיָם בָּאִישׁוֹנִים ׳ אֵל קַנָּא בְּהִתְאַפֵּק ׳ בְּמַקְנִיאֶיךָ דְּשֵׁנִים
רְטוּבִים ׳ מְחַבִּים תָּקִים עוֹמְדִים לְעוֹלָמִים ׳ כִּנְטִיעִים מְחֻטָּבִים
בַּאֲהָבִים ׳ הָאֱמֶת וְהַשָּׁלוֹם בִּצְלוֹמוֹת חֲטוּבִים ׳ נֶצַח הֱיוֹתָם לְשִׂמְחָה
וּלְשָׂשׂוֹן וּלְמוֹעֲדִים טוֹבִים :   אל מלך וכו׳

פזמון

שָׁעָה נֶאֱסַר ׳ אֲשֶׁר נִמְסַר ׳ בְּיַד בָּבֶל וְגַם שֵׂעִיר ׳ לָךְ
יֶהֱמֶה ׳ זֶה כַּמֶּה ׳ וְיִתְחַנֵּן כְּבֵן צָעִיר ׳ יוֹם גָּבַר
הָאוֹיֵב וַתִּבָּקַע הָעִיר : לְזֹאת אֶכֶּף ׳ וְאֶסְפּוֹק כַּף ׳
בְּיוֹם חֲמֵשׁ פְּזוּרוֹנִי ׳ וְעַל רֶגֶל הָעֵגֶל ׳ הַלּוּחוֹת יִצְאוֹנִי ׳
וְגַם הֻשְׁמַד הַתָּמִיד ׳ וּבְסוּגַר הֱבִיאָנִי ׳ וְהוּשַׂם אֱלִיל ׳
בְּהֵיכָל כָּלִיל ׳ וּמֵעֲצָתוֹ כְּלָאָנִי ׳ וְהַמִּנְחָה הוּנְחָה ׳
וְרָתְּךָ צָר בָּאֵשׁ הִבְעִיר ׳ יום : מְאֹד אֶתְחַל ׳ וָאֶתְחַלְחַל ׳
בְּיוֹם שַׁדַּי דְּחָפָנִי ׳ מְאוֹר חָשַׁךְ ׳ וְגַם שֻׁשַׁךְ ׳ כְּמוֹ
כַדּוּר צְנָפָנִי ׳ וְהַשְׁפִיפוֹן מִצָּפוֹן ׳ כְּשִׁבֹּלֶת שְׁטָפָנִי ׳
וְהַצַּיָּד ׳ שָׁלַח יָד ׳ וְהַצָּפִיר וְהַשָּׂעִיר ׳ יום : הוֹד לִבִּי
וּמִשְׂגַּבִּי ׳ הַגִּלְעָד אַפָּה יֶעֱשַׁן ׳ שִׂמְחֵנִי וְהַעֲלֵנִי ׳ וּמֵחָדָק
לִקְטוֹט שׁוֹשָׁן ׳ בְּנֵה בֵית זְבוּל ׳ לְהָשִׁיב גְּמוּל ׳ הַכַּרְמֶל
וְהַבָּשָׁן ׳ וְעֵין פָּקַח ׳ וְנָקָם קַח ׳ מֵאָצֵר וּמִדִּישָׁן ׳ שְׁפוֹט
אִלֵּם ׳ וְאָז יְשַׁקֵּם ׳ הַמַּבְעֶה וְהַמַּבְעִיר ׳ יוֹם גָּבַר
הָאוֹיֵב וַתִּבָּקַע הָעִיר :

שָׁעָה נֶאֱסַר ׳ אֲשֶׁר נִמְסַר ׳ בְּיַד בָּבֶל וְגַם שֵׂעִיר ׳ לָךְ
יֶהֱמֶה ׳ זֶה כַּמֶּה ׳ וְיִתְחַנֵּן כְּבֵן צָעִיר ׳ יוֹם גָּבַר
הָאוֹיֵב וַתִּבָּקַע הָעִיר :   אל מלך וכו׳ . זכור רחמיך וכו׳

סליחות לתחלואי ילדים ר"ל

אָל נָא תָשֵׁת עָלֵינוּ חַטָּאת · אֲשֶׁר נוֹאַלְנוּ וַאֲשֶׁר חָטָאנוּ · חָטָאנוּ צוּרֵנוּ סְלַח לָנוּ יוֹצְרֵנוּ :

אָל נָא רְפָא נָא תַּחְלוּאֵי גֶפֶן פּוֹרִיָּה · בּוֹשָׁה וַחֲפוּרָה
וְאֻמְלַל פִּרְיָהּ · גְּאָלֶנָּה מִשַׁחַת וּמִמַּכָּה טְרִיָּה · עֲנֵנוּ
כְּשֶׁעָנִיתָ לְאַבְרָהָם אָבִינוּ בְּהַר הַמּוֹרִיָּה : חטאנו דְּגָלֵי עָם
פְּרוּיֵי בִּזְרוֹעַ חֲשׂוּפֵי הַצֵּל מִנֶּגֶף וְאַל יִהְיוּ לְשִׁסּוּף · וְתַעֲנֶה
קְרִיאָתֵנוּ לְמַעֲשֵׂה יָדֶיךָ תִּכְסוֹף · עֲנֵנוּ כְּשֶׁעָנִיתָ
לַאֲבוֹתֵינוּ עַל יַם סוּף : חטאנו זְכוּת צוּר חָצֵב הַיּוֹם לָנוּ
תָּגֵל · חָשְׁכֵנוּ מֵאָנֶף וְנַחֵנוּ בְּיוֹשֶׁר מַעְגָּל · טַהֵר טוּמְאָתֵנוּ
וְלִמְאוֹר תּוֹרָתְךָ עֵינֵינוּ גַּל · עֲנֵנוּ כְּשֶׁעָנִיתָ לִיהוֹשֻׁעַ
בַּגִּלְגָּל : חטאנו יָהּ רְאֵה הֶשֶׁן עָקוּד וְהַצְמַח לָנוּ תְּרוּפָה ·
כַּלֵּה שׁוֹד וָשֶׁבֶר סַעַר וְסוּפָה · לַמְּדֵנוּ וְחַכְּמֵנוּ אִמְרָתְךָ
הַצְרוּפָה · עֲנֵנוּ כְּשֶׁעָנִיתָ לִשְׁמוּאֵל בַּמִּצְפָּה : חטאנו
מוּתְקָם מֵרֶחֶם שָׁרָשָׁיו אַל תִּקְמֵל · נַקֵּנוּ מִכֶּתֶם וְשֶׁמֶץ
וְלֹא נֵאָמֵל · סַעֲדֵנוּ וְנִוָּשֵׁעָה וְאָרְחוֹת חֲסָדֶיךָ נִגְמֵל ·
עֲנֵנוּ כְּשֶׁעָנִיתָ לְאֵלִיָּהוּ בְּהַר הַכַּרְמֶל : חטאנו עוֹרְדֵנוּ
בְּצֶדֶק מָשׁוּי מִמַּיִם וְכַפֵּר זָדוֹן וּמְשׁוּגָה · פְּדֵנוּ מִמְּהוּמַת
מָוֶת וְאָחוֹר כָּל נְסוֹגָה · צַוֵּה יְשׁוּעָתֵנוּ וּבַעֲוֹנוֹתֵינוּ אַל
נִתְמוֹגְגָה · עֲנֵנוּ כְּשֶׁעָנִיתָ לְיוֹנָה בִּמְעֵי הַדָּגָה : חטאנו
קְדֻשַּׁת אִישׁ חֲסִידֶךָ זְכוֹר לִיפַת פַּעֲמַיִם · רַחֲמֶיךָ תְּעוֹרֵר
כִּי לָקִינוּ בְכִפְלַיִם · שׁוֹבֵבֵנוּ תְּקֵף לְיִרְאָתֶךָ וְלֹא נַחֲשֹׁף
שׁוּלַיִם · עֲנֵנוּ כְּשֶׁעָנִיתָ לְדָוִד וְלִשְׁלֹמֹה בְנוֹ בִּירוּשָׁלַיִם :
חטאנו (וְתַעֲנֶה לְקוֹרְאֶיךָ · וְהַקְשֵׁב מִמְּעוֹנִים·תִּשְׁמַע שַׁוְעַת
צוֹעֲקֶךָ · שׁוֹמֵעַ אֶל אֶבְיוֹנִים · תְּרַחֵם עַל בָּנֶיךָ · כְּרַחֵם
אָב עַל בָּנִים · עֲנֵנוּ כְּמוֹ שֶׁעָנִיתָ לְמָרְדְּכַי וּלְאֶסְתֵּר · וְתָלוּ
עַל הָעֵץ חֲמִשִּׁים הָאָב עִם הַבָּנִים) : חטאנו · זְכוֹר לָנוּ וְכוּ׳

יעבד על הכום ואח"כ יאמר :

בָּרוּךְ אַתָּה יְהֹוָה אֱלֹהֵינוּ מֶלֶךְ הָעוֹלָם אֲשֶׁר קִדְּשָׁנוּ בְּמִצְוֹתָיו,
וְצִוָּנוּ עַל הָעֲרָיוֹת ּ וְאָסַר לָנוּ אֶת־הָאֲרוּסוֹת ּ וְהִתִּיר לָנוּ
אֶת־הַנְּשׂוּאוֹת לָנוּ עַל־יְדֵי חֻפָּה וְקִדּוּשִׁין : בָּרוּךְ אַתָּה יְהֹוָה מְקַדֵּשׁ
עַמּוֹ יִשְׂרָאֵל עַל־יְדֵי חֻפָּה וְקִדּוּשִׁין :

ישתה הכהן והכלה ואח"כ מקדש החתן את הכלה נטבעת ואומר :

הֲרֵי אַתְּ מְקֻדֶּשֶׁת לִי בְּטַבַּעַת זוֹ כְּדַת מֹשֶׁה וְיִשְׂרָאֵל :

וקורין הכתובה ויעבד שניה על הכום ואח"צ יאמר :

בָּרוּךְ אַתָּה יְהֹוָה אֱלֹהֵינוּ מֶלֶךְ הָעוֹלָם שֶׁהַכֹּל בָּרָא לִכְבוֹדוֹ :

בָּרוּךְ אַתָּה יְהֹוָה אֱלֹהֵינוּ מֶלֶךְ הָעוֹלָם יוֹצֵר הָאָדָם :

בָּרוּךְ אַתָּה יְהֹוָה אֱלֹהֵינוּ מֶלֶךְ הָעוֹלָם אֲשֶׁר יָצַר אֶת־הָאָדָם
בְּצַלְמוֹ בְּצֶלֶם דְּמוּת תַּבְנִיתוֹ ּ וְהִתְקִין לוֹ מִמֶּנּוּ בִּנְיַן עֲדֵי
עַד : בָּרוּךְ אַתָּה יְהֹוָה יוֹצֵר הָאָדָם :

שׂוֹשׂ תָּשִׂישׂ וְתָגֵל הָעֲקָרָה בְּקִבּוּץ בָּנֶיהָ לְתוֹכָהּ בְּשִׂמְחָה :
בָּרוּךְ אַתָּה יְהֹוָה מְשַׂמֵּחַ צִיּוֹן בְּבָנֶיהָ :

שַׂמֵּחַ תְּשַׂמַּח רֵעִים הָאֲהוּבִים כְּשַׂמֵּחֲךָ יְצִירְךָ בְּגַן עֵדֶן מִקֶּדֶם :
בָּרוּךְ אַתָּה יְהֹוָה מְשַׂמֵּחַ חָתָן וְכַלָּה :

בָּרוּךְ אַתָּה יְהֹוָה אֱלֹהֵינוּ מֶלֶךְ הָעוֹלָם אֲשֶׁר בָּרָא שָׂשׂוֹן וְשִׂמְחָה
חָתָן וְכַלָּה ּ גִּילָה רִנָּה דִּיצָה וְחֶדְוָה ּ אַהֲבָה וְאַחֲוָה שָׁלוֹם
וְרֵעוּת ּ מְהֵרָה יְהֹוָה אֱלֹהֵינוּ יִשָּׁמַע בְּעָרֵי יְהוּדָה ּ וּבְחוּצוֹת
יְרוּשָׁלַם ּ קוֹל שָׂשׂוֹן וְקוֹל שִׂמְחָה ּ קוֹל חָתָן וְקוֹל כַּלָּה ּ קוֹל
מִצְהֲלוֹת חֲתָנִים מֵחֻפָּתָם ּ וּנְעָרִים מִמִּשְׁתֵּה נְגִינָתָם : בָּרוּךְ אַתָּה
יְהֹוָה מְשַׂמֵּחַ חָתָן עִם הַכַּלָּה :

ישתין הכהן והכלה שניה וכנהמ"ו אומר הברכות תחלה ואח"צ מעכך של הכום :

סדר המילה.

כשמניחין את הילד על הכסא אומרים ברוך הבא.

אַשְׁרֵי ּ תִּבְחַר וּתְקָרֵב יִשְׁכֹּן חֲצֵרֶיךָ נִשְׂבְּעָה בְּטוּב בֵּיתֶךָ קְדֹשׁ
הֵיכָלֶךָ: וַיְדַבֵּר יְהֹוָה אֶל־מֹשֶׁה לֵּאמֹר: פִּינְחָס בֶּן־אֶלְעָזָר
בֶּן־אַהֲרֹן הַכֹּהֵן הֵשִׁיב אֶת־חֲמָתִי מֵעַל בְּנֵי־יִשְׂרָאֵל בְּקַנְאוֹ אֶת־

קנאתי

Раввин, который совершает обряд бракосочетания, произносит благословение над бокалом вина, а затем говорит:

ברוך БЛАГОСЛОВЕН ТЫ, ГОСПОДЬ, БОГ НАШ, ВЛАДЫКА ВСЕЛЕННОЙ, ОСВЯТИВШИЙ НАС СВОИМИ ЗАПОВЕДЯМИ, И ПОВЕЛЕВШИЙ НАМ НЕ СОВЕРШАТЬ КРОВОСМЕШЕНИЯ, И СДЕЛАВШИЙ ЗАПРЕТНЫМИ ДЛЯ НАС ТЕХ, С КЕМ [МЫ] ОБРУЧЕНЫ, И РАЗРЕШИВШИЙ [ИХ] НАМ [ЛИШЬ ТОГДА, КОГДА ОНИ СТАНУТ] НАШИМИ ЖЕНАМИ, – ПОСЛЕ [ОБРЯДОВ] "ХУПА" И "КИДУШИН"! БЛАГОСЛОВЕН ТЫ, ГОСПОДЬ, ОСВЯЩАЮЩИЙ НАРОД СВОЙ, ИЗРАИЛЬ, [ОБРЯДАМИ] "ХУПА" И "КИДУШИН"! *(Жених и невеста отвечают "АМЕН!")*

Сначала жених, а затем невеста отпивают из бокала; после этого жених совершает обряд посвящения невесты в жены: он надевает ей на палец кольцо, произнося перед этим:

הרי ВОТ – ТЫ ПОСВЯЩАЕШЬСЯ МНЕ В ЖЕНЫ ЭТИМ КОЛЬЦОМ ПО ЗАКОНУ МОШЕ И ИЗРАИЛЯ.

Затем зачитывают "ктубу" и раввин, совершающий обряд бракосочетания, вновь произносит благословение над бокалом вина и говорит:

ברוך БЛАГОСЛОВЕН ТЫ, ГОСПОДЬ, БОГ НАШ, ВЛАДЫКА ВСЕЛЕННОЙ, СОТВОРИВШИЙ ВСЕ ВО СЛАВУ СВОЮ!

ברוך БЛАГОСЛОВЕН ТЫ, ГОСПОДЬ, БОГ НАШ, ВЛАДЫКА ВСЕЛЕННОЙ, СОЗДАВШИЙ ЧЕЛОВЕКА!

ברוך БЛАГОСЛОВЕН ТЫ, ГОСПОДЬ, БОГ НАШ, ВЛАДЫКА ВСЕЛЕННОЙ, КОТОРЫЙ СОЗДАЛ ЧЕЛОВЕКА ПО ОБРАЗУ СВОЕМУ; ПО ОБРАЗУ И ПОДОБИЮ [СВОЕМУ] ПОСТРОИЛ ТЫ ЕГО И ВОЗДВИГ ДЛЯ НЕГО ИЗ ЕГО ПЛОТИ ЗДАНИЕ ВЕЧНОЕ. БЛАГОСЛОВЕН ТЫ, ГОСПОДЬ, СОЗДАВШИЙ ЧЕЛОВЕКА!

שוש ПУСТЬ ВОЗВЕСЕЛИТСЯ И ВОЗЛИКУЕТ [ИЕРУСАЛИМ, ПОДОБНЫЙ НЫНЕ] БЕСПЛОДНОЙ ЖЕНЩИНЕ, – КОГДА СОБЕРУТСЯ ТАМ В РАДОСТИ СЫНОВЬЯ ЕГО. БЛАГОСЛОВЕН ТЫ, ГОСПОДЬ, РАДУЮЩИЙ СИОН ЕГО СЫНОВЬЯМИ!

שמח ПОРАДУЙ ЖЕ ДРУЖНУЮ ЛЮБЯЩУЮ [ПАРУ], КАК РАДОВАЛ ТЫ В ДРЕВНОСТИ В РАЙСКОМ САДУ СОТВОРЕННОГО ТОБОЮ. БЛАГОСЛОВЕН ТЫ, ГОСПОДЬ, РАДУЮЩИЙ ЖЕНИХА И НЕВЕСТУ!

ברוך БЛАГОСЛОВЕН ТЫ, ГОСПОДЬ, БОГ НАШ, ВЛАДЫКА ВСЕЛЕННОЙ, СОТВОРИВШИЙ ВЕСЕЛЬЕ И РАДОСТЬ, ЖЕНИХА И НЕВЕСТУ, ЛИКОВАНИЕ И ПЕНИЕ, ТОРЖЕСТВО И БЛАЖЕНСТВО, ЛЮБОВЬ И БРАТСТВО, МИР И ДРУЖБУ! ГОСПОДЬ, БОГ НАШ! ДА ЗАЗВУЧАТ ВСКОРЕ В ГОРОДАХ ИУДЕИ И НА УЛИЦАХ ИЕРУСАЛИМА ГОЛОС РАДОСТИ И ГОЛОС ВЕСЕЛЬЯ, ГОЛОС ЖЕНИХА И ГОЛОС НЕВЕСТЫ, ЛИКУЮЩИЕ ВОЗГЛАСЫ [В ЧЕСТЬ] ЖЕНИХА, [СТОЯЩЕГО] ПОД "ХУПОЮ", И ПЕСНИ ПИРУЮЩИХ ЮНОШЕЙ. БЛАГОСЛОВЕН ТЫ, ГОСПОДЬ, РАДУЮЩИЙ ЖЕНИХА С НЕВЕСТОЙ!

После этого жених и невеста вновь отпивают из бокала с вином. Вслед за заключительным благословением после трапезы (стр. 89–94) сначала еще раз произносят приведенные выше благословения, а затем – благословение над вином.

ПОРЯДОК ОБРЕЗАНИЯ

Когда ребенка вносят в синагогу, присутствующие говорят:

БЛАГОСЛОВЕН ПРИШЕДШИЙ!

אשרי СЧАСТЛИВ ИЗБРАННЫЙ ТОБОЮ И ПРИБЛИЖЕННЫЙ [К ТЕБЕ], ПРЕБЫВАЮЩИЙ ВО ДВОРАХ ТВОИХ! НАСЫТИМСЯ МЫ БЛАЖЕНСТВОМ В ХРАМЕ ТВОЕМ, СВЯТОМ ДВОРЦЕ ТВОЕМ![1] И ГОСПОДЬ СКАЗАЛ МОШЕ СЛЕДУЮЩЕЕ: ≪ПИНХАС, СЫН ЭЛЬАЗАРА, СЫНА АГАРОНА-КОГЕНА, ОТВРАТИЛ МОЮ ЯРОСТЬ ОТ СЫНОВ ИЗРАИЛЯ, ОБРАТИВ СВОЙ ГНЕВ НА

---

1. Тегилим, 65:5.

סדר המילה 366

מְנָאֲתִי בְתוֹכָם וְלֹא־כִלִּיתִי אֶת־בְּנֵי־יִשְׂרָאֵל בְּקִנְאָתִי: לָכֵן אֱמֹר
הִנְנִי נֹתֵן לוֹ אֶת בְּרִיתִי שָׁלוֹם:

כשמניחין הילד על הכסא של אליהו זכור לטוב:

זֶה הַכִּסֵּא שֶׁל אֵלִיָּהוּ זָכוּר לַטּוֹב: לִישׁוּעָתְךָ קִוִּיתִי יְהֹוָה:
שִׁבַּרְתִּי לִישׁוּעָתְךָ יְהֹוָה וּמִצְוֹתֶיךָ עָשִׂיתִי: אֵלֶיךָ מַלְאַךְ
הַבְּרִית הִנֵּה שֶׁלָּךְ לְפָנֶיךָ ׳ עֲמוֹד עַל־יְמִינִי וְסָמְכֵנִי: שָׂשׂ אָנֹכִי
עַל־אִמְרָתֶךָ כְּמוֹצֵא שָׁלָל רָב: שָׁלוֹם רָב לְאֹהֲבֵי תוֹרָתֶךָ וְאֵין
לָמוֹ מִכְשׁוֹל: אַשְׁרֵי תִּבְחַר וּתְקָרֵב יִשְׁכֹּן חֲצֵרֶיךָ נִשְׂבְּעָה בְּטוּב
בֵּיתֶךָ קְדֹשׁ הֵיכָלֶךָ:

בסוף אנ"א [mark] בָּרוּךְ אַתָּה יְהֹוָה אֱלֹהֵינוּ מֶלֶךְ הָעוֹלָם אֲשֶׁר קִדְּשָׁנוּ
בְּמִצְוֹתָיו, וְצִוָּנוּ עַל הַמִּילָה:

אם סמך מכרך בין מילה לפריעה:

בָּרוּךְ אַתָּה יְהֹוָה אֱלֹהֵינוּ מֶלֶךְ הָעוֹלָם אֲשֶׁר קִדְּשָׁנוּ בְּמִצְוֹתָיו,
וְצִוָּנוּ לְהַכְנִיסוֹ בִּבְרִיתוֹ שֶׁל אַבְרָהָם אָבִינוּ:

ואומרים שם פורס כְּשֵׁם שֶׁנִּכְנַס לַבְּרִית ׳ כֵּן יִכָּנֵס לְתוֹרָה וּלְחֻפָּה
וּלְמַעֲשִׂים טוֹבִים:

ואחר שנעשה סחיתון כראוי יאמר לשמות הפריעה והמלילה ונוטל את הכוס ומברך:

בָּרוּךְ אַתָּה יְהֹוָה אֱלֹהֵינוּ מֶלֶךְ הָעוֹלָם בּוֹרֵא פְּרִי הַגָּפֶן:

בָּרוּךְ אַתָּה יְהֹוָה אֱלֹהֵינוּ מֶלֶךְ הָעוֹלָם אֲשֶׁר קִדֵּשׁ יָדִיד מִבֶּטֶן
וְחֹק בִּשְׁאֵרוֹ שָׂם וְצֶאֱצָאָיו חָתַם בְּאוֹת בְּרִית קֹדֶשׁ עַל
כֵּן בִּשְׂכַר זֹאת אֵל חַי חֶלְקֵנוּ צוּרֵנוּ צַוֵּה לְהַצִּיל יְדִידוּת שְׁאֵרֵנוּ
מִשַּׁחַת לְמַעַן בְּרִיתוֹ אֲשֶׁר שָׂם בִּבְשָׂרֵנוּ: בָּרוּךְ אַתָּה יְהֹוָה
כּוֹרֵת הַבְּרִית:

אֱלֹהֵינוּ וֵאלֹהֵי אֲבוֹתֵינוּ קַיֵּם אֶת־הַיֶּלֶד הַזֶּה לְאָבִיו וּלְאִמּוֹ וְיִקָּרֵא
שְׁמוֹ בְּיִשְׂרָאֵל פב"פ יִשְׂמַח הָאָב בְּיוֹצֵא חֲלָצָיו וְתָגֵל אִמּוֹ
בִּפְרִי בִטְנָהּ: כַּכָּתוּב יִשְׂמַח־אָבִיךָ וְאִמֶּךָ וְתָגֵל יוֹלַדְתֶּךָ: וְנֶאֱמַר
וָאֶעֱבֹר עָלַיִךְ וָאֶרְאֵךְ מִתְבּוֹסֶסֶת בְּדָמָיִךְ וָאֹמַר לָךְ בְּדָמַיִךְ חֲיִי ׳
וָאֹמַר לָךְ בְּדָמַיִךְ חֲיִי: וְנֶאֱמַר זָכַר לְעוֹלָם בְּרִיתוֹ דָּבָר צִוָּה לְאֶלֶף
דּוֹר: אֲשֶׁר כָּרַת אֶת־אַבְרָהָם וּשְׁבוּעָתוֹ לְיִשְׂחָק: וַיַּעֲמִידֶהָ לְיַעֲקֹב
לְחֹק לְיִשְׂרָאֵל בְּרִית עוֹלָם: וְנֶאֱמַר וַיָּמָל אַבְרָהָם אֶת־יִצְחָק בְּנוֹ
בֶּן־שְׁמֹנַת יָמִים כַּאֲשֶׁר צִוָּה אֹתוֹ אֱלֹהִים: הוֹדוּ לַיהֹוָה כִּי־טוֹב
כ"י

ТЕХ ИЗ НИХ, КТО ПРОГНЕВАЛ МЕНЯ, – И ПОТОМУ НЕ ИСТРЕБИЛ Я СЫНОВ ИЗРАИЛЯ В ГНЕВЕ СВОЕМ. ПОЭТОМУ ПРОВОЗГЛАСИ: "Я ЗАКЛЮЧАЮ С НИМ СВОЙ СОЮЗ, ОБЕЩАЯ ДАРОВАТЬ ЕМУ МИР"≫.[1]

Кладут младенца в "кресло Элия͡гу", после чего мо͡гель произносит:*

זה ВОТ КРЕСЛО ЭЛИЯ͡ГУ, ДА БУДЕТ ОН ПОМЯНУТ ДОБРОМ; НА ПОМОЩЬ ТВОЮ, ГОСПОДЬ, Я НАДЕЯЛСЯ.[2] ПОЛАГАЛСЯ Я НА ТВОЮ ПОМОЩЬ, ГОСПОДЬ, И ИСПОЛНЯЛ ТВОИ ЗАПОВЕДИ.[3] ЭЛИЯ͡ГУ, АНГЕЛ ЗАВЕТА [ОБРЕЗАНИЯ], – ВОТ ТВОЯ [ЗАПОВЕДЬ], ПРЕД ТОБОЮ. ВСТАНЬ ЖЕ СПРАВА ОТ МЕНЯ И ПОМОГИ МНЕ. РАД Я ПОВЕЛЕНИЮ ТВОЕМУ, [ВСЕВЫШНИЙ], СЛОВНО НАШЕЛ Я БОГАТЫЙ КЛАД.[4] И [БУДЕТ ДАРОВАН] ПРОЧНЫЙ МИР ЛЮБЯЩИМ ТОРУ ТВОЮ, ДА НЕ ВСТРЕТЯТ ОНИ НА СВОЕМ ПУТИ ПРЕПЯТСТВИЙ.[5] СЧАСТЛИВ ИЗБРАННЫЙ ТОБОЮ И ПРИБЛИЖЕННЫЙ [К ТЕБЕ], ПРЕБЫВАЮЩИЙ ВО ДВОРАХ ТВОИХ! НАСЫТИМСЯ МЫ БЛАЖЕНСТВОМ В ХРАМЕ ТВОЕМ, СВЯТОМ ДВОРЦЕ ТВОЕМ![6]

Передают младенца сандаку, который во время обрезания держит ребенка на коленях.

Мо͡гель произносит:

ברוך БЛАГОСЛОВЕН ТЫ, ГОСПОДЬ, БОГ НАШ, ВЛАДЫКА ВСЕЛЕННОЙ, ОСВЯТИВШИЙ НАС СВОИМИ ЗАПОВЕДЯМИ И ДАВШИЙ НАМ ЗАПОВЕДЬ ОБ ОБРЕЗАНИИ!

После обрезания, перед тем, как совершается "приа", отец младенца произносит:

ברוך БЛАГОСЛОВЕН ТЫ, ГОСПОДЬ, БОГ НАШ, ВЛАДЫКА ВСЕЛЕННОЙ, ОСВЯТИВШИЙ НАС СВОИМИ ЗАПОВЕДЯМИ И ПОВЕЛЕВШИЙ НАМ ПРИОБЩИТЬ ЕГО К СОЮЗУ АВРА͡ГАМА, ОТЦА НАШЕГО !

Присутствующие говорят:

כשם ТАК ЖЕ КАК ПРИОБЩИЛСЯ ОН К СОЮЗУ, – ПУСТЬ ПРИДЕТ ОН К ТОРЕ, К "ХУПЕ" И К ДОБРЫМ ДЕЛАМ!

После обрезания мо͡гель должен не мешкая совершить "приа" и "мецица", затем взять бокал с вином и произнести:

ברוך БЛАГОСЛОВЕН ТЫ, ГОСПОДЬ, БОГ НАШ, ВЛАДЫКА ВСЕЛЕННОЙ, СОТВОРИВШИЙ ПЛОД ВИНОГРАДНОЙ ЛОЗЫ!

ברוך БЛАГОСЛОВЕН ТЫ, ГОСПОДЬ, БОГ НАШ, ВЛАДЫКА ВСЕЛЕННОЙ, КОТОРЫЙ ОСВЯТИЛ ВОЗЛЮБЛЕННОГО СВОЕГО** С МОМЕНТА ЕГО РОЖДЕНИЯ, И ЗАКОН ЗАПЕЧАТЛЕЛ НА ПЛОТИ ЕГО, И ПОТОМКОВ ЕГО ОТМЕТИЛ ЗНАКОМ СВЯЩЕННОГО СОЮЗА. И ПОТОМУ, В НАГРАДУ ЗА ЭТО, БОГ ЖИВОЙ, НАША ДОЛЯ И ОПЛОТ НАШ, ПОВЕЛЕЛ [АВРА͡ГАМУ] СПАСАТЬ ДУШИ, ЧТО В ТЕЛАХ НАШИХ, ОТ ПРЕИСПОДНЕЙ,*** – РАДИ СОЮЗА С НИМ, ЗНАК КОТОРОГО ОН ЗАПЕЧАТЛЕЛ НА ПЛОТИ НАШЕЙ. БЛАГОСЛОВЕН ТЫ, ГОСПОДЬ, ЗАКЛЮЧАЮЩИЙ СОЮЗ!

אלהינו БОГ НАШ И БОГ ОТЦОВ НАШИХ! СОХРАНИ ЭТОГО РЕБЕНКА ДЛЯ ОТЦА И ДЛЯ МАТЕРИ, И ДА БУДЕТ ОН НАРЕЧЕН В ИЗРАИЛЕ (*произносится имя младенца*), СЫН (*произносится имя его отца*). ПУСТЬ РАДУЕТСЯ ОТЕЦ СЫНУ СВОЕМУ И ПУСТЬ РАДУЕТСЯ МАТЬ ПЛОДУ СВОЕГО ЧРЕВА, КАК НАПИСАНО: "ВОЗРАДУЮТСЯ ОТЕЦ ТВОЙ И МАТЬ ТВОЯ, ВОЗЛИКУЕТ РОДИВШАЯ ТЕБЯ".[7] И СКАЗАНО: ≪И ПРОХОДИЛ Я МИМО ТЕБЯ, И УВИДЕЛ: ЛЕЖИШЬ ТЫ В КРОВИ СВОЕЙ. И СКАЗАЛ Я ТЕБЕ: "В КРОВИ ТВОЕЙ ТЫ БУДЕШЬ ЖИТЬ! В КРОВИ ТВОЕЙ ТЫ БУДЕШЬ ЖИТЬ!"[8] **** И СКАЗАНО: "ВЕЧНО ПОМНИТ ОН СОЮЗ СВОЙ, СЛОВО, ЗАПОВЕДАННОЕ ИМ ТЫСЯЧЕ ПОКОЛЕНИЙ, [СОЮЗ], КОТОРЫЙ ЗАКЛЮЧИЛ ОН С АВРА͡ГАМОМ, И КЛЯТВУ, ДАННУЮ ИМ ИЦХАКУ. И УСТАНОВИЛ ОН ЭТО ЯАКОВУ В ЗАКОН, ИЗРАИЛЮ – В СОЮЗ ВЕЧНЫЙ".[9] И СКАЗАНО: "И ОБРЕЗАЛ АВРА͡ГАМ ИЦХАКА, СЫНА СВОЕГО, КОГДА ТОМУ БЫЛО ВОСЕМЬ ДНЕЙ, – КАК ПОВЕЛЕЛ ЕМУ БОГ".[10] БЛАГОДАРИТЕ ГОСПОДА, ИБО ОН ДОБР,

---

1. Бемидбар, 25:10 – 12. 2. Брейшит, 49:18. 3. Те͡гилим, 119:166. 4. Те͡гилим, 119:162. 5. Те͡гилим, 119:165. 6. Те͡гилим, 65:5. 7. Мишлей, 23:25. 8. Йехезкель, 16:6. 9. Те͡гилим, 105:8 – 10. 10. Брейшит, 21:4.

* Кресло, предназначенное для пророка Элия͡гу, который, как учат мудрецы, незримо присутствует на каждом обрезании.

** Авра͡гама.

*** По повелению Всевышнего Авра͡гам освобождает из ада грешников, если те были обрезаны.

**** Дважды повторенное здесь слово "кровь" мудрецы толкуют так: "В заслугу за кровь пасхальной жертвы, принесенной тобой, и за кровь, пролитую при обрезании, будешь ты жить".

כִּי לְעוֹלָם חַסְדּוֹ : הוֹדוּ לַיהֹוָה כִּי־טוֹב כִּי לְעוֹלָם חַסְדּוֹ : (אלהי) זֶה
הַקָּטָן גָּדוֹל יִהְיֶה כְּשֵׁם שֶׁנִּכְנַס לַבְּרִית כֵּן יִכָּנֵס לְתוֹרָה וּלְחֻפָּה
וּלְמַעֲשִׂים טוֹבִים :

וסוסרים מדוסק לטחות מטום הברכה או יסתו בעגלו · ואחר סמילה יחפלל חסלה ז סמואל ולבי בכן :

רִבּוֹנוֹ שֶׁל עוֹלָם יְהִי רָצוֹן מִלְפָנֶיךָ שֶׁיְּהֵא זֶה חָשׁוּב וּמְקֻבָּל לְפָנֶיךָ כְּאִלּוּ הִקְרַבְתִּיו
לְפָנֶיךָ כִּסֵּא כְבוֹדְךָ וְאַתָּה בְּרַחֲמֶיךָ הָרַבִּים שְׁלַח עַל יְדֵי מַלְאָכֶיךָ הַקְּדוֹשִׁים
נְשָׁמָה קְדוֹשָׁה וּטְהוֹרָה (לפ׳׳כ׳׳ס) הַגָּמוּל עַתָּה לַשֶּׁמֶךְ הַגָּדוֹל וְשֶׁיִּהְיֶה לִבּוֹ פָּתוּחַ
כְּפִתְחוֹ שֶׁל אוּלָם בְּתוֹרָתְךָ הַקְּדוֹשָׁה לִלְמֹד וּלְלַמֵּד לִשְׁמֹר וְלַעֲשׂוֹת תֵּן לוֹ אֲרִיכוּת
יָמִים וְשָׁנִים חַיִּים שֶׁל יִרְאַת חֵטְא חַיִּים שֶׁל עֹשֶׁר וְכָבוֹד וּשְׁתִּהְא מִשְׁאֲלוֹת לִבּוֹ
לְטוֹבָה אָמֵן וְכֵן יְהִי רָצוֹן ׃

מִי שֶׁבֵּרַךְ אֲבוֹתֵינוּ אַבְרָהָם יִצְחָק וְיַעֲקֹב מֹשֶׁה וְאַהֲרֹן דָּוִד וּשְׁלֹמֹה הוּא יְבָרֵךְ אֶת
הַיֶּלֶד הָרַךְ הַנִּמּוֹל (פ׳׳ב׳׳פ) בַּעֲבוּר (שא׳׳ב׳׳פ) נָדַר עֲבוּרוֹ לִצְדָקָה לִנְקֹר חוֹלִים
בַּשְׂכַר זֶה הַקְּבָּ׳׳ה יִשְׁלַח לוֹ מְהֵרָה רְפוּאָה שְׁלֵמָה בְּכָל רַמַ׳׳ח אֵבָרָיו וְשַׁס׳׳ה גִידָיו
וְיִגְדְּלֵהוּ לַתּוֹרָה וּלְחֻפָּה וּלְמַעֲשִׂים טוֹבִים וְנֹאמַר אָמֵן ׃

הרחמן לסעודת ברית מילה תמצא לעיל ע׳ 95.

דיני פדיון הבן

סלוח מסה נסמוה כל אם ישראל אם נם שאול נטר לאסו סיסראלית סזיס סלטיס ולמטלה ומיס
ביום ל׳׳א נחמסה סלטים ואם סדלם קדם איט סדוי מלאן וסילן טוער נטסכי · ואמם כולטיס כם
מסקל סמונה לוט כסף נקי (סקורן סיי׳ן דלנ׳׳ד) נמסקל הקיסר למדינתנו ואלו חמסה סלטיס
סהן לכהן נכמב אי נטוה כסף מכל דבר סירלה מהן מקרקעות פגדים וסתרות ואם פדה נחם
אים סדוי :

וזאת לך סדר פדיון הבן

סאם סריח׳ ליס עבסר קמי׳ סהן ומייחי כסף אי סוה כסף חמסה סלטיס וסחדיי לסהן סבאי נסבר
סבר רחם לאסו סיסראלית וסומר ז :

אִשְׁתִּי הַיִּשְׂרְאֵלִית יָלְדָה לִי בֵּן זֶה הַבְּכוֹר : סהן סאל אחו ומסיב בָּמַאי
בָּעִית טְפֵי בִּבְנָךְ בְּכוֹרָךְ אוֹ בְּחָמֵשׁ סְלָעִים דִּמְחַיַּבְתְּ לְמִתַּן לִי
בְּפִדְיוֹן בְּנָךְ בְּכוֹרָךְ דֶּה : סהן אסר בְּעֵינָא בִּבְנִי בְכוֹרִי זֶה וְהֵא לָךְ
חָמֵשָׁה סְלָעִים בְּפִדְיוֹן דִּמְחַיַּבְנָא בֵּיה :

וכסמטן האב לכהן הכסף יברך מברך האב .

בָּרוּךְ אַתָּה יְהֹוָה אֱלֹהֵינוּ מֶלֶךְ הָעוֹלָם אֲשֶׁר קִדְּשָׁנוּ בְּמִצְוֹתָיו
וְצִוָּנוּ עַל פִּדְיוֹן הַבֵּן :

בָּרוּךְ אַתָּה יְהֹוָה אֱלֹהֵינוּ מֶלֶךְ הָעוֹלָם שֶׁהֶחֱיָנוּ וְקִיְּמָנוּ וְהִגִּיעָנוּ
לַזְּמַן הַזֶּה :

יס סנהגו לעסות סעודה ואס יס סם יין עוסה הפדיון בתוך הסעודה אחר המוליא ומברך בכסן סל
כיסן מיד אחר הפדיון ואם אין סם יין טובה אין בסעה הפדיון סלא נחוב הסעודה ואם פנוך סל סבר
מאקים וסעודה זו היא סעודת מאוה ׃

ИБО ВЕЧНА МИЛОСТЬ ЕГО![1] БЛАГОДАРИТЕ ГОСПОДА, ИБО ОН ДОБР, ИБО ВЕЧНА МИЛОСТЬ ЕГО! ПУСТЬ ЭТОТ МЛАДЕНЕЦ (*произносится имя ребенка*) СТАНЕТ БОЛЬШИМ; ТАК ЖЕ, КАК ОН ВОШЕЛ В СОЮЗ, – ПУСТЬ ПРИДЕТ ОН К ТОРЕ, К "ХУПЕ" И К ДОБРЫМ ДЕЛАМ!

Затем либо ребенку дают вина, либо тот, кто произносил благословения, сам отпивает из бокала. После обрезания мо̃ель и отец ребенка говорят:

רבונו ВЛАСТЕЛИН МИРА! ПУСТЬ БУДЕТ УГОДНО ТЕБЕ, ЧТОБЫ ЭТА ЗАПОВЕДЬ [ОБРЕЗАНИЯ] БЫЛА ЗАСЧИТАНА ТОБОЮ И ПРИНЯТА ТАК, БУДТО Я ПРИНЕС РЕБЕНКА В ЖЕРТВУ ПРЕД ПРЕСТОЛОМ СЛАВЫ ТВОЕЙ; И ТЫ, ПО ВЕЛИКОЙ МИЛОСТИ СВОЕЙ, ПОШЛИ СО СВЯТЫМИ АНГЕЛАМИ ТВОИМИ ЧИСТУЮ ДУШУ (*произносится имя ребенка*), ОБРЕЗАННОМУ НЫНЕ, – РАДИ ВЕЛИКОГО ИМЕНИ ТВОЕГО. И ПУСТЬ СЕРДЦЕ ЕГО БУДЕТ ШИРОКО РАСПАХНУТО, ПОДОБНО ВРАТАМ, ВЕДУЩИМ В ХРАМОВЫЙ ЗАЛ, – ДЛЯ ТВОЕЙ СВЯТОЙ ТОРЫ, ЧТОБЫ УЧИТЬ ЕЕ И ОБУЧАТЬ ЕЙ, ХРАНИТЬ И СОБЛЮДАТЬ ЕЕ. И ДАРУЙ ЕМУ ДОЛГОЛЕТИЕ, ЖИЗНЬ, ИСПОЛНЕННУЮ БОЯЗНИ СОГРЕШИТЬ, ЖИЗНЬ В ДОСТАТКЕ И ПОЧЕТЕ; И ДА БУДУТ ИСПОЛНЕНЫ ВСЕ СТРЕМЛЕНИЯ ЕГО СЕРДЦА ВО БЛАГО ЕМУ. АМЕН! ДА БУДЕТ НА ТО ВОЛЯ ТВОЯ!

מי ТОТ, КТО БЛАГОСЛОВИЛ НАШИХ ОТЦОВ – АВРА̃АМА, ИЦХАКА И ЯАКОВА, МОШЕ И А̃АРОНА, ДАВИДА И ШЛОМО, – БЛАГОСЛОВИТ И МЛАДЕНЦА, ОБРЕЗАННОГО СЕЙЧАС (*произносится имя ребенка*), СЫНА (*произносится имя его отца*), ПОСКОЛЬКУ (*произносится имя того, кто обещает дать пожертвование*), СЫН (*произносится имя его отца*), ОБЕЩАЛ ДАТЬ РАДИ НЕГО ПОЖЕРТВОВАНИЕ НА НУЖДЫ УХОДА ЗА БОЛЬНЫМИ. В НАГРАДУ ЗА ЭТО СВЯТОЙ [ТВОРЕЦ], БЛАГОСЛОВЕН ОН, ПОШЛЕТ ЕМУ ВСКОРЕ ПОЛНОЕ ИСЦЕЛЕНИЕ: ВСЕМ ДВУМСТАМ СОРОКА ВОСЬМИ ЧАСТЯМ ЕГО ТЕЛА И ТРЕМСТАМ ШЕСТИДЕСЯТИ ПЯТИ ЕГО ЖИЛАМ. И [ПОМОЖЕТ ВСЕВЫШНИЙ РОДИТЕЛЯМ] ВЫРАСТИТЬ ЕГО ДЛЯ ТОРЫ, ДЛЯ "ХУПЫ" И ДЛЯ ДОБРЫХ ДЕЛ. И СКАЖЕМ: АМЕН!

Дополнительные молитвы для трапезы, устроенной по случаю обрезания, см. стр. 95.

ЗАКОНЫ О ВЫКУПЕ ПЕРВЕНЦА

Каждый исрезли (т.е. еврей, который не является ни ко̃еном, ни леви) обязан выкупить своего сына, если тот – первый ребенок у матери, отец которой тоже исрезли. Выкуп следует произвести после тридцатого дня с момента рождения ребенка, т.е. на тридцать первый день. Сумма выкупа – пять сэла. Тот, кто задержался с выкупом, – нарушил заповедь. Пять сэла составляют восемь лотов чистого серебра (102 грамма). Этот выкуп отдают ко̃ену – серебром или любой вещью той же стоимости, за исключением земельных участков, рабов, и ценных бумаг.

ПОРЯДОК ВЫКУПА ПЕРВЕНЦА

Отец приносит первенца к ко̃ену, имея с собой пять сэла серебра или вещь той же стоимости, и заявляет ко̃ену, что этот ребенок – первенец у своей матери, говоря так:

אשתי МОЯ ЖЕНА, [ДОЧЬ] ИСРЕЭЛИ, РОДИЛА МНЕ ЭТОГО СЫНА, ПЕРВЕНЦА.

Ко̃ен спрашивает: ЧТО ТЫ ПРЕДПОЧТЕШЬ – СВОЕГО ПЕРВОРОДНОГО СЫНА ИЛИ ПЯТЬ СЭЛА, КОТОРЫЕ ТЫ ОБЯЗАН ОТДАТЬ МНЕ В КАЧЕСТВЕ ВЫКУПА ЗА ЭТОГО СЫНА ТВОЕГО, ПЕРВЕНЦА?

Отец отвечает: Я ПРЕДПОЧИТАЮ ЭТОГО СЫНА СВОЕГО, ПЕРВЕНЦА, И ВОТ ТЕБЕ ПЯТЬ СЭЛА – ВЫКУП, КОТОРЫЙ Я ОБЯЗАН ОТДАТЬ ЗА НЕГО.

Передавая ко̃ену выкуп, отец ребенка произносит следующие благословения:

ברוך БЛАГОСЛОВЕН ТЫ, ГОСПОДЬ, БОГ НАШ, ВЛАДЫКА ВСЕЛЕННОЙ, ОСВЯТИВШИЙ НАС СВОИМИ ЗАПОВЕДЯМИ И ДАВШИЙ НАМ ЗАПОВЕДЬ О ВЫКУПЕ СЫНА!

ברוך БЛАГОСЛОВЕН ТЫ, ГОСПОДЬ, БОГ НАШ, ВЛАДЫКА ВСЕЛЕННОЙ, КОТОРЫЙ ДАРОВАЛ НАМ ЖИЗНЬ, И ПОДДЕРЖИВАЛ ЕЕ В НАС, И ДАЛ НАМ ДОЖИТЬ ДО ЭТОГО ВРЕМЕНИ!

Некоторые устраивают трапезу по случаю выкупа первенца. Если есть вино, то обряд совершают во время трапезы, после благословения над хлебом, и сразу вслед за этим ко̃ен произносит благословение над вином. Если вина нет, то выкуп производят перед трапезой, после чего ко̃ен произносит благословение над другим напитком. Участие в такой трапезе засчитывается человеку в заслугу.

---

1. Те̃илим, 107:1, 118:1, 118:29, 136:1.

סדר ליל יום כפור

קודם כל נדרי פותחין הארון מוציאין הס״ת ואומרים זה

תהלים צז

א יְהוָה מָלָךְ תָּגֵל הָאָרֶץ יִשְׂמְחוּ אִיִּים רַבִּים: ב עָנָן
וַעֲרָפֶל סְבִיבָיו צֶדֶק וּמִשְׁפָּט מְכוֹן כִּסְאוֹ:
ג אֵשׁ לְפָנָיו תֵּלֵךְ וּתְלַהֵט סָבִיב צָרָיו: ד הֵאִירוּ בְרָקָיו
תֵּבֵל רָאֲתָה וַתָּחֵל הָאָרֶץ: ה הָרִים כַּדּוֹנַג נָמַסּוּ
מִלִּפְנֵי יְהוָה מִלִּפְנֵי אֲדוֹן כָּל־הָאָרֶץ: י הִגִּידוּ הַשָּׁמַיִם
צִדְקוֹ וְרָאוּ כָל־הָעַמִּים כְּבוֹדוֹ: ז יֵבֹשׁוּ כָּל־עֹבְדֵי פֶסֶל
הַמִּתְהַלְלִים בָּאֱלִילִים הִשְׁתַּחֲווּ־לוֹ כָּל־אֱלֹהִים:
ח שָׁמְעָה וַתִּשְׂמַח ׀ צִיּוֹן וַתָּגֵלְנָה בְּנוֹת יְהוּדָה לְמַעַן
מִשְׁפָּטֶיךָ יְהוָה: ט כִּי־אַתָּה יְהוָה עֶלְיוֹן עַל־כָּל־הָאָרֶץ
מְאֹד נַעֲלֵיתָ עַל־כָּל־אֱלֹהִים: י אֹהֲבֵי יְהוָה שִׂנְאוּ רָע
שֹׁמֵר נַפְשׁוֹת חֲסִידָיו מִיַּד רְשָׁעִים יַצִּילֵם:

אוֹר זָרוּעַ לַצַּדִּיק ס״ת קר״ע וּלְיִשְׁרֵי לֵב שִׂמְחָה ס״ת בנסטריא טוב

יב שִׂמְחוּ צַדִּיקִים בַּיהוָה וְהוֹדוּ לְזֵכֶר קָדְשׁוֹ:

עַל דַּעַת הַמָּקוֹם וְעַל דַּעַת   וּבִישִׁיבָה שֶׁל מַטָּה אָנוּ מַתִּירִין
הַקָּהָל בִּישִׁיבָה שֶׁל מַעְלָה   לְהִתְפַּלֵּל עִם הָעֲבַרְיָנִים ג״פ.

כָּל

נִדְרֵי ׀ וֶאֱסָרֵי ׀ וּשְׁבוּעֵי וַחֲרָמֵי ׀ וְקוֹנָמֵי ׀ וְקִנּוּסֵי ׀
וְכִנּוּיֵי ׀ דְּאִנְדַּרְנָא ׀ וּדְאִשְׁתַּבַּעְנָא ׀ וּדְאַחֲרִימְנָא ׀

Перед вечерней молитвой в Йом-Кипур, согласно традиции, достают из ковчега свитки Торы, оставляя его открытым, и во время чтения молитвы "Коль нидрей" держат свитки в руках. Держать первый свиток (с которым стоят по правую руку от хазана) — большая честь, и заслуженно удостаивается ее тот, кто жертвует наибольшую сумму денег на добрые дела. После того, как достали свитки, говорят:

יי ГОСПОДЬ ВОЦАРИТСЯ — И ВОЗЛИКУЕТ ЗЕМЛЯ, ВОЗРАДУЮТСЯ СОНМЫ ОСТРОВОВ. ВОКРУГ НЕГО — МРАК, МГЛА; ОСНОВАНИЕ ТРОНА ЕГО — СПРАВЕДЛИВОСТЬ И ПРАВОСУДИЕ. РАСПРОСТРАНИТСЯ ПРЕД НИМ ОГОНЬ, ОКРУЖИТ ПЛАМЯ ВРАГОВ ЕГО. МОЛНИИ ЕГО ОЗАРЯТ МИР, И ПРИ ВИДЕ ЭТОГО СОДРОГНЕТСЯ ЗЕМЛЯ. ГОРЫ РАСТАЮТ СЛОВНО ВОСК ПРЕД ГОСПОДОМ, ВЛАСТЕЛИНОМ ВСЕЙ ЗЕМЛИ. ВОЗВЕСТЯТ НЕБЕСА О СПРАВЕДЛИВОСТИ ЕГО, И УВИДЯТ ВСЕ НАРОДЫ ЕГО СЛАВУ. УСТЫДЯТСЯ ВСЕ, ПОКЛОНЯВШИЕСЯ ИСТУКАНАМ, ПОХВАЛЯВШИЕСЯ ИДОЛАМИ СВОИМИ; ПАДУТ ПРЕД НИМ НИЦ ВСЕ, [КТО ПОКЛОНЯЛСЯ] ИДОЛАМ. УСЛЫШИТ СИОН — И ВОЗЛИКУЕТ, БУДУТ РАДОВАТЬСЯ ДОЧЕРИ ИУДЕИ СУДУ ТВОЕМУ НАД ИХ [ПРИТЕСНИТЕЛЯМИ], ГОСПОДЬ! ИБО ТЫ, ГОСПОДЬ, — ВЕРХОВНЫЙ ВЛАДЫКА ВСЕЙ ЗЕМЛИ; ВЫСОКО ВОЗНЕСЕН ТЫ НАД ВСЕМИ ВЫСШИМИ СИЛАМИ. ЛЮБЯЩИЕ ГОСПОДА, НЕНАВИДЬТЕ ЗЛО! ХРАНЯЩИЙ ДУШИ ТЕХ, КТО ЛЮБИТ ЕГО, СПАСЕТ ИХ ОТ РУК ЗЛОДЕЕВ.

Следующую фразу произносят в полный голос.

אור СВЕТ ПОСЕЯН ИМ ДЛЯ ПРАВЕДНИКОВ *(буквы, которыми кончаются три слова на иврите, составляющие эту фразу, складываются в слово "кра" — "разорви")* И ДЛЯ ПРЯМОДУШНЫХ — РАДОСТЬ *(гиматрия последних букв, которыми кончаются три слова на иврите, составляющие эту фразу, — 17, как и у слова "тов" — "добро")*. РАДУЙТЕСЬ, ПРАВЕДНИКИ, ГОСПОДУ И ВОСХВАЛЯЙТЕ СВЯТОЕ ИМЯ ЕГО!

Следующую фразу повторяют трижды и произносят ее вполголоса.

על דעת С ПОЗВОЛЕНИЯ ТОГО, КТО ЗАКЛЮЧАЕТ В СЕБЕ ВСЕ МИРЫ, И С ПОЗВОЛЕНИЯ ОБЩИНЫ, С ОДОБРЕНИЯ НЕБЕС И С ОДОБРЕНИЯ СОВЕТА МУДРЕЦОВ МЫ РАЗРЕШАЕМ ВСЕМ ПРИЧИНИВШИМ ВРЕД ОБЩЕСТВУ МОЛИТЬСЯ ВМЕСТЕ С НАМИ.

כל נדרי ВО ВСЕХ ОБЕТАХ, И ЗАПРЕТАХ, [КОТОРЫЕ ЧЕЛОВЕК САМ ПРИНЯЛ НА СЕБЯ], И КЛЯТВАХ, И ЗАВЕРЕНИЯХ [В ОТКАЗЕ ОТ ПОЛЬЗОВАНИЯ СВОИМ ИЛИ ЧУЖИМ ИМУЩЕСТВОМ], И САМООГРАНИЧЕНИЯХ [В ПОЛЬЗОВАНИИ ЧЕМ-ЛИБО, ЧТО ЧЕЛОВЕК УПОДОБЛЯЕТ ПРИНОСИМОЙ В ХРАМ ЖЕРТВЕ], И НАКАЗАНИЯХ, [КОТОРЫМ ЧЕЛОВЕК САМ СЕ-

וּדְאָסַרְנָא עַל נַפְשָׁתָנָא . מִיוֹם כִּפּוּרִים זֶה . עַד
יוֹם כִּפּוּרִים הַבָּא עָלֵינוּ לְטוֹבָה : בְּכֻלְּהוֹן
אֲחַרַטְנָא בְהוֹן . כֻּלְּהוֹן יְהוֹן שָׁרָן . שְׁבִיקִין .
שְׁבִיתִין . בְּטֵלִין וּמְבֻטָּלִין . לָא שְׁרִירִין . וְלָא
קַיָּמִין : נִדְרָנָא לָא נִדְרֵי . וֶאֱסָרָנָא לָא אֱסָרֵי .
וּשְׁבוּעָתָנָא לָא שְׁבוּעוֹת : ג״פ

חזן וקהל

וְנִסְלַח לְכָל עֲדַת בְּנֵי יִשְׂרָאֵל וְלַגֵּר הַגָּר בְּתוֹכָם
כִּי לְכָל הָעָם בִּשְׁגָגָה : ג״פ

חזן

סְלַח נָא לַעֲוֹן הָעָם הַזֶּה כְּגֹדֶל חַסְדֶּךָ וְכַאֲשֶׁר נָשָׂאתָה
לָעָם הַזֶּה מִמִּצְרַיִם וְעַד הֵנָּה . וְשָׁם נֶאֱמַר :

קהל ג״פ

וַיֹּאמֶר יְהוָה סָלַחְתִּי כִּדְבָרֶךָ :

ברכה שהחיינו נכון שבכל יחיד יאמרה ג״כ בלחש ויטיים קורם שיגמור הש״ץ כדי שיענה אמן :

בָּרוּךְ אַתָּה יְהוָה אֱלֹהֵינוּ מֶלֶךְ הָעוֹלָם שֶׁהֶחֱיָנוּ וְקִיְּמָנוּ וְהִגִּיעָנוּ
לַזְּמַן הַזֶּה :

מכניסין הס״ת וסוגרין הארון.

БЯ ПОДВЕРГАЕТ], И ОБЕЩАНИЯХ [ДАННЫХ В ЛЮБЫХ ФОРМУЛИРОВКАХ; ВО ВСЕМ, ЧТО МЫ, НЕ ПОДУМАВ, ПРИНИМАЕМ НА СЕБЯ В ФОРМЕ] ОБЕТОВ, КЛЯТВ, ЗАВЕРЕНИЙ, ЗАПРЕТОВ, — ОТ ОДНОГО ДНЯ ЙОМ-КИПУР ДО СЛЕДУЮЩЕГО ДНЯ ЙОМ-КИПУР, ПУСТЬ ОН ПРИНЕСЕТ НАМ ДОБРО, — ВО ВСЕМ ЭТОМ МЫ РАСКАИВАЕМСЯ. ПУСТЬ БУДУТ ОНИ УПРАЗДНЕНЫ [ПО ЖЕЛАНИЮ НАШЕМУ], ОТМЕНЕНЫ, [ПУСТЬ] СТАНУТ НЕДЕЙСТВИТЕЛЬНЫМИ, [ПУСТЬ БУДУТ] ПОЛНОСТЬЮ АННУЛИРОВАНЫ, [ПУСТЬ] УТРАТЯТ СВОЮ СИЛУ И ПЕРЕСТАНУТ СУЩЕСТВОВАТЬ. ПУСТЬ ОБЕТЫ НАШИ НЕ БУДУТ ОБЕТАМИ, ЗАПРЕТЫ НАШИ — ЗАПРЕТАМИ И КЛЯТВЫ — КЛЯТВАМИ.

Весь этот текст хазан произносит трижды, повышая голос при очередном чтении. Каждый молящийся повторяет эти слова вслед за хазаном вполголоса.

Община вместе с хазаном:

ונסלח "И БУДЕТ ПРОЩЕНА ВСЯ ОБЩИНА СЫНОВЕЙ ИЗРАИЛЯ И [КАЖДЫЙ] ГЕР, ЖИВУЩИЙ СРЕДИ НИХ, — ИБО ВЕСЬ НАРОД НЕ ВЕДАЛ, ЧТО ТВОРИЛ".

Эту фразу повторяют трижды.

Хазан говорит:

סלח "ОТПУСТИ ЖЕ ГРЕХИ НАРОДУ ЭТОМУ ПО ВЕЛИКОЙ МИЛОСТИ СВОЕЙ, КАК ПРОЩАЛ ТЫ ЭТОТ НАРОД СО [ДНЯ ВЫХОДА ЕГО ИЗ] ЕГИПТА И ДО СИХ ПОР". И ТАМ [ЖЕ] СКАЗАНО:

Община повторяет следующую фразу трижды.

ויאמר ≪И СКАЗАЛ ГОСПОДЬ: "ПРОСТИЛ Я ПО ПРОСЬБЕ ТВОЕЙ"≫.

После общины эту фразу трижды повторяет хазан. Благословение "БЛАГОСЛОВЕН... КОТОРЫЙ ДАРОВАЛ НАМ ЖИЗНЬ..." каждому следует произносить шепотом вместе с хазаном и завершить его раньше, чтобы успеть ответить "АМЕН!". (Те, кто произносили это благословение при зажигании свечей, повторять его здесь не должны.)

ברוך БЛАГОСЛОВЕН ТЫ, ГОСПОДЬ, БОГ НАШ, ВЛАДЫКА ВСЕЛЕННОЙ, КОТОРЫЙ ДАРОВАЛ НАМ ЖИЗНЬ, И ПОДДЕРЖИВАЛ ЕЕ В НАС, И ДАЛ НАМ ДОЖИТЬ ДО ЭТОГО ВРЕМЕНИ!

Свитки Торы возвращают в ковчег, закрывают его и молятся "Маарив".

טרנסליטרציה

ТРАНСЛИТЕРАЦИЯ

"КАДИШ ЯТОМ"

"Кадиш ятом" произносят только в "миньяне". "Кадиш ятом" ежедневно говорит тот, кто находится в трауре по отцу или по матери, в течение 11 месяцев после их смерти, а также каждый год в день их кончины. Если у покойного нет детей, которые говорили бы "Кадиш", это делает кто-нибудь из близких родственников; если таких родственников нет, поручают читать "Кадиш" любому человеку, у которого нет отца или матери. "Кадиш ятом" читают четыре раза в день: в "Шахарит" после псалма на соответствующий день недели (в рош-ходеш и в период от рош-ходеш месяца элуль до Гошана-Раба – после следующего за ним дополнительного псалма) и после "Алейну"; в "Минху" после "Алейну" и в "Маарив" после "Алейну".

ЙИСГАДА́Л ВЭЙИСКАДА́Ш ШМЭЙ РАБО́: БЭОЛМО́ ДИ ВРО ХИРУСЭ́Й ВЭЯМЛИ́Х МАЛХУСЭ́Й ВЭЯЦМА́Х ПУРКОНЭ́Й ВИКОРЭ́В МЭШИХЭ́Й: БЭХАЙЕЙХЭ́ЙН УВЭЙЕЙМЭЙХЭ́ЙН УВЭХАЙЕ́Й ДЭХО́Л БЭЙС ЙИСРОЭ́ЙЛ БААГОЛО́ УВИЗМА́Н КОРИ́В ВЭИМРУ́ ОМЭ́ЙН: ЙЕГЭ́Й ШМЭЙ РАБО́ МЭВОРА́Х ЛЭОЛА́М УЛЭОЛМЭ́Й ОЛМАЙО́: ЙИСБОРЭ́ЙХ ВЭЙИШТАБА́Х ВЭЙИСПОЭ́ЙР ВЭЙИСРЭЙМО́М ВЭЙИСНАСЭ́Й ВЭЙИСГАДО́Р ВЭЙИСАЛЭ́ ВЭЙИСГАЛО́Л ШМЭЙ ДЭКУДШО́ БРИХ ГУ́: ЛЭЭЙЛО́ МИН КОЛ БИРХОСО́ ВЭШИРОСО́ ТУШБЭХОСО́ ВЭНЭХЭМОСО́ ДААМИРО́Н БЭОЛМО́ ВЭИМРУ́ ОМЭ́ЙН:

ЙЕГЭ́Й ШЛОМО́ РАБО́ МИН ШМАЙО́ ВЭХАЙИ́М ТЭЙВИ́М ОЛЭ́ЙНУ ВЭА́Л КОЛ ЙИСРОЭ́ЙЛ ВЭИМРУ́ ОМЭ́ЙН:

ЭЙСЭ́ ШОЛЭ́ЙМ БИМРЭЙМО́В ГУ́ ЯАСЭ́ ШОЛЭ́ЙМ ОЛЭ́ЙНУ ВЭА́Л КОЛ ЙИСРОЭ́ЙЛ ВЭИМРУ́ ОМЭ́ЙН:

"КАДИШ ЯТОМ"

"Кадиш ятом" произносят только в "миньяне". "Кадиш ятом" ежедневно говорит тот, кто находится в трауре по отцу или по матери, в течение 11 месяцев после их смерти, а также каждый год в день их кончины. Если у покойного нет детей, которые говорили бы "Кадиш", это делает кто-нибудь из близких родственников; если таких родственников нет, поручают читать "Кадиш" любому человеку, у которого нет отца или матери. "Кадиш ятом" читают четыре раза в день: в "Шахарит" после псалма на соответствующий день недели (в рош-ходеш и в период от рош-ходеш месяца элуль до Гошана-Раба – после следующего за ним дополнительного псалма) и после "Алейну"; в "Минху" после "Алейну" и в "Маарив" после "Алейну".

ЙИТГАДА́ЛЬ ВЭЙИТКАДА́Ш ШМЭЙ РАБА́: БЭАЛЬМА́ ДИ ВРА ХИРЪУТЭ́Й ВЭЯМЛИ́Х МАЛЬХУТЭ́Й ВЭЯЦМА́Х ПУРКАНЭ́Й ВИКАРЭ́В МЭШИХЭ́Й: БЭХАЙЕЙХО́Н УВЭЙОМЭЙХО́Н УВЭХАЙЕ́Й ДЭХО́ЛЬ БЭЙТ ЙИСРАЭ́ЛЬ БААГАЛА́ УВИЗМА́Н КАРИ́В ВЭИМРУ́ АМЭ́Н: ЙЕГ̃Э́Й ШМЭЙ РАБА́ МЭВОРА́Х ЛЕОЛА́М УЛЕОЛЬМЭ́Й ОЛЬМАЯ́: ЙИТБАРЭ́Х ВЭЙИШТАБА́Х ВЭЙИТПАЭ́Р ВЭЙИТРОМА́М ВЭЙИТНАСЭ́ ВЭЙИТГ̃АДА́Р ВЭЙИТЪАЛЕ́ ВЭЙИТГ̃АЛА́ЛЬ ШМЭЙ ДЭКУДША́ БРИХ Г̃У: ЛЕЭЙЛА́ МИН КОЛЬ БИРХАТА́ ВЭШИРАТА́ ТУШБЭХАТА́ ВЭНЭХЭМАТА́ ДААМИРА́Н БЭАЛЬМА́ ВЭИМРУ́ АМЭ́Н:

ЙЭГЭ́ ШЛАМА́ РАБА́ МИН ШМАЯ́ ВЭХАЙИ́М ТОВИ́М АЛЕ́ЙНУ ВЭА́ЛЬ КОЛЬ ЙИСРАЭЛЬ ВЭИМРУ́ АМЭ́Н:

ОСЭ́ ШАЛО́М БИМРОМА́В Г̃У ЯАСЭ́ ШАЛО́М АЛЕ́ЙНУ ВЭА́ЛЬ КОЛЬ ЙИСРАЭЛЬ ВЭИМРУ́ АМЭ́Н:

"КАДИШ ДЕРАБАНАН"

ЙИСГАДА́Л ВЭЙИСКАДА́Ш ШМЭЙ РАБО́: БЭОЛМО́ ДИ ВРО ХИРУСЭ́Й ВЭЯМЛИ́Х МАЛХУСЭ́Й ВЭЯЦМА́Х ПУРКОНЭ́Й ВИКОРЭ́В МЭШИХЭ́Й: БЭХАЙЕЙХЭ́ЙН УВЭЙЕЙМЭЙХЭ́ЙН УВЭХАЙЕ́Й ДЭХО́Л БЭЙС ЙИСРОЭ́ЙЛ БААГОЛО́ УВИЗМА́Н КОРИ́В ВЭИМРУ́ ОМЭ́ЙН: ЙЕГ̃Э́Й ШМЭЙ РАБО́ МЭВОРА́Х ЛЭОЛА́М УЛЭОЛМЭ́Й ОЛМАЙО́: ЙИСБОРЭ́ЙХ ВЭЙИШТАБА́Х ВЭЙИСПОЭ́ЙР ВЭЙИСРЭЙМО́М ВЭЙИСНАСЭ́Й ВЭЙИСГ̃АДО́Р ВЭЙИСАЛЭ́ ВЭЙИСГ̃АЛО́Л ШМЭЙ ДЭКУДШО́ БРИХ Г̃У: ЛЭЭЙЛО́ МИН КОЛ БИРХОСО́ ВЭШИРОСО́ ТУШБЭХОСО́ ВЭНЭХЭМОСО́ ДААМИРО́Н БЭОЛМО́ ВЭИМРУ́ ОМЭ́ЙН:

АЛ ЙИСРОЭ́ЙЛ ВЭА́Л РАБОНО́Н ВЭА́Л ТАЛМИДЭЙГ̃Э́ЙН ВЭА́Л КОЛ ТАЛМИДЭ́Й ТАЛМИДЭЙГ̃Э́ЙН, ВЭА́Л КОЛ МОН ДЭОСКИ́Н БЭЭЙРАЙСО́, ДИ ВЭАСРО́ Г̃ОДЭ́ЙН ВЭДИ́ ВЭХО́Л АСА́Р ВААСА́Р, ЙЕГ̃Э́Й ЛЭГ̃Э́ЙН УЛЭХЭ́ЙН ШЛОМО́ РАБО́ ХИНО́ ВЭХИСДО́ ВЭРАХАМИ́Н ВЭХАЙИ́Н АРИХИ́Н УМЭЗЭЙНО́ РЭВИХО́ УФУРКОНО́ МИН КОДО́М АВУГ̃Э́ЙН ДЭВИШМАЙО́ ВЭИМРУ́ ОМЭ́ЙН:

ЙЕГ̃Э́Й ШЛОМО́ РАБО́ МИН ШМАЙО́ ВЭХАЙИ́М ТЭЙВИ́М ОЛЭ́ЙНУ ВЭА́Л КОЛ ЙИСРОЭ́ЙЛ ВЭИМРУ́ ОМЭ́ЙН:

ЭЙСЭ́ ШОЛЭ́ЙМ БИМРЭЙМО́В Г̃У ЯАСЭ́ ШОЛЭ́ЙМ ОЛЭ́ЙНУ ВЭА́Л КОЛ ЙИСРОЭ́ЙЛ ВЭИМРУ́ ОМЭ́ЙН:

"КАДИШ ДЕРАБАНАН"

ЙИТГАДА́ЛЬ ВЭЙИТКАДА́Ш ШМЭЙ РАБА́: БЭАЛЬМА́ ДИ ВРА ХИРЪУТЭ́Й ВЭЯМЛИ́Х МАЛЬХУТЭ́Й ВЭЯЦМА́Х ПУРКАНЭ́Й ВИКАРЭ́В МЭШИХЭ́Й: БЭХАЙЕЙХО́Н УВЭЙОМЭЙХО́Н УВЭХАЙЕ́Й ДЭХО́ЛЬ БЭЙТ ЙИСРАЭ́ЛЬ БААГАЛА́ УВИЗМА́Н КАРИ́В ВЭИМРУ́ АМЭ́Н: ЙЕГ̃Э́Й ШМЭЙ РАБА́ МЭВОРА́Х ЛЕОЛА́М УЛЕОЛЬМЭ́Й ОЛЬМАЯ́: ЙИТБАРЭ́Х ВЭЙИШТАБА́Х ВЭЙИТПАЭ́Р ВЭЙИТРОМА́М ВЭЙИТНАСЭ́ ВЭЙИТГ̃АДА́Р ВЭЙИТЪАЛЕ́ ВЭЙИТГ̃АЛА́ЛЬ ШМЭЙ ДЭКУДША́ БРИХ Г̃У: ЛЕЭЙЛА́ МИН КОЛЬ БИРХАТА́ ВЭШИРАТА́ ТУШБЭХАТА́ ВЭНЭХЭМАТА́ ДААМИРА́Н БЭАЛЬМА́ ВЭИМРУ́ АМЭ́Н:

АЛЬ ЙИСРАЭ́ЛЬ ВЭА́ЛЬ РАБАНА́Н, ВЭА́ЛЬ ТАЛЬМИДЭЙГ̃О́Н ВЭА́ЛЬ КОЛЬ ТАЛЬМИДЭ́Й ТАЛЬМИДЭЙГ̃О́Н, ВЭА́ЛЬ КОЛЬ МАН ДЭАСКИ́Н БЭОРАЙТА́, ДИ ВЭАТРА́ Г̃АДЭ́Н ВЭДИ́ ВЭХО́ЛЬ АТА́Р ВААТА́Р, ЙЕГ̃Э́ ЛЕГ̃О́Н УЛЕХО́Н ШЛАМА́ РАБА́ ХИНА́ ВЭХИСДА́ ВЭРАХАМИ́Н ВЭХАЙИ́Н АРИХИ́Н УМЭЗОНА́ РЭВИХА́ УФУРКАНА́ МИН КАДА́М АВУГ̃О́Н ДЭВИШМАЯ́, ВЭИМРУ́ АМЕ́Н:

ЙЕГ̃Э́ ШЛАМА́ РАБА́ МИН ШМАЯ́ ВЭХАЙИ́М ТОВИ́М АЛЕ́ЙНУ ВЭА́ЛЬ КОЛЬ ЙИСРАЭ́ЛЬ ВЭИМРУ́ АМЭ́Н:

ОСЭ́ ШАЛО́М БИМРОМА́В Г̃У ЯАСЭ́ ШАЛО́М АЛЕ́ЙНУ ВЭА́ЛЬ КОЛЬ ЙИСРАЭ́ЛЬ ВЭИМРУ́ АМЭ́Н:

"ШМА"

ШМА ЙИСРОЭЙЛ АДЭЙНО́Й ЭЛЭЙГ̆ЭЙНУ АДЭЙНО́Й ЭХО́Д.

БОРУ́Х ШЕЙМ КВЭЙД МАЛХУСЭ́Й ЛЭЭЙЛО́М ВОЭ́Д.

ВЭОГ̆АВТО́ ЭЙС АДЭЙНО́Й ЭЛЭЙГ̆ЭХО, БЭХО́Л ЛЕВОВХО́ УВЭХО́Л НАФШЕХО́ УВЭХО́Л МЭЭЙДЭ́ХО. ВЭГ̆ОЮ Г̆АДВОРИ́М Г̆ОЭ́ЙЛЭ, АШЕ́Р ОНЭЙХИ́ МЭЦАВХО́ Г̆АЙЕ́ЙМ, АЛ ЛЭВОВЭ́ХО. ВЭШИНАНТО́М ЛЭВОНЭ́ХО ВЭДИБАРТО́ БОМ, БЭШИВТЭХО́ БЭВЭЙСЭ́ХО УВЭЛЭХТЭХО́ ВАДЭ́РЭХ УВЭШОХБЭХО́ УВЭКУМЭ́ХО. УКШАРТО́М ЛЭЭ́ЙС АЛ ЙОДЭ́ХО, ВЭГ̆ОЮ ЛЭТЭЙТОФЭ́ЙС БЭЙН ЭЙНЭ́ХО. УХСАВТО́М АЛ МЭЗУЗЭ́ЙС БЭЙСЭ́ХО УВИШЪОРЭ́ХО.

ВЭГ̆ОЙО́, ИМ ШОМЭ́Я ТИШМЭУ́ ЭЛ МИЦВЭЙСА́Й, АШЕ́Р ОНЭЙХИ́ МЭЦАВЭ́ ЭСХЭМ Г̆АЙЕ́ЙМ, ЛЭАГ̆АВО́ ЭС АДЭЙНО́Й ЭЛЭЙГ̆ЭЙХЭМ УЛЭОВДЭ́Й, БЭХО́Л ЛЭВАВХЭ́М УВЭХО́Л НАФШЕХЭ́М. ВЭНОСАТИ́ МТАР АРЦЭХЭ́М БЭИТЭ́Й ЙЕЙРЭ́ УМАЛКЭ́ЙШ, ВЭОСАФТО́ ДЭГОНЭ́ХО ВЭСИРЭ́ЙШХО́ ВЕЙИЦГ̆ОРЭ́ХО. ВЭНОСАТИ́ Э́ЙСЭВ БЭСОДХО́ ЛИВГ̆ЭМТЭ́ХО, ВЭОХАЛТО́ ВЭСОВО́ТО. Г̆ИШОМРУ́ ЛОХЭ́М ПЭН ЙИФТЭ́ ЛЭВАВХЭ́М, ВЭСАРТЭ́М ВААВАДЭТЭ́М ЭЛЭЙГ̆ИМ АХЭЙРИ́М ВЭГ̆ИШТАХАВИСЭ́М ЛОГ̆ЭМ. ВЭХОРО́ АФ АДЭЙНО́Й БОХЭ́М ВЭОЦА́Р ЭС Г̆АШОМА́ЙИМ ВЭЛЭ́Й ЙИГ̆ЬЕ́ МОТО́Р ВЭГ̆ОАДОМО́ ЛЭЙ СИТЭ́Н ЭС ЙЕВУЛО́, ВААВАДЭТЭ́М МЭГ̆ЭЙРО́ МЭЙА́Л Г̆ООРЭЦ Г̆АТЭЙВО́ АШЕ́Р АДЭЙНО́Й НЭЙСЭ́ЙН ЛОХЭ́М. ВЭСАМТЭ́М ЭС ДВОРА́Й Э́ЙЛЭ АЛ ЛЭВАВХЭ́М ВЭА́Л НАФШЕХЭ́М, УКШАРТЭ́М ЭЙСО́М ЛЭЭ́ЙС АЛ ЙЕДХЭ́М ВЭГ̆ОЮ ЛЭТЭЙТОФЭ́ЙС БЭЙН ЭЙНЭЙХЭ́М. ВЭЛИМАДЭТЭ́М ЭЙСО́М ЭС БНЭЙХЭ́М ЛЭДАБЭ́ЙР БОМ, БЭШИВТЭХО́ БЭВЭЙСЭ́ХО УВЭЛЭХТЭХО́ ВАДЭ́РЭХ УВЭШОХБЭХО́ УВЭКУМЭ́ХО. УХСАВТО́М АЛ МЭЗУЗЭ́ЙС БЭЙСЭ́ХО УВИШЪОРЭ́ХО. ЛЭМА́АН ЙИРБУ́ ЙЕМЭЙХЭ́М ВИМЭ́Й ВНЭЙХЭ́М АЛ Г̆ОАДОМО́, АШЕ́Р НИШБА́ АДЭЙНО́Й ЛААВЭЙСЭЙХЭ́М ЛОСЭ́ЙС ЛОГ̆ЭМ, КИМЭ́Й Г̆АШОМА́ЙИМ АЛ Г̆ОО́РЭЦ.

ВАЙЕ́ЙМЭР АДЭЙНО́Й ЭЛ МЭЙШЕ́ ЛЭЙМЭ́ЙР. ДАБЭ́ЙР ЭЛ БНЭЙ ЙИСРОЭ́ЙЛ ВЭОМАРТО́ АЛЭЙГ̆ЭМ ВЭОСУ́ ЛОГ̆ЭМ ЦИЦИ́С АЛ КАНФЭ́Й ВИГДЭЙГ̆ЭМ ЛЭДЭЙРЭЙСО́М, ВЭНОСНУ́ АЛ ЦИЦИ́С Г̆АКОНО́Ф, ПСИЛ ТХЭ́ЙЛЭС. ВЭГ̆ОЙО́ ЛОХЭ́М ЛЭЦИЦИ́С, УРЪИСЭ́М, ЭЙСЭ́Й, УЗХАРТЭ́М, ЭС КОЛ МИЦВЭ́ЙС АДЭЙНО́Й, ВААСИСЭ́М, ЭЙСО́М, ВЭЛЭ́Й СОСУ́РУ АХАРЭ́Й ЛЭВАВХЭ́М ВЭАХАРЭ́Й ЭЙНЭЙХЭ́М АШЕ́Р АТЭ́М ЗЭЙНИ́М АХАРЭ́ЙГ̆ЭМ. ЛЭМА́АН ТИЗКЭРУ́ ВААСИСЭ́М ЭС КОЛ МИЦВЭЙСО́Й, ВИГ̆ЬИИСЭ́М КДЭЙШИ́М ЛЭЛЭЙГ̆ЭЙХЭ́М. АНИ́ АДЭЙНО́Й ЭЛЭЙГ̆ЭЙХЭ́М, АШЕ́Р Г̆ЭЙЦЭ́ЙСИ ЭСХЭ́М, МЭЙЭ́РЭЦ МИЦРА́ЙИМ ЛИГ̆ЬЙЕ́ЙС ЛОХЭ́М ЛЭЛЭЙГ̆ИМ, АНИ́ АДЭЙНО́Й ЭЛЭЙГ̆ЭЙХЭ́М.

ЭМЭ́С

"ШМА"

ШМА ЙИСРАЭ́ЛЬ АДОНА́Й ЭЛОГ̄Э́ЙНУ АДОНА́Й ЭХА́Д.

БАРУ́Х ШЕМ КВОД МАЛЬХУТО́ ЛЕОЛА́М ВАЭ́Д.

ВЭАГ̄АВТА́ ЭТ АДОНА́Й ЭЛОГ̄Э́ХА, БЭХО́ЛЬ ЛЕВАВХА́ УВЭХО́ЛЬ НАФШЕХА́ УВЭХО́ЛЬ МЭОДЭ́ХА. ВЭГ̄АЮ́ Г̄АДВАРИ́М Г̄АЭ́ЙЛЕ, АШЕ́Р АНОХИ́ МЭЦАВХА́ Г̄АЙО́М, АЛЬ ЛЕВАВЭ́ХА. ВЭШИНАНТА́М ЛЕВАНЭ́ХА ВЭДИБАРТА́ БАМ, БЭШИВТЭХА́ БЭВЭЙТЭ́ХА УВЭЛЕХТЭХА́ ВАДЭ́РЭХ УВЭШОХБЭХА́ УВЭКУМЭ́ХА. УКШАРТА́М ЛЕО́Т АЛЬ ЯДЭ́ХА, ВЭГ̄АЮ́ ЛЕТОТАФО́Т БЭЙН ЭЙНЭ́ХА. УХТАВТА́М АЛЬ МЭЗУЗО́Т БЭЙТЭ́ХА УВИШЪАРЭ́ХА.

ВЭГ̄АЯ́, ИМ ШАМО́А ТИШМЭУ́ ЭЛЬ МИЦВОТА́Й, АШЕ́Р АНОХИ́ МЭЦАВЭ́ ЭТХЭМ Г̄АЙО́М, ЛЕАГ̄АВА́ ЭТ АДОНА́Й ЭЛОГ̄ЭЙХЭ́М УЛЕАВДО́, БЭХО́ЛЬ ЛЕВАВХЭ́М УВЭХО́ЛЬ НАФШЕХЭ́М. ВЭНАТАТИ́ МТАР АРЦЭХЭ́М БЭИТО́ ЙОРЭ́ УМАЛЬКО́Ш, ВЭАСАФТА́ ДЭГАНЭ́ХА ВЭТИРОШХА́ ВЭЙИЦГ̄АРЭ́ХА. ВЭНАТАТИ́ Э́СЭВ БЭСАДХА́ ЛИВГ̄ЭМТЭ́ХА ВЭАХАЛЬТА́ ВЭСАВА́ТА. Г̄ИШАМРУ́ ЛАХЭ́М ПЭН ЙИФТЭ́ ЛЕВАВХЭ́М, ВЭСАРТЭ́М ВААВАДЭТЭ́М ЭЛОГ̄И́М АХЕРИ́М ВЭГ̄ИШТАХАВИТЭ́М ЛАГ̄Э́М. ВЭХАРА́ АФ АДОНА́Й БАХЭ́М ВЭАЦА́Р ЭТ Г̄АШАМА́ЙИМ ВЭЛО́ ЙИГЬЕ́ МАТА́Р ВЭГ̄ААДАМА́ ЛО ТИТЭ́Н ЭТ ЙЕВУЛА́, ВААВАДЭТЭ́М МЭГ̄ЭРА́ МЭА́ЛЬ Г̄АА́РЭЦ Г̄АТОВА́ АШЕ́Р АДОНА́Й НОТЭ́Н ЛАХЭ́М. ВЭСАМТЭ́М ЭТ ДВАРА́Й Э́ЙЛЕ АЛЬ ЛЕВАВХЭ́М ВЭА́ЛЬ НАФШЕХЭ́М, УКШАРТЭ́М ОТА́М ЛЕО́Т АЛЬ ЙЕДХЭ́М ВЭГ̄АЮ́ ЛЕТОТАФО́Т БЭЙН ЭЙНЭХЭ́М. ВЭЛИМАДЭТЭ́М ОТА́М ЭТ БНЭЙХЭ́М ЛЕДАБЭ́Р БАМ, БЭШИВТЭХА́ БЭВЭЙТЭ́ХА УВЭЛЕХТЭХА́ ВАДЭ́РЭХ УВЭШОХБЭХА́ УВЭКУМЭ́ХА. УХТАВТА́М АЛЬ МЭЗУЗО́Т БЭЙТЭ́ХА УВИШЪАРЭ́ХА. ЛЕМА́АН ЙИРБУ́ ЙЕМЭЙХЭ́М ВИМЭ́Й ВНЭЙХЭ́М АЛЬ Г̄ААДАМА́, АШЕ́Р НИШБА́ АДОНА́Й ЛААВОТЭЙХЭ́М ЛАТЭ́Т ЛАГ̄Э́М, КИМЭ́Й Г̄АШАМА́ЙИМ АЛЬ Г̄АА́РЭЦ.

ВАЙО́МЭР АДОНА́Й ЭЛЬ МОШЕ́ ЛЕЙМО́Р. ДАБЭ́Р ЭЛЬ БНЭЙ ЙИСРАЭ́ЛЬ ВЭАМАРТА́ АЛЕЙГ̄Э́М ВЭАСУ́ ЛАГ̄Э́М ЦИЦИ́Т АЛЬ КАНФЭ́Й ВИГДЭЙГ̄Э́М ЛЕДОРОТА́М, ВЭНАТНУ́ АЛЬ ЦИЦИ́Т Г̄АКАНА́Ф, ПТИЛЬ ТХЭ́ЛЕТ. ВЭГ̄АЯ́ ЛАХЭ́М ЛЕЦИЦИ́Т, УРЪИТЭ́М, ОТО́, УЗХАРТЭ́М, ЭТ КОЛЬ МИЦВО́Т АДОНА́Й, ВААСИТЭ́М, ОТА́М, ВЭЛО́ ТАТУ́РУ АХАРЭ́Й ЛЕВАВХЭ́М ВЭАХАРЭ́Й ЭЙНЭХЭ́М АШЕ́Р АТЭ́М ЗОНИ́М АХАРЭЙГ̄Э́М. ЛЕМА́АН ТИЗКЭРУ́ ВААСИТЭ́М ЭТ КОЛЬ МИЦВОТА́Й, ВИГЬЙИТЭ́М КДОШИ́М ЛЕЛОГ̄ЭЙХЭ́М. АНИ́ АДОНА́Й ЭЛОГ̄ЭЙХЭ́М, АШЕ́Р Г̄ОЦЭ́ТИ ЭТХЭ́М, МЭЭ́РЭЦ МИЦРА́ЙИМ ЛИГ̄ЪЙО́Т ЛАХЭ́М ЛЕЛОГ̄И́М, АНИ́ АДОНА́Й ЭЛОГ̄ЭЙХЭ́М.

ЭМЭ́Т

"КДУША"

Эту "Кдушу" произносят в молитвах "Шахарит" и "Минха" в будние дни, в рош-ходеш и в холь-гамоэд, а также в субботней и в праздничной "Минхе".

НАКДИШО́Х ВЭНААРИЦО́Х КЭНЭ́ЯМ СИ́ЯХ СЭЙД САРФЭ́Й КЭ́ЙДЭШ ГАМЭШАЛЬШИ́М ЛЭХО́ КДУШО́ КАКОСУ́В АЛ ЯД НЭВИЭ́ХО ВЭКОРО́ ЗЭ ЭЛ ЗЭ ВЭОМА́Р:

КОДЭ́ЙШ, КОДЭ́ЙШ, КОДЭ́ЙШ АДЭЙНО́Й ЦВОЭ́ЙС МЛЭЙ ХОЛ ГООРЭЦ КВЭЙДЭ́Й:

ЛЭУМОСО́М МЭШАБХИ́М ВЭЭЙМРИ́М:

БОРУ́Х КВЭЙД АДЭЙНО́Й МИМКЭЙМЭ́Й:

УВЭДИВРЭ́Й КОДШЭХО́ КОСУ́В ЛЭЙМЭ́ЙР:

ЙИМЛЭ́ЙХ АДЭЙНО́Й ЛЭЭЙЛО́М ЭЛЭЙГА́ЙИХ ЦИЙЕ́ЙН ЛЭДЭ́ЙР ВОДЭ́ЙР ГАЛЭЛУЙО́:

”КДУША”

Эту ”Кдушу” произносят в молитвах “Шахарит” и “Минха” в будние дни, в рош-ходеш и в холь-гамоэд, а также в субботней и в праздничной “Минхе”.

НАКДИШÁХ ВЭНААРИЦÁХ КЭНÓАМ СЍЯХ СОД САРФЭ̀Й КÓДЭШ Г̃АМЭШАЛЬШИ́М ЛЕХÁ КДУШÁ КАКАТУ́В АЛЬ ЯД НЕВИЭ̀ХА ВЭКАРÁ ЗЭ ЭЛЬ ЗЭ ВЭАМÁР:

КАДÓШ КАДÓШ КАДÓШ АДОНÁЙ ЦВАÓТ МЛО ХОЛЬ Г̃АА́РЕЦ КВОДÓ:

ЛЕУМАТÁМ МЭШАБХИ́М ВЭОМРИ́М:

БАРУ́Х КВОД АДОНÁЙ МИМКОМÓ:

УВЭДИВРЭ̀Й КОДШЕХÁ КАТУ́В ЛЕЙМÓР:

ЙИМЛÓХ АДОНÁЙ ЛЕОЛÁМ ЭЛОГ̃А́ЙИХ ЦИЙÓН ЛЕДÓР ВАДÓР Г̃АЛЕЛУЯ́:

"КДУША", КОТОРУЮ ЧИТАЮТ В МОЛИТВЬ "ШАХАРИТ" В СУББОТУ И ПРАЗДНИКИ

НАКДИШО́Х ВЭНААРИЦО́Х КЭНЭ́ЯМ СИ́ЯХ СЭЙД САРФЭ́Й КЭ́ЙДЭШ ҐАМЭШАЛШИ́М ЛЭХО́ КДУШО́ КАКОСУ́В АЛ ЯД НЭВИЭ́ХО ВЭКОРО́ ЗЭ ЭЛ ЗЭ ВЭОМА́Р:

КОДЭ́ЙШ, КОДЭ́ЙШ, КОДЭ́ЙШ АДЭЙНО́Й ЦВОЭ́ЙС МЛЭЙ ХОЛ ҐОО́РЭЦ КВЭЙДЭ́Й:

ОЗ БЭКЭ́ЙЛ РА́АШ ГОДЭ́ЙЛ АДИ́Р ВЭХОЗО́К МАШМИИ́М КЭЙЛ, МИСНАСИ́М ЛЭУМА́С ҐАСРОФИ́М, ЛЭУМОСО́М МЭШАБХИ́М ВЭЭЙМРИ́М:

БОРУ́Х КВЭЙД АДЭЙНО́Й МИМКЭЙМЭ́Й:

МИМКЭЙМО́Х МАЛКЭ́ЙНУ СЭЙФИ́А ВЭСИМЛЭ́ЙХ ОЛЭ́ЙНУ, КИ МЭХАКИ́М АНА́ХНУ ЛОХ, МОСА́Й ТИМЛЭ́ЙХ БЭЦИЙЕ́ЙН, БЭКОРЭ́ЙВ БЭЙОМЭ́ЙНУ ЛЭЭЙЛО́М ВОЭ́Д. ТИШКЭ́ЙН ТИСГАДЭ́ЙЛ ВЭСИСКАДЭ́ЙШ БЭСЭ́ЙХ ЙЕРУШОЛА́ЙИМ ИРХО́, ЛЭДЭ́ЙР ВОДЭ́ЙР УЛЭНЭ́ЙЦАХ НЭЦОХИ́М, ВЭЭЙНЭ́ЙНУ СИРЭ́НО МАЛХУСЭ́ХО, КАДОВО́Р ҐООМУ́Р БЭШИРЭ́Й УЗЭ́ХО, АЛ ЙЕДЭ́Й ДОВИ́Д МЭШИ́ЯХ ЦИДКЭ́ХО:

ЙИМЛЭ́ЙХ АДЭЙНО́Й ЛЭЭЙЛО́М ЭЛЭЙ ҐА́ЙИХ ЦИЙЕ́ЙН ЛЭДЭ́ЙР ВОДЭ́ЙР ҐАЛЭЛУЙО́:

"КДУША", КОТОРУЮ ЧИТАЮТ В МОЛИТВЕ "ШАХАРИТ" В СУББОТУ И ПРАЗДНИКИ

НАКДИША́Х ВЭНААРИЦА́Х КЭНО́АМ СИ́ЯХ СОД САРФЭ́Й КО́ДЭШ Г̃АМЭШАЛЬШИ́М ЛЕХА́ КДУША́ КАКАТУ́В АЛЬ ЯД НЭВИЭ́ХА ВЭКАРА́ ЗЭ ЭЛЬ ЗЭ ВЭАМА́Р:

КАДО́Ш КАДО́Ш КАДО́Ш АДОНА́Й ЦВАО́Т МЛО ХОЛЬ Г̃ААРЭЦ КВОДО́:

АЗ БЭКО́ЛЬ РА́АШ ГАДО́ЛЬ АДИ́Р ВЭХАЗА́К МАШМИИ́М КОЛЬ, МИТНАСИ́М ЛЕУМА́Т Г̃АСРАФИ́М, ЛЕУМАТА́М МЭШАБХИ́М ВЭОМРИ́М:

БАРУ́Х КВОД АДОНА́Й МИМКОМО́:

МИМКОМА́Х МАЛЬКЭ́ЙНУ ТОФИ́А ВЭТИМЛО́Х АЛЕ́ЙНУ, КИ МЭХАКИ́М АНА́ХНУ ЛАХ, МАТА́Й ТИМЛО́Х БЭЦИЙО́Н, БЭКАРО́В БЭЯМЭ́ЙНУ ЛЕОЛА́М ВАЭД. ТИШКО́Н ТИТГАДЭ́ЛЬ ВЭТИТКАДЭ́Ш БЭТО́Х ЙЕРУШАЛА́ЙИМ ИРХА́, ЛЕДО́Р ВАДО́Р УЛЕНЭ́ЦАХ НЭЦАХИ́М, ВЭЭЙНЭ́ЙНУ ТИРЭ́НА МАЛЬХУТЭ́ХА, КАДАВА́Р Г̃ААМУ́Р БЭШИРЭ́Й УЗЭ́ХА, АЛЬ ЙЕДЭ́Й ДАВИ́Д МЭШИ́ЯХ ЦИДКЭ́ХА:

ЙИМЛО́Х АДОНА́Й ЛЕОЛА́М ЭЛОГ̃А́ЙИХ ЦИЙО́Н ЛЕДО́Р ВАДО́Р Г̃АЛЕЛУЯ́:

"КДУША", КОТОРУЮ ЧИТАЮТ В МОЛИТВЕ "МУСАФ" В СУББОТУ И ПРАЗДНИКИ И В МОЛИТВЕ "НЕИЛА" В ЙОМ-КИПУР

КЭСЭР ЙИТНУ́ ЛЭХО́, АДЭЙНО́Й ЭЛЭЙГ̃Э́ЙНУ, МАЛЪОХИ́М Г̃АМЭЙНЭ́Й МА́ЛО ВЭАМХО́ ЙИСРОЭ́ЙЛ КВУЦЭ́Й МА́ТО, Я́ХАД КУЛО́М КДУШО́ ЛЭХО́ ЙЕШАЛЭ́ЙШУ, КАКОСУ́В АЛ ЯД НЭВИЭ́ХО ВЭКОРО́ ЗЭ ЭЛ ЗЭ ВЭОМА́Р:

КОДЭ́ЙШ, КОДЭ́ЙШ, КОДЭ́ЙШ АДЭЙНО́Й ЦВОЭ́ЙС МЛЭЙ ХОЛ Г̃ОО́РЭЦ КВЭЙДЭ́Й:

КВЭЙДЭ́Й МОЛЭ́Й ЭЙЛО́М, МЭШОРСО́В ШЕЙАЛИ́М ЗЭ ЛОЗЭ́, АЙЕ́Й МЭКЭ́ЙМ КВЭЙДЭ́Й ЛЭГ̃ААРИЦЭ́Й, ЛЭУМОСО́М МЭШАБХИ́М ВЭЭЙМРИ́М:

БОРУ́Х КВЭЙД АДЭЙНО́Й МИМКЭЙМЭ́Й:

МИМКЭЙМЭ́Й Г̃У ЙИФЭ́Н БЭРАХАМО́В ЛЭАМЭ́Й, Г̃АМЭЯХАДИ́М ШМЭЙ Э́РЭВ ВАВО́КЭР БЭХО́Л ЙЕЙМ ТОМИ́Д, ПААМА́ЙИМ БЭАГ̃АВО́ ШМА ЭЙМРИ́М:

ШМА ЙИСРОЭ́ЙЛ АДЭЙНО́Й ЭЛЭЙГ̃Э́ЙНУ АДЭЙНО́Й ЭХО́Д:

Г̃У ЭЛЭЙГ̃Э́ЙНУ, Г̃У ОВИ́НУ, Г̃У МАЛКЭ́ЙНУ, Г̃У МЭЙШИЭ́ЙНУ, Г̃У ЙЕЙШИЭ́ЙНУ ВЭЙИГОЛЭ́ЙНУ ШЕЙНИ́С БЭКОРЭ́ЙВ ВЭЯШМИЭ́ЙНУ БЭРАХАМО́В ЛЭЭЙНЭ́Й КОЛ ХАЙ ЛЭЙМЭ́ЙР, Г̃ЭЙН ГОА́ЛТИ ЭСХЭ́М АХАРИ́С КИВРЭЙШИ́С, ЛИГЬЙЕ́ЙС ЛОХЭ́М ЛЭЙЛЭЙГ̃И́М, АНИ́ АДЭЙНО́Й ЭЛЭЙГ̃ЭЙХЭ́М:

УВЭДИВРЭ́Й КОДШЭХО́ КОСУ́В ЛЭЙМЭ́ЙР:

ЙИМЛЭ́ЙХ АДЭЙНО́Й ЛЭЭЙЛО́М ЭЛЭЙГ̃А́ЙИХ ЦИЙЕ́ЙН ЛЭДЭ́ЙР ВОДЭ́ЙР Г̃АЛЭЛУЙО́:

"КДУША", КОТОРУЮ ЧИТАЮТ В МОЛИТВЕ "МУСАФ" В СУББОТУ И ПРАЗДНИКИ И В МОЛИТВЕ "НЕИЛА" В ЙОМ-КИПУР

КЭ́ТЭР ЙИТНУ́ ЛЕХА́, АДОНА́Й ЭЛОГЭ́ЙНУ, МАЛЪАХИ́М Г̃АМОНЭ́Й МА́ЛА ВЭАМХА́ ЙИСРАЭ́ЛЬ КВУЦЭ́Й МА́ТА, Я́ХАД КУЛА́М КДУША́ ЛЕХА́ ЙЕШАЛЕ́ШУ, КАКАТУ́В АЛЬ ЯД НЭВИЭ́ХА ВЭКАРА́ ЗЭ ЭЛЬ ЗЭ ВЭАМА́Р:

КАДО́Ш КАДО́Ш КАДО́Ш АДОНА́Й ЦВАО́Т МЛО ХОЛЬ Г̃АА́РЭЦ КВОДО́:

КВОДО́ МАЛЕ́ ОЛА́М, МЭШᴬРТА́В ШОАЛИ́М ЗЭ ЛАЗЭ́, АЙЕ́ МЭКО́М КВОДО́ ЛЕГ̃ААРИЦО́, ЛЕУМАТА́М МЭШАБХИ́М ВЭОМРИ́М:

БАРУ́Х КВОД АДОНА́Й МИМКОМО́:

МИМКОМО́ Г̃У ЙИФЭ́Н БЭРАХАМА́В ЛЕАМО́, Г̃АМЭЯХАДИ́М ШМО Э́РЭВ ВАВО́КЭР БЭХО́ЛЬ ЙОМ ТАМИ́Д, ПААМА́ЙИМ БЭАГ̃АВА́ ШМА ОМРИ́М:

ШМА ЙИСРАЭ́ЛЬ АДОНА́Й ЭЛОГЭ́ЙНУ АДОНА́Й ЭХА́Д:

Г̃У ЭЛОГЭ́ЙНУ, Г̃У АВИ́НУ, Г̃У МАЛЬКЭ́ЙНУ, Г̃У МОШИЭ́ЙНУ, Г̃У ЙОШИЭ́ЙНУ ВЭЙИГАЛЕ́ЙНУ ШЕЙНИ́Т БЭКАРО́В ВЭЯШМИЭ́ЙНУ БЭРАХАМА́В ЛЕЭЙНЭ́Й КОЛЬ ХАЙ ЛЕЙМО́Р, Г̃ЭН ГАА́ЛЬТИ ЭТХЭ́М АХАРИ́Т КИВРЭЙШИ́Т, ЛИГ̃ЬЙО́Т ЛАХЭ́М ЛЕЛОГ̃И́М, АНИ́ АДОНА́Й ЭЛОГЭ́ЙХЭ́М:

УВЭДИВРЭ́Й КОДШЕХА́ КАТУ́В ЛЕЙМО́Р:

ЙИМЛО́Х АДОНА́Й ЛЕОЛА́М ЭЛОГ̃А́ЙИХ ЦИЙО́Н ЛЕДО́Р ВАДО́Р Г̃АЛЕЛУЯ́:

"КДУША", КОТОРУЮ ЧИТАЮТ В МОЛИТВЕ "МУСАФ" В РОШ-ХОДЕШ И В ХОЛЬ-ҐАМОЭД

КЭСЭР ЙИТНУ́ ЛЭХО́ АДЭЙНО́Й ЭЛЭЙҐ́ЭЙНУ МАЛЪОХИ́М ҐАМЭ́ЙНЭЙ МА́ЛО ВЭАМХО́ ЙИСРОЭ́ЙЛ КВУ́ЦЭЙ МА́ТО, Я́ХАД КУЛО́М КДУШО́ ЛЭХО́ ЙЕШАЛЭ́ЙШУ, КАКОСУ́В АЛ ЯД НЭВИЭ́ХО ВЭКОРО́ ЗЭ ЭЛ ЗЭ ВЭОМА́Р:

КОДЭ́ЙШ КОДЭ́ЙШ КОДЭ́ЙШ АДЭЙНО́Й ЦВОЭ́ЙС, МЛЭЙ ХОЛ ҐОО́РЭЦ КВЭЙДЭ́Й.

ЛЭУМОСО́М МЭШАБХИ́М ВЭЭЙМРИ́М:

БОРУ́Х КВЭЙД АДЭЙНО́Й МИМКЭЙМЭ́Й.

УВДИВРЭ́Й КОДШЕХО́ КОСУ́В ЛЭЙМЭ́ЙР:

ЙИМЛЭ́ЙХ АДЭЙНО́Й ЛЭЭЙЛО́М ЭЛЭЙҐА́ЙИХ ЦИЙЕ́ЙН ЛЭДЭ́ЙР ВОДЭ́ЙР, ҐАЛЭЛУЙО́.

СЕФАРДСКОЕ ПРОИЗНОШЕНИЕ

"КДУША", КОТОРУЮ ЧИТАЮТ В МОЛИТВЕ "МУСАФ" В РОШ-ХОДЕШ И В ХОЛЬ-ҐАМОЭД

КЭТЭР ЙИТНУ́ ЛЕХА́ АДОНА́Й ЭЛОҐЭ́ЙНУ МАЛЬАХИ́М ҐАМО́НЭЙ МА́ЛА ВЭАМХА́ ЙИСРАЭ́ЛЬ КВУ́ЦЭЙ МА́ТА, Я́ХАД КУЛА́М КДУША́ ЛЕХА́ ЙЕШАЛЕ́ШУ, КАКАТУ́В АЛЬ ЯД НЭВИЭ́ХА ВЭКАРА́ ЗЭ ЭЛЬ ЗЭ ВЭАМА́Р:

КАДО́Ш КАДО́Ш КАДО́Ш АДОНА́Й ЦВАО́Т, МЛО ХОЛЬ ҐАА́РЭЦ КВОДО́.

ЛЕУМАТА́М МЭШАБХИ́М ВЭОМРИ́М:

БАРУ́Х КВОД АДОНА́Й МИМКОМО́.

УВДИВРЭ́Й КОДШЕХА́ КАТУ́В ЛЕЙМО́Р:

ЙИМЛО́Х АДОНА́Й ЛЕОЛА́М ЭЛОҐА́ЙИХ ЦИЙО́Н ЛЕДО́Р ВАДО́Р, ҐАЛЕЛУЯ́.

"МОДИМ ДЕРАБАНАН"

МЭЙДИ́М АНА́ХНУ ЛОХ, ШОАТО́ ѓУ АДЭЙНО́Й ЭЛЭЙѓЭ́ЙНУ ВЭЙЛЭЙѓЭ́Й АВЭЙСЭ́ЙНУ, ЭЙЛЭЙѓЭ́Й КОЛ БОСО́Р, ЙЕЙЦРЭ́ЙНУ, ЙЕЙЦЭ́ЙР БРЭЙШИ́С, БРОХЭ́ЙС ВЭѓЭ́ЙДОЭ́ЙС ЛЭШИМХО́ ѓАГОДЭ́ЙЛ ВЭѓАКОДЭ́ЙШ, АЛ ШЕѓЭХЭЙИСО́НУ ВЭКИЯМТО́НУ, КЭЙН ТЭХАЙЕ́ЙНУ УТКАЙМЭ́ЙНУ ВЭСЭЭСЭ́ЙФ ГОЛУЙЕЙСЭ́ЙНУ ЛЭХАЦРЭ́ЙС КОДШЕ́ХО, ВЭНОШУ́В ЭЙЛЭ́ХО ЛИШМЭ́ЙР ХУКЭ́ХО ВЭЛААСЭ́ЙС РЭЦЭЙНЭ́ХО, УЛЭОВДЭХО́ БЭЛЭЙВО́В ШОЛЭ́ЙМ, АЛ ШЕО́НУ МЭЙДИ́М ЛОХ, БОРУ́Х ЭЙЛ ѓАѓЭЙДОЭ́ЙС.

"МОДИМ ДЕРАБАНАН"

МОДИ́М АНА́ХНУ ЛАХ, ШААТА́ ѓУ АДОНА́Й ЭЛОѓ'Э́ЙНУ ВЭЛОѓ'Э́Й АВОТЭ́ЙНУ, ЭЛОѓ'Э́Й КОЛЬ БАСА́Р, ЙОЦРЭ́ЙНУ, ЙОЦЭ́Р БРЭЙШИ́Т, БРАХО́Т ВЭѓОДАО́Т ЛЕШИМХА́ ѓАГАДО́ЛЬ ВЭѓАКАДО́Ш, АЛЬ ШЕѓ'ЭХЭЙИТА́НУ ВЭКИЯМТА́НУ, КЭН ТЭХАЙЕ́ЙНУ УТКАЙМЭ́ЙНУ, ВЭТЭЭСО́Ф ГАЛУЙОТЭ́Й-НУ ЛЕХАЦРО́Т КОДШЕ́ХА, ВЭНАШУ́В ЭЛЕ́ХА ЛИШМО́Р ХУКЭ́ХА ВЭЛААСО́Т РЭЦОНЭ́ХА, УЛЕАВДЭХА́ БЭЛЕВА́В ШАЛЕ́М, АЛЬ ШЕА́НУ МОДИ́М ЛАХ, БАРУ́Х ЭЛЬ ѓАѓОДАО́Т.

БЛАГОСЛОВЕНИЯ, КОТОРЫЕ ПРОИЗНОСЯТ
ПЕРЕД ОБЛАЧЕНИЕМ В ТАЛИТ

Перед тем, как облачиться в талит катан, произносят:

БОРУ́Х АТО́ АДЭЙНО́Й ЭЛЭЙЃЭ́ЙНУ МЭ́ЛЭХ ЃОЭЙЛО́М, АШЕ́Р КИДШО́НУ БЭМИЦВЭЙСО́В ВЭЦИВО́НУ АЛ МИЦВА́С ЦИЦИ́С.

Перед тем, как облачиться в талит гадоль, произносят:

БОРУ́Х АТО́ АДЭЙНО́Й ЭЛЭЙЃЭ́ЙНУ МЭ́ЛЭХ ЃОЭЙЛО́М, АШЕ́Р КИДШО́НУ БЭМИЦВЭЙСО́В ВЭЦИВО́НУ ЛЭЃИСАТЭ́ЙФ БЭЦИЦИ́С.

БЛАГОСЛОВЕНИЯ, КОТОРЫЕ ПРОИЗНОСЯТ ПЕРЕД ОБЛАЧЕНИЕМ В ТАЛИТ

Перед тем, как облачиться в талит катан, произносят:

БАРУ́Х АТА́ АДОНА́Й ЭЛОГЭ́ЙНУ МЭ́ЛЕХ ГАОЛА́М, АШЕ́Р КИДША́НУ БЭМИЦВОТА́В ВЭЦИВА́НУ АЛЬ МИЦВА́Т ЦИЦИ́Т.

Перед тем, как облачиться в талит гадоль, произносят:

БАРУ́Х АТА́ АДОНА́Й ЭЛОГЭ́ЙНУ МЭ́ЛЕХ ГАОЛА́М, АШЕ́Р КИДША́НУ БЭМИЦВОТА́В ВЭЦИВА́НУ ЛЕГИТАТЭ́Ф БЭЦИЦИ́Т.

БЛАГОСЛОВЕНИЯ, КОТОРЫЕ ПРОИЗНОСЯТ
ПЕРЕД ВОЗЛОЖЕНИЕМ ТФИЛИН

Надев тфилин на руку, но перед тем, как затянуть узел, произносят:

БОРУ́Х АТО́ АДЭЙНО́Й ЭЛЭЙГЭ́ЙНУ МЭ́ЛЭХ ГОЭЙЛО́М, АШЕ́Р КИДШО́НУ БЭМИЦВЭЙСО́В ВЭЦИВО́НУ ЛЭГОНИ́ЯХ ТФИЛИ́Н.

Если молящийся сказал что-либо после того, как укрепил тфилин на руке, но до того, как возложил тфилин на голову, ему необходимо сказать еще одно благословение:

БОРУ́Х АТО́ АДЭЙНО́Й ЭЛЭЙГЭ́ЙНУ МЭ́ЛЭХ ГОЭЙЛО́М, АШЕ́Р КИДШО́НУ БЭМИЦВЭЙСО́В ВЭЦИВО́НУ АЛ МИЦВА́С ТФИЛИ́Н.

БЛАГОСЛОВЕНИЯ, КОТОРЫЕ ПРОИЗНОСЯТ ПЕРЕД ВОЗЛОЖЕНИЕМ ТФИЛИН

Надев тфилин на руку, но перед тем, как затянуть узел, произносят:

БАРУ́Х АТА́ АДОНА́Й ЭЛОГ̃Э́ЙНУ МЭ́ЛЕХ Г̃АОЛА́М, АШЕ́Р КИДША́НУ БЭМИЦВОТА́В ВЭЦИВА́НУ ЛЕГ̃АНЙ́ЯХ ТФИЛИ́Н.

Если молящийся сказал что-либо после того, как укрепил тфилин на руке, но до того, как возложил тфилин на голову, ему необходимо сказать еще одно благословение:

БАРУ́Х АТА́ АДОНА́Й ЭЛОГ̃Э́ЙНУ МЭ́ЛЕХ Г̃АОЛА́М, АШЕ́Р КИДША́НУ БЭМИЦВОТА́В ВЭЦИВА́НУ АЛЬ МИЦВА́Т ТФИЛИ́Н.

БЛАГОСЛОВЕНИЯ ДО И ПОСЛЕ ЧТЕНИЯ ТОРЫ

Вызванный к Торе говорит:
БОРХУ́ ЭС АДЭЙНО́Й Г̄АМВЭЙРО́Х.

Община отвечает:
БОРУ́Х АДЭЙНО́Й Г̄АМВЭЙРО́Х ЛЕЭЙЛО́М ВОЭ́Д.

Вызванный к Торе повторяет:
БОРУ́Х АДЭЙНО́Й Г̄АМВЭЙРО́Х ЛЕЭЙЛО́М ВОЭ́Д.

И продолжает:
БОРУ́Х АТО́ АДЭЙНО́Й ЭЛЭЙГ̄ЭЙНУ МЭ́ЛЭХ Г̄ОЭЙЛО́М, АШЕ́Р БО́ХАР БО́НУ МИКО́Л Г̄ОАМИ́М, ВЭНО́САН ЛО́НУ ЭС ТЭЙРОСЭ́Й. БОРУ́Х АТО́ АДЭЙНО́Й НЭЙСЭ́ЙН Г̄АТЭЙРО́.

После того, как отрывок прочитан, вызванный к Торе произносит:
БОРУ́Х АТО́ АДЭЙНО́Й ЭЛЭЙГ̄ЭЙНУ МЭ́ЛЭХ Г̄ОЭЙЛО́М, АШЕ́Р НО́САН ЛО́НУ ТЭЙРА́С ЭМЭ́С, ВЭХАЙЕ́Й ЭЙЛО́М НОТА́ БЭСЭЙХЭ́ЙНУ. БОРУ́Х АТО́ АДЭЙНО́Й НЭЙСЭ́Н Г̄АТЭЙРО́.

БЛАГОСЛОВЕНИЯ ДО И ПОСЛЕ ЧТЕНИЯ ТОРЫ

Вызванный к Торе говорит:
БАРХУ́ ЭТ АДОНА́Й Г̄АМЭВОРА́Х.

Община отвечает:
БАРУ́Х АДОНА́Й Г̄АМЭВОРА́Х ЛЕОЛА́М ВАЭ́Д.

Вызванный к Торе повторяет:
БАРУ́Х АДОНА́Й Г̄АМЭВОРА́Х ЛЕОЛА́М ВАЭ́Д.

И продолжает:
БАРУ́Х АТА́ АДОНА́Й ЭЛОГ̄Э́ЙНУ МЭ́ЛЕХ Г̄АОЛА́М, АШЕ́Р БА́ХАР БА́НУ
МИКО́ЛЬ Г̄ААМИ́М, ВЭНА́ТАН ЛА́НУ ЭТ ТОРАТО́. БАРУ́Х АТА́ АДОНА́Й
НОТЭ́Н Г̄АТОРА́.

После того, как отрывок прочитан, вызванный к Торе произносит:
БАРУ́Х АТА́ АДОНА́Й ЭЛОГ̄Э́ЙНУ МЭ́ЛЕХ Г̄АОЛА́М, АШЕ́Р НА́ТАН ЛА́НУ
ТОРА́Т ЭМЭ́Т, ВЭХАЙЕ́Й ОЛА́М НАТА́ БЭТОХЭ́ЙНУ. БАРУ́Х АТА́ АДОНА́Й
НОТЭ́Н Г̄АТОРА́.

РАЗНЫЕ БЛАГОСЛОВЕНИЯ

Омыв руки перед тем, как есть хлеб, произносят:

БОРУ́Х АТО́ АДЭЙНО́Й ЭЛЭЙГ̃Э́ЙНУ МЭ́ЛЭХ Г̃ОЭЙЛО́М, АШЕ́Р КИДШО́НУ БЭМИЦВЭЙСО́В ВЭЦИВО́НУ АЛ НЭТИЛА́С ЙОДО́ЙИМ.

Над хлебом произносят:

БОРУ́Х АТО́ АДЭЙНО́Й ЭЛЭЙГ̃Э́ЙНУ МЭ́ЛЭХ Г̃ОЭЙЛО́М, Г̃АМЭ́ЙЦИ́ ЛЭ́ХЭМ МИН Г̃ООРЭ́Ц.

Над едой, сваренной из зерен или приготовленной из муки следующих пяти злаков: пшеницы, ячменя, полбы, ржи и овса, – произносят:

БОРУ́Х АТО́ АДЭЙНО́Й ЭЛЭЙГ̃Э́ЙНУ МЭ́ЛЭХ Г̃ОЭЙЛО́М, БЭЙРЭ́Й МИНЭ́Й МЭЗЭЙНЭ́ЙС.

Над вином произносят:

БОРУ́Х АТО́ АДЭЙНО́Й ЭЛЭЙГ̃Э́ЙНУ МЭ́ЛЭХ Г̃ОЭЙЛО́М, БЭЙРЭ́Й ПРИ Г̃АГО́ФЭН.

Над фруктами произносят:

БОРУ́Х АТО́ АДЭЙНО́Й ЭЛЭЙГ̃Э́ЙНУ МЭ́ЛЭХ Г̃ОЭЙЛО́М, БЭЙРЭ́Й ПРИ Г̃ОЭ́ЙЦ.

Над овощами произносят:

БОРУ́Х АТО́ АДЭЙНО́Й ЭЛЭЙГ̃Э́ЙНУ МЭ́ЛЭХ Г̃ОЭЙЛО́М, БЭЙРЭ́Й ПРИ Г̃ОАДОМО́.

Над мясом, рыбой, молоком, яйцами, сыром, грибами и т. д., а также над всеми напитками кроме вина произносят:

БОРУ́Х АТО́ АДЭЙНО́Й ЭЛЭЙГ̃Э́ЙНУ МЭ́ЛЭХ Г̃ОЭЙЛО́М, ШЕГ̃АКЭ́ЙЛ НИГ̃ЬЙО́ БИДВОРЭ́Й.

Перед тем, как впервые отведать плод нового урожая, произносят:

БОРУ́Х АТО́ АДЭЙНО́Й ЭЛЭЙГ̃Э́ЙНУ МЭ́ЛЭХ Г̃ОЭЙЛО́М, ШЕГ̃ЭХЭЙО́НУ ВЭГ̃ИГИО́НУ ВЭГ̃ИГИО́НУ ЛИЗМА́Н Г̃АЗЭ́.

Перед тем, как установить мезузу, произносят:

БОРУ́Х АТО́ АДЭЙНО́Й ЭЛЭЙГ̃Э́ЙНУ МЭ́ЛЭХ Г̃ОЭЙЛО́М, АШЕ́Р КИДШО́НУ БЭМИЦВЭЙСО́В ВЭЦИВО́НУ ЛИКБЭ́Я МЭЗУЗО́.

Услышав гром, а также во время бури или землетрясения, произносят:
БОРУ́Х АТО́ АДЭЙНО́Й ЭЛЭЙГ̅Э́ЙНУ МЭ́ЛЭХ Г̅ОЭЙЛО́М, ШЕКЭЙХЭ́Й УГВУРОСЭ́Й МОЛЭ́Й ЭЙЛО́М.

Увидев молнию или падающую звезду, произносят:
БОРУ́Х АТО́ АДЭЙНО́Й ЭЛЭЙГ̅Э́ЙНУ МЭ́ЛЭХ Г̅ОЭЙЛО́М, ЭЙСЭ́Й МААСЭ́Й ВРЭЙШИ́С.

Увидев радугу, произносят:
БОРУ́Х АТО́ АДЭЙНО́Й ЭЛЭЙГ̅Э́ЙНУ МЭ́ЛЭХ Г̅ОЭЙЛО́М, ЗЭЙХЭ́ЙР Г̅АБРИ́С ВЭНЭЭМО́Н БИВРИСЭ́Й ВЭКАЙО́М БЭМААМОРЭ́Й.

Тот, кто услышал весть, несущую радость и ему самому, и другим, произносит:
БОРУ́Х АТО́ АДЭЙНО́Й ЭЛЭЙГ̅Э́ЙНУ МЭ́ЛЭХ Г̅ОЭЙЛО́М, Г̅АТЭ́ЙВ ВЭГ̅АМЭЙТИ́В.

Услышав, не дай Б-г, дурную весть, произносят:
БОРУ́Х АТО́ АДЭЙНО́Й ЭЛЭЙГ̅Э́ЙНУ МЭ́ЛЭХ Г̅ОЭЙЛО́М, ДАЯ́Н Г̅ОЭМЭ́С.

Над ароматными веществами произносят:
БОРУ́Х АТО́ АДЭЙНО́Й ЭЛЭЙГ̅Э́ЙНУ МЭ́ЛЭХ Г̅ОЭЙЛО́М, БЭЙРЭ́Й МИНЭ́Й ВЭСОМИ́М.

Перед тем, как окунуть в "микву" новую посуду, произносят:
БОРУ́Х АТО́ АДЭЙНО́Й ЭЛЭЙГ̅Э́ЙНУ МЭ́ЛЭХ Г̅ОЭЙЛО́М, АШЕ́Р КИДШО́НУ БЭМИЦВЭЙСО́В ВЭЦИВО́НУ АЛ ТВИЛА́С КЭ́ЛИ (КЭЙЛИ́М).

Перед отделением "халы" произносят:
БОРУ́Х АТО́ АДЭЙНО́Й ЭЛЭЙГ̅Э́ЙНУ МЭ́ЛЭХ Г̅ОЭЙЛО́М, АШЕ́Р КИДШО́НУ БЭМИЦВЭЙСО́В ВЭЦИВО́НУ ЛЭГ̅АФРИ́Ш ХАЛО́.

РАЗНЫЕ БЛАГОСЛОВЕНИЯ

Омыв руки перед тем, как есть хлеб, произносят:

БАРУ́Х АТА́ АДОНА́Й ЭЛОГЭ́ЙНУ МЭ́ЛЕХ Г̃АОЛА́М, АШЕ́Р КИДША́НУ БЭМИЦВОТА́В ВЭЦИВА́НУ АЛЬ НЭТИЛА́Т ЯДА́ЙИМ.

Над хлебом произносят:

БАРУ́Х АТА́ АДОНА́Й ЭЛОГЭ́ЙНУ МЭ́ЛЕХ Г̃АОЛА́М, Г̃АМОЦИ́ ЛЕ́ХЭМ МИН Г̃АА́РЭЦ.

Над едой, сваренной из зерен или приготовленной из муки следующих пяти злаков: пшеницы, ячменя, полбы, ржи и овса, – произносят:

БАРУ́Х АТА́ АДОНА́Й ЭЛОГЭ́ЙНУ МЭ́ЛЕХ Г̃АОЛА́М, БОРЭ́ МИНЭ́Й МЭЗОНО́Т.

Над вином произносят:

БАРУ́Х АТА́ АДОНА́Й ЭЛОГЭ́ЙНУ МЭ́ЛЕХ Г̃АОЛА́М, БОРЭ́ ПРИ Г̃АГА́ФЭН.

Над фруктами произносят:

БАРУ́Х АТА́ АДОНА́Й ЭЛОГЭ́ЙНУ МЭ́ЛЕХ Г̃АОЛА́М, БОРЭ́ ПРИ Г̃АЭ́Ц.

Над овощами произносят:

БАРУ́Х АТА́ АДОНА́Й ЭЛОГЭ́ЙНУ МЭ́ЛЕХ Г̃АОЛА́М, БОРЭ́ ПРИ Г̃ААДАМА́.

Над мясом, рыбой, молоком, яйцами, сыром, грибами и т. д., а также над всеми напитками кроме вина произносят:

БАРУ́Х АТА́ АДОНА́Й ЭЛОГЭ́ЙНУ МЭ́ЛЕХ Г̃АОЛА́М, ШЕГ̃АКО́ЛЬ НИГ̃ЬЯ́ БИДВАРО́.

Перед тем, как впервые отведать плод нового урожая, произносят:

БАРУ́Х АТА́ АДОНА́Й ЭЛОГЭ́ЙНУ МЭ́ЛЕХ Г̃АОЛА́М, ШЕГ̃ЭХЭЯ́НУ ВЭКИЕМА́НУ ВЭГ̃ИГИА́НУ ЛИЗМА́Н Г̃АЗЭ́.

Перед тем, как установить мезузу, произносят:

БАРУ́Х АТА́ АДОНА́Й ЭЛОГЭ́ЙНУ МЭ́ЛЕХ Г̃АОЛА́М, АШЕ́Р КИДША́НУ БЭМИЦВОТА́В ВЭЦИВА́НУ ЛИКБО́А МЭЗУЗА́.

Услышав гром, а также во время бури или землетрясения, произносят:
БАРУ́Х АТА́ АДОНА́Й ЭЛОГ̃Э́ЙНУ МЭ́ЛЕХ Г̃АОЛА́М, ШЕКОХО́ УГВУРАТО́ МАЛЕ́ ОЛА́М.

Увидев молнию или падающую звезду, произносят:
БАРУ́Х АТА́ АДОНА́Й ЭЛОГ̃Э́ЙНУ МЭ́ЛЕХ Г̃АОЛА́М, ОСЭ́ МААСЭ́ ВРЭЙШИ́Т.

Увидев радугу, произносят:
БАРУ́Х АТА́ АДОНА́Й ЭЛОГ̃Э́ЙНУ МЭ́ЛЕХ Г̃АОЛА́М, ЗОХЭ́Р Г̃АБРИ́Т ВЭНЭЭМА́Н БИВРИТО́ ВЭКАЯ́М БЭМААМАРО́.

Тот, кто услышал весть, несущую радость и ему самому, и другим, произносит:
БАРУ́Х АТА́ АДОНА́Й ЭЛОГ̃Э́ЙНУ МЭ́ЛЕХ Г̃АОЛА́М, Г̃АТО́В ВЭГ̃АМЭЙТИ́В.

Услышав, не дай Б-г, дурную весть, произносят:
БАРУ́Х АТА́ АДОНА́Й ЭЛОГ̃Э́ЙНУ МЭ́ЛЕХ Г̃АОЛА́М, ДАЯ́Н Г̃АЭМЭ́Т.

Над ароматными веществами произносят:
БАРУ́Х АТА́ АДОНА́Й ЭЛОГ̃Э́ЙНУ МЭ́ЛЕХ Г̃АОЛА́М, БОРЭ́ МИНЭ́Й ВЭСАМИ́М.

Перед тем, как окунуть в "микву" новую посуду, произносят:
БАРУ́Х АТА́ АДОНА́Й ЭЛОГ̃Э́ЙНУ МЭ́ЛЕХ Г̃АОЛА́М, АШЕ́Р КИДША́НУ БЭМИЦВОТА́В ВЭЦИВА́НУ АЛЬ ТВИЛА́Т КЭ́ЛИ (КЭЛИ́М).

Перед отделением "халы" произносят:
БАРУ́Х АТА́ АДОНА́Й ЭЛОГ̃Э́ЙНУ МЭ́ЛЕХ Г̃АОЛА́М, АШЕ́Р КИДША́НУ БЭМИЦВОТА́В ВЭЦИВА́НУ ЛЕГ̃АФРИ́Ш ХАЛА́.

БЛАГОСЛОВЕНИЯ, КОТОРЫЕ ПРОИЗНОСЯТ
ВО ВРЕМЯ ЗАЖИГАНИЯ СВЕЧЕЙ

В канун субботы:

БОРУ́Х АТО́ АДЭЙНО́Й ЭЛЭЙГ̃Э́ЙНУ МЭ́ЛЭХ Г̃ОЭЙЛО́М, АШЕ́Р КИДШО́НУ БЭМИЦВЭЙСО́В ВЭЦИВО́НУ ЛЭГ̃АДЛИ́К НЭЙР ШЕЛ ШАБО́С КЭ́ЙДЭШ.

В канун йом-това:

БОРУ́Х АТО́ АДЭЙНО́Й ЭЛЭЙГ̃Э́ЙНУ МЭ́ЛЭХ Г̃ОЭЙЛО́М, АШЕ́Р КИДШО́НУ БЭМИЦВЭЙСО́В ВЭЦИВО́НУ ЛЭГ̃АДЛИ́К НЭЙР ШЕЛ ЙЕЙМ ТЭЙВ.

Если совпали йом-тов и суббота:

БОРУ́Х АТО́ АДЭЙНО́Й ЭЛЭЙГ̃Э́ЙНУ МЭ́ЛЭХ Г̃ОЭЙЛО́М, АШЕ́Р КИДШО́НУ БЭМИЦВЭЙСО́В ВЭЦИВО́НУ ЛЭГ̃АДЛИ́К НЭЙР ШЕЛ ШАБО́С ВЭШЕ́Л ЙЕЙМ ТЭЙВ.

В канун Рош-Г̃ашана:

БОРУ́Х АТО́ АДЭЙНО́Й ЭЛЭЙГ̃Э́ЙНУ МЭ́ЛЭХ Г̃ОЭЙЛО́М, АШЕ́Р КИДШО́НУ БЭМИЦВЭЙСО́В ВЭЦИВО́НУ ЛЭГ̃АДЛИ́К НЭЙР ШЕЛ ЙЕЙМ Г̃АЗИКОРЭ́ЙН.

Если совпали Рош-Г̃ашана и суббота:

БОРУ́Х АТО́ АДЭЙНО́Й ЭЛЭЙГ̃Э́ЙНУ МЭ́ЛЭХ Г̃ОЭЙЛО́М, АШЕ́Р КИДШО́НУ БЭМИЦВЭЙСО́В ВЭЦИВО́НУ ЛЭГ̃АДЛИ́К НЭЙР ШЕЛ ШАБО́С ВЭШЕ́Л ЙЕЙМ Г̃АЗИКОРЭ́ЙН.

В канун Йом-Кипура:

БОРУ́Х АТО́ АДЭЙНО́Й ЭЛЭЙГ̃Э́ЙНУ МЭ́ЛЭХ Г̃ОЭЙЛО́М, АШЕ́Р КИДШО́НУ БЭМИЦВЭЙСО́В ВЭЦИВО́НУ ЛЭГ̃АДЛИ́К НЭЙР ШЕЛ ЙЕЙМ Г̃АКИПУРИ́М.

Если совпали Йом-Кипур и суббота:

БОРУ́Х АТО́ АДЭЙНО́Й ЭЛЭЙГ̃Э́ЙНУ МЭ́ЛЭХ Г̃ОЭЙЛО́М, АШЕ́Р КИДШО́НУ БЭМИЦВЭЙСО́В ВЭЦИВО́НУ ЛЭГ̃АДЛИ́К НЭЙР ШЕЛ ШАБО́С ВЭШЕ́Л ЙЕЙМ Г̃АКИПУРИ́М.

В канун йом-това, Рош-Г̃ашана и Йом-Кипура, добавляют:

БОРУ́Х АТО́ АДЭЙНО́Й ЭЛЭЙГ̃Э́ЙНУ МЭ́ЛЭХ Г̃ОЭЙЛО́М, ШЕГ̃ЭХЭЙО́НУ ВЭКИЕМО́НУ ВЭГ̃ИГИО́НУ ЛИЗМА́Н Г̃АЗЭ́.

БЛАГОСЛОВЕНИЯ, КОТОРЫЕ ПРОИЗНОСЯТ ВО ВРЕМЯ ЗАЖИГАНИЯ СВЕЧЕЙ

В канун субботы:

БАРУ́Х АТА́ АДОНА́Й ЭЛОГ̃Э́ЙНУ МЭ́ЛЕХ Г̃АОЛА́М, АШЕ́Р КИДША́НУ БЭМИЦВОТА́В ВЭЦИВА́НУ ЛЕГ̃АДЛИ́К НЭР ШЕЛЬ ШАБА́Т КО́ДЭШ.

В канун йом-това:

БАРУ́Х АТА́ АДОНА́Й ЭЛОГ̃Э́ЙНУ МЭ́ЛЕХ Г̃АОЛА́М, АШЕ́Р КИДША́НУ БЭМИЦВОТА́В ВЭЦИВА́НУ ЛЕГ̃АДЛИ́К НЭР ШЕЛЬ ЙОМ ТОВ.

Если совпали йом-тов и суббота:

БАРУ́Х АТА́ АДОНА́Й ЭЛОГ̃Э́ЙНУ МЭ́ЛЕХ Г̃АОЛА́М, АШЕ́Р КИДША́НУ БЭМИЦВОТА́В ВЭЦИВА́НУ ЛЕГ̃АДЛИ́К НЭР ШЕЛЬ ШАБА́Т ВЭШЕ́ЛЬ ЙОМ ТОВ.

В канун Рош-Г̃ашана:

БАРУ́Х АТА́ АДОНА́Й ЭЛОГ̃Э́ЙНУ МЭ́ЛЕХ Г̃АОЛА́М, АШЕ́Р' КИДША́НУ БЭМИЦВОТА́В ВЭЦИВА́НУ ЛЕГ̃АДЛИ́К НЭР ШЕЛЬ ЙОМ Г̃АЗИКАРО́Н.

Если совпали Рош-Г̃ашана и суббота:

БАРУ́Х АТА́ АДОНА́Й ЭЛОГ̃Э́ЙНУ МЭ́ЛЕХ Г̃АОЛА́М, АШЕ́Р КИДША́НУ БЭМИЦВОТА́В ВЭЦИВА́НУ ЛЕГ̃АДЛИ́К НЭР ШЕЛЬ ШАБА́Т ВЭШЕ́ЛЬ ЙОМ Г̃АЗИКАРО́Н.

В канун Йом-Кипура:

БАРУ́Х АТА́ АДОНА́Й ЭЛОГ̃Э́ЙНУ МЭ́ЛЕХ Г̃АОЛА́М, АШЕ́Р КИДША́НУ БЭМИЦВОТА́В ВЭЦИВА́НУ ЛЕГ̃АДЛИ́К НЭР ШЕЛЬ ЙОМ Г̃АКИПУРИ́М.

Если совпали Йом-Кипур и суббота:

БАРУ́Х АТА́ АДОНА́Й ЭЛОГ̃Э́ЙНУ МЭ́ЛЕХ Г̃АОЛА́М, АШЕ́Р КИДША́НУ БЭМИЦВОТА́В ВЭЦИВА́НУ ЛЕГ̃АДЛИ́К НЭР ШЕЛЬ ШАБА́Т ВЭШЕ́ЛЬ ЙОМ Г̃АКИПУРИ́М.

В канун йом-това, Рош-Г̃ашана и Йом-Кипура, добавляют:

БАРУ́Х АТА́ АДОНА́Й ЭЛОГ̃Э́ЙНУ МЭ́ЛЕХ Г̃АОЛА́М, ШЕГ̃ЭХЭЯ́НУ ВЭКИЕМА́НУ ВЭГ̃ИГИА́НУ ЛИЗМА́Н Г̃АЗЭ́.

"КИДУШ", СОВЕРШАЕМЫЙ В ПЯТНИЦУ ВЕЧЕРОМ

Вернувшись из синагоги, перед первой субботней трапезой глава семьи произносит следующий "Кидуш":

МИЗМЭЙР ЛЭДОВИ́Д АДЭЙНО́Й РЭЙЙ ЛЭЙ ЭХСО́Р. БИНЪЭ́ЙС ДЭ́ШЕ ЯРБИЦЭ́ЙНИ, АЛ МЭЙ МНУХЭ́ЙС ЙЕНАГАЛЭ́ЙНИ. НАФШИ́ ЙЕШЕЙВЭ́ЙВ, ЯНХЭ́ЙНИ ВЭМАГЛЭ́Й ЦЭ́ДЭК ЛЭМА́АН ШМЭЙ. ГАМ КИ ЭЙЛЭ́ЙХ БЭГЭ́Й ЦАЛМО́ВЭС ЛЭЙ ИРО́ РО, КИ АТО́ ИМОДИ́, ШИВТЭХО́ УМИШЪАНТЭ́ХО ГЭ́ЙМО ЙЕНАХАМУ́НИ. ТААРЭ́ЙХ ЛЭФОНА́Й ШУЛХО́Н НЭ́ГЭД ЦЭЙРЭРО́Й, ДИША́НТО ВАШЕ́МЭН РЭЙШИ́ КЭЙСИ́ РЭВОЙО́. АХ ТЭЙВ ВОХЭ́СЭД ЙИРДЭФУ́НИ КОЛ ЙЕМЭ́Й ХАЙО́Й, ВЭШАВТИ́ БЭВЭ́ЙС АДЭЙНО́Й ЛЭЭ́ЙРЭХ ЙОМИ́М.

ДО ГИ СЭУДОСО́ ДАХАКА́Л ТАПУХИ́Н КАДИШИ́Н.

АСКИ́НУ СЭУДОСО́ ДИМГЭ́ЙМЭНУСО́ ШЛЭЙМОСО́ ХЭДВОСО́ ДЭМАЛКО́ КАДИШО́ АСКИ́НУ СЭУДОСО́ ДЭМАЛКО́ ДО ГИ СЭУДОСО́ ДАХАКА́Л ТАПУХИ́Н КАДИШИ́Н, УЗЪЭ́ЙР АНПИ́Н ВЭАТИКО́ КАДИШО́ АСЪЙО́Н ЛЭСААДО́ БАГАДО́.

ЙЕЙМ ГАШИШИ́. ВАЙЕХУЛУ́ ГАШОМА́ЙИМ ВЭГОО́РЭЦ ВЭХО́Л ЦВОО́М. ВАЙЕХА́Л ЭЛЭЙГИ́М БАЙЕ́ЙМ ГАШВИИ́, МЛАХТЭ́Й АШЕ́Р ОСО́, ВАЙИШБЭ́ЙС БАЙЕ́ЙМ ГАШВИИ́ МИКО́Л МЛАХТЭ́Й АШЕ́Р ОСО́. ВАЙЕВО́РЭХ ЭЛЭЙГИ́М ЭС ЙЕЙМ ГАШВИИ́, ВАЙЕКАДЭ́ЙШ ЭЙСЭ́Й, КИ ВЭЙ ШОВА́С МИКО́Л МЛАХТЭ́Й, АШЕ́Р БОРО́ ЭЛЭЙГИ́М ЛААСЭ́ЙС.

Над вином:	*Над хлебом:*
САВРИ́ МОРОНО́Н.	САВРИ́ МОРОНО́Н
БОРУ́Х АТО́ АДЭЙНО́Й ЭЛЭЙГЭ́ЙНУ	БОРУ́Х АТО́ АДЭЙНО́Й ЭЛЭЙГЭ́ЙНУ
МЭ́ЛЭХ ГОЭЙЛО́М, БЭЙРЭ́Й ПРИ	МЭ́ЛЭХ ГОЭЙЛО́М ГАМЭЙЦИ́ ЛЭ́ХЭМ
ГАГО́ФЭН.	МИН ГООРЭЦ.

БОРУ́Х АТО́ АДЭЙНО́Й ЭЛЭЙГЭ́ЙНУ МЭ́ЛЭХ ГОЭЙЛО́М, АШЕ́Р КИДШО́НУ БЭМИЦВЭЙСО́В ВЭРО́ЦО БО́НУ ВЭШАБА́С КОДШЕ́Й БЭАГАВО́ УВЭРОЦЭ́ЙН ГИНХИЛО́НУ, ЗИКОРЭ́ЙН ЛЭМААСЭ́Й ВРЭЙШИ́С ТХИЛО́ ЛЭМИКРОЭ́Й КЭ́ЙДЭШ, ЗЭ́ЙХЭР ЛИЦИА́С МИЦРО́ЙИМ. КИ ВО́НУ ВОХА́РТО, ВЭЭЙСО́НУ КИДА́ШТО МИКО́Л ГОАМИ́М. ВЭШАБА́С КОДШЕХО́ БЭАГАВО́ УВЭРОЦЭ́ЙН ГИНХАЛТО́НУ. БОРУ́Х АТО́ АДЭЙНО́Й МЭКАДЭ́ЙШ ГАШАБО́С.

"КИДУШ", СОВЕРШАЕМЫЙ В ПЯТНИЦУ ВЕЧЕРОМ

Вернувшись из синагоги, перед первой субботней трапезой глава семьи произносит следующий "Кидуш":

МИЗМО́Р ЛЕДАВИ́Д, АДОНА́Й РОЙ ЛО ЭХСА́Р. БИНЪО́Т ДЭ́ШЕ ЯРБИЦЭ́ЙНИ, АЛЬ МЭЙ МНУХО́Т ЙЕНАѓАЛЕ́ЙНИ. НАФШИ́ ЙЕШОВЭ́В, ЯНХЭ́ЙНИ ВЭМАГЛЕ́Й ЦЭ́ДЭК ЛЕМА́АН ШМО. ГАМ КИ ЭЛЕ́Х БЭГЭ́Й ЦАЛЬМА́ВЭТ ЛО ИРА́ РА, КИ АТА́ ИМАДИ́, ШИВТЭХА́ УМИШЪАНТЭ́ХА ѓЭМА ЙЕНАХАМУ́НИ. ТААРО́Х ЛЕФАНА́Й ШУЛХА́Н НЭ́ГЭД ЦОРЭРА́Й, ДИША́НТА ВАШЕ́МЭН РОШИ́, КОСИ́ РЭВАЯ́. АХ ТОВ ВАХЭ́СЭД ЙИРДЭФУ́НИ КОЛЬ ЙЕМЭ́Й ХАЯ́Й, ВЭШАВТИ́ БЭВЭ́ЙТ АДОНА́Й ЛЕО́РЭХ ЯМИ́М.

ДА ѓИ СЭУДАТА́ ДАХАКА́ЛЬ ТАПУХИ́Н КАДИШИ́Н.

АТКИ́НУ СЭУДАТА́ ДИМѓЭ́ЙМНУТА́ ШЛЕЙМАТА́ ХЭДВАТА́ ДЭМАЛЬКА́ КАДИША́ АТКИ́НУ СЭУДАТА́ ДЭМАЛЬКА́ ДА ѓИ СЭУДАТА́ ДАХАКА́ЛЬ ТАПУХИ́Н КАДИШИ́Н, УЗЪЭ́Р АНПИ́Н ВЭАТИКА́ КАДИША́ АТЪЯ́Н ЛЕСААДА́ БАѓАДА́.

ЙОМ ѓАШИШИ́. ВАЙЕХУЛУ́ ѓАШАМА́ЙИМ ВЭѓАА́РЭЦ ВЭХО́ЛЬ ЦВАА́М. ВАЙЕХА́ЛЬ ЭЛОѓИ́М БАЙО́М ѓАШВИИ́, МЛАХТО́ АШЕ́Р АСА́, ВАЙИШБО́Т БАЙО́М ѓАШВИИ́ МИКО́ЛЬ МЛАХТО́ АШЕ́Р АСА́. ВАЙЕВА́РЭХ ЭЛОѓИ́М ЭТ ЙОМ ѓАШВИИ́, ВАЙЕКАДЭ́Ш ОТО́, КИ ВО ШАВА́Т МИКО́ЛЬ МЛАХТО́, АШЕ́Р БАРА́ ЭЛОѓИ́М ЛААСО́Т.

Над вином:	*Над хлебом:*
САВРИ́ МАРАНА́Н.	САВРИ́ МАРАНА́Н.
БАРУ́Х АТА́ АДОНА́Й ЭЛОѓЭ́ЙНУ	БАРУ́Х АТА́ АДОНА́Й ЭЛОѓЭ́ЙНУ
МЭ́ЛЕХ ѓАОЛА́М, БОРЭ́ ПРИ	МЭ́ЛЕХ ѓАОЛА́М, ѓАМОЦИ́ ЛЕ́ХЭМ
ѓАГА́ФЭН.	МИН ѓАА́РЭЦ.

БАРУ́Х АТА́ АДОНА́Й ЭЛОѓЭ́ЙНУ МЭ́ЛЕХ ѓАОЛА́М, АШЕ́Р КИДША́НУ БЭМИЦВОТА́В ВЭРАЦА́ БА́НУ, ВЭШАБА́Т КОДШО́ БЭАѓАВА́ УВЭРАЦО́Н ѓИНХИЛА́НУ, ЗИКАРО́Н ЛЕМААСЭ́ ВРЭЙШИ́Т, ТХИЛА́ ЛЕМИКРАЭ́Й КО́ДЭШ, ЗЭ́ХЭР ЛИЦИА́Т МИЦРА́ЙИМ. КИ ВА́НУ ВАХА́РТА, ВЭОТА́НУ КИДА́ШТА МИКО́ЛЬ ѓААМИ́М, ВЭШАБА́Т КОДШЕХА́ БЕАѓАВА́ УВЭРАЦО́Н ѓИНХАЛЬТА́НУ. БАРУ́Х АТА́ АДОНА́Й МЭКАДЭ́Ш ѓАШАБА́Т.

"КИДУШ", СОВЕРШАЕМЫЙ В СУББОТУ УТРОМ

Вернувшись из синагоги, перед второй субботней трапезой глава семьи произносит следующий "Кидуш":

МИЗМЭЙР ЛЭДОВЙД АДЭЙНОЙ РЭЙЙ ЛЭЙ ЭХСОР. БИНЪЭЙС ДЭШЕ ЯРБИЦЭЙНИ, АЛ МЭЙ МНУХЭЙС ЙЕНАГ̃АЛЭЙНИ. НАФШЙ ЙЕШЕЙВЭЙВ, ЯНХЭЙНИ ВЭМАГЛЭЙ ЦЭДЭК ЛЭМА́АН ШМЭЙ. ГАМ КИ ЭЙЛЭХ БЭГ̃ЭЙ ЦАЛМО́ВЭС ЛЭЙ ИРО́ РО, КИ АТО́ ИМОДЙ, ШИВТЭХО́ УМИШЪАНТЭХО Г̃ЭЙМО ЙЕНАХАМУ́НИ. ТААРЭЙХ ЛЭФОНА́Й ШУЛХО́Н НЭ́ГЭД ЦЭЙРЭРО́Й, ДИША́НТО ВАШЕ́МЭН РЭЙШЙ КЭЙСЙ РЭВОЙО́. АХ ТЭЙВ ВОХЭ́СЭД ЙИРДЭФУ́НИ КОЛ ЙЕМЭ́Й ХАЙО́Й, ВЭШАВТЙ БЭВЭ́ЙС АДЭЙНО́Й ЛЭЭ́ЙРЭХ ЙОМИ́М.

АСКИ́НУ СЭУДОСО́ ДИМГ̃ЭЙМЭНУСО́ ШЛЭЙМОСО́ ХЭДВОСО́ ДЭМАЛКО́ КАДИШО́, АСКИ́НУ СЭУДОСО́ ДЭМАЛКО́ ДО Г̃И СЭУДОСО́ ДЭАТИКО́ КАДИШО́ ВАХАКА́Л ТАПУХИ́Н КАДИШИ́Н, УЗЪЭ́ЙР АНПИ́Н АСЪЙО́Н ЛЭСААДО́ БАГ̃АДЭ́Й.

ВЭШОМРУ́ ВНЭЙ ЙИСРОЭ́ЙЛ ЭС Г̃АШАБО́С ЛААСЭ́ЙС ЭС Г̃АШАБО́С, ЛЭДЭЙРЭ́ЙСО́М, БРИС ЭЙЛО́М. БЭЙНЙ УВЭ́ЙН БНЭЙ ЙИСРОЭ́ЙЛ ЭЙС Г̃И ЛЭЭ́ЙЛО́М, КИ ШЕ́ЙШЕС ЙОМИ́М ОСО́ АДЭЙНО́Й ЭС Г̃АШОМА́ЙИМ ВЭЭ́С Г̃ОО́РЭЦ, УВАЙЕ́ЙМ Г̃АШВИ́Й ШОВА́С ВАЙИНОФА́Ш.

ИМ ТОШИ́В МИШАБО́С РАГЛЭ́ХО, АСЭ́ЙС ХАФОЦЭ́ХО БЭЙЕ́ЙМ КОДШИ́, ВЭКОРО́СО ЛАШАБО́С Э́ЙНЭГ ЛИКДЭ́ЙШ АДЭЙНО́Й МЭХУБО́Д, ВЭХИБАДЭТЭ́Й МЭЙАСЭ́ЙС ДРОХЭ́ХО МИМЦЭ́Й ХЭФЦЭХО́ ВЭДАБЭ́ЙР ДОВО́Р. ОЗ ТИСЪАНА́Г АЛ АДЭЙНО́Й ВЭГ̃ИРКАВТИ́ХО АЛ БОМОСЭ́Й О́РЭЦ, ВЭГ̃ААХАЛТИ́ХО НАХАЛА́С ЯАКЭ́ЙВ ОВИ́ХО, КИ ПИ АДЭЙНО́Й ДИБЭ́ЙР.

ДО Г̃И СЭУДОСО́ ДЭАТИКО́ КАДИШО́.

ЗОХЭ́ЙР ЭС ЙЕЙМ Г̃АШАБО́С ЛЭКАДШЕ́Й. ШЕ́ЙШЕС ЙОМИ́М ТААВЭ́ЙД ВЭОСИ́СО КОЛ МЛАХТЭ́ХО. ВЭЙЕ́ЙМ Г̃АШВИ́Й ШАБО́С ЛААДЭЙНО́Й ЭЛЭЙГ̃Э́ХО, ЛЭЙ СААСЭ́ ХОЛ МЛОХО́, АТО́ УВИНХО́ УВИТЭ́ХО АВДЭХО́ ВААМОСХО́ УВГ̃ЭМТЭ́ХО, ВЭГ̃ЭЙРХО́ АШЕ́Р БИШЪОРЭ́ХО. КИ ШЕ́ЙШЕС ЙОМИ́М ОСО́ АДЭЙНО́Й ЭС Г̃АШОМА́ЙИМ ВЭЭ́С Г̃ОО́РЭЦ, ЭС Г̃АЙО́М ВЭЭ́С КОЛ АШЕ́Р БОМ, ВАЙО́НАХ БАЙЕ́ЙМ Г̃АШВИ́Й.

АЛ КЭЙН БЭЙРА́Х АДЭЙНО́Й ЭС ЙЕЙМ Г̃АШАБО́С ВАЙЕКАДШЭ́ЙГУ.

Над вином:	*Над хлебом:*
БОРУ́Х АТО́ АДЭЙНО́Й ЭЛЭЙГ̃Э́ЙНУ МЭЛЭХ Г̃ОЭЙЛО́М, БЭЙРЭ́Й ПРИ Г̃АГО́ФЭН.	БОРУ́Х АТО́ АДЭЙНО́Й ЭЛЭЙГ̃Э́ЙНУ МЭЛЭХ Г̃ОЭЙЛО́М Г̃АМЭЙЦИ́ ЛЭ́ХЭМ МИН Г̃ОО́РЭЦ.

В субботу, пришедшуюся на холь-г̃амоэд праздника Сукот, сразу после "Кидуша" говорят (это благословение произносят сидя):

БОРУ́Х АТО́ АДЭЙНО́Й ЭЛЭЙГ̃Э́ЙНУ МЭ́ЛЭХ Г̃ОЭЙЛО́М, АШЕ́Р КИДШО́НУ БЭМИЦВЭЙСО́В ВЭЦИВО́НУ ЛЭЙШЕ́В БАСУКО́.

"КИДУШ", СОВЕРШАЕМЫЙ В СУББОТУ УТРОМ

*Вернувшись из синагоги, перед второй субботней трапезой глава семьи
произносит следующий "Кидуш":*

МИЗМО́Р ЛЕДАВИ́Д, АДОНА́Й РОЙ ЛО ЭХСА́Р. БИНЪЁ́Т ДЭ́ШЕ ЯРБИЦЭ́ЙНИ,
АЛЬ МЭЙ МНУХО́Т ЙЕНАҐАЛЕ́ЙНИ. НАФШИ́ ЙЕШОВЭ́В, ЯНХЭ́ЙНИ
ВЭМАГЛЕ́Й ЦЭ́ДЭК ЛЕМА́АН ШМО. ГАМ КИ ЭЛЕ́Х БЭГЭ́Й ЦАЛЬМА́ВЭТ ЛО
ИРА́ РА, КИ АТА́ ИМАДИ́, ШИВТЭХА́ УМИШЪАНТЭ́ХА ҐЭ́МА ЙЕНАХАМУ́НИ.
ТААРО́Х ЛЕФАНА́Й ШУЛХА́Н НЭ́ГЭД ЦОРЭРА́Й, ДИША́НТА ВАШЕ́МЭН
РОШИ́, КОСИ́ РЭВАЯ́. АХ ТОВ ВАХЭ́СЭД ЙИРДЭФУ́НИ КОЛЬ ЙЕМЭ́Й ХАЯ́Й,
ВЭШАВТИ́ БЭВЭ́ЙТ АДОНА́Й ЛЕО́РЭХ ЯМИ́М.

АТКИ́НУ СЭУДАТА́ ДИМГЭЙМНУТА́ ШЛЕЙМАТА́ ХЭДВАТА́ ДЭМАЛЬКА́
КАДИША́, АТКИ́НУ СЭУДАТА́ ДЭМАЛЬКА́ ДА ҐИ СЭУДАТА́ ДЭАТИКА́
КАДИША́ ВАХАКА́ЛЬ ТАПУХИ́Н КАДИШИ́Н, УЗЪЭ́Р АНПИ́Н АТЪЯ́Н
ЛЕСААДА́ БАҐАДЭ́Й.

ВЭШАМРУ́ ВНЭЙ ЙИСРАЭ́ЛЬ ЭТ ҐАШАБА́Т ЛААСО́Т ЭТ ҐАШАБА́Т,
ЛЕДОРОТА́М, БРИТ ОЛА́М. БЭЙНИ́ УВЭ́ЙН БНЭЙ ЙИСРАЭ́ЛЬ ОТ ҐИ ЛЕОЛА́М,
КИ ШЕ́ШЕТ ЯМИ́М АСА́ АДОНА́Й ЭТ ҐАШАМА́ЙИМ ВЭЭ́Т ҐАА́РЭЦ, УВАЙО́М
ҐАШВИИ́ ШАВА́Т ВАЙИНАФА́Ш.

ИМ ТАШИ́В МИШАБА́Т РАГЛЕ́ХА, АСО́Т ХАФАЦЭ́ХА БЭЙО́М КОДШИ́,
ВЭКАРА́ТА ЛАШАБА́Т О́НЭГ ЛИКДО́Ш АДОНА́Й, МЭХУБА́Д, ВЭХИБАДЭТО́
МЭАСО́Т ДРАХЭ́ХА МИМЦО́ ХЭФЦЭХА́ ВЭДАБЭ́Р ДАВА́Р. АЗ ТИТЪАНА́Г
АЛЬ АДОНА́Й ВЭҐИРКАВТИ́ХА АЛЬ БАМОТЭ́Й А́РЭЦ, ВЭҐААХАЛЬТИ́ХА
НАХАЛА́Т ЯАКО́В АВИ́ХА, КИ ПИ АДОНА́Й ДИБЭ́Р.

ДА ҐИ СЭУДАТА́ ДЭАТИКА́ КАДИША́.

ЗАХО́Р ЭТ ЙОМ ҐАШАБА́Т ЛЕКАДШО́. ШЕ́ШЕТ ЯМИ́М ТААВО́Д ВЭАСИ́ТА
КОЛЬ МЛАХТЭ́ХА. ВЭЙО́М ҐАШВИИ́ ШАБА́Т ЛААДОНА́Й ЭЛОГЭ́ХА, ЛО
ТААСЭ́ ХОЛЬ МЛАХА́, АТА́ УВИНХА́ УВИТЭ́ХА АВДЭХА́ ВААМАТХА́
УВҐЭМТЭ́ХА, ВЭГЭРХА́ АШЕ́Р БИШЪАРЭ́ХА. КИ ШЕ́ШЕТ ЯМИ́М АСА́
АДОНА́Й ЭТ ҐАШАМА́ЙИМ ВЭЭ́Т ҐАА́РЭЦ, ЭТ ҐАЯ́М ВЭЭ́Т КОЛЬ АШЕ́Р БАМ,
ВАЯ́НАХ БАЙО́М ҐАШВИИ́.

АЛЬ КЭН БЭРА́Х АДОНА́Й ЭТ ЙОМ ҐАШАБА́Т ВАЙЕКАДШЕ́ҐУ.

САВРИ́ МАРАНА́Н.

Над вином:	*Над хлебом:*
БАРУ́Х АТА́ АДОНА́Й ЭЛОГЭ́ЙНУ МЭ́ЛЕХ ҐАОЛА́М, БОРЭ́ ПРИ ҐАГА́ФЭН.	БАРУ́Х АТА́ АДОНА́Й ЭЛОГЭ́ЙНУ МЭ́ЛЕХ ҐАОЛА́М, ҐАМОЦИ́ ЛЕ́ХЭМ МИН ҐАА́РЭЦ.

*В субботу, пришедшуюся на холь-ҙамоэд праздника Сукот, сразу после
"Кидуша" говорят (это благословение произносят сидя):*

БАРУ́Х АТА́ АДОНА́Й ЭЛОГЭ́ЙНУ МЭ́ЛЕХ ҐАОЛА́М, АШЕР КИДША́НУ
БЭМИЦВОТА́В ВЭЦИВА́НУ ЛЕЙШЕ́В БАСУКА́.

"КИДУШ", СОВЕРШАЕМЫЙ В ПРАЗДНИКИ ВЕЧЕРОМ

Вернувшись из синагоги, перед первой праздничной трапезой глава семьи произносит следующий "Кидуш":

АСКИ́НУ СЭУДОСО́ ДЭМАЛКО́ ИЛОО́, ДО ГِИ СЭУДОСО́ ДЭКУДШО́ БРИХ ГُУ УШХИНТЭ́Й.

Если йом-тов совпал с субботой, говорят:

ЙЕЙМ ГَАШИШИ́. ВАЙЕХУЛУ́ ГَАШОМА́ЙИМ ВЭГَОО́РЭЦ ВЭХО́Л ЦВОО́М. ВАЙЕХА́Л ЭЛЭЙГِИ́М БАЙЕ́ЙМ ГَАШВИ́Й, МЛАХТЭ́Й АШЕ́Р ОСО́, ВАЙИШБЭ́ЙС БАЙЕ́ЙМ ГَАШВИ́Й МИКО́Л МЛАХТЭ́Й АШЕ́Р ОСО́. ВАЙЕВО́РЭХ ЭЛЭЙГِИ́М ЭС ЙЕЙМ ГَАШВИ́Й, ВАЙЕКАДЭ́ЙШ ЭЙСЭ́Й, КИ ВЭЙ ШОВА́С МИКО́Л МЛАХТЭ́Й, АШЕ́Р БОРО́ ЭЛЭЙГِИ́М ЛААСЭ́ЙС.

Если йом-тов не совпал с субботой, говорят:

САВРИ́ МОРОНО́Н.

Над вином:	*Над хлебом:*
БОРУ́Х АТО́ АДЭЙНО́Й ЭЛЭЙГِЭ́ЙНУ МЭ́ЛЭХ ГَОЭЙЛО́М, БЭЙРЭ́Й ПРИ ГَАГО́ФЭН.	БОРУ́Х АТО́ АДЭЙНО́Й ЭЛЭЙГِЭ́ЙНУ МЭ́ЛЭХ ГَОЭЙЛО́М, ГَАМЭЙЦِИ́ ЛЭ́ХЭМ МИН ГَОО́РЭЦ.

БОРУ́Х АТО́ АДЭЙНО́Й ЭЛЭЙГِЭ́ЙНУ МЭ́ЛЭХ ГَОЭЙЛО́М, АШЕ́Р БО́ХАР БО́НУ МИКО́Л ОМ ВЭРЭЙМЭМО́НУ МИКО́Л ЛОШЕ́ЙН ВЭКИДШО́НУ БЭМИЦВЭЙСО́В, ВАТИТЭ́Н ЛО́НУ АДЭЙНО́Й ЭЛЭЙГِЭ́ЙНУ БЭАГَАВО́ (*в субботу:* ШАБОСЭ́ЙС ЛИМНУХО́ У) МЭЙАДِИ́М ЛЭСИМХО́ ХАГِИ́М УЗМАНИ́М ЛЭСОСЭ́ЙН ЭС ЙЕЙМ (*в субботу:* ГَАШАБО́С ГَАЗЭ́ ВЭЭ́С ЙЕЙМ)

в Песах:	в Шавуот:	в Сукот:	в Шмини-Ацерет и в Симхат-Тора:
ХАГ ГَАМАЦЭ́ЙС ГَАЗЭ́, ВЭЭ́С ЙЕЙМ ТЭЙВ МИКРО́ КЭ́ЙДЭШ ГَАЗЭ́, ЗМАН ХЭЙРУСЭ́ЙНУ	ХАГ ГَАШОВУЭ́ЙС ГَАЗЭ́ ВЭЭ́С ЙЕЙМ ТЭЙВ МИКРО́ КЭ́ЙДЭШ ГَАЗЭ́, ЗМАН МАТА́Н ТЭЙРОСЭ́ЙНУ	ХАГ ГَАСУКЭ́ЙС ГَАЗЭ́ ВЭЭ́С ЙЕЙМ ТЭЙВ МИКРО́ КЭ́ЙДЭШ ГَАЗЭ́, ЗМАН СИМХОСЭ́ЙНУ	ШМИНِИ́ АЦЭ́РЭС ГَАХА́Г ГَАЗЭ́ ВЭЭ́С ЙЕЙМ ТЭЙВ МИКРО́ КЭ́ЙДЭШ ГَАЗЭ́, ЗМАН СИМХОСЭ́ЙНУ

(*в субботу:* БЭАГَАВО́) МИКРО́ КЭ́ЙДЭШ ЗЭ́ЙХЭР ЛИЦИА́С МИЦРО́ЙИМ, КИ ВО́НУ ВОХА́РТО ВЭЭЙСО́НУ КИДА́ШТО МИКО́Л ГَОАМِИ́М (*в субботу:* ВЭШАБО́С) УМЭЙАДЭ́Й КОДШЕ́ХО (*в субботу:* БЭАГَАВО́ УВЭРОЦЭ́ЙН) БЭСИМХО́ УВЭСОСО́ЙН ГِИНХАЛТО́НУ. БОРУ́Х АТО́ АДЭЙНО́Й МЭКАДЭ́ЙШ (*в субботу:* ГَАШАБО́С ВЭ) ЙИСРОЭ́ЙЛ ВЭГَАЗМАНИ́М.

БОРУ́Х АТО́ АДЭЙНО́Й ЭЛЭЙҐЭ́ЙНУ МЭ́ЛЭХ ҐОЭЙЛО́М, ШЕҐЭХЭЙО́НУ ВЭКИЕМО́НУ ВЭҐИГИО́НУ ЛИЗМА́Н ҐАЗЭ́.

В первый вечер праздника Сукот сначала произносят благословение "Лэйшейв басуко", а затем "Шеҍэхэйону".
БОРУ́Х АТО́ АДЭЙНО́Й ЭЛЭЙҐЭ́ЙНУ МЭ́ЛЭХ ҐОЭЙЛО́М, АШЕ́Р КИДШО́НУ БЭМИЦВЭЙСО́В ВЭЦИВО́НУ ЛЭЙШЕ́ЙВ БАСУКО́.

Если йом-тов следует сразу после субботы, перед "Шеҍэхэйону" произносят два следующих благословения:
БОРУ́Х АТО́ АДЭЙНО́Й ЭЛЭЙҐЭ́ЙНУ МЭ́ЛЭХ ҐОЭЙЛО́М, БЭЙРЭ́Й МЭЙЭЙРЭ́Й ҐОЭ́ЙШ.

БОРУ́Х АТО́ АДЭЙНО́Й ЭЛЭЙҐЭ́ЙНУ МЭ́ЛЭХ ҐОЭЙЛО́М, ҐАМАВДИ́Л БЭЙН КЭ́ЙДЭШ ЛЭХЭ́ЙЛ, БЭЙН ЭЙР ЛЭХЭ́ЙШЕХ, БЭЙН ЙИСРОЭ́ЙЛ ЛОАМИ́М, БЭЙН ЙЕЙМ ҐАШВИ́Й ЛЭШЕ́ЙШЕС ЙЕЙМЭ́Й ҐАМААСЭ́. БЭЙН КДУША́С ШАБО́С ЛИКДУША́С ЙЕЙМ ТЭЙВ ҐИВДА́ЛТО, ВЭЭ́С ЙЕЙМ ҐАШВИ́Й МИШЕ́ЙШЕС ЙЕЙМЭ́Й ҐАМААСЭ́ КИДА́ШТО, ҐИВДА́ЛТО ВЭКИДА́ШТО ЭС АМХО́ ЙИСРОЭ́ЙЛ БИКДУШОСЭ́ХО. БОРУ́Х АТО́ АДЭЙНО́Й, ҐАМАВДИ́Л БЭЙН КЭ́ЙДЭШ ЛЭКЭ́ЙДЭШ.

"КИДУШ", СОВЕРШАЕМЫЙ В ПРАЗДНИКИ ВЕЧЕРОМ

Вернувшись из синагоги, перед праздничной трапезой глава семьи произносит следующий "Кидуш":

АТКИ́НУ СЭУДАТА́ ДЭМАЛЬКА́ ИЛАА́, ДА Г̄И СЭУДАТА́ ДЭКУДША́ БРИХ Г̄У УШХИНТЭ́Й.

Если йом-тов совпал с субботой, говорят:

ЙОМ Г̄АШИШИ́. ВАЙЕХУЛУ́ Г̄АШАМА́ЙИМ ВЭГ̄АА́РЭЦ ВЭХО́ЛЬ ЦВАА́М. ВАЙЕХА́ЛЬ ЭЛОГ̄И́М БАЙО́М Г̄АШВИЙ, МЛАХТО́ АШЕ́Р АСА́, ВАЙИШБО́Т БАЙО́М Г̄АШВИЙ МИКО́ЛЬ МЛАХТО́ АШЕ́Р АСА́. ВАЙЕВА́РЭХ ЭЛОГ̄И́М ЭТ ЙОМ Г̄АШВИЙ, ВАЙЕКАДЭ́Ш ОТО́, КИ ВО ШАВА́Т МИКО́ЛЬ МЛАХТО́, АШЕ́Р БАРА́ ЭЛОГ̄И́М ЛААСО́Т.

Если йом-тов не совпал с субботой, говорят:

Над вином: САВРИ́ МАРАНА́Н. *Над хлебом:*

БАРУ́Х АТА́ АДОНА́Й ЭЛОГ̄Э́ЙНУ МЭ́ЛЕХ Г̄АОЛА́М, БОРЭ́ ПРИ Г̄АГА́ФЭН.

БАРУ́Х АТА́ АДОНА́Й ЭЛОГ̄Э́ЙНУ МЭ́ЛЕХ Г̄АОЛА́М, Г̄АМОЦИ́ ЛЕ́ХЭМ МИН Г̄АА́РЭЦ.

БАРУ́Х АТА́ АДОНА́Й ЭЛОГ̄Э́ЙНУ МЭ́ЛЕХ Г̄АОЛА́М, АШЕ́Р БА́ХАР БА́НУ МИКО́ЛЬ АМ ВЭРОМЭМА́НУ МИКО́ЛЬ ЛАШО́Н ВЭКИДША́НУ БЭМИЦВОТА́В, ВАТИТЭ́Н ЛА́НУ АДОНА́Й ЭЛОГ̄Э́ЙНУ БЭАГ̄АВА́ (*в субботу:* ШАБАТО́Т ЛИМНУХА́ У) МОАДИ́М ЛЕСИМХА́ ХАГИ́М УЗМАНИ́М ЛЕСАСО́Н ЭТ ЙОМ (*в субботу:* Г̄АШАБА́Т Г̄АЗЭ́ ВЭЭ́Т ЙОМ)

в Песах:	в Шавуот:	в Сукот:	в Шмини-Ацерет и в Симхат-Тор̄а:
ХАГ Г̄АМАЦО́Т Г̄АЗЭ́, ВЭЭ́Т ЙОМ ТОВ МИКРА́ КО́ДЭШ Г̄АЗЭ́, ЗМАН ХЭРУТЭ́ЙНУ	ХАГ Г̄АШАВУО́Т Г̄АЗЭ́, ВЭЭ́Т ЙОМ ТОВ МИКРА́ КО́ДЭШ Г̄АЗЭ́, ЗМАН МАТА́Н ТОРАТЭ́ЙНУ	ХАГ Г̄АСУКО́Т Г̄АЗЭ́, ВЭЭ́Т ЙОМ ТОВ МИКРА́ КО́ДЭШ Г̄АЗЭ́, ЗМАН СИМХАТЭ́ЙНУ	ШМИНИ-АЦ̄Е́РЭТ Г̄АХА́Г Г̄АЗЭ́, ЗЭЭ́Т ЙОМ ТОВ МῙКРА́ КО́ДЭШ Г̄АЗЭ́, ЗМАН СИМХАТЭ́ЙНУ

(*в субботу:* БЭАГ̄АВА́) МИКРА́ КО́ДЭШ ЗЭ́ХЭР ЛИЦИА́Т МИЦРА́ЙИМ. КИ ВА́НУ ВАХА́РТА ВЭОТА́НУ КИДА́ШТА МИКО́ЛЬ Г̄ААМИ́М (*в субботу:* ВЭШАБА́Т) УМОАДЭ́Й КОДШЕ́ХА (*в субботу:* БЕАГ̄АВА́ УВЭРАЦО́Н) БЭСИМХА́ УВЭСАСО́Н Г̄ИНХАЛЬТА́НУ. БАРУ́Х АТА́ АДОНА́Й, МЭКАДЭ́Ш (*в субботу:* Г̄АШАБА́Т ВЭ) ЙИСРАЭ́ЛЬ ВЭГ̄АЗМАНИ́М.

БАРУ́Х АТА́ АДОНА́Й ЭЛОГЭ́ЙНУ МЭ́ЛЕХ Г̄АОЛА́М, ШЕГ̄ЭХЭЯ́НУ ВЭКИЕМА́НУ ВЭГ̄ИГИА́НУ ЛИЗМА́Н Г̄АЗЭ́.

В первый вечер праздника Сукот сначала произносят благословение "Лейшев басука", а затем "Шег̄эхэяну".

БАРУ́Х АТА́ АДОНА́Й ЭЛОГЭ́ЙНУ МЭ́ЛЕХ Г̄АОЛА́М, АШЕ́Р КИДША́НУ БЭМИЦВОТА́В ВЭЦИВА́НУ ЛЕЙШЕ́В БАСУКА́.

Если йом-тов следует сразу после субботы, перед "Шег̄эхэяну" произносят два следующих благословения:

БАРУ́Х АТА́ АДОНА́Й ЭЛОГЭ́ЙНУ МЭ́ЛЕХ Г̄АОЛА́М, БОРЭ́ МЭОРЭ́Й Г̄АЭ́Ш.

БАРУ́Х АТА́ АДОНА́Й ЭЛОГЭ́ЙНУ МЭ́ЛЕХ Г̄АОЛА́М, Г̄АМАВДИ́ЛЬ БЭЙН КО́ДЭШ ЛЕХО́ЛЬ, БЭЙН ОР ЛЕХО́ШЕХ, БЭЙН ЙИСРАЭ́ЛЬ ЛААМИ́М, БЭЙН ЙОМ Г̄АШВИ́Й ЛЕШЕ́ШЕТ ЙЕМЭ́Й Г̄АМААСЭ́. БЭЙН КДУША́Т ШАБА́Т ЛИКДУША́Т ЙОМ ТОВ Г̄ИВДА́ЛЬТА, ВЭЭ́Т ЙОМ Г̄АШВИ́Й МИШЕ́ШЕТ ЙЕМЭ́Й Г̄АМААСЭ́ КИДА́ШТА, Г̄ИВДА́ЛЬТА ВЭКИДА́ШТА ЭТ АМХА́ ЙИСРАЭ́ЛЬ БИКДУШАТЭ́ХА. БАРУ́Х АТА́ АДОНА́Й, Г̄АМАВДИ́ЛЬ БЭЙН КО́ДЭШ ЛЕКО́ДЭШ.

"КИДУШ", СОВЕРШАЕМЫЙ ВЕЧЕРОМ В РОШ-ҐАШАНА

Вернувшись из синагоги, перед праздничной трапезой глава семьи произносит следующий "Кидуш":

Если первый день Рош-Ґашана выпадает на субботу, говорят:

ЙЕЙМ ҐАШИШИЙ. ВАЙЕХУЛУ́ ҐАШОМА́ЙИМ ВЭҐОО́РЭЦ ВЭХО́Л ЦВОО́М. ВАЙЕХА́Л ЭЛЭЙҐИ́М БАЙЕ́ЙМ ҐАШВИЙ, МЛАХТЭ́Й АШЕ́Р ОСО́, ВАЙИШБЭ́ЙС БАЙЕ́ЙМ ҐАШВИЙ МИКО́Л МЛАХТЭ́Й АШЕ́Р ОСО́. ВАЙЕВО́РЭХ ЭЛЭЙҐИ́М ЭС ЙЕЙМ ҐАШВИЙ, ВАЙЕКАДЭ́ЙШ ЭЙСЭ́Й, КИ ВЭЙ ШОВА́С МИКО́Л МЛАХТЭ́Й, АШЕ́Р БОРО́ ЭЛЭЙҐИ́М ЛААСЭ́ЙС.

Если Рош-Ґашана выпадает на будний день, начинают здесь:

Над вином: САВРИ́ МОРОНО́Н.   *Над хлебом:*

БОРУ́Х АТО́ АДЭЙНО́Й ЭЛЭЙҐЭ́ЙНУ МЭ́ЛЭХ ҐОЭЙЛО́М, БЭЙРЭ́Й ПРИ ҐАГО́ФЭН.

БОРУ́Х АТО́ АДЭЙНО́Й ЭЛЭЙҐЭ́ЙНУ МЭ́ЛЭХ ҐОЭЙЛО́М, ҐАМЭЙЦИ́ ЛЭХЭМ МИН ҐОО́РЭЦ.

БОРУ́Х АТО́ АДЭЙНО́Й ЭЛЭЙҐЭ́ЙНУ МЭ́ЛЭХ ҐОЭЙЛО́М, АШЭ́Р БО́ХАР БО́НУ МИКО́Л ОМ ВЭРЭЙМЭМО́НУ МИКО́Л ЛОШЕ́ЙН ВЭКИДШО́НУ БЭМИЦВЭЙСО́В, ВАТИТЭ́Н ЛО́НУ АДЭЙНО́Й ЭЛЭЙҐЭ́ЙНУ БЭАҐАВО́ ЭС ЙЕЙМ (*в субботу:* ҐАШАБО́С ҐАЗЭ́ ВЭЭ́С ЙЕЙМ) ҐАЗИКОРЭ́ЙН ҐАЗЭ́, ЭС ЙЕЙМ ТЭЙВ МИКРО́ КЭ́ЙДЭШ ҐАЗЭ́ ЙЕЙМ (*в субботу:* ЗИХРЭ́ЙН) ТРУО́ (*в субботу:* БЭАҐАВО́) МИКРО́ КЭ́ЙДЭШ ЗЭ́ЙХЭР ЛИЦИА́С МИЦРО́ЙИМ. КИ ВО́НУ ВОХА́РТО ВЭЭЙСО́НУ КИДА́ШТО МИКО́Л ҐОАМИ́М, УДВОРХО́ МАЛКЭ́ЙНУ ЭМЭ́С ВЭКАЙО́М ЛОА́Д. БОРУ́Х АТО́ АДЭЙНО́Й, МЭ́ЛЭХ АЛ КОЛ ҐОО́РЭЦ МЭКАДЭ́ЙШ (*в субботу:* ҐАШАБО́С ВЭ) ЙИСРОЭ́ЙЛ ВЭЙЕ́ЙМ ҐАЗИКОРЭ́ЙН.

Во второй вечер Рош-Ґашана принято класть перед тем, кто делает "Кидуш", что-либо из фруктов или ягод нового урожая, чего еще не пробовали в новом году; произнося благословение "Шеґэхэйону" следует посмотреть на этот плод. Это благословение следует говорить и в том случае, если такого плода в доме не оказалось.

БОРУ́Х АТО́ АДЭЙНО́Й ЭЛЭЙҐЭ́ЙНУ МЭ́ЛЭХ ҐОЭЙЛО́М, ШЕҐЭХЭЙО́НУ ВЭКИЕМО́НУ ВЭҐИГИО́НУ ЛИЗМА́Н ҐАЗЭ́.

Если второй вечер Рош-Ґашана следует сразу после субботы, перед "Шеґэхэйону" произносят два следующих благословения; говоря первое из них, смотрят на горящую свечу:

БОРУ́Х АТО́ АДЭЙНО́Й ЭЛЭЙҐЭ́ЙНУ МЭ́ЛЭХ ҐОЭЙЛО́М, БЭЙРЭ́Й МЭЙЭЙРЭ́Й ҐОЭ́ЙШ.

БОРУ́Х АТО́ АДЭЙНО́Й ЭЛЭЙҐЭ́ЙНУ МЭ́ЛЭХ ҐОЭЙЛО́М, ҐАМАВДИ́Л БЭЙН КЭ́ЙДЭШ ЛЭХЭ́ЙЛ, БЭЙН ЭЙР ЛЭХЭ́ЙШЕХ, БЭЙН ЙИСРОЭ́ЙЛ ЛОАМИ́М, БЭЙН ЙЕЙМ ҐАШВИЙ ЛЭШЕ́ЙШЕС ЙЕЙМЭ́Й ҐАМААСЭ́. БЭЙН КДУША́С ШАБО́С ЛИКДУША́С ЙЕЙМ ТЭЙВ ҐИВДА́ЛТО, ВЭЭ́С

ЙЕЙМ ҐАШВИЙ МИШЕ́ЙШЕС ЙЕЙМЭ́Й ҐАМААСЭ́ КИДА́ШТО, ҐИВДА́ЛТО ВЭКИДА́ШТО ЭС АМХО́ ЙИСРОЭ́ЙЛ БИКДУШОСЭ́ХО. БОРУ́Х АТО́ АДЭЙНО́Й, ҐАМАВДИ́Л БЭЙН КЭ́ЙДЭШ ЛЭКЭ́ЙДЭШ.

В первый вечер Рош-Ґашана принято обмакнуть в мед сладкое яблоко и съесть его в начале трапезы, после того, как съели кусок халы, сказав благословение "Ґамэйци". Перед тем, как съесть этот плод, говорят:

БОРУ́Х АТО́ АДЭЙНО́Й ЭЛЭЙҐЭ́ЙНУ МЭ́ЛЭХ ҐОЭЙЛО́М, БЭЙРЭ́Й ПРИ ҐОЭ́ЙЦ.

Не делая после этого перерыва, говорят:

ЙЕҐИ́ РОЦЭ́ЙН МИЛФОНЭ́ХО ШЭТХАДЭ́ЙШ ОЛЭ́ЙНУ ШОНО́ ТЭЙВО́ УМЭСУКО́.

После этого яблоко съедают.

"КИДУШ", СОВЕРШАЕМЫЙ ВЕЧЕРОМ В РОШ-ҐАШАНА

Вернувшись из синагоги, перед праздничной трапезой глава семьи произносит следующий "Кидуш":

Если первый день Рош-Ґашана выпадает на субботу, говорят:

ЙОМ ҐАШИШЙ. ВАЙЕХУЛУ́ ҐАШАМА́ЙИМ ВЭҐАА́РЭЦ ВЭХО́ЛЬ ЦВАА́М. ВАЙЕХА́ЛЬ ЭЛОГЙМ БАЙО́М ҐАШВИЙ, МЛАХТО́ АШЕ́Р АСА́, ВАЙИШБО́Т БАЙО́М ҐАШВИЙ МИКО́ЛЬ МЛАХТО́ АШЕ́Р АСА́. ВАЙЕВА́РЭХ ЭЛОГЙМ ЭТ ЙОМ ҐАШВИЙ, ВАЙЕКАДЭ́Ш ОТО́, КИ ВО ШАВА́Т МИКО́ЛЬ МЛАХТО́, АШЕ́Р БАРА́ ЭЛОГЙМ ЛААСО́Т.

Если Рош-Ґашана выпадает на будний день, начинают здесь:

САВРЙ МАРАНА́Н.

Над вином:
БАРУ́Х АТА́ АДОНА́Й ЭЛОГЭ́ЙНУ МЭ́ЛЕХ ҐАОЛА́М, БОРЭ́ ПРИ ҐАГА́ФЭН.

Над хлебом:
БАРУ́Х АТА́ АДОНА́Й ЭЛОГЭ́ЙНУ МЭ́ЛЕХ ҐАОЛА́М, ҐАМОЦЙ ЛЕ́ХЭМ МИН ҐАА́РЭЦ.

БАРУ́Х АТА́ АДОНА́Й ЭЛОГЭ́ЙНУ МЭ́ЛЕХ ҐАОЛА́М, АШЭ́Р БАХА́Р БА́НУ МИКО́ЛЬ АМ ВЭРОМЭМА́НУ МИКО́ЛЬ ЛАШО́Н ВЭКИДША́НУ БЭМИЦВОТА́В, ВАТИТЭ́Н ЛА́НУ АДОНА́Й ЭЛОГЭ́ЙНУ БЭАҐАВА́ ЭТ ЙОМ (*в субботу:* ҐАШАБА́Т ҐАЗЭ́ ВЭЭ́Т ЙОМ) ҐАЗИКАРО́Н ҐАЗЭ́, ЭТ ЙОМ ТОВ МИКРА́ КО́ДЭШ ҐАЗЭ́ ЙОМ (*в субботу:* ЗИХРО́Н) ТРУА́ (*в субботу:* БЭАҐАВА́) МИКРА́ КО́ДЭШ ЗЭ́ХЭР ЛИЦИА́Т МИЦРА́ЙИМ. КИ ВА́НУ ВАХА́РТА ВЭОТА́НУ КИДА́ШТА МИКО́ЛЬ ҐААМЙМ, УДВАРХА́ МАЛЬКЭ́ЙНУ ЭМЭ́Т ВЭКАЯ́М ЛАА́Д. БАРУ́Х АТА́ АДОНА́Й, МЭ́ЛЕХ АЛЬ КОЛЬ ҐАА́РЭЦ МЭКАДЭ́Ш (*в субботу:* ҐАШАБА́Т ВЭ) ЙИСРАЭ́ЛЬ ВЭЙО́М ҐАЗИКАРО́Н.

Во второй вечер Рош-Ґашана принято класть перед тем, кто делает "Кидуш", что-либо из фруктов или ягод нового урожая, чего еще не пробовали в новом году; произнося благословение "Шеґэхэяну" следует посмотреть на этот плод. Это благословение следует говорить и в том случае, если такого плода в доме не оказалось.

БАРУ́Х АТА́ АДОНА́Й ЭЛОГЭ́ЙНУ МЭ́ЛЕХ ҐАОЛА́М, ШЕҐЭХЭЯ́НУ ВЭКИЕМА́НУ ВЭҐИГИА́НУ ЛИЗМА́Н ҐАЗЭ́.

Если второй вечер Рош-Ґашана следует сразу после субботы, перед "Шеґэхэяну" произносят два следующих благословения; говоря первое из них, смотрят на горящую свечу:

БАРУ́Х АТА́ АДОНА́Й ЭЛОГЭ́ЙНУ МЭ́ЛЕХ ҐАОЛА́М, БОРЭ́ МЭОРЭ́Й ҐАЭ́Ш.

БАРУ́Х АТА́ АДОНА́Й ЭЛОГЭ́ЙНУ МЭ́ЛЕХ ҐАОЛА́М, ҐАМАВДЙЛЬ БЭЙН КО́ДЭШ ЛЕХО́ЛЬ, БЭЙН ОР ЛЕХО́ШЕХ, БЭЙН ЙИСРАЭ́ЛЬ ЛААМЙМ, БЭЙН ЙОМ ҐАШВИЙ ЛЕШЕ́ШЕТ ЙЕМЭ́Й ҐАМААСЭ́. БЭЙН КДУША́Т ШАБА́Т ЛИКДУША́Т ЙОМ ТОВ ҐИВДА́ЛЬТА, ВЭЭ́Т ЙОМ ҐАШВИЙ

МИШЕ́ШЕТ ЙЕМЭ́Й Ѓ АМААСЭ́ КИДА́ШТА, Ѓ ИВДА́ЛЬТА ВЭКИДА́ШТА ЭТ АМХА́ ЙИСРАЭ́ЛЬ БИКДУШАТЭ́ХА. БАРУ́Х АТА́ АДОНА́Й, Ѓ АМАВДИ́ЛЬ БЭЙН КО́ДЭШ ЛЕКО́ДЭШ.

В первый вечер Рош-Ѓ ашана принято обмакнуть в мед сладкое яблоко и съесть его в начале трапезы, после того, как съели кусок халы, сказав благословение "Ѓ амоци". Перед тем, как съесть этот плод, говорят:

БАРУ́Х АТА́ АДОНА́Й ЭЛОЃ Э́ЙНУ МЭ́ЛЕХ Ѓ АОЛА́М, БОРЭ́ ПРИ Ѓ АЭ́Ц.

Не делая после этого перерыва, говорят:

ЙЕЃ И́ РАЦО́Н МИЛЬФАНЭ́ХА ШЭТХАДЭ́Ш АЛЕ́ЙНУ ШАНА́ ТОВА́ УМЭТУКА́.

После этого яблоко съедают.

"КИДУШ", СОВЕРШАЕМЫЙ В ПРАЗДНИКИ УТРОМ

Вернувшись из синагоги, перед второй праздничной трапезой глава семьи произносит следующий "Кидуш":

АСКИ́НУ СЭУДОСО́ ДЭМАЛКО́ ШЛЭЙМОСО́ ХЭДВОСО́ ДЭМАЛКО́ КАДИШО́ ДО ГИ СЭУДОСО́ ДЭКУДШО́ БРИХ ГУ УШХИНТЭ́Й.

В Песах, Шавуот и Сукот:
Э́ЙЛЭ МЭЙАДЭ́Й АДЭЙНО́Й МИКРОЭ́Й КЭ́ЙДЭШ, АШЕ́Р ТИКРЭУ́ ЭЙСО́М БЭМЭЙАДО́М.

В Рош-Га̃шана:
ТИКЪУ́ ВАХЭ́ЙДЭШ ШЕЙФО́Р БАКЭ́СЭ ЛЭЙЕ́ЙМ ХАГЭ́ЙНУ, КИ ХЭЙК ЛЭЙИСРОЭ́ЙЛ Г̃У МИШПО́Т ЛЭЙЛЭЙГ̃Э́Й ЯАКЭ́ЙВ.

Над вином:
САВРИ́ МОРОНО́Н.
БОРУ́Х АТО́ АДЭЙНО́Й ЭЛЭЙГ̃Э́ЙНУ МЭ́ЛЭХ Г̃ОЭЙЛО́М,
БЭЙРЭ́Й ПРИ Г̃АГО́ФЭН.

В Сукот: БОРУ́Х АТО́ АДЭЙНО́Й ЭЛЭЙГ̃Э́ЙНУ МЭ́ЛЭХ Г̃ОЭЙЛО́М, АШЕ́Р КИДШО́НУ БЭМИЦВЭЙСО́В ВЭЦИВО́НУ ЛЭЙШЕ́ЙВ БАСУКО́.

"КИДУШ", СОВЕРШАЕМЫЙ В ПРАЗДНИКИ УТРОМ

Вернувшись из синагоги, перед второй праздничной трапезой глава семьи произносит следующий "Кидуш":

АТКЍНУ СЭУДАТА́ ДЭМАЛЬКА́ ШЛЕЙМАТА́ ХЭДВАТА́ ДЭМАЛЬКА́ КАДИША́ ДА Г̃И СЭУДАТА́ ДЭКУДША́ БРИХ Г̃У УШХИНТЭ́Й.

В Песах, Шавуот и Сукот:
Э́ЙЛЕ МОАДЭ́Й АДОНА́Й
МИКРАЭ́Й КО́ДЭШ, АШЕ́Р
ТИКРЭУ́ ОТА́М
БЭМОАДА́М.

В Рош-Г̃ашана:
ТИКЪУ́ ВАХО́ДЭШ ШОФА́Р БАКЭ́СЭ
ЛЕЙО́М ХАГЭ́ЙНУ, КИ ХОК
ЛЭЙИСРАЭ́ЛЬ Г̃У МИШПА́Т
ЛЕЛОГ̃Э́Й ЯАКО́В.

Над вином:
САВРЍ МАРАНА́Н.
БАРУ́Х АТА́ АДОНА́Й ЭЛОГ̃Э́ЙНУ МЭ́ЛЕХ Г̃АОЛА́М,
БОРЭ́ ПРИ Г̃АГА́ФЭН.

В Сукот: БАРУ́Х АТА́ АДОНА́Й ЭЛОГ̃Э́ЙНУ МЭ́ЛЕХ Г̃АОЛА́М, АШЕ́Р КИДША́НУ БЭМИЦВОТА́В ВЭЦИВА́НУ ЛЕЙШЕ́В БАСУКА́.

"ѓАВДАЛА"

ѓИНЭ́Й, ЭЙЛ ЙЕШУОСИ́ ЭВТА́Х, ВЭЛЭ́Й ЭФХО́Д, КИ ОЗИ́ ВЭЗИМРО́С ЙО АДЭЙНО́Й ВАЙѓИ́ ЛИ ЛИШУО́. УШЪА́ВТЭ́М МА́ЙИМ БЭСОСЭ́ЙН, МИМААЙНЭ́Й ѓАЙШУО́. ЛАДЭЙНО́Й ѓАЙШУО́, АЛ АМХО́ ВИРХОСЭ́ХО СЭ́ЛО. АДЭЙНО́Й ЦВОЭ́ЙС ИМО́НУ МИСГО́В ЛО́НУ ЭЛЭЙѓЭ́Й ЯАКЭ́ЙВ СЭ́ЛО. АДЭЙНО́Й ЦВОЭ́ЙС АШРЭ́Й ОДО́М БЭЙТЭ́ЯХ БОХ. АДЭЙНО́Й ѓЭЙШИ́О, ѓАМЭ́ЛЭХ ЯАНЭ́ЙНУ ВЭЙЕ́ЙМ КОРЪЭ́ЙНУ. ЛАЙѓУДИ́М ѓОЙСО́ ЭЙРО́ ВЭСИМХО́ ВЭСОСЭ́ЙН ВИКО́Р, КЭЙН ТИѓЬЕ́ ЛО́НУ. КЭ́ЙС ЙЕШУЭ́ЙС ЭСО́, УВШЕ́ЙМ АДЭЙНО́Й ЭКРО́.

Над вином произносят:
САВРИ́ МОРОНО́Н
БОРУ́Х АТО́ АДЭЙНО́Й, ЭЛЭЙѓЭ́ЙНУ МЭ́ЛЭХ ѓОЭЙЛО́М, БЭЙРЭ́Й ПРИ
ѓАГО́ФЭН.

Над благовониями произносят:
БОРУ́Х АТО́ АДЭЙНО́Й, ЭЛЭЙѓЭ́ЙНУ МЭ́ЛЭХ ѓОЭЙЛО́М, БЭЙРЭ́Й МИНЭ́Й
ВЭСОМИ́М.

Глядя на пламя свечи, произносят:
БОРУ́Х АТО́ АДЭЙНО́Й, ЭЛЭЙѓЭ́ЙНУ МЭ́ЛЭХ ѓОЭЙЛО́М, БЭЙРЭ́Й МЭЭЙРЭ́Й
ѓОЭ́ЙШ.

БОРУ́Х АТО́ АДЭЙНО́Й, ЭЛЭЙѓЭ́ЙНУ МЭ́ЛЭХ ѓОЭЙЛО́М, ѓАМАВДИ́Л БЭЙН
КЭ́ЙДЭШ ЛЭХЭ́ЙЛ, БЭЙН ЭЙР ЛЭХЭ́ЙШЕХ, БЭЙН ЙИСРОЭ́ЙЛ ЛОАМИ́М, БЭЙН
ЙЕЙМ ѓАШВИ́Й ЛЭШЕ́ЙШЕС ЙЕМЭ́Й ѓАМААСЭ́. БОРУ́Х АТО́ АДЭЙНО́Й,
ѓАМАВДИ́Л БЭЙН КЭ́ЙДЭШ ЛЭХЭ́ЙЛ.

"ҐАВДАЛА"

ҐИНЭ́Й, ЭЛЬ ЙЕШУАТИ́ ЭВТА́Х, ВЭЛО́ ЭФХА́Д, КИ ОЗИ́ ВЭЗИМРА́Т Я АДОНА́Й ВАЙҐИ́ ЛИ ЛИШУА́. УШЪАВТЭ́М МА́ЙИМ БЭСАСО́Н, МИМААЙНЭ́Й ҐАЙШУА́. ЛАДОНА́Й ҐАЙШУА́, АЛЬ АМХА́ ВИРХАТЭ́ХА СЭ́ЛА. АДОНА́Й ЦВАО́Т ИМА́НУ МИСГА́В ЛА́НУ ЭЛОҐЭ́Й ЯАКО́В СЭ́ЛА. АДОНА́Й ЦВАО́Т АШРЭ́Й АДА́М БОТЭ́ЯХ БАХ. АДОНА́Й ҐОШИ́А, ҐАМЭ́ЛЕХ ЯАНЭ́ЙНУ ВЭЙО́М КОРЪЭ́ЙНУ. ЛАЙҐУДИ́М ҐАЙТА́ ОРА́ ВЭСИМХА́ ВЭСАСО́Н ВИКА́Р, КЭН ТИҐЬЕ́ ЛА́НУ. КОС ЙЕШУО́Т ЭСА́, УВШЕ́М АДОНА́Й ЭКРА́.

Над вином произносят:
САВРИ́ МАРАНА́Н
БАРУ́Х АТА́ АДОНА́Й, ЭЛОҐЭ́ЙНУ МЭ́ЛЕХ ҐАОЛА́М, БОРЭ́ ПРИ ҐАГА́ФЭН.

Над благовониями произносят:
БАРУ́Х АТА́ АДОНА́Й, ЭЛОҐЭ́ЙНУ МЭ́ЛЕХ ҐАОЛА́М, БОРЭ́ МИНЭ́Й ВЭСАМИ́М.

Глядя на пламя свечи, произносят:
БАРУ́Х АТА́ АДОНА́Й, ЭЛОҐЭ́ЙНУ МЭ́ЛЕХ ҐАОЛА́М, БОРЭ́ МЭОРЭ́Й ҐАЭ́Ш.

БАРУ́Х АТА́ АДОНА́Й, ЭЛОҐЭ́ЙНУ МЭ́ЛЕХ ҐАОЛА́М, ҐАМАВДИ́ЛЬ БЭЙН КО́ДЭШ ЛЕХО́ЛЬ, БЭЙН ОР ЛЕХО́ШЕХ, БЭЙН ЙИСРАЭ́ЛЬ ЛААМИ́М, БЭЙН ЙОМ ҐАШВИ́Й ЛЕШЕ́ШЕТ ЙЕМЭ́Й ҐАМААСЭ́. БАРУ́Х АТА́ АДОНА́Й, ҐАМАВДИ́ЛЬ БЭЙН КО́ДЭШ ЛЕХО́ЛЬ.

"КАПАРОТ"

БНЭЙ ОДÓМ ЙÉЙШВЭЙ ХЭ́ЙШЕХ ВЭЦАЛМÓВЭС, АСИРЭ́Й ÓНИ УВАРЗЭ́Л. ЙЕЙЦИЭ́ЙМ МЭЙХЭ́ЙШЕХ ВЭЦАЛМÓВЭС, УМЭЙСРЭЙСЭЙѓЭ́М ЙЕНАТЭ́ЙК. ЭВИЛИ́М МИДЭ́РЭХ ПИШЪÓМ, УМЭЙАВЭЙНЭЙСЭЙѓЭ́М ЙИСЪАНУ́. КОЛ Э́ЙХЭЛ ТЭСАЭ́ЙВ НАФШÓМ ВАЯГИ́У АД ША́АРЭЙ МÓВЭС. ВАЙИЗЪАКУ́ ЭЛ АДЭЙНÓЙ БАЦА́Р ЛОѓЭ́М МИМЦУКЭЙСЭЙѓЭ́М ЙЕЙШИЭ́ЙМ, ЙИШЛА́Х ДВОРЭ́Й ВЭЙИРПОЭ́ЙМ, ВИМАЛЭ́ЙТ МИШХИСЭЙСÓМ. ЙЕЙДУ́ ЛАДЭЙНÓЙ ХАСДЭ́Й, ВЭНИФЛЭЭЙСÓВ ЛИВНЭ́Й ОДÓМ. ИМ ЙЕЙШ ОЛÓВ МАЛЪÓХ МЭЙЛИ́Ц ЭХÓД МИНИ́ ÓЛЭФ, ЛЭѓАГИ́Д ЛЭОДÓМ ЙОШРЭ́Й. ВАЙХУНЭ́НУ ВАЙÉЙМЭР: ПДОЭ́ЙѓУ МЭЙРЭ́ДЭС ША́ХАС МОЦÓСИ ХЭ́ЙФЭР.

Произнося следующие слова, поднимают над головой петуха или курицу и трижды совершают вращательное движение рукой, в которой держат птицу.
ЗЭ ХАЛИФОСИ́, ЗЭ ТМУРОСИ́, ЗЭ КАПОРОСИ́.

И продолжают:
ЗЭ ѓАТАРНЭГЭ́ЙЛ ЙЕЙЛЭ́ЙХ ЛЭМИСÓ, ВААНИ́ ЭЙЛЭ́ЙХ ЛЭХАЙЙ́М ТЭЙВИ́М АРУХИ́М УЛШОЛЭ́ЙМ.

Все вышесказанное трижды повторяют в том же порядке.

"КАПАРОТ"

БНЭЙ АДА́М ЙО́ШВЭЙ ХО́ШЕХ ВЭЦАЛЬМА́ВЭТ, АСИРЭ́Й О́НИ УВАРЗЭ́ЛЬ. ЙОЦИЭ́М МЭХО́ШЕХ ВЭЦАЛЬМА́ВЭТ, УМОСРОТЭЙГ̇Э́М ЙЕНАТЭ́К. ЭВИЛИ́М МИДЭ́РЭХ ПИШЪА́М, УМЭАВОНОТЭЙГ̇Э́М ЙИТЪАНУ́. КОЛЬ О́ХЭЛЬ ТЭТАЭ́В НАФША́М ВАЯГИ́У АД ША́АРЭЙ МА́ВЭТ. ВАЙИЗЪАКУ́ ЭЛЬ АДОНА́Й БАЦА́Р ЛАГ̇Э́М МИМЦУКОТЭЙГ̇Э́М ЙОШИЭ́М, ЙИШЛА́Х ДВАРО́ ВЭЙИРПАЭ́М, ВИМАЛЕ́Т МИШХИТОТА́М. ЙОДУ́ ЛАДОНА́Й ХАСДО́, ВЭНИФЛЕОТА́В ЛИВНЭ́Й АДА́М. ИМ ЙЕШ АЛА́В МАЛЬА́Х МЭЛИ́Ц ЭХА́Д МИНИ́ А́ЛЕФ, ЛЕГ̇АГИ́Д ЛЕАДА́М ЙОШРО́. ВАЙХУНЭ́НУ ВАЙО́МЭР: ПДАЭ́ГУ МЭРЭ́ДЭТ ША́ХАТ МАЦА́ТИ ХО́ФЭР.

Произнося следующие слова, поднимают над головой петуха или курицу и трижды совершают вращательное движение рукой, в которой держат птицу.
ЗЭ ХАЛИФАТИ́ , ЗЭ ТМУРАТИ́, ЗЭ КАПАРАТИ́.

И продолжают:
ЗЭ Г̇АТАРНЭГО́ЛЬ ЙЕЛЕ́Х ЛЕМИТА́, ВААНИ́ ЭЛЕ́Х ЛЕХАЙЙ́М ТОВИ́М АРУХИ́М УЛЬШАЛО́М.

Все вышесказанное трижды повторяют в том же порядке.

БЛАГОСЛОВЕНИЕ НАД ЛУЛАВОМ

БОРУ́Х АТО́ АДЭЙНО́Й, ЭЛЭЙ́ГЭ́ЙНУ МЭ́ЛЭХ ѓОЭЙЛО́М, АШЕ́Р КИДШО́НУ БЭМИЦВЭЙСО́В, ВЭЦИВО́НУ АЛ НЭТИЛА́С ЛУЛО́В.

Перед тем, как выполнить заповедь о лулаве первый раз в году, произносят также:

БОРУ́Х АТО́ АДЭЙНО́Й, ЭЛЭЙ́ГЭ́ЙНУ МЭ́ЛЭХ ѓОЭЙЛО́М, ШЕѓЭХЭЙО́НУ ВЭКИЙМО́НУ ВЭѓИГИО́НУ ЛИЗМА́Н ѓАЗЭ́.

БЛАГОСЛОВЕНИЕ НАД ЛУЛАВОМ

БАРУ́Х АТА́ АДОНА́Й, ЭЛОЃЭ́ЙНУ МЭ́ЛЕХ Ѓ АОЛА́М, АШЕ́Р КИДША́НУ БЭМИЦВОТА́В, ВЭЦИВА́НУ АЛЬ НЭТИЛА́Т ЛУЛА́В.

Перед тем, как выполнить заповедь о лулаве первый раз в году, произносят также:

БАРУ́Х АТА́ АДОНА́Й, ЭЛОЃЭ́ЙНУ МЭ́ЛЕХ Ѓ АОЛА́М, ШЕЃЭХЭЯ́НУ ВЭКИЙМА́НУ ВЭЃИГИА́НУ ЛИЗМА́Н Ѓ АЗЭ́.

ЗАЖИГАНИЕ ХАНУКАЛЬНЫХ СВЕЧЕЙ

Перед первым зажиганием свечей произносят три благословения. В каждый из последующих вечеров произносят лишь первые два благословения.

БОРУ́Х АТО́ АДЭЙНО́Й, ЭЛЭЙЃЭ́ЙНУ МЭ́ЛЭХ ЃОЭЙЛО́М, АШЕ́Р КИДШО́НУ БЭМИЦВЭЙСО́В, ВЭЦИВО́НУ ЛЭЃАДЛИ́К НЭЙР ХАНУКО́.

БОРУ́Х АТО́ АДЭЙНО́Й, ЭЛЭЙЃЭ́ЙНУ МЭ́ЛЭХ ЃОЭЙЛО́М, ШЕОСО́ НИСИ́М ЛААВЭЙСЭ́ЙНУ, БАЙОМИ́М ЃОЃЭ́ЙМ БИЗМА́Н ЃАЗЭ́.

БОРУ́Х АТО́ АДЭЙНО́Й, ЭЛЭЙЃЭ́ЙНУ МЭ́ЛЭХ ЃОЭЙЛО́М, ШЕЃЭХЭЙО́НУ ВЭКИЙМО́НУ ВЭЃИГИО́НУ ЛИЗМА́Н ЃАЗЭ́.

После зажигания свечей говорят:

ЃАНЭЙРЭ́ЙС ЃАЛО́ЛУ О́НУ МАДЛИКИ́Н, АЛ ЃАТШУ́Э́ЙС, ВЭА́Л ЃАНИСИ́М, ВЭА́Л ЃАНИФЛОЭ́ЙС, ШЕОСИ́СО ЛААВЭЙСЭ́ЙНУ БАЙОМИ́М ЃОЃЭ́ЙМ БИЗМА́Н ЃАЗЭ́, АЛ ЙЕДЭ́Й КЭЙЃАНЭ́ХО ЃАКДЭЙШИ́М, ВЭХО́Л ШМЭЙНА́С ЙЕМЭ́Й ХАНУКО́, ЃАНЭЙРЭ́ЙС ЃАЛО́ЛУ КЭ́ЙДЭШ ЃЭ́ЙМ, ВЭЭ́ЙН ЛО́НУ РЭШУ́С ЛЭЃИШТАМЭ́ЙШ БОЃЭ́ЙН, ЭЛО́ ЛИРЪЭЙСО́Н БИЛВО́Д, КДЭЙ ЛЭЃЭЙДЭ́ЙС УЛЭЃАЛЭ́ЙЛ ЛЭШИМХО́ ЃАГОДЭ́ЙЛ, АЛ НИСЭ́ХО ВЭА́Л НИФЛЭЭЙСЭ́ХО, ВЭА́Л ЙЕШУЭЙСЭ́ХО.

ЗАЖИГАНИЕ ХАНУКАЛЬНЫХ СВЕЧЕЙ

Перед первым зажиганием свечей произносят три благословения. В каждый из последующих вечеров произносят лишь первые два благословения.

БАРУ́Х АТА́ АДОНА́Й, ЭЛОҐЭ́ЙНУ МЭ́ЛЕХ ҐАОЛА́М, АШЕ́Р КИДША́НУ БЭМИЦВОТА́В, ВЭЦИВА́НУ ЛЕҐАДЛИ́К НЭР ХАНУКА́.

БАРУ́Х АТА́ АДОНА́Й, ЭЛОҐЭ́ЙНУ МЭ́ЛЕХ ҐАОЛА́М, ШЕАСА́ НИСИ́М ЛААВОТЭ́ЙНУ БАЯМИ́М ҐАҐЭ́М БИЗМА́Н ҐАЗЭ́.

БАРУ́Х АТА́ АДОНА́Й, ЭЛОҐЭ́ЙНУ МЭ́ЛЕХ ҐАОЛА́М, ШЕҐЭХЭЯ́НУ ВЭКИЙМА́НУ ВЭҐИГИА́НУ ЛИЗМА́Н ҐАЗЭ́.

После зажигания свечей говорят:

ҐАНЭРО́Т ҐАЛА́ЛУ А́НУ МАДЛИКИ́Н, АЛЬ ҐАТШУО́Т, ВЭА́ЛЬ ҐАНИСИ́М, ВЭА́ЛЬ ҐАНИФЛАО́Т, ШЕАСИ́ТА ЛААВОТЭ́ЙНУ БАЯМИ́М ҐАҐЭ́М БИЗМА́Н ҐАЗЭ́, АЛЬ ЙЕДЭ́Й КОҐАНЭ́ХА ҐАКДОШИ́М, ВЭХО́ЛЬ ШМОНА́Т ЙЕМЭ́Й ХАНУКА́, ҐАНЭРО́Т ҐАЛА́ЛУ КО́ДЭШ ҐЭМ, ВЭЭ́ЙН ЛА́НУ РЭШУ́Т ЛЕҐИШТАМЭ́Ш БАҐЭ́Н, ЭЛА́ ЛИРЪОТА́Н БИЛЬВА́Д, КДЭЙ ЛЕҐОДО́Т УЛЕҐАЛЕ́ЛЬ ЛЕШИМХА́ ҐАГАДО́ЛЬ, АЛЬ НИСЭ́ХА ВЭА́ЛЬ НИФЛЕОТЭ́ХА, ВЭА́ЛЬ ЙЕШУОТЭ́ХА.

"ИЗКОР"

Тот, у кого нет отца или матери, читает "Изкор" четыре раза в году: в последний день Песаха, в Шавуот (вне Эрец-Исраэль – во второй день праздника), в Шмини-Ацерет и в Йом-Кипур после чтения Торы. Если этот день пришелся на субботу, то "Изкор" читают после "ТОТ, КТО БЛАГОСЛОВИЛ...", стр. 190.

ЙИЗКЭ́ЙР ЭЛЭЙГ̃И́М НИШМА́С А́БО МЭЙРИ́ [ИМИ́ МЭЙРОСИ́] ШЕГ̃ОЛА́Х ЛЭЭЙЛОМЭ́Й [ШЕГ̃ОЛХО́ ЛЭЭЙЛОМО́], БААВУ́Р ШЕБЛИ́ НЭ́ДЭР ЭТЭ́Н ЦДОКО́ БААДЭ́Й [БААДО́], БИСХА́Р ЗЭ ТЭГ̃Э́Й НАФШЭ́Й [НАФШО́] ЦРУРО́ БИЦРЭ́ЙР Г̃АХАЙИ́М, ИМ НИШМА́С АВРОГ̃О́М ЙИЦХО́К ВЭЯАКЭ́ЙВ, СОРО́ РИВКО́ РОХЭ́ЙЛ ВЭЛЭ́ЙО́, ВЭ́ЙМ ШЪОР ЦАДИКИ́М ВЭЦИДКОНИЙЕ́ЙС ШЕБЭГА́Н Э́ЙДЭН, ВЭНЭЙМА́Р: ОМЭ́ЙН:

ОВ Г̃ОРАХАМИ́М ШЭЙХЭ́ЙН МЭРЭЙМИ́М, БЭРАХАМО́В Г̃ОАЦУМИ́М, Г̃У ЙИФКЭ́ЙД БЭРАХАМИ́М Г̃АХАСИДИ́М ВЭГ̃АЙЕШОРИ́М ВЭГ̃АТМИМИ́М, КЭГ̃ИЛЭ́ЙС Г̃АКЭ́ЙДЭШ ШЕМОСРУ́ НАФШО́М АЛ КДУША́С Г̃АШЕ́ЙМ, Г̃АНЭЭГ̃ОВИ́М ВЭГ̃АНЭИМИ́М БЭХАЙЕЙГ̃Э́М, УВЭМЭЙСО́М ЛЭЙ НИФРО́ДУ. МИНШОРИ́М КА́ЛУ, УМЭЙАРОЙЕ́ЙС ГОВЭ́ЙРУ, ЛААСЭ́ЙС РЭЦЭ́ЙН КЭЙНО́М ВЭХЭ́ЙФЭЦ ЦУРО́М. ЙИЗКЭРЭ́ЙМ ЭЛЭЙГ̃Э́ЙНУ ЛЭТЭ́ЙВО, ИМ ШЪОР ЦАДИКЭ́Й ЭЙЛО́М, ВЭЙИНКЭ́ЙМ НИКМА́С ДАМ АВОДО́В Г̃АШОФУ́Х, КАКОСУ́В БЭСЭЙРА́С МЭЙШЕ́ ИШ Г̃ОЭЛЭЙГ̃И́М: Г̃АРНИ́НУ ГЭ́ЙИМ АМЭ́Й, КИ ДАМ АВОДО́В ЙИКЭ́ЙМ, ВЭНОКО́М ЙОШИ́В ЛЭЦОРО́В, ВЭХИПЭ́Р АДМОСЭ́Й АМЭ́Й. ВЭА́Л ЙЕДЭ́Й АВОДЭ́ХО Г̃АНЭВИИ́М КОСУ́В ЛЭЙМ'Э́ЙР: ВЭНИКЭ́ЙСИ ДОМО́М ЛЭЙ НИКЭ́ЙСИ, ВАДЭЙНО́Й ШЭЙХЭ́ЙН БЭЦИЙЕ́ЙН. УВЭХИСВЭ́Й Г̃АКЭ́ЙДЭШ НЭЭМА́Р: ЛО́МО ЙЕМРУ́ Г̃АГО́ЙИМ АЙЕ́Й ЭЛЭЙГ̃ЭЙГ̃Э́М., ЙИВОДА́ БАГО́ЙИМ ЛЭЭЙНЭ́ЙНУ НИКМА́С ДАМ АВОДЭ́ХО Г̃АШОФУ́Х. ВЭЭЙМЭ́ЙР: КИ ДЭЙРЭ́Ш ДОМИ́М ЭЙСО́М ЗОХО́Р, ЛЭЙ ШОХА́Х ЦААКА́С АНОВИ́М. ВЭЭЙМЭ́ЙР: ЙОДИ́Н БАГО́ЙИ́М МОЛЭ́ ГВИЙЕ́ЙС МОХА́Ц РЭ́ЙШ АЛ Э́РЭЦ РАБО́. МИНА́ХАЛ БАДЭ́РЭХ ЙИШТЭ́, АЛ КЭЙН ЙОРИ́М РЭ́ЙШ.

"ИЗКОР"

Тот, у кого нет отца или матери, читает "Изкор" четыре раза в году: в последний день Песаха, в Шавуот (вне Эрец-Исраэль – во второй день праздника), в Шмини-Ацерет и в Йом-Кипур после чтения Торы. Если этот день пришелся на субботу, то "Изкор" читают после "ТОТ, КТО БЛАГОСЛОВИЛ...", стр. 190.

ЙИЗКОР ЭЛОГИМ НИШМАТ АБА МОРИ [ИМИ МОРАТИ] ШЕГАЛАХ ЛЕОЛАМО [ШЕГАЛЬХА ЛЕОЛАМА], БААВУР ШЕБЛИ НЭДЭР ЭТЭН ЦДАКА БААДО [БААДА], БИСХАР ЗЭ ТЭГЭ НАФШО [НАФША] ЦРУРА БИЦРОР ГАХАЙИМ, ИМ НИШМАТ АВРАГАМ ЙИЦХАК ВЭЯАКОВ, САРА РИВКА РАХЭЛЬ ВЭЛЕА, ВЭИМ ШЪАР ЦАДИКИМ ВЭЦИДКАНИЙОТ ШЕБЭГАН ЭДЭН, ВЭНОМАР: АМЭН:

АВ ГАРАХАМИМ ШОХЭН МЭРОМИМ, БЭРАХАМАВ ГААЦУМИМ, ГУ ЙИФКОД БЭРАХАМИМ, ГАХАСИДИМ ВЭГАЙЕШАРИМ ВЭГАТМИМИМ, КЭГИЛОТ ГАКОДЭШ ШЕМАСРУ НАФШАМ АЛЬ КДУШАТ ГАШЕМ, ГАНЭЭГАВИМ ВЭГАНЭИМИМ БЭХАЙЕЙГЭМ, УВЭМОТАМ ЛО НИФРАДУ. МИНШАРИМ КАЛУ, УМЭАРАЙОТ ГАВЭРУ, ЛААСОТ РЭЦОН КОНАМ ВЭХЭФЭЦ ЦУРАМ. ЙИЗКЭРЭМ ЭЛОГЭЙНУ ЛЕТОВА, ИМ ШЪАР ЦАДИКЭЙ ОЛАМ, ВЭЙИНКОМ НИКМАТ ДАМ АВАДАВ ГАШАФУХ. КАКАТУВ БЭТОРАТ МОШЕ ИШ ГАЭЛОГИМ: ГАРНИНУ ГОЙИМ АМО, КИ ДАМ АВАДАВ ЙИКОМ, ВЭНАКАМ ЯШИВ ЛЕЦАРАВ, ВЭХИПЭР АДМАТО АМО. ВЭАЛЬ ЙЕДЭЙ АВАДЭХА ГАНЭВИИМ КАТУВ ЛЕЙМОР: ВЭНИКЭТИ ДАМАМ ЛО НИКЭТИ, ВАДОНАЙ ШОХЭН БЭЦИЙОН. УВЭХИТВЭЙ ГАКОДЭШ НЭЭМАР: ЛАМА ЙОМРУ ГАГОЙИМ АЙЕ ЭЛОГЭЙГЭМ, ЙИВАДА БАГОЙИМ ЛЕЭЙНЭЙНУ НИКМАТ ДАМ АВАДЭХА ГАШАФУХ. ВЭОМЭР: КИ ДОРЭШ ДАМИМ ОТАМ ЗАХАР, ЛО ШАХАХ ЦААКАТ АНАВИМ. ВЭОМЭР: ЯДИН БАГОЙИМ МАЛЕ ГВИЙОТ МАХАЦ РОШ АЛЬ ЭРЭЦ РАБА. МИНАХАЛЬ БАДЭРЭХ ЙИШТЭ, АЛЬ КЭН ЯРИМ РОШ.

СЛОВАРЬ ТЕРМИНОВ

Адонай (אדני) — Имя Всевышнего, означающее "Владыка всего". Этим Именем заменяют непроизносимое יהוה в том случае, когда под буквами этого Имени стоит такая же ласовка, что и у Имени אדני . Если יהוה , т.н. "тетраграмматон", огласован так же, как и Имя אלקים , то вместо него произносят אלקים . Из-за особой святости четырехбуквенного Имени вместо него зачастую пишут так: יי или יי . При этом יי читается (в сефардском произношении) как Адонай, а יי — как Элоѓим.

"Амен" ("истинно") — этим словом отвечает на благословения и некоторые молитвы тот, кто слышит их. Если они заключают в себе лишь хвалу Всевышнему, то слово это означает согласие со сказанным; если же в них содержится какая-либо просьба, то смысл слова "амен" в этом случае — "да будет эта просьба исполнена".

"Амида" (от слова лаамо́д — "стоять") — молитва, произносимая стоя; одна из основных, наряду со "Шма", ежедневных молитв. В будни "Амида" состоит из 19 благословений (первоначально их было 18, отсюда второе название "Амиды" — "Шмонэ-эсре", позже было добавлено еще одно благословение) ; в субботу, в йом-тов, а также в "Мусаф" рош-ходеша и холь-ѓамоэда — из семи и в "Мусаф" Рош-Ѓашана — из девяти благословений.

Ацилу́т ("эманация") — высший из миров святости, самый близкий ко Всевышнему.

Ашкенази́ (мн. ч. ашкенази́м) — еврей, принадлежащий к социально-культурной общности, сложившейся в средние века в Северной Франции, Германии и западно-славянских странах. Ашкеназское еврейство, к которому принадлежит сегодня большинство евреев мира, характеризуется определенными особенностями в трактовании Ѓалахи, и до недавнего прошлого — употреблением в быту языка идиш и особым укладом жизни.

"Бина́" ("постижение") — одна из десяти сфирот. Вместе со сфирой "Хохма" относится к сфере разума. "Бина" анализирует, оформляет, развивает первичное нерасчлененное, почти неуловимое озарение "Хохмы", придавая ему форму законченного строения. Поэтому слово бина связано с корнем бана́ — "строить".

Бра́йта ("внешняя") — ѓалахический материал, не включенный в Мишну (см. Талмуд).

Ѓаари́ (р. Ицхак Лурия Ашкенази, 1534-1572) — величайший из кабалистов. Многие обычаи, введенные им, были приняты всем еврейским народом.

"Ѓавдала́" ("разделение") — проводы субботы или праздника. Молитва, добавляемая к "Амиде" на исходе субботы и йом-това, а также особый обряд, совершаемый в это время после вечерней молитвы в честь отделения Всевышним святого от будничного.

Ѓалаха́ ("предписание") — одна из важнейших частей Устной Торы: свод предписаний, объясняющих, как правильно исполнять заповеди; этим словом называется и каждое такое предписание в отдельности.

Гао́н (мн.ч. геони́м) — титул еврейских мудрецов Вавилонии (VII — X вв.), стоявших во главе крупнейших талмудических школ. Геоним были духовными руководителями всего еврейского народа, непосредственными продолжателями традиции составителей Вавилонского Талмуда.

"Гвура́" ("могущество") — сфира, препятствующая неограниченному излиянию Б-жественного света в сотворенные миры, связанному со сфирой "Хесед". Выражает начало меры, закона, строгости. В этическом плане — в противоположность сфире "Хесед" ("доброта") — начало справедливости, иное название этой сфиры — "Дин" ("суд"). В человеческой душе эта сфира проявляется в благоговейном трепете пред Всевышним.

Гер (мн. ч. *герим*) — "пришелец", нееврей, перешедший в иудаизм; для этого он должен в присутствии трех раввинов принять на себя соблюдение всех заповедей Торы, совершить обрезание и окунуться в "микву".

Гин — сосуд, которым отмеряют сыпучие вещества и жидкости, а также мера объема, равная 4147 см^3.

Гитит — музыкальный инструмент, название которого, по мнению Раши и других комментаторов, связано с тем, что он изготовлялся в городе Гат.

"Год" ("сияние", "слава") — одна из десяти сфирот. "Ответвление" сфиры "Гвура". Проявляется в человеческой душе в желании восславлять и благодарить Всевышнего, признавать истины, которые выше человеческого понимания.

Гошана раба ("великая молитва о спасении") — седьмой день праздника Сукот, последний день холь-гамоэда. В этот день произносят молитвы с рефреном "Гошана" ("спаси нас").

Девятое ава — пост, день разрушения Первого и Второго Храмов.

Исреэли (ж. р. *исреэлит*, мн. ч. *исреэлим*) — еврей, не принадлежащий к колену Леви.

"Йесод" ("основа") — девятая из десяти сфирот, синтезирующая влияние предыдущих и передающая его последней сфире — "Малхут". Служит связующим звеном между высшими и низшими уровнями миров. В человеческой душе проявляется в привязанности ко Всевышнему.

Йешива (мн. ч. *йешивот*) — центр изучения Торы.

Йом-Кипур ("день искупления", "день очищения") — 10-е тишрей, день прощения грехов. Принятый перевод — "Судный день" — неточен и подходит больше для Рош-Гашана.

Йом-тов ("хороший день") — праздник, в который запрещена будничная работа; в отличие от субботы, в этот день разрешается готовить пищу. В Йом-Кипур запрещены те же работы, что и в субботу.

Кабала ("традиция") — учение о тайнах мирозданиях и проявлениях Всевышнего. Часть Устной Торы.

Кав — мера объема, равная 1382 см^3.

Кадеш — отрывок из Торы, начинающийся словом *кадеш* ("посвяти"). Один из текстов, которые пишут на кусках пергамента, помещенных в тфилин.

"Кадиш" (*арам.* "святой") — молитва, говорящая о святости Всевышнего и о приходе Машиаха; произносится между различными частями общественной молитвы или после изучения Торы.

"Кадиш дерабанан" — "Кадиш", включающий в себя отрывок, начинающийся со слов "Израилю, и мудрецам...". Этот "Кадиш" произносят после изучения Устной Торы, причем, если изучалась Галаха, то перед тем, как произносить "Кадиш", следует сказать отрывок из Агады. Поэтому принято перед "Кадиш дерабанан" произносить мишну "Раби Хананья бен Акашья говорил...".

"Кадиш шалем" — "Кадиш", включающий в себя отрывок, начинающийся со слов "Да будут приняты молитвы...".

"Кадиш ятом" — "Кадиш", произносимый сыном в память о покойном отце или матери.

"Кдуша" ("святость") — молитва, прославляющая святость Всевышнего произносят во время повторения хазаном "Амиды".

"Кетер" ("корона") — высшая из десяти сфирот, непостижимый, скрытый источник всех сфирот. Невыразимое Б-жественное Ничто, не отделившееся еще от своего Источника; посредник между высшими мирами и Всевышним. Некоторые кабалисты не включают "Кетер" в число десяти сфирот (высшая сфира, по их мнению, — "Хохма"; после сфиры "Бина" в число сфирот включается сфира "Даат"), считая ее наиболее общим проявлением Б-жества, которое выше отдельных сфирот. Проявляется в человеческой душе как вера, воля, блаженство.

"Кидуш" ("освящение") — молитва, в которой говорится о святости субботы или праздника. Произносят ее в субботу и в праздники над бокалом вина.

Кидуши́н ("посвящение") — обряд обручения, когда жених посвящает невесту себе в жены, надевая ей на палец кольцо; этим словом называется также первая часть обряда бракосочетания.

Ко̃ге́н (мн.ч. *ко̃гани́м*) — потомок А̃гарона. Во времена Храма ко̃гани́м были в нем священнослужителями, приносили жертвы. Сейчас осталось несколько особых заповедей, относящихся к ко̃гани́м: они благословляют народ, им отдают выкуп за первенца. При чтении Торы в синагоге первым вызывают ко̃ге́на.

Крув (мн. ч. *круви́м*) — "херувим", ангел, описываемый в Торе и Талмуде в образе крылатого существа с лицом ребенка.

Ктуба́ ("запись") — брачный контракт, в котором зафиксированы имущественные обязательства мужа по отношению к жене.

Лаг баоме́р — 18-е ияра; тридцать третий день после приношения омера (которое совершалось во второй день праздника Песах). Отмечается как праздник по двум причинам: в этот день прекратилась эпидемия, унесшая жизни десятков тысяч учеников раби Акивы; это также годовщина со дня смерти раби Шимона бар Йохая, повелевшего отмечать эту дату как "великое торжество", ибо в этот день его душа достигла наивысшей ступени святости и единения со Всевышним.

Ле́ви (мн.ч. *левии́м*) — еврей из колена Леви, не являющийся ко̃ге́ном. Леви вызывают вторым, после ко̃ге́на, к чтению Торы. Леви (а также исрезли, чья жена — дочь леви) не должен выкупать своего первородного сына.

"Маари́в" — вечерняя молитва.

"Малху́т" ("царство") — последняя из десяти сфирот. Воспринимает влияние всех остальных сфирот данного мира и передает его низшим мирам. С этой сфирой связано присутствие Всевышнего в мирах — Шхина̃. В душе человека проявляется, среди прочего, в двух противоположных, но взаимосвязанных качествах: способности властвовать и смирении.

Манэ́ — мера веса, равная 2,28 кг.

Мафти́р ("завершающий") — тот, кто читает отрывок из книг пророков — "Га̃фтару"; в субботу его вызывают к Торе после того, как прочитан весь недельный раздел ее, и читают повторно заключительный отрывок, а в некоторые субботы, в йом-тов и в дни постов — отрывок, связанный с этим днем.

Маца́ (мн. ч. *мацо́т*) — "опресноки", лепешки из незаквашенного теста. Тора повелевает есть мацу в первую ночь праздника Песах.

Маши́ах ("помазанник") — Мессия, потомок Давида, который будет послан Всевышним в конце дней. Он выведет всех евреев из стран изгнания, будет царствовать над ними в Святой Земле и побудит их следовать законам Торы. Дни Машиаха являются одновременно и продолжением земной истории, и подготовкой к будущему миру.

"Мегила́" ("свиток") — Книга Эстер, читаемая в Пурим.

Мезуза́ ("косяк") — пергамент с текстами из Торы: "Слушай, Израиль..." ("Дварим, 6:4—9) и "И будет так..." (Дварим, 11:13—22). Тора предписывает прикреплять такой пергамент к косяку дверей дома, где живут евреи.

"Мецица́" — отсасывание крови из ранки после обрезания; предотвращает вред, который обрезание может принести ребенку.

"Миква́" (точнее, *микв э́*) — водоем, погружение в который очищает от ритуальной нечистоты. Существуют специально построенные для этой цели бассейны. В случае, когда невозможно совершить омовение в "микве", можно совершить очищающее омовение и в естественных водоемах: в роднике, в реке, в озере, в море и т. д.

"Минха́" ("приношение") — послеполуденная молитва. Ее можно читать не раньше, чем через полчаса после полудня, и не позже захода солнца. В крайнем случае можно читать "Минху" после захода солнца, но до наступления ночи.

"Миньа́н" ("счет") — десять взрослых евреев. Некоторые молитвы можно произносить только в присутствии "миньана".

Моѓель — тот, кто совершает обрезание.

"Мусаф" — дополнительная молитва, произносимая после утренней молитвы в субботу, йом-тов и рош-ходеш; соответствует дополнительной жертве, которую приносили в эти дни в Храме после ежедневного утреннего жертвоприношения.

Назир ("отшельник", "аскет") — тот, кто дал обет не есть винограда, не пить вина, не стричься и не прикасаться к покойнику.

"Неила" ("закрытие", "заключение") — последняя, пятая молитва в Йом-Кипур; ее произносят перед заходом солнца, перед тем, как закроются Небесные Врата, раскрывающиеся в Йом-Кипур.

"Нефеш" ("душа") — душа вообще, а также особый ее уровень, низший из трех (два других — "Руах" и "Нешама"), непосредственно связанный с телом.

"Нецах" ("победа" или "вечность") — седьмая из десяти сфирот. Ответвление сфиры "Хесед". Проявляется в преодолении препятствий на пути к распространению Б-жественного света (проявление сфиры "Хесед").

"Нешама" ("душа", "дыхание") — высший из трех облекающихся в тело уровней души, связанный с интеллектуальным постижением Б-жественного.

Омер ("сноп") — мера сыпучих тел, десятая часть эйфы (см.). Во времена Храма на второй день праздника Песах сжинали омер ржи и приносили его в Храм в качестве хлебной жертвы. Существует заповедь отсчитывать 49 дней (7 недель), начиная со второго дня Песаха и до праздника Шавуот.

Офаним ("колеса") — категория ангелов, стоящих ниже срафим и крувим. В видении пророка Йехезкеля описаны как "колеса, усеянные глазами".

Песах — семидневный праздник (15 — 21 нисана) в честь выхода евреев из Египта. Вне Страны Израиля отмечается восемь дней — до 22 нисана.

Песах-шейни — 14-го ияра день, когда во времена Храма приносили пасхальную жертву те, кто по каким-то причинам не смог сделать это вовремя.

"Приа" ("оголение") — удаление при обрезании тонкой кожицы, находящейся под крайней плотью.

Пурим ("жребий") — праздник, отмечаемый 14-го адара (а в Иерусалиме и некоторых других городах 15-го адара) в честь избавления евреев от угрозы уничтожения в IV в. до н. э.

Пурим гадоль — 14-й день месяца адар-шейни. В этот день празднуют Пурим в високосный год.

Пурим катан — 14-й день месяца адар-ришон в високосный год. В этот день не празднуют Пурим, однако "Таханун" не говорят.

Рош-Гашана ("начало года") — новый год, праздник, отмечаемый 1-го и 2-го тишрей. 1-го тишрей был сотворен первый человек и тем самым завершено творение мира.

Рош-ходеш ("начало месяца") — первый день нового месяца, если предыдущий длился 29 дней; если же предыдущий месяц длился 30 дней, то рош-ходешем являются и его последний день, и первый день нового месяца. В рош-ходеш добавляют особую молитву к будничной "Амиде", читают краткий вариант "Галеля", читают Тору и произносят молитву "Мусаф" (см.).

"Руах" ("дух") — второй уровень человеческой души, связанный с эмоциональным отношением человека ко Всевышнему.

Сангедрин — высший суд в составе 71 мудреца, заседавший в Храме.

Сандак — тот, кто во время обрезания держит ребенка на коленях.

Сидур Гараѓ — так в нашем молитвеннике отмечаются ѓалахические указания, извлеченные из полного молитвенника, составленного р. Шнеуром-Залманом.

Симхат-Тора ("радость Торы") — праздник, отмечаемый в Стране Израиля 22-го тишрей, т. е. в день Шмини-Ацерет (см.), а за пределами Страны Израиля — на следующий день, 23-го тишрей. В этот день празднуют завершение годичного цикла чтения Торы и начало следующего.

Срафи́м (''огненные'') — категория ангелов. В видении пророка Йешая̃у описаны как существа с шестью крыльями.

Сука́ (''шалаш'') — Тора предписывает евреям жить в шалашах в праздник Сукот.

Сук о́т (''шалаши'') — праздник, отмечаемый 15-21 тишрей в память о Б-жественном покровительстве, подобно шалашу осенявшем евреев во время их странствий по пустыне. За пределами Страны Израиля празднуется до 22 тишрей.

Сфаради́ (мн. ч. *сфаради́м*) — еврей, принадлежащий к социально-культурной общности, сложившейся в средние века в Испании и Португалии, а также в Турции, на Балканах и в странах Северной Африки. Сефардское еврейство характеризуется определенными особенностями в трактовании Г̃алахи, а в прошлом — употреблением в быту языка ладино и особым укладом жизни. В широком смысле понятие ''сефардское еврейство'' включает в себя все неашкеназские общины, в том числе и те, что не имеют прямого отношения к собственно сфарадим.

Сфира́ (мн.ч. *сфиро́т)* — название одеяний, в которые Всевышний облекает Свои проявления в мирах. Существуют на разных уровнях; в мире ''Ацилут'' представляют собой атрибуты Всевышнего: Его мудрость, постижение, любовь, милосердие, строгость и т. д. (см. ''Кетер'', ''Хохма'', ''Бина'', ''Хесед'', ''Гвура'', ''Тиферет'', ''Нецах'', ''Г̃од'', ''Йесод'', ''Малхут'').

Сэ́ла — денежная единица и мера веса серебра, равная 20.4 гр.

Тали́т (''плащ'') — четырехугольное одеяние (обычно шерстяное) с кистями — цицит — по углам.

Тали́т гадо́ль — большой талит, в который облачаются на время молитвы.

Тали́т ката́н — малый талит, который носят под одеждой.

Талму́д — свод Устной Торы. Состоит из Мишны — сборника г̃алахот, составленного р.Йег̃удой Г̃анаси в III в. н.э., и Гмары — обширного комментария на Мишну, который рав Аши и Рабина записали в VI в. н. э.

Тан а́х — Библия: Пятикнижие, Пророки, Писания.

''Тахану́н'' (''жалоба'', ''мольба'') — покаянная молитва.

Те́фах — мера длины, равная 8 см.

''Тифе́рет'' (''красота'') — шестая из десяти сфи́рот. Синтез двух предшествующих ей сфирот — ''Хесед'' и ''Гвура''. Начало милосердия, красоты, истины, гармонии.

Тора́ (''учение'') — Откровение, дарованное Всевышним Израилю через Моше, учителя нашего. Состоит из Письменного и Устного Учения. В более узком смысле — Пятикнижие Моше.

Тфили́н — кожаные коробочки кубической формы с вложенными в них кусками пергамента, на которых написаны четыре отрывка из Торы (Шмот, 13:1—10; 13:11—16; Дварим, 6:4—9; 11:10—21). Одна такая коробочка возлагается на голову — тфилин шель рош, другая на руку — тфилин шель яд. Посредством этого исполняется заповедь ''и повяжи их [эти слова] на руку свою и будут они знаками посередине надлобья над глазами твоими'' (Дварим, 6:8). Тфилин шель рош состоит из четырех отделений, в каждое из которых кладут кусок пергамента с одним отрывком из Торы. Тфилин шель яд имеет одно отделение и в него кладут один кусок пергамента, на котором написаны все четыре отрывка из Торы. Существуют различные мнения по поводу порядка расположения текстов Торы в тфилин. Тфилин, в котором тексты расположены согласно мнению Раши, принят всем еврейским народом. Во многих общинах в дополнение к этому возлагают тфилин, где тексты расположены согласно мнению р. Яакова Тама, внука Раши.

Тшува́ (''возвращение'') — раскаяние, возвращение грешника ко Всевышнему. Главное в тшуве — твердое решение не повторять совершенного греха. Тшува включает в себе также сожаление о прошедшем и молитву пред Всевышним, в которой человек исповедуется в грехе и просит прощения за него.

Хаба́д — аббревиатура названий трех первых сфирот: ''Хохма'', ''Бина'', ''Даат'', ставшая названием основанного раби Шнеуром-Залманом из Ляд направления в хасидизме, где представления об этих сфирот занимают особое место.

Хаза́н — посланник общины; человек, ведущий общественную молитву.

Хайо́т — категория ангелов; в видении пророка Йехезкеля описаны как существа с лицами льва, орла, быка и человека.

Хану́ка — праздник, отмечаемый с 25 кислева по 3 тевета, в честь победы Маккавеев и в память о чуде, которое произошло со светильником в Храме.

Хаци́-кади́ш — часть молитвы "Кадиш" до слов דאמרין בעלמא ואימרו אמן ("...произносимых в мире, и скажем: амен!").

"Х́есед" ("доброта") — четвертая из десяти сфирот. Первая из сфирот, принадлежащих к области эмоций. Ее действие проявляется в бесконечном излиянии Б-жественного Света, раскрывающегося для всех — достойных и недостойных, в любви Всевышнего ко всем Своим творениям. В человеке эта сфира проявляется в любви ко Всевышнему, в доброте к людям.

Холь-г̃амо́эд ("будни праздника") — дни между первыми и последними днями праздников Песах и Сукот. Некоторые работы, запрещенные в йом-тов (см.), разрешены в холь-г̃амоэд, в частности, те работы, что не терпят отлагательства.

"Хохма́" ("мудрость") — вторая после сфиры "Кетер" из десяти сфирот (по другой классификации — первая).

"Хупа́" — свадебный балдахин, под которым стоят жених и невеста во время бракосочетания; этим словом называется также вторая часть обряда бракосочетания, когда жених символически вводит невесту в свой дом (см. Кидушин).

Цици́т ("нить") — кисти, которые Тора повелевает повязывать на четырех углах одежды. Цицит необходимо повязывать только на одежде, имеющей четыре или более углов. Так как в наше время одежда, как правило, не удовлетворяет этому условию, принято, чтобы иметь возможность выполнить эту заповедь, облачаться в особые четырехугольные одежды: талит катан и талит гадоль (см.). Иногда словом цицит называется также и сама эта одежда вместе с кистями цицит.

Шавуо́т ("недели") — праздник, отмечаемый 6-го (вне Страны Израиля — 6-го и 7-го) сивана в честь дарования Торы на горе Синай. Название праздника связано с тем, что он наступает после того, как отсчитано семь недель после праздника Песах (см. Дварим, 16:9, 10).

Шада́й — одно из Имен Всевышнего. Означает "Могучий" (Ибн Эзра), "Всемогущий" (Раши), "Полагающий предел" (Талмуд).

"Шахари́т" — утренняя молитва.

"Шма" ("слушай") — название молитвы, начинающейся словами "Слушай, Израиль...". Заповедь Торы — читать "Шма" дважды в день, утром и вечером. Вместе с добавлениями, сделанными мудрецами, "Шма" состоит из трех отрывков из Торы (Дварим, 6:4—9, Дварим, 11:13—22, Бемидбар, 15:37—41).

Шмини́-Аце́рет ("заключающий, восьмой день") — заключительный день праздника Сукот. В Стране Израиля отмечается 22-го тишрей, а за пределами Страны Израиля 22-го и 23-го тишрей, причем 23 тишрей носит особое название — Симхат-Тора (см.). Шмини-Ацерет во многих отношениях отличается от других дней Сукот и является самостоятельным праздником.

"Шмо́нэ-эср́э" — см. "Амида".

Шофа́р — бараний рог, в который трубят в Рош-Г̃ашана. В Торе говорится, что во время Синайского Откровения был слышен могучий голос шофара; в словах пророков упоминается о том, что звуком шофара Всевышний возвестит о приходе Машиаха и конце изгнания.

"Шулха́н ару́х" ("Накрытый стол") — принятый всем еврейским народом свод законов, составленный р. Йосефом Каро в XVI веке.

Шулха́н ару́х Г̃ара́в — свод законов, составленный на основе "Шулхан аруха" р. **Йосефа** Каро, включающий в себя г̃алахические решения и разъяснения позднейших **комментаторов**. Составлен р. Шнеуром-Залманом из Ляд (1745 — 1813).

Шхина́ ("обитание") — присутствие Всевышнего в сотворенных мирах. Связана со сфирой "Малхут", облекаясь в которую, Б-жественный свет нисходит в сотворенные миры. Имея в виду более или менее явное присутствие Шхины, говорят о ее пребывании в Храме, синагоге и т.д., но и существование даже самых обособленных, удаленных, казалось бы, от Всевышнего областей мироздания невозможно без незримого присутствия там Шхины.

Эйфа́ — мера объема, равная 24883 см^3.

"Эру́в тавшили́н" — обряд, который совершают в тех случаях, когда необходимо готовить пищу на субботу в йом-тов, пришедшийся на канун субботы.

"Эру́в хацеро́т" — обряд, который совершают, чтобы получить возможность переносить вещи в субботу в пределах одного двора, если в нем живет несколько семей.

מוקדש

לכבוד קדושת

אדוננו מורנו ורבנו

אור עולם

נזר ישראל ותפארתו

צדקת ה׳ עשה ומשפטיו עם ישראל

ורבים השיב מעון

הגאון האלוקי מרנא ורבנא

רבי מנחם מענדל

בהרה״ג הרה״ח המפורסם והמקובל הר׳ לוי יצחק
זצוקלהה״ה נבג״מ זי״ע

נדפס על ידי

אברהם, דינה, יצחק, אביגאיל, רחל ויעקב מושייביב

In honor of
our dear parents

חיים ומזל מושייביב
Chaik and Mira Mushibayev

Dedicated by
Avraham, Diana, Yitzchak,
Avigayel, Rachel and Yakov
Mushibayev

In loving memory of

ארי׳ בן יצחק

נלב״ע ג׳ תמוז תשכ״א

איסטאם בן ציון

נלב״ע י״ג סיון תרצ״ט

זולאחי בת אריאל

נלב״ע ו׳ סיון תשט״ו

לוי בן אריאל

נלב״ע כ״ג מר חשון

שלום בן אריאל

נלב״ע ד׳ מנחם אב

מימון בן אריאל

נלב״ע ט׳ שבט

רפאל בן אמונאל

נלב״ע י״ב סיון

נדפס על ידי

אברהם, דינה, יצחק, אביגיאל
רחל ויעקב מושייב

BRIS AVROHOM PUBLICATIONS

with complete modern Russian Translations

SIDDUR
for daily, Shabbos and Yom Tov

MACHZORIM
for Rosh Hashanah and Yom Kippur

TORAH
deluxe hard-cover edition with Haftoras

TORAH
in five volumes with commentaries

TANYA
the source book of Chabad Chassidic philosophy

HAGGADAH
and complete Passover story

TEHILLIM
Psalms

MEGILAT ESTHER
the full story of Purim

MAANE LASHON
collection of prayers said at the graveside of Tzaddikim

HAYOM YOM
an anthology of aphorisms and customs
arranged according to the days of the year

תודות מיוחדות לידידים רבים שסייעו וטרחו ללא ליאות
בהשתדלות רבה בישום הרעיון בהדפסת מהדורה זו,
של סדור תהלת ה' עם תרגום רוסי.
להר"ר מרדכי שיחי' קנלסקי
מייסד ומנהל מוסד
"ברית אברהם"
מוסד אשר מטרתו לעזור בגשמיות וברוחניות
לאחבנ"י יוצאי בריה"מ.

הנהלת שמי"ר

We extend our deepest thanks and appreciation to our many friends whose hard work and tireless efforts made possible the publication of the *Siddur Tehillat Hashem* with a modern Russian translation.

We express our special thanks to **Rabbi Mordechai Kanelsky** שיחי', **Executive Director of Bris Avrohom**, an exemplary organization whose goal is to help our Jewish Russian brethren both materially and spiritually.

The **Shamir Organization**

Выражаем глубокую признательность всем, кто не жалея труда и сил, помогли нам выпустить в свет Сидур с современным русским переводом.

Особую благодарность выражаем **равину Мордехаю Канельскому**, исполнительному директору "**Брис Аврогом**" организации, которая оказывает моральную и материальную поддержку евреям из бывшего советского союза.

Администрация организации "Шамир"

לזכות מנהלי חברי ועובדי מוסד ברית אברהם

הוו"ח זאב ושרה רחל
ומשפחתם שיחיו אוברלנדר

הוו"ח גרשון דוד ורבקה יענטא
ומשפחתם שיחיו אמברוס

הרה"ח ישראל הלוי וחנה
ומשפחתם שיחיו בארגען

הוו"ח שמואל וחנה
ומשפחתם שיחיו בולאג

מרת מאמל חנה
ומשפחתה שיחיו דינער בלנדען

הוו"ח נתן ולאה תמר
ומשפחתם שיחיו ברון

הוו"ח שמעון הכהן ולאה
ומשפחתם שיחיו גארבער

הוו"ח פינחס ורחל
ומשפחתם שיחיו גלזמן

הרה"ח שלמה יוסף ופייגא יטא
ומשפחתם שיחיו גליבטער

הוו"ח משה ושרה
ומשפחתם שיחיו גראלא

הוו"ח סנדר ושרה
ומשפחתם שיחיו גרודקו

הוו"ח זלמן אליהו וחנה ריזל
ומשפחתם שיחיו גרוסמאן

הוו"ח דוד
ומשפחתו שיחיו דובראו

הוו"ח יוסף אליעזר ופייגי
ומשפחתם שיחיו דיטש

הרה"ח יחיאל הלל ויוכבד העניא
ומשפחתם שיחיו דנישעבסקי

הוו"ח טובי' ופנינה
ומשפחתם שיחיו הילר

הוו"ח חיים דוד יצחק ושולמית צבי'
ומשפחתם שיחיו הלפרין

הוו"ח ירמיהו מיכה ואביבה נעמי
ומשפחתם שיחיו הלפרין

הוו"ח שמריהו וגיטל
ומשפחתם שיחיו הלפרין

הוו"ח אהרן יהודה צבי ואסתר
ומשפחתם שיחיו הירשמן

הוו"ח זאב ומרים קלי
ומשפחתם שיחיו וויס

הוו"ח מאיר ארי' ושרה אסתר
ומשפחתם שיחיו וויץ

מרת גלורי'
ומשפחתה שיחיו וויסבערג

הוו"ח טובי' מאיר וחוה
ומשפחתם שיחיו וויינבערגער

הרה"ת דוד נח נפתלי ושטארנא שרה
ומשפחתם שיחיו ווילענסקי

מרת יהודית
ומשפחתה שיחיו וויל

הוו"ח יהושע צבי הכהן ורחל
ומשפחתם שיחיו וויסבערגער

הרה"ת חיים דובער
ומשפחתו שיחיו זלצמן
ולע"נ הרבנית השלוחה
חי' אסתר ע"ה זלצמן
בת הרב ר' יהודא ז"ל

הרה"ת מנחם מענדל וחי' עלקא
ומשפחתם שיחיו זלצמן

הוו"ח אברהם הלוי ורחל
ומשפחתם שיחיו חלימסקי

הוו"ח דוד יעקב הכהן וחי' שרה
ומשפחתם שיחיו כהנא

הוו"ח שמואל הלוי ושרה
ומשפחתם שיחיו לאקס

הוו"ח יצחק ודבורה
ומשפחתם שיחיו לאראען

הוו"ח דניאל דב
ומשפחתו שיחיו לב

הוו"ח שמואל אליהו ודבורה ביילה
ומשפחתם שיחיו ליבמן

הוו"ח יצחק ואסתר ליבא
ומשפחתם שיחיו לוי

הרה"ת יוסף יצחק ורבקה נעמי
ומשפחתם שיחיו ליין

הרה"ת שלום דובער ואסתר
ומשפחתם שיחיו ליין

הוו"ח אהרן דוד ושרה רחל
ומשפחתם שיחיו ליברמן

הוו"ח יהודה ושיינא
ומשפחתם שיחיו ליבסון

הרה"ת ברוך שלום וקריינא
ומשפחתם שיחיו לפקיבקר

הוו"ח אברהם הכהן וראשע רוזא
ומשפחתם שיחיו לרר

הוו"ח אהרן וחנה
ומשפחתם שיחיו מישער

הוו"ח בערל ורות
ומשפחתם שיחיו נפוי

הוו"ח גרשון ורחל
ומשפחתם שיחיו סברדלוב

הוו"ח יעקב אברהם ושולמית חנה
ומשפחתם שיחיו סטרו

הוו"ח דוד וקינדי
ומשפחתם שיחיו סידמאן

הוו"ח אפרים חיים ורחל
ומשפחתם שיחיו סניטאו

הוו"ח דניאל צבי ותלי'
ומשפחתם שיחיו פדרבוש

הוו"ח אברהם יעקב הכהן ואסתר רחל
ומשפחתם שיחיו פיינס

הרה"ח אברהם שבתי הכהן וצבי'
ומשפחתם שיחיו פרידמאן

הוו"ח ראובן הלוי ומלכה דינה
ומשפחתם שיחיו פרידמאן

הוו"ח שלמה אפרים פישל ורייזל
ומשפחתם שיחיו פרידמאן

הוו"ח שמעון הלוי ואסתר נעכא
ומשפחתם שיחיו פרידמן

הוו"ח מרדכי נתן ורחל
ומשפחתם שיחיו קאפמאן

הרה"ח זאב מאיר ודבורה חי' ריזל
ומשפחתם שיחיו קדנר

הוו"ח ארי' יהודה ושושנה
ומשפחתם שיחיו קוזק

הוו"ח יחזקאל וצבי' חי'
ומשפחתם שיחיו קליין

הרה"ת נתן ורחל לאה
ומשפחתם שיחיו קנלסקי

הרה"ת מרדכי ושטערנא שרה
ומשפחתם שיחיו קנלסקי

הרה"ת יוסף יצחק ורחל דינה
ומשפחתם שיחיו קנלסקי

הוו"ח מרדכי ומרים
ומשפחתם שיחיו קנעכט

הוו"ח משה יעקב הכהן ורבקה פרידא
ומשפחתם שיחיו קפלן

הוו"ח אליעזר ורות
ומשפחתם שיחיו קרייסלר

הוו"ח יעקב צבי ושרה בילא
ומשפחתם שיחיו ראזענבוים

הוו"ח שמואל ארי'ה וגאלדה
ומשפחתם שיחיו ראט

הוו"ח זאב וחנה
ומשפחתם שיחיו רדוצ'נקו

הוו"ח יעקב וריזל שושנה
ומשפחתם שיחיו רוסנוב

הוו"ח אריאל וריבה דבורה לאה
ומשפחתם שיחיו רופמן

הוו"ח צבי הירש ודפנה
ומשפחתם שיחיו רייכער

הוו"ח מרק וגיטל שרה
ומשפחתם שיחיו ריין

הוו"ח יהודה וגיטל
ומשפחתם שיחיו שור

הוו"ח יצחק יהושע ובתיה רשי
ומשפחתם שיחיו שטרן

הוו"ח נח וחנה
ומשפחתם שיחיו שטרק

הרה"ח אלי' ומינדל
ומשפחתם שיחיו שיין

הוו"ח יעקב הלוי ויהודית ליבא
ומשפחתם שיחיו שיף

הוו"ח יהושע זעליג הלוי ושרה חי'
ומשפחתם שיחיו שיף

הוו"ח שמואל ורינה
ומשפחתם שיחיו שליפער

הוו"ח ירחמיאל ותקוה
ומשפחתם שיחיו שמואל

הוו"ח גרשון ארי' ושרה קענא ליבא
ומשפחתם שיחיו שרמן

ברית אברהם
BRIS AVROHOM CENTER
Cong. Shomrei Torah Ohel Yosef Yitzchok
910 Salem Avenue   Hillside, N.J. 07205
Tel (908) 289-0770   Fax (908) 289-9422
www.BrisAvrohom.org

Bris Avrohom of Fair Lawn
30-02 Fair Lawn Avenue
Fair Lawn, N.J. 07410
Tel (201) 791-7200   Fax (201) 791-6120

Bris Avrohom of Old Bridge
770 Madison Gardens
Old Bridge, N.J. 08857
Tel (732) 316-7600
Fax (732) 316-0300

Bris Avrohom of Jersey City
35 Cottage Street
Jersey City, N.J. 07306
Tel (201) 798-0056

Bris Avrohom of Flatbush
1923 Ocean Avenue
Brooklyn, N.Y. 11230
Tel (718) 252-9770

Bris Avrohom of Zhitomir, Ukraine
7 Malaya Berdichevskaya
Zhitomir
2620001 Ukraine
Tel 0412-22-66-08
Fax 0412-37-34-28